陈士强 著

大藏經總目提要

论藏
一

南懷瑾

上海古籍出版社

图书在版编目(CIP)数据

大藏经总目提要. 论藏／陈士强著. —上海：上海古籍出版社，2019.11
ISBN 978-7-5325-9407-8

Ⅰ.①大… Ⅱ.①陈… Ⅲ.①大藏经—专题目录—提要 Ⅳ.①Z88：B941

中国版本图书馆 CIP 数据核字(2019)第 239036 号

国家社科基金重大项目资助
（项目批准号为 11&ZD116）

大藏经总目提要·论藏

（全三册）

陈士强 著

上海古籍出版社出版、发行
（上海瑞金二路 272 号 邮政编码 200020）
（1）网址：www.guji.com.cn
（2）E-mail：guji1@guji.com.cn
（3）易文网网址：www.ewen.co
常熟市人民印刷有限公司印刷
开本 850×1168 1/32 印张 65.5 插页 15 字数 1,528,000
2019 年 11 月第 1 版 2019 年 11 月第 1 次印刷
印数：1—1,100
ISBN 978-7-5325-9407-8
B·1117 定价：298.00 元
如有质量问题,请与承印公司联系

自　序

　　佛教经典源于印度,是释迦牟尼创立佛教后逐渐形成的一类典籍。相传,佛在世时,就已有口诵佛经流行于世。佛入灭后,僧团为编集佛陀一代言教,用作佛弟子修行的指南,举行了结集大会,诵出了原先流传的口诵佛经,经与会者审议通过,确定为僧团统一受持的佛经文本,由此形成了佛教典籍的最初汇编——"三藏",即经藏、律藏、论藏三大部类。经藏,是"契经"(佛宣说的教法)类典籍的汇编;律藏,是"戒律"(佛制立的戒律条文)类典籍的汇编;论藏,是"论议"(佛和佛弟子对契经义理所作的解释)类典籍的汇编。原始佛教终结后,部派佛教传承了原始"三藏",并在论藏中补入了本派的论书;大乘佛教兴起后,又建构了自己的经典体系,也将它称为"三藏"。于是,"三藏"有了大小乘之分。"小乘三藏"(又称"声闻藏"),收录原始佛教、部派佛教的典籍;"大乘三藏"(又称"菩萨藏"),收录大乘佛教的典籍。

　　东汉末年以后,大小乘佛教经典从西域源源不断地传入中国,由来华的译经僧翻译为汉文,传布流通,与此同时,汉地佛教人士也相续撰出了大量的佛教著作,一并流传;随着佛经数量的增多,西晋以后逐渐出现了佛经目录,专门收录各种佛经,著录译人译事,考定文本真伪,此类经录累代不绝,编制日趋周全严密,从而形成了古代佛经目录学;南北朝、隋唐时期,佛教兴盛,朝廷与民间以佛经目录的著录为依据,搜集与抄写各种佛经,收藏研习,蔚然成风,这些写本佛经,有些是不成系列的单行本,有些则是部类齐全的系列大丛书,这便是写本藏经;北宋以后,藏经从手抄流通转向雕版印行,从而形成了的各版汉文《大藏经》,影响遍及海内外。

汉文《大藏经》是佛教典籍的总汇,也是一部综罗历代汉译经律论(此为"源")和汉撰佛教著作(此为"流")的大型佛教丛书。它卷帙浩繁而内容赡博,不仅详细记载了千百年以来佛教的教理、宗派、人物、事件、礼仪、制度、节日、活动、寺塔、器物和术语,而且广泛叙及历史、哲学、文学、伦理、教育、语言、逻辑、心理、习俗、地理、天文、历算、医学、建筑、雕塑、绘画、音乐等各个领域的极为丰富的知识,是中国古代文化的一大宝藏,也是整个人类文明的一大遗产。

然而,由于佛教经典源出于古代,是用古文传译和阐述的,绝大多数佛典既无标点,也无注释,文句艰涩,义理幽深,尤其是佛教术语特别繁异复杂,凡此种种,都给阅读和研究带来了很大的困难。这就需要一种专门的佛学工具书,提供指导和帮助。

1983 年 6 月,我因读《四库全书总目提要》有感,发心以毕生之精力,撰写一部集目录、版本、提要、资料和考订于一体的《大藏经总目提要》,对汉文《大藏经》收录的千部万卷典籍作全面系统的分类详解,为佛教文化的传承做一项基础性的工作。自此以后,遂以《后汉书·虞诩传》说的"志不求易,事不避难"为座右铭,默默地开展了这一艰难的、具有重要佛教文献价值的研究项目。

《大藏经总目提要》的主要特点是,它不是某个版次的《大藏经》的提要,而是一部综括历史上刊行的各个版次的汉文《大

藏经》收录典籍,整理分类而编制的提要。所收的典籍,包括
《丽藏》《宋藏》《金藏》《元藏》《明藏》《嘉兴藏》《清藏》《频伽
藏》《大正藏》《新纂续藏经》等历版《大藏经》,以及少数未编入
藏或隶属于其他语系《大藏经》(如巴利文、藏文《大藏经》)的,
具有特殊学术价值的佛经单行本。全书分为《经藏》《律藏》《论
藏》《文史藏》四大藏,各藏内部又按"部"(大部)、"门"(相当于
"章")、"品"(相当于"节")、"类"(子类)、"附"(附出)逐级分
类,以便查阅。

　　《大藏经总目提要》也不是佛典的简短解题或词条式说明,
而是佛典全方位的信息和内容精要的撰述。它对每一部典籍的
解说,大致包括:经名、卷数、译撰者、译撰时间、著录情况、主要
版本、译撰者小传、序跋题记、篇章结构、内容大意、思想特点、资
料来源和研究状况等。此外,还有经典源流的叙述,不同文本的
对勘,史实的辨正和补充等。与一般解题著作不同的是,《提
要》采用总别结合、随文作释的方式,对原著加以解说。其中,
对原著内容的解说,分为总说和别释两部分。前者概括性地说
明它的主旨要义,后者依照原著的结构,对各章各节分别予以阐
释。对于难读难解的佛教术语,以及具有特定含义的概念和命
题,尽量用通俗的语言加以解说,以利于学人理解原文;在用白
话文讲解原典的同时,择要引证和辑录重要的论述与史料,藉此
保存大量珍贵的原始资料。

　　《大藏经总目提要》作为一部系列丛书,它的最初成果是
1992年11月由上海古籍出版社出版的《佛典精解》。《佛典精
解》是佛教文史典籍的解说,由于它们是研究佛教必读的入门
书,最切实用,故最先撰出。《大藏经总目提要》的体例和写法,
也是在撰作此书的过程中,不断摸索、改进、完善而确定下来的,
并由此形成了一套具有独特体系、叙事风格的佛典分类法和诠

释法。《佛典精解》出版后,曾获"1992—1993 年度全国古籍优秀图书二等奖",被学术界和佛教界称为"研究中国佛教的基本工具书"。

2006 年,《大藏经总目提要》中的《经藏》《文史藏》(《佛典精解》修订版)二藏,被列为"国家古籍整理出版'十一五'重点规划项目";2011 年,《律藏》《论藏》二藏,被列为"国家社科基金重大项目"。这反映了各方专家对这一项目的共同关注和期望,对此,我深感所承担的学术责任之重。钻研原著,廓清疑难,抉择会通,解文释义,始终是我撰写《提要》的宗旨。一般来说,我对每部原典的阅读至少在三遍以上,艰深的著作或篇章更是反复研读,并采用将同本异译或同类文献作对勘的方法,来彻究文句的含义,同时也广泛借鉴和吸收古今中外的研究成果,抉择取舍,集百家之长,成一家之言。力求在准确领会原意的基础上,用简洁明了的语言,对每一部原典作出通俗、确切的解说。

在历经三十五年的潜心研究与艰难写作之后,《大藏经总目提要》四藏十册终于告成。

以后,我还将撰写大乘经藏的解说,作为已出《经藏》的续编。千百部佛典所涉及的知识是浩瀚无边的,而我个人的精力和学识毕竟是有限的,因此,书中所述仍会有不足与疏误,祈请读者批评指正。

《大藏经总目提要》的撰写和出版,得到了许多学术界前辈、同行和友人的鼓励与帮助。其中有:中国人民大学哲学系方立天(已故),中国社会科学院世界宗教研究所杨曾文、李富华、黄夏年、金泽,北京大学哲学系楼宇烈,中央社会主义学院叶小文,中央民族大学哲学与宗教学院牟钟鉴,中国佛教协会卢浔,南京大学图书馆洪修平,复旦大学中文系陈允吉、陈尚君,复旦大学哲学系王雷泉,复旦大学古籍所郑伟宏,复旦大学文史研

究院葛兆光,复旦大学文科科研处左昌柱,复旦大学出版社高若
海、贺圣遂,上海师范大学哲学学院方广锠,上海大学文学院林
国良,上海古籍出版社罗颢,浙江省科技信息研究院刘京民等。
在此,谨向他们致以由衷的谢意。

陈士强

2018 年 12 月 5 日于复旦大学

凡　例

（一）本藏是《大藏经总目提要》四藏（《文史藏》《经藏》《律藏》《论藏》）之一，为汉文《大藏经》中小乘论藏、大乘论藏的解说。全书分为五大部，共收录佛典二百三十五部一千七百四十一卷。其中，《小乘阿毗达磨部》是小乘论藏的主体，《小乘集传部》是小乘论藏的附属，共收录八十六部九百九十七卷；《大乘中观部》《大乘瑜伽部》是大乘论藏的主体，《大乘集传部》是大乘论藏的附属，共收录一百四十九部七百四十四卷。按"部"（指大部）、"门"（相当于"章"）、"品"（相当于"节"）、"类"（指子类）、"附"（指附录）五级分类法编制。

（二）本藏对收录典籍的解说，大致包括以下项目：（1）书名（包括全称、略称、异名）。（2）卷数（包括不同分卷）。（3）译撰者。（4）译撰时间。（5）著录情况。（6）主要版本。（7）译撰者小传。（8）序跋题记。（9）篇目结构。（10）内容大意。（11）思想特点。（12）资料来源（或同本异译）。（13）研究状况等。此外，还有经典源流的叙述，不同文本的对勘，史实的辨正和补充等。各大部之首均有导读性的《总叙》，综述本部典籍的门类、性质、义旨、历史、收录情况和备考书目。

（三）本藏对收录典籍译撰时间的介绍，一般是根据译撰者或相关人士在当时撰写的序跋、题记、奏表等原始资料上所署的

时间,佛经目录、编年体佛教史和其他史书上的著录等予以确定
的;也有的是根据译撰者的活动经历,原著叙及的人物、典籍、事
件、称谓用语,以及已知撰时的他书的征引等加以推断的。至于
称一部典籍,为某人"译"或"撰",乃至"编"、"述"、"著"、
"集"、"辑"、"录"、"刊纂"、"编集"、"修撰"等,一般均依照原
著上的题记写录。若题署与实际情况不符,则另出考证。

　　(四)本藏对收录典籍主要版本的介绍,包括:(1)《丽
藏》,指高丽高宗朝重刻的《高丽大藏经》。(2)《宋藏》,指南宋
刻印的《安吉州思溪法宝资福禅寺大藏经》。(3)《金藏》,指金
代刻印的《解州天宁寺大藏经》(又名《赵城金藏》)。(4)《元
藏》,指元代刻印的《杭州路余杭县白云宗南山大普宁寺大藏
经》。(5)《明藏》,指明代刻印的《永乐北藏》。(6)《清藏》,
指清代刻印的《乾隆版大藏经》(又名《龙藏》)。(7)《频伽
藏》,指近代铅印的《频伽精舍校刊大藏经》。(8)《大正藏》,指
日本大正一切经刊行会铅印的《大正新修大藏经》。(9)《新纂
续藏经》,指日本国书刊行会排印的《卍新纂大日本续藏经》(此
藏是在日本京都藏经书院编《卍续藏经》的基础上增修而成,台
北白马经舍印经会影印本易名为《大藏新纂卍续藏经》)。
(10)《南传大藏经》,指台湾元亨寺妙林出版社 1990 年 10 月起
出版的《汉译南传大藏经》。

　　(五)本藏对译撰者小传的介绍,包括:姓名(或法名)、生
卒年、字号、俗姓、籍贯、主要经历、译籍或著述,以及生平史料
等。凡有二部以上著作被编入本藏的,其生平事迹放在第一部
著作中予以叙述。

　　(六)本藏对收录典籍内容的解说,包括定义性概说和原文
广解二部分。前者概括性地说明它的主要内容,后者依照原著
的结构,对各个篇章层次,分别予以诠释。若内容的分支繁多,

一般均分条缕述;或为节省篇幅,将若干条合作一段。在用现代
语作解说时,引证和辑录原著中重要的史料和论述,藉此保存有
价值的文献资料,以供研究。由于各种佛典之间,有许多内容是
反复讲述的,故本藏在作释时,有些地方也不得不作相同或相近
的表述,以与原文相应。藏经的原文是没有标点的,本书在引录
时,作了标点。引文括号中的字句,绝大多数是笔者为便于读者
理解原文而加的,只有少数为原著中的夹注,特标"——原注",
以示区别。引文之末,均标注原版上的卷次、品名和页码(若一
篇之中,引文较多,则只注卷次)。

(七)汉译佛经是在不同的时期,由不同的译师陆续翻译
的,其中涉及的佛教术语数以千计,同一名词翻译各异,艰深难
懂。如"五蕴"又译"五阴","十二处"又译"十二入","十八界"
又译"十八持","集谛"又译"习谛","灭谛"又译"尽谛","心
所"又译"心数","受阴"又译"痛阴","六触"又译"六更乐",
"无表色"又译"无教色"等。此外,藏经中还有大量的通假字和
同音异写字,如"蓄"又作"畜","花"又作"华","燃"又作
"然","狮子"又作"师子","安稳"又作"安隐","瞋"又作
"瞙","和尚"又作"和上","毗尼"又作"比尼","犍度"又作
"捷度","辩"又作"辨","沉"又作"沈"等。对此,本书一般均
依原本的文字写录,不作硬性统一。同时,在引用时,适当加注
别称、异译(如"又称"、"又译"等),以作触类旁通之用。对佛
教术语的解释,一般采用先以简短的现代语说明某一术语的义
旨,然后引征原文,予以详解的方式展开。

(八)藏经中的篇章,有些有标题,有些则没有标题。凡属
原著已有的标题,引用时,一般外加书名号;凡属原著没有,笔者
为提示纲目,根据原文拟立的篇章和段落的标题,一般外加双引
号或附出说明。

（九）本藏对收录典籍的部卷，一般均用汉字数序表述，以便与古代原著上的字句相一致；唯有《大藏经总目提要·律藏》中的一些表格，因受版心大小的限制，是用阿拉伯数字表述的。

（十）为简便起见，除少数例外，本书行文一般直书朝代的名称和僧人的法名，而将朝代的"代"字和僧人法名前共同的姓"释"字略去，如"梁代释僧祐"简称"梁僧祐"、"唐代释智升"简称"唐智升"等。

目　录

一、小乘阿毗达磨部

一、小乘阿毗达磨部

总　叙

论藏,又称"阿毗昙藏"、"阿毗达磨藏"、"对法藏",是佛教论议(又称"论义")类典籍的汇编,专门用来阐述佛经的义理名相,为佛教经典三大部类"三藏"(经、律、论)之一。三藏有大乘三藏(总称"菩萨藏")、小乘三藏(总称"声闻藏")之分。小乘三藏中,由西域梵本翻译过来的小乘经、小乘律,是不署编集者姓名的,它们大多有固定的体例。以经为例,经名往往标有"佛说";经文的首句是"如是我闻";经文的末句是"闻佛所说,欢喜奉行";经中有说经的时间、地点、人物、缘起、内容、经过等故事情节。而小乘论则不同,它们是专门用来阐述小乘经的义理名相的一类典籍,一般没有故事情节,但它们是题署论主(造论者)姓名的,只有少数论典因作者不详或姓名失落,未署作者。本藏所收的小乘阿毗达磨部是小乘论藏的主体,小乘集传部是小乘论藏的附属。

一、小乘论藏的形成

有关小乘论藏的起源,佛教史籍记载歧异。依龙树所说,"佛在世时,无有三藏名,但有持修多罗(经)比丘、持毗尼(律)比丘、持摩多罗迦(论)比丘"(《大智度论》卷一百)。意思是说,佛在世时,没有经、藏、论三藏,但弟子中已有持经者(指经师)、持律者(指律师)、持论者(指论师)的区分,由于没有三藏,故当时也没有"三藏法师"之称。从法藏部广律《四分律》有十九处提到"持法(经)、持律、持摩夷(论)者";说一切有部广律《十诵律》也有十二处提到"持修多罗(经)者,持比尼(律)者,持摩多罗伽(论)者"来看,这一说法当是有根据的。既然有持论者,那必定有可以持诵的论本,以此推断,"论"类口诵本在佛在世时也是有的。那么,"论"究竟是什么呢?

"论"有"优波提舍"、"摩呾理迦"、"阿毗达磨"三种别称。《显扬圣教论》卷六说:"论议(指优波提舍)者,谓一切摩怛履迦、阿毗达磨,研究解释诸经中义,是为论议。"这三种别称的基本含义是相同的,都是指解释经义,但在解经的方法上又略有差别。(1)"优波提舍"(又称"邬波第铄")。意译"论议"、"论义",指以问答的方式,解释经义。此为"论"的本义,为原始佛经部类"九分教"、"十二部经"之一。《大智度论》卷三十三说:"论议经者,答诸问者,释其所以。又复广说诸义,如佛说四谛,何等是四? 所谓四圣谛。何等是四? 所谓苦、集、灭、道圣谛。是名论议。何等为苦圣谛? 所谓生苦等八种苦。何等是生苦? 所谓诸众生各各生处,是中受苦。如是等问答,广解其义,是名优波提舍。……复次,佛所说论议经,及摩诃迦栴延所解修多罗,乃至像法凡夫人如法说者,亦名优波提舍。"也就是说,"优波提舍"指以问答的方式,解释佛经的义理名相,但以非问答的方式,解释经义的,无论是佛说,还是佛弟子说,乃至凡夫如法说,也可称为"优波提舍"。(2)"摩呾理迦"(又称"摩多罗迦"、"摩夷"、"摩怛理迦"、"摩怛履迦"、"摩得勒伽"等)。意译"本母"、"论母"等,指以标目作释(即先标举论题纲目,然后逐一解释)的方式,解释经义。《瑜伽师地论》卷一百说:"若素怛缆摩怛理迦,若毗奈耶摩怛理迦,总略名一摩怛理迦。"也就是说,"摩怛理迦"下分"素怛缆摩呾理迦"、"毗奈耶摩呾理迦"二种,前者是指契经的解释,即经论,后被编入论藏;后者是指戒律的解释,即律论,后被编入律藏。(3)"阿毗达磨"(又称"阿毗昙")。意译"对法",指以分别法相(诸法的体相)的方式,解释经义。《大毗婆沙论》卷一说:"于诸法相,能善决择,能极决择故,名阿毗达磨。复次,于诸法性能善觉察,能善通达故,名阿毗达磨。复次,能于诸法,现观作证故,名阿毗达磨。复次,法性甚深,能尽原底故,名阿毗达磨。"意思是说,"阿毗达磨"既解释法相,也决择法相,对诸法的自相、共相及诸法之间的各种关系加以辨析。在"论"的三种别称中,阿毗达磨的含义最为广泛,故论藏一般也称为"阿毗达磨藏"(又称"阿毗昙藏")。

　　阿毗达磨有佛说,也有佛弟子说。佛在世时,周游行化,随机施教,不仅讲经法、说戒律,而且也对经、律加以解释,以便于听闻者理解和接受。佛对经义所作的解释,经佛弟子整理编集,便成了经、律以外的另一种部类——"佛说阿毗达磨"。佛说阿毗达磨最初由佛的大弟子大迦旃延(被称为"论义第一")整理编集,呈佛印可后传出流通。《分别功德论》卷一对此事作了记叙,说:"阿毗昙者,大法也。所以言大者,四谛大慧诸法牙旗,断诸邪见无明洪痴,故曰大法也。亦名无比法,八智十慧无漏正见,越三界阁无与等者,故曰无比法也。迦旃延子撰集众经,抄撮要慧,呈佛印可,故名大法藏也。"另据唐圆测《解深密经疏》卷一说:"言九分者,如真谛师《部执论记》第一卷云:如来正教,即是经、律、阿毗昙。……阿毗昙有九分:一分别说戒,二分别说世间,三分别说因缘,四分别说界,五分别说同随得,六分别说名味句,七分别说集定,八分别说集业,九分别说诸阴。一分有六千偈,六九五十四,合五万四千偈也。"意思是说,据陈代真谛

《部执论记》(唐初尚存,后佚)记载,"佛说阿毗达磨"的内容,是由解释"戒"、"世间"、"因缘"、"界"(指十八界)、"同随得"(指烦恼)、"名味句"(指智慧)、"定"、"业"、"诸阴"(指五蕴)九部分构成的,故又称"九分阿毗昙",每一分有六千偈,总计有五万四千偈,后佚。

佛在世时,众多的弟子们分散在各地传教,他们弘传佛法时,也对深奥的经义作通俗性的解释,这便形成了佛弟子所说的阿毗达磨。佛在世时,最有名的解经者,是佛的大弟子舍利弗(被称为"智慧第一")和大迦旃延(被称为"分别修多罗第一"),二人都善于对佛略说的法义,广作分别。舍利弗撰有《舍利弗阿毗昙论》,用来解释"佛九分毗昙"(见隋吉藏《三论玄义》卷上),这也是佛弟子最早撰作的阿毗达磨论书。大迦旃延除了编集"佛说阿毗达磨"以外,还撰有《毗勒》(意为箧藏)。此书原有三百二十万言,后被删略为三十八万四千言,立有"随相门"、"对治门"诸门。虽说它的体例是"广比诸事,以类相从",即以世事为比喻,以经义为随从,与阿毗达磨分别法相的体例大不相同,但它也是佛弟子最早撰作的论书之一(见《大智度论》卷十八,已佚)。

相传,在佛入灭(南传佛教定为前544年,北传佛教有前486年、前383年等说)的当年夏安居期间,僧团为编集佛陀的一代言教,用作佛弟子修行的指南,在王舍城举行了佛教史上的"第一次结集"。这次结集由佛的弟子摩诃迦叶(被称为"头陀第一")主持、五百比丘参加。会上,由优波离(被称为"持律第一")诵出"毗尼藏"(律藏),由阿难(被称为"多闻第一")诵出"经藏"、"阿毗昙藏"(论藏),经与会者议决通过,确定为僧团统一受持的口诵本,由此诞生了经、律、论三藏(见《四分律》卷五十四、《十诵律》卷六十、《根本说一切有部毗奈耶杂事》卷三

十九、《毗尼母经》卷三、《大智度论》卷二等）。但也有律典记载说，"第一次结集"只结集律、经二藏，并没有结集论藏（见南传巴利文《律藏·小品·五百犍度》、《五分律》卷三十、《僧祇律》卷三十二等）。有关"第一次结集"是否结集过论藏的主要分歧在于：佛在世时，究竟有没有佛说阿毗达磨？若有佛说阿毗达磨，那么，"第一次结集"时，必定会将它与经、律一起诵出，因为它们都是佛说的教法，结集者不可能只结集一部分，而不结集另一部分；若没有佛说阿毗达磨，或者即使有，但结集者并不认为它是论，而视它为经，那么，"第一次结集"所结集必定是只有经、律，而没有论。从传今的汉译律典和论书，大多主张经、律、论三藏同时成立于"第一次结集"来看，它们都是承认有佛说阿毗达磨的，并认为它是经、律之外的第三种部类。如关于"第一次结集"所结集的"阿毗昙藏"，《大智度论》卷二作了这样的叙述：

　　诸阿罗汉复更思惟：谁能明了集阿毗昙藏？念言：长老阿难，于五百阿罗汉中，解修妬路义第一，我等今请。即请言：起就师子座处坐。佛在何处初说阿毗昙？阿难受僧教，师子座处坐，说：如是我闻，一时佛在舍婆提城。尔时，佛告诸比丘：诸有五怖、五罪、五怨，不除不灭，是因缘故，此生中身、心受无量苦，复后世堕恶道中。诸有无此五怖、五罪、五怨，是因缘故，于今生种种身、心受乐，后世生天上乐处。何等五怖应远？一者杀生，二者盗，三者邪淫，四者妄语，五者饮酒。如是等名阿毗昙藏。（《大正藏》第二十五卷，第 69 页下—第 70 页上）

　　《大智度论》的这一记载，与《十诵律》卷六十对阿难诵出阿毗昙藏事的记叙，完全一致。文中提到的佛初说阿毗昙时说的

"五怖、五罪、五怨",见于传今的《舍利弗阿毗昙论》卷七《非问分·业品》,只是《舍利弗阿毗昙论》作"五怖、五怨、五无间业",仅先后次序稍有不同而已。另据《四分律》卷五十四说,由阿难诵出的阿毗昙藏,是由"有难、无难、系、相应、作处"五分(部分)组成的;三秦失译《毗尼母经》卷三也说,由阿难诵出的阿毗昙藏,是由"有问分别、无问分别、相摄、相应、处所"五分组成的。二书所说的"有问"、"无问"、"相摄"、"相应"、"处所"五分,相当于《舍利弗阿毗昙论》中的《问分》、《非问分》、《摄相应分》(将"相摄"、"相应"合为一类)、《绪分》。由此可见,"第一次结集"时所结集的"论藏",很可能就是《舍利弗阿毗昙论》,它是佛说九分毗昙的解释者和传承者。

佛入灭后一百年,佛教僧团因讨论戒律问题,在毗舍离城举行了"第二次结集"。这次结集由长老耶舍发起,七百比丘参加。会上对毗舍离城跋耆族比丘所行"十事"(指"器中盐净"乃至"金银净",即允许用角器贮藏食盐,乃至允许接受施舍的金银)是否符合戒律进行了审议,最后一致裁定,跋耆族比丘所行"十事"为"非法",应予以禁断(见南传巴利文《律藏·小品·七百犍度》、《四分律》卷五十四、《五分律》卷三十、《僧祇律》卷三十三、《十诵律》卷六十至卷六十一、《根本说一切有部毗奈耶杂事》卷四十等)。被上座比丘裁定为"非法"的跋耆族比丘,不服裁决,他们另外举行了一次结集,编集了本派的三藏,由此,统一的僧团发生"根本分裂",形成上座部和大众部二大根本派系(见南传巴利文《岛史》)。但也有记载说,"根本分裂"并非因"十事非法"而起,而是因"大天五事"而起。阿育王在位时,摩揭陀国波咤梨城(即"华氏城")鸡园寺僧人大天,作"余所诱无知,犹豫他令入,道因声故起,是名真佛教"一偈,提出阿罗汉并非圆满无缺,仍有"余所诱"(指在梦中会因魔女的引诱而遗精)

等五事,僧众因争论"大天五事"而形成二派,反对者年纪大而人数少,被称为上座部;赞成者年纪轻而人数多,被称之为"大众部"(见《大毗婆沙论》卷九十九、《异部宗轮论》)。在以后的发展过程中,上座部和大众部的内部又发生"枝末分裂"。从佛灭后二百年初至二百年末,大众部分裂四次,先后分出八部,连同根本大众部,形成本末九部;从佛灭后三百年初至四百年初,上座部分裂七次,先后分出十部,连同根本上座部,形成本末十一部。从而形成小乘佛教的"十八部派"或"二十个部派"(见《异部宗轮论》)。

部派佛教出现以后,原始佛教"三藏"的传承也完全部派化,一些重要的部派都有自己诵持的"三藏"。为彰显本派的理论见解,提升本派的地位,各派都撰作了自己的论著,并将它们编入论藏。这就使得论藏从最初的佛说阿毗昙藏,演化为佛弟子说阿毗昙藏,乃至后来成为统收佛弟子一切论著的一大部类。部派佛教在大乘佛教兴起以后,仍在印度和西域流传。即便到了唐代,玄奘从印度带回的梵经中,仍有一大批部派佛教的"三藏",如"上座部经律论一十五部,大众部经律论一十五部,三弥底部经律论一十五部,弥沙塞部经律论二十二部,迦叶臂耶部经律论一十七部,法密部经律论四十二部,说一切有部经律论六十七部"(见唐慧立等《大唐大慈恩寺三藏法师传》卷六)。此中除了说一切有部的一些梵本论书被玄奘译出之外,其余部派三藏的梵本,随着玄奘逝世,译事中断,全都亡佚。这是佛教文献史上的一次重大的、不可弥补的损失。

传今的小乘论典,见于南传巴利文《论藏》的有七部,分别是:《法集论》《分别论》《界论》《人施设论》《论事》《双论》《发趣论》,它们同属于南传上座部;见于汉文《大藏经》中的《论藏》的有四十部(见本书目录),它们分属于上座部、大众部、说一切有部、贤冑部、正量部、经部等不同部派,其中以说一切有部论书为最多,占小乘论典总数的三分之二以上。它们不仅继承和发展了原始佛教的基本教理,而且为后来大乘佛教的建立,提供了无数思想资料。大乘佛教不是外来的教说,它是在部派佛教思想的基础上,抉择取舍发展起来的,它们之间存在着不可割断的相续性。因此,小乘论典始终是研究印度佛教思想史不可或缺的、珍贵的历史文献。

二、小乘佛教的教理

小乘佛教的主要教理,有"世间"说、"蕴处界"说、"五位七十五法"说、"缘起"说、"业"说、"烦恼"说、"四谛"说、"禅定"说、"道位"说等。今以小乘论典为资料,扼要叙述如下。

(一)"蕴处界"说

"蕴处界",是由佛开启、大小乘沿用的一切法(事物)的分类法。"蕴处界"中的"蕴",指"五蕴";"处",指"十二处";"界",指"十八界"。《大毗婆沙论》卷七十一说,蕴、处、界三科,是佛针对众生不同的根机,为对治不同的愚迷而说的。众生有三种根性,佛对钝根者说"十八界";对中根者说"十二处";对利根者说"五蕴"。众生有三种憍逸,佛对恃姓憍逸者说"十八界","谓族姓义是界义,种类贵贱无差别故";对恃财憍逸者说"十二处","谓生门义是处义,随有所生,寻散尽故";对恃命憍逸者说"五蕴","谓积聚义是蕴义,有为积聚,寻散灭故"。众生有"我执",佛对"计我者"说"十八界","谓一身中有多界,别无一我故";对"愚所依及所缘者"说"十二处","谓分别识有六所依、六所缘故";对"我慢者"说"五蕴","谓身唯有生灭,五蕴不应恃怙,起我慢故"。

蕴、处、界三科中,"蕴摄一切有为,取蕴唯摄一切有漏,处、界总摄一切法尽"(《俱舍论》卷一)。也就是说,"五蕴"统摄一切有为法(指有因缘造作、生灭变化的非常住事物)通于有漏(指有烦恼)、无漏(指无烦恼),其中,有漏的五蕴,即由烦恼("取")而生的五蕴,称为"五取蕴"(即色取蕴、受取蕴、想取蕴、行取蕴、识取蕴),统摄一切有漏法;"十二处"、"十八界"总摄一切法,包括有为法和无为法(指无因缘造作、生灭变化的常住事物)。这是因为"五蕴"不摄无为法,而"十二处"中"法处"(意根所取的境界)、"十八界"中"法界"(意识所缘的境界),是摄无为法的。

1."五蕴"。指一切有为法的五种类别,即"色蕴"、"受蕴"、"想蕴"、"行蕴"、"识蕴"。"五蕴"的"蕴",为"积聚义"。"聚义是蕴义者,谓诸所有色,若过去、若未来、若现在,广说乃至若远、若近,如是一切总为一聚,立为色蕴"(《大毗婆沙论》卷七十四)。

(1)"色蕴"。指"色"(即以"质碍"为性的物质)的积聚。"色蕴云何?答:如契经说,诸所有色,皆是四大种及四大种所造"(《大毗婆沙论》卷七十四)。"色蕴"分"四大种"、"四大种所造色"二大类。①"四大种"。指构成物质的四种基本要素(称为"能造"),有"地"、"水"、"火"、"风"四种。地,指坚硬性的物质;水,指湿润性的物质;火,指暖热性的物质;风,指轻动性的物质。②"四大种所造色"。指由"四大种"造作产生的物质(称为"所造"),有"五根"、"五境"(以上合称"十色处")、"法处所摄色"十一种。"五根",指五种感觉器官,即"眼"、"耳"、"鼻"、"舌"、"身";"五境",指五根所取的五种境界,即"色"、"声"、"香"、"味"、"触";"法处所摄色",指意识所缘的"法处"统摄的色法,即"无表色","无表色云何?谓法处所摄色"(《品类足

论》卷一）。"无表色"，指由身表业、语表业和禅定引生的无形的
色法（又称"无见无对色"），亦即内在的、不可见闻的善恶功能
（大乘瑜伽行派所说的"法处所摄色"与小乘不同，它指"极略
色"、"极迥色"、"受所引色"、"遍计所起色"、"自在所生色"，此中
"受所引色"为"无表色"，见《大乘阿毗达磨杂集论》卷一）。

（2）"受蕴"。指"受"（即以"领纳"为性的感受）的积聚。
"受蕴云何？答：六受身，谓眼触所生受，乃至意触所生受"
（《大毗婆沙论》卷七十四）。"受"分为"乐受"、"苦受"、"不苦
不乐受"三种。"受蕴"就是"六受身"（身表示复数），即"眼触
所生受"、"耳触所生受"、"鼻触所生受"、"舌触所生受"、"身触
所生受"、"意触所生受"。

（3）"想蕴"。指"想"（即以"取像"为性的想象）的积聚。
"想蕴云何？答：六想身谓眼触所生想，乃至意触所生想"（《大
毗婆沙论》卷七十四）。"想蕴"就是"六想身"，即"眼触所生
想"、"耳触所生想"、"鼻触所生想"、"舌触所生想"、"身触所生
想"、"意触所生想"。

（4）"行蕴"。指"行"（即以"造作"为性的思量）的积聚。
"行蕴云何？答：契经说此是六思身，谓眼触所生思，乃至意触
所生思"（《大毗婆沙论》卷七十四）。"行蕴"就是"六思身"，即
"眼触所生思"、"耳触所生思"、"鼻触所生思"、"舌触所生思"、
"身触所生思"、"意触所生思"。"行蕴"又分"心相应行蕴"（又
称"心相应行法"）、"心不相应行蕴"（又称"心不相应行法"）二
种，前者指除"受"、"想"之外的一切心所法（指依心而起的心理
活动，具有恒依心起、与心相应、系属于心三义），后者指与心不
相应的、非色非心的现象。

（5）"识蕴"。指"识"（即以"了别"为性的心识）的积聚。
"识蕴云何？答：六识身，谓眼识乃至意识"（《大毗婆沙论》卷

七十四)。"识蕴"就是"六识身",即"眼识身"、"耳识身"、"鼻识身"、"舌识身"、"身识身"、"意识身"。

2."十二处"。指"心"(指心识)、"心所"(指依心而起的心理活动)的十二种生长之处。"十二处者,谓眼处、色处、耳处、声处、鼻处、香处、舌处味处、身处、触处、意处、法处"(《大毗婆沙论》卷七十三)。"十二处"分为"六内处"、"六外处"。"六内处"(又称"六根"),指六种感觉器官,即"眼处"、"耳处"、"鼻处"、"舌处"、"身处"、"意处",为"心"、"心所"的所依之处;"六外处"(又称"六境"),指六根所取的六种境界,即"色处"、"声处"、"香处"、"味处"、"触处"、"法处",为"心"、"心所"的所缘之处。此中,"法处"中的一部分摄有为法,即"法处所摄色"(又称"无表色");另一部分摄无为法,即"虚空无为"、"非择灭无为"、"择灭无为"。"十二处"的"处",为"生门(生长之门)义","生门义是处义者,如城邑中出生诸物,由此长养诸有情身,如是所依及所缘内,出生种种心、心所法,由此长养染净相续"(同上)。

3."十八界"。指一切法(事物)的十八种类别。"十八界者,谓眼界、色界、眼识界;耳界、声界、耳识界;鼻界、香界、鼻识界;舌界、味界、舌识界;身界、触界、身识界;意界、法界、意识界"(《大毗婆沙论》卷七十一)。"十八界"也就是"六根"、"六境"、"六识"。此中,"六识"指依根缘境而生的六种认识作用,即眼识、耳识、鼻识、舌识、身识、意识。"十八界"的"界",为"种族义","种族义是界义者,如一山中有多种族,谓金、银、铜、铁、白镴、铅、锡、丹青等石,白墡土等异类种族,如是于一相续身中,有十八界异类种族"(同上)。

(二)"五位七十五法"说

在"蕴处界"的基础上发展起来的、新的一切法分类法,是说一切有部提出的"五事"说;以后,"五事"说又演化为"五位七十五法"说。

"五事"(又称"五法")说,最早见于世友造《品类足论》卷一《辩五事品》,说:"有五法,一色、二心、三心所法、四心不相应行、五无为。"也就是说,"五事",指一切法(事物)的五种类别,即"色法"、"心法"、"心所法"、"心不相应行法"、"无为法"。此说被《大毗婆沙论》卷一百九十七所采用,后又由法救造《五事毗婆沙论》,加以阐解,成为有部通行的学说。

1. "色法"。指一切物质(以"质碍"为性)。"色云何?谓诸所有色,一切四大种,及四大种所造色。四大种者,谓地界、水界、火界、风界。所造色者,谓眼根、耳根、鼻根、舌根、身根、色、声、香、味、所触一分(指身根所取的触),及无表色"(《品类足论》卷一)。"色法"就是"五蕴"中的"色蕴",指"四大种"和"四大种所造色"。前者指地、水、火、风四种物质;后者指五根、五境、无表色等十一种物质。

2. "心法"。指认识活动的主体,即心王。"心王"的本体只有一种,依功能的差别区分,而有"心"(集起义)、"意"(思量义)、"识"(了别义)三种名称。"心云何?谓心、意、识。此复云何?谓六识身,即眼识、耳识、鼻识、舌识、身识、意识"(《品类足论》卷一)。"心法"就是"五蕴"中的"识蕴",指"六识身",即眼识、耳识、鼻识、舌识、身识、意识六种(大乘也讲"心"、"意"、"识",但依瑜伽行派的解释,"心"指阿赖耶识;"意"指末那识和过去六识;"识",指现在六识,名称相同,释义不同,参见《瑜伽师地论》卷一)。

3. "心所法"。指依心而起的心理活动。"心所法云何?谓若法心相应。此复云何?谓受、想、思、触、作意、欲、胜解、念、定、慧、信、勤、寻、伺、放逸、不放逸、善根、不善根、无记根、一切

结、缚、随眠、随烦恼、缠、诸所有智、诸所有见、诸所有现观,复有
所余如是类法与心相应,总名心所法"(《品类足论》卷一)。
"心所法"共有二十八种。其中,"受"心所就是"五蕴"中的"受
蕴","想"心所就是"想蕴",其余二十六种心所都属于"行蕴"
中的"心相应行蕴"。"心所法"若细分的话,也可区分为"十大
地法"、"十大善地法"、"十大烦恼地法"、"十小烦恼地法"、"五
烦恼"、"五触"、"五见"、"五根"、"五法"(见《品类足论》卷
二)。此中,有些心所已包含在前述二十八种心所之中,有些则
在其外。

(1)"十大地法"。指与一切心恒常相应的心理活动(具有
一切性、一切地、一切时、一切俱四义),有十种。"十大地法云
何? 谓受、想、思、触、作意、欲、胜解、念、定、慧"(同上)。
(2)"十大善地法"。指与一切善心相应的心理活动,有十种。
"十大善地法云何? 谓信、勤、惭、愧、无贪、无瞋、轻安、舍、不放
逸、不害"(同上)。(3)"十大烦恼地法"。指与一切染污心相
应的心理活动,有十种。"十大烦恼地法云何? 谓不信、懈怠、
失念、心乱、无明、不正知、非理作意、邪胜解、掉举、放逸"(同
上)。(4)"十小烦恼地法"。指与少量染污心相应的心理活
动,有十种。"十小烦恼地法云何? 谓忿、恨、覆、恼、嫉、悭、诳、
谄、憍、害"(同上)。(5)"五烦恼"。指能生起一切枝末烦恼的
五种根本烦恼。"五烦恼云何? 谓欲贪、色贪、无色贪、瞋、痴"
(同上)。(6)"五触"。指五种感触。"五触云何? 谓有对触、
增语触、明触、无明触、非明非无明触"(同上)。(7)"五见"。
指根本烦恼中的五种恶见。"五见云何? 谓有身见、边执见、邪
见、见取、戒禁取"(同上)。(8)"五根"。指"二十二根"中的
"五受根"(能对感受有增上作用的五种根性)。"五根云何? 谓
乐根、苦根、喜根、忧根、舍根"(同上)。(9)"五法"。指五种心

理活动。"五法云何？谓寻、伺、识、无惭、无愧"（同上）。

4."心不相应行法"。指"行蕴"所摄的与心不相应的、非色非心的现象。"心不相应行云何？谓若法心不相应。此复云何？谓得、无想定、灭定、无想事、命根、众同分、依得、事得、处得、生、老、住、无常性、名身、句身、文身。复有所余如是类法，与心不相应总名心不相应行"（《品类足论》卷一）。"心不相应行法"就是"行蕴"中的"心不相应行蕴"，共有十六种。

5."无为法"。指无因缘造作、生灭变化的常住事物。"无为云何？谓三无为，一虚空、二非择灭、三择灭"（《品类足论》卷一）。"无为法"共有三种。其中，"虚空无为"，指周遍无碍的虚空；"非择灭无为"，指非由无漏智的简择力，而因有为法阙缘不生所显现的寂灭；"择灭无为"，指由无漏智的简择力，断灭一切烦恼，而证得的寂灭。它们不属于"五蕴"中的任何一蕴，而属于"十二处"中"法处"、"十八界"中"法界"所摄之法。

与"蕴处界"说相比，"五事"说的一个显著特点是突出了"心所法"。它以"心所法"统摄"五蕴"中的"受蕴"、"想蕴"、"行蕴"，并对"心所法"所摄的心所名目加以细化。由于"五事"中的"心所法"所摄的心所数量众多，又较杂乱，故后来世亲在《俱舍论》中，对"心所法"重新作了调整，从而建立了"五位七十五法"说。

"五位七十五法"，指一切法（事物）分为五类，共有七十五种法。它们的内容原先散见于此论的前五卷，卷一至卷二论及"色法"、"心法"、"无为法"；卷三至卷五论及"心所法"、"心不相应行法"，没有这五类法的总数。唐普光《俱舍论法宗原》始将这些散见于各卷的内容编集在一起，整理成五类七十五法，称之为"七十五法"，唐神泰《俱舍论疏》、法宝《俱舍论疏》、圆晖《俱舍论颂疏论本》等注疏所称也是如此。"五位七十五法"一词,是明智旭《成唯识论观心法要》卷一才提出来的,由于这一名词与世亲归信大乘后撰作的《大乘百法明门论》中的大乘"五位百法"是相对应的,因此,很快被学界接受,成为约定俗成的佛教名词。"五位七十五法"的内容如下。

1."色法"。指一切物质,有十一种,即"五根"(指眼、耳、鼻、舌、身)、"五境"(指色、声、香、味、触)、"无表色"。

2."心法"。指认识活动的主体,有一种,即"心王"(有心、意、识三种名称)。

3."心所法"。指依心而起的心理活动,分为六类,有四十六种。(1)"大地法"。指与一切心恒常相应的心理活动,有十种。它们是:"受"(指感受)、"想"(指想象)、"思"(指思量)、"触"(指令心触境)、"欲"(指希求)、"慧"(指智慧)、"念"(指明记不忘)、"作意"(指令心警觉)、"胜解"(指信解)、"三摩地"(意译"定",指令心专注一境)。(2)"大善地法"。指与一切善心相应的心理活动,有十种。它们是:"信"(指信乐善法)、"不放逸"(指不放纵逸乐)、"轻安"(指舒安)、"舍"(指心住平等,远离掉举)、"惭"(指羞惭,即对己以过恶为羞耻)、"愧"(指愧疚,即对人以过恶为羞耻)、"无贪"(指不贪爱)、"无瞋"(指不瞋恚)、"不害"(指不损害众生)、"勤"(指勤勇进取)。(3)"大烦恼地法"。指与一切染污心相应的心理活动,有六种。它们是:"痴"(指愚痴无知)、"放逸"(指放纵逸乐)、"懈怠"(指懒惰)、"不信"(指不信善法)、"昏沉"(指心神昏昧)、"掉举"(指心神浮躁)。(4)"大不善地法"。指与一切不善心相应的心理活动,有二种。它们是:"无惭"(指不知羞耻)、"无愧"(指不知愧疚)。(5)"小烦恼地法"。指与少量染污心相应的心理活动,有十种。它们是:"忿"(指愤怒)、"覆"(指隐瞒)、"悭"(指悭吝)、"嫉"(指妒忌)、"恼"(指恼怒)、"害"(指损害众生)、"恨"(指怨恨)、"谄"(指谄谀)、"诳"(指欺诳)、"憍"
(指骄矜自持)。(6)"不定地法"。指善恶性质不确定的心理
活动,有八种。它们是:"寻"(又称"觉",指寻求,即粗浅推
度)、"伺"(又称"观",指伺察,即深细思察)、"睡眠"(指令心暗
昧)、"恶作"(又称"悔",指追悔)、"贪"(指贪欲)、"瞋"(指瞋
恚)、"慢"(指傲慢凌人)、"疑"(指怀疑真理)。

4. "心不相应行法"。指"行蕴"所摄的与心不相应的、非色
非心的现象,有十四种。它们是:"得"(指获得、成就)、"非得"
(指未获、不成就)、"众同分"(指众生的相似性)、"无想果"(指
修习"无想定"获得的往生"无想天"的果报)、"无想定"(指凡
夫和外道所修的,能止息前六识一切活动、但仍有"染污意"的
禅定)、"灭尽定"(指佛教圣者所修的能灭除前六识和"染污
意"一切活动的禅定)、"命根"(指众生的寿命)、"生"(指事物
的生起)、"住"(指事物的暂住)、"异"(指事物的变异)、"灭"
(指事物的坏灭)、"名身"(指表述事物自性的名词,身表示复
数)、"句身"(指表述事物差别的句子);"文身"(又称"字身",
指名、句所依的梵文字母)。

5. "无为法"。指无因缘造作、生灭变化的常住事物,有三
种,即"虚空无为"、"非择灭无为"、"择灭无为"。

(三)"世间"说

"世间",又称"世界",指一切众生及其依住的处所,分为
"器世间"、"有情世间"二种。有关世间的起源、形态、成坏、时
量等,在原始佛教的《长阿含经》卷十八至卷二十二《世记经》中
有详细的描述,部派佛教的"世间"说,基本上都是据此演绎的。

1. "器世间"(又称"器世界"、"国土世间")。指由"四大"
积聚而成的自然环境(山河大地等),它们是一切众生依止的处
所。器世间处于无边无际的虚空(又称"空轮"、"空界")之中,

它是由无数个小世界(又称"一世界"、"一小世界")构成的。每个小世界的最底层是"风界"(又称"风轮");"风界"之上是"水界"(又称"水轮");"水界"之上是"地界"(又称"金轮"),即大地。每个小世界都以须弥山为中心,由一个太阳、一个月亮所照临。每个小世界的形状犹如"铜烛盘",须弥山如烛盘中央插烛的柱子,铁围山如烛盘的边缘。须弥山由七宝所成,基底呈四方形,一半深入海中,一半露出海面,深度和高度都是八万由旬(一由旬为十六里,一说四十里),方形的四边,也各有八万由旬,周围有三十二万由旬。以须弥山为中心,从内往外,依次围绕的八海八山(即二山之间夹一海)。八大山,指由乾陀山(又称"持双山")、伊沙陀山(又称"持轴山")、诃罗置山(又称"担木山")、修腾娑山(又称"善见山")、阿沙千那山(又称"马耳山")、毗那多山(又称"象鼻山"、"障碍山")、尼民陀山(又称"持边山"、"鱼嘴山";以上七山由金所成,称为"七金山")、铁围山(由铁所成),由乾陀山离妙高山最近,铁围山离妙高山最远。八大海,指妙高山与八大山之间,各有一大海,分别是:须弥海、由乾陀海、伊沙陀海、诃罗置海、修腾娑海、阿沙千那海、毗那多海、尼民陀海(以上七海称为"七香海"、"内海")、咸海(又称"外海")。咸海中布列着四大部洲,即南赡部洲(又称为"南剡浮提洲")、西牛货洲(又称为"西瞿耶尼洲")、东胜身洲(又称为"东弗于逮洲")、北俱卢洲(又称为"北郁单越洲"),它们是人类居住的地方。咸海的最外侧,由铁围山周匝围绕,从而构成一个小世界。一千个"小世界",称为"小千世界";一千个"小千世界",称为"中千世界";一千个"中千世界",称为"大千世界"。由于"一大千世界"同时含有"小千"、"中千"、"大千"三种世界,故又称"三千大千世界"(以上见《立世阿毗昙论》卷一、卷二)。

　　器世间和有情世间都是有为法,处于不断的生、住、异、灭的变化之中。用来计算这变化过程的时量,不是年、月,而是"劫"。"劫",音译"劫波",意译"长时"、"大时",有"小劫"、"中劫"、"大劫"之分。"小劫",指一增或一减的时量。一增,指人寿从十岁增至八万岁;一减劫,指人寿从八万岁减至十岁。"中劫",指含有一增一减的时量;"大劫",指含有八十中劫的时量。一个小世界从生成到坏灭的一大周期,称为"一大劫",分为四个时期。(1)"成劫"。指器世间和有情世间的形成时期,有二十中劫。初一中劫生起器世间,后十九中劫生起有情世间。(2)"住劫"。指器世间和有情世间的安住时期,有二十中劫。住劫之末有"小三灾",即次第而起的三种小灾难,"刀兵灾"、"疾疫灾"、"饥馑灾"。(3)"坏劫"。指器世间和有情世间的坏灭时期,有二十中劫。坏劫之末有"大三灾",即次第而起的三种大灾难,"火灾"、"水灾"、"风灾"。前十九中劫,有情世间毁坏,末一中劫,器世界毁坏。(4)"空劫"。指器世间和有情世间的空虚时期,有二十中劫。其间从初禅天以下的一切器物,均被劫火烧尽,皆悉空虚(以上见《大毗婆沙论》卷一百三十五、《俱舍论》卷十二、《立世阿毗昙论》卷九)。

　　2. "有情世间"(又称"有情世界"、"众生世间")。指由"五蕴"和合而成的一切众生(有情识的生物)。一切众生的分类法,有"三界"、"五道"(或"六道")二种。"三界",指众生依住的三种世界,即"欲界"、"色界"、"无色界"。"五道"(又称"五趣"),指众生依善恶业趣往的五种世界,即地狱、畜生、饿鬼、人、天。"云何五道? 地狱、畜生、饿鬼、人、天。云何地狱? 无间、有间,是名地狱。云何畜生? 水陆空行,是名畜生。云何饿鬼? 少食、无食等,是名饿鬼。云何人? 四天下人,是名人。云何天? 欲(界)、色(界)、无色(界)天,是名天"(《舍利弗阿毗昙论》卷二十六）。在部派佛教中，说一切有部主张"五道"说，认为它出于"佛说"，《大毗婆沙论》卷一百七十二说："有余部（指犊子部）立阿素洛（指阿修罗）为第六趣，彼不应作是说，契经唯说有五趣故"。而犊子部主张"六道"说，即地狱、畜生、饿鬼、阿修罗、人、天，增立阿修罗（意译非天，为常与诸天战斗之神）一道。《大智度论》卷十说："说五道者，是一切有部僧所说；婆蹉弗妬路部（指犊子部）僧说有六道。复次，应有六道，何以故？三恶道（指地狱、畜生、饿鬼）一向是罪处，若福多罪少，是名阿修罗、揵闼婆等，生处应别，以是故应言六道。"也就是说，大乘佛教也主张有"六道"，认为众生的恶趣只有地狱、畜生、饿鬼三种，阿修罗"福多罪少"，不能归入恶趣，应归入善趣，故应当说有六道（有些大乘经论，将"六道"中前三道的排序，从"地狱、畜生、饿鬼"，改为"地狱、饿鬼、畜生"）。三界、六道所说的众生在内容上是互摄的。相对而言，三界的含义稍广，一般用它统摄六道。其中，欲界统摄地狱、畜生、饿鬼、阿修罗、人五道，以及天道的一部分（即六欲天）；而色界、无色界统摄天道的其他部分（即四禅天、四无色天）。

（1）"欲界"。指有色身和贪欲（指情欲、色欲、食欲、淫欲）的众生依住的世界。"云何欲界？从阿鼻大地狱，上至他化自在天，若色、受、想、行识分，是名欲界"（《舍利弗阿毗昙论》卷七）。色界有六道二十一处。①"地狱道"（又称"捺落迦趣"、"泥梨趣"）。指地下的牢狱，处于南赡部洲的地下深处（见《大毗婆沙论》卷一百七十二），有八处，称为"八大地狱"。从上往下，依次是："等活地狱"、"黑绳地狱"、"众合地狱"、"号叫地狱"、"大叫地狱"、"炎热地狱"、"大热地狱"、"无间地狱"。它是有上品（最重）"十恶"行为（指杀生、偷盗、邪淫、妄语、两舌、恶口、绮语、贪欲、瞋恚、邪见）的众生，受报所趣之处。②"畜生道"(又称"傍生趣")。指一切动物,有一处,即原本住于大海中,后流转于各道。它是有中品"十恶"的众生,受报所趣之处。③"饿鬼道"(又称"鬼趣")。指饥渴乏食之鬼,有一处,即原本住于南赡部洲地下的阎罗王(又称"琰魔王")界,后流转于余处。它是有下品"十恶"的众生,受报所趣之处。④"阿修罗道"(又称"非天")。指常与诸天战斗之神,有一处,即住于须弥山下的大海中(见《立世阿毗昙论》卷五)。它是有下品"十善"(指不杀生、不偷盗、不邪淫、不妄语、不两舌、不恶口、不绮语、不贪欲、不瞋恚、不邪见)的众生,受报所趣之处。⑤"人"。指人间,有四处,称为"四大部洲",即南赡部洲、东胜身洲、西牛货洲、北俱卢洲。它是有中品"十善"的众生,受报所趣之处。⑥"六欲天"。指欲界六天,为"天道"之一,有六处,即"四天王天"、"三十三天"(又称"忉利天")、"夜摩天"、"兜率天"(又称"睹史多天")、"化乐天"(又称"乐变化天")、"他化自在天"。它是有上品"十善"的众生,受报所趣之处(以上见《俱舍论》卷八)。

(2)"色界"。指有色身、无贪欲的众生依住的世界,为"天道"之一。"云何色界?从梵天至阿迦尼吒天(指色究竟天),若色受、想、行、识分,是名色界"(《舍利弗阿毗昙论》卷七)。色界有四禅天十七处。①"初禅天"(又称"初静虑处")。有三天,即"梵众天"、"梵辅天"、"大梵天"。它们是修习色界初禅的众生,受报所趣之处。②"第二禅天"(又称"第二静虑处")。有三天,即"少光天"、"无量光天"、"极光净天"。它们是修习色界第二禅的众生,受报所趣之处。③"第三禅天"(又称"第三静虑处")。有三天,即"少净天"、"无量净天"、"遍净天"。它们是修习色界第三禅的众生,受报所趣之处。④"第四禅天"(又称"第四静虑处")。有八天,即"无云天"、"福生天"、"广果天"、"无烦天"、"无热天"、"善现天"、"善见天"、"色究竟天"。它们修习色界第四禅的众生,受报所趣之处(以上见《俱舍论》卷八)。

(3)"无色界"。指无色身和贪欲的众生依住的世界,为"天道"之一。"云何无色界? 从空处天,至非想非非想处天,若受、想、行识分,是名无色界"(《舍利弗阿毗昙论》卷七)。无色界有四无色天四处,即"空无边处天"、"识无边处天"、"无所有处天"、"非想非非想处天"。

在"世间"说中,与三界众生的生存方式相关的理论,有"四食"、"四生"、"四有"等说。"四食",指长养众生生命的四种食物,即"揣食"(又称"段食")、"更乐食"(又称"触食")、"意思食"、"识食";"四生",指众生受生的四种方式,即"卵生"、"胎生"、"湿生"、"化生";"四有",指众生一期生命的四个阶段,即"生有"(指众生受生最初一刹那的色身)、"死有"(指众生命终最后一刹那的色身)、"本有"(指众生从受生至命终之间的色身)、"中有"(指众生从死到再次受生之间的识体;以上见《阿毗昙甘露味论》卷上)等。

(四)"缘起"说

"缘起",指一切事物须凭藉因缘条件才得以生起。"缘起是何义? 答:待缘而起,故名缘起"(《大毗婆沙论》卷二十三);"云何缘起? 谓依此有彼有,此生故彼生"(《法蕴足论》卷十一)。"缘起"意为"待缘而起",此中所说的"缘",指"因缘"(含有"因"与"缘",即事物生起的内在原因与外部条件)。"缘起"说的主旨,在于说明一切事物不是无因而生,也不是一因而生,而是由众缘和合而生;事物与事物之间,并不是彼此孤立的,而是互相联系、互相依存的,有此则有彼,无此则无彼,此生则彼生,此灭则彼灭。一切有为法,从"因"立名,称为"缘起法";从

"果"立名,称为"缘生法",二者名异而实同。

"缘起"说,在原始佛教时期,主要指"十二缘起"(又称"十二因缘")。相传,佛祖释迦牟尼正是在菩提树下思惟"十二缘起"之理,才觉悟成道的(见《长阿含经》卷一《大本经》)。以后,"十二缘起"也成了佛教的根本教义。部派佛教不仅祖述"十二缘起",而且开立了"六因"、"四缘"、"五果"等新说。

1. "十二缘起"。指众生生死流转的十二个阶段,即"无明"、"行"、"识"、"名色"、"六处"、"触"、"受"、"爱"、"取"、"有"、"生"、"老死"。"云何缘起?谓依此有彼有,此生故彼生。谓无明缘行,行缘识,识缘名色,名色缘六处,六处缘触,触缘受,受缘爱,爱缘取,取缘有,有缘生,生缘老死,发生愁叹苦忧扰恼,如是便集纯大苦蕴"(《法蕴足论》卷十一)。这十二支是次第相生的关系,即从"无明"生"行"(亦作从"无明"缘生"行",或以"无明"为缘有"行");从"行"生"识";从"识"生"名色";从"名色"生"六处";从"六处"生"触";从"触"生"受";从"受"生"爱";从"爱"生"取";从"取"生"有";从"有"生"生";从"生"生"老死"。(1)"无明"。指过去世的烦恼。(2)"行"。指由过去世的烦恼所造的善恶业(行为)。(3)"识"。指依过去世的业因,于现在世入胎受生的识。(4)"名色"。指在母胎中逐渐形成的胎儿(即"五蕴","名"指受、想、行、识四蕴,"色"指色蕴)。(5)"六处"。指胎儿发育所成的"六根"(即眼、耳、鼻、舌、身、意根)。(6)"触"。指婴孩出生后,接触外界所生的感觉(即"六触",眼触、耳触、鼻触、舌触、身触、意触)。(7)"受"。指幼童时由"六触"引生的感受(即"三受",苦受、乐受、不苦不乐受)。(8)"爱"。指少年时对境物所生的贪爱。(9)"取"。指成年以后对境物所生的执取(即"四取",欲取、见取、戒禁取、我语取)。(10)"有"。指由"爱"、"取"而积聚的现在世的业因(即"三有",欲有、色有、无色有)。(11)"生"。指依现在世的业因,于未来世受生。(12)"老死"。指因未来世的受生,而渐老至死。此中,"无明"、"行"二支,为"过去世二因";"识"、"名色"、"六处"、"触"、"受"五支,为"现在世五果";"爱"、"取"、"有"三支,为"现在世三因";"生"、"老死"二支,为"未来世二果"。

2."六因"。指一切有为法(有因缘造作、生灭变化的非常住事物)生起的六种原因,即"相应因"、"俱有因"、"同类因"、"遍行因"、"异熟因"、"能作因"。关于"六因"说的来历,据《大毗婆沙论》卷十六记载,有人说,"然此六因,非契经说,契经但说有四缘",意思是说,"六因"说是迦多衍尼子在《发智论》中首次提出的,契经(指阿含经)中只有"四缘",并无"六因";但也有人说,"六因亦是契经所说,谓《增一阿笈摩》增六中说,时经久远,其文隐没,尊者迦多衍尼子等,以愿智力,观契经中说六因处,撰集制造阿毗达磨(指《发智论》),是故于此分别六因",意思是说,"六因"说是迦多衍尼子根据《增一阿含经》所说演绎的。从传今的《增一阿含经》中并无"六因"来看,"六因"说实际上是《发智论》创立的。(1)"相应因"。指"心"(指心识)与"心所"(指依心而起的心理活动)相应为因。"云何相应因?答:受与受相应法,为相应因"(《发智论》卷一)。(2)"俱有因"。指一事物与同时的其他事物互相为因。"云何俱有因?答:心与心所法,为俱有因。心所法与心,为俱有因"(同上)。(3)"同类因"。指一事物与同类事物前后为因。"云何同类因?答:前生善根,与后生自界善根及相应法,为同类因"(同上)。(4)"遍行因"。指能遍生自界一切烦恼的十一种根本烦恼(又称"十一遍行惑"、"十一遍使")。"云何遍行因?答:前生见苦所断遍行随眠,与后生自界见集、灭、道修所断随眠及相应法,为遍行因"(同上)。(5)"异熟因"("异熟"指异类而熟)。指"善"、"恶"业,为"苦"、"乐"果报之因。"云何异熟因?答:诸心、心所法,受异熟色,心、心所法、心不相应行,此心、心所法,与彼异熟,为异熟因"(同上)。(6)"能作因"。指一事物以自身以外的有助或无碍于它的其他事物为因。"有色、无色、有见、无见、有对、无对、有漏、无漏、有为、无为等一切法,为能作因,除其自性"(同上)。

3."五果"。指由因缘引生的五种结果,即"等流果"、"异熟果"、"离系果"、"士用果"、"增上果"。(1)"等流果"。指由善、恶、无记业因所引生的同类性质的结果,它是由"同类因"、"遍行因"引生的结果。"等流果者,谓善生善,不善生不善,无记生无记"(《大毗婆沙论》卷一百二十)。(2)"异熟果"。指由善、恶业因所招感的苦、乐果报,即"善因乐报"、"恶因苦报",性质上属于非善非恶的"无记性",它是由"异熟因"引生的结果。"异熟果者,谓诸不善(法)、有漏善法(指有烦恼的世间善法),所招异熟因,是善、恶果,唯无记,异类而熟,故立异熟名"(同上)。(3)"离系果"。指由无漏智的简择力,断除烦恼的系缚所证的结果,即"无为法"中的"择灭无为"。"离系果者,谓无间道断诸烦恼,此无间道,以烦恼等断为离系果"(同上)。(4)"士用果"。指由人的作用力引生的结果,它是由"俱有因"、"相应因"引生的结果。"士用果者,若法由彼士用故成此法,说为彼士用果"(同上)。(5)"增上果"。指由某物自体以外的其他事物引生的结果,它是由"能作因"引生的结果。"增上果者,若法由彼增上所起,当知此法是彼增上及增上果"(同上)。以上五果中,"异熟果"、"增上果"、"等流果"、"士用果"、"有为果"四种,是由"六因"引生的,属于"有为果";"离系果"一种,是由修习"圣道"证得的,属于"无为果"。

4."四缘"。指一切有为法生起的四种条件,即"因缘"、"等无间缘"、"所缘缘"、"增上缘"。关于"四缘"说的来历,相传也是出于"契经"(见《大毗婆沙论》卷十六、《俱舍论》卷七),但查检汉译四部《阿含经》,并没有"四缘"的内容。从现存的文献考察,最早提出"四缘"说的,是提婆设摩造的《识身足论》,故"四缘"说也是部派佛教创立的。①"因缘"。指一切事物能亲生自果的内在原因,即"六因"中的五因,"相应因"、"共有因"(又称"俱有因")、"自然因"(又称"同类因")、"遍因"(又称"遍行因")、"报因"(又称"异熟因")。"何等因缘?谓此俱有相应法等"(《识身足论》卷三)。②"等无间缘"(又称"次第缘")。指在"心"、"心所"的活动中,"前念"的刹那灭,为"后念"的刹那生的条件。"何等等无间缘?谓若从彼诸心、心法平等无间"(同上)。③"所缘缘"(又称"缘缘")。指"心"、"心所"以所缘的境界为发生认识的条件("所缘缘"指以所缘为缘)。"何等所缘缘?谓一切色"(同上)。④"增上缘"。指事物以自身以外的一切他物,为生起的条件,即"六因"中的"能作因"。"何等增上缘?谓除自性余一切法"(同上)。

此外,属于上座部系统的《舍利弗阿毗昙论》卷二十六还提到"十缘",即"因缘"(为"四缘"之一)、"无间缘"(又称"等无间缘",为"四缘"之一)、"境界缘"(又称"所缘缘",为"四缘"之一)、"依缘"(指事物以相互依赖的对象为生起条件)、"业缘"(指事物以业的作用为生起条件)、"报缘"(指事物以因果联系为生起条件)、"起缘"(指事物以发起作用为生起条件)、"异缘"(指事物以相互影响为生起条件)、"相续缘"(指事物以连续性为生起条件)、"增上缘"(为"四缘"之一)。但"十缘"说的影响,不及"六因"、"五果"、"四缘"说。其中,"四缘"说,后来也被大乘佛教所采用,成为大小乘通用的教说。

（五）"业"说

"业"，音译"羯磨"，意为造作，指众生的行为。"业"的种类繁多，归纳起来，主要是围绕"业性"、"业道"、"业果"、"业障"等义门展开的。

1. "业性"（又称"业体"）。指"业"的体性。"业"以"思"心所为体，由"思"心所开出"二业"、"三业"、"五业"、"无表三律仪"等。（1）"二业"。指"思"心所的二种活动，即"思业"、"思已业"。"契经说有二种业，一者思业、二思已业。思已业者，谓思所作。如是二业，分别为三，谓即有情身、语、意业"（《俱舍论》卷十三）。也就是说，"业"是由"思"心所发动的身心活动，分为二种。一是"思业"，指"思"心所的思量活动，即"意业"，属于"心法"；二是"思已业"，指由"思"心所发动的身行、语行，即"身业"、"语业"，属于"色法"。（2）"三业"、"五业"。"三业"，指由身、口、意造作的三种行为，即"身业"、"口业"、"意业"。"身业"，指身体动作；"语业"，指言语声音；"意业"，指思量。"身业云何？谓身表及无表。语业云何？谓语表及无表。意业云何？谓思"（《品类足论》卷七）。"身业"、"语业"均有自己的"表业"（又称"有表业"、"作业"）、"无表业"。"表业"（又称"表色"），指显现于外的、可以见闻的身业、语业，它是通于"善"、"恶"、"无记"（指非善非恶）三性的；"无表业"（又称"无表色"），指由身表业、语表业引生的无形色法，即内在的、不可见闻的善恶功能，它是只通"善"、"恶"二性，没有"无记性"的。"意业"以"思"心所为自体，它不是"色法"，没有"表业"，因而也没有由"表业"引生的"无表业"（在部派佛教中，说一切有部主张意业没有"无表业"，而经部则主张意业也有"表业"、"无表业"，见《成实论》卷七）。因此，"三业"若细分的话，则为"五业"，即"身表业"、"身无表业"、"语表业"、"语无表

业"、"意业"。（3）"无表三律仪"。指能引生"无表业"的三种
律仪，即"律仪"、"不律仪"、"非律仪非不律仪"（见《俱舍论》卷
十四）。①"律仪"（又称"善律仪"）。意为"戒"、"防护"，指能
产生防非止恶功能的善戒。依生成的途径，分为三种：一是"别
解脱律仪"（又称"七众别解脱戒"），指佛教七众（出家五众、在
家二众）依受戒而得的善戒，分为八种，即比丘戒、比丘尼戒、式
又摩那六法、沙弥戒、沙弥尼戒、优婆塞戒、优婆夷戒、八斋戒，前
七种为佛教七众须终身受持的戒法，末一种为在家男女于一日
一夜受持的戒法。二是"静虑生律仪"（又称"静虑律仪"、"定
共戒"），指依禅定而得的善戒。三是"道生律仪"（又称"无漏
戒"、"道共戒"），指依悟道而得的善戒。上述三种律仪中，"七
众别解脱戒"除"八斋戒"以外，都是"不随心转戒"，受戒后，其
戒体终生不失，只有发生"舍戒"、"命终"、"二形（指男女二根）
俱生"、"断善根"四种情况，才会消失；而"静虑律仪"、"无漏律
仪"则是"随心转戒"，其戒体是随"定心"而转变的，入定时生
起，出定时消失。②"不律仪"。指能产生作恶止善功能的恶
戒，即从事杀生等恶业。③"非律仪非不律仪"（又称"非善戒
非不善戒"、"住中戒"）。指既非"律仪"的极善行为，亦非"不
律仪"的极恶行为，而是随缘产生的处中的善行或恶行。

　　2."业道"。"业"有粗重与轻微之分，粗重的"业"称为"业
道"，因为它能招感"六道"的果报；轻微的"业"不称"业道"，因
为它不足以招感"六道"的果报。"一切善行、恶行皆业道所摄
耶？答：若于中增上，说名十业道。此诸善行、恶行中增上业胜
者，是业道"（《杂阿毗昙心论》卷三）。因此，只有"增上业胜
者"，才称"业道"。根本性的"业道"，称"十业道"，分为二
种。（1）"十不善业道"。指由身、口、意造作的十种恶行为，即
"杀生"、"窃盗"（又称"不与取"）、"邪淫"（又称"邪行"，以上

三种为身业)、"妄语"(又称"妄言")、"两舌"、"恶口"、"绮语"
(以上为四种口业)、"贪欲"、"瞋恚"、"邪见"(以上三种为意
业)。(2)"十善业道"。指由身、口、意造作的十种善行为,即
"不杀生"、"不窃盗"、"不邪淫"、"不妄言"、"不两舌"、"不恶
口"、"不绮语"、"不贪欲"、"不瞋恚"、"正见行(又称"不邪见";
以上见《舍利弗阿毗昙论》卷七)。

　　3."业报"(又称"业果")。指由身、口、意的行为所招感的
报应。有"三时业"、"四异熟业"、"三受业"等。(1)"三时
业"。指依受报时间区分的三种业,即:"顺现法受业"(又称"现
法报"),指此身造业,此身受报;"顺次生受业"(又称"生报"),
指此世造业,来世受报;"顺后次受业"(又称"后报"),指此世
造业,经二生或多生以后受报(见《大毗婆沙论》卷十九)。
(2)"四异熟业"。指依因果区分的四种业,即:"黑黑异熟业"
(又称"黑业黑报"),指欲界的不善业招感苦报,因果皆黑;"白
白异熟业"(又称"白业白报"),指色界的善业招感乐报,因果皆
白;"黑白黑白异熟业"(又称"黑白业黑白报"),指欲界的善业
杂有不善业者,招感乐与苦相杂的果报,因果黑白间杂;"非黑
非白无异熟业"(又称"非黑非白业非黑非白报"),指无漏业性
不染污,亦不招感乐报,因果为不黑不白(见《大毗婆沙论》卷一
百十四)。(3)"三受业"。指依苦、乐、舍受区分的三种业,即:
"顺乐受业",指招感乐受之业,即欲界至色界第三禅的善业;
"顺苦受业",指招感苦受之业,即欲界的一切恶业;"顺不苦不
乐受业",指招感不苦不乐受之业,即色界第四禅和无色界的一
切善业(见《大毗婆沙论》卷一百十五)。

　　此外,"业"还有各种分类,如"过去、未来、现在业";"善、不
善、无记业";"学(指指预流向至阿罗汉向)、无学(指阿罗汉)、
非学非无学(指凡夫)业";"见所断、修所断、无断业";"欲色、

无色界、系业"等(见《发智论》卷十)。

(六)"烦恼"说

"烦恼",指恼乱身心,令不寂静的心理活动,"烦恼者,相续烦劳众生,故名烦恼"(《阿毗昙心论经》卷三)。烦恼的作用表现在,"世别皆由业生,业由随眠方得生长,离随眠业无能感有"(《俱舍论》卷十九)。也就是说,世间的一切差别都是由"业"产生的,而"业"由烦恼方得生长,若离开了烦恼,"业"就不能招感果报,所以,烦恼是生死之本,佛教的一切修行都是为了断除烦恼,证得解脱。"烦恼"的名目很多,以大类区分,可以分为"根本烦恼"、"随烦恼"二类。

1."根本烦恼"(又称"根本惑")。指恼乱身心的根本性烦恼。根本烦恼,唐以前大多译作"使",如"六使"、"七使"、"九十八使"等。"六使"、"七使"是原始佛教就有的教说,"九十八使"是部派佛教根据"六使"推演的教说。自唐玄奘将"使"译为"随眠"以后,"随眠"便成了根本烦恼的代名词。为何要将根本烦恼译作"使",唐以前汉译论书的解释是:因为"使"有"微"、"坚著"、"相逐"三义,"何故名使? 使是何义? 答曰:微义是使义,坚著义是使义,相逐义是使义"(《阿毗昙毗婆沙论》卷二十七)。为何要将根本烦恼译作"随眠",唐玄奘所译论书的解释是:因为"随眠"有"微细"、"随增义"、"随缚"三义,"何故名随眠? 随眠是何义? 答:微细义、随增义、随缚义,是随眠义"(唐玄奘译《大毗婆沙论》卷五十)。对比这二段文字,可以发现,"使"与"随眠"虽然字面不同,但意思全同,它们是同一个梵文词汇的二种不同译名。在《大毗婆沙论》以后问世的《俱舍论》中,还将"随眠"细分为"微细"、"随增"、"随逐"、"随缚"四义,说:"根本烦恼现在前时,行相难知,故名微细;二随增者,能于所缘及所相应增惛滞故;言随逐者,谓能起得恒随有情,常为过

患,不作加行,为令彼生;或设劬劳为遮彼起,而数现起,故名随
缚。由如是义,故名随眠。"(《俱舍论》卷二十)此中"微细义",
指根本烦恼行相微细;"随增义",指根本烦恼有二种随增,即
"相应随增"、"所缘随增",前者指根本烦恼与相应的"心、心
所"随顺增长,后者指根本烦恼与所缘的境界随顺增长;"随逐
义",指根本烦恼随逐众生;"随缚义",指根本烦恼系缚众生,令
其不得自在。就"随眠"的种类而言,主要有"六随眠"、"七随
眠"、"十随眠"、"九十八随眠"等。

（1）"六随眠"（又称"六使"）。指六种根本烦恼,即"贪"
（指贪欲）、"瞋"（指瞋恚）、"慢"（指傲慢凌人）、"无明"（指愚
痴）、"见"（指恶见）、"疑"（指怀疑真理）。（2）"七随眠"（又
称"七使"）。指七种根本烦恼,即将"六随眠"中的"贪",分拆
为"欲贪"、"有贪"而成,也就是"欲贪"（指欲界的贪欲）、"瞋"、
"有贪"（指色界、无色界的贪欲）、"慢"、"无明"、"见"、"疑"。
（3）"十随眠"（又称"十使"）。指十种根本烦恼,即将"六随
眠"中的"见",分拆为"五见"而成,也就是"有身见"（又称"身
见",指将五蕴之身执著为"我"、"我所"的见解）、"边执见"（又
称"边见",指将五蕴之身执著为断灭或常住的见解）、"邪见"
（指执著无因果的见解）、"见取"（指将恶见执著为胜妙的见
解）、"戒禁取"（指将邪戒执著为清净的见解）、"贪"、"瞋"、
"慢"、"无明"、"疑"。其中,前五者（即五见）是迷于"四谛"之
理而起的"见性"（见解性）烦恼,称为"见惑",因惑性猛利,又
称"五利使",是修行者在见道位（指初见四谛理的阶位,即"四
向四果"中的初位"预流向"）所断的烦恼;后五种是迷于世间事
相而起的"非见性"（非见解性）烦恼,称为"修惑",因惑性迟
钝,又称"五钝使",除"疑"和"五见"一起,在见道位断除以外,
其余四种都是修道位（指修习四谛法的阶位,即"四向四果"中

的第二位"预流果"至第七位"阿罗汉向")所断的烦恼。
(4)"十一遍行随眠"(又称"十一遍使")。指能遍生自界一切烦恼的十一种根本烦恼,即三界中,各界的"见苦谛所断"的七种烦恼(指身见、边见、邪见、见取见、戒禁取、疑、无明)和"见集谛所断"的四种烦恼(指邪见、见取、疑、无明)。(5)"九十八随眠"(又称"九十八使")。指九十八种根本烦恼,即三界(欲界、色界、无色界)的每一界都有五部(五大部类)烦恼,也就是在见道位有"见苦谛所断"、"见集谛所断"、"见灭谛所断"、"见道谛所断"四部烦恼,在修道位有"修所断"一部烦恼。五部烦恼所含"十随眠"的数量不等,多则十种,少则三种,总计为九十八种。其中,欲界系随眠有三十六种,色界系随眠有三十一种,无色界系随眠有三十一种(以上见《俱舍论》卷十九)。

2."随烦恼"(又称"枝末烦恼"、"枝末惑")。指依根本烦恼生起的枝末烦恼。"随烦恼",通常是指"十缠"、"六垢","由随眠故,引起十缠","随眠亦引六烦恼垢(指六垢)"(见《大毗婆沙论》卷四十七)。(1)"十缠"。指依根本烦恼生起的、缠缚众生身心的十种随烦恼,即"无惭"(指不知羞耻)、"无愧"(指不知愧疚)、"嫉"(指妒忌)、"悭"(指悭吝)、"悔"(又称"恶作",指追悔)、"眠"(又称"睡眠",指令心暗昧)、"掉举"(指心神浮躁)、"昏沉"(指心神昏昧)、"忿"(指愤怒)、"覆"(指隐瞒)。"十缠"是从根本烦恼中的"贪"、"无明"、"瞋"、"疑"流出的,"于此所说十种缠中,无惭、悭、掉举是贪等流;无愧、眠、惛沈(昏沉)是无明等流;嫉、忿是瞋等流;悔是疑等流"(《俱舍论》卷二十一)。佛教所说的"一百八烦恼",就是由根本烦恼"九十八随眠",加上枝末烦恼"十缠"构成的,"三界有百八烦恼,九十八结、十缠"(《阿毗昙甘露味论》卷上),"如毗昙说,于彼九十八使之上,加以十缠,即是百八诸烦恼也"(隋慧远《大乘义章》卷六)。不过,在部派佛教中,也有部派对"随眠"与"缠"的关系持不同的看法,如大众部、化地部说,"随眠异缠,缠异随眠,应说随眠与心不相应,缠与心相应"(见《异部宗轮论》),认为"随眠"与"缠"是不同的,"随眠"是潜在的烦恼,与心不相应;"缠"是现行的烦恼,与心相应。(2)"六垢"。指依根本烦恼生起的、垢污众生心性的六种随烦恼,即"恼"(指恼怒)、"害"(指损害众生)、"恨"(指怨恨)、"谄"(指谄谀)、"诳"(指欺诳)、"憍"(指骄矜自持)。"如是六种,从烦恼生,秽污相粗,名烦恼垢。于此六种烦恼垢中,诳、憍是贪等流;害、恨是瞋等流;恼是见取等流;谄是诸见等流。……此垢并缠,从烦恼起,是故皆立随烦恼名"(《俱舍论》卷二十一)。

"烦恼"有很多异名,如"使"、"结"、"缠"、"缚"、"流"、"枙"、"取"、"漏"、"垢"、"惑"、"障"等。由此衍生出"烦恼"的很多小类。其中较为重要的有:"三漏"、"四瀑流"、"四轭"、"四取"、"五顺下分结"、"五顺上分结"、"九结"等。(1)"三漏"。指由六根漏泄过患,令众生流转三界的三种烦恼,即"欲漏"、"有漏"、"无明漏"。(2)"四瀑流"。指令众生漂溺于三界生死的四种烦恼,即"欲瀑流"、"有瀑流"、"见瀑流"、"无明瀑流"。(3)"四轭"。指令众生荷负重苦的四种烦恼,即"欲轭"、"有轭"、"见轭"、"无明轭"。(4)"四取"。指令众生生起执取的四种烦恼,即"欲取"、"见取"、"戒禁取"、"我语取"。(5)"九结"。指结缚身心,令众生不得解脱的九种烦恼,即"爱结"、"恚结"、"慢结"、"无明结"、"见结"、"取结"、"疑结"、"嫉结"、"悭结"。(6)"五顺下分结"。指顺益下分界(欲界)的五种烦恼,即"有身见"、"戒禁取"、"疑"、"欲贪"、"瞋恚"。(7)"五顺上分结"。指顺益上分界(色界、无色界)的五种烦恼,即"色贪"、"无色贪"、"掉举"、"慢"、"无明"。(8)"三缚"。指系缚身心，令众生不得解脱的三种烦恼，即"贪缚"、"瞋缚"、"痴缚"。(9)"五盖"。指覆盖众生心性的五种烦恼，即"欲贪盖"、"瞋恚盖"、"昏眠盖"、"掉悔盖"、"疑盖"(以上见《俱舍论》卷二十、卷二十一)。这些"烦恼"的小类，都是对"根本烦恼"、"随烦恼"作不同的开合形成的，是佛随机施化而说的义项。

(七)"四谛"说

"四谛"(又称"四圣谛")，指显示众生的痛苦与解脱的四种真理(真实不虚的道理)，即"苦谛"、"集谛"、"灭谛"、"道谛"。"经言：夫医王者，谓具四德，能拔毒箭。一善知病状，二善知病因，三善知病愈，四善知良药。如来亦尔为大医王，如实了知苦、集、灭、道"(《俱舍论》卷二十二)。古印度流传，高明的医生能善知病人的"病状"、"病因"、"病愈"、"良药"，"四谛"说正是借鉴这一说法而来的，它说的是世间众生的"苦状"、"苦因"、"苦灭"、"灭苦法"(即修道法)。

相传，佛在拘尸那迦城(又称"鸠尸那城")外的娑罗双树间将涅槃前，对所度的最后一个弟子须跋陀罗说："我年二十有九，出家学道，三十有六，于菩提树下，思八圣道(指八正道)，究竟源底，成阿耨多罗三藐三菩提(意为无上正等正觉)，得一切种智，即往波罗捺(又称"波罗奈斯")国鹿野苑中仙人住处，为阿若憍陈如等五人，转四谛法轮，其得道迹，尔时始有沙门之称，出于世间，福利众生。"(东晋法显译《大般涅槃经》卷下)意思是说，佛二十九岁出家，三十六岁(一说三十五岁)在菩提树下思惟"八正道"觉悟成道，成道后，前往波罗捺国鹿野苑，对阿若憍陈如等五人(曾陪伴佛出家求道的释迦族侍者)初次宣说佛法(又称"初转法轮")，所说的内容就是"四谛"。五人受法皈依，成为最早的"五比丘"，由此建立了佛教僧团。因此，"四谛"、

"十二因缘"理论不仅是最初的佛法,也是大小乘共同依遵的佛教的根本教理。

1. "苦谛"(又称"苦圣谛")。指显示众生痛苦状态的真理。"苦谛"所说的苦,概括而言,是指"五取蕴苦",即由有漏五蕴所生的痛苦,"五取蕴谓色取蕴、受取蕴、想取蕴、行取蕴、识取蕴,是名苦圣谛"(《集异门足论》卷六);分别来说,是指"八苦","云何苦圣谛? 谓生苦、老苦、病苦、死苦、怨憎会苦、爱别离苦、求不得苦、略说一切五取蕴苦"(《法蕴足论》卷六)。(1)"生苦"。指出生的痛苦。(2)"老苦"。指衰老的痛苦。(3)"病苦"。指疾病的痛苦。(4)"死苦"。指死亡的痛苦。(5)"怨憎会苦"。指与怨憎者相会的痛苦。(6)"爱别离苦"。指与亲爱者离别的痛苦。(7)"求不得苦"。指希求不得的痛苦。(8)"略说一切五取蕴苦"。指由有漏五蕴(又称"五取蕴",即色取蕴、受取蕴、想取蕴、行取蕴、识取蕴)所生的痛苦。"何因缘故,略说一切五取蕴为苦? 谓五取蕴无常转动,劳倦羸笃,是失坏法;迅速不停,衰朽非恒,不可保信,是变坏法。有增有减,暂住速灭,本无而有,有已还无。由此因缘,略说一切五取蕴为苦"(《法蕴足论》卷六)。"八苦"所说的"苦",其性质为"三苦"。一是"苦苦",指由苦境所生的痛苦;二是"坏苦",指由乐境的坏灭所生的痛苦;三是"行苦",指由有为法的迁流无常所生的痛苦。其中,"生苦"、"病苦"、"怨憎会苦"、"求不得苦"所受的苦为二种,即"苦苦"、"行苦";"老苦"、"死苦"、"爱别离苦"所受的苦为三种,即"苦苦"、"行苦"、"坏苦";"略说一切五取蕴苦",是上述七苦的总根源。

2. "集谛"(又称"集圣谛"、"苦集圣谛")。指显示众生痛苦原因的真理。"苦谛"所说的"集",概括而言,是指"诸有漏因"(指一切烦恼的原因),"诸有漏因,是名苦集圣谛"(《集异门足论》卷六）；分别来说，是指"诸爱"（又称"贪爱"、"渴爱"），以及由"诸爱"引生的"一切不善法，一切有漏善法（指有烦恼的世间善法），一切结、缚、随眠、随烦恼、缠等"（以上见《法蕴足论》卷六）。

3. "灭谛"（又称"灭圣谛"、"苦灭圣谛"）。指显示众生痛苦断灭的真理。"灭谛"所说的"灭"，概括而言，是指"择灭无为"，即由无漏智的简择力，断灭一切烦恼，而证得的寂灭，"择灭无为，是名苦灭圣谛"（《集异门足论》卷六）；分别来说，是指断灭"诸爱"，以及由"诸爱"引生的"一切不善法，一切有漏善法（指有烦恼的世间善法），一切结、缚、随眠、随烦恼、缠等"（以上见《法蕴足论》卷六）。

4. "道谛"（又称"道圣谛"、"趣苦灭道圣谛"）。指显示众生痛苦断灭方法的真理。概括而言，是指"诸学法、无学法"，"诸学法、无学法，是名趣苦灭道圣谛"（《集异门足论》卷六）；分别来说，是指"八正道"，"云何趣苦灭道圣谛？谓若道、若圣行，于过去、未来、现在苦，能永断、能弃舍、能变吐、能尽、能离染、能灭、能寂静、能隐没。此复是何？谓八支圣道，则是正见、正思惟、正语、正业、正命、正勤、正念、正定"（以上见《法蕴足论》卷六）。"八正道"（又称"八支圣道"、"八道支"），指趣向涅槃解脱的八种修行方法。（1）"正见"。指正确的见解。（2）"正思惟"。指正确的思惟。（3）"正语"。指正确的言语。（4）"正业"。指正当的行为。（5）"正命"。指正当的生活。（6）"正精进"（又称"正勤"）。指正确的精进。（7）"正念"。指正确的忆念。（8）"正定"。指正确的禅定。

"道谛"所说的"道"（修行法），除了"八正道"以外，还有"三学"、"三十七菩提分法"等。

"三学"，指三种学业，即"戒学"、"定学"、"慧学"。

（1）"戒学"（又称"增上戒学"）。指戒律之学，"安住具戒，守护别解脱律仪，轨则所行，悉皆具足，于微小罪见大怖畏，受学学处（指戒），是名增上戒学"（《集异门足论》卷五）。（2）"定学"（又称"增上定学"、"增上心学"）。指禅定之学，"离欲恶不善法，有寻有伺，离生喜乐，入初静虑（又称初禅）具足住，广说乃至入第四静虑（又称第四禅）具足住，是名增上心学"（同上）。（3）"慧学"（又称"增上慧学"）。指智慧之学，"如实了知此是苦圣谛，此是苦集圣谛，此是苦灭圣谛，此是趣苦灭道圣谛，是名增上慧学"（同上）。"八正道"与"三学"的关系是："八正道"中的"正见"、"正思惟"，是"慧学"；"正语"、"正业"、"正命"，是"戒学"；"正精进"、"正念"、"正定"，是"定学"。故"八正道"是包含"三学"的（以上见《四谛论》卷四）。

　　"三十七菩提分法"（又称"三十七道品"）。指趣向菩提（觉悟）的三十七种修行方法，分为七类，"有三十七菩提分法，谓四念住、四正胜（断）、四神足、五根、五力、七觉支、八道支"（《大毗婆沙论》卷九十六）。（1）"四念住"（又称"四念止"、"四念处"）。指以智慧观察身、受、心、法四境，以对治净、乐、常、我四颠倒的禅观，即"身念住"（指观身不净）、"受念住"（指观受是苦）、"心念住"（指观心无常）、"法念住"（指观法无我）。（2）"四正断"（又称"四意断"、"四正勤"）。指断恶生善的四种修行方法，即"于已生恶不善法为令断"（指为断除已生恶法而精进）；"于未生恶不善法为不生"（指为使未生恶法不生而精进）；"于未生善法为令生"（指为使未生善法能生而精进）；"于已生善法为令安住不忘，倍修增广"（指为使已生善法增长而精进；以上见《大毗婆沙论》卷一百四十一）。（3）"四神足"。指能获得神通（深妙神奇的功能）的四种禅定，即"欲三摩地断行成就神足"（指由意欲力发起的能得神通的禅定）；"勤三摩地断行成就神足"(指由精进力发起的能得神通的禅定);"心三摩地断行成就神足"(指由心念力发起的能得神通的禅定);"观三摩地断行成就神足"(指由思惟观察力发起的能得神通的禅定)。(4)"五根"。指能生长善法的五种根性,即"信根"(指信乐善法的根性)、"精进根"(指勤勇进取的根性)、"念根"(指明记不忘的根性)、"定根"(指令心专注一境的根性)、"慧根"(指智慧的根性)。(5)"五力"。指由"信"等五根产生的五种力量,即"信力"、"精进力"、"念力"、"定力"、"慧力"。(6)"七觉支"(又称"七觉分")。指趣向觉悟的七种修行方法,即"念觉支"(指明记善法,不忘不失)、"择法觉支"(指简择诸法,通达明了)、"精进觉支"(指精进修行,不生懈怠)、"喜觉支"(指契悟正法,心生喜悦)、"轻安觉支"(指断除粗重烦恼,身心轻安)、"定觉支"(指心注一境,不散不乱)、"舍觉支"(指令心平等,不起执著)。(7)"八正道"。指趣向涅槃解脱的八种修行方法,即"正见"、"正思惟"、"正语"、"正业"、"正命"、"正精进"、"正念"、"正定"。虽说"八正道"为"三十七菩提分法"之一,但由于它是总的修道法,"若以一切摄入道支,即八道支"(《大毗婆沙论》卷九十六),故"八正道"与"三十七菩提分法"是同等的修行法门,只是开合不同而已。

此外,"四谛"有"十六行相"(又称"四谛十六行相"),这是部派佛教提出的新说。"苦谛"有"非常"(指待众缘生)、"苦"(指迁流逼迫)、"空"(指违我所见)、"非我"(指违我见)四行相;"集谛"有"因"(指如种生芽)、"集"(指能等现果)、"生"(指令果相续)、"缘"(指能成办果)四行相;"灭谛"有"灭"(指诸有漏蕴断尽)、"静"(指贪瞋痴息灭)、"妙"(指体无众患)、"离"(指脱离众灾)四行相;"道谛"有"道"(指通于圣行)、"如"(指契合正理)、"行"(指正趣涅槃)、"出"(指永超生死)

四行相（见《俱舍论》卷二十六）。观察"四谛十六行相"，能渐次增长善根，引发无漏智（指无烦恼过患的智慧），而入见道（指初见四谛理的阶位，即"四向四果"中的初位"预流向"）。因此，"四谛"既是修行者应当了解的教理，也是修行者在修行过程中的观想对象。

（八）"禅定"说

"禅定"，是"禅"与"定"的合称，指心注一境而不散乱的精神境界。"禅"为梵文音译"禅那"的略称，意译"思惟"、"静虑"；"定"为梵文音译"三摩地"（又译"三昧"、"等持"）的意译。"禅"最初是指"四禅"，"定"最初是指"四无色定"、"三三摩地"（指空、无愿、无相三摩地）。《阿毗昙甘露味论》卷下说："云何禅定？八禅定，四禅、四无色定。"后来，随着理论的发展，"定"的含义不断扩大，逐渐演化为以"定"摄"禅"。《瑜伽师地论》卷十说："此地（指三摩呬多地）中略有四种。一者静虑（指四禅）、二者解脱（指八解脱）、三者等持（指三三摩地等）、四者等至（指不净观、八胜处、十遍处、四无色定、二无心定）。"唐窥基《瑜伽师地论略纂》卷五将"定"的异名，归纳为七种，分别是："三摩呬多"（又译"三摩提"，意译"等引"、"胜定"）、"三摩地"（又译"三昧"，意译"等持"、"正定"）、"三摩钵底"（又译"三摩跋提"，意译"等至"、"正受现前"）、"驮演那"（又译"禅那"，意译"思惟"、"静虑"）、"质多翳迦阿羯罗多"（意译"心一境性"）、"奢摩他"（意译"止"）、"现法乐住"（指由修习四禅引生的身心安乐）。因此，从佛经语义学上说，"定"的含义较广，它是包括"禅"的。由于在汉语中，"定"字是非外来名词，它本身含有多种古义，为简别"定"的其他意思，人们习惯上将佛教术语中的"定"，称为"禅定"或"禅"，从而形成了"禅"比"定"更为流行的语言现象。

禅定是古印度社会通行的修行法门之一,佛教、外道、凡夫都修习它。佛祖释迦牟尼出家修行时,也修习过禅定。由于禅定具有专注一境,制止散乱,令心回归宁静的特质,自原始佛教起,它就被纳入佛教的修行法门,成为佛弟子必修的"三学"(戒、定、慧)之一。佛经上强调,修习禅定,具有"住现法乐"、"得胜知见"、"得分别慧"、"诸漏永尽"四种作用,"契经复说四修等持。一为住现法乐修三摩地,二为得胜知见修三摩地,三为得分别慧修三摩地,四为诸漏永尽修三摩地"(《顺正理论》卷七十九)。为此,故须修习禅定。

"禅定"的种类很多,主要有:"四静虑"、"四无色定"、"三三摩地"、"四无量"、"八解脱"、"八胜处"、"十遍处"、"五停心观"等。

1."四静虑"(又称"四禅")。指色界的四种根本禅定,有十八禅支。(1)"初静虑"。指具有"寻"(又称"觉",指粗浅推度)、"伺"(又称"观",指深细思察)、"喜"、"乐"(指由远离欲界的贪欲、不善法,而生起喜受、乐受)、"心一境性"(又称"等持",指令心专注一境)五支的禅定。"寻、伺、喜、乐、心一境性,总此五支,名初静虑"(《法蕴足论》卷七)。(2)"第二静虑"。指具有"内等净"(指由断灭寻、伺,而令心澄净)、"喜"、"乐"(指由断灭寻、伺,而生起喜受、乐受)、"心一境性"四支的禅定。"在此定中,内等净、喜、乐、心一境性,总此四支,名第二静虑"(同上)。(3)"第三静虑"。指具有"行舍"(指令心平等,寂静而住)、"正念"、"正知"、"身受乐"(指由舍离第二禅的喜受,而得胜妙的乐受)、"心一境性"五支的禅定。"行舍、正念、正知、身受乐、心一境性,总此五支,名第三静虑"(同上)。(4)"第四静虑"。指具有"不苦不乐受"(指由舍离第三禅的乐受,而住于不苦不乐受)、"舍清净"(又称"行舍清净")、"念清净"(指明记不忘修行功德)、"心一境性"四支的禅定。"不苦不乐受、舍、念、心一境性。总此四支,名第四静虑"(见《法蕴足论》卷七,《大毗婆沙论卷》卷八十所说与之相同;《俱舍论》卷二十八中,"第四静虑"四支的顺序作"行舍清净"、"念清净"、"非苦乐受"、"等持")。

2. "四无色定"。指"无色界"的四种根本禅定。(1)"空无边处定"。指超越"色界"的"第四禅",灭除一切"色想",令心住于"空无边处"的禅定。"超诸色想,灭有对想,不思惟种种想,入无边空,空无边处具足住,是名空无边处"(《大毗婆沙论》卷八十四)。(2)"识无边处定"。指超越"空无边处定",令心住于"识无边处"的禅定。"超一切空无边处,入无边识,识无边处具足住,是名识无边处"(同上)。(3)"无所有处定"。指超越"识无边处定",令心住于"无所有处"的禅定。"超一切识无边处,入无所有,无所有处具足住,是名无所有处"(同上)。(4)"非想非非想处定"。指超越"无所有处定",令心住于"非想非非想"的禅定("非想"指已无粗想,"非非想"指尚有细想。前者有别于"灭尽定",后者有别于"无想定")。"超一切无所有处,入非想非非想处具足住,是名非想非非想处"(同上)。

"四静虑"、"四无色定"合称"八等至"。其中,从"四静虑"中的"初静虑",至"四无色定"中的第三定"无所有处定",合计七定,每一定都有三种性质的禅定,即"味等至"(又称"味定",指与"贪"等烦恼相应的禅定)、"净等至"(又称"净定",指与"无贪"等有漏善法,即与有烦恼的世间善法相应的禅定)、"无漏等至"(又称"无漏定",指与"无漏智",即与无烦恼过患的智慧相应的禅定);唯有"四无色定"中的第四定"非想非非想处定",因定心昧劣,不能生起无漏定,故它是只有"味等至"、"净等至",而没有"无漏等至"的(见《俱舍论》卷二十八)。

"四静虑"、"四无色定"作为八种根本定,每一种根本定都有自己的"近分定"(意为接近根本定的禅定),即根本定之前所修的加行(加功用行)定,合计有八种(初禅的近分定,为色界初禅之前的欲界禅定,特称"未至定",意为未至根本定的禅定)。八根本定、八近分定,依有无"寻"、"伺"心所的活动区分,分为三类。一是"有寻有伺定",指与"寻"、"伺"二心所都相应的禅定,即"未至定"和"初禅";二是"无寻唯伺定",指与"寻"不相应,唯与"伺"相应的禅定,即"中间定"(指色界初禅与第二禅的近分定之间的禅定);三是"无寻无伺定",指与"寻"、"伺"都不相应的禅定,即从色界第二禅的近分定至无色界第四定的七种禅定。

3. "三三摩地"(又称"三三昧"、"三等持")。指三种禅定。(1)"空三摩地"。指观察诸法自性空寂的禅定,此定与"苦谛"的空、无我(又称"非我")二种行相相应,"若空、无我二行相俱无漏等持,名空三摩地"(《大毗婆沙论》卷百四十一)。(2)"无愿三摩地"。指对诸法无所愿乐造作的禅定,此定与"四谛"的十种行相,即"苦谛"的苦、无常二行相;"集谛"的因、集、生、缘四行相;"道谛"的道、如、行、出四行相相应,"若无常、苦、因、集,生、缘、道、如、行、出十行相俱无漏等持,名无愿三摩地"(同上)。(3)"无相三摩地"。指观察诸法无差别相的禅定,此定与"灭谛"的灭、静、妙、离四种行相相应。"若灭、静、妙、离四行相俱无漏等持,名无相三摩地"(同上)。"三三摩地"以"三摩地"心所为自性,"三摩地"是通于"有漏"、"无漏"的,而此处所说的"三三摩地",唯通"无漏"。

4. "四无量"(又称"四无量心"、"四无量定"),指能引生利乐一切众生四种无量心的禅定。之所以称为"四无量心",因为它以无量众生为所缘,能引生无量福、招感无量果。在禅定中,

"四无量"、"八解脱"、"八胜处"、"十遍处",被称为"依定所起功德"(见《俱舍论》卷二十九),即依根本禅定而起的观想。由于它们都属于"三摩钵底"(又译"三摩跋提",意译"等至"、"正受现前"),因而也是禅定(见《瑜伽师地论》卷十)。(1)"慈无量"(又称"慈无量心")。指思惟给予一切众生快乐而起的慈心,以对治"瞋"。"云何(如何)当令诸有情类得如是乐,如是思惟,入慈等至"(同上)。(2)"悲无量"(又称"悲无量心")。指思惟拔济一切众生痛苦而起的悲心,以对治"害"。"云何当令诸有情类离如是苦,如是思怆,入悲等至"(同上)。(3)"喜无量"(又称"喜无量心")。指思惟一切众生离苦得乐而起的喜心,以对治"不欣慰"(即嫉)。"诸有情类得乐离苦,岂不快哉,如是思惟,入喜等至"(同上)。(4)"舍无量"(又称"舍无量心")。指思惟一切众生平等,无有亲怨之别而起的舍心,以对治欲界的"贪"、"瞋"。"诸有情类平等平等,无有亲怨,如是思惟,入舍等至"(同上)。

5."八解脱"(又称"八背舍")。指断除三界贪欲而得解脱的八种禅定。(1)"内有色想,观诸色解脱"。指依"初禅"而起的解脱,即在内有"色想"时,通过观察欲界的不净色,如青瘀等色,令贪欲不起。(2)"内无色想,观外色解脱"。指依"第二禅"而起的解脱,即在内无"色想"时,通过观察欲界的不净色,令贪欲不起。(3)"净解脱身作证具足住"(又称"净解脱")。指依"第四禅"而起的解脱,即通过观察欲界的净色,如青、黄、赤、白等色,令贪欲不起。(4)"空无边处具足住解脱"(又称"空无边处解脱")。指依"空无边处定"而起的解脱。(5)"识无边处具足住解脱"(又称"识无边处解脱")。指依"识无边处定"而起的解脱。(6)"无所有无所有处具足住解脱"(又称"无所有处解脱")。指依"无所有处定"而起的解脱。(7)"非想非非想处具足住解脱"(又称"非想非非想处解脱")。指依"非想非非想处"而起的解脱。(8)"想受灭身作证具足住解脱"(又称"灭尽定解脱")。指依"灭尽定"而起的解脱。此中,前三种解脱在色界,后五种解脱在无色界(以上见《大毗婆沙论》卷八十四)。

6."八胜处"(又称"八除入")。指通过观想欲界的色法,以断除贪欲的八种禅定,它们是从"八解脱"的前三种解脱分出的。(1)"内有色想,观外色少"。(2)"内有色想,观外色多"。以上二种相当于第一解脱。(3)"内无色想,观外色少"。(4)"内无色想,观外色多"。以上二种相当于第二解脱。(5)"内无色想,观外诸色青"(又称"青胜处")。(6)"内无色想,观外诸色黄"(又称"黄胜处")。(7)"内无色想,观外诸色赤"(又称"赤胜处")。(8)"内无色想,观外诸色白"(又称"白胜处")。以上四种相当于第三解脱。"八胜处"就"界"而言,都在色界;就"地"而言,前四种胜处在"初静虑"、"第二静虑"、"未至定"(指进入色界初静虑之前的欲界禅定)、"静虑中间"(又称"中间定",指初静虑与第二静虑中间的禅定),后四种胜处在"第四静虑"(以上见《大毗婆沙论》卷八十五)。

7."十遍处"(又称"十遍处定"、"十一切处")。指观想"地大"等十法周遍一切处的禅定,即:(1)"地遍处定"。指观想"地大"周遍一切处。(2)"水遍处定"。指观想"水大"周遍一切处。(3)"火遍处定"。指观想"水大"周遍一切处。(4)"风遍处定"。指观想"风大"周遍一切处。(5)"青遍处定"。指观想"青色"周遍一切处。(6)"黄遍处定"。指观想"黄色"周遍一切处。(7)"赤遍处定"。指观想"赤色"周遍一切处。(8)"白遍处定"。指观想"白色"周遍一切处。(9)"空遍处定"。指观想"虚空"周遍一切处。(10)"识遍处定"。指观想

"识"周遍一切处(以上见《集异门论》卷十九、卷二十)。"十遍处"就"界"而言,前八遍处在色界,后二遍处在无色界;就"地"而言,前八遍处在"第四静虑",第九遍处在"空无边处",第十遍处在"识无边处"(见《大毗婆沙论》卷八十五)。

此外,《解脱道论》卷三说的"十念",也是依禅而起的观想,属于禅法之一。"十念"(又称"十随念"),指专心忆念的十种境相,即"念佛、念法、念僧、念戒、念施、念天、念死、念身、念数息、念寂寂(又称念寂)"。

上述各种禅定,都是以"四静虑"为基础建立施设的,故佛教特别强调初学者须修习"四静虑"(即四禅),称"四静虑"(即四禅)为"如来迹"(佛所行的道路),"第四静虑"为"究竟止观"。《大毗婆沙论》卷八十一说:"第四静虑是如来迹,是佛所行、佛所习近。……此中如来迹者,说第四静虑究竟奢摩他(意译止)。佛所行者,说第四静虑究竟毗钵舍那(意译观)。佛所习近者,总说第四静虑究竟止观"。"四静虑"在禅法中的地位,由此可见一斑。

(九)"道位"说

佛教修行者依所修的解脱法区分,分为"声闻乘"、"辟支佛乘"、"菩萨乘"三乘。"声闻乘",指听闻佛陀言教,修习"四谛"而得道者;"辟支佛乘"(又称"缘觉乘"),指独自观察"十二因缘"而得道者,下分二种:有佛之世,独自观察"十二因缘"而得道者,称为"缘觉",无佛之世,独自观察"十二因缘"而得道者,称为"独觉";"菩萨乘",指修行"六度",上求菩提,下化众生,成就自利利他的修道者。小乘佛教所修的解脱法,属于"声闻乘",它以"四谛"法为修持法门,以证得阿罗汉为最高果位,由此建构了"四向四果"、"七贤八圣"等修行道位说。

1. "四向四果"(又称"四双八辈")。指声闻乘修行的八种

阶位,即"预流向"、"预流果"、"一来向"、"一来果"、"不还向"、
"不还果"、"阿罗汉向"、"阿罗汉果"。这是原始佛教时期就有
的修道理论,小乘佛教对此作了继承和弘扬。(1)"预流向"
(又称"须陀洹向")。指声闻乘趣向初果的因位。"预流向者,
已得无间道,能证预流果,谓此无间证预流果,彼于欲界贪欲、瞋
恚,由世间道,先未能断多分品类,于四圣谛,先未现观,今修现
观"(《法蕴足论》卷三)。(2)"预流果"(又称"须陀洹果")。
指声闻乘的初果,即已断除"三结"(指有身见、戒禁取、疑),预
入圣者之流的果位。"预流果者,谓现法中,已于三结,永断遍
知,谓有身见、戒禁取、疑"(同上)。(3)"一来向"(又称"斯陀
含向")。指声闻乘趣向第二果的因位。"一来向者,已得无间
道,能证一来果,谓此无间证一来果,彼于欲界贪欲、瞋恚,由世
间道,或先已断多分品类,于四圣谛,先未现观,今修现观"(同
上)。(4)"一来果"(又称"斯陀含果")。指声闻乘的第二果,
即断除"三结",贪、瞋、痴三毒转薄,死后从人间生于天界,又从
天界生于人间的果位。"一来果者,谓现法中,已于三结,永断
遍知,及断多分贪欲、瞋恚"(同上)。(5)"不还向"(又称"阿
那含向")。指声闻乘趣向第三果的因位。"不还向者,已得无
间道,能证不还,谓此无间证不还,彼于欲界贪欲、瞋恚,由
世间道或先永断,于四圣谛,先未现观,今修现观"(同上)。
(6)"不还果"(又称"阿那含果")。指声闻乘的第三果,即断
除"五顺下分结"(指有身见、戒禁取、疑、贪欲、瞋恚),死后不再
受生于欲界的果位。"不还果者,谓现法中,于五顺下分结,已
永断遍知,谓有身见、戒禁取、疑、贪欲、瞋恚"(同上)。(7)"阿
罗汉向"(以上均属于"修道位")。指声闻乘趣向第四果的因
位。"阿罗汉向者,已得无间道,能证阿罗汉果,谓此无间证得
最上阿罗汉果"(同上)。(8)"阿罗汉果"(又称"无学果")。

指声闻乘的第四果,即断除贪、瞋、痴等一切烦恼,不再生死轮回的果位。"阿罗汉果者,谓现法中,贪、瞋、痴等一切烦恼,皆已永断"(同上)。

2.　"七贤八圣"。指小乘的修行阶位,以是否"见道"(指证见"四谛"之理),分为两个阶段。"见道"以前,称为"贤位"(又称"七贤位"、"七方便"),下分"三贤位"(又称"资粮位")、"四善根位"(又称"加行位")二个阶位,有七种贤人;"见道"以后,称为"圣位",它包括全部"四向四果",分为"见道位"、"修道位"、"无学位"三个阶位,有八种圣人。两者合称"七贤八圣",又称"小乘五位",这是部派佛教建立的新说。

3.　"三贤位"(又称"资粮位")。指修行者为入"见道"(指证见"四谛"之理)而修集福德、智慧二种资粮的修行阶位。修行者在此位须"精勤修习惠施、净戒、不净观、持息念、念住、闻思修慧"(《大毗婆沙论》卷六十五),特别是"五停心观"、"别相念住"、"总相念住"。(1)"五停心观"。指对治"贪欲"等烦恼的五种禅观,即"不净观"、"慈悲观"、"缘起观"、"界分别观"、"数息观"(又称"持息念")。所说的"不净观",指观想身体的不净,以对治"贪欲"的禅观;"慈悲观",指观想众生的苦乐,愿拔苦与乐,以对治"瞋恚"的禅观;"缘起观",指观想"十二缘起"的生灭,以对治"愚痴"的禅观;"界分别观"(又称"界差别观"、"界方便观"),指观想诸法由"六界"(指地、水、火、风、空、识)假合而成,以对治"我见"的禅观;"数息观",指数出入息,以对治"乱心"的禅观(以上见《杂阿毗昙心论》卷五、《达摩多罗禅经》卷上、卷下等;大乘禅法则以"念佛观"代替"界分别观")。"五停心观"虽说有五种,但主要是修习"不净观"、"数息观",由此二门,心便得定,然后才能依"止"起"观",修习"四念住"。(2)"别相念住"。指修习"四念住"(又称"四念处",

指身念住、受念住、心念住、法念住)的别相,各别地观察"身"、"受"、"心"、"法"的自相,观身不净、观受是苦、观心无常、观法无我,以对治"常"、"乐"、"我"、"净"四种颠倒。(3)"总相念住"。指修习"四念住"的总相,即住于"法念住",综合地观察一切法的"共相",亦即"无常"、"苦"、"空"、"无我"四相(以上见《俱舍论》卷二十三、《杂阿毗昙心论》卷五)。

4."四善根位"(又称"加行位")。指修行者为入"见道"而加功用行的修行阶位,即以"四禅"为所依,观察"四谛十六行相",依次成就能引生见道无漏智(指无烦恼过患的智慧)的四种善根。(1)"暖法"(又称"暖位"、"暖善根")。指观察"四谛十六行相",以智慧之火,烧"烦恼"之薪而成就的最初的善根。(2)"顶法"(又称"顶位"、"顶善根")。指在"暖法"之上,观察"四谛十六行相",增进转上而成就的善根。(3)"忍法"(又称"忍位"、"忍善根")。指在"顶法"之上,观察"四谛十六行相",而成就的认可"四谛"之理、安住不动的善根,亦即不会退堕"恶趣"的善根。下分三品,"下忍位",观察"四谛十六行相";"中忍位",渐次减少观修的"谛"和"行相"(又称"减缘减行"),最后只留下欲界苦谛下的一种行相(根据不同的根机,在苦谛的无常、苦、空、无我四行相中选一种);"上忍位",于一刹那观修"中忍位"留下的欲界苦谛下的一种行相。(4)"世第一法"(又称"世第一法位"、"世第一善根")。指在"忍法"之上,观察"苦谛"的某一行相而成就的最殊胜的善根,能于次一刹那进入"见道位"(以上见《俱舍论》卷二十三、《杂阿毗昙心论》卷五)。

5."见道位"。指断除三界"见惑",证见"四谛"之理的修行阶位,即"四向四果"中的初位"预流向"。修行者在此位观察三界"四谛",生起"见道十六心"(又称"见谛十六心"、"八忍八智"),即十六种智慧。它们是:第一"苦法忍";第二"苦法智",

指观察欲界"苦谛"而生的无间道智（指断除烦恼之智，即断惑智）、解脱道智（指证悟真理之智，即证理智）；第三"苦类忍"；第四"苦类智"，指观察色界、无色界（称为"上二界"）的"苦谛"而生的断惑智、证理智；第五"集法忍"；第六"集法智"，指观察欲界"集谛"而生的断惑智、证理智；第七"集类忍"；第八"集类智"，指观察色界、无色界"集谛"而生的断惑智、证理智；第九"灭法忍"；第十"灭法智"，指观察欲界"灭谛"而生的断惑智、证理智；第十一"灭类忍"；第十二"灭类智"，指观察色界、无色界"灭谛"而生的断惑智、证理智；第十三"道法忍"；第十四"道法智"，指观察欲界"道谛"而生的断惑智、证理智；第十五"道类忍"；第十六"道类智"，指观察色界、无色界"道谛"而生的断惑智、证理智。其中，前十五心属"见道位"的"预流向"，第十六心属"修道位"的"预流果"（以上见《俱舍论》卷二十三、《杂阿毗昙心论》卷五）。

　　6. "修道位"。指渐次断除三界"修惑"的修行阶位，即"四向四果"中的第二位"预流果"至第七位"阿罗汉向"。修行者在此位须渐次断灭"八十一品修惑"，从"预流果"修起，历经"一来向"、"一来果"、"不还向"、"不还果"，而入"阿罗汉向"。"八十一品修惑"，指"三界"依禅定的浅深，分为"九地"。一是"五趣杂居地"，指欲界，即地狱、饿鬼、畜生、人、六欲天杂居之地；二是"离生喜乐地"，指色界初禅天；三是"定生喜乐地"，指色界第二禅天；四是"离喜妙乐地"，指色界第三禅天；五是"舍念清净地"，指色界第三禅天；六是"空无边处地"，指无色界第一天；七是"识无边处地"，指无色界第二天；八是"无所有处地"，指无色界第三天；九是"非想非非想处地"，指无色界第四天。每一地都有"九品修惑"。此中"修惑"，指修道位所断的根本烦恼，其中，欲界的修惑有"贪"、"瞋"、"痴"、"慢"四种；色界、无色界的修惑各有"贪"、"痴"、"慢"三种(这是因为通过修习四禅、四无色定,已断除了"瞋"),合计十种。"九品",指"修惑"依其势力的强弱,分为上、中、下三品,而每一品又各分上、中、下,从而构成九品(即上上、上中、上下、中上、中中、中下、下上、下中、下下品)。"九地"中每一地各有九品修惑,合计"八十一品修惑"。此中,已断见惑而未断修惑的,称为"预流果";已断欲界第一品至第五品修惑者,称为"一来向";已断欲界第六品修惑的,称为"一来果";已断欲界第七品、第八品修惑的,称为"不还向";已断欲界第九品修惑的,称为"不还果";已断色界"离生喜乐地"第一品至无色界"非想非非想处地"第八品修惑的,称为"阿罗汉向"(以上见《俱舍论》卷二十三、卷二十四)。

7."无学位"(又称为"究竟位")。指断灭一切烦恼,获得解脱的阶位,即"四向四果"中的第八位"阿罗汉果"。修行者在此位依"金刚喻定"(又称"金刚三昧"),断除无色界"非想非非想处地"第九品修惑,从而断尽一切烦恼,达到无法可学的最高境界。"阿罗汉"依种性区别,分为六种。(1)"退法阿罗汉"。指遇到恶缘,便退失所得之果的阿罗汉。(2)"思法阿罗汉"。指因恐退失所得之果,常想持刀自害,以求早日入"无余涅槃"的阿罗汉。(3)"护法阿罗汉"。指对所得之果,殷重守护,使其不再退失的阿罗汉。(4)"安住法阿罗汉"。指能安住于所得之果,既不退失,也不升进的阿罗汉。(5)"堪达法阿罗汉"。指能善修"练根"(调练根性,使其转为胜根),迅速达到"不动种性"的阿罗汉。(6)"不动法阿罗汉"。指本来就有或"练根"所得"不动种性"的阿罗汉。前五种阿罗汉属于钝根阿罗汉,须待"胜缘"(如衣食、住处、师友等具足),方能获得解脱,故又称"时解脱";末一种"不动法阿罗汉"属于利根阿罗汉,不待"胜缘",随时随地都能获得解脱,故又称"不时解脱"。"时解脱"只能证得"尽智"、"无学正见"二智;"不时解脱"能证得"尽智"、"无生智"、"无学正见"三智(以上见《俱舍论》卷二十五)。

小乘修行阶位中的"圣者",除了"八圣"(即"四向四果")说以外,还有"七圣"说。"八圣"(又称"七补特伽罗"),是对修行者的修行次第和果位所作的区分;"七圣",是对修行者的根性利纯所作的区分。《俱舍论》卷二十五说:"学(包括见道、修道)、无学位有七圣者。一切圣者皆此中摄。一随信行、二随法行、三信解、四见至、五身证、六慧解脱、七俱解脱。"此中"随信行",指见道位随信他言而修行的钝根者;"随法行",指见道位随顺教法而修行的利根者;"信解",指修道位随信他言而修行的钝根者;"见至",指修道位随顺教法而修行的利根者;"身证",指修道位依"灭尽定"证得不还果的利根者;"慧解脱",指无学位未得"灭尽定",唯以智慧力,断除烦恼而得解脱的钝根者;"俱解脱",指无学位得"灭尽定",能以智慧力和"灭尽定"力,断除烦恼而得解脱的利根者(以上见《俱舍论》卷二十五、《大毗婆沙论》卷五十四等)。

小乘佛教的教理除上述九大主题之外,还有"戒律"说(详见《大藏经总目提要·律藏》)、"阿罗汉"说、"佛陀"说等。这些教理若广说的话,便是小乘佛教思想史。

三、本 部 大 略

小乘阿毗达磨部,共收录小乘论四十部七百三十三卷。分为四门。

(一)早期说一切有部论书

此类典籍总计有十四部一百五十七卷。

(1)唐玄奘译《阿毗达磨法蕴足论》十二卷。论释《阿含

经》义理,分为二十一品,始《学处品》,终《缘起品》,每一品各释
一经(未标立小经的名称),总计释经二十一种,为说一切有部
根本论书"六足论"之一。(2)唐玄奘译《阿毗达磨集异门足
论》二十卷。解释佛教法数(含数字的佛教术语),分为十二品,
始《缘起品》,终《赞劝品》,以法数所含数字的大小为序,分类编
排,总计解释"一法"至"十法"的法数一百九十二条,为"六足
论"之一。(3)北宋法护等译《施设论》七卷。论述世间诸法差
别的原因等问题,为《施设足论》的节本,"六足论"之一。
(4)唐玄奘译《阿毗达磨识身足论》十六卷。论述"六识身"(又
称"六识",身表示复数)等理论,分为六篇,始《目乾连蕴》,终
《成就蕴》,为"六足论"之一。(5)唐玄奘译《阿毗达磨品类足
论》十八卷。论述一切法(事物)的种类与性相理论,分为八品,
始《辩五事品》,终《辩抉择品》,为"六足论"之一。(6)刘宋求
那跋陀罗等译《众事分阿毗昙论》十二卷。前书的异译本,分为
八品,始《五法品》,终《择品》。(7)后汉安世高译《阿毗昙五法
行经》一卷。唐玄奘译《品类足论·辩五事品》的异译本,论述
"五法"(指色法、心法、心所法、心不相应行法、无为法)理论。
(8)唐法成译《萨婆多宗五事论》一卷。前书的异译本,论述
"五法"理论。(9)唐玄奘译《五事毗婆沙论》二卷。《五事论》
(即《品类足论·辩五事品》)的义疏,解释"五法"理论。
(10)唐玄奘译《阿毗达磨界身足论》三卷。论述"心"、"心所"
等理论,分为《本事品》《分别品》二品,对"心"、"心所"十四类
九十一法的名义,以及十四类法之间的相应与不相应、相摄与不
摄等关系,作了辨析,为"六足论"之一。(11)唐玄奘译《阿毗
达磨发智论》二十卷。论述说一切有部的基本教理,为有部根
本论书"一身六足"中的"身论",分为八蕴(又称"犍度",相当
于篇),始《杂蕴》,终《见蕴》,每一蕴之下,又分若干纳息(又称

"跋渠",相当于品),总计有四十四纳息,对有部的修道理论,作了分门别类的阐说;对世间法、出世间法的种类、性相,以及诸法之间的关系等,作了细密的论究。(12)苻秦僧伽提婆等译《阿毗昙八犍度论》三十卷。前书的异译本,分为八犍度,始《杂犍度》,终《见犍度》。(13)苻秦僧伽跋澄等译《尊婆须蜜菩萨所集论》十卷。论述说一切有部要义,分为十四犍度,始《聚犍度》,终《偈犍度》。(14)魏吴失译《阿毗昙甘露味论》二卷。说一切有部教理的纲要书,分为十六品,始《布施持戒品》,终《杂品》。

(二)中期说一切有部论书

此类典籍总计有七部二百九十七卷。

(1)唐玄奘译《阿毗达磨大毗婆沙论》二百卷。《发智论》的注释书,也是说一切有部教理的集大成者,由书首《序》和正文八蕴四十三纳息(缺少《发智论》最后一品《见蕴·伽他纳息》)构成,采用随文作释(即依照原著的叙述次第,分段摘录论文,加以解释)的方式,对《发智论》各篇章的趣旨、文句和义理,进行了详尽的解释、决择、分别与补充。(2)苻秦僧伽跋澄译《鞞婆沙论》十四卷。《大毗婆沙论》梵本的节译本,论述有部的基本教理,分为四十二章,始《三结处》,终《四生处》,内容相当于《大毗婆沙论》初首《序》,以及正文第二篇《结蕴》、第三篇《智蕴》、第四篇《业蕴》的一部分。(3)北凉浮陀跋摩等译《阿毗昙毗婆沙论》六十卷。唐玄奘译《大毗婆沙论》的异译本,分为三犍度(《杂犍度》《使犍度》《智犍度》)十六品,内容相当于《大毗婆沙论》初首《序》和正文第一篇《杂蕴》八纳息、第二篇《结蕴》四纳息、第三篇《智蕴》五纳息中的前四纳息。(4)东晋僧伽提婆等译《阿毗昙心论》四卷。说一切有部教理的纲要书,采用以偈颂为纲目,长行(散文)为解释的方式编纂,分为十品,始《界品》,终《论品》,共收录二百五十颂(实为二百四十七颂)。(5)北齐那连提耶舍译《阿毗昙心论经》六卷。《阿毗昙心论》的注释书,分为十品,始《界品》,终《问论品》(又作《论品》)。(6)刘宋僧伽跋摩等译《杂阿毗昙心论》十一卷。《阿毗昙心论》的增补本和注释书,由作者采撷《大毗婆沙论》的义理,将《阿毗昙心论》本颂(指原颂)从二百五十颂,增补为六百颂(实为五百九十六颂),然后依颂作释而成,分为十二品,其中,书首《序品》和正文十一品中的第十品《择品》为新增。(7)唐玄奘译《入阿毗达磨论》二卷。论述"八句义"(指一切法的八种类别,即色、受、想、行、识、虚空、择灭、非择灭)理论。

(三)后期说一切有部论书

此类典籍总计有七部一百八十卷。

(1)唐玄奘译《阿毗达磨俱舍论》三十卷。论述小乘佛教教理的纲要书,也是俱舍学派所依据的根本经典,采用以《俱舍论本颂》为纲、长行为解释的方式编纂,分为九品,始《分别界品》,终《破执我品》,以有部《杂阿毗昙心论》、《大毗婆沙论》为基础,广泛吸收经部学说的合理解释,对小乘佛教的义理名相,以及一切法的自相、共相、种类、特性和诸法之间的关系等,作了全面系统的阐述。(2)陈真谛译《阿毗达磨俱舍释论》二十二卷。前书的异译本,分为九品,始《分别界品》,终《破说我品》。(3)唐玄奘译《阿毗达磨俱舍论本颂》一卷。《俱舍论》的本颂(指原颂),论述小乘的教理要点,分为八品,始《分别界品》,终《分别定品》(无《俱舍论》第九品《破执我品》),共收录六百七颂。(4)陈真谛译《随相论》一卷。德慧撰《俱舍论》注疏中有关"十六谛"(即"四谛十六行相")释文的节译本。(5)唐失译《俱舍论实义疏》六卷。安慧撰《俱舍论》注疏的残本,原本"总有二万八千偈"，约有二三十卷，今本（敦煌本）为原本的前五卷，解释《俱舍论》初品《分别界品》、第二品《分别根品》的前部分，其余皆缺。（6）唐玄奘译《阿毗达磨顺正理论》八十卷。《俱舍论本颂》的注释书，分为八品，始《辩本事品》，终《辩定品》，对说一切有部的思想学说，作了详细的阐述；对世亲《俱舍论》中的经部观点，作了重点评破。（7）唐玄奘译《阿毗达磨藏显宗论》四十卷。《顺正理论》的节略本，分为九品，始《序品》，终《辩定品》，除《序品》是新增之外，其余八品的内容都是根据《顺正理论》节略而成的，于中删略对经部观点的多数批评语。

（四）其他佛教部派论书

此类典籍总计有十二部九十九卷。

（1）姚秦昙摩耶舍等译《舍利弗阿毗昙论》三十卷。上座部论书，为现存最早的阿毗达磨论书，分为四分（指《问分》《非问分》《摄相应分》《绪分》）三十三品，以修道断惑为主旨，对一切法（事物）的自相、共相、种类、特性，以及诸法之间的关系等，作了细密的论究。（2）梁僧伽婆罗译《解脱道论》十三卷。南传上座部论书，分为十二品，始《因缘品》，终《分别谛品》，论述"戒"（戒律）、"定"（禅定）、"慧"（智慧）三学理论，为觉音撰《清净道论》所参考的范本。（3）东晋失译《那先比丘经》二卷。南传上座部论书，以那先比丘答弥兰陀王之问的形式，对佛教的基本教义，作了通俗的譬喻与解说。（4）后汉失译《分别功德论》五卷。大众部论书，《增一阿含经》最初四品（即《序品》《十念品》《广演品》《弟子品》）的注释书，论述"第一次结集"、"十念"，以及佛的声闻弟子阿若拘邻（又称"阿若憍陈如"）等六十一人的事迹。（5）陈真谛译《立世阿毗昙论》十卷。犊子部论书，分为二十五品，始《地动品》，终《大三灾品》，论述佛教的"世间"(包括器世间和众生世间)理论。(6)东晋僧伽提婆译《三法度论》三卷。贤胄部论书,分为《德品》《恶品》《依品》三品,每一品各分三真度(又称"犍度",相当于"篇"),以"觉"为宗旨,以"德"、"恶"、"依"三法度(即"三法")为纲目,对《阿含经》所说的解脱法门,作出了独特的归纳、整理和阐解。(7)苻秦鸠摩罗佛提等译《四阿含暮抄解》二卷。前书的异译本,分为九品,始《四阿含暮抄解第一》,终《四阿含暮抄解第九》。(8)三秦失译《三弥底部论》三卷。正量部论书,论述有无"人我"(指人的恒常实在的主体)问题,对小乘部派的各种不同观点,作了详细的评述;对正量部主张的有"不可说我"、"中阴身"(又称"中有")说,作了具体的论证。(9)北宋日称等译《诸法集要经》十卷。正量部论书,以偈颂的形式,论述罪福业报理论,依正量部所传的《正法念处经》编集,分为三十六品,始《伏除烦恼品》,终《称赞功德品》,共收录二千六百八十四颂。(10)北宋日称等译《十不善业道经》一卷。正量部论书,以散文(长行)的形式,论述"十不善业道",依正量部所传的《正法念处经》首品《十善业道品》编集。(11)姚秦鸠摩罗什译《成实论》十六卷。经部论书,为小乘空宗的代表作,也是成实学派所依据的根本经典。分为五聚(即《发聚》、《苦谛聚》、《集谛聚》、《灭谛聚》、《道谛聚》)二百二品,以小乘空义为宗旨,以"四谛"为纲目,对一切法(事物)种类、性相,以及诸法之间、诸法内部的各种关系,作了新的诠释;对说一切有部、饮光部、化地部、犊子部等部派的不同观点,作了全面的评破。(12)陈真谛译《四谛论》四卷。经部论书,分为六品,始《思择品》,终《分别道谛品》,以偈颂与长行(散文)相结合的方式,从"名"(名称)、"相"(相状)、"事"(事用)、"缘"(因缘)、"义"(含义)等方面,对"四圣谛"(又称"四谛")及其分支,作了细致的论述。

四、备 考 书 目

　　有关小乘论书的研究著作,主要有:吕澂《印度佛学源流略讲》(上海人民出版社 1979 年 10 月版);日本平川彰《印度佛教史》(显如等译,贵州大学出版社 2013 年 8 月版);日本宇井伯寿《印度佛教思想史》(印海译,贵州大学出版社 2013 年 12 月版);日本木村泰贤《小乘佛教思想论》(演培译,贵州大学出版社 2013 年 12 月版);李志夫《中印佛学比较研究》(中国社会科学出版社 2001 年 1 月版);印顺《说一切有部为主的论书与论师之研究》(中华书局 2011 年 10 月版);印顺《原始佛教圣典之集成》(中华书局 2011 年 10 月版);印顺《印度佛教思想史》(中华书局 2010 年 6 月版);英国渥德尔《印度佛教史》(商务印书馆 1987 年 4 月版)等。

第一门　早期说一切有部论书

第一品　唐玄奘译《阿毗达磨
法蕴足论》十二卷

《阿毗达磨法蕴足论》，又名《阿毗达磨一切有部法蕴足论》《法蕴足论》，十二卷。印度大目乾连造（藏译称友《俱舍论释》称"舍利弗造"），唐玄奘译，显庆四年（659）译出。唐道宣《大唐内典录》卷五著录（译经时间见《开元释教录》卷八）。载于《丽藏》"兄"函、《宋藏》"弟"函、《金藏》"兄"函、《元藏》"弟"函、《明藏》"陛"函、《清藏》"陛"函、《频伽藏》"秋"帙，收入《大正藏》第二十六卷。

大目乾连，通常译作"大目犍连"，音译又作"摩诃目犍连"、"目连"，意译"大采菽氏"（皈佛前，又名"拘律陀"、"拘离多"），摩揭陀国王舍城郊外拘律陀（又称"拘离迦"）村人，为婆罗门种姓。自幼与舍利弗为友，起初同为外道删阇耶（又称"波离阇婆删阇耶"）的弟子，后来一起皈依佛陀，为佛十大弟子之一，被称为"智慧第一"。在佛涅槃前数月，大目犍连因遭"执杖梵志"（外道）殴打，身受重伤，至本生处入灭。生平事迹见隋阇那崛多译《佛本行集经》卷四十七和卷四十八、姚秦佛陀耶舍等译《四分律》卷三十三、刘宋佛陀什等译《五分律》卷十六、东晋僧伽提婆译《增一阿含经》卷三和卷十八等。

　　玄奘(600—664),俗名陈祎,洛州缑氏(今河南偃师县缑氏镇)人。父亲陈慧早通经术,曾任江陵令,隋大业(605—617)年间辞官退隐。玄奘兄弟四人,他排行为末。年十一,随出家的二哥长捷法师住洛阳净土寺,诵习佛经。年十三,正式受度出家,于寺中听景法师讲《涅槃经》,从严法师学《摄大乘论》,抑扬剖畅,备尽师宗。隋末,天下战乱饥荒,僧人为避乱,多奔较为丰静的蜀地。玄奘与二哥长捷同行,先抵长安,后往成都。在那里,听宝暹讲《摄大乘论》、道基讲《杂阿毗昙心论》、道振讲《八犍度论》。二三年间,究通诸部。唐武德五年(622),于成都受具足戒,坐夏学律。以后,沿江东下,至荆州、扬州,继而北游相州,至赵州谒道深学《成实论》,入长安就道岳学《俱舍论》。经过多年参谒咨禀、覃思研究,博通经论,备悉各家学说,在京邑享有很高的声誉。有感于各地讲筵所说不一,验之佛典,也隐显有异,莫知适从,于是玄奘决定像东晋法显那样,舍身忘命,去印度求法。

　　贞观三年(629)四月,玄奘发自长安,踏上西行的旅途。经凉州、敦煌、伊吾,到达高昌;在高昌王遣使护送下,过阿耆尼、屈支、跋禄迦国,越凌山,到达突厥叶护可汗的所在地素叶城;在叶护可汗信使的陪送下,经笯赤建、羯霜那、睹货逻等十多国,到达迦毕试国,然后翻越黑岭,进入北印度境内的滥波国。一路上,流沙、雪山、峭崖、横川,鸟兽无踪,人烟断灭,历经艰辛,终于在三年以后,到达当时印度的佛教中心——摩揭陀国那烂陀寺(今印度比哈尔邦境内)。在那里师事戒贤,学习大乘瑜伽行派的学说。后来,又周游印度各地,巡礼佛教遗迹,随处问学。贞观十九年(645),携带大量佛经返回长安。前后历时十七年,行程五万余里,亲履一百一十国,成为历史上最著名的旅行家之一。回国后,玄奘组织译场,全力从事佛经翻译,共译出大小乘经律论七十五部一千三百三十五卷(《开元释教录》卷八将《大唐西域记》计算在内,作"七十六部一千三百四十七卷"),为中国佛教史上译经最多的一个人。在译经过程中,他讲解口授,训导门徒,创立了唯识宗(又称"法相宗")。玄奘的著作有《大唐西域记》十二卷、表启三十四篇(收入《玄奘上表记》)。生平事迹见唐慧立、彦悰《大唐大慈恩寺三藏法师传》、冥祥《大唐故三藏玄奘法师行状》、道宣《续高僧传》卷四等。

本书是一部论释《阿含经》义理的著作,为说一切有部根本论书"一身六足"之一。"一身",指的是《阿毗达磨发智论》二十卷(迦多衍尼子造、唐玄奘译)。"六足"(又称"六足阿毗昙"、"六分阿毗昙"),指的是《阿毗达磨法蕴足论》十二卷(大目乾连造、唐玄奘译);《阿毗达磨集异门足论》二十卷(舍利子造、唐玄奘译);《阿毗达磨施设足论》若干卷(大目乾连造,传今的《施设论》七卷为节本,北宋法护等译);《阿毗达磨识身足论》十六卷(提婆设摩造、唐玄奘译);《阿毗达磨品类足论》十八卷(世友造、唐玄奘译);《阿毗达磨界身足论》三卷(世友造、唐玄奘译)。从龙树《大智度论》卷三说"《八犍度阿毗昙》(即身论)、《六分阿毗昙》(即六足论)等",卷六十八又说"《六足阿毗昙》及其论议,分别诸法相"来看,"一身六足"的说法,在龙树时代就有了。关于"一身六足"的成立时间,据唐普光《俱舍论记》卷一说,《集异门足论》《法蕴足论》《施设足论》三论,为"佛在世时造";《识身足论》为"佛涅槃后一百年中"造;《品类足论》《界身足论》二论为"佛涅槃后三百年初"造;《发智论》为"佛涅槃后三百年末"造。再从《集异门足论》中有十四处提到《法蕴论》,称"如《法蕴论》说"、"广说如《法蕴论》"、"如《法蕴论》广说"等推断,《法蕴足论》当成立于《集异门足论》之前,是"一身六足"中最早成立的著作,而《发智论》则是最晚成立的著作。

之所以将《发智论》特别提出来,称之为"身论",而将其余六论称为"六足论",那是因为《发智论》的义理,在这七部论书中最为齐全,并不是说"身论"在前,"六足论"在后,"六足论"是从"身论"派生出来的。"前之六论,义门稍少,《发智》一论法门最广,故后代论师说六为足,《发智》为身。此上七论,是说一切有部根本论也"(唐普光《俱舍论记》卷一)。

说一切有部,又称"有部"、"萨婆多部"、"说因部",是佛灭后三百年初,从上座部分出的一个部派(上座部——说一切有部),因主张"三世实有,法体恒有",即过去、现在、未来三世的一切事物,皆为实有而得名,为小乘佛教基本理论的主要构建者和表述者。部主(创始人)是迦多衍尼子(约一世纪中叶)。有部的教义主要有:一切法(事物)为"名"、"色"二法所摄;"三世"中,"现在"诸法是有实体的,"过去"、"未来"诸法也是有实体的;"一切法处"(指意根所取的境界),都是能够"所知"、"所识"、"所通达"的;"生"、"老"、"住"、"无常"四种有为相,为"心不相应行蕴"所摄;"有为事"(指有为法,即有因缘造作、生灭变化的非常住事物)有"过去世"、"现在世"、"未来世"三种;"无为事"(指无为法,即无因缘造作、生灭变化的常住事物)有"虚空无为"、"择灭无为"、"非择灭无为"三种;"生相"、"住异相"、"灭相"三种有为相,"别有实体"(指各有自己的实体);"四圣谛"中,"苦谛"、"集谛"、"灭谛"三谛是"有为法","道谛"是"无为法";对"四圣谛"作"渐现观",即渐次现观(现前观察)"四圣谛",所生起的"见道十六心"(又称"见谛十六心"、"八忍八智",前十五心属于见道位的"预流向",第十六心属于修道位的"预流果");依"空"、"无愿"二种三摩地(意译"等持"、"定"),"得入正性离生"(指趣入见道);"预流果"不会从果位上退失;"阿罗汉"(指断尽一切烦恼,无法可学,不再生死

轮回的得道者)会从果位上退失;并非是所有的阿罗汉都能获
得"无生智";"异生"(指凡夫)能断"欲贪"、"瞋恚";"一切静
虑"(指禅)均为"四念住"所摄;"四沙门果"(指预流果、一来
果、不还果、阿罗汉果)并非一定要"渐得"(指渐次证得);"四
念住"能摄一切法(事物);"一切随眠"(指七随眠)皆为"缠"
(指十缠)所摄,而不是"一切缠"皆为"随眠"所摄;欲界、色界
一定有"中有"(指众生从死到再次受生之间的识体);"五识
身"(指前五识)有"染"(指染污),无"离染"(指不染污);"心"
(指心识)、"心所法"(指依心而起的心理活动)各有实体,各有
所缘的对象;有"世间正见"、"世间信根"、"无记法";"佛"(指
自觉、觉他,觉行圆满者)与"声闻"(指听闻佛陀言教,观察"四
谛"之理而得道者)、"缘觉"(指独自观察"十二因缘"之理而得
道者)二乘的解脱是"无异"(没有差别)的,但"声闻"、"缘觉"、
"菩萨"(指修行"六度",上求菩提,下化众生,成就自利利他的
修道者)三乘的"圣道"(修行道路)各有差别;"菩萨犹是异生"
(指凡夫),仍有各种烦恼没有断除;"有情"(指众生)只是依据
现有的"执受相续"而"假立"的名称,并无实体;"一切行皆刹那
灭"(指一切有为法都是刹那生灭),"定无少法"(指一定没有
少量色法),能从"前世"转移至"后世",只有"世俗补特伽罗
(指人)",才说有移转;"八支圣道"(指八正道)是"正法轮";
"非(并非)如来语皆为转法轮";"非佛一音能说一切法";"世
尊亦有不如义言";"佛所说经非皆了义";"佛自说有不了义经"
等(以上见唐玄奘译《异部宗轮论》)。

　　全书分为二十一品,始《学处品》,终《缘起品》,每一品各释
一经(未标立小经的名称),总计释经二十一种。它的编纂体例
是:各品之初,先出经文,然后依经作释,对经文的语句和义理,
特别是名词概念,详加诠释。据唐普光《俱舍论记》卷一说,它

的梵本有六千颂。隋吉藏《中论序疏》说:“偈有二种:一是首卢偈,谓胡人数经法也,则是通偈。言通偈者,莫问长行、偈颂,但令数满三十二字,则是偈也。二者别偈,谓结句为偈,莫问四言、五言、六言、七言,但令四句满,便是偈也”。此处所说的“颂”,是指“首卢偈”(又称“通偈”),即不论长行或偈颂,只要满三十二字(梵文三十二个音节),便是一颂。

书首有归敬颂和嗢柁南颂(又作“嗢拕南”,意为“摄颂”)。归敬颂,表述对“佛、法、僧”的敬意,以及开示阿毗达磨的目的;嗢柁南颂,总括各品的名称,以便于记诵。嗢柁南颂说:“学支净果行圣种,正胜足念谛静虑。无量无色定觉支,杂根处蕴界缘起”。以第一句为例,颂文中的“学”,指《学处品》;“支”,指《预流支品》;“净”,指《证净品》;“果”,指《沙门果品》;“行”,指《通行品》;“圣种”,指《圣种品》,以此类推。书末有唐靖迈(玄奘的弟子)撰的《法蕴足论后序》,叙述《法蕴足论》的内容、作者、名义和传译,说:

《法蕴足论》者,盖阿毗达磨之权舆,一切有部之洪源也,无上等觉入室之神足,摩诃目乾连之所制矣。镜六通之妙慧,晰三达之智明,桴金鼓于大千,声玉螺于百亿,摘藏海之奇玩,鸠教山之胜珍。欲使天镜常悬,法幢永树,众邪息蕃蓠之望,诸子骋游戏之欢,而为此论也。……题称阿毗达磨者,形(一作并)二藏(指经、律)以简殊也。一切有部者,对十七(部派)以标异也。法蕴足者,显此论之胜名也。能持自性,轨范称法;法有积集,崇聚为蕴;此论攸宗,法聚三七(指二十一品),皆与对法为依,故目之为足。三藏玄奘法师,以皇唐显庆四年九月十四日,奉诏于大慈恩寺弘法苑译讫。大慈恩寺沙门释光(指普光)笔受,靖迈饰文。(《大

正藏》第二十六卷,第513页下—第514页上)

一、《学处品》(卷一)。论述"邬波索迦五学处"问题。

"邬波索迦五学处",指优婆塞(又称"清净士",即在家信佛
的男子)受持的"五戒"(五种戒法)。本品所述包括:"五怖罪
怨";"五怖罪怨";"邬波索迦";"成就五法邬波索迦";"成就十
法邬波索迦";"成就十五法邬波索迦";"成就八法邬波索迦";
"成就十六法邬波索迦";"成就二十四法邬波索迦";"十恶";
"十善";"邬波索迦第一学处"至"邬波索迦第五学处"等。

(1)"五怖罪怨"。指五种罪行,即"杀生"、"不与取"、"欲
邪行"、"虚诳语"、"饮味诸酒放逸处"。(2)"离五怖罪怨"。
指五种戒法(又称"五戒"),即"离杀生"(又称"不杀生")、"离
不与取"(又称"不偷盗")、"离欲邪行"(又称"不邪淫")、"离
虚诳语"(又称"不妄语")、"离饮诸酒诸放逸处"(又称"不饮
酒")。(3)"邬波索迦"。指优婆塞,即受持"三归依"、"五戒"
的在家男子。其中,受"三归依"以后,只受持"离杀生"一戒的,
称为"能学一分"(又称"一分戒");只受持"离杀生"、"离不与
取"二戒的,称为"能学少分"(又称"少分戒","少分"指一部
分);只受持"离杀生"、"离不与取"、"离欲邪行"三戒的,称为
"能学多分"(又称"多分戒");能受持全部"五戒"的,称为"能
学满分"(又称"满分戒")。(4)"成就五法邬波索迦"。指优
婆塞在受持"五戒"时,"唯能自利,不能利他",即只能自己受持
"五戒",不能劝他人受持"五戒"者。(5)"成就十法邬波索
迦"。指优婆塞在受持"五戒"时,"能利自、他,不能广利",即能
自己受持、并劝他人受持"五戒",但不能对其他"离杀"(指不杀
生)等行为表示欢喜庆慰者。(6)"成就十五法邬波索迦"。指
优婆塞在受持"五戒"时,"能利自、他,亦能广利",即能自己受

持、并劝他人受持"五戒",也能对其他"离杀"等行为表示欢喜庆慰者。(7)"成就八法邬波索迦"。指优婆塞在"净信";"净戒";"惠舍";"策励数往伽蓝,礼觐有德诸苾刍(又称"比丘")众";"至诚听闻正法";"闻法已能持不忘";"持法已能思择义";"正勤修法,随法行"八个方面,"唯能自利,不能利他"者。(8)"成就十六法邬波索迦"。指优婆塞在前述八个方面,"能利自、他,不能广利"者。(9)"成就二十四法邬波索迦"。指优婆塞在前述八个方面,"能利自、他,亦能广利"者。

(10)"十恶"。指由身、口、意造作的十种恶行为,即"杀生"、"不与取"、"欲邪行"、"虚诳语"、"离间语"(又称"两舌")、"粗恶语"(又称"恶口")、"杂秽语"(又称"绮语")、"贪欲"、"瞋恚"、"邪见"。(11)"十善"。指由身、口、意造作的十种善行为,即"离杀生"、"离不与取"、"离欲邪行"、"离虚诳语"、"离离间语"(又称"不两舌")、"离粗恶语"(又称"不恶口")、"离杂秽语"(又称"不绮语")、"无贪"(又称"不贪欲")、"无瞋"(又称"不瞋恚")、"正见"(又称"不邪见")。(12)"邬波索迦第一学处"至"邬波索迦第五学处"。指优婆塞受持的第一戒至第五戒(书中逐一作了解释)。如关于邬波索迦(即优婆塞)成就"五法"、"十法"、"十五法"之间的差别,说:

> 成就五法邬波索迦,唯能自利,不能利他。何等为五?谓前所说邬波索迦,自离杀生,乃至饮酒诸放逸处,不能劝他令离杀生,乃至饮酒诸放逸处。……成就十法邬波索迦,能利自、他,不能广利。何等为十?谓前所说邬波索迦,自离杀生,乃至饮酒诸放逸处,亦能劝他令离杀生,乃至饮酒诸放逸处,不能见余能离杀等,欢喜庆慰。……成就十五法邬波索迦,能利自、他,亦能广利。何等十五?谓前所说邬

波索迦,自离杀生,乃至饮酒诸放逸处,亦能劝他令离杀生,乃至饮酒诸放逸处,及能见余离杀生等,欢喜庆慰。(卷一《学处品》,第454页上、中)

二、《预流支品》(卷二)。论述"四预流支"问题。

"四预流支",指修行者为入"见道"(指"四向四果"的初位"预流向")修集福德、智慧资粮,所作的四种修行。(1)"亲近善士"。指亲近"佛及弟子",以及其他具有"具戒具德,离诸瑕秽,成调善法,堪绍师位,成就胜德,知羞悔过,善守好学,具知具见"等品行之人。(2)"听闻正法"。指从善士处,听闻"四圣谛"(指苦谛、集谛、灭谛、道谛)等正法的开示。(3)"如理作意"。指作合于正理的思惟,即听闻正法以后,"引摄其心,随摄等摄,作意发意,审正观察,深妙句义"。(4)"法随法行"。指随顺教法而行,即如理作意以后,"生出离、远离所生五胜善法(指信、精进、念、定、慧),修习坚住,无间修习,增上加行(指加力修行)"。如关于"四预流支"的修行次第,说:

> 要先亲近供养善士,方闻正法;闻正法已,方能如理观深妙义;如理观察深妙义已,方能进修法随法行;精进修行法随法行得圆满已,方得趣入正性离生(指趣入见道);既得趣入正性离生,便名已生八支圣道(指八正道),谓正见等,如前已说。如是四种,名预流支。(卷二《预流支品》,第460页上)

三、《证净品》(卷二至卷三)。论述"四证净"问题。

"四证净"(又称"四不坏净"、"四不坏信"),指对三宝及戒有坚固不坏的净信。(1)"佛证净"(又称"于佛不坏净")。指净信佛。(2)"法证净"(又称"于法不坏净")。指净信法。(3)"僧证净"(又称"于僧不坏净")。指净信僧。(4)"圣所

爱戒"（又称"圣戒证净"、"于戒不坏净"）。指净信戒。其中，
"佛证净"叙及："二种阿罗汉性"，指"阿罗汉"的二种根性，即
"有为阿罗汉性"、"无为阿罗汉性"；"六神通"，指依修习禅定
而得的六种神通（指深妙神奇的功能），即"证神境智作"（又称
"神足通"）、"证通天耳智作"（又称"天耳通"）、"证通他心智
作"（又称"他心通"）、"证通宿住随念智作"（又称"宿命通"）、
"证通死生智作"（又称"天眼通"）、"证通漏尽智作"（又称"漏
尽通"）；"无学三明"，指阿罗汉依修习禅定而得的三种神通，即
"无学宿住随念智作证明"（又称"过去宿命明"）、"无学死生智
作证明"（又称"未来天眼明"）、"无学漏尽智作证明"（又称"现
在漏尽明"）。如关于"四向四果"，说：

> 预流向者，已得无间道（指断除烦恼之位），能证预流
> 果。……彼于欲界贪欲、瞋恚，由世间道，先未能断多分品
> 类；于四圣谛，先未现观，今修现观，名预流向。预流果者，
> 谓现法中，已于三结永断遍知，谓有身见、戒禁取、疑。……
> 一来向者，已得无间道，能证一来果。……一来果者，谓现
> 法中，已于三结，永断遍知，及断多分贪欲、瞋恚。……不还
> 向者，已得无间道，能证不还果。……不还果者，谓现法中，
> 于五顺下分结，已永断遍知，谓有身见、戒禁取、疑、贪欲、瞋
> 恚。……阿罗汉向者，已得无间道，能证阿罗汉果。……阿
> 罗汉果者，谓现法中，贪、瞋、痴等一切烦恼，皆已永断，名阿
> 罗汉果。（卷三《证净品》，第 463 页下—第 464 页上）

四、《沙门果品》（卷三）。论述"四沙门果"问题。

"四沙门果"，指声闻乘修行的四种果位。（1）"预流果"
（又称"须陀洹果"）。指声闻乘的初果，即已断除"三结"（指有
身见、戒禁取、疑），预入圣者之流的果位。（2）"一来果"（又称

"斯陀含果")。指声闻乘的第二果,即断除"三结",贪、瞋、痴三毒转薄,死后从人间生于天界,又从天界生于人间的果位。(3)"不还果"(又称"阿那含果")。指声闻乘的第三果,即断除"五顺下分结"(指顺益欲界的五种烦恼,即有身见、戒禁取、疑、贪欲、瞋恚),死后不再受生于欲界的果位。(4)"阿罗汉果"(又称"无学果")。指声闻乘的第四果,即断除贪、瞋、痴等一切烦恼,不再生死轮回的果位。"四沙门果"中每一果,均分为"有为"、"无为"二种。如关于"有为阿罗汉果"与"无为阿罗汉果"的区分,说:

> 阿罗汉果,略有二种:一者有为,二者无为。所言有为阿罗汉果者,谓彼果得,及彼得得,无学(指阿罗汉)根力,无学尸罗(指戒),无学善根,十无学法(指正见、正思惟、正语、正业、正命、正勤、正念、正定、正解脱、正智),及彼种类诸无学法,是名有为阿罗汉果。所言无为阿罗汉果者,谓于此中,贪、瞋、痴等一切烦恼,皆已永断,超一切趣,断一切道,三火(指贪、瞋、痴火)永静,渡四瀑流(指欲、有、见、无明瀑流),憍逸永离,燋渴永息,窟宅永破,无上究竟,无上寂静,无上爱尽,离灭涅槃,是名无为阿罗汉果。(卷三《沙门果品》,第465页上)

五、《通行品》(卷三)。论述"四通行"问题。

"四通行",指通向涅槃的四种道路。(1)"苦迟通行"。指钝根者(指"起昧、钝、羸、劣、信等五根"者)于"五取蕴"(指有漏的五蕴)中,"能迟证得无上漏尽"。(2)"苦速通行"。指利根者(指"起明、利、强、盛、信等五根"者)于"五取蕴"中,"能速证得无上漏尽"。(3)"乐迟通行"。指钝根者于"四静虑"(又称"四禅")中,"能迟证得无上漏尽"。(4)"乐速通行"。指利

根者于"四静虑"中,"能速证得无上漏尽"。如关于"苦速通行",说:

> 云何名为苦速通行? ……于如是五取蕴中,所生厌贱,呵毁拒逆,此中名苦。由此便起明、利、强、盛、信等五根。如是五根,明故、利故、强故、盛故,能速证得无上漏尽。此言速者,能急、能疾、能驶、能易,能速证得。……言通行者,谓即此行,超越勇猛,精进策励,生欲翘勤。于四圣谛,修现观行;于预流果、一来、不还、阿罗汉果,修作证行;于贪、瞋、痴、慢、憍、垢等,修永尽行;以极恭敬安住、殷重思惟,遍摄诸心所已,因故、门故、理故、相故,修通达行,是故名为苦速通行。(卷三《通行品》,第 465 页中、下)

六、《圣种品》(卷三)。论述"四圣种"问题。

"四圣种",指出家者引生圣果的四种修行方法。(1)"随得衣服便生喜足圣种"(又称"衣服喜足圣种")。指随得衣服,便生喜足,"随所得粪扫衣服,或随所得施主衣服,若好若恶,便生喜足,取得蔽身,障寒等故"。(2)"随得饮食便生喜足圣种"(又称"饮食喜足圣种")。指随得饮食,便生喜足,"于随乞丐所得饮食,或随迎请,所得饮食,若好若恶,便生喜足,取得支身,除饥渴故"。(3)"随得卧具便生喜足圣种"(又称"卧具喜足圣种")。指随得卧具,便生喜足,"于随所得树下卧具,或随所得房阁卧具,若好若恶,便生喜足,取得资身,除劳倦故"。(4)"爱断乐断精勤随学圣种"(又称"爱乐断修圣种")。指乐断烦恼,乐修善法,"若未断恶不善法、未修善法,彼于断修,无爱无胜爱","若有已断恶不善法、已修善法,彼于断修,有爱有胜爱"。如关于本品之初所载的契经对"四圣种"的叙述,说:

> 一时,薄伽梵(指佛)在室罗筏(指舍卫城),住逝多林

给孤独园。尔时,世尊告苾刍众:有四圣种,是最胜,是种姓,是可乐,现无杂秽,曾无杂秽,当无杂秽。一切沙门,或婆罗门,或天魔梵,或余世间,无能以法而讥毁者。何等为四?谓我多闻贤圣弟子,随得衣服,便生喜足,赞叹喜足。……如是弟子,随得饮食,便生喜足。……如是弟子,随得卧具,便生喜足。……如是弟子,爱断乐断,精勤随学。于断爱乐,爱修乐修,精勤随学,于修爱乐,彼由如是断修、爱乐,终不自举,陵蔑于他,而能策勤,正知系念,是名安住古昔圣种。(卷三《圣种品》,第466页中、下)

七、《正胜品》(卷三至卷四)。论述"四正胜"问题。

"四正胜"(又称"四正断"、"四正勤"),指断恶生善的四种修行方法。(1)"令已生恶不善法断"。指为断除已生恶法而精进。"恶不善法",指"过去、现在五盖,一贪欲盖、二瞋恚盖、三惛沈(即昏沉)睡眠盖、四掉举恶作盖、五疑盖"。(2)"令未生恶不善法不生"。指为使未生恶法不生而精进。(3)"令未生善法生"。指为使未生善法能生而精进。"善法",指"未来四静虑、三无色(定),及余随一种类出家远离所生善法"。(4)"令已生善法安住不忘,修满倍增"。指为使已生善法增长而精进。如关于本品之初所载的契经对"四正胜"的叙述,说:

> 一时,薄伽梵在室罗筏,住逝多林给孤独园。尔时,世尊告苾刍众:有四正胜。何等为四?谓有苾刍,为令已生恶不善法断故,起欲发勤精进,策心持心,是名第一;为令未生恶不善法不生故,起欲发勤精进,策心持心,是名第二;为令未生善法生故,起欲发勤精进,策心持心,是名第三;为令已生善法坚住不忘,修满倍增,广大智作证故,起欲发勤精进,策心持心,是名第四。(卷三《正胜品》,第467页下—第468页上)

八、《神足品》（卷四至卷五）。论述"四三摩地"问题。

"四三摩地"（又称"四神足"、"四如意足"；"三摩地"意译"定"），指能获得神通（深妙神奇的功能）的四种禅定。（1）"欲三摩地胜行成就神足"（又称"欲神足"）。指由"欲"（欲求）发起的能得神通的禅定。所说的"欲"，指"依出家远离所生善法，所起欲乐欣喜、求趣希望"。（2）"勤三摩地胜行成就神足"（又称"精进神足"）。指由"勤"（精进）发起的能得神通的禅定。所说的"勤"，指"依出家远离所生善法，所起勤精进、勇健势猛、炽盛难制、励意不息"。（3）"心三摩地胜行成就神足"（又称"念神足"）。指由"心"（心念）发起的能得神通的禅定。所说的"心"，指"依出家远离所生善法，所起心意识"。（4）"观三摩地胜行成就神足"（又称"观神足"、"思惟神足"）。指由"观"（思惟）发起的能得神通的禅定。所说的"观"，指"依出家远离所生善法，所起于法简择、极简择、最极简择、解了、等了、近了、机黠通达、审察聪睿、觉明慧行、毗钵舍那（意译"观"，即智慧）"。如关于"欲三摩地胜行成就神足"，说：

> 欲三摩地胜行成就神足者。……此中欲者，谓依出家远离所生善法，所起欲乐欣喜、求趣希望，是名欲。三摩地者，谓欲增上所起，心住、等住、近住、安住，不散不乱，摄止等持，心一境性，是名三摩地。胜者，谓欲增上所起八支圣道，是名胜。胜行者，谓有苾刍，依过去欲得三摩地，是谓欲三摩地，彼成就欲三摩地已，为令已生恶不善法断故。……为令未生恶不善法不生故。……为令未生善法生故。……为令已生善法坚住不忘、修满倍增，广大智作证故，起欲发勤精进，策心持心。彼所有欲，若勤、若信、若轻安、若念、若正知、若思、若舍，是名胜行。即此胜行，及前所说欲三摩

地,总名欲三摩地胜行成就神足。(卷四《神足品》,第471页下—第472页上)

九、《念住品》(卷五至卷六)。论述"四念住"问题。

"四念住"(又称"四念处"),指以智慧观察身、受、心、法四境,以对治净、乐、常、我四颠倒的禅观。(1)"身念住"。指观身不净,于"内身"(自身)、"外身"(他身)、"内外身"(自他身),作"循身观","从足至顶,随其处所,观察思惟种种不净,秽恶充满"。(2)"受念住"。指观受是苦,于"内受"、"外受"、"内外受",作"循受观","观察思惟自他受相,受乐受时,如实知我受乐受;受苦受时,如实知我受苦受;受不苦不乐受时,如实知我受不苦不乐受"。(3)"心念住"。指观心无常,于"内心"、"外心"、"内外心",作"循心观","观察思惟自他心相,于有贪心,如实知是有贪心,广说乃至于解脱心,如实知是解脱心"。(4)"法念住"。指观法无我(指一切诸法由众缘和合而生,没有常恒实在的主体),于"内法"、"外法"、"内外法",作"循法观","观察思惟自他法相(指想蕴、行蕴),谓前所说内外五盖、六结、七觉支等"。如关于"法念住"中的"循内外法观",说:

> 云何于内外法,住循法观?若具正勤、正知、正念,除世贪忧。内法者,谓自想蕴、行蕴,若在现相续中,已得不失;外法者,谓自想蕴、行蕴,若在现相续中,未得已失,及他有情想蕴、行蕴;合此二种,名内外法。于内外法,循法观者,谓有苾刍,合前自他想蕴、行蕴,总为一聚,观察思惟自他法相,谓前所说内外五盖、六结、七觉支等。此彼有无未生、生断不复生相。如是思惟内外法时,所起于法简择,乃至毗钵舍那,是循内外法观,亦名法念住。(卷六《念住品》,第479页中)

十、《圣谛品》(卷六)。论述"四圣谛"问题。

"四圣谛"(又称"四谛"),指显示众生的痛苦与解脱的四种真理(真实不虚的道理)。(1)"苦圣谛"。指显示众生痛苦状态的真理,"谓生苦、老苦、病苦、死苦、怨憎会苦、爱别离苦、求不得苦,略说一切五取蕴苦"。此中,"生苦",指出生的痛苦;"老苦",指衰老的痛苦;"病苦",指疾病的痛苦;"死苦",指死亡的痛苦;"怨憎会苦",指与怨憎者相会的痛苦;"爱别离苦",指与亲爱者离别的痛苦;"求不得苦",指希求不得的痛苦;"略摄一切五取蕴苦",指由有漏五蕴(又称"五取蕴",即色取蕴、受取蕴、想取蕴、行取蕴、识取蕴)所生的痛苦,它是上述七苦的总根源。(2)"集圣谛"。指显示众生痛苦原因的真理,"谓所有诸爱、后有爱、喜俱行爱(又称"喜贪俱行爱")、彼彼喜爱","若广说者,则二爱、三爱,复有三爱、四爱、五爱、六爱,及一切不善法,一切有漏善法(指有烦恼的世间善法),一切结、缚、随眠、随烦恼、缠等"。(3)"灭圣谛"。指显示众生痛苦断灭的真理,"谓即诸爱、后有爱、喜俱行爱、彼彼喜爱,无余永断,弃舍变吐,尽离染灭,寂静隐没"。(4)"道圣谛"。指显示众生痛苦断灭方法的真理,"谓八支圣道,则是正见、正思惟、正语、正业、正命、正勤、正念、正定"。如关于"苦圣谛",说:

> 云何苦圣谛?谓生苦、老苦、病苦、死苦、怨憎会苦、爱别离苦、求不得苦,略说一切五取蕴苦。……云何略说一切五取蕴苦?五取蕴,谓色取蕴,受、想、行、识取蕴,总名五取蕴。……五取蕴无常转动,劳倦羸笃,是失坏法;迅速不停,衰朽非恒,不可保信,是变坏法;有增有减,暂住速灭,本无而有,有已还无。由此因缘,略说一切五取蕴为苦。(卷六《圣谛品》,第480页上、中、下)

十一、《静虑品》(卷六至卷七)。论述"四静虑"问题。

"四静虑"(又称"四禅"),指色界的四种根本禅定。(1)"初静虑"。指具有"寻"(又称"觉",指粗浅推度)、"伺"(又称"观",指深细思察)、"喜"、"乐"(指由远离欲界的贪欲、不善法,而生起喜受、乐受)、"心一境性"(又称"等持",指令心专注一境)五支的禅定。(2)"第二静虑"。指具有"内等净"(指由断灭寻、伺,而令心澄净)、"喜"、"乐"(指由断灭寻、伺,而生起喜受、乐受)、"心一境性"四支的禅定。(3)"第三静虑"。指具有"行舍"(指令心平等,寂静而住)、"正念"、"正知"、"身受乐"(指由舍离第二禅的喜受,而得胜妙的乐受)、"心一境性"五支的禅定。(4)"第四静虑"。指具有"不苦不乐受"(指由舍离第三禅的乐受,而住于不苦不乐受)、"舍清净"(又称"行舍清净")、"念清净"(指明记不忘修行功德)、"心一境性"四支的禅定(《俱舍论》卷二十八中,"第四静虑"四支的顺序作"行舍清净"、"念清净"、"非苦乐受"、"等持")。如关于"初静虑"五支,说:

> 云何寻?谓离欲恶不善法者,心寻求、遍寻求、近寻求,心显了、极显了、现前显了、推度、构画、思惟、分别,总名为寻。云何伺?谓离欲恶不善法者,心伺察、遍伺察、近伺察、随行、随转、随流、随属,总名为伺。寻与伺何差别?令心粗性是寻,令心细性是伺。……云何喜?谓离欲恶不善法者,心欣极欣、现前极欣、欣性欣类、适意悦意。……云何乐?谓离欲恶不善法者,已断身重性、心重性、身不堪任性、心不堪任性,所得身滑性、心滑性、身软性、心软性。……初者,谓此静虑,顺次数中,最居首故。复次,此于九种次第定(指四禅、四无色定、灭尽定)中,最在前故。静虑者,谓在

此定中,寻、伺、喜、乐、心一境性,总此五支,名初静虑。(卷七《静虑品》,第 483 页中、下)

十二、《无量品》(卷七)。论述"四无量"问题。

"四无量"(又称"四无量心"、"四无量定"),指能引生利乐一切众生四种无量心的禅定(属于"三摩钵底",意译"等至")。(1)"慈无量"(又称"慈无量心")。指思惟给予一切众生快乐而起的慈心,以对治"瞋","愿诸有情,皆得胜乐"。(2)"悲无量"(又称"悲无量心")。指思惟拔济一切众生痛苦而起的悲心,以对治"害","愿诸有情,皆得离苦"。(3)"喜无量"(又称"喜无量心")。指思惟一切众生离苦得乐而起的喜心,以对治"不欣慰"(即嫉),"有情获益,深可欣慰"。(4)"舍无量"(又称"舍无量心")。指思惟一切众生平等,无有亲怨之别而起的舍心,以对治欲界的"贪"、"瞋","应于有情,住平等舍"。如关于"舍无量"所说的平等对待一切众生,说:

> 云何为舍?谓有一类,作是思惟:应于有情,住平等舍,彼依出家,或依远离,由思择力,内所发起色界定善心平等性、心正直性、心无警觉寂静住性,总名为舍。复次,与舍相应受、想、行、识,及所等起身、语二业,不相应行,亦名为舍。……修舍行者,于诸有情,不起分别,应知亦尔。(卷七《无量品》,第 487 页下)

十三、《无色品》(卷八)。论述"四无色定"问题。

"四无色定",指"无色界"的四种根本禅定。(1)"空无边处定"。指超越"色界"的"第四禅",灭除一切"色想",令心住于"空无边处"的禅定,"超诸色想,灭有对想,不思惟种种想,入无边空,空无边处具足住"。(2)"识无边处定"。指超越"空无边处定",令心住于"识无边处"的禅定,"超一切种空无边处,入无边识,识无边处具足住"。(3)"无所有处定"。指超越"识无边处定",令心住于"无所有处"的禅定,"超一切种识无边处,入无所有,无所有处具足住"。(4)"非想非非想处定"。指超越"无所有处定",令心住于"非想非非想"的禅定("非想"指已无粗想,"非非想"指尚有细想。前者有别于"灭尽定",后者有别于"无想定"),"超一切种无所有处,入非想非非想处具足住"。如关于如何修习"加行"(又称"前方便"、"前行",指正修前的加功用行),才能入"四无色定",说:

> 修何加行,入空无边处定?谓于此定初修业者,先应思惟,第四静虑为粗、苦、障。次应思惟空无边处,为静、妙、离。……彼若尔时摄录自心,令不散乱,驰流余境,能令一趣,住念一缘,思惟修习空无边处定相。如是思惟,发勤精进,勇健势猛,炽盛难制,励意不息,是名空无边处定加行,亦名入空无边处定。……修何加行,入识无边处定?谓于此定初修业者,先应思惟空无边处,为粗、苦、障。次应思惟,识无边处为静、妙、离。余广说如空无边处。……修何加行,入无所有处定?谓于此定初修业者,先应思惟,识无边处为粗、苦、障。次应思惟,无所有处为静、妙、离。余广说如空无边处。……修何加行,入非想非非想处定?谓于此定初修业者,先应思惟,无所有处为粗、苦、障,次应思惟非想非非想处为静、妙、离,余广说如空无边处。(卷八《无色品》,第488页下—第489页上)

十四、《修定品》(卷八)。论述"四修定"问题。

"四修定",指修习禅定的四种功德。(1)"能令证得现法乐住"。指能"于现法中,证得乐住,可爱可乐,可欣可意,无所希望,无所思慕,寂静安隐"。(2)"能令证得殊胜智见"。指能

"于旧眼边,发起色界大种所造清净天眼,依此天眼,生净眼识,依此眼识,能遍观察前后、左右、上下诸色"。(3)"能令证得胜分别慧"。指"能令一切不善慧、非理所引慧、所有不善障碍定慧,皆悉破坏,舍置不起;此相违慧,生长坚住"。(4)"能令证得诸漏永尽"。指"能令三漏(指欲漏、有漏、无明漏)尽、等尽、遍尽、究竟尽"。如关于如何修定,才能证得"诸漏永尽",说:

> 云何修定? 若习若修,若多所作,能令证得诸漏永尽。谓有苾刍,于五取蕴(指有漏的五蕴),数数随观,生灭而住,谓此是色,此是色集,此是色灭,此是受、想、行识,此是受、想、行、识集,此是受、想、行、识灭,是名修定。若习若修,若多所作,能令证得诸漏永尽。(卷八《修定品》,第489页中)

十五、《觉支品》(卷八至卷九)。论述"七觉支"问题。

"七觉支"(又称"七觉分"),指趣向觉悟的七种修行方法。(1)"念觉支"。指明记善法,不忘不失。(2)"择法觉支"。指简择诸法,通达明了。(3)"精进觉支"。指勇猛修道,而不懈怠。(4)"喜觉支"。指契悟正法,心生喜悦。(5)"轻安觉支"(又称"猗觉支")。指断除粗重烦恼,身心轻安。(6)"定觉支"。指心注一境,不散不乱。(7)"舍觉支"(又称"护觉支")。指心住平等,远离掉举。如关于"七觉支"的渐修次第,说:

> 七觉支,何等为七? 谓念觉支、择法觉支、精进觉支、喜觉支、轻安觉支、定觉支、舍觉支,如是觉支,渐次而起,渐次而得,修令圆满。……若有于身,住循身观,安住正念,远离愚痴,尔时便起念觉支;得念觉支,修令圆满,彼由此念,于法简择、极简择,遍寻思(指推求思察)、遍伺察,审谛伺察,

尔时便起择法觉支;得择法觉支,修令圆满,彼由择法,发勤
精进,心不下劣,尔时便起精进觉支;得精进觉支,修令圆
满,彼由精进,发生胜喜,远离爱味,尔时便起喜觉支;得喜
觉支,修令圆满,彼由此喜,身心轻安,远离粗重,尔时便起
轻安觉支;得轻安觉支,修令圆满,彼由轻安,便受快乐,乐
故心定,尔时便起定觉支;得定觉支,修令圆满,彼由心定,
能灭贪忧,住增上舍,尔时便起舍觉支,得舍觉支,修令圆
满。(卷八《觉支品》,第491页中)

十六、《杂事品》(卷九)。论述"永断一法"问题。

"永断一法",指永断任何一种烦恼。这些烦恼有:"瞋"、
"痴"、"忿"、"恨"、"覆"、"恼"、"嫉"、"悭"、"诳"、"谄"、"无
惭"、"无愧"、"慢"、"憍"、"放逸"、"大欲"、"不喜足"、"不恭
敬"、"起恶言"、"乐恶友"、"不忍"、"耽嗜"、"著贪"、"有身
见"、"贪欲"、"瞋恚"、"惛沈"、"睡眠"、"掉举"、"恶作"、"疑"、
"苦"、"忧"、"扰恼"等。如关于"苦"、"忧"、"扰恼",说:

> 云何苦? 谓五识相应,不平等受,总名为苦。云何忧?
> 谓意识相应,不平等受,总名为忧。云何扰恼? 谓心扰恼、
> 已扰恼、当扰恼、扰恼性、扰恼类,总名扰恼。从贪、瞋、痴,
> 乃至扰恼,皆名杂事。于此杂事,若永断一,定得不还(指
> 不还果)。(卷九《杂事品》,第498页中)

十七、《根品》(卷十)。论述"二十二根"问题。

"二十二根",指有生长增上作用的二十二种根性,即"眼
根"、"耳根"、"鼻根"、"舌根"、"身根"、"意根"(以上为十二处的
六根)、"女根"、"男根"(以上为身根的一部分)、"命根"(此为
"心不相应行法"之一)、"乐根"、"苦根"、"喜根"、"忧根"、"舍
根"(以上为五受根)、"信根"、"精进根"、"念根"、"定根"、"慧

根"（以上为五善根）、"未知当知根"、"已知根"、"具知根"（以上为三无漏根）。如关于"未知当知根"、"已知根"、"具知根"，说：

> 云何未知当知根？谓已入正性离生（指已入见道）者，所有学慧、慧根，及随信（行）、随法行，于四圣谛未现观，为现观故，诸根转，是名未知当知根。云何已知根？谓已见谛者，所有学慧、慧根，及信胜解（指胜解）、见至（指见到）、身证，于四圣谛已现观，而现观为断余烦恼故，诸根转，是名已知根。云何具知根？谓阿罗汉，所有无学慧、慧根，及慧解脱、俱解脱，于四圣谛已现观，而现观为得现法乐住故，诸根转，是名具知根。（卷十《根品》，第 499 页下）

十八、《处品》（卷十）。论述"十二处"问题。

"十二处"，指"心"（指心识）、"心所"（指依心而起的心理活动）的十二种生长之处，即"六根"（又称"六内处"）、"六境"（又称"六外处"）。"六根"，指六种感觉器官，即眼、耳、鼻、舌、身、意，为"心"、"心所"的所依之处；"六境"，指六根所取的六种境界，即色、声、香、味、触、法，为"心"、"心所"的所缘之处。如关于"意处"和"法处"，说：

> 云何意处？谓如意根，应说其相。云何法处？谓法为意已（指过去）、正（指现在）、当（指未来）知（指了别），是名法处。又法为意增上发意识，已、正、当了别，是名法处。又法于意，已、正、当碍，是名法处。又法为意，已、正、当行，是名法处。如是，过去、未来、现在诸所有法，名为法处，亦名所知，乃至所等证。（卷十《处品》，第 500 页下）

十九、《蕴品》（卷十）。论述"五蕴"问题。

"五蕴"，指一切有为法（有因缘造作、生灭变化的非常住事物)的五种类别。(1)"色蕴"。指"色"(即以"质碍"为性的物质)的积聚。(2)"受蕴"。指"受"(即以"领纳"为性的感受)的积聚。(3)"想蕴"。指"想"(即以"取像"为性的想象)的积聚。(4)"行蕴"。指"行"(即以"造作"为性的思量)的积聚,分"心相应行蕴"(又称"心相应行法")、"心不相应行蕴"(又称"心不相应行法")二种。(5)"识蕴"。指"识"(即以"了别"为性的心识)的积聚。如关于"行蕴",说:

> 云何行蕴? 谓行蕴有二种,一心相应行蕴、二心不相应行蕴。云何心相应行蕴? 谓思、触、作意,广说乃至诸所有智见、现观。复有所余,如是类法,与心相应,是名心相应行蕴。云何心不相应行蕴? 谓得、无想定,广说乃至文身,复有所余,如是类法,不与心相应,是名心不相应行蕴。如是心相应行蕴,及心不相应行蕴,总名行蕴。(卷十《蕴品》,第501页中)

二十、《多界品》(卷十至卷十一)。论述"界"问题。

"界",有"十八界"、"六界"、"四界"、"三界"、"二界"等,总数有"六十二界"(见品末的"嗢柁南颂")。(1)"十八界"。指一切法(事物)的十八种类别,即"六根"、"六境"、"六识"。(2)"六界"。有三种。一指"地界、水界、火界、风界、空界、识界";二指"欲界、恚界、害界、无欲界、无恚界、无害界";三指"乐界、苦界、喜界、忧界、舍界、无明界"。(3)"四界"。指"受界、想界、行界、识界"。(4)"三界"。有五种。一指"欲界、色界、无色界";二指"色界、无色界、灭界";三指"过去界、未来界、现在界";四指"善界、不善界、无记界";五指"学界、无学界、非学非无学界"。(5)"二界"。有二种。一指"有漏界、无漏界";二指"有为界、无为界"。如关于欲界、色界、无色界的区别,说:

云何欲界？谓有诸法,欲贪随增,是名欲界。复次,欲界系十八界、十二处、五蕴,是名欲界。复次,下从无间地狱,上至他化自在天,于中所有色、受、想、行、识(指五蕴),是名欲界。云何色界？谓有诸法,色贪随增,是名色界。复次,色界系十四界、十二处、五蕴,是名色界。复次,下从梵众天,上至色究竟天,于中所有色、受、想、行、识,是名色界。云何无色界？谓有诸法,无色贪随增,是名无色界。复次,无色界系三界、二处、四蕴(指色蕴除外),是名无色界。复次,如欲(界)、色界,处定建立,不相杂乱,非无色界有如是事。然依定生,胜劣差别,建立上下,下从空无边处,上至非想非非想处,于中所有受、想、行、识(指四蕴),是名无色界。(卷十一《多界品》,第504页中、下)

二十一、《缘起品》(卷十一至卷十二)。论述"十二因缘"问题。

"十二因缘",指众生生死流转的十二个阶段。(1)"无明"。指过去世的烦恼。(2)"行"。指由过去世的烦恼所造的善恶业(行为)。(3)"识"。指依过去世的业因,于现在世入胎受生的识。(4)"名色"。指在母胎中逐渐形成的胎儿(即"五蕴","名"指受、想、行、识四蕴,"色"指色蕴)。(5)"六处"。指胎儿发育所成的"六根"(即眼、耳、鼻、舌、身、意根)。(6)"触"。指婴孩出生后,接触外界所生的感觉(即"六触",眼触、耳触、鼻触、舌触、身触、意触)。(7)"受"。指幼童时由"六触"引生的感受(即"三受",苦受、乐受、不苦不乐受)。(8)"爱"。指少年时对境物所生的贪爱。(9)"取"。指成年以后对境物所生的执取(即"四取",欲取、见取、戒禁取、我语取)。(10)"有"。指由"爱"、"取"而积聚的现在世的业因(即"三有"、欲有、色有、无色有)。(11)"生"。指依现在世的业因,于未来世受生。(12)"老死"。指因未来世的受生,而渐老至死。这十二支是次第相生的关系,是从"无明"生"行",乃从"生"生"老死"。此中,"无明"、"行"二支,为"过去世二因";"识"、"名色"、"六处"、"触"、"受"五支,为"现在世五果";"爱"、"取"、"有"三支,为"现在世三因";"生"、"老死"二支,为"未来世二果"。如关于"十二因缘"各支的相生关系,说:

> 云何缘起?谓依此有彼有,此生故彼生。谓无明缘(指缘生)行,行缘识,识缘名色,名色缘六处,六处缘触,触缘受,受缘爱,爱缘取,取缘有,有缘生,生缘老死,发生愁、叹、苦、忧、扰恼,如是便集纯大苦蕴。(卷十一《缘起品》,第504页中、下)

本书在说一切有部的著作中,最早建构了阿毗达磨论书的主要论题,并对此作了详尽的解说,条理明晰,行文流畅,对以后阿毗达磨论书的发展,产生了重要的影响。从中也可以看出,阿毗达磨最初源于对契经的解释,以后才形成独立的理论体系。在南传巴利文《论藏》(约成于公元前一世纪)中,与本书的内容最为接近的是《分别论》。《分别论》分为十八品,其中,有十二品的论题是与本书相同的,差异仅在于叙说顺序略有变动而已。因此,可以推断,它们很同源于一个更古的文本,后因部派传承的不同,分作二论(参见印顺《说一切有部为主的论书与论师之研究》,中华书局2011年10月版)。

由于本书成立的时间较早,故在有些表述上,尚有不够细致之处。如卷十《处品》在论述"法处"时,只是列举了"法处"所包含的项目的名称,如"受、想、思、触、作意、欲、胜解、信、精进、念、定、慧",乃至"虚空、择灭、非择灭"等(见前引文),没有明确划分,哪些属于"心相应法",哪些属于"心不相应法",没有区分"心相应法"的子类(如"大地法"、"大善地法"、"大烦恼地法"等),也没有提到"法处"(意根所取的境界)所摄的"无表色"(指由身表业、语表业引生的无形色法,即内在的、不可见闻的善恶功能)。这说明,任何一种学说和理论体系,都是从不完善到完善,逐步发展起来的,阿毗达磨论书也同样如此。

第二品　唐玄奘译《阿毗达磨集异门足论》二十卷

《阿毗达磨集异门足论》,又名《集异门足论》《集异门论》,二十卷。印度舍利子说(称友藏译称友《俱舍论释》称"摩诃俱缔罗造"),唐玄奘译,显庆五年(660)至龙朔三年(663)之间译出。唐道宣《大唐内典录》卷五著录(译经时间见《开元释教录》卷八)。载于《丽藏》"弟""同"函、《宋藏》"同""气"函、《金藏》"弟""同"函、《元藏》"同""气"函、《明藏》"甲""帐"函、《清藏》"甲""帐"函、《频伽藏》"秋"帙,收入《大正藏》第二十六卷。

舍利子,通常译作"舍利弗",音译又作"舍利弗多罗"、"奢利富多罗",意译"鹙鹭子"(皈佛前,又名"优波低沙"、"优波提舍"),摩揭陀国王舍城郊外那罗陀村人,为婆罗门种姓。自幼与大目犍连为友,起初同为外道删阇耶(又称"波离阇婆删阇耶")的弟子,后来一起皈依佛陀,为佛十大弟子之一,被称为"智慧第一"。佛评价说:"我声闻中第一比丘","智慧无穷,决了诸疑,所谓舍利弗比丘是"(《增一阿含经》卷三)。在佛涅槃之前数月,舍利弗返回本生处入灭。著作有《集异门足论》二十卷、《舍利弗阿毗昙论》三十卷(均存)。生平事迹见隋阇那崛多译《佛本行集经》卷四十七和卷四十八、姚秦佛陀耶舍等译《四分律》卷三十三、刘宋佛陀什等译《五分律》卷十六、东晋僧伽提婆译《增一阿含经》卷三和卷十八等。

　　本书是一部解释佛教法数(含数字的佛教术语)的著作,系在《长阿含经》卷八《众集经》的基础上增广而成,为说一切有部根本论书"六足论"之一。据唐普光《俱舍论记》卷一说,它的梵文广本有一万二千颂、略本有八千颂,今本据略本译出。全书分为十二品,始《缘起品》,终《赞劝品》,以法数所含数字的大小为序,分类编排,总计解释"一法"(含"一"的术语)至"十法"(含"十"的术语)的法数一百九十二条(《众集经》原收一百二十九条)。它的编纂体例是:每一类法数之初,首先以"时舍利子复告众言"为引子,说明"结集"此类法数的利益(《众集经》原以"诸比丘,如来说一正法"、"诸比丘,如来说二正法"、"诸比丘,如来说三正法"等为引子,本书则将一句话扩展为一段话);接着给出总摄此类法数的"嗢柁南颂"(即"摄颂",根据所收词条的多少而定,有作一首、二首、五首的,《九法品》《十法品》因所收词条少,无"嗢柁南颂",这些颂文均为《众集经》所无),以作记诵;再次,总列此类法数的词目(《众集经》亦无);然后,对各条词目,逐一作释。书中收录的词条十分齐全,释义详尽,类似于现代按笔画多少为序编排的百科知识词典,是研究小乘教理的重要工具书。从书中有十四处提到《法蕴论》推断,本书当成立于《阿毗达磨法蕴足论》之后。

　　一、《缘起品》(卷一)。叙述《长阿含经》卷八《众集经》所说的法数的结集缘起。大意是说,佛在波波邑的折路迦林(《众集经》译作"波婆城阇头庵婆园")时,因背痛暂作寝息,委托舍利子代他为比丘众宣说法要。舍利子受教说法,以"离系亲子"(指耆那教始祖尼乾陀若提子)死后,弟子们因起净而分裂为教训,要求僧众"和合结集法、毗奈耶","随顺梵行,法律久住,利乐无量有情",接着,便对各类法数,作了讲解。

二、《一法品》(卷一)。解释"一法"类术语(指含有"一"的佛教术语,以下类此),共计三条(《众集经》原收二条)。

(1)"一切有情皆依食住"。指一切众生(又称"有情")皆依"四食"(指段食、触食、意思食、识食)而安住。(2)"一切有情皆依行住"。指一切众生皆依"寿行"(又称"寿命根")而安住。(3)"于一切善法不放逸胜"(以上见卷一)。指为断"不善法"、圆满"善法",应"常习常修,坚作恒作,数修不止"(以上见卷一)。如关于"一切有情皆依食住",说:

> 一切有情依食住者,何等是食,而言有情皆依食住?如世尊说,苾刍(指比丘)当知食有四种,能令部多有情安住,及能资益诸求生者。何谓四食?一者段食,若粗若细,二者触食,三者意思食,四者识食。由此四食,说诸有情皆依食住。(卷一《一法品》,《大正藏》第二十六卷,第367页下)

三、《二法品》(卷一至卷三)。解释"二法"类术语,共计二十七条(《众集经》原收十二条)。

(1)"名、色(二法)"。"名",指"五蕴"中的"受"、"想"、"行"、"识"四蕴,本书所说还包括"三无为",即"受蕴、想蕴、行蕴、识蕴,及虚空、择灭、非择灭";"色",指"五蕴"中的"色蕴",即"四大种(指地、水、火、风)及所造色"。(2)"无明、有爱"。"无明",指愚痴无知,"无聪慧";"有爱",指"色界"、"无色界"的贪爱(欲界的贪爱,称为"欲爱"),"色、无色界诸贪等,执藏防护、耽著爱染"。(3)"有见、无有见"。"有见"(又称"常见"),指执著于众生和世间常住不灭的见解,"谓我、世间常";"无有见"(又称"断见"),指执著于众生和世间断灭不续的见解,"谓我、世间断"。(4)"无惭、无愧"。"无惭",指不知羞耻,"于可惭法而不生惭";"无愧",指不知愧疚,"于可愧法而不生愧"
(所说的"可惭法"、"可愧法",均指"诸恶不善法")。(5)"惭、
愧"。"惭",指羞惭(对已以过恶为羞耻),"于可惭法而生于
惭";"愧",指愧疚(对人以过恶为羞耻),"于可愧法而生于
愧"。(6)"恶言、恶友"。"恶言",指邪恶的言语;"恶友",指
邪恶的朋友。(7)"善言、善友"。"善言",指善良的言语;"善
友",指善良的朋友。(8)"入罪善巧、出罪善巧"。"入罪善
巧",指对何为"犯罪",能如实知见;"出罪善巧",指对如何"出
罪",能如实知见(这里说的"罪",指"五部五蕴罪",即"他胜
罪"、"众余罪"、"堕煮罪"、"对首罪"、"恶作罪",律典上称为
"五篇",即波罗夷罪、僧残罪、波逸提罪、提舍尼罪、突吉罗罪;
以上见卷一)。

　　(9)"入定善巧、出定善巧"。"入定善巧",指对如何"入
定",能善分别、善通达;"出定善巧",指对如何"出定",能善分
别、善通达(这里说的"定",指"八部八蕴定",即"四静虑"、"四
无色定")。(10)"界善巧、作意善巧"。"界善巧",指善巧观
察"十八界"、"六界"、"四界"、"三界"、"二界"等;"作意善
巧",指善巧观察各种"作意"(令心警觉;唐以前也将"作意"译
作"思惟")。(11)"质直、柔和"。"质直",指"心"有"纯质
性"、"正直性";"柔和",指"身"有"柔软性"、"调顺性"。
(12)"堪忍、可乐"。"堪忍",指能忍受一切痛苦;"可乐",指
"易可共住"。(13)"和顺、供养"。"和顺",指作"可喜乐语",
"容貌熙怡";"供养",指作"财供养"、"法供养"。(14)"具念、
正知"。"具念",指对善法,能"忆念不忘":"正知",指对善法,
能"简择"、"解了"、"通达"、"审察"。(15)"思择力、修习力"。
"思择力",指思择正理的力量,"由正了知诸身恶行,现法、当来
招恶异熟(又称"果报"),故能勤断诸身恶行,亦能勤修诸身妙

行"；"修习力"，指修习善行的力量，"修念等觉支（指七觉支），依止厌、依止离、依止灭，回向于舍"（以上见卷二）。

　　（16）"不护根门、食不知量"。"不护根门"，指对"六根"，不防不守；"食不知量"，指饮食时，必使饱满。（17）"能护根门、于食知量"。"能护根门"，指对"六根"，能防能守；"于食知量"，指饮食时，能自裁量。（18）"匮戒、匮见"。"匮戒"，指缺乏善戒；"匮见"，指缺乏正见。（19）"破戒、破见"。"破戒"，指破坏善戒；"破见"，指破坏正见。（20）"具戒、具见"。"具戒"，指具足善戒；"具见"，指具足正见。（21）"净戒、净见"。"净戒"，指清净持戒；"净见"，指清净持见。（22）"见、如理胜"。"见"，指对"善法"，能审察、通达；"如理胜"，指能依见作如理思惟，令圣道生起。（23）"厌、如理胜"。"厌"，指对"四种顺厌处法"（即"自衰损"、"他衰损"、"自兴盛"、"他兴盛"顺厌处法），能生厌恶；"如理胜"，指能依厌作如理思惟，令圣道生起。（24）"于善不喜足、于断不遮止"。"于善不喜足"，指在修行尚未获得"阿罗汉果"之前，终不喜足；"于断不遮止"，指对精进修行而未能速疾证得"如理善法"，不生厌烦（以上见卷二）。

　　（25）"奢摩他、毗钵舍那"。"奢摩他"，指禅定，即止息妄念，心系一处，"善心一境性"；"毗钵舍那"，指智慧，即依止起观，以智观境，"（与）奢摩他相应，于法简（一作"拣"）择、极简择、最极简择，解了、等了、近了、遍了，机黠、通达、审察、聪睿、觉、明、慧、行"。（26）"明、解脱"。"明"，指阿罗汉成就的"无学三明"；"解脱"指"三种解脱"，即"心解脱""慧解脱"（以上二者是有为解脱）、"无为解脱"。（27）"尽智、无生智"。"尽智"，指自知已断尽一切烦恼的无漏智（指无烦恼过患的智慧），即"如实知我已知苦、我已断集、我已证灭、我已修道"；"无生智"，指自知将不再生死轮回的无漏智，即"如实知我已知苦，不

复当知;我已断集,不复当断;我已证灭,不复当证;我已修道,不
复当修"(以上见卷三)。如关于"明、解脱",说:

> 复有二法,谓明、解脱者,明云何? 答:无学三明。何
> 等为三? 一者无学宿住随念智作证明,二者无学死生智作
> 证明,三者无学漏尽智作证明,是谓明。解脱云何? 答:三
> 种解脱。何等为三? 一者心解脱,二者慧解脱,三者无为解
> 脱。心解脱者,谓无贪善根相应心,已胜解、当胜解、今胜
> 解,是名心解脱;慧解脱者,谓无痴善根相应心,已胜解、当
> 胜解、今胜解,是名慧解脱;无为解脱者,谓择灭,是名无为
> 解脱。(卷三《二法品》,第 375 页下—第 376 页上)

四、《三法品》(卷三至卷六)。解释"三法"类术语,共计四
十七条(《众集经》原收三十七条)。

(1)"三不善根"。指三种不善根性,即"贪不善根"、"瞋不
善根"、"痴不善根"。(2)"三善根"。指三种善根性,即"无贪
善根"、"无瞋善根"、"无痴善根"。(3)"三不善寻"(又称"三
不善觉")。指三种与不善相应的寻求(粗浅推度),即"欲寻"、
"恚寻"、"害寻"。(4)"三善寻"(又称"三善觉")。指三种与
善相应的寻求,即"出离寻"、"无恚寻"、"无害寻"。(5)"三恶
行"。指三种恶行为,即"身恶行"、"语恶行"、"意恶行"。
(6)"三妙行"。指三种善行为,即"身妙行"、"语妙行"、"意妙
行"。(7)"欲恚害三界"。指三种有烦恼的境界,即"欲界"、
"恚界"、"害界"。(8)"出离无恚无害三界"。指三种无烦恼
的境界,即"出离界"、"无恚界"、"无害界"。(9)"欲色无色三
界"。指众生依住的三种世界,即"欲界"、"色界"、"无色界"。
(10)"色无色灭三界"。指欲界以外的三种境界,即"色界"、
"无色界"、"灭界"。(11)"三世"。指时间的三个阶段,即"过

去世"、"未来世"、"现在世"。(12)"三言依"。指依三世诸行（指有为法）而起的言说，即"过去言依"、"未来言依"、"现在言依"。(13)"三色处"。指三种物质，即"有见有对色"、"无见有对色"、"无见无对色"。(14)"三行"（又称"三业"）。指由身、口、意造作的三种行为，即"身行"（身体动作）、"语行"（言语声音）、"意行"（思量分别）。(15)"三心"。指三种修行状态，即"漏疮喻心"、"电光喻心"、"金刚喻心"（以上见卷三）。

(16)"三补特伽罗（指人）"。指听法得慧的三种人，即"覆慧补特伽罗"、"膝慧补特伽罗"、"广慧补特伽罗"。(17)"三上座"。指三种上座，即"生年上座"、"世俗上座"、"法性上座"。(18)"三聚"（又称"三定聚"）。指依正邪区分的三类众生，即"邪性定聚"、"正性定聚"、"不定聚"。(19)"三举罪事"。指依见、闻、疑三事，举发他人的罪过，即"见举罪事"、"闻举罪事"、"疑举罪事"。(20)"三不护"。指佛的三业（身、口、意业）自然清净，不须防护，即"如来无不清净现行身业"、"如来无不清净现行语业"、"如来无不清净现行意业"。(21)"三爱"。有二种：一指对"三界"的贪爱，即"欲爱"、"色爱"、"无色爱"；二指对"三界"、"无有"（指涅槃法）的贪爱，即"欲爱"（对欲界的贪爱）、"有爱"（对色界、无色界的贪爱）、"无有爱"（对"寂灭法"的贪爱）。(22)"三漏"。指由众生根门流泄，使之流转于三界的三种烦恼，即"欲漏"、"有漏"、"无明漏"。(23)"三求"。指三种希求，即"欲求"、"有求"、"梵行求"。(24)"三有"。指众生随业受报的三界，即"欲有"、"色有"、"无色有"。(25)"三黑暗身"。指与"疑"相应的三种"无明"，即"过去黑暗身"、"未来黑暗身"、"现在黑暗身"。(26)"三怖"。指三种怖畏，即"病怖"、"老怖"、"死怖"（以上见卷四）。

(27)"三受"。指三种感受，即"乐受"、"苦受"、"不苦不乐受"。(28)"三苦性"。指众生之苦的三种性质,即"苦苦性"(指由苦境所生的痛苦)、"坏苦性"(指由乐境的坏灭所生的痛苦)、"行苦性"(指由有为法的迁流无常所生的痛苦)。(29)"三慢类"。指三种傲慢凌人的行为,即"我胜慢类"、"我等慢类"、"我劣慢类"。(30)"三火"。有二种:一指"三毒",即"贪火"、"瞋火"、"痴火";二指"三种供养",即"应奉事火"、"应给施火"、"应供养火"。(31)"三福业事"。指三种福业,即"施类福业事"、"戒类福业事"、"修类福业事"。(32)"三欲生"。指众生乐生欲界的三种处所,即"人全、天一分"、"乐变化天"、"他化自在天"。(33)"三乐生"。指众生乐生色界的三种处所,即"梵众天"、"极光净天"、"遍净天"。(34)"三慧"。有二种:一指依闻、思、修生成的三种智慧,即"闻所成慧"、"思所成慧"、"修所成慧";二指依"学"(指有法可学之人,即尚未证得阿罗汉果者)、"无学"(指无法可学之人,即已证得阿罗汉果者)、"非学非无学"(指凡夫)区分的三种智慧,即"学慧"、"无学慧"、"非学非无学慧"。(35)"三根"。指三种无漏的根性,即"未知当知根"、"已知根"、"具知根"。(36)"三眼"。指观察境界的三种眼睛,即"肉眼"、"天眼"、"圣慧眼"。(37)"三仗"。指由"闻"、"离"、"慧"建立的三种凭仗,即"闻仗"、"离仗"、"慧仗"。(38)"三学"。指三种学业,即"增上戒学"、"增上心学"、"增上慧学"。(39)"三修"。指三种基本的修持,即"修戒"、"修定"、"修慧"(以上见卷五)。

(40)"三住"。指修行者的三种生处,即"天住"(修习布施、持戒、善心等,生于欲界六天)、"梵住"(指修习慈、悲、喜、舍四无量心等,生于色界、无色界诸天)、"圣住"(指修习空、无相、无作等三三昧,成为圣者)。(41)"三定"。指三种禅定,即:"有寻有伺三摩地"(又称"有觉有观三昧"、"有寻有伺定"),指

与"寻"（又称"觉"，指寻求，即粗浅推度）、"伺"（又称"观"，指
伺察，即深细思察）二心所都相应的禅定，即"未至定"（色界初
禅之前的欲界禅定）和"初禅"（色界初禅）；"无寻唯伺三摩地"
（又称"无觉有观三昧"、"无寻唯伺定"），指与"寻"不相应、唯
与"伺"相应的禅定，即"中间定"（色界初禅与第二禅的近分定
之间的禅定）；"无寻无伺三摩地"（又称"无觉无观三昧"、"无
寻无伺定"），指与"寻"、"伺"都不相应的禅定，即从色界第二
禅的近分定至无色界第四定的七种禅定。(42)"三示导"。指
教化众生的三种方法，即"神变示导"、"记心示导"、"教诫示
导"（相当于"六通"中的"神境智证通"、"他心智证通"、"漏尽
智证通"）。(43)"三清净"。指三种清净的行为，即"身清
净"、"语清净"、"意清净"。(44)"三寂默"（又称"三牟尼"）。
指阿罗汉的三种烦恼永寂，即"身寂默"、"语寂默"、"意寂默"。
(45)"三增上"。指三种增上力，即"世增上"、"自增上"、"法
增上"。(46)"三无上"。指阿罗汉的三种无上胜事，即"行无
上"、"智无上"、"解脱无上"。(47)"三明"。指阿罗汉依修习
禅定而得的三种神通（指深妙神奇的功能），即"无学宿住随念
智作证明"、"无学死生智作证明"、"无学漏尽智作证明"（以上
见卷六）。关于"三举罪事"，说：

　　三举罪事者，谓见举罪事、闻举罪事、疑举罪事。见举
罪事者，云何见，云何举罪，云何事，而说见举罪事耶？答：
见谓见有苾刍，故思断生命，不与物而取，行非梵行淫欲法，
正知而说虚诳语，故思出不净，非时食，饮诸酒，自手掘地，
坏生草木，歌舞作乐，冠饰花鬘，放逸纵荡（以上均为戒法
禁止的行为），是名为见。举罪谓五种举罪：一者觉察举
罪，二者忆念举罪，三者应告羯磨举罪，四者布洒他（指布

萨)时安立举罪,五者于恣(指自恣)举时安立举罪。……
事谓即前所见犯事,是名为事。如是合名见举罪事。闻举
罪事者……闻谓闻有苾刍,故思断生命,不与物而取,行非
梵行淫欲法,正知而说虚诳语……是名为闻。举罪谓五种
举罪,如前说,是名举罪。事谓即前所闻犯事,是名为事。
如是合名闻举罪事。疑举罪事者……疑谓五缘而生于疑:
一由色故,二由声故,三由香故,四由味故,五由触故。……
举罪谓五种举罪,如前说,是名举罪。事谓即前所疑犯事,
是名为事。如是合名疑举罪事。(卷四《三法品》,第381
页上、中、下)

五、《四法品》(卷六至卷十)。解释"四法"类术语,共计四
十六条(《众集经》原收三十七条)。

(1)"四念住"。指以智慧观察身、受、心、法四境,以对治
净、乐、常、我四颠倒的禅观,即"身念住"(指观身不净)、"受念
住"(指观受是苦)、"心念住"(指观心无常)、"法念住"(指观法
无我)。(2)"四正断"。指断恶生善的四种修行方法,即"令已
生恶不善法断"(指为断除已生恶法而精进);"令未生恶不善法
不生"(指为使未生恶法不生而精进);"令未生善法生"(指为
使未生善法能生而精进);"令已生善法坚住不忘,修满倍增"
(指为使已生善法增长而精进)。(3)"四神足"。指能获得神
通(深妙神奇的功能)的四种禅定,即"欲三摩地断行成就神足"
(指由意欲力发起的能得神通的禅定);"勤三摩地断行成就神
足"(指由精进力发起的能得神通的禅定);"心三摩地断行成就
神足"(指由心念力发起的能得神通的禅定);"观三摩地断行成
就神足"(指由思惟观察力发起的能得神通的禅定)。(4)"四
静虑"(又称"四禅")。指色界的四种根本禅定,即"初静虑"、

"第二静虑"、"第三静虑"、"第四静虑"。(5)"四圣谛"。指显示众生的痛苦与解脱的四种真理(真实不虚的道理),即"苦圣谛"、"苦集圣谛"、"苦灭圣谛"、"趣苦灭道圣谛"。(6)"四想"。指四种想象,即"小想"、"大想"、"无量想"、"无所有想"。(7)"四无量"(又称"四无量心"、"四无量定")。指能引生利乐一切众生四种无量心的禅定(属于"三摩钵底",意译"等至"),即"慈无量"(指思惟给予一切众生快乐而起的慈心)、"悲无量"(指思惟拔济一切众生痛苦而起的悲心)、"喜无量"(指思惟一切众生离苦得乐而起的喜心)、"舍无量"(指思惟一切众生平等,无有亲怨之别而起的舍心)。(8)"四无色"(又称"四无色定")。指无色界的四种根本禅定,即"空无边处定"、"识无边处定"、"无所有处定"、"非想非非想处定"。(9)"四圣种"。指出家者引生圣果的四种修行方法,即"随得衣服喜足圣种"、"随得饮食喜足圣种"、"随得卧具喜足圣种"、"爱乐断修圣种"。(10)"四沙门果"。指声闻乘修行的四种果位,即"预流果"、"一来果"、"不还果"、"阿罗汉果"。(11)"四预流支"。修行者为入"见道"(指"四向四果"的初位"预流向")修集福德、智慧资粮,所作的四种修行,即"亲近善士"、"听闻正法"、"如理作意"(指合于正理的思惟)、"法随法行"(指随顺教法而行)。(12)"四证净"。指佛弟子的四种证信,即"佛证净"、"法证净"、"僧证净"、"圣所爱戒"(以上见卷六)。

(13)"四智"。指四种智慧,一指"十智"中的"法智"、"类智"、"他心智"、"世俗智";二指"十智"中的"苦智"、"集智"、"灭智"、"道智"(此四智别称"四谛智")。(14)"四力"。指由四根产生的四种力量,即"信力"、"精进力"、"定力"、"慧力"。(15)"四处"。指成就解脱的四种处所,即"慧处"、"谛处"、"舍处"、"寂静处"。(16)"四蕴"。指无漏(无烦恼)的四蕴,即"戒蕴"、"定蕴"、"慧蕴"、"解脱蕴"。(17)"四依"。指应思择的四种事情,即"思择一法应远避"、"思择一法应受用"、"思择一法应除遣"、"思择一法应忍受"。(18)"四法迹"。指应修习的四种正行,即"无贪法迹"、"无瞋法迹"、"正念法迹"、"正定法迹"。(19)"四应证法"。指应证知的四种事情,即"有法是身应证"、"有法是念应证"、"有法是眼应证"、"有法是慧应证"。(20)"四行"。有二种:一指通向涅槃的四种道路,即"苦迟通行"、"苦速通行"、"乐迟通行"、"乐速通行";二指四种修行方法,即"不堪忍行"、"堪忍行"、"调伏行"、"寂静行"。(21)"四修定"。指修习禅定的四种功德,即"为能获得现法乐住"、"为能获得最胜知见"、"为能获得胜分别慧"、"为能获得诸漏永尽"。(22)"四业"。指依"黑"(喻不善)、"白"(喻善)区分的四种业(行为),即"黑黑异熟业"(指欲界的不善业招感苦报,因果皆黑,"异熟"又称"果报")、"白白异熟业"(指色界的善业招感乐报,因果皆白)、"黑白黑白异熟业"(指欲界的善业杂有不善业者,招感乐与苦相杂的果报,因果黑白间杂)、"非黑非白无异熟业能尽诸业"(指无漏业性不染污,亦不招感乐报,因果为不黑不白;以上见卷七)。

　　(23)"四法受"。指依现乐、现苦区分的四种果报(又称"异熟"),即"法受能感现乐后苦异熟"、"法受能感现苦后乐异熟"、"法受能感现苦后苦异熟"、"法受能感现乐后乐异熟"。(24)"四轭"。指令众生荷负重苦的四种烦恼,即"欲轭"、"有轭"、"见轭"、"无明轭"。(25)"四离系"。指断离"四轭"的四种系缚,即"于欲轭离系"、"于有轭离系"、"于见轭离系"、"于无明轭离系"。(26)"四瀑流"。指令众生漂溺于三界生死的四种烦恼,即"欲瀑流"、"有瀑流"、"见瀑流"、"无明瀑流"。(27)"四取"。指令众生生起执取的四种烦恼,即"欲取"、"见

取"、"戒禁取"、"我语取"。(28)"四身系"(又称"四种身
结")。指系缚身心,令众生不得解脱的四种烦恼,即"贪身系"
(又称"贪身结")、"瞋身系"(又称"瞋身结")、"戒禁取身系"
(又称"戒取身结")、"此实执取身系"(又称"取身结")。
(29)"四大种"。指构成物质的四种基本要素(称为"能造"),
即"地"、"水"、"火"、"风"。(30)"四食"。指长养众生生命的
四种食物,即"段食"、"触食"、"意思食"、"识食"。(31)"四识
住"。指众生"识蕴"安住的四蕴,即"色识住"、"受识住"、"想
识住"、"行识住"。(32)"四爱"。指四种贪爱,即"衣服爱"、
"饮食爱"、"卧具爱"、"有无有爱"。(33)"四不应行而行"。
指四种不应做的行为,即"贪欲故不应行而行"、"瞋恚故不应行
而行"、"愚痴故不应行而行"、"怖畏故不应行而行"。
(34)"四记问"。指答问的四种方法,即"应一向记问"、"应分
别记问"、"应反诘记问"、"应舍置记问"。(35)"四种施"。指
依施者、受者是否清净区分的四种布施,即"施者清净,受者不
清净"、"受者清净,施者不清净"、"施者、受者俱清净"、"施者、
受者俱不清净"(以上见卷八)。

　　(36)"四摄事"。指摄受众生、令入佛道的四种方法,即
"布施摄事"、"爱语摄事"、"利行摄事"、"同事摄事"。
(37)"四生"。指众生受生的四种方式,即"卵生"、"胎生"、
"湿生"、"化生"。(38)"四得自体"。指众生断命的四种情
况,即"唯可自害,非可他害";"唯可他害,非可自害";"自、他俱
可害";"自、他俱不可害"。(39)"顺流行等四补特伽罗(指
人)"。指依顺、逆生死之流区分的四种人,即"顺流行补特伽
罗"、"逆流行补特伽罗"、"自住补特伽罗"、"到彼岸补特伽
罗"。(40)"自利行等四补特伽罗"。指依自利、利他区分的四
种人,即"有自利行,无利他行";"有利他行,无自利行";"有自

利行,亦有利他行";"无自利行,亦无利他行"。(41)"从暗趣暗等四补特伽罗"。指依暗、明区分的四种人,即"从暗趣暗"、"从暗趣明"、"从明趣暗"、"从明趣明"。(42)"自苦等四补特伽罗"。指依自苦、苦他区分的四种人,即"自苦自勤苦,非苦他非勤苦他";"苦他勤苦他,非自苦非自勤苦";"自苦自勤苦,亦苦他勤苦他";"非自苦非自勤苦,亦非苦他非勤苦他"(以上见卷九)。

(43)"四语恶行"。指"十恶"中的四种语业,即"虚诳语"、"离间语"、"粗恶语"、"杂秽语"。(44)"四语妙行"。指"十善"中的四种语业,即"离虚诳语"、"离离间语"、"离粗恶语"、"离杂秽语"。(45)"四非圣言"。指四种非圣人的言语,即"不见言见"、"不闻言闻"、"不觉言觉"、"不知言知"。(46)"四圣言"。指四种圣人的言语,即"不见言不见"、"不闻言不闻"、"不觉言不觉"、"不知言不知"(以上见卷十)。如关于"四摄事",说:

> 四摄事者,一布施摄事、二爱语摄事、三利行摄事、四同事摄事。云何布施摄事?答:此中布施者,谓诸施主,布施沙门及婆罗门、贫穷、苦行道、行乞者,饮食、汤药、衣服、花鬘、涂散等香,房舍、卧具、灯烛等物,是名布施。复次,如世尊为手长者说:长者,当知诸布施中,法施最胜,是名布施。摄事者,谓由此布施……能等摄、能近摄、能近持、能令亲附。……云何爱语摄事?答:此中爱语者,谓可喜语、可味语、舒颜平视语、远离颦蹙语。……云何利行摄事?答:此中利行者,谓诸有情,或遭重病,或遭厄难,困苦无救,便到其所,起慈愍(悯)心,以身、语业,方便供侍,方便救济,是名利行。……云何同事摄事?答:此中同事者,谓于断生

命深厌离者,为善助伴,令离断生命;若于不与取深厌离者,为善助伴,令离不与取;若于欲邪行深厌离者,为善助伴,令离欲邪行。……诸如是等,说名同事。(卷九《四法品》,第402页下—第403页中)

六、《五法品》(卷十一至卷十四)。解释"五法"类术语,共计二十四条(《众集经》原收十四条)。

(1)"五蕴"。指一切有为法(有因缘造作、生灭变化的非常住事物)的五种类别,即"色蕴"、"受蕴"、"想蕴"、"行蕴"、"识蕴"。(2)"五取蕴"。指有漏(有烦恼)的五蕴,即"色取蕴"、"受取蕴"、"想取蕴"、"行取蕴"、"识取蕴"。(3)"五妙欲"。指依五根(眼、耳、鼻、舌、身)而起的五种贪欲,即"眼所识色妙欲"、"耳所识声妙欲"、"鼻所识香妙欲"、"舌所识味妙欲"、"身所识触妙欲"。(4)"五悭"。指五种悭吝财法,不愿施舍的行为,即"处悭"、"家悭"、"色赞悭"、"利养悭"、"法悭"。(5)"五趣"。指众生依善恶业趣往的五种世界,即"地狱趣"、"傍生趣"、"鬼趣"、"人趣"、"天趣"(以上见卷十一)。

(6)"五盖"。指覆盖众生心性的五种烦恼,即"贪欲盖"、"瞋恚盖"、"惛沈(昏沉)睡眠盖"、"掉举恶作盖"、"疑盖"。(7)"五心栽"。指由疑心、瞋心栽生的五种情况,即对"大师"、"正法"、"所学处"、"教诫"、"诸有智梵行者"五者,"心栽未断、未遍知","疑惑犹豫,不悟入、无胜解、无净信"。前四事又称"疑佛"、"疑法"、"疑戒"、"疑教",末一事又称"瞋僧"。(8)"五心缚"。指系缚身心,令众生不得解脱的五种烦恼,即对"身"、"欲"、"乐相杂住"(指乐与在家、出家杂住)、"诸正论"、"后胜所作"五者,"心缚未降伏、未永害","心不悟入,无净信、不安住、无胜解"。(9)"五顺下分结"。指顺益下分界

（欲界）的五种烦恼,即"欲贪顺下分结"、"瞋恚顺下分结"、"有身见顺下分结"、"戒禁取顺下分结"、"疑顺下分结"。（10）"五顺上分结"。指顺益上分界（色界、无色界）的五种烦恼,即"色贪顺上分结"、"无色贪顺上分结"、"掉举顺上分结"、"慢顺上分结"、"无明顺上分结"。（11）"五不忍过失"。指不能忍辱的五种过失,即"暴恶"、"忧悔"、"众生不爱不乐"、"十方恶名流布"、"身坏命终当堕恶趣地狱"（以上见卷十二）。

　　（12）"五能忍功德"。指忍辱的五种功德,即"不暴恶"、"不忧悔"、"众生爱乐"、"十方善名流布"、"身坏命终当生善趣天上"。（13）"五损减"。指在家者的五种损减,即"亲属损减"、"财富损减"、"无病损减"、"戒损减"、"见损减"。（14）"五圆满"。指在家者的五种圆满,即"亲属圆满"、"财富圆满"、"无病圆满"、"戒圆满"、"见圆满"。（15）"五语路"。指言语的五种表达方式,即"或时语,或非时语";"或实语,或不实语";"或引义利语,或引无义利语";"或细软语,或粗犷语";"或慈愍（悯）语,或瞋恚语,或时语,或非时语"。（16）"五无堪能处"。指阿罗汉不再做的五种事情,即"无复堪能故思断生命"（指不再杀生）、"无复堪不与物盗心取"（指不再偷盗）、"无复堪行非梵行习淫欲法"（指不再邪淫）、"无复堪能正知说虚诳语"（指不再妄语）、"无复堪能贮积受用诸欲乐具"。（17）"五胜支"。指修行者的五种增盛事,即"于如来所修植净信";"于大师有智同梵行者所,如实自显";"少疾无病";"勤精进住";"具慧安住"。（18）"五成熟解脱想"。指成就解脱的五种观想,即"无常想"、"无常苦想"（又称"苦想"）、"苦无我想"（又称"无我想"）、"厌逆食想"（又称"食不净想"）、"死想"。（19）"五解脱处"。指证得解脱的五种途径,即"有大师或同梵行者为说法要";"能以大音声读诵曾闻法要";"能为他广说开示曾闻法要";"能独处寂静,思惟、筹量、观察曾闻法要";"能善取定及定相,通达入、住、出相"(以上见卷十三)。

(20)"五根"。指能生长善法的五种根性,即"信根"(指信乐善法的根性)、"精进根"(指勤勇进取的根性)、"念根"(指明记不忘的根性)、"定根"(指令心专注一境的根性)、"慧根"(指智慧的根性)。(21)"五力"。指由"信"等五根产生的五种力量,即"信力"、"精进力"、"念力"、"定力"、"慧力"。(22)"五不还"。指"不还果"(又称"阿那含果",声闻乘四种果位中的第三果)有五种,即"中般涅槃补特伽罗(指人)"、"生般涅槃补特伽罗"、"有行般涅槃补特伽罗"、"无行般涅槃补特伽罗"、"上流补特伽罗"。(23)"五净居天"。指色界第四禅天中的五天(为证得"不还果"者所生之处),即"无烦天"、"无热天"、"善现天"、"善见天"、"色究竟天"。(24)"五出离界"。指应当出离的五种境界,即"于欲界出离"、"于恚界出离"、"于害界出离"、"于色界出离"、"于无色界出离"(以上见卷十四)。如关于"五力",说:

> 五力者,云何为五?一信力、二精进力、三念力、四定力、五慧力。问:信力云何?答:于如来所修植净信根生安住,不为沙门,或婆罗门,或天魔梵,或余世间,如法引夺,是名信力。问:精进力云何?答:于已生不善法,为永断故,生欲策励,乃至广说四种正断,是名精进力。问:念力云何?答:于内身住循身观,乃至广说四种念住,是名念力。问:定力云何?答:离欲恶不善法,乃至广说四种静虑,是名定力。问:慧力云何?答:如实了知,此是苦圣谛,此是苦集圣谛,此是苦灭圣谛,此是趣苦灭行圣谛,是名慧力。问:何故名力?答:因如是力,依如是力,住如

力,一切结缚、随眠、随烦恼、缠,皆可断截,摧伏破坏,故名为力。(卷十四《五法品》,第425页下)

七、《六法品》(卷十五至卷十六)。解释"六法"类术语,共计二十四条(《众集经》原十四条)。

(1)"六内处"(又称"六根")。指六种感觉器官,即"眼内处"、"耳内处"、"鼻内处"、"舌内处"、"身内处"、"意内处"。(2)"六外处"(又称"六境")。指六根所取的六种境界,即"色外处"、"声外处"、"香外处"、"味外处"、"触外处"、"法外处"。(3)"六识身"(又称"六识",身表示复数)。指依根缘境而生的六种认识作用,即"眼识身"、"耳识身"、"鼻识身"、"舌识身"、"身识身"、"意识身"。(4)"六触身"(又称"六触")。指由根、境、识三者和合而生的六种感觉,即"眼触身"、"耳触身"、"鼻触身"、"舌触身"、"身触身"、"意触身"。(5)"六受身"(又称"六受")。指由六触所生的六种感受,即"眼触所生受身"、"耳触所生受身"、"鼻触所生受身"、"舌触所生受身"、"身触所生受身"、"意触所生受身"。

(6)"六想身"(又称"六想")。指由六触所生的六种想象,即"眼触所生想身"、"耳触所生想身"、"鼻触所生想身"、"舌触所生想身"、"身触所生想身"、"意触所生想身"。(7)"六思身"(又称"六思")。指由六触所生的六种思量(令心造作),即"眼触所生思身"、"耳触所生思身"、"鼻触所生思身"、"舌触所生思身"、"身触所生思身"、"意触所生思身"。(8)"六爱身"(又称"六爱")。指由六触所生的六种贪爱,即"眼触所生爱身"、"耳触所生爱身"、"鼻触所生爱身"、"舌触所生爱身"、"身触所生爱身"、"意触所生爱身"。(9)"六顺退法"。指随顺退失的六种行为,即"于佛不恭敬住"、"于法不恭敬住"、"于僧不恭敬住"、"于学不恭敬住"、"具恶言"、"遇恶友"。(10)"六顺不退法"。指随顺不退失的六种行为,即"于佛有恭敬住"、"于法有恭敬住"、"于僧有恭敬住"、"于学有恭敬住"、"具善言"、"遇善友"(以上见卷十五)。

(11)"六喜近行"。由"喜受"依意识,行于境界而起的六种感受,即"眼见色已顺喜处色近行"、"耳闻声已顺喜处声近行"、"鼻嗅香已顺喜处香近行"、"舌尝味已顺喜处味近行"、"身觉触已顺喜处触近行"、"意了法已顺喜处法近行"。(12)"六忧近行"。指"忧受"依意识,行于境界而起的六种感受,即"眼见色已顺忧处色近行"、"耳闻声已顺忧处声近行"、"鼻嗅香已顺忧处香近行"、"舌尝味已顺忧处味近行"、"身觉触已顺忧处触近行"、"意了法已顺忧处法近行"。(13)"六舍近行"。指"舍受"依意识,行于境界而起的六种感受,即"眼见色已顺舍处色近行"、"耳闻声已顺舍处声近行"、"鼻嗅香已顺舍处香近行"、"舌尝味已顺舍处味近行"、"身觉触已顺舍处触近行"、"意了法已顺舍处法近行"(以上"六喜近行"、"六忧近行"、"六舍近行",合称"十八意近行")。

(14)"六恒住"。指六根缘六境,恒住于"舍",即"眼见色已"、"耳闻声已"、"鼻嗅香已"、"舌尝味已"、"身觉触已"、"意了法已",均"不喜不忧,具念正知,恒安住舍"。(15)"六界"。指构成众生世间和器世间的六种基本要素,即"地界"、"水界"、"火界"、"风界"、"空界"、"识界"。(16)"六出离界"。指能出离生死的六种定境,即"于慈心定出离"、"于悲心定出离"、"于喜心定出离"、"于舍心定出离"、"于无相心定出离"、"我慢永断出离"。(17)"六诤根法"。指引起斗诤的六种原因,即"忿恨诤根"、"覆恼诤根"、"嫉悭诤根"、"诳谄诤根"、"邪见诤根"、"倒见诤根"。(18)"六可喜法"(又称"六和敬")。指僧众应和合爱敬的六种事情,即"起慈身业"、"起慈语业"、"起慈意业"、"等共受用,不别藏隐"、"等共受持,无所藏隐"、"等共修学,无所藏隐"。(19)"六通"。指依修习禅定而得的六种神通(指深妙神奇的功能),即"神境智证通"、"天耳智证通"、"他心智证通"、"宿住智证通"、"死生智证通"、"漏尽智证通"。前五通,为佛教、外道修习四禅者皆可得;末一通,唯佛教圣者修行可得(以上见卷十五)。

(20)"六顺明分想"。指成就解脱的六种观想,即"无常想"、"无常苦想"(又称"苦想")、"苦无我想"(又称"无我想")、"厌食想"(又称"食不净想")、"一切世间不可乐想"、"死想"。(21)"六随念"。指佛弟子应忆念的六种对象,即"佛随念"、"法随念"、"僧随念"、"戒随念"、"舍随念"、"天随念"。(22)"六无上法"。指佛的六种无上胜事,即"见无上"、"闻无上"、"利无上"、"学无上"、"行无上"、"念无上"。(23)"六观待"。指烦恼观待的六境,即"观待色"、"观待声"、"观待香"、"观待味"、"观待触"、"观待法"。(24)"六生类"。指"黑生类"(生于贫贱家)、"白生类"(指生于富贵家)众生各造的三种业,即"黑生类补特伽罗(指人)生起黑法"(指恶业)、"黑生类补特伽罗生起白法"(指善业)、"黑生类补特伽罗生起非黑非白涅槃法"(指无漏业)、"白生类补特伽罗生起白法"、"白生类补特伽罗生起黑法"、"白生类补特伽罗生起非黑非白涅槃法"(以上见卷十六)。如关于"六思身",说:

　　六思身者,云何为六? 答:一眼触所生思身、二耳触所生思身、三鼻触所生思身、四舌触所生思身、五身触所生思身、六意触所生思身。云何眼触所生思身? 答:眼及诸色为缘,生眼识,三和合故触,触为缘故思。此中,眼为增上,

色为所缘,眼触为因,眼触等起,眼触种类,眼触所生,眼触
所起,作意相应。于眼所识色,诸思等思,现前等思,已思当
思,作心意业,是名眼触所生思身。耳、鼻、舌、身、意、触所
生思身,随所应当广说。(卷十五《六法品》,第429页中)

八、《七法品》(卷十六至卷十七)。解释"七法"类术语,共
计七条(《众集经》原收七条)。

(1)"七等觉支"(又称"七觉支")。指趣向觉悟的七种修
行方法,即"念等觉支"(指明记善法,不忘不失)、"择法等觉
支"(指简择诸法,通达明了)、"精进等觉支"(指精进修行,不
生懈怠)、"喜等觉支"(指契悟正法,心生喜悦)、"轻安等觉支"
(指断除粗重烦恼,身心轻安)、"定等觉支"(指心注一境,不散
不乱)、"舍等觉支"(指心住平等,远离掉举)。(2)"七补特伽
罗(指人)"。指声闻乘的七种圣人,即"随信行补特伽罗"(指
见道位随信他言而修行的钝根者)、"随法行补特伽罗"(指见道
位随顺教法而修行的利根者)、"信胜解补特伽罗"(指修道位随
信他言而修行的钝根者)、"见至补特伽罗"(指修道位随顺教法
而修行的利根者)、"身证补特伽罗"(指修道位依"灭尽定"证
得不还果的利根者)、"慧解脱补特伽罗"(指无学位唯以智慧力
断除烦恼而得解脱的钝根者)、"俱分解脱补特伽罗"(指无学位
以智慧力和"灭尽定"力,断除烦恼而得解脱的利根者)。
(3)"七定具"(又称"七道支")。指"八正道"中的七种正道,
即"正见"、"正思惟"、"正语"、"正业"、"正命"、"正勤"、"正
念"(参见后面的"八正道")。(4)"七财"(又称"七圣财")。
指成就圣人的七种资财,即"信财"、"戒财"、"惭财"、"愧财"、
"闻财"、"舍财"、"慧财"。(5)"七力"。指由善根产生的七种
力量,即"信力"、"精进力"、"惭力"、"愧力"、"念力"、"定力"、

"慧力"(以上见卷十六)。

(6)"七非妙法"。指七种不正确的修行,有二种:一指"不信"、"无惭"、"无愧"、"懈怠"、"失念"、"不定"、"恶慧";二指"不知法"、"不知义"、"不知时"、"不知量"、"不自知"、"不知众"、"不知补特伽罗有胜有劣"。(7)"七妙法"。指七种正确的修行,有二种。一指"信"、"惭"、"愧"、"精进"、"念"、"定"、"慧";二指"知法"、"知义"、"知时"、"知量"、"自知"、"知众"、"知补特伽罗有胜有劣"。(8)"七识住"。指众生心识乐住的七种处所,即"人及一分天"(指欲界的人间和六欲天)、"梵众天"(色界的初禅天之一)、"光音天"(又称"极光净天",为色界第二禅天之一)、"遍净天"(色界第三禅天之一)、"空无边处天"(无色界第一天)、"识无边处天"(无色界第二天)、"无所有处天"(无色界第三天)。(9)"七随眠"。指七种根本烦恼,即"欲贪随眠"、"瞋随眠"、"有贪随眠"、"慢随眠"、"无明随眠"、"见随眠"、"疑随眠"。(10)"七无过失事"。指佛弟子的七种无过失的事情,即"于如来所修植净信"、"安住净戒"、"亲近善友"、"乐居闲寂"、"勤精进住"、"具念安住"、"具慧安住"。(11)"七止净法"。指除灭僧团斗诤的七种方法,即"现前毗奈耶"、"忆念毗奈耶"、"不痴毗奈耶"、"求彼自性毗奈耶"、"取多人语毗奈耶"、"取自言持毗奈耶"、"如草覆地毗奈耶"(以上见卷十七)。如关于"七随眠",说:

> 七随眠者,云何为七? 答:一欲贪随眠、二瞋随眠、三有贪随眠、四慢随眠、五无明随眠、六见随眠、七疑随眠。云何欲贪随眠? 答:若于诸欲(界)诸贪、等贪,乃至广说,是名欲贪随眠。云何瞋随眠? 答:若于有情,欲为损害,乃至广说,是名瞋随眠。云何有贪随眠? 答:于色、无色(界)诸

贪、等贪，乃至广说，是名有贪随眠。云何慢随眠？答：诸
慢恃执，乃至广说，是名慢随眠。云何无明随眠？答：三界
无智，是名无明随眠。云何见随眠？答：五见是名见随眠，
谓有身见、边执见、邪见、见取、戒禁取，如是五见，名见随
眠。云何疑随眠？答：于谛（指四谛）犹豫，是名疑随眠。
（卷十七《七法品》，第439页上）

九、《八法品》（卷十八至卷十九）。解释"八法"类术语，共
计十条（《众集经》原收四条）。

（1）"八道支"（又称"八正道"）。指趣向涅槃解脱的八种
修行方法，即"正见"（指正确的见解）、"正思惟"（指正确的思
惟）、"正语"（指正确的言语）、"正业"（指正当的行为）、"正命"
（指正当的生活）、"正勤"（指正确的精进）、"正念"（指正确的
忆念）、"正定"（指正确的禅定）。（2）"八补特伽罗"。指声闻
乘修行的八种阶位，即"证预流果向"、"证预流果"、"证一来果
向"、"证一来果"、"证不还果向"、"证不还果"、"证阿罗汉果
向"、"证阿罗汉果"。（3）"八种施"。指动机不同的八种布施，
即"随至施"、"怖畏施"、"报恩施"、"求报施"、"习先施"、"要名
施"、"希天施"、"为证涅槃施"。（4）"八懈怠事"。指不勤修
行的八种情况，即"食少而不精勤"、"食多而不精勤"、"昼时作
事而不精勤"、"明日作事而不精勤"、"昼时行路而不精勤"、
"明日行路而不精勤"、"病时而不精勤"、"病愈而不精勤"。
（5）"八精进事"。指精进修行的八种情况，即"食少亦精勤"、
"食多亦精勤"、"昼时作事亦精勤"、"明日作事亦精勤"、"昼时
行路亦精勤"、"明日行路亦精勤"、"病时亦精勤"、"病愈亦
精勤"。

（6）"八福生"。指乐善好施者的八种往生处，即"生富贵

人类"、"生四大王众天"、"生三十三天"、"生夜摩天"、"生睹史多天"、"生乐变化天"、"生他化自在天"、"生梵众天"。(7)"八种众"。指八种众生,即"刹帝利众"、"婆罗门众"、"长者众"、"沙门众"、"四大王众天众"、"三十三天众"、"魔天众"、"梵天众"。(8)"八世法"(又称"八风")。指八种世俗风气,即"得"、"不得"、"毁"、"誉"、"称"、"讥"、"苦"、"乐"。(9)"八解脱"。指断除三界贪欲而得解脱的八种禅定,即"若有色,观诸色"(又称"内有色想,观诸色解脱");"内无色想,观外诸色";"净解脱身作证具足住"(又称"净解脱");"入无边空空无边处具足住"(又称"空无边处解脱");"入无边识识无边处具足住"(又称"识无边处解脱");"入无所有无所有处具足住"(又称"无所有处解脱");"入非想非非想处具足住"(又称"非想非非想处解脱");"入想受灭身作证具足住"(又称"灭尽定解脱",以上见卷十八)。(10)"八胜处"。指通过观想欲界的色法,以对治贪欲的八种禅定,由"八解脱"中的前三种分出。即:"若有色,观诸色";"内有色想,观外色多"(以上二种相当于"八解脱"中的第一解脱);"内无色想,观外色少";"内无色想,观外色多"(以上二种相当于第二解脱);"内无色想,观外色青"(又称"青胜处");"内无色想,观外色黄"(又称"黄胜处");"内无色想,观外色赤"(又称"赤胜处");"内无色想,观外色白"(又称"白胜处",以上四种相当于第三解脱;见卷十九)。如关于"八解脱",说:

> 八解脱者,云何为八? 答:若(内)有色(想),观(外)诸色,是初解脱;内无色想,观外诸色,是第二解脱;净解脱身作证具足住,是第三解脱;超一切色想,灭有对想,不思惟种种想,入无边空,空无边处具足住,是第四解脱;超一切空

无边处,入无边识,识无边处具足住,是第五解脱;超一切识
无边处,入无所有,无所有处具足住,是第六解脱;超一切无
所有处,入非想非非想处具足住,是第七解脱;超一切非想
非非想处,入想受灭身作证具足住,是第八解脱。(卷十九
《八法品》,第 443 页上、中)

十、《九法品》(卷十九)。解释"九法"类术语,共计二条
(《众集经》原收一条)。

(1)"九结"。指结缚身心,令众生不得解脱的九种烦恼,
即"爱结"、"恚结"、"慢结"、"无明结"、"见结"、"取结"、"疑
结"、"嫉结"、"悭结"。(2)"九有情居"(又称"九众生居")。
指众生乐住的九种处所,即"人及一分天"(指人间、欲界六天,
以上属欲界)、"梵众天"、"光音天"(又称"极光净天")、"遍净
天"、"无想有情天"(以上属色界)、"空无边处天"、"识无边处
天"、"无所有处天"、"非想非非想处天"(以上属无色界;见卷
十九)。如关于"九结",说:

九结者,云何为九? 答:一爱结、二恚结、三慢结、四无
明、五见结、六取结、七疑结、八嫉结、九悭结。云何爱结?
答:三界贪,是名爱结。云何恚结? 答:于诸有情,欲为损
害,内怀栽蘖,欲为扰恼,已瞋、当瞋、现瞋,乐为过患、极为
过患,意极、愤恚,于诸有情,各相违戾,欲为过患、已为过
患、当为过患、现为过患,是名恚结。云何慢结? 答:有七
慢类,说名慢结。云何为七? 答:一慢、二过慢、三慢过慢、
四我慢、五增上慢、六卑慢、七邪慢,此七慢类,合为慢结。
云何无明结? 答:三界无智,名无明结。云何见结? 答:
三种见,名见结,云何为三? 答:一萨迦耶见、二边执见、三
邪见,如是三见,合为见结。云何取结? 答:二种取名取

结,云何为二？ 答：一见取、二戒禁取,如是二取,合为取
结。云何疑结？ 答：于谛犹豫,是名疑结。云何嫉结？ 答：
心不忍许,是名嫉结。云何悭结？ 答：心有秘吝,是名悭
结。(卷十九《九法品》,第446页上、中)

十一、《十法品》(卷十九至卷二十)。解释"十法"类术语,
共计二条(《众集经》原收一条)。

(1)"十遍处"(又称"十一切入"、"十遍处定")。指观想
"地大"等十法周遍一切处的禅定,即"地遍处定"、"水遍处
定"、"火遍处定"、"风遍处定"、"青遍处定"、"黄遍处定"、"赤
遍处定"、"白遍处定"、"空遍处定"、"识遍处定"(见卷十九至
卷二十)。(2)"十无学法"。指"无学人"(指无法可学之人,
即已证得阿罗汉果者)成就的十种"无漏法"(无烦恼之法),即
"无学正见"、"无学正思惟"、"无学正语"、"无学正业"、"无学
正命"、"无学正勤"、"无学正念"、"无学正定"、"无学正解脱"、
"无学正智"(见卷二十)。如关于"十遍处"中"识遍处定",说：

> 为摄散动驰流心故,于遍识相,系念思惟：此遍是识,
> 非遍空等。思惟此相,精勤勇猛,乃至令心相续久住,由斯
> 加行,乃渐能入识遍处定。精勤数习此加行已,复进修行此
> 定方便,谓于加行所引生道,数习、数修、数多所作。既于加
> 行,数习、数修、数多所作,心便安住、等住、近住,相续一趣,
> 系念一境,思惟此境遍皆是识。由心安住、等住、近住,相续
> 一趣,系念一境,思惟此境遍皆是识,无二无转,从此乃入识
> 遍处定。……言遍处者,谓此识无边处定中,所有善受、想、
> 行、识,皆名遍处。(卷二十《十法品》,第452页中、下)

十二、《赞劝品》(卷二十)。叙述佛对舍利子宣说的上述
十类法数,加以印可,并要求比丘众皆应"受持读诵如是法门"

的结语。

本书所收的词条,被广泛用于从古迄今编纂的各种佛教词典,影响深远。本书的梵本残卷于近代在阿富汗发现。

第三品　北宋法护等译《施设论》七卷

《施设论》,又名《分别世处分》《对法大论》,七卷。印度大迦多衍那造(原书阙,今据《开元释教录》卷十三补;姚秦鸠摩罗什译《大智度论》卷二、藏译称友《俱舍论释》均称此书为"大目犍连造"),北宋法护等译,约译于景德元年(1004)至嘉祐三年(1058)之间。元庆吉祥等《至元法宝勘同总录》卷九著录。载于《丽藏》"秦"函、《宋藏》"约"函、《金藏》"实"函、《明藏》"通"函、《清藏》"通"函、《频伽藏》"冬"帙,收入《大正藏》第二十六卷。

大迦多衍那,音译又作"摩诃迦旃延"、"大迦旃延"、"迦旃延",意译"大剪剃种男"(皈佛前,又名"那罗陀"),南印度阿槃提国人,婆罗门姓。为佛十大弟子之一,被称为"论议第一"。佛评价说:"我声闻中第一比丘","善分别义,敷演道教,所谓大迦旃延比丘是"(《增一阿含经》卷三)。生平事迹见隋阇那崛多译《佛本行集经》卷三十七和卷三十八、姚秦佛陀耶舍等译《四分律》卷三十九、东晋僧伽提婆译《增一阿含经》卷三等。

法护(963—1058),中天竺(印度)人。北宋景德元年(1004),与兄长觉吉祥智一起来至汴京(今河南开封市),进献佛舍利、贝叶梵经,帝赐紫衣束帛,令住译经院译经。天圣元年(1023),受诏翻译南海驻辇国使进献的金叶天竺梵经。景祐二年(1035),与惟净合撰《景祐天竺字源》七卷,宋仁宗制序。至和元年(1054)因其戒德高胜,特赐"普明慈觉传梵大师"之号。

所译佛经有:《如来不思议秘密大乘经》《大乘菩萨藏正法经》《海意菩萨所问净印法门经》《大乘大方广佛冠经》《大乘入诸佛境界智光明庄严经》《除盖障菩萨所问经》《大悲空智金刚大教王仪轨经》《出生一切如来法眼遍照大力明王经》《大乘集菩萨学论》《大乘宝要义论》《施设论》《圣佛母般若波罗蜜多九颂精义论》等十三部一百五十七卷(周叔迦《宋元明清译经图纪》统计为"十二部一百五十五卷",脱漏《圣佛母般若波罗蜜多九颂精义论》一部二卷)。生平事迹见南宋志磐《佛祖统纪》卷四十四、卷四十五、明明河《补续高僧传》卷一等。

本书是一部论述世间诸法差别之因的著作,为《施设足论》的节本,说一切有部根本论书"六足论"之一。书名中的"施设",意为"安立"、"分别"、"假用言说"。据姚秦鸠摩罗什译《大智度论》卷二、唐普光《俱舍论记》卷一等说,《施设足论》又名《分别世处》,是依《楼炭经》(即《长阿含经·世记经》)而造的释论,分为八品,梵本有一万八千颂。此处所说的"颂",是指"首卢偈"(又称"通偈"),即不论长行或偈颂,只要满三十二字(梵文三十二个音节),便是一颂,若折算成一般的汉译篇幅,约有五六十卷(如《大般若经》第三会的梵本也是一万八千颂,唐玄奘译作五十九卷)。藏文译本的《施设足论》分作三种单行本,即《世间施设论》七卷、《因施设论》七卷、《业施设论》五卷三种(见元布顿《佛教史大宝藏论》,郭和卿译,民族出版社1986年3月版),分别相当于梵文《施设足论》八品中的三品。汉译本《施设论》,分作《对法大论中世间施设门第一》《对法大论中因施设门第二》至《对法大论中因施设门第十四》等十四篇(以下引用时,"对法大论中"五字均省略),但《世间施设门第一》只有标题,没有正文,小注称"按释论有此门,梵本元阙",意思是说,《施设论》原有《世间施设门》,但传世的梵本上已缺此门,故汉译本也随之而缺。故本书名义上有《世间施设门》《因施设门》二品,但实际上只有《因施设门》一品,也就是说,汉译本仅相当于梵文《施设足论》八品中的一品,所谓十四篇,除去有目无文的《世间施设门第一》,其余十三篇(从《因施设门第二》至《因施设门第十四》),其实只是《因施设门》下分的十三章而已。全书的编纂体例是:各章之首一般先出"总说颂"(即"总摄颂",摄略本章要义而成),也有个别章如《因施设门第七》则是先出一段经说;然后以问答体,展开正述。

卷一:《世间施设门第一》(有目无文)、《因施设门第二》至《因施设门第三》。《因施设门第二》,解答"转轮圣王"七宝中,"女宝"、"主藏臣宝"、"主兵臣宝"具有各种庄严、神力的原因。所答的问题有:"有何所因,转轮圣王所有女宝,妙色端严";"何因轮王女宝,侍从转轮圣王,先起后坐,不失规仪";"何因主藏臣宝,获得大富,广多库藏,受用增积";"何因主藏臣宝,胜业报生,能具天眼";"何因主兵臣宝,聪睿明利,善喻善察,具有智慧"等。《因施设门第三》,以"转轮圣王"比拟佛。说:"转轮圣王即同如来","转轮圣王"有"轮宝"、"象宝"、"马宝"、"珠宝"、"女宝"、"主藏臣宝"、"主兵臣宝"七宝,即同佛有"八正道"、"四神足"、"四正断"、"天眼"、"喜觉支"、"四姓(指刹帝利、婆罗门、吠舍、首陀)亲近"、"大胜慧"七宝等。

卷二至卷三前部分:《因施设门第四》《因施设门第五》。解答"佛"从降生至涅槃各种瑞相的原因。所答的问题有:"何因菩萨(指未成道前的佛)最初于兜率天宫殁已,降母胎时,一切大地皆悉振动";"何因菩萨出母胎时,大地振动";"何因菩萨初生,即行七步";"何因菩萨生后,始经七日,其菩萨母,即趣命终";"云何是为菩萨能知入胎、住胎、出胎等事";"何因菩萨出家、成道、化度众生";"何因菩萨不于下族中生";"何因菩萨不

生极边国土";"何因菩萨不生欲界诸天";"何故贤上大声闻众
(指舍利弗等)先入涅槃,佛乃后入";"何因如来世尊入涅槃已,
圣体既焚,大衣如故"等。如关于菩萨(指未成道前的佛)为何
能知从兜率陀天降生人间等事,说:

> 云何是为菩萨能知入胎、住胎、出胎等事? 答:菩萨昔
> 于迦叶如来应供(指过去七佛中的第六佛迦叶佛)正等正
> 觉法中,最初为菩提故,勤修梵行,正念具足,亲近修习,广
> 多施作,发大誓愿,愿我当成如来应供正等正觉已,所有世
> 间痴暗众生,无救护者,无归向者,广为化度。以是因故,我
> 于迦叶如来法中,最初为菩提故,修梵行已,得生兜率陀
> 天。……乃至菩萨,随彼天子寿量而住,正念具足,亲近修
> 习,广多施作,菩萨即能了知入母胎事。(卷二《因施设门
> 第四》,《大正藏》第二十六卷,第518页中)

卷三后部分至卷四前部分:《因施设门第六》《因施设门第
七》。解答"佛"有各种功德的原因。所答的问题有:"何因佛及
轮王,皆具三十二大丈夫相";"何因佛与缘觉于一时中,不相值
遇";"何因二佛不同时出";"何因女人不证缘觉菩提,不证无上
正等菩提";"何因佛世尊者具无边智";"何因入无想定,及灭尽
定时,水火刀杖毒不能害";"有三种法(指贪、瞋、痴),为内垢
染、内含藏、内怨恶";"何因有极贪者、极瞋者、极痴者";"何因
有不极贪者、不极瞋者、不极痴者"等。

卷四后部分至卷五前部分:《因施设门第八》《因施设门第
九》。解答德行和修持各种差异的原因。所答的问题有:"何因
未离欲者,当趣灭时,上风吹鼓,内入其身;已离欲者,当趣灭时,
无上风吹鼓,内入其身";"何因世间有多睡眠之者";"何因有少
睡眠者";"何因有恶戾者";"何因有不恶戾者";"何因有暗钝

者";"何因有不暗钝者";"何因世有深极烦恼之者";"何因世有不极烦恼之者";"何因世有不能速成禅定、忍辱二善法者";"何因有能速成禅定、忍辱二种善法者"等。如关于"深极烦恼者",说:

> 问:何因世有深极烦恼之者? 答:谓若有人,于其欲想、瞋想、害想、欲因、瞋因、害因、欲寻、瞋寻、害寻,近习修作,于极烦恼,随应而转。由此因故,其事如是。(卷五《因施设门第九》,第 525 页上)

卷五后部分至卷六:《因施设门第十》《因施设门第十一》《因施设门第十二》。解答"器世间"各种现象的原因。所答的问题有:"何因一切山中,须弥山王最高最胜";"何因众山之中,一类山高,一类山低";"何因有一类山,多树多草,有一类山,少树少草";"何因有一类树,其状极大,一类不大";"何因有一类树,其花茂盛,一类无花";"何因佛世尊者,善能化彼所化之人";"所化之者,有思惟邪,无思惟邪";"彼所化者,如何得心自在";"何因大海中水,潮不失时";"何因大海中水,同一咸味";"何因大海之中,有大身众生,居止于彼"等。

卷七:《因施设门第十三》《因施设门第十四》。解答神通(指深妙神奇的功能)、气候、物象等方面的原因。所答的问题有:"何因一性所成,有多种类";"何因有多种类,还归一性";"何因腾越墙壁,或越山石,其身不著,随意而去";"何因有能入地如水,履水如地";"何因有人能于梵界往来,随意自在";"何因所化之人,空中能坐";"有何分量,知天降雨";"何因或时天中不降其雨";"何因能使上天依时降雨";"何因雨中有其霹雳振举";"何因有黄有赤";"何因世间诸味,有其苦醋及辛咸淡";"何因世诸物中,有其粗重及坚硬者";"何因有其软滑及调适者"等。如关于能否"于梵界往来，随意自在"，说：

> 如经所说，有人能于梵界往来，随意自在。今问：何因
> 其事如是？答：谓有苾刍引世间定，先得离欲，次不艰苦，
> 复不流散，由彼发起、生长、积集后起化事。身心和融，混而
> 为一，心即于身，身即于心，身心相即，运用和融。譬如世间
> 酥蜜、水油，混融一处，在定（指禅定）苾刍，亦复如是。身
> 心和融，轻安柔软，心想自在，随意能往，梵天界中，高下腾
> 越，悉无障碍。譬如造箧笥人，持以箧笥，腾举运用，随意无
> 碍，又如乞食苾刍，得所施食，堕在钵中，腾举运用，亦无障
> 碍，在定苾刍，亦复如是。身心柔软，轻安想生，腾举运用，
> 悉无障碍，乃至梵天宫殿，举心即到，色力增盛，势用坚强，
> 于梵天界，往来自在。（卷七《因施设门第十三》，第 528 页
> 上、中）

依《大智度论》卷二所说，《施设足论》是解释《楼炭经》，即
《长阿含经》卷十八《世记经》的，但从本书的实际内容来看，并
不全是解释《世记经》的，而是择取其他阿含经中所述的问题，
一起加以解答的。如本书《因施设门第二》《因施设门第三》等
解答的是《世记经》中《转轮圣王品》的问题；而《因施设门第
四》《因施设门第五》解答的是《长阿含经》卷一《大本经》的问
题；《因施设门第十二》解答的是《中阿含经》卷八《未曾有品》
中《阿修罗经》的问题。另有一些问题，散见于其他阿含经，与
《楼炭经》的经文并无对应关系。

总的来说，本书以释事为主，以释义为辅，与"六足论"的其
他著作相比，理论性明显欠缺，对有些自然现象和神异传说的解
释，也有牵强之处。唐代，玄奘翻译了"六足论"中的五论，唯一
未译的便是这部《施设论》，其原因也许在于此。

第四品　唐玄奘译《阿毗达磨识身足论》十六卷

《阿毗达磨识身足论》，又名《识身足论》《识身论》，十六卷。印度提婆设摩造（藏译称友《俱舍论释》所说相同），唐玄奘译，贞观二十三年（649）译出。唐道宣《大唐内典录》卷五著录（译经时间见《开元释教录》卷八）。载于《丽藏》"气""连"函、《宋藏》"连""枝"函、《金藏》"气""连"函、《元藏》"连""枝"函、《明藏》"设""席"函、《清藏》"设""席"函、《频伽藏》"冬"帙，收入《大正藏》第二十六卷。

提婆设摩，意译"贤寂"、"天寂"，是佛涅槃后一百年中（此据普光《俱舍论记》）中印度鞞索迦国人。生平事迹见唐玄奘《大唐西域记》卷五、普光《俱舍论记》卷一、法宝《俱舍论疏》卷一等。

本书是一部论述"六识身"（又称"六识"，身表示复数）等理论的著作，为早期说一切有部论书"六足论"之一。全书分为六篇，依次为《目乾连蕴》《补特伽罗蕴》《因缘蕴》《所缘缘蕴》《杂蕴》《成就蕴》。据唐普光《俱舍论记》卷一说，它的梵本有七千颂。书中，破斥了由目犍连子帝须为首的分别说系的"过去未来无，现在无为有"说、犊子部的"定有补特伽罗（指人）"说，并首次提出和阐述了"四缘"理论。它的编纂体例是：书首有"初归礼赞颂"、"总嗢柁南颂"（全书的"总摄颂"，撮略各篇之名而成）；各篇之首均有"嗢柁南颂"（即"摄颂"），给出此下将要叙说的义理的纲目（若所说的义项较多，则依层次分作几首"嗢柁南颂"，分别统摄）；然后或先举列论敌的观点（如"沙门目连作如是说"、"补特伽罗论者作如是言"等），加以批驳，或直述己解。

一、《目乾连蕴》（卷一至卷二）。破斥沙门目连关于"过去、未来无，现在无为有"的观点。

本篇所说的"沙门目连"，不是指佛"十大弟子"中的目乾连，而是指阿育王（前268—前232年在位）时上座部分别说系长老目犍连子帝须（略称"帝须"）。目犍连子帝须是华氏城结集（南传佛教所传的"第三次结集"）的主持人，在那次集会上，编集了南传上座部"七论"中的《论事》，其中提到"过去、未来法无实体"，认为过去、未来的事物非实有，只有现在的事物才是实有的。本篇以佛在契经中的教说为例证，列举诸法，对分别说系这一观点作了破斥。所列举的诸法有："三不善根"（指贪、瞋、痴不善根）、"四种瀑流"（指欲、有、见、无明瀑流）、"六结"（指眼、耳、鼻、舌、身、意结）、"五盖"（指贪欲、瞋恚、惛沈、睡眠、掉举、恶作、疑盖）、"七等觉支"（指念、择法、精进、喜、轻安、定、舍等觉支）、"二受"（指身、心受）、"三受"（指乐、苦、不苦不乐受）、"十八意近行"（指由喜、忧、舍受依意识，行于境界而起的十八种感受）、"五种根"（指信、精进、念、定、慧根）、"九有情居"（指众生乐住的九种处所）、"六识身"（又称"六识"，身表示复数）等。

以"三不善根"（指贪、瞋、痴不善根）为例，作者认为，佛在契经中说，于"三不善根"，应"已观、今观、当观是不善"。这"已观"、"今观"、"当观"的说法，就已明确地表示了"三世"的存在；再从不善根在后世招感"苦异熟"（又称"果报"）的角度看，若过去世、未来世为"无"，则善业招感乐报、恶业招感苦果就不可能实现。因此，不仅现在世的事物是实有的，过去世、未来世的事物也是实有的。如关于以"五盖"为例，对目连"过去、未来无，现在无为有"说的破斥，说：

　　　沙门目连作如是说：过去、未来无，现在无为有。应问

彼言：汝然此不？于契经中，世尊善语、善词、善说，若有内
贪欲盖，如实了知我有内贪欲盖；若无内贪欲盖，如实了知
我无内贪欲盖，如此贪欲盖，未生而生，生已令断，断已当来
不复更生，亦如实知。彼答：言尔。为何所知？过去耶、未
来耶、现在耶？若言知过去，应说有过去，不应无过去，言过
去无，不应（指不合）道理；若言知未来，应说有未来，不应
无未来，言未来无，不应道理……如贪欲盖如是，瞋恚、惛沈
（昏沉）、睡眠、掉举、恶作、疑盖亦尔。（卷一《目乾连蕴》，
《大正藏》第二十六卷，第533页上、中）

　　二、《补特伽罗蕴》（卷二至卷三）。破斥补特伽罗论者关
于"定有补特伽罗（指人）"的观点。

　　所说的"补特伽罗论者"，指小乘部派中的犊子部。犊子部
说，"补特伽罗可得、可证、现有、等有，是故定有补特伽罗"，认
为众生一定有相续不断的、流转受报的主体——"人我"，"人
我"是实有的，可得、可证、现有、等有（平等有），既不是"五蕴"
本身，也不是离开"五蕴"的别物，它是一种"非即蕴非离蕴"的
实体，属于"不可说法"。本书的作者自称是"性空论者"，认为
"五蕴"性空，他以佛在契经中的教说为例证，列举诸法，对"定
有补特伽罗"说，作了反复的问难和破斥。所举的诸法有："五
趣"（指捺落迦、傍生、鬼、天、人趣；捺落迦指地狱，傍生指畜
生）、"八种补特伽罗"（指声闻乘的"四向四果"）、"三聚"（又称
"三定聚"，指不定聚、邪性定聚、正性定聚）、"三种补特伽罗"
（指学、无学、非学非无学补特伽罗）、"三受业"（指顺乐、顺苦、
顺不苦不乐受业）、"六识身"（又称"六识"，身表示复数）等。
以"六识身"为例，作者认为，眼识唯缘色；耳识唯缘声；鼻识唯
缘香；舌识唯缘味；身识唯缘触；意识唯缘法，它们均"不缘有

情"，即不缘"补特伽罗"。因此，在"六识身"之外，并不存在以缘"补特伽罗"为对象的"第七有情之识"，即"第七识"。同理，在色、声、香、味、触、法之外，也并不存在"第七有情之识"所缘的"补特伽罗"。

三、《因缘蕴》（卷四至卷五）。论述"四缘"中的"因缘"问题。

所说的"四缘"，指一切有为法（指有因缘造作、生灭变化的非常住事物）生起的四种条件，即"因缘"、"等无间缘"、"所缘缘"、"增上缘"，这是小乘论典中，本书第一次提出来的。本篇卷三《补特伽罗蕴》之末说："眼识有四缘，一因缘、二等无间缘、三所缘缘、四增上缘。何等因缘？谓此俱有相应法等。何等等无间缘？谓若从彼诸心（指心识）、心法（此处指"心所法"）平等无间，如是眼识已生、正生。何等所缘缘？谓一切色。何等增上缘？谓除自性，余一切法"，"如眼识，耳、鼻、舌、身、意识亦尔"（第547页中、下）。"四缘"中的"因缘"，指一切事物能亲生自果的内在原因。本篇以"六识身"、"十种心"（指"欲界系"有四种心，即善心、不善心、有覆无记心、无覆无记心；"色界系"、"无色界系"各有三种心，即善心、有覆无记心、无覆无记心）、"十五心"（指欲界系、色界系、无色界系各有五种心，即见苦、见集、见灭、见道、修所断心）等为论题，对它们的"因缘"问题，作了繁密的辨析。

四、《所缘缘蕴》（卷六至卷十）。论述"四缘"中的"所缘缘"问题。

所说的"所缘缘"，指"心"（指心识）、"心所"（指依心而起的心理活动）以所缘的境界为发生认识的条件（"所缘缘"指以所缘为缘）。篇中以"六识身"（又称"六识"，身表示复数）、"四种心"（指欲界系心、色界系心、无色界系心、不系心）、"十二心"

（指"欲界系"有善心、不善心、有覆无记心、无覆无记心四种心；"色界系"、"无色界系"各有善心、有覆无记心、无覆无记心三种心；"学位"有学心；"无学位"有无学心）、"十种心"（指在"十二心"中除去二种心，即学心、无学心）、"十五心"等为论题，对它们的"所缘缘"问题，作了繁密的辨析。如关于"十五心"的"所缘缘"，说：

> 有十五心，谓欲界系有五心、色界系有五心、无色界系有五心。云何欲界系有五心？谓欲界系见苦所断心、见集所断心、见灭所断心、见道所断心、修所断心。如欲界系五心，色界系、无色界系五心亦尔。……诸欲界系见苦所断心，能了别欲界系见苦所断法耶？能了别自地四种所断法耶？能了别色界系、无色界系五种所断法耶？如欲界系见苦所断心，见集、灭、道、修所断心亦尔。如欲界系五心，色界系、无色界系五心亦尔。……曰：能了别。（卷十《所缘缘蕴》，第 578 页中—第 579 页上）

五、《杂蕴》（卷十一至卷十二）。论述"四缘"中的"等无间缘"、"增上缘"问题。

所说的"等无间缘"，指在"心"、"心所"的活动中，"前念"的刹那灭，为"后念"的刹那生的条件；"增上缘"，指事物以自身以外的一切他物，为生起的条件。篇中以"六识身"、"六种心"（指"欲界系"、"色界系"、"无色界系"各有二种心，即见所断心、修所断心）、"十二心"、"十二处"（指六根、六境）、"十八界"（指六根、六境、六识）等为论题，对它们的"等无间缘"、"增上缘"问题，作了辨析。如关于"六识身"的"增上缘"，说：

> 云何增上缘？谓眼（以）色为缘，生眼识。此眼识以眼为增上缘，亦以色，耳、声及耳识，鼻、香及鼻识，舌、味及舌

识,身、触及身识,意、法及意识,若此相应法,若此俱有
法,若有色、无色,若有见、无见,若有对、无对,若有漏、无
漏,若有为、无为,如是一切法,皆为增上缘,唯除自性(耳
识、鼻识、舌识、身识、意识亦尔)。(卷十一《杂蕴》,第
586 页上)

六、《成就蕴》(卷十三至卷十六)。论述前面所说"十二
心"、"十种心"的"成就"或"不成就"问题。

从《大毗婆沙论》卷十七、卷四十七、卷一百零二,有六处引
用《识身足论》来看,本书在迦腻色迦王(贵霜王朝第三代国王,
约 128 年—152 年在位)时举行的"迦湿弥罗结集"之前,就已编
成问世了。

第五品　唐玄奘译《阿毗达磨品类足论》
　　　　　十八卷

　　　　　附:刘宋求那跋陀罗等译《众事分阿毗
　　　　　　　昙论》十二卷
　　　　　　　后汉安世高译《阿毗昙五法行经》
　　　　　　　一卷
　　　　　　　唐法成译《萨婆多宗五事论》一卷
　　　　　　　唐玄奘译《五事毗婆沙论》二卷

《阿毗达磨品类足论》,又名《品类足论》《众事分阿毗昙》,
十八卷。印度世友造(藏译称友《俱舍论释》所说相同),唐玄奘
译,显庆五年(660)译出。唐道宣《大唐内典录》卷五著录(译经
时间见《开元释教录》卷八)。载于《丽藏》"枝""交"函、《宋藏》
"交""友"函、《金藏》"枝""交"函、《元藏》"交""友"函、《明

藏》"对""楹"函、《清藏》"对""楹"函、《频伽藏》"冬"帙,收入
《大正藏》第二十六卷。

　　世友(约二世纪),音译"筏苏蜜多罗"、"伐苏蜜呾罗"、"婆
须蜜多"、"和须蜜多"、"婆须蜜"等,意译又作"天友",是佛涅
槃后第四百年(一作"三百年初"),北印度犍陀罗国(又称"健
驮罗国"、"健驮逻国",今巴基斯坦白沙瓦一带)人。世友与法
救、妙音、觉天,被称为说一切有部"四大论师"(见《大毗婆沙
论》卷七十七)和"婆沙四评家"(见唐如理《成唯识论疏义演》
卷七"本")。在有部的师资传承世系中,婆须蜜(即世友)的名
字,被排在"迦旃延"(即"迦旃延尼子")之后、"瞿沙"(即"妙
音")之前(见梁僧祐《出三藏记集》卷十二)。在对"三世(指过
去、现在、未来)实有"的解释上,法救持"类异"说,认为三世由
形态的差异而建立;妙音持"相异"说,认为三世由相状的差异
而建立;世友持"位异"说,认为三世由作用位的差异而建立;觉
天持"待异"说,认为三世由观察的差异而建立。而世友的"位
异"说,被称为"立世最为善",成为有部所依的正义(见《俱舍
论》卷二十)。

　　据《大唐西域记》卷三记载,"如来涅槃之后第四百年",在
健驮逻国(即犍陀罗国)迦腻色迦王(贵霜王朝第三代国王,约
128—152 年在位)的支持下,佛教推选"内穷三藏、外达五明"的
五百阿罗汉,在北印度迦湿弥罗国(又称"罽宾国",今克什米尔
一带)举行结集,众人公推世友为上座,主持结集工作,"凡有疑
议,咸取决焉"。这次结集编集了"三藏"的释论(注释),"论
藏"中的释论,就是著名的《大毗婆沙论》(《大唐西域记》卷三
没有明确说这是第几次结集,但藏传佛教史书如元布顿《佛教
史大宝藏论》卷二等,都称这次"迦湿弥罗结集"为"第三次结
集")。世友的思想观点,见于《大毗婆沙论》各卷的,有一百八

十六条之多。世友的著作,除《品类足论》之外,还有《界身足论》三卷、《尊婆须蜜菩萨所集论》十卷、《异部宗轮论》一卷。

　　有关上述四书的作者世友,究竟是同一个人,还是名字相同的二人或多人,古来传说各异。唐普光《俱舍论记》卷一的小注说,"筏苏密多罗,此云世友,非婆沙会世友,同名异体",认为造《品类足论》《界身足论》的世友,与主持编纂《大毗婆沙论》的世友,并非是同一个人;藏传佛教史书、明多罗那他《印度佛教史》说,"法救、妙音、世友、觉天这四位尊者,被称为毗婆沙四大阿阇梨","此处的世友,与造《品类足论》的世友、造《异部宗轮论》的世友,只不过是名字相同而已,不可误为一人"(张建木译,四川民族出版社 1988 年 3 月版);但近世吕澂《印度佛学源流略讲》认为,上述四书的作者世友,"现在看来,可能还是一个人"。比较而言,吕澂之说较为合理,因为有关说一切有部论师世友有多人的说法,实质上是由于古印度缺乏统一的历史年表和有权威的史书,导致人物和事件的年代传说各异引起的,从上述四书的思想基本一致来看,应当视为是同一人所作。这与古来相传印度历史上有"黑阿育王"、"白阿育王"两个阿育王,但至近世,人们才逐渐明白其实是同一个阿育王的情况是类似的。世友的生平事迹,见唐玄奘《大唐西域记》卷二和卷三、普光《俱舍论记》卷一、法宝《俱舍论疏》卷一、圆晖《俱舍论颂疏论本》卷一等。

　　本书是一部论述一切法(事物)的种类与性相理论的著作,为早期说一切有部论书"六足论"之一。据唐普光《俱舍论记》卷一说,它的梵本有六千颂。全书分为八品,依次为《辩五事品》《辩诸智品》《辩诸处品》《辩七事品》《辩随眠品》《辩摄等品》《辩千问品》《辩抉择品》,以修道断惑为主旨,对一切法(事物)的类别、体性,以及诸法之间的关系(如相摄与不相摄、相应与不相应、成就与不成就关系)等,作了繁细的抉择与分别。书中,首次建立了一切法的五位分类法,即"色法"、"心法"、"心所法"、"心不相应行法"、"无为法"。它的编纂体例是:各品之初,先总列将要解释的佛教术语及其分支(即子项)的名称(《辩千问品》之首,还列有总摄本品纲目的摄颂);然后,依次加以诠释。由于本书正文的详释,是直接从佛教术语的分支开始的,其首不出总名,故读者在阅读时,须先熟悉品初所列的论纲的顺序,方能了解所释分支从属于哪一条佛教术语。

据姚秦鸠摩罗什译《大智度论》卷二说,"六分(指"六足论")中,初分(指《品类足论》)八品,四品是婆须蜜菩萨作,四品是罽宾国(又称"迦湿弥罗国",今克什米尔一带)阿罗汉作;余五分(指"六足论"中的其余五论),诸论议师所作"。由于《大智度论》没有说明《品类足论》八品中,究竟是哪四品为世友所作,哪四品为迦湿弥罗论师所作,故近世学者对此作了不同的推断。吕澂先生认为,《品类足论》"相传为世友所作,实则《辩五事品》是世友之作,余品则是各家之言"(见《中国佛学源流略讲》附录《毗昙的文献源流》一文);印顺法师认为,《品类足论》中的《辩五事品》《辩诸处品》《辩诸智品》《辩随眠品》,"意义一贯,代表了世友的思想",为世友所作,其余四品"与迦湿弥罗毗婆沙师说相合",为"罽宾阿罗汉作"(见《说一切有部为主的论书与论师之研究》)。此事尚无定论。

一、《辩五事品》(卷一)。论述一切法的五种类别,即"色法"、"心法"、"心所法"、"心不相应行法"、"无为法"问题。

(一)"色法"。指一切物质(以"质碍"为性),即"一切四大种,及四大种所造色"。

"四大种"(又称"四界")。指构成物质的四种基本要素(称为"能造"),即"地界"、"水界"、"火界"、"风界"。(1)"地界"（又称"地大"）。指坚硬性的物质。（2）"水界"（又称"水大"）。指湿润性的物质。（3）"火界"（又称"火大"）。指暖热性的物质。（4）"风界"（又称"风大"）。指轻动性的物质。

"四大种所造色"。指由"四大种"造作产生的物质（称为"所造"），分为三类。（1）"五根"。指五种感觉器官，即"眼根"、"耳根"、"鼻根"、"舌根"、"身根"。"眼根"，指眼，为"眼识所依净色"；"耳根"，指耳，为"耳识所依净色"；"鼻根"，指鼻，为"鼻识所依净色"；"舌根"，指舌，为"舌识所依净色"；"身根"，指身，为"身识所依净色"。（2）"五境"。指五根所取的五种境界，即"色"、"声"、"香"、"味"、"所触一分"（指身根所取的触）。"色"，指眼根所取的境界，"诸所有色，若好显色，若恶显色，若二中间，似显处色"；"声"，指耳根所取的境界，"有执受大种为因声（指由有觉受的众生发出的声音），及无执受大种为因声（指由自然物或幻化人发出的声音）"；"香"，指鼻根所取的境界，"诸所有香，若好香、若恶香、若平等香"；"味"，指舌根所取的境界，"诸所有味，若可意，若不可意"；"所触一分"，指身根所取的境界，"滑性、涩性、轻性、重性、冷、饥渴性，身所触"。（3）"无表色"（又称"法处所摄色"）。指由身表业、语表业引生的无形色法，即内在的、不可见闻的善恶功能。"五境"，均由"二识所识"，即由前五识的某一种识最初触受，然后由第六识"意识"加以认识；"法处所摄色"、"五色根"（指眼、耳、鼻、舌、身五根），则由"意识"加以认识。

（二）"心法"。指认识活动的主体，即心王。"心王"的本体只有一种，依功能的差别区分，而有"心"（集起义）、"意"（思量义）、"识"（了别义）三种名称。小乘以"六识"为心王，指"眼识"、"耳识"、"鼻识"、"舌识"、"身识"、"意识"。

（1）"眼识"。指眼根对色境的了别作用，即"依眼根，各了别色"。(2)"耳识"。指耳根对声境的了别作用,即"依耳根,各了别声"。(3)"鼻识"。指鼻根对香境的了别作用,即"依鼻根,各了别香"。(4)"舌识"。指舌根对味境的了别作用,即"依舌根,各了别味"。(5)"身识"。指身根对触境的了别作用,即"依身根,各了别所触"。(6)"意识"。指意根对法境的了别作用,即"依意根,了别诸法"。

(三)"心所法"。指依心而起的心理活动。据书中所列,总计有二十八种。

(1)"受"。指感受,即"领纳性",有"乐受"、"苦受"、"不苦不乐受"三种。(2)"想"。指想象,即"取像性",有"小想"、"大想"、"无量想"三种。(3)"思"。指思量(令心造作),即"心造作性"、"意业",有"善思"、"不善思"、"无记(指非善非恶)思"三种。(4)"触"。指令心触境,即"三和合性"(指由根、境、识三者和合而生的感觉),有"顺乐受触"、"顺苦受触"、"顺不苦不乐受触"三种。(5)"作意"。指令心警觉(唐以前也将"作意"译作"思惟"),即"心警觉性",有"学作意"、"无学作意"、"非学非无学作意"三种。(6)"欲"。指希求,即"乐作性"。(7)"胜解"。指信解,即"心正胜解"。(8)"念"。指明记不忘,即"心明记性"。(9)"定"。指令心专注一境,即"心一境性"。(10)"慧"。指智慧,即"心择法性"。(11)"信"。信乐善法,即"心澄净性"。(12)"勤"(又称"精进")。指勤勇进取,即"心勇悍性"。(13)"寻"(又称"觉")。指寻求(粗浅推度),即"心粗动性"。(14)"伺"(又称"观")。指伺察(深细思察),即"心细动性"。(15)"放逸"。指放纵逸乐,即"不修善法性"。(16)"不放逸"。指不放纵逸乐,即"修善法性"。(17)"善根"。指善根性,有"三善根",即"无贪善根"、"无嗔善根"、"无痴善根"。(18)"不善根"。指不善根性,有"三不善根"，即"贪不善根"、"瞋不善根"、"痴不善根"。(19)"无记根"。指非善非不善根性，有"四无记根"，即"无记爱"、"无记见"、"无记慢"、"无记无明"。

(20)"结"。指结缚身心，令众生不得解脱的烦恼，有"九结"，即"爱结"、"恚结"、"慢结"、"无明结"、"见结"、"取结"、"疑结"、"嫉结"、"悭结"。(21)"缚"。指系缚众生身心，使之不得解脱的根本烦恼，有"三缚"，即"贪缚"、"瞋缚"、"痴缚"。(22)"随眠"(又称"使")。指根本烦恼，有"七随眠"，即"欲贪随眠"、"瞋随眠"、"有贪随眠"、"慢随眠"、"无明随眠"、"见随眠"、"疑随眠"。(23)"随烦恼"。指依根本烦恼生起的枝末烦恼，即"除随眠，诸余染污行蕴心所"。(24)"缠"。指依根本烦恼生起的、缠缚众生身心的随烦恼，有"八缠"，即"惛(昏)沉"、"掉举"、"睡眠"、"恶作"、"嫉"、"悭"、"无惭"、"无愧"。(25)"智"。指智慧，有"十智"，即"法智"、"类智"、"他心智"、"世俗智"、"苦智"、"集智"、"灭智"、"道智"、"尽智"、"无生智"。(26)"见"。指见解，即"诸智亦名见，有见非智"。(27)"忍"。指忍可，有"八现观边忍"，包括"四法忍"(对欲界"四谛"的忍可)和"四类忍"(对色界、无色界"四谛"的忍可)，即"苦法忍"、"苦类忍"、"集法忍"、"集类忍"、"灭法忍"、"灭类忍"、"道法忍"、"道类忍"。(28)"现观"。指现前观察，为"智"、"见"的总名，即"若智、若见，俱名现观"。

(四)"心不相应行法"。指"行蕴"所摄的与心不相应的、非色非心的现象，有十六种。

(1)"得"。指获得、成就，即"得诸法"。(2)"无想定"。指凡夫、外道所修的能止息前六识活动，但仍有"染污意"的禅定，即"已离遍净染，未离上染，出离想作意为先，心、心所灭"。(3)"灭定"(又称"灭尽定")。指佛教圣者所修的能灭除前六识和"染污意"一切活动的禅定,即"已离无所有处染,止息想作意为先,心、心所灭"。(4)"无想事"(又称"无想果")。指修习"无想定"获得的、往生"无想天"的果报,即"生无想有情天中,心、心所灭"。(5)"命根"。指众生的寿命,即"三界寿"。(6)"众同分"。指众生的相似性,即"有情同类性"。(7)"依得"。指获得所依,即"得所依"。(8)"事得"。指获得"五蕴",即"得诸蕴"。(9)"处得"。指获得"十二处",即"得内外处"。(10)"生"。指事物的生起,即"令诸蕴起"。(11)"老"。指事物的衰老,即"令诸蕴熟"。(12)"住"。指事物的暂住,即"令已生诸行(指有为法)不坏"。(13)"无常"。指事物的坏灭,即"令已生诸行灭坏"。(14)"名身"(身表示复数)。指表述事物自性的名词,即"增语"。(15)"句身"。指表述事物差别的句子,即"字满"。(16)"文身"。指"名"、"句"所依的梵文字母,即"字众"。

(五)"无为法"。指无因缘造作、生灭变化的常住事物,有三种。

(1)"虚空无为"。指周遍无碍的虚空,即"体空虚,宽旷无碍,不障色行"。(2)"非择灭无为"。指非由无漏智的简择力,而因有为法阙缘不生所显现的寂灭,即"灭非离系"("离系"指断离烦恼的系缚)。(3)"择灭无为"。指由无漏智的简择力,断灭一切烦恼,而证得的寂灭,即"灭是离系"。如关于"五法",说:

> 有五法,一色、二心、三心所法、四心不相应行、五无为。色云何?谓诸所有色,一切四大种,及四大种所造色。四大种者,谓地界、水界、火界、风界。所造色者,谓眼根、耳根、鼻根、舌根、身根、色、声、香、味、所触一分,及无表色。心云

何？谓心、意、识。此复云何？谓六识身,即眼识、耳识、鼻识、舌识、身识、意识。心所法云何？谓若法、心相应。此复云何？谓受、想、思、触、作意、欲、胜解、念、定、慧、信、勤、寻、伺、放逸、不放逸、善根、不善根、无记根,一切结、缚、随眠、随烦恼、缠,诸所有智,诸所有见,诸所有现观,复有所余如是类法,与心相应,总名心所法。心不相应行云何？谓若法、心不相应。此复云何？谓得、无想定、灭定、无想事、命根、众同分、依得、事得、处得、生、老、住、无常性、名身、句身、文身。复有所余如是类法,与心不相应,总名心不相应行。无为云何？谓三无为,一虚空、二非择灭、三择灭。(卷一《辩五事品》,《大正藏》第二十六卷,第 692 页中、下)

二、《辩诸智品》(卷一至卷二)。论述"十智"与"所缘"等诸法之间的关系问题。

(一)"十智"。指能观察一切境界的十种智慧。有关"十智"的解释,初见于前述《辩五事品》,指的是:(1)"法智"。指观察欲界"四谛"的无漏智(指无烦恼过患的智慧)。(2)"类智"。指观察色界、无色界(称为"上二界")"四谛"的无漏智。(3)"他心智"。指能了知他人的心念差别的无漏智与有漏智。(4)"世俗智"。指观察世俗境物的有漏智(指有烦恼过患的智慧)。(5)"苦智"。指观察三界"苦谛"的无漏智。(6)"集智"。指观察三界"集谛"的无漏智。(7)"灭智"。指观察三界"灭谛"的无漏智。(8)"道智"。指观察三界"道谛"的无漏智。(9)"尽智"。指自知已断尽一切烦恼的无漏智。(10)"无生智"。指自知将不再生死轮回的无漏智。

(二)"十智"与"所缘"等诸法之间的关系。指十智"何所缘";"几(多少)有漏、几无漏";"几有漏缘、几无漏缘";"几有为、几无为”；“几有为缘、几无为缘”等。如关于“十智”所缘的对象（“何所缘”），说：

> 有十智，如前说。法智何所缘？谓缘欲界系诸行（指有为法），及一分无漏法。类智何所缘？谓缘色无色界系诸行，及一分无漏法。他心智何所缘？谓缘欲色界系和合现前他心、心所，及一分无漏他心、心所。世俗智何所缘？谓缘一切法。苦智何所缘？谓缘五取蕴（指有漏的五蕴）。集智何所缘？谓缘有漏因。灭智何所缘？谓缘择灭。道智何所缘？谓缘学、无学法。尽智何所缘？谓缘一切有为法，及择灭。无生智何所缘？谓缘一切有为法，及择灭。（卷一《辩诸智品》，第 694 页中）

三、《辩诸处品》（卷二）。论述“十二处”与“有色、无色”等法之间，以及“五蕴”、“十二处”、“十八界”、“十二处”、“二十二根”、“九十八随眠”五法之间的关系问题。

（一）“十二处”。指“心”（指心识）、“心所”（指依心而起的心理活动）的十二种生长之处，即“六根”（又称“六内处”）、“六境”（又称“六外处”）。“六根”，指六种感觉器官，即眼、耳、鼻、舌、身、意，为“心”、“心所”的所依之处；“六境”，指六根所取的六种境界，即色、声、香、味、触、法，为“心”、“心所”的所缘之处。

（二）“十二处”与“有色、无色”等诸法之间的关系。指十二处中，“几（多少）有色、几无色”；“几有见、几无见”；“几有对、几无对”；“几有漏、几无漏”；“几有为、几无为”；“几是见、几非见”；“几内、几外”；“几是心、几非心”；“几有所缘、几无所缘”；“几善、几不善、几无记（指非善非恶）”；“几见所断、几修所断、几非所断”；“几欲界系、几色界系、几无色界系、几不系"等。

（三）"五蕴"等五法之间的关系。指"五蕴"与"十二处"、
"十八界"、"二十二根"、"九十八随眠"之间的相摄关系；"十二
处"与"十八界"、"二十二根"、"九十八随眠"之间的相摄关系；
"十八界"与"二十二根"、"九十八随眠"之间的相摄关系；"二
十二根"与"九十八随眠"之间的相摄关系等。如关于"五蕴"与
"十二处"、"十八界"之间的相摄关系，说：

> （问）五蕴、十二处，为五（蕴）摄十二（处），十二（处）
> 摄五（蕴）耶？答：十二（处）摄五（蕴），非五（蕴）摄十二
> （处）。何所不摄？谓诸无为。五蕴、十八界，为五（蕴）摄
> 十八（界），十八（界）摄五（蕴）耶？答：十八（界）摄五
> （蕴），非五（蕴）摄十八（界）。何所不摄？谓诸无为。（卷
> 二《辩诸处品》，第698页上、中）

四、《辩七事品》（卷二至卷三）。论述"十八界"等二十类
法的名义，并辨析它们与"三科"之间的关系问题。品名中的
"七事"，指的是"蕴"、"界"、"处"、"受"、"想"、"行"、"识"七法
（参见印顺《说一切有部为主的论书与论师之研究》）。

（一）"十八界"等二十类法。指"十八界"、"十二处"、"五
蕴"、"五取蕴"（指有漏的五蕴）、"六界"、"十大地法"、"十大善
地法"、"十大烦恼地法"、"十小烦恼地法"、"五烦恼"、"五触"、
"五见"、"五根"、"五法"、"六识身"（即"六识"，身表示复数）、
"六触身"、"六受身"、"六想身"、"六思身"、"六爱身"。

（1）"十八界"。指一切法（事物）的十八种类别，即"六
根"、"六境"、"六识"。（2）"十二处"。指"心"、"心所"的十二
种生长之处，即"六根"（又称"六内处"）、"六境"（又称"六外
处"）。"六根"，指六种感觉器官，即眼、耳、鼻、舌、身、意，为

"心"、"心所"的所依之处;"六境",指六根所取的六种境界,即
色、声、香、味、触、法,为"心"、"心所"的所缘之处。(3)"五
蕴"。指一切有为法(有因缘造作、生灭变化的非常住事物)的
五种类别,即"色蕴"、"受蕴"、"想蕴"、"行蕴"、"识蕴"。
(4)"五取蕴"。指有漏的五蕴,即由烦恼("取")而生的五蕴,
"色取蕴"、"受取蕴"、"想取蕴"、"行取蕴"、"识取蕴"。
(5)"六界"。指构成众生世间和器世间的六种基本要素,即
"地界"、"水界"、"火界"、"风界"、"空界"、"识界"。(6)"十
大地法"。指与一切心恒常相应的心理活动(具有一切性、一切
地、一切时、一切俱四义),有"受"、"想"、"思"、"触"、"作意"、
"欲"、"胜解"、"念"、"定"、"慧"十种。(7)"十大善地法"。
指与一切善心相应的心理活动,有"信"、"勤"、"惭"、"愧"、"无
贪"、"无瞋"、"轻安"、"舍"、"不放逸"、"不害"十种。(8)"十
大烦恼地法"。指与一切染污心相应的心理活动,有"不信"、
"懈怠"、"失念"、"心乱"、"无明"、"不正知"、"非理作意"、"邪
胜解"、"掉举"、"放逸"十种。(9)"十小烦恼地法"。指与少
量染污心相应的心理活动,有"忿"、"恨"、"覆"、"恼"、"嫉"、
"悭"、"诳"、"谄"、"憍"、"害"十种。(10)"五烦恼"。指五种
根本烦恼,即"欲贪"(欲界之贪)、"色贪"(色界之贪)、"无色
贪"(无色界之贪)、"瞋"、"痴"。

　　(11)"五触"。指五种感觉,即"有对触"、"增语触"、"明
触"、"无明触"、"非明非无明触"。(12)"五见"。指根本烦恼
中的五种恶见,即"有身见"、"边执见"、"邪见"、"见取"、"戒禁
取"。(13)"五根"。指"二十二根"中的"五受根"(能对感受
有增上作用的五种根性),即"乐根"、"苦根"、"喜根"、"忧根"、
"舍根"。(14)"五法"。指五种心理活动,即"寻"、"伺"、
"识"、"无惭"、"无愧"。(15)"六识身"(又称"六识",身表示

复数)。指六种心识,即"眼识"、"耳识"、"鼻识"、"舌识"、"身识"、"意识"。(16)"六触身"。指由根、境、识三者和合而生的六种感觉,即"眼触"、"耳触"、"鼻触"、"舌触"、"身触"、"意触"。(17)"六受身"。指由六触所生的六种感受,即"眼触所生受"、"耳触所生受"、"鼻触所生受"、"舌触所生受"、"身触所生受"、"意触所生受"。(18)"六想身"。指由六触所生的六种想象,即"眼触所生想"、"耳触所生想"、"鼻触所生想"、"舌触所生想"、"身触所生想"、"意触所生想"。(19)"六思身"。指由六触所生的六种思量(令心造作),即"眼触所生思"、"耳触所生思"、"鼻触所生思"、"舌触所生思"、"身触所生思"、"意触所生思"。(20)"六爱身"。指由六触所生的六种贪爱,即"眼触所生爱"、"耳触所生爱"、"鼻触所生爱"、"舌触所生爱"、"身触所生爱"、"意触所生爱"。

(二)"十八界"与"三科"之间的关系。指"十八界"中的各界(如"眼界"等),与"十八界"、"十二处"、"五蕴"之间的"相摄"、"相应"关系,如"眼界,几界、几处、几蕴摄"、"眼识界,一界、一处、三蕴相应"等。如关于"五见",说:

> 有身见云何? 谓于五取蕴(指有漏的五蕴)等,随观执我或我所,由此起忍乐慧观见,是名有身见。边执见云何? 谓于五取蕴等,随观执或断或常,由此起忍乐慧观见,是名边执见。邪见云何? 谓谤因谤果,或谤作用,或坏实事,由此起忍乐慧观见,是名邪见。见取云何? 谓于五取蕴等,随观执为最为胜、为上、为极,由此起忍乐慧观见,是名见取。戒禁取云何? 谓于五取蕴等,随观执为能清净、为能解脱、为能出离,由此起忍乐慧观见,是名戒禁取。(卷二《辩七事品》,第 700 页下)

五、《辩随眠品》(卷三至卷五)。论述"九十八随眠"与"三界系"等诸法之间的关系问题。

(一)"九十八随眠"。指九十八种根本烦恼,即三界(欲界、色界、无色界)的每一界都有五部(五大部类)烦恼,也就是在见道位(指初见四谛理的阶位,即"四向四果"中的初位"预流向")有"见苦谛所断"、"见集谛所断"、"见灭谛所断"、"见道谛所断"四部烦恼,在修道位(指修习四谛法的阶位,即"四向四果"中的第二位"预流果"至第七位"阿罗汉向")有"修所断"一部烦恼。五部烦恼所含"十随眠"的数量不等,多则十种,少则三种,总计为九十八种。其中,欲界系随眠有三十六种,色界系随眠有三十一种,无色界系随眠有三十一种。

(二)"九十八随眠"与"三界系"等诸法之间的关系。指九十八随眠中,"几(多少)欲界系、几色界系、几无色界系";"几见所断、几修所断";"几遍行、几非遍行";"几有漏缘、几无漏缘";"几有为缘、几无为缘";"几所缘故随增非相应故(指所缘随增),几相应故随增非所缘故(指相应随增),几所缘故随增亦相应故,几非所缘故随增非相应故"等。此外,本品还论述了"随眠是何义",以及"七随眠"、"十二随眠"、"九十八随眠"之间的相摄关系等。全品的大部分篇幅,是对最后一个问题,即"九十八随眠"的"所缘随增"、"相应随增"问题所作的辨析,文字极为冗繁。如关于"随眠是何义"和"十二随眠",说:

> 随眠是何义?答:微细义是随眠义,随增义是随眠义,随逐义是随眠义,随缚义是随眠义。如是随眠,若未断、未遍知,由二事故随增,谓所缘故、相应故,如是随增。于自界非他界,有十二随眠,谓欲贪随眠、瞋恚随眠、色贪随眠、无色贪随眠、慢随眠、无明随眠、有身见随眠、边执见随眠、邪

见随眠、见取随眠、戒禁取随眠、疑随眠。(卷三《辩随眠品》,第 702 页上、中)

六、《辩摄等品》(卷五至卷十)。论述"一法"至"九十八法"等法数,并辨析它们与"十八界、十二处、五蕴摄"、"十智知"、"六识识"、"一切随眠随增"四事之间的关系问题。

所说的法数,总计有十五类一百八十二条。

(一)"一法",五条。(1)"有所知法"。指一切法(事物)为"智"所知。(2)"所识法"。指一切法为"识"所识。(3)"所通达法"。指一切法为"善慧"所通达。(4)"所缘法"。指一切法为"心"、"心所法"所缘。(5)"增上法"。指一切有为法互为增上,无为法对有为法为增上。

(二)"二法",一百零三条。其中有:(1)"有色法、无色法"。"有色法",指"十处"(指"十二处"中的五根、五境)和"一处少分"(指"法处"的一部分,即"无表色",它是由身表业、语表业和禅定引生的无形的色法,为内在的、不可见闻的善恶功能);"无色法",指"一处"(指意根)和"一处少分"(指"法处"的一部分)。(2)"业法、非业法"。"业法",指"身、语业及思";"非业法",指"除身、语业,诸余色;除思,诸余行蕴,及三蕴全;并无为法"。(3)"业果法、非业果法"。"业果法",指"一切有为法及择灭";"非业果法",指"虚空、非择灭"。(4)"所应修法、非所应修法"。"所应修法",指"善有为法";"非所应修法",指"不善、无记法及择灭"。(5)"烦恼法、非烦恼法"。"烦恼法",指"若法是缠";"非烦恼法",指"若法非缠"。(6)"染污法、不染污法"。"染污法",指"不善及有覆无记法";"不染污法",指"善及无覆无记法"。(7)"有所缘法、无所缘法"。"有所缘法",指"一切心、心所法";"无所缘法",指

"色、无为、心不相应行"。（8）"有警觉法、无警觉法"。"有警
觉法"，指"作意相应法"；"无警觉法"，指"作意不相应法"。
（9）"定法、非定法"。"定法"，指"五无间业（指命终之后将堕
入无间地狱受苦的五种极重罪），及学（法）、无学法"；"非定
法"，指"除五无间业，诸余有漏，及无为法"。（10）"相续法、非
相续法"。"相续法"，指"若法以灭法为先，或已生、或正生"；
"非相续法"，指"除未来现前正起法，诸余未来及无为法"等。
如关于"异生法法"（指凡夫法之法）与"非异生法法"（指非凡
夫法之法），说：

> 异生法法云何？谓地狱、傍生、鬼界有情，北俱卢洲人、
> 无想有情天，诸蕴、界、处及生彼业，是名异生法法。非异生
> 法法云何？谓四通行、四无碍解、四沙门果、无诤、愿智、边
> 际定、大悲、灭定，空空（指空空三昧）、无愿无愿（指无愿无
> 愿三昧）、无相无相（指无相无相三昧），杂修静虑、现观边
> 世俗智、净居天，蕴、界、处及生彼业，是名非异生法法。
> （卷六《辩摄等品》，第716页上）

（三）"三法"，三十一条。（1）"三法"。有十五种（内有一
种置于"三苦性"之后），分别指"善法、不善法、无记法"；"学
法、无学法、非学非无学法"；"有见有对法、无见有对法、无见无
对法"；"有寻有伺法、无寻唯伺法、无寻无伺法"等。（2）"三
界"。有四种。一指"欲界、恚界、害界"；二指"出离界、无恚界、
无害界"；三指"欲界、色界、无色界"；四指"色界、无色界、灭
界"。（3）"三有"。指众生随业受报的三界，即"欲有"（欲
界）、"色有"（色界）、"无色有"（无色界）。（4）"三漏"。指由
六根漏泄过患，令众生流转三界的三种烦恼，即"欲漏"、"有
漏"、"无明漏"。（5）"三世"。指"过去世"、"未来世"、"现在

世"。(6)"三言依事"。指三世所摄的行事,即"过去言依事"
(过去所摄行)、"未来言依事"(未来所摄行)、"现在言依事"
(现在所摄行)。(7)"三苦性"。指众生之苦的三种性质,即:
"苦苦性",指由苦境所生的痛苦;"坏苦性",指由乐境的坏灭所
生的痛苦;"行苦性",指由有为法的迁流无常所生的痛苦。
(8)"三地"。指三种禅定境界,即:"有寻有伺地",指与"寻"
(又称"觉",指寻求,即粗浅推度)、"伺"(又称"观",指伺察,即
深细思察)二心所都相应的境界,即"未至定"(色界初禅之前的
欲界禅定)和"初禅"(色界)的境;"无寻唯伺地",指与"寻"
不相应、唯与"伺"相应的境界,即"中间定"(色界初禅与第二禅
的近分定之间的禅定)的境界;"无寻无伺地",指与"寻"、"伺"
都不相应的境界,即从色界第二禅的近分定至无色界第四定的
七种境界。(9)"三业"。指众生造作的三种行为,有六种类
别。一指"身业、语业、意业";二指"善业、不善业、无记(指非善
非恶)业";三指"学业、无学业、非学非无学业";四指"见所断
业、修所断业、非所断业";五指"顺现法受业、顺次生受业、顺后
次受业";六指"顺乐受业、顺苦受业、顺不苦不乐受业"。

　　(四)"四法",二十一条。(1)"四念住"。指以智慧观察
身、受、心、法四境,以对治净、乐、常、我四颠倒的禅观,即"身念
住"(指观身不净)、"受念住"(指观受是苦)、"心念住"(指观心
无常)、"法念住"(指观法无我)。(2)"四正断"。指断恶生善
的四种修行方法,即"为令已生恶不善法得永断故,勤修正断";
"为令未生恶不善法永不生故,勤修正断";"为令未生善法生
故,勤修正断";"为令已生善法坚住不忘,修满倍增,广大智作
证故,勤修正断"。(3)"四神足"。指能获得神通(深妙神奇的
功能)的四种禅定,即"欲三摩地断行成就神足"(指由意欲力发
起的能得神通的禅定);"勤三摩地断行成就神足"(指由精进力

发起的能得神通的禅定);"心三摩地断行成就神足"(指由心念力发起的能得神通的禅定);"观三摩地断行成就神足"(指由思惟观察力发起的能得神通的禅定)。(4)"四静虑"(又称"四禅")。指色界的四种根本禅定,即"初静虑"、"第二静虑"、"第三静虑"、"第四静虑"。(5)"四圣谛"。指显示众生的痛苦与解脱的四种真理(真实不虚的道理),即"苦圣谛"、"集圣谛"、"灭圣谛"、"道圣谛"。(6)"四无量"(又称"四无量心"、"四无量定")。指能引生利乐一切众生四种无量心的禅定(属于"三摩钵底",意译"等至"),即"慈无量"(指思惟给予一切众生快乐而起的慈心)、"悲无量"(指思惟拔济一切众生痛苦而起的悲心)、"喜无量"(指思惟一切众生离苦得乐而起的喜心)、"舍无量"(指思惟一切众生平等,无有亲怨之别而起的舍心)。(7)"四无色"(又称"四无色定")。指无色界的四种根本禅定,即"空无边处定"、"识无边处定"、"无所有处定"、"非想非非想处定"。(8)"四圣种"。指出家者引生圣果的四种修行方法,即"随所得衣喜足圣种"、"随所得食喜足圣种"、"随所得卧具喜足圣种"、"乐断乐修圣种"。(9)"四沙门果"。指声闻乘修行的四种果位,即"预流果"、"一来果"、"不还果"、"阿罗汉果"。(10)"四智"。有二种:一指"十智"中的"法智、类智、他心智、世俗智";二指"十智"中的"苦智、集智、灭智、道智"(此四智别称"四谛智")。(11)"四无碍解"(又称"四无碍智")。指通达无碍的四种智慧与辩才,即"法无碍解"(对一切诸法的名称能通达无碍)、"义无碍解"(对一切诸法的义理能通达无碍)、"词无碍解"(对一切众生的方言异语能通达无碍)、"辩无碍解"(指能随顺一切众生的根性,宣说其所乐闻的教法)。(12)"四缘"。指一切有为法(有因缘造作、生灭变化的非常住事物)生起的四种条件,即"因缘"、"等无间缘"、"所缘缘"、"增上缘"。(13)"四食"。指长养众生生命的四种食物,即"段食"、"触食"、"意思食"、"识食"。(14)"四瀑流"。指令众生漂溺于三界生死的四种烦恼,即"欲瀑流"、"有瀑流"、"见瀑流"、"无明瀑流"。(15)"四轭"。指令众生荷负重苦的四种烦恼,即"欲轭"、"有轭"、"见轭"、"无明轭"。(16)"四取"。指令众生生起执取的四种烦恼,即"欲取"、"见取"、"戒禁取"、"我语取"。(17)"四法"。指三界的有漏法(有烦恼之法)和无漏法(无烦恼之法),即"欲界系法"(欲界系五蕴)、"色界系法"(色界系五蕴)、"无色界系法"(无色界系四蕴,除色蕴)、"不系法"(指一切无漏法)。如关于"四念住",说:

> 身念住云何? 谓十有色处,及法处所摄色。受念住云何? 谓六受身,即眼触所生受,乃至意触所生受。心念住云何? 谓六识身,即眼识乃至意识。法念住云何? 谓受所不摄非色法处。复次,身增上所起善有漏、无漏道,是名身念住;受增上所起善有漏、无漏道,是名受念住;心增上所起善有漏、无漏道,是名心念住;法增上所起善有漏、无漏道,是名法念住。复次缘身所起善有漏、无漏慧,是名身念住;缘受所起善有漏、无漏慧,是名受念住;缘心所起善有漏、无漏慧,是名心念住;缘法所起善有漏、无漏慧,是名法念住。(卷七《辩摄等品》,第718页上、中)

(五)"五法",五条。(1)"五蕴"。指一切有为法的五种类别,即"色蕴"、"受蕴"、"想蕴"、"行蕴"、"识蕴"。(2)"五取蕴"。指有漏的五蕴,即由烦恼("取")而生的五蕴,"色取蕴"、"受取蕴"、"想取蕴"、"行取蕴"、"识取蕴"。(3)"五趣"。指众生依善恶业趣往的五种世界,即"捺落迦趣"(指地狱)、"傍生趣"(指畜生)、"鬼趣"、"人趣"、"天趣"。(4)"五烦恼部"。指

"三界"各有五部烦恼,即"见苦所断烦恼部"、"见集所断烦恼部"、"见灭所断烦恼部"、"见道所断烦恼部"(以上为见道位所断的烦恼)、"修所断烦恼部"(此为修道位所断的烦恼)。(5)"五法"。指一切法(事物)的五种类别,即"色法"、"心法"、"心所法"、"心不相应行法"、"无为法"。

(六)"六法",二条。(1)"六界"。指构成众生世间和器世间的六种基本要素,即"地界"、"水界"、"火界"、"风界"、"空界"、"识界"。(2)"六法"(又称"六断")。指断除烦恼的六种方法,即"见苦所断法"、"见集所断法"、"见灭所断法"、"见道所断法"、"修所断法"、"非所断法"(前五种为应断的"烦恼",末种为无须断的"无漏法")。如关于"六断",说:

> 见苦所断法云何? ……谓见苦所断二十八随眠,及彼相应法,并彼等起心不相应行,是名见苦所断法。见集所断法云何? ……谓见集所断十九随眠,及彼相应法,并彼等起心不相应行,是名见集所断法。见灭所断法云何? ……谓见灭所断十九随眠,及彼相应法,并彼等起心不相应行,是名见灭所断法。见道所断法云何? ……谓见道所断二十二随眠,及彼相应法,并彼等起心不相应行,是名见道所断法。修所断法云何? ……谓修所断十随眠,及彼相应法,若彼等起身语业,若彼等起心不相应行,若不染污诸有漏法,是名修所断法。非所断法云何? 谓诸无漏法。(卷七《辩摄等品》,第719页下—第720页上)

(七)"七法",三条。(1)"七随眠"。指七种根本烦恼,即"欲贪随眠、瞋随眠、有贪随眠、慢随眠、无明随眠、见随眠、疑随眠"。(2)"七识住"。指众生心识乐住的七种处所,即"人(及)一分天"(指欲界的人间和六欲天)、"梵众天"(色界的初

禅天之一）、"极光净天"（色界第二禅天之一）、"遍净天"（色界
第三禅天之一）、"空无边处天"（无色界第一天）、"识无边处
天"（无色界第二天）、"无所有处天"（无色界第三天）。
(3)"七觉支"。指趣向觉悟的七种修行方法，即"念等觉支"
（指明记善法，不忘不失）、"择法等觉支"（指简择诸法，通达明
了）、"精进等觉支"（指精进修行，不生懈怠）、"喜等觉支"（指
契悟正法，心生喜悦）、"轻安等觉支"（指断除粗重烦恼，身心轻
安）、"定等觉支"（指心注一境，不散不乱）、"舍等觉支"（指心
住平等，远离掉举）。

　　（八）"八法"，三条。(1)"八解脱"。指断除三界贪欲而
得解脱的八种禅定，即"内有色想，观诸色解脱"；"内无色想，观
外色解脱"；"净解脱"；"空无边处解脱"；"识无边处解脱"；"无
所有处解脱"；"非想非非想处解脱"；"想受灭解脱"（又称"灭
尽定解脱"）。(2)"八胜处"。指通过观想欲界色法，以对治贪
欲的八种禅定，由"八解脱"中的前三种分出。即："内有色想，
观外色少"；"内有色想，观外色多"（以上二种相当于"八解脱"
中的第一解脱）；"内无色想，观外色少"；"内无色想，观外色多"
（以上二种相当于第二解脱）；"内无色想，观外诸色青"（又称
"青胜处"）；"内无色想，观外诸色黄"（又称"黄胜处"）；"内无
色想，观外诸色赤"（又称"赤胜处"）；"内无色想，观外诸色若
白"（又称"白胜处"，以上四种相当于第三解脱）。(3)"八圣
道支"（又称"八正道"）。指趣向涅槃解脱的八种修行方法，即
"正见"（指正确的见解）、"正思惟"（指正确的思惟）、"正语"
（指正确的言语）、"正业"（指正当的行为）、"正命"（指正当的
生活）、"正精进"（指正确的精进）、"正念"（指正确的忆念）、
"正定"（指正确的禅定）。

　　（九）"九法"，二条。(1)"九结"。指结缚身心，令众生不

得解脱的九种烦恼，即"爱结"、"恚结"、"慢结"、"无明结"、"见结"、"取结"、"疑结"、"嫉结"、"悭结"。（2）"九有情居"。指众生乐住的九种处所，即"人及一分天"（指人间、欲界六天，以上属欲界）、"梵众天"、"极光净天"（又称"光音天"）、"遍净天"、"无想有情天"（以上属色界）、"空无边处天"、"识无边处天"、"无所有处天"、"非想非非想处天"（以上属无色界）。

（十）"十法"，二条。（1）"十遍处"。指观想"地大"等十法周遍一切处的禅定，即"地遍满一类想"（又称"地遍处定"）、"水遍满一类想"（又称"水遍处定"）、"火遍满一类想"（又称"火遍处定"）、"风遍满一类想"（又称"风遍处定"）、"青遍满一类想"（又称"青遍处定"）、"黄遍满一类想"（又称"黄遍处定"）、"赤遍满一类想"（又称"赤遍处定"）、"白遍满一类想"（又称"白遍处定"）、"空遍满一类想"（又称"空遍处定"）、"识遍满一类想"（又称"识遍处定"）。（2）"十无学法"。指"无学人"（指无法可学之人，即已证得阿罗汉果者）成就的十种"无漏法"（无烦恼之法），即"无学"的"正见"、"正思惟"、"正语"、"正业"、"正命"、"正精进"、"正念"、"正定"、"正胜解"、"正智"。

（十一）"十一法"，一条。指"有漏五蕴"、"无漏五蕴"和"无为法"，即"有漏"（有烦恼）的"色"、"受"、"想"、"行"、"识"，"无漏"（无烦恼）的"色"、"受"、"想"、"行"、"识"，以及"无为法"。

（十二）"十二法"，一条。指"十二处"，即"六根"、"六境"。

（十三）"十八法"，一条。指"十八界"，即"六根"、"六境"、"六识"。

（十四）"二十二法"，一条。指"二十二根"，即有生长增上作用的二十二种根性，即"眼根"、"耳根"、"鼻根"、"舌根"、"身根"（以上为"十八界"中的"五根"）、"女根"、"男根"（以上为身根的一部分）、"命根"（此为"心不相应行法"之一）、"意根"
（此为"十八界"中的一根,通常排在"身根"之后）、"乐根"、"苦
根"、"喜根"、"忧根"、"舍根"（以上为五受根）、"信根"、"精进
根"、"念根"、"定根"、"慧根"（以上为五善根）、"未知当知根"、
"已知根"、"具知根"（以上为"三无漏根"）。如关于"二十二
根"中的"五善根",说:

> 信根云何? 谓依出离远离所生善法,(起)诸信、信性、
> 增上信性,忍可、欲作、欲为、欲造,心澄净性,是名信根。精
> 进根云何? 谓依出离远离所生善法,诸勤精进、勇健势猛、
> 炽盛难制、励意不息、心勇悍性,是名精进根。念根云何?
> 谓依出离远离所生善法,诸念、随念、别念、忆念,不忘不失、
> 不遗不漏、不忘法性、心明记性,是名念根。定根云何? 谓
> 依出离远离所生善法,诸念心住、等住、安住、近住、坚住,不
> 乱不散、摄止等持、心一境性,是名定根。慧根云何? 谓依
> 出离远离所生善法,于法简择、极简择、最极简择,解了、等
> 了、遍了、近了,机黠通达、审察聪睿、觉明慧行、毗钵舍那,
> 是名慧根。(卷八《辩摄等品》,第723页中)

（十五）"九十八法",一条。指"九十八随眠"（九十八种根
本烦恼),即欲界系烦恼三十六种、色界系烦恼三十一种、无色
界系烦恼三十一种。

七、《辩千问品》（卷十至卷十七）。论述《法蕴足论》二十
一品中,除《预流支品》《杂事品》《缘起品》三品以外的其余十
八品的主题,并辨析它们与"有色、无色"等诸法之间的关系问
题。初首有撮略所释各品之名而作的"摄颂"及其释文（据释文
说,在十八品之外,前九品、后九品之后各增列了一部"总经",
"合有二十经",但查检正文,并无这二部"总经",故所释仍是十

八品)。

（一）《法蕴足论》十八品的主题。指：(1)《学处品》所说的"近事五学处"。(2)《证净品》所说的"四证净"。(3)《沙门果品》所说的"四沙门果"。(4)《通行品》所说的"四通行"。(5)《圣种品》所说的"四圣种"。(6)《正胜品》所说的"四正胜"。(7)《神足品》所说的"四神足"。(8)《念住品》所说的"四念住"。(9)《圣谛品》所说的"四圣谛"。(10)《静虑品》所说的"四静虑"(又称"四禅")。(11)《无量品》所说的"四无量"(又称"四无量心")。(12)《无色品》所说的"四无色(定)"。(13)《修定品》所说的"四修定"。(14)《觉支品》所说的"七觉支"。(15)《根品》所说的"二十二根"。(16)《处品》所说的"十二处"。(17)《蕴品》所说的"五蕴"。(18)《多界品》所说的"十八界"。

（二）十八品的主题与"有色、无色"等诸法之间的关系。指每一主题，各设五十问（即五十门），号称"千问"，并一一作答。以《法蕴足论·学处品》所说的"近事五学处"为例，所设的五十问中，有：五学处中，"几（多少）有色、几无色"；"几有漏（有烦恼）、几无漏（无烦恼）"；"几有为、几无为"；"几应修、几不应修"；"几染污、几不染污"；"几果、非有果"；"几过去、几未来、几现在"；"几善、几不善、几无记"；"几欲界系、几色界系、几无色界系、几不系"；"几学、几无学、几非学非无学"；"几见所断、几修所断、几非所断"等。如关于"近事五学处"与"有色、无色"、"有见、无见"、"有漏、无漏"等法之间的关系，说：

　　五学处者，一尽形寿离断生命、二尽形寿离不与取、三尽形寿离欲邪行、四尽形寿离虚诳语、五尽形寿离饮诸酒，此五名为近事学处。此五学处，几有色等（指几有色、几无

色,以下诸句同例)者?一切是有色。几有见等者?一无
见,四应分别,谓若表是有见,若无表是无见。几有对等者?
一切应分别,谓若表是有对,若无表是无对。几有漏等者?
一切是有漏。几有为等者?一切是有为。几有异熟(指果
报)等者?一切有异熟。(卷十《辩千问品》,第 734 页上)

八、《辩抉择品》(卷十八)。论述"有色法、无色法"等三十
八类法,并辨析它们与"蕴、处、界"等诸法之间的关系问题。

(一)"有色法、无色法"等三十八类法。指:(1)"有色法、
无色法"。(2)"有见法、无见法"。(3)"有对法、无对法"。
(4)"有漏法、无漏法"。(5)"有为法、无为法"。(6)"有诤
法、无诤法"。(7)"世间法、出世间法"。(8)"堕界法、非堕界
法"。(9)"有味著法、无味著法"。(10)"耽嗜依法、出离依
法"。(11)"顺结法、非顺结法"。(12)"顺取法、非顺取法"。
(13)"顺缠法、非顺缠法"。(14)"有记法、无记法"。(15)"有
覆法、无覆法"。(16)"应修法、不应修法"。(17)"染污法、不
染污法"。(18)"有罪法、无罪法"。(19)"有异熟(又称"果
报")法、无异熟法"。(20)"见法、非见法"。(21)"内法、外
法"。(22)"有执受法、无执受法"。(23)"心法、非心法"。
(24)"有所缘法、无所缘法"。(25)"心所法、非心所法"。
(26)"业法、非业法"。(27)"善法、不善法、无记法"。
(28)"见所断法、修所断法、非所断法"。(29)"学法、无学法、
非学非无学法"。(30)"欲界系法、色界系法、无色界系法、不
系法"。(31)"过去未来现在法、非过去非未来非现在法"。
(32)"苦圣谛所摄法、集圣谛所摄法、灭圣谛所摄法、道圣谛所
摄法、谛所不摄法"。(33)"见苦所断法、见集所断法、见灭所
断法、见道所断法、修所断法、非所断法"。(34)"五蕴"。

(35)"十二处"。(36)"十八界"。(37)"二十二根"。(38)"九十八随眠"。

（二）三十八类法与"蕴、处、界"等诸法之间的关系。指"有色法、无色法"等三十八类法，与"十八界、十二处、五蕴摄"、"十智知"、"六识识"、"一切随眠随增"四事之间的关系。

本书的同本异译有：刘宋求那跋陀罗等译《众事分阿毗昙论》十二卷、后汉安世高译《阿毗昙五法行经》一卷（《品类足论·辩五事品》的别译）、法成译《萨婆多宗五事论》一卷（《品类足论·辩五事品》的别译）。

本书的注疏有：唐玄奘译《五事毗婆沙论》二卷（《品类足论·辩五事品》单行本的注疏，今存）。

刘宋求那跋陀罗等译《众事分阿毗昙论》十二卷

《众事分阿毗昙论》，又名《众事分阿毗昙》《众事毗昙》，十二卷。印度世友造，刘宋求那跋陀罗、菩提耶舍共译，约译于元嘉十三年(436)至泰始三年(467)之间。本书最初是作为"众论失译"，著录于隋法经等《众经目录》卷五之中（书名作《众事分阿毗昙》）；隋费长房《历代三宝纪》卷十始将它列为求那跋陀罗译；唐智升《开元释教录》卷五等沿依此说。载于《丽藏》"交""友"函、《宋藏》"友""投"函、《金藏》"交""友"函、《元藏》"友""投"函、《明藏》"升""阶"函、《清藏》"升""阶"函、《频伽藏》"冬"帙，收入《大正藏》第二十六卷。

求那跋陀罗(394—468)，意译"功德贤"，中天竺(印度)人，生于婆罗门之家。幼学五明(指声明、工巧明、医方明、因明、内明)，天文历算、医方咒术，靡不该博。后读《阿毗昙杂心论》而感悟，潜遁出家，专精志学。初习小乘，后宗大乘，人称"摩诃衍"。刘宋元嘉十二年(435),取海路从师子国(今斯里兰卡)来到广州。被宋文帝遣使迎入建康(今南京),住于祇洹寺。彭城王刘义康、谯王刘义宣均师事之。不久开始翻译佛经。在祇洹寺译出《杂阿含经》(一说此经译于瓦官寺,见梁僧祐《出三藏记集》卷二),在东安寺译出《法鼓经》,在丹阳郡译出《胜鬘经》《楞伽经》(一说此经译于道场寺)。宝云传译,慧观执笔,往复咨析,妙得本旨。谯王出镇荆州,他应请同行,住于辛寺。在辛寺先后翻译了《无忧王经》《过去现在因果经》《无量寿经》《泥洹经》《央掘魔罗经》(一说此经译于道场寺)、《相续解脱地波罗蜜了义经》(一说此经译于东安寺)、《第一义五相略集》(一说此经译于东安寺)、《八吉祥经》等,并宣讲《华严经》。此外,还在道场寺、中兴寺、白塔寺等弘化。所译的佛经,据梁僧祐《出三藏记集》卷二统计,为"十四部凡七十六卷";隋费长房《历代三宝纪》卷十作"七十八部合一百六十一卷";唐智升《开元释教录》卷五勘定为"五十二部一百三十四卷"。其中,《胜鬘经》等二十六部一百卷,见存;《虚空藏菩萨经》等二十六部三十四卷阙本。生平事迹见梁慧皎《高僧传》卷三等。

本书是唐玄奘译《阿毗达磨品类足论》的异译本,论述一切法(事物)的种类与性相理论。全书分为八品,依次为《五法品》《分别智品》《分别诸入品》《分别七事品》《分别使品》《分别摄品》《千问论品》《择品》,对一切法(事物)的种类、性质、内容、相互关系(如因缘、相摄与不相摄、相应与不相应、成就与不成就关系等),以及诸法内部各分支之间的联系,作了繁细的抉择与分别。

一、《五法品》(卷一)。论述一切法的五种类别,即"色法"、"心法"、"心法法"(指"心法"之法,通常称为"心所法")、"心不相应行法"、"无为法"问题。内容相当于《品类足论》卷一《辩五事品》。

（一）"色法"。指一切物质（以"质碍"为性），分为二大类。一是"四大"（又称"四大种"、"四界"），即"地界"、"水界"、"火界"、"风界"；二是"四大造色"（又称"四大种所造色"），即"五根"、"五境"、"无作色"（又称"无表色"、"法入所摄色"、"法处所摄色"，指由身表业、语表业引生的无形色法，即内在的、不可见闻的善恶功能）。

（二）"心法"。指认识活动的主体，即心王。"心王"的本体只有一种，依功能的差别区分，而有"心"（集起义）、"意"（思量义）、"识"（了别义）三种名称。小乘以"六识"为心王，指"眼识"、"耳识"、"鼻识"、"舌识"、"身识"、"意识"。

（三）"心法法"（又称"心所法"）。指依心而起的心理活动（具有恒依心起、与心相应、系属于心三义），有二十八种，依次是："受"、"想"、"思"、"触"、"忆"（又称"作意"）、"欲"、"解脱"（又称"胜解"）、"念"、"定"、"慧"、"信"、"精进"、"觉"（又称"寻"）、"观"（又称"伺"）、"放逸"、"不放逸"、"善根"、"不善根"、"无记根"、"结"、"缚"、"使"（又称"随眠"）、"上烦恼"（又称"随烦恼"）、"缠"、"智"、"见"、"忍"、"无间等"（又称"现观"）。

（四）"心不相应行法"。指"行蕴"所摄的与心不相应的、非色非心的现象，有十六种，依次是："得"、"无想定"、"灭尽定"、"无想天"（又称"无想事"、"无想果"）、"命根"、"种类"（又称"众同分"）、"处得"、"事得"、"入得"、"生"、"老"、"住"、"无常"、"名身"、"句身"、"文身"。

（五）"无为法"。指无因缘造作、生灭变化的常住事物，分为三种，即"虚空无为"、"数灭无为"（又称"择灭无为"）、"非数灭无为"（又称"非择灭无为"）。如关于"色法"的构成，说：

云何色(法)? 谓四大及四大造色。云何四大? 谓地
界、水(界)、火(界)、风界。云何造色? 谓眼根、耳(根)、
鼻(根)、舌(根)、身根、色、声、香、味、触入少分(指一部
分),及无作色,是名色法。……云何地界? 谓坚。云何水
界? 谓湿润。云何火界? 谓温暖。云何风界? 谓飘动。云
何眼根? 谓眼识所依净色。云何耳根? 谓耳识所依净色。
云何鼻根? 谓鼻识所依净色。云何舌根? 谓舌识所依净
色。云何身根? 谓身识所依净色。云何色? 谓色,若好、若
丑、若中间(指非好非丑)。……云何声? 声有二种,谓因
受四大起、因不受四大起。……云何香? 谓香,若好、若恶、
若中间。……云何味? 谓味,若可喜、若不可喜、若中
间。……云何触入少分? 谓涩、滑、轻、重、冷、饥、渴。……
云何无作色,谓法入所摄色。(卷一《五法品》,《大正藏》第
二十六卷,第627页上、中)

二、《分别智品》(卷一)。论述"十智",即"法智"、"比智"
(又称"类智")、"知他心智"(又称"他心智")、"等智"(又称
"世俗智")、"苦智"、"集智"、"灭智"、"道智"、"尽智"、"无生
智"与"所缘"等诸法之间的关系问题。内容相当于《品类足论》
卷一至卷二《辩诸智品》。如关于"十智"中,"几(多少)有漏
(有烦恼)、几无漏(无烦恼)",说:

问: 此十智,几有漏、几无漏? 答: 一有漏(指等智)、
八无漏(指法智、比智、苦智、集智、灭智、道智、尽智、无生
智)、一当分别(指知他心智)。知他心智,或有漏,或无漏。
云何有漏? 谓知他心智,知他有漏心(指心识)、心法(此处
指心所法)。云何无漏? 谓知他心智,知他无漏心、心法。
(卷一《分别智品》,第631页中)

三、《分别诸入品》（卷二）。论述"十二入"（又称"十二处"），即"六根"、"六境"与"有色、无色"等法之间，以及"五阴"（又称"五蕴"）、"十二入"、"十八界"、"十二入"（又称"十二处"）、"二十二根"、"九十八使"（又称"九十八随眠"）五法之间的关系问题。内容相当于《品类足论》卷二《辩诸处品》。

四、《分别七事品》（卷二）。论述"十八界"等十九类法（缺《品类足论·辩七事品》中的"十大善地法"一类）的名义，并辨析它们与"十八界"、"十二入"、"五阴"之间的"相摄"、"相应"关系问题。所说的十九类法，指的是："十八界"、"十二入"、"五阴"、"五盛阴"（又称"五取蕴"，指有漏的五蕴）、"六界"、"十大地法"、"十烦恼大地法"（又称"十大烦恼地法"）、"十小烦恼大地法"（又称"十小烦恼地法"）、"五烦恼"、"五触"、"五见"、"五根"、"五法"、"六识身"（又称"六识"，身表示复数）、"六触身"、"六受身"、"六想身"、"六思身"、"六爱身"。内容相当于《品类足论》卷二至卷三《辩七事品》。如关于"五法"，说：

> 云何五法？谓觉（指寻）、观（指伺）、识、无惭、无愧。……云何觉？若心觉、遍觉、色觉、增上色觉、觉数觉、觉等思惟、粗心转。云何观？若心行、少行、随微行、随顺细心转。云何识？谓六识身，眼识乃至意识。云何无惭？若心无惭、不厌患过、不极厌离、不恭敬、不柔软、不自畏、不自差、恣心自在。云何无愧？若无愧于他、于罪无畏、于罪无怖、于罪不见、于诸过恶、不羞耻他。（卷二《分别七事品》，第 634 页中—第 635 页中）

五、《分别使品》（卷三）。论述"九十八使"（又称"九十八随眠"）与"三界系"等诸法之间的关系问题。内容相当于《品类足论》卷三至卷五《辩随眠品》。如关于"九十八使"中，"几（多

少)见断、几修断",说:

问:此九十八使,几(使)见苦断、几见集断、几见灭断、
几见道断、几修断?答:二十八(使)见苦断、十九见集断、
十九见灭断、二十二见道断、十修断。问:此欲界系三十六
使,几见苦断、几见集断、几见灭断、几见道断(以上为见
断)、几修断?答:十见苦断、七见集断、七见灭断、八见道
断、四修断。问:此色界系三十一使,几见苦断、几见集断、
几见灭断、几见道断、几修断?答:九见苦断、六见集断、六
见灭断、七见道断、三修断。如色界系,无色界系(三十一
使)亦如是。(卷三《分别使品》,第637页上)

六、《分别摄品》(卷四至卷七)。论述"一法"至"九十八
法"等法数,并辨析它们与"十八界、十二入、五阴摄"、"十智
知"、"六识识"、"一切使使"(又称"一切随眠随增")四事之间
的关系问题。内容相当于《品类足论》卷五至卷十《辩摄等品》。

所说的法数,总计有十五类一百八十二条。

(一)"一法",五条。有"尔炎法"(又称"有所知法")、"识
法"(又称"所识法")、"通尔炎法"(又称"所通达法")、"缘法"
(又称"所缘法")、"增上法"。

(二)"二法",一百零三条。主要有:"色法、非色法";"可
见法、不可见法";"有对法、无对法";"有漏法、无漏法";"有为
法、无为法";"世间法、出世间法";"染污法、不染污法";"心
法、非心法";"心法法、非心法法";"心相应法、心不相应法";
"心随转法、非心随转法";"心因法、非心因法";"业法、非业
法";"业报法、非业报法";"修法、非修法";"证法、非证法";
"记法、无记法";"缘起法、非缘起法";"烦恼法、非烦恼法";
"凡夫法、非凡夫法";"定法、非定法";"果法、非果法";"相续

法、非相续法"等。

（三）"三法"，三十一条。主要有："善法、不善法、无记法"；"学法、无学法、非学非无学法"；"见断法、修断法、不断法"；"见断因法、修断因法、不断因法"；"可见有对法、不可见有对法、不可见无对法"；"欲界、瞋界、害界"；"欲界、色界、无色界"；"色界、无色界、灭界"；"欲有、色有、无色有"；"欲漏、有漏、无明漏"；"过去世、未来世、现在世"；"有觉有观法、无觉有观法、无觉无观法"；"身业、口业、意业"；"现法受业、生法受业、后法受业"等。如关于"三有"、"三漏"，说：

> 云何欲有？谓若业，欲界系受缘，转起未来，彼业报。
> 云何色有？谓若业，色界系受缘，转起未来，彼业报。云何
> 无色有？谓若业，无色界系受缘，转起未来，彼业报。云何
> 欲漏？谓除欲界系无明，余欲界系相应结、缚、使、烦恼、缠，
> 是名欲漏。云何有漏？谓除色（界）、无色界系无明，余色、
> 无色界系相应结、缚、使、烦恼、缠，是名有漏。云何无明漏？
> 谓愚三界，暗无知。（卷五《分别摄品》，第650页上）

（四）"四法"，二十一条。主要有："四念处"（又称"四念住"）、"四正勤"（又称"四正断"）、"四如意足"（又称"四神足"）、"四禅"、"四圣谛"、"四无量"（又称"四无量心"）、"四无色"（又称"四无色定"）、"四圣种"、"四沙门果"、"四智"、"四辩"（又称"四无碍解"）、"四缘"、"四食"、"四流"、"四轭"、"四取"、"四法"（指欲界系法、色界系法、无色界系法、不系法等）。

（五）"五法"，五条。有："五阴"（又称"五蕴"）、"五盛阴"（又称"五取蕴"，指有漏的五蕴）、"五趣"、"五烦恼身"（又称"五烦恼部"）、"五法"（指色法、心法、心法法、心不相应行法、无为法）。

（六）"六法"，二条。有："六界"、"六法"（指见苦断法、见集断法、见灭断法、见道断法、修断法、不断法）。

（七）"七法"，三条。有："七使"（又称"七随眠"）、"七识住"、"七觉支"。

（八）"八法"，三条。有："八解脱处"（又称"八解脱"）、"八胜处"、"八道支"。

（九）"九法"，二条。有："九结"、"九众生居处"（又称"九有情居"）。

（十）"十法"，二条。有："十一切入"（又称"十遍处"）、"十无学法"。

（十一）"十一法"，一条。即"色有漏（有烦恼）、无漏（无烦恼），受、想、行、识有漏、无漏，及无为法"。

（十二）"十二法"，一条。即"十二入"（又称"十二处"）。

（十三）"十八法"，一条。即"十八界"。

（十四）"二十二法"，一条。即"二十二根"。

（十五）"九十八法"，一条。即"九十八使"（又称"九十八随眠"）。

七、《千问论品》（卷八至卷十二）。论述《法蕴足论》二十一品中，除《预流支品》《杂事品》《缘起品》三品以外的其余十八品的主题，并辨析它们与"有色、无色"等诸法之间的关系问题。所说的《法蕴足论》十八品的主题是：（1）"优婆塞五戒"（又称"近事五学处"）。（2）"四不坏净"（又称"四证净"）。（3）"四沙门果"。（4）"四通"（又称"四通行"）。（5）"四圣种"。（6）"四正勤"（又称"四正胜"）。（7）"四如意足"（又称"四神足"）。（8）"四念处"（又称"四念住"）。（9）"四圣谛"。（10）"四禅"（又称"四静虑"）。（11）"四无量"（又称"四无量心"）。（12）"四无色"（又称"四无色定"）。（13）"四三昧修"

（又称"四修定"）。（14）"七觉支"。（15）"二十二根"。
（16）"十二入"（又称"十二处"）。（17）"五阴"（又称"五
蕴"）。（18）"十八界"。每一主题，各设五十问（即五十门），
一一作答。内容相当于《品类足论》卷十至卷十七《辩千问品》。
如关于"四三昧修"与"色、非色"、"有漏、无漏"等法之间的关
系，说：

> 三摩提定者，谓四三昧修。问云何四？答：谓有三昧
> 修广修习，住现法乐转；有三昧修广修习，知见转；有三昧修
> 广修习，慧分别转；有三昧修广修习，漏尽转。问：此四三
> 昧修，几色、几非色？答：三昧修所摄身、口业是色，余非
> 色；一切是不可见；一切是无对；一有漏、一无漏、二分别。
> 住现法乐三昧修，或有漏，或无漏。云何有漏？谓住现法乐
> 三昧修，所摄有漏五阴。云何无漏？谓住现法乐三昧修，所
> 摄无漏五阴。（卷十《千问论品》，第678页上、中）

八、《择品》（卷十二）。论述"有色法、无色法"等三十八类
法，与"十八界、十二入、五阴摄"、"十智知"、"六识识"、"一切
遍使使"四事之间的关系问题。所说的三十八类法，指的是：
"色法、非色法"；"可见法、不可见法"；"有对法、无对法"；"有
漏法、无漏法"；"有为法、无为法"；"修法、非修法"；"内法、外
法"；"有缘法、无缘法"；"心法法、非心法法"；"业法、非业法"；
"善法、不善法、无记法"；"见断法、修断法、无断法"；"学法、无
学法、非学非无学法"；"欲界系法、色界系法、无色界系法、无系
法"；"苦谛所摄法、集谛所摄法、灭谛所摄法、道谛所摄法、谛所
不摄法"；"五阴"；"十二入"；"十八界"；"二十二根"；"九十八
使"等。内容相当于《品类足论》卷十八《辩抉择品》。

本书的同本异译有：后汉安世高译《阿毗昙五法行经》一卷

（《品类足论·辩五事品》的异译本）、唐玄奘译《阿毗达磨品类足论》十八卷、法成译《萨婆多宗五事论》一卷（《品类足论·辩五事品》的异译本）。

后汉安世高译《阿毗昙五法行经》一卷

《阿毗昙五法行经》，又名《阿毗昙五法经》《五法经》《阿毗昙苦慧经》，一卷。后汉安世高译，约译于建和二年（148）至建宁三年（170）之间。梁僧祐《出三藏记集》卷二著录。载于《丽藏》"兽"函、《宋藏》"兽"函、《金藏》"兽"函、《元藏》"兽"函、《明藏》"坟"函、《清藏》"坟"函、《频伽藏》"藏"帙，收入《大正藏》第二十八卷。

安世高（约二世纪），名清，以字（"世高"）行。安息国（今伊朗境内）太子。幼以孝行见称，志业聪敏，刻意好学。外国典籍，及七曜五行、医方异术，乃至鸟兽之声，无不综达。父殁，让国与叔，出家修道。博晓经藏，尤精阿毗昙学，修持禅法，略尽其妙。后游方弘化，遍历诸国。于汉桓帝建和元年（147），抵达洛阳。不久，便通晓华语，开始译经。前后二十余年，译出了大量佛经，为汉译佛经的开创者之一。汉灵帝之末，关洛扰乱，安世高振锡江南。行至会稽，正值市中有人斗殴，被误中头部而亡。所译的佛经，基本上都是小乘经，梁僧祐《出三藏记集》卷二著录为"三十四部凡四十卷"，此中见存的有：《大安般守意经》《阴持入经》《大道地经》《人本欲生经》《阿毗昙五法经》《长阿含十报法经》《普法义经》《漏分布经》《四谛经》《七处三观经》《九横经》《八正道经》《明度五十校计经》《五阴譬喻经》《转法轮经》《一切流摄守因经》《是法非法经》《法受尘经》《本相猗致经》《阿含口解十二因缘经》《禅行法想经》等；唐智升《开元释教录》卷一著录为"九十五部一百一十五卷"，其中《大乘方等要

慧经》等"五十四部五十九卷见存",《无量寿经》等"四十一部
五十六卷阙本",这中间有不少是根据隋费长房《历代三宝纪》
增益的、原为"失译经"（失落译者姓名）的大乘经和小乘经,其
真实性尚需作进一步的勘定。另据《出三藏记集》卷二说,安世
高译经中的《阿含口解十二因缘经》《十四意经》《阿毗昙九十八
结经》三部,东晋道安说"似世高撰",即可能是安世高的撰述,
而不是译籍;而《阿含口解十二因缘经》,在隋费长房《历代三宝
纪》卷四、唐智升《开元释教录》卷一等经录中,则改作"后汉安
玄、严佛调译"。安世高的生平事迹,见梁僧祐《出三藏记集》卷
十三、慧皎《高僧传》卷一等。

　　本书是唐玄奘译《阿毗达磨品类足论》卷一《辩五事品》的
异译本,论述"五法"理论,为最早传入中国的阿毗达磨论书。
所说的"五法",指一切法（事物）的五种类别,即"色法"、"意
法"（又称"心法"）、"所念法"（又称"心所法"）、"别离意行法"
（又称"心不相应行法"）、"无为法"。书中对它们的特性、细类
和内容,分别作出了解说。全书分为二部分,前部分论述"四可
四黠"（又称"四忍四智"）、"十六行相"、"四谛"等问题,为《品
类足论·辩五事品》所无,属于后人增益;后部分论述"五法行"
等问题,与《品类足论·辩五事品》基本相同。

　　一、前部分。始"苦法黠可,苦法黠",终"何等为得道？已
苦灭,不复生是为得",论述"四可四黠"、"十六行相"、"四谛"
等问题。

　　（一）"四可四黠"。指修行者在见道位（指初见四谛理的
阶位,即"四向四果"中的初位"预流向"）,观察欲界"四谛"时,
能生起"四忍四智",即"苦法黠可"（又称"苦法忍",指观察欲
界"苦谛"而生的无间道智,即断惑智）、"苦法黠"（又称"苦法
智",指观察欲界"苦谛"而生的解脱道智,即证理智）、"习法黠

可"(又称"集法忍",指观察欲界"集谛"而生的断惑智)、"习法黠"(又称"集法智",指观察欲界"集谛"而生的证理智)、"尽法黠可"(又称"灭法忍",指观察欲界"灭谛"而生的断惑智)、"尽法黠"(又称"灭法智",指观察欲界"灭谛"而生的证理智)、"道法黠可"(又称"道法忍",指观察欲界"道谛"而生的断惑智)、"道法黠"(又称"道法智",指观察欲界"道谛"而生的证理智)。

(二)"十六行相"。指修行者在见道位观察"四谛"的十六种行相,即观察"苦谛"的"无常"(又称"非常",指待众缘生)、"苦"(指迁流逼迫)、"空"(指违我所见)、"非身"(又称"非我",指违我见)四种行相;观察"习谛"(又称"集谛")的"本"(又称"因",指如种生芽)、"习"(又称"集",指能等现果)、"生"(指令果相续)、"因缘"(又称"缘",指能成办果)四种行相;观察"尽谛"(又称"灭谛")的"尽"(又称"灭",指诸有漏蕴断尽)、"止"(又称"静",指贪瞋痴息灭)、"如意"(又称"妙",指体无众患)、"要"(又称"离",指脱离众灾)四种行相;观察"道谛"的"道"(指通于圣行)、"处"(又称"如",指契合正理)、"受"(又称"行",指正趣涅槃)、"观"(又称"出",指永超生死)四种行相。

(三)"四谛"。指显示众生的痛苦与解脱的四种真理(真实不虚的道理),即"苦谛"、"习谛"(又称"集谛")、"尽谛"(又称"灭谛")、"道谛"。如关于"四黠可"(又称"四忍"),说:

> 苦法者,谓形体万物,皆当衰老死亡,是为苦,痴人谓可常保持,是为乐,黠可(指忍)知是为苦,便不复向生死,是为苦法黠可(指苦法忍);习(指集)法者,谓习欲、习得、习淫、习怒、习痴、习好、习美,黠可者如是为习,从习得尽(指灭),便不欲,是为习法黠可(指集法忍);尽法者,谓人物会

当消散灭尽,便得亦不喜,失亦不忧,是为尽法黠可(指灭法忍);道法者,行道得道,作善上天,作恶入恶,道黠可者知去恶就善,是为道法黠可(指道法忍)。(《大正藏》第二十八卷,第998页上)

二、后部分。始"有五法行,何等五",终"五法行说具",论述"五法行"(又称"五法")等问题。

(一)"色法"。指一切物质(以"质碍"为性),分为两大类。(1)"四行"(又称"四大种"、"四界")。指构成物质的四种基本要素(称为"能造"),即"地种"、"水种"、"火种"、"风种"。(2)"从四行因所(造)色"(又称"四大种所造色")。指由"四大种"造作产生的物质(称为"所造"),分为"五根"、"五境"二类(缺《品类足论》所说的"无表色"一类)。

(二)"意法"(又称"心法")。指认识活动的主体,即心王。"心王"的本体只有一种,依功能的差别区分,而有"心"(集起义)、"意"(思量义)、"识"(了别义)三种名称。小乘以"六识"为心王,指"眼识"、"耳识"、"鼻识"、"舌识"、"身识"、"意识"。

(三)"所念法"(又称"心所法")。指依心而起的心理活动,有二十八种。它们是:"痛"(又称"受")、"想"、"行"(又称"思")、"痒"(又称"愿乐"、"触")、"意念"(又称"作意")、"欲"、"意"(又称"胜解")、"念"、"定"、"黠"(又称"慧")、"信"、"进"(又称"精进")、"计"(又称"寻")、"分别念"(又称"伺")、"贪"(《品类足论》作"放逸")、"不贪"(《品类足论》作"不放逸")、"善本"(又称"善根")、"不善本"(又称"不善根")、"不分别本"(又称"无记根")、"结"、"缚"、"使"(又称"随眠")、"尘恼"(又称"随烦恼")、"从起"(又称"缠")、"所黠"(又称"智")、"所见"(又称"见")、"更可"(又称"忍")、

"所更"（又称"现观"）。

（四）"别离意行法"（又称"心不相应行法"）。指"行蕴"所摄的与心不相应的、非色非心的现象，有十六种。它们是："得"、"无有思想思惟"（又称"不思想思惟"、"无想定"）、"灭思惟"（又称"灭尽定"）、"不思想"（又称"无想果"）、"念根"（又称"命根"）、"人同"（又称"众同分"）、"得处"、"得种"、"得入"、"生"、"老"、"止"（又称"住"）、"非常"（又称"无常"）、"名字"（又称"名身"）、"绝"（又称"句身"）、"字会"（又称"文身"）。

（五）"无为法"。指无因缘造作、生灭变化的常住事物，分为三种，即"空"（又称"虚空无为"）、"灭未离"（又称"尽尚未离"、"非择灭无为"）、"灭不须受"（又称"尽"、"择灭无为"）。如关于"意所念法"（又称"心所法"），说：

> 所念法（指心所法）为何等？若所念，法、意共俱（指法、心相应）。是为何等？痛（指受）、想、行（指思）、痒（指触）、念（指作意）、欲、是意（指胜解）、定、黠（指慧）、信、进（指精进）、计（指寻）、（分别）念（指伺）、贪、不贪、善本（指善根）、恶本（指不善根）、不分别本（指无记根），一切结、缚、使（指烦恼）、尘恼（指随烦恼）、从起（指缠），所黠（指所有智）、所见（指所有见）、所要亦所有（指所有现观），如是法、意共俱，是名为意所念法。（《大正藏》第二十八卷，第998页下）

由于本书是汉译佛经初创时期翻译的，佛教术语的译名都未定型，故书中的译名，与后世通行的译名差别悬殊，译文也显得佶屈聱牙。又由于抄行的年代久远，错脱衍讹之处甚多，若不与后世的同类译本相对照，很难理解其中的意思。因此，对一般读者来说,则应选读同类的唐译本为宜。

本书的同本异译有:唐玄奘译《品类足论》卷一《辩五事品》、法成译《萨婆多宗五事论》一卷。

唐法成译《萨婆多宗五事论》一卷

《萨婆多宗五事论》,一卷。唐法成译,约出于大中(847—859)年间(书题"大番国大德三藏法师沙门法成于甘州修多寺道场")。今本为敦煌本,收入《大正藏》第二十八卷。

法成(?—869),又名"管·法成"、"廓却珠",唐代吐蕃国(又称"大番国",今西藏地区)人。后藏达那(日喀则附近)吐蕃大臣管氏家族的后裔,西藏佛教前弘期著名的译师之一(时称"大番国大德三藏法师")。唐玄宗天宝十四年(755)"安禄山之乱"爆发,吐蕃赤松德赞(742—797)趁机派兵占领了敦煌。从唐德宗贞元二年(786)至唐宣宗大中二年(848),敦煌处于吐蕃的统治之下。法成是在唐文宗太和七年(833)之前(此据敦煌本《六门陀罗尼经论广释》书后的题记),从藏地来到敦煌的,先后在沙州永康寺、开元寺、甘州修多寺等处,从事梵、汉、藏三种文本佛经的翻译和弘传工作的。在此后的二十多年间,他将《般若波罗蜜多心经》《萨婆多宗五事论》《诸星母陀罗尼经》《迦牟尼如来像法灭尽之记》等佛经,从梵文或藏文翻译成汉文(以上均存);又将《一百羯磨》《贤愚因缘经》《善恶因果经》《楞伽阿跋多罗宝经》《金光明最胜王经》《金光明最尊胜大乘经》《解深密经疏》(新罗圆测撰)等二十多种佛经,从汉文翻译成藏文,传入藏地。在译经之外,还撰写了《大乘稻芉经随听疏》《大乘四法经论广释开决记》《瑜伽师地开释分门记》《瑜伽论手记》等注疏(以上有敦煌本残卷),对推进汉传佛教与藏传佛教的交流,作出了开创性的贡献。生平事迹见元布顿《佛教史大宝藏

论》(郭和卿译,民族出版社 1986 年 3 月版)等;近世出版的黄
明信《吐蕃佛教》(中国藏学出版社 2010 年 1 月版)、林世田等
《敦煌佛典的流通与改造》(甘肃教育出版社 2013 年 11 月版)
等,也叙有法成的事迹。

　　本书是唐玄奘译《阿毗达磨品类足论》卷一《辩五事品》的
异译本,论述"五法"理论。所说的"五法",指一切法(事物)的
五种类别,即"色法"、"心法"、"心所有法"、"心不相应行法"、
"无为法"。书中采用先出纲目,尔后逐一阐解的方式,对它们
的特性、种类和内容,分别作出了解说。

　　一、"色法"。指一切物质(以"质碍"为性),分为"四大
种"、"四大所造所生诸色"二大类。

　　(一)"四大种"。指构成物质的四种基本要素(称为"能
造"),即"地界"、"水界"、"火界"、"风界"。(1)"地界"。指
坚硬性的物质。(2)"水界"。指湿润性的物质。(3)"火界"。
指暖热性的物质。(4)"风界"。指轻动性的物质。

　　(二)"四大所造所生诸色"。指由"四大种"造作产生的物
质(称为"所造"),分为"五根"、"五境"、"无表色"三类。

　　(1)"五根"。指五种感觉器官,即"眼根"、"耳根"、"鼻
根"、"舌根"、"身根"。"眼根",指"眼识依清净色";"耳根",指
"耳识依清净色";"鼻根",指"鼻识依清净色";"舌根",指"舌
识依清净色";"身根",指"身识依清净色"。(2)"五境"。指
五根所取的五种境界,即"诸色、诸声、诸香、诸味、及(所)触一
分(指身根所取的"触")"。"色",指"诸好色及非好色,彼二中
间所住诸色,及显色等";"声",指"执受大种因所生(指由有觉
受的众生发出的声音),及非执受大种因所生(指由自然物或幻
化人发出的声音)";"香",指"好香、恶香、平等了香";"味",指
"可意及非可意、平等尝味";"所触一分",指"滑性、涩性、轻性、

重性、冷、饥、渴等"。(3)"无表色"(又称"法处所摄色")。指由身表业、语表业引生的无形色法,即内在的、不可见闻的善恶功能。"五境",均由"二识了知",即由前五识的某一种识最初触受,然后由第六识"意识"加以认识;"法处所摄色,于一切时,唯一意识之所了知",即只有"意识"才能认识。

二、"心法"。指认识活动的主体,即心王。"心王"的本体只有一种,依功能的差别区分,而有"心"(集起义)、"意"(思量义)、"识"(了别义)三种名称。小乘以"六识"为心王,指"眼识"、"耳识"、"鼻识"、"舌识"、"身识"、"意识"。

(1)"眼识"。指眼根对色境的了别作用,即"依于眼根,各别了色"。(2)"耳识"。指耳根对声境的了别作用,即"依于耳根,各别了声"。(3)"鼻识"。指鼻根对香境的了别作用,即"依于鼻根,各别了香"。(4)"舌识"。指舌根对味境的了别作用,即"依于舌根,各别了味"。(5)"身识"。指身根对触境的了别作用,即"依于身根,各别了触"。(6)"意识"。指意根对法境的了别作用,即"依于意根,各别了法"。如关于"五法"中的"色法"、"心法",说:

> 法有五种:一者色法,二者心法,三者心所有法,四者心不相应行法,五者无为法。何名色法?谓彼一切从四大种,四大所造,所生诸色。何谓四大?地界、水界、火界、风界。何名造色?谓眼根、耳根、鼻根、舌根、身根、诸色、诸声、诸香、诸味及触一分,兼无表色。何名心法?谓心、意、识。彼复云何?谓眼识、耳(识)、鼻(识)、舌(识)、身(识)、意识,六识之身。(《大正藏》第二十八卷,第995页下)

三、"心所有法"。指依心而起的心理活动。据书中所列,总计有二十八种。

（1）"受"。指感受，即"领纳性"，有"乐受"、"苦受"、"不苦不乐受"三种。（2）"想"（原本误作"相"，今改正）。指想象，即"遍知性"，有"小"、"大"、"无量"三种。（3）"思"。指思量（令心造作），即"心造行，意所作业"，有"善"、"不善"、"无记"（指非善非恶）三种。（4）"触"。指令心触境，即"三和合"（指由根、境、识三者和合而生的感觉），有"受乐"、"受苦"、"受不苦不乐"三种。（5）"作意"。指令心警觉（唐以前也将"作意"译作"思惟"），即"心所转"，有"学"、"无学"、"非学非无学"三种。（6）"欲"。指希求，即"乐作性"。（7）"胜解"。指信解，即"心所乐、乐性、乐作"。（8）"信"。信乐善法，即"心极净"。（9）"精进"。指勤勇进取，即"心欣乐"。（10）"念"。指明记不忘，即"心明记性"。（11）"定"。指令心专注一境，即"心一境性"。（12）"慧"。指智慧，即"决择（指决断简择）法"。（13）"寻"（又称"觉"）。指寻求（粗浅推度），即"心粗为性"。（14）"伺"（又称"观"）。指伺察（深细思察），即"心细为性"。

（15）"放逸"。指放纵逸乐，即"不修诸善"。（16）"不放逸"。指不放纵逸乐，即"修诸善"。（17）"善根"。指善根性，有"三善根"，即"无贪善根"、"无瞋善根"、"无痴善根"。（18）"不善根"。指不善根性，有"三不善根"，即"贪不善根"、"瞋不善根"、"痴不善根"。（19）"无记根"。指非善非不善根性，有"四无记根"，即"无记"的"爱"、"见"、"慢"、"无明"。（20）"结"。指结缚身心，令众生不得解脱的烦恼，有"九结"，即"贪结"、"恚结"、"慢结"、"无明结"、"见结"、"胜执结"（又称"取结"）、"疑结"、"嫉结"、"悭结"。（21）"缚"。指系缚众生身心，使之不得解脱的根本烦恼，有"三缚"，即"贪缚"、"瞋缚"、"痴缚"。（22）"微广"（又称"随眠"、"使"）。指根本烦恼，有"七微广"，即"贪微广"、"瞋微广"、"有欲微广"、"慢微

广"、"无明微广"、"见微广"、"疑微广"。(23)"随烦恼"。指
依根本烦恼生起的枝末烦恼。(24)"缠绕安住"(又称"缠")。
指依根本烦恼生起的、缠缚众生身心的随烦恼,有"八种缠绕安
住"(又称"八缠"),即"惛沈(昏沉)"、"睡眠"、"掉举"、"恶
作"、"嫉妒"、"悭吝"、"无惭"、"无愧"。(25)"智"。指智慧,
有"十种智",即"法智"、"随类智"(又称"类智")、"他心智"、
"世俗智"、"苦智"、"集智"、"灭智"、"道智"、"尽智"、"无生
智"。(26)"见"。指见解。"见"与"智"既有联系,又有区别,
即"彼智亦是其见,亦复有见,非即是智"。(27)"忍"。指忍可,
有"八忍"(又称"八无间忍"),包括"四法忍"(对欲界"四谛"的
忍可)和"四类忍"(对色界、无色界"四谛"的忍可),即"知苦法
忍、知苦随类忍、知集法忍、知集随类忍、知灭法忍、知灭随类忍、
知道法忍、知道随类忍"。(28)"现观"。指现前观察,为"智"、
"见"的总名,即"彼知(智)、见,亦是现观"。如关于"九结"中
的"见结",说:

> 云何见结?谓三种结,名为见结。云何为三?一身见、
> 二边执见、三邪见。云何身见?谓于五取蕴(指有漏的五
> 蕴),随观为我,或为我所,彼以为因,(起)忍乐慧观,及以
> 所见,此名身见。云何边执见?谓于五取蕴,随观断常,彼
> 以为因,忍乐慧观,及以所见,此名边执见。云何邪见?谓
> 谤因果,及以作用坏有之事,彼以为因,忍乐慧观,及以所
> 见,此名邪见。(第 995 页下)

四、"心不相应行法"。指"行蕴"所摄的与心不相应的、非
色非心的现象,即"有诸法与心不相应",有十六种。

(1)"得"。指获得、成就,即"诸法所获"。(2)"无想等
至"(又称"无想定")。指凡夫、外道所修的能止息前六识活动,

但仍有"染污意"的禅定，即"已离遍净贪，未离上贪，由出离想作意为先，心（指心识）、心法（此处指心所法）灭为性"。（3）"灭尽等至"（又称"灭尽定"）。指佛教圣者所修的能灭除前六识和"染污意"一切活动的禅定，即"已离无所有处贪，由止息想作意为先，心、心法灭为性"。（4）"无想所有"（又称"无想事"、"无想果"）。指修习"无想定"获得的、往生"无想天"的果报，即"生无想有情天中，心、心法灭为性"。（5）"命根"。指众生的寿命，即"三界寿"。（6）"众同分"。指众生的相似性，即"诸有情自类相似"。（7）"得处所"。指获得所依，即"获诸境"。（8）"得事"。指获得"五蕴"，即"获诸蕴"。（9）"得处"。指获得"十二处"，即"获内外处"。（10）"生"。指事物的生起，即"成就蕴"。（11）"老"。指事物的衰老，即"诸蕴熟"。（12）"住"。指事物的暂住，即"诸行（指有为法）不坏"。（13）"无常性"。指事物的坏灭，即"诸行坏"。（14）"名身"（身表示复数）。指表述事物自性的名词，即"彼增语"。（15）"句身"。指表述事物差别的句子，即"文圆满"。（16）"文身"。指"名"、"句"所依的梵文字母，即"彼字身"。如关于"无想等至"（依色界第四禅修习的禅定）、"灭尽等至"（依无色界第四定修习的禅定）、"无想所有"（修习"无想定"获得的果报），说：

　　云何无想等至？谓已离遍净贪，未离上贪，由出离想作意为先，心（指心识）、心法（此处指心所法）灭为性。云何灭尽等至？谓已离无所有处贪，由止息想作意为先，心、心法灭为性。云何无想所有？谓生无想有情天中，心、心法灭为性。（第 997 页下）

　　五、"无为法"。指无因缘造作、生灭变化的常住事物，即"三种无为"。（1）"虚空无为"。指周遍无碍的虚空，即"非有障碍,诸色种类不能遍覆"。(2)"非择灭无为"。指非由无漏智的简择力,而因有为法阙缘不生所显现的寂灭,即"灭非离"。(3)"择灭无为"。指由无漏智的简择力,断灭一切烦恼,而证得的寂灭,即"灭亦离"。

本书的译文通畅明白,与后汉安世高译《阿毗昙五法行经》相比,有天壤之别。书中除"心所有法"中"信"、"精进"二法的排序,与《品类足论·辩五事品》略有出入以外,其余诸法的顺序及其解说,都与《品类足论·辩五事品》基本一致。但作者为何将人们熟知的"随眠"(又称"使")、"缠"译作十分冷僻的"微广"、"缠绕安住",令人费解。

本书的同本异译有:唐玄奘译《品类足论》卷一《辩五事品》、后汉安世高译《阿毗昙五法行经》一卷。

唐玄奘译《五事毗婆沙论》二卷

《五事毗婆沙论》,又名《阿毗达磨五事论》《五事论》,二卷。印度法救造,唐玄奘译,龙朔三年(663)译出。唐靖迈《古今译经图纪》卷四著录(译经时间见《开元释教录》卷八)。载于《丽藏》"面"函、《宋藏》"面"函、《金藏》"面"函、《元藏》"面"函、《明藏》"席"函、《清藏》"席"函、《频伽藏》"藏"帙,收入《大正藏》第二十八卷。

法救(约四世纪初),音译"达磨呾逻多"、"达摩多罗"、"达磨多罗"、"昙摩多罗"。据唐法宝《俱舍论疏》卷一说,说一切有部论师中有两个法救。第一个法救(约二世纪人),是《出曜经》的作者,"佛涅槃后三百年出世","佛说无常颂者,集为《无常品》,佛说空、无我颂者,集为《空》《无我品》,乃至佛说梵志颂,立《梵志品》,印度现有梵本流行(以上指《出曜经》)",他就是《大毗婆沙论》卷七十七等所说的说一切有部"四大论师"(世友、妙音、法救、觉天)之一,同时又是譬喻师,传世的著作有《出曜经》三十卷、《法句譬喻经》四卷、《法句经》二卷、《法集要颂经》四卷。第二个法救(约四世纪初人),是《杂阿毗昙心论》的作者,"佛涅槃后五百年中,土火罗(又称"睹货逻")缚蜀(又称"缚喝")国法胜论师造《阿毗昙心论》","至六百年,达磨多罗(指法救)造《杂阿毗昙心论》",他就是《大唐西域记》卷二所说的法救,健驮逻国(又称"犍陀罗国")布路沙布罗城(又称"布色羯逻伐底城",今巴基斯坦白沙瓦西北)人,传世的著作有《杂阿毗昙心论》(又名《杂阿毗达磨论》)十一卷、《五事毗婆沙论》二卷。本书作者是第二个法救,生平事迹见唐玄奘《大唐西域记》卷二、普光《俱舍论记》卷一、法宝《俱舍论疏》卷一等。由于《大藏经》收录的两个法救的著作,署名都是"法救",没有别的标注或区分,致使学人往往误以为是同一人。

本书是世友《五事论》(即《品类足论·辩五事品》)的义疏。全书以问答的方式,对《五事论》所述的"五法"(指一切法的五种类别,即色法、心法、心所有法、心不相应行法、无为法)理论,作了详细解释。书首有归敬颂。传今的本子非是全本,而是残本,仅有《分别色品》《分别心品》《分别心所法品》三品。其中,《分别心所法品》所释至"心所法"中最初的"受"心所为止,"受"以下的二十七种心所,均缺;"五法"中的末二法"心不相应行法"、"无为法",也全缺。以此推断,全本至少应有五品,今缺末二品。故明智旭《阅藏知津》卷四十说,本书"文来未尽"。

作者法救在卷初说,尊者世友制造《五事论》,是为了令诸弟子等,"于一切法(事物)自相、共相,依止略文,起明了觉"。"明了觉"如同金刚山,"诸恶见风,不能倾动";"不明了觉"如同芦苇花,"为恶见风之所飘鼓"。一切法(事物)有"自相",也

有"共相","坚、湿、暖等,是诸相自法;无常、苦等,是诸法共
相"。世人对事物的"自相"尚能有所了知,但对事物的"共相",
"皆不能知","欲令诸弟子辈于二相法,能如实知,故造斯论"。
关于论名,作者说,"此论唯辩五法","事有五种,一自性事、二
所缘事、三系缚事、四所因事、五摄受事,当知此中(指《五事
论》)唯自性事",也就是说,世友所论的是"五法"的"自性事",
故取名为《五事论》。

一、《分别色品》(卷上至卷下前部分)。解释《五事论》的
撰作缘由、主题、论名的含义,以及《五事论》所述的"色法"
问题。

本品说,一切法(事物)中,"色法"最粗,为一切识所缘之
境,入佛法之要门;入佛法,有"不净观"、"持息念"二种甘露门,
依"不净观"入佛法者,"依不净观入佛法者,观所造色,依持息
念入佛法者,观能造风";"渐次积集,渐次散坏,种植生长,会遇
怨亲,能坏能成,皆是色义";"四大种"作业的差别是,"地界能
持住、行二类,令不坠落;水界能摄性乖违事,令不离散;火界能
熟、不熟物类,令不朽败;风界能令诸物增长,或复流引";"五
根"的"根"有"增上"义,"五根"的增上作用有四事,即"庄严
身"、"导养身"、"生识等"、"不共事";"眼根"的"胜德"是"与
眼识及相应法为所依","自性"是"净色","业用"是"能见诸
色",其余诸根的三事类此(以上见卷上);"无表色"(指由身表
业、语表业引生的无形色法,即内在的、不可见闻的善恶功能),
分为"善性"、"不善性"二种,没有"无记性"(指非善非恶性)等
(以上见卷下)。如关于"无表色",说:

　　无表色,谓善恶戒相续不断,此一切时,一识所识,谓意
　识者。以无对故,色等五境于现在时,五识所识,于三世时,

意识所识,此于恒时,意识所识。眼等五根,亦一切时意识所识。此无表色总有二种,谓善、不善,无无记者。以强力心,能发无表,无记心劣,不发无表。诸善无表总有二种,一者律仪所摄;二者律仪所不摄。不善无表亦有二种,一者不律仪所摄、二者不律仪所不摄。(卷下《分别色品》,《大正藏》第二十八卷,第992页下)

二、《分别心品》(卷下中间部分)。解释《五事论》所述的"心法"问题。

本品说,"心"、"意"、"识"三者,就自性而言,并无差别,就"施设"而言,则有差别,"界(指十八界)施设心,处(指十二处)施设意,蕴(指五蕴)施设识","由采集义,说名为心;由依趣义,说名为意;由了别义,说名为识";"依眼缘色,有了别相,名为眼识。广说乃至依意缘法,有了别相,名为意识";"五识身"各有"异熟"(又称"果报")、"等流"二种,"意识身"有"异熟"、"等流"、"刹那"三种,"此中刹那,谓苦法智忍相应意识"等。如关于"心"、"意"、"识"三者的"差别"与"无差别",说:

问:心、意、识三(者)有何差别?答:此无差别,如世间事,一说为多,多说一故。一说多者,如说士夫为人、儒童等;多说一者,如说乌豆等,同名再生。应知此中同依一事说,心、意、识亦复如是。复有说者,亦有差别。过去名意,未来名心,现在名识。复次,界施设心,处施设意,蕴施设识。复次,依远行业,说名为心;依前行业,说名为意;依续生业,说名为识。复次,由采集义,说名为心;由依趣义,说名为意;由了别义,说名为识。(卷下《分别心品》,第993页中)

三、《分别心所法品》(卷下后部分)。解释《五事论》所述

的"心所法"问题。但所释只有"心所法"总说和"受"心所，
"受"以下的二十七种心所，如"想"、"思"、"触"、"作意"、
"欲"、"胜解"、"信"、"精进"、"念"、"定"、"慧"、"寻"、"伺"、
"放逸"、"不放逸"、"善根"、"不善根"、"无记根"、"结"、"缚"、
"随眠"（又称"使"）、"随烦恼"、"缠"、"智"、"见"、"忍"、"现
观"等，均缺。

本品说，"心所法"依心而起，系属于心；"心所"与"心"相
应，"同一时分、同一所依、同一行相、同一所缘、同一果、同一等
流、同一异熟，是相应义"；"心所法"中，"受"因行相粗，所以先
说，"受"指"领纳性"，"即是领受所缘境义"，"有三种受，谓乐
受、苦受、不苦不乐受"；"有四法受，或有法受现乐后苦，或有法
受现苦后乐，或有法受现乐后乐，或有法受现苦后苦"等。如关
于"受"心所，说：

> 受云何？谓领纳性，有领纳用，名领纳性，即是领受所
> 缘境义。此有三种，谓乐受、苦受、不苦不乐受者。若能长
> 养诸根大种，平等受性，名为乐受；若能损减诸根大种，不平
> 等受性，名为苦受；与二相违，非平等非不平等受性，名不苦
> 不乐受。复次，若于此受，令贪随眠二缘随增，谓所缘故，或
> 相应故，是名乐受；若于此受，令瞋随眠二缘随增，谓所缘
> 故，或相应故，是名苦受；若于此受，令痴随眠二缘随增，谓
> 所缘故，或相应故，名不苦不乐受。（卷下《分别心所法
> 品》，第994页中、下）

本书不是《五事论》逐句逐段的直释，而是根据《五事论》的
论文，提出一些问题，逐一解答，以帮助学人对论文含义的理解。
故它的叙事顺序和思惟逻辑，只有与《五事论》的本母《品类足
论》卷一《辩五事品》相对照，才能明了。

第六品　唐玄奘译《阿毗达磨界身足论》三卷

　　《阿毗达磨界身足论》，又名《界身足论》《界身论》，三卷。印度世友造(藏译称友《俱舍论释》称"富楼那造")，唐玄奘译，龙朔三年(663)译出。唐靖迈《古今译经图纪》卷四著录(译经时间见唐窥基《界身足论后序》)。载于《丽藏》"连"函、《宋藏》"枝"函、《金藏》"连"函、《元藏》"枝"函、《明藏》"席"函、《清藏》"席"函、《频伽藏》"冬"帙，收入《大正藏》第二十六卷。

　　本书是一部论述"心"、"心所"等理论的著作，为早期说一切有部论书"六足论"之一。书名中的"界"，意为"种类"，指"心所法"(指依心而起的心理活动，具有恒依心起、与心相应、系属于心三种含义)的种类。据唐窥基《界身足论后序》说，它的梵文广本有六千颂、略本有九百颂、五百颂，今本所译为八百三十颂。全书分为《本事品》《分别品》二品。《本事品》论述"心"、"心所"十四类九十一法，即"十大地法"、"十大烦恼地法"、"十小烦恼地法"、"五烦恼"、"五见"、"五触"、"五根"、"五法"、"六识身"(又称"六识"，身表示复数)、"六触身"、"六受身"、"六想身"、"六思身"、"六爱身"的名义；《分别品》开立各种义门，辨析前述十四类法之间的相应与不相应、相摄与不摄等关系。它的编纂体例是：各品之初，先出"摄颂"(总摄本品纲目)；接着叙列本品将要解释的义理纲目；然后，对纲目逐一作释。书末有窥基(署名"释基")撰的《界身足论后序》，说：

　　　　《界身足论》者，说一切有部《发智》六足之一足也。详
　　　夫邃旨冲微，非大圣无以扬其奥，梵言幽秘，非上哲何以绎

其真？……我亲教三藏法师玄奘，业该群籍，志隆弘抚，欲使有宗俊颖，不延颈于五天，对法雄杰，怀慷慨于四主，遂以大唐龙朔三年六月四日，于玉华宫八桂亭，终译此论。原其大本，颂有六千，后以文繁，或致删略，为九百颂、五百颂者，今此所翻，有八百三十颂，文遗广略，义离增减。详其论始，说起能仁（指佛），大德流通，遂师名称，尊者世友之所作也。（《大正藏》第二十六卷，第625页下）

一、《本事品》（卷上前部分）。论述"心"、"心所"（共计十四类九十一法）问题。

（一）"十大地法"。指与一切心恒常相应的心理活动（具有一切性、一切地、一切时、一切俱四种含义），有"受"、"想"、"思"、"触"、"作意"、"欲"、"胜解"、"念"、"三摩地"、"慧"十种。（1）"受"。指感受。（2）"想"。指想象。（3）"思"。指思量（令心造作），即"造心意业"。（4）"触"。指由根、境、识三者和合而生的感觉。（5）"作意"，指令心警觉（唐以前也将"作意"译作"思惟"），即"心引"、"等随引"、"警觉心"。（6）"欲"。指希求，即"欲有所作性"。（7）"胜解"。指信解，即"心胜解性"。（8）"念"。指明记不忘，即"忆念性"、"不忘性"。（9）"三摩地"。意译"定"，指令心专注一境，即"心一境性"。（10）"慧"。指智慧，即"于法简择"、"聪睿通达"、"审察决择"。

（二）"十大烦恼地法"。指与一切染污心相应的心理活动，有"不信"、"懈怠"、"失念"、"心乱"、"无明"、"不正知"、"非理作意"、"邪胜解"、"掉举"、"放逸"十种。（1）"不信"。指不信善法，即"不印不可"、"令心不净"。（2）"懈怠"。指懒惰，即"障碍精进"、"止息精进"、"心不勇悍"。（3）"失念"。

指丧失正念,即"忘念性"、"失念性"、"心不明记性"。(4)"心乱"。指内心散乱,即"心异念性"、"心迷乱性"、"心不一境性"。(5)"无明"。指愚痴无知,即"三界无智"。(6)"不正知",指于境谬解,即"非理所引慧"。(7)"非理作意"。指不合正理的思惟,即"染污作意"。(8)"邪胜解"。指非理的见解,即"染污作意相应心胜解、心印顺"。(9)"掉举"。指心神浮躁,即"心不寂静"、"心嚣举性"。(10)"放逸"。指放纵逸乐,即"于断不善法、引集善法,不坚住作、不恒常作、不亲不近、不修不习"。

(三)"十小烦恼地法"。指与少量染污心相应的心理活动,有"忿"、"恨"、"覆"、"恼"、"嫉"、"悭"、"诳"、"诌"、"憍"、"害"十种。(1)"忿"。指愤怒,即"等忿"、"遍忿"、"极忿"。(2)"恨"。指怨恨,即"心结恨"、"心怨结性"。(3)"覆"。指隐瞒,即"隐所作罪"。(4)"恼"。指恼怒,即"心愤恼"、"坚执尤蛆"、"心很戾性"。(5)"嫉",指妒忌,即"心不忍他之荣利"。(6)"悭"。指悭吝,即"于财法心著不舍"。(7)"诳"。指欺诳,即"矫惑他"。(8)"诌"。指诌谀,即"心曲"。(9)"憍"。指骄矜自持,即"憍傲"、"心踞傲性"。(10)"害"。指损害众生,即"于有情乐为捶挞、诸损恼事"。

(四)"五烦恼"。指五种根本烦恼,即"欲贪"、"色贪"、"无色贪"、"瞋"、"疑"。(1)"欲贪"。指欲界的贪欲,即"于诸欲起贪"、"执藏防护"、"爱乐耽著"。(2)"色贪"。指色界的贪欲,即"于诸色起贪"、"执藏防护"、"爱乐耽著"。(3)"无色贪"。指无色界的贪欲,即"于诸无色起贪"、"执藏防护"、"爱乐耽著"。(4)"瞋"。指瞋恚,即"于有情欲为逼害,内怀栽檗,极瞋恚、遍瞋恚、等瞋恚"。(5)"疑"。指怀疑真理,即"于诸谛(指四谛)犹豫"。

（五）"五见"。指根本烦恼中的五种恶见,即"有身见"、"边执见"、"邪见"、"见取"、"戒禁取"。(1)"有身见"(又称"身见")。指将"五蕴"之身执著为"我"、"我所"的见解,即"于五取蕴(指有漏的五蕴)等,随观执我或我所"。(2)"边执见"(又称"边见")。指将"五蕴"之身执著为"断灭"或"常住"的见解,即"于五取蕴等,随观执或断或常"。(3)"邪见"。指执著"无因果"的见解,即"谤因谤果,或谤作用,或坏实事"。(4)"见取"。指将恶见执著为"胜妙"的见解,即"于五取蕴等,随观执为最为胜为妙第一"。(5)"戒禁取"。指将外道邪戒执著为"清净"的见解,即"于五取蕴等,随观执为清净、为解脱、为出离"。

（六）"五触"。指五种触觉,即"有对触"、"增语触"、"明触"、"无明触"、"非明非无明触"。(1)"有对触"。指"六触"(眼触、耳触、鼻触、舌触、身触、意触)中,与前五识相应的感觉,即"五识相应触"。(2)"增语触"。指"六触"中,与第六识(意识)相应的感觉,即"意识相应触"。(3)"明触"。指与"无漏"(无烦恼)相应的感觉,即"无漏触"。(4)"无明触"。指与"染污"相应的感觉,即"染污触"。(5)"非明非无明触"。指"有漏善"、"无覆无记"相应的感觉,即"不染有漏触"。

（七）"五根"(又称"五受根")。指五种感受的根性,即"乐根"、"苦根"、"喜根"、"忧根"、"舍根"。(1)"乐根"。指感受"乐"的根性,即"顺乐受触者,所起身心乐"。(2)"苦根"。指感受"苦"的根性,即"顺苦受触者,所起身苦"。(3)"喜根"。指感受"喜"的根性,即"顺喜受触者,所起心喜"。(4)"忧根"。指感受"忧"的根性,即"顺忧受触者,所起心忧"。(5)"舍根"。指感受"舍"(即令心平等,住于寂静)的根性,即"顺不苦不乐受触者,所起身心舍"。

（八）"五法"。指五种心理活动,即"寻"、"伺"、"识"、"无惭"、"无愧"。（1）"寻"（又称"觉"）。指寻求（粗浅推度）,即"心推觅"、"显示"、"寻求"、"算计"、"构画"、"分别"。（2）"伺"（又称"观"）。指伺察（深细思察）,即"心巡行"、"遍巡行"、"伺察"、"遍伺察"。（3）"识"。指心识,即"六识身,所谓眼识乃至意识"。（4）"无惭"。指不知羞耻,即"无所畏惮,自在而转"。（5）"无愧"。指不知愧疚,即"于诸罪中,不见怖畏"。

（九）"六识身"（又称"六识",身表示复数）。指依根缘境而生的六种认识作用,即"眼识"、"耳识"、"鼻识"、"舌识"、"身识"、"意识"。

（十）"六触身"。指由根、境、识三者和合而生的六种感觉,即"眼触"、"耳触"、"鼻触"、"舌识"、"身触"、"意触"。

（十一）"六受身"。指由六触所生的六种感受,即"眼触所生受"、"耳触所生受"、"鼻触所生受"、"舌触所生受"、"身触所生受"、"意触所生受"。

（十二）"六想身"。指由六触所生的六种想象,即"眼触所生想"、"耳触所生想"、"鼻触所生想"、"舌触所生想"、"身触所生想"、"意触所生想"。

（十三）"六思身"。指由六触所生的六种思量（令心造作）,即"眼触所生思"、"耳触所生思"、"鼻触所生思"、"舌触所生思"、"身触所生思"、"意触所生思"。

（十四）"六爱身"。指由六触所生的六种贪爱,即"眼触所生爱"、"耳触所生爱"、"鼻触所生爱"、"舌触所生爱"、"身触所生爱"、"意触所生爱"。如关于"六识身"、"六触身"、"六受身"的联系与区别,说:

眼识云何? 谓眼及色为缘,所生眼识。此中眼为增上,色为所缘,于眼所识色,所有了别,各别了别,是名眼识。
耳、鼻、舌、身、意识云何? 谓意及法为缘,所生意识,此中意
为增上,法为所缘,于意所识法,所有了别,各别了别,是名
意识。眼触云何? 谓眼及色为缘,生于眼识,三和合故触,
此中眼为增上,色为所缘,于眼所识色,诸触、等触、现触、已
触、当触,是名眼触(后文是耳触、鼻触、舌触、身触、意触亦
是如此)。……眼触所生受云何? 谓眼及色为缘,生于眼
识,三和合故触,触为缘(生)受,此中眼为增上,色为所缘,
眼触为因,眼触为集,眼触种类,眼触为缘,眼触所生,作意
相应,于眼所识色,诸受、等受、各别等受、已受、当受、受所
摄,是名眼触所生受(后文是耳触所生受、鼻触所生受、舌
触所生受、身触所生受、意触所生受亦是如此)。(卷上《本
事品》,第 615 页下)

二、《分别品》(卷上后部分至卷中、卷下)。开立十六门,
辨析《本事品》所说"心"、"心所"十四类法之间"相应"或"不相
应"、"摄"或"不摄"的关系问题。从书末有"如是略说有十六
门,若广说有八十八门"一语来看,本书的广本原有八十八门,
对《本事品》所说的"心"、"心所"十四类九十一法详加辨析,今
本撮略编为十六门,分为两部分。

(一)"初门"至"第三门"。辨析十四类法与"五受根"、
"六识身"、"无惭无愧"之间的"相应"或"不相应"的关系问题。

(二)"第四门"(卷中)至"第十六门"(卷下)。辨析十四
类法中,在一法相应、另一法不相应的情况下(如"受相应、想不
相应"、"想相应、受不相应"等),"十八界"、"十二处"、"五蕴"
与它们之间的"摄"或"不摄"的关系问题。

本书卷上《本事品》与唐玄奘译《阿毗达磨品类足论》卷二、

卷三《辩七事品》大致相同,但《品类足论·辩七事品》所述有二
十种法,本书所述只有十四种法,缺"十八界"、"十二处"、"五
蕴"、"五取蕴"、"六界"、"十大善地法"(为"心所法"之一)六
种。从同类主题的论述来看,《品类足论》的表述,明显要比本
书来得详细完善。究其原因,乃是因为本书是从六千颂删略至
八百三十颂造成的(见唐窥基《界身足论后序》)。

第七品　唐玄奘译《阿毗达磨发智论》二十卷

附:苻秦僧伽提婆等译《阿毗昙八犍度论》三十卷

《阿毗达磨发智论》,又名《说一切有部发智论》《发智论》
《发慧论》,二十卷。印度迦多衍尼子造,唐玄奘译,显庆二年
(657)至显庆五年(660)之间译出。唐道宣《大唐内典录》卷五
著录(译经时间见《开元释教录》卷八)。载于《丽藏》"孔""怀"
函、《宋藏》"怀""兄"函、《金藏》"孔""怀"函、《元藏》"怀"
"兄"函、《明藏》"旁""启"函、《清藏》"旁""启"函、《频伽藏》
"秋"帙,收入《大正藏》第二十六卷。

迦多衍尼子(约一世纪中叶),音译又作"迦旃延子"、"迦旃
延尼子"、"迦旃延"、"迦多衍那"等,意译"剪剃种"、"文饰"、
"好肩"等,是佛涅槃后第三百年中(此据《大唐西域记》,也有传
说为"三百年初"、"三百年末"的),北印度至那仆底国人,婆罗
门姓。说一切有部的创始人(与佛十大弟子中的"大迦旃延"为
二人;梁僧祐《出三藏记集》卷十二《萨婆多部记目录序》见录)。
《大毗婆沙论》卷一评价说:"彼尊者(指迦多衍尼子)亦有微妙
甚深、猛利、善巧、觉慧,善知诸法自相、共相,通达文义,及前后

际,善解三藏,离三界染,成就三明,具六神通及八解脱,得无碍解,获妙愿智"。生平事迹见姚秦鸠摩罗什译《大智度论》卷二、唐玄奘《大唐西域记》卷四、普光《俱舍论记》卷一等。

　　本书是一部论述说一切有部基本教理的著作,为有部根本论书"一身六足"中的"身论"。唐普光《俱舍论记》卷一说:"前之六论(指六足论),义门稍少,《发智》一论,法门最广,故后代论师说六(论)为足,《发智》为身,此上七论,是说一切有部根本论也。"关于它的书名,阿毗达磨师的解释是:"于诸法相,能善决择(指决断简择),能极决择故,名阿毗达磨","诸胜义智,皆从此发,此为初基,故名发智"(见《阿毗达磨发智大毗婆沙论序》)。《发智论》的梵本有广略二种,广本有二万五千颂,略本有一万八千颂或一万六千颂,今本是据略本中的一万六千颂本译出的(见唐普光《俱舍论记》卷一)。此处所说的"颂",是指"首卢偈"(又称"通偈"),即不论长行或偈颂,只要满三十二字(梵文三十二个音节),便是一颂。

　　全书分为八蕴(又称"犍度",相当于篇),依次为《杂蕴》《结蕴》《智蕴》《业蕴》《大种蕴》《根蕴》《定蕴》《见蕴》,对有部的修道理论,作了分门别类地阐说;对世间法、出世间法的种类、性相,以及诸法之间的关系(如相摄与不相摄、相应与不相应、成就与不成就关系)等,作了细密的论究。八蕴中,《杂蕴》相当于杂论,其余七蕴相当于专论。每一蕴之下,又分若干纳息(又称"跋渠",相当于品),总计有四十四纳息,各纳息的名称,大多取于正文初章的论题。缘此,书中有些纳息的名称是相同的,如《杂蕴》《见蕴》都有《智纳息》;《结蕴》《定蕴》都有《一行纳息》;《大种蕴》《定蕴》都有《缘纳息》等。各纳息的初首,列有摄略本纳息的论纲而成的摄颂。尔后,依顺论纲的次第,分章立门,加以叙述。

关于本书的撰作缘由，《大毗婆沙论序》有这样的介绍：

> 世尊在世，于处处方邑，为诸有情，以种种论道，分别演说阿毗达磨。佛涅槃后，或在世时，诸圣弟子以妙愿智，随顺纂集，别为部类。是故尊者迦多衍尼子，佛去世后，亦以妙愿智，随顺纂集，造《发智论》，谓于佛说诸论道中，安立章门，标举略颂，造别纳息，制总蕴名。谓集种种异相论道（《鞞婆沙论》称作"种种不相似"），制为《杂蕴》；集结论道，制为《结蕴》；集智论道，制为《智蕴》；集业论道，制为《业蕴》；集大种论道，制为《大种蕴》；集根论道，制为《根蕴》；集定论道，制为《定蕴》；集见论道，制为《见蕴》。（《大毗婆沙论》卷一，《大正藏》第二十七卷，第1页中）

本书各篇的内容如下。

一、《杂蕴》（卷一至卷二）。论述"四善根"等问题。下分八纳息（即八品）。

（一）《世第一法纳息》（又名《杂蕴第一中世第一法纳息》，略作《杂蕴·世第一法纳息》，以下各纳息的题名类此，卷一）。论述"世第一法"等问题。内容包括："世第一法"、"顶法"、"顶堕"、"暖法"、"二十句萨迦耶见"等。

（1）"世第一法"（又称"世间第一法"）。"世第一法"为"四善根"之一。"四善根"，指在入"见道"之前的加行位（指为入"见道"而加功用行的修行阶位），以"四禅"为所依，观察"四谛十六行相"（指"苦谛"的无常、苦、空、无我四行相；"集谛"的集、因、缘、生四行相；"灭谛"的尽、灭、妙、出四行相；"道谛"的道、正、行、迹四行相），依次成就能引生见道无漏智（指无烦恼过患的智慧）的四种善根，即"暖法"、"顶法"、"忍法"、"世间第一法"。但本篇没有依"四善根"的次序作叙述，而是先说"世第

一法”，次说“顶法”、“暖法”，未说“忍法”。所说的“世第一
法”，指在“忍法”之上，观察“苦谛”的某一行相而成就的最殊胜
的善根，它能于次一刹那进入“见道位”（即“四向四果”中的初
位“预流向”），“若心、心所法，为等无间入正性离生（指趣入见
道）”。（2）“顶法”。指在四善根位的“暖法”之上，观察“四谛
十六行相”，增进转上而成就的善根，即“于佛法僧，生小量信”。
（3）“顶堕”。指从“顶法”退堕于恶道，即起初“亲近善士，听闻
正法，如理作意，信佛菩提法”，后来“不亲近善士，不听闻正法，
不如理作意，于已得世俗信，退没破坏，移转亡失”。（4）“暖
法”。指在四善根位的初位，观察“四谛十六行相”，以智慧之
火，烧“烦恼”之薪而成就的最初的善根，即“若于正法、毗奈耶
（指律）中，有少信受”。（5）“二十句萨迦耶见”（又称“二十身
见”）。指二十种“身见”，分“五我见”、“十五我所见”二类，前
者指五种“我见”，即“等随观色是我，受、想、行、识是我”，后者
指十五种“我所见”，即“等随观我有色，色是我所，我在色中，我
有受、想、行、识，受、想、行、识是我所，我在受、想、行、识中”等。
如关于“世第一法”，说：

　　云何世第一法？答：若心、心所法，为等无间入正性离
生（指趣入见道），是谓世第一法。……何故名世第一法？
答：如是心、心所法，于余世间法，为最、为胜、为长、为尊、
为上、为妙，故名世第一法。复次，如是心、心所法，为等无
间舍异生性（指凡夫性），得圣性，舍邪性，得正性，能入正
性离生，故名世第一法。（卷一《杂蕴·世第一法纳息》，
《大正藏》第二十六卷，第918页上）

　　（二）《智纳息》（卷一）。论述“智因”等问题。内容包括：
“一智识因缘”、“二心”、“多名身”、“多句身”、“多文身”、“六

因"、"随眠随增"等。

（1）"一智识因缘"。指"无一智知一切法"、"无一识了一切法"。这是针对大众部、法密部、化地部、犊子部等的异执而说的。（2）"二心"。指"无二心（指前心、后心）展转相因"，"有二心展转相缘"。这是针对外道（指佛教以外的其他宗教和学派）的异见而说的。（3）"多名身"、"多句身"、"多文身"。"多名身"（又称"多名身"，身表示复数），指表述事物自性的名词，即"多名号、异语、增语、想、等想、假施设"；"多句身"（又称"句身"），指表述事物差别的句子，即"诸句能满未满足义，于中连合"；"多文身"（又称"文身"），指"名"、"句"所依的梵文字母，即"诸字众"。

（4）"六因"。指一切有为法（有因缘造作、生灭变化的非常住事物）生起的六种原因。为本书首次提出的学说。①"相应因"。指"心"（指心识）与"心所"（指依心而起的心理活动）相应为因，即"受与受相应法，为相应因"。②"俱有因"。指一事物与同时的其他事物互相为因，即"心与心所法，为俱有因"。③"同类因"。指一事物与同类事物前后为因，即"前生善根，与后生自界善根及相应法，为同类因"。④"遍行因"。指能遍生自界一切烦恼的十一种根本烦恼（又称"十一遍行惑"），即"前生见苦所断遍行随眠，与后生自界见集、灭、道、修所断随眠及相应法，为遍行因"。⑤"异熟因"（"异熟"指异类而熟）。指"善"、"恶"业，为"苦"、"乐"果报之因，即"诸心、心所法，受异熟色心、心所法、心不相应行，此心、心所法与彼异熟，为异熟因"。⑥"能作因"。指一事物以自身以外的有助或无碍于它的其他事物为因，即"一切法，为能作因，除其自性（指某物自身除外）"。（5）"随眠随增"。指"随眠"（又称"使"，指根本烦恼）有"相应随增"（指烦恼与相应的"心、心所"随顺增长）、"所

缘随增"(指烦恼与所缘的境界随顺增长)二种。如关于"六因"的"能作因",说:

> 云何能作因?答眼及色为缘,生眼识,此眼识以彼眼色、彼相应法、彼俱有法,及耳、声、耳识,鼻、香、鼻识,舌、味、舌识,身、触、身识,意、法、意识,有色、无色、有见、无见、有对、无对、有漏、无漏、有为、无为等一切法,为能作因,除其自性。如眼识,耳、鼻、舌、身、意识亦尔,是谓能作因。(卷一《杂蕴·智纳息》,第921页上)

(三)《补特伽罗纳息》(卷一)。论述"补特伽罗"(指人)等问题。内容包括:"十二支缘起"、"入出息"、"有情相续"、"心解脱"、"依解脱涅槃"、"三界"(此处指"无为解脱"的三种境界)等。

(1)"十二支缘起"(又称"十二缘起")。指众生生死流转的十二个阶段,即"无明"、"行"、"识"、"名色"、"六处"、"触"、"受"、"爱"、"取"、"有"、"生"、"老死"。其中,"二过去(指过去世二因),谓无明、行;二未来(指未来世二果),谓生、老死;八现在(指现在世五果、三因),谓识、名色、六处、触、受(以上为现在世五果)、爱、取、有(以上为现在世三因)"。(2)"入出息"。指"入息"、"出息"。入出息"依身转,亦依心转",在"无想定"、"灭尽定"位,"但依身转,不依心转";在无色界,"但依心转,不依身转"。(3)"有情相续"。指众生生命的延续。"有色有情"(指欲界、色界众生)心相续,"依身转";"无色有情"(指无色界众生)心相续,"依命根、众同分,及余如是类心不相应行"。(4)"心解脱"。指心脱离烦恼的系缚,即"离贪、瞋、痴"。(5)"依解脱涅槃"。指依"离染解脱"而入涅槃,即"依厌离染,依离染解脱,依解脱涅槃"。(6)"三界"。此处指"无为解脱"

的三种境界,即"断界"、"离界"、"灭界"。"断界",指"除爱结,余结断";"离界",指"爱结断";"灭界",指"诸余顺结法断"。如关于"厌"、"离染"、"解脱"、"涅槃"四者的关系,说:

> 如世尊说,苾刍当知,依厌离染,依离染解脱,依解脱涅槃。云何厌?答若于诸行(指有为法),无学、厌恶、违逆,是谓厌。云何依厌离染?答:若厌相应,无贪、无等贪、无瞋、无等瞋、无痴、无等痴善根,是谓依厌离染。云何依离染解脱?答:若离染相应心,已胜解、今胜解、当胜解,是谓依离染解脱。云何依解脱涅槃?答:若贪永断、瞋永断、痴永断、一切烦恼永断,是谓依解脱涅槃。(卷一《杂蕴·补特伽罗纳息》,第 922 页下)

(四)《爱敬纳息》(卷二)。论述"爱敬"等问题。内容包括:"爱敬"、"供养"、"三种灭"、"二涅槃界"、"无学五蕴"、"二遍知"、"三归依"等。

(1)"爱敬"。指爱乐恭敬,即"于佛、法、僧、亲教(师)、轨范(师),及余随一有智尊重同梵行者,爱乐心悦,恭敬而住,若于是处,有爱及敬"。(2)"供养"。指供给资养,分"财供养"、"法供养"二种。(3)"三种灭"。指三种寂灭,即"择灭"、"非择灭"、"无常灭"。"择灭",指"诸灭是离系"("离系"指断离烦恼的系缚);"非择灭",指"诸灭非离系",以上二种为无为法的寂灭;"无常灭",指"诸行散坏,破没亡退",此为有为法的寂灭。(4)"二涅槃界"。指二种涅槃境界,即"有余依涅槃界"、"无余依涅槃界"。前者指"阿罗汉诸漏(烦恼)永尽,寿命犹存,大种造色相续未断,依五根身,心相续转,有余依故,诸结永尽,得获触证";后者指"阿罗汉诸漏永尽,寿命已灭,大种造色相续已断,依五根身,心不复转,无余依故,诸结永尽"。(5)"无学五蕴"（又称"无漏五蕴"、"五分法身"）。指成就法身的五种功德法，即："无学戒蕴"（无学亦即"无漏"），指转色蕴而成戒身；"无学定蕴"，指转受蕴而成定身；"无学慧蕴"，指转想蕴而成慧身；"无学解脱蕴"，指转行蕴而成解脱身；"无学解脱智见蕴"，指转识蕴而成解脱知见身。（6）"二遍知"。指对治烦恼的二种智慧，即"智遍知"、"断遍知"。"智遍知"为遍知"四谛"之智，即"诸智、见、明、觉、现观"；"断遍知"，为断除烦恼之智，即"诸贪永断，瞋、痴永断，一切烦恼永断"。"智遍知"为因，"断遍知"为果。（7）"三归依"。指佛弟子的三个归依，"归依佛"、"归依法"、"归依僧"。如关于"无学五蕴"（即"五分法身"），说：

> 如契经说：彼成就无学戒蕴、定蕴、慧蕴、解脱蕴、解脱智见蕴。云何无学戒蕴？答：无学身律仪（指戒）、语律仪、命清净（指正命）。云何无学定蕴？答：无学三三摩地，谓空、无愿、无相。云何无学慧蕴？答：无学正见智。云何无学解脱蕴？答：无学作意相应心，已胜解、今胜解、当胜解。云何无学解脱智见蕴？答：尽智、无生智。无学慧蕴与解脱智见蕴，有何差别？答：无学苦、集智，是无学慧蕴；无学灭、道智，是无学解脱智见蕴。复次，无学苦、集、灭智，是无学慧蕴；无学道智，是无学解脱智见蕴。复次，无学苦、集、道智，是无学慧蕴；无学灭智，是无学解脱智见蕴，是谓差别。（卷二《杂蕴·爱敬纳息》，第 923 页下—第 924 页上）

（五）《无惭纳息》（卷二）。论述"无惭"等问题。内容包括："无惭"、"无愧"、"增上不善根"、"微俱行不善根"、"增上善根"、"微俱行善根"、"掉举"、"恶作"、"惛沈"、"睡眠"、"五盖"、"无明随眠"等。

（1）"无惭"、"无愧"。"惭"，指羞惭（对已以过恶为羞耻），即"于自在者，有怖畏转"；"愧"，指愧疚（对人以过恶为羞耻），即"于诸罪中，深见怖畏"。"无惭"、"无愧"则与之相反。（2）"增上不善根"、"微俱行不善根"。"增上不善根"，指"能断善根"、"离欲染时，最初所舍"的三不善根（指贪、瞋、痴）；"微俱行不善根"，指"离欲染时，最后所舍"的三不善根（指"欲界下下品贪、瞋、痴"）。（3）"欲界增上善根"、"微俱行善根"。"欲界增上善根"，指"欲界"的三善根（指无贪、无瞋、无痴）；"微俱行善根"，指"断善根时，最后所舍"的三善根。（4）"掉举"、"恶作"。"掉举"，指心神浮躁，即"诸心不寂静、不止息、轻躁、掉举、心躁动性"；"恶作"，指追悔，即"诸心燋灼、懊变、恶作、心追悔性"。（5）"惛沈"（即昏沉）、"睡眠"。"昏沉"，指心神昏昧，即"心惛重性"；"睡眠"，指令心暗昧，即"心昧略性"。（6）"五盖"。指障蔽心性的五种烦恼，即"贪欲盖"、"瞋恚盖"、"惛沈（即昏沉）睡眠盖"、"掉举恶作盖"、"疑盖"。（7）"无明随眠"。指由"无明"生起的根本烦恼，分"相应无明"（又称"相应无明随眠"）、"不共无明"（又称"不共无明随眠"）二种。前者是与"贪"等根本烦恼相应共起的"无明"，有与"遍行随眠"相应的"无明"、与"非遍行随眠"相应的"无明"二种；后者是独自生起的"无明"，如"诸无明于苦（谛）不了，于集、灭、道（谛）不了"。如关于"惛沈"（即昏沉）与"睡眠"的联系与区别，说：

　　云何惛沈？答：诸身重性、心重性，身不调柔、心不调柔，身瞪瞢、心瞪瞢，身愦闷、心愦闷，心惛重性，是谓惛沈。
　　云何睡眠？答：诸心睡眠，惛微而转，心昧略性，是谓睡眠。
　　诸心有惛沈，彼心睡眠相应耶？答：应作四句。有心有惛沈,非睡眠相应,谓无睡眠心有惛沈性;有心有睡眠,非惛沈相应,谓无染污心有睡眠性;有心有惛沈,亦睡眠相应,谓染污心有睡眠性;有心无惛沈,亦非睡眠相应,谓除前相睡眠。当言善耶、不善耶、无记耶? 答:睡眠应言或善、或不善、或无记。(卷二《杂蕴·无惭纳息》,第925页中)

(六)《相纳息》(卷二)。论述"有为相"等问题。内容包括:"有为法"的四种相状,即"生"、"住"、"老"、"无常"(《八犍度论》作"三相",无"住")。

(1)"生"。指事物的生起。(2)"住"。指事物的暂住。(3)"老"。指事物的衰老,即"诸行(指有为法)向背,熟变相"。(4)"无常"。指事物的坏灭,即"诸行散坏、破没、亡退"。如关于"死"与"无常"的联系与区别,说:

云何死? 答:彼彼有情,从彼彼有情众同分,移转、坏没,舍寿暖、命根灭、弃诸蕴、身殒丧,是谓死。云何无常? 答:诸行散坏、破没、亡退,是谓无常。死、无常何差别? 答:诸死是无常,有无常非死,谓除死余行灭。业力强耶? 无常力强耶? 答业力强,非无常力。……业能灭三世行,无常唯灭现在行故。(卷二《杂蕴·相纳息》,第926页中)

(七)《无义纳息》(卷二)。论述"苦行无义"等问题。内容包括:"苦行无义"、"不净观"、"化法调伏"、"法随法行"、"多欲"、"不喜足"、"少欲"、"喜足"、"难满"、"难养"、"易满"、"易养"等。

(1)"苦行无义"。指外道所修的"苦行"无益处、无意义,即"彼行趣死、近死、至死,非如是苦行,能超越死故"。(2)"不净观"。指观想人身的不净相,以对治贪欲的禅观,即"修观行者,系念眉间,或观青淤,或观腌(胮)胀,或观脓烂,或观破坏,或观异赤,或观被食,或观分离,或观白骨,或观骨琐"。
(3)"化法调伏"、"法随法行"。"化法调伏",指"在天中而见法者";"法随法行",指"在人中而见法者"。(4)"多欲"、"不喜足"。"多欲",指多希求;"不喜足",指不知足。(5)"少欲"、"喜足"。"少欲",指少希求;"喜足",指知足。(6)"难满"、"难养"。"难满",指于饮食难满足,即"多食多啖,大食大啖";"难养",指于饮食难供养,即"选择而食,选择而啖"。(7)"易满"、"易养"。指于饮食难易满足、易供养。如关于"少欲"与"喜足"的区别,说:

> 云何少欲? 答:诸不欲、不已欲、不当欲,是谓少欲。云何喜足? 答:诸喜、等喜、遍喜、已喜、当喜,是谓喜足。少欲、喜足何差别? 答:于未得可爱色、声、香、味、触、衣服、饮食、床座、医药,及余资具,诸不希、不求、不寻、不索、不思慕、不方便,是谓少欲;于已得可爱色、声、香、味、触、衣服、饮食、床座、医药,及余资具,诸不复希、不复欲、不复乐、不复求,是谓喜足。如是差别。(卷二《杂蕴·无义纳息》,第927页上)

(八)《思纳息》(卷二)。论述"思"等问题。内容包括:"思"、"虑"、"寻"、"伺"、"掉举"、"心乱"、"无明"、"不正知"、"憍"、"慢"、"三不善寻"、"行圆满"、"护圆满"、"异生性"等。

(1)"思"、"虑"。"思",指思量(令心造作);"虑",指审虑。二者的差别是:"思者业,虑者慧"。(2)"寻"、"伺"。"寻"(又称"觉"),指寻求(粗浅推度);"伺"(又称"观"),指伺察(深细思察)。二者的差别是:"心粗性名寻,心细性名伺"。(3)"掉举"、"心乱"。"掉举",指心神浮躁;"心乱",指内心散乱。二者的差别是:"不寂静相名掉举,非一境相名心乱"。

(4)"无明"、"不正知"。"无明",指愚痴无知;"不正知",指于
境谬解。(5)"憍"、"慢"。"憍",指骄矜自持;"慢",指傲慢凌
人。二者的差别是:"若不方他,染著自法,心傲逸相,名憍,若
方于他,自举恃相,名慢"。(6)"三不善寻"(又称"三不善
觉")。指三种与"不善"相应的寻求(粗浅推度),即"欲寻、恚
寻、害寻",各寻下分"自害"、"害他"、"俱害"三种。(7)"行圆
满"、"护圆满"。"行圆满",指阿罗汉的"无学身律仪、语律仪、
命清净";"护圆满",指阿罗汉的"无学根律仪(又称"意律
仪")"。(8)"异生性"。指凡夫性。如关于"思"与"虑"、"寻"
与"伺"、"掉举"与"心乱"的差别,说:

> 云何思? 答:诸思、等思、增思、思性、思类、心行、意
> 业,是谓思。云何虑? 答:诸虑、等虑、增虑、称量、筹度、观
> 察,是谓虑。思、虑何差别? 答:思者,业;虑者,慧,是谓差
> 别。云何寻? 答:诸心寻求、辨了、显示、推度、构画、分别
> 性、分别类,是谓寻。云何伺? 答:诸心伺察、随行、随转、
> 随流、随属,是谓伺。寻、伺何差别? 答:心粗性,名寻;心
> 细性,名伺,是谓差别。云何掉举? 答:诸心不寂静、不止
> 息、躁动、掉举、心躁动性,是谓掉举。云何心乱? 答:诸心
> 散乱、流荡不住、非一境性,是谓心乱。掉举、心乱有何差
> 别? 答:不寂静相,名掉举;非一境相,名心乱,是谓差别。
> (卷二《杂蕴·思纳息》,第 927 页中)

二、《结蕴》(卷三至卷六)。论述"结"(指烦恼)等问题。
下分四纳息。

(一)《不善纳息》(卷三)。论述"不善"等问题。内容包
括:"三结"、"三不善根"、"三漏"、"四瀑流"、"四轭"、"四取"、
"四身系"、"五盖"、"五结"、"五顺下分结"、"五顺上分结"、"五

见"、"六爱身"、"七随眠"、"九结"、"九十八随眠"等十六类烦
恼法,并深入分析这些烦恼法与"不善、无记"等诸法之间的
关系。

(1)"三结"。指结缚身心,令众生不得解脱的三种烦恼,
即"有身见结"、"戒禁取结"、"疑结"。(2)"三不善根"。指三
种不善根性,即"贪不善根"、"瞋不善根"、"痴不善根"。
(3)"三漏"。指由六根漏泄过患,令众生流转三界的三种烦
恼,即"欲漏"、"有漏"、"无明漏"。(4)"四瀑流"(又称"四
流")。指令众生漂溺于三界生死的四种烦恼,即"欲瀑流"、"有
瀑流"、"见瀑流"、"无明瀑流"。(5)"四轭"。指令众生荷负
重苦的四种烦恼,即"欲轭"、"有轭"、"见轭"、"无明轭"。
(6)"四取"。指令众生生起执取的四种烦恼,即"欲取"、"见
取"、"戒禁取"、"我语取"。(7)"四身系"(又称"四种身结")。
指系缚众生身心,使之不得解脱的四种烦恼,即"贪欲身系"、
"瞋恚身系"、"戒禁取身系"、"此实执身系"。(8)"五盖"。指
覆盖众生心性的五种烦恼,即"贪欲盖"、"瞋恚盖"、"惛沈(即
昏沉)睡眠盖"、"掉举恶作盖"、"疑盖"。(9)"五结"。指结缚
众生身心,使之不得解脱的五种烦恼,即"贪结"、"瞋结"、"慢
结"、"嫉结"、"悭结"。(10)"五顺下分结"。指顺益下分界
(欲界)的五种烦恼,即"贪欲顺下分结"、"瞋恚顺下分结"、"有
身见顺下分结"、"戒禁取顺下分结"、"疑顺下分结"。
(11)"五顺上分结"。指顺益上分界(色界、无色界)的五种烦
恼,即"色贪顺上分结"、"无色贪顺上分结"、"掉举顺上分结"、
"慢顺上分结"、"无明顺上分结"。(12)"五见"。指五种邪
见,即"有身见"、"边执见"、"邪见"、"见取"、"戒禁取"。

(13)"六爱身"。指由六触所生的六种贪爱,即"眼触所生
爱身"、"耳触所生爱身"、"鼻触所生爱身"、"舌触所生爱身"、

"身触所生爱身"、"意触所生爱身"。（14）"七随眠"。指七种根本烦恼，即"欲贪随眠"、"瞋恚随眠"、"有贪随眠"、"慢随眠"、"无明随眠"、"见随眠"、"疑随眠"。（15）"九结"。指结缚身心，令众生不得解脱的九种烦恼，即"爱结"、"恚结"、"慢结"、"无明结"、"见结"、"取结"、"疑结"、"嫉结"、"悭结"。（16）"九十八随眠"。指九十八种根本烦恼，即三界（欲界、色界、无色界）的每一界都有五部（五大部类）烦恼，也就是在见道位（指初见四谛理的阶位，即"四向四果"中的初位"预流向"）有"见苦谛所断"、"见集谛所断"、"见灭谛所断"、"见道谛所断"四部烦恼，在修道位（指修习四谛法的阶位，即"四向四果"中的第二位"预流果"至第七位"阿罗汉向"）有"修所断"一部烦恼。五部烦恼所含"十随眠"的数量不等，多则十种，少则三种，总计为九十八种。其中，欲界系随眠有三十六种，色界系随眠有三十一种，无色界系随眠有三十一种。（17）"三结乃至九十八随眠"与"不善、无记"等诸法之间的关系。指"三结乃至九十八随眠"中，"几（多少）不善、几无记"；"几有异熟（又称"果报"）、几无异熟"；"几见所断、几修所断"；"几见、几非见"；"几有寻有伺、几无寻唯伺、几无寻无伺"；"几欲界系、几色界系、几无色界系"；"几成就、几不成就"等。如关于"九十八随眠"的断除，为"何果"所摄，说：

> 九十八随眠中，欲界见苦、集、灭、道所断随眠尽，四沙门果摄，或无处；欲界修所断随眠尽，不还阿罗汉果摄，或无处；色界见苦、集、灭、道所断随眠尽，四沙门果摄，或无处；色界修所断随眠尽，阿罗汉果摄，或无处；无色界见苦、集、灭所断随眠尽，四沙门果摄，或无处；无色界见道所断随眠尽，四沙门果摄；无色界修所断随眠尽，阿罗汉果摄。（卷

五《结蕴·不善纳息》,第941页上)

(二)《一行纳息》(卷三、卷四)。论述"结系"等问题。内容包括:"九结"的"系事"(指烦恼的系缚);"三结乃至九十八随眠"的"摄事"、"相续事"、"灭事";以及"九遍知"、"八补特伽罗"等。

(1)"九结"的"系事"。这是依照"一行"、"历六"、"小七"、"大七"的句法加以辨析的"九结"系缚的处所。"一行",指的是依照"九结"各结的前后次序,将每一种"结"与它的"后一行",即此后各种"结",一一配对,对"结"与"结"之间的关系,加以辨析,如"九结","若于此事"(指系事),"有爱结系,亦有恚结系耶";"有爱结系,亦有慢结系耶";"有爱结系,亦有无明结系耶"等。"历六"、"小七"、"大七",指的是引入"三世"(指过去、现在、未来)概念,分别对不同时间段的一种、二种、多种"结",作六方面或七方面的辨析,如"若于此事,有过去爱结系,亦有未来耶";"若于此事,有过去爱结系,亦有现在耶";"若于此事。有过去爱结系,亦有未来、现在耶";"有过去爱结系,亦有过去恚结系耶";"有过去爱结系,亦有未来恚结系耶";"有过去爱结系,亦有现在恚结系耶";"有过去爱结系,亦有过去、现在恚结系耶"等。

(2)"三结乃至九十八随眠"的"摄事"、"相续事"、"灭事"。所辨析的问题有:从"三结"至"九十八随眠"的各种烦恼法,"一一摄几(多少)随眠";"为前摄后、后摄前耶";"几令欲有相续、几令色有相续、几令无色有相续";"依何定灭"等。

(3)"九遍知"(又称"九断智")。指能断除三界见惑、修惑的九种无漏智(指无烦恼过患的智慧)。在见道位,能断除欲界见惑的,有三种遍知(断智);断除色界、无色界见惑的,有三种遍知。在修道位,能断除欲界修惑的,有一种遍知;断除色、无色界修惑的,有二种遍知。它们是:"第一遍知",指"欲界见苦、集所断结尽";"第二遍知",指"色(界)、无色界见苦、集所断结尽";"第三遍知",指"欲界见灭所断结尽";"第四遍知",指"色、无色界见灭所断结尽";"第五遍知",指"欲界见道所断结尽";"第六遍知",指"色、无色界见道所断结尽"(以上为能在见道位断除见惑的六种遍知);"第七遍知",指"五顺下分结尽";"第八遍知",指"色爱结尽";"第九遍知",指"一切结尽"(以上为能在修道位断除修惑的三种遍知)。

(4)"八补特伽罗"(又称"八人")。指声闻乘修行的八种阶位,即"四向四果"。它们是:"预流向"(属于见道位)、"预流果"、"一来向"、"一来果"、"不还向"、"不还果"、"阿罗汉向"(以上均属于修道位)、"阿罗汉果"(属于无学位)。如关于"九十八随眠"依何定灭,说:

　　　九十八随眠中,欲界三十六(随眠),依未至(定)灭;色界三十一(随眠),及无色界见所断,或依四(指四禅),或依未至灭(定);无色界修所断,或依七(指四禅、三无色定),或依未至(定)灭。(卷四《结蕴·一行纳息》,第939页下)

(三)《有情纳息》(卷五)。论述"断结"等问题。内容包括:"三界二部结"的"顿得系"、"顿离系"、"渐得系"、"渐离系",以及所断之结为"何果摄"等。所说的"三界二部结",指"三界"的每一界,均有"见所断结"、"修所断结"二种结(烦恼)。欲界、色界的"见所断结"、"修所断结",有"顿得系"(指顿受烦恼的系缚)、"顿离系"(指顿断烦恼的系缚)、"渐离系"(指渐断烦恼的系缚),而无"渐得系"(指渐受烦恼的系缚);无色界的"见所断结"、"修所断结",无"顿得系"、"顿离系"、"渐得系",而有"渐离系"。

(四)《十门纳息》(卷五、卷六)。论述从"二十二根"至"九十八随眠"的四十二种法,并开立十门,辨析它们与"随眠随增"等诸法之间的关系。

(1) 从"二十二根"至"九十八随眠"的四十二种法,分为两大类。一类是非烦恼法,共有二十六种,它们是:"二十二根"、"十八界"、"十二处"、"五蕴"、"五取蕴"、"六界"、"有色、无色法"、"有见、无见法"、"有对、无对法"、"有漏(有烦恼)、无漏(无烦恼)法"、"有为、无为法"、"过去、未来、现在法"、"善、不善、无记法"、"欲界、色界、无色界系法"、"学、无学、非学非无学法"、"见所断、修所断、无断法"、"四谛"、"四静虑"(又称"四禅")、"四无量"(又称"四无量心")、"四无色"(又称"四无色定")、"八解脱"、"八胜处"、"十遍处"、"八智"、"三三摩地"(指空三摩地、无愿三摩地、无相三摩地,"三摩地"意译"定")、"三重三摩地"(指空空三摩地、无愿无愿三摩地、无相无相三摩地)。另一类是烦恼法,共有十六种,它们是:"三结"、"三不善根"、"三漏"、"四瀑流"、"四轭"、"四取"、"四身系"、"五盖"、"五结"、"五顺下分结"、"五顺上分结"、"五见"、"六爱身"、"七随眠"、"九结"、"九十八随眠"。但本章对上述诸法只列其名,未释其义(有关"二十二根"乃至"十遍处"诸法的详细解释,见《大毗婆沙论》卷五十六至卷八十五)。

(2) "十门"。指从十个方面,辨析四十二种法与"随眠随增"、"得遍知"、"结尽"等诸法之间的关系。如"眼根"("二十二根"的分支)乃至"无色界修所断无明随眠"("九十八随眠"的分支),"于九十八随眠中,一一(指各类法)有几随眠随增";"谁成就,谁不成就";"一一灭作证时,于九十八随眠中,几随眠灭作证,于九结中,几结尽";"意根"("二十二根"的分支)乃至

"无色界修所断无明随眠"("九十八随眠"的分支),"于三界十五部心中,一一无间生几心"等。

三、《智蕴》(卷七至卷十)。论述"智"等问题。下分五纳息。

(一)《学支纳息》(此据宋元明藏本,《丽藏》本误作《觉支纳息》;卷七)。论述"学八支"等问题。内容包括:"学八支"、"十无学支"、"见"、"智"、"慧"、"七觉支"、"八道支"、"世俗正见"、"世俗正智"、"无漏见"、"无漏智"等。

(1)"学八支"(又称"八学支")。指"学人"(指有法可学之人,即尚未证得阿罗汉果者)成就的"八道支",即"正见"、"正思惟"、"正语"、"正业"、"正命"、"正勤"、"正念"、"正定"。(2)"十无学支"。指"无学人"(指无法可学之人,即已证得阿罗汉果者)成就的十种"无漏法"(无烦恼之法),即"无学"的"正见"、"正思惟"、"正语"、"正业"、"正命"、"正勤"、"正念"、"正定"、"正解脱"、"正智"。(3)"见"、"智"、"慧"。"见",指"眼根、五见、世俗正见、学(见)无学见";"智",指"五识相应慧,除无漏忍,余意识相应慧";"慧",指"六识相应慧"。(4)"七觉支"、"八道支"。"七觉支",指趣向觉悟的七种修行方法,即"念觉支"、"择法觉支"、"精进觉支"、"喜觉支"、"轻安觉支"、"定觉支"、"舍觉支";"八道支",指趣向涅槃解脱的八种修行方法,即"八正道"。(5)"世俗正见"、"世俗正智"。指世间的有漏(有烦恼)的"正见"、"正智"。"世俗正见"(又称"有漏正见"),指"意识相应善有漏慧";"世俗正智"(又称"有漏正智"),指"五识相应善慧,及意识相应有漏善慧"。(6)"无漏见"、"无漏智"。指出世间的无漏(无烦恼)的"见"、"智"。"无漏见",指"除尽无生智,余无漏慧";"无漏智",指"除无漏忍,余无漏慧"。如关于"见"、"智"、"慧"三者的联系与差别,说:

云何见？答：眼根、五见、世俗正见、学（见）无学见。
云何智？答：（前）五识相应慧，除无漏忍，余意识相应慧。
云何慧？答：（第）六识相应慧。……诸智是彼慧耶？答：
诸智皆是慧，有慧非智，谓无漏忍。……智摄慧、慧摄智耶？
答：慧摄智，非智摄慧。（卷七《智蕴·学支纳息》，第952
页上）

（二）《五种纳息》（卷七）。论述"见"、"智"、"慧"等问题。
内容包括："邪见"、"邪智"、"正见"、"正智"、"学见"、"学智"、
"学慧"、"无学见"、"无学智"、"无学慧"、"非学非无学见"、"非
学非无学智"、"非学非无学慧"等。

（1）"邪见"、"邪智"。指邪恶的"见"、"智"。"邪见"，指
"五见"（即有身见、边执见、邪见、见取、戒禁取）；"邪智"，指
"六识相应染污慧"。（2）"正见"、"正智"。指正确的"见"、
"智"。"正见"，指"尽（智）、无生智所不摄意识相应善慧"；"正
智"，指"（前）五识相应善慧，及无漏忍所不摄意识相应善慧"。
（3）"学见"、"学智"、"学慧"。指"学人"（即尚未证得阿罗汉
果者）成就的"见"、"智"、"慧"。"学见"，指"学慧"；"学智"，
指"学八智"；"学慧"，为"学见"、"学智"的"总名"。（4）"无学
见"、"无学智"、"无学慧"。指"无学人"（即已证得阿罗汉果
者）成就的"无漏"的"见"、"智"、"慧"。"无学见"，指"尽
（智）、无生智所不摄无学慧"；"无学智"，指"无学八智"；"无学
慧"，为"无学见"、"无学智"的"总名"。（5）"非学非无学见"、
"非学非无学智"、"非学非无学慧"。指凡夫成就的"见"、
"智"、"慧"。"非学非无学见"，指"眼根、五见、世俗正见"；"非
学非无学智"，指"（前）五识相应慧，及意识相应有漏慧"；"非
学非无学慧"，指"（前）五识相应慧，及意识相应有漏慧"（此定

义与前相同）。如关于"正见"与"正智"，说：

> 云何正见？答：尽（智）、无生智所不摄意识相应善慧。
> 云何正智？答：（前）五识相应善慧，及无漏忍所不摄意识
> 相应善慧。诸正见是正智耶？答：应作四句：有正见非正
> 智，谓无漏忍；有正智非正见，谓（前）五识相应善慧，及尽
> （智）、无生智；有正见亦正智，谓无漏忍，及尽（智）、无生智
> 所不摄意识相应善慧；有非正见亦非正智，谓除前相。（卷
> 七《智蕴·五种纳息》，第954页下）

（三）《他心智纳息》（卷八）。论述"他心智"等问题。内容
包括："他心智"、"宿住随念智"、"时爱心解脱"、"不动心解
脱"、"学明"、"学智"、"无学明"、"无学智"等。

（1）"他心智"。指能了知他人的心念差别的智慧，即"能
知他相续现在欲（界）、色界心、心所法，或无漏心、心所法"。
（2）"宿住随念智"。指能忆知过去世的各种事情的智慧，即
"能现忆知诸宿住事种种相状，及所言说"。（3）"时爱心解
脱"、"不动心解脱"。"时爱心解脱"（又称"时解脱"），指钝根
阿罗汉须待"胜缘"（如衣食、住处、师友等具足），方能获得解
脱，即"时解脱阿罗汉尽智，或无学正见相应心胜解、已胜解、当
胜解"；"不动心解脱"（又称"不时解脱"），指利根阿罗汉，不待
"胜缘"，随时随地都能获得解脱，即"不动法阿罗汉尽智、无生
智，或无学正见相应心胜解、已胜解、当胜解"。（4）"学明"、
"学智"。指"学人"（即尚未证得阿罗汉果者）成就的"明"、
"智"。"学明"，指"学慧"；"学智"，指"学八智"。（5）"无学
明"、"无学智"。指"无学人"（即已证得阿罗汉果者）成就的
"无漏"（无烦恼）的"明"、"智"。"无学明"，指"无学慧"；"无
学智"，指"无学八智"。如关于"他心智"与"宿住随念智"，说：

云何他心智？答：若智修所成，是修果，依止修，已得不失，能知他相续现在欲（界）、色界心、心所法，或无漏心、心所法，是谓他心智。云何宿住随念智？答：若智修所成，是修果，依止修，已得不失，能现忆知诸宿住事种种相状，及所言说，是谓宿住随念智。（卷八《智蕴·他心智纳息》，第956页中、下）

（四）《修智纳息》（卷八至卷九）。论述"修智"等问题。内容包括："八智"、"十智"、"七处善"等。

（1）"八智"。指八种智慧，即"法智"、"类智"、"他心智"、"世俗智"、"苦智"、"集智"、"灭智"、"道智"。（2）"十智"。指能观察一切境界的十种智慧，即"八智"加上"尽智"、"无生智"（是无学位所起的二种"无漏智"）。（3）"七处善"。指如实观察"五蕴"的七种相状（指苦、集、灭、道、爱著、过患、出离），以"色蕴"为例，分别是："如实知色（色的体性）、色集（色的起因）、色灭（色的除灭）、趣色灭行（色的对治）、色味（色的爱著）、色患（色的过患）、色出（色的出离）"，"如实知受、想、行、识七（处）亦尔"。如关于"八智"，说：

有八智，谓法智乃至道智。云何法智？答：于欲界诸行（指有为法）、诸行因、诸行灭、诸行能断道（以上指苦、集、灭、道），所有无漏智。……云何类智？答：于色（界）、无色界诸行、诸行因、诸行灭、诸行能断道，所有无漏智。……云何他心智？答：若智是修果，知他现在心、心所法。云何世俗智？答：三界有漏慧。云何苦智？答：于诸行，作苦、非常、空、非我行相（以上为苦谛四行相）转智。云何集智？答：于诸行因，作因、集、生、缘行相（以上为集谛四行相）转智。云何灭智？答：于诸行灭，作灭、静、妙、离行相(以上为灭谛四行相)转智。云何道智？答：于诸行对治道，作道、如、行、出行相(以上为道谛四行相)转智。(卷八《智蕴·修智纳息》,第 957 页中、下)

(五)《七圣纳息》(卷九至卷十)。论述"七圣"等问题。内容包括："七圣"、"四十四智事"等。

(1)"七圣"。指声闻乘的七种圣人，即"随信行"、"随法行"、"信胜解"、"见至"、"身证"、"慧解脱"、"俱解脱"。"随信行"，指见道位随信他言而修行的钝根者；"随法行"，指见道位随顺教法而修行的利根者；"信胜解"，指修道位随信他言而修行的钝根者；"见至"，指修道位◎随顺教法而修行的利根者；"身证"，指修道位依"灭尽定"证得不还果的利根者；"慧解脱"，指唯以智慧力断除烦恼而得解脱的阿罗汉；"俱解脱"，指以智慧力和"灭尽定"力，断除烦恼而得解脱的阿罗汉。(2)"四十四智事"。指观察"十二支缘起"中除"无明"以外的十一支的四十四种智慧(即十一支的每一支，各含观察"苦"、"集"、"灭"、"道"四智)。如关于"四十四智事"，说：

> 云何四十四智事？谓知老死智、知老死集智、知老死灭智、知趣老死灭行智(以上指"老死"支有四智)。如是，知生、有、取、爱、受、触、六处、名色、识、行智，知行集智、知行灭智、知趣行灭行智(以上指"生"至"行"十支也有四智)，是名四十四智事。(卷十《智蕴·七圣纳息》,第 968 页下)

四、《业蕴》(卷十一至卷十二)。论述"业"(指造作、行为)等问题。下分五纳息。

(一)《恶行纳息》(卷十一)。论述"恶行"等问题。内容包括："三恶行"、"三不善根"、"三妙行"、"三善根"、"十业道"、"三业"、"四业"、"三障"等。

（1）"三恶行"。指由身、口、意造作的三种恶行为，即"身恶行"、"语恶行"、"意恶行"。（2）"三不善根"。指三种不善根性，即"贪善根"、"瞋善根"、"痴善根"。（3）"三妙行"。指三种善行为，即"身妙行"、"语妙行"、"意妙行"。（4）"三善根"。指三种善根性，即"无贪善根"、"无瞋善根"、"无痴善根"。（5）"十业道"。指由身、口、意造作的十种善恶行为，分"十不善业道"（又称"十恶业道"）、"十善业道"二种。（6）"三业"。指众生的三种行为，有八种之别（下详）。（7）"四业"。指依"黑"（喻不善）、"白"（喻善）区分的四种行为，即"黑黑异熟业"（指欲界的不善业招感苦报，因果皆黑；"异熟"又称"果报"）、"白白异熟业"（指色界的善业招感乐报，因果皆白）、"黑白黑白异熟业"（指欲界的善业杂有不善业者，招感乐与苦相杂的果报，因果黑白间杂）、"非黑非白无异熟业"（指无漏业性不染污，亦不招感乐报，因果为不黑不白）。（8）"三障"。指妨碍正道的三种障碍，即"烦恼障"、"业障"、"异熟障"。如关于八种"三业"，说：

> 三业，谓身、语、意业。……复有三业，谓顺现法受业、顺次生受业、顺后次受业。……复有三业，谓顺乐受业、顺苦受业、顺不苦不乐受业。……复有三业，谓过去、未来、现在业。复有三业，谓善、不善、无记业。复有三业，谓学、无学、非学非无学业。复有三业，谓见所断、修所断、无断业（指非所断业）。……复有三业，谓欲、色、无色界系业。（卷十一《业蕴·恶行纳息》，第972页中）

（二）《邪语纳息》（卷十一）。论述"三邪行"等问题。内容包括："三邪行"、"三正行"、"三曲"、"三秽"、"三浊"、"三妙行"、"三清净"、"三寂默"等。

（1）"三邪行"。指"八邪行"中的三种邪行（依身业、语业而立），即"邪语"、"邪命"、"邪业"。（2）"三正行"。指"八正道"中的三种正行，即"正语"、"正命"、"正业"。（3）"三曲"、"三秽"、"三浊"。"三曲"，指由"谄"所起的三业，即"身曲"、"语曲"、"意曲"；"三秽"，指由"瞋"所起的三业，即"身秽"、"语秽"、"意秽"；"三浊"，指由"贪"所起的三业，即"身浊"、"语浊"、"意浊"。（4）"三清净"。指三种清净业，即"身清净"、"语清净"、"意清净"。（5）"三寂默"。指阿罗汉的三种烦恼永寂，即"身寂默"、"语寂默"、"意寂默"。如关于"三曲"、"三秽"、"三浊"，说：

> 三曲、秽、浊，谓身曲、身秽、身浊，语曲、语秽、语浊，意曲、意秽、意浊。三曲云何？谓谄所起身、语、意业。三秽云何？谓瞋所起身、语、意业业。三浊云何？谓贪所起身、语、意业。（卷十一《业蕴·邪语纳息》，第 973 页下）

（三）《害生纳息》（卷十一）。论述"不害生"等问题。内容包括："害生命四种"、"防护"、"远离"等。

（1）"害生命四种"。指"害生杀生"（"生"指"众生"）的四种情况，即"已害生杀生未灭"（指已断他命，但加害的行为未停）、"未害生杀生已灭"（指未断他命，但加害的行为已停）、"已害生杀生已灭"（指已断他命，加害的行为也随停）、"未害生杀生未灭"（指未断他命，加害的行为也未停）。（2）"防护"、"远离"。"防护"指"受学处"（受戒），"远离"指"证见法性"，远离"十恶"。二者的关系"应作四句"（分为四种情况），"得防护非受远离"、"受远离非得防护"、"得防护亦受远离"、"非得防护亦非受远离"。

（四）《表无表纳息》（卷十二）。论述"表业"、"无表业"等问题。内容包括:"表业"、"无表业"、"不修有四种"、"修有四种"等。

（1）"表业"。"表业",指显现于外的、可以见闻的"身业"、"语业"（即行为举止和语言声音）,它是通于"善"、"不善"（又称"恶"）、"无记"（指非善非恶）三性的。（2）"无表业"。指由身表业、语表业引生的无形色法,即内在的、不可见闻的善恶功能,是只有"善"、"不善"二性,没有"无记性"的。欲界、色界有"表业"和"无表业",无色界无此二业。（3）"不修有四种"。指应对治的四种不修行,即"不修身"、"不修戒"、"不修心"、"不修慧"。（4）"修有四种"。指四种修行方法,即"修身"、"修戒"、"修心"、"修慧"。如关于"修有四种",说:

> 如世尊说,修身、修戒、修心、修慧。云何修身? 答: 若于身已离贪欲润憙渴,又无间道(指断除烦恼之位)能尽色(界)贪,彼于此道,已修已安。云何修戒? 答: 若于戒已离贪,广说如身。云何修心? 答: 若于心已离贪欲润憙渴,又无间道能尽无色(界)贪,彼于此道,已修已安。云何修慧? 答: 若于慧已离贪,广说如心。(卷十二《业蕴·表无表纳息》,第 979 页下—第 980 页上)

（五）《自业纳息》（卷十二）。论述"自业"等问题。内容包括:"自业"、"佛教"等。

（1）"自业"。指自作善恶行为,自受苦乐果报。"自业是何义? 答: 是得自果、自等流、自异熟义"。（2）"佛教"。指佛陀的言教。如关于"佛教",说:

> 佛教云何? 答: 谓佛语言、评论、唱词、语音、语路、语业、语表,是谓佛教。佛教当言善耶? 无记耶? 答: 或善,或无记。云何善? 谓佛善心所发语言,乃至语表。云何无

记？谓佛无记心所发语言,乃至语表。佛教名何法？答:
名身、句身、文身次第行列,次第安布,次第连合。(卷十二
《业蕴·自业纳息》,第 981 页上、中)

五、《大种蕴》(卷十三至卷十四)。论述"四大种"(又称
"四大",指地、水、火、风)等问题。下分四纳息。

(一)《大造纳息》(卷十三)。论述"四大种所造"等问题。
内容包括:"大种所造处";"大种所造处"与"有见、无见"等诸
法之间的关系;"成就大种"与"成就所造色"之间的关系;"依何
定灭"等。

(1)"大种所造处"(又称"大种所造色")。指由"四大种"
(地、水、火、风)造作产生的十一种"色处"(物质),即"五根"、
"五境"和"无表色"(指由身表业、语表业和禅定引生的无形的
色法,即内在的、不可见闻的善恶功能)。(2)"大种所造处"与
"有见、无见"等诸法之间的关系。指"大种所造处"中,"几(多
少)有见、几无见";"几有对、几无对";"几有漏、几无漏";"几
有为、几无为";"几过去、几现在、几未来";"几善、几不善、几无
记";"几欲界系、几色界系、几无色界系";"几学、几无学、几非
学非无学";"几见所断、几修所断、几不断"等。(3)"成就大
种"与"成就所造色"之间的关系。指有"四大种",必有相应的
"所造色","成就大种,彼定成就所造色",无色界除外。
(4)"依何定灭"。指"四大种"与"所造色","依四定(指色界
四禅)或依未至(指未至定,即色界初禅之前的欲界禅定)灭"。

(二)《缘纳息》(卷十三)。论述"四大种缘"等问题。内容
包括:"四大种"与诸法之间的相缘关系,以及"四界"的属性等。

(1)"四大种"与诸法之间的相缘关系。指"四大种"与"四
大种";"四大种"与"所造色";"所造色"与"所造色";"四大种"

与"心、心所法";"心、心所法"与"心、心所法";"四大种"与"十二处";"十二处"与"十二处";"四大种"与"二十二根"之间的相缘关系。(2)"四界"(即"四大种")的属性。指"地界"为"坚性触";"水界"为"湿性触";"火界"为"暖性触";"风界"为"动性触"。"四界"为"触处"所摄,为"身识"、"意识"二识所识。如关于"大种与大种"、"大种与造色"、"大种与心、心所法"等之间的相缘关系,说:

> 大种与大种,为几缘? 答:因(据《大毗婆沙论》卷一百三十一,此指俱有因、同类因)、增上(缘)。大种与造色,为几缘? 答:因(指生因、依因、立因、持因、养因五因)、增上。造色与造色,为几缘? 答:因(指俱有因、同类因、异熟因)增上。造色与大种,为几缘? 答:因(指异熟因)、增上。大种与心、心所法,为几缘? 答:所缘(缘)、增上(缘)。心、心所法与心、心所法,为几缘? 答:因(指相应因、俱有因、同类因、遍行因、异熟因)、等无间(缘)、所缘(缘)、增上(缘)。心、心所法与大种,为几缘? 答:因(指异熟因)、增上。(卷十三《大种蕴·缘纳息》,第984页上)

(三)《具见纳息》(卷十三)。论述"具见谛世尊弟子"等问题。内容包括:"具见谛世尊弟子"与"三界系大种"之间的关系;"世"、"劫"、"心起住灭分"、"因相应法"、"因不相应法"、"缘有缘法"、"缘无缘法"、"四识住"、"七识住"、"九有情居"等。

(1)"具见谛世尊弟子"与"三界系大种"之间的关系。指已入"见道"的佛弟子,若"未离欲染",所成就的"色界系身语业色",为"色界系"四大种所造;若"生无色界",所成就的"无漏身语业色",或为"欲界系"、或为"色界系"四大种所造(因为无色界无"四大种")。(2)"世"、"劫"、"心起住灭分"。"世",指由"行"显示的时间;"劫",指由"半月、月、时、年"显示的时间;"心起住灭分",指由"刹那、腊缚、牟呼栗多"显示的时间(《大毗婆沙论》卷一百三十六说:"百二十刹那,成一怛刹那;六十怛刹那,成一腊缚","三十腊缚,成一牟呼栗多","三十牟呼栗多,成一昼夜")。(3)"因相应法"。指"相应因"的"自体"(《大毗婆沙论》卷一百三十六称"相应因自体法"),即"一切心、心所法"。(4)"因不相应法"。指与"相应因"的"自体"不相应之法,即"色(法)、无为(法)、心不相应行(法)"。(5)"缘有缘法"。指以"有所缘法"为所缘,即"若意识并相应法,缘心、心所法"。(6)"缘无缘法"。指以"无所缘法"为所缘,即"五识身并相应法,若意识并相应法,缘色、无为、心不相应行"。(7)"四识住"。指众生"识蕴"安住的四蕴,即"色随识住"、"受随识住"、"想随识住"、"行随识住"。(8)"七识住"。指众生心识乐住的七种处所,即"人及一分天"(指欲界的人间和六欲天)、"梵众天"(色界的初禅天之一)、"极光净天"(又称"光音天",为色界第二禅天之一)、"遍净天"(色界第三禅天之一)、"空无边处天"(无色界第一天)、"识无边处天"(无色界第二天)、"无所有处天"(无色界第三天)。(9)"九有情居"。指众生乐住的九种处所,即在"七识住"的"遍净天"之后,增"无想有情天"(色界第四禅天之一);在"无所有处天"之后,增"非想非非想处天"(无色界第四天)。如关于"有为法"从"几(多少)缘"产生,说:

> 颇有法四缘生耶? 答:有,谓一切心、心所法。颇有法三缘生耶? 答:有,谓无想等至(指无想定)、灭尽等至(指灭尽定)。颇有法二缘生耶? 答:有,谓除无想、灭尽等至,

诸余心不相应行,及一切色。颇有法一缘生耶? 答:无。
(卷十三《大种蕴·具见纳息》,第987页中)

(四)《执受纳息》(卷十四)。论述"有执受大种"等问题。
内容包括:"有执受大种"与诸法之间的相缘关系;"有执受"等
法的含义;"受"与"受"之间的相摄关系;"四念住"等十五法的
修习时间等。

(1)"有执受大种"与诸法之间的相缘关系。指"有执受大
种"与"无执受大种";"因相应法"与"因不相应法";"有所缘
法"与"无所缘法";"有色法"与"无色法";"有见法"与"无见
法";"有对法"与"无对法";"有漏法"与"无漏法";"有为法"与
"无为法"等之间的相缘关系。(2)"有执受"等法的含义。指
"有执受"、"无执受"、"顺取"、"非顺取"、"顺结"、"非顺结"、
"见处"、"非见处"等法的含义。(3)"受"与"受"之间的相摄
关系。指"二受"、"三受"、"四受"、"五受"、"六受"、"十八受"
(又称"十八意近行")、"三十六受"之间的相摄关系。(4)"四
念住"等十五法的修习时间。指"四念住"、"四正断"、"四神
足"、"五根"、"五力"、"七觉支"、"八道支"、"四静虑"(又称
"四禅")、"四无量"(又称"四无量心")、"四无色"(又称"四无
色定")、"八解脱"、"八胜处"、"十遍处"、"八智"、"三等持"等
十五法,各有几法在"三世"中修习。如关于"受"的分类,说:

　　有二受,谓身受、心受。有三受,谓乐受、苦受、不苦不
　乐受。……有五受,谓乐受根、苦受根、喜受根、忧受根、舍
　受根。……有六受,谓眼触所生受,耳、鼻、舌、身、意触所生
　受。……有十八受,谓六喜意近行、六忧意近行、六舍意近
　行。……有三十六受,谓六依耽嗜喜、六依出离喜、六依耽
　嗜忧、六依出离忧、六依耽嗜舍、六依出离舍。(卷十四《大

种蕴·执受纳息》,第 989 页上、中)

六、《根蕴》(卷十四至卷十六)。论述"根"等问题。下分
七纳息。

(一)《根纳息》(卷十四)。论述"二十二根"等问题。内容
包括:"二十二根";"二十二根"与"学、无学、非学非无学"等诸
法之间的关系;"根"与"根"之间的相缘关系等。

(1)"二十二根"。指有生长增上作用的二十二种根性,即
"眼根"、"耳根"、"鼻根"、"舌根"、"身根"(以上为十二处的五
根)、"女根"、"男根"(以上为身根的一部分)、"命根"(此为"心
不相应行法"之一)、"意根"(此为十二处中的一根)、"乐根"、
"苦根"、"喜根"、"忧根"、"舍根"(以上为五受根)、"信根"、
"精进根"、"念根"、"定根"、"慧根"(以上为五善根)、"未知当
知根"、"已知根"、"具知根"(以上为三无漏根)。(2)"根"与
"学、无学、非学非无学"等诸法之间的关系。指"二十二根"中,
"几(多少)学、几无学、几非学非无学";"几善、几不善、几无
记";"几有异熟(又称"果报")、几无异熟";"几见所断、几修所
断、几不断";"几欲界系、几色界系、几无色界系、几不系"等,以
及"十八界"、"十二处"、"五蕴"与"二十二根"各根之间的相摄
关系,如"色蕴摄几根"等。(3)"根"与"根"之间的相缘关系。
指"二十二根"各根之间的"缘生"、"非缘生"关系,如"眼根为
缘,生眼根耶"等。

(二)《有纳息》(卷十五)。论述"三有相续根"等问题。内
容包括:"三有相续"最初所生根;"根"与"遍知"、"根"与"沙门
果"、"根"与"智"之间的关系等。

(1)"三有相续"最初所生根。指受生欲界、色界、无色界
最初所生的根。(2)"根"与"遍知"之间的关系。指"二十二

根"与"遍知"欲界、色界、无色界之间的关系,如"几(多少)根遍知欲界"、"几根遍知色界"、"几根遍知无色界"。(3)"根"与"沙门果"之间的关系。指"二十二根"与"四沙门果"之间的关系,如"几根得预流果"、"几根得一来果"、"几根得不还果"、"几根得阿罗汉果"。(4)"根"与"智"之间的关系。指"二十二根"与"法智"、"类智"之间的关系,如诸根无漏"缘欲界系",是否与"法智"相应;诸根无漏"缘色(界)、无色界系",是否与"类智"相应等。如关于"三有相续"最初所生根,说:

> 欲有相续,最初得几业所生根? 答:卵生、胎生、湿生得二(据《大毗婆沙论》卷一百四十七,此指身根、命根);化生得六,或七或八,无形六(指眼根、耳根、鼻根、舌根、身根、命根)、一形七(指前六根,和女根、男根中的一根)、二形八(指前六根,和女根、男根)。色有相续,最初得几业所生根? 答:六(指眼根、耳根、鼻根、舌根、身根、命根)。无色有相续,最初得几业所生根? 答:一(指命根)。(卷十五《大种蕴·有纳息》,第994页中)

(三)《触纳息》(卷十五)。论述"触"等问题。内容包括:"十六触";"触"与"触"、"触"与"根"之间的关系;以及众生"成就几根"等。

(1)"十六触"。指十六种触觉,即"有对触"、"增语触"、"明触"、"无明触"、"非明非无明触"、"爱触"、"恚触"、"顺乐受触"、"顺苦受触"、"顺不苦不乐受触"、"眼触"、"耳触"、"鼻触"、"舌触"、"身触"、"意触"。(2)"触"与"触"之间的关系。指"十六触"之间的相摄关系,如"有对触摄几触,乃至意触摄几触"。(3)"触"与"根"之间的关系。指"十六触"与"二十二根"各根之间的相应关系,如"有对触几根相应,乃至意触几根相应"。(4)众生"成就几(多少)根"。指三界众生各成就几根,如"地狱成就几根,傍生乃至诸无色,随信行乃至俱解脱,成就几根"。如关于"十六触",说:

> 云何有对触? 答:五识身相应触。云何增语触? 答:意识身相应触。云何明触? 答:无漏触。云何无明触? 答:染污触。云何非明非无明触? 答:不染有漏触。云何爱触? 答:贪相应触。云何恚触? 答:瞋相应触。云何顺乐受触? 答:乐受相应触。云何顺苦受触? 答:苦受相应触。云何顺不苦不乐受触? 答:不苦不乐受相应触。云何眼触? 答:眼识身相应触。云何耳触? 答:耳识身相应触。云何鼻触? 答:鼻识身相应触。云何舌触? 答:舌识身相应触。云何身触? 答身识身相应触。云何意触? 答:意识身相应触。(卷十五《大种蕴·触纳息》,第996页中)

(四)《等心纳息》(卷十五)。论述"等心"等问题。内容包括:"心"与"寿"之间的关系;"入定"与"根灭"之间的关系;"根"与"根"之间的相摄相应关系;"三界"生没与"根灭"之间的关系等。

(1)"心"与"寿"之间的关系。指"一切有情心"是"等起、等住、等灭"的,"寿"是"不随心转"的。(2)"入定"与"根灭"之间的关系。指"入无想定"、"入灭尽定"时,"二十二根"中,有"几(多少)根灭"。(3)"根"与"根"之间的相摄、相应的关系。指"二十二根"各根之间的"相摄"、"相应"关系,如"眼根摄几根"、"意根几根相应"等。(4)"三界"生没与"根灭"之间的关系。指众生从一界死后,转生同界和他界时,如"欲界没、生欲界"、"欲界没、生色界"、"欲界没、生无色界"等情况时,"二十二根"中,有"几根灭"等。如关于"阿罗汉"涅槃时,"几

（多少）根最后灭"，说：

　　　　阿罗汉般涅槃时，几根最后灭？答：或四、或九、或八、
　　或三。欲界渐般涅槃者四（据《大毗婆沙论》卷一百五十
　　五，此指身根、命根、意根、舍根），顿般涅槃者九（指眼根、
　　耳根、鼻根、舌根、身根、命根、意根、舍根，和女根、男根中的
　　一根）；色界八（指眼根、耳根、鼻根、舌根、身根、命根、意
　　根、舍根）；无色界三（指命根、意根、舍根）。（卷十五《大种
　　蕴·等心纳息》，第 998 页下）

　　（五）《一心纳息》（卷十五）。论述"一心"等问题。内容包
括："诸法"与"心"之间的关系；"六根"修与不修的差别；"不成
就学根"与"得学根"、"舍无漏根"与"得无漏根"、"未知当知
根"与"现观（现前观察）四谛"之间的关系等。

　　（1）"诸法"与"心"之间的关系。指"诸法"与"心"是否
"相应"、为"心"所缘。若诸法"与心相应"、"与心一所缘"，则
"彼法与心一起、一住、一灭"。（2）"六根"修与不修的差别。
"六根"的"不修"，指"未离贪，未离欲、润、喜、渴"；"修"，指"已
离贪，已离欲、润、喜、渴"。（3）"不成就学根"与"得学根"等诸
法之间的关系。指"不成就学根"者能否"得学根"；"舍无漏
根"者能否"得无漏根"；"未知当知根"者能否"现观四谛"，应
作分别。

　　（六）《鱼纳息》（卷十六）。论述"根因"等问题。内容包
括："根"与"根"之间的成就、不成就的关系，以及"根因"的"三
性"等。

　　（1）"根"与"根"之间的成就、不成就的关系。指"二十二
根"各根之间的成就、不成就关系，如"若成就眼根，彼于二十二
根，几成就、几不成就"等。（2）"根因"的"三性"。指"二十二

根"各根之间,当某根成为另一根产生的原因时,"根因"的"善"、"不善"、"无记"与所生根之间的关系,如"诸根善,彼根因善根耶? 设根因善根,彼根善耶"等。

（七）《因缘纳息》（卷十六）。论述"根缘"等问题。内容包括:论述"根"与"三世"、"三性"、"三界"、"三学"、"三断"之间的关系等。

（1）"根"与"三世"之间的关系。指"二十二根"与"过去"、"现在"、"未来"之间的"因"、"缘"（据《大毗婆沙论》卷一百五十六,此指"因缘"、"所缘缘"）关系,如"诸根因过去,彼根缘过去耶"。（2）"根"与"三性"之间的关系。指"二十二根"与"善"、"不善"、"无记"之间的"因"、"缘"关系,如"诸根因善,彼根缘善耶"等。（3）"根"与"三界"之间的关系。指"二十二根"与欲界、色界、无色界之间的"因"、"缘"关系,如"因欲界,彼根缘欲界耶"等。（4）"根"与"三学"之间的关系。指"二十二根"与"学"、"无学"、"非学非无学"之间的"因"、"缘"关系,如"诸根因学,彼根缘学耶"等。（5）"根"与"三断"之间的关系。指"二十二根"与"见断"、"修断"、"不断"之间的"因"、"缘"关系,如"诸根因见断,彼根缘见断耶"等。

七、《定蕴》（卷十七至卷十九）。论述"定"等问题。下分五纳息。

（一）《得纳息》（卷十七）。论述"得"等问题。内容包括:"得"与"三世"等诸法之间的关系;"诸法"与"三性心"等诸法之间的关系;"四静虑"（又称"四禅"）的禅支;如何修入"四无量定"等。

（1）"得"与"三世"等诸法之间的关系。指"得"（指获得、成就,为"心不相应行法"之一）与"三世"、"三性"、"三界"、"三学"、"三断"等之间的关系,如"诸得过去法,彼得过去耶"等。

（2）"诸法"与"三性心"等诸法之间的关系。指"诸法"与"三性心"（指善心、不善心、无记心）、"三界心"（指欲界心、色界心、无色界心）、"三学心"（指学心、无学心、非学非无学心）、"三断心"（指见断心、修断心、不断心）等之间的关系，如"诸法善无色起，彼法善心俱耶"等。（3）"四静虑"的禅支。指"四静虑"中的静虑，"不染污"、"染污"时各有几种禅支。（4）如何修入"四无量定"。指思惟"与有情乐"，能入"慈定"；思惟"拔有情苦"，能入"悲定"；思惟"庆诸有情"，能入"喜定"；思惟"于有情舍"，能入"舍定"。如关于"四静虑"（又称"四禅"）的禅支，说：

> 一切初静虑，皆有五支耶？答：不染污有五（指寻、伺、喜、乐、心一境性五支），染污无五。无何等？答：无离生喜、乐。一切第二静虑，皆有四支耶？答：不染污有四（指内等净、喜、乐、心一境性四支），染污无四。无何等？答：无内等净。一切第三静虑，皆有五支耶？答：不染污有五（指行舍、正念、正知、乐、心一境性五支），染污无五。无何等？答：无正念、正知。一切第四静虑，皆有四支耶？答：不染污有四（指不苦不乐、舍清净、念清净、心一境性四支），染污无四。无何等？答：无舍（清净）、念清净。（卷十七《大种蕴·得纳息》，第 1010 页中）

（二）《缘纳息》（卷十七）。论述"定缘"等问题。内容包括："八定"、"三定"；"初静虑"所含"三定"与关联法之间的关系；"八定"所含"三定"与关联法之间的关系等。

（1）"八定"（宋元明藏本作"八等至"）。指色界、无色界的八种根本禅定，即"四静虑"（又称"四禅"）、"四无色定"（又称"四无色"）。"四静虑"，指色界的四种根本禅定，即"初静虑"、

"第二静虑"、"第三静虑"、"第四静虑";"四无色定",指无色界
的四种根本禅定,即"空无边处定"、"识无边处定"、"无所有处
定"、"非想非非想处定"。(2)"三定"(宋元明藏本作"三等
至")。指从"四静虑"中的"初静虑",至"四无色定"中的第三
定"无所有处定",合计七定,每一定都含有三种性质的禅定,即
"味相应定"(又称"味定",指与"贪"等烦恼相应的禅定)、"净
定"(指与"无贪"等有漏善法,即与有烦恼的世间善法相应的禅
定)、"无漏定"(指与"无漏智",即与无烦恼过患的智慧相应的
禅定);唯有"四无色定"中的第四定"非想非非想处定",因定心
昧劣,不能生起无漏定,故它只有"味相应定"、"净定",没有"无
漏定"。(3)"初静虑"所含"三定"与关联法之间的关系。指
"初静虑"所含"味相应"、"净"、"无漏"三定,与"成就"、"不成
就"、"得"、"舍"、"退"、"修"等之间的关系,如"颇有成就味相
应初静虑,非净、无漏耶"等。(4)"八定"所含"三定"与关联法
之间的关系。指"八定"所含"味相应"、"净"、"无漏"三定,与
"缘"(包括因缘、等无间缘、所缘缘、增上缘)等之间的关系,如
"与味相应初静虑等,为几缘"等。如关于"初静虑"所含"三
定"与"成就"之间的关系,说:

　　　有八定,谓四静虑、四无色(定)。有三定,谓味相应、
　　净、无漏。此中前七,各具三种;第八唯二(指四无色定中
　　的"非想非非想处定"只有"味相应定"、"净定"),谓除无
　　漏(定)。颇有成就味相应初静虑(指初静虑的"味相应
　　定"),非净(定)、无漏(定)耶?答:有,谓欲界爱未尽。颇
　　有成就净初静虑(指初静虑的"净定"),非味相应(定)、无
　　漏(定)、耶。答:有,谓异生(指凡夫)生欲界梵世(指梵众
　　天等),梵世爱尽。颇有成就无漏初静虑(指初静虑的"无

漏定"），非味相应（定）、净（定）、耶。答：有，谓圣者生梵
世上。（卷十七《大种蕴·缘纳息》，第 1011 页上、中）

（三）《摄纳息》（卷十八）。论述"摄"等问题。内容包括：
"十想"；"十想"、"四静虑"等诸法之间的关系；"四静虑"各静
虑与"四静虑"整体等诸法之间的关系；"七补特伽罗"与"四静
虑"、"四无色（定）"之间的关系；"八定"所含"三定"与关联法
之间的关系；"身语表、无表"等，"依何定灭"等。

（1）"十想"。指断除烦恼的十种观想，即"无常想"、"无常
苦想"（又称"苦想"）、"苦无我想"（又称"无我想"）、"死想"、
"不净想"、"厌食想"（又称"食不净想"）、"一切世间不可乐
想"、"断想"、"离想"、"灭想"。（2）"十想"、"四静虑"等诸法
之间的关系。指"十想"、"四静虑"、"四无量"（又称"四无量
心"）、"四无色"（又称"四无色定"）、"八解脱"、"八胜处"、"十
遍处"、"八智"、"三三摩地"之间的相摄、相应关系，如"无常想
等，摄几静虑等耶"，"无常想等，与几静虑等相应耶"等。
（3）"四静虑"各静虑与"四静虑"整体等诸法之间的关系。指
"四静虑"的"初静虑"乃至"第四静虑"，与上述"四静虑"乃至
"三三摩地"之间的成就、不成就关系，如"若成就初静虑等，彼
于四静虑等，几成就、几不成就"等。（4）"七补特伽罗"与"四
静虑"、"四无色（定）"之间的关系。指声闻乘的七种圣人（即
随信行、随法行、信胜解、见至、身证、慧解脱、俱解脱），与"四静
虑"、"四无色（定）"所含"味相应"、"净"、"无漏"三定之间的成
就、不成就关系，如"随信行等，于味相应等四静虑、四无色（指
四静虑、四无色定的"味相应定"），几成就、几不成就"等。
（5）"八定"所含"三定"与关联法之间的关系。指"四静虑"、
"四无色定"所含"味相应"、"净"、"无漏"三定，与"成就"、"不

成就"、"得"、"舍"、"退"等之间的关系,如"颇有成就味相应四
静虑(指四静虑的"味相应定"),非净(定)、非无漏(定)耶"等。
(6)"身语表、无表"等,"依何定灭"。指"身语表、无表"(身、
语的"表业"和"无表业")乃至"他心智、世俗智"等,依何定而
灭。如关于"十想"与"四静虑"、"四无色(定)"、"八解脱"之间
的相摄关系,说:

十想,谓无常想、无常苦想(指苦想)、苦无我想(指无
我想)、死想、不净想、厌食想(指食不净想)、一切世间不可
乐想、断想、离想、灭想。……无常想等,摄几静虑等耶?
答:无常想,摄四静虑、四无色(定)、(八解脱中)四解脱,
如无常想,无常苦想、苦无我想、死想、断想、离想、灭想亦
尔;不净想,摄第三、第四静虑、(八解脱中)初二解脱,如不
净想,厌食想亦尔;一切世间不可乐想,摄第三、第四静虑。
(卷十八《大种蕴·摄纳息》,第 1013 页下)

(四)《不还纳息》(卷十八)。论述"不还果"等问题。内容
包括:"五不还"、"顺流"、"逆流"、"自住"、"菩萨"、"愿智"、
"无诤行"、"四无碍解"、"法随法行"、"转法轮"、"正法"等。

(1)"五不还"。指"不还果"(又称"阿那含果","四沙门
果"中的第三果)的五种类别,即"中般涅槃"(又称"中般")、
"生般涅槃"(又称"生般")、"有行般涅槃"(又称"有行般")、
"无行般涅槃"(又称"无行般")、"上流往色究竟"(又称"上流
般")。(2)"顺流"、"逆流"、"自住"。"顺流",指顺生死之流
而流转于生死;"逆流",指逆生死之流而趣向涅槃;"自住",指
于生死、涅槃各有所作,意乐不息。(3)"菩萨"。"菩萨"为"菩
提萨埵"的略称,"菩提"意为"觉","萨埵"意为"众生",合称
"觉众生"或"觉有情"。本书定义为"能造作增长相异熟业"

者,即能上求无上菩提、下化一切众生,于未来成就佛果者。
(4)"愿智"。指阿罗汉依"第四静虑"而起的、能如愿了知一切
的智慧。(5)"无诤行"。指阿罗汉既能遮断"自相续"(指自
身)中所有烦恼,又能遮制"他相续"(指他身)所有烦恼。
(6)"四无碍解"(又称"四无碍智")。指通达无碍的四种智慧
与辩才,即"法无碍解",指对一切诸法的名字(名称)能通达无
碍;"义无碍解",指对一切诸法的义理能通达无碍;"词无碍
解",指对一切众生的方言异语能通达无碍;"辩无碍解",指能
随顺一切众生的根性,宣说其所乐闻的教法。(7)"法随法
行"。指随顺教法而行,即为求得涅槃而修习"八支圣道"。
(8)"转法轮"。指佛宣说教法,本书以"八支圣道"为"法轮"。
(9)"正法"。本书指"无漏(五)根、(五)力、(七)觉支、(八)道
支"。如关于"法"、"随法"、"法随法行"等概念的联系与区
别,说:

　　云何法? 答:寂灭涅槃。云何随法? 答:八支圣道。
云何法随法行? 答:若于此(指八支圣道)中随义而行。复
次,别解脱名法,别解脱律仪名随法,若于此中随义而行,名
法随法行。……云何法轮? 答:八支圣道。齐何当言转法
轮? 答:若时具寿(指长老)阿若多憍陈那见法。云何正
法? 答:无漏(五)根、(五)力、(七)觉支、(八)道支。齐何
当言正法住? 答:若时行法者住。齐何当言正法灭? 答:
若时行法者灭。(卷十八《大种蕴·不还纳息》,第1018页
中、下)

　　(五)《一行纳息》(卷十九)。论述"三三摩地"等问题。内
容包括:"三三摩地"、"作意入正性离生"等。
　　(1)"三三摩地"(又称"三三昧")。指三种禅定,即"空三

摩地"、"无愿三摩地"、"无相三摩地"。"空三摩地",指观察诸
法自性空寂的禅定;"无愿三摩地",指对诸法无所愿乐造作的
禅定;"无相三摩地",指观察诸法无差别相的禅定。(2)"作意
入正性离生"。指令心趣入"见道"。

八、《见蕴》(卷十九至卷二十)。论述"见"(指正见、邪见)
等问题。下分六纳息。

(一)《念住纳息》(卷十九)。论述"四念住"等问题。内容
包括:"四念住"、"三种念住"、"佛般涅槃"、"四有"等。

(1)"四念住"(又称"四念处")。指以智慧观察身、受、心、
法四境,以对治净、乐、常、我四颠倒的禅观,即"身念住"、"受念
住"、"心念住"、"法念住"。"身念住",指观身不净,对治将"不
净"当作"净"的颠倒;"受念住",指观受是苦,对治将"苦"当作
"乐"的颠倒;"心念住",指观心无常,对治将"无常"当作"常"
的颠倒;"法念住",指观法无我(指一切诸法由众缘和合而生,
没有常恒实在的主体),对治将"无我"当作"我"的颠倒。
(2)"佛般涅槃"。指佛依"不动寂静定"而入涅槃。(3)"四
有"。指众生一期生命的四个阶段,即"本有"、"死有"、"中
有"、"生有"(依顺序排列,应作"生有、本有、死有、中有")。
"本有",指众生从受生至命终之间的色身;"死有",指众生命
终最后一刹那的色身;"中有",指众生从死到再次受生之间的
识体;"生有",指众生受生最初一刹那的色身。如关于"四
有",说:

> 四有,谓本有、死有、中有、生有。云何本有? 答:除生
> 分、死分诸蕴,中间诸有。云何死有? 答:死分诸蕴。云何
> 中有? 答:除死分、生分诸蕴,中间诸有。云何生有? 答:
> 生分诸蕴。(卷十九《见蕴·念住纳息》,第 1024 页上)

　　(二)《三有纳息》(卷十九)。论述"三有"等问题。内容包括:"三有"与"三有相续"、"因无明"与"缘无明"、"因明"与"缘明"之间的关系等。

　　(1)"三有"与"三有相续"之间的关系。"三有",指众生随业受报的三界,即"欲有"、"色有"、"无色有";"三有相续",指众生随业受报的三界的相续性,即"欲有相续"、"色有相续"、"无色有相续"。"欲有相续",指"欲界命终,还生欲界";"色有相续",指"色界命终,还生色界";"无色有相续",指"无色界命终,还生无色界"。(2)"因无明"与"缘无明"之间的关系。指诸法在以"无明"为"因"时,是否同时以"无明"为"缘",如"诸法因无明,彼法缘无明耶"等。(3)"因明"与"缘明"之间的关系。指诸法在以"明"为"因"时,是否同时以"明"为"缘",如"诸法因明,彼法缘明耶"等。如关于"因无明"与"缘无明"之间的关系,说:

　　　　诸法因无明,彼法缘无明耶?　答:若法因无明,彼法缘无明。有法缘无明、不因无明,谓除无明异熟,诸余无覆无记行及善行。诸法因明,彼法缘明耶?　答:若法因明,彼法缘明。有法缘明、不因明,谓初明及诸有漏行。(卷十九《见蕴·三有纳息》,第1025页上)

　　(三)《想纳息》(卷十九)。论述"十想"等问题。内容包括:"十想"中,"无常想生"与"无常想"之间的关系;"所通达"、"所遍知"与关联法之间的关系;"因、道、缘起法"与"三科"之间的关系等。

　　(1)"无常想生"与"无常想"之间的关系。指"十想"中,"无常想生"与"无常想"之间的"相应"、"所缘"的关系,即"无常想"是否引生"相应法",它与"相应法"是否同一所缘,如"诸法无常想生,彼法无常想相应耶","诸法无常想生,彼法无常想一缘耶"等。(2)"所通达"、"所遍知"与关联法之间的关系。指"所通达"(指一切法皆为"善慧"所通达)、"所遍知"(指一切法皆为"智遍知"、"所遍知")与"所断法"、"所修法"、"所作证法"之间的关系,如"颇有法是所通达、所遍知,非所断、非所修、非所作证耶"等。(3)"因、道、缘起法"与"三科"之间的关系。指"六因"、"八支圣道"、"十二支缘起",与"十八界"、"十二处"、"五蕴"之间的相摄关系,如"几(多少)界、几处、几蕴摄"等。

(四)《智纳息》(卷二十)。论述"能通达"、"能遍知"等问题。内容包括:"能通达"与"能遍知"之间的关系;"能厌"、"能离"、"修厌"之间的关系;"三和合触";"一界一处一蕴摄一切法"等。

(1)"能通达"与"能遍知"之间的关系。"能通达",指"依无漏道智遍知说,能如实知";"能遍知",指"依无漏道证断遍知说,能永断烦恼"(此据《大毗婆沙论》卷一百九十六所释)。二者的关系,指"若事能通达,彼事能遍知耶"等。(2)"能厌"、"能离"、"修厌"之间的关系。"能厌",指能对"烦恼"厌弃;"能离",指能对"烦恼"断离;"修厌",指修习厌离。三者之间的关系,指"若事能厌,彼事能离耶","若事能厌,彼事修厌耶"等。(3)"三和合触"。指"根"、"境"、"识"三者和合而产生"触"(触觉)。(4)"一界一处一蕴摄一切法"。指"法界"、"意处"、"色蕴"能摄一切法。

(五)《见纳息》(卷二十)。论述"五见"等问题。内容包括:"五见"、"九慢类"的表现及其对治等。

(1)"五见"。指根本烦恼中的五种恶见,本书论述的次序为:"邪见"、"边执见"、"戒禁取见"、"有身见"、"见取"。"邪见",分为四种。一是"谤因邪见",指执持"无施与"等见解者;

二是"谤果邪见",指执持"无妙行恶行果"等见解者;三是"谤道邪见",指执持"世间无阿罗汉"等见解者;四是"谤灭邪见",指执持"无正至"等见解者。"边执见",分为二种。一是"断见",指执持"愚智者死已,断坏无有"等见解者;二是"常见",指执持"七士身(指"地、水、火、风,及苦、乐、命")不作作、不化化、不可害,常安住"等见解者。"戒禁取见",指"非因计因"者。"有身见",指持"我观我眼色即我"等见解者。"见取",指"取劣法为胜"者。上述"五见",由证见"四谛"之理而断灭。(2)"九慢类"(又称"九慢")。指傲慢凌人的九种行为,即"我胜慢类"、"我等慢类"、"我劣慢类"、"有胜我慢类"、"有等我慢类"、"有劣我慢类"、"无胜我慢类"、"无等我慢类"、"无劣我慢类"。"九慢"依"见"而起,分别为"七慢"中的"慢"、"过慢"、"卑慢"所摄。如关于"邪见",说:

　　诸有此见,无施与、无爱乐、无祠祀、无妙行恶行,此谤因邪见,见集(谛)所断;无妙行恶行果,此谤果邪见,见苦(谛)所断。……诸有此见,世间无阿罗汉,此谤道邪见,见道(谛)所断;无正至,此谤灭邪见,见灭(谛)所断。(卷二十《见蕴·智纳息》,第1027页中)

　　(六)《伽他纳息》(卷二十)。叙列偈颂二十四首(不包括初首的摄颂),并附出注释,内容叙及阿罗汉的修行等。

　　本书的同本异译有:苻秦僧伽提婆等译《阿毗昙八犍度论》三十卷。

<h2 style="text-align:center">苻秦僧伽提婆等译《阿毗昙八犍度论》三十卷</h2>

　　《阿毗昙八犍度论》,又名《阿毗昙八犍度》《八犍度论》《迦旃延阿毗昙》,三十卷。印度迦旃延子(又名"迦多衍尼子")造,

苻秦僧伽提婆、竺佛念共译，建元十九年（383）译出。梁僧祐
《出三藏记集》卷二著录。载于《丽藏》"子"至"儿"函、《宋藏》
"比"至"孔"函、《金藏》"子"至"儿"函、《元藏》"比"至"孔"函、
《明藏》"彩"至"灵"函、《清藏》"彩"至"灵"函、《频伽藏》"秋"
帙，收入《大正藏》第二十六卷。

　　僧伽提婆（约四世纪），音译又作"僧伽提和"，意译"众
天"，本姓瞿昙，罽宾国（又称"迦湿弥罗国"，今克什米尔一带）
人。学通三藏，尤精《阿毗昙心论》《三法度论》。苻秦建元
（365—384）年间来到长安。起初，协助僧伽跋澄翻译《尊婆须
蜜菩萨所集论》。后至洛阳，应道安的同学法和之请，翻译《阿
毗昙八犍度论》《阿毗昙心》（十六卷本，已佚）。姚秦时，僧伽提
婆南下渡江，来至晋地，应慧远之请，入住庐山，并在那里翻译了
《阿毗昙心论》《三法度论》。东晋隆安元年（397），来到建康
（今南京），受到了晋朝王公名士的礼敬。在尚书令王珣建造的
精舍（东亭寺）宣讲《阿毗昙心论》，并重译《中阿含经》《增一阿
含经》（此二经，最初是苻秦昙摩难提在长安所译，因译文"违本
失旨"、"句味亦差"，故予以重译）。所译经论，《出三藏记集》
卷二著录为"六部凡一百一十六卷"（其中《鞞婆沙阿毗昙》十四
卷，据道安《鞞婆沙序》，当是僧伽跋澄所译）；唐智升《开元释教
录》卷三在东晋录和苻秦录中分别著录了"五部一百一十八卷"
和"二部四十六卷"，合计七部一百六十四卷。其中，《中阿含
经》《增一阿含经》《阿毗昙心论》《阿毗昙八犍度论》《三法度
论》等五部一百四十七卷见存，《教授比丘尼法》《阿毗昙心》等
二部十七卷阙本。生平事迹见梁慧皎《高僧传》卷一、僧祐《出
三藏记集》卷十三等。

　　本书是唐玄奘译《阿毗达磨发智论》的异译本，论述说一切
有部的基本教理。全书分为八犍度（又称"蕴"，相当于"篇"），

依次为《杂犍度》《结犍度》《智犍度》《业犍度》《大种犍度》《根
犍度》《定犍度》《见犍度》。据未详作者《八犍度阿毗昙根犍度
后别记》说,本书初译时,"其人忘《因缘》一品,故阙文焉。近有
罽宾沙门昙摩卑谙之,来经密川,僧伽谛(提)婆译出此品,八犍
度文具也"(见僧祐《出三藏记集》卷十)。也就是说,初译时,僧
伽提婆忘失了卷二十四《根犍度·缘跋渠》,致使《八犍度论》有
阙文,适逢罽宾沙门昙摩卑来华,他对此品十分熟悉,于是请昙
摩卑诵出梵文,僧伽提婆译出补足,遂使《八犍度论》文义具足。

　　全书八犍度中,《杂犍度》相当于杂论,其余七犍度相当于
专论。每一犍度之下,又分若干跋渠(又称"纳息",相当于
"品"),总计有四十四纳息,各跋渠的名称大多取于正文初章的
论题。由此,有些跋渠有名称相同的重名情况,如《杂犍度》《结
使犍度》都有《人跋渠》;《结使犍度》《定犍度》都有《一行跋
渠》;《四大犍度》《根犍度》《定犍度》都有《缘跋渠》等。每一犍
度的初首,列有撮略本犍度所分各跋渠的之名而成的摄颂(此
为唐玄奘译《发智论》所无);每一犍度之下的各跋渠的初首,均
列有本跋渠的论纲,采用散文体的叙述形式,为本跋渠的层次结
构,提供了详细的指导,有些跋渠如《结使犍度·人跋渠》《智犍
度·八道跋渠》《行犍度·恶行跋渠》等,既有摄颂,又有解释
摄颂的散文,形式十分完备(唐玄奘译《发智论》在每一纳息
的初首,只列有摄颂,没有解释摄颂的散文);尔后是正叙,依
顺论纲的次第,分章立门,加以叙述。各跋渠之末,均有译者
附出的小注,说明本跋渠的"梵本"有多少"首卢"(又称"通
偈",即不论长行或偈颂,只要满三十二字,亦即梵文三十二个
音节,便是一颂),"秦"译有多少"言"(字)。书首有东晋道安
《阿毗昙八犍度论序》(后收入《出三藏记集》卷十,题作《阿毗
昙序》),说:

阿毗昙者,秦言大法也。……佛般涅槃后,迦旃延(义第一——原注)以十部经浩博难究,撰其大法为一部,八犍度四十四品也。其为经也,富莫上焉,邃莫加焉。……其身毒(指印度)来诸沙门,莫不祖述此经,宪章鞞婆沙,咏歌有余味者也。……建元十九年,罽宾沙门僧伽提婆诵此经甚利,来诣长安,比丘释法和请令出之。佛念译传,慧力、僧茂笔受,和理其指归,自四月二十日出,至十月二十三日乃讫。其日检校译人,颇杂义辞。……和(指法和)抚然恨之,余(指道安)亦深谓不可,遂令更出。凤夜匪懈,四十六日而得尽定,损可损者(指删去可删的文词)四卷焉,至于事须悬解起尽之处,皆为细其下。梵本十五千七十二首卢(四十八万二千五百四言——原注;"首卢"意译"颂"),秦语十九万五千二百五十言。(《大正藏》第二十六卷,第771页上、中)

一、《杂犍度》(卷一至卷三)。论述修习"善根"等问题,下分八跋渠。内容相当于《发智论》卷一至卷二《杂蕴》。

(一)《世间第一法跋渠》(卷一)。论述"世间第一法"、"顶法"、"顶堕"、"暖法"、"二十身见"等问题。内容相当于《发智论》卷一《杂蕴·世第一法纳息》。

(二)《智跋渠》(卷一)。论述"一智识因缘"、"二心"(指前心、后心)、"名身"、"句身"、"味身"(又称"文身")、"六因"(指相应因、共有因、自然因、一切遍因、报因、所作因)、"诸使"(又称"随眠")等问题。内容相当于《发智论》卷一《杂蕴·智纳息》。

(三)《人跋渠》(卷二)。论述"十二支缘起"(又称"十二缘起")、"出入息"、"相续"、"厌"、"无淫"、"解脱"、"泥洹"(又称"涅槃")、"三界"(此处指"无为解脱"的三种境界断界、无淫界、尽界,又称断界、离界、灭界)等问题。内容相当于《发智论》卷一《杂蕴·补特伽罗纳息》。

(四)《爱恭敬跋渠》(卷二)。论述"爱恭敬"、"供养恭敬"、"三种灭"(指数缘尽、非数缘尽、无常,又称择灭、非择灭、无常灭)、"二泥洹界"(又称"二涅槃界",指有余泥洹界、无余泥洹界)、"无学五身"(又称"无学五蕴",指无学戒身、无学定身、无学慧身、无学解脱身、无学解脱知见身,"无学"指"阿罗汉")、"二智"(指知智、尽智)、"三归依"等问题。内容相当于《发智论》卷二《杂蕴·爱敬纳息》。

(五)《无惭愧跋渠》(卷二)。论述"无惭"、"无愧"、"增不善根"、"欲界系增善根"、"调戏"(又称"掉举"、"掉悔")、"睡眠"、"无明使"(又称"无明随眠",有"相应无明使"、"不共无明使"二种)等问题。内容相当于《发智论》卷二《杂蕴·无惭纳息》。

(六)《色跋渠》(卷三)。论述"有为法"的"三相",即"生"、"老"、"无常"(《发智论》作"四相",即生、住、老、无常)等问题。内容相当于《发智论》卷二《杂蕴·相纳息》。

(七)《无义跋渠》(卷三)。论述"苦行无义"、"不净观"、"第六人行无想"(又称"第六无相住")、"化法教化"(又称"化法调伏")、"向法次法"(又称"法随法行")、"多欲"、"无厌"、"少欲"、"知足"、"难满"、"难养"、"易满"、"易养"等问题。内容相当于《发智论》卷二《杂蕴·无义纳息》。

(八)《思跋渠》(卷三)。论述"思"、"想"(又称"虑")、"觉"(又称"寻")、"观"(又称"伺")、"掉"(又称"掉举")、"心乱"、"无明"、"不顺智"(又称"不正知")、"慢"、"憍"(《发智论》的叙次为"憍"、"慢")、"三不善觉"(又称"三不善寻",指

"觉欲"、"觉恚"、"觉杀")、"行事成"（又称"行圆满"）、"除事成"（又称"护圆满"）、"凡夫性"（又称"异生性"）等问题。内容相当于《发智论》卷二《杂蕴·思纳息》。如关于"慢"与"憍"的差别,说:

> 慢云何? 答曰: 于卑谓妙（自谓胜也——原注）,于妙相似,从此起慢、作慢、心炽盛,是谓慢。憍云何? 答曰: 我生胜姓色族、伎术业富、端正,从此起憍、作憍、一一憍、一一作憍,是谓憍。慢、憍何差别? 答曰: 于他胜,心炽盛,是谓慢相;自于法中,心有染污,是谓憍相。（卷二《杂犍度·思跋渠》,第782页下）

二、《结使犍度》（宋元本作《结犍度》,卷四至卷八）。论述"结"（指烦恼）等问题,下分四跋渠。内容相当于《发智论》卷三至卷六《结蕴》。

（一）《不善跋渠》（卷四）。论述"三结"、"三不善根"、"三有漏"、"四流"（又称"四瀑流"）、"四轭"、"四受"（又称"四取"）、"四缚"（又称"四身系"）、"五盖"、"五结"、"五下分结"（又称"五顺下分结"）、"五见"、"六身爱"（又称"六爱身"）、"七使"（又称"七随眠"）、"九结"、"九十八使"（又称"九十八随眠"）等十五类烦恼法,并深入分析这些烦恼法与"不善、无记"等诸法之间的关系问题。内容相当于《发智论》卷三《结蕴·不善纳息》。

（二）《一行跋渠》（卷五至卷六）。论述"九结"的"系事"（系缚的处所）,"三结乃至九十八使"的"摄事"、"受事"、"灭事",以及"九断智"（又称"九遍知"）、"八人"（又称"八补特伽罗"）等问题。内容相当于《发智论》卷三、卷四《结蕴·一行纳息》。如关于"九断智"（断除三界见惑、修惑的九种无漏

智),说:

> 九断智。欲界中苦谛、习谛(指集谛)所断结尽,初断智;色(界)、无色界苦谛、习谛所断结尽,二断智;欲界尽谛(指灭谛)所断结尽,三断智;色、无色界尽谛所断结尽,四断智;欲界道谛所断结尽,五断智;色、无色界道谛所断结尽,六断智;五下分结尽,七断智;色爱尽,八断智;一切结尽,九断智。九断智为受入(指摄)一切断智,一切断智为受入九断智? 答曰:一切九,非九一切(指一切断智摄九断智,非九断智摄一切断智)。(卷六《结使犍度·一行跋渠》,第797页中)

(三)《人跋渠》(卷七)。论述"三界二部结"(指"见谛所断结、思惟所断结",又称"见所断结、修所断结")的"一时得系"(又称"顿得系")、"一时得不系"(又称"顿离系")、"渐得系"、"渐不得系"(又称"渐离系"),以及所断之结"为何果摄"等问题。内容相当于《发智论》卷五《结蕴·有情纳息》。

(四)《十门跋渠》(卷八)。论述从"二十二根"至"九十八使"的四十种法(前二十五种为非烦恼法,后十五种为烦恼法;《发智论》卷五所列为四十二种法,本书在非烦恼法中缺"三重三摩地",在烦恼法中缺"五顺上分结"),并开立十门,辨析它们与"使所使"(又称"随眠随增")等诸法之间的关系问题。内容相当于《发智论》卷五、卷六《结蕴·十门纳息》。

三、《智犍度》(卷九至卷十四)。论述"智"等问题,下分五跋渠。内容相当于《发智论》卷七至卷十《智蕴》。

(一)《八道跋渠》(卷九)。论述"八种学迹"(又称"八学支")、"十种漏尽阿罗汉"(又称"十无学支")、"见"、"智"、"慧"、"七觉意"(又称"七觉支")、"八道种"(又称"八道支")、

"世俗等见"（又称"世俗正见"）、"世俗等智"（又称"世俗正智"）、"无漏等见"（又称"无漏正见"）、"无漏等智"（又称"无漏正智"）等问题。内容相当于《发智论》卷七《智蕴·学支纳息》。如关于"世俗等见"、"世俗等智"之间的差别，说：

> 世俗等见云何？答曰：意识身相应善有漏慧。世俗等智云何？答曰：意识身相应善有漏慧、（及）五识身相应善慧。若世俗等见是世俗等智耶？答曰：如是，若世俗等见是世俗等智。颇有世俗等智非世俗等见？答曰：有。五识身相应善慧。世俗等见摄世俗等智耶？世俗等智摄世俗等见耶？答曰：世俗等智摄世俗等见，非世俗等见摄世俗等智。不摄何等？答曰：五识身相应善慧。（卷九《智犍度·八道跋渠》，第816页下）

（二）《五种跋渠》（卷十）。论述"邪见"、"邪智"、"等见"（又称"正见"）、"等智"（又称"正智"）、"学见"、"学智"、"学慧"、"无学见"、"无学智"、"无学慧"、"非学非无学见"、"非学非无学智"、"非学非无学慧"等问题。内容相当于《发智论》卷七《智蕴·五种纳息》。

（三）《知他心跋渠》（卷十）。论述"知他人心智"（又称"他心智"）、"识宿命智"（又称"宿住随念智"）、"等意解脱"（又称"时解脱"）、"无疑意解脱"（又称"不时解脱"）、"学明"、"学智"、"无学明"、"无学智"等问题。内容相当于《发智论》卷八《智蕴·他心智纳息》。

（四）《修智跋渠》（卷十一至卷十二）。论述"八智"、"七处善"、"三观义"（又称"三义观"）等问题。内容相当于《发智论》卷八至卷九《智蕴·修智纳息》。

（五）《智相应跋渠》（卷十三至卷十四）。论述"七人"（又称"七圣")、"八智"、"三三昧"、"三根"、"七觉意"(又称"七觉支")、"八道种"(又称"八道支")、"四十四智种"(又称"四十四智事")、"七十七智种"(又称"七十七智事")等问题。内容相当于《发智论》卷九至卷十《智蕴·七圣纳息》(有些地方略有出入)。

四、《行犍度》(卷十五至卷十七)。论述"行"(又称"业",即众生的行为)等问题,下分五跋渠。内容相当于《发智论》卷十一至卷十二《业蕴》。

(一)《恶行跋渠》(卷十五)。论述"三恶行"、"三不善根"、"三妙行"、"三善根"、"十业道"、"三业"、"四业"、"三障"等问题。内容相当于《发智论》卷十一《业蕴·恶行纳息》。如关于"三障",说:

> 三障,行障(指业障)、垢障(指烦恼障)、报障(指异熟障)。……行障云何? 答曰:五无救行(指五无间业)。垢障云何? 答曰:诸众生淫欲偏重,瞋恚、愚痴偏重。彼淫欲偏重,瞋恚、愚痴偏重,难教难语、难济难脱,是谓垢障。云何报障? 答曰:地狱处、畜生处、饿鬼处、郁单曰(指北拘卢洲)、无想天处,是谓报障。(卷十五《行犍度·恶行跋渠》,第843页上)

(二)《邪语跋渠》(卷十五)。论述"三邪行"、"三等行"(又称"三正行")、"三曲"、"三秽"、"三浊"、"三清净"、"三寂默"等问题。内容相当于《发智论》卷十一《业蕴·邪语纳息》。

(三)《害众生跋渠》(卷十六)。论述"害众生四种"(又称"害生命四种")、"净"(又称"见谛"、"证见法性")与"受戒"等问题。内容相当于卷十一《业蕴·害生纳息》。

(四)《有教无教跋渠》(卷十七)。论述"有教业"(又称

"表业")、"无教业"（又称"无表业"）、"不修有四种"、"修有四种"等问题。内容相当于《发智论》卷十二《业蕴·表无表纳息》。

（五）《自行跋渠》（卷十七）。论述"自行"（又称"自业"）、"佛语"（又称"佛教"）等问题。内容相当于《发智论》卷十二《业蕴·自业纳息》。

五、《四大犍度》（卷十八至卷二十）。论述"四大"等问题，下分四跋渠。内容相当于《发智论》卷十三至卷十四《大种蕴》。

（一）《净根跋渠》（卷十八）。论述"四大所造入"（又称"四大所造处"，指"四大"所造的"十色处"）；"四大所造入"与"有见、无见"等诸法之间的关系；"成就四大"与"成就造色"之间的关系；由何"三昧"（又称"定"）灭等问题。内容相当于《发智论》卷十三《大种蕴·大造纳息》。

（二）《缘跋渠》（卷十九）。论述"四大"与诸法之间的相缘关系，以及"四大种"的属性等问题。内容相当于《发智论》卷十三《大种蕴·缘纳息》。

（三）《见谛跋渠》（卷二十）。论述"见谛成就世尊弟子"（指已入"见道"的佛弟子）与"三界系大种"之间的关系；"化身"、"中阴"（又称"中有"，指众生从此世命终至彼世受生中间的识身）与"四大"之间的关系；"世"、"劫"、"因相应法"、"因不相应法"、"共缘缘法"（又称"缘有缘法"）、"不共缘缘法"（又称"缘无缘法"）、"内无色想观外色"、"四识所止"（又称"四识住"）、"七识所止"（又称"七识住"）、"九众生居"（又称"九有情居"）等问题。内容相当于《发智论》卷十三《大种蕴·具见纳息》。如关于"内无色想观外色"（指修"不净观"），说：

　　云何内无色想外观色？答曰：如此身当死、已死当弃冢

间、已弃冢间当埋地、已埋地当(为)种种虫食、已(为)种种
虫食,彼不观此身,但见彼种种虫;如此身当死、已死、当弃冢
间、已弃冢间、当积薪、已积薪、当火烧、已火烧,彼不观此身,
但见火;如此身(如)雪聚、凝酥、醍醐,当置火上、已置火上、
当融消、已融消,彼不观此身,但见火。如是,内无色想外观
色。(卷二十《四大犍度·见谛跋渠》,第863页中)

(四)《内造跋渠》(卷二十)。论述"内四大"(又称"有执
受大种")、"不内四大"(又称"无执受大种")等诸法之间的相
缘关系;"内"(又称"有执受")、"不内"(又称"无执受")、"受"
(又称"顺取")、"不受"(又称"非顺取")、"结"(又称"顺结")、
"不结"(又称"非顺结")、"见处"、"不见处"(又称"非见处")
等法的含义;"痛"(又称"受")与"痛"(指"二受"、"三受"乃至
"三十六受")之间的相摄关系;"四意止"(又称"四念住")至
"三三昧"(又称"三等持")等十五法的修习时间(各有几法于
"三世"中修习)等问题。内容相当于《发智论》卷十四《大种
蕴·执受纳息》。

六、《根犍度》(卷二十一至卷二十四)。论述"二十二根"
等问题,下分七跋渠。内容相当于《发智论》卷十四至卷十六
《根蕴》。

(一)《根跋渠》(卷二十一)。论述"二十二根";"二十二
根"与"学、无学、非学非无学"等诸法之间的关系;"根"与"根"
之间的相缘关系等问题。内容相当于《发智论》卷十四《根蕴·
根纳息》。

(二)《有跋渠》(卷二十一)。论述受"欲界有"、"色界
有"、"无色界有"最初所得根;"二十二根"与"晓了"(又称"遍
知")、"二十二根"与"四沙门果"(指须陀洹果、斯陀含果、阿那

含果、阿罗汉果,前三果又称"预流果"、"一来果"、"不还果")、
"二十二根"与"智"之间的关系等问题。内容相当于《发智论》
卷十五《根蕴·有纳息》。

（三）《更乐跋渠》（卷二十一）。论述"十六更乐"（又称
"十六触"）；"更乐"（又称"触"）与"更乐"之间的关系；"十六
更乐"与"二十二根"之间的关系；以及众生"成就几根"等问题。
内容相当于《发智论》卷十五《根蕴·触纳息》。

（四）《始心跋渠》（卷二十二）。论述"一切众生心"的"始
兴"、"始住"、"始灭"（又称"等起"、"等住"、"等灭"）性质；
"寿"的"不与心回"（又称"不随心转"）性质；"入无想定"、"入
灭尽定"时,"二十二根"中,有"几（多少）根尽"（又称"几根
灭"）；"二十二根"各根之间的相摄、相应关系；以及受生"三
界"时,有"几根尽"等问题。内容相当于《发智论》卷十五《根
蕴·等心纳息》。

（五）《始发心跋渠》（卷二十二）。论述"诸法"与"心"之
间的关系；"六根"的"修"与"不修"的差别；"不成就学根"与
"得学根"、"弃无漏根"与"得无漏根"、"未知根"（又称"未知当
知根"）与"修谛修有"（又称"现观四谛"）之间的关系等问题。
内容相当于《发智论》卷十五《根蕴·一心纳息》。如关于"六
根"的"修"与"不修"的差别,说：

> 云何不修眼根？答曰：眼根爱未尽、贪未尽、念未尽、
> 渴未尽。复次,以无碍道（指无间道）尽色爱,彼道不修不
> 猗,如是不修眼根。耳、鼻、舌、身根,亦复如是。……云何
> 修眼根？答曰：眼根爱尽、贪尽、念尽、渴尽。复次,以无碍
> 道尽色爱,彼道修猗,如是修眼根。耳、鼻、舌、身根亦如是。
> （卷二十二《根犍度·始发心跋渠》,第 876 页中）

（六）《鱼子跋渠》（卷二十二）。论述"二十二根"各根之间的"成就"、"不成就"关系，以及当某根成为另一根产生的原因时，"根因"的"善"、"不善"、"无记"与所生根之间的关系等问题。内容相当于《发智论》卷十六《根蕴·鱼纳息》。

（七）《缘跋渠》（卷二十三至卷二十四）。论述"二十二根"与"三世"（指过去、现在、未来）、"三性"（指善、不善、无记）、"三界系"（指欲界系、色界系、无色界系）、"三学"（指学、无学、非学非无学）、"三断"（指见谛断、思惟断、无断，又称"见断"、"修断"、"不断"）之间的"因"（指因缘）、"缘"（指所缘缘）关系等问题。内容相当于《发智论》卷十六《根蕴·因缘纳息》。

七、《定犍度》（卷二十五至卷二十八）。论述"定"等问题，下分五跋渠。内容相当于《发智论》卷十七至卷十九《定蕴》。

（一）《过去得跋渠》（卷二十五至卷二十六）。论述"得"与"三世"、"三性"、"三界"、"三学"、"三断"之间的关系；"诸法"与"三性心"、"三界心"、"三学心"、"三断心"之间的关系；"四禅"（又称"四静虑"）的禅支；如何修入"四无量定"（指慈定、悲定、喜定、护定；护定又称"舍定"）等问题。内容相当于《发智论》卷十七《定蕴·得纳息》。

（二）《缘跋渠》（卷二十六）。论述"八三昧"（指四禅、四无色定）、"三定"（指味相应定、净定、无漏定）；"初禅"所含"味相应"、"净"、"无漏"三定，与"成就"、"不成就"之间的关系；"四禅"、"四无色定"所含"味相应"、"净"、"无漏"三定，与"缘"之间的关系等问题。内容相当于《发智论》卷十七《定蕴·缘纳息》。

（三）《解脱跋渠》（卷二十七）。论述"十想"、"四禅"、"四等"（又称"四无量心"）、"四无色定"、"八解脱"、"八除入"（又称"八胜处"）、"十一切入"（又称"十遍处"）、"八智"、"三三昧"（又称"三三摩地"）之间的相摄相应关系；"四禅"各禅与上述"四禅"（整体）乃至"三三昧"之间的成就、不成就关系；"七人"（指声闻乘的七种圣人，即"坚信"、"坚法"、"信解脱"、"见到"、"身证"、"慧解脱"、"俱解脱"；《发智论》译作"七补特伽罗"，即"随信行"、"随法行"、"信胜解"、"见至"、"身证"、"慧解脱"、"俱解脱"）与"四静虑"、"四无色定"所含"味相应"、"净"、"无漏"三定之间的成就、不成就关系；"八定"所含"味相应"、"净"、"无漏"三定，与"成就"、"不成就"、"顿得"、"渐得"、"顿弃"（又称"顿舍"）、"渐弃"（又称"渐舍"）等之间的关系；"身口教"、"身口无教"（又称"身语表业"、"身语无表业"）等，"由何三昧尽"（又称"依何定灭"）等问题。内容相当于《发智论》卷十八《定蕴·摄纳息》。

（四）《阿那含跋渠》（卷二十七）。论述"五阿那含"（指"四沙门果"中第三果"阿那含果"的五种类别，"阿那含果"又称"不还果"）、"顺流"、"逆流"、"自住"、"弥勒菩萨"、"愿智"、"法次法向彼"（又称"法随法行"）、"转法轮"、"等法"（又称"正法"）等问题。内容相当于《发智论》卷十八《定蕴·不还纳息》。如关于"法"与"次法向彼"的差别，说：

> 世尊言：法次法向彼。云何法？云何次法向彼？答曰：涅槃谓之法，圣八道种（指八正道）谓之次法向彼。复次，戒解脱谓之法，戒解脱比（毗）尼谓之次法向彼。复次，身戒律、口戒律谓之法，等持（指定）谓之次法向彼。（卷二十七《定犍度·阿那含跋渠》，第 900 页上）

（五）《一行跋渠》（卷二十八）。论述"三三昧"（指空三昧、无愿三昧、无相三昧；"三昧"又称"三摩地"，意译"定"）、"意所念越次取证"（又称"作意入正性离生"，指令心趣入"见道”)等问题。内容相当于《发智论》卷十九《定蕴·一行纳息》。

八、《见犍度》(卷二十九至卷三十)。论述“见”(指正见、邪见)等问题,下分六跋渠。内容相当于《发智论》卷十九至卷二十《见蕴》。

(一)《意止跋渠》(卷二十九)。论述“四意止”(指“身身观意止、痛痛观意止、心心观意止、法法观意止”,痛又称“受”,意止又称“念住”,即“身念住、受念住、心念住、法念住”)、“佛般涅槃”(指佛从“不移动三昧”出定,而入涅槃,“不移动三昧”又称“不动寂静定”)、“四有”(指“本时有、死有、中有、生有”)等问题。内容相当于《发智论》卷十九《见蕴·念住纳息》。如关于阿罗汉入涅槃与佛入涅槃之间的差别,说:

> 阿罗汉当言善心般涅槃? 无记心般涅槃? 答曰:阿罗汉无记心般涅槃(指阿罗汉于“无记心”入涅槃)。……又世尊言,入不移动三昧,如来般涅槃。如来入定般涅槃? 起(定)般涅槃? 答曰:如来起般涅槃,非入定(指佛在“出定”时入涅槃)。(卷二十九《定犍度·意止跋渠》,第907页中)

(二)《欲跋渠》(卷二十九)。论述“三有”(指“欲有、色有、无色有”,即三界众生随业所招感的果报)与“三有相续”(指“欲有相续、色有相续、无色有相续”,即三界众生随业所招感果报的三种相续)、“因无明”与“缘无明”(指诸法在以“无明”为“因”时,是否同时以“无明”为“缘”)、“因明”与“缘明”(指诸法在以“明”为“因”时,是否同时以“无明”为“缘”)之间的关系等问题。内容相当于《发智论》卷十九《见蕴·三有纳息》。

(三)《想跋渠》(卷三十)。论述“十想”中,“无常想生”与“无常想”之间的关系;“法智分别”(又称“所通达、所遍知”)与“断”、“修”、“作证”之间的关系;“因、道、缘生法”与“十八持”

（又称"十八界"）、"十二入"（又称"十二处"）、"五阴"（又称"五蕴"）三科之间的相摄关系等问题。内容相当于《发智论》卷十九《见蕴·想纳息》。

（四）《智时跋渠》（卷三十）。论述"聚智"（又称"能通达"）与"聚断"（又称"能遍知"）之间的关系；"聚厌"（又称"能厌"）、"聚无欲"（又称"能离"）、"聚修厌"（又称"修厌"）之间的关系；"一持（指法持，又称"法界"）一入（指意入，又称"意处"）一阴（指色阴，又称"色蕴"）摄一切法"等问题。内容相当于《发智论》卷二十《见蕴·智纳息》。

（五）《见跋渠》（卷三十）。论述"邪见"、"边见"（又称"边执见"）、"戒盗"（又称"戒禁取见"）、"身见"（又称"有身见"）、"见盗"（又称"见取"）、"七慢"（《发智论》作"九慢"）的表现及其对治等问题。内容相当于《发智论》卷二十《见蕴·见纳息》。

（六）《偈跋渠》（卷三十）。叙列偈颂二十四首，并附注释，内容叙及阿罗汉的修行等。

本书译语艰涩，很难读解，故初学者宜择取《发智论》来读。专题研究者在阅读时，也须将它与《发智论》对勘，才能较准确地理解其中的文义。

本书的同本异译有：唐玄奘译《阿毗达磨发智论》二十卷。

第八品　符秦僧伽跋澄等译《尊婆须蜜菩萨所集论》十卷

《尊婆须蜜菩萨所集论》，又名《尊婆须蜜所集论》《婆须蜜所集论》《婆须蜜经》，十卷。印度婆须蜜（又称"世友"）造，符秦僧伽跋澄等译，建元二十年（384）译出。梁僧祐《出三藏记集》卷二著录。载于《丽藏》"邑""华"函、《宋藏》"夏""东"函、

《金藏》"邑""华"函、《元藏》"夏""东"函、《明藏》"吹""笙"函、《清藏》"吹""笙"函、《频伽藏》"藏"帙，收入《大正藏》第二十八卷。

本书是一部以作者名字"婆须蜜"命名的、论述说一切有部要义的著作。从《大毗婆沙论》卷八曾引用《问论》，《阿毗昙毗婆沙论》卷四曾引用《偈问论》，而这《问论》或《偈问论》，依《俱舍论》卷五所说，即是"尊者世友《问论》"，也就是说，它的作者是世友。故本书应成立于《大毗婆沙论》之前，它的原名应是《婆须蜜问论》，今书题名中的"尊"（指尊者）、"菩萨"三字很可能是翻译时所加。

全书分为十四犍度（又作"揵度"，相当于"篇"），依次为《聚犍度》《心犍度》《三昧犍度》《天犍度》《四大犍度》《契经犍度》《更乐犍度》《结使犍度》《行犍度》《智犍度》《见犍度》《根犍度》《一切有犍度》《偈犍度》，每一犍度之末均有撮略本篇要点而成的摄颂（《偈犍度》除外）。它的编纂体例是：一般先辑录一段或一句契经上的"世尊言"（也有省略称谓的），以问答的形式展开讨论（其问句通常为"问"或"说是语，其义云何"）。讨论中，有广举众说，不作断语的；也有在列举他说之后，反复推问，末了给出己见的。但在今本的问答中，"问"有七百六十六处，而"答"只有三百四十八处，明显不匹配。因而只有将有些"问"之后出现的"或作是说"，即对他人观点的引述也当作是"答"才能说得通。这需要联系上下文，不能一概而论，因为有些"或作是说"的观点，作者是不赞同的。书首有未详作者《尊婆须蜜菩萨所集论序》（此序也载于《出三藏记集》卷十，题名作《婆须蜜集序》，可作对勘），说：

　　婆须蜜菩萨大士，次继弥勒作佛，名师子如来也。从释迦文降生鞞提国,为大婆罗门梵摩渝子,厥名郁多罗。父命观佛,寻侍四月,具睹相表、威变、容止,还白所见。父得不还。已出家学,改字婆须蜜。佛般涅槃后,游教周妒国槃奈园,高才盖世,奔逸绝尘,撰集斯经焉。别七品为一揵(又作"犍")度,尽十二揵度,其所集也。后四品一揵度,训释佛偈也。凡十一品、十四揵度也。该罗深广,与《阿毗昙》(指《发智论》)并兴外国。傍通大乘,持明尽漏,博涉十法,百行之能事毕矣。……罽宾沙门僧伽跋澄,以秦建元二十年,持此经一部,来诣长安。武威太守赵政(字)文业者,学不厌士也,求令出之。佛念译传,跋澄、难陀、禘(提)婆三人执胡文,慧嵩笔受,以三月五日出,至七月十三日乃讫。胡本十二千首卢(意译"颂")也。(《大正藏》第二十八卷,第721页上)

此序的前部分,叙说婆须蜜的生平事迹,基本上属于民间传说,缺乏史实根据,因为婆须蜜并非是继承弥勒佛位之人;后部分,叙说本书的篇章结构和传译经过,才是真实可信的。

正文分为十四揵度。

一、《聚揵度》(卷一至卷二)。论述"色"等问题,下分七品,其品名不是置于正文之首,而是置于正文之尾,如"初偈品竟"乃至"七品终"。(1)《初偈品》(卷一)。论述"色相"、"非色相"、"无明"、"内相"、"外相"等问题。(2)《第二偈品》(卷一)。论述"口行"(又称"口业")、"想"、"识"、"因缘"、"次第缘"(又称"等无间缘")、"无教戒"(又称"无表戒")、"心不相应行"等问题。(3)《第三偈品》(卷一)。论述"心(指心识)、心法(指心所法)缘"等问题。(4)《第四偈品》(卷一)。论述"痛"(又译"受")、"识起"、"受报"等问题。(5)《第五偈品》

（卷二）。论述"四事摄人"、"无常"、"尘垢"、"生死"、"三苦"（指身苦、行苦、变易苦）等问题。(6)《第六偈品》(卷二)。论述"解脱牢固"、"八贤圣道"（又称"八正道"）、"冢间衣"、"欲尽"、"爱尽"等问题。(7)《第七偈品》(卷二)。论述"佛眼"、"有为相"（指生、住、老、尽）、"四谛相"（指"苦谛相"、"习谛相"、"尽谛相"、"道谛相"；"习谛相"又译"集谛"，"尽谛相"又译"灭谛"）、"世间八法"、"阿毗昙义"、"解脱义"、"成就义"、"种种论"、"十二缘起"、"不与世俗净"、"八部众"（指刹利众、婆罗门众、长者众、沙门众、四大天众、三十三天众、魔众、梵众）、"等谛"（又称"俗谛"）、"第一义谛"（又称"真谛"）、"自识宿命"、"达嚫法"等问题。如关于"爱"（指贪）与"欲"有无差别，说：

> 世尊言：爱尽欲尽、欲尽爱尽。爱与欲有何差别？或作是说：无有差别，爱即是欲。……或作是说：受取为欲，不受取为爱。……或作是说：意地是爱，六身识是欲。……或作是说：内是欲，外是爱。……或作是说：敬是欲，造者是爱。问：如所说痛（指受）中欲者，彼所造是爱，则有差违。或作是说：未得已得，诸生欢喜，是谓欲；已得食欲，诸贪著，是谓爱也。尊（指尊者）作是说：和颜悦色是欲，娱乐志悦、意回转是谓爱。（卷二《聚犍度·第六偈品》，第731页中）

二、《心犍度》(卷三)。论述"心"等问题。内容包括："心意"、"六识身"、"相应义"、"梦事"、"阿罗汉最后心"、"心乱"、"三痛"（又译"三受"，指"苦痛"、"乐痛"、"不苦不乐痛"）、"有漏"、"三恶趣"（指泥犁、饿鬼、畜生；泥犁又译"地狱"）、"六习"（又译"六集"，指"更乐习"、"痛习"、"想习"、"行习"、"名色

习"、"识习";"更乐习"又译"触集","痛习"又译"受集")、"四
颠倒"(指世颠倒、想颠倒、心颠倒、见颠倒)、"观、识有何差
别"等。

三、《三昧犍度》(卷四)。论述"三昧"(又称"定")等问
题。内容包括:"贤圣默然"、"三更乐"(指"寂更乐"、"不用定
更乐"、"无想更乐";"更乐"又译"触","不用定"又译"无所有
处定","无想"指"非有想非无想处定")、"安般守意"(又称"数
息观")、"四禅"、"无想三昧"(又译"无想定")、"灭尽三昧"
(又译"灭尽定")、"止观"、"三昧义"、"十八缠"(指十八种烦
恼)、"三乐"(指"无诤讼乐"、"独处乐"、"无欲于人乐")等。如
关于"禅"与"智"(亦即"止"与"观")之间的关系,说:

> 世尊言:无禅不智,无智不禅,有禅有智,是谓涅槃。
> 说此语其义云何?或作是说:以此契经,得须陀洹(指预
> 流),得诸禅故,说无智不禅。须陀洹亦有斯智慧,是故禅
> 亦依彼。问:平等觉观,于中有禅?若如契经者,外亦有
> 禅,是故彼有智,故说无禅不智。问:外亦有世俗智慧?答
> 曰:若彼外有智慧者,亦外涅槃,故说有禅有智,是谓涅槃。
> 或作是说:若智慧是心地者,亦无智慧,彼无有一心禅,故
> 说无禅不智。若无一心禅,彼亦无有思惟智慧,故曰无智不
> 禅。若有一心禅思惟智慧,彼灭诸结使(指烦恼),故曰有
> 禅有智,是谓依涅槃。复次,若有无生智,得等禅法,便有休
> 止,况成果实,故曰无禅不智。若缚著心意,得便变易,况当
> 有果实,故曰无智不禅。彼若有止观,彼止观观外,时时修
> 行,解脱牢固,不有灭尽,故曰有禅有智,是谓涅槃。(卷四
> 《三昧犍度》,第 749 页中、下)

四、《天犍度》(卷四)。论述"诸天"等问题。内容包括:

"三界"诸天,特别是"四禅天"等天的"禅报"、"觉观"(又称"寻伺")、"诸根"、"境界"、"寿命"等。

五、《四大犍度》(卷五)。论述"四大"(指地、水、火、风)等问题。内容包括:论述"色无断智"、"四大"的"自相"和"四大所造色"等。

六、《契经犍度》(卷五)。论述阿含经所说的"第一比丘"(指佛的声闻弟子中某方面表现最为杰出者)等问题。内容包括:"比丘有四人"(共列举五种说法,其中第一种是指"利己不利彼"、"利彼不利己"、"利己亦利彼"、"亦不利己亦不利彼")、"六种阿罗汉"(指退法、念法、护法、住法、分别法、无疑法阿罗汉)、"四双八辈"(指须陀洹、斯陀含、阿那含、阿罗汉四种沙门果,各分"求趣"、"得果"二种)、"四沙门"(指"自得证果"、"摄辟支佛"、"摄凡夫人"、"摄外道")、"三浊"(指身、口、意浊)、"分别人"(指"能分别色、痛、想、行、识贤圣之道";"痛"又译"受")、"阿迦尼吒处"(又称"色究竟天",指"四禅天"的最顶位)等。

七、《更乐犍度》(卷六)。论述"更乐"(又译"触")等问题。内容包括:"二乐"(指出家者不应学"欲中染著乐"、"现世无事乐")、"信为第一财"、"六更乐"(又译"六触")、"二乐静"(指闲居乐静、思惟乐静)、"四法句"(指"不可沮法句"、"不乱法句"、"等念法句"、"等定法句")、"识法如幻"、"三刺"(又译"三毒",即淫、怒、痴)、"三成就"(指戒成就、三昧成就、智慧成就)、"二究竟"(指欲究竟、办事究竟)等。如关于"五阴"(又称"五蕴")五喻(指"色如聚沫"、"受如水泡"、"想如野马"、"行如芭蕉"、"识如幻法"),说:

世尊言:识法如幻,最胜故说。说是语时,其义云何?

答曰：色是我所，彼若聚沫，因缘合会，无数物成就，渐渐集聚，所持不牢，性劣弱，不得久住……故曰色如聚沫；痛（指受）如水泡者，彼如水中泡润，雨与风合成，如是吾我痛者，诸根境界与识等生，故曰痛如水泡；想如野马者，彼如野马，盛夏炎暑无有云蔽，亦无风尘，无有浆水，便起水想，如是作吾我想者，皆是幻惑众生，悉是颠倒，故曰想如野马；行如芭蕉者，彼如芭蕉树，极峻高大，皮皮相缠，中无有实，如是吾我者，不得久住，作若干种行，然无有实，皆不牢固，故曰行如芭蕉；识法如幻者，彼如幻师，无众生谓有众生想，吾我识如是，故曰识如幻法。（卷六《更乐犍度》，第 767 页下—第 768 页上）

八、《结使犍度》（卷七）。论述"结使"（又称"烦恼"）等问题。内容包括："随颠倒"（指四颠倒）、"不随颠倒"（指欲、慢、瞋恚、邪见）、"外道六十二见"、"相应使"（指欲界、色界、无色界相应使；"使"为"烦恼"的异名）、"见谛所断结"（又称"见所断烦恼"，指见苦谛所断、见习谛所断、见尽谛所断、见道谛所断四种烦恼）、"思惟所断结"（又称"修所断烦恼"）、"使所使"（指驱使众生流转于三界生死的十种根本烦恼，即贪欲、瞋恚、有爱、憍慢、见、邪见、见盗、戒盗、无明、疑使）、"三根"（指善根、不善根、无记根）、"五下分结"（指顺益欲界的五种烦恼，即贪欲、瞋恚、身见、戒盗、疑）、"五上分结"（指顺益色界、无色界的五种烦恼，即色爱、无色爱、调戏、憍慢、无明）、"欲、念有何差别"、"瞋恚、秽污有何差别"、"懈怠、睡眠有何差别"、"邪解脱、四颠倒有何差别"、"调戏、疑有何差别"、"五欲、不染污心有何差别"、"味欲"、"有犯"、"秽露"、"有结"、"舍欲"等。

九、《行犍度》（卷八）。论述"行"（指"业"，即众生的行为）等问题。内容包括："阿罗汉受报"、"五逆罪"、"三善行"（又称"三善业"）、"十善行"（又称"十善业"）、"出家要"、"禁戒"、"比丘尼行"、"三学"（指增上戒、增上心、增上智慧学）、"福田"、"三种德业"（指施、戒、思惟）、"迹解脱"（又称"时解脱"）、"戒行"、"结戒十功德"、"四不可思议"（指世间不可思议、众生行报不可思议、龙不可思议、佛境界不思议）、"二罪"（指性罪、非性罪；非性罪又称"遮罪"）等。如关于"三学"，说：

> 云何学增上戒（指增上戒学）？云何学增上心（指增上定学）？云何学增上智慧（指增上慧学）？或作是说：身威仪、口威仪、众行清净，是谓学增上戒；四禅，是谓学增上心；分别四谛，是谓学增上智慧。……或作是说：若戒依思惟，是谓学增上戒；若依止观，是谓学增上心；若以止观断诸结使，是谓学增上智慧。（卷八《行犍度》，第779页中）

十、《智犍度》（卷八）。论述"智"（指智慧）等问题。内容包括："修念觉意"（又称"修念觉支"）、"修护"（又称"修舍"）、"忍、智有何差别"、"三十七品"（又称"三十七道品"）、"修三三昧"、"尽智、无生智有何差别"、"利智、无碍智有何差别"、"甚深智慧、普遍智慧有何差别"、"别智慧、广智慧有何差别"等。

十一、《见犍度》（卷九）。论述"见"（指正见、邪见）等问题。内容包括："阿罗汉功德心"，并破斥外道的各种邪见，如外道执持的"彼命彼身"、"命异身异"、"无因无缘"、"无力无精进"、"无施无受"、"后世更不复死"、"六生"（指"黑生"、"青生"、"黄生"、"白生"、"赤生"、"微妙白生"）、"七大身"、"风有命想"、"富贵非其因"等见解。

十二、《根犍度》（卷九）。论述"根"（指"二十二种根"，但书中只叙及其中的大部分，也未出"二十二种根"之名）等问题。

内容包括:"五识身境界"(又称"五境")、"四意止"(又称"四念住")、"七觉意"(又称"七觉支")、"未知根"、"已知根"、"无知根"(又称"具知根",以上为"三无漏根")、"智慧根"(此为"五善根"之一)、"苦根"、"乐根"、"喜根"、"忧根"、"护根"(以上为五受根)、"六根"(指眼根、耳根、鼻根、舌根、身根、意根)、"男根"、"女根"等。

十三、《一切有犍度》(卷九)。论述"一切有"等问题。内容包括:"一切有"、"一切智"、"有漏相"、"无漏相"、"有为相"、"无为相"、"三世相"、"识相"等。如关于"一切有",说:

> 当言一切皆有耶? 答曰:当言一切皆有。何以故? 犹若十二入(指十二处),有此十二因缘,是故一切皆有。问:若一切皆有者,云何无者亦当有,无物者亦皆悉有? 答曰:云何于无言无,复有耶? 若言有一切者,一切言无亦有。云何得知? 犹如无者亦有,欲使现在亦有无。为现在有为中,有无耶? 设一切一切有者,亦当有此无。云何得一切有?若无一切有,亦当虚无,无者无物,一切皆有。复作是说:当言一切有,如此一切,乃至有为、无为,彼则有,是故一切有。(卷九《一切有犍度》,第795页中)

十四、《偈犍度》(卷九至卷十)。解释《杂阿含经》等经收录的佛所说偈,共计一百颂(每颂五言四句),下分四品。(1)《初品》(卷九)。解释佛所说偈十六颂,有"等二不等远,如来无量智。不染守内外,如实敬供养"等。(2)《第二品》(卷十)。解释佛所说偈二十九颂半,有"我独流无量,不依不能度。与我说其缘,所依度彼岸"等。(3)《第三品》(卷十)。解释佛所说偈二十九颂半,有"尽形寿愚痴,亲近诸智者。彼不识了法,犹杓不别味"等。(4)《第四品》(卷十)。解释佛所说偈二十五颂,有"见色无娱娱,无欲及诸贪。况革囊盛粪,使五意移动"等。

本书译语古涩,行文散漫,缺乏严密的逻辑性,一般人读它,犹如一头雾水,不知所云,故在古代就被学界视为难读。明智旭评论说,此书"译文甚拙"(见《阅藏知津》卷四十)。

第九品　魏吴失译《阿毗昙甘露味论》二卷

《阿毗昙甘露味论》,又名《甘露味阿毗昙》《甘露味论》《甘露味经》,二卷。印度瞿沙(又称"妙音")造,魏吴失译,约出于黄初元年(220)至咸熙二年(265)之间。本书最初是作为"失译经"中的"阙本",著录于梁僧祐《出三藏记集》卷四《新集续撰失译杂经录》之中(书名作《甘露味阿毗昙》);隋费长房《历代三宝纪》卷五、卷十四始将它编为"魏吴失译"中的"见存";唐智升《开元释教录》卷二等沿依此说。载于《丽藏》"都"函、《宋藏》"华"函、《金藏》"都"函、《元藏》"华"函、《明藏》"楹"函、《清藏》"楹"函、《频伽藏》"藏"帙,收入《大正藏》第二十八卷。

瞿沙(约二世纪),音译又作"俱沙"、"巨沙",意译"妙音",摩揭陀国菩提树伽蓝(指寺)僧人,说一切有部"四大论师"之一。在有部的师资传承世系中,瞿沙的名字,被排在迦旃延(即迦旃延尼子)、婆须蜜(即世友)之后(见梁僧祐《出三藏记集》卷十二)。他的思想观点,见于《大毗婆沙论》各卷的,有一百六十八条之多。相传,他曾在竺叉尸罗国,为汉地王子医治过眼翳(见姚秦鸠摩罗什译《大庄严论经》卷八)。生平事迹见唐玄奘《大唐西域记》卷三、普光《俱舍论记》卷二十等。

本书是说一切有部教理的纲要书。书名中的"甘露味",取于书中"诸漏一切尽,是时得一切苦尽,得一切智甘露味"一语(见卷下《杂品》)。全书分为十六品,依次为《布施持戒品》《界道品》《住食生品》《业品》《阴持入品》《行品》《因缘种品》《净根品》《结使禅智品》《三十七无漏人品》《智品》《禅定品》《杂定品》《三十七品》《四谛品》《杂品》,对一切法(事物)的自相、共相,以及诸法之间的关系,作了简明扼要的阐述。

关于本书的成立时间,有学者认为,它是《大毗婆沙论》的纲要书,成立于《大毗婆沙论》之后、《阿毗昙心论》之前(见印顺《说一切有部为主的论书与论师之研究》)。但从《大毗婆沙论》引用"尊者妙音"的言语达一百六十八处之多,而且有些言语与本书所说相同或接近来看,本书的作者"瞿沙",与《大毗婆沙论》所说的"妙音",以及《大毗婆沙论》的异译《阿毗昙毗婆沙论》《鞞婆沙论》所说的"瞿沙",当是同一个人。因此,本书当成立于《大毗婆沙论》之前,而不是其后。

卷上:始《布施持戒品》,终《三十七无漏人品》,总计十品。

一、《布施持戒品》(卷上)。论述"布施"和"持戒"问题。内容包括:"布施为三种"、"布施有六难"、"二种律仪"、"布施"等善行的功德等。

(1)"布施为三种"。指布施分"自为身"、"为他人"、"为彼我"三种,须做到"思好"、"田好"、"物好"。"思好",指"信净与供养";"田好",指"大德"、"贫苦"、"大德、贫苦"三种福田;"物好",指"不杀他、不偷、不夺、不系、不鞭、不欺、不诳,净物随多少,随时布施"。(2)"布施有六难"。指布施有六种障难,即"憍慢施"、"求名施"、"为力施"、"强与施"、"因缘施"、"求报施"。(3)"二种律仪"。"律仪"意为"戒"、"防护",分"不善律仪"、"善律仪"二种。"不善律仪",指能产生作恶止善功能的恶戒,即通常说的"十恶","杀生"、"偷盗"、"淫妷"(以上为"身三恶律仪")、"两舌"、"恶口"、"妄言"、"绮语"(以上为"口四恶律仪")、"贪"、"恚"(又作"瞋")、"恶邪"(以上为"意三恶律仪");"善律仪",指能产生防非止恶功能的善戒,即通常说的"十善",与"十恶"相反。(4)"布施"等善行的功德。指"布施、持戒、禅定、思惟,必得三果,得财富、得生天、得解脱"等。如关于"布施",说:

> 云何布施?自持财物施与,为三种故,自为身故、为他人故、为彼我故。供养塔寺、佛、辟支佛、阿罗汉,自为身故;施与众生,为他人故;布施与人,为彼我故。思(好)、田(好)、物好,得好报。云何思好?信净与供养。云何田好?有三种田,有大德、有贫苦、有大德贫苦。……云何物好?不杀他、不偷、不夺、不系、不鞭、不欺、不诳,净物随多少,随时布施,是为物好。(卷上《布施持戒品》,《大正藏》第二十八卷,第966页上)

二、《界道品》(卷上)。论述"众生世间"和"器世间"的构成问题。内容包括:"三界"、"五道"、"三界"的寿量等。

(1)"三界"。指众生依住的三种世界,即欲界、色界、无色界。(2)"五道"。指众生依善恶业趣往的五种世界,即"地狱"、"畜生"、"鬼神"(又称"饿鬼")、"人"、"天"(说一切有部主张有"五道",犊子部主张有"六道",即地狱、畜生、饿鬼、阿修罗、人、天,增立"阿修罗"一道)。"地狱道",有"大地狱"八种,每一大地狱各有十六小地狱;"畜生道",有"无脚、两脚、四脚、多脚,水行、陆行、空行";"鬼神道",有"种种身";"人道",有"东弗于逮(又称东胜身洲)人"、"西瞿耶尼(又称西牛货洲)人"、"南阎浮提(又称南赡部洲)人"、"北郁单曰(又称北俱卢洲)人"四种;"天道",欲界有"四天王天"等六天,色界有"梵迦夷天"(又称"梵众天")、"梵富楼天"(又称"梵辅天")、"摩呵梵天"(又称"大梵天")等十七天,无色界有"空处"(又称"空无边处")、"识处"(又称"识无边处")、"不用处"又称("无所有处")、"有想无想处"(又称"非想非非想处")四天。欲界、色界众生有"五阴"(又称"五蕴"),无色界众生只有"四阴",没有"色阴"。(3)"三界"寿量不同等。如关于"三界"、"五道",说:

> 三界,欲界、色界、无色界。是三界中,有五种道:地狱、畜生、鬼神、人、天及中阴道。云何地狱? 大地狱八种。……云何畜生? 无脚、两脚、四脚、多脚,水行、陆行、空行。云何鬼神道? 种种身。……云何人道? 四种人。东弗于逮人、西瞿耶尼人、南阎浮提人、北郁单曰人。……云何天道? 欲界有六天。……色界十七处。……无色界,空处、识处、不用处、有想无想处。(卷上《界道品》,第966页下)

三、《住食生品》(卷上)。论述"三界"众生的"住"、"食"、"生"问题。内容包括:"四识住"、"四食"、"四生"、"四有"等。

(1)"四识住"。指众生"识蕴"安住的四蕴,即"色识住"、"痛识住"(又称"受识住")、"想识住"、"行识住","欲界、色界中识,多缘色住;空处、识处识,多缘痛住;不用处识,多缘想住;有想无想识,多缘行住"。(2)"四食"。指长养众生生命的四种食物,即"揣食"(又称"段食")、"更乐食"(又称"触食")、"意思食"、"识食"。(3)"四生"。指众生受生的四种方式,即"卵生"、"胎生"、"湿生"、"化生",即"泥犁(指地狱)、天中阴一切化生;鬼神二种生,胎生及化生;余众生四种生"。(4)"四有"。指众生一期生命的四个阶段,即"生有"(指众生受生最初一刹那的色身)、"死有"(指众生命终最后一刹那的色身)、"本有"(指众生从受生至命终之间的色身)、"中有"(指众生从死到再次受生之间的识体)。"死生中间细五阴,是谓中有。中有、生有,譬如印作字,如父子相似。除无色界,余一切受中阴"。如关于"四食",说:

> 有四种食,情(指众生)命根大长故。云何四食? 一者揣食,二者乐食,三者意思食,四者识食。揣食,三入摄,香、味、细滑入。以何等故色入(指色处)不摄? 揣食眼见食,情命根大不长故(指眼所缘的色,因不能资益眼根,故不属于"食")。揣食有二种,有粗、有细。云何粗? 饭饼如是一切。云何细? 饮、消香、涂身。云何乐食? 眼更乐(指触)、耳、鼻、舌、身更乐,有漏意更乐,能后世生相续不断。乐食,多鸟卵鹅雁,如是一切。意思食,多水虫卵鱼,如是一切。识食,多有想无想处,及中阴众生。揣食,多欲界中;余三食(指乐食、意思食、识食),多色、无色界中。(卷上《住食生品》,第967页中)

四、《业品》(卷上)。论述"业"(指造作、行为)的性质和种类问题。内容包括:"杂行"与"杂受报"、"教"(又称"表业")与"无教"(又称"无表业")、"五种果"等。

(1)"杂行"与"杂受报"。指"业"的差别与报应,有:"身行、口行、意行";"善行、不善行、无记行";"学行、无学行、非学非无学行";"见谛断行(又称见断)、思惟断行(又称修断)、无断行(又称无断)";"现世报、生报、后报";"乐报、苦报、不乐不苦报";"黑报、白报、杂报";"不黑不白无报行、行尽必受报行、不必受报行"等。(2)"教"与"无教"。"教"(又称"表"),指显现于外的、可以见闻的身业、语业;"无教"(又称"无表"),指是由身表业、语表业和禅定引生的无形的色法(又称"无见无对色"),即内在的、不可见闻的善恶功能,即"身业(有)教、无教,口业(有)教、无教,意业有教"(此处应当作"意业无教";姚秦昙摩耶舍等译《舍利弗阿毗昙论》卷七、东晋僧伽提婆等译《阿毗昙心论》卷一均称"意业无教",即"意业"没有"表业")。"无教"有"无漏戒"(指"正语、正业、正命")、"定共戒"(指"得禅离欲恶法")、"戒律仪"(指"受戒时,得善有漏身口行")三种,"有三事失戒律仪,一犯戒、二舍戒、三恶邪起"。(3)"五种果"。指由因缘引生的五种结果,即:"报果"(又称"异熟果"),指"不善法、善有漏法,得报果";"所依果"(又称"等流果"),指"善、不善、无记法,常行增长,益至竟得";"增上果",指"若好、若不好,共俱受最上受";"身力果"(又称"士用果"),指"身行为作等";"解脱果",指"智灭结"。如关于"业报"的种类,说:

　　(有)现世报、生报、后报;乐报、苦报、不乐不苦报;黑报、白报、杂报;不黑不白无报行、行尽必受报行、不必受报行。……云何现世报? 若作善恶行,今世得,非后世得。云何生报? 随善恶行后,第一生得,非余生。云何后报? 随行善恶后,第二生得,若第三、第四、若过得报。云何乐报? 欲界善行,色界乃至三禅善行,是受乐报。云何苦报? 不善行受报。云何不苦不乐报? 第四禅善有漏行,及无色界善有漏行。云何黑黑报? 不善行,黑黑报(指欲界的不善业招感苦报,因果皆黑)。云何白白报? 善有漏行,白白报(指色界的善业招感乐报,因果皆白)。云何杂报? 欲界善恶杂行,杂受报(指欲界的善业杂有不善业者,招感乐与苦相杂的果报,因果黑白间杂)。云何不黑不白无报行? 行尽三界漏尽时,无碍道摄无漏思也(指无漏业性不染污,亦不招感乐报,因果为不黑不白)。云何必受报行? 五逆行必受恶报,现世报、生报、后报余残,有缘有人必受报,无缘无人不必受报。一切有漏行故作,熟得报;不故作,不熟不得报。(卷上《业品》,第 967 页下—第 968 页上)

五、《阴持入品》(卷上)。论述一切法(事物)分为"五阴"(又称"五蕴")、"十二入"(又称"十二处")、"十八持"(又称"十八界")三科问题。内容包括:"五阴"、"十二入"、"十八持"的自相、共相、有漏(有烦恼)、无漏(无烦恼),以及法与法之间的关系等。

(1)"有漏法四事"。指以"无常"为"常"、"无我"为"我"、"苦"为"乐"、"不净"为"净"的四种颠倒。(2)"五阴"(又称"五蕴")。指一切有为法(有因缘造作、生灭变化的非常住事物)的五种类别,即"色阴"、"痛阴"、"想阴"、"行阴"、"识阴"。"五阴"有"有漏"、"无漏"二种,"受阴(指五取蕴)一切有漏"。"色阴"(又称"色蕴"),指"诸四大造,十二入除意入,诸余入及法入摄无教色(又称无表色)",它包括"十二入"中的十种"色入"(指五根、五境)和"法入"所摄的一种"无教色"(又称"无表色",指由身表业、语表业引生的无形色法,即内在的、不可见闻的善恶功能);"痛阴"(又称"受蕴"),由"六更乐"(又称"六触")产生,分"苦痛"、"乐痛"、"不苦不乐痛"三种;"想阴"(又称"想蕴"),指"意种种缘一切法想";"行阴"(又称"行蕴"),指"有为法中行,作种种诸法",分"心相应法"、"心不相应法"二种行阴,前者指"行阴"所摄的除"受"、"想"之外的一切心所法(如"思"、"更乐"、"忆"等),后者指"行阴"所摄的与心不相应的、非色非心的现象(如"得"、"无想"、"灭尽定"等);"识阴"(又称"识蕴"),指"青黄赤白等诸法分别识",分"眼识"、"耳识"、"鼻识"、"舌识"、"身识"、"意识"六种。

　　(3)"十二入"(又称"十二处")。指"心"(指心识)、"心所"(指依心而起的心理活动)的十二种生长之处,即"六根"(指眼、耳、鼻、舌、身、意)、"六境"(指色、声、香、味、触、法)。(4)"十八持"(又称"十八界")。指一切法(事物)的十八种类别,即"六根"、"六境"、"六识"(指眼识、耳识、鼻识、舌识、身识、意识)。(5)"十八持"义门分别。指开立各种义门,分析"十八界"诸界与"善、不善、无记"等诸法之间的关系,如"十八持"中,"几(多少)善、几不善、几无记";"几有漏、几无漏";"几欲界系、几色界系、几无色界系、几不系";"几有为、几无为"等。如关于"十八持"中的"觉"(又称"寻",指粗浅推度)、"观"(又称"伺",指深细思察)问题,说:

　　　　问:(十八界中)几有觉有观、几有觉无观、几无觉无观? 答:十(界)无觉无观,五情(指五根)、五尘;五识(指眼识、耳识、鼻识、舌识、身识),有觉有观;三(指意界、法界、意识界)当分别:意持(指意界),或有觉有观、有觉无观、无觉无观。云何有觉有观? 欲界初禅有觉有观,中间禅有觉无观,上地无觉无观。意识亦如是。法持(指法界)摄身口业诸不相应行、无为(法),无觉无观。(卷上《阴持入品》,第968页下)

　　六、《行品》(卷上)。论述一切有为法的行相问题。内容包括:"四相"、"二种行法"、"四缘"、"六因"、"心数法"(又称"心所法")等。

　　(1)"四相"。指一切有为法的四种相状,即"生"、"住"、"老"(又称"异")、"无常"(又称"灭")。(2)"二种行法"。指"有为法"分"心相应行法"、"心不相应行法"二种,前者就是"心数法"(又称"心所法",此中除"受"、"想"以外,其余各种

"心所"均属于"行蕴"中的"心相应行蕴");后者就是"行蕴"中的"心不相应行蕴"。

（3）"四缘"。指一切有为法生起的四种条件。①"因缘"。指一切事物能亲生自果的内在原因，即"六因"中的五因，它们是："相应因"、"共有因"（又称"俱有因"）、"自然因"（又称"同类因"）、"遍因"（又称"遍行因"）、"报因"（又称"异熟因"）。②"次第缘"（又称"等无间缘"）。指在"心"、"心所"的活动中，"前念"的刹那灭，为"后念"的刹那生的条件，即"诸法中心、心数（指心所），是法灭是法起"。③"缘缘"（又称"所缘缘"）。指"心"、"心所"以所缘的境界，为产生认识的条件（"所缘缘"指以所缘为缘），即"缘尘故，心、心数法生"。④"增上缘"。指事物以自身以外的一切他物为生起的条件，即"六因"中的"能作因"，亦即"一切万物，不相障碍"。

（4）"六因"。指一切有为法生起的六种原因。①"相应因"。指"心"与"心所"彼此相应，互相为因，具有"同一刹那"、"同依一根"、"同缘一境"、"同一行相"、"共成一事"的相应性。"相应因"是"共有因"的特殊情况，即"心（为）诸心数法因、诸心数法（为）心因"。②"共有因"（又称"俱有因"）。指一事物与同时的其他事物互相为因，即"诸法各各相伴，心诸心数法因，诸心数法心因。复次，共生四大共有因，造色心不相应行，心、心数法，心不相应行因"。③"自然因"（又称"同类因"）。指一事物与同类事物前后为因，即"彼前生善，后生善，前生不善，后生不善，前无记，后无记"。④"遍因"（又称"遍行因"）。指能遍生自界一切烦恼的十一种根本烦恼（又称"十一遍行惑"），即三界中，各界的"见苦谛所断"七惑（指身见、边见、邪见、见取见、戒禁取、疑、无明）和"见集谛所断"四惑（指邪见、见取、疑、无明）。⑤"报因"（又称"异熟因"）。指"善"、"恶"业，为"苦"、"乐"果报之因,即"善生乐报,不善生苦报"。⑥"所作因"(又称"能作因")。指事物以自身以外的一切他物为生起的条件,因为"一切诸法各各不相障碍"。

(5)"心数法"(又称"心所法")。指依心而起的心理活动(具有恒依心起、与心相应、系属于心三义),分为四类。①"十大地法"。指与一切心恒常相应的心理活动(具有一切性、一切地、一切时、一切俱四义),有"痛"(又称"受")、"想"、"思"、"更乐"(又称"触")、"忆"(又称"作意")、"欲"、"解脱"(又称"胜解")、"念"、"定"、"慧"十种。②"十烦恼大地法"(又称"十大烦恼地法")。指与一切染污心相应的心理活动,有"不信"、"懈怠"、"忘"、"心乱"、"暗钝"、"邪忆"、"邪解脱"、"调"(又称"掉举")、"无明"、"邪行"十种。③"十小烦恼地法"。指与少量染污心相应的心理活动,有"瞋"、"优波那"、"不语"、"波陀舍"、"摩夜"、"舍耻"、"悭"、"嫉"、"慢"、"大慢"十种。④"十善大地法"(又称"十大善地法")。指与一切善心相应的心理活动,有"不贪"、"不恚"(又称"不瞋")、"信"、"猗"、"不放逸"、"精进"、"护"、"不娆恼"、"惭"、"愧"十种。如关于"十善大地法",说:

> 十善大地,不贪、不恚、信、猗、不放逸、精进、护、不娆恼、惭、愧。云何不贪?自身他身财物,不欲不利。云何不恚?若众生边、非众生边,心不起恚。云何信?知实事,心清净。云何猗?心善离重得轻冷。云何不放逸?心系善法。云何精进?习近善法。云何护?于诸法离住。云何不娆恼?一切众生中,身口意不犯恶。云何惭?自作恶事羞。云何愧?于人中作不可事愧。是十法,一切善心相应,是故说大地。(卷上《行品》,第970页下)

七、《因缘种品》（卷上）。论述众生生死流转的过程和构成要素问题。内容包括："十二因缘"、"六种合得人身"等。

（1）"十二因缘"。指众生生死流转的十二个阶段，即"无明"、"行"（指身、口、意业；以上为过去世二因）、"识"、"名色"（即"五蕴"，"名"指受、想、行、识四蕴，"色"指色蕴）、"六入"（又称"六处"，指眼、耳、鼻、舌、身、意根）、"更乐"（又称"触"，指"六触"，即眼触、耳触、鼻触、舌触、身触、意触）、"痛"（又称"受"，指"三受"，即苦受、乐受、不苦不乐受；以上为现在世五果）、"爱"、"受"（又称"取"，指"四取"，即欲取、见取、戒禁取、我语取）、"有"（指"三有"，即欲有、色有、无色有；以上为现在世三因）、"生"、"老死"（以上为未来世二果）。（2）"六种合得人身"。指构成众生世间和器世间的六种基本要素，即"地"、"水"、"火"、"风"（以上合称"四大"）、"空"、"识"，即"外四大成就内四大种（指色身）；色中空，眼识缘有内外，是谓空种；五识及有漏意识，是谓识种"。如关于"十二因缘"，说：

> 十二因缘者，无明、行、识、名色、六入、更乐、痛、爱、受、有、生、老、死。是十二因缘有三种，一烦恼、二业、三苦。三种烦恼，无明、爱、受。二种业，行及有。七种苦，识、名色、六入、更乐、痛、生、老、死。二种过去摄，二种未来摄，八现在摄。（卷上《因缘种品》，第970页下）

八、《净根品》（卷上）。论述"二十二根"（指有生长增上作用的二十二种根性）问题。内容包括："二十二根"释名及义门分别等。

（1）"除淫、怒、痴法"。指断除"贪"、"瞋"、"痴"三毒的方法，有"制"、"除"、"智断"三种，即"若未得无漏心，持戒、思惟，却淫怒痴心不受，是谓制"；"得禅定，离淫恶不善法，是谓除"；

"觉意缘苦、习(集)断,是谓断"。(2)"二十二根"。指有生长增上作用的二十二种根性,即"眼根"、"耳根"、"鼻根"、"舌根"、"身根"、"意根"(以上为十二处的六根)、"男根"、"女根"(以上为身根的一部分)、"命根"(此为"心不相应行法"之一)、"乐根"、"苦根"、"喜根"、"忧根"、"护根"(以上为五受根)、"信根"、"精进根"、"念根"、"定根"、"慧根"(以上为五善根)、"未知根"(又称"未知当知根")、"已知根"、"大知根"(又称"具知根",以上为三无漏根)。(3)"二十二根"义门分别。指开立各种义门,分析"二十二根"与"三界系"等诸法之间的关系,如二十二根中,"几(多少)欲界系、几色无色界、系几不系";"几善、几不善、几无记";"几有漏、几无漏";"几见谛断、几思惟断、几不断"等。如关于"除淫、怒、痴法",说:

> 淫、怒、痴(指三毒)心相应,是谓烦恼,是谓结缚。欲除是三种者,一制、二除、三智断。云何制?若未得无漏心,持戒、思惟,却淫、怒、痴心不受,是谓制。云何除?得禅定,离淫恶不善法,是谓除。云何智断?觉意缘苦、习(指集)断,是谓断。若制、若除,或时净,或不净,无漏智断,是谓清净。(卷上《净根品》,第971页中)

九、《结使禅智品》(卷上)。论述"结使"(指烦恼)的性质和种类问题。内容包括:"九十八使"、"十缠"、"一切结使二事断"等。

(1)"九十八使"(又称"九十八随眠")。指九十八种根本烦恼,即三界(欲界、色界、无色界)的每一界都有五部(五大部类)烦恼,也就是在见道位(指初见四谛理的阶位,即"四向四果"中的初位"预流向")有"见苦谛所断"、"见集谛所断"、"见灭谛所断"、"见道谛所断"四部烦恼,在修道位(指修习四谛法

的阶位,即"四向四果"中的第二位"预流果"至第七位"阿罗汉
向")有"修所断"一部烦恼。五部烦恼所含"十随眠"的数量不
等,多则十种,少则三种,总计为九十八种。其中,欲界系随眠有
三十六种,色界系随眠有三十一种,无色界系随眠有三十一种。
(2)"十缠"。指依根本烦恼生起的、缠缚众生身心的十种随烦
恼(又称枝末烦恼),即"瞋"、"自罪怖"、"睡"、"眠"、"调"、
"戏"、"悭"、"嫉"、"无惭"、"无愧"。(3)"一切结使二事断"。
指"禅断初柔软心"、"智分别诸法",即"时时勤精进,时时一心
定,时时护,如是心和调,一切结使(指烦恼)中得解脱"。如关
于"十使"(又称"十随眠"),说:

> 十使,身邪、边邪、邪见、见盗、戒盗、疑、爱、恚、慢、无
> 明。云何身邪?五阴中计我,如是见谓身邪;世界有边无
> 边,如是见谓边邪;无四谛因缘果报,如是见谓邪见;有漏法
> 中计常第一,如是见谓见盗;非净因缘中求净道,如是见谓
> 戒盗;未得道心痴,不了是不是、有不有,是谓疑;痴心诸法
> 中欲著,是谓爱;痴心中不欲对来,心忿动,是谓瞋;自大心
> 贡高,是谓慢;诸法实相不知,是谓无明。(卷上《结使禅智
> 品》,第972页上)

十、《三十七无漏人品》(卷上)。论述由凡入圣的修行次
第和阶位问题。内容包括:"坐禅"、"四意止"、"四善根"、"正
观诸法十六净心"、"四向四果"、"无学九种"等。

(1)"坐禅"、"四意止"。指修行者在入"见道"(指证见
"四谛"之理)之前的资粮位(指为入"见道"而修集福德、智慧
二种资粮的修行阶位),修习"坐禅"、"四意止"。①"坐禅"。
指修习"停心观",即"先系心一处,若顶上、若额端、若眉间、若
鼻头、若心中,令心一处住,若念走,摄来还著一处"。②"四意

止"(又称"四念住"、"四念处")。指以智慧观察身、受、心、法四境,以对治净、乐、常、我四颠倒的禅观,即"身意止"、"痛(指受)意止"、"意(指心)念住"、"法念住","观一切行实相,生灭不住故无常,积灾患故苦,内无人故空,不自在故非我"。

(2)"四善根"。指在入"见道"之前的加行位(指为入"见道"而加功用行的修行阶位),以"四禅"为所依,观察"四谛十六行相",依次成就能引生见道无漏智(指无烦恼过患的智慧)的四种善根,即"暖法"、"顶法"、"忍法"、"世间第一法"。所说的"四谛十六行相",指观察"苦谛"的"无常"(指待众缘生)、"苦"(指迁流逼迫)、"空"(指违我所见)、"非我"(指违我见)四行相;观察"习谛"(又称"集谛")的"因"(指如种生芽)、"习"(又称"集",指能等现果)、"有"(又称"生",指令果相续)、"缘"(指能成办果)四行相;观察"尽谛"(又称"灭谛")的"尽"(又称"灭",指诸有漏蕴断尽)、"止"(又称"静",指贪瞋痴息灭)、"妙"(指体无众患)、"度"(又称"离",指脱离众灾)四行相;观察"道谛"的"道"(指通于圣行)、"应"(又称"如",指契合正理)、"住"(又称"行",指正趣涅槃)、"出"(指永超生死)四行相。

(3)"正观诸法十六净心"。指在声闻乘的见道位(指初见四谛理的阶位,即"四向四果"中的初位"预流向"),观察三界"四谛",所生起的"见谛十六心"(又称"见道十六心"、"八忍八智"),即十六种智慧(前十五心属"见道位"的"预流向",第十六心属"修道位"的"预流果")。

(4)"四向四果"。指声闻乘修行的八种阶位,即"须陀洹向"(又称"预流向",属于见道位)、"须陀洹果"(又称"预流果")、"斯陀含向"(又称"一来向")、"斯陀含果"(又称"一来果")、"阿那含向"(又称"不还向")、"阿那含果"(又称"不还

果")、"阿罗汉向"(以上均属于修道位)、"阿罗汉果"(又称"无
学果",属于无学位)。(5)"无学九种"。指依根性区分的九种
阿罗汉,即"退法"、"不退法"、"思法"、"守法"、"住法"、"能进
法"、"不动法"、"慧解脱"、"俱解脱"阿罗汉等。如关于"无学
九种",说:

> 一切结尽,大小烦恼断灭,是说阿罗汉。一切人天中,
> 应受供养,是名阿罗汉。是无学九种:一退法、二不退法、
> 三思法、四守法、五住法、六能进法、七不动法、八慧解脱、九
> 俱解脱。云何退法?软(指下)智、软精进,五退具(指"多
> 营事业"等五种退转因缘)中,行退道果,是谓退法。云何
> 不退法?利智、勤精进,五退具中,不行不退道果,是谓不退
> 法。云何思法?软智、软精进,勤观身不净可恶,思惟自灭
> 身,是思法。云何守法?软智、勤精进,自守身,是守法。云
> 何住法?中智、中精进,中道行不增减,是住法。云何能进
> 法?少利智、勤精进,能得不动善,是能进。云何不动法?
> 利根、大勤精进,先时得不动善,是不动法。云何慧解脱?
> 不得灭尽定,是慧解脱。云何俱解脱?能得灭尽定,是俱解
> 脱。随信行(指钝根)五种阿罗汉,名时解脱,是诸阿罗汉
> 二智,灭智、无学直见(指无学正见)。随法行(指利根)一
> 种阿罗汉利根,是名不时解脱,是阿罗汉三智,灭智、无生
> 智、无学直见。(卷上《三十七无漏人品》,第973页中、下)

卷下:始《智品》,终《杂品》,总计六品。

一、《智品》(卷下)。论述"智"的种类和修习问题。内容
包括:"十智"、"二种修"等。

(1)"十智"。指能观察一切境界的十种智慧,即"法智"、
"未知智"(又称"类智")、"等智"(又称"世俗智")、"知他人心

智"(又称"他心智")、"苦智"、"习智"(又称"集智")、"尽智"
(又称"灭智")、"道智"(以上四智合称"四谛智")、"灭智"(又
称"尽智")、"无生智"。"十智"中,除"等智"是"有漏智"(指
有烦恼过患的智慧),"知他人心智"通"有漏"、"无漏"之外,其
余各智都是"无漏智"(指无烦恼过患的智慧)。(2)"二种
修"。指"得修"、"行修"(又称"习修")。"得修",指"先未得
功德今得",即未生善法,修习令生;"行修",指"先得功德现在
前入",即已生善法,修令坚住增广。如关于"十智"中的"四谛
智",说:

> 云何苦智? 五受阴中无常、苦、空、非我无漏智观,是谓
> 苦智。云何习智(指集智)? 五受阴习(指集)、因、有、缘无
> 漏智观,是谓习智。云何尽智(指灭智)? 尽、止、妙、出无
> 漏智观,是谓尽智。云何道智? 八直道(指八正道)、应、
> 住、出无漏智观,是谓道智。(卷下《智品》,第 974 页上)

二、《禅定品》(卷下)。论述"禅定"的种类和修习问题。
内容包括:"四禅"、"四无色定"、"趣涅槃道二种"、"十想"等。

(1)"四禅"。指色界的四种根本禅定,即"初禅"、"第二
禅"、"第三禅"、"第四禅"。(2)"四无色定"。指无色界的四
种根本禅定,即"空定"(又称"空无边处定")、"识定"(又称"识
无边处定")、"不用定"(又称"无所有处定")、"有想无想定"
(又称"非想非非想处定")。从"四禅"中的"初禅",至"四无色
定"中的第三定"无所有处定",合计七定,每一定都有三种性质
的禅定,即"有味定"(又称"味定"、"味相应定",指与"贪"等烦
恼相应的禅定)、"净定"(指与"无贪"等有漏善法,即与有烦恼
的世间善法相应的禅定)、"无漏定"(指与"无漏智",即与无烦
恼过患的智慧相应的禅定);唯有"四无色定"中的第四定"非想

非非想处定",因定心昧劣,不能生起无漏定,故它只有"有味定"、"净定",没有"无漏定"。(3)"趣涅槃道二种"。指"五停心观"(对治"贪欲"等烦恼的五种禅观)中的"观身不净"(指不净观,即观想身体的不净,以对治"贪欲"的禅观)、"念数息"(指数息观,即数出入息,以对治"乱心"的禅观)。(4)"十想"。指断除烦恼的十种观想,即"无常想"等。如关于"十想",说:

　　十想,无常、苦、苦无我、观食(指观食不净)、一切世间不可乐、不净、死、断、无欲、尽想。忆念诸行(指有为法)无常,是谓无常想;忆念生等苦,满世间,是谓苦想;忆念内外无常、苦、不自在空,是谓苦无我想;忆念多勤苦得食,啖时不净,是谓观食想;忆念生老病死等怖畏、种种烦恼,满世界,是谓一切世间不可乐想;自身内实观,是谓不净想;忆念一切生必得死,是谓死想;忆念灭一切烦恼善止,是谓断想;忆念非常离欲,是谓无欲想;忆念五受阴更不生,尽、止、妙、离、涅槃,是谓尽想。是十想常忆念,得尽苦际。(卷下《禅定品》,第975页中)

　　三、《杂定品》(卷下)。论述"禅定"的功德问题。内容包括:"三三昧"、"四等"、"六通"、"八解脱"、"八除入"等。

　　(1)"三三昧"(又称"三三摩地")。指三种禅定,即"空三昧"、"无愿三昧"、"无相三昧"。(2)"四等"(又称"四无量心")。指能引生利乐一切众生四种无量心的禅定,即"慈"、"悲"、"喜"、"护"(又称"舍")。(3)"六通"。指依修习禅定而得的六种神通(指深妙神奇的功能),即"神足通"、"天眼通"、"天耳通"、"识宿命通"、"知他心通"、"漏尽通"。前五通,为佛教、外道修习四禅者皆可得;末一通,唯佛教圣者修行可得。

（4）"八解脱"（又称"八背舍"）。指断除三界贪欲而得解脱的八种禅定，即"内有色想，外观色解脱"；"内无色想，外观色解脱"；"净解脱"；"空无边处解脱"；"识无边处解脱"；"无所有处解脱"；"非想非非想处解脱"；"灭尽解脱"（又称"想受灭解脱"、"灭尽定解脱"）。（5）"八除入"（又称"八胜处"）。指通过观想欲界色法，以对治贪欲的八种禅定，由"八解脱"中的前三种分出。即："内有色想，外观色少"；"内有色想，外观色无量（以上二种相当于"八解脱"中的第一解脱）"；"内无色想，外观色少"；"内无色想，外观色无量"（以上二种相当于第二解脱）；"内无色想，外观色青"（又称"青胜处"）；"内无色想，外观色黄"（又称"黄胜处"）；"内无色想，外观色赤"（又称"赤胜处"）；"内无色想，外观色白"（又称"白胜处"，以上四种相当于第三解脱）。如关于"三三昧"，说：

> 三三昧，空三昧、无愿三昧、无相三昧，心系缘无漏故，是谓三昧。一心观五受阴空、无我、非我，是谓空三昧；入是三昧，不愿淫、怒、痴更有生，是谓无愿三昧；是三昧缘，离十相法，云何十相想？色等五尘、男、女、生、老、无常，是谓无相三昧。（卷下《杂定品》，第975页下）

四、《三十七品》（卷下）。论述"三十七道品"（又称"三十七菩提分"，指趣向菩提的三十七种修行方法）问题。内容包括："四念止"（又称"四念住"、"四念处"）、"四意断"（又称"四正断"、"四正勤"）、"四神足"（又称"四如意足"）、"五根"、"五力"、"七觉"（又称"七觉支"、"七觉分"）、"八直道"（又称"八正道"）等。

（1）"四念止"。指以智慧观察身、受、心、法四境，以对治净、乐、常、我四颠倒的禅观，即"身念止"（指观身不净）、"痛念

止"(又称"受念止",指观受是苦)、"心念止"(指观心无常)、
"法念止"(指观法无我)。(2)"四意断"。指断恶生善的四种
修行方法,即"心中生恶不善法欲除却"(指为断除已生恶法而
精进);"未生恶不善法莫令生"(指为使未生恶法不生而精进);
"未生善法欲使生"(指为使未生善法能生而精进);"已生善法
念住莫失"(指为使已生善法增长而精进)。(3)"四神足"。指
能获得神通(深妙神奇的功能)的四种禅定,即"欲定成就神足"
(指由意欲力发起的能得神通的禅定);"精进定成就神足"(指
由精进力发起的能得神通的禅定);"心定成就神足"(指由心念
力发起的能得神通的禅定);"慧定成就神足"(指由思惟观察力
发起的能得神通的禅定)。(4)"五根"。指能生长善法的五种
根性,即"信根"(指信乐善法的根性)、"精进根"(指勤勇进取
的根性)、"念根"(指明记不忘的根性)、"定根"(指令心专注一
境的根性)、"慧根"(指智慧的根性)。(5)"五力"。指由"信"
等五根产生的五种力量,即"信力"、"精进力"、"念力"、"定
力"、"慧力"。(6)"七觉"(又称"七觉支"、"七觉分")。指趣
向觉悟的七种修行方法,即"念觉"(指明记善法,不忘不失)、
"择法觉"(指简择诸法,通达明了)、"精进觉"(指精进修行,不
生懈怠)、"喜觉"(指契悟正法,心生喜悦)、"猗觉"(又称"轻安
觉支",指断除粗重烦恼,身心轻安)、"定觉"(指心注一境,不
散不乱)、"护觉"(又称"舍觉支",指心住平等,远离掉举)。
(7)"八直道"(又称"八正道")。指趣向涅槃解脱的八种修
行方法,即"直见"(指正确的见解)、"直思"(指正确的思
惟)、"直语"(指正确的言语)、"直业"(指正当的行为)、"直
命"(指正当的生活)、"直念"(指正确的忆念)、"直方便"(指
正确的精进)、"直定"(指正确的禅定)。如关于"七觉"(即
"七觉支"),说:

念、择法、精进、喜、猗、定、护,是谓七觉。云何念? 念有为法生灭种种罪,涅槃至妙,是谓念觉;是中分别思惟,是谓择法觉;是中思惟勤精进,是谓精进觉;是中得善法味欢悦,是谓喜觉;是中思惟身心轻软、安隐、随定,是谓猗觉;是中因缘摄心住不乱,是谓定觉;是中放心息,不念不欲,是谓护觉。种种智慧,得禅定力,除一切烦恼,是谓七觉果。(卷下《三十七品》,第977页中、下)

五、《四谛品》(卷下)。论述阿含经上说的各类法义问题。内容包括:"四谛"、"四辩"(又称"四无碍解")、"四不坏信"、"四事修定"、"七识住"、"九众生居"、"四圣种"、"三支"、"三种药"、"四修"等。

(1)"四谛"。指显示众生的痛苦与解脱的四种真理(真实不虚的道理),即"苦谛"、"习谛"(又称"集谛")、"尽谛"(又称"灭谛")、"道谛"。(2)"四辩"。指四种通达无碍的智力和辩才,即"法辩"、"辞辩"、"应辩"、"义辩"。(3)"四不坏信"。指佛弟子的四种证信,即"于佛不坏信"、"于法不坏信"、"于僧不坏信"、"于戒不坏信"。(4)"四事修定"。指修习禅定的四种功德,即"修定于现法中得乐居"、"修定得智见"、"修定得分别慧"、"修定得漏尽诸善"。(5)"七识住"。指众生心识乐住的七种处所,即"欲界中诸天及人"、"色界初禅梵众天"、"二禅生天"、"三禅生天"、"无色界空处生天"、"识处生天"、"不用处生天"。(6)"九众生居"。指众生乐住的九种处所,即"七识住"和"无想天"、"非想非非想处天"。(7)"四圣种"。指出家者引生圣果的四种修行方法,即"衣被知足圣种"、"饮食知足圣种"、"卧具知足圣种"、"喜断结使、思惟缘力得道圣种"("乐断乐修圣种")。(8)"三支"。指"三学",即"戒支"、"定支"、"慧支"。(9)"三种药"。指对治"淫"、"恚"、"恼"的三种药,即三种停心观,即"身不净观、慈念众生、观十二因缘"。(10)"四修"。指四种修行方法,即"修身"、"修戒"、"修心"、"修慧"。如关于"四修",说:

> 修身、修戒、修心、修慧,是法不受一切恶报,或少少受报,或今世或后世少受报。云何修身? 种种观无常等。云何修戒? 持戒不犯,常守护。云何修心? 除恶觉观,行善觉观。云何修慧;种种分别善法,增益智慧。(卷下《四谛品》,第978页下—第979页上)

六、《杂品》(卷下)。论述前述各品的未了之义问题。内容包括:"分别四果"、"五邪见"、"六修"、"心不相应行十七法"、"三无为"、"四有"(前述《住食生品》的补充)等。

(1)"分别四果"。指分别声闻乘修行的四种果位分别(又称"四沙门果"),即"须陀洹果"、"斯陀含果"(以上二果为"未到禅地所摄","未到禅地"指为进入"初禅"而修习的欲界禅定)、"阿那含果"(指为"六地所摄,除四无色")、"阿罗汉果"(指为"九地所摄,除有顶中")。(2)"四颠倒"。指四种颠倒,即"无常有常想"、"苦有乐想"、"不净有净想"、"非我有我想"。(3)"五邪见"。指五种邪见,即"身见"、"边见"、"邪见"、"见盗"、"戒盗"。(4)"六修"。指六种修行方法。"得修",指"未曾得善法功德而得,得已诸余功德亦得";"行修",指"曾得诸功德,今现在行";"断修",指"善法断诸结使(指烦恼)";"除修",指"能却诸不善法";"分别修",指"分别观身实相";"律仪修",指"六情染污,尘缘胜故"。(5)"心不相应行十七法",指"行蕴"所摄的与心不相应的、非色非心的现象,有"成就"、"无想定"、"灭尽定"等十七法。(6)"三无为"。指三种无为法,即:

"智缘尽"（又称"择灭无为"），指"有漏、无漏智慧力诸结使断，得解脱"；"非智缘尽"（又称"非择灭无为"），指"未来因应生不生"；"虚空"（又称"虚空无为"），指"无色处，无对不可见"。如关于"心不相应行十七法"，说：

> 云何不相应法？得等十七法。十七法者，一成就（指得）、二无想定、三灭尽定、四无想处（指无想天）、五命根、六种类（指众同分）、七处得、八物得、九入得、十生、十一老、十二住、十三无常、十四名众（指名身）、十五字众（指句身）、十六味众（指文身）、十七凡夫性。得诸法时，心不相应法俱得，是谓成就；厌生死、涅槃想，四禅力多少时，灭心、心数法（指心所法），是谓无想定；厌于劳辱，息止想，有想无想定力多少时，灭心、心数法，是谓灭尽定；生无想天中，心、心数法不行断止，是谓无想处；四大诸根等相续不坏，是谓命根；种种生处他众生，身心、语言相似，是谓众生种类；到异方土所得，是谓处得；诸行（指有为法）杂物，是谓物得；诸内外入，是谓入得；诸行起，是生；行熟，是老；是行未灭，是住；行灭，是无常；合字义，是名众；合名说事，是句众；合广说，是语众；未得圣无漏道，是凡夫性。（卷下《杂品》，第979页中、下）

本书由于译出年代较早，采用的是当时流行的旧译语，虽说译文总体上较为通畅，但与后来唐玄奘翻译的有部阿毗达磨论书中的译语相比，毕竟差异悬殊，不易解读，故在后世很少有人研习。但它却是《大毗婆沙论》问世以前最早出现的阿毗达磨纲要书，对《阿毗昙心论》《杂阿毗昙心论》《俱舍论》等书的义理建构，产生过重大的影响。

第二门 中期说一切有部论书

第一品 唐玄奘译《阿毗达磨大毗婆沙论》二百卷

附：苻秦僧伽跋澄译《鞞婆沙论》十四卷

北凉浮陀跋摩等译《阿毗昙毗婆沙论》六十卷

《阿毗达磨大毗婆沙论》，又名《大毗婆沙论》《婆沙论》，二百卷。书题"（印度）五百大阿罗汉等造"，唐玄奘译，显庆元年（656）至显庆四年（659）之间译出。唐道宣《大唐内典录》卷五著录（译经时间见《开元释教录》卷八）。载于《丽藏》"仁"至"逸"函、《宋藏》"恻"至"神"函、《金藏》"仁"至"逸"函、《元藏》"恻"至"神"函、《明藏》"心"至"縻"函、《清藏》"心"至"縻"函、《频伽藏》"收"帙，收入《大正藏》第二十七卷。

本书是《阿毗达磨发智论》的注释书，也是说一切有部教理的集大成者。据《大唐西域记》卷三记载，在佛灭（南传佛教定为前544年，北传佛教有前486年、前383年等说）后四百年，在迦腻色迦王（贵霜王朝第三代国王，约128年—152年在位）的支持下，以说一切有部世友为首的五百比丘，在迦湿弥罗国（又称"罽宾国",今克什米尔一带)举行了一次大结集(藏传佛教史书元布顿《佛教史大宝藏论》、明多罗那他《印度佛教史》等称它为佛教史上的"第三次结集")。会上,初造《邬波第铄论》十万颂,释"素呾缆藏"(指经藏);次造《毗奈耶毗婆沙论》十万颂,释"毗奈耶藏";后造《阿毗达磨大毗婆沙论》十万颂,释"阿毗达磨藏"(指论藏,实指《发智论》)。据此,本书就是在这次"迦湿弥罗结集"时编集而成的。书末有玄奘译出此论后所作的二首颂,也再次说明了这一点,颂文说:"佛涅槃后四百年,迦腻色迦王赡部,召集五百应真士,迦湿弥罗释三藏。其中对法毗婆沙,具获本文今译讫,愿此等润诸含识,速证圆寂妙菩提。"(卷二百)在抄传过程中,《大毗婆沙论》初本的有些文字略有增删,如本书卷一百十四称"迦腻色迦王"为"昔健驮罗国迦腻色迦王",采用的是过去式的表述,但这只是个例,并不能说明全书的编集是在迦腻色迦王之后。

　　全书由书首的《序》和正文"八蕴四十三纳息"构成。《序》为本书编集者新立的篇目,用来叙述《发智论》的制造缘起;"八蕴四十三纳息",是依照《阿毗达磨发智论》原有的结构而立的篇目。"八蕴",指的是正文分为八蕴(又称"犍度",相当于"篇"),依次为《杂蕴》《结蕴》《智蕴》《业蕴》《大种蕴》《根蕴》《定蕴》《见蕴》;"四十三纳息",指的是每一蕴之下,又分若干纳息(又称"跋渠",相当于"品"),总计有四十三纳息。《发智论》原有四十四纳息,本书因《发智论》最后一纳息《见蕴·伽他纳息》,文义易了,而未加解释,故从结构上说,本书比《发智论》少了一纳息。

　　书中采用随文作释(即依照原著的叙述次第,分段摘录论文,加以解释)的方式,对《发智论》各篇章的趣旨、文句和义理,进行了详尽的解释、决择、分别与补充。它的编纂体例是:每一

纳息下分数章,不立标题。每章的初首,一般先摘录相对应的
《发智论》原文的首句,以自设问答的方式,解释本章的立意(作
论的义旨)。原文首句的句末,一般有"乃至广说",或"如是等
章及解章义,既领会已,次应广释"等语。本章立意的问语,一
般为"问:何故作此论",其答语根据不同的情况,有作"答:为
欲分别契经义故"的,也有作"答:为止他宗显己义故",或"答:
欲令疑者得决定故"等的。在说明本章的立意之后,转入正释,
依随《发智论》的叙次,分段逐句地摘录原文,进行扩展式的解
说。但所录的《发智论》原文,不加标识,与释文接排,若要区分
何为原文,何为释文,还须与《发智论》相对照,才能明了。

　　在解说中,编集者以当时流传的大量的佛教文献资料,特别
是有部论书(如《施设足论》《品类足论》等"六足论")和阿毗达
磨师(如"胁尊者"、"世友"、"妙音"、"觉天"、"法救"等)的口
述为基础,以迦湿弥罗国有部论师的见解为正见,对有部的教理
作了全面、详尽的阐述。同时,对各派各家的异说:如与迦湿弥
罗国有部论师相对的健驮罗国有部论师(又称"西方师"、"外国
诸论师"、"旧阿毗达磨者")的不同见解;有部以外的其他佛教
派别(如"分别论者"、"犊子部"、"大众部"、"法密部"、"化地
部"、"饮光部"、"经部"等部派)的思想观点;以及外道(如"胜
论者"、"声论者"、"数论者"、"顺世论者"、"耆那教"等)的教理
学说,作了广泛的征引、比较和评破。凡是与契经(指阿含经)
义理相符的异说,一般只叙列、不破斥;凡是与契经义理相违的
异见,则先叙列、后破斥。全书义理浩繁,为小乘论书之最。因
此,它不仅是说一切有部最有权威的代表作(先前的"一身六
足"等著作都是个人作品,唯独它是集体作品),也是研究部派
佛教思想之异同的最为丰富的资料宝库。

　　卷一:《阿毗达磨发智大毗婆沙论序》。叙述《发智论》的

撰作缘起等问题。内容包括："阿毗达磨"的由来；"三藏"的差别；《发智论》的撰作缘起；《阿毗达磨发智论》的名义等。

（1）"阿毗达磨"的由来。说："世尊在世，于处处方邑，为诸有情，以种种论道，分别演说阿毗达磨。佛涅槃后，或在世时，诸圣弟子以妙愿智，随顺纂集，别为部类"，"阿毗达磨本是佛说：亦是尊者随顺纂集。"（2）"三藏"的差别。说："若依增上心论道，是素怛缆；若依增上戒论道，是毗柰（奈）耶；若依增上慧论道，是阿毗达磨。"（3）《发智论》的撰作缘起。说："尊者（指迦多衍尼子）以三因缘制造此论，一为增益智故、二为开觉意故、三为遮计我故。"（4）《阿毗达磨发智论》的名义。说："于诸法相，能善决择（指决断简择）、能极决择故，名阿毗达磨"，"诸胜义智，皆从此发此为初基，故名发智"（以上见卷一）如关于"阿毗达磨"的名义，说：

　　以何义故，名阿毗达磨？阿毗达磨诸论师言：于诸法相，能善决择、能极决择故，名阿毗达磨。复次，于诸法性，能善觉察、能善通达故，名阿毗达磨。复次，能于诸法，现观作证（指现前观察、直接证知）故，名阿毗达磨。复次，法性甚深，能尽原底故，名阿毗达磨。复次，诸圣慧眼，由此清净故，名阿毗达磨。复次，能善显发幽隐法性故，名阿毗达磨。……尊者世友作如是说：常能决择契经等中，诸法性相故，名阿毗达磨。……大德说曰：于杂染（指有漏）、清净、系缚、解脱、流转、还灭法，以名身、句身、文身，次第结集，安布分别故，名阿毗达磨。（卷一，《大正藏》第二十七卷，第4页上、中）

卷二至卷二百：《阿毗达磨大毗婆沙论》正文，解释《发智论》。分为"八蕴四十三纳息"。

一、《杂蕴》(卷二至卷四十五)。解释《发智论》卷一至卷二《杂蕴》,论述"四善根"等问题。下分八纳息(即八品)。

(一)《世第一法纳息》(又名《杂蕴第一中世第一法纳息》,略称《杂蕴·世第一法纳息》,以下各纳息的题名类此,卷二至卷九)。解释《发智论》卷一《杂蕴·世第一法纳息》,论述"世第一法"等问题。内容包括:"四善根"、"三善根"、"二十句萨迦耶见"(又称"二十身见")等。

(1)"四善根"。指修行者在入"见道"之前的加行位(指为入"见道"而加功用行的修行阶位),以"四禅"为所依,观察"四谛十六行相"(指"苦谛"的无常、苦、空、无我四行相;"集谛"的集、因、缘、生四行相;"灭谛"的尽、灭、妙、出四行相;"道谛"的道、正、行、迹四行相),依次成就能引生见道无漏智(指无烦恼过患的智慧)的四种善根,即"暖法"、"顶法"、"忍法"、"世间第一法"。本书先说"世第一法",后说"忍法"、"顶法"、"暖法"(见卷二、卷三)。(2)"三善根"。指随顺能引生福果的三种善根。一是"顺福分",指能引生世间可爱之果的善根,此善根能种植"生人"(生于人间)、"生天"(生于天界)的种子;二是"顺解脱分",指能引生解脱之果的善根,此善根能种植"决定解脱"的种子,由此"决定得般涅槃";三是"顺决择分",指能引生圣道之果的善根,即"暖法"、"顶法"、"忍法"、"世第一法"四善根。"暖法"、"顶法"均有"顺退分"、"顺住分"、"顺胜分"三种,"忍法"有"顺住分"、"顺胜分"二种;"世第一法"只有"顺胜分"一种(见卷五、卷七)。(3)"二十句萨迦耶见"。指二十种"身见",包括"我见"五种、"我所见"十五种。"五我见,谓等随观色是我,受、想、行、识是我;十五我所见,谓等随观我有色,色是我所,我在色中,我有受、想、行、识,受、想、行、识是我所,我在受、想、行、识中"(见卷八)。如关于"四种顺决择分",说:

四种顺决择分,谓暖、顶、忍、世第一法。问:如是四种自性云何?答:皆以五蕴为其自性。……问:此何故名顺决择分?答:决择(指决断简择)者,谓圣道,如是四种是顺彼分,顺彼分中,此四最胜,是故名为顺决择分,即此四种,亦名行谛,亦名修治,亦名善根。行谛者,谓以无常等十六行相,游历四谛故。修治者,谓为求圣道,修治身器,除去秽恶,引起圣道故。……善根者,谓圣道涅槃,是真实善,此四与彼为初基本,为安足处,故名为根。问:此四善根,为有几品?答:总有三品,谓下中上,暖是下品,顶是中品,忍及世第一法是上品。(卷六《杂蕴·世第一法纳息》,第29页下—第30页上)

(二)《智纳息》(卷九至卷二十三)。解释《发智论》卷一《杂蕴·智纳息》,论述"智因"等问题。内容包括:"一智识因缘"、"二心"、"三种作意"、"六根"、"六境"、"多名身"、"多句身"、"多文身"、"六因"、"四缘"、"五果"、"随眠随增"等。

(1)"一智识因缘"。指"无一智知一切法"、"无一识了一切法"。这是针对大众部、法密部、化地部、犊子部等的异执而说的(见卷九)。(2)"二心"。指"无二心(指前心、后心)展转相因","有二心展转相缘"。这是针对外道的异见而说的(见卷十)。(3)"三种作意"。指有三种作意(令心警觉,趣境),有二说。一指"自相作意、共相作意、胜解作意"(《阿毗昙毗婆沙论》卷六作"三种观","所谓别相观、总相观、虚相观");一指"闻所成作意、思所成作意、生得作意"(见卷十一)。

(4)"六根"、"六境"。"六根",指六种感觉器官,即"眼"、"耳"、"鼻"、"舌"、"身"、"意";"六境",指六根所取的六种境界,即"色"、"声"、"香"、"味"、"触"、"法"。"六境"中,"色"有

二十种(指青、黄、赤、白、长、短、方、圆、高、下、正、不正、云、烟、
尘、雾、影、光、明、暗);"声"有八种(指"执受大种因声、非执受
大种因声,此各有二,谓有情名声,非有情名声。此复各有可意、
不可意别,故成八种");"香"有四种(指好香、恶香、平等香、不
平等香);"味"有六种(指甘、酢、醎、辛、苦、淡);"触"有十一种
(指四大种、滑性、涩性、轻性、重性、冷性、饥性、渴性);"法"有
七种(指"前四蕴及三无为,于色蕴中取无表色。三无为者,谓
虚空、择灭、非择灭";见卷十三)。(5)"多名身"、"多句身"、
"多文身"。"多名身"(身表示复数),指表述事物自性的名词;
"多句身",指表述事物差别的句子;"多文身",指"名"、"句"所
依的梵文字母(见卷十四)。(6)"六因"、"四缘"、"五果"。
"六因",指一切有为法(有因缘造作、生灭变化的非常住事物)
生起的六种原因,即"相应因"、"俱有因"、"同类因"、"遍行
因"、"异熟因"(又称"果报因")、"能作因";"四缘",指一切有
为法生起的四种条件,即"因缘"、"等无间缘"、"所缘缘"、"增
上缘";"五果",指由因缘引生的五种结果,即"士用果"、"等流
果"、"异熟果"、"增上果"、"解脱果"(又称"离系果")。"六
因"与"四缘"的关系是,"互相摄随其事,谓前五因是因缘,能作
因是余三缘"。"六因"与"五果"的关系是,"相应(因)、俱有
因,有士用果;同类(因)、遍行因,有等流果;异熟因,有异熟果;
能作因,有增上果;其解脱果,是道所证,非因所得"(见卷十六
至卷二十一)。(7)"随眠随增"。指"随眠"(又称"使",指根
本烦恼)有"相应随增"(指根本烦恼与相应的"心、心所"随顺
增长)、"所缘随增"(指根本烦恼与所缘的境界随顺增长)二种
等(见卷二十二)。如关于"四缘",说:

　　问:若于一法具四缘者,应但一缘,云何立四? 答:依

作用立,不依物体,一物体中有四用故。谓一刹那心、心所法,引起次后刹那同类心、心所故,立为因缘;即此开避,次后刹那心、心所法令得生故,立为等无间缘;即此能为次后刹那心、心所法所取境故,立为所缘缘;即此不障碍次后刹那心、心所法令得生故,立为增上缘。此中因缘如种子法,等无间缘如开导法,所缘缘如任杖法,增上缘如不障法。如是等过去、现在非最后心、心所法具四缘性,余有为法有三缘性,三无为法有二缘性,皆依义说,不依物体。一物体中有多义故,如诸法中有能作(因)。(卷二十一《杂蕴·智纳息》,第109页上、中)

(三)《补特伽罗纳息》(卷二十三至卷二十九)。解释《发智论》卷一《杂蕴·补特伽罗纳息》,论述"补特伽罗"(指人)等问题。内容包括:"十二支缘起"(又称"十二缘起")、"持息念"、"有情相续"、"心解脱"、"二解脱"、"三界"等。

(1)"十二支缘起"。指众生生死流转的十二个阶段,即"无明"、"行"、"识"、"名色"、"六处"、"触"、"受"、"爱"、"取"、"有"、"生"、"老死"。此中,"若过去起无明、行(此为过去世二因),引得现在识、名色、六处、触、受(此为现在世五果);复于现在起爱、取、有(此为现在世三因),引得未来生、老死(此为未来世二果)"。"缘起有四种,一刹那、二连缚、三分位、四远续",此处说的"分位缘起",即用"三世两重因果",来说明众生生死流转的过程(见卷二十三)。(2)"持息念"。指"数息观",即数出入息,以对治"乱心"的禅观,即"此持息念由六因故,应知其相,一数、二随、三止、四观、五转、六净(以上称为六妙门)"(见卷二十六)。(3)"有情相续"。指众生的生命的延续,"有色有情"(指欲界、色界众生)的心相续,"依身转";"无色有情"(指无色界众生)的心相续,即"依命根、众同分,及余如是类心不相应行"(见卷二十六)。(4)"心解脱"。指心脱离烦恼的系缚而得解脱,即"离贪、瞋、痴,心得解脱"(见卷二十七)。(5)"二解脱"。有三说。一指"有为解脱"、"无为解脱";二指"时心解脱"、"不时心解脱";三指"心为解脱"、"慧解脱"(见卷二十八)。(6)"三界"。此指"无为解脱"的三种境界,即"断界"、"离界"、"灭界"。"断界",指"除爱结,余结断";"离界",指"爱结断";"灭界",指"诸余顺结法断"(见卷二十九)。如关于依"分位缘起"而说的"十二支缘起",说:

> 云何无明? 谓过去烦恼位。云何行? 谓过去业位。云何识? 谓续生心,及彼助伴。云何名色? 谓结生已,未起眼等四种色根,六处未满,(处)中间五位,谓羯剌蓝(意译"凝滑"、"杂秽",指受胎后第一个七日的情形)、颊部昙(意译"疱结",指第二个七日的情形)、闭尸(意译"肉段",指第三个七日的情形)、键南(意译"硬肉",指第四个七日的情形)、钵罗奢佉(意译"支节",指手足已形成,即受胎后第五个七日乃至出生之间的情形;以上合称"胎内五位"),是名色位。云何六处? 谓已起四色根,六处已满,即钵罗奢佉位,眼等诸根未能与触作所依止,是六处位。云何触? 谓眼等根虽能与触作所依止,而未了知苦乐差别,亦未能避诸损害缘。……食、淫、具爱,犹未现行,是触位。云何受? 谓能别苦乐,亦能避损害缘。……虽已起食爱,而未起淫及具爱,是受位。云何爱? 谓虽已起食爱、淫爱,及资具爱,而未为此四方追求。……是爱位。云何取? 谓由三爱,四方追求。……然未为后有,起善恶业,是取位。云何有? 谓追求时,亦为后有起善恶业,是有位。云何生? 谓即现在识位,

在未来时,名生位。云何老死?谓即现在名色、六处、触、受位,在未来时,名老死位。(卷二十三《杂蕴·补特伽罗讷息》,第119页上)

(四)《爱敬纳息》(卷二十九至卷三十四)。解释《发智论》卷二《杂蕴·爱敬纳息》,论述"爱敬"等问题。内容包括:"爱敬"、"供养"、"佛十力"、"佛四无畏"、"佛大悲"、"三念住"、"七妙法"、"三种灭"、"二涅槃界"、"无学五蕴"、"二遍知"、"三归依"等。

(1)"爱敬"、"供养"。"爱敬",指爱乐恭敬;"供养",指供给资养,分"财供养"、"法供养"二种(见卷二十九)。(2)"佛十力"。指佛的十种智力。一是"处非处智力"(又称"是处非处力"),能了知事物是否合乎道理(合乎道理为"处",不合道理为"非处");二是"业法集智力"(又称"业力"),指能了知过去、现在未来三世的业报;三是"静虑、解脱、等持、等至发起杂染清净智力"(又称"定力"),指能了知各种禅定的浅深次第;四是"种种界智力"(又称"性力"),指能了知众生的界类差别;五是"种种胜解智力"(又称"欲力"),指能了知众生的意乐(即意念)胜解;六是"根胜劣智力"(又称"根力"),指能了知众生的根性胜劣;七是"遍趣行智力"(又称"至处道力"),指能了知众生有漏行、无漏行的归趣;八是"宿住随念智力"(又称"宿命力"),指能了知过去世所经行的事情;九是"死生智力"(又称"天眼力"),指能以天眼(超越肉眼)了知众生的生死状况;十是"漏尽智力"(又称"漏尽力"),指能了知断尽烦恼的情况(见卷三十)。(3)"佛四无畏"。指佛说法时所具有的四种无所畏惧的智德。一是"正等觉无畏",指佛对一切诸法皆能觉知而无所畏惧;二是"漏永尽无畏",指佛断尽一切烦恼而无所畏惧;三是

"说障法无畏",指佛说何法障碍圣道而无所畏惧;四是"说出道无畏",指佛说何法趣证涅槃而无所畏惧。"四无畏"与"十力"的关系是,"初无畏即初力,第二无畏即第十力,第三无畏即第二力,第四无畏即第七力"(见卷三十一)。(4)"佛大悲"。指佛拔济一切众生苦难的怜悯之心,为"处非处智力"所摄(见卷三十一)。

(5)"三念住"。指佛说法时,安住正念,对弟子不起欢喜或忧戚之心的三种情况。"第一念住",指佛对"恭敬听受"的弟子(即正行者),"不生欢喜",住念正知;"第二念住",指佛对"不恭敬听受"的弟子(即邪行者),"不生瞋恨",住念正知;"第三念住",指佛对有时"恭敬听受"、有时"不恭敬听受"的弟子(即有时正行、有时邪行者),"不生欢喜,亦不瞋恨",住念正知。此为"处非处智力"所摄(见卷三十一)。(6)"七妙法"。指七种善法,即"知法"、"知义"、"知时"、"知量"、"自知"、"知众"、"知补特伽罗胜劣差别"。此为"世俗智性"所摄(见卷三十一)。(7)"五圣智三摩地"。指了知"三摩地"(意译"定",指令心专住一境)的五种"内证智",即:"知此三摩地","是圣离染";"非愚者所近,是智者所赞";"现乐后乐";"寂静微妙,是止息道,令心一趣,有所证得";"正念故入,正念故出"。此为"世俗智性"所摄(见卷三十一)。(8)"三种灭"。指三种寂灭,即"择灭"、"非择灭"、"无常灭",前二种为"无为法"的寂灭,末一种为"有为法"的寂灭(见卷三十一)。

(9)"二涅槃界"。指二种涅槃境界,即"有余依涅槃界"、"无余依涅槃界"。"有余依涅槃界",指"阿罗汉诸漏(烦恼)永尽,寿命犹存",所说的"依",有"烦恼依"、"生身依"二种,"此阿罗汉虽无烦恼依,而有生身依";"无余依涅槃界",指"阿罗汉诸漏永尽,寿命已灭"(见卷三十二)。(10)"无学五蕴"(又称

"无漏五蕴"、"五分法身")。指成就法身的五种功德法。一是
"无学戒蕴",指"无学身律仪("律仪"意为"戒"、"防护")、语律
仪、命清净",亦即"正业、正语、正命";二是"无学定蕴",指"无
学三三摩地,谓空、无愿、无相","空三摩地,近对治有身见;无
愿三摩地,近对治戒禁取;无相三摩地,近对治疑";三是"无学
慧蕴",指"无学正见智";四是"无学解脱蕴",指"无学作意相
应心,已胜解、今胜解、当胜解";五是"无学解脱智见蕴",指"尽
智、无生智"(此为"无学位"所起的二种"无漏智",见卷三十
三)。(11)"二遍知"。指对治烦恼的二种智慧,即"智遍知"、
"断遍知","智遍知"为因,"断遍知"为果(见卷三十四)。
(12)"三归依"。指佛弟子的三种归依,即"归依佛"、"归依
法"、"归依僧"(见卷三十四)。如关于"二遍知",说:

> 云何智遍知? 答:诸智、见、明、觉、现观(指现前观
> 察),是谓智遍知。……对治无知,故名智;对治恶见,故名
> 见;对治无明,故名明;对治邪觉,故名觉;对治邪现观,故名
> 现观。……问:何等世俗智,亦名智遍知? 答:除胜解作
> 意相应世俗智,余闻、思、修观自(相)、共相诸世俗智,极明
> 了者,亦得名现观,亦名智遍知。闻所成慧者,如观十八界
> 自(相)、共相等;思所成慧者,如持息念、四念住等;修所成
> 慧者、如暖、顶、忍、世第一法等。此及无漏慧,俱名智遍知。
> 云何断遍知? 答:诸贪永断,瞋、痴永断,一切烦恼永断,是
> 谓断遍知。……智遍知者,智为自性;断遍知者,断为自性,
> 断是智果,故名遍知。(卷三十四《杂蕴·爱敬纳息》,第
> 175 页上、中)

(五)《无惭纳息》(卷三十四至卷三十八;此标题据宋元明
藏本,《丽藏》本作《无惭愧纳息》,据《发智论》本文,当无"愧"

字)。解释《发智论》卷二《杂蕴·无惭纳息》,论述"无惭"等问题。内容包括:"无惭"、"无愧"、"增上不善根"、"微俱行不善根"、"欲界增上善根"、"微俱行善根"、"掉举"、"恶作"、"惛沈"(即昏沉)、"睡眠"、"二种无明随眠"等。

(1)"无惭"、"无愧"。"惭",指羞惭(对已以过恶为羞耻),"于自在者,有怖畏转";"愧",指愧疢(对人以过恶为羞耻),即"于诸罪中,深见怖畏"。"无惭"、"无愧"则与之相反(见卷三十四、卷三十五)。(2)"增上不善根"、"微俱行不善根"。"增上不善根",指"极猛利"、"极粗重"的三不善根,即贪、瞋、痴,它们是"能断善根"、"离欲染时,最初所舍"的不善根;"微俱行不善根",指"微细难断"的三不善根,即"欲界下下品贪、瞋、痴",它们是"离欲染时,最后所舍"的不善根(见卷三十五)。(3)"欲界增上善根"、"微俱行善根"。"欲界增上善根",指"欲界"的三善根(指无贪、无瞋、无痴),"如是善根,于欲界系诸善根中,最为胜故,说名增上";"微俱行善根",指"断善根时,最后所舍"的三善根,"如是善根,是欲界系生得善中,下下品摄,名微俱行"(见卷三十六)。

(4)"掉举"、"恶作"。"掉举",指心神浮躁;"恶作",指追悔(见卷三十七)。(5)"惛沈"(即昏沉)、"睡眠"。"昏沉",指心神昏昧;"睡眠",指令心暗昧(见卷三十七)。(6)"二种无明随眠"。指由"无明"生起的根本烦恼,分"相应无明"(又称"相应无明随眠")、"不共无明"(又称"不共无明随眠")二种。前者是与"贪"等根本烦恼相应共起的"无明",分为二种,即与"遍行随眠"相应的"无明"与"非遍行随眠"相应的"无明";后者是独自生起的"无明",如"诸无明于苦(谛)不了,于集、灭、道(谛)不了"(见卷三十八)。如关于"惭"、"愧"二白法(指善法),说:

　　如世尊说,有二白法能护世间,谓惭与愧,若无此二,是则应无善趣解脱。……云何惭？答：诸有惭、有所惭、有异惭,有羞、有所羞、有异羞,有敬、有敬性,有自在、有自在性,于自在者,有怖畏转,是谓惭。……云何愧？答：诸有愧、有所愧、有异愧,有耻、有所耻、有异耻,于诸罪中,有怖、有畏、深见怖畏,是谓愧。……惭、愧何差别？答：于自在者,有怖畏转,是惭；于诸罪中,深见怖畏,是愧。(卷三十五《杂蕴·无惭纳息》,第180页中—第181页上)

　　(六)《相纳息》(卷三十八至卷三十九)。解释《发智论》卷二《杂蕴·相纳息》,论述"有为相"等问题。内容包括："有为法"的四种相状,即"生"、"住"、"老"、"无常"等。

　　(1)"生"。指事物的生起。(2)"住"。指事物的暂住。(3)"老"。指事物的衰老,即"诸行(指有为法)向背,熟变相"。(4)"无常"。指事物的坏灭,即"诸行散坏、破没、亡退"(以上见卷三十八)。如关于有部的"诸行自性无有转变"说,说：

　　问：诸行自性有转变不？……答：应说诸行自性无有转变。问：若尔,何故此(指有为法)中说有住、异？答：此中住、异,是老别名,非谓转变。……复次,有因缘故说无转变,有因缘故说有转变。有因缘故无转变者,谓一切法,各住自体、自我、自物、自性、自相,无有转变；有因缘故有转变者,谓有为法得势时生,失势时灭。……和合时生,离散时灭,故有转变。复次,转变有二种：一者自体转变,二者作用转变。若依自体转变说者,应言诸行无有转变,以彼自体无改易故；若依作用转变说者,应言诸行亦有转变,谓法未来未有作用,若至现在便有作用,若入过去作用已息,故有

转变。(卷三十九《杂蕴·相纳息》,第200页上、中)

(七)《无义纳息》(卷三十九至卷四十二)。解释《发智论》卷二《杂蕴·无义纳息》,论述"苦行无义"等问题。内容包括:"苦行无义"、"不净观"、"化法调伏"、"法随法行"、"多欲"、"不喜足"、"少欲"、"喜足"、"难满"、"难养"、"易满"、"易养"等。

(1)"苦行无义"。指外道所修的"苦行"无益处、无意义(见卷三十九)。(2)"不净观"。指观想人身的不净相,以对治贪欲的禅观(见卷四十)。(3)"化法调伏"、"法随法行"。"化法调伏",指"在天中而见法者";"法随法行",指"在人中而见法者"(见卷四十一)。(4)"多欲"、"不喜足"。"多欲",指多希求;"不喜足",指不知足(见卷四十一)。(5)"少欲"、"喜足"。"少欲",指少希求;"喜足",指知足(见卷四十一)。(6)"难满"、"难养"。指对饮食难满足、难供养(见卷四十二)。(7)"易满"、"易养"。指对饮食易满足、易供养(见卷四十二)。如关于"住对面念"(即"不净观"),说:

> 云何名住对面念耶? 答:修观行者,系念眉间,或观青瘀,或观膹(胮)胀,或观脓烂,或观破坏,或观异赤,或观被食,或观分离,或观白骨,或观骨锁,此等名为住对面念。……修观行者,如是系念在眉间等,观察死尸、青瘀等相,即不净观。……不净观是众观初。……修观者多分依止不净观门,趣入圣道。(卷四十《杂蕴·无义纳息》,第205页上)

(八)《思纳息》(卷四十二至卷四十五)。解释《发智论》卷二《杂蕴·思纳息》,论述"思"等问题。内容包括:"思"、"虑"、"三慧"、"寻"、"伺"、"掉举"、"心乱"、"大地法"、"大烦恼地法"、"小烦恼地法"、"大善地法"、"大不善地法"、"大有覆无记

地法"、"大无覆无记地法"、"二种三摩地"、"无明"、"不正知"、
"憍"、"慢"、"三不善寻"、"行圆满"、"护圆满"、"异生性"(又
称"凡夫性")等。

(1)"思"、"虑"。"思",指思量(令心造作),即"心行、意
业";"虑",指审虑,即"称量"、"筹度"、"观察"(见卷四十二)。
(2)"三慧"。指依闻、思、修生成的三种智慧,即"闻所成慧"、
"思所成慧"、"修所成慧"(见卷四十二)。(3)"寻"、"伺"。
"寻"(又称"觉"),指寻求(粗浅推度),即"寻求"、"辨了"、"推
度"、"构画";"伺"(又称"观"),指伺察(深细思察),即"伺
察"、"随行"、"随转"(见卷四十二)。(4)"掉举"、"心乱"。
"掉举",指心神浮躁,即"心不寂静"、"躁动"、"掉举";"心乱",
指内心散乱,即"诸心散乱"、"流荡不住"(见卷四十二)。

(5)"大地法"。指与一切心(包括善、恶、无记性)相应的
心理活动,有十种,即"受"、"想"、"思"、"触"、"欲"、"作意"、
"胜解"、"念"、"三摩地"、"慧"(见卷四十二)。(6)"大烦恼地
法"。指与一切染污心相应的心理活动,有十种,即"不信"、"懈
怠"、"放逸"、"掉举"、"无明"、"忘念"、"不正知"、"心乱"、"非
理作意"、"邪胜解"(见卷四十二)。(7)"小烦恼地法"。指与
少量染污心相应的心理活动,有十种,即"忿"、"恨"、"覆"、
"恼"、"诳"、"谄"、"憍"、"悭"、"嫉"、"害"(见卷四十二)。
(8)"大善地法"。指与一切善心相应的心理活动,有十种,即
"信"、"精进"、"惭"、"愧"、"无贪"、"无瞋"、"轻安"、"舍"、
"不放逸"、"不害"(见卷四十二)。(9)"大不善地法"。指与
一切不善心相应的心理活动,有五种,即"无明"、"惛沈"(即昏
沉)"掉举"、"无惭"、"无愧"(见卷四十二)。(10)"大有覆无
记地法"。指与"有覆无记心"(指有极微染污的"无记心")相
应的心理活动,有三种,即前述"大不善地法"中的"无明"、"惛

沈"、"掉举"(见卷四十二)。(11)"大无覆无记地法"。指与
"无覆无记心"(指无染污的"无记心")相应的心理活动,有十
种,即"前大地(法)受等十法"(见卷四十二)。

(12)"二种三摩地"。指依有无"染污"区分的二种"三摩
地"(意译"定",指令心专住一境),即"染污三摩地"(又称"散
乱三摩地")、"不染污三摩地"(又称"不散乱三摩地";见卷四
十三)。(13)"无明"、"不正知"。"无明",指愚痴无知,即"三
界无智";"不正知",指于境谬解,即"非理所引慧"(见卷四十
三)。(14)"憍"、"慢"。"憍",指骄矜自持,即"若不方他,染
著自法,心傲逸相";"慢",指傲慢凌人,即"若方于他,自举恃
相",分为七种,即"慢"、"过慢"、"慢过慢"、"我慢"、"增上慢"、
"卑慢"、"邪慢"(见卷四十三)。(15)"三不善寻"(又称"三不
善觉")。指三种与"不善"相应的寻求(粗浅推度),即"欲寻"、
"恚寻"、"害寻",每一寻下分"自害"、"害他"、"俱害"三种,如
"欲寻自害"、"欲寻害他"、"欲寻俱害"等(见卷四十四)。
(16)"行圆满"、"护圆满"。"行圆满",指阿罗汉的"无学身律
仪"、"语律仪"、"命清净";"护圆满",指阿罗汉的"无学根律
仪"(又称"意律仪")(见卷四十四)。(17)"异生性"。指凡夫
性(见卷四十五)。如关于"三慧"(即闻所成慧、思所成慧、修所
成慧),说:

　　若于三藏、十二分教,受持转读,究竟流布,是生得慧,
依此发生闻所成慧,依此发生思所成慧,依此发生修所成
慧,此断烦恼证得涅槃,如依种生芽,依芽生茎,依茎转生枝
叶花果。复次,依闻生者,名闻所成慧;依思生者,名思所成
慧;依修生者,名修所成慧。复次,闻所引者,名闻所成慧;
思所引者,名思所成慧;修所引者,名修所成慧。复次,缘力

起者,名闻所成慧;因力起者,名思所成慧;俱力起者,名修所成慧。复次,他力起者,名闻所成慧;自力起者,名思所成慧;俱力起者,名修所成慧。……复次,教力起者,名闻所成慧;义力起者,名思所成慧;定力起者,名修所成慧。(卷四十二《杂蕴·思纳息》,第 217 页中)

二、《结蕴》(卷四十六至卷九十二)。解释《发智论》卷三至卷六《结蕴》,论述"结"(指烦恼)等问题。下分四纳息。

(一)《不善纳息》(卷四十六至卷五十五)。解释《发智论》卷三《结蕴·不善纳息》,论述"思"等问题。内容包括:"三结"、"三不善根"、"三漏"、"四瀑流"、"四轭"、"四取"、"四身系"、"五盖"、"五结"、"五顺下分结"、"五顺上分结"、"五见"、"六爱身"、"七随眠"、"九结"、"九十八随眠"等十六类烦恼法,并深入分析这些烦恼法与"不善、无记"等诸法之间的关系。

(1)"三结"。指结缚身心,令众生不得解脱的三种烦恼,即"有身见结"、"戒禁取结"、"疑结"(见卷四十六)。(2)"三不善根"。指三种不善根性,即"贪不善根"、"瞋不善根"、"痴不善根"(见卷四十七)。(3)"三漏"。指由六根漏泄过患,令众生流转三界的三种烦恼,即"欲漏"、"有漏"、"无明漏"(见卷四十七)。(4)"四瀑流"(又称"四流")。指令众生漂溺于三界生死的四种烦恼,即"欲瀑流"、"有瀑流"、"见瀑流"、"无明瀑流"(见卷四十八)。(5)"四轭"。指令众生荷负重苦的四种烦恼,即"欲轭"、"有轭"、"见轭"、"无明轭"(见卷四十八)。(6)"四取"。指令众生生起执取的四种烦恼,即"欲取"、"见取"、"戒禁取"、"我语取"(见卷四十八)。(7)"四身系"(又称"四种身结")。指系缚身心,令众生不得解脱的四种烦恼,即"贪欲身系"、"瞋恚身系"、"戒禁取身系"、"此实执身系"(见卷四十八)。(8)"五盖"。指覆盖众生心性的五种烦恼,即"贪欲盖"、"瞋恚盖"、"惛沈(即昏沉)睡眠盖"、"掉举恶作盖"、"疑盖"(见卷四十八)。(9)"五结"。指结缚身心,令众生不得解脱的五种烦恼,即"贪结"、"瞋结"、"慢结"、"嫉结"、"悭结"(见卷四十九)。(10)"五顺下分结"。指顺益下分界(欲界)的五种烦恼,即"贪欲顺下分结"、"瞋恚顺下分结"、"有身见顺下分结"、"戒禁取顺下分结"、"疑顺下分结"(见卷四十九)。(11)"五顺上分结"。指顺益上分界(色界、无色界)的五种烦恼,即"色贪顺上分结"、"无色贪顺上分结"、"掉举顺上分结"、"慢顺上分结"、"无明顺上分结"(见卷四十九)。

(12)"五见"。指五种邪见,即"有身见、边执见、邪见、见取、戒禁取"(见卷四十九)。(13)"六爱身"。指由六触所生的六种贪爱,即"眼触所生爱身"、"耳触所生爱身"、"鼻触所生爱身"、"舌触所生爱身"、"身触所生爱身"、"意触所生爱身","多爱积集故,名为身"(见卷四十九)。(14)"七随眠"。指七种根本烦恼,即"欲贪随眠"、"瞋恚随眠"、"有贪随眠"、"慢随眠"、"无明随眠"、"见随眠"、"疑随眠"(见卷五十)。(15)"九结"。指结缚身心,令众生不得解脱的九种烦恼,即"爱结"、"恚结"、"慢结"、"无明结"、"见结"、"取结"、"疑结"、"嫉结"、"悭结"(见卷五十)。(16)"九十八随眠"。指九十八种根本烦恼,即三界(欲界、色界、无色界)的每一界都有五部(五大部类)烦恼,也就是在见道位(指初见四谛理的阶位,即"四向四果"中的初位"预流向")有"见苦谛所断"、"见集谛所断"、"见灭谛所断"、"见道谛所断"四部烦恼,在修道位(指修习四谛法的阶位,即"四向四果"中的第二位"预流果"至第七位"阿罗汉向")有"修所断"一部烦恼。五部烦恼所含"十随眠"的数量不等,多则十种,少则三种,总计为九十八种。其中,欲界系随眠有三十六种,色界系随眠有三十一种,无色界系随眠有三十一种(见卷五十)。(17)"三结"等烦恼法与"不善、无记"等诸法之间的关系。指"三结乃至九十八随眠"中,"几(多少)不善、几无记";"几有异熟(又称"果报")、几无异熟";"几见所断、几修所断";"几见、几非见";"几有寻有伺、几无寻唯伺、几无寻无伺";"几欲界系、几色界系、几无色界系";"几成就、几不成就"等(见卷五十至卷五十五)。如关于为何"五见"中的末二见名为"二取",说:

> 有五见,谓有身见、边执见、邪见、见取、戒禁取。……问:何故名见,见是何义? 答:以四事故名见,一彻视故、二推度故、三坚执故、四深入所缘故。……问:何故二见(指见取、戒禁取)俱名为取? 答:由此二见,取行相转故,俱名取,谓有身见执我、我所;边执见执断、常;邪见执无;取此诸见,以为最胜故,名见取;取诸戒禁,能得净故,名戒禁取。复次,前之三见,推度所缘,势用猛利故,名为见;后之二见,执受能缘,势用猛利故,名为取。(卷四十九《结蕴·不善纳息》,第254页下—第256页中)

(二)《一行纳息》(卷五十六至卷六十三)。解释《发智论》卷三、卷四《结蕴·一行纳息》,论述"结系"等问题。内容包括:"九结"的"系事"(指"烦恼"的系缚);"三结乃至九十八随眠"的"摄事"、"相续事"、"灭事";以及"五种相续"、"三种退"、"六种阿罗汉"、"九遍知"、"八补特伽罗"等。

(1)"九结"的"系事"。这是依照"一行"、"历六"、"小七"、"大七"的句法加以辨析的"九结"系缚的处所。"一行",指的是依照"九结"各结的前后次序,将每一种"结"与它的"后一行",即此后各种"结",一一配对,对"结"与"结"之间的关系,加以辨析;"历六"、"小七"、"大七",指的是引入"三世"
("过去"、"现在"、"未来")概念,分别对不同时间段的一种、二
种、多种"结",作六方面或七方面的辨析(见卷五十六至卷五
十九)。

(2)"三结乃至九十八随眠"的"摄事"、"相续事"、"灭
事"。指从"三结"至"九十八随眠"的各种烦恼法,"一一摄几
(多少)随眠";"为前摄后、后摄前耶";"几令欲有相续、几令色
有相续、几令无色有相续";"依何定灭"等(见卷五十九、卷
六十)。

(3)"五种相续"。指有为法前因后果连续不间断的五种
情况。一是"中有相续",指"死有"(指众生命终最后一刹那的
色身)灭,"中有"(指众生从死到再次受生之间的识体)生,"中
有"是"死有"的延续;二是"生有相续",指"中有"灭,"生有"
(指众生从受生至命终之间的色身)生,"生有"是"中有"的延
续;三是"分位相续"(又称"时分相续"),指后段时分是前段时
分的延续,如"壮年分位"灭,"老年分位"生,"老年分位"是"壮
年分位"的延续;四是"法相续"(又称"法性相续"),指后起诸
法是前灭诸法的延续(通常是指同类事物之间的相续,本书所
举的是异类事物之间的相续,说"善法无间染或无记法现在前,
善法由染及无记法,说名相续",意谓"善法"无间断地引生"不
善法"或"无记法",即"善法"灭、生"不善法","不善法"灭、生
"善法");五是"刹那相续",指后一刹那是前一刹那的不间断延
续(见卷六十)。

(4)"三种退"。指从修行位退失的三种情况,即"已得
退"、"未得退"、"受用退"。"已得退",指从"先已得诸胜功德"
而退;"未得退",指从"于四真谛未得现观"而退;"受用退",指
从"于已得诸胜功德不现在前"而退(见卷六十一)。

（5）"六种阿罗汉"。指依根性区分的六种阿罗汉。一是"退法阿罗汉"，指遇到恶缘，便退失所得之果的阿罗汉；二是"思法阿罗汉"，指因恐退失所得之果，常想持刀自害，以求早日入"无余涅槃"的阿罗汉；三是"护法阿罗汉"，指对所得之果，殷重守护，使其不再退失的阿罗汉；四是"安住法阿罗汉"，指能安住于所得之果，既不退失，也不升进的阿罗汉；五是"堪达法阿罗汉"，指能善修"练根"（调练根性，使其转为胜根），迅速达到"不动种性"的阿罗汉；六是"不动法阿罗汉"，指本来就有或"练根"所得"不动种性"的阿罗汉。前五种为钝根阿罗汉，末一种为利根阿罗汉（见卷六十二）。

（6）"九遍知"（又称"九断智"）。指能断除三界见惑、修惑的九种无漏智（指无烦恼过患的智慧）。其中，在见道位，能断除欲界见惑的有三种遍知（断智），断除色界、无色界见惑的有三种遍知；在修道位，能断除欲界修惑的有一种遍知，断除色、无色界修惑的有二种遍知。它们是："第一遍知"，指"欲界见苦、集所断结尽"；"第二遍知"，指"色（界）、无色界见苦、集所断结尽"；"第三遍知"，指"欲界见灭所断结尽"；"第四遍知"，指"色、无色界见灭所断结尽"；"第五遍知"，指"欲界见道所断结尽"；"第六遍知"，指"色、无色界见道所断结尽"（以上为在见道位断除见惑的六种遍知）；"第七遍知"，指"五顺下分结尽"；"第八遍知"，指"色爱结尽"；"第九遍知"，指"一切结尽"（以上为在修道位断除修惑的三种遍知；见卷六十二）。

（7）"八补特伽罗"（又称"八人"）。指声闻乘修行的八种阶位，即"四向四果"，依次是："预流向"（属于见道位）、"预流果"、"一来向"、"一来果"、"不还向"、"不还果"、"阿罗汉向"（以上均属于修道位）、"阿罗汉果"（属于无学位；见卷六十三）。如关于"五种相续"，说：

诸相续略有五种,一中有相续、二生有相续、三时分相续、四法性相续、五刹那相续。中有相续者,谓死有蕴灭,中有蕴生,此中有蕴续死有蕴,是故名为中有相续;生有相续者,谓中有蕴灭,或死有蕴灭,生有蕴生,此生有蕴续中有蕴,或续死有蕴,是故名为生有相续;时分相续者,谓羯剌蓝(意译"凝滑"、"杂秽",指受胎后第一个七日的情形)乃至盛年时分蕴灭,頞部昙(意译"疱结",指第二个七日的情形)乃至老年时分蕴生,此頞部昙乃至老年时分蕴,续羯剌蓝乃至盛年时分蕴,是故名为时分相续;法性相续者,谓善法无间(引起)不善法或无记法生,此不善法或无记法续前善法,不善法或无记法无间(引起善法),广说亦尔,是故名为法性相续;刹那相续者,谓前前刹那无间(引起)后后刹那生,此后后刹那续前前刹那,是故名为刹那相续。此五相续……亦得入刹那中,一切皆是刹那性故。此五相续界者,欲界具五;色界唯四,除时分;无色界唯三,除中有及时分。(卷六十《结蕴·一行纳息》,第310页上、中)

(三)《有情纳息》(卷六十三至卷七十)。解释《发智论》卷五《结蕴·有情纳息》,论述"断结"等问题。内容包括:"三界二部结"、"四沙门果"、"中有"等。

(1)"三界二部结"。指"三界"的每一界均有"见所断结"、"修所断结"二种结(烦恼)。欲界、色界的"见所断结"、"修所断结",有"顿得系"(指顿受烦恼的系缚)、"顿离系"(指顿断烦恼的系缚)、"渐离系"(指渐断烦恼的系缚),而无"渐得系"(指渐受烦恼的系缚);无色界的"见所断结"、"修所断结",无"顿得系"、"顿离系"、"渐得系",而有"渐离系"等(见卷六十三)。(2)"四沙门果"。指声闻乘修行的四种果位,即"预流果"、"一

来果"、"不还果"、"阿罗汉果"(见卷六十五)。(3)"中有"(又
称"中阴"、"中阴身")。指众生从死到再次受生之间的识体,为
众生一期生命的四个阶段(称为"四有",即"生有"、"本有"、
"死有"、"中有")之一,即"居在二有(指死有、生有)中间,轻
细、难见、难明、难了,立中有名","欲(界)、色界定有中有",
"无色界无诸色故,亦无中有"(见卷六十八至卷七十)。如关于
"沙门性"、"沙门"、"沙门果"的名义,说:

> 云何沙门性?谓八支圣道。云何沙门?谓成就此法
> 者。云何沙门果?谓预流果乃至阿罗汉果。云何预流果?
> 谓永断三结。云何一来果?谓永断三结,薄、贪、瞋痴。云
> 何不还果?谓永断五顺下分结。云何阿罗汉果?谓永断
> 贪、瞋、痴,及一切烦恼。……四沙门果,实通有为、无为。
> (卷六十五《结蕴·有情纳息》,第336页下—第337页上)

(四)《十门纳息》(卷七十一至卷九十二)。解释《发智论》
卷五、卷六《结蕴·十门纳息》,论述从"二十二根"至"九十八随
眠"的四十二种法,并开立十门,辨析它们与"随眠随增"、"得遍
知"、"结尽"等诸法之间的关系问题。内容包括:"二十二根"、
"十八界"、"十二处"、"五蕴"、"五取蕴"、"六界"、"有色、无色
法"、"有见、无见法"、"有对、无对法"、"有漏、无漏法"、"有为、
无为法"、"过去、未来、现在法"、"善、不善、无记法"、"欲界、色
界、无色界系法"、"学、无学、非学非无学法"、"见所断、修所断、
无断法"、"四谛"、"四静虑"(又称"四禅")、"四无量"(又称
"四无量心")、"三种福业事"、"四无色"(又称"四无色定")、
"八解脱"、"八胜处"、"十遍处"等。

(1)"二十二根"。指有生长增上作用的二十二种根性,即
"眼根"、"耳根"、"鼻根"、"舌根"、"身根"(以上为十二处中的

五根）、"女根"、"男根"（以上为身根的一部分）、"命根"（此为
"心不相应行法"之一）、"意根"（此为十二处中的一根）、"乐
根"、"苦根"、"喜根"、"忧根"、"舍根"（以上为五受根）、"信
根"、"精进根"、"念根"、"定根"、"慧根"（以上为五善根）、"未
知当知根"、"已知根"、"具知根"（以上为三无漏根；见卷七十
一）。（2）"十八界"。指一切法（事物）的十八种类别，即"六
根"（指六种感觉器官，即眼、耳、鼻、舌、身、意）、"六境"（指六
根所取的六种境界，即色、声、香、味、触、法）、"六识"（指依根缘
境而生的六种认识作用，即眼识、耳识、鼻识、舌识、身识、意识；
见卷七十一）。（3）"十二处"。指"心"（指心识）、"心所"（指
依心而起的心理活动）的十二种生长之处，即"六根"、"六境"
（见卷七十三）。（4）"五蕴"。指一切有为法（有因缘造作、生
灭变化的非常住事物）的五种类别，即"色蕴"、"受蕴"、"想
蕴"、"行蕴"、"识蕴"（见卷七十四）。（5）"五取蕴"。指有漏
的五蕴，即由烦恼（"取"）而生的五蕴，"色取蕴"、"受取蕴"、
"想取蕴"、"行取蕴"、"识取蕴"。"五蕴"与"五取蕴"的差别
是，"五蕴"通"有漏"、"无漏"；而"五取蕴"唯通"有漏"（见卷七
十五）。（6）"六界"。指构成众生世间和器世间的六种基本要
素，即"地界"、"水界"、"火界"、"风界"、"空界"、"识界"。"六
界"是"十八界"的"少分"（指一部分），"六界"中的"地、水、火、
风界"摄"十八界"的"触界少分"；"空界"摄"十八界"的"色界
少分"；"识界"摄"十八界"的"前五识界"全部和"意界少分"、
"意识界少分"（见卷七十五）。

　　（7）"有色、无色法"。"有色法"，指有"变碍"的物质，即
"十二处"中的"眼、耳、鼻、舌、身、色、声、香、味、触处"十处和
"法处少分"；"无色法"，指无"变碍"的物质，即"十二处"中的
"意处"和"法处少分"（见卷七十五）。（8）"有见、无见法"。

"有见法",指能眼见的事物,即"十二处"中的"色处";"无见法",指不能眼见的事物,即"十二处"中其余十一处(见卷七十五)。(9)"有对、无对法"。"有对法",指有"对碍"的事物,即"十二处"中的"五内色处"(指五根)、"五外色处"(指五境);"无对法",指无"对碍"的事物,即"十二处"中的"意处"、"法处"(见卷七十六)。(10)"有漏、无漏法"。"有漏法",指有烦恼之法,即"十二处"中的十处(指五根、五境)和"意处少分"、"法处少分"(此指"意处"、"法处"中通"有漏"的那部分);"无漏法",指无烦恼之法,即"十二处"中的"意处少分"、"法处少分"(此指"意处"、"法处"中通"无漏"的那部分;见卷七十六)。(11)"有为、无为法"。"有为法",指有因缘造作、生灭变化的非常住事物,即"十二处"中的十一处(指六根、五境)和"法处少分"(此指"法处"中通"有为"的那部分);"无为法",指无因缘造作、生灭变化的常住事物,即"十二处"中的"法处少分"(此指"法处"中通"无为"的那部分;见卷七十六)。

　　(12)"过去、未来、现在法"。指三世的一切有为法,三世依"作用"而建立,即"有为法未有作用,名未来;正有作用,名现在;作用已灭,名过去"(见卷七十六)。(13)"善、不善、无记法"。"善法",指"善性"的事物,即"善五蕴,及择灭(无为)";"不善法",指"不善性"的事物,即"不善五蕴";"无记法",指"无记性"(指非善非恶)的事物,即"无记五蕴,及虚空(无为)、非择灭(无为)"(见卷七十七)。(14)"欲界、色界、无色界系法"。"欲界系法",指受欲界系缚的事物,即"欲界系五蕴";"色界系法",指受色界系缚的事物,即"色界系五蕴";"无色界系法",指受无色界系缚的事物,即"无色界系四蕴(因无"色蕴")"(见卷七十七)。(15)"学、无学、非学非无学法"。"学法",指"学人"(指有法可学之人,即尚未证得阿罗汉果者)之法,即"学五蕴";"无学法",指"无学人"(指无法可学之人,即已证得阿罗汉果者)之法,即"无学五蕴"(即无漏的五蕴);"非学非无学法",指"凡夫法"和"无为法"(见卷七十七)。

(16)"见所断、修所断、无断法"。"见所断法",指见道位所断烦恼之法,即"见所断八十八随眠,及彼相应心、心所法,彼所等起不相应行";"修所断法",指修道位所断烦恼之法,即"修所断十随眠,及彼相应(心、心所法),彼所等起身、语二业,彼所等起不相应行,并不染污诸有漏法";"无断法",指"无学位"无须断烦恼之法,即"无漏五蕴,及三无为"(见卷七十七)。

(17)"四谛"。指显示众生的痛苦与解脱的四种真理(真实不虚的道理),即"苦谛"、"集谛"、"灭谛"、"道谛"。"四谛"的"自性"是,"五取蕴(指有漏的五蕴)是苦谛,有漏因是集谛,彼择灭(无为)是灭谛,学、无学法是道谛"(见卷七十七)。

(18)"四静虑"。指色界的四种根本禅定,即"初静虑"、"第二静虑"、"第三静虑"、"第四静虑","心一境性是静虑,以三摩地为自性故"。"四静虑"总有"十八支"。"初静虑",有"寻"、"伺"、"喜"、"乐"、"心一境性"五支;"第二静虑",有"内等净"、"喜"、"乐"、"心一境性"四支;"第三静虑",有"行舍"、"正念"、"正慧"、"受乐"、"心一境性"五支;"第四静虑",有"不苦不乐受"、"行舍清净"、"念清净"、"心一境性"四支(见卷八十)。(19)"四无量"(又称"四无量心"、"四无量定")。指能引生利乐一切众生四种无量心的禅定(属于"三摩钵底",意译"等至"),即"慈无量"(指思惟给予一切众生快乐而起的慈心)、"悲无量"(指思惟拔济一切众生痛苦而起的悲心)、"喜无量"(指思惟一切众生离苦得乐而起的喜心)、"舍无量"(指思惟一切众生平等,无有亲怨之别而起的舍心;见卷八十一)。(20)"三种福业事"。指能引生福报的三种行为,即"施性福业事"(又称"施类福业事",指布施)、"戒性福业事"(又称"戒类福业事",指持戒)、"修性福业事"(又称"修类福业事",指修习慈悲喜舍)(见卷八十二)。(21)"四无色"(又称"四无色定")。指无色界的四种根本禅定,即"空无边处定"、"识无边处定"、"无所有处定"、"非想非非想处定"。其中,"空无边处",指"超诸色想,灭有对想,不思惟种种想,入无边空,空无边处具足住";"识无边处",指"超一切空无边处,入无边识,识无边处具足住";"无所有处",指"超一切识无边处,入无所有,无所有处具足住";"非想非非想处",指"超一切无所有处,入非想非非想处具足住"。"四静虑"、"四无色定"各有"修得定"(略称"定")、"生得定"(略称"生")二种。"修得定"是身处欲界(散地、下地)的众生,依修习而得到的色界、无色界(上地)的禅定,为"生得定"之因;"生得定"是生于色界、无色界的众生自然生起的禅定,为"修得定"之果(见卷八十四)。

（22)"八解脱"。指断除三界贪欲而得解脱的八种禅定。一是"内有色想,观诸色解脱",指依"初禅"而起的解脱,即在内有"色想"时,通过观察欲界的不净色,如青瘀等色,令贪欲不起;二是"内无色想,观外色解脱",指依"第二禅"而起的解脱,即在内无"色想"时,通过观察欲界的不净色,令贪欲不起;三是"净解脱身作证具足住"(又称"净解脱"),指依"第四禅"而起的解脱,即通过观察欲界的净色,如青、黄、赤、白等色,令贪欲不起;四是"空无边处具足住解脱"(又称"空无边处解脱"),指依"空无边处定"而起的解脱;五是"识无边处具足住解脱"(又称"识无边处解脱"),指依"识无边处定"而起的解脱;六是"无所有无所有处具足住解脱"(又称"无所有处解脱"),指依"无所有处定"而起的解脱;七是"非想非非想处具足住解脱"(又称"非想非非想处解脱"),指依"非想非非想处"而起的解脱;八是

"想受灭身作证具足住解脱"（又称"灭尽定解脱"），指依"灭尽定"而起的解脱。此中，前三种解脱在色界，后五种解脱在无色界（见卷八十四）。（23）"八胜处"。指通过观想欲界的色法，以断除贪欲的八种禅定，它们是从"八解脱"中的前三种解脱分出建立的。即："内有色想，观外色少"；"内有色想，观外色多"（以上二种相当于第一解脱）；"内无色想，观外色少"；"内无色想，观外色多"（以上二种相当于第二解脱）；"内无色想，观外诸色青"（又称"青胜处"）；"内无色想，观外诸色黄"（又称"黄胜处"）；"内无色想，观外诸色赤"（又称"赤胜处"）；"内无色想，观外诸色白"（又称"白胜处"，以上四种相当于第三解脱）。就"界"而言，"八胜处"皆是色界；就"地"而言，前四胜处在"初静虑"、"第二静虑"、"未至定"（指色界初静虑之前的欲界禅定）、"静虑中间"（又称"中间定"，指初静虑与第二静虑的近分定之间的禅定），后四胜处在"第四静虑"（见卷八十五）。（24）"十遍处"。指观想"地大"等十法周遍一切处的禅定，即"青遍处定"、"黄遍处定"、"赤遍处定"、"白遍处定"、"地遍处定"、"水遍处定"、"火遍处定"、"风遍处定"、"空遍处定"、"识遍处定"（《集异门论》卷十九、《品类足论》卷八的排序为"地、水、火、风"遍处在前，"青、黄、赤、白"遍处在后，与本书略有不同）。就"界"而言，前八遍处在色界，后二遍处在无色界；就"地"而言，前八遍处在"第四静虑"，第九遍处在"空无边处"，第十遍处在"识无边处"（见卷八十五）。如关于"过去、未来、现在法"，说：

问：过去法云何？答：五蕴、十二处、十八界各一分（指一部分）。问：未来法云何？答：五蕴、十二处、十八界各一分。问：现在法云何？答：五蕴、十二处、十八界各一分。问：如是三世，以何为自性？答：以一切有为法为自性。……问：何故名世，世是何义？答：行义是世义。……如何立有三世差别？答：以作用故，立三世别，即依此理说有行义，谓有为法未有作用，名未来；正有作用，名现在；作用已灭，名过去。复次，色未变碍，名未来；正有变碍，名现在；变碍已灭，名过去。受未领纳，名未来；正能领纳，名现在；领纳已灭，名过去。想未取相，名未来；正能取相，名现在；取相已灭，名过去。行未造作，名未来；正有造作，名现在；造作已灭，名过去。（卷七十六《结蕴·十门纳息》，第393页下）

三、《智蕴》（卷九十三至卷一百十一）。解释《发智论》卷七至卷十《智蕴》，论述"智"等问题。下分五纳息。

（一）《学支纳息》（卷九十三至卷九十七）。解释《发智论》卷七《智蕴·学支纳息》，论述"学八支"（又称"八学支"）等问题。内容包括："学八支"、"四通行"、"十无学支"、"见"、"智"、"慧"、"三十七菩提分法"、"世俗正见"、"世俗正智"、"无漏见"、"无漏智"等。

（1）"学八支"。指"学人"成就的"八道支"，即"正见"、"正思惟"、"正语"、"正业"、"正命"、"正勤"、"正念"、"正定"（见卷九十三）。（2）"四通行"。指通向涅槃的四种道路，即"苦迟通行"、"苦速通行"、"乐迟通行"、"乐速通行"（见卷九十三）。（3）"十无学支"。指"无学人"成就的十种"无漏法"（无烦恼之法），即"无学"（亦即"无漏"）的"正见"、"正思惟"、"正语"、"正业"、"正命"、"正勤"、"正念"、"正定"、"正解脱"、"正智"（见卷九十四）。（4）"见"、"智"、"慧"。"见"，指"眼根、五见、世俗正见、学无学见"；"智"，指"五识相应慧，除无漏忍，余意识相应慧"，分"善"、"染污"、"无覆无记"三种；"慧"，指

"六识相应慧",也分"善"、"染污"、"无覆无记"三种(见卷九十五)。(5)"三十七菩提分法"(又称"三十七道品")。指趣向菩提(觉悟)的三十七种修行方法,即"四念住"、"四正胜"、"四神足"、"五根"、"五力"、"七觉支"、"八道支"(见卷九十六)。(6)"世俗正见"、"世俗正智"。指世俗的有漏(有烦恼)的"正见"、"正智"。"世俗正见"(又称"有漏正见"),指"意识相应善有漏慧";"世俗正智"(又称"有漏正智"),指"五识相应善慧,及意识相应有漏善慧"(见卷九十七)。(7)"无漏见"、"无漏智"。指出世间的无漏(无烦恼)的"见"、"智"。"无漏见",指"除尽无生智,余无漏慧",亦即"现观边八无漏忍,及学八智、无学正见";"无漏智",指"除无漏忍,余无漏慧",亦即"学(八智)、无学八智"(见卷九十七)。如关于为何要建立"四通行",说:

应知行迹差别有四,一苦迟通行、二苦速通行、三乐迟通行、四乐速通行。……问:世尊何故广一二三,略十二等,建立如是四通行耶? 答:以三事故,一以地故、二以根故、三以补特伽罗故。此则总说,若别说者,但以二事,谓地故、根故,或地故、补特伽罗故。地故、根故者,谓(依)未至定、静虑中间(指中间定)、三无色定,诸钝根者所有圣道,名苦迟通行;即此诸地,诸利根者所有圣道,名苦速通行;(依)四根本静虑,诸钝根者所有圣道,名乐迟通行;即此诸地,诸利根者所有圣道,名乐速通行。地故、补特伽罗故者,谓(依)未至定、静虑中间、三无色定,随信行、信胜解、时解脱者所有圣道,名苦迟通行;即此诸地,随法行、见至、不时解脱者所有圣道,名苦速通行;(依)四根本静虑,随信行、信胜解、时解脱者所有圣道名乐迟通行;即此诸地,随法行、

见至、不时解脱者所有圣道,名乐速通行。(卷九十三《智蕴·学支纳息》,第 482 页上、中)

(二)《五种纳息》(卷九十七至卷九十九)。解释《发智论》卷七《智蕴·五种纳息》,论述"见"、"智"、"慧"等问题。内容包括:"邪见"、"邪智"、"正见"、"正智"、"学见"、"学智"、"学慧"、"无学见"、"无学智"、"无学慧"、"非学非无学见"、"非学非无学智"、"非学非无学慧"、"大天五恶见事"等。

(1)"邪见"、"邪智"。指邪恶的"见"、"智"。"邪见",指"五见";"邪智",指"六识相应染污慧"(见卷九十七)。(2)"正见"、"正智"。指正确的"见"、"智"。"正见",分"有漏"、"无漏"二种,"有漏者,即世俗正见","无漏者,谓无漏忍,及学八智、无学正见";"正智",也分"有漏"、"无漏"二种,"有漏,即世俗正见","无漏,即学、无学八智"(见卷九十七)。(3)"学见"、"学智"、"学慧"。指"学人"成就的"见"、"智"、"慧"。"学见",指"学慧","谓无漏忍及学八智";"学智",指"学八智","谓四法智及四类智";"学慧",为"学见"、"学智"的"总名"(见卷九十八)。(4)"无学见"、"无学智"、"无学慧"。指"无学人"成就的"无漏"的"见"、"智"、"慧"。"无学见",指"尽(智)、无生智所不摄无学慧","谓无学正见";"无学智",指"无学八智","谓四法智及四类智";"无学慧",为"无学见"、"无学智"的"总名"(见卷九十八)。

(5)"非学非无学见"、"非学非无学智"、"非学非无学慧"。指"凡夫"成就的"见"、"智"、"慧",它们通于"善"、"染污"、"无覆无记"(见卷九十八)。(6)"大天五恶见事"。指大众部创始人大天在"余所诱无知,犹豫他令入。道因声故起,是名真佛教"一偈中,所说的"余所诱"(指阿罗汉已断"烦恼漏失",仍有"不净漏失",在梦中会因魔女的引诱而遗精)、"无知"(指阿罗汉已无"染污"的无知,仍有"不染污"的无知)、"犹豫"(指阿罗汉已断"随眠性"的疑惑,仍有"处非处"的疑惑)、"他令入"(指阿罗汉仍需他人的授记或指点,才能知道自己已得解脱)、"道因声故起"(指阿罗汉仍有痛苦的感觉,也须通过发出"苦哉"之声,来现起对"四谛"的体证)五事(见卷九十九)。如关于"大天五恶见事"与佛教史上的第一次分裂,说:

　　昔末土罗国有一商主,少娉妻室,生一男儿,颜容端正,与字(指取名)大天。未久之间,商主持宝,远适他国,展转贸易,经久不还。其子长大,染秽于母。后闻父还,心既怖惧,与母设计,遂杀其父。彼既造一无间业已,事渐彰露,便将其母,展转逃隐波吒梨城(指摩揭陀国华氏城)。彼后遇逢本国所供养阿罗汉苾刍,复恐事彰,遂设方计,杀彼苾刍。既造第二无间业已,心转忧戚。后复见母与余(指他人)交通。……于是方便,复杀其母。彼造第三无间业已,由彼不断善根力故,深生忧悔,寝处不安。自惟重罪,何缘当灭?彼后传闻沙门释子有灭罪法,遂往鸡园僧伽蓝(指鸡园寺)所。……时彼苾刍既见固请,不审检问,遂度出家,还字(指仍号)大天,教授教诫。大天聪慧,出家未久,便能诵持三藏文义,言词清巧,善能化导,波吒梨城无不归仰。王(指阿育王)闻召请,数入内宫,恭敬供养而请说法。……

　　大天于后,集先所说五恶见事,而作颂言:余所诱无知,犹豫他令入。道因声故起,是名真佛教。……十五日夜布洒他(指布萨)时,次当大天升座说戒,彼便自诵所造伽他(指偈颂)。……于是竟夜斗诤纷然,乃至终朝,朋党转盛。……王遂令僧两朋别住。贤圣朋内,耆年(指长老)虽

多而僧数少;大天朋内,耆年虽少而众数多。王遂从多,依
大天众,诃伏余众,事毕还宫。尔时,鸡园(寺)诤犹未息,
后随异见,遂分二部:一上座部、二大众部。(卷九十九《智
蕴·五种纳息》,第 510 页下—第 511 页下)

(三)《他心智纳息》(卷九十九至卷一百五)。解释《发智
论》卷八《智蕴·他心智纳息》,论述"他心智"等问题。内容包
括:"他心智"、"宿住随念智"、"本性念生智"、"时爱心解脱"、
"不动心解脱"、"学明"、"学智"、"无学明"、"无学智"、"三
明"、"六通"、"三种示导"、"四证净"、"四颠倒"、"三重三摩
地"等。

(1)"他心智"。指能了知他人的心念差别的智慧(见卷九
十九)。(2)"宿住随念智"。指能忆知过去世的各种事情的智
慧(见卷一百)。(3)"本性念生智"(又称"自性念生智"),指
生来就有的能忆知前生诸有漏法的智慧(见卷一百一)。
(4)"时爱心解脱"、"不动心解脱"。"时爱心解脱"(又称"时
解脱"),指钝根阿罗汉须待"胜缘"(如衣食、住处、师友等具
足),方能获得解脱;"不动心解脱"(又称"不时解脱"),指利根
阿罗汉不待"胜缘",随时随地都能获得解脱(见卷一百一)。
(5)"学明"、"学智"。指"学人"(指有法可学之人,即尚未证
得阿罗汉果者)成就的"明"、"智"。"学明",指"学慧",即"学
位无漏慧";"学智",指"学八智",即"学位四法智、四类智"(见
卷一百二)。(6)"无学明"、"无学智"。指"无学人"(指无法
可学之人,即已证得阿罗汉果者)成就的"无漏"的"明"、"智"。
"无学明",指"无学慧",即"无学位诸无漏慧";"无学智",指
"无学八智",即"无学位四法智、四类智"(见卷一百二)。
(7)"三明"、"六通"。"三明",指阿罗汉依修习禅定而得的三

种神通(指深妙神奇的功能),即"宿住随念智证明"、"死生智证明"、"漏尽智证明";"六通",指依修习禅定而得的六种神通(指深妙神奇的功能),即"神境智证通"、"天耳智证通"、"他心智证通"、"宿住智证通"、"死生智证通"、"漏尽智证通"(前五通为佛教、外道修习四禅者皆可得,末一通唯佛教圣者修行可得)。"六通"中,前三通因无"胜用"的缘故,不立为"明";后三通因有"胜用"的缘故,立为"明",即"三明"(见卷一百二)。(8)"三种示导"。指教化众生的三种方法,即"神变示导"、"记心示导"、"教诫示导"(相当于"六通"中的"神境智证通"、"他心智证通"、"漏尽智证通";见卷一百三)。(9)"四证净"。指佛弟子的四种证信,即"佛证净"、"法证净"、"僧证净"、"戒证净"(见卷一百三)。(10)"四颠倒"。指四种颠倒,即"于无常起常"、"于苦起乐"、"于无我起我"、"于不净起净"的"想颠倒"、"心颠倒"、"见颠倒"(见卷一百四)。(11)"三重三摩地"。指对"三三摩地"(指空三摩地、无愿三摩地、无相三摩地;"三摩地"意译"定")不起执著的正定(指令心专注一境),即"空空三摩地"(又称"空空三昧"、"重空三昧")、"无愿无愿三摩地"(又称"无愿无愿三昧"、"重无愿三昧")、"无相无相三摩地"(又称"无相无相三昧"、"重无相三昧")。如关于"三重三摩地",说:

> 有三重三摩地,谓空空三摩地、无愿无愿三摩地、无相无相三摩地。《施设论》说:云何空空三摩地?谓有苾刍,思惟有漏有取诸行,皆悉是空。……复起心、心所法,思惟前空观亦复是空。……云何无愿无愿三摩地?谓有苾刍思惟有漏有取诸行,皆悉无常。……复起心、心所法,思惟前无常观亦复是无常。……云何无相无相三摩地?谓有苾刍

思惟择灭皆是寂静。……复起心、心所法,思惟寂静观非择灭亦是寂静。……应知彼论(指《施设论》)所说义者,谓先起空定,观五取蕴(指有漏的五蕴)为空,后起空空定,观前空观亦为空,谓观空者亦是空故;先起无愿定,观五取蕴为无常,后起无愿无愿定,观前无愿观亦是无常,谓观无常者亦是无常故;先起无相定,观择灭为寂静,后起无相无相定,观无相观亦是寂静,谓观寂静者非择灭亦是寂静,三有为相皆寂静故。(卷一百五《智蕴·他心智纳息》,第543页上、中)

(四)《修智纳息》(卷一百五至卷一百八)。解释《发智论》卷八、卷九《智蕴·修智纳息》,论述"修智"等问题。内容包括:"八智"、"七处善"、"三义观"等。

(1)"八智"。指八种智慧,即"法智"、"类智"、"他心智"、"世俗智"、"苦智"、"集智"、"灭智"、"道智"。"八智"与"十智"(由"八智"加上"尽智"、"无生智"二智构成)的关系是,"尽智、无生智,俱六智所摄,除他心智非见性故,及除世俗智是无漏故,由此八智摄一切智"。也就是说,"十智"中的"尽智"、"无生智",为"八智"中的除"他心智"、"世俗智"以外的六智所摄,因此,它和"十智"都总摄一切智,是对一切智所作的不同分类(见卷一百六)。(2)"七处善"。指如实观察"五蕴"各蕴的七种相状(指苦、集、灭、道、爱味、过患、出离),即"如实知蕴、蕴集、蕴灭、趣蕴灭行、蕴味、蕴患、蕴出"(见卷一百八)。(3)"三义观"。指次第观察"五蕴"、"十二处"、"十八界"的义理,即"蕴观"、"处观"、"界观"(见卷一百八)。如关于"七处善"和"三义观"的差别与关系,说:

问:七处善、三义观有何差别?答:名即差别,谓名七处善,名三义观故。有作是说:七处善是无漏,三义观是有漏。……复有说者,七处善通有漏、无漏,三义观唯有漏。问:为能以七处善,入三义观耶?答:能。然多用功力,多起作意,多作加行(指正修前的加功用行)。谓如实知色乃至识,如实知色患乃至识患,而入蕴观;如实知色集乃至识集,如实知色味乃至识味,而入处观;如实知色灭乃至识灭,如实知色出乃至识出,而入界观。……问:三义观在前,七处善在后(此指本书卷二说的依修行次第而言,应先说"三义观",次说"七处善"),世尊何故先说七处善,后说三义观耶?答:虽三义观在前,七处善在后,而先说七处善,后说三义观者,于说、于文皆随顺故。(卷一百八《智蕴·修智纳息》,第560页中)

(五)《七圣纳息》(卷一百九至卷一百十一)。解释《发智论》卷九、卷十《智蕴·七圣纳息》,论述"七圣"等问题。内容包括:"七圣"、"四十四智事"、"七十七智事"等。

(1)"七圣"(又称"七补特伽罗")。指声闻乘的七种圣人。一是"随信行",指见道位(指初见四谛理的阶位,即"四向四果"中的初位"预流向")随信他言而修行的钝根者;二是"随法行",指见道位随顺教法而修行的利根者;三是"信胜解",指修道位(指修习四谛法的阶位,即"四向四果"中的第二位"预流果"至第七位"阿罗汉向")随信他言而修行的钝根者;四是"见至",指修道位随顺教法而修行的利根者;五是"身证",指修道位依"灭尽定"证得不还果的利根者;六是"慧解脱",指无学位未得"灭尽定",唯以智慧力断除烦恼而得解脱的钝根者;七是"俱解脱",指无学位得"灭尽定",能以智慧力和"灭尽定"力,断除烦恼而得解脱的利根者(见卷一百九)。(2)"四十四智事"。指观察"十二支缘起"中除"无明"以外的十一支的四十四种智慧

（每一支各含观察"苦"、"集"、"灭"、"道"四智；见卷一百十）。
（3）"七十七智事"。如关于"七十七智事"。指观察"十二支缘起"中除"无明"以外的十一支的七十七种智慧（每一支各含从三世的顺逆、法住七个方面作观察的七智；见卷一百十）。

　　四、《业蕴》（卷一百十二至卷一百二十六）。解释《发智论》卷十一至卷十二《业蕴》，论述"业"（指造作、行为）等问题。下分五纳息。

　　（一）《恶行纳息》（卷一百十二至卷一百十六）。解释《发智论》卷十一《业蕴·恶行纳息》，论述"恶行"等问题。内容包括："三恶行"、"三不善根"、"三妙行"、"三善根"、"十业道"、"三业"、"四业"、"三障"等。

　　（1）"三恶行"。指由身、口、意造作的三种恶行为，即"身恶行"、"语恶行"、"意恶行"（见卷一百十二）。（2）"三不善根"。指三种不善根性，即"贪善根"、"瞋善根"、"痴善根"（见卷一百十二）。（3）"三妙行"。指由身、口、意造作的三种善行为，即"身妙行"、"语妙行"、"意妙行"。"身妙行"，"谓离断生命、离不与取、离欲邪行"；"语妙行"，"谓离虚诳语、离离间语、离粗恶语、离杂秽语"；"意妙行"，"谓无贪、无瞋、正见"（见卷一百十二）。（4）"三善根"。指三种善根性，即"无贪善根"、"无瞋善根"、"无痴善根"（见卷一百十二）。（5）"十业道"。指由身、口、意造作的十种善恶行为，分"十不善业道"（又称"十恶业道"）、"十善业道"二种。"十不善业道"，指由身、口、意造作的十种恶行为，即"断生命"等十种；"十善业道"，指由身、口、意造作的十种善行为，即"断断生命"等十种。"业"与"业道"的关系是，"思即是业（因"思"能令心造作），思所行故名为业道"（见卷一百十三）。（6）"三业"。指众生的三种行为，通常指"身业"（身体动作）、"口业"（言语声音）、"意业"（思量分别)三业,此外,还有依"三受"、"三世"、"三性"、"三学"、"三断"、"三界系"等区分的各种"三业"(见卷一百十四)。(7)"四业"。指依"黑"(喻不善)、"白"(喻善)区分的四种业,"黑黑异熟业"(指欲界的不善业招感苦报,因果皆黑;"异熟"又称"果报")、"白白异熟业"(指色界的善业招感乐报,因果皆白)、"黑白黑白异熟业"(指欲界的善业杂有不善业者,招感乐与苦相杂的果报,因果黑白间杂)、"非黑非白无异熟业"(指无漏业性不染污,亦不招感乐报,因果为不黑不白;见卷一百十四)。(8)"三障"。指妨碍正道的三种障碍,即"烦恼障"、"业障"、"异熟障"(见卷一百十五)。如关于"业"与"十业道",说:

> 问:何故名业,业有何义? 答:由三义故,说名为业,一作用故、二持法式故、三分别果故。作用故者,谓即作用,说名为业;持法式者,谓能任持七众法式(指七众别解脱律仪);分别果者,谓能分别爱、非爱果。……复有说者,由三义故,说名为业,一有作用故、二有行动故、三有造作故。有作用者,即是语业,如是评论我当如是如是所作;有行动者,即是身业,虽实无动,如往余方;有造作者,即是意业造作前二(指语业、身业),由此义故,说名为业。十业道者,谓身三业道、语四业道、意三业道。(卷一百十三《业蕴·恶行纳息》,第587页中、下)

(二)《邪语纳息》(卷一百十六至卷一百十八)。解释《发智论》卷十一《业蕴·邪语纳息》,论述"三邪行"等问题。内容包括:"三邪行"、"三正行"、"律仪"、"不律仪"、"住律仪"、"住不律仪"、"三曲"、"三秽"、"三浊"、"三妙行"、"三清净"、"三寂默"等。

(1)"三邪行"。指"八邪行"中的三种邪行(依"身业"、

"语业"而立),即"邪语"、"邪命"、"邪业"。此三者均由"贪"、"瞋"、"痴"所起(见卷一百十六)。(2)"三正行"。指"八正道"中的三种正行,即"正语"、"正命"、"正业"。此三者均由"无贪"、"无瞋"、"无痴"所起(见卷一百十六)。(3)"律仪"、"不律仪"、"住律仪"、"住不律仪"。"律仪"意为"戒"、"防护",指能产生防非止恶功能的善戒,即依"身业"、"语业"而立的"七善律仪"(即"十善业道"中的前七项);"不律仪",指能产生作恶止善功能的恶戒,即依"身业"、"语业"而立的"七不善律仪"(即"十不善业道"中的前七项);"住律仪",指受持善戒之人,即佛教七众(出家五众、在家二众);"住不律仪",指受持恶戒之人,即从事杀生等恶业的十二种行为(见卷一百十七)。(4)"三曲"、"三秽"、"三浊"。"三曲",指由"谄"所起的三业,即"身曲"、"语曲"、"意曲";"三秽",指由"瞋"所起的三业,即"身秽"、"语秽"、"意秽";"三浊",指由"贪"所起的三业,即"身浊"、"语浊"、"意浊"(见卷一百十七)。(5)"三清净"。指三种清净业,即"身清净"、"语清净"、"意清净"(见卷一百十七)。(6)"三寂默"。指阿罗汉的三种烦恼永寂,即"身寂默"、"语寂默"、"意寂默"(见卷一百十七)。如关于"律仪"、"不律仪"、"住律仪"、"住不律仪"的差别,说:

> 云何律仪?谓有七种,即离断生命,乃至离秽杂语。云何不律仪?谓亦有七种,即断生命,乃至杂秽语。云何住律仪者?谓有七众,一苾刍(指比丘)、二苾刍尼(指比丘尼)、三正学(指式叉摩那)、四勤策男(指沙弥)、五勤策女(指沙弥尼)、六近事男(指优婆塞)、七近事女(指优婆夷)。云何住不律仪者?谓有十二种不律仪家,一屠羊、二屠鸡、三屠猪、四捕鸟、五捕鱼、六游猎、七作贼、八魁脍、九缚龙、十守

狱、十一煮狗、十二婆具履迦(指捕蟒)。(卷一百十七《业蕴·邪语纳息》,第607页上)

(三)《害生纳息》(卷一百十八至卷一百二十一)。解释《发智论》卷十一《业蕴·害生纳息》,论述"不害生"等问题。内容包括:"害生命四种"、"防护"、"远离"、"五种无间业"、"四种律仪"、"四生"、"五果"等。

(1)"害生命四种"。指"害生(指众生)杀生"的四种情况,即"已害生杀生未灭"(指已断他命,但加害的行为未停)、"未害生杀生已灭"(指未断他命,但加害的行为已停)、"已害生杀生已灭"(指已断他命,加害的行为也随停)、"未害生杀生未灭"(指未断他命,加害的行为也未停;见卷一百十八)。(2)"五种无间业"(又称"五逆罪")。指命终之后将堕入无间地狱受苦的五种极重罪,即"害母"、"害父"、"害阿罗汉"、"破和合僧"、"起恶心出佛身血"(见卷一百十九)。(3)"防护"、"远离"。"防护",指"受学处"(受戒);"远离",指"证见法性",远离"十恶"(见卷一百十九)。(4)"四种律仪"。指能产生防非止恶功能的四种善戒。一是"别解脱律仪"(又称"别解脱戒"),指佛教七众(出家五众、在家二众)依受戒而得的善戒(其性质为"不随心转戒");二是"静虑律仪"(又称"定共戒"),指依禅定而得的善戒(其性质为"随心转戒");三是"无漏律仪"(又称"道共戒"),指依悟道而得的善戒(其性质为"随心转戒");四是"断律仪"(又称"断戒"),指与"未至定"(指色界初禅之前的欲界禅定)中的第九无间道(指"修道"中第九个断除烦恼的阶位)共生的"静虑律仪"、"无漏律仪"(见卷一百十九)。(5)"四生"。指众生受生的四种方式,即"卵生"、"胎生"、"湿生"、"化生"(见卷一百二十)。(6)"五果"。指由因缘引生的五种结果,即

"等流果"、"异熟果"、"离系果"、"士用果"、"增上果"(见卷一百二十一)。如关于"四种律仪",说:

> 有四种律仪,名为防护,一别解脱律仪、二静虑律仪、三无漏律仪、四断律仪。别解脱律仪者,谓欲界尸罗(意译戒);静虑律仪者,谓色界尸罗;无漏律仪者,谓无漏尸罗;断律仪者,谓于静虑、无漏二律仪中,各取少分,离欲界染。九无间道(指"修道"中第九个断除烦恼的阶位)中,世俗随转戒(指有漏的"随心转戒")二律仪摄,谓静虑律仪,及断律仪;无漏随转戒(指无漏的"随心转戒"),亦二律仪摄,谓无漏律仪,及断律仪。问:何故唯此名断律仪? 答:能与破戒及起破戒烦恼,作断对治故,谓前八无间道中,二随转戒(指有漏、无漏的"随心转戒")唯与起破戒烦恼,作断对治;第九无间道中,二随转戒通与破戒及起破戒烦恼,作断对治。(卷一百十九《业蕴·害生纳息》,第 621 页下—第 622 页上)

(四)《表无表纳息》(卷一百二十二至卷一百二十四)。解释《发智论》卷十二《业蕴·表无表纳息》,论述"表业"、"无表业"等问题。内容包括:"表业"、"无表业"、"不修有四种"、"修有四种"、"七众别解脱律仪"等。

(1)"表业"、"无表业"。"表业",指显现于外的、可以见闻的身业、语业(即行为举止和语言声音),是通于"善"、"不善"(又称"恶")、"无记"(指非善非恶)三性的(见卷一百二十二)。(2)"无表业"。指是由身表业、语表业和禅定引生的无形的色法(又称"无见无对色"),即内在的、不可见闻的善恶功能,是只通"善"、"不善"二性,没有"无记性"的。欲界、色界有"表业"和"无表业",无色界无此二业(见卷一百二十二)。(3)"不修有四种"。指应对治的四种不修行,即"不修身"、"不修戒"、"不修心"、"不修慧"(见卷一百二十三)。(4)"修有四种"。指四种修行方法,即"修身"、"修戒"、"修心"、"修慧"(见卷一百二十三)。(5)"七众别解脱律仪"。指佛教七众(出家五众、在家二众)各别受持的戒法(见卷一百二十三)。(6)"邬波索迦五学处"。指优婆塞(在家信佛的男子)受持的五种戒法,即"离杀生"、"离不与取"、"离欲邪行"、"离虚诳语"、"离饮诸酒"(见卷一百二十三)。(7)"近住律仪"。指在家信佛的男女(优婆塞、优婆夷)在每月"六斋日"中的一日一夜受持的八种戒法(又称"八戒斋"、"八关斋戒"),为在家人所持的出家戒,即"离害生命"、"离不与取"、"离非梵行"、"离虚诳语"、"离饮诸酒诸放逸处"、"离歌舞倡伎离涂饰香鬘"(此条实含二支)、"离高广床"、"离非时食"(见卷一百二十四)。如关于"表业"、"无表业"的"实有",说:

> 表(业)、无表(业)决定实有。然表、无表依身而起,有依一分,如弹指、举足等,一分动转,作善恶业;有依具分,如礼佛、逐怨等,举身运动,作善恶业。此中随所依身,极微数量表业亦尔,如表数量,无表亦尔。(卷一百二十二《业蕴·表无表纳息》,第635页上)

(五)《自业纳息》(卷一百二十四至卷一百二十六)。解释《发智论》卷十二《业蕴·自业纳息》,论述"自业"等问题。内容包括:"自业"、"佛教"、"十二分教"等。

(1)"自业"。指自作善恶行为,自受苦乐果报,"自业是何义?答:是得自果、自等流、自异熟义"(见卷一百二十四)。(2)"佛教"。指佛陀的言教,"佛语言、唱词、评论、语音、语路、语业、语表,是谓佛教"(见卷一百二十六)。(3)"十二分教"

（又称"十二部经"）。指依体裁和内容区分的佛教经典的十二种类别（见卷一百二十六）。如关于"十二分教"，说：

> 契经、应颂、记说、伽他（又称伽陀）、自说、因缘、譬喻、本事、本生、方广、希法、论议，名何法？……契经云何？谓诸经中散说文句。……应颂云何？谓诸经中依前散说契经文句，后结为颂，而讽诵之。……记说云何？谓诸经中诸弟子问、如来记说，或如来问、弟子记说，或弟子问、弟子记说。……伽他云何？谓诸经中结句讽颂彼彼所说。……自说云何？谓诸经中因忧喜事，世尊自说。……因缘云何？谓诸经中遇诸因缘，而有所说。……譬喻云何？谓诸经中所说种种众多譬喻。……本事云何？谓诸经中宣说前际所见闻事。……本生云何？谓诸经中宣说过去所经生事。……方广云何？谓诸经中广说种种甚深法义。……希法云何？谓诸经中说三宝等甚希有事。……论议云何？谓诸经中决判默说、大说等教。（卷一百二十六《业蕴·自业纳息》，第659页下—第660页中）

五、《大种蕴》（卷一百二十七至卷一百四十一）。解释《发智论》卷十三至卷十四《大种蕴》，论述"四大种"（又称"四大"，指地、水、火、风）等问题。下分四纳息。

（一）《大造纳息》（卷一百二十七至卷一百三十一）。解释《发智论》卷十三《大种蕴·大造纳息》，论述"四大种所造"等问题。内容包括："大种所造处"；"大种所造处"与"有见、无见"等诸法之间的关系；"成就大种"与"成就所造色"之间的关系；"依何定灭"；"四食"等。

（1）"大种所造处"（又称"大种所造色"）。指由"四大种"（地、水、火、风）造作产生的十一种"色处"（物质），即"五根"、

"五境"和"无表色"(指由身表业、语表业引生的无形色法,即内在的、不可见闻的善恶功能)。(2)"大种所造处"与"有见、无见"等诸法之间的关系。指"大种所造处"中,"几(多少)有见、几无见";"几有对、几无对";"几有漏、几无漏";"几有为、几无为"等(见卷一百二十七、卷一百二十八)。(3)"成就大种"与"成就所造色"之间的关系。指有"四大种",必有相应的"所造色",无色界除外(见卷一百二十八)。(4)"依何定灭"。指"四大种"与"所造色",依"四定"(指色界四禅),或"未至定"(指色界初禅之前的欲界禅定)而灭(见卷一百二十九)。(5)"四食"。指长养众生生命的四种食物,"段食"、"触食"、"意思食"、"四识食"(见卷一百二十九)。

(二)《缘纳息》(卷一百三十一至卷一百三十四)。解释《发智论》卷十三《大种蕴·缘纳息》,论述"四大种缘"等问题。内容包括:"四大种"与诸法的相缘关系;"四界"(即"四大种")的属性;"成、住、坏、空";以及"大三灾"、"小三灾"等。

(1)"四大种"与诸法的相缘关系。指"四大种"与"四大种"、"四大种"与"所造色"、"所造色"与"所造色"、"四大种"与"心、心所法"、"心、心所法"与"心、心所法"、"四大种"与"十二处"、"十二处"与"十二处"、"四大种"与"二十二根"之间的相缘关系(见卷一百三十一)。(2)"四界"(即"四大种")的属性。指"地界"为坚硬性的物质;"水界"为湿润性的物质;"火界"为暖热性的物质;"风界"为轻动性的物质(见卷一百三十三)。(3)"成、住、坏、空"。指"一大劫"(指世界从生成到毁坏的一大周期)分为"成劫"(成立期)、"住劫"(安住期)、"坏劫"(毁坏期)、"空劫"(空虚期)四个时期,每期各有二十中劫(此指二十个小劫构成一个中劫,其中一个小劫为减劫,一个小劫为增劫,十八个小劫为增减劫),合计八十中劫,"大劫量一一各有八十中劫,成、住、坏、空各二十"(见卷一百三十三)。
(4)"大三灾"。指"坏劫"之末次第而起的三种大灾难,即"火
灾"、"水灾"、"风灾"(见卷一百三十三)。(5)"小三灾"。指
"住劫"之末次第而起的三种小灾难,即"刀兵灾"、"疾疫灾"、
"饥馑灾"(见卷一百三十四)。如关于"大三灾"来于何处,说:

> 问:火灾起时,火从何出? ……诸有情类业增上力,令
> 世界成;至劫末时,业力尽故,随于近处,有灾火生,乃至梵
> 宫皆被焚燎。问:水灾起时,水从何出? ……诸有情类业
> 增上力,令世界成;至劫末时,业力尽故,随于近处,有灾水
> 生,由彼因缘,世界便坏。问:风灾起时,风从何出? ……
> 诸有情类业增上力,令世界成;至劫末时,业力尽故,随于近
> 处,有灾风生,至遍净天皆被散坏。(卷一百三十三《大种
> 蕴·缘纳息》,第690页上、中)

(三)《具见纳息》(卷一百三十四至卷一百三十七)。解释
《发智论》卷十三《大种蕴·具见纳息》,论述"具见谛世尊弟
子"等问题。内容包括:"具见谛世尊弟子"与"三界系大种"之
间的关系;"劫"、"极微"、"因相应法"、"因不相应法"、"缘有缘
法"、"缘无缘法"、"四缘所摄法"、"四识住"、"七识住"、"九有
情居"等。

(1)"具见谛世尊弟子"与"三界系大种"之间的关系。指
已入"见道"的佛弟子,若"未离欲染",所成就的"色界系身语业
色",为"色界系"四大种所造;若"生无色界",所成就的"无漏
身语业色",或为"欲界系",或为"色界系"四大种所造(因为
"无色界无有诸色";见卷一百三十四)。(2)"劫"。指极长的
时间(又称"长时"、"大时")。"分别时分,故名为劫","以劫是
分别时分中极,故得总名"(见卷一百三十五)。(3)"极微"。

指最微细、不可再分的物质元素，"极微是最细色"，"不可分析、不可睹见、不可听闻、不可嗅尝、不可摩触"，"七极微成一微尘，是眼、眼识所取色中，最微细者"（见卷一百三十六）。（4）"因相应法"。指"相应因"的"自体"，即"一切心、心所法"（见卷一百三十六）。（5）"因不相应法"。指与"相应因"的"自体"不相应之法，即"色（法）、无为（法）、心不相应行（法）"（见卷一百三十六）。（6）"缘有缘法"。指以"有所缘法"为所缘，即"意识并相应法"，"缘心、心所法"（见卷一百三十六）。（7）"缘无缘法"。指以"无所缘法"为所缘，即"五识身并相应法"、"意识并相应法"，"缘色、无为、心不相应行"（见卷一百三十六）。（8）"四缘所摄法"。指"因缘"统摄"一切有为法"；"等无间缘"统摄过去、现在"心、心所法"（"阿罗汉"最后的"心、心所法"除外）；"所缘缘"、"增上缘"统摄一切法（见卷一百三十六）。（9）"四识住"。指众生"识蕴"安住的四蕴，即"色随识住"（又称"色识住"）、"受随识住"（又称"受识住"）、"想随识住"（又称"想识住"）、"行随识住"（又称"行识住"，见卷一百三十七）。（10）"七识住"。指众生心识乐住的七种处所，即"人及一分天"（指欲界的人间和六欲天）、"梵众天"（色界的初禅天之一）、"极光净天"（又称"光音天"，为色界第二禅天之一）、"遍净天"（色界第三禅天之一）、"空无边处天"（无色界第一天）、"识无边处天"（无色界第二天）、"无所有处天"（无色界第三天；见卷一百三十七）。（11）"九有情居"。指众生乐住的九种处所，即在"七识住"的"遍净天"之后，增"无想有情天"（色界第四禅天之一）；在"无所有处天"之后，增"非想非非想处天"（无色界第四天；见卷一百三十七）。如关于"劫"，说：

　　何故名劫？劫是何义？答：分别时分，故名为劫。谓分别刹那、腊缚、牟呼栗多时分,以成昼夜(《大毗婆沙论》卷一百三十六说:"百二十刹那,成一怛刹那;六十怛刹那,成一腊缚","三十腊缚,成一牟呼栗多","三十牟呼栗多,成一昼夜");分别昼夜时分,以成半月、月、时、年;分别半月等时分,以成于劫。以劫是分别时分中极,故得总名。……劫有三种,一中间劫、二成坏劫、三大劫。中间劫复有三种,一减劫、二增劫、三增减劫。减者,从人寿无量岁,减至十岁;增者,从人寿十岁,增至八万岁;增减者,从人寿十岁,增至八万岁,复从八万岁,减至十岁。此中一减一增,十八增减,有二十中间劫。经二十中劫世间成,二十中劫成已住,此合名成劫;经二十中劫世间坏,二十中劫坏已空,此合名坏劫。总八十中劫,合名大劫。成已住中二十中劫,初一唯减,后一唯增,中间十八亦增亦减。(卷一百三十五《大种蕴·具见纳息》,第700页下)

(四)《执受纳息》(卷一百三十七至卷一百四十一)。解释《发智论》卷十四《大种蕴·执受纳息》,论述"有执受大种"等问题。内容包括:"有执受大种"与诸法的相缘关系;"有执受"等法的含义;"受"与"受"的相摄关系;"四念住"等十五法的修习时间;"四念住"等十七法的体性等。

(1)"有执受大种"与诸法的相缘关系。指"有执受大种"与"无执受大种"、"因相应法"与"因不相应法"、"有所缘法"与"无所缘法"、"有色法"与"无色法"、"有见法"与"无见法"、"有对法"与"无对法"、"有漏法"与"无漏法"、"有为法"与"无为法"等之间的相缘关系(见卷一百三十七、卷一百三十八)。(2)"有执受"等法的含义。指"有执受"、"无执受"、"顺取"、"非顺取"、"顺结"、"非顺结"、"见处"、"非见处"等法的含义

（见卷一百三十八）。（3）"受"与"受"的相摄关系。指"二受"、"三受"、"四受"、"五受"、"六受"、"十八受"（又称"十八意近行"）、"三十六受"之间的相摄关系（见卷一百三十九）。（4）"四念住"等十五法的修习时间。指"四念住"、"四正断"、"四神足"、"五根"、"五力"、"七觉支"、"八道支"、"四静虑"（又称"四禅"）、"四无量"（又称"四无量心"）、"四无色"（又称"四无色定"）、"八解脱"、"八胜处"、"十遍处"、"八智"、"三等持"等十五法，各有几法于"三世"中修习（见卷一百四十）。（5）"四念住"等十七法的体性。指前述十五法和"四沙门果"、"五通"的自性与名义（见卷一百四十一）。如关于"四神足"，说：

> 四神足者，一欲三摩地断行成就神足；二勤三摩地断行成就神足；三心三摩地断行成就神足；四观三摩地断行成就神足。问：云何名神？云何名足？……答：唯三摩地立为神足，从四因（指欲、勤、心、观）生，故说为四。谓加行位（指为入见道而加功用行的修行阶位），或由欲力引发等持（指定），令其现起，广说乃至或由观力引令现起。由加行位四法随增，令等持起，故得定位，于一等持，建立四种。……复有三种神用（指功能），一运身、二胜解、三意势。运身神用者，谓举身凌虚，犹若飞鸟，亦如壁上所画飞仙；胜解神用者，谓于远作近解，由此力故，或住此洲，手扪日月，或屈伸臂，顷至色究竟天；意势神用者，谓眼识至色顶，或上至色究竟天，或傍越无边世界。（卷一百四十一《大种蕴·执受纳息》，第725页上、中）

六、《根蕴》（卷一百四十二至卷一百五十六）。解释《发智论》卷十四至卷十六《根蕴》，论述"根"等问题。下分七纳息。

（一）《根纳息》（卷一百四十二至卷一百四十六）。解释《发智论》卷十四《根蕴·根纳息》，论述"二十二根"等问题。内容包括："二十二根"；"二十二根"与"学、无学、非学非无学"等诸法之间的关系；"根"与"根"之间的相缘关系等。

（1）"二十二根"。本书《结蕴·十门纳息》已作过论述，此处为深入论究。说："二十二根"中，只有十七根有"实体"，"男（根）、女（根）、三无漏根无别体"（见卷一百四十二）。（2）"根"与"学、无学、非学非无学"等诸法之间的关系。指"二十二根"中，"几（多少）学、几无学、几非学非无学"；"几善、几不善、几无记"；"几有异熟（又称"果报"）、几无异熟"；"几见所断、几修所断、几不断"；"几欲界系、几色界系、几无色界系、几不系"等（见卷一百四十四至至卷一百四十六）。（3）"根"与"根"之间的相缘关系。指"二十二根"各根之间的"缘生"、"非缘生"关系，如"眼根为缘，生眼根耶"等（见卷一百四十六）。

（二）《有纳息》（卷一百四十七至卷一百四十八）。解释《发智论》卷十五《根蕴·有纳息》，论述"三有相续根"等问题。内容包括："三有相续"最初所生根；"根"与"遍知"、"根"与"沙门果"、"根"与"智"之间的关系等。

（1）"三有相续"最初所生根。指受生欲界、色界、无色界时，最初所生的根（见卷一百四十七）。（2）"根"与"遍知"之间的关系。指"二十二根"与"遍知"欲界、色界、无色界之间的关系，如"几（多少）根遍知欲界"、"几根遍知色界"、"几根遍知无色界"（见卷一百四十七）。（3）"根"与"沙门果"之间的关系。指"二十二根"与"四沙门果"之间的关系，如"几根得预流果"、"几根得一来果"、"几根得不还果"、"几根得阿罗汉果"（见卷一百四十七）。（4）"根"与"智"之间的关系。指"二十二根"与"法智"、"类智"之间的关系，如诸根无漏"缘欲界系"，是否与"法智"相应；诸根无漏"缘色（界）、无色界系"，是否与"类智"相应（见卷一百四十八）。如关于"二十二根"与"四沙门果"，说：

> 几根得预流果？答：九，谓意（根）、舍（根）、信等五（指信、精进、念、定、慧五根）、未知当知（根）、已知根。……几根得一来果？答：若倍离欲染、入正性离生（指趣入见道）者九，如预流说（指与"得预流果"所说相同）；若从预流果得一来果者，世俗道七、无漏道八。七者，谓意（根）、舍（根）、信等五根；八者，谓前七及已知根。几根得不还果？答：若已离欲染、入正性离生者九，谓意根，乐（根）、喜（根）、舍根随一，依地别故，信等五（根）、未知当知（根）、已知根。……若从一来果得不还果者，世俗道七、无漏道八。七及八如一来说（指与"得一来果"所说相同），此依多分；若入根本，或八或九。几根得阿罗汉果？答：十一，谓意（根）、乐（根）、喜（根）、舍（根）、信等五（根）、已知（根）、具知根。（卷一百四十七《大种蕴·有纳息》，第752页下—第753页上）

（三）《触纳息》（卷一百四十九至卷一百五十）。解释《发智论》卷十五《根蕴·触纳息》，论述"触"等问题。内容包括："十六触"；"触"与"触"、"触"与"根"之间的关系；众生"成就几根"等。

（1）"十六触"。指十六种触觉，即"有对触"、"增语触"、"明触"、"无明触"、"非明非无明触"、"爱触"、"恚触"、"顺乐受触"、"顺苦受触"、"顺不苦不乐受触"、"眼触"、"耳触"、"鼻触"、"舌触"、"身触"、"意触"（见卷一百四十九）。（2）"触"与"触"之间的关系。指"十六触"之间的相摄关系，如"有对触摄几触,乃至意触摄几触"(见卷一百四十九)。(3)"触"与"根"之间的关系。指"十六触"与"二十二根"各根之间的相应关系,如"有对触几根相应,乃至意触几根相应"(见卷一百四十九)。(4)众生"成就几根"。指三界众生各成就几根,如"地狱成就几根,傍生乃至诸无色,随信行乃至俱解脱,成就几根"(见卷一百五十)。如关于"十六触"中的"有对触"(指与前五识相应的"眼触"、"耳触"、"鼻触"、"舌触"、"身触")与"增语触"(指与第六识"意识"相应的"意触")的差别,说:

> 云何有对触? 答:五识身相应触。问:何故此触名有对? 答:以有对法为所缘故。……云何增语触? 答:意识身相应触。问:何故此触名增语? 答:由此触自性语增,故名增语。……问:云何此触所缘语增? 答:有对触唯以有色法为所缘,此触通缘有色、无色;又有对触但以有对法为所缘,此触通缘有对、无对;又有对触但以有漏法为所缘,此触通缘有漏、无漏;又有对触但以有为法为所缘,此触通缘有为、无为。由此等故所缘语增。(卷一百四十九《大种蕴·触纳息》,第 760 页下—第 761 页上)

(四)《等心纳息》(卷一百五十一至卷一百五十五)。解释《发智论》卷十五《根蕴·等心纳息》,论述"等心"等问题。内容包括:"心"与"寿"之间的关系;"入定"与"根灭"之间的关系;"无想定"与"灭尽定"、"无想定"与"无想事"的差别;"根"与"根"之间的相摄、相应的关系,以及"三界"生没与"根灭"之间的关系等。

(1)"心"与"寿"之间的关系。指"一切有情心"是"等起、等住、等灭"的,而"寿"是"不随心转"的(见卷一百五十一)。(2)"入定"与"根灭"之间的关系。指"入无想定"、"入灭尽

定"时,"二十二根"中,有"几(多少)根灭"。"入无想定"时,
"意"、"舍"、"信"、"精进"、"念"、"定"、"慧"七根灭,所灭的
"心、心所"为"色界系";"入灭尽定"时,"意"、"舍"、"信"、"精
进"、"念"、"定"、"慧"七根灭,所灭的"心、心所"为"无色界系"
(见卷一百五十一、卷一百五十二)。(3)"无想定"与"灭尽
定"的差别。指"无想定"为"色界系","灭尽定"为"无色界
系";"无想定"的定地在"第四静虑","灭尽定"的定地在"非想
非非想处";"无想定"为"异生相续"(指凡夫所修),"灭尽定"
为"圣者相续"(指佛教圣者所修)等(见卷一百五十二)。
(4)"无想定"与"无想事"的差别。指"无想定"是"因","无想
事"(即"生无想天")是"果";"无想定"是"善","无想事"是
"无记";"无想定"是"定","无想事"是"生";"无想定"是"加
行得","无想事"是"生得"等(见卷一百五十四)。(5)"根"与
"根"之间的相摄、相应的关系。指"二十二根"各根之间的"相
摄"、"相应"关系,如"眼根摄几根"、"意根几根相应"等(见卷
一百五十四)。(6)"三界"生没与"根灭"之间的关系。指众生
从一界死后,转生同界和他界,如"欲界没、生欲界"、"欲界没、
生色界"、"欲界没、生无色界"等情况时,"二十二根"中,有"几
根灭"等(见卷一百五十五)。如关于"无想定"与"灭尽定"的
十二种差别,说:

　　问:无想定、灭尽定有何差别? 答:名即差别,名无想
　定,名灭尽定。复次,界亦差别,无想定(为)色界系,灭尽
　定(为)无色界系。复次,地亦差别,无想定在第四静虑,灭
　尽定在非想非非想处。复次,相续亦有差别,无想定在异生
　相续,灭尽定在圣者相续。复次,入无想定时作出离想,入
　灭尽定时作止息想。复次,入无想定时唯厌于想,入灭尽定

时通厌想、受。复次,入无想定时唯欲灭想,入灭尽定欲灭
受、想。复次,入无想定时灭色界系心、心所法,入灭尽定时
灭无色界系心、心所法。复次,入无想定时灭第四静虑心、
心所法,入灭尽定时灭非想非非想处心、心所法。复次,无
想定招色界异熟,灭尽定招无色界异熟。复次,无想定招第
四静虑异熟,灭尽定招非想非非想处异熟。复次,无想定唯
顺生受异熟,灭尽定顺生后不定受异熟。(卷一百五十二
《大种蕴·等心纳息》,第 775 页下—第 776 页上)

　　(五)《一心纳息》(卷一百五十五至卷一百五十六)。解释
《发智论》卷十五《根蕴·一心纳息》,论述"一心"等问题。内
容包括:"诸法"与"心"之间的关系;"六根"修与不修的差别;
"不成就学根"与"得学根"、"舍无漏根"与"得无漏根"、"未知
当知根"与"现观(现前观察)四谛"之间的关系等。

　　(1)"诸法"与"心"之间的关系。指诸法与"心"是否"相
应"、为"心"所缘。若诸法"与心相应"、"与心一所缘",则"彼
法与心一起、一住、一灭"(见卷一百五十五)。(2)"六根"修与
不修的差别。"不修",指"未离贪,未离欲、润、喜、渴";"修",
指"已离贪,已离欲、润、喜、渴"(见卷一百五十五)。(3)"不成
就学根"与"得学根"等之间的关系。指"不成就学根"者能否
"得学根";"舍无漏根"者能否"得无漏根";"未知当知根"者能
否"现观四谛",应作分别(见卷一百五十五)。如关于如何理解
"舍无漏根,得无漏根",说:

　　　　诸舍无漏根,得无漏根,彼一切从果至果耶? 答:若从
果至果,彼一切舍无漏根,得无漏根,谓预流者证一来果时,
舍预流果摄,及胜果道无漏诸根,得一来果。摄无漏诸根从
果至果者,从预流果至一来果、一来者证不还果时,不还者

证阿罗汉果时,应知亦尔。如证果时,退果时亦尔。有舍无漏根,得无漏根,彼非从果至果,谓现观边道(智)、类智起时,若时解脱阿罗汉,练根作不动(阿罗汉)时。(卷一百五十五《大种蕴·一心纳息》,第789页上)

(六)《鱼纳息》(卷一百五十六)。解释《发智论》卷十六《根蕴·鱼纳息》,论述"根因"等问题。内容包括:"根"与"根"之间的成就、不成就的关系,以及"根因"的"三性"等。

(1)"根"与"根"之间的成就、不成就的关系。指"二十二根"各根之间的"成就"、"不成就"关系,如"若成就眼根,彼于二十二根,几成就、几不成就"等(见一百五十六)。(2)"根因"的"三性"。指"二十二根"各根之间,当某根成为另一根产生的原因时,"根因"的"善"、"不善"、"无记"与所生根之间的关系,如"诸根善,彼根因善根耶?设根因善根,彼根善耶"等(见卷一百五十六)。如关于本纳息并没有叙及"鱼",为何以"鱼"为名,说:

问:此纳息何故名鱼?答:多位转移,难执取故。何谓多位?谓具根、不具根位;无形、一形、二形位;有心、无心位;定、不定位:生界、地差别位;断善、不断善位;离染、未离染位;善、染、无记心位;异生(指凡夫)、圣者位;见道、修道、无学道位。于此等位,二十二根成与不成,转移不定,如鱼难执,故立此名。(卷一百五十六《大种蕴·鱼纳息》,第792页下)

(七)《因缘纳息》(卷一百五十六)。解释《发智论》卷十六《根蕴·因缘纳息》,论述"根缘"等问题。内容包括:"二十二根"与"三世"、"三性"、"三界"、"三学"、"三断"之间的"因缘"、"所缘缘"关系等。

本纳息为"略毗婆沙",只解释《发智论》中《因缘纳息》的立意和主旨,未对原文作逐一作释。关于本纳息的立意,说:

> 诸根因过去,彼根缘过去耶(以上为《发智论》中《因缘纳息》的首句;以下为本书的释文)? 如是等章及解章义,既领会已,当广分别。问:何故作此论? 答:为止拨无去(过去)、来(未来)二世,及拨无因缘者意,乃至广说,故作斯论。此中依二缘作论,谓因缘、所缘缘。问:何故不依余二缘作论耶? 答:等无间缘唯一刹那,增上缘通一切法。若依彼作论,则文义不婉博故。(卷一百五十六《大种蕴·因缘纳息》,第795页下—第796页上)

七、《定蕴》(卷一百五十七至卷一百八十六)。解释《发智论》卷十七至卷十九《定蕴》,论述"定"(禅定)等问题。下分五纳息。

(一)《得纳息》(卷一百五十七至卷一百六十二)。解释《发智论》卷十七《定蕴·得纳息》,论述"得"等问题。内容包括:"得"与"三世"等诸法之间的关系;"得"与"非得"的差别;"诸法"与"三性心"等诸法之间的关系;"四静虑"的禅支;如何修入"四无量定"等。

(1)"得"与"三世"等诸法之间的关系。指"得"(指获得、成就,为"心不相应行法"之一)与"三世"、"三性"、"三界"、"三学"、"三断"之间的关系,如"诸得过去法,彼得过去耶"等(见卷一百五十七)。(2)"得"与"非得"的差别。指"得(通)有漏、无漏,非得唯有漏"等(见卷一百五十八)。(3)"诸法"与"三性心"等诸法之间的关系。指"诸法"与"三性心"、"三界心"、"三学心"、"三断心"之间的关系,如"诸法善无色起,彼法善心俱耶"等(见卷一百五十九、卷一百六十)。(4)"四静虑"

的禅支。指"四静虑"中,"初静虑"若不染污,有五支(指"寻、伺、喜、乐、心一境性");若染污,无"离生喜、乐"。"二静虑"若不染污,有四支(指"内等净、喜、乐、一境性");若染污,无"内等净"。"三静虑"若不染污,有五支(指"行舍、正念、正知、乐、心一境性");若染污,无"正念"、"正知"。"四静虑"若不染污,有四支(指"不苦不乐、舍清净、念清净、心一境性");若染污,无"舍清净"、"念清净"(见卷一百六十)。(5)如何修入"四无量定"。指思惟"与有情乐",能入"慈定";思惟"拔有情苦",能入"悲定";思惟"庆诸有情",能入"喜定";思惟"于有情舍",能入"舍定"(见卷一百六十二)。如关于"得"与"非得"的差别,说:

问:得、非得何差别?答:名即差别,谓名得,名非得。复次,得有漏、无漏;非得,唯有漏。复次,得善、不善、无记;非得,唯无记。复次,得三界系及不系;非得,唯三界系。复次,得学、无学、非学非无学;非得,唯非学非无学。复次,得见所断、修所断、不断;非得,唯修所断。复次,得染污、不染污;非得,唯不染污。复次,得异熟、非异熟;非得,唯非异熟。复次,得有异熟、无异熟;非得,唯无异熟。复次,得与所得法,或俱起,或不俱起;非得与所不得法,必不俱起。复次,得苦、集、道三谛摄;非得唯苦、集谛摄。(卷一百五十八《定蕴·得纳息》,第800页下—第801页上)

(二)《缘纳息》(卷一百六十二至卷一百六十五)。解释《发智论》卷十七《定蕴·缘纳息》,论述"定缘"等问题。内容包括:"八定"(又称"八等至")、"三定"(又称"三等至");"初静虑"所含"三定"与关联法之间的关系;"净静虑有四种";"八定"所含"三定"与关联法之间的关系等。

(1)"八定"(又称"八等至")。指色界、无色界的八种根本

禅定。"四静虑"(又称"四禅"),指色界的四种根本禅定,即
"初静虑"、"第二静虑"、"第三静虑"、"第四静虑";"四无色定"
(又称"四无色"),指无色界的四种根本禅定,即"空无边处
定"、"识无边处定"、"无所有处定"、"非想非非想处定"(见卷
一百六十二)。(2)"三定"(又称"三等至")。从"四静虑"中
的"初静虑",至"四无色定"中的第三定"无所有处定",合计七
定,每一定都有三种性质的禅定,即"味相应定"(指与"贪"等烦
恼相应的禅定)、"净定"(指与"无贪"等有漏善法,即与有烦恼
的世间善法相应的禅定)、"无漏定"(指与"无漏智",即与无烦
恼过患的智慧相应的禅定);唯有"四无色定"中的"非想非非想
处定",因定心昧劣,不能生起无漏定,故它只有"味相应定"、
"净定",没有"无漏定"(见卷一百六十二)。(3)"初静虑"所
含"三定"与关联法之间的关系。指"初静虑"所含"味相应"、
"净"、"无漏"三定,与"成就"、"不成就"、"得"、"舍"、"退"、
"修"等之间的关系(见卷一百六十二、卷一百六十三)。
(4)"净静虑有四种"。指"净定"分为"顺退分"、"顺住分"、
"顺胜进分"、"顺决择分"四种。此中,净定的"顺退分"(又称
"顺退分定"),指"随顺烦恼",会从现在的定地退至较低的定地
(如从"第二禅"退至"初禅",或从"净定"退至"味相应定")的
禅定;净定的"顺住分"(又称"顺住分定"),指"随顺自地",能
住于现在的定地而不退不进的禅定;净定的"顺胜进分"(又称
"顺胜进分定"),指"随顺上地",能从现在的定地进至较高的定
地的禅定;净定的"顺决择分"(又称"顺决择分定"),指"随顺
圣道",能生起"无漏智"、"无漏定"的禅定(见卷一百六十三)。
(5)"八定"所含"三定"与关联法之间的关系。指"八定"所含
"味相应"、"净"、"无漏"三定,与"缘"(包括"因缘"、"等无间
缘"、"所缘缘"、"增上缘")等之间的关系(见卷一百六十五)。

如关于"净静虑有四种",说:

> 净初静虑(指初静虑的"净定")有四种,谓顺退分、顺
> 住分、顺胜进分、顺决择分。顺退分者,谓若住此(指现在
> 的定地),多分(指大多)退失;顺住分者,谓若住此,多分不
> 退失、不胜进;顺胜进分者,谓若住此,多分胜进;顺决择分
> 者,谓若住此,多分能入正性离生(指趣入见道)。复次,顺
> 退分者,与诸烦恼相凌相杂,烦恼无间此现前,此无间烦恼
> 现前;顺住分者,能观下地为粗苦障,而生厌背,能观自地为
> 静妙离,而乐安住;顺胜进分者,能观自地为粗苦障,而生厌
> 背,能观上地为静妙离,而生欣乐;顺决择分者,即暖(法)、
> 顶(法)、忍(法)、世第一法等。复次顺退分者,随顺烦恼;
> 顺住分者,随顺自地;顺胜进分者,随顺上地;顺决择分者,
> 随顺圣道,此分或作圣行相,或作余行相,而向圣道趣于解
> 脱。如初静虑,乃至有顶(指四无色定中的"非想非非想处
> 定")随应亦尔。(卷一百六十三《定蕴·缘纳息》,第823
> 页中)

(三)《摄纳息》(卷一百六十六至卷一百七十三)。解释
《发智论》卷十八《定蕴·摄纳息》,论述"摄"等问题。内容包
括:"十想";"十想"、"四静虑"等诸法之间的关系;"四静虑"各
静虑与"四静虑"整体等诸法之间的关系;"七补特伽罗"与"四
静虑"、"四无色(定)"之间的关系;"八定"所含"三定"与关联
法之间的关系;"身语表、无表"等,"依何定灭"等。

(1)"十想"。指断除烦恼的十种观想,即"无常想"、"无常
苦想"(又称"苦想")、"苦无我想"(又称"无我")、"死想"、"不
净想"、"厌食想"(又称"食不净想")、"一切世间不可乐想"、
"断想"、"离想"、"灭想"(见卷一百六十六)。(2)"十想"、"四

静虑"等诸法之间的关系。指"十想"、"四静虑"（又称"四禅"）、"四无量"（又称"四无量心"）、"四无色"（又称"四无色定"）、"八解脱"、"八胜处"、"十遍处"、"八智"、"三三摩地"之间的相摄、相应关系（见卷一百六十七）。(3)"四静虑"各静虑与"四静虑"整体等诸法之间的关系。指"四静虑"的"初静虑"乃至"第四静虑"，与上述"四静虑"乃至"三三摩地"之间的成就、不成就关系（见卷一百六十八）。(4)"七补特伽罗"与"四静虑"、"四无色（定）"之间的关系。指声闻乘的七种圣人，即"随信行"、"随法行"、"信胜解"、"见至"、"身证"、"慧解脱"、"俱解脱"，与"四静虑"、"四无色定"所含"味相应"、"净"、"无漏"三定之间的成就、不成就关系（见卷一百六十八）。(5)"八定"所含"三定"与关联法之间的关系。指"四静虑"、"四无色定"所含"味相应"、"净"、"无漏"三定，与"成就"、"不成就"、"得"、"舍"、"退"等之间的关系（见卷一百六十九至卷一百七十一）。(6)"身语表、无表"等，"依何定灭"。指"身语表、无表"（"身"、"语"的"表业"和"无表业"）乃至"他心智"、"世俗智"等，各依何定而灭（见卷一百七十一至卷一百七十三）。如关于"六十五等至"（即"六十五定"），说：

> 如前所说，等至（指定）略有二十三种，谓静虑（指四静虑）有十二（定），即四味相应、四净、四无漏；无色（指四无色定）有十一（定），即四味相应、四净、三无漏。此二十三（定）若广建立，成六十五等至，谓前二十三（定），加四无量、四无碍解、八解脱、八胜处、十遍处、六通、无诤、愿智所依。（卷一百六十九《定蕴·摄纳息》，第852页下）

（四）《不还纳息》（卷一百七十四至卷一百八十三）。解释《发智论》卷十八《定蕴·不还纳息》，论述"不还果"等问题。

内容包括:"五种不还"、"杂修静虑"、"五净居天"、"顺流"、"逆流"、"自住"、"菩萨"、"佛陀"、"三十二大丈夫相"、"四波罗蜜多"、"六波罗蜜多"、"释迦菩萨"、"慈氏菩萨"、"愿智"、"无诤行"、"四无碍解"、"四圣种"、"法随法行"、"转法轮"、"正法"等。

（1）"五不还"。指"不还果"（又称"阿那含果","四沙门果"中的第三果）的五种类别。一是"中般涅槃"（又称"中般"）,指修行者于欲界没、生色界时,在色界的"中有"位上,断尽剩余的烦恼,而入涅槃;二是"生般涅槃"（又称"生般"）,指修行者生于色界后,能疾速地断尽剩余的烦恼,而入涅槃;三是"有行般涅槃"（又称"行般涅槃"）,指修行者生于色界后,须长期勤修"加行"（指正修前的加功用行）,方能断尽剩余的烦恼,而入涅槃;四是"无行般涅槃"（又称"无行般"）,指修行者生于色界后,无须勤修"加行",任运经久,就能断尽剩余的烦恼,而入涅槃;五是"上流往色究竟"（又称"上流般涅槃"、"上流般"）,指修行者于欲界没、生色界后,须从色界的"初禅天",依次向上转生"二禅天"、"三禅天"、"四禅天",方能断尽残余的烦恼,而入涅槃（见卷一百七十四）。（2）"七善士趣"（又称"七种贤圣人行"）。指"不还果"的七种类别,即将"不还果"分为"中般涅槃"、"生般涅槃"、"上流往色究竟"三种,又依所需修行时间的"速"、"非速"、"经久",将"中般涅槃"分为"速般"（指在色界的"中有"位,疾速入涅槃）、"非速般"（指在"中有"位,缓慢入涅槃）、"经久般"（指在"中有"位,经久入涅槃）三种;将"生般涅槃"分为"生般"、"有行般"、"无行般"三种;加上"上流般涅槃",合计为七种"不还果"（见卷一百七十五）。（3）"杂修静虑"（又称"杂修定"）。指"不还果"或"阿罗汉"者,因"乐等至（定）"、"怖烦恼故"、"乐受生",以"无漏静虑"、

"有漏静虑"间杂熏修的方法,修习"四静虑"。即先杂修"第四静虑",初起"无漏静虑",次起"有漏静虑",后起"无漏静虑",所修习的时间,起初是"多刹那",以后逐渐减至是"一刹那"。"第四静虑"修完后,再修其下的"第三静虑"、"第二静虑"、"初静虑"(见卷一百七十五)。(4)"五净居天"。指"不还果"者,以"杂修静虑"为因,能往生色界第四禅天中的"五净居天",即"无烦天"、"无热天"、"善见天"、"善现天"、"色究竟天"(见卷一百七十六)。(5)"顺流"、"逆流"、"自住"。"顺流",指顺生死之流而流转于生死;"逆流",指逆生死之流而趣向涅槃;"自住",指于生死、涅槃各作所作,意乐不息(见卷一百七十六)。

(6)"菩萨"、"佛陀"。"菩萨"为"菩提萨埵"的略称,"菩提"意为"觉","萨埵"意为"众生",合称"觉众生"或"觉有情",本书定义为"能造作增长相异熟业"者,即能上求无上菩提、下化一切众生,于未来成就佛果者。"佛陀"意为"觉者",指能自觉、觉他、觉行圆满者(见卷一百七十六)。(7)"三十二大丈夫相"(又称"三十二大人相")。指佛具有三十二种显见的殊胜形相,从"一者足善住相"至"三十二者得梵音声相"(见卷一百七十七)。(8)"四波罗蜜多"、"六波罗蜜多"。"波罗蜜多"意为"度"、"到彼岸",指从生死的此岸,到达涅槃的彼岸。"四波罗蜜多"(又称"四度"),指菩萨所修的四种胜行,"施"、"戒"、"精进"、"般若"波罗蜜多,菩萨须经三劫阿僧企耶(指三大劫),修习"四波罗蜜多",方得圆满而成为佛。"六波罗蜜多"(又称"六度"),指菩萨所修的六种胜行,即在"四波罗蜜多"的基础上增加"忍"、"静虑"波罗蜜多。"六波罗蜜多"为"外国师"(指犍陀罗国有部论师)所说,"四波罗蜜多"为"迦湿弥罗国诸论师"(指迦湿弥罗国有部论师)所说(见卷一百七十八)。(9)"释迦菩萨"、"慈氏菩萨"。"释迦菩萨",指未成道之前的释迦牟尼。

"慈氏菩萨",指弥勒菩萨。弥勒菩萨原为释迦牟尼佛的大弟子,得佛授记,先于佛入灭,当来是指将从睹史多天(又称"兜率天")降生人间成佛。因他尽此一生,即可生于人间,绍补释迦牟尼的佛位,故又称"补处菩萨"(亦称"一生补处菩萨",见卷一百七十八)。(10)"愿智"。指阿罗汉依"第四静虑"而起的、能如愿了知一切的智慧(见卷一百七十八)。(11)"无诤行"。指阿罗汉既能遮断"自相续"(指自身)中所有烦恼,又能遮制"他相续"(指他身)所有烦恼(见卷一百七十九)。(12)"四无碍解"(又称"四无碍智")。指通达无碍的四种智慧与辩才,即:"法无碍解",指对一切诸法的名字(名称)能通达无碍;"义无碍解",指对一切诸法的义理能通达无碍;"词无碍解",指对一切众生的方言异语能通达无碍;"辩无碍解",指能随顺一切众生的根性,宣说其所乐闻的教法(见卷一百八十)。(13)"四圣种"。指出家者引生圣果的四种修行方法,即"依随所得食喜足圣种"、"依随所得衣喜足圣种"、"依随所得卧具喜足圣种"、"依有无有乐断乐修圣种"(见卷一百八十一)。(14)"法随法行"。指随顺教法而行,即为求得涅槃而修习"八支圣道"(见卷一百八十一)。(15)"转法轮"。指佛宣说教法,本书以"八支圣道"为"法轮"(见卷一百八十二)。(16)"正法"。指"无漏(五)根、(五)力、(七)觉支、(八)道支"(见卷一百八十三)。如关于"四波罗蜜多"摄含"六波罗蜜多",说:

　　菩萨经三劫阿僧企耶,修四波罗蜜多,而得圆满,谓施波罗蜜多、戒波罗蜜多、精进波罗蜜多、般若波罗蜜多。……得尽智时,此四波罗蜜多方得圆满。外国师说:有六波罗蜜多,谓于前四(波罗蜜多),加忍、静虑。迦湿弥罗国诸论师言,后二波罗蜜多,即前四所摄,谓忍摄在戒中,静虑摄在般若。……复有别说,六波罗蜜多谓于前四,加闻及忍。……此二亦在前四中摄,忍如前说,闻摄在慧,虽诸功德皆可名为波罗蜜多,而依显了增上义说故,唯有四。(卷一百七十八《定蕴·不还纳息》,第 892 页上、中、下)

(五)《一行纳息》(卷一百八十三至卷一百八十六)。解释《发智论》卷十九《定蕴·一行纳息》,论述"三三摩地"等问题。内容包括:"三三摩地"、"作意入正性离生"、"三聚"等。

(1)"三三摩地"(又称"三三昧"、"三等持")。指三种禅定,即:"空三摩地",指观察诸法自性空寂的禅定;"无愿三摩地",指对诸法无所愿乐造作的禅定;"无相三摩地",指观察诸法无差别相的禅定(见卷一百八十三、卷一百八十四)。(2)"作意入正性离生"。指令心趣入"见道"。"三三摩地"中,"空三摩地"、"无愿三摩地"均能"入正性离生";"唯无相三摩地,不能入正性离生"(见卷一百八十五)。(3)"三聚"(又称"三定聚")。指依正邪区分的三类众生,即:"邪性定聚",指"成就五无间业",必定堕入地狱者;"正性定聚",指"成就学(法)、无学法",断尽"烦恼",必定入涅槃者;"不定聚",指"唯成就余有漏法及无为(法)",遇善缘能成正性,得恶缘则成邪性,正、邪尚不确定者(见卷一百八十六)。

八、《见蕴》(卷一百八十七至卷二百)。解释《发智论》卷十九至卷二十《见蕴》的前五纳息,论述"见"(指正见、邪见)等问题。下分五纳息。

(一)《念住纳息》(卷一百八十七至卷一百九十二)。解释《发智论》卷十九《见蕴·念住纳息》,论述"四念住"等问题。内容包括:"四念住"、"三念住"、"阿罗汉般涅槃心"、"佛般涅槃"、"四有"等。

（1）"四念住"（又称"四念处"）。指以智慧观察身、受、心、法四境，以对治净、乐、常、我四颠倒的禅观，即："身念住"，指观身不净，对治将"不净"当作"净"的颠倒；"受念住"，指观受是苦，对治将"苦"当作"乐"的颠倒；"心念住"，指观心无常，对治将"无常"当作"常"的颠倒；"法念住"，指观法无我（指一切诸法由众缘和合而生，没有常恒实在的主体），对治将"无我"当作"我"的颠倒。"四念住"以"慧"为体，依慧力，能使"念"住于所观之处。"四念住"中，只有"法念住"能断烦恼，而前三念住则有引发"法念住"的作用（见卷一百八十七）。（2）"三念住"。指"四念住"之体，有"自性念住"、"相杂念住"、"所缘念住"三种。"自性念住"，以"慧"为体；"相杂念住"，以"慧"及其"俱有法"（又称"助伴"，指相应的善法）为体；"所缘念住"，以所缘的境界为体。"三念住"中，只有"相杂念住"能断烦恼，而"自性念住"、"所缘念住"则有引发"相杂念住"的作用。此外，"相杂念住"，又分"闻所成念住"、"思所成念住"、"修所成念住"三种，它们也称为"三念住"。此中，只有"修所成念住"能断烦恼，而"闻所成念住"、"思所成念住"则有引发"修所成念住"的作用（见卷一百八十七、卷一百八十八）。（3）"阿罗汉般涅槃心"。指阿罗汉住于"无记心"而入涅槃，而不是住于"善心"而入涅槃，因为"唯无记心，顺心断故"（见卷一百九十一）。（4）"佛般涅槃"。指佛依"不动寂静定"而入涅槃，"世尊临涅槃时，四度入第四静虑，前三入时，未名不动寂静定，第四入时，乃名不动寂静定"，佛在"出定"时入涅槃（见卷一百九十一）。（5）"四有"。指众生一期生命的四个阶段，即"本有"、"死有"、"中有"、"生有"（依顺序排列，应作"生有、本有、死有、中有"）。"生有"，指众生受生最初一刹那的色身；"本有"，指众生从受生至命终之间的色身；"死有"，指众生命终最后一刹那的色身；

"中有"，指众生从死到再次受生之间的识体（见卷一百九十二）。如关于"三念住"，说：

> 佛说有三种念住，一自性念住、二相杂念住、三所缘念住。……问：此三念住，谁断烦恼？答：唯相杂念住能断烦恼，非余（指自性念住、所缘念住）。问：何故自性念住不能断烦恼耶？答：若离助伴，唯慧不能断烦恼故。问：何故所缘念住不能断烦恼耶？答：彼作意普散故，唯总略所缘作意能断烦恼。问：何故相杂念住能断烦恼耶？答：具二缘故，谓摄受助伴故，及总略所缘作意故。问：若尔，修余念住应成无用。答：彼能引发相杂念住，非为无用。……相杂念住，复有三种，谓闻、思、修所成差别。问：此三何者能断烦恼？答：修所成能断烦恼，非余（指闻所成念住、思所成念住）。（卷一百八十七《见蕴·念住纳息》，第 936 页下—第 937 页中）

（二）《三有纳息》（卷一百九十二至卷一百九十五）。解释《发智论》卷十九《见蕴·三有纳息》，论述"三有"等问题。内容包括："三有"与"三有相续"之间的关系；"五种相续"；"三界"的建立；"因无明"与"缘无明"、"因明"与"缘明"之间的关系等。

（1）"三有"、"三有相续"之间的关系。"三有"，指众生随业受报的三界，即"欲有"、"色有"、"无色有"。"三有相续"，指众生随业受报的三界的相续性，即："欲有相续"，指欲界命终，还生欲界；"色有相续"，指色界命终，还生色界；"无色有相续"，指无色界命终，还生无色界（见卷一百九十二）。（2）"五种相续"。指有为法前因后果连续不间断的五种情况，即"中有相续"、"生有相续"、"分位相续"（又称"时分相续"）、"法相续"

（又称"法性相续"）、"刹那相续"（本处所说与卷六十《结蕴·
一行纳息》所述,大致相同;见卷一百九十二）。（3）"三界"的
建立。指关于为何建立"三界"的各种说法（本书主张因"爱断"
的差别而建立"三界";见卷一百九十三）。（4）"因无明"与
"缘无明"之间的关系。指诸法在以"无明"为"因"时,是否同
时以"无明"为"缘",如"诸法因无明,彼法缘无明耶"等（见卷
一百九十五）。（5）"因明"与"缘明"之间的关系。指诸法在以
"明"为"因"时,是否同时以"明"为"缘",如"诸法因明,彼法缘
明耶"等（见卷一百九十五）。如关于为何建立"三界",说:

　　问:所说三界,云何建立? 为以地、为以处、为以爱断
（指贪断）耶? 设尔何失? 若以地者,应说九界,地有九故,
谓欲界、四静虑、四无色（定）;若以处者,应说四十界,有四
十处故,谓欲界二十处、色界十六处、无色界四处;若以爱
（指贪）断者,亦应说九界,谓欲界爱,乃至非想非非想处
爱,各分齐有异故。答:应说以爱断故,建立三界。……谓
从无间地狱乃至他化自在天,皆由欲爱所差别故,建立欲
界;从梵众天乃至色究竟天,皆由色爱所差别故,建立色界;
从空无边处乃至非想非非想处,皆由无色爱所差别故,建立
无色界。复次,若处有色、有欲,立欲界;有色、无欲立色界;
无色、无欲立无色界。（卷一百九十三《见蕴·三有纳息》,
第965页下）

　　（三）《想纳息》（卷一百九十五至卷一百九十六）。解释
《发智论》卷十九《见蕴·想纳息》,论述"十想"等问题。内容
包括:"十想"中,"无常想生"与"无常想"之间的关系;"所通
达"、"所遍知"与"所断法"等诸法之间的关系;"因、道、缘起
法"与"三科"之间的关系等。

（1）"无常想生"与"无常想"之间的关系。指"十想"中，"无常想生"与"无常想"之间的"相应"、"所缘"的关系，即"无常想"是否引生"相应法"，它与"相应法"是否同一所缘，如"诸法无常想生，彼法无常想相应耶"，"诸法无常想生，彼法无常想一缘耶"等（见卷一百九十五）。（2）"所通达"、"所遍知"与"所断法"等诸法之间的关系。"所通达"，指"一切法皆是善慧所通达"；"所遍知"，指"一切法皆智遍知所遍知"。"所通达"、"所遍知"与"所断法"、"所修法"、"所作证法"之间的关系，指"颇有法是所通达、所遍知，非所断、非所修、非所作证耶"、"颇有法是所通达、所遍知，是所断、是所修、是所作证耶"等（见卷一百九十五）。（3）"因、道、缘起法"与"三科"之间的关系。指"六因"、"八支圣道"、"十二支缘起"，与"十八界"、"十二处"、"五蕴"之间的相摄关系，如"几（多少）界、几处、几蕴摄"等（见卷一百九十六）。如关于"因、道、缘起法"，说：

因、道、缘起法，几界、几处、几蕴摄？答：十八界、十二处、五蕴。此中因者，六因，谓相应（因）乃至能作（因）；道者，八支圣道，谓正见乃至正定；缘起者，十二支缘起，谓无明乃至老死。此因、道、缘起，具摄一切界、处、蕴法。问：因及缘起可尔，道云何亦具摄耶？答：此文应作是说：因及缘起，十八界、十二处、五蕴摄；道，三界、二处、五蕴摄。而不作是说者，当知此中总说因、道、缘起，摄一切界、处、蕴，非一一摄。（卷一百九十六《见蕴·想纳息》，第979页下）

（四）《智纳息》（卷一百九十六至卷一百九十七）。解释《发智论》卷二十《见蕴·智纳息》，论述"能通达"、"能遍知"等问题。内容包括："能通达"与"能遍知"之间的关系；"能厌"、

"能离"、"修厌"之间的关系;"三和合触";"一界一处一蕴摄一切法"等。

(1)"能通达"与"能遍知"之间的关系。"能通达",指"依无漏道智遍知说,能如实知";"能遍知",指"依无漏道证断遍知说,能永断烦恼"。二者之间的关系,指"若事能通达,彼事能遍知耶"等(见卷一百九十六)。(2)"能厌"、"能离"、"修厌"之间的关系。"能厌",指能对"烦恼"厌弃;"能离",指能对"烦恼"断离;"修厌",指修习厌离。三者之间的关系,指"若事能厌,彼事能离耶","若事能厌,彼事修厌耶"等(见卷一百九十六)。(3)"三和合触"。指"根"、"境"、"识"三者和合而产生"触"(触觉),"触以互不相违,共生一果,名为和合"(见卷一百九十七)。(4)"一界一处一蕴摄一切法"。指"法界"、"意处"("十二处"之一)、"色蕴"("五蕴"之一)摄一切法。一切法(事物),指"色法"、"心法"、"心所法"、"不相应行法"、"无为法"(见卷一百九十七)。关于"一界一处一蕴摄一切法",说:

> 颇有一界、一处、一蕴,摄一切法耶? 答:有,一界谓法界,一处谓意处,一蕴谓色蕴。如是,则摄一切法尽。所以者何? 一切法不出五事,谓色(法)、心(法)、心所法、(心)不相应行(法)、无为(法)。色蕴摄色,意处摄心,法处摄余,是故摄一切法。复次,一切法不出十八界,于中,色蕴摄十色界(指五根、五境),意处摄七心界(指六识与意根),法界摄法界,故摄一切法。(卷一百九十七《见蕴·智纳息》,第 987 页中)

(五)《见纳息》(卷一百九十八至卷二百)。解释《发智论》卷二十《见蕴·见纳息》,论述"五见"等问题。内容包括:"五见"、"九慢类"的表现及其对治;"外道六十二见"等。

（1）"五见"。指根本烦恼中的五种恶见，本书论述的次序为："邪见"、"边执见"、"戒禁取见"、"有身见"、"见取"。一是"邪见"，分为四种，即："谤因邪见"，指持"无施与、无爱乐、无祠祀、无妙行恶行"等见解者；"谤果邪见"，指持"无妙行恶行果"等见解者；"谤道邪见"，指持"世间无阿罗汉"等见解者；"谤灭邪见"，指持"无正至"等见解者。二是"边执见"，分为二种，即："断见"，指持"愚智者死已，断坏无有"等见解者；"常见"，指持"七士身（指"地、水、火、风，及苦、乐、命"）不作作、不化化、不可害，常安住"等见解者。三是"戒禁取见"，指"非因计因"者。四是"有身见"，指持"我观我眼色即我"等见解者。五是"见取"，指"取劣法为胜"者。"五见"，由证见"四谛"之理而断灭（见卷一百九十八）。（2）"九慢类"（又称"九慢"）。指傲慢凌人的九种行为，即"我胜慢类"、"我等慢类"、"我劣慢类"、"有胜我慢类"、"有等我慢类"、"有劣我慢类"、"无胜我慢类"、"无等我慢类"、"无劣我慢类"。"九慢"依"见"而起，分别为"七慢"中的"慢"、"过慢"、"卑慢"所摄（见卷一百九十九）。（3）"外道六十二见"。指古印度"外道"（指佛教以外的其他宗教和学派）依"有身见"而起的六十二种见解（见卷一百九十九、卷二百）。关于"外道六十二见"，说：

《梵网经》（指《长阿含经》卷十四《梵动经》）说：六十二诸恶见趣，皆有身见为本。六十二见趣者，谓前际分别见有十八，后际分别见有四十四。前际分别见有十八者，谓四（种）遍常论、四（种）一分常论、二（种）无因生论、四（种）有边等论、四（种）不死矫乱论；后际分别见有四十四者，谓十六（种）有想论、八（种）无想论、八（种）非有想非无想论、七（种）断灭论、五（种）现法涅槃论。此中，依过去起分别见,名前际分别见;依未来起分别见,名后际分别见;若依现在起分别见,此则不定,或名前际分别见,或名后际分别见,以现在世是未来前、过去后故。(卷一百九十七《见蕴·见纳息》,第996页中、下)

《发智论》卷十九至卷二十《见蕴》原有六纳息,本书所释止于第五《见纳息》,对第六纳息《伽他纳息》未予作释。为何不释最后一篇? 本书的编集者的解释是:"《伽他纳息》所有义趣,如文易了,故不复释。"(卷二百《见蕴·见纳息》)也就是说,因为此篇的义理容易理解,故不必作释。

本书作为有部教理的集大成者,在行文中,结合不同的论题,对有部所说的"三世实有,法体恒有"(指过去、现在、未来三世的一切事物皆为实有),作了多维度的阐发与说明。如说:"实有法我,法性实有"(卷九);"因缘实有体性"(卷十);"若性若相,皆是实有"(卷十六);"过去未来体是实有,现在是有为"(卷十七);"诸有为法,实有住相"(卷三十九);"无为法实有自性"(卷六十二);"虚空体相实有,不应拨无"(卷七十五);"四缘实有自体"(卷一百七);"诸觉、慧皆实有境"(卷一百八);"表、无表业皆是实有"(卷一百二十二);"诸化事皆是实有"(卷一百三十五);"诸缘性皆是实有"(卷一百三十六);"内外法皆是实有"(卷一百三十八);"因缘法决定实有"(卷一百四十六);"成就体是实有"(卷一百五十七);"相应法是实有"(卷一百六十七),等等。

在"二无我"(又称"二空")问题上,有部主张"人无我",而反对"法无我"。认为,人身是由"五蕴"和合而成的,没有常恒实在的主体("我"),因而是"空"的;而外部事物是有常恒实在的主体的,因而是"不空"的。故本书将主张"法我"者,称为"善说法"；而将主张"人我"者，称为"恶见"，说："我有二种：一者法我，二者补特伽罗我。善说法者，唯说实有法我，法性实有，如实见故，不名恶见；外道亦说实有补特伽罗我，补特伽罗非实有性，虚妄见故，名为恶见。"（卷九《杂蕴·世第一法纳息》，第41页上）这也反映了多数小乘部派的共同看法（犊子部除外），而大乘则明确主张"法无我"。故是否承认"法无我"，也是大小乘之间的主要分歧之一。

本书的同本异译有：苻秦僧伽跋澄译《鞞婆沙论》十四卷、北凉浮陀跋摩等译《阿毗昙毗婆沙论》六十卷。

苻秦僧伽跋澄译《鞞婆沙论》十四卷

《鞞婆沙论》，又名《阿毗昙毗婆沙》《鞞婆沙阿毗昙》（"鞞"为"毗"的异译），十四卷。印度尸陀槃尼造，苻秦僧伽跋澄译，建元十九年（383）译出。梁僧祐《出三藏记集》卷二著录。载于《丽藏》"洛""浮"函、《宋藏》"洛""浮"函、《金藏》"洛""浮"函、《元藏》"洛""浮"函、《明藏》"肆""筵"函、《清藏》"肆""筵"函、《频伽藏》"收"帙，收入《大正藏》第二十八卷。

僧伽跋澄（约四世纪），意译"众现"，罽宾国（又称迦湿弥罗国，今克什米尔一带）人。博览众典，特善数经（指阿毗昙论书），能讽诵《阿毗昙毗婆沙》（指《鞞婆沙论》十四卷）。苻秦建元十七年（381），游方弘化，来至长安。应秘书郎赵正之请，先后译出《鞞婆沙论》十四卷、《尊婆须蜜菩萨所集论》十卷、《僧伽罗刹所集经》三卷，合计三部二十七卷，其本均存。生平事迹见梁慧皎《高僧传》卷一等。

本书是唐玄奘译《大毗婆沙论》梵本的节译本。全书分为四十二章，始《三结处》，终《四生处》。东晋道安曾撰《鞞婆沙序》，对本书来历和传译经过，作了记述。此序见载于《出三藏记集》之中，为藏本所缺。《鞞婆沙序》说：

> 阿难所出十二部经，于九十日中佛意三昧之所传也。其后别其径，至小乘法为四阿含，阿难之功于斯而已。迦栴延子撮其要行，引经训释，为《阿毗昙》（指《发智论》）四十四品，要约婉显，外国重之。……又有三罗汉，一名尸陀槃尼、二名达悉、三名鞞罗尼，撰《鞞婆沙》，广引圣证，言辄据古，释《阿毗昙》焉。其所引据，皆是大士、真人、佛印印者也。达悉迷而近烦，鞞罗要而近略，尸陀最折中焉。……会建元十九年，罽宾沙门僧伽跋澄，讽诵此经四十二处，是尸陀槃尼所撰者也，来至长安。赵郎（指秘书郎赵政）饥虚在往，求令出焉。其国沙门昙无难提笔受为梵文，弗图罗刹译传，敏智笔受为此秦言，赵郎正义起尽，自四月出，至八月二十九日乃讫。……经本甚多，其人忘失，唯四十事，是释《阿毗昙》十门之本，而分十五事，为小品回著前；以二十五事为大品，而著后。此大小二品全无所损，其后二处，是忘失之遗者，令第而次之。（《出三藏记集》卷十，《大正藏》第五十五卷，第73页中、下）

从道安叙述来看，迦旃延子（即"迦多衍尼子"）撰《发智论》四十四品以后，有尸陀槃尼、达悉、鞞罗尼三人，各撰注释，广引圣证，言辄据古，解释《发智论》。达悉的本子较为繁琐，鞞罗尼的本子较为简略，只有尸陀槃尼的本子详略得当，最为折中。僧伽跋澄口诵译出的《发智论》注释，就是尸陀槃尼的本子。尸陀槃尼本原先的卷数很多，由于僧伽跋澄忘失，只记住解释《发智论》中"十门"章的"小品"十五事、"大品"二十五事，以及"拾遗"二事，故据此译出的十四卷本，只有四十二事。

道安的说法表明，在唐玄奘译出《大毗婆沙论》之前的相当长时期内,人们一直将《鞞婆沙论》视为先于《大毗婆沙论》问世的、《发智论》注释书。但近世以来,研究者通过比对发现,本书其实并不是一部内容独立的《发智论》注释,而是尸陀槃尼根据《大毗婆沙论》梵本的部分篇章节录而成的著作,内容相当于《大毗婆沙论》初首《序》,以及正文第二篇《结蕴》、第三篇《智蕴》、第四篇《业蕴》的一部分。此外,道安所说的"大品"二十五事中的末二事(《八智处》《三三昧处》),与前二十三事,并不属于同一篇,应划入"拾遗"之中。

本书的初首有《鞞婆沙说阿毗昙八揵度》(又名《序阿毗昙》,卷一)。叙述尊者迦旃延子造作《发智论》的缘由;《发智论》的结构;"契经"、"律"、"阿毗昙"三者的差别;"阿毗昙"的自性(为"无漏慧根");一心听法的功德等问题。内容相当于《大毗婆沙论》卷一《序》的节略。

正文分为四十二章,依其出处,分为三部分。

一、《不善品小章》(卷一至卷三;此标题见于卷三之末)。共有十五章。内容相当于《大毗婆沙论》卷四十六至卷五十《结蕴·不善纳息》的节略。

(一)《三结处》(卷一)。论述"三结"问题。"三结",指结缚身心,令众生不得解脱的三种烦恼,即"身见"(又称"有身见")、"戒盗"(又称"戒禁取")、"疑"。

(二)《三不善根处》(卷二)。论述"三不善根"问题。"三不善根",指三种不善根性,即"贪不善根"、"恚不善根"(又称"瞋不善根")、"痴不善根"。

(三)《三有漏处》(卷二)。论述"三有漏"问题。"三有漏"(又称"三漏"),指由六根漏泄过患,令众生流转三界的三种烦恼,即"欲有漏"(又称"欲漏")、"有有漏"(又称"有漏")、"痴有漏"(又称"无明漏")。如关于"有漏"的含义,说:

有漏有何义？答曰：留住义是有漏义，渍义是有漏义，漏义是有漏义，增上主义是有漏义，持义是有漏义，醉义是有漏义。留住义是有漏义者，众生以何留住欲界？众生以何留住色（界）、无色界？有漏也；渍义是有漏义者，如渍种子而生萌芽，如是众生为结（指烦恼）所渍，生有萌芽；漏义是有漏义者，如漏刻水漏，如乳房出乳，如是众生六入（指六根）门中常结漏；增上主义是有漏义者，如人为人增上主，不得令众生东西南北自在，如是众生结为增上主，不得越界趣轮转生死；持义是有漏义者，如人为非人所持，不应说而说，不应语而语，不应取而取，不应盗而盗，如是众生为结所持，不应说而说，至不应盗而盗。醉义是有漏义者，如人饮根酒、茎酒、叶酒、华酒、果酒，醉失惭愧，不知事、非事。如是此众生结酒所醉，失惭愧，不知事、不事。（卷二《三有漏处》，《大正藏》第二十八卷，第 425 页中）

（四）《四流处》（卷二）。论述"四流"问题。"四流"（又称"四瀑流"），指令众生漂溺于三界生死的四种烦恼，即"欲流"（又称"欲瀑流"）、"有流"（又称"有瀑流"）、"无明流"（又称"无明瀑流"）、"见流"（又称"见瀑流"）。

（五）《四受处》（卷二）。论述"四受"问题。"四受"（又称"四取"），指令众生生起执取的四种烦恼，即"欲受"（又称"欲取"）、"戒受"（又称"戒禁取"）、"见受"（又称"见取"）、"我受"（又称"我语取"）。

（六）《四缚受处》（卷二）。论述"四缚"问题。"四缚"（又称"四身系"），指系缚身心，令众生不得解脱的四种烦恼，即"欲爱身缚"（又称"贪欲身系"）、"瞋恚身缚"（又称"瞋恚身系"）、"戒盗身缚"（又称"戒禁取身系"）、"我见身缚"（又称"此实执身系")。

　　(七)《五盖处》(卷三)。论述"五盖"问题。"五盖",指覆盖众生心性的五种烦恼,即"欲爱"(又称"贪欲")、"瞋恚"、"睡眠"(又称"惛沈睡眠")、"调悔"(又称"掉举恶作")、"疑"。

　　(八)《五结处》(卷三)。论述"五结"问题。"五结",指结缚身心,令众生不得解脱的五种烦恼,即"爱结"、"恚结"(又称"瞋结")、"慢结"、"悭结"、"嫉结"。

　　(九)《五下结处》(卷三)。论述"五下结"问题。"五下结"(又称"五顺下分结"),指顺益下分界(欲界)的五种烦恼,即"欲爱"(又称"贪欲")、"瞋恚"、"身见"(又称"有身见")、"戒盗"(又称"戒禁取")、"疑"。

　　(十)《五上结处》(卷三)。论述"五上结"问题。"五上结"(又称"五顺上分结"),指顺益上分界(色界、无色界)的五种烦恼,即"色爱"(又称"色贪")、"无色爱"(又称"无色贪")、"调"(又称"掉举")、"慢"、"无明"。

　　(十一)《五见处》(卷三)。论述"五见"问题。"五见",指五种邪见,即"身见"(又称"有身见")、"边见"(又称"边执见")、"邪见"、"见盗"(又称"见取")、"戒盗"(又称"戒禁取")。

　　(十二)《六身爱处》(卷三)。论述"六身爱"问题。"六身爱"(又称"六爱身"),指由六触所生的六种贪爱,即"眼更爱"(又称"眼触所生爱身")、"耳更爱"(又称"耳触所生爱身")、"鼻更爱"(又称"鼻触所生爱身")、"舌更爱"(又称"舌触所生爱身")、"身更爱"(又称"身触所生爱身")、"意更爱"(又译"意触所生爱身")。

　　(十三)《七使处》(卷三)。论述"七使"问题。"七使"(又称"七随眠"),指七种根本烦恼,即"欲使"(又称"欲贪随眠")、

"恚使"（又称"瞋恚随眠"）、"有使"（又称"有贪随眠"）、"慢使"（又称"慢随眠"）、"无明使"（又称"无明随眠"）、"见使"（又称"见随眠"）、"疑使"（又称"疑随眠"）。

（十四）《九结处》（卷三）。论述"九结"问题。"九结"，指结缚身心，令众生不得解脱的九种烦恼，即"爱结"、"恚结"、"慢结"、"无明结"、"见结"、"失愿结"（又称"取结"）、"疑结"、"悭结"、"嫉结"。

（十五）《九十八使处》（卷三）。论述"九十八使"问题。"九十八使"（又称"九十八随眠"），指九十八种根本烦恼，即"欲爱五"（指欲界的"贪"有五种）、"恚五"（指欲界的"瞋"有五种）、"色、无色爱十"（指色界、无色界的"贪"有十种）、"慢十五"（指三界的"慢"有十五种）、"无明十五"（指三界的"无明"有十五种）、"见三十六"（指三界的"见"有三十六种）、"疑十二"（指三界的"疑"有十二种）。

二、《解十门大章》（卷四至卷十二）。原书共有二十五章，其中，前二十三章（从《二十二根处》至《十一切入处》），内容相当于《大毗婆沙论》卷七十一至卷八十五《结蕴·十门纳息》的节略；后二章，今经对勘，非属同一篇章，划入"拾遗"。

（一）《二十二根处》（卷四）。论述"二十二根"问题。"二十二根"，指有生长增上作用的二十二种根性，即"眼根"、"耳根"、"鼻根"、"舌根"、"身根"、"意根"（以上为十二处的六根）、"男根"、"女根"（以上为身根的一部分）、"命根"（此为"心不相应行法"之一）、"乐根"、"苦根"、"喜根"、"忧根"、"护根"（又称"舍根"；以上为五受根）、"信根"、"精进根"、"念根"、"定根"、"慧根"（以上为五善根）、"未知根"（又称"未知当知根"）、"已知根"、"无知根"（称"具知根"，以上为三无漏根）。

（二）《十八界处》（卷五）。论述"十八界"问题。"十八界",指一切法(事物)的十八种类别,即"六根"(指眼、耳、鼻、舌、身、意)、"六境"(指色、声、香、味、细滑、法;细滑又译"触")、"六识"(指眼识、耳识、鼻识、舌识、身识、意识)。

(三)《十二入处》(卷六)。论述"十二入"问题。"十二入"(又称"十二处"),指"心"(指心识)、"心所"(指依心而起的心理活动)的十二种生长之处,即"六根"、"六境"。

(四)《五阴处》(卷六)。论述"五阴"问题。"五阴"(又称"五蕴"),指一切有为法(有因缘造作、生灭变化的非常住事物)的五种类别,即"色阴"(又称"色蕴")、"痛阴"(又称"受蕴")、"想阴"(又称"想蕴")、"行阴"(又称"行蕴")、"识阴"(又称"识蕴")。

(五)《五盛阴处》(卷六)。论述"五盛阴"问题。"五盛阴"(又称"五取蕴"),指有漏的五蕴,即由烦恼("取")而生的五蕴,"色盛阴"(又称"色取蕴")、"痛盛阴"(又称"受取蕴")、"想盛阴"(又称"想取蕴")、"行盛阴"(又称"行取蕴")、"识盛阴"(又称"识取蕴")。如关于"五阴"(即五蕴)与"五盛阴"(即五取蕴)的差别,说:

> 问曰:阴(指五蕴)及盛阴(指五取蕴)何差别? 答曰:名即是差别,彼阴、此盛阴。或曰:阴有漏、无漏,盛阴一向有漏。或曰:阴染污、不染污,盛阴一向染污。或曰:阴摄三谛,盛阴摄二谛。或曰:阴或断或不断,盛阴一向断。或曰:阴或受相应或不相应,盛阴一向相应。或曰:阴得或结相应或不相应,盛阴得一向结相应不离结。或曰:阴或学或无学或非学非无学,盛阴一向非学非无学。阴及盛阴是谓差别。(卷六《五盛阴处》,第 460 页上)

(六)《六界处》(卷六)。论述"六界"问题。"六界",指构成众生世间和器世间的六种基本要素,即"地界"、"水界"、"火界"、"风界"、"空界"、"识界"。

(七)《色无色法处》(卷七)。论述"有色法"、"无色法"问题。"有色法",指有"变碍"的物质,即"十二处"中的"眼、耳、鼻、舌、身、色、声、香、味、触处"十处和"法处少分";"无色法",指无"变碍"的物质,即"十二处"中的"意处"和"法处少分"。

(八)《可见不可见法处》(卷七)。论述"可见法"、"不可见法"问题。"可见法"(又称"有见法"),指能眼见的事物,即"十二处"中的"色处";"不可见法"(又称"无见法"),指不能眼见的事物,即"十二处"中其余十一处。

(九)《有对无对处》(卷七)。论述"有对法"、"无对法"问题。"有对法",指有"对碍"的事物,即"十二处"中的"五内色处"(指五根)、"五外色处"(指五境);"无对法",指无"对碍"的事物,即"十二处"中的"意处"、"法处"。

(十)《有漏无漏处》(卷七)。论述"有漏法"、"无漏法"问题。"有漏法",指有烦恼之法,即"十二处"中的十处(指五根、五境)和"意处少分"、"法处少分"(此指"意处"、"法处"中通"有漏"的那部分);"无漏法",指无烦恼之法,即"十二处"中的"意处少分"、"法处少分"(此指"意处"、"法处"中通"无漏"的那部分)。

(十一)《有为无为法处》(卷七)。论述"有为法"、"无为法"问题。"有为法",指有因缘造作、生灭变化的非常住事物,即"十二处"中的十一处(指六根、五境)和"法处少分"(此指"法处"中通"有为法"的那部分);"无为法",指无因缘造作、生灭变化的常住事物,即"十二处"中的"法处少分"(此指"法处"中通"无为法"的那部分)。

(十二)《三世处》(卷七)。论述"三世法"问题。"三世法",指三世的一切有为法,即"过去法"、"现在法"、"当来法"
(又称"未来法")。

(十三)《善不善无记处》(卷七)。论述"三性法"问题。
"三性法",指三种性质的事物,即"善法"、"不善法"、"无记法"
(指非善非恶)。

(十四)《欲界色界无色界系法处》(卷七)。论述"三界系
法"问题。"三界系法",指受欲界、色界、无色界系缚的事物,即
"欲界系法"、"色界系法"、"无色界系法"。

(十五)《学无学非学非无学法处》(卷七)。论述"三学法"
问题。"三学法",指三种修学法,即"学法"(指有法可学之人,
即尚未证得阿罗汉果者之法)、"无学法"(指无法可学之人,即
已证得阿罗汉果者之法)、"非学非无学法"(指"凡夫"之法和
"无为法")。如关于三种"学法"之间的差别,说:

> 问曰:学法云何? 答曰:学五阴。无学法云何? 答
> 曰:无学五阴。非学非无学法云何? 答曰:有漏五阴及无
> 为(法)。……或曰:谓五人坚信(指随信行)、坚法(指随
> 法行)、信解脱、见到、身证意中无漏法可得,是学;谓二人
> 慧解脱、俱解脱意中无漏法可得,是无学;余者非学非无学。
> 或曰:谓七人四向三果(指预流向至阿罗汉向)意中无漏法
> 可得,是学;谓一人(指阿罗汉果)意中无漏法可得,是无
> 学;余者非学非无学。或曰:十八人(指十八种学人,即随
> 信行、随法行、信解、见至、身证、家家、一间、预流向、预流
> 果、一来向、一来果、不还向、不还果、中般、生般、有行般、无
> 行般、上流般)意中无漏法可得,是学;谓九人(指九种阿罗
> 汉,即退法、思法、护法、安住法、堪达法、不动法、不退法、慧
> 解脱、俱解脱阿罗汉)意中无漏法可得,是无学;余者非学

非无学。(卷七《学无学非学非无学法处》,第469页上、中)

(十六)《见断思惟断不断法处》(卷七)。论述"三断法"问题。"三断法",指断除烦恼的三种方法,即"见断法"(又称"见所断法",指见道位断除烦恼之法)、"思惟断法"(又称"修所断法",指修道位断除烦恼之法)、"不断法"(又称"无断法",无学位无须断除烦恼之法)。

(十七)《四圣谛处》(卷八、卷九)。论述"四圣谛"问题。"四圣谛",指显示众生的痛苦与解脱的四种真理(真实不虚的道理),即"苦谛"、"习谛"(又称"集谛")、"尽谛"(又称"灭谛")、"道谛"。

(十八)《四禅处》(卷十)。论述"四禅"问题。"四禅"(又称"四静虑"),指色界的四种根本禅定,即"初禅"(又称"初静虑")、"二禅"(又称"第二静虑")、"三禅"(又称"第三静虑")、"四禅"(又称"第四静虑")。

(十九)《四等处》(卷十一)。论述"四无量"问题。"四无量"(又称"四无量心"),指能引生利乐一切众生四种无量心的禅定,即"慈无量"、"悲无量"、"喜无量"、"护无量"(又称"舍无量")。

(二十)《四无色处》(卷十二)。论述"四无色定"问题。"四无色定",指无色界的四种根本禅定,即"空处定"(又称"空无边处定")、"识处定"(又称"识无边处定")、"不用处定"(又称"无所有处定")、"有想无想处定"(又称"非想非非想处定")。

(二十一)《八解脱处》(卷十二)。论述"八解脱"问题。"八解脱",指断除三界贪欲而得解脱的八种禅定,即"色观色,初解脱"，至"想灭正受身作证成就游，八解脱"。

（二十二）《八除入处》（卷十二）。论述"八除入"问题。"八除入"（又称"八胜处"），指通过观想欲界的色法，以断除贪欲的八种禅定，它们是从"八解脱"中的前三种解脱分出，即"内有色想，观外色少"（指"初除入"），至"内无色想，观外色白"（指"第八除入"）。

（二十三）《十一切入处》（卷十二）。论述"十一切入"（又称"十遍处"、"十遍处定"）问题。"十一切入"（又称"十遍处"、"十遍处定"），指观想"地大"等十法周遍一切处的禅定，即"地一切入"（又称"地遍处"，指"初遍处定"），至"无量识处一切入"（又称"识遍处"，指"第十遍处定"）。如关于"十一切入"，说：

> 十一切入（指十遍处）者，云何为十？此比丘，地一切入，一思惟上下诸方，无二无量，水一切入、火一切入、风一切入、青一切入、黄一切入、赤一切入、白一切入、无量空处一切入、无量识处一切入，十思惟上下诸方，无二无量。问曰：十一切入有何性？答曰：初八（处），无贪善根性；无量空处、无量识处一切入，四阴性（指前八遍处以"五蕴"为自性，后二遍处以"四蕴"为自性）。……界者，初八（处），色界系；无量空处、无量识处一切入者，无色界系。地者，初八一切入，根本第四禅。何以故？从净解脱成八一切入故。无量空处一切入，即无量空处地，无量识处一切入，即无量识处地。依者，一切依欲界。（卷十二《十一切入》，第508页中、下）

三、"拾遗"（原无标题，今据内容拟立；卷十三、卷十四）。有四章。

（一）《八智处》（卷十三）。论述"八智"问题。"八智"，指八种智慧，即"法智"、"未知智"（又称"类智"）、"知他心智"（又称"他心智"）、"等智"（又称"世俗智"）、"苦智"、"习智"（又称"集智"）、"尽智"（又称"灭智"）、"道智"。内容相当于《大毗婆沙论》卷一百五《智蕴·修智纳息》的节略。

（二）《三三昧处》（卷十三）。论述"三三昧"（又称"三三摩地"）问题。"三三昧"（又称"三三摩地"），指三种禅定，即"空三昧"（又称"空三摩地"）、"无愿三昧"（又称"无愿三摩地"）、"无想三昧"（又称"无相三摩地"）。内容相当于《大毗婆沙论》卷一百四《智蕴·他心智纳息》的节略（日本编《大藏经索引·收录典籍解题》作《大毗婆沙论》卷一百三，误）。此外，依原文的叙次而论，应当是《三三昧处》在前、《八智处》在后，本书为错置）。如关于"三昧"，说：

> 何以故说三昧，三昧有何义？答曰：三事故说三昧，一等（指平等）、二相续、三缘缚（指摄持）。等者，众生久时（指无始来）心数（指心所）法乱，谓令正真，因三昧故。相续者，众生久时心数法不次第生，若生善，便有不善、无记；若生不善，便有善、无记；若生无记，便有善、不善，谓令一向次第生善，相缚相续，除不善、无记，唯因三昧故。缘缚者，众生久时心数法散，色、声、香、味、细滑（指触）法，谓令摄捡缚一缘中（指摄持令住一境），因三昧故。（卷十三《三三昧处》，第513页上、中）

（三）《中阴处》（卷十四）。论述"中阴"（又称"中有"）问题。"中阴"（又称"中有"），指众生从死到再次受生之间的识体，为众生一期生命的四个阶段（称为"四有"，即生有、本有、死有、中有）之一。内容相当于《大毗婆沙论》卷六十八至卷七十

《结蕴·有情纳息》的节略。

（四）《四生处》（卷十四）。论述"四生"问题。"四生"，指众生受生的四种方式，即"卵生"、"胎生"、"湿生"、"化生"。内容相当于卷一百二十《业蕴·害生纳息》的节略。

本书的同本异译有：唐玄奘译《大毗婆沙论》二百卷、北凉浮陀跋摩等译《阿毗昙毗婆沙论》六十卷。

北凉浮陀跋摩等译《阿毗昙毗婆沙论》六十卷

《阿毗昙毗婆沙论》，又名《阿毗昙毗婆沙》《毗婆沙论》，原为一百卷，今存六十卷。印度"迦旃延子造，五百罗汉释"，北凉浮陀跋摩、道泰等译，承和五年（437）至承和七年（439）间译出。梁僧祐《出三藏记集》卷二著录。载于《丽藏》"投"至"规"函、《宋藏》"分"至"隐"函、《金藏》"投"至"规"函、《元藏》"分"至"隐"函、《明藏》"都"至"京"函、《清藏》"都"至"京"函、《频伽藏》"秋"帙，收入《大正藏》第二十八卷。

浮陀跋摩（约五世纪），音译又作"佛陀跋摩"，意译"觉铠"，西域人。习学三藏，偏善《阿毗昙毗婆沙论》。北凉承和（433—439）初年，抵达姑臧（今甘肃武威）。先前，有凉州沙门道泰策杖葱右（指葱岭以西），遍历诸国，获《阿毗昙毗婆沙论》梵本十万偈，还归凉境。得知浮陀跋摩游心此论，请为翻译。在河西王沮渠蒙逊的护持下，浮陀跋摩从承和五年（437）四月至承和七年（439）七月，在凉州城内闲豫宫中翻译了此论，道泰任笔受，沙门慧嵩、道朗与义学僧三百余人，考正文义。后来，浮陀跋摩避乱西返，不知所终。生平事迹见梁慧皎《高僧传》卷三等。

本书是唐玄奘译《大毗婆沙论》的异译本，论述说一切有部的基本教理。原本有一百卷，因译出不久，北魏太武帝拓跋焘攻占姑臧,凉土崩乱,经书什物,皆被焚荡,遂失四十卷,唯存六十卷。全书分为三犍度(又作"捷度")十六品,其中,《杂犍度》八品、《使犍度》四品、《智犍度》四品,内容相当于《大毗婆沙论》初首的《序》和正文八蕴四十三纳息中的三蕴十六纳息,即第一篇《杂蕴》八纳息、第二篇《结蕴》四纳息、第三篇《智蕴》五纳息中的前四纳息(缺第五《七圣纳息》)。至于《大毗婆沙论》正文第四篇《业蕴》至第八篇《见蕴》的内容,本书全缺。关于本书的编者,有人认为,本书是"西方论师"(指犍陀罗一带的有部论师)从《大毗婆沙论》二百卷中,摘出要章编成的;也有人认为,《大毗婆沙论》依据的本子是《发智论》,本书依据的本子是《八犍度论》(见日本编《大藏经索引·收录典籍解题》)。这些推论,尚需作进一步的考证。

本书的卷首有北凉道挺(一作"道梃",本书翻译的参与者)撰的《毗婆沙序》(后收入《出三藏记集》卷十,作《毗婆沙经序》),说:

毗婆沙者,盖是三藏之指归,九部之司南。……自释迦迁晖六百余载,时北天竺有五百应真(指阿罗汉),以为灵烛久潜,神炬落耀,含生昏丧,重梦方始。虽前胜(《出三藏记集》卷十作"法胜")迦旃延撰《阿毗昙》(指《发智论》)以拯颓运,而后进之贤,寻其宗致,儒墨竞构,是非纷如。故乃澄神畜观,搜简法相,造《毗婆沙》(指《大毗婆沙论》),抑正众说。……有沙门道泰……杖策冒险,爰至葱西,综揽梵文,义承高旨,并获梵本十万余偈。……天竺沙门浮陀跋摩,周流敷化,会至凉境。……以乙丑岁(据《高僧传》卷三当作"承和五年丁丑")四月中旬,于凉城内苑闲豫宫寺,请令传译。理味沙门智嵩、道朗等三百余人,考文评义,务在

本旨,除烦即实,质而不野。……至丁卯岁(当作"承和七
年己卯")七月都讫,合一百卷。会凉城覆没(指北魏太武
帝攻灭姑臧),沦湮遐境,所出经本,零落殆尽。(《大正藏》
第二十八卷,第1页上、中)

此序之末,还附有未详作者的题记,对本书六十卷本的来
历,作了补充说明,说:"当且翻时,大卷一百。太武破沮渠已
后,零落收拾,得六十卷。后人分之作一百一十卷,唯释三犍度
在,五犍度失尽。"

本书的初首有"序"(无标题;卷一)。叙述尊者迦旃延子造
作《发智论》的缘由;《发智论》的结构;"修多罗"(又称"契
经")、"毗尼"(又称"律")、"阿毗昙"(又称"论")三者的差别;
"阿毗昙"的体性(指无漏慧根);受持此论的利益等问题。内容
相当于《大毗婆沙论》卷一《序》的节略。但本书的首段作:"云
何世第一法?何故名世第一法?如是章及解章义,是中应广说。
优波提舍问曰:谁造此经?答曰:佛世尊。"对照《大毗婆沙论》
发现,"云何世第一法?……优波提舍"一句,应当是《杂犍度·
世第一法品》的首句;"问曰:谁造此经?答曰:佛世尊"才是
"序"的首句。故本书"序"中的"云何世第一法?……优波提
舍"一句为错简,应当删除。

正文原有八犍度,今存三犍度,佚失五犍度。

一、《杂犍度》(卷一至卷二十四)。论述修习"善根"等问
题,下分八品。内容相当于《大毗婆沙论》卷一至卷四十五
《杂蕴》。

(一)《世第一法品》(卷一至卷四)。论述"四善根"(本书
先说"世第一法",后说"忍法"、"顶法"、"暖法")、"三善根"
(指福分善根、解脱分善根、达分善根)、"二十身见"等问题。内

容相当于《大毗婆沙论》卷二至卷九《杂蕴·世第一法纳息》。

（二）《智品》（卷五至卷十二）。论述"一智识因缘"、"二心"（指前心、后心）、"三种观"（又称"三种作意"，指别相观、总相观、虚相观）、"五趣"（又称"五道"，指地狱趣、畜生趣、饿鬼趣、人趣、天趣；相关的解说文字为《大毗婆沙论》卷十二所缺）、"六根"、"六境"、"名身"（又称"多名身"）、"句身"（又称"多句身"）、"味身"（又称"多文身"）、"六因"（指相应因、共生因、相似因、一切遍因、报因、所作因）、"四缘"（指因缘、次第缘、境界缘、威势缘）、"四种果"（指功用果、依果、报果、威势果）、"使性伴性"（又称"随眠随增"）等问题。内容相当于《大毗婆沙论》卷九至卷二十三《杂蕴·智纳息》。

（三）《人品》（卷十三至卷十五）。论述"十二支缘"（又称"十二缘起"）、"阿那般那念"（又称"数息观"）、"心解脱"、"二解脱"（指有为解脱、无为解脱）、"三界"（此处指"无为解脱"的三种境界，即"断界"、"无欲界"、"灭界"）等问题。内容相当于《大毗婆沙论》卷二十三至卷二十九《杂蕴·补特伽罗纳息》。如关于"二解脱"，说：

> 一切诸法中，有二法体是解脱：一者有为，二者无为。有为者，心数法（指心所法）中解脱是也；无为者，数灭（指择灭）是也。此中唯说有为解脱，不说无为解脱。有为解脱有二种：一者染污，二者不染污。染污者，是邪解脱（指邪胜解）；不染污者，是正解脱（指正胜解）。正解脱复有二种：一者有漏，二者无漏。有漏者，与不净观相应，慈、悲、喜、舍相应；无漏者，与学、无学相应，学者有四向住三果（指有法可学之人，即尚未证得阿罗汉果者）。无学者唯住一果（指无法可学之人，即已证得阿罗汉果者）。无学复有

二种,一时心解脱、二非时慧解脱(指不时心解脱)。时心
解脱者,谓五种阿罗汉是也;非时慧解脱者,不动阿罗汉是
也。此即是断欲,心得解脱;此即是断无明,慧得解脱。
(卷十五《杂犍度·人品》,第 113 页中、下)

(四)《爱敬品》(卷十六至卷十八)。论述"爱敬"、"供
养"、"如来十力"、"如来四无畏"、"如来大悲"、"三种灭"(指数
灭、非数灭、无常灭;数灭又称择灭)、"二涅槃界"(指有余身涅
槃界、无余身涅槃界)、"无学五身"(又称"无学五蕴",指无学
戒身、无学定身、无学慧身、无学解脱身、无学解脱知见身;无学
指阿罗汉)、"二智"(又称"二遍知",指断智、知智)、"三归趣"
(又称"三归依",指归趣佛、法、僧)等问题。内容相当于《大毗
婆沙论》卷二十九至卷三十四《杂蕴·爱敬纳息》。

(五)《无惭愧品》(卷十九至卷二十)。论述"无惭"、"无
愧"、"增上不善根"、"微不善根"、"欲界增上善根"、"微善根"、
"掉"(又称"掉举")、"悔"(又称"恶作")、"睡眠"、"梦"、"二
种无明使"(又称"二种无明随眠",指相应无明使、不共无明使)
等问题。内容相当于《大毗婆沙论》卷三十四至卷三十八《杂
蕴·无惭愧纳息》。

(六)《色品》(卷二十)。论述"有为法"的四种相状,即
"生"、"住"、"老"、"无常"问题。内容相当于《大毗婆沙论》卷
三十八至卷三十九《杂蕴·相纳息》。

(七)《无义品》(卷二十一至卷二十二)。论述"苦行无
义"、"不净观"、"转法轮"、"化法调伏"、"如法修行"(又称"法
随法行")、"多欲"、"不知足"(又称"不喜足")、"少欲"、"知
足"、"难满"、"难养"、"易满"、"易养"、"四圣种"(指衣知足圣
种、食知足圣种、房舍敷具知足圣种、乐断乐修知足圣种)等问

题。内容相当于《大毗婆沙论》卷三十九至卷四十二《杂蕴·无义纳息》。如关于"苦行无义",说:

> 问曰:世尊何故说诸他修苦行,当知无义俱。答曰:此是老死道,近老死法,随顺老死法,不能以是法,得尽老死道。所以者何? 众生欲度老死海,行此苦行,此诸邪见所行苦行,还令众生没老死海。尊者瞿沙说曰:一切增长法是无义,一切寂灭法是有义。邪见所行苦行,是随顺增长法,以随顺增长故,不能生寂灭法。众生欲度老死海故,修诸苦行,而此苦行,必令众生堕老死海。所以者何? 以行邪方便。邪方便者,为生天故,行此苦行,是故言堕老死海中。(卷二十一《无义品》,第 152 页下—第 153 页上)

(八)《思品》(卷二十三至卷二十四)。论述"思"、"忆"、"三慧"(指闻慧、思慧、修慧)、"觉"(又称"寻")、"观"(又称"伺")、"掉"(又称"掉举")、"心乱"、"十大地法"、"十烦恼大地法"(又称"大烦恼地法")、"十小烦恼大地法"(又称"小烦恼地法")、"十善大地法"(又称"大善地法")、"五不善大地法"(又称"大不善地法")、"三隐没无记大地法"(又称"大有覆无记地法")、"十不隐没无记大地法"(又称"大无覆无记地法")、"无明"、"不智"(又称"不正知")、"憍"、"慢"、"三觉"(又称"三不善寻",指欲觉、恚觉、害觉)、"行具足"(又称"行圆满")、"守具足"(又称"护圆满")、"凡夫性"等问题。内容相当于《大毗婆沙论》卷四十二至卷四十五《杂蕴·思纳息》。

二、《使犍度》(卷二十五至卷四十六)。论述"结"(指烦恼)等问题,下分四品。内容相当于《大毗婆沙论》卷四十六至卷九十二《结蕴》。

(一)《不善品》(卷二十五至卷三十)。论述"三结"(指身见结、戒取结、疑结)、"三不善根"(指贪不善根、恚不善根、痴不善根)、"三漏"(指欲漏、有漏、无明漏)、"四瀑流"(又称"四瀑流",指欲流、有流、见流、无明流)、"四扼"(又作"四轭",指欲扼、有扼、见扼、无明扼)、"四取"(指欲取、见取、戒取、我语取)、"四缚"(又称"四身系",指贪身缚、恚身缚、戒取身缚、见取身缚)、"五盖"(指欲爱盖、恚盖、睡眠盖、掉悔盖、疑盖)、"五结"(指爱结、恚结、慢结、嫉结、悭结)、"五顺下分结"(指欲爱结、恚结、身见、戒取、疑)、"五顺上分结"(指色爱、无色爱、掉、慢、无明)、"五见"(指身见、边见、邪见、见取、戒取)、"六爱身"(指眼触生爱、鼻触生爱、舌触生爱、身触生爱、意触生爱)、"七使"(又称"七随眠",指欲爱使、恚使、有爱使、慢使、无明使、见使、疑使)、"九结"(指爱结、恚结、慢结、无明结、见结、取结、疑结、嫉结、悭结)、"九十八使"(又称"九十八随眠")等十六种烦恼法,并深入分析这些烦恼与"不善"、"无记"等诸法之间的关系问题。内容相当于《大毗婆沙论》卷四十六至卷五十五《结蕴·不善纳息》。

(二)《一行品》(卷三十一至卷三十三)。论述"九结"的"系事"(系缚的处所);身见"摄几使"、"令几有相续"、"以何三昧灭";"五种相续"(指中有相续、生有相续、时相续、法相续、刹那相续)、"三种退"(指得退、不得退、不现前行退)、"六种阿罗汉"(指退法、忆法、护法、等住、能进、不动阿罗汉)、"九断智"(又称"九遍知",指能断除三界见惑、修惑的九种无漏智(指无烦恼过患的智慧)等问题。内容相当于《大毗婆沙论》卷五十六至卷六十三《结蕴·一行纳息》。

(三)《人品》(卷三十四至卷三十六;品名与《杂犍度·人品》重叠)。论述"三界二部结"(指见道断种、欲修道断种)、"四沙门果"(指须陀洹、斯陀含、阿那含、阿罗汉果)、"中有"等

问题。内容相当于《大毗婆沙论》卷六十三至卷七十《结蕴・有情纳息》。如关于"四沙门果",说:

> 四沙门果,谓须陀洹果、斯陀含果、阿那含果、阿罗汉果。……云何名沙门?答曰:八圣道名沙门。云何名沙门果?答曰:须陀洹果,乃至阿罗汉果。何者是须陀洹果?答曰:永断三结是也。何者是斯陀含果?答曰:永断三结,薄爱(指贪)、恚(指瞋)、痴是也。何者是阿那含果?答曰:永断五下分结是也。何者是阿罗汉果?答曰:永断爱、慢、痴一切结是也。何者是沙门人?答曰:成就如是等法,名沙门人。(卷三十五《使犍度・人品》,第252页上)

(四)《十门品》(卷三十七至卷四十六)。论述"二十二根"、"十八界"、"十二入"(又称"十二处")、"五阴"(又称"五蕴")、"五取阴"(又称"五取蕴")、"六界"、"有色、无色法"、"可见、不可见法"、"有对、无对法"、"有漏、无漏法"、"有为、无为法"、"过去、未来、现在法"、"善、不善、无记法"、"欲界、色界、无色界系法"、"学、无学、非学非无学法"、"见道断、修道断、无断法"、"四谛"、"四禅"、"四无量"(又称"四无量心")、"四无色定"、"八解脱"、"八胜处"、"十一切处"(又称"十遍处"、"十遍处定")、"八智"、"三三昧"(此处所述,含"三三昧"、"三重三三昧"二种,前者指空三昧、无愿三昧、无相三昧;后者指空空三昧、无愿无愿三昧、无相无相三昧)等二十六种法;并依《发智论》开立十门,辨析从"二十二根"至"九十八使"的各种法,及与"使所使"(又称"随眠随增")等诸法之间的关系问题。内容相当于《大毗婆沙论》卷七十一至卷九十二《结蕴・十门纳息》。如关于"色相"(物质的相状),说:

> 尊者和须蜜说曰:此中何者是色相?答曰:渐次来

义,是色相。渐次坏义,是色相。有方所义,是色相。障碍
义,是色相。如与怨俱行,常有折减义,是色相。复次,有三
义是色相,有色可见、有对;有色不可见、有对;有色不可见、
无对。可取舍相义,是色相。复次,碍义是色相。问曰:过
去、未来色微尘,及无作色,应非色。答曰:彼亦是色,有色
相故。过去色是已碍,未来色是当碍,微尘虽一不能碍,合
聚则能碍。无作色虽是无碍,所依是碍。何者是所依?谓
四大是也。以四大碍故,彼亦有碍。譬如树动,影亦随动。
复次,可除却义,是色相。(卷四十《十门品》,第 292 页上)

三、《智犍度》(卷四十六至卷六十)。论述"智"等问题,下
分四品。内容相当于《大毗婆沙论》卷九十三至卷一百十一《智
蕴》五纳息中的四纳息(缺第二《五种纳息》)。

(一)《八道品》(卷四十六至卷四十九)。论述"八种学道
迹"(又称"学八支",指八正道)、"四种道"(又称"四通行",指
苦迟慧道、苦速慧道、乐迟慧道、乐速慧道)、"十种无学道"(又
称"十无学支")、"见"、"智"、"慧"、"三十七助道法"(又称"三
十七菩提分法",指四念处、四正断、四如意足、五根、五力、七觉
支、八道支)、"世俗正见"、"世俗正智"、"无漏见"、"无漏智"等
问题。内容相当于《大毗婆沙论》卷九十三至卷九十七《智蕴·
学支纳息》。通过比对可知,《大毗婆沙论》在《学支纳息》(即
本书《八道品》)之后,是《五种纳息》,再后是《他心智纳息》(即
本书《他心智品》)。本书在《八道品》之后,缺失相当于《大毗
婆沙论》卷九十七至卷九十九《智蕴·五种纳息》的一品。如关
于佛为何称"圣道"为"旧道"、"有为法",说:

　　道在世中,若道在世,必是有为,非是无为。所以者何?
　　无有无为法在于世者,若道是无为法者,则违此经(指《毗

婆阇婆提所说经》)。如说毗舍佉优婆夷,往诣檀摩提那比丘尼所,作如是问:道为是有为? 为是无为耶? 彼作是答:毗舍佉优婆夷,道是有为,非是无为。问曰:若道是有为、非无为者,《毗婆阇婆提所说经》云何通? 答曰:以五事同故,说名旧道。一以方便同、二以地同、三以行同、四以境界同、五以所作同。方便同者,如一佛于三阿僧祇劫(指三大劫)满足六波罗蜜,诸佛亦尔;地同者,其道尽在第四禅地;行同者,尽行十六行(指四谛十六行相);境界同者,尽缘四谛;所作同者,如一佛以道灭烦恼,一切佛亦尔。(卷四十六《智犍度·八道品》,第 352 页下)

(二)《他心智品》(卷四十九至卷五十四)。论述"他人心智"(又称"他心智")、"念前世智"(又称"宿住随念智")、"自性念生智"(又称"本性念生智")、"时心解脱"(又称"时解脱")、"不动心解脱"(又称"非时解脱")、"学明"、"学智"、"无学明"、"无学智"、"三明"(指念前世智证明、生死智证明、漏尽智证明)、"六通"、"三种示现"(又称"三种示导")、"四不坏净"(又称"四证净")、"四颠倒"等问题。内容相当于《大毗婆沙论》卷九十九至卷一百五《智蕴·他心智纳息》。

(三)《修智品》(卷五十五至卷五十六)。论述"八智"(指法智、比智、他心智、等智、苦智、集智、灭智、道智)、"七处善"、"观三种义"(又称"三义观")等问题。内容相当于《大毗婆沙论》卷一百五至卷一百八《智蕴·修智纳息》。

(四)《相应品》(卷五十七至卷六十)。论述"七圣"(指坚信、坚法、信解脱、见到、身证、慧解脱、俱解脱)、"四十四智体"(又称"四十四智事")、"七十七智体"(又称"七十七智事")等问题。内容相当于《大毗婆沙论》卷一百九至卷一百十一《七圣纳息》。

　　本书的同本异译有：唐玄奘译《大毗婆沙论》二百卷、苻秦僧伽跋澄译《鞞婆沙论》十四卷。

第二品　　东晋僧伽提婆等译

《阿毗昙心论》四卷

附：北齐那连提耶舍译

《阿毗昙心论经》六卷

刘宋僧伽跋摩等译

《杂阿毗昙心论》十一卷

　　《阿毗昙心论》，又名《阿毗昙心》《心论》，四卷。印度法胜造，东晋僧伽提婆、慧远共译，太元十六年（391）译出。梁僧祐《出三藏记集》卷二著录。载于《丽藏》"自"函、《宋藏》"都"函、《金藏》"自"函、《元藏》"都"函、《明藏》"瑟"函、《清藏》"瑟"函、《频伽藏》"冬"帙，收入《大正藏》第二十八卷。

　　法胜（约三世纪中叶），音译"达磨尸梨帝"，吐火罗（又称"睹货逻"）缚蜀（又称"缚喝"）国（见唐普光《俱舍论记》卷一）人，说一切有部论师（梁僧祐《出三藏记集》卷十二《萨婆多部记目录序》见录）。生平事迹见唐普光《俱舍论记》卷一、法宝《俱舍论疏》卷一等。

　　本书是说一切有部教理的纲要书，采用以偈颂为纲目，长行（散文）为解释的方式编纂。作者有感于《大毗婆沙论》浩瀚难解，为便于习学与记诵，故以瞿沙《阿毗昙甘露味论》为基本内容，首次将说一切有部的学说要点，编集为二百五十颂（据日本编《大藏经索引·收录典籍解题》统计，实为"二百四十七颂"），然后依颂作释，构成各品。全书分为十品，依次为《界品》《行

品》《业品》《使品》《贤圣品》《智品》《定品》《契经品》《杂品》
《论品》，对小乘佛教的基本概念和命题，以及说一切有部的见
解，作了简约的论述。此十品大致上是依"四谛"的次第组织
的，其中，《界品》约当于"苦谛"说；《行品》《业品》《使品》约当
于"集谛"说；《贤圣品》约当于"灭谛"说；《智品》《定品》约当于
"道谛"说；其余三品，杂明上述诸品未了之义（见《出三藏记集》
卷十所载刘宋焦镜法师《后出杂心序》）。原本译出后，有参与
翻译的东晋慧远为之序，名为《阿毗昙心序》。此序见载于梁僧
祐《出三藏记集》，为藏本所不载。《阿毗昙心序》说：

> 《阿毗昙心》者，三藏之要颂，咏歌之微言，管统众经，
> 领其宗会，故作者以心为名焉。有出家开士，字曰法胜，渊
> 识远览，极深研机，龙潜赤泽，独有其明。其人以为《阿毗
> 昙经》源流广大，难卒寻究，非赡智宏才，莫能毕综，是以探
> 其幽致，别撰斯部。始自《界品》讫于《问论》（指《论品》），
> 凡二百五十偈，以为要解，号之曰心。（《出三藏记集》卷
> 十，《大正藏》第五十五卷，第 72 页下）

本书十品的内容如下。

一、《界品》（卷一）。十四颂。初二颂为归敬颂，述说对佛
应"顶礼"、对"法相"应知的重要性；正颂论述一切法（事物）分
为"五阴"（又称"五蕴"）、"十二入"（又称"十二处"）、"十八
界"三科问题。内容包括："五阴"、"十二入"、"十八界"的释名
和义门分别等。

（1）"离常我乐净"。指一切"有漏行"（此指"有漏善
行"），应断离"常"、"我"、"乐"、"净"四颠倒，即"转相生故离
常，不自在故离我，坏败故离乐，慧所恶故离净"。"有漏"又名
"烦恼"、"受阴"（又称"受蕴"）、"净"（有"烦恼净"、"阴净"、

"斗诤"三种)。(2)"五阴"、"十二入"、"十八界"。"五阴",指
一切有为法(有因缘造作、生灭变化的非常住事物)的五种类
别,即"色阴"、"痛阴"(又称"受阴")、"想阴"、"行阴"、"识
阴"。"色阴"是"十二入"中的十种"色入"(指五根、五境)和
"法入"所摄的一种"无教假色"(又称"无表色");"识阴"是"十
二入"中的"意入"、"十八界"中的"七心界"(指六识与意根,即
眼识界、耳识界、鼻识界、舌识界、身识界、意识界、意界);"痛
阴"、"想阴"、"行阴"三阴,以及"无教"(又称"无表色",指由身
表业、语表业引生的无形色法,即内在的、不可见闻的善恶功
能)、"三无为"(指虚空、数缘灭、非数缘灭;数缘灭又称"择
灭"),总计"七法",是"十二入"中的"法入"、"十八界"中的"法
界"。(3)"十八界"义门分别。指开立各种义门,分析"十八
界"诸界与其他诸法的关系等。如关于"色阴"的构成,说:

　　十种谓色入,亦无教假色(指无表色),是分别色阴,牟
尼之所说(以上为偈颂)。

　　十种,谓色入者,眼、色、耳、声、鼻、香、舌、味、身、细滑,
亦无教假色者(以上为偈颂的解释)。(卷一《界品》,《大
正藏》第二十八卷,第809页下)

二、《行品》(卷一)。论述"有为法"的行相问题。内容包
括:"俱生法"、"心数法"(又称"心所法")、"四相"、"六因"、
"四缘"等。

(1)"俱生法"。指一切有生灭变化的"有为法",不能单独
生起,必须凭藉"众缘力",彼此为伴,才得以产生,一事物生起
时,必有他事物同时俱起。这种"俱生"(亦即"缘生")的"有为
法",分为"色法"、"心法"、"心数法"(又称"心所法")、"心不
相应行法"四种。(2)"心数法"(又称"心所法")。指依心而

起的心理活动。其中,与一切心(善、恶、无记)相应而起的"心数"(又称"心所"),称为"大地法",有"想"、"欲"、"更乐"(又称"触")、"慧"、"念"、"思"、"解脱"、"作意"、"三摩提"(又称"三昧",意译"定")、"痛"(又称"受")十种。此外,还有与"不善心"、"善心"、"无记心"相应的"心数"。

(3)"四相"。指一切有为法的四种相状,即"生"、"住"、"异"、"坏"(又称"灭"),即"世中起,故生;已起自事立,故住;已住势衰,故异;已异灭,故坏"。(4)"六因"。指一切有为法生起的六种原因,即"所作因"(又称"能作因")、"共因"(又称"俱有因")、"自然因"(又称"同类因")、"普遍因"(又称"一切遍因"、"遍行因")、"相应因"、"报因"(又称"异熟因")。(5)"四缘"。指一切有为法生起的四种条件,即"次第缘"(又称"等无间缘")、"缘缘"(又称"所缘缘")、"增上缘"、"因缘"。此中,除"心"、"心数法"须具备"五因"或"四缘",才能产生;其他事物只需具备"二因"至"四因",或"二缘"至"三缘"便能产生,但没有一物是从"一因"或"一缘"中产生,"若从一因生者,必无有"等。如关于"四缘",说:

次第亦缘缘,增上及与因,法从四缘生,明智之所说(以上为偈颂)。

次第缘者,一一心生,相续无间;缘缘者,心、心数法境界,缘彼故,心、心数法生;增上缘者,是所作因,一切万物生时不作挂碍,但自所作为要,是说增上;因缘者,共因、相应因、自然因、报因、一切遍因(以上为偈颂的解释)。(卷一《行品》,第812页上)

三、《业品》(卷一)。论述"业"(指造作、行为)的性质和种类问题。内容包括:"三业"、"五业"、"三种无教戒"(又称"无表戒")、"十业道"、"业报"、"业果"、"三障"等。

（1）"三业"。指由身、口、意造作的三种行为，即"身业"（身体动作）、"口业"（言语声音）、"意业"（思量分别），"身、口、意业生生所造作，从是生诸行（指有为法）"。（2）"五业"。指"三业"中，"身业"、"口业"各有自己的"教业"（又称"表业"，指显现于外的、可以见闻的身业、语业）、"无教业"（又称"无表业"，指由身表业、语表业引生的无形色法，即内在的、不可见闻的善恶功能），而"意业"没有"教业"（表业），原因是"此业不可示他，故名无教"。故身、口、意三业依"教业"（即"表业"）、"无教业"（即"无表业"）区分，又分为"身教业"、"身无教业"、"口教业"、"口无教业"、"意业"五业（经部与此说不同，认为意业也有表业、无表业，见《成实论》卷七）。"教业"通于善、恶、无记三性，"无教业"只有善、恶二性。（3）"三种无教戒"（即"无表戒"）。指能产生防非止恶功能的三种善戒，即："无漏戒"（又称"道共戒"），指依悟道而得的善戒，其性质为"随心转戒"；"禅生戒"（又称"定共戒"），指依禅定而得的善戒，其性质也是"随心转戒"；"调御威仪戒"（又称"别解脱戒"），指佛教七众（出家五众、在家二众）依受戒而得的善戒，其性质为"不随心转戒"。（4）"十业道"。指由身、口、意造作的十种善恶行为，因它们是业的"最上者"，故称为"业道"。有"十不善业道"（又称"十恶业道"）、"十善业道"二种。前者指由身、口、意造作的十种恶行为，即"杀生"、"不与取"、"邪行"（以上三种为身业）、"妄言"、"两舌"、"恶口"、"绮语"（以上为四种口业）、"贪"、"恚"（又称"瞋"）、"邪见"（以上三种为意业）；后者指由身、口、意造作的十种善行为，即"不杀生"，乃至"不邪见"等。

（5）"业报"。指由身、口、意的行为所招感的报应。有："现法报"（又称"现报"，指此身造业，此身受报）、"生报"（指此世造业,来世受报)、"后报"(指此世造业,经二生或多生以后受报)、"不定报"(指造业后遇缘则受报,不确定时间);"乐报"(指善业得乐报)、"苦报"(指不善业得苦报)、"不苦不乐报"(指修习禅定的不动业得不苦不乐报);"黑黑报"(指欲界的不善业招感苦报,因果皆黑)、"白白报"(指色界的善业招感乐报,因果皆白)、"黑白黑白报"(指欲界的善业杂有不善业者,招感乐与苦相杂的果报,因果黑白间杂)、"不黑不白无报"(指无漏业性不染污,亦不招感乐报,因果为不黑不白)等。(6)"业果"。指由身、口、意的行为所引生的结果。"善业"中,未断烦恼者,有"所依果"(又称"等流果"、"依果",指由善、恶、无记业因所引生的同类性质的结果)、"报果"(又称"异熟果",指由善、恶业因所招感的苦、乐果报)二果,已断烦恼者,有"所依果"、"报果"、"解脱果"(又称"离系果",指由无漏智的简择力,断除烦恼的系缚所证的结果)三果;"无漏业",有"所依果"、"解脱果"二果;"不善业"有"所依果"、"报果"二果;"无记业",有"所依果"一果。(7)"三障"。指有碍正道的三种障,即"业障"(指由身口意造作的"五无间业",即害母、害父、害阿罗汉、破和合僧、恶心出佛身血等五种极恶罪)、"烦恼障"(指贪、瞋、痴等根本烦恼)、"报障"(指由烦恼障、业障招感的,堕入地狱、畜生、饿鬼的果报)等。如关于"三种无教戒"(即"无作戒"),说:

> 身口业无教(指无表业),当知善不善,三相禅无漏,调御威仪戒(以上为偈颂)。
>
> 身口业无教,当知善、不善者,业若色性于中,若无教性是善、不善。三相,禅、无漏、调御威仪戒者。无教戒(指无作戒)有三相,无漏、禅生、调御威仪。无漏者,谓戒道共俱行,正语、正业、正命;禅生者,谓禅俱行离恶;调御威仪戒

者,谓欲界戒(以上为偈颂的解释)。(卷一《业品》,第813页上)

四、《使品》(卷二)。论述"结使"(指烦恼)的性质和种类问题。内容包括:"九十八使"、"十使"、"十一一切遍烦恼"、"烦恼"的异名、"九种断智"等。

(1)"九十八使"(又称"九十八随眠")。指九十八种根本烦恼,即三界(欲界、色界、无色界)的每一界都有五部(五大部类)烦恼,也就是在见道位(指初见四谛理的阶位,即"四向四果"中的初位"预流向")有"见苦谛所断"、"见集谛所断"、"见灭谛所断"、"见道谛所断"四部烦恼,在修道位(指修习四谛法的阶位,即"四向四果"中的第二位"预流果"至第七位"阿罗汉向")有"修所断"一部烦恼;五部烦恼所含"十使"(又称"十随眠")的数量不等,多则十种,少则三种,总计为九十八种(又称"九十八随眠")。其中,欲界系随眠有三十六种,色界系随眠有三十一种,无色界系随眠有三十一种。

(2)"十使"(又称"十随眠")。指十种根本烦恼,即"受边见"(又称"边见")、"邪见"、"身见"、"见盗"(又称"见取")、"戒盗"(又称"戒禁取")、"欲"(又称"贪")、"犹豫"(又称"疑")、"瞋恚"(又称"瞋")、"慢"、"痴"(又称"无明")。其中,前五种是迷于"四谛"之理而起的"见性"(见解性)烦恼,因惑性猛利,又称"五利使";后五种是迷于世间事相而起的"非见性"(非见解性)烦恼,因惑性迟钝,又称"五钝使"。(3)"十一一切遍烦恼"(又称"十一遍行惑"、"十一遍使")。指能遍生自界一切烦恼的十一种根本烦恼,即三界中,各界的"见苦谛所断"七惑(指身见、边见、邪见、见取、戒禁取、疑、无明),和"见集谛所断"四惑(指邪见、见取、疑、无明)。(4)"烦恼"的异名。

指烦恼又名"扼"、"缚"、"受"、"流"、"漏"。(5)"九种断智"
(又称"九种遍知")。指能断除三界见惑(见道位所断的烦
恼)、修惑(修道位所断的烦恼)的九种无漏智(指无烦恼过患的
智慧),即"(烦恼)永尽无余,谓之断智"。其中,断除欲界见惑
的有"三断智",断除欲界修惑的有"一断智",合计"四断知";
断除色界、无色界见惑的有"三断智",断除色界、无色界修惑的
有"二断智",合计"五断知"。如关于"烦恼"的异名,说:

> 扼缚及受流,漏一切无穷,诸扼及受流,烦恼是说漏
> (以上为偈颂)。

> 系一切众生,故说扼;受生具,故说受;流下一切众生,
> 故说流;漏一切无穷,故说漏(以上为偈颂的解释)。(卷二
> 《使品》,第817页上)

五、《贤圣品》(卷二)。论述由凡入圣的修行次第和阶位
问题。内容包括:"三方便观"、"四念处"、"四善根"、"四向四
果"、"无著(指阿罗汉)有六种"等。

(1)"三方便观"。指修行者在入"见道"(指证见"四谛"
之理)之前的资粮位(指为入"见道"而修集福德、智慧二种资粮
的修行阶位),修习"五停心观"(指对治"贪欲"等烦恼的五种
禅观)中的"不净观"(指观想身体的不净,以对治"贪欲"的禅
观)、"数息观"(指数出入息,以对治"乱心"的禅观)、"界分别
观"(又称"界分别观"、"界方便观",指观想诸法由地、水、火、
风、空、识界假合而成,以对治"我见"的禅观;本书的原文只是
笼统地说"不停心者,无能起正见","始自身处所,系缚心令
定",但据《阿毗昙心论经》卷三的释文,此指"不净、阿那波那、
界入三方便观")。(2)"四念处"。指在入"见道"之前的资粮
位,修习"身念处"、"痛(又称"受")念处"、"心念处"、"法念

处"。"四念处"分"别观"（又称"别相念处"）、"总观"（又称
"总相念处"）二种。"别观"，指各别地观察"四念处"的"自
相"，即观察"身"为"不净"（此谓"身念住"）、"痛"（又称"受"）
为"苦"（此谓"受念住"）、"心"为"无常"（此谓"心念住"）、
"法"为"无我"（指一切诸法由众缘和合而生，没有常恒实在的
主体，此谓"法念住"）；"总观"，指综合地观察"四念处"的"共
相"，即一切诸法皆为"不净"、"苦"、"无常"、"无我"。（3）"四
善根"。指在入"见道"之前的加行位（指为入"见道"而加功用
行的修行阶位），以"四禅"为所依，观察"四谛十六行相"，依次
成就能引生见道无漏智（指无烦恼过患的智慧）的四种善根，即
"暖法"、"顶法"、"忍法"、"世间第一法"。所说的"四谛十六行
相"，指观察"四谛"各有的四种行相，即观察"苦谛"的"无常"
（指待众缘生）、"苦"（指迁流逼迫）、"空"（指违我所见）、"无
我"（又称"非我"，指违我见）四行相；观察"习谛"（又称"集
谛"）的"因"（指如种生芽）、"习"（又称"集"，指能等现果）、
"有"（又称"生"，指令果相续）、"缘"（指能成办果）四行相；观
察"灭谛"的"灭"（指诸有漏蕴断尽）、"止"（又称"静"，指贪瞋
痴息灭）、"妙"（指体无众患）、"离"（指脱离众灾）四行相；观察
"道谛"的"道"（指通于圣行）、"如"（指契合正理）、"迹"（又称
"行"，指正趣涅槃）、"乘"（又称"出"，指永超生死）四行相。

　　（4）"四向四果"。指声闻乘修行的八种阶位，即"须陀洹
向"（又称"预流向"，属于"见道位"）、"须陀洹果"（又称"预流
果"）、"斯陀含向"（又称"一来向"）、"斯陀含果"（又称"一来
果"）、"阿那含向"（又称"不还向"）、"阿那含果"（又称"不还
果"）、"阿罗汉向"（以上均属于修道位）、"阿罗汉果"（又称"无
学果"，属于无学位）。（5）"无著有六种"。指依根性区分的六
种阿罗汉，即"退法"、"念法（又称"思法"）、"护法"（又称"守

法")、"等住法"(又称"住法")、"必升进法"(又称"能进法")、
"不动法"阿罗汉。前五种为钝根阿罗汉,又称"时解脱";末一
种"不动法"为利根阿罗汉,又称"不时解脱"。"时解脱"只能
证得"尽智"、"无学等见"(又称"无学正见")二智;"不时解脱"
能证得"尽智"、"无生智"、"无学等见"三智。此外,无学位未
得"灭尽定",唯以智慧力,断除烦恼而得解脱的钝根者,称为
"慧解脱";在无学位得"灭尽定",能以智慧力和"灭尽定"力,
断除烦恼而得解脱的利根者,称为"俱解脱"。如关于"慧解脱"
和"俱解脱"的区别,说:

> 慧解脱当知,不得灭尽定,唯有俱解脱,成就灭尽定
> (以上为偈颂)。

> 慧解脱当知不得灭尽定者,此六无著(指六种阿罗汉)
> 若不成就灭尽定,是说慧解脱,是慧力解脱,非定力。唯有
> 俱解脱成就灭尽定者,此六无著若得灭尽定,是说俱解脱,
> 彼俱力解脱慧力及定力(以上为偈颂的解释)。(卷二《贤
> 圣品》,第819页下—第820页上)

六、《智品》(卷三)。论述"智"的种类和修习问题。内容
包括:"三智"、"十智"、"修有二种"等。

(1)"三智"。指三种智慧,即"法智"、"未知智"(又称"类
智"、"随顺智"、"比智")、"世俗等智"(又称"世俗智")。"法
智"指观察欲界"四谛"的无漏智(指无烦恼过患的智慧);"未
知智"是观察色界、色界"四谛"的无漏智;"世俗等智"是观察世
俗境物的有漏智(指有烦恼过患的智慧)。(2)"十智"。指能
观察一切境界的十种智慧,即"法智"、"未知智"、"世俗等智"、
"苦智"、"习智"(又称"集智")、"灭智"、"道智"(以上四智合
称"四谛智")、"他心智"、"尽智"、"无生智"。此中,除"世俗等

智"是"有漏智","他心智"通"有漏"、"无漏"之外,其余各智都是"无漏智"。(3)"修有二种"。指修习正法的二种方法,即"得修"、"行修"(《阿毗昙心论经》卷四《智品》作"修有六种",指"得修"、"习修"、"对治修"、"出离修"、"戒修"、"观察修")。如关于"三智",说:

> 三智佛所说,最上第一意,法智未知智,及世俗等智(以上为偈颂)。

> 此三智摄一切智。于中法智名,谓境界于(指缘于)欲界苦、习(指集)、灭、道无漏智境界,是初受法相(指最初证知诸法的真理),故曰法智。从法智根现见已,非根现亦见未知智(指类智)。未知智名,谓境界色(界)、无色界苦、习、灭、道无漏智境界,是后受法相,故曰未知智。等智(指世俗智)名,谓有漏智,是多取等谛,知男女长短为首(以上为偈颂的解释)。(卷三《智品》,第820页中、下)

七、《定品》(卷三)。论述"禅定"的种类、修习和功德问题。内容包括:"四禅"、"四无色定"、"三定"、"三三摩提"、"六通"、"四无量"、"十一切入"、"八除入"、"八解脱"等。

(1)"四禅"。指色界的四种根本禅定,即"初禅"、"第二禅"、"第三禅"、"第四禅"。"初禅",有"觉"(又称"寻")、"观"(又称"伺")、"喜"、"乐"、"一心"(又称"心一境性")五支;"第二禅",有"内净"(又称"内等净",指正信)、"喜"、"乐"、"一心"四支;"第三禅",有"乐"、"护"(又称"舍"、"行舍")、"念"、"智"(又称"正知")、"一心"五支;"第四禅",有"不苦不乐"、"护净"(又称"舍清净")、"念净"(又称"念清净")、"一心"四支。(2)"四无色定"。指无色界的四种根本禅定,即"无量空处定"(又称"空无边处定")、"无量识处定"(又称"识无边处

定"）、"无所有处定"、"非想非非想处定"。（3）"三定"（又称
"三等至"）。指"四禅八定"中的前七定（四禅和四无色定的前
三定），每一定都有三种性质的禅定，即"味相应定"（又称"味
定"，指与"贪"等烦恼相应的禅定）、"净定"（指与"无贪"等有
漏善法，即与有烦恼的世间善法相应的禅定）、"无漏定"（指与
"无漏智"，即与无烦恼过患的智慧相应的禅定）；唯有"四无色
定"中的第四定"非想非非想处定"，因定心昧劣，不能生起无漏
定，故它只有"味相应定"、"净定"，没有"无漏定"。（4）"三三
摩提"（又称"三三摩地"、"三三昧"）。指三种禅定，即"空三摩
提"、"无愿三摩提"、"无相三摩提"。（5）"六通"。指依修习
禅定而得的六种神通（指深妙神奇的功能），即"如意足智证通"
（又称"神境智证通"）、"天耳智证通"、"他心智证通"、"忆宿命
智证通"（又称"宿住智证通"、"宿住随念智证通"）、"生死智证
通"（又称"死生智证通"）、"漏尽智证通"（又称"漏尽智证
通"）。前五通，为佛教、外道修习四禅者皆可得；末一通，唯佛
教圣者修行可得。（6）"四无量"（又称"四无量心"、"四无量
定"）。指能引生利乐一切众生四种无量心的禅定（属于"三摩
钵底"，意译"等至"），即"慈无量"（指思惟给与一切众生快乐
而起的慈心）、"悲无量"（指思惟拔济一切众生痛苦而起的悲
心）、"喜无量"（指思惟一切众生离苦得乐而起的喜心）、"护
（又称舍）无量"（指思惟一切众生平等，无有亲怨之别而起的
舍心）。

　　（7）"十一切入"（又称"十一切处"、"十遍处"、"十遍处
定"）。指观想"地大"等十法周遍一切处的禅定，即"地一切
入"（又称"地遍处定"，指观想"地大"周遍一切处）；"水一切
入"（又称"水遍处定"，指观想"水大"周遍一切处）；"火一切
入"（又称"火遍处定"，指观想"水大"周遍一切处）；"风一切

入”（又称“风遍处定”，指观想“风大”周遍一切处）；“青一切
入”（又称“青遍处定”，指观想“青色”周遍一切处）；“黄一切
入”（又称“黄遍处定”，指观想“黄色”周遍一切处）；“赤一切
入”（又称“赤遍处定”，指观想“赤色”周遍一切处）；“白一切
入”（又称“白遍处定，指观想“白色”周遍一切处）；“无量空处
一切入”（又称“空遍处定”，指观想“虚空”周遍一切处）；“无量
识处一切入”（又称“识遍处定”，指观想“识”周遍一切处）。
（8）“八除入”（又称“八胜处”）。指通过观想欲界的色法，以
对治贪欲的八种禅定，由“八解脱”中的前三种分出。即：“内未
除色想，观少境界”（又称“内有色想，外观色少”）；“内未除色
想，观无量境界”（又称“内有色想，外观色无量”，以上二种相当
于“八解脱”中的第一解脱）；“内除色想，观少境界”（又称“内
无色想，外观色少”）；“内除色想，观无量境界”（又称“内无色
想，外观色无量”，以上二种相当于第二解脱）；“内除色想，外观
色青”（又称“青胜处”）；“内除色想，外观色黄”（又称“黄胜
处”）；“内除色想，外观色赤”（又称“赤胜处”）；“内除色想，外
观色白”（又称“白胜处”，以上四种相当于第三解脱）。
（9）“八解脱”（又称“八背舍”）。指断除三界贪欲而得解脱的
八种禅定，即“未除色想不净思惟”（又称“内有色想，外观色解
脱”）；“除色想不净思惟”（又称“内无色想，外观色解脱”）；“净
思惟”（又称“净解脱”）；“无量空处解脱”（又称“空无边处解
脱”）；“无量识处解脱”（又称“识无边处解脱”）；“无所有处解
脱”；“非想非非想处解脱”；“灭尽定解脱”（又称“想受灭解
脱”）等。如关于“智依于诸定”，说：

　　智依于诸定，行无罣碍行，是以思惟定，欲求其真实
（以上为偈颂）。

智依于诸定,行无罣碍行者,如灯依油,离风处光焰甚
明。如是智依于定,意离诸乱,智光甚明,必定无疑行于缘,
是以思惟定欲求其真实(以上为偈颂的解释)。(卷三《定
品》,第823页上、中)

八、《契经品》(卷四)。论述阿毗昙经所说的各类法义问
题。内容包括:"三界"、"七识住"、"九众生住"、"四识住"、"十
二支缘起"、"六界"、"四圣谛"、"六种圣果"、"四通行"、"四不
坏净"、"修定有四得"、"三十七道品"、"四圣种"、"四食"、"三
三摩提"、"四颠倒"、"五见"、"二十二根"等。

(1)"三界"。指众生依住的三种世界,即欲界、色界、无色
界。欲界有"地狱"、"畜生"、"饿鬼"、"人"、"六欲天"(指"四
天王天"等欲界六天)十居止(即居处);色界有"梵身天"(又称
"梵众天")、"梵富楼天"(又称"梵辅天")、"少光天"等十七居
止;无色界有"无量空处"(又称"空无边处")、"无量识处"(又
称"识无边处")、"无所有处"、"非想非非想处"四居止。
(2)"七识住"。指众生心识乐住的七种处所,即欲界中的善趣
"人"、"六欲天";色界中的前三地"初禅天"、"二禅天"、"三禅
天";无色界中的前三地"空无边处天"、"识无边处天"、"无所
有处天"。"恶趣中,苦痛坏故,不得立识住;第四禅,无想定坏
故,亦不得立识住;非想非非想处,灭尽定坏故,不得立识住。"
(3)"九众生居"。指众生乐住的九种处所,即"七识住"和"无
想天"、"非想非非想处天"。(4)"四识住"。指众生"识阴"
(又称"识蕴")乐住的四阴,即"色阴"、"痛阴"(又称"受阴")、
"想阴"、"行阴"。(5)"十二支缘起"(又称"十二因缘")。指
众生生死流转的十二个阶段,即"无明"、"行"(指身、口、意
业)、"识"、"名色(即"五蕴";"名"指受、想、行、识四蕴,"色"指

色蕴）、"六入"（又称"六处"，指眼、耳、鼻、舌、身、意根）、"更
乐"（又称"触"，指"六触"，即眼触、耳触、鼻触、舌触、身触、意
触）、"痛"（又称"受"，指"三受"，即苦受、乐受、不苦不乐受）、
"爱"、"受"（又称"取"，指"四取"，即欲取、见取、戒禁取、我语
取）、"有"（指"三有"，即欲有、色有、无色有）、"生"、"老死"。

　　（6）"六界"。指构成众生世间和器世间的六种基本要素，
即"地"、"水"、"火"、"风"、"空"、"识"。（7）"四圣谛"（又称
"四谛"）。指显示众生的痛苦与解脱的四种真理（真实不虚的
道理），即"苦谛"、"习谛"（又称"集谛"）、"灭谛"、"道谛"。
（8）"六种圣果"。指声闻乘修行的六种果位，即"四沙门果"
（指须陀洹果、斯陀果、阿那含果、阿罗汉果）、"无漏五阴"、"数
缘灭"（又称"择灭无为"）。（9）"四道"（又称"四通行"、"四正
行"）。指通向涅槃的四种道路，即"苦非速通"（又称"苦迟通
行"）、"苦速通"（又称"苦速通行"）、"乐不速通"（又称"乐迟
通行"）、"乐速通"（又称"乐速通行"）。此中，"苦"、"乐"是就
修行者所依的禅地而言的，"迟"、"速"是就修行者根机的钝利
而言的。"苦非速通"，指钝根者（包括"随信行"、"信解"、"时
解脱"三种）依"无色定"、"未至定"（指色界初禅之前的欲界禅
定）、"中间定"（指初禅与第二禅的近分定之间的禅定），断除烦
恼较为迟缓；"苦速通"，指利根者（包括"随法行"、"见至"、"不
时解脱"三种）依"无色定"、"未至定"、"中间定"，断除烦恼较
为疾速；"乐不速通"，指钝根者依"根本四禅"，断除烦恼较为迟
缓；"乐速通"（又称"乐速通行"），指利根者依"根本四禅"，断
除烦恼较为疾速。（10）"四不坏净"（又称"四不坏信"）。指
对三宝及戒有坚固不坏的净信，即"于佛不坏净"、"于法不坏
净"、"于僧不坏净"、"于戒不坏净"。

　　（11）"四事修定"。指修习禅定的四种功德，即"有修定于

现法中得乐居"、"有修定得知见"、"有修定分别慧"、"有修定得漏尽"。(12)"三十七道品"(又称"三十七菩提分法")。指趣向菩提(觉悟)的三十七种修行方法,即"四意止"(又称"四念处")、"四正断"、"四如意足"、"五根"、"五力"、"七觉支"、"八正道"。(13)"四食"。指长养众生生命的四种食物,即"揣食"(又称"段食")、"更乐食"(又称"触食")、"意思食"、"识食"。(14)"四颠倒"。指四种颠倒,即"于无常有常想"、"苦有乐想"、"不净有净想"、"非我有我想"。(15)"五邪见"。指五种邪见,即"身见"、"边见"、"邪见"、"见盗"(又称"见取")、"戒盗"(又称"戒禁取")。(16)"二十二根"。指有生长增上作用的二十二种根性,即"眼根"、"耳根"、"鼻根"、"舌根"、"身根"、"意根"(以上为十二处的六根)、"男根"、"女根"(以上为身根的一部分)、"命根"(此为"心不相应行法"之一)、"乐根"、"苦根"、"喜根"、"忧根"、"护根"(又称"舍根",以上为五受根)、"信根"、"精进根"、"念根"、"定根"、"慧根"(以上为五善根)、"未知根"(又称"未知当知根")、"已知根"、"无知根"(又称"具知根";以上为"三无漏根")。如关于"六种圣果",说:

圣果有六种,最胜在九地,第三在六地,二俱依未来(以上为偈颂)。

圣果有六种者,六种(谓)四沙门果、无漏五阴及数缘灭(指择灭无为)。问:四沙门果何地所摄? 答:最胜在九地(指无漏九地)。最胜是无著果(指阿罗汉果),是九地所摄,根本四禅、三无色(指四无色定的前三定)、未来(指未至定,即色界初禅之前的欲界禅定)及中间(指中间定,指初禅与第二禅的近分定之间的禅定)。第三在六地者,不还果六地所摄,具足四禅、未来及中间,非无色(指没有四无色定),以无法智故。二俱依未来者,须陀洹果及斯陀含,未来禅(指未至定)所摄,以未离欲故(以上为偈颂的解释)。(卷四《契经品》,第827页下)

九、《杂品》(卷四)。论述前述各品的未了义问题。内容包括:"心不相应行法"、"三无为法"、"十心"、"四有"等。

(1)"心不相应行法"。指"行阴"所摄的与心不相应的、非色非心的现象,有十四种,即"无想天"、"无想定"、"灭尽定"、"众生种类"(又称"众同分")、"句身"、"味身"(又称"文身"、"字身")、"名身"(以上三者的排序,《法蕴足论》《发智论》《大毗婆沙论》等均作"名身、句身、文身")、"命根"、"得"、"凡夫性"(又称"异生性")、"生"、"住"、"老"(又称"异")、"无常"(又称"灭")。(2)"三无为法"。指三种无因缘造作、无生灭变化的事物,即"数缘灭无为"(又称"择灭无为")、"非数缘灭无为"(又称"非择灭无为")、"虚空无为"。(3)"十心"。指"三界"的十种心,即欲界的"善心"、"秽污心"、"无记心",色界的"善心"、"秽污心"、"无记心",无色界的"善心"、"秽污心"、"无记心"、"无漏心"。(4)"四有"。指众生一期生命的四个阶段,即"生有"(指众生受生最初一刹那的色身)、"死有"(指命终最后一刹那的生命)、"根本有"(又称"本有",指众生从受生至命终之间的色身)、"中有"(指众生从死到再次受生之间的识体)。"生有者,始生时阴,是谓生有;死有者,死时阴,是谓死有;根本有者,除生有及死有,于其中间阴,是谓根本有;中有者,有所至阴,是谓中有"。如关于"诸法众缘起",说:

诸法众缘起,亦从依与缘,不具以不生,此灭非是明(以上为偈颂)。

一切有为法,从众缘而生,无缘则不生。如眼识依眼、依色、依空、依明、依地、依寂然，若此一切共和者，便得生；若余不具，便不得生。如眼时，眠一切时生，尔时是余事不具眼识，不得生。若彼眼识应当生而不生，眼生已，终不复更生，离此缘故。是有未来不复当生，彼起具差违不和，是非数缘灭。如是一切行尽当知。（以上为偈颂的解释）。（卷四《杂品》，第831页中）

十、《论品》（卷四）。以偈颂设问、长行简答的方式，论述"有从无色（界）生色（界）"、"有退时得过去"、"有欲界中修行等智"、"有离色欲取证时，得无漏无色思惟道"等问题。

本书的特色是将说一切有部的重要教理摄编为偈颂，提炼浓缩，以便于记诵。然而由于颂文和释文都比较简略，也使得很多义理隐没不明。因此，若要明了它的微言大义，还须同时参阅它的注释书。

本书的注疏有：北齐那连提耶舍译《阿毗昙心论经》（即书名增"经"字）六卷、刘宋僧伽跋摩等译《杂阿毗昙心论》十一卷（以上均存）等。

北齐那连提耶舍译《阿毗昙心论经》六卷

《阿毗昙心论经》，又名《法胜阿毗昙》《法胜阿毗昙论》《法胜阿毗昙心》，六卷。印度法胜造论、优波扇多释，北齐那连提耶舍译，河清二年（563）译出。隋法经等《众经目录》卷五著录。载于《丽藏》"縻""都"函、《宋藏》"邑""华"函、《金藏》"縻""都"函、《元藏》"邑""华"函、《明藏》"鼓""瑟"函、《清藏》"鼓""瑟"函、《频伽藏》"冬"帙，收入《大正藏》第二十八卷。

优波扇多（约三世纪末），音译又作"优波膻驮"、"优波膻大"，说一切有部论师（梁僧祐《出三藏记集》卷十二《萨婆多部记目录序》见录)。生平事迹见刘宋僧伽跋摩等译《杂阿毗昙心论》卷一《序品》小注、唐智升《开元释教录》卷十三。

那连提耶舍(490—589),音译又作"那连提黎耶舍"、"那连耶舍",北印度乌苌(又称"乌杖那"、"乌场")国人,姓释迦,为刹帝利种姓。十七岁出家,二十一岁受具足戒。满五夏后,发足游方,顶礼佛迹,在竹园寺居住了十年。以后,周游诸国,欲返回乌苌国,行至芮芮国,值突厥之乱,归途不通,于是展转来至北齐。天保七年(556),抵达邺城(今河北临漳西南)。文宣帝礼遇隆重,将他安置在天平寺,翻译佛经。不久,又授予他"昭玄统"(管理全国僧尼事务的僧官)之职。北周武帝灭齐后,废毁佛教,那连提耶舍外假俗服,避地东西。隋文帝复兴佛教后,敕住大兴善寺,重启译经。据《开元释教录》卷六、卷七记载,那连提耶舍前后共译出佛经十五部七十四卷,其中,在北齐译经"七部五十一卷",在隋代译经"八部二十三卷",其本均存。主要有:《菩萨见实三昧经》十六卷(今编为《大宝积经·菩萨见实会》)、《大集月藏经》十卷、《大集须弥藏经》二卷、《月灯三昧经》十一卷、《大方等大集日藏经》十卷、《大庄严法门经》二卷、《德护长者经》二卷、《坚固女经》一卷等。生平事迹见唐道宣《续高僧传》卷二等。

本书是法胜《阿毗昙心论》的注释书。全书依照《阿毗昙心论》的篇目,分为十品,依次为《界品》《行品》《业品》《使品》《贤圣品》《智品》《定品》《修多罗品》(《阿毗昙心论》作《契经品》)、《杂品》《问论品》(《阿毗昙心论》作《论品》),然后随文作释(即依照原著的叙述次第,分段摘录论文,加以解释)。本书中的偈颂,出自《阿毗昙心论》,但由于使用的底本不同,故偈颂的数目与僧伽提婆译本略有出入,若据日本编《大藏经索引·收录典籍解题》统计,则为"二百四十九颂",较《阿毗昙心

论》多出二颂;偈颂的译文也略有出入,如《阿毗昙心论》卷一
《界品》中的"有常我乐净,离诸有漏行",本书译作"一切有漏
行,离我乐常净"等;书中的长行注释,是糅合《阿毗昙心论》原
有的旧注重新组织的,旧文与新文融为一体,不作区分。刘宋僧
伽跋摩等译《杂阿毗昙心论》卷一《序品》的小注说:"诸师释法
胜《阿毗昙心义》广略不同,法胜所释(指《阿毗昙心论》中的长
行简注)最为略也,优婆扇多有八千偈释,又有一师万二千偈
释,此二论名为广。"据此,则本书的梵本原有八千偈,若译成汉
文,约有二十余卷,而今本仅为六卷,当是广本的节略本。书首
有优波扇多《阿毗昙心论经序》(从文意上推断,似有阙文),说:

> 今欲解释《阿毗昙心》,利益弟子故。问曰:不须解释。
> 所以者何? 古昔论师已释《阿毗昙心》,利益弟子,故不须
> 释。答曰:不然,应须解释。所以者何? 古昔论师虽释《阿
> 毗昙心》太广(或)太略,彼未学者迷惑烦劳,无由能取。我
> 今离于广略,但光显修多罗(指契经)自性,是故须释。问
> 曰:何故释《阿毗昙心》利益弟子耶? 答曰:彼中已说不颠
> 倒法相,释不颠倒法相,令彼觉悟真实,是故离诸过恶,生诸
> 功德,得勇猛第一义利。(《大正藏》第二十八卷,第833
> 页中)

本书正文分为十品,始《界品》,终《问论品》。

一、《界品》(卷一)。解释《阿毗昙心论》卷一《界品》,论述
一切法(事物)分为"五阴"(又称"五蕴")、"十二入"(又称"十
二处")、"十八界"三科问题。内容包括:"五阴"、"十二入"、
"十八界"的释名和义门分别等。

二、《行品》(卷一)。解释《阿毗昙心论》卷一《行品》,论述
"有为法"的行相问题。内容包括:"俱生法"、"心数法"、"四

相"、"六因"、"四缘"等。如关于"俱生法",说:

> 初无一能生,以离伴侣故,一切彼此力,诸法乃得生
> (以上为《阿毗昙心论》的偈颂)。
>
> 初无一能生,以离伴侣故者,有为诸行(指有为法),自
> 性羸劣,是故无法自力能生。问曰:云何得生? 答曰:一
> 切彼此力,诸法乃得生。有为诸法,彼此力生,如二羸人,彼
> 此力起。此一切行(指有为法)略说四种,所谓色、心、心数
> 法(指心所法)、心不相应行。彼生(指俱生)亦有四种,作
> 取、作依、作增上、作伴。彼作取者,依果报果及丈夫果少分
> (指一部分);作依者,诸界六入、造色四大;作增上者,一刹
> 那生,事一切诸法;作伴者,心、心数法彼此为伴,及诸有为
> 相(以上为优波扇多的解释)。(卷一《行品》,第 836 页下)

三、《业品》(卷二)。解释《阿毗昙心论》卷一《业品》,论述
"业"(指造作、行为)的性质和种类问题。内容包括:"三业"、
"五业"、"三种无教戒"(又称"无作戒")、"十业道"、"业报"、
"业果"、"三障"等。

四、《使品》(卷二至卷三)。解释《阿毗昙心论》卷二《使
品》,论述"结使"(指烦恼)的性质和种类问题。内容包括:"九
十八使"(又称"九十八随眠")、"十使"(又称"十随眠")、"十
一一切遍烦恼"(又称"十一遍行惑")、"烦恼"的异名(指"扼"、
"流"、"取"、"漏"、"缚"、"结")、"断有四种"(又称"断惑四
因",指断除烦恼的四种方法;此《阿毗昙心论》所无)、"九种断
知"(又称"九种遍知")等。如关于"断有四种",说:

> 一时断烦恼,方便智所说,如此得解脱,当知非一时
> (以上为《阿毗昙心论》的偈颂)。
>
> 一时断烦恼方便智所说者,此诸烦恼谓在无碍道(指

无间道,即见道、修道中断除烦恼的阶位)中,一时顿断,不数数断。彼断有四种,谓知缘(指遍知所缘断)、伴断(指能缘断)、断缘(指所缘断;以上三种为见道位断除见惑的方法)、自清净(指对治断,此为修道位断除修惑的方法)。彼知缘者,谓见苦、集(谛)所断自界缘(惑)及无漏缘(惑);伴断者,谓(断)他界缘(惑);断缘者,谓灭、道(谛)所断有漏缘(惑);自清净者,谓修道所断,随彼彼所断,如是如是,自身清净(以上为优波扇多的解释)。(卷三《使品》,第847页下—第848页上)

五、《贤圣品》(卷三)。解释《阿毗昙心论》卷二《贤圣品》,论述由凡入圣的修行次第和阶位问题。内容包括:"三方便观"、"四念处"、"四善根"、"四向四果"、"无著(指阿罗汉)有六种"等。

六、《智品》(卷四)。解释《阿毗昙心论》卷三《智品》,论述"智"的种类和修习问题。内容包括:"三智"、"十智"、"修有六种"(《阿毗昙心论》作"修有二种")等。如关于"修有六种",说:

九智圣所说,此依于二地,当知禅有十,无色地中八(以上为《阿毗昙心论》的偈颂)。

九智圣所说,此依于二地者,九智依未来禅、中间禅,除他心智。当知禅有十者,根本四禅各有十智。……已说地差别,修差别今当说。修有六种,所谓得修、习修、对治修、出离修、戒修、观察修。彼得修者,若于善法不得得(指未曾得而得),现在、未来故;习修者,先所得功德,现前修习;对治修者,诸有漏法修对治道;出离修者,若修道时舍离秽法;戒修者,若能调伏诸根道;观察修者,若观察身等(以上

为优波扇多的解释）。（卷四《智品》，第 853 页上）

七、《定品》（卷四至卷五）。解释《阿毗昙心论》卷三《智品》，论述"禅定"的种类、修习和功德问题。内容包括："四禅"、"四无色定"、"三定"（又称"三等至"）、"三三摩提"（又称"三三昧"、"三等持"）、"六通"、"四无量"（又称"四无量心"）、"十一切入"（又称"十一切处"、"十遍处"、"十遍处定"）、"八除入"（又称"八胜处"）、"八解脱"（又称"八背舍"）等。

八、《修多罗品》（卷五至卷六）。解释《阿毗昙心论》卷四《契经品》，论述契经（指阿含经）所说的各种教义问题。内容包括："三界"、"七识住"、"九众生住"、"四识住"、"十二支缘起"、"六界"、"四圣谛"、"六种圣果"、"四通行"、"四不坏净"、"修定有四得"、"三十七道品"、"四圣种"、"四食"、"三三摩提"、"四颠倒"、"五见"、"二十二根"等。如关于"七识住"，说：

善趣是欲界，及色界三地，无色亦三地，当知为识住（以上为《阿毗昙心论》的偈颂）。

欲界善趣数谓人、天，色界前三地，无色界前三地，此七地说识住处。问曰：何故三恶道（指地狱、畜生、饿鬼）、第四禅、有顶（指非想非非想天）不说识住耶？答曰：若地为见断、修断，若不断生识，彼说识住。三恶趣中无不断事；第四禅中，无想众生（指无想天）及净居天（指无烦天、无热天、善现天、善见天、色究竟天五天），无见断事，是故第四禅不摄；有顶（天）一向有漏。若识乐住，说识住，三恶道中，识不乐住。何以故？苦逼迫故。净居天向涅槃故，识不乐住。无想众生亦一向无心，是故第四禅不摄。有顶（天）行不捷利，是故彼亦不摄（以上为优波扇多的解释）。（卷四《修多罗品》，第 860 页上、中）

　　九、《杂品》(卷六)。解释《阿毗昙心论》卷四《杂品》,论述前述各品的未了义问题。内容包括:"心不相应行法"、"三无为法"、"十心"、"四有"等。

　　十、《问论品》(卷六)。解释《阿毗昙心论》卷四《论品》,以颂问、长行答的方式,论述"有无色界没,生色界";"有光曜缠生,退阿罗汉得尽智";"有如色(界)离欲,证决定无漏,无色(界)修道中方便得"等问题。

　　本书的释文,大多是以《阿毗昙心论》的长行简注为基础,穿插作者的理解而讲述的。由于作者一般不作扩散式的引申发挥,故内容上的增益并不太多,与原著的本意较为接近。

　　本书的同类书有:刘宋僧伽跋摩等译《杂阿毗昙心论》十一卷。

刘宋僧伽跋摩等译《杂阿毗昙心论》十一卷

　　《杂阿毗昙心论》,又名《杂阿毗昙毗婆沙》《杂阿毗昙经》《杂阿毗达磨论》《杂阿毗昙心》《杂心论》,十一卷。印度法救造,刘宋僧伽跋摩等译,元嘉十二年(435)译出。梁僧祐《出三藏记集》卷二著录(书名作《杂阿毗昙心》)。载于《丽藏》"自"函、《宋藏》"都"函、《金藏》"自"函、《元藏》"都"函、《明藏》"纳"函、《清藏》"纳"函、《频伽藏》"冬"帙,收入《大正藏》第二十八卷。

　　僧伽跋摩(约五世纪),意译"僧铠",天竺(印度)人。年少出家,明解律藏,尤精《杂阿毗昙心论》。刘宋元嘉十年(433),步自流沙,抵达建业(今南京),应慧观等人之请,住于平陆寺(后改名为"奉城寺")。先前,汉地女子出家仅从比丘受具足戒,而依照律制,女子出家,应当同时从二部僧(指比丘尼、比丘)受具足戒(指先在比丘尼十人中受戒,再到比丘十人中受

戒）。同年,师子国（今斯里兰卡）比丘尼铁萨罗率尼十人来至
建业,应景福寺尼慧果、净音之请,于元嘉十一年（434）在南林
寺设立戒坛,共请僧伽跋摩为师,为尼众三百余人重授具足戒,
汉地比丘尼从二部僧受具足戒,以此为始。元嘉十九年（442）,
他随西域商船回国,不知所终。僧伽跋摩译出的佛经,有五部二
十四卷。其中见存的有《杂阿毗昙心论》十一卷、《萨婆多部毗
尼摩得勒伽》十卷、《劝发诸王要偈》一卷、《分别业报略》一卷;
已佚的有《劝圣僧浴文》一卷。生平事迹见梁僧祐《出三藏记
集》卷十四、慧皎《高僧传》卷三等。

　　本书是法胜《阿毗昙心论》的增补本和注释书。作者有感
于《阿毗昙心论》的本颂（指原颂）不够完备,长行注释过于简
略,致使许多义理隐没不明,于是采撷《大毗婆沙论》的义理,先
对《阿毗昙心论》本颂作增补,将本颂从原先的二百五十颂,增
补为六百颂（若据日本编《大藏经索引·收录典籍解题》统计,
则为“五百九十六颂”）,然后依颂作释,详加阐解。如他在书中
所说,“我今于尊者法胜所说中,以少智慧思量撰集,造立章句,
将以申述,助宣遗法,非欲憍慢,求名称故”（见卷十一《择品》）。
全书由书首的《序品》和正文十一品,即《界品》《行品》《业品》
《使品》《贤圣品》《智品》《定品》《修多罗品》（《阿毗昙心论》作
《契经品》）、《杂品》《择品》《论品》构成。除《序品》和正文第十
品《择品》为新增之外,其余各品均是依照《阿毗昙心论》原有的
篇目而来的,内容含量远胜于优波扇多《阿毗昙心论经》。原本
在译出之后,有曾参与翻译的刘宋焦镜法师为之序,名为《后出
杂心序》。此序见载于梁僧祐《出三藏记集》之中,为藏本所无。
《后出杂心序》说,

　　　　昔如来泥洹之后,于秦汉之间,有尊者法胜,造《阿毗

昙心》本，凡有二百五十偈，以为十品。后至晋中兴之世，
复有尊者达摩多罗，更增三百五十偈，以为十一品，号曰
《杂心》。十品篇目仍旧为名，唯别立《择品》篇以为异耳。
位序品次，依四谛为义。《界品》直说法相，以拟苦谛；《行》
《业》《使》三品，多论生死之本，以拟集谛；《贤圣》所说断
结证灭之义，以拟灭谛；《智》《定》二品多说无漏之道，以拟
道谛。自后诸品，杂明上事，更无别体也。(《出三藏记集》
卷十，《大正藏》第五十五卷，第74页中)

本书初首有《序品》，主要叙述法胜造《心论》、法救造《杂心
论》的目的，以及"阿毗昙"、"毗婆沙"的意义。说："于牟尼所
说等谛(指世俗的真理)、第一义谛(指殊胜的真理)甚深义味，
宣畅显说，真实性义，名阿毗昙"；"能显现修多罗(指契经)义，
如灯照明，是惠根性若取自相则觉法，是阿毗昙"；"诸论中胜，
趣向解脱，是名阿毗昙"；"毗婆沙者，于牟尼所说性真实义，问
答分别，究畅真要，随顺契经，开悦众心"等。

正文分为十一品，始《界品》，终《论品》。

一、《界品》(卷一)。解释《阿毗昙心论》卷一《界品》，论述
一切法(事物)分为"五阴"(又称"五蕴")、"十二入"(又称"十
二处")、"十八界"三科问题。内容包括："五阴"、"十二入"、
"十八界"的释名和义门分别等。

(1)"离我乐常净"。指离我、乐、常、净四种颠倒，即"此诸
有漏行，不自在故离我；三苦成故离乐；缘力故离常；烦恼处故离
净"。(2)"五阴"。指一切有为法(有因缘造作、生灭变化的非
常住事物)的五种类别，即"色阴"、"受阴"、"想阴"、"行阴"、
"识阴"。"色阴"，指"十二入"中的十种"色入"(指五根、五境)
和"法入"所摄的一种"无作假色"(又称"无表色"，指由身表

业、语表业引生的无形色法,即内在的、不可见闻的善恶功能);
"识阴",指"十二入"中的"意入"、"十八界"中的"七心界"(指
六识与意根,即眼识界、耳识界、鼻识界、舌识界、身识界、意识
界、意界);"受阴"、"想阴"、"行阴",以及"无作假色"、"三无
为"(指虚空、数灭、非数灭;"数灭"又称"择灭"),总计七法,属
于"十二入"中的"法入"、"十八界"中的"法界"。(3)"十二
入"。指"心"(指心识)、"心所"(指依心而起的心理活动)的十
二种生长之处,即"一身中具十二入"。"依缘差别"而言,"十二
入"是"六识身"(又称"六识",身表示复数)的"六依"(指六
根)、"六缘"(指六境);"依自性分别"而言,"十二入"中的"六
依"、"六缘"各有自性,不相混同。(4)"十八界"。指一切法
(事物)的十八种类别。此依"依"、"依者"、"境界"三事而言,
"依,谓六依,眼界乃至意界;依者,谓六识界,眼识界乃至意识
界;境界,谓六外界"。(5)"十八界"义门分别。指分析"十八
界"诸界与其他诸法(如"可见、不可见"、"善、不善、无记"、"有
对、无对"、"有漏、无漏"、"极微聚、非极微聚"等)之间的关系。
如关于"阴"、"入"、"界"的含义,说:

　　　聚积是阴义,输门义说入,种性义说界,是三种差别
(以上为法救新撰的偈颂)。

　　　十一种无量色等,总说色阴,如库藏如军众,譬如四种
军,其类各别名为军众,色亦如是,虽有十一,同一色相,名
为色阴。如《阿毗昙》说:善观色阴者,一极微摄一界、一
入、一阴少分(指一部分)。不善观者言,一极微摄一界、一
入、一阴。如色阴,受、想、行、识阴亦如是。输门义说入者,
通苦乐故。种性义说界者,如一山中多有诸性,金性、银性
等,如是一身中,种种性各异,故说十八界(以上为法救的解

释)。(卷一《界品》,《大正藏》第二十八卷,第874页上、中)

二、《行品》(卷二)。解释《阿毗昙心论》卷一《行品》,论述"有为法"的行相问题。内容包括:"俱生法"、"心所法"、"四相"、"六因"、"四缘"、"有为法三种分齐"等。

(1)"俱生法"。指一切有生灭变化的"有为法",不能单独生起,必须凭藉"众缘力",彼此为伴,才得以产生;一事物生起时,必有他事物同时俱起。这种"俱生"(亦即"缘生")的"有为法",分为"色法"、"心法"、"心所法"(本书将"心法"、"心所法"译作"心"、"心法",容易混同)、"心不相应行法"四种。(2)"心所法"。指依心而起的心理活动,分为五类。①"大地法"(又称"十大地法")。指与一切心恒常相应的心理活动,有"想"、"欲"、"触"、"慧"、"念"、"思"、"解脱"(又称"胜解")、"忆"(又称"作意")、"定"、"受"十种。②"善大地法"(又称"十大善地法")。指与一切善心相应的心理活动,有"不贪"、"不恚"(又称"不瞋")、"惭"、"愧"、"信"、"猗息"、"不放逸"、"不害"、"精进"、"舍"十种。③"烦恼大地法"(又称"十烦恼大地法")。指与一切染污心相应的心理活动,有"邪解脱"、"不正忆"、"不顺智"、"失念"、"不信"、"懈怠"、"乱"、"无明"、"掉"(又称"掉举")、"放逸"十种。④"不善大地法"。指与一切不善心相应的心理活动,有"无惭"、"无愧"二种。⑤"小烦恼大地法"(又称"十小烦恼地法")。指与少量染污心相应的心理活动,有"忿"、"恨"、"诳"、"悭"、"嫉"、"恼"、"谄"、"覆"、"高"、"害"十种。

(3)"四相"。指一切有为法的四种相状,即"生"、"住"、"异"、"灭"。"四相"属于"心不相应行法"。(4)"六因"。指一切有为法生起的六种原因,即"所作因"(又称"能作因")、

"共有因"（又称"俱有因"、"共因"）、"自分因"（又称"同类因"、"自然因"）、"一切遍因"（又称"遍行因"、"普遍因"）、"相应因"、"报因"（又称"异熟因"）。（5）"四缘"。指一切有为法生起的四种条件，即"次第缘"（又称"等无间缘"）、"缘缘"（又称"所缘缘"）、"增上缘"、"因缘"。（6）"有为法三种分齐"。指"有为法"在"名"（名称）、"色"（物质）、"时"（时间）上的最小单位，"少名者，谓一字"，"少色者，谓一极微"，"少时者，谓一刹那"。如关于"烦恼大地法"，说：

　　邪解不正忆，不顺智失念，不信懈怠乱，无明掉放逸（以上为法救新撰的偈颂）。

　　颠倒解，名邪解脱；邪受境界，名不正忆；颠倒决定，名不顺智；邪记妄（宋元明本作"忘"）受，名失念；于三宝、四谛不净心，名不信；不断起、未起恶，不生起、未起善，不勤方便，名懈怠；境界所牵，散随诸缘，名为乱；前际等不知，名无明；心躁动不息，名为掉；离作善方便，名放逸（以上为法救的解释）。（卷二《行品》，第881页中）

　　三、《业品》（卷三）。解释《阿毗昙心论》卷一《业品》，论述"业"（指造作、行为）的性质和种类问题。内容包括："三业"、"五业"、"律仪"、"不律仪"、"非律仪非不律仪"、"十业道"、"业报"、"五果"、"三障"等。

　　（1）"三业"。指由身、口、意造作的三种行为，即"身业"（身体动作）、"口业"（言语声音）、"意业"（思量分别），"此三业生种种果，众生住于本有、死有、中有、生有中，修集诸业"。（2）"五业"。指"三业"中，"身业"、"口业"各有自己的"作业"（又称"表业"，指显现于外的、可以见闻的身业、语业）、"无作业"（又称"无表业"，指由身表业、语表业引生的无形色法，即内在的、不可见闻的善恶功能);"意业"以"思"(思量)为自性,不是"色法",没有"作业"(表业),因而也没有由"作业"引生的"无作业"(即"无表业";经部与此说不同,认为意业也有表业、无表业,见《成实论》卷七)。故"三业"依"作业"(即"表业")、"无作业"(即"无表业")区分,又分为"身作业"、"身无作业"、"口作业"、"口无作业"、"意性"五业。五业中,"身作业"、"口作业"和"意业"通于"善"、"不善"、"无记"(指非善非恶)三性;"身无作业"、"口无作业"只有"善"、"不善"二性。

(3)"无表三律仪"。指能引生"无表业"的三种律仪,即"律仪"、"不律仪"、"非律仪非不律仪"。①"律仪"(又称"善律仪")。指能产生防非止恶功能的善戒,即:"无漏戒"(又称"道共戒"、"无漏律仪"),指依悟道而得的善戒;"禅生戒"(又称"定共戒"、"静虑律仪"),指依禅定而得的善戒;"别解脱戒"(又称"别解脱律仪"),指佛教七众(出家五众、在家二众)依受戒而得的善戒。"别解脱戒"除"八斋戒"以外,都是"不随心转戒",受戒后,其戒体终生不失;而"无漏戒"、"禅生戒"则是"随心转戒",其戒体是随"定心"而转变的,入定时生起,出定时消失。②"不律仪"。指能产生作恶止善功能的恶戒,即从事杀生等恶业的十二种行为,"屠羊"、"养鸡"、"养猪"、"捕鸟"、"捕鱼"、"猎师"、"作贼"、"魁脍"、"守狱"、"咒龙"、"屠犬"、"司猎"。③"非律仪非不律仪"(又称"处中律仪")。指既非"律仪"的极善行为,亦非"不律仪"的极恶行为,而是随缘产生的处中的善行或恶行。

(4)"十业道"。指由身、口、意造作的十种善恶行为,有"十不善业道"(又称"十恶业道")、"十善业道"二种。"十不善业道",指由身、口、意造作的十种恶行,即"杀生"、"偷盗"、"邪淫"、"妄语"、"两舌"、"恶口"、"绮语"、"贪欲"、"瞋恚"、

"邪见";"十善业道",指由身、口、意造作的十种善行为,即"不
杀生",乃至"不邪见"。(5)"业报"。指由身、口、意的行为所
招感的报应,有"现受"、"生受"、"后受"、"不定受";"自性受"、
"相应受"、"报受"、"现前受"、"境界受"、"自性受"等。
(6)"五果"。指由因缘引生的五种结果,即"依果"(又称"等
流果")、"报果"(又称"异熟果")、"解脱果"(又称"离系果")、
"功用果"(又称"士用果")、"增上果"。此中,除"解脱果"为
"无为果"以外,其余四果均为"有为果"。(7)"三障"。指妨
碍正道的三种障碍,即"业障"、"烦恼障"、"报障"。如关于如
何成就"三种律仪"(指无漏戒、禅生戒、别解脱律仪),说:

> 无漏戒律仪,得道则成就,禅生若得禅,持戒生欲界
> (以上为《阿毗昙心论》原有的偈颂,其中,"得道则成就"原
> 作"见谛所成就")。

> 无漏戒律仪得道则成就者,得道谓一切圣道。从苦法
> 忍乃至无生智,成就无漏律仪。此无漏律仪在六地,未来
> (定)、中间(定)、根本四禅。彼须陀洹、斯陀含向及果(指
> 须陀洹果、斯陀含果),成就一地无漏戒;阿那含向,或成就
> 一地,或六地;阿那含果,或三地乃至六地;阿罗汉六地。禅
> 生若得禅者,若得禅,成就禅律仪,谓得不失,此亦六地。持
> 戒生欲界者,若受戒,则成就别解脱律仪,此律仪谓欲界人,
> 非余,无受分故(以上为法救的解释)。(卷三《业品》,第
> 889页中)

四、《使品》(卷四)。解释《阿毗昙心论》卷二《使品》,论述
"结使"(指烦恼)的性质和种类问题。内容包括:"七使"(又称
"七随眠")、"九十八使"(又称"九十八随眠")、"十使"(又称
"十随眠")、"十一使"(又称"十一遍行惑")、"烦恼"的异名、

"四事断烦恼"、"五事断烦恼"、"九断知"(又称"九种遍知"、"九断智")等。

(1)"七使"(又称"七随眠")。指七种根本烦恼,即"贪欲"(又称"欲贪")、"瞋"(又称"瞋恚")、"有爱"(又称"有贪")、"慢"、"无明"、"见"、"疑"。这是将"六使"中的"贪欲",拆分为"贪欲"(指欲界的贪欲)、"有爱"(指色界、无色界的贪欲)二种而成的。(2)"九十八使"(又称"九十八随眠")。指九十八种根本烦恼,即三界(欲界、色界、无色界)的每一界都有五部(五大部类)烦恼,也就是在见道位(指初见四谛理的阶位,即"四向四果"中的初位"预流向")有"见苦谛所断"、"见集谛所断"、"见灭谛所断"、"见道谛所断"四部烦恼,在修道位(指修习四谛法的阶位,即"四向四果"中的第二位"预流果"至第七位"阿罗汉向")有"修所断"一部烦恼。五部烦恼所含"十使"(又称"十随眠")的数量不等,多则十种,少则三种,总计为九十八种(又称"九十八随眠")。其中,欲界系随眠有三十六种,色界系随眠有三十一种,无色界系随眠有三十一种。(3)"十使"(又称"十随眠")。指十种根本烦恼,即"有身见"(又称"身见")、"受边见"(又称"边见")、"邪见"、"取见见"(又称"见取")、"取戒见"(又称"戒禁取")、"贪欲"、"疑"、"瞋恚"、"慢"、"痴"(又称"无明")。其中,前五种是迷于"四谛"之理而起的"见性"(见解性)烦恼,因惑性猛利,又称"五利使";后五种是迷于世间事相而起的"非见性"(非见解性)烦恼,因惑性迟钝,又称"五钝使"。

(4)"十一使"。指能遍生自界一切烦恼的十一种根本烦恼,即三界中,各界的"见苦谛所断"七惑(指有身见、受边见、邪见、取见见、取戒见、疑、无明)和"见集谛所断"四惑(指邪见、取见见、疑、无明)。(5)"烦恼"的异名。指"扼"、"流"、"取"、

"漏"、"缚"等。(6)"四事断烦恼"。指"知缘"、"缘断"、"得对治"、"彼缘灭"。(7)"五事断烦恼"。指"因永灭"、"得断"、"转依"、"知缘"、"得对治"。(8)"九断知"(又称"九种断智")。指断除三界见惑(见道位所断的烦恼)、修惑(修道位所断的烦恼)的九种无漏智(指无烦恼过患的智慧)。其中,断除欲界见惑的有"三断知(智)"、断除欲界修惑的有"一断知(智)";断除色界、无色界见惑的有"三断知(智)",断除色界、无色界修惑的有"二断知(智)"。如关于"使"(即"随眠")的"三义"(指微入、随入、随逐)和"生起三事"(指烦恼产生的三种因缘,即因力、境界力、方便力),说:

> 彼使与微入,随入亦随逐,是从三事起,当知不断等(以上为法救新撰的偈颂)。

> 彼使与微入,随入亦随逐者,彼使(指随眠)者,作也;微入(指微细)者,性也;随入(指随增)者,相应也;随逐者,得也。复次,使者如乳婴儿,微入者,微细行也;随入者,如麻中油;随逐者,如空行影、水行随。问:云何起彼使?答:是从三事起,当知不断等。三事故,起贪使,因力、境界力、方便力。彼贪欲使不断不知,是因力;贪欲缠所缘,是境界力;彼不正思惟是方便力。此说烦恼具足因缘,不必要具三事。若必具三事起者,不应退。当知一切使亦如是(以上为法救的解释)。(卷四《使品》,第902页下)

五、《贤圣品》(卷五)。解释《阿毗昙心论》卷二《贤圣品》,论述由凡入圣的修行次第和阶位问题。内容包括:"三方便观"、"四念处"、"四善根"、"四向四果"、"阿罗汉六种"、"贤圣七种"等。

(1)"三方便观"。指修行者在入"见道"(指证见"四谛"

之理)之前的资粮位(指为入"见道"而修集福德、智慧二种资粮的修行阶位),修习"不净观"、"安般念"、"界分别观"三种禅观。"不净观",指观想色身不净,以对治"贪欲"的禅观;"安般念"(又称"数息观"),指数出入息,以对治"乱心"的禅观;"界分别观"(又称"界差别观"、"界方便观"),指观想诸法由"六界"(指地、水、火、风、空、识)假合而成,以对治"我见"的禅观。(2)"四念处"。指在入"见道"之前的资粮位,修习"身念处"、"受念处"、"心念处"、"法念处",以对治"净"、"乐"、"常"、"我"四种颠倒。"彼治不净(为)净想颠倒故,说身念处;治苦(为)乐想颠倒故,说受念处;治无常(为)常想颠倒故,说心念处;治无我(为)我想颠倒故,说法念处"。(3)"四善根"。指以"四禅"为所依,观察"四谛十六行相",依次成就能引生见道无漏智(指无烦恼过患的智慧)的四种善根,即"暖法"、"顶法"、"忍法"、"世间第一法"。所说的"四谛十六行相",指观察"四谛"各有的四种行相,即观察"苦谛"的"无常"(指待众缘生)、"苦"(指迁流逼迫)、"空"(指违我所见)、"非我"(指违我见)四行相;"集谛"的"因"(指如种生芽)、"集"(指能等现果)、"有"(又称"生",指令果相续)、"缘"(指能成办果)四行相;"灭谛"的"灭"(指诸有漏蕴断尽)、"止"(又称"静",指贪瞋痴息灭)、"妙"(指体无众患)、"出"(又称"离",指脱离众灾)四行相;"道谛"的"道"(指通于圣行)、"正"(又称"如",指契合正理)、"迹"(又称"行",指正趣涅槃)、"乘"(又称"出",指永超生死)四行相。

(4)"四向四果"。指声闻乘修行的八种阶位,即"须陀洹向"(又称"预流向",属于"见道位")、"须陀洹果"(又称"预流果")、"斯陀含向"(又称"一来向")、"斯陀含果"(又称"一来果")、"阿那含向"(又称"不还向")、"阿那含果"(又称"不还

果”)、“阿罗汉向”(以上均属于修道位)、“阿罗汉果”(又称“无
学果”,属于无学位)。(5)“阿罗汉六种”。指依根性区分的六
种阿罗汉,即“退法”、“思法”(又称“念法”)、“护法”(又称“守
法”)、“住法”、“必升进法”(又称“能进法”)、“不动法”阿罗
汉。前五种是“信种性”(指钝根),“彼成就二智,谓尽智及无学
等见(又称“无学正见”)”,又称“时解脱”;末一种是“利根”,
“彼成就三智,尽智、无生智及无学等见”,又称“不时解脱”。此
外,在无学位未得“灭尽定”,唯以智慧力,断除烦恼而得解脱的
钝根者,称为“慧解脱”;在无学位得“灭尽定”,能以智慧力和
“灭尽定”力,断除烦恼而得解脱的利根者,称为“俱解脱”。
(6)“贤圣七种”。指声闻乘的七种圣人,即:“随信行”,指见道
位随信他言而修行的钝根者;“随法行”,指见道位随顺教法而
修行的利根者;“信解脱”(又称“信解”、“信胜解”),指修道位
随信他言而修行的钝根者;“见到”(又称“见至”),指修道位随
顺教法而修行的利根者;“身证”,指修道位依“灭尽定”证得不
还果的利根者;“慧解脱”;“俱解脱”。如关于“三方便观”中的
“界方便观”,说:

　　　始于自身分,系缚心令定,欲缚于识足,为尽智慧怨
(以上为《阿毗昙心论》原有的偈颂,译文略有不同)。

　　　始者,先也。自身分者,自身中一处也,若眉间、鼻端及
足指。系缚者,安立缘中令不散。……三度门者,谓不净
观、安般念、界方便观。彼贪欲者,以不净观度;觉观者,以
安般念度;见行者,以界方便观度。……界方便观今当说。
此以愚夫不正思惟……于缘起所作中,计我作等,诸邪见
缚。或时修行,近善知识(即善友),得闻正法,起正思惟
已,能于自身界,方便观此身种种自性、种种业、种种相。谓

地等六界,彼地界为水界润故不相离,水界为地界持故不流散,火界成熟故不淤坏,风界动摇故得增长,空界空故食等入出,识界合故有所造作。……观一切有为皆悉散坏,是名界方便满(以上为法救的解释)。(卷五《贤圣品》,第908页上、中)

六、《智品》(卷六)。解释《阿毗昙心论》卷三《智品》,论述"智"的种类和修习问题。内容包括:"三智"、"十智"、"六通"等。

(1)"三智"。指三种智慧,即"法智"、"比智"(又称"类智")、"等智"(又称"世俗等智"、"世俗智")。"法智",指观察欲界"四谛"的无漏智(指无烦恼过患的智慧);"比智",指观察色界、无色界(称为"上二界")"四谛"的无漏智;"世俗等智",指观察世俗境物的有漏智(指有烦恼过患的智慧)。故"三智"可归纳为"二智",即"无漏智"、"有漏智"。

(2)"十智"。指能观察一切境界的十种智慧,即"法智"、"比智"(又称"类智")、"等智"(又称"世俗智")、"苦智"、"集智"、"灭智"、"道智"(以上四智合称"四谛智")、"他心智"、"尽智"、"无生智"。此中,"法智"依"未来定"(又称"未至定",指色界初禅之前的欲界禅定)、"中间定"(指称"无寻唯伺定",指初禅与第二禅的近分定之间的禅定)、"四禅"六地而起;"比智"依"未来定"、"中间定"、"四禅"、"三无色定"(指"四无色定"的前三定,又称"下三定")九地而起;"他心智"依"四禅"而起;"等智"依欲界(又称"欲界五趣地")、"未来定"、"中间定"、"四禅"、"四无色定"十一地而起;"苦智"、"集智"、"灭智"、"道智"、"尽智"、"无生智"六智,均依"未来定"、"中间定"、"四禅"、"三无色定"九地而起。(3)"六通"。指依修习禅定而得的六种神通(指深妙神奇的功能),即"神足智证通"(又称"如意足智证通"、"神境智证通")、"他心智证通"、"宿命智证通"、"天眼智证通"、"天耳智证通"、"漏尽智证通"。前五通,为佛教、外道修习四禅者皆可得;末一通,唯佛教圣者修行可得。如关于"三智(指法智、比智、世俗等智)摄一切智",说:

　　　　三智佛所说,最上第一觉,谓法智比(类)智,及世俗等智(以上为《阿毗昙心论》原有的偈颂)。

　　　　此三智摄一切智。法智者,若智境界欲界苦、集、灭、道无漏智也,此初受法相,故说法智。比智者,若智境界色、无色界苦、集、灭、道无漏智也。若此行法智转,即此行随转,是比智以比类智故,说比智。等智者,若智境界一切法有漏智也,等者多受俗数,谓男女、长短等,故说等智(等者,众事聚会义也——原注;以上为法救的解释)。(卷六《智品》,第 916 页下)

七、《定品》(卷七)。解释《阿毗昙心论》卷三《定品》,论述"禅定"的种类、修习和功德问题。内容包括:"四禅"、"四无色定"、"三定"、"三三摩提"、"四无量"、"禅以三事起"、"熏禅三因缘"等。

(1)"四禅"。指色界的四种根本禅定,即"初禅"、"第二禅"、"第三禅"、"第四禅"。"初禅",有"觉"(又称"寻")、"观"(又称"伺")、"喜"、"乐"、"一心"(又称"心一境性")五支;"第二禅",有"内净"(又称"内等净")、"喜"、"乐"、"一心"四支;"第三禅",有"念"、"正知"、"乐"、"行舍"、"一心"五支;"第四禅",有"不苦不乐"、"行舍"、"净念"(又称"念清净")、"一心"四支。(2)"四无色定"。指无色界的四种根本禅定,即"空无边处定"、"识无边处定"、"无所有处定"、"非想非非想处定"。

（3）"三定"（又称"三等至"）。指"四禅"和"四无色定"的前三定,合计七定,每一定都有三种性质的禅定,即"味定"（又称"味相应定"）、"净定"、"无漏定",唯有"四无色定"中的"非想非非想处定",因定心昧劣,不能生起无漏定,故它只有"味定"、"净定",没有"无漏定"。①"味定"。指与"贪"等烦恼相应的禅定。②"净定"。指与"无贪"等有漏善法（指有烦恼的世间善法）相应的禅定,分为四种。一是净定的"退分"（又称"顺退分定"）,指"随顺烦恼",会从现在的定地退至较低的定地（如从"第二禅"退至"初禅",或从"净定"退至"味定"）的禅定;二是净定的"住分"（又称"顺住分定"）,指"随顺自地",能住于现在的定地而不退不进的禅定;三是净定的"胜分"（又称"顺胜进分定"）,指"随顺上地",能从现在的定地进至较高的定地的禅定;四是净定的"决定分"（又称"顺决择分定"）,指"随顺圣道",能生起"无漏智"、"无漏定"的禅定。③"无漏定"。指与"无漏智"（指无烦恼过患的智慧）相应的禅定。（4）"三三摩提"（又称"三三昧"）。指三种禅定,即:"空三摩提",指观察诸法自性空寂的禅定;"无愿三摩提",指对诸法无所愿乐造作的禅定;"无相三摩提",指观察诸法无差别相的禅定。（5）"四无量"（又称"四无量心"、"四无量定"）。指能引生利乐一切众生四种无量心的禅定（属于"三摩钵底",意译"等至"）,即:"慈无量",指思惟给与一切众生快乐而起的慈心;"悲无量",指思惟拔济一切众生痛苦而起的悲心;"喜无量",指思惟一切众生离苦得乐而起的喜心;"舍无量",指思惟一切众生平等,无有亲怨之别而起的舍心。（6）"禅以三事起"。指禅定（指令心专注一境）依赖"因力"、"业力"、"法方便力"三事而生起。（7）"熏禅三因缘"。指娴习禅定有"念正受"、"畏烦恼"、"乐受生"三种因缘。如关于"四种净定",说:

净者有四分,退分及住分,胜进决定分,随顺诸功德
(以上为法救新撰的偈颂)。

退分者,顺烦恼;住分者,顺自地;胜分者,顺上地;决定
分者,顺圣道。复次,退分者,若住彼则退;住分者,若住彼
不进亦不退;胜分者,若住彼能胜进;决定分者,若住彼则能
次第超升离生。复次,退分者,为烦恼所凌所杂,从禅次第
烦恼现在前,烦恼次第禅现在前;住分者,彼能厌下地粗等
行,受自地寂静等行;胜分者,能厌自地过,受上地功德;决
定分者,暖(法)、顶(法)、忍(法)、世间第一法,如禅无色
亦如是,唯除暖(法)等功德(以上为法救的解释)。(卷七
《定品》,第924页中)

八、《修多罗品》(卷八)。解释《阿毗昙心论》卷四《契经
品》,论述契经(指阿含经)所说的各种教义问题。内容包括:
"三种功德"、"三界"、"七识住"、"九众生住"、"四识住"、"十二
支缘起"、"四生"、"六界"、"四圣谛"、"四不坏净"(《择品》又
作补充)、"三十七觉品"、"四食"(《择品》又作补充)、"二十二
根"(《择品》又作补充)等。

(1)"三种功德"。指佛说的三种功德,即"施"、"戒"、
"修"。①"施"。指布施,包括"四种施"、"八种施"、"三种施"
等。"四种施",指"自摄故施"、"摄他故施"、"摄自他故施"、
"报恩故不为摄自他施";"八种施",指"希望施"、"怖畏施"、
"反报施"、"期报施"、"家法施"、"生天施"、"求名施"、"庄严心
施";"三种施",指"财施"、"法施"、"无畏施"。②"戒"。指持
戒,包括"四种律仪"、"四种戒"。"四种律仪",指"别解脱律
仪"、"禅律仪"、"无漏律仪"、"断律仪";"四种戒",指"希望
戒"、"恐怖戒"、"顺觉支戒"、"清净戒"。③"修"。指修禅,包

括"二种修"、"二方便观"等。"二种修",指"得修"、"习修";
"二方便观",指"不净观"(指观想身体的不净,以对治"贪欲"
的禅观)、"安般念"(又称"数息观",指数出入息,以对治"乱
心"的禅观)。(2)"三界"。指众生依住的三种世界,即欲界、
色界、无色界。(3)"七识住"。指众生心识乐住的七种处所,
即"欲界善趣"(指欲界的人间和六欲天)、"色界前三地"(指色
界的初禅天、二禅天、三禅天)、"无色前三地"(指无色界的空无
边处天、识无边处天、无所有处天)。

　　(4)"九众生居"。指众生乐住的九种处所,即"七识住"和
"无想天"(色界第四禅天之一)、"非想非非想处天"(无色界第
四天)。(5)"四识住"。指众生"识阴"(又称"识蕴")乐住的
四阴,即"色阴"、"受阴"、"想阴"、"行阴"。(6)"十二支缘起"
(又称"十二因缘")。指众生生死流转的十二个阶段,即"无
明"、"行"(指身、口、意业;以上为过去世二因)、"识"、"名色"
(即"五蕴","名"指受、想、行、识四蕴,"色"指色蕴)、"六入"
(又称"六处",指眼、耳、鼻、舌、身、意根)、"触"(指"六触",即
眼触、耳触、鼻触、舌触、身触、意触)、"受"(指"三受",即苦受、
乐受、不苦不乐受;以上为现在世五果)、"爱"、"取"(指"四
取",即欲取、见取、戒禁取、我语取)、"有"(指"三有",即欲有、
色有、无色有;以上为现在世三因)、"生"、"老死"(以上为未来
世二果)。(7)"四生"。指众生受生的四种方式,即"卵生"、
"胎生"、"湿生"、"化生"。(8)"六界"。指构成众生世间和器
世间的六种基本要素,即"地"、"水"、"火"、"风"、"空"、"识"。
(9)"四圣谛"(又称"四谛")。指揭示众生的痛苦与解脱的四
种真理(真实不虚的道理),即"苦谛"、"集谛"、"灭谛"、"道
谛"。(10)"四不坏净"(又称"四不坏信")。指对三宝及戒有
坚固不坏的净信,即"于佛不坏净"、"于缘法不坏净"、"于僧不

坏净”、“于戒不坏净”。

（11）“三十七觉品”（又称“三十七道品”、“三十七菩提分法”）。指趣向菩提（觉悟）的三十七种修行方法，即“四念处”、“四正断”、“四神足”（又称“四如意足”）、“五根”、“五力”、“七觉支”、“八正道”。（12）“四食”。指长养众生生命的四种食物，即“抟食”（又称“段食”）、“触食”、“意思食”、“识食”。（13）“二十二根”。指有生长增上作用的二十二种根性，即“眼根”、“耳根”、“鼻根”、“舌根”、“身根”、“意根”（以上为十二处的六根）、“男根”、“女根”（以上为身根的一部分）、“命根”（此为“心不相应行法”之一）、“乐根”、“苦根”、“喜根”、“忧根”、“护根”（又称“舍根”，以上为五受根）、“信根”、“精进根”、“念根”、“定根”、“慧根”（以上为五善根）、“未知根”（又称“未知当知根”）、“已知根”、“无知根”（又称“具知根”，以上为三无漏根）。如关于“不净观”的修法，说：

禅无色无量，得修及习修，不净安般念，二修义亦然（以上为法救新撰的偈颂）。

此诸禅等功德熏心，如熏衣如花，熏麻如融金。……不净观者，无贪性，贪对治故。又对治四种贪故，复说四种，谓断威仪贪故，修死尸观；断色贪故，修青瘀等观；断触贪故，去皮肉修骨锁观；断处所贪故，修骨节分离观。……问：不净观，云何方便？答：彼修不净观者，至冢间极善，取彼相，取已还至坐处，洗足安坐，柔软其身，心离诸盖（指烦恼），取彼外缘，以方己身。系心在足骨、胫骨、腨骨、髀骨、髋骨、膁骨、脊骨、胁骨、手骨、臂骨、肩骨、颈骨、颐骨、牙骨、齿骨、髑髅骨，若系心眉间。若乐略观者，先从身念处度。若乐广观者，从眉间观髑髅，乃至足骨，从此一座、一房、一堂、一僧

伽蓝、一村、一乡、一国,若但从想起者,非有是处。若周遍
大地至眼光者,能观彼处白骨充满。若复略者,次第还至眉
间,系心眉间,是名不净观成(以上为法救的解释)。(卷八
《修多罗品》,第933页中—第934页上)

九、《杂品》(卷九)。解释《阿毗昙心论》卷四《杂品》,论述
前述各品的未了义问题。内容包括:"心不相应行法"、"三无为
法"、"四有"、"五种事"、"四种果"、"三种自在"等。

(1)"心不相应行法"。指"行阴"所摄的与心不相应的、非
色非心的现象,有十四种,即"无想天"、"无想定"、"灭尽定"、
"众生种类"(又称"众同分")、"句身"、"味身"(又称"文身"、
"字身")、"名身"、"命根"、"得"、"凡夫性"(又称"异生性")、
"生"、"住"、"老"(又称"异")、"无常"(又称"灭")。此中,
"无想定"、"灭尽定"二种,为"善性";"得"、"生"、"老"、"住"、
"无常"五种,通"三性",即"善中善、不善中不善、无记中无
记";其余七种,为"无记性"。(2)"三无为法"。指三种无因缘
造作、生灭变化的常住事物,即"数缘灭无为"(又称"择灭无
为")、"非数缘灭无为"(又称"非择灭无为")、"虚空无为"。
(3)"四有"。指众生一期生命的四个阶段,即"生有、死有、根
本有(又称本有)、中有"。(4)"五种事"。指与"智"相关的五
种事情,即"自性事"、"因事"、"系事"、"摄受事"、"境界事"。
(5)"四种果"。指与"业"(指造作、行为)相关的四种果,即
"安立果"、"方便果"、"和合果"、"修果"。(6)"三种自在"。
指依修习禅定而得的三种深妙神奇的功能,即"运身自在"、"意
解自在"、"意念自在"。如关于"心不相应行法"中的"众生种
类"(即"众同分"),说:

　　无想二正受,亦众生种类,句味与名身,命根与法得

（以上为《阿毗昙心论》原有的偈颂）。

无想者，彼无想众生受生，心、心法（指心所法）灭。……种类者，众生身诸根、支节、事业、饮食相似。彼种类有六种，所谓界种类、趣种类、生种类、处所种类、自身种类、性种类。界种类者，欲界众生，欲界众生种类，色、无色界亦如是；趣种类者，于一趣，生一趣种类；生种类者，受一生，一生种类；处所种类者，生无择狱，无择狱种类，乃至第一有亦如是；自身种类者，同生一界、一趣、一生（一生者，四生中一也——原注），而有种种自身，如众鸟如是比（等）；性种类者，所禀性同是性种类。若六种类相似者，是名种类（以上为法救的解释）。（卷九《杂品》，第 942 页下—第 943 页上）

十、《择品》（卷十至卷十一）。本品为新增的篇章，为《阿毗昙心论》原本所无。品中对《契经品》中的未详之义，广作抉择，对有部特有的一些主张，如"阿罗汉有退失"、"三世有"、"佛不在僧数"等，再作阐述。内容包括："八支斋"（又称"八斋戒"、"八关斋"）、"波罗提木叉律仪七种名"、"三宝各二种"、"二种沙门果"、"四种对治"、"四种修"、"六种修"、"三种中劫过"（又称"小三灾"）、"三种大劫过"（又称"大三灾"）、"四因缘心乱"、"退法有三种"、"四种萨婆多"（又称"四种一切有"）等。

（1）"八支斋"（又称"八戒"）。指在家信佛的男女在每月"六斋日"中的一日一夜受持的八种戒法，为在家人所持的出家戒，即"不杀生"、"不盗"、"不邪淫"、"不妄语"、"不饮酒"、"不著香华鬘不香涂身、不歌舞倡伎不往观听"、"不坐高广大床"、"不非时食"。此中，前四支是"尸罗（指戒）支"，"舍性罪，自性

戒故";"不饮酒"是"不放逸支","饮酒是放逸支,令心失念
故";末三支"持支"(又称"禁约支"),"随顺戒故"。(2)"波罗
提木叉律仪七种名"。指"别解脱律仪"(又称"别解脱戒")的
七种名称,即"律仪"、"波罗提木叉律仪"、"妙行"、"业道"、"波
罗提木叉"、"业"、"尸罗"。(3)"三宝各二种"。指"佛"有"生
身"、"法身"二种身;"法"有"第一义涅槃法"、"一切无我法"二
种;"僧"有"第一义僧"、"等僧"二种。(4)"二种沙门果"。指
沙门修行的二种果报,即"有为果"、"无为果"。"有为果"有三
种:"彼见道八忍,是沙门八智,是沙门有为果;八种烦恼断,是
沙门无为果;欲界修道离欲九无碍道,是沙门九解脱道,是沙门
有为果"。"无为果"有一种:"九种烦恼断,是沙门无为果"。

　　(5)"四种对治"。指对治烦恼的四种方法,即"断对治"、
"坏对治"、"持对治"、"远分对治"。(6)"四种修"。指修习正
法的四种方法,即"得修"、"行修"、"对治修"、"断修"。
(7)"六种修"。指修习正法的六种方法,即"得修"、"行修"、
"对治修"、"断修"、"分别修"、"防护修"(以上见卷十)。
(8)"三种中劫过"。指"住劫"(为"成"、"住"、"坏"、"空"四
劫之一)之末次第而起的三种小灾难,即"刀兵劫"、"病疫劫"、
"饥馑劫"。(9)"三种大劫过"。指"坏劫"之末次第而起的三
种大灾难,即"火灾"、"水灾"、"风灾"。(10)"四因缘心乱"。
指造成"心乱"的四种原因,即"四大错乱"、"本业报"、"恐怖"、
"伤害身"。(11)"退法有三种"。指阿罗汉退失有三种,即"得
退"、"未得退"、"习行退"。(12)"四种萨婆多"。指有部论师
关于"三世有"的四种不同看法,即法救的"异分别"(又称"类
异")说、妙音的"相异"说、世友的"分分异"(又称"位异")说、
觉天的"异异"(又称"待异")说。如关于有部特有的主张"三
世萨婆多"(指三世一切有)、"声闻僧无佛"(指佛不在僧

数），说：

> 一切世悉有，不违其所应，牟尼之所说，声闻僧无佛
> （以上为法救新撰的偈颂）。

> 有三世萨婆多，此萨婆多（部）所立。问：何故？答：
> 现在世者，观过去、未来故施设，若无过去、未来者，则无现
> 在世。现在世无者，亦无有为法，是故有三世，莫言有咎。
> 若言久远是过去、当有是未来、非是有唯有现在者，此不然。
> 何以故？有业报故。世尊说，有业有报，非是业报俱现在。
> 若业现在，当知报在未来；若报现在，当知业已过去。……
> 声闻僧无佛者，声闻僧不摄佛，何以故？三宝不减故。若世
> 尊声闻所摄，应有二宝非三佛，无别体故。归依及不坏净念
> 等亦如是，莫言有过。是故声闻僧不摄佛（以上为法救的
> 解释）。（卷十一《择品》，第963页中）

十一、《论品》（卷十一）。解释《阿毗昙心论》卷四《论品》，
以偈颂设问、长行简答的方式，论述"无色界善恶律仪非分"；
"贤圣离诸过，得有为善法，不名为修习"；"阿罗汉第二禅缠退
时，尽智所得"；"上地命终生梵天时，得欲界烦恼灭，而不断彼
烦恼"；"无学慧，以彼见道、修道、无学道为因"；"阿罗汉能得禅
定，非无色"等问题。如关于"无色界善恶律仪非分"，说：

> 离律不律仪，而得于律仪，不因彼致胜，能决定者说
> （以上为《阿毗昙心论》原有的偈颂，译文略有出入）。

> 答：有。谓无色界没，生色界时，无色界凡夫，名非律
> 仪非不律仪，无色界善恶律仪非分故。从彼命终生色界时，
> 得善律仪，色界律仪与心俱故，非胜进。无色界，界胜故
> （以上为法救的解释）。（卷十一《论品》，第963页下—第
> 964页上）

本书虽说是偏于保守的小乘说一切有部经典之作,但书中也含有一些大乘思想的元素。如书中在论述"三三摩提"时,提出了后来大乘空宗常说的"九种空",说:"彼空者二种,谓有漏、无漏。若有漏者,一切法缘。无漏者,有漏缘。此复九种,谓内空、外空、内外空、有为空、无为空、有为无为空、无事空、第一义空、空空。"(见卷七《定品》)又如,书中认为,众生也可"作佛"、"作菩萨",说:"若有众生,以一食施,起决定心,发无畏言:我当作佛,能起相报,增长彼业,齐是名菩萨,以能从此作相似相续业故。"(见卷十一《择品》)

本书有七处提到"尊者瞿沙说",为书中提到的有部论师次数最多的一人,由此可见《大毗婆沙论》以后出现的阿毗达磨纲要书,都是参照瞿沙《阿毗昙甘露味论》的体系而建构的。

本书的同类书有:北齐那连提耶舍译《阿毗昙心论经》六卷。

第三品　　唐玄奘译《入阿毗达磨论》二卷

《入阿毗达磨论》,又名《说一切有部入阿毗达磨论》,二卷。印度塞建地罗(一作"塞建陀罗")造,唐玄奘译,显庆三年(658)译出。唐道宣《大唐内典录》卷五著录(译经时间见《开元释教录》卷八)。载于《丽藏》"华"函、《宋藏》"东"函、《金藏》"华"函、《元藏》"东"函、《明藏》"笙"函、《清藏》"笙"函、《频伽藏》"藏"帙,收入《大正藏》第二十八卷。

塞建地罗(约五世纪初),音译又作"塞建陀罗"、"塞建陀"、"索建地罗",意译"悟入",北印度迦湿弥罗国人。说一切有部论师,也是《顺正理论》论主众贤的老师。相传世亲为考定有部,以及从有部分离出来唯以经教为"正量"(指正确认识)的经部(又称"经量部")之间的是非,曾改名潜往迦湿弥罗国,历经四年,研习有部三藏文义,多次以经部异义,难破有宗,塞建地罗对他有所察觉,劝他及时离开当地,以免被害。在世亲撰出《俱舍论本颂》,派人送至迦湿弥罗国之后,举国上下都把此颂当作是弘扬有宗的著作,隆重欢庆,只有塞建地罗认为,此颂并非专弘有部宗义,其中隐含着对有宗的批评。世亲撰《俱舍论》,解释本颂之后,塞建地罗的弟子众贤十分气愤,积十二年的心力,撰《顺正理论》,大破《俱舍论》,而塞建地罗本人的态度较为宽容,在所撰的《入阿毗达磨论》中,只是正面阐述有部的观点,并无对世亲作直接的批评。塞建地罗与世亲,虽然见解不同,但彼此的关系十分友善。但不能依据以上事例,而推断塞建地罗是世亲的老师(《佛光大辞典》"悟入"条称,悟入"为世亲菩萨与众贤论师之师",似不确切)。据《大唐西域记》卷三记载,塞建地罗还撰有《众事分毗婆沙论》一书,此书未见传译,从书名上分析,它可能是世友《众事分阿毗昙论》的同类书。生平事迹见唐法宝《俱舍论疏》卷一(称作"塞建陀")、慧光《俱舍论记》卷一(称作"塞建地罗")、玄奘《大唐西域记》卷三(称作"索建地罗")等。

本书是一部论述"八句义"理论的著作。所说的"八句义",指一切法(事物)的八种类别,即"色"、"受"、"想"、"行"、"识"、"虚空"、"择灭"、"非择灭"。其中,前五类是"五蕴",即一切法中的"有为法"(指有因缘造作、生灭变化的非常住事物);后三类为"无为法"(指无因缘造作、生灭变化的常住事物)。从大类上说,"八句义"显然不同于《俱舍论》"五位七十五法"(色法十一种、心法一种、心所法四十八种、心不相应行法十四种、无为法三种)的分类法;从内容上说,"八句义"所述,包含了"五位七十五法"的全部,只是在"心所法"中增加了"欣"、

"厌"二种,总计为"七十七法"而已。但在对各法含义的表述上,二书存在着一些差别。卷首有归敬颂及其释文,叙述本论的撰作意图和主纲,说:

> 有聪慧者,能具受持诸牟尼尊教之文义,由拘事业,有未得退;有劣慧者,闻对法中,名义稠林,便生怖畏,然俱恒有求解了心。欲令彼于阿毗达磨法相海中,深洄澓处,欣乐易入,故作斯论。谓善逝宗有八句义:一色、二受、三想、四行、五识、六虚空、七择灭、八非择灭。此总摄一切义。(《大正藏》第二十八卷,第980页下)

一、"色句义"(卷上)。论述"色蕴"(指以"质碍"为性的物质的积聚)问题。分为"大种"(指四大种)和"所造色"(指四大种所造色)二大类。

(一)"大种"。指"四大种",即构成物质的四种基本要素(称为"能造"),它们是"地"、"水"、"火"、"风"。"地"为坚硬性的物质,以"坚"为自性;"水"为湿润性的物质,以"湿"为自性;"火"为暖热性的物质,以"暖"为自性;"风"为轻动性的物质,以"动"为自性。"四大种"都以"持摄熟长"为业,能"遍所造色",故称为"大";"能生自果",故称为"种"。"四大种"又称"四大"、"四界","能持自共相,或诸所造色,故名为界"。

(二)"所造色"。指由"四大种"造作产生的物质(称为"所造"),分"五根"、"五境"、"无表色"三类,共有十一种。

1."五根"。指五种感觉器官,即"眼"、"耳"、"鼻"、"舌"、"身"。"眼者,谓眼识所依,以见色为用,净色为体,耳、鼻、舌、身、准此应说"。"五根"分别为"眼识"、"耳识"、"鼻识"、"舌识"、"身识"所依,以"见色"、"闻声"、"嗅香"、"尝味"、"觉触"为用,均以"净色"为体。

2.“五境”。指五根所取的五种境界,即“色”、“声”、“香”、“味”、“触”。

(1)“色”。指色境。分“显色”和“形色”二类,共有二十种。“显色”有十二种,“谓青、黄、赤、白、烟、云、尘、雾、影、光、明、暗”;“形色”有八种,“谓长、短、方、圆、高、下、正、不正”。(2)“声”。指声境。分“有执受大种为因”、“无执受大种为因”二类,共有八种。“有执受大种为因”之声,指由有觉受的众生(“有执受大种”)发出的声音,下分四种:①“有情名可意声”。指由众生的语言发出的好声。②“有情名不可意声”。指由众生的语言发出的恶声。③“非有情名可意声”,指由众生的非语言声响(“手等声”)发出的好声。④“非情名不可意声”。指由众生的非语言声响发出的恶声。“无执受大种为因”之声,指由无觉受的非众生(“无执受大种”,指自然物或“幻化人”)发出的声音,也分四种:①“有情名可意声”。指由“幻化人”的语言(“化语声”)发出的好声。②“有情名不可意声”。指由“幻化人”的语言发出的恶声。③“非有情名可意声”。指由自然物的非语言声响(“风、林等声”)发出的好声。④“非情名不可意声”。指由自然物的非语言声响发出的恶声。(3)“香”。指香境。分“好香”、“恶香”、“平等香”三种。“能长养诸根大种”者,名为“好香”;“能损害诸根大种”者,名为“恶香”;“俱相违”(指非好香非恶香)者,名为“平等香”。(4)“味”。指味境。分“甘”、“酢”、“咸”、“辛”、“苦”、“淡”六种。(5)“触”。指触境。分“能造触”、“所造触”二类。“能造触”,指的是“地”、“水”、“火”、“风”四大种,它们分别有“坚性”、“湿性”、“暖性”、“动性”四种性质;“所造触”,指的是由“四大种”造作产生的“滑性”、“涩性”、“重性”、“轻性”、“冷”、“饥”、“渴”七种触觉。

　　3.“无表色”。指由身表业、语表业引生的无形色法，即内在的、不可见闻的善恶功能。“无表色者，谓能自表诸心、心所转变差别，故名为表；与彼同类而不能表，故名无表”。“无表色”分为“律仪”、“不律仪”、“俱相违”（指“非律仪非不律仪”）三种。（1）“律仪”（又称“善律仪”）。“律仪”意为“戒”、“防护”，指能产生防非止恶功能的善戒，它是众生身中的“善无表色”，下分“别解脱律仪”、“静虑律仪”、“无漏律仪”三种。①“别解脱律仪”。指佛教七众（出家五众、在家二众）各别受持的戒法，共有八种，即“苾刍律仪”（指比丘戒）、“苾刍尼律仪”（指比丘尼戒）、“勤策律仪”（指沙弥戒）、“正学律仪”（指式叉摩那六法）、“勤策女律仪”（指沙弥尼戒）、“近事男律仪”（指优婆塞戒）、“近事女律仪”（指优婆夷戒）、“近住律仪”（指八斋戒），前七种为佛教七众须终身受持的戒法，末一种“八斋戒”为在家信佛男女在一日一夜内受持的戒法。②“静虑律仪”。指修行者依禅定而得的善戒，即“色界三摩地（意译“等持”、“定”）随转色”。③“无漏律仪”，指修行者依悟道而得的善戒，即“无漏三摩地随转色”。上述三种律仪中，“七众别解脱戒”除“八斋戒”以外，都是“不随心转戒”，受戒后，其戒体终生不失，只有发生“舍所学”、“命尽”、“善根断”、“二形生”（指男女二根俱生）四种情况，才会消失；而“静虑律仪”、“无漏律仪”则是“随心转戒”，其戒体是随“定心”而转变的，入定时生起，出定时消失。（2）“不律仪”。指能产生作恶止善功能的恶戒（如立誓从事“杀生”、“劫盗”等行业），其戒体与众生“身中不善无表色相续转”。（3）“非律仪非不律仪”。指既非“律仪”的极善行为，亦非“不律仪”的极恶行为，而是随缘产生的处中的善行或恶行，其戒体与众生“所起种种善、不善无表色相续转”。如关于“三种律仪”的“得”、“舍”条件，说：

别解脱律仪,由誓愿受得,前七(指从比丘戒至优婆夷戒),至命尽,第八(指八斋戒)一昼夜。又前七种,舍由四缘:一舍所学故,二命尽故,三善根断故,四二形生(指男女二根俱生)故;第八律仪(指八斋戒),即由前四(缘),及夜尽舍。静虑律仪,由得色界善心故得,由舍色界善心故舍,属彼心故。无漏律仪,得、舍亦尔,随无漏心而得、舍故。(卷上,第981页中)

二、"受句义"(卷上)。论述"受蕴"(指以"领纳"为性的感受的积聚)问题。以"领纳"(接触外境而产生感受)为性,以"爱"为业,分为"乐"、"苦"、"不苦不乐"三种。"受"由"六触"产生,故"受蕴"又称"六受身",即"眼触所生受"、"耳触所生受"、"鼻触所生受"、"舌触所生受"、"身触所生受"、"意触所生受"六种,合称"六受身";依"根"分别,"受"分为"乐根"、"苦根"、"喜根"、"忧根"、"舍根"五种。如关于"受",说:

受句义者,谓三种领纳,一乐、二苦、三不苦不乐,即是领纳。三随触义,从爱、非爱、非二(指"非爱非非爱")触生,身心分位差别所起,于境欢、戚、非二(指"非欢非戚")为相,能为爱因故,名受。如世尊说,触缘受,受缘爱。此复随识差别有六,谓眼触所生受,乃至意触所生受。五识俱生,名身受;意识俱生,名心受。由根差别建立五种,谓乐根、苦根、喜根、忧根、舍根。诸身悦受,及第三静虑心悦受,名乐根,悦是摄益义;诸身不悦受,名苦根,不悦是损恼义;除第三静虑,余心悦受,名喜根;诸心不悦受,名忧根;诸身及心非悦非不悦受,名舍根。(卷上,第981页下)

三、"想句义"(卷上)。论述"想蕴"(即以"取像"为性的想象的积聚)问题。"想"以"能假合相名"(即"取像")为性,它能摄取所缘的境相,安立种种的名言,是"寻"、"伺"的本因。"想"由"六触"产生,故"想蕴"又"六想身",即"眼触所生想"、"耳触所生想"、"鼻触所生想"、"舌触所生想"、"身触所生想"、"意触所生想"。如关于"想",说:

> 想句义者,谓能假合相名义解,即于青、黄、长、短等色,螺、鼓等声,沈(沉)、麝等香,咸、苦等味,坚、软等触,男、女等法相名义中,假合而解,为寻、伺因,故名为想。此随识别有六,如受(指如六受身)。小、大、无量差别有三,谓缘少境,故名小想;缘妙高等诸大法境,故名大想;随空无边处等,名无量想。或随三界,立此三名(指小想为欲界想,大想为色界想,无量想为空无边处、识无边处想)。(卷上,第981页下)

四、"行句义"(卷上后部分至卷下前部分)。论述"行蕴"(指以"造作"为性的思量的积聚)问题。"行"以"思"(指思量)为特性,分为"相应行"、"不相应行"二种。

(一)"相应行"(又称"心相应行蕴"、"心相应行法")。指"行蕴"中所摄的除"受"、"想"之外的一切心所法(指依心而起的心理活动),有三十九种。

(1)"思"。指思量(令心造作),即"意业","令心运动为义"。(2)"触"。指令心触境,即"根、境、识和合生,令心触境","以能养活心所为相"。(3)"欲"。指希求,即"希求所作事业随顺、精进"。(4)"作意"。指令心警觉(唐以前也将"作意"译作"思惟"),即"能令心警觉","即是引心趣境为义"。(5)"胜解"。指信解,即"能于境印可","即是令心于所缘境,无怯弱义"。(6)"念"。指明记不忘,即"令心于境明记","即是不忘已、正、当作诸事业义"。(7)"定"。指令心专注一境,即"制如猿猴心,唯于一境而转义"。(8)"慧"。指智慧,即"于法能有简择"。(9)"寻"。指寻求(粗浅推度),即"于境令心粗为相","此法即是五识转因"。(10)"伺"。指伺察(深细思察),即"于境令心细为相","此法即是随顺意识于境转因"。

(11)"信"。指信乐善法,即"令心于境澄净","于三宝因果相属有性等中,现前忍许"。(12)"精进"。指勤勇进取,即"于善、不善法生灭事中,勇悍为性"。(13)"惭"。指羞惭(对己以过恶为羞耻),即"随顺正理,白法增上所生","于诸功德及有德者,恭敬而住"。(14)"愧"。指愧疚(对人以过恶为羞耻),即"修习功德为先","于罪见怖"。(15)"不放逸"。指不放纵逸乐,即"修诸善法","违害放逸,守护心性"。(16)"轻安"。指舒安,即"心堪任性","违害惛沈(指昏沉),随顺善法"。(17)"不害"。指不损害众生,即"心坚善性","不损恼他"。(18)"舍"(又称"行舍")。指心住平等,远离掉举,即"心平等性","舍背非理,及向理"。(19)"欣"。指欣乐涅槃。(20)"厌"。指厌恶生死。

(21)"不信"。指不信善法,即"心不澄净"。(22)"懈怠"。指懒惰,即"心不勇悍"。(23)"放逸"。指放纵逸乐,即"不修善法","不能守护心"。(24)"善根"。指善根性,即"善自性","能为根,生余善法",含"安隐义",分为"无贪"、"无瞋"、"无痴"三种。(25)"不善根"。指恶根性,即"不善自性","能为根,生余不善",含"不安隐义",分为三种,即"贪"、"瞋"、"痴"。(26)"无记根"。指非善非恶根性,即"于善、不善义,俱不记","不能招异熟果","西方诸师"将"无记根"分为四种,即无记的"爱"、"见"、"慢"、"无明";"毗婆沙师"将"无记根"分为三种,即无记的"爱"、"无明"、"慧"。(27)"结"。指结缚身心,令众生不得解脱的烦恼,有"九结",即"爱结"、"恚

结"、"慢结"、"无明结"、"见结"、"取结"、"疑结"、"嫉结"、"悭
结"。"结"与此下叙说的"缚"、"随眠"（又称"使"）、"随烦
恼"、"缠"、"漏"、"瀑流"、"轭"、"轭"、"身系"、"盖"等,均为
"烦恼"的异名。

　　（28）"缚"。指系缚众生身心,使之不得解脱的根本烦恼,
有"三缚",即"贪缚"、"瞋缚"、"痴缚"。（29）"随眠"（又称
"使"）。指根本烦恼,有"七随眠"（又称"七使"）,即"欲贪随
眠"、"瞋随眠"、"有贪随眠"、"慢随眠"、"无明随眠"、"见随
眠"、"疑随眠"。此中,"有贪随眠"为色界、无色界的根本烦恼,
其余的"六随眠"（又称"六使"）为欲界的根本烦恼。（30）"随
烦恼"。指随根本烦恼生起的枝末烦恼,有"诳"、"憍"、"害"、
"恼"、"恨"、"谄"。（31）"缠"。指依根本烦恼生起的、缠缚众
生身心的随烦恼,有"十缠",即"惛沈"（即昏沉）、"睡眠"、"掉
举"、"恶作"、"嫉"、"悭"、"无惭"、"无愧"、"忿"、"覆"。
（32）"漏",指由六根漏泄过患,令众生流转三界的烦恼,有"三
漏",即"欲漏"、"有漏"、"无明漏"。（33）"瀑流"。指令众生
漂溺于三界生死的烦恼,有"四瀑流"（又称"四流"）,即"欲瀑
流"、"有瀑流"、"见瀑流"、"无明瀑流"。（34）"轭"。指令众生
荷负重苦的烦恼,有"四轭",即"欲轭"、"有轭"、"见轭"、"无明
轭"（以上见卷上,以下为卷下）。

　　（35）"取"。指令众生生起执取的烦恼,有"四取",即"欲
取"、"见取"、"戒禁取"、"我语取"。（36）"身系"。指结缚身
心,令众生不得解脱的烦恼,有"四身系"（又称"四种身结"）,
即"贪欲身系"、"瞋恚身系"、"戒禁取身系"、"此实执身系"。
（37）"盖"。指覆盖众生心性的烦恼,有"五盖",即"贪欲盖"、
"瞋恚盖"、"惛（昏）沉睡眠盖"、"掉举恶作盖"、"疑盖"（本书在
"盖"之后,插叙"诸生诸地",内容包括"欲界二十处"、"色界十

六处"、"无色界四处"、"五趣"、"十一地"等)。(38)"智"。指智慧,有"十智",即"法智"、"类智"、"世俗智"、"他心智"、"苦智"、"集智"、"灭智"、"道智"(以上四智合称"四谛智")、"尽智"、"无生智"。(39)"忍"。指忍可,即"忍可苦等四圣谛理",有"八忍",即"苦法忍"、"集法忍"、"灭法忍"、"道法忍"(以上为"四法忍",即对欲界"四谛"的忍可)、"苦类忍"、"集类忍"、"灭类忍"、"道类忍"(以上为"四类忍",即对色界、无色界"四谛"的忍可)。如关于"九结",说:

> 结有九种,谓爱结、恚结、慢结、无明结、见结、取结、疑结、嫉结、悭结。爱结者,谓三界贪,是染著相,如融胶漆;……恚结者,谓五部瞋,于有情等乐为损苦(一作害),不饶益相;……慢结者,谓三界慢,以自方他德类差别,心恃举相,说名为慢,如傲逸者凌蔑于他,此复七种,一慢、二过慢、三慢过慢、四我慢、五增上慢、六卑慢、七邪慢;……无明结者,谓三界无知,以不解了为相,如盲瞽者违害明;……见结者,谓三见,即有身见、边执见、邪见;……取结者,谓二取,即见取、戒禁取;……疑结者,谓于四圣谛,令心犹豫;……嫉结者,谓于他胜事,令心不忍;……悭结者,谓于己法财,令心吝惜。(卷上,第982页下—第983页中)

(二)"不相应行"(又称"心不相应行蕴"、"心不相应行法")。指"行蕴"中所摄的与心不相应的、非色非心的现象,有十四种。

(1)"得"。指获得、成就。"获"指所得某法的最初一刹那,分为"未得今获"(如见道的第一刹那)、"已失今获"(如入定的第一刹那)二种;"成就",指所得某法的第二刹那及其延续。"得"与"非得"只适用于"自相续"(指某一众生的自身)和

"择灭无为"、"非择灭无为",不适用于"他相续"(指他身)和"虚空无为","善法得,唯善;不善法得,唯不善;无记(指非善非恶)法得,唯无记"。(2)"非得"。指未获、不成就,即"一切非得,皆唯无覆无记性摄"。(3)"无想定"。指凡夫、外道所修的能止息前六识活动、但仍有"染污意"的禅定。(4)"灭定"(又称"灭尽定"),指佛教圣者所修的能灭除前六识和"染污意"一切活动的禅定。(5)"无想事"(又称"无想果")。指修习"无想定"获得的、往生"无想天"的果报。(6)"命根"。指众生的寿命,即"依之施设四生、五趣"。

(7)"众同分"。指众生的相似性,即"诸有情类,同作事业,同乐欲因"。分为"无差别"、"有差别"二种,前者指同有"乐欲等因";后者指有"种类差别"。(8)"生"。指事物的生起,即"诸法生时,有内因力,令彼获得各别功能","即此内因,说名生相",诸法的"生因"分为"内"、"外"二种,"内谓生相;外谓六因,或四缘性"。(9)"住"。指事物的暂住,即"暂时住因,说名住相","有为法于暂住时,各有势力,能引别果,令暂时住"(10)"老"(又称"异")。指事物的衰老,即"老谓衰损,引果功能,令其不能重引别果"。(11)"无常"(又称"灭")。指事物的坏灭,即"无常者,谓功能损已,令现在法,入过去因"。(12)"名身"。指表述事物自性的名词,即"依语生,如智带义,影像而现,能诠自义,名(称为)名、句、文","此中名者,谓色等想"。(13)"句身"。指表述事物差别的句子,即"句者,谓能诠义究竟,如说诸恶莫作等颂"。(14)"文身"(又称"字身"、"味身")。指梵语中的字母,即"文者,即是哀、壹等字"。如关于"得",说:

　　　法外定有实得。此有二种:一者未得、已失今获;二者得已不失成就。应知非得与此相违。于何法中,有得、非得? 于自相续(指自身)及二灭(指择灭无为、非择灭无为)中,有得、非得。……得有三种:一者如影随形得(指俱生得,即所得之得与能得之得同时俱起);二者如牛王引前得(指前生得,即得在法之前);三者如犊子随后得(指法后得,即得在法之后)。……善法得,唯善;不善法得,唯不善;无记法得,唯无记。……无漏法得,通三界及无漏。……非择灭得,通三界;择灭得,(通)色、无色界。(卷下,第986页中、下)

五、"识句义"(附出"六因"、"四缘"、"五果",卷下)。叙述"识蕴"(指以"了别"为性的心识的积聚)问题,包括"心王"、"心所法"。"识"有六识,即"眼识"、"耳识"、"鼻识"、"舌识"、"身识"、"意识",它们能各自了别"色"、"声"、"香"、"味"、"触"六境;"心王"能了别境界的总相;"心所法"能了别境界的别相。"总了别色等境事,故名为识","能分别差别相者,即名受等诸心所法"。

此外,"有为法"的"生因",分为"六因"、"四缘"。"六因",指一切有为法生起的六种原因,有"相应因"、"俱有因"、"同类因"、"遍行因"、"异熟因"、"能作因";"四缘",指一切有为法生起的四种条件,有"因缘"、"等无间缘"、"所缘缘"、"增上缘"。由"六因"引生的"有为果",有"士用果"、"等流果"、"异熟果"、"增上果"四种;由"圣道"证得的"无为果",有"离系果",合称"五果"。如关于"六因"、"五果",说:

因缘者何? 因有六种:一相应因、二俱有因、三同类因、四遍行因、五异熟因、六能作因。心、心所法,展转相应,同取一境,名相应因;……诸有为法,更互为果,或同一果,名俱有因；……自地、自部前生诸法，如种子法，与后相似，为同类因；自地前生诸遍行法，与后染法，为遍行因；一切不善（法）、有漏善法（指有烦恼的世间善法），与自异熟，为异熟因；诸法生时，除其自性，以一切法为能作因，或唯无障，或能生故。如是六因，总以一切有为果，为是所生故，谓相应、俱有因，得士用果，由此势力，彼得生故；……同类、遍行因，得等流果，果似因故，说名为等，从因生故，复说为流；……异熟因，得异熟果，果不似因故，说为异熟；……能作因，得增上果，此增上力，彼得生故；……择灭无为，名离系果，此由道得，非道所生。（卷下，第988页上、中）

六、"虚空"（卷下）。叙述"虚空无为"问题。"虚空无为"以"能有所容受"（又称"无碍"）为体性，能容受一切法（事物）。"容有碍物，是虚空相，此增上力，彼得生故；能有所容受，是虚空性故，此若无者，诸有碍物，应不得生"，若无"虚空无为"，一切事物便无法生存。

七、"择灭"（卷下）。叙述"择灭无为"问题。"择灭无为"又名"尽"、"离"、"灭"、"涅槃"等，以"离系"（指断离烦恼的系缚）为体性。"众苦永断，说名择灭"，"择谓简择，即胜善慧于四圣谛，数数简择，彼所得灭，立择灭名"，即由无漏智的简择力，断灭一切烦恼，而证得的寂灭。

八、"非择灭"（卷下）。叙述"非择灭无为"问题。"非择灭无为"以"障碍未来法生"（指令未来法阙缘不起）为体性。"非择灭者，谓有别法，毕竟障碍未来法生，但由阙缘，非由择得"，即非由无漏智的简择力，而因有为法阙缘不生所显现的寂灭。如关于"择灭无为"、"非择灭无为"，说：

众苦永断，说名择灭。众苦者何？谓诸生死。……令

苦不生,名为择灭。择谓简择,即胜善慧于四圣谛,数数简
择,彼所得灭,立择灭名。……如是择灭,有多异名,谓名
尽、离、灭、涅槃等。……非择灭者,谓有别法,毕竟障碍未
来法生,但由阙缘,非由择得。如眼与意专一色时,余色、
声、香、味、触等,谢缘彼境界,五识身等,由得此灭,能永障
故,住未来世毕竟不生。缘阙,亦由此灭势力。故非择灭,
决定实有。(卷下,第 988 页下—第 989 页上)

关于本书的撰作年代,佛教史传上没有片言记载。但本书
的体例结构较为粗糙,特别是“行蕴”中“相应行法”所收的法
相,十分庞杂,缺乏抉择;书中既没有提及世亲《俱舍论》与众贤
《顺正理论》之间的纷争,也没有点名批判经部学说从这些方面
来看,本书显然撰于《俱舍论》《顺正理论》之前。

第三门　后期说一切有部论书

第一品　唐玄奘译《阿毗达磨俱舍论》
三十卷

附：陈真谛译《阿毗达磨俱舍释论》
二十二卷
唐玄奘译《阿毗达磨俱舍论本颂》
一卷
唐失译《俱舍论实义疏》六卷

《阿毗达磨俱舍论》，又名《俱舍论》《对法藏》，三十卷。印度世亲造，唐玄奘译，永徽二年（651）至永徽五年（654）间译出。唐道宣《大唐内典录》卷五著录（译经时间见《开元释教录》卷八）。载于《丽藏》"疲"至"真"函、《宋藏》"真"至"满"函、《金藏》"疲"至"真"函、《元藏》"真"至"满"函、《明藏》"楼"至"飞"函、《清藏》"楼"至"飞"函、《频伽藏》"收"帙，收入《大正藏》第二十九卷。

世亲（约360—440），又名"天亲"，音译"婆薮槃豆"、"筏稣槃豆"、"婆修槃驮"等，北印度犍陀罗（又称"健驮罗"）国都城富娄沙富罗城（又称"布路沙布逻"、"弗楼沙国"、"丈夫城"，今巴基斯坦白沙瓦西北）人，为婆罗门种姓。父亲憍尸迦是该国

的国师,有兄弟三人,同名"婆薮槃豆"。长兄别称"无著"(又称
"阿僧伽"),小弟别称"比邻持跋婆",唯次子世亲使用通名,三
人皆依萨婆多部(又称"说一切有部")出家(此据《婆薮槃豆法
师传》,《大唐西域记》卷五则说,无著是"从弥沙塞部出家修
学")。长兄无著出家后,初修小乘空观,后弘弥勒法。世亲出
家后,初习有部三藏,博学多闻,遍通坟籍,神才俊朗,戒行清高;
后学经部(又称"经量部")学说,对有部义理,时有取舍。为研
习有部宗义,考定是非,曾改本名潜往迦湿弥罗国,历经四年,听
讲并精研有部《大毗婆沙论》文义,多次以经部异义,难破毗婆
沙师(见唐法宝《俱舍论疏》卷一)。回国后,撰作了对有部理论
既有阐释、又有批判的新作《俱舍论本颂》和《俱舍论》,声名大
震。世亲初执小乘,不信大乘,称"摩诃衍(指大乘)非佛所说",
后经无著的开导,舍小入大,改宗大乘,兄弟二人同为大乘瑜伽
行派的创始人。无著去世以后,世亲担任摩揭陀国那烂陀寺住
持,弘法利生达二十五年,享年近百岁(此据明多罗那他《印度
佛教史》,《婆薮槃豆法师传》则说,无著卒于阿逾阇国,终年八
十岁)。世亲的传法弟子有安慧、陈那、解脱军、德光四人(见元
布顿《佛教史大宝藏论》)。

　　世亲的著作约有五十多种。其中,见存于汉文《大藏经》
的,有《俱舍论》(信奉小乘时所撰)、《大乘百法明门论》《大乘
五蕴论》《大乘唯识论》《大乘成业论》《佛性论》《辩中边论》《摄
大乘论释》《十地经论》《金刚般若波罗蜜经论》《遗教经论》《发
菩提心经论》《文殊师利菩萨问菩提经论》《三具足经论》《法华
经优波提舍》《无量寿经优波提舍》《宝髻经四法优波提舍》《转
法轮经优波提舍》(以上均为信奉大乘时所撰)等;见存于藏文
《大藏经》的,有《佛随念经释》《六门陀罗尼注》《无尽意所说经
释》《初分缘起分别经解》《资粮说》等。生平事迹见陈真谛译

《婆薮槃豆法师传》、唐玄奘《大唐西域记》卷五、法宝《俱舍论疏》卷一、圆晖《俱舍论颂疏论本》卷一、元布顿《佛教史大宝藏论》(郭和卿译,民族出版社1986年3月版)、明多罗那他《印度佛教史》(张建木译,四川民族出版社1988年3月版)等。有关世亲的生卒年月,佛教史传阙载,本文之初所出的生卒年,采用的是印顺《印度佛教思想史》中的推定(中华书局2010年6月版;日本宇井伯寿《印度佛教思想史》推定为约300—400年、平川彰《印度佛教史》推定为约400—480年)。

　　本书是一部论述小乘佛教教理的纲要书,采用以《俱舍论本颂》为纲目、长行(散文)为解释的方式编纂。它是中国佛教俱舍学派(又称"俱舍宗")所依据的根本经典,也是藏传佛教格鲁派必读的五部论书(《释量论》《现观庄严论》《入中论》《戒律论》《俱舍论》)之一。

　　关于本书的来历,据史料记载,大致是这样的:在佛涅槃(南传佛教定为前544年,北传佛教有前486年、前383年等说)后四百年,在犍陀罗国(又称"健驮罗国",今巴基斯坦白沙瓦一带)迦腻色迦王(贵霜王朝第三代国王,约128年—152年在位)的支持下,以说一切有部世友为首的五百比丘,在迦湿弥罗国(又称"罽宾国",今克什米尔一带)举行了一次"三藏"结集大会。会上,初造《邬波第铄论》十万颂(此处所说的"颂",是指"首卢偈",即不论长行或偈颂,只要满三十二字,亦即梵文三十二个音节,便是一颂),解释"素呾缆藏"(指经藏);次造《毗奈耶毗婆沙论》十万颂,解释"毗奈耶藏"(指律藏);后造《阿毗达磨大毗婆沙论》十万颂,解释"阿毗达磨藏"(指论藏,实指《发智论》)。结集后,刻石立誓,规定只允许在本国习学这些著作,不允许外传(见唐玄奘《大唐西域记》卷三)。世亲在归信大乘之前,为考定有部、经部宗义的是非,曾匿名潜往迦湿弥罗国,历经

四年,研习有部三藏文义。回国以后,集众开讲。每日讲毕,
"便造一偈,摄一日中所讲之义","如是次第,成六百颂"(见唐
圆晖《俱舍论颂疏论本》卷一)。这六百颂,就是《俱舍论本颂》
(又名《俱舍论颂》)一卷。然而从传今的《俱舍论本颂》一卷
(唐玄奘译)的结构和叙次来看,它并非是《大毗婆沙论》的纲要
书,而是以《杂阿毗昙心论》《大毗婆沙论》为基础,对小乘佛教
的思想学说作新的审视和组织的偈颂集。由于偈颂文字简约,
义理含蓄,讽诵容易,理解困难,故后来世亲又以《俱舍论本颂》
中的偈颂为纲目,以长行(散文)的形式,为偈颂作释。这部由
六百颂原文(标有"颂曰")及其注释(标有"论曰")组合而成的
著作,就是《俱舍论》三十卷。

　　全书分为九品,依次是:《分别界品》《分别根品》《分别世
品》《分别业品》《分别随眠品》《分别贤圣品》《分别智品》《分别
定品》《破执我品》,以有部《杂阿毗昙心论》、有部《大毗婆沙
论》为基础,广泛吸收经部学说的合理解释,对小乘佛教的义理
名相,以及一切法的自相、共相、种类、性质和诸法之间的关系
等,作了全面系统的阐述。唐法宝《俱舍论疏》卷一评论说:"此
论多据婆沙(指有部)以制颂,长行中唯以理胜为宗,非偏一部,
然于中间多以经量为正义。"其中,前八品为正篇,由"正颂"六
百颂(指《俱舍论本颂》,每颂为五言四句)、"傍颂"七颂(指正
文初首的归敬颂三颂和末尾的流通偈四颂,每颂七言四句),合
计六百七颂及其解释构成,采用"颂曰"(偈颂)与"论曰"(对偈
颂的解释)对应编排的方式编纂;末一品《破执我品》为附文,以
破除对"我"的执著为主题,对"补特伽罗无我"(又称"人无
我",指人身由"五蕴"和合而成,没有常恒实在的主体),作了专
门的论述。从《俱舍论本颂》中并无《破执我品》;印度众贤论师
历时十二年撰写《顺正理论》八十卷,破斥《俱舍论》,书中所列

的《俱舍论》品目，也只有前八品，而无第九品来看，《破执我品》原先并不在《俱舍论》之内，而是世亲另外撰作的一部论书《破我论》（这从《破执我品》有"《破我论》中当广思择"一语，可见端倪）。在以后的流传过程中，传抄者将它改为一品，附于《俱舍论》之末，与正文合并流通，从而形成了今本《俱舍论》。

世亲在《俱舍论本颂》末尾的流通偈说："迦湿弥罗（指有部毗婆沙师）议理成，我多依彼释对法。少有贬量为我失，判法正理在牟尼。"因此，在《俱舍论》中，凡一般性的论述，均采用有部之说；有分歧的观点，大多先叙述有部的说法（有标明为"传说"、"湿弥罗国毗婆沙师说"、"毗婆沙师说"的，也有不标的），然后以"经部师说"或"余师说"的形式，给出经部以及其他论师的不同观点，并作出世亲本人的评判。由于作者以"理胜为宗"，不存偏执，故《俱舍论》也成为印度佛教各派都习用的佛教知识读本，被誉为《聪明论》。

一、《分别界品》（卷一至卷二）。解释《俱舍论本颂》归敬颂三颂（始"诸一切种诸冥灭，拔众生出生死泥"，终"由惑世间漂有海，因此传佛说对法"）和《分别界品》正颂四十四颂，论述"五蕴"、"十二处"、"十八界"等问题。内容包括："有漏法"、"无漏法"、"有为法"、"无为法"、"五蕴"、"十二处"、"十八界"等，并开立各种义门（如"有见、无见"、"有对、无对"等），分析"十八界"诸界与其他诸法之间的关系。

（一）"有漏法"和"无漏法"、"有为法"和"无为法"。

一切法（事物）分为二种：一是"有漏法"（指有烦恼之法），二是"无漏法"（指无烦恼之法），所谓"漏"，是指"烦恼"。"有漏法云何？谓除道谛余有为法"，"无漏（法）云何？谓道圣谛及三无为"。也就是说，"四谛"中，既有"有为法"（指有因缘造作、生灭变化的非常住事物）、"无为法"（指无因缘造作、生灭变

化的常住事物），也有"有漏法"、"无漏法"。"苦谛"、"集谛"是
"有为法"中的"有漏法"，因诸漏在此二谛中"随增"（指随顺增
长），故名为"有漏"；"道谛"是"有为法"中的"无漏法"；"灭谛"
是"无为法"，因"无为法"都是"无漏法"，故又称"无为无漏
法"。"无为法"有三种。（1）"虚空无为"。指虚空以"无碍"
为体性，能容受一切诸法。（2）"择灭无为"。指由无漏智的简
择力，断灭一切烦恼，而证得的寂灭，它以"离系"（指断离烦恼
的系缚）为体性。（3）"非择灭无为"。指非由无漏智的简择
力，而因有为法阙缘不生所显现的寂灭，它以"永碍未来法生"
（指令未来法阙缘不起）为体性。如关于"有漏法"和"无漏
法"，说：

> 说一切法，略有二种，谓有漏、无漏。有漏法云何？谓
> 除道谛，余有为法。所以者何？诸漏于中，等随增故。缘灭
> 道谛，诸漏虽生，而不随增，故非有漏。……无漏云何？谓
> 道圣谛及三无为。何等为三？虚空、二灭。二灭者何？择、
> 非择灭。此虚空等三种无为及道圣谛，名无漏法。所以者
> 何？诸漏于中，不随增故。于略所说三无为中，虚空但以无
> 碍为性，由无障故，色于中行；择灭即以离系为性，诸有漏法
> 远离系缚，证得解脱，名为择灭。择谓简择，即慧差别，各别
> 简择四圣谛故，择力所得灭，名为择灭。……永碍当生，得
> 非择灭，谓能永碍未来法生，得灭异前，名非择灭。得不因
> 择，但由阙缘。（卷一《分别界品》，《大正藏》第二十九卷，
> 第1页下）

（二）"五蕴"。

"五蕴"，指一切有为法的五种类别，即"色蕴"、"受蕴"、
"想蕴"、"行蕴"、"识蕴"。它是通于"有漏"、"无漏"的，"有

漏"的"五蕴",由"取"(烦恼)而生,故又名"五取蕴"。

1."色蕴"。指"色"(即以"质碍"为性的物质)的积聚。
"色者唯五根、五境及无表","变碍名色"。"色"分为"四大
种"、"四大种所造色"二大类。"四大种",指构成物质的四种基
本要素(称为"能造"),有"地"、"水"、"火"、"风"四种;"四大
种所造色",指由"四大种"造作产生的物质(称为"所造"),有
"五根"、"五境"、"无表色"十一种。

(1)"五根"。指五种感觉器官,即"眼"、"耳"、"鼻"、
"舌"、"身"。"内处四大(指地、水、火、风)所成,净色为性"(有
部将"五根"分为"扶尘根"和"胜义根","扶尘根"是五种感觉
器官;"胜义根"是能产生感觉的"净色",即清净的物质,它依附
于"扶尘根",由"四大"所成,非肉眼可见,类似于五种感觉器官
的神经)。

(2)"五境"。指五根所取的五种境界,即"色"、"声"、
"香"、"味"、"触"。①"色"。指色境。分为"显色"、"形色"二
种,"显色"指物体的颜色,有"青"、"黄"、"赤"、"白"、"云"、
"烟"、"尘"、"雾"、"影"、"光"、"明"、"暗"十二种;"形色"指物
体的形状,有"长"、"短"、"方"、"圆"、"高"、"下"、"正"、"不
正"八种,合计二十种。②"声"。指声境。分为"有执受大种
为因"、"无执受大种为因"二类,前者指由有觉受的众生("有执
受大种")发出的声音,后者指由无觉受的非众生("无执受大
种",指自然物或"幻化人")发出的声音,二者各有"有情名可意
声"(由语言发出的好声)、"有情名不可意声"(由语言发出的
恶声)、"非有情名可意声"(由非语言声响发出的好声)、"非情
名不可意声"(由非语言声响发出的恶声)四种,合计八种。
③"香"。指香境。分为"好香"、"恶香"、"等香"、"不等香"四
种。④"味"。指味境。分为"甘"、"醋"、"咸"、"辛"、"苦"、

"淡"六种。⑤"触"。指触境。"触"分为"能造触"、"所造触"二类。"能造触",指"地"、"水"、"火"、"风"四大种,它们分别有"坚性"、"湿性"、"暖性"、"动性"四种性质;"所造触",指由"四大种"产生的"滑性"、"涩性"、"重性"、"轻性"、"冷"、"饥"、"渴"七种触觉。

(3)"无表色"。指由身表业、语表业引生的无形色法,即内在的、不可见闻的善恶功能,"表业及定所生善、不善色,名为无表"。"无表色"的性质只有"善"(又称"善无表")、"恶"(又称"恶无表")二种,没有"无记"(指非善非恶)。

2."受蕴"。指"受"(即以"领纳"为性的感受)的积聚。"受蕴,谓三领纳随触,即乐及苦、不苦不乐,此复分别成六受身"。"受"分为"乐受"、"苦受"、"不苦不乐受"三种。"受"由"六触"产生,故"受蕴"又称"六受身"(又称"六受",身表示复数,下同),即"眼触所生受"、"耳触所生受"、"鼻触所生受"、"舌触所生受"、"身触所生受"、"意触所生受"。

3."想蕴"。指"想"(即以"取像"为性的想象)的积聚。"想蕴,谓能取像为体,即能执取青黄、长短、男女、怨亲、苦乐等相,此复分别成六想身"。"想"由"六触"产生,故"想蕴"又称"六想身",即"眼触所生想"、"耳触所生想"、"鼻触所生想"、"舌触所生想"、"身触所生想"、"意触所生想"。

4."行蕴"。指"行"(即以"造作"为性的思量)的积聚。"六思身为行蕴","行名造作,思是业性,造作义强,故为最胜"。"思"由"六触"产生,故"行蕴"又称"六思身",即"眼触所生思"、"耳触所生思"、"鼻触所生思"、"舌触所生思"、"身触所生思"、"意触所生思"。"行蕴"分"心相应行蕴"(又称"心相应行法")、"心不相应行蕴"(又称"心不相应行法")二种,前者指除"受"、"想"之外的一切心所法(指依心而起的心理活动,具有恒依心起、与心相应、系属于心三义），后者指与心不相应的、非色非心的现象。

5.“识蕴”。指“识”（即以“了别”为性的心识）的积聚。“各各了别彼彼境界，总取境相，故名识蕴，此复差别有六识身”。“识”有了别作用，故“识蕴”又称“六识身”，即“眼识身”、“耳识身”、“鼻识身”、“舌识身”、“身识身”、“意识身”。如关于“五蕴”，说：

颂曰：色者唯五根，五境及无表（以上为《俱舍论本颂》）。

论曰：言五根者，所谓眼、耳、鼻、舌、身根。言五境者，即是眼等五根境界，所谓色、声、香、味、所触。及无表者，谓无表色。唯依此量，立色蕴名。……受蕴，谓三领纳随触，即乐及苦、不苦不乐。此复分别成六受身，谓眼触所生受，乃至意触所生受。想蕴，谓能取像为体，即能执取青黄、长短、男女、怨亲、苦乐等相，此复分别成六想身，应如受说。除前及后色、受、想、识，余一切行名为行蕴。然薄伽梵（指佛）于契经中，说六思身为行蕴者，由最胜故。所以者何？行名造作，思是业性，造作义强，故为最胜。……各各了别彼彼境界，总取境相，故名识蕴。此复差别有六识身，谓眼识身至意识身（以上为世亲的解释）。（卷一《分别界品》，第2页中—第4页上）

（三）“十二处”、“十八界”。

“十二处”，指“心”（指心识）、“心所”（指依心而起的心理活动）的十二种生长之处，即即“六根”（又称“六内处”）、“六境”（又称“六外处”），“六根”，指六种感觉器官，即眼、耳、鼻、舌、身、意，为“心”、“心所”的所依之处；“六境”，指六根所取的六种境界,即色、声、香、味、触、法,为"心"、"心所"的所缘之处。"十八界",指一切法(事物)的十八种类别,即"六根"、"六境"、"六识"(指依根缘境而生的六种认识作用,即眼识、耳识、鼻识、舌识、身识、意识)。"此中蕴摄一切有为,取蕴唯摄一切有漏,处、界总摄一切法尽"。也就是说,"五蕴"统摄一切有为法,"五取蕴"(指有漏的五蕴)唯摄一切有漏法,而"十二处"、"十八界"则总摄一切法,包括有为法和无为法。这是因为"五蕴"是不摄无为法的,只有"十二处"中的"法处"(意根所取的境界)、"十八界"中的"法界"(意识所缘的境界),是摄无为法的。"五蕴"的"蕴",意为"积聚","诸有为法和合聚义,是蕴义";"十二处"的"处",意为"生长门","心、心所法生长门义,是处义","谓能生长心、心所法,故名为处";"十八界"的"界",意为"种族"(又称"种类"),"法(指诸法)种族义,是界义","如是一身,或一相续,有十八类诸法种族,名十八界"。

(四)"十八界"的义门分别。

本品后部分,开立二十二门(此据唐圆晖《俱舍论颂疏论本》所分),对"十八界"诸界与其他诸法之间的关系,作了详细的分析。这二十二门是:(1)"有见无见门"。指"有见、无见"。(2)"有对无对门"。指"有对、无对"。(3)"三性分别门"。指"善、不善、无记"。(4)"三界分别门"。指"欲界系、色界系、无色界系"。(5)"有漏无漏分别门"。指"有漏、无漏"。(6)"有寻有伺门"。指"有寻有伺、无寻唯伺、无寻无伺"。(7)"有所缘无所缘门"。指"有所缘、无所缘"。(8)"有执受无执受门"。指"有执受、无执受"。(9)"大种所造门"。指"大种性、所造性"。(10)"积集非积集门"。指"可积集性、非积集性"。(11)"能斫所斫门"。指"能斫、所斫"。(12)"能烧所烧门"。指"能烧、所烧"。(13)"能称所称门"。指"能

称、所称"。（14）"五类分别门"。指"异熟生、所长养、等流性、
有实事、一刹那"。（15）"得成就门"。指"得成就、不得成就"。
（16）"内外门"。指"内、外"。（17）"同分彼同分门"。指"同
分、彼同分"。（18）"三断门"。指"见所断、修所断、非所断"。
（19）"是见非见门"。指"见、非见"。（20）"识所识门"。指
"识所识"。（21）"常无常门"。指"常、无常"。（22）"根非根
门"。指"根、非根"。

　　二、《分别根品》（卷三至卷七）。解释《俱舍论本颂·分别
根品》七十四颂，论述"二十二根"等问题。内容包括："二十二
根"、"俱生法"（指有为法）、"六因"、"四缘"等。

　　（一）"二十二根"。

　　"二十二根"，指具有生长增上作用的二十二种根性。卷二
《分别界品》就已提及"二十二根"，"谓眼根、耳根、鼻根、舌根、
身根、意根、女根、男根、命根、乐根、苦根、喜根、忧根、舍根、信
根、勤根、念根、定根、慧根、未知当知根、已知根、具知根"（卷
二，第13页上）。其中，眼、耳、鼻、舌、身、意六根，属于"十八
界"中的六根（又称"六界"）；女、男二根属于六根中的"身根"；
命根，属于"心不相应行法"；乐、苦、喜、忧、舍五根，合称"五受
根"，属于"心所法"中的"受"心所；信、勤、念、定、慧五根，合称
"五善根"，属于"心所法"中的"善"、"别境"心所；未知当知、已
知、具知三根，合称"三无漏根"。"命根"、"五受根"、"五善
根"、"三无漏根"，均为"十八界"中的"法界"所摄。因此，"十
八界"是统摄"二十二根"的。

　　本品在前品的基础上再作详释，说："根是何义？最胜、自
在、光显名根，由此总成根增上义。"所谓"根"，分别说，有"最
胜"、"自在"、"光显"三义；总合说，则是"增上"义。在"二十二
根"增上作用上，有部（本书称之为"湿弥罗国毗婆沙师"、"毗婆

沙师"、"阿毗达磨诸论师")与经部(本书称之为"经部师"、"余师")的看法是不同的。作者取经部的看法,认为眼、耳、鼻、舌、身五根,在"能了别各别境识"中有"增上用";意根,在"能了别一切境识"中有"增上用";女、男二根,在"女男身"中有"增上用";命根,在"众同分(指众生的相似性)"中有"增上用";五受根,在"杂染(指有漏)法"中有"增上用";五善根,在"清净法"中有"增上用";三无漏根,在"得后后道(指已知根、具知根)、涅槃等"中有"增上用"。如关于"三无漏根"依"九根"、"三道"而建立,说:

> 颂曰:身不悦名苦,即此悦名乐,及三定心悦,余处此名喜。心不悦名忧,中舍二无别,见修无学道,依九立三根(以上为《俱舍论本颂》)。

> 论曰:身谓身受,依身起故,即五识相应受。……意、乐、喜、舍、(及)信等五根(指信根、勤根、念根、定根、慧根),如是九根,在于三道(指见道、修道、无学道),如次建立三无漏根。谓在见道(指预流向位),依意等九(根),立未知当知根;若在修道(指预流果至阿罗汉向位),即依此九(根),立已知根;在无学道(指阿罗汉果),亦依此九(根),立具知根。如是三名,因何而立?谓在见道,有未曾知(四谛),当知行转故,说彼名未知当知(根);若在修道,无未曾知,但为断除余随眠故,即于彼境,复数了知,是故说彼名为已知(根);在无学道,知已已知,故名为知,有此知者,名为具知,或习此知已成性者,名为具知(根),谓得尽智、无生智故,如实自知(以上为世亲的解释)。(卷三《分别根品》,第14页下—第15页上)

(二)"俱生法"。

一切有为法都不是单独生起的,而是在其他事物的作用下产生的,一事物必须与其他事物为伴,同时俱起,方能产生,因此,有为法都是"缘生法",也是"俱生法",而无为法则不是"俱生法"。"一切法(事物)略有五品,一色、二心、三心所、四心不相应行、五无为",也就是说,一切有为法分为五类。其中,"色法"有十一种、"心法"有一种、"心所法"有四十六种、"心不相应行法"有十四种、"无为法"有三种,总计有七十五种,习称"五位七十五法"(本书没有统计总数,唐普光《俱舍论记》等注疏统计为"七十五法")。

"五位七十五法"的内容散见于本书的前五卷,由于卷一至卷二《分别界品》已对"色法"、"心法"、"无为法"三类法作过论述;故卷三至卷五《分别根品》所论述的是"心所法"、"心不相应行法"二类法。

1."心所法"。指依心而起的心理活动。"心与心所,必定俱生,随阙一时,余则不起","色、心等诸行(指有为法)生时,必与有为四相俱起"。也就是说,"心法"与"心所法"、"有为法"与"有为四相"(指"生、住、异、灭")都是相应而起,同时俱生的。"心所法"分为六类四十六种。

(1)"大地法"。指与一切心恒常相应的心理活动(具有一切性、一切地、一切时、一切俱四义)。所说的"地",指"心地",即心理现象产生的场所。"大地法"有十种,它们是:"受",指感受;"想",指想象;"思",指思量(令心造作);"触",指令心触境(即由根、境、识三者和合而生的感觉);"欲",指希求;"慧",指智慧;"念",指明记不忘;"作意",指令心警觉(唐以前也将"作意"译作"思惟");"胜解",指信解;"三摩地",意译"定",指令心专注一境。

(2)"大善地法"。指与一切善心相应的心理活动,有十种。它们是:"信",指信乐善法;"不放逸",指不放纵逸乐;"轻安"，指舒安；"舍"（又称"行舍"），指心住平等，远离掉举；
"惭"，指羞惭（对已以过恶为羞耻）；"愧"，指愧疚（对人以过恶
为羞耻）；"无贪"，指不贪爱；"无瞋"，指不瞋恚；"不害"，指不
损害众生；"勤"（又称"精进"），指勤勇进取。

（3）"大烦恼地法"。指与一切染污心相应的心理活动，有
六种。它们是："痴"（又称"无明"），指愚痴无知；"放逸"，指放
纵逸乐；"懈怠"，指懒惰；"不信"，指不信善法；"惛沈"（即昏
沉），指心神昏昧；"掉举"，指心神浮躁。

（4）"大不善地法"。指与一切不善心相应的心理活动，有
二种。它们是："无惭"，指不知羞耻；"无愧"，指不知愧疚。

（5）"小烦恼地法"。指与少量染污心相应的心理活动，有
十种。它们是："忿"，指愤怒；"覆"，指隐瞒；"悭"，指悭吝；
"嫉"，指妒忌；"恼"，指恼怒；"害"，指损害众生；"恨"，指怨恨；
"谄"，指谄谀；"诳"，指欺诳；"憍"，指骄矜自持。

（6）"不定地法"。指善恶性质不确定的心理活动，有八
种。它们是："寻"（又称"觉"），指寻求（粗浅推度）；"伺"（又称
"观"），指伺察（深细思察）；"睡眠"，指令心暗昧；"恶作"（又称
"悔"），指追悔；"贪"，指贪欲；"瞋"，指瞋恚；"慢"，指傲慢凌
人；"疑"，指怀疑真理。

2."心不相应行法"。指"行蕴"所摄的与心不相应的、非色
非心的现象，有十四种。它们是："得"，指获得、成就；"非得"，
指未获、不成就；"众同分"，指众生的相似性；"无想果"，指修习
"无想定"获得的往生"无想天"的果报；"无想定"，指凡夫、外
道所修的能止息前六识活动、但仍有"染污意"的禅定；"灭尽
定"，指佛教圣者所修的能灭除前六识和"染污意"一切活动的
禅定；"命根"，指众生的寿命；"生"，指事物的生起；"住"，指事
物的暂住；"异"，指事物的变异；"灭"，指事物的坏灭；"名身"

(身表示复数),指表述事物自性的名词(一名称"名",二名以上称"名身");"句身",指表述事物差别的句子(一句称"句",二句以上称"句身");"文身"(又称"字身"),指"名"、"句"所依的梵文字母(一字称"文",二字以上称"文身")。如关于"无想定"、"灭尽定"的差别,说:

颂曰:如是无想定,后静虑求脱,善唯顺生受,非圣得一世(以上为《俱舍论本颂》)。

论曰:如前所说,有法能令心、心所灭,名为无想。如是,复有别法,能令心、心所灭,名无想定。无想者定,名无想定,或定无想,名无想定。说如是声,唯显此定灭心、心所,与无想同。此在何地? 谓后静虑,即在第四静虑,非余。修无想定,为何所求? 谓求解脱,彼执无想是真解脱,为求证彼,修无想定。……复有别法,能令心、心所灭,名灭尽定。如是二定差别相者,前无想定,为求解脱,以出离想作意为先;此灭尽定,为求静住,以止息想作意为先。前无想定,在后静虑(指依色界第四禅);此灭尽定,唯在有顶,即是非想非非想处(指依无色界第四定)。……前无想定,唯异生(指众生)得;此灭尽定,唯圣者得,非异生能起(以上为世亲的解释)。(卷五《分别根品》,第24页下—第25页上)

(三)"六因"、"五果"、"四缘"。

1."六因"。指一切有为法(有因缘造作、生灭变化的非常住事物)生起的六种原因。

(1)"能作因"。指一事物以自身以外的有助或无碍于它的其他事物为因,"一切有为唯除自体,以一切法为能作因,由彼生时无障住故"。

（2）"俱有因"。指一事物与同时的其他事物互相为因，"若法更互为士用果,彼法更互为俱有因"。

（3）"同类因"。指一事物与同类事物前后为因,"同类因者,谓相似法与相似法为同类因,谓善五蕴与善五蕴展转相望,为同类因,染污与染污、无记与无记五蕴相望,应知亦尔"。

（4）"相应因"。指"心"与"心所"彼此相应,互相为因,具有"同一刹那"、"同依一根"、"同缘一境"、"同一行相"、"共成一事"的相应性。"相应因"是"俱有因"的特殊情况,"唯心、心所是相应因"。

（5）"遍行因"。指能遍生自界一切烦恼的十一种根本烦恼,即三界中,各界的"见苦谛所断"七惑(指身见、边见、邪见、见取见、戒禁取、疑、无明)和"见集谛所断"四惑(指邪见、见取、疑、无明)。"遍行因"是"同类因"的特殊情况,"遍行因者,谓前已生遍行诸法,与后同地染污诸法为遍行因"。

（6）"异熟因"。指善、恶业为招感苦、乐果报之因,"唯诸不善及善有漏,是异熟因,异熟法故"。

2."五果"。指由因缘引生的五种结果,即"异熟果"、"等流果"、"离系果"、"士用果"、"增上果"(此顺序见本书卷十七《分别业品》)。（1）"异熟果"。指由善、恶业因所招感的苦、乐果报,即"善因乐报"、"恶因苦报",性质上属于非善非恶的"无记性",是由"异熟因"引生的结果。（2）"等流果"。指由善、恶、无记业因所引生的同类性质的结果,是由"同类因"、"遍行因"引生的结果。（3）"离系果"。指由无漏智的简择力,断除烦恼的系缚所证的结果,即"无为法"中的"择灭无为"。（4）"士用果"。指由人的作用力引生的结果,是由"俱有因"、"相应因"引生的结果。（5）"增上果"。指由某物自体以外的其他事物引生的结果,是由"能作因"引生的结果。以上五果中,"异熟果"、

"等流果"、"士用果"、"增上果"四种,是由"六因"引生的,属于"有为果";"离系果"一种,是由修习"圣道"证得的,属于"无为果"。

3."四缘"。指一切有为法生起的四种条件(后详)。"六因"与"四缘",都是用来说明一切有为法生起的原因,"六因"统摄"四缘",二者之间存在对应关系。

(1)"因缘"。指一切事物能亲生自果的内在原因,"于六因内,除能作因,所余五因,是因缘性"。它包括"六因"中的五因,即"俱有因"、"同类因"、"相应因"、"遍行因"、"异熟因"。

(2)"等无间缘"。指在"心"、"心所"的活动中,"前念"的刹那灭,为"后念"的刹那生的条件,只有阿罗汉入涅槃前的最后一念灭后不再引生后念除外,"除阿罗汉临涅槃时最后心、心所法,诸余已生心,心所法,是等无间缘性"。它属于"六因"中的"能作因"。

(3)"所缘缘"。指"心"、"心所"以所缘的境界,为产生认识的条件("所缘缘"指以所缘为缘),"所缘缘性,即一切法望心、心所随其所应,谓如眼识及相应法,以一切色为所缘缘"。它属于"六因"中的"能作因"。

(4)"增上缘"。指事物以自身以外的一切他物,为生起的条件,即"六因"中的"能作因","增上缘性,即能作因,以即能作因为增上缘故"。它属于"六因"中的"能作因"。如关于"异熟因",说:

> 颂曰:异熟因不善,及善唯有漏(以上为《俱舍论本颂》)。
> 论曰:唯诸不善及善有漏,是异熟因,异熟法故。何缘无记不招异熟? 由力劣故,如朽败种。何缘无漏不招异熟? 无爱润故,如贞(真)实种,无水润沃,又非系地,如何能招

系地异熟？……所言异熟,其义云何？毗婆沙师作如是释:异类而熟,是异熟义,谓异熟因,唯异类熟;俱有等因,唯同类熟;能作一因,兼同、异熟故。……然异熟果无与业(指善、恶业)俱,非造业时,即受果故。亦非无间,由次刹那等无间缘力所引故,又异熟因感异类果,必待相续,方能办故(以上为世亲的解释)。(卷六《分别根品》,第33页上、中)

三、《分别世间品》(卷八至卷十二)。解释《俱舍论本颂·分别世界品》九十九颂,论述世间(包括有情世间和器世间)的构成、形态、生灭变化与相关情况,相当于佛教的宇宙形态论。内容包括:"有情世间"的"三界"、"五趣"、"七识住"、"九有情居"、"四识住"、"四生"、"中有"、"十二缘起"、"四有"、"四食"等;"器世间"的"三轮"、"九山"、"八海"、"四洲"、"黑山"、"地狱"、"日月"、"天器"、"身量"、"寿量"、"三极少量"(指极微、字、刹那)、"度量"(指节、指、肘、弓、寻、俱卢舍、踰缮那等)、"时量"(指怛刹那、腊缚、牟呼栗多、昼夜、月、年等)等。

(一)"有情世间"。

甲、"三界"、"五趣"。论述"有情世间"的构成问题。

"有情世间",又称"众生世间",指由"五蕴"和合而成的一切众生(有情识的生物)。通常被区分为"三界"、"五趣"(或"六趣")。"三界",指众生依住的三种世界,即"欲界"、"色界"、"无色界";"五趣"(又称"五道"),指众生依善恶业趣往的五种世界,即"地狱"、"傍生"(又称"畜生")、"鬼"(又称"饿鬼")、"人"、"天"(说一切有部主张有"五道";犊子部主张有"六道",即地狱、畜生、饿鬼、阿修罗、人、天)。"三界"的含义较为广泛,它是摄含"五趣"的,其中,欲界摄含"地狱"、"傍生"、"鬼"、"人"四趣,以及"天趣"(即天界)的一部分(即六欲天);

而色界、无色界,则摄含"天趣"的其他部分(即四禅天、四无色天)。

1. "欲界"。指有色身和贪欲(指情欲、色欲、食欲、淫欲)的众生依住的世界,有五趣二十处,即颂文说的"地狱、傍生、鬼,人及六欲天,名欲界二十"。(1)"地狱趣"。指地下的牢狱,处于南赡部洲的地下深处,有八处,称为"八大地狱"。从上往下,依次是:"等活地狱"、"黑绳地狱"、"众合地狱"、"号叫地狱"、"大叫地狱"、"炎热地狱"、"大热地狱"、"无间地狱"。(2)"傍生趣"(又称"畜生")。指一切动物,有一处,即原本住于大海中,后流转于各道。(3)"鬼趣"(又称"饿鬼")。指饥渴乏食之鬼,有一处,即原本住于南赡部洲地下的阎罗王(又称"琰魔王")界,后流转于余处。(4)"人趣"。指人间,有四处,称为"四大洲"(又称"四大部洲"),即"南赡部洲"、"东胜身洲"、"西牛货洲"、"北俱卢洲"。(5)"六欲天"。指欲界六天,为"天趣"之一。有六处,自下往上,依次是:"四大王众天"(又称"四天王天")、"三十三天"(又称"忉利天")、"夜摩天"、"睹史多天"(又称"兜率天")、"乐变化天"(又称"乐变化天")、"他化自在天"。

2. "色界"。指有色身、无贪欲的众生依住的世界,为"天趣"之一。有四禅天十七处。(1)"第一静虑处"(又称"初禅天")。有三处,即"梵众天"、"梵辅天"、"大梵天"。(2)"第二静虑处"(又称"第二禅天")。有三处,即"少光天"、"无量光天"、"极光净天"。(3)"第三静虑处"(又称"第三禅天")。有三处,即"少净天"、"无量净天"、"遍净天"。(4)"第四静虑处"(又称"第四禅天")。有八处,即"无云天"、"福生天"、"广果天"、"无烦天"、"无热天"、"善现天"、"善见天"、"色究竟天"。

3. "无色界"。指无色身和贪欲的众生依住的世界,为"天趣"之一。有四无色天四处,即"空无边处"、"识无边处"、"无所有处"、"非想非非想处"。如关于"三界"的所依和立名,说:

> 何故名为欲等三界?能持自相,故名为界,或种族义,如前已释。欲所属界,说名欲界。色所属界,说名色界,略去中言,故作是说,如胡椒饮,如金刚环。于彼界中,色非有故,名为无色。所言色者,是变碍义,或示现义。彼体非色,立无色名,非彼但用色无为体。无色所属界,说名无色界,略去中言,喻如前说。又欲之界,名为欲界,此界力能任持欲故。色、无色界应知亦然。此中欲言为说何法? 略说段食、淫所引贪。(卷八《分别世品》,第41页中)

乙、"七识住"、"九有情居"、"四识住"。论述众生乐住的处所问题。

此中所述只包括"五趣"中,众生乐住的"人趣"和"天趣"的一部分,而不包括众生不乐居住的"地狱"、"傍生"、"鬼"三恶趣,以及"色界"第四静虑的八种天。

1. "七识住"。指众生心识乐住的七种处所。(1)"第一识住"。指欲界的"人"(人间)和"六欲天"(指四天王天、三十三天、夜摩天、兜率天、乐变化天、他化自在天)。(2)"第二识住"。指色界第一静虑(又称"初禅")的"梵众天"。(3)"第三识住"。指色界第二静虑(又称"二禅")的"极光净天"。(4)"第四识住"。指色界第三静虑(又称"三禅")的"遍净天"。(5)"第五识住"。指无色界第一定的"空无边处天"。(6)"第六识住"。指无色界第二定的"识无边处天"。(7)"第七识住"。指无色界第三定的"无所有处天"。

2. "九有情居"。指众生乐住的九种处所,即在前述"七识住"的"遍净天"之后,增添"无想定"的"无想有情天"(又称"无想天",为色界第四禅天之一),在"无所有处天"之后,增添"灭尽定"的"非想非非想处天"(又称"有顶天",为无色界第四天),"前七识住及第一有(指有顶天)、无想有情(天),是名为九,诸有情类,唯于此九欣乐住故,立有情居"。依次为:欲界的"人天"(指"人趣"和"六欲天")、色界的"梵众天"、"极光净天"、"遍净天"、"无想有情天"、无色界的"空无边处天"、"识无边处天"、"无所有处天"、"非想非非想处天"(又称"有顶天")。

3."四识住"。指众生"识蕴"安住的四蕴,即"色识住"、"受识住"、"想识住"、"行识住",亦即"色蕴"、"受蕴"、"想蕴"、"行蕴"。"识蕴"为能住,其他四蕴为所住,"识随色住,识随受住,识随想住,识随行住,是名四种"。如关于"七识住",说:

> 契经中说,有色有情身异想异,如人、一分天(指天的一部分),是第一识住。一分天者,谓欲界天及初静虑除劫初起。言身异者,谓彼色身种种显形状貌异故。……言想异者,谓彼苦、乐、不苦不乐想差别故。……有色有情身异想一,如梵众天,谓劫初起,是第二识住。……有色有情身一想异,如极光净天,是第三识住。……有色有情身一想一,如遍净天,是第四识住,唯有乐想,故名想一。初静虑中,由染污想,故言想一;第二静虑,由二善想,故言想异;第三静虑,由异熟想,故言想一。下三无色(指无色界第一定至第三定),名别如经,即三识住(指第五识住至第七识住),是名为七。此中何法名为识住?谓彼所系五蕴、四蕴,如其所应,是名识住。(卷八《分别世品》,第42页下—第43页上)

丙、"四生"、"四有"、"十二缘起"。论述众生生死流转的情况问题。

1. "四生"。指众生受生的四种方式。(1)"卵生"。指从卵壳而生,如鹅、孔雀、鹦鹉、雁等,"有情类生从卵壳,是名卵生"。(2)"胎生"。指从母胎而生,如象、马、牛、猪、羊、驴等,"有情类生从胎藏,是名胎生"。(3)"湿生"。指从湿气而生,如虫、飞蛾、蚊、蚰蜒等,"有情类生从湿气,是名湿生"。(4)"化生"。指从业力变化而生,如"那落迦"(指地狱)、"天"、"中有"等。

2. "四有"。指众生一期生命的四个阶段,即"中有、生有、本有、死有"。(1)"中有"(又称"中阴"、"中阴身")。指众生从死到再次受生之间的识体。"于死有后、在生有前,即彼中间,有自体起","二趣中间,故名中有"。有部肯定有"中有",南传上座部、大众部、化地部等部派则否定有"中有"。(2)"生有"。指众生受生最初一刹那的色身。(3)"本有"。指众生从受生至命终之间的色身。(4)"死有"。指众生命终最后一刹那的色身。

3. "十二缘起"(又称"十二支缘起"、"十二因缘")。指众生生死流转的十二个阶段,即"无明"、"行"、"识"、"名色"、"六处"、"触"、"受"、"爱"、"取"、"有"、"生"、"老死"。这十二支是次第相生的关系,即:从"无明"生"行";从"行"生"识";从"识"生"名色";从"名色"生"六处";从"六处"生"触";从"触"生"受";从"受"生"爱";从"爱"生"取";从"取"生"有";从"有"生"生";从"生"生"老死"。(1)"无明"。指过去世的烦恼。(2)"行"。指由过去世的烦恼所造的善恶业(行为)。(3)"识"。指依过去世的业因,于现在世入胎受生的识。(4)"名色"。指在母胎中逐渐形成的胎儿(即"五蕴","名"指

受、想、行、识四蕴,"色"指色蕴)。(5)"六处"。指胎儿发育所
成的"六根"(即眼、耳、鼻、舌、身、意根)。(6)"触"。指婴孩
出生后,接触外界所生的感觉(即"六触",眼触、耳触、鼻触、舌
触、身触、意触)。(7)"受"。指幼童时由"六触"引生的感受
(即"三受",苦受、乐受、不苦不乐受)。(8)"爱"。指少年时
对境物所生的贪爱。(9)"取"。指成年以后对境物所生的执
取(即"四取",欲取、见取、戒禁取、我语取)。(10)"有"。指由
"爱"、"取"而积聚的现在世的业因(即"三有",欲有、色有、无
色有)。(11)"生"。指依现在世的业因,于未来世受生。
(12)"老死"。指因未来世的受生,而渐老至死。此中,"无
明"、"行"二支,为"过去世二因";"识"、"名色"、"六处"、
"触"、"受"五支,为"现在世五果";"爱"、"取"、"有"三支,为
"现在世三因";"生"、"老死"二支,为"未来世二果"。如关于
"十二缘起"各支的含义,说:

　　十二支者,一无明、二行、三识、四名色、五六处、六触、
七受、八爱、九取、十有、十一生、十二老死。……无明、行在
前际(指过去世);生、老死在后际(指未来世);所余八在中
际(指现在世)。……于宿生(指前生)中,诸烦恼位,至今
果熟,总谓无明;……于宿生中,福等业(指善、恶业)位,至
今果熟,总得行名;……于母胎等正结生(指受生)时,一刹
那位五蕴,名识;结生识后,六处生前中间诸位,总称名
色;……眼等已生,至根境识未和合位,得六处名;已至三
和,未了三受因差别位,总名为触;已了三受因差别相,未起
淫贪,此位名受;贪妙资具,淫爱现行,未广追求,此位名爱;
为得种种上妙境界,周遍驰求,此位名取;因驰求故,积集能
牵当有(指未来有)果业,此位名有;由是业力,从此舍命,

正结当有,此位名生;当有生支,即如今识,生刹那后,渐增
乃至当来受位,总名老死。(卷九《分别世品》,第48页上、
中、下)

(二)"器世间"。

"器世间",又称"国土世间",指由"四大"积聚而成的自然
环境(山河大地等),它们是一切众生依止的处所。器世间处于
无边无际的虚空(又称"空轮"、"空界")之中,由无数个小世界
(又称"一世界"、"一小世界")构成。每个小世界的最底层是
"风轮","风轮"之上是"水轮","水轮"之上是"金轮",即大地。
每个小世界都以妙高山(又称"须弥山"、"苏迷卢山")为中心,
由一个太阳、一个月亮所照临。妙高山由金、银、吠琉璃(又称
"琉璃")、颇胝迦(又称"水精")四宝构成,它的高度和广度都
是"八万逾缮那"(又称"由旬",一由旬为十六里,一说四十
里)。妙高山的四周,有八大山、八大海层层围绕。八大山,指
逾健达罗山(又称"持双山")、伊沙驮罗山(又称"持轴山")、揭
地洛迦山(又称"担木山")、苏达梨舍那山(又称"善见山")、颂
湿缚羯挐山(又称"马耳山")、毗那怛迦山(又称"象鼻山"、"障
碍山")、尼民达罗山(又称"持边山"、"鱼嘴山";以上七山由金
所成,称为"七金山")、铁围山(由铁所成)。逾健达罗山离妙高
山最近,铁围山离妙高山最远。八大海,指妙高山与八大山之间
各有一大海,其中,妙高山与七金山之间的七大海,称为"七香
海"(又称"内海");七金山中的最外边的尼民达罗山与和铁围
山之间的大海,称为"咸海"(又称"外海")。咸海中布列着四
大部洲(指东胜身洲、南赡部洲、西牛货洲、北俱卢洲),它们是
人类居住的地方。咸海的最外侧,由铁围山周匝围绕,从而构成
一个小世界。一千个"小世界",称为"小千世界";一千个"小千

世界",称为"中千世界";一千个"中千世界",称为"大千世界"。由于"大千世界"同时含有"小千"、"中千"、"大千"三种世界,故又称"三千大千世界"。

"有情世间"和"器世间"都是非永恒的,始终处于生灭变化中。世界从生成到毁坏的一大周期,称为"一大劫"。"一大劫"分为四劫,即"成劫"(成立期)、"住劫"(安住期)、"坏劫"(毁坏期)、"空劫"(空虚期)四个时期,每期各有二十中劫(此指二十个小劫构成一个中劫,其中一个小劫为减劫,一个小劫为增劫,十八个小劫为增减劫),合计八十中劫。由于"成劫"中含有"住劫","坏劫"中含有"空劫",故四劫也可合为二劫,即"成劫"、"坏劫"。"成劫",指"有情世间"、"器世间"的生成时期,其过程是从"器世间"逐渐生成开始,扩展到"有情世间"的逐渐生成,最后森罗万象全都出现于世;"坏劫",指"有情世间"、"器世间"的坏灭时期,其过程是从"有情世间"的逐渐坏灭开始,扩展到"器世间"的逐渐坏灭,最后全都灭尽。如关于妙高山和诸天的住所,说:

> 于金轮上有九大山,妙高山王处中而住,余八(山)周匝绕妙高山。于八山中,前七名内,第七山外,有大洲(指四大部洲)等。此外,复有铁轮围山,周匝如轮,围一世界。持双等七(山),唯金所成;妙高山王,四宝(指金、银、琉璃、水精)为体。……如是九山,住金轮上,入水量皆等八万逾缮那,苏迷卢山出水亦尔(指出水八万逾缮那)。……日月众星,依何而住? 依风而住。……绕妙高山,空中旋环。……苏迷卢山有四层级。……依地(指山腰)住四大(天)王众天。……三十三天(指忉利天)住迷卢(山)顶。……三十三天上有色诸天(指有色界中),住依空宫殿

（指除四天王天、三十三天依地而住之外，其余三界诸天均为依空而住）。（卷十一《分别世品》，第 57 页中—第 61 页上）

四、《分别业品》（卷十三至卷十八）。解释《俱舍论本颂·分别业品》一百三十一颂，论述"业"（指造作、行为）的性质和种类问题。内容包括："业体"（指"业"的体性）、"无表三律仪"（指能引生"无表业"的三种律仪，即律仪、不律仪、非律仪非不律仪）、"诸业名"（指契经所说的各种"业"），以及"业果"、"业障"、"施戒修"等。

（一）"业体"。

"业"，指众生的造作、行为，分"善"、"不善"、"无记"（指非善非恶）三种性质。"有情世间"和"器世间"的各种差别，"非由一主先觉而生，但由有情业差别起"，即不是由某一造物主（如婆罗门教说的"梵天"或"大自在天"）创造的，而是由众生差别不同的业力所引起的。"业"以"思"心所为体，包括"心所思及思所作"，故"业"首先分为二种，"一者思业，二思已业"。"思业"，指"思"心所的思量活动，即通常所说的"意业"，"前加行起思惟思，我当应为如是如是所应作事，名为思业"；"思已业"（又称"思作业"），指在思量支配下的行为，即通常所说的"身业"、"语业"（又称"口业"），"既思惟已，起作事思，随前所思作所作事，动身发语，名思已业"。因此，由"思业"、"思已业"二业，开出"身业"（身体动作）、"口业"（言语声音）、"意业"（思量分别）三业，"二业"与"三业"在内容上是等同的。

"业"又可分"表业"、"无表业"。"表业"（又称"表色"），指显现于外的、可以见闻的身业、语业，它是通于"善"、"恶"、"无记"（指非善非恶）三性的；"无表业"（又称"无表色"），指由身表业、语表业引生的无形色法,即内在的、不可见闻的善恶功能,它是只通"善"、"恶"二性,没有"无记性"的(原因是"无记心势力微劣,不能引发强业令生")。"三业"中,"身业"、"语业"均有自己的"表业"(又称"有表业"、"作业",指显现于外的、可以见闻的身业、语业),因而也就具有由"表业"引生的"无表业"(又称"无作业");"意业"以"思"心所为自体,它不是"色法",没有"表业",因而也没有由"表业"引生的"无表业"(经部与此说不同,认为意业也有表业、无表业,见《成实论》卷七)。因此,"三业"若细分的话,则为"五业",即"身表业"、"身无表业"、"语表业"、"语无表业"、"意业"。

关于"表业",有部从"显色"、"形色"均为实有的立场出发,认为,"形(指形色)是实故,身表业形色为体,语表业体谓即言声",意思是说,表现为身体动作的"身表业",以"形色"(指长短方圆、粗细高下、正不正等)为体(又称"业体")的,表现为言语声音的"语表业",以"言声"为体,它们都是实有的。而经部从"显色"实有、"形色"假有的立场出发,认为,"形非实有,谓显色聚一面多生,即于其中假立长色",意思是说,"形色"并非实有,它是据"显色"分位而立的假名,"身表业"以"动身思"(指发起身体动作的思量)为体,"语表业"以"发语思"(指发起语言音声的思量)为体,它们都是由"思"心所发动的"思已业",并没有实在的自体。如关于"思业"、"思已业",说:

　　此所(指有情世间、器世间的差别)由业,其体是何?谓心所思,及思所作。契经说有二种业:一者思业,二思已业。思已业者,谓思所作。如是二业,分别为三,谓即有情身、语、意业。……然心所思即是意业,思所作业分为身、语二业,是思所等起故。……身、语二业自性云何?……毗婆沙师说，形是实故，身表业形色为体，语表业体谓即言声，无表业相，如前已说。经部亦说，此非实有，由先誓限，唯不作故。彼亦依过去大种（指四大种）施设，然过去大种体非有故，又诸无表无色相故。（卷十三《分别业品》，第67页中—第68页下）

（二）"无表三律仪"。

"无表三律仪"，指能引生"无表业"的三种律仪，即"律仪"、"不律仪"、"非律仪非不律仪"。"律仪"，意为"戒"、"防护"，指能产生防非止恶功能的善戒，"能遮能灭恶戒相续，故名律仪"，"能防身、语，故名律仪"，如立誓受持的"五戒"、"十戒"、"具足戒"、"八斋戒"等。"不律仪"，指能产生作恶止善功能的恶戒，如从事屠羊、贩鸡、贩猪、捕鸟、罝兔、盗贼、魁脍、守狱、谗刺、断狱、缚象、咒龙等行业。"非律仪非不律仪"（又称"非善戒非不善戒"、"住中戒"），指既非"律仪"的极善行为，亦非"不律仪"的极恶行为，而是随缘产生的处中的善行或恶行。

"善律仪"依生成的途径，分为"别解脱律仪"、"静虑生律仪"、"道生律仪"三种。（1）"别解脱律仪"（又称"七众别解脱戒"、"欲缠戒"）。指佛教七众（出家五众、在家二众）依受戒而得的善戒（其性质为"不随心转戒"）。此中，从"受戒"的"初刹那"（指最初一刹那念）生起"表色"、"无表色"开始，因"别别（指各别）弃舍种种恶"，称为"别解脱"；从"从第二念（指第二刹那念）乃至未舍（戒）"之间，均称为"别解脱律仪"。"别解脱律仪"分为八种，即"苾刍律仪"（指比丘戒）、"苾刍尼律仪"（指比丘尼戒）、"正学律仪"（指式叉摩那六法）、"勤策律仪"（指沙弥戒）、"勤策女律仪"（指沙弥尼戒）、"近事律仪"（指优婆塞戒）、"近事女律仪"、"近住律仪"（指八斋戒），前七种为佛教七众须终身受持的戒法,末一种为在家信佛男女于一日一夜受持的戒法。(2)"静虑生律仪"(又称"静虑律仪"、"色缠戒"、"定共戒")。指依禅定而得的善戒(其性质为"随心转戒"),"静虑生者,谓此律仪从静虑(指禅定)生,或依静虑,若得静虑者,定成此律仪"。(3)"道生律仪"(又称"无漏戒"、"道共戒")。指依悟道而得的善戒(其性质为"随心转戒"),"道生律仪,圣者成就"。

上述三种律仪中,"七众别解脱戒"除"八斋戒"以外,都是"不随心转戒",受戒后,其戒体终生不失,只有发生"舍戒"、"命终"、"二形(指男女二根)俱生"、"断善根"四种情况,才会消失;而"静虑律仪"、"无漏律仪"则是"随心转戒",其戒体是随"定心"而转变的,入定时生起,出定时消失。如关于"三种律仪",说:

> 此中无表,略说有三:一者律仪;二不律仪;三者非二,谓非律仪非不律仪。能遮能灭恶戒相续故,名律仪。……律仪差别,略有三种:一别解脱律仪,谓欲缠戒;二静虑生律仪,谓色缠戒;三道生律仪,谓无漏戒。……别解脱律仪相,差别有八:一苾刍律仪、二苾刍尼律仪、三正学律仪、四勤策律仪、五勤策女律仪、六近事律仪、七近事女律仪、八近住律仪。……静虑律仪,由得有漏根本、近分静虑地心(指有漏的根本定、近分定),尔时便得,与心俱故。无漏律仪,由得无漏根本、近分静虑地心(指无漏的根本定、近分定),尔时便得,亦心俱故。……别解脱律仪,由他教等得,能教他者,说名为他,从如是他教力发戒,故说此戒由他教得。(卷十四《分别业品》,第72页中—第74页中)

(三)"诸业名"。

"业"除了可以区分为"思业"、"思已业"二种,"身业"、"语业”、“意业”三种，“表业”、“无表业”二种等以外，还可从不同的角度作各种区分。这在契经（指阿含经）中，主要有：依“三性”区分，有“善业”、“不善业”、“无记业”三种；依“福德”区分，有“福业”、“福业”、“不动业”三种；依“三受”区分，有“顺乐受业”、“顺苦受业”、“顺不苦不乐受业”三种；依“三时”区分，有“顺现法受业”、“顺次生受业”、“顺后次受业”三种；依“染污”区分，有“曲业”、“秽业”、“浊业”三种；依“黑”（喻不善）、“白”（喻善）区分，有“黑黑异熟业”（指欲界的不善业招感苦报，因果皆黑）、“白白异熟业”（指色界的善业招感乐报，因果皆白）、“黑白黑白异熟业”（指欲界的善业杂有不善业者，招感乐与苦相杂的果报，因果黑白间杂）、“非黑非白无异熟业”（指无漏业性不染污，亦不招感乐报，因果为不黑不白）四种；依“十善”、“十恶”区分，有“十善业道”、“十恶业道”二种；依“三世”区分，有“过去业”、“未来业”、“现在业”三种；依“学”（指修学）区分，有“学业”、“无学业”、“非学非无学业”三种；依“断”区分，有“见所断业”、“修所断业”、“非所断业”三种；依“施”、“戒”、“修”区分，有“施类福业事”、“戒类福业事”、“修类福业事”三种等。如关于“黑黑异熟业”等四业，说：

> 业有四种，谓或有业黑黑异熟，或复有业白白异熟，或复有业黑白黑白异熟，或复有业非黑非白无异熟，能尽诸业。……诸不善业一向名黑，染污性故，异熟亦黑，不可意故；色界善业一向名白，不杂恶故，异熟亦白，是可意故。……契经中有处亦说：欲界善业名为黑白，恶所杂故，异熟亦黑白，非爱果杂故。此黑白名，依相续立，非据自性。所以者何？以无一业及一异熟，是黑亦白，互相违故。……诸无漏业，能永断尽前三业者，名为非黑，不染污故，亦名非

白,以不能招白异熟故。(卷十六《分别业品》,第83页中、下)

五、《分别随眠品》(卷十九至卷二十一)。解释《俱舍论本颂·分别随眠品》六十九颂,论述烦恼的体性、种类和断除的方法问题。内容包括:"六随眠"、"七随眠"、"十随眠"、"九十八随眠"、"五见"、"四颠倒"、"九慢"、"三漏"、"四暴流"、"四轭"、"四取"、"五顺下分结"、"五顺上分结"、"九结"、"十缠"、"六垢"、"五盖"、"断惑四因"、"四种对治"等。

(一)"随眠"。

"随眠"(又称"使"),指根本烦恼,"业由随眠方得生长","随眠是诸有本",也就是说,众生因"随眠"而造种种不善业,因不善业而招感果报,流转"三界",故"随眠"是众生流转"三界"的根本。"随眠"分为六种、七种、十种、九十八种。

(1)"六随眠"(又称"六使")。指六种根本烦恼,即"贪"、"瞋"、"慢"、"无明"、"见"、"疑"。(2)"七随眠"(又称"七使")。指七种根本烦恼,即"欲贪"、"瞋"、"有贪"、"慢"、"无明"、"见"、"疑"。这是将"六随眠"中的"贪",拆分为"欲贪"(指欲界的贪欲)、"有贪"(指色界、无色界的贪欲)二贪而成的。(3)"十随眠"(又称"十使")。指十种根本烦恼,即"有身见"(又称"身见"、"萨迦耶见")、"边执见"(又称"边见")、"邪见"、"见取"、"戒禁取"、"贪"、"瞋"、"慢"、"无明"、"疑"。这是将"六随眠"中的"见",拆分为"五见"而成的。其中,前五者(即五见)是迷于"四谛"之理而起的"见性"(见解性)烦恼,称为"见惑",因惑性猛利,又称"五利使",是修行者在见道位所断的烦恼;后五种是迷于世间事相而起的"非见性"(非见解性)烦恼,称为"修惑",因惑性迟钝,又称"五钝使",除"疑"和"五见"

一起,在见道位断除以外,其余四种都是修道位所断的烦恼。
(4)"九十八随眠"(又称"九十八使")。指九十八种根本烦
恼,即三界(欲界、色界、无色界)的每一界都有五部(五大部类)
烦恼,也就是在见道位(指初见四谛理的阶位,即"四向四果"中
的初位"预流向")有"见苦谛所断"、"见集谛所断"、"见灭谛所
断"、"见道谛所断"四部烦恼,在修道位(指修习四谛法的阶位,
即"四向四果"中的第二位"预流果"至第七位"阿罗汉向")有
"修所断"一部烦恼。五部烦恼所含"十随眠"(十种根本烦恼)
的数量不等,多则十种,少则三种,总计为九十八种。其中,欲界
系随眠有三十六种,色界系随眠有三十一种,无色界系随眠有三
十一种。(5)"十一遍行惑"(又称"十一遍行烦恼"、"十一遍
使")。指能遍生自界一切烦恼的十一种根本烦恼,即三界中,
各界的"见苦谛所断"七惑(指身见、边见、邪见、见取、戒禁取、
疑、无明)和"见集谛所断"四惑(指邪见、见取、疑、无明)。如关
于"有身见"等五见,说:

> 执我及我所,是萨迦耶见(指有身见)。……此萨迦耶
> 即五取蕴(指有漏的五蕴),为遮常一想,故立此名。……
> 此见缘于有身,缘萨迦耶而起此见。……于所执我、我所
> 事,执断、执常,名边执见。以妄执取断、常边故。于实有体
> 苦等谛中,起见拨无,名为邪见。……于劣谓胜,名为见取。
> 有漏名劣,圣所断故,执劣为胜,总名见取。理实应立见等
> 取名,略去等言,但名见取。于非因道,谓因道见,一切总说
> 名戒禁取。如大自在生主,或余非世间因,妄起因执;投水
> 火等种种邪行,非生天因,妄起因执,唯受持戒禁,数相应智
> 等。非解脱道,妄起道执,理实应立戒禁等取名,略去等言,
> 但名戒禁取。(卷十九《分别随眠品》,第100页上)

（二）"烦恼"的异名。

"烦恼"的异名，除"随眠"之外，还有很多，它们是从不同的角度施设建立的。主要有：（1）"漏"。指"三漏"，即由六根漏泄过患，令众生流转三界的三种烦恼，有"欲漏"、"有漏"、"无明漏"。（2）"瀑流"。指"四瀑流"，即令众生漂溺于三界生死的四种烦恼，有"欲瀑流"、"有瀑流"、"见瀑流"、"无明瀑流"。（3）"轭"。指"四轭"，即令众生荷负重苦的四种烦恼，有"欲轭"、"有轭"、"见轭"、"无明轭"。（4）"取"。指"四取"，即令众生生起执取的四种烦恼，有"欲取"、"见取"、"戒禁取"、"我语取"。（5）"结"。有"九结"、"五顺下分结"、"五顺上分结"之分。"九结"，指结缚身心，令众生不得解脱的九种烦恼，即"爱结"、"恚结"、"慢结"、"无明结"、"见结"、"取结"、"疑结"、"嫉结"、"悭结"；"五顺下分结"，指顺益下分界（欲界）的五种烦恼，即"有身见"、"戒禁取"、"疑"、"欲贪"、"瞋恚"；"五顺上分结"，指顺益上分界（色界、无色界）的五种烦恼，即"色贪"、"无色贪"、"掉举"、"慢"、"无明"。（6）"缚"。指"三缚"，即系缚身心，令众生不得解脱的三种烦恼，有"贪缚"、"瞋缚"、"痴缚"。（7）"随烦恼"。指依根本烦恼生起的枝末烦恼，有"十缠"（指无惭、无愧、嫉、悭、悔、睡眠、掉举、昏沉、忿、覆）、"六垢"（指恼、害、恨、谄、诳、憍）、"放逸"、"懈怠"、"不信"，合计十九种。（8）"盖"。指"五盖"，即覆盖众生心性的五种烦恼，有"欲贪盖"、"瞋恚盖"、"昏眠盖"、"掉悔盖"、"疑盖"。如关于"随眠"（又称"使"）、"漏"、"瀑流"、"轭"、"取"的立义差别，说：

颂曰：微细二随增，随逐与随缚，住流漂合执，是随眠等义（以上为《俱舍论本颂》）。

论曰：根本烦恼现在前时，行相难知，故名微细；二随增者(指所缘随增、相应随增),能于所缘及所相应,增昏滞故;言随逐者,谓能起得,恒随有情,常为过患;不作加行,为令彼生,或设劬劳,为遮彼起,而数现起,故名随缚。由如是义,故名随眠(以上指随眠具有微细、随增、随逐、随缚四义)。……于境界中,烦恼不绝,说名为漏。若势增上,说名瀑流,谓诸有情,若坠于彼,唯可随顺,无能违逆,涌泛漂激,难违拒故。于现行时,非极增上,说名为轭,但令有情,与种种类苦和合故,或数现行,故名为轭。执欲等故,说名为取(以上为世亲的解释)。(卷二十《分别随眠品》,第108页上、中)

(三)"烦恼"的断除。

"烦恼"是在修行的过程中,渐次断除的。在见道位(指初见四谛理的阶位,即"四向四果"中的初位"预流向")断除见惑的方法,有"遍知所缘断"、"能缘断"、"所缘断"三种,在修道位(指修习四谛法的阶位,即"四向四果"中的第二位"预流果"至第七位"阿罗汉向")断除修惑的方法,有"对治断"一种,合称"四断"。(1)"遍知所缘断"(又称"遍知断")。指由遍知"苦谛"、"集谛"之理,而断除"苦"、"集"二谛下各自的"自界缘惑"(即缘于欲界境界而起的烦恼);由遍知"灭谛"、"道谛"之理,而断除"灭"、"道"二谛下各自的"无漏缘惑"(即缘于无漏法而起的烦恼)。(2)"能缘断"。指断除"苦谛"、"集谛"下各自的"他界缘惑"(即缘于色界而起的烦恼)。"自界缘惑"为"能缘"(欲界能缘的心识),"他界缘惑"为"所缘"(欲界心识所缘的色界),若断除了"自界缘惑",也就随之断除了"他界缘惑"。(3)"所缘断"。指断除"灭谛"、"道谛"下各自的"有漏缘惑"(即缘于有漏法而起的烦恼)。"无漏缘惑"为"所缘","有漏缘惑"为"能缘",若断除了"无漏缘惑",也就随之断除了"有漏缘惑"。(4)"对治断"。指以九品(即将上、中、下三品的每一品,又再分上、中、下三品)对治道断除九品修惑(指三界修道位所断的九类烦恼)。依有部的观点,"对治断"可分为四种(又称"断惑四因"),依次为"断对治"、"持对治"、"远分对治"、"厌患对治";而依作者世亲的观点,"对治断"的实际修行次第,应为"厌患对治"、"断对治"、"持对治"、"远分对治"。如关于"四断"(指断除见惑有三种方法,断除修惑有一种方法),说:

> 见(指见道位)所断惑,断由前三因:一由遍知所缘故断。谓见苦、集(谛)断自界缘,及见灭、道(谛)断无漏缘。二由断彼能缘故断。谓见苦、集断他界缘,以自界缘,能缘于彼,能缘若断,彼随断故。三由断彼所缘故断。谓见灭、道断有漏缘,以无漏缘能为彼境所缘,若断彼,随断故。若修(指修道位)所断惑断,由后一因,谓但由第四对治起故断。……谓上上品所有诸惑,下下品道能为对治,至下下品所有诸惑,上上品道能为对治。……然此对治,若欲善说,理实应为如是次第:一厌患对治,谓缘苦、集,起加行道(指为断除烦恼作准备的阶位);二断对治,谓缘一切,起无间道(指断除烦恼的阶位);三持对治,谓缘一切,起解脱道(指证得真理的阶位);四远分对治,谓缘一切,起胜进道(指进修其余胜行的阶位)。(卷二十一《分别随眠品》,第111页上、中)

六、《分别贤圣品》(卷二十二至卷二十五)。解释《俱舍论本颂·分别贤圣品》八十三颂,论述由凡入圣的修行次第和阶位问题。内容包括:"四谛"、"二谛"、"七贤"、"三道"、"七圣"等。

（一）"四谛"、"二谛"。

"烦恼"的断除，"由见谛道及修道故"，是通过"见道"、"修道"而实现的。所说的"道"，是指"四谛"，即说明众生痛苦的四种真理（真实不虚的道理），"苦谛"、"集谛"、"灭谛"、"道谛"。"谛"意为"真实不虚"。"四谛"也是修行者在修行过程中需要"现观"（指现前观察）的对象，它的次第是随"现观位"先后而说的，"谓现观中，先所观者，便在先说"。"苦谛"，指显示众生痛苦状态的真理；"集谛"，指显示众生痛苦原因的真理；"灭谛"，指显示众生痛苦断灭的真理；"道谛"，指显示众生痛苦断灭方法的真理。"四谛"犹如医生治病时须具备的"四德"，"一善知病状，二善知病因，三善知病愈，四善知良药"。

"四谛"是通于"二谛"的。"二谛"，指二种真理（真实不虚的道理），即"世俗谛"、"胜义谛"。"世俗谛"，指世俗的真理；"胜义谛"，指殊胜的真理。以"瓶"为例，"依世俗理，说有瓶等，是实非虚，名世俗谛"，"依胜义理，说有色等，是实非虚，名胜义谛"，也就是说，认为瓶有则有，瓶破则无，是"世俗谛"；认为瓶破以后，即便是破碎至"极微"，构成瓶子的元素"色"等仍然存在，并非是无，是"胜义谛"。如关于"四谛"，说：

> 谛有四种。……如今所列，一苦、二集、三灭、四道。……四谛何缘如是次第？随现观位先后而说。谓现观中，先所观者，便在先说。……何缘现观次第必然？加行位（指为入见道而加功用行的阶位）中，如是观故。何缘加行必如是观？谓若有法是爱著处，能作遍恼，为求脱因，此法理应最初观察。故修行者加行位中，最初观苦，苦即苦谛。次复观苦以谁为因？便观苦因，因即集谛。次复观苦以谁为灭？便观苦灭，灭即灭谛。后观苦灭以谁为道？便观灭

道,道即道谛。如见病已,次寻病因,续思病愈后求良药。
契经亦说谛次第喻。何契经说?谓《良医经》。如彼经言,
夫医王者,谓具四德能拔毒箭,一善知病状、二善知病因、三
善知病愈、四善知良药。如来亦尔,为大医王,如实了知苦、
集、灭、道。(卷二十二《分别贤圣品》,第113页下—第114
页上)

(二)"贤位"。

声闻乘的修行阶位,以是否"见道"(指证见"四谛"之理),
分为两个阶段。"见道"以前,称为"贤位"(又称"七贤位"、"七
方便");"见道"以后,称为"圣位"。"贤位"分为"三贤位"(又
称"资粮位")、"四善根位"(又称"加行位")二位。

1."三贤位"(又称"资粮位")。指修行者为入"见道"(指
证见"四谛"之理)而修集福德、智慧二种资粮的修行阶位。修
行者在此位须先修习持戒、修慧、清净身心("清净身器"),然后
修习"五停心观"、"别相念住"、"总相念住"。(1)"五停心
观"。指对治"贪欲"等烦恼的五种禅观,即"不净观"、"慈悲
观"、"缘起观"、"界分别观"、"数息观"。所说的"不净观",指
观想身体的不净,以对治"贪欲"的禅观;"慈悲观",指观想众生
的苦乐,愿拔苦与乐,以对治"瞋恚"的禅观;"缘起观",指观想
"十二缘起"的生灭,以对治"愚痴"的禅观;"界分别观"(又称
"界差别观"、"界方便观"),指观想诸法由"六界"(指地、水、
火、风、空、识)假合而成,以对治"我见"的禅观;"数息观"(又
称"持息念"),指数出入息,以对治"乱心"的禅观。"五停心
观"虽说有五种,但主要是修习"不净观"、"数息观","由此二
门,心便得定",然后依"止"起"观",修习"四念住"。(2)"别
相念住"。指修习"四念住"(又称"四念处",指身念住、受念

住、心念住、法念住）的别相,各别地观察"身"、"受"、"心"、
"法"的自相,观身不净、观受是苦、观心无常、观法无我,以对治
"常"、"乐"、"我"、"净"四种颠倒。（3）"总相念住"。指修习
"四念住"的总相,即住于"法念住",综合地观察一切法的"共
相",亦即"无常"、"苦"、"空"、"无我"四相。

　　2."四善根位"（又称"加行位"）。指修行者为入"见道"而
加功用行的修行阶位,即以"四禅"为所依,观察"四谛十六行
相",依次成就能引生见道无漏智（指无烦恼过患的智慧）的四
种善根（即"暖法"、"顶法"、"忍法"、"世第一法"）。所说的"四
谛十六行相",指观察"四谛"各有的四种行相,即观察"苦谛"的
"无常"（指待众缘生）、"苦"（指迁流逼迫）、"空"（指违我所
见）、"无我"（指违我见）四行相,"待缘故非常,逼迫性故苦,违
我所见故空,违我见故非我";"集谛"的"因"（指如种生芽）、
"集"（指能等现果）、"生"（指令果相续）、"缘"（指能成办果）
四行相,"如种理故因,等现理故集,相续理故生,成办理故缘";
"灭谛"的"灭"（指诸有漏蕴断尽）、"静"（指贪瞋痴息灭）、
"妙"（指体无众患）、"离"（指脱离众灾）四行相,"诸蕴尽故灭,
三火息故静,无众患故妙,脱众灾故离";"道谛"的"道"（指通
于圣行）、"如"（指契合正理）、"行"（指正趣涅槃）、"出"（指永
超生死）四行相,"通行义故道,契正理故如,正趣向故行,能永
超故出"。（1）"暖法"（又称"暖位"、"暖善根"）。指观察"四
谛十六行相",以智慧之火,烧"烦恼"之薪而成就的最初的善
根。（2）"顶法"（又称"顶位"、"顶善根"）。指在"暖法"之上,
观察"四谛十六行相",增进转上而成就的善根。（3）"忍法"
（又称"忍位"、"忍善根"）。指在"顶法"之上,观察"四谛十六
行相",而成就的认可"四谛"之理、安住不动的善根,亦即不会
退堕"恶趣"的善根。下分三品,"下忍位",观察"四谛十六行

相";"中忍位",渐次减少观修的"谛"和"行相"（又称"减缘减
行"），最后只留下欲界苦谛下的一种行相（根据不同的根机，在
苦谛下的"无常"、"苦"、"空"、"无我"四行相中选一种）；"上忍
位"，于一刹那观修"中忍位"留下的欲界苦谛下的一种行相。
（4）"世第一法"（又称"世第一法位"、"世第一善根"）。指在
"忍法"之上，观察"苦谛"的某一行相而成就的最殊胜的善根，
能于次一刹那进入"见道位"。如关于"四善根"，说：

> 从此念住（指总相念住）后，有顺决择分初善根生，名
> 为暖法。此法如暖，立暖法名。是能烧惑薪圣道火前相，如
> 火前相，故名为暖。此暖善根分位长故，能具观察四圣谛
> 境，及能具修十六行相。观苦圣谛，修四行相，一非常、二
> 苦、三空、四非我；观集圣谛，修四行相，一因、二集、三生、四
> 缘；观灭圣谛，修四行相，一灭、二静、三妙、四离；观道圣谛，
> 修四行相，一道、二如、三行、四出。……此暖善根下、中、上
> 品渐次增长，至成满时，有善根生，名为顶法。……动善根
> 中，此法最胜，如人顶，故名为顶法。……此顶善根下、中、
> 上品渐次增长，至成满时，有善根生，名为忍法。于四谛理
> 能忍（认）可中，此最胜故。又此位忍，无退堕故，名为忍
> 法。……然此忍法有下、中、上。……上品忍缘欲（指欲
> 界）苦谛，修一行相，唯一刹那。此有漏故，名为世间，是最
> 胜故，名为第一。此有漏法，世间中胜，是故名为世第一法。
> （卷二十三《分别贤圣品》，第119页中、下）

（三）"圣位"。

声闻乘在"加行位"达到"世第一法"境界的一刹那，便无间
隔地进入"见道位"，即"圣位"。"圣位"是"见道"以后的阶段，
分为"见道位"、"修道位"、"无学位"三位。

1. "见道位"。指断除三界"见惑",证见"四谛"之理的修行阶位,即"四向四果"中的初位"预流向"。修行者在此位观察三界"四谛",生起"见道十六心"(又称"见谛十六心"、"八忍八智")。这"十六心"是:第一"苦法忍"、第二"苦法智",指观察欲界"苦谛"而生的无间道智(指断除烦恼之智,即断惑智)、解脱道智(指证悟真理之智,即证理智);第三"苦类忍"、第四"苦类智",指观察色界、无色界(称为"上二界")的"苦谛"而生的断惑智、证理智;第五"集法忍"、第六"集法智",指观察欲界"集谛"而生的断惑智、证理智;第七"集类忍"、第八"集类智",指观察色界、无色界"集谛"而生的断惑智、证理智;第九"灭法忍"、第十"灭法智",指观察欲界"灭谛"而生的断惑智、证理智;第十一"灭类忍"、第十二"灭类智",指观察色界、无色界"灭谛"而生的断惑智、证理智;第十三"道法忍"、第十四"道法智",指观察欲界"道谛"而生的断惑智、证理智;第十五"道类忍"、第十六"道类智",指观察色界、无色界"道谛"而生的断惑智、证理智。其中,前十五心属"见道位"的"预流向",第十六心属"修道位"的"预流果"。"见道位"中的"圣者"依根机区分,分为"随信行"、"随法行"二种。"随信行",指见道位随信他言而修行的钝根者;"随法行",指见道位随顺教法而修行的利根者。

2. "修道位"。指渐次断除三界"修惑"的修行阶位,即"四向四果"中的第二位"预流果"至第七位"阿罗汉向"。修行者在此位须渐次断灭"八十一品修惑",从"预流果"修起,经历"一来向"、"一来果"、"不还向"、"不还果",而入"阿罗汉向"。所说的"八十一品修惑",指的是:"三界"依禅定的浅深,分为"九地"。一是"五趣杂居地",指欲界,即地狱、饿鬼、畜生、人、六欲天杂居之地;二是"离生喜乐地",指色界初禅天;三是"定生喜乐地",指色界第二禅天;四是"离喜妙乐地",指色界第三禅天;

五是"舍念清净地",指色界第三禅天;六是"空无边处地",指无色界第一天;七是"识无边处地",指无色界第二天;八是"无所有处地",指无色界第三天;九是"非想非非想处地",指无色界第四天。每一地都有"九品修惑"。"九品",指上上品、上中品、上下品、中上品、中中品、中下品、下上品、下中品、下下品。"修惑",指修道位所断的根本烦恼,其中,欲界的修惑有"贪"、"瞋"、"痴"、"慢"四种;色界、无色界的修惑各有"贪"、"痴"、"慢"三种(这是因为通过修习四禅、四无色定,已断除了"瞋"),合计十种。"九地"、"九品"的数字相乘,便是"八十一品修惑"。此中,已断见惑而未断修惑的,称为"预流果";已断欲界前五品(上上品至中中品)修惑者,称为"一来向";已断欲界第六品(中下品)修惑的,称为"一来果";已断欲界第七品(下上品)、第八品(下中品)修惑的,称为"不还向";已断欲界第九品(下下品)修惑的,称为"不还果";已断色界"离生喜乐地"第一品至无色界"非想非非想处地"第八品修惑的,称为"阿罗汉向"。"修道位"中的"圣者"依根机区分,分为"信解"、"见至"、"身证"三种。"信解",指修道位随信他言而修行的钝根者;"见至",指修道位随顺教法而修行的利根者;"身证",指修道位依"灭尽定"证得不还果的利根者。

3. "无学位"(又称为"究竟位")。指断灭一切烦恼,获得解脱的阶位,即"四向四果"中的第八位"阿罗汉果"。修行者在此位依"金刚喻定",断除无色界"非想非非想处地"第九品修惑,从而断尽一切烦恼,达到无法可学的最高境界。所说的"阿罗汉",依种机区别,分"退法"、"思法"、"护法"、"安住法"、"堪达法"、"不动法"阿罗汉六种。前五种阿罗汉属于钝根阿罗汉,须待"胜缘"(如衣食、住处、师友等具足),方能获得解脱,故又称"时解脱";末一种"不动法阿罗汉"属于利根阿罗汉,不待"胜缘"，随时随地都能获得解脱，故又称"不时解脱"。"时解脱"只能证得"尽智"、"无学正见"二智；"不时解脱"能证得"尽智"、"无生智"、"无学正见"三智。此外，在无学位未得"灭尽定"，唯以智慧力，断除烦恼而得解脱的钝根者，称为"慧解脱"；在无学位得"灭尽定"，能以智慧力和"灭尽定"力，断除烦恼而得解脱的利根者，称为"俱解脱"。故声闻乘修行阶位中的"圣位"，依修行的次第和所证的果位区分，有"八圣"，即"四向四果"；依修行者根性的利钝区分，则为"七圣"，即"见道位"中的"随信行"、"随法行"；"修道位"中的"信解"、"见至"、"身证"；"无学位"中的"慧解脱"、"俱解脱"，合称为"七圣"。如关于"七圣"，说：

> 学(指见道位、修道位)、无学位(指无学位)，有七圣者，一切圣者皆此中摄。一随信行、二随法行、三信解、四见至、五身证、六慧解脱、七俱解脱。……依加行异，立初二种，谓依先时随他及法，于所求义修加行故，立随信行、随法行名；依根不同，立次二种，谓依钝利、信慧根，增如次名，为信解、见至；依得灭定，立身证名，由身证得灭尽定故；依解脱异，立后二种，谓依唯慧离烦恼障者，立慧解脱，依兼得定离解脱障者，立俱解脱。此名虽七事，别唯六。谓见道中有二圣者，一随信行、二随法行；此至修道，别立二名，一信解、二见至；此至无学，复立二名，谓时解脱、不时解脱。……诸阿罗汉得灭定者，名俱解脱，由慧、定力解脱烦恼、解脱障故；所余未得灭尽定者，名慧解脱，但由慧力于烦恼障得解脱故。(卷二十五《分别贤圣品》，第 131 页下)

七、《分别智品》(卷二十六至卷二十七)。解释《俱舍论本颂·分别智品》六十一颂，论述"智"的种类和依"智"而起的功德问题。内容包括:"十智"、"不共功德"(指"十八不共法")、"共功德"(指"四无碍解"、"六通"等)等。

(一)"十智"。

"智"是断除烦恼、证得解脱的主因。在一般情况下,"智"和"慧"是通用的,均可称为"智慧"。但若细分,又有差别。在本书中,"慧"指的是"慧"心所,是"五位七十五法"中"心所法"下的"十种大地法"之一,它由"闻、思、修"所成,有简择作用;而"忍"、"智"、"见"三者都是"慧"心所的作用。其中,有忍可(指认可)作用的,称为"忍";有决断作用的,称为"智";有推度作用的,称为"见"。因此,"智"是从属于"慧",以"慧"为本体的。声闻乘在"见道"、"修道"、"无学道"所成就的智慧,有"十智"。(1)"世俗智"。指观察世俗境物的有漏智(指有烦恼过患的智慧)。(2)"法智"。指观察欲界"四谛"的无漏智(指无烦恼过患的智慧)。(3)"类智"。指观察色界、无色界(称为"上二界")"四谛"的无漏智。(4)"苦智"。指观察三界"苦谛"的无漏智。(5)"集智"。指观察三界"集谛"的无漏智。(6)"灭智"。指观察三界"灭谛"的无漏智。(7)"道智"。指观察三界"道谛"的无漏智。(8)"他心智"。指能了知他人的心念差别的无漏智与有漏智。(9)"尽智"。指自知已断尽一切烦恼的无漏智。(10)"无生智"。指自知将不再生死轮回的无漏智。

依修行的阶位区分,"三贤位"(又称"资粮位")、"四善根位"(又称"加行位")、见道位的"第一刹那"(又称"见道第一心"、"苦法忍")成就"世俗智";见道位的"第二刹那"(又称"见道第二心"、"苦法智")至"第十四刹那"(又称"见道第十四心"、"道法智")逐渐成就"世俗智"、"法智"、"苦智"、"类智"、"集智"、"灭智"、"道智"七智;修道位中,"未离欲者"(指未全断欲界修惑者)也成就上述七智,"已离欲者"(指已断尽欲界修惑者)成就八智(较前增加"他心智");无学位(即阿罗汉位)中,"时解脱者"(指钝根阿罗汉)成就九智(较前增加"尽智"),"不时解脱者"(指利根阿罗汉)成就十智(较前增加"无生智")。如关于"十智",说:

> 智有十种,摄一切智,一世俗智、二法智、三类智、四苦智、五集智、六灭智、七道智、八他心智、九尽智、十无生智。如是十智,总唯二种,有漏、无漏性差别故。如是二智,相别有三,谓世俗智、法智、类智。前有漏智,总名世俗(智),多取瓶等世俗境故;后无漏智,分法类别。三(指世俗智、法智、类智)中世俗(智)遍以一切有为、无为(法)为所缘境;法(智)、类(智)二种,如其次第,以欲(界)、上界(指色界、无色界)四谛为境。……有法(智)、类(智)、道(智)及世俗智,成他心智。……此他心智,见道中无,总观谛理,极速转故。……云何尽智? 谓无学位,若正自知我已知苦、我已断集、我已证灭、我已修道,由此所有智见明觉、解慧光观,是名尽智。云何无生智? 谓正自知我已知苦、不应更知,广说乃至我已修道,不应更修。(卷二十六《分别智品》,第134 页下—第135 页上)

(二)"不共功德"、"共功德"。

修智的功德,分为"不共功德"、"共功德"二类。

1."不共功德"。指佛独有的十八种功德,即"佛十力"、"四无畏"、"三念住"、"大悲",合称"十八不共法"。(1)"十力"。指佛的十种智力,即:"处非处智力"(又称"是处非处力"),指能了知事物是否合乎道理(合乎道理为"处",不合道理为"非处");"业异熟智力"(又称"业力"),指能了知过去、现在未来三世的业报;"静虑、解脱、等持、等至智力"(又称"定力"),指能了知各种禅定的浅深次第;"根上下智力"(又称"根力"),指能了知众生的根性胜劣;"种种胜解智力"(又称"欲力"),指能了知众生的意乐(即意念)胜解;"种种界智力"(又称"性力"),指能了知众生的界类差别;"遍趣行智力"(又称"至处道力"),指能了知众生有漏行、无漏行的归趣;"宿住随念智力"(又称"宿命力"),指能了知过去世所经行的事情;"死生智力"(又称"天眼力"),指能以天眼(超越肉眼)了知众生的生死状况;"漏尽智力"(又称"漏尽力"),指能了知断尽烦恼的情况。(2)"四无畏"。指佛说法时所具有的四种无所畏惧的智德,即:"正等觉无畏",指佛对一切诸法皆能觉知而无所畏惧;"漏永尽无畏",指佛断尽一切烦恼而无所畏惧;"说障法无畏",指佛说何法障碍圣道而无所畏惧;"说出道无畏",指佛说何法趣证涅槃而无所畏惧。其中,前二种无畏,显示佛"自利"功德具足,后二种无畏,显示佛"利他"功德具足。(3)"三念住"。指佛说法时,安住正念,对弟子不起欢喜或忧戚之心的三种情况:"第一念住",指佛对"一向恭敬,能正受行"的弟子(即正行者),"不生欢喜,舍而安住,正念正知";"第二念住",指佛对"唯不恭敬,不正受行行"的弟子(即邪行者),"不生忧戚,舍而安住,正念正知";"第三念住",指佛对"一类恭敬,能正受行,一类不敬,不正受行"的弟子(即有时正行、有时邪行者),"不生欢戚,舍而安住,正念正知"。(4)"大悲"。指佛拔济一切众生苦难的怜悯之心,含有"资粮大"、"行相大"、"所缘大"、"平等大"、"上品大"五义。

　　2."共功德"。指佛与其他圣者、凡夫共有的功德,下分二种。(1)"共圣功德"。指佛与"余圣"(指其他圣者)共有的功德,有"无诤"、"愿智"、"四无碍解"三种。(2)"共凡功德"。指佛与"异生"(指凡夫)共有的功德,即"六通"、"四静虑"、"四

无色定"、"八等至"、"三等持"、"四无量心"、"八解脱"、"十遍
处"等。虽说"共功德",是其他圣者、凡夫也可以修习得到的,
但以佛的功德为最殊胜。如关于"十八不共法"中的"大
悲",说:

> 如来大悲,俗智为性,若异此者,则不能缘一切有情,亦
> 不能作三苦行相,如共有悲。此大悲名依何义立? 依五义
> 故,此立大名。一由资粮故大,谓大福德、智慧资粮所成办
> 故;二由行相故大,谓此力能于三苦(指苦苦、坏苦、行苦)
> 境作行相故;三由所缘故大,谓此总以三界有情为所缘故;
> 四由平等故大,谓此等于一切有情作利乐故;五由上品故
> 大,谓最上品,更无余悲能齐此故。(卷二十七《分别智
> 品》,第 141 页上)

八、《分别定品》(卷二十八至卷二十九)。解释《俱舍论本
颂·分别定品》三十九颂,论述"定"(指禅定,令心专注一境)的
种类和依"智"而起的功德问题。内容包括:"四静虑"(又称
"四禅")、"四无色定"、"三三摩地"(又称"三三昧")、"四无
量"(又称"四无量心")、"八解脱"、"八胜处"、"十遍处"等。本
品的末尾有流通偈四首(始"迦湿弥罗议理成,我多依彼释对
法",终"是诸烦恼力增时,应求解脱勿放逸")。

(一)"四静虑"。指色界的四种根本禅定。(1)"初静
虑"。指具有"寻"(又称"觉",指粗浅推度)、"伺"(又称"观",
指深细思察)、"喜"、"乐"(指由远离欲界的贪欲、不善法,而生
起喜受、乐受)、"等持"(又称"心一境性",指令心专注一境)五
支的禅定。(2)"第二静虑"。指具有"内等净"(指由断灭寻、
伺,而令心澄净)、"喜"、"乐"(指由断灭寻、伺,而生起喜受、乐
受)、"等持"四支的禅定。(3)"第三静虑"。指具有"行舍"

(指令心平等,寂静而住)、"正念"、"正慧"(又称"正知")、"受乐"(指由舍离第二禅的喜受,而得胜妙的乐受)、"等持"五支的禅定。(4)"第四静虑"。指具有"行舍清净"(又称"舍清净")、"念清净"(指明记不忘修行功德)、"非苦乐受"(指由舍离第三禅的乐受,而住于不苦不乐受)、"等持"四支的禅定(《法蕴足论》卷七中,"第四静虑"四支的顺序作"不苦不乐受"、"舍清净"、"念清净"、"心一境性")。此中包含各自的"对治支"、"利益支"、"自性支",合计为十八禅支。另外,前三静虑因会受"寻"、"伺"、"四受"(指忧、苦、喜、乐)、"入息"、"出息"八种灾患的影响而动摇,被称为"动静虑";第四静虑因不会受"八灾患"的影响而动摇,被称为"不动静虑"。

(二)"四无色定"。指无色界的四种根本禅定。(1)"空无边处定"。指超越色界的"第四禅",灭除一切"色想",令心住于"空无边处"的禅定。(2)"识无边处定"。指超越"空无边处定",令心住于"识无边处"的禅定。(3)"无所有处定"。指超越"识无边处定",令心住于"无所有处"的禅定。(4)"非想非非想处定"。指超越"无所有处定",令心住于"非想非非想处"的禅定。

(三)"三三摩地"(又称"三三昧")。指三种禅定。(1)"空三摩地"。指观察诸法自性空寂的禅定。(2)"无愿三摩地"。指对诸法无所愿乐造作的禅定。(3)"无相三摩地"。指观察诸法无差别相的禅定。

(四)诸定的功德。依"定"而生的功德,主要有:(1)"四无量"(又称"四无量心"、"四无量定")。指能引生利乐一切众生四种无量心的禅定(属于"三摩钵底",意译"等至"),即"慈无量"、"悲无量"、"喜无量"、"护无量"(又称"舍无量")。(2)"八解脱"(又称"八背舍")。指断除三界贪欲而得解脱的八种禅定,即"内有色想,观外色解脱";"内无色想,观外色解脱";"净解脱";"空无边处解脱";"识无边处解脱";"无所有处解脱";"非想非非想处解脱";"灭受想定解脱"(又称"想受灭解脱"、"灭尽定解脱")。(3)"八胜处"(又称"八除入")。指通过观想欲界的色法,以对治贪欲的八种禅定,由"八解脱"中的前三种分出。即:"内有色想,观外色少";"内有色想,观外色多"(以上二种相当于"八解脱"中的第一解脱);"内无色想,观外色少";"内无色想,观外色多"(以上二种相当于第二解脱);"内无色想,观外色青"(又称"青胜处");"内无色想,观外色黄"(又称"黄胜处");"内无色想,观外色赤"(又称"黄胜处");"内无色想,观外色白"(又称"白胜处",以上四种相当于第三解脱)。(4)"十遍处"(又称"十遍处定")。指观想"地大"等十法周遍一切处的禅定,即:"地遍处定"、"水遍处定"、"火遍处定"、"风遍处定"、"青遍处定"、"黄遍处定"、"赤遍处定"、"白遍处定"、"空遍处定"、"识遍处定"。如关于"四静虑"各有几支,说:

> 颂曰:静虑初五支,寻伺喜乐定。第二有四支,内净喜乐定。第三具五支,舍念慧乐定。第四有四支,舍念中受定(以上为《俱舍论本颂》)。

> 论曰:唯净无漏四静虑中,初(指初静虑)具五支,一寻、二伺(以上为对治支)、三喜、四乐(以上为利益支)、五等持(此为自性支)。此中等持,颂说为定,等持与定,名异体同,故契经说:心定等定,名正等持。此亦名为心一境性,义如前释。……第二静虑唯有四支,一内等净(此为对治支)、二喜、三乐(以上为利益支)、四等持(此为自性支)。第三静虑具有五支,一行舍、二正念、三正慧(以上为对治

支)、四受乐(此为利益支)、五等持(此为自性支)。第四静
虑唯有四支,一行舍清净、二念清净(以上为对治支)、三非
苦乐受(此为利益支)、四等持(此为自性支;以上为世亲的
解释)。(卷二十八《分别定品》,第146页下)

九、《破执我品》(卷二十九至卷三十)。本品在《俱舍论本
颂》中并无相对应的偈颂,故不是《俱舍论本颂》的释论。据考
证,它原是世亲另撰的一部题为《破我论》著作,因其内容可以
视为《俱舍论》的结论,故后人在传抄时,将"论"改为"品",合
入《俱舍论》,一并流通。文中着重破斥了部派佛教中犊子部关
于"实有补特伽罗(指人)"的观点,以及外道数论派、胜论派关
于有"实我"的观点,论述了"补特伽罗无我"(又称"人无我",
指人身由"五蕴"和合而成,没有常恒实在的主体)等问题。

犊子部"执有补特伽罗,其体与蕴不一不异"。认为,众生
实有"补特伽罗"(指"人我"),它是生死轮回中相续不断的主
体。"补特伽罗"与"五蕴"的关系,是一种"不一不异"(又作
"非即非离")的关系,犹如"火"与"薪","火"不是"薪",但
"火"又不离开"薪"一样,"补特伽罗"既不是"五蕴"本身,也不
是离开"五蕴"的别物,它是一种"非即蕴非离蕴"的实体,属于
"不可说法"。对此,世亲破斥说,"我"有二种。一是"五蕴"聚
集,假名为"我",此为"假我";二是"即蕴"或"离蕴",别立一
物,将它称为"我",此为"实我"(又称"真我")。"假我"是佛教
所持的观点,"实我"是外道所持的观点。试问犊子部所说的
"我",是"实有"(即"实我"),还是"假有"(即"假我")? 如果
是"实有",就应当与"五蕴"相异,因为它有"别性"(指各别的
自性)的缘故;若"我"有"实体",则"必应有因"。如果计执
"我"从"因"生,则"我"为"无常",这便违背了犊子部的论旨

"我非无常",等同于"外道"的见解;若计执"我"不从"因"生,则"我"应是"无为法",这又违背了犊子部所说的"我非无为";若"我"既不是从"因"生,也不是"无为法",则应是"无用"之物。如果说"我"是"假有",便因袭本论的说法"无实我"。因此,"非即蕴非离蕴我"之说,不能成立。

对外道数论派所说的"决定有我,事用必待事用者故","如是识等所有事用,必待所依能了等者",以及数论派所诘难的"若实无我,业已灭坏,云何复能生未来果"? 世亲也一一作了破斥。如关于对"我与五蕴不一不异"说的破斥,说:

> 犊子部执有补特伽罗,其体与蕴(指五蕴)不一不异。此应思择为实、为假? 实有、假有,相别云何? 别有事物是实有相,如色、声等;但有聚集,是假有相,如乳、酪等。许(《明藏》作计)实、许(一作计)假各有何失。体若是实,应与蕴异,有别性故,如别别蕴。又有实体,必应有因。或应是无为(法),便同外道见。又应无用,徒执实有。体若是假,便同我说。……既揽诸蕴成补特伽罗,则补特伽罗应成假有,如乳酪等,揽色等成。(卷二十九《破执我品》,第152页下)

本书保存了经部与有部不同的许多思想观点。如书中引证说:"经部师说:无为(法)非因,无经说因是无为故,有经说因唯有为故"(卷六《分别根品》);"经部师说:一切无为皆非实有,如色、受等别有实物,此所无故"(同上);"经部师说:无色界心等相续,无别有依"(卷八《分别世品》);"经部师说:如善律仪,无别实物名为无表,此不律仪,亦应非实"(卷十四《分别业品》);"经部师所说最善,经部于此所说如何? 彼说欲贪之随眠义,然随眠体非心相应,非不相应,无别物故。烦恼睡位,说名随眠。于觉位中,即名缠故。何名为睡? 谓不现行种子随逐。何名为觉? 谓诸烦恼现起缠心。何等名为烦恼种子? 谓自体上差别功能,从烦恼生,能生烦恼"(卷十九《分别随眠品》);"经部师作如是说……若执实有过去、未来,则一切时果体常有,业于彼果有何功能"(卷二十《分别随眠品》);"经部师说:从阿罗汉亦无退义"(卷二十五《分别圣贤品》)。凡此种种,都为后世研究经部,提供了的珍贵的思想资料。

本书的同本异译有: 陈真谛译《阿毗达磨俱舍释论》二十二卷。

本书的汉译注疏有: 陈真谛译《随相论》一卷(德慧造)、唐代失译《俱舍论真实义疏》五卷(安慧《俱舍论大疏真实义论》的节译,敦煌本);汉撰注疏有: 唐普光《俱舍论记》三十卷、神泰《俱舍论疏论本》二十卷(今存七卷)、法宝《俱舍论疏》三十卷、圆晖《俱舍论颂疏论本》三十卷、慧晖《俱舍论释颂疏义钞》三卷、遁麟《俱舍论颂疏记》二十九卷等;藏译注疏有: 称友《俱舍论释》(又名《对法俱舍论释义明解》)六十卷、增满《俱舍论释义随相论》六十卷、静住天《俱舍论释义要用论》若干卷、聚贤《俱舍论颂释》十五卷、陈那《俱舍论释要理明灯》若干卷等(见元布顿《佛教史大宝藏论》,郭和卿译,民族出版社1986年3月版)。此外,十九世纪四十年代在藏地寺庙,还发现了《俱舍论》的梵文原本。

陈真谛译《阿毗达磨俱舍释论》二十二卷

《阿毗达磨俱舍释论》,又名《俱舍释论》《俱舍论》,二十二卷。印度婆薮槃豆(即世亲)造,陈真谛译,初译于天嘉四年(563),改定于光大元年(567)。隋法经等《众经目录》卷五著录。载于《丽藏》"心"至"神"函、《宋藏》"疲""守"函、《金藏》

"心"至"神"函、《元藏》"疲""守"函、《明藏》"禽"至"昼"函、《清藏》"禽"至"昼"函、《频伽藏》"冬"帙，收入《大正藏》第二十九卷。

真谛（499—569），音译"波罗末陀"，又作"拘那罗陀"，意译"亲依"。西天竺（印度）优禅尼国人，为婆罗门种姓。群藏广部，罔不厝怀，艺术异能，遍素谙练，尤精大乘之学。后远涉艰关，历游诸国。梁中大同元年（546），携带写在多罗树叶上的梵文佛经二百四十夹，从扶南国来到南海郡（今广东南部）。太清二年（548），抵达建业（今南京）。时值梁末侯景之乱，颠沛流离，辗转于富春（今浙江富阳县）、建业、豫章（今江西南昌）、新关（今江西奉新县）、始兴（今广东曲江县）、南康（今江西赣州）、临川（今江西抚州）、晋安（今福建安南）、梁安（今广东惠阳）、广州等地，随方翻译、注疏、讲经。他是大乘唯识学在中国的早期弘传者之一，除了翻译《摄大乘论》《摄大乘论释》《决定藏论》《大乘唯识论》等唯识学要籍之外，还建立了"九识"说（见唐圆测《仁王经疏》卷三"本"、澄观《大方广佛华严经随疏演义钞》卷四十三等），提出在第八识"阿罗耶识"（即阿赖耶识）之外，还有第九识"阿摩罗识"（意译"无垢识"），第八识是"妄识"，第九识是"净识"。而唐玄奘所传的唯识学，唯立"八识"，不承认有"九识"，认为第八识中有染、净二分，所说的"阿摩罗识"，其实只是第八识中的净分，故在第八识之外，并无第九识。由此，学界将真谛所传之学，称为唯识古学；而将玄奘所传之学，称为唯识今学。

真谛的译经情况，据隋费长房《历代三宝纪》卷九和卷十一的记载是：梁代出经"十六部合四十六卷"，陈代出经"四十八部合二百三十二卷"，这中间包括了他撰写和口述的一些注疏、义记；而据唐智升《开元释教录》卷六和卷七记载，他在梁代出

经"十一部二十四卷"（其中《金光明经》等六部十五卷见存，
《仁王般若经》等五部九卷阙本），在陈代出经"三十八部一百一
十八卷"（其中《金刚般若经》等二十五部八十二卷见存，《金刚
般若论》等十三部三十六卷阙本），两项相加，总计出经四十九
部一百四十二卷。此外，还有注疏、义记"十三部一百八卷"（其
书名、卷数见《历代三宝记》卷九、卷十一，《开元释教录》因其非
梵本翻译，删而不录）。生平事迹见陈慧恺（又作"智恺"）《摄
大乘论序》（载于陈真谛译《摄大乘论》书首）、唐道宣《续高僧
传》卷一等。

本书是唐玄奘译《俱舍论》的异译本，也是论述小乘佛教教
理的纲要书。全书分为九品，依次为《分别界品》《分别根品》
《分别世品》《分别业品》《分别惑品》《分别圣道果人品》《分别
慧品》《分别三摩跋提品》《破说我品》。前八品为《俱舍论本
颂》及其解释；第九品《破执我品》是一篇论述"补特伽罗无我"
（又称"人无我"，指人身由"五蕴"和合而成，没有常恒实在的主
体），以破除"我执"的专题论文。

本书的初首有慧恺《阿毗达磨俱舍释论序》，说：

此论（指《俱舍释论》）本宗是萨婆多部，其中取舍，以
经部为正。博综群籍，妙拔众师，谈玄微穷于奥极，述事象
略而周遍。……故天竺咸称为聪明论，于大小乘学，悉依此
为本。有三藏法师俱罗那他，聪敏强记，才辩无竭，硕学多
闻，该通内外，为弘法故，远游此国。值梁室将倾，时事纷
梗，法师避地东西，垂二十载，欲还天竺，来至番禺。慧恺因
请翻讲《摄大乘》等论经，涉二年，文义方毕。法师尔后犹
欲旋归，刺史欧阳纥，尚仁贵道，久申敬事，重复请留，弥加
殊礼，慧恺与僧忍等，更请翻讲此论。以陈天嘉四年……正

月二十五日,于制旨寺,始就开阐。《惑品》未毕,仍事徙居
于南海郡内,续更敷说。……慧恺谨即领受,随定随书,日
夜相继,无懈暑刻,至其年闰十月十日,文义究竟,《论文》
(指《俱舍释论》)二十二卷,《论偈》(指《俱舍论偈》)一卷,
《义疏》五十三卷。……至天嘉五年岁次柔兆二月二日,与
僧忍等,更请法师,重译论文,再解义意。至光大元年岁次
强圉十二月二十五日,治定前本,始末究竟。(《大正藏》第
二十九卷,第 161 页上、中)

一、《分别界品》(卷一至卷二)。解释《俱舍论本颂·分别
界品》,论述"五阴"(又称"五蕴")、"十二入"(又称"十二
处")、"十八界"等问题。内容包括:"有流法"(又称"有漏
法")、"无流法"(又称"无漏法")、"有为法"、"无为法"、"五
阴"、"十二入"、"十八界"等,并开立各种义门,分析"十八界"
诸界与其他诸法之间的关系。

二、《分别根品》(卷二至卷五)。解释《俱舍论本颂·分别
根品》,论述"二十二根"等问题。内容包括:"二十二根"(指眼
根、耳根、鼻根、舌根、身根、意根、女根、男根、命根、乐根、苦根、
喜根、忧根、舍根、信根、精进根、念根、定根、慧根、未知欲知根、
知根、知已根)、"俱生诸法"(指有为法,包括色法、心法、心所有
法、心不相应行法)、"六因"(指随造因、俱有因、同类因、相应
因、遍行因、果报因)、"四缘"(指因缘、次第缘、缘缘、增上缘)
等。如关于"六因",说:

偈曰:随造及俱有,同类并相应,遍行与果报,立因有
六种(以上为《俱舍论本颂》)。

释曰:因有六种:一随造因(指能作因)、二俱有因、三
同类因、四相应因、五遍行因、六果报因(指异熟因)。……

所生有为法离自体,以一切法为随造因,对彼生住不为障碍
故。……若法此彼互为果,此法递为俱有因。……是同类
法于同类法为同类因,如善五阴于善五阴为同类因,有染污
于染污、有无记于无记亦尔。……一切心及心法(指心所
法)共聚,名相应因。……于自地先有诸法,若遍处能行于
后生染污法,立为遍行因。……一切恶及有流(指有漏)善
法,是果报因(以上为世亲的解释)。(卷四《分别根品》,第
188 页上—第 190 页下)

三、《分别世间品》(卷六至卷九)。解释《俱舍论本颂·分
别世界品》,论述世间(包括有情世间、器世间)的起源和构成问
题。内容包括:"有情世间"的"三界"、"五道"(又称"五趣")、
"七识住"、"九众生居"(又称"九有情居")、"四识住"、"四
生"、"中有"、"十二缘起"、"四有"、"四食"等;"器世间"的"三
轮"、"九山"、"八海"、"四洲"、"黑山"、"地狱"、"日月"、"天
器"、"身量"、"寿量"、"三极少量"、"度量"、"时量"等。如关于
"四生",说:

偈曰:于中有四杂,众生谓卵等(以上为《俱舍论本颂》)。
释曰:卵生、胎生、湿生、化生。杂者何义? 杂生为义,
于中众生相杂生,由生等故。何者卵生? 是众生从卵出,如
鹅、鹤、孔雀、鹦鹉、舍利等。何者胎生? 是众生从胎出,如
象、马、牛、驴、驼等。何者湿生? 是众生从四大气所生,如
虫、蚊、蜻、蛉等。何者化生? 是众生不减具根,圆得是及身
分,一时俱生(指"具根无缺,支分顿生"),如天、地狱、中阴
等。……人道有四生。……畜生亦有四种。……一切地狱
众生、中阴众生、诸天,皆是化生(以上为世亲的解释)。
(卷六《分别世间品》,第 200 页下)

四、《分别业品》（卷十至卷十二）。解释《俱舍论本颂·分别业品》，论述"业"（指造作、行为）的性质和种类问题。内容包括："业体"（指"业"的体性）、"无表三律仪"（指能引生"无表业"的三种律仪，即律仪、不律仪、非律仪非不律仪）、"诸业名"（指契经所说的各种业），以及"业果"、"业障"、"施戒修"等。

五、《分别惑品》（卷十四至卷十五）。解释《俱舍论本颂·分别惑品》（又名《分别世间品》），论述"惑"（指烦恼）的体性、种类和断除的方法等问题。内容包括："六随眠惑"（又称"六使"）、"七随眠惑"（又称"七使"）、"十随眠惑"（又称"十使"）、"九十八随眠惑"（又称"九十八使"）、"五见"、"四颠倒"、"九慢"、"三流"（又称"三漏"）、"九结"、"五盖"、"断惑四因"、"四种对治"等。

六、《分别圣道果人品》（卷十六至卷十八）。解释《俱舍论本颂·分别圣道果人品》（又名《分别贤圣品》），论述"贤圣"的修行次第和果位问题。内容包括："四谛"（指苦谛、集谛、灭谛、道谛）、"二谛"（指俗谛、真谛）、"三贤"（指在入"见道"之前的资粮位，修习五停心观、别相念处、总相念处）、"四善根"（指在入"见道"之前的加行位，以"四禅"为所依，观察"四谛十六行相"，依次成就能引生见道无漏智的四种善根，即暖法、顶法、忍法、世第一法）、"三道"（指见道、修道、无学道）、"七圣"（指信随行、由法随行、信乐、得见至、身证、慧解脱、二分解脱）等。如关于"不净观"的"别观"和"通观"，说：

偈曰：入修由二因，不净观息念（以上为《俱舍论本颂》）。

释曰：何人因不净观入修，何人因阿那波那念（指持息念）入修次第？……若人欲（指贪欲）行恒起或重起，此人由不净观，得入于修；若人由多觉观行，起散乱心，此人由阿

那波那念,得入于修。何以故? 此念由不缘多种境
故。……此中欲有四种:一色欲、二形貌欲、三触欲、四威
仪欲(指显色贪、形色贪、妙触贪、供奉贪)。诸师说:为对
治第一欲,修观行人,应缘坏黑等色为境(指缘青瘀等),作
不净观;为对治第二欲,应缘膖(胖)胀被食分散为境(指缘
彼食等),作不净观;为对治第三欲,应缘赤筋相连骨为境
(指缘虫蛆等),作不净观;为对治第四欲,应缘不动死尸为
境(指缘尸不动),作不净观。……偈曰:骨观通欲治(指
骨锁观能通治"四欲")。释曰:于相连骨聚中,四种欲境
品类,皆悉不有。若缘此骨聚为境(指将死人的骨架作为
观想的对象),修习不净观,通能对治四种欲。由不净观皆
假想,一处思量为体故,不能永灭诸惑,但能伏灭诸惑(以
上为世亲的解释)。(卷十六《分别圣道果人品》,第 269
页下)

七、《分别慧品》(卷十九至卷二十)。解释《俱舍论本颂·
分别慧品》(又名《分别智品》),论述"智"的种类和依"智"而起
的功德问题。内容包括:"十智"、"十八不共法"、"共功德"(指
"四无碍解"、"六通"等)等。如关于"共圣功德"(指佛与其他
圣者共有的功德)与"共凡功德"(指佛与凡夫共有的功德),说:

偈曰:有余佛法共,弟子及凡夫(以上为《俱舍论本颂》)。

释曰:诸佛如来有功德,与弟子共得,或与凡夫共得。
是何功德? 如次第偈曰:无诤及愿智,无碍解等德。释曰:
诸德谓无诤三摩提(略称无诤)、愿智、四无碍解(指法无碍
解、义无碍解、方言无碍解、巧辩无碍解;以上为共圣功
德),通慧(唐译无慧字)定(指四禅)、无色(指四无色定)、
三摩提(指三三昧)、无量(指四无量)、解脱(指八解脱)、

制入(指八制入,即八胜处)、遍入(指十遍入;以上为共凡功德)等(以上为世亲的解释)。(卷二十《分别慧品》,第292页下)

八、《分别三摩跋提品》(卷二十一)。解释《俱舍论本颂·分别三摩跋提品》(又名《分别定品》),论述"定"(指禅定,令心专注一境)的种类和依"智"而起的功德问题。内容包括:"四色定"(又称"四静虑")、"四无色定"、"三三摩提"(又称"三三昧"),以及诸定的功德[指"四无量"、"八解脱"、"八制入"(又称"八胜处")、"十遍入"]等。如关于"三三摩提"与"三解脱门",说:

> 经中说,三摩提有三种:谓空定、无愿定、无相定。此中偈曰:无相应静相。释曰:与灭谛行相相应定,说名无相定。此定有四行相,何以故?涅槃者,由离十相,说名无相,此定以涅槃为境,故名无相。十相者,谓五尘、男女、三有为相,是名十相。……与无我、空二行相相应定,说名空定。此定有二行相。……与所余诸谛行相相应定,说名无愿定。此定有十行相,何以故?于无常、苦及彼因生厌背故,于道由筏喻义,必定应弃舍,观行人于彼生过背意故,彼皆不可愿,以彼为境,故名无愿。于无我、空中,无厌背义,由与涅槃相似故。……此三定以清净及无流(指无漏)为种类,属世、出世故。若世间定,依十一地(指欲界、未至定、中间定、根本四禅、四无色定)成;若出世定,随无流道地(指十一地中,除欲界、四无色定的有顶天之外的九地,又称无漏九地)。……此三定若无流,说名三解脱门,谓空解脱门、无愿解脱门、无相解脱门,由彼是解脱门故。(卷二十一《分别三摩跋提品》,第301页中)

九、《破说我品》(卷二十二)。本品不是《俱舍论本颂》的释论,而是世亲另撰的一部题为《破我论》的著作,因内容可以视为《俱舍论》的结论,故后人在传抄时,将"论"改为"品",合入《俱舍论》,一并流通。文中着重破斥了部派佛教中"跋私弗多罗部"(又称"犊子部")关于众生有恒常不变的主体"我","我与五阴不一不异"(又称"非即蕴非离蕴我")的观点,以及外道数论派关于有"实我"的观点,论述了"人无我"(又称"补特伽罗无我",指人身由"五蕴"和合而成,没有常恒实在的主体)等问题。

本书是真谛处于梁陈之交,天下动荡,长期漂泊流离,居无定所的情况下翻译的,他几次想回天竺(印度),均被刺史欧阳纥和弟子慧恺、僧忍等请留。虽说当时他已在汉地住留了近二十年,"精解此土音义","凡所翻译,不须度语",而且在初译完成后,又花了四年的时间作修订,"重译论文,再解义意","治定前本,始末究竟"(见慧恺《序》),对译本的完善付出了极大的心血。但由于受所用底本(没有单独标立《俱舍论本颂》的颂文)和译文风格的局限,本书的译文不如玄奘译本来得通畅,义理的表述上也有欠缺。唐圆晖《俱舍论颂疏论本》卷一说,《俱舍论》前后二译,"翻译不同,非无所以,由前译主未善方言,致使论文,义在差舛","大唐三藏(指玄奘)音善两方,译义无差,缀文不谬",这是符合实情的。

本书的同本异译有:唐玄奘译《阿毗达磨俱舍论》三十卷。

唐玄奘译《阿毗达磨俱舍论本颂》一卷

《阿毗达磨俱舍论本颂》,又名《俱舍论本颂》《俱舍论颂》《俱舍颂》,一卷。印度世亲造,唐玄奘译,永徽二年(651)译出。唐道宣《大唐内典录》卷五著录(译经时间见《开元释教录》卷八）。载于《丽藏》"神"函、《宋藏》"守"函、《金藏》"神"函、《元藏》"守"函、《明藏》"昼"函、《清藏》"昼"函、《频伽藏》"冬"帙，收入《大正藏》第二十九卷。

本书是《俱舍论》的本颂（指原颂）。全书分为八品，依次为《分别界品》《分别根品》《分别世间品》《分别业品》《分别随眠品》《分别贤圣品》《分别智品》《分别定品》，共收录六百七颂，对小乘的教理要点，作了简明扼要的论述。其中，书首的三颂为"归敬颂"和书末的四颂为"流通颂"，每颂为七言四句，相当于序分和流通分；中间的六百颂为"正颂"，每颂为五言四句，相当于正宗分。唐法宝《俱舍论》卷一说："前三（颂）、后四（颂），释颂时加，非根本颂。"也就是说，《俱舍论本颂》原为六百颂，今本的最初三颂和最末四颂，是后来世亲撰《俱舍论》时加上去的。就资料来源而论，本书中《分别世间品》的偈颂，是世亲根据《大毗婆沙论》《施设论》等论中的相关内容新撰的；其他七品的偈颂，约有半数，是参照《杂阿毗昙心论》的偈颂改作的。

一、《分别界品》。收录《俱舍论本颂》的归敬颂三颂和本品的四十四颂。内容大致分为三部分：（1）归敬颂三颂，初一首颂（始"诸一切种诸冥灭，拔众生出生死泥"，终"敬礼如是如理师，对法藏论我当说"），为"归敬序"，述说对佛的礼敬；次二首颂（始"净慧随行名对法，及能得此诸慧论"，终"由惑世间漂有海，因此传佛说对法"），为"发起序"，论述撰作《俱舍论本颂》的目的。（2）本品第一颂至第二十五颂（始"有漏无漏法，除道余有为"，终"识界有漏识，有情生所依"），论述一切法（包括有漏法、无漏法，以及五蕴、十二处、十八界）问题。（3）本品第二十六颂至第四十四颂（始"一有见谓色，十有色有对"，终"法一分是根，并内界十二"），开立各种义门，分析"十八界"诸界与其他诸法之间的关系问题。如关于"有漏法"和"无漏法"、

"有为法"和"无为法",颂云:

> 有漏无漏法,除道余有为。于彼漏随增,故说名有漏。
> 无漏谓道谛,及三种无为。谓虚空二灭,此中空无碍。择灭
> 谓离系,随系事各别。毕竟碍当生,别得非择灭。(《分别
> 界品》,《大正藏》第二十九卷,第311页上)

意思是说,一切法(事物)分为二种:一是"有漏法",二是
"无漏法","漏"为"烦恼"的异名。"四谛"中,既有"有为法"、
"无为法",也有"有漏法"、"无漏法"。"苦谛"、"集谛"是"有为
法"中的"有漏法"(又称"有为有漏"),因诸漏(诸烦恼)在此二
谛中"随增"(指随顺增长),故名为"有漏";"道谛"是"有为法"
中的"无漏法"(又称"有为无漏");"灭谛"是"无为法",而"无
为法"本身又是"无漏法"(又称"无为无漏")。"无为法"有三
种,即:"虚空无为",指"虚空"以"无碍"(指不障碍一切法)为
体性,能容受一切诸法;"择灭无为",指由无漏智的简择力,断
灭一切烦恼,而证得的寂灭,它以"离系"(指断离烦恼的系缚)
为体性;"非择灭无为",指非由无漏智的简择力,而因有为法阙
缘不生所显现的寂灭,它以"毕竟碍当生"(指令未来法阙缘不
起)为体性。

二、《分别根品》。收录七十四颂。内容大致分为三部分:
(1)第一颂至第二十二颂(始"传说五于四,四根于二种",终
"圣者未离欲,除二净一形"),论述"二十二根"(指眼根、耳根、
鼻根、舌根、身根、意根、女根、男根、命根、乐根、苦根、喜根、忧
根、舍根、信根、勤根、念根、定根、慧根、未知当知根、已知根、具
知根)问题。(2)第二十三颂至第四十九颂(始"欲微聚无声,
无根有八事",终"得相通三类,非得定等流"),论述"俱生诸
法"(指有为法,包括色法、心法、心所有法、心不相应行法;本品

论述心所有法、心不相应行法)问题。(3)第五十颂至第七十四颂(始"能作及俱有,同类与相应",终"色善三学四,余皆自可得"),论述"六因"、"四缘"等问题。如关于"四缘"(指因缘、等无间缘、所缘缘、增上缘),颂云:

> 说有四种缘,因缘五因性。等无间非后,心心所已生。
> 所缘一切法,增上即能作。(《分别根品》,第 311 页中)

意思是说,契经中说有四种缘:一是"因缘",指一切事物能亲生自果的内在原因,即"六因"中的五因(指俱有因、同类因、相应因、遍行因、异熟因),不包括"能作因";二是"等无间缘",指在"心"、"心所"的活动中,"前念"的刹那灭,为"后念"的刹那生的条件,念念生灭,没有间碍,只有阿罗汉入涅槃前的最后一念,灭后不再引生后念除外;三是"所缘缘",指"心"、"心所"以所缘的境界,为产生认识的条件("所缘缘"指以所缘为缘);四是"增上缘",指事物以自身以外的一切他物,为生起的条件,即"六因"中的"能作因"(有增助的"胜力")。

三、《分别世间品》(一作《分别世界品》)。收录九十九颂。内容大致分为二部分:(1)第一颂至第四十四颂(始"地狱傍生鬼,人及六欲天",终"止邪不定聚,圣造无间余"),论述"有情世间"(包括三界、五趣、七识住、九有情居、四识住、四生、中有、十二缘起、四有等)问题。(2)第四十五颂至第九十九颂(始"安立器世间,风轮最居下",终"要七火一水,七水火后风"),论述"器世间"(包括三轮、九山、八海、四洲、黑山、地狱、日月、天器、身量、寿量、三极少量、度量、时量等)问题。如关于"三界"中的欲界的构成,颂云:

> 地狱傍生鬼,人及六欲天。名欲界二十,由地狱洲异。
> (《分别世间品》,第 313 页下)

意思是说,欲界是有色身(指形体)、有欲望(指有食欲、淫欲)的众生依住的世界,分为"地狱"、"傍生"(又称"畜生")、"鬼"(又称"饿鬼")、"人"、"六欲天"(又称"欲界六天")五趣(又称"五道")。其中,"地狱"分为"等活地狱"、"黑绳地狱"、"众合地狱"、"号叫地狱"、"大叫地狱"、"炎热地狱"、"大热地狱"、"无间地狱"八大地狱;"人"所住的人间,分为"南赡(一作'瞻')部洲"、"东胜身洲"、"西牛货洲"、"北俱卢洲"四大部洲;"六欲天",分为"四大王众天"(又称"四天王天")、"三十三天"(又称"忉利天")、"夜摩天"、"睹史多天"(又称"兜率天")、"乐变化天"(又称"化乐天")、"他化自在天"六天,故欲界众生的住所,共有二十处。

四、《分别业品》。收录一百三十一颂。内容大致分为四部分:(1)第一颂至第十四颂(始"世别由业生,思及思所作",终"牟尼善必同,无记随或善"),论述"业体"(指"业"的体性)问题。(2)第十五颂至第四十五颂(始"无表三律仪,不律仪非二",终"无漏并无色,除中定无想"),论述"无表三律仪"(指能引生"无表业"的三种律仪,即律仪、不律仪、非律仪非不律仪)问题。(3)第四十六颂至第八十七颂(始"安不安非业,名善恶无记",终"执命资贪生,违经故非理"),论述"诸业名"(指契经所说的各种业)问题。(4)第八十八颂至第一百三十一颂(始"断道有漏业,具足有五果",终"善有为应习,解脱名无上"),论述"业果"、"业障"、"施戒修"等问题。如关于"别解脱律仪"的差别,颂云:

　　　初律仪八种,实体唯有四。形转名异故,各别不相违。
　　受离五八十,一切所应离。立近事近住,勤策及苾刍。
　　(《分别业品》,第316页中)

意思是说，"别解脱律仪"有"苾刍律仪"（指比丘戒）、"苾刍尼律仪"（指比丘尼戒）、"正学律仪"（指式叉摩那六法）、"勤策律仪"（指沙弥戒）、"勤策女律仪"（指沙弥尼戒）、"近事律仪"（指优婆塞戒）、"近事女律仪"（指优婆夷戒）、"近住律仪"（指八斋戒）八种，推求它们的实体，唯有"苾刍律仪"、"勤策律仪"、"近事律仪"、"近住律仪"四种。因为离开"苾刍律仪"，就没有"苾刍尼律仪"；离开"勤策律仪"，就没有"正学律仪"、"勤策女律仪"；离开"近事律仪"，就没有"近事女律仪"。"苾刍"与"苾刍尼"、"勤策"与"勤策女"及"正学女"、"近事"与"近事女"，只是男女性别的差别，他们所受的"戒体"是没有差别的。"近事律仪"，指远离五种恶法的"五戒"；"近住律仪"，指远离八种恶法的"八戒"；"勤策律仪"，指远离十种恶法的"十戒"；"苾刍律仪"，指远离一切恶法的"具足戒"。

五、《分别随眠品》。收录六十九颂。内容大致分为二部分：（1）第一颂至第五十八颂（始"随眠诸有本，此差别有六"，终"虽二立一盖，障蕴故唯五"），论述烦恼的体性问题。（2）第五十九颂至第六十九颂（始"遍知所缘故，断彼能缘故"，终"舍一二五六，得亦然除五"），论述烦恼的断除问题。如关于"六随眠"（又称"六使"），颂云：

　　　　随眠诸有本，此差别有六。谓贪瞋亦慢，无明见及疑。
（《分别随眠品》，第319页上）

意思是说，"随眠"是"诸有"（指欲有、色有、无色有）的根本，"业"由"随眠"方得以生长，离开"随眠"，"业"就没有招感果报的功能。"随眠"有六种，即"贪"、"瞋"、"慢"、"无明"、"见"、"疑"，合称"六随眠"。

六、《分别贤圣品》。收录八十三颂。内容大致分为三部分：（1）第一颂（始"已说烦恼断，由见谛修故"，终"见道唯无漏，修道通二种"），总说"圣道"的体性问题。（2）第二颂至第二十六颂（始"谛四名已说，谓苦集灭道"，终"闻思成三业，殖在人三洲"），论述"四谛"、"二谛"问题。（3）第二十七颂至第八十三颂（始"世第一无间，即缘欲界苦"，终"相对互广狭，故应成四句"），论述"七贤"（指"三贤"、"四善根"）、"三道"（指见道、修道、无学道）、"七种圣人"（指随信行、随法行、信解、见至、身证、慧解脱、俱解脱）等问题。如关于"三十七觉分"（又称"三十七菩提分法"），颂云：

> 觉分三十七，谓四念住等。觉谓尽无生，顺此故名分。
> 此实事唯十，谓慧勤定信。念喜舍轻安，及戒寻为体。
> （《分别贤圣品》，第322页上）

意思是说，趣向菩提（觉悟）的修行方法，有三十七种，称为"三十七觉分"，即"四念住"、"四正断"、"四神足"、"五根"、"五力"、"七等觉支"、"八圣道支"。"觉"指觉悟，即永断"无明"，证得"尽智"、"无生智"；"分"指条件。"三十七觉分"的"实事"（指实体），只有十种，即"慧"、"勤"、"定"、"信"、"念"、"喜"、"舍"（又称"行舍"）、"轻安"、"戒"、"寻"（又称"觉"）。其中，四念住（含四种）、慧根、慧力、择法觉支、正见八种，以"慧"为体；四正断（含四种）、精进根、精进力、精进觉支、正精进八种，以"勤"为体；四神足（含四种）、定根、定力、定觉支、正定八种，以"定"为体；信根、信力二种，以"信"为体；念根、念力、念觉支、正念四种，以"念"为体；喜觉支一种，以"喜"为体；舍觉支一种，以"舍"为体；轻安觉支一种，以"轻安"为体；正语、正业、正命三种，以"戒"为体；正思惟一种，以"寻"为体。因此，"十事"是统摄"三十七觉分"的。

　　七、《分别智品》。收录六十一颂。内容大致分为二部分：
（1）第一颂至第三十三颂（始"圣慧忍非智，尽无生非见"，终
"依诸有漏法，立治修遣修"），论述"十智"的差别问题。
（2）第三十四颂至第六十一颂（始"十八不共法，谓佛十力等"，
终"人唯无生得，地狱初能知"），论述诸智所成的功德（包括"不
共功德"、"共功德"）问题。如关于佛与其他圣者、凡夫的"共功
德"，颂云：

　　　　　复有余佛法，共余圣异生。谓无诤愿智，无碍解等德。
（《分别智品》，第 323 页中）

　　意思是说，在佛所具有的无量功德中，既有佛特有的功德，
称为"不共功德"（又称"不共法"、"不共佛法"），也有佛与"余
圣"（指其他圣者）、"异生"（指凡夫）共有的功德，称为"共功
德"（又称"共法"）。佛与其他圣者共有的功德有"无诤"、"愿
智"、"四无碍解"三种；佛与凡夫共有的功德有"五通"、"四静
虑"（又称"四禅"）、"四无色定"、"八等至"、"三等持"、"四无
量"（又称"四无量心"）、"八解脱"、"十遍处"等。虽说"共功
德"，是其他圣者、凡夫也可以修习得到的，但以佛的功德为最
殊胜。

　　八、《分别定品》。收录本品的三十九颂和《俱舍论本颂》
的流通颂四颂。内容大致分为三部分：（1）本品第一颂至第三
十八颂（始"静虑四各二，于中生已说"，终"色界起静虑，亦由法
尔力"），论述"定"的种类（包括四静虑、四无色定、八等至等）
与功德（包括四无量、八解脱、八胜处、十遍处等）问题。
（2）本品第三十九颂（始"佛正法有二，谓教证为体"，终"有持
说行者，此便住世间"），论述"教法"与"证法"问题。（3）流通
颂四颂（始"迦湿弥罗议理成，我多依彼释对法"，终"是诸烦恼

力增时,应求解脱勿放逸"),论述造作本论的宗旨,并作劝学。
如关于"八等至",颂云:

> 此本等至八,前七各有三。谓味净无漏,后味净二种。
> 味谓爱相应,净谓世间善。此即所味著,无漏谓出世。
> (《分别定品》,第 324 页上)

意思是说,"八等至"指"四静虑"、"四无色定"八种根本禅
定(又称"根本等至"、"根本定")。"四静虑",指色界的四种根
本禅定,即"初静虑"、"第二静虑"、"第三静虑"、"第四静虑";
"四无色定",指无色界的四种根本禅定,即"空无边处定"、"识
无边处定"、"无所有处定"、"非想非非想处定"。"八等至"中
的前七种,即从"四静虑"中的"初静虑",至"四无色定"中的第
三定"无所有处定",合计七定,每一定都有三种性质的禅定,即
"味等至"(又称"味定",指与"贪"等烦恼相应的禅定)、"净等
至"(又称"净定",指与"无贪"等有漏善法,即与有烦恼的世间
善法相应的禅定)、"无漏等至"(又称"无漏定",指与"无漏
智",即与无烦恼过患的智慧相应的禅定);唯有"四无色定"中
的第四定"非想非非想处定",因定心昧劣,不能生起无漏定,故
它只有"味等至"、"净等至",没有"无漏等至"。

关于《俱舍论本颂》的宗旨,唐法宝《俱舍论疏》卷一说:"此
论(《俱舍论》)多据《婆沙》以制颂,长行中唯以理胜为宗,非偏
一部,然于中间,多以经量为正义也"。意思是说,《俱舍论》中
的"颂"(指《俱舍论本颂》)大多是依有部论书《大毗婆沙论》撰
作的;而《俱舍论》中的"论"(指长行,即散文)虽说是"以理胜
为宗,非偏一部",但在具体的论述中,多以经部的见解为正义。
因此,《俱舍论》与《俱舍论本颂》在内容上是有差异的,《俱舍论
本颂》多据有部,而《俱舍论》多依经部。

　　正因为存在这种差异,《俱舍论本颂》撰成以后,世亲派人将它送到迦湿弥罗国,"时彼国王,及诸僧众,闻皆欢喜,严幢幡等,出境而迎,标颂于香象前后,引从至国,寻读咸诵:世亲弘我宗(指有部)义"(唐法宝《俱舍论疏》卷一)。只有众贤论师的老师塞建地罗(意译"悟入")读后认为,"此非专弘有部宗。颂置传说:似为不信,如其不尔,请释即知"(同上)。意思是说,《俱舍论本颂》并非专弘有部宗义,其中隐含着对有宗的批评,如"颂"中采用了"传说"一词(如"因此传佛说对法"、"传说是明暗"、"传说不能观"、"传说五于四"、"传许约位说"等),表示这是有部相承的"传说",并不代表作者的观点,语中含有"不信"的意味。如果大家不相信,不妨请世亲为"颂"作释,一看释文自然就会明白。于是国王与僧众发使请世亲为"颂"作释,世亲受请而撰《俱舍论》,解释本颂,果然如悟入(指塞建陀)所言。

　　这表明,《俱舍论本颂》由于言简意赅,非难有部的言词并不明显,而一旦加以解释阐发,论主以经部为正义,纠正有部错失的倾向就十分显著,这就引出了众贤撰作《顺正理论》,重新诠释《俱舍论本颂》,破斥《俱舍论》,以救有宗的后事。因此,《俱舍论本颂》作为《俱舍论》《顺正理论》的共同论题,其学术重要性是不言而喻的。

　　本书的注疏有:现代演培《俱舍论颂讲记》(收入《谛观全集》第十二册至第十四册,台湾天华出版事业有限公司 1979 年 5 月版)。

陈真谛译《随相论》一卷

　　《随相论》,又名《求那摩底随相论》《随相论中十六谛疏》,一卷。印度德慧造,陈真谛译,约译于陈永定二年(559)至光大二年(568)之间。隋法经等《众经目录》卷五著录(书名作《求那摩底随相论》）。收入《大正藏》第三十二卷。

德慧（约五世纪末至六世纪初），音译"求那摩帝"、"瞿那末底"、"窭拏末底"，南印度人。幼而敏达，早擅精微，学通三藏，理穷四谛。曾在摩揭陀国通过辩论，降伏受到君王珍敬、被称为"国宝"的数论外道摩沓婆，誉腾五天（指五天竺）。后与坚慧一起游止伐腊毗国的阿折罗伽蓝，撰作诸论（见唐玄奘《大唐西域记》卷八、卷九）。德慧精于禅定，有"定门澄想"之称（见唐义净《南海寄归内法传》卷四）。瑜伽行派创始人世亲去世之后，有些论师为世亲《唯识三十颂》作释，其中较为著名的有护法、德慧、安慧、亲胜、难陀、净月、火辨、胜友、胜子、智月十人，世称"唯识十论师"（见唐窥基《成唯识论述记》卷一"本"），德慧为其中之一。主要著作有《唯识三十颂释》十卷、《中论疏》等（均佚）。生平事迹见唐玄奘《大唐西域记》卷八、窥基《成唯识论述记》卷一"本"等。

本书是德慧所撰《俱舍论》注疏中有关"十六谛"（即"四谛十六行相"）释文的节译本。从卷首有"论中解十六谛"一语，卷末有"十六谛义出《随相论释》"一语来看，德慧所撰的《俱舍论》注疏，或名《俱舍随相论释》，而本书则是其中有关"十六谛"解释的节录。"十六谛"是"四谛十六行相"的异译，指观察"苦谛"的"无常"、"苦"、"空"、"无我"四行相；"集谛"的"因"、"集"、"生"、"缘"四行相；"灭谛"的"灭"、"静"、"妙"、"离"四行相；"道谛"的"道"、"如"、"行"、"出"四行相。观察"四谛十六行相"，能依次成就"加行位"（指为入"见道"而加功用行的修行阶位）中的"暖法"、"顶法"、"忍法"、"世第一法"四种善根。

在陈真谛译的《俱舍释论》中，有关"四谛十六行相"的论述，分别见于卷十六《分别圣道果人品》、卷十九《分别慧品》二

品。本书由于是节译本,故书首没有序言,所释也不是从品名开始的。它的开头是:

> 论中解十六谛。十六谛总问:为物有十六,为名有十六耶。答:毗颇沙师(即毗婆沙师)解:为物有十六故,立十六名,实有其体,故称物。经优波提舍师解:名有十六,物唯有七,苦谛有四,谓无常、苦、空、无我,集、灭、道三谛各一,合为七。(《大正藏》第三十二卷,第 158 页中)

意思是说,"十六谛"是"物",还是"名",毗颇(婆)沙师(指有部论师)与经优波提舍师(指经部论师)的解释各不相同。毗颇沙师认为,"十六谛"都是"物",均实有其体;而经优波提舍师则认为,"十六谛"的名称虽有十六种,但实体只有七种,"苦谛"有"无常"、"苦"、"空"、"无我"四种行相,而"集谛"、"灭谛"、"道谛"均只有一种行相(后详)。

这是解释《俱舍释论》哪一品呢? 对勘后发现,它是解释《俱舍释论》卷十九《分别慧品》的。《分别慧品》说:

> 四谛十六行相,为由名有十六? 为由实物有十六? 余师说:由实物唯有七,由名有十六,集、灭、道(谛)行相,各共显一物故。毗婆沙师说:不尔。彼说云何? 偈曰:实物有十六。释曰:此中随属缘,故无常;逼恼为性,故苦;对治我所执,故空;对治我见,故非我;同种子法道理,故因;和合显现行,故集;生所显,故有;相应能成,故缘;……诸阴断绝,故灭;能杀三火,故静;无灾横,故妙;出一切过失外,故离;由行义,故道;与理相应,故如;正所成就,故行;一向过度,故出。(《大正藏》第二十九卷,第 288 页中)

由此可见,本书所释就是从这一段话开始的。它的主要内容是解释"十六谛"各谛(即"十六行相"各行相)的,并在解释中,分别毗婆沙师和经优波提舍师的不同见解。毗婆沙师对"十六谛"的解释是:

(一)"苦谛四名"。指"苦谛"有四种行相。(1)"无常"。指事物的"属缘"(指缘生)性。"属缘,故称无常。有为法无力不能自起,藉缘方起。如婴孩小儿不能自起,藉他扶持,方复得起。所言缘者,即是贪爱及业,必须具此二法,五阴方得生"。一切缘生的事物,都是有为法,凡是有为法,都有生、住、异、灭的变化,因而都有"无常"的,所谓"缘",是指"贪爱"(指烦恼)和"业",众生必具此二法,才有"五阴"(又称"五蕴")之身。(2)"苦"。指事物的"逼恼"性。"逼恼性,故名苦。逼恼有两种,一违逆逼恼、二随顺逼恼"。"违逆逼恼",是指"佛弟子于生死中,恒生怖畏";"随顺逼恼",是指"凡夫爱著生死"。(3)"空"。指"我所见"(对"我所"的执见)的对治法。"对治我所见,故名空"。凡夫执著一切法(事物)为"我所",为对治"我所见",故称一切法为"空"。(4)"无我"。指"我见"(执著"人我"为实有的见解)的对治法。"对治我见,故名无我"。凡夫执著"五阴"等为"我",为对治"我见",故称"五阴"等为"无我"。如关于"苦谛"的"空"、"无我"行相,说:

对治我所见,故名空。凡夫执一切法,言是我所,今明一切悉非我所,为对治此见,故名为空。对治我见,故名无我,凡夫执五阴等以为我,今明一切法悉无有我,为对治此见,故说无我。(《大正藏》第三十二卷,第158页下)

(二)"集谛四名"。指"集谛"有四种行相。(1)"因"。指能像"种子"一样,产生结果。"种子法道理,故名因"。所谓"种子法道理"的四义,是指种子若"破"、"陈宿"、"失时"、"因缘不具", 就不能生芽、生果, "贪爱"(指烦恼)和"业"也是如此。
"烦恼"与"业"的关系是,"烦恼"是"正种子","烦恼"能生
"业","业"不能生"烦恼"。(2)"集"。指"显现"。"显现,故
名集起"。"显现"有二种含义。一是指"贪爱与业相应,令果得
生,未生时果未现,生时则显现",二是指"贪爱能显于境界,境
界实是鄙恶,而贪爱转心,谓境界为好"。(3)"生"。指"众缘
聚集"。"如窑师埏埴绳水等,众缘聚集共生一瓶"。(4)"缘"。
指"能令果生"。"能拔出果、令成就,故名缘"。"因"与"缘"的
差别是,"因直感果令起,缘则能令果生,使一期报得具足成
就"。如关于"集谛"的"因"行相,说:

> 能生果是种子法,具四义是其道理。四义者,一种子
> 破,则不能生。如取种子磨之令破,虽具诸缘,不复能生牙
> (芽)。……二陈宿故。……三失时故。……四因缘不具,
> 虽不破、不陈宿、不失时,亦不生牙(芽)。……世间种子
> 法,必须具四种道理,方得生牙(芽),贪爱及业为种子法亦
> 尔,必须具四种道理,方能生果,生果故名因。问:业及烦
> 恼,何者正为种子?答:烦恼为正,烦恼生业,业不能生烦
> 恼,烦恼是本故。又有业无烦恼,必不能牵生;有烦恼无业,
> 由得中阴(指中有)生。(第158页下—第159页中)

(三)"灭谛四名"。指"灭谛"有四种行相。(1)"灭"。指
"无为"。"灭"有二种。一是指"五阴尽、不生",此据"果报"而
言;二是指"无为体",此据"灭谛"的体性而言。"灭谛"四行相
中的"灭",是指"无为体"。"灭谛自以无为为体,不取五阴灭、
不生为体"。因为在"五阴灭、不生"意义上的"灭"有"三世",
在"无为体"意义上的"灭",则没有"三世"。再进一步说:前一
种"灭"是以后一种"灭"为归宿的,后一种"灭"在内涵上是包

含前一种"灭"。"无为法中无五阴,五阴不于此中生故,用尽、不生义,以目无为;又五阴若尽灭、不生时,方证得此无为故,以尽、不生义,目无为故,名无为为灭"。(2)"静"。指"能灭三火"。此处所说的"三火",有二说。一是指"欲"、"瞋"、"痴",二是指"苦苦"(指由苦境所生的痛苦苦)、"坏苦"(指由乐境的坏灭所生的痛苦)、"行苦"(指由有为法的迁流无常所生的痛苦)。(3)"妙"。指"无三柱"(指没有"生苦、老苦、死苦")。"灭此二种三火,故名寂静,无三柱故名妙"。(4)"离"。指"解脱一切失"。"解脱一切失,故名永离"。所说的"一切失",是指"因缘果报","因是烦恼,缘是业,所受五阴是果报","烦恼"、"业"、"五阴身"是三种"过失法",最终解脱这三种"过失法",得名"永离"。如关于"灭谛"的"静"行相,说:

> 能灭三火,故名寂静。三火有两种:一欲瞋痴为三火,此三有三义,故名火。一能烧众生一切善根;二此三烦恼能使心热,即有烧心义;三能然(燃)三界,故名火。此三烦恼遍三界中,从六尘、六根、六识生,此烦恼根、尘、识皆是有流(指有漏),由此三烦恼故,不得安乐。……二以三苦为三火,此三苦能烧众生,令不得安乐。若欲界则具三苦,色界则具坏、行二苦,无色界唯有行苦。三苦即是三灾,苦苦是火灾,坏苦是水灾,行苦是风灾。有此二种三火,则喧动;以灭此二种三火,故名寂静。(第159页下)

(四)"道谛四名"。指"道谛"有四种行相。(1)"道"。指"于中行"。"于中行,故名道","尽(智)、无生智是能行,戒、定、慧是所行",意指在戒、定、慧中行道。(2)"如"。指"与理相应"。"若通论,则与四相道理相应,故名如;若别论,与不断不常中道理相应,故名如"。(3)"行"。指"正见所作"。"若

声闻人,闻正师说正教,从正声名生正闻,正闻生正修,作如此次
第习学,名为所作;若是独觉及佛,则从正思生正修"。
(4)"出"。指"永过度"。"永过度,故名出离","正即过度不
正,非暂时过度,及是永过度"。也就是说,由"邪思惟"而生"烦
恼",由"烦恼"而生"业",由"业"而生"果报",所有这些都是由
"不正思惟"造成的;若能生起"无流智慧"(指无漏智),修习
戒、定、慧,就能永远断离烦恼。如关于"道谛"的"道"行相,说:

> 于中行,故名道。凡有两释:一云尽(智)、无生智是能
> 行,戒、定、慧是所行,从苦法智讫道法智,(见道十六心中)
> 十二心皆断烦恼,是尽智;第十三心,是无生智。……尽智
> 有二种。一是正见、二是正思惟,同观无常而有粗细,正见
> 细见,正思惟粗,而此二互得相生。……第二解言,戒、定、
> 慧为无流(指无漏)心所行,成无流,故名道,则以无流心为
> 能行,戒、定、慧为所行,尽(智)、无生智是助心法故。前解
> 异后释。言于中者,于戒、定、慧中,与理相应故。(第160
> 页中、下)

"经优波提舍师"对"十六谛"的解释是:"苦谛"有四行相,
即"无常"、"苦"、"空"、"无我","有生有灭,故名无常","相违
性,故名苦","体所离,故名空","无自人,故名无我":"集谛"
有一行相,即"爱欲","爱欲为根本(指"因"),爱欲为集起(指
"集"),爱欲为生处(指"生"),爱欲为缘(指"缘")";"灭谛"有
一行相,即"爱欲断","以因断,不复相续,故名灭","无苦,故名
寂静","果无上,故名美妙","爱欲不更还,故名永离";"道谛"
有一行相,即"无流(指"无漏")心所行","无流心所行,故名
道,道即戒、定、慧为体","通达真实境,故名如","决定,故名正
行","毕竟度,故名出离"。

此外,本书在论述"苦谛"的"无我"行相时,还对跋私弗多罗可住子部(又名"犊子部")说的"我遍十八界中",外道说的"以四智(指证智、比智、譬智、声智)证知有我","我是五阴主,独居五阴中,譬如国王","我外相有五(指出息、入息、瞬、视、寿命)、内相有九(书中未列)"等"我执",进行了破斥。

唐失译《俱舍论实义疏》六卷

《俱舍论实义疏》,六卷。印度悉地罗末底(又称"安慧")造,唐代失译(译者失题)。翻译年代不详。今本为敦煌本(法国巴黎国民图书馆藏),收入《大正藏》第二十九卷。

安慧(约510—570),一作"安惠",音译"悉地罗末底",南印度伐腊毗国(又称"罗罗国")人。七岁依世亲出家,住于摩揭陀国那烂陀寺(见明多罗那他《印度佛教史》)。世亲有四大弟子,他们之中,安慧擅长"对法藏"(指论藏),陈那擅长"因明",解脱军擅长"波罗蜜多"(即般若),德光擅长"戒律"。相传,安慧能将《宝积经》四十九品以上全部文字牢住不忘,并著有《宝积经释》《俱舍释论霹雳电光》《对法集论释》《品类解说八论》等很多著作(见元布顿《佛教史大宝藏论》)。而据唐窥基《成唯识论述记》卷一"本"所说,安慧是德慧的弟子,二人均为解释世亲《唯识三十颂》的"唯识十论师"之一。从藏传佛教史书一致记载安慧是世亲的四大弟子之一来看,窥基之说是不确切的,可能是因为安慧自幼师事世亲,也曾问学于年长的德慧,故又传他是德慧的弟子。安慧的著作,见存于汉文《大藏经》的,有《大乘中观释论》《大乘阿毗达磨杂集论》《俱舍论实义疏》等;见存于藏文《大藏经》的,有《俱舍论大疏真实义论》(又名《俱舍论真实义释》)。生平事迹见唐窥基《成唯识论述记》卷一"本"、元布顿《佛教史大宝藏论》(郭和卿译,民族出版社1986年3月

版)、明多罗那他《印度佛教史》(张建木译,四川民族出版社
1988年3月版)、清土观《土观宗派源流》(西藏人民出版社
1984年11月版)等。有关安慧的生卒年月,佛教史传阙载,本
文之初所出的生卒年,采用的是日本平川彰《印度佛教史》中的
推定(显如等译,贵州大学出版社2013年8月版;宇井伯寿《印
度佛教思想史》、佐佐木教悟等《印度佛教史概说》则推定为约
470—550年)。

本书是《俱舍论》的注疏。它的原本"总有二万八千偈"(见
卷一卷题下的小注),约有二三十卷,敦煌本为原本的前五卷,
所释的是《俱舍论》初品《分别界品》、第二品《分别根品》的前
部分,其余皆缺。从行文来看,作者是以自撰偈颂和长行的方
式,解释《俱舍论》的个别语句的,有摘录原文,也有未摘录原
文的,有些地方的上下文没有连贯性,语句过于简约,这与作者
在《大乘阿毗达磨杂集论》中所表现的严密的逻辑性和说理的
透彻性,不相类似。因此,可以肯定地说,即使是今本的前五卷,
也不是原译的完整抄录,而是残抄,中间存在着大量的缺文。

一、《分别界品》(卷一至卷四)。解释《俱舍论》初品《分别
界品》。如关于"三慧"(指闻慧、思慧、修慧),说:

> 又颂:善知识(即善友)者谁?谓佛令生智,离放逸恶
> 行,违此即舍离(以上为安慧作的偈颂)。

> 对法宜如生得惠(慧)与闻惠为因,闻惠与思为因,思
> 惠与修惠为因,修惠与漏惠为因,漏惠与涅槃为因,以此义
> 故得名对法。以能增长闻等惠故,或诸有为悉皆弃舍,唯乐
> 涅槃,故名殊胜,苦、集、道谛为涅槃惠,佛教依法不依人
> (以上为安慧的解释)。(卷一《分别界品》,《大正藏》第二
> 十九卷,第325页中、下)

二、《分别根品》（卷五）。解释《俱舍论》第二品《分别根品》。如关于"命根定是异熟"，说：

> 颂曰：命唯是异熟，忧及后八非，色意余四受，一一皆通二（以上为《俱舍论本颂》）。

> 论：唯一命根定是异熟（以上为《俱舍论》的释文）。
> 释曰：无一命根非是异熟（以上为安慧的解释）。（卷五《分别根品》，第328页上）

汉文《大藏经》与藏文《大藏经》有着很强的互补性。有很多印度佛教的典籍仅存于汉文《大藏经》，也有不少印度佛教的典籍仅存于藏文《大藏经》，另有一些佛典同时见存于这二种语系的藏经中，但内容有同有异，可用来对勘互校。本书的汉译本是残缺的，而它的藏文译本《俱舍论大疏真实义论》则是完整的，因此，若要深入研究本书，还需借助于藏文译本。

第二品　唐玄奘译《阿毗达磨顺正理论》八十卷
附：唐玄奘译《阿毗达磨藏显宗论》四十卷

《阿毗达磨顺正理论》，又名《顺正理论》《俱舍雹论》《随实论》，八十卷。印度众贤造，唐玄奘译，永徽四年（653）至永徽五年（654）之间译出。唐道宣《大唐内典录》卷五著录（译经时间见《开元释教录》卷八）。载于《丽藏》"志"至"持"函、《宋藏》"逐"至"操"函、《金藏》"志"至"持"函、《元藏》"逐"至"操"函、《明藏》"背"至"泾"函、《清藏》"背"至"泾"函、《频伽藏》"冬"帙，收入《大正藏》第二十九卷。

众贤(约五世纪初),音译"僧伽跋陀罗",北印度迦湿弥罗国人。他是说一切有部论师,也是《入阿毗达磨论》论主塞建地罗(意译"悟入")的弟子。聪敏博达,幼传雅誉,对有部的《大毗婆沙论》有特深的研究。据唐玄奘《大唐西域记》卷四说,世亲造《阿毗达磨俱舍论》,以经部为正义,难破毗婆沙师所执,对此,众贤感到十分气愤,他沉研极钻十二年,撰写了《俱舍雹论》(意为摧折《俱舍论》的冰雹)二万五千颂,凡八十万言,破斥世亲,以救有宗,并派弟子送信,要求与世亲当众辩论。当时世亲在北印度磔迦国奢羯罗城,闻讯后,以国中无人"鉴达",能"察乎真伪,详乎得失"为由,负笈远游,不与相见。众贤行至中印度秣底补罗国,忽觉气衰,临终前,致书世亲,述说自己撰作《俱舍雹论》的本意,是"猥承传习"、"扶正宗学",希望世亲"不毁所执,得存遗文"。世亲阅后,对门人说,众贤之论"理虽不足,词乃有余","况乎此论,发明我宗(指有部)",于是将论题改为《顺正理论》,传布流通。

但据众贤《显宗论》卷一《序品》所说,"我以顺理广博言,对破余宗显本义。若经主(指世亲)言顺理教,则随印述不求非。少违对法旨及经,决定研寻誓除遣。已说论名《顺正理》,乐思择者所应学",则《顺正理论》之名,取意于"顺理广博言",意为随顺有部的正理,这在众贤撰书时就已使用,并非后来才改定的,至于《俱舍雹论》,则是它的别称而已。故《西域记》中关于世亲受众贤"垂终之托",将《俱舍雹论》"改题为《顺正理论》"的传闻,并不确切。众贤的著作除《顺正理论》之外,还有《阿毗达磨藏显宗论》四十卷(今存)。后人称他为正理师和新有部的代表。生平事迹见唐玄奘《大唐西域记》卷四、慧立等《大唐大慈恩寺三藏法师传》卷二、陈真谛译《婆薮槃豆法师传》等。

本书是《俱舍论本颂》的注释书,对说一切有部的思想学说,作了详细的阐述,对世亲《俱舍论》中的经部观点,作了重点评破。全书分为八品,依次为《辩本事品》《辩差别品》《辩缘起品》《辩业品》《辩随眠品》《辩贤圣品》《辩智品》《辩定品》。虽说本书与世亲《俱舍论》,同是《俱舍论本颂》的注释书,但二书的观点差别很大,世亲《俱舍论》多取经部学说,而本书则恪守有部本义。如关于对"对法藏"(有部论书均属于"对法藏")的看法,世亲认为,"对法藏"出自"佛弟子说",至于毗婆沙师说"佛世尊处处散说阿毗达磨,大德迦多衍尼子等诸大声闻结集安置",他表示不信(见《俱舍论》卷一);而本书则认为,"对法藏"出自"佛说",将"阿毗达磨定是佛说"作为立论的根本(见《顺正理论》卷一)。由此,本书在解释《俱舍论本颂》时,若世亲《俱舍论》采用的是有部学说,本书一般不置评判,而是改用自己的语言,重新诠释;若世亲《俱舍论》采用的是经部学说,本书则一一予以破斥,以阐明有部的正义,从而将对《俱舍论本颂》的解释,完全纳入有部的话语体系之中。为证明阿毗达磨出自"佛说",作者在对《俱舍论本颂》作释时,对所涉的各个问题,都要广引"契经言"、"契经说"、"经颂说"、"伽他(指颂)说"(大多为统称,少数标立具体的经名),作为论证和辨析的依据,故对同一颂的解释,本书要比《俱舍论》繁细得多,《俱舍论》只有三十卷,而本书有八十卷,字数多出这么多,也是由此而来的。

书中凡冠有"颂曰"的文句,均为摘自《俱舍论本颂》的颂文;凡冠有"论曰"的文句,均为众贤的对颂文所作的解释;凡冠有"经主"的文句,均指世亲所说,之所以不称世亲为"论主",而称他为"经主",是为了与本书中的"论曰"(众贤所说)相区分。据电子检索统计,全书有二百五十处提到"经主",除少数例外,大多是对世亲在《俱舍论》中述说的经部义理,所作的批驳和辨正。

一、《辩本事品》（卷一至卷八）。解释《俱舍论本颂》的归敬颂三颂（始"诸一切种诸冥灭，拔众生出生死泥"，终"由惑世间漂有海，因此传佛说对法"）和《俱舍论本颂·分别界品》四十四颂，论述"蕴"、"处"、"界"等问题。内容包括："有漏法"、"无漏法"、"有为法"、"无为法"、"五蕴"、"十二处"、"十八界"等，并开立各种义门（如"有见、无见"、"有对、无对"等），分析"十八界"诸界与其他诸法之间的关系。如关于"蕴"、"处"、"界"三义的差别，说：

颂曰：聚生门种族，是蕴处界义（以上为《俱舍论本颂》）。

论曰：积聚义，是蕴义；生门义，是处义；种族义，是界义。何等故知聚义是蕴？由经说故。如契经言，诸所有色，若过去、若未来、若现在、若内、若外、若粗、若细、若劣、若胜、若远、若近，如是一切，略为一聚，说名色蕴。……何缘故知门义是处？由训词故。处谓生门，心、心所法于中生长，故名为处，是能生长彼作用义。如契经说：梵志当知，以眼为门，唯为见色。……何缘故知族义是界？与世种族义相似故。……有十八类诸法种族，名十八界。……有余师说：可分段义是蕴义，诸有为法皆有过去、未来、现在三分段故。经主（指世亲）决判此释越经。今谓不然，不违理故（以上为众贤的解释）。（卷一《辩本事品》，《大正藏》第二十九卷，第343页中、下）

二、《辩差别品》（卷九至卷二十）。解释《俱舍论本颂·分别根品》七十四颂，论述"根"、"俱生法"等问题。内容包括："二十二根"、"俱生诸法"（包括有色的"极微聚"、"非极微聚"与无色的"心"、"心所"、"心不相应行"法）、"六因"、"四缘"等。如关于"心所法"中，"寻"与"伺"、"憍"与"慢"的区别，说：

颂曰：寻伺心粗细,慢对他心举,憍由染自法,心高无所顾(以上为《俱舍论本颂》)。

论曰：寻、伺别者,谓心粗、细,心之粗性,说名为寻;心之细性,说名为伺。……说寻伺为心粗细性,理善成立。定之粗障,说名为寻;定之细障,说名为伺,由此故,说心之粗性,说名为寻;心之细性,说名为伺,亦无有失。……慢、憍别者,慢谓对他心自举性,称量自他德类胜劣,若实、不实,心自举恃,凌蔑于他,故名为慢;憍谓染著自法为先,令心傲逸,无所顾性,于自勇健、财位、戒、慧、族(姓)等法中,先起染著,心生傲逸,于诸善本,无所顾眄,故名为憍(以上为众贤的解释)。(卷十一《辩差别品》,第393页下—第394页下)

三、《辩缘起品》(卷二十一至卷三十二)。解释《俱舍论本颂·分别世界品》九十九颂,论述"有情世间"和"器世间"的起源与构成问题,前者包括"三界"、"五趣"、"七识住"、"九有情居"、"四识住"、"四生"、"中有"、"十二缘起"、"四有"、"四食"等;后者包括"三轮"、"九山"、"八海"、"四洲"、"黑山"、"地狱"、"日月"、"天器"、"身量"、"寿量"、"三极少量"、"度量"、"时量"等。如关于"三极少量"(指"一极微"、"一字"、"一刹那",分别为"色"、"名"、"时"的最小量),说:

颂曰：极微字刹那,色名时极少(以上为《俱舍论本颂》)。

论曰：以胜觉慧,分析诸色,至一极微,故一极微,为色极少,不可析故。如是分析诸名及时,至一字、刹那,为名、时极少。一字名者,如说掉名。何等名为一刹那量? 经主(指世亲)率意,作是释言,谓众缘合时,法得自体顷(指《俱舍论》卷十二"何等名为一刹那量? 众缘和合,法得自体颂,或有动法行度一极微"一语)。如是所释,理不极成。……毗婆沙师依胜义说,法刹那量,可以喻彰。……依比量门,方便显示,谓如壮士一弹指时,经细刹那六十五等(以上为众贤的解释)。(卷三十二《辩缘起品》,第521页中、下)

四、《辩业品》(卷三十三至卷四十四)。解释《俱舍论本颂·分别业品》一百三十一颂,论述"业"(指造作、行为)的性质和种类问题。内容包括:"业体"(指"业"的体性)、"无表三律仪"(指能引生"无表业"的三种律仪,即律仪、不律仪、非律仪非不律仪)、"诸业名"(指契经所说的各种业),以及"业果"、"业障"、"施戒修"等。如关于小乘所说的"菩萨"(此指未成道之前的释迦牟尼)修行"六波罗蜜多"(又称"六度",指布施、持戒、忍辱、精进、禅定、智慧),说:

颂曰:但由悲普施,被析身无忿,赞叹底沙佛,次无上菩提。六波罗蜜多,于如是四位,一二又一二,如次修圆满(以上为《俱舍论本颂》)。

论曰:菩萨发愿初修施时,未能遍于一切含识,施一切物,唯运悲心。彼于后时,串习力故,悲心转盛能遍施与。……若时菩萨普于一切,能舍一切,但由悲心,非自希求胜生差别,齐此布施波罗蜜多修习圆满。……若时菩萨被析身支,虽未离欲贪,而心无少忿,齐此戒(指持戒)、忍(指忍辱)波罗蜜多修习圆满;……若时菩萨勇猛精进,赞叹底沙(佛)便超九劫,齐此精进波罗蜜多修习圆满;……若时菩萨处金刚座,将登无上正等菩提,次无上觉前住金刚喻定(指能在修道位最后断尽一切烦恼的禅定),齐此定(指禅定)、慧(指智慧)波罗蜜多修习圆满(以上为众贤的

解释）。(卷四十四《辩业品》，第591页中、下)

五、《辩随眠品》(卷四十五至卷五十六)。解释《俱舍论本颂·分别随眠品》六十九颂,论述烦恼的体性、种类和断除的方法问题。内容包括:"六随眠"(又称"六使")、"七随眠"(又称"七使")、"十随眠"(又称"十使")、"九十八随眠"(又称"六使")、"五见"、"四颠倒"、"九慢"、"三漏"、"四暴流"、"四轭"、"四取"、"五顺下分结"(又称"五下分结")、"五顺上分结"(又称"五上分结")、"九结"、"十缠"、"六垢"、"五盖"、"断惑四因"、"四种对治"等。如关于"五顺下分结"(指顺益欲界的五种烦恼),说:

　　颂曰:又五顺下分,由二不超欲。……能障趣解脱,故唯说断三(以上为《俱舍论本颂》)。

　　论曰:何等为五? 谓有身见(指身见)、戒禁取(指戒禁取见)、疑、欲贪、瞋恚。如是五种于下分法,能为顺益故,名下分。然下分法,略有二种:一下界,谓欲界;二下有情。谓诸异生(指凡夫),虽得圣法,而不能超下分界(指超脱欲界)者,由为欲贪、瞋恚二结所系缚故,虽离欲贪而不能越;下有情者,由为身见、戒取(指戒禁取见)、疑结所系缚故。诸有情住欲界狱中,欲贪及瞋犹如狱卒,由彼禁约不越狱故;身见等三如防逻者,设有方便,超欲界狱,彼三执还置狱中故。……断五下分结,得成不还果。以不还果,总说有二:一次第证、二超越成。断二(指欲贪、瞋恚)断三(指身见、戒禁取见、疑),如次得果(以上为众贤的解释)。(卷五十四《辩随眠品》,第643页下)

六、《辩贤圣品》(卷五十七至卷七十二)。解释《俱舍论本颂·分别贤圣品》八十三颂,论述"贤圣"的修行次第和果位问题。内容包括:"四谛"、"二谛"、"七贤"、"三道"、"七圣"等。
如关于"沙门果"(指预流果、一来果、不还果、阿罗汉果)的体
性,说:

> 言沙门者,能永息除诸界趣生生死魑魅,或能勤励息诸
> 过失,令永寂静,故名沙门。……无漏道是沙门性,通以有
> 为、无为为果,故沙门果体通有为、无为。此果佛说总有四
> 种,谓初预流,后阿罗汉。道类智品,是谓有为预流果体;见
> 断法断,是谓无为预流果体。道类智品,或离欲界第六无漏
> 解脱道品,是谓有为一来果体;见断法断,及欲界系修所断
> 中前六品断,是谓无为一来果体。道类智品,或离欲界第九
> 无漏解脱道品,是谓有为不还果体;见断法断、欲修断断,是
> 谓无为不还果体。尽智、无生智、无学正见品,是谓有为阿
> 罗汉果体;三界见修所断法断,是谓无为阿罗汉果体(以上
> 为众贤的解释)。(卷六十七《辩贤圣品》,第706页上、中)

七、《辩智品》(卷七十三至卷七十六)。解释《俱舍论本
颂·分别智品》六十一颂,论述"智"的种类和依"智"而起的功
德问题。内容包括:"十智"、"不共功德"(指"十八不共法")、
"共功德"(指"六通"等)等。如关于"四谛十六行相"所对治的
"不正见",说:

> 颂曰:行相实十六,此体唯是慧,能行有所缘,所行诸
> 有法(以上《俱舍论本颂》)。
> 论曰:有说,行相名虽十六,实事唯七,缘苦谛境治四
> 倒故,名实俱四;缘三谛(集谛、灭谛、道谛)境,名四实一
> (以上指经部的观点)。如是说者,实亦十六,所治、所行相
> 有别故。言所对治相有别者,为治常见,故修非常行相;为
> 治乐诸行(指有为法),故修苦行相;为治我所见,故修空行

相;为治我见,故修非我行相;为治无因论,故修因行相;为治自在等一因论,故修集行相;为治转变因、常因论,故修生行相;为治知为先能生论故,修缘行相;为治归自在为涅槃论,显诸蕴永灭是涅槃,故修灭行相;为治执自体所有解脱,是杂染(指有漏)惑苦不正见,故修静行相;为治执涅槃如被咒诅,遂致殄灭是弊坏论,故修妙行相;为治执解脱还退见,故修离行相;为治执无解脱道,故修道行相;为治苦行是真道见,及谤真道是邪论,故修如行相;为治不修道生死自净,及世间离染是真道,故修行行相;为治尝遭不永离染道所诳惑,于真圣道亦不敬,故修出行相(以上为众贤的解释)。(卷七十四《辩智品》,第 740 页下—第 741 页上)

八、《辩定品》(卷七十七至卷八十)。解释《俱舍论本颂·分别定品》三十九颂,论述"定"(指禅定,令心专注一境)的种类和依"智"而起的功德问题。内容包括:"四静虑"(又称"四禅")、"四无色定"、"三三摩地"(又称"三三昧")、"四无量"(又称"四无量心")、"八解脱"、"八胜处"、"十遍处"等。《俱舍论本颂》之末原有流通偈四颂,本书只辑录并解释初颂("迦湿弥罗议理成,我多依彼释对法,少有贬量为我失,判法正理在牟尼"),删去了其后的三颂。如关于"三等至"(指四静虑、四无色定八种根本禅定的性质,分为味等至、净等至、无漏等至三种,等至又称"定"),说:

此上所辩静虑、无色根本等至,总有八种。于中前七(指八定中的前七定,即从初静虑至无所有处),各具有三(指味等至、净等至、无漏等至),有顶等至(指八定中最后的非想非非想处定)唯有二种(指味等至、净等至),此地昧劣(指已无粗想,尚有细想),无无漏(指没有无漏等至)

故。初味等至,谓爱相应,爱能味著,故名为味,彼相应故,
此得味名。……净等至,名目世善定,离惑垢故,与无贪等
诸白净法共相应故。此是善故,与味有殊,是有漏故,与无
漏别,此即是前所味著境。……无漏定者,谓出世定,爱不
缘故,非所味著(以上为众贤的解释)。(卷七十七《辩定
品》,第 758 页下—第 759 页上)

本书对世亲在《俱舍论》中所述经部义理的破斥是十分尖
锐的,以前二十五卷为例,其破斥语就有:"经主应思"、"经主于
此误立前宗"(卷二);"经主决判此释越经,今谓不然"(卷三);
"未审此中经主意趣"(卷五);"何缘经主起此执耶"、"经主何
因起斯定执"(卷七);"经主不应同此无失"(卷九);"经主此中
误取彼情,横申过难"(卷十一);"经主于中虽随自执,多有所
说,而无所,所执种子理不成故","何缘经主复作是言,谓异
生性,都无实物"(卷十二);"此中多类诽谤涅槃,彼诽谤因,纷
竞非一,我今正破经主谤因,兼破余师","今详经主,似总厌背
毗婆沙宗,欲依空花,拨一切法皆无自性"(卷十七);"经主于此
谬作是言"(卷十八);"经主此中假为宾主,谬增正义","经主
定于阿毗达磨,无所承禀,谬述此言,或由自心憎厌对法,矫作是
说:惑乱正宗","前说理成,经主后言,不堪为证"(卷二十一);
"经主自立此句义已,复自假兴如是征难,如是句义,理不应然"
(卷二十五),等等。对这样措词严厉的批评著作,世亲不但不
加禁止,反而在原作者众贤去世的情况下,令人传布流通,足见
他待人之宽容。

由于本书和《俱舍论》都是以诠释《俱舍论本颂》的形式组
织的,具有相同的论题和结构,因而在对有部理论的解释上,有
着很大的共同性和互补性,《顺正理论》在世亲时代就成为研究

《俱舍论》的重要参考书,原因也在于这里。此外,本书虽以有部为正义,但在很多问题上已作了修正、补充和发展,与有部旧说有所不同,因而被称之为"新萨婆多义"(见唐窥基《成唯识论述记》卷二),即"新有部义"。

本书的节略本有:众贤造,唐玄奘译《阿毗达磨藏显宗论》四十卷。

本书的注疏有:唐元瑜《阿毗达磨藏顺正理论述文记》二十卷(今存卷九、卷十八)。

唐玄奘译《阿毗达磨藏显宗论》四十卷

《阿毗达磨藏显宗论》,又名《说一切有部显宗论》《显宗论》,四十卷。印度众贤造,唐玄奘译,永徽二年(651)至永徽三年(652)之间译出。唐道宣《大唐内典录》卷五著录(译经时间见《开元释教录》卷八)。载于《丽藏》"雅"至"爵"函、《宋藏》"好"至"縻"函、《金藏》"雅"至"爵"函、《元藏》"好"至"縻"函、《明藏》"宫"至"郁"函、《清藏》"宫"至"郁"函、《频伽藏》"冬"帙,收入《大正藏》第二十九卷。

本书是《顺正理论》的节略本。作者众贤在撰出《顺正理论》以后,考虑到《顺正理论》文句繁多,义理难寻,若不花很多的时间去钻研,很难理解。于是从《顺正理论》广文中,撮要编撰了这部《显宗论》,以便习学。《显宗论》仍以《俱舍论本颂》为纲目,只是对个别与有部宗义有出入的颂句,略微作了一些改动,如卷一将"因此传佛说对法",改为"为寂大师说对法",卷二十七将"传许约位说",改为"佛依分位说"等。在解释颂文时,删去了《顺正理论》中的"广决择",即对一个问题所作的多方面的决断简择,特别是大幅度地删略了对《俱舍论》所述经部义理的批判,对有部的宗义只作正面的阐释。故《顺正理论》的写法是既释又破,而本书的写法是只释不破(以上见卷一《序品》)。

全书分为九品,依次为《序品》《辩本事品》《辩差别品》《辩缘起品》《辩业品》《辩随眠品》《辩贤圣品》《辩智品》《辩定品》,除《序品》是新增外,其余八品的内容都是根据《顺正理论》节略而成。《顺正理论》提到"经主"(指世亲)的有二百五十处,其中大多是对世亲在《俱舍论》中所述经部义的批判,而本书只有二十六处,从而将对世亲的绝大多数批评,都删除了,剩下的几乎可以忽略不计。

一、《序品》(卷一)。本品是众贤新撰的一品,为《顺正理论》所无。初首为五颂,每颂为七言四句,叙述《顺正理论》《显宗论》的撰作缘起;次为长行,叙说"佛世尊是一切智",以及其他部派与有部在教义上的"差别诤论"。如关于《顺正理论》《显宗论》的撰作缘起,说:

> 我以顺理广博言,对破余宗显本义。若经主(指世亲)言顺理教,则随印述不求非。少违对法旨及经,决定研寻誓除遣。已说论名《顺正理》,乐思择者所应学(以上说《顺正理论》的撰作缘起)。文句派演隔难寻,非少劬劳所能解。为撮广文令易了,故造略论名《显宗》。饰存彼颂以为归,删《顺理》中广决择。对彼谬言申正释,显此所宗真妙义(以上说《显宗论》的撰作缘起)。(卷一《序品》,《大正藏》第二十九卷,第777页上)。

关于其他部派与有部在教义上的"差别诤论",主要有:

(1)"有说唯金刚喻定(指能在修道位最后断尽一切烦恼的禅定),能顿断烦恼"。(2)"或说择灭、涅槃二法为体"。(3)"或说不相应行,无别实物"。(4)"或说表业尚无,况无表业"。(5)"或说一切色法,大种为体"。(6)"或说前后相似,为同类因"。（7）"或说色处,唯用显色为体"。（8）"或说触处,唯用大种为体"。（9）"或说唯有触处,是有对碍"。（10）"或说触处、身处,是有对碍"。（11）"或说唯五外处,是有对碍"。（12）"或说眼识能见"。（13）"或说和合能见"。（14）"或说意界、法界,俱常、无常"。（15）"或说一切色法,非刹那灭"。（16）"或说不相应行,有多时住"。（17）"或说无想灭定,皆现有心"。（18）"或说等无间缘,亦通色法"。（19）"或说一切色法,无同类因"。（20）"或说异熟生色,断已更续"。（21）"或说傍生、饿鬼、天趣,亦得别解脱戒"。（22）"或说心无染污,亦得续生"。（23）"或说一切续生,皆由爱恚"。（24）"或说律仪、不律仪分受,亦全受"。（25）"或说傍生、饿鬼,有无间业"。（26）"或说无间、解脱二道,俱能断诸烦恼"。（27）"或说意识相应善有漏慧,非皆是见"。（28）"或说身、边二见,皆是不善,亦他界缘"。（29）"或说一切烦恼皆是不善"。（30）"或说无乐、舍受"。（31）"或说唯无舍受"。（32）"或说无色界中,亦有诸色"。（33）"或说无想天殁,皆堕恶趣"。（34）"或说一切有情,无非时死"。（35）"或说诸无漏慧,皆智见性"。（36）"或说无有去、来,一切现在别别而说"。（37）"或说色、心,非互为俱有因"。（38）"或说羯刺蓝位,一切色根皆已具得"。（39）"或说诸得顶法者,皆不堕恶趣"。（40）"或说诸善、恶业,皆可转灭"。（41）"或说诸无为法,非实有体"。（42）"或说诸世间道,不断烦恼"。（43）"或说唯赡部洲能起愿智,无诤无碍重三摩地"。（44）"或说心、心所法,亦缘无境"（以上见卷一）。这些争论问题的归纳,为研究印度部派佛教思想史,提供了极为重要的线索。

　　二、《辩本事品》（卷一至卷四）。为《顺正理论》卷一至卷八《辩本事品》的节略,论述"蕴"、"处"、"界"等问题。内容包括："有漏法"、"无漏法"、"有为法"、"无为法"、"五蕴"、"十二处"、"十八界"等。如关于"六识"的"三种分别"，说：

颂曰：说五无分别，由计度随念，以意地散慧，意诸念为体（以上为《俱舍论本颂》）。

论曰：分别有三，一自性分别、二计度分别、三随念分别。由五识身（指眼识、耳识、鼻识、舌识、身识）虽有自性（指自性分别），而无余二（指计度分别、随念分别）。……自性分别体，唯是寻，后心所中，自当辩释。余二分别，如其次第，意地（指第六识意识）散慧诸念为体，散言简定（指散慧不同于与定相应的定慧），意识相应散慧，名为计度分别。定中不能计度境故，非定中慧能于所缘，如此如是计度而转（指定慧无计度分别）。……若定（慧）、若散（慧），意识相应诸念，名为随念分别（以上为众贤的解释）。（卷三《辩本事品》，第788页中）

三、《辩差别品》（卷五至卷十一）。为《顺正理论》卷九至卷二十《辩差别品》的节略，论述"根"、"俱生法"等问题。内容包括："二十二根"、"俱生诸法"、"六因"、"四缘"等。如关于"有色"的俱生法（指极微聚、非极微聚）和"无色"的俱生法（指心、心所、心不相应行），说：

诸行（指有为法）俱生，今应思择。此中诸行，略有二种：有色、无色。无色有三，谓心、心所、不相应行；有色有二，谓是极微及非极微。极微有二：一欲界系、二色界系。欲界极微，复有二种：一无根聚、二有根聚。……有对色中，最后细分、更不可析，名曰极微，谓此极微更不可以余色觉慧，分析为多，此即说为色之边际，更无分故，立边际名。……已说有色决定俱生，无色俱生，今次当说。……心与心所,必定俱生,随阙一时,余未尝起。诸行即是一切有为(法),所谓有色、无色诸行。前必俱言,应流至此,谓有色等诸行生时,必与生等四相(指生、住、异、灭)俱起。(卷五《辩差别品》,第799页上、中)

四、《辩缘起品》(卷十二至卷十七)。为《顺正理论》卷二十一至卷三十二《辩缘起品》的节略,论述"有情世间"和"器世间"的起源与构成问题。前者包括"三界"、"五趣"、"七识住"、"九有情居"、"四识住"、"四生"、"中有"、"十二缘起"、"四有"、"四食"等;后者包括"三轮"、"九山"、"八海"、"四洲"、"黑山"、"地狱"、"日月"、"天器"、"身量"、"寿量"、"三极少量"、"度量"、"时量"等。如关于"业"与"四有"(指中有、生有、本有、死有),说:

颂曰:此一业引故,如当本有形,本有谓死前,居生刹那后(以上为《俱舍论本颂》)。

论曰:业有二种:一牵引业、二圆满业。中(有)、生(有)二有牵引业同,圆满业异。引业同故,此中有形,与当(指将来)本有,其状相似,如印所印,文像无别。……有说,中有皆生门入,非破母腹而得入胎。理实中有随欲入胎,非要生门,无障碍故。……于中有情位,分四种:一者中有,义如前说;二者生有,谓于诸趣结生刹那;三者本有,除生刹那死前余位;四者死有,谓最后念(以上为众贤的解释)。(卷十三《辩缘起品》,第837页中、下)

五、《辩业品》(卷十八至卷二十四)。为《顺正理论》卷三十三至卷四十四《辩业品》的节略,论述"业"(指造作、行为)的性质和种类问题。内容包括"业体"、"无表三律仪"、"诸业名"、"业果"、"业障"、"施戒修"等。如关于"三障"(指业障、烦

恼障、异熟障),说:

　　颂曰:三障无间业,及数行烦恼,并一切恶趣,北洲无想天(以上为《俱舍论本颂》)。

　　论曰:业障体者,谓五无间:一者害母,二者害父,三者害阿罗汉,四者破和合僧,五者恶心出佛身血。烦恼障体者,谓数行烦恼,下品烦恼,若有数行,虽欲伏除,难得其便,由彼展转,令上品生,难可伏除,故亦名障;上品烦恼,若不数行,对治道生,易得其便,虽极猛利,而非障摄。……故烦恼中,随品上下,但数行者,名烦恼障。异熟障体者,谓三恶趣(指地狱、鬼、傍生)全,及善趣一分,即北洲(指北俱卢洲)、无想(指无想天)。何故名障? 能障圣道,及道资粮并离染故,虽有余业,能障见道,而可转故,非如五逆。……此三障中,烦恼最重,以能发业,业感果故(以上为众贤的解释)。(卷二十三《辩业品》,第885页下—第886页上)

　　六、《辩随眠品》(卷二十五至卷二十八)。为《顺正理论》卷四十五至卷五十六《辩随眠品》的节略,论述烦恼的体性、种类和断除的方法问题。内容包括:“六随眠”、“七随眠”、“十随眠”、“九十八随眠”、“五见”、“四颠倒”、“九慢”、“三漏”、“四暴流”、“四轭”、“四取”、“五顺下分结”、“五顺上分结”、“九结”、“十缠”、“六垢”、“五盖”、“断惑四因”、“四种对治”等。如关于“四种对治”(指断对治、持对治、远分对治、厌患对治),说:

　　颂曰:对治有四种,谓断持远厌(以上为《俱舍论本颂》)。

　　论曰:诸对治门,总有四种:一断对治,谓道亲能断诸惑得,即无间道(指断除烦恼的阶位);二持对治,谓道初与断得俱生,即解脱道(指证得真理的阶位),由如是道持断得故,令诸惑得不相续生;三远分对治,谓道能令前所断惑得,转更成远,即胜进道,于解脱道后所起道,名为胜进,乃至彼得俱起生等,亦得道名,令与惑得相违,诸得相续增故;四厌患对治,谓道随于何界、何地中,见诸过失,深生厌患,即是于彼,以种种门,观过失义,此唯诸厌作意聚摄,由此势力,设于后时属妙境界,亦不贪著,应知多分是加行道,非决定故(以上为众贤的解释)。(卷二十八《辩随眠品》,第910页中)

七、《辩贤圣品》(卷二十九至卷三十四)。为《顺正理论》卷五十七至卷七十二《辩贤圣品》的节略,论述"贤圣"的修行次第和果位问题。内容包括:"四谛"、"二谛"、"七贤"、"三道"、"七圣"等。如关于"二谛"(指世俗谛、胜义谛)的差别,说:

颂曰:彼觉破便无,慧析余亦尔,如瓶水世俗,异此名胜义(以上为《俱舍论本颂》)。

论曰:诸和合物,随其所应,总有二种性类差别:一可以物破为细分,二可以慧析除余法。谓且于色诸和合聚,破为细分,彼觉便无,名世俗谛。……依世俗理说有瓶等,是实非虚,名世俗谛。如世俗理,说为有故,若物异此,名胜义谛。谓彼物觉,彼破不无,及慧析除(当作"余"),彼觉仍有,名胜义谛。犹如色等,如色等物,碎为细分,渐渐破析,乃至极微,或以胜慧析除味等,彼色等觉,如本恒存,受等亦然。……此真实有故,名胜义,以一切时、体恒有故。依胜义理,说有色等,是实非虚,名胜义谛。如胜义理,说为有故,由此四圣谛皆胜义谛摄(以上为众贤的解释)。(卷二十九《辩贤圣品》,第914页下)

八、《辩智品》(卷三十五至卷三十七)。为《顺正理论》卷七十三至卷七十六《辩智品》的节略,论述"智"的种类和依

"智"而起的功德问题。内容包括:"十智"、"十八不共法"、"四无碍解"、"六通"等。如关于建立"十智"(指世俗智、法智、类智、苦智、集智、灭智、道智、他心智、尽智、无生智)的"七缘"(指七种原因),说:

颂曰:由自性对治,行相行相境,加行办因圆,故建立十智(以上为《俱舍论本颂》)。

论曰:由七缘故,立二(指有漏智、无漏智)为十(指十智)。一自性故,立世俗智,以世俗智为自性故;二对治故,立法(智)、类智,全能对治欲(界)、上界(指色界、无色界)故;三行相故,立苦(智)、集智,此二智,境体无别故;四行相、境故,立灭(智)、道智,此二行相、境俱有别(指灭智缘择灭,道智缘学法、无学法)故;五加行故,立他心智,非此不知他心所法,本修加行,为知他心,虽成满时,亦知心所,而约加行故,立他心智名,加行如前已具分别;六事办故,建立尽智,事办身中定初生故;七因圆故,立无生智,一切圣道为因生故,谓有尽智非无生智为因故生,无无生智不以尽智为因故起(以上为众贤的解释)。(卷三十五《辩智品》,第949页上)

九、《辩定品》(卷三十八至卷四十)。为《顺正理论》卷七十七至卷八十《辩定品》的节略,论述"定"(指禅定,令心专注一境)的种类和依"智"而起的功德问题。内容包括:"四静虑"(又称"四禅")、"四无色定"、"三三摩地"(又称"三三昧")、"四无量"(又称"四无量心")、"八解脱"、"八胜处"、"十遍处"等。如关于"八解脱"的体性,说:

解脱有八:一内有色想,观外色解脱;二内无色想,观外色解脱;三净解脱身作证具足住(指净解脱);四无色定

为次四解脱(指空无边处解脱、识无边处解脱、无所有处解
脱、非想非非想处解脱);灭受想定为第八解脱(指灭受想
解脱)。八(指八解脱)中,前三无贪为性。……次四解脱,
如其次第,以四无色定善为性。……第八解脱,即灭尽定,
厌背受想,而起此故,或总厌背,有所缘故,微微心后,此定
现前。前对想心,已名微细,此更微细,故曰微微,次如是
心,入灭尽定。(卷四十《辩定品》,第975页上、中)

本书相当于《顺正理论》的简编,从内容上说,《顺正理论》
所述的有部要义,尽收其中,但文字上要简约得多,甚便读览。
由于二书的侧重点有所不同,《顺正理论》偏重于破斥经部异
说;而本书偏重于正述有部宗义,故对学人来说,若是研究印度
部派佛教的思想,特别是有部与经部学说上的同异,以选读《顺
正理论》为宜;若是一般性地了解佛教基本知识或有部学说,则
以选读本书为宜。又由于《俱舍论》《顺正理论》和本书,都是以
诠释《俱舍论本颂》的方式展开的,具有大致相同的层次结构和
论题,所述的有部义理也大致相同,故本书与《顺正理论》一样,
同为研究《俱舍论》的重要参考书。

第四门　其他佛教部派论书

第一品　上座部论书：姚秦昙摩耶舍等译
《舍利弗阿毗昙论》三十卷

附：梁僧伽婆罗译《解脱道论》十三卷
东晋失译《那先比丘经》二卷

《舍利弗阿毗昙论》，又名《舍利弗阿毗昙》《舍利弗毗昙》，三十卷。姚秦昙摩耶舍、昙摩崛多译，弘始十六年（414）至弘始十七年（415）之间译出。梁僧祐《出三藏记集》卷二著录。载于《丽藏》"京"至"面"函、《宋藏》"邙"至"面"函、《金藏》"京"至"面"函、《元藏》"邙"至"面"函、《明藏》"惊"至"写"函、《清藏》"惊"至"写"函、《频伽藏》"秋"帙，收入《大正藏》第二十八卷。

昙摩耶舍（约五世纪），意译"法明"，罽宾国（又称"迦湿弥罗国"，今克什米尔一带）国人。少而好学，长通经律，三十岁以后，游方授道，逾历名邦，履践郡国。东晋隆安（397—401）年间，抵达广州，住于白沙寺。因善诵《毗婆沙律》，人称"大毗婆沙"，时年八十五，徒众八十五人。应清信女张普明之请，译出《差摩经》一卷。义熙（405—418）年中，来入长安，秦主姚兴深加礼敬，与昙摩掘多一起，于石羊寺译出《舍利弗阿毗昙论》二十二卷（今作三十卷），沙门道标制序。后南游江陵，止于辛寺，大弘禅法，士庶求学者达三百余人。刘宋元嘉（424—453）年中，辞归西域，不知所终。所译的佛经，《开元释教录》卷四著录为"三部二十四卷"。其中，《乐璎珞庄严方便品经》（一卷）、《舍利弗阿毗昙论》见存；《差摩经》已佚。其弟子法度，"独执矫异，规以摄物"，"专学小乘，禁读方等（指大乘），唯礼释迦，（云）无十方佛"，梁僧祐曾作《小乘迷学竺法度造异仪记》一文，专斥其事（见《出三藏记集》卷五）。生平事迹见梁慧皎《高僧传》卷一等。

昙摩掘多（约五世纪），意译"法藏"，天竺（印度）沙门。姚秦弘始（399—415）年中，来到长安，与昙摩耶舍共译《舍利弗阿毗昙论》。生平事迹略见《高僧传》卷一。

本书是现存最早的阿毗达磨论书，由佛的大弟子舍利弗（被称为"智慧第一"）撰作，上座部传出。佛在世时，佛的大弟子大迦旃延"撰集众经，抄撮要慧，呈佛印可"，编集了"佛说阿毗昙"的口诵本（见《分别功德论》卷一）。这部"佛说阿毗昙"由"分别说戒"、"分别说世间"、"分别说因缘"、"分别说界"、"分别说同随得"（指烦恼）、"分别说名味句"（指智慧）、"分别集定"（指定）、"分别说集业"（指业）、"分别说诸阴"（指五蕴）九分（部分）构成的，故又称"九分阿毗昙"，每一分有六千偈，总计有五万四千偈（见唐圆测《解深密经疏》卷一引真谛《部执论记》）。佛的大弟子舍利弗（被称为"智慧第一"）生前曾撰论，"释佛九分毗昙"（见隋吉藏《三论玄义》），这便是《舍利弗阿毗昙论》。《四分律》卷五十四说，"第一次结集"（佛入灭的当年雨安居期间，于王舍城举行的五百比丘结集）时，阿难所诵出的"阿毗昙藏"（即论藏），是由五部分组成的，"有难、无难、系、相应、作处，集为阿毗昙藏"；三秦失译《毗尼母经》卷三也说，"有问分别、无问分别、相摄、相应、处所此五种，名为阿毗昙藏"。

此二书所说的"有问"、"无问"、"相摄"、"相应"、"处所"五类，
相当于《舍利弗阿毗昙论》中的《问分》《非问分》《摄相应分》
（将"相摄"、"相应"合为一类）、《绪分》四分。由此可见，"第一
次结集"时所结集的原始论藏，很可能就是《舍利弗阿毗昙论》，
它是佛说九分毗昙的解释者和传承者。南传巴利文《论藏》中
的六论，即《法集论》《分别论》《界论》《人施设论》《双论》《发趣
论》也是从《舍利弗阿毗昙论》发展而来的。

　　《舍利弗阿毗昙论》后来由部派佛教传行于世。《大智度
论》卷二说，"佛在时，舍利弗解佛语故，作阿毗昙，后犊子道人
等读诵，乃至今名为《舍利弗阿毗昙》"，认为本书是犊子部所传
的论书；隋吉藏《三论玄义》卷上，也认为本书是犊子部的论书；
唐窥基《瑜伽师地论略纂》卷三则说，"《舍利弗阿毗昙》，是正量
部义"，认为本书为正量部的论书。近人吕澂《印度佛学源流略
讲》考证后认为，本书不是犊子部论书，而是为上座部论书，理
由是"此书与犊子部主张大多相反。如犊子的特点主张有补特
伽罗，此书即未谈到，又犊子部讲六道轮回（多阿修罗一道），此
书则只讲五道"。吕澂之说是有道理的，今取此说。

　　上座部，音译"他鞞罗部"，又名"雪山部"，是佛入灭（南传
佛教定为前544年，北传佛教有前486年、前383年等说）后一
百年，统一的僧团发生"根本分裂"所形成的二大根本部派（上
座部、大众部）之一。在以后的发展过程中，上座部和大众部的
内部又发生"枝末分裂"，从而形成小乘佛教的"十八部派"或
"二十个部派"。上座部弟子"本弘经教"，提倡"先弘经藏"，后
弘律、论。佛涅槃后"三百年初"，迦多衍尼子出世，成为上座部
弟子，提倡"先弘对法（指论）"，后弘经、律，上座部内部由此起
诤，形成二派。主张"先弘对法"的一派为多数，结成了说一切
有部，住于上座部的原地；而坚持"先弘经藏"的一派为少数，仍

为上座部,移住雪山,改名雪山部。此部的主要教义有:"诸菩萨犹是异生"(指菩萨依然是凡夫);"菩萨入胎不起贪爱"(指菩萨入胎受生时不会生起贪爱);"无诸外道能得五通"(指没有外道能证得天眼通、天耳通、他心通、神境通、宿命通);"无天中住梵行者"(指没有在天上修持清净行的修行者);"有阿罗汉为余所诱,犹有无知,亦有犹豫,他令悟入,道因声起"(指赞同"大天五事")等。其余理论大多与说一切有部相同(以上见唐玄奘译《异部宗轮论》)。

全书分为四分三十三品,以修道断惑为主旨,对一切法(事物)的自相、共相、种类、性质和诸法之间的关系等,作了细密的论究。第一《问分》,下分十品,即《入品》《界品》《阴品》《四圣谛品》《根品》《七觉品》《不善根品》《善根品》《大品》《优婆塞品》;第二《非问分》,下分十一品,即《界品》(与前述《问分·界品》重名,内容不同)、《业品》《人品》《智品》《缘品》《念处品》《正勤品》《神足品》《禅定品》《道品》《烦恼品》;第三《摄相应分》,下分二品,即《摄品》《相应品》;第四《绪分》,下分十品,即《遍品》《因品》《名色品》《假结品》《行品》《触品》《假心品》《十不善业道品》《十善业道品》《定品》。其体例是:各品之首,先叙列论题的纲目(论母),然后以"云何"或"何谓"为导语,依次对每一个论题作出解释,释文以直释为主,一般不引典据。

本书的初首有道标《舍利弗阿毗昙论序》,说:

阿毗昙,秦言无比法,出自八音,亚圣(指舍利弗)所述。……其为经也,先立章以崇本,后广演以明义。之体四焉:《问分》也,《非问分》也,《摄相应分》也,《绪分》也。《问分》者,寄言扣击,明夫应会;《非问分》者,假韵默通,唯宣法相;《摄相应分》者,总括自他,释非相无;《绪分》者,远述因缘，以彰性空。……此经于先出阿毗昙，虽文言融通，而旨各异制。……会天竺沙门昙摩耶舍、昙摩掘多等义学，来游秦土。……于是诏令传译。……以秦弘始九年，命书梵文，至十年，寻应令出。但以经趣微远，非徒开言所契，苟彼此不相领悟，直委之译人者，恐津梁之要，未尽于善。停至十六年，经师渐闲秦语，令自宣译。……令文之者修饰，义之者缀润，并校至十七年讫。（《大正藏》第二十八卷，第525页上、中）

一、《问分》（卷一至卷六）。以自设问答的方式，论述"十二入"、"十八界"、"五阴"、"四圣谛"、"二十二根"、"七觉"、"三不善根"、"三善根"、"四大"、"优婆塞五戒"等问题，并辨析它们与"色、非色"等三十一种法之间的关系。下分十品。

（一）《入品》（卷一）。论述"十二入"（又称"十二处"）问题。内容包括："十二入"中，"内六入"（又称"六根"）、"外六入"（又称"六境"）的名义，以及它与"色、非色"等三十一种法之间的关系。这三十一种法是：（1）"色、非色"。（2）"可见、不可见"。（3）"有对、无对"。（4）"圣、非圣"。（5）"有漏、无漏"。（6）"受、非受"。（7）"有报、无报"。（8）"心、非心"。（9）"心相应、非心相应"。（10）"心数（指心所）、非心数"。（11）"缘、非缘"。（12）"共心、非共心"。（13）"业、非业"。（14）"业相应、非业相应"。（15）"共业、不共业"。（16）"因、非因"。（17）"有因、无因"。（18）"知、非知"。（19）"识、非识"。（20）"解、非解"。（21）"了、非了"。（22）"断智知、非断智知"。（23）"修、非修"。（24）"证、非证"。（25）"善、非善、无记"。（26）"学、无学、非学非无学"。（27）"报、报法、非报非报法"。（28）"见断、思惟断、非见断非思惟断"。(29)"见断因、思惟断因、非见断非思惟断因"。
(30)"欲界系、色界系、无色界系、不系"。(31)"过去、未来、
现在、非过去非未来非现在"。

（二）《界品》（卷二）。论述"十八界"问题。内容包括：
"十八界"中，"六根"、"六境"、"六识"的名义；"十八界"与"色、
非色"等三十一种法之间的关系。

（三）《阴品》（卷三）。论述"五阴"（又称"五蕴"）问题。
内容包括："五阴"中，"色阴"（又称"色蕴"）、"受阴"（又称"受
蕴"）、"想阴"（又称"想蕴"）、"行阴"（又称"行蕴"）、"识阴"
（又称"识蕴"）的名义，以及它们与"色、非色"等三十一种法之
间的关系。如关于"色阴"，说：

> 云何色阴？若色法，是名色阴。云何色阴？十色入
> （指五根、五境），若法入色（指法处所摄色），是名色阴。云
> 何色阴？四大，若四大所造色，是名色阴。云何色阴？三行
> 色（指三种色），可见有对色、不可见有对色、不可见无对
> 色，是名色阴。云何色阴？若色过去、未来、现在、内外、粗
> 细、卑胜、远近，是名色阴。（卷三《问分·阴品》，第543
> 页上）

（四）《四圣谛品》（卷四）。论述"四圣谛"问题。内容包
括："四圣谛"（又称"四谛"）中，"苦圣谛"（又称"苦谛"）、"苦
集圣谛"（又称"集谛"）、"苦灭圣谛"（又称"灭谛"）、"苦灭道
圣谛"（又称"道谛"）的名义；"四圣谛"与"色、非色"等三十一
种法之间的关系。

（五）《根品》（卷五）。论述"二十二根"问题。内容包括：
"二十二根"中，"眼根"、"耳根"、"鼻根"、"舌根"、"身根"、"意
根"、"女根"、"男根"、"命根"、"乐根"、"苦根"、"喜根"、"忧

根"、"舍根"（又称"护根"）、"信根"、"精进根"、"念根"、"定根"、"慧根"、"未知欲知根"（又称"未知当知根"）、"知根"（又称"已知根"）、"已知根"（又称"具知根"）的名义；"二十二根"与"色、非色"等三十一种法之间的关系。

（六）《七觉品》（卷六）。论述"七觉"（又称"七觉支"）问题。内容包括："七觉"中，"念觉"（又称"念觉支"）、"择法觉"（又称"择法觉支"）、"喜觉"（又称"喜觉支"）、"进觉"（又称"精进觉支"）、"除觉"（又称"轻安觉支"）、"定觉"（又称"定觉支"）、"舍觉"（又称"舍觉支"）的名义；"七觉"与"色、非色"等三十一种法之间的关系。如关于"舍觉"（又称"舍觉支"），说：

> 云何舍觉？ 学人离结使（指烦恼），乃至即得阿罗汉果，若实人、若趣、若舍，不著、心等、心直、不谄心、不贵、非受，是名舍觉。（卷六《问分·七觉品》，第543页上）

（七）《不善根品》（卷六）。论述"三不善根"问题。内容包括："三不善根"中，"贪不善根"、"恚不善根"、"痴不善根"的名义；"三不善根"与"色、非色"等三十一种法之间的关系。

（八）《善根品》（卷六）。论述"三善根"问题。内容包括："三善根"中，"无贪善根"、"无恚善根"、"无痴善根"的名义；"三善根"与"色、非色"等三十一种法之间的关系。

（九）《大品》（卷六）。论述"四大"问题。内容包括："四大"各支的名义；"四大"与"色、非色"等三十一种法之间的关系。

（十）《优婆塞品》（卷六）。论述"优婆塞"问题。内容包括："优婆塞五戒"中，"不杀生"、"不盗"、"不邪淫"、"不妄语"、"不饮酒"的名义；"优婆塞五戒"与"色、非色"等三十一种法之间的关系。如关于"优婆塞五戒"，说：

> 问曰：优婆塞几戒？ 答曰：五（戒）。何等五？ 尽寿不

杀生,是优婆塞戒;尽寿不盗,是优婆塞戒;尽寿不邪淫,是优婆塞戒;尽寿不妄语,是优婆塞戒;尽寿不饮酒,是优婆塞戒。如是优婆塞五戒,尽寿受持,不得违犯。齐几为持戒优婆塞? 若优婆塞,于此五戒中,常持戒、护行、近行、不缺行、不乱行、不浊行、不杂行、随顺戒行,齐是名持戒优婆塞。(卷六《问分·优婆塞品》,第574页上)

二、《非问分》(卷七至卷二十)。以先列举论母(论题的纲目),后加以解释的"非问"形式,论述"界"、"业"、"人"(又称"补特伽罗")、"智"、"十二因缘"、"四念处"、"四正勤"、"四神足"、"禅定"、"道"、"烦恼"等问题。下分十品。

(一)《界品》(卷七)。论述"界"问题。内容包括:(1)"二界"。有:"色界、非色界";"可见界、不可见界";"有对界、无对界";"有漏界、无漏界";"内界、外界";"心界、非心界";"心相应界、非心相应界";"业界、非业界";"共业界、不共业界";"有因界、无因界";"有缘界、无缘界";"有为界、无为界";"识界、非识界";"断界、非断界";"修界、非修界";"证界、非证界";"有余涅槃界、无余涅槃界"等。(2)"三界"。有:"善界、不善界、无记界";"学界、无学界、非学非无学界";"报界。报法界。非报非报法界";"见断界、思惟断界、非见断非思惟断界";"欲界、色界、无色界";"三出界"等。(3)"四界"。有:"欲界系界、色界系界、无色界系界、不系界"等。(4)"五界"。有:"色界、受界、想界、行界、识界";"五出界"等。(5)"六界"。有:"地界、水界、火界、风界、空界、识界";"六出界"等。(6)"七界"。有:"光界、净界、色界、空处界、识处界、不用处界、非想非非想处界"(又称"光明界、清净界、空处界、识处界、无所有处界、非想非非想处界、灭界")。(7)"十八界"。

　　（二）《业品》（卷七）。论述"业"（指造作、行为）问题。内容包括：（1）"二业"。有："思业、思已业"；"故作业、非故作业"；"受业、非受业"；"熟业、非熟业"；"可见业、不可见业"；"有漏业、无漏业"；"有报业、无报业"；"心相应业、非心相应业"；"心数业、非心数业"（又称"心所业、非心所业"）；"随心转业、不随心转业"；"共业、非共业"；"因业、非因业"；"修业、非修业"；"教业、非教业"（又称"表业、无教业"）等。（2）"三业"。有："身业、口业、意业"；"善业、不善业、无记业"；"学业、无学业、非学非无学业"；"报业、报法业、非报非报法业"；"见断业、思惟断业、非见断非思惟断业"；"乐受业、苦受业、舍受业"；"现法受业、生受业、后受业"；"乐报业、苦报业、不苦不乐报业"；"过去业、未来业、现在业"等。（3）"四业"。有："欲界系业、色界系业、无色界系业、不系业"；"黑业黑报、白业白报、黑白业黑白报、非黑非白业非黑非白报"；"四受业"等。（4）"五业"。有："五无间业"（指命终之后将堕入无间地狱受苦的五种极重罪）、"五戒"、"越五戒"（指犯五戒）等。（5）"六业"。有："趣地狱业、趣畜生业、趣饿鬼业、趣人业、趣天业、趣涅槃业"等。（6）"七业"。有："七不善法"、"七善法"等。（7）"八业"。有："八圣语"、"非八圣语"。（8）"九业"。有："因贪身业、口业、意业，因恚身业、口业、意业，因痴身业、口业、意业"等。（9）"十业"。有："十不善业道"、"十善业道"等。此外，还有"十法成就堕地狱"、"十法成就生天"、"二十法成就堕地狱"、"二十法成就生天"、"三十法成就堕地狱"、"三十法成就生天"、"四十法成就堕地狱"、"四十法成就生天"等。如关于"教业、非教业"（又称"表业、无教业"），说：

　　　　云何教业（指表业）？身业、口业，是名教业。云何无教业(指无表业)？意业是名无教业。云何身教业(指身表业)？若身业色入(指色处)摄，是名身教业。云何身无教业(指身无表业)？若身业法入(指法处)摄，是名身无教业云何口教业？若口业声入(指声处)摄，是名口教业。云何口无教业？若口业法入摄，是名口无教业。(卷七《非问分·业品》，第581页上)

(三)《人品》(卷八)。论述"人"(又称"补特伽罗")问题。内容包括："凡夫人、非凡夫人"；"声闻人、菩萨人、缘觉人"；"趣须陀洹果证人、须陀洹人"；"趣斯陀含果证人、斯陀含人"；"趣阿那含果证人、阿那含人"；"趣阿罗汉果证人、阿罗汉人"；"自足人、他足人"；"学人、无学人、非学人非无学人"；"慈行人、悲行人、喜行人、舍行人"；"空行人、无相行人、无愿行人"；"修八解脱人"；"六通人"；"慧解脱人、身证人、见得人、信解脱人、坚信人、坚法人"；"断五支人"；"六支成就人"；"四依人"；"心善解脱人、慧善解脱人"；"共解脱人、非共解脱人"；"有退人、无退人"；"乘进人"；"无沾污人"；"惰慢人"等。如关于"声闻人、菩萨人、缘觉人"，说：

云何声闻人？若人从他闻、受他教、请他说、听他法，非自思、非自觉、非自观，上正决定，得须陀洹果、斯陀含果、阿那含果、阿罗汉果，是名声闻人。云何菩萨人？若人三十二相成就，不从他闻、不受他教、不请他说、不听他法，自思、自觉、自观，于一切法知见无碍，当得自力、自在、豪尊、胜贵、自在，当得知见无上正觉，当成就如来十力、四无所畏，成就大慈，转于法轮，是名菩萨人。云何缘觉人？若人三十二相不成就，彼不从他闻、不受他教、不请他说、不听他法，自思、自觉、自观，上正决定，得须陀洹果、斯陀含果、阿那含果、阿

罗汉果,于一切法,非无碍知见、非得自在、非得由(当作
"自")力自在、非豪尊胜贵自在、非知见无上最胜正觉,非
成就如来十力、四无所畏、大慈,转于法轮,是名缘觉人。
(卷八《非问分·人品》,第585页上、中)

(四)《智品》(卷九至卷十一)。论述"智"问题。内容包
括:"正见、正智";"慧根、慧力";"有漏智、无漏智";"不定得
智、定得智";"尽智、无生智";"有觉智、无觉智";"有观智、无
观智";"善智、不善智、无记智";"学智、无学智、非学非无学
智";"见断智、思惟断智、非见断非思惟断智";"三明";"三
慧";"三眼";"内身观身智、外身观身智、内外身观身智";"内
受观受智、外受观受智、内外受观内外受智";"内心观心智、外
心观心智、内外心观内外心智";"内法中观内法智、外法中观外
法智、内外法中观内外法智";"善方便、恶方便";"苦智、集智、
灭智、道智、法智、比智(又称"类智")、世智(又称"世俗智")、
他心智";"法辩、义辩、辞辩、应辩";"五智";"六通";"七方
便";"九方便";"如来十力";"十智性";"四十四智性";"七十
七智性"等。

(五)《缘品》(卷十二)。论述"十二因缘"问题。内容包
括:"十二因缘"中,"无明"、"行"、"识"、"名色"、"六入"、
"触"、"受"、"爱"、"取"、"有"、"生"、"老死"十二支的名义,以
及它们之间的缘生关系(指无明缘行;行缘识;识缘名色;名色
缘六入;六入缘触;触缘受;受缘爱;爱缘取;取缘有;有缘生;生
缘老死忧悲苦恼大苦聚)。如关于"无明缘行",说:

云何无明缘(生)行? 无明缘(生)福行、非福行、不动
行。云何非福行? 不善身行、不善口行、不善意行。……云
何福行? 身善行、口善行、意善行。……云何不动行? 若人

无慧,无明未断,离一切色想,灭瞋恚想,不思惟若干想,成
就无边空处行,彼身业、无教戒法(指无表业)入摄意识所
知,口业无教戒法入摄意识所知,意业由意生受、想、思、触、
思惟,如是身、口、意善行,是名不动行无明缘(生)现世行。
(卷十二《非问分·缘品》,第606页中—第607页上)

(六)《念处品》(卷十三)。论述"四念处"(又称"四念
住")问题。内容包括:"四念处"中,"身念处"、"受念处"、"心
念处"、"法念处"的名义,以及它们的修习法(指内身观身行、外
身观身行、内外身观身行;内受观受行、外受观受行、内外受观受
行;内心观心行、外心观心行、内外心观心行;内法观法行、外法
观法行、内外法观法行)。

(七)《正勤品》(卷十三)。论述"四正勤"(又称"四意
断"、"四正断")问题。内容包括:"四正勤"中,"恶不善法未
生,欲令不生";"恶不善法已生,必当断";"善法未生,欲令生";
"善法已生,欲令住"的名义,以及它们的修习法。

(八)《神足品》(卷十三)。论述"四神足"(又称"四如意
足")问题。内容包括:"四神足"中,"欲定断行成就修神足"
(又称"欲神足");"精进定断行成就修神足"(又称"精进神
足"、"勤神足");"心定断行成就修神足"(又称"心神足"、"念
神足");"慧定断行成就修神足"(又称"观神足")的名义,以及
它们的修习法。

(九)《禅定品》(卷十四)。论述"禅定"问题。内容包括:
"爱护解脱戒";"成就威仪行";"舍邪命、行正命";"善知识(即
善友)善亲厚";"摄诸根门";"饮食知足";"勤精进不睡眠";
"离障碍法";"离欲恶不善法";"初禅有五支";"二禅有四支";
"三禅有五支";"第四禅有四支"等。如关于"禅",说:

何谓禅？谓舍心垢、正舍、缘舍，是谓名禅。复次，烦恼未断能断，是名禅。复次，烦恼断已，得现世乐行，是名禅。复次，如是善法成就，入禅明了，炽盛清净，是名禅。复次，如是定住甚深妙义，专著智慧，是名禅。（卷十四《非问分·禅定品》，第 621 页下）

（十）《道品》（卷十五至卷十七）。论述"道"问题，始"一支道"，终"十一支道"。内容包括：（1）"一支道"。有"身念处"。（2）"二支道"。有"定、慧"。（3）"三支道"。有"有觉有观定、无觉有观定、无觉无观定"（又称"有寻有伺三摩地、无寻唯伺三摩地、无寻无伺三摩地"）；"空定、无想定、无愿定"（又称"空三摩地、无相三摩地、无愿三摩地"）。（4）"四支道"。有"四念处"、"四正断"（又称"四正勤"）、"四神足"、"四禅"、"四无量"、"四无色定"、"四向道"（又称"四通行"）、"四修定"、"四断"。（5）"五支道"。有"五根"、"五力"、"五解脱入"（又称"五解脱处"）、"五出界"、"五观定"、"五生解脱法"（又称"五起解脱法"）。（6）"六支道"。有"六念"、"六向"（又称"六空"）、"六出界"、"六明分法"（又称"六想"）、"六悦因法"、"六无喜正觉"（又称"无喜六正觉"）。（7）"七支道"。有"七觉"（又称"七正觉"、"七觉支"）、"七想"（又称"七不净想"）、"七定因缘法"。（8）"八支道"。有"八圣道"（又称"八正道"）、"八解脱"、"八胜入"（又称"八胜处"）。（9）"九支道"。有"九灭"、"九次第定"、"九想"。（10）"十支道"。有"十想"、"十直"、"十一切入"（又称"十遍处"）。（11）"十一支道"。有"十一解脱入"（又称"十一解脱处"）等。如关于"空定"的"六空"，说：

何谓空定？如比丘，一切法，若一处法，思惟空、知空、解空、受空。以何义空？以我空，我所亦空，如是不放逸，观得定心住、正住，是名空定。复次，空定六空：内空、外空、内外空、空空、大空、第一义空。何谓内空？如比丘，一切内法，若一处内法，思惟空、知空、解空、受空。……何谓外空？如比丘，一切外法，若一处外法，思惟空、知空、解空、受空。……云何内外空？如比丘，一切内外法，若一处内外法，思惟空、知空、解空、受空。……何谓空空？如比丘，成就空定行，比丘思惟空、知空、解空、受空。……何谓大空？如比丘，一切法，思惟空、知空、解空、受空。……何谓第一义空？第一谓涅槃，如比丘，思惟涅槃空、知空、解空、受空。（卷十六《非问分·道品》，第633页上、中）

（十一）《烦恼品》（卷十八至卷二十）。论述"烦恼"问题。内容包括：（1）"一法"。有"恃生"、"谀谄"、"邪敬"、"欺陵"、"侵害"、"轻谤"、"诈善"、"好说官事"、"邪见"、"无信"、"近恶知识（即恶友）"、"自高"、"毁他"、"懈怠"、"贪"、"疑惑"、"离禅"、"瞋恚"、"性恶"、"呵谏"、"欲染"、"难足"等。（2）"二法"。有"失念、不正知"、"不护诸根门、食不知足"、"害戒、害见"、"无惭、无愧"、"贡高、放逸"、"慢、增上慢"等。（3）"三法"。有"内和合、外和合、内外合"（又称"内集、外集、内外集"）；"三不善根"、"内三毒"、"三爱"、"三恶行"、"三有"、"三漏"、"三不除"等。（4）"四法"。有"四流"、"四轭"、"四取"、"四识住处"、"四缘生爱"、"四恶道行"、"四颠倒"、"四怖"、"四退转"等。（5）"五法"。有"五欲"、"五盖"、"五下分烦恼"（又称"五下分结"）、"五上分烦恼"（又称"五上分结"）、"五道"（又称"五趣"）、"五无间"、"五犯戒"、"五非法语"、"五不敬顺"等。（6）"六法"。有"六依贪喜"、"六染"、"六不护"、

"六诤根"等。(7)"七法"。有"七共染"、"七识住处"、"七慢"、"七不敬"、"七怯弱法"、"七动"等。(8)"八法"。有"八世间法"、"八非圣语"、"八懈怠事"、"八难处妨修梵行"等。(9)"九法"。有"九爱根法"(又称"九爱本法")、"九众生居"(又称"九有情居")、"九犯戒过患"等。(10)"十法"。有"十烦恼使"、"十想"、"十不善业道"、"十法成就堕地狱"。(11)"十法"以上。有"十一心垢"、"二十种身见"、"二十法成就堕地狱"、"二十一心垢"、"三十法成就堕地狱"、"三十六爱行"、"三十法成就堕地狱"、"四十法成就堕地狱"、"六十二见"等。如关于"四颠倒",说:

何谓四颠倒?无常谓常,想颠倒、心颠倒、见颠倒;苦谓乐,想颠倒、心颠倒、见颠倒;无我谓我,想颠倒、心颠倒、见颠倒;不净谓净,想颠倒、心颠倒、见颠倒,是名四颠倒。(卷十九《非问分·烦恼品》,第 651 页下)

三、《摄相应分》(卷二十一至卷二十四)。论述"四圣谛系法"等法之间的相摄关系,以及"心"、"心数法"(又称"心所法")之间的相应关系问题。下分二品。

(一)《摄品》(卷二十一至卷二十二)。论述"四圣谛系法"等法之间的相摄关系问题。(1)"性门"(指自性门)。论述"苦谛系法、非苦谛系法"等二百多种法的名义。内容包括:"苦谛系法、非苦谛系法";"道谛系法、非道谛系法";"眼入法、非眼入法";"意入法、非意入法";"色入法、非色入法";"法入法、非法入法";"受法、非受法";"想法、非想法";"思法、非思法";"触法、非触法";"思惟法、非思惟法";"觉法、非觉法";"观法、非观法";"慧法、非慧法";"解脱法、非解脱法";"心进法、非心进法";"定法、非定法";"烦恼法、非烦恼法";"无想定法、非无想定法"；"灭尽定法、非灭尽定法"；"戒法、非戒法"；"缘法、非缘法"；"空处法、非空处法"；"地大法、非地大法"；"过去未来现在法、非过去未来现在法"等。（2）"摄门"（指相摄门）。辨析前述二百多种法，与"五阴"、"十八界"、"十二入"之间的关系，如"苦谛系法，几阴、界、入摄"，"非苦谛系法，几阴、界、入摄"等。如关于"五阴法"、"非五阴法"，说：

> 何谓色阴法？若十色入，及法入色，是名色阴法。何谓非色阴法？除色阴，若余法，是名非色阴法。何谓受阴法？若六受，是名受阴法。何谓非受阴法？除受阴，若余法，是名非受阴法。何谓想阴法？若六想，是名想阴法。何谓非想阴法？除想阴法，若余法，是名非想阴法。何谓行阴法？（若）六思，是名行阴法。何谓非行阴法？除行阴，若余法，是名非行阴法。何谓识阴法？（若）六识，是名识阴法。何谓非识阴法？除识阴，若余法，是名非识阴法。（卷二十一《摄相应分·摄品》，第663页下）

（二）《相应品》（卷二十三至卷二十四）。论述"心"、"心数法"（又称"心所法"）之间的相应关系问题。（1）"心"、"心数法"。论述从"眼识界"至"慧根"等七十二种法的名义。内容包括："眼识界"、"意界"、"意识界"、"身触"、"心触"、"名触"、"对触"、"爱触"、"憎触"、"明触"、"无明触"、"乐根"、"苦根"、"喜根"、"忧根"、"舍根"、"受"、"想"、"思"、"触"、"思惟"、"觉"、"观"、"忍"、"见"、"智"、"解脱"、"信"、"欲"、"不放逸"、"念"、"烦恼使"、"有觉有观定"、"无觉有观定"、"无觉无观定"、"空定"、"无相定"、"无愿定"、"信根"、"慧根"等。（2）"相应门"。辨析前述七十二种法之间的相应关系。所说的"相应"，指"心与数法（又称"心所法"）相应、数法与心相应、

数法与数法相应"，不包括它们的"自性"（指自身），因为"自性
（与）自性不相应"，如"眼识界，几法相应"，"意识界，几法相
应"等。如关于"不放逸"，说：

> 何谓不放逸？若覆护心念，欲令我心不染于染法，不恚
> 于恚法，不痴于痴（指无明）法，不著垢秽法，不顺于色欲
> 法，不贡高于贡高法，不放逸于放逸法，是名不放逸。（卷
> 二十三《摄相应分·相应品》，第673页上）

四、《绪分》（卷二十五至卷三十）。论述"缘"、"因"、"名
色"、"结"（指烦恼）、"行"、"触"、"心"、"十不善业道"、"十善
业道"、"定"等问题。下分十品。

（一）《遍品》（卷二十五至卷二十六）。论述"缘"问题。内
容包括："十缘"（此为本书特有的说法）的名义，以及各缘之间
的关系等。所说的"十缘"，指的是：（1）"因缘"。指一切事物
能亲生自果的内在原因。（2）"无间缘"（又称"等无间缘"）。
指在"心"、"心所"的活动中，"前念"的刹那灭，为"后念"的刹
那生的条件。（3）"境界缘"（又称"所缘缘"）。指"心"、"心
所"以所缘的境界为产生认识的条件（"所缘缘"指以所缘为
缘）。（4）"依缘"（又称"所依缘"）。指事物以相互依赖的对
象为生起条件。（5）"业缘"。指事物以业（造作、行为）的作用
为生起条件。（6）"报缘"（又称"异熟缘"）。指事物以因果联
系为生起条件。（7）"起缘"。指事物以发起作用为生起条件。
（8）"异缘"。指事物以相互影响为生起条件。（9）"相续缘"。
指事物以连续性为生起条件。（10）"增上缘"。指事物以自身
以外的一切他物为生起的条件。如关于"十缘"，说：

> 十缘，谓因缘、无间缘、境界缘、依缘、业缘、报缘、起缘、
> 异缘、相续缘、增上缘。何谓因缘？若法因，是名因

缘。……何谓无间缘？若法生灭，是名无间缘。……何谓
境界缘？一切法境界缘，如相生心、心数（指心所）法，是名
境界缘。何谓依缘？若法有猗，是名依缘。……何谓业缘？
业是业缘，若非业是业缘，若业、异业因生业，是名业缘。何
谓报缘？若法有报，是名报缘。何谓起缘？若法能起、所
起，是名起缘。……何谓异缘？若法共有，是名异缘。何谓
相续缘？若法增益不断，是名相续缘。……何谓增上缘？
若法胜，是名增上缘。（卷二十五《绪分·遍品》，第 679 页
中、下）

（二）《因品》（卷二十六）。论述"因"问题。内容包括：
"因因"、"无间因"、"境界因"、"依因"、"业因"、"报因"、"起
因"、"异因"、"相续因"、"增上因"、"名因"、"色因"、"无明
因"、"行因"、"识因"、"名色因"、"六入因"、"触因"、"受因"、
"爱因"、"取因"、"有因"、"生因"、"老因"、"死因"、"忧因"、
"悲因"、"苦因"、"恼因"、"众苦因"、"食因"、"漏因"等。

（三）《名色品》（卷二十六）。论述"名色"问题。内容包
括："名色"、"解射名色"（此为本书独有的术语，在有的古本中，
"解射"作"解脱"；但据卷二十四之末的小注说，"解射"是指
"无漏观"）、"断名色"等。此处所说的"名色"，为"十二因缘"
中的一支，"由忆想假称，生受、想、思、触、思惟，此谓名；十色入
及法入色，此谓色"。

（四）《假结品》（卷二十六至卷二十七）。论述"结"（指烦
恼）问题。内容包括："十结"、"五道"的名义；"十结"与"见断、
思惟断"、"欲界系、色界系、无色界系"、"眠没"之间的关系，如
"十结，几见断、几思惟断"，"十结，几欲界系、几色界系、几无色
界系"等。

（五）《行品》（卷二十七）。论述"行"问题。内容包括：
"身行"、"口行"、"意行"、"身行地"、"非身行地"、"口行地"、
"非口行地"、"意行地"、"非意行地"等。如关于"身"、"口"、
"意"的"行地"与"非行地"，说：

　　　　身行地，从有出入息身，乃至第四禅，是名身行地。云
　　何非身行地？从非出入息身，第四禅若过，是名非身行地。
　　云何口行地？欲界意识，若色界不定，若初禅及初禅间，是
　　名口行地。云何非口行地？五识身，若二禅、若过，是名非
　　口行地。云何意行地？除二定（指无想定、灭尽定）及一生
　　若余处，是名意行地。云何非意行地？二定及一生，是名非
　　意行地。（卷二十七《绪分·行品》，第 694 页中）

（六）《触品》（卷二十七）。论述"触"问题。内容包括：
"身触、心触"；"明触、无明触"；"有漏触、无漏触"；"智相应触、
非智相应触"；"学触、无学触、非学非无学触"；"见断触、思惟断
触、非见断非思惟断触"；"乐受触、苦受触、不苦不乐受触"；"有
觉有观触、无觉有观触、无觉无观触"；"空相应触、无相相应触、
无愿相应触"；"现报触、生报触、后报触"；"过去触、未来触、现
在触"；"欲界系触、色界系触、无色界系触、不系触"；"十八触"
（指眼触、耳触、鼻触、舌触、身触、意触的每一触，均分为乐受
触、苦受触、不苦不乐受触三触）。

（七）《假心品》（卷二十七）。论述"心"问题。内容包括：
"圣心、非圣心"；"有漏心、无漏心"；"有取心、无取心"；"受心、
非受心"；"内心、外心"；"有报心、无报心"；"凡夫共心、凡夫不
共心"；"如电心、如金刚心"；"有行难持心、无行易持心"；"不
定心、定心"；"不解脱心、解脱心"；"有觉心、无觉心"；"善心、
不善心、无记心"；"见断因心、思惟断因心、非见断非思惟断因

心”；“乐受心、苦受心、不苦不乐受心”；“过去境界心、未来境界
心、非过去非未来非现在境界心”；“欲界系心、色界系心、无色
界系心、不系心”；“六识身”等。如关于“心性清净”，说：

　　心性清净，为客尘染，凡夫未闻故，不能如实知见，亦无
修心；圣人闻故，如实知见，亦有修心。心性清净，离客尘
垢，凡夫未闻故，不能如实知见，亦无修心；圣人闻故，能如
实知见，亦有修心。今当集假心正门（指《假心品》）。（卷
二十七《绪分·假心品》，第697页中）

　　（八）《十不善业道品》（卷二十七）。论述“十不善业道”问
题。内容包括：“杀生”、“盗窃”、“邪淫”、“妄语”、“两舌”、“恶
口”、“绮语”、“贪欲”、“瞋恚”、“邪见”的名义，以及它们产生的
原因，如“杀生以何因，杀生为谁因”等。

　　（九）《十善业道品》（卷二十七）。论述“十善业道”问题。
内容包括：“不杀生”、“不盗窃”、“不邪淫”、“不妄语”、“不两
舌”、“不恶口”、“不绮语”、“不贪欲”、“不瞋恚”、“不邪见”的名
义，以及它们产生的原因，如“不杀生以何因，不杀生为谁
因”等。

　　（十）《定品》（卷二十八至卷三十）。论述“定”问题。内容
包括：“五支定”；“五智定”；“共念出息入息定”；“共不净想
定”；“入火定”；“共证知神足定、共证知天耳定、共证知他心定、
共证知宿命定”；“共明想定”；“无间定”；“有漏定、无漏定”；
“有想定、无想定”；“粗定、细定、微定”；“空定、无相定、无愿
定”；“内身观内身定、外身观外身定、内外身观内外身定”；“内
境界定、外境界定、内外境界定”；“欲界系定、色界系定、无色界
系定、不系定”；“退分定、住分定、增长分定、射分定”等。如关
于“电定”、“金刚定”的差别，说：

云何如电定？若定少、少住、少时住，如电少、少住、少
时住，定亦如是，是名如电定。云何如金刚定？若定无量、
无量住、无量时住，如金刚无量、无量住、无量时住，定亦如
是，是名如金刚定。复次，若定修已，渐少烦恼分，如电从云
中出照，少暗分便速灭，定亦如是，是名如电定；若定修已断
一切烦恼，若粗、若微，无不断灭，如金刚投于珠石，无不破
坏摧折，定亦如是，是名如金刚定。复次，若定得须陀洹果、
斯陀含果、阿那含果，是名如电定；若修定得阿罗汉果，是名
如金刚定。（卷三十《绪分·定品》，第715页上）

本书是阿毗达磨论书中，对单种名词术语叙列最多的一部
著作。据笔者粗略统计，在《非问分》中，《界品》所释的以"界"
为名的术语，有一百六十多种；《业品》所释的以"业"为名的术
语，有一百八十多种；《人品》所释的以"人"为名的术语，有七十
多种；《智品》所释的以"智"为名的术语，有二百三十多种。《摄
相应分》中，《摄品》所释的以"法"为名的术语，有二百多种。
《绪分》中，《因品》所释的以"因"为名的术语，有六十多种；《触
品》所释的以"触"为名的术语，有一百五十多种；《假心品》所释
的以"心"为名的术语，有一百三十多种；《定品》所释的以"定"
为名的术语，有二百三十多种。因其中大量的名词术语是大同
小异的，有过于烦琐之嫌，所以在以后的流传过程中，本书中的
许多术语被淘汰，未见他书使用。

梁僧伽婆罗译《解脱道论》十三卷

《解脱道论》，十三卷。印度优波底沙造，梁僧伽婆罗译，天
监十四年（515）译出。隋法经等《众经目录》卷五著录。载于
《丽藏》"二"函、《宋藏》"背"函、《金藏》"二"函、《元藏》"背"

函、《明藏》"阶""纳"函、《清藏》"阶""纳"函、《频伽藏》"藏"
帙,收入《大正藏》第三十二卷。

优波底沙(约150—250),意译"大光",佛教史传均无记载,
生平事迹不详。

僧伽婆罗(460—524),意译"僧养"、"僧铠",扶南国(今柬
埔寨)人。十五岁出家,专学阿毗昙(指有部阿毗达磨论书)。
受具足戒后,广习律藏。因听闻南齐弘扬佛法,于是随舶至扬都
(指建康,即今南京)。初住正观寺,师事天竺(印度)沙门求那
跋陀罗,精研方等(指大乘经),博涉多通,能解数国语言。梁天
监二年(503),扶南国沙门曼陀罗仙携带梵本佛经来华。天监
五年(506),僧伽婆罗奉敕翻译这些佛经。前后十七年,于扬都
寿光殿、华林园、正观寺、占云馆、扶南馆等五处,共译出经论传
十部三十二卷(此据唐智升《开元释教录》卷六)。其中有:《文
殊师利所说般若波罗蜜经》一卷、《大乘十法经》一卷、《度一切
诸佛境界智严经》一卷、《八吉祥经》一卷、《孔雀王咒经》二卷、
《舍利弗陀罗尼经》一卷、《文殊师利问经》二卷、《菩萨藏经》一
卷、《阿育王经》十卷等(以上均存)。生平事迹见梁慧皎《高僧
传》卷三、隋费长房《历代三宝纪》卷十一、唐道宣《续高僧传》卷
一等。

本书是一部南传上座部的论书,论述"戒"(戒律)、"定"
(禅定)、"慧"(智慧)三学理论。书名中的"解脱道",也是指
戒、定、慧而言的。从书中专提及"坐禅人"应如何如何达三百十
一次之多,而且对如何修习禅定的过程,叙说特别细致来看,本
书原先很可能是为"坐禅人"撰写的如何修学的著作。全书分
为十二品,依次为《因缘品》《分别戒品》《头陀品》《分别定品》
《觅善知识品》《分别行品》《分别行处品》《行门品》《五神通品》
《分别慧品》《五方便品》《分别谛品》。其中,初三品(《因缘品》

至《头陀品》），论"戒"；中间六品（《分别定品》至《五神通品》），
论"定"；末三品（《分别慧品》至《分别谛品》），论"慧"。此外，
作为重要篇章的《分别戒品》《分别定品》《行门品》《分别慧品》
四品的初首，都有以"问"的方式提出的论纲（又称"本母"），如
"问：云何戒？何相？何味？何起？何足处？何功德？何戒义？
戒行何差别？几戒？何所起？何戒初中后？几法障碍戒道？几
戒因？几种戒？云何令戒清净？几因以是戒住"（见卷一《分别
戒品》），然后以"答"的形式，一一加以解答。

据日本学者长井真琴《根本佛典之研究》考证，公元五世纪
中印度高僧觉音（又名"佛音"）撰写的南传上座部名著《清净道
论》（收入《汉译南传大藏经》第六十七册至第六十九册，台湾元
亨寺妙林出版社版），是以早于它二百多年的《解脱道论》为底
本，"改造增补"的；吕澂《解脱道论分别定品讲要》则认为，《解
脱道论》与《清净道论》出于"同一本母"，都是根据师子国（今
斯里兰卡）大寺派所传的"本母"（即论纲）演绎的；叶均翻译的
《清净道论》（收入《叶均佛学译著集》，中西书局 2014 年 12 月
版），也在《前言》中说，"觉音写《清净道论》，是严格地按照当
时大寺派的思想体系来著述的。其结构和内容，有许多地方与
优波底沙所著《解脱道论》相似"，为此，汉译本在注释中举出了
不少"类似之处"。虽说《清净道论》本文，并未提及《解脱道
论》之名，然而通过比对，不难发现，它的内容结构与《解脱道
论》确实存在着很多相似性，有些引述，包括批评（如"有人
说"），明显地是针对《解脱道论》中的观点而说的。因此，《清净
道论》在写作时，很可能参考过本书。只是由于《清净道论》在
内容上比本书更为系统、严密和完备，并且为通俗起见，增加了
很多譬喻和事例，故在后来，本书在南传佛教流行地，完全被
《清净道论》所取代，不再流传，其文本全赖汉译和藏译（书名为

《修解脱道功德经》,内容不全),才得以流传至今。

本书十二品的内容如下。

一、《因缘品》(卷一)。论述"解脱道"问题。

"解脱道",指戒、定、慧三学,即"戒、定、慧,谓解脱道"。
"解脱"分为五种,称为"五解脱"。(1)"伏解脱"。指"现修行
初禅伏诸盖"。(2)"彼分解脱"。指"现修达分定诸见解脱"。
(3)"断解脱"。指"修出世间道能灭余结"。(4)"猗解脱"。
指"如得果时乐心猗"。(5)"离解脱"。指"无余涅槃"。成就
"伏解脱道"的方法,有"三阴(指戒阴、定阴、慧阴)成满"、"当
学三学(指增上戒学、增上心学、增上慧学)"、"成就清净(指戒
清净、心清净、见清净)"、"成就三善道(指初善、中善、后善)"、
"远离二边,得中道具足"等。如关于"解脱道",说:

> 解脱道者,何义? 解脱者,五解脱:伏解脱、彼分解脱、
> 断解脱、猗解脱、离解脱。云何伏解脱? 现修行初禅,伏诸
> 盖(指烦恼),此谓伏解脱;彼分解脱者,现修达分定,诸见
> 解脱,此谓彼分解脱;断解脱者,修出世间道,能灭余结(指
> 烦恼),此谓断解脱;猗解脱者,如得果时,乐心猗,此谓猗
> 解脱;离解脱者,是无余涅槃,此谓离解脱。此解脱道,为得
> 解脱,是具足道,以戒、定、慧,谓解脱道。(卷一《因缘品》,
> 《大正藏》第三十二卷,第399页下—第400页上)

二、《分别戒品》(卷一)。论述"戒"(戒律)问题。

"戒"是三学之一。它可以从各方面加以分别。(1)"戒
名"(就体性而言)。指"思戒、威仪戒、不越戒","思戒,我不作
恶,作者自受";"威仪戒,离于犯处";"不越戒,若有戒人,身口
无过"。(2)"戒相"(相状)。指"威仪,除非威仪"。(3)"戒
味"(作用)。指"无过乐"、"悦胜"。(4)"戒功德"。指"不

悔"。(5)"戒义"(意义),指有"冷义"、"增上义"、"行义"、
"自性义"、"苦乐性相应义"、"头义"、"冷义"、"安义"等。
(6)"戒起"(生起)。指戒依三心而起,即"善心所起善戒"、
"不善心所起不善戒"、"无记心所起无记戒"。(7)"障碍戒
道"。指障碍戒有"三十四法",即忿、恼、覆、热、悭、嫉、幻、谄、
恨、竞、慢等。(8)"戒因"(生因)。指戒生起之因。(9)戒的
种类。指有二种戒、三种戒、四种戒。二种戒,指"性戒、制戒";
"世戒、出世戒";"有量戒、无量戒";"有边戒、无边戒";"有依
戒、无依戒";"无犯戒、清净戒";"时分戒、尽形戒"等。三种戒,
指"触戒、不触戒、猗戒";"依世戒、依身戒、依法戒";"所愿不等
戒、所愿等戒、无所愿戒";"清净戒、不清净戒、有疑戒";"学戒、
无学戒、非学非无学戒";"下戒、中戒、上戒"等。四种戒,指"退
分戒、住分戒、胜分戒、达分戒";"比丘戒、比丘尼戒、不具足戒、
白衣戒";"性戒、行戒、法志戒、初因戒";"戒戒、集戒、灭戒、灭
道具足戒";"波罗提木叉威仪戒、命清净戒、根威仪戒、缘修戒"
等。如关于"时分戒"和"尽形戒",说:

> 戒有二种,谓时分戒及尽形戒。少时暂受,不俱形命,
> 谓时分戒;从师始誓,乃至舍寿,谓尽形戒。时分戒者,果报
> 有时;尽形戒者,果报无时?何者为三?谓止恶不犯、受不
> 犯、断不犯。云何止恶不犯?虽未受受至,非所行处,心不
> 生犯,是谓止恶不犯。云何受不犯?从受受已,终不复犯,
> 是谓受不犯。云何断不犯?圣人以圣道,断诸恶因,是谓断
> 不犯。(卷一《分别戒品》,第 401 页下)

三、《头陀品》(卷二)。论述"十三头陀行"(通常作"十二
头陀行",本书多出"遇得处坐"一支)问题。

"十三头陀行",指出家者弃除贪著、修练身心的十三种修

行方法,分为四类。(1)"衣相应"。指与衣相关的修行,有穿着"粪扫衣"、"三衣"二法。(2)"乞食相应"。指与乞食相关的修行,有"乞食"、"次第乞食"、"一坐食"、"节量食"、"时后不食"五法。(3)"坐卧相应"。指与坐卧相关的修行,有"无事处坐"(又称"阿兰若坐","阿兰若"意为"寂静处"、"山寺")、"树下坐"、"露地坐"、"冢间坐"、"遇得处坐"五法。(4)"勇猛相应"。指与勇猛(指精进)相关的修行,有"常坐不卧"一法。如关于"十三头陀行",说:

> 何者为头陀? 有十三法:二法衣相应。……五法乞食相应。……五法坐卧相应。……一(法)勇猛相应。……云何粪扫衣? 答:性能受持,是谓为性,余亦如是。……云何受三衣? 谓断长衣。云何乞食? 谓断他请。云何次第乞食? 谓断超越乞。云何一坐食? 谓不再坐。云何节量食? 断于贪恣。云何时后不食? 谓断于后望。云何无事处坐? 断聚落住。云何树下坐? 断屋舍住。云何露地坐? 断众覆处。云何冢间坐? 断余胜处。云何遇得处坐,断贪乐处。云何常坐不卧? 谓离寝寐。(卷二《头陀品》,第404页中、下)

四、《分别定品》(卷二)。论述"定"(禅定)问题。

"定"是三学之一,它可以从各方面加以分别。(1)"定名"(就体性而言)。指"有清净心,一向精进,与寂静功德等,正真住不乱"。(2)"定相"(相状)。指"心住"。(3)"定味"(作用)。指"伏怨"。(4)"定起"(生起)。指"寂静"。(5)"定处"(处所),指"于染不著,心得解脱"。(6)"受定"。指"受心数(指心所)等方便定等"。(7)"定义"(意义)。指有"敛摄义"、"从义"、"满义"。(8)"得定功德"。指有四功德令定得起,即"现见法乐乐住"、"以观乐事"、"神通现证"、"有具足"。

（8）"定障"（障碍）。指"欲欲"、"瞋恚"、"懈怠"、"睡眠"、"调戏"、"疑惑"、"无明"、"无喜乐"八种。（9）"定因"（生因）。指定生起之因。（10）"定资"（资粮）。指"有七种戒,众具知足,覆蔽根门,节量饮食,初中后夜而不睡眠,常念智慧,住处静寂"。（11）定的种类。指二种定、三种定、四种定、五种定。二种定,指"世间定、出世间定";"邪定、正定";"外定、安定"等。三种定,指"有觉有观定、无觉少观定、无觉无观定";"共喜生定、共乐生定、共舍生定";"善定、报定、事定"等。四种定,指"欲（界）定、色（界）定、无色（界）定、无所受定（又称不系定）";"小定小事、小定无量事、无量定小事、无量定无量事";"欲定、精进定、心定、慧定";"初禅、二禅、三禅、四禅"等。五种定,指"初禅、二禅、三禅、四禅、五禅","五禅者,为五支,觉、观、喜、乐、一心"。如关于"定有四种",说:

> 定有四种,欲定（指未至定）、色定、无色定、无所受定。谓彼彼行、正受行,是谓欲定;四禅,是谓色定;四无色定及善业报,此谓无色定;四道果（指须陀洹果、斯陀洹果、阿那含果、阿罗汉果）,谓无所受定。（卷二《分别定品》,第407页中）

五、《觅善知识品》（卷二）。论述"坐禅人"须有"善知识"（即善友）作指导问题。

坐禅人须寻觅"善知识"作指导,"若离善知识,成不住分（指不能生定）"。"善知识"须具备"二种功德"或"七分成就"。"二种功德",一指"有所成就,明了修多罗（指经）、毗昙（指论）、毗尼（指律）",二指"所得成就,明了业种,得善神通,得见四谛"。"七分成就",指"可敬爱、可重、可贵、能说、忍辱、说深语、不安非处"。如关于"当觅胜善知识",说:

初坐禅人欲生禅定,当觅胜善知识。……善知识者,如象所系令不动故,如御车人使随去住故,如人执杷为得善道,如医治病为消苦楚,犹如天雨润益诸种,如母养儿,如父教子,如亲无难,如友饶益,如师教诫,一切善法,依是成满。是故世尊教于难陀,一切梵行所谓善知识,是故当觅胜善之人,为善朋友。(卷二《觅善知识品》,第408页中)

六、《分别行品》(卷三)。论述"坐禅人"的性行(指自性气质)问题。

坐禅人须依止阿阇梨(轨范师)。阿阇梨须根据坐禅人的不同性行,施以教化,"以数日观其行,其行相应行处应当教"。坐禅人的性行,分为十四种,称为"十四行",即"欲行"、"瞋恚行"、"痴行"、"信行"、"意行"、"觉行"、"欲瞋恚行"、"欲痴行"、"瞋痴行"、"等分行"、"信意行"、"信觉行"、"意觉行"、"等分行"。"十四行"归纳起来,实为"七行",即"欲行"、"瞋行"、"痴行"、"欲瞋行"、"欲痴行"、"瞋痴行"、"等分行"(觉音《清净道论》中的《说取业处品》,作"性行有六种,即贪行、瞋行、痴行、信行、觉行、寻行",与本书相异)。"七行"归纳起来,实为"三行",即"欲行"、"瞋行"、"痴行"。如关于"欲行"、"瞋行"、"痴行"三者的差别,说:

问:云何以烦恼可知(三人)? 答:欲行人五烦恼,多行嫉、悭、幻、谄、欲,此谓五;瞋恚行人五烦恼,多行忿、恨、覆、悭、瞋,此谓五;痴行人五烦恼,多行懒、懈怠、疑、悔、无明是五。如是以烦恼可知。(卷三《分别行品》,第410页中)

七、《分别行处品》(卷三)。总论"坐禅人"的"三十八行处"(指修习禅定时观想的三十八种对象),以及"三十八行处"

与"禅"、"正越"、"增长"、"缘"、"事"、"胜"、"地"、"人"九者之间的关系问题。

"三十八行处",指的是:(1)"十一切入"(又称"十遍处"、"十遍处定")。指观想"地大"等十法周遍一切处的禅定,即"地一切入"(又称"地遍处定")、"水一切入"(又称"水遍处定")、"火一切入"(又称"火遍处定")、"风一切入"(又称"风遍处定")、"青一切入"(又称"青遍处定")、"黄一切入"(又称"黄遍处定")、"赤一切入"(又称"赤遍处定")、"白一切入"(又称"白遍处定")、"空处一切入"(又称"空遍处定")、"识处一切入"(又称"识遍处定";卷五《行门品》在"白一切入"之后,增添了"光明一切入",故本书实际所释为"十一遍处")。(2)"十不净想"。指观想身体的十种不净,即"脓(胮)胀想"、"青瘀想"、"烂想"、"弃掷想"、"鸟兽食噉想"、"身肉分张想"、"斩斫离散想"、"赤血涂染想"、"虫臭想"、"骨想"。(3)"十念"(又称"十随念")。指专心忆念的十种境相,即"念佛"、"念法"、"念僧"、"念戒"、"念施"、"念天"、"念死"、"念身"、"念数息"、"念寂寂"(又称"念寂")。(4)"四无量心"。指能引生利乐一切众生四种无量心的禅定,即"慈无量"、"悲无量"、"喜无量"、"舍无量"。(5)"四大"。指构成物质的四种基本要素,即"地"、"水"、"火"、"风"。(6)"食不净想"。指观想饮食为不净。(7)"无所有处"。指(观想)无色界第三天"无所有处天"。(8)"非非想处"。指(观想)无色界第四天"非想非非想处天"。如关于"欲"、"瞋"、"痴"行人与"三十八行处"之间的关系,说:

　　　欲行人,四无量不应修行,以净相故。何以故?欲行人作意净想,非其所行。……瞋行人,十不净想不应修行,瞋

恚想故,瞋恚作意非其所行。……痴行人未增长智,不应令
起修行处(指十一切入),离方便故,若离方便,其精进无
果。……欲行人,应修不净想及观身(指十念中的念身),
是其欲对治故;瞋行人,应修四无量心,是瞋对治故,或当修
色一切入(指十一切入中的青、黄、赤、白一切入),心随逐
故。……痴行人,以言问法、以时闻法、以恭敬法、与师共
住,令智增长,于三十八行(处),随其所乐,应当修念死(指
十念中的念死),及观四大,最胜。(卷三《分别行处品》,第
412页上)

八、《行门品》(卷四至卷八)。详述"坐禅人"如何修习"三
十八行处"各支问题。

"三十八行处"各支,都有"体"(体性)、"修"(修习)、"相"
(相状)、"味"(作用)、"处"(处所)、"功德"、"义"(意义)、
"种"(种类)、"修法"等。以"十一切入"的"地一切入"(又称
"地遍处")为例,它可以从以下各方面作分别。(1)"云何地一
切入"。指"地一切入"的体性,是"心依地相生"。(2)"何
修"。指"地一切入"的修习,是"心不乱住"。(3)"何相"。指
"地一切入"的相状,是"善乐著地想"。(4)"何味"。指"地一
切入"的作用,是"不舍"。(5)"何处"。指"地一切入"的依
处,是"意无异念为处"。(6)"何功德"。指"地一切入"的功
德,有十二种。(7)"一切入者何义"。指"地一切入"的意义,
是"周普一切入"。(8)"几种地"(又作"地几种")。指修习
"地一切入"的场地,有"自相地"、"造作地"二种,"坚为自相地
界,是谓自相地;若手自掘、若教人掘,造作所成,是谓作地。成
四种色,谓白、黑、赤及如明色"。(9)"何地取相"(又作"何地
取相可修")。指修习"地一切入"时所取的地相,是"于自相地,

不应作意,应除白、黑、赤"。(10)"云何作曼陀罗(意译"坛
场")法"。指修习"地一切入"时坛场的作法,是"最胜圆作曼
陀罗,若于衣、若于板、若于壁处,皆作曼陀罗,于地最胜"。
(11)"何修地法"(又作"云何修地法")。指"地一切入"的修
法,是"从初当观欲过患,复应观出离功德"。如关于为何菩萨
"修慈",能成就"十波罗蜜"(指檀、戒、出、般若、精进、忍辱、实
谛、受持、慈、舍),说:

> 菩萨摩诃萨(指初地以上大菩萨)修慈,流于一切众
> 生,遍满十波罗蜜。……菩萨摩诃萨,于一切众生行慈,缘
> 饶益,成摄受众生,施于无畏,如是满檀(指布施)波罗
> 蜜。……成无害,不失法用,如父于子,如是满戒波罗
> 蜜。……成无贪意,出离非饶益,向禅、向出家,如是满出
> (指出离)波罗蜜。……成多思惟,饶益、非饶益,如义说,
> 方便明了,为除恶、为得善,如是满般若波罗蜜。……不舍
> 精进,一切时坚精进相应,如是满精进波罗蜜。……彼众生
> 恶语骂詈,成忍辱,不忿恨,如是满忍辱波罗蜜。……说实
> 语、于实住、受持实,如是满实谛波罗蜜。……依饶益,于一
> 切众生,乃至失命誓不舍,愿成坚受持誓愿,如是满受持波
> 罗蜜。……于一切众生,以自相饶益,满慈波罗蜜。……于
> 亲友中人、怨家,平等心,离瞋恚、爱,如是满舍波罗蜜。
> (卷八《行门品》,第436页下—第437页上)

九、《五通品》(卷九)。论述"坐禅人"如何修习"五神通"
问题。

"五神通",指依修习"四禅"而得的五种深妙神奇的功能,
即"身通"(又称"神境智证通")、"天耳通"(又称"天耳智证
通")、"他心智通"(又称"他心智证通")、"宿命通"(又称"宿

住随念智证通")、"天眼通"(又称"天眼智证通")。(1)"身通"。指能身现各种变化,来去自如。"身通者,变义","变有三种,谓受持变、作变、意所作变"。(2)"天耳通"。指能以天耳(超越人耳)听到一切言语音声。"天耳者,越人耳义","坐禅人以天耳界,清净过人,耳闻两声,所谓天声、人声,或远或近"。(3)"他心智通"。指能了知他人的心念差别,即"他心智者,了他意义","起他心智,除色变分别,唯取心事"。(4)"宿命通"。指能了知众生过去世的事情。"宿命者,忆前生义","忆宿命不一种,如是一生、二生、三生、四生等,如是一切"。(5)"天眼通"。能以天眼(超越肉眼)看见六道众生的生死状况。"天眼通者,过人眼见","彼坐禅人以天眼清净过人眼,见众生或终或生,或粗或妙,或善色或丑色,生于善趣,生于恶趣,如业所作"。如关于"身通"中的三种"神变",说:

> 身通者,变义。……变有三种,谓受持变、作变、意所作变。云何受持变? 彼坐禅人,以一成多,以多成一,以身增长,乃至梵世,此谓受持变。云何作变? 彼坐禅人,舍自性身,现童子形,或现龙形,或现梵王形,如是等,此谓作变。云何意所作变? 彼坐禅人,从此身,化作余身,随意所造一切身分,诸根具足,此谓意所作变。(卷九《五通品》,第441页中)

十、《分别慧品》(卷九)。论述"慧"问题。

"慧"是三学之一。它可以从各方面加以分别。(1)"慧名"(就体性而言)。指"波若"(即般若),"波若是慧是智"。(2)"慧相"(相状)。指"如达"。(3)"慧味"(作用)。指"择"。(4)"慧起"(生起)。指"不愚痴"。(5)"慧处"(依处)。指"四谛"。(6)"慧功德"。指慧有无量功德。(7)"慧义"(意义)。指"智义"。(8)"得慧"。指须修习"十一功德",即"寻修多罗(又称"契经")义、多善事、清净居、止观、四谛、作分明处、心停住、常在禅、无盖(指烦恼)心、离无智慧人、修行智慧人乐著",就能获得"慧"。(9)慧的种类。指有二种慧、三种慧、四种慧。二种慧,指"世慧、出世慧"。三种慧,指"思慧、闻慧、修慧";"来晓了、去晓了、方便晓了";"聚慧、不聚慧、非聚非非聚慧"。四种慧,指"自作业智、随谛相应智、道等分智、果等分智";"欲界慧、色界慧、无色界慧、无系慧";"法智、比智(又称"类智")、他心智、等智(又称"世俗智")";"义辩、法辩、辞辩、乐说辩(此四者又称"四无碍解"、"四辩")";"苦智、苦集智、苦灭智、苦灭道智"等。如关于"世慧"与"出世慧"的差别,说:

问:云何二种慧? 答所谓世慧、出世慧,于是圣道果(指须陀洹、斯陀含、阿那含、阿罗汉果)相应慧,是出世慧,余是世慧。世慧者,有漏、有结、有缚、是流、是轭、是盖(以上均为"烦恼"的异名)、是所触、是趣(指"六趣",即"六道")、是有烦恼;出世慧者,无漏、无结、无缚、无流、无轭、无盖、无所触、无趣、无烦恼。(卷九《分别慧品》,第445页上)

十一、《五方便品》(卷十至卷十一)。总论"五方便"问题。"五方便",指修习慧学的五种方便法门,即"阴方便"、"入方便"、"界方便"、"因缘方便"、"圣谛方便"。(1)"阴方便"。指观察"五阴"(又称"五蕴"),即"色阴"、"受阴"、"想阴"、"行阴"、"识阴"。"色者,现义;受者,可受义;想者,知义;行者,作义;识者,解义;阴者,种类集义"。(2)"入方便"。指观察"十二入"(又称"十二处"),即"六根"(指六种感觉器官,即眼、耳、鼻、舌、身、意)、"六境"(指六根所取的六种境界,即色、声、香、

味、触、法)。"眼者,见义;色者,现义;耳者,闻义;声者,鸣义;
鼻者,嗅义;香者,芳义;舌者,尝义;味者,气味为义;身者,正持
义;触者,可触义;意者,知义;法者,无命义;入者,无色法门义、
处义、受持义"。(3)"界方便"。指观察"十八界",即"六根"、
"六境"、"六识"(指依根缘境而生的六种认识作用,即眼识、耳
识、鼻识、舌识、身识、意识)。(4)"因缘方便"。指观察"十二
因缘",即"无明"、"行"、"识"、"名色"、"六入"、"触"、"受"、
"爱"、"取"、"有"、"生"、"老死"。(5)"圣谛方便"。指观察
"四圣谛"(又称"四谛"),即"苦圣谛"(又称"苦谛")、"苦集圣
谛"(又称"集谛")、"苦灭圣谛"(又称"灭谛")、"苦灭道圣谛"
(又称"道谛")。"圣谛者,圣人所说名圣谛,通达彼故成圣谛;
谛者,如是义、不异义、自相不异义;苦者,果义;集者,因义;灭
者,随灭义;道者,见第一义"。如关于"十二因缘"的生灭次第
与名义,说:

问:云何因缘方便? 答:无明缘(生)行,行缘(生)识,
识缘(生)名色,名色缘(生)六入,六入缘(生)触,触缘
(生)受,受缘(生)爱,爱缘(生)取,取缘(生)有,有缘(生)
生,生缘(生)老死、忧悲苦恼,如是皆苦阴起。唯以无明灭
则行灭,以行灭则识灭,以识灭则名色灭,以名色灭则六入
灭,以六入灭则触灭,以触灭则受灭,以受灭则爱灭,以爱灭
则取灭,以取灭则有灭,以有灭则生灭,以生灭则老死、忧悲
苦恼灭,如是苦阴皆成灭。于是无明者,不知四谛;行者,
身、口、意业;识者,入胎一念心,名识;名色者,共相续心起
心数(指心所)法,及迦罗逻(指羯刺蓝,意译凝滑,即受胎
后第一个七日的情形)色;六入者,六内入;触者,六触身;
受者,六受身;爱者,六爱身;取者,四取(指欲取、见取、戒

取、我语取）；有者，是业能起欲（有）、色（有）、无色有；生者，于有阴（指五阴）起；老者，阴熟，死者，阴散坏。（卷十《五方便品》，第 450 页上、中）

十二、《分别谛品》（卷十一至卷十二）。详述"坐禅人"如何修习"四圣谛"问题。

坐禅人在听闻"四圣谛"之后，当勇猛精进，或取"阴相"（指五阴），或取"入相"（指十二入），或取"界相"（指十八界），以"无常"、"苦"、"无我"（指一切诸法由众缘和合而生，没有常恒实在的主体），分别"一切色"（指一切物质），令"四圣谛"在心中生起。如关于如何成就"三解脱"（指无相解脱、无作解脱、空解脱），说：

> 解脱者，三解脱，无相解脱、无作解脱、空解脱。于是道（智）、相似智，不作相是无相解脱，不作愿是无作解脱，不作执是空解脱。复次，此三解脱，以观见成于种种道，以得成于一道。问：云何以观见成于种种道？答：已（以）观见无常，成无相解脱；以观见苦，成无作解脱；以观见无我，成空解脱。……问：云何以得三解脱，成于一道？答：已得无相解脱，成得三解脱。何故？是人以无相，其心得脱。……解脱者、解脱门者何差别？答：唯彼道智，从烦恼脱，名解脱；以入醍醐门义，名解脱门。（卷十二《分别谛品》，第 459 页中、下）

本书是一部别具特色的论书。书中的一些内容，特别是关于如何修习"三十八行处"各支的具体方法和过程，以及书中使用的某些名词术语，如"乐解脱智"、"相似智"、"性除智"等，都是未见于有部阿毗达磨论书的。从中可以看到，南传上座部与说一切有部，在理论和话语体系上，存在着很多的差异。

东晋失译《那先比丘经》三卷

《那先比丘经》，又名《那先经》《那先譬喻经》，三卷（上、中、下卷）。东晋失译，约出于建武元年（317）至元熙二年（420）之间。本书最初是作为"失译杂经"，著录于梁僧祐《出三藏记集》卷四《新集续撰失译杂经录》之中（作"《那先经》二卷"）；唐智升《开元释教录》卷三始将它编为东晋失译（作"《那先比丘经》二卷"，注云"或云《那先经》或三卷"）。传今的本子有二卷本（分上、下卷）和三卷本之分。二卷本，载于《丽藏》"惊"函、《金藏》"惊"函、《频伽藏》"藏"帙；三卷本，载于《宋藏》"惊"函、《明藏》"聚"函、《清藏》"聚"函。这二种本子均收入《大正藏》第三十二卷，编号分别为1670（A）、（B）。今据三卷本解说。

本书是一部南传上座部的论书。全书以那先比丘答弥兰陀王之问的形式，对佛教的基本教义，作了通俗的譬喻与解说，内容叙及"沙门"、"佛"、"经戒"、"诚信"、"孝顺"、"精进"、"念善一心"、"三十七品经"、"智慧"、"愚痴"、"作善得福"、"作恶得殃"、"死后复生"（指转生）、"精神不灭"、"更乐"（又称"触"）、"名身"、"轮回"、"缘生"、"泥犁"（又称"地狱"）、"泥洹"（又称"涅槃"）、"度脱"（又称"解脱"）等。虽然书名称为"经"，但所记并非是佛对弟子所作的言教，而是后世佛弟子对佛说所作的阐释，故实为"论"。

书中的主要人物那先，音译又作"那伽犀那"、"那伽斯那"，意译"龙军"、"象军"，是罽宾国（又称"迦湿弥罗国"，今克什米尔一带）婆罗门之子（此据三卷本《那先比丘经》卷上所记；《弥兰陀王问经》则作"喜马拉雅山边迦江伽拉村婆罗门之子"）。出生时，"其家有一象王（指大象）亦同日生，天竺（印度）名象为那，父母便因象字其子，名为那先"。那先十五岁时，从舅父楼

汉阿罗汉出家,为小沙弥,受"十戒"。二十岁时,从和禅寺颊陂
(一作"颊波")阿罗汉,受大沙门戒(指具足戒)。其后,"入诸
郡县、街曲、里巷,为人说经戒,教人为善","名字彻闻四天"。
展转而至天竺舍竭国,住于泄坻迦寺(《弥兰陀王问经》则说,那
先初学"三吠陀",后随尊者楼汉出家,修学"阿毗达磨藏",精通
《法集论》《分别论》《界论》《人施设论》《论事》《双论》《发趣
论》七论,后至弥兰陀王所在的萨竭那城,"住于僧伽耶寺")。
书中的另一位主要人物弥兰陀王(约公元前 160—前 140 在
位),是马其顿国王亚历山大的后裔,统治西北印度的大秦(又
称"大夏")国的希腊王。又因都城为舍竭城(又称"奢羯罗
城"),古印度常以城名为国名,故又称他为舍竭国(又称"磔迦
国")的国王。弥兰陀王与那先比丘的对话是在王宫展开的。
对话通常是由弥兰陀王提出某个问题,由那先比丘依据佛教教
义加以回答的方式展开的。对同一个问题,弥兰陀王与那先比
丘之间,往往要经多次问答,直到国王说"善哉",表示满意,再
转入下一个问题。最后,在那先比丘的开示下,弥兰陀王皈依了
佛教。

根据这次对话编成的著作,最初为梵文《那先比丘经》,此
为汉译二卷本、三卷本的底本;以后经不断的增益修改,形成了
巴利文《弥兰陀王问经》(收入《汉译南传大藏经》第六十三册、
第六十四册,台湾元亨寺妙林出版社版;另有巴宙的汉译单行
本,书名《南传弥兰陀王问经》,中国社会科学出版社 1997 年 10
月版)。汉译《南传弥兰陀王问经》分为七部分,依次为"序话"
(即"序言")、"特相"(又称"法相质疑",下分三品四十章)、"断
惑"(又称"断惑质疑",下分四品四十六章)、"难问"(又称"矛
盾质疑",下分八品八十二章,并有前言)、"比量之问"(又称
"推论质疑",仅有一品)、"头陀行"(又称"头陀行之问")、"譬

喻问"（又称"譬喻说质疑"，下分七品），共收录问题二百六十二
个（此据汉译者统计，《佛光大辞典》作"二三六条问答"）。汉
译《那先比丘经》卷上，大致相当于《南传弥兰陀王问经》中的前
三部分，即"序话"、"特相"、"断惑"。全书共收录问题六十八
个（此据每个问题讨论结束，均有"王言善哉"一词统计，不包括
大问题下的小问题）。但即使是大致相同的这三部分，二书之
间的出入也是很大的。

　　南传上座部，又名"铜鍱部"、"分别说部"。相传阿育王（前
268—前232年在位）时，以目犍连子帝须（略称"帝须"）为首的
上座部一千比丘，在摩揭陀国华氏城（又译"巴连弗邑"、"波吒
厘子城"）举行"第三次结集"，会后派九支传教师到周边各国弘
法。其中，摩哂陀（阿育王之子）率众到斯里兰卡传教，从而将
印度上座部佛教传入该国，并形成了以斯里兰卡大寺为中心的
南传上座部佛教。南传上座部有完整的巴利文《大藏经》（约成
于公元前一世纪）传世。巴利文《大藏经》分为《律藏》《经藏》
《论藏》三藏。其中，《律藏》分为三部分，即《经分别》《犍度》
《附随》；《经藏》分为五部，即《长部》（收录三十四部经）、《中
部》（收录一百五十二部经）、《相应部》（收录二千八百六十三
部经）、《增支部》（收录二千三百零八部经）、《小部》（收录十五
部经）；《论藏》分为七部，即《法集论》《分别论》《界论》《人施设
论》《论事》《双论》《发趣论》。此外，还有一些未被编入《大藏
经》的藏外佛典，如《弥兰陀王问经》（《那先比丘经》的全本）、
《清净道论》等。

　　本书的内容如下。

　　卷上：前部分叙述那先比丘、弥兰陀王的生平事略，以及两
人的宿世（往世）因缘；后部分叙述弥兰陀王与那先比丘之间的
问答。其内容大致相当于《南传弥兰陀王问经》第一部分"序

话"，以及第二部分"特相"（共三品）的第一品至第二品第四章
（"不转生者之感觉"）。那先比丘解答的问题，主要有："谁为那
先"，是"头"为那先？还是"眼"、"耳"、"鼻"、"口"、"颈项"、
"肩臂"、"足手"等为那先（那先比丘对此作了否定，并借此说明
了"人无我"，即人身由"五蕴"和合而成，没有常恒实在的主
体）；什么是"智者语"，什么是"王者语"；"卿曹道"（指你们佛
道）中什么是"最要者"，为什么要作"沙门"；人死后还"复生"
（指转生）吗；谁在后世"复生"，谁在后世"不复生"；什么是"善
事"；什么是"诚信"、"孝顺"、"精进"、"念善一心"、"智慧"；什
么是"三十七品经"（包括什么是"四意止"、"四意断"、"四神
足"、"五根"、"五力"、"七觉意"、"八种道行"等问）；人死后转
生善恶道时，是"续持故身神行生"（指带着旧身的识神转生），
还是"更贸他神行生"（指更换为其他识神转生）；人能否"自
知"死后"不复生"；什么是"五善"等。如关于什么是"孝
顺"，说：

　　王言：何等为孝顺者？那先言：诸善者皆为孝顺。凡
三十七品经，皆由于孝顺为本。王言：何等为三十七品经？
那先言：有四意止（指四念处）、有四意断（指四正勤）、有
四神足（指四如意足）、有五根、有五力、有七觉意（指七觉
支）、有八种道行（指八正道）。……那先言：凡人负重致
远，有所成立，皆由地成。世间五谷树木、仰天之草，皆由地
生。那先言：譬如师匠图作大城，当先度量，作基址已，乃
可起城。那先言：譬如伎人欲作，当先净除地平乃作。佛
弟子求道，当先行经戒念善，因知勤苦，便弃诸爱欲，便思念
八种道行。王言：当用何等，弃诸爱欲？那先言：一心念
道，爱欲自灭。（卷上，《大正藏》第三十二卷，第 707 页

下——第 708 页上)

卷中：续述弥兰陀王与那先比丘之间的问答。其内容大致相当于《南传弥兰陀王问经》第二部分"特相"的第二品第五章（"乐受之三相"）至第三部分"断惑"（共四品）的第二品第一章（"谁曾见佛"）。那先比丘所解答的问题，主要有："更乐"（指触）是"善"，还是"不善"；人死后，谁在后世转生（那先比丘答"名与身于后世生"）；什么是"名"，什么是"身"（那先比丘答"今见在为身，心所念者为名"），为什么"名"能转生后世，而"身"不能转生后世；什么事为"有久"（指长久），什么事为"无有久"（指不长久）；"过去事"、"当来事"、"见在事"三事以何为本（那先比丘答"愚痴"）；为什么人的生死"不可得本"（指没有最初的本源）；世间上有没有"自然生物"（指不假因缘，自然产生的事物）；世间上有没有"人"（《南传弥兰陀王问经》译作"灵魂"），"身中命"是不是"人"；人生眼识时，"眼"（指眼识）与"神"（指意识）是否同时产生；人们五官四肢完具，为何有"长寿"、"短命"、"贫"、"富"、"贵"、"贱"等各种差别；人欲作善，应"当前作"（指预先作），还是"当后作"（指事后作）；难道有"泥犁"（又称"地狱"）吗；难道大地依于"四轮"（指"天下地皆在水上，水在风上，风在空上"）吗；"学道者"，能不能都得"泥洹道"（又称"涅槃道"）等。如关于为何人有"长寿"、"短命"、"贫"、"富"等各种差别，说：

王复问那先：世间人，头、额、发、肤、面、目、耳、鼻、口、身体、四支（肢）手足皆完具，何故中有寿命长者，中有短命者，有多病者，中有少病者，中有贫者，中有富者，中有贵者，中有贱者，中有大士者，中有小士者，中有端正者，中有丑者，中有为人所信者，中有为人所疑者，中有明孝者，中有愚者。何故不同？那先言：譬如诸树木果众中，有醋（指酸）不甜者，中有苦者，中有辛者，中有甜者，中有正醋者。那先问王言：是皆树木，何故不同？王言：所以不同者，其栽各自异。那先言：人亦如是，心所念者各各异，是故令世间人不同耳。……是故佛所言，随其人作善恶，自当得之。中有豪贵者，中有贫穷者，皆是前世宿命世作善恶，各自随其德得之。（卷中，第714页上、中）

卷下：续述弥兰陀王与那先比丘之间的问答。其内容大致相当于《南传弥兰陀王问经》第三部分"断惑"的第二品第二章（"佛是无上"）至第四品第十七章（"弥兰王之供奉"）。那先比丘所解答的问题，主要有：有没有"胜佛者"（指更胜于佛之人）；人死以后，"故身"（指旧身）不随"识神"在后世转生吗；人能"自知"死后将在后世转生吗；确实有"泥洹"（又称"涅槃"）吗；你（指那先）能指示"我佛在某处"吗；沙门"自爱其身"吗；佛确实有"三十二相"、"八十种好"吗；"得度脱者"（指获得解脱者）与"未得度脱者"有什么差别；人因哪些事而"生念"（指产生忆念）；人在生前作恶，临死时才"念佛"，也能生天上吗；人因哪些事能学知"道"；人"作善得福"大，还是"作恶得殃"大；人的"神"（指识神）、"智"（指智慧）、"自然"（《南传弥兰陀王问经》译作"有情之命"）是同是异等。如关于人死以后，"故身不行，更受新身"（即轮回转生），说：

王复问那先：人死已后，身不随后世生耶？那先言：人死已后，更受新身，故身不随。那先言：譬如灯中炷更相然（燃），故炷续在新炷更然（燃）。人身如是，故身不行，更受新身。……用今世作善恶，生于后世，更受新身。……人诸所作善恶随人，如影随身，人死但亡其身，不亡其行。

（卷下，第 715 页下）

综观全书，可以看出，那先比丘所说的，基本上都是浅显易懂的小乘教义，与大乘佛教思想并无多大的关联。这是因为，大乘佛教是公元前一世纪左右，在南印度案达罗国（今印度安得拉邦）一带兴起的，而那先比丘是公元前二世纪中叶罽宾国人，当时罽宾国尚无大乘。

本书的同本异译有：巴利文《弥兰陀王问经》。

第二品　大众部论书：后汉失译《分别功德论》五卷

《分别功德论》，又名《分别功德经》《增一阿含经疏》，五卷。后汉失译，约出于建和元年（147）至延康元年（220）之间。本书最初是作为"失译经"著录于梁僧祐《出三藏记集》卷四《新集续撰失译杂经录》之中（书名作《分别功德经》，小注称"一名《增一阿含经疏》，迦叶、阿难造"）；隋费长房《历代三宝纪》卷四始编为"后汉失译"，后世经录沿依此说。但从本书使用的译语，特别是众多的佛弟子的译名，大多取自东晋僧伽提婆译的《增一阿含经》来看，本书很可能是在《增一阿含经》译出之后翻译的，而不可能译于后汉。载于《丽藏》"渭"函、《宋藏》"渭"函、《金藏》"渭"函、《元藏》"渭"函、《明藏》"笙"函、《清藏》"笙"函、《频伽藏》"藏"帙，收入《大正藏》第二十五卷。

本书是大众部所传的《增一阿含经》最初四品的注释书。《增一阿含经》是原始佛教四大丛书"四阿含"（《长阿含经》《中阿含经》《杂阿含经》《增一阿含经》）之一，由东晋僧伽提婆译出，作五十一卷，分为五十二品，始《序品》，终《大爱道般涅槃品》。本书所释的是《增一阿含经》最初四品，即《序品》《十念品》《广演品》《弟子品》。《增一阿含经·弟子品》共收录十种小经，每一经各叙述佛的声闻弟子中，在某一方面被堪称"第一"的十位比丘的事迹，总计一百人（经中称之为"百贤圣"）。本书只论及《弟子品》第一经至第六经，以及第七经中的第一人释王比丘，共六十一人的事迹；释王比丘之后收录的婆提婆罗、鸯掘魔、梵摩达、那伽波罗等三十九人全缺。以此推断，本书在内容上已有脱落，并非全本。书名中的"分别功德"，意指佛弟子的修行功德。

大众部，音译"摩诃僧祇部"、"僧祇部"，是佛入灭后一百年，统一的僧团发生"根本分裂"所形成的上座部、大众部二大根本部派之一。在以后的发展过程中，上座部和大众部的内部又发生"枝末分裂"，从而形成小乘佛教的"十八部派"或"二十个部派"。大众部的主要教义有："诸佛世尊皆是出世"；"一切如来无有漏法"（指没有烦恼）；"如来语皆转法轮"（指能摧破烦恼）；"佛以一音说一切法"（指以一种语言演说一切法），"所说无不如义"（指与义理契符）；佛的"色身"（指肉身）、"威力"、"寿量"，均是"无边际"的；"佛化有情，令生净信，无厌足心"；"佛无睡梦"；"如来答问，不待思惟"；佛"一刹那心，了一切法"，"一刹那心，相应般若（指与智慧相应），知一切法"；诸佛的"尽智"、"无生智"恒常随转，乃至涅槃；一切菩萨均不起"欲想"、"恚想"、"害想"；菩萨为了"饶益有情"，"愿生恶趣"（地狱等），以拯救众生；"以一刹那现观边智，遍知四谛诸相差别"（指修行者能在见道后的一刹那，生起"现观边智"，即现前观察"苦边"、"集边"、"灭边"所得的"世俗智"，遍知"四谛"诸相的差别）；"五识身"（指眼识、耳识、鼻识、舌识、身识），有"染"（指染污），也有"离染"（指不染污）；色界、无色界的众生都具"六识身"（又称"六识"，身表示复数）；"五种色根"（指眼、耳、鼻、舌、身五根），以"肉团为体"，没有缘取境相的功能，"眼不见色、耳不闻声、鼻不嗅香、舌不尝味、身不觉触"；"有阿罗汉为余所诱，犹有无知，亦有犹豫，他令悟入，道因声起，苦能引道"（指赞同"大天五事"）；"预流者有退义"（指"四向四果"中的"预流果"会从果位上退失），"阿罗汉无退义"（指"阿罗汉"不会从果位上退失）；"无世间正见"、"无世间信根"（指只有出世间的"正见"、"信根"）、"无无记法"（指只有"善法"、"恶法"）"；"入正性离生（指趣入见道）时，可说断一切结（指烦恼）"；"佛所说经皆是了义"；"无为法"，有"择灭无为"、"非择灭无为"、"虚空无为"、"空无边处无为"、"识无边处无为"、"无所有处无为"、"非想非非想处无为"、"缘起支性（指十二缘起）无为"、"圣道支性（指八正道）无为"九种；"心性本净"，因受"客尘随烦恼"（指外部事物）的"杂染（指有漏）"，才变得不净；"随眠"（指根本烦恼）既不是"心法"，也不是"心所法"，它无所缘之境；"随眠"与"缠"（指缠缚众生身心的随烦恼）是不同的，"随眠"是潜在的烦恼，与心不相应，"缠"是现行的烦恼，与心相应；"过去、未来非实有体"（指"三世"中，"过去"、"未来"诸法是没有实体的，只有"现在"诸法有实体）；"一切法处"（指意根所取的境界），"非所知、非所识量、非所通达"（指都不是凡夫所能了知、认识和把握）的；"都无中有"（指一切众生都没有"中有"，即从死到再次受生之间的形体）等（以上见唐玄奘译《异部宗轮论》）。

（一）卷一至卷二前部分。始"建初偈所说曰：迦叶思惟正法本者"，终"阿难唱此十偈之妙劝者，正为此三万天人也"，解释《增一阿含经》卷一《序品》，论述"如来所说四不可思议"（指"众生不可思议"、"世界不可思议"、"龙不可思议"、"佛不可思议"）和第一次结集的情况。如关于佛教经典分为"五藏"（指契经藏、毗尼藏、阿毗昙藏、杂藏、菩萨藏），说：

> 阿难复思惟，经法浩大，当分作三聚。……一分契经、
> 二分毗尼、三分阿毗昙。契经者，佛所说法，或为诸天帝王，
> 或为外道异学，随事分别，各得开解也。契者，犹线连属义
> 理，使成行法，故曰契也。毗尼者，禁律也，为二部僧，说检
> 恶敛非，或二百五十（戒），或五百事，引法防奸，犹王者秘
> 藏，非外官所司，故曰内藏也。此戒律藏者亦如是，非沙弥、
> 清信士女所可闻见，故曰律藏也。阿毗昙者，大法也。所以
> 言大者，四谛大慧，诸法牙旗，断诸邪见、无明洪痴，故曰大
> 法也，亦名无比法。八智十慧、无漏正见，越三界阁（一作
> 碍），无与等者，故曰无比法也。迦游延子撰集众经，抄撮
> 要慧，呈佛印可，故名大法藏也。……所谓杂藏者，非一人
> 说。或佛所说，或弟子说，或诸天赞诵，或说宿缘三阿僧祇
> 菩萨所生，文义非一，多于三藏，故曰杂藏也。佛在世时，阿
> 阇世王问佛菩萨行事，如来具为说法，设王问佛：何谓为法？
> 答：法即菩萨藏也，诸方等正经，皆是菩萨藏中事。先佛在
> 时，已名大士藏。阿难所撰者，即今四藏是也，合而言之，为
> 五藏也。（卷一，《大正藏》第二十五卷，第32页上、中）

（二）卷二后部分至卷三。始"昔佛始成道，在波罗奈鹿野苑
中，为阿若拘邻等五人，转四谛法轮者"，终"以是言之，念死者亦
至涅槃"，解释《增一阿含经》卷一《十念品》、卷二《广演品》，论述
"十念"（指专心忆念的十种境相，即念佛、念法、念僧、念戒、念施、
念天、念休息、念安般、念身、念死）的含义。如关于为何"十念"
中，"戒"在"施"之前，而在"六度"中，"施"在"戒"前，说：

> 十念中，戒在前，六度言之，施在前。所以前却不等者，
> 十念戒者，声闻家戒也，弟子法以检身为先，是以在前。大

士(指菩萨)法以惠施为重。何者？夫大士者,生天人中,心存济益,济益之要,非施不救。夫众生存命者,以衣食为先,故以财施,先救其形,然后以法摄御其神,故大士以施为先。夫戒有二:有俗戒,有道戒。五戒、十善为俗戒;三三昧为道戒。二百五十戒至五百戒,亦是俗戒;四谛妙慧为道戒也。但行安(当作"俗")戒,不出三界。以慧御戒,使成无漏,乃合道戒。声闻家戒,喻若膝上花,动则解散;大士戒者,喻若头插花,行止不动。何者？小乘检形动则越仪,大士领心不拘外轨也。大小范异故,以形心为殊,内外虽殊,俱至涅槃;故曰念戒也。(卷二,第36页中)

(三) 卷四至卷五。始"如来所以广为四部,各各说第一者",终"以是因缘,知释王比丘豪族第一也",解释《增一阿含经》卷三《弟子品》,论述佛的声闻弟子中,在某一方面被称为"第一"的六十一位比丘(《增一阿含经》原收一百位比丘)的事迹。主要有:阿若拘邻(为"初化受法第一")、善胜(为"恶露观第一")、马师(为"威仪第一")、目连(为"神足第一")、二十亿耳(为"苦行第一")、阿那律(为"天眼第一")、离越(为"乐禅第一")、赖吒婆罗(为"出家第一")、迦旃延(为"善分别义第一")、宾头卢(为"降伏外道第一")、拘绨罗(为"四辩第一")、难提(为"乞食第一")、婆嗟(一作"婆差",为"露坐第一")、卢醯宁(为"坐草蓐第一")、昙摩留支(为"远游第一")、满愿子(为"说法第一")、优波离(为"持律第一")、难陀(为"端正第一")、婆陀先(为"护口第一")、摩诃迦延那(为"安般第一")、罗云(为"持戒第一")、释王(为"豪贵第一")等。在后世所传佛的十大弟子(摩诃迦叶、舍利弗、目连、须菩提、富楼那、摩诃迦延那、阿那律、优波离、阿难、罗云)中,其事迹大多见于此。

如关于罗云(佛的儿子)为"持戒第一",说:

> 所以称罗云持戒不毁者,或曰:罗云喜妄语,云何言持
> 戒也? 或曰:罗云不妄语,直自瞋佛耳。何以瞋佛也,以佛
> 不作转轮圣王故。……舍如此之位,而作沙门,东西行乞,
> 不可羞耶。计圣王之利,嫌如来故,作妄语耳。……人问罗
> 云:如来所在? 如来实在祇树精舍,而答云在昼暗园;实在
> 昼暗园,而诈言在祇园,反覆妄语,诳于来人。阿难白佛:
> 罗云妄语。佛唤罗云来:卿实妄语耶? 对曰:实尔,罗云。
> (佛问)汝何以作妄语耶? 我所以舍圣王位者,以圣王位不
> 可恃怙,皆归无常,无长存者。正使帝释、梵王,皆不可保,
> 况复圣王而可恃赖耶? ……罗云自被约敕以后,未曾复犯
> 如毫厘,故称第一持戒也。(卷五,第51页上、中)

本书虽为论释小乘《阿含经》的著作,但内中有些表述明显地
带有大乘思想的成分。如说:"戒如金刚者,大乘戒也;戒如坏瓶
者,小乘戒"(卷一);"此六度无极事,尽在菩萨藏,不应与三藏
(指小乘三藏)合"(同上);"昔佛在世时,为四部说法,或说四谛,
或说六度,随前众生所应闻者,各为敷演,无有常量"(卷二);"众
僧者,乃含受于三乘(指声闻、缘觉、菩萨),罗汉僧亦出于中,缘一
觉亦在其中,大乘僧亦在其中"(卷三),等等。以此推断,本书当
成立于初期大乘思想流行时期,是部派佛教的中期著作。

第三品　犊子部论书:陈真谛译
《立世阿毗昙论》十卷

《立世阿毗昙论》,又名《佛说立世阿毗昙论》《立世阿毗昙
藏》《天地记经》,十卷。陈真谛译,永定三年(559)译出,隋法经

等《众经目录》卷五著录。载于《丽藏》"西"函、《宋藏》"京"函、《金藏》"西"函、《元藏》"京"函、《明藏》"弁"函、《清藏》"弁"函、《频伽藏》"秋"帙，收入《大正藏》第三十二卷。

本书是一部犊子部的论书。全书以佛在舍卫城鹿子母精舍,对富楼那弥多罗尼子(略称"富楼那",为佛的十大弟子之一)等比丘说法的形式,论述佛教的"世间"(包括器世间和众生世间)理论。关于本书的部属,佛教史传上没有记载。但从书中有三次提到"是时众生多生地狱、畜生、饿鬼、阿修罗道"(见卷九)来看,本书是主张有"六道"的。而在佛教部派中,说一切有部主张有"五道"(指地狱、畜生、饿鬼、人、天),而犊子部主张有"六道"(指地狱、畜生、饿鬼、阿修罗、人、天),于中增入阿修罗(意译"非天",指常与诸天战斗之神)。《大智度论》卷十说:"说五道者,是一切有部僧所说;婆蹉弗妬路部(指犊子部)僧说有六道";《大毗婆沙论》卷一百七十二也说:"有余部(指犊子部)立阿素洛(指阿修罗)为第六趣,彼不应作是说,契经唯说有五趣故"。据此推断,本书应当是犊子部的著作。

犊子部,音译"跋私弗底梨与部"(见陈真谛译《部执异论》)、"婆蹉部"(见刘宋僧伽跋摩等译《杂阿毗昙心论》卷四)、"可住子弟子部"(唐玄奘译《异部宗轮论》)等,是上座部系说一切有部下的一个部派(上座部——说一切有部——犊子部),相传在佛灭后三百年中,从说一切有部中分出。此部的主要教义,有:"补特伽罗(指人)非即蕴离蕴,依蕴处界假施设名"(指"人"既不是"五蕴"本身,也不是离开"五蕴"的别物,它是依"五蕴"、"十二处"、"十八界"而施设的"假名",为"不可说法");"诸行"(指有为法)有"暂住",也有"刹那灭";"诸法"(指色法)若离开"补特伽罗",就不能从前世流转至后世,依据"补特伽罗"才可说有生死流转;"外道"也能证得"五通"(指天眼通、天耳通、他心通、神境通、宿命通);"五识"(指眼识、耳识、鼻识、舌识、身识)不是"染"(指染污),也不是"离染";"若断欲界修所断结,名为离欲,非见所断"(指只有断除欲界修道位所断的烦恼,而不是见道位所断的烦恼,才能称为"离欲");修习"忍"、"名"、"相"、"世第一法"四善根(指暖法、顶法、忍法、世第一法),才能"趣入正性离生"(指趣入见道);若已"得入正性离生",前十二心属见道位,为"预流向",第十三心属于"修道",为"预流果"等(见唐玄奘译《异部宗轮论》等)。

　　全书分为二十五品,始《地动品》,终《大三灾品》,内容叙及:"一世界"和"三千大千世界"的构成;须弥山、八山八海、四大部洲、六道、三界诸天的情况;日月的运行,以及它与昼夜、节气、历数的关系;世界从生成到毁坏,所经历的"成"、"住"、"坏"、"空"四个时期,以及其间发生的"大三灾"与"小三灾"等。书名中的"立世",安立世界的意思。本书与姚秦佛陀耶舍等译《长阿含经》卷十八至卷二十二《世记经》(其同本异译,有西晋法立等译《大楼炭经》六卷、隋阇那崛多等译《起世经》十卷、隋达摩笈多译《起世因本经》十卷)、唐玄奘译《俱舍论》卷八至卷十二《世间品》,是主题相同的同类书,但叙事有差异。

　　一、《地动品》(卷一)。以"地动"(指大地震动)的因缘为引子,论述世界(又称"器世间"、"国土世间")的构成问题。说:器世间处于无边无际的虚空(又称"空轮"、"空界")之中,它是由无数个小世界(又称"一世界"、"一小世界")构成的。每个小世界的最底层是"风界"(又称"风轮"),"风界"之上是"水界"(又称"水轮"),"水界"之上是"地界"(又称"金轮"),即大地。每个小世界都以须弥山为中心,由一个太阳、一个月亮所照临,"若一日、月所围绕处,名一世界"。一千个"小世界",称为"小千世界";一千个"小千世界",称为"中千世界";一千

个"中千世界",称为"大千世界"。如关于构成世界的风界、水界、地界(又称"三轮")。说:

> 是(此)地界住水界上,是水界住风界上,是风界住于空中。……有风名鞞岚婆(指毗岚风,意译迅猛风,即成劫时的风轮),此风常吹,俱动不息,风力上升,有风下吹,有风傍动,是风平等、圆转、相持,厚九亿六万由旬(一由旬为十六里,一说四十里),广十二亿三千四百五十由旬,周回三十六亿一万三百五十由旬;此风上际,即是水界,此水上下,悉皆平等、停止、安住,无有散溢,厚四亿八万由旬,广十二亿三千四百五十由旬,周回三十六亿一万三百五十由旬;此水上际,即是地界,上下边际,悉皆平等、安住不动,厚二亿四万由旬,广十二亿三千四百五十由旬,周回三十六亿一万三百五十由旬。(卷一《地动品》,《大正藏》第三十二卷,第173页中)

二、《南剡浮提品》(卷一)。论述"南剡浮提洲"(又称"南赡部洲")的得名和大致情况。说:每个小世界都有"四天下"(又称"四大部洲"),即南剡浮提洲(又称为"南赡部洲")、西瞿耶尼洲(又称为"西牛货洲")、东弗于逮洲(又称为"东胜身洲")、北郁单越洲(又称为"北俱卢洲")。剡浮提位于须弥山的南方,因洲地生有剡浮树(又称"阎浮树")而得名,此树"上如华盖,次第相覆,高百由旬,下本洪直,都无瘤节,五十由旬方有枝条,树身径刺,广五由旬,围十五由旬","其果熟时,甘美无比,如细蜂蜜"。剡浮提有小黑山、大黑山、多牦牛山、日光山、银山、香水山、金边山等七座黑山;又有周罗迦罗山、摩诃迦罗山、瞿汉山(又称"瞿诃那山")、首罗山(又称"修罗婆诃山")、稽罗山(又称"鸡罗婆山")、乾陀山(又称"乾驮摩驮山")、修跋

姬山(又称"修槃那般娑山")七座大山;有鸠留(又称"高流")、
高腊鞞(又称"俱腊婆")、毗提诃、摩诃毗提诃、郁多罗曼陀、沙
熙摩罗野(又称"舍喜摩罗耶")六个大国(即卷一《六大国品》
所说"六大国");此外还有七大树林、七河等。

三、《六大国品》(卷一)。论述剡浮提中,劫毕他林以南的
六大国的情况。说:劫毕他林以南有六大国,分别是高流、俱腊
婆、毗提诃、摩诃毗提诃、郁多罗曼陀、舍喜摩罗耶,"是六国内,
人皆贞善,持十善法"。

四、《夜叉神品》(卷一)。论述剡浮提中,统领恒河以南七
山的"婆多耆利神",与统领恒河以北七山的"醯摩跋多神"的情
况。说:剡浮提中,有两众山,恒河以南称为婆多耆利山,恒河
以北称为醯摩跋多山,"是婆多耆利神,领河(指恒河)南一切诸
神,故名为王;是醯摩跋多神,领河北一切诸神,故名为王"。

五、《漏阇耆利象王品》(卷二)。论述剡浮提中,住于修槃
那般娑山北边大池、娑罗树林的"漏阇耆利象王"的情况。说:
漏阇耆利象王,"其身洁白,七支拄地,六牙具足,随意变化,有
大神通,有大威德"。

六、《四天下品》(卷二)。论述"四大部洲"(又称"四天
下")的地理环境和众生情况。如关于"四天下",说:

　　佛说:天下有四,一南剡浮提(指南赡部洲)、二西瞿耶
尼(指西牛货洲)、三东弗于逮(指东胜身洲)、四北郁单越
(指北俱卢洲)。剡浮提大,东边地际二千由旬,西、北二
边,亦各二千由旬,南边地际但三由旬,周回六千三由旬。
其面(指形状)如车。一切众生生此地上,面似地形。是剡
浮提具有江山,江山中间,诸国间厕。……西瞿耶尼大,广
二千三百三十三由旬,又一由旬三分之一,周回七千由旬。

地形团圆,无山有江,其江中间,立诸国土。人民富乐,无有贼盗,悉多贤善,填满其中。……东弗毗提大,广二千三百三十三由旬,又一由旬三分之一,周回七千由旬。地形团圆,犹如满月。多有诸山,唯有一江,是山中间,安置诸国。人民富乐,无有贼盗,悉多贤善,充满其国。……北郁单越大,东际长二千由旬,西际二千由旬,南北亦尔,四周八千由旬。以金山城之所围遶,黄金为地,昼夜常明。是郁单越地有四种德:一者平等,二者寂静,三者净洁,四者无刺。(卷二《四天下品》,第 179 页下—第 180 页上)

七、《数量品》(卷二)。论述须弥山及其四周围绕的八海八山的深广数量。说:每个小世界的形状为圆形,"是(此)世界地,形相团圆,如铜烛盘",须弥山如铜烛盘中央插烛的柱子,铁围山如烛盘的边缘。须弥山由七宝所成,基底呈四方形,一半深入海中,一半露出海面,深度和高度都是八万由旬(一由旬为十六里,一说四十里),方形的四边,也各有八万由旬,周围有三十二万由旬。以须弥山为中心,从内往外,依次围绕的八海八山(即二山之间夹一海)。八大山,指由乾陀山(又称"持双山")、伊沙陀山(又称"持轴山")、诃罗置山(又称"担木山")、修腾娑山(又称"善见山")、阿沙千那山(又称"马耳山")、毗那多山(又称"象鼻山"、"障碍山")、尼民陀山(又称"持边山"、"鱼嘴山";以上七山由金所成,称为"七金山")、铁围山(由铁所成),由乾陀山离妙高山最近,铁围山离妙高山最远。八大海,指妙高山与八大山之间,各有一大海,分别是:须弥海、由乾陀海、伊沙陀海、诃罗置海、修腾娑海、阿沙千那海、毗那多海、尼民陀海(以上七海称为"七香海"、"内海")、咸海(又称"外海")。咸海中布列着四大部洲,即南剡浮提洲(又称为"南赡部洲")、西瞿耶尼洲（又称为"西牛货洲"）、东弗于逮洲（又称为"东胜身洲"）、北郁单越洲（又称为"北俱卢洲"），它们是人类居住的地方。咸海的最外侧，由铁围山周匝围绕，从而构成一个小世界。

八、《天住处品》（卷二）。论述位于须弥山顶的"忉利天"（又称"三十三天"，为帝释的住处）的情况。说：须弥山的极顶，中央平正，最胜处是"忉利天"的善见城（又称"善见大城"），为"帝释"（又称"释提桓因"）的住处。每月八日、十四日、十五日，居于须弥山腰的"四天王"（指东方持国天王、南方增长天王、西方广目天王、北方多闻天王）都要巡行天下，伺察人间的善恶，如有无"受持八戒"、"修行布施"、"修福德行"、"恭敬父母、沙门、婆罗门，及家中尊长"等，并将这些情况向在善法堂集众议事的帝释汇报。

九、《欢喜园品》（卷三）。论述"忉利天"欢喜园的情况。说："欢喜园"，位于善见城北门之外，因忉利天诸天众"入此园，生大欢喜，最受戏乐，极相嬉乐"而得名。

十、《众车园品》（卷三）。论述"忉利天"众车园的情况。说："众车园"，位于善见城东门之外，因忉利天诸天众"乘种种乘，入此园林"，"及欲出时，取质多罗树种种妙花，庄严车乘"而得名。

十一、《恶口园品》（卷三）。论述"忉利天"恶口园的情况。说："恶口园"，位于善见城南门之外，因忉利天诸天众"欲入此园，作是斗诤，觉观思惟：我等今者往彼攻击斗战修罗（指阿修罗）"，"彼此互相嫉妒，贪著五欲，诤其前后，因是事故，说诸恶言"而得名。

十二、《杂园品》（卷三）。论述"忉利天"杂园的情况。说："杂园"，位于善见城西门之外，因忉利天男女众"来入此园，最为杂聚，歌舞音乐，及众游戏，并相糅杂"而得名。

十三、《波利夜多园品》（卷三）。论述"忉利天"波利夜多园的情况。说："波利夜多园"，位于善见城东北角门之外，因"园中有树，名波利夜多"（又译"波利质多树"，意译为"圆生树"、"昼度树"、"天树王"）而得名。佛曾以波利夜多树的发芽、开花为譬喻，对众弟子说法（本品之末说，"忉利诸园，此六最大"，但书中所说只有上述五大园林，并没有第六大园林）。

十四、《提头赖吒城品》（卷四）。论述"四天王天"提头赖吒城的情况。说："提头赖吒城"，位于须弥山腰的"东由乾陀山"（又称"逾健达罗山"）二顶中间，是提头赖吒天王（又称"东方持国天王"）的住处，"从由乾陀山东，至铁围山乾闼婆天，是王所领"。

十五、《毗留勒叉城品》（卷四）。论述"四天王天"毗留勒叉城的情况。说："毗留勒叉城"，位于须弥山腰的"南由乾陀山"二顶中间，是毗留勒叉天王（又称"南方增长天王"）的住处，"从由乾陀山南，至铁围山拘槃荼神，是王所领"。

十六、《毗留博叉城品》（卷四）。论述"四天王天"毗留博叉城的情况。说："毗留博叉城"，位于须弥山腰的"西由乾陀山"二顶中间，是毗留博叉天王（又称"西方广目天王"）的住处，"从由乾陀山西，至铁围（山）边一切诸龙伽楼罗鸟，是王所领"。

十七、《毗沙门城品》（卷四）。论述"四天王天"毗沙门城的情况。说："毗沙门城"，位于须弥山腰的"北由乾陀山"二顶中间，是毗沙门天王（又称"北方多闻天王"）的住处，"从由乾陀（山）北，至铁围（山）边一切夜叉神，是王所领"。

十八、《天非天斗战品》（卷五）。论述"忉利天"诸天与"阿修罗"（意译"非天"，常与诸天战斗之神）交战的情况。说：须弥山海中诸层，为阿修罗的住处。阿修罗与忉利天诸天，经常为了夺取对方的"须陀味"（指天界的美食）、"平地"、"园林"、"国邑"、"童女"而作战,时胜时败,并于战后交换俘获。

十九、《日月行品》(卷五)。论述日月的运行,以及它与昼夜、节气、历数的关系。说:在离剡浮提(即"南赡部洲")地面四万由旬的高空,有日月运行于须弥山的半腰、由乾陀山的山顶。日月的运行轨道分"外路"、"内路","内路者,从剡浮路内,至北郁单越内路,相去四亿八万八百由旬,周回十四亿四万二千四百由旬;其外路者,相去四亿八万一千三百八十由旬,周回十四亿四万四千一百四十由旬","一一日中,日行四万八千八十由旬"。"四大部洲"中,"剡浮提日出时,郁单越日没时,东弗婆提正中,西瞿耶尼正夜,是一天下四时,由日得成"。

二十、《云何品》(卷六)。详述"夜昼"、"黑白月"(古印度历法以满月的翌日为一个月的开始,将每月的上半月称为"黑月",下半月称为"白月",此历法与我国农历有半个月的错位,"黑月"相当于农历当月十六日至三十日,"白月"相当于农历次月初一至十五日)、"三时"(指冬时、春时、夏时,为印度的三季)、"六道"(指地狱道、禽兽道、鬼道、阿修罗道、天道、人道)、"四大部洲"、"三界"诸天等名义及其状况。如关于"欲界六天"(又称"六欲天"),说:

云何第一天? 名大王天(指四天王天),提头吒等四大王,于中为增上,为上首故。云何第二天? 名为忉利,三十三天王于是中为帝主,王位自在,故说为忉利天。云何第三天? 名为夜摩,日夜时节分分度时,说如是言:咄哉! 不可思议欢乐,故名夜摩。云何第四天? 名兜率陀(指兜率天),欢乐饱满,于其资具,自知满足,于八圣道,不生知足,故说名为兜率陀天。云何第五天? 名为维摩罗昵(指化乐天),是中诸天,如意化作宫殿园林、一切乐具,于中受乐,故名维摩罗昵。云何第六天？名波罗维摩婆奢（指他化自在天），他所化作宫殿园林、一切乐具,于中作自在,计此是我所,于中受乐,故名波罗维摩婆奢。（卷六《云何品》,第198页上、中）

二十一、《受生品》（卷七）。论述众生因所造的"善业"或"恶业"轻重不同,命终以后受生（转生）之处亦不同,以及修习"四禅"、"四无色定"、"四无量定"（又称"四无量心",指慈无量、喜无量、悲无量、舍无量）、"不净观"、"阿那波那念"（又称"数息观"）、"十想"（指无常想、无我想、灭除想、离欲想、寂灭想、不净想、过失想、死堕想、厌食想、一切世间无安想）、"八遍入"（又称"八胜处",指"内有色想观外色少"等）、"八解脱"（指"内有色想观外色解脱"等）、"十一切入"（又称"十遍处"）等的果报。如关于修习"四禅"中第四禅的果报,说："因下品（第）四禅相应业,生无云天;因中品（第）四禅相应业,生受福天;因上品（第）四禅相应业,生广果天。因是业故,得此天道,得天寿命"。

二十二、《寿量品》（卷七）。论述三界众生的寿量（指寿命）。如关于"四大部洲"众生的寿命,说："剡浮提人,或十岁,或阿僧祇（意译无数）岁,是中间寿命渐长渐短,长极八万岁,短极十岁;西瞿耶尼人,二百五十年是其寿命;东弗婆提人,寿五百岁;北郁单越,定寿千年"。

二十三、《地狱品》（卷八）。下分《更生地狱品》《黑绳地狱品》《聚磕地狱品》《叫唤地狱品》《大叫唤地狱品》《烧炙地狱品》《大烧炙地狱品》《阿毗止地狱品》《园隔地狱品》《阎罗地狱品》等十品,论述欲界六道中,"地狱道"下属的"八大地狱"（指更生地狱、黑绳地狱、聚磕地狱、叫唤地狱、大叫唤地狱、烧炙地狱、大烧地狱、阿毗止地狱），以及"八大地狱"四周围绕的"园隔地狱"和掌管地狱之神"阎罗王"的情况。如关于第八大地狱"阿毗止地狱"（又称"阿鼻地狱"、"无间地狱"）的情况，说，"有地狱名阿毗止，其相犹如大城，一切皆是赤铁，昼夜烧燃，恒发光炎"，"东壁火炎交彻西壁，西壁火炎亦彻东壁，南火彻北，北火彻南，上火彻下，下火彻上，四方火炎，遍满狱中。是中罪人，无量千数重沓受烧"，"云何此狱名阿毗止？彼中罪人恒常受苦，无有间息"。

二十四、《小三灾品》（卷九）。下分《疾疫品》《刀兵品》《饥饿灾品》三品，论述在"住劫"之末次第而起的"小三灾"（指疾疫灾、刀兵灾、饥饿灾）的情况。说：世界从生成到毁坏的一大周期称为"一大劫"，"一大劫"有"八十小劫"（《大毗婆沙论》卷一百三十五、《俱舍论》卷十二作"八十中劫"），分为"成劫"（生成期）、"住劫"（安住期）、"坏劫"（毁坏期）、"空劫"（空虚期）四个时期，四个时期各有"二十小劫"。"八十小劫，名一大劫。佛说劫中世界散坏（指坏劫），劫中世界散坏已住（指空劫），劫中世界起成（指成劫），劫中世界起成已住（指住劫）"，在"住劫"（"世界起成得住"）之末，"有三小灾次第轮转：一者大疾疫灾，二大刀兵灾，三大饥饿灾"。

二十五、《大三灾品》（卷十）。下分《疾疫品》《刀兵品》《饥饿灾品》三品，论述在"坏劫"之末次第而起的"大三灾"（指火灾、水灾、风灾）的情况。如关于"大三灾"，说：

　　　世界起成、已住、散坏，有三因：一因火散坏（指火灾），二因水散坏（指水灾），三因风散坏（指风灾）。……火炎散坏时，一切下界众生，修第二禅，上生胜遍光天；水灾散坏时，一切下地众生，修第三禅，上生遍净天；风灾散坏时，一切下地众生,修第四禅,上生广果天。……散坏有二:一者众生世界散坏,二者器世界散坏。十小劫中,众生世界散坏;次十小劫,器世界散坏。(卷十《大三灾品》,第221页中、下)

本书是真谛在梁、陈之际颠沛流离的途中翻译的,翻译时断时续,故书中有些术语的翻译,前后不一,仅以常见的"四大部洲"中的"东胜身洲"为例,先后译作"东弗于逮"、"东弗毗提"、"东弗婆提"、"东毗提诃"等,反映了译出之后,缺乏校订的不足。

第四品　　贤胄部论书:东晋僧伽提婆译
《三法度论》三卷
附:苻秦鸠摩罗佛提等译
《四阿含暮抄解》二卷

《三法度论》,又名《三法度》,三卷(上、中、下卷)。印度世贤(即婆素跋陀)造,东晋僧伽提婆译,太元十六年(391)译出。梁僧祐《出三藏记集》卷二著录。载于《丽藏》"华"函、《宋藏》"东"函、《金藏》"华"函、《元藏》"东"函、《明藏》"昼"函、《清藏》"昼"函、《频伽藏》"藏"帙,收入《大正藏》第二十五卷。

世贤,又作"山贤"(见东晋慧远《三法度序》《三法度论》元明本卷题),音译"婆素跋陀"(见苻秦鸠摩罗佛提等译《四阿含暮抄解》卷题),小乘部派贤胄部的部主(创立者)。据吕澂《中国佛学源流略讲》考证,"婆素跋陀"的正译当作"世贤","山贤"为误刻。从《俱舍论》的作者婆薮槃豆,意译"世亲"来看,吕澂的说法是正确的。

　　本书是一部贤胄部的论书。全书分为三品，即《德品》《恶品》《依品》，每一品各分三真度（又称"犍度"，相当于"篇"），以"觉"为宗旨，以"德"、"恶"、"依"三法度（即"三法"）为纲目，对《阿含经》所说的解脱法门，作出了独特的归纳、整理和阐解。它的最大特色是三分释义，不仅对论题的主项，分为三个层次，加以分析与说明；对主项下的子项，乃至子项下的细目，也一一分为三个层次，加以解说。陈真谛译《部执异论》说，"如来说经有三义：一显生死过失，二显解脱功德，三无所显。可住子部是执此义本"（见陈真谛译《部执异论》，唐玄奘译《异部宗轮论》中缺此段文字）。此处说的"可住子部"（又称"贤胄部"）所执的"三义"，就是指本书《恶品》《德品》《依品》而言的。

　　贤胄部，又称"贤乘部"（见陈真谛译《部执异论》、隋吉藏《三论玄义》）、"贤部"（见梁僧伽婆罗译《文殊师利问经》卷下），音译"跋陀罗耶尼部"（见东晋失译《舍利弗问经》、三秦失译《十八部论》），是上座部系统犊子部下的一个部派（上座部——说一切有部——犊子部——贤胄部）。相传，在佛灭后三百年中，因对僧众共诵的"已解脱更堕，堕由贪复还。获安喜所乐，随乐行至乐"一颂解释不同，贤胄部与法上部、正量部、密林山部，同时从犊子部分出（见唐玄奘译《异部宗轮论》，隋吉藏《三论玄义》则说是因对《舍利弗阿毗昙》解释不同分为四部）。贤胄部的解释是，此颂说"三乘无学"，第一、第二句解释"阿罗汉"无漏，第三句解释"独觉"无漏，第四句解释"佛"无漏。此部因部主而立名，部名中的"贤"，指阿罗汉世贤，"胄"指苗裔，意为阿罗汉世贤的苗裔（以上见唐窥基《异部宗轮论述记》）。其教义与犊子部大致相同，主张"非即五阴是人，非异五阴是人，摄阴（指五阴）、界（指十八界）、入（指十二入）故，立人等假名"（见陈真谛译《部执异论》）。

本书在译出之后,有参与翻译的东晋慧远撰《三法度序》、未详姓氏者撰《三法度经记》,记叙其事。这二篇序记,均见载于梁僧祐《出三藏记集》之中,为藏本所不载。慧远《三法度序》说:

> 《三法度经》者,盖出《四阿含》。《四阿含》则三藏之契经,十二部之渊府也。以三法为统,以觉法为道,开而当名,变而弥广。法虽三焉,而类无不尽;觉虽一焉,而智无不周。观诸法而会其要,辩众流而同其源,斯乃始涉之鸿渐,旧学之华苑也。有应真大人(指阿罗汉),厥号山贤(当作世贤),恬思闲宇,智周变通,感达识之先觉,愍(悯)后蒙之未悟,故撰此三法,因而名云。自《德品》暨于所依(指《依品》),凡三章(指三品)九真度,斯其所作也。其后有大乘居士(据《出三藏记集》卷十四当作大乘法师)字僧伽先(指僧伽斯那),以为山贤所集,虽辞旨高简,然其文犹隐,故仍前人章句,为之训传。演散本文,以广其义,显发事类,以弘其美,幽赞之功,于斯乃尽。自兹而后,道光于世,其教行焉。(《出三藏记集》卷十,《大正藏》第五十五卷,第73页上)

未详作者《三法度经记》说:

> 比丘释僧伽先,志愿大乘,学三藏、摩诃鞞耶伽兰(指大授记、大声明),兼通一切书,记此《三法度》三品九真度,撰说出此经。持此福祐一切众生,令从苦得安,见谛(指四谛)解脱。(《出三藏记集》卷十,第73页中)。

从以上的叙述中可以得知,《三法度论》是由世贤造论,僧伽斯那(《百喻经》的作者)作释而传出的。但传今的本子中,二者已融为一体,很难区分哪些句子是世贤的本文,哪些句子是僧伽斯那的释文。

一、《德品》(卷上至卷中前部分)。论述"三法度"和初法度"德"(指功德,下分"福"、"根"、"无恶"三项)问题。下分三篇。

(一)"第一真度"。论述"三法度"和初法度"德"的前部分。说:"觉德、恶、依,则善胜法门","德者,福、根、无恶"。意思是说,对"德"、"恶"、"依"三法的觉悟,是通向解脱之门。"德"分为"福"、"根"、"无恶"三项。(1)"福"。指兴福业,下分"施"、"戒"、"修"三项。"施"指布施,下分"法施"、"无畏施"、"财施"三项;"戒",指持戒,下分身口能"摄他"(指"众苦所逼、无所归依而救济")、"不娆他"(指"不逼他")、"饶益他"(指受持"摄他"、"不娆他","福相续生")三项;"修",指修禅,下分修习"四禅"、"四无量"(指慈、悲、喜、护;护又译舍)、"四无色定"三项。(2)"根"。指起善根,下分"无贪"、"无恚"、"无愚痴"三项。(3)"无恶"。指无恶行,下分"忍辱"、"多闻"、"不恶"三项。"忍辱",下分忍受"苦所逼、贵力所迫"、"贱力所加"三项;"多闻",下分多闻"契经"、"阿毗昙"(指论)、"律"三项;"不恶"(指不起恶),下分"真知识"、"真御意"、"真由"三项。此中,"真知识",指寻求善知识(即善友),作"师"、"弟子"、"同学",善知识须具足"慈"、"善"(指善知事)、"能"(指能说)三项德行;"真御意",指制御心意,下分"止"(指止心逸意)、"举"(对"意弱"者,扶起令高)、"护想"(指"如善御乘,迟者使速,急者制之,等行而护")三项;"真由",指正修之道,下分"具"、"方便"、"果"三项。本篇所释,止于"真由"的第一项"具",即正修前应具足的"善行",下分"善损"(指"粪扫衣、无事、乞食";"无事"指"树下正坐")、"伏根"(指"能制诸根")、"近行禅"(指"次第观真谛")三项。

（二）"第二真度"。续述"真由"的第二项"方便"，即正修的方法。下分"戒"、"上止"、"智"三项。（1）"戒"。指"八正道"中的"戒"，下分"正语"、"正业"、"正命"三项。（2）"上止"。指"八正道"中的"定"，下分"正精进"、"正念"、"正定"三项。（3）"智"。指"觉"，下分"见地"（又称"见道"）、"修地"（又称"修道"）、"无学地"（又称"无学道"）三项。

（三）"第三真度"。续述"真由"的第三项"果"，即指正修的果位。下分"佛"（指自觉、觉他，觉行圆满者）、"辟支佛"（又称"缘觉"，指独自观察"十二因缘"之理而得道者）、"声闻"（指听闻佛陀言教，观察"四谛"之理而得道者）三项。如关于"佛"、"辟支佛"、"声闻"三果的差别，说：

> 云何果？答：果者，佛、辟支佛、声闻。佛、辟支佛、声闻者，此三是果。……佛者，离一切障碍，得十力，逮四无畏，获一切佛法。诸佛戒、定、慧等无差降。辟支佛者，为自觉，不为他，而自觉故，说辟支佛；声闻者，由他说。复次，解脱具有二种：一者悲，二者厌。若从悲具得道者，是佛。厌具有二种：一者由自得，二由他得。若自得者，是辟支佛；若由他得，是声闻。复次，若普知尽具功德，离诸恶者，是佛；辟支佛者，虽离诸恶，余事不如；声闻者，缘他离诸恶。（卷上《德品》，《大正藏》第二十五卷，第20页中）

二、《恶品》（卷中后部分）。论述第二法度"恶"（指恶业，下分"恶行"、"爱"、"无明"三项）问题。分为三真度。

（一）"第一真度"。论述"恶"的第一项"恶行"，下分"身恶行"、"口恶行"、"意恶行"三项。（1）"身恶行"。下分"杀"、"盗"、"淫"三项。（2）"口恶行"。下分"不实语"、"不虚语"、"绮语"三项。（3）"意恶行"。下分"贪"、"恚"、"邪见"三项。

　　（二）"第二真度"。论述"恶"的第二项"爱"，下分"染"、"恚"、"慢"三项。（1）"染"。下分"欲著"、"有著"、"梵行著"三项。（2）"恚"。下分"己（原本误作"已"）故忿怒"、"亲故忿怒"、"怨故忿怒"三项。（3）"慢"。下分"卑慢"、"等慢"、"上慢"三项。

　　（三）"第三真度"。论述"恶"的第三项"无明"，下分"非智"、"邪智"、"惑智"三项。（1）"非智"。下分"有为（法）不知"、"无为（法）不知"、"不可说（法）不知"三项。（2）"邪智"。下分"身见"、"边见"、"盗见"（又称"戒禁取见"）三项。（3）"惑智"。下分"宝（指佛、法、僧）不了"、"谛（指等谛、相谛、第一义谛。等谛，指俗谛，即世俗的真理；相谛，指苦谛、集谛、道谛三相谛；第一义谛，指真谛，即指殊胜的真理）不了"三项。此中，最值得注意的是，本书在对"非智"的论述中，和犊子部一样，主张实有"人我"，并从"受施设"、"过去施设"、"灭施设"，即从感受、三世相续、涅槃应有一个假设的主体等三个方面，加以论证。认为，"人我"与"五阴"（又称"五蕴"）的关系，是一种"不一不异"（又作"非即非离"）的关系，属于"不可说法"，而将对它的无知、否定，列为"非智"之一。如关于犊子部的"不可说法"，说：

　　　　非智者，有为、无为、不可说不知。……问：云何不可说？答：不可说者，受、过去、灭施设，受施设、过去施设、灭施设（此句复述前句）。若不知者，是谓不可说不知。受施设者，众生已受阴、界、入（本书特指三阴、三界、三入，不是指五阴、十八界、十二入），计一及余；过去施设者，因过去阴、界、入说，如所说，我于尔时名瞿旬陀；灭施设者，若已灭，是因受说，如所说，世尊般涅槃。复次，过去施设者，制众生断；灭施设者，制有常；受施设者，制无；不受施设者，制有。彼中一一无知，是谓不可说无智。（卷中《恶品》，第24页上、中）

三、《依品》（卷下）。论述第三法度"依"（指依处，下分"阴"、"界"、"入"三项）问题。分为三真度。

（一）"第一真度"。论述"依"的第一项"阴"（此处指"三阴"，细分则成"五阴"），下分"色阴"、"行阴"、"知阴"三项。(1)"色阴"。指"四大及四大所造"。(2)"行阴"。指"依身、口、心作行"。(3)"知阴"。指"痛、想、识"。"痛"（又译"受"），下分"乐痛"、"苦痛"、"不苦不乐痛"三项；"想"，下分"有想"、"无想"、"无所想"三项；"识"，下分"生"（指依"行"而得）、"成入"（指依"名色"而得）、"不成入"（指依"行"、"名色"二缘而得）。

（二）"第二真度"。论述"依"的第二项"界"（此处指"三界"，不是指"十八界"），下分欲界、色界、无色界三项。(1)"欲界"。下分"人"、"天"（指六欲天）、"恶趣"（指地狱、畜生、饿鬼)三项。(2)"色界"。下分"有喜"、"无喜"、"护"（又译"舍"）三项。"有喜"，下分"有觉"（指修习初禅，能生梵富楼天、梵迦夷天、梵波产天）、"无觉"（指修习第二禅，能生少光天、无量光天、光耀天）、"少观"（指修习初禅与第二禅中间的"中间定"，能生大梵天)三项；"无喜"，下分"少净"、"无量净"、"遍净"三项（指修习第三禅，能生少净天、无量净天、遍净天）；"护"，下分"果实"、"无想"、"净居"三项（指修习第四禅，能生果实天、无想天、净居天；净居天，又包括无烦天、无热天、色究竟天等）。(3)"无色界"。未作细述，仅说"修习正受，生无色界"。

（三）"第三真度"。论述"依"的第三项"入"（此处指"三入"，不是指"十二入"），下分"细滑入"（又称"触入"）、"度入"、"解脱入"三项。（1）"细滑入"。此为"德"、"恶"共同的依处，下分"近境界"、"不近境界"、"无境界"三项。"近境界"，指"鼻入"、"舌入"、"身入"；"不近境界"，指"眼入"、"耳入"、"意入"；"无境界"，指"色"、"声"、"香"、"味"、"细滑"。（2）"度入"。此为"恶"（由"染污意"所生）的依处，下分"一处因说"、"不正因说"、"无因说"三项。"一处因说"，指事物的产生有多种原因而只说一种原因；"不正因说"，指所说事物产生的原因不正确；"无因说"，指说事物的产生无原因。（3）"解脱入"。此为"德"（由"净意"所生）的依处，下分"想"、"禅"、"博闻"三项，称依此三项而得解脱。如关于"三入"及其初法"细滑入"，说：

> 细滑入、度入、解脱入，此三是入相。……于中，解脱入者，是德所依；度入者，是恶所依；细滑入者，（德、恶）俱所依。染污意生恶，净意生德。问：云何细滑入？答：细滑入者，近境界、不近境界、无境界。……境界者，是缘处，随其缘行，是彼境界。近缘，说近境界；不近缘，说不近境界；无缘，说无境界。……鼻入、舌入、身入，是三近境界。……眼入、耳入、意入，是三不近境界。……外者，无境界。色、声、香、味、细滑法，于此法中，假名外，是已受、他受及不受，此无境界，但为他境界，此五境界无缘。（卷下《依品》，第29页上、中）

本书主张有"人我"，认为它是生死轮回、因果报应的恒常实的主体，这一思想，经译出传播后，对东晋南北朝时期的佛教界产生过很大的影响。但本书将众多的佛教概念与命题的内容，均分作三个层次表述，这在有些情况下是合适的，也有一些情况是不合适的。以"五阴"(指色阴、受阴、想阴、行阴、识阴)为例,这已是约定俗成的概念,本书也套用三分法,将它归纳为"三阴"(指色阴、行阴、知阴)。这实际上是将原本含有多层次意思的佛教术语全都三分化,以格式化取代多样性,在一定程度上也会影响原意的如实表述。

本书的同本异译有:苻秦鸠摩罗佛提等译《四阿含暮抄解》二卷。

苻秦鸠摩罗佛提等译《四阿含暮抄解》二卷

《四阿含暮抄解》,又名《四阿含暮抄经》《阿含暮抄》,二卷(上、下卷)。印度婆素跋陀(即"世贤")造,苻秦鸠摩罗佛提等译,建元十八年(382)译出。梁僧祐《出三藏记集》卷二著录(译经时间,据未详作者《四阿含暮抄序》)。载于《丽藏》"禽"函、《宋藏》"禽"函、《金藏》"禽"函、《元藏》"禽"函、《明藏》"英"函、《清藏》"英"函、《频伽藏》"藏"帙,收入《大正藏》第二十五卷。

鸠摩罗佛提(约四世纪),意译"童觉",西域人。据《四阿含暮抄序》记载,他是应道安之请,于邺寺译出《四阿含暮抄解》的。翻译时,竺佛念、竺佛护协助译为汉文,僧导、昙究、僧叡任笔受。其余事迹不详。

本书是东晋僧伽提婆译《三法度论》的异译本。其梵本为"九品四十六叶",每页二十八偈(又称"首卢"),每偈三十二字,合计为一千二百偈(见本书卷尾小注)。书名中的"四阿含暮",指"四阿含经",即《长阿含经》《中阿含经》《杂阿含经》《增一阿含经》,但本书的内容并非摘抄《阿含经》的章段加以解说,而是以本部派的学术见解为主,对《阿含经》所说的解脱法门,重加诠解。全书分为九品,但卷题未标出"品"字,而是以《四阿含暮抄解第一》,乃至《四阿含暮抄解第九》相区别,相当于《三法度论》中的"九真度"(即九篇),对"功德"(《三法度论》作"德")、"恶"、"依"三法,均依三分法(将每一法的主项和子项均分作三个层次),加以辨析与说明。书中除正文外,还有夹注。这些夹注是东晋道安请教译者鸠摩罗佛提之后添加的,主要用于疏通字义,也有一些用来说明正文的典据。若注文只有"修妬路"三字的,表示前面的正文,是依经而作的纲目;若注文是其他文字(包括"修妬路"与其他文字的组合),表示此为鸠摩罗佛提的解释(参见《四阿含暮抄序》)。因此,本书即便有道安加的小注,其性质仍然是译本,有的书上将它题为"晋释道安撰"(见《周叔迦佛学说论著集》下册),是不对的,也不符合道安的本意。因为本书的思想性,主要是通过大量的译文来体现的,少量的小注只是附带说明而已。

本书的初首有未详作者的《四阿含暮抄序》(此序也载于《出三藏记集》卷九,亦称"未详作者")。从本书卷题下有小注,说"此土篇目题皆在首,是故道安为斯题"(指道安将本书的篇题从正文之末,改置于正文之首),以及《序》中有"东省先师(指佛图澄)寺庙于邺寺"一语来看,此序其实是道安之作。《四阿含暮抄序》说:

> 阿含暮者,秦言趣无也。阿难既出十二部经,又采撮其要,径至道法,为《四阿含暮》(指四阿含经),与阿毗昙及律,并为三藏焉。身独(当作身毒,指印度)学士,以为至德未坠于地也。有阿罗汉,名婆素跋陀,抄其膏腴,以为一部,九品四十六叶(指梵本的页数),斥重去复,文约义丰,真可谓经之璎鬘也。百行美妙,辩是与非,莫不悉载也。……余(指道安)以壬午之岁八月,东省先师(指佛图澄)寺庙于邺

寺,令鸠摩罗佛提执梵(本),(竺)佛念、佛护为译,僧导、昙
究、僧叡笔受,至冬十一月乃讫。……又有悬数悬事,皆访
其人(指鸠摩罗佛提),为注其下。时复以意消息者,为其
章注修妬路者,其人注解引经本也;其有直言修妬路者,引
经证,非注解也。(《大正藏》第二十五卷,第1页上)

一、《四阿含暮抄解第一》(卷上)。论述"三法度"和初法
度"功德"的前部分。内容相当于《三法度论·德品》中的"第一
真度"(即第一篇)。所说的"三法度",指"功德"(《三法度论》
作德)、"恶"、"依"。此中,"功德",分为"福德"(《三法度论》
作福)、"根"、"无恶"三项。(1)"福德"。下分"施"、"戒"、
"分别"(《三法度论》作修)三项。(2)"根"。下分"无悭"、"无
恚"、"无痴"(《三法度论》作无贪、无恚、无愚痴)三项。
(3)"无恶"。下分"忍"、"闻"、"圣分"(《三法度论》作忍辱、多
闻、不恶)三项。此中,"圣分",下分"等善知识"、"等思惟"、
"等得"(《三法度论》作真知识、真御意、真由)三项,本品所释,
止于"等得"的第一项"等具"(《三法度论》作具)。如关于"无
恶",说:

　　无恶,忍、闻、圣分(修妬路——原注;表示此为纲目)。
忍、闻、圣分,是三无恶说。无恶,俗数义,随想所作,或不恐
畏恶,世尊已说无恶极行者言。是忍,苦、增、恶力。……二
依(外、内——原注;此为译者的解释)谓遍身,是当忍、是
忍。问:已说忍,云何闻? 答:闻,修妬路(举四阿含所出
十二首也——原注)、阿毗昙、鼻奈耶(修妬路,三藏也——
原注)。闻名谓淫、恚、痴尽,等有是闻,余者非闻。……
问:云何圣分? 答:圣分,等善知识、思惟、得(修妬路——
原注)。等善知识、等思惟、等得,是三圣分。(卷上《四阿

含暮抄解第一》,第 2 页中、下)

二、《四阿含暮抄解第二》(卷上)。续述"等得"的第二项"方便",下分"戒"、"息"(《三法度论》作上止)、"智"三项。内容相当于《三法度论·德品》中的"第二真度"。

三、《四阿含暮抄解第三》(卷上)。续述"等得"的第三项"果",下分"佛"、"辟支佛"、"声闻"三项。内容相当于《三法度论·德品》中的"第三真度"。

四、《四阿含暮抄解第四》(卷上)。论述第二法度"恶"及其第一项"苦行"。所说的"恶",下分"苦行"(《三法度论》作恶行)、"爱"、"无明"三项。第一项"苦行",下分"身苦行"、"口苦行"、"意苦行"(《三法度论》作身恶行、口恶行、意恶行)三项。内容相当于《三法度论·恶品》中的"第一真度"。

五、《四阿含暮抄解第五》(卷下)。论述"恶"的第二项"爱",下分"欲"、"恚"、"嫉妒"(《三法度论》作染、恚、慢)三项。内容相当于《三法度论·恶品》中的"第二真度"。

六、《四阿含暮抄解第六》(卷下)。论述"恶"的第三项"无明",下分"无智"、"邪智"、"疑智"(《三法度论》作非智、邪智、惑智)三项。内容相当于《三法度论·恶品》中的"第三真度"。如关于"疑智",说:

> 疑智,珍宝、谛、正受疑(修妬路——原注;《三法度论》作宝不了、谛不了、定中不了)。珍宝疑、谛疑、正受疑,疑名不能持、迷惑、犹豫,是一义。问:云何珍宝? 答:珍宝者,佛、法、众(修妬路——原注;众指僧)。……此疑是疑智。问:云何谛? 答:谛者,俗数、相、第一义(修妬路——原注)。俗数谛(指俗谛)、相谛、第一义谛(此中谛无解,解在下,正受无首也——原注),所谓疑,是疑智。正受,四解

脱、二观处(地水观也,四色观、四无色定观,并十想也——
原注)。……谓彼知界正受,此非持功德,是疑智,是苦苦
也(重苦者,苦而不知苦也——原注)。(卷下《四阿含暮抄
解第六》,第10页中、下)

七、《四阿含暮抄解第七》(卷下)。论述第三法度"依"及
其第一项"阴"。所说的"依",下分"阴"、"界"、"处"(《三法度
论》作入)三项。此中,"阴",下分"色"、"行"、"智"(《三法度
论》作知)三项。内容相当于《三法度论·依品》中的"第一
真度"。

八、《四阿含暮抄解第八》(卷下)。论述"依"的第二项
"界",下分"欲界"、"色界"、"无色界"三项。内容相当于《三法
度论·依品》中的"第二真度"。

九、《四阿含暮抄解第九》(卷下)。论述"依"的第三项
"处",下分"更乐处"、"异学处"、"解脱处"(《三法度论》作细滑
入、度入、解脱入;更乐又译触)三项。内容相当于《三法度论·
依品》中的"第三真度"。如关于"解脱处",说:

云何解脱处?欲解脱处,想、禅、诵(修妒路——原
注)。想、禅、诵,此是解脱处。解脱,恶尽彼解脱。此三
处,依是义,依此已,得解脱。想因缘是义,彼想依辟支佛得
解脱。前品已说禅,此当知彼亦依声闻而得解脱。……诵
者,说、听、讽诵(修妒路——原注)。……彼说名随所闻法
说,如所闻法受,讽诵随所闻章,而转诵之。……此亦分作
三讽诵,三事得果,说时、听时、诵时。佛弟子有四谛受生
(戒度也——原注),施受俱来(施度也——原注),灭受俱
来(禅度也——原注),慧受俱来(智度也——原注)。此如
是相应,谛听得解脱施,说得解灭,坐禅得解慧,讽诵得解,

是故解脱处义。(卷下《四阿含暮抄解第九》,第15页中)

本书的译文艰涩难读。明智旭《阅藏知津》卷四十评论说:"(此书)共有九段(指九犍度)解释。初功德三段,二恶三段,三依三段,即《三法度论》耳,文甚难读。"为什么会"文甚难读"?恐怕还是由于译者没有真正理解原文的本意,依字面硬译,致使行文佶屈聱牙。此外,书中还有一些明显的误译,如将"身恶行"、"口恶行"、"意恶行",译作"身苦行"、"口苦行"、"意苦行";将"慢"译作"嫉妒"等。

本书的同本异译有:东晋僧伽提婆译《三法度论》三卷。

第五品　　正量部论书:三秦失译
《三弥底部论》三卷
附:北宋日称等译
《诸法集要经》十卷
北宋日称等译
《十不善业道经》一卷

《三弥底部论》,又名《三弥底论》,三卷(上、中、下卷)。三秦失译(卷首题为"失译人名,今附秦录"),约出于前秦皇始元年(351)至西秦永弘四年(431)之间。本书最初是作为"小乘阿毗昙藏录"中的"众论失译",著录于隋法经等《众经目录》卷五(书名作《三弥底论》);唐智升《开元释教录》卷四始将它编为三秦失译,后世藏经目录沿依此说。载于《丽藏》"浮"函、《宋藏》"浮"函、《金藏》"浮"函、《元藏》"浮"函、《明藏》"昼"函、《清藏》"昼"函、《频伽藏》"藏"帙,收入《大正藏》第三十二卷。

本书是一部正量部的论书,论述有无"人我"(指人的恒常实在的主体)问题。书中以人命终以后,如何"受生"(转生)为引子,对小乘部派的各种不同观点,作了详细的评述;对正量部主张的有"不可说我"、"中阴身"(又称"中有")说,作了具体的论证。

正量部,又称"圣正量部"(见唐义净《南海寄归内法传》卷一)、"正量弟子部"(见陈真谛译《部执异论》)、"一切所贵部"(见三秦失译《十八部论》),音译"三弥底部"、"沙摩帝部"(见东晋失译《舍利弗问经》)、"阿离耶三蜜栗底部"(见唐义净《南海寄归内法传》卷一),是上座部系统犊子部下的一个部派(上座部——说一切有部——犊子部——正量部)。相传,在佛灭后三百年中,因对僧众共诵的"已解脱更堕,堕由贪复还。获安喜所乐,随乐行至乐"一偈解释不同,与法上部、贤胄部、密林山部,同时从犊子部分出(见唐玄奘译《异部宗轮论》,隋吉藏《三论玄义》则说是因对《舍利弗阿毗昙》解释不同分为四部)。正贤胄部的解释是,此颂说"四果"(指预流果、一来果、不还果、阿罗汉果四种沙门果)。此部以所立教义刊定无邪为"正量"(正确认识)而得名,"此部所立甚深法义,刊定无邪,目称正量(指正确认识的标准),从所立法,以彰部名"(以上见唐窥基《异部宗轮论述记》)。其教义与犊子部略同,主张诸业不失,罪福得报。认为心、色为二,"境"由"心"所缘,事物的生灭有主因、客因二种原因等(见唐玄奘译《异部宗轮论》、普光《俱舍论记》)。

正量部所传的契经,相传是东魏般若流支译《正法念处经》七十卷。唐窥基《成唯识论述记》卷五说,"《正法念经》(即《正法念处经》)违此应会,(云)蛇眼闻声,是正量部,非大乘义"。意思是说,依五根而起五识,根与识是对应的,而《正法念处经》卷六十四则说,四大部洲中的西瞿陀尼洲人,能以眼识闻声,就像南阎浮提洲的蛇,能以眼闻声一样,这是小乘正量部的说法,

非大乘义。唐道邑《成唯识论义蕴》卷四也说，"《正法念处经》
是正量义"。正量部所传的律典，是陈真谛译《律二十二明了
论》一卷，此书署名"正量部弗陀多罗多法师造"。据唐慧立、彦
悰《大唐大慈恩寺三藏法师传》卷六记载，玄奘从西域取经回国
时，带回梵本佛经"凡五百二十夹，六百五十七部"，其中有"三
弥底部经律论一十五部"，由于玄奘翻译《大般若经》六百卷，耗
尽了最后一点精力，无余力将所带回的梵本全部译出，故正量部
的这些梵本以后全都亡佚，成为一大憾事。

卷上：论述"受生"、"中间有"问题，以及"诸部"（指小乘部
派）在有无"人我"问题上的各种不同观点。

（1）"受生"说。指人命终以后，"此世作业不灭故，由报业
受生四处"，有"惑业"者，往生"恶道"；无"惑业"者，往生"善
道"。（2）"中间有"（又称"中有"、"中阴"）说。指众生从死到
再次受生之间的识体。欲界、色界均有"中间有"（又称"中
有"），它是从"死"到"生"的过渡形态，从欲界死，先受"中间
有"，从"中间有"，再受生欲界或色界。（3）"实无我"说。指在
"人我"问题上，有些部派主张"实无我"（指人身由"五蕴"和合
而成，没有常恒实在的主体），所列举的理由有："无说故"（指其
师不说有"我"）；"自见其身故"；"不实言有故"；"我、我所不可
得故"；"不实言有故"等。（4）"不可说我"说。指有些部派
（指犊子部及其支派）主张"不可言有我，不可言无我"（又称
"有我、无我不可说"），所列举的理由有："我相不可言故"；"直
置问记故"（指"问我，直置不记"）；"定、异合故"；"常、无常合
故"；"有、无中依止故"等。（5）"实有我"说。指有些部派主张
"实有我"（指人有恒常实在的主体）。所列举的理由有："语缚
故"（指"见系说缚故"）；"正见故"（指"佛言有人见化生故，正
见"）；"佛说四念故"（指"四念处"）；"佛说声闻故"（指"佛说

有人"）；"见一人生故"（指"一人出世，多人得安乐生故"）等。
(6)"五阴是人"说。有些部派主张"五阴是人是我"（即"人"
与"五阴"是一），所列举的理由有："佛说六界门六触是人"等。
(7)"人异五阴"说。指有些部派主张"人异五阴"（即"人"与
"五阴"是异），所列举的理由有："佛言重担是五阴，担者是人"；
"受业果故"；"是我说故"；"无记处说故"等。(8)"人是常"
说。指有些部派主张"人是常"，所列举的理由有："无本故"（指
"人无本亦无其末"）；"忆过去世故"；"说处故"（指"佛言渡彼
岸、住彼地，名婆罗门"）等。(9)"人无常"说。指有些部派主
张"人无常"，所列举的理由有："有本故"（指"人有本有末"）；
"佛说语新故"（指"无常法名新"）；"倒法故"（指"若有倒法成无
常"）；"落生故"（指"佛说言我见众生落生"）；"生老病死法故"
等。(10)"我等今说"。指本书以"我等今说"的形式，对上述
"人我"问题上的各种不同观点，一一加以评析。本卷的评析，止
于"人异五阴"说。如关于"人我"问题上的"不可说我"说，说：

　　又诸部说：不可言有我，不可言无我。何以故？答：
我相不可言故。……复次……直置问记故。……今者问
我，直置不记，是故不可言有我，不可言无我，如是。复
次……定、异合故。若有我，便应可说，为是行，为异行，为
是无为，异无为？此二种说既不定，是故不可言有我，不可
言无我，如是。复次……常、无常合故。若有我，可说为是
常，为无常？此二种说应必有定而不定，是故不可说言有
我，不可说言无我，如是。复次……有、无中依止故。佛告
迦栴延：世间依二种，亦依有，亦依无，以是故执有、执无，
是故有我、无我不可说。（卷上，《大正藏》第三十二卷，第
462页下）

卷中：前部分续评其他部派所持的"人是常"说、"人无常"说；后部分论述本部所持的"有人"说、"受五中阴身"说、"生死无本"说。

（1）"有人"说。指"佛说有三种人"，"依说人、度说人、灭说人"。"依说人"，指依"修多罗等所说"，而知有"人"；"度说人"，指依"佛说度众生"，而知有"人"；"灭说人"，指依"佛所说漏尽比丘，五阴无常灭"，而知有"人"。（2）"受五中阴身"说。指人的"五阴身"灭后，转生为"中阴身"（指众生从此世命终至彼世受生中间的识身），即"有人舍五阴生有处，受五阴中间有"。（3）"生死无本"说。指"众生轮转生死，源本不可知"。如关于"受中阴身"，说：

> 问曰：今者云何舍人身，受五中阴身，为一时而受，为不一时？答曰：是一时。问曰：云何？答曰：人临死时，最后一念心现起时，中阴心未起。最后一念心灭时，中阴心方起。中阴心起时，成五（阴）中有人（即中阴身），是故说舍人阴，受中有。（卷中，第467页下）

卷下：前部分评析其他部派所持的"无中阴"（又称"无中间有"）说；后部分论述正量部的"有中阴"（又称"有中间有"）说。

（1）"无中阴"说。指有些部派主张"无中阴"，所列举的理由有："道处（指六道）不说故"；"生处不记故"（指佛"不记一人生中间有故"；"记"指预言）；"佛不说业中间有故"；"生无间故"（指"佛言人造五逆罪，身坏直入无间地狱"）；"无用故"（指"言有中阴者，此言无用"）；"一念受生故"（指"佛说一念受生，不说中间处可生"）等。（2）"有中阴"说。指正量部等部派主张"有中阴"，所列举的理由有："断间故"（指佛言"不在彼世

界,不在此世界,不在中间处,是名苦尽");"中间入涅槃故";
"佛说揵闼婆处故"(指"父母和合,揵闼婆来至前立");"天眼
力故"(指"佛言我天眼见众生落生");"人欲受生转变故";"定
(指禅定)有中间有"等。如关于"有中间有"(又称"有中
阴"),说:

> 有中间有,何以故?断间故。如佛语摩楼柯子,是时,
> 汝见闻觉知而已,汝尔时不在彼世界,不在此世界,不在中
> 间处,是名苦尽。我等见佛遣中间处,是故有中间有。复
> 次,有中间有,如《佛说跋蹉耶那修多罗》(指《佛说跋蹉耶
> 那经》),尔时佛语跋蹉耶那:舍此身未生彼处,是时意生
> 身,爱取合故,我说名为众生。我等见《佛说跋蹉耶那修多
> 罗》,是故有中间有。复次,有中间有,中间入涅槃故。佛
> 语诸比丘:五种人名龙驹马。何等五种人?中间入涅槃,
> 是名第一人;生入涅槃,是名第二人;行入涅槃,是名第三
> 人;不行入涅槃,是名第四人;上行入涅槃,是名第五人。我
> 等见佛说中间入涅槃故,是故有中间有。(卷下,第470页
> 中、下)

本书是研究部派佛教的"有我"说与"无我"说的重要资料
之一。明智旭《阅藏知津》卷四十评论说:"(此书)大意破我人
知见,明中阴不无,而文不甚联络。"也就是说,本书主要破斥其
他小乘部派在"人我"问题上的不同见解,阐明正量部关于确有
"中阴"的主张,但其行文也存在着不大连贯流畅的缺点。

北宋日称等译《诸法集要经》十卷

《诸法集要经》,十卷。印度观无畏集,北宋日称等译,约译
于庆历八年(1048)至熙宁十年(1077)之间。元庆吉祥等《至元

法宝勘同总录》卷十著录。载于《丽藏》"雁"函、《金藏》"假"函、《频伽藏》"藏"帙,收入《大正藏》第十七卷。

观无畏(约十世纪末至十一世纪初),佛教史传均无记载,生平事迹不详。从《诸法集要经》的内容推测,他当是中天竺(中印度)小乘论师。

日称(1056—1078),中天竺人,庆历七年(1047),经西夏,来转至汴京(今河南开封市),被赐封为"朝散大夫试鸿胪少卿、宣梵大师、赐紫沙门",奉诏于译经院翻译梵经。所译的佛经有:《父子合集经》《六趣轮回经》《十不善业道经》《诸法集要经》《大乘集菩萨学论》《尼乾子问无我义经》《福盖正行所集经》《事师法五十颂》等,总计八部七十一卷,均存。生平事迹见近代喻谦《新续高僧传四集》卷一、现代吕澂《中国佛学源流略讲》(中华书局1979年8月版)等。

本书是一部论述罪福业报理论的偈颂集,依正量部所传的《正法念处经》编集。正颂的首颂开门见山地说:"依《正法念处》,广大契经海,集成此伽陀,为作世间眼。"也就是说,本书的偈颂是根据《正法念处经》的经文撮编的。全书分为三十六品,始《伏除烦恼品》,终《称赞功德品》,共收录二千六百八十四颂,大旨归于造恶堕地狱,修善得生天,修行布施、持戒、禅定、智慧等,能渡"三有海"(指三界苦海)。其中,初首的归敬颂为七言颂(七言四句,始"稽首三有最胜尊",终"能以等慈而拔济"),正颂除卷三《不放逸品》的末颂为七言颂以外,其余全是五言颂(每颂五言四句)。虽说书中也分别提到"六度"的名目,如将第二十二品至第二十七品取名为《布施品》《持戒品》《忍辱品》《精进品》《禅定品》《胜慧品》,但并无一处提及"菩萨"二字,所述仍围于作恶入地狱,行善得生天的小乘思想范围。

一、《伏除烦恼品》(卷一)。论述发起净信问题。说,"当发生净信,精进不放逸,弃背于六尘(指色、声、香、味、触、法),修习微妙智";"乐布施持戒,忍辱诸禅定,以四无量心(慈、悲、喜、舍无量心),利乐诸含识"等。

二、《说法品》(卷一)。论述闻法忆持问题。说,"若人闻正法,闻已悉明了,发生于善根,远离诸过咎";"了达一切法,解脱诸障染,引发菩提心,多闻为最上"等。

三、《厌离自身品》(卷一)。论述厌离色身问题。说,"是身可厌患,损害如冤贼,造作诸过愆,常乐非梵行";"又复此身者,为众病依止,不净常盈流,实罪恶之器"等。

四、《远离不善品》(卷一)。论述远离不善问题。说,"若人于五欲(指色、声、香、味、触),常生其渴爱,由彼心动乱,诸恶此随转";"当专注一心,常修持净业,弃舍诸不善,是名为智者"等。

五、《无常品》(卷一至卷二)。论述诸法无常问题。说,"诸法有无常,生灭即随转,有生无灭者,三界何曾见";"居高者必危,聚宝当有乏,恩爱有乖离,生者皆归死"等。

六、《不放逸》(卷二至卷三)。论述不起放逸问题。说,"众生若放逸,则沈(沉)于生死,心若离彼过,自性本清净";"欲(贪欲)为放逸因,暴恶极捷利,智者当制之,了彼皆如梦"等。

七、《诃厌五欲品》(卷三至卷四)。论述诃厌五欲问题。说,"欲为第一诳,于彼无作意,是诸地狱因,轮回深险缚";"若人于五欲,常乐著嬉戏,当堕彼恶道,愚痴徒后悔"等。

八、《离爱品》(卷四)。论述断离爱缚问题。说,"一切轮回因,皆从爱所得,爱锁拘有情,令堕于恶趣";"若著爱境界,则无有厌足,能弃彼爱者,是人无忧患"等。

九、《离欲邪行品》(卷四)。论述远离女色问题。说,"若乐于女色,斯为不善因,现生及后身,悉为彼破坏";"女色如彼索,而第一坚牢,缚彼迷士夫,令坠三有(指三界)海"等。

十、《离酒过失品》(卷四)。论述远离饮酒问题。说,"饮酒损资财,惛迷复懈怠,有如是过患,是故常远离";"饮酒虽一罪,能生一切恶,是故当制之,心戒则为本"等。

十一、《治心品》(卷五)。论述善制自心问题。说,"由心造诸业,迷乱生怖畏,智者善持心,住最上安隐";"若人善制心,则不随心转,弃背诸烦恼,如日除黑暗"等。如关于"由心造彼业",说:

> 由心造彼业,由业感于果,心与业相应,即受轮回故。……一切唯心造,果亦从心得,心若种种生,彼果亦如是。心如彩绘者,画三界众生,无有善安住,不随心动转。又彼心为本,能生解与缚,善业则解脱,不善乃缠缚。(卷五《治心品》,《大正藏》第十七卷,第481页下—第482页上)

十二、《离恶语言品》(卷五)。论述远离恶语问题。说,"智者离恶言,常发于正语,令他生爱乐,善住菩提道";"真实第一善,虚妄最极恶,离过求功德,人中无过上"等。

十三、《福非福业品》(卷六)。论述勤修福业(即善业)问题。说:"由善恶业故,随轮回流转,为业风所吹,而招苦乐报";"有为皆无常,如水泡非久,应当行善行,为二世(指现在、未来)饶益"等。

十四、《教示众生品》(卷六)。论述常修胜行问题。说,"修习八圣道,出二种生死(指分段生死、变易生死),显现彼十力(指如来十力),得证菩提果";"明真俗二谛,及彼四念处,除三际(指三世)无知,不为魔所伏"等。

十五、《说罪品》(卷六至卷七)。论述不造诸罪问题。说,"众生造诸罪,皆受于苦报,是故当远离,常求于乐果";"小罪不防护,皆为地狱因,譬如微少火,能烧于山林"等。

十六、《地狱品》(卷七)。论述地狱道的业因问题。说,"若人邪活命,造作众恶业,今当说其报,后堕于地狱";"内为三毒(指贪毒、瞋、痴)烧,外狱(指地狱)火围绕,长劫受楚毒,何时免恶道"等。

十七、《饿鬼品》(卷七)。论述饿鬼道的业因问题。说,"如世间盲者,于物无所睹,离施无福因,当堕饿鬼趣";"由先造恶业,堕饿鬼趣中,为狱火烧炙,长受饥渴苦"等。

十八、《畜生品》(卷七)。论述畜生道的业因问题。说:"愚夫爱惑心,乐行于损害,不修施戒因,后受畜生报";"为爱索所缚,五根如痴哑,怀忿恨憎嫉,后受畜生报"等。

十九、《饥乏业报品》(卷七)。论述饥乏的业因问题。说,"愚夫造诸罪,堕于恶趣中,皆由饮食因,智者之所诫";"了知是业报,心当生怖畏,乐修于施戒,以众善庄严"等。

二十、《舍离懈怠品》(卷八)。论述舍离懈怠问题。说,"懈怠覆其心,如中毒闷绝,于放逸深坑,堕落无疑惑";"若乐行精进,离懈怠垢秽,解脱诸恐怖,此则获乐分"等。

二十一、《悲愍有情品》(卷八)。论述修行慈悲问题。说,"若依止悲心,能趣寂灭乐,愍念诸众生,如母爱己子";"又复起慈心,于他生愍念,令彼获轻安,得脱苦缠缚"等。

二十二、《布施品》(卷八)。论述修行布施问题。说,"当发起大心,乐广行布施,舍此不修习,后受饿鬼报";"于贫病疲乏,一切诸有情,常乐清净施,为之作眼目"等。

二十三、《持戒品》(卷八)。论述修行持戒问题。说,"戒为最胜财,如日光普照,若人命终时,唯戒为伴侣";"若依止净戒,如乘于船筏,能运载自他,得渡三有(指三界)海"等。如关于"持戒第一善",说:

持戒第一善,施所不能及,彼财有限量,戒功能无尽。由戒德庄严,众人所爱敬,当知诸如来,因戒而成圣。持戒最清凉,除身心热恼,是故常奉行,当得生天道。戒为生天梯,亦名为乐海,若人离彼戒,后唯生忧悔。戒如清凉水,深广常弥满,为彼持戒者,涤身心垢秽。(卷八《持戒品》,第501页中)

二十四、《忍辱品》(卷八)。论述修行忍辱问题。说,"善安住于忍,为第一庄严,此为最胜财,非世宝所及";"忍如妙良药,能疗治忿毒,由彼忍力故,展转无令起"等。

二十五、《精进品》(卷八)。论述修行精进问题。说,"若出世正法,及世间义利,皆由彼精进,舍此则无有";"若人具精进,如王力自在,罗汉无精进,不能成菩提"等。

二十六、《禅定品》(卷八)。论述修行禅定问题。说,"若心住一境,则离诸疑惑,清净如真金,此说为安乐";"若心专一境,善制于五根,以智水灭除,爱火所烧害"等。

二十七、《胜慧品》(卷八)。论述修行智慧问题。说,"智如彼利剑,断贪爱藤蔓,离生等缠缚,及彼过失聚";"慧如彼金刚,力能极坚利,摧坏诸烦恼,令乘大智车"等。

二十八、《寂静品》(卷九)。论述乐住寂静问题。说,"若人离放逸,无贪欲过患,乐修寂静行,去菩提不远";"若能离贪爱,于境心不乱,及舍恶知识,去菩提不远"等。

二十九、《圣道品》(卷九)。论述善观"四谛"问题。说,"若人于四谛,以智善观察,解脱诸轮回,趣无为彼岸";"谓有为诸法,从因缘生起,知彼四圣谛,为染净因果"等。

三十、《教诫比丘品》(卷九)。论述比丘的德行问题。说,"于苦乐精粗,皆无有所著,此最上比丘,观世间如焰";"常贪妙

饮食,乐著于欲事,此恶行比丘,名著袈裟贼"等。如关于"真实比丘",说:

> 发广大慈心,勤求于正法,了自身如幻,名真实比丘。常生净善心,除贪欲恚恚,离颠倒分别,名真实比丘。断一切结缚,离一切和合,常愍诸众生,名真实比丘。善调伏自心,欲境不能乱,如真金离垢,名真实比丘。于诸欲境界,不起爱非爱,彼心无所著,名真实比丘。具足诸戒法,降诸根怨贼,离下劣讥谤,名真实比丘。不耽诸饮食,常发生明慧,乐研究诸法,名真实比丘。于旷野冢间,敷草而坐卧,心不生疲倦,名真实比丘。(卷九《教诫比丘品》,第506页中)

三十一、《福行品》(卷九)。论述常修福业问题。说,"若人营福业,当获殊胜报,是故广修作,无福则无财";"善修三种施(指财施、法施、无畏施),能治三过失,由离彼过故,获清净功德"等。

三十二、《生天品》(卷十)。论述修善生天问题。说,"若人修善因,得生于天中,造彼不善因,当堕于地狱";"修三品(指上、中、下)善业,观身语七支(指七支戒),解脱彼三毒(指贪、瞋、痴),得生于天中"等。

三十三、《快乐品》(卷十)。论述离欲为乐问题。说,"若乐从欲生,非智者所乐,离染欲因缘,斯为最上乐";"知五欲过患,当离于渴爱,修禅除散乱,斯乐最清净"等。

三十四、《善知识品》(卷十)。论述亲近善知识问题。说,"由自他对待,相勉远诸恶,于难能救护,此说名知识";"若近善知识,得供养称赞,亲附不善人,即堕于险难"等。

三十五、《王者治国品》(卷十)。论述王者应以正法治国问题。说:"若王行正法,臣佐悉清净,善调伏诸根,得诸天守护";"以正法治国,护大臣人民,彼王于世间,等诸天无异"等。

三十六、《称赞功德品》(卷十)。论述佛的功德问题。说,"归依正遍知(指佛),为世间之父,能断三有缚,令登于觉路";"佛于诸世间,作第一归救,未安者令安,未度者令度"等。

由于本书全是偈颂,领会不易,再加上语句重复或大同小异之处比比皆是,故问世以后,问津者十分稀少。

北宋日称等译《十不善业道经》一卷

《十不善业道经》,一卷。书题"马鸣菩萨集",北宋日称等译,约译于庆历八年(1048)至熙宁十年(1077)之间。元庆吉祥等《至元法宝勘同总录》卷十著录。载于《丽藏》"亭"函、《金藏》"横"函、《明藏》"英"函、《清藏》"英"函、《频伽藏》"藏"帙,收入《大正藏》第十七卷。

本书是一部论述"十不善业道"的论书,依正量部所传的《正法念处经》首品《十善业道品》编集。全书用散文(长行)写作,仅有六百多字。作者在书末的结语中说:"如《正法念处经》及余经说,此十不善业道是地狱因,于十善业道应当修学,则于恶趣永不堕落。"此中说明,本书是据《正法念处经》和其他佛经编集的。关于作者,传今的本子题为"马鸣菩萨集",但从文献资料上考察,此说是有疑问的。因为迄今为止,没有任何一则史料提到过马鸣与《正法念处经》或正量部有关联,而且本书的语言风格,也与马鸣传今的著作《佛所行赞》是迥然不同的。以此推测,它的原本很可能是西域佛教人士编集的作品,为便于流通,而托称马鸣所集。近世也有学者说,"《分别业报略经》与《十不善业道经》流通极广,其后敷衍为广大的《正法念处经》,马鸣作品的教化力,影响是这样的深切"(见印顺《说一切有部为主的论书与论师之研究》),认为,是先有马鸣《分别业报略经》《十不善业道经》,后有据此演绎而成的正量部《正法念处经》。这种说法是与本书结语的陈述相背离的,是不确切的。

本书的主旨是说,"十不善业道"是"地狱因",因而应当远离"十不善业道",修学"十善业道"。所说的"十不善业道",是指由身、语(又称"口")、意所起的十种恶行为。其中,身的不善业有三种,即"杀生"、"不与取"(又称"偷盗")、"欲邪行"(又称"邪淫");语的不善业有四种,即"妄言"、"绮语"、"两舌"、"恶语";意的不善业有三种,即"贪"、"瞋"、"邪见"。编集者从戒律的角度,对每一种不善业的相状,作了阐释。就身的三种不善业而言,"杀生"的相状是:"于有情率先见已,次审其名,决定欲杀,动身施作,断其命根。如是五缘,次第具足,成杀生罪,定感彼果";"不与取"的相状是:"于他物先窥觎已,而起审虑,决定欲取,动身所作,即盗其物。具足五缘,成不与取罪";"欲邪行"的相状是:"于此罪中而有四类,非处、非时、非分、非往"等。如关于"意"的三种不善业(贪、瞋、邪见),说:

> 云何名贪? 于他财富及彼受用,起爱乐心,非理希望。云何名瞋? 谓于有情起忿恚心,而作损恼及捶打等。云何邪见? 谓无施等,无彼后世,无供养事,无佛世尊、声闻、缘觉,无罪无福,无所作业,无所受报。(《大正藏》第十七卷,第458页上)

"十善业道"、"十不善业道"是大小乘共同的理论,大小乘论著中都有这方面的论述。从本书所说的修行者,只提及声闻、缘觉,未提及菩萨来看,显然是基于小乘的立场而立论的。

第六品　经部论书：姚秦鸠摩罗什译
《成实论》十六卷
附：陈真谛译《四谛论》四卷

　　《成实论》，十六卷（此据《丽藏》本；宋、元、明藏本作"二十卷"）。印度诃梨跋摩造，姚秦鸠摩罗什译（据《成实论记》记载，"外国法师拘摩罗耆婆"也参与了翻译），弘始十三年（411）至弘始十四年（412）之间译出。梁僧祐《出三藏记集》卷二著录。载于《丽藏》"夏""东"函、《宋藏》"西""二"函、《金藏》"夏""东"函、《元藏》"西""二"函、《明藏》"丙""舍"函、《清藏》"丙""舍"函、《频伽藏》"藏"帙，收入《大正藏》第三十二卷。

　　诃梨跋摩（约 250—350），意译"师子铠"、"师子胄"，是佛涅槃后九百年内，中天竺（印度）人，为婆罗门种姓。幼习世典围陀（又称"吠陀"）、阴阳奇术，后依萨婆多部（又称"说一切有部"）出家，为鸠摩罗多（意译"童受"）的弟子。鸠摩罗多起初是有部论师，后转为"譬喻师"（擅长用譬喻故事解释经义的论师），成为唯以经教为"正量"（指正确认识）的"经部"（又称"经量部"）的创立者。诃梨跋摩从师受学《发智论》（迦多衍尼子造），不久就精通文义。因不满有部名相烦琐，"浮繁妨情，支离害志"，乃以数年时间，穷究三藏之旨，稽考教说之源。既而前往摩揭陀国都城巴连弗邑（又称"华氏城"），与僧祇部（又称"大众部"）僧众共住。在那里，钻研方等（指大乘），锐意九部（指修多罗、祇夜、受记、伽陀、优陀那、如是语经、本生经、方广、未曾有法），采访微言，搜简幽旨。"于是博引百家众流之谈，以检经奥通塞之辩，澄汰五部（指小乘法藏部、说一切有部、化地部、饮光部、大众部），商略异端，考核迦旃延（指《发智论》），斥其偏谬,除繁弃末,慕存归本",而造述《成实论》。论成之后,当众宣演,旬日之间,顷震摩揭陀国。又以超群之辩,在论堂大破胜论外道,被尊为国师。生平事迹见刘宋玄畅《诃黎跋摩传》(载于《出三藏记集》卷十一)、隋吉藏《三论玄义》等。

鸠摩罗什(344—413),意译"童寿",龟兹国(今新疆库车一带)人。其父为龟兹国师,其母为国王之妹。七岁时,随母一起出家。从师受经,日诵千偈(每偈三十二字,凡三万二千言)。九岁时,随母到罽宾,师从槃头达多,受学《杂藏》《中阿含》《长阿含》。十二岁时,到达沙勒,咨受《发智论》《六足论》(均为小乘说一切有部论典),并在沙勒国王举行的法会上,宣讲《转法轮经》。说法之余,寻访外道经书,博览《四韦陀》及五明诸论。阴阳星算,莫不毕尽。不久,师事游化至此的莎车国大乘师须利耶苏摩(原为王子),在他的影响下,开始专研大乘,受诵《中论》《百论》《十二门论》(均为大乘中观派的要典)等。一年以后,随母经温宿国而归国。应王女阿竭耶末帝(时已出家为比丘尼)之请,在法会上开讲方等(指大乘)经典,推演"诸法皆空无我"、"阴界假名非实"之旨。听者莫不恨晚。年二十,受戒于王宫,从卑摩罗叉律师受学《十诵律》。鸠摩罗什在其母前往天竺(印度)游化后,仍然留在龟兹。他出家时的师父槃头达多,在他的劝说下,后来也弃小乘而宗大乘。故槃头达多说,罗什是他的"大乘师",他是罗什的"小乘师"。罗什的名声很快流播西域诸国。每至讲说,诸王皆长跪座侧,令其践登。苻秦建元二十年(384),吕光攻陷龟兹后,强迫罗什与龟兹王女结婚。次年,吕光自立为凉主,也将罗什带到凉州。罗什在那里居住了十七年。姚秦弘始三年(401),姚兴派兵攻占了凉州,于同年十二月将罗什迎入长安,待以国师之礼。次年,罗什应姚兴之请,在逍遥园主持译场,开始译经。并在译经之余,讲经说法,王公贵卿莫不归心，从学弟子达三千人。所译的佛经，以大乘空宗的经典为主。据梁僧祐《出三藏记集》卷二所记，为"三十五部凡二百九十四卷"；隋费长房《历代三宝纪》卷八，则作"九十八部合有四百二十五卷"；唐智升《开元释教录》卷四，勘定为"七十四部三百八十四卷"。另著有《实相论》二卷（已佚）、《大乘大义章》（答东晋慧远之问，今存）等。生平事迹见梁僧祐《出三藏记集》卷十四、慧皎《高僧传》卷二等。其中有关罗什的卒年，《高僧传》作"弘始十一年卒于长安"，僧肇《鸠摩罗什法师诔》作"癸丑之年（弘始十五年，即 413 年），年七十，四月十三日薨于大寺"（见唐道宣《广弘明集》卷二十三），今取僧肇之说。

本书是一部经部的论书，也是南北朝到唐初延绵相续的成实学派（又称"成实宗"）所依据的根本经典。全书分为五聚（即五篇）二百二品。其中，《发聚》（卷一至卷三），下分三十五品；《苦谛聚》（卷三至卷七），下分五十九品；《集谛聚》（卷七至卷十一），下分四十六品；《灭谛聚》（卷十一至卷十二），下分十四品；《道谛聚》（卷十二至卷十六），下分四十八品，始《定因品》，终《七十七智品》。书中以小乘空义为主旨，以"四谛"为纲目，对一切法（事物）种类、性相，以及诸法之间、诸法内部的各种关系，作了新的诠释；对说一切有部、"迦叶鞞道人"（指"迦叶维部"，又称"饮光部"）、"摩醯舍婆道人"（指"弥沙塞部"，又称"化地部"）、"犊子道人"（指"犊子部"）等部派的不同观点，作了全面的评破，为小乘空宗的代表作。

关于本书的书名与翻译。作者说："实名四谛，谓苦、苦因、苦灭、苦灭道。五受阴是苦，诸业及烦恼是苦因，苦尽是苦灭，八圣道是苦灭道，为成是法，故造斯论。"（卷三《苦谛聚·色相品》）也就是说，《成实论》意为成就"四谛"之论。据梁慧皎《高僧传》卷六说："初出《成实论》，凡诤论问答，皆次第往反，影（指鸠摩罗什的弟子昙影)恨其支离,乃结为五番(指五聚),竟以呈什(指鸠摩罗什)。什曰:大善,深得吾意。"也就是说,《成实论》梵本的类目只有"品",今本所分的"五聚",以及各聚之下所分的若干"论"(如《发聚》下分《佛宝论》《法宝论》《僧宝论》等),均为鸠摩罗什根据弟子昙影的建议所加(《成实论》翻译时,昙晷担任笔受,昙影担任正写),非原本就有的。

　　关于本书所属的部派。据隋吉藏《三论玄义》说,由于《成实论》"排斥《八犍》(指说一切有部的《八犍度论》),陶汰五部(指小乘法藏部、化地部、饮光部、说一切有部、大众部)","毗昙但明人空,《成实》具明二空(指人空、法空)",故对它的部属和性质,古时多有争议。有人认为,"(《成实论》)择善而从,有能必录,弃众师之短,取诸部之长";有人认为,"虽复斥排群异,正用昙无德部(即法藏部)";有人认为,"偏斥毗昙,专同譬喻(师)";真谛三藏则认为,"用经部义也,检《俱舍论》,经部之义多同《成实》"。就性质来说,有说它是"大乘"的,也有说它是"小乘"的,还有说它是"探大乘意,以释小乘,具含大小"的。而吉藏《三论玄义》则从"旧序证"等十个方面,论证"《成实》为小乘"。此书特别指出,一般人认为,小乘只讲"人空"(又称"人无我"),不讲"法空"(又称"法无我"),只有大乘才讲"二空",这是不对的,小乘也是讲"二空"的,"四阿含教内有二空,论(指《成实论》)明二空"。但小乘讲"二空"与大乘讲"二空"是有差别的,概括地说,有四种不同:一是"小乘拆法明空,大乘本性空寂";二是"小乘但明三界内人法二空,空义即短;大乘明三界内外人法并空,空义即长";三是"小乘但明于空,未说不空;大乘明空,亦辨不空";四是"小乘名为但空,谓但住于空;菩萨(指大乘)名不可得空,空亦不可得也",以此判断,《成实论》虽说"二空",但这是小乘的"二空"义,而不是大乘的"二空"义。

　　笔者认为,《三论玄义》的考证是大体可信的。从体例和内容上考察,本书的援引的典据,大多以"经"为主,引"论"很少(此中也有引《六足阿毗昙》,即说一切有部《六足论》的,并非全部排斥),所引用的数十种经典基本都是小乘"四阿含"中的小经,如《紧叔伽经》《清净经》《郁陀伽经》《和伽罗那经》《沙门果经》《婆罗延经》《池喻经》《斧柯喻经》《幻网经》《阿输罗耶那经》《和蹉经》《漏尽经》《处处经》《洴沙王迎佛经》《炎摩伽经》《先尼经》等。只有卷八《三受报业品》引用的《四百观》(提婆造)、卷十二《六三昧品》引用的《菩萨藏》;卷七《大小利业品》说的"檀等六波罗蜜具足,能得阿耨多罗三藐三菩提(意为无上正等正觉)",卷十四《恶觉品》说的"当读诵《修多罗》《毗尼》《阿毗昙》《杂藏》《菩萨藏》"等少数散句,是出自大乘经典的。因此,从总体上说,《成实论》是一部以经部学说为主体撰成的小乘论书,但其中也含有大乘般若学的一些思想成分。

　　经部,又称"经量部"、"说转部"(见唐玄奘译《异部宗轮论》)、"说度部"(见隋吉藏《三论玄义》)、"说经部"(见陈真谛译《部执异论》)、"僧伽兰提迦部"(见东晋失译《舍利弗问经》)、"僧迦兰多部"、"修多罗部"(见三秦失译《十八部论》)等,是佛灭后四百年初,从上座部系统下的说一切有部分出的一个部派(上座部——说一切有部——经部)。此部的部主是鸠摩罗多,自称以庆喜(指佛的大弟子阿难)为师,因唯以经教为"正量"(指正确认识)而得名,主张"唯依经为正量,不依律及对法(指论),凡所援据,以经为证"(见唐窥基《异部宗轮论述记》)。在小乘十八部中,它是最晚出现的一个部派。经部的主要教义,有:"诸蕴有从前世转至后世,立说转名"(指"五蕴"能从前世转移到后世,故称为"说转");"非离圣道,有蕴永灭"(指并非离开"圣道",也能永断"五取蕴",即有漏五蕴的,在未得"圣道"以前,"五取蕴"是不灭的);"有根边蕴,有一味蕴"(指"五蕴"中,有"根边蕴"、"一味蕴";"一味蕴"是无始以来相续不绝的微细的意识,以"五蕴"中"受"、"想"、"行"、"识"四蕴为体,是众生生死轮回中恒常的、不间断的主体;"根边蕴"是由"一味蕴"引生的无常的、间断的"五蕴");"异生位中亦有圣法"(指凡夫中也有"无漏"的种子);"执有胜义补特伽罗"(指认定有"胜义补特伽罗",即"胜义我",能从前世转移到后世;以上见唐玄奘译《异部宗轮论》)等。

《成实论》译出时,原有一篇简短的"后记",附于论末,但今本已无。此记见存于《出三藏记集》之中,题为《成实论记》。此《记》说:

> 大秦弘始十三年岁次豕韦九月八日,尚书令姚显请出此论,至来年九月十五日讫,外国法师拘摩罗耆婆,手执胡本,口自传译,昙晷笔受。(《出三藏记集》卷十一,《大正藏》第五十五卷,第78页上)

一、《发聚》(卷一至卷三)。初首有偈颂,论述礼敬"三宝"的功德和造作本书的旨意。正文下分《佛宝论》《法宝论》《僧宝论》《立论》(原书阙题,此据首品拟立)、《十论》五论,总计三十五品,论述发心归依"三宝"(佛、法、僧)问题。内容包括:"三宝"的含义,论门(指论书开立的义理之门)的种类,增上法数(从"二法"至"十二法")等问题,并对"十论"(部派佛教时期争论的有关"有相、无相"等十个重大问题),加以评析。

(一)《佛宝论》(卷一)。下分五品,始《具足品》,终《三不护品》。

(1)《具足品》(又名《发聚中佛宝论初具足品》,卷一)。论述佛的"五品功德"问题。"五品功德"(又称"五分法身"),指成就法身的五种功德法,即"戒品具足"、"定品具足"、"慧品具足"、"解脱品具足"、"解脱知见品具足"。佛以"一切种智","知一切法自相差别,离一切不善,集一切善,常求利益一切众生","佛五品具足,故为世间天人所敬"。

(2)《十力品》(卷一)。论述佛的"十力"问题。"十力",指佛的十种智力,即"是处非处力"、"业力"、"定力"、"根力"、"欲力"、"性力"、"至处道力"、"宿命力"、"天眼力"、"漏尽力"。得前九力,为"智成就";得第十力,则为"断成就","智、断具足,故名世尊"。

(3)《四无畏品》(卷一)。论述佛的"四无畏"问题。"四无畏",指佛说法时所具有的四种无所畏惧的智德,即"一切智无畏"、"一切漏尽无畏"、"能说障道无畏"、"尽苦道无畏"。其中,初无畏"一切智无畏"为"智",相当于佛的"十力"中的前九力,次无畏"一切漏尽无畏"为"断",相当于佛的"十力"中的第十力,"智"、"断"具足,显示如来自己功德具足;后二无畏"能说障道无畏"、"尽苦道无畏",能令他人功德具足。

(4)《十号品》(卷一)。论述佛的"十号"问题。"十号",指佛的十大名号,即"如来"、"应供"、"正遍知"、"明行足"、"善逝"、"世间解"、"无上士"、"调御丈夫"、"天人师"、"佛世尊"。此中,"如来者,乘如实道来,成正觉,故曰如来";"佛者,若过去、未来、现在诸法,有为、无为、有尽、无尽,若粗、若细等一切诸法,坐道场时,除无明睡,得一切智,朗然大悟,故名觉者"。如关于佛的"二种语法"至"五种语法"(指说法的方法),说:

> 有二种语法,一依世谛、二依第一义谛。如来依此二谛说,故所言皆实。又佛不说世谛是第一义谛,不说第一义谛是世谛,是故二言皆不相违。复次,如来若遮、若开,亦不相

违。随所为事遮,不即此事开,随所为事开,不即此事遮,是
故所言皆不相违。又有三种语法,一从见生、二从慢生、三
从假名生。佛无(前)二种语,于第三语清净无染。又有四
种语法,见、闻、觉、知法,佛于此四所言清净,心无贪著。又
有五种语法,过去、未来、现在、无为及不可说,是五种法,佛
悉通达,明了知已,然后乃说,故名如说,能如说故名为如
来。(卷一《发聚·佛宝论·十号品》,《大正藏》第三十二
卷,第242页中)

(5)《三不护品》(卷一)。论述佛的"三不护"问题。"三
不护",指佛的三业(身、口、意业)自然清净,不须防护,因为"佛
无不净身、口、意业","佛一切身、口、意业,皆为利人故,无不
善,以无不善故,不须护"。

(二)《法宝论》(卷一)。下分三品,始《三善品》,终《十二
部经品》。

(1)《三善品》(又名《法宝论初三善品》,卷一)。论述佛的
"三善"问题。"三善",指佛所说的教法有"初善"、"中善"、"后
善"。"佛法无时不善,于少、壮、老三时皆善,入时、行时、出时
亦善,又初止恶、中舍福报、后一切舍,是名三善"。如关于什么
是"佛法",说:

> 问曰:有声闻部经,但声闻说。又有余经,诸天神说,
> 汝何故言独佛说耶? 答曰:是法根本皆从佛出,是诸声闻
> 及天神等,皆传佛语。如比尼(指律)中说,佛法名佛所说,
> 弟子所说,变化所说,诸天所说,取要言之,一切世间所有善
> 语,皆是佛说。……如《和伽罗那经》待五种经,然后得成。
> 佛法不尔,于一偈中,其义具足,如说:诸恶莫作,诸善奉
> 行,自净其意,是诸佛教。……又佛法中,依法不依人,法亦

分别,依了义经,不依不了义经,是名净法,非但随经。又佛
法中,有三法印:一切无我,有为诸法念念无常,寂灭涅槃。
(卷一《发聚·法宝论·三善品》,第 243 页中、下)

(2)《众法品》(卷一)。论述"佛法能到涅槃"问题。佛法
中,"说一切有为皆有过患,无称赞处",不像外道执著于禅定
等,不像婆罗门执著于"梵世"等,故"佛法究竟,必至涅槃"。

(3)《十二部经品》(卷一)。论述"十二部经"问题。"十
二部经"(又称"十二分教"),指依体裁和内容区分的佛教经典
的十二种类别,即"修多罗"(意译"契经")、"祇夜"(意译"重
颂"、"应颂")、"和伽罗那"(意译"授记")、"伽陀"(意译"讽
诵"、"孤起颂")、"忧陀那"(意译"自说")、"尼陀那"(意译"因
缘")、"阿波陀那"(意译"譬喻")、"伊帝曰多伽"(意译"本
事")、"阇陀伽"(意译"本生")、"鞞佛略"(意译"方广")、"阿
浮多达磨"(意译"未曾有")、"忧(优)波提舍"(意译"论议")。
此十二部经,名为"佛法"。

(三)《僧宝论》(卷一)。下分四品,始《清净品》,终《吉
祥品》。

(1)《清净品》(又名《僧宝论初清净品》,卷一)。论述僧人
的"五品清净"问题。"五品清净",指僧人的五种清净,即"戒品
清净"、"定品清净"、"慧品清净"、"解脱品清净"、"解脱知见品
清净"。此中,"解脱清净者,若得尽诸烦恼,非但(指并不只是)
能遮,故名解脱清净";"解脱知见清净者,于诸烦恼尽中,得智
谓我生尽,非未尽烦恼中,言我生尽,是名解脱知见清净"。

(2)《分别贤圣品》(卷一)。论述"四行四得"等问题。
"四行四得"(又称"四向四果"),指声闻乘修行的八种阶位。
此中,"四行"(又称"四向"),指"行须陀洹"(又称"预流向")、

"行斯陀含"（称"一来向"）、"行阿那含"（又称"不还向"）、"行
阿罗汉"（又称"阿罗汉向"）"；"四得"（又称"四果"），指"须陀
洹"、"斯陀含"、"阿那含"、"阿罗汉"。"四行四得"再细分，则
为"十八种学人"、"九种无学人"。"十八种学人"，指尚未证得
阿罗汉果的十八种人，分别是："随信行"、"随法行"、"随无相
行"、"须陀洹"、"行斯陀含"、"斯陀含"、"行阿那含"、"阿那
含"、"中阴灭者"、"有生有灭者"、"有不行灭者"、"有行灭者"、
"有上行至阿迦尼吒灭者"、"有至无色处者"、"有转世者"、"信
解脱"、"见得"、"身证"。"九种无学人"，指已证得阿罗汉果的
九种人，分别是："退相"、"守相"、"死相"、"可进相"、"住相"、
"不坏相"、"慧解脱相"、"俱解脱相"、"不退相"阿罗汉。"十八
种学人"、"九种无学人"，合称"二十七贤圣"，为"一切世间福
田"。如关于"阿罗汉有九种"（即九种无学人），说：

> 阿罗汉有九种，退相、守相、死相、可进相、住相、不坏
> 相、慧解脱相、俱解脱相、不退相。是诸阿罗汉，以得信等根
> 故有差别。最钝根者，是名退相，退失三昧，退三昧故，无漏
> 智慧不能现前；守相者，根小胜故，若护三昧，则不退失，不
> 护则退，前退相者虽护亦退；死相者，根又小胜，深厌诸有，
> 是人不能得三昧故，无漏智慧难得现前，设得喜失，故求死
> 也；住相者，若得三昧，不进不退，是名住相，前三种在退分
> 三昧，住相者在住分三昧；可进相者，若得三昧，转深增益，
> 是人住在增分三昧；不坏相者，得三昧已，种种因缘不能败
> 坏，是人住在达分三昧，慧最利故，善取三昧入住起相，故不
> 可坏；因灭尽定故，有二人不得此定，名慧解脱；得此定者，
> 名俱解脱；不退相者，所得功德尽无退失。（卷一《发聚·
> 僧宝论·分别贤圣品》，第246页中、下）

（3）《福田品》（卷一）。论述"福田"问题。"福田"，指可生福德之田，"断贪恚等诸烦恼尽，故名福田"；"能度彼岸，及勤求度，故名福田"；"能令施主得无量报，故名福田"。

（4）《吉祥品》（卷一）。论述"三宝吉祥"问题。"三宝"，指佛宝、法宝、僧宝，"此三宝，于一切世间第一吉祥"。

（四）《立论》（卷二，原书阙题，此据首品拟立）。下分六品，始《立论品》，终《法聚品》。

（1）《立论品》（卷二）。论述"立论"问题。"立论"，指"造论论佛语"，"若经造论，义则易解，法则久住"。

（2）《论门品》（卷二）。论述"论门"问题。"论门"，指论书开立的义理之门。"论门"有种种不同，有"世界门、第一义门"；"世俗门、贤圣门"；"三时（指过去、现在、未来）论门"；"通、塞论门"；"决定、不决定论门"；"为、不为论门"；以及"近论门"、"同相论门"、"从多论门"、"因中说果论门"、"果中说因门"等。

（3）《赞论品》（卷二）。论述"赞论"问题。"赞论"，指称赞《成实论》，称"学习此论，得智人法"。

（4）《四法品》（卷二）。论述各种"四法"问题。"四法"有各种不同。其中，"四摄法"指摄受众生的四种方法，即"布施"、"爱语"、"利行"、"同利"；"四依法"，指正法的四种依止，即"依法不依人"、"依了义经不依不了义经"、"依义不依语"、"依智不依识"；"天人四轮"，指能生为天、人的四种行为，即"住善处"、"依善人"、"自发正愿"、"宿植善根"；"四坚法"，指能得解脱的四种坚固不坏之法，即"说坚"、"定坚"、"见坚"、"解脱坚"；"四大利法"，指能得大利益的四种行为，即"亲近善人"、"听闻正法"、"自正忆念"、"随顺法行"；"四德处"，指由闻正法而得的四种功德住处，即"慧德处"、"实德处"、"舍德处"、"寂灭德处";"四种善根",指在见道之前,观察"四谛十六行相"(指"苦谛"的无常、苦、空、无我四行相;"集谛"的集、因、缘、生四行相;"灭谛"的尽、灭、妙、出四行相;"道谛"的道、正、行、迹四行相),依次成就能引生见道无漏智(指无烦恼过患的智慧)的四种善根,即"暖法"、"顶法"、"忍法"、"世间第一法"。

(5)《四谛品》(卷二)。论述"四谛"问题。"四谛",指显示众生的痛苦与解脱的四种真理(真实不虚的道理)。"苦谛者,谓三界也。欲界者,从阿鼻地狱至他化自在;色界者,从梵世至阿迦尼吒;无色界者,四无色也";"集谛者,业及烦恼","诸业、烦恼,是后身因缘,故名集谛";"灭谛者,后灭谛聚中当广说,谓假名心、法心、空心,灭此三心,故名灭谛";"道谛者,谓三十七助菩提法,四念处、四正勤、四如意足、五根、五力、七菩提分,八圣道分"。

(6)《法聚品》(卷二)。论述"法聚"问题。"法聚",指教法的类聚。从"二法"至"十二法"的各类法有。①"二法"。有"可知法、可识法";"色法、无色法";"可见法、不可见法";"有对法、无对法";"有漏法、无漏法";"有为法、无为法";"心法、非心法";"心数法(又称"心所法")、非心数法";"心相应法、心不相应法";"心共有法、心不共有法";"随心行法、不随心行法";"内法、外法";"粗法、细法";"上法、下法";"近法、远法";"受法、非受法";"出法、非出法";"共凡夫法、不共凡夫法";"次第法、非次第法";"有次第法、无次第法"等。②"三法"。有"色法、心法、心不相应法";"过去法、未来法、现在法";"善法、不善法、无记法";"学法、无学法、非学非无学法";"见谛断法、思惟断法、无断法"等。③"四法"。有"四系法"(指"欲界系法、色界系法、无色界系法、不系法");"四道"(指"苦难行道、苦易行道、乐难行道、乐易行道");"四味"(指"出味、离味、寂灭昧、正智昧”）；“四证法”（指“身证法、念证法、眼证法、慧证法”）；“四受身”；“四入胎”；“四缘”；“四信”；“四圣种”；“四恶行”等。④“五法”。有“五阴”（又称“五蕴”）。⑤“六法”。有“六内入”；“六外入”；“六生性”；“六喜行”；“六忧行”；“六舍行”；“六妙行”等。⑥“七法”。有“七净”等。⑦“八法”。有“八福生”等。⑧“九法”。有“九次第灭”等。⑨“十法”。有“十圣处”等。⑩“十二法”。有“十二因缘”等。如关于“九次第灭”，说：

> 九次第灭者，入初禅，灭语言；二禅，灭觉、观；三禅灭喜；四禅灭出入息；虚空处（指四无色定中的空无边处定），灭色相；识处（指识无边处定），灭无边虚空相；无所有处（指无所有处定），灭无边识相；非想非非想处（非想非非想处定），灭无所有想；入灭尽定，灭受及想也。（卷二《发聚·法聚品》，第253页中）

（五）《十论》（卷二至卷三）。下分十七品，始《有相品》，终《有我无我品》。

（1）《有相品》（又名《十论初有相品》，卷二）。先叙列十种“异论”，后破斥有部的“有相”说。“异论”，指当时佛教界所争论的十个问题。它们是：①“二世有、二世无”问题。②“一切有、一切无”问题。③“中阴有、中阴无”问题。④“四谛次第得、一时得”问题。⑤“有退、无退”问题。⑥“使（指烦恼）与心相应、心不相应”问题。⑦“心性本净、性本不净”问题。⑧“已受报业，或有或无”问题。⑨“佛在僧数、不在僧数”问题。⑩“有人（又称“补特伽罗”）、无人”问题。所说的“有相”，指有部关于“若有法是中生心，二世（指过去世、未来世）法中能生心故，当知是有”，“知所行处，名曰有相”的观点。作者指出，

"诸法实相,离诸相故,不名为缘","知亦行于无所有处"。也就是说,不能用"知"(指识)的有无,来判断"相"的有无,因为"知"行于"有物"之处,也行于"无物"之处。

(2)《无相品》(卷二)。破斥有部的"今阴、界、入所摄法,应当是有"说。作者指出,"阴、界、入所摄法,非是有相","但以世谛故有,非第一义";"但有现在五阴,二世(指过去、未来)无也";"三有为相(指生、灭、住异)皆在现在,非过去、未来"。也就是说,从"世谛"的角度来说,"五阴"(又称"五蕴")、"十八界"、"十二入"(又称"十二处")所摄法是"有相"的;从"第一义谛"的角度来说,这些法是"无相"的。

(3)《二世有品》(卷二)。引述有部的"实有过去、未来"说。

(4)《二世无品》(卷二)。破斥有部的"实有过去、未来"说。作者指出,"过去、未来无"。

(5)《一切有无品》(卷二)。破斥部派佛教中的"一切法有"说和"一切法无"说。作者指出,"佛法中,以方便故,说一切有、一切无,非第一义","若决定有,即堕常边;若决定无,则堕断边。离此二边,名圣中道"。

(6)《有中阴品》(卷三)。引述有部的"有中阴"说。

(7)《无中阴品》(卷三)。破斥有部的"有中阴"说。作者指出,众生从命终至再次受生之间并无"中阴"(又称"中阴身"、"中有",指众生从此世命终至彼世受生中间的识身),"若众生受中阴形,即名受生","若不受身,则无中阴"。所谓"受中阴",实质上就是"受生",并非是"受生"之外,别有"中阴"。如关于对"有中阴"说的破斥,说:

以业力故,此人生此,彼人生彼,如过去、未来虽不相续，而能忆念，是故无有中阴。复次，宿命智中说，知此人此间死、彼间生，不说住中阴中。复次，佛说三种业，现报、生报及后报业，不说有中阴报业。……又若众生受中阴形，即名受生。如经中说，若人舍此身、受余身者，我说名生。若不受身，则无中阴。（卷三《发聚·十论·无中阴品》，第256 页下—第 257 页上）

（8）《次第品》（卷三）。引述有部的"四谛次第见"说。此说认为，"渐次见谛，如人登梯，次第而上"，"行者应定心分别是苦、是苦因、是苦灭、是苦灭道"。

（9）《一时品》（卷三）。破斥有部的"四谛次第见"说。此说认为，次第观察三界"四谛"的"十二行相"（对"四谛"中的每一谛，作"示转"、"劝转"、"证转"三转，每一转都有眼、智、明、觉四种行相），能生起"八忍八智"的"见道十六心"，断除烦恼，证悟真理。作者指出，"不应以十六心、十二行得道"，"见灭谛，故名为得道"。也就是说，只要观察"四谛"中的"灭谛"一谛，就能得道（卷十五《见一谛品》对此有详论）。

（10）《退品》（卷三）。引述有部的"阿罗汉（有）退"说。此说认为，"时解脱阿罗汉"，会因"乐作务、乐诵读、乐断事、乐远行、长病"五因缘，而退失果位。

（11）《不退品》（卷三）。破斥有部的"阿罗汉（有）退"说。作者指出，阿罗汉"圣道不退，但退禅定"。

（12）《心性品》（卷三）。破斥部派佛教中的"心性本净，以客尘故不净"说（《大毗婆沙论》卷二十七称此为"分别论者"所说，《异部宗轮论》称此为大众部、一说部、说出世部、鸡胤部共同的宗义，《舍利弗阿毗昙论》中也有"心性清净，为客尘染"的说法）。作者指出，"心性非本净、客尘故不净"。如关于"心性非本净",说：

> 心性非本净、客尘故不净。所以者何？烦恼与心常相
> 应生，非是客相。又三种心，善、不善、无记。善、无记心，是
> 则非垢；若不善心，本自不净，不以客故。复次，是心念念生
> 灭，不待烦恼。若烦恼共生，不名为客。……是故心性非是
> 本净，客尘故不净，但佛为众生说心常在，故说客尘所染，则
> 心不净。又佛为懈怠众生若闻心本不净，便谓性不可改，则
> 不发净心，故说本净。（卷三《发聚·十论·心性品》，第
> 258 页中）

（13）《相应不相应品》（卷三）。破斥部派佛教中的"诸使
（指烦恼）非心相应"说（《异部宗轮论》称此为大众部、一说部、
说出世部、鸡胤部共同的宗义，即认为"随眠与心不相应"）。作
者指出，"不应言诸使非心相应"。

（14）《过去业品》（卷三）。破斥"迦叶鞸道人"（指"迦叶
维部"，又称"饮光部"）的"过去业"说。此说认为，"未受报业，
过去世有，余过去无"。

（15）《辩三宝品》（卷三）。破斥"摩醯舍婆道人"（指"弥
沙塞部"，又称"化地部"）的"佛在僧数"（指佛为僧团中的一
员）说。作者指出，"佛不入僧羯磨中，亦不同诸余僧事。又以
三宝差别故，佛不在僧中"。

（16）《无我品》（卷三）。破斥"犊子道人"（指"犊子部"）
的"有我"（指人有恒常实在的主体）说。作者指出，"凡夫随逐
假名，谓为有我。是五阴中，实无我、无我所"。

（17）《有我无我品》（卷三）。再论"有我"、"无我"问题。
"犊子道人"说，"外道"离"五阴"，而别计"有我"（恒常不坏），
佛为断此邪见，故言"无我"；"今我等说五阴和合名之为我"，二

者是不同的。若众生只是"名字",并无实体,岂不等于说"杀泥牛"与"杀实牛"没有区别。作者指出,"五阴和合假名为我,非实有也"。也就是说,"无我"是说没有真实的"我",只有"假名"的"我",并不是说连"假名"的"我"也不存在。如关于"有我"与"无我",说:

> 问曰:汝言无我,是事不然。……十二部经中,有《本生经》。佛自说言:彼时,大喜见王我身是也。如是等本生,今五阴非昔五阴,是故有我,从本至今。……若众生但名字者,如杀泥牛,不得杀罪;若杀实牛,亦不应有罪。……答曰:……我等说五阴和合假名为我,因是我故,有生有灭,及罪福等。非无假名,但非实耳。(卷三《发聚·十论·有我无我品》,第259页下—第260页中)

二、《苦谛聚》(卷三至卷七)。下分《色论》《识论》《想论》《受论》《行论》五论,总计五十九品,论述"苦谛"问题。

(一)《色论》(卷三至卷五)。下分二十四品,始《色相品》,终《触相品》。

(1)《色相品》(又名《苦谛聚色论中色相品》,卷三)。论述"五受阴是苦谛"问题。"五阴"(又称"五蕴"),指一切有为法的五种类别,即"色阴"、"受阴"、"想阴"、"行阴"、"识阴"。此中的"色阴"(又称"色蕴"),指"色"(即以"质碍"为性的物质)的积聚,"色阴者,谓四大及四大所因成法,亦因四大所成法,总名为色"。"五受阴"(又称"五取蕴"),指有漏的"五阴",即由烦恼而生,或生烦恼的五阴,"色受阴"、"受受阴"、"想受阴"、"行受阴"、"识受阴"。概略地说,"五受阴是苦谛"。

(2)《色名品》(卷三)。论述"色"的名称问题。"色"以"质碍"为性,"有对法名色,声等皆有对故,亦名为色,非如心法等;有形故名色,声等皆有形故,亦名为色,障碍处所故名为形色"。

(3)《四大假名品》(卷三)。论述"四大"为"假名"问题。"四大",指地、水、火、风。如关于"四大非实有",说:

> 四大假名故有。所以者何? 佛为外道故说四大,有诸外道说色等即是大,如僧佉(指数论)等;或说离色等是大,如卫世师(指胜论)等。……故知诸大是假名有,又因所成法(指四大所造色),皆是假名,无实有也。如偈中说,轮等和合,故名为车。五阴和合,故名为人。……是故四大非实有也。(卷三《苦谛聚·色论·四大假名品》,第261页中、下)

(4)《四大实有品》(卷三)。引述"阿毗昙"(指有部阿毗达磨论书)中的"四大实有"说。此说认为,"坚相是地种,湿相是水种,热相是火种,动相是风种,是故四大是实有"。

(5)《非彼证品》(卷三)。破斥有部的"坚相是地种"、"色等从四大生"说。作者指出,"坚依坚是地,非但坚相","坚相是成地因";"色等从业、烦恼、饮食、淫欲等生","非但从四大生"。

(6)《明本宗品》(卷三)。破斥有部的"因四大造清净色,名为眼"说。作者指出,"四大和合,假名为眼","四大是假名有"。

(7)《无坚相品》(卷三)。引述有部的"无定坚相"(指"四大"中的"地大"无确定坚实的体相)说。此说认为,"一法中,无有二触"(对某物只能产生一种触觉)。

(8)《有坚相品》(卷三)。破斥有部的"无定坚相"说。作者指出,"(地大)实有坚相";"于一法中,可得多触(对某物能产生多种触觉),亦坚亦软"。

　　(9)《四大相品》(卷三)。论述"四大"的体相问题。"四大"不改变自己的体相,"诸大不舍自相"。"金坚则为消流,水湿则为坚冰","不以坚为流、以湿为坚,但坚与流为因、湿与坚为因,是故不舍自相"。

　　(10)《根假名品》(卷四)。论述"五根"的假名问题。"五根"与"四大"无差别,"从业因缘,四大成眼等根,是故不异四大","故知诸根,即是四大";"根是假名,于成假名因,不得言异"。

　　(11)《分别根品》(卷四)。论述"五根"中"何大偏多"问题。"何大偏多",指"五根"中的每一根,有无不偏向"四大"中的哪一大。对此,本书作了否定的回答。指出,五根"无有偏多",五根"皆从业生","业差别故,根力有异"。

　　(12)《根等大品》(卷四)。破斥"外道"的"五根从五大生","眼中火大多"说。作者指出,"五大"中的"虚空"为无,不能生"五根";"火能坏眼,如日光等,若是自性,不应自坏,故知非火多"。

　　(13)《根无知品》(卷四)。论述"根无知"问题。"根无知",指"五根"不能了知诸尘,只有"识"能了知诸尘,"根中有识","根与识,一业果报"。

　　(14)《根尘合离品》(卷四)。论述"根尘合离"问题。"根尘合离",指"五根"与"五尘"(又称"五境")的关系是,"眼识"为不到而知,即"眼"不到色处而能见色,如能看见月亮等远物;"耳识"或为到而知,或为不到而知,即"耳识"中,"耳鸣"为到声处而闻声,"雷声"为不到声处而闻声;"鼻识"、"舌识"、"身识"均为到而知,即"鼻"、"舌"、"身"各到香处、味处、触处而知香、味、触;"意识"为"无色",没有到或不到而知,即"五尘在知境故可知","法尘不在知境"。如关于"根"与"尘"的关系,说:

眼识不待到故知尘。所以者何？月等远物，亦可得见。
月色不应离月而来，又（眼识）假空与明，故得见色。……
当知眼识不到而知；耳识二种，或到故知，或不到而知，耳鸣
以到故知，雷声则不到而知；余三识（指鼻识、舌识、身识）
皆到根而知。所以者何？现见此三，根与尘和合，故可得
知。意根无色故，无到、不到。……随根知尘时，则名为触，
不必相到。（卷四《苦谛聚·色论·根尘合离品》，第268
页上、中）

（15）《闻声品》（卷四）。论述"闻声"问题。"闻声"，指
"耳"与"声"的关系，是"声不到而闻"（指耳不到声处而闻声），
"耳虽不到，声粗故可闻，细则不闻"。

（16）《闻香品》（卷四）。论述"闻香"问题。"闻香"，指
"鼻"与"香"的关系，是"香至鼻闻"，"远睹香烟，则不得闻，到
时乃闻，故知不到不闻"。

（17）《觉触品》（卷四）。论述"觉触"问题。"觉触"，指
"身"与"触"的关系，是"触定到故知"。

（18）《意品》（卷四）。论述"意不去"问题。"意不去"，指
"意"不趣于"法"，"心念未来，即到未来，不可以现在法为未来
也。又心念过去，即在过去，不应以去（过去）、来（未来）法为现
在也，故知不去"。

（19）《根不定品》（卷五）。论述"根不定"问题。"根不
定"，指"五根"的作用不确定，"五根知大知小，故非决定"；"根
当亦是意定，根非知，故其余皆是意力差别。又虽说六识，要以
意识决了"。

（20）《色入相品》（卷五）。论述"色入相"问题。"色入
相"，指"色"与"识"的关系，是"先见色，然后意识生"。

（21）《声相品》（卷五）。论述"声"的体相问题。"声"从"四大"而生，"业因缘故，声有差别"。

（11）《香相品》（卷五）。论述"香"的体相问题。"香"因香的和合，更生异香，"又以种种业因缘故，生种种香"。

（23）《味相品》（卷五）。论述"味"的体相问题。"味"指甜、酢（指酸）、咸、辛（指辣）、苦、淡等，"此六味皆随物差别，不以四大偏多故有"。

（24）《触相品》（卷五）。论述"触"的体相问题。"触"有坚、软、轻、重、强、弱、冷、热等各种触觉。如关于"触"的种类，说：

> 触名坚、软、轻、重、强、弱、冷、热、涩、滑、强濯、猗乐、疲极、不疲极、若病、若差、身利、身钝、懒、重、迷、闷、瞪瞢、疼、痹、频伸、饥、渴、饱、满、嗜乐、不嗜乐、懵等。问曰：有说，触有三种，冷、热、不冷不热，是事云何？答曰：于坚等中生知；若离坚等，无冷热知。（卷五《苦谛聚·色论·触相品》，第 274 页中）

（二）《识论》（卷五）。下分十七品，始《立无数品》，终《识不俱生品》。

（1）《立无数品》（又名《苦谛聚识论中立无数品》，卷五）。论述"无别心数"问题。"心数"，指心所。本书卷二《发聚·法聚品》已对"心数法"作了以下定义："心数法者，若识得缘，即次第生想等是也"；本品则进一步阐释说，"心、意、识体一而异名，若法能缘，是名为心"，"受、想、行等（心数），皆心差别名"；"三事合故名触，若有心数，不名为三，而实说三，故知但心无别心数"。也就是说，所谓"心所"，其实不过是"心"的差别相，并非在"心"之外，别有心所。

（2）《立有数品》（卷五）。引述有部的"有心数法（即心所法）"说。此说认为，"心异、心数法异"，"心、心数法共相应"。

（3）《非无数品》（卷五）。引述有部对"无心数法"说的诘难。

（4）《非有数品》（卷五）。破斥有部的"有心数法"说。作者指出，"汝言以相应故，有心数法，是事不然"，"诸法独行"，"故无相应"。

（5）《明无数品》（卷五）。再论"无别心数"问题。作者指出，"汝（指"有部"）言相异故，有心数，是事不然"，"识即受、想"，"故无异相"。

（6）《无相应品》（卷五）。论述"心无相应法"问题。"心无相应法"，指"心"没有与之同时产生的、相应的"心所"。理由是"因果不俱（指因果不同时），识是想等法（之）因，此法不应一时俱有，故无相应"；"六识不一时生"（指"六识"皆待次第缘生，非同时俱生），"故无相应"。

（7）《有相应品》（卷五）。引述有部对"心无相应法"说的诘难。

（8）《非相应品》（卷五）。再论"心无相应法"问题。作者指出，"凡夫识造缘时，四法必次第生，识次生想，想次生受，受次生思"；"觉、观，不得相应"。

（9）《多心品》（卷五）。论述"心"为"多心"，而非是"一心"问题。如关于"心"为"多心"，说：

　　问曰：已知无别心数，亦无相应，今此心为一为多？有人谓：心是一，随生故多。答曰：识名为心，而色识异，香等识亦异，是故多心。……意识从多缘生，故知不一。又若识知尘，常如是相。云何更知异尘？若多心生则能得知。

如邪正知异,若定、若疑、若善、不善、无记知异。……又净、
不净,心性各异。若心性净,则不为垢,如日光本净,终不可
污;若性不净,不可令净,如氎性黑,不可令白。……若心是
一,一识应能取一切尘;说多心者,随根生识,是故不能取一
切尘。(卷五《苦谛聚·识论·多心品》,第 278 页中)

(10)《一心品》(卷五)。引述有部的"一心"说。此说认
为,"心能忆念,故知心一,又以心是一,故能修集"。

(11)《非多心品》(卷五)。引述有部对"多心"说的诘难。

(12)《非一心品》(卷五)。破斥有部的"一心"说。作者指
出,"无有一智能知自体,故非一心","若有多心,则下中上次第
相续生,故有修集"。

(13)《明多心品》(卷五)。再论"多心"问题。作者指出,
"正以了为心,而色了与声了异,心何得一";"若心常一,则无业
无报"。

(14)《识暂住品》(卷五)。引述他部的"识暂住"说。此说
认为,"心非念念灭,虽复无常,要有暂住"。

(15)《识无住品》(卷五)。破斥他部的"识暂住"说。作者
指出,"识无住"。"汝言心有了故,非念念灭,是事不然。诸相
在心,力能决了,不以住故"。

(16)《识俱生品》(卷五)。引述他部的"诸识一时俱生"
说。此说认为,"一时能生多识,遍取诸分"。

(17)《识不俱生品》(卷五)。破斥他部的"诸识一时俱生"
说。作者指出,"诸识次第生"。"若识俱生,则应一时俱受三受
(指苦受、乐受、不苦不乐受),而实不然,故知诸识不一时生";
"一意一次第缘","是故诸识要次第生"。

(三)《想论》(卷六)。仅有一品,即《想阴品》(又名《苦谛

聚中想阴品》)。此品论述"想阴"问题。"想阴"(又称"想蕴"),指"想"(即以"取像"为性的想象)的积聚。"取假法相,故名为想";"想多在颠倒中说,如说无常中常想颠倒,苦中乐想颠倒,无我中我想颠倒,不净中净想颠倒";"想有过故,佛说应断"。

(四)《受论》(卷六至卷七)。下分六品,始《受相品》,终《五受根品》。

(1)《受相品》(又名《苦谛聚受论中受相品》,卷六)。论述"受阴"问题。"受阴"(又称"受蕴"),指"受"(即以"领纳"为性的感受)的积聚,"受"分为三种,即"苦受"、"乐受"、"不苦不乐受"三受。"三受"皆苦(有部则说"实有乐受"),所谓"乐受",其实是"小苦"而已。如关于"三受"皆苦,说:

> 若增益身心,是名为乐;损减身心,是名为苦;与二相违,名不苦不乐。……世俗名相,故有乐受,非真实义。……当知但以苦差别中,名为乐相。一切世界,从大地狱上,至有顶(天),皆是苦相,为多苦所恼,于小苦中,生此乐相。如人为热苦所恼,则以冷触为乐。是故诸经作如是说(指契经中说有"三受"),无所妨也。……凡夫愚人于微苦中,妄生乐相。(卷六《苦谛聚·受论·受相品》,第281页下—第282页上)

(2)《行苦品》(卷六)。论述"行苦"问题。"行苦"为"三苦"(指苦苦、坏苦、行苦)之一,指由有为法的迁流无常所生的痛苦。"一切万物皆是苦因";"以身、口、意造作众事,造作众事,皆名为苦"。

(3)《坏苦品》(卷六)。论述"坏苦"问题。"坏苦"为"三苦"之一,指由乐境的坏灭所生的痛苦。"色坏时,生大忧苦";

"乐为苦门,以贪乐故,从三毒(指贪、瞋、痴)起不善业,堕地狱等,受诸苦恼"。

(4)《辩三受品》(卷六)。再论"三受"问题。"三受"实为"一苦受",因为不同的时间区分为三种,"能恼害者,则名为苦;既恼害已,更求异苦以遮先苦,以愿求故,大苦暂息,尔时名乐;忧喜不了、不愿、不求,尔时名为不苦不乐"。

(5)《问受品》(卷六)。论述"诸受依止身心"问题。"三受"依止于身心,"因五根所生受,是名身受;因第六根所生受,是名心受";"诸烦恼名垢,是烦恼所使受,是名为垢;烦恼所不使受,是名为净"。

(6)《五受根品》(卷六)。论述"五受根"问题。"五受根",指五种受的根性,即"乐根"、"苦根"、"喜根"、"忧根"、"舍根"。"苦根"、"乐根"在身,"随所得身,乃至四禅";"喜根"、"忧根"、"舍根"在心,"随所得心,乃至有顶(天)"。

(五)《行论》(卷六至卷七)。下分十一品,始《思品》,终《不相应行品》。

(1)《思品》(又名《苦谛聚行阴论中思品》,卷六)。论述"思"问题。"思"为"行阴"(又称"行蕴",即以"造作"为性的思量的积聚)。"愿求为思","思即是意"。如关于"思与意为一为异",说:

问曰:思与意为一为异?答曰:意即是思。如《法句》(指《法句经》)中说,恶心所作所说,皆受苦果,善心亦尔。故知意即是思。若意非即是思,何者为意业?意业名意行缘中,是故思即是意。虽总相说意行名思,而思多在善、不善中说。是思有众多分,若人为他众生求善求恶,尔时名思;若求未得事,尔时名求;若求后身,尔时名愿。(卷六

《苦谛聚·行论·思品》,第 286 页下)

(2)《触品》(卷六)。论述"触"问题。"触",指心的取缘。
"心能取缘,尔时名触,是故心时为因,识生然后受等法生"。作
者指出,"触"不是"心数法"(又称"心所法"),"若说触是心数,
则与触相相违。所以者何? 佛说三事和合故名触,故知实无别
心数法。若法来在身,皆名为触。又随能与受等心数作因。尔
时与名为触"。

(3)《念品》(卷六)。论述"念"(又称"作意")问题。
"念"指心的作发。"心作发名念,此念是作发相,故念念能更生
异心"。

(4)《欲品》(卷六)。论述"欲"问题。"欲",指心的须求,
"心有所须,是名为欲","故知以须为欲因,所须故贪于诸欲,是
名贪欲"。

(5)《喜品》(卷六)。论述"喜"问题。"喜",指心的好乐。
"若心好乐,是名为喜,如说众生性类相从,喜恶随恶,好善从
善,是名为喜"。

(6)《信品》(卷六)。论述"信"问题。"信",指心信贤圣
语。"未自见法,随贤圣语,心得清净,是名为信";"先闻法,后
以身证,作如是念:此法真实谛不虚诳,心得清净,是名为信"。

(7)《勤品》(卷六)。论述"勤"问题。"勤",指心的动发。
"心行动发,是名为勤。常依余法,若忆念、若定,于中发动,一
心常行,是名为勤"。

(8)《忆品》(卷六)。论述"忆"问题。"忆",指心的忆念,
"知先所更,是名为忆";"识等法忆本事,故亦名为忆"。

(9)《觉观品》(卷六)。论述"觉"、"观"问题。"觉"(又称
"寻"),指寻求,即粗浅推度;"观"(又称"伺"),指伺察,即深细

思察。它们均为"散乱心"。"喻如打铃,初声为觉,余声为观。又如波喻,麤(粗)者为觉微者为观"。

(10)《余心数品》(卷六)。论述"放逸"、"不放逸"、"善根"、"不善根"、"无记根"等问题。此中,放逸,指"心随不善";不放逸,指"随顺善法";善根,指"不贪"、"不恚"、"不痴";不善根,指"贪"、"恚"、"痴";无记根,指"无记心"。

(11)《不相应行品》(卷七)。论述"心不相应行法"问题。"心不相应行法"(又称"心不相应行蕴"),指"行蕴"中所摄的与心不相应的、非色非心的现象,有"得"、"不得"(又称"非得")、"无想定"、"灭尽定"、"无想处"(又称"无想果")、"命根"、"生"、"灭"、"住"、"异"、"老死"、"名众"(又称"名身")、"句众"(又称"句身")、"字众"(又称"文身")、"凡夫法"(又称"异生性")等。如关于"命根"等,说:

> 命根者,以业因缘故,五阴相续名命;是命以业为根,故说命根。生者,五阴在现在世名生;舍现在世灭;相续故住;是住变故,名为住异。非别有法名生、住、灭等。(卷七《苦谛聚·行论·不相应行品》,第289页中)

三、《集谛聚》(卷七至卷十一)。下分《业论》《烦恼论》二论,总计四十六品,论述"集谛"问题。

(一)《业论》(卷七至卷九)。下分二十六品,始《业相品》,终《明业因品》。

(1)《业相品》(又名《集谛聚业论中业相品》,卷七)。论述"诸业及烦恼"为"集谛"问题。"业",指众生的造作、行为,有"身业"、"口业"、"意业"三业。三业中,以意业为最重,因为身业、口业都是意业支配的。"三业"各有"善"、"不善"、"无记"三种性质,同时,又各分"作业"(指显现于外的、可以见闻的身业、语业)、"无作业"(指由身表业、语表业引生的无形色法,即内在的、不可见闻的善恶功能)二业,"身、口业有无作","意业亦有无作"(案:此处认为意业也有表业、无表业,与说一切有部关于意业没有"无表业"的说法相反,说一切有部认为,意业以"思"心所为自体,它不是色法,没有表业,因而也没有由表业引生的无表业,见《杂阿毗昙心论》等)。概略地说,"集谛者,诸业及烦恼"。

(2)《无作品》(卷七)。论述"无作业"(又称"无表业")问题。"无作业",指由身表业、语表业引生的无形色法,即内在的、不可见闻的善恶功能,"因心生罪福、睡眠、闷等,是时常生,是名无作";"无作业"非色非心,为"行阴"所摄;"善业"、"不善业"能生"无作业",而"无记业"因为力劣,则不能生"无作业"。

(3)《故不故品》(卷七)。论述"故作业"(又称"故思业")和"不故作业"(又称"不故思业")的差别问题。"故作业",指故意造作的、必受果报的"业"(指造作、行为);"不故作业",指非故意造作的、不受果报的"业","先知而作,名为故作;与此相违,名不故作";"故作业,则有报","不故业,以不集故,不能生报","如人行时,践蹈杀虫,是名不故(作业)"。

(4)《轻重罪品》(卷七)。论述"重罪"和"轻罪"的差别问题。"重罪",指"五逆罪"(又称"五无间业",指命终之后将堕入无间地狱受苦的五种极重罪,即"破僧"、"恶心出佛身血"、"杀阿罗汉"、"杀父"、"杀母")、"邪见"(指"言无罪无福,供养父母及诸善人无有果报"等)等,"若业能得阿鼻地狱报,是名重罪";"与重(罪)相违(相反),是名为轻(罪)"。

(5)《大小利业品》(卷七)。论述"大利业"和"小利业"的差别问题。"大利业",指能招致大利益之业(行为),"能致阿耨多罗三藐三菩提(意为无上正等正觉),是名最大利业",而"檀等六波罗蜜(即六度)具足,能得阿耨多罗三藐三菩提"。"小利业",指能招致小利益之业,"从此善业,次第转薄,得辟支佛菩提;转薄得声闻菩提;若行增上四无量心,得生有顶(天);行四无量,次第转薄,次生下地"。在"福田"中,"智(智慧)福田"胜于"断(断烦恼)福田",因为"诸结(指烦恼)皆以智渐断"。

(6)《三业品》(卷七)。论述"三业"问题。"三业",指依"三性"(善、恶、无记)区分的三种业,即"善业"、"不善业"、"无记业"。"能与他好事,是业名善","为利他故得福,以损他故得罪";"诸业皆以心差别","如有三人俱行绕塔,一为念佛功德,二为盗窃,三为清凉。虽身业是同,而有善、不善、无记差别";"善得爱报(指乐报),不善得不爱报(指苦报),无记无报"。如关于古印度"四种姓"各自的法规,说:

《世法经》说:有四品人(指四种姓),婆罗门、刹利(指刹帝利)、毗舍、首陀罗,是四品人各自有法。婆罗门有六法,刹利四法,毗舍三法,首陀罗一法。六法者。一自作天祠,二作天祠师,三自读《围驮》(又作《韦陀》,指四种《吠陀经》),四亦教他人,五布施,六受施。四法者,一自作天祠、不作师,二从他受《围驮》、不教他,三布施、不受施,四守护人民。三法者,作天祠、不作师,自读《围驮》、不教他,自布施、不受施。一法者,谓供给上三品人(指供养婆罗门、刹利、毗舍)。(卷七《集谛聚·业论·三业品》,第292页中)

(7)《邪行品》(卷七)。论述"三邪行"问题。"三邪行",指由身、口、意造作的三种邪行,即"身邪行"、"口邪行"、"意邪行"。"邪行"有二种,一种为"十不善道"所摄,"如杀、盗、邪淫";另一种为"十不善道"所不摄,"如鞭杖、系缚、自淫妻等,及不善道前后恶业"。

（8）《正行品》（卷七）。论述"三正行"问题。"三正行"，指由身、口、意造作的三种正行，即"身正行"、"口正行"、"意正行"。"离杀生等三不善业，名身正行"；"离口四过，名口正行"；"离意三不善，名意正行"。

（9）《系业品》（卷七）。论述"三界系业"问题。"三界系业"，指依"三界"（欲界、色界、无色界）区分的三种业（行为），即"欲界系业"、"色界系业"、"无色界系业"。"从地狱至他化自在天，于中受报，名欲界系业"；"从梵世至阿迦尼吒天受报，名色界系业"；"从虚空处至非有想非无想处受报，名无色界系业"；"无漏法以真智为因，以业为缘，因力大故，名为不系"。

（10）《三报业品》（卷八）。论述"三报业"问题。"三报业"，指依"三时"（现、次、后）区分的三种业，即"现报"、"生报"、"后报"。"若此身造业，即此身受，是名现报"；"此世造业，次来世受，是名生报"；"此世造业，过次世受，是名后报"。

（11）《三受报业品》（卷八）。论述"三受报业"问题。"三受报业"，指依"三受"（苦受、乐受、不苦不乐受）区分的三种业，即"乐报"、"苦报"、"不苦不乐报"。"善业得乐报，不善业得苦报，不动业得不苦不乐报"。

（12）《三障品》（卷八）。论述"三障"问题。"三障"，指妨碍解脱的三种障碍，即"业障"、"烦恼障"、"报障"。"诸业、烦恼及报，能障解脱道，故名曰障"，其中，"业障"指由身口意造作的"五无间业"（即害母、害父、害阿罗汉、破和合僧、恶心出佛身血等五种极恶罪）；"烦恼障"，指贪、瞋、痴等根本烦恼；"报障"，指由烦恼障、业障招感的，堕入"三恶趣"（地狱、畜生、饿鬼）的果报。

（13）《四业品》（卷八）。论述"四业"问题。"四业"，指依

"黑"(喻不善)、"白"(喻善)区分的四种业,即:"黑黑报业"(又
称"黑黑异熟业"),指"不善业",其因果皆黑;"白白报业"(又
称"白白异熟业"),指"善业",其因果皆白;"黑白黑白报业"
(又称"黑白黑白异熟业"),指欲界中"善业"、"不善业"相杂
者,其因果为黑白交杂;"不黑不白无报业"(又称"非黑非白无
异熟业"),指"无漏业",其因果离黑白相,为非黑非白。

(14)《五逆品》(卷八)。论述"五逆罪"问题。"五逆罪",
指招感命终之后,堕入无间地狱苦报的五种重罪,即"破僧"、
"恶心出佛身血"、"杀阿罗汉"、"杀父"、"杀母"。"五逆由福田
德重故,名为逆,所谓破僧、恶心出佛身血、杀阿罗汉、杀父、
(杀)母,以不识恩养故,名为逆"。

(15)《五戒品》(卷八)。论述"优婆塞五戒"问题。"优婆
塞五戒",指在家信佛的男子(优婆塞)受持的五种戒法,即"不
杀生"、"不偷盗"、"不邪淫"、"不妄语"、"不饮酒"。"五戒"中,
"四法(指前四项)是实罪";"饮酒"非"实罪","饮酒不为恼众
生故,但是罪因,若人饮酒,则开不善门"。

(16)《六业品》(卷八)。论述"六业"问题。"六业",指
"五道"(地狱、畜生、饿鬼、人、天)报业及不定业,即"地狱报
业"、"畜生报业"、"饿鬼报业"、"人报业"、"天报业"、"不定报
业"。"杀生等罪,皆为地狱(报)"。

(17)《七不善律仪品》(卷八)。论述"七不善律仪"问题。
"七不善律仪",指能产生作恶止善功能的七种恶戒,即由"作"、
"誓"引生的无表业的行恶功能。它们是:"杀"、"盗"、"邪淫"、
"两舌"、"恶口"、"妄言"、"绮语"。"若人于此七事,若具足、若
不具足,皆名不善律仪人"。

(18)《七善律仪品》(卷八)。论述"七善律仪"问题。"七
善律仪",指能产生防非止恶功能的七种善戒,即由"作"、"誓"引

生的无表业的行善功能。它们是:"不杀盗"、"不邪淫"、"不两舌"、"不恶口"、"不妄言"、"不绮语"。"善律仪三种,戒律仪、禅律仪、定律仪","无漏律仪在后二(指禅律仪、定律仪)中摄"。

(19)《八戒斋品》(卷八)。论述"八戒斋"问题。"八戒斋"(又称"八关斋戒"),指在家佛弟子于一日一夜受持的"八戒",即"不杀生"、"不偷盗"、"不淫欲"、"不妄语"、"不饮酒"、"不著香华鬘、不香涂身"、"不歌舞倡伎、不往听观"、"不坐高广大床"、"不非时食"。"八戒斋"有"五种清净","一行十善道;二前后诸善;三不为恶心所恼;四以忆念守护;五回向涅槃"。

(20)《八种语品》(卷八)。论述"八种语"问题。"八种语",指四种不净语、四种净语,即"见"、"闻"、"觉"、"知"四者,各有"净"、"不净"之分。以"见"为例,"若人见言不见,不见言见","如是事倒、心倒,故名不净";"若见言见,不见言不见","事实心实。故名曰净","闻"、"觉"、"知"也是这样。

(21)《九业品》(卷八)。论述"三界"的"九业"。"九业",指三界各有三种业。其中,欲界、色界各有"作业"(又称"表业")、"无作业"(又称"无表业")、"非作非无作业"(又称"非表非无表业")三业;无色界因众生无身、口,故无"作业",但有"无作业"、"非作非无作业"和"无漏业"。如关于"九业",说:

> 九种业。欲界系业三种,作、无作、非作非无作;色界系业亦如是;无色界二种(指无作业、非作非无作业)及无漏业。身口所造业,名作。因作所集罪福常随,是心不相应法,名为无作。亦有无作,但从心生(此指无作业除由作业引生之外,还有从心直接而生)。非作非无作者,即是意,意即是思,思名为业。(卷八《集谛聚·业论·九业品》,第304页上)

（22）《十不善道品》（卷八）。论述"十不善道"问题。"十不善道"（又称"十不善业"），指由身、口、意造作的十种恶行为，即"杀生"、"偷盗"、"邪淫"、"妄语"、"两舌"、"恶口"、"绮语"、"贪欲"、"瞋恚"、"邪见"。"不善业"很多，如"鞭杖及饮酒等"也是"不善业"，为何只说"十不善道"十项？原因是"此十罪重故说"，"又鞭杖等皆是眷属先后，饮酒非是实罪，亦不为恼他。"

（23）《十善道品》（卷九）。论述"十善道"问题。"十善道"（又称"十善业"），指由身、口、意造作的十种善行为，即"不杀生"、"不偷盗"、"不邪淫"、"不妄语"、"不两舌"、"不恶口"、"不绮语"、"不贪欲"、"不瞋恚"、"不邪见"。"是（此）十事，戒律仪所摄；一时得禅，无色律仪所摄；亦一时得离，名善业道，即是无作（又称无表业）"。

（24）《过患品》（卷九）。论述"不善业"的过患问题。行"不善业"者，"以不善业故，受地狱等苦"。

（25）《三业轻重品》（卷九）。论述"三业"的轻重问题。"三业"，指由身、口、意造作的三种行为，即"身业"（身体动作）、"口业"（言语声音）、"意业"（思量分别）。外人主张"身、口业重，非意业"，作者认为"意业为重"。如关于"三业"以何业为重，说：

> 三业中，何者为重？身业耶？口业耶？意业耶？问曰：有人言，身、口业重，非意业也。所以者何？身、口业定实故。如五逆罪，皆因身、口所造。又身、口能成办事，如人发心杀此众生，要以身、口能成其事，非但意业，得杀生罪，亦非但发心，得起塔寺梵福德也。又若无身、口，但意业者，则无果报。……答曰：汝言身、口业重，非意业者，是事不然。所以者何？经中佛说，心为法本，心尊、心导、心念善恶，即

言、即行,故知意业为重。又意差别故,身、口业有差别,如上、中、下等,离心无身、口业。又经中说,故起作业,必应受报。……又意业势力,胜身、口业,如行善者将命终时,生邪见心,则堕地狱;行不善者死时,起正见心,则生天上,当知意业为大。(卷九《三业轻重品》,第307页上、中)

(26)《明业因品》(卷九)。论述"业为身因"问题。"业"是众生的"受身因缘","从不善业得不爱报,从善业得爱报,自在(天)等因中无此相似,是故业为身本,非自在等"。

(二)《烦恼论》(卷九至卷十一)。下分二十品,始《烦恼相品》,终《明因品》。

(1)《烦恼相品》(又名《集谛聚中烦恼论烦恼相品》,卷九)。论述"烦恼"的体相问题。"烦恼"是"垢心行"(染污心的造作),令众生生死相续。"烦恼名贪、恚、痴、疑、憍慢及五见(以上指"十使",即十种根本烦恼)。此十(使)差别有九十八使(指欲界系烦恼三十六种、色界系烦恼三十一种、无色界系烦恼三十一种)"。

(2)《贪相品》(卷九)。论述"十使"中的"贪欲"问题。"贪欲"在"九结"中,"通三界系,名为爱";在"七使"中,分为"欲贪"、"有贪"二种。

(3)《贪因品》(卷九)。论述"贪欲"的生因问题。"贪欲"因不能守护眼、耳等根门而生,"但见利味,不知其过,则贪欲生"。

(4)《贪过品》(卷九)。论述"贪欲"的过患问题。"贪欲"常令众生"顺生死流,远离泥洹(又称涅槃)","诸烦恼生,皆因于贪"。

(5)《断贪品》(卷九)。论述"贪欲"的断离问题。"贪欲"

可用"不净观"、"无常观"等加以遮断。

（6）《瞋恚品》（卷九）。论述"十使"中的"瞋恚"问题。"瞋恚"从"不适意苦恼事"而生，"憍慢炽盛，及深著物，如是等缘，则瞋恚生"；"常修慈、悲、喜、舍，瞋恚则断"。

（7）《无明品》（卷九）。论述"十使"中的"无明"问题。"有所知"，称为"明"，"不明如实，故名无明"。如关于"无明"，说：

> 随逐假名，名为无明。如说凡夫随我音声，是中实无我、无我所，但诸法和合，假名为人。凡夫不能分别故，生我心，我心生，即是无明。……邪分别性，名无明；非明无故，名无明也。……从无明生一切烦恼。（卷九《集谛聚·烦恼论·无明品》，第312页下—第313页中）

（8）《憍慢品》（卷十）。论述"十使"中的"憍慢"问题。"憍慢"，指"邪心自高"，细分有"慢"、"大慢"、"慢慢"、"我慢"、"增上慢"、"不如慢"、"邪慢"、"傲慢"八种。"不知诸阴实相，则憍慢生"，"善修身念，则无憍慢"。

（9）《疑品》（卷十）。论述"十使"中的"疑"问题。"疑"，指"于实法中，心不决定"，"若多疑者，一切世间、出世间事，皆不能成"。

（10）《身见品》（卷十）。论述"十使"中的"身见"问题。"身见"（又称"有身见"），指将"五阴"之身执著为"我"、"我所"的见解，"五阴名（为）身，于中生见，名为身见。于无我中，而取我相，故名为见"。

（11）《边见品》（卷十）。论述"十使"中的"边见"问题。"边见"（又称"边执见"），指将"五阴"之身执著为"断"（死后断绝）或"常"（常住不灭）的见解。如关于"边见"及其断灭

法,说:

　　若说诸法或断或常,是名边见。有论师言:若人说我
若断若常,是名边见,非一切法。所以者何?现见外物有断
灭故。经中说:有见名常,无见名断。又身即是神,名为断
见;身异神异,是名常见。又死后不作,名曰断见;死后还
作,名为常见。……问曰:此见云何断?答曰:正修习空,
则无我见;我见无故,则无二边。如《炎摩伽经》中说:若一
一阴(指五蕴中各蕴)非人,和合阴亦非人,离阴亦非人,现
在如是不可得。云何当说阿罗汉死后不作?故知人不可
得。人不可得故,我见及断常见亦无。又见诸法从众缘生,
则无二边。又如说见世间集,则灭无见;见世间灭,则灭有
见。又行中道故,则灭二边。所以者何?见诸法相续生,则
灭断见;见念念灭,则灭常见。(卷九《集谛聚·烦恼论·
边见品》,第317页上、中)

　　(12)《邪见品》(卷十)。论述"十使"中的"邪见"问题。
"邪见",指否定因果的见解,"若实有法,而生无心,是名邪见,
如言无四谛、三宝等";"取要言之,所有倒心,皆名邪见,如无常
(作)常想、苦为乐想、不净(作)净想、无我(作)我想";"正见能
断邪见"。

　　(13)《二取品》(卷十)。论述"十使"中的"见取"、"戒取"
问题。此中,"见取"指将"身见"、"边见"、"邪见"三见,执取为
"胜妙"的见解,"于非实事中,生决定心,但是事实,余皆妄语",
名为"见取";"戒取"(又称"戒禁取"),指将外道的邪戒执取为
"清净"的见解,"若人舍智,以洗浴等戒,望得清净",或"受外道
所行种种邪戒,裸形无耻、灰土涂身、拔发等",名为"戒取"。

　　(14)《随烦恼品》(卷十)。论述"随烦恼"问题。"随烦

恼",指依根本烦恼生起的枝末烦恼,有"睡"、"眠"、"掉"、"悔"、"谄"、"诳"、"无惭"、"无愧"、"放逸"、"诈"等。此中,"心重欲眠,名睡";"心摄离觉,名眠";"心散诸尘,名掉";"心怀忧结,名悔";"曲心诈善,名谄";"谄心事成,名诳";"自作恶不羞,名无惭";"众中为恶不羞不难,名无愧";"心随不善,名放逸";"实无功德,示相令人谓有,名诈"。

(15)《不善根品》(卷十)。论述"三不善根"问题。"三不善根",指三种不善根性,即"贪"、"恚"(又作"瞋")、"痴","此三是诸烦恼本"。

(16)《杂烦恼品》(卷十)。论述"杂烦恼"问题。"杂烦恼",指"三漏"、"四流"、"四缚"、"四取"、"四结"、"五盖"、"五下分结"、"五上分结"、"五悭"、"五心裁"、"五心缚"等。

(17)《九结品》(卷十)。论述"九结"问题。"九结",指结缚身心,令众生不得解脱的九种烦恼,即"爱结"、"恚结"、"慢结"、"无明结"、"见结"、"取结"、"疑结"、"嫉结"、"悭结"。文中只解释了"见结"(又称"见取结")、"取结"(又称"戒取结")、"嫉结"、"悭结"四结,未释其余五结。如关于"戒取"、"见取"的过患,说:

　　戒取是出家人缚,诸欲是在家人缚。又戒取者,虽复种种行出家法,空无所得。又戒取者,今不得乐,后受大苦,如持牛戒,成则为牛,败则堕地狱。又因此戒取,能谤正道及行正道者。又戒取是诸外道起憍慢处,作如是念:我以是法,能胜余人。又以戒取故,九十六种有差别法。……见取者,所以贪著邪法,不能舍离,是见取力。(卷十《集谛聚·烦恼论·九结品》,第322页下)

(18)《杂问品》(卷十一)。论述"五识中无烦恼"问题。有部说,有"十烦恼大地法",即"不信"、"懈怠"、"忘忆"、"散心"、"无明"、"邪方便"、"邪念"、"邪解"、"戏掉"、"放逸",它们"常与一切烦恼心俱"。作者指出,"非一切烦恼心中,有此十法";"诸使随地断,不随界故,不限九十八(使)";"一切烦恼皆在第六识中,五识中无。所以者何? 想行第六识,故一切烦恼皆从想生";"意识中所有分别因缘,五识中无,故知五识中无烦恼"。

(19)《断过品》(卷十一)。论述"断过"问题。"断过",指断除烦恼。有部说,烦恼有九种,智也有九种,当"以下下下智断上上烦恼,乃至以上上智断下下烦恼"。作者指出,"以无量智,尽诸烦恼,非八非九(指并非是有部说的"八智"或"九智")";"三解脱门(指空解脱门、无相解脱门、无愿解脱门)皆缘泥洹(又称"涅槃"),以此解脱门,能断烦恼,无余方便"。

(20)《明因品》(卷十一)。论述"身因缘"问题。外道说,"是身无因无缘,犹如草木自然而生",或言"万物是大自在等诸天所生"。作者指出,"从业有身","业从烦恼生","故以烦恼为身因缘"。

四、《灭谛聚》(卷十一至卷十二)。下分十四品,论述"灭谛"问题。

(1)《立假名品》(卷十一)。论述"灭三种心"为"灭谛"问题。"灭三种心",指断灭"假名心"、"法心"、"空心"三种心,"假名心",指将"五阴"执为"实我"之心;"法心",指将"五阴"执为"实法"之心;"空心",指执著"我空"、"法空"之心。"假名心,或以多闻因缘智灭,或以思惟因缘智灭;法心,在暖等法(指暖法、顶法、忍法、世第一法等四善根)中,以空智灭;空心,入灭尽定灭,若入无余泥洹(又称无余涅槃),断相续时灭"。概略地说,"灭三种心,名为灭谛"。如关于为何将"五阴"称为"假名",说:

问曰：何谓假名？答曰：因诸阴有所分别，如因五阴，
说有人；因色、香、味、触，说有瓶等。问曰：何故以此为假
名耶？答曰：经中佛说：如轮轴和合，故名为车；诸阴和
合，故名为人。又如佛语诸比丘：诸法无常、苦、空、无我，
从众缘生，无决定性，但有名字，但有忆念，但有用故。因此
五阴，生种种名，谓众生、人、天等。此经中遮实有法，故言
但有名。又佛说二谛，真谛、俗谛。真谛，谓色等法及泥洹；
俗谛，谓但假名，无有自体，如色等因缘成瓶，五阴因缘成
人。（卷十一《灭谛聚·立假名品》，第 327 页上）

（2）《假名相品》（卷十一）。论述"假名有"问题。"假名
有"，指一切法都是"假名有"，而非"真实有"。以"瓶"为例，在
"瓶"与"色等"（泛指事物与构成事物的要素）的关系上，有
"一"、"异"、"不可说"、"无"四论（又称"四句"，即四种说法）。
"一论"，指关于"瓶"与"色等"为"一"（指同一），即"色、香、味、
触即是瓶"的说法；"异论"，指关于"瓶"与"色等"为"异"（指相
异），即"离色等别有瓶"的说法；"不可说论"，指关于"瓶"与
"色等"为"不可说"，即"不可说色等是瓶"的说法；"无论"，指
关于"瓶"与"色等"为"无"，即"无此瓶（及色等）"的说法。作
者指出，此四种论义"皆有过咎"。

（3）《破一品》（卷十一）。破斥"一论"。此说认为，"瓶"
与"色等"为"一"。作者指出，"色、香、味、触是四法，地（指瓶
的坚性）是一法，四不应为一；若四为一，一亦应为四，是事
不可"。

（4）《破异品》（卷十一）。破斥"异论"。此说认为，"瓶"
与"色等"为"异"。作者指出，"离色等法，更无地"。

（5）《破不可说品》（卷十一）。破斥"不可说论"。此说认

为，"瓶"与"色等"为"不可说"。作者指出，"诸法各有自相，如恼坏是色相，更无异相，云何名不可说"。

（6）《破无品》（卷十一）。破斥"无论"。此说认为，"瓶"与"色等"为"无"。作者指出，"若无，则无罪福等报、缚解等一切诸法。又若执无所有，是执亦无，以无说者、听者故"；"瓶等法，今现见有，以能生心故。随能生心，则有此法故，非无也"。

（7）《立无品》（卷十一）。引述"说无者"（即前述"无论"）的"诸法实无"说。此说认为，"诸法实无，以诸根、尘皆不可得故"，"一切法不可取，不可取故无"。

（8）《破声品》（卷十一）。引述"说无者"的"声不可闻"说。此说认为，"心念念灭，声亦念念灭"，"是故无识能取一语，故知声不可闻"。

（9）《破香味触品》（卷十一）。引述"说无者"的"香不可取"说。此说认为，"鼻识不能分别是瞻卜香，是诸余香，意识不能闻香，是故意识亦不能分别是瞻卜香"。

（10）《破意识品》（卷十一）。引述"说无者"的"意识不取色等"说。此说认为，"意识不能取现在色、香、味、触"，"过去、未来则无，是故意识不取色等"。

（11）《破因果品》（卷十一）。引述"说无者"的"无因果"说。此说认为，"因中有果"、"因中无果"、"先因后果"、"先果后因"、"因果一时"，"皆不然，是故无果"。

（12）《世谛品》（卷十一）。破斥"说无者"的前述观点。作者指出，"非无一切诸法"，"汝虽种种因缘说法皆空，是义不然"，"若一切无，是论（指"说无者"的言论）亦无，亦不在诸法中"；"佛说有五阴，故知色等一切法有，如瓶等以世谛故有"。

（13）《灭法心品》（卷十二）。论述"灭三种心"中的"灭法心"问题。"灭法心"，指断灭将"五阴"执为"实法"之心。"有实五阴心,名为法心,善修空智,见五阴空,法心则灭";"五阴实无,以世谛故有","非(谛)第一义有"。

(14)《灭尽品》(卷十二)。论述"灭三种心"中的"灭空心"问题。"灭空心",指断灭执著"我空"、"法空"之心。如关于"空心"与"灭空心",说:

> 若缘泥洹,是名空心。问曰:泥洹无法,心何所缘?答曰:是心缘无所有,是事先明,为知泥洹故。问曰:此空心于何处灭?答曰:二处灭,一入无心定中灭,二入无余泥洹、断相续时灭。所以者何?因缘灭故,此心则灭,无心定中,以缘灭故灭,断相续时,以业尽故灭。论者(指本书的作者)言:行者若能灭此三心(指假名心、法心、空心),则诸业烦恼,永不复起。(卷十二《灭谛聚·灭尽品》,第327页上)

五、《道谛聚》(卷十二至卷十六)。下分《定论》《智论》二论,总计四十八品,论述"道谛"问题。

(一)《定论》(卷十二至卷十五)。下分三十四品,始《定因品》,终《修定品》。

(1)《定因品》(又名《道谛聚定论中定因品》,卷十二)。论述"八圣道"为"道谛"问题。"八圣道"(又称"八正道"),指趣向涅槃解脱的八种修行方法,即"正见"(指正确的见解)、"正思惟"(指正确的思惟)、"正语"(指正确的言语)、"正业"(指正当的行为)、"正命"(指正当的生活)、"正勤"(指正确的精进)、"正念"(指正确的忆念)、"正定"(指正确的禅定)。概略地说,"道谛者,谓八直圣道"。"八正道"中,前七项为"智",末一项为"三昧"。"三昧",指禅定,"心住一处,是三昧相",它是"正智"之因,"一切妙善,皆因三昧"。

(2)《定相品》(卷十二)。论述"三昧"的体相问题。"三昧"(禅定)有"有漏"、"无漏"之分,与有漏心相应的禅定,称为"有漏定";与无漏心相应的禅定,称为"无漏定"。"世间诸禅定,是有漏(定);入法位时诸三昧,名无漏(定)"。

(3)《三三昧品》(卷十二)。论述"三三昧"问题。"三三昧"(又称"三三摩地"),指三种禅定。一指"一分修三昧"、"共分修三昧"、"圣正三昧";二指"空三昧"、"无愿三昧"、"无相三昧";三指"空空三昧"(又称"重空三昧")、"无愿无愿三昧"(又称"无愿三昧")、"无相无相三昧"(又称"重无相三昧")。如关于"空空"、"无愿无愿"、"无相无相"三种三昧,说:

> 问曰:又经中说三三昧,空空、无愿无愿、无相无相。何者是耶? 答曰:以空见五阴空,更以一空能空此空,是名空空;以无愿厌患五阴,更以无愿厌此无愿,是名无愿无愿;以无相见五阴寂灭,更以无相不取无相,是名无相无相。
> (卷十二《道谛聚·定论·三三昧品》,第335页下)

(4)《四修定品》(卷十二)。论述"四修定"问题。"四修定",指修习"禅定"的四种利益,即修定能得"现在乐"、"知见"、"慧分别"、"漏尽"。

(5)《四无量定品》(卷十二)。论述"四无量定"问题。"四无量定",指引生利乐一切众生的四种心(慈、悲、喜、舍)的禅定。"慈名与瞋相违善心","悲名与恼相违慈心","喜名嫉妒相违慈心",故"悲"、"喜"乃是"慈心"的差别;能令"慈"、"悲"、"喜"三者平等,名为"舍"。

(6)《五圣枝三昧品》(卷十二)。论述"五圣枝三昧"问题。"五圣枝三昧",指修习"禅定"的五种果报,即"喜"、"乐"、"清净心"、"明相"、"观相"。"喜是初禅、二禅,喜相同故名为一枝;第三禅以离喜乐别为一枝;第四禅中清净心名第三枝;依此三枝,能生明相、观相。是明相与观相为因,能坏裂五阴,观五阴空,故名观相"。

(7)《六三昧品》(卷十二)。论述"六三昧"问题。"六三昧",指六种禅定,即"一相修为一相"(指依定生定);"一相修为种种相"(指依定生慧);"一相修为一相种种相"(指依定生定、慧);"种种相修为一相"(指依慧生定);"种种相修为种种相"(指依慧生慧);"种种相修为一相种种相"(指依慧生定、慧)。

(8)《七三昧品》(卷十二)。论述"七依"问题。"七依",指依七种禅定能得"漏尽",这七种禅定是:"初禅"、"二禅"、"三禅"、"四禅"、"虚空处"(又称"空无边处",指"空无边处定")、"识处"(又称"识无边处",指"识无边处定")、"无所有处"(指"无所有处定")。

(9)《八解脱品》(卷十二)。论述"八解脱"问题。"八解脱",指断除三界贪欲而得解脱的八种禅定(本书未列出"八解脱"的全部细目)。"初解脱中,渐坏身色;至第二解脱中,内色已坏,但有外色;第三解脱中,外色亦坏,故不见内外色,是名色空";"四解脱(指第四解脱至第七解脱)中,说心识空";"第八解脱,一切(指色、心)灭尽"。

(10)《八胜品》(卷十二)。论述"八胜处"问题。"八胜处",指通过观想欲界的色法,以对治贪欲的八种禅定,由"八解脱"中的前三种分出。即:"内色想,见外色少";"内色想,见外色多"(以上二种相当于"八解脱"中的第一解脱);"内无色想,见外色少";"内无色想,见外色多"(以上二种相当于第二解脱);"内无色想,见外青色"(又称"青胜处");"内无色想,见外黄色"(又称"黄胜处");"内无色想,见外赤色"(又称"赤胜

处"）;"内无色想,见外白色"（又称"白胜处",以上四种相当于
第三解脱）。"八胜处"在欲界、色界,"先是有漏,以空坏色,则
名无漏"。

（11）《初禅品》（卷十二）。论述"四禅"中的"初禅"问题。
"四禅",指色界的四种根本禅定,为"九次第定"（四禅、四无色
定、灭尽定）之一。"初禅",指具有"觉"、"观"、"喜"、"乐"、
"一心"五支的禅定。"行者（指修行者）离诸欲诸恶不善法,有
觉有观,离生喜乐（指由离"恶不善法"而产生的"喜"、"乐"）,
入初禅"。

（12）《二禅品》（卷十三）。论述"四禅"中的"第二禅"问
题。"第二禅",指具有"内清净"、"喜"、"乐"、"心一境性"四支
的禅定。"灭诸觉观,内净一心,无觉无观,定生喜乐（指由"定"
而产生的"喜"、"乐"）,入第二禅"。

（13）《三禅品》（卷十三）。论述"四禅"中的"第三禅"问
题。"第三禅",指具有"行舍"、"念"、"智"、"受身乐"（又称
"身受乐"）、"心一境性"五支的禅定。"离喜行舍,忆念安慧,
受身乐,是乐圣人亦说亦舍,忆念行乐,入第三禅"。

（14）《四禅品》（卷十三）。论述"四禅"中的"第四禅"问
题。"第四禅",指具有"舍清净"、"念清净"、"不苦不乐受"、
"心一境性"四支的禅定。"除断苦乐,先灭忧喜,不苦不乐,舍
念清净,入第四禅"。

（15）《无边虚空处品》（卷十三）。论述"四无色定"中的初
无色定问题。"四无色定",指无色界的四种根本禅定。初无色
定为"无边虚空处定"（又称"空无边处定"）,指超越色界的"第
四禅",灭除一切"色想",令心住于"空无边处"的禅定,"过一
切色相,灭有对相,不念一切异相,入无边虚空处"。

（16）《三无色定品》（卷十三）。论述"四无色定"中的后三

种无色定问题。"四无色定"中的后三种无色定是:"无边识处定"(又称"识无边处定"),指超越"空无边处定",令心住于"识无边处"的禅定,即"过一切无边虚空处,入无边识处","行者以识能缘无边虚空,则识无边,是故舍空缘识";"无所有处定",指超越"识无边处定",令心住于"无所有处"的禅定,即"行者以识随缘随时故,有无边疲倦,厌离欲还破识,故入无所有处";"非想非非想处定",指超越"无所有处定",令心住于"非想非非想处"的禅定,即"行者见想为衰患,无想为痴,寂灭微妙,所谓非想非非想处"。

(17)《灭尽定品》(卷十三)。论述"灭尽定"问题。"灭尽定",指依无色界第四定修习的、灭除一切心识活动的禅定,即"过一切非想非非想处,身证想、受灭"。如关于"灭定二种",说:

> 灭定二种:一者诸烦恼尽,二烦恼未尽。烦恼尽者,在解脱中;烦恼未尽者,在次第(指九次第定)中。一灭烦恼,故名灭定;二灭心、心数(指心所)法,故名灭定。灭烦恼是第八解脱,亦名阿罗汉果,阿罗汉果名灭一切想令不复生。此(指灭尽定)中虽灭诸想,有余结(指烦恼),故不能令更不生。……问曰:若灭尽定能灭一切心、心数法,何故但说想、受灭耶?答曰:一切心皆名为受。是受二种:一想受,二慧受。想受,名有为缘心,以想行假名法中故。假名二种:一因和合假名,二法假名,是故一切有为缘心,皆名为想。慧受,名无为缘心,是故若说想、受灭者,则为说一切灭。(卷十三《道谛聚·定论·灭尽定品》,第344页下—第345页上)

(18)《十一切处品》(卷十三)。论述"十一切处"问题。

"十一切处"(又称"十遍处"、"十遍处定"),指观想"地大"等十法周遍一切处的禅定,即观想"地遍处"、"水遍处"、"火遍处"、"风遍处"、"青遍处"、"黄遍处"、"赤遍处"、"白遍处"、"空遍处"、"识遍处"。"不坏前缘,心力自在,名一切处。行者取少相已,以信解力,令其增广"。

(19)《无常想品》(卷十三)。论述"十想"中的"无常想"问题。"十想",指断除烦恼的十种观想,即"无常想、苦想、无我想、食厌想(又称"食不净想")一切世间不可乐想、不净想、死想、断想、离想、灭想"。"无常想",指观想一切有为法皆为"无常",即"一切法皆从缘生,因缘坏故,皆归无常"。

(20)《苦想品》(卷十三)。论述"十想"中的"苦想"问题。"苦想",指观想一切有为法皆为"苦"。"苦"分为三种,即"苦苦"(指由苦境所生的痛苦)、"坏苦"(指由乐境的坏灭所生的痛苦)、"行苦"(指由有为法的迁流无常所生的痛苦),"是故当观世间一切皆苦,生厌离心"。

(21)《无我想品》(卷十三)。论述"十想"中的"无我想"问题。"无我想",指观想一切有为法由众缘和合而生,没有常恒实在的主体("无我")。"行者见一切法皆破坏相","见此物坏,则知无我";"此无我想,能断一切烦恼及业"。

(22)《食厌想品》(卷十四)。论述"十想"中的"食厌想"问题。"食厌想",指观想饮食皆为"不净",即"此食体性不净,极上味食果皆不净,是故应厌"。

(23)《一切世间不可乐想品》(卷十四)。论述"十想"中的"一切世间不可乐想"问题。"一切世间不可乐想",指观想一切世间(包括"众生世间"、"器世间")皆为"不可乐"。"行者见诸世间一切皆苦,心无所乐","以不乐世间故,能深乐寂灭;若不厌世间,则于寂灭不能深乐,是故应习一切世间不可乐想"。

　　(24)《不净想品》(卷十四)。论述"十想"中的"不净想"问题。"不净想",指观想人身的"不净相",即"此身皆是臭秽不净","行者以青瘀等想,坏一切身,以坏身故,不生贪欲"。

　　(25)《死想品》(卷十四)。论述"十想"中的"死想"问题。"死想",指观想人身念念生灭,终归于死。"行者常见此身,为老病所恼,无牢固性,以念念生灭相续识系故,修死想"。

　　(26)《后三想品》(卷十四)。论述"十想"中的"断想"、"离想"、"灭想"问题。"断想",指观想涅槃清净,以断除"三毒"(指贪、瞋、痴),即"断一切诸行";"离想",指观想涅槃清净,以远离"贪欲",即"离一切诸行";"灭想",指观想涅槃清净,以灭尽一切苦,即"灭一切诸行"。

　　(27)《初五定具品》(又名《定具中初五定具品》,卷十四)。论述"十一定具"中的"初五定具"问题。"十一定具"(又称"定具十一法"),指为入定作准备的十一种修行,即"清净持戒"、"得善知识(即善友)"、"守护根门"、"饮食知量"、"初夜后夜损于睡眠"、"具足善觉"、"具善信解"、"具行者分"、"具解脱处"、"无障碍"、"不著"。"初五定具",指从"清净持戒"至"初夜后夜损于睡眠"的初五法。如关于"清净持戒",说:

　　　　净持戒者,离不善业,名为持戒。不善业者,所谓杀、盗、邪淫是身三业;妄语、两舌、恶口、绮语,是口四业,远离此罪,是名持戒。又礼敬迎送,及供养等修行善法,亦名为戒。以戒能为定因,是故受持。所以者何? 犹如治金,先除粗垢,如是先以持戒,除破戒粗过,后以定等,除余细过。所以者何? 若无持戒,则无禅定,以持戒因缘,禅定易得。如经中说:戒为道根,亦为妙梯。……又说:戒为平地,立此平地,能观四谛。……又说:戒为菩提树根,无根则无树,

故须净戒。(卷十四《道谛聚·定论·定具中初五定具品》,第 351 页上、中)

(28)《恶觉品》(卷十四)。论述"十一定具"中的第六法"具足善觉"问题。作者从"善觉"的反面立论,指出,修行者不应起的"恶觉"有:"欲觉"、"瞋觉"、"恼觉"、"亲里觉"、"国土觉"、"不死觉"、"利他觉"、"轻他觉"等。

(29)《善觉品》(卷十四)。再论"具足善觉"问题。作者从"善觉"的正面立论,指出,修行者应起的"善觉"有:"出觉"(又称"安隐觉")、"无瞋觉"、"无恼觉"(以上二觉合称"远离觉")、"八大人觉"(指少欲、知足、远离、精进、正忆、定心、智慧、无戏论)等。

(30)《后五定具品》(卷十四)。论述"十一定具"中的"后五定具"问题。"后五定具",指"具善信解"、"具行者分"、"具解脱处"、"无障碍"、"不著"。此中,"具行者分者,如经中说,五行者分,一谓有信、二谓心不谄曲、三谓少病、四曰精进、五名智慧"。

(31)《出入息品》(卷十四)。论述"阿那波那十六行"问题。"阿那波那"(又称"数息观"),指数出入息(又称"念出入息"),以对治"乱心"的禅观。"阿那波那十六行"(又称"十六特胜"),指"数息观"的十六种方法。一是"念息长"(又称"知息长"),指觉知气息(出入息)长(此为心细);二是"念息短"(又称"知息短"),指觉知气息短(此为心粗);三是"念息遍身"(又称"知息遍身"),指觉知气息遍满全身;四是"除诸身行",指去除身行,系念息境,令心住定(以上属于"四念处"中的"身念处");五是"觉喜"(又称"受喜"),指由住定而心生欢喜;六是"觉乐"(又称"受乐"),指由喜心而身得安乐;七是"觉心行"

（又称"受诸心行"），指觉知由受乐而生贪欲的过患；八是"除心行"（又称"除诸心行"），指去除贪欲之心（以上属于"受念处"）；九是"觉心"，指由去除贪欲而见心寂静；十是"令心喜"（又称"心作喜"），指若心昏沉，策发令喜；十一是"令心摄"（又称"心作摄"），指若心掉举，摄归于静；十二是"令心解脱"（又称"心作解脱"），指舍离昏沉、掉举二边，令心解脱（以上属于"心念处"）；十三是"无常行"（又称"观无常"），指观察诸法无常；十四是"断行"（又称"观散坏"），指观察断诸烦恼；十五是"离行"（又称"观离欲"），指观察出离贪欲；十六是"灭行"（又称"观灭"），指观察诸法寂灭；以上属于"法念处"。修"数息观"，胜于修"不净观"，因为"不净观未得离欲，自恶厌，身心则迷闷"，"此行（数息观）不尔，能得离欲，而不生恶厌，故名为胜"。

（32）《定难品》（卷十四）。论述"定难"问题。"定难"，指修习禅定的障难。"定难"有"粗喜"、"怖畏"、"不适"、"异相"、"不等"、"无念"、"颠倒"、"多语"、"不取相"、"慢"、"贪"、"愁忧"等。

（33）《止观品》（卷十五）。论述"止观"（又称"定慧"）问题。"止"指定（禅定），即止息妄念；"观"指慧（智慧），即以慧观境。如关于修习"止观"的意义，说：

> 止名定，观名慧，一切善法从修生者，此二皆摄，及在散心闻思等慧，亦此中摄。以此二事，能办道法。所以者何？止能遮结（指烦恼），观能断灭。止如捉草，观如镰刈；止如扫地，观如除粪；止如揩垢，观如水洗。……又世间众生，皆堕二边，若苦、若乐，止能舍乐，观能离苦。（卷十五《道谛聚·定论·止观品》，第358页上）

（34）《修定品》（卷十五）。论述“勤修诸定”问题。作者指出，“常修定故，心得住处，如瓶转不止，必得住处”。

（二）《智论》（卷十五至卷十六）。下分十四品，始《智相品》，终《七十七智品》。

（1）《智相品》（又名《道谛聚智论中智相品》，卷十五）。论述“智”的体相问题。“智”，指“真慧”，不是指“世间智慧”。“真慧”是缘于“空”、“无我”的智慧，“真慧名智。真者，谓空、无我，是中智慧，名为真智”；“世间智慧”是缘于“假名”的“想”，而不是“智”，“假名中慧，名想，非智”，故说“实无世间智慧。何以知之？世间心缘假名，出世间心缘空、无我”。

（2）《见一谛品》（卷十五）。破斥有部的“见四谛，故名行果”（指遍见“四谛”才能得道）说。作者指出，“见灭谛，名得圣道”，即只要见“灭谛”一谛就能得道，“十六心（指有部说的“八忍八智”的“见道十六心”）不名得道”。

（3）《一切缘品》（卷十五）。论述“一切智”问题。“一切智”（又称“总相智”），指了知诸法总相的智慧，“能知若缘入（指“十二入”）等，是名总相智。总相智故，能缘一切”。“一切智”分为二种。一指摄“一切”（指一切事物），二指摄“一分”（指一部分事物）。“佛总别悉知，名一切智；是比丘总知诸法无常等，故名一切智，其名虽同，而实有异，名摄一分”，也就是说，佛的“一切智”摄“一切”，而比丘的“一切智”摄“一分”。

（4）《圣行品》（卷十六）。论述“圣行”问题。“圣行”，指“空行”、“无我行”。“于五阴中，不见众生，是名空行；见五阴亦无，是无我行”。

（5）《见智品》（卷十六）。论述“正见”、“正智”无有差别问题。“正见”与“正智”即是一体，无有差别，“正见二种，世间、出世间。世间者，谓有罪福等；出世间者，谓能通达苦等诸谛。

正智亦尔";"见"与"知"则有深浅之别,"若智初破假名,名为知,入法位已,则名为见。始观名知,达了名见"。

(6)《三慧品》(卷十六)。论述"三慧"问题。"三慧",指依闻、思、修生成的三种智慧,即"闻慧"、"思慧"、"修慧"。"闻正法,名闻慧;正忆念,名思慧;随法行,名修慧"。

(7)《四无碍品》(卷十六)。论述"四无碍智"问题。"四无碍智",指通达无碍的四种智慧与辩才,即"法无碍智"、"辞无碍智"、"乐说无碍智"、"义无碍智"。"名字中无碍智,名法无碍";"言音中无碍智,名辞无碍";"即此言辞,不留不尽,名乐说无碍";"知名语中义无碍智,名义无碍"。

(8)《五智品》(卷十六)。论述"五智"问题。"五智",指圣者所证的五种智慧,即"法住智"、"泥洹智"、"无诤智"、"愿智"、"边际智"。如关于"五智",说:

> 五智,法住智、泥洹智、无诤智、愿智、边际智。知诸法生起,名法住智,如生缘老死,乃至无明缘(生)行,以有佛、无佛,此性常住,故曰法住智。此法灭,名泥洹智,如生灭故,老死灭,乃至无明灭故,诸行灭。……随以何智,不与他诤,此名无诤(智)。……于诸法中,无障碍智,名为愿智。……随行者得最上智,以一切禅定熏修增长,若于增损寿命等中,得自在力,名边际智。(卷十六《道谛聚·智论·五智品》,第 368 页下—第 369 页中)

(9)《六通智品》(卷十六)。论述"六通智"问题。"六通智"(又称"六神通"、"六通"),指依修习禅定而得的六种神通(指深妙神奇的功能),即"身通"、"天眼通"、"天耳通"、"他心智通"、"宿命通"、"漏尽通"。前五通,为佛教、外道修习四禅者皆可得;末一通,唯佛教圣者修行可得。"行者身出水火,飞腾

隐显,摩扪日月,至梵(天)、自在(天),及种种变化,如是等业,
名为身通";"从禅定生色,名为天眼";"若知他心,名他心智";
"若忆过去世中诸阴,名宿命智";"以金刚三昧(指能在修道位
最后断尽一切烦恼的禅定),灭尽诸漏,名证漏尽智通"。

(10)《忍智品》(卷十六)。论述"忍"与"智"的关系问题。
本书卷十六《见智品》已说,"忍即是智","智即是忍"。本品进
而述说,"若智能破假名,是名为忍。是忍在暖(法)、顶(法)、忍
(法)、世间第一法中",即"忍"属于"四善根"位。

(11)《九智品》(卷十六)。论述"世俗九智"问题。"世俗
九智",指缘于"三界九地"的"善"、"无记"的九种智慧。阿罗
汉得"尽智"(指自知已断尽一切烦恼的无漏智)时,不得"世俗
九智","行者住空、无我智,尔时云何得世间法? 故知得尽智
时,不得世智"

(12)《十智品》(卷十六)。论述"十智"问题。"十智",指
能观察一切境界的十种智慧,即"法智"、"比智"(又称"类
智")、"他心智"、"名字智"(又称"世俗智")、"四谛智"(包括
苦智、集智、灭智、道智)、"尽智"、"无生智"。此中,"知现在
法,是名法智";"随此法智,思量比知,名为比智";"虽有大苦不
觉其恼,是名苦智";"见诸行生,是名集智";"见诸行灭,是名灭
智";"念道始终,是名道智";"知一切相尽,名为尽智";"知诸
相不生,名无生智";"他心智,如六通(指《六通智品》)中说";
"五阴和合,假名众生,此等中智,名名字智"。

(13)《四十四智品》(卷十六)。论述"四十四智"问题。
"四十四智",指四十四种有漏智,即观察"十二缘起"中除"无
明"以外的十一支,每一支各具"四谛"的智慧。因每一支各具
四智,故总计有四十四种。以观察"老死"一支为例,有"老死
智"(指观察老死的苦谛之智)、"老死集智"(指观察老死的集

谛之智)、"老死灭智"(指观察老死的灭谛之智)、"老死灭道智"(指观察老死的道谛之智)四智,其余十支(指生、有、取、爱、受、触、六入、名色、识、行)其余十支也是如此。

(14)《七十七智品》(卷十六)。论述"七十七智"问题。"七十七智",指七十七种有漏智,即各就"三世顺逆"、"法住"(指法性常住),观察"十二缘起"中除"无明"以外的十一支的智慧。因每一支各具七智,故总计有七十七种。以观察"生"一支为例,有"知生缘老死智"、"知非不生缘老死智"、"知过去生缘老死智"、"知彼(过去)非不生缘老死智"、"知未来生缘老死智"、"知彼(未来)非不生缘老死智"、"法住智"七智,其余十支也是如此。

本书的特点是,在批判有部学说中,提出了许多与有部相对立的、新颖的思想观点。例如:"过去、未来无"(卷二《二世无品》);"无中阴"(卷三《无中阴品》);"四谛一时见"(卷三《一时品》);"阿罗汉不退"(卷三《不退品》);"心性非本净"(卷三《心性品》);"佛不在僧中"(卷三《辩三宝品》);"因色、香、味、触故,成四大"(卷三《色相品》);"无别心数(又称"心所")"(卷五《立无数品》);"心无相应法"(卷五《无相应品》);"心为多心"(卷五《多心品》);"取假法相,故名为想"(卷六《想阴品》);"灭三种心("假名心"、"法心"、"空心"),名为灭谛"(卷十一《立假名品》);"以一谛(指灭谛)得道"(卷十五《见一谛品》),等等。因此,在印度本土,本书是一部未被重视的论书,与它同时代或其后的大小乘佛典,几乎都未曾提及或引用过它,也没有梵文原本存世;而在中国则影响深远,自姚秦鸠摩罗什将它译出以后,在南北朝至唐初的二百多年间,形成了专门弘传此论的"成实学派",并为汉地撰作的许多大乘章疏和论著所征引。但书中也有一些论说,缺乏严密的逻辑性,乃至前面批判有部的学说,后面又沿用有部学说中的名词概念,自相抵牾之处甚多。

本书的注疏,从刘宋至唐初,总计有二十多种(如刘宋僧导《成实论义疏》等),均已亡佚。有关它的疏释,仅有部分保存于隋慧远《大乘义章》之中。

陈真谛译《四谛论》四卷

《四谛论》,四卷。印度婆薮跋摩(又名"世铠"、"世胄")造,陈真谛译,约译于陈永定二年(559)至光大二年(568)之间。隋法经等《众经目录》卷五著录。载于《丽藏》"渭"函、《宋藏》"渭"函、《金藏》"渭"函、《元藏》"渭"函、《明藏》"逸"函、《清藏》"逸"函、《频伽藏》"藏"帙,收入《大正藏》第三十二卷。

婆薮跋摩(约五世纪末),音译"世铠"(见吕澂《印度佛学源流略讲》),又作"世曹"(见唐普光《俱舍论记》卷九)或"世胄"(见印顺《说一切有部为主的论书与论师之研究》),为"经部异师"(指经部中持异见的譬喻师)。

本书是一部经部后期的论书。全书分为六品,依次为《思择品》《略说品》《分别苦谛品》《思量集谛品》《分别灭谛品》《分别道谛品》,以偈颂与长行(散文)相结合的方式,从"名"(名称)、"相"(相状)、"事"(事用)、"缘"(因缘)、"义"(含义)等方面,对佛教的基本教理"四圣谛"(又称"四谛")及其分支,作了细致的论述。据印顺《说一切有部为主的论书与论师之研究》考证,本书卷三《分别灭谛品》说的"经部问曰:何法名思择灭……佛心解脱,亦复如是"(论述"择灭"的"有体"、"无体")一长段,出自《俱舍论·分别根品》;卷四《分别道谛品》说的"答:有多因缘,此业可知……则不应有失念犯戒,不须广辩"(论述"无表色")一长段,出自《俱舍论·业品》;卷四《分别道谛品》说的"圣道或说三十七助觉。……开戒为二,所谓身口"

（论述"三十七道品"）一小段，出自《俱舍论·分别贤圣品》。因此，本书当成于《俱舍论》之后，并对《俱舍论》中所说的经部思想有所借鉴。本书的初首有序偈，说：

> 大圣游延论，言略义深广。大德佛陀蜜，广说言及义。有次第庄严，广略义相称。名理互相摄，我见两论已。今则舍广略，故造中量论。利益说受者，正法得久住。若人达四谛，四信处难动。不更视他面，永离四恶道。八等人天识，后必至苦际。故造四谛论，不由求慢等。缘起义多种，句味前后次。他难及救义，总别相应理。证义及譬喻，依此说四谛。（《大正藏》第三十二卷，第 375 页上）

从上述偈语中可以得知，在婆薮跋摩以前，有关"四谛"说的著作，主要有"大圣游延"的"略论"和"大德佛陀蜜"的"广论"二种。这里所说的"大圣游延"（又称"摩诃迦游延"、"迦多衍那"），是指佛十大弟子中的大迦游延。据姚秦鸠摩罗什译《大智度论》卷二记载，大迦游延撰有《毗勒》三百二十万言（《毗勒》原误作《蜫勒》，今据五代可洪《新集藏经音义随函录》卷十予以更正），广举比喻，类摄经义，设有"随相门"、"对治门"等论门，其体例与"阿毗昙"重在事数名相的分别有所不同，后世弟子将它节略为三十八万四千言，后佚。大迦游延的"略论"，很可能是指《毗勒》中的"四谛"部分（见印顺《说一切有部为主的论书与论师之研究》）。所说的"大德佛陀蜜"（又称"佛陀蜜多"、"佛陀蜜多罗"、"觉亲"），据陈真谛译《婆薮槃豆法师传》所记，是世亲的老师。大迦游延、佛陀蜜的上述著作，在五世纪末均流传于世，为婆薮跋摩所见，但在其后皆亡佚。由于婆薮跋摩对这两种著作的内容均不满意，于是"舍广略"（舍弃广本和略本），撰写了这部"中量"（篇幅适中）的论著，依"缘起义多种"、"他难及救义"、"总别相应理"、"证义及譬喻"等,对"四谛"作了新的诠释。

一、《思择品》(卷一)。论述佛说"四圣谛"的原委;"四圣谛"中"圣"、"谛"的字义;"一时得见四谛"等问题。

"四圣谛"(又称"四谛"),指显示众生痛苦与解脱的四种真理(真实不虚的道理),即"苦圣谛"(又称"苦谛")、"集圣谛"(又称"集谛")、"灭圣谛"(又称"灭谛")、"道圣谛"(又称"道谛")。佛宣说"四圣谛"的目的,是为了使一切众生断离"四种邪执",即为了断离"果邪执"而说"苦圣谛";为了断离"因邪执"而说"集圣谛";为了断离"解脱邪执"而说"灭圣谛";为了断离"方便邪执"而说"道圣谛"。此外,宣说"四谛"也是为了"分别世、出世因果"。就"四圣谛"的名义而言,"圣"字,有"自在"、"免贪爱好"、"圣种生"、"于圣地生"、"行离生死"、"不乘生死车"、"不更生"、"恭敬应往"七种含义;"谛"字,有"不倒"、"实有"、"无变异"、"无二行"、"不更起"、"不相违"、"文义相称"七种含义。"四圣谛"虽分为四相,但它能通过修习"无常想"、"思择"、"观失"(指观察烦恼的过失)等,"一时见谛"(指同时得见四谛)。因此,"唯以四谛,为诸佛上品正说"。如关于"四圣谛"的体相。说:

> 问:复次四相不同,云何一时而得并观者? 答:由想故。经中说:修习无常想,拔除一切贪爱。是想境界,即是苦谛;一切贪爱即是集谛;拔除即是灭谛;无常想即是道谛。以是义故,虽四不同,一时得见。复次,由思择故。如经言:因无常等想,思择五阴贪爱,未生不得生,已生则灭。此中五阴即是苦谛;贪爱即集谛;不生及灭即是灭谛;无常等思择即是道谛。以是义故,一时得见四谛。复次由观失故。

如经言：观结（指烦恼）处过失，贪爱即灭，结处即苦谛；贪
爱即集谛；灭即灭谛；过失观即是道谛。以是义故，一时见
谛。（卷一《思择品》，第 377 页下）

二、《略说品》（卷一）。论述"四谛"的次第和体相问题。

"四谛"为何以苦、集、灭、道为次第？这是因为"欲显粗大
境，故说苦谛；得苦相已，此法何因生，故说集；此法尽何处，次说
灭；此法因何得，故次说道"。"四谛"中，"苦谛"有"苦苦"、"坏
苦"、"行苦"三种；"集谛"有"爱"、"见"、"业"三种；"灭谛"有
"见一处惑灭"、"欲一处惑灭"、"有一处惑灭"三种；"道谛"有
"见道"、"修道"、"成守道"三种，"复说苦者逼相、集者生相、灭
者寂静相、道者能出离相。复说苦者有相、集者能有相、灭者离
相、道者能离相"。

三、《分别苦谛品》（卷一至卷二）。论述"苦谛"问题。

"四谛"中的"苦谛"，指显示众生痛苦状态的真理。所说的
"苦"，概括而言，是指"五取阴苦"，即由有漏五阴(指由烦恼而
生的五蕴，即色、受、想、行、识取阴)所生的痛苦；分别而言，是
指"八苦"、"三苦"。"八苦"，指众生的八种苦相，即："生苦"，
指出生的痛苦；"老苦"，指衰老的痛苦；"病苦"，指疾病的痛苦；
"死苦"，指死亡的痛苦；"怨憎会苦"，指与怨憎者相会的痛苦；
"亲爱离苦"（又称"爱别离苦"），指与亲爱者离别的痛苦；"求
不得苦"，指希求不得的痛苦；"五取阴苦"（又称"五阴盛苦"），
指由有漏五蕴(又称"五取蕴")所生的痛苦，它是上述七苦的总
根源。"三苦"，指众生之苦的三种性质，即："苦苦"，指由苦境
所生的痛苦；"坏苦"，指由乐境的坏灭所生的痛苦；"行苦"，指
由有为法的迁流无常所生的痛苦。每一种苦都可从"名"、
"相"、"事"、"缘"、"苦"等方面，加以分别。如关于"八苦"、"三

苦",说:

> 问:略说八苦,其义云何?答:众苦依止,故生名苦;
> 能令变坏,故老名苦;能逼困身,故病名苦;能灭诸根,故死
> 名苦;非爱共聚,故怨憎会名苦;可爱相远,故爱别名苦;悕
> 望不遂,故求不得名苦;是众苦相,故取阴名苦。……复次,
> 由生说行苦,由死说坏苦,所余五句说名苦苦。此三苦以取
> 阴为因。(卷二《分别苦谛品》,第386页上、中)

四、《思量集谛品》(卷二)。论述"集谛"问题。

"四谛"中的"集谛",指显示众生痛苦原因的真理。所说的
"集",指"渴爱","渴爱即集"。"诸众生恒观有为法功德,依有
用资粮,心无厌足",为"渴爱"的"名"(名称);"心喜",为"渴
爱"的"相"(相状);"无厌足等十一种",为"渴爱"的"事"(事
用);"观有为功德",为"渴爱"的"缘"(因缘);"能令识等阴著
后有",为"渴爱"的"义"(含义)等。

五、《分别灭谛品》(卷三)。论述"灭谛"问题。

"四谛"中的"灭谛",指显示众生痛苦断灭的真理。所说的
"灭",指"尽无余"。"五阴应生,不复得生",为"灭"的"名"(名
称);"无所有",为"灭"的"相"(相状);"心不烧热",为"灭"的
"事"(事用);"通达实际",为"灭"的"缘"(因缘);"渴爱流永
不更生",为"灭"的"义"(含义)等。如关于"灭谛"的"灭",说:

> 灭有多种,一中间灭、二念念灭、三相违灭、四无生灭
> 等。中间灭者,如施、戒、定三摩跋提(意译等至)能灭三有
> (指欲有、色有、无色有),由此施等,随得免离所对治法,谓
> 贪、瞋等暂时不起,名中间灭;念念灭者,一切有为(法)随
> 刹那谢,名念念灭;相违灭者,此有为法,与相违因其性相
> 乖,相续灭故,名相违灭,此三名(指以上三种)相似灭;无

生灭者,有因灭尽故,五阴应生,不复得生,此名真灭。(卷三《分别灭谛品》,第389页中)

六、《分别道谛品》(卷四)。论述"道谛"问题。

"四谛"中的"道谛",指揭示痛苦断灭方法的真理。所说的"道",指"八圣道"(又称"八正道")。"八圣道",指趣向涅槃解脱的八种修行方法,即"正见"、"正觉"(又称"正思惟")、"正言"(又称"正语")、"正业"、"正命"、"正精进"、"正念"、"正定";可从"名"、"相"、"用"、"缘"、"义"等方面,对"八圣道"各支作分别,以"正念"为例,"为灭恶法,证于善法,常行勇猛,是名精进";"策起身心为相";"不退堕为用";"起精进类为缘";"胜利行为义"。"三十七道品"为"八圣道"所摄,"道谛"所说的"道",除可分为八种(指八圣道)以外,还可以分为二种(指毗婆舍那、奢摩他,意译"观"、"止")、三种(指戒、定、慧)、四种(指方便道、无碍道、解脱道、胜道)等。如关于"道"的种类,说:

> 道有二分,一毗婆舍那、二奢摩他。复次,《藏论》说:正言、(正)业、(正)命三为戒聚,由有此戒,拔除瞋恶根本;正觉、(正)精进、正定三为定聚,由此拔除贪欲恶根;正见、正念二为慧聚,由此拔除无明恶根,以此义故,道有三分。复次,道有四(分)。一方便道者,由此无碍道生,无碍道前皆名方便;二无碍道者,正能除障碍对治故,惑不碍故,名为无碍;三解脱道者,解脱无碍道所破之惑,初起名为解脱;四胜道者,从解脱道后所余诸道,皆名胜道。问:此四云何名为道? 答:由此进至涅槃,故名为道。(卷四《分别道谛品》,第398页下)

本书的性质,并非如人所说的是依《杂阿含经》中的《转法轮经》(指《杂阿含经》卷十五第三七九经)而作的"释经论",而

是根据经论的义理、各家的异说和作者自己的评判,重新组织的
“集义论”。书中引用的经典,基本上都是“阿含”类小经,尤其
是譬喻经,如《摄胜奢波叶譬经》《鹿头经》《婆罗呵马王经》《烧
然经》《七车譬经》《国譬经》《筏喻经》《象迹譬经》《种子譬经》,
这与作者的譬喻师身份是相符合的。书中引用的部派异说,叙
及“分别部”(又称“分别说部”、“说假部”、“假名部”)八次,叙
及“经部”五次,叙及“跋私弗部”(又称“犊子部”)、“上座部”各
一次,表明了作者对“分别部”、“经部”的学说,尤为关注。

陈士强 著

大藏經總目提要

论藏二

上海古籍出版社

目　录

二、小乘集传部

三、大乘中观部

四、大乘瑜伽部

二、小乘集传部

总　　叙

　　小乘集传和大乘集传,古时同属于"贤圣集传",指佛入灭以后,由西域和东土(指汉地)的佛教学者撰写的,"三藏"(指经、律、论)之外的其他佛教著作。依小乘佛教所说,"贤圣集传"中的"贤"、"圣",乃是佛教修行者在不同修行阶段的称谓。入见道(指证见"四谛"之理)之前,修集福德、智慧二种助道资粮,并加功用行者,称为贤人;入见道以后,渐次修证,乃至最后依"金刚喻定"(又称"金刚三昧"),断尽一切烦恼,证得解脱者,称为圣人。"贤圣集传",就是佛教修行者在修行过程中,研习"三藏"(经、律、论),修持"三学"(戒、定、慧),依自己的知见所撰写的佛教著作。"贤圣集传",作为佛经目录学中的一种类别,最早是由隋彦琮等编的《众经目录》中首次提出来的,而它的本源,可以追溯到佛入灭以后,佛弟子结集"三藏"时所编集的"杂藏",其间经历了多次名称的变化和内容的分合。本部收录的"小乘集传",指"贤圣集传"中具有小乘性质的一些典籍,它们是小乘论藏的附属。

一、"杂藏"的初始与演化

　　关于"杂藏"的性质,汉译佛经有两种不同说法。

　　第一种"杂藏"说。此说认为,"杂藏"是指"四阿含"(即长、中、杂、增一阿含经)以外的其他小乘经,属于三藏中的"经藏"。《五分律》卷三十、《僧祇律》卷三十二、《四分律》卷五十四、《毗尼母经》卷三等均持此说。据《五分律》卷三十说,在佛入灭的当年,五百阿罗汉共集于王舍城,作为期三个月的夏安居,其间由大迦叶主持,举行了佛教史上的第一次结集。会上,由优波离诵出"比(毗)尼义"(佛制立的戒律),经与会者议决通过后,确定为"比尼藏"(即律藏);由阿难诵出"修多罗义"(佛宣说的契经),经与会者议决通过后,确定为"修多罗藏"(即经藏)。其中,"修多罗藏"是由"四阿含"和"杂藏"组成的。篇幅较长的经典,集为《长阿含经》;篇幅不长不短的经典,集为《中阿含经》;杂说(指由比丘、比丘尼、优婆塞、优婆夷、天子、天女等说)的经典,集为《杂阿含经》;依增一法(指从一法依次递增至十一法)编排的经典,集为《增一阿含经》;"自余杂说,今集为一部,名为《杂藏》,合名为《修多罗藏》(指经藏)"。也就是说,"杂藏"是排在"四阿含"之后的第五部丛书性质的佛经,它与"四阿含"共同构成原始三藏中的"经藏"。

　　"杂藏"究竟收录哪些小乘经,《五分律》未作说明。而据《四分律》卷五十四所说,"杂藏"共收有十二种经,"如是生经、本经、善因缘经、方等经、未曾有经、譬喻经、优婆提舍经、句义经、法句经、波罗延经、杂难经、圣偈经,如是集为杂藏"。《四分律》所列举的十二种经,经学者研究,均见于南传巴利文《经藏》中的《小部》。巴利文《小部》共收录十五经,依次为《小诵》《法句经》《自说经》《如是语经》《经集》《天宫事经》《饿鬼事》《长老偈》《长老尼偈》《譬喻经》《本生经》《无碍解道》《佛种姓》《所行藏》《义释》。《四分律》所说"杂藏"中的"生经",相当于《小部》中的《本生经》;"本经"(指本事经)相当于《如是经》;"善因缘经"、"方等经"、"未

曾有经"、"优婆提舍经"、"杂难经"五经,相当于《所行藏》;"譬喻
经",相当于同名《譬喻经》;"句义经",相当于《经集·义品》;"法
句经"相当于同名《法句经》;"波罗延经",相当于《经集·彼岸道
品》;"圣偈经",相当于《经集·蛇品》中的《牟尼经》。由此可见,
第一种"杂藏"说,实际上是指巴利文《小部》。

　　在汉传佛教中,"四阿含"是全本翻译过来的,而相当《小部》
的"杂藏"作为整体,是没有汉译的,仅有"杂藏"中的六种单经是
有汉译的。它们是:(1)孙吴维祇难等译《法句经》二卷等四
种,相当于《小部·法句经》。(2)唐玄奘译《本事经》七卷,相当
于《小部·如是语经》。(3)孙吴支谦译《义足经》二卷,相当于
《小部·经集》。(4)东晋法显译《杂藏经》一卷等三种,相当于
《小部·饿鬼事》。(5)孙吴康僧会译《六度集经》八卷等三种,
相当于《小部·本生经》。(6)西晋竺法护译《佛五百弟子自说
本起经》一卷,相当于《小部·譬喻经》(以上见印顺《原始佛教圣
典之集成》)。由于这些佛经与巴利文《小部》的对应关系,是由
近世学界揭示出来的,而在古代,人们对此一无所知,故第一种
"杂藏"说在社会上并没有产生过实质性的影响。

　　第二种"杂藏"说。此说认为,"杂藏"是指"三藏"以外的其
他佛教典籍,它是第四藏,并不属于"经藏"。《出曜经》卷一、《分
别功德论》卷一、《大智度论》卷四十九、《撰集三藏及杂藏传》等
均持此说。如《分别功德论》卷一说:"所谓杂藏者,非一人说,或
佛所说,或弟子说,或诸天赞诵,或说宿缘三阿僧祇菩萨所生,文
义非一,多于三藏,故曰杂藏也。"《大智度论》卷四十九也说:"四
藏,所谓阿含(指经)、阿毗昙(指论)、毗尼(指经)、杂藏。"此说合
理地解决了"三藏"以外的众多佛典的归属问题,因而获得了佛
教界的普遍认同。

　　最早采用"四藏"分类法的,是隋法经等编的《众经目录》七

卷。此书分为九录,依次为《大乘修多罗藏录》《小乘修多罗藏
录》《大乘毗尼藏录》《小乘毗尼藏录》《大乘阿毗昙藏录》《小乘阿
毗昙藏录》《佛灭度后撰集录》《佛涅槃后传记录》《佛灭度后著述
录》。其中,前六录是"三藏录",统摄大乘三藏和小乘三藏;后三
录类似于"杂藏录"。1.《佛灭度后撰集录》。收录佛入灭以后,
西域和东土编纂的佛教抄集,分为二大类。(1)《西方诸圣贤所
撰集》。收录西域圣贤编纂的佛教抄集,下分"大乘抄集"(指《摩
诃般若波罗蜜经抄》等)、"小乘抄集"(指《杂譬喻三百五十首》
等)二小类。(2)《此方诸德抄集》。收录此方(指东土)大德编
纂的佛教抄集,下分"三藏抄集"(指《法宝集》等)、"六度集抄"
(指《布施度无极经》等)、"百缘经别抄"(指《罗弥寿经》等)、"法
句喻经别抄"(指《莲华女经》)、"杂譬喻集抄"(指《杂譬喻经》等)
五小类。2.《佛涅槃后传记录》。收录佛入灭以后,西域和东土
撰作的佛教传记,分为二大类。(1)《西域圣贤传记》。收录西
域圣贤撰作的佛教传记(《佛本行赞经传》等)。(2)《此方诸德
传记》。收录此方大德撰作的佛教传记,下分"此方佛法传记"
(指《释迦谱》等),"大乘经记"(指《诸代译经记》等)、"小乘经记"
(指《普耀经记》等)、"大乘戒经记"(指《菩萨波罗提木叉记》)、
"小乘律记"(指《集三藏因缘记》等)、"大乘论记"(指《大智释论
记》等)、"小乘论记"(指《八揵度阿毗昙后别记》等)、"大乘论记"
(指《僧伽罗刹集后记》)等八小类。3.《佛灭度后著述录》。收
录佛入灭以后,西域和东土撰作的经序、经注,分为二大类。
(1)《西域诸贤著述》。收录西域圣贤撰作的经序、经注,下分
"大乘经宗序"(指《贤劫千佛经序》等)、"小乘经宗序"(指《三十
七品序》等)、"大乘经注解"(指《维摩经注解》等)、"小乘经注解"
(指《安般守意经注解》等)、"罗什(鸠摩罗什)答问"(指《答问论》
等)等六小类。(2)《此方诸德著述》。收录此方大德撰作的经

序、经注,下分"大乘经序"(指《华严经序》等)、"小乘经序"(指
《增一阿含经序》等)、"小乘律序"(指《十诵律序》)、"大乘论序"
(指《大智度论序》等)、"小乘论序"(指《鞞婆沙序》等)、"大乘集
序"(指《僧伽罗刹经集序》)、"小乘集序"(指《四十二章经序》
等)、"大乘经注解"(指《放光般若经注解》等)、"小乘经注解"(指
《阴持入经注解》等)、"其他著述"(指《实相论》等)等十小类。以
上三录中,《佛灭度后撰集录》收录"一百四十四部六百二十七
卷";《佛涅槃后传记录》收录"六十八部一百八十六卷";《佛灭度
后著述录》收录"一百一十九部一百三十四卷",合计收录典籍三
百三十一部九百四十七卷,数量之多,在古代佛经目录中是空前
的,这也是此录的最大特色。

　　但也应看到,隋法经等《众经目录》收录的类似于"杂藏"的
典籍,存在品类过于芜杂的缺点。此中,既有见存的著作,也有
散佚的著作,特别是有很多是为汉译佛经写的前序、后记,文字
十分简短,只能算作单篇文章,却也被称为一部著作。故自它
以后,佛经目录学家对之加以改革,对汉地佛教撰著,不再全
部收录,而是严格筛选,只著录见存的、有代表性的要典,其余
不收。为适应这一变化,他们别创了称之为"贤圣集传"的部
类名称。

　　"贤圣集传"的类名,最早见于隋彦琮等《众经目录》卷一,以
后一直为历代佛经目录所采用(仅个别字或有变动,如称"圣贤
集传"、"圣贤传记"),成为佛经分类中的一个专有名词。但此类
典籍的书目和数量,则是经常变化的。其中,隋彦琮等《众经目
录》卷二《贤圣集传》,收录"四十一部一百六十四卷"(指《摩诃般
若波罗密经抄》五卷等);唐静泰《大唐东京大敬爱寺一切经论
目》卷二《贤圣集传》,收录"五十部一百八十六卷"(指《佛本行集
经》六十卷等);唐道宣《大唐内典录》卷七《贤圣集传录》,收录

"四十七部一百八十四卷"(指《撰集百缘经》十卷等);唐明佺等
《大周刊定众经目录》卷十四《贤圣集传》,收录"二十一部四十一
卷"(指《佛所行赞传》五卷等)。

　　上述经录虽然有"贤圣集传"一栏,但都未曾对"贤圣集传"
下过定义,造成各家所编的经录中,对哪些经典应当纳入"贤圣
集传",看法不尽一致。为改变这种情况,唐智升《开元释教录》
卷十三首次对"贤圣集传"的性质和收录范围,作出了明确的表
述,说:"《传记录》(指《圣贤传记录》)者,佛圆寂后圣贤弟子之所
撰集。虽非三藏正典,然亦助扬玄化,于此之中,总为五类:一
赞扬佛德,二明法真理,三述僧行轨,四摧邪护法,五外宗异执。
赞佛德者,《所行赞传》《释迦谱》等也;明法理者,《修行地道经》
《经律异相》等也;述僧行者,龙树、马鸣、法显、玄奘等传也;摧邪
护法者,《辩正(论)》《弘明(集)》《破邪(论)》《辩惑论》等也;外宗
异计者,数、胜二论是也。以类科分,莫过此五。五中所辩,通大
小乘。又于此中更开二例,梵本翻译者居先,此土传扬者于后,
庶东西不杂,览者除疑焉。"也就是说,"贤圣集传"是佛入灭以后
佛弟子的撰集,虽然它不是"三藏正典",但有"助扬玄化"作用。
内容可分"赞扬佛德"、"明法真理"、"述僧行轨"、"摧邪护法"、
"外宗异执"五类(实际上不止五类,还可细分,详见拙撰《大藏经
总目提要·文史藏》)。《开元释教录》卷十三《圣贤传记录》,共
收录佛典"一百八部五百四十一卷",分为二类。1.《梵本翻译
集传》。收录"六十八部一百七十三卷"(指《佛所行赞经传》五卷
等)。2.《此方撰述集传》。收录"四十部三百六十八卷"(指《释
迦谱》十卷等)。由于北宋至元末刻印的各版《大藏经》,都是以
《开元释教录》"入藏录"为基准雕造的,"入藏录"收录的这些"贤
圣集传",在社会上得到了广泛的流传。

　　佛教译经事业在唐德宗贞元五年(789)就告中断了,一直到

北宋太平兴国七年(982),宋太宗在开封太平兴国寺西侧兴建译经院(后改名传法院),迎请印度高僧天息灾、法天、施护翻译梵经,汉译佛经才得以重启。元庆吉祥等《至元法宝勘同总录》卷一说:"自唐贞元五年己巳,至宋太宗太平兴国七年壬午,凡一百九十三年,中间并无译人,其年壬午始起译场。"在北宋新译的佛经中,也有不少"贤圣集传"。在惟净等《天圣释教总录》卷二就设有《圣贤集传翻译著撰》一栏,共收录"三十二部一百八十九卷",分为二类。1.《西方圣贤集传》。收录"二十一部二十九卷"(指《菩提行经》一卷等)。2.《东土圣贤著撰》。收录"十一部一百六十卷"(指《莲华心轮回文偈颂》一卷等)。

"贤圣集传"中的"梵本翻译集传"(此依《开元释教录》所立之名),随着梵本的绝传是会中止的;而"贤圣集传"中的"此方撰述集传",只要佛教在中国流传,它总是持续增长的。为解决这类典籍的归属问题,明智旭《阅藏知津》首次将"贤圣集传"扩充为"杂藏"。他在《阅藏知津凡例》中说:"从古判法,多分菩萨、声闻两藏。就两藏中,各具经、律、论三。若据《智度论》说,则凡后代撰述合佛法者,总可论藏所收;若据《出曜经》说,则于经、律、论外,复有第四杂藏。今谓两土(指西域、东土)著作,不论释经、宗经,果是专阐大乘,则应摄入大论(指大乘论);专阐小道,则应摄入小论(指小乘论);其或理兼大小,事涉世间,二论既不可收,故应别立杂藏。"意思是说,古代大多将佛经分为"菩萨藏"、"声闻藏"两藏,两藏各有自己的经、律、论。依照龙树《大智度论》的说法,凡是佛入灭以后撰写的佛教著作,全都可编入"论藏";依照《出曜经》的说法,则在经、律、论之外,还应有佛典的第四部类"杂藏"。《阅藏知津》采纳了《出曜经》的说法,于是将全部佛教典籍区分为四藏,即经藏、律藏、论藏、杂藏四藏。

《阅藏知津·杂藏》(卷四十一至卷四十四)共收录佛典二百

三十部（原书无统计数，此据笔者统计，下同），分为二类。
1.《西土撰述》。收录佛典四十七部（指《佛说四十二章经》等），
后附"外道论"二部、"疑伪经"一部，不计入正数。2.《此方撰
述》。收录佛典一百八十三部。下分十五类。(1)"忏仪"。收
录十六部（指《慈悲道场忏法》等）。(2)"净土"。收录四部（指
《往生净土决疑行愿二门》等）。(3)"台宗"。收录十五部（指
《南岳思大禅师立誓愿文》等）。(4)"禅宗"。收录二十二部（指
《宗镜录》等）。(5)"贤首宗"。收录十部（指《修大方广佛华严
法界观门》等）。(6)"慈恩宗"。收录三部（指《真唯识量》等）。
(7)"密宗"。收录三部（指《陀罗尼杂集》等）。(8)"律宗"。收
录五部（指《昙无德部四分律删补随机羯磨》等）。(9)"纂集"。
收录十二部（指《诸经要集》等）。(10)"传记"。收录十二部（指
《佛祖统纪》等）。(11)"护教"。收录十六部（指《弘明集》等）。
(12)"音义"。收录三部（指《一切经音义》等）。(13)"目录"。
收录十二部（指《出三藏记集》等）。(14)"序赞诗歌"。收录三
部（指《大明太宗文皇帝御制序文》等）。(15)"应收入藏此土撰
述"。收录四十七部（指《大方广佛新华严经》等）。这就将除经
疏、律疏、论疏以外的佛教著作，全部收归于"杂藏"。《阅藏知
津》的这一做法，为初学者了解"三藏"之外的佛教撰集，特别是
中国佛教各宗派的撰述和通用的文史典籍，提供了便利。近代
日本出版的《弘教藏》、中国出版的《频伽藏》，都是依据《阅藏知
津》的分类法编目的，"杂藏"类典籍，也由此而广为流布。

二、本 部 大 略

小乘集传部，共收录小乘集传四十四部二百六十一卷。此
部书目是综合隋法经等《众经目录》卷六《佛灭度后撰集录·西

方诸圣贤所撰集》；唐智升《开元释教录》卷十三《圣贤传记录·梵本翻译集传》；北宋惟净等《天圣释教总录》卷二《圣贤集传翻译著撰·西方圣贤集传》；明智旭《阅藏知津》卷四十一《杂藏·西土撰述》等佛经目录的著录，而勘定的。分为二门。

（一）西域小乘集传

此类典籍总计有三十七部一百十六卷。

（1）苻秦僧伽跋澄译《僧伽罗刹所集经》三卷。叙述佛陀的修行和教化事迹，所叙始自佛为菩萨时（即成道前）所作的各种修行，终于佛涅槃百年后，摩竭国阿育王起塔供养佛舍利的事迹，采用长行与偈颂相结合的方式叙述。（2）西晋安法钦译《阿育王传》七卷。以记述印度阿育王的生平行历和崇奉佛教的事迹为主，兼及佛入灭后，摩诃迦叶、阿难、末田地、商那和修、优波毱多等人付嘱传法的事迹，分为十一篇，始《本施土缘》，终《优波鞠多因缘》。（3）梁僧伽婆罗译《阿育王经》十卷。前书的异译本，分为八篇，始《生因缘》，终《优波笈多弟子因缘》。（4）苻秦昙摩难提译《阿育王息坏目因缘经》一卷。西晋安法钦译《阿育王传》中有关阿育王太子法益事迹的异译本。（5）唐玄奘译《异部宗轮论》一卷。论述印度部派佛教的源流与历史的名著，于中论述了佛灭后一百余年至四百年之间，印度小乘佛教二十部派的产生经过，以及各部派的主要教义与异同。（6）三秦失译《十八部论》一卷。前书的异译本，内容与《异部宗轮论》基本相同，但译语不一，特别是部派名称多取音译。（7）陈真谛译《部执异论》一卷。前书的异译本，内容与《异部宗轮论》基本相同，但译语稍异，对有些部派教义（如犊子部教义）的评述也时有出入。

（8）孙吴维祇难等译《法句经》二卷。采集佛为僧俗弟子所说的各种偈句，分类汇编的偈颂集，也是古印度佛教学人必读的启蒙书，分为三十九品，始《无常品》，终《吉祥品》，共收录偈颂七百五十二颂(此据《法句经序》,实为七百五十八颂)。(9)西晋法炬等译《法句譬喻经》四卷。前书的异译本,采用在《法句经》梵本偈颂的基础上,增入因缘故事的方法编成,分为三十九品,始《无常品》,终《吉祥品》。(10)姚秦竺佛念译《出曜经》三十卷。《法句经》增订后的异译本,采用在《法句经》梵本的基础上,调整品目,将原先各品所收的偈颂,重新予以分配、组合,并增入新的偈颂和长行的方法编成,分为三十四品,始《无常品》,终《梵志品》,共收录九百八十九颂,譬喻故事近二百则。(11)北宋天息灾译《法集要颂经》四卷。《出曜经》各品偈颂的汇编本,分为三十三品,始《有为品》,终《梵志品》,与维祇难等译《法句经》相比,约有二百多颂是相同或相近的,其余都是新集或改作的,出入较大。(12)东晋失译《天尊说阿育王譬喻经》一卷。佛教譬喻故事集,共收录譬喻故事十三则,始“阿育王比福德”(原书无标题,此据内容拟立),终“群牛喧戏”。(13)姚秦鸠摩罗什译《大庄严论经》十五卷。佛教譬喻故事集,共收录譬喻故事九十则,前八十则是佛教的人物故事(包括佛的本生故事),后十则是印度的民间故事(包括寓言),采用长行与偈颂相结合的方式叙述,始“优婆塞礼拜佛塔”(原书无标题,此据内容拟立),终“估客称伽拔吒”。(14)姚秦鸠摩罗什译《杂譬喻经》一卷。佛教譬喻故事集,共收录譬喻故事三十九则,内有十则故事亦载于《众经撰杂譬喻》二卷本,其余均为《众经撰杂譬喻》所无,始《雀离寺师将沙弥下喻》,终《梵王长寿喻》。(15)萧齐求那毗地译《百喻经》四卷。佛教譬喻故事集中的名作,原收譬喻故事一百则,今存九十八则,大多是用各种愚人的反面事例作譬喻,以说明佛教义理,始《愚人食盐喻》,终《小儿得大龟喻》。(16)孙吴支谦译《菩萨本缘经》三卷。叙述菩萨修行“檀波罗蜜”(指布施)、“尸波罗蜜”(指持戒)事迹的本生故事集,分为八品,始《毗罗摩品》,终《龙品》。

(17) 西晋竺法护译《修行地道经》七卷。论述小乘禅法,原书为二十七品,今本为三十品,前六卷二十七品(即《集散品》至《无学品》),是《修行道地经》的原本;末一卷三品(即《弟子三品修行品》至《菩萨品》),是另一部名叫《三品修行经》的大乘论,东晋时被转抄者合在一起。(18) 后汉安世高译《地道经》一卷。《修行道地经》的节译本,分为七章,始《散种章》,终《五十五观章》,内容大致相当于《修行道地经》原本二十七品中的七品(即卷一全五品和卷五、卷六中各一品)。(19) 后汉支曜译《小道地经》一卷。论述小乘禅法,大多是关于"求息"(指数息)、"持戒"、"读经"、"行禅"的方法。(20) 姚秦鸠摩罗什译《禅法要解》二卷。论述小乘禅法,内容叙及"不净观"、"一心相"、"除五盖"、"四禅"、"四无量心"、"四无色定"、"四谛"、"习道十事"、"四如意分"、"五神通"等。(21) 后汉失译《禅要经》一卷。论述小乘禅法中"不净观"问题,内容大致相当于姚秦鸠摩罗什译《禅法要解》卷上的初首部分。(22) 姚秦鸠摩罗什译《菩萨诃色欲法经》一卷。论述"色欲"的过患(为"不净观"内容之一)问题。(23) 东晋佛陀跋陀罗译《达摩多罗禅经》二卷。论述小乘禅法,分为十七品,始《修行方便道安那般那念退分》,终《修行观十二因缘》,前十三品以五言颂的形式论述,后四品以长行的形式论述,内容叙及"安那般那念"(又称"数息观")、"不净观"、"界方便观"(又称"界分别观")、"四无量三昧"、"五阴观"、"十二入观"、"十二因缘观"等。

(24) 三秦失译《辟支佛因缘论》二卷。叙述往昔八位辟支佛(又称"缘觉"、"独觉")悟道因缘的故事书,共收录因缘故事八则,始《波罗奈国王悟辟支佛缘》,终《转轮圣王最小子悟辟支佛缘》。(25) 刘宋求那跋陀罗译《四品学法经》一卷。论述"四品"(指上品、中品、下品、外品)学法者的德行问题。(26) 后汉安玄等译《阿含口解十二因缘经》一卷。论述《阿含经》"十二因缘"理论。(27)刘宋僧伽跋摩译《分别业报略经》一卷。论述"六道"(指地狱、饿鬼、畜生、阿修罗、人、天)因果业报问题的偈颂集。(28)北宋施护译《六道伽陀经》一卷。论述"六道"因果业报问题的偈颂集,分为六品,始《地狱品颂》,终《天品颂》。(29)北宋日称等译《六趣轮回经》一卷。论述"六道"因果业报问题的偈颂集,分为六品,始《地狱趣》,终《天趣》。(30)刘宋慧简译《请宾头卢法》一卷。叙述礼供阿罗汉宾头卢(佛弟子中"降伏外道,履行正法第一")的仪法。(31)刘宋求那跋陀罗译《宾头卢突罗阇为优陀延王说法经》一卷。叙述佛弟子宾头卢对拘舍弥城优陀延王的说法事迹,采用偈颂与长行相结合的方式编集。(32)西晋失译《佛使比丘迦旃延说法没尽偈百二十章》一卷。以尊者迦旃延(佛的大弟子)说法的方式,叙述末法时期佛法衰颓的各种情形,以作警示的偈颂集,有一百二十颂(每颂五言四句)。(33)刘宋失译《迦丁比丘说当来变经》一卷。前书梵本的改编本,由西域编集者将原来的偈颂,全部改写为散文,并对语句作大量增益而成。(34)唐玄奘译《大阿罗汉难提蜜多罗所说法住记》一卷。叙述宾头卢等十六位大阿罗汉的护法事迹,以及大小乘三藏的构成情况,以佛涅槃后八百年中,执师子国(又称"狮子国",即今斯里兰卡)胜军王都城大阿罗汉难提蜜多罗(意译"庆友"),临寂前对众说法的方式叙说。(35)北宋天息灾译《贤圣集伽陀一百颂》一卷。赞叹供养三宝的功德,特别是布施福报的偈颂集,有一百颂。(36)北宋天息灾译《贤圣集伽陀一百颂》一卷。劝喻行善修德的偈颂集,有一百颂。(37)北宋法贤译《犍稚梵赞》一卷。称赞犍稚(指寺院报时的器物)功用的梵文音译书。

(二)东土小乘论疏

此类典籍总计有九部一百四十六卷,除《彰所知论》一部以外，其余皆为小乘论的注疏。

（1）唐窥基《异部宗轮论述记》一卷。唐玄奘译《异部宗轮论述记》的注释书，论述《异部宗轮论》字句的文义；相关人物的生平事迹；二十部派成立的时代、原委和经过；各部派教义的要点，以及彼此之间的异同等。（2）唐普光《俱舍论记》三十卷。唐玄奘译《俱舍论》的注疏，分为"明论缘起"、"释论题目"、"随文别解"三门，对论本予以阐解，为"俱舍三大疏"之一。（3）唐普光《俱舍论法宗原》一卷。《俱舍论》中"五位七十五法"的解说书，分为"略标释"、"诸门分别"二部分，对每一法都作诠释。（4）唐神泰《俱舍论疏》二十卷。《俱舍论》的注疏，原为二十卷，今存七卷（卷一、卷二、卷四、卷五、卷六、卷七、卷十七），于中对《分别根品》（卷四至卷七）的解释，最为详细，为"俱舍三大疏"之一。（5）唐法宝《俱舍论疏》三十卷。《俱舍论》的注疏，分为"会初转法轮时"、"学行次第"、"教起因缘"、"部执先后"、"依文解释"五门，以《顺正理论》为主要参考书，对《俱舍论》予以阐解，为"俱舍三大疏"之一。（6）唐圆晖《俱舍论颂疏论本》三十卷。《俱舍论本颂》的注疏本，采用《俱舍论本颂》中的偈颂和作者圆晖的解释对应编排的方式编纂，以《俱舍论》为基础，删繁就简，取经补义而撰成，分为"明论缘起"、"释论宗旨"、"明藏所摄"、"明翻译不同"、"略解品题"、"广释文义"六门，对本颂进行详释，为《俱舍论》注疏中的上品佳作。（7）唐慧晖《俱舍论释颂疏义钞》三卷。《俱舍论颂疏论本》的略疏。（8）唐遁麟《俱舍论颂疏记》二十九卷。《俱舍论颂疏论本》的广疏。（9）元发合思巴《彰所知论》二卷。论述佛教基础知识的通俗读本，分为五品，始《器世界品》，终《无为法品》，以《俱舍论》为主要依据，对"器世界"、"有情世界"的构成；佛教的起源与传播；修行的次第和果位；"无为法"的境界等，作了简明扼要的阐述。

第一门　西域小乘集传

第一品　传记类：苻秦僧伽跋澄译
《僧伽罗刹所集经》三卷

《僧伽罗刹所集经》，又名《僧伽罗刹集经》《僧伽罗刹集》《僧伽罗刹所集佛行经》，三卷。印度僧伽罗刹撰，苻秦僧伽跋澄译，建元二十年(384)译出。梁僧祐《出三藏记集》卷二著录。载于《丽藏》"楼"函、《宋藏》"楼"函、《金藏》"楼"函、《元藏》"楼"函、《明藏》"典"函、《清藏》"典"函、《频伽藏》"藏"帙，收入《大正藏》第四卷。

僧伽罗刹(约二世纪)，音译又作"僧伽罗叉"，意译"众护"，须赖国(又称"苏剌佗国")人。早年出家学道，通尽法藏，钩玄致妙，能体深奥。后游化诸邦，至犍陀越国(又称"犍陀罗国"，今巴基斯坦白沙瓦一带)，被甄陀罽贰王(又称"迦腻色迦王"，印度贵霜王朝第三代国王，约 128 年—152 年在位)礼为王师。著作尚有《修行道地经》七卷(今存)。此外，姚秦鸠摩罗什编译的《坐禅三昧经》卷上所述的"治贪欲法门"、"治瞋恚法门"、"治愚痴法门"(即"不净观"、"慈心观"、"因缘观")三门禅法，也出自众护(僧伽罗刹)所作的禅要。生平事迹见东晋道安《僧伽罗刹经序》、僧叡《关中出禅经序》(分别载于《出三藏记集》卷九、卷十)。

但道安《序》称僧伽罗刹、迦腻色迦王为"佛去世后七百年"时人，而据唐玄奘《大唐西域记》卷三记载，迦腻色迦王是"如来涅槃之后第四百年"时人；另外，道安《序》说，"此土《修行经》（指《修行道地经》)、《大道地经》，其所集也"，但从传今的本子来看，《修行道地经》与《大道地经》并非是内容独立的二部著作，而是同一文本的全部与部分的关系，也就是说，《修行道地经》中包含《大道地经》，《大道地经》仅为《修行道地经》部分内容的别抄本。

本书是一部叙述佛陀的修行和教化事迹的传记。所叙始自佛为菩萨时（即成道前）所作的各种修行，终于佛涅槃百年后，摩竭国阿育王起塔供养佛舍利事。全书采用长行与偈颂相结合的方式叙述，长行说理或叙事，偈颂归纳作结。书中记载了佛从成道至涅槃的四十五年间，每年"夏安居"的地点，为他书所无，深受学界的关注。书首有未详作者《序》。此序也载于《出三藏记集》卷十，题作《僧伽罗刹经序》，文字略有出入，《丽藏》本署为"未详作者"，宋元明藏本署为"道安法师"，查检佛教史传，当是东晋道安所作。道安在《序》说：

> 僧伽罗刹者，须赖国人也。佛去世后七百年生此国，出家学道，游教诸邦，至捷陀越（指犍陀罗国）土，甄陀罽腻王（指迦腻色迦王）师焉。高明绝世，多所述作，此土《修行经》《大道地经》，其所集也。又著此经（指《僧伽罗刹所集经》），宪章世尊，自始成道，迄于沦虚，行无巨细，必因事而演，游化夏坐，莫不曲备。虽《普曜》《本行》《度世》诸经载佛起居，至谓为密，今览斯经，所悟复多矣。……以建元二十年，罽宾沙门僧伽跋澄赍此经本，来诣长安，武威太守赵文业请令出焉。佛念为译，慧嵩笔受，正值慕容作难于近郊，然译出不裹，余（指东晋道安）与法和对检定之，十一月三十日乃了

也。(《大正藏》第四卷,第 115 页中、下)

卷上：叙述佛在成道前(时称"菩萨")所作的各种修行,以及成道时所成就的"正觉"。内容叙及：菩萨的"始行"(指初始的修行)、"行智慧"、"行谛"、"行柔和"、"慈孝于父母"、"最初发意"、"行檀"(指布施)、"修行戒"、"行精进"、"行忍"、"修行三昧"、"行坚固心"、"多闻"、"行恩"、"著袈裟"、"行悲"、"成菩萨道"、"成等正觉"等。

卷中：叙述佛在成道后(时称"佛"、"世尊")所作的各种教化,以及所具足的各种功德(包括"三十二大人相"等)。内容叙及：世尊说如何"分别生城"、"降伏魔众"、"度灰河"(指度"烦恼"之河)、"说法"、"觉知诸根"、"觉知心"、"布现觉悟世间"、"于此生度泥涂(途)"；世尊有"尽智"、"无生智"；世尊有微妙的"首"、"发"、"额"、"眉间相"、"眼"、"鼻"、"齿"、"广长舌"、"言教"、"响"、"面"、"项"、"臂"、"手"、"身"、"髀"、"腨"、"足"、"辐轮"、"步"、"迹"、"笑"、"光"；世尊的"衣"、"乞食"、"卧床"；佛法为"海"、"船"、"日"、"莲花"、"云"、"火"、"园观"、"空"、"轮"、"金刚"、"雨"、"城"等比喻。如关于佛法"如城"喻,说：

> 尔时,世尊有何城? 所谓四贤圣智慧正观,于彼戒定地,善相无为行,以智慧为城郭；以三三昧为却敌；以解脱门为闺；以等见为街巷；以念为墙；以意止为堑；以五根为堂；以禅为室；以惭愧自障屏,指授彼道；以神足游行,不可障蔽；以觉意华自严饰；以谛果为行；以贤圣第一而自娱乐,极安隐教授彼众,皆悉济度。(卷中,第 134 页中)

卷下：叙述佛对不同的对象所作的教化,佛入涅槃前后的情况,以及佛涅槃百年后,摩竭国阿儵王(指阿育王)起塔供养佛舍利的故事。内容叙及：佛教化凶魔鸯崛鬘(又称"央掘摩罗")

事；调达（又称"提婆达多"，佛的堂弟，后为僧团的最早分裂者）
害佛事；摩竭国国王（指频婆娑罗王）归佛事；阇提苏尼梵志试佛
事；"五比丘"（指佛成道后，最初所度的憍陈如等五人）事；佛说
如何"觉知生本"、"梵行不乱"、"观一切世间犹如草木"事；佛为
"人中师子雄"、"人中雄象"之喻；尊者大迦叶勤修苦行事；尊者
舍利弗先于佛入涅槃事；佛于双树间（指中印度拘尸那城跋提河
边沙罗双树间）入涅槃事；佛从成道至涅槃的四十五年间，每年
"夏坐"（又称"夏安居"）的地点；佛涅槃百年后，摩竭国阿儵王
（指阿育王）起八万四千塔，供养佛舍利事等。如关于佛历年"夏
坐"的地点，说：

> 世尊于波罗奈国而转法轮，初转此法时，多饶益众生，
> 即于此夏坐，有益于摩竭国王（指频婆娑罗王）；第二、三、四
> 于灵鹫顶山（在王舍城附近）；第五牌舒离（指吠舍离）；第六
> 摩拘罗山（白善——原注；在王舍城附近）为母故；第七于三
> 十三天；第八鬼神界（指跋耆国的"失守摩罗山恐畏林"）；第
> 九拘苦毗国（指憍赏弥）；第十枝提山中；第十一复鬼神界；
> 第十二摩伽陀（指摩揭陀国）闲居处；第十三复还鬼神界；第
> 十四本佛所游处，于舍卫（国）祇树给孤独园；第十五迦维罗
> 卫国（指迦毗罗卫国）释种村中；第十六还迦维罗卫国；第十
> 七罗阅城（指王舍城）；第十八复罗阅城；第十九柘梨山中；
> 第二十夏坐在罗阅城；第二十一还柘梨山（在舍卫城附近）
> 中。于鬼神界不经历余处，连四夏坐，十九年不经历余处，
> 于舍卫国夏坐（以上指佛又在"鬼神界"夏安居四次，在舍卫
> 国夏安居十九次）。如来如是最后夏坐时（指佛在成道后第
> 四十五年），于跋祇（指跋耆国）境界毗将村中夏坐。

本书的性质相当于佛陀传记。佛传是大小乘佛教共同的题

材,不仅小乘经、小乘论中有佛传的单行本,大乘经、小乘论中也有佛传的单行本。依照传统的佛典分类法,以小乘经和小乘佛教的传说为素材编集的、未署作者姓名的佛传,一般被编入"小乘经";署有作者姓名的佛传,一般被编入"小乘论"附属的"小乘集传"。以大乘经(兼及小乘经)和大乘佛教的传说为素材编集的、未署作者姓名的佛传,一般被编入"大乘经";署有作者姓名的佛传,一般被编入"大乘论"附属的"大乘集传"。本书是署有作者姓名的、以小乘经和小乘佛教的传说为素材编集的佛传,故从属于"小乘论"。总体上看,本书的结构较为松散,以说理为主,说史较少。而且对史事的叙说,并非严格依时间顺序排列,存在着一些的缺憾。如佛成道后,最初是在波罗奈国鹿野苑,对憍陈如等五人说法(称为"初转法轮"),使他们成为佛教僧团中最早的"五比丘",因此"五比丘"事应当排在佛所作教化的最前面的,而本书将它排在鸯崛鬘、调达、频婆娑罗王、阇提苏尼梵志等事之后,明显与时间顺序相违背,故与隋阇那崛多译《佛本行集经》等同类书相比较,本书稍显逊色。

第二品　传记类：西晋安法钦译
《阿育王传》七卷

> 附：梁僧伽婆罗译《阿育王经》十卷
> 　　符秦昙摩难提译《阿育王
> 　　息坏目因缘经》一卷

《阿育王传》,又名《大阿育王经》,七卷。西晋安法钦译,光熙元年(306)译出。隋费长房《历代三宝纪》卷六著录(作《大阿u育王经》五卷")。载于《丽藏》"禽"函、《宋藏》"禽"函、《金藏》"禽"函、《元藏》"禽"函、《明藏》"漆"函、《清藏》"漆"函、《频伽藏》

"藏"帙,收入《大正藏》第五十卷。

安法钦(约三世纪末至四世纪初),安息国(今伊朗境内)人,西晋时来至洛阳。从太康二年(281)至光熙元年(306),共译出佛经五部十六卷。其中,《阿育王传》七卷、《道神足无极变化经》四卷二部见存,其余均佚。生平事迹见隋费长房《历代三宝纪》卷六、唐智升《开元释教录》卷二。

本书是一部以记述印度阿育王(又称"无忧王"、"阿恕伽王",孔雀王朝的第三代国王)的生平行历和崇奉佛教的事迹为主,兼及佛入灭后,摩诃迦叶、阿难、末田地、商那和修、优波毱多等人付嘱传法事迹的传记。《丽藏》本分为十一篇,依次为《本施土缘》《阿育王本缘传》《阿恕伽王弟本缘》《驹那罗本缘》《半庵摩罗果缘》《优波毱多因缘》《摩诃迦叶涅槃因缘经》《摩田提因缘》《商那和修因缘》《优波毱多因缘》《阿育王现报因缘》。《明藏》本也分为十一篇,但编次与《丽藏》大异,依次为《本施土缘》《阿育王本缘》《阿恕伽王本缘》《半庵摩罗果缘》《驹那罗缘本》《阿育王现报因缘》《优波鞠多因缘》《摩诃迦叶涅槃因缘》《摩田提因缘》《商那和修本缘》《优波鞠多因缘》(见明智旭《阅藏知津》卷四十一)。今据《丽藏》本解说。

一、《本施土缘》(卷一)。叙述阿育王的前世因缘、今世行历,以及从"恶阿育"到"正法阿育王"的转变过程。说:阿育王的前世为"德胜童子",在与同伴作游戏时,以土为麨,供施路过的佛陀,佛预言"此小儿者当作转轮圣王";阿育王的祖父是建都于摩揭陀国华氏城(又作"花氏城")的旃陀罗笈多王(意译"月护王",孔雀王朝的第一代国王;本书误作"难陀",难陀为孔雀王朝之前的国王),父亲为频头莎罗王(又称"宾头沙罗王"、"频头婆罗王"),母亲为瞻婆罗(又称"瞻波"、"瞻婆")国婆罗门之女,同母弟弟名叫尽忧,此外还有许多异母兄弟;阿育为人粗暴,因而

不受父王的喜爱,父王欲立他的异母兄长苏深摩(又称"修私
摩")为嗣,派阿育去征讨得叉尸罗(又称"德叉尸罗"、"呾叉始
罗")国的叛乱,"唯与四兵(指象兵、马兵、车兵、步兵),不与刀
杖",即只给军队,不给兵器,让他率军去打仗,实望其战死,而阿
育竟顺利平乱,威望大振;频头莎罗王死后,阿育在第一辅臣罗
提掘多(又称"罗提趔提")的帮助下,登上了王位,即位后,他设
计杀死了兄长苏深摩,残杀了对他不满的数百名大臣、宫人,特
别是他任用杀父杀母的恶人耆梨,仿造佛经中所说的"地狱",取
名"爱乐狱","残害百千众生之命","举国人民皆称暴恶",称之
为"恶阿恕伽"(即"恶阿育");后来,在误入"爱乐狱"的一位比丘
的感化下,阿育王当众表示忏悔罪过,皈依佛教。他杀了恶人耆
梨,拆毁了"爱乐狱",停止杀戮,布施众生,在全国修建了八万四
千座佛舍利塔。此后,阿育王"善得滋长,恶名消灭",人们都称
之为"正法阿恕伽王"(即"正法阿育王"),又称"正法王"。

　　二、《阿育王本缘传》(卷一至卷二;宋元明藏本无此标题,
其行文与《本施土缘》接排)。叙述阿育王礼优波趔多为师,并在
他的引导下,遍礼佛教圣迹的故事。说:阿育王造佛舍利塔以
后,将末突罗(又称"摩偷罗"、"秣菟罗")国高僧优波趔多(又称
"优波鞠多"、"优波崛多",尊者商那和修的弟子),从优留慢荼山
迎入华氏城供养,礼之为师;在优波趔多的引导下,阿育王遍礼
各地佛教圣迹,为"佛所游方行住之处"(如佛生处、菩提树处、转
法轮处、入涅槃处等),一一起塔,并施金供养"佛大弟子声闻之
塔"(如舍利弗塔、目犍连塔、摩诃迦叶塔、阿难塔等);遍礼完毕
之后,阿育王还向一切僧人施与"三衣"(指僧伽梨、郁多罗僧、安
陀会),创设了"般遮于瑟"(又称"无遮大会",指五年一次的布施
大法会)。

　　三、《阿恕伽王弟本缘》(卷二)。叙述阿育王教化其弟宿大

哆(又称"帝须"、"毗多输迦",与"华氏城结集"的上座目犍连子帝须为二人)皈依佛教的故事。说:宿大哆"信敬外道,讥说佛法";阿育王听后,与辅臣密议,在他入浴室洗浴时,让宿大哆去试著王冠服饰、坐御座,然后假装震怒,要治他死罪;在辅臣的劝说下,阿育王允许宿大哆当"七日王",恣受五欲,七日一过,立即处死;七日之中,宿大哆每天为"死火逼恼,思惟怖畏,通夜不寐";七日过后,阿育王又为宿大哆讲述了佛教"无常"、"苦"、"空"、"无我"等道理,受此教化,宿大哆发心出家,后游化至他国,被当作外道尼乾陀子而误杀。

四、《驹那罗本缘》(卷三)。叙述阿育王的太子法益(又称"驹那罗"、"法增")受第一夫人构害,被剜双目的故事。说:法益是阿育王另一夫人莲花的儿子,他的双眼长得像雪山中驹那罗鸟的眼睛,特别明亮,故取名为驹那罗,长大后取妻,名叫真金鬘;阿育王的第一夫人帝失罗又爱恋法益的美貌,趁旁无他人,逼其行欲,遭到拒绝,由此而深恨法益;得又尸罗国发生叛乱,阿育王派法益前去征抚,平定后留在该国;第一夫人遣使假传诏书,称"驹那罗有大罪过,急挑眼出",阿育王的法令极为严峻,无人敢违,法益被剜去双目;失明的法益,在其妻的搀扶下,一路行乞,回到华氏城;阿育王得知真相后大怒,下令将第一夫人烧死;帝师优波毱多为此而说法益坏目的前世因缘。

五、《半庵摩罗果缘》(卷三)。叙述阿育王晚年的布施故事,以及弗舍密哆王(又称"弗沙蜜多罗王",孔雀王朝的第七代国王)灭佛的经过。说:阿育王晚年大行布施,佛在世时,长者须达多为最大的施主,所施达"真金百亿",阿育王也想施百亿,已布施"九十六亿两金",还差四亿,于是将库藏的金银珍宝也取出来,施与由他兴建的鸡头摩寺(又称"鸡雀寺");由于病重,阿育王立法益的儿子贰摩提(一作"三波提")为太子,掌管国家事务;贰摩提和大臣们担心,阿育王这样布施下去,会将库藏的珍宝全都散尽,对国家不利,于是下令:今后库房不得向阿育王提供任何珍宝,每天只允许用一只金盘、一只银盘为他送食,可阿育王将送食的金盘、银盘,也用于布施,于是改用瓦盘、瓦器送食,乃至最后只送给阿育王半个庵摩罗果(又称"阿摩勒果",即汉名"余甘子"的水果)作食;阿育王派人将半个庵摩罗果送到鸡头摩寺,说这是他的"最后所施",鸡头摩寺将它研碎,放在羹中,让所有的僧众品食,让大家都普得阿育王的供养;阿育王死后,应辅相罗提趣提的要求,群臣又筹资四亿金,用于布施,以满足阿育王生前布施"百亿金"的遗愿;孔雀王朝的王位,后经贰摩提、耆呵提、弗舍摩,传至弗舍密哆(又称"弗沙蜜多罗");有一次,弗舍密哆王问辅相,怎样才能使自己的名字"流布于世",持邪见的辅相说,"修福"、"作恶"二者都可以出名,先王起八万四千塔,能名德久流,你如若能破坏它们,同样能名流后世,弗舍密哆王信从其言,于是率领军队首先破坏了鸡头摩寺,杀害众僧,毁坏僧房,继而破坏了八万四千塔;在摩揭陀国灭佛之后,弗舍密哆王还率领军队前往偷罗厥吒(又称"婆伽罗")国灭佛,途中突遇石崩,王与军队全被压死,孔雀王朝由此而断绝。如关于阿育王以半庵摩罗果作最后的布施之事,说:

> 阿恕伽王(指阿育王)于佛法中,已得信心。问优波趣多言:佛在世时,谁最大施? 答言:有长者名须达多,最为大施。问言:以几许施? 答言:以真金百亿。阿恕伽王言:彼长者尚能布施尔所珍宝,况我今者王阎浮提,岂可不能! 于是,便以己身及拘那罗、群臣、大地,尽用布施,而起八万四千宝塔及声闻塔,灌菩提树,合集计校都得九十六亿两金。……于是王便以金银珍宝与鸡头摩寺。王立驹那罗

子贰摩提以为太子。邪见恶臣语太子言:阿恕伽王命临欲终,散诸库藏,悉与欲尽,汝当为王。夫为王者,以库藏珍宝以为力用,今应遮截,莫使费尽。于是贰摩提共诸臣等,因王疾患,一切所有断绝不与,唯听以一金盘、银盘为王送食。王得此盘,即用施与鸡头摩寺,于是乃至瓦盘、瓦器为王送食,最后与王半庵罗摩勒果。王得果已……即唤傍臣,授庵摩勒而敕之曰:汝持此果,向鸡头摩寺施彼众僧,可白上座言:阿恕伽王最后所施。……上座夜奢……即敕典事摩著羹中,使一切僧,普得其供。(卷三《半庵摩罗果缘》,《大正藏》第五十卷,第110页中—第111页上)

六、《优波毱多因缘》(卷三至卷四)。叙述佛生前所作的有关优波毱多等人的授记(预言),以及佛入灭后举行"第一次结集"的情况。说:佛对阿难言,"我百年后,摩突罗(又称"摩偷罗"、"秣菟罗")国有毱多长者之子名优波毱多,教授禅法,弟子之中最为第一";"我百年后,有比丘名摩田地(又称"摩田提"、"末田地"),当安佛法于罽宾国,此罽宾国多饶房舍卧具,坐禅第一";佛入灭后,大弟子摩诃迦叶召集五百罗汉,在王舍城外毕钵罗窟举行"第一次结集";会上,由阿难诵出"修多罗藏"(经藏),优波离诵出"毗尼藏"(律藏),摩诃迦叶诵出"摩得勒伽藏"(论藏),"摩得勒伽藏者,所谓四念处、四正勤、四如意足、五根、五力、七觉、八圣道分、四难行道、四易行道、无净三昧、愿智三昧、增一之法、百八烦恼、世论记、结使记、业记、定慧等记"。

七、《摩诃迦叶涅槃因缘》(卷四)。叙述佛入灭以后,摩诃迦叶、阿难付嘱传法的因缘故事。说:摩诃迦叶入涅槃前,将正法付嘱于阿难,说"佛以法藏付嘱于我,我今欲入涅槃,以法付汝,汝善守护";阿难入涅槃前,将正法付嘱于弟子商那和修(正传)、摩田提(旁出,阿难最后度化的弟子)。

八、《摩田提因缘》(卷四)。叙述摩田提付嘱传法的因缘故事。说:摩田提在罽宾国(又称"迦湿弥罗国",今克什米尔一带)"广作佛事",后入涅槃。

九、《商那和修因缘》(卷五)。叙述商那和修、优波毱多付嘱传法的因缘故事。说:商那和修在摩突罗国优留曼荼山,度优波毱多出家,并在入涅槃前,将正法付嘱于优波毱多;优波毱多依诸佛说法次第,为国人说"施论、戒论、生天之论"、"四圣谛"等法,"令百千众生得须陀洹道,斯陀含道。万八千人出家得阿罗汉道"。

十、《优波毱多因缘》(卷五至卷七)。叙述优波毱多对不同众生所作的教化,以及佛预言千年以后,有"恶王"出世,正法将灭的各种情况。说:优波毱多"教授禅法最为第一","纯说无我之法",每度一人,使得阿罗汉果,便令他将一支"四寸之筹",投入住处的一个石窟之中,其窟"长三丈六、广二丈四",最后,度人之筹填满了一窟(指度人无数);优波毱多入涅槃前,将正法付嘱"最后弟子"(最后度化的弟子)提多迦,提多迦用窟中之筹将优波毱多火化,起塔供养;佛预言千年以后,有"恶王"出世,"破坏僧坊、塔寺,杀诸道人",众僧贪图利养,不修戒行,"为法作怨,非法增长",正法将灭。

十一、《阿育王现报因缘》(卷七)。叙述阿育王崇奉佛教的其他故事。说:阿育王"深信三宝,常供养佛法众僧","见出家者,不问大小悉皆礼拜","使上座耶奢,请尊者宾头卢"等。

阿育王是印度佛教史上最著名的护法君王,而优波毱多作为阿育王的帝师,则是佛入灭以后的传法藏祖师中,弘法最广的一人。由此,本书所记的人物故事,在历史上产生了广泛的影响,《大毗婆沙论》《分别功德论》《大智度论》等大小乘论书,都引用过本书的资料。

本书的同本异译有：梁僧伽婆罗译《阿育王经》十卷、苻秦昙摩难提译《阿育王息坏目因缘经》一卷。此外，本书卷一至卷二《本施土缘》《阿育王本缘传》的内容，后被人编为刘宋求那跋陀罗译《杂阿含经》卷二十三第六○四经；卷三《半庵摩罗果缘》的内容，被编为《杂阿含经》卷二十五第六四一经；卷五至卷七《优波毱多因缘》的内容，被编为《杂阿含经》卷二十五第六四○经。上述《杂阿含经》三小经，采用的是刘宋求那跋陀罗译《无忧王经》一卷本的译文，《无忧王经》也是本书的同本异译，但自梁代以后，已无单行本行世（见梁僧祐《出三藏记集》卷二）。

梁僧伽婆罗译《阿育王经》十卷

《阿育王经》，十卷。梁僧伽婆罗译，天监十一年（512）译出。隋法经等《众经目录》卷六著录（作“《阿育王传》五卷”）。载于《丽藏》"写"函、《宋藏》"写"函、《金藏》"写"函、《元藏》"写"函、《明藏》"坟"函、《清藏》"坟"函、《频伽藏》"藏"帙，收入《大正藏》第五十卷。

本书是西晋安法钦译《阿育王传》的异译本。全书分为八篇，依次为《生因缘》《见优波笈多因缘品》《供养菩提树因缘品》《鸠那罗因缘》《半庵摩勒施僧因缘品》《佛记优波笈多因缘》《佛弟子五人传授法藏因缘品》《优波笈多弟子因缘》。书末有题记，说“从阿育王因缘，乃至优波笈多入涅槃，外国凡三千一百偈，偈三十二字”，据此，则本书的梵本为三千一百偈。

一、《生因缘》（卷一）。叙述阿育王的前世因缘、今世行历，以及从“恶阿育”到“正法阿育王”的转变过程。内容相当于西晋安法钦译（以下略称“晋译”）《阿育王传》卷一《本施土缘》。

二、《见优波笈多因缘品》（卷二）。叙述阿育王礼优波笈多

（又称"优波毱多"）为师，并在他的引导下，遍礼佛教圣迹的故事。内容相当于晋译《阿育王传》卷一至卷二《阿育王本缘传》。

三、《供养菩提树因缘品》（卷三）。前部分叙述阿育王供养菩提树的故事，内容相当于晋译《阿育王传》卷二《阿育王本缘传》；后部分立有《毗多输柯因缘》的小标题，叙述阿育王教化其弟毗多输柯（又称"宿大哆"、"帝须"）皈依佛教的故事，内容相当于晋译《阿育王传》卷二《阿恕伽王弟本缘》。

四、《鸠那罗因缘》（卷四）。叙述阿育王的太子鸠那罗（又称"法益"、"驹那罗"）受第一夫人构害，被剜双目的故事。内容相当于晋译《阿育王传》卷三《驹那罗本缘》。

五、《半庵摩勒施僧因缘品》（卷五）。叙述阿育王晚年的布施故事，以及弗沙蜜多罗王（又称"弗舍密哆王"）灭佛的经过。内容相当于晋译《阿育王传》卷三《半庵摩罗果缘》。如关于弗沙蜜多罗王灭佛的经过，说：

> 弗沙蜜多罗得登王位，集诸大臣：以何方便，能令我名，恒住不失？诸臣答言：大王之姓，从阿育王来，是阿育王起八万四千塔，乃至佛法未灭，阿育大王名闻亦在。王今应当起八万四千塔。时王答言：阿育大王有大神力，人无及者，更有方便，得流名不？是时有婆罗门咒愿第一，而是凡夫，不信佛法，白王言：有二种因，名得常住：一者作恶，二者作善。阿育大王起八万四千塔，大王今坏之，名则常在。乃至弗沙蜜多罗王严驾四兵，欲坏佛法，往至鸡寺（指鸡雀寺）。……于是时即杀上座，次及诸僧。……复往余处，至拘瑟他歌国。……太山压弗沙蜜多罗王，及其四兵，一时皆死，是故此山名修尼喜多。弗沙蜜多罗王既被杀已，孔雀大姓从此而灭。（卷五《半庵摩勒施僧因缘品》，《大正

藏》第五十卷,第149页上、中)

六、《佛记优波笈多因缘》(卷六)。叙述佛生前所作的有关优波笈多等人的授记(预言),以及佛入灭后举行"第一次结集"的情况。内容相当于晋译《阿育王传》卷三至卷四《优波毱多因缘》。

七、《佛弟子五人传授法藏因缘品》(卷七至卷八)。叙述佛入灭以后,迦叶、阿难、末田地(又称"摩田提")、舍那婆私(又称"商那和修"、"舍那婆斯")、优波笈多相继付嘱传法的因缘故事。分为《迦叶因缘》《阿难因缘》《末田地因缘》《舍那婆私因缘》《优波笈多因缘》《舍那婆私得道因缘》八章,内容相当于晋译《阿育王传》卷四《摩诃迦叶涅槃因缘经》《摩田提因缘》、卷五《商那和修因缘》。书中认为,"阿难付末田地"、"末田地付舍那婆私",即阿难付法于末田地、末田地付法于商那和修,这与后世流传的印度传法世系(见《付法藏因缘传》卷三、《景德传灯录》卷一、《佛祖统纪》卷五等),大多认为阿难付法于商那和修、末田地二人,商那和修为正传、末田地为旁出,是不同的。如关于佛入灭以后,"异世五师"付嘱传法之事,说:

> 世尊付法藏与摩诃迦叶(翻大龟——原注;"翻"此处指意译)入涅槃,摩诃迦叶付阿难(翻欢喜——原注)入涅槃,阿难付末田地(翻中——原注)入涅槃,末田地付舍那婆私(翻纻衣——原注;指商那和修)入涅槃,舍那婆私付优波笈多(翻大护——原注)入涅槃,优波笈多付缔征柯(翻女——原注;指提多迦)。优波笈多在摩偷罗国教化弟子,有成阿罗汉者,辄令投一四寸筹于石室中,室广十二肘长十八肘。自作誓言:筹若满室,当入涅槃。筹既满已,乃入涅槃,以法付嘱弟子缔征柯,缔征柯是满室筹中最后弟子。(卷七

《佛弟子五人传授法藏因缘品》，第 152 页下）

八、《优波笈多弟子因缘》（卷九至卷十）。叙述优波笈多对不同众生所作的教化事迹。分为《虎子因缘》《牛味因缘》《南天竺人因缘》《北天竺人因缘》《提婆落起多因缘》《我见婆罗门因缘》《睡眠因缘》《给事人因缘》《工巧因缘》《饮食因缘》《少欲知足因缘》《罗刹因缘》《树因缘》《悭因缘》《鬼因缘》《虫食因缘》《骨想因缘》《贪因缘》《箭刷因缘》《亲情因缘》《江因缘》《觉因缘》《放牛因缘》《化人因缘》《不乐住处因缘》《锡杖因缘》《善见因缘》《寺封因缘》《郗征柯因缘》二十九章，内容相当于晋译《阿育王传》卷五至卷六《优波毱多因缘》。

通过文本的对勘分析，可以看到：本书所述，缺少相当于安法钦译本卷七《阿育王现报因缘》全篇和卷六末、卷七初《优波毱多因缘》所记的佛预言千年以后，有"恶王"出世，正法将灭的内容，此外，叙事上也存在着一些出入。由于安法钦译本比本书早出二百十年，故学界大多采用安法钦译本。

本书的同本异译有：西晋安法钦译《阿育王传》七卷、苻秦昙摩难提译《阿育王息坏目因缘经》一卷。

苻秦昙摩难提译《阿育王息坏目因缘经》一卷

《阿育王息坏目因缘经》，又名《王子法益坏目因缘经》《阿育王子法益坏目因缘经》《法益坏目因缘经》，一卷。苻秦昙摩难提译，姚秦建初六年（391）译出（据姚秦竺佛念《王子法益坏目因缘经序》）。梁僧祐《出三藏记集》卷七著录。载于《丽藏》"禽"函、《宋藏》"禽"函、《金藏》"禽"函、《元藏》"禽"函、《明藏》"群"函、《清藏》"群"函、《频伽藏》"藏"帙，收入《大正藏》第五十卷。

昙摩难提（约四世纪），音译又作"昙无难提"、"难陀"，意译

"法喜"，兜伕勒国（又称"睹货逻"、"吐火罗"、"大夏"，今阿富汗北部）人。龆年（童年）出家，遍阅三藏，博识洽闻，靡所不综，尤善讽诵《中阿含经》《增一阿含经》，深为国人所推重。后遍历诸国，游方弘化。符秦建元二十年（384）来到长安，与道安、竺佛念等共译出《中阿含经》五十九卷、《增一阿含经》五十卷，"四阿含"大经的翻译，以此为始。昙摩难提译出的二部阿含经，后由东晋僧伽提婆重译，成为传今的《中阿含经》六十卷、《增一阿含经》五十一卷，由此，昙摩难提的译本不再流传，成为经录上所说的"阙本"。所译的佛经，唐智升《开元释教录》著录为"五部一百一十四卷"，其中见存的仅《阿育王息坏目因缘经》一卷，其余均佚。符秦末年，因战乱还归西域，不知所终。生平事迹见梁慧皎《高僧传》卷一等。

　　本书是西晋安法钦译《阿育王传》中有关阿育王太子法益（又称"法增"、"驹那罗"、"鸠那罗"）事迹的异译本。全书以偈颂的形式，叙述阿育王的太子法益，受第一夫人构害，被剜双目的故事，并用业报理论（指它的前世因缘与今世阿育王在未皈依佛教前所作的建立"地狱城"，残害众生等恶事），对这一悲剧的发生，作了解释。书名中的"阿育王息"，指阿育王的子息，即太子。书首有《阿育王太子法益坏目因缘经序》，藏本未署作者，但从梁僧祐《出三藏记集》卷七也收有此序（个别文字略有出入），并署称"竺佛念造"来看，作者当是参与本书翻译的竺佛念。《阿育王太子法益坏目因缘经序》，说：

　　　　自如来逝后，阿育登位，纲维阎浮，光被流洽，图形神寺
　　　八万四千；罗汉御世，泛济亿数，国主师宗，玄化滂涌，万民
　　　仰戴而不已，神祇钦赖而愈深。然王子法益，宿殖洪业，生
　　　在王宫，容貌殊特，后复受对，靡知缘起。会秦尚书令……

姚旻者,南安郡人也。……欲绍先胜之遗迹,竖玄宗于末俗,故请天竺沙门昙摩难提,出斯缘本。秦建初六年岁在辛卯,于安定城,二月十八日出,至二十五日乃讫。梵本三百四十三首卢(指颂),冶传为汉文一万八百八十言。念(指竺佛念)译晋音,情义实难,或离文而就义,或正滞而傍通,或取解于诵人,或事略而曲备。冀将来之学士,令鉴罪福之不朽。(《大正藏》第五十卷,第172页上、中)

本书所述,始"人在生死,缠绵来久。习罪识深,从起恼乱",终"坐卧自由,各舍形寿入泥洹界,无复生老",内容相当于西晋安法钦译《阿育王传》卷三《驹那罗本缘》的全篇和卷一《本施土缘》的一部分,由于晋译是采用偈颂与长行(散文)相结合的方式展开叙事的,而本书是采用纯偈颂的方式展开叙事的,故本书不如晋译通俗易读。对初学者而言,以选《阿育王传》为宜。

第三品　部派史类:唐玄奘译《异部宗轮论》一卷

附:三秦失译《十八部论》一卷
陈真谛译《部执异论》一卷

《异部宗轮论》,又名《宗轮论》,一卷。印度世友造,唐玄奘译,龙朔二年(662)译出(此据《开元释教录》卷八)。唐静泰《大唐东京大敬爱寺一切经论》卷二等著录。载于《丽藏》"渭"函、《宋藏》"渭"函、《金藏》"渭"函、《元藏》"渭"函、《明藏》"席"函、《清藏》"席"函、《频伽藏》"藏"帙,收入《大正藏》第四十九卷。

本书是一部叙述印度部派佛教的源流与历史的名著。全书分为序偈和正论(长行)二部分。序偈,始"佛般涅槃后,适满百余年"，终"如采沙中金，择取其真实"，叙说世友造作本书的缘起；正论，始"如是传闻"，终"执有胜义补特伽罗（指人），余所执多同说一切有部"，论述佛灭（南传佛教定为前544年，北传佛教有前486年、前383年等说）后一百余年至四百年之间，印度小乘佛教二十部派的产生经过，以及各部派的主要教义与异同问题。今本在正论之后，还有一段"三藏法师翻此论竟，述重译意，乃说颂曰：备详众梵本，再译宗轮论，文惬义无谬，智者应勤学"一段文字，从文意辨别，当是玄奘作的劝学语，属于附记，而非《异部宗轮论》本文。关于书名，唐窥基《异部宗轮论述记》解释说："人有殊途，厥称异部；法乖一致，爰号宗轮；异者，别也；部者，类也；人随理解情见不同，别而为类，名为异部；宗者，主也；轮者，转也；所主之法，互有取舍，喻轮不定，故曰宗轮。……激扬宗极，藻议收归，垂范后昆，名之为论。"（《新纂续藏经》第五十三册，第568页中）意思是说，"异部宗轮论"意谓不同部派的宗义（指一宗的教义）。全书行文简洁明了，蕴义幽深，为研究部派佛教的必读书。序偈说：

> 佛般涅槃后，适满百余年。圣教异部兴，便引不饶益。
> 展转执异故，随有诸部起。依自阿笈摩，说彼执令厌。世友
> 大菩萨，具大智觉慧。释种真苾刍（即比丘），观彼时思择。
> 等观诸世间，种种见漂转。分破牟尼语，彼彼宗当说。应审
> 观佛教，圣谛说为依。如采沙中金，择取其真实。（《大正
> 藏》第四十九卷，第15页上）

大意是说，佛涅槃后百余年，佛弟子因对佛陀言教（"圣教"）的理解歧异，兴起了各种不同的部派，引生了有损于正教和众生利益的事情。由于众人各执己见，各种部派也就随之产生了。各部派对共依的《阿含经》（又称"阿笈摩"），作出本宗的解释，这

样的纷争,令其他众生都为之生厌。世友是大菩萨,具有大智
慧。他是佛教真正的比丘(又称"苾刍"),能冷静地观察当时部
派异执的状况,审慎地加以分别抉择。他普遍地观察世间,感到
众生常常随顺各种不同的情见,漂溺流转,违破佛("牟尼")的教
说,因而对各部派("彼彼")的宗义,略加叙说。各部派应当审慎
地观察佛的教说,以"四圣谛"为依据,像采沙取金那样,择取佛
法的真实义。

　　本书的正论不列品目,内容大致分为二部分。前部分,始
"如是传闻",终"十饮光部、十一经量部",论述二十部派的由来;
后部分,始"如是诸部,本宗末宗、同义异义,我今当说",终"执有
胜义补特伽罗,余所执多同说一切有部",论述二十部派的宗义。

　　一、论述二十部派的由来。

　　(一)根本分裂。始"如是传闻",终"是名真佛教",论述原
始佛教发生根本分裂,形成大众部、上座部二大根本部派的
情况。

　　佛涅槃后"百有余年",中印度摩竭陀国无忧王(即"阿育
王",前268—前232年在位),在都城俱苏摩城(此为旧城,后在
城西建新城,改称波吒厘子城),统摄南赡部洲,"是时,佛法大众
初破,谓因四众共议大天五事不同,分为两部,一大众部,二上座
部"。此处所说的"四众",本书指"龙象众"、"边鄙众"、"多闻
众"、"大德众"(陈真谛译《部执异论》译作"大国众"、"外边众"、
"多闻众"、"大德众");"大天",指中印度末土罗国商人之子,出
家前,他曾犯有"杀父"、"杀罗汉"、"杀母"三种极恶罪,后来隐姓
埋名,来到波吒厘子城,投鸡园寺出家,为大众部的创始人(详见
唐玄奘译《大毗婆沙论》卷九十九);"五事",指大天所作的关于
阿罗汉五事的一首偈颂,"彼颂言:余所诱无知,犹豫他令入,道
因声故起,是名真佛教"。颂中的"余所诱",指阿罗汉已断"烦恼

漏失”，仍有“不净漏失”，在梦中会因魔女的引诱而遗精；“无知”，指阿罗汉已无“染污”的无知，仍有“不染污”的无知；“犹豫”，指阿罗汉已断“随眠性”的疑惑，仍有“处非处”（合乎道理为“处”，不合道理为“非处”）的疑惑；“他令入”，指阿罗汉仍需他人的授记或指点，才能知道自己已得解脱；“道因声故起”，指阿罗汉仍有痛苦的感觉，也须通过发出“苦哉”之声，来现起对“四谛”的体证。也就是说，原始佛教统一的僧团，因“四众”共议“大天五事”而发生争论，赞成“大天五事”的僧众，“耆年（指长老）虽少而众数多”，结成大众部；反对者结成“大天五事”的僧众，“耆年虽多而僧数少”，结成上座部，从而形成二大根本部派。

（二）枝末分裂。始“后即于此第二百年”，终“十一经量部”，论述大众部、上座部内部发生枝末分裂，形成本宗、末派合计二十部的情况。

1. 大众部系部派。大众部在佛涅槃后“第二百年”，先后发生四次分裂，形成了本宗（指大众部）、末派（指大众部下的支派）合计有九部。它们是：大众部、一说部、说出世部（又称“出世说部”、“出世间语言部”）、鸡胤部（又称“灰山住部”）、多闻部（又称“得多闻部”）、说假部（又称“分别说部”、“施设部”、“多闻分别部”）、制多山部（又称“支提山部”）、西山住部（又称“西山部”）、北山住部（又称“北山部”）。

（1）第一次分裂。佛涅槃后“第二百年”，从大众部分出“一说部”、“说出世部”、“鸡胤部”三部。

（2）第二次分裂。佛涅槃后“第二百年”，从大众部分出“多闻部”一部。

（3）第三次分裂。佛涅槃后“第二百年”，从大众部分出“说假部”一部。

（4）第四次分裂。佛涅槃后“第二百满时”，从大众部分出

"制多山部"、"西山住部"、"北山住部"三部。本书于此处说，"第二百年满时，有一出家外道，舍邪归正，亦名大天，大众部中出家受具，多闻精进，居制多山。与彼部僧重详五事，因兹乖诤，分为三部，一制多山部、二西山住部、三北山住部"。认为，大众部有两个大天，前者是"大天五事"的提出者、大众部的部主；后者是"大天五事"的重议者、大众部支派"制多山部"的部主，两个大天相距约一百年。但学界一般认为，这两个大天当是同一人。

2. 上座部系部派。上座部从佛涅槃后"第三百年初"至"第四百年初"，先后发生七次分裂，本宗（指上座部）、末派（指上座部下的支派）合计有十一部。它们是：说一切有部（又称"说因部"、"萨婆多部"）、雪山部（又称"本上座部"）、犊子部（又称"可住子弟子部"）、法上部（又称"法胜部"）、贤胄部（又称"贤乘部"）、正量部（又称"正量弟子部"）、密林山部（又称"密林住部"）、化地部（又称"正地部"、"弥沙塞部"）、法藏部（又称"法护部"、"昙无德部"）、饮光部（又称"善岁部"、"迦叶遗部"）、经量部（又称"说转部"、"说经部"、"经部"）。

（1）第一次分裂。佛涅槃后"三百年初"，从上座部分出"说一切有部"、"雪山部"（根本上座部的转名）二部。

（2）第二次分裂。佛涅槃后"第三百年"，从说一切有部分出"犊子部"一部。

（3）第三次分裂。佛涅槃后"第三百年"，从犊子部分出"法上部"、"贤胄部"、"正量部"、"密林山部"四部。

（4）第四次分裂。佛涅槃后"第三百年"，从说一切有部分出"化地部"一部。

（5）第五次分裂。佛涅槃后"第三百年"，从化地部分出"法藏部"一部。

（6）第六次分裂。佛涅槃后"三百年末"，从说一切有部分出"饮光部"一部。

（7）第七次分裂。佛涅槃后"第四百年初"，从说一切有部分出"经量部"一部。如关于小乘二十部，说：

> 大众部四破（指枝末分裂）或五破（指加上根本分裂），本末别说，合成九部：一大众部、二一说部、三说出世部、四鸡胤部、五多闻部、六说假部、七制多山部、八西山住部、九北山住部。……上座部七破（指枝末分裂）或八破（指加上根本分裂），本末别说，成十一部：一说一切有部、二雪山部、三犊子部、四法上部、五贤胄部、六正量部、七密林山部、八化地部、九法藏部、十饮光部、十一经量部。（第15页中）

二、论述二十部派的宗义。

（一）论述大众部系部派的宗义。

1. 大众部、一说部、说出世部、鸡胤部四部的宗义。下分"本宗同义"（指本宗的根本教义，或本宗各派的共同教义；《十八部论》译作"根本见"）、"末宗异义"（指本宗各派各别的教义；《十八部论》译作"中间见"）二项。

（1）"本宗同义"。此四部的共同的教义，主要有："诸佛世尊皆是出世"；"一切如来无有漏法"（指没有烦恼）；"如来语皆转法轮"（指能摧破烦恼）；"佛以一音说一切法"（指以一种语言演说一切法），"所说无不如义"（指与义理契符）；佛的"色身"（指肉身）、"威力"、"寿量"，均是"无边际"的；"佛化有情，令生净信，无厌足心"；"佛无睡梦"；"如来答问，不待思惟"；佛"一刹那心，了一切法"，"一刹那心，相应般若（指与智慧相应），知一切法"；诸佛的"尽智"（指自知已断尽一切烦恼的无漏智）、"无生智"（指自知将不再生死轮回的无漏智）恒常随转，乃至涅槃；一切菩萨均不起"欲想"、"恚想"、"害想"；菩萨为了"饶益有情"，"愿生恶趣"

（地狱等），以拯救众生；"以一刹那现观边智，遍知四谛诸相差
别"（指修行者能在见道后的一刹那，生起"现观边智"，即现前观
察"苦边"、"集边"、"灭边"所得的"世俗智"，遍知"四谛"诸相的
差别）；"五识身"（指前五识），有"染"（指染污）、有"离染"（指不
染污）；色界、无色界的众生都具"六识身"（又称"六识"，身表示
复数）；"五种色根"（指眼、耳、鼻、舌、身五根），以"肉团为体"，没
有缘取境相的功能，"眼不见色、耳不闻声、鼻不嗅香、舌不尝味、
身不觉触"；"有阿罗汉为余所诱，犹有无知，亦有犹豫，他令悟
入，道因声起，苦能引道"（指赞成"大天五事"）；"预流者有退义"
（指"四向四果"中的"预流果"会从果位上退失）；"阿罗汉无退
义"（指阿罗汉不会从果位上退失）；"无世间正见"、"无世间信
根"（指只有出世间的正见、信根）、"无无记法"（指只有善法、恶
法，没有无记法）；"入正性离生（指趣入见道）时，可说断一切结
（指烦恼）；"佛所说经皆是了义"；"无为法"有"择灭无为"、"非
择灭无为"、"虚空无为"、"空无边处无为"、"识无边处无为"、"无
所有处无为"、"非想非非想处无为"、"缘起支性（指十二缘起）无
为"、"圣道支性（指八圣道）无为"九种；"心性本净"，因受"客尘
随烦恼"（指外部事物）的"杂染"，才变得不净；"随眠"（指根本烦
恼）既不是"心法"，也不是"心所法"，它无所缘之境；"随眠异缠，
缠异随眠"，"随眠"与"缠"是不同的，"随眠"是潜在的烦恼，与心
不相应，"缠"是现行的烦恼，与心相应；"过去、未来非实有体"
（指"三世"中，"过去"、"未来"诸法是没有实体的，只有"现在"诸
法有实体）；"一切法处"（指意根所取的境界），"非所知、非所识
量、非所通达"（指都不是凡夫所能了知、认识和把握）的；"都无
中有"（指一切众生都没有"中有"，即从死到再次受生之间的识
体）等。

　　（2）此四部的"末宗异义"。此四部的各别教义，主要有：

对所观的"圣谛诸相"(指"四圣谛"的相状)和能观的"智"(本宗用"边智",末宗用"现观智"),有不同的看法;对"苦"是"自所作",或"他所作"、"俱所作"、"从众缘生",有不同的看法;主张"于一时二心俱起"(指一刹那中,不是只能生起"六识"中的某一识,而是可以同时生起二识乃至六识);"道与烦恼容俱现前"(指"圣道"与"烦恼"同时并起);"业与异熟有俱时转"(指"业"与"果报"同时俱转);"种即为芽";"色根、大种有转变义,心、心所法无转变义"(指"五根"、"四大种"能转变成其他形态,"心法"、"心所法"则不能,只有刹那生灭);"心遍于身,心随依境,卷舒可得"(指"心识"能根据"根"、"境"的大小而起变化)等。

2. 多闻部的宗义。

(1)"本宗同义"。此部的根本教义,主要有:"佛五音是出世教,一无常、二苦、三空、四无我、五涅槃寂静,此五能引出离道故,如来余音是世间教"(指佛所作的言教中,只有"无常"、"苦"、"空"、"无我"、"涅槃寂静"五种言教是"出世教";其余言教都是"世间教");"有阿罗汉为余所诱,犹有无知,亦有犹豫,他令悟入,道因声起"(指赞成"大天五事")等。

(2)"余所执"。此部的其他见解,"多同说一切有部"(指大多与说一切有部相同)。

3. 说假部的宗义。

(1)"本宗同义"。此部的根本教义,主要有:"苦非蕴"(指"苦"不是"苦蕴");"十二处非真实";一切"有为法"彼此依赖,相待而有,辗转和合,假名为"苦",没有实体,"无士夫用"(指不因人的作用方有);众生"无非时死"(指没有意外之死,即"横死"),其死,都是由"先业"(指众生过去世的行为)所决定的;以"业"的"增长"为因,能引生未来的"异熟果"(指果报),一切诸苦都是从"业"产生的;"圣道"由"福德"(指作布施等善事)而得,非修慧而得,"道不可修,道不可坏"等。

(2)"余义"。此部的其他见解,"多同大众部执"。

4. 制多山部、西山住部、北山住部的宗义。

(1)"本宗同义"。此三部的共同教义,主要有:"诸菩萨不脱恶趣"(指菩萨在未得"四善根"中的"忍"位之前,仍不免要堕入"恶趣");"于窣堵波(又称"塔")兴供养业,不得大果"(指供养佛塔,不能获得大果报);"有阿罗汉为余所诱,此等五事"(指赞成"大天五事")。

(2)"余义"。此三部的其他见解,"多同大众部说"。如关于大众部对"佛"的看法,说:

> 诸佛世尊皆是出世;一切如来无有漏法;诸如来语皆转法轮;佛以一音说一切法,世尊所说无不如义;如来色身实无边际,如来威力亦无边际,诸佛寿量亦无边际;佛化有情,令生净信,无厌足心;佛无睡梦;如来答问,不待思惟;佛一切时不说名等,常在定故,然诸有情,谓说名等,欢喜踊跃;一刹那心,了一切法;一刹那心,相应般若,知一切法;诸佛世尊尽智、无生智,恒常随转,乃至般涅槃。(第15页中、下)

(二)论述上座部系部派的宗义。

1. 说一切有部的宗义。

(1)"本宗同义"。此部的根本教义,主要有:"诸是有者,皆二所摄,一名、二色"(指一切法为"名"、"色"二法所摄),"过去、未来体亦实有"(指三世中,"现在"诸法是有实体的,"过去"、"未来"诸法也是有实体的);"一切法处"(指意根所取的境界),都是能够"所知"、"所识"、"所通达"的;"生"、"老"、"住"、"无常"四种有为相,为"心不相应行蕴"所摄;"有为事有三种"(指有为法有过去世、现在世、未来世三种);"无为事亦有三种"(指无为法有虚空无为、择灭无为、非择灭无为三种）；"生相"、"住异相"、"灭相"三种有为相，"别有实体"（指各有自己的实体）；"四圣谛"中，"苦谛"、"集谛"、"灭谛"三谛是"有为法"，"道谛"是"无为法"；对"四圣谛"作"渐现观"，即渐次现前观察"四圣谛"时，能生起"八忍八智"的"见道十六心"（又称"见谛十六心"，前十五心属于见道位的"预流向"，第十六心属于修道位的"预流果"）；依"空"、"无愿"二种三摩地（意译等持、定），"得入正性离生"（指趣入见道）；"预流者无退义"（指"预流果"者不会从果位上退失）；"阿罗汉有退义"（指阿罗汉会从果位上退失）；"非诸阿罗汉皆得无生智"（指并非是所有的阿罗汉都能获得"无生智"，即自知将不再生死轮回的无漏智）；"异生"（指凡夫）能断"欲贪"、"瞋恚"；"一切静虑"（指禅定）均为"四念住"所摄；"四沙门果"（指预流果、一来果、不还果、阿罗汉果）并非一定要"渐得"（指渐次证得）；"四念住"能摄一切法（事物）；"一切随眠"（指七随眠）皆为"缠"（指十缠）所摄，而不是"一切缠"皆为"随眠"所摄；"缘起支性"（指十二缘起）一定是"有为法"；欲界、色界一定有"中有"（指众生从死到再次受生之间的识体）；"五识身"（指前五识）有"染"（指染污），无"离染"（指不染污）；"心"、"心所法"各有实体（"体各实有"），各有所缘的对象（"定有所缘"）；有"世间正见"、"世间信根"、"无记法"；"佛"与"声闻"（指听闻佛陀言教，修习"四谛"而得道者）、"缘觉"（指独自观察"十二因缘"而得道者）二乘的解脱是"无异"（没有差别）的，但"声闻"、"缘觉"、"菩萨"（指修行"六度"，上求菩提，下化众生，成就自利利他的修道者）三乘的"圣道"（修行道路）各有差别；"菩萨犹是异生，诸结未断"（指菩萨依然是凡夫，仍有各种烦恼没有断除）；"有情"只是依据现有的"执受相续"而"假立"的名称，并无实体；"一切行皆刹那灭"（指一切有为法都是刹那生灭的），"定无少法，能从前世转至后世"（指一定没有少量色法能从前世转至后世），只有"世俗补特伽罗（指人）"，才说有移转；"八支圣道是正法轮"；"非如来语皆为转法轮"；"非佛一音能说一切法"；"世尊亦有不如义言"；"佛所说经非皆了义"；"佛自说有不了义经"等。

（2）"末宗异义"。此部支派的其他教义，"其类无边"，意思是种类繁多，本书未作叙列。如关于说一切有部对"三世实有"等问题的看法，说：

> 一切有部诸是有者，皆二所摄，一名、二色。过去、未来体亦实有。一切法处皆是所知，亦是所识，及所通达。生、老、住、无常相，心不相应行蕴所摄。有为事有三种，无为事亦有三种。三有为相别有实体。三谛是有为，一谛是无为。四圣谛渐现观。依空、无愿二三摩地，俱容得入正性离生（指趣入见道）。……预流者无退义，阿罗汉有退义。非诸阿罗汉皆得无生智。异生能断欲贪、瞋恚。有诸外道能得五通，亦有天中住梵行者。……一切静虑皆念住摄。不依静虑，得入正性离生，亦得阿罗汉果。（第16页上、中）

2.雪山部的宗义。

（1）"本宗同义"。此部的根本教义，主要有："诸菩萨犹是异生"（指菩萨依然是凡夫）；"菩萨入胎不起贪爱"（指菩萨入胎受生时不会生起贪爱）；"无诸外道能得五通"（指没有外道能证得天眼通、天耳通、他心通、神境通、宿命通）；"无天中住梵行者"（指没有在天上修持清净行的修行者）；"有阿罗汉为余所诱，犹有无知，亦有犹豫，他令悟入，道因声起"（指赞同"大天五事"）等。

（2）"余所执"。此部的其他见解，"多同说一切有部"。

3.犊子部的宗义。

（1）"本宗同义"。此部的根本教义，主要有："补特伽罗（指人)非即蕴离蕴,依蕴处界假施设名"(指"人"既不是"五蕴"本身,也不是离开"五蕴"的别物,它是依"五蕴"、"十二处"、"十八界"而施设的"假名",为"不可说法");"诸行"(指有为法)有"暂住",也有"刹那灭";"诸法"(指色法)若离开"补特伽罗",就不能从前世流转至后世,依据"补特伽罗"才可说有生死流转;"外道"(指佛教以外的其他宗教和学派)也能证得"五通"(指天眼通、天耳通、他心通、神境通、宿命通);"五识"(指眼识、耳识、鼻识、舌识、身识)不是"染"(指染污),也不是"离染";"若断欲界修所断结,名为离欲,非见所断"(指只有断除欲界修道位所断的烦恼,而不是见道位所断的烦恼,才能称为"离欲");修习"忍"、"名"、"相"、"世第一法"四善根(指暖法、顶法、忍法、世第一法),才能"趣入正性离生"(指趣入见道);若已"得入正性离生",前十二心属见道位,为"预流向",第十三心属于"修道",为"预流果"等。

(2)"余所执"。此部的其他见解,"多差别义",意思是与他部多有不同,本书未作叙列。

4. 法上部、贤胄部、正量部、密林山部四部的宗义。本书说,犊子部"因释一颂,执义不同,从此部中流出四部",即对僧众共诵的一首颂解释不同,而分裂成法上部等四部(隋吉藏《三论玄义》则说是因对《舍利弗阿毗昙》解释不同分为四部)。这首颂说:"已解脱更堕,堕由贪复还。获安喜所乐,随乐行至乐。"有关上述四部对此颂的解释,本书缺载,而唐窥基《异部宗轮论述记》则有之。据《述记》记载,法上部认为,此颂说"阿罗汉中有退、住、进";贤胄部认为,此颂说"三乘无学"(指阿罗汉、独觉、佛均为无漏);正量部认为,此颂说"四果"(指预流果、一来果、不还果、阿罗汉果四种沙门果);密林山部认为,此颂说"六种无学"(指思法阿罗汉、退法阿罗汉、护法阿罗汉、住法阿罗汉、堪达阿罗汉、不动阿罗汉)。

5. 化地部的宗义。

(1)"本宗同义"。此部的根本教义,主要有:"过去、未来是无,现在、无为是有"(指"过去"、"未来"诸法是没有实体的,"现在"诸法、"无为法"是有实体的);"于四圣谛一时现观"(指修行者在见道位,能一念顿观"四圣谛",遍了四谛之理);"见苦谛时,能见诸谛"(指在修道位,能在一念顿观"苦"自相的同时,了知"集谛"、"灭谛"、"道谛"三谛的自相);"随眠非心,亦非心所,亦无所缘"(指"随眠"不是"心法",也不是"心所法",无所缘之境);"眠与缠异","随眠"与"缠"是不同的,"随眠"的自性是潜在的烦恼,与心不相应,"缠"的自性是现行的烦恼,与心相应;"异生"(指凡夫)是不断除"欲贪"、"瞋恚"的;"定无中有"(指一定没有从死到再次受生之间的形体);"五识"(指前五识)有"染"(指染污),也有"离染";"六识"(指第六识"意识")皆与"寻"(指粗浅推度)、"伺"(指深细思察)相应;没有"出世"的"静虑"(指禅),也没有"无漏"的"寻"、"伺";"预流有退,诸阿罗汉定无退者"(指"预流果"会从果位上退失,阿罗汉一定不会从果位上退失);"道支(指八圣道)皆是念住(指四念住)所摄";"无为法"有"择灭无为"、"非择灭无为"、"虚空无为"、"不动无为"、"善法真如无为"、"不善法真如无为"、"无记法真如无为"、"道支真如无为"、"缘起真如无为"九种;"色根"(指眼、耳、鼻、舌、身五根)、"大种"(指四大种)皆有"转变","心"、"心所法"也有"转变";"僧中有佛"(指佛为僧团的一员,僧众中包括佛),因此,"施僧"(指供施僧众)就能获得"大果"(指大果报),并非只有"别施佛"(指特地供施佛)才有"大果";"佛"与"声闻"、"缘觉"二乘,"皆同一道、同一解脱";"一切行(指有为法)皆刹那灭","定无少法,能从前世转至后世"(指一定没有少量色法能从前世转至后世)等。

(2)"末宗异义"。此部支派("末宗")的其他教义,主要有:

"实有过去、未来,亦有中有";"一切法处皆是所知,亦是所识";
"业实是思,无身、语业"(指"业"就是"思",没有"身业"、"语业",
只有"意业");"寻、伺相应"(指在一心之中同时相应);"大地劫
住"(指世间大地,能在成劫至坏劫的长时间中暂住不灭);"于窣
堵波兴供养业,所获果少"(指供养佛塔,所获的果报很少);"随
眠自性恒居现在,诸蕴、处、界亦恒现在"(指"随眠"的自性,"五
蕴"、"十二处"、"十八界"的自性,恒常住于"现在世")等。本书
还说,"此部末宗,因释一颂执义有异",意思是说,化地部内部还
对共诵的一首颂的含义,解释各异而分出一部。这首颂说:"五
法定能缚,诸苦从之生。谓无明贪爱,五见及诸业。"据唐窥基
《异部宗轮论述记》说,此颂主要叙说系缚众生、引生众苦的"五
法",即"无明"、"贪"(指欲贪)、"爱"(指色爱、无色爱)、"五见"
(指身见、边执见、邪见、见取见、戒禁取见)、"诸业"(指身业、语
业、意业)。

6. 法藏部的宗义。

(1)"本宗同义"。此部的根本教义,主要有:"虽在僧中所
摄,然别施佛果大非僧"(指虽说佛为僧团的一员,僧众中包括
佛,但特地供施佛的果报大,而不是供施僧众的果报大);"于窣
堵波兴供养业,获广大果"(指供养佛塔,能获得广大的果报);
"佛与二乘解脱虽一,而圣道异"(指佛与声闻、缘觉二乘的解脱
虽然是相同的,但修行道路各有差别);"无诸外道能得五通";
"阿罗汉身皆是无漏"等。

(2)"余义"。此部的其他见解,"多同大众部执"。

7. 饮光部的宗义。

(1)"本宗同义"。此部的根本教义,主要有:"谓若法已断、
已遍知则无,未断、未遍知则有"(指如果烦恼已由"无间道"断
除,真理已由"解脱道"遍知,过去的烦恼体就没有了;反之,则

有）；"若业果已熟则无，业果未熟则有"（指如果业力已招感果报，过去的业体就没有了；反之，则有）；"有诸行以过去为因，无诸行以未来为因"（指一切有为法都是以"过去法"为生因的，没有以"未来法"为生因的）；"一切行皆刹那灭"（指一切有为法都是刹那生灭的）；"诸有学法有异熟果"（指"四向四果"中的前七位、尚未证得阿罗汉者所修学的"无漏有为法"，能引生无漏果）等。

（2）"余义"。此部的其他见解，"多同法藏部"。

8. 经量部的宗义。

（1）"本宗同义"。此部的根本教义，主要有："诸蕴有从前世转至后世，立说转名"（指"五蕴"能从前世转移到后世，故称为"说转"）；"非离圣道，有蕴永灭"（指并非离开"圣道"，也能永断"五取蕴"，即有漏五蕴的，在未得"圣道"以前，"五取蕴"是不灭的）；"有根边蕴，有一味蕴"（指"五蕴"中，有"根边蕴"、"一味蕴"；"一味蕴"是无始以来相续不绝的微细的意识，以"五蕴"中"受"、"想"、"行"、"识"四蕴为体，是众生生死轮回中恒常的、不间断的主体；"根边蕴"是由"一味蕴"引生的无常的、间断的"五蕴"）；"异生位中，亦有圣法"（指凡夫中也有"无漏"的种子）；"执有胜义补特伽罗"（指认定有"胜义补特伽罗"，即"胜义我"，能从前世转移到后世）等。

（2）"余所执"。此部的其他见解，"多同说一切有部"。如关于经量部对"一味蕴"等问题的看法，说：

> 其经量部本宗同义，谓说诸蕴有从前世转至后世，立说转名。非离圣道，有蕴永灭。有根边蕴，有一味蕴。异生位中，亦有圣法。执有胜义补特伽罗。余所执，多同说一切有部。（第17页中）

　　本书的同本异译有：三秦失译《十八部论》一卷、陈真谛译
《部执异论》一卷。

　　本书的注疏有：唐窥基《异部宗轮论述记》一卷（今存）；现
代演培《异部宗轮论语体释》（台北华出版事业股份有限公司
1989 年 7 月版）、高永宵《异部宗轮论导读》（中国书店 2007 年 1
月版）等。

三秦失译《十八部论》一卷

　　《十八部论》，一卷。印度世友造，三秦失译，约出于前秦皇
始元年（351）至西秦永弘四年（431）之间。本书最初是作为梁时
真谛所译经，著录于隋费长房《历代三宝纪》卷十一之中（称"本
有，今无论"）；唐智升《开元释教录》卷四、卷六始将它从真谛所
译经中删除，编为三秦失译，其理由是"《长房》《内典》等录有《十
八部论》一卷，亦云谛（真谛）译，今寻文句，非是谛翻，既与《部
执》本同，不合再出，今此删之"（见卷六）。意思是说，隋费长房
《历代三宝纪》、唐道宣《大唐内典录》等佛经目录都说，"《十八部
论》一卷"和"《部执异论》一卷"，为真谛所译，但从译本的文句上
考察，显然不是真谛翻译的，而且《十八部论》和《部执异论》是内
容相同的二个本子，没有必要重复译出；此外，《十八部论》正文
中，在"他鞞罗"之后有"秦言上座部也"的一处小注，而《部执异
论》则无，故《开元释教录》将《十八部论》定为"三秦失译"，而将
《部执异论》定为"陈真谛译"。在以后刊行的《大藏经》中，有关
本书翻译者的署称，仍不一致。宋元明藏本题作"失译"；《丽藏》
本题"陈真谛译"；《频伽藏》总目题作"姚秦鸠摩罗什译"。但
从考据学的立场看，还是依据《开元释教录》将它定为"三秦失
译"较为恰当。载于《丽藏》"渭"函、《宋藏》"渭"函、《金藏》"渭"
函、《元藏》"渭"函、《明藏》"席"函、《清藏》"席"函、《频伽藏》"藏"

帙，收入《大正藏》第四十九卷。

本书是唐玄奘译《异部宗轮论》的异译本。书首刊有"《文殊
师利问经》卷下《分别部品第十五》"一品和"罗什法师集"一语。
从情理上推断，此二项都是后世传抄者添益的，并非原本旧有。
因为据隋费长房《历代三宝纪》卷十一等记载，《文殊师利问经》
是扶南国三藏法师僧伽婆罗在梁天监十七年(518)于扬都(今南
京)占云馆翻译的，它是《十八部论》译出之后才有的经典，故不
应出现在《十八部论》的书上；至于称本书为"罗什法师集"，于史
无据，查检历代佛教经录、史传，均无鸠摩罗什翻译《十八部论》
的记载。

全书分为序偈和正论(长行)二部分。序偈，始"正觉涅槃
后，始满百余岁"，终"犹如砂砾中，求得真金宝"，叙说世友造作
本书的缘起；正论，始"我从先圣闻"，终"有第一人，余一切与萨
婆多部见同，是略说一切部见"，论述在佛灭后一百余年至四百
年之间，印度小乘佛教二十部的产生经过，以及各部派的主要教
义与异同问题。它的基本内容与叙述次第，与《异部宗轮论》《部
执异论》是相同的，但译语不一(如将"本宗同义"译作"根本义"、
将"末宗异义"译作"中间义"等)，特别是部派名称多取音译，形
成另一种风格。

本书名为"十八部论"，但书中所列，实为二十一部。其中，
属于大众部系部派的有九部，属于上座部系部派的有十二部。
内容大致可分为二大部分。

一、论述大众部系部派的源流。大众部系的本宗(大众
部)、末宗(大众部下的支派)总计有九部。"摩诃僧祇(部)中分
为九部：一名摩诃僧祇(又称"大众部")、二名一说(部)、三名出
世间说(又称"说出世部")、四名窟居(又称"鸡胤部")、五名多
闻、六名施设(又称"说假部")、七名游迦(又称"制多山部")、八

名阿罗说（又称"西山住部"）、九名郁多罗施罗部（又称"北山住
部"）。"此处所说的大众部系部派的总数，与《异部宗轮论》相同。

　　二、论述上座部系部派的源流。上座部系的本宗（上座
部）、末宗（上座部下的支派）总计有十二部。"上座部中，分为十
二部：一名上座部、二名雪山、三名萨婆多（又称"说一切有
部"）、四名犊子、五名达摩郁多梨（又称"法上部"）、六名跋陀罗
耶尼（又称"贤胄部"）、七名弥离底（又称"正量部"）、八名六城部
（又称"密林山部"）、九名弥沙塞（又称"化地部"）、十名昙无德
（又称"法藏部"）、十一名迦叶惟（又称"饮光部"）、十二名修多罗
部（又称"经量部"）。"（第 18 页中）此处所说的上座部系部派的
总数，较《异部宗轮论》多出一部。原因在于：《异部宗轮论》所
列的上座部系部派中，"雪山部"、"上座部"为同一部，"雪山部"
即是"本上座部"，为"上座部"的"转名"（指改名），故只列"雪山
部"，不列"上座部"；而本书所列的上座部系部派中，"上座部"、
"雪山部"为二部，不是一部，"上座部"是上座部系部派的本部，
"雪山部"为上座部系统下的支派。从而造成本书所说的小乘部
派总数，为二十一部，而不是《异部宗轮论》所说的二十部。

　　对此，唐窥基《异部宗轮论述记》有过专门的辨析。大意是
说，上座部弟子"本弘经教"，提倡"先弘经藏"，后弘律、论。佛涅
槃后"三百年初"，迦多衍尼子出世，成为上座部弟子，提倡"先弘
对法（指论）"，后弘经、律，上座部内部由此起净，形成二派。主
张"先弘对法"的一派为多数，结成了说一切有部，住于上座部的
原地；而坚持"先弘经藏"的一派为少数，仍为上座部，移住雪山，
改名雪山部。故雪山部并非是上座部下的支派，而是上座部系
各派的本宗。不可说在上座部之外，别有雪山部；也不可说在雪
山部之外，别有上座部（见《新纂续藏经》第五十三册，第 576 页
上、中、下）。

本书的同本异译有：唐玄奘译《异部宗轮论》一卷、陈真谛译《部执异论》一卷。

陈真谛译《部执异论》一卷

《部执异论》，又名《执部异论》《部异执论》，一卷。印度天友（即"世友"）造，陈真谛译，约译于陈永定二年（559）至光大二年（568）之间。隋费长房《历代三宝纪》卷九著录（书名作《执部异论》）。载于《丽藏》"渭"函、《宋藏》"渭"函、《金藏》"渭"函、《元藏》"渭"函、《明藏》"席"函、《清藏》"席"函、《频伽藏》"藏"帙，收入《大正藏》第四十九卷。

本书是唐玄奘译《异部宗轮论》的异译本。全书分为序偈和正论（长行）二部分。序偈，始"佛灭百年后，弟子部执异"，终"故应取实义，犹如沙中金"，叙说世友（本书译作"天友"）造作本书的缘起；正论，始"如是所闻"，终"有真实人，余所执与说一切有部所执相似"，论述"佛灭百年后"至"第四百年中"，印度小乘十八部（《异部宗轮论》作"二十部"，本书少计二部，后详）的产生经过，以及各部派的主要教义与异同问题。今本在正论之后，还有一段关于小乘十八部音译的文字，说："旧所出经论中，亦有十八部名，但音多讹异，不复如本。今谨别存天竺本名，仍以论初大众等名，次第相对翻之，翻殊难具，如《义疏》（指真谛《部执异论疏》）中释也。"从文意辨别，当是真谛在译本之后加的附记，并非《部执异论》的本文。

本书的基本内容与叙述次第，与《异部宗轮论》大体相同，但译语稍异（如将"本宗同义"译作"执义本"、"末宗异义"译作"执义有异"、"正性离生"译作"正定"等），对有些部派教义（如犊子部教义）的评述也时有出入。内容大致可分为二大部分。

一、论述大众部系部派的源流。大众部的本宗（大众部）、末宗(大众部下的支派)总计有八部(《异部宗轮论》作九部)。说:"大众部四破(指四次枝末分裂)、五破(指加上最初的根本分裂),合成七部:一大众部、二一说部、三出世说部(又称"说出世部")、四灰山住部(又称"鸡胤部")、五得多闻部(又称"多闻部")、六分别说部(又称"说假部")、七支提山部(又称"制多山部")、北山部(又称"北山住部")。"(《大正藏》第四十九卷,第20页中)此处说的"七支提山部、北山部",实际上应作"七支提山部"、"八北山部",本书将它们合为一部,少计了一部;此外,《异部宗轮论》在"制多山部"之后,还有"西山住部",本书缺少此部,又少收了一部。故《异部宗轮论》说"大众部四破或五破,本末别说,合成九部",而本书则说的"大众部四破五破,合成七部",少了二部。由此造成《异部宗轮论》所说的小乘部派为二十部,而本书所说的小乘部派则为十八部。

二、论述上座部系部派的源流。上座部的本宗(上座部)、末宗(上座部下的支派)总计有十一部。说:"上座弟子部,合分成十一部:一说一切有部、二雪山住部(又称"雪山部")、三可住子弟子部(又称"犊子部")、四法上部(又称"法胜部")、五贤乘部(又称"贤胄部")、六正量弟子部(又称"正量部")、七密林住部(又称"密林山部")、八正地部(又称"化地部")、九法护部(又称"法藏部")、十善岁部(又称"饮光部")、十一说度部(又称"经量部")。"(第20页中)此处所说,与《异部宗轮论》相同。

此外,在本书所载的犊子部教义中,有"三种假"、"一切众生有二种失"、"生死有二种因最上"、"二种法是解脱最上因"、"烦恼根本有二种"、"七种清净处"、"如来说经有三义"等,此为本书特有的记载,为《异部宗轮论》《十八部论》所缺。如犊子部的"三种假"等义,说:

可住子部是执义本(指犊子部的本宗同义)。……有三
种假,一摄一切假、二摄一分假、三摄灭度假;……一切众生
有二种失,一意失、二事失;生死有二种因最上,一烦恼、二
业;二种法是解脱最上因,谓毗钵舍那、奢摩他;若不依自体
增上缘惭羞,正法则不属此人;烦恼根本有二种,恒随一切
众生行,谓无明、有爱;有七种清净处;佛智于戒等不相应;
诸境以依止所了缘;能通达一切法;若以灭摄之,凡有六种;
色、无色界,无入正定,菩萨于中恒生;若已生尽智、无生智,
得名为佛;如来说经有三义,一显生死过失、二显解脱功德、
三无所显。(《大正藏》第四十九卷,第21页下—第22页上)

唐窥基《异部宗轮论述记》对《部执异论》多有贬词,称"校彼
所翻,词或爽于梵文,理有乖于本义。彼所悟者,必增演之;有所
迷者,乃剪截之"。意思是说,《部执异论》的译语有与梵文不相
契符的,译义有与本义相违背的;凡是译者明白的地方,就增益,
凡是译者不明白的地方,就删除。但从本书的上述记载来看,事
实并非如此。窥基的批评,有失偏颇。

本书的同本异译有:唐玄奘译《异部宗轮论》一卷、三秦失
译《十八部论》一卷。

第四品　譬喻类:孙吴维祇难等译《法句经》二卷

> 附:西晋法炬等译《法句譬喻经》四卷
> 姚秦竺佛念译《出曜经》三十卷
> 北宋天息灾译《法集要颂经》四卷

《法句经》,又名《法句集经》《法句集》《法句录》《昙钵经》《昙
钵偈》,二卷。印度法救撰,孙吴维祇难等译,黄武三年(224)译

出。梁僧祐《出三藏记集》卷二著录。载于《丽藏》"兽"函、《宋藏》"兽"函、《金藏》"兽"函、《元藏》"兽"函、《明藏》"群"函、《清藏》"群"函、《频伽藏》"藏"帙，收入《大正藏》第四卷。

法救（约二世纪），音译"达摩多罗"、"达磨多罗"、"昙摩多罗"，是佛涅槃后三百年时人（见唐普光《俱舍论记》卷一），为说一切有部四大论师（世友、妙音、法救、觉天）之一，也是一位譬喻师，著有《出曜经》三十卷、《法句譬喻经》四卷、《法句经》二卷、《法集要颂经》四卷（以上均存）。从法救在《出曜经》中，四次引用"尊者马声"所作的偈颂，（马声就是马鸣），及龙树在《大智度论》中，六次引用《法句经》（此本《法句经》乃是法救的增订本）来看，法救出生于马鸣之后、龙树之前。相传，他还是"婆须密舅"（见姚秦僧睿《出曜经序》），即世友的舅舅。在说一切有部中，同名"法救"者有二人，另一位是《杂阿毗昙心论》《五事毗婆沙论》的作者法救，二人不可混同（详见本书《小乘阿毗达磨部》中"唐玄奘译《五事毗婆沙论》二卷"条解说）。生平事迹见唐玄奘译《大毗婆沙论》卷七十七、唐普光《俱舍论记》卷一、法宝《俱舍论疏》卷一等。

维祇难（约三世纪），天竺（印度）人。家奉异道，以火祠（指拜火教）为正，后在一位习学小乘、多行道术的沙门的感化下，舍弃火祠，依此沙门为和尚，出家为道。受学三藏，妙善四含（指"四阿含"），游化诸国。孙吴黄武三年（224），携带《法句经》胡本（西域文字的写本），与竺律炎（又称"竺将炎"）一起，来至武昌。应当地信众的请求，二人共同翻译了《法句经》二卷。由于二人未善汉文，故翻梵之际，颇有不尽，志存义本，辞近朴质。所译的佛经，梁僧祐《出三藏记集》卷二著录为"一部凡二卷"，即前经；隋费长房《历代三宝纪》卷五著录为"二部六卷"，即《法句经》二卷（今存）、《阿差末菩萨经》四卷（阙本），唐智升《开元释教录》卷二沿依此说。生平事迹见梁慧皎《高僧传》卷一、未详作者《法句经序》(载于《出三藏记集》卷七)等。

本书是一部采集佛为僧俗弟子所说的各种偈句,分类汇编的偈颂集,为古印度佛教学人必读的启蒙书。传今的文本有巴利文、梵文、汉文、藏文本等多种。各种文本的品数和偈颂数,出入较大。就偈颂而言,略本收有四百二十三颂,广本收有一千零五十颂。其中,最古的文本是巴利文本(即巴利文《经藏·小部》中的《法句经》,约成于公元前一世纪),它是法救增订前流传的原始文本,不署编集者姓名,下分二十六品,始《双品》,终《婆罗门品》,共收录四百二十三颂。《大毗婆沙论》卷一说:"犹如一切邬陀南颂,皆是佛说,谓佛世尊于处处方邑,为种种有情,随宜宣说。佛去世后,大德法救,展转得闻,随顺纂集,制立品名,谓集无常颂立为《无常品》,乃至集梵志颂立为《梵志品》,此亦如是。"《大智度论》卷三十三说:"佛涅槃后,诸弟子抄集要偈,诸无常偈等作《无常品》,乃至婆罗门偈等作《婆罗门品》,亦名优陀那。诸有集众妙事,皆名优陀那。"这里提到的《法句经》始末品名,与巴利文本的始末品名是一致的,由此可见,巴利文《法句经》在龙树之前就已成型。但巴利文《法句经》也不是原始的《法句经》。据《四分律》卷五十四等记载,佛入灭后的当年夏安居期间,在摩揭陀国王舍城举行的"第一次结集"大会上,阿难在诵出四部《阿含经》之后,还诵出了"杂藏","如是《生经》《本经》《善因缘经》《方等经》《未曾有经》《譬喻经》《优婆提舍经》《句义经》《法句经》《波罗延经》《杂难经》《圣偈经》,如是集为杂藏",这部"杂藏"中就收有《法句经》。故追溯源头,原始的《法句经》在佛在世时,就已由弟子们编集传诵了,它是佛教"十二部经"(指依体裁和内容区分的佛教经典的十二种类别)之一,属于"优陀那"(又称"自说",见《大智度论》卷三十三;也有将《法句经》划为"伽陀",即"讽诵"

的)类经典。巴利文《法句经》只是将先前的口诵文本,写录整理
为书面文本而已。法救编集的《法句经》,则是在巴利文《法句
经》的基础上,增补改编而成的,在传今的法救编《法句经》的四
种汉译本中,本书的成书时间是最早的。

全书分为三十九品,始《无常品》,终《吉祥品》,共收录偈颂
七百五十二章(此据《法句经序》,一章相当于一颂),经校勘,实
为七百五十八颂(见黄宝生《巴汉对勘法句经》),每颂通常由四
言或五言四句构成,也有少数由六句构成(如卷上《双要品》中
"心为法本,心尊心使,中心念恶,即言即行,罪苦自追,车轹于
辙"六句为一颂等)。书中保存了巴利文本《法句经》二十六品的
基本内容(有些偈颂的分布和次第略有变化),并新增了十三品:
第一品《无常品》至第八品《言语品》;第三十三品《利养品》;第三
十六品《泥洹品》至第三十九品《吉祥品》(此品的偈颂,采自南传
巴利文《经藏·小部》中《经集》收录的《吉祥经》)。此外,各品之
首新增了本书特有的、解释品名的偈句(如"《无常品》者,寤欲昏
乱,荣命难保,唯道是真"等),这些解题偈句,均不计入此品正颂
的总数。本书卷上的末尾载有"未详作者"(据僧传所记推断,应
为孙吴支谦)的《法句经序》。此序也载于梁僧祐《出三藏记集》
卷七,比较而言,它的文字差错较少,今据僧祐本移录。支谦《法
句经序》说:

> 昙钵偈者,众经之要义。昙之言法,钵者句也。而《法
> 句经》别有数部,有九百偈,或七百偈及五百偈。偈者结语,
> 犹诗颂也,是佛见事而作,非一时言,各有本末,布在众
> 经。……是后五部沙门(指小乘五部)各自钞采经中四句六
> 句之偈,比次其义,条别为品,于十二部经,靡不斟酌,无所
> 适名,故曰《法句》。夫诸经为法言,法句者,犹法言也。近

世葛氏传七百偈,偈义致深,译人出之,颇使其浑漫(指维祇难之前,曾有葛氏译出《法句经》七百偈本;一说葛氏似指昙果)。……始者维祇难,出自天竺,以黄武三年来适武昌。仆(指支谦)从受此五百偈本,请其同道竺将炎为译。将炎虽善天竺语,未备晓汉,其所传言,或得胡语,或以义出音,近于质直。……受译人口,因循本旨,不加文饰,译所不解,则阙不传,故有脱失多不出者。然此虽辞朴而旨深,文约而义博,事钩众经,章有本故,句有义说。其在天竺始进业者,不学法句,谓之越叙(序),此乃始进者之鸿渐,深入者之奥藏也。……昔传此时有所不出,会(竺)将炎来,更从谘问受此偈等,重得十三品,并校往故,有所增定,第其品目,合为一部三十九篇,大凡偈七百五十二章。(《出三藏记集》卷七,《大正藏》第五十五卷,第49页下—第50页上)

卷上:始《无常品》,终《世俗品》,共有二十一品。

一、《无常品》(卷上)。收录偈颂二十一章(此据原书品名下的标注),论述诸法"无常"问题。说:"《无常品》者,窜欲昏乱,荣命难保,唯道是真"(此为解释品名的偈句,不计入正偈,以下凡是带品名的偈句,均同);"所行非常,谓兴衰法";"寿命无常,非有子恃"等。本品为巴利文《法句经》所无(见黄宝生《巴汉对勘法句经》,下同)。

二、《教学品》(卷上)。收录偈颂二十九章,论述修学"正法"问题。说:"《教学品》者,导以所行,释己愚暗,得见道明";"学先护戒,开闭必固";"学而多闻,持戒不失";"善学无犯,畏法晓忌"等。本品为巴利文《法句经》所无。

三、《多闻品》(卷上)。收录偈颂十九章,论述多闻增智问题。说:"《多闻品》者,亦劝闻学,积闻成圣,自致正觉";"多闻能

持固,奉法为垣墙";"多闻令志明,已明智慧增"等。本品为巴利
文《法句经》所无。

四、《笃信品》(卷上)。收录偈颂十八章,论述以"信"为财
问题。说:"《笃信品》者,立道之根,果于因正见,行不回倾";"信
能得道,法致灭度";"信使戒诚,亦受智慧";"信财戒财,惭愧亦
财,闻财施财,慧为七财"(指信、戒、闻、惭、愧、舍、慧,为成就圣
人的七种资财)等。本品为巴利文《法句经》所无。

五、《戒慎品》(卷上)。收录偈颂十六章,论述以"戒"降心
问题。说:"《戒慎品》者,授与善道,禁制邪非,后无所悔也";"比
丘立戒,守摄诸根";"以戒降心,守意正定";"持戒清净,心不自
恣"等。本品为巴利文《法句经》所无。

六、《惟念品》(卷上)。收录偈颂十二章,论述常作忆念(指
念佛、念法、念僧、念戒、念施、念天、念死、念身、念数息、念寂)问
题。说:"《惟念品》者,守微之始,内思安般,必解道纪";"出息入
息念,具满谛思惟";"常当昼夜念,佛与法及僧,念身念非常,念
戒布施德"等。本品为巴利文《法句经》所无。

七、《慈仁品》(卷上)。收录偈颂十八章,论述摄身"行慈"
问题。说:"《慈仁品》者,是谓大人,圣人所履,德普无量";"履仁
行慈,博爱济众"等。本品为巴利文《法句经》所无。如关于"智
者乐慈",说:

> 为仁不杀,常能摄身,是处不死,所适无患。不杀为仁,
> 慎言守心,是处不死,所适无患。彼乱已整,守以慈仁,见怒
> 能忍,是为梵行。至诚安徐,口无心粗言,不瞋彼所,是谓梵
> 行。垂拱无为,不害众生,无所娆恼,是应梵行。常以慈哀,
> 净如佛教,知足知止,是度生死。少欲好学,不惑于利,仁而
> 不犯,世上所称。……智者乐慈,昼夜念慈,心无克伐,不害

众生。是行无仇，不慈则杀，违戒言妄，过不与他。(卷上《慈仁品》,《大正藏》第四卷，第561页中、下)

八、《言语品》(卷上)。收录偈颂十二章，论述不作"恶言"问题。说:"《言语品》者，所以戒口，发说谈论，当用道理";"恶言骂詈，憍陵蔑人，兴起是行，疾怨滋生";"义说如法说，是言柔软甘"等。本品为巴利文《法句经》所无。

九、《双要品》(卷上)。收录偈颂二十二章，以每两颂结为一对的方式，论述善恶、智愚、秽净诸法的对立问题。说:"《双要品》者，两两相明，善恶有对，举义不单";"心为法本，心尊心使，中心念恶，即言即行，罪苦自追，车轹于辙";"心为法本，心尊心使，中心念善，即言即行，福乐自追，如影随形"等。本品相当于巴利文《法句经》第一品《双品》。

十、《放逸品》(卷上)。收录偈颂二十章，论述"放逸"的过失问题。说:"《放逸品》者，引律戒情，防邪检失，以道劝贤";"戒为甘露道，放逸为死径";"思心不放逸，可以获大安"等。本品相当于巴利文《法句经》第二品《不放逸品》。

十一、《心意品》(卷上)。收录偈颂十二章，论述守护"心意"问题。说:"《心意品》者，说意精神，虽空无形，造作无竭";"意使作狗，难护难禁";"制意为善，自调则宁"等。本品相当于巴利文《法句经》第三品《心品》。

十二、《华香品》(卷上)。收录偈颂十七章，论述善采"德华"(德行之花)问题。说:"《华香品》者，明学当行，因华见实，使伪反真";"善说法句，能采德华";"持戒之香，到天殊胜"等。本品相当于巴利文《法句经》第四品《花品》。

十三、《愚暗品》(卷上)。收录偈颂二十一章，论述愚者作恶问题。说:"《愚暗品》者，将以开矇，故陈其态，欲使窥明";"有子有财,愚惟汲汲";"愚人施行,为身招患,快心作恶,自致重殃"等。本品相当于巴利文《法句经》第五品《愚者品》。

十四、《明哲品》(卷上)。收录偈颂十六章(《丽藏》本脱落章数,此据正文统计),论述智者修福问题。说:"《明哲品》者,举智行者,修福进道,法为明镜";"深观善恶,心知畏忌";"仁人智者,斋戒奉道"等。本品相当于巴利文《法句经》第六品《智者品》。

十五、《罗汉品》(卷上)。收录偈颂十章(据正文统计,实为十一章),论述阿罗汉"无著"(无所执著)问题。说:"《罗汉品》者,言真人性,脱欲无著,心不渝变";"真人无垢,生死世绝";"心已休息,言行亦正,从正解脱,寂然归灭"等。本品相当于巴利文《法句经》第七品《阿罗汉品》。

十六、《述千品》(卷上)。收录偈颂十六章,论述修学当"取要"问题。说:"《述千品》者,示学者经,多而不要,不如约明";"虽多诵经,不解何益,解一法句,行可得道";"若人寿百岁,远正不持戒,不如生一日,守戒正意禅"等。本品相当于巴利文《法句经》第八品《千品》。

十七、《恶行品》(卷上)。收录偈颂二十二章,论述善恶积成问题。说:"《恶行品》者,感切恶人,动有罪报,不行无患"等。本品相当于巴利文《法句经》第九品《恶品》。如关于"莫轻小恶"、"莫轻小善",说:

> 见善不从,反随恶心,求福不正,反乐邪淫。凡人为恶,不能自觉,愚痴快意,令后郁毒。……莫轻小恶,以为无殃,水滴虽微,渐盈大器。凡罪充满,从小积成。莫轻小善,以为无福,水滴虽微,渐盈大器。凡福充满,从纤纤积。(卷上《恶行品》,第564页下—第565页上)

十八、《刀杖品》（卷上）。收录偈颂十四章,论述不害众生问题。说:"《刀杖品》者,教习慈仁,无行刀杖,贼害众生";"一切皆惧死,莫不畏杖痛,恕己可为譬,勿杀勿行杖";"无害于天下,终身不遇害"等。本品相当于巴利文《法句经》第十品《刀杖品》。

十九、《老耄品》（卷上;有些流通本作《老耗品》,误）。收录偈颂十四章,论述学法除老苦问题。说:"《老耄品》者,诲人勤力,不与命竟,老悔何益";"老则形变,喻如故车,法能除苦,宜以力学"等。本品相当于巴利文《法句经》第十一品《老品》。

二十、《爱身品》（卷上）。收录偈颂十三章,论述正身利人问题。说:"《爱身品》者,所以劝学,终有益己,灭罪兴福";"为身第一,常自勉学";"学先自正,然后正人";"身不能利,安能利人"等。本品相当于巴利文《法句经》第十二品《自已品》。

二十一、《世俗品》（卷上）。收录偈颂十四章,论述世事"如幻"问题。说:"《世俗品》者,说世幻梦,当舍浮华,勉修道用";"万物如泡,意如野马,居世若幻,奈何乐此";"观诸世间,无生不终,欲离生死,当行道真"等。本品相当于巴利文《法句经》第十三品《世界品》。

卷下:始《述佛品》,终《吉祥品》,共有十八品。

一、《述佛品》（卷下）。收录偈颂二十一章,论述佛为至尊问题。说:"《述佛品》者,道佛神德,无不利度,明为世则";"诸恶莫作,诸善奉行,自净其意,是诸佛教";"佛为尊贵,断漏无淫,诸释中雄,一群从心"等。本品相当于巴利文《法句经》第十四品《佛陀品》。

二、《安宁品》（卷下）。收录偈颂十四章,论述住于"安宁"问题。说:"《安宁品》者,差次安危,去恶即善,快而不堕";"我生已安,清净无为";"我生已安,澹泊无事"等。本品相当于巴利文《法句经》第十五品《快乐品》。

三、《好喜品》（卷下）。收录偈颂十二章，论述"好喜"生忧苦问题。说："《好喜品》者，禁人多喜，能不贪欲，则无忧患"；"爱喜生忧，爱喜生畏"；"爱喜生忧，爱喜生畏，无所爱喜，何忧何畏"等。本品相当于巴利文《法句经》第十六品《喜爱品》。

四、《忿怒品》（卷下）。收录偈颂二十六章，论述以"忍"制"瞋"问题。说："《忿怒品》者，见瞋恚害，宽弘慈柔，天祐人爱"；"恚能自制，如止奔车"；"舍恚行道，忍辱最强"等。本品相当于巴利文《法句经》第十七品《瞋怒品》。

五、《尘垢品》（卷下）。收录偈颂十九章，论述洗除"心垢"问题。说："《尘垢品》者，分别清浊，学当洁白，无行污辱"；"去垢勿污，可离苦形"；"垢中之垢，莫甚于痴"等。本品相当于巴利文《法句经》第十八品《污垢品》。如关于"洗除心垢"，说：

> 慧人以渐，安徐稍进，洗除心垢，如工炼金。……不诵为言垢，不勤为家垢，不严为色垢，放逸为事垢。悭为惠施垢，不善为行垢，今世亦后世，恶法为常垢。垢中之垢，莫甚于痴，学当舍恶，比丘无垢。……廉耻虽苦，义取清白，避辱不妄，名曰洁生。（卷下《尘垢品》，第568页中、下）

六、《奉持品》（卷下）。收录偈颂十七章，论述奉法力行问题。说："《奉持品》者，解说道义，法贵德行，不用贪侈"；"奉持法者，不以多言。虽素少闻，身依法行，守道不忘，可谓奉法"等。本品相当于巴利文《法句经》第十九品《住法品》。

七、《道行品》（卷下）。收录偈颂二十八章，论述修习"八直道"（指八正道）问题。说："《道行品》者，旨说大要，度脱之道，此为极妙"；"八直最上道，四谛为法迹"；"贪淫致老，瞋恚致病，愚痴致死，除三得道"等。本品相当于巴利文《法句经》第二十品《道品》。

八、《广衍品》（卷下）。收录偈颂十四章，论述惟行"精进"

问题。说:"《广衍品》者,言凡善恶,积小致大,证应章句";"精进惟行,习是舍非,修身自觉,是为正习"等。本品相当于巴利文《法句经》第二十一品《杂品》。

九、《地狱品》(卷下)。收录偈颂十六章,论述堕入"地狱"的业行问题。说:"《地狱品》者,道泥犁事,作恶受恶,罪牵不置";"妄语地狱近,作之言不作";"学戒不禁制,狱录乃自贼"等。本品相当于巴利文《法句经》第二十二品《地狱品》。

十、《象喻品》(卷下)。收录偈颂十八章,论述调正身心问题。说:"《象喻品》者,教人正身,为善得善,福报快焉";"譬象调正,可中王乘";"独而不为恶,如象惊自护"等。本品相当于巴利文《法句经》第二十三品《象品》。

十一、《爱欲品》(卷下)。收录偈颂三十二章(据正文统计,实为三十三章),论述"爱欲"的危害问题。说:"《爱欲品》者,贱淫恩爱,世人为此,盛生灾害";"爱欲深无底,老死是用增";"无欲无有畏,恬惔无忧患"等。本品相当于巴利文《法句经》第二十四品《贪爱品》。

十二、《利养品》(卷下)。收录偈颂二十章,论述不贪图"利养"问题。说:"《利养品》者,励己防贪,见德思议,不为秽生";"比丘佛子,不乐利养";"息心自省,取得知足"等。本品为巴利文《法句经》所无。

十三、《沙门品》(卷下)。收录偈颂三十二章,论述"沙门"的德行问题。说:"《沙门品》者,训以法正,弟子受行,得道解净";"端目耳鼻口,身意常守正,比丘行如是,可以免众苦"等。本品相当于巴利文《法句经》第二十五品《比丘品》。如关于"无禅不智,无智不禅",说:

　　比丘为慈,爱敬佛教,深入止观,灭行乃安。一切名色,非有莫惑，不近不忧，乃为比丘。比丘扈船，中虚则轻，除淫怒痴，是为泥洹。……无禅不智，无智不禅，道从禅智，得至泥洹。当学入空，静居止意，乐独屏处，一心观法。（卷下《沙门品》，第572页上）

十四、《梵志品》（卷下）。收录偈颂四十章，论述"梵志"（又称"婆罗门"，此指出家修行者）的修行问题。说："《梵志品》者，言行清白，理学无秽，可称道士"；"诸欲结（指烦恼）解，是谓梵志"；"舍离贪淫，是谓梵志"；"出恶为梵志，入正为沙门"等。本品相当于巴利文《法句经》第二十六品《婆罗门品》。

十五、《泥洹品》（卷下）。收录偈颂三十六章（据正文统计，实为三十五章），论述"泥洹"（又称"涅槃"）最乐问题。说："《泥洹品》者，叙道大归，恬惔寂灭，度生死畏"；"无病最利，知足最富，厚为最友，泥洹最快"；"不没不复生，是际为泥洹"等。本品为巴利文《法句经》所无。

十六、《生死品》（卷下）。收录偈颂十八章，论述"识神"不灭问题。说："《生死品》者，说诸人魂，灵亡神在，随行转生"；"是身为死物，精神无形法"；"自此受苦乐，身死神不丧"；"神以形为庐，形坏神不亡"等。本品为巴利文《法句经》所无。

十七、《道利品》（卷下）。收录偈颂十九章（据正文统计，实为二十章），论述君王的行范问题。说："《道利品》者，君父师行，开示善道，率之以正"；"王为臣民长，常以慈爱下"；"心调胜诸恶，如是为法王"等。本品为巴利文《法句经》所无。

十八、《吉祥品》（卷下）。收录偈颂十九章（据正文统计，实为十八章），论述何物"最吉祥"问题。说："《吉祥品》者，修己之术，去恶就善，终厚景福"；"已信乐正法，是为最吉祥"；"修仁安众生，是为最吉祥"等。本品为巴利文《法句经》所无。如关于

"去恶从就善",说:

> 去恶从就善,避酒知自节,不淫于女色,是为最吉祥。
> 多闻如戒行,法律精进学,修已无所争,是为最吉祥。居孝
> 事父母,治家养妻子,不为空之行,是为最吉祥。不慢不自
> 大,知足念反复,时诵习经,是为最吉祥。……一切为天下,
> 建立大慈意,修仁安众生,是为最吉祥。(卷下《吉祥品》,第
> 575页上、中)

本书的梵文残卷,在十九世纪末在新疆和阗、库车、甘肃敦
煌等地陆续发现,据考证,它们的书写年代大约在二世纪以前。

本书的同本异译有:西晋法炬等译《法句譬喻经》四卷、姚
秦竺佛念译《出曜经》三十卷、北宋天息灾译《法集要颂经》四卷。
此外,还有现代黄宝生《巴汉对勘法句经》(中西书局2015年4
月版)。

西晋法炬等译《法句譬喻经》四卷

《法句譬喻经》,又名《法句本末经》《法句譬经》《法句喻经》,
四卷。西晋法炬、法立译,约译于元康元年(291)至永嘉六年
(312)之间。梁僧祐《出三藏记集》卷二著录(作"《法句本末经》
四卷")。载于《丽藏》"兽"函、《宋藏》"兽"函、《金藏》"兽"函、《元
藏》"兽"函、《明藏》"亦"函、《清藏》"亦"函、《频伽藏》"藏"帙,收
入《大正藏》第四卷。

法立(约四世纪),西晋末年僧人。晋惠帝、怀帝时,与法炬
一起,在洛阳译经。所译的佛经,梁僧祐《出三藏记集》卷二著录
为"四部凡十二卷",其中,《法句本末经》(又名《法句譬喻经》)四
卷、《福田经》(又名《诸德福田经》)一卷,为法立、法炬二人共译,
《楼炭经》六卷(以上见存)、《大方等如来藏经》一卷(已佚),为法

炬一人独译。但隋费长房《历代三宝纪》卷六、唐智升《开元释教录》卷二均将上述四部佛经均列为法立、法炬二人共译。生平事迹见梁僧祐《出三藏记集》卷二、慧皎《高僧传》卷一等。

　　法炬（约四世纪），西晋末年僧人。初与法立一起，在洛阳译经。法立卒后，一人独自译经。独译的佛经，隋费长房《历代三宝纪》卷六著录为"一百三十二部合一百四十二卷"；唐智升《开元释教录》卷二勘定为"四十部五十卷"，其中，《优填王经》一卷等"二十四部二十四卷"见在，《福田经》一卷等"十六部二十六卷"阙本。生平事迹见梁僧祐《出三藏记集》卷二、慧皎《高僧传》卷一等。

　　本书是孙吴维祇难等译《法句经》的异译本，由法句（偈颂）及其因缘故事（长行）构成。原书采用在维祇难等译《法句经》梵本偈颂的基础上，增入因缘故事的方法编成。全书分为三十九品，始《无常品》，终《吉祥品》，收录《法句经》中的偈颂约三百颂，新增因缘故事七十三则（据《丽藏》本统计，大故事中的小故事不计算在内），每则故事无题名，初首通常带有"昔"字，如"昔者"、"昔有"、"昔时"、"昔"等。一般来说，因缘故事是指佛说某偈的原由、背景和经过；譬喻故事是指用来说明偈颂含义的事例或寓言，二者的性质是不同的。本书之所以取名为"法句譬喻经"，显然作者认为因缘、譬喻二者是相通的，从更广的视野来看，这也合乎情理。因为在说偈的因缘故事中，现实的或虚拟的人物言语，往往含有一些譬喻性的语词或故事；而在说出某偈之后，有时又用一些事例（包括人物的前世因缘）或寓言作譬喻，来说明偈颂的含义，这更是名副其实的譬喻故事。故宽泛地说，无论是偈句之前的因缘故事，还是偈句之后的譬喻故事，都是用来说明偈颂的原意的，都可统称为譬喻故事。

　　本书各品的名称、排序和偈颂的分布均与《法句经》相同，但偈颂的数量减少过半,凡是无因缘资料的偈颂都被删去了。由于譬喻故事已上升为全书的主要成分,而法句则变成归纳性的结论,故本书的性质实际上已从"法句"类经典,演化为"譬喻"类经典。

卷一:始《无常品》,终《华香品》,共有十二品。

一、《无常品》(卷一)。论述诸法"无常"问题。内收譬喻故事六则。原书中的故事无题名,今在解说时,依内容拟立,以便阅读,有:"天帝释五德离身喻";"波斯匿王丧大夫人喻";"群牛肥饱跳腾喻";"梵志丧女喻";"淫女莲华出家为尼喻";"梵志兄弟四人避死喻"。内容相当于孙吴维祇难等译(以下略称吴译)《法句经》卷上《无常品》偈颂及其因缘。

二、《教学品》(卷一;《丽藏》本有两个第二品,"《教学品》第二"、"《护戒品》第二",宋元明藏本是将此二品合在一起的)。论述修学"正法"问题。内收譬喻故事四则,有:"比丘饱食昏眠喻";"年少比丘欲自断根喻";"山谷中数息求定喻";"守戒不饮虫水喻"。内容相当于吴译《法句经》卷上《教学品》偈颂及其因缘。

三、《多闻品》(卷一)。论述多闻增智问题。内收譬喻故事四则,有:"夫妇悭恶喻";"昼日执炬而行喻";"奉事日月喻";"五百群贼喻"。内容相当于吴译《法句经》卷上《多闻品》偈颂及其因缘。

四、《笃信品》(卷一)。论述以"信"为财问题。内收譬喻故事二则,有:"履水不没喻";"质金供施喻"。内容相当于吴译《法句经》卷上《笃信品》偈颂及其因缘。

五、《戒慎品》(卷一)。论述以"戒"降心问题。内收譬喻故事一则,即"化道人送食喻"。内容相当于吴译《法句经》卷上《戒慎品》偈颂及其因缘。

六、《惟念品》(卷一)。论述常作忆念(指念佛、念法、念僧、念戒、念施等)问题。内收譬喻故事一则,即"弗加沙王作沙门喻"。内容相当于吴译《法句经》卷上《惟念品》偈颂及其因缘。

七、《慈仁品》(卷一)。论述摄身"行慈"问题。内收譬喻故事二则,有:"杀猎者喻";"和默王杀生祭祀喻"。内容相当于吴译《法句经》卷上《慈仁品》偈颂及其因缘。

八、《言语品》(卷一)。论述不作"恶言"问题。内收譬喻故事一则,即"牸牛杀三人喻"。内容相当于吴译《法句经》卷上《言语品》偈颂及其因缘。

九、《双要品》(卷一)。以每两颂结为一对的方式,论述善恶、智愚、秽净诸法的对立问题。内收譬喻故事三则,有:"商人拜为国王喻";"琉璃王杀兄祇陀喻";"七十婆罗门作沙门喻"。内容相当于吴译《法句经》卷上《双要品》偈颂及其因缘。

十、《放逸品》(卷一)。论述"放逸"的过失问题。内收譬喻故事一则,即"无主宝物喻"。内容相当于吴译《法句经》卷上《放逸品》偈颂及其因缘。

十一、《心意品》(卷一)。论述守护"心意"问题。内收譬喻故事一则,即"水狗啖龟喻"。内容相当于吴译《法句经》卷上《心意品》偈颂及其因缘。如关于"水狗啖龟喻",说:

　　昔佛在世,时有一道人,在河边树下学道。十二年中,贪想不除,走心散意,但念六欲……不能得道。佛知可度,化作沙门,往至其所,树下共宿。须臾月明,有龟从河中出来,至树下。复有一水狗,饥行求食,与龟相逢,便欲啖龟。龟缩其头尾及其四脚,藏于甲中,不能得啖。水狗小远,复出头足,行步如故,不能奈何,遂便得脱。于是道人问化沙门(指佛):此龟有护命之铠,水狗不能得其便? 化沙门答

曰：吾念世人，不如此龟，不知无常，放恣六情，外魔得
便。……于是化沙门即说偈言（以上为佛说偈的因缘）；有
身不久，皆当归土，形坏神去，寄住何贪？心豫造处，往来无
端，念多邪僻，自为招患。……藏六如龟，防意如城，慧与魔
战，胜则无患（以上为佛所说的偈颂）。（卷一《心意品》，《大
正藏》第四卷，第584页中、下）。

十二、《华香品》（前部分在卷一末，后部分在卷二初）。论
述善采"德华"问题。内收譬喻故事三则，有："婆罗门女五百人
为比丘尼喻"；"香璎喻"；"污泥生莲华喻"，内容相当于吴译《法
句经》卷上《华香品》偈颂及其因缘。

卷二：始《愚暗品》，终《刀杖品》，共有六品。

一、《愚暗品》（卷二）。论述愚者作恶问题。内收譬喻故事
二则，有："老翁造舍喻"；"侍女听法喻"。内容相当于吴译《法句
经》卷上《愚暗品》偈颂及其因缘。

二、《明哲品》（卷二）。论述智者修福问题。内收譬喻故事
二则，有："梵志学艺喻"；"二儿相责喻"。内容相当于吴译《法句
经》卷上《明哲品》偈颂及其因缘。

三、《罗汉品》（卷二）。论述阿罗汉"无著"（无所执著）问
题。内收譬喻故事一则，即"家奴出家喻"。内容相当于吴译《法
句经》卷上《罗汉品》偈颂及其因缘。

四、《述千品》（卷二）。论述修学当"取要"问题。内收譬喻
故事三则，有："比丘诵偈喻"；"长者供养婆罗门喻"；"愚人事火
求福喻"。内容相当于吴译《法句经》卷上《述千品》偈颂及其因
缘。如关于"比丘诵偈喻"，说：

　　昔佛在舍卫国，有一长老比丘字般特，新作比丘，禀性
暗塞，佛令五百罗汉日日教之，三年之中不得一偈，国中四

辈,皆知其愚冥。佛愍伤之,即呼著前,授与一偈:守口摄意身莫犯,如是行者得度世。时般特感佛慈恩,欢欣心开,诵偈上口。佛告之曰:汝今年老,方得一偈,人皆知之,不足为奇。今当为汝解说其义,一心谛听。般特受教而听,佛即为说身三、口四、意三所由,观其所起,察其所灭,三界五道,轮转不息,由之升天,由之堕渊,由之得道,涅槃自然,分别为说无量妙法。时般特霍然心开,即得罗汉道。(卷二《述千品》,第588页下—第589页上)

五、《恶行品》(卷二)。论述善恶积成问题。内收譬喻故事二则,有:"五百猕猴漂没喻";"琉璃王伐舍夷国报宿怨喻"。内容相当于吴译《法句经》卷上《恶行品》偈颂及其因缘。

六、《刀杖品》(卷二)。论述不害众生问题。内收譬喻故事二则,有:"病比丘洗身喻";"树神喻"。内容相当于吴译《法句经》卷上《刀杖品》偈颂及其因缘。

卷三:始《老耄品》,终《爱欲品》,共有十四品。

一、《老耄品》(卷三;此据宋元明藏本,《丽藏》作《喻老耄品》)。论述学法除老苦问题。内收譬喻故事二则,有:"七人小语大笑喻";"大臣夫妇行乞喻"。内容相当于吴译《法句经》卷上《老耄品》偈颂及其因缘。

二、《爱身品》(卷三)。论述先自正、后正人问题。内收譬喻故事二则,有:"比丘数年不会一偈喻";"屠儿设供喻"。内容相当于吴译《法句经》卷上《爱身品》偈颂及其因缘。

三、《世俗品》(卷三)。论述世事"如幻"问题。内收譬喻故事一则,即"国王布施珍宝喻"。内容相当于吴译《法句经》卷上《世俗品》偈颂及其因缘。

四、《述佛品》(卷三)。论述佛为至尊问题。内收譬喻故事一则,即"梵志欲闻说法中途而卒喻"。内容相当于吴译《法句经》卷下《述佛品》偈颂及其因缘。

五、《安宁品》(卷三)。论述住于"安宁"问题。内收譬喻故事二则,有:"树下入定喻";"四比丘净苦义喻"。内容相当于吴译《法句经》卷下《安宁品》偈颂及其因缘。

六、《好喜品》(卷三)。论述"好喜"生忧苦问题。内收譬喻故事一则,即"四比丘论乐事喻"。内容相当于吴译《法句经》卷下《好喜品》偈颂及其因缘。

七、《忿怒品》(卷三)。论述以"忍"制"瞋"问题。内收譬喻故事一则,即"调达放醉象害佛喻"。内容相当于吴译《法句经》卷下《忿怒品》偈颂及其因缘。

八、《尘垢品》(卷三)。论述洗除"心垢"问题。内收譬喻故事一则,即"愚痴人求道喻"。内容相当于吴译《法句经》卷下《尘垢品》偈颂及其因缘。

九、《奉持品》(卷三)。论述奉法力行问题。内收譬喻故事一则,即"长老婆罗门尼犍问佛喻"。内容相当于吴译《法句经》卷下《奉持品》偈颂及其因缘。

十、《道行品》(卷三)。论述修习"八直道"(指八正道)问题。内收譬喻故事一则,即"阎罗王所乞索儿命喻"。内容相当于吴译《法句经》卷下《道行品》偈颂及其因缘。

十一、《广衍品》(卷三)。论述惟行"精进"问题。内收譬喻故事一则,即"波斯匿王恒苦身重喻"。内容相当于吴译《法句经》卷下《广衍品》偈颂及其因缘。

十二、《地狱品》(卷三)。论述堕入"地狱"的业行问题。内收譬喻故事二则,有:"婆罗门师富兰迦叶与佛拘试喻";"七比丘十二年不能得道喻"。内容相当于吴译《法句经》卷下《地狱品》偈颂及其因缘。

　　十三、《象喻品》(卷三；此据宋元明藏本,《丽藏》作《象品》)。论述调正身心问题。内收譬喻故事二则,有:"佛诫罗云喻"(罗云,即佛的儿子罗睺罗);"调教大象喻"。内容相当于吴译《法句经》卷下《象喻品》偈颂及其因缘。如关于"佛诫罗云喻",说:

　　　　昔者罗云未得道时,心性粗犷,言少诚信。佛敕罗云:汝到贤提精舍中住,守口摄意,勤修经戒。罗云奉教作礼而去。住九十日,惭愧自悔,昼夜不息。佛往见之,罗云欢喜趣前礼佛,安施绳床,摄受震越,佛踞绳床,告罗云曰:澡盘取水,为吾洗足。罗云受教为佛洗足。洗足已讫,佛语罗云:汝见澡盘中洗足水不? 罗云白佛:唯然见之。佛语罗云:此水可用食饮、盥漱以不? 罗云白言:不可复用。所以者何? 此水本实清净,今以洗足,受于尘垢,是以之故不可复用。佛语罗云:汝亦如是,虽为吾子国王之孙,舍世荣禄,得为沙门,不念精进,摄身守口,三毒(指贪、瞋、痴)垢秽,充满胸怀,亦如此水不可复用。……罗云闻佛恳恻之诲,感激自励,克骨不忘,精进和柔,怀忍如地,识想寂静,得罗汉道(卷三《象喻品》,第599页下—第600页中)

　　十四、《爱欲品》(前部分在卷三末,后部分在卷四初)。论述"爱欲"的危害问题。内收譬喻故事五则,有:"猕猴趣树喻";"长者巨富不好布施喻";"年少比丘迷色喻";"长者丧女喻";"比丘见化女喻"(宋元明藏本收譬喻故事六则,即在"猕猴趣树喻"之后,有"火烧梵志求雨喻",《丽藏》本阙)。内容相当于吴译《法句经》卷下《爱欲品》偈颂及其因缘。

　　卷四:始《利养品》,终《吉祥品》,共有七品。

　　一、《利养品》(卷四)。论述不贪图"利养"问题。内收譬喻故事一则,即"妖蛊女人喻"。内容相当于吴译《法句经》卷下《利养品》偈颂及其因缘。

二、《沙门品》(卷四)。论述"沙门"的德行问题。内收譬喻故事一则,即"少女守园喻"。内容相当于吴译《法句经》卷下《沙门品》偈颂及其因缘。

三、《梵志品》(卷四)。论述"梵志"(又称"婆罗门",此指出家修行者)的行为问题。内收譬喻故事一则,即"五百梵志归佛喻"。内容相当于吴译《法句经》卷下《梵志品》偈颂及其因缘。

四、《泥洹品》(卷四)。论述"泥洹"(又称"涅槃")最乐问题。内收譬喻故事一则,即"越祇国奉行七法喻"。内容相当于吴译《法句经》卷下《泥洹品》偈颂及其因缘。

五、《生死品》(卷四)。论述"识神"不灭问题。内收譬喻故事一则,即"长者丧子喻"。内容相当于吴译《法句经》卷下《生死品》偈颂及其因缘。

六、《道利品》(卷四)。论述君王的行范问题。内收譬喻故事四则,有:"五事得为国王喻";"深山野象喻";"降化罗刹喻";"国王太子三事不得道喻"。内容相当于吴译《法句经》卷下《道利品》偈颂及其因缘。

七、《吉祥品》(卷四)。论述何物"最吉祥"问题。内收譬喻故事一则,即"尼揵梵志问吉祥喻"。内容相当于吴译《法句经》卷下《吉祥品》偈颂及其因缘。

本书的同本异译有:孙吴维祇难等译《法句经》二卷、姚秦竺佛念译《出曜经》三十卷、北宋天息灾译《法集要颂经》四卷。

姚秦竺佛念译《出曜经》三十卷

《出曜经》,又名《出曜论》,三十卷。印度法救造,姚秦竺佛念译,皇初五年(398)译出。梁僧祐《出三藏记集》卷二著录。载于《丽藏》"宫"至"盘"函、《宋藏》"宫""殿"函、《金藏》"宫"至"盘"函、《元藏》"宫""殿"函、《明藏》"广""内"函、《清藏》"广""内"函、《频伽藏》"藏"帙，收入《大正藏》第四卷。

竺佛念（约四世纪），凉州人。幼年出家，志业清坚。"讽习众经，粗涉外典，其《苍》《雅》诂训，尤所明达。少好游方，备观风俗。家世西河，洞晓方语，华戎音义，莫不兼解。"（梁慧皎《高僧传》卷一）苻秦一代，西城沙门昙摩持（译《十诵比丘戒本》等）、鸠摩罗佛提（译《四阿含暮抄解》）、僧伽跋澄（译《尊婆须蜜菩萨所集论》等）、昙摩蜱（译《摩诃般若波罗蜜钞经》）、僧伽提婆（译《阿毗昙八犍度论》等）、昙摩难提（译《中阿含经》等）等在长安翻译佛经，均由竺佛念担任传译（又称"传语"，即将梵语口译为汉语）。姚秦之初，又协助佛陀耶舍翻译《长阿含经》。"自安高（安世高）、支谦以后，莫逾于念（竺佛念），在苻、姚二代为译人之宗，故关中僧众，咸共嘉焉。"（同上）此外，竺佛念独立翻译了十二部七十四卷佛经（据唐智升《开元释教录》卷四）。其中，《出曜经》《鼻奈耶》《十住断结经》《菩萨璎珞经》《菩萨处胎经》《中阴经》《菩萨璎珞本业经》等七部六十一卷见存，《持人菩萨经》等五部十三卷阙本。另撰有《王子法益坏目因缘经序》（收入梁僧祐《出三藏记集》卷七）。后因疾卒于长安。生平事迹见梁慧皎《高僧传》卷一等。

本书是孙吴维祇难等译《法句经》增订后的异译本，由法句（偈颂）及其解释（包括法句的释文、因缘和譬喻故事）构成。原书采用在维祇难等译《法句经》梵本的基础上，调整一些品目（如删除《法句经》中的《愚暗品》《明哲品》《尘垢品》等；新增了《亲品》等，并对一些品名作了修改），将原先各品所收的偈颂，重新予以分配、组合，并增入新的偈颂和长行的方法编成。书名中的"出曜"，为"譬喻"的别译，音译"阿波陀那"，为"十二部经"（指依体裁和内容区分的佛教经典的十二种类别)之一。本书卷六《放逸品》有释名，说："所谓《出曜》者，从《无常》至《梵志》，采众经之要藏，演说布现，以训将来，故名《出曜》。"(见卷六《放逸品》)。从卷八《戒品》还提到"尊者僧伽罗刹造立《修行经》"来看，本书成为于《修行道地经》之后。

全书分为三十四品，始《无常品》，终《梵志品》，共收录九百八十九颂(本书无统计数，此据英国学者洛克希尔于 1883 年出版的藏文《法集要颂经》的英译本所作的统计；另说"九百三十颂"、"八百六十二颂"、"八百五十九颂")，譬喻故事近二百则(一说"一百七十六颂")，每则譬喻故事之首大多带有"昔"字(如"昔者"、"昔有"、"昔时"、"昔"等)。在传今的《法句经》四种汉译本中，本书的体例与西晋法炬等译《法句譬喻经》较为接近。但《法句譬喻经》各品的叙述程序，一般是先出因缘故事，后出法句的。而本书各品的叙述程序大多为先出法句，后出阐说法句的释文、因缘和譬喻故事(有些故事含有偈颂)的，故书中有关解释法句含义的长段论述非常之多，具有很浓的理论色彩。本书的初首有姚秦僧睿于弘始元年(406)八月撰的《出曜经序》，说：

　　《出曜经》者，婆须密舅法救菩萨之所撰也，集比一千章，立为三十三品，名曰《法句》；录其本起，系而为释，名曰《出曜》。出曜之言，旧名譬喻，即十二部经第六部也。有罽宾沙门僧伽跋澄，以前秦建元十九年，陟葱岭、涉流沙，不远万里来至长安。其所暗识，富博绝伦，先师器之。……俄而三秦覆坠，避地东周。后秦皇初四年，还辕伊洛。将返旧乡，伫驾京师，望路致慨，恨《法句》之不全、《出曜》之未具，缅邈长怀，蕴情盈抱。太尉姚旻，笃诚深乐，闻不俟驾，五年秋请令出之，六年春讫。澄执梵本，佛念宣译，道嶷笔受，和、碧二师师法括而正之。时不有怙，从本而已。旧有四卷，所益已多，得此具解，览之画然矣。予自武当，轩袊华领，咨询观化，预参检校，聊复序之。(《大正藏》第四卷，第609页中、下)

一、《无常品》(卷一至卷三)。论述诸法"无常"问题。说："(一切诸法)所行非常，为磨灭法，不可怙怙，变易不住"；"短寿长寿、饶财贫匮、端正丑陋、豪族卑贱、有颜无颜、智慧愚暗，尽归于死，无常变易，皆当捐弃在旷冢间"等。内容相当于吴译《法句经》卷上《无常品》《老耄品》的增广。

二、《欲品》(卷四)。论述"爱欲"的危害问题。说："爱欲生忧，爱欲生畏，无所爱欲，何忧何畏"；"人贪著爱欲，习于非法行，不观死命至，谓命为久长"等。内容相当于吴译《法句经》卷下《爱欲品》的增广。

三、《爱品》(卷五；《法集要颂经》卷一译作《贪品》)。论述"贪欲"的危害问题。说："众生爱缠裹，犹兔在于罝，为结使(指烦恼)所缠，数数受苦恼"；"所谓爱根本，根本是无明，枝叶余结使"等。内容相当于吴译《法句经》卷下《爱欲品》的增广。

四、《无放逸品》(卷五至卷六)。论述"不放逸"的利益问题。说："戒为甘露道，放逸为死径，不贪则不死，失道为自丧"；"专意莫放逸，习意能仁戒，终无愁忧苦，乱念得休息"等。内容相当于吴译《法句经》卷上《放逸品》、卷下《地狱品》的增广。

五、《放逸品》(卷六至卷七)。论述"放逸"的过失问题。说："(放逸)如车行道，舍平大途，从邪径败，生折轴忧"；"比丘谨慎乐，放逸多忧惩，散洒诸恶法，如风飘落叶"等。内容相当于吴译《法句经》卷上《放逸品》的增广。

六、《念品》(卷八)。论述"好喜"生忧苦问题。说："念喜生忧,念喜生畏,无所念喜,何忧何畏";"一切皆惧死,莫不畏杖痛,恕己可为譬,勿杀勿行杖"等。内容相当于吴译《法句经》卷下《好喜品》、卷上《刀杖品》的增广。

七、《戒品》(卷九)。论述以"戒"降心问题。说:"以戒降心,守意正定,内学止观,无忘正智";"彼修行人,戒品、定品、慧品三业具足,以自缨络,摧结使聚,何往不坏"等。内容相当于吴译《法句经》卷上《戒慎品》的增广。

八、《学品》(卷十)。论述摄身"行慈"问题。说:"慈仁不杀,常能摄身,是处不死,所适无患。慈仁不杀者,终不杀害触恼生类(指众生),不劫略他财,不淫犯他妻。所谓仁者,得履贤圣善法"等。内容相当于吴译《法句经》卷上《慈仁品》的增广。

九、《诽谤品》(卷十至卷十一)。论述不作"恶言"问题。说:"夫士之生,斧在口中,所以斩身,由其恶言";"人生于世,不能守护口过,为心所使,造不善本,皆由于舌,端正丑陋、长短好恶,亦由心念口发,致此重罪"等。内容相当于吴译《法句经》卷上《言语品》的增广。

十、《行品》(卷十一)。论述正身为善问题。说:"善恶之行,犹形影相追,受对由行,终不毁败,正使天焦地融、须弥崩颓、海水枯涸、日月堕地、星宿涧落,善恶之报,终不毁败"等。内容相当于吴译《法句经》卷下《象喻品》的增广。

十一、《信品》(卷十二)。论述以"信(正信)"为财问题。说:"信财乃得道,自致法灭度,善闻从得慧,一切缚得解"等。内容相当于吴译《法句经》卷上《笃信品》的增广。如关于"信能渡河"偈的解释,说:

　　　　信能渡河,其福难夺,能禁止盗,野沙门乐(以上为
　　法句)。

信能渡河者,信直至心,所向无碍。……有一直信人,欲渡江水,已至岸所,问行人曰:水为深浅? 答曰:齐踝而已。执信而渡,实如所言。……是故说:信能渡河也。其福难夺者,昔有一人犯于王法,家产诸物,尽没于官,王勅其人:送汝家产财簿,尽诣于官。其人赍福德名簿,送诣于官。王问其人:吾勅汝送家产财簿,乃送福德簿耶? 其人报曰:后身家产簿者,此簿是也;今身家产簿,随王所录。王闻斯语,心开意悟,息而不录。是故说:其福难夺也。能禁止盗者,昔舍卫城里有一长者,笃信三尊,慈仁惠施,苞育众生,赒诸穷乏。时天暴雨电雷霹雳,盗窃忽至,劫掠财物。长者寻觉,语彼贼曰:汝莫持去,吾欲与沙门。贼闻斯语……寻退而去。是故说:能禁止盗,野沙门乐(以上为法句的解释)。(卷十二《信品》,第 677 页上)

十二、《沙门品》(卷十三)。论述“沙门”的德行问题。说:“所谓沙门,恢廓弘道,息心灭意,粗结(指根本烦恼)不兴”;“真实比丘者,威仪具足,见小隙畏惧,况于大者? 众行不阙,志趣三道,佛、辟支佛、阿罗汉道,具足威仪戒律,如此之比,乃谓沙门”等。内容相当于吴译《法句经》卷下《沙门品》的增广。

十三、《道品》(卷十三至卷十四)。论述修习“八正道”问题。说:“八直最正道(指八正道),四谛为法迹,是道名无为,以灯灭爱冥”等。内容相当于吴译《法句经》卷下《道行品》的增广。

十四、《利养品》(卷十四至卷十五)。论述不贪图“利养”问题。说:“愚人贪利养,求望名誉称,在家自兴嫉,常求他供养”;“(比丘当)不自望利,不谄于人,不依他活,守己法行”等。内容相当于吴译《法句经》卷下《利养品》的增广。

十五、《忿怒品》(卷十六)。论述“忍辱胜怨”、“乐戒学行”

问题。说："忍辱胜怨,善胜不善,胜者能施,至诚胜欺";"乐戒学行,奚用伴为? 独善无忧,如空野象"等。内容相当于吴译《法句经》卷下《忿怒品》、卷上《教学品》的增广。

十六、《惟念品》(卷十七)。论述常作忆念(指"念出息入息"、"念佛"、"念法"、"念僧"、"念戒"、"念施"、"念天"、"念身"等)问题。说："彼修行人,当善观察二甘露门:一者安般,二者不净观";"念身念非常,念戒布施德,念天安般死,昼夜当念是"等。内容相当于吴译《法句经》卷上《惟念品》的增广。

十七、《杂品》(卷十七至卷十八)。论述惟行"精进"问题。说："断浊黑法,学惟清白(法),渡渊不反,弃猗行止"等。内容相当于吴译《法句经》卷下《广衍品》的增广。

十八、《水品》(卷十八)。论述善恶积成问题。说："莫轻小恶,以为无殃,水滴虽微,渐盈大器";"莫轻小善,以为无福,水滴虽微,渐盈大器"等。内容相当于吴译《法句经》卷上《恶行品》的增广。

十九、《华品》(卷十九)。论述善采"德华"问题。说："学者择地,舍鉴取天,善说法句,能采德华"等。内容相当于吴译《法句经》卷上《华香品》的增广。

二十、《马喻品》(卷十九)。论述调正身心问题。说："常自调御,如止奔马,自能防制,念度苦原";"常自调御者,念自调御去恶即善";"如止奔马者,如彼调马人,调和奔逸马,避危就安"等。内容相当于吴译《法句经》卷下《象喻品》的增广。

二十一、《恚品》(卷二十)。论述以"忍"制"瞋"问题。说："除恚去憍慢,超度诸结使,不染著名色,除有何有哉";"有力近兵,无力近软,夫忍为上,宜常忍羸"等。内容相当于吴译《法句经》卷下《忿怒品》的增广。

二十二、《如来品》(卷二十至卷二十一)。论述佛为至尊问题。说:"志独无等伦,自获于正道,如来天人尊,一切智力具"等。内容相当于吴译《法句经》卷下《述佛品》的增广。

二十三、《闻品》(卷二十一)。论述多闻增智问题。说:"智博为多闻,持戒悉完具,二俱得称誉,所愿者尽获"等。内容相当于吴译《法句经》卷上《多闻品》的增广。

二十四、《我品》(卷二十一)。论述正身利人问题。说:"当自克修,随其教训,己不被训,焉能训彼"等。内容相当于吴译《法句经》卷上《爱身品》的增广。如关于"先自正己"偈的解释,说:

> 先自正己,然后正人,夫自正者,乃谓为上(以上为法句)。

> 先自正己,然后正人者,夫人修习,自守为上,昼则教诫,夜则经行,孜孜汲汲,终日匪懈,然后训诲众生,安处大道。如佛契经所说,佛告均头:如人己自没在深泥,复欲权宜拔挽彼溺者,此事不然。犹人无戒,欲得教诫前人者,亦无此事。广说如契经。如器完具,所盛不漏,人神淡泊,堪受深法,亦能教化一切众生,其闻法者,莫不信乐,是故说曰:先自正己,然后正人,夫自正者,乃谓为上也(以上为法句的解释)。(卷二十一《我品》,第723页中)

二十五、《广演品》(卷二十二)。论述修学当"取要"问题。说:"虽诵千章,不义何益? 宁解一句,闻可得道";"虽复寿百岁,山林祭祀火,不如须臾间,执行自修慕"等。内容相当于吴译《法句经》卷上《述千品》的增广。

二十六、《亲品》(卷二十二)。论述亲近"善知识"(即善友)问题。说:"不亲恶知识(即恶友),不与非法会,亲近善知识,恒与正法会";"近恶自陷溺,习善致名称,妙者恒自妙,此由身真正"等。本品在吴译《法句经》中没有对应的品目。

二十七、《泥洹品》(卷二十三)。论述"泥洹"(又称"涅槃")最乐问题。说:"无病第一利,知足第一富,知亲第一友,泥洹第一乐";"鹿归于野,鸟归虚空,义归分别,真人归灭"等。内容相当于吴译《法句经》卷下《泥洹品》的增广。

二十八、《观品》(卷二十四)。论述世事"如幻"问题。说:"观世衰耗法,但见众色变,愚者自系缚,为暗所缠裹"等。内容相当于吴译《法句经》卷上《世俗品》的增广。

二十九、《恶行品》(卷二十五)。论述恶有罪报问题。说:"诸恶莫作,诸善奉行,自净其意,是诸佛教"(此偈原在《法句经》卷下《述佛品》);"人之为恶,后自受报,已不为恶,后无所忧"等。内容相当于吴译《法句经》卷上《恶行品》的增广。

三十、《双要品》(卷二十六)。以每两颂结为一对的方式,论述善恶、智愚、秽净诸法的对立和阿罗汉的"无著"问题。说:"在村闲静,高岸平地,应真(指阿罗汉)所过,莫不蒙祐""贤者有千数,智睿在丛林,义理极深邃,智者所分别"等。内容相当于吴译《法句经》卷上《双要品》《罗汉品》的增广。

三十一、《乐品》(卷二十七)。论述住于"安宁"问题。说:"乐法乐学行,慎莫行恶法,能善行法者,今世后世乐";"善乐于揣食,善乐摄法服,善乐于经行,乐处于山薮"等。内容相当于吴译《法句经》卷下《安宁品》的增广。

三十二、《心意品》(卷二十八)。论述守护"心意"问题。说:"心为法本,心尊心使,中心念恶,即言即行,罪苦自追,车轹于辙";"心为法本,心尊心使,中心念善,即言即行,福庆自随,如影随形"(以上两偈原在《法句经》卷上《双要品》);"观身如聚沫,解知焰野马,以睿与魔战,守胜勿复失"等。内容相当于吴译《法句经》卷上《心意品》的增广。

　　三十三、《沙门品》(卷二十九；此品与卷十三《沙门品》重名，《法集要颂经》作《苾刍品》)。论述"比丘"的德行问题。说："诸有修善法，七觉意为本，此名为妙法，故曰定比丘"；"能断爱根本，尽竭欲深泉，比丘胜彼此，如蛇脱故皮"等。内容相当于吴译《法句经》卷下《奉持品》《沙门品》的增广。

　　三十四、《梵志品》(卷二十九至卷三十)。论述"梵志"(又称"婆罗门")的修行问题。说："出恶为梵志，入正为沙门，弃我众秽行，是则为舍家"；"比丘冢间衣，观于欲非真，坐树空闲处，是谓为梵志"等。内容相当于吴译《法句经》卷下《梵志品》的增广。

　　本书中的偈颂资料，主要来自"四阿含"，也有一些是参考巴利文《经藏·小部》中的《经集》(如《经集》中的《蛇经》《仁慈经》《牟尼经》《大吉祥经》《戒行经》《爱欲经》《衰老经》等)编集的。书中有些品所述的内容是交叉重叠的，如卷四《欲品》与卷五《爱品》，都是讲述"爱欲"的危害的；卷五至卷六《无放逸品》与卷六至卷七《放逸品》，都是讲述"放逸"的过失的；卷十三《沙门品》与卷二十九《沙门品》，都是讲述沙门的德行的，只是因为同一主题的资料太多，放在一品，篇幅相差悬殊，故编集者将它们拆成二品来叙述。因此，本书虽为后出，但它的分品布局反而不如早先的《法句经》来得严谨。

　　本书的同本异译有：孙吴维祇难等译《法句经》二卷、西晋法炬等译《法句譬喻经》四卷、北宋天息灾译《法集要颂经》四卷。

北宋天息灾译《法集要颂经》四卷

　　《法集要颂经》，四卷。印度法救集，北宋天息灾译，雍熙二年(985)译出。北宋赵安仁等《大中祥符法宝录》卷四著录(称"中天竺梵本所出")。载于《丽藏》"书"函、《宋藏》"槐"函、《金藏》"书"函、《元藏》"槐"函、《明藏》"隶"函、《清藏》"隶"函、《频伽藏》"藏"帙,收入《大正藏》第四卷。

天息灾(?～1000),北印度迦湿弥罗国(又称"罽宾国",今克什米尔一带)人,中印度惹烂驮罗国(又称"阇烂达罗国")密林寺僧人。北宋太平兴国五年(980)二月,与乌填曩国三藏法师施护一起,来至汴京(今河南开封),受到宋太宗的召见,并赐以紫衣。当时印度一些义学僧相继来华,向朝廷进贡了很多梵本佛经,宋太宗有意恢复自唐元和六年(811)以来已经中断的佛经翻译,于是敕命在太平兴国寺的西侧营建译经院。太平兴国七年(982)六月,译经院建成,诏令天息灾、法天、施护入住,共译梵经,并赐封天息灾为"明教大师"、法天为"传教大师"、施护为"显教大师"。先令三人各译一经。七月,天息灾译出《圣佛母小字般若波罗蜜多经》一卷,法天译出《大乘圣吉祥持世陀罗尼经》一卷,施护译出《无能胜幡王如来庄严陀罗尼经》一卷,缮写上进。宋太宗命左右街僧司选京城义学僧一百人,详定经义。审定通过后,颁诏入藏流通。太平兴国八年(983),天息灾译出《大乘庄严宝王经》四卷、法天译出《大方广总持宝光明经》五卷,均诏入藏。同年七月,经天息灾奏请,诏左右街僧司选京城诸寺童子五十人入译经院,攻习梵学,绍绪译事。八月,将译经院改名为"传法院"。雍熙二年(985),授天息灾为"朝散大夫试光禄卿",法天、施护为"朝奉大夫试鸿胪卿"。雍熙四年(987)十月,天息灾进呈新译《贤圣集伽陀一百颂》一卷,奉诏改名"法贤",自此以后,他的一切活动都采用新名。咸平三年(1000)八月卒,世寿阙载。天息灾所译的佛经,前期署名"天息灾"译的,有《圣佛母小字般若波罗蜜多经》等十八部五十七卷;后期署名"法贤"译的,有《人仙经》等七十五部一百十四卷。二项合计,共译出佛经九十三部一百七十一卷,其本均存(以上据笔者统计)。生平事迹见北宋赵安仁等《大中祥符法宝录》卷三等、南宋志磐《佛祖统记》卷四十三、明明河《补续高僧传》卷一等。

特别需加说明的是,南宋志磐《佛祖统记》卷四十三说:雍熙二年(985),"法天改名法贤",这是一条错误的记载。因为早在北宋赵安仁等《大中祥符法宝录》卷六中,就已明确记载:雍熙四年(987)十月,"诏天息灾改名法贤",也就是说,不是"法天"改名为"法贤",而是"天息灾"改名为"法贤";同书卷十又说,《佛三身赞》等三部,"三藏沙门法贤译,法天证梵义,施护证梵文",再次证实法贤、法天并非同一人。然而,由于《佛祖统记》的影响远大于《大中祥符法宝录》,这就造成明明河《补续高僧传》、近世洪业等《佛藏子目引得》、周叔迦《宋元明清译经图纪》等著作,都沿用《佛祖统记》的错误,将"法天"、"法贤"视为同一人,乃至在统计译经部卷时,误将"法贤"(即"天息灾")的译经,均计入"法天"的名下,致使译籍数据错乱。研究者在使用这些资料时须自行更正。

本书是《出曜经》各品偈颂的汇编本。全书分为三十三品,始《有为品》,终《梵志品》,共收录九百八十九颂(一说"九百三十二颂")。与维祇难等译《法句经》相比,约有二百多颂是相同或相近的,其余都是新集或改作的,出入较大。

卷一:始《有为品》,终《沙门品》,共有十一品。

一、《有为品》(卷一)。论述诸法"无常"问题。内容相当于《出曜经》卷一至卷三《无常品》的偈颂。

二、《爱欲品》(卷一)。论述"爱欲"的危害问题。内容相当于《出曜经》卷四《欲品》的偈颂。

三、《贪品》(卷一)。论述"贪欲"的危害问题。内容相当于《出曜经》卷五《爱品》的偈颂。

四、《放逸品》(卷一)。论述"放逸"的过失问题。内容相当于《出曜经》卷五至卷六《无放逸品》、卷六至卷七《放逸品》的偈颂。如关于"戒为甘露道"等偈，说：

> 戒为甘露道，放逸为死径，不贪则不死，失道乃自丧。……苾刍怀谨慎，放逸多忧愆，抖擞诸罪尘，如风飘落叶。苾刍怀谨慎，放逸多忧愆，结使深缠缚，如火焚枯薪。苾刍怀谨慎，放逸多忧愆，各各顺次第，得尽诸结使。（卷一《放逸品》,《大正藏》第四卷，第 779 页上、中）

五、《爱乐品》(卷一)。论述"好喜"生忧苦问题。内容相当于《出曜经》卷八《念品》的偈颂。

六、《持戒品》(卷一)。论述以"戒"降心问题。内容相当于《出曜经》卷九《戒品》的偈颂。

七、《善行品》(卷一)。论述摄身"行慈"问题。内容相当于《出曜经》卷十《学品》的偈颂。

八、《语言品》(卷一)。论述不作"恶言"问题。内容相当于《出曜经》卷十至卷十一《诽谤品》的偈颂。

九、《业品》(卷一)。论述正身为善问题。内容相当于《出曜经》卷十一《行品》的偈颂。

十、《正信品》(卷一)。论述以"信（正信)"为财问题。内容相当于《出曜经》卷十二《信品》的偈颂。

十一、《沙门品》(卷一)。论述"沙门"的德行问题。内容相当于《出曜经》卷十三《沙门品》的偈颂。

卷二：始《正道品》，终《己身品》，共有十二品。

一、《正道品》(卷二)。论述修习"八正道"问题。内容相当于《出曜经》卷十三卷十四《道品》的偈颂。

二、《利养品》(卷二)。论述不贪图"利养"问题。内容相当于《出曜经》卷十四至卷十五的偈颂。

三、《怨家品》(卷二)。论述"忍辱胜怨"、"乐戒学行"问题。内容相当于《出曜经》卷十六《忿怒品》的偈颂。

四、《忆念品》(卷二)。论述常作忆念(指念出息入息、念佛、念法、念僧、念戒、念施、念天、念身等)问题。内容相当于《出曜经》卷十七《惟念品》的偈颂。

五、《清净品》(卷二)。论述惟行"精进"问题。内容相当于《出曜经》卷十七至卷十八《杂品》的偈颂。

六、《水喻品》(卷二)。论述善恶积成问题。内容相当于《出曜经》卷十八《水品》的偈颂。

七、《华喻品》(卷二)。论述善采"德华"问题。内容相当于《出曜经》卷十九《华品》的偈颂。如关于"贪根若除断"等偈(此中反复出现的"如蛇脱故皮",出自巴利文《经集·蛇经》),说:

> 贪根若除断,如华水上浮,苾刍到彼岸,如蛇脱故皮。恚根若除断,如华水上浮,苾刍到彼岸,如蛇脱故皮。痴根若除断,如华水上浮,苾刍到彼岸,如蛇脱故皮。……我慢根除断,如华水上浮,苾刍到彼岸,如蛇脱故皮。悭吝根若断,如华水上浮,苾刍到彼岸,如蛇脱故皮。爱支根若断,如华水上浮,苾刍到彼岸,如蛇脱故皮。若无烦恼根,获报善因果,苾刍到彼岸,如蛇脱故皮。(卷二《华喻品》,第786页中、下)

八、《马喻品》(卷二)。论述调正身心问题。内容相当于《出曜经》卷十九《马喻品》的偈颂。

九、《瞋恚品》(卷二)。论述以"忍"制"瞋"问题。内容相当于《出曜经》卷二十《恚品》的偈颂。

十、《如来品》(卷二)。论述佛为至尊问题。内容相当于《出曜经》卷二十至卷二十一《如来品》的偈颂。

十一、《多闻品》(卷二)。论述多闻增智问题。内容相当于《出曜经》卷二十一《闻品》的偈颂。

十二、《己身品》(卷二)。论述正身利人问题。内容相当于《出曜经》卷二十一《我品》的偈颂。

卷三：始《广说品》，终《相应品》，共有六品。

一、《广说品》(卷三)。论述修学当"取要"问题。内容相当于《出曜经》卷二十二《广演品》的偈颂。

二、《善友品》(卷三)。论述亲近"善知识"(即善友)问题。内容相当于《出曜经》卷二十二《亲品》的偈颂。

三、《圆寂品》(卷三)。论述"圆寂"(又称"涅槃")最乐问题。内容相当于《出曜经》卷二十三《泥洹品》的偈颂。如关于"圆寂第一乐"等偈，说：

> 无病第一利，知足第一富，知亲第一友，圆寂第一乐。饥为第一患，行为第一苦，如实知此者，圆寂第一乐。……趣善之徒少，趣恶之徒多，如实知此者，速求于圆寂。有缘生善处，有缘生恶趣，有缘般涅槃，如斯皆有缘。鹿归于田野，鸟归于虚空，义归于分别，真人归寂灭。(卷三《圆寂品》，第790页中、下)

四、《观察品》(卷三)。论述世事"如幻"问题。内容相当于《出曜经》卷二十四《观品》的偈颂。

五、《罪障品》(卷三)。论述恶有罪报问题。内容相当于《出曜经》卷二十五《恶行品》的偈颂。

六、《相应品》(卷三末至卷四初)。以每两颂结为一对的方式，论述善恶、智愚、秽净诸法的对立和阿罗汉的"无著"问题。内容相当于《出曜经》卷二十六《双要品》的偈颂。

卷四：始《乐品》，终《梵志品》，共有四品。

一、《乐品》(《大正藏》缺品名,今据《明藏》本补)。论述住于"安宁"问题。内容相当于《出曜经》卷二十七《乐品》的偈颂。

二、《护心品》。论述守护"心意"问题。内容相当于《出曜经》卷二十八《心意品》的偈颂。

三、《苾刍品》。论述"沙门"(此处指"比丘")的德行问题。内容相当于《出曜经》卷二十九《沙门品》的偈颂。

四、《梵志品》。论述"梵志"(又称"婆罗门")的修行问题。内容相当于《出曜经》卷二十九至卷三十《梵志品》的增广。

本书收录的偈颂虽出自《出曜经》,但在译文上颇有出入。

本书的同本异译有:孙吴维祇难等译《法句经》二卷、西晋法炬等译《法句譬喻经》四卷、姚秦竺佛念译《出曜经》三十卷。本书的藏文译本有《法集要颂经》四卷(见元布顿《佛教史大宝藏论》,郭和卿译,民族出版社 1986 年 3 月版)。

第五品 譬喻类:东晋失译《天尊说阿育王譬喻经》一卷

《天尊说阿育王譬喻经》,又名《阿育王譬喻经》,一卷。东晋失译,约出于建武元年(317)至元熙二年(420)之间。唐智升《开元释教录》卷三著录。载于《丽藏》"写"函、《宋藏》"写"函、《金藏》"写"函、《元藏》"写"函、《明藏》"坟"函、《清藏》"坟"函、《频伽藏》"藏"帙,收入《大正藏》第五十卷。

本书是一部佛教譬喻故事集,即通常所说的"譬喻经"。书名中的"天尊"为"世尊"的异译,指佛;"阿育王",指孔雀王朝的第三代国王,是本书所收第一篇譬喻故事中的人物;"譬喻",音译"阿波陀那",指佛教圣贤的事迹,以及用现实的或虚拟的事物与故事为比喻,说明佛教义理,就文体而言,它也是佛教"十二部经"(指依体裁和内容区分的佛教经典的十二种类别)之一。传今的譬喻经,除个别经典是出自"佛说"以外,绝大多数是西域佛教学者集体或个人编集的,古代佛经目录将它们归为西域"贤圣集传"之列。"贤圣集传"是一个大类,依体裁区分,有譬喻经,也有禅经、本生经、传记等;依性质区分,有小乘著作,也有大乘著作;依署名区分,有题署作者姓名的,也有不题署作者姓名的。故若将西域"贤圣集传"中的譬喻经细分,不署名(或作者无法查考)的,通常可编入"小乘经藏"的;署名(或作者可考)的,通常可编入"小乘论藏"。由于譬喻经都是由社会素材和佛教义理组合而成的,故各经典之间有些故事是相同或相似的,存在着很大的关联性。

　　全书共收录譬喻故事十三则。原书中的故事无题名,今依内容拟立,以便阅读。

　　(1)"阿育王比福德"。叙述阿育王与龙王比福德的故事。(2)"阿难捉纸"。叙述阿难问佛为何捉纸手香、捉草手臭的故事。(3)"掷石浮没"。叙述弟子问佛为何掷石水中,有沉有浮的故事。(4)"不识宝斧"。叙述孤独老公不识宝斧的故事。(5)"鹦鹉灭火"。叙述鹦鹉用羽毛沾水灭山火,以救亲友的故事。(6)"五谷之神"。叙述长者施谷而得大富的故事。(7)"买智慧"。叙述大臣以五百两金买二十字"智慧之言"的故事。(8)"虾蟆听经"。叙述佛在恒河边广说经法,连虾蟆也来听经的故事。(9)"兄弟二人"。叙述兄长不听弟语而获罪报的故事。(10)"杀猪者"。叙述杀猪者供养道人(指沙门),而道人不作呵诫,致遭罪报的故事。(11)"杖鞭故身"。叙述鬼神杖鞭故身(指前身),责备他生前不孝不忠、不敬三尊(指佛、法、僧)的故事。(12)"代沙弥输米"。叙述贤者自代沙弥输米(指讨米),让他诵习经偈,后获福报的故事。(13)"群牛喧戏"。叙述屠夫日杀一牛，群牛不知死之将临，仍然跳腾喧戏的故事。

这些故事所说的义理，主要有："天下多力，无过福德，人护经法，如母护子"；"近贤成智，近愚益惑"；"与善师相值者，得免众苦；与恶师相值者，则习恶事不离众祸"；"当就明师，以求度世之道"；"福德不可不作"；"一言之助，胜千金之益"；"道人受供养，不可不教诫（施主）"；"罪福追人，久而不置，不可不慎"；"福德随身，如影随形，随人所种，各获其福，不可不为"；"一日过去，人命转减，不可不思惟勤求度世之道"等。如关于"阿难捉纸"的故事，说：

> 昔天尊（指世尊）在世时，将诸弟子教化群生（指众生），见地有一纸，弟子阿难辄便取之。天尊告阿难放地，阿难即便放地，手便大香。小复前行，见飘风吹草在地，阿难复取。天尊语阿难放地，手便臭。阿难未解，须臾前到精舍，当问此意。阿难白世尊：何缘捉纸而手香，捉草令手臭。天尊语阿难：纸本从香地来，香著纸，是以使汝手香；草从臭地来故，是以使汝手臭。与贤相近，如香著纸；与恶人相近，如臭著草。是以经言：近贤成智，近愚益惑，损我者三（指身、口、意），益我者三。此之谓不可不慎。（《大正藏》第五十卷，第170页上、中）

书中所说的"代沙弥输米"的故事，也见于姚秦鸠摩罗什译《众经撰杂譬喻》（即《杂譬喻经》二卷本）卷上第十四经。

第六品　譬喻类：姚秦鸠摩罗什译《大庄严论经》十五卷

《大庄严论经》，又名《大庄严论》《大庄严经论》《大庄严经》

《喻鬘论》，十五卷。书题"马鸣菩萨造"，实为"鸠摩罗多造"（后详），姚秦鸠摩罗什译，约译于弘始四年（402）至弘始十四年（412）之间。隋法经等《众经目录》卷五著录（书名作《大庄严论》；唐智升《开元释教录》卷四始作《大庄严经论》，添"经"字）。载于《丽藏》"事""君"函、《宋藏》"君""日"函、《金藏》"事""君"函、《元藏》"君""日"函、《明藏》"慈""隐"函、《清藏》"慈""隐"函、《频伽藏》"暑"帙，收入《大正藏》第四卷。

鸠摩罗多（约三世纪），音译又作"鸠摩罗驮"、"鸠摩罗陀"、"拘摩罗逻多"、"鸠摩罗罗陀"、"究摩罗罗陀"等，意译"童受"、"豪童"、"童子"等。此中，"鸠摩罗多"为通行的译名，在汉文《大藏经》中出现过一百七十一次，远超于其他译名。北印度呾叉始罗国人，幼年出家，游心典籍，栖神玄旨，能日诵三万二千言（见唐玄奘《大唐西域记》卷十二）。初为萨婆多部（即说一切有部）论师，后转为譬喻师（擅长用譬喻故事解释经义的论师），成为"唯依经为正量"（即以经教为正确认识）的经部（又称"经量部"）的创立者。"譬喻师是经部异师，即日出论者，是名经部。此有三种：一根本即鸠摩罗多；二室利逻多，造经部《毗婆沙》，《正理》（论）所言上座是；三但名经部，以根本师造结《鬘论》，广说譬喻，名譬喻师，从所说为名也，其实总是一种经部。"（唐窥基《成唯识论述记》卷四）《成实论》的作者诃梨跋摩，即出自他的门下（见梁僧祐《出三藏记集》卷十一、卷十二）。鸠摩罗多"学冠时彦，名高当世，立正法，摧邪见，高论清举，无难不酬，五印度国咸见推高。其所制论凡数十部，并盛宣行，莫不玩习，即经部本师也"，"当此之时，东有马鸣，南有提婆，西有龙猛（指龙树），北有童受（指鸠摩罗多），号为四日照世"（唐玄奘《大唐西域记》卷十二）。他起初在呾叉始罗国著述诸论，羯盘陀国王闻知其德望后，兴兵动众，将他从呾叉始罗国迎至本国，为他特地营筑了伽

蓝,台阁高广,佛像威严,以供瞻仰。被后人列为付法藏十八祖
(见北魏吉迦夜等译《付法藏因缘传》卷六,称他受法于僧伽耶
舍,传法于阇夜多)。鸠摩罗多的著作,相传有《日出论》(见隋吉
藏《三论玄义》)、《喻鬘论》(即《大庄严论经》)、《痴鬘论》《显了
论》《九百论》等数十部(见普光《俱舍论记》卷二、窥基《成唯识论
述记》卷二)。传今者唯有《喻鬘论》,以及见收于姚秦鸠摩罗什
译《坐禅三昧经》的初四十三首禅偈(见梁僧祐《出三藏记集》卷
九),其余全都亡佚。生平事迹见于唐玄奘《大唐西域记》卷三和
卷十二、唐窥基《成唯识论述记》卷四、普光《俱舍论记》卷二、法
宝《俱舍论疏》卷二等。

　　本书是一部佛教譬喻故事集。鸠摩罗什译本题为"马鸣菩
萨造",但近代在新疆库车的克孜尔发现了内容与本书相同的梵
文残卷,书名作《譬喻庄严》(或译《譬喻鬘》,意为以譬喻作庄严,
"鬘"指装饰用的花环),署名为"鸠摩罗罗陀造"(或译"鸠摩罗多
造"),由此引发了学术界关于《大庄严论经》的作者究竟是谁的
争论。有说作者是马鸣的(此为旧说);有说作者是鸠摩罗多的
(见印顺《印度佛教思想史》);有说此书由鸠摩罗多"补订马鸣旧
制而成"的(见吕澂《印度佛学源流略讲》);也有说此事"尚无定
论"的(见蓝吉富主编《中华佛教百科全书》)。综合各种文献资
料分析,《大庄严论经》极可能就是古时相传的《喻鬘论》,作者是
鸠摩罗多。这是因为:《大庄严论经》梵文残卷上的署名是确凿
可信的,不存在造假的可能;《大庄严论经》的内容与古人描述的
《喻鬘论》的特征,最相符合;从《大庄严论经》初首的归敬颂所礼
敬的都是小乘论师(如"富那胁比丘"、"弥织诸论师"、"萨婆室婆
众"、"牛王正道者"),正文中的故事大多取材于小乘四阿含经和
律典,行文不使用大乘语词(如"大乘"、"六度"、"利他"等)来看,
作者应是小乘论师,这与鸠摩罗多的身份是一致的;《大庄严论

经》卷四所收的第四则故事称"我昔曾闻：栴檀罽尼吒王将欲往
诣罽尼吒城"，卷六所收的第一则故事又称"我昔曾闻：拘沙种
中有王名真檀迦腻吒，讨东天竺"，这里说的"栴檀罽尼吒王"、
"真檀迦腻吒王"，都是指印度贵霜王朝第三代国王迦腻色迦王，
而马鸣与迦腻色迦王的关系至为亲密，是迦腻色迦王出兵围困
摩揭陀国，逼使他们交出佛钵、马鸣，从而将马鸣迎至本国的，倘
若《大庄严论经》真的是马鸣所作，既不应用"我昔曾闻"（意为我
过去曾经听闻）的过去时表述，也不应出现一王二名。此事尚可
深入探究。

　　本书共收录譬喻故事九十则，采用长行与偈颂相结合的方
式叙述。全书文字优美，构思奇特，想象丰富，情节生动，集趣味
与义理为一体，堪称佛教文学中的上品佳作。其中，前八十则是
佛教的人物故事（包括佛的本生故事），其叙事形式是：先标法
义，次叙故事，即在每则故事之前，先标立一个佛教义理，然后以
"我昔曾闻"为前导词，叙述故事的始末经过，作为例证；后十则
是印度的民间故事（包括寓言），其叙事形式是：先叙故事，后出
法义，即先叙述故事的始末经过，然后归纳此中说明的佛教义
理。书首有归敬颂，为五言二十句，始"前礼最胜尊，离欲迈三
有"，终"于中善恶相，宜应分别说"。原书中的故事无题名，今在
解说时，依内容拟立，以便阅读。

　　卷一：收录譬喻故事三则。

　　（1）"优婆塞礼拜佛塔"。叙述乾（犍）陀罗国一个优婆塞
（在家信佛的男子），经商到达摩突罗国，就礼拜佛塔事，与当地
婆罗门往复辩难，最后说服他们的故事。（2）"婆罗门憍尸迦"。
叙述婆罗门憍尸迦偶得《十二缘经》，读后深信佛法，并劝化亲友
的故事。（3）"沙弥劝檀越"。叙述有一个檀越（即施主）请寺僧
受供，只请年长，不请年少，被沙弥以理说服的故事。

　　这些故事所说的义理,主要有:"乾陀罗生者,解知别善恶,是故信如来,不敬自在天";"诸外道常为邪论之所幻惑故,说十二因缘经论而破析之";"取福田当取其德,不应简择少壮老弊"等。

　　卷二:收录譬喻故事七则。

　　(1)"偷珠人"。叙述国王感化偷佛珠者的故事。(2)"婆罗门苦行"。叙述一个婆罗门形作苦行,心怀贪著,被优婆塞教化的故事。(3)"婆罗门索肉"。叙述一个婆罗门患病索肉,被同处林中的比丘教化的故事。(4)"棘刺"。叙述一个苦行者身卧棘刺,欲以苦离苦,被优婆塞教化的故事。(5)"缕褐炙"。叙述一个婆罗门常著缕褐,以火炙身,被比丘尼教化的故事。(6)"壁见伏藏"。叙述一个比丘在残壁中发现有伏藏(埋伏的宝藏),有个大铜瓮,里面盛满金钱,他告诉贫穷的优婆塞去取,却被拒绝的故事。(7)"知足最富"。叙述一个贫穷的优婆塞以知足为最富的故事。

　　这些故事所说的义理,主要有:"听法者有大利益,增广智慧,能令心意悉皆调顺";"少欲者,虽有财物,心不爱著";"虽复持戒,为人天乐,是名破戒";"依邪道者得众苦患,修正道者增长信心";"身口业不能自在,要由于意";"欲如肉抟,众鸟竞逐,有智之人深知财患,而不贪著";"知足者虽贫名富,不知足者虽富是贫"等。如关于"壁见伏藏"的故事,说:

　　　　复次,欲如肉抟,众鸟竞逐,有智之人,深知财患,而不
　　贪著(以上为故事之前所标立的法义)。我昔曾闻:修婆多
　　国时有比丘,于坏垣壁,见有伏藏,有大铜瓮满中金钱,将一
　　贫优婆塞而示之处,即语之言:可取是宝以为资生。时优
　　婆塞问比丘言:何时见此? 比丘答言:今日始见。优婆塞

言：我见是宝非适今日，久来见之，然我不用。尔今善听：
我当说宝所有过患，若取是宝，为王所闻，或至于死，或被谪
罚，或复系闭，如斯等苦，不可称数（以上为譬喻故事）。（卷
二，《大正藏》第四卷，第 267 页上）

卷三：收录譬喻六则。

（1）"比丘被贼草缚"。叙述诸比丘在旷野行走，被贼剥脱
衣裳，用草系缚，因恐犯禁戒，不敢挽绝（拧断）的故事。（2）"舍
身济上座"。叙述诸比丘随商贾入海，途中船坏，年少比丘将抓
住的木板递给上座比丘，自己沉没于水中的故事。（3）"诵三藏
不如坐禅"。叙述兄弟二人，俱共出家，兄教弟坐禅，而弟诵"三
藏"，执著多闻，临终深生悔恨的故事。（4）"栴檀罽尼吒王"。
叙述栴檀罽尼吒王（即迦腻色迦王）在往城的路上，遇见乞儿同
声叫喊"施（指布施）如我"，王闻语悟解的故事。（5）"难陀王"。
叙述难陀王聚积珍宝，后见死人连一钱也难保，幡然醒悟的故
事。（6）"阿育王"。叙述阿育王令自恃豪贵种姓的大臣耶赊，
叫卖死人头，领悟"贵贱悉同等"之理的故事。

这些故事所说的义理，主要有："若有弟子能坚持戒，为人宗
仰，一切世人并敬其师"；"智者应修其心，恒令贤善"；"若不见道
迹，虽复多闻，不能得拔生死之苦"；"尊豪荣位，无得常者"；"欲
赍财宝至于后世，无有是处"；"此身不坚，是故智者应当分别供
养尊长"等。

卷四：收录譬喻故事六则。（1）"老母育三子"。叙述有个
老母生育三个儿子，悉皆证得阿罗汉，受到国王供养的故事。
（2）"亿耳出家"。叙述大商主之子亿耳，入海采宝，遇见饿鬼
城，从而感悟出家的故事。（3）"裸形婆罗门"。叙述一个年少
比丘，因讥笑裸形婆罗门不知惭愧，而受到呵责的故事。

(4)"淫女现法会"。叙述一个淫女故意以姿色骚扰说法会,被法师点化为骨身,令与会者生厌的故事。(5)"画师"。叙述弗羯罗卫国一个画师,将绘画所得的三十两金,全部施与般遮于瑟(意译"无遮大会"),用作供僧的故事。(6)"二铜钱"。叙述有个女人,因贫穷无物可施,将粪中捡得的二铜钱,奉施众僧的故事。

这些故事所说的义理,主要有:"若人欲得供养恭敬,应断诸使(指烦恼)";"示放逸果(报),欲令众生不放逸故";"若自有过呵于彼者,他反蚩(嗤)笑";"见好色时,不起爱瞋";"一切能施,得大名称现世获报";"修施者在胜信心,两钱布施,果报难量"等。

卷五:收录譬喻故事八则。(1)"大婆罗门家"。叙述一个比丘次第乞食至大婆罗门家,此家藏匿的夜叉畏惧逃避的故事。(2)"聚落主作火坑"。叙述一个聚落主听信婆罗门之言,作火坑,欲投火生天,被比丘教化的故事。(3)"国王谪罚商贾"。叙述国王谪罚一个商人,令他交出全部财物的清单,商人将布施之物一一陈示,从而感化国王的故事。(4)"有罪之人闭僧坊"。叙述德叉尸罗国王将一个有罪之人,关闭在僧坊中,被闭者听比丘说经,忆持读诵,被王赦免的故事。(5)"半庵摩勒果"。叙述阿育王晚年身遇重患,将所得财物,尽用施僧,最后将仅有的半庵摩勒果,也施与寺僧的故事。(6)"以鬘施佛塔"。叙述一个优婆塞欲将客会上所得的花鬘,施与佛塔的故事。(7)"幻师"。叙述一个幻师用尸陀罗木作幻女,先示端正奇特,后分解支节,说明此身"无我"的故事。(8)"妓女干冒王法"。叙述阿育王初信佛法时,数请众僧入宫说法,施张帐幕,禁止妇女听法,有个妓女干冒王法,请比丘为之说法,后被免罪的故事。

这些故事所说的义理,主要有:"若人亲近有智善友,能令身心内外俱净";"若人为恶应堕地狱,遇善知识能灭其罪,得生人天";"若积财宝,危难甚多,智人修施,是乃坚牢";"若闻正说,能解于缚";"所可作事,宜应速作";"贤人终不生于瞋恚";"幻师以此(五)阴身,作种种戏,能令智者见即解悟";"施戒及论,其事浅近,善根熟者能乐深法"等。

卷六:收录譬喻故事十则。(1)"真檀迦腻吒王"。叙述真檀迦腻吒王(即迦腻色迦王)在征讨东天竺回国途中,率众前去礼拜佛塔,正当作礼时,塔即崩坏,始知此非佛塔,而是外道尼揵子塔的故事。(2)"罢道比丘"。叙述一个比丘与寡妇有染,罢道还俗,以卖肉为生,后在相识道人的开示下,再次出家,终于证得阿罗汉故事。(3)"田夫"。叙述一个田夫路见他人容貌端正、服乘严丽,由此感叹"前身不造功德,致使今者受此贱身"的故事。(4)"大毒蛇"。叙述有一次佛在旷野中行走,看到田畔有伏藏,便告诉阿难,这是"大毒蛇",有个耕人前去一看,乃是真金,于是取金回家,却由富致祸的故事。(5)"辅相之子"。叙述一个辅相(大臣)之子,其父早丧,家中钱财用尽,穷苦自活,在盗窃王物时,因误喝一器灰水,忽然有省,弃物还家的故事。(6)"火无烟焰"。叙述一个师父教诲弟子,火聚无烟焰,犹如"结(指烦恼)不生"的故事。(7)"为檀越说法"。叙述一个檀越诣僧房设会(指斋会),上座观察他心,知道檀越设会是"为财利",因而对他讲述"三恶道苦"的故事。(8)"人身难得"。叙述一个小儿思惟"人身难得",犹如"盲龟值浮木孔,其事甚难"的故事。(9)"萨多浮王"。叙述须和多国萨多浮王,以五钱布施佛塔,遭一个旃陀罗(指四种姓中最下等的首陀罗种姓)讥笑的故事。(10)"盗贼语归依"。叙述一个盗贼被比丘所捉,比丘杖打三下,令他随语"归依佛"、"归依法"、"归依僧"的故事。

这些故事所说的义理,主要有:"宜应礼拜佛之塔庙";"应勤学问";"应当勤修诸善";"智者常应听受善妙之法";"应作真善心";"现在结不生,如火无烟焰,如火得干薪,烟焰俱时起";"应为解脱而行布施";"离诸难亦难,得于人身难,既得离诸难,应当常精勤";"修于小施,莫起轻想";"善观察所作,当时虽有过,后必有大益"等。如关于"人身难得"的故事,说:

> 复次,离诸难亦难,得于人身难,既得离诸难,应当常精勤(以上为故事之前所标立的法义)。我昔曾闻:有一小儿闻经中说:盲龟值浮木孔,其事甚难。时此小儿故穿一板作孔受头,掷著池中,自入池中,低头举头,欲望入孔,水漂板故,不可得值。即自思惟:极生厌恶,人身难得,佛以大海为喻,浮木孔小,盲龟无眼,百年一出,实难可值。我今池小其板孔大,复有两眼,日百出头,犹不能值,况彼盲龟,而当得值(以上为譬喻故事)。(卷六,第291页中)

卷七:收录譬喻故事四则。(1)"谤者有恩"。叙述一个比丘在城邑聚落,受到竞相供养,引起一同出家者的憎嫉与诽谤,这个比丘听闻后,不仅没有怨恨诽谤者,反而感谢他的提醒的故事。(2)"目连教弟子"。叙述尊者目连教二个弟子,精专学禅,但一无所证,舍利弗得知后,令分别施教,使他们不久就证得阿罗汉的故事。(3)"尼提出家"。叙述佛入舍卫城乞食,度鄙秽下贱的"除粪秽人"尼提出家的故事。(4)"魔作比丘"。叙述一魔化作比丘,来至僧坊(即僧房),颠倒说法,被法师识破的故事。

这些故事所说的义理,主要有:"利养乱于行道";"俱得漏尽,教学差别";"如来不观察,种族及贵富,唯观众生业,过去善种子";"修学多闻力,诸魔不能动"等。如关于"目连教弟子"的故事,说:

> 复次,俱得漏尽,教学差别(以上为故事之前所标立的

法义）。我昔曾闻：尊者目连教二弟子，精专学禅，而无所证。时尊者舍利弗问目连言：彼二弟子得胜法不？目连答言：未得。舍利弗又问言：汝教何法？目连答言：一教不净（观），二教数息（观），然其心意，滞而不悟。时舍利弗问目连言：彼二弟子从何种姓而来出家？答言：一是浣衣，二是锻金师。时舍利弗语目连言：金师子者应授安般（指数息观），浣衣人者宜教不净（观）。目连如法以教弟子，弟子寻即精勤修习，得罗汉果（以上为譬喻故事）。（卷七，第293页中）

卷八：收录譬喻故事六则。（1）"尊者瞿沙"。叙述竺叉尸罗国尊者瞿沙（又称"妙音"，为说一切有部四大论师之一）在竺叉尸罗国，用众人听讲《十二缘经》而啼泣流泪的泪水，医治汉地王子眼翳的故事。（2）"旃陀罗刑人"。叙述信奉"五戒"的旃陀罗（指四种姓中最下等的首陀罗种姓）兄弟七人，宁死不当行刑人的故事。（3）"优波离出家"。叙述佛成道后，返回家乡迦毗罗卫国，优波离（宫廷剃发师，为四种姓中的首陀罗种姓）求度出家，佛令释种（释迦族）出家者礼敬优波离，以去除释种憍慢之心的故事。（4）"首罗长者"。叙述首罗长者在佛的教化下，破除悭吝不喜布施的故事。（5）"侍人多翅那迦"。叙述婆须王的侍人多翅那迦，受人谗谤，系于狱中，临终惊怖，方习禅观的故事。（6）"因提拔摩王"。叙述阿越提国因提拔摩王，设般遮于瑟（意译"无遮大会"），有个上座比丘留半分食，送与旃陀罗家老母的故事。

这些故事所说的义理，主要有："应勤听于说法"；"应勤修四不坏净（指净信佛、法、僧、戒）"；"应当断于憍慢"；"应勤方便，必求见谛"；"不得禅定，于命终时不得决定"；"智者宜应恭敬有德"等。

　　卷九：收录譬喻故事四则。(1)"拘睒弥比丘"。叙述拘睒弥比丘因斗诤而分为二派,佛为诸比丘说"六和敬法"(指身、口、意、戒、见、利和敬),令得和合的故事。(2)"一食戒法"。叙述佛因迦留陀夷乞食因缘,而制定每日一食,过午不食的"一食戒法",婆多梨比丘不能受持,离佛而去,后惭愧自责,诣佛忏悔的故事。(3)"调象师"。叙述往世光明王有一头坐象,一日遥见牸象(雌象),欲心炽盛,哮吼狂奔,无法制御,调象师由此而说"贪欲之患"的故事。(4)"尊者优波毱多"。叙述尊者优波毱多(北魏吉迦夜等译《付法藏因缘传》卷三将他列为付法藏第四祖)与天魔波旬捔力的故事。

　　这些故事所说的义理,主要有:"智者应断瞋恚";"正观于食";"应当勤断贪欲";"应为四众说法"等。

　　卷十：收录譬喻故事六则。(1)"香口比丘"。叙述阿输伽王(即阿育王)时,有一个法师为众说法,因往世赞叹迦叶佛的因缘,"口中香气,达于王所"的故事。(2)"尊者摩诃迦叶"。叙述尊者摩诃迦叶入里巷乞食,帝释(忉利天之主)化作当织师的贫穷老人,施与饮食的故事。(3)"微细善根"。叙述有一个人求度出家,尊者舍利弗和其他诸比丘都不肯度他,佛得知后,称此人有微细善根,度他出家的故事。(4)"五比丘"。叙述佛成道后,先至波罗捺(奈),度憍陈如等五人出家,并对他们开示远离五欲、苦行二边的"中道"义的故事。(5)"求请天神"。叙述一个贫人昼夜礼拜,祭祠天神,求恩请福,希望现世增益财产,但终无所获的故事。(6)"作吉相"。叙述一个比丘去檀越(施主)家,檀越以牛黄、贝、果等作吉相,表示恭敬,称此吉相能使"应死者不死",比丘告诉檀越,"吉"与"不吉"皆从善恶因缘的故事。

　　这些故事所说的义理,主要有:"若人赞佛,得大果报";"帝

释胜人犹尚修福,何况世人而不修施";"少善求佛犹如甘露,是
以应当尽心求佛";"除去于二边,修行于中道,见谛成道果";"众
生造业,各受其报";"不应疑著吉相"等。如关于"作吉相"的故
事,说:

> 复次,种子得果非是吉力,是故不应疑著吉相(以上为
> 故事之前所标立的法义)。我昔曾闻:有一比丘诣檀越家,
> 时彼檀越既嚼杨枝,以用漱口,又取牛黄,用涂其额,捉所吹
> 贝,戴于顶上,捉毗勒果,以手擎举,以著额上,用为恭敬。
> 比丘见已,而问之言:汝以何故作如是事? 檀越答言:我
> 作吉相。比丘问言:汝作吉相,有何福利? 檀越答言:是
> 大功德,汝今试看,所云吉相,能使应死者不死,应鞭系者皆
> 得解脱。……比丘问言:若牛黄者,能为吉事,云何彼牛而
> 为人等,绳拘穿鼻,耕驾乘骑,鞭挞锥刺,种种挝打,饥渴疲
> 乏,耕驾不息? ……彼牛有黄,尚不自救,受苦如是,云何乃
> 能令汝吉耶? 即说偈言:……一切诸世间,皆由善恶业,善
> 恶生五道,业持众生命。……是故有智者,皆应离恶业,远
> 离邪为吉,勤修于善业(以上为譬喻故事)。(卷十,第 315
> 页上—第 316 页中)

卷十一:收录譬喻故事三则。(1)"牧牛法"。叙述佛在舍
卫国时,对牧牛人说"牧牛十一法"的故事。(2)"婢女福梨伽"。
叙述佛在舍卫国祇树给孤独园夏安居结束,欲去外地,须达多长
者的婢女福梨伽,劝请佛留住国内的故事。(3)"舍命护鹅"。
叙述一个比丘至穿珠师家乞食,见一粒宝珠被鹅吞食,比丘生怕
穿珠师杀鹅取珠,宁受冤枉,遭受暴打,也不肯说出实情,后来鹅
被穿珠师打死,开腹得珠,事情才真相大白的故事。

这些故事所说的义理,主要有:"少智之人见佛相好犹发善

心,况复智慧大德之人";"不求供养及与恭敬,如是大人唯求持行";"护持禁戒,宁舍身命,终不毁犯"等。

卷十二:收录譬喻故事二则。(1)"尸毗王救鸽命"。佛在过去世时,曾为尸毗王,割肉与鹰,以救鸽命的故事。(2)"娑罗那受冤"。叙述素毗罗国太子娑罗那,舍王位而出家,一日在巴树提国林中说法,被巴树提王怀疑与宫女有染,无故毒打,举身血流,受此冤屈,娑罗那意欲回家,兴兵复仇,后被尊者迦旃延劝化的故事。

这些故事所说的义理,主要有:"如来往昔为菩萨时,不惜身命以求于法";"近善知识者,结使(指烦恼)炽盛能得消灭"等。

卷十三:收录譬喻故事二则。(1)"塔花"。叙述一个长者之子,入佛塔盗取一花,持与淫女,后遭报应的故事。(2)"尸利毱多与树提伽"。叙述外道富罗那(即"尼犍子")的弟子尸利毱多,是佛弟子树提伽的姊夫,因树提伽称富罗那不是"一切智",故施设火坑毒饭,请佛前来受供,意欲害之,为佛识破,并将他教化的故事。

这些故事所说的义理,主要有:"供养佛塔功德甚大";"佛婆伽婆是一切智"等。

卷十四:收录譬喻故事三则。(1)"瞿昙弥比丘尼"。叙述佛的姨母瞿昙弥比丘尼,入涅槃的故事。(2)"象王"。叙述佛往世曾为象王,将牙施与猎师的故事。(3)"鹿王"。叙述佛往世曾为鹿王,为救一只怀妊垂产的牸鹿,主动代它往诣王厨,受屠供王食的故事。

这些故事所说的义理,主要有:"佛出于世,最是希有,虽是女人诸重结使,犹得解脱";"忆僧功德,善能观察,乃舍身命,犹发善心";"菩萨大人为诸众生,不惜身命"等。

卷十五:收录譬喻故事则。(1)"国王自缚"。叙述佛往世曾为大国王,邻国率军来战,为避免杀戮,避入山林,并用绳自缚,让一个老婆罗门牵着往诣彼王,领赏还债的故事。(2)"国王解珠"。叙述石室国乌越羁王,解珠璎送一女,称她前世作善业,今世得端正的故事。(3)"业力与王力"。叙述忧悦伽王有二个内官,争论是"依王力活",还是"依业力活",最后证明"依业力活"之说正确的故事。(4)"诈言设供"。叙述摩突罗国二个婆罗门有仇,其中的一个心怀瞋恚,往诣僧坊,诈言某婆罗门(指仇家)明日请诸比丘受供,当第二天诸比丘上门时,主人虽感突然,但马上设食供养,并由此证得须陀洹(指预流果)的故事。(5)"卖身修福"。叙述夫妇二人,家境贫穷,二人诣长者家,以己身作抵押,贷金买食物,供养寺僧的故事。(6)"戒酒"。叙述难提拔提城有个优婆塞,因病需要食狗肉服酒,但他宁舍身命,终不犯戒饮酒的故事。(7)"饮酒过失"。叙述释伽罗国卢头陀摩王经常去寺听法,法师为之说饮酒过失的故事。(8)"王子食残食"。叙述花(华)氏城二王子,逃奔到末投罗国,内官拔罗婆若将供僧后留下的残食,施与二王子,王子厌食不净,食后即吐,拔罗婆若为之说"不食沙门食,是名为婴愚"偈的故事。(9)"自移塔"。叙述阿梨车毗伽国城门外有一座佛塔,国王信婆罗门语,欲加毁除,天人将塔移至离毗伽城三十里处,后人称之为"自移塔"的故事。(10)"为塔作枨"。叙述竺叉尸罗国比丘得王准许,砍伐恶龙护持的首伽树,为塔寺作枨(护门的长木柱)的故事。

(11)"以酥贸水"。叙述一个老母以一瓩(长颈的瓮坛)酥,去换一瓩水的故事。(12)"水中影"。叙述一个婢使在池中取水,将池边树上美姑的倒影,当作自己的容貌的故事。(13)"猫儿知食"。叙述猫儿从人们的言语中,得知"鸡酥乳酪,皆是我食"的故事。(14)"石柱"。叙述处于极高石柱上的石匠,用缕线系粗线,粗线系粗绳的方法,将粗绳拉上石柱顶瑞,使自己得以沿绳而下的故事。(15)"敷卧具人"。叙述有个王子先入山学道求仙,以便将来继承王位,他向敷卧具人索要衣服、饮食,却被敷卧具人以"各有所典"为由,予以拒绝的故事。(16)"战马推磨"。叙述一个国王平日将很多优良的战马分给众人去推磨,后来敌国来犯,赶紧将马群编队上阵,可是那些战马已习惯于拉磨,只知旋转,不肯前进的故事。(17)"良医"。叙述有个良医从远道而来,治愈了国王的疾患,本以为有厚报,却不料国王让他空手回家,甚怀怨恨,到家才知道国王给他置办的家产,远超他的本望的故事。(18)"食果留籽"。叙述二个女人俱食庵罗果,一个食后留籽,一个食后不留籽,留籽者下田种籽,后又得大果的故事。(19)"取地"。叙述比丘须弥罗,向国王乞地欲建僧坊,王称你可疾走,不得休息,极尽之处都送给你,为此须弥罗拼命疾走,乃至最后累倒在地,仍使劲掷出一杖(这样就多出一杖之地)的故事。(20)"估客称伽拔吒"。叙述竺叉尸罗国估客(商人)称伽拔吒,先富后贫,遭到宗亲的轻慢,后结伴到大秦国,大得财宝,还归本国,宗亲闻听后,又于路往迎的故事。

这些故事所说的义理,主要有:"善分别者,乃至国土广大,诸事备足,知其苦恼,舍离而去";"应当勤修福业";"若有善业,自然力故,受好业报,虽有国王党援之力,不如业力所获善报";"智人虽与为仇,常应亲近";"若人精诚以财布施,如华获财业";"至心持戒,乃至没命得现果报";"勤学佛法语论";"善分别敬功德,不期于门族";"应供养佛塔";"众生自有若干种行,是故知如来说对治法,破除颠倒"等。如关于"战马推磨"的故事,说:

　　我昔曾闻:有一国王多养好马,会有邻王与共斗战,知
　　此国王有好马,故即便退散。尔时,国王作是思惟:我先养

马,规拟敌国,今皆退散,养马何为? 当以此马,用给人力,
令马不损,于人有益。作是念已,即敕有司,令诸马群分布
与人,常使用磨,经历多年。其后邻国复来侵境,即敕取马,
共彼斗战,马用磨故,旋转而行,不肯前进,设加杖捶,亦不
肯行(以上为譬喻故事)。众生亦尔,若得解脱,必由于心,
谓受五欲,后得解脱。死敌既至,心意恋著五欲之乐,不能
直进,得解脱果(以上故事所说明的法义)。(卷十五,第
346 页下——第 347 页上)

　　印度佛教中的譬喻类经典,数量众多。其中见于小乘经藏
的,有后汉支娄迦谶译《杂譬喻经》一卷、后汉失译《杂譬喻经》二
卷、孙吴康僧会译《旧杂譬喻经》二卷、孙吴支谦译《撰集百缘经》
十卷、北魏慧觉等译《贤愚经》十三卷、北魏吉迦夜译《杂宝藏经》
十卷等;见于小乘论藏的,有西晋法炬等译《法句譬喻经》四卷、
东晋失译《天尊说阿育王譬喻经》一卷、姚秦鸠摩罗什译《杂譬喻
经》一卷、孙吴支谦译《菩萨本缘经》三卷、萧齐求那毗地译《百喻
经》四卷等。这些譬喻经中收录的故事,有不少是相同的或相似
的,对它们之间的同异演化,作纵横的对比分析,乃是佛教譬喻
文学研究中的一个大课题。

第七品　譬喻类:姚秦鸠摩罗什译
《杂譬喻经》一卷

　　《杂譬喻经》,又名《众经撰杂譬喻》《众经撰杂譬喻经》,一
卷。比丘道略集,姚秦鸠摩罗什译,弘始七年(405)译出。梁僧
祐《出三藏记集》卷二著录。传今的本子有一卷本、二卷本之分。
一卷本的书名为《杂譬喻经》,有作者("比丘道略集"),无译者,

载于《丽藏》"写"函、《金藏》"写"函、《频伽藏》"暑"帙,收入《大正藏》第四卷(编号为"No.207");二卷本的书名为《众经撰杂譬喻》,既有作者("比丘道略集"),又有译者("姚秦三藏法师鸠摩罗什译"),载于《宋藏》"写"函、《元藏》"写"函、《明藏》"群"函、《清藏》"群"函、《频伽藏》"暑"帙,收入《大正藏》第四卷(编号为"No.208")。二本内容大异,一卷本收录譬喻故事三十九则,每则故事都有题名,总列于书首;二卷本收录譬喻故事四十四则,没有题名,仅以数序相区别。二种本子的故事情节也是同少异多。鉴于中唐以前,历代佛经目录对本书的著录,均为"《杂譬喻经》一卷",故据一卷本解说。

道略(约四世纪),佛教史传均无记载,生平事迹不详。从本书所收的故事,也有见于其他譬喻类经典来看,当是西域的小乘譬喻师。

本书是一部佛教譬喻故事集。全书共收录譬喻故事三十九则(《大正藏》本将第二十五则《石当道喻》、第二十六则《蛇头尾共诤喻》合在一起,故在总数上计为三十八则,但从书首所列的故事小标题来看,这二则故事是应当分列的)。其中,有十则故事也载于《众经撰杂譬喻》二卷本(下详),其余均为《众经撰杂譬喻》所无。依次是:

(1)《雀离寺师将沙弥下喻》(亦载于《众经撰杂譬喻》卷上)。(2)《圣王生九百九十九子喻》。(3)《兄弟二人共为沙门喻》(亦载于《众经撰杂譬喻》卷上)。(4)《伎儿作种种伎喻》。(5)《比丘被摈喻》(亦载于《众经撰杂譬喻》卷上)。(6)《目连与弟子下耆阇崛山喻》(亦载于《众经撰杂譬喻》卷上)。(7)《喜根喻》。(8)《木师画师喻》。(9)《大迦叶妇因缘喻》。(10)《兄好禅弟好多闻喻》(亦载于《众经撰杂譬喻》卷上)。(11)《罗云珠喻》。(12)《龙升天喻》。(13)《于僧净地大行喻》。(14)《与

贵人蹋唾喻》。(15)《佛与弟子入舍卫乞食喻》。(16)《医师治
王病喻》。(17)《恶雨喻》。(18)《阿修罗因缘喻》。(19)《王子
入山喻》。(20)《尸利求多喻》(亦载于《众经撰杂譬喻》卷上)。
(21)《从婆罗门乞食喻》。(22)《田舍人喻》。(23)《咒龙喻》
(亦载于《众经撰杂譬喻》卷下)。(24)《石当道喻》。(25)《蛇
头尾共诤喻》。(26)《捕鸟师喻》(亦载于《众经撰杂譬喻》卷
下)。(27)《五百力士为沙门喻》。(28)《三坚要喻》。(29)《卖
酪自存喻》。(30)《五百贾客入海求宝喻》(亦载于《众经撰杂譬
喻》卷下)。(31)《劫尽烧因缘喻》。(32)《贵人为比丘尼因缘
喻》。(33)《草木皆可为药喻》。(34)《屠儿喻》(亦载于《众经
撰杂譬喻》卷下)。(35)《王好布施喻》。(36)《龙藏水喻》。
(37)《圣王得轮因缘喻》。(38)《梵王长寿喻》。

　　这些故事所说的义理,主要有:"发菩萨心";"自识宿命,见
前世因缘";"行道作福者,不以劫数为远";"佛说般若,不信诽
谤,其罪重于五逆";"一心思惟,得应真道(指阿罗汉道)";"菩萨
本为凡人,积功累德,动经尘数之劫,适从发意,便成佛道";"结
使(指烦恼)尘垢是魔罗网";"受持念佛三昧,重罪令薄,薄者令
灭";"修禅净行,断除淫欲,名为行梵道";"非常观者,多所治也,
亦能治淫,亦能治恚,亦能治痴";"屠羊之罪,当堕地狱";"志好
布施";"佛于无量阿僧祇劫(指无数大劫),积大誓愿,慈悲众生,
求头与头,求眼与眼,一切所求,尽能周给"等。如第二十六则故
事《捕鸟师喻》,说:

　　　　昔有捕鸟师,张罗网于泽上,以鸟所食物著其中,众鸟
　　命侣竞来食之,鸟师引其网,众鸟尽堕网中。时有一鸟,大
　　而多力,身举此网,与众鸟俱飞而去,鸟师视影,随而逐之。
　　有人谓鸟师曰:鸟飞虚空,而汝步逐,何其愚哉!鸟师答

曰：不如是告,彼鸟日暮,要求栖宿,进趣不同,如是当堕。
其人故逐不止,日以转暮,仰观众鸟,翻飞争竞,或欲趣东,
或欲趣西,或望长林,或欲赴渊,如是不已,须臾便堕。鸟师
遂得次而杀之。捕鸟师者,如波旬(指天魔)也;张罗网者,
如结使(指烦恼)也;负网而飞,如人未离结使,欲求出要(指
出离生死的要道)也;日暮而止,如人懈怠,心生不复进也;
求栖不同者,如起六十二见(指外道所执的六十二种见解)
恒相反也;鸟堕地者,如人受邪报,落地狱也。此明结使尘
垢,是魔罗网也。(《大正藏》第四卷,第528页上、中)

本书的第十四则故事《与贵人躄唾喻》、第二十三则故事《田
舍人喻》、第二十六则故事《蛇头尾共诤喻》,分别相当于萧齐求
那毗地译《百喻经》卷三《躄长者口喻》、卷二《治鞭疮喻》、卷三
《蛇头尾共争在前喻》,比较而言,对同一则故事的表述,本书显
得稍为粗糙,而《百喻经》显得较为精致。其中,《蛇头尾共诤喻》
所说的故事,在唐道宣《法苑珠林》卷七十八、道世《诸经要集》卷
十五,都称“《杂譬喻经》云”,而不称“《百喻经》云”,以此推断,本
书可能成于《百喻经》之前,为《百喻经》中同类故事的初型。此
外,本书在行文中提到“六波罗蜜”(又称“六度”)、“文殊师利”等
大乘思想和大乘菩萨,表明作者可能是带有大乘倾向的经部譬
喻师。

第八品　譬喻类:萧齐求那毗地译
《百喻经》四卷

《百喻经》,又名《百句譬喻经》《痴花鬘》,四卷。印度僧伽斯
那撰,萧齐求那毗地译,永明十年(492)译出。梁僧祐《出三藏记

集》卷二著录(作"《百句譬喻经》十卷")。传今的本子有四卷本、二卷本之分。四卷本,载于《丽藏》"观"函、《金藏》"观"函、《频伽藏》"藏"帙,收入《大正藏》第四卷;二卷本,载于《宋藏》"观"函、《元藏》"观"函、《明藏》"群"函、《清藏》"群"函,其卷首有"闻如是:一时佛在王舍城,在鹊封竹园,与诸大比丘菩萨摩诃萨,及诸八部三万六千人俱……佛言:汝等善听,今为汝广说众喻"一段三百七十四字,此段文字与本书的内容毫不相干,当系后人添益,非原本所有。今据四卷本解说。

僧伽斯那(约五世纪初),音译又作"僧伽斯"、"僧伽先",意译"众军",天竺(印度)人,为精通小乘譬喻经和禅经,并含有一些大乘思想的譬喻师。相传,小乘贤胄部论书《三法度论》,也是由世贤造论,僧伽斯那作释而传出的(见梁僧祐《出三藏记集》卷十收录的东晋慧远《三法度序》、未详作者《三法度经记》)。著作尚有《菩萨本缘经》三卷(今存)。生平事迹见梁僧祐《出三藏记集》卷九、卷十四。

求那毗地(?—502),意译"安进"、"德进",中天竺(印度)人。弱冠出家,为僧伽斯那的弟子。聪慧强记,勤于讽诵,所记诵的大小乘经典达二十余万言。同时,兼学外典(佛教以外的典籍),明解阴阳,擅于占候,以道术闻名于西域。南齐建元(479—482)初年来至建康(今南京),住于毗耶离寺。执锡从徒,威仪端肃,王公贵胜,迭相供请。以受供财物,兴建正观寺,勤躬行道,夙夜匪懈,西域僧众、南海商人悉共宗事之。所译的佛经,梁僧祐《出三藏记集》卷十四著录为"三部十二卷",即《百句譬喻经》十卷(今作四卷)、《须达长者经》(又名《须达经》)一卷(今存)、《十二因缘经》一卷(已佚)。生平事迹见梁僧祐《出三藏记集》卷十四、梁慧皎《高僧法》卷三。

本书是佛教譬喻故事集中的名作。有关它的来历,《出三藏记集》卷十四说:"初僧伽斯于天竺国抄集修多罗藏(又称"经藏")十二部经中要切譬喻,撰为一部,凡有百事,以教授新学。毗地悉皆通诵,兼明义旨,以永明十年秋,译出为齐文,凡十卷,即《百句譬喻经》也。"本书末尾有作者撰的偈颂,说"如阿伽陀药,树叶而裹之,取药涂毒竟,树叶还弃之。戏笑如叶裹,实义在其中,智者取正义,戏笑便应弃",并有"尊者僧伽斯那造作《痴花鬘》竟"的结语。由此可见,本书是为教授"新学"(初修道者)编集的,原名《痴花鬘》,意思是用戏笑愚痴者言行的方式(即"痴花鬘",花鬘指装饰用的花环),来说明"正义"(又称"正义"),也就是用诙谐幽默的譬喻故事,来阐明佛教的基本义理。求那毗地翻译时,为通俗起见,改题为《百句譬喻经》,略称《百喻经》。

　　本书原初收录譬喻故事一百则,今存九十八则。据研究者检索,唐法琳《辩正论》卷一所引的"《百句譬喻经》云,五根之祸,剧于毒龙,过于醉象。……以五戒仗守护六根,如视逸马"一段,和南宋观复《遗教经论记》二所引的"《百喻经》云,昔有贪夫,于野求蜜……不觉草覆深井,因跌足而亡"一段,未见于今本《百喻经》,以此推断,它们很可能是今本所佚的二则,故事的名称可能是"五根之祸喻"、"求蜜堕井喻"(见王孺童《百喻经译注》)。今存的九十八则故事,大多是用各种愚人的反面事例作譬喻,以说明佛教义理的;少数是以"鬼"、"梵天"、"野干"、"蛇"、"猕猴"、"鸽"的寓言为譬喻,进行说理的。每则故事,均由"喻"、"法"(或称"义")二部分构成,前部分为"喻",即譬喻故事;后部分为"义",即由譬喻故事引申、说明的佛教义理。

　　卷一:收录譬喻故事二十一则。依次是:(1)《愚人食盐喻》。(2)《愚人集牛乳喻》。(3)《以梨打破头喻》。(4)《妇诈语称死喻》。(5)《渴见水喻》。(6)《子死欲停置家中喻》。(7)《认人为兄喻》。(8)《山羌偷官库喻》。(9)《叹父德行喻》。

(10)《三重楼喻》。(11)《婆罗门杀子喻》。(12)《煮黑石蜜浆喻》。(13)《说人喜瞋喻》。(14)《杀商主祀天喻》。(15)《医与王女药令卒长大喻》。(16)《灌甘蔗喻》。(17)《债半钱喻》。(18)《就楼磨刀喻》。(19)《乘船失釪喻》。(20)《人说王纵暴喻》。(21)《妇女欲更求子喻》。

这些故事所说的义理,主要有:"外道(指佛教以外的其他宗教和学派)闻节饮食,可以得道,即便断食","徒自困饿,无益于道";"(比丘)不能具修信、戒、闻、慧,但整威仪,以招利养";"外道窃听佛法,著已法中,以为自有";"世尊四辈弟子,不能精勤修敬三宝,懒惰懈怠,欲求道果";"外道不灭烦恼炽然之火,少作苦行,卧棘刺上,五热炙身,而望清凉寂静之道,终无是处";"世间饮酒之夫,耽荒沉酒,作诸放逸";"(世人)要少名利,致毁大行";"愚人毁破禁戒,多取钱财,以用修福,望得生天","用功甚多,所得甚少"等。如《债半钱喻》说:

> 往有商人,贷他半钱,久不得偿,即便往债。前有大河,雇他两钱,然后得渡。到彼往债,竟不得见,来还渡河,复雇两钱。为半钱债,而失四钱,兼有道路疲劳乏困,所债甚少,所失极多,果被众人之所怪笑(以上为"喻")。世人亦尔,要少名利,致毁大行,苟容己身,不顾礼义,现受恶名,后得苦报(以上为"法")。(卷一,《大正藏》第四卷,第545页中)

卷二:收录譬喻故事二十则。依次是:(1)《入海取沉水喻》。(2)《贼盗锦绣用裹氀褐喻》。(3)《种熬胡麻子喻》。(4)《水火喻》。(5)《人效王眼瞤喻》。(6)《治鞭疮喻》。(7)《为妇贸鼻喻》。(8)《贫人烧粗褐衣喻》。(9)《牧羊人喻》。(10)《雇借瓦师喻》。(11)《估(贾)客偷金喻》。(12)《斫树取果喻》。(13)《送美水喻》。(14)《宝箧镜喻》。(15)《破五通仙眼喻》。

(16)《杀群牛喻》。(17)《饮木筒水喻》。(18)《见他人涂舍喻》。(19)《治秃喻》。(20)《毗舍阇鬼喻》。

这些故事所说的义理,主要有:"(世人)以菩萨旷劫修行,因难行苦行,以为不乐";"(世人)既得出家,还复念其妻子眷属世间之事、五欲之乐";"(世人)应当持戒,修诸功德,不解方便,返毁其禁,如彼伐树,复欲还活,都不可得";"(凡夫)妄见有我,即便封著";"(世人)为生死渴爱,饮五欲咸水";"(世人)欲求长生不死之处","终不能得";"(外道)于有漏中强求果报,空无所得"等。如《送美水喻》说:

> 昔有一聚落,去王城五由旬,村中有好美水。王勅村人,常使日日送其美水,村人疲苦,悉欲移避,远此村去。时彼村主语诸人言:汝等莫去! 我当为汝白王,改五由旬作三由旬,使汝得近往来不疲。即往白王,王为改之作三由旬。众人闻已,便大欢喜。有人语言:此故是本五由旬,更无有异。虽闻此言,信王语故,终不肯舍(以上为"喻")。世间之人亦复如是,修行正法,度于五道,向涅槃城,心生厌倦,便欲舍离,顿驾生死,不能复进。如来法王有大方便,于一乘法分别说三,小乘之人闻之欢喜,以为易行,修善进德,求度生死,后闻人说无有三乘(指声闻、缘觉、菩萨),故是一道,以信佛语,终不肯舍,如彼村人亦复如是(以上为"法")。(卷二,第 548 页上)

卷三:收录譬喻故事二十四则。依次是:(1)《估(贾)客驼死喻》。(2)《磨大石喻》。(3)《欲食半饼喻》。(4)《奴守门喻》。(5)《偷牦牛喻》。(6)《贫人能作鸳鸯鸣喻》。(7)《野干为折树枝所打喻》。(8)《小儿争分别毛喻》。(9)《医治脊偻喻》。(10)《五人买婢共使作喻》。(11)《伎儿作乐喻》。

(12)《师患脚付二弟子喻》。(13)《蛇头尾共争在前喻》。(14)《愿为王剃须喻》。(15)《索无物喻》。(16)《蹋长者口喻》。(17)《二子分财喻》。(18)《观作瓶喻》。(19)《见水底金影喻》。(20)《梵天弟子造物因喻》。(21)《病人食雉肉喻》。(22)《伎儿著戏罗刹服共相惊怖喻》。(23)《人谓故屋中有恶鬼喻》。(24)《五百欢喜丸喻》。

这些故事所说的义理,主要有:"行者应当精心持不杀戒";"比丘不奉佛教,贪求利养";"(愚人)临命终时方言:今我欲得修善","虽欲修善,亦无所及已";"(愚人)为修福故,治生估贩,作诸非法,其事虽成,利不补害";"五阴恒以生老病死、无量苦恼,搒笞众生";"(愚人)奉持少戒,便以为足";"(愚人)于无我阴中,横生有我想";"(众生)各各自业所造,非梵天能造";"一切诸法,念念生灭,何有一识常恒不变"等。如《医治脊偻喻》说:

> 譬如有人卒患脊偻,请医疗之。医以酥涂,上下著板,用力痛压,不觉双目一时并出(以上为"喻")。世间愚人亦复如是,为修福故,治生估贩,作诸非法。其事虽成,利不补害,将来之世入于地狱,喻双目出(以上为"法")。(卷三,第550页下)

卷四:收录譬喻故事三十三则。依次是:(1)《口诵乘船法而不解用喻》。(2)《夫妇食饼共为要喻》。(3)《共相怨害喻》。(4)《效其祖先急速食喻》。(5)《尝庵婆罗果喻》。(6)《为二妇故丧其两目喻》。(7)《唵米决口喻》。(8)《诈言马死喻》。(9)《出家凡夫贪利养喻》。(10)《驼瓮俱失喻》。(11)《田夫思王女喻》。(12)《构驴乳喻》。(13)《与儿期早行喻》。(14)《为王负机喻》。(15)《倒灌喻》。(16)《为熊所啮喻》。(17)《比种田喻》。(18)《猕猴喻》。(19)《月蚀打狗喻》。(20)《妇女患眼痛喻》。(21)《父取儿耳珰喻》。(22)《劫盗分财喻》。(23)《猕猴把豆喻》。(24)《得金鼠狼喻》。(25)《地得金钱喻》。(26)《贫儿欲与富等财物喻》。(27)《小儿得欢喜丸喻》。(28)《老母捉熊喻》。(29)《摩尼水窦喻》。(30)《二鸽喻》。(31)《诈称眼盲喻》。(32)《为恶贼所劫失叠喻》。(33)《小儿得大龟喻》。

这些故事所说的义理,主要有:"(凡夫)少习禅法安般数息,及不净观,虽诵其文,不解其义";"(出家凡夫)剃头染衣,内实毁禁,诈现持戒,望求利养,复避土役";"(外道)妄生想念,起种种邪见,裸形自饿,投岩赴火,以是邪见,堕于恶道";"(凡夫)贪、瞋、愚痴,横苦其身";"(出家者)初毁一戒,而不能悔,以不悔故,放逸滋蔓,一切都舍";"(凡夫)不能观中道之理";"(凡夫)极意六尘,恣情五欲","身坏命终,堕三恶道"等。如《驼瓮俱失喻》说:

　　昔有一人,先瓮中盛谷,骆驼入头瓮中食谷,又不得出。既不得出,以为忧恼。有一老人来,语之言:汝莫愁也!我教汝出,汝用我语,必得速出,汝当斩头,自得出之。即用其语,以刀斩头,既复杀驼,而复破瓮。如此痴人,世间所笑(以上为"喻")。凡夫愚人,亦复如是,悕心菩提,志求三乘,宜持禁戒,防护诸恶,然为五欲毁破净戒,既犯禁已,舍离三乘,纵心极意,无恶不造,乘及净戒,二俱捐舍。如彼愚人,驼瓮俱失(以上为"法")。(卷四,第554页下)

本书在隋法经等《众经目录》卷六被编为《佛灭度后撰集录·西方诸圣贤所撰集》中的"小乘抄集"类经典。从本书的叙述中可以看出,作者作为含有一些大乘思想的譬喻师,主张"无有三乘,故是一道"(见卷二《送美水喻》),即"声闻"(指听闻佛陀

言教，修习"四谛"而得道者）、"缘觉"（指独自观察"十二因缘"而
得道者）、"菩萨"（指修行"六度"，上求菩提，下化众生，成就自利
利他的修道者）三乘都是"方便"之说，只有"佛乘"才是"真实"之
说，但他同时认为，大小乘应当兼容并行，"方等（指大乘）学者非
斥小乘，小乘学者复非方等，故使大圣法典二途兼亡"（见卷三
《师患脚付二弟子喻》），如若大乘非斥小乘，小乘非斥大乘，这将
使佛教圣典在大小乘中皆亡。出家之人，应当"具修信、戒、闻、
慧"，既不应"但整威仪，以招利养"（见卷一《以梨打头破喻》），也
不应"为名利故，造作戏论，言二世（指过去、未来）有、二世无，中
阴（指众生从死到再次受生之间的识体）有、中阴无，心数法（指
心所法）有、心数法无"（见卷四《父取儿耳珰喻》），在"二世"、"中
阴"、"心所法"的有无等问题上争论不休。因此，虽说《百喻经》
中偶尔也用大乘的言语，但因它是为教授"新学"编集的，故所说
都是浅显易懂的佛教义理，从总体上来说，仍以小乘教理为主。
在传今的譬喻类经典中，本书的行文最为简洁流畅，流传也最为
广泛。凡是以佛教文学为题材的著作或论文，鲜有不提及它的。

　　本书的译注本有：现代王孺童《百喻经译注》（中华书局
2012 年 7 月版）等。

<h2 style="text-align:center">第九品　本生类：孙吴支谦译
《菩萨本缘经》三卷</h2>

　　《菩萨本缘经》，又名《菩萨本缘集》《菩萨本缘集经》三卷。
原题"僧伽斯那撰，吴月支优婆塞支谦，字恭明译"，即印度僧伽
斯那撰，孙吴支谦译，约译于黄武元年（222）至建兴二年（253）之
间。梁僧祐《出三藏记集》卷二未著录本书，隋代以后的佛经目
录，如隋法经等《众经目录》卷六、费长房《历代三宝纪》卷六、唐

智升《开元释教录》卷二等均将它列为支谦所译。但从作者的生活年代考察,僧伽斯那是五世纪初人,他的著作不可能早在三国时代就被支谦译出,故法经录等经录的著录是错误的,本书很可能是东晋末、刘宋初的失译经,被抄写者冠以"吴月支优婆塞支谦译"之名而转抄流通。载于《丽藏》"观"函、《宋藏》"观"函、《金藏》"观"函、《元藏》"观"函、《明藏》"聚"函、《清藏》"聚"函、《频伽藏》"藏"帙,收入《大正藏》第三卷。

支谦(约三世纪),又名"支越",字恭明,西域大月支(又称"大月氏")人。东汉灵帝时,祖父法度率数百人归依汉朝,封为率善中郎将。支谦十岁学习汉书(汉文),十三岁学习胡书(西域文),通晓六国语言。受业于支亮(支亮受学于支谶),博览经籍,综习世间技艺。汉献帝末年,洛阳一带战乱频仍,支谦与同乡数十人逃往南方。吴主孙权闻其博学而有才慧,封他为博士,辅导太子孙登。孙登死后(《出三藏记集》卷十三作"后太子登位卒","位"字衍),支谦隐居于穹隆山,受持"五戒",不交世务,所从游者,皆为沙门(僧人)。从黄武元年(222)至建兴二年(253),前后三十余年,孜孜于佛经翻译。所译的佛经,《出三藏记集》卷二统计为"三十六部四十八卷";《高僧传》卷一作"四十九经";《开元释教录》卷二作"八十八部一百一十八卷",其中《大明度无极经》《阿弥陀经》《惟日杂难经》等"五十一部六十九卷"见在,《摩诃般若波罗蜜咒经》等"三十七部四十九卷"阙本。此外,支谦还根据《无量寿经》《中本起经》创作了赞颂菩萨的梵呗三章(后佚),注释《了本生死经》等经。他约卒于孙吴建兴二年(253)以后,年寿六十。生平事迹见梁僧祐《出三藏记集》卷十三、慧皎《高僧传》卷一等。

本书是一部叙述菩萨修行"檀波罗蜜"(指布施)、"尸波罗蜜"(指持戒)事迹的本生故事集。全书分为八品,依次为《毗罗摩品》《一切施品》《一切持王子品》《善吉王品》《月光王品》《兔品》《鹿品》《龙品》。每品之初有偈颂(初品为五言八句,其后各品为五言四句),标举本品的法义,然后以"如我曾闻"或"我昔曾闻"一语为导引,讲述一则菩萨修行的故事,故事之末有评论性的结语。其中,前六品讲的是"布施"类故事,后三品讲的是"持戒"类故事。作者僧伽斯那撰作的《百喻经》,是以反面人物("愚人")的事例,来说明佛教义理的;而本书则是以正面人物("菩萨")的事迹,来阐说佛教义理的,二者相辅相成。书中所述故事的主角,既有作为菩萨化身的人物,如国王、王子、辅臣等;也有作为菩萨化身的动物,如兔、鹿、龙等。因此,它既是与佛的前生"菩萨"相关的本生经,也是以民间传说中的寓言故事,说明佛理的譬喻经。

一、《毗罗摩品》(卷上)。叙述往昔地自在王的辅相毗罗摩设布施大会,将衣服、饮食等一切所须,施与众生的故事。结语说:"是故菩萨若布施时,或多、或少、或好、或恶,应以一心清净奉上,莫于受者生下劣心"。

二、《一切施品》(卷上)。叙述往昔一切施王因不忍心作战而亡国,逃隐后,自缚其身,施与贫穷老婆罗门,供他领取赏金的故事。结语说:"菩萨摩诃萨(又称"大菩萨")如是修行檀波罗蜜(又称"布施")时,尚舍如是所重之身,况复外物所有财宝"。如关于一切施王的故事,说:

> 如我曾闻:过去有王,名一切施,是王初生,即向父母说如是言:我于一切无量众生,尚能弃舍所重身命,况复其余外物珍宝。是故父母敬而重之,为立名字,字一切施。从其初生,身与行施,渐渐增长,譬如初月至十五日。其后不久,父王崩背,即承洪业,霸治国土,如法化民,不枉万姓,拥

护自身,不豫他事,终不侵陵他余邻国。邻国若故来讨罚之,希能擒获,救摄贫民,给施以财,恭敬沙门、婆罗门等。常以净手,施众生食,口常宣唱,与是人衣,与是人食,及与财宝,爱护是人,瞻视是人。尔时,菩萨常行如是善布施,时邻国人民,闻王功德,悉来归化。(卷上《一切施品》,《大正藏》第三卷,第55页上)

三、《一切持王子品》(卷上至卷中)。叙述往昔一切持王子因将父王所乘的白象施与怨家,被摈出王宫、入山修行后,又将二个幼子施与老婆罗门的故事。结语说:"菩萨摩诃萨行檀波罗蜜,其事如是,无所不舍"。

四、《善吉王品》(卷中)。叙述往昔善吉王修行布施,连魔王波旬化作"地狱罪人"、"诸天色像",也不能阻难的故事。结语说:"菩萨摩诃萨修行如是檀波罗蜜,乃至天魔不能留难"。

五、《月光王品》(卷中)。叙述往昔月光王将头施与老婆罗门的故事。结语说:"菩萨摩诃萨行檀波罗蜜时,能作如是,无所不舍"。

六、《兔品》(卷下)。叙述菩萨往昔为兔王,自投薪火,以供施婆罗门的故事。结语说:"菩萨摩诃萨修行如是尸波罗蜜(又称"持戒"),不诳于世"。

七、《鹿品》(卷下)。叙述菩萨往昔为鹿王,曾跳入大河,救溺人之命,溺人忘恩背义,引领国王前去捕猎,鹿王为救群鹿,自至王所,陈述事缘的故事(此则故事出自支谦译《九色鹿经》)。结语说:"菩萨摩诃萨行尸波罗蜜时,虽受兽身,于诸怨憎,乃至不生一念恶心"。

八、《龙品》(卷下)。叙述菩萨往昔为龙王,劝说金翅鸟以慈息怨,后遭恶人剥皮食肉,不生怨恨的故事。结语说:"菩萨摩诃萨行尸波罗蜜时,乃至剥皮食肉,都不生怨,况复余处也"。

　　本书卷中《月光王品》所说的"月光王"故事,也见于北魏慧觉等译《贤愚经》卷六《月光王头施品》;卷下《兔品》所说的"兔王"故事,也见孙吴支谦译《撰集百缘经》卷四《兔烧身供养仙人缘》;卷下《鹿品》所说的"鹿王"故事,也见于孙吴支谦译《九色鹿经》、康僧会译《六度集经》卷六。反映了各种本生经、譬喻经在资料上是互相借取的。由于本书所说的故事,只有"六度"中的"布施"、"持戒"二类,故它不如《六度集经》等同类著作来得齐全。

第十品　　禅法类：西晋竺法护译
《修行道地经》七卷
附：后汉安世高译《道地经》一卷

　　《修行道地经》,又名《修行经》,七卷。印度众护(即僧伽罗刹)撰,西晋竺法护译,泰康五年(284)译出。梁僧祐《出三藏记集》卷二著录。载于《丽藏》"楼"函、《宋藏》"楼"函、《金藏》"楼"函、《元藏》"楼"函、《明藏》"明"函、《清藏》"明"函、《频伽藏》"暑"帙,收入《大正藏》第十五卷。

　　竺法护(约三世纪末至四世纪初),音译"竺昙摩罗刹"、"昙摩罗察",祖籍月支国,以"支"为姓,后世迁居敦煌。八岁出家,师事外国沙门竺高座,遂改以"竺"为姓。操行精苦,笃志好学,能日诵佛经万言,并博览六经(指儒家经典),涉猎百家之言。后随师游历西域,贯综诂训,备晓三十六国文字,携带大量胡本(西域文本)佛经,从敦煌来到长安。自西晋泰始二年(266)至永嘉二年(308)的四十多年间,在敦煌、酒泉、长安、洛阳等地,孜孜不倦地从事佛经的翻译,时称"敦煌菩萨"。成为佛教入华以来,迄当时为止,翻译佛经最多的一个人。所译的佛经,以大乘经典为多,具有直译的风格。僧传称,"经法所以广流中华者,护(竺法护)之力也"(《出三藏记集》卷十三)。晋武帝之末,隐居深山。以后又在长安的青门外立寺行道,四方从学的僧徒达千余人。

竺法护所译的佛经,《出三藏记集》卷二著录为"一百五十四部合三百九卷(实为三百二十二卷)";《历代三宝纪》卷六增至"二百一十部合三百九十四卷";《开元释教录》卷二著录为"一百七十五部三百五十四卷",其中,《光赞般若波罗蜜经》等"九十一部二百八卷见在",《新道行经》等"八十四部一百四十六卷阙本"八十四部一百四十六卷阙本。生平事迹见《出三藏记集》卷十三、《高僧传》卷一等。但《出三藏记集》卷十三等说,竺法护在"惠帝西幸长安"时(指永安元年,即公元304年)时,"与门徒避地东下,至渑池遘疾卒,春秋七十有八",是不确切的。据《出三藏记集》卷七收录的未详作者《普耀经记》记载:"《普曜经》,永嘉二年太岁在戊辰五月,本斋菩萨沙门法护在天水寺,手执胡本口宣晋言,时笔受者,沙门康殊、帛法巨。"这说明竺法护在怀帝永嘉二年(308),仍在翻译《普耀经》。《开元释教录》卷二称"护(竺法护)于怀、愍(悯)之世仍更出经",即是据此而来的。因此,竺法护的卒年,大致上可推定为愍(悯)帝末年,即建兴四年(316)。

本书是一部论述小乘禅法的著作。作者自述:"此经洪训名寂观,吾钞众经以演说"(见卷一《集散品》),表明本书所述以"寂观"(即禅观)为宗,系抄集"众经"而成,相当于小乘的"集义论"。法救在《出曜经》卷六曾提到本书,称"尊者僧伽罗刹造立《修行经》"。全书采用偈颂与长行相结合的方式,展开论述,不仅每一品的首尾有偈颂呼应,各品正文也有偈颂对长行所述加以归纳。在说理的同时,穿插大量的譬喻或故事,以便学人领悟。前人评价说,本书"虽文约而义丰,采喻远近,防制奸心,但以三昧禅数为务,解空归无众想为宗"(见《修行道地经序》)。

本书传今的本子分为三十品,始《集散品》,终《菩萨品》。但据《出三藏记集》卷二《修行经》七卷"条小注说,《修行道地经》为"二十七品"(东晋道安《道地经序》也说此经为"二十七章",章即是品);同卷《三品修行经》一卷"条小注又说,"安公云,近人合《大修行经》"。也就是说,今本《修行道地经》实际上含有二经:前六卷二十七品(即《集散品》至《无学品》),是《修行道地经》的原本,属于小乘论;末一卷三品(即《弟子三品修行品》至《菩萨品》),"并用《法华》意旨"(明智旭《阅藏知津》卷三十八语),属于大乘论,是竺法护翻译的另一部经《三品修行经》。据东晋道安所见,当时传抄者就已将《三品修行经》合入《修行道地经》之中。书首未详作者《修行道地经序》,说:

> 造立《修行道地经》者,天竺沙门厥名众护,出于中国(指中印度)圣兴之域。幼学大业洪要之典,通尽法藏十二部经,三达之智,靡不贯博,钩玄致妙,能体深奥。以大慈悲,弘益众生,助明大光,照悟盲冥,叙尊甘露荡荡之训,权现真(一作"冥")人,其实菩萨也!愍(悯)念后贤庶几(一作"冀")道者,傥有力劣不能自前,故总众经之大较(指大略),建易进之径路,分别五阴成败所趣,变起几微生死之苦,劝迷励惑,故作斯经。虽文约而义丰,采喻远近,防制奸心,但以三昧禅数为务,解空归无众想为宗(一作"定")。真可谓离患之至寂,无为之道哉!(《大正藏》第十五卷,第 181 页下)

一、《集散品》(卷一)。论述"修行道"的含义问题。说:习学"修行道",须了解"何谓无行? 何谓为行? 云何修行? 云何修行道"。"无行",指"念淫怒,欲害亲属,诸天国土,弊友毁戒"等;

"可行"，是指"不起瞋恚，不念加害，亲近善友，奉戒清净"等；"修行"，是指"能顺行，修习遵奉"；"修行道"，是指"寂道"（指趣向涅槃之道），"专精寂道，是为修行道"，"寂道"的修行结果，是证得"四沙门果"（指须陀洹、斯陀含、阿那含、阿罗汉果）。

二、《五阴本品》（卷一）。论述观察"五阴"问题。说：习学"修行道"，须观察"五阴"（又称"五蕴"）。"五阴"，指一切有为法（有因缘造作、生灭变化的非常住事物）的五种类别，是构成众生之本，即"色阴"（又称"色蕴"）、"痛阴"（又称"受蕴"，"痛"指"受"）、"想阴"（又称"想蕴"）、"行阴"（又称"行蕴"）、"识阴"（又称"识蕴"）。"五阴"的每一阴都是积聚而成，以"色阴"为例，并非一种色就是"色阴"，"色阴"包括"十色入"，即五根、五境。其余四阴也是如此。观察"五阴"，就是要理解"五阴"本无（指性空）。

三、《五阴相品》（卷一）。论述"五阴"的体相问题。说："色阴"有"光"、"像"、"手所获持"、"若示他人"等相状；"痛阴"有"乐"、"不乐"、"不苦"等相状；"想阴"有思想"若男、若女及余众物"等相状；"行阴"有"有所造作"，"若作善行、若作恶行、亦不善恶"等相状；"识阴"有晓了"善、不善、亦非有善亦非不善"等相状。

四、《分别五阴品》（卷一）。论述"五阴"之间的联系问题。说："五阴"犹如一串真珠，它们是前后联系展开活动的。"其人目见真珠之贯，谓应色阴；爱乐可意，是谓痛阴（指受阴）；初始见之，识是贯珠名为想阴；其人生意，欲取贯珠，是为行阴；分别贯珠，是为识阴"。

五、《五阴成败品》（卷一）。论述"五阴"的成败问题。说："从少小身，及至中年，乃到老、病，当复归死，其五阴转于生死之轮，常如川流，无有休息，一切皆空，譬如幻化"。

六、《慈品》(卷二)。论述修习"慈心"问题。说:"修道者当行等慈,父母、妻子、兄弟、朋友及与怨家,无远无近,等无憎爱,及于十方无量世界,普以慈向,未曾增减"。

七、《除恐怖品》(卷二)。论述在闲居和屏处修行时,去除恐怖的方法问题。说:"或以恐怖而躄地,不能自正立于法。教令坚住持戒法,如风吹山不能动"。

八、《分别行相品》(卷二)。论述修行者的品行(如"信"、"精进"、"智慧"、"不邪"等),烦恼的各种行相(如"贪淫"、"瞋恚"、"愚痴"等),以及断除烦恼的方法问题。如关于"情欲炽盛"、"瞋怒而炽多"、"多愚痴"、"多想念"等烦恼的对治方法,说:

> 假使行者(指修行者)情欲炽盛,为说人身不净之法,有三品教:一曰身骨如锁,支拄相连;二曰适受法教,便观头骨;三曰已了是观,复察额上,系心著头。假使瞋怒而炽多者,为说慈心。……修行道者设多愚痴,当观十二因缘,分别了之,从生因缘,而有老死,设不来生,则无终始。……修行道者设多想念,则为解说出入数息,喘息已定,意寂无求。(卷二《分别行相品》,第191页下—第192页上)

九、《劝意品》(卷三)。惜往昔有人受国王之命,专心擎钵油,从北门行至南门,不洒落一滴的故事,论述专心修道的重要问题。说:"修行道者御心如是,虽有诸患,及淫、怒、痴来乱诸根,护心不随,摄意第一"。

十、《离颠倒品》(卷三)。论述舍离"四颠倒"(指四种颠倒)问题。说:"世人如是所见颠倒,无常谓常,苦谓为乐,非身谓有身,空谓为实。舍四颠倒,作本无观,尔乃为顺佛之教诫"。

十一、《晓了食品》(卷三)。论述不应"贪食"问题。说:"虽当饭食,不求于肥,趣欲支命"。

十二、《伏胜诸根品》(卷三)。论述调伏"五根"(指眼、耳、鼻、舌、身)问题。说:"自诫五根,不随情欲,则知道成也"。

十三、《忍辱品》(卷三)。论述如何"忍辱"问题。说:"设使有人挝骂行者,尔时修道当作是观:所可詈詈,但有音声,谛推计之,皆为空无,适起即灭"。

十四、《弃加恶品》(卷三)。论述如何对待他人的"加恶"(指加害其身)问题。说:"假使行者坐于寂定,人来挝捶,刀杖瓦石以加其身。当作是观:名色皆空,所捶、可捶,悉无所有"。

十五、《天眼见终始品》(卷三)。论述"五神通"(指神足通、天眼通、天耳通、他心通、宿命通)中的"天眼通"问题。说:修行者得"天眼","普视世间众生类,彻达天上无不见"。

十六、《天耳品品》(卷三)。论述"五神通"中的"天耳通"问题。说:修行者得"天耳通","便得彻听,亦无烦愦","悉闻天上世间之声"。

十七、《念往世品》(卷三)。论述"五神通"中的"宿命通"问题。说:修行者得"宿命通","知无央数所更生死"。

十八、《知人心念品》(卷三)。论述"五神通"中的"他心通"问题。说:修行者得"他心通","知他人心所念善恶"。

十九、《地狱品》(卷三)。论述"八大地狱"(指"想地狱、黑绳地狱、合会地狱、叫唤地狱、大叫唤地、烧炙地狱、煵煮地狱、阿鼻地狱")的情状问题。说:"堕于地狱中,勤苦不可言。相害怀大恐,宿罪之所致"。

二十、《劝悦品》(卷四)。论述修行者当发心自勉"遵奉精进"问题。说:"方便欢喜心,以劝羸弱意。常专思遵奉,是谓为修行"。

二十一、《行空品》(卷四)。论述"一切皆空,非吾无我"问题。说:"三界皆空,万物无常","设使修行思惟空,则捐吾我无想念"。

二十二、《神足品》(卷五)。论述"五神通"中的"神足通"问题。说:修行者得"神足通",能"入地无间,出而无孔,游于空中,坐卧行住,身上出火,身下出水,身上出水,身下出火","能变一身以为无数";"是神足者因四禅致,其四禅者因不净观、数息致之,是故修行当念恶露、数息思定"。

二十三、《数息品》(卷五)。论述"数息观"问题。如关于"数息观"所涉及的"安般守意"、"四事行"、"无二瑕秽"、"十六特胜"、"数息"等,说:

> 今当解说数息之法。何谓数息?何谓为安?何谓为般?出息为安,入息为般;随息出入而无他念,是谓数息出入。……数息守意有四事行、无二瑕秽、十六特胜。……何谓四事?一谓数息、二谓相随、三谓止观、四谓还净。……何谓二瑕?数息或长或短,是为二瑕,捐是二事。……何谓十六特胜?数息长则知(指觉知);息短亦知;息动身则知;息和释即知;遭喜悦则知;遇安则知;心所趣即知;心柔顺即知;心所觉即知;心欢喜则知;心伏即知;心解脱即知;见无常则知;若无欲则知;观寂然即知;见道趣即知,是为数息十六特胜。……何谓数息?若修行者坐于闲居无人之处,秉志不乱,数出入息,而使至十,从一至二;设心乱者,当复更数一二至九,是谓数息。行者如是昼夜习数息,一月一年,至得十息,心中不乱。(卷五《数息品》,第 215 页下—第 216 页中)

二十四、《观品》(卷六)。论述"身观"(指观察身体为苦、空、无常、无我)问题。说:"何谓为观?若至闲居独处树下,察五阴本,见如审谛,苦、空、无常、非身,色、痛(指受)、想、行、识身则本无，五十五事无可贪者（指以"如聚沫"、"如海"、"如江"、"如粪"、"如沙城"、"如边土"、"如鬼国"等五十五事譬喻身体不可贪著)，亦无处所"。

二十五、《学地品》(卷六)。论述"学地"(指有法可学，即尚未证得阿罗汉果的阶位)问题。说："其修行者已得道迹(指已入道，证得"四向四果"的初果"须陀洹果")，见诸五乐皆归无常，不能尽除"；"习恶露观(指不净观)昼夜不舍，习如是者，淫、怒、痴少，得往来道(指证得"四向四果"的第二果"斯陀含果")，一返还世，断勤苦原"；"作恶露观，永脱色欲及诸怒痴，谛见五阴所从起灭，灭尽为定，知见如是，便断五结(指"五下分结"，即贪欲、瞋恚、有身见、戒禁取见、疑)而无阴盖，得不还道(指证得"四向四果"的第三果"阿那含果")，不退还世"。

二十六、《无学地品》(卷六)。论述"无学地"(指无法可学，即已证得阿罗汉果的阶位)问题。说："当知今时已成罗汉，得无所著，诸漏永尽，修洁梵行，所作已办，弃捐重担，逮得己利，生死则断"。

二十七、《无学品》(卷六)。论述"无学地"中的"阿罗汉"问题。说："修行者住于有余泥洹之界，毕故不造，不复受身，而心专一，未曾放逸，在诸色、声、香、味、细滑，离一切著，无复取舍，穷尽苦根"；"设至无余泥洹之界而灭度者，渐渐免苦"。

二十八、《弟子三品修行品》(卷七)。采用《法华经》中的"化城喻"等譬喻，论述修行者不应以证得"阿罗汉"为究竟，而应发心成为"菩萨"(品名中的"弟子三品"，指声闻、缘觉、菩萨)问题。说："譬如有国遭于三厄"(指盗贼、谷贵、疾病)，"众人流散走到他国，久后国安，或有往还者，或有恐怖三难之患，永不可反"，"国安还者，谓菩萨以得无所从生法忍(又称"无生法忍"，指对诸法无生之理，能安忍不动)一切深慧，还入三界度一切也；

遭于三厄而不还者,罗汉以得无为,惧三难处,而不能还度脱众生也"。

二十九、《缘觉品》(卷七)。采用《法华经》中的"火宅喻"等譬喻,论述"缘觉"局限于"十二因缘","不解深慧"问题。说:"譬如有人欲见天帝,而睹边王,则谓是帝,欲学正觉,意有齐限,不解深慧,还堕缘觉,亦如是也","十二因缘本无有根也"。

三十、《菩萨品》(卷七)。论述"菩萨"的修行问题。说:"菩萨学道,稍稍渐前,至无极慧,因六度无极,分别空行,积功累德,无央数劫乃得佛道"。

本书的同本异译有:后汉安世高译《道地经》一卷。

后汉安世高译《道地经》一卷

《道地经》,又名《大道地经》,一卷。印度僧伽罗刹造,后汉安世高译,约译于建和二年(148)至建宁三年(170)之间。梁僧祐《出三藏记集》卷二著录。载于《丽藏》"楼"函、《宋藏》"郁"函、《金藏》"郁"函、《元藏》"郁"函、《明藏》"明"函、《清藏》"明"函、《频伽藏》"暑"帙,收入《大正藏》第十五卷。

本书是《修行道地经》的节译本。全书分为七章,依次为《散种章》《知五阴慧章》《随应相具章》《五阴分别现止章》《五种成败章》《神足行章》《五十五观章》,内容大致相当于《修行道地经》原本二十七品中的七品(即卷一全五品和卷五、卷六中各一品)。但《修行道地经》既有偈颂,又有长行(散文),本书将偈颂也译为长行,故没有偈颂。

一、《散种章》。论述"道地"(又称"修行道")的含义问题。内容大致相当于《修行道地经》卷一《集散品》。

二、《知五阴慧章》。论述观察"五阴"(书中将"五阴"译作"色种"、"痛痒种"、"思想种"、"行种"、"识种")问题。内容大致相当于《修行道地经》卷一《五阴本品》。

　　三、《随应相具章》。论述"五阴"的体相问题。内容大致相当于《修行道地经》卷一《五阴相品》。

　　四、《五阴分别现止章》。论述"五阴"之间的联系问题。内容大致相当于《修行道地经》卷一《分别五阴品》。

　　五、《五种成败章》。论述"五阴"的成败问题。内容大致相当于《修行道地经》卷一《五阴成败品》。

　　六、《神足行章》。论述"五神通"中的"神足通"问题。内容大致相当于《修行道地经》卷五《神足品》(卷五)。

　　七、《五十五观章》。论述"身观"(指观察身体为苦、空、无常、无我)问题。内容大致相当于《修行道地经》卷六《观品》。如关于"五十五观"(指以"如沫"、"如大海"、"如大江"、"如大便"、"如沙城"、"如会坏城"、"如化城"等五十五事譬喻身体不可贪著),说:

　　　　行道者,当为五十五因缘自观身:是身为譬如沫,不能捉;是身为譬如大海,不厌不足五乐;是身为譬如大河,甘愿至死海;是身为譬如大便,慧人不欲故;是身为譬如沙城,疾坏散去;是身为譬如会坏城,多怨家;是身为譬如化城,不自有,亦不可取。……是身为譬如结垢,内有恶;是身为譬如不意,常著外衰;是身为譬如无所依,无所依舍爱、不爱磣一切;是身为譬如不可近,近常破碎;是身为譬如无有能护,时时为病磣一切;是身为譬如无有自归,死来时不得离故。(《五十五观章》,《大正藏》第十五卷,第236页上、中)

　　本书的译语十分艰涩,明智旭《阅藏知津》卷三十八称它"文不可句",意思是其文连断句也十分困难,足见它的艰涩难读。

　　本书的同本异译有:西晋竺法护译《修行道地经》七卷。

第十一品　禅法类：后汉支曜译
《小道地经》一卷

　　《小道地经》，又名《道地经中要语章》，一卷。后汉支曜译，中平(184—188)年间译出。本书最初是作为"古异经"，著录于梁僧祐《出三藏记集》卷三《新集安公古异经录》之中(书名作《道地经中要语章》，小注称"或云《小道地经》，今有此经")；隋费长房《历代三宝纪》卷四始将它列为支曜译(书名作《小道地经》)，唐智升《开元释教录》卷一等沿依此说。载于《丽藏》"兽"函、《宋藏》"兽"函、《金藏》"兽"函、《元藏》"兽"函、《明藏》"既"函、《清藏》"既"函、《频伽藏》"暑"帙，收入《大正藏》第十五卷。

　　支曜(约二世纪)，月支国沙门，博达群典，妙解幽微，汉灵帝时在洛阳译经。《高僧传》说，"沙门支曜、康巨、康孟详等，并以汉灵、献之间，有慧学之誉，驰于京洛。曜(支曜)译《成具定意》《小本起》等，巨(康巨)译《问地狱事经》，并言直理旨，不加润饰"。所译的佛经，《出三藏记集》卷二著录为"一部凡一卷"，即《成具光明定意经》一卷；《历代三宝纪》卷四根据《吴录》《旧录》增至"十一部十二卷"；《开元释教录》卷一勘定为"十部十一卷"，其中，《成具光明定意经》《阿那律八念经》《马有三相经》《马有八态譬人经》《小道地经》等五部五卷见存，《小本起经》等五部六卷阙本。生平事迹见梁慧皎《高僧传》卷一等。

　　本书是一部论述小乘禅法的著作。从本书最初的名称是《道地经中要语章》来看，应当是根据《修行道地经》中的要语节译的。然而，笔者对勘竺法护译的《修行道地经》七卷本，发现此中并无本书所述的那些章段和语句，特别是本书正文中有五处提到"求向佛道"、二处提到"菩萨行"，略带大乘的思想成分，这是

《修行道地经》原本所没有的。因此,本书的主题虽与《修行道地经》相同,但内容当另有所本。究竟源于何经,尚待进一步考证。

书中所述,大多是关于"求息"(指数息)、"持戒"、"读经"、"行禅"的方法。例如:"求息不得者有四因缘"(指"怙其善,不晓护戒自欲身"等);"欲得息者当知二事"(指"喘"、"息");"生死四因缘"(指"不知食、多食,不学不制贪味过足"等);"思惟分别四因缘"(指"近善知识"等);"身有四病"(指"或时地多,身不得安"等);"意有四病"(指"痴多,意不得止"等);"息有四病"(指"或时求多,息不得止"等);"十恶"(指杀、盗、淫等);"三念"(指过去念、未来念、现在念);"二念"(指福念、罪念);"知三戒"(指"当知持戒,亦守戒"等)等。如关于"意有四病"、"息有四病"及其对治方法,说:

> 意有四病:一者痴多,意不得止;二者瞋恚多,意不得止;三者淫多,意不得止;四者疑多,意不得止。四事不安,意不得止。息亦有四病:或时求多,息不得止;或时念多,息不得止;或时欢喜多,息不得止;或时喘多,息不得止。道人行道,离是因缘,便得定意。……若痴多,不宜数入众人群聚,当先诵经,不宜多闻,好自守;若瞋恚多,不宜居家,若少所有;若淫多,不宜观伎乐,及诸好色;若疑多,不宜数闻好言善语,常自守思惟责对;若求多,常当念不常,坐起著意;若念多,常当行证我所念皆为苦本;若欢喜多,计不得久,苦在后,当疾制;若喘欷多,常当知心不宜数出粗语,坐作罪。(《大正藏》第十五卷,第236页下—第237页上)。

本书的译语较古涩,如将"数息"译作"求息","出入息"译作"喘息","智慧"译作"黠意","触"译作"栽"等,但行文尚为通畅,这在当时已属不易。

第十二品　禅法类：姚秦鸠摩罗什译
《禅法要解》二卷
附：后汉失译《禅要经》一卷
姚秦鸠摩罗什译《菩萨
呵色欲法经》一卷

《禅法要解》，又名《禅要经》《禅法要解经》，二卷。姚秦鸠摩罗什译，约译于弘始四年（402）至弘始十四年（412）之间。梁僧祐《出三藏记集》卷二著录。载于《丽藏》"图"函、《宋藏》"图"函、《金藏》"图"函、《元藏》"图"函、《明藏》"集"函、《清藏》"集"函、《频伽藏》"暑"帙，收入《大正藏》第十五卷。

本书是一部论述小乘禅法的著作。内容涉及"不净观"、"一心相"、"除五盖"、"四禅"、"四无量心"、"四无色定"、"四谛"、"习道十事"、"四如意分"、"五神通"等。姚秦鸠摩罗什翻译的禅法类典籍共有四种。以往，学界将它们都当作大乘禅籍，但若仔细辨析的话，它们的性质与内容并非完全相同。大体来说，本书和《菩萨呵色欲法经》一卷，属于小乘修习的禅法；《坐禅三昧经》二卷，属于大小乘通习的禅法；《思惟略要法》一卷，属于大乘修习的禅法。

卷上：论述"不净观"、"一心相"、"除五盖"、"四禅"、"四无量心"等问题。

（1）"不净观"。指观想身体的不净，以对治贪欲（又称"淫欲"）的禅观。"不净观"有二种：一是"观恶厌不净"（又称"死尸臭烂不净观"），即观察死尸的"臭烂不净"，联想"我身"同样不净，与死尸无异，心生厌恶。在获取死尸的相状（又称"取相"）以后，至闲静处，如树下、空舍，定心运想，观想死尸相，以断除贪欲。若观想死尸的"不坏相",能断除"著威仪"、"著言声"二种贪欲;观想死尸的"坏相",能全断六种贪欲。二是"观非恶厌不净"(又称"闻法忆想分别观"、"白骨观"),即虽不见死尸,但"从师受法",已知人身的不净,自作忆想分别,观想人身的"三十六物"(指发、毛、筋、骨、脾、肾、肠、胃、屎、尿、脓、痰等)皆污秽不净,以断除贪欲。众生有"六种欲"(贪欲),即"著色"、"著形容"、"著威仪"、"著言声"、"著细滑"、"著人相"(指众生相),对有前五种贪欲者,应当教他"观恶厌不净";对有末一种贪欲("著人相")者,应当教他"观非恶厌不净"。

(2)"一心相"。指入定的相状,"心住相者,身软轻乐,瞋恚愁忧、诸恼心法,皆已止息","心净不浊,故身有光明","行者见是相已,心安喜悦"。

(3)"除五盖"。指除灭覆盖众生心性的五种烦恼,即"淫欲盖"(又称"贪欲盖")、"瞋恚盖"、"睡眠盖"、"掉悔盖"、"疑盖"。

(4)"四禅"。指色界的四种根本禅定,即"初禅"、"第二禅"、"第三禅"、"第四禅"。修行者"离欲恶不善法,有觉有观,离生喜乐,入初禅";"内得清净,无觉无观,定生喜乐,入于二禅";"离喜行舍,得入三禅";"断乐断苦,先灭忧喜,不苦不乐,护念清净,入第四禅"。

(5)"四无量心"。指能引生利乐一切众生四种无量心的禅定,即"慈心无量"、"悲心无量"、"喜心无量"、"舍心无量"。"修行慈心,除破瞋恚;修行悲心,除恼众生心;修行喜心,除破愁忧;修行舍心,除破憎爱"。如关于如何修习"慈心无量",说:

问曰:行者云何得慈心无量? 答曰:行者依四禅已,念一城众生愿令得乐,如是一国土、一阎浮提、四天下、小千国土、二千国土、三千大千国土,乃至十方恒河沙等无量无边众生,慈心遍覆,皆愿得乐。……又习慈初门,有十六行令速得慈,又使牢固,亦常修行。一者持戒清净;二者心不悔;三者善法中生喜;四者快乐;五者摄护五情;六者念巧便慧;七者身离心离;八者同行共住;九者若听若说,随顺慈法;十者不恼乱他人;十一者食知自节;十二者少于睡眠;十三者省于言语;十四者身四威仪,安隐适意;十五者所须之物,随意无乏;十六者不戏论诸法行。是十六法,助慈三昧。(卷上,《大正藏》第十五卷,第290页上—第291页中)

卷下:论述"四无色定"、"四谛"、"习道十事"、"四如意分"、"五神通"等问题。

(1)"四无色定"。指无色界的四种根本禅定,即"无量虚空处定"(又称"空无边处定")、"无量识处定"(又称"识无边处定")、"无所有处定"、"非有想非无想处定"(又称"非想非非想处")。修行者"度一切色相,灭一切对相,不念一切异相","心想虚空为缘",入"无量虚空处";"但观于识,舍于空缘",入"无量识处";"虚空虚诳,识相亦尔","心想无所有为缘",入"无所有处";"一切想地皆粗可患"、"无想地则是痴处"、"今寂灭微妙第一处,所谓非想非无想处","如是观已,则离无所有处想地,即入非有想非无想处"。

(2)"四谛"。指显示众生痛苦与解脱的四种真理(真实不虚的道理),即"苦谛"、"集谛"、"灭谛"、"道谛"。"苦谛"所说的"苦",有"身苦"、"心苦"二种;"集谛"所说的"集",有"使"、"恼缠"二种;"灭谛"所说的"灭",有"有余涅槃"、"无余涅槃"二种;"道谛"所说的"道",有"定"、"慧"二种。

(3)"习道十事"。指初学"四谛"者应当修习的十种事情,即"心专正"、"质直"、"惭愧"、"不放逸"、"远离"、"少欲"、"知足"、"心不系著"、"不乐世乐"、"忍辱"。

（4）"四如意分"（又称"四如意足"、"四神足"）。指能获得神通（深妙神奇的功能）的四种禅定。即"欲定行法成就如意"（又称"欲神足"）；"精进定行法成就如意"（又称"精进神足"）；"心定行法成就如意"（又称"念神足"）；"思惟定行法成就如意"（又称"思惟神足"）。

（5）"五神通"（又称"五通"）。指依修习"四禅"而得的五种不可思议的能力，即"变化神通"（又称"身通"）、"天耳神通"（又称"天耳通"）、"知他心智神通"（又称"他心通"）、"宿命神通"（又称"宿住通"）、"天眼神通"（又称"天眼通"）。如关于为何在证得"四无色定"中的"非有想非无想处"以后，又要舍离，修学"四谛"，说：

> 行者作是念：一切想地皆粗可患，如病如痈、如疮如箭，无想地则是痴处，今寂灭微妙第一处，所谓非想非无想处。如是观已，则离无所有处想地，即入非有想非无想处。问曰：是中为有想为无想？答曰：是中有想（指此处已无粗想，尚有细想）。……钝根者，不觉是中有四阴（指受阴、想阴、行阴、识阴），便谓涅槃安隐之处生增上慢，寿八万劫已，还堕诸趣。是中四阴虽微深妙，利根者则能觉知，觉知已，患厌作是念：此亦和合作法，因缘生法，虚诳不实，如病如痈、如疮如箭，无常、苦、空、无我，亦是后生因缘，应当舍离。以其患故，当学四谛。（卷下，第293页下—第294页上）

明智旭《阅藏知津》卷三十八说，《禅法要解》"初明不净观，次明净观"。这里说的"净观"，是指本书中始"净观者三品，或初习行，或已习行，或久习行。若初习行当教言：破皮却不净，当观白骨人”，终“复从一阎浮提，还至一寸心得自住，是为不净中净三昧门。复次，此身空骨，以薄皮覆，有何可乐，甚可患也”的一百多字，此段文字仅见于本书的《宋藏》本，而为《丽藏》本所无，其内容实际上是对前述“不净观”的第二种“观非恶厌不净”（即“白骨观”）的解释，并非指在“不净观”之外，别有“净观”。

后汉失译《禅要经》一卷

《禅要经》，又名《禅要呵欲经》（宋元明藏本）、《禅要经呵欲品》，一卷。后汉失译，约出于建和元年（147）至延康元年（220）之间。梁僧祐《出三藏记集》卷二著录（书名作《禅要呵欲经》）。载于《丽藏》“图”函、《宋藏》“图”函、《金藏》“图”函、《元藏》“图”函、《明藏》“聚”函、《清藏》“聚”函、《频伽藏》“暑”帙，收入《大正藏》第十五卷。

本书是一部论述小乘禅法中“不净观”问题的著作。书首有《呵欲品第一》的标题，但独此一品，并无第二品，故颇疑是残卷。内容大致相当于姚秦鸠摩罗什译《禅法要解》卷上的初首部分，即从“行者初来欲受法时，师问五众戒净已”，至“我心如虚空，一切无所著，正使天欲来，不能染我心”（即目连所说偈）。

书中说，“不净观”有二种。一是“观恶厌不净”（又称“死尸臭烂不净观”），即观察死尸的“臭烂不净”，联想“我身”同样不净，与死尸无异，心生厌恶，在获取死尸的相状（又称“取相”）以后，至闲静处，定心运想，观想死尸相，以断除贪欲；二是“观非恶厌不净”（又称“闻法忆想分别观”、“白骨观”），即虽不见死尸，但“从师受法”，已知人身的不净，自作忆想分别，观想人身的“三十六物”（指发、毛、筋、骨、脾、肾、肠、胃、屎、尿、脓、痰等）皆污秽不净，以断除贪欲。如关于“不净观”的修法，说：

　　行者求道欲修定时,尔时法师应随根相,行四摄道,示教利喜,广净信戒。净信戒已,次除六欲,所谓色欲、形容欲、威仪欲、言声欲、细滑欲、人相欲。著上五欲(指前五种贪欲),令观可得不净之相(指作死尸臭烂不净观)。著人相欲,令观骨人,分分断相(指作白骨观),观彼全尸,能断二欲威仪欲、言声欲;若观坏尸,悉断六欲。可得不净有二种观:一即死尸臭烂不净,我身不净,亦复如是。如是观已,心生厌患,取是相已,至闲静处,山泽、冢间、空舍、树下,自观不净,处处可得,系心身中,不令驰散。二者闻法忆想,分别自观身中三十六物……臭秽不净,聚以为身。往来五道,炽然众苦,犹如浮尸随流东西,所至之处物皆可恶。(《大正藏》第十五卷,第 237 页下—第 238 页上)

　　本书译文流畅,与后汉时期所译之经古涩难读并不相似,故很可能是东晋以前类似于《禅法要解》的某部小乘禅经抄译本。

姚秦鸠摩罗什译《菩萨呵色欲法经》一卷

　　《菩萨呵色欲法经》,又名《菩萨呵色欲经》《菩萨呵色欲法》,一卷。姚秦鸠摩罗什译,约译于弘始四年(402)至弘始十四年(412)之间。梁僧祐《出三藏记集》卷二著录(书名作《菩萨呵色欲经》)。载于《丽藏》"飞"函、《宋藏》"飞"函、《金藏》"飞"函、《元藏》"飞"函、《明藏》"藁"函、《清藏》"藁"函、《频伽藏》"暑"帙,收入《大正藏》第十五卷(书名中的"呵"误作"诃")。

　　本书是一部论述"色欲"过患(为"不净观"内容之一)问题的禅法著作。书中说,"女色"是"世间"的"枷锁"、"重患"、"衰祸",凡夫恋著不能自拔,乃致无厄不至;行者(修行者)既已舍弃,又复顾念,等于从牢狱出来,又想进去。书中说:

女色者,世间之枷锁,凡夫恋著不能自拔;女色者,世间之重患,凡夫困之至死不免;女色者,世间之衰祸,凡夫遭之无厄不至。行者既得舍之,若复顾念,是为从狱得出,还复思入;从狂得正,而复乐之;从病得差,复思得病。智者怒之,知其狂而颠蹶,死无日矣。(《大正藏》第十五卷,第237页下—第238页上)

本书全文仅三百多字,从结构和内容上推断,它不大像是一部完整独立的著作,而是某部禅经中的一个片段。姚秦鸠摩罗什译《禅法要解》卷上"不净观"之后,也讲到戒女色问题,说:"如长老摩诃目犍连得阿罗汉道,本妇将从伎乐,盛自庄严饰,欲坏目连,目连尔时说偈言:汝身骨干立,皮肉相缠裹。……正使天欲来,不能染我心。"由此推断,本书很可能是承接这段偈言而说的话,为《禅法要解》的佚文。

第十三品 禅法类:东晋佛陀跋陀罗译 《达摩多罗禅经》二卷

《达摩多罗禅经》,又名《达磨多罗禅经》《修行地道经》《修行方便禅经》《修行地不净观经》《不净观经》等,二卷。印度达摩多罗、佛大先造(此据东晋慧远《庐山出修行方便禅经统序》),东晋佛陀跋陀罗译,义熙七年(411)译出。梁僧祐《出三藏记集》卷二著录(书名作《禅经修行方便》)。载于《丽藏》"图"函、《宋藏》"图"函、《金藏》"图"函、《元藏》"图"函、《明藏》"集"函、《清藏》"集"函、《频伽藏》"暑"帙,收入《大正藏》第十五卷。

达摩多罗(约四世纪末至五世纪初),音译又作"达磨多罗"、"昙摩多罗"、"昙摩罗",意译"法救",罽宾国(又称"迦湿弥罗国"，今克什米尔一带）人，小乘说一切有部禅师（与说一切有部"四大论师"中的达磨多罗，《杂阿毗昙心论》的作者达磨多罗，非同一人），兼通大乘。他与佛陀斯那（又称"佛大先"）均受学于罽宾禅师富若蜜罗（又称"不若密多罗"、"不若多罗"）的门人富若罗。生平事迹见刘宋慧观《修行地不净观经序》（载于梁僧祐《出三藏记集》卷十二）等。

佛大先（约四世纪末至五世纪初），音译又作"佛陀斯那"、"佛陀先"、"佛驮先"，意译"觉军"，罽宾国人，小乘说一切有部禅师，兼通大乘。与达摩多罗一起受学于罽宾禅师富若罗，又就婆陀罗禀承法要，在西域弘禅行化，入道弟子达七百人。因其"天才特拔，国中独步，口诵半亿偈，兼明禅法，内外综博，无籍不练"，故被世人称为"人中师（狮）子"。东晋时，凉州沙门智严西行求法至罽宾，在摩天陀罗精舍，从佛大先学禅三年；刘宋时，北凉王沮渠蒙逊的从弟（堂弟）、居士沮渠京声，在于阗国衢摩帝大寺，也从佛大先咨受大乘，《治禅病秘要法》二卷就是由佛大先传授给沮渠京声，沮渠京声带至扬都（指建康，即今南京）竹园寺译出的。生平事迹见刘宋慧观《修行地不净观经序》《治禅病秘要法》后记（载于《大正藏》第十五卷）等。

佛陀跋陀罗（359—429），又名"佛驮跋陀罗"（见《出三藏记集》《高僧传》《历代三宝纪》等；因"佛驮"的正写当作"佛陀"，故《法经录》《开元释教录》等将"驮"改作"陀"，后世多用之）、"佛陀跋陀"，意译"觉贤"、"佛贤"，迦毗罗卫国甘露饭王（释迦牟尼的叔父）的后裔，因祖父经商，定居于北天竺（印度）那呵利城。幼年父母双亡，由舅家养育。初为沙弥，十七岁正式出家，修业精勤，博学群经。后游罽宾（又称"迦湿弥罗"，今克什米尔一带），受业于小乘说一切有部禅师佛大先（又称"佛陀斯那"），以禅、律驰名。应凉州求法沙门智严的劝请，杖锡东行，赴中土弘化。初走陆路,度葱岭、经六国而至交趾,后取海道,乘船到达青州东莱郡(今山东掖县),前后历时三年。后闻鸠摩罗什在长安弘化,即前往从之,约于姚秦弘始十二年(410),始抵长安。初与鸠摩罗什相处甚好,不久由于两人所宗奉的学说不同,特别是弘传的禅法不同,渐起分歧,被鸠摩罗什门下以"显异惑众",犯"妄语戒"为借口,摈出长安。庐山慧远闻讯后,将佛陀跋陀罗及其弟子慧观等一行四十余人迎入山中,并请他译出《达摩多罗禅经》。一年后,即东晋义熙八年(412),佛陀跋陀罗游化而至江陵。以后又到扬都(指建康),住在道场寺译经。所译的佛经,《出三藏记集》卷二著录为"十部凡六十七卷",其中,《新微密持经》是《出生无量门持经》的异名,《菩萨十住经》是《华严经》的一部分,僧祐作了重复统计,另将《摩诃僧祇律》《僧祇比丘戒本》列于法显名下,故统计数不甚确切。唐智升《开元释教录》卷三勘定为"十三部一百二十五卷",其中,《大方广佛华严经》六十卷、《大方等如来藏经》一卷、《达摩多罗禅经》二卷等八部一百十六卷见存,《新无量寿经》二卷等五部九卷阙本。生平事迹见梁僧祐《出三藏记集》卷十四、慧皎《高僧传》卷二等。

本书是一部论述小乘禅法的著作。全书分为十七品,始《修行方便道安那般那念退分》,终《修行观十二因缘》,前十三品以五言颂的形式论述,后四品以长行的形式论述。内容包括:"安那般那念"(又称"数息观")、"不净观"、"界方便观"(又称"界分别观")、"四无量三昧"、"五阴观"、"十二入观"、"十二因缘观"等。其中,有关"数息观"(指数出入息,以对治"散乱心"的禅观)、"不净观"(指观想身体的不净,用来对治"贪欲"的禅观)的修行,分为"方便道"(指初修阶段)、"胜道"(指正修阶段)二道,每一道又分为"退分"(指随顺"烦恼"的退失)、"住分"(指随顺"自地"的住缚)、"升进分"(指随顺"上地"的进修)、"决定分"(指

随顺"圣道"的成就）四分（今本只叙列了"不净观"的"方便道"，
缺"不净观"的"胜道"，而据卷一《修行方便道安那般那念退分》
所说"二甘露门各有二道"，本来是应当有的），叙述特别细致。
本书虽以《达摩多罗禅经》命名，但书中所述并非是达摩多罗禅
法，而是佛大先禅法（后详）。

　　本书译出以后，东晋庐山慧远撰《庐山出修行方便禅经统
序》、刘宋慧观撰《修行地不净观经序》，对本书的由来、主旨和传
译经过，以及它与鸠摩罗什所传"关中禅经"的差别，作了详细的
介绍，为研究本书提供了极为重要的史料。这二篇序言，均被收
入梁僧祐《出三藏记集》卷九中。其中，慧远《序》也刊于本书之
首，但缺作者和序名，比较而言，还是《出三藏记集》来得完整，故
据僧祐本移录。慧远《庐山出修行方便禅经统序》说：

　　　夫三业（指身业、口业、意业）之兴，以禅智为宗，虽精粗
　异分，而阶藉有方。……试略而言，禅非智无以穷其寂，智
　非禅无以深其照。……每慨大教东流，禅数尤寡，三业无
　统。斯道殆废。顷鸠摩耆婆（指鸠摩罗什）宣马鸣所述，乃
　有此业。虽其道未融，盖是为山于一篑。……今之所译（指
　《达摩多罗禅经》），出自达磨（又作摩）多罗与佛大先。其人
　西域之俊，禅训之宗，搜集经要，劝发大乘，弘教不同，故有
　详略之异。达磨多罗阖众篇（指五停心观）于同道（指十遍
　处），开一色（指"十遍处"的某一色）为恒沙。其为观也，明
　起不以生，灭不以尽，虽往复无际，而未始出于如（指法性）。
　故曰：色不离如，如不离色，色则是如，如则是色。佛大先
　以为澄源引流，固宜有渐。是以始自二道（指方便道、胜
　道），开甘露门（指数息观、不净观），释四义（指退分、住分、
　升进分、决定分）以反迷，启归涂（途）以领会。分别阴（指五

阴)、界(指十二入),导以正观,畅散缘起(指十二因缘),使
优劣自辨。然后令原始反终,妙寻其极,其极非尽,亦非所
尽,乃曰无尽,入于如来无尽法门。(《出三藏记集》卷九,
《大正藏》第五十五卷,第65页中—第66页上)

慧观《修行地不净观经序》说:

> 禅智为出世之妙术,实际之义标也。……禅典要密,宜
> 对之有宗(指应有师承),若漏失根原,则枝寻不全,群盲失
> 旨,则上慢(指增上慢)幽昏,可不惧乎! ……此一部典,名
> 为具足清净法场。传此法,至于罽宾,转至富若蜜罗。富若
> 蜜罗亦尽诸漏,具足六通,后至弟子富若罗,亦得应真。此
> 二人于罽宾中,为第一教首。富若蜜罗去世已来五十余年,
> 弟子(富若罗)去世二十余年,昙摩多罗菩萨与佛陀斯那(又
> 称佛大先)俱共谘得高胜(指均受学于富若罗),宣行法本。
> 佛陀斯那化行罽宾,为第三训首。有于彼来者,亲从其(指
> 佛大先)受法教诲,见其涅槃,时遗教言:我所化人众数甚
> 多,入道之徒具有七百,富若罗所训为教师者十五六人。如
> 今于西域中炽盛教化,受学者众。昙摩(多)罗从天竺来,以
> 是法要,传与婆陀罗,婆陀罗与佛陀斯那。佛陀斯那愍(悯)
> 此旃丹(又译震旦),无真习可师,故传此法本,流至东州。
> (《出三藏记集》卷九,《大正藏》第五十五卷,第66页中—第
> 67页上)

从以上二序的叙述中,可以得知,鸠摩罗什所传的禅法和佛
陀跋陀罗所传的禅法,在传承和宗旨上是不同的,慧远、慧观均
推重后者,而批评前者。在慧远看来,鸠摩罗什所出的"关中禅
经"(指《坐禅三昧经》等),是综合小乘诸家禅要,并融入大乘"空
观"等思想而编成著作,是"宣马鸣所述","其道未融,盖是为山

于一箦"，它所宣说的是马鸣所述的禅法，对禅道尚未融通，好比
在山上取一筐土，并不能代表它的全部；而佛陀跋陀罗所出的
"庐山禅经"（指《达摩多罗禅经》），"出自达磨多罗与佛大先"，此
二人均为"西域之俊"、"禅训之宗"。慧观认为，鸠摩罗什所传的
禅法"漏失根原"，缺失师资传授的源流和宗旨，而佛陀跋陀罗所
传的禅法，则是由罽宾禅法"第一教首"富若蜜罗（又称"不若密
多罗"、"不若多罗"）开启，并代代相传的，有一脉相承的世系，
即：富若蜜罗——富若罗——昙摩多罗（又称"达摩多罗"）——
婆陀罗——佛陀斯那——佛陀跋陀罗，"此一部典，名为具足清
净法场"（《修行地不净观经序》）。《出三藏记集》卷十二《长安城
内齐公寺萨婆多部佛大跋陀罗师宗相承略传》也记有佛陀跋陀
罗的传承世系，与此处所说多有出入，当以慧观所说为准。

　　此外，慧远还指出，达摩多罗禅法与佛大先禅法虽然同为一
师所传，但由于"弘教不同"，故有"详略之异"。大体来说，达摩
多罗禅法为较为简略的顿禅，而佛大先的禅法为较为细致的渐
禅。达摩多罗主张，"阖众篇于同道，开一色为恒沙"，即将小乘
"五门禅"（又称"五停心观"，指对治"贪欲"等烦恼的五种禅观），
即"数息观"（指数出入息，以对治"乱心"的禅观）、"不净观"（指
观想身体的不净，以对治"贪欲"的禅观）、"慈心观"（指观想众生
的苦乐，愿拨苦与乐，以对治"瞋恚"的禅观）、"因缘观"（指观想
"十二缘起"，以对治"愚痴"的禅观）、"界方便观"（又称"界分别
观"，指观想诸法由"六界"，即地、水、火、风、空、识假合而成，以
对治"我见"的禅观），整合为"十遍处"（指观想"地大"等十法周
遍一切处的禅定）一门，即观想"地遍处"、"水遍处"、"火遍处"、
"风遍处"、"青遍处"、"黄遍处"、"赤遍处"、"白遍处"、"空遍处"、
"识遍处"。认为，"色"的"起"并不意味着"生"，"灭"并不意味着
"尽"，生即不生，灭即不灭，生灭往复无际，而始终不离"如"（指

法性），即所谓"色不离如，如不离色，色则是如，如则是色"，也就是通过观想"色"遍于一切处，而证悟"如"遍于一切处，这实际上是大乘禅观。佛大先则主张，从"始自二道，开甘露门，释四义以反迷"，即从"二道"（指方便道、胜道）、"四义"（指退分、住分、升进分、决定分）入手，开示"数息观"、"不净观"二种甘露门，进而分别"五阴"、"六入"、"十二因缘"等。

根据慧远所说的佛大先禅法、达摩多罗禅法的上述特点，对照本书的内容，可得出以下的结论：本书所述，实际上只有与慧远所说相吻合的佛大先禅法，而无慧远所说的达摩多罗禅法。因此，今本的书名题作《达摩多罗禅经》是不确切的，本书初首说"庾伽遮罗浮迷，译言修行地道"，据此，《修行地道》才是本书的原名。

卷上：八品。全为五言颂。

一、《修行方便道安那般那念退分》（卷上）。论述"数息观"的"方便道退分"，即在初修"数息观"时，应作的修行和应舍弃的随顺"烦恼"的退失问题。所说的修行有："先当起等意，习行慈心观，须臾止瞋恚，令暂息不行"；"烦恼暂止息，次当净尸罗（指戒），尸罗既清净，三昧于中起"；"止心在入息，如系调御马，心既止入息，思惟正忆念"等。所说的退失有："数一以为二，数二以为一，至九犹错乱，是说修行退"；"不修与过修，或有异修起，有此诸过生，是说修行退"；"急喘而安般，则令念错乱，由是错乱念，修行心发狂"等。

二、《修行胜道退分》（卷上）。论述"数息观"的"胜道退分"，即在正修"数息观"时，应舍弃的随顺"烦恼"的退失问题。所说的退失有："身重与昏钝，耽睡及沈（沉）没，是五应当知，修行退转相"；"心举调顺舍，不观时非时，不了住起缘，无智故修退"；"业与烦恼报，说是三障阂，亦有解脱障，是令修行退"等。

三、《修行方便道安般念住分》（卷上）。论述"数息观"的"方便道住分"（又称"修行住"），即在初修"数息观"时，应远离的随顺"自地"的住缚问题。所说的住缚有："若于入出息，无见亦无觉，不解方便求，是则初门住"；"闻慧既已生，应起思慧念，不善解次第，愚痴住所缚"；"若数已成就，息去应随去，不知随顺法，是说修行住"等。

四、《修行胜道住分》（卷上）。论述"数息观"的"胜道住分"，即在正修"数息观"时，应远离的随顺"自地"的住缚问题。所说的住缚有："胜道修正观，相行念已成，不善升进法，是则住所缚"；"爱著所缘境，进业心懈怠，由是缚所缚，不能至胜处"；"修行所受获，信戒闻舍慧，常守其少分，是则为住相"；"所说诸障碍，皆是坚住相"等。

五、《修行方便道升进分》（卷上）。论述"数息观"的"方便道升进分"，即在初修"数息观"时，应增进的随顺"上地"的修行问题。所说的修行，主要有"六妙门"。"六妙门"，指修习"数息观"的六种方法，即"数"、"随"、"止"、"观"、"还"、"净"。此中，前三门为"定"，后三门为"慧"。如："修行于鼻端，系心令坚住，专念谛思惟，正观依风相，入息与出息，系心随忆念"；"先数从一起，如是乃至十，修行顺此数，便得功德住"；"阿那般那念，缘风为境界"，"一切所修观，彼悉缘风起"；"阿那般那念，分别有三种，所谓从闻起，思慧与修慧"；"阿那般那念，所起修禅慧，悉已舍名观，唯缘诸法义"等。如关于"六妙门"中的"数"、"随"、"止"三门，说：

> 若为觉想乱，当习安般念，已能应于数，则除内贪著。于数若随顺，是则离不顺，志在无乱境，能摄诸乱想。先数从一起，如是乃至十，修行顺此数，便得功德住。已得功德

住,则能求升进,灭一切乱觉,佛说增上故(数门竟——原注)。数能灭一切,觉佛但言灭,一切不死者,以增上故也。内外出入息,去则心影随,决定善观察,顺是趣涅槃。修行出入息,随到所起处(出入息所起处同在脐——原注)。如是知升进,能离外贪著(随门——原注)。安止极风处(极上下风际——原注),三摩提等起,三昧既已起,便得功德住(止门竟——原注)。(卷上《修行方便道升进分》,《大正藏》第十五卷,第306页上、中)

六、《修行胜道升进分》(卷上)。论述"数息观"的"胜道升进分",即在正修"数息观"时,应增进的随顺"上地"的修行问题。所说的修行,主要有"一切诸度法",即"四念处"、"暖法"、"顶法"、"忍法"、"世间第一法"、"见道"、"思惟道"(又称"修道")、"无学道"、"四禅"、"五神通"、"四无量心"、"四无色定"、"三十七道品"、"八背舍"(又称"八解脱")、"十一切入"(又称"十遍处")、"二智"等。如:"无量行方便,一切诸度法,种种对治相,他地功德起。谓于初念处,三念兼已修,暖来及顶忍,世间第一法。见道思惟道,无学道亦修,诸禅与神通,无量无色定。正法道品分,究竟漏尽智,背舍一切入,妙愿智清净"等。

七、《修行方便道安般念决定分》(卷上)。论述"数息观"的"方便道决定分",即在初修"数息观"时,应成就的随顺"圣道"的修行问题。所说的修行,主要有"十六特胜",即"数息观"的十六种观法,即"知息入"、"知息出"、"知息长短"、"知息遍身"、"除诸身行"、"受喜"、"受乐"、"受诸行心"、"心作喜"、"心作摄"、"心作解脱"、"观无常"、"观出散"、"观离欲"、"观灭"、"观弃舍"。如:"善于出息念,入息俱亦然,出入谛思惟,分别具明了。此则决定分,世尊之所说";"一切诸善根,各各尽自相,最胜无上智,说名为决定";"修行细微觉,一切谛明了,如是十六分(指十六特胜),悉名为决定"等。

八、《修行胜道决定分》(卷上)。论述"数息观"的"胜道决定分",即在正修"数息观"时,应成就的随顺"圣道"的修行问题。所说的修行,主要是观察"四谛十六行相"(指观察"四谛"各有的四种行相),即观察"苦谛"的"无常"(指待众缘生)、"苦"(指迁流逼迫)、"空"(指违我所见)、"无我"(指违我见)四行相;"集谛"的"因"(指如种生芽)、"集"(指能等现果)、"生"(指令果相续)、"缘"(指能成办果)四行相;"灭谛"的"灭"(指诸有漏蕴断尽)、"静"(指贪瞋痴息灭)、"妙"(指体无众患)、"离"(指脱离众灾)四行相;"道谛"的"道"(指通于圣行)、"如"(指契合正理)、"行"(指正趣涅槃)、"出"(指永超生死)四行相等。如:"观色如聚沫,受如水上泡,想如春时炎,众行如芭蕉,识种犹如幻,虚妄无真实";"逼迫是苦相,因缘是集相,寂静灭尽相,出要是道相。于此四圣谛,修行渐观察,思惟十六行,解脱生死苦"等。

卷下:九品。前五品为五言颂,后四品为长行。

一、《修行方便道不净观退分》(卷下)。论述"不净观"的"方便道退分",即在初修"不净观"时,应作的修行和应舍弃的随顺"烦恼"的退失问题。所说的修行有:"修行初方便,自于身少分,背净开皮色,观其所起相";"修行爱欲增,应往至冢间,取彼不净相,还来本处坐。所见诸死尸,我身亦复然,一心内观察,如彼冢间相";"具足观内身,其念已坚固,次应观外缘,渐习令增广"等。所说的退失有:"有人因色欲,而起烦恼退,于彼美艳色,痴爱覆正念";"于身深爱著,怖异不能进,修行生疑怖,是必疾退减"等。

二、《修行方便道不净观住分》(卷下)。论述"不净观"的"方便道住分",即在初修"不净观"时,应远离的随顺"自地"的住缚问题。所说的住缚有："自于身少分,背净坏皮色,不知升进法,烦恼增故住";"或有渐升进,遍身见坏相,不能求外缘,乐观内身住"等。

三、《修行方便道不净观升进分》(卷下)。论述"不净观"的"方便道升进分",即在初修"不净观"时,应增进的随顺"上地"的修行问题。所说的修行有："先总相思惟,系念不净缘,次住身少分,正观察自相。自在及外缘,二种说无量";"先从迦罗逻,出生至老死,次第谛观察。白骨青赤相,肢节皆离散,骨璅及羸朽,腐坏尽磨灭";"白骨青瘀想,成就心厌离,因是不净念,方便度诸地"等。

四、《修行方便道不净观决定分》(卷下)。论述"数息观"的"方便道决定分",即在初修"不净观"时,应成就的随顺"圣道"的修行问题。所说的修行有："因习诸骨想,修行觉意生,能起觉支想,说名为决定";"闻思与修慧,三种不净念,于此一切种,修行谛明了。善分别离欲,是说名决定"等。

五、《修行观界》(卷下)。论述"界方便观"、"四禅"、"五神通"等问题。所说的"界方便观"(又称"界分别观"),指观想"十八界"由"地"、"水"、"火"、"风"、"空"、"识"六界和合而成,虚妄不实,用来对治"我执"的禅观;"四禅",指色界的四种根本禅定,即"初禅"、"第二禅"、"第三禅"、"第四禅";"五神通",指依修习"四禅"而得的五种不可思议的能力,即"身通"、"天耳通"、"他心通"、"宿命通"、"天眼通"。如关于"界方便观",说:

　　　　止心在一处,境界遍十方,处处安置已,依是勤修习。一发为百分,思惟正忆念,复于一分中,分别五种界(指地、水、火、风、空五界)。次于空界上,识相别观察,修行见无垢,清净妙相生。譬如水上泡,明净无障翳,是处观诸界,各各见自相。水湿地坚强，风动火烧热，虚空无障碍，别知是识相。青黄赤白绿，及与颇梨色，于此众杂色，修行具足观。虚空坚固相，弥广周遍住，难沮喻金刚，金刚慧能坏。于上曼荼罗，则有熟相现，譬如火炽然，能破彼坚固。……修界不净念，则能舍贪欲，顺界方便观，是治我慢药。观界四无量，除灭瞋恚毒。（卷下《修行观界》，第 318 页上、中）

六、《修行四无量三昧》（卷下）。论述"四无量三昧"（又称"四无量定"）问题。所说的"四无量三昧"，指引生"四无量心"的禅定。它们是："慈无量三昧"（又称"慈心三昧"），指引生"慈无量心"的禅定；"悲无量三昧"（又称"悲心三昧"），指引生"悲无量心"的禅定；"喜无量三昧"（又称"喜心三昧"），指引生"喜无量心"的禅定；"舍无量三昧"（又称"舍心三昧"），指引生"舍无量心"的禅定。"四无量心"中，最重要的是"慈无量心"，"一切诸佛说，慈为无畏，慈为一切功德之母，慈为一切功德钻燧，慈能消灭凶暴诸恶，是故修行当勤方便，修离欲大慈"。

七、《修行观阴》（卷下）。论述"五阴观"问题。所说的"五阴观"，指修行观察"五阴"（又称"五蕴"）为"虚妄"的观法，即修行者应观察"色如聚沫，受如水泡，观想如炎，行如芭蕉，观识如幻，是五虚妄，欺诳之相"，"修行如是观已，其身安隐，柔软快乐"。

八、《修行观入》（卷下）。论述"十二入观"（又称"十二处观"）问题。所说的"十二入观"，指修行观察"十二入"（又称"十二处"，即"六根"、"六境"）为"空"的观法，即修行者"摄心所缘，系令不动，正观六入（包括"内六入"、"外六入"）譬如空村，离我、我所，不定义是入处义，牵下义是入处义，能将众生入恶道"；"外六入如贼，内六入如空聚"。

九、《修行观十二因缘》(卷下)。论述"十二因缘观"(又称"十二缘起观")问题。所说的"十二因缘观",指修行观想"十二因缘"(又称"十二缘起",指"无明"、"行"、"识"、"名色"、"六入"、"触"、"受"、"爱"、"取"、"有"、"生"、"老死")的生灭,用来对治"愚痴"的禅观。"缘起"分"连缚"、"流注"、"分段"、"刹那"四种:"连缚缘起",指"十二缘起"各支,前因后果,不间断地连续生起;"流注缘起"(又称"远续缘起"),指"十二缘起"各支,前因后果,间隔久远而相续生起;"分段缘起",指"十二缘起"各支,依三世两重因果,分阶段地连续生起;"刹那缘起",指"十二缘起"各支,在一刹那中生起。本书所说的"缘起",主要指"连缚缘起"。因为书中说,"连缚有六种,一曰生、二曰分(段)、三曰趣、四曰生门、五曰刹那、六曰成坏",这实际上包含其余三种缘起。

如前所说,东晋慧远、刘宋慧观都为本书作序,推尊佛陀跋陀罗译的"庐山禅经",而批评鸠摩罗什译的"关中禅经"。但平心而论,这部"庐山禅经"无论是内容,还是文字,均不及"关中禅经",特别是以偈颂的形式,叙述修禅的次第、方法和事项,过于简约笼统,缺乏可操作性。因此,有关"关中禅经"与"庐山禅经"的得失,不能因循旧说,须以文本资料为依据,作客观的评判。

第十四品　修道类:三秦失译《辟支佛因缘论》二卷

《辟支佛因缘论》,二卷。三秦失译,约出于前秦皇始元年(351)至西秦永弘四年(431)之间。本书最初是作为"失译经",著录于隋费长房《历代三宝纪》卷十四之中;唐智升《开元释教录》卷四始编为三秦失译,后世经录沿依此说。载于《丽藏》"渭"函、《宋藏》"渭"函、《金藏》"渭"函、《元藏》"渭"函、《明藏》"逸"

函、《清藏》"逸"函、《频伽藏》"藏"帙，收入《大正藏》第三十二卷。

本书是一部叙述往昔八位辟支佛悟道因缘的故事书。全书共收录因缘故事八则，始《波罗奈国王悟辟支佛缘》，终《转轮圣王最小子悟辟支佛缘》。这里说的"辟支佛"，意译"缘觉"、"独觉"，分为二种。姚秦鸠摩罗什译《智度论》卷十八说："辟支佛有二种：一名独觉，二名因缘觉"，观察飞花落叶等外缘，感悟诸法生灭无常之理而得道者，称为"因缘觉"（略称"缘觉"）；"今世成道，自觉不从他闻"，称为"独觉"（见《大正藏》第二十五卷，第191页中）。明智旭《四十二章经解》则进一步说："辟支佛有二种：一者出有佛世，禀十二因缘教，悟道侵习，名为缘觉。二者出无佛世，观物幻化，自悟无生，断结侵习，名为独觉。"（《新纂续藏经》第三十七册，第670页上）也就是说，有佛之世，观察"十二因缘"之理而得道者，称为"缘觉"；无佛之世，独处修行、观察诸法生灭因缘而得道者，称为"独觉"。本书说的"辟支佛"，指的是"独觉"。全书的主旨在于说明：辟支佛是为何种因缘，而感悟出家，独处修行，"譬如犀角独一之行"的。

卷上：收录《波罗奈国王悟辟支佛缘》《辅相苏摩悟辟支佛缘》《月爱大臣悟辟支佛缘》三则。

卷下：收录《王舍城大长者悟辟支佛缘》《波罗奈国王月出悟辟支佛缘》《拘舍弥国王大帝悟辟支佛缘》《拘舍弥国王悟辟支佛缘》《波罗奈国王亲军悟辟支佛缘》《转轮圣王最小子悟辟支佛缘》五则。如《拘舍弥国王大帝悟辟支佛缘》，说：

　　昔有曾于迦叶佛所作比丘，智慧聪敏，柔和忍辱，于日日中，常观诸法真实体性，所谓观阴（指五阴）苦、空、无常、无我，犹如芭蕉、热时之炎，如幻如梦，如水泡沫。能善观察，自修其心。命终生天，于天寿尽，下生拘舍弥城，为国王

子,名曰大帝。其父王崩,承嗣先业,绍继王位。……尔时,
城中有大长者,财富无量,与大帝王,少为亲旧,极相厚昵。
彼大长者身婴重病,王闻其疾,躬自往问。……王谛观其
病,心如得禅者。深悟诸苦患,众生决定有。一切有生类,
必为病所趣。病常恼患人,无有哀愍(悯)心。一切世间人,
决定入死道。……于此正思惟,即获辟支佛。(卷下,《大正
藏》第三十二卷,第478页中、下)

本书语言平易浅显,无深奥的说教。从所说的事缘以波罗
奈国居多来看,编集者或许是波罗奈国一带的佛教人士。

第十五品　修道类：刘宋求那跋陀罗译 《四品学法经》一卷

《四品学法经》,又名《四品学法》,一卷。刘宋求那跋陀罗
译,约译于元嘉十三年(436)至泰始三年(467)之间。本书最初
是作为"失译杂经",著录于梁僧祐《出三藏记集》卷四《新集续撰
失译杂经录》之中;隋费长房《历代三宝纪》卷十始将它编为刘宋
求那跋陀罗译;唐智升《开元释教录》卷五等沿依此说。载于《丽
藏》"飞"函、《宋藏》"飞"函、《金藏》"冠"函、《元藏》"飞"函、《明
藏》"藁"函、《清藏》"藁"函、《频伽藏》"藏"帙,收入《大正藏》第十
七卷。

本书是一部论述"四品"(指上品、中品、下品、外品)学法者
的德行问题著作。书中说,学法者分为"上品"、"中品"、"下品"、
"外品"四品。上品学法者,具有"三德学",表现为"戒行备具"、
"多知经法"、"能化度人",称为"真学";中品学法者,受持"具戒
学",表现为"纯行五戒,信审罪福,奉承法教",称为"承法";下品

学法者，受持"卑戒学"，表现为"但持上四戒（指只受持"五戒"的前四戒），不持酒戒，随世习俗，不变俗事"，称为"依福学"；外品学法者，践行"三事"，表现为"身归法"、"供养法"、"于同学法，持自有卷分别，无师无所承，自然心好"。如关于"四品学法"，说：

> 其有三德学，号真学，为上品；其持具戒学，号承法，为中品；其受卑戒学，号依福学，为下品；其行三事，号散侍，为外品。又真学三德者，一曰戒行备具；二曰多知经法；三曰能化度人，是为三德，号真学者也。又承法具戒者，纯行五戒，信审罪福，奉承法教也。又依福卑戒者，但持上四戒，不持酒戒，随世习俗，不变俗（一作"欲"）事，是为依福学也。又散侍三事，非戒也。何谓三？一者身归（一作"所护"）法；二者供养法；三者（一作"名"）于同学法，持自有卷（一作"弓"）分别，无师无所承，自然心好，无所拘碍，名散侍法也。真学功德，胜于承法学百倍也；承法功德，胜依福百倍也；依福功德，百倍胜散侍也；散侍功德，胜凡俗百倍也。（《大正藏》第十七卷，第707页下—第708页上）。

本书虽名为"经"，但它并没有构成"经"的要件，如经首没有"如是我闻"一语，也没有说法的主角、地点和对象。因此，古人视之为"经抄"、"论抄"或"撰集"，性质上属于"论"的范畴。明智旭《阅藏知津》卷四十将它编入"小乘论藏"的理由，也基于通行的做法。

第十六品　解经类：后汉安玄等译《阿含口解十二因缘经》一卷

《阿含口解十二因缘经》，又名《断十二因缘经》《阿含口解》

《安侯口解》，一卷。后汉安玄、严佛调译，约译于中平元年（184）至中平五年（188）之间。本书在佛经目录的著录上，分为两说。一说是"后汉安世高译"，著录于梁僧祐《出三藏记集》卷二、隋法经等《众经目录》（七卷本）卷六、彦琮等《众经目录》（五卷本）卷二、唐道宣《大唐内典录》卷一、静泰《大唐东京大敬爱寺一切经论目》卷二等；另一说是"后汉安息国优婆塞安玄共严佛调译"，即后汉安玄、严佛调译，著录于隋费长房《历代三宝纪》卷四、唐明佺等《大周刊定众经目录》卷七、唐智升《开元释教录》卷一等，以及后来刊行的除《宋藏》（署名"后汉安世高译"）以外的各版《大藏经》。由于本书别称《安侯口解》，而"安侯"指安世高，故《出三藏记集》卷二说，安世高译经中的《四谛口解》（指《阿含口解十二因缘经》），"安公云：似世高撰"，即据东晋道安说，它可能是安世高的撰述，而不是译著。故本书的译者（或作者），从最初的记载上考察，应当是安世高，只是因为历代佛经目录中，《开元释教录》最具权威，故后人大多依遵其说，改为安玄罢了。载于《丽藏》"兽"函、《宋藏》"兽"函、《金藏》"兽"函、《元藏》"兽"函、《明藏》"既"函、《清藏》"既"函、《频伽藏》"藏"帙，收入《大正藏》第二十五卷。

安玄（约二世纪），安息国（今伊朗境内）人，为优婆塞（居士）。东汉灵帝熹平（172—177）、光和（178—183）之间，经商来至洛阳，因有功被封为骑都尉，世称"都尉玄"。志性虚静，深沉温恭，常以法事为己务，弘宣经典，讲论道义。光和四年（181），与沙门严佛调共译《法镜经》二卷。安玄口译梵文，严佛调笔受，理得音正，尽经微旨。所译的佛经，《出三藏记集》卷二著录为"一部一卷"（《法镜经》一卷，或作二卷）；唐智升《开元释教录》卷一著录为"二部三卷"（《法镜经》二卷、《阿含口解十二因缘经》一卷）。生平事迹见梁僧祐《出三藏记集》卷十三、慧皎《高僧传》卷一等。

严佛调（约二世纪），又作"浮调"，临淮（今江苏省泗洪县）人。绮年颖悟，敏而好学，汉灵帝初年，出家修道，为汉地出家第一人。由于当时羯磨受戒法尚未传入，因而他未曾受过大戒，但据《出三藏记集》《高僧传》所载，严佛调为"沙门"（指比丘），隋费长房《历代三宝纪》卷四称严佛调是"清信士"（指居士），是不对的（见《开元释教录》卷一小注）。他善闲梵言，于汉灵帝中平五年（188），与安玄一起在洛阳共译佛经。所译的佛经，《开元释教录》卷一著录为"五部八卷"，其中，《菩萨内习六波罗蜜经》一部一卷见存，《濡首菩萨无上清净分卫经》等四部七卷阙本。此外，还撰有《沙弥十慧章句》一卷（已佚，其序见存于《出三藏记集》卷十），为汉地最早的佛经注疏。生平事迹见梁僧祐《出三藏记集》卷十三、慧皎《高僧传》卷一等。

本书是一部论述《阿含经》"十二因缘"理论的著作，主旨在于阐明"断十二因缘事，是为断生死根"的道理。语言简洁明了，颇似口语。内容叙及："十二因缘"、"四非常"、"十二因缘有内外"、"十二因缘有五事"、"十事共合"、"行善有二辈"、"行恶有二辈"、"人病瘦有四因缘"、"人有四种"、"生者有四种"等。

（1）"十二因缘"。指众生生死流转的十二个阶段，即"痴"（又译"无明"）、"所作行"（又译"行"）、"所识"（又译"识"）、"名色"、"六衰"（又译"六处"、"六入"）、"所更"（又译"触"）、"痛"（又译"受"）、"爱"、"求"（又译"取"）、"得"（又译"有"）、"生"、"老病死"（又译"老死"）。（2）"四非常"。指断灭"十二因缘"生起的四种办法，即"识苦"（指认识"苦谛"所说的"苦"）、"舍习"（指断舍"集谛"所说的"集"）、"知尽"（指了知"灭谛"所说的"灭"）、"行道"（指践行"道谛"所说的"道"）。（3）"十二因缘有内外"。指"十二因缘"各支为"内"，与之相对应的外部事物为"外"，即"内为痴,外为地";"内为行,外为水";"内为识,外为火";"内为名色,外为风";"内为六入,外为空";"内为栽(此指"触"),外为种";"内为痛,外为根";"内为爱,外为茎";"内为受(此指"取")外为叶";"内为有,外为节";"内为生,外为华";"内为老死,外为实";"人生死,从内十二因缘,万物生死,从外十二因缘"。(4)"十二因缘有五事"。指"十二因缘"中,"痴"、"行"为"前世因缘";"识"、"名色"为"今世因缘";"六衰"为"后世因缘"。

　　(5)"十事共合"。指众生由"身中五事"和"五因缘"共合而成。"身中五事",指"地"、"水"、"火"、"风"、"空";"五因缘",指"色"(指色阴)、"痛痒"(指受阴)、"思想"(指想阴)、"生死"(指行阴)、"识"(指识阴)。(6)"行善有二辈"。指"行善"分为二类,一类是"不犯身三、口四、意三",即不犯杀生、偷盗、邪淫(以上为身业)、妄语、两舌、恶口、绮语(以上为口业)、贪欲、瞋恚、邪见(以上为意业),亦即不犯"十恶";另一类是"布施"、"持戒"、"忍辱"、"精进"、"不疑"。(7)"行恶有二辈"。指"行恶"分为二类,一类是"犯身三、口四、意三、饮酒",即犯"十恶"和"饮酒";另一类是"疑"、"嫉"、"悭"、"贪"。(8)"人病瘦有四因缘"。指人患病有四种原因,即"少食"、"有忧"、"多愁"、"有病"。(9)"人有四种"。指人分为四种,即"长者种"、"道术种"、"师巫种"、"田家种"。(10)"生者有四种"。指众生受生的四种方式,即"腹生"(指胎生)、"寒热和生"(指湿生)、"化生"、"卵生"。如关于"断十二因缘事,是为断生死根",说:

　　　　欲断生死趣,度世道者,当念却十二因缘。何等为十二?一者本为痴;二者从痴为所作行;三者从作行为所识;四者从所识为名色;五者从名色为六衰;六者从六衰为所更;七者从所更为痛;八者从痛为爱;九者从爱为求;十者从求为得；十一者从得为生；十二者从生为老病死，是为十二因缘事。此十二事欲起，当用四非常灭之。何等为四非常？一为识苦、二为舍习（一作"集"）、三为知尽、四为行道。更说念生、念老、念病、念死，念是四事，便却是十二因缘，道成念是四事。道人欲得度世，当断十二因缘事，是为断生死根。（《大正藏》第二十五卷，第53页上）

此外，本书还叙及"人生子有五因缘"（指"本愿、同业、晓礼、来债、偿债"）、"子有三辈"（指"福子、真"、"不真子"）、"人面赤有五因缘"（指"近火、饮酒、恐怖、念怒、多惭愧"）、"头白有四因缘"（指"火多、忧多、病多、种早白"）等，这些都是联系日常生活中的事情和现象来说明佛理，是对"十二因缘"义理所作的延伸和扩展。

第十七品　　业道类：刘宋僧伽跋摩译《分别业报略经》一卷

附：北宋施护译《六道伽陀经》一卷
　　北宋日称等译《六趣轮回经》一卷

《分别业报略经》，又名《分别业报略》《分别业报集》，一卷。印度大勇撰，刘宋僧伽跋摩译，约译于元嘉十一年（434）至元嘉十八年（441）。梁僧祐《出三藏记集》卷二著录。载于《丽藏》"昼"函、《宋藏》"昼"函、《金藏》"昼"函、《元藏》"昼"函、《明藏》"坟"函、《清藏》"坟"函、《频伽藏》"藏"帙，收入《大正藏》第十七卷。

大勇（约四世纪末至五世纪初），佛教史传均无记载，生平事迹不详。学界有推测大勇是《佛所行赞》的作者马鸣的（见印顺

《说一切有部为主的论书与论师之研究》），也有推测大勇是《菩萨本生鬘论》的作者圣勇的（见台湾《佛光大辞典》）。但从《分别业报略经》的藏译本，是月天译的《分别善恶报应经》（共二百七十颂），其本未署作者来看，显然并不认同作者是马鸣；从本书的主题思想、语言风格与《菩萨本生鬘论》并不相似来看，大勇也不是圣勇。故大勇、马鸣、圣勇，当是不同的三个人。

本书是一部论述"六道"（指地狱、饿鬼、畜生、阿修罗、人、天）因果业报问题的偈颂集。书中收录的偈颂，主要有："非自在所作，果报非无因，亦非自性起，亦不从时生"；"无知生烦恼，从是起诸业，因业开众趣，今当说差别"；"增上十不善，神逝入地狱，次罪堕畜生，余则入饿鬼"；"修种种净行，后生善趣中，随业受果报，今当如实说"；"天人阿修罗，欲求长寿者，不害生为本，慧者应当知"等。大意是说，"果报"不是"大自在天"所作，不是"无因"而起，也不是由"自性"而起，或从"时"（时间）所生，它是由"业"，即众生身、口、意的行为引生的。业因与果报是相对应的，众生若造作"十不善业"（指杀生等），死后将堕入恶趣（指地狱、饿鬼、畜生）；若修行"十不善业"（指不杀生等），死后将生于善趣（指阿修罗、人、天）。

综观全书，它的主旨是劝说世人止恶行善。

北宋施护译《六道伽陀经》一卷

《六道伽陀经》，又名《佛说六道伽陀经》，一卷。原书未署作者，只署译者，称"西天中印度摩伽陀国那烂陀寺三藏、传教大师赐紫沙门臣法天奉诏译"，即北宋法天译；但据北宋赵安仁等《大中祥符法宝录》卷四、惟净等《天圣释教总录》卷下所记，本书为"三藏沙门施护译，法天证梵文"，也就是说，本书为施护译，法天时任"证梵文"，即充任用梵文校对汉文之职，并非主译。故本书所题的"法天译",应更正为"施护译",雍熙元年(984)译出。北宋赵安仁等《大中祥符法宝录》卷四著录。载于《丽藏》"漆"函、《宋藏》"槐"函、《金藏》"漆"函、《元藏》"槐"函、《明藏》"则"函、《清藏》"则"函、《频伽藏》"藏"帙,收入《大正藏》第十七卷。

本书是一部论述"六道"因果业报问题的偈颂集。北宋赵安仁等《大中祥符法宝录》卷十七将它列为"西方圣贤集传",说:"此(指)中所明六趣果报因缘等事,当得生于六欲诸天"。全书分为六品,始《地狱品颂》,终《天品颂》。

(一)《地狱品颂》。论述堕入地狱道的业因问题。所收的偈颂有:"如依于轮回,观察业果报,佛说恶道因,贪瞋痴为本";"若人行杀害,彼业随缠缚,决定堕等活,五百岁方出"等。

(二)《傍生品颂》。论述堕入傍生(畜生)道的业因问题。所收的偈颂有:"牛驴猿猴等,鸠鸽鹅鸭身,行恚与贪淫,获报斯如是";"如是傍生等,增益恶三业,坠堕焰魔界,获报斯如是"等。

(三)《饿鬼品颂》。论述堕入饿鬼道的业因问题。所收的偈颂有:"障他布施福,偷盗于饮食,堕在布怛那(意译臭饿鬼),饥虚为饿鬼";"悭贪瞋果报,饿鬼药叉等,苦乐随自因,诸恶不须作"等。

(四)《人趣品颂》。论述生于人道(人间)的业因问题。所收的偈颂有:"不盗不贪瞋,守分而安住,美味施圣贤,彼得生人世";"悲愍不悭吝,辍己而施他,定感富饶果,衣食自丰足"等。

(五)《修罗品颂》。论述生于阿修罗道的业因问题。收录一首偈颂:"谄诳行毁禁,毒害斗诤深,广纵于无明,必堕修罗趣"。

(六)《天品颂》(原书阙题,今据内容拟立)。论述生于天道(天界)的业因问题。所收的偈颂有:"弃名利欢乐,远离于亲眷,持禁中下品,生彼四王天";"持戒生天上,禅定亦如是,智慧若熏修,牵引复生慧"等。

全书的义旨,用一句话来概括,就是书末所说的"由善得安乐,作恶获苦恼,老病死轮转,果报自如是"。故就它的内容而言,属于小乘教理的范围。

北宋日称等译《六趣轮回经》一卷

《六趣轮回经》,一卷。书题"马鸣菩萨集",即印度马鸣集,北宋日称等译,约译于庆历八年(1048)至熙宁十年(1077)之间。元庆吉祥等《至元法宝勘同总录》卷十著录。载于《丽藏》"亭"函、《金藏》"横"函、《频伽藏》"藏"帙,收入《大正藏》第十七卷。

本书也是一部论述"六道"因果业报问题的偈颂集。全书分为六章,依次为《地狱趣》《饿鬼趣》《畜生趣》《人趣》《修罗趣》《天趣》。关于作者,书题"马鸣菩萨集",但因为在众多的汉译佛典中,未有一处提及过马鸣撰有此书。通过比对可以发现,它的基本内容与北宋施护译《六道伽陀经》一卷是十分相近的,仅在编次、偈语上有些差异。《六道伽陀经》中的恶趣,是依地狱、傍生(畜生)、饿鬼的顺序叙说的,故先出《傍生品颂》,后出《饿鬼品颂》;而本书中的恶趣,是依地狱、饿鬼、畜生的顺序叙说的,故先出《饿鬼趣》,后出《畜生趣》。由此推断,本书与《六道伽陀经》很可能同源于西域佛教人士编集的某个梵本。

(一)《地狱趣》。论述堕入地狱道的业因问题。所收的偈颂有:"由三毒怖畏,贩卖诸物命,养已杀于他,当堕等活狱本";"于父母朋属,而生于损害,起妄语欺诳,当堕黑线(绳)狱"等。

(二)《饿鬼趣》。论述堕入饿鬼道的业因问题。所收的偈颂有:"若人不乐施,复盗众饮食,堕大瘿鬼中,常啖诸粪秽";"彼悭贪过失,常生饿鬼中,苦乐随自因,是故勿复造"等。

(三)《畜生趣》。论述堕入畜生道的业因问题。所收的偈颂有:"人天三恶趣,唯自能救拔,奔驰六趣中,如梦境和合";"受地狱苦毕,或生于天中,福尽复沉沦,堕彼畜生趣"等。

(四)《人趣》。论述生于人道(人间)的业因问题。所收的偈颂有:"若人于己财,随分而行施,当获于富饶,不为他侵损";"行善有余庆,积恶招苦恼,各成辨彼因,随业定当受"等。

(五)《修罗趣》。论述生于阿修罗道的业因问题。收录一首偈颂:"常行于谄诳,乐忿恚斗诤,由昔行施故,而作修罗主"。

(六)《天趣》(原书阙题,今据内容拟立)。论述生于天道(天界)的业因问题。所收的偈颂有:"乐修十善因,于他无损害,诸天常护持,得生四王天";"以戒定熏修,普资于愿力,　生天上人间,达真如实际"等。

总体来说,本书所述的内容,属于小乘教理的范围。

第十八品　　法住类:刘宋慧简译《请宾头卢法》一卷

　　附:刘宋求那跋陀罗译《宾头卢突罗阇为优陀延王说法经》一卷
　　　　西晋失译《佛使比丘迦旃延说法没尽偈百二十章》一卷
　　　　刘宋失译《迦丁比丘说当来变经》一卷
　　　　唐玄奘译《大阿罗汉难提蜜多罗所说法住记》一卷

《请宾头卢法》,又名《请宾头卢法经》,一卷。刘宋慧简译,大明元年(457)译出。本经最初作为"失译经",著录于梁僧祐《出三藏记集》卷四《新集续撰失译杂经录》之中;隋费长房《历代三宝纪》卷十始将它列为慧简译;唐智升《开元释教录》卷五以及后世藏经目录沿依此说。载于《丽藏》"昼"函、《宋藏》"昼"函、《金藏》"昼"函、《元藏》"昼"函、《明藏》"坟"函、《清藏》"坟"函、《频伽藏》"藏"帙，收入《大正藏》第三十二卷。

慧简（约五世纪），刘宋时期译经僧人。《出三藏记集》和《高僧传》中没有相关的记载，《历代三宝纪》卷十始著其人，称他是"（宋）孝武帝世"人，译经"二十五部合二十五卷"，"于（袜陵）鹿野寺出"。其中，除"《药师琉璃光经》一卷"下注"大明元年出"，"《大力士出家得道经》一卷"下注"并见《别录》"以外，其余经名均未注明出经的地点和时间，《开元释教录》卷五勘定为十部十卷，认为均译于"大明元年"。其中，《阎罗王五天使者经》《瞿昙弥记果经》《长者子六过出家经》《佛母般泥洹经》《贫穷老公经》《懈怠耕者经》《请宾头卢法》七部七卷见存；《譬喻经》等三部三卷阙本。

本书是一部叙述礼供阿罗汉宾头卢（佛弟子中"降伏外道，履行正法第一"）的仪法的著作。宾头卢，全名"宾头卢颇罗堕誓"（宾头卢是名，颇罗堕誓是姓），原为优填王辅相之子（见《宾头卢突罗阇为优陀延王说法经》），年少依佛出家，为佛的大弟子之一，证得阿罗汉，具有神通。相传，有一次，树提伽长者制作了一只旃檀钵，将它放在络囊中，高悬于象牙杙之上，令沙门、婆罗门不用梯杖去拿，谁能拿到就归谁。宾头卢即往其舍，入禅定、显神通，便于座上，伸手取钵。佛得知此事后，当面呵责宾头卢，不应在未受戒人面前显现神通，将他赶出当地，于是宾头卢便到外地从事教化，"多教化优婆塞、优婆夷，多畜（蓄）弟子，起僧坊房舍，畜共行弟子，近行弟子，广宣佛法"，后被佛召回（见《十诵律》卷三十七）。佛后来评价说："我声闻中第一比丘"，"降伏外道，履行正法，所谓宾头卢比丘是"（见《增一阿含经》卷三），意思是说，宾头卢为佛弟子中"降伏外道，履行正法第一"。由于传说宾头卢受佛之命，永住世间，护持佛法，故白头长眉，寿命不绝，相传阿育王曾召见过宾头卢（见《杂阿含经》卷二十三）。由此，在天竺（印度）国，优婆塞、国王、长者若设法会，常举行仪式，遥请宾头卢，加以供养。宾头卢也成为佛教院供养的十六罗汉或十八罗汉之一。本书所述的请宾头卢法，就是由此而来的。如关于宾头卢的住世因缘，以及礼请法，说：

> 天竺国有优婆塞、国王、长者，若设一切会，常请宾头卢颇罗堕誓阿罗汉，宾头卢者，字也；颇罗堕誓者，姓也。其人为树提长者现神足故，佛摈之，不听涅槃，敕令为末法四部众（指比丘、比丘尼、优婆塞、优婆夷）作福田。请时，于静处烧香礼拜，向（南）天竺摩梨山（此为宾头卢的住处），至心称名言：大德宾头卢颇罗堕誓，受佛教敕，为末法人作福田，愿受我请，于此处食。若新作屋舍，亦应请之言：愿受我请，于此舍床敷止宿。若普请众僧澡浴时，亦应请之言：愿受我请，于此洗浴。及未明前，具香汤、净水、澡豆、杨枝、香油，调和冷暖，如人浴法，开户请入，然后闭户。（《大正藏》第三十二卷，第784页中）

本书所说的请宾头卢法，在古代深受律宗、唯识宗人士的重视，唐道宣《四分律删繁补阙行事钞》《四分律比丘尼钞》、窥基《阿弥陀经疏》《阿弥陀经通赞疏》等著作，都有引用。

刘宋求那跋陀罗译《宾头卢突罗阇为优陀延王说法经》一卷

《宾头卢突罗阇为优陀延王说法经》，又名《宾头卢为王说法经》，一卷。刘宋求那跋陀罗译，约译于元嘉十三年（436）至泰始三年（467）之间。本书最初是作为"小乘抄集"，著录于隋法经等

《众经目录》卷五《佛灭度后撰集录·西方诸圣贤所撰集》之中，未署译者；隋费长房《历代三宝纪》卷十始将它列为求那跋陀罗译；唐智升《开元释教录》卷五等沿依此说。载于《丽藏》"昼"函、《宋藏》"昼"函、《金藏》"昼"函、《元藏》"昼"函、《明藏》"坟"函、《清藏》"坟"函、《频伽藏》"宿"帙，收入《大正藏》第三十二卷。

本书是一部叙述佛弟子宾头卢对拘舍弥城优陀延王的说法事迹的著作，采用偈颂与长行相结合的方式编集。书中，宾头卢用大量的譬喻性语句，并穿插譬喻性故事，对优陀延王讲述了"五欲"为"众苦之本"等佛理。主要述说："此五欲者，众苦之本，害于众生所有善根，如雹害苗，螫恼众生，甚于毒蛇；亦如炽火，能烧功德；亦如野马，诳惑凡夫；亦如幻化，迷乱惑者"；"一切五欲，体性实苦，皆从妄想，而生于乐"。如关于"荣位如梦"，说：

> 大王（指优陀延王），而此身者，必归败坏，尊豪荣贵，必有衰灭，财宝库藏，必有散失。大王，如佛言曰：荣位如梦，恩爱暂有。汝于五欲生于希有难遭之想，贤德于此，岂得名为能善观察，何以故？荣位恩爱，必有别离。如众飞鸟夜栖一树，晨则四散；又如客舍夕则聚宾，明各异路；亦如乘船，异人同载，既至岸已，各自殊道；亦如驶流漂集众木，须臾之间，随流分散；犹如浮云，须臾散灭。（《大正藏》第三十二卷，第786页下—第787页上）

本书在说明"五欲"的危害时，讲述了往昔有人行走在旷路上，因被大象追逐，惊恐奔逃，慌忙之中，拉着井边的树滕，躲入一口枯井中，谁知井下又有大毒龙、四毒蛇，命悬一线的故事，结语说："世间之人，身心劳苦，无归依处，众苦所逼，轻疾如电，是可忧愁，不应爱著"。这则"四毒蛇"（譬喻四大）的譬喻故事，也见于东晋僧伽提婆译《增壹阿含经》卷二十三、刘宋求那跋陀罗

译《杂阿含经》卷四十三、姚秦鸠摩罗什译《众经撰杂譬喻》卷上、
唐义净译《佛说譬喻经》等。它是佛生前所说的一则有名的譬喻
故事,后来为弟子们经常引用。

<h2 style="text-align:center">西晋失译《佛使比丘迦旃延说法
没尽偈百二十章》一卷</h2>

《佛使比丘迦旃延说法没尽偈百二十章》,又名《佛使比丘迦
旃延说法没尽偈》《比丘迦旃说法没偈经》《迦旃延说法没尽偈百
二十章》《迦旃延偈经》等,一卷。西晋失译,约出于泰始元年
(265)至建兴四年(316)之间。本书最初是作为"失译经",著录
于梁僧祐《出三藏记集》卷三《新集安公失译经录》之中(书名作
《迦旃偈经》);唐智升《开元释教录》卷二始将它编为西晋失译,
后世藏经目录沿依此说。载于《丽藏》"飞"函、《宋藏》"飞"函、
《金藏》"飞"函、《元藏》"飞"函、《明藏》"既"函、《清藏》"既"函、
《频伽藏》"藏"帙,收入《大正藏》第四十九卷。

本书是一部以尊者迦旃延(佛的大弟子)说法的方式,叙述
末法时期佛法衰颓的各种情形,以作警示的偈颂集,共收录一百
二十颂(每颂五言四句)。书名中的"佛使",指佛派遣,但检正
文,并无佛派遣迦旃延说此偈经的意思,而是迦旃延自己"顾后
大恐惧,正法垂欲灭",为诸弟子所说的,故"佛使"二字当是后世
传抄者所添益,并非文本原有。书中说,末法时期,比丘不修正
行,"常当共诤讼,违教背典经";"展转兴诽谤,各各相慢轻";"见
尊睹师父,傲慢不崇敬";"贪得利供养,随俗共浮沉";"喜乐于愦
扰,不慕处静默";"展转相侵欺,以自养妻息";"终日笑歌舞,冥
暮寝不醒";"以非法为法,所说违道义";"贪著利财宝,衣食无限
节",如此等等。以后北方又发生了"三恶王"灭佛事件,"大秦在
于前,拨罗在于后,安息在中央",这三个国王"轻毁诸沙门,多犯

于众恶,毁坏佛塔寺,破败学精庐",佛教遭受重大的打击,急剧衰落。后经"中国君"(指摩揭陀国国王)诛夷王,佛教才得以重兴。有鉴于此,本书指出,"正法在于世,终不自没尽",意思是说,正法是不会自行灭亡的,能灭正法的是比丘自己;若要使正法不灭,比丘须奉修经教,依教而行。这就好比海中航行的大船,若贪图多载,货物超重,就会沉没,佛教也是这样,若比丘贪图利养,就会灭尽。如关于正法因比丘贪著"利养"而灭(以"师子王"、"海中船"为譬喻),说:

> 譬如师(狮)子王,处在林树间,豺狼及犬狐,不敢食其肉。命过身出虫,还自啖其肉,昼夜共啖食,毁灭其形体。能仁大圣人,泥洹灭度后,诸地水火风,不能毁佛法。……正法在于世,终不自没尽,因有像法故,正法则灭尽。譬如海中船,贪重故沉没,佛法斯亦然,利养故灭尽。背经及圣典,以此为正法,以法违于律,以非作义法。诸邪见异学,五通诸学士,不能毁法义,及所兴布施。其从释迦文,因佛作沙门,当毁于正法,令法至灭尽。(《大正藏》第四十九卷,第11页上、中)

本书的改编本有:刘宋失译《迦丁比丘说当来变经》一卷。

刘宋失译《迦丁比丘说当来变经》一卷

《迦丁比丘说当来变经》,又名《大仙迦丁所记当来秘谶要集》《迦丁比丘经》,一卷。刘宋失译,约出于永初元年(420)昇明三年(479)之间。本书最初是作为"失译经",著录于隋法经等《众经目录》卷三《小乘修多罗藏录·众经失译》之中;唐智升《开元释教录》卷五始将它编为刘宋失译,后世藏经目录沿依此说。载于《丽藏》"昼"函、《宋藏》"昼"函、《金藏》"昼"函、《元藏》"昼"函、《明藏》"英"函、《清藏》"英"函、《频伽藏》"藏"帙,收入《大正藏》第四十九卷。

　　本书是《佛使比丘迦旃延说法没尽偈百二十章》梵本的改编本,由西域编集者将原来的偈颂,全部改写为散文,并对语句作大量增益而成。虽说二书的文句差异很大,但主要内容都是讲述末法时期比丘恣意放逸,不修正行,致使佛法衰颓的各种情形,以作警示,文中叙及的"三恶王"灭佛(本书译作"三天子出,破坏天下")等事件,也是相似的。书名中的"迦丁比丘",其实就是"迦旃延比丘"。如关于"比丘贪惑供养,令法毁没"(以"大船"、"师子王"为譬喻),说:

　　　　一切万物悉皆是宝,用人不识,皆即化没。佛法亦尔,由是之故,正法转没,用不敬奉,令法没尽。譬如大船,多所负载,重则沉没,将来之世,多有比丘贪惑供养,令法毁没;若有比丘奉戒护律,法当久存。如师子王,虽死卧地,飞鸟走兽无敢近者,旬日之间,身中生虫,还食其肉,毁坏身形。佛虽泥洹,正法续存,梵魔、众圣、一切邪道,无能毁佛法者。将来当有无行之人,入佛法中,求作沙门,破坏佛法,更相轻毁。学三藏者转相嫉妒,为嫉妒故,佛法疾灭。(《大正藏》第四十九卷,第8页中、下)

　　《佛使比丘迦旃延说法没尽偈百二十章》和本书所说的"三恶王"灭佛事件,很可能是指龙树以后,佛教所经历的三次灭佛事件(见明多罗那他《印度佛教史》,张建木译,四川民族出版社1988年3月版)。此事确否,尚待考证。

唐玄奘译《大阿罗汉难提蜜
多罗所说法住记》一卷

　　《大阿罗汉难提蜜多罗所说法住记》,又名《大阿罗汉难陀蜜多法住记》《法住记》，一卷。唐玄奘译，永徽五年(654)译出。唐道宣《大唐内典录》卷五著录(译经时间见《开元释教录》卷八)。载于《丽藏》"昼"函、《宋藏》"昼"函、《金藏》"昼"函、《元藏》"昼"函、《明藏》"漆"函、《清藏》"漆"函、《频伽藏》"藏"帙，收入《大正藏》第四十九卷。

本书是一部叙述宾头卢等十六位大阿罗汉的护法事迹，以及大小乘三藏构成情况的著作，以佛涅槃后八百年中，执师子国(又称"师子国"，即今斯里兰卡)胜军王都城大阿罗汉难提蜜多罗(意译"庆友")，临寂之前对众僧说法的方式展述。

(1)十六大阿罗汉(又称十六尊者)的名字、住处和供养功德。所说的十六大阿罗汉，指的是：第一尊者宾度罗跋啰惰阇(又称宾头卢)，"多分(指大部分时间)住在西瞿陀尼洲"；第二尊者迦诺迦伐蹉，"多分住北方迦湿弥罗国"；第三尊者迦诺迦跋厘堕阇，"多分住在东胜身洲"；第四尊者苏频陀，"多分住在北俱卢洲"；第五尊者诺距罗，"多分住在南赡部洲"；第六尊者跋陀罗，"多分住在耽没罗洲"；第七尊者迦理迦，"多分住在僧伽荼洲"；第八尊者伐阇罗弗多罗，"多分住在钵刺拏洲"；第九尊者戍博迦，"多分住在香醉山中"；第十尊者半托迦，"多分住在三十三天"；第十一尊者啰怙罗，"多分住在毕利飏瞿洲"；第十二尊者那伽犀那(又称那先)，"多分住在半度波山"；第十三尊者因揭陀，"多分住在广胁山中"；第十四尊者伐那婆斯，"多分住在可住山中"；第十五尊者阿氏多，"多分住在鹫峰山中"；第十六尊者注荼半托迦，"多分住在持轴山中"。"如是十六大阿罗汉，一切皆具三明、六通、八解脱等无量功德，离三界染，诵持三藏，博通外典，承佛敕故，以神通力，延自寿量。乃至世尊正法应住，常随护持，及与施主作真福田，令彼施者得大果报"。如关于供养十六大阿罗汉的功德，说：

　　若此世界，一切国王、辅相、大臣、长者、居士，若男若女，发殷净心，为四方僧设大施会，或设五年无遮施会，或庆寺、庆像、庆经幡等施设大会，或延请僧至所住处设大福会，或诣寺中经行处等，安布上妙，诸坐卧具、衣药、饮食，奉施僧众。时此十六大阿罗汉，及诸眷属，随其所应，分散往赴，现种种形，蔽隐圣仪，同常凡众，密受供具，令诸施主得胜果报。如是十六大阿罗汉，护持正法，饶益有情。(《大正藏》第四十九卷，第13页中)

　　(2) 大乘三藏(又称菩萨藏)。大乘三藏中，"素呾缆藏"(即经藏)收录的大乘经，有《般若波罗蜜多经》《妙法芬陀利迦经》《金光明经》《金刚手藏经》《首楞伽摩三摩地经》《幻喻三摩地经》《大神变三摩地经》《集诸功德三摩地经》《如来智印三摩地经》《具诸威光三摩地经》《宝台经》《集诸菩萨三摩地经》《诸佛摄受经》《集请问经》《梵王问经善吉问经》《勇猛问经》《能满问经》《海龙王问经》《无热恼龙王问经》《树幢龙王问经》《宝掌问经》《宝髻问经》《虚空音问经》《虚空吼问经》《幻网问经》《宝女问经》《妙女问经》《善臂问经》《师子问经》《猛授问经》《金光女问经》《说无尽慧经》《说无垢称经》《未生怨王经》《谛实经》《那罗延经》《佛花严经》《莲华手经》《千佛名经》《无量光众经》《极乐众经》《集净华经》《大集经》《入一切道经》《宝幢经》《宝聚经》《宝箧经》《彩画经》《高顶王经》等。"复有大乘毗奈耶藏(即律藏)、阿毗达磨藏(即论藏)众多部类，一切皆是菩萨藏摄"。

　　(3) 小乘三藏(又称声闻藏)。小乘三藏中，"素怛缆藏"收录的小乘经有五部，即《长阿笈摩》《中阿笈摩》《增一阿笈摩》《相应阿笈摩》《杂类阿笈摩》；"毗奈耶藏"收录的小乘律，有《苾刍戒经》《苾刍尼戒经》《分别戒本诸蕴差别》《增一律》；"阿毗达磨藏"

收录的小乘论,有《摄六问》《相应》《发趣》等众多部类,以及《本生鬘赞》《独觉鬘赞》等,"于如是等正法藏中,或是佛说,或菩萨说,或声闻说,或诸仙说,或诸天说,或智者说"。

本书的价值和影响,主要体现在两个方面:一是通过本书对供养十六大阿罗汉的功德的论述,在汉地佛教兴起了在佛殿两侧,营造十六罗汉,或十八罗汉(增加本书作者难提蜜多罗、《十六大阿罗汉因果识见颂》作者摩拏罗多二人)的塑像,以作供养的风气,乃至成为寺庙建筑的规制;二是本书所记载的大乘经中,有不少单经,如《妙法芬陀利迦经》《金刚手藏经》《幻喻三摩地经》《大神变三摩地经》《集请问经》等,均未见有汉译本,这对于考察七世纪斯里兰卡流传的佛经文本,提供了极为珍贵的线索和依据。

第十九品　赞颂类:北宋天息灾译《贤圣集伽陀一百颂》一卷

附:北宋天息灾译《胜军化世百喻伽陀经》一卷
北宋法贤译《犍稚梵赞》一卷

《贤圣集伽陀一百颂》,一卷。北宋天息灾译,雍熙四年(987)译出。北宋赵安仁等《大中祥符法宝录》卷十七著录。载于《丽藏》"侠"函、《宋藏》"家"函、《金藏》"侠"函、《元藏》"家"函、《明藏》"英"函、《清藏》"英"函、《频伽藏》"藏"帙,收入《大正藏》第三十二卷。

本书是一部赞叹供养三宝的功德,特别是布施福报的偈颂集。全书由一百颂构成。

前部分为七言颂,有二十七颂(每颂七言四句)。主要说:

"信心归敬于三宝,给施财帛精舍中";"精舍年深多摧坏,重修严饰供佛僧";"复遇恶世饥难时,施彼众生饮食物";"诸佛如来行住处,若人到已生恭敬";"若人修建于佛殿,寒热风雨不能侵";"若人修诸佛像等,远离过失得生天";"破损塔庙若重修,彼人无病身圆满";"种种供养佛如来,生天而感金宝池"等。

后部分为五言颂,有七十三颂(每颂五言四句)。主要说:"名衣及上服,施佛及施僧,后生天界时,最上天衣香";"若于佛塔庙,布施于幢幡,当作天轮王,世上无能胜";"若人于塔庙,布施铃铎等,不生罪恶地,常得梵音声";"若人以饮食,供养圣贤众,当生人天中,美食常丰足";"若人设斋食,当得生人天,远离于贫寒,长命足财宝";"若彼诸有情,书写妙法宝,当得宿命智,富贵恒安乐"等。

书中列举修佛寺、建佛殿、塑佛像、造佛塔、供养如来、布施僧众等的果报较详,而论及布施以外的教理甚少,仅有"八圣道"(指正见、正思惟、正语、正业、正命、正精进、正念、正定)、"七圣财"(指信财、戒财、惭财、愧财、闻财、舍财、慧财)、"七觉花"(指七觉支,即念觉支、择法觉支、精进觉支、喜觉支、轻安觉支、定觉支、舍觉支)等。其内容局限于小乘,无一字提及"大乘"、"菩萨"等。以此推断,本书是可能是十世纪初西域小乘人专为在家奉佛者编集的作品。

北宋天息灾译《胜军化世百喻伽陀经》一卷

《胜军化世百喻伽陀经》,又名《胜军化世百喻伽他经》(《大正藏》本),一卷。北宋天息灾译,雍熙二年(985)译出。北宋赵安仁等《大中祥符法宝录》卷四、卷十七著录(称"中天竺梵本所出")。载于《丽藏》"漆"函、《宋藏》"槐"函、《金藏》"添"函、《元藏》"槐"函、《明藏》"则"函、《清藏》"则"函、《频伽藏》"藏"帙,收入《大正藏》第三十二卷。

胜军（约十世纪初），中天竺（印度）人。据唐慧立、彦悰《大唐大慈恩寺三藏法师传》卷四说，中印度摩揭陀国杖林山，有一位居士，名叫胜军，是瑜伽行派论师安慧、戒贤的弟子，玄奘在印度求学期间，曾就胜军居士受学二年，"学《唯识决择论》《意义理论》《成无畏论》《不住涅槃》《十二因缘论》《庄严经论》，及问《瑜伽》《因明》等疑"。但玄奘并没有提及胜军撰有《化世百喻伽陀经》一书，而且本书所述皆为小乘教理，并无一词涉及大乘唯识学，故本书的作者不可能是这位胜军居士，而是同名的另一人。从作者胜军为教化世俗，取事为喻而撰本书来看，他很可能是一位小乘譬喻师。

本书是一部劝喻行善修德的偈颂集。全书由一百颂（每颂七言四句）构成。书名中的"伽陀"，意为偈颂，《大正藏》本将"伽陀"刊作"伽他"，是错的，因为在本书译出后，上呈的奏表上，也是写作"伽陀"的。

主要说："行恩行义行贤德，无我无慢无怯弱"；"布施忍辱及明力，调伏诸根语言善"；"世间未曾有一物，不被无常破坏空，唯有无为寂静德，经劫凝然得常住"；"德者重德愍无德，愚者轻德而舍去"；"藏贮财帛终散坏，若行惠施永坚牢"；"坚持禁戒令清净，恒须亲近善知识"；"富贵暂荣谁得久，业因决定难破坏"；"有德之人德是亲，有过之人过是冤，贱使之人贱是苦，知足之人足是乐"；"底心无爱无人我，似鹿无家住野林"等。

关于本书，北宋赵安仁等《大中祥符法宝录》卷十七评论说："此中所明，举以百喻，成百伽陀，取诸近事，彰其意焉。若行恩义，是有贤德；若无我慢，即无怯弱，乃可师重，是出离行，乃至设喻譬，彼天边月圆须缺，又类山下华芳即凋，人世无常何异于此，余诸颂句喻说皆然，劝诸智人警悟故也。"

北宋法贤译《犍稚梵赞》一卷

《犍稚梵赞》，又名《捷稚梵赞》(《大正藏》本)，一卷。北宋法贤(原名天息灾)译，端拱二年(989)，北宋赵安仁等《大中祥符法宝录》卷七、卷十七著录(称"中天竺梵本所出")。载于《丽藏》"户"函、《宋藏》"千"函、《金藏》"户"函、《元藏》"千"函、《明藏》"言"函、《清藏》"言"函、《频伽藏》"成"帙，收入《大正藏》第三十二卷。

本书是一部称赞犍稚功用的梵文音译书。所说的犍稚，又称"捷稚"、"犍椎"、"犍地"、"犍迟"等，指寺院报时的器物。唐玄应《一切经音义》卷十四说："捷椎，梵言臂咤捷稚，臂咤此云打；捷稚所打之木，或檀或桐，此无正翻，彼无钟磬故也，旧经多作捷迟，此亦梵言讹转也，宜作稚，稚音直致反。"据此，犍稚是梵文音译名词"臂咤捷稚"的略称，"臂咤"，意为击打；"犍稚"，意为击打之木，即能发出声响的木板。佛教初创时期，寺院简陋，并无锺、磬之类的器物，故大多采用敲打木板，发出声响，报时集众。以后，寺院遂渐兴盛，一切可用来报时集众的木、瓦、铜、铁等器物，都称为犍稚，故北宋道诚《释氏要览》卷下说："今详律，但是钟磬、石板、木板、木鱼、砧搥，有声能集众者，皆名犍稚也"。关于"犍稚"的写法，译籍中也有作"犍椎"、"楗椎"的。此词中，"犍"、"捷"二字，何字为准？ 古人认为是可以通用的，因为二字的发音相同(今人多用"犍"字)；"稚"、"椎"二字，何字为准？ 依唐玄应的说法，应作"稚"，不宜写作"椎"字，因为二字的发音不同。

关于本书的作者，汉译本没有题署，藏文译本则题为"马鸣著"(书名作《犍槌赞》，见元布顿《佛教史大宝藏论》，郭和卿译，民族出版社1986年3月版)，此事尚待深入考证。

本书的正文全是梵文偈颂的音译，义理不明。其文的表述

如下(因文长,中间部分省略):

　　夜布里鑁(二合——原注)冒地谟隶(引——原注)啰尾
诚摩曩波替(引——原注)摩(引——原注)啰诚(引——原
注)诚凌(二合——原注)诚诚(引——原注)诚凌(二合——
原注)诚(引——原注)诚诚(引——原注)诚里(二合——原
注)……婆野迦(引——原注)里尼波啰呬多钵啰(二合
引——原注)览婆秋趺(引——原注)怛摩(二合——原注)
喃(三引——原注)冒呆(二合——原注)趺(引——原注)曩
(引——原注)谟波扇(引——原注)多曳(引——原注)娑波
祢舍散多(引——原注)尔野(二合——原注)旦(引——原
注)㘕尼剑(四——原注)。(《大正藏》第三十二卷,第770
页上——第772页中)

　　以上引文中,括号里的原注是表示梵音的拼读和声调的,如
"二合"表示前二个字合拼为一个音,"引"表示长音等。由于有
些梵文的发音,找不到同音的汉字,故译者又新造了一些汉字来
表述,这就造成一般人阅读此类梵文音译著作,如读天书,既不
知道其中的意思,也不知如何发音。对照本书的藏文译本,以上
引文,若意译的话,有二十九颂。其中,第一颂至第十一颂,赞扬
佛德;第十二颂至第十六颂,希求犍稚音声高鸣;第十七颂至第
十九颂,论述犍稚的性质;第二十颂至第二十九颂,希求犍稚能
守护一切(参见日本编《大藏经索引·收录典籍解题》)。梵文音
译与意译的差别,由此可见一斑。

　　关于佛经翻译中的梵语音译问题,唐玄奘曾提出"五种不
翻"说(见南宋周敦义《翻译名义集序》)。所谓"不翻",指的是在
五种情况下,对梵语的翻译可以只译音,而不译义。一是"秘密
故,如陀罗尼",指因为秘密而不翻,如密教的咒语("陀罗尼");

二是"含多义故,如薄伽梵具六义",指因为一词多义而不翻。如
"薄伽梵"具有自在、炽盛、端严、名称、吉祥、尊贵等六种含义,如
果选择其中的一种含义作为译名,便会以偏盖全,故只译其音;
三是"此无故,如阎浮树,中夏实无此木",指因为汉地没有此物
而不翻,如阎浮树;四是"顺古故,如阿耨菩提,非不可翻,而摩腾
以来尝存梵音",指因为顺从古译而不翻,如梵语"阿耨多罗三藐
三菩提"的意思是"无上正等正觉",不是不能翻,只是由于自古
以来常常是译音而不译义的,故也就沿用这一译名了;五是"生
善故,如般若尊重,智慧轻浅",指因为译音能产生更好的效果而
不翻,如"般若"是梵语的音译,而"智慧"是梵语的义译,它们是
同一个语词的两种译名,前者比较深奥,容易使人产生恭敬之
心,后者比较浅显,容易使人产生轻视之心,为此,取前者而不取
后者。

　　总的来说,"五种不翻"的原则,一般只适合于某些梵文语词
或短句的翻译,而不适合于整篇文章的翻译。像本书这样将全
部偈颂都译为音,其义就无从知晓,这就类似于密教的陀罗尼
(咒语)了。

第二门　东土小乘论疏

第一品　注疏类：唐窥基《异部宗轮论述记》一卷

《异部宗轮论述记》，又名《宗轮论述记》，一卷。唐窥基记，约成于龙朔三年(663)至开耀元年(681)之间。收入《新纂续藏经》第五十三册。

窥基(632—682)，又名"大乘基"、"乘基"、"基"等，字洪道，俗姓尉迟，唐京兆长安(今陕西西安)人，唐左金吾将军尉迟宗之子，鄂国公尉迟敬德之侄。九岁丧母，渐疏浮俗。玄奘从西域取经回国后，物色译授人才，因见窥基性敏悟，能属文，娴熟经史，善于句读，颇加辣敬，乃请鄂国公许度其侄为弟子。鄂国公奏报，降旨许之。贞观二十二年(648)，窥基十七岁，出家受度，奉敕为玄奘弟子。初住弘福寺，同年十二月随玄奘迁入大慈恩寺，习学五天竺(印度)语言。显庆元年(656)，二十五岁，应诏参与译经。以后一直跟随玄奘，从事梵本佛经的翻译，充任笔受。玄奘去世以后，行游太原、五台山、博陵等地，随处讲经弘化，后返回大慈恩寺，专事著述。因造疏众多，并以玄奘所传的唯识学为主，被称为"百本疏主"、"慈恩大师"。

窥基是唯识宗的创始人之一。北宋赞宁《宋高僧传》卷四评价说:"性相义门,至唐方见大备也。奘师为瑜伽唯识开创之祖,基乃守文述作之宗,唯祖与宗,百世不除之祀也";南宋志磐《佛祖统纪》卷二十九"慈恩宗教"条,将戒贤列为"初祖"、玄奘列为"二祖"、窥基列为"三祖"。主要著作有:《瑜伽师地论略纂》十六卷、《成唯识论述记》二十卷、《成唯识论掌中枢要》四卷、《唯识二十论述记》二卷、《辨中边论述记》三卷、《大乘百法明门论解》二卷、《因明入正理论疏》三卷、《大乘法苑义林章》七卷、《杂集论述记》十卷、《大般若波罗蜜多经般若理趣分述赞》三卷、《金刚般若经赞述》三卷、《金刚般若论会释》三卷、《妙法莲华经玄赞》二十卷、《说无垢称经疏》六卷(以上均存)等。生平事迹见唐李宏庆《大慈恩寺大法师基公塔铭并序》、李乂《大唐大慈恩寺法师基公碑》(以上见日本佐伯定胤、中野达慧编《玄奘三藏师资传丛书》)、北宋赞宁《宋高僧传》卷四等。

本书是《异部宗轮论》的注释书。书中先对《宗轮论》的结构作了科判,指出,佛典一般都可分为"序分"、"正宗分"、"流通分"三分,但《宗轮论》的"大文"(正文)只有"序分"、"正宗分"二分。初首的序偈为"序分","叙其述意,即当教起因缘";其次的正论为"正宗分","陈其所明,即为圣教正说";后无"流通分"。"正宗分",大致可以分为五部分:(1)"显已传闻",指《宗轮论》"如是传闻"一句。(2)"明本教主",指《宗轮论》"佛薄伽梵"一句。(3)"叙部兴年代",指《宗轮论》从"般涅槃后百有余年",至"是时佛法大众初破"部分。(4)"述因诤部分",指《宗轮论》从"谓因四众共议大天五事不同,分为两部",至"十饮光部、十一经量部"部分。(5)"广陈部执",指《宗轮论》从"如是诸部本宗末宗、同义异义,我今当说",至"执有胜义补特伽罗,余所执多同说一切有部"部分。

全书分为序言和正释二部分。序言部分,叙述《异部宗轮

论》的作者；造论的缘起；论本的主旨；真谛译本与玄奘译本的差
别；窥基撰作《述记》的原由；窥基注本与真谛注本的同异；"异部
宗轮论"的字义等。正释部分，依顺《异部宗轮论》的叙述次第，
分句摘录序偈和正论的原文，逐一作释，每段释文的初首均冠有
"述曰"，以示区别。所释的内容包括：《异部宗轮论》字句的文
义；相关人物的生平事迹；二十部派成立的时代、原委和经过；各
部派教义的要点，以及彼此之间的异同等。作者在序言（无标
题）中说：

> 《异部宗轮论》者，佛圆寂后四百许年，说一切有部世友
> 菩萨之所作也。……盖二十（部）之天镜，异部之洪源者矣。
> 昔江表陈代三藏家依（指真谛）已译兹本，名《部执异论》。
> 详诸贝叶，校彼所翻，词或爽于梵文，理有乖于本义。彼所
> 悟者，必增演之；有所迷者，乃剪截之。今我亲教三藏法师
> 玄奘，以大唐龙朔二年七月十四日，于玉华宫庆福殿，重译
> 斯本。基（窥基）虚篚译俦，谬参资列，随翻受旨，编为《述
> 记》。家依法师《疏》成十卷，叙诸事义，少尽委曲，学者怖其
> 繁文，或有遗于广趣。今但详其大旨，释其本文，与旧别者，
> 巨细而言；与旧同者，聊陈梗概。（《新纂续藏经》第五十三
> 册，第 568 页上、中）

意思是说，《异部宗轮论》为佛涅槃（南传佛教定为前 544
年，北传佛教有前 486 年、前 383 年等说）后四百年左右，说一切
有部世友菩萨所作。它是"二十（部）之天镜，异部之洪源"，辨别
二十部派的明镜，各部派源流的叙说。先前在江南陈代，三藏法
师真谛已翻译了此本，名为《部执异论》。以梵文原本对校该本，
就会发现，《部执异论》"词或爽于梵文，理有乖于本义"，它的译
语有与梵文不相契符的，译义有与本义相违背的；"彼所悟者，必

增演之;有所迷者,乃剪截之",凡是译者明白的地方,就增益,凡是译者不明白的地方,就删除。由此,玄奘法师在龙朔二年七月十四日,于玉华宫庆福殿,重译斯本。窥基本人参与了《异部宗轮论》的翻译,并"随翻受旨",根据玄奘法师对译文的解释,撰写了这部的《述记》。此前,真谛在译出《部执异论》之外,还撰有《疏》十卷(隋费长房《历代三宝纪》卷九称作《十八部论疏》,实际上应为《部执异论疏》)。此疏所叙的事义,有些较为详细,学人有见其文繁而生畏惧的,或因文繁而难于把握大旨的。而窥基的《述记》着重叙说各派的要旨,直释《异部宗轮论》的原文,"与旧别者,巨细而言;与旧同者,聊陈梗概",它与真谛《疏》的差别,在于对细节问题的解释详略不同;它与真谛《疏》的相同之处,在于共同叙说了各部派教理的要点。

唐玄奘译《异部宗轮论》的原文,较为简练,类似于大纲,许多问题的表述,言焉不详,例如对各部派的成立缘起、部名的来由和部主(部派创始人)的身世等,大多未曾叙及。而窥基所撰的本书,其特点就是对原文中的这些问题,作了详细的补充和说明。由于真谛撰的《部执异论疏》在中唐以后已失传,只有本书流传至今,故它也就成了理解《异部宗轮论》义蕴的最重要的参考书。内容大致可分为二部分。

一、论述大众部系部派的源流。大众部的本宗(大众部)、末派(大众部下的支派)总计有九部。它们是:大众部、一说部、说出世部、鸡胤部、多闻部、说假部、制多山部、西山住部、北山住部。

(1)大众部。此部是大众部系各派的本宗,为原始佛教发生根本分裂,所形成的大众部、上座部二大根本部派之一。佛涅槃后"百有余年",原始佛教僧团"因四众共议大天五事不同,分为两部",赞成"大天五事"的僧众,"耆年(指长老)虽少而众数多"，结成大众部；反对"大天五事"的僧众，"耆年虽多而僧数少"，结成上座部。

（2）一说部。此部于佛涅槃后"第二百年"，从大众部分出。"此部说世、出世法皆无实体，但有假名，名（假名）即是说，意谓诸法唯一假名，无体可得。"意思是说，此部认为，"世间法"（又称"世"）、"出世间法"（又称"出世法"）皆无实体，只有"假名"，"假名"就是"说"。由于此部对"世间法"、"出世法"一概而论，称它们都是"假名"，无实体可得，因所立的教义而得名，称为"一说部"。

（3）说出世部。此部于佛涅槃后"第二百年"，从大众部分出。"此部明世间烦恼从颠倒起，此复生业，从业生果。世间之法既颠倒生，颠倒不实，故世间法但有假名，都无实体。出世之法，非颠倒起，道及道果皆是实有，唯此是实，世间皆假。"意思是说，此部认为，"世间法"、"出世间法"是不同的。"世间法"是从"颠倒"（即颠倒真实的妄见）产生的，从"颠倒"而生"烦恼"，从"烦恼"而生"业"，从"业"而生"果"，由此招感各种苦报。由于"颠倒"是不真实的，故"世间法"只有"假名"，都无"实体"。而"出世间法"不是从"颠倒"产生的，它所说的"道"（指修行的方法）和"道果"（指修行的果报）都是"实有"的。由于此部主张"世间法"都是"假名"，唯有"出世间法"是"实有"的，因所立的教义而得名，称为"说出世部"。

（4）鸡胤部。此部于佛涅槃后"第二百年"，从大众部分出。此部名称中的"鸡胤"（意为"鸡"的后裔），为"婆罗门中仙人种姓"。"《文殊经》（指梁僧伽婆罗译《文殊师利问经》）注云：律主姓也，是释名同。真谛法师云：灰山住部。此言非也，本音及义皆无此说。此从律主之姓以立部名。此部唯弘对法（指论），不弘经、律"，"阿毗达磨独是正说，律为方便"，"经是方便，不许说

故,唯有对法是正理"。意思是说,此部因部主(指本部创始人)
的婆罗门姓氏为"鸡胤"而得名,真谛《部执异论》称之为"灰山住
部",是不对的,梵文的本音与字义,均无此说。此部认为,"论"
是"正说"(指真实的教说),"经"、"律"是"方便"(指权宜的教
说),因此只弘"论",而不弘"经"、"律"。乃至以"讲经必起憍慢,
憍慢起故,不得解脱"为由,而不许"说经"。但"此部师多闻精
进,速得出离,即第一时",也就是说,此部论师的精进,胜过其他
部派,因而能速证解脱。

(5)多闻部。此部于佛涅槃后"第二百年",从大众部分出。
此部名称中的"多闻",指"广学三藏,深悟佛言","从德为名,名
多闻部,当时律主具多闻德也"。也就是说,此部因部主的德行
"多闻"而得名。

(6)说假部。此部于佛涅槃后"第二百年",从大众部分出。
"此部所说世、出世法中,皆有少假","此部即大迦多衍那弟子所
弘通也"。意思是说,此部因主张"世间法"、"出世法"都有小部
分是"假名"而得名,部主是大迦多衍那(与佛的大弟子大迦旃延
当是两人;隋吉藏《三论玄义》称为同一人,说"至二百年,大迦旃
延从阿耨达池出,更分别前多闻部中义,时人有信其所说者,故
云多闻分别部",这里说的"多闻分别部",指"说假部")。如关于
"说假部",说:

　　　　次后于此第二百年,大众部中更出一部,名说假部(以
　　上为《异部宗轮论》的原文)。

　　　　述曰:此第三时文,亦有二,准前可解。此部所说世、
　　出世法中,皆有少假。至下当知,非一向假故,不同一说部;
　　非出世法一切皆实故,不同说出世部;既世、出世法皆有假、
　　有实故,从所立以标部名。真谛师云分别说部,《文殊问经》

略无此部。又旧释言：大迦旃延先住无热池侧，佛入灭后
二百年时，方从彼出，至大众部中，于三藏教，明此是世尊假
名而说，此是实义而说。大众部中，有不信者，亦有信者，遂
别分部。此部即大迦多衍那弟子所弘通也(以上为窥基的
解释)。(第575页上)

(7) 制多山部、西山住部、北山住部。此三部于佛涅槃后
"第二百年满时"，从大众部分出。"大天所住，名制多山，因以立
名"，"制多山西称曰西山，既与大天不和，因此别住。北山亦尔
制多山北之一山也。此三并从所住立名"。意思是说，大众部有
两个大天。前者是佛"涅槃后百有余年"时的大天，他原是土罗
国一个商主之子，曾犯有"杀父"、"杀阿罗汉"、"杀母"三种无间
业(指命终之后将堕入无间地狱受苦的三种极重罪)，后隐瞒身
份，投摩揭陀国波吒厘城鸡园寺出家，为"大天五事"的提出者、
大众部的创始人；后者是佛"涅槃后第二百年满"时的大天，他原
是"出家外道"，后"舍邪归正"，"于大众部中出家、受具"，住制多
山，是"大天五事"的"重详"(重议)者。因"别诤余事"，大众部分
出此三部：住制多山的大天，创立了制多山部；而与大天"不和"
的僧众，分别住于制多山西边、北边的山上，创立了西山住部、北
山住部。故此三部均因所住之山而得名。

　　二、论述上座部系部派的源流。大众部的本宗(上座部)、
末派(上座部下的支派)总计有十一部。它们是：说一切有部、
雪山部、犊子部、法上部、贤胄部、正量部、密林山部、化地部、法
藏部、饮光部、经量部。

　　(1) 说一切有部。此部于佛涅槃后"三百年初"，从上座部
分出，部主是迦多衍尼子。"一切有者，一切有二，一有为、二无
为。有为三世，无为离世，其体皆有，名一切有。因言所以，此部

说义皆出所以，广分别之，从所立为名，称说一切有部也。"意思是说，说一切有部所说的"一切有"，包括"有为法"、"无为法"二种，"有为法"分为三世（指过去、现在、未来），"无为法"无三世，它们均有实体。说一切有部又名"说因部"，之所以称为"说因"，是因为此部在解说义理时，都要一一推究之所以如此的原因，广泛地加以分析，因所立的教义得名，称为"说一切有部"。

（2）雪山部。此部就是上座部的本部（又称"根本上座部"、"本上座部"）。"上座弟子本弘经教，说因部起，多弘对法（又称"论"），既闲义理，能伏上座部僧。说因（指说一切有部）时遂大强，上座于斯乃弱，说因据旧住处，上座移入雪山，从所住处为名，称雪山部。"意思是说，上座部弟子"本弘经教"，提倡"先弘经藏"，后弘律、论。佛涅槃后"三百年初"，迦多衍尼子出世，成为上座部弟子，提倡"先弘对法（指论）"，后弘经、律，上座部内部由此起诤，形成二派。主张"先弘对法"的一派为多数，结成了说一切有部，住于上座部的原地；而坚持"先弘经藏"的一派为少数，仍为上座部，移住雪山，改名雪山部。故雪山部并非是上座部下的支派，而是上座部系各派的本宗。在《异部宗轮论》中，雪山部本来是应当放在说一切有部之前叙说的，而论主将它放在说一切有部之后叙说，本书认为，这是因为"今此上座贤圣渐少，宗义微弱，人不流通；说一切有圣者转多，理趣强盛，人皆学习"，"但以圣少义弱，所以列之于后"。

（3）犊子部。此部于佛涅槃后"第三百年"，从说一切有部分出。"犊子者，律主姓也"，"婆罗门姓也"，"佛在之日，有犊子外道归佛出家，如《涅槃经》说，此后门徒相传不绝。至此分部，从远袭为名，言犊子部"。意思是说，此部因部主的婆罗门姓氏为"犊子"而得名，佛在世时，就有犊子外道，归佛出家，此后他的门徒相传不绝，此部遂以此姓为名。

（4）法上部、贤胄部、正量部、密林山部。此四部于佛涅槃后"第三百年"，从犊子部分出。法上部因部主而得名，"法上"意为"有法可上"，或"有法出世众人之上"；贤胄部也是因部主而得名，"贤胄"意为部主"世贤"的后裔；正量部因以所立教义刊定无邪，为"正量"（指正确认识）而得名；密林山部因住处而得名。如关于"法上部"等四部，说：

次后于此第三百年，从犊子部流出四部：一法上部、二贤胄部、三正量部、四密林山部（以上为《异部宗轮论》的原文）。

述曰：法上者，律主名。有法可上，名为法上；或有法出世众人之上，名为法上。贤胄者，贤者，部主之名；胄者，苗裔之义，是贤（指世贤）阿罗汉之苗裔，故言贤胄，从所袭部主为名也。正量部者，权衡刊定，名之为量，量无邪谬，故言正也。此部所立甚深法义，刊定无邪，目称正量，从所立法，以彰部名。密林山者，近山林木，蓊郁繁密，部主居此，名密林山，从所居为名也。（以上为窥基的解释）。（第577页上）

（5）化地部。此部于佛涅槃后"第三百年"，从说一切有部分出。"此部之主，本是国王。王所统摄国界，地也；化地上之人庶，故言化地。舍国出家，弘宣佛法，从本为名，名化地部。"意思是说，此部因部主而得名。部主原是国王，名为"化地"，意为教化国土上的人民，后舍弃王位出家，弘扬佛法，吸引了很多信众，于是别立一部，取名化地部。

（6）法藏部。此部于佛涅槃后"第三百年"，从化地部分出。"法藏者，部主名，亦名法密"，"此师含容正法，如藏之密，故言法密，从人以立部主名。此部师说总有五藏：一经；二律；三阿毗

达磨;四咒,即明诸咒等;五菩萨,即明菩萨本行事等。"意思是
说,此部因部主而得名,部主名为"法藏",又称"法密",意为"含
容正法,如藏之密"。部主自称以"采菽氏"(指佛的大弟子大目
犍连)为师,将所传的典籍分为"五藏",即"经藏"、"律藏"、"阿毗
达磨藏"、"咒藏"、"菩萨藏"。

(7) 饮光部。此部于佛涅槃后"三百年末",从说一切有部
分出。"饮光者,婆罗门姓也","此部教主是彼苗族,故言饮光",
"此师少岁,性贤有德,因以立名,故言善岁","从其姓,云饮光;
从其名,云善岁"。意思是说,此部因部主的婆罗门姓氏为"饮
光"而得名,又因部主年少出家,性贤有德,名叫"善岁",而别称
"善岁部"。

(8) 经量部。此部于佛涅槃后"第四百年初",从说一切有
部分出。"此师唯依经为正量,不依律及对法,凡所援据,以经为
证,即经部师,从所立以名。经量部,亦名说转部者,此师说有种
子,唯一种子现在相续转至后世,故言说转。"意思是说,此部因
唯以经教为"正量"(正确认识)而得名,主张凡所援据,都以"经"
为证据,不依"律"、"论"。此部又说有"种子"(隋吉藏《三论玄
义》作"五阴"),能从现世转移到后世,故别称"说转部"(《三论玄
义》作"说度部")。

除此之外,书中对《异部宗轮论》列举的大众部、上座部各派
的每一条教义,都有详细的分析说明,对学人理解这些教义的含
义,提供了极大的便利。

第二品　注疏类:唐普光《俱舍论记》三十卷

附:唐普光《俱舍论法宗原》一卷

《俱舍论记》,又名《俱舍光记》《光记》,三十卷。唐普光述

（书题"沙门释光述"），约撰于永徽五年（654）至麟德元年（664）之间。日本永超《东域传灯目录》著录。收入《大正藏》第四十一卷。

普光（约七世纪），又名"大乘光"，里籍不详，唐长安大慈恩寺僧人，为玄奘的弟子。玄奘从印度取经归国，普光师事随从，参与译经，勤恪非凡，智解尤深。玄奘从贞观十九年（645）开始译经，至麟德元年（664）逝世，前后二十年，共译出大小乘经律论七十五部一千三百三十五卷，其中十之七八，由普光担任"笔受"。玄奘因陈代真谛所译的《俱舍论》，义理多有缺失，故据梵本再译此论，并将印度"萨婆多师（指有部论师）口义"密授与普光，普光因此而著疏解判。普光、神泰、法宝三人所撰的《俱舍论》注疏，被并称为"俱舍三大疏"，为世人所重，而普光之疏，尤得玄奘之正传。著有《俱舍论记》三十卷、《俱舍论法宗原》一卷、《大乘百法明门论疏》二卷（以上见存）、《大因明论记》（又名《因明正理门论疏》）二卷（以上已佚，见日本永超《东域传灯目录》等）。生平事迹见北宋赞宁《宋高僧传》卷四。

本书是唐玄奘译《俱舍论》三十卷的注疏，为"俱舍三大疏"之一。全书开立"明论缘起"、"释论题目"、"随文别解"三门，对论本予以阐解。"明论缘起"，叙述《俱舍论》的撰述缘起；"释论题目"，解释《俱舍论》的题意；"随文别解"，依顺《俱舍论》原文的次第，对各品的主旨层次和字句的含义，进行串讲与解说。

作者说，《俱舍论》"虽述一切有义，时以经部正之"，"据理为宗，非存朋执"。佛经的义理虽多，但归纳起来，不外乎"三法印"所说的"诸行无常"、"诸法无我"、"涅槃寂静"三种。依"经"所造的"论"中，有些论是"偏释一法印"的，如《五蕴论》等论唯解"诸行无常"，是"唯明有为（法）"的，《涅槃论》等论唯解"涅槃寂静"，是"唯明无为（法）"的；有些论"举一以明三（法印）"，如《俱舍论》

等论举"诸法无我",以明"三法印"。因此,《俱舍论》是"通明有
为、无为(法)"的。从义纲上科分,《俱舍论》"前八品明诸法事",
"后一品(指《破执我品》)释无我理"。在前八品中,《界品》"明诸
法体"、《根品》"明诸法用",主要是论述"有漏法"、"无漏法"的本
体和作用的;《世品》"明有漏果"、《业品》"明感果之因"、《随眠
品》"明业之缘",主要是论述"有漏法"的果报、主因和助缘的;
《贤圣品》"明无漏果"、《智品》"明证果因"、《定品》"明智之缘",
主要是论述"无漏法"的果报、主因和助缘的(以上见卷一《分别
界品》)。

本书的体裁是"离论别行"的注疏体,不含《俱舍论》本文,在
对字句作释时,一般不整句摘录原文,而是以缩略语的形式,表
示一段或一句原文(所摘语句之末通常加标"者"字,如"诸一切
种,至我当说者",指的是《俱舍论》卷一"诸一切种诸冥灭,拔众
生出生死泥。敬礼如是如理师,对法藏论我当说"一句)。故若
要了解所指的原文,还须对照《俱舍论》。若对同一句或同一段
原文,论师们解释不同,则以"解云"、"又解";"第一解云"、"第二
解云"、"第三解云";"第一师云"乃至"第十一师云"等方式,一一
俱列,颇为详尽。此中包括玄奘对普光口授的,印度有部、经部
论师的许多义解,为同期的其他疏本所未备。

一、《分别界品》(卷一至卷二)。初为"三门分别",即"明论
缘起"、"释论题目"、"随文别解"。其中,前二门(卷一前部分)对
《俱舍论》作总释,末一门(卷一后部分至卷三十终)通贯全书各
品,对《俱舍论》的原文作别释。本品解释《俱舍论·分别界品》
(包括归敬颂三颂、正颂四十四颂,以及释颂的长行)。说:《俱
舍论·分别界品》分为二部分。(1)"辨异名"。下分"明有为"、
"明有漏"二门。(2)"正辨体"。下分"总辨体性"、"别释名义"、
"诸门分别"三门。如关于有部、经部、论主世亲对"蕴"、"处"、

"界"假实的不同看法(有部主张"蕴"、"处"、"界"均为实有;经部主张"蕴"、"处"假有,"界"实有;世亲主张"蕴"假有,"处"、"界"实有),说:

> 若言聚义至如聚如我者(指《俱舍论》卷一"若言聚义是蕴义者,蕴应假有……如聚如我"一句)。毗婆沙宗(指有部主张)蕴等三门皆是实法;经部所立,蕴、处是假,唯界是实。今论主(指世亲)意,以经中说略一聚言,许蕴是假,余二(指"处"、"界")是实。今立比量,破毗婆沙说蕴是实。立比量云:色等五蕴,必定是假,多实成故,犹如聚、我。……论主破经部,虽因多微积集,方作生门,然多集时,一一诸微,皆有因用,是则一一皆成生门,显所立因有不成过。……论主此宗许蕴是假,违破婆沙;许处是实故,破经部。以理为量,不执一宗,随何胜者,释为已立。(卷一《分别界品》,《大正藏》第四十一卷,第29页上、中、下)

二、《分别根品》(卷三至卷七)。解释《俱舍论·分别根品》。说:《俱舍论·分别根品》分为三部分。(1)"明二十二根"。下分"释根义"、"明根废立"、"明根体"、"辨诸门"、"杂分别"五门。(2)"明俱生诸法"。下分"正明俱起"、"广辨差别"二门。(3)"明六因四缘"。下分"结前问起"、"正辨体性"二门。如关于经部的"种子"与"现行"义,说:

> 有余师说至界谓种子者(指《俱舍论》卷四"有余师说:于此聚中,余有种子,未有体相故。……有种种界,界谓种子"一段)。此是第三经部师解,有余经部师,随其所应,于此偏增现行色聚中,现行者有体,余不现行,但有种子,未有体相。……若依经部宗,俱生有二,一种子俱生、二现行俱生。种子俱生者,谓体未现行,但有能生因种功能。……现

行俱生者,谓体现行,事相显了。……应知此中,若有种子,不必有彼现行;若有现行,定有种子。随其所应,若内若外,辨二俱生,或约现行俱生,或约种子俱生,或二种俱生。(卷四《分别根品》,第72页上、中)

三、《分别世品》(一作《分别世间品》,卷八至卷十二)。解释《俱舍论·分别世间品》。说:《俱舍论·分别世间品》分为二部分。(1)"明有情世间"。下分"总辨有情"、"判聚差别"二门。(2)"明器世间"。下分"明所居器"、"明能居量"、"明三分齐"三门。

四、《分别业品》(卷十三至卷十八)。解释《俱舍论·分别业品》。说:《俱舍论·分别业品》分为三部分。(1)"明业体性"。下分"正明业体性"、"诸门分别业"、"广明表无表"三门。(2)"释经诸业"。下分"牒(指复述)前总标"、"别解释"二门。(3)"杂明诸业"。下分"明业得果"、"释本论语"、"明引满因"、"明三重障"、"明三时障"、"明菩萨相"、"明施戒修"、"明顺三分业"、"明书等体"、"明诸法异名"十门。如关于"身业"、"语业"均有"表业"、"无表业"之分,说:

　　颂曰至俱表无表性者(指《俱舍论》卷十三"颂曰:此身语二业,俱表无表性"一句)。应知如是所说诸三业中,身、语二业俱表、无表性(指身业、语业均有自己的表业、无表业),同是色业。一能表示自心善等,令他知,故名表;一即不能表示自心,故名无表。由斯差别,立二种名。意业非色,不能表示,故不名表,由无表(指没有表业)故,无表亦无(指无表业亦无)。(卷十三《分别业品》,第201页上)

五、《分别随眠品》(卷十九至卷二十一)。解释《俱舍论·分别随眠品》。说:《俱舍论·分别随眠品》分为二部分。

(1)"明惑体"。下分"正明根本惑"、"明杂诸烦恼"二门。
(2)"明惑灭"。下分"明断惑四因"、"明四种对治"、"明断烦恼
处"、"明远性四种"、"明断惑得灭"、"明九种遍知"六门。

　　六、《分别贤圣品》(卷二十二至卷二十五)。解释《俱舍
论·分别贤圣品》。说:《俱舍论·分别贤圣品》分为三部分。
(1)"总明道体性"。下分"结前"、"正出道体"二门。(2)"明道
所证谛"。下分"明四谛"、"明二谛"二门。(3)"约圣道辨人"。
下分"明圣道加行"、"约三道辨人"、"明诸道差别"三门。

　　七、《分别智品》(卷二十六至卷二十七)。解释《俱舍论·
分别智品》。说:《俱舍论·分别智品》分为二部分。(1)"明诸
智差别"。下分"明忍智见别"、"明十智相殊"、"明十智行相"、
"诸门分别智"四门。(2)"明智所成德"。下分"结前生起"、"别
明"二门。如关于"无生智",说:

　　　　尽无生智至名无生智者(指《俱舍论》卷二十六"尽无生
　　智二相何别……是名无生智"一段)。此即第二明尽(智)、
　　无生(智)别,引本论文显二智别。智谓决断,或谓重知;见
　　谓推求,或谓现照;明谓照明;觉谓觉悟;解谓达解;慧谓简
　　择;光谓慧光;观谓观察。智等八种,并慧异名。……无生
　　智者,何谓无生? 正理师言:谓非择灭(无为),有无生故,
　　此智得生,智托无生,名无生智。灭虽常有而得非常,得彼
　　灭时,此智方转,要由得起,方名有灭,于有灭位,此智方生。
　　(卷二十六《分别智品》,第386页上)

　　八、《分别定品》(卷二十八至卷二十九)。解释《俱舍论·
分别定品》。说:《俱舍论·分别定品》分为三部分。(1)"明诸
定功德"。下分"明所依诸定"、"明能依功德"二门。(2)"明正
法住世"。下分"初问"、"后答"二门。(3)"明造论宗旨"。下分

"正答"、"谦让"二门。如关于修习"无漏定"时的"入"与"出"问题，说：

　　　无漏定者至非所味著者(指《俱舍论》卷二十八"无漏定者，谓出世定，爱不缘故，非所味著"一句)。……《婆沙》(卷)一百六十一云：此中入出者，入出有五种：一地、二行相、三所缘、四异类心、五刹那。地入出者，谓初静虑等无间(缘)，第二静虑现在前时，名入第二静虑、出初静虑，乃至无所有处等无间，非想非非想处现在前。……行相入出者，谓无常行相无间，苦行相现在前时，名入苦行相、出无常行相，余行相亦尔。……所缘入出者，谓缘色定等无间，缘受定现在前时，名入缘受定、出缘色定，缘余定亦尔。……异类心入出者，谓欲界心等无间，色界或不系心现在前时，名入色界或不系心、出欲界心，色界心等说亦尔。……刹那入出者，谓初刹那等无间，第二刹那现在前时，名入第二刹那、出初刹那，余刹那亦尔。(卷二十八《分别定品》，第 420 页下)

　　九、《破执我品》(卷二十九至卷三十)。解释《俱舍论•破执我品》。说：《俱舍论•破执我品》分为二部分。(1)"广破异执"。下分"总破"(包括"一问、二答、三征、四释、五责、六破")、"别破"(包括"一破犊子部、二破数论师、三破胜论师")二门。(2)"劝学流通"。下分"赞道劝舍"、"赞道不睹"、"显略劝学"三门。

　　本书的释文，包含了玄奘对作者口授的、印度部派论师的许多见解。唐代贾曾《阿毗达磨俱舍论略释记》说："玄奘法师躬得梵本，再译真文，其徒大乘光(指普光)法师亲承密诲，初传正释。"这"亲承密诲"一语，指的是玄奘将自己所了解的印度部派论师对某一问题的立破义，口授于普光。以"经部"一词为例，在玄奘所译的《俱舍论》三十卷中,只出现过二十次,而在本书中则出现了五百六十二次(此据电子检索统计)。这意味着,原先在《俱舍论》中合在一起叙说的义理,被普光依照部派,一一作了区分,那些是有部的见解,那些是经部的见解,泾渭分明。这中间,有些是《俱舍论》原文中就已包含类似意思的,只是没有标明部派而已;也有不少是普光根据玄奘的口授,以及《俱舍论》之外的其他文献的记载(如《顺正理论》《显宗论》等),加以补充的,具有重要的佛教思想史参考价值。

<h3 style="text-align:center">唐普光《俱舍论法宗原》一卷</h3>

《俱舍论法宗原》,又名《法宗原》,一卷,唐普光撰(书题"大乘光法师撰"),约撰于永徽五年(654)至麟德元年(664)之间。日本永超《东域传灯目录》著录。收入《新纂续藏经》第五十三册。

本书是《俱舍论》中"五位七十五法"的解说书。"五位七十五法",指一切法(事物)分为五类,共有七十五种法,即"色法"十一种、"心法"一种、"心所法"四十六种、"心不相应行法"十四种、"无为法"三种。在《俱舍论》中,它们的内容原先散见于此论的前五卷,卷一至卷二《分别界品》论及"色法"、"心法"、"无为法";卷三至卷五《分别根品》论及"心所法"、"心不相应行法",没有这五类法的总数。本书始将它们编集在一起,整理成五类七十五法,称为"七十五法",而唐神泰《俱舍论疏》、法宝《俱舍论疏》、圆晖《俱舍论颂疏论本》等注疏所称也是如此;一直到明智旭《成唯识论观心法要》卷一,才定名为"五位七十五法"。由于这一名称是与世亲归信大乘后撰作的《大乘百法明门论》中的大乘"五位百法",相对应的,因此,很快被学界接受,成为约定俗成的佛教名词。有关"七十五法"的注疏,在唐代仅有普光、神清二家。由于神清是唐宪宗时人，晚于普光一百多年，所著的《有宗七十五法疏》一卷（见北宋赞宁《宋高僧传》卷六）已佚，故本书既是撰作最早，又是现今仅存的"七十五法"注疏。本书的卷初叙列"五位七十五法"的名目；正文分为"略标释"、"诸门分别"二部分，前者逐条阐释"五位七十五法"的含义，后者分析它们与"五蕴"、"十二处"、"十八界"等诸法之间的关系，并对"二法"至"十法"的佛教术语一百种，加以诠解。卷初所列的"五位七十五法"是：

　　依说一切有部诸法宗原，略有五种。一色法、二心法、三心所有法、四心不相应行法、五无为法。第一色法，略有十一种，谓一眼、二耳、三鼻、四舌、五身、六色、七声、八香、九味、十触、十一无表也。第二心法，略有一种，所谓心王。第三心所有法，略有四十六种，谓大地法十、大善地法十、大烦恼地法六、大不善地法二、小烦恼地法十、不定有八。大地法十者，一受、二想、三思、四触、五欲、六慧、七念、八作意、九胜解、十三摩地；大善地法十者，一信、二不放逸、三轻安、四舍、五惭、六愧、七无贪、八无瞋、九不害、十勤；大烦恼地法六者，一无明、二放逸、三懈怠、四不信、五惛沈、六掉举；大不善地法二者，一无惭、二无愧；小烦恼地法十者，一忿、二覆、三悭、四嫉、五恼、六害、七恨、八谄、九诳、十憍；不定有八者，一寻、二伺、三睡眠、四恶作、五贪、六瞋、七慢、八疑。第四心不相应行法，略有十四，一得、二非得、三同分、四无想异熟、五无想定、六灭尽定、七命根、八生、九住、十异、十一灭、十二名、十三句、十四文。第五无为法，略有三种，一虚空、二择灭、三非择灭。以上总有七十五法，为诸法体，应善思之。（《新纂续藏经》第五十三册，第106页上、中）

正文分为"略标释"、"诸门分别"二部分。

一、"略标释"。解释"五位七十五法"各法的名义。

(一)"色法"。指一切物质(以"质碍"为性),有十一种,分为"五根"、"五境"、"无表(色)"三类。

1."五根"。指五种感觉器官,即"眼"、"耳"、"鼻"、"舌"、"身"。"四大种(指地、水、火、风)所造,净色为体"。(1)"眼"。指眼根,为"眼识"所依,能见色境。(2)"耳"。指耳根,为"耳识"所依,能闻声境。(3)"鼻"。指鼻根,为"鼻识"所依,能嗅香境。(4)"舌"。指舌根,为"舌识"所依,能尝味境。(5)"身"。指身根,为"身识"所依,能觉触境。

2."五境"。指五根所取的五种境界,即"色"、"声"、"香"、"味"、"触"。

(1)"色"。指色境,有二十种,分为"显色"、"形色"二类。"显色"指物体的颜色,有"青"、"黄"、"赤"、"白"、"云"、"烟"、"尘"、"雾"、"影"、"光"、"明"、"暗"十二种;"形色"指物体的状态,有"长"、"短"、"方"、"圆"、"高"、"下"、"正"、"不正"八种。

(2)"声"。指声境,有八种,分为"有执受大种为因"、"无执受大种为因"二类。"有执受大种为因"之声,指由有觉受的众生发出的声音。下分四种:①"有情名可意声"。指由众生的语言发出的好声(如"语出好声")。②"有情名不可意声"。指由众生的语言发出的恶声(如"语出恶声")。③"非有情名可意声",指由众生的非语言声响发出的好声(如"拍手好声")。④"非情名不可意声",由众生的非语言声响发出的恶声(如"拍手恶声")。"无执受大种为因"之声,指由无觉受的非众生("无执受大种",指自然物或幻化人)发出的声音,也分四种:①"有情名可意声"。指由"幻化人"的语言发出的好声(如"化语好声")。②"有情名不可意声"。指由"幻化人"的语言发出的恶声(如"化语恶声")。③"非有情名可意声"。指由自然物的非语言声响发出的好声(如"外好声")。④"非情名不可意声"。指由自然物的非语言声响发出的恶声(如"外恶声")。

(3)"香"。指香境,有"好香"、"恶香"、"等香"、"不等香"四种(一说三种,指"好香"、"恶香"、"平等香")。

(4)"味"。指味境,有"甘"、"酢"(《俱舍论》卷一作"醋")、"咸"、"辛"、"苦"、"淡"六种。

(5)"触"。指触境,有"地"、"水"、"火"、"风"(以上为"能触")、"滑"、"涩"、"轻"、"重"、"冷"、"饥"、"渴"(以上为"所触")十一种。

3."无表(色)"。指由身表业、语表业引生的无形色法,即内在的、不可见闻的善恶功能,分为"善无表"、"不善无表"(即"恶无表")二种。(1)"善无表"。分为二种:一是"从表生"(指从表业产生),下分"处中"、"别解脱(戒)"二种;二是"随心转",下分"定俱"(指有漏戒)、"道俱"(指无漏戒)二种。(2)"不善无表"。下分"处中戒"、"恶戒"二种。

(二)"心法"。指认识活动的主体,即心王。"心王"的本体只有一种,依功能的差别区分,而有"心"(集起义)、"意"(思量义)、"识"(了别义)三种名称。"集起故名心,即七心界;思量故名意,即是意处;了别故名识,即是识蕴"。也就是说,"心法"从"集起"义上说,指"七心界",即"十八界"中的"六识界"(指六识)和"意界"(指意根);从"思量"义上说,指"十二处"中的"意处";从"了别"义上说,指"五蕴"中的"识蕴"。

(三)"心所有法"(又称"心所法")。指依心而起的心理活动。有四十六种。

1."大地法"。指与一切心恒常相应的心理活动,有十种。(1)"受"。指感受,即"领纳苦、乐、俱非"。(2)"想"。指想象,即"于境取差别想"。(3)"思"。指思量,即"能令心有造作"。
(4)"触"。指令心触境,即"根、境、识和合生"。(5)"欲"。指
希求,即"希求所作事业"。(6)"慧"。指智慧,即"于法能有简
择"。(7)"念"。指明记不忘,即"于缘明记不忘"。(8)"作
意"。指令心警觉(唐以前也将"作意"译作"思惟"),即"能令心
惊(警)觉"。(9)"胜解"。指信解,即"能于境印可"。(10)"三
摩地"。意译"定",指令心专注一境,即"心一境性"。

2."大善地法"。指与一切善心相应的心理活动,有十种。
(1)"信"。指信乐善法,即"能令心澄净,或于谛(指四谛)等忍
许"。(2)"不放逸"。指不放纵逸乐,即"修诸善法"。(3)"轻
安"。指舒安,即"心堪忍性"。(4)"舍"(又称"行舍")。指心住
平等,远离掉举,即"心平等性,无惊(警)觉性"。(5)"惭"(又称
"行舍"),指羞惭(对己以过恶为羞耻),即"于所造罪,自观有
耻"。(6)"愧"。指愧疚(对人以过恶为羞耻),即"于所造罪,观
他有耻"。(7)"无贪"。指不贪爱,即"于境不著"。(8)"无
瞋"。指不瞋恚,即"于境不恚言"。(9)"不害"。指不损害众
生,即"无损恼"。(10)"勤"。指勤勇进取,即"令心勇悍为性"。

3."大烦恼地法"。指与一切染污心相应的心理活动,有六
种。(1)"无明"。指愚痴无知。(2)"放逸"。指放纵逸乐,即
"不修善法,是修诸善所对治法"。(3)"懈怠"。指懒惰,即"不
修善法,是前所说勤所对治法"。(4)"不信"。指不信善法,即
"心不澄净,是前所说信所对治法"。(5)"惛沈"(即昏沉)。指
心神昏昧,即"令心惛重"。(6)"掉举"。指心神浮躁,即"令心
不静"。

4."大不善地法"。指与一切不善心相应的心理活动,有二
种。(1)"无惭"。指不知羞耻,即"于所造罪,自观无耻"。
(2)"无愧"。指不知愧疚,即"于所造罪,观他无耻"。

　　5.“小烦恼地法”。指与少量染污心相应的心理活动,有十种。(1)“忿”。指愤怒,即“除瞋及害,于情、非情,令心愤发”。(2)“覆”。指隐瞒,即“隐藏自罪”。(3)“悭”。指悭吝,即“财、法所施相违,令心悭著”。(4)“嫉”。指妒忌,即“于他诸兴盛事,令心不喜”。(5)“恼”。指恼怒,即“坚执诸有罪事,由此不取如理谏诲”。(6)“害”。指损害众生,即“于他能为逼迫,由此能行打骂等事”。(7)“恨”。指怨恨,即“于忿所缘事中,数数寻思(指推求思察),结怨不舍”。(8)“谄”。指谄谀,即“心曲,由此不能如实自显,或矫非拨,或设方便,令解不明”。(9)“诳”。指欺诳,即“惑他”。(10)“憍”。指骄矜自持,即“染著自法为先,令心放逸,无所顾性”。

　　6.“不定地法”。指善恶性质不确定的心理活动,有八种。(1)“寻”(又称“觉”)。指寻求(粗浅推度),即“寻求,心之粗性”。(2)“伺”(又称“观”)。指伺察(深细思察),即“伺察,心之细性”。(3)“睡眠”。指令心暗昧,即“令心昧略为性,无有功力执持于身”。(4)“恶作”(又称“悔”)。指追悔,即“缘于恶作事,心追悔(为)性”。(5)“贪”。指贪欲。(6)“瞋”。指瞋恚。(7)“慢”。指傲慢凌人,即“对他心自举性”。(8)“疑”。指怀疑真理,即“于谛(指四谛)犹预(豫)为性”。

　　(四)“心不相应行法”。指“行蕴”所摄的与心不相应的、非色非心的现象,有十四种。(1)“得”。指获得、成就,即“得彼有情数法择灭、非择灭”。(2)“非得”。指未获、不成就,即“非得彼有情数法择灭、非择灭”。(3)“同分”。指众生的相似性,即“诸有情展转类等、有体类等”。(4)“无想异熟”(《俱舍论》作“无想果”)。指修习“无想定”获得的往生“无想天”的果报,即“由彼有情于五百劫中间,长时想不起故,名为无想,无想即异熟,名无想异熟”。(5)“无想定”。指凡夫、外道所修的能止息前六识活动、但仍有"染污意"的禅定,即"定无想故,或无想者定,名无想定"。(6)"灭尽定"。指佛教圣者所修的能灭除前六识和"染污意"一切活动的禅定,即"灭心、心所法尽,名灭尽定"。(7)"命根"。指众生的寿命,即"命谓寿命,增上名根"。(8)"生"。指事物的生起,即"于有为法,能起名生"。(9)"住"。指事物的暂住,即"能安名住"。(10)"异"。指事物的变异,即"能衰名异"。(11)"灭"。指事物的坏灭,即"能坏名灭"。(12)"名"(《俱舍论》作"名身")。指表述事物自性的名词(一名称"名",二名以上称"名身","身"表示"聚集"),即"天人等名,表召诸法"。(13)"句"(《俱舍论》作"句身")。指表述事物差别的句子(一句称"句",二句以上称"句身"),即"诠义究竟,(如)诸行无常等"。(14)"文"(《俱舍论》作"文身",又称"字身")。指"名"、"句"所依的梵文字母(一字称"文",二字以上称"文身"),即"哀、阿等文,名、句所依,能显为义"。

(五)"无为法"。指无因缘造作、生灭变化的常住事物,有三种。(1)"虚空无为"。指虚空以"无碍"为体性,能容受一切诸法,即"由无碍故,容受一切色等有为(法)"。(2)"择灭无为"。指由无漏智的简择力,断灭一切烦恼,而证得的寂灭,它以"离系"(指断离烦恼的系缚)为体性,即"择谓简择,灭谓涅槃,由择得灭,故名择灭"。(3)"非择灭无为"。指非由无漏智的简择力,而因有为法阙缘不生所显现的寂灭,它以令未来法阙缘不起为体性,即"非由择力而得此灭,但由阙缘,名非择灭"。如关于"五位",说:

第一色法十一(种),可变碍故,变碍生故,名色。……第二心法者,或名为意,或名为识。集起故名心,即七心界;思量故名意,即是意处;了别故名识,即是识蕴。第三心所

法四十六(种)者,是心所有,名心所法。……第四心不相应
行法十四(种)者,不与心相应,名心不相应,简诸心所;行谓
行蕴,简色、无为,简色受相、无为。……第五无为法三者,
无因缘为作,故名无为。(第106页中—第108页上)

二、"诸门分别"。分析"五位七十五法"与"蕴"、"处"、"界"
等诸法之间的关系,并对"二法"至"十法"的佛教术语一百种,加
以阐解。

(一)"蕴处界摄"。辨析"五蕴"、"十二处"、"十八界"与"五
位七十五法"的关系。

(1)"五蕴"与"五位七十五法"。"五蕴"中的"色蕴",含摄
"五位七十五法"第一位"色法";"受蕴"、"想蕴",含摄"五位七十
五法"第三位"心所有法"中的"受"、"想"二种心所;"行蕴",含摄
"五位七十五法"第三位"心所有法"中,除"受"、"想"心所之外的
四十四种心所,以及第四位"心不相应行法";"识蕴"含摄"五位
七十五法"第二位"心法"。

(2)"十二处"与"五位七十五法"。"十二处"中的"眼"、
"耳"、"鼻"、"舌"、"身"、"色"、"声"、"香"、"味"、"触"十处,含摄
"五位七十五法"第一位"色法"中的"五根"、"五境";"十二处"中
的"意处",就是"五位七十五法"第二位"心法";"十二处"中的
"法处",含摄"五位七十五法"第一位"色法"中的"无表色",以及
第三位"心所有法"、第四位"心不相应行法"、第五位"无为法"的
全部。

(3)"十八界"与"五位七十五法"。"十八界"中的"眼"、
"耳"、"鼻"、"舌"、"身"、"色"、"声"、"香"、"味"、"触"十界,含摄
"五位七十五法"第一位"色法"中的"五根"、"五境";"十八界"中
的"意界"、"意识界"(又称"六识界"),就是"五位七十五法"第二

位"心法";"十八界"中的"法界",与"十二处"中的"法处"相同。
如关于"蕴"、"处"、"界"与"五位七十五法"的关系,说:

> 五蕴者,谓色、受、想、行、识,诸有为法和合聚义,是蕴
> 义也。色蕴摄十一种色;受、想二蕴,摄大地法中受、想二
> 法;行蕴摄五十八法,谓四十六(种)心所有法中,除受、想二
> (法)余四十四法,及十四(种)不相应(法);识蕴摄心
> 王。……十二处者,谓眼、耳、鼻、舌、身、意、色、声、香、味、
> 触、法,生长门义,是处义,是能生长心、心所法处,故名为
> 处。眼、耳、鼻、舌、身、色、声、香、味、触处,如其次第,色
> (法)十一(种)中前十种色;意处即是第二心王;法处即摄色
> (法)中无表(色),四十六心所、十四不相应行及三无为,(合
> 计)六十四法。十八界者,谓眼、耳、鼻、舌、身、意、色、声、
> 香、味、触、法、眼识、耳识、鼻识、舌识、身识、意识,法种族
> 义,是界义,于一身中,有十八类诸法种族,名十八界。眼、
> 耳、鼻、舌、身、色、声、香、味、触界,如其次第,色(法)十一
> (种)中前十种色;意界及六识界,即是心王;法界如法处说。
> (第108页中)

(二)"诸门分别"。解释"二法"至"十法"的术语,共计一
百种。

1."二门分别"。解释"二法"类术语(指含有"一"的佛教术
语,以下类此),共计十七种。

(1)"色、非色"。"色"指"可变碍";"非色"与此相违(指相
反)。(2)"有见、无见"。"有见"指可"眼见";"无见"与此相违。
(3)"有对、无对"。"有对"指"有障碍";"无对"与此相违。
(4)"有漏、无漏"。"漏"谓"漏泄",指"烦恼","有漏"谓"漏随
增",指"烦恼随增";"无漏"与此相违。(5)"有为、无为"。"有

为"指"有缘作";"无为"与此相违。(6)"相应、不相应"。"相应"指"平等"生起;"不相应"与此相违。(7)"有上、无上"。"有上"指"有涅槃上";"无上"与此相违。(8)"四大所造,非四大所造"。"四大所造"指"从四大生";"非四大种所造"与此相违。(9)"谛、非谛"。"谛"指"谛实",即"四谛";"非谛"与此相违。

(10)"有执受、无执受"。"有执受"指"心、心所法共所执持,摄为依处";"无执受"与此相违。(11)"有所缘、无所缘"。"有所缘"指"心、心所法,是能缘一切法(事物),是所缘,有彼所缘";"无所缘"与此相违。(12)"异熟、非异熟"。"异熟"指"体是无记,从异熟因生,异类而熟";"非异熟"与此相违。(13)"见、非见"。"见"指"观照、推度、随应";"非见"与此相违。(14)"积集、非积集"。"积集"指"极微";"非积集"与此相违。(15)"能斫所斫、非能斫非所斫"。"能斫所斫"指"能研斧等、所斫薪等";"非能斫非所斫"与此相违。(16)"根、非根"。"根"指"增上";"非根"与此相违。(17)"有异熟、无异熟"。"有异熟"指"不善、善有漏、异熟";"无异熟"指"无记,无漏、无异熟"。如关于"七十五法"与"相应、不相应"的关系,说:

> 相应不相应者,时依行缘事,此五平等,名曰相应,同一刹那时、同一所依根、同一行相、同一所缘、同一体事故,名曰相应;与此相违,名不相应。七十五法中,心、心所法四十七种,是相应;余二十八(种)是不相应。(第108页下)

2."三门分别"。解释"三法"类术语,共计二十种。

(1)"三性"。指三种性质,即"善"、"不善"、"无记"(指非善非恶)。(2)"三界"。指众生依住的三种世界,即"欲界"、"色界"、"无色界"。(3)"三断"。指声闻乘修行断惑的三个阶段,即"见断"、"修断"、"非断"。(4)"三学"。指三种学人,即"学"

（指有法可学之人，即尚未证得阿罗汉果者）、"无学"（指无法可学之人，即已证得阿罗汉果者）、"非学非无学"（指凡夫）。(5)"有寻有伺等三地"。指三种禅定境界。一是"有寻有伺地"，指与"寻"（又称"觉"，指寻求，即粗浅推度）、"伺"（又称"观"，指伺察，即深细思察）二心所都相应的境界，即"未至定"（色界初禅之前的欲界禅定）和"初禅"（色界）的境界。二是"无寻唯伺地"，指与"寻"不相应、唯与"伺"相应的境界，即"中间定"（色界初禅与第二禅的近分定之间的禅定）的境界。三是"无寻无伺地"，指与"寻"、"伺"都不相应的境界，即从色界第二禅的近分定至无色界第四定的七种境界。(6)"三业"。指由身、口、意造作的三种行为，即"身业"（身体动作）、"口业"（言语声音）、"意业"（思量分别）。(7)"三宝"。指佛弟子归依的三种对象，即"佛宝"、"法宝"、"僧宝"。(8)"三藏"。指佛教经典的三种分类，即"素怛缆藏"（又称"经藏"）、"毗奈耶藏"（又称"律藏"）、"阿毗达磨藏"（又称"论藏"）。(9)"戒等三学"。指三种学业，即"戒学"、"定学"、"慧学"。(10)"三种戒"。指三种律仪，即"别解脱戒"、"定俱戒"、"道俱戒"。

　　(11)"有寻有伺等三定"。指三种禅定。一是"有寻有伺定"，指"未至定"和"初禅"。二是"无寻唯伺定"，指"中间定"。三是"无寻无伺定"，指从色界第二禅的近分定至无色界第四定的七种禅定。(12)"净等三定"。指"四禅"和"四无色定"的前三定，合计七定，每一定都有"味定"、"净定"、"无漏定"三种性质的禅定；唯有"四无色定"中的"非想非非想处定"，因定心昧劣，不能生起无漏定，故它只有"味定"、"净定"，没有"无漏定"。(13)"三牟尼"（又称"三寂默"）。指阿罗汉的三种烦恼永寂，即"身牟尼"、"语牟尼"、"意牟尼"。(14)"三清净"。指三种清净业，即"身清净"、"语清净"、"意清净"。(15)"三恶行"。指身、口、意的三种恶行为,即"身恶行"、"语恶行"、"意恶行"。
(16)"三妙行"。指三种妙行,即"身妙行"、"语妙行"、"意妙
行"。(17)"三明"。指阿罗汉依修习禅定而得的三种神通(指
深妙神奇的功能),即"宿住智证明"、"死生智证明"、"漏尽智证
明"。(18)"三示导"。指教化众生的三种方法,即"神变示导"、
"记心示导"、"教诫示导"。(19)"三种三摩地"(又称"三三
昧")。指三种禅定,即"空三摩地"、"无愿三摩地"、"无相三摩
地"。(20)"三解脱门"。指能得解脱的三种禅定,即"空解脱
门",指观察诸法自性空寂的禅定;"无愿解脱门",指对诸法无所
愿乐造作的禅定;"无相解脱门",指观察诸法无差别相的禅定。
如关于"七十五法"与"三种戒"的关系,说:

> 三种戒者,一别解脱戒,谓受戒时,别别弃舍种种恶故,
> 名别解脱戒,(以)表(业)、无表(业为)性;二定俱戒,与定同
> 时,名定俱戒,以有漏无表为性;三道俱戒,与无漏道同时,
> 名道共戒,以无漏无表为性。七十五法中,色、声表以色
> (法)十一(种)中色、声为性。三种无表,皆以无表为性。
> (第111页上)

3."四门分别"。解释"四法"类术语,共计二十二种。

(1)"四谛"。指显示众生的痛苦与解脱的四种真理(真实
不虚的道理),即"苦谛"、"集谛"、"灭谛"、"道谛"。(2)"四食"。
指长养众生生命的四种食物,即"段食"、"触食"、"思食"、"识
食"。(3)"四身系"。指系缚身心,令众生不得解脱的四种烦
恼,即"贪欲身系"、"瞋恚身系"、"戒禁取身系"、"此实执身系"。
(4)"四颠倒"。指四种颠倒,即"于非常执常颠倒"、"于诸苦执
乐颠倒"、"于不净执净颠倒"、"于非我执我颠倒"。(5)"四识
住"。指众生"识蕴"安住的四蕴,即"色识住"、"受识住"、"想识

住"、"行识住"。(6)"四静虑"。指色界的四种根本禅定,即"初静虑"、"二静虑"、"三静虑"、"四静虑"。(7)"四无色"(又称"四无色定")。指无色界的四种根本禅定,即"空无边处定"、"识无边处定"、"无所有处定"、"非想非非想处定"。(8)"四缘"。指一切有为法(有因缘造作、生灭变化的非常住事物)生起的四种条件,即"因缘"、"等无间缘"、"所缘缘"、"增上缘"。(9)"四生"。指众生受生的四种方式,即"胎生"、"卵生"、"湿生"、"化生"。(10)"四业"。指依受报时间区分的四种业(行为),即"顺现法受业"、"顺次生受业"、"顺后次生受业"、"顺不定受业"。(11)"四念住"。指以智慧观察身、受、心、法四境,以对治净、乐、常、我四颠倒的禅观,即"身念住"(指观身不净)、"受念住"(指观受是苦)、"心念住"(指观心无常)、"法念住"(指观法无我)。

　　(12)"四善根"。指在入"见道"(指证见"四谛"之理)之前的加行位(指为入"见道"而加功用行的修行阶位),以"四禅"为所依,观察"四谛十六行相"(指"苦谛"的无常、苦、空、无我四行相;"集谛"的集、因、缘、生四行相;"灭谛"的尽、灭、妙、出四行相;"道谛"的道、正、行、迹四行相),依次成就能引生见道无漏智(指无烦恼过患的智慧)的四种善根,即"暖法"、"顶法"、"忍法"、"世间第一法"。(13)"四向"。指声闻乘四种果位之前的修习位("向"表示趣向),即"预流向"、"一来向"、"不还向"、"阿罗汉向"。(14)"四果"。指声闻乘修行的四种果位,即"预流果"、"一来果"、"不还果"、"阿罗汉果"。(15)"四无畏"。指佛说法时所具有的四种无所畏惧的智德,即"正等觉无畏"、"漏尽无畏"、"说障法无畏"、"说出道无畏"。(16)"四无碍解"。指通达无碍的四种智慧与辩才,即"法无碍解"、"义无碍解"、"词无碍解"、"辩无碍解"。(17)"四无量"。指能引生利乐一切众生四

种无量心的禅定（属于"三摩钵底"，意译"等至"），即"慈无量"、
"悲无量"、"喜无量"、"舍无量"。(18)"四正断"。指断恶生善
的四种修行方法，即"已生恶法方便令不生"（指为断除已生恶法
而精进）；"未生恶法遮令不生"（指为使未生恶法不生而精进）；
"未生善法方便令生"（指为使未生善法能生而精进）；"已生善法
修令增广"（指为使已生善法增长而精进）。(19)"四神足"。指
能获得神通（深妙神奇的功能）的四种禅定，即"欲神足"（指由意
欲力发起的能得神通的禅定）、"勤神足"（指由精进力发起的能
得神通的禅定）、"心神足"（指由心念力发起的能得神通的禅
定）、"观神足"（指由思惟观察力发起的能得神通的禅定）。
(20)"四通行"。指通向涅槃的四种道路，即"苦迟通行"、"苦速
通行"、"乐迟通行"、"乐速通行"。(21)"四道"。指对治烦恼的
四种修行次第，即"加行道"、"无间道"、"解脱道"、"胜进道"。
(22)"四证净"。指佛弟子的四种证信，即"于佛证净"、"于法证
净"、"于僧证净"、"圣戒证净"。如关于"七十五法"与"四道"的
关系，说：

　　　　四道者，一加行道，谓从此后无间道生；二无间道，谓能
　　断所应断障；三解脱道，谓已解脱所应断障最初所生；四胜
　　进道，谓三余道所言道者，谓涅槃路，乘此能往涅槃城故。
　　此四皆通四蕴（指无色界众生）、五蕴。七十五法中，无表
　　色、心王、大地法十（种）、大善地法十（种），寻、伺、得、四相
　　（指生、住、异、灭），皆通四道。（第 113 页中）

4."五门分别"。解释"五法"类术语，共计十五种。
(1)"五取蕴"。指有漏的五蕴，即由烦恼（"取"）而生的五
蕴，"色取蕴"、"受取蕴"、"想取蕴"、"行取蕴"、"识取蕴"。
(2)"五浊"。指世间的五种秽浊，即"寿浊"、"劫浊"、"见浊"、

"烦恼浊"、"有情浊"。(3)"五趣"。指众生依善恶业趣往的五种世界,即"天"、"人"、"饿鬼"、"傍生"、"地狱"。(4)"五无间业"(又称"五逆罪")。指命终之后将堕入无间地狱受苦的五种极重罪,即"杀母"、"杀父"、"杀阿罗汉"、"破和合僧"、"出佛身血"。(5)"五根"。指能生长善法的五种根性,即"信根"、"勤根"、"念根"、"定根"、"慧根"。(6)"五力"。指由"信"等五根产生的五种力量,即"信力"、"勤力"、"念力"、"定力"、"慧力"。(7)"五因"。指一切有为法生起的五种原因,即"生因"、"依因"、"立因"、"持因"、"养因"。(8)"五类"。指一切法的五种部类,即"异熟生"、"所长养"、"等流性"、"一刹那"、"有实事"。(9)"五果"。指由因缘引生的五种结果,即"异熟果"、"等流果"、"士用果"、"增上果"、"离系果"。(10)"五盖"。指覆盖众生心性的五种烦恼,即"欲贪盖"、"瞋恚盖"、"惛眠盖"、"掉悔盖"、"疑盖"。(11)"五顺下分结"。指顺益下分界(欲界)的五种烦恼,即"有身见"、"戒禁取"、"疑"、"欲贪"、"瞋恚"。(12)"五顺上分结"。指顺益上分界(色界、无色界)的五种烦恼,即"色贪"、"无色贪"、"掉举"、"慢"、"无明"。(13)"五分法身"。指成就法身的五种功德法,即"戒蕴"(又称戒身)、"定蕴"(又称定身)、"慧蕴"(又称慧身)、"解脱蕴"(又称解脱身)、"解脱知见蕴"(又称解脱知见身)。(14)"五戒"。指在家佛弟子受持的五种禁戒,即"不杀生"、"不偷盗"、"不欲邪行"、"不处诳语"、"不饮酒"。(15)"五眼"。指五种眼力,即"肉眼"、"天眼"、"慧眼"、"法眼"、"佛眼"。如关于"七十五法"与"五分法身"的关系,说:

> 五分法身者,一戒蕴,谓无漏戒;二定蕴,谓无漏定;三慧蕴,谓无漏正见;四解脱蕴,谓无漏胜解;五解脱知见蕴,

谓尽智、无生智,解脱身中起故,名解脱知见。以此五种为
无学身故,名身也。戒身以色十一(种)中无表(色)为性;定
身以心所中定为性;慧身、解脱知见身以慧为性;解脱身以
胜解为性。(第114页中)

5.“六门分别”。解释“六法”类术语,共计五种。

(1)“六界”。指构成众生世间和器世间的六种基本要素,
即“地”、“水”、“火”、“风”、“空”、“识”。(2)“六通”。指依修习
禅定而得的六种神通(指深妙神奇的功能),即“神境智证通”、
“天眼智证通”、“天耳智证通”、“他心智证通”、“宿住随念智证
通”、“漏尽智证通”。前五通,为佛教、外道修习四禅者皆可得;
末一通,唯佛教圣者修行可得。(3)“六垢”。指依根本烦恼生
起的、垢污众生心性的六种随烦恼(又称枝末烦恼),即“恼”、
“害”、“恨”、“谄”、“诳”、“憍”。(4)“六因”。指一切有为法生起
的六种原因,即“能作因”、“俱有因”、“同类因”、“相应因”、“遍行
因”、“异熟因”。(5)“六波罗蜜”。指从生死的此岸,到达涅槃
的彼岸的六种修行方法,即“布施”、“净戒”、“安忍”、“精进”、“静
虑”、“般若”。如关于“七十五法”与“六波罗蜜”的关系,说:

　　　六波罗蜜者,一布施、二净戒、三安忍、四精进、五静虑、
　　六般若。波罗者,彼岸,即是涅槃;蜜多名到。此六能到涅
　　槃彼岸,名到彼岸。布施者,谓能布施财法等,以能发心、心
　　所法,及所发身、语二业为性,以七十五法中,(色法中)色、
　　声、无表、心王、大地法十(种)、大善地法十(种),(不定地法
　　中)寻、伺为性;净戒者,以三种戒为性,以色十一(种)中色、
　　声、无表为性;安忍者,以大善地法中无瞋善根为性;精进
　　者,以大善地法中勤为性;静虑者,以大地法中定为性;智慧
　　者,以大地法中慧为性。(第115页上、中)

　　6."七门分别"。解释"七法"类术语,共计五种。

　　(1)"七慢"。指傲慢凌人的七种行为,即"慢"、"过慢"、"慢过慢"、"我慢"、"增上慢"、"卑慢"、"邪慢"。(2)"七识住"。指众生心识乐住的七种处所,即欲界的"人"(人间)和"六欲天"(指"四天王天"、"三十三天"、"夜摩天"、"兜率天"、"乐变化天"、"他化自在天");色界第一静虑的"梵众天"、第二静虑的"极光净天"、第三静虑的"遍净天";无色界第一定的"空无边处天"、第二定的"识无边处天"、第三定的"无所有处天"。(3)"七种圣人"。指声闻乘的七种圣人,即"随信行"、"随法行"、"信解"、"见至"、"身证"、"慧解脱"、"俱解脱"。(4)"七支戒"。指"身"三戒、"语"四戒,即"不杀生"、"不偷盗"、"不淫"、"不虚诳语"、"不粗恶语"、"不离间语"、"不杂秽语"。(5)"七觉支"。指趣向觉悟的七种修行方法,即"念觉支"、"定觉支"、"择法觉支"、"喜觉支"、"轻安觉支"、"舍觉支"、"精进觉支"。如关于"七十五法"与"七种圣人"的关系,说:

　　　　七种圣人者,一随信行、二随法行、三信解、四见至、五身证、六慧解脱、七俱解脱。随信行者,先加行位(指为入见道而加功用行的阶位)随信行故;随法行者,先加行位随法行故;信解者,由信根增故;见至者,由慧根增故;身证者,由身证得灭尽定故;慧解脱者,唯由慧力离烦恼障故;俱解脱者,兼得灭尽定,离解脱障故。初二(种)见道(位),次三(种)修道(位),后二(种)无学(位)。此七圣者,皆以无漏五蕴为性。若约七十五法中,以无表色、心王、大地法十(种)、大善地法十(种),寻、伺、得、四相(指生、住、异、灭)为体。(第115页下)

　　7."八门分别"。解释"八法"类术语,共计五种。

　　(1)"八戒"。指在家佛弟子受持的八种禁戒,即"不杀生"、

"不偷盗"、"不淫欲"、"不虚诳语"、"不饮酒"、"不涂饰香鬘歌舞视听"、"不眠坐高广严丽床座"、"不非时食"。（2）"八正道"。指趣向涅槃解脱的八种修行方法，即"正见"、"正念"、"正定"、"正精进"、"正思惟"、"正语"、"正业"、"正命"。（3）"八解脱"。指断除三界贪欲而得解脱的八种禅定，即"内有色想，观外色解脱"；"内无色想，观外色解脱"；"净解脱"；"空无边处解脱"；"识无边处解脱"；"无所有处解脱"；"非想非非想处解脱"；"灭受想定解脱"。（4）"八胜处"。指通过观想欲界色法，以对治贪欲的八种禅定，由"八解脱"中的前三种分出。即："内有色想，观外色少"；"内有色想，观外色多"（以上二种相当于"八解脱"中的第一解脱）；"内无色想，观外色少"；"内无色想，观外色多"（以上二种相当于第二解脱）；"内无色想，观外色青"（又称"青胜处"）；"内无色想，观外色黄"（又称"黄胜处"）；"内无色想，观外色赤"（又称"赤胜处"）；"内无色想，观外色白"（又称"白胜处"，以上四种相当于第三解脱）。（5）"八难"。指八种障难，即"地狱"、"傍生"、"饿鬼"、"北俱卢"、"无想天"、"世智辨聪"、"佛前佛后"、"盲聋喑哑"。如关于"七十五法"与"八正道"的关系，说：

> 八正道者，一正见、二正念、三正定、四正精进、五正思惟、六正语、七正业、八正命。初三，以大地法中慧念定为性；正精进，以大善地法中勤为性；正思惟，以不定（法）中寻、伺为性；（正）语、（正）业、（正）命三，以色（法）中无表（色）为性，皆无漏。（第116页上）

8."九门分别"。解释"九法"类术语，共计五种。

（1）"九结"。指结缚身心，令众生不得解脱的九种烦恼，即"爱结"、"恚结"、"慢结"、"无明结"、"见结"、"取结"、"疑结"、"嫉结"、"悭结"。（2）"九有情居"。指众生乐住的九种处所，在"七识住"的"遍净天"之后,增添"无想定"的"无想有情天"(又称"无想天",为色界第四禅天之一),在"无所有处天"之后,增添"灭尽定"的"非想非非想处天"(又称"有顶天",为无色界第四天)。(3)"九地"。指依禅定区分的三界众生的九种住地,即欲界的"五趣杂居地"、色界的"四静虑天"、无色界的"四无色天"。(4)"九次第定"。指次第修习的九种禅定,即"四静虑"、"四无色定"、"灭受想定"。(5)"九遍知"。指能断除三界见惑、修惑的九种无漏智(指无烦恼过患的智慧)。其中,在见道位(指初见四谛理的阶位,即"四向四果"中的初位"预流向"),能断除欲界见惑的有三种遍知(断智),断除色界、无色界见惑的有三种遍知;在修道位(指修习四谛法的阶位,即"四向四果"中的第二位"预流果"至第七位"阿罗汉向"),能断除欲界修惑的有一种遍知,断除色、无色界修惑的有二种遍知。它们是:"第一遍知","欲界(见)苦、集所断遍知";"第二遍知",指"欲界见灭所断遍知";"第三遍知",指"欲界见道所断遍知";"第四遍知",指"色、无色(界见)苦、集所断遍知";"第五遍知",指"色、无色(界)见灭所断遍知";"第六遍知",指"色、无色(界)见道所断遍知"(以上为能在见道位断除见惑的六种遍知);"第七遍知",指"欲界修道所断遍知"(又称"五顺下分结尽遍知");"第八遍知",指"色界修道所断遍知"(又称"色爱尽遍知");"第九遍知",指"无色界修道所断遍知"(又称"一切结永尽遍知",以上为能在修道位断除修惑的三种遍知)。如关于"七十五法"与"九次第定"的关系,说:

> 九次第定者,谓四静虑、四无色及灭受想,次第而起,名次第定。由是圣人功德法故,唯取善性。四静虑,五蕴为性;四无色,四蕴为性;灭受想定,唯行蕴为性。若约七十五法中,无表色、心王、大地法十(种)、大善地法十(种),寻、

伺、得、四相(指生、住、异、灭),为初静虑体,后三静虑,除
寻、伺,余如初定说;四无色定,又除无表,余如初定说;灭受
想定,以不相应(法)中灭定为体。(第 116 页下—第 117
页上)

9.“十门分别”。解释“十法”类术语,共计六种。

(1)“十缠”。指依根本烦恼生起的、缠缚众生身心的十种
随烦恼(又称枝末烦恼),即“无惭”、“无愧”、“嫉”、“悭”、“悔”、
“眠”、“掉举”、“惛沉”、“忿”、“覆”。(2)“十随眠”。指十种根本
烦恼,即“贪”、“瞋”、“慢”、“疑”、“无明”、“有身见”、“边执见”、
“邪见”、“见取”、“戒禁取”。(3)“十善业道”。指由身、口、意造
作的十种善行为,即“不杀生”、“不偷盗”、“不邪行”、“不虚诳
语”、“不粗恶语”、“不离间语”、“不杂秽语”、“无贪”、“无瞋”、“正
见”。(4)“十遍处”(又称“十遍处定”)。指观想“地大”等十法
周遍一切处的禅定,即“地遍处定”、“水遍处定”、“火遍处定”、
“风遍处定”、“青遍处定”、“黄遍处定”、“赤遍处定”、“白遍处
定”、“空遍处定”、“识遍处定”。(5)“十智”。指能观察一切境
界的十种智慧,即“世俗智”、“法智”、“类智”、“苦智”、“集智”、
“灭智”、“道智”、“他心智”、“尽智”、“无生智”。(6)“十力”。指
佛的十种智力,即“处非处智力”(又称“是处非处力”);“业异熟
智力”(又称“业力”);“静虑、解脱、等持、等至智力”(又称“定
力”);“根上下智力”(又称“根力”);“种种胜解智力”(又称“欲
力”);“种种界智力”(又称“性力”);“遍趣行智力”(又称“至处道
力”);“宿住随念智力”(又称“宿命力”);“死生智力”(又称“天眼
力”);“漏尽智力”(又称“漏尽力”)。如关于“七十五法”与“十随
眠”的关系,说:

　　十随眠者,一贪、二瞋、三慢、四疑、五无明、六有身见、

七边执见、八邪见、九见取、十戒禁取。随谓随逐,眠谓随缚
行相微细,说名为眠。若约三界五部,此十总以九十八物
(指九十八随眠)为体,如九结中前七结说,但无悭、嫉为异。
若约七十五法中,前四以不定中贪、瞋、慢、疑为体;无明以
大烦恼地法中无明为性;后五见以大地法中慧为性。(第
117页上)

本书的诠释风格,与作者的《俱舍论记》有很大的不同。在
《俱舍论记》中,在同一个问题之下,列举有部、经部和其他部派
的各种观点以及它们之间的往复辩难,极为繁琐,往往令人不得
要领。而本书在解释"五位七十五法"以及"五蕴"、"十二处"、
"十八界"等一百多种佛教名相时,只取一说,不涉其余,言简意
赅,直截了当,从而为学人理解佛教名相开启了方便之门。

第三品　注疏类:唐神泰
《俱舍论疏》二十卷

《俱舍论疏》,又名《俱舍论疏论本》《俱舍论泰疏》,原为二十
卷,今存七卷(卷一、卷二、卷四、卷五、卷六、卷七、卷十七)。唐
神泰述,约撰于永徽五年(654)至显庆五年(660)之间。日本永
超《东域传灯目录》著录。收入《新纂续藏经》第五十三册。

神泰(约七世纪),又名"泰法师"、"太法师",里籍不详,唐长
安大慈恩寺僧人,为玄奘的弟子。唐贞观十九年(645),玄奘从
印度取经回国后,奏请翻译佛经,时在蒲州普救寺(一作"栖岩
寺")的神泰,因谙解大小乘经论,与灵润、文备、明琰、神昉等,被
推举充任"证义"(见唐慧立、彦悰《大唐大慈恩寺三藏法师传》卷
六)。显庆三年(658)四月,唐高宗敕佛、道各七人入宫内"论义"

（辩论义理），神泰立"九断知义"，与道士李荣等当庭对辩（见唐道宣《集古今佛道论衡》卷丁）。同年六月，西明寺落成，诏令道宣为上座，神泰为寺主（见南宋志磐《佛祖统纪》卷三十九）。著有《俱舍论疏》二十卷、《理门论述记》（又名《因明正理门论述记》）一卷（以上见存）、《药师本愿经疏》一卷、《佛地经论疏》四卷、《摄大乘论疏》十卷、《显扬论疏》（卷数不详）、《观所缘缘论疏》一卷、《掌珍论疏》二卷、《因明入正理论疏》二卷、《因明入正理论述记》一卷、《十二缘起章》一卷等（以上已佚，见日本平祚《法相宗章疏》、永超《东域传灯目录》等）。生平事迹见唐慧立等《大唐大慈恩寺三藏法师传》卷六、道宣《集古今佛道论衡》卷丁等。

本书是唐玄奘译《俱舍论》三十卷的注疏，为"俱舍三大疏"之一。从普光《俱舍论记》中有十八处（见卷四等）、法宝《俱舍论疏》中有十处（见卷二等）提到"泰法师解"或"泰法师云"来看，在"俱舍三大疏"中，它是最早撰出的。原书为二十卷，通释《俱舍论》全本。今存七卷，内容为《俱舍论》的总释（不立门目，综述《俱舍论》的题目、译者、宗旨、结构等）和《俱舍论》九品中《分别界品》（齐全）、《分别根品》（缺初首）、《分别贤圣品》（缺初、中部分）三品的别释（先科分各品"本颂"的层次，尔后解释"颂"、"论"字句的含义），其中对《分别根品》的解释，最为详细。

作者指出，玄奘法师依西方所传，说"佛说诸经，有三法印，谓一切行无常、一切法无我、涅槃寂静。一切经法，为此三理所印，即真佛法"。"三法印"中，"一切行无常，唯局有为（法）"，"涅槃寂静，唯无为（法）"，"诸法无我，理通一切有为（法）、无为（法）"，"世亲菩萨依诸法无我法印，以造斯论"，故《俱舍论》是以"诸法无我"为宗，通一切有为法、无为法的。就"品"而言，《俱舍论》九品中，前八品（指《界品》至《定品》）"明诸法"，第九品（指

《破执我品》）"明无我"。前八品中，初二品"总明漏、无漏"，其中，《界品》"明漏、无漏性"，《根品》"明漏、无漏用"。后六品"别明漏、无漏"，其中，《世间品》《业品》《随眠品》"宗明苦、集谛有漏之法"，《随眠品》之末"寄明灭谛无漏之法"，《贤圣品》《智品》《定品》"宗明道谛无漏之法"。就"颂"而言，《俱舍论》"正傍总有六百七颂"，其中，初首的三颂为"傍颂"，"辨造论缘起义"，属于"序分"；中间的六百颂为"正颂"，"正明所简择漏、无漏法义"，属于"正宗分"；末尾的四颂为"傍颂"，"（世亲）谦退造论，劝求脱服义"，属于"流通分"（以上见卷一《分别界品》）。

　　本书的体裁是"离论别行"的注疏体，不含《俱舍论》本文，故在对字句作释时，一般不整句摘录原文，而是以缩略语（如"初行颂"、"第二行颂"、"第三行颂"、"初句"、"第三句"、"第三句"等）的形式，表示一段或一句原文。若要了解所指的原文，还须对照《俱舍论》。

　　本书见存的卷品如下：

　　一、《分别界品》（卷一至卷二，均存）。解释《俱舍论》第一品《分别界品》。今存的卷一，解释《俱舍论》卷一《分别界品第一之一》；今存的卷二，解释《俱舍论》卷二《分别界品第一之二》。如关于"阿毗达磨"的定义，说：

　　　　尊者世友作如是说：常能决择（指决断简择）契经等中诸法性相故，名阿毗达磨。复次，于十二支缘起法性，能善觉了故，名阿毗达磨。复次，以能现观四圣谛法故，名阿毗达磨。复次，善说修习八圣道法故，名阿毗达磨。复次，能证涅槃故，名阿毗达磨。复次，能于诸法，以无量门，数数分别故，名阿毗达磨。大德说曰：于杂染（指有漏）、清净、系缚、解脱、流转、还灭法，以名身、句身、文身，次第结集、安布、分别故，名阿毗达磨。……依《俱舍论》，有四种阿毗达磨。一自性，谓净慧；二共起，谓随行；三方便，谓诸有漏慧；四言教，谓诸论《毗婆沙》中诸论师释，皆不超此四义释也。（卷一《分别界品》，《新纂续藏经》第五十三册，第 4 页上、中）

二、《分别根品》（卷三至卷七，今缺卷三）。解释《俱舍论》第二品《分别贤圣品》。今存的卷四，解释《俱舍论》卷四《分别根品第二之二》；今存的卷五，解释《俱舍论》卷五《分别根品第二之三》；今存的卷六，解释《俱舍论》卷六《分别根品第二之四》；今存的卷七，解释《俱舍论》卷七《分别根品第二之五》。如关于"人同分"和"法同分"，说：

上来辨得、非得，自下一句（指《俱舍论》卷五"同分者何"一句以下）辨同分。……初述萨婆多宗，于中有五。初略述宗，色、心之外，有别实物，名为同分。谓诸有情，展转类等故，名为同分，是因义，因此非色、心法，令诸有情展转同故，名同分。……下辩人同分，有其二种：一无差别，谓诸有情，皆有有情同分，一切有情各等有故，等有无差别，名无差别同分；二有差别者，即前无差别同分令诸有情，一界、二地、三趣、四胎卵等生、五刹利婆罗门等种、六迦叶瞿昙等姓、七女、八男、九优婆塞此云近事、十比丘、十一学、十二无学等，各别同分，随一类有情，各等有故。……复有法同分，谓随蕴、界、处法，展转等相似义，有法同分，令蕴、界、处法展转同也。古师多言，人同分外，别有法同分者。不然，依萨婆多宗，人外无别法，即于五蕴法上，假立名人，故知人同分外，无别法同分。（卷五《分别根品》，第 46 页下—第 47 页上）

三、《分别贤圣品》(原为卷十五至卷十七,今缺卷十五、卷十六)。解释《俱舍论》第六品《分别贤圣品》。今存的卷十七,解释《俱舍论》卷二十五《分别贤圣品第六之四》。

与唐普光《俱舍论记》相比,本书对各品章段大意的科分,相对粗略,不如《俱舍论记》层次分明,条理清晰。此外,由于长期以来无人整理,连句读也没有,故今本中衍夺错讹之处(包括引述《俱舍论》的文字)也未经校正。因此,有关本书的学术价值,尚待进一步挖掘。

第四品　注疏类：唐法宝
《俱舍论疏》三十卷

《俱舍论疏》,又名《俱舍论宝疏》《宝疏》,三十卷。唐法宝撰,约撰于麟德元年(664)至长安三年(703)之间。日本永超《东域传灯目录》著录。收入《大正藏》第四十一卷。

法宝(约七世纪),里籍不详,唐长安大慈恩寺僧人,为玄奘的弟子。玄奘于显庆四年(659)译出《大毗婆沙论》时,法宝以疑情请益。因感到普光《俱舍论记》解释繁琐,另撰论疏,而以一解为决。长安三年(703),在福先寺、西明寺,参与义净译经,与法藏、胜庄等担任"证义"。著有《俱舍论疏》三十卷、《一乘佛性究竟论》六卷(今存卷三)、《大般涅槃经略疏》十五卷、《会空有论》一卷(以上已佚,见日本永超《东域传灯目录》等)。生平事迹见北宋赞宁《宋高僧传》卷四。

本书是唐玄奘译《俱舍论》三十卷的注疏,为"俱舍三大疏"之一。全书开立"会初转法轮时"、"学行次第"、"教起因缘"、"部执先后"、"依文解释"五门,对《俱舍论》予以阐解,五门中,"会初转法轮时",论述佛成道后,在波罗底斯国仙人鹿野苑,对憍陈那等五人"初转法轮"的时日等;"学行次第",论述"先学小乘,后学大乘"的修学次第;"教起因缘",论述"一切教"、"三乘教"、"空有教"、"三藏教"、"此论(指《俱舍论》)教"的兴起因缘;"部执先后",论述佛涅槃后一百余年至四百年初之间,大众部系部派九部、上座部系部派十一部的形成过程;"依文解释",依顺《俱舍论》原文的次第,对各品的主旨层次和字句的含义,进行串讲与解说。

作者在书中说:"世亲论主,意无朋执,依第一时(指小乘教)制造此论","多据《婆沙》(指《大毗婆沙论》)以制颂,长行中,唯以理胜为宗,非偏一部。然于中间,多以经量为正义",也就是说,《俱舍论》性质上属于"小乘教",但论主并非偏执于某一部派,而是以"理胜"为宗,颂文多据有部,而释文(长行)多以经部为正义。《俱舍论》九品中,前八品"述自宗义,释本颂文",是依据《俱舍论本颂》展开的,后一品《破执我品》,"造释时,加破外执",是撰释文时另加的。前八品中,初二品,"通明漏、无漏",后六品"别明漏、无漏"。初二品中,《界品》"明诸法体",《根品》"明诸法用"。后六品中,前三品《世间品》《业品》《随眠品》"明有漏因果",后三品《贤圣品》《智品》《定品》"明无漏因果"。《俱舍论》中的"颂","总有六百七颂",分为三部分,初首的三颂是"释颂序";中间的六百颂是"根本颂";末尾的四颂和《破执我品》"释颂流通",初三颂、末四颂为"释颂时加"(指撰《俱舍论》时所加),"非根本颂"(以上见卷一)。

本书的体裁是"离论别行"的注疏体,不含《俱舍论》本文,故在对字句作释时,一般不整句摘录原文,而是以缩略语的形式,表示一段或一句原文(即引文的句首一般冠有"论"字,若是短句,"论"下直标某句;若是长句或一段,"论"下标明某句"至"某句),故若要了解所指的原文,还须对照《俱舍论》。

一、《分别界品》(卷一至卷二)。初为"五门分别",即"会初转法轮时"、"学行次第"、"教起因缘"、"部执先后"、"依文解释",其中,前四门(卷一前部分)对《俱舍论》作总释,末一门(卷一后部分至卷三十终)通贯全书各品,对《俱舍论》的原文作别释。本品解释《俱舍论·分别界品》。说:《俱舍论·分别界品》初首的归敬颂,初一颂(始"诸一切种诸冥灭",终"对法藏论我当说")是"明归敬序",次二颂(始"净慧随行名对法",终"因此传佛说对法")是"明发起序"。《分别界品》的正颂有四十四颂,分为二部分。(1)前二十五颂(始"有漏无漏法",终"有情生所依"),总明"(有)漏、无漏法"。(2)后十九颂(始"一有见谓色",终"并内界十二"),为"诸门分别"(指开立各种义门,分别"十八界")。如关于"有"有五种,说:

> 《婆沙》(卷)第九云:有有五种。一名有,谓龟毛、兔角、空华鬘等;二实有,谓一切法各住自性;三假有,谓瓶、衣、军、林;四和合有,谓于诸蕴和合,施设补特伽罗;五相对有,谓此彼岸、长短事等。(卷一《分别界品》,《大正藏》第四十一卷,第462页上)

二、《分别根品》(卷三至卷七)。解释《俱舍论·分别根品》。说:《俱舍论·分别根品》有七十四颂,分为三部分。(1)前二十二颂(始"传说五于四",终"除二净一形"),分别"根"。(2)次二十七颂(始"欲微聚无声",终"非得定等流"),分别"俱生法"。(3)后二十五颂(始"能作及俱有",终"余皆自可得"),分别"因缘"。如关于"因"与"缘"的区别,说:

> 《显宗论》云:六因、四缘,体虽无别,而义有异。……故有总辨因、缘异言(意)。因谓能生,缘能长养,犹如生、养二母差别;又缘摄助因方能生,生已相续,缘力长养故,或有

说因唯有一,缘乃众多,犹如种子、粪、土等异;又因不共,共者是缘,如眼、如色;又作自事名因,若作他事名缘,如种、粪等;又能引起名因,能任持者名缘,如花、如果;又近名因,远名缘,如珠、如日;又因能生,缘者能辨(办),如酪出生苏(酥),人钻器能辨;又正有义名因,能助显发名缘,如字界、字缘,于义有差别。如斯等类,差别众多,是故因、缘别立名想,此总意显因亲、缘疏。……然因中有疏,谓能作因;缘中有亲,因缘也。(卷七《分别根品》,第475页下)

三、《分别世间品》(卷八至卷十二)。解释《俱舍论·分别世间品》。说:《俱舍论·分别世间品》分为二部分。(1)"明有情世间"。下分"三界"、"五趣"、"七识住"、"九有情居"、"四识住"、"四生"、"中有"、"十二缘起"、"四有"九门。(2)"明器世间"。下分"述所居器"、"述能居量"、"述三分齐"三门(包括三轮、九山、八海、四洲、黑山、地狱、日月、天器、身量、寿量、色量、时量等)等。如关于经部、有部对"极微"(属于"色量")和"一刹那"(属于"时量")的看法,说:

论曰:至为色极少(指《俱舍论》卷十二"论曰:分析诸色,至一极微,故一极微为色极少"一句)。述:色极少,大乘无实,但是觉慧分析,以为极微。此是识心所变,非积小成。小乘中说,有实极微,以成大色,析其大色,至不可析,名一极微。……论:何等名为一刹那量(指《俱舍论》卷十二同语)?……经部答中有二:一法先无体,是未来;得体已灭,是过去;得体未灭,是现在;即此得体未灭之顷,名一刹那。二或有动法,度一极微,名一刹那。……论:对法诸师至一刹那量(指《俱舍论》卷十二"对法诸师说:如壮士一疾弹指顷,六十五刹那,如是名为一刹那量"一句),述有部计也。《毗婆沙》中更有多喻况,恐烦不述。虽与经部有少不同,然亦未能述刹那量。(卷十二《分别世间品》,第620页上、中)

四、《分别业品》(卷十三至卷十八)。解释《俱舍论·分别业品》。说:《俱舍论·分别业品》分为四部分:(1)"明业体"。下分"明业体性"、"明能造大"、"明执受类别"、"义门分别"、"明四善等"、"明二等起"六门。(2)"明律仪等"。下分"律仪"、"不律仪"、"非律仪非不律仪"三门。(3)"明经中诸业"(又称"明经中说业不同")。下分"善等三业"、"福等三业"、"顺乐受等三业"等十二门。(4)"杂明诸业"。下分"明业得果"、"释本论业"、"明引、满因"、"明三重障"、"明三时障"、"明菩萨相"、"明施戒修"、"明顺三分"、"明书印体"、"明诸法异名"十门。

五、《分别随眠品》(卷十九至卷二十一)。解释《俱舍论·分别随眠品》。说:《俱舍论·分别随眠品》分为二部分。(1)"明惑体用"。下分"明随眠"、"杂明诸惑"、"义门分别"、"别明五盖"四门。(2)"明断不同"。下分"明断因"、"明对治"、"明断所从"、"明四远"、"明断重得"、"明断遍知"六门。

六、《分别贤圣品》(卷二十二至卷二十五)。解释《俱舍论·分别贤圣品》。说:《俱舍论·分别贤圣品》分为三部分。(1)"明道体性"。不分章段。(2)"明道所观"。下分"明四谛"、"明二谛"二门。(3)"就道辨人"。下分"明圣道加行"、"就三道辨人"、"明诸道差别"三门。如关于"五停心观"中的"不净观"、"持息观",说:

　　论曰:至能正入修(指《俱舍论》卷二十二"如是已说修所依器,由何门故能正入修"一句),略说二要门也。入修要门有多种故,诸有情类行别众多故,入修门亦有多种。广即

众多，次有五种(指不净观、慈悲观、因缘观、界差别观、持息
念)，谓多贪不净、多瞋慈悲、多痴缘起、著我六界、寻伺持
息。然就多分，最略二门：一不净观、二持息念。故唯此二
名曰要门，不净治贪，持息治寻。从多分说，各能治一，然实
不净亦持寻等，持息亦能治多贪等。故《正理》云：就近治
门说，不净观能治贪病，非不治余，息念治寻，应知亦尔。然
持息念，缘无差别微细境故，所缘系属自相续故，非如不净
观缘多外境故，能止乱寻。(卷二十二，第 729 页下)

七、《分别智品》(卷二十六至卷二十七)。解释《俱舍论·
分别智品》。说：《俱舍论·分别智品》分为二部分。(1)"明智
差别"。下分"明忍智见别"、"明十智相异"、"明建立十智"、"明
法、类智断别"、"明十智行相"、"义门分别"、"广明修智"七门。
(2)"明智所成德"。下分"不共德"(指"十八不共法")、"共功
德"二门。

八、《分别定品》(卷二十八至卷二十九)。解释《俱舍论·
分别定品》。说：《俱舍论·分别定品》的正颂分为三部分。
(1)"明德所依定"。下分"明静虑"、"明无色"、"明等至"、"明等
持"四门。(2)"明依定功德"(又称"明余性功德")，下分"明四
无量"、"明八解脱"、"明八胜处"、"明十遍处"、"明得依身"、"明
起定缘"六门。(3)"明法住时"。下分"述二种正法"、"述能持
人"、"述住时分"三门。本品末尾的流通颂，初一颂(始"迦湿弥
罗议理成"，终"判法正理在牟尼")是"明论宗趣"，后三颂(始"大
师法眼久已闭"，终"应求解脱勿放逸")是"劝学流通"。关于"出
定(禅定)"的五种差别，说：

论：尔时虽名至得名为入(指《俱舍论》卷二十八"尔时
虽名出所味定，于能味定得名为入"一句)，述入出也。味定

（指与"贪"等烦恼相应的禅定）非定似定名定，由此亦名入味定也。《正理论》云：诸从定出，总有五种：一出地、二出刹那、三出行相、四出所缘、五出种类。从初静虑入第二（静虑）等，名为出地；于同一地行相，所缘相续转位，前念无间入于后念，名出刹那；从无常行相，入苦行相等，名出行相；从缘色蕴，入缘受等，名出所缘；从有漏，入无漏，从不染污，入染污等，名出种类。（卷二十八《分别定品》，第790页中）

九、《破执我品》（卷二十九至卷三十）。解释《俱舍论·破执我品》。说："我"有二种。一是"五蕴聚集，假名为我"，二是"即蕴、离蕴，别执一物以为实我"，前者"不违理教"，论主（世亲）不破，后者"违其理教"，论主（世亲）今破，故《破执我品》所破的是"别执一物以为实我"。本品正文分为。（1）"正破我"。下分"总破别计实我"、"破异部计我"、"破异道计我"三门。（2）"劝学流通"。下分"劝学闻慧"、"劝学思慧"、"劝学修慧"三门。如关于对犊子部"实我"说的破斥，说：

论：然犊子部至不一不异（指《俱舍论》卷二十九"然犊子部执有补特伽罗，其体与蕴不一不异"一句），大文第二破异部也。……诸部之中，唯犊子部执有实我，谓所知法中，有五法藏，谓有为法分为三世、无为第四、不可说法藏第五，与前有为、无为，非一非异。此中且说与蕴不一不异，即执此法以为我体。此五法藏，同《大般若》五种法海，谓三世、无为及不可说，不可说者是胜义谛。犊子部不染邪智，谓胜义谛是其我体，不同外道染污邪智，执有实我，是我见摄。……有实体者，皆有因生，如色等蕴。若谓无因而有实体，应是无为，同于外道见。若是无为，又应无用，皆违汝宗，徒执实有。（卷二十八《分别定品》，第803页下—第804页上）

《俱舍论》虽是小乘教法,但在本书的作者看来,小乘是大乘的初阶,习学《俱舍论》也是习学大乘的重要法门之一。法宝在卷首"五门分别"中的"学行次第"指出,"就三乘法中,皆须先学小乘有教,后乃可学大乘空教",这里说的"小乘有教",就是指《俱舍论》。为此,他列举了《十轮经》《解深密经》《大般若经》《涅槃经》《菩萨戒本》《法华经》《大智度论》《四分律》等经律论上的相关论述,作为佐证。如《大般若经》卷四百六十五《遍学品》说:"若不遍学声闻乘法、独觉乘法,终不能得菩萨见道";《菩萨戒本》说:"菩萨受学菩萨戒者,若学小不学大,是犯非染污;学大不学小,是犯亦染污"。作者认为,根据这些论述,可以确知"定须先学小乘,后学大乘",因为诸佛出世,也是"先说小乘,后说大乘"的。因此,"此论(《俱舍论》)被机通其五性(指五种姓),一切万行之根本",也就是说,《俱舍论》虽是小乘,但它适用的根机是包括大乘唯识宗所说的"五种姓"(指声闻乘种姓、独觉乘种姓、如来乘种姓、不定种姓、无种姓)的,为一切修行的根本(以上见卷一《分别界品》)。

本书在对《俱舍论》文句作释时,征引最多的经典是《顺正理论》,前后达一千二百零九次之多(此据电子检索统计),因此,也可以说本书是以《顺正理论》为主要参考书而写的。对于同代普光、神泰撰的《俱舍论》注疏,本书也有提及,但次数并不多。其中,提到普光(书中称"光师")的有四次(分别见卷三、卷四、卷十九);提到神泰(书中称"泰法师"、"泰师")的有十一次(分别见卷二、卷四、卷二十二)。于中,时有批评。如卷三说:"今详光师(普光)所引……谓是转现施思之业,为所转业招现命根。违《婆沙》四释,及能转、所转义也";卷四说:"泰师、光师妄解念法师意,以《杂心》不说有声,明知此声,非恒成就。此即谬释法师意也";同卷说:"详泰法师云非蕴、界、处摄,恐非尽理";卷二十二说:"泰法师云:以此文证,故知造无漏戒四大,随身大小遍满身中。……此释义不如是",等等。考虑到普光疏有三十卷、神泰疏有二十卷,而法宝所能列举的对方的疏误仅数处而已,由此可见"俱舍三大疏"在对原文理解上都下了很大的工夫,偏差并不很大。

第五品　　注疏类:唐圆晖《俱舍论颂疏论本》三十卷

附:唐慧晖《俱舍论释颂疏义钞》三卷
唐遁麟《俱舍论颂疏记》二十九卷

　　《俱舍论颂疏论本》,又名《阿毗达磨俱舍论略释》《俱舍论颂疏》《俱舍论颂释》《晖疏》,三十卷。唐圆晖述,约撰于开元元年(714)至开元十四年(726)之间(此据唐正议大夫贾曾《阿毗达磨俱舍论略释记》的撰时大致推断)。日本永超《东域传灯目录》著录。收入《大正藏》第四十一卷。

　　圆晖(约八世纪),里籍不详,唐长安中大云寺僧人,为俱舍学传人普光的弟子。精研性相,善达诸宗,于《俱舍》一门,最为锐意。关辅(指关中及三辅地区)之间,声名籍甚。时礼部侍郎贾曾,归心释氏,好乐斯文,常邀圆晖谈演讨论,因普光的《俱舍论记》文义繁难,乃请圆晖更造略释。圆晖于是与圣善寺怀远律师一起,节略普光、法宝二师古疏,以释《俱舍论本颂》为主,撰成《俱舍论颂疏论本》三十卷(《佛光大藏经》"圆晖"条,将怀远当作"古疏"的作者,称"师乃节略圣道寺怀远之古疏,于京师大云寺作《俱舍颂疏》",此说不正确)。此疏径直简易,略伸梗概,成为中唐至五代时期最为流行的《俱舍论》疏本,传称"光、宝二师之后,晖公间出,两河间、二京道、江表、燕齐楚蜀,盛行《晖疏》焉"。

著作尚有《金刚般若经疏》三卷、《金刚般若经科文》一卷、《仁王般若经疏》三卷(见日本永超《东域传灯目录》等),均佚。生平事迹见北宋赞宁《宋高僧传》卷五、元昙噩《新修科分六学僧传》卷二十三等。

本书是《俱舍论本颂》的注疏本。全书采用《俱舍论本颂》(句首标有"颂曰")中的偈颂和作者圆晖的解释(句首标有"释曰")对应编排的方式编纂。作者在本书卷一说:"(圆晖)聊为颂释,删其枝叶,采以精华,文于广本(指《俱舍论》)有繁,略叙关节;义于经律有要,必尽根源。颂(指《俱舍论本颂》)则再牒(指复述)而方释;论(指《俱舍论》)乃有引而具注。"也就是说,本书是以《俱舍论》为基础,删繁就简,取经补义而撰成的。由于《俱舍论本颂》是没有《破执我品》的,故圆晖本人也没有为《破执我品》作过注释,这在本书卷一说的"《破我》一品,无别正颂,故此不论"一语中,就已作了说明。今本卷二十九后部分至卷三十的《破我品》(又名《破执我品》),是《大正藏》的编纂者根据"东大寺藏古版本"的《俱舍论颂疏》补入的。而这个《俱舍论颂疏》的本子,据笔者对勘,就是《新纂续藏经》第五十三册收录的未署作者的"《俱舍论颂疏》二卷"(编号为"No.0842"),此疏只有《破我品》。由此可见,本书最后的《破我品》,并非原疏旧有,乃是后人续补的。

全书开立"明论缘起"、"释论宗旨"、"明藏所摄"、"明翻译不同"、"略解品题"、"广释文义"六门,对《俱舍论本颂》加以详释。"明论缘起",叙述在佛涅槃后四百年初,在健驮罗国(又称"犍陀罗国",今巴基斯坦白沙瓦一带)迦腻色迦王(贵霜王朝第三代国王,约128年—152年在位)的支持下,以说一切有部世友为首的五百比丘,在迦湿弥罗国(又称"罽宾国",今克什米尔一带)举行"三藏"结集的情况,以及世亲撰作《俱舍论》的本意与经过;

"释论宗旨",阐释《俱舍论》的宗旨,有"显"、"密"二种,"显意"以"有部为宗","密意"以"经部为宗",论中说"迦湿弥罗议理成,我多依彼释对法","既言依彼释对法藏,故知此论有部为宗",论中又说"经部所说,不违理故","此一部论,多将经部破萨婆多,故知世亲,密意所许经部为宗";"明藏所摄",说明《俱舍论》在"三藏"中,为"阿毗达磨藏"所摄;"明翻译不同",略说《俱舍论》新旧二译的差别,陈代译本因译主真谛"未善方言","致使论文,义在差舛",唐代译本因译主玄奘"音善两方","译义无差,缀文不谬";"略解品题",解释《阿毗达磨俱舍论》的题意是"对法藏";"广释文义",依顺《俱舍论》原文的次第,对各品的大意和字句,进行串讲与解释。

作者说,《俱舍论本颂》八品中,"初二品,总明有漏、无漏;后六品,别明有漏、无漏;初二品中,《界品》明诸法体,《根品》明诸法用";后六品中,初三品别明有漏,"《世品》明果,《业品》明因,《随眠品》明缘",后三品别明无漏,"《贤圣品》明果,《智品》明因,《定品》明缘"。依三分科经法划分,"初三行颂(即三首颂,每首为四句,直排作一行),是序分;次有六百行颂,是正宗;后四行颂,是流通分"(以上见卷一)。

本书传今的本子《大正藏》本,是以"庆长十六年刊东大寺藏本"为底本,"宝永五年刊本"为校本刊印的,底本各卷只有卷题,没有品名;而校本各卷是卷题、品名俱有的。今据校本补录品名。书首有唐正议大夫贾曾《阿毗达磨俱舍论略释记》和圆晖的自序(无标题)。贾曾在《略释记》中,叙述了《俱舍论》的意义,以及请圆晖撰作本书的经过,说:

> 昔释迦去代(指释迦牟尼入灭后),过九百年,天亲(即世亲)菩萨纂论千部,弘宣盖远,发起良多。至于标揭义门,

训剖名相,文约事广,词微理明,则此对法藏论(指《俱舍论》)尤称工也。……大唐三藏玄奘法师躬得梵本,再译真文,其徒大乘光(指普光)法师亲承密诲,初传正释。……有圆晖上人者,慧炬炽然,戒珠融朗,后来之美,先达所印,幼好斯文,长而独得。尝因暇日,见为讨论。余(指贾曾)时迫俗尘,倦于周览,乃求略释,先辨颂文。良愿不违,欣然默受。……居诸未几,删削遽成。以简则易知,有功则可久,虽允在家之请,乃为有学之资,贤人之业其不泯矣。(《大正藏》第四十一卷,第813页上)

圆晖在自序中说,

爰有大士,厥号世亲,弘道于五天,制论于千部,光我师(指释迦牟尼)之正躅,解外道之邪纷,功无得而详也。千部之内,《俱舍论》是其一焉。斯乃包括六足(指六足论),吞纳八蕴(指《发智论》)。义虽诸部,宗唯以正,故得西域学徒,号为聪明论也。……有正议大夫晋州刺史贾曾。……前任礼部侍郎,省司多暇,归心正法,乃相命谈义,遂请造《略释》。有大圣善寺怀远律师者,清以戒珠,凉以风仪,既勤勤于法门,亦孜孜以劝诱,志存兼济,故有请焉。在圆晖多幸,遭兹像化。……聊为颂释,删其枝叶,采以精华。文于广本有繁,略叙关节;义于经律有要,必尽根源。颂则再牒(指复述)而方释,论乃有引而具注。木石以销,质而不文也。冀味道君子,义学精人,披之而不惑,寻之而易悟。(第813页中)

一、《分别界品》(卷一至卷二)。初为"六门分别",即"明论缘起"、"释论宗旨"、"明藏所摄"、"明翻译不同"、"略解品题"、"广释文义"。其中,前五门(卷一前部分)对《俱舍论》作总释,末一门(卷一后部分至卷三十终)通贯全书各品,对《俱舍论本颂》的原文作别释。本品解释《俱舍论本颂·分别界品》偈颂。说:《俱舍论本颂·分别界品》初首的归敬颂,初一颂(始"诸一切种诸冥灭",终"对法藏论我当说")是"正明序分",下分"归敬序"(前三句)、"发起序"(第四句)二段,次二颂(始"净慧随行名对法",终"因此传佛说对法")下分"随难别解","释对法"、"释藏名"、"明说意说人"三段。《分别界品》的正颂,分为二部分。(1)"总标纲要"。下分"释有漏法"、"释无漏法"二门。(2)"正明体性"。下分"总辨体性"、"别释名义"、"诸门分别"三门。

　　二、《分别根品》(卷三至卷七)。解释《俱舍论本颂·分别根品》偈颂。说:《俱舍论本颂·分别根品》的颂文分为三部分。(1)"明二十二根"。下分"释根义"、"明根废立"、"明根体"、"辨诸门"、"杂分别"五门。(2)"明俱生诸法"。下分"正明俱起"、"广辨差别"二门。(3)"明六因四缘"。下分"明六因"、"明四缘"二门。如关于"七十五法"中的"大地法"(指"受、想、思、触、欲、慧、念、作意、胜解、三摩地"),说:

　　颂曰:受想思触欲,慧念与作意,胜解三摩地,遍于一切心(以上为《俱舍论本颂》)。

　　释曰:前三句标列,第四句释得大地法名。受,谓领纳,此有三种,苦、乐、俱非,有差别故(俱非是舍受也——原注);想者,取像,谓于前境取差别相;思者,造作,谓能令心有所造作;触,谓触对,根、境、识三和合而生,能有触对;欲,谓希求所作事业;慧,谓于法能有简择;念,谓于缘明记不忘;作意者,动作于意,谓能令心警觉为性;胜解者,谓能于境印可,此事如此,非不如是,起殊胜解;三摩地者,此云等持,平等持心,于一境转,亦持心所,从强说心。遍于一切心者,释得地名也。此十心所,遍三性等一切心品,诸余心所,即不能遍,故于此独名大地法(以上为圆晖的解释)。(卷四《分别根品》,第 840 页中、下)

三、《分别世间品》(卷八至卷十二)。解释《俱舍论本颂·分别世间品》偈颂。说:《俱舍论本颂·分别世间品》的颂文分为二部分。(1)"明有情世间"。下分"总辨有情"(包括"明有情生"、"明有情住"、"明有情没")、"判聚差别"(包括"正性定聚"、"邪性定聚"、"不定性聚")二门。(2)"明器世间"。下分"明所居器"(包括"别明小器"、"总明大千")、"明能居量"(包括"明身量"、"明寿量")、"明三分齐"(包括"明三极少"、"明二量")三门。

四、《分别业品》(卷十三至卷十八)。解释《俱舍论本颂·分别业品》偈颂。说:《俱舍论本颂·分别业品》的颂文分为三部分。(1)"明业体性"。下分"正明业体"、"诸门分别"、"广明表无表"三门。(2)"释经诸业"(又称"释诸业名")。下分"明三性业"、"明福等三业"、"明三受业"、"明三时业"、"明身心受"、"明曲秽浊"、"明黑黑等"、"明三牟尼等"、"明三恶行等"、"明十业道"、"明三邪行"十一门。(3)"杂明诸业"。下分"明业得果"、"明本论业"、"明引满因"、"明三重障"、"明三时障"、"明菩萨相"、"明施戒修"、"明顺三分业"、"明书等体"、"明诸法异名"十门。如关于"近住戒"(指八关斋戒)的受法,说:

颂曰:近住于晨旦,下座从师受,随教说具支,离严饰昼夜(以上为《俱舍论本颂》)。

释曰:此有七意。一于晨旦,谓受此戒,要日出时,此戒要经一昼夜故,若旦有碍缘,斋竟亦得受;二须下座,谓在师前,居卑劣座,或蹲或跪,曲躬合掌,唯除有病,若不恭敬,不发律仪;三从师受,谓必从师,无容自受,以后若遇诸犯戒缘,由愧戒师,能不违犯;四随教说,受此戒者,应随师教,受者后说,勿前勿俱,异此授受,二俱不成;五具足受八支,方成近住,随有所阙,近住不成;六离严饰,憍逸处故,常严身具,不必须离,缘彼不能生憍逸故;七昼夜,谓至明旦日初出时,若不如斯依法受者,但生妙行,不得律仪。云近住者,近阿罗汉住,以随学彼故,或近尽寿戒住,或名长养,长养薄少善根有情,令其善根渐增长故(以上为圆晖的解释)。(卷十四《分别业品》,第898页上、中)

五、《分别随眠品》(卷十九至卷二十一)。解释《俱舍论本颂·分别随眠品》偈颂。说:《俱舍论本颂·分别随眠品》的颂文分为二部分。(1)“明惑体”。下分“明根本惑”(包括“明增数”、“明见修断”、“明五见”、“明四倒”、“明七九慢”)、“诸门分别”(包括“明结等”、“明六垢”)、“杂明诸烦恼”(包括“明漏等”、“明结等”、“明五盖差别”)三门。(2)“明惑灭”。下分“明断惑四因”、“明四种对治”、“明断烦恼处”、“明四远性”、“明断惑得灭”、“明九种遍知”六门。如关于有部论师对“三世有”的四种不同看法(指法救的“类异”说、妙音的“相异”说、世友的“位异”说、觉天的“待异”说),说:

颂曰:此中有四种,类相位待异,第三约作用,立世最为善(以上为《俱舍论本颂》)。

释曰:……今此部中,差别有四:一类异、二相异、三位异、四待异。尊者法救作如是说:由类不同,三世有异,谓从未来,至现在时,舍未来类,得现在类;若从现在,流至过去,舍现在类,得过去类,但类不同,非体有异。……尊者妙音说相不同,三世有异,谓法在过去,正与过去相合,而不名为离现、未相,以过去相显,但名为过去;现在正与现在相合,而不名为离过、未相;未来正与未来相合,而不名为离过、现相,随显得名,准过去说。尊者世友说位不同,三世有异,未作用位,名为未来;正作用位,名为现在;作用谢位,名为过去。至位位中,作异异说,如运一筹,置一位名一,置百位名百,置千位名千,历位有别,筹体无异。尊者觉天说待不同,三世有异,待谓观待,前观于后,名为过去;后观于前,名为未来;观待前后,名为现在。……论主(指世亲)评云:……此四中,第三世友立世最善,以约作用位,立世差别故(以上为圆晖的解释)。(卷二十《分别随眠品》,第929页中、下)

六、《分别贤圣品》(卷二十二至卷二十五)。解释《俱舍论本颂·分别贤圣品》偈颂。说:《俱舍论本颂·分别贤圣品》的颂文分为三部分。(1)"总明道体性"。不分章段。(2)"明道所证谛"。下分"明四谛"、"明二谛"二门。(3)"约圣道辨人"(又称"约道辨人")。下分"明圣道加行"、"约三道辨人"、"明诸道差别"三门。如关于"六种阿罗汉"(指退法、思法、护法、安住法、堪达法、不动法阿罗汉),说:

颂曰:阿罗汉有六,谓退至不动,前五信解生,总名时解脱。后不时解脱,从前见至生(以上为《俱舍论本颂》)。

释曰:契经说,有六阿罗汉:一者退法,谓遇少缘,便退所得;二者思法,谓惧退失,恒思自害;三者护法,谓于前所得法,自防护;四者安住法,无胜退缘,虽不自防,亦能不退,无胜加行,亦不增进;五堪达法,谓性堪能好修练根,速达不动;六不动法,不为烦恼所退动故。前五种性,从先学位,信解性生,此五总名时解脱也,以要待时,方能入定,及心解脱。言待时者,时有六种:一得好衣、二得好食、三得

好卧具、四得好处、五得好说法、六得好同学也。后不动种
性,为不时解脱,谓是利根,以不待时,便能入定,及心解脱
故(以上为圆晖的解释)。(卷二十五《分别贤圣品》,第954
页上)

七、《分别智品》(卷二十六至卷二十七)。解释《俱舍论本
颂·分别智品》偈颂。说:《俱舍论本颂·分别智品》的颂文分
为二部分。(1)"明诸智差别"。下分"明忍智见别"、"明十智相
殊"、"明十智行相"、"诸门分别"四门。(2)"明智所成功德"。
下分"明不共法"、"明共功德"二门。如关于"四修"(指"得修、习
修、对治修、除遣修"),说:

　　　颂曰:立得修习修,依善有为法,依诸有漏法,立治修
　　遣修(以上为《俱舍论本颂》)。

　　　释曰:得、习二修,依有为善,以可修习,得爱果故,故
　　有为善可名为修。若现(指现在)、若未(指未来),俱有得
　　得,皆名得修。法体现前,名为习修,亦名行修,法现行故。
　　约世分别,于未来世,唯有得修,起得得故。现(现在)具二
　　修,有法俱得,名为得修;体现行故,名为习修。治、遣二修,
　　依有漏法。谓有漏法,有对治道,名为治修;遣缚义边,名除
　　遣修。西方诸师,于四修上,加防护修及观察修,防护诸根,
　　观察身故。《毗婆沙》云:防、观二修,即治、遣修摄(以上为
　　圆晖的解释)。(卷二十六《分别智品》,第964页中)

八、《分别定品》(卷二十八至卷二十九)。解释《俱舍论本
颂·分别定品》偈颂。说:《俱舍论本颂·分别定品》的正颂分
为二部分。(1)"明定功德"。下分"明所依诸定"(包括"明四静
虑"、"明四无色定"、"明八等至"、"明诸等持"等)、"明能依功德"
(包括"明四无量"、"明八解脱"、"明八胜处"、"明十遍处"、"明得

依身"、"明起定缘"等)二门。(2)"明正法住世"。不分章段。
本品之末的流通颂,"明正法住世",下分"正明宗旨"、"伤叹劝
学"二门。

　　九、《破我品》(又名《破执我品》,卷二十九至卷三十)。此
品为《俱舍论》第九品《破执我品》所引偈颂的注释,系《大正藏》
的编纂者根据日本东大寺藏古版本的"《俱舍论颂疏》二卷"单行
本补入,非原疏旧有。说:《俱舍论·破执我品》所引偈颂,总有
二十行颂(即"二十首颂"),"初有十七行颂,是正破;后有三行,
是流通"。(1)"正破"。下分"正显真空分"、"明佛遍知分"、"置
答物分"、"因相不测分"、"果生先后分"、"业报难知分"六门。
(2)"流通"。下分"赞道劝舍"、"赞道不睹"、"略显劝学"三门。

　　本书是"俱舍三大疏"以外的《俱舍论》注疏,但它的实际价
值和可读性,要远胜于三大疏。唐慧晖《俱舍论释颂疏义钞》评
价说:"此颂疏,多依光释(指普光《俱舍论记》),简易之功,悬诸
日月,取舍之理,或有异同。"(《新纂续藏经》第五十三册,第124
页中)"俱舍三大疏"都是不含《俱舍论》本文的,"论"、"疏"分离
的注疏,在对字句作释时,一般不整句摘录原文,而是以缩略语
作指代,阅读时,须与《俱舍论》相对照,才能明白所释的是哪一
句话或哪一段文。另外,为避免重复,疏文一般不对《俱舍论》的
文句加以复述,致使有些疏文前后不联贯,意思有缺损。而本书
采用的是以"颂"(《俱舍论本颂》)与"释"(圆晖的解释)会一,对
应编排的方式编纂,何为"颂",何为"释",一目了然。并且在释
文中加入了《俱舍论》原有的文意,这就使得每段释文,层次简
约,语句精练,意思相对完整。本书之所以能在问世以后,后来
居上,盛行天下,其原因也在这里。

　　本书的注疏有:唐慧晖《俱舍论颂疏义钞》三卷、遁麟《俱舍
论颂疏记》二十九卷(以上均存)、后唐虚受(初名"法盈")《俱舍

论颂疏钞》若干卷(见《宋高僧传》卷七,已佚;《新纂续藏经》第五
十三册收录的署名为"建安沙门法盈修"的"《俱舍论疏序记》一
卷",即为他所撰《俱舍论颂疏钞》的初首部分,解释圆晖《俱舍论
颂疏论本》书首的贾曾、圆晖二序)等。

<h2 style="text-align:center">唐慧晖《俱舍论释颂疏义钞》三卷</h2>

《俱舍论释颂疏义钞》,又名《俱舍论颂疏钞》《俱舍慧晖疏》,
三卷(每卷各分"本"、"末",故又作"六卷")。唐慧晖述,约撰于
开元十五年(727)至开元二十九年(741)之间。日本永超《东域
传灯目录》著录。收入《新纂续藏经》第五十三册。

慧晖(约八世纪),又作"惠晖",里籍不详,唐代长安西明寺
僧人,为俱舍学的传人。近世的出版物中,有推测他为圆晖的弟
子的,但佛教史传上并无记载。

本书是唐圆晖《俱舍论颂疏论本》三十卷的略疏。据作者在
自序中说,圆晖《颂疏》在释义上,"多依光释",即大多依据普光
《俱舍论记》,但普光《记》"义颇烦多,泾渭混流,玉石相杂",而圆
晖《颂疏》在表述上要"简易"得多,与普光《记》相比,"悬诸日
月"。圆晖《颂疏》很少采纳法宝《俱舍论疏》,但法宝天生聪明,
"道亚生知,才当间出",他的《疏》也有可取之处。故本书略取法
宝《疏》中的"正理微言","对会两家,弥缝其阙",以法宝之疏,补
圆晖疏本之不足。此外,从书中引有"太(泰)法师"之语来看,作
者在撰作时,也参阅过神泰的《俱舍论疏》一书,并对"俱舍三大
疏"在一些问题上见解的异同,略有比较。

全书依顺圆晖《颂疏》的"六门分别",开立"明论缘起"、"释
论宗旨"、"明藏所摄"、"翻译不同"、"略解品题"、"广释文义"六
门(此中,除初门的名称与《颂疏》相同之外,其余五门的名称略
有改动,但意思未变),对《俱舍论颂疏论本》随文作释(即依照原

著的叙述次第,分段摘录论文,加以解释)。书中所释,主要是圆晖《颂疏》中重要或难解的语句(所摘语句之末通常加标"者"字),对各品的层次结构,一般不作新的科判。卷首有慧晖撰的自序(无标题),说:

> 对法藏者(指《俱舍论》),众论宏纲,诸经枢要,六足(指六部"足论")八蕴(指《发智论》)寻而可知,九部(指九分教)三科(指五蕴、十二处、十八界)因而得解。大唐三藏(指玄奘)再译真宗,重加利政(厘正),门人光法师(指普光)亲传染妙之辞,密受立破之旨,创造文疏(指《俱舍论记》),义颇烦多,泾渭混流,玉石相杂,后学之辈,将何所归?有宝法师(指法宝)者,道亚生知,才当间出,再为割折无以加。然此颂疏(指圆晖《俱舍论颂疏论本》),多依光释,简易之功,悬诸日月,取舍之理,或有异同。今造抄文,良在于此,略宝公新疏,采政(正)理微言,对会两家,弥缝其阙。(《新纂续藏经》第五十三册,第124页中)

卷上"本":初为"六门分别",即"明论缘起"、"明论宗旨"、"明藏摄教"、"明译论时年"、"释题对法藏名"、"分文释义",其中,前五门(卷上"本"前部分)对《俱舍论》作总释,末一门(卷上"本"后部分至卷下"末"终)通贯全书各品,对《俱舍论颂疏论本》的原文作别释。本卷解释《俱舍论颂疏论本》中的《分别界品》之一。

卷上"末":解释《俱舍论颂疏论本》中的《分别界品》之二、《分别根品》之一至之三。

卷中"本":解释《俱舍论颂疏论本》中的《分别根品》之四至之五、《分别世间品》之一至之五。

卷中"末":解释《俱舍论颂疏论本》中的《分别业品》之一至

之六。如关于"意业"不是"无表业",说:

> 意业者(指《俱舍论颂疏论本》卷一"言意业者"一句),
> 意即心王,业即是思,与意同刹那等起,名约等起立。身即
> 异熟无记色身,依此色身,起别形色,为表业也。……《正
> 理》云:意业不能表示心令他知,不名表。无表依因四大,
> 生后必生同类,四大为依故,身、语有无表,意业依心后后
> 位,无同类心起,与无表为依,以心念念有殊故,意非无表
> 也。经部、正量部即动此异熟色身,名为身表体。就中,正
> 量部不许刹那灭,不取此表为业,取思为业体。有部异熟色
> 身名身,别起形色,依异熟色身生,能有表善、恶用名表。表
> 即是业,起别形色,入异熟色身遍体,由异熟身疏故,不碍形
> 色,如油入砂也。(卷中"末"《分别业品》,第171页上)

卷下"本":解释《俱舍论颂疏论本》中的《分别随眠品》之一
至之三、《分别贤圣品》之一。

卷下"末":解释《俱舍论颂疏论本》中的《分别贤圣品》之二
至之四、《分别智品》之一至之二、《分别定品》之一至之二。如关
于不同部派对"随眠"的不同理解,说:

> 释此品(指《分别随眠品》)疏分二:一释名,二分文解
> 释。有部贪等即随眠;大众及经部现行名缠垢,种子名随
> 眠;大乘眠伏藏识,现行名缠垢,种子名随眠。有部释云:
> 贪等潜伏在六识难知名随眠,有得系属,在身随也。此品亦
> 明缠垢,独名随眠者。一是根本,二以初明故。(卷下"本"
> 《分别随眠品》,第185页上、中)

由于本书采用的是"论"、"疏"分离的注疏体,不含所疏的
《俱舍论颂疏论本》本文,故只有与《俱舍论颂疏论本》对照着读,

才能真正明白所释字句的原文及前后语，具有很大的依附性。

唐遁麟《俱舍论颂疏记》二十九卷

《俱舍论颂疏记》，又名《俱舍颂疏记》，二十九卷。唐遁麟述，约撰于开元十五年（727）至开元二十九年（741）之间。日本永超《东域传灯目录》著录。收入《新纂续藏经》第五十三册。

遁麟（约八世纪），唐代富春僧人，为俱舍学的传人。近世的出版物中，也有推测他为圆晖之弟子，但佛教史传上并无记载。

本书是唐圆晖《俱舍论颂疏论本》三十卷的广疏。全书依顺圆晖《颂疏》的"六门分别"，开立"明论缘起"、"明论宗旨"、"明藏所摄"、"明翻译所由"（《颂疏》原作"明翻译不同"）、"略解品题"、"广释文义"六门（此中，除"明翻译所由"略有改动之外，其余五门的名称均与《颂疏》相同），对《俱舍论颂疏论本》及其序言（指唐贾曾《阿毗达磨俱舍论略释记》、圆晖自序），集合"俱舍三大疏"的要义，随文作释（即依照原著的叙述次第，分段摘录论文，加以解释）。所释包括圆晖《颂疏》中各品的主旨、章段和关联，以及行文中重要或难解的语句（所摘语句之末通常加标"者"字）。

卷一至卷二：卷一前部分，解释本书初首的两篇序言；卷一后部分至卷二，解释《俱舍论颂疏论本》中的《分别界品》之一至之二。

卷三至卷七：解释《俱舍论颂疏论本》中的《分别根品》之一至之五。

卷八至卷十二：解释《俱舍论颂疏论本》中的《分别世间品》之一至之五。

卷十三至卷十八：解释《俱舍论颂疏论本》中的《分别业品》之一至之六。如关于有部、正量部、经部对"身表业"和"生灭因"

的不同看法,说:

　　　许身表业形色为体者(指《俱舍论颂疏论本》卷十三"一
切有宗许身表业,形色为体"一句)。……正量部计动为业
者,以身动时,由业动故,谓身无刹那灭,由于思业动此身
时,即此动身名为身表;有宗以有刹那念念灭故,不许取动
为体,由此两宗不同故,相破也。言有刹那者,诸法得自体
顷,无间即灭名为刹那。……今正量部,唯许觉、焰、铃声有
刹那灭,不许身表业等有刹那灭故。……论(指《顺正理
论》)明有为生灭有二种因:一者主因,谓生灭相恒与法俱,
因用独胜故,名主因。二是客因,谓余因缘或有或无,因用
非胜故,名为客。经部宗计生有客因,无主因,灭无主、客二
因。有部灭有主因,无客因。正量部计色等诸法灭时,待
主、客二因,心、心所法及焰声等灭,由主因,不待客因。(卷
十三《分别业品》,《新纂续藏经》第五十三册,第 450 页中)

　　卷十九至卷二十一:解释《俱舍论颂疏论本》中的《分别随
眠品》之一至之三。

　　卷二十二至卷二十五:解释《俱舍论颂疏论本》中的《分别
贤圣品》之一至之四。

　　卷二十六至卷二十七:解释《俱舍论颂疏论本》中的《分别
智品》之一至之二。

　　卷二十八至卷二十九:解释《分别定品》之一至之二。如关
于"六神通"(指"神境智证通、天眼智证通、天耳智证通、他心智
证通、宿住随念智证通、漏尽智证通"),说:

　　　言神谓等持者(指《俱舍论颂疏论本》卷二十七"神谓等
持"一句),等持是定,由定能为神变事。以智证神境,无拥
(当作"壅")名通者,谓从定及境能证为名故,名神境,智证

通余通,虽亦依定,此通相显,偏标神名(以上释"神境智证通");天眼、(天)耳通,从根及能证为名;他心通者,从加行及能证智为名;亦(此字疑衍)宿住通者,谓宿昔已往之事,此通从境及相应,并能证智为名,名宿住随信(此字疑衍)念智证通;漏尽通者,谓涅槃名漏尽,从所证及能证智为名,若漏尽身,名漏尽,从所依及能证为名。(卷二十七《分别智品》,第513页上)

本书与慧晖《俱舍论释颂疏义钞》同为圆晖《颂疏》的注疏,但本书释义周详,表述完整,无论是总量,还是质量,均远超于慧晖的《义钞》。此外,本书在好多地方,将圆晖《颂疏》为了简约而删去的普光《俱舍论记》的释文,又补了进去(文字上略有改动),形成了"否定之否定"式的发展,这是很值得体会的。

第六品　通论类：元沙啰巴译
《彰所知论》二卷

《彰所知论》,二卷。元发合思巴(一作"拔合思巴")造,沙罗巴译。原书成于至元十五年(公元1278年,此据德格印经院刻印的藏文《萨迦全集·彰所知论》所记;汉译本题记作"壬寅仲秋",即公元1302年,误)。载于《明藏》"通"函、《清藏》"通"函、《频伽藏》"藏"帙,收于《大正藏》第三十二卷。

发合思巴(1235—1280),通常作"八思巴",又译"拔合思巴"、"帕思巴"、"发思巴"、"八合思巴"、"帕克思巴"等,意为"圣者"。西藏萨迦人,生于昆(旧译"款")氏家族。其家族于北宋熙宁六年(1073)在当地建寺("萨迦寺")弘法,后以此寺为主寺,形成藏传佛教萨迦派。八思巴自幼随伯父萨班·贡噶坚赞(萨迦派第四祖)习学密法。南宋淳祐四年(1244),受沙弥戒。淳祐十一年(1251)夏,应召赴六盘山谒见忽必烈,被尊为"上师"。同年,萨班病逝,八思巴继任为萨迦派第五祖。次年八月,再次谒见忽必烈,为忽必烈及王妃、子女等二十五人授密教灌顶。宝祐三年(1255),返藏受比丘戒。中统元年(1260),忽必烈继位(为元世祖),尊其为国师,任中原法主,统领天下释教。至元元年(1264)诏领总制院,执掌全国释教和吐蕃僧俗政务。至元六年(1269)奉诏创制蒙古新字,颁行天下,世称"八思巴文"。次年进封"帝师",号"大宝法王"。至元十七年(1280)十一月逝世后,元帝诏令各郡建帝师殿,各地寺庙每逢八思巴的忌日也举行纪念法会(见元德辉《百丈清规》卷二)。八思巴的著作,见存于汉文《大藏经》的,有《彰所知论》《根本说一切有部出家授近圆羯磨仪范》《根本说一切有部苾刍习学略法》三种;见存于藏文《大藏经》的,有《萨迦五祖集》(收著述三十余种)。生平事迹见元蔡巴·贡噶多吉《红史》、熙仲《历朝释氏资鉴》卷十二(附王磐等撰《国朝帝师行实》)、念常《佛祖历代通载》卷二十一、《元史》卷二百二等。

沙啰巴(1259—1314),又译"沙罗巴",西国(西域)积宁人,总丱之岁(童年)依元初帝师八思巴出家,修习诸部灌顶法。又从著栗赤上师习学大小乘,从剌温卜上士受学密教"焰曼德迦法",尽得其道。经元代第五代帝师迦啰思巴的推荐,元世祖敕命沙啰巴翻译藏经中未备的显密诸经,并赐以"大辩广智法师"之号,后诏授"江浙等处释教总统"、"福建等处释教总统",掌领江南僧务。武宗至大(1308—1311)年间,诏授"光禄大夫大司徒",馆于燕京庆寿寺,为皇太子等说法。所译的佛经有:《药师琉璃光王七佛本愿功德经念诵仪轨》二卷、《供养法》一卷、《佛顶大白伞盖陀罗尼经》一卷、《佛说文殊菩萨最胜真实名义经》一卷、《佛说坏相金刚陀罗尼经》一卷、《彰所知论》二卷，均存。生平事迹见元念常《佛祖历代通载》卷二十二、明如惺《大明高僧传》卷一、明河《补续高僧传》卷一等。

　　本书是一部论述佛教基础知识的通俗读本。全书分为五品，依次为《器世界品》《情世界品》《道法品》《果法品》《无为法品》，以《俱舍论》为主要依据，对"器世界"、"有情世界"的构成；佛教的起源与传播；修行的次第和果位；"无为法"的境界等，作了简明扼要的阐述。原书是元帝师八思巴应皇太子真金(元世祖忽必烈的嫡长子，未即位而卒)的请求而作的，由作者的弟子沙罗巴(任"江淮福建等处释教总统")将藏文译成汉文，刻印流通。书名中的"彰所知"，指的是彰显由"器"、"情"、"道"、"果"、"无为"五法总摄的一切法(事物)。书首刊有元正奉大夫同知行宣政院事廉复《彰所知论序》；书末载有元大德丙午(十年，公元1306年)十月江西前吉州路官讲报恩寺释克已《序》。克已《序》说：

　　　　《彰所知论》者，乃先皇裕宗皇帝(指元成宗铁穆耳的父亲真金)，圣明观照，神智睿鉴，愍(悯)邪见之衒惑，伤正涂(途)之壅底，劝请帝师法王(指八思巴)，利乐有情故，阐扬至觉真理、原始要终、修习次第之大旨也。……所言情、器世界者，非若夫群盲摸象之异执，或言一气，或曰自然，直指心造，详明劫初，罗笼八极之外，剖析邻虚之内，如像临镜，如指在掌；言道法者，以少欲知足、闻思修慧、三十七菩提分为其因；言果法者，以资粮、加行、见道、修习、无学为其果；言无为者，四圣谛中之灭谛理也。由其五法，总摄一切所知法故，故曰彰所知论。(《大正藏》第三十二卷，第236页下)

　　一、《器世界品》(卷上前部分)。论述"器世界"(又称"器世

间"、"国土世间")问题。内容包括:"器世间"的体性;"度量";
"器世间"的构成等。

(1)"器世间"的体性。"器世间",指由"四大"积聚而成的
自然环境(山河大地等),"器世间所成之体,即四大种,种具生
故。地坚、水湿、火暖、风动,是等大种"。(2)"度量"(长度单
位)。指构成"色法"(物质)最小的、不可分的单位是"极微尘",
"最极微细者,曰极微尘,亦名邻虚尘,不能具释(指不能再分)"。
"度量"从小至大,依次有:"极微尘"、"极微"、"微尘"、"透金尘"、
"透水尘"、"兔毛尘"、"羊毛尘"、"牛毛尘"、"游隙尘"、"虮量"、
"虱量"、"麦量"、"指节"、"指"、"肘量"、"弓量"、"俱卢舍"、"由
旬"。(3)"器世间"的构成。指器世间处于无边无际的虚空(又
称"空轮"、"空界")之中,它是由无数个小世界(又称"一世界"、
"一小世界")构成的。每个小世界的最底层是"风轮","风轮"之
上是"水轮","水轮"之上是"金轮",即大地。每个小世界都以妙
高山(又称"须弥山")为中心,由一个太阳、一个月亮所照临。妙
高山的四周,有八大山、八大海层层围绕。八大山,指逾乾陀罗
山(又称"持双山")、伊沙陀罗山(又称"持轴山")、佉得罗柯山
(又称"担木山")、修腾娑罗山(又称"善见山")、阿输割那山(又
称"马耳山")、毗泥怛迦那山(又称"象鼻山"、"障碍山")、尼民陀
罗山(又称"持边山"、"鱼嘴山";以上七山由金所成,称为"七金
山")、铁围山(由铁所成),逾乾陀罗山离妙高山最近,铁围山离
妙高山最远。八大海,指妙高山与八大山之间,各有一大海,分
别是:须弥海、逾乾陀罗海、伊沙陀罗海、佉得罗柯海、修腾娑罗
海、阿输割那海、毗泥怛迦那海、尼民陀罗海(以上七海称为"七
香海"、"内海")、咸海(又称"外海")。咸海中布列着四大部洲,
即南赡部洲、东胜身洲、北鸠娄洲(又称"北俱卢洲")、西牛货洲,
它们是人类居住的地方。咸海的最外侧,由铁围山周匝围绕,从

而构成一个小世界。一千个"小世界",称为"小千世界";一千个
"小千世界",称为"中千世界";一千个"中千世界",称为"大千世
界"。由于"大千世界"同时含有"小千"、"中千"、"大千"三种世
界,故又称"三千大千世界"。

二、《情世界品》(卷上后部分至卷下前部分)。论述"有情
世界"问题。内容包括:"有情世界"的分类;"时量";"劫"(于中
叙及世界的成坏);"释迦种族"的世谱;"别种王依法兴教"(于中
叙说印度、吐蕃、蒙古"兴隆佛法"的国王);"缘生法";"十二有
支";"五法"(指色法、心法、心所法、不相应法、无为法)等。

(1)"有情世界"的分类。"有情世界"(又称"有情世间"、
"众生世间"),指由"五蕴"和合而成的一切众生(有情识的生
物),分为六种(称为"六道"),即"地狱"、"饿鬼"、"傍生"(又称
"饿鬼")、"人"、"非天"(又称"阿修罗")、"天"。"斫坏肢体,故曰
地狱;饥渴所逼,故曰饿鬼;傍覆而行,故曰傍生;意多分别,故名
曰人;摩冤沙义身及受用,虽与天同微分鄙劣,或由无酒,故曰非
天,阿修罗义,从梵身生;游戏娱乐,或应供养,故谓曰天"。

(2)"时量"。指构成"时量"(时间单位)最小单位是"刹
那","时最少者,名为刹那"。"时量"从短至长,依次有:"刹那"、
"怛刹那"、"罗婆"、"牟休多"(又称"须臾")、"昼夜"、"月"、
"年"、"劫"。

(3)"劫"。指劫有六种,"一中劫(或名别劫——原注)、二
成劫、三住劫、四坏劫、五空劫、六大劫"。

(4)"释迦种族"的世谱。指释迦牟尼的祖先是"甘蔗种"
(又称"日种"、"瞿昙种")的懿师摩王(又称"增长王"、"善生
王")。懿师摩王第一妃生有一子,第二妃生有"面光"、"象食"、
"调伏象"、"严镯"(又称"尼拘罗"、"别成")四子后,第一妃为使
其子能继位,劝王将第二妃的四子放逐到国外。四子在雪山之

北定居,并建立了迦毗罗卫城,立姓"释迦"。三子没后,四子严
镯为王,经严镯足(又称"拘卢")、致所(又称"瞿拘卢")、牛居(隋
阇那崛多译《佛本行集经》卷五无此人)三代,传位于师子颊王。
师子颊王有"净饭"、"白饭"、"斛饭"、"甘露饭"四个儿子,释迦牟
尼为净饭王之子。

　　(5)"别种王依法兴教"。指佛入灭以后,"兴隆佛法"的国
王,在印度有:"如来灭度后二百年",中印度无忧王(又称"阿育
王"),他在"多分中结集时,而为施主",即大众部结集时为施主;
"后三百年",西北印度割尼尸割王(又称"迦腻色迦王"),他在
"三结集时,而为施主",即佛教第三次结集时为施主。在"西番
国"(指吐蕃国,即西藏地区)有:"如来灭度后千余年",西番国第
二十六代国王祜陀朵喋思颜赞(又译"脱脱日涅赞","是时佛教
始至");"后第五代"国王双赞思甘普(又译"松赞干布");"后第
五代"国王乞喋双提赞(又译"赤松德赞");"后第三代"的乞喋俫
巴赡(又译"热巴巾")。在"北蒙古国",有元帝忽必烈等。

　　(6)"缘生法"。指依因缘而生的事物,即"因缘相藉而生",
分"外缘生"、"内缘生"二种,"外缘生者,成世界法,如种生芽";
"内缘生者,如有无明即有行等,名顺缘生(指"十二因缘"的流
转);如无明灭即行等灭,名逆缘生(指"十二因缘"的还灭)"。

　　(7)"十二有支"(又称"十二因缘")。指众生生死流转的十
二个阶段,可从"分位"、"远续"、"连缚"、"刹那"、"三际"(指过
去、现在、未来)、"二重因果"(指前际、后际)、"三惑"(指无明、
爱、取)七个方面加以分别。

　　(8)"五法"(指"五位七十法")。指一切法(事物)的五种类
别,即"色法"、"心法"、"心所法"、"不相应法"、"无为法"。
①"色法"。指一切物质(以"质碍"为性),即"色蕴",有"五根"、
"五境"、"无表色"十一种。②"心法"。指认识活动的主体,即

心王,亦即"识蕴",有眼识、耳识、鼻识、舌识、身识、意识六种。
③ "心所法"。指依心而起的心理活动,有六类四十六种。一是
"大地法",指与一切心恒常相应的心理活动(具有一切性、一切
地、一切时、一切俱四种含义),有"受"、"想"、"思"、"作意"、"胜
解"、"欲"、"触"、"慧"、"念"、"定"十种。二是"大善地法",指与
一切善心相应的心理活动,有"信"、"不放逸"、"轻安"、"舍"、
"惭"、"愧"、"无贪"、"无瞋"、"不害"、"勤"十种。三是"大烦恼地
法",指与一切染污心相应的心理活动,有"痴"、"逸"、"怠"、"不
信"、"惛沈"(即昏沉)、"掉举"六种。四是"大不善地法",指与一
切不善心相应的心理活动,有"无惭"、"无愧"二种。五是"小烦
恼地法",指与少量染污心相应的心理活动,有"忿"、"恨"、"谄"、
"诳"、"嫉"、"恼"、"覆"、"悭"、"憍"、"害"十种。六是"不定法",
指不属于前述五类的心理活动,有"寻"、"伺"、"恶作"、"睡眠"、
"瞋"、"贪"、"慢"、"疑"八种(上述八种"不定法",与有部所说相
异),"如是八种,于前诸地无有定故,名曰不定"。④ "不相应
法"。指"行蕴"所摄的与心不相应的、非色非心的现象,有"得"、
"不得"、"众同分"、"无想果"、"无想定"、"命根"、"生"、"住"、
"老"、"无常"、"名身"、"句身"、"文身"、"不和合"十四种。
⑤ "无为法"。指无因缘造作、生灭变化的常住事物,有"虚空无
为"、"择灭无为"、"非择灭无为"三种。如关于"色界十七天"与
"四静虑"(又称"四禅")的关系,说:

> 色界一十七天者,四静虑摄。初禅三天者,谓梵众、梵
> 辅、大梵(天)。……二禅三天者,谓少光、无量光、极光
> (天)。……三禅三天者,少善、无量善、广善(天)。……四
> 禅八天者,无云、福生、广果三(天)是凡居,无烦、无热、善
> 现、善见、色究竟五(天)是圣居,名曰五净居。……始从梵

众（天），至色究竟（天），皆名色界。出离欲乐，非离色故，故名色界。（卷上《情世界品》，第 230 页中、下）

三、《道法品》（卷下）。论述"阿罗汉"的修行次第。内容包括："资粮道"、"加行道"、"见道"、"修道"、"无学道"五种阶位。

（1）"资粮道"。指修行者在入"见道"（指证见"四谛"之理）之前的资粮位（指为入"见道"而修集福德、智慧二种资粮的修行阶位）。在此位当修习"止观"，"多贪修不净观，多瞋修慈悲观，多痴修分别缘生观，多我修分别界观，多散乱修数息观等"；修习"止观"以后，进而修习"四念住"（指身念住、受念住、心念住、法念住），"修此四法，是智资粮"。（2）"加行道"。指在入"见道"之前的加行位（指为入"见道"而加功用行的修行阶位）。在此位的"暖（法）位"，当修习"已生恶令断，未生恶令不生，已生善令增长，未生善令生"四法，"如是四法，名四正勤"；在"顶（法）位"，当修习"欲善法定、勤乐善定、作意善心定、拣择善定"四法，"如是名四神足"；在"忍（法）位"，当修习"信"、"进"、"念"、"定"、"慧"五法，"澄净名信，乐修善法曰进，明记不忘曰念，专注一境曰定，知取舍法曰慧"，"修此五法，能生善法，故曰五根"；在"世第一（法）位"，当继续修习"信"、"进"、"念"、"定"、"慧"五法，"能破相违，故曰五力"。（3）"见道"。指在见道位（指初见四谛理的阶位，即"四向四果"中的初位"预流向"），修习"八圣道支"（指正见、正思惟、正语、正业、正命、正精进、正念、正定），断除八十八种烦恼。（4）"修道"。指在修道位（指修习四谛法的阶位，即"四向四果"中的第二位"预流果"至第七位"阿罗汉向"）修习"七觉支"（指念觉支、慧觉支、勤觉支、喜觉支、轻安觉支、舍觉支、定觉支），断除一百五十二种烦恼。（5）"无学道"。指在无学位（即"四向四果"中的第八位"阿罗汉果"），成就阿罗汉的十种"无

漏法”，即“无学”的“正见”、“正思惟”、“正语”、“正业”、“正命”、
“正进”、“正念”、“正定”、“正解脱”、“正解脱知见”。关于“加行
道”的修法，说：

> 修加行道，暖位之中，已生恶令断、未生恶令不生、已生
> 善令增长。未生善令生，如是四法，名四正勤（文云正
> 断——原注）；顶位之中，欲善法定、勤乐善定、作意善心定、
> 拣择善定，如是名四神足；忍位之中，行世正见、澄净名信、
> 乐修善法曰进，明记不忘曰念，专注一境曰定，知取舍法曰
> 慧，修此五法，能生善法，故曰五根；世第一位中，修信、进、
> 念、定、慧等五，能破相违，故曰五力。此是加行道。（卷下
> 《道法品》，第 234 页上）

四、《果法品》（卷下）。论述修行的果位。内容包括：“四向
四果”、“正觉法”（指成佛之法）、“诸圣者等言功德”（指佛与其他
圣者共有的功德）、“如来不共功德”（指佛独有的功德）等。

（1）“四向四果”。指声闻乘修行的八种阶位，即“初果向”、
“初果”、“一来向”、“一来果”、“不还向”、“不还果”、“阿罗汉向”、
“阿罗汉果”。（2）“正觉法”。有六种，即“身、智、断、利他、大
悲、德具足”。“身”有二身，即“色身”、“法身”；“智”有二智，即
“遍智”、“正智”；“断”有二断，即“断烦恼障”（指断除由“我执”产
生的、妨碍证得涅槃的烦恼）、“断所知障”（指断除由“法执”产生
的，覆蔽所知之境，妨碍证得菩提的烦恼）；“利他”有二利，即“于
诸有情安置解脱，弃舍相违，令住于道”、“于诸有情安置善趣，弃
舍于恶，令住于善”。（3）“诸圣者等言功德”。诸圣者共有的功
德有十一种，即“无净”、“愿智”、“四无碍解”、“六通”、“四静虑”、
“四无色（定）”、“四无量（心）”、“八解脱”、“十遍处”、“八胜处”、
“三等持”（又称“三三摩地”、“三三昧”）。（4）“如来不共功德”。

佛独有的功德有十八种,即"十力"、"四无所畏"、"三念住"、"一大悲"。

五、《无为法品》(卷下)。论述"无为法",即无因缘造作、生灭变化的常住事物。内容包括:"虚空无为"、"择灭无为"、"非择灭无为"。

(1)"虚空无为"。指周遍无碍的虚空,即"虚空但有无还为性,由无障碍,遍一切处"。(2)"择灭无为"。指由无漏智的简择力,断灭一切烦恼,而证得的寂灭,即"无漏智断诸障染,见、修二道所显真理"。(3)"非择灭无为"。指非由无漏智的简择力,而因有为法阙缘不生所显现的寂灭,即"能永碍未来法生,得灭异前,名非择灭。得不因择,但由阙缘"。

从总体上来说,本书是以小乘理论为主,并吸纳一些大乘的思想成分编集而成的通用性佛学读本。书中融入了一些大乘的语汇和思想,如说南赡部洲的乌佃(又称"乌仗那")国,"大金刚宫持种所居,金刚乘法从彼而传";"南海之中,山曰持船,观音菩萨居止其顶,圣多罗母居止山下。东有五峰,文殊菩萨居止其上"(以上见卷上《器世界品》);"声闻乘中,因时不说了知诸法无我、空、悲,施行三轮体空(指"施空、受空、施物空")、十地行相;果时不说报身及四智等";"大乘所说如来十八不共法、三不护(指身业、语业、意业不护)等,彼声闻乘未曾闻故"(以上见卷下《果法品》)等。此外,本书卷上《情世界品》还简略地叙列了吐蕃、蒙古的王统世系,对后世编纂蒙藏史学著作(如《蒙古源流》等),也产生了直接的影响。

三、大乘中观部

总　叙

　　大乘论藏，又称"大乘阿毗昙藏"、"菩萨对法藏"，是专门用来阐述大乘经的义理名相的一类典籍，为大乘三藏（又称"菩萨藏"）之一。大乘三藏中，由西域梵本翻译过来的大乘经、大乘律，是不署编集者姓名的；而大乘论则不同，它们一般是题署论主（造论者）姓名的，只有少数论典因作者不详或姓名失落，是未署作者的。本藏所收的大乘中观部、大乘瑜伽部是大乘论藏的主体，大乘集传部是大乘论藏的附属。

一、大乘论藏的形成

　　关于大乘三藏的起源，大小乘的说法完全不同。依照部派佛教的说法，佛在世时并没有说过大乘经，因而也没有大乘三藏，故认为，"大乘经典非佛所说，亦非如来弟子所说"，"不应受持、读诵"（见《大般若波罗蜜多经》卷三百二十七引），乃至直称"大乘非佛说"（见唐波罗颇蜜多罗译《大乘庄严经论》卷一引）。依照大乘佛教的说法，众生的根性有钝根、利根的差别，佛所说的教法也有浅深之分，佛在世时，对声闻根性者说"自度"（又称"自利"）之法，对菩萨根性者说"自度度人"（又称"自利利他"）之法，声闻法被编为"声闻藏"，菩萨法被编为"菩萨藏"，故佛所说的"九分教"、"十二部经"（又称"十二分教"）中，既有"声闻藏"，也有"菩萨藏"。《瑜伽师地论》卷三十八说，"于彼十二分教，方广一分唯菩萨藏，所余诸分有声闻藏"，在"十二分教"中，只有"方广"类经典，属于"菩萨藏"，其余十一类经典，都属于"声闻藏"；而《大乘阿毗达磨集论》卷六则说，"十二分教"中，"契经、应颂、记莂、讽颂、自说"五种，为小乘经藏独有的部类；"缘起、譬喻、本事、本生"四种，为小乘律藏、大乘律藏均有的部类；"方广、希法"二种，为大乘经藏独有的部类；"论议"一种，为小乘论藏、大乘论藏均有的部类。

　　相传，原始三藏（即小乘三藏）是在佛入灭（南传佛教定为前544年，北传佛教有前486年、前383年等说）的当年夏安居期间，在"王舍城结集"产生的（见《四分律》卷五十四、《十诵律》卷六十等）；大乘三藏是佛入灭以后，在"铁围山结集"产生的，"佛灭度后，文殊尸利、弥勒诸大菩萨，亦将阿难，集是摩诃衍（指大乘）"（《大智度论》卷一百）。

　　虽说古代传说如此，但从历史上考察，大乘经形成于公元前一世纪左右，与部派佛教传承的原始三藏相比，至少晚了二百多年。《大智度论》卷三十三说："广经（指方广经，即大乘经）者，名摩诃衍，所谓《般若波罗蜜经》《六波罗蜜经》《华首经》《法华经》《佛本起因缘经》、《云经》、《法云经》、《大云经》。"这里叙列的"十二部经"中的"方广"类经典，都是初期大乘经，其中《般若经》出现最早，约成于公元前一世纪。此经所说的"般若波罗蜜"（指智慧到彼岸），被称为"诸佛之母"、"诸法宝中是第一宝"（《大智度论》卷五十八）。因此，大乘经在佛在世时还没有形成，当是事实。但这不等于"大乘非佛说"。因为大乘经所说的思想，并非外来的教说，而是从原始佛教、部派佛教发展过来的，它们之间既有联系，又有区别。不仅大众部思想对大乘佛教的形成有直接的影响,而且上座部系统下的说一切有部、经部等部派的思想,也对大乘佛教有很大的影响。大乘经中的多数通用术语,都源于部派佛教的经典,只是在解释上有同有异而已,仅有少数通用术语(如"阿赖耶识")及非通用的解经语汇,是大乘佛教独创的。

大乘三藏不是同时成立的,其顺序大致是:先有大乘经,次有大乘论(因为它是解释大乘经的),后有大乘律(因为它是根据大乘经、大乘论摘编的)。从汉译佛经史考察,从东汉末年支谶初译大乘经开始,一直到姚秦鸠摩罗什译经之前,并无任何一部大乘论传入汉地。汉地最早问世的大乘论,是鸠摩罗什翻译的《大智度论》一百卷、《十住毗婆沙论》十卷(今为十七卷)、《中论》四卷、《十二门论》一卷、《百论》二卷,合计五部一百十七卷。其中,前四部为龙树(约 150—250)所撰,后一部(《百论》)为龙树的弟子提婆(约 170—270)所撰(见梁僧佑《出三藏记集》卷二)。而龙树所撰的《大智度论》、《十住毗婆沙论》征引了一大批大乘经(详见本藏中相关论典的提要),唯独没有征引过大乘论、大乘律,说明在龙树时代,大乘只有经,没有论和律,龙树本人就是大乘论的开创者,是印度佛教史上的第一位大乘论师。

龙树以后,大乘论典逐渐多起来了。汉地佛经目录,也开始为它们单独建立部类。最早设立"大乘论"一栏的,是北魏李廓在永熙年间(532—534)奉敕撰的《魏世众经录目》,其中有《大乘论目录》,收录大乘论"二十九部"(卷数不详,已佚,见隋费长房《历代三宝纪》卷十五)。以后,历代佛经目录又在大乘论之下设立子目。其中,隋法经等《众经目录》卷五《大乘阿毗昙藏录》,收录大乘论"四十二部二百七卷",下分"众论一译"、"众论异译"、"众论失译"、"众论别生"、"众论疑惑"、"众论伪妄"六类;隋费长房《历代三宝纪》卷十三将大乘论藏分作《大乘阿毗昙有译录》、

《大乘阿毗昙失译录》二类,前者收录大乘论"四十九部,二百三十八卷",后者收录大乘论"二部七卷";唐智升《开元释教录》卷十九《大乘入藏录》收录大乘论"九十七部五百一十八卷",下分"释经论"、"集义论"二类,前者收录"二十一部一百五十五卷",后者收录"七十六部三百六十三卷";明智旭《阅藏知津》卷三十四至卷三十九《大乘论藏》,下分"释经论"、"宗经论"、"诸论释"三类,没有收录典籍的总数。《阅藏知津》所收的大乘论,既包括汉译大乘论,也包括汉撰大乘论(即汉地撰作的大乘经、大乘论的注疏),这与先前的各种佛经目录所收的"大乘论",都是汉译大乘论是有所不同的。

　　大乘佛教分为中观派、瑜伽行派二大派,大乘论也是由这二大派论师撰作的。以此反观以往的佛经目录,将二大派所撰的大乘论典混编在一起,不作区分,是有严重缺陷的。究其原委,可能是因为有些论书的作者派系不明,不易分辨所致。实际上,只要深入研究,仍然可以从书中的主题思想和名词术语,大致推断作者所属的派系。有鉴于此,本藏采用的分类法是:先将大乘论按派别分为"大乘中观部"、"大乘瑜伽部"二大部,然后再在二大部之下,依内容分为"释经论"、"集义论"、"因明论"三类,目的是便于学人查检和研究。以下简述大乘中观派的源流、教理和著作。

二、中观派的创立与传承

　　中观派,由龙树、提婆创立,因以龙树《中论》(又称《中观论》)为根本论书,而此论主要述说远离有、无二边(指片面极端的二种见解)的"中道观"(略称"中观")而得名。

　　龙树是中观派的创始人,为南天竺(印度)人,婆罗门种姓。

幼小熟诵婆罗门教的根本经典"四吠陀",弱冠驰名,独步诸国。
天文地理、图纬秘谶,及诸道术,无不悉综。初学外道(指佛教以
外的其他宗教和学派)异术,因与契友三人一起,潜入王宫,侵凌
宫女,险遭杀身之祸。脱身后,入山诣佛塔,出家受戒,诵尽三藏
(指小乘三藏)。随后入雪山,从山上佛塔中的一位老比丘那里,
获得了大乘经。之后,周游诸国,更求余经。由于他富有辩才,
善能言论,所履之处,外道论师、小乘义宗,皆被折伏,由此也引
生了他的"邪慢心",自称"一切智人",欲择日选时,为弟子"受
(授)新戒,著新衣",依附佛法,另立一派。大龙菩萨得知他的心
念后,将他引入龙宫,授以深奥的大乘经。在那里,龙树看到了
许多未曾见闻的大乘经,从此打消了另立门户的念头,转而专弘
大乘。他在南天竺,大弘佛法,摧伏外道,成为大乘佛教在印度
各地传播的最有力的推动者(以上见《龙树菩萨传》、《付法藏因
缘传》卷五、《大唐西域记》卷八等)。

　　龙树一生著述宏富,有"千部论主"之称。他的著作见存于
汉文《大藏经》的,有二十种(内有二种重译经,实为十八种),主
要有《大智度论》《十住毗婆沙论》《中论》《十二门论》《菩提资粮
论》《宝行王正论》《回诤论》等;见存于藏文《大藏经》的,有一百
十八种,主要有《广破论》《无畏论》《七十空性论》《普贤行愿王经
注》《忏悔经释》《稻秆经摄颂根本释》《发菩提心仪轨》《修习次
第》等(见元布顿《佛教史大宝藏论》,郭和卿译,民族出版社
1986年3月版)。但并不是所有题署"龙树菩萨造"的著作,都
是龙树所作,有些则是龙树的后学或仰慕者托名编撰的,须加
甄别。

　　提婆是龙树的弟子,为南天竺(印度)人(此据《提婆菩萨
传》,《大唐西域记》卷四则说是"执师子国人"),婆罗门种姓。博
识渊览,才辩绝伦,擅名天竺,为诸国所尊。他初奉婆罗门教,听

说龙树晚年在憍萨罗国的跋逻末罗耆厘山（又称"黑蜂山"）弘化，遂前往龙树的住处，要求与他辩论。龙树命弟子将一满钵水端到提婆的面前，提婆见后，默然将一针投入水中。满钵之水，喻指龙树之学周遍澄湛；以针投钵，喻指提婆之智能穷其极。二人欣然契会，龙树遂度提婆为弟子（见《大唐西域记》卷十）。受度以后，提婆在中天竺、北天竺、南天竺周游行化，伏外道，挫小乘，弘扬大乘，成为大乘中观派的创始人之一。后来，被一个在辩论中输给提婆的外道的弟子，尾随潜行，挟忿将提婆刺死于林中（见《提婆菩萨传》、《付法藏因缘传》卷六）。提婆的著作见存于汉文《大藏经》的，有《百论》《广百论本》《百字论》《提婆菩萨破楞伽经中外道小乘四宗论》《提婆菩萨释楞伽经中外道小乘涅槃论》（后二种是否为提婆之作，存疑）等；见存于藏文《大藏经》的，有《中观四百论》《中观掌珍论》《中观掌珍论释》《成就破妄如理因论》等（见元布顿《佛教史大宝藏论》）。

提婆的传法弟子是罗睺罗（约200—300），又名"罗睺罗跋陀罗"，南印度达罗毗荼国建志城附近人（见明多罗那他《印度佛教史》，张建木译，四川民族出版社1988年3月版）。他的著作相传有《赞般若偈》，但在传今的汉译佛典中，仅有二首偈颂见录，即"一切见对治，如来说空是，不爱空不著，著空空亦物。不爱空不空，此二非不爱，无能坏佛语，佛语处处遍"（见《顺中论》卷上）。其余事迹不详。罗睺罗之后，中观派的传承中断近二百年，一直到佛护（约470—540）、清辨（约490—570）出世，中观派才出现中兴，形成了中观派下的二大支派，即"中观应成派"、"中观自续派"（见清土观《土观宗派源流》，刘立千译，西藏人民出版社1984年11月版）。

（1）中观应成派（又称"随应破派"）。此派由佛护创立，在教法上主张"唯破不立"、"就敌论随言出过"，即在辩论中，不立自宗,只破他宗,只找出论敌言词中的过失,加以反驳,对自己的主张不作正面的阐述。

佛护是南印度耽婆罗国人,在本国出家,广闻佛法,为龙友的弟子。他从僧护处听受了龙树的中观思想,专心修持。后住于南印度弹荼补梨寺,讲说教法,并为龙树、提婆的论典广作注疏,成为中观应成派的创始人(以上见明多罗那他《印度佛教史》、清土观《土观宗派源流》)。他的著作见存于藏文《大藏经》的,有《中观根本释》(见元布顿《佛教史大宝藏论》)。

佛护之后,中观应成派的传承者有月称(约600—650)、寂天(约650—750)。但他们之间只是学说上的传承,并非直接的师徒关系。

月称是南印度三曼多国人,自幼习学五明(指声明、工巧明、医方明、因明、内明),在家乡出家,精通经论。他从佛护的弟子莲华慧(又译"莲华觉")那里,接受了龙树的宗义,后来担任那烂陀寺的堪布(即住持)。他的著作见存于藏文《大藏经》的,有《中观根本明句释》《六十如理论释》《中观四百论释》《中观五蕴品类释》《入中观根本颂释》等(见元布顿《佛教史大宝藏论》、明多罗那他《印度佛教史》)。

寂天是南印度苏罗室蹉(又译"叟罗史咤"、"梭罗修多罗")国德铠王(又译"善铠王")的太子,原名"寂铠"。自幼信仰文殊菩萨,后领悟到继承王位时的灌顶仪式,就好比用沸水从头顶上灌下来,将危及生命,于是在继位的前一天晚上,悄然离开王宫,独自出走了。他游历至东印度,成了般遮摩僧诃王(又译"五狮王",即第五代狮子王)的侍从,在那里生活了十二年,劝导国王如法治理国政,供养寺僧。继而前往中印度那烂陀寺,依胜天出家,改名"寂天"。在那烂陀寺,他内勤修学,外示放逸,除了饮食、睡眠、步行三事之外,对其余事情一概不闻不问,被僧众视作懒惰,不思进取,将他赶出寺院。离开那烂陀寺后,他前往南印度的羯陵伽城。在那里,他应前来请他返回那烂陀寺的僧众代表的要求,首次将自己的《入菩提心论》《集学论》《集经论》三书交付他们,抄出流通。晚年,寂天一直在南印度周游弘化(以上见明多罗那他《印度佛教史》)。

　　寂天的著作在北宋就已有传译,但均未题署其名,乃至汉地佛教不知有寂天其人。实际上,由北宋天息灾译出的《菩提行经》二卷(题为“龙树菩萨集颂”),就是寂天的《入菩提心论》;由北宋法护等译的《大乘集菩萨学论》二十五卷(题为“法称菩萨造”)、《大乘宝要义论》十卷(未署作者),就是寂天的《集学论》《集经论》。除此之外,他的著作见存于藏文《大藏经》的,还有《涅槃智经释》《忏罪仪轨》《薄伽梵吉祥金刚持音赞》等(见元布顿《佛教史大宝藏论》)。

　　寂天以后,中观应成派的法嗣不明,但此派的著作,在藏地一直流传至今。

　　(2)中观自续派(又称“自立量派”)。此派由清辨创立,在教法上主张“有立有破”,即在辩论中,先立自宗,后破他宗,用因明论式,正面论证自己的主张,破斥论敌的主张。

　　清辨是南印度摩梨耶罗国人,王族出身,在本地出家,精通三藏。后至中印度,与佛护一起,从僧护(又译“众护”)阿阇梨(意译“轨范师”)听受多种大乘经教和龙树《中论》等论典。回到南印度后,修习殊胜的三摩地(意译“等持”、“定”),先后担任了约五十座寺院的寺主。佛护和清辨共同宗奉龙树的中道无自性学说,各自为《中论》作过注释,但二人在对性空的认识和论证方式上,存在着很大的分歧。从因明上说,佛护是不讲“能立”(指论证,即立论者建立符合规则的论式,来论证自己的主张),只讲“能破”(指反驳,即反驳者如实地显示对方论式的过失,破斥他的主张）；清辨是既讲"能立"，又讲"能破"的。为此，清辨提出了有名的"清辨比量"（又称"掌珍比量"），其偈为："真性有为空，如幻缘生故，无为无有实，不起似空华"，以"比量"（指推理）的形式，正面论证一切有为法、无为法皆为"性空"（见《大乘掌珍论》卷上）。相传，佛护的弟子不多，而清辨的弟子有数千人，故他们的学说在当时极为盛行（见明多罗那他《印度佛教史》）。晚年，清辨隐居于驮那羯磔迦国城南的山岩，专精诵持《执金刚陀罗尼》，后终于石窟（见《大唐西域记》卷十）。他的著作，见存于汉文《大藏经》的，有《般若灯论释》《大乘掌珍论》；见存于藏文《大藏经》的，有《中观心要略义》《中观宝灯论》等（见元布顿《佛教史大宝藏论》）。

　　清辨对瑜伽行派学说持批评态度。在他之前，中观派、瑜伽行派虽然各有师资授受，但并无派系交争。瑜伽行派创始人无著、世亲都将龙树、提婆视为大乘佛教的前辈，而加以尊重。无著为龙树《中论》作释，世亲为提婆《百论》作释，尊称龙树、提婆为"阿阇梨"（意译"轨范师"）。而自清辨起，二大派传承弟子之间经常就中观的"空"与唯识的"有"展开辩论，形成对立和冲突。最有名的一次辩论，是七世纪瑜伽行派安慧的弟子月官，与中观派佛护的再传弟子月称，在那烂陀寺展开的大辩论，往复辩难，历时七年之久，最后，月官获胜（见明多罗那他《印度佛教史》）。

　　清辨去世以后，中观自续派分成二派。一派以寂护（又译"静命"，705—762）、莲华戒（约 740—796）、圣解脱军（一说智藏）为代表，在"识"的问题上，采用与唯识派相同的见解，即在俗谛中承认唯识无境，而在胜义谛中承认一切法皆无自性，被称为"瑜伽行中观自续派"；一派以狮子贤、祇多黎、罗婆跋为代表，在"境"的问题上，采用与经部相同的见解，即在俗谛中承认由微尘集合而成外境，而在胜义谛中承认一切法皆无自性，被称为"经部行中观自续派"(见清土观《土观宗派源流》)。这二派的著作,除莲华戒《广释菩提心论》有汉译本以外,其余都是藏文本。

中观派的根本论典是"四论",即龙树《大智度论》、《中论》、《十二门论》和提婆《百论》。"四论"之名,最早是鸠摩罗什的弟子僧肇提出来的。唐法藏《十二门论宗致义记》卷上说:"肇公(指僧肇)披阅四论,若日月之入怀。彼评云:《百论》广破外道,《门论》(指《十二门论》)广破小乘,《中论》具破内外,《智论》(指《大智度论》)解释大乘。"隋末,吉藏以中观派"三论",即《中论》、《十二门论》、《百论》为根本典据,创立了三论宗,并撰写了《三论玄义》,专门论述"三论"的义旨。受此影响,人们以为中观派的根本论典是"三论",这是一个很大的误解。据检索,在汉地各个宗派撰写的佛教著作中,引用《大智度论》(又称《大智论》、《大论》)至少在千次以上,其实际影响远超"三论",怎么能说《大智度论》不是根本论典呢? 就吉藏本人来说,也承认中观派的根本经典有"四论"。他在《三论玄义》中,有十一次提到"四论",说"四论通显中道理实,并得就理立名;四论同有言教,开通理实,并得以教为称;同有偈句,通得从偈立名";在《大乘玄论》中,又有十二次提到"四论",说"三论唯破不收也,释论(指《大智度论》)亦破亦收者"。也就是说,"三论"都属于"唯破不立"的著作,只从反面破斥他人的主张,不从正面论证自己的主张;而《大智度论》属于"亦破亦立"的著作,既从反面破斥他人的主张,也从正面论证自己的主张。因此,学人若作中观派学说的专题研究,至少应读"四论",最好能读"五论",即将龙树《十住毗婆沙论》也列入研究范围。因为《十住毗婆沙论》所倡导的"易行道"(指称念阿弥陀佛的名号,以求往生西方极乐净土),对净土宗影响极大,为此宗尊奉的要典之一。

三、中观派的教理

中观派的主要教理,有"六波罗蜜"说、"十地"说、"十八空"说、"八不中道"说、"二谛"说等。今以此派论典为据,扼要叙述如下。

(一)"六波罗蜜"说

大乘佛教认为,众生的根性是有上、中、下三种不同,佛所说的教法也有声闻、缘觉、菩萨三乘的差别,"佛以三乘而度众生"(《大智度论》卷六),对声闻根性的人,说"四谛"法,使他证得阿罗汉果;对缘觉根性的人,说"十二因缘"法(或由他无师自悟),使他证得辟支佛果(果位与阿罗汉相等);对菩萨根性的人,说"六度"法,使他证得无上菩提,成为佛。声闻乘、缘觉乘人都以断除自己的烦恼,获得解脱为修行的主要目的,实践的是自利的修行法,故大乘兴起以后,将他们称为"小乘";而菩萨以"上求菩提,下化众生"为修行目的,实践的是自利、利他的修行法,故他们称为"大乘"。大乘菩萨要自利、利他,不仅要以"般若性空"的观点看待一切事物,而且要勤修"六波罗蜜",才能普度众生。因此,"六波罗蜜"既是初期大乘经的主要理论之一,也是中观派的重要思想。

"六波罗蜜",音译又作"六波罗蜜多",意译"六度"、"六到彼岸",指从生死此岸到涅槃彼岸的六种修行方法,即布施、持戒、忍辱、精进、禅定、智慧,"六波罗蜜满(指修行圆满),何等六?檀波罗蜜、尸罗波罗蜜、羼提波罗蜜、毗梨耶波罗蜜、禅波罗蜜、般若波罗蜜"(《大智度论》卷四)。"六波罗蜜"一词,在小乘经中也曾出现过,如说:"具足六波罗蜜,疾成无上正真等正觉"(《增一阿含经》卷十九);"吾(指佛)自无数劫来,行四等心(指四无量心），布施、持戒、忍辱、精进、禅定、智慧，拯济众生，犹自护身"
（《梵摩渝经》）。可见"六波罗蜜"也是佛在世时说过的话，出于
佛的本怀。但原始佛教、部派佛教时期，"六波罗蜜"只是在数百
万字的小乘经论中，偶尔出现过几次的语词，并没有人对此加以
关注，也无专门的论述。而大乘则不同，从初期大乘经问世之时
起，就将"六波罗蜜"列为"菩萨道"（指菩萨修行的道路和方法）
的修行纲目，予以大力阐说、倡导和弘扬。后汉支娄迦谶译《道
行般若经》（又称《小品般若经》）卷九说："六波罗蜜者，佛不可尽
经法之藏，过去、当来、今现在佛，皆从六波罗蜜出生。"姚秦鸠摩
罗什译《摩诃般若波罗蜜经》（又称《大品般若经》）卷一说："菩萨
摩诃萨（指初地以上大菩萨）从初发意行六波罗蜜，住空、无相、
无作法，能过一切声闻、辟支佛地，住阿惟越致地（指不退转地），
净于佛道。"由此可见，初期大乘经《般若经》，无论是《小品》（八
千颂），还是《大品》（二万五千颂），都是将"六波罗蜜"当作大乘
的重要理论，加以论述的。龙树《大智度论》作为《大品般若经》
的注释书，同样以大量的篇幅，论述修行"六波罗蜜"的意义和方
法；由龙树造颂、自在比丘作释的《菩提资粮论》，也有专文阐说
"六波罗蜜"。

　　1. "檀波罗蜜"（又称"檀那波罗蜜"、"布施度"）。指布施到
彼岸，即"一切能施，无所遮碍"（《大智度论》卷四）。布施有"二
施"、"三施"之分。（1）"二施"。指二种布施。一是"财施"，指
将财物施与他人；二是"法施"，指说法度人。二施之中，"法施"
为胜，这是因为"财施有量，法施无量"；"财施有尽，法施无尽"；
"财施之报，净少垢多，法施之报，垢少净多"（《大智度论》卷十
一）。（2）"三施"。指三种布施，即"财施"、"法施"、"无畏施"。
所说的"无畏施"，指不侵害他人，救人厄难，"一切众生皆畏于
死，持戒不害，是则无畏施"（《大智度论》卷十四）。

2."尸罗波罗蜜"（又称"尸波罗蜜"、"持戒度"）。指持戒到彼岸，即"不惜身命，护持净戒"（《大智度论》卷四）。佛教修行者受持的戒律，依在家、出家分为二种。（1）"居家戒"（又称"在家戒"）。指在家人受持的戒法，有二种。一是"五戒"，二是"八戒"。五戒是指在家信佛的男女（优婆塞、优婆夷）受持的五种戒法，即"不杀生"、"不与取"（又称"不偷盗"）、"不邪淫"、"不妄语"、"不饮酒"。"五戒"中，最为重要的是"不杀生"，因为"杀为罪中之重"，"佛说十不善道中，杀罪最在初；五戒中，亦最在初"。八戒又称"八关斋戒"，指在家信佛的男女在每月"六斋日"（八日、十四日、十五日、二十三日、二十九日、三十日）中的一日一夜受持的八种戒法，为在家人所持的出家戒，即"不杀生"、"不盗"、"不淫"、"不妄语"、"不饮酒"、"不坐高大床上"、"不著花鬘璎珞"、"不习歌舞戏乐"。（2）"出家戒"。指出家人受持的戒法，有四种。一是"沙弥、沙弥尼戒"，指沙弥、沙弥尼受持的"十戒"；二是"式叉摩那戒"，指式叉摩那受持的"六法"；三是"比丘尼戒"，指比丘尼受持的具足戒"五百戒"；四是"比丘僧戒"，指比丘受持的具足戒"二百五十戒"。菩萨分为二种。一是"在家菩萨"，指在家的优婆塞、优婆夷之中，修行"菩萨道"者；二是"出家菩萨"，指出家的比丘、比丘尼之中，修行"菩萨道"者。在家菩萨既修"居家戒"，又修"菩萨道"；在家菩萨既修"出家戒"，又修"菩萨道"。因此，菩萨必在"四众"（指比丘、比丘尼、优婆塞、优婆夷）之中，但"四众"未必都是菩萨，不发菩提心（指发起求得无上菩提之心）、不修菩萨道者，不能成为菩萨。"菩萨持戒，心乐善清净，不为畏恶道，亦不为生天，但求善清净，以戒熏心，令心乐善，是为尸罗波罗蜜"（以上见《大智度论》卷十三、卷十四）。

3."羼提波罗蜜"（又称"忍辱度"）。指忍辱到彼岸，即"若人来骂，挝捶割剥，支解夺命，心不起瞋"（《大智度论》卷四）。忍

辱分为二种。(1)"生忍"(又称"众生忍")。指对他人对自己的
毁害或恭敬,能安忍不动,"生忍,名众生中忍,如恒河沙劫等众
生种种加恶,心不瞋恚;种种恭敬供养,心不欢喜"。(2)"法忍"
(又称"无生法忍")。指对诸法无生之理,能安忍不动。"甚深法
中,心无挂碍,是名法忍"(以上见《大智度论》卷六)。

4.“毗梨耶波罗蜜"(又称"精进度")。指精进到彼岸,即
"有大心、勤力"(《大智度论》卷四)。精进分为二种。(1)"身精
进"。指勤修布施、持戒。(2)"心精进",指勤修忍辱、禅定、智
慧。"行布施、持戒,是为身精进;忍辱、禅定、智慧,是名心精进。
复次,外事勤修,是为身精进;内自专精,是为心精进。粗精进名
为身;细精进名为心。为福德精进名为身(精进);为智慧精进是
为心(精进)"(《大智度论》卷十六)。

5.“禅波罗蜜"(又称"禅那波罗蜜"、"禅定度")。指禅定到
彼岸,即"禅定中得自在"(《大智度论》卷四)。"禅定"的种类很
多,主要有"四禅"、"四无色定"等。(1)"四禅"。指色界的四种
根本禅定,即"初禅"、"第二禅"、"第三禅"、"第四禅"。(2)"四
无色定"。指无色界的四种根本禅定,即"空处定"(又称"空无边
处定")、"识处定"、"无所有处定"、"非有想非无想定"(又称"非
想非非想处定")。(3)"二无心定"。指能止息前六识活动的二
种禅定。一是"无想定",指凡夫、外道所修的能止息前六识活
动、但仍有"染污意"的禅定;二是"灭尽定",指佛教圣者所修的
能灭除前六识和"染污意"一切活动的禅定。(4)"三解脱门"。
指能入解脱的三种禅定。一是"空解脱门",指观察诸法自性空
寂的禅定;二是"无相解脱门",指观察诸法无差别相的禅定;三
是"无作解脱门",指对诸法无所愿乐造作的禅定。"三解脱门,
摩诃衍中是一法,以行因缘故,说有三种。观诸法空是名空;于
空中不可取相,是时空转名无相;无相中不应有所作,为三界生,

是时无相转名无作"(《大智度论》卷二十)。

6."般若波罗蜜"(又称"智慧度")。指智慧到彼岸,即"菩萨大心,思惟分别"(《大智度论》卷四)。"般若波罗蜜"所说的智慧,不是指一般的智慧,而是指能证知"诸法实相"的"大智慧","诸菩萨从初发心求一切种智(指佛智),于其中间,知诸法实相慧,是般若波罗蜜"(《大智度论》卷十八)。"诸法实相",指一切事物的真实体相,它是不能通过见闻念知得到的,只能通过修行般若波罗蜜而体证,"诸法实相者,不可以见闻念知能得。何以故? 六情、六尘,皆是虚诳因缘果报,是中所知所见,皆亦虚诳"(同上)。因此,般若波罗蜜是总摄其余五种波罗蜜的,"若无般若波罗蜜,五波罗蜜不得波罗蜜名字;因般若波罗蜜,五波罗蜜得波罗蜜名字";"般若波罗蜜于五波罗蜜中,最上最妙"(《大智度论》卷八十二)。

此外,龙树《菩提资粮论》还以初期大乘经《华严经》为依据,论述了"十波罗蜜"理论。"十波罗蜜",是在"六波罗蜜"的基础上增加"四波罗蜜"而成的。一是"巧方便波罗蜜",指善巧方便到彼岸,为"檀波罗蜜"(布施)、"尸罗波罗蜜"(持戒)、"羼提波罗蜜"(忍辱)的助伴;二是"愿波罗蜜",指誓愿到彼岸,为"毗梨耶波罗蜜"(精进)的助伴;三是"力波罗蜜",指力用到彼岸,为"禅波罗蜜"(禅定)的助伴;四是"智波罗蜜",指智到彼岸,为"般若波罗蜜"(智慧)的助伴。般若波罗蜜也总摄这四种波罗蜜,"此四波罗蜜,皆是般若波罗蜜所摄"(见《菩提资粮论》卷二)。

(二)"十地"说

"十地",分为"三乘共十地"、"菩萨十地"二种。"三乘共十地",为《摩诃般若波罗蜜经·发趣品》所说,由龙树《大智度论》阐述;"菩萨十地",为《十地经》(即《华严经·十地品》)所说,由龙树《十住毗婆沙论》阐述。

　　1."三乘共十地"。指声闻、辟支佛(又称"缘觉")、菩萨三乘共修的十个阶位。(1)"乾慧地"。指声闻的"三贤位"(即修习五停心观、别相念住、总相念住的阶位);菩萨从"初发心"至未得"顺忍"(又称"柔顺忍")之前的阶位。"乾慧地有二种:一者声闻,二者菩萨。声闻人独为涅槃故,勤精进持戒,心清净,堪任受道,或习观佛三昧、或不净观,或行慈悲、无常等观,分别集诸善法,舍不善法。虽有智慧,不得禅定水,则不能得道,故名乾慧地;于菩萨,则初发心乃至未得顺忍"(《大智度论》卷七十五)。(2)"性地"。指声闻的"四善根位"(即修习暖法、顶法、忍法、世第一法的阶位);菩萨的"顺忍"(又称"柔顺忍")位。"性地者,声闻人,从暖法乃至世间第一法;于菩萨,得顺忍,爱著诸法实相,亦不生邪见,得禅定水"。(3)"八人(忍)地"。指声闻的"见道十五心"(即"四沙门果"之前预修的"预流向")位;菩萨的"无生法忍"位。"八人(忍)地者,从苦法忍乃至道比(类)忍,是十五心;于菩萨,则是无生法忍,入菩萨位"。(4)"见地"。指声闻的"须陀洹果"(即"四沙门果"的初果"预流果")位;菩萨的"阿鞞跋致地"(指"不退转地")位。"见地者,初得圣果,所谓须陀洹果;于菩萨,则是阿鞞跋致地"。(5)"薄地"。指声闻的"斯陀含果"(即"四沙门果"的第二果"一来果")位;菩萨过"阿鞞跋致地",但尚有少量烦恼习气的阶位。"薄地者,或须陀洹,或斯陀含,欲界九种烦恼分断故;于菩萨,过阿鞞跋致地乃至未成佛,断诸烦恼,余气亦薄"。(6)"离欲地"。指声闻的"阿那含果"(指"四沙门果"的第三果"不还果")位;菩萨断离欲界烦恼得"五神通"的阶位。"离欲地者,离欲界等贪欲诸烦恼,是名阿那含;于菩萨,离欲因缘故,得五神通"。(7)"已作地"。指声闻的"阿罗汉果"(指"四沙门果"的第四果"无学果")位;菩萨成就"佛地"的阶位。"已作地者,声闻人得尽智、无生智,得阿罗汉;于菩萨,成就佛

地"。(8)"辟支佛地"。指辟支佛独自观察"十二因缘"而得道
的阶位。"辟支佛地者,先世种辟支佛道因缘,今世得少因缘出
家,亦观深因缘法成道,名辟支佛"。(9)"菩萨地"。指菩萨从
最初发心至成佛之前的阶位,即"三乘共十地"中的前六地(从
"乾慧地"至"离欲地"),"菩萨十地"中的十地(从"欢喜地"至"法
云地")。"菩萨地者,从乾慧地乃至离欲地,如上说。复次,菩萨
地,欢喜地乃至法云地,皆名菩萨地"。(10)"佛地"。指菩萨修
行圆满所成就的佛位。"佛地者,一切种智(指佛智)等诸佛法,
菩萨于自地(指菩萨地)中行具足,于他地中观具足,二事具故名
具足"(以上见《大智度论》卷七十五)。

2."菩萨十地"。指大乘菩萨修行的十个阶位。(1)"欢喜
地"。指菩萨始得善法(指证知"人空"、"法空"之理),心生欢喜,
成就"檀波罗蜜"(布施)的阶位。"菩萨在初地,始得善法味,心
多欢喜,故名欢喜地"(《十住毗婆沙论》卷一)。(2)"离垢地"
(又称"净地")。指菩萨修行"十善道"(指"不杀生"等),离诸尘
垢(指烦恼),成就"尸罗波罗蜜"(持戒)的阶位。"第二地中,行
十善道,离诸垢,故名离垢地"。(3)"明地"(又称"发光地")。
指菩萨广博德学,为众说法,成就"羼提波罗蜜"(忍辱)的阶位。
"第三地中,广博德学,为众说法,能作照明,故名为明地"。
(4)"焰地"(又称"焰慧地")。指菩萨布施持戒,多闻转增,成就
"毗梨耶波罗蜜"(精进)的阶位。"第四地中,布施持戒,多闻转
增,威德炽盛,故名为炎地"。(5)"难胜地"。指菩萨以出世智,
能度难度,成就"禅波罗蜜"(禅定)的阶位。"第五地中,功德力
盛,一切诸魔不能坏,故名难胜地"。(6)"现前地"。指菩萨逆
顺观缘(指十二因缘),得法现前,成就"般若波罗蜜"(智慧)的阶
位。"第六地中,障魔事已,诸菩萨道法皆现在前,故名现前地"。
(7)"深远地"(又称"远行地")。指菩萨随方应化,成就"方便波

罗蜜"的阶位。"第七地中,去三界远,近法王位,故名深远地"。
(8)"不动地"。指菩萨忍智自如,成就"愿波罗蜜"的阶位。"第
八地中,若天魔梵、沙门、婆罗门,无能动其愿,故名不动地"。
(9)"善慧地"。指菩萨通力自在,成就"力波罗蜜"的阶位。"第
九地中,其慧转明,调柔增上,故名善慧地"。(10)"法云地"。
指菩萨大智圆明,成就"智波罗蜜"的阶位。"第十地中,菩萨于
十方无量世界,能一时雨法雨,如劫烧已普澍大雨,名法云地"
(以上见《十住毗婆沙论》卷一等)。

　　虽说菩萨以成佛、证涅槃为修行的最高目标,但菩萨又以救
度一切众生为誓愿,在一切众生未获救度之前,对涅槃只修行而
不取证,不独入涅槃。"(菩萨)发如是心:我当利益诸众生,度
脱诸众生,虽修三解脱门,不应于涅槃作证","不能自向涅槃城
者,(众生)未涅槃故,我于涅槃不应独入"(《菩提资粮论》卷四)。
这显示了菩萨超越声闻、缘觉的思想境界。

　　(三)"十八空"说

　　龙树既正面论述大乘佛教的"六度"、"十地"等理论,同时为
了避免人们对一切法,包括世间法、出世间法产生执著,又特别
强调"诸法性空"、"不可得"。在《大智度论》中,仅"空"字,就出
现六千二百多次,次数之多位居各种术语之冠。故人们将中观
派称为"大乘空宗",而将主张"万法唯识"的瑜伽行派称为"大乘
有宗",也是于事有据的。《大智度论》所论述的般若性空说,以
"十八空"为最有名。"十八空"一词,源出于《大品般若经》,经龙
树的阐解,使之成了"空"论的终极之说,乃至后人托名龙树,编
集了《十八空论》一书,流传于世。

　　"十八空",指一切法的十八种空性,即"内空、外空、内外空、
空空、大空、第一义空、有为空、无为空、毕竟空、无始空、散空、性
空、自相空、诸法空、不可得空、无法空、有法空、无法有法空"

（《大智度论》卷三十一）。(1)"内空"。指"内法"为空。"内法"，指"内六入"，即眼、耳、鼻、舌、身、意。因它们由众缘和合而生，"无有自性"，故称为空。(2)"外空"。指"外法"为空。"外法"，指"外六入"，即色、声、香、味、触、法。因它们由众缘和合而生，"无有自性"，故称为空。(3)"内外空"。指"内外法"为空。"内外法"，指"内六入"、"外六入"，即"十二入"。因它们由众缘和合而生，"无有自性"，故称为空。(4)"空空"。指"空"为空，即在以"空"破除对一切事物的执著之后，"空"亦应舍弃，不可执著，"空空者，以空破内空、外空、内外空，破是三空，故名为空空"，"空破五受众（指五蕴），空空破空"。(5)"大空"。指"十方"为空。"十方"，指东、西、南、北、东南、西南、东北、西北、上、下，因它们是为分别事物的方位而施设的"假名"，"四大造色和合中，分别此间、彼间等，假名为方"，故称为空。(6)"第一义空"（又称"胜义空"、"真实空"）。指"第一义"为空。"第一义名诸法实相，不破不坏故，是诸法实相亦空。何以故？无受无著故"，也就是说，因诸法实相"无受无著"，故称为空。(7)"有为空"。指"有为法"为空。"有为法"，指有因缘造作、生灭变化的非常住事物，因有为法"常相不可得"，故称为空。(8)"无为空"。指"无为法"为空。"无为法"，指无因缘造作、生灭变化的常住事物，它是有为法的"实相"，"离有为，则无无为"，"有为法"既空，"有为法"亦空。(9)"毕竟空"。指一切事物终究（最终结果）为空。因"三世中，无有一法定实不空"，"一切法毕竟不可得"，故称为"毕竟空"。(10)"无始空"。指一切事物无始以来为空。"无始"，指一切事物没有元始（即本初），因"世间若众生、若法，皆无有始"，故称为"无始空"。(11)"散空"。指一切事物的离散为空。"散"，指"离散"，因诸法众缘和合而有，众缘离散则无，故称为"散空"。(12)"性空"。指一切事物的自性为空。

因"性名自有,不待因缘,若待因缘,则是作法,不名为性,诸法中
皆无性",故称为"性空"。(13)"自相空"。指一切事物的体相
为空。一切事物的体相有"总相"、"别相"二种,"总相",指"无
常、苦、空"等;"别相",指"地坚相、火热相、水湿相、风动相"等,
"说自相空,即法体空",因"诸相皆空",故称为"自相空"。
(14)"诸法空"(又称"一切法空")。指一切事物为空。因"诸法
无有定相",故称为"诸法空"。(15)"不可得空"。指一切事物
不可得为空。因"一切法乃至无余涅槃不可得",故称为"不可得
空"。(16)"无法空"。指一切事物灭时为空。因灭时为"无",
故称为"无法空"。(17)"有法空"。指一切事物生时、住时为
空。因生时、住时为"有",故称为"有法空"。(18)"无法有法
空"。指一切事物生时、住时、灭时为空。因"生无所得,灭无所
失",故称为"无法有法空"(以上见《大智度论》卷三十一)。

(四)"八不中道"说

"八不中道"(又称"八不缘起"),指由"八不"显示的中道正
观,即"不生不灭"、"不常不断"、"不一不异"、"不来不出"(见《中
论》卷一;《大智度论》卷五引作"不来不去")。"八不"所说的"不
生"、"不灭"等词,是大小乘经典中常见的语词,但将它们分作四
对,作为对治众生八种偏执的中道观提出来,则是龙树。龙树
《中论》初首二偈说:"不生亦不灭,不常亦不断,不一亦不异,不
来亦不出。能说是因缘,善灭诸戏论(指无益的言论),我稽首礼
佛,诸说中第一。"其中的初偈,说的就是"八不中道",后人称之
为"八不偈"。"八不"所破斥的,是世人将一切事物执著为实有
"生"(指生起)与"灭"(指坏灭)、"常"(指恒常)与"断"(指断灭)、
"一"(指同一)与"异"(指差异)、"来"(指外来,即外道认为"众生
苦乐、万物生灭,皆从自在天来",见隋吉藏《中观论疏》卷二
"本")与"出"(指内出,即外道认为"苦乐之果,皆是我之自作,我

之自受")八种相状,并将它们对立起来的见解。龙树从般若性
空的立场出发,认为一切事物都是由众缘和合而生,没有自性
的,因而都是"不生不灭"乃至"不来不出"的。并认为,"八不"以
"不生"(又称"无生")为根本。一切事物如果没有"生",就不会有
"灭";如果没有"生"与"灭"(即"不生不灭"),也就不会有"常"与
"断"、"一"与"异"、"来"与"出"六事。"生相决定不可得,故不生",
"若无生,何得有灭? 以无生无灭故,余六事亦无"(《中论》卷一)。

　　"八不中道",后来也成为由隋吉藏创立的三论宗的主要理
论之一。他评价"八不中道"说:"八不即是中道佛性";"八不者,
盖是正观之旨归,方等之心骨,定佛法之偏正,示得失之根原"
(以上见《中观论疏》卷一"本"、卷二"本")。

(五)"二谛"说

　　"二谛",指二种真理(真实不虚的道理),即"俗谛"、"第一义
谛"。"俗谛"(又称"世俗谛"),指世俗的真理,"世俗谛者,一切
法性空,而世间颠倒故,生虚妄法,于世间是实";"第一义谛"(又
称"真谛"),指殊胜的真理,"诸贤圣真知颠倒性,故知一切法皆
空无生,于圣人是第一义谛,名为实"(以上见《中论》卷二)。《摩
诃般若波罗蜜经》卷二十五说:"菩萨摩诃萨住二谛中,为众生说
法,世谛、第一义谛";《中论》卷四也说:"诸佛依二谛,为众生说
法,一以世俗谛,二第一义谛。"由此可见,龙树是依据《般若经》
而说"二谛"义的。依《中论》所说,"二谛"是佛为教化众生而施
设的言教,即依"俗谛"而说"有",依"第一义谛"而说"空"。但
"有",并非实有,而是"假有",因为一切事物都是由众缘和合而
生的,并无实在的自体,由此呈现的事物的表象也是不真实的;
"空",指事物无自性,并不是独立的实体,对它也不能起执,这就
是前述"十八空"中的"空空",即在以"空"破"有"之后,"空"亦应
舍弃,不可执著。"第一义皆因言说,言说是世俗",也就是说,

"第一义谛"必须依靠"言说",才能表述,而"言说"都是世俗的,所以,"若不依俗谛,不得第一义,不得第一义,则不得涅槃"(以上见《中论》卷四)。

龙树在论述"二谛"时,还说:"众因缘生法,我说即是空(《大正藏》本误作"无"),亦为是假名,亦是中道义"(《中论》卷四)。虽说一切缘生法(即有为法)皆无自性,本性是空寂的,但由言说表述的事物的"假名"还是有的,不能将"空"理解为如龟毛兔角一般的定无。只有将一切缘生法看作是"空"、"假名"二者不可分离,才符合真正的"中道"义。天台宗创始人智顗以《中论》此偈所说的"空"、"假名"、"中"三义为依据,建立了"一心三观"、"三谛圆融"学说(见《妙法莲华经玄义》卷三、卷七),它们也成了天台宗的主要教义之一。

四、本 部 大 略

大乘中观部,共收录以中观派论师为主撰作的大乘论三十六部二百六十二卷。分为三门。在"中观派集义论"所收论典中,《顺中论》为无著造;《大乘中观释论》为安慧造;《百论》中的注释为世亲造;《广百论释》为护法造。无著、世亲、安慧、护法四人,都是瑜伽行派论师,不属于中观派,这些著作本应编入《大乘瑜伽部》,但考虑到它们都是龙树《中论》、提婆《百论》的注释书,原著与注释书编在一起,有利于研读,故作为特例,也将它们列于《中论》《百论》名下。至于作者小传,除世亲、安慧已见《小乘阿毗达磨部》以外,无著、护法的小传,仍然列于《大乘瑜伽部》相关论典之下,以便研究者查阅。

(一)中观派释经论
此类典籍总计有二部一百十七卷。

(1)姚秦鸠摩罗什译《大智度论》一百卷。《摩诃般若波罗蜜经》的注释书,论述以修行"六波罗蜜"为核心的大乘"菩萨道"理论,分为九十品,始《释初品》,终《释嘱累品》,采用经文、释文对应编排的方式编纂,其中,《释初品》五十二篇广释事数名相,最为翔实切用。(2)姚秦鸠摩罗什译《十住毗婆沙论》十七卷。《十地经》(又名《华严经·十地品》)的注释书,论述"菩萨十地"等理论,传今的本子只释至第二地"离垢地"便告中止,书中提出的有关称念阿弥陀佛的名号,能往生西方极乐净土的说法,后来成为净土宗的重要典据,影响至为深远。

（二）中观派集义论

此类典籍总计有三十一部一百四十一卷。

(1)姚秦鸠摩罗什译《中论》四卷。论述"八不中道"(又称"八不缘起")理论,分为二十七品,始《观因缘品》,终《观邪见品》,共收录四百四十六偈,今本为收有龙树《中论》本颂和青目释文的注释本,它是三论宗所依据的根本经典"三论"之一。(2)北魏般若流支译《顺中论》二卷。《中论》最初二偈(含"八不中道"偈)的注释书,为瑜伽行派无著所作。(3)唐波罗颇蜜多罗译《般若灯论释》十五卷。《中论》全本的注释书,为中观派清辨所作,分为二十七品,始《观缘品》,终《观邪见品》,采用偈颂与长行解释对应编排的方式编纂,所译的《中论》品名和偈颂,与姚秦鸠摩罗什译本相比,存在着诸多差异。(4)北宋惟净等译《大乘中观释论》十八卷。《中论》全本的注释书,为瑜伽行派安慧所作,分为二十七品,始《观缘品》,终《观诸见品》,采用偈颂与长行解释对应编排的方式编纂,所译的《中论》品名和偈颂,与姚秦鸠摩罗什译本相比,出入颇多。(5)姚秦鸠摩罗什译《十二门论》一卷。《中论》的纲要书,分为十二门,始《观因缘门》,终《观生门》,前三门论"性空",次六门论"无相",后三门论"无作",为三论宗所依据的根本经典"三论"之一。

（6）陈真谛译《宝行王正论》一卷。论述国王应当如何修行正法的偈颂集，由龙树对宝行王说，分为五品，始《安乐解脱品》，终《出家正行品》，共收录五百十五颂，所述以大乘义为主。（7）刘宋求那跋摩译《龙树菩萨为禅陀迦王说法要偈》一卷。龙树以偈颂的形式，写给宝行王的书信，时称《密友书》，共收录一百十一颂，所述除"六度"以外，基本上都是原始佛教的教义。（8）刘宋僧伽跋摩译《劝发诸王要偈》一卷。前书的异译本，共收录一百三十六颂。（9）唐义净译《龙树菩萨劝诫王颂》一卷。前书的异译本，共收录一百二十七颂半。（10）北魏般若流支译《一输卢迦论》一卷。论述"诸法无常"，自体空寂问题，由龙树自撰的"体自体无常"偈及其解释构成，书名"一输卢迦"，意为"一偈"。（11）隋达摩笈多译《菩提资粮论》六卷。论述修集趣证"无上菩提"的资粮（指条件）问题，今本为收有龙树《菩提资粮论》本颂和自在比丘释文的注释书，不立品目，采用偈颂与长行解释对应编排的方式编纂。

（12）北宋施护译《大乘破有论》一卷。论述"诸法无实体"（指一切事物没有实在的自体）问题。（13）北宋施护译《六十颂如理论》一卷。论述"智观性无性"（指以智慧观察事物的法性即是无自性）问题的偈颂集，共收录六十七颂。（14）北宋施护译《大乘二十颂论》一卷。论述"第一义无生"（指一切法皆无生为第一义，即是真谛）问题的偈颂集，共收录二十四颂。（15）北宋施护译《赞法界颂》一卷。论述"速成法界性"（指疾速证得法界体性）问题的偈颂集，共收录八十七颂。（16）北宋施护译《广大发愿颂》一卷。论述"愿我最后得成佛"（指菩萨以救度一切众生为誓愿，在一切众生未获救度之前不成佛）问题的偈颂集，共收录三十八颂。（17）北宋施护译《菩提心离相论》一卷。论述发起"菩提心"(指求得无上菩提之心),远离诸法差别相问题。(18)北宋日称等译《福盖正行所集经》十二卷。论述"福盖正行"(指修习福德正行)问题,由辑录各种佛说、经言编集而成,不立品目,引文大多不注出处。

(19)姚秦鸠摩罗什译《百论》二卷。专破印度外道异执,由瑜伽行派世亲作释,分为十品,始《舍罪福品》,终《破空品》,采用"外曰"(指外道)与"内曰"(指提婆)往复问答辩难的方式编纂,为三论宗所依据的根本经典"三论"之一。(20)北魏菩提流支译《百字论》一卷。《百论》的纲要书,由《百字论》本颂和提婆弟子的释文构成,前部分是长行,即《百字论》的注释,后部分是偈颂(前四颂半为《百字论》注释的结颂,后五颂半为《百字论》的本颂)。(21)唐玄奘译《广百论本》一卷。《四百论》全本十六品中后八品的偈颂,共收录二百颂,分为八品,始《破常品》,终《教诫弟子品》,前七品为破邪,破斥外道(偶及小乘)的各种执见,后一品为显正,论述大乘的胜义空理论。(22)唐玄奘译《大乘广百论释论》十卷。《广百论》的注释书,为瑜伽行派护法所作,分为八品,始《破常品》,终《教诫弟子品》,采用"颂曰"(《广百论》本颂)与"论曰"(护法注释)对应编排的方式编纂。(23)北魏菩提流支译《提婆菩萨破楞伽经中外道小乘四宗论》一卷。破斥外道四宗(指数论派、胜论派、耆那教初祖、中兴之祖)在诸法因果问题上所持的四种执见,系据《入楞伽经》卷三《集一切佛法品》所说的,外道对诸法因果持"一、异、俱、不俱"四种执见演绎而来。(24)北魏菩提流支译《提婆菩萨释楞伽经中外道小乘涅槃论》一卷。述说二十种外道(指方论师、风论师、围陀论师、裸形外道等)在"涅槃"问题上的不同观点,系据《入楞伽经》卷六《涅槃品》所说的、外道"以何等法名为涅槃"的十九种观点演绎而来。

(25)北凉道泰译《大丈夫论》二卷。论述菩萨"以悲心为

体,常乐惠施"问题,书名中的"大丈夫",指"修福、修悲、修智"的
菩萨,分为二十九品,始《施胜品》,终《胜发愿品》。(26)北凉道
泰译《入大乘论》二卷。破斥"大乘者是魔所说"的质难,论述"菩
萨十地"等大乘义,分为三品,始《义品》,终《顺修诸行品》,采用
自设问答,偈颂与长行相结合的方式编纂。(27)北宋法护等译
《大乘集菩萨学论》二十五卷。论述菩萨如何修行"六波罗蜜多"
问题,系辑录大乘经中相关文段编集而成,分为十八品,始《集布
施学品》,终《念三宝品》,书题"法称菩萨造",但据元布顿《佛教
史大宝藏论》等记载,实为寂天所作。(28)北宋法护等译《大乘
宝要义论》十卷。论述菩萨如何修行"正法"问题,系辑录大乘经
中相关文段编集而成,汉译本未署作者,但据明多罗那他《印度
佛教史》记载,实为寂天编集,不分品类,以问答为导引,建立论
题,然后广引各种佛经的文段,作为解释。(29)北宋天息灾译
《菩提行经》二卷。论述如何"发菩提心",修行"六波罗蜜多"问
题的偈颂集,书题"龙树菩萨集颂",但据元布顿《佛教史大宝藏
论》等记载,实为寂天所作,分为八品,始《赞菩提心品》,终《菩提
心回向品》,共收录七百七十六颂。(30)北宋施护译《广释菩提
心论》四卷。论述"发菩提心"问题,采用辑引经文,穿插议论的
方式编纂,其内容相当于藏译莲华戒《三种修习次第》三编中的
上编。(31)北宋法天译《菩提心观释》一卷。论述"菩提心"的
体性问题,汉译本未署作者,但据藏译本所题,实为莲华戒所作。

　　(三)中观派因明论

　　此类典籍总计有三部四卷。

　　(1)北魏吉迦夜等译《方便心论》一卷。论述"八种论法"
(指立论的八种方法)等因明理论,分为四品,始《明造论品》,终
《相应品》。(2)北魏毗目智仙等译《回诤论》一卷。破斥外道正
理派关于"量"(认识)与"所量"(认识对象)的理论,论述"一切法

空无自体"问题,由七十二偈及其长行解释构成。(3)唐玄奘译《大乘掌珍论》二卷。以"掌珍比量"(又称"清辩比量","比量"指推理)的形式,正面论证"有为空"、"无为空"理论,对外道、小乘、大乘"相应论师"(指瑜伽师)等十六种执见,以及他们对"掌珍比量"的诘难,一一作了破斥。

五、备 考 书 目

有关中观派论书的研究著作,除本藏《小乘阿毗达磨部·总叙》已叙列的各种印度佛教史著作以外,还有:现代印顺《初期大乘佛教之起源与开展》(中华书局 2011 年 10 月版);日本山口益《般若佛教史》(肖平等译,上海古籍出版社 2006 年 7 月版)等。

第一门　中观派释经论

第一品　般若类：姚秦鸠摩罗什译
《大智度论》一百卷

《大智度论》，又名《摩诃般若波罗蜜经释论》《摩诃般若释论》《大慧度经集要》《智度论》《大智论》《释论》《大论》等，一百卷。印度龙树造，姚秦鸠摩罗什译，弘始四年(402)至弘始七年(405)译出。梁僧祐《出三藏记集》卷二著录。载于《丽藏》"作"至"正"函、《宋藏》"圣"至"空"函、《金藏》"作"至"正"函、《元藏》"圣"至"空"函、《明藏》"傅"至"叔"函、《清藏》"傅"至"叔"函、《频伽藏》"往"帙，收入《大正藏》第二十五卷。

龙树(约150—250)，梵文音译"那伽阅剌树那"、"阿周陀那"，意译又作"龙猛"、"龙胜"，南天竺(印度)人，为婆罗门种姓。幼小熟诵婆罗门教的根本经典"四吠陀"，弱冠驰名，独步诸国，天文地理、图纬秘谶，及诸道术，无不悉综。初学外道异术，与契友三人一起，潜入王宫，侵凌宫女。事发，契友三人均被国王斩杀，仅龙树一人幸免，自此始悟"欲为苦本，众祸之根，败德危身，皆由此起"。龙树从王宫脱身后，入山诣佛塔，出家受戒。九十日中，诵尽三藏(指小乘三藏)。随后入雪山，从山上佛塔中的一位老比丘那里，获得了大乘经，虽诵受知义，但未获道证。以后，周游诸国,更求余经。由于他富有辩才,善能言论,所履之处,外道论师、小乘义宗,皆被折伏,由此也引生了他的"邪慢心",自称"一切智人",欲择日选时,为弟子"受(授)新戒,著新衣",依附佛法,另立一派。大龙菩萨得知他的心念后,将他引入龙宫,授以深奥的大乘经。在那里,龙树看到了许多未曾见闻的大乘经,从此打消了另立门户的念头,转而专弘大乘。龙树后来在南天竺,大弘佛法,摧伏外道,成为大乘佛教在印度各地传播的最有力的推动者,大乘中观派的创始人(《付法藏因缘传》卷五将他列为付法藏第十三祖)。南天竺憍萨罗国娑多婆诃王(又称"娑多婆汉那王"、"引正王")对龙树十分敬重,特地在跋逻末罗耆厘山(又称"黑蜂山"),为他凿山造寺。长廊步檐,崇台重阁,阁有五层,层有四院,并建精舍,各铸金像,量等佛身,妙穷工思。在此山,他将正法传付于提婆。相传,龙树的寿命很长,至少有一百多岁。后来,有一个深怀嫉恨的小乘法师,当面以实不愿龙树"久住此世"相逼,龙树知晓其意,退入静室后自杀(此据《龙树菩萨传》,《大唐西域记》卷十则说,龙树是受憍萨罗国娑多婆诃王的太子所逼而自杀的)。龙树去世以后,南天竺诸国都为他兴建寺庙,将他当作佛一样来供奉。佛教传入中国以后,龙树也成为隋唐佛教各宗共同尊奉的西天诸祖之一。

　　龙树一生著述宏富,有"千部论主"之称。其著作见存于汉文《大藏经》的,有二十种(内有二种重译经,实为十八种),主要有《大智度论》《十住毗婆沙论》《中论》《十二门论》《菩提资粮论》《宝行王正论》《回诤论》等;见存于藏文《大藏经》的,有一百十八种,主要有《广破论》《无畏论》《七十空性论》《普贤行愿王经注》《忏悔经释》《稻秆经摄颂根本释》《发菩提心仪轨》《修德利益颂》《为王所说宝鬘论》《修习次第》《法界赞》《出世间赞》《三身赞》《三宝及十二事业吉祥颂》等。但并不是所有题署"龙树菩萨造"

的著作,都是龙树所作,有些则是龙树的后学或仰慕者托名编撰的,须加甄别,如题为"龙树菩萨造"的《菩提行经》《十八空论》等,均非龙树所作。生平事迹见姚秦鸠摩罗什译《龙树菩萨传》、北魏吉迦夜等译《付法藏因缘传》卷五、唐玄奘《大唐西域记》卷八和卷十(书中将"龙树"译作"龙猛")、义净《南海寄归内法传》卷四、元布顿《佛教史大宝藏论》(郭和卿译,民族出版社1986年3月版)等。有关龙树的生卒年月,佛教史传阙载,本文之初所出的生卒年,采用的是印顺《印度佛教思想史》(中华书局2010年6月版)、日本宇井伯寿《印度佛教思想史》(印海译,贵州大学出版社2013年12月版)、平川彰《印度佛教史》(显如等译,贵州大学出版社2013年8月版)、佐佐木教悟等《印度佛教史概说》(杨曾文等译,复旦大学出版社1981年10月版)等书一致的推定。

　　本书是《摩诃般若波罗蜜经》的注释书。《摩诃般若波罗蜜经》略称《大品般若经》,为大乘般若类经典之一。般若类经典是《大藏经》中卷帙最多的一大部类,它的最大丛书是唐玄奘译的《大般若经》六百卷,分为十六会。其中,相当于第四会的《小品般若经》(八千颂)、相当于第二会的《大品般若经》(二万五千颂)、相当于第九会的《金刚般若经》(三百颂),成立于公元前一世纪左右,是最早形成的般若类经典,也是初期大乘经之一,其余各会都是此后的四五百年间陆续产生的。这些经典起先都是以单行本的形式流传于印度,直至七世纪中叶,才由唐玄奘合译成六百卷的大经。本书所释的《摩诃般若波罗蜜经》,论述以修行"六波罗蜜"(又称"六度",指从生死此岸到涅槃彼岸的六种修行方法)为核心的大乘"菩萨道"理论。经名中的"摩诃",意为"大";"般若",意为"智慧";"波罗蜜",意为"度"、"到彼岸";"摩诃般若波罗蜜"意为"大智慧到彼岸"、"大智度"。此经的梵本,有二万五千颂（依本书卷一百《释嘱累品》所说，则是"二万二千颂"；此处所说的"颂"，是指"首卢偈"，即不论长行或偈颂，只要满三十二字，亦即梵文三十二个音节，便是一颂）。它的汉译本，今存的有四种：西晋竺法护译《光赞般若波罗蜜经》十卷（分为二十七品）；西晋无罗叉译《放光般若波罗蜜经》二十卷（分为九十品）；姚秦鸠摩罗什译《摩诃般若波罗蜜经》二十七卷（分为九十品）；唐玄奘译《大般若经》卷四百一至卷四百七十八（即第二会，总计七十八卷，分为八十五品）。其中，鸠摩罗什译本为通行本，流传最广。本书所释的经文，大致相当于鸠摩罗什所译的《摩诃般若波罗蜜经》，但有些品名与经文略有出入。

据当时参与译经的姚秦僧叡《序》说，《大智度论》的梵文略本有十万偈，每偈三十二字，约有三百二十万字，若全部译出，将有一千多卷。鸠摩罗什认为，华夏之士喜欢简洁扼要的叙述，不习惯冗长繁琐的议论，因而只选译了其中的三十万字，编为一百卷。全书分为九十品。其中，第一品《释初品》作三十四卷，下分五十二篇，广释事数名相，内容最为翔实切用，故译者是依照梵本全译的；第二品《释奉钵品》至第九十品《释嘱累品》作六十六卷，由于这八十九品的思想内容与《释初品》大多是重复的，只是语句表述略有不同而已，故译者是在保留原书经文的前提下，对释文加以节译的。全书采用随文作释（即依照原著的叙述次第，分段或分句摘录经文，加以解释），经文（句首冠有【经】的标记）、释文（句首冠有【论】的标记）对应编排的方式编纂。释文不仅诠释经文的语义，而且广征博引，对经文所含的义理，作深入细密的分析、引申和拓展性论述。在《释初品》下的一些小品中，经文只有短短的一句话数十字，而释文却有一至二卷，论释之繁细，叹为观止。此外，译文中时有一些标以"秦言"如何的释词，用来说明梵文音译名词的含义，这些释词很可能是译者在翻译时作

的解释,大多相当于为"意译",僧睿等人在笔受时将它们合入
正文。

本书是龙树的晚年著作,从卷五所引的"不生不灭,不断不
常,不一不异,不去不来。因缘生法,灭诸戏论,佛能说是,我今
当礼"二偈,就是《中论》初首的"不生亦不灭,不常亦不断,不一
亦不异,不来亦不出。能说是因缘,善灭诸戏论,我稽首礼佛,诸
说中第一"二偈来看,本书当成于《中论》之后。《中论》大多是用
否定性的语言,破斥一切执著,包括对空与有、生死与涅槃等法
的执著;而本书在《释初品》等品中,则大多是用肯定性的语言,
正面阐说各种事数名相的,其写作风格,与龙树所撰的《十住毗
婆沙论》《菩提资粮论》等书是一致的,而与《中论》有着明显的差
异,从而说明龙树讲的是远离空、有二边的中道观,并非纯粹的
偏空学说,如同东晋僧肇所说,"《中论》具破内外(指小乘、外
道),《智论》解释大乘"(唐法藏《十二门论宗致义记》卷上引)。
书中广泛征引了原始佛教、部派佛教、初期大乘佛教,以及古印
度思想文化领域中的大量的珍贵资料,对佛教的历史、传说、人
物、流派、教理、修持、经典、术语等,作了详尽的阐释;对"声闻"、
"辟支佛"、"菩萨"三乘在教义与修行上的同异,作了透彻的对比
分析;对"六波罗蜜"理论,作了系统的论述。龙树指出,佛对大
众所说的教法是平等的,而众生的根机是有利钝之别的。以"三
十七品"(又称"三十七道品"、"三十七助道法")为例,"佛以大慈
故,说三十七品涅槃道,随众生愿,随众生因缘,各得其道。欲求
声闻人,得声闻道;种辟支佛善根人,得辟支佛道;求佛道者,得
佛道,随其本愿"(见卷十九)。因此,"三乘"的差别,是由众生的
不同根机形成的,都有存在的合理性,"菩萨摩诃萨(指初他以上
大菩萨)应学一切善法、一切道,所谓乾慧地乃至佛地(指三乘共
十地)"(同上)。犹如"小物应在大(物)中,大物不得入小(物)",

"摩诃衍(指大乘)能兼小乘法"(见卷一百),也就是说,小乘不能收纳大乘,而大乘则能收纳小乘。基于这种认识,书中往往"于菩萨道中说声闻法",在对佛教的概念、命题和教理作解释时,既出大乘义,也举小乘义,以便揭示二者之间的联系与差别。全书内容浩博,自古迄今,佛教界和学术界所编纂的各种佛教辞典、类书,有大量的词条及其释文,均取材于本书,至于在佛教论著中征引本书语句者,更是不胜枚举,影响至为深远,被世人誉为"佛教百科全书"。本书的初首有当年参与译经的姚秦僧叡撰的《摩诃般若波罗蜜经释论序》(后收入《出三藏记集》卷十),说:

马鸣起于正法之余,龙树生于像法之末。正余(指正法之余)易弘,故直振其遗风,莹拂而已;像末(指像法之末)多端,故乃寄迹凡夫,示悟物以渐。又假照龙宫,以朗搜玄之慧;托闻幽秘,以穷微言之妙,尔乃宪章智典,作兹释论(指《大智度论》)。其开夷路也,则令大乘之驾,方轨而直入;其辩实相也,则使妄见之惑,不远而自复。其为论也,初辞拟之,必标众异以尽美(指先分别诸法);卒成之终,则举无执以尽善(指后归结于"毕竟空")。释(指《大智度论》)所不尽,则立论(指《中论》)以明之;论其未辩,则寄折中(指取中道)以定之。……有鸠摩罗耆婆(指鸠摩罗什)法师者……以秦弘始三年,岁次星纪,十二月二十日,自姑臧至长安。秦王(指姚兴)虚襟,既已蕴在昔见之心,岂徒则悦而已。晤言相对,则淹留终日;研微造尽,则穷年忘倦。……遂以莫逆之怀,相与弘兼忘之慧,乃集京师义业沙门,命公卿赏契之士五百余人,集于渭滨逍遥园堂。……经本既定,乃出此释论。论之略本有十万偈,偈有三十二字,并三百二十万言。梵夏既乖,又有烦简之异,三分除二,得此百卷。于《大智》三十万言，玄章婉旨，朗然可见。……法师（指鸠摩罗什）以秦人好简故，裁而略之；若备译其文，将近千有余卷。（《大正藏》第二十五卷，第57页上、中）

一、《释初品》（卷一至卷三十四）。解释《摩诃般若波罗蜜经·序品》。下分五十二篇。

（一）《缘起义》（又名《缘起论》，卷一）。本篇为绪论。卷首有龙树撰的归敬颂，为七言二十四句，始"智度大道佛从来"，终"一心善顺听我说"，叙述龙树撰作本论的旨意；然后以问答的形式，阐明佛宣说《摩诃般若波罗蜜经》的缘由。内容叙及：造论因缘、说经因缘、"四种悉檀"等问题。

（1）造论因缘。指龙树撰作《大智度论》，是为了"如力"（指随力）演说"大智彼岸实相义"。（2）说经因缘。指佛宣说这部《摩诃般若波罗蜜经》的原因，有"宣示一切诸法实相，断一切众生疑结"等。其中以佛作预言的方式，叙及《般若经》的传播路线，说："为当来世人，供养般若波罗蜜因缘故，又欲授三乘记别故，说是《般若波罗蜜经》。如佛告阿难：我涅槃后，此般若波罗蜜当至南方，从南方至西方，后五百岁中当至北方"。（3）"四种悉檀"。"悉檀"，为"悉昙"的异译，意为"成就"（见隋慧远《大乘义章》卷二、唐玄应《一切经音义》卷二；隋智顗《妙法莲华经玄义》卷一则释为"悉之言遍，檀翻为施，佛以四法遍施众生，故言悉檀也"，意思略有不同）。"四种悉檀"，指佛教化众生的四种方法。一是"世界悉檀"（又称"乐欲悉檀"），指随顺凡情，用"人"等假名说世间法，令众生生起喜悦而得世间正智。"有法从因缘和合故有，无别性，譬如车，辕、轴、辐、辋等和合故有，无别车。人亦如是，五众和合故有，无别人"。二是"各各为人悉檀"（又称"生善悉檀"），指根据众生的不同根机而说应修之法，令众生发起正信,增长善根。"观人心行而为说法,于一事中,或听(指允许)、或不听(指不允许)"。三是"对治悉檀"(又称"断恶悉檀"),指针对众生的"贪"、"瞋"、"痴"情况而说应断之法,令众生断除恶业。"不净观思惟,于贪欲病中,名为善对治法";"思惟慈心,于瞋恚病中,名为善对治法";"因缘观法,于愚痴病中,名为善对治法"。四是"第一义悉檀"(又称"入理悉檀")。指对善根已熟的众生,直接开示"第一义"(最胜的义理)的"诸法实相"之理,令众生断惑证理,悟入圣道。"过一切语言道,心行处灭,遍无所依,不示诸法,诸法实相无初无中无后,不尽不坏,是名第一义悉檀"。在四种悉檀中,"第一义悉檀"是"离一切过失,不可变易,不可胜"的,而其余三种悉檀都是"可破"的,"除第一义悉檀,诸余论议,诸余悉檀,皆可破"。

(二)《释初品中如是我闻一时》(卷一)。本篇至第五十二篇《信持无三毒义》正式解释《摩诃般若波罗蜜经·序品》。本篇解释《序品》"如是我闻。一时"一句。

(三)《释初品中总说如是我闻》(卷二)。解释《摩诃般若波罗蜜经·序品》"如是我闻。一时"一句的总义,论述"佛法有五种人说"、"如是我闻"的由来、"王舍城结集"、"三藏"的内容、"阿毗昙"与"蜫勒"等问题。

(1)"佛法有五种人说"。指"佛法"不只是"佛口说","一切世间真实善语、微妙好语,皆出佛法中",它们也是"佛法"。"佛法有五种人说:一者佛自口说,二者佛弟子说,三者仙人说,四者诸天说,五者化人说"。(2)"如是我闻"的由来。"如是我闻"(又称"我闻如是"、"闻如是"),是佛经的开卷语。"如是",意为"如此",指佛所说之法(即本经所说的内容);"我闻",意为"我亲自听闻",指听闻之人(即本经的诵出者);"如是我闻"意为"我亲自听到佛这样说"。佛在俱夷那竭国(又称"拘尸那迦城")国萨

罗双树(又称"娑罗双树")将入涅槃(各家推定不同,有前486
年、前544年、前383年等说)前,阿难问佛:"佛经初作何等语"?
佛说:"今我般涅槃后,经初亦应称:如是我闻。"由此,佛涅槃后
由结集产生的佛经,其初首均冠有"如是我闻"四字。(3)"王舍
城结集"。指佛涅槃后的当年夏安居期间,由大迦叶主持,一千
比丘(《四分律》卷五十四等均作"五百比丘")参加,在王舍城外
的耆阇崛山,举行了佛教史上的第一次结集。会上由阿难诵出
"修妒路藏"(又称"经藏"),优婆离(又称"忧婆离"、"优波离")诵
出"毗尼藏"(又称"律藏"),阿难诵出"阿毗昙藏"(又称"论藏")。
(4)"三藏"的内容。指第一次结集所诵出的"经藏",由"四阿
含"构成,"从《转法轮经》至《大般涅槃》,集作四阿含,《增一阿
含》《中阿含》《长阿含》《相应阿含》(又名《杂阿含》),是名修妒路
法藏"。"律藏"为"八十诵律"(指分八十次诵出),"二百五十戒,
义作三部(指三诵),七法、八法、比丘尼毗尼、增一、忧婆利(即优
婆离)问、杂部、善部,如是等八十部(指八十诵),作毗尼藏"。
"论藏"为契经的解释,有佛所说,也有佛弟子所说,佛说阿毗昙
藏(即论藏),指:"佛在舍婆提城(又称"舍卫城"),尔时,佛告诸
比丘:诸有五怖、五罪、五怨不除不灭,是因缘故,此生中身心受
无量苦,复后世堕恶道中。诸有无此五怖、五罪、五怨,是因缘
故,于今生种种身心受乐,后世生天上乐处。何等五怖应远? 一
者杀,二者盗,三者邪淫,四者妄语,五者饮酒,如是等名阿毗昙
藏"(以上内容略见于《法蕴足论》卷一《学处品》)。(5)"阿毗
昙"与"鲲勒"。指"阿毗昙藏"中"广解佛语"的论书。"阿毗昙"
有三种。一是"八犍度阿毗昙",指说一切有部基本论书"一身六
足"中的"身论",即《发智论》(异译本名为《八犍度论》,均存);二
是"六分阿毗昙",指"一身六足"中的"六足论",即《法蕴足论》
《异门足论》《施设论》《识身足论》《界身足论》《品类足论》(均

存);三是"舍利弗阿毗昙",指《舍利弗阿毗昙论》。"蜫勒"(当作
《毗勒》,意为"箧藏"),指佛在世时,摩诃迦旃延"解佛语"而作的
《蜫勒》,广本有"三百二十万言",略本有"三十二万言"(一作"三
十八万四千言",均佚),"《蜫勒》广比诸事,以类相从,非阿毗
昙"。也就是说,《蜫勒》广举比喻,类摄经义,设有"随相门"、"对
治门"等论门,其体例与"阿毗昙"重在事数名相的分别是不同
的。如关于佛入涅槃前,阿难向佛咨请的四个问题("阿难四
问"),以及佛的回答,说:

> 如佛般涅槃时,于俱夷那竭国萨罗双树间,北首而卧,
> 将入涅槃。尔时,阿难亲属爱未除,未离欲故,心没忧海,不
> 能自出。尔时,长老阿泥卢豆(指阿那律)语阿难:汝守佛
> 法藏人,不应如凡人自没忧海。……汝当问佛:佛般涅槃
> 后,我曹云何行道(指佛弟子应当如何修行)? 谁当作师(指
> 应当以谁为师)? 恶口车匿,云何共住(指与恶性的车匿比
> 丘如何共住)? 佛经初首,作何等语(指佛经的初首应当如
> 何称谓)? 如是种种未来事,应问佛。阿难闻是事,闷心小
> 醒,得念道力助,于佛末后卧床边,以此事问佛。

> 佛告阿难:若今现前,若我过去后,自依止、法依止,不
> 余依止。云何比丘自依止、法依止,不余依止? 于是比丘内
> 观身,常当一心智慧,勤修精进,除世间贪忧,外身、内外身
> 观,亦如是。受、心、法念处,亦复如是(以上指依止"四念
> 处"),是名比丘自依止、法依止,不余依止。从今日,解脱戒
> 经即是大师,如解脱戒经说身业、口业,应如是行(以上指以
> 戒经为师)。车匿比丘,我涅槃后,如梵法治(指默摈),若心
> 濡伏(指调伏)者,应教《那陀迦旃延经》,即可得道。复次,
> 我三阿僧祇劫(指三大劫)所集法宝藏,是藏初应作是说:

如是我闻。一时,佛在某方某国土、某处树林中(以上指经初应安置"如是我闻"一词)。(卷二《释初品中总说如是我闻一时》,第 66 页中、下)

(四)《释初品中婆伽婆》(卷二)。解释《摩诃般若波罗蜜经·序品》"婆伽婆"一句,论述"如来十号"、"一切智人"等问题。

(1)"如来十号"。指佛的十大名号,即"婆伽婆"(又称"薄伽梵",意译"世尊")、"多陀阿伽陀"(意译"如来")、"阿罗汉"(意译"应供")、"三藐三佛陀"(意译"正遍知")、"鞞侈遮罗那三般那"(意译"明行具足")、"修伽陀"(意译"善逝")、"路迦惫"(意译"世间解")、"阿耨多罗"(意译"无上士")、"富楼沙昙藐婆罗提"(意译"调御丈夫")、"舍多提婆魔兔舍喃"(意译"天人师")、"佛陀"(意译"觉者")。本书卷二十四《释初品中十力》对"如来十号"的名义有详释。(2)"一切智人"。指佛是"一切智人",知悉"一切法(事物)"。"一切法略说有三种:一者有为法,二者无为法,三者不可说法"。

(五)《释初品中住王舍城》(卷三)。解释《摩诃般若波罗蜜经·序品》"住王舍城"、"耆阇崛山中"一句,论述"三种住"、"佛住处"等问题。

(1)"三种住"。指修行者的三种生处。一是"天住",指修习布施、持戒、善心三事,生于欲界六天;二是"梵住",指修习慈、悲、喜、舍四无量心等,生于色界、无色界诸天;三是"圣住",指修习空、无相、无作等三三昧,成为圣者。(2)"佛住处"。指佛生前多住于王舍城(摩揭陀国的都城)、舍婆提城(又称"舍卫城",北憍萨罗国的都城),有时也住于波罗奈(又称"婆罗奈斯国")、迦毗罗婆(又称"迦毗罗卫国")、瞻婆(又称"瞻波国")、婆翅多(又称"婆枳多城",南憍萨罗国的都城)、拘睒鞞(又称"拘睒弥国”、"憍赏弥国"）、鸠楼城（又称"拘楼国"，都城在劫摩沙）等。
佛生前常住的精舍，在王舍城有五处，其中，"竹园"（又称"竹林
精舍"）在平地，其余四处精舍都在王舍城周围的五山上；在舍卫
城有二处，即"祇洹精舍"、"摩伽罗母堂"（又称"鹿母讲堂"）；在
婆罗奈斯国有一处，即"鹿林中精舍，名梨师槃陀那"；在毗耶离
国（又称"吠舍离国"）有二处，即"摩诃槃"、"弥猴池岸精舍"；拘
睒弥国有一处，即"劬师罗园"（又称"瞿师罗园"）。

（六）《释初品中共摩诃比丘僧》（卷三）。解释《摩诃般若波
罗蜜经·序品》"共摩诃比丘僧"等句，论述"比丘义"、"僧伽义"、
"阿罗汉义"、"师子颊王"苗裔等问题。

（1）"比丘义"。指比丘的含义有五种。一是"乞士"，指"清
净乞食活命"；二是"破烦恼"，指"能破烦恼"；三是"出家人"，指
离俗出家；四是"净持戒"，指"受戒时自言：我某甲比丘，尽形寿
持戒"；五是"怖魔"，指"能怖魔王及魔人民"。（2）"僧伽义"。
指"僧伽"略称"僧"，"多比丘一处和合，是名僧伽。譬如大树丛
聚，是名为林，一一树不名为林，除一一树亦无林。如是一一比
丘不名为僧，除一一比丘亦无僧，诸比丘和合故僧名生"。僧分
为四种。一是"有羞僧"，指"持戒不破，身、口清净，能别好丑，未
得道"；二是"无羞僧"，指"破戒，身、口不净，无恶不作"；三是"哑
羊僧"，指"虽不破戒，钝根无慧，不别好丑，不知轻重，不知有罪
无罪。若有僧事，二人共净，不能断决，默然无言，譬如白羊，乃
至人杀，不能作声"；四是"实僧"，指"若学人，若无学人，住四果
中，行四向道"。（3）"阿罗汉义"。指阿罗汉的含义有三种。一
是"杀贼"，指"一切烦恼贼破"；二是"应供"，指"应得一切世间诸
天人供养"；三是"不生"，指"后世中更不生"。（4）"师子颊王"
苗裔。指佛的祖父是"日种王"师子颊，师子颊王有四子一女，四
子是"第一名净饭、二名白饭、三名斛饭、四名甘露饭"，一女名

"甘露味"。"净饭王有二子,佛、难陀";"白饭王有二子,跋提、提
沙";"斛饭王有二子,提婆达多、阿难";"甘露饭王有二子,摩诃
男、阿泥卢豆";"甘露味女有一子,名施婆罗"。

(七)《释初品中四众义》(此据《丽藏》《宋藏》本,《元藏》本
作"三众";卷三)。解释《摩诃般若波罗蜜经·序品》"复有五百
比丘尼、优婆塞、优婆夷,皆见圣谛"一句,论述"四众"问题。所
说的"四众",指"比丘"、"比丘尼"、"优婆塞"、"优婆夷"。比丘,
指年满二十岁、受持"具足戒"的出家男子;比丘尼,指年满二十
岁、受持"具足戒"的出家女子;优婆塞,指受持"三归依"、"五戒"
的在家信佛的男子;优婆夷,指受持"三归依"、"五戒"的在家信
佛的女子。

(八)《释初品中菩萨》(卷四)。解释《摩诃般若波罗蜜经·
序品》"复有菩萨摩诃萨"一句,论述"二种道"、"二种菩萨"、"二
乘"差别、"菩提萨埵义"、"鞞跋致菩萨"与"阿鞞跋致菩萨"、"阿
鞞跋致相"、"六波罗蜜满"、"三十二大人相"、"菩萨"与"佛"的差
别等问题。

(1)"二种道"。指通往涅槃二种道路,即"声闻道"、"菩提
萨埵道"(略称"菩萨道")。"比丘、比丘尼、优婆塞、优婆夷四众,
是声闻道;菩萨摩诃萨,是菩提萨埵道"。所说的"菩提萨埵",
"菩提"意为"觉","萨埵"意为"有情"、"众生","菩提萨埵"略称
"菩萨",意为"觉有情"。"菩萨摩诃萨",全称"菩萨摩诃萨埵",
"摩诃"意为"大","摩诃萨埵"意为"大众生",指大乘菩萨,即"初
地"以上的大菩萨。(2)"二种菩萨"。指菩萨分为二种。一是
"在家菩萨",指在家的优婆塞、优婆夷之中修行"菩萨道"者;二
是"出家菩萨",指出家的比丘、比丘尼之中修行"菩萨道"者。在
家菩萨既修"居家戒",又修"菩萨道";在家菩萨既修"出家戒",
又修"菩萨道"。故菩萨必在"四众"之中,但"四众"未必都是菩

萨,不发菩提心(指发起求得无上菩提之心)、不修菩萨道者,不能成为菩萨。(3)"二乘"差别。指"佛乘"(又称"菩萨乘"、"大乘")与"声闻乘"之间的差别,"声闻乘狭小,佛乘广大;声闻乘自利自为,佛乘益一切";"声闻乘多说众生空,佛乘说众生空、法空";"摩诃衍(意译大乘)广大,诸乘诸道皆入摩诃衍;声闻乘狭小,不受摩诃衍"。(4)"菩提萨埵义"。指"菩提,名诸佛道;萨埵,名或众生,或大心"。"菩萨心自利利他故,度一切众生故,知一切法(事物)实性故,行阿耨多罗三藐三菩提(意为无上正等正觉)道故,为一切贤圣之所称赞故,是名菩提萨埵";"有大誓愿、心不可动、精进不退,以是三事,名为菩提萨埵";"从初发心(指"初发心作愿:我当作佛,度一切众生"),到第九无碍(指"十地"中的第九地"善慧地")入金刚三昧(又称"金刚喻定",指能在修道位最后断尽一切烦恼的禅定)中,是中间名为菩提萨埵"。

(5)"鞞跋致菩萨"与"阿鞞跋致菩萨"。"鞞跋致菩萨",意为"退转菩萨",指会退堕"恶趣"与"二乘地"(指声闻地、辟支佛地)的菩萨;"阿鞞跋致菩萨",意为"不退转菩萨",指证得"无生忍法"(又称"无生法忍",指对诸法无生之理,能安忍不动)的菩萨。(6)"阿鞞跋致相"。指不退转菩萨的体相,有:"一法",指"常一心集诸善法",或"正直精进";"二法",指"一切法实知空,亦念不舍一切众生";"三法",指"一者若一心作愿,欲成佛道,如金刚不可动、不可破;二者于一切众生,悲心彻骨入髓;三者得般舟三昧,能见现在诸佛"等。(7)"六波罗蜜满"(又称"六度满相")。指"六波罗蜜"(指从生死此岸到涅槃彼岸的六种修行方法)修行圆满的相状。布施修行圆满,指"一切能施,无所遮碍";持戒修行圆满,指"不惜身命,护持净戒";忍辱修行圆满,指"若人来骂,挝捶割剥,支解夺命,心不起瞋";精进修行圆满,指"有大心勤力";禅定修行圆满,指"禅定中得自在";智慧修行圆满,指"菩萨大心，思惟分别"。(8)"三十二大人相"。指佛具有三十二种显见的殊胜形相。它们是："足下安平立相"、"足下二轮相"、"长指相"、"足跟广平相"、"手足指缦网相"、"手足柔软相"、"足趺高满相"、"伊泥延膊相"、"正立手摩膝相"、"阴藏相"、"身广长等相"、"毛上向相"、"一一孔一毛生相"、"金色相"、"丈光相"、"细薄皮相"、"七处隆满相"、"两腋下隆满相"、"上身如师子相"、"大直身相"、"肩圆好相"、"四十齿相"、"齿齐相"、"牙白相"、"师子颊相"、"味中得上味相"、"大舌相"、"梵声相"、"真青眼相"、"牛眼睫相"、"顶髻相"、"白毛相"。(9)"菩萨"与"佛"的差别。指"未得佛道，名为菩萨；已得佛道，名为佛"，"譬如王子未作王，名为王子；已作王，不复名王子"。如关于"六波罗蜜"修行圆满的相状，说：

> 六波罗蜜满。何等六？檀波罗蜜（指布施）、尸罗波罗蜜（指持戒）、羼提波罗蜜（指忍辱）、毗梨耶波罗蜜（指精进）、禅波罗蜜（指禅定）、般若波罗蜜（指智慧）。问曰：檀波罗蜜云何满？答曰：一切能施，无所遮碍，乃至以身施时，心无所惜。……问曰：尸罗波罗蜜云何满？答曰：不惜身命，护持净戒。……问曰：羼提波罗蜜云何满？答曰：若人来骂，挝捶割剥，支解夺命，心不起瞋。……问曰：毗梨耶波罗蜜云何满？答曰：若有大心、勤力。……问曰：禅波罗蜜云何满？答曰：如一切外道，禅定中得自在。……问曰：般若波罗蜜云何满？答曰：菩萨大心，思惟分别。(卷四《释初品中菩萨》，第87页下—第89页中)

(九)《释初品中摩诃萨埵》(卷五)。解释《摩诃般若波罗蜜经·序品》"摩诃萨埵"一句，论述"摩诃萨埵"问题。所说的"摩诃萨埵"，指初地以上的"大菩萨"。"摩诃者，大；萨埵，名众生，或名勇心。此人心能为大事，不退不还大勇心故，名为摩诃萨埵"；"多众生中，起大慈大悲，成立大乘，能行大道，得最大处故，名摩诃萨埵"。

（十）《释初品中菩萨功德》（卷五）。解释《摩诃般若波罗蜜经·序品》"皆得陀罗尼及诸三昧"等句，论述"陀罗尼义"、"三种陀罗尼"、"三三昧"、"二种等忍"、"五通"、"菩萨四无所畏"、"三种障"、"十二因缘"等问题。

（1）"陀罗尼义"。陀罗尼，意译"总持"，指能对一切法（事物），忆持不失的念慧力。它能持、能遮。能持，指"集种种善法，能持令不散不失"；能遮，指"恶不善根心生，能遮令不生，若欲作恶罪，持令不作"。其特性是：或与心相应，或与心不相应；或为"有漏"，或为"无漏"；为"无色"、"不可见"、"无对"；为"十八界"中的"法界"（又称"法持"）、"十二入"中的"法入"、"五阴"（又称"五蕴"）中的"行阴"所摄受；为"十智"中除"漏尽智"以外的其余九智所知；为"意识"一识所识。（2）"三种陀罗尼"。指陀罗尼有多种，主要有三种。一是"闻持陀罗尼"，指能听闻教法，忆持不失，"得是陀罗尼者，一切语言诸法，耳所闻者，皆不忘失"；二是"分别知陀罗尼"，指能分别一切法的差别相，"得是陀罗尼者，诸众生、诸法、大小、好丑，分别悉知"；三是"入音声陀罗尼"，指能对一切誉毁言声，不起喜瞋，"得此陀罗尼者，闻一切语言音，不喜不瞋"。（3）"三三昧"（又称"三三摩地"）。指三种禅定，即"空三昧"、"无作三昧"、"无相三昧"。"三三昧"以"三摩地"心所为自性，"三摩地"是通于"有漏"、"无漏"的，此处所说的"三三昧"，唯通"无漏"。"空三昧"，指观察诸法自性空寂的禅定，即"观五阴无我、无我所，是名为空"，"住是三昧中，知一切诸法实相，所谓毕竟（终究）空，是名空三昧"；"无作三昧"（又称"无愿三昧"），指对诸法无所愿乐造作的禅定，即"不为后世，故起三毒

（指贪、瞋、痴），是名无作"，"不著有，亦复不著无，是名无作三昧"；"无相三昧"，指观察诸法无差别相的禅定，即"一切法无有相，一切法不受不著，是名无相三昧"。（4）"二种等忍"。指二种平等的忍可。一是"众生等忍"，指对一切众生不著种种相，平等忍可，即"一切众生中，等心、等念、等爱、等利，是名众生忍"；二是"法等忍"，指对一切事物不著种种相，平等忍可，即"善法、不善法、有漏、无漏，有为、无为等法，如是诸法入不二法门，入实法相门，如是入竟。是中深入诸法实相时，心忍直入，无诤无碍，是名法等忍"。

（5）"五通"（又称"五神通"）。指依修习"四禅"而得的五种深妙神奇的功能。它们是：一是"如意通"（又称"身通"），指能身现各种变化，来去自如，下分三种，即："能到"，指"身能飞行，如鸟无碍"，"移远令近，不往而到"，"此没彼出"，"一念能至"；"转变"，指"大能作小，小能作大，一能作多，多能作一，种种诸物皆能转变"；"圣如意"，指"外六尘中，不可爱不净物，能观令净，可爱净物，能观令不净，是圣如意法，唯佛独有"。二是"天眼通"，指能以天眼（超越肉眼）看见六道众生的生死状况，"于眼得色界四大造清净色，是名天眼。天眼所见，自地及下地六道中众生诸物，若近若远，若覆若细诸色，无不能照"。三是"天耳通"，指能以天耳（超越人耳）听到一切言语音声，"于耳得色界四大造清净色，能闻一切声，天声、人声、三恶道声"。四是"识宿命通"，指能了知过去世所经行的事情，"本事常忆念，日月年岁至胎中，乃至过去世中，一世、十世、百世、千万亿世"。五是"他心智通"，指能了知他人的心念差别，"知他心若有垢，若无垢，自观心生、住、灭时，常忆念故得"，"观他人喜相、瞋相、怖相、畏相，见此相已，然后知心，是为他心智初门"。

（6）"菩萨四无所畏"。指菩萨说法时所具有的四种无所畏惧的智德。一是"能持无所畏",指能闻持教法,忆持不失,即"一切闻能持故,得诸陀罗尼故,常忆念不忘故",而说法无畏;二是"知根无所畏",指能了知众生根性的利钝,随机教化,即"知一切众生欲解脱因缘、诸根利钝,随其所应而为说法故",而说法无畏;三是"决疑无所畏",指对一切疑问,能剖决解答,即"不见若东方、南西北方、四维、上下,有来难问,令我不能如法答者",而说法无畏;四是"答报无所畏",指对一切问难,能随意如法作答,即"一切众生听受问难,随意如法答,能巧断一切众生疑故",而说法无畏。(7)"三种障"。指妨碍正道的三种障碍。一是"烦恼障",指贪、瞋、痴等根本烦恼;二是"业障",指由身口意造作的"五无间业"(即害母、害父、害阿罗汉、破和合僧、恶心出佛身血等五种极恶罪);三是"报障",指由烦恼障、业障招感的,堕入"三恶趣"(地狱、畜生、饿鬼)的果报。(8)"十二因缘"。指众生生死流转的十二个阶段。它们是:"过去世一切烦恼,是名无明";"从无明生业,能作世界果,故名为行";"从行生垢心,初身因,如犊子识母,自相识故,名为识";"是识共生无色四阴,及是所住色,是名名色";"是名色中生眼等六情,是名六入";"情、尘、识合,是名为触";"从触生受";"受中心著,是名渴爱";"渴爱因缘求,是名取";"从取后世因缘业,是名有";"从有还受后世五众,是名生";"从生五众熟坏,是名老死"。如关于"陀罗尼"的性质与种类,说:

　　陀罗尼,秦言能持,或言能遮。能持者,集种种善法,能持令不散不失,譬如完器盛水,水不漏散;能遮者,恶不善根心生,能遮令不生,若欲作恶罪,持令不作,是名陀罗尼。是陀罗尼,或心相应,或心不相应;或有漏,或无漏;无色、不可见、无对;一持、一入、一阴摄,法持(指法界)、法入(指法

处)、行阴(指行蕴);九智知;一识识。阿毗昙法,陀罗尼义
如是。复次,得陀罗尼菩萨,一切所闻法,以念力故,能持不
失。……问曰:是陀罗尼有几种? 答曰:是陀罗尼多种。
一名闻持陀罗尼,得是陀罗尼者,一切语言诸法,耳所闻者,
皆不忘失,是名闻持陀罗尼;复有分别知陀罗尼,得是陀罗
尼者,诸众生、诸法,大小好丑,分别悉知。……复有入音声
陀罗尼,菩萨得此陀罗尼者,闻一切语言音,不喜不
瞋。……复有名寂灭陀罗尼、无边旋陀罗尼、随地观陀罗
尼、威德陀罗尼、华严陀罗尼、音净陀罗尼、虚空藏陀罗尼、
海藏陀罗尼、分别诸法地陀罗尼、明诸法义陀罗尼。如是等
略说五百陀罗尼门,若广说则无量。(卷五《释初品中菩萨
功德》,第 95 页下—第 96 页中)

(十一)《释初品中十喻》(卷六)。解释《摩诃般若波罗蜜
经·序品》"解了诸法,如幻、如焰、如水中月、如虚空、如响、如犍
闼婆城、如梦、如影、如镜中像、如化"等句,论述"诸法十喻"、"二
种慧"等问题。

(1)"诸法十喻"。指用来说明诸法性空的十种譬喻,即诸
法"如幻"、"如焰"、"如水中月"、"如虚空"、"如响"、"如犍闼婆
城"、"如梦"、"如影"、"如镜中像"、"如化"。如诸法"如幻"喻,指
"诸法相虽空,亦有分别可见、不可见,譬如幻化象、马及种种诸
物,虽知无实,然色可见,声可闻,与六情相对,不相错乱"等。
(2)"二种慧"。指二种智慧,即"粗智慧"、"微妙慧",此二慧具
有相对性:"世界巧慧,是名粗智慧;行施、戒、定,是名微妙慧";
"布施智是为粗慧,戒、定智是名微妙慧";"戒、定智是为粗慧,禅
定智是名微妙慧";"禅定智是为粗慧,无猗禅定是名微妙慧";
"取诸法相是为粗慧,于诸法相不取不舍是名微妙慧";"破无明

等诸烦恼,得诸法相,是名粗慧;人如法相者,譬如真金不损不失,亦如金刚不破不坏,又如虚空无染无著,是名微妙慧"。

(十二)《释初品中意无碍》(卷六)。解释《摩诃般若波罗蜜经·序品》"意无挂碍"等句,论述"意无挂碍"、"二种忍"等问题。

(1)"意无挂碍"。指对一切众生能平等看待,心无障碍,即"于一切怨、亲、非怨非亲人中,等心无有碍","一切世界众生中,若来侵害,心不恚恨;若种种恭敬,亦不喜悦",亦即"众生忍"。(2)"二种忍"。与前述"二种等忍"意同,指"生忍"、"法忍"。"生忍"(又称"众生忍"),指对一切众生能平等容忍,即"众生种种加恶,心不瞋恚;种种恭敬供养,心不欢喜";"法忍"(又称"无生法忍"),指对诸法无生之理,能安忍不动,即"甚深法中,心无挂碍"。

(十三)《释初品中佛土愿》(宋元明藏本作《佛世界愿》,卷七)。解释《摩诃般若波罗蜜经·序品》"愿受无量诸佛世界"等句,论述"念佛三昧有二种"、"菩萨常行三事"、"种种见"、"十缠"、"烦恼有二种"等问题。

(1)"念佛三昧有二种"。指"念佛三昧"分"声闻法"、"菩萨道"二种,二者的差别在于,"声闻法中,于一佛身,心眼见满十方";"菩萨道于无量佛土中,念三世十方诸佛","念佛三昧,能除种种烦恼、种种罪"。(2)"菩萨常行三事"。指菩萨应在昼三时(指晨朝、日中、日没)、夜三时(指初夜、中夜、后夜)修行"忏悔"、"随喜"、"劝请"三事。"忏悔",指"清旦偏袒右肩,合掌礼十方佛,言:我某甲若今世,若过世无量劫,身口意恶业罪,于十方现在佛前忏悔,愿令灭除,不复更作。中、暮、夜三亦如是";"随喜",指"念十方三世诸佛所行功德,及弟子众所有功德,随喜劝助";"劝请",指"劝请现在十方诸佛初转法轮,及请诸佛久住世间无量劫,度脱一切"。(3)"种种见"。指各种邪见。有:"二种见"，一指"常见"、"断见"，二指"有见"、"无见"；"四种见"，指"世间常"、"世间无常"、"世间亦常亦无常"、"世间亦非常亦非无常"；"五种见"，指"身见"、"边见"、"邪见"、"见取"、"戒取"等。(4)"十缠"。"缠"，为"烦恼"的异名，"一切烦恼、结绕心故，尽名为缠"。"十缠"，指"瞋缠"、"覆罪缠"、"睡缠"、"眠缠"、"戏缠"、"掉缠"、"无惭缠"、"无愧缠"、"悭缠"、"嫉缠"。(5)"烦恼有二种"。"烦恼"，指"能令心烦，能作恼"者，分"内著"、"外著"二种，"内著者，五见、疑、慢等；外著者，淫、瞋等；无明，内外共(著)"。

(十四)《释初品中放光》(卷七至卷九)。解释《摩诃般若波罗蜜经·序品》"尔时，世尊自敷师子座，结跏趺坐"等句，论述"结加趺坐"、"三昧王三昧"、"三千大千世界"、"五道生法"、"十善业道"、"六波罗蜜"与"般若波罗蜜"的关系、"九罪报"、"二种身"等问题。

(1)"结跏趺坐"。指两足交叉置于两腿上的坐法。佛为何常用这种坐法？是因为"诸坐法中，结跏趺坐最安隐，不疲极。此是坐禅人坐法，摄持手足，心亦不散。又于一切四种身仪中，最安隐，此是禅坐、取道法坐"。(2)"三昧王三昧"(又称"首楞严定"、"大根本定")。指能摄持一切三昧的禅定。此定唯有佛和十地菩萨能得，为"诸三昧中最第一"，"诸一切三昧皆入其中"。(3)"三千大千世界"(又称"一佛国土"、"一佛世界")。指一佛教化的世界，由小、中、大三种"千世界"构成。即由一个"日、月"、"四大部洲"、"须弥山"、"四天王天"、"三十三天"、"夜摩天"、"兜率陀天"、"化自在天"、"他化自在天"、"梵世天"、"大梵天"构成的世界，为一个"小世界"；一千个"小世界"，称为"小千世界"；一千个"小千世界"，称为"中千世界"；一千个"中千世界"，称为"大千世界"。由于"大千世界"含有小、中、大三种"千世界"，故又称"三千大千世界"(不能将它理解为有三千个"大千世界")。(4)"五道生法"。指"地狱"、"饿鬼"、"畜生"、"人"、"天"五道的出生途径。此中，"天"、"地狱"的出生，只有"化生"一种；"饿鬼"的出生，有"胎生"、"化生"二种；"人道"、"畜生"的出生，有"卵生"、"湿生"、"化生"、"胎生"二种。

(5)"十善业道"。指身、口、意的十种善行为。其中，"身业道"有"不杀"、"不盗"、"不邪淫"三种；"口业道"有"不妄语"、"不两舌"、"不恶口"、"不绮语"四种；"意业道"有"不贪"(又称"不贪欲")、"不恼害"(又称"不瞋恚")、"不邪见"三种。(6)"六波罗蜜"与"般若波罗蜜"的关系。指"六波罗蜜"与"般若波罗蜜"，二者是同一的，没有差别的，"六波罗蜜"中的五波罗蜜，必须与"般若波罗蜜"相结合，才能构成波罗蜜，"六波罗蜜及般若波罗蜜一法无异，是五波罗蜜不得般若波罗蜜，不名波罗蜜"。(7)"九罪报"(又称"九难")。指佛因过去世的业行，而于现世所受的九种苦报，即："梵志女孙陀利谤，五百阿罗汉亦被谤"；"旃遮婆罗门女系木盂作腹谤佛"；"提婆达推山压佛，伤足大指"；"逬木刺脚"；"毗楼璃王兴兵杀诸释子，佛时头痛"；"受阿耆达多婆罗门请，而食马麦"；"冷风动故脊痛"；"六年苦行"；"入婆罗门聚落，乞食不得，空钵而还"。(8)"二种身"。指二种佛身。一是"法性身"(又称"法身")，指佛所证的真如法性之身，"身"意为"聚集"，"法性身满十方虚空，无量无边，色像端正，相好庄严，无量光明，无量音声，听法众亦满虚空"；二是"父母生身"(又称"生身")，指佛的父母所生之身，"受诸罪报者，是生身佛。生身佛次第说法，如人法"。

(十五)《释初品中十方菩萨来》(卷九至卷十)。解释《摩诃般若波罗蜜经·序品》"是时，东方过如恒河沙等诸佛世界"等句，论述"四依"、"四种布施"等问题。

(1)"四依"。指正法的四种依止,即"依法不依人"、"依义不依语"、"依智不依识"、"依了义经不依未了义经"。(2)"四种布施"。指布施的四种情况,即"施者清净,受者不净";"施者不净,受者清净";"施者清净,受者亦净";"施者不净,受者不净"。这中间,以"施者清净,受者亦净"的福德为最大。如关于"四依",说:

> 佛经有二义:有易了义,有深远难解义。如佛欲入涅槃时,语诸比丘:从今日,应依法不依人,应依义不依语,应依智不依识,应依了义经不依未了义。依法者,法有十二部,应随此法,不应随人;依义者,义中无诤好恶、罪福、虚实故,语以得义,义非语也。如人以指月,以示惑者,惑者视指,而不视月,人语之言:我以指月,令汝知之,汝何看指,而不视月?此亦如是,语为义指,语非义也,是以故不应依语。依智者,智能筹量、分别善恶;识常求乐,不入正要,是故言不应依识。依了义经者,有一切智人,佛第一;一切诸经书中,佛法第一;一切众生中比丘僧第一;布施得大富,持戒得生天,如是等是了义经。如说,法师说法有五种利:一者大富,二者人所爱,三者端正,四者名声,五者后得涅槃,是为未了义。(卷九《释初品中十方菩萨来》,第125页上、中)

(十六)《释初品中舍利弗因缘》(卷十一)。解释《摩诃般若波罗蜜经·序品》"佛告舍利弗:菩萨摩诃萨欲以一切种知一切法,当习行般若波罗蜜"等句,论述"四圣谛十六行"、"出入息十六行"、"一切法"、"摄一切法"等问题。

(1)"四圣谛十六行"(又称"四谛十六行相")。指观察"四谛"各自的四种行相,即观察"苦谛"的"无常"(指待众缘生)、

"苦"(指迁流逼迫)、"空"(指违我所见)、"无我"(又称"非我",指违我见)四行相;"集谛"的"集"(指能等现果)、"因"(指如种生芽)、"缘"(指能成办果)、"生"(指令果相续)四行相;"灭谛"的"尽"(又称"静",指贪瞋痴息灭)、"灭"(指诸有漏蕴断尽)、"妙"(指体无众患)、"出"(又称"离",指脱离众灾)四行相;"道谛"的"道"(指通于圣行)、"正"、"行"(指正趣涅槃)、"迹"(又称"出",指永超生死)四行相。(2)"出入息十六行"(又称"十六特胜"、"十六胜行")。指"数息观"的十六种观法,即"观入息"、"观出息"、"观息长息短"、"观息遍身"、"除诸身行"、"受喜"、"受乐"、"受诸心行"、"无作喜"、"心作摄"、"心作解脱"、"观无常"、"观散坏"、"观离欲"、"观灭"、"观弃舍"。(3)"一切法"。指一切事物,"识所缘法,是一切法","智所缘法,是一切法"。(4)"摄一切法"。其中,"二法摄一切法",指"色法、无色法";"可见法、不可见法";"有对法、无对法";"有漏法、无漏法";"有为法、无为法";"心相应法、心不相应法";"业相应法、业不相应法"、"近法(指"现在及无为")、远法(指"未来、过去")"等。"三法摄一切法",指"善、不善、无记";"学、无学、非学非无学";"见谛断、思惟断、不断";"五众、十二入、十八界"等。"四法摄一切法",指"过去、未来、现在法、非过去未来现在法";"欲界系法、色界系法、无色界系法、不系法";"因善法、因不善法、因无记法、非因善不善无记法";"缘缘法、缘不缘法、缘缘不缘缘法、亦非缘缘非不缘缘法"等。"五法摄一切法",指"色、心、心相应、心不相应,无为法"等。"六法摄一切法",指"见苦断法、见习(集)、尽(灭)、道断法、思惟断法、不断法"等。

(十七)《释初品中檀波罗蜜义》(卷十一)。解释《摩诃般若波罗蜜经·序品》"佛告舍利弗:菩萨摩诃萨以不住法住般若波罗蜜中;以无所舍法具足檀波罗蜜,施者、受者及财物不可得故"

一句,论述"不住法住"与"住法住"等问题。所说的"不住法住",指"不取般若波罗蜜相,心无所著","不住法住般若波罗蜜中,能具足六波罗蜜";"住法住",指"取般若波罗蜜相",则不能"具足六波罗蜜"。

(十八)《释初品中赞檀波罗蜜义》(卷十一)。续释前面的经文,论述"檀有种种利益"问题。所说的"檀(指布施)有种种利益",指"檀为宝藏,常随逐人";"檀为破苦,能与人乐";"檀为善御,开示天道";"檀为善府,摄诸善人";"檀为慈相,能济一切";"檀为积善福德之门";"檀为涅槃之初缘"等。

(十九)《释初品中檀相义》(卷十一)。续释前面的经文,论述"檀"的名义和体相等问题。所说的"檀"的名义,指"檀名布施,心相应善思,是名为檀";"檀"的体相("檀相"),指布施有"财施、法施"、"净施、不净施"、"世间檀、出世间檀"、"佛菩萨檀、声闻檀"、"外布施、内布施"等区分。

(二十)《释初品中檀波罗蜜法施义》(卷十一至卷十二)。续释前面的经文,论述"檀波罗蜜"(又称"布施度")中的"法施"的名义、"二施"差别、"三种施"、"檀波罗蜜满"、"三种有"等问题。

(1)"法施"的名义。指"以诸佛语妙善之法,为人演说,是为法施";"说法度人,名为法施"。"法施"有"真净法施"、"清净佛道法施"之分:"真净法施",指"说法者,能以净心善思,赞叹三宝,开罪福门,示四真谛,教化众生,令入佛道";"清净佛道法施",指在在大众中说二种法,"一者不恼众生,善心慈愍(悯),是为佛道因缘";"二者观知诸法真空,是为涅槃道因缘"。(2)"二施"差别。指"财施"、"法施"二施中,"财施果报,在欲界中;法施果报,或在三界,或出三界";"财施有量,法施无量;财施有尽,法施无尽";"财施之报,净少垢多;法施之报,垢少净多";"财施能令四大诸根增长;法施能令无漏根、力、觉、道具足"。"二施"之中,"法施为胜";"二施和合,名之为檀行(指布施)"。(3)"三种施"。指布施分"物施"、"供养恭敬施"、"法施"三种。(4)"檀波罗蜜满"(又称"布施度圆满")。指"三种施满(圆满),是名檀波罗蜜满"。(5)"三种有"。指三种存在。一是"相待有",诸法(事物)相待而有(即相互依赖而存在),"如长短、彼此等,实无长短,亦无彼此,以相待故有","此皆有名而无实";二是"假名有",指诸法因假名而有,"如酪有色、香、味、触,四事因缘合故,假名为酪";三是"法有",指诸法因缘生而有,虽无自性,但也不是像"兔角"、"龟毛"之类的实无。如关于"檀波罗蜜满",说:

> 檀有三种:一者物施,二者供养恭敬施,三者法施。云何物施?珍宝、衣、食、头、目、髓、脑,如是等一切内、外所有,尽布施,是名物施;恭敬施者,信心清净,恭敬礼拜,将送迎逆,赞绕供养,如是等种种,名为恭敬施;法施者,为道德故,语言论议,诵读讲说,除疑问答,授人五戒,如是等种种,为佛道故施,是名法施。是三种施满,是名檀波罗蜜满(卷十二《释初品中檀波罗蜜法施义》,第146页下—第147页上)。

(二十一)《释初品中尸罗波罗蜜义》(卷十三)。解释《摩诃般若波罗蜜经•序品》"罪、不罪不可得故,应具足尸罗波罗蜜"一句,论述"尸罗"的名义、"三种持戒"、"破戒"的果报等问题。

(1)"尸罗"的名义。"尸罗",指"戒"、"持戒","尸罗,秦言性善,好行善道,不自放逸,是名尸罗。或受戒行善,或不受戒行善,皆名尸罗"。戒律是针对"身"、"口"制定的律仪,它有八种戒相,"不恼害、不劫盗、不邪淫,不妄语、不两舌、不恶口、不绮语、不饮酒,及净命(指远离"邪命"而清净活命),是名戒相"。

(2)"三种持戒"。指持戒分为"下持戒"、"中持戒"、"上持戒"三种,"下持戒,生人中";"中持戒,生六欲天中";"上持戒,又行四禅、四空定,生色、无色界清净天中"。其中,"上持戒"又分为三品,"下清净持戒,得阿罗汉";"中清净持戒,得辟支佛";"上清净持戒,得佛道"等。(3)"破戒"的果报。指"若不护、放舍,是名破戒,破此戒者,堕三恶道中"。

(二十二)《释初品中戒相义》(卷十三)。续释前面的经文,论述"戒相"、"优婆塞五戒"、"五种优婆塞"、"八戒"等问题。

(1)"戒相"。指戒法的体相,即止非防过的戒法条文,"恶止不更作,若心生、若口言、若从他受,息身、口恶,是为戒相"。(2)"优婆塞五戒"。指在家信佛的男子受持的五种戒法(女子亦同),即"不杀生"、"不与取"(又称"不偷盗")、"不邪淫"、"不妄语"、"不饮酒"。"五戒"中,最为重要的是"不杀生",因为"杀为罪中之重",故"佛说十不善道中,杀罪最在初;五戒中,亦最在初"。(3)"五种优婆塞"。指在家信佛的男子可根据自己的意愿,选择受持"五戒"全部或部分,依所受戒条的多少,分为五种优婆塞。他们是:"一分行优婆塞",指"于五戒中受一戒";"少分行优婆塞",指"若受二戒、若受三戒";"多分行优婆塞",指"受四戒";"满行优婆塞",指"尽持五戒";"断淫优婆塞",指"受五戒已,师前更作自誓言:我于自妇不复行淫"。(4)"八戒"(又称"八关斋戒")。指在家信佛的男女(优婆塞、优婆夷)在每月"六斋日"(八日、十四日、十五日、二十三日、二十九日、三十日)中的一日一夜受持的八种戒法,为在家人所持的出家戒,即"不杀生"、"不盗"、"不淫"、"不妄语"、"不饮酒"、"不坐高大床上"、"不著花璎珞、不香涂身、不著香熏衣"(又称"不著花鬘璎珞")、"不自歌舞作乐、不往观听"(又称"不习歌舞戏乐")。本书还将"不过中食"(又称"不非时食"),列为须与"八戒"同时受持的戒法,

说"已受八戒,如诸佛尽寿不过中食,我某甲(指受持"八戒"者)
一日一夜不过中食亦如是"。

(二十三)《释初品中赞尸罗波罗蜜义》(卷十三至卷十四)。
续释前面的经文,论述"二种戒"、"菩萨持戒"、"檀有三种"等
问题。

(1)"二种戒"。指依在家、出家区分的二种戒。一是"居家
戒"(又称"在家戒"、"优婆塞戒"),指在家人受持的戒法,分为二
种,即"五戒"、"八戒";二是"出家戒",指出家人受持的戒法,分
为四种。一是"沙弥、沙弥尼戒",指沙弥、沙弥尼受持的"十戒";
二是"式叉摩那戒",指式叉摩那受持的"六法";三是"比丘尼
戒",指比丘尼受持的"五百戒";四是"比丘僧戒",指比丘受持的
"二百五十戒"。(2)"菩萨持戒"。指菩萨为"得至佛道"而持
戒,"菩萨持戒,宁自失身,不毁小戒,是为尸罗波罗蜜";"菩萨持
戒,为佛道故,作大要誓,必度众生,不求今世、后世之乐,不为名
闻虚誉法故,亦不自为早求涅槃";"菩萨以大悲心持戒,得至佛
道,是名尸罗波罗蜜"等。(3)"檀有三种"。指持戒人有"财
施"、"法施"、"无畏施"三种布施。"持戒自检,不侵一切众生财
物,是名财施";"众生见者,慕其所行,又为说法,令其开悟。又
自思惟:我当坚持净戒,与一切众生作供养福田,令诸众生得无
量福。如是种种,名为法施";"一切众生皆畏于死,持戒不害,是
则无畏施"。

(二十四)《释初品中羼提波罗蜜义》(卷十四)。解释《摩诃
般若波罗蜜经·序品》"心不动故,应具足羼提波罗蜜"一句,论
述"羼提"的名义和体相等问题。所说的"羼提"的名义,指"羼
提,秦言忍辱";"羼提"的体相,指有"二种忍辱",即"生忍"、"法
忍","菩萨行生忍,得无量福德;行法忍,得无量智慧"。本篇着
重论述"生忍",指面对众生的"恭敬供养",或"瞋骂打害","菩萨

其心能忍,不爱敬养众生,不瞋加恶众生,是名生忍”。

（二十五）《释初品中羼提波罗蜜法忍义》（卷十五）。续释前面的经文,论述“法忍”问题。所说的“法忍”,指“于内六情不著,于外六尘不受,能于此二不作分别”。此外,对“心法”（指心识）、“非心法”,能安忍不动等,也是“法忍”。如关于“法忍”,说:

> 法忍者,于内六情不著,于外六尘不受,能于此二不作分别。何以故？内相如外,外相如内,二相俱不可得故,一相故,因缘合故,其实空故,一切法相常清净故,如真际法性相故,不二入故,虽无二亦不一,如是观诸法,心信不转,是名法忍。……复次,一切法有二种:一者众生,二者诸法。菩萨于众生中忍（指二种忍辱中的“生忍”）,如先说,今说法中忍。法有二种,心法、非心法。非心法中,有内、有外:外有寒热、风雨等;内有饥渴、老病死等,如是等种种,名为非心法。心法中有二种:一者瞋恚、忧愁、疑等;二者淫欲、憍慢等,是二名为心法。菩萨于此二法,能忍不动,是名法忍。……复次,阿罗汉、辟支佛畏恶生死,早求入涅槃;菩萨未得成佛,而欲求一切智,欲怜愍（悯）众生,欲了了分别知诸法实相,是中能忍,是名法忍。（卷十五《释初品中羼提波罗蜜法忍义》,第168页中——第170页中）

（二十六）《释初品中毗梨耶波罗蜜义》（卷十五）。解释《摩诃般若波罗蜜经·序品》“身心精进不懈息故,应具足毗梨耶波罗蜜”一句,论述“毗梨耶”的名义和利益、“成佛道有二门”等问题。

（1）“毗梨耶”的名义和利益。指“毗梨耶,秦言精进”;“精进法,是一切诸善法之根本,能出生一切诸道法,乃至阿耨多罗三藐三菩提（意为无上正等正觉）”;“一切众事,若无精进,则不

能成"，"如是意止、神足、根、力、觉、道，必待精进，若无精进，则
众事不办"。(2)"成佛道有二门"。指成佛之道有"福德"、"智
慧"二门，"行施、戒、忍，是为福德门；知一切诸法实相、摩诃般若
波罗蜜，是为智慧门"。

（二十七）《释初品中毗梨耶波罗蜜义之余》（卷十六）。续
释前面的经文，论述"精进五事"、"二种精进"问题。

(1)"精进五事"。指精进的体相有五种，"于事必能、起发
无难、志意坚强、心无疲倦、所作究竟，以此五事为精进相"。
(2)"二种精进"。指精进分为"身精进"、"心精进"二种，"行布
施、持戒，是为身精进；忍辱、禅定、智慧，是名心精进"；"外事勤
修，是为身精进；内自专精，是为心精进"；"为福德精进名为身
（精进）；为智慧精进是为心（精进）"等。

（二十八）《释初品中禅波罗蜜》（卷十七）。解释《摩诃般若
波罗蜜经·序品》"不乱不味故，应具足禅波罗蜜"一句，论述"禅
定"的名义、"得禅方便"、"四禅"、"四无色定"、"无想有三种"、
"练禅"与"顶禅"等问题。

(1)"禅定"的名义。指"禅定，名摄诸乱心"，"禅，秦言思惟
修"。(2)"得禅方便"。指成就"初禅"的条件，即"呵五欲，除五
盖，行五法，得至初禅"。(3)"四禅"。指色界的四种根本禅定。
一是"初禅"，指具有"觉"（又称"寻"，指"粗心初念"）、"观"（又称
"伺"，指"细心分别"）、"喜"、"乐"（指由远离欲界的"欲"、"恶不
善法"，而生起的喜、乐感受）、"一心"（又称"心一境性"，指令心
专注一境）五支的禅定；二是"第二禅"，指具有"内清净"（又称
"内等净"，指由断灭"觉"、"观"的活动，而令心澄净）、"喜"、"乐"
（指由此定而生起的喜、乐感受）、"心一境性"四支的禅定；三是
"第三禅"，指具有"行舍"（指令心平等，寂静而住）、"念"（又称
"正念"）、"智"（又称"正知"）、"受身乐"（又称"身受乐"，指舍离

第二禅的"喜"感受,仍存有由自地生起的"妙乐"感受)、"心一境性"五支的禅定;四是"第四禅",指具有"舍清净"(指舍离第三禅的"妙乐"感受)、"念清净"(指明记不忘修行功德)、"不苦不乐受"(指住于"不苦不乐受"的感受)、"心一境性"四支的禅定。(4)"四无色定"。指无色界的四种根本禅定。一是"空处定"(又称"空无边处定"),指超越色界的"第四禅",灭除一切"色想",令心住于"空无边处"的禅定;二是"识处定"(又称"识无边处定"),指超越"空无边处定",令心住于"识无边处"的禅定;三是"无所有处定",指超越"识无边处定",令心住于"无所有处"的禅定;四是"非有想非无想定"(又称"非想非非想处定"),指超越"无所有处定",令心住于"非想非非想处"的禅定。(5)"无想有三种"。指无心想的三种情况。一是"无想定",指凡夫、外道所修的能止息前六识活动、但仍有"染污意"的禅定;二是"灭尽定",指佛教圣者所修的能灭除前六识和"染污意"一切活动的禅定;三是"无想天",指修习"无想定"获得的、往生"无想天"的果报。(6)"练禅"(又称"炼禅")与"顶禅"。"练禅",指以"无漏"提炼"有漏"的禅定,"一切四禅中有练法,以无漏练有漏故,得四禅心自在","皆以自地无漏练自地有漏","譬如炼金去其秽,无漏练有漏亦复如是"。"顶禅",指最高至极的禅定,"诸禅中有顶禅","不坏法阿罗汉,于一切深禅定得自在,能起顶禅,得是顶禅,能转寿为富,转富为寿"。

(二十九)《释初品中般若波罗蜜》(卷十八)。解释《摩诃般若波罗蜜经·序品》"于一切法不著故,应具足般若波罗蜜"一句,论述"般若波罗蜜"的名义、"诸法实相"等问题。

(1)"般若波罗蜜"的名义。指"诸菩萨从初发心求一切种智(指佛智),于其中间,知诸法实相慧,是般若波罗蜜"。也就是说,菩萨了知"诸法实相",度生死此岸至涅槃彼岸的智慧,称为

"般若波罗蜜"。(2)"诸法实相"。指一切事物的真实体相。虽然"众人各各说诸法实相，自以为实"，但本书认为，只有"舍一切观，灭一切言语，离诸心行，从本已来，不生不灭，如涅槃相"，才是"诸法实相"。

(三十)《释初品中般若相义》(卷十八)。续释前面的经文，论述"智慧有三种"、"辟支佛有二种"、"三种法门"、"诸法一相"与"种种相"、"无所得"等问题。

(1)"智慧有三种"。指"学智"、"无学智"、"非学非无学智"三种智慧。"学智"，指"苦法智忍慧，乃至向阿罗汉第九无碍道中金刚三昧(又称"金刚喻定"，指能在修道位最后断尽一切烦恼的禅定)慧"；"无学智"，指"阿罗汉第九解脱智"，以及此后的"尽智"、"无生智"等；"非学非无学智"，指"乾慧地、不净(观)、安那般那(指数息观)、欲界系四念处、暖法、顶法、忍法、世间第一法等"。(2)"辟支佛有二种"。指"辟支佛"分"独觉"、"因缘觉"二种。有佛之世，独自观察"十二因缘"而得道者，称为"缘觉"；无佛之世，独自观察"十二因缘"而得道者，称为"独觉"，"若诸佛不出、佛法已灭，是人先世因缘故，独出智慧，不从他闻，自以智慧得道"，因其"自觉不从他闻"，故得名"独觉"。(3)"三种法门"。指"蜫勒门"、"阿毗昙门"、"空门"三种法门。若人得"般若波罗蜜"，入此三门，"则知佛法义不相违背"；若人不得"般若波罗蜜"，入此三门，"入阿毗昙门，则堕有中；若入空门，则堕无中；若入蜫勒门，则堕有无中"。(4)"诸法一相"与"种种相"。"诸法一相"，指一切事物"无相"，"一切法不合、不散、无色、无形、无对、无示、无说，一相所谓无相"。"种种相"，指一切事物可分为"二法"、"三法"、"四法"乃至"无量异相"，依数序递增排列："二法"，有"二施"、"二谛"、"二种涅槃"、"二究竟"、"二智"等；"三法"，有"三道"、"三修"、"三乘"、"三归依"、"三解脱门"等；"四法"，有"四念处"、"四圣谛"、"四沙门果"、"四摄法"、"四依"等；
"五法"，有"五无学众"、"五根"、"五力"、"五智"等；"六法"，有
"六爱敬法"、"六神通"、"六种阿罗汉"、"六波罗蜜"等；"七法"，
有"七觉意"、"七财"、"七知"等；"八法"，有"八圣道分"、"八背
舍"、"八胜处"、"八大人念"等；"九法"，有"九次第定"等；"十
法"，有"十想"、"十智"、"十善大地"等。"十法"以上，有"十一助
圣道法"、"十二因缘法"、"十三出法"、"十四变化心"、"十五心见
谛道"、"十六安那般那行"、"十七圣行"、"十八不共法"、"十九离
地"、"一百七十八沙门果"等。（5）"无所得"。指对"诸法实
相"，不起执著，无所分别，即"诸法实相中，受决定相不可得故，
名无所得，非无有福德智慧、增益善根"；"凡夫人分别世间法，故
有所得，诸善功德亦如是，随世间心，故说有所得；诸佛心中则无
所得"。如关于"蜫勒门"、"阿毗昙门"、"空门"三者差别，说：

　　智者入三种法门，观一切佛语皆是实法，不相违背。何
等是三门？一者蜫勒门，二者阿毗昙门，三者空门。……蜫
勒有三百二十万言，佛在世时，大迦栴延之所造。佛灭度后
人寿转减，忆识力少，不能广诵，诸得道人撰为三十八万四
千言。若人入蜫勒门，论议则无穷，其中有随相门、对治门
等种种诸门。随相门者……如佛说四念处，是中不离四正
勤、四如意足、五根、五力。……佛虽不说余门，但说四念
处，当知已说余门。……对治门者，如佛但说四颠倒，常颠
倒、乐颠倒、我颠倒、净颠倒，是中虽不说四念处，当知已有
四念处义。……云何名阿毗昙门？或佛自说诸法义，或佛
自说诸法名，诸弟子种种集述解其义。……如佛直说世间
第一法，不说相义、何界系、何因、何缘、何果报。从世间第
一法，种种声闻所行法，乃至无余涅槃，一一分别相义，如是

等是名阿毗昙门。空门者,生空、法空。如《频婆娑罗王迎(佛)经》中,佛告大王:色生时但空生,色灭时但空灭。……是中无吾我,无人、无神,无人从今世至后世,除因缘和合名字等众生,凡夫愚人逐名求实。如是等经中,佛说生空。法空者,如《佛说大空经》中,十二因缘,无明乃至老死。……若说谁老死,当知是虚妄,是名生空;若说是老死,当知是虚妄,是名法空。(卷十八《释初品中般若相义》,第192页上——第193页上)

(三十一)《释初品中三十七品义》(卷十九)。解释《摩诃般若波罗蜜经・序品》"菩萨摩诃萨以不住法住般若波罗蜜中,不生故,应具足四念处、四正勤、四如意足、五根、五力、七觉分、八圣道分"一句,论述"三十七品"问题。

所说的"三十七品"(又称"三十七道品"、"三十七助道法"、"三十七菩提分法"),指趣向菩提(觉悟)的三十七种修行方法,即"四念处"、"四正勤"、"四如意足"、"五根"、"五力"、"七觉分"、"八圣道分",它们以"信"、"戒"、"思惟"、"精进"、"念"、"定"、"慧"、"除"、"喜"、"舍"十法为根本。(1)"四念处"(又称"四念住")。指以智慧观察身、受、心、法四境,以对治净、乐、常、我四颠倒的禅观,即"身念处"(指观身不净)、"受念处"(指观受是苦)、"心念处"(指观心无常)、"法念处"(指观法无我)。"凡夫人未入道时,是四法中,邪行起四颠倒:诸不净法中净颠倒,苦中乐颠倒,无常中常颠倒,无我中我颠倒","破是四颠倒故,说是四念处:破净倒故说身念处;破乐倒故说受念处;破常倒故说心念处;破我倒故说法念处"。(2)"四正勤"(又称"四意断")。指断恶生善的四种修行方法,即"不善法若已生为断故,勤精进";"不善法未生不令生故,勤精进";"信等善根未生为生故故,勤精进";"信等善根已生为增长故,勤精进"。(3)"四如意足"(又称"四神足")。指能获得神通(深妙神奇的功能)的四种禅定,即"欲如意足"(指由意欲力发起的能得神通的禅定)、"精进如意足"(指由精进力发起的能得神通的禅定)、"心如意足"(指由心念力发起的能得神通的禅定)、"思惟如意足"(又称"慧如意足",指由思惟观察力发起的能得神通的禅定),亦即"欲为主得定"、"精进为主得定"、"心为主得定"、"思惟为主得定","定因缘生道,若有漏、若无漏"。

(4)"五根"。指能生长善法的五种根性,即"信根"(指信乐善法的根性)、"精进根"(指勤勇进取的根性)、"念根"(指明记不忘的根性)、"定根"(指令心专注一境的根性)、"慧根"(指智慧的根性)。"信道及助道善法,是名信根;行者行是道、助道法时,勤求不息,是名精进根;念道及助道法,更无他念,是名念根;一心念不散,是名定根;为道及助道法,观无常等十六行,是名慧根"。(5)"五力"。指由"五根"产生的五种力量,即"信力"、"精进力"、"念力"、"定力"、"慧力","是五根增长,不为烦恼所坏,是名为力"。(6)"七觉分"(又称"七觉支")。指趣向觉悟的七种修行方法,即"念觉分"(指明记善法,不忘不失)、"择法觉分"(指简择诸法,通达明了)、"精进觉分"(指精进修行,不生懈怠)、"喜觉分"(指契悟正法,心生喜悦)、"除觉分"(又称"猗觉"、"轻安觉支",指断除粗重烦恼,身心轻安)、"定觉分"(指心注一境,不散不乱)、"舍觉分"(又称"护觉",指心住平等,远离掉举)。"择法觉、精进觉、喜觉,此三法,行道时若心没,能令起。除觉、定觉、舍觉,此三法,若行道时心动散,能摄令定。念觉在二处,能集善法,能遮恶法"。(7)"八圣道分"(又称"八正道")。指趣向涅槃解脱的八种修行方法,即"正见"(指正确的见解)、"正思惟"(指正确的思惟)、"正语"(指正确的言语)、"正业"(指正当的行为)、

"正命"(指正当的生活)、"正方便"(又称"正精进",指正确的精进)、"正念"(指正确的忆念)、"正定"(指正确的禅定)。"三十七品"虽是"声闻"、"辟支佛"、"菩萨"三乘的"共法",但深浅的层次不同。"声闻、辟支佛法中,不说世间即是涅槃。何以故? 智慧不深入诸法故";"菩萨法中,说世间即是涅槃,智慧深入诸法故。如佛告须菩提: 色即是空,空即是色;受、想、行、识即是空,空即是受、想、行、识;空即是涅槃,涅槃即是空"。

(三十二)《释初品中三三昧义》(卷二十)。解释《摩诃般若波罗蜜经·序品》"空三昧、无相三昧、无作三昧、四禅、四无量心、四无色定、八背舍、八胜处、九次第定、十一切处"一句,论述"三解脱门"、菩萨行"四禅"等问题。

(1)"三解脱门"。指能得解脱的三种禅定,即"空解脱门"、"无相解脱门"、"无作解脱门"。一是"空解脱门",指观察诸法自性空寂的禅定;二是"无相解脱门",指观察诸法无差别相的禅定;三是"无作解脱门",指对诸法无所愿乐造作的禅定。"三解脱门,摩诃衍中是一法,以行因缘故,说有三种。观诸法空是名空;于空中不可取相,是时空转名无相;无相中不应有所作,为三界生,是时无相转名无作"。(2)菩萨行"四禅"。指菩萨如何修行"四禅","菩萨为是众生故,起大悲心,修行禅定,系心缘中,离五欲,除五盖,入大喜初禅";"灭觉、观,摄心深入内清净,得微妙喜,入第二禅";"以深喜散定故,离一切喜,得遍满乐,入第三禅";"离一切苦乐,除一切忧喜及出入息,以清净微妙舍而自庄严,入第四禅"。

(三十三)《释初品中四无量义》(卷二十)。续释前面的经文,论述"四无量心"、"四无色定"的体性等问题。

(1)"四无量心"。指能引生利乐一切众生四种无量心的禅定,即"慈无量心"、"悲无量心"、"喜无量心"、"舍无量心"。

(2)"四无色定"的体性。指"四无色,一常有漏,三当分别",意思是说,"四无色定"中,"空处定"、"识处定"、"无所有处定"三定的每一定,均含有"味定"(又称"味等至",指与"贪"等烦恼相应的禅定)、"净定"(又称"净等至",指与"无贪"等有漏善法,即与有烦恼的世间善法相应的禅定)、"无漏定"(又称"无漏等至",指与"无漏智",即与无烦恼过患的智慧相应的禅定),而"味定"、"净定"属于"有漏定",因此,这三种无色定既有"有漏定",又有"无漏定",应当加以分别;而"非有想非无想处定",因"定相"昧劣的缘故,只有"味定"、"净定",因此,它只有"有漏定",而无"无漏定"。如关于"四无量心"及其修法,说:

> 四无量心者,慈、悲、喜、舍。慈名爱念众生,常求安隐乐事,以饶益之;悲名愍(悯)念众生受五道中种种身苦、心苦;喜名欲令众生从乐得欢喜;舍名舍三种心(指慈心、悲心、喜心),但念众生不憎不爱。修慈心,为除众生中瞋觉故;修悲心,为除众生中恼觉故;修喜心,为除不悦乐故;修舍心,为除众生中爱憎故。……行者欲学是慈无量心时,先作愿:愿诸众生受种种乐。取受乐人相,摄心入禅,是相渐渐增广,即见众生皆受乐。譬如钻火,先以软草、干牛屎,火势转大,能烧大湿木。慈三昧亦如是,初生慈愿时,唯及诸亲族、知识;慈心转广,怨亲同等,皆见得乐,是慈禅定增长成就故。悲、喜、舍心亦如是。(卷二十《释初品中四无量义》,第208页下—第208页下)

(三十四)《释初品中八背舍义》(卷二十一)。续释前面的经文,论述"八背舍"、"八胜处"、"十一切处"等问题。

(1)"八背舍"(又称"八解脱")。指断除三界贪欲而得解脱的八种禅定。一是"内有色(想),外亦观色"(又称"内有色想,外观色解脱"），指依"初禅"而起的解脱，即在内有"色想"时，通过观察欲界的不净色，如青瘀等色，令贪欲不起；二是"内无色（想），外观色"（又称"内无色想，外观色解脱"），指依"第二禅"而起的解脱，即在内无"色想"时，通过观察欲界的净色，令贪欲不起；三是"净背舍，身作证"（又称"净解脱"），指依"第四禅"而起的解脱，即观察外部"净色"，如青、黄、赤、白等色，令贪欲不起；四是"空处"（又称"空无边处解脱"），指依"空处定"而起的解脱；五是"识处"（又称"识无边处解脱"），指依"识处定"而起的解脱；六是"无所有处"（又称"无所有处解脱"），指依"无所有处定"而起的解脱；七是"非有想非无想处"（又称"非想非非想处解脱"），指依"非有想非无想定"而起的解脱；八是"灭受想"（又称"想受灭解脱"、"灭尽定解脱"），指依"灭受想定"而起的解脱。（2）"八胜处"（又称"八除入"）。指通过观想欲界色法，以对治贪欲的八种禅定，由"八解脱"中的前三种分出。即："内有色相（想），外观色少"；"内有色相（想），外观色多"（以上二种相当于"八解脱"中的第一解脱）；"内无色相（想），外观色少"；"内无色相（想），外观色多"（以上二种相当于第二解脱）；"内无色相（想），外观色青"（又称"青胜处"）；"内无色相（想），外观色黄"（又称"黄胜处"）；"内无色相（想），外观色赤"（又称"赤胜处"）；"内无色相（想），外观色白"（又称"白胜处"，以上四种相当于第三解脱）。（3）"十一切处"（又称"十遍处"、"十遍处定"）。指观想"地大"等十法周遍一切处的禅定。一是"地一切处"（又称"地遍处定"），指观想"地大"周遍一切处；二是"水一切处"（又称"水遍处定"），指观想"水大"周遍一切处；三是"火一切处"（又称"火遍处定"），指观想"火大"周遍一切处；四是"风一切处"（又称"风遍处定"），指观想"风大"周遍一切处；五是"青一切处"（又称"青遍处定"），指观想"青色"周遍一切处；六是"黄一切处"（又称"黄遍处定"),指观想"黄色"周遍一切处;七是"赤一切处"(又称"赤遍处定"),指观想"赤色"周遍一切处;八是"白一切处"(又称"白遍处定"),指观想"白色"周遍一切处;九是"空一切处"(又称"空遍处定"),指观想"虚空"周遍一切处;十是"识一切处"(又称"识遍处定"),指观想"识"周遍一切处。"八背舍"、"八胜处"、"十一切处"是相互关联的三种出世间禅(又称"无漏定"),"背舍是初行者,胜处是中行,一切处是久行"。(4)"九次第定"。指次第修习的九种禅定,即"四静虑"、"四无色定"、"灭受想定"。

(三十五)《释初品中九相义》(卷二十一)。解释《摩诃般若波罗蜜经·序品》"九相:胀相、坏相、血涂相、脓烂相、青相、啖相、散相、骨相、烧相"一句(此句中的"相"字,在唐玄奘译《大般若经》中均作"想"),论述"九想"及其与"十想"的关系问题。

(1)"九想"(一作"九相")。指"不净观"中,对人的尸体所作的九种观想,即"胀想"、"坏想"、"血涂想"、"脓烂想"、"青想"、"啖想"、"散想"、"骨想"、"烧想","是九想,断诸烦恼,于灭淫欲最胜,为灭淫欲故,说是九想"。(2)"九想"与"十想"的关系。指"九想"与"十想"(指"无常想"等)均为"灭淫欲等三毒"的观想。差异之处在于:"九想为遮未得禅定,为淫欲所覆故;十想能除灭淫欲等三毒";"九想如缚贼,十想如斩杀";"九想为初学,十想为成就";"十想中,不净想摄九想";"九想为因,十想为果";"九想为外门,十想为内门"等。

(三十六)《释初品中八念义》(卷二十一至卷二十二)。解释《摩诃般若波罗蜜经·序品》"念佛、念法、念僧、念戒、念舍、念天、念入出息、念死"一句,论述"八念"、"三法印"等问题。

(1)"八念"。指修行时能去除怖畏的八种忆念方法。一是"念佛",指明记不忘"佛名号"(即"如来"等十种称号)、"佛生身"

（即"三十二相、八十随形好"）、"佛法身"（即戒、定、慧、解脱、解脱知见众具足五种法身）、"佛无量功德"（即一切智、一切知见、大慈、大悲、十力、四无所畏、四无碍智、十八不共法等）。二是"念法"，指明记不忘二种法，"一者佛所演说三藏、十二部、八万四千法聚；二者佛所说法义，所谓持戒、禅定、智慧、八圣道，及解脱果、涅槃等"。三是"念僧"，指明记不忘僧众"戒"、"定"、"慧"、"解脱"、"解脱知见"具足，"四双八辈，应受供养恭敬"。四是"念戒"，指明记不忘三种戒，即"律仪戒"、"定共戒"（以上二种为"有漏戒"）、"无漏戒"（本书指"正语、正业、正命"三种），"律仪戒，能令诸恶不得自在"，"禅定戒，能遮诸烦恼"，"无漏戒，能拔诸恶烦恼根本"。五是"念舍"，指明记不忘二种舍，即"施舍"（分"财施"、"法施"二种）、"舍诸烦恼"。六是"念天"，指明记不忘诸天，"声闻法（指小乘）中，说念欲界天（指欲界六天），摩诃衍（意译大乘）中，说念一切三界天"。七是"念入出息"，指明记不忘入息、出息，即"念安那般那"（又称"数息观"），"念安那般那能灭诸恶觉"。八是"念死"，指明记不忘二种死，即"自死"、"他因缘死"，"念五众（又称"五阴"）身，念念生灭，从生已来，常与死俱，今何以畏死"。此外，本书卷八十七《释次第学品》对"八念"中的"六念"（指念佛、念法、念僧、念戒、念舍、念天）还作了续释。（2）"三法印"。指佛法的三大标志。一是"无常印"（又称"诸行无常"），指一切有为法（有因缘造作和生灭变化的事物）迁流变化，生灭无常；二是"无我印"（又称"诸法无我"），一切有为法由众缘和合而生，没有常恒实在的主体；三是"寂灭印"（又称"涅槃寂静"），指断火一切有为法的生死烦恼，证得涅槃境界。（3）"声闻八念"与"菩萨八念"的差别。指声闻修行"八念"与菩萨修行"八念"的差别，"声闻为身故，菩萨为一切众生故"；"声闻但为脱老、病、死故，菩萨为遍具一切智功德故"。如关于"三法印"，说：

> 问曰：何等是佛法印？答曰：佛法印有三种：一者一切有为法，念念生灭皆无常；二者一切法无我；三者寂灭涅槃。行者（指修行者）知三界皆是有为生灭作法，先有今无，今有后无，念念生灭。……众生于无常法中常颠倒故，谓去者是常住，是名一切作法无常印。一切法无我，诸法内无主、无作者、无知、无见、无生者、无造业者，一切法皆属因缘，属因缘故不自在，不自在故无我，我相不可得故，如《破我品》中说，是名无我印。……寂灭者是涅槃，三毒、三衰火灭故，名寂灭印。……初印中，说五众（指五蕴）；二印中，说一切法皆无我；第三印中，说二印果，是名寂灭印。一切作法无常，则破我所外五欲等；若说无我，破内我法；我、我所破故，是名寂灭涅槃。（卷二十二《释初品中八念义》，第222页上、中）

（三十七）《释初品中十想》（卷二十三）。解释《摩诃般若波罗蜜经·序品》"十想：无常想、苦想、无我想、食不净想、一切世间不可乐想、死想、不净想、断想、离欲想、尽想"一句，论述"十想"问题。

所说的"十想"。指断除烦恼的十种观想。（1）"无常想"。指观想一切有为法皆为"无常"。"一切有为法无常者，新新生灭故，属因缘故，不增积故。复次，生时无来处，灭亦无去处，是故名无常"，"二种世间无常，故说无常，一者众生无常，二者世界无常"。（2）"苦想"。指观想一切有为法皆为"苦"。"一切有为法无常，故苦"，"苦"有二种，即"身苦"、"心苦"，"五识相应苦，及外因缘杖楚、寒热等苦，是名身苦；余残名心苦"。（3）"无我想"。指观想一切有为法由众缘和合而生，没有常恒实在的主体（"无

我")。"苦则是无我","五受众(又称"五受阴")中尽皆是苦相,
无有自在,若无自在是则无我","复次,我相不可得故无我"。
"无常"、"苦"、"无我"三事,实为一事,即"受有漏法",因观门分
别而有三种差异,"无常不令入三界,苦令知三界罪过,无我则舍
世间";"无常生厌心,苦生畏怖,无我出拔令解脱"。(4)"食不
净想"(又称"食厌想")。指观想饮食皆为"不净"。"观是食从不
净因缘生","如是观食,则生厌想;因食厌故,于五欲中皆厌"。
(5)"一切世间不可乐想"。指观想一切世间(包括"众生世间"、
"器世间")皆为"不可乐"。"众生(指众生世间)有八苦之患,生、
老、病、死、恩爱别离、怨憎同处、所求不得(苦),略而言之,五受
众苦(又称"五受阴苦")";"土地(指器世间)恶者,一切土地,多
衰无吉,寒热饥渴、疾病恶疫、毒气侵害、老病死畏,无处不有"。
(6)"死想"。指观想人身念念生灭,终归于死。(7)"不净想"。
指观想人身的"不净相"(与"不净观"同义)。(8)"断想"。指观
想涅槃清净,以断除"三毒"(指贪、瞋、痴)。(9)"离欲想"。指
观想涅槃清净,以远离"贪欲"。(10)"尽想"(又称"灭想")。指
观想涅槃清净,以灭尽一切苦。

　　(三十八)《释初品中十一智》(卷二十三)。解释《摩诃般若
波罗蜜经·序品》"十一智:法智、比智、他心智、世智、苦智、集
智、灭智、道智、尽智、无生智、如实智"等句,论述"十一智"、"三
三昧"、"三根"等问题。

　　(1)"十一智"。指能观察一切境界的十一种智慧。一是
"法智",指观察欲界"四谛"的无漏智(即断除烦恼的智慧);二是
"比智"(又称"类智"),指观察色界、无色界(称为"上二界")"四
谛"的无漏智;三是"他心智",指能了知他人的心念差别的无漏
智(知他人的"无漏心")与有漏智(知他人的有漏心);四是"世
智"(又称"世俗智"),指观察世俗境物的有漏智(即有烦恼过患

的智慧);五是"苦智",指观察三界"苦谛"的无漏智;六是"集智",指观察三界"集谛"的无漏智;七是"灭智",指观察三界"灭谛"的无漏智;八是"道智",指观察三界"道谛"的无漏智;九是"尽智",指自知已断尽一切烦恼的无漏智;十是"无生智",指自知将不再生死轮回的无漏智;十一是"如实智",指佛独有的能了知诸法实相的无漏智,缘"一切法总相、别相"。

(2)"三三昧"。指三种禅定。一是"有觉有观三昧"(又称"有寻有伺三摩地"),指"未至定"(色界初禅之前的欲界禅定)和"初禅","欲界未到地"(又称"未至定")、初禅,与觉、观相应故,名有觉有观;二是"无觉有观三昧"(又称"无寻有伺三摩地"),指"中间定"(初禅与第二禅的近分定之间的禅定),"二禅中间,但观相应故,名无觉有观";三是"无觉无观三昧"(又称"无寻无伺三摩地"),指从色界第二禅的近分定至无色界第四定的七种禅定,"从第二禅乃至有顶地(即"非想非非想地"),非觉、观相应故,名无觉无观"。(3)"三根"。指"二十二根"(有生长增上作用的二十二种根性)中的三种无漏根。一是"未知欲知根"(又称"未知当知根"),指在"见道位"(又称"见谛道"),欲知"四谛"的根性;二是"知根"(又称"已知根"),指在"修道位"(又称"思惟道"),已知"四谛"的根性;三是"知已根"(又称"具知根"),指在"无学位"(又称"无学道"),自知已知"四谛"的根性。如关于"觉"与"观"之间的差别,说:

　　问曰:觉、观有何差别?答曰:粗心相名觉,细心相名观;初缘中心发相名觉,后分别筹量好丑名观。有三种粗觉,欲觉、瞋觉、恼觉;有三种善觉,出要觉、无瞋觉、无恼觉;有三种细觉,亲里觉、国土觉、不死觉。六种觉(指三种粗觉、三种细觉)妨三昧,三种善觉能开三昧门。若觉、观过

多,还失三昧,如风能使船,风过则坏船。(卷二十三《释初品中十一智》,第234页中)

(三十九)《释初品中十力》(卷二十四)。解释《摩诃般若波罗蜜经·序品》"舍利弗! 菩萨摩诃萨欲遍知佛十力、四无所畏、四无碍智、十八不共法、大慈大悲,当习行般若波罗蜜"一句,论述"佛十力"、"念佛种种功德法身"问题。

(1)"佛十力"(又称"如来十力")。指佛的十种智力。一是"是处不是处智力"(又称"处非处智力"),指佛能了知事物是否合乎道理(合乎道理为"处",不合道理为"非处");二是"业报智力"(又称"自业智力"),指佛能了知过去、现在未来三世的业报;三是"禅定解脱三昧智力"(又称"静虑解脱等持等至智力"),指佛能了知各种禅定的浅深次第;四是"上下根智力"(又称"根胜劣智力"),指佛能了知众生的根性胜劣;五是"种种欲智力"(又称"种种胜解智力"),指佛能了知众生的意乐(即意念)胜解;六是"种种性智力"(又称"种种界智力"),指佛能了知众生的界类差别;七是"一切至处道智力"(又称"遍趣行智力"),指佛能了知众生有漏行、无漏行的归趣;八是"宿命智力"(又称"宿住随念智力"),指佛能了知过去世所经行的事情;九是"生死智力"(又称"死生智力"),指佛能以天眼(超越肉眼)了知众生的生死状况;十是"漏尽智力",指佛能了知断尽烦恼的情况。

(2)"念佛种种功德法身"。指念佛时,不只是忆念"佛身",还须忆念佛的"功德法身"(包括"如来十号")。

(四十)《释初品中四无畏义》(卷二十五)。续释前面的经文,论述"四无畏"、"四无碍智"等问题。

(1)"四无畏"。指佛说法时所具有的四种无所畏惧的智德。一是"正知一切法无畏"(又称"正等觉无畏"),指佛对一切

事物皆能觉知而无所畏惧;二是"尽一切漏及习无畏"(又称"漏
永尽无畏"),指佛断尽一切烦恼而无所畏惧;三是"说一切障道
法无畏"(又称"说障法无畏"),指佛说何法能障碍圣道而无所畏
惧;四是"说尽苦道"(又称"说出道无畏"),指佛说何法能趣证涅
槃而无所畏惧。其中,前二种无畏,显示佛"自利"功德具足,后
二种无畏,显示佛"利他"功德具足。(2)"四无碍智"(又称"四
无碍解")。指通达无碍的四种智慧与辩才。一是"义无碍智"
(又称"义无碍解"),指对一切事物的义理能通达无碍;二是"法
无碍智"(又称"法无碍解"),指对一切事物的名字(名称)能通达
无碍;三是"辞无碍智"(又称"法无碍解"),指对一切众生的方言
异语能通达无碍;四是"乐说无碍智"(又称"辩无碍解"),指能随
顺一切众生的根性,宣说其所乐闻的教法。以"地"为例,"地坚
相是义;地名字是法;以言语说地是辞;于三种智中乐说自在,是
乐说。于此四事中,通达无滞,是名无碍智"。

(四十一)《释初品中十八不共法》(卷二十六)。续释前面
的经文,论述"佛十八不共法"问题。"佛十八不共法",指佛独有
的十八种功德。《俱舍论》卷二十七说的"十八不共法",是指"佛
十力"、"四无畏"、"三念住"、"大悲";本书所说的"十八不共法",
是指"诸佛身无失"、"口无失"、"念无失"、"无异想"、"无不定
心"、"无不知已舍"、"欲无减"、"精进无减"、"念无减"、"慧无
减"、"解脱无减"、"解脱知见无减"、"一切身业随智慧行"、"一切
口业随智慧行"、"一切意业随智慧行"、"智慧知过去世无碍"、
"智慧知未来世无碍"、"智慧知现在世无碍"。

(四十二)《释初品中大慈大悲义》(卷二十七)。解释《摩诃
般若波罗蜜经·序品》"大慈大悲,当习行般若波罗密"等句,论
述"大慈大悲"、"四智"、"得入菩萨位"等问题。

(1)"大慈大悲"。指佛、菩萨普度一切众生的大慈大悲之

心，"大慈与一切众生乐，大悲拔一切众生苦"；"大慈以喜乐因缘与众生，大悲以离苦因缘与众生"；"大慈大悲名为一切佛法之根本"。(2)"四智"。指四种智慧。一是"道慧"，指能了知一种道法(指趣向涅槃之道)的菩萨智慧(据隋慧远《大乘义章》卷十《净法聚·三智义》所说，"道慧"从属于"道种智")；二是"道种慧"(又称"道种智")，指能了知一切法(事物)的别相(差别相)，即二道、三道乃至无量种道法的菩萨智慧；三是"一切智"，指能了知一切法的总相(空相)的声闻、缘觉智慧；四是"一切种智"，指能了知一切法的总相、别相的佛智。"一切智是声闻、辟支佛事，道智是诸菩萨事，一切种智是佛事。声闻、辟支佛但有总一切智，无有一切种智"。(3)"得入菩萨位"。"菩萨位"，指"阿鞞跋致菩萨位"，即证得"无生法忍"(指对诸法无生之理，能安忍不动)的"不退转菩萨位"；"得入菩萨位"，指通过修行"发意"、"修行"、"大悲"、"方便具足"(指善巧具足)四法，得入"不退转菩萨位"。如关于"得入菩萨位"的修法，说：

> 菩萨位者，无生法忍是。得此法忍，观一切世间空，心无所著，住诸法实相中，不复染世间。……(问曰)从得何法，名为菩萨位？答曰：发意、修行、大悲、方便具足，行是四法，得入菩萨位。……发意时，但有意愿；行时造作，以财与人，受持禁戒，如是等行六波罗蜜，是名修行；修行已，以般若波罗蜜知诸法实相，以大悲心愍(悯)念众生。……方便者，具足般若波罗蜜故，知诸法空；大悲心故，怜愍(悯)众生；于是二法，以方便力不生染著。虽知诸法空，方便力故，亦不舍众生；虽不舍众生，亦知诸法实空。若于是二事等，即得入菩萨位。……无生忍法，即是阿鞞跋致地。复次，入菩萨位，是阿鞞跋致地。(卷二十七《释初品中大慈大悲

义》,第262页上—第263页下)

(四十三)《释初品中欲住六神通》(卷二十八)。解释《摩诃般若波罗蜜经·序品》"菩萨摩诃萨欲住六神通,当学般若波罗蜜"等句,论述"六神通"、"三种智慧"、"三昧门"与"陀罗尼门"的差别等问题。

(1)"六神通"。指依修习"四禅"而得的六种深妙神奇的功能,由前述"五通",即"如意通"(又称"身通")、"天眼通"、"天耳通"、"识宿命通"、"他心智通",加上"漏尽通"构成,"五通是菩萨所得","六神通是佛所得"。(2)"三种智慧"。指"声闻"、"辟支佛"、"菩萨"三种智慧。"声闻智慧",指"以总相、别相观诸法实相"的智慧;"辟支佛智慧"即是"声闻智慧",但在"时节"、"利根"、"福德"上略有差别;"菩萨智慧"胜于"声闻智慧"、"辟支佛智慧"。(3)"三昧门"与"陀罗尼门"的差别。指"三昧法门"与"陀罗尼法门"的差别,在于"三昧"只是"心相应法","陀罗尼"既是"心相应法",也是"心不相应法";"三昧"修行积久,能成"陀罗尼";"声闻法"中不说"陀罗尼","摩诃衍法"(即"大乘法")中说"陀罗尼"。如关于"声闻"、"辟支佛"、"菩萨"三种智慧的差别,说:

问曰:何等是声闻、辟支佛智慧?答曰:以总相、别相观诸法实相,是声闻智慧。如经中说:初以分别诸法智慧,后用涅槃智慧。分别诸法智慧是别相,涅槃智慧是总相。……复次,如《般若波罗蜜义品》中说:菩萨智慧相,与声闻智慧,是一智慧,但(声闻智慧)无方便(指善巧)、无大誓庄严、无大慈大悲,不求一切佛法,不求一切种智(指佛智)、知一切法,但厌老、病、死,断诸爱系,直趣涅槃为异。……声闻智慧即是辟支佛智慧,但时节、利根、福德有

差别：时(节)名佛不在世,亦无佛法,以少因缘出家得道,
名辟支佛;利根名异法相是同,但智慧深入,得辟支佛道;福
德名(辟支佛)有相,或一相、二相,乃至三十一相。(卷二十
八《释初品中欲住六神通》,第266页中、下)

(四十四)《释初品中布施随喜心过》(卷二十八至卷二十
九)。解释《摩诃般若波罗蜜经·序品》"一切求声闻、辟支佛人
布施时,欲以随喜心过其上者,当学般若波罗蜜"等句,论述"随
喜"问题。所说的"随喜",指"有人作功德,见者心随欢喜,赞言
善哉","譬如种种妙香,一人卖一人买,傍人在边亦得香气,于香
无损,二主无失。如是有人行施,有人受者,有人在边随喜,功德
俱得,二主不失,如是相,名为随喜"。

(四十五)《释初品中回向》(卷二十九)。解释《摩诃般若波
罗蜜经·序品》"菩萨摩诃萨行少施、少戒、少忍、少进、少禅、少
智,欲以方便力回向故,而得无量无边功德者,当学般若波罗蜜"
等句,论述"菩萨有二种"、"鸠摩罗伽地"等问题。

(1)"菩萨有二种"。指菩萨有"败坏菩萨"、"成就菩萨"二
种。前者指"本发阿耨多罗三藐三菩提心(意译"无上正等正觉
心"),不遇善缘,五盖覆心,行杂行","以本造身、口、意恶业不清
净故,不得生诸佛前,及天上、人中无罪处";后者指"不失阿耨多
罗三藐三菩提心,慈愍(悯)众生,或有在家受五戒者,有出家受
戒者"。(2)"鸠摩罗伽地"。"鸠摩罗伽地",意为"童真地",指
菩萨地。"菩萨从初发心断淫欲,乃至阿耨多罗三藐三菩提,常
行菩萨道,是名鸠摩罗伽地","又如童子过四岁以上,未满二十,
名为鸠摩罗伽"。

(四十六)《释初品中善根供养义》(卷三十)。解释《摩诃般
若波罗蜜经·序品》"欲以诸善根供养诸佛,恭敬、尊重、赞叹,随

意成就者,当学般若波罗蜜"等句,论述"菩萨业有二种"、"三善根"等问题。

(1)"菩萨业有二种"。指菩萨的行业有"供养诸佛"、"度脱众生"二种,"以供养诸佛,得无量福德;持是福德,利益众生,所谓满众生愿"。(2)"三善根"。指三种善根性,即"无贪善根"、"无瞋善根"、"无痴善根","一切诸善法,皆从三善根生增长,如药树、草木因有根故,得生成增长"。

(四十七)《释初品中诸佛称赞其名》(卷三十)。解释《摩诃般若波罗蜜经·序品》"复次,舍利弗! 菩萨摩诃萨欲令十方诸佛称赞其名,当学般若波罗蜜"等句,论述"佛法有二门"等问题。所说的"佛法有二门",指"佛法"分为"第一义门"、"世俗法门"二门,以经文"菩萨摩诃萨欲令十方诸佛称赞其名"为例,"以世俗门故,欲令诸佛赞叹。虽为诸佛所赞叹,而不见我,不取众生相,世间假名故说"。

(四十八)《释初品中十八空义》(卷三十一)。解释《摩诃般若波罗蜜经·序品》"复次,舍利弗! 菩萨摩诃萨欲住内空、外空、内外空、空空、大空、第一义空、有为空、无为空、毕竟(终究)空、无始空、散空、性空、自相空、诸法空、不可得空、无法空、有法空、无法有法空,当学般若波罗蜜"一句,论述"十八空"问题。

所说的"十八空",指一切法的十八种空性。(1)"内空"。指"内法"为空。"内法",指"内六入",即眼、耳、鼻、舌、身、意。因它们由众缘和合而生,"无有自性",故称为空。(2)"外空"。指"外法"为空。"外法",指"外六入",即色、声、香、味、触、法。因它们由众缘和合而生,"无有自性",故称为空。(3)"内外空"。指"内外法"为空。"内外法",指"内六入"、"内六入",即"十二入"。因它们由众缘和合而生,"无有自性",故称为空。(4)"空空"。指"空"为空,即在以"空"破除对一切事物的执著之后,"空"亦应舍弃,不可执著,"空空者,以空破内空、外空、内外空,破是三空,故名为空空","空破五受众(指五蕴),空空破空"。(5)"大空"。指"十方"为空。"十方",指东、西、南、北、东南、西南、东北、西北、上、下,因它们是为分别事物的方位而施设的"假名","四大造色和合中,分别此间、彼间等,假名为方",故称为空。(6)"第一义空"(又称"胜义空"、"真实空")。指"第一义"为空。"第一义名诸法实相,不破不坏故,是诸法实相亦空。何以故?无受无著故",也就是说,指因诸法实相"无受无著",故称为空。(7)"有为空"。指"有为法"为空。"有为法",指有因缘造作、生灭变化的非常住事物,因有为法"常相不可得",故称为空。(8)"无为空"。指"无为法"为空。"无为法",指无因缘造作、生灭变化的常住事物,它是有为法的"实相","离有为,则无无为","有为法"既空,"有为法"亦空。(9)"毕竟空"。指一切事物终究(最终结果)为空。因"三世中,无有一法定实不空","一切法毕竟不可得",故称为"毕竟空"。(10)"无始空"。指一切事物无始以来为空。"无始",指一切事物没有元始(即本初),因"世间若众生、若法,皆无有始",故称为"无始空"。

(11)"散空"。指一切事物的离散为空。"散",指"离散",因诸法众缘和合而有,众缘离散则无,故称为"散空"。(12)"性空"。指一切事物的自性为空。因"性名自有,不待因缘,若待因缘,则是作法,不名为性,诸法中皆无性",故称为"性空"。(13)"自相空"。指一切事物的体相为空。一切事物的体相有"总相"、"别相"二种,"总相",指"无常、苦、空"等;"别相",指"地坚相、火热相、水湿相、风动相"等,"说自相空,即法体空",因"诸相皆空",故称为"自相空"。(14)"诸法空"(又称"一切法空")。指一切事物为空。因"诸法无有定相",故称为"诸法空"。(15)"不可得空"。指一切事物不可得为空。因"一切法乃至无余涅槃不可得",故称为"不可得空"。(16)"无法空"。指一切事物灭时为空。因灭时为"无",故称为"无法空"。(17)"有法空"。指一切事物生时、住时为空。因生时、住时为"有",故称为"有法空"。(18)"无法有法空"。指一切事物生时、住时、灭时为空。因"生无所得,灭无所失",故称为"无法有法空"。如关于"性"与"相"、"性空"与"相空"的差别,说:

> 性名自有,不待因缘;若待因缘,则是作法,不名为性。诸法中皆无性,何以故?一切有为法,皆从因缘生,从因缘生则是作法;若不从因缘和合,则是无法。如是一切诸法性不可得故,名为性空。……一切诸法性有二种:一者总性,二者别性。总性者,无常、苦、空、无我,无生无灭,无来无去,无入无出等。别性者,如火,热性;水,湿性。……是总性、别性无故,名为性空。……自相空者,一切法有二种相,总相、别相,是二相空,故名为相空。……总相者,如无常等;别相者,诸法虽皆无常,而各有别相,如地为坚相,火为热相。问曰:……性、相有何等异?答曰:有人言:其实无异,名有差别,说性则为说相,说相则为说性,譬如说火性即是热相,说热相即是火性。有人言:性、相小有差别。性言其体,相言可识。……如火,热是其性,烟是其相。……相不定,从身出,性则言其实。(卷三十一《释初品中十八空义》,第 292 页中—第 293 页中)

(四十九)《释初品中四缘义》(卷三十二)。解释《摩诃般若波罗蜜经·序品》"菩萨摩诃萨欲知诸法因缘、次第缘、缘缘、增上缘,当学般若波罗蜜"等句,论述"四缘"、"六因"、"九如"等问题。

(1)"四缘"。指一切有为法(有因缘造作和生灭变化的事物)生起的四种条件。它们是：①"因缘"(又称"亲因缘")。指一切事物能亲生自果的内在原因,即"六因"中的"相应因"、"共生因"、"自种因"、"遍因"、"报因"五因。②"次第缘"(又称"等无间缘")。指在"心"(指心识)、"心所"(指依心而起的心理活动)的活动中,"前念"的刹那灭,为"后念"的刹那生的条件,"心、心数(又称"心所")法次第相续无间故,名为次第缘"。③"缘缘"(又称"所缘缘")。指"心"、"心所"以所缘的境界,为产生认识的条件("所缘缘"指以所缘为缘),"心、心数法缘尘故生,是名缘缘"。④"增上缘"。指事物以自身以外的一切他物,为生起的条件,即"六因"中的"无障因","诸法生时,不相障碍,是为无障",称为"增上缘"。有为法与"四缘"的对应关系是:"心、心数法从四缘生";"无想(定)、灭尽定从三缘生(除去"缘缘")";"诸余心不相应诸行及色,从二缘生(除去"次第缘"、"缘缘")";"有为法性羸故,无有从一缘生"。(2)"六因"。指一切有为法生起的六种原因。①"相应因"。指"心"与"心所"彼此相应,互相为因,"是心共生心数(又称"心所")法,所谓受、想、思等,是心数法,同相、同缘故,名为相应。心以心数法相应为因,心数法以心相应为因,是名相应因"。②"共生因"(又称"俱有因")。指一事物与同时的其他事物互相为因,"一切有为法,各有共生因,以共生故,更相佐助"。③"自种因"(又称"同类因")。指一事物与同类事物前后为因,"过去善种,(为)现在、未来善法因;过去、现在善种,(为)未来善法因。不善、无记亦如是。如是一切法,各有自种因"。④"遍因"(又称"遍行因")。指遍行于一切染污法,为一切烦恼生起之因的十一种根本烦恼(又称"十一遍行惑"),即三界的每一界都有"见苦谛所断"的七惑(指身见、边见、邪见、见取见、戒禁取、疑、无明)和"见集谛所断"的四惑(指邪见、见取见、疑、无明),"苦谛、集谛所断结使,(为)一切垢法因,是名遍因"。⑤ "报因"（又称"异熟因"）。指善、恶业为招感苦、乐果报之因，"行业因缘故，得善恶果报，是为报因"。⑥ "无障因"（又称"能作因"）。指一事物以有助或无碍的他事物为自身发展之因，"诸法生时，不相障碍，是为无障"。(3) "九如"（又称"九如是"）。指诸法实相的九个方面，即"体"（指主体）、"法"（指事物）、"力"（指力用）、"因"（指亲因）、"缘"（指助缘）、"果"（指结果）、"性"（指本性）、"限碍"（指限定）、"开通方便"（指相通）。"知此（九）法各各有体法具足"，称为"世间下如"（下等的如实知）；"知此九法终归变异尽灭"，称为"中如"（中等的如实知）；"是法非有非无、非生非灭，灭诸观法，究竟清净"，称为"上如"（上等的如实知）。如关于"四缘"中的"因缘"，说：

> 一切有为法，皆从四缘生，所谓因缘、次第缘、缘缘、增上缘。因缘者，相应因、共生因、自种因、遍因、报因，是五因名为因缘。复次，一切有为法，亦名因缘。……是心共生心数（指心所）法，所谓受、想、思等，是心数法，同相、同缘故，名为相应。心以心数法相应为因，心数法以心相应为因，是名相应因。相应因者，譬如亲友、知识，和合成事。共生因者，一切有为法，各有共生因，以共生故，更相佐助，譬如兄弟同生，故互相成济。自种因者，过去善种，（为）现在、未来善法因；过去、现在善种，（为）未来善法因。不善、无记亦如是。如是一切法，各有自种因。遍因者，苦谛、集谛所断结使，（为）一切垢法因，是名遍因。报因者，行业因缘故，得善恶果报，是为报因。是五因名为因缘。（卷三十二《释初品中四缘义》，第 296 页中、下）

（五十）《释初品中到彼岸义》（卷三十三）。解释《摩诃般若波罗蜜经·序品》"复次，舍利弗！菩萨摩诃萨欲到有为、无为法彼岸者,当学般若波罗蜜"等句,论述"六蔽心"、"五眼"等问题。

(1)"六蔽心"。指障蔽"六波罗蜜"的六种恶心,即"悭心"、"破戒心"、"瞋恚心"、"懈怠心"、"乱心"、"痴心"。(2)"五眼"。指五种眼力。一是"肉眼",指众生肉身所具之眼,它只能看见近处、明处的事物,"肉眼见近不见远,见前不见后,见外不见内,见昼不见夜,见上不见下";二是"天眼",色界天人修定所得之眼,它能看见世间一切事物,但不能洞察诸法实相,"得是天眼,远近皆见,前后、内外,昼夜、上下,悉皆无碍。是天眼见和合因缘生假名之物,不见实相,所谓空、无相、无作,无生、无灭";三是"慧眼",指二乘(指声闻、缘觉)修行所得之眼,它能洞察诸法实相,但不能度众生,"得慧眼,不见众生,尽灭一异相,舍离诸著,不受一切法,智慧自内灭,是名慧眼。但慧眼不能度众生。所以者何? 无所分别故";四是"法眼",指菩萨修行所得之眼,它能洞察诸法实相,令众生修行证道,但不能遍知度众生的"方便(又称"善巧")道","法眼令是人行是法,得是道,知一切众生各各方便门,令得道证。法眼不能遍知度众生方便道";五是"佛眼",指佛所具之眼,它具有"肉"、"天"、"慧"、"法"四眼的作用,它能彻见一切,"佛眼,无事不闻,无事不见,无事不知,无事为难,无所思惟,一切法中,佛眼常照"。

(五十一)《释初品中见一切佛世界义》(卷三十三至卷三十四)。解释《摩诃般若波罗蜜经·序品》"复次,舍利弗! 菩萨摩诃萨欲见过去、未来诸佛世界,及见现在十方诸佛世界,当学般若波罗蜜"等句,论述"十二部经"问题。

所说的"十二部经",指依体裁和内容区分的佛教经典的十二种类别。(1)"修多罗"(又称"契经")。指佛经中无固定句式的长行(即散文)。"诸经中直说者,名修多罗,所谓四阿含、诸摩诃衍经,及二百五十戒经,出三藏外亦有诸经,皆名修多罗。"

(2)"祇夜"(又称"应颂"、"重颂"、"结颂")。指对佛经长行的内容作提示和概括的偈颂(有一定韵律句式的诗句)。"诸经中偈,名祇夜。"(3)"受记经"(又称"授记"、"记别"、"和伽罗那")。指佛对众弟子的修行果位和世人的命终归宿所作的预言。"众生九道中受记,所谓三乘道、六趣道。"(4)"伽陀"(又称"偈颂"、"讽诵"、"孤起颂")。指吟咏佛法的偈颂(与"祇夜"的区别在于,它并不复述长行的内容)。"一切偈名祇夜,六句、三句、五句,句多少不定,亦名祇夜,亦名伽陀。"(5)"优陀那"(又称"感兴语"、"法句")。指佛有感而说的偈颂和教义(与"伽陀"的区别在于,它是"无问自说"的)。"优陀那者,名有法佛必应说而无有问者";"又如佛涅槃后,诸弟子抄集要偈,诸无常偈等作无常品,乃至婆罗门偈等作婆罗门品,亦名优陀那。诸有集众妙事,皆名优陀那"。(6)"因缘经"(又称"缘起"、"尼陀那")。指佛讲经说法和制立戒律的原委。"尼陀那者,说诸佛法本起因缘,佛何因缘说此事","一切佛语缘起事,皆名尼陀那"。

　　(7)"阿波陀那"(又称"譬喻")。指佛教圣贤的事迹,以及借物喻理所作的各种比喻。"阿波陀那者,与世间相似柔软浅语。"(8)"如是语经"(又称"本事"、"伊帝目多伽")。指不显示说经地点、对象和原委的佛的教说,以及佛和弟子在过去世的故事。"如是语经者,有二种:一者结句,言我先许说者,今已说竟。二者三藏、摩诃衍外,更有经名一目多迦(又称"伊帝目多伽")。"(9)"本生经"(又称"本起"、"本缘"、"阇多伽")。指由现在世发生的事情而追溯的佛和弟子在过去世的行事(与"本事"的区别在于,它是因"现在事"而说"过去事";上述"本事"、"本生"、"本起"、"本缘"等术语中的"本"字,均含有往世、过去世的意思)。"本生经者,昔者菩萨曾为师子,在林中住,与一猕猴共为亲友。"(10)"广经"(又称"方广"、"毗佛略")。指佛说的较为

深广的教义。"广经者,名摩诃衍,所谓《般若波罗蜜经》《六波罗
蜜经》《华首经》《法华经》《佛本起因缘经》《云经》《法云经》《大云
经》。如是等无量阿僧祇诸经,为得阿耨多罗三藐三菩提故说"。
(11)"未曾有经"(又称"未曾有法"、"希有法"、"阿浮陀达磨")。
指佛和弟子希有奇特的功德与事情。"如佛现种种神力,众生怪
未曾有。"(12)"论议经"(又称"论议"、"论义"、"广演"、"优波提
舍")。指佛和弟子对比较艰深的教义与术语所作的解释。"论
议经者,答诸问者,释其所以";"复次,佛所说论议经,及摩诃迦
栴延所解修多罗,乃至像法凡夫人如法说者,亦名优波提舍"。

(五十二)《释初品中信持无三毒义》(卷三十四)。解释《摩
诃般若波罗蜜经·序品》"我成阿耨多罗三藐三菩提时,世界中
无有淫欲、瞋恚、愚痴,亦无三毒之名"等句,论述"般若波罗蜜"
与"五波罗蜜"的关系问题。说:"般若波罗蜜是诸佛母",其他五
波罗蜜,若离开"般若波罗蜜",则不得称为"波罗蜜"。如关于
"般若波罗蜜是诸佛母",说:

> 般若波罗蜜是诸佛母,父母之中母功最重,是故佛以般
> 若为母,般舟三昧为父。三昧唯能摄持乱心,令智慧得成,
> 而不能观诸法实相;般若波罗蜜能遍观诸法,分别实相,无
> 事不达、无事不成,功德大故,名之为母。……五波罗蜜离
> 般若,不得波罗蜜名字。五波罗蜜如盲,般若波罗蜜如眼;
> 五波罗蜜如坏瓶盛水,般若波罗蜜如盛熟瓶;五波罗蜜如鸟
> 无两翼,般若波罗蜜如有翼之鸟。如是等种种因缘故,般若
> 波罗蜜能成大事。以是故言:欲得诸功德及愿,当学般若
> 波罗蜜。(卷三十四《释初品中信持无三毒义》,第314页
> 上、中)

二、《释奉钵品》(此据《宋藏》本;《丽藏》本作《释报应品》,

与原经品名不符;卷三十五)。解释《摩诃般若波罗蜜经·奉钵品》,论述"不见一切名字"等问题。说:一切事物自性空寂,只有"名字"(名称),即使是"菩提"、"菩萨"、"空",也是"名字",而非实法,"但有名字故,谓为菩提;但有名字故,谓为菩萨;但有名字故,谓为空","名字是因缘和合作法,但以分别忆想假名说",故菩萨在修行般若波罗蜜时,"不见一切名字",因"不见",故能"不著(执著)"。

三、《释习相应品》(卷三十五至卷三十七)。解释《摩诃般若波罗蜜经·习应品》,论述"菩萨智慧胜声闻、辟支佛"、"四种论"、"五众"、"与般若波罗蜜相应"等问题。

(1)"菩萨智慧胜声闻、辟支佛"。指菩萨智慧,能"以空知一切法空,亦不见是空,空以不空,等一不异","以此智慧,为欲度脱一切众生,令得涅槃";而声闻、辟支佛智慧"但观诸法空,不能观世间、涅槃为一"等。(2)"四种论"(又称"四记论"、"四记答")。指答复提问的四种方式。一是"必定论"(又称"一向记"),指对提问作直接肯定的回答,"如众生中世尊为第一,一切法中无我,世间不可乐,涅槃为安隐寂灭,业因缘不失,如是等名为必定论";二是"分别论"(又称"分别记"),指区分不同情况,对提问作肯定或否定的回答,"如五比丘问佛:受乐得道耶?佛言:不必定。有受苦得罪,受苦得乐;有受乐得罪,受乐得福。如是等名为分别论";三是"反问论"(又称"反诘记"),指先反问对方,然后根据对方的答话,作出回答,"反问论者,还以所问答之";四是"置论"(又称"舍置记"),指对提问舍置不答,"置论者,如十四难,世间有常、世间无常、世间有边、世间无边,如是等是名为置论"。(3)"五众"(又称"五阴")。指一切有为法的五种类别。一是"色众"(又称"色阴"),指"色"(即以"质碍"为性的物质)的积聚;二是"受众"(又称"受阴"),指"受"(即以"领纳"为性的感受）的积聚；三是"想众"（又称"想阴"），指"想"（即以"取像"
为性的想象）的积聚；四是"行众"（又称"行阴"），指"行"（即以
"造作"为性的思量）的积聚；五是"识众"（又称"识阴"），指"识"
（即以"了别"为性的心识）的积聚。"色即是空，空即是色，受、
想、行、识亦如是"。（4）"与般若波罗蜜相应"。指菩萨在修行
"般若波罗蜜"时，只有"于一切法中皆不著"，体悟到"诸法空相，
不生不灭、不垢不净、不增不减"，"无色，无受、想、行、识"，乃至
"无阿罗汉、无阿罗汉果，无辟支佛、无辟支佛道，无佛、亦无佛
道"，才能与"般若波罗蜜"相应，"诸相应中，般若波罗蜜相应为
最第一，最尊、最胜、最妙，为无有上"。

　　四、《释往生品》（卷三十八至卷四十）。解释《摩诃般若波
罗蜜经·往生品》，论述"菩萨有二种"、"净五眼"等问题。说：
菩萨有"生身菩萨"、"法身菩萨"二种。"生身菩萨"，指"十地"中
"初地"以前未断烦恼的菩萨；"法身菩萨"，指"初地"以上断一分
"烦恼"而显现一分"法性"的菩萨。"法身菩萨断结使，得六神
通；生身菩萨不断结使，或离欲得五神通"。又说：菩萨修行般
若波罗蜜，能清净"五眼"，这是因为"菩萨先有肉眼，亦有四眼
分，以诸罪结使（指烦恼）覆故不清净，如镜性有照明，垢故不见，
若除垢，则照明如本"。其中，"肉眼"，因"业因缘"而得清净；"天
眼"，因"禅定及业因缘"而得清净；"慧眼"、"法眼"、"佛眼"三眼，
因"修无量智慧、福德因缘"而得清净。"肉眼、天眼、慧眼、法眼，
成佛时失其本名，但名佛眼。"

　　五、《释叹度品》（卷四十）。解释《摩诃般若波罗蜜经·叹
度品》，论述"自相空波罗蜜"等问题。说："自性空波罗蜜"，指
"此波罗蜜中，一切法自性空故，诸法因缘和合生，无有自性"；
"诸法空波罗蜜"，指"诸法中无有自法"；"无法有法空波罗蜜"，
指"以此众生空、法空故，破诸法令无所有，无所有亦无所有"等。

六、《释舌相品》(卷四十)。解释《摩诃般若波罗蜜经·舌相品》,论述"得无生法忍"等问题。说:"得无生法忍",指"于一切诸法,不生、不灭、不出、不作"。

七、《释三假品》(卷四十一)。解释《摩诃般若波罗蜜经·三假品》,论述"三种假施设"等问题。说:"三种假施设"(又称"三种波罗聂提"),指三种虚假不实的施设。一是"法假施设"(又称"法波罗聂提"),指"五阴"等法为假施设;二是"受假施设"(又称"受波罗聂提"),指构成"五阴"等法的要素为假施设;三是"名假施设"(又称"名字波罗聂提"),指"五阴"等法的名字(名称)为假施设。如关于"三种假施设",说:

> 菩萨应如是学三种波罗聂提(指三种假施设)。五众(指五阴)等法,是名法波罗聂提(指法假施设);五众因缘和合故名为众生,诸骨和合故名为头骨,如根、茎、枝、叶和合故名为树,是名受波罗聂提(指受假施设);用是名字,取二法相,说是二种,是为名字波罗聂提(指名假施设)。复次,众微尘法和合故,有粗法生,如微尘和合故有粗色,是名法波罗聂提;从法有法故,是粗法和合有名字生,如能照、能烧,有火名字生,名色有故为人,名色是法,人是假名,是为受波罗聂提,取色取名,故名为受;多名字边,更有名字,如梁、椽、瓦等名字边,更有屋名字生,如树枝、树叶名字边,有树名生,是为名字波罗聂提。行者先坏名字波罗聂提,到受波罗聂提;次破受波罗聂提,到法波罗聂提;破法波罗聂提,到诸法实相中。诸法实相,即是诸法,及名字空般若波罗蜜。(卷四十一《释三假品》,第358页中、下)

八、《释劝学品》(卷四十一)。解释《摩诃般若波罗蜜经·劝学品》,论述菩萨当发起"三心"等问题。说:菩萨当发起"菩提心"、"无等等心"、"大心"三心,"菩萨初发心,缘无上道,我当作佛,是名菩提心";"行六波罗蜜,名无等等心";"入方便心中,是名大心"。

九、《释集散品》(卷四十二至卷四十三)。解释《摩诃般若波罗蜜经・集散品》,论述"集散不可得"、"般若但属菩萨"等问题。说:"集散不可得",指一切法(事物)事物由因缘聚集而生,由因缘离散而灭,"集"与"散"皆不可得。"无来处故,集不可得;无去处故,散不可得";"生无故,集不可得;灭无故,散不可得";"毕竟(终究)空故,集不可得;业因缘不失故,散不可得";"观世间灭谛故,集不可得;观世间集谛故,散不可得"。又说:世间有三种智慧:一是"世俗巧便",指"博识文艺,仁智礼敬等";二是"离生智慧",指"离欲界,乃至无所有处";三是"出世间智慧",指"离我及我所,诸漏尽声闻、辟支佛智慧"。此三种智慧均不及"般若波罗蜜","般若波罗蜜为最殊胜,毕竟清净,无所著故,为饶益一切众生故"。"声闻、辟支佛,虽欲乐般若波罗蜜,无深慈悲故,大厌世间,一心向涅槃,是故不能具足得般若波罗蜜";"是般若波罗蜜,菩萨成佛时,转名一切种智(指佛智),以是故,般若不属佛,不属声闻、辟支佛,不属凡夫,但(意为仅)属菩萨"。

十、《释行相品》(卷四十三)。解释《摩诃般若波罗蜜经・行相品》,论述"无相"等问题。说:"离空无色,离色无空,色即是空,空即是色"。"取相"(如"善相"、"不善相"等)为佛对"初学者"所说;"无相"为佛对"行道、住解脱门者"所说。菩萨修行般若波罗蜜时,若对一切事物起执著,"于无相中而生著","不可著而著,不可取而取",便是"无方便(又称"无善巧")";若对一切事物不起执著,便是"有方便"。

十一、《释幻人无作品》(卷四十四)。解释《摩诃般若波罗蜜经・幻学品》,论述"幻与色不异"等问题。说:"色不异幻,幻

不异色,色即是幻,幻即是色","受"、"想"、"行"、"识"四阴与
"幻"的关系也是如此。

十二、《释句义品》(卷四十四)。解释《摩诃般若波罗蜜
经·句义品》,论述"菩萨句义"等问题。说:"无句义是菩萨句
义","譬如鸟飞虚空无有足迹;菩萨句义无所有,亦如是","因是
譬喻教诸菩萨,当学一切法不取相,无所得故"。也就是说,"无
所有"、"无所得"是"菩萨"一词的含义。

十三、《释摩诃萨品》(卷四十五)。解释《摩诃般若波罗蜜
经·金刚品》,论述"摩诃萨"的"大心"等问题。说:"摩诃萨"(又
称"摩诃萨埵")意为"大众生","以大心知一切法,欲度一切众
生,是名为大",即"初地"以上的大菩萨。菩萨欲度一切众生的
"大心",如金刚一般坚固,故"大心"又称"金刚心"。如关于菩萨
的"大心",说:

> 菩萨欲为一切圣人主,故发大心,受一切苦,心坚如金
> 刚不动故。金刚心者,一切结使烦恼所不能动,譬如金刚
> 山,不为风所倾摇。诸恶众生、魔人来,不随意行,不信受其
> 语;瞋骂谤毁、打击闭系、斫刺割截,心不变异;有来乞索头
> 目髓脑、手足皮肉,尽能与之,求者意犹无厌足,更瞋恚骂
> 詈,尔时心忍不动。譬如牢固金刚山,人来斫凿毁坏,诸虫
> 来啮,无所亏损,是名金刚心。……复次,心如金刚者,堕三
> 恶道所有众生,我当代受勤苦,为一一众生故,代受地狱苦,
> 乃至是众生从三恶道出。……如是展转一切众生尽度已,
> 后当自为集诸功德,无量阿僧祇劫(指无数大劫),乃当作
> 佛,是中,心不悔不缩。(卷四十五《释摩诃萨品》,第383页
> 中—第384页上)

十四、《释断见品》(卷四十五)。解释《摩诃般若波罗蜜

经·乐说品》,论述"断见"等问题。说:菩萨当以方便力(又称"善巧力")断除各种执见,如"我见"、"众生见"、"知者见"、"见者见"、"断见"、"常见"、"有见"、"无见"、"阴见"(又称"五阴见")、"入见"(又称"十二入见")、"界见"(又称"十八界见")、"谛见"(又称"正见")、"因缘见"(又称"十二因缘见")、"佛道见"、"成就众生见"、"净佛世界见"(又称"净佛国土见")等。

十五、《释大庄严品》(卷四十五)。解释《摩诃般若波罗蜜经·辩才品》,论述"菩萨大庄严"等问题。说:菩萨"行六波罗蜜,以自庄严","菩萨作是庄严,令一切众生尽入大乘作佛";"若菩萨为一切智故,不取诸波罗蜜相,而能行诸波罗蜜,是名菩萨大庄严"。

十六、《释乘乘品》(卷四十六)。解释《摩诃般若波罗蜜经·乘乘品》,论述"乘于大乘"等问题。说:菩萨以"大乘"为"乘",运载众生,从生死的此岸,达到涅槃的彼岸。"(菩萨)乘此大乘,从一佛国至一佛国,成就众生,净佛世界(又称"净佛国土"、"清净佛土"),不生众生相,不取佛国相,住不二入地中,随诸众生所应度者,而化度之。为众生故受身,常乘大乘,初无休息"。

十七、《释无缚无脱品》(卷四十六)。解释《摩诃般若波罗蜜经·庄严品》,论述"无缚无脱"等问题。说:一切事物既无系缚,亦无解脱,"毕竟(终究)空故"。"五众(又称"五阴")无缚无解,若毕竟空,无有作者,谁缚谁解? 凡夫法,虚诳、不可得,故非缚;圣人法,毕竟空、不可得,故非解"。

十八、《释摩诃衍品》(卷四十六至卷四十七)。解释《摩诃般若波罗蜜经·问乘品》,论述何为"摩诃衍"等问题。说:"摩诃衍",意为"大乘","六波罗蜜"、"十八空"(指"内空"、"外空"、"内外空"等)、"大乘诸经"(指《法华经》等)、"百八三昧"(指"首楞严

三昧"等一百八种禅定)等,都是"摩诃衍"。如关于"首楞严"、
"宝印"、"金刚"、"放光"、"无心"诸三昧,说:

　　　今以百八三昧释禅波罗蜜。……首楞严三昧者,秦言
　　健相,分别知诸三昧行相多少深浅,如大将知诸兵力多少。
　　复次,菩萨得是三昧,诸烦恼魔及魔人,无能坏者。……宝
　　印三昧者,能印诸三昧,于诸宝中,法宝是实宝,今世、后世
　　乃至涅槃,能为利益。……复次,有人言:三法印名为宝印
　　三昧,一切法无我、一切作法无常、寂灭涅槃,是三法印,一
　　切人天无能如法坏者,入是三昧,能三种观诸法,是名宝
　　印。……金刚三昧(指金刚喻定,即能在修道位最后断尽一
　　切烦恼的禅定)者,譬如金刚,无物不陷,此三昧亦如是,于
　　诸法无不通达,令诸三昧各得其用。……放光三昧者,常修
　　火一切入故,生神通力,随意放种种色光,随众生所乐,若
　　热、若冷、若不热不冷。……无心三昧者,即是灭尽定,或无
　　想定。何以故? 佛自说因缘:入是三昧中,诸心、心数(指
　　心所)法不行。(卷四十七《释摩诃衍品》,第398页下—第
　　399页下)

　　十九、《释四念处品》(卷四十八)。解释《摩诃般若波罗蜜
经·广乘品》,论述"四念处"、"四十二字门"等问题。

　　(1)"四念处"。以智慧观察身、受、心、法四境,以对治净、
乐、常、我四颠倒的禅观,这在先前的卷十九《释初品中三十七品
义》等篇章中,已有过论述,本品则是随顺经文所作的进一步阐
释。说:"四念处"中的"身念处",指观身不净;"受念处",指观受
是苦;"心念处",指观心无常;"法念处",指观法无我(一切诸法
由众缘和合而生,没有常恒实在的主体)。每一念处,都从"内"、
"外"、"内外"三个方面入观,故总有"十二种观"。以"身念处"为

例,对"内身"(自身)、"外身"(他身)、"内外身"(自他身),作"循身观",观想人身的"三十六物"(指发、毛、筋、骨、脾、肾、肠、胃、屎、尿、脓、痰等)皆污秽不净。此中,"循身观者,寻随观察,知其不净,衰老病死,烂坏臭处、骨节腐败、摩(磨)灭归土";"不净观者,所谓菩萨摩诃萨(指初他以上大菩萨)观身如草木瓦石无异";"四念处实体是智慧;所以者何? 观内外身,即是智慧。念持智慧在缘中,不令散乱,故名念处"。(2)"四十二字门"。指梵文四十二个字母的发音与含义,"此是诸陀罗尼初门",即"文字陀罗尼"。"诸陀罗尼法,皆从分别字语生,四十二字是一切字根本";"因字有语,因语有名,因名有义,菩萨若闻字,因字乃至能了其义。是字,初阿(指字母的发音是"阿"),后荼(指字母的发音是"荼"),中有四十,得是字(为)陀罗尼菩萨";"得陀罗尼者,譬如破竹,初节既破,余者皆易,菩萨亦如是,得是文字陀罗尼,诸陀罗尼自然而得"。以"四十二字"中的前三字"阿"、"罗"、"波"为例,"若一切语中闻阿字,即时随义,所谓一切法从初来不生相";"若闻罗字,即随义知一切法离垢相";"若闻波字,即时知一切法入第一义中",如此等等。

二十、《释发趣品》(卷四十九至卷五十)。解释《摩诃般若波罗蜜经·发趣品》,论述"三乘共十地"等问题。

"十地"分"三乘共十地"、"菩萨十地"二种。"三乘共十地"(又称"共地"),指声闻、辟支佛(又称缘觉)、菩萨三乘共修的"十地"(十个阶位),即"乾慧地"、"性地"、"八人(忍)地"、"见地"、"薄地"、"离欲地"、"已作地"、"辟支佛地"、"菩萨地"、"佛地"。此为《摩诃般若波罗蜜经·发趣品》所说。"菩萨十地"(又称"但菩萨地"),指"菩萨乘"独修的"十地",即"欢喜地"、"离垢地"、"有光地"、"增曜地"、"难胜地"、"现在地"、"深入地"、"不动地"、"善根地"、"法云地",此为《十地经》所说。有关"三乘共十地"的

详解,见卷七十五《释灯烓品》,本品所释的是各地应修行的
事项。

　　(1)"乾慧地"应行十事。指"深心坚固";"于一切众生中等
心";"布施";"亲近善知识(即善友)";"求法";"常出家";"爱乐
佛身";"演出法教";"破憍慢法";"实语"。(2)"性地"应念八
法。指"戒清净";"知恩报恩";"住忍辱";"受欢喜";"不舍一切
众生";"入大悲心";"信师恭敬咨受";"勤求诸波罗蜜"。
(3)"八人(忍)地"应行五法。指"多学问,无厌足";"净法施,亦
不自高";"庄严佛国土,亦不自高";"受世间无量勤苦,不以为
厌";"住惭愧处"。(4)"见地"应不舍十法。指"不舍阿练若住
处";"少欲";"知足";"不舍头陀功德";"不舍戒";"秽恶诸欲";
"厌世间心";"舍一切所有";"心不没";"不惜一切物"。(5)"薄
地"应远离十二法。指"远离亲白衣";"远离比丘尼";"远离悭惜
他家";"远离无益谈处";"远离瞋恚";"远离自大";"远离蔑人";
"远离十不善道";"远离大慢";"远离自用";"远离颠倒";"远离
淫、怒、痴"。(6)"离欲地"应具足六法。指"不作声闻、辟支佛
意";"布施不应生忧心";"见有所索心不没";"所有物布施";"布
施之后心不悔";"不疑深法"。(7)"已作地"(即声闻乘的阿罗
汉果位)应不著二十法(指"不著我"、"不著众生"、"不著断见"、
"不著常见"、"不著依佛见"等)、应具足二十法(指"具足空"、"无
相证"、"知无作"、"无生法忍"、"无生智"等)。(8)"辟支佛地"
应具足五法。指"知上下诸根";"净佛世界";"入如幻三昧";"常
入三昧";"随众生所应善根受身"。(9)"菩萨地"应具足十二
法。指"受无边世界所度之分";"菩萨得如是愿";"知诸天龙、夜
叉、犍闼婆语而为说法";"(菩萨)处胎成就";"家成就";"所生成
就";"姓成就";"眷属成就";"出生成就";"出家成就";"庄严佛
树成就";"一切诸善功德成满具足"。(10)"佛地"当知如佛。

指菩萨"具足六波罗蜜,四念处,乃至十八不共法,一切种智(指佛智)具足满,断一切烦恼及习","过是九地,住于佛地"。

二十一、《释出到品》(卷五十)。解释《摩诃般若波罗蜜经·出到品》,论述大乘的"出"与"住处"等问题。说:摩诃衍(意译大乘)"从三界中出,至萨婆若(指一切智)中住","摩诃衍"、"萨婆若"二法是相同的,"不合、不散、无色、无形、无对",二法同为一相,"所谓无相";"大乘无住处,何以故? 一切法无住相故"。

二十二、《释胜出品》(卷五十一)。解释《摩诃般若波罗蜜经·胜出品》,论述"摩诃衍胜出"等问题。说:"摩诃衍,破坏一切世间,胜出人、天、阿修罗上","是三界虚诳,如幻如梦,无明虚妄,因缘故有,因果无有定实,一切无常,破坏磨灭,皆是空相。以摩诃衍与三界相违,故能摧破胜出"。

二十三、《释含受品》(卷五十一)。解释《摩诃般若波罗蜜经·等空品》,论述"摩诃衍与空等"等问题。说:"摩诃衍"与"虚空"相等,如"如虚空无生、无灭、无住、无异。摩诃衍亦如是,无生、无灭、无住、无异";"如虚空受无量无边阿僧祇众生,是摩诃衍亦如是,受无量无边阿僧祇众生"。

二十四、《释会宗品》(卷五十二)。解释《摩诃般若波罗蜜经·会宗品》,论述三乘"共法"与"不共法"等问题。说:"三十七品、三脱门(又称"三解脱门",指空门、无相、无作门),是三乘共法";"六波罗蜜,是菩萨法";"十力乃至常舍行(指佛十力、四无所畏、四无碍智、大慈大悲、十八不共法)是佛法"。

二十五、《释十无品》(卷五十二)。解释《摩诃般若波罗蜜经·十无品》,论述"菩萨但有假名"等问题。说:"菩萨但有(只有)假名",在"前际"、"中际"、"后际"中求索菩萨不可得;在"色"、"受"、"想"、"行"、"识"中求索菩萨不可得;在"一切种"(指

"十八空"、"三解脱门"等)、"一切处"(指"五阴"、"十二入"、"十八界"等)中求索菩萨亦不可得(以上即品名中说的"十无")。"如和合五众(又称"五阴")等法,及六波罗蜜等善法,从是出菩萨名字;是菩萨从作法,众缘和合生故,非一法所成,以是故言假名"。

二十六、《释无生品》(卷五十三)。解释《摩诃般若波罗蜜经·无生品》,论述"无生"、"五种菩提"等问题。说:"色不异无生,无生不异色,色即是无生,无生即是色","受"、"想"、"行"、"识"乃至一切事物,也是如此。又说:"五种菩提",指菩萨从初发心至证得无上菩提的五个阶段,即"发心菩提"、"伏心菩提"、"明心菩提"、"出到菩提"、"无上菩提"。如关于"五种菩提"的含义,说:

> 有五种菩提:一者名发心菩提,于无量生死中发心,为阿耨多罗三藐三菩提(意为无上正等正觉)故,名为菩提,此因中说果;二者名伏心菩提,折诸烦恼,降伏其心,行诸波罗蜜;三者名明心菩提,观三世诸法本末总相、别相,分别筹量,得诸法实相,毕竟清净,所谓般若波罗蜜相;四者名出到菩提,于般若波罗蜜中得方便力故,亦不著般若波罗蜜,灭一切烦恼,见一切十方诸佛,得无生法忍,出三界,到萨婆若(指一切智);五者名无上菩提,坐道场,断烦恼习,得阿耨多罗三藐三菩提。(卷五十三《释无生品》,第438页上)

二十七、《释天主品》(卷五十四)。解释《摩诃般若波罗蜜经·问住品》,论述"示教利喜"等问题。说:"示教利喜",指佛说法教化的四种次第。一是"示",指开示教义,"示人好丑、善不善,应行不应行;生死为丑,涅槃安隐为好。分别三乘,分别六波罗蜜,如是等名示";二是"教",指教其修行,"教言汝舍恶行善,是名教";三是"利",指说明利益,"未得善法味故,心则退没,为说法引导令出,汝莫于因时求果,汝今虽勤苦,果报出时大得利益,令其心利故名利";四是"喜",指随喜赞叹,"随其所行而赞叹之,令其心喜,若乐布施者,赞布施则喜,故名喜"。

二十八、《释幻人听法品》(卷五十五)。解释《摩诃般若波罗蜜经·幻听品》,论述"菩萨七种辩"等问题。说:菩萨有七种辩才。一是"捷疾辩",指"(习)行般若波罗蜜,于一切法无碍";二是"利辩",指"有人虽能捷疾,钝根故不能深入,以能深入故利";三是"乐说无尽辩",指"说诸法实相,无边无尽";四是"不可断辩",指"般若中无诸戏论(指无益的言论)故,无能问难断绝者";五是"随应辩",指"断法爱故,随众生所应而为说法";六是"义辩",指"说趣涅槃利益之事";七是"世间最上辩",指"说一切世间第一之事,所谓大乘"。

二十九、《释散华品》(卷五十五)。解释《摩诃般若波罗蜜经·散花品》,论述"如来相"等问题。说:"如来相即是一切法相,一切法相即是如来相;如来相即是毕竟空相,毕竟空相即是一切法相。"

三十、《释顾视品》(卷五十六)。解释《摩诃般若波罗蜜经·三叹品》,论述"毕竟(终究)空"与"三乘分别"等问题。说:"一切法虽毕竟空,而有三乘分别";"般若波罗蜜虽毕竟空而不堕断灭,虽分别有三乘,亦不生著心,于二事中不取定相";"般若波罗蜜,无诸观语言相,而因语言经卷,能得此般若波罗蜜,是故以名字经卷,名为般若波罗蜜"。

三十一、《释灭诤乱品》(卷五十六)。解释《摩诃般若波罗蜜经·灭诤品》,论述"灭诸法诤乱"等问题。说:"般若波罗蜜,能灭诸法诤乱","能破无明等诸结使(又称"烦恼"),灭诸断常邪见等,能灭著五众(又称"五阴")乃至(著)涅槃"。

三十二、《释宝塔校量品》（卷五十七）。解释《摩诃般若波罗蜜经·大明品》，论述"供养般若"与"供养七宝塔"的功德比较等问题。说："供养般若波罗蜜"的功德远大于"供养七宝塔"，"信根多者，喜供养舍利（塔）；慧根多者，好读诵经法"。

三十三、《释述诚品》（卷五十七）。解释《摩诃般若波罗蜜经·述成品》，论述"诸佛法皆从般若波罗蜜中生"等问题。说："道种智（指菩萨智）、一切种智（指佛智）、诸佛法皆从般若波罗蜜中生"；"声闻乘、辟支佛乘、佛乘，皆从般若波罗蜜中生"。

三十四、《释劝受持品》（卷五十八）。解释《摩诃般若波罗蜜经·劝持品》，论述"受持般若波罗蜜"的功德等问题。说："般若波罗蜜摄一切善法，若声闻法、若辟支佛法、若菩萨法、若佛法"，"若是人能受持般若，乃至正忆念，得今世、后世功德"。

三十五、《释梵志品》（卷五十八）。解释《摩诃般若波罗蜜经·遣异品》，论述"般若波罗蜜即是一切智"等问题。说："诸佛一切智即是般苦波罗蜜，般若波罗蜜即是一切智"；"般若波罗蜜、一切智，不二不别"。

三十六、《释阿难称誉品》（卷五十八）。解释《摩诃般若波罗蜜经·尊导品》，论述"般若波罗蜜是一切十方诸佛母"等问题。说："般若波罗蜜为五波罗蜜，乃至十八不共法（之）尊导"；"般若波罗蜜是一切十方诸佛母，亦是诸佛师"。

三十七、《释校量舍利品》（卷五十九）。解释《摩诃般若波罗蜜经·法称品》（又称《舍利品》），论述"供养般若经卷"的功德等问题。说："书般若波罗蜜经卷，与他人令学，是善男子、善女人其福甚多"，"般若是菩萨根本因缘，菩萨是诸佛根本因缘，诸佛是一切世间大利益安乐因缘"。

三十八、《释校量法施品》（卷六十）。解释《摩诃般若波罗蜜经·法施品》，论述"法施"的功德等问题。说：菩萨有"财"、

"法"二施，"财施者，供养具衣食等；法施者，所谓教六波罗蜜等"，"菩萨说般若波罗蜜正义，教近佛道，福德最大"。

三十九、《释随喜回向品》（卷六十一）。解释《摩诃般若波罗蜜经·随喜品》，论述"随喜"、"回向"的功德等问题。说："随喜"，指对他人所作的善行（如"布施"、"持戒"、"修定"等），心生欢喜，即"于十方三世诸佛及菩萨、声闻、辟支佛，及一切修福众生，布施、持戒、修定，于此福德中，生随喜福德，是故名随喜"；"回向"，指将自己所修的善法功德，转施与一切众生，以期同证菩提，即"持是随喜福德，共一切众生，回向阿耨多罗三藐三菩提"，"是福德不可得与一切众生，而果报可与"。如关于"无相有三种"，说：

> 无相有三种，假名相（指假名之相）、法相（指诸法之相）、无相相（指无相之相）。假名相者，如车、如屋、如林、如军、如众生诸法和合中，更有是名，无明力故，取是假名相，起诸烦恼业；法相者，五众、十二入、十八界等诸法，肉眼观故有，以慧眼观则无，是故法亦虚诳妄语，应舍离法相；离是二相，余但有无相相，有人取是无相相，随逐取相，还生结使（指烦恼），是故亦不应取无相相。离三种相，故名无相。若无有相，是中无所得，无得故无出；若法无得无出，即是无垢无净；若法无垢无净，即是无法性；若法无性，即是自相空；若法自相空，即是法常自性空；若法常自性空，即同法性、（真）如、实际。用如是法，和合随喜福德、回向。（卷六十一《释随喜回向品》，第495页中、下）

四十、《释照明品》（卷六十二）。解释《摩诃般若波罗蜜经·照明品》，论述"般若波罗蜜能照一切法"等问题。说："般若波罗蜜中，说诸法实相；诸法实相中，无戏论（指无益的言论）垢

浊,故名毕竟清净;毕竟清净,故能遍照一切五种法藏——所谓
过去、未来、现在、无为及不可说";"诸法中,智慧最上;一切智慧
中,般若波罗蜜为上"。

四十一、《释信谤品》(卷六十二至卷六十三)。解释《摩诃
般若波罗蜜经·信毁品》,论述"信解"与"毁訾"般若波罗蜜的果
报等问题。说:"不信般若堕地狱,信者得作佛。"

四十二、《释叹净品》(卷六十三至卷六十四)。解释《摩诃
般若波罗蜜经·叹净品》,论述"毕竟净"等问题。说:"诸法实
相,本自清净,为心、心数(又称"心所")法所缘,则污染不清净";
"诸法实相常净,非佛所作,非菩萨、辟支佛、声闻、一切凡夫所
作,有佛、无佛,常住不坏相。在颠倒虚诳法及果报中,则污染不
净";"毕竟空即是毕竟清净,以人畏空,故言清净"。也就是说,
"诸法实相"就是"毕竟净",又称"(真)如"、"法性"、"实际"、"般
若波罗蜜"、"无生无灭"、"空"、"无相"、"无作"、"毕竟空"等。

四十三、《释无作实相品》(卷六十四至卷六十五)。解释
《摩诃般若波罗蜜经·无作品》,论述"般若波罗蜜无所作"等问
题。说:"般若波罗蜜无所作","作者不可得故,色不可得,乃至
一切法不可得故";"若菩萨不行一切法,不得一切法,所谓若常、
若无常,乃至若净、若不净,是名行般若波罗蜜"。

四十四、《释诸波罗蜜品》(卷六十五)。解释《摩诃般若波
罗蜜经·遍叹品》,论述"九十种般若波罗蜜"等问题。说:"般若
波罗蜜"有九十种,如"无边波罗蜜"、"等波罗蜜"、"离波罗蜜"、
"不坏波罗蜜"、"无作波罗蜜"、"寂灭波罗蜜"、"无二边波罗蜜"、
"毕竟空波罗蜜"、"无碍智波罗蜜"、"佛波罗蜜"等。

四十五、《释叹信行品》(卷六十六至卷六十七)。解释《摩
诃般若波罗蜜经·闻持品》,论述"信受深般若波罗蜜,不惊不
怖",以及《般若经》的流传路线等问题。说:"般若波罗蜜甚深,

无相可取、可信、可受；若能信受，是为希有，如人空中种植，是为甚难"；"菩萨摩诃萨（指初他以上大菩萨）久发意（习）行六波罗蜜，多供养诸佛，闻是深般若波罗蜜，不惊、不怖、不畏，闻即受持"。又说："般若波罗蜜部党经卷，有多有少，有上、中、下：《光赞》《放光》《道行》"；佛涅槃后，甚深的《般若经》从东方传至南方，从南方传至西方，从西方传至北方，"在北方广行"。如关于《般若经》的流传路线，说：

> 佛出东方，于中说般若波罗蜜，破魔及魔民、外道，度无量众生，然后于拘夷那竭双树下灭度。后般若波罗蜜，从东方至南方。……从南方至西方。……从西方至北方。……是般若波罗蜜，北方当作佛事。是中说因缘：佛在时，能断众疑，佛法兴盛，不畏法灭；佛灭后，过五百岁，正法渐灭，是时佛事转难。是时利根者，读、诵、正忆念，亦华香供养；钝根者，书写、华香等供养。……是深般若，在北方广行。……广行者，于阎浮提北方广大故。又北方地有雪山，雪山冷故，药草能杀诸毒，所食米谷，三毒不能大发。三毒不能大发故，众生柔软，信等五根皆得势力。如是等因缘，北方多行般若波罗蜜。（卷六十七《释叹信行品》，第 531 页中）

四十六、《释魔事品》（卷六十八）。解释《摩诃般若波罗蜜经·魔事品》，论述"魔有四种"、"菩萨魔事"等问题。说："魔"意为"能夺命者"，分为四种。一是"烦恼魔"，指"烦恼"，即"百八烦恼等"；二是"五众魔"，指"五阴"，即"烦恼业和合因缘，得是身"；三是"死魔"，指"死"，即"无常因缘故，破相续五众寿命"；四是"天子魔"，指"天魔波旬"，即"欲界主（指欲界第六天之主），深著世间乐，用有所得故生邪见，憎嫉一切贤圣涅槃道法"。此中，

"死魔实能夺命,余者(指其余三魔)亦能作夺命因缘,亦夺智慧命"。"菩萨魔事",指"菩萨学余经(指声闻经),弃舍般若波罗蜜"等。

四十七、《释两不和合品》(卷六十八至卷六十九)。解释《摩诃般若波罗蜜经·两过品》,论述"两不和合"等问题。说:"两不和合",指"说法者"与"听法者",或"师"与"弟子"二者不和合。如"说法之人心不懈堕,欲令书、持般若波罗蜜",而"听法者不欲受之",两不和合;"说法者受十二头陀"(指"作阿兰若、常乞食、纳衣、一坐食、节量食、中后不饮浆、冢间住、树下住、露地住、常坐不卧、次第乞食、但三衣"),而"听法人不受十二头陀",两不和合;"说法者能一切施,心不悭惜",而"听法者吝惜不舍",两不和合等。"两不和合,则是魔事","是故师徒宜应和合,一切恶事,不应计念"。

四十八、《释佛母品》(卷六十九至卷七十)。解释《摩诃般若波罗蜜经·佛母品》,论述"深般若波罗蜜"等问题。说:"深般若波罗蜜能生诸佛,能与诸佛一切智,能示世间相";"小乘法多说无常;大乘法中,多说法空。小乘法中,先说无常,后说法空;大乘法中,初便说法空。小乘法中说无常,令众生怖畏;大乘则不然,是故说无破坏等"。

四十九、《释问相品》(卷七十)。解释《摩诃般若波罗蜜经·问相品》,论述"般若波罗蜜相"、"般若波罗蜜为大事故起"等问题。说:"三解脱门"(指空、无相、无作)是"初入般若波罗蜜相";"不生不灭"、"如虚空"等,是"般若波罗蜜深相"。"般若波罗蜜"为"大事"、"不可思议事"、"不可称事"、"无量事"、"无等等事"故起,"诸佛大事者,所谓救一切众生,不舍一切众生";"不可思议者,所谓佛法、如来法、自然人法、一切智人法","是四种法无有人能思惟称量,是故名不可思议、不可称、不可量";"更无有法与是法相似者,是故名无等等"。

五十、《释大事起品》(卷七十一)。解释《摩诃般若波罗蜜经·成办品》,论述"般若波罗蜜能成办大事"等问题。说:"所有声闻、辟支佛法、若菩萨法、若佛法,一切皆在般若波罗蜜中,般若波罗蜜能成办其事";"(习)行般若波罗蜜人有上、中、下,下者闻般若波罗蜜直信听受,不问中义;中者既闻已,问义而不能行;上者闻解能行"。

五十一、《释譬喻品》(卷七十一)。解释《摩诃般若波罗蜜经·譬喻品》,以"浮囊"等物为譬喻,说明求佛道者须"依深般若波罗蜜"等问题。说:譬如大海中"船破",若人不取木、器物、浮囊等,此人就会没海淹死,不能达到"彼岸";若人取木、器物、浮囊等,此人就不会淹死,平安达到"彼岸"。求佛道者也是如此,若只有"信乐",不依"深般若波罗蜜",就会中道衰耗,"于声闻、辟支佛地取证";若"依深般若波罗蜜",就会"过声闻、辟支佛地,能净佛世界,成就众生"。

五十二、《释善知识品》(卷七十一)。解释《摩诃般若波罗蜜经·知识品》,论述"亲近供养善知识(即善友)"等问题。说:新学菩萨摩诃萨(又称"新发意菩萨")应先"亲近供养善知识",由善知识为他讲述"深般若波罗蜜","以般若转世间法,令毕竟空,烧诸烦恼"。

五十三、《释趣一切智品》(卷七十一)。解释《摩诃般若波罗蜜经·趣智品》,论述"趣一切种智"等问题。说:菩萨信解般若波罗蜜,能趣"一切种智"(指佛智);一切种智为"一切众生所归趣","一切诸法皆入般若波罗蜜,是故修般若波罗蜜,即修一切法"。

五十四、《释大如品》(卷七十二)。解释《摩诃般若波罗蜜经·大如品》,论述"如相"等问题。说:"如相"意为"如实相"、

"实相","如,名色等诸法真实相"。诸法实相无二无别,"色如相,萨婆若(指一切智)如相,是一如无二无别",乃至"如来如相,一切法如相,一如无二无别";"若菩萨闻如中无三乘分别,不恐怖,是菩萨即能成无上道",因为"若入毕竟空门,一切法尽一相;若出毕竟空,三乘则有异"。

五十五、《释阿毗跋致品》(卷七十三)。解释《摩诃般若波罗蜜经·不退品》,论述"阿鞞跋致菩萨"等问题。说:"阿鞞跋致"意为"不退转","菩萨初发心来所行因缘、所得果报,是阿鞞跋致,受记必当作佛";若"菩萨知一切有为作法,虚妄不实,如幻如梦;无为法空无所有,寂灭相,是故一切处无所爱著,于众生中乃至佛亦不著,于法中乃至涅槃亦不著",当知是"阿鞞跋致菩萨摩诃萨"(意译"不退转菩萨")。

五十六、《释转不转品》(卷七十三至卷七十四)。解释《摩诃般若波罗蜜经·坚固品》,论述"菩萨"的"转"与"不转"等问题。说:"菩萨入菩萨位,转声闻、辟支佛心,直入菩萨位,是名转";"不转者,入阿鞞跋致第一义(指入不退转的最胜义),诸法一相中,所谓无相"。

五十七、《释灯炷品》(卷七十四至卷七十五)。解释《摩诃般若波罗蜜经·深奥品》,论述"阿鞞跋致深奥处"、"三乘共十地"等问题。说:"阿鞞跋致菩萨"的"深奥处",指"空"、"无相"、"无作"、"寂灭"、"涅槃"等,此中,"空"是核心。"因缘生法无自性,无自性故即是毕竟空。是毕竟空,从本以来空,非佛所作,亦非余人所作,诸佛为可度众生故,说是毕竟空相。是空相,是一切诸法实体,不因内外有。是空,有种种名字,所谓无相、无作、寂灭、离、涅槃等"。"三乘共十地",指声闻、辟支佛(又称"缘觉")、菩萨三乘共修的十个阶位。(1)"乾慧地"。指声闻的"三贤位"(即修习"五停心观"、"别相念住"、"总相念住"的阶位);菩萨从"初发心"至未得"顺忍"(又称"柔顺忍")之前的阶位。
(2)"性地"。指声闻的"四善根位"(即修习暖法、顶法、忍法、世
第一法的阶位);菩萨的"顺忍"(又称"柔顺忍")位。(3)"八人
(忍)地"。指声闻的"见道十五心"(即"四沙门果"之前预修的
"预流向")位;菩萨的"无生法忍"位。(4)"见地"。指声闻的
"须陀洹果"(即"四沙门果"的初果"预流果")位;菩萨的"阿鞞跋
致地"(指"不退转地")位。(5)"薄地"。指声闻的"斯陀含果"
(即"四沙门果"的第二果"一来果")位;菩萨过"阿鞞跋致地",但
尚有少量烦恼习气的阶位。(6)"离欲地"。指声闻的"阿那含
果"(指"四沙门果"的第三果"不还果")位;菩萨断离欲界烦恼得
"五神通"的阶位。(7)"已作地"。指声闻的"阿罗汉果"(指"四
沙门果"的第四果"无学果")位;菩萨成就佛地的阶位。(8)"辟
支佛地"。指辟支佛(又称"缘觉")独自观察"十二因缘"而得道
的阶位。(9)"菩萨地"。指菩萨从最初发心至成佛之前的阶
位,即"三乘共十地"中的前六地(从"乾慧地"至"离欲地"),"菩
萨十地"中的十地(从"欢喜地"至"法云地")。(10)"佛地"。指
菩萨修行圆满所成就的佛位。如关于"三乘共十地",说:

> 十地者,乾慧地等。乾慧地有二种:一者声闻,二者菩
> 萨。声闻人独为涅槃故,勤精进持戒,心清净,堪任受道,或
> 习观佛三昧、或不净观,或行慈悲、无常等观,分别集诸善
> 法,舍不善法。虽有智慧,不得禅定水,则不能得道,故名乾
> 慧地;于菩萨,则初发心乃至未得顺忍。性地者,声闻人,从
> 暖法乃至世间第一法;于菩萨,得顺忍,爱著诸法实相,亦不
> 生邪见,得禅定水。八人(忍)地者,从苦法忍乃至道比(类)
> 智忍,是十五心;于菩萨,则是无生法忍,入菩萨位。见地
> 者,初得圣果,所谓须陀洹果;于菩萨,则是阿鞞跋致地。薄

地者,或须陀洹,或斯陀含,欲界九种烦恼分断故;于菩萨,过阿鞞跋致地乃至未成佛,断诸烦恼,余气亦薄。离欲地者,离欲界等贪欲诸烦恼,是名阿那含;于菩萨,离欲因缘故,得五神通。已作地者,声闻人得尽智、无生智,得阿罗汉;于菩萨,成就佛地。辟支佛地者,先世种辟支佛道因缘,今世得少因缘出家,亦观深因缘法成道,名辟支佛,辟支迦,秦言因缘,亦名觉。菩萨地者,从乾慧地乃至离欲地,如上说。复次,菩萨地,欢喜地乃至法云地,皆名菩萨地。……佛地者,一切种智(指佛智)等诸佛法,菩萨于自地中行具足,于他地中观具足,二事具故名具足。(卷七十五《释灯炷品》,第581页中、下)

五十八、《释梦中入三昧品》(卷七十五)。解释《摩诃般若波罗蜜经·梦行品》,论述"梦中业"、菩萨的"行愿"等问题。说:梦中所作之"业"(指造作、行为)不能集成果报,只有觉醒后所作"业",才能集成果报,"梦中所见,皆因先见、闻、觉、知。梦中所作善恶,为眠覆心,不自在故,无有势力,不能集成果报;若是业得觉时,善恶心和合故,能助成果报"。又说:菩萨"行六波罗蜜"时,当发起"净佛世界(又称"净佛国土"),成就众生"的誓愿,如"我得佛时,令我国土众生无邪聚,乃至无其名";"我作佛时,令我国土众生无四姓之名";"我作佛时,令我国土众生无六道之名";"我作佛时,令我国土中众生寿命无量劫"等。

五十九、《释恒伽提婆品》(卷七十五)。解释《摩诃般若波罗蜜经·河天品》,论述女人也能"作佛"等问题。说:女人恒伽提婆("恒伽是河名,提婆名天")在佛会上,以"金银宝华"、"金缕织成上下衣"等供养佛,佛当众对她作了将来当成"金花佛"的授记(又称"受记",即佛对弟子将来证果所作的预言),"佛告阿难:

是恒伽提婆姊未来世中当作佛,劫名星宿,佛号金花。阿难,是女人毕业身,受男子形,当生阿閦佛阿毗罗提国土,于彼净修梵行”。“如是等因缘,不转女身而得受记”,“经说女人五碍,不说不得受记,是故不应生难”,也就是说,女人也能得佛授记而成佛。

六十、《释学空不证品》(卷七十六)。解释《摩诃般若波罗蜜经·不证品》,论述菩萨“应学空而不取证”等问题。说:菩萨“应学空而不取证”。“学空”与“入空”的差别在于,“初名学空,后是入空;因是学空,果是入空;方便名学空,(获)得名入空”;菩萨“深入空故,知空亦空,涅槃亦空,故无所证”;“菩萨未具足道法,未至佛道,于其间中而不作证,如鸟未到所至,终不中住”。

六十一、《释梦中不证品》(卷七十六至卷七十七)。解释《摩诃般若波罗蜜经·梦誓品》,论述“梦中不贪二乘”等问题。说:菩萨“昼日常习行空故”,夜梦中亦“不贪三界”、“不贪二乘”(指声闻、辟支佛地),“若梦、若觉,观一切法如梦、如幻”等,当知这便是“阿鞞跋致相”(意译“不退转相”)。“菩萨于二处退转:一者著世间乐故转,二者取二乘故转,是菩萨坚心,深入空及慈悲心故,乃至梦中亦不贪三界、二乘,何况觉时”。

六十二、《释同学品》(卷七十七)。解释《摩诃般若波罗蜜经·魔愁品》,论述“菩萨同学”等问题。说:“菩萨共住,应作是念:是我真伴,俱到佛道,共乘一船。船者,六波罗蜜;三界、三漏为水;彼岸是佛道。彼所学者,我亦应学,学者,所谓六波罗蜜等,同戒、同见、同道”。

六十三、《释等学品》(卷七十七)。解释《摩诃般若波罗蜜经·等学品》,论述“菩萨所学处”等问题。说:菩萨“为学萨婆若(指一切智)”,“若学萨婆若,即是学六波罗蜜等;若能学六波罗蜜等,是为尽诸学边”。

六十四、《释愿乐品》（卷七十八）。解释《摩诃般若波罗蜜经·净愿品》，论述"无分别法"等问题。说："菩萨摩诃萨（指初他以上大菩萨）行般若波罗蜜时，不见我行般若波罗蜜，亦不见是般若波罗蜜，亦不见我当得阿耨多罗三藐三菩提"，"亦不作是念：声闻、辟支佛地去我远，萨婆若去我近"，"是菩萨安住一切诸法实相中，故不作是分别"。"初发心未得无生法忍者有分别，譬如四河未会大海，则有别名，既入大海，则无差别。菩萨亦如是，世俗谛（指世俗的真理）中有差别，第一义谛（指殊胜的真理）则无分别"。

六十五、《释称扬品》（卷七十八至卷七十九）。解释《摩诃般若波罗蜜经·度空品》，论述"悲空二道"等问题。如关于"悲空二道"，说：

> （菩萨）有二因缘故，魔不能坏：一者观诸法空，二者不舍一切众生。以日月因缘故，万物润生，但有月而无日，则万物湿坏；但有日而无月，则万物燋烂。日、月和合故，万物成熟。菩萨亦如是，有二道：一者悲，二者空。悲心怜愍（悯）众生，誓愿欲度；空心来则灭怜愍（悯）心。若但有怜愍（悯）心，无智慧，则心没在无众生而有众生颠倒中；若但有空心，舍怜愍（悯）度众生心，则堕断灭中。是故佛说二事兼用，虽观一切空，而不舍众生；虽怜愍（悯）众生，不舍一切空。观一切法空，空亦空，故不著空，是故不妨怜愍（悯）众生；观怜愍（悯）众生，亦不著众生，不取众生相，但怜愍（悯）众生，引导入空，是故虽行怜愍（悯），而不妨空；虽行空，亦不取空相故，不妨怜愍（悯）心，如日、月相须。（卷七十九《释称扬品》，第614页中、下）

六十六、《释累教品》（卷七十九）。解释《摩诃般若波罗蜜

经·累教品》,论述"佛以般若经卷殷勤嘱累阿难"等问题。说:
"第一利益众生,无过般若波罗蜜,能尽诸苦故","是故佛以般若
经卷殷勤嘱累阿难";"诸法实相是般若,能种种利益众生爱念
故,作种种名";"能到一切诸智慧边,是名为般若波罗蜜;菩萨行
般若作佛已,变名为阿耨多罗三藐三菩提"。

六十七、《释无尽方便品》(卷八十)。解释《摩诃般若波罗
蜜经·无尽品》,论述"以虚空不可尽法观十二因缘"等问题。
说:菩萨"以虚空不可尽法,行般若波罗蜜,观十二因缘","若法
从因缘和合生,是法无有定性;若法无定性,即是毕竟空寂灭相;
离二边故,假名为中道,是故说十二因缘如虚空无法故不尽"。

六十八、《释六度相摄品》(卷八十至卷八十一)。解释《摩
诃般若波罗蜜经·摄五品》,论述"六波罗蜜"之间的相摄关系等
问题。说:"菩萨以方便力故,行一波罗蜜能摄五波罗蜜",因为
"波罗蜜皆是善法",故能"行一则摄五,以一波罗蜜为主,余波罗
蜜有分"。也就是说,菩萨藉方便力,能在修行"六波罗蜜"中的
某一波罗蜜时,摄受其余五波罗蜜,达到"具足六波罗蜜"的功
效。如菩萨在修行"檀波罗蜜(指布施)"时,"于众生中住慈身、
口、意业(行为)",能摄受"尸罗波罗蜜(指持戒)";"忍辱不生瞋
心",能摄受"羼提波罗蜜(指忍辱)";"即时生身精进、心精进",
能摄受"毗梨耶波罗蜜(指精进)";"一心念萨婆若(指一切智)",
能摄受"禅波罗蜜(指禅定)";"知布施空如幻,不见为众生布施
有益、无益",能摄受"般若波罗蜜"。

六十九、《释大方便品》(卷八十二至卷八十三)。解释《摩
诃般若波罗蜜经·方便品》,论述"般若波罗蜜最上最妙"等问
题。说:"般若波罗蜜"对其余五波罗蜜而言,为"第一"、"最上"、
"最妙","菩萨虽行五波罗蜜,不得般若波罗蜜,不得名波罗蜜,
以不破著心故";"五波罗蜜,皆趣向般若波罗蜜,如诸小王朝宗

转轮圣王,如一切众流皆入大海";"般若波罗蜜于一切法中最大,如佛于一切众生中最尊,又如万川,大海为大"。

七十、《释三慧品》(卷八十三至卷八十四)。解释《摩诃般若波罗蜜经·三慧品》,论述"应行、应生、应修般若波罗蜜"等问题。说:"(菩萨)从初发意乃至坐道场,应行、应生、应修般若波罗蜜"。"般若波罗蜜行相者,所谓心、心数(又称"心所")法不行","此涅槃相,即是般若波罗蜜,是故不应有心、心数法";"般若波罗蜜体不可得,行者、行法、行处不可得","应以自相空法行般若波罗蜜","若菩萨行自相空法,则无所著";"般若有二种:一者有为,二者无为。学有为般若,能具足六波罗蜜,住十地中;学无为般若,灭一切烦恼习,成佛道"。如关于"般若义",说:

> 般若波罗蜜,以何义故名般若? 佛言:以第一度一切法到彼岸,名般若波罗蜜。第一度者,声闻人以下智度,辟支佛以中智度,菩萨以上智度,故名第一度。……声闻、辟支佛但总相度,于别相少;菩萨一切法总相、别相皆了了知故,名第一度。……复次,佛说:三乘人以是般若波罗蜜度到彼岸涅槃,灭一切忧苦,以是义故,名般若波罗蜜。复次,是般若波罗蜜中一切法,内外、大小、思惟、筹量、分别、推求,乃至如微尘不得坚实,既到微尘,则不可分别;心、心数(指心所)法,乃至一念中,亦不可分别。是般若波罗蜜中,心、色二法破坏,推求不得坚实,以是义故,名般若波罗蜜。复次,般若名慧;波罗蜜,到彼岸。彼岸名尽一切智慧边,智慧名不可破坏相,不可破坏相即是如、法性、实际,以其实故不可破坏,是三事摄入般若中故,名为般若波罗蜜。复次,般若波罗蜜,无有法与法有合有散,毕竟空故;是般若,无色、无形、无对,一相所谓无相。……如是等种种因缘故,名

般若义。(卷八十四《释三慧品》,第650页上、中)

七十一、《释道树品》(卷八十五)。解释《摩诃般若波罗蜜经·道树品》,论述"应念一切种智(指佛智)"等问题。说:初发心菩萨"应念一切种智","一切种智者,即是阿耨多罗三藐三菩提,萨婆若、佛法、佛道,皆是一切种智异名";"一切种智无所有,无想、无念、无生、无示";"一切种智何等缘、何等增上、何等行、何等相","一切种智无法缘,念为增上,寂灭为行,无相为相"。

七十二、《释菩萨行品》(卷八十五)。解释《摩诃般若波罗蜜经·道行品》,论述"菩萨行"、"菩提"等问题。说:"菩萨行"与"般若波罗蜜",既有异,又无异,"一切菩萨道,名菩萨行,悉遍知诸法实相智慧,名般若波罗蜜,是为异;若(依)《般若经》,菩萨行(般若波罗蜜)等共相摄,无异";"菩萨不善、无记及著心行善法,非菩萨行;但以悲心故及空智慧,为阿耨多罗三藐三菩提行,是名菩萨行"。又说:"空、如、法性、实际,名为菩提";"三学道未断烦恼,虽有智慧不名为菩提;三无学人,无明永尽无余故,智慧名菩提";"唯佛一人智慧,名阿耨多罗三藐三菩提"。

七十三、《释称善根品》(卷八十五)。解释《摩诃般若波罗蜜经·三善品》,论述"方便力"等问题。说:菩萨若行"方便力"(又称"善巧力"),便能得"一切种智"(指佛智);菩萨若不行"方便力",则不能得"一切种智"。"观一切法自相空,无生、无定相、无所转,入诸法实相",便是"方便力"。

七十四、《释遍学品》(卷八十六)。解释《摩诃般若波罗蜜经·遍学品》,论述"遍学诸道"等问题。说:"菩萨行六波罗蜜,不受世间果报","行是深法,能作因而不受果";"菩萨应遍学诸道,入菩萨位","以智、见观入八地(指"三乘共十地"的前八地,即"乾慧地"至"辟支佛地")直过,如人亲亲系狱故,入而看之,亦不与同著柤械"，"遍观诸道，入菩萨位；入菩萨位已，得一切种智，断烦恼习"。

七十五、《释次第学品》（卷八十六至卷八十七）。解释《摩诃般若波罗蜜经·三次品》，论述"一切法无所有性"、"次第行、次第学、次第道"等问题。说："有法是菩萨道，无法是菩萨果，以是因缘故，当知一切法无所有性"，"有法名有为法，无法是无为法，行有为八圣道，断诸烦恼，得无为果"。又说：新发意菩萨应修习"六波罗蜜"、"六念"（指念佛、念法、念僧、念戒、念舍、念天），"是名次第行、次第学、次第道"，"先粗后细，先易后难，渐渐习学，名为次第"。其中，对每一种波罗蜜的修习，均包括"自行"、"教人行"、"赞功德"、"欢喜赞行"四项，以修习"檀波罗蜜"（指布施到彼岸）为例，包括"自行檀、教人行檀、赞檀功德、欢喜赞行檀"，合称"四种行檀波罗蜜"，修习其他波罗蜜也是如此。

七十六、《释一心具万行品》（卷八十七）。解释《摩诃般若波罗蜜经·一念品》，论述"一念中行六波罗蜜"等问题。说：菩萨能在"一念中行六波罗蜜"，如菩萨能"于布施一念中摄一切善法"，之所以能如此，是因为菩萨安住"无漏"、"无相"之中。"何等是一念？所谓菩萨得无生法忍，断一切烦恼，除诸忆想分别，安住无漏心中"，"无漏心是无相相"。

七十七、《释六喻品》（卷八十八）。解释《摩诃般若波罗蜜经·六喻品》，论述"五阴六喻"等问题。说："五阴如梦、如响、如影、如焰、如幻、如化"，"菩萨住是如梦五众（指五阴）中，能具足六波罗蜜"，因为"虽行诸法，具足六波罗蜜，不妨于空"。

七十八、《释四摄品》（卷八十八至卷八十九）。解释《摩诃般若波罗蜜经·四摄品》，论述"四摄法"等问题。说："四摄法"，是菩萨摄受众生的四种方法。（1）"布施摄"。指以"财施"、"法施"施与众生。（2）"爱语摄"。指以善言慰喻众生。（3）"利益摄"。指以善行利益众生。(4)"同事摄"。指与众生同事共处,同受苦乐。此中,"布施摄"中的"法施",分为二种。一是"世间法施",指"敷演、显示世间法","不净观、安那般那念、四禅、四无量心、四无色定,如是等世间法,及诸余共凡夫所行法,是名世间法施";二是"出世间法施",指"教众生令得世间法已,以方便力教令得出世间法",此为"菩萨出世间法,不共凡夫法同(指不同于凡夫法)","四念处、四正勤、四如意足、五根、五力、七觉分、八圣道分,三解脱门、八背舍、九次第定,佛十力、四无所畏、四无碍智、十八不共法、三十二相、八十随形好,五百陀罗尼门,是名出世间法"。

七十九、《释善达品》(卷八十九)。解释《摩诃般若波罗蜜经·善达品》,论述"善通达诸法相"等问题。说:菩萨"善通达诸法相","一切法名字和合故,更有假名,无有实定,而众生妄生贪著","菩萨知一切法即是毕竟空,常寂灭相,无戏论(指不作无益的言论),无名字;怜愍(悯)众生,以方便力故以名相说,所谓是色,是受、想、行、识,乃至阿耨多罗三藐三菩提"。

八十、《释实际品》(卷九十)。解释《摩诃般若波罗蜜经·实际品》,论述"实际"等问题。说:"实法即是实际","诸法实相,名为实际";"众生颠倒因缘故,起诸烦恼,作恶罪业,轮转五道,受生死苦","菩萨于此众生起大悲心,欲破是颠倒故,求于实法,行般若波罗蜜,通达实际;种种因缘教化众生,令住实际";"诸法实相"就是"性空","性空"与"菩萨道","第一义(谛)中无分别,世谛中有分别。诸法实相,名性空;余布施等乃至八十随形好,是菩萨道。虽行是法,不为此法,为求性空故,是故说:不为菩萨道故行"。

八十一、《释照明品》(卷九十一)。解释《摩诃般若波罗蜜经·具足品》,论述"住二谛中为众生说法"等问题。说:"菩萨住二谛中,为众生说法,不但说空,不但说有,为爱著众生故说空,为取相著空众生故说有,有、无中二处不染"。

八十二、《释净佛国土品》(卷九十二至卷九十三)。解释《摩诃般若波罗蜜经·净土品》,论述"净佛国土"等问题。说:佛法中有"众生空"、"法空"二种空,菩萨欲"净佛国土"(又称"清净佛土"),应当"以众生空破众生相,所谓男、女等相;以法空破色等法中虚妄相","远离如是等粗身、口、意业,自行六波罗蜜,亦教他人令行,共清净因缘故,则佛土清净"。如关于"净佛国土"中的众生,说:

> 净佛国土,有二种众生:若出家,若在家。在家者,虽受五欲无罪,亦无所妨,如兜率陀诸天及郁单曰人,虽受五欲,不起重罪。出家众生,随佛所听出家五欲,亦无过咎。……净佛土者,世世习行六波罗蜜、三解脱门,虽得五欲,亦不染著。……净佛土者,乃至无三恶之名,何况有三恶道(指地狱、饿鬼、畜生)。……又佛非但一国土,乃有十方恒河沙国土。佛有清净国土,有杂国土。杂国土中,则具有五道;净佛国土,或有人、天别异,或无有人、天别异。(卷九十三《释净佛国土品》,第711页中、下)

八十三、《释毕定品》(卷九十三至卷九十四)。解释《摩诃般若波罗蜜经·毕定品》,论述"毕定"等问题。说:佛知悉一切事物皆"毕定"(必定)如何,如"佛知虽无量阿僧祇劫(指无数三大劫)积大功德,必退作小乘者;亦知微细蜫虫虽未有善心,过尔所劫发心,后当作佛。定知一切法皆如是,从是因、得是果","佛(于)一切法中无碍,以毕定知故"。

八十四、《释四谛品》(卷九十四)。解释《摩诃般若波罗蜜经·差别品》,论述"佛"与"菩萨"的差别、"四圣谛中摄一切善法"等问题。说:"佛"与"菩萨"的差别在于:在"智慧"上,"佛是一切智,菩萨未是一切智";在"道果"上,"行者名为菩萨,从初发心乃至金刚三昧(又称"金刚喻定",指能在修道位最后断尽一切烦恼的禅定);佛已得果,断一切法中疑,无所不了,故名为佛"。又说:"四圣谛中摄一切善法","一切助道善法皆摄在四谛中,助道善法因缘故,分别有三宝(指佛、法、僧)"。

八十五、《释七喻品》(卷九十五)。解释《摩诃般若波罗蜜经·七譬品》,论述"法性空无所有"的等问题。说:一切事物的"法性"空无所有,"一切法,若有佛、若无佛,诸法性常住,空无所有,非贤圣所作",如同"梦"、"镜中像"、"响"、"焰"、"犍闼婆城"、"幻法"、"化人"一般(此即品名中说的"七喻")。

八十六、《释平等品》(卷九十五)。解释《摩诃般若波罗蜜经·平等品》,论述"诸法平等"等问题。说:"诸法实相,如、法性、法住、法位、实际是平等;菩萨入是平等中,心无憎爱";"菩萨不说一切法有,不说一切法性,不说一切法相等显示;亦不说无法,无法性,无法相等显示;亦不说离是二边,更有平等相。一切处不取平等相,亦不言无是平等,不妨行诸善法,是名诸法平等";"离有为,无为不可得,如离长无短,是相待义","有为、无为法平等,即是第一义(指最胜的义理)"。

八十七、《释涅槃如化品》(卷九十六)。解释《摩诃般若波罗蜜经·如化品》,论述"一切法空皆如化"等问题。说:"一切从因缘生法,皆无自性,无自性故毕竟空,毕竟空故皆如化";"观诸有为法虚诳故,涅槃为实,不变不异。有新发意菩萨著是涅槃,因是著起诸烦恼,为断是著,故说涅槃如化;若无著心,是时则说涅槃非如化"。

八十八、《释萨陀波仑品》(卷九十六至卷九十八)。解释

《摩诃般若波罗蜜经·常啼品》,论述"菩萨求般若波罗蜜,应如萨陀波仑"等问题。说:萨陀波仑(意译"常啼")是在家的新发意菩萨,为求般若波罗蜜,东行五百由旬,前往众香城(意译"犍陀越城",即北印度犍驮罗国),从"身为白衣(在家者)"的昙无竭菩萨受法。他之所以要远行求师,乃至在途中为筹集供养,"自卖其身",是因为"彼中二处有般若:一宝台上金牒书,二昙无竭所说。若人福德多者,从昙无竭所说闻;福德少者,从经卷闻"(此事隐喻甚深的般若波罗蜜,在龙树时代流传于北印度犍陀罗国一带,最初演说般若性空等义之人,很可能是像昙无竭那样的在家的大乘居士)。

八十九、《释昙无竭品》(卷九十九至卷一百)。解释《摩诃般若波罗蜜经·法尚品》,论述"萨陀波仑问甚深义,昙无竭为解说"等问题。说:"诸佛无所从来,去亦无所至。何以故?诸法如不动相,诸法如即是佛";"佛法中有二谛,世谛、第一义谛(即真谛)。世谛故,言佛说般若波罗蜜;第一义故,说诸佛空,无来无去";"空即是平等"。

九十、《释嘱累品》(卷一百)。解释《摩诃般若波罗蜜经·嘱累品》,论述佛以般若波罗蜜嘱累(付嘱)阿难等问题。说:"般若波罗蜜是诸佛母,诸佛以法为师,法者即是般若波罗蜜";"佛口所说,以文字语言分为二种:三藏是声闻法,摩诃衍是大乘法","佛在世时,无有三藏名,但有持修多罗比丘、持毗尼比丘、持摩多罗迦比丘","《摩诃般若波罗蜜经》等在修多罗经中,以经大、事异故别说,是故不在集三藏中"。

印度大乘经典是不署成立年代的,因此,若要鉴别哪些是初期大乘经,哪些是中期、后期大乘经,除了需要对该经叙及的事件、人物、教理、文句等,作仔细的分析与梳理以外,还需要借助其他佛经,作参校互勘,才能作出较为准确的判断。研究者通常是依据古代佛经目录对东汉末年至西晋期间所译大乘经的著录，以及龙树《大智度论》《十住毗婆沙论》的征引，对初期大乘经加以推定的。龙树的著作中，以《大智度论》所引的大乘经为最多，这等于是提供了一份龙树之前形成并流传的初期大乘经目录，具有极其珍贵的文献学价值。据本书所引，这些大乘经有：《摩诃般若波罗蜜经》《密迹经》（又名《密迹金刚经》，以上见卷一）、《富楼那弥帝隶耶尼子经》（见卷三）、《首楞严三昧经》（又名《首楞严经》，见卷四）、《不可思议经》（又名《不可思议解脱经》，《华严经·入法界品》的异名）、《毗那婆那王经》（以上见卷五）、《德女经》（见卷六）、《法华经》《般舟三昧经》（以上见卷七）、《毗摩罗诘经》（又名《维摩诘所说经》，见卷八）、《阿弥陀佛经》（见卷九）、《诸佛要集经》《华手经》（又名《华首经》，以上见卷十）、《禅经》（见卷十七）、《明网菩萨经》《无尽意菩萨经》（又名《阿差末菩萨经》，以上见卷二十）、《多性经》（见卷二十四）、《一切不行经》（见卷二十六）、《持心经》（见卷二十七）、《宝顶经》（《宝积经》的异名，见卷二十八）、《贤劫经》（见卷二十九）、《十力经》（见卷三十一）、《三十三天品经》（见卷三十二）、《六波罗蜜经》《佛本起因缘经》《法云经》《大云经》（以上见卷三十三）、《放钵经》《菩萨本起经》（又名《本起经》，以上见卷三十八）、《断一切众生疑经》《弥勒问经》（以上见卷四十六）、《十地经》（见卷四十九）、《龙王经》（见卷五十一）、《小品般若经》《放光般若经》《光赞般若经》（以上见卷七十九）、《智印经》（见卷九十八）、《阿閦佛国经》《大悲经》《方便经》《阿修罗王问经》（以上见卷一百）等。这些经典有些至今见存，有些已经亡佚不传。

　　本书的注疏有：隋慧影《大智度论疏》二十四卷（今存七卷，即卷一、卷六、卷十四、卷十五、卷十七、卷二十一、卷二十四）等。

第二品　华严类：姚秦鸠摩罗什译
《十住毗婆沙论》十七卷

　　《十住毗婆沙论》，又名《十住毗婆沙》《十住论》，十七卷。印度龙树造，姚秦鸠摩罗什译，约译于弘始四年（402）至弘始十四年（412）之间。梁僧祐《出三藏记集》卷二著录（书名作《十住论》）。载于《丽藏》"竞""资"函、《宋藏》"资""父"函、《金藏》"竞""资"函、《元藏》"资""父"函、《明藏》"规""仁"函、《清藏》"规""仁"函、《频伽藏》"暑"帙，收入《大正藏》第二十六卷。

　　本书是《十地经》（又名《华严经·十地品》）的注释书。《十地经》是初期大乘经之一，论述"菩萨十地"（又称"十地"、"十住"）等理论，称"十地者，是一切佛法之根本，菩萨具足行是十地，能得一切智慧"（见东晋佛跋跋陀罗译《华严经》卷二十三《十地品》）。所说的"十地"，是指大乘菩萨修行的十个阶位，即"欢喜地"、"离垢地"（又称"净地"）、"明地"（又称"发光地"）、"焰地"（又称"焰慧地"）、"难胜地"、"现前地"、"深远地"（又称"远行地"）、"不动地"、"善慧地"、"法云地"。《十地经》最初以单行本的形式流传于印度，后被编入《华严经》大本，成为《华严经·十地品》。它的汉译本，今存的有五种：西晋竺法护所译《渐备一切智德经》五卷；姚秦鸠摩罗什译《十住经》四卷；唐尸罗达摩译《十地经》九卷；东晋佛跋跋陀罗译《华严经》（六十卷本）卷二十三至卷二十七《十地品》；唐实叉难陀译《华严经》（八十卷本）卷三十四至卷三十九《十地品》。其中，鸠摩罗什译本为通行本，流传最广。本书所释的经本，相当于鸠摩罗什译的《十住经》。但书中只解释了"十地"中的初地"欢喜地"和第二地"离垢地"的前部分，其余八地均未作释。

本书与《大智度论》的性质相同的，都是佛经的释论，但体例上略有区别。《大智度论》是直释经文的注疏，采用随文作释（即依照原著的叙述次第，分段摘录经文，加以解释），经文与释文对应编排的方式编纂；而本书则是明经大义的义疏，并不包含完整的经文，只撮取《十地经》的主要义理，加以阐说、引申与发挥。全书分为三十五品，始《序品》，终《戒报品》，采用依照原著的叙述次第，自设问答，作答时先出偈颂作概括，次出长行作解说的方式编纂。其中，第一品《序品》，论述本论的撰作缘由；第二品《入初地品》至第二十七品《略行品》，解释《十地经》中的初地"欢喜地"；第二十八品《分别二地业道品》至第三十五品《戒报品》，解释《十地经》中的第二地"离垢地"。

关于本书为何只释至第二地"离垢地"便告中止，唐法藏《华严经传记》卷一《论释》的解释是："《十住毗婆沙论》一十六卷，龙树所造。释《十地品》义，后秦耶舍三藏口诵其文，共罗什法师译出。释《十地品》，内至第二地余文，以耶舍不诵，遂阙解释。相传其论是《大不思议论》（此为《华严经》大本的释论，有十万偈）中一分也。"认为，本书是由佛陀耶舍口诵梵文，鸠摩罗什转梵为汉译出的，由于第二地"离垢地"的后部分和其余各地的释文，佛陀耶舍没有诵出，故造成译本在内容上缺失不全。笔者认为，本书释文不全，并非是因为佛陀耶舍没有诵出，而是因为原本就是一部未完成的著作，因为本书卷十五《大乘品》提到，解释"十地"各地的要项，应包含："能得诸地法"、"能住诸地法"、"能得诸地底法"、"远离诸地垢法"、"能作净地法"、"诸地久住法"、"能到诸地边法"、"能作不退失诸地法"、"诸地果"、"诸地果势力"等，若真的依照这样的构思写下去，全书的篇幅将有一百几十卷之多，体量过大，故作者写至第二地就停止了。近世也有研究者认为，本书是为阐述在家菩萨与出家菩萨的菩萨道思想而撰写的，是一部"完整的论书"(见日本小川一乘《十住毗婆沙论考》),这一说法与龙树在卷一《序品》开宗明义所说的为"解十地义"而造此论,是不相符合的。

虽说本书释文不全,但卷五《易行品》提出的有关"难行道"与"易行道"的分别,以及称念阿弥陀佛的名号,以求往生西方极乐净土的说法,后来为北魏昙鸾《无量寿经优婆提舍愿生偈注》(又名《往生论注》)卷上、唐道绰《安乐集》、迦才《净土论》等广泛引用,成为净土宗的重要典据,影响至为深远。

一、《序品》(卷一)。论述造论因缘等问题。内容包括:造论因缘、"三乘差别"、"菩萨有八法"、"善人有十法"、"四功德处"等。

(1) 造论因缘。指作者为使无量众生,得度"生死大海",故撰作本论,解释"菩萨十地义"。(2)"三乘差别"。指"声闻乘"、"辟支佛乘"(又称"缘觉乘")、"大乘"(又称"菩萨乘")三乘,在断除烦恼而得解脱,因解脱而入"无余涅槃"上,是没有差别的,但在是否"度无量众生"上,则是大有差别的。(3)"世间有四种人"。指世间上依"自利"、"利他",分为四种人,即"自利"、"利他"、"共利"、"不共利","共利者",能行慈悲,饶益于他,名为上人",菩萨就是"共利者"。(4)"菩萨有八法"。指菩萨有八种品行,能集一切功德,即"大悲"、"坚心"、"智慧"、"方便"(又称"善巧")、"不放逸"、"勤精进"、"常摄念"、"善知识"(即善友)。(5)"善人有十法"。指本论并非是为能通达深经的"利根者"所造,而是为不能通达深经的钝根的"善人"所造。"善人",指具备十种德行之人,即"信"、"精进"、"念"、"定"、"善身业(行为)"、"善口业"、"善意业"、"无贪"、"无恚"、"无痴"。(6)"四功德处"。指菩萨修集功德的四个地方。一是"谛",指以"佛语"为真实;二是"舍",指广行布施(包括"法施"、"财施");三是"灭",指除灭身、口、意恶业；四是"慧"，指"为他说法"。

二、《入初地品》（卷一；本品至《略行品》，解释《十地经》初地"欢喜地"）。论述"十地"的名义和登入初地"欢喜地"的条件问题。内容包括："十地"的名义、"入初地八法"、"佛十力"等。

（1）"十地"的名义。指初地"欢喜地"，因"菩萨在初地始得善法味，心多欢喜"而得名等（后详）。（2）"入初地八法"。指菩萨登入初地"欢喜地"的八种条件。一是"厚种善根"，指修集"三善根"，即"不贪"、"不恚"、"不痴"；二是"善行诸行"，指勤修善行，包括清净持戒和修行"七法"（指"惭、愧、多闻、精进、念、慧、净命净身口业"）；三是"善集资用"，指修行"布施"、"忍辱"、"质直"、"柔和"、"不偏执"、"不自恃"、"不放逸"、"少欲知足"、"乐于独处"等善法；四是"善供养诸佛"，指"善听大乘正法，若广若略"，"四事供养，恭敬礼侍"等；五是"善知识（即善友）所护"，指亲近"能教入大乘，具诸波罗蜜，能令住十地"的善知识；六是"具足深心"，指"深乐佛乘、无上大乘、一切智乘"；七是"悲心于众生"，指"悼愍（悯）众生，救济苦难"；八是"信解无上法"，指"于诸佛法，信力通达，发愿我得自度已，当度众生"。（3）"佛十力"。指佛的十种智力。它们是："初力"（又称"处非处智力"），指佛能了知事物是否合乎道理（合乎道理为"处"，不合道理为"非处"），"悉了达一切法（事物）因果"；"二力"（又称"自业智力"），指佛能了知过去、现在未来三世的业报，"如实知去来今所起业果报处"；"三力"（又称"静虑解脱等持等至智力"），指佛能了知各种禅定的浅深次第，"如实知诸禅定三昧分别垢净入出相"；"四力"（又称"根胜劣智力"），指佛能能了知众生的根性胜劣，"如实知众生诸根利钝"；"五力"（又称"种种胜解智力"），指佛能了知众生的意乐（即意念）胜解，"如实知众生所乐不同"；"六力"（又称"种种界智力"），指佛能了知众生的界类差别，"如实知世间种种异性";"七力"(又称"遍趣行智力"),指佛能了知众生有漏行、无漏行的归趣,"如实知至一切处道";"八力"(又称"宿住随念智力"),指佛能了知过去世所经行的事情,"如实知宿命事";"九力"(又称"死生智力"),指佛能以天眼(超越肉眼)了知众生的生死状况,"如实知生死事";"十力"(又称"漏尽智力"),指佛能了知断尽烦恼的情况,"如实知漏尽事"。如关于"十地"的名义,说:

> 菩萨在初地,始得善法味,心多欢喜,故名欢喜地;第二地中,行十善道,离诸垢,故名离垢地;第三地中,广博德学,为众说法,能作照明,故名为明地;第四地中,布施持戒,多闻转增,威德炽盛,故名为炎地;第五地中,功德力盛,一切诸魔不能坏,故名难胜地;第六地中,障魔事已,诸菩萨道法皆现在前,故名现前地;第七地中,去三界远,近法王位,故名深远地;第八地中,若天魔梵、沙门、婆罗门,无能动其愿,故名不动地;第九地中,其慧转明,调柔增上,故名善慧地;第十地中,菩萨于十方无量世界,能一时雨法雨,如劫烧已普澍大雨,名法云地。(卷一《入初地品》,《大正藏》第二十六卷,第 23 页上)

三、《地相品》(卷二)。论述初地菩萨(指登入初地"欢喜地"的菩萨)的"相貌"(又称"体相")问题。内容包括:"初地七法"、"离诸怖畏"等。

(1)"初地七法"(又称"初地七相")。指初地菩萨所行的七事。一是"能堪受",指能教化顽固难化的"恶众生",心不退没,堪能忍受;二是"不好诤讼",指"不与人诤竞";三是"心多喜",指"能令身得柔软,心得安隐";四是"心多悦",指"于转上法中,心得踊悦";五是"常乐于清净",指"离诸烦恼垢浊";六是"悲心愍

(悯)众生",指"于众生怜愍(悯)救护";七是"无有瞋恚心",指
"心常乐慈行"。(2)"离诸怖畏"。指初地菩萨所离的怖畏,如
"不活畏"、"死畏"、"恶道畏"、"大众威德畏"、"恶名毁呰畏"、"系
闭桎梏畏"、"拷掠刑戮畏"等。

　　四、《净地品》(卷二)。论述初地菩萨的"二十七法净治初
地"问题。

　　"二十七法净治初地",指菩萨在初地,因修习善法未久,烦
恼犹能为患,须修行二十七种"净治法",勤行精进,除去过恶,即
"信力转增上"、"深行大悲心"、"慈愍(悯)众生类"、"修善心无
倦"、"喜乐诸妙法"、"常近善知识(即善友)"、"惭愧及恭敬"、"不
贪于利养"、"离奸欺谄诳"、"不污诸佛家"、"乐出世间法"等。

　　五、《释愿品》(卷二至卷三)。论述初地菩萨的誓愿问题。
内容包括:"十大愿"、"十究竟事"等。

　　(1)"十大愿"。指初地菩萨当发起十大誓愿。第一愿为
"供养",指尽心供养、奉给、恭敬"一切佛";第二愿为"护持",指
护持"一切诸佛法";第三愿为"受法",指奉迎诸佛,"出家受法,
如说修行";第四愿为"教入诸道",指教化众生,令住"声闻、辟支
佛道";第五愿为"教趣佛道",指教化众生,令趣"无上佛道";第
六愿为"信解",指信解"一切法(事物)",令入"空、无相、无作
门"、"平等无二";第七愿为"净佛土",指灭除诸恶,求入诸佛净
土;第八愿为"同行",指与一切菩萨同行"六波罗蜜"(又称"六
度")、"四功德处";第九愿为"行菩萨道",指"行菩萨道,转不退
转轮";第十愿为"成菩提",指使一切世界无量众生,都能成就
"阿耨多罗三貌三菩提"(意为无上正等正觉)。(2)"十究竟事"
(又称"十尽句")。指初地菩萨发起的"十大愿",依十事而得成
就,若十事尽,誓愿亦尽;若十事不尽,誓愿亦不尽。也就是说,
"十大愿"实质上是"十无尽大愿"。这十事是:"众生性竟"、"世

间性竟"、"虚空性竟"、"法性性竟"、"涅槃性竟"、"佛生性竟"、
"诸佛智性竟"、"一切心所缘竟"、"诸佛行处智竟"、"世间法智
转竟"。

六、《发菩提心品》(卷三)。论述"发菩提心七因缘"问题。

"发菩提心七因缘",指众生初发菩提心(指发起求得无上菩
提之心)的七种因缘,即"诸如来令发菩提心"、"见法欲坏守护故
发心"、"于众生中大悲而发心"、"或有菩萨教发菩提心"、"见菩
萨行亦随而发心"、"或因布施已而发菩提心"、"或见佛身相欢喜
而发心"。其中,前三种发菩提心的因缘,"必定得成就";后四种
发菩提心的因缘,"不必皆成就"(指"多不成,或有成者")。

七、《调伏心品》(卷四)。论述"失菩提心二十法"问题。

"失菩提心二十法",指众生初发菩提心,必得成就的原因是
所行"不失菩提心法",而不得成就的原因是所行"失菩提心法"。
"失菩提心法"的情况有二十种,即"不敬重法"、"有憍慢心"、"妄
语无实"、"不敬(善)知识"、"吝惜要法"、"贪乐小乘"、"谤毁菩
萨"、"轻贱坐禅"、"施师不与"、"瞋大乘人"等。

八、《阿惟越致相品》(卷四)。论述"阿惟越致"(意译"不退
转")与"惟越致"(意译"退转")二种菩萨的体相问题。内容包
括:"阿惟越致菩萨五相"、"惟越致菩萨有二种"等。

(1)"阿惟越致菩萨五相"。"阿惟越致菩萨",意为"不退转
菩萨",指证得"无生法忍"(对诸法无生之理,能安忍不动),不退
堕"恶趣"、"声闻地"、"辟支佛地"的菩萨,此菩萨有五种体相,即
"等心于众生"、"不嫉他利养"、"不说法师过"、"信乐深妙法"、
"不贪于恭敬"。(2)"惟惟越致菩萨有二种"。"惟惟越致菩
萨",意为"退转菩萨",指会退堕"恶趣"、"声闻地"、"辟支佛地"
的菩萨,分为"败坏者"、"渐渐转进得阿惟越致者"二种。其中,
"败坏者"有七种体相,即"无有志干"、"好乐下劣法"、"深著名

利"、"心不端直"、"吝护他家"、"不信乐空法"、"但贵言说"。"渐渐转进得阿惟越致者"有五种功德，它们是："不得我"，指"离我著"、"于内外五阴、十二入、十八界中，求我不可得"；"不得众生"，指"实求我不可得，彼亦不可得"；"不分别说法"，指"信解一切法不二"、"无差别"、"一相"；"不得菩提"，指"信解空法"；"不以相见佛"，指"信解通达无相法"。

九、《易行品》(卷五)。论述得至"阿惟越致地"(又称"不退转地")的"难行道"与"易行道"问题。

"难行道"，指通过修行"菩萨道"(如"菩萨十地")，自度度人，得至不退转地。"易行道"，指通过称名念佛，即称念"十方诸佛"的名号，而得至"阿惟越致地"。"十方诸佛"中，西方极乐世界的教主为阿弥陀佛(又称"无量寿佛"、"无量光佛"、"无量明佛")。若人称念阿弥陀佛的名号，将得至"阿惟越致地"，并在死后往生西方极乐净土。原因是："阿弥陀佛本愿如是，若人念我称名自归，即入必定(指"阿惟越致地")得阿耨多罗三藐三菩提(意为无上正等正觉)"；"若人命终时，得生彼国者，即具无量德，是故我归命"；"若人愿作佛，心念阿弥陀，应时为现身，是故我归命"；"乘彼八道船，能度难度海，自度亦度彼，我礼自在者"等。如关于"易行道"，说：

> 佛法有无量门，如世间道有难有易，陆道步行则苦，水道乘船则乐，菩萨道亦如是，或有勤行精进，或有以信方便(指善巧)，易行疾至阿惟越致者。如偈说：东方善德佛，南栴檀德佛，西无量明佛(指阿弥陀佛)，北方相德佛，东南无忧德(佛)，西南宝施佛，西北华德佛，东北三(乘)行佛，下方明德佛，上方广众德(佛)。如是诸世尊，今现在十方，若人疾欲至，不退转地者，应以恭敬心，执持称名号。若菩萨欲

于此身得至阿惟越致地,成就阿耨多罗三藐三菩提者,应当念是十方诸佛,称其名号。……又亦应念毗婆尸佛、尸弃佛、毗首婆伏佛(指毗舍浮佛)、拘楼珊提佛(指拘留孙佛)、迦那迦牟尼佛(指拘那含牟尼佛)、迦叶佛、释迦牟尼佛,及未来世弥勒佛,皆应忆念礼拜,以偈称赞。(卷五《易行品》,第41页中—第43页下)

十、《除业品》(卷五)。论述到达"阿惟越致地"的"忏悔法"问题。

"忏悔法",指菩萨欲求到达不退转地,除称名念佛之外,还应在十方诸佛面前忏悔除罪。"忏悔法"分为四支。一是"忏悔",指在诸佛面前,发露、忏悔一切"恶业罪","不敢覆藏,后不复作";二是"劝请",指劝请诸佛"转法轮","说四圣谛义";三是"随喜",指对他人所作的善行(如"布施"、"持戒"、"修禅"等),心生欢喜;四是"回向",指将自己所修的善法功德,转施与一切众生,以期同证菩提。

十一、《分别功德品》(卷六)。论述"六时忏悔"的功德问题。

"六时忏悔",指菩萨须在昼夜六时(指晨朝、日中、日没、初夜、中夜、后夜),修行忏悔。行忏时,"忏悔"、"劝请"、"随喜"、"回向"四支,各有自己的福德,"于诸福德中,忏悔福德最大,除业障罪故,得善行菩萨道,行劝请、随喜、回向,与空、无相、无愿和合无异"。也就是说,在"忏悔法"四支中,"忏悔"一支的功德为最大,因为它能"除业障罪",令"重罪轻受"。

十二、《分别布施品》(卷六)。论述"布施"的种类与功德问题。内容包括:"四种布施"、"布施损减四法"、"布施增益四法"、"三心施"等。

（1）"四种布施"。指布施的四种情况，即施者净、受者不净；施者不净、受者净；施者、受者俱净；施者、受者俱不净。其中，"施者净不于受者净"（指"施者净、受者不净"）、"共净"（指"施者、受者俱净"），为"二种净施"，"于此二种净施中，应常精进。何以故？是菩萨不期果报故"。（2）"布施损减四法"。指令布施功德损减的四种情况，即"布施不回向"、"无有方便（又称'善巧'）"、"求生于下处"、"亲近恶知识（即恶友）"。离此四法，就能使布施增益。（3）"布施增益四法"。指令布施功德增益的四种情况，即"回向阿耨多罗三藐三菩提"（意为"回施无上正等正觉"）、"有方便回向"、"求法王处"、"亲近善知识（即善友）"。（4）"三心施"。指应以三心而行布施，即"以菩提心行（布）施"、"不远佛法而行布施"、"不求果报而行布施"。如关于菩萨为利益众生，当作"一切施"，说：

　　所有一切物，有命若无命，转轮天王位，无求而不与。乃至于男女，族姓好妻妾，年少甚端严，巧便能事人。恭顺心柔和，爱念情甚至，惜之过寿命，求者皆能与。乃至身血肉，骨髓及手足，头目耳鼻等，及身皆能与（以上为龙树作的偈颂）。

　　是菩萨定心布施，凡所有外物，若有命、若无命，无有乞而不与。无命物者，金银珍宝，乃至转轮圣王位、天王位；有命物者，男女、贵族、好家、年少、妻妾、端严、柔和、恭敬、善顺，爱惜之至过于身命，而能施人。如一切施菩萨，所有外物及妻子等，皆能施与，是菩萨乃至自身肉血、头目、手足、耳鼻，割肉出骨，破骨出髓；如萨陀波仑，或举身施与，一切所爱无过身者，亦能施与；如萨和檀，如菩萨为兔，以身施与仙人；如尸毗王，以身代鸽（以上为龙树的解释）。（卷六《分

别布施品》,第 49 页下)

十三、《分别法施品》(卷七)。论述"布施"中的"法施"问题。内容包括:"二种布施"、"说法者应行四法"、"说法者处师子座有四法"等。

(1)"二种布施"。指布施分为二种,即:"财施",指将财物施与他人;"法施",指对他人宣说世间、出世间善法。二种布施中,"法施为上"。(2)"说法者应行四法"。指说法者对他人宣说善法,须具备四种德行,即:"广博德学,能持一切言辞章句";"决定善知世间、出世间诸法生灭相";"得禅定、智慧,于诸经法随顺无诤";"不增不损,如所说行"。(3)"说法者处师子座有四法"。指说法者登高座说法,须具备四种威仪,即:"欲升高座,先应恭敬礼拜大众,然后升座";"众有女人,应观不净";"威仪视瞻,有大人相,敷演法音,颜色和悦,人皆信受,不说外道经书,心无怯畏";"于恶言问难,当行忍辱"。

十四、《归命相品》(卷七)。论述在家菩萨(指在家修菩萨道者)的"财施"与"三归依"问题。

(1)"财施"。指在"财施"、"法施"二种布施中,"在家之人,当(多)行财施;出家之人,当行法施",因为"在家之人,多有财物;出家之人,于诸经法,读诵通达"。(2)"三归依"。指在家菩萨发心求证无上菩提,应先作"三归依",即"先应归依佛、归依法、归依僧"。

十五、《五戒品》(卷七)。论述在家菩萨的"善人业"与"五戒"问题。

(1)"善人业"。指由身、口、意造作的善行,"自住善利,亦能利人"。(2)"五戒"。指在家信佛的男女(优婆塞、优婆夷)受持的五种戒法,即"不杀生"、"不偷盗"、"不邪淫"、"不妄语"、"不饮酒"，"五戒是总在家之法"，"护持五戒，如护重宝，如自护身命"。

十六、《知家过患品》（卷七）。论述在家菩萨应了知"在家过患"问题。

"在家过患"，指"家是变异，会必离散"，"家如幻，假借和合，无有实事"，"家如梦，一切富贵，久则还失"，"家如朝露，须臾灭失"，"家如蜜滴，其味甚少"，"家如棘丛，受五欲味，恶刺伤人"等。

十七、《入寺品》（卷八）。论述在家菩萨应受持"八斋戒"（又称"八戒"）和亲近比丘问题。

（1）"八戒"。指在家信佛者在每月"六斋日"（八日、十四日、十五日、二十三日、二十九日、三十日）中的一日一夜受持的八种戒法，为在家人所持的出家戒，即"远离杀生"（又称"不杀生"）、"远离劫盗不与取"（又称"不偷盗"）、"除断淫泆"（又称"不淫"）、"远离妄语"（又称"不妄语"）、"远离于酒"（又称"不饮酒"）、"远离歌舞作乐，华香璎珞严身之具"（又称"不歌舞香华"）、"远离高广大床"（又称"不坐卧高广大床"）、"远离非时行非时食"（又称"不非时食"）。（2）亲近比丘。指在家菩萨思惟"出家功德"，了知"在家则染诸尘垢，出家则离诸尘垢"，"在家难得净命，出家易得净命"，"在家成就小法，出家成就大法"等，常入塔寺，恭敬礼佛，亲近、供养比丘，护持正法。如关于"八斋戒"的受法，说：

> 斋日受八戒，亲近净戒者，以戒善因缘，深心行爱敬（以上为龙树作的偈颂）。

> 斋日者，月八日、十四日、十五日、二十三日、二十九日、三十日。……此诸恶日，多有鬼神侵克纵暴，世人为守护日

故,过中不食,佛因教令受一日戒。既得福德,诸天来下观察世间,见之欢喜,则便护念。在家菩萨,于诸小事,犹尚增益,何况先有此斋,而不随顺?是故应行一日斋法,既得自利,亦能利人。问曰:斋法云何?答曰:应作是言:如诸圣人,常离杀生,弃舍刀杖,常无瞋恚,有惭愧心,慈悲众生,我某甲今一日一夜远离杀生,弃舍刀杖,无有瞋恚,有惭愧心,慈悲众生,以如是法,随学圣人;如诸圣人,常离不与取,身行清净,受而知足,我今一日一夜远离劫盗不与取,求受清净自活,以如是法,随学圣人;如诸圣人,常断淫泆,远离世乐,我今一日一夜除断淫泆,远离世乐,净修梵行,以如是法,随学圣人;如诸圣人,常离妄语,真实语、正直语,我今一日一夜远离妄语,真实语、正直语,以如是法,随学圣人;如诸圣人,常远离酒,酒是放逸处,我今一日一夜远离于酒,以如是法,随学圣人;如诸圣人,常远离歌舞作乐、花香璎珞严身之具,我今一日一夜远离歌舞作乐、华香璎珞严身之具,以如是法,随学圣人;如诸圣人,常远离高广大床,处在小榻,草蓐为座,我今一日一夜远离高广大床,处在小榻,草蓐为座,以如是法,随学圣人;如诸圣人,常过中不食,远离非时行非时食,我今一日一夜过中不食,远离非时行非时食,以如是法,随学圣人(以上为龙树的解释)。(卷八《入寺品》,第59页下—第60页上)

十八、《共行品》(卷八)。论述在家、出家菩萨的"共行法"和佛的"三十二大人相"问题。

(1)"共行法"。指在家菩萨与出家菩萨共同修行的法门,有"忍辱"、"法施"、"法忍"、"思惟"、"不曲法"、"尊重法"、"不障法"、"供养法"、"信解"、"修空"、"不贪嫉"、"随所说行"、"灯明

施"、"伎乐施"、"乘施"、"正愿"、"摄法"、"思量利安众生"、"等心
于一切"等。(2)"三十二大人相"。指佛具有三十二种显见的
殊胜形相。它们是:"手足轮相"、"足安立相"、"手足网缦相"、
"手足柔软相"、"七处满相"、"长指相"、"足跟广相"、"身直大
相"、"足趺高相"、"毛上旋相"、"鹿腨相"、"长臂相"、"阴藏相"、
"金色相"、"皮薄细密相"、"一一毛相"、"白毛相"、"师子上身
相"、"肩圆大相"、"腋下满相"、"知味味相"、"圆身相"、"肉髻
相"、"广长舌相"、"梵音相"、"师子颊相"、"齿白相"、"齿齐相"、
"具足齿相"、"四十齿相"、"绀青眼相"、"牛王睫相"。

十九、《四法品》(卷九)。论述菩萨应远离或应修习的各种
"四法"问题。

(1)"失慧四法"。指应远离"不敬法及说法者"等四事。
(2)"得慧四法"。指应修习"恭敬法及说法者"等四事。
(3)"食善根四法"。指应远离"怀憍慢,贪求世事"等四事。
(4)"增善根四法"。指应修习"所未闻经,求之无厌"等四事。
(5)"谄曲相四法"。指应远离"于佛法,怀疑不信,无有定心"等
四事。(6)"直心相四法"。指应修习"有罪即时发露,无所隐
藏,悔过除灭,行无悔道"等四事。(7)"四种败坏菩萨法"。指
应远离"多闻而戏调,不随法行"等四事。(8)"四种调和菩萨
法"。指应修习"常乐闻所未闻法,闻已,能如所说行,依法依义,
依如说行"等四事。(9)"四种菩萨谬"。指应远离"于非器众
生,说甚深法,是名错谬"等四事。(10)"四种菩萨道"。指应修
习"于一切众生,行平等心"等四事。(11)"四种像菩萨法"。指
应远离"贪重利养,不贵于法"等四事。(12)"初行四功德"。指
初修时应修习"信解空法,亦信业果报"等四事。(13)"四种善
知识(即善友)"。指应亲近"于来求者,生贤友想"等四种人。
(14)"四种恶知识(即恶友)"。指应远离"求辟支佛乘心,乐少

欲少事"等四种人。(15)"菩萨大藏四法"。指"得值佛"等四事。(16)"能过一切魔事四法"。指"不舍菩提心"等四事。(17)"能生无量福德四法"。指"于法施,无所悕求"等四事。(18)"能摄取一切善法四法"。指菩萨有"于空闲,不现矫异常行"等四事。(19)"疾得佛菩提四法"。指"求一切善法故,勤行精进"等四事。(20)"佛、辟支佛、阿罗汉称叹四法"。指"乃至失命,不为恶事"等四事。如关于"四种菩萨谬"、"四种菩萨道",说:

> 菩萨应远离,四种菩萨谬,菩萨应修习,四种菩萨道(以上为龙树作的偈颂)。

> 何谓菩萨四种错谬? 一于非器众生,说甚深法,是名错谬;二乐深大法者,为说小乘,是名错谬;三于正行道者持戒善心,轻慢不敬,是名错谬;四于未成就者,未可信而信,摄破戒恶人,以为亲善,是名错谬。何等为四种菩萨道? 一于一切众生,行平等心;二以善法,教化一切;三等为一切众生说法;四以正行,行于一切众生。若常行菩萨四种错谬,不乐思惟诸法,不勤修习善法,则是像菩萨(指非真正的菩萨;以上为龙树的解释)。(卷九《四法品》,第66页中、下)

二十、《念佛品》(卷九)。论述菩萨在初地应"念佛生身"问题。

"念佛生身"(又称"念色身佛"),指菩萨在初地,能以"善根福德力",得见十方诸佛,也可通过修习"般舟三昧"(又称"佛立三昧"),见十方诸佛于眼前,"般舟"意为"佛立",即"见诸佛现前",而修习"般舟三昧"的方法,就是忆念佛的生身,即"三十二大人相"、"八十种好"。"三十二大人相",指前述"手足轮相"等,为粗显的大相;"八十种好",指依"三十二大人相"细分的八十种随形好相,即"圆纤指"等,为细微的小相。

二十一、《四十不共法品》(卷十)。论述菩萨在初地应"念佛法身"问题。

"念佛法身"(又称"念法身佛"),指菩萨在初地,还应忆念佛的法身,即"四十不共法"。"四十不共法",指佛独有的四十种功德。它们是:"飞行自在"、"变化无量"、"圣如意无边"、"闻声自在"、"无量智力知他心"、"心得自在"、"常在安慧处"、"常不妄误"、"得金刚三昧力"、"善知不定事"、"善知无色定事"、"具足通达诸永灭事"、"善知心不相应无色法"、"大势波罗蜜"、"无碍波罗蜜"、"一切问答及记具足答波罗蜜"、"具足三转说法"、"所说不空"、"所说无谬失"、"无能害者"、"诸贤圣中大将"、"四不守护"、"四无所畏"、"佛十种力"、"无碍解脱"。由于这里是将"四不守护"计作四种,"四无所畏"计作四种,"佛十种力"计作十种,即将它们的子项也计算在内,得出"四十"之数的,故就大项而言,实为二十五种。本品所释为"四十不共法"中的第一种"飞行自在"至第九种"得金刚三昧力"。如关于"金刚三昧",说:

> 金刚三昧者,诸佛世尊金刚三昧,是不共法,无能坏故,于一切处无有障碍故,得正遍知故,坏一切法障碍故,等贯穿故,得诸功德利益力故,诸禅定中最上故。无能坏者,是故名为金刚三昧,如金刚宝无物能破者,是(此)三昧亦如是,无有法可以坏者,是故名金刚三昧。……诸佛住是三昧,悉能通达过去、现在、未来三世不可说五藏所摄法,是故名一切处不阂。……是三昧能开一切障碍法故,所谓烦恼障阂、定障阂、智障阂能开故,是名能通达一切法。……住是三昧得力故,能得一切诸功德,余三昧无如是力。……是三昧无量无边善根所成故,于诸定中最为第一。……是三

昧唯一切智人有,余人所无,是故名为金刚三昧。(卷十《四十不共法品》,第73页中、下)

二十二、《四十不共法中难一切智人品》(卷十至卷十一)。续述"四十不共法"中的第九种"得金刚三昧力",解答有关"无一切智人"的质难问题。

"无一切智人",指外人针对前品所说金刚三昧"唯一切智人有,余人所无",而提出的质疑,认为世上并无遍知一切的"一切智人",所举的理由有"所知法无量无边,而智慧有量有边,以此有量有边智慧,不应知无量事"等。本品对这些质疑一一作了辩答,论证"佛是一切智人"。

二十三、《四十不共法中善知不定品》(卷十一)。续述"四十不共法"中的第十种"善知不定事"至第四十种"无碍解脱",并列举佛的另一组"四十四不共法"问题。

"四十四不共法",指前述"四十不共法"以外的,另一组佛独有的四十四种功德。它们是:"常不离慧"、"知时不失"、"灭一切习气"、"得定波罗蜜"、"一切功德殊胜"、"随所宜行波罗蜜"、"不从他闻得道"、"不退法"、"得大悲"、"得大慈"、"世间第一福田"、"放无量光明"、"百福德相"、"无量无边善根"、"入胎时"、"生时"、"得佛道时"、"转法轮时"、"舍长寿命时"、"入涅槃时"、"力能救度一切众生"等。

二十四、《赞偈品》(卷十二)。以偈颂的形式,赞叹佛的"四十不共法"。

二十五、《助念佛三昧品》(卷十二)。论述修习"念佛"的各种禅定与方法问题。

(1)"以实相念佛"。指新发意菩萨应"先念色身佛(指三十二大人相、八十种好),次念法身佛(指五种法身)"。(2)"生三

昧四法"。指新发意菩萨能生"般舟三昧",见十方诸佛于眼前的
四种方法,分为六类:一指"亲近善知识(即善友)"、"精进无懈
退"、"智慧甚坚牢"、"信力不妄动"四法。二指"惭愧"、"爱乐"、
"恭敬"、"供养说法者"四法。三指"于三月,未尝睡眠,唯除便
利、饮食、坐起";"于三月乃至弹指,不生我心";"于三月,经行不
息";"于三月,兼以法施、不求利养"四法。四指"能见佛";"安慰
劝人听是三昧";"常不贪嫉,行菩提心者";"能集菩萨所行道法"
四法。五指"造作佛像,乃至画像";"当善书写是三昧经";"令信
乐者,得已诵读";"教增上慢人,令离增上慢法";"当护持诸佛正
法"四法。六指"少语言";"在家、出家,不与共住";"常系心取所
缘相";"乐远离、空闲静处"四法。(3)"生三昧五法"。指新发
意菩萨能生"般舟三昧",见十方诸佛于眼前的五种方法,分为二
类。一指"无生忍法";"心常随顺行四摄法";"能成就慈、悲、喜、
舍";"能多集佛所说法,如所说行";"清净身、口、意业(行为)"五
法。二指"布施无有悭心";"忍辱柔和";"常乐听是三昧";"心无
妬嫉";"于佛、法、僧宝,信心清净"五法。

　　(4)"在家菩萨生三昧二十法"。指在家菩萨能生"般舟三
昧",见十方诸佛于眼前的二十种方法,即"当深以信心"、"不求
业果报"、"当舍一切内外物"、"归命三宝"、"净持五戒"、"具足行
十善道"等。(5)"出家菩萨生三昧六十法"。指出家菩萨能生
"般舟三昧",见十方诸佛于眼前的六十种方法,即"于戒无毁
疵"、"随波罗提木叉戒"、"具足威仪行处"、"净身、口、意业"、"于
无所得法心能忍"、"常乐阿练若"、"不乐住城邑聚落"、"守护正
法"、"不畜金银、珍宝、钱财"、"常求利安一切世间"等。(6)"出
家菩萨余助法"。指资助出家菩萨生"般舟三昧"的其他五十种
方法,即"缘佛恩常念在前"、"不令心散乱"、"系心在前"、"守护
根门"、"饮食知止足"、"离诸烦恼障"、"生诸禅定"、"断八懈怠

法"、"修八精进"、"得大人八觉"等。

二十六、《譬喻品》(卷十二至卷十三)。论述初地"欢喜地"的法相问题。内容包括:"初地相"、"初地果"、"初地分"、"助初地法"、"相违法"、"灭地法"、"生地法"等。

(1)"初地相"(又称"初地七法")。指"堪受"、"不净"、"喜"、"悦"、"清净"、"悲心"、"无瞋"(此即卷二《地相品》所说的"初地七法")。(2)"初地果"。指"得若干福德,不回向声闻、辟支佛地","能得菩萨数百定"等。(3)"初地分"。指"信力转增上"、"深行大悲心"、"慈愍(悯)众生类"、"修善心无倦"、"常近善知识(即善友)"、"一心求多闻"、"不贪于利养"、"离奸欺谄诳"、"不毁戒欺佛"、"乐出世间法"、"不乐世间法"等(此即卷二《净地品》所说的"二十七法净治初地")。(4)"助初地法"。指"信"、"戒"、"闻"、"舍"、"精进"、"念"、"慧"等。(5)"相违法"。指"不信"、"破戒"、"少闻"、"悭贪"、"懈怠"、"乱念"、"无慧"等。(6)"灭地法"。指"能令此地退失,障碍不现,如劫尽时,万物都灭",即"能偷夺菩提心法"。(7)"生地法"。指"不偷夺菩提心法"。(8)"清净法"。指前述"初地七法"。

二十七、《略行品》(卷十三)。论述初地的"菩萨所行法"问题。

1. 初地菩萨应修习的善法(按法数的小大,从"一"至"十",递增叙列)。

(1)"一法"。指"一心不放逸"。(2)"二法"。指"一不放逸、二智慧"。(3)"三法"。指"三学",即"一学胜戒、二学胜心(指定)、三学胜慧"。(4)"四法"。指"四功德处",即"一谛处、二舍处、三灭处、四慧处"。(5)"五法"。指"五善根",即"一信根、二精进根、三念根、四定根、五慧根"。(6)"六法"。指"六度",即"布施、持戒、忍辱、精进、禅定、智慧波罗蜜"。(7)"七法"。指"七圣财"，即"信、惭、愧、闻、精进、念、慧"。(8)"八法"。指"八大人觉"，即"少欲、知足、远离、精进、念、定、慧、乐不戏论(指不作无益的言论)"。(9)"九法"。指"九正法"，即"大忍、大慈、大悲、慧、念、坚心、不贪、不恚、不痴"。(10)"十法"。指"十善道"。

2. 初地菩萨应远离的过恶。

(1)"一过"。指"不放逸"。(2)"二过"。指"贪声闻地、二贪辟支地"。(3)"三过"。指"憎诸菩萨、二憎菩萨所行、三憎甚深大乘经"。(4)"四过"。指"一谄、二曲、三急性、四无慈愍(恼)"。(5)"五过"(又称"五盖")。指"一贪欲、二瞋恚、三睡眠、四调戏、五疑"。(6)"六过"(此"与六波罗蜜相违")。指"一悭贪、二破戒、三瞋恚、四懈怠、五调戏、六愚痴"。(7)"七过"。指"一乐多事务；二乐多读诵；三乐睡眠；四乐语说；五贪利养；六常欲令人喜；七迷闷于道，心随爱行"。(8)"八过"。指"一邪见、二邪思惟、三邪语、四邪业、五邪命、六邪方便、七邪念、八邪定"。(9)"九过"。指"一不闻阿耨多罗三藐三菩提(意为无上正等正觉)；二闻已不信；三若信不受；四若受不诵持；五若又诵持，不知义趣；六若知不说；七著说不如说行；八若如说行，不能常行；九若能常行，不能善行"。(10)"十过"。指"十不善道"。

3. 二种菩萨。指菩萨有"名字菩萨"、"真实菩萨"二种。

(1)"名字菩萨"，指有名无实的菩萨，"若人发心欲求佛道，自言是菩萨，空受名号，不行功德、慈悲心、诸波罗蜜等，是不名为菩萨"。(2)"真实菩萨"，指名符其实的菩萨，"若人有三十二妙法，亦能发愿，是名真实菩萨"。"真实菩萨"有三十二种德行，即"深心为一切众生，求诸安乐"；"能入诸佛智中"；"道心坚固"；"常求正法，心无疲懈"；"施不求报"；"能勤精进，修习一切善根"；"不乐世间种种杂事"；"不贪著小乘"；"见大乘利益为大"；

"亲近善知识"等。

二十八、《分别二地业道品》(卷十三至卷十四;本品至《戒报品》,解释《十地经》第二地"离垢地")。论述第二地"离垢地"的"业道"(指能招感六道苦乐果报的行为)问题。内容包括:"十种心"、"离垢"的名义、"十不善道"、"十善道"、"二十种分别"、"十二种分别"、"业、业道、戒分别"等。

(1)"十种心"。指菩萨欲从初地"欢喜地",进入第二地"离垢地",须生起十种正直心。一是"直心",指"离谄曲";二是"堪用心",指"生种种禅定。亦修习诸善法,观诸法实相";三是"柔软心",指"不刚强粗恶";四是"降伏心",指"降伏六根";五是"寂灭心",指"能灭贪欲、瞋恚、愚痴等诸烦恼";六是"真妙心",指"于诸禅定、神通所愿事中,如意得用";七是"不杂心",指"不与在家、出家者杂行";八是"不贪心",指"于在家、出家人中,所谓父母、兄弟、和上、师长等,不生贪著";九是"广快心",指"随顺菩萨道行舍心";十是"大心",指"乐大利益"。(2)"离垢"的名义。指"离垢地"所说的"离垢",有三种含义:一指"地名";二指"于此地中,离十不善道罪业之垢";三指"离贪欲、瞋恚等诸烦恼垢"。(3)"十不善道"。指菩萨住于"离垢地",自然不行"十不善道"。"十不善道"依"身行"(又译"身业")、"口行"(又译"口业")、"意行"(又译"意业")区分。"不善身行"有三种,即"夺他命"(又称"杀生")、"劫盗"(又称"偷盗")、"邪淫"。"不善口行"有四种,即"妄语"、"两舌"、"恶口"、"散乱语"(又称"绮语")。"不善意行"有三种,即"贪取"(又称"贪欲")、"瞋恼"(又称"瞋恚")、"邪见"(又称"愚痴")。这中间,"不善意行"(即"不善意业")是根本的"三不善道","不善身行"、"不善口行"的"七不善业道",均从"不善意行"而生。(4)"十善道"。指菩萨住于"离垢地",自然行"十善道"。"十善道"中,善的"身行"有三种,即

"离夺命"、"离劫盗"、"离邪淫"；善的"口行"有四种，即"离妄语"、"离两舌"、"离恶口"、"离散乱语"；善的"意行"有三种，即"不贪取"、"不瞋恼"、"正见"。

（5）"二十种分别"。指"十不善道"、"十善道"中的每一业道，都可以从二十个方面加以分析。以"十不善道"中的"夺他命"（即"杀生"）为例，它的"二十种分别"是："不善"、"欲界系"、"有漏"、"非心数（又称"心所"）法"、"心不相应"、"不随心行"、"或共心生或不共心生"、"或色或非色"、"或作或非作"、"或有缘或无缘"、"是业"、"非业相应"、"不随业行"、"共业生或不共业生"、"非先世业报"、"不可修"、"应善知"、"应以慧证不以身证"、"可断"、"可知见"。（6）"十二种分别"。指"十不善道"、"十善道"中的每一业道，也可以从十二个方面加以分析。以"十不善道"中的"夺他命"（即"杀生"）为例，它的十二种分别是："从何起"、"起谁"、"从何因起"、"与谁作因"、"何缘"、"与谁作缘"、"何所缘"、"与谁作缘"、"何增上"、"与谁作增上"、"何失"、"何果杀罪"。（7）"业、业道、戒分别"。指"十不善道"、"十善道"中，"身业"三种、"口业"四种，既是"业"（指造作、行为），也是"业道"（又称"根本业道"，指能招感六道苦乐果报的行为）；"意业"三种，是"业道"，不是"业"，但与它们相应的、令心造作的"思"（思量）则是"业"，又称"思业"，分"故思业"、"不故思业"二种，前者是故意造作的、必受果报的"业"，后者是非故意造作的、不受果报的"业"。此外，"身业"、"口业"是"戒"；"意业"是"业"，非"戒"。如关于"业"、"业道"、"戒"三者的联系与区别，说：

　　（十不善道中）杀生、劫盗、邪淫、妄语、两舌、恶口、散乱语七（种），是业，即业道；贪取、瞋恼、邪见，是业道，非业，此三事相应思是业。问曰：前七事，何故亦是业，亦是业道？

答曰：习行是七事转增故，至地狱、畜生、饿鬼，以是故名为业道，是七能作，故名业；三（指不善意业三种）是业道，非业者，是不善业根本，以是故名三业道，非业。善（指十善道）中亦如是。……身、口业是戒，意业是业，非戒。业及于业道四种分别者，有业非业道，有业道非业，有业亦是业道，有非业非业道。（卷十四《分别二地业道品》，第 98 页上）

二十九、《分别声闻辟支佛品》（卷十四至卷十五）。论述"声闻乘"、"辟支佛乘"、"大乘"三乘修习"十善道"的利益问题。（1）"声闻乘"。指听闻佛陀言教，修习"四谛"而得道者。声闻人修习"十善道"，能得至"声闻地"（指证得阿罗汉）。（2）"辟支佛乘"（又称"缘觉乘"）。指独自观察"十二因缘"而得道者。辟支佛人修习"十善道"，能得至"辟支佛地"（与阿罗汉同等）。（3）"大乘"（又称"菩萨乘"）。指修行"六度"，上求菩提，下化众生，成就自利利他的修道者。菩萨修习"十善道"，能得至"佛地"（成为佛）。

三十、《大乘品》（卷十五）。详述菩萨修习"十善道"，超越"声闻"、"辟支佛"的殊胜之处问题。内容包括："善修五事"、"无量修五因缘"、"希有五因缘"、"坚愿五因缘"、"善愿五因缘"、"大悲无碍五因缘"、"善受行方便五因缘"、"能忍苦恼五因缘"、"不舍五因缘"、"深乐佛慧五因缘"、"受护正法五因缘"、"爱护正法五因缘"、"坚心化众生"等。

（1）"善修五事"。指菩萨以"愿"、"坚心"、"深心"、"善清净"、"方便"（又称"善巧"）五事修善道，为"善修"。（2）"无量修五因缘"。指菩萨以"时无量"、"善根无量"、"缘无量"、"究竟无量"、"回向无量"五因缘修善道，为"无量修"。（3）"希有五因缘"。指菩萨以"堪受"、"精进"、"心坚"、"慧"、"果"五因缘修善道,为"希有"。(4)"坚愿五因缘"。指菩萨以"于声闻乘心不转"、"于辟支佛乘不转"、"于外道事不转"、"于一切魔事不转"、"无因缘不转"五因缘修善道,为"坚愿"。(5)"善愿五因缘"。指菩萨以"先筹量得失者"、"知道"、"知道果"、"不贪惜自乐"、"欲灭众生大苦"五因缘修善道,为"善愿"。(6)"大悲无碍五因缘"。指菩萨以"利安无量众生"、"于资生之物不生贪惜"、"不惜身"、"不惜命"、"不观时久远"、"欲怨亲中等心利益"五因缘修善道,为"大悲无碍"。(7)"善受行方便五因缘"。指菩萨以"知方时"、"知他心所乐"、"知转入道"、"知事次第"、"知引导众生"五因缘修善道,为"善受行方便"。(8)"能忍苦恼五因缘"。指菩萨以"乐无我"、"信乐空"、"筹量世法"、"观业果报"、"念过算数劫唐受苦恼"五因缘修善道,为"能忍苦恼"。(9)"不舍五因缘"。指菩萨以"贱小人法"、"贵大人法"、"畏诳诸佛"、"知恩"、"为是世间事故出世间"五因缘修善道,为"不舍"(对恶人不生舍心)。(10)"深乐佛慧五因缘"。指菩萨以"佛慧无与等"、"佛智能令人为世中尊"、"佛以佛智自度其身"、"佛智亦度他人"、"佛智是一切功德住处"五因缘修善道,为"深乐佛慧"。(11)"受护正法五因缘"。指菩萨以"知报诸佛恩"、"令法久住"、"以最上供养供养诸佛"、"利益无量众生"、"正法第一难得"五因缘修善道,为"受护正法"。(12)"爱护正法五因缘"。指菩萨以"如所说行"、"令他人如法行"、"除破佛法刺棘"、"离四黑印"、"行四大印"五因缘修善道,为"爱护正法"。(13)"坚心化众生"。指菩萨在"佛乘"(又称"菩萨乘"、"大乘")、"辟支佛乘"、"声闻乘"、"天乘"、"人乘"五乘中教化众生,为"坚心化众生"。如关于菩萨修行中的"知事次第"(叙及"三乘"的说法次第),说:

知事次第者,如声闻乘中,初说布施,次持戒,次生天,次五欲过患,次在家苦恼,次出家利乐;次说苦谛,次集谛,次灭谛,次道谛;次须陀洹果,次斯陀含果,次阿那含果,次阿罗汉果;次不坏解脱,次说诸无碍。辟支佛乘中,亦说我、我所物多有过患,舍此过患之物,得大利益,在家为过恶,出家为利益;次众闹乱语为过恶,独行为善利,聚落为过恶,阿练若处为善利;厌离多欲多事,乐于少欲少事;守护诸根,饮食知节;初夜、后夜,随时觉悟,观缘取相,乐住空舍;贵于持戒、禅定、智慧,不现奇异,令他欢喜,但自利益,乐于深法,不随他智。如大乘中次第者,初说檀波罗蜜,次尸罗波罗蜜、羼提波罗蜜、毗梨耶波罗蜜、禅波罗蜜、般若波罗蜜;初说谛胜处,次说舍胜处、灭胜处、慧胜处。复次,初赞叹发菩提心,次十种愿,次十究竟;次赞叹远离退失菩提心法,次修集不退失菩提心法;次坚心精进,次坚固堪受,次坚誓;复次,初说能得诸地法,次说能住诸地法,次说能得诸地底法,次说远离诸地垢法,次说能作净地法,次说诸地久住法,次说能到诸地边法,次说能作不退失诸地法,次说诸地果,次说诸地果势力。(卷十五《大乘品》,第104页中)

三十一、《护戒品》(卷十六)。论述"十善道"、"十不善道"的果报,以及有关"戒"的名义问题。内容包括:"十善道"果报、"十不善道"的果报、"六十五种尸罗波罗蜜分"、"八种生戒"等。

(1)"十善道"果报。指修习"十善道"的果报,分"总相果报"、"别相果报"二种。"总相果报",指修习"十善道"的总体果报,即"若生天上,若生人中"。"别相果报",指修习"十善道"各项的个别果报,如"离杀生",有"长寿"、"少病"二种果报;"离劫盗",有"大富"、"独有财物"二种果报;"离邪淫",有"妻妇贞良"、"不为外人所坏"二种果报等。(2)"十不善道"果报。指造作

"十不善道"的果报,也分"总相果报"、"别相果报"二种。"总相果报",指造作"十不善道"的总体果报,即"上行堕地狱,中行堕畜生,下行堕饿鬼"。"别相果报",指造作"十不善道"各项的个别果报,如"杀生",有"短命"、"多病"二种果报;"劫盗",有"贫穷"、"失财"二种果报;"邪淫",有"丑恶妻妇,又不贞良"、"为他所坏"二种果报等。(3)"六十五种尸罗波罗蜜分"。指"尸罗波罗蜜"(又称"持戒度")中有关"戒"的六十五种名义。其中有:"不起恶烦恼故,名不杂戒";"守护诸根故,名为善护戒";"如法物中知量取故,名为少欲戒";"断悭贪故,名知足戒";"身心远离故,名远离戒";"救一切众生故,名为慈戒";"忍一切苦故,名为悲戒";"降伏心故,名为自见过戒";"不懈退故,名精进戒";"集助禅法故,名为禅戒"等。(4)"八种生戒"。指"戒"从八种身、口业而生,"四从身生,四从口生。从身生者,离夺命、离恼苦众生、离劫盗、离邪淫;从口生者,离妄语、两舌、恶口、散乱语","八种身口业,即是尸罗体(意译"戒体")"。

三十二、《解头陀品》(卷十六至卷十七)。论述菩萨修行"十二头陀"的利益问题。

"十二头陀",指出家者弃除贪著、修练身心的十二种修行方法,"所谓受阿练若法、受乞食法、粪扫衣、一坐、常坐、食后不受非时饮食、但有三衣、毛毳衣、随敷坐、树下住、空地住、死人间住"。

(1)"受阿练若法"(又称"住阿练若处")。指住于远离聚落的阿练若(意译空闲处)。(2)"受乞食法"(又称"尽形乞食")。指常行乞食。(3)"粪扫衣"(又称"著粪扫衣")。指穿着粪扫衣(用废弃的布片缝制的衣服)。(4)"一坐"(又称"一坐食")。指每日一食,起坐后不再进食。(5)"常坐"(又称"常坐不卧")。指常当安坐,胁不至席。(6)"食后不受非时饮食"(又称"不受

非时食"、"食后不饮浆")。指过午以后不饮果浆。(7)"但有三
衣"(又称"但三衣")。指只受持安陀会(用五条布缝制的内衣)、
郁多罗僧(用七条布缝制的上衣)、僧伽梨(用九条布缝制的大
衣)三衣。(8)"毛毳衣"(又称"受毳衣")。指受用鸟毛等织成
的粗衣。(9)"随敷坐"(又称"随坐")。指于无人处即坐。
(10)"树下住"。指住于树下。(11)"空地住"。指住于露地。
(12)"死人间住"(又称"冢间住")。指住于冢间(坟地)。修习
"十二头陀行"各项,均有十种利益。如关于"尽形乞食"的"十
利",说:

　　　见有十利尽形乞食者,一所用活命,自属不属他;二众
　　生施我食者,令住三宝,然后当食;三若有施我食者,当生悲
　　心,我当勤行精进,令善住布施,作已乃食;四随顺佛教行
　　故;五易满易养;六行破憍慢法;七无见顶善根;八见我乞
　　食,余有修善法者,亦当效我;九不与男女大小有诸因缘事;
　　十次第乞食故,于众生中生平等心,即种助一切种智。(卷
　　十六《解头陀品》,第111页下)

　　三十三、《助尸罗果品》(卷十七)。论述清净持戒与破坏持
戒问题。内容包括:"四净尸罗"、"四圣种"、"四破尸罗"、"四种
沙门"等。

　　(1)"四净尸罗"。指清净持戒的四种行为,有六类,其中
有:"无我我所心,亦无断常见,入于众缘法,则能净尸罗";"行四
圣种行,及十二头陀,亦不乐众闹,念何故出家";"善能信解空,
不惊无相法,众生中大悲,能忍于无我"等。(2)"四圣种"。指
出家者引生圣果的四种修行方法。一是"趣得衣服而足"(又称
"衣服喜足圣种"),指随得衣服,便生喜足;二是"趣得饮食而足"
(又称"饮食喜足圣种"),指随得饮食,便生喜足;三是"趣得坐卧

具而足"(又称"卧具喜足圣种"),指随得卧具,便生喜足;四是
"乐断乐修行"(又称"爱乐断修圣种"),指乐断烦恼,乐修善法。
(3)"四破尸罗"(又称"四种破戒比丘")。指破坏持戒的四种行
为。一是"于经戒中,尽能具行,而说有我",为"破戒似如持戒"
(形似"持戒",实为"破戒");二是"诵持律经,守护戒行,于身见
中,不动不离",为"破戒似如持戒";三是"具行十二头陀,而见诸
法定有",为"破戒似如持戒";四是"缘众生行慈心,闻诸行无生
相,心则惊畏",为"破戒似如持戒"。(4)"四种沙门"。指沙门
(出家修道者的通称,此处指佛教出家者)依修行区别,分为四
种。一是"形色相沙门",指"有沙门形、沙门色相","著僧伽梨,
剃除须发,执持黑钵",但"行不净身业、不净口业、不净意业";二
是"威仪矫异沙门",指"具四种威仪",但"不与在家、出家和合,
少于语言","见诸法定有,于空无所有法,畏如堕坑,见说空者,
生怨家想";三是"贪求名利沙门",指虽勉强能"持戒"、"行少欲、
知足、远离",但"非为灭烦恼"、"非为涅槃",而是为了"求名利";
四是"真实行沙门",指"不贪惜身"、"不贪惜涅槃"、"不著空见",
"于诸烦恼中,而求解脱,不于外求,观一切法本来清净无垢",
"不为断、不为修习故,不恶生死,不乐涅槃,无缚无解,知诸佛法
无有定相,知已,不往来生死,亦复不灭"。这中间,前三种沙门
应当远离,末一种沙门("真实行沙门")应当修学。

　　三十四、《赞戒品》(卷十七)。论述清净持戒的功德问题。

　　这些功德有:"尸罗(指持戒)能成就诸出家者一切大利";
"尸罗即是功德之初门";"尸罗最是梵行之本";"尸罗善能通利
诸道,能令诸根清净无碍,智慧寿命以尸罗为本";"尸罗能灭诸
烦恼患";"尸罗能使无恼善法,相续不断";"尸罗究竟必得涅
槃";"尸罗是正行之因";"尸罗是诸功德聚处";"尸罗能成明解
脱法"等。

三十五、《戒报品》(卷十七)。论述菩萨住于第二地"离垢地",清净持戒的果报问题。

所说的果报,指菩萨住于第二地"离垢地",深行"尸罗波罗蜜",当作"转轮圣王"。

本书所引用的大小乘经论,主要有:《大经》(指《大品经》,即《摩诃般若波罗蜜经》)、《十地经》《法印经》《助道经》(以上见卷一)、《净毗尼经》《叫唤地狱经》(以上见卷二)、《宝月童子所问经》(见卷五)、《三支经》《阿毗昙》(泛指小乘阿毗昙论书)、《业报经》《如来智印经》《宝顶经》《无尽意菩萨经》(以上见卷六)、《大乘决定王经》《无行经》(以上见卷八)、《般舟三昧经》(见卷九)、《大神通经》《七方便经》《衣毛竖经》(以上见卷十)、《分别业经》《首迦经》《大涅槃经》《筏喻经》《增一阿含经》《无畏王子经》(以上见卷十一)、《大智经》(以上见卷十五)、《迦叶经》《离怖畏经》(以上见卷十六)、《净德经》(见卷十七)等。这对于考察龙树时期流传的大小乘经典,提供了有价值的线索。

第二门 中观派集义论

第一品 姚秦鸠摩罗什译《中论》四卷

附：北魏般若流支译《顺中论》二卷
唐波罗颇蜜多罗译《般若
灯论释》十五卷
北宋惟净等译《大乘中观
释论》十八卷

《中论》，又名《中论颂》《中观论颂》《中观论根本颂》《中观论》《正观论》等，四卷。印度龙树造、青目释，姚秦鸠摩罗什译，弘始十一年(409)译出。梁僧祐《出三藏记集》卷二、卷十一著录。载于《丽藏》"宝"函、《宋藏》"寸"函、《金藏》"宝"函、《元藏》"寸"函、《明藏》"箴"函、《清藏》"箴"函、《频伽藏》"暑"帙，收入《大正藏》第三十卷。

本书是一部论述"八不中道"（又称"八不缘起"）理论的著作。在汉传佛教中，它是隋唐三论宗所依据的根本经典"三论"（《中论》《百论》《十二门论》）之一；在藏传佛教中，它是中观派学者必读的龙树"正理聚六论"（《中论》《回诤论》《精研论》《七十空性论》《六十正理论》《中观宝鬘论》）之一。依隋吉藏《三论玄义》的判释，《中论》属于"大乘通论"，以"二谛"（指俗谛、第一义谛）

为宗,从"法"立名。本书卷四《观四谛品》说:"众因缘生法,我说即是空,亦为是假名,亦是中道义",故《中论》就是从"中道"立名的。

《中论》是龙树的早期著作。据姚秦三藏鸠摩罗什译《龙树菩萨传》记载,龙树"广明摩诃衍(指大乘),作《优波提舍》(指《大智度论》)十万偈,又作《庄严佛道论》五千偈、《大慈方便论》五千偈、《中论》五百偈,令摩诃衍教大行于天竺。又造《无畏论》十万偈,《中论》出其中"。也就是说,《中论》出自《无畏论》十万偈,是它的一部分。从《大智度论》卷一、卷十九、卷二十五、卷三十八等均有引《中论》来看,本书当成于《大智度论》之前。

《中论》原是偈颂集,故确切的译名当作《中论颂》(指《中论》本颂,即原颂)。全书分为二十七品,始《观因缘品》,终《观邪见品》,共收录四百四十六偈(以整数相称,称五百偈,见姚秦僧叡《中论序》),每偈为五言四句。据吉藏《中论序疏》说,"偈"分为二种:一是"通偈"(又称"首卢偈"),不论长行(散文),还是偈颂(诗体),只要满三十二字(即梵文三十二个音节),便是一偈;二是"别偈",下分"路伽偈"(又称"祇夜"、"重颂",指对长行内容作概括的偈颂)、"伽陀偈"(又称"孤起偈",指不复述长行内容的偈颂)二种,不论四言、五言、六言、七言,只要满四句,便是一偈。《中论》本颂,性质上属于"别偈"中的"孤起偈"。前二十五品偈颂的义旨,是"破大乘迷失,明大乘观行";后二品偈颂的义旨,是"破小乘迷执,辨小乘观行"(见《中论疏》卷一《因缘品》)。其中,最初二偈(又称归敬颂),标立全论的总纲"八不中道";结尾二偈(又称结赞),重明大乘观行,推功于佛。

在《中论》中,龙树以多重辩难的论式,遮破一切执见,分别决择甚深空义。作者指出,一切"有为法"都是"缘生法",无自性、不可得,是依因缘的和合离散而方便施设的假名,"如幻亦如梦,如乾闼婆城(指空中因光线折射出现的虚幻的楼台城郭)"。"有为法"与"无为法"是相待而有(即相互依赖而存在)的,既然"有为法"毕竟空,无生无灭,不可得,"无为法"自然也不可得;"烦恼"与"解脱"、"生死"与"涅槃",在现象上是对立的、有差别的,但在实相上是平等的、无差别的,不是离开生死,而别有涅槃,而是"涅槃即生死,生死即涅槃"。基于这样的思想,龙树对一切执著于"有为法"、"无为法"、"世间法"、"出世间法"的观点,包括外道(指佛教以外的其他宗教和学派)、二乘人(指声闻、缘觉)、有所得大乘人(指执"空"为实有的大乘人)的各种执见、概念和命题,都在偈颂中加以评破和遣荡。

《中论》问世以后,在印度广为流传,相传注疏者达七十家之多。相对而言,青目(音译"宾伽罗"、"宾头卢伽",四世纪印度僧人)的注释是比较好的,故鸠摩罗什择取青目的注本为底本,加以翻译。但青目"虽信解深法,而辞不雅中",注本存在着"乖"(释文与偈意不符)、"阙"(释文意思不全)、"烦"(文辞繁琐)、"重"(语句重复)四种过失,为此,鸠摩罗什在翻译时,"裁其烦重,裨其乖阙",做了大量的润饰和修订工作(以上见僧叡《中论序》、吉藏《中论序疏》)。故本书虽题为"青目释",但青目的释文已经鸠摩罗什修改,并非旧貌。在佛经翻译史上,鸠摩罗什主张"意译",而唐玄奘主张"直译",本书的翻译可谓是鸠摩罗什"意译"的典型一例。因此,传今的《中论》汉译本,并非是原始的偈颂集,而是收有龙树《中论》本颂和青目释文的注释本。全书采用偈颂(即本颂)与长行解释对应编排的方式编纂,长行中时设问答,围绕偈义,答疑解惑。

书首有姚秦僧叡撰的《中论序》(后收入《出三藏记集》卷十一),说:

《中论》有五百偈。龙树菩萨之所造也。以中为名者，照其实也；以论为称者，尽其言也。实非名不悟，故寄中以宣之；言非释不尽，故假论以明之。其实既宣，其言既明，于菩萨之行，道场之照，朗然悬解矣。夫滞惑生于倒见，三界以之而沦溺；偏悟起于厌智，耿介以之而致乖。……是以龙树大士，析之以中道，使惑趣之徒，望玄指而一变；括之以即化，令玄悟之宾，丧咨询于朝彻。……云天竺诸国，敢预学者之流，无不玩味斯论，以为喉衿。其染翰申释者，甚亦不少。今所出者，是天竺梵志名宾伽罗，秦言青目，之所释也。其人（指青目）虽信解深法，而辞不雅中，其中乖阙烦重者，法师（指鸠摩罗什）皆裁而裨之，于经通之理尽矣。文或左右，未尽善也。《百论》治外以闲邪，斯文（指《中论》）祛内以流滞，《大智释论》（指《大智度论》）之渊博，《十二门观》（指《十二门论》）之精诣。寻斯四者，真若日月入怀，无不朗然鉴彻矣。（《大正藏》第三十卷，第 1 页上、中）

一、《观因缘品》（卷一）。收录《中论》"不生亦不灭"等十六偈及其解释，论述"八不中道"、"诸法无生"问题。

（一）初二偈（又称归敬颂）。标立全论的总纲"八不中道"。所收的偈颂有："不生亦不灭，不常亦不断，不一亦不异，不来亦不出。能说是因缘，善灭诸戏论（指无益的言论），我稽首礼佛，诸说中第一。"

主要说，本书首偈"不生亦不灭，不常亦不断，不一亦不异，不来亦不出"（若据《大智度论》卷五所引，"不来亦不出"亦作"不来亦不去"），说"八不中道"。"八不中道"，指"八不"就是"中道"。"八不"是针对世人将一切事物执著为实有"生"（指生起）与"灭"（指坏灭）、"常"（指恒常）与"断"（指断灭）、"一"（指同一）

与"异"(指差异)、"来"(指外来,即外道认为"众生苦乐、万物生灭,皆从自在天来",见隋吉藏《中观论疏》卷二"本")与"出"(指内出,即外道认为"苦乐之果,皆是我之自作,我之自受")八种状态,并将它们对立起来,所提出来的对治法,也是远离二边(指偏面极端的二种见解)取中观察事物的方法。从般若学"诸法性空"的观点来看,一切事物都是由众缘和合而生,没有自性的,因而都是"不生不灭"乃至"不来不出"的。"八不"以"不生"(又称"无生")为根本。一切事物如果没有"生",就不会有"灭";如果没有"生"与"灭"(即"不生不灭"),也就不会有"常"与"断"、"一"与"异"、"来"与"出"六事。世人或说"因果一"(指事物的因与果为一体);或说"因果异"(事物的因与果为异体);或说"因中先有果";或说"因中先无果";或说"自体生"(指事物从自体产生);或说"他生"(指事物从他体产生);或说"共生"(指事物从自体、他体共同产生);或说"有生"(指事物为有);或说"无生"(指事物为无)。所有这些关于事物"生相"(指事物产生的相状)的说法都是不对的。"生相决定不可得,故不生","若无生,何得有灭?以无生无灭故,余六事亦无"。如关于"八不中道"和龙树造《中论颂》的缘起,说:

不生亦不灭,不常亦不断,不一亦不异,不来亦不出。能说是因缘,善灭诸戏论(指无益的言论),我稽首礼佛,诸说中第一(以上为龙树《中论颂》)。

问曰:何故造此论?答曰:有人言万物从大自在天生,有言从韦纽天生,有言从和合生,有言从时生,有言从世性生,有言从变生,有言从自然生,有言从微尘生。有如是等谬,故堕于无因、邪因、断常等邪见,种种说我、我所,不知正法。佛欲断如是等诸邪见,令知佛法故,先于声闻法中,说十二因缘；又为已习行有大心堪受深法者，以大乘法，说因缘相，所谓一切法不生、不灭、不一、不异等，毕竟空无所有。……佛灭度后，后五百岁像法中，人根转钝，深著诸法，求十二因缘、五阴、十二入、十八界等决定（指确定）相，不知佛意，但著文字。闻大乘法中，说毕竟空，不知何因缘故空，即生疑见：若都毕竟空，云何分别有罪福报应等？如是则无世谛、第一义谛（即真谛），取是空相，而起贪著，于毕竟空中，生种种过。龙树菩萨为是等故，造此《中论》（以上为青目作的注释）。（卷一《观因缘品》，第1页中、下）

（二）后十四偈。论述"诸法无生"问题。所收的偈颂有："诸法不自生，亦不从他生，不共不无因，是故知无生"；"如诸法自性，不在于缘中，以无自性故，他性亦复无"；"果不从缘生，不从非缘生，以果无有故，缘非缘亦无"等。

主要说，一切事物的"无生"，可分为"四种无生"、"四缘无生"。"四种无生"（又称"四门无生"），指一切事物既不从"自生"（指从自体产生）、"他生"（指从他体产生）、"自他共生"（指从自体、他体共同产生；以上三种为"有因生"），也不从"无因生"（指无因无缘自然产生）。这是因为一切事物的"自性"并不在众缘之中，众缘和合只是获得一个"名字"（假名）而已。"自性即是自体"，由于诸法是"无自性"的，故不能从自体产生，也不能从他体产生。"四缘无生"，指一切事物不能从"因缘"（又称"亲因缘"）、"次第缘"（又称"等无间缘"）、"缘缘"（又称"所缘缘"）、"增上缘"四缘生起，无论是"缘"中先有"果"，或先无"果"，都不能生"果"。"若先有果，不名为缘，果先有故；若先无果，亦不名为缘，不生余物故"，故"果"不从"缘"生，也不从"非缘"生（即是先前已破斥过的"无因生"），"果"是无生的。

二、《观去来品》(卷一)。收录《中论》"已去无有去"等二十五偈及其解释,论述诸法无"去"、"来"问题。所收的偈颂有:"已去无有去,未去亦无去,离已去未去,去时亦无去";"决定有去者,不能用三去,不决定去者,亦不用三去";"去法定不定,去者不用三,是故去去者,所去处皆无"等。

主要说,诸法没有"已去"(指过去)、"未去"(指将来)、"去时"(指现在)三时的"去来"相。如果是"已去"时,诸法的"作业"(指所造作的行为)已经过去,故已无"去";"未去"时,诸法的"作业"还没有发生,故也无"去";"去时"更无"去",因为离开了"已去"、"未去",根本没有正在进行的"去时"。"去"是由"去者"("去"的造作者)、"去法"("去"的行为)、"去时"("去"的时间)三者构成的,它们都是相待而有(即相互依赖而存在)的,"不得言定有,不得言定无","空无所有,但有假名,如幻如化"。

三、《观六情品》(卷一)。收录《中论》"眼耳及鼻舌"等八偈及其解释,论述"六情"性空问题。所收的偈颂有:"眼耳及鼻舌,身意等六情,此眼等六情,行色等六尘";"是眼则不能,自见其己体,若不能自见,云何见余物";"见不能有见,非见亦不见,若已破于见,则为破见者"等。

主要说,"六情"(指眼、耳、鼻、舌、身、意六根),不能缘取"六尘"(指色、声、香、味、触、法六境)。以"眼根"为例,眼根如果有"见"(又称"能见")的自性和功能,那它在见"色"时,应能"自见"(指"自见其己体"),也应能"见他","如灯能自照,亦能照他"。但眼根并不能自见"自体"。既然不能"自见",又怎么可能"见他"呢? 故眼根不能见色,"见"、"可见"、"见者"均不可得。"如见、可见法空,属众缘故无决定。余耳等五情、声等五尘,当知亦同见、可见法",同样,其余五根也没有缘取五境的自性和功能。

四、《观五阴品》(卷一)。收录《中论》"若离于色因"等九偈

及其解释,论述"五阴"不可得问题。所收的偈颂有:"若离于色
因,色则不可得,若当离于色,色因不可得";"离色因有色,是色
则无因,无因而有法,是事则不然";"若果似于因,是事则不然,
果若不似因,是事亦不然"等。

主要说,"五阴"(指色阴、受阴、想阴、行阴、识阴)不可得。
"因"与"果"是相待而有(即相互依赖而存在)的,以"五阴"中的
"色"为例,如果离开了"色因"(色的因缘),则"色"(即"色果")不
可得;反之,如果离开了"色","色因"也不可得。在"因"与"果"
的关系上,"因中有果"、"因中无果"、"无因有果"、"果似于因"、
"果不似因"等说法,均不能成立。"若先因中有色,不名为色
因";"若先因中无色,亦不名为色因";"言无因而有色,是事终不
然";"果似于因","如布似缕,则不名布";"果不似因","如麻缕
不成绢"。在"因"、"果"中,寻求"色",均不可得,求其余四阴,同
样也不可得。如关于"色因"与"色"的关系,说:

> 若离于色因,色则不可得,若当离于色,色因不可得(以
> 上为龙树《中论》偈颂)。

> 色因者,如布因缕,除缕则无布,除布则无缕,布如色,
> 缕如因。问曰:若离色因有色,有何过? 答曰(以上为青目
> 的解释):

> 离色因有色,是色则无因,无因而有法,是事则不然(以
> 上为龙树《中论》偈颂)。

> 如离缕有布,布则无因,无因而有法,世间所无有。问
> 曰:佛法、外道法、世间法中,皆有无因法。佛法有三无为,
> 无为常故无因;外道法中,虚空、时、方、神、微尘、涅槃等;世
> 间法虚空、时,方等,是三法无处不有,故名为常,常故无因。
> 汝何以说无因法,世间所无? 答曰:此无因法,但有言说,

思惟分别则皆无。若法从因缘有,不应言无因;若无因缘则如我说(以上为青目的解释)。(卷一《观五阴品》,第6页中、下)

五、《观六种品》(卷一)。收录《中论》"空相未有时"等八偈及其解释,论述"六界"无相问题。所收的偈颂有:"空相未有时,则无虚空法,若先有虚空,即为是无相";"相法无有故,可相法亦无,可相法无故,相法亦复无";"是故知虚空,非有亦非无,非相非可相,余五同虚空"等。

主要说,外人说"六种"(又称"六界",指地、水、火、风、空、识)各有"定相"(指确定的体相),"有定相,故则有六种"。这是不对的。以"六界"中的"虚空"为例,"虚空相"(指无碍相)未有时,则无"虚空法"(指虚空)。如果先有"虚空法",后有"虚空相",则"虚空"为无相,因为"虚空相"是通过有质碍的"色法"显现的,"无色处"为"虚空相",而"色"是造作无常的,如果"色"未生,未生也就无灭,那时便没有"虚空相";如果先有"虚空相",后有"虚空法",则"虚空相"为"无因"。"虚空"既非"有",也非"无";既非"相"(指能相的"虚空相"),也非"可相"(指所相的"虚空法")。在"虚空"中,"种种求相不可得",其余五界也是如此。

六、《观染染者品》(卷一)。收录《中论》"若离于染法"等十偈及其解释,论述"染"、"染者"无自体问题。所收的偈颂有:"若离于染法,先自有染者,因是染欲者,应生于染法";"若无有染者,云何当有染? 若有若无染,染者亦如是";"染者染法一,一法云何合,染者染法异,异法云何合"等。

主要说,"染"(指烦恼)、"染者"(指起烦恼者)不可得。"众生名染者,贪欲名染法",如果先有"染者",则无须再染,"染者先已染故";如果先无"染者",则不应起染,"要当先有染者,然后起染"。"染法"也是这样,如果离人先有"染法",此则无因,如无薪之火;如果先无"染法",则无"染者"。"经虽说有三毒(指贪欲、瞋恚、愚痴)名字,求实不可得"。

七、《观三相品》(卷二)。收录《中论》"若生是有为"等三十五偈及其解释,论述"三有为相"不可得问题。所收的偈颂有:"若生是有为,则应有三相,若生是无为,何名有为相";"如一切诸法,生相不可得,以无生相故,即亦无灭相";"如幻亦如梦,如乾闼婆城,所说生住灭,其相亦如是"等。

主要说,有部论师说"有为法"有三相,即"生"、"住"、"灭"三种体相。如果"生"是"有为法"的体相,那么"生"也应当各有"生"、"住"、"灭"三相,"住"、"灭"也是如此,以此类推,则三相中复有三相,无穷无尽。这是一种"相违"(互相矛盾)的说法。因为"生"不能与"住"、"灭"同时共存,就像明、暗不能同时共存。"无为法"是"无性"的,是与"有为法"相对立的,"不生不灭,名无为相"。如果"生"、"住"、"灭"三相是"无为法",又怎么可能为"有为法"作体相呢?有部说,因有"生"、"住"、"灭"三相,故有"有为法";因有"有为法",故有"无为法"。"今以理推求,三相不可得",怎么会有"有为法"?既然没有"有为法",又怎么会有"无为法"?所以说,"生"、"住"、"灭"三相,"如幻亦如梦,如乾闼婆城","凡夫分别为有,智者推求,则不可得"。如关于诸法的"生"与"生时"(此指"众缘和合时生")皆无自性,说:

　　若法众缘生,即是寂灭性,是故生生时,是二俱寂灭(以上为龙树《中论》偈颂)。

　　众缘所生法,无自性故寂灭,寂灭名为无此、无彼、无相,断言语道,灭诸戏论(指无益的言论)。众缘名,如因缕有布,因蒲有席。若缕自有定相,不应从麻出;若布自有定相,不应从缕出。而实从缕有布,从麻有缕,是故缕亦无定性,布亦无定性。如燃、可燃因缘和合成,无有自性,可燃无,故燃亦无;燃无,故可燃亦无。一切法亦如是。是故从众缘生法无自性,无自性故空,如野马无实。是故偈中说:生与生时,二俱寂灭。不应说生时生(以上为青目的解释)。(卷二《观三相品》,第10页下)

八、《观作作者品》(卷二)。收录《中论》"决定有作者"等十二偈及其解释,论述"作业"、"作者"无决定性问题。所收的偈颂有:"决定有作者,不作决定业,决定无作者,不作无定业";"决定业无作,是业无作者,定作者无作,作者亦无业";"因业有作者,因作者有业,成业义如是,更无有余事"等。

主要说,"作业"(指所造作的行为)与"作者"(指能造作的人)无决定性(《般若灯论》中"决定"译作"实")。"决定有"(又译"实有")的"作者",不能造作"决定业"(又译"实有业");"决定无"(又译"实无")的"作者",也不会造作"无定业"(又译"实无业")。因为如果有"决定有"的"作业",这"作业"就能自体成就,无须由"作者"去造作;如果有"决定无"的"作者",这"作者"也不必凭藉"作业"而得以成立,也就无须造作"作业"。"因业有作者,因作者有业","作业"与"作者"是相待而有(即相互依赖而存在)的假名,无"作者"的"作业",与无"作业"的"作者",都是不能成立的。如破"作"、"作者"一样,破"受"(指五阴)、"受者"(指人),也是如此。

九、《观本住品》(卷二)。收录《中论》"眼耳等诸根"等十二偈及其解释,论述诸法无"本住"问题。所收的偈颂有:"若离眼等根,及苦乐等法,先有本住者,以何而可知";"若离眼耳等,而有本住者,亦应离本住,而有眼耳等";"一切眼等根,实无有本住,眼耳等诸根,异相而分别"等。

主要说,诸法无"本住"(指"神我",即灵魂)。数论外道计执人身中有恒常实在的"本住","眼"、"耳"等根,"苦"、"乐"等法(指"心法"、"心所法"),都依"本住"而有。如果是这样的话,离"眼"、"耳"等根,应别有"本住";离"本住",应别有"眼"、"耳"等根。今推求寻究,"眼"、"耳"等根,皆因缘于外尘而有种种分别,此中实无"本住"。

十、《观燃可燃品》(卷二)。收录《中论》"若燃是可燃"等十六偈及其解释,论述"燃"、"可燃"不可得问题。所收的偈颂有:"若燃是可燃,作作者则一,若燃异可燃,离可燃有燃";"如是常应燃,不因可燃生,则无燃火功,亦名无作火";"可燃即非然,离可燃无燃,燃无有可燃,燃中无可燃"等。

主要说,"燃"(指火,譬喻"人我")与"可燃"(指薪,譬喻"五阴")均不可得。如果能燃的"火",即是可燃的"薪","火"与"薪"为一体,那么,"作业"(指所造作的行为)与"作者"(指能造作的人)便成为一体;如果能燃的"火"不同于可燃的"薪","火"与"薪"为异体,那么,离开"薪",还应别有独立的"火"。这就是说,"人我"与"五阴"相即为一体,"人我"与"五阴"相离为异体,都是不能成立的。"燃"与"可燃"的关系,喻指"人我"与"五阴"的关系,归纳起来,共有五种,于此五门中寻求"人我"均不可得。"可燃无燃",喻指"即阴(五阴)无我";"离可燃无燃",喻指"离阴无我";"燃无有可燃",喻指"我无有阴,阴不属我";"燃中无可燃",喻指"我中无有阴";"可燃中无燃",喻指"阴中无有我"(参见隋吉藏《中论疏》卷六《燃可燃品》)。如关于对犊子部"实我"说、有部"实法"说的批判,说:

> 若人说有我,诸法各异相,当知如是人,不得佛法味(以

上为龙树《中论》偈颂)。

诸法从本已来无生,毕竟寂灭相,是故品末说是偈。若人说我相,如犊子部众说,不得言色即是我,不得言离色是我,我在第五不可说藏中;如萨婆多部众说,诸法各各相,是善、是不善、是无记,是有漏、无漏、有为、无为等别异。如是等人,不得诸法寂灭相,以佛语作种种戏论(以上为青目的解释)。(卷二《观燃可燃品》,第15页下—第16页上)

十一、《观本际品》(卷二)。收录《中论》"大圣之所说"等八偈及其解释,论述众生的"本际"不可得问题。所收的偈颂有:"大圣(指佛)之所说,本际不可得,生死无有始,亦复无有终";"若使初后共,是皆不然者,何故而戏论(指无益的言论),谓有生老死";"非但于生死,本际不可得,如是一切法,本际皆亦无"等。

主要说,众生的"本际"(指最初的本源)不可得,众生的生死没有起始,也没有终结。如果先有"生",后有"老死",那么,"生"与"老死"就可以各自独立了,这就变成没有"老死"而有"生",没有"生"而有"老死";如果先有"老死"后有"生",那么,"老死"就变成"无因"而有了;如果"生"与"老死"一时(同时)并存,那么,二者皆成为"无因"而有了。不只是生死的"本际"不可得,一切事物的"本际",包括"因"与"果"、"相"(能相)与"可相"(所相)、"受"与受者"等的"本际",同样不可得。

十二、《观苦品》(卷二)。收录《中论》"自作及他作"等十偈及其解释,论述"苦"非所作问题。所收的偈颂有:"自作及他作,共作无因作,如是说诸苦,于果则不然";"苦若自作者,则不从缘生,因有此阴故,而有彼阴生";"苦若彼人作,持与此人者,离苦何有人,而能授于此"等。

主要说,外道认为,众生所受之"苦"的产生原因,有"自作"

（自体造作）、"他作"（他体造作）、"共作"（自体、他体共同造作）、"无因作"（无因而作）四种（又称"四作"），这是不对的。以"自作"、"他作"为例。从"法"（指五阴）的角度上观察，如果"五阴"的"苦"为"自作"，那么，"苦"便成了从"五阴"的自体而生，而是不从众缘而生，这是违背缘生法的，实际上，后世"五阴"（苦报）是从前世的"五阴"（苦因）而生的；如果"五阴"的"苦"为"他作"，那么，"作苦"（作苦因）与"受苦"（受苦报）便别为二人，前世的"五阴"与后世"五阴"便毫无关联。从"人"的角度上观察，如果"人"的"苦"为"自作"，试问：离开"五阴"，何处有"人"？ 如果"人"的"苦"为"他作"，那么，又有哪个人会来领受他人所作的"苦"？"自作"、"他作"既不能成立，"共作"、"无因作"自然也不能成立。

十三、《观行品》（卷二）。收录《中论》"如佛经所说"等九偈及其解释，论述诸行皆空问题。所收的偈颂有："如佛经所说，虚诳妄取相，诸行妄取故，是名为虚诳"；"诸法有异故，知皆是无性，无性法亦无，一切法空故"；"若有不空法，则应有空法，实无不空法，何得有空法"等。

主要说，一切诸行（指有为法）都是虚妄相，故空；一切诸行生灭不住，无自性，故空。一切有为法都是有变异的，由此可以推知它们都是没有恒常的自性（"无性"）的。不但"有性法"（有自性的事物）不可得，"无性法"（无自性的事物）也不可得，因为一切事物都是性空的。以"婴儿"为例，假如他定有"自性"，那么，婴儿就不可能变成童子、壮年，直至老年，所以说，"见诸法异相，故知无性"。诸法因"无自性"而称为"空"，并不是说，没有"自性"而别有"空"，"空"为实有。"空"与"不空"是相待而有（即相互依赖而存在）的假名，如果有"不空法"，则应有"空法"；实际上并无"不空法"，又怎么可能有"空法"呢？

十四、《观合品》(卷二)。收录《中论》"见可见见者"等八偈及其解释,论述"见"、"可见"、"见者"三者无和合问题。所收的偈颂有:"见可见见者,是三各异方,如是三法异,终无有合时";"染与于可染,染者亦复然,余入余烦恼,皆亦复如是";"是法不自合,异法亦不合,合者及合时,合法亦皆无"等。

主要说,"根"(六根)、"尘"(六尘)、"识"(六识)三者,如果有自性,就不能和合而生"触"。以"眼根"为例,"见"是"眼根","可见"是"色尘","见者"是"我"(此据青目释;清辨《般若灯论释》卷八《观合品》、安慧《大乘中观释论》卷十《观合品》均作"识"),三者各在异处,"眼在身内、色在身外,我者或言在身内,或言遍一切处",终究没有和合的时候。一切事物如果有"自性",就不能和合。有"自性"的此法不能与自己和合,有"自性"的他法("异法")也不能与他法和合,"合者"(和合的造作者)、"合时"(和合的时间)、"合法"(和合的行为)都是不可得的。

十五、《观有无品》(卷三)。收录《中论》"众缘中有性"等十一偈及其解释,论述诸法无"自性"问题。所收的偈颂有:"众缘中有性,是事则不然,性从众缘出,即名为作法";"法若无自性,云何有他性? 自性于他性,亦名为他性";"定有则著常,定无则著断,是故有智者,不应著有无"等。

主要说,一切事物都是从因缘和合而生的,但不能由此而说事物的"自性"来自众缘,众缘中有事物的"自性"。因为从"众缘"而有,与从"自性"而有是根本不同的。如果事物有"自性",就不应从众缘而生;如果事物从众缘而生,那它就是"作法"(指众缘所作之法),表明没有"自性"。事物本身无"自性",也不能从"他性"(其他事物的体性),得到"自性"。因为"他性"是他物的"自性",如果没有"自性",又怎么会有"他性"呢? 执著事物"定有"(确定有),就会堕入"常见";执著事物"定无"(确定无),

就会堕入"断见",智者不应执著"定有"或"定无"。

十六、《观缚解品》(卷三)。收录《中论》"诸行往来者"等十偈及其解释,论述众生无"缚"、"解"问题。所收的偈颂有:"诸行往来者,常不应往来,无常亦不应,众生亦复然";"诸行生灭相,不缚亦不解,众生如先说,不缚亦不解";"不离于生死,而别有涅槃,实相义如是,云何有分别"等。

主要说,众生既无"缚"(系缚),也无"解"(解脱)。"五阴"流转往来于生死之中,既非"常"(恒常不变),亦非"无常"(刹那生灭)。如果是"常",则不应流转往来;如果是"无常",则不应生死相续(从前世至后世)。众生也是如此,以五种方法在"五阴"中,寻求"人我",均不可得(指本书卷二《观燃可燃品》所说的"燃"与"可燃"的五种情况),哪里还有"往来者"呢?"五阴"是念念生灭的,既没有系缚,也没有解脱。有人说"众生是可缚,五阴是缚";也有人说"五阴中,诸烦恼是缚,余五阴是可缚",都是不对的。"若离五阴,先有众生者,则应以五阴缚众生,而实离五阴,无别众生";"若离五阴,别有烦恼者,则应以烦恼缚五阴,而实离五阴,无别烦恼"。"生死"(系缚)与"涅槃"(解脱)在现象上是对立的,在实相上是平等无差别的,不是离开生死,而别有涅槃,而是"涅槃即生死,生死即涅槃"。如关于"生死即涅槃",说:

　　　　若不受诸法(指烦恼),我当得涅槃,若人如是者,还为受所缚(以上为龙树《中论》偈颂)。

　　　　若人作是念,我离受得涅槃,是人即为受所缚。复次(以上为青目的解释)。

　　　　不离于生死,而别有涅槃,实相义如是,云何有分别(以上为龙树《中论》偈颂)?

　　　　诸法实相第一义中,不说离生死,别有涅槃。如经说:

涅槃即生死,生死即涅槃。如是诸法实相中,云何言定是生死、是涅槃(以上为青目的解释)?(卷三《观缚解品》,第21页中)

十七、《观业品》(卷三)。收录《中论》"人能降伏心"等三十三偈及其解释,论述诸业"不生"问题。所收的偈颂有:"大圣说二业,思与从思生,是业别相中,种种分别说";"诸业本不生,以无定性故,诸业亦不灭,以其不生故";"诸烦恼及业,作者及果报,皆如幻与梦,如炎亦如响"等。

主要说,佛说"业"分为"思业"、"从思生业"(又称"思已业")二种,"思业"指"意业","思业"指"身业"、"口业"。"思"(思量)是"心数法"(又称"心所法"),它能造作,故名为"业",因"思"而发起"身业"、"口业"。外人据此说,决定(确定)有"业"、有"果报"(即业报),它们不应为"空"。这是将"业"、"果报"理解为实有之物,是不对的。试问:由"业"招感的"果报",是"业住"受报呢,还是"业灭"受报?如果是"业住"受报,那么,"业"就成为常住不失了,但实际上"业"是念念生灭的,"一念尚不住",又怎么可能去招感后来的果报呢?如果是"业灭"受报,那么,"业"在尚未到招感果报的时候,就已没有了,又怎么能够产生果报呢?诸业本来就是"不生"的,因为它无"定性"(确定的自性);诸业本来就是"不灭"的,因为没有"生",自然也就没有"灭"。"烦恼"、"业"、"作者"(作业者)、"果报"等,都是就因缘的和合离散的现象而施设的假名,"皆如幻与梦,如炎亦如响",无自性、非实有。

十八、《观法品》(卷三)。收录《中论》"若我是五阴"等十二偈及其解释,论述诸法"无我"问题。所收的偈颂有:"若我是五阴,我即为生灭,若我异五阴,则非五阴相";"若无有我者,何得有我所,灭我我所故,名得无我智";"诸法实相者,心行言语断,无生亦无灭，寂灭如涅槃"等。

主要说，外人说"我"（指"人我"，即人身有恒常实在的主体）有"即阴我"（又称"即蕴我"）、"离阴我"（又称"离蕴我"）二种。"即阴我"，指"我"与"五阴"为一体，"五阴"即是"我"；"离阴我"，指"我"与"五阴"为异体，离"五阴"而别有"我"。如果"五阴"即是"我"，则"我"有"生灭相"，"五阴"无常，"我"亦应无常，这与"我"的恒常不变的本义是相违背的；如果离"五阴"而别有"我"，则"我"就无"五阴相"，而在"五阴"之外，是不可能有其他事物存在的。"我"为自身，"我所"为自身以外的一切事物，如果没有"我"，又怎么可能有"我所"呢？"灭我"意为"人无我"，亦即"人空"；"灭我所"意为"法无我"，亦即"法空"。观察"我"、"我所"不可得，就能获得"无我智"，进而证悟"诸法实相"。"诸法实相"，不是一般思惟所及的境界，而是修行者现证直觉的境界，"无语言道，灭诸心行"，既没有"我"，也没有"无我"，无生亦无灭，寂灭如涅槃。如关于诸法实相中，"无我无非我"，说：

> 诸佛或说我，或说于无我，诸法实相中，无我无非我。诸法实相者，心行言语断，无生亦无灭，寂灭如涅槃。一切实非实，亦实亦非实。非实非非实，是名诸佛法。……（以上为龙树《中论》偈颂）

> 有人说神（指神我，即灵魂），应有二种：若五阴即是神，若离五阴有神。若五阴是神者，神则生灭相。……五阴无常故，神亦应无常生灭相。但是事不然。若离五阴有神，神即无五阴相。……而离五阴更无有法。……诸佛以一切智观众生故，种种为说，亦说有我，亦说无我。若心未熟者，未有涅槃分，不知畏罪，为是等故，说有我。又有得道者，知诸法空，但假名有我，为是等故，说我无咎。又有布施、持戒

等福德,厌离生死苦恼,畏涅槃永灭,是故佛为是等说无我。诸法但因缘和合,生时空生,灭时空灭,是故说无我,但假名说有我。又得道者,知无我不堕断灭故,说无我无咎。是故偈中说:诸佛说有我,亦说于无我。若于真实中,不说我非我(以上为青目的解释)。(卷三《观法品》,第 24 页上、中、下)

十九、《观时品》(卷三)。收录《中论》"若因过去时"等六偈及其解释,论述"三时"(指过去、现在、未来)不可得问题。所收的偈颂有:"若因过去时,有未来现在,未来及现在,应在过去时";"时住不可得,时去亦叵得,时若不可得,云何说时相";"因物故有时,离物何有时,物尚无所有,何况当有时"等。

主要说,"三时"是相待而有(即相互依赖而存在)的假名,并不是相待而有的实体。如果"三时"为实,因"过去时",而有"现在时"、"未来时",那么,"过去时"中应有"现在时"、"未来时",如此,三时则为一体,都成了"过去时";如果"过去时"中没有"现在时"、"未来时",那么,三时则为异体,就不是因相待而有了,"现在时"、"未来时"便成为不因"过去时"而自有,这就如同瓶、衣等物,"各自别成,不相因待"。时间的暂住("时住")与流逝("时去"),都是不可得的。如果"时住","过去时"便成了"现在时",那就不能称为"过去时";如果"时去","过去时"便失自相,失自相就无时体,便无"过去时"。同样,时间也不是"因物"而有,即通过事物的生灭现象而显现的实体。如果是这样的话,一旦离开事物,时间又在哪里呢? 一切事物尚且非实有,更何况是时间。

二十、《观因果品》(卷三)。收录《中论》"若众缘和合"等二十四偈及其解释,论述"因果"无自体问题。所收的偈颂有:"若众缘和合，而有果生者，和合中已有，何须和合生"；"若众缘和合，是中无果者，云何从众缘，和合而果生"；"若因果是一，生及所生一，若因果是异，因则同非因"等。

主要说，在诸法的"因果"（原因与结果）关系上，存在着各种执为实有的说法，如："因"中有"果"；"因"中无"果"；"因"为"果"作因（指果生之后因灭）；"因"不为"果"作因（指因灭之后果生）；"因"与"果"一时（同时）有；"因"与"果"异时（指先后）有；"因"灭变为"果"；"因"灭不变为"果"；"因"在"果"中；"因"不在"果"中；"因"与"果"为一体；"因"与"果"为异体，等等。这些说法都是不对的。以"因果"的有无、一异为例。如果"因"中有"果"，那么，"果"在众因缘中就已有了，何须和合而生；如果"因"中无"果"，那么，"众因缘"就等于"非因缘"，如乳是酪的因缘，"若乳中无酪，则与水同"，不能说酪从乳出。如果"因"与"果"为一体，那么，能生与所生就变成同一的了；如果"因"与"果"为异体，那么，"因"就等于"非因"，"非因"就是"无因"，"无因"又怎么会有果呢？依众缘和合而有的事物，不能产生"自体"，"自体"既无，又如何能生"果"呢？所以，"果"既不从众缘和合而生，亦不从众缘不和合而生，因为它是非实有的。

二十一、《观成坏品》（卷三）。收录《中论》"离成及共成"等二十偈及其解释，论述"成坏"无决定性问题。所收的偈颂有："离成及共成，是中无有坏，离坏及共坏，是中亦无成"；"若离于成坏，是亦无有法，若当离于法，亦无有成坏"；"法不从自生，亦不从他生，不从自他生，云何而有生"等。

主要说，一切事物的"成"（生成）、"坏"（坏灭）均无决定性。离开"成"，就没有"坏"；离开"坏"，就没有"成"。如果离开"成"而有"坏"，那么，"坏"就变成无因了，这等于说"离生有死"，是不能成立的；如果"成坏共有"，即"成"中有"坏"、"坏"中有"成"，

"成"与"坏"同时共存,那就与"成"、"坏"的本义相违背了,等于说"生死一时",也是不能成立的;如果离开"坏"而有"成",那么,"成"就变成常住的了,而实际上一切事物都是"无常"的。一切事物"不从自生"、"不从他生"、"不从自他生",因其"无生",也就"无灭"。

二十二、《观如来品》(卷四)。收录《中论》"非阴不离阴"等十六偈及其解释,论述"如来"无自性问题。所收的偈颂有:"非阴不离阴,此彼不相在,如来不有阴,何处有如来";"阴合有如来,则无有自性,若无有自性,云何因他有";"空则不可说,非空不可说,共不共叵说,但以假名说"等。

主要说,"如来"(即佛)无自性(《大乘中观释论》译作"无自体"),不能说"五阴是如来"、"离五阴有如来"、"如来中有五阴"、"五阴中有如来"、"如来有五阴",如此五门在"五阴"中推求"如来",均不可得。如果说如来因"五阴"和合故有,那就是说"如来"不是因"自性"而有,是因"他性"而有,但"他性"指他物的"自性",如果无"自性",也就不可能有"他性"。不应说"诸法空",或"诸法不空",或"诸法空不空",或"诸法非空非不空",因为诸法的名相,都是随世俗而施设的假名,在"第一义谛"(即真谛)中,它们都是不可言说的。同理,也不应说"如来"实有,或实无,或时有时无,因为如来"从本已来毕竟(终究)空"。如关于"如来所有性,即是世间性",说:

　　如来所有性,即是世间性,如来无有性,世间亦无性(以上为龙树《中论》偈颂)。

　　此品中思惟推求,如来性即是一切世间性。问曰:何等是如来性?答曰:如来无有性,同世间无性(以上为青目的解释)。(卷四《观如来品》,第31页上)

二十三、《观颠倒品》(卷四)。收录《中论》"从忆想分别"等二十四偈及其解释,论述"颠倒"无实性问题。所收的偈颂有:"若因净不净,颠倒生三毒,三毒即无性,故烦恼无实";"有倒不生倒,无倒不生倒,倒者不生倒,不倒亦不生";"若常我乐净,而是实有者,是常我乐净,则非是颠倒"等。

主要说,外人说"六根"在缘取"六境"时,从"忆想分别",生起执取"净"、"不净"境相的"颠倒"(指颠倒计执的妄见);从"净"、"不净"的"颠倒",生起"三毒"(指贪、恚、痴,为一切烦恼的根本),由此可知"颠倒"、"三毒"都是实有的。这种说法是不对的。因为"颠倒"、"三毒"既然是从众缘而生的,就说明它们是无自性的,而一切无自性的事物都是非实有的。"颠倒"有"有为四倒"、"无为四倒"之分。"有为四倒",指凡夫执著有为的生死之法为"常"、"乐"、"我"、"净";"无为四倒",指二乘(声闻、缘觉)执著无为的涅槃之法为"无常"、"苦"、"无我"、"不净"。但深入推究,无论是"颠倒"(妄见),还是"非颠倒"(正见),都是依执著而立的假名,但"可著"(指所执著的境相)、"著者"(指能起执著的人)、"著"(指执著的活动)、"所用著法"(指执著所用的方法)皆为性空不可得,"颠倒"、"非颠倒"又怎么可能有实性可得呢?

二十四、《观四谛品》(卷四)。收录《中论》"若一切皆空"等四十偈及其解释,论述"四谛"无定性问题。所收的偈颂有:"诸佛依二谛,为众生说法,一以世俗谛,二第一义谛";"众因缘生法,我说即是空,亦为是假名,亦是中道义";"是故经中说,若见因缘法,则为能见佛,见苦集灭道"等。

主要说,外人诘难论主(龙树)说,说空者说"一切皆空,无生亦无灭",这岂不是连"四谛"(指苦谛、集谛、灭谛、道谛)也给否定掉了吗? 如果无"四谛",就无"四谛"的修习(指见苦、断集、证灭、修道);无"四谛"的修习,就无修习的果报"四道果"(又称"四

沙门果"，即预流果、一来果、不来果、阿罗汉果）、"八贤圣"（指
"四向四果"，即预流向、预流果，乃至阿罗汉向、阿罗汉果）；无
"八贤圣"，就无"僧宝"，那就破坏了"三宝"。说空者不仅破坏出
世间法，而且也破坏"因果"、"罪福"，从而破坏了一切世俗法。
对此，论主一一作了辩答。指出，这种对说空者的非难，实质上
是对"空"（空的体性）、"空因缘"（空的因缘）、"空义"（说空的意
义）三者的无知。诸佛依"世俗谛"（指世俗的真理）、"第一义谛"
（指殊胜的真理）二谛，为众生说法，"二谛"就是佛为教化众生而
施设的言教。"第一义皆因言说，言说是世俗"，"第一义谛"必须
依靠"言说"，才能表述，而言说都是世俗的，"若不依俗谛，不得
第一义，不得第一义，则不得涅槃"。因此，虽说一切由众缘所生
的事物皆无自性，本性空寂，但由言说表述的缘生法（即有为法）
的"假名"还是有的，不能将"空"理解为如龟毛兔角一般的定无。
只有将一切事物看作是"空"、"假名"，才符合真正的"中道"义。
"四谛"也是缘生法，同样如此。如关于"众因缘生法，我说即是
空"，说：

　　众因缘生法，我说即是无（一作空），亦为是假名，亦是
中道义。未曾有一法，不从因缘生，是故一切法，无不是空
者（以上为龙树《中论》偈颂）。

　　众因缘生法，我说即是空。何以故？众缘具足和合而
物生，是物属众因缘，故无自性，无自性故空。空亦复空，但
为引导众生故，以假名说。离有无二边，故名为中道。是法
无性故，不得言有；亦无空故，不得言无。若法有性相，则不
待众缘而有；若不待众缘则无法，是故无有不空法（以上为
青目的解释）。（卷四《观四谛品》，第 33 页中）

二十五、《观涅槃品》（卷四）。收录《中论》"若一切法空"等

二十四偈及其解释,论述"涅槃"性空问题。所收的偈颂有:"无
得亦无至,不断亦不常,不生亦不灭,是说名涅槃";"涅槃与世
间,无有少分别,世间与涅槃,亦无少分别";"诸法不可得,灭一
切戏论(指无益的言论),无人亦无处,佛亦无所说"等。

主要说,"涅槃"寂灭无为,是"无得"(指"于行、于果无所
得")、"无至"(指"无处可至")、"不断"(指"五阴先来毕竟空故,
得道入无余涅槃时,亦无所断")、"不常"("涅槃寂灭,无法可分
别故,不名为常,生、灭亦尔")、"不生"、"不灭"的。"涅槃"为"非
有"、"非无"、"非有无"、"非非有非非无","一切法不受、内寂灭,
名涅槃"。从一切事物平等无二的角度上看,"涅槃"与"世间",
没有丝毫差别。"一切法"、"一切时"、"一切种"都是从众缘而生
的,毕竟空、无自性,"诸法不可得","佛亦无所说"。

二十六、《观十二因缘品》(卷四)。收录《中论》"众生痴所
覆"等九偈及其解释,论述"十二因缘"生灭问题。所收的偈颂
有:"众生痴所覆,为后起三行,以起是行故,随行堕六趣";"如是
等诸事,皆从生而有,但以是因缘,而集大苦阴";"是谓为生死,
诸行之根本,无明者所造,智者所不为"等。

主要说,众生为"无明"所覆蔽,生起身、口、意三业,随所起
的善恶业行,而堕入"六趣"(又称"六道",指天、人、阿修罗、地
狱、饿鬼、畜生,前三者为"三善道",后三者为"三恶道")。从"无
明"生"行"(指身、口、意业);从"行"生"识";从"识"生"名色"(指
五蕴;受、想、行、识四蕴为"名",色蕴为"色");从"名色"生"六
入"(指六根,即眼、耳、鼻、舌、身、意根);从"六入"生"六触"(指
眼触、耳触、鼻触、舌触、身触、意触);从"六触"生"三受"(指苦
受、乐受、不苦不乐受);从"受"生"渴爱";从"渴爱"生"四取"(指
欲取、见取、戒禁取、我语取);从"取"生"三有"(指欲有、色有、无
色有);从"三有"生"生";从"生"生"老死"、"忧悲苦恼",从而聚

集为一大"苦阴"(指人身的各种痛苦)。由此可见,从"无明"起
生死诸行,只有断灭"无明",才能从根本上断灭生死。智者以如
实的知见,断灭"无明","无明灭故,诸行亦灭;以因(指苦因)灭
故,果(指苦果)亦灭",乃至"生、老、死、忧悲大苦阴,皆如实
正灭"。

　　二十七、《观邪见品》(卷四)。收录《中论》"我于过去世"等
三十一偈及其解释,论述破除"邪见"问题。所收的偈颂有:"过
去世有我,是事不可得,过去世中我,不作今世我";"我于未来
世,为作为不作,如是之见者,皆同过去世";"一切法空故,世间
常等见,何处于何时,谁起是诸见"等。

　　主要说,"邪见"以"我见"为本,外人以现在的"我"观察过去
世,依过去世生起"我"为"有"、或"无"、或"有无"(即亦有亦无)、
或"非有非无"四见,由此而生起"世间"为"常"、或"断"、或"有常
无常"(即亦常亦无常)、或"非有常非无常"等边见;以现在的
"我"观察未来世,依未来世生起"我"为"作"(指作业而相续后
世)、"无作"(不作业而不相续后世)、"作不作"(即亦作业亦不作
业)、"非作非不作"(非作业非不作业)四见,由此而生起"世间"
为"有边"("边"指有限)、或"无边"、或"有边无边"(即亦有边亦
无边)、或"非有边非无边"等边见。这些见解都是不对的。"过
去世中我,不作今世我",过去世的"我"与今世的"我"不是同一
的;"过去世中我,异今亦不然",过去世的"我"与今世的"我"也
不是相异的。以众生于过去世为"天"(身),于今世为"人"(身)
为例,如果二者的"我"是同一的,则"我"为"常",过去世的"天"
(指天界众生)永远是"天",不会变作今世的"人";如果二者的
"我"是相异的,则"我"为"断",过去世的"天"与今世的"人",毫
不相干,从而失去了作"业"受报的因果联系。一切事物都是毕
竟空、无自性的,在大乘法看来说,"邪见"、"正见"也是性空的,

"诸法从本以来毕竟空性,如是空性法中,无人、无法,不应生邪见、正见"。

唐法藏《十二门论宗致义记》卷上说:佛教破除执见的方法,归纳起来,有五种,即"讥征破"、"随宜破"、"随执破"、"标量破"、"定量破"。其中,"随执破,谓如龙树、圣天(指提婆)等所造三论,对彼外道及小乘等,随其所执,以种种理例,征破其计,务令执心无寄,顺入真空,则为成益,何必要具三支(指宗支、因支、喻支)、五分比量道理(指相比量、体比量、业比量、法比量、因果比量)"。也就是说,随执破指依顺外道、小乘等所持的执见,作各种假设和推论,然后一一加以批驳,说明其说不能成立,龙树《中论》《十二门论》、提婆《百论》均属于"随执破"类著作。

《中论》注疏的汉译本,除青目注释本以外,还有北魏般若流支译《顺中论》二卷(瑜伽行派无著造)、唐波罗颇蜜多罗译《般若灯论释》十五卷(中观派清辨造)、北宋惟净等译《大乘中观释论》十八卷(瑜伽行派安慧造)、现代明性译《中观论根本颂之诠释显句论》(中观派月称造,藏文汉译本,宗教文化出版社 2011 年 12 月版)等。汉地佛教学者撰作的注释本有:隋吉藏撰《中观论疏》十卷(因每卷各分本、末,故又称二十卷)、现代印顺撰《中观论颂讲记》(中华书局 2011 年 4 月版;以上均存)等。

北魏般若流支译《顺中论》二卷

《顺中论》,全名《顺中论义入大般若波罗蜜经初品法门》,二卷。印度龙胜(即"龙树")造(颂)、无著释,北魏般若流支译,武定元年(543)译出。唐智升《开元释教录》卷六著录(此前,隋法经等《众经目录》卷五、费长房《历代三宝纪》卷九、唐道宣《大唐内典录》卷四等均误作"菩提流支译",智升据《顺中论》译记,勘定为"般若流支译")。载于《丽藏》"君"函、《宋藏》"日"函、《金藏》"君"函、《元藏》"日"函、《明藏》"情"函、《清藏》"情"函、《频伽藏》"暑"帙，收入《大正藏》第三十卷。

无著的生平事迹，见本藏《大乘瑜伽部》。

般若流支（约六世纪），又名"般若留支"、"瞿昙般若流支"，意译"智希"，中印度（此据《开元释教录》卷六，《历代三宝纪》卷九误作"南天竺"）波罗奈城人，姓瞿昙，为婆罗门种姓。少学佛法，妙闲经旨，神理标异，领悟方言。北魏孝明帝熙平元年（516）游寓洛阳。公元534年，北魏分裂为东魏、西魏，般若流支随迁东魏京都邺城。自东魏孝靖帝元象元年（538）至武定元年（543），在金华寺、昌定寺、侍中尚书令高澄的府第内，共译出佛经十八部九十二卷（据《开元释教录》卷六，《历代三宝纪》卷九则作"十四部合八十五卷"）。其中，《正法念处经》《得无垢女经》《顺中论》《一输卢迦论》等十五部八十九卷见存，《菩萨四法经》等三部三卷阙本。生平事迹见隋费长房《历代三宝纪》卷九、唐道宣《续高僧传》卷一、唐智升《开元释教录》卷六（记载最详）等。

本书是《中论》最初二偈（含"八不中道"偈）的注释书，为瑜伽行派无著所作。传令的《中论》注疏，既有中观派论师撰作的，也有瑜伽行派论师撰作的。为方便学人研读，今不分派别，将原著与注疏合编在一起。

本书之所以只对《中论》最初二偈（又称归敬偈）作释，未对《中论》全本作释（只在释文中偶然提及其余偈颂），是因为最初二偈说的是"不灭亦不生，不断亦不常，不一不异义，不来亦不去。佛已说因缘，断诸戏论（指无益的言论）法，故我稽首礼，说法师中胜"（以上偈文与鸠摩罗什所译略有差异），这是全论的总纲，论述"八不中道"，已摄尽其他偈颂的一切义理。而依顺"八不中道"的道理，就能令众生速入般若波罗蜜，故无著以它为重点，加以解读，"如是论偈，是论根本，尽摄彼论，我今更解"（见卷上）。全书采用自设问答的方式论述，以《摩诃般若波罗蜜经》等经文为教证，对《中论》的"八不中道"及相关观点，作了阐解。

隋吉藏《中论序疏》说："《顺中论》是天亲（即世亲）所作。言《顺中论》者，广引《大品》（指《摩诃般若波罗蜜经》）等经证释八不，八不则是中道，依文释义，故云《顺中论》。《顺中论》云：龙胜菩萨非龙树也。今宜会之，以龙成其胜道，故云龙胜。"他认为《顺中论》是世亲所作，而不是无著（世亲的兄长）所作，这是没有史料依据的；又说《顺中论》中称"龙胜菩萨非龙树"，更是翻遍《顺中论》也找不到此语。故吉藏的说法是不确切的。本书的初首有《翻译之记》，说：

> 诸国语言，中天（竺）音正，彼言那伽夷离淳那，此云龙胜，名味皆足。上世德人，言龙树者，片合一厢，未是全当。龙胜菩萨，通法之师，依《大般若》而造《中论》众典，于义包而不悉。大乘论师，名阿僧佉（即无著），解未解处，别为此部。魏尚书令仪同高公（指高仲密），延国上宾瞿昙流支在第供养，正通佛法，对释昙林，出斯义论（指《顺中论》）。武定元年岁次癸亥八月十日挥辞丙寅，凡有一万三千七百二十七字。（《大正藏》第三十卷，第39页下）

卷上：论述"八不中道"和断灭"戏论"问题。说：佛在《大经》（指《摩诃般若波罗蜜经》）中说，"一切法自体性空。若其彼法自体空者，彼法无体；若无体者，是名般若波罗蜜"。教他人修行般若波罗蜜，而说般若波罗蜜，分"相似般若波罗蜜"、"真实般若波罗蜜"二种。如果说"色无常，乃至识无常、苦、无我等"，是为说"相似般若波罗蜜"，因为这种说法"不知方便，有所得"；如果说"尚无有色，何处当有常与无常？如是乃至无一切智，何处复有常与无常"，是为说"真实般若波罗蜜"，因为"若是般若波罗蜜者,彼无少法可取可舍,若生若灭,若断若常,若一义,若异义,若来若去,此是真实般若波罗蜜"。《中论》所说的"八不中道"源于《般若经》,是"真实般若波罗蜜"。

又说,一切执著均为"戏论","言戏论者,所谓取著有得有物二,及不实取诸相等,是戏弄法,故名戏论"。外道认为,"摩酰首罗"(意译"大自在天")、"时节"(指时间)、"微尘"(又称"极微",指最微细、不可再分的物质元素)、"胜"(又称"胜因")等,能生世界、灭世界,这些都是应当断灭的"戏论"(指无益的言论)。此外,声闻人执著"四圣谛"、"四禅"、"四无量"(又称"四无量心")、"四无色"(又称"四无色定")、"三摩跋提"(意译"等至")、"三十七道品"、"三解脱门"、"八解脱"、"九次第定"、"四沙门果"等为实有;辟支佛人执著"我得缘觉菩提"等为实有;大乘人执著"我具足满十菩萨地"、"我得菩萨行"、"我教化众生,令成就"、"我生如来十力"、"我得四无所畏、四无碍智、十八不共法"、"我得一切具足"、"我断一切结习"等为实有,也都是应当断灭的"戏论"。如关于外道正理派用"因三相"(指"朋中之法,相对朋无,复自朋成")论证"一切诸法作故无常",以及无著的破斥,说:

> 若耶须摩论师(指正理派论师)说言:此言语法,云何复离世谛之法? 此我今说:以何者是? 彼因三相,若何者法语为缘具? 复以何者是因三相? 问曰:朋中之法,相对朋无,复自朋成。如声无常(以上为五支作法中的"宗",即命题),以造作故,因缘坏故,作已生故,如是等故(以上为"因",即理由)。若法造作,皆是无常,譬如瓶等(以上为"喻",即譬喻),声亦如是(以上为"合",即应用),作故无常(以上为"结",即结论,为"宗"的复述)。诸如是等,一切诸法作故无常。答曰:何名作法? 为作名作,离作名作? 此

今解释：若以作故，名为作者，声是作法，声皆是作，是故名作。若如是者，朋法不摄，则不得言声是朋法。若汝意谓，有如是过。声与作异，声则非作，若法离作，不得言作，以如是故，知声非作；若声非作，是则无法，若无法者，云何言常？或言无常？若分别物，分别物法，云何作声？为有故作，为无故作？此今解释：有法不作，无亦不作，若法有无，亦不成作。若汝说言：声是作法故无常者，是事不然。又如汝说三种相故，是名作法，因及因语，皆是缘具，则不相应。（卷上，第42页上、中）

卷下：论述"二谛"、"涅槃"、"一切法不生"等问题。说：佛依"二谛"（指世谛、第一义谛）说法，这并不是说，在"世谛"之外，别有"第一义谛（即真谛）"，"二谛"各有实体。"二谛"只有"一相"，即"无相"，"无相无自体，如本性空，如此则是谛（指真实）"。从这个意义上说，"一切如来皆无所依，不依世谛，亦复不依第一义谛。如来说法，心无所依，何用多语"。"第一义谛"又名"涅槃"，"涅槃亦空"，如经中所说"若有沙门，诸法本性寂灭相中，求涅槃体，我说彼人名为外道"。一切事物都是由因缘和合产生的，因而都是无"自体"的，"以无体故，犹如兔角，非有自体，非有他体，非体不体，以不生故"。说一切事物"不生"，既包括世间法不生，也包括出世间法不生，如经中所说"正观色不生，乃至正观一切智不生，正观凡夫不生，乃至正观佛不生"。一切事物"不生"，也就没有"灭"，如此就不会有执著"有无"、"断常"、"一异"、"来去"等过失了。如关于"一切法皆无自体"，说：

问曰：彼体（一切事物的自体）云何不成？答曰：以因缘故，若何等法有因缘者，彼无自体。若无自体，彼法无体。此无体者，无自体故。譬如兔角，以无因缘，是故无法。此一切法皆无自体，以因缘故，如幻如梦。若汝意谓彼实有体，有自体者，云何知有？因缘生故，犹如瓶者。此我今释：如是因缘分别无义。若法自体，何用因缘？先自有故。若无自体，何用因缘？以无法故。以是义故，分别因缘，则无义理。若说体者，应如是知：彼无体者，无自体故。是故如来如是说言：须菩提！一切和合，皆无自体，以因缘故。一切和合，和合皆空，如是一切，体不成就。（卷下，第46页中）

龙树、提婆是大乘中观派的创始者，无著、世亲则是瑜伽行派的创始者。中观派形成于二世纪末至三世纪初，瑜伽行派形成于四世纪末至五世纪初，前后相距约二百年，二派虽各有师资授受，但并无派系交争。无著、世亲都将龙树、提婆视为大乘佛教的前辈，而加以尊重。无著为龙树《中论》作释，世亲为提婆《百论》作释，尊称龙树、提婆为"阿阇梨"（意译"轨范师"）。一直到六世纪下半叶，瑜伽行派传人护法，主张在一切法（事物）的"三种自性"（指遍计所执性、依他起性、圆成实性）中，"圆成实性"（即"真如"）唯是"实有"；中观派传人清辨，主张一切事物"毕竟空"，不仅"有为法"性空，"无为法"也非实有，二派就"空"、"有"问题发生公开的论诤，才形成对立和冲突。由此，明多罗那他《印度佛教史》认为，在清辨之前，"所有的大乘人住于同一教法"，大乘佛教是一味和合的，并无分裂；从清辨开始，大乘佛教才有中观派、瑜伽行派二派的对立（张建木汉译本，四川民族出版社1988年3月版）。

唐波罗颇蜜多罗译《般若灯论释》十五卷

《般若灯论释》，十五卷。书题"偈本龙树菩萨，释论分别明菩萨"，即印度龙树造偈、分别明（即"清辨"）作释，唐波罗颇蜜多罗译，贞观四年(630)至贞观六年(632)译出。唐道宣《大唐内典录》卷五著录。载于《丽藏》"寸""阴"函、《宋藏》"阴""是"函、《金藏》"寸""阴"函、《元藏》"阴""是"函、《明藏》"恻""造"函、《清藏》"恻""造"函、《频伽藏》"暑"帙，收入《大正藏》第三十卷。

清辨(约 490—570)，音译"婆毗吠伽"，意译又作"清辩"、"明辩"、"分别明"。南印度摩梨耶罗国人，王族出身，在本地出家，精通三藏。后至中印度，与南印度耽婆罗国佛护(470—540)一起，从僧护(又译"众护")阿阇梨(意译"轨范师")听受多种大乘经教和龙树《中论》等论典。回到南印度后，修习殊胜的三摩地(意译"等持"、"定")，先后担任了约五十座寺院的寺主。佛护和清辨共同宗奉龙树的中道无自性学说，各自为《中论》作过注释，但二人在对性空的认识和论证方式上，存在着很大的分歧。佛护是"中观应成派"(又称"随应破派")的开创者，主张"唯破不立"、"就敌论随言出过"，在辩论中，不立自宗，只破他宗，只找出论敌言词中的过失，加以反驳，对自己的主张不作正面的阐述；清辨则是"中观自续派"(又称"自立量派")的开创者，主张"有立有破"，在辩论中，先立自宗，后破他宗，用因明论式，正面论证自己的主张，破斥论敌的主张。为此，在佛教因明学上，清辨提出了有名的"清辨比量"(又称"掌珍比量"，指在《大乘掌珍论》中提出的"真性有为空，如幻缘生故，无为无有实，不起似空华"的论式)。相传，佛护的弟子不多，而清辨的弟子有数千人，故他们所弘的龙树之学，在当时极为盛行。此前，大乘中观派与瑜伽行派虽然各有传承，但尚未发生公开争论，自清辨起，二大派弟子始起争端，形成对峙(见明多罗那他《印度佛教史》)。晚年，清辨隐居于驮那羯磔迦国城南的山岩，专精诵持《执金刚陀罗尼》，后终于石窟。他所创立的"中观自续派"，后来又分成二派：一派以寂护、莲华戒、圣解脱军(一说智藏)为代表，在"识"的问题上，采

用与唯识派相同的见解,即在俗谛中承认唯识无境,而在胜义谛
中承认一切法皆无自性,被称为"瑜伽行中观自续派";一派以狮
子贤、祗多黎、罗婆跋为代表,在"境"的问题上,采用与经部相同
的见解,即在俗谛中承认由微尘集合而成外境,而在胜义谛中承
认一切法皆无自性,被称为"经部行中观自续派"(见清土观《土
观宗派源流》)。

清辨的著作,见存于汉文《大藏经》的,有《般若灯论释》《大
乘掌珍论》;见存于藏文《大藏经》的,有《中观心要略义》《中观宝
灯论》等。生平事迹见唐玄奘《大唐西域记》卷十、元布顿《佛教
史大宝藏论》(郭和卿译,民族出版社 1986 年 3 月版)、明多罗那
他《印度佛教史》(张建木译,四川民族出版社 1988 年 3 月版)、
清土观《土观宗派源流》(刘立千译,西藏人民出版社 1984 年 11
月版)等。有关清辨的生卒年月,佛教史传阙载,本文之初所出
的生卒年,采用的是日本宇井伯寿《印度佛教思想史》(印海译,
贵州大学出版社 2013 年 12 月版)、平川彰《印度佛教史》(显如
等译,贵州大学出版社 2013 年 8 月版)、佐佐木教悟等《印度佛
教史概说》(杨曾文等译,复旦大学出版社 1981 年 10 月版)等书
一致的推定。至于人名"清辨"、"清辩",究竟以哪一种写法为
准,就最初的译名而言,是唐玄奘所译的"清辩"(见《大唐西域
记》《大乘掌珍论》),由于古代"辩"与"辨"是相通的,其后二种写
法均有(在汉文《大藏经》中,称"清辨菩萨"的有三十四处,称"清
辩菩萨"的有三十二处,大致相当),由于"清辨"的含义较"清辩"
更广,故今人多用"清辨"(见吕澂《印度佛学源流略讲》等)。

波罗颇蜜多罗(565—633),音译又作"波罗颇迦罗蜜多罗"、
"波颇那罗"、"波颇",意译"明知识"、"明友"、"光智",中印度人,
为刹帝利种姓。十岁出家,随师习学大乘经。受具足戒后,习学
律藏,又随大德修习定业(禅定)达十二年之久。后南游摩伽陀

（又称"摩揭陀"）国那烂陀寺，从戒贤论师听受《十七地论》。博通内外，研精大小。为弘法传化，不惮艰危，远涉葱河，于唐贞观元年（627），来至长安，敕住大兴善寺。贞观三年（629）三月，唐太宗下诏所司，搜罗硕德中兼闲（娴）三教、备举十科者十九人，于大兴善寺，创开传译。以波罗颇蜜多罗为译主，慧乘等证义，玄谟等译语，慧赜、慧净、慧明、法琳等缀文，翻译梵经，有唐代的佛经传译以此为始。至贞观七年（633），波罗颇蜜多罗共译出《宝星陀罗尼经》十卷、《般若灯论释》十五卷、《大乘庄严经论》十三卷，总计"三部三十八卷"，其本均存。生平事迹见唐道宣《续高僧传》卷三（作"波罗颇迦罗蜜多罗"，略称"波颇"）、慧琳《辩正论》卷四、慧赜《般若灯论释序》、智升《开元释教录》卷八等。

　　本书是《中论》全本的注释书，为中观派清辨所作。原书有六千偈，翻译时作了一些删节。全书分为二十七品，始《观缘品》，终《观邪见品》，采用偈颂（又称本颂，龙树造）与长行解释（清辨撰）对应编排的方式编纂。所译的《中论》品名和偈颂，与姚秦鸠摩罗什译本相比，存在着诸多差异。各品之初，先揭示本品的主旨和遮破对象，然后依次摘录《中论》偈颂，予以阐解。每段释文的初首一般都冠有"释曰"二字，品末引经为证，略作小结。但书中收录并作释的偈颂，并非全是《中论》偈颂，有些是清辨从其他经论上转引或自撰的偈颂，也有释文，须根据上下文加以理会，或对照姚秦鸠摩罗什译《中论》偈颂，加以分辨。与青目为《中论》作的注释相比，清辨的注释显得更为详细。

　　作者以"二谛"（指世谛、第一义谛）为宗，广泛运用因明论式，破邪显正，对外道、二乘人（指声闻、缘觉）、有所得大乘人（指执"空"为实有的大乘人）的一切执著，包括执著于"缘起"、"六根"、"六尘"、"五阴"、"六界"、"烦恼"、"有为相"、"业"、"人我"、"生死"、"苦"、"诸行"、"和合"、"有无"、"缚解"、"法"、"时"、"因

果”、“成坏”、“如来”、“诸见”、“四谛”、“涅槃”等法,将它们视为
实有、实法、实体、实相、实性等观点,一一加以遮破;对中观派主
张的“诸法性空”之理,作了种种论证与阐发。作者指出,在“世
谛”(世俗的真理)中,一切事物的“缘起”是“起”的,有生死谢灭
种种分别,可说“有”,也可说“无”;但在“第一义”(世俗的真理)
中,一切事物的“缘起”是“不起”的,不生不死,无有分别,不可说
“有”,也不可说“无”。书首有清辨撰的归敬颂,为五言八句,始
“普断诸分别,灭一切戏论(指无益的言论)”,终“破恶慧妄心,是
故稽首礼”;书末有回向偈,为五言八句,始“愿以一念善,随喜回
向等”,终“与一切众生,命终见弥勒”。书首还刊有唐慧赜《般若
灯论释序》,说:

> 《般若灯论》者,一名《中论》,本有五百偈,龙树菩萨之
> 所作也。……有分别明(即清辨)菩萨者,大乘法将,体道居
> 衷,遐览真言,为其释论。……西域染翰,乃有数家(指《中
> 论》注),考实析微,此(指《般若灯论释》)为精诣。若含通本
> 末,有六千偈,梵文如此,翻则减之。……中天竺国三藏法
> 师波罗颇蜜多罗,唐言明友,学兼半满,博综群诠,丧我怡
> 神,搜玄养性,游方在念,利物为怀。故能附代传身,举烟召
> 伴,冒冰霜而越葱岭,犯风热而渡沙河,时积五年,途经四
> 万,以大唐贞观元年岁次娵訾十一月二十日,顶戴梵文,至
> 止京辇。……其年有敕安置大兴善寺,仍请译出《宝星经》
> 一部。四年六月,移住胜光(寺)。……此土先有《中论》四
> 卷,本偈大同,宾头卢伽(指青目)为其注解,晦其部执,学者
> 昧焉。此论(指《般若灯论释》)既兴,可为明镜,庶悟玄君
> 子,详而味之也。(《大正藏》第三十卷,第 50 页下—第 51
> 页中)

一、《观缘品》(卷一至卷二)。解释《中论·观因缘品》偈颂(又称本颂),论述"八不中道"(指不生、不灭、不常、不断、不一、不异、不来、不出)和一切事物"无生"问题。说:"缘起者,种种因缘和合得起,故名缘起";"彼世谛中,有缘起故,非第一义亦有缘起";"第一义中,诸法不生";"第一义中,彼一切种,及一切法,皆遮无起,以是缘故"。如关于"八不中道",说:

　　不灭亦不起,不断亦不常,非一非种种,不来亦不去。缘起戏论(指无益的言论)息,说者善灭故,礼彼婆伽婆,诸说中最上(以上为龙树《中论》偈颂)。

　　释曰:彼句义次第解无间故,解此论义,是故初说如是句义。破坏故灭,出生故起,相续死故断,一切时住故常,无别不异义故一,差别异义故种种,向此义故来,向彼义故去。无此灭故不灭,乃至无此去故不去,彼起灭一异,第一义(谛)遮(指遮破);彼断常者,世俗(谛)中遮;彼来去者,或言俱(指世谛、第一义谛)遮,或有说言,如是一切,第一义遮。以彼为故,彼者佛婆伽婆。缘起者,种种因缘和合得起,故名缘起。语自性执,永不行故,名戏论(指无益的言论)息。一切灾障无故,或时自性空,故名善灭。说者开演义故,正不颠倒,通达人、法二种无我,是故名为佛婆伽婆。由如此义,故我作礼。诸说中最上者,此言何谓? 彼不颠倒缘起,开示天人涅槃信乐道故,教授声闻、独觉、菩萨最胜故(以上为清辨的解释)。(卷一《观缘品》,第61页下—第62页上)

二、《观去来品》(卷三)。解释《中论·观去来品》偈颂,论述诸法无"去"、"来"问题。说:"于世谛中,处边无间,行聚续起,名为去者","第一义中,无去、无去者,以去不实故"。

三、《观六根品》(卷四)。解释《中论·观六情品》偈颂,论述"六根"(指眼、耳、鼻、舌、身、意)性空问题。说:"根于尘,有能取力,故名境界,有境及境,世谛中有;第一义中,根、尘定有者,此执不然";"第一义中","眼不能见色,意不知诸法","以境界无故"。

四、《观五阴品》(卷四)。解释《中论・观五阴品》偈颂,论述"五阴"(指色阴、受阴、想阴、行阴、识阴)不可得问题。说:"色无起灭故,受、想、行、识亦无起灭";"色无自性故,受、想、行、识亦无自性"。

五、《观六界品》(卷四)。解释《中论・观六种品》偈颂,论述"六界"(指地、水、火、风、空、识)无自体问题。说:"藏义是界义","持义是界义";"说彼界者,为教化众生怜愍(悯)故,说彼佛语者,世谛所摄;第一义中,界无体也,入(指十二处)亦不成"。

六、《观染染者品》(卷五)。解释《中论・观染染者品》偈颂,论述"染"(指烦恼)、"染者"(指起烦恼者)无自体问题。说:"染是爱著异名","染及染者无其自体","色非染体,非离染体,如是受、想、行,识非染体,非离染体"。

七、《观有为相品》(卷五)。解释《中论・观三相品》偈颂,论述"三有为相"(指"有为法"的生、住、灭三种体相)不可得问题。说:"有为法者,假施设耳,真实起者,此中遮(遣)故";"彼有为法,如理谛观,体不可得"。如关于"有为法"无自体,说:

> 如梦亦如幻,如乾闼婆城。说有起住坏,其相亦如是
> (以上为龙树《中论》偈颂)。

释曰:……佛婆伽婆见真实者为声闻乘对治惑障故,作如是说:色如聚沫,受喻水泡,想同阳焰,行似芭蕉,识譬幻事。此意欲令知我、我所本无自性,犹如光影。亦为大乘对治惑障及智障故,说有为法本无自体。如《金刚般若经》

说：一切有为法，如星翳灯幻，露泡梦电云，应作如是观。
欲令他解有为(法)无体，是此品(指《观有为相品》)义，是故
得成。如《般若波罗蜜经》中说：佛告极勇猛菩萨言：善男
子！色非有为、非无为，受、想、行、识亦复如是。若色、受、
想、行、识，非有为、非无为者，此是般若波罗蜜。又如《楞伽
经》说：有为、无为，无自体相，但彼凡夫愚痴妄执，分别有
异，犹如石女梦见抱儿。又如《金刚般若经》说：须菩提！
凡所有相，皆是虚妄，若见诸相非相，则见如来(以上为清辨
的解释)。(卷五《观有为相品》，第79页中、下)

八、《观作者业品》(卷六)。解释《中论·观作作者品》偈
颂，论述"作者"(指能造作的人)与"作业"(指所造作的行为)无
实性问题。说："第一义中，无实作者作不实业，亦无实作者能作
实业"；"第一义中，若因若果，有及非有，皆不可得"。

九、《观取者品》(卷六)。解释《中论·观本住品》偈颂，论
述诸法无"取者先住"(又译"本住"，指"神我"，即灵魂)问题。
说："由诸外道，一一取先立有取者，谓眼、耳等先各有人住"，"第
一义中，取者无体。何以故？以缘起故"。

十、《观薪火品》(卷七)。解释《中论·观燃可燃品》偈颂，
论述"薪"(譬喻"五阴")、"火"(譬喻"人我")不可得问题。说：
"于世谛中，未燃时名薪，正燃时名火，以薪是火缘"，"第一义中，
火不烧薪。何以故？以其大故，譬如水大"；"第一义中，烧者不
烧，未烧者不烧，离亦无烧"，"何以故？二作(指作者、作业)空
故，无烧者故"。

十一、《观生死品》(卷七)。解释《中论·观本际品》偈颂，
论述众生的"初际"(又译"本际"，指最初的本源)不可得问题。
说："诸外道等分别生死，谓有初际，是故佛言：无有初际。无初

际者,即说生死无始。云何无始? 以其无故";"非独于生死,初际不可得,一切法亦然,悉无有初际"。

十二、《观苦品》(卷八)。解释《中论·观苦品》偈颂,论述"苦"非所作(指自作、他作、共作、无因作四作)问题。说:"苦无自性","自作及他作,共作无因作,彼果皆不然";"第一义中,彼人不成,人既不成,无作苦者"。

十三、《观行品》(卷八)。解释《中论·观行品》偈颂,论述诸行(指有为法)皆空问题。说:"一切诸行,种种差别,皆无自性";"由一切法无体故空,空非实法,不应执著","非空智起,诸法乃空,法体自空,智了空故"。

十四、《观合品》(卷八)。解释《中论·观合品》偈颂,论述"见"(指六根)、"可见"(指六尘)、"见者"(指六识)三者无和合问题。说:"诸有合法(指根、尘、识三者和合,能生触),皆无自性","见、可见、见者,此三各异方,二二互相望,一切皆不合"。

十五、《观有无品》(卷九)。解释《中论·观有无品》偈颂,论述诸法无"自性"问题。说:"若言有者,是执常边;若言无者,是执断边","由世谛中,法从缘起故;以智观察从缘起法,无自、无他,无有、无无"。如关于不可执著于"有"、"无"二种偏见,说:

若法有自性,非无即是常。先有而今无,此即是断过(以上为龙树《中论》偈颂)。

释曰:由如是等断常过故,说中道者应正思惟:依世谛故,色等法起,是有觉因;色若未起及已灭者,是无觉因。第一义中,觉自体空,以无起故,非是有见;如幻所作故,不著无见。由如是故,不堕二边。此中为遮(指遮破)诸法自性,令人信解从缘起法不断不常,品义如此,是故得成。如《般若波罗蜜经》中,佛告极勇猛菩萨言:善男子,色不断不

常,如是受、想、行、识不断不常(以上为清辨的解释)。(卷九《观有无品》,第95页中)

十六、《观缚解品》(卷九)。解释《中论·观缚解品》偈颂,论述众生无"缚"(指系缚)、"解"(指解脱)问题。说:"系缚、解脱无自性";"如来所说有生死者,但假施设,而无于中实流转者;涅槃亦尔,但假施设,而无于中般涅槃者";"第一义中,生死、涅槃,一相无差别,如虚空相故,无分别智境故,不集不散非实法故,是故不应作是分别:舍离生死,安置涅槃"。

十七、《观业品》(卷十)。解释《中论·观业品》偈颂,论述诸业"不生"问题。说:"业不从缘生,不从非缘生,以业无自体,亦无起业者";"业等从因缘和合生,如幻化无实,但可眼见,是世谛中有,非第一义","欲得善趣,及欲得涅槃者,亦是世谛所说"。

十八、《观法品》(卷十一)。解释《中论·观法品》偈颂,论述诸法"无我"问题。说:"一切诸法,若世间,若出世间,无生性空,皆寂灭相";"内外诸入(指十二处),色等境界,依世谛法说不颠倒、一切皆实;第一义中,内外入等,从缘而起,如幻所作,体不可得"。

十九、《观时品》(卷十一)。解释《中论·观时品》偈颂,论述"三时"(指过去、现在、未来)不可得问题。说:"诸行因果已起,名过去时;因灭果起,名现在时;因果俱未起,名未来时。作有分齐故,约物为时,无有别时";"因物故有时,离物无有时,亦无少物体,何处时可得"。

二十、《观因果和合品》(卷十二)。解释《中论·观因果品》偈颂,论述"因果"无自体问题。说:"先已遮(遣)因不生果,今遮(遣)和合亦不生果。云何不生?谓此和合,非是近生,亦非远生,第一义中不生者","因果无自性故"。

二十一、《观成坏品》(卷十二)。解释《中论·观成坏品》偈颂,论述"成坏"无决定性问题。说:"成坏二法,为离成有坏? 为不离成有坏? 为与俱有坏? 是皆不然";"法体不自生,亦不从他生,亦无自他生","此谓毕竟(终究)无生,以成坏无有体故"。

二十二、《观如来品》(卷十三)。解释《中论·观如来品》偈颂,论述"如来"无自性问题。说:"如来自体空,不应起思惟,灭后有如来,及无有如来";"如来身者,非常非无常、非因非果、非有为非无为、非觉非界、非相非无相、非是阴(指五阴)非离阴、非言说非所说物、非一非异,悉无和合,乃至无所得、无所缘"。

二十三、《观颠倒品》(卷十四)。解释《中论·观颠倒品》偈颂,论述"颠倒"(指"有为四倒"、"无为四倒")无实性问题。说:"爱非爱颠倒,皆从此缘起,我无自体故,烦恼亦非实";"第一义中,谁是颠倒? 谁是非颠倒? 菩萨摩诃萨(指初他以上大菩萨)住无分别智(指能契证真如平等无差别境界的根本智),不行一切分别,无正无邪、无颠倒无不颠倒"。

二十四、《观圣谛品》(卷十四)。解释《中论·观四谛品》偈颂,论述"四谛"(指苦谛、集谛、灭谛、道谛)无定性问题。说:"第一义中,见无起等,名见圣谛","若见一切诸法无起,即解苦谛";"若见一切诸法无住,即能断集";"若见一切诸法毕竟(终究)涅槃,即能证灭";"若见一切诸法无自体,即是修道"。

二十五、《观涅槃品》(卷十五)。解释《中论·观涅槃品》偈颂,论述"涅槃"性空问题。说:"涅槃无体是第一义。以是故,因有来去流转相,而施设有生死、涅槃,有体、无体者,是世谛中所说,非第一义";"第一义中,生死及涅槃,俱无差别"。如关于"涅槃"性空,说:

　　生死际涅槃,涅槃际生死。于此二中间,无有少许法

（以上为龙树《中论》偈颂）。

　　释曰：涅槃者，真如（指宇宙万有真实不变的本体）、法界、空之异名。真如无别异故，譬如虚空，虽有方之殊别，而无异相。鞞婆沙（指说一切有部）人言：彼说一切恶见，皆以空能出离，及欲得涅槃是空者，若谓涅槃是无能对治诸见者，不然。是故有涅槃，是对治故，譬如明对治暗。论者言：此中灯光能照，及有体者不成故，汝喻无体，是能成立之过。我言空者，谓一切诸法不可得也，即是说有所得对治。然彼有所得境界，一切时不可得故；而空非是有体，无生故，譬如空华，亦非是无。先已说遮（遮破）故，执著空者亦是邪见，是故智者应舍此执。若无智者执空有体，空有体故，则无利益。如《宝积经》说：佛告迦叶，若有人言能见空者，我说彼人不可治也（以上为清辨的解释）。（卷十五《观涅槃品》，第129页下）

　　二十六、《观世谛缘起品》（卷十五）。解释《中论·观十二因缘品》偈颂，论述"十二因缘"生灭问题。说："相续（指生死相续）者，是世谛所摄缘起，非第一义"；"第一义中，是无明等无起无灭"，"此谓不起者说为缘起，彼彼无起云何有灭？若能于无灭觉无灭者，名解缘起法等"。

　　二十七、《观邪见品》（卷十五）。解释《中论·观邪见品》偈颂，论述破除"邪见"问题。说："第一义中，一切诸体皆空"，"以彼人空、境空、因空、见空故"，"令物解一切诸见悉皆空"。

　　本书在释文中引用了很多大乘经，其中有《无尽慧经》《金刚般若经》《无言说经》《摩诃般若波罗蜜经》《佛母经》《楞伽经》《梵王所问经》《无上依经》《如来三密经》《空寂所问经》《文殊所问经》《文殊道行经》《宝积经》《胜鬘经》等；而所引的大乘论，仅有提婆的《百论》一种,没有《大智度论》。这从一个侧面说明,虽然《中论》《大智度论》同为龙树的重要著作,但风格上差异很大,《中论》偏重于从反面否定论敌的主张,而《大智度论》偏重于从正面阐述自己的主张。故清辨在注释时,只引风格相同的《百论》,不引风格不同的《大智度论》,也是在情理之中的。

此外,书中还有六处提到中观派中"应成派"的创立者佛护对《中论·观因缘品》偈义的解释,并指责其中的过失,显示清辨与佛护在对此品的理解上,存在着较大的分歧;有四处提到作为瑜伽行派创始人之一的世亲,在归信大乘之前所撰的《俱舍论》,将它列为"阿毗昙人"(指说一切有部)的观点,加以批评,这也是清辨在以后公开抨击瑜伽行派的先声。

本书的注疏有:观誓《般若灯论注》(藏文本)。

北宋惟净等译《大乘中观释论》十八卷

《大乘中观释论》,十八卷。印度安慧造,北宋惟净、法护等译,天圣五年(1027)至天圣八年(1030)译出。北宋吕夷简等《景祐新修法宝录》卷九著录。载于《丽藏》"迹""百"函、《宋藏》"微"函、《金藏》"勿""多"函、《元藏》"微"函、《明藏》"通"函、《清藏》"通"函、《频伽藏》"暑"帙。其中,前九卷,收入《大正藏》第三十卷;后九卷,收入《高丽藏》第四十一册(中华佛典宝库电子版)。

惟净(?—1051),金陵(今南京)人,俗姓李,南唐后主李煜之侄。北宋太平兴国八年(983)七月,由印度来华译经僧天息灾等奏请,诏左右街僧司选京城诸寺童子五十人入译经院,攻习梵学,绍绪译事。惟净作为首批入选的十人之一,被送至译经院(同年改名为"传法院")受学。他口受梵章,即晓其义,一年多后,剃度为僧,升梵学笔受。以后又被敕封为"朝散大夫试鸿胪卿光梵大师",参与译经。惟净所译的佛经,除《身毛喜竖经》三卷以外,其余都是与法护合作翻译的(即一部佛经,二人各译数卷,并在所译的卷帙上署名)。惟净署名在前(称为"惟净、法护等译")的佛经,有《开觉自性般若波罗蜜多经》《海意菩萨所问净印法门经》《金色童子因缘经》《大乘中观释论》;惟净署名在后(称为"法护、惟净等译")的佛经,有《如来不思议秘密大乘经》《大乘菩萨藏正法经》《大乘入诸佛境界智光明庄严经》《除盖障菩萨所问经》《施设论》《大乘宝要义论》。此外,惟净还参与《大中祥符法宝录》的编纂,撰有《景祐天竺字源》七卷(今存)、《天圣释教总录》三卷(今存残卷)、《新译经音义》七十卷(已佚)等,在佛经目录学和音义学上颇有建树。生平事迹见南宋志磐《佛祖统纪》卷四十三至卷四十五、明明河《补续高僧传》卷一等。

本书是《中论》全本的注释书,为瑜伽行派安慧所作。全书分为二十七品,始《观缘品》,终《观诸见品》,采用偈颂(又称本颂,龙树造)与长行解释(安慧撰)对应编排的方式编纂。各品之初,先揭示本品的旨意,然后依次摘录《中论》中的偈颂,予以阐解,每段释文的初首一般都冠有"释曰"二字。作者以"二谛"为宗,对外道、二乘人、有所得大乘人执为实有的一切诸法(事物),包括世间法、出世间法,一一加以遮破,最后会归于一切诸法在世俗的境界中是有分别的,在超世俗的、究竟(指终极圆满)的境界中是无分别的。所译的《中论》品名和偈颂,与姚秦鸠摩罗什译本相比,出入颇多。本书《观五蕴品》"言说有所得"偈(五言四句)、《观六界品》"虽观于诸法"偈、《观染法染者品》"彼染法染者"偈、《观有为品》"无少处可照"偈、《观作者作业品》"作者作业等"偈、《观缚解品》"不应舍生死"偈、《观圣谛品》"苦体若不有"偈、《观梦幻品》"若无明息灭"偈,总计有八偈,均为鸠摩罗什译本所无;反之,鸠摩罗什译本中有四十五偈,为本书所无(参见蓝吉富主编《中华佛教百科全书》)。即便是二书共有的偈颂,译文也存在着很大的出入,以有名的"三是偈"为例,本书译作"若从因缘生,诸法即无体,缘亦是假名,非一异可有"(见卷十六《观圣谛品》),这与鸠摩罗什所译的"众因缘生法,我说即是空,亦为是假名,亦是中道义",在意境上相差很大。此外,还有一些偈颂,并非出自《中论》,而是安慧作释时,从其他经论上转引或自撰的偈颂,须与鸠摩罗什译《中论》相对照,才能区分。

书首原有宋太宗《大宋新译三藏圣教序》、真宗《继作圣教序》,传今的本子将它们移至卷十之首;书末有结颂(即回向偈),为七言四句,始"佛为世间断诸见,宣说一切微妙法",终"起悲愍(悯)心利众生,稽首瞿昙大圣主"。从今本保存下来的千字文编号上推断,前九卷为《丽藏》"迹"函,后九卷为《丽藏》"百"函。由于《明藏》本只有前九卷(解释前十三品),故明智旭以为《大乘中观释论》全书为九卷,称它"仅释十三品而止"(见《阅藏知津》卷三十八),这是一种误解。

今据《大正藏》本解说前九卷,据《高丽藏》本解说后九卷。

一、《观缘品》(卷一至卷二)。解释《中论・观因缘品》偈颂(又称本颂),论述"八不中道"(不生、不灭、不常、不断、不一、不异、不来、不出)和一切事物"无生"问题。说:"若说生、若说缘、若说果,应知唯是世俗分别,如是皆非胜义谛境"。

二、《观去来品》(卷二至卷三)。解释《中论・观去来品》偈颂,论述诸法无"去"、"来"问题。说:"已去名谢灭,若有去法可去,即彼去法为不极成,即不和合,自语相违"。

三、《观六根品》(卷三)。解释《中论・观六情品》偈颂,论述"六根"(眼、耳、鼻、舌、身、意)性空问题。说:"眼见色,乃至意知法,此有所说,当知皆是世俗道理,增上所作,此无相违。若于胜义谛中,色等眼等所取、能取性不可得"。

四、《观五蕴品》(卷四)。解释《中论・观五阴品》偈颂,论述"五蕴"（色蕴、受蕴、想蕴、行蕴、识蕴）不可得问题。说："诸蕴（指五蕴）无实性"，"色因者，谓地、水、火、风。彼四大种，由其因故有色处等，诸色可得。若离自性，即不可得，是故世俗假施设有"。

五、《观六界品》（卷四）。解释《中论·观六种品》偈颂，论述"六界"（地、水、火、风、空、识）无相问题。说："胜义谛中，诸界（指六界）、处（指十二处）等自性不可说"。如关于"六界"没有"所相"、"能相"，说：

> 非有体无体，无能相所相（以上为龙树《中论》偈颂）。

> 释曰：如其所说同虚空法，此中地、水、火、风、识等五界所说，皆同彼虚空界，是等皆无所相、能相，亦非有体、亦非无体，皆如虚空，遮遣一切所有言说。于诸句义中，若有诤论及邪见，安立法中，妄计路伽耶陀（意译"顺世"）等，如是诸说，皆非佛语，应当舍离。如其所说，此悉非有，谓以胜义谛中，诸界（指六界）、处（指十二处）等自性不可说，然此亦无无性可立，但为止遣所作物性，此中非彼无性可得。如是所说，遍遣诸性（以上为安慧的解释）。（卷四《观六界品》，《大正藏》第三十卷，第145页中）

六、《观染法染者品》（卷五）。解释《中论·观染染者品》偈颂，论述"染法"（烦恼）、"染者"（起烦恼者）无自体问题。说："染法、染者为先有邪（耶）？为后有邪？为染者、染法俱时起邪？三皆不然"。

七、《观有为品》（卷五至卷七）。解释《中论·观三相品》偈颂，论述"三有为相"（指"有为法"的生、住、灭三种体相）不可得问题。说："于诸行中，一切法无我，即无自性"；"所有生等诸法，皆是（分别）智境界性之所发起，于胜义谛中，所显无体，自性空"。

八、《观作者作业品》(卷七)。解释《中论·观作作者品》偈颂,论述"作者"(能造作的人)与"作业"(所造作的行为)无实性问题。说:"因作者有业,因业有作者,是故因其能取,而有所取;因所取故,即有能取。此即非胜义谛"。

九、《观先分位品》(卷八)。解释《中论·观本住品》偈颂,论述诸法无"先住"(指"神我",即灵魂)问题。说:"若离眼等,有法先住,能成见闻者,此即无住;若不离眼等,有法先住,此乃见即是闻,亦非道理"。如关于"胜义谛"中无分别,说:

> 彼眼等先无,今后亦复无,以三时无故,有性皆息灭(以上为龙树《中论》偈颂)。

> 释曰:诸有分别,于胜义谛中悉不成故。若有分别,皆是世俗施设所得,胜义谛中即无分别,遣有性故。世俗谛中有所得法,皆如幻化。如前所言,有法先住者,即是邪见所说(以上为安慧的解释)。(卷八《观先分位品》,《大正藏》第三十卷,第154页中、下)

十、《观薪火品》(卷八至卷九)。解释《中论·观燃可燃品》偈颂,论述"薪"(譬喻"五阴")、"火"(譬喻"人我")不可得问题。说:"胜义谛中,薪火二法,非相因有,而彼二法毕竟空"。

十一、《观生死品》(卷九)。解释《中论·观本际品》偈颂,众生的"先际"(又译"本际",指最初的本源)不可得问题。说:"生死者,即是无际,无际即无始","又非有彼先际,故名无际"。

十二、《观苦品》(卷九)。解释《中论·观苦品》偈颂,论述"苦"非所作(指自作、他作、共作、无因作四作)问题。说:"胜义谛中,苦无体";"色非自体作故,彼能作、所作,若有、若无,皆非所作。若有能作,即所作无体,无(体)即非能作"。

十三、《观行品》(卷九)。解释《中论·观行品》偈颂,论述诸行(有为法)皆空问题。说:"诸法皆空,即彼诸法犹如空花";"遣有故说空,令出离诸见。若或见有空(指执著实有"空"),诸佛所不化"。

十四、《观合品》(卷十)。解释《中论·观合品》偈颂,"见"(六根)、"可见"(六尘)、"见者"(六识)三者无和合问题。说:"一切法更互相望,皆悉无合";"合法及合时,合者悉皆无"。

十五、《观性品》(卷十)。解释《中论·观有无品》偈颂,论述诸法无"自性"问题。说:"若见诸法无有自性,即见真实,此即证成中道之义"。

十六、《观缚解品》(卷十至卷十一)。解释《中论·观缚解品》偈颂,论述众生无"缚"(系缚)、"解"(解脱)问题。说:"诸法于胜义谛有性、无性,二俱无体,若其然者,即无生死,亦无涅槃,无缚无解,以胜义谛中诸法无性故"。

十七、《观业品》(卷十一至卷十二)。解释《中论·观业品》偈颂,论述诸业"不生"问题。说:"诸业本不生,非伺察可得","无业可有"、"无业可坏","若业若果,二俱不生"。如关于诸法虽无实体而有"化相",说:

> 诸法无有体,如乾闼婆城,烦恼业及身,作者果亦然(以上为龙树《中论》偈颂)。
>
> 释曰:当知诸法如乾闼婆城,及如阳焰、梦等,诸相变化亦然。如阳焰等因缘和合所生诸法,皆是世俗有所成立,善趣、恶趣、众生轮回,于世谛中悉有所得。如我前说,亦不谤无作者、作业及业果报,是故所说,亦无过失(以上为安慧的解释)。(卷十二《观业品》,《高丽藏》第四十一册,第145页上)

十八、《观法品》(卷十二)。解释《中论·观法品》偈颂,论述诸法"无我"问题。说:"色等五蕴,自体无实,而我、我所亦复无实,故应为说诸法无我,空性所行","胜义谛中,彼一切法,如幻、如焰、如影像"。

十九、《观时品》(卷十三)。解释《中论·观时品》偈颂,论述"三时"(指过去、现在、未来)不可得问题。说:"过去、未来、见在,法体不有,以差别无体,异性不生故","如是次第观时,决定三时悉无所得,以无分位故"。

二十、《观因果品》(卷十三至卷十四)。解释《中论·观因果品》偈颂,论述"因果"无自体问题。说:"因果若一性,即无法可生,因果若异性,亦无法可生";"诸法不从因缘和合生果","果体不有即无所生"。

二十一、《观成坏品》(卷十四)。解释《中论·观成坏品》偈颂,论述"成坏"无决定性问题。说:"此成坏二法,非一性可有,此成坏二法,亦非异性有";"若见诸法有成坏者,当知皆是愚痴所见"。

二十二、《观如来品》(卷十五)。解释《中论·观如来品》偈颂,论述"如来"自体空问题。说:"即蕴无如来,异蕴无如来,如来无诸蕴,何处有如来"。如关于"如来自体空",说:

如来自体空,思惟不可有,云何谓如来,灭后有与无(以上为龙树《中论》偈颂)?

释曰:如佛所言,彼佛圣尊若如是见,如是能观法性如来:诸分别中,若有说言如来灭后有、不有等,一切皆是妄分别见。谓有、谓无;若常、无常;法身、色身;能相、所相;或因、或果;能觉、所觉;空、不空等,一切皆是于戏论中,复生戏论(以上为安慧的解释)。(卷十四《观如来品》,《高丽藏》第四十一册,第158页下)

二十三、《观颠倒品》(卷十五至卷十六)。解释《中论·观颠倒品》偈颂,论述"颠倒"无实性问题。说:"善不善颠倒,彼皆无自体","以无能觉,所觉自性可有";"颠倒有二种:一者随顺生死,二者随顺涅槃。若于生死执为常者,此名随顺生死颠倒;若执无常,此名随顺涅槃颠倒"。

二十四、《观圣谛品》(卷十六至卷十七)。解释《中论·观四谛品》偈颂,论述"四谛"无定性问题。说:"苦若有定性,自性无所作","道若有定性,修即不可得","道若是可修,定性无所有"。

二十五、《观涅槃品》(卷十七)。解释《中论·观涅槃品》偈颂,论述"涅槃"性空问题。说:"胜义谛中,亦无如来,亦复不说有涅槃法,于彼一切种类法中,而悉无彼涅槃可有";"诸蕴(指五蕴)自性空,故不生不灭,是故不生、不灭二法平等,以平等故,生死、涅槃无有差别"。

二十六、《观梦幻品》(卷十七)。解释《中论·观十二因缘品》偈颂,论述"十二因缘"生灭问题。说:"胜义谛中,诸法无体,十二缘生智所习力、无明等灭,自体灭故,诸行何有";"所谓有支(指十二因缘)轮回息灭,彼识亦灭,以识灭故,乃至生老死法皆灭,世俗谛可取,胜义谛无生,诸缘生等法,此复云何灭"。

二十七、《观诸见品》(卷十八)。解释《中论·观邪见品》偈颂,论述破除"邪见"问题。说:"胜义谛中诸见皆空";"此中亦无诸见所起一切境界,作者、作业此等诸法,皆是无生"。

本书卷三《观缘品》、卷五《观染法染者品》、卷十《观性品》、卷十五《观如来品》均引有"尊者提婆所说颂言",或"《百论》颂言",表明作者安慧作为瑜伽行派论师,也将中观派的创始人龙树、提婆视为大乘佛教的前辈,研习并引用他们的著作。

第二品 姚秦鸠摩罗什译
《十二门论》一卷

《十二门论》,一卷。印度龙树造,姚秦鸠摩罗什译,弘始十一年(409)译出。梁僧祐《出三藏记集》卷二、卷十一著录。载于《丽藏》"阴"函、《宋藏》"是"函、《金藏》"阴"函、《元藏》"是"函、《明藏》"造"函、《清藏》"造"函、《频伽藏》"暑"帙,收入《大正藏》第三十卷。

本书是《中论》的纲要书,为隋唐三论宗所依据的根本经典"三论"(《中论》《百论》《十二门论》)之一。依东晋僧肇所说,"《门论》广破小乘"(唐法藏《十二门论宗致义记》卷上引),它是以破斥小乘为主的;而依三论宗吉藏的判释,《十二门论》是"大乘通论"中的"略论",它和《中论》一样,都是以"二谛"为宗,破邪显正,以明"空"义的。全书分为十二门,依次为《观因缘门》《观有果无果门》《观缘门》《观相门》《观有相无相门》《观一异门》《观有无门》《观性门》《观因果门》《观作者门》《观三时门》《观生门》。其中,前三门论述"性空";次六门论述"无相";后三门论述"无作"(见吉藏《十二门论疏》卷上)。内容约当于《中论》中《观因缘品》《观三相品》《观六种品》《观四谛品》《观有无品》《观因果品》《观苦品》《观本际品》的一部分。每一门的初首,一般以"一切法空,何以故"的问句开头;末尾,通常以"有为法空故,无为法亦空;有为、无为法空故,我亦空;三事空故,一切法皆空"的结句收尾。行文由二十六偈及其注释(长行)组成,大多数偈颂大多出自《中论》,有一偈标明出自《七十论》(即"缘法实无生,若谓为有生,为在一心中,为在多心中";《七十论》,指龙树《空七十论》,有藏文译本),仅有少数偈颂为龙树新撰。书首有姚秦僧睿撰的

《十二门论品目》(即各门大旨)和《十二门论序》(此序也载于《出三藏记集》卷十一,可作对勘)。僧睿《序》说:

> 《十二门论》者,盖是实相之折中,道场之要轨也。十二者,总众枝之大数也;门者,开通无滞之称也;论之者,欲以穷其源,尽其理也。若一理之不尽,则众异纷然,有惑趣之乖;一源之不穷,则众途扶疏,有殊致之迹。殊致之不夷,乖趣之不泯,大士之忧也。是以龙树菩萨,开出者之由路,作《十二门》以正之。正之以十二,则有无兼畅,事无不尽。事尽于有无,则忘功于造化;理极于虚位,则丧我于二际。……睿(指僧睿)以鄙倍之浅识……敢以钝辞短思,序而申之,并目品义,题之于首。岂其能益也,庶以此心,开疾进之路耳。(《大正藏》第三十卷,第159页中)

一、《观因缘门》。收录"众缘所生法"等二偈及其解释,论述缘生法无"自性"问题。内容约当于《中论·观因缘品》的一部分。说:"众缘"所生的法(即事物),有内、外二种:内,指众生;外,指外物。"众缘"也分为内、外二种:"外因缘",指外部因缘,如地、水、火、风、虚空、时节、人功等;"内因缘",指"十二因缘"。"众缘"所生的内外诸法,因为是从"众缘"而生的,故皆无"自性"。"众缘"有,则所生之法亦有;"众缘"无,则所生之法亦无。不仅"众缘"所生之法无"自性","众缘"本身亦无"自性",因为"众缘"的各个成分也是各从"众缘"而生的。以"蒲"(蒲草)与"席"的关系为例,"席"是从"蒲"而生的,因"蒲"才有"席",无"蒲"则无"席"。但"蒲"也不是无因而有的,它也是从"众缘"而生的,同样也无"自性"。从"众缘皆空"、"从缘生法亦空",可以推知"一切有为法皆空";从"一切有为法皆空",可以推知"无为涅槃法亦空",因为"有为法"与"无为法"是相待而有(即相互依赖而存在)的,由此可知"有为、无为(法)及我皆空"。

二、《观有果无果门》。收录"先有则不生"一偈及其解释,论述"因"不生"果"问题。内容约当于《中论·观因缘品》的一部分。说:一切事物都是"不生"的。"因中先有果",不生"果";"因中先无果",也不生"果";"因中先亦有果亦无果",同样不生"果"。一切处推求,"果毕竟(终究)不生"。"果毕竟不生故,则一切有为法皆空。何以故? 一切有为法,皆是因是果。有为(法)空故,无为(法)亦空"。

三、《观缘门》。收录"广略众缘法"等三偈及其解释,论述"缘"不生"果"问题。内容约当于《中论·观因缘品》的一部分。说:"缘"分为四种,即"因缘"、"次第缘"、"缘缘"(又称"所缘缘")、"增上缘"。"随所从生法,若已从生、今从生、当从生,是法名因缘";"前法已灭次第生,是名次第缘";"随所念法,若起身业,若起口业,若起心、心数(又称"心所")法,是名缘缘";"以有此法故,彼法得生,此法于彼法为增上缘",如此"四缘","皆因中无果"。"四缘"不能生"果","非缘"更不能生"果",所以,"无有因缘能生果"。

四、《观相门》。收录"有为及无为"等十一偈及其解释,论述"三有为相"(指"有为法"的生、住、灭三种体相)不可得问题。内容约当于《中论·观三相品》的一部分。说:"有为及无为,二法俱无相,以无有相故,二法则皆空"。意思是说,"有为法"、"无为法"二法,都没有体相,因为没有体相,所以,它们都是"空"的。"生"、"住"、"灭"不是"有为法"的体相。如果"生"是"有为法"的体相,那么"生"也应当各有"生"、"住"、"灭"三相,"住"、"灭"也是如此,以此类推,"三相复应有三相,如是展转,则为无穷",那就犯了"无穷"的过失;"生"、"住"、"灭"也不是"无为法"的体相,因为"有为法"是有分别的,"无为法"是无分别的,是"无生"、"无住"、"无灭"的。

　　五、《观有相无相门》。收录"有相相不相"一偈及其解释，论述诸法"无相"问题。内容约当于《中论·观六种品》的一部分。说：如果事物先已"有相"，就不需要再有"能相"之相（指生、住、灭相）相之；如果事物本来"无相"，也不需要"无相"之上增加"能相"之相。无论事物是"有相"，还是"无相"，"能相"不可得，"所相"也不可得。"有相中，相无所相；无相中，相亦无所相。离有相、无相，更无第三法，可以相相（指用"能相"了知"所相"），是故相无所相"。如果无"所相"，则无"物"，"物无故，非物亦无"，"物、无物空故，一切有为法皆空；有为法空故，无为法亦空；有为、无为空故，我亦空"。

　　六、《观一异门》。收录"相及与可相"一偈及其解释，论述"相"、"可相"非一非异问题。内容约当于《中论·观六种品》的一部分。说："相"（能相）与"可相"（所相），无论二者是"一"（一体），还是"异"（异体），均不可得。若是"一"，意味着"相是可相"，这是不对的，因为"凡物不能自知，如指不能自触，如眼不能自见，是故汝说识即是相、可相，是事不然"；如果是"异"，意味着"相异可相"，这也是不对的，因为"汝说灭爱是涅槃相，不说爱是涅槃相"，"若言灭爱是涅槃相者，则不得言相、可相异"。由此可见，"相、可相，一不可得、异不可得"，"是故相、可相俱空"。

　　七、《观有无门》。收录"有无一时无"一偈及其解释，论述"有"、"无"不共生问题。内容约当于《中论·观三相品》的一部分。说："有"与"无"，无论二者是"一时"，还是"非一时"，均不可得。因为"有"和"无"的体性是互相违背的，在同一事物中，二者不能"共有"（又称"共生"，指同时生起），这就如同"生时无死，死时无生"。《阿毗昙》（指有部论书）说，"有与无常共生"，"无常"就是"灭"，就是"无"，故"有"和"无"是"共生"；"生、住、灭、老、无常、得，本来共生"，这都是"错乱"的说法。因为如果是"有"与"无常"共生，"无常"就是"坏相"，"凡物生时无坏相，住时亦无坏相"，"生时"、"住时"难道不是没有"无常相"吗？所以，"有"与"无"共生、不共生，都不能成立，"有、无共不成，不共亦不成，是故有、无空"。

八、《观性门》。收录"见有变异相"一偈及其解释，论述诸法"无性"问题。内容约当于《中论》中《观四谛品》《观有无品》的一部分。说：诸法如果有"定性"（确定的自性），就不应有"变异"（指生、住、异、灭），而眼见一切事物都有"变异"，由此当知"诸法无性"。诸法如果有"定性"，就不应从众缘生，若从众缘生，说明其性即是"作法"（有为所作之法），因而是"空"的。诸法本身无"自性"，也不能从"他性"（其他事物的体性）中得到"自性"，若没有"自性"，又怎么会有"他性"呢？由于一切事物既无"自性"，也无"他性"，故无"有"，也无"无"，一切"有为法"、"无为法"皆空。如关于"诸法无性"，说：

　　见有变异相，诸法无有性，无性法亦无，诸法皆空故（以上为龙树作的偈颂）。

　　诸法若有性，则不应变异，而见一切法皆变异，是故当知诸法无性。复次，若诸法有定性，则不应从众缘生；若性从众缘生者，性即是作法，不作法不因待他名为性，是故一切法空。……有二谛：一世谛，二第一义谛（即真谛）。因世谛得说第一义谛，若不因世谛，则不得说第一义谛；若不得第一义谛，则不得涅槃。若人不知二谛，则不知自利、他利、共利。如是若知世谛，则知第一义谛；知第一义谛，则知世谛。……诸佛因缘法，名为甚深第一义，是因缘法无自性，故我说是空（以上为龙树的解释）。（《观性门》，第165页上）

　　九、《观因果门》。收录"果于众缘中"一偈及其解释,论述"果"不可得问题。内容约当于《中论·观因果品》的一部分。说:"果"不在"众缘"之中(即"因"内无"果");"果"也不从"余处"来(即"因"外无"果"),"果"是毕竟(终究)不可得的。

　　十、《观作者门》。收录"自作及他作"等二偈及其解释,论述"苦"非所作问题。内容约当于《中论·观苦品》的一部分。说:"苦"非"自作"(自体造作)、"他作"(他体造作)、"共作"(自体、他体共同造作)、"无因作"(无因而作)。因为"自作",指"自作其体","苦"不能自作其体,如同"识"不能自识,"指"(手指)不能自触;"他作",指"众缘作",如果"苦"从"众缘"生,那"苦"的体性就是"众缘性","众缘"无自性,"故不得言从众缘生果";既然"苦"非"自作"、"他作",也就不可能有"共作",更不可能有"无因作"。所以,"苦"为"空",是不可得的。

　　十一、《观三时门》。收录"若法先后共"一偈及其解释,论述"三时因果"不可得问题。内容约当于《中论·观本际品》的一部分。说:"因"与"有因"(指果),无论是"前时"(又称"先因后从因生",指先因后果),还是"后时"(又称"先有因后因",指先果后因),或"一时"(又称"因有因一时",指因果同时),三时均不可得。如果是先因后果,先有"因"时并没有"果",它又是谁的"因"呢? 如果是先果后因,无因时"果"已成,再要"因"有什么用呢?如果是因果同时,那"因"就不是果之因,"果"也不是因之果,此为"无因"论,也不能成立。所以,"三时因果皆不可得"。

　　十二、《观生门》。收录"生果则不生"一偈及其解释,论述诸法"无生"问题。内容约当于《中论·观三相品》的一部分。说:一切事物的"生"(指已生)、"不生"(指未生)、"生时"(指生时生)不可得。"生"不可得,指"生已不生"(又称"生法不生"),因为如果生果以后再生,"生则无穷",如此则有"有无穷过

（失）"；"不生"不可得，指"不生亦不生"（又称"不生法不生"），因为如果"不生法"能生，则"离生有生"，如同"兔马等角，不生而生"；"生时"不可得，指"生时亦不生"，因为"生时"是不能离开"生"的，既然"生法不生"，哪里还有"生时"呢？因此，一切事物都是"无生"的，"无生"就无"住"、"灭"；"生、住、灭不成故，则有为法亦不成"；"有为法不成故，无为法亦不成"，故一切事物"毕竟空寂"。

本书的注疏有：隋吉藏《十二门论疏》三卷（因上、中、下卷各分本、末，故又作六卷）、唐法藏《十二门论宗致义记》二卷、现代太虚《十二门论讲录》、慈航《十二门论讲话》（以上均存）等。

第三品 陈真谛译《宝行王正论》一卷
附：刘宋求那跋摩译《龙树菩萨为禅陀迦王说法要偈》一卷
刘宋僧伽跋摩译《劝发诸王要偈》一卷
唐义净译《龙树菩萨劝诫王颂》一卷

《宝行王正论》，一卷。原书未署作者（藏文译本题为龙树造），陈真谛译，约译于永定二年（558）至光大二年（568）之间。隋法经等《众经目录》卷五著录（译经时间见《开元释教录》卷七）。载于《丽藏》"则"函、《宋藏》"尽"函、《金藏》"则"函、《元藏》"尽"函、《明藏》"逸"函、《清藏》"逸"函、《频伽藏》"暑"帙，收入《大正藏》第三十二卷。

本书是一部论述国王应当如何修行正法的偈颂集，由龙树对宝行王说。书名所说的"宝行王"，又译"禅陀迦王"（见刘宋求那跋摩译《龙树菩萨为禅陀迦王说法要偈》)、"娑多婆诃"(意译"引正王",见唐玄奘《大唐西域记》卷十)、"娑多婆汉那"(又名"市寅得迦",见唐义净《南海寄归内法传》卷四)、"商羯罗王"(见明多罗那他《印度佛教史》)等,他是南印度憍萨罗国的国王,受龙树的教化,皈信佛教,是印度历史上一位有名的弘佛君主。据《大唐西域记》卷十记载,憍萨罗国西南三百余里有一座高山,名为跋逻末罗耆厘山(意译"黑蜂山"),岌然特起,峰岩峭险。"引正王为龙猛(即龙树)菩萨凿此山中,建立伽蓝。去山十数里,凿开孔道,当其山下,仰凿疏石。其中则长廊步檐,崇台重阁。阁有五层,层有四院,并建精舍,各铸金像,量等佛身,妙穷工思。自余庄严,唯饰金宝。从山高峰,临注飞泉,周流重阁,交带廊庑。疏寮外穴,明烛中宇","引正王建此伽蓝也,人力疲竭,府库空虚"。有关龙树向宝行王讲述佛法修行的著作,除本书以外,还有刘宋求那跋摩译《龙树菩萨为禅陀迦王说法要偈》一卷(又名《密友书》)。但本书所述以大乘为主,书中直接提到"大乘"有十七处,提到"小乘"有五处;而《龙树菩萨为禅陀迦王说法要偈》所述以小乘为主,书中所述,除"六度"以外,基本上都是原始佛教的教义,连"大乘"、"小乘"的称谓也未见使用。以此推断,本书是龙树与宝行王晚年交往时的作品,而《龙树菩萨为禅陀迦王说法要偈》则是早年交往时的作品。

全书分为五品,依次为《安乐解脱品》《杂品》《菩提资粮品》《正教王品》《出家正行品》,共收录五百十五颂(据笔者统计),每颂为五言四句。

一、《安乐解脱品》。收录九十八颂,论述"乐因法"、"解脱法"、"信智二根"、"十恶"、"十善"、"无我"、"无我所"、"邪见"、"正见"等问题。说:"先说乐因法(指修善),后辩解脱法(指断惑),众生前安乐,次后得解脱";"善道具名乐,解脱谓惑尽,略说此二因,唯信智二根";"恶修及诸苦,皆从邪法生,诸善道安乐,皆因善法起";"我有及我所,此二实皆虚";"若略说邪见,谓拨无因果";"若略说正见,谓信有因果"等。

二、《杂品》。收录九十九颂,论述"世间如幻"、"知身不净"、"正法治化"、"感三十二相"等问题。说:"说世如幻化,是佛甘露教";"是身不净相,粗证智境界";"唯法是正治,因法天下爱,若主感民爱,现来不被诳";"淫逸过失生,由想女身净,寻思女身中,实无一毫净";"感三十二相(指三十二大人相),能庄严汝身"等。

三、《菩提资粮品》。收录一百颂,论述"佛色身因"、"佛法身因"、"福慧二行"等问题。说:"诸佛有色身,皆从福行起,大王佛法身,由智慧行成";"故佛福慧行,是菩提正因";"菩提虽无量,因前四无量,修福慧(指福德、智慧)二行,云何难可得";"灾疫饥饿时,水旱及贼难,国败须济度,愿汝恒拯恤";"平等悲相应,由修如实智,故自得成佛,恒解脱众生"等。如关于国王如何修行"福德",说:

> 于国起学堂,雇师供学士,兴建永基业,汝行为长慧。解医巧历数,皆为立田畴,润老小病苦,于国有济益。起诸道伽蓝,园塘湖亭屋,于中给生具,草蓐饮食薪。于小大国土,应起寺亭馆,远路乏水浆,造井池施饮。病苦无依贫,下姓怖畏等,依慈悲摄受,勤心安立彼。随时新饮食,果菜及新谷,大众及须者,未施莫先用。……灾疫饥饿时,水旱及贼难,国败须济度,愿汝恒拯恤。田夫绝农业,愿给粮种具,随时蠲租税,轻微受调敛。施物济贫债,出息不长轻,直防许休偃,以时接宾客。境内外劫盗,方便断令息,随时遗商侣,平物价钧调。八座等判事,自如理观察,事能利万姓,恒

恭敬修行。(《菩提资粮品》,《大正藏》第三十卷,第498页下—第499页上)

四、《正教王品》。收录一百零四颂,论述"六度"等问题。说:"为法处王位,不求名欲尘";"王欲他成器,依悲立善教";"由施戒利他,忍进为自利,定慧脱自他,略摄大乘义";"略说佛正教,谓解脱自他,此六度为藏,何人能拨此";"菩提行总别,小乘中不说,于大乘具辩,故智应信受"等。

五、《出家正行品》。收录一百十四颂,论述"敬心修禁戒"、"舍离粗类惑"、"菩萨十地"、"发愿"等问题。说:"初学出家人,敬心修禁戒,于木叉毗尼(指别解脱戒),多学破立义";"次起正勤心,舍离粗类惑,数有五十七(指怪、恨、秘、欺诳、谄等五十七种粗烦恼),谛听我当说";"如于小乘中,说诸声闻地,于大乘亦尔,说菩萨十地";"我离一切恶,摄持一切善,众生诸善行,随喜及顺行"等。

关于本书,元王古《大藏圣教法宝标目》卷六评论说:"(此书)说一切国王御国治民,善恶功罪,违理顺理,苦乐因果,修集相好,敬爱正法等种种法门。"也就是说,书中所说之法,不仅仅是针对宝行王一人的,也适用于其他一切国王。

刘宋求那跋摩译《龙树菩萨
为禅陀迦王说法要偈》一卷

《龙树菩萨为禅陀迦王说法要偈》,又名《龙树为王说法要偈》《为禅陀迦王说偈》《密友书》,一卷。印度龙树造,刘宋求那跋摩译,元嘉八年(431)译出。隋彦琮等《众经目录》卷二著录。载于《丽藏》"昼"函、《宋藏》"昼"函、《金藏》"昼"函、《元藏》"昼"函、《明藏》"漆"函、《清藏》"漆"函、《频伽藏》"藏"帙,收入《大正藏》第三十二卷。

　　求那跋摩（367—431），意译"功德铠"，罽宾国（又称"迦湿弥罗"，今克什米尔一带）王室之子，刹帝利种姓。二十岁出家受具足戒，洞明九部（指九部经），博晓四含（指四阿含经），深达律品，妙入禅要，时称"三藏法师"。三十岁时，罽宾国王去世，无子绍嗣，群臣敦请他还俗继位，不从。后至师子国（今斯里兰卡）观风弘教，又到阇婆国（今印度尼西亚爪哇）为王母和国王授戒，道化之声，播于遐迩。刘宋元嘉（424—453）初年到达广州，在始兴停留了一年左右，于元嘉八年（431）抵达建业（今南京），受到宋文帝的迎见。住祇洹寺，开讲《法华经》和《十地经》，翻译佛经，王公英彦，莫不宗奉。所译的佛经，梁僧祐《出三藏记集》卷二著录为"四部凡十三卷"，唐智升《开元释教录》卷五勘定为"一十部一十八卷"。其中，《菩萨善戒经》《菩萨善戒经》《菩萨内戒经》《优婆塞五戒威仪经》《沙弥威仪》《四分比丘尼羯磨法》《优婆塞五戒相经》《龙树菩萨为禅陀迦王说法要偈》等八部十六卷见存，《善信二十二戒经》《经律分异记》等二部二卷阙本。另外，宋代以来雕印的《大藏经》中收录的《优波离问佛经》一卷"，旧题"宋元嘉年求那跋摩译"，但从佛经目录的著录（隋费长房《历代三宝纪》卷七、唐智升《开元释教录》卷三）来看，此经实为"东晋失译"，并非求那跋摩所译。生平事迹见梁慧皎《高僧传》卷三。

　　本书是龙树以偈颂的形式，写给宝行王的书信，时称《密友书》。它是当时五天竺（印度）学子和佛徒习学诗颂、道德修养的启蒙读物，类似于汉地的出家人诵习《法华经·观音菩萨普门品》《遗教经》，在家人阅读《千字文》《孝经》，流传极广，影响很大。唐义净《南海寄归内法传》卷四《三十二赞咏之礼》对此有详细的记载，说：

龙树菩萨以诗代书,名为《苏颉里离怯》,译为《密友书》,寄与旧檀越南方大国王号娑多婆汉那,名市寅得迦,可谓文藻秀发,慰诲勤勤,的指中途,亲逾骨肉。就中旨趣,实有多意。先令敬信三尊,孝养父母,持戒舍恶,择人乃交,于诸财色,修不净观,检校家室,正念无常。广述饿鬼、傍生(指畜生),盛道人、天、地狱。火燃头上,无暇拂除,缘起运心,专求解脱。劝行三慧(指闻慧、思慧、修慧),明圣道之八支(指八正道);令学四真(指四谛),证圆凝之两得。如观自在(指观世音),不简怨亲;同阿弥陀,恒居净土。斯即化生之术,要无以加。五天创学之流(指初学者),皆先诵此书赞,归心系仰之类(指信佛者),靡不研味终身。若神州法侣,诵《观音》(指《法华经·观音菩萨普门品》)、《遗教》(指《遗教经》),俗徒读《千文》(指《千字文》)、《孝经》矣。莫不钦玩,用为师范。(《大正藏》第五十四卷,第227页下)

全书共收录一百十一颂(据笔者统计),每颂七言四句,始"禅陀迦王应当知,生死苦恼多众过",终"我所说法正如是,王当日夜勤修行"。内容叙及:"六念"、"十善"、"六度"、"八戒"、"不净观"、"七圣财"、"四无量"(又称"四无量心")、"四禅"、"无我"、"五戒"、"五根"、"三界"、"五道"、"八地狱"、"七觉法"、"十二缘"、"四谛"、"八正道"等问题。从本书所述除"六度"以外,基本上都是原始佛教的教义,未有一词提及"大乘"、"小乘"来看,本书当是龙树与宝行王早期交往时的作品,撰于《宝行王正论》之前。

(1)"六念"、"十善"。说:"佛说六念当修习,所谓三宝施戒天,修行十善净三业,离酒放逸及邪命"。(2)"六度"。说:"修忍柔和舍瞋恚,佛说是行最无上,如是精进及禅智,具此六行超生死"。(3)"八戒"。说:"杀盗淫欺耽荒酒,雕床高广及香熏,讴歌倡伎过时食,如斯众恶宜远离"。(4)"不净观"。说:"虽见女人极端严,当作己母姊女想,设起贪欲染爱心,应当正修不净观"。(5)"七圣财"。说:"信戒施闻慧惭愧,如是七法名圣财"。(6)"四无量"、"四禅"。说:"四无量定当修习,是名开于梵天道,若专系念四禅心,命终必生彼天处"。(7)"无我"。说:"有为迁动皆无常,苦空败坏不坚固,无我无乐不清净,如是悉名对治法"。(8)"五戒"。说:"修行五戒断五邪,是亦大王所应念"。(9)"五根"。说:"信等五根众善源,是宜修习令增盛"。(10)"三界"、"五道"。说:"三界转变无轮际,父母妻子更相因";"周流五道经人天,若积身骨高须弥"。(11)"八地狱"。说:"是八地狱常炽燃,皆是众生恶业报"。(12)"七觉法"。说:"若欲证于无师智,应当专修七觉法(指七觉支)"。(13)"十二缘"(指十二因缘)、"四谛"、"八正道"。说:"如是正观十二缘,是人则见圣师子,若欲次第见四谛,当勤修习八正道"。如关于修行"六念"、"十善"、"六度"等,说:

> 佛说六念当修习,所谓三宝施戒天,修行十善净三业,离酒放逸及邪命(以上说"六念"、"十善")。观身命财速危朽,应施福田济穷乏,施为坚牢无与等,最为第一亲近者。勤修净戒除瑕秽,亦莫悕求愿诸有,譬如大地殖众物,戒亦如是生诸善。修忍柔和舍瞋恚,佛说是行最无上,如是精进及禅智,具此六行超生死(以上说"六度")。若能在家孝父母,此即名为胜福田,现世流布大名称,未来福报转无量(以上说"孝父母")。杀盗淫欺耽荒酒,床高广及香熏,讴歌倡伎过时食,如斯众恶宜远离(以上说"八戒")。(《大正藏》第

三十二卷,第 745 页下)

本书的同本异译有：刘宋僧伽跋摩译《劝发诸王要偈》一卷、唐义净译《龙树菩萨劝诫王颂》一卷。

刘宋僧伽跋摩译《劝发诸王要偈》一卷

《劝发诸王要偈》,又名《龙树劝发诸王要偈》,一卷。印度龙树造,刘宋僧伽跋摩译,元嘉十二年(435)译出。梁僧祐《出三藏记集》卷二著录。载于《丽藏》"昼"函、《宋藏》"昼"函、《金藏》"昼"函、《元藏》"昼"函、《明藏》"隶"函、《清藏》"隶"函、《频伽藏》"藏"帙,收入《大正藏》第三十二卷。

本书是刘宋求那跋摩译《龙树菩萨为禅陀迦王说法要偈》的异译本。全书共收录一百三十六颂(据笔者统计),每颂五言四句,始"明胜功德王,我无余求想",终"缘此成佛道,究竟大涅槃"。内容叙及："六念"、"清净十业道"(又称"十善")、"六波罗蜜"(又称"六度")、"八分斋"(又称"八戒")、"不放逸"、"不净观"、"利衰八法"(又称"世间八法")、"七圣财"、"四无量"(又称"四无量心")、"四禅"、"五根"(指信根等)、"三学"、"念身无常"、"三恶趣"、"七菩提分"(又称"七觉支")、"十二缘起"、"四谛"、"八分圣贤道"(又称"八正道")等问题。如关于修习"三学"、"七菩提分"等,说：

> 生死六趣中,轮转常不息,胜法不受生,生者众苦器。假令顶火然,正意慎勿念,不受后有业,专心勤修习。戒品禅定慧,寂静调不动,当求涅槃道,究竟离生死。念择及精进,喜猗三昧舍,此七菩提分,清净甘露道。无智则不禅,无禅亦不智,是二俱成就,能出生死流。(《大正藏》第三十二卷,第 750 页下)

本书的同本异译有：刘宋求那跋摩译《龙树菩萨为禅陀迦王说法要偈》一卷、唐义净译《龙树菩萨劝诫王颂》一卷。

唐义净译《龙树菩萨劝诫王颂》一卷

《龙树菩萨劝诫王颂》，又名《劝诫王偈》，一卷。印度龙树造，唐义净译，初译于东印度耽摩立底国时（见本书初首的题记），求法回国后，于久视元年（700）至景云二年（711）之间重译。唐智升《开元释教录》卷九著录。载于《丽藏》"昼"函、《宋藏》"昼"函、《金藏》"昼"函、《元藏》"昼"函、《明藏》"隶"函、《清藏》"隶"函、《频伽藏》"藏"帙，收入《大正藏》第三十二卷。

义净（635—713），俗姓张，字文明，齐州（今山东济南）人（此据《开元释教录》卷九，《宋高僧传》卷一则称他是"范阳人"）。髫龀之时（八岁），落发出家。遍询名师，广探群籍，内外闲习，今古博通。受具足戒后，特精律典。咸亨二年（671），年三十七，仰法显之雅操，慕玄奘之高风，在广州取道海路，赴印求法。先抵室利佛逝（今苏门答腊），在那里停留了六个月，学习声明（梵语），尔后经末罗瑜国、羯荼国、裸人国，于咸亨四年（673）到达东印度境内的耽摩立底国。一年以后，前往中印度，遍礼佛教圣迹，还在那烂陀寺研习瑜伽、中观、因明等学，历时达十年之久。武则天垂拱三年（687），归抵室利佛逝。在那里撰写了《南海寄归内法传》四卷、《大唐西域求法高僧传》二卷，并译出了一些经论。证圣元年（695），回到洛阳。前后二十五年，游历三十余国，带回梵本经律论近四百部。

回国后，义净先与于阗沙门实叉难陀等共同翻译《华严经》。久视元年（700）以后，组织译场，主译佛经。至景云二年（711），先后在洛阳大福先寺、长安西明寺、大荐福寺等，翻译了《金光明最胜王经》等六十三部二百八十卷(《开元释教录》卷九著录了"五十六部二百三十卷";唐圆照《贞元新定释教目录》卷十三补充著录了《根本说一切有部毗奈耶药事》《破僧事》《出家事》《安居事》《随意事》《皮革事》《羯耻那事》等"七部五十卷"),传今的后期说一切有部的律典,大多为他所译。此外,还撰有《说罪要行法》《受用三水要法》《护命放生轨仪》等五部九卷。生平事迹见唐智升《开元释教录》卷九、北宋赞宁《宋高僧传》卷一,以及他自撰的《大唐西域求法高僧传》《南海寄归内法传》等。

本书是刘宋求那跋摩译《龙树菩萨为禅陀迦王说法要偈》的异译本。全书共收录一百二十七颂半(据笔者统计,半颂指二句),其中,有二十二颂为七言颂(每颂七言四句),其余全是五言颂(每颂五言四句),始"具德我演如如教,为生福爱而兴述",终"超度世间但有名,由获无生离尘浊"。内容叙及:"六念"、"十善"、"六度"、"八支圣戒"(又称"八戒")、"不净观"、"俗世八法"(又称"世间八法")、"七财"(又称"七圣财")、"四无量"(又称"四无量心")、"五最胜法"(指信等五根)、"四倒"(指四种颠倒)、"四谛"、"三学"、"六道轮回"、"七菩提分"(又称"七觉支")、"十二缘起"(指十二因缘)、"八圣道"(又称"八正道")等问题。如关于具足"七圣财"、断除"六过"、修行"少欲",说:

> 信戒施净闻,惭愧及正慧,七财牟尼说,共有物诚虚。博弈乐观喧杂境,懒惰恶友敦亲志,饮酒非时行六过,此劫芳名尔应弃。求财少欲最,人天师盛陈,若能修少欲,虽贫是富人。(《大正藏》第三十二卷,第752页上)

本书的同本异译有:刘宋求那跋摩译《龙树菩萨为禅陀迦王说法要偈》一卷、刘宋僧伽跋摩译《劝发诸王要偈》一卷。

第四品　北魏般若流支译《一输
卢迦论》一卷

　　《一输卢迦论》，又名《伊迦输卢迦论》《壹输卢迦论》（据文义，"壹"当作"一"），一卷。印度龙树造，北魏般若流支译（《丽藏》《大正藏》题为"后魏瞿昙留支洛阳译"，宋元明藏本均题为"元魏婆罗门瞿昙般若流支于洛阳译"），约译于东魏孝靖帝元象元年(538)至武定元年(543)之间。隋法经等《众经目录》卷五著录（书名作《一输卢迦论》）。载于《丽藏》"命"函、《宋藏》"临"函、《金藏》"命"函、《元藏》"临"函、《明藏》"沛"函、《清藏》"沛"函、《频伽藏》"暑"帙，收入《大正藏》第三十卷。

　　本书是一部论述"诸法无常"、自体空寂问题的著作，由龙树自撰的"体自体无常"偈及其解释构成。书名"一输卢迦"中的"一"，是数词；"输卢迦"，音译又作"首卢迦"、"首卢"、"室路迦"、"输卢迦波"等，意译"偈"、"颂"。"一输卢迦"，意为"一偈"（或"一颂"）。唐慧琳《一切经音义》卷六十六说："输卢迦，彼印度数经，皆以三十二字为一输卢迦，或名伽陀，即一偈也。"也就是说，不论长行或偈颂，只要满三十二字（梵文三十二个音节），便是"一输卢迦"，即一偈。龙树自撰的"体自体无常"偈为五言四句，其文为："体自体无常，如是体无体，自体性无体，故说空无常。"意思是说，一切事物的自体是无常，这样的自体是无自性的，正因为一切事物的自体是无自性的，所以说它们是"空"、"无常"的。释论便是这首偈颂的解释。如关于这一偈论的意义，说：

　　　　问曰：以何义故，造此一偈论？说何等义？破何等人？

答曰：为读诵者于广大部生懈倦心，又为聪睿先已广习无
量诸论，于如来法海义中，思惟而生懈倦，于无常自体空不
异义中，生异相疑，为断此疑，故造斯论。说何义者？今当
说，谓一切法无常、自体空，自体空不离无常，一切法自性自
体空，是故无有常。一切诸佛、缘觉、声闻，于空法中，而得
出离，非于诸行断常法中，而得解脱。(《大正藏》第三十卷，
第253页上)

书末有一段关于此首偈颂中"体"字的解释，说："凡诸法，
体、性、法、物、事、有，名异义同。是故或言体，或言性，或言法，
或言有，或言物，莫不皆是有之差别。正音云私婆婆，或译为自
体(之)体，或译为无法、有法(之法)，或译为无自性(之)性。"(第
253页下)意思是说，佛经中常见的"体"、"性"、"法"、"物"、
"事"、"有"六个名词，虽然名称相异，但意义是相同的，为同一梵
文"私婆婆"的不同译法。从语气上辨析，这一段话可能是译者
加的附记。

本书的藏文译本作《一伽陀解》，题为"世亲著"(见元布顿《佛
教史大宝藏论》郭和卿汉译本，民族出版社1986年3月版)。故本
书的作者究竟是谁，古时有二种不同的说法。不过，从本书的翻
译早于藏文译本数百年来看，理应以本书的题署为准。由于本书
仅六百余字，内容上并无独特的建树，以此推测，它原先很可能是
龙树某部大作中的一个片段，后被抄出流通，成为单行本。

第五品　　隋达摩笈多译《菩提资粮论》六卷

《菩提资粮论》，六卷。印度龙树造颂、自在比丘作释，隋达

摩笈多（又作达磨笈多）译，大业五年（609）译出。唐道宣《大唐
内典录》卷六著录。载于《丽藏》"资"函、《宋藏》"父"函、《金藏》
"资"函、《元藏》"父"函、《明藏》"仁"函、《清藏》"仁"函、《频伽藏》
"来"帙，收入《大正藏》第三十二卷。

　　自在比丘，佛教史传阙载，生平事迹不详。

　　达摩笈多（？—619），又作"达磨笈多"，意译"法密"，南贤豆
（即南印度）罗啰国人（此据《续高僧传》卷二，《大唐内典录》卷五
误作"北天竺乌场国"人），为刹帝利种姓。有弟四人，身居长子。
二十三岁，前往中印度的鞬拏究拨阇城（意译"耳出城"），在究牟
地僧伽啰磨（意译"黄花寺"）落发出家，二年后，从郁波弟耶（意
译"亲教师"、"和尚"、"亲教师"）佛驮（陀）笈多受具足戒，住寺三
年，就师问学。后随阿遮利夜（意译"轨范师"、"导师"）普照，前
往吒迦国，在提婆鼻何啰（意译"天游寺"）住留了四年。以后游
方弘化，历经迦臂施国、薄佉罗国、波多叉拏国、达摩悉鬓多国、
渴罗槃陀国、沙勒国、龟兹国、乌耆国、高昌、伊吾，跋涉多年，抵
达瓜州（甘肃酒泉市）。寻蒙帝旨，延入京城，于隋开皇十年
（590）冬十月达到长安。初居大兴善寺，参与由阇那崛多主持的
译经事业。隋炀帝时，奉敕迁居洛阳上林园翻经馆，主持传译
（其时，阇那崛多已因事流摈东越）。达摩笈多性好端居，简绝情
务，经（指契经）洞字源，论（指论典）穷声意，文义澄洁，华质显
畅。自大业元年（605）至大业十三年（617），共译出《药师如来本
愿经》《金刚般若论》《菩提资粮论》《摄大乘论释论》《缘生论》等
九部四十六卷（见唐智升《开元释教录》卷七），其本均存。生平
事迹见唐道宣《续高僧传》卷二等。此外，隋代译经沙门彦琮，曾
根据达摩笈多口述的游履见闻，撰成《大隋西国传》一部，下分
《方物》《时候》《居处》《国政》《学教》《礼仪》《饮食》《服章》《宝货》
《盛列山河国邑人物》十篇，被誉为"五天（竺）之良史"（见《续高

僧传》卷二,已佚);达摩笈多于唐武德二年(619)去世后,彦琮又撰《达摩笈多传》四卷(见《大唐内典录》卷五),记述达摩笈多的一生事略(已佚)。从《续高僧传》本传大量采用梵文音译名词推断,本传很可能是以彦琮《达摩笈多传》为素材改编的。

本书是龙树《菩提资粮论》本颂的注释书,论述如何修集趣证"无上菩提"的资粮(指条件)问题。《菩提资粮论》本颂(原颂)只有一卷,由一百六十五颂构成(此据吕澂《菩提资粮论颂讲要》统计),除本书卷三所载的"已住不动诸菩萨"一颂为七言颂(每颂七言四句)以外,其余都是五言颂(每颂五言四句)。本书是收有龙树《菩提资粮论》本颂和自在比丘释文的注释书,因自在比丘在对本颂作释时,深度挖掘并阐发了其中的微言大义,作了大量的引申发挥,故演绎为六卷。其中,有些是龙树本颂的本义,有些则是自在比丘的引申义。全书不立品目,采用偈颂与长行解释对应编排的方式编纂。由于释文中也引用了一些偈颂(有五言颂,也有七言颂),故在阅读时,须联系上下文,才能分清哪些是龙树的本颂,哪些是自在比丘引用的偈颂。一般来说,若是龙树的本颂,偈颂之前,多数是自然段末句,没有提示语,少数有"答"、"偈言"、"复有别义"、"又偈言"等语;若是自在比丘引用的偈颂,其偈之前往往有"又声闻乘中亦说"、"如偈说"、"如经说"、"伽他言"、"此中有输卢迦"、"此中当略说偈"、"此中有圣者颂"、"更有别偈说"等语。龙树的早期著作《中论》大多是用否定性的语言,破斥一切执著,包括对空与有、生死与解脱等的执著;而他的晚期著作《大智度论》《十住毗婆沙论》则大多是用肯定性的语言,正面论述佛教修行,与《中论》的写法有着明显的差异。本书的写作风格和内容,与《大智度论》《十住毗婆沙论》十分接近,有不少论述上还是相同的,以此推断,本书也属于龙树的晚年著作。

卷一：解释《菩提资粮论》"今于诸佛所"等六颂，论述"菩提资粮"的名义、"六波罗蜜"、"般若波罗蜜"、"陀那波罗蜜"、"尸罗波罗蜜"、"羼提波罗蜜"等问题。

（1）"菩提资粮"的名义。"菩提"，指"一切智智"（即一切智之智）；"资粮"，指"能满者、持者、长养者、菩提因者，菩提分具足者"，即有"满菩提法"、"持菩提法"、"长养菩提"、"为菩提因"、"菩提分具足"五义；"菩提者，智也，根即资粮。以彼资粮能建立一切智智，是故资粮为佛体根本"。（2）"六波罗蜜"（又称"六度"）。指从生死此岸到涅槃彼岸的六种修行方法，即"陀那波罗蜜"、"尸罗波罗蜜"、"羼提波罗蜜"、"精进波罗蜜"、"禅那波罗蜜"、"般若波罗蜜"。"此六波罗蜜，总菩提资粮"。（3）"般若波罗蜜"。指智慧到彼岸。它是"菩提初资粮"，"般若波罗蜜，是诸菩萨母故，为菩提初资粮"。在"六波罗蜜"中，"般若波罗蜜"为"最胜"、"前行"，其余五波罗蜜，均为"般若波罗蜜"所统摄。（4）"陀那波罗蜜"。指布施到彼岸。它是"第二菩提资粮"，"菩萨为菩提而行布施，是故施为第二资粮"；布施有"财施"、"法施"二种。（5）"尸罗波罗蜜"。指持戒到彼岸。"尸罗"有"习近"、"本性"、"清凉"、"安隐"、"安静"、"寂灭"、"端严"、"净洁"、"头首"、"赞叹"十义；戒有"凡夫戒"、"外道五通戒"、"人戒"、"欲界天子戒"、"色界天子戒"、"无色界天子戒"、"诸学无学声闻戒"、"独觉戒"、"菩萨戒"九种。（6）"羼提波罗蜜"。指忍辱到彼岸。"羼提者，若身若心受诸苦乐，其志堪忍，不高不下，心无染浊"，忍辱有"身住持忍"、"心住持忍"、"法住持忍"三种。如关于"菩提初资粮"，说：

　　既为菩萨母，亦为诸佛母，般若波罗蜜，是觉初资粮（以上为龙树《菩提资粮论》偈颂）。

以般若波罗蜜,是诸菩萨母故,为菩提初资粮。何以故?以最胜故,如诸身根中,眼根最胜;诸身分中,头为最胜;诸波罗蜜中,般若波罗蜜最胜亦如是。以般若波罗蜜最胜故,为初资粮。又前行故,如诸法中,信为前行,诸波罗蜜中,般若波罗蜜前行亦如是。以彼陀那(指布施)若不回向菩提,则非陀那波罗蜜;如是尸罗(指持戒)等不回向菩提,亦非尸罗等波罗蜜。回向菩提,即是般若,由般若前行,故能回向。以是前行故,诸波罗蜜中,般若波罗蜜为菩提初资粮(以上为自在比丘的解释)。(卷一,《大正藏》第三十二卷,第518页下)

卷二:解释《菩提资粮论》"此六波罗蜜"一颂,论述"精进波罗蜜"、"禅那波罗蜜"、"四波罗蜜"等问题。

(1)"精进波罗蜜"。指精进到彼岸。"勇健体相、勇健作业等,是为精进;于中诸菩萨等,从初发心乃至究竟觉场,建立一切菩提分相应身、口、意善业,此名精进波罗蜜";精进有三种,即"身精进"、"口精进"、"意精进"。(2)"禅那波罗蜜"。指禅定到彼岸。"于此四种禅那(指四禅)中,离证声闻、独觉(又称缘觉)地,回向佛地已,得名禅那波罗蜜";菩萨有十六种禅那波罗蜜,为声闻、独觉所无。它们是:"不取实禅、不著味禅、大悲攀缘禅、三摩地(意译"等持"、"定")回转禅、起作神通禅、心堪能禅、诸三摩钵帝(意译"等至")禅、寂静复寂静禅、不可动禅、离恶对禅、入智慧禅、随众生心行禅、三宝种不断禅、不退堕禅、一切法自在禅、破散禅"。(3)"四波罗蜜"。指"六波罗蜜"以外的"巧方便"、"愿"、"力"、"智"四波罗蜜(合称"十波罗蜜"),"此四波罗蜜,皆是般若波罗蜜所摄"。①"巧方便波罗蜜"。指善巧方便到彼岸,为"陀那波罗蜜"(布施)、"尸罗波罗蜜"(持戒)、"羼提波罗蜜"(忍辱)的助伴。"为菩提故,得自增长善根及调伏众生,于彼彼生趣、彼彼行中,此一切处,凡所应作种种方便",均为善巧方便;善巧方便有八种,即"众善巧、界善巧、入善巧、谛善巧、缘生善巧、三世善巧、诸乘善巧、诸法善巧"。②"愿波罗蜜"。指誓愿到彼岸,为"精进波罗蜜"的助伴。诸菩萨最初有十大愿,"供养给侍诸佛无余,是第一大愿",乃至"为以佛境界法智神通,普遍诸世界故,是第十大愿"。③"力波罗蜜"。指力用到彼岸,为"禅那波罗蜜"(禅定)的助伴。"此中略说诸菩萨有七种力,谓福报生力、神通力、信力、精进力、念力、三摩提力、般若力"。④"智波罗蜜"。指智到彼岸,为"般若波罗蜜"(智慧)的助伴。"知于禁戒行处、禅那神通、无量无色处,及余正觉相应,利乐众生等彼岸"等;得"十自在",即"命自在、心自在、众具自在、业自在、愿自在、信解自在、神通自在、智自在、生自在、法自在","为不思议智者、无量智者、不退智者"。

卷三:解释《菩提资粮论》"复有余师意"等二十八颂,论述"四无量"、"念佛三昧"等问题。

(1)"四无量"(又称"四无量心"、"四无量定")。指能引生利乐一切众生四种无量心的禅定(属于"三摩钵底",意译"等至"),即:"慈无量心",指思惟给与一切众生快乐而起的慈心;"悲无量心",指思惟拔济一切众生痛苦而起的悲心;"喜无量心",指思惟一切众生离苦得乐而起的喜心;"舍无量心",指思惟一切众生平等,无有亲怨之别而起的舍心,"以慈资粮得无碍心,以舍资粮得断憎爱"。(2)"念佛三昧"。指观想佛的相好和功德,以对治"等分"(指有多种烦恼)和"重罪"的禅观。如关于"念佛三昧"有"色攀缘"、"法攀缘"、"无攀缘"三种,说:

　　　菩萨乃至得,诸佛现前住,牢固三摩提,不应起放逸(以上为龙树《菩提资粮论》偈颂)。

　　诸佛现前三摩提得已而住者,谓现在诸佛现其前,住三摩提也。……若得三摩提,彼诸怖畏皆得解脱。此三摩提有三种,谓色攀缘、法攀缘、无攀缘。于中若攀缘如来形色、相好、庄严身,而念佛者,是色攀缘三摩提;若复攀缘十名号身、十力、无畏(指四无畏)、不共佛法(指十八不共法)等无量色类佛之功德,而念佛者,是法攀缘三摩提;若复不攀缘色,不攀缘法,亦不作意念佛,亦无所得,远离诸相,空三摩提,此名无攀缘三摩提。于中初发心菩萨,得色攀缘三摩提;已入行者,法攀缘;得无生忍者,无攀缘(以上为自在比丘的解释)。(卷三,第528页下)

　　卷四:解释《菩提资粮论》"虽作小福德"等四十三颂,论述"随顺转法轮"、"六时回向"、"三解脱门"、"于涅槃不应独入"等问题。

　　(1)"随顺转法轮"。指菩萨对"如来所说深经",随顺而转,即是"菩萨福藏"。"若于如是等经,持令不失,是为第一随顺转法轮";"为有根器众生,分别演说,是为第二随顺转法轮";"如彼经中所说,依法修行,是为第三随顺转法轮"。(2)"六时回向"。指"初发心菩萨"须昼夜各三时礼忏,忏仪包括"悔过"、"劝请"、"随喜"、"回向"。①"悔过"(又称"说悔")。指忏罪悔过。"于彼等实证者(指诸佛世尊)前,发露诸罪。若我无始流转已来,于其前世及现在时,或自作恶业,或教他,或随喜,以贪、瞋、痴起身、口、意,我皆陈说,不敢覆藏,悉当永断,终不更作"。②"劝请"。指劝请十方诸佛说法度化、久住于世。"劝请彼佛世尊,转佛法轮,利益多人,安乐多人";"顶礼彼佛世尊,请住久时,利益多人,安乐多人"。③"随喜"。指对一切功德,皆欢喜乐助。

"若诸众生施、戒、修等所作福事"，"我皆随喜"。④"回向"。指将自己所修的善法功德，转施与一切众生，以期同证菩提。"若我所有福，悉以为一抟，回与诸众生，为令得正觉"。(3)"三解脱门"。指"初发心菩萨"应修习能入涅槃的三种禅定，即"空解脱门"、"无相解脱门"、"无作解脱门"。"菩萨行般若波罗蜜时，应修三解脱门。最初应修空解脱门，为破散诸见故；第二无相解脱门，为不取诸分别攀缘意故；第三无愿解脱门，为超过欲界、色界、无色界故"。(4)"于涅槃不应独入"。指菩萨虽以成佛、证涅槃为修行的最高目标，但菩萨以救度一切众生为誓愿，在一切众生未获救度之前，对涅槃只修行而不取证，不独入涅槃。如关于菩萨"于涅槃不应独入"，说：

　　我于涅槃中，不应即作证，当发如是心，应成熟智度（以上为龙树《菩提资粮论》偈颂）。

　　（菩萨）发如是心：我当利益诸众生，度脱诸众生，虽修三解脱门，不应于涅槃作证。然我为学般若波罗蜜故，于三解脱门中，专应成熟。我应修空，不应证空；我应修无相，不应证无相；我应修无愿，不应证无愿。……若我于三解脱门，善成熟已，欲取涅槃，如在手掌。然我以小儿凡夫犹如饮乳，不能自向涅槃城者，未涅槃故，我于涅槃不应独入。我当如是发起精进，随我所作，唯为利益诸众生故，亦为诸众生得涅槃故（以上为自在比丘的解释）。（卷四，第532页中）

　　卷五：解释《菩提资粮论》"诸论及工巧"等四十二颂，论述"得力菩萨修行"、"未得力菩萨修行"、"三十七助菩提法"、"四摄事"、"五解脱入"、"十不净想"、"八大丈夫觉"、"五通"等问题。

　　(1)"得力菩萨修行"。指地上菩萨（初地以上的菩萨），对

世间的"诸论及工巧",乃至"明术种种业",只要"能与世间为利
乐者",皆应"出生建立之"。也就是说,将一切工巧伎术、利世间
法,作为菩提的资粮。(2)"未得力菩萨修行"。指地前菩萨(初
地以前尚未见道的菩萨),应当"修诸戒学句,勿令有缺减";"安
住于正念,摄缘独静思";"利养恭敬名,一向勿贪著";"观有为无
常,若无我我所"等。(3)"三十七助菩提法"(又称"三十七菩提
分法")。指趣向菩提(觉悟)的三十七种修行方法,分为七类。
"信、精进、念、定、慧,是为五根";"信、精进、念、定、慧,是为五
力";"念、择法、精进、喜、猗、定、舍,是为七觉分";"欲定、精进
定、心定、思惟定,是为四神足";"未生恶不善法为令不生、已生
恶不善法为令其断、未生善法为令其生、已生善法为令其住、生
欲发勤摄心起愿,是为四正断";"正见、正分别、正语、正业、正
命、正发行、正念、正定,是为八分圣道";"身、受、心、法,是为四
念处"。(4)"四摄事"(又称"四摄法")。指菩萨摄受众生的四
种方法,即"布施、爱语、利行、同事"。(5)"五解脱入"。指证入
解脱的五种方法,即"为他说法"、"自说法"、"自诵法"、"于法随
觉随观"、"取随何等三摩提相"。(6)"十不净想"。指观想人身
的十种不净相,以对治贪欲的禅观,即作"膑(胮)胀想、青瘀想、
脓烂想、溃出想、啖想、断解想、分散想、血涂想、肉落想、骨想"。
(7)"八大丈夫觉"(又称"八大人念")。指菩萨应当觉知的八种
正法,即"少欲"、"知足"、"远离"、"发精进"、"安住念"、"入定"、
"智慧"、"不乐戏论"。(8)"五通"(又称"五神通")。指依修习
"四禅"而得的五种深妙神奇的功能,即"天眼、天耳、忆念、宿住、
知他心、神足"。如关于菩萨为利益众生,应当习学一切世间知
识,说:

　　问:得力菩萨于众生中,云何应修行? 答(以上为自在

比丘在偈颂前加的解说词):

诸论及工巧,明术种种业,利益世间故,出生建立之(以上为龙树《菩提资粮论》偈颂)。

于中书印、算数、矿论、医论,能灭鬼持、被毒论等;出生村城、园苑、河泉、陂池花果、药林论等;显示金银、真珠、鞞琉璃、贝石、珊瑚宝性论等;记说日月、星曜、地动、梦相论等;相诸身分、支节论等。如是等无量诸论,能与世间为利乐者,劫转坏时,悉皆灭没,劫转生时,还于人间出生建立。如木铁瓦铜作等,工巧非一;能灭鬼持、颠狂、被毒、霍乱、不消食诸逼恼等,种种明术;雕画、绣织作等,种种事业,能与世间为利乐者,皆亦出生,及令建立(以上为自在比丘的解释)。(卷五,第533页下)

卷六:解释《菩提资粮论》"四神足为根"等四十五颂,论述"四种真实菩萨"、"四种菩萨善知识"、"四种菩萨恶知识"、"四种菩萨大藏"、"法供养"等问题。

(1)"四种真实菩萨"。指真实菩萨(与"名字菩萨"相对)有"为法不为利"、"为德不为名"、"欲脱众生苦"、"不欲自身乐"四种。(2)"四种菩萨善知识"。指菩萨的善知识(即善友)有"法师"、"佛世尊"、"劝出家者"、"乞求者"四种。(3)"四种菩萨恶知识"。指菩萨的恶知识(即恶友)有"世论者"、"摄世财物者"、"独觉乘者"、"声闻乘者"四种。(4)"四种菩萨大藏"。指菩萨所求有"奉事出世诸佛"、"听闻六波罗蜜"、"以无碍心见于法师"、"以不放逸乐住空闲之处"四事。(5)"法供养"。指菩萨应以法供养如来,即对如来所说经等,"若说若持、观察摄取,是名法供养"。

关于本书,元王古《大藏圣教法宝标目》卷六评论说:"(《菩提资粮论》)说诸菩萨求无上菩提,皆以般若波罗蜜多为母,诸佛皆由此出生。故六度万行、三十二相出生之业,及种种菩萨之行、微妙法门,词约义广,理圆事备,求一切智者之妙门大路。"

本书的注疏有:现代吕澂《菩提资粮论颂讲要》(收入《吕澂佛学论著选集》,齐鲁书社 1991 年 7 月版)。

第六品　北宋施护译《大乘破有论》一卷

《大乘破有论》,又名《破有论》,一卷。印度龙树造,北宋施护译,景德二年(1005)译出。北宋赵安仁等《大中祥符法宝录》卷十三著录(称"中天竺梵本所出")。载于《丽藏》"起"函、《宋藏》"肥"函、《金藏》"桓"函、《元藏》"肥"函、《明藏》"星"函、《清藏》"星"函、《频伽藏》"暑"帙,收入《大正藏》第三十卷。

施护(?—1017),北印度乌填曩国帝释宫寺僧人(见所译龙树《赞法界颂》卷首的题署)。北宋太平兴国五年(980),与北印度迦湿弥罗国的天息灾一起,携带梵经,来至汴京(今河南开封)。太平兴国七年(980)六月,位于太平兴国寺西侧的译经院(后改名"传法院")建成,诏令天息灾、法天、施护入住,共译梵经,施护被封为"显教大师"。雍熙二年(985),诏授"朝奉大夫试鸿胪卿"。所译的佛经,据近世周叔迦《宋元明清译经图纪》统计,为"一百十三部二百三十一卷"(其中,"《圣佛母般若波罗蜜多九颂精义论》一卷",为法护所译,误编于施护名下,故这一统计数应减去一部一卷)。其中有:《大坚固婆罗门缘起经》《大集法门经》《佛母出生三法藏般若波罗蜜多经》《护国尊者所问大乘经》《大方广善巧方便经》《大迦叶问大宝积正法经》《大集会正法经》《法集名数经》《一切如来真实摄大乘现证三昧大教王经》《秘密三昧大教王经》《一切如来金刚三业最上秘密大教王经》《无二平等最上瑜伽大教王经》《守护大千国土经》《集大乘相论》《集诸法宝最上义论》等。天禧元年（1017）十二月卒（此据北宋吕夷简等《景祐新修法宝录》卷四，当年五月译出最后一部经《顶生王因缘经》六卷），世寿阙载。生平事迹见明代明河《补续高僧传》卷一、近代喻谦《新续高僧传四集》卷一等。

本书是一部论述"诸法无实体"（指一切事物没有实在的自体）问题的著作。内容叙及：一切缘生法皆如虚空，"彼无实故，当云何有"？诸法没有"因"，也没有"果"，亦无诸业（活动）的"自性"可得，"此中一切而无有实，无世间，故无出世间，一切无生，亦无有性"。一切事物本来没有名称，只是为了表述、分别，而起了各种名字，这些名字都是"假名"，由"分别心"所生。"若无其心，亦无有法，若无其身，亦无有界"。若能离诸分别，心无所缘，常行布施、持戒、忍辱、精进、禅定、智慧诸法，就能证得"无上菩提"。如关于"诸法无实体"，说：

> 彼一切法，但有名字，一切但于有想中住，现前无实，差别所生，差别生法而无所有。彼一切法，本无有名，但以假名而表了故。当知诸法而无实体，一切皆从分别所生。此中若无分别者，即同虚空，离诸分别。……此中义者，眼不见色，乃至意不知法。若如是知，是为智者，即能通达第一义谛（即真谛），如是乃名最上真实。（《大正藏》第三十卷，第 254 页中）

关于本书，北宋赵安仁等《大中祥符法宝录》卷十三评论说："此中所明，一切法性从无性生，亦非无性，体即是常，非住世闲、非出世闲、非因非果，犹如空华，若能于此如实了知，方名智者，入第一义谛。"

第七品　　北宋施护译《六十颂如理论》一卷
　　　　　　　　附：北宋施护译《大乘二十颂论》一卷
　　　　　　　　　　北宋施护译《赞法界颂》一卷
　　　　　　　　　　北宋施护译《广大发愿颂》一卷

　　《六十颂如理论》，又名《六十如理论颂》《如理论》，一卷。印度龙树造，北宋施护译，景德四年（1007）译出。北宋赵安仁等《大中祥符法宝录》卷十四著录（称"中天竺梵本所出"）。载于《丽藏》"颇"函、《宋藏》"策"函、《金藏》"匡"函、《元藏》"策"函、《明藏》"星"函、《清藏》"星"函、《频伽藏》"暑"帙，收入《大正藏》第三十卷。

　　本书是一部论述"智观性无性"（指以智慧观察事物的法性即是无自性）问题的偈颂集。全书共收录六十七颂。其中，初首的归敬颂有一颂（七言四句），始"归命三世寂默主，宣说缘生正法语"，终"若了诸法离缘生，所作法行如是离"；正说部分有六十颂（每颂五言四句），始"离有无二边，智者无所依"，终"依如来言宣，无分限分别"；末尾的结颂有六颂（每颂七言四句），始"此中如是难可说，随智者见即成就"，终"不以大悲为正因，智者何能生法欲"。书名中的"六十颂"，是指正说部分的偈颂而言的；"如理"二字，出自正说部分说的"了知性（指法性）无性，大智（指佛）如理说"一句。所收的偈颂有："不可说有性，不可说无性，了知性无性，大智如理说"；"前际非后际，执见故不舍，智观性无性，如幻焰影像"；"诸法是无常，苦空及无我，此中见法离，智观性无性"；"法无生无我，智悟入实性，常无常等相，皆由心起见"；"当知法无常，从缘生故现，缘生亦无生，此最上实语"等。

　　大意是说，智者应当"离有无二边"，无所偏依，如理地观察诸法的法性,偏面地执著"有性(指法性)",这是愚者的分别;偏面地执著"无性","无性即无因",又如何建立解脱义?因此,不可说"有性",也不可说"无性",诸法的法性本来就是清净的,"性"就是"无性",这是大智(指佛)如理的教说。"涅槃"与"生死",二者没有差别,俱无所有,了知"生死"即是"涅槃",就能破除对诸法"有生"、"有性"的执著。如关于"智观性无性",说:

> 离有无二边,智者无所依,甚深无所缘,缘生义成立。……若有性实得,如愚者分别,无性即无因,解脱义何立?不可说有性,不可说无性,了知性无性,大智如理说。涅槃与生死,勿观别异性,非涅槃生死,二性有差别。生死及涅槃,二俱无所有,若了知生死,此即是涅槃。……若自心不了,异生执我性,性无性颠倒,即生诸过失。诸法是无常,苦空及无我,此中见法离,智观性无性。(《大正藏》第三十卷,第254页中—第255页上)

在藏传佛教中,本书被列为中观派学者必读的龙树"正理聚六论"(《中论》《回诤论》《精研论》《七十空性论》《六十正理论》《中观宝鬘论》)之一。北宋赵安仁等《大中祥符法宝录》卷十四评论说:"此中所明,二取执(指能取、所取)心皆由著我,以著我故,滞于生死,当知法性本来清净,性本无性,同归涅槃,真空妙理,犹如幻化,令出断常,俱止中道,斯乃圣教之要枢,上乘之妙键也。"另据译者所说,本书是据"中天竺(印度)梵本所出"的,同期在中天竺流传的龙树作的短篇义理类偈颂集,还有北宋施护译《大乘二十颂论》一卷、《赞法界颂》一卷、《广大发愿颂》一卷等。

北宋施护译《大乘二十颂论》一卷

《大乘二十颂论》,一卷。印度龙树造,北宋施护译,大中祥符元年(1008)译出。北宋赵安仁等《大中祥符法宝录》卷十四著录(称"中天竺梵本所出")。载于《丽藏》"收"函、《宋藏》"功"函、《金藏》"合"函、《元藏》"功"函、《明藏》"星"函、《清藏》"星"函、《频伽藏》"暑"帙,收入《大正藏》第三十卷。

本书是一部论述"第一义无生"(指一切法皆无生为第一义,即是真谛)问题的偈颂集。全书共收录二十四颂。其中,初首的归敬颂有一颂(七言四句),始"归命不可思议性,诸佛无著真实智",终"诸法非言非无言,佛悲愍故善宣说";正说部分有二十颂(每颂五言四句),始"第一义无生,随转而无性",终"是诸法无我,诸法悉清净";末尾的结颂有三颂(每颂七言四句),始"佛广宣说世间法,当知即是无明缘",终"若不运载以大乘,毕竟何能到彼岸"。书名中的"二十颂",是指正说部分的偈颂而言的。所收的偈颂有:"第一义无生,随转而无性,佛众生一相,如虚空平等";"无染真如性,无二等寂静,诸法性自性,如影像无异";"观生死涅槃,是二俱无我,无染亦无坏,本清净常寂";"若灭于心轮,即灭一切法,是诸法无我,诸法悉清净"等。

大意是说,在"第一义谛"中,一切事物都是"无生"、"无性"的,佛与众生同为一相,如同虚空一样平等。"真如"(指宇宙万有真实不变的本体)的体性是清净无染、平等寂静的,事物的自性犹如影像,虚幻不实。凡夫对事物起分别心,"无实我"而计执"有我",因而生起种种烦恼,以及苦、乐、舍等感受,造作诸业,而堕入"六趣"(又称"六道")。若能灭除分别心,就能灭除对一切事物的执著,体悟"诸法无我"、"诸法悉清净"之理。如关于"第一义无生",说:

　　　第一义无生,随转而无性,佛众生一相,如虚空平等。
　　　此彼岸无生,自性缘所生,彼诸行皆空,一切智智行。无染真如性,无二等寂静,诸法性自性,如影像无异。……观生死涅槃,是二俱无我,无染亦无坏,本清净常寂。……此一切唯心,安立幻化相,作善不善业,感善不善生。若灭于心轮,即灭一切法,是诸法无我,诸法悉清净。(《大正藏》第三十卷,第256页上、中、下)

由于本书所说的"无染真如性"、"此一切唯心"、"诸法悉清净"等语,与龙树以后才出现的唯识学语言十分相似,故近世有学者怀疑它不是龙树所作。但从本书的一些偈颂与龙树《六十颂如理论》《赞法界颂》是相同的来看,仅凭本书偈颂中有些语句的异化,并不足以否定整个文本的真实性。此外,本书还有梵本、藏文译本见存,而且都署名"龙树菩萨造",故就现存的文献资料所提供的证据而言,应当将它视为龙树之作。

北宋施护译《赞法界颂》一卷

《赞法界颂》,一卷。印度龙树造,北宋施护译,雍熙元年(984)译出。北宋赵安仁等《大中祥符法宝录》卷四著录(称"中天竺梵本所出")。载于《丽藏》"隶"函、《宋藏》"路"函、《金藏》"隶"函、《元藏》"路"函、《明藏》"言"函、《清藏》"言"函、《频伽藏》"藏"帙,收入《大正藏》第三十二卷。

本书是一部论述"速成法界性"(指疾速证得法界体性)问题的偈颂集。全书共收录八十七颂,每颂五言四句,始"归命十方佛,法身及报化",终"愿将诸功德,普利施人天"。所收的偈颂有:"如酥处乳中,酥本妙光莹,法界烦恼覆,圆满体清净";"如灯离障碍,处处物能照,烦恼破坏时,真如恒显现";"若证法界性,烦恼热皆弃,灭除烦恼焰,法界甘露现";"三毒生死本,智慧火能烧,法界体常有,朗然恒照曜"等。

大意是说,"法界"(指宇宙万有真实不变的本体,与"真如"同义)本来是恒常清净的,它不受诸法迁变的影响,始终保持寂静,犹如虚空,周遍一切。只是受烦恼覆蔽,才使圆满清净的"法界"不能显现,如同灯光被障碍,不能照余物一样,一旦破除了烦恼,"法界"就能恒常地显现出来。破除烦恼的方法,有灭"三毒"(贪、瞋、痴),除"妄执",修行"六度"等。如关于"法界"的体性"本来常清净",说:

> 轮回三恶道,法界理凝然,本来常清净,诸相不能迁。寂静如虚空,处处悉周遍,体皆离彼此,非深复非浅。乳未转变时,酥醍醐不见,烦恼未伏除,法界无由显。如酥处乳中,酥本妙光莹,法界烦恼覆,圆满体清净。如灯被障碍,非能照余物,无明恒覆心,法界非明了。如灯离障碍,处处物能照,烦恼破坏时,真如恒显现。(《大正藏》第三十二卷,第754页中)

关于本书,北宋赵安仁等《大中祥符法宝录》卷十七评论说:"此中所明,赞一法界,显三种身(指法身、报身、化身),智起用施,理归事寂,动静同致,性相一源,譬彼万流咸归于海,摄尘沙之妙德,入湛寂之常门,法界凝然。"

北宋施护译《广大发愿颂》一卷

《广大发愿颂》,又名《龙树菩萨广大发愿文》《广发大愿颂》(《明藏》本),一卷。印度龙树造,北宋施护译,大中祥符三年(1010)译出。北宋赵安仁等《大中祥符法宝录》卷十七著录(书名作《龙树菩萨广大发愿文》)。载于《丽藏》"最"函、《宋藏》"茂"函、《金藏》"扶"函、《元藏》"英"函、《明藏》"英"函、《清藏》"言"函、《频伽藏》"藏"帙,收入《大正藏》第三十二卷。

　　本书是一部论述"愿我最后得成佛"(指菩萨以救度一切众生为誓愿,在一切众生未获救度之前不成佛)问题的偈颂集。全书共收录三十八颂,每颂七言四句,始"所有一切众生类,过未现在世无尽",终"普愿世间诸有情,住彼最胜功德聚"。所收的偈颂有:"愿我生生具深智,常如妙吉祥菩萨,悲心息苦救世间,愿如观自在菩萨";"贤善爱眼视众生,愿与普贤尊无异,慈意善观诸情品,愿我常如慈氏尊";"定力能摄诸散乱,愿我得如金刚手,善说十地诸法门,说智愿如金刚藏";"语出无尽妙法宝,愿我得如昙无竭,智慧坚利复常勤,愿与常啼尊无异"等。

　　菩萨在发大愿时,须先"礼佛"、"赞叹"、"忏悔"、"回向"、"随喜"、"供养"。所发的大愿,凡有二十四项,大旨归于像大乘经上所说的"妙吉祥"、"观自在"、"普贤"、"弥勒",乃至"地藏"、"宝藏"、"昙无竭"、"常啼"等菩萨那样修行,做到"悲心息苦救世间"、"慈意善观诸情品"、"布施愿如虚空库"、"持戒愿如神通慧"、"定力能摄诸散乱"、"善说十地诸法门"、"善说波罗蜜等法"、"近善知识心无懈"、"息除贫苦利众生"等。如关于发愿"我最后得成佛",说:

　　　　顶礼诸佛及法众,我于三宝常归命,我悉持以诸妙华,及众宝聚常普施。若我已起一切罪,我今普尽而忏悔,若我未生一切罪,我一切时常远离。所有一切胜福事,我于一切常随喜,此福回向于有情,及佛无上菩提果。如佛正法中所说,愿力坚固复真实,我常供养诸世尊,愿我最后得成佛。(《大正藏》第三十二卷,第 756 页中、下)

　　关于本书,北宋赵安仁等《大中祥符法宝录》卷十七评论说:"此中所明,发大愿时,具陈七法,谓礼佛、赞叹、忏悔、回向、随喜、供养、发愿。于前六法,各各发愿十方微尘一一佛刹正觉世尊,悉皆归命、礼赞,所获功德,普伸回向尘刹有情,乃发心起行之轨仪也。"

第八品　北宋施护译《菩提心离相论》一卷

《菩提心离相论》,一卷。书题"龙树菩萨造",北宋施护译,景德二年(1005)译出。北宋赵安仁等《大中祥符法宝录》卷十三著录(称"中天竺梵本所出")。载于《丽藏》"起"函、《宋藏》"肥"函、《金藏》"桓"函、《元藏》"肥"函、《明藏》"星"函、《清藏》"星"函、《频伽藏》"来"帙,收入《大正藏》第三十二卷。

本书是一部论述发起"菩提心"(指求得无上菩提之心),远离诸法差别相问题的著作。说:菩提心是"诸菩萨总持行门",它能使一切众生止息轮回的痛苦,令未得度者普令得度,未解脱者令得解脱,未安隐(稳)者令得安隐,未涅槃者令得涅槃;菩提心,离一切性,"离诸取舍法,无我平等,自心本来不生";菩提心,以"大悲为体";菩提心,就是"最上真实",亦名为"空"、"真如"、"实际"、"无相第一义谛";诸菩萨为救度众生,起勇猛心,入生死泥,虽处生死,而无染著,犹如莲华,清净无染等。如关于"菩提心"离一切性,说:

> 所言菩提心者,离一切性。问曰:此中云何离一切性?答:谓蕴(五蕴)、处(十二处)、界(十八界)离诸取舍法,无我平等,自心本来不生,自性空故。此中云何谓我?蕴等有所表了,而分别心现前无体,是故若常觉了菩提心者,即能安住诸法空相。又复常所觉了彼菩提心,以悲心观大悲为体。由如是故,于诸蕴中,无我相可得。(《大正藏》第三十

二卷,第541页中、下)

本书的行文,明显地带有唯识学的倾向,如书中说:"种种相,唯心所现,此义成就如成唯识说";"应知一切唯心所现";"自心增上入真实义,瑜伽行门所出生故";"若法有者,从思所现,阿赖耶识亦复如是";"譬如大海众流所归,阿赖耶识所依亦然"等。这与龙树的中观学是不相符合的。元布顿《佛教史大宝藏论》在著录龙树的各类著作时,也没有提及本书。故本书是否为龙树所作,尚存疑问。

第九品　北宋日称等译《福盖正行所集经》十二卷

《福盖正行所集经》,十二卷。印度龙树集,北宋日称等译,约译于庆历八年(1048)至熙宁十年(1077)之间。元庆吉祥等《至元法宝勘同总录》卷十著录。载于《丽藏》"门"函、《宋藏》"土"函、《金藏》"涂"函、《频伽藏》"藏"帙,收入《大正藏》第三十二卷。

本书是一部论述"福盖正行"(指修习福德正行)问题的著作,由辑录各种佛说、经言编集而成,全书约四万字,不立品目,引文大多不注出处,与北宋法护等译《大乘宝要义论》的引文一一注明的编法,迥然不同。书中仅有三次在提到"大乘经典"时,使用了"大乘"一词,连大乘基本术语的"诸法性空"的"空"字,也未见议论。所说基本上都是小乘教义,与大乘并无交涉。关于书名,书中说,"福盖正行,汝当受持。勤修施、戒,及诸禅定,受用福盖,得离热恼"(见卷三)。也就是说,"福盖正行"意指以修行布施、持戒、禅定等所得的福德加被其身,断离烦恼。书首有归敬颂,为五言二十四句,始"稽首礼诸佛,及菩萨圣众",终"诸天及世人,咸供养称赞";书末无回向偈。

卷一:论述"十善业"(指"不杀生"等)、"于五欲不生贪著"等问题。

卷二至卷三:论述"福盖先因"(指"广行净施,坚持禁戒,于世欲乐,不生爱乐,诸有善利,咸生信顺")等问题。

卷四至卷六:论述"六念"(指"念佛、念法、念僧、念戒、念施、念贤圣")、"世间八苦"(指"生苦、老苦、病苦、死苦、忧悲苦恼、五取蕴苦、求不得苦、爱别离苦、怨憎会苦")、"三种恶行"(指"悭吝、破戒、散乱")等问题。如关于"施、戒、定"摄受福盖正行,说:

> 诸有智者,当勤精进,净身语意,修施、戒、定,此则能报佛之大恩。然诸众生,性欲各异,渐令具修此三种行。或乐当饶受用五欲,世尊方便劝令布施;或乐生天,受胜妙乐,世尊方便令持净戒;或乐解脱出离苦际,世尊方便,令习禅定。是故世尊说此三行,名为福盖,当具奉行。……布施如箧,得如意故;持戒如履,能生天故;禅定如椎,降众魔故。此名世尊说施、戒、定,方便摄受福盖正行。(卷六,《大正藏》第三十二卷,第729页中、下)

卷七至卷九:论述"布施"等问题。

卷十至卷十二:论述"持戒"等问题。

本书虽然题为"龙树菩萨集",但从内容来看,实际上是从小乘的角度,来谈论"福盖正行"的,这与龙树的主旨是弘扬大乘,是不相符合的。元布顿《佛教史大宝藏论》在著录龙树的各类著作时,也没有提及本书。故本书是否为龙树所作,尚有疑问。

第十品　　姚秦鸠摩罗什译《百论》二卷

　　　　附：北魏菩提流支译《百字论》一卷
　　　　　　唐玄奘译《广百论本》一卷
　　　　　　唐玄奘译《大乘广百论释论》十卷

　　《百论》，又名《百论经》《经百论》，二卷。印度提婆造、婆薮开士(指世亲，此据唐法藏《入楞伽心玄义》所说的"龙树《中观》，无著亲释；提婆《百论》，世亲注解"一语)释，姚秦鸠摩罗什译，弘始六年(404)译出。梁僧祐《出三藏记集》卷二著录。载于《丽藏》"阴"函、《宋藏》"是"函、《金藏》"阴"函、《元藏》"是"函、《明藏》"造"函、《清藏》"造"函、《频伽藏》"暑"帙，收入《大正藏》第三十卷。

　　提婆(约170—270)，意译"圣天"，南天竺(印度)人(此据《提婆菩萨传》，《大唐西域记》卷四则说是"执师子国人")，为婆罗门种姓。博识渊览，才辩绝伦，擅名天竺，为诸国所尊。初奉婆罗门教，国中有一座神庙，供奉大自在天，传说能让求愿者在现世都如愿以偿。提婆认为，"神不假质，精不托形"，于是入庙登梯，将大自在天像的左眼给挖了出来。次日又设供祭祠，自剜左眼，还给大自在天(见《提婆菩萨传》)。此事在当地引起了极大的轰动。由此，提婆又称"迦那提婆"，意为"独眼提婆"。龙树晚年在憍萨罗国的跋逻末罗耆厘山(又称"黑蜂山")弘化，提婆听闻后，前往龙树的住处，要求与他辩论。龙树命弟子将一满钵水端到提婆的面前，提婆见后，默然将一针投入水中。满钵之水，喻指龙树之学周遍澄湛；以针投钵，喻指提婆之智能穷其极。二人欣然契会，龙树遂度提婆为弟子(见《大唐西域记》卷十)。受度以后，提婆在中天竺、北天竺、南天竺周游行化，伏外道，挫小乘,弘扬大乘。在中天竺的摩揭陀国波吒厘子城,提婆与外道公开辩论,挫败外道,使原先受外道压制、已有十二年被禁止击打犍椎(又称"揵稚",指用作报时和集众的敲击鸣响的器具)的佛教寺院,重新恢复了正常的活动(见《大唐西域记》卷八);在南天竺,他度化了信用邪道的国王,并在城内设立论坛,标立自己的三个论点:"一切诸圣中佛圣最第一,一切诸法中佛法正第一,一切救世中佛僧为第一",征求辩论。因辩输而依提婆出家的外道、婆罗门论士达万余人。辩论结束后,提婆带领诸弟子退居山林修行,并在那里撰写了以破斥外道异说为主的一些著作。后来,被一个在辩论中输给提婆的外道的弟子,尾随潜行,挟忿刺死于林中(见《提婆菩萨传》)。

提婆为大乘中观派的创始人之一(《付法藏因缘传》卷六将他列为付法藏第十四祖),他的传法弟子是罗睺罗(见明多罗那他《印度佛教史》)。提婆的著作,见存于汉文《大藏经》的,有《百论》《广百论本》《百字论》《提婆菩萨破楞伽经中外道小乘四宗论》《提婆菩萨释楞伽经中外道小乘涅槃论》(后二种是否为提婆之作,存疑)等;见存于藏文《大藏经》的,有《中观四百论》《中观掌珍论》《中观掌珍论释》《成就破妄如理因论》等。生平事迹见姚秦鸠摩罗什译《提婆菩萨传》、北魏吉迦夜等译《付法藏因缘传》卷六、唐玄奘《大唐西域记》卷四(并卷五、卷八、卷十)、元布顿《佛教史大宝藏论》(郭和卿译,民族出版社 1986 年 3 月版)等。有关提婆的生卒年月,佛教史传阙载,本文之初所出的生卒年,采用的是日本宇井伯寿《印度佛教思想史》(印海译,贵州大学出版社 2013 年 12 月版)、平川彰《印度佛教史》(显如等译,贵州大学出版社 2013 年 8 月版)、佐佐木教悟等《印度佛教史概说》(杨曾文等译,复旦大学出版社 1981 年 10 月版)等书一致的推定。

婆薮开士（即世亲）的生平事迹，见本藏《大乘瑜伽部》。

本书是一部专破印度外道异执的著作，由瑜伽行派世亲作释，为隋唐三论宗所依据的根本经典"三论"（《中论》《百论》《十二门论》）之一。东晋僧肇在评论中观派"四论"时说："《百论》广破外道，《门论》广破小乘，《中论》具破内外，《智论》解释大乘"（唐法藏《十二门论宗致义记》卷上引）。相传，原书作于提婆遇害之前，为提婆的晚年著作。

关于《百论》的文本，古时有不同的二说。一说以姚秦僧肇《百论序》为代表，说："论（指《百论》）有百偈，故以百为名"，"论凡二十品，品各五偈，后十品，其人（指鸠摩罗什）以为无益此土，故阙而不传"。意思是说，《百论》因有一百偈而得名，分为二十品，每品各有五偈。因鸠摩罗什认为，后十品无益于东土，删略未译，故传今的本子只有前十品，而无后十品。此说为隋吉藏《百论疏》等所沿用。另一说以唐玄奘的弟子文轨《广百论疏》为代表，直斥僧肇之说为"谬也"，说："检寻梵本，但有十品。又此论（指《广百论》）有八品，品二十五颂，合二百颂，何得云论有百偈，故以百为名耶？"意思是说，检寻梵本，《百论》本来就只有十品，哪儿有二十品？故有关鸠摩罗什删译《百论》后十品的说法，不能成立。但仔细推究，玄奘从印度取经带回的只是《广百论》（提婆《四百论》后八品的单行本）梵本，而不是《百论》梵本，文轨又从哪儿得见《百论》梵本呢？僧肇是鸠摩罗什译经时的助手之一，《百论》翻译的参与者，他没有理由去虚构《百论》文本的情况，因为这在当时是人所皆知的事情，故他在《百论序》中的说法，当是确凿可信的。

《百论》有过二次翻译，译主均为鸠摩罗什。初译于弘始四年（402），译本由僧睿作序；重译于弘始六年（404），译本由僧肇作序。由于初译时，"什（鸠摩罗什）师初至，方言未融，（僧睿）为此作序,犹未中诣";重译时,"文义既正,(僧肇)作序亦好"(见隋吉藏《百论序疏》),故传今的是重译本。《百论》虽因偈句的数量而得名,但它所说的偈,是指"通偈"(又称"首卢偈"),即不论长行(散文),还是偈颂(诗体),只要满三十二字(即梵文三十二个音节),便是一偈;而不是四言、五言、六言、七言为一句,每一偈有四句的"别偈"。鸠摩罗什将偈句全都译为长行,故《百论》与《中论》不同,它是长行(散文)体著作,而非偈颂体著作。

全书分为十品,依次为《舍罪福品》《破神品》《破一品》《破异品》《破情品》《破尘品》《破因中有果品》《破因中无果品》《破常品》《破空品》。行文采用"外曰"(指外道)与"内曰"(指提婆)往复问答辩难的方式编纂。其中,在"外曰"、"内曰"之末,标注"修妬路"(意译"契经")者,均为提婆《百论》的原文,总计有三百二十八句;未标注者,均为世亲的注释(参见后面的引文)。论主以"二智"(指权智、实智)为宗,破邪显正,对外道数论派、胜论派等的各种异执,进行了细致的剖析与批判。初品《舍罪福品》为"显正",开示如来依福舍罪(止恶)、依空舍福(行善)的教说,后九品为"破邪",破斥外道的"有见"与"空见"。其中,第二品《破神品》,破斥外道"有见"中的"人我见";第三品《破一品》至第九品《破常品》,破斥外道"有见"中的"法我见";第十品《破空品》,破斥外道的"空见"。由于提婆撰的《百论》的"修妬路",旨趣幽简,一般人难以读懂理会,故全凭世亲的注释,才使沉隐的深义得以彰显,世亲注对《百论》的流传,起了极其重要的推动作用。本书的初首有姚秦僧肇撰的《百论序》;卷上的初首有世亲作的归敬颂,为七言八句,始"顶礼佛足哀世尊,于无量劫荷众苦",终"诸佛世尊之所说,并及八辈应真僧"。僧肇《百论序》(此序也载于《出三藏记集》卷十一,可作对勘),说:

《百论》者,盖是通圣心之津涂(途),开真谛之要论也。佛泥洹后八百余年,有出家大士,厥名提婆,玄心独悟,俊气高朗,道映当时,神超世表。……于时外道纷然,异端竞起,邪辩逼真,殆乱正道。(提婆)乃仰慨圣教之陵迟,俯悼群迷之纵惑,将远拯沉沦,故作斯论。……论有百偈,故以百为名。理致渊玄,统群籍之要;文旨婉约,穷制作之美。然至趣幽简,鲜得其门。有婆薮开士(指世亲)者,明慧内融,妙思奇拔,远契玄踪,为之训释。使沉隐之义,彰于徽翰;风味宣流,被于来叶。文藻焕然,宗涂(途)易晓。……有天竺沙门鸠摩罗什,器量渊弘,俊神超邈,钻仰累年,转不可测,常味咏斯论,以为心要。先(指《百论》初译)虽亲译,而方言未融,至(致)令思寻者踌躇于谬文,标位者乖迕于归致。大秦司隶校尉安成侯姚嵩……每抚兹文,所慨良多。以弘始六年岁次寿星,集理味沙门,与什(指鸠摩罗什)考校正本,陶练覆疏,务存论旨。使质而不野,简而必诣,宗致尽尔,无间然矣。论凡二十品,品各五偈,后十品,其人(指鸠摩罗什)以为无益此土,故阙而不传。(《大正藏》第三十卷,第167页下—第168页上)

一、《舍罪福品》(卷上)。论述依福舍罪(止恶)、依空舍福(行善)问题。

外道说,并非只有佛一人说"深净法"(指甚深清净的善法),故独称为"世尊",迦毗罗(又称"迦毗罗仙",数论派之祖)、优楼迦(又称"优楼佉",胜论派之祖)、勒沙婆(耆那教之祖)三位仙人和其他诸师亦说"深净法",也应称为"世尊"。迦毗罗的弟子,诵《僧佉经》(又名《数论经》),称"二十五谛"(指冥初自性、觉、我心、五微尘、五大、五知根、五作根、心平等根、神我)中的"净觉分"为善法；优楼迦的弟子，诵《卫世师经》（又名《胜论经》），称"六谛"（指主谛、依谛、作谛、总相谛、别相谛、无障碍谛；又译"六句"，指"实、德、业、有、同异、和合"）中的"求那谛"（即"依谛"）所说"日三洗，再供养火等"为善法；勒沙婆的弟子，诵《尼乾子经》，称"五热炙身，拔发等受苦法"为善法；还有诸师，称"行自饿法，投渊赴火，自坠高岩，寂默常立，持牛戒等"为善法。

对此，提婆破斥道，外道的这些"善法"，其实都是"邪见"；佛所说的善法，是"恶止善行法"。"恶止"就是"止恶"（即"止持戒"），它的体相为"息"，"息一切恶，是名止相"；"善行"就是"行善"（即"作持戒"），它的体相为"作"，"修一切善，是名行相"。之所以先说"恶止"，后说"善行"，是因为从修行次第来说，须"先除粗垢（指粗烦恼），次除细垢（指细烦恼），若行者不止恶，不能修善，是故先除粗垢，后染善法"，这好比欲染衣，须先浣衣，去除污垢，然后才能染上颜色。众生的根性有上、中、下三等不同，佛所说的教法也相应地分为三种，"下智人教布施，中智人教持戒，上智人教智慧"。但"布施"有"净施"（指为"爱敬利益他"而布施）、"不净施"（指为"求今世后世报"而布施）之分，不净施者为"下智人"；"持戒"有"净持戒"（指为"解脱得涅槃"而持戒）、"不净持戒"（指为"求乐报"而持戒）之分，不净持戒者为"中智人"；"智慧"有"净智"（指出离世界的"出世界智"，"世界"又译"世间"）、"不净智"（指为世界系缚的"世界智"）之分，净智者为"上智人"。求福报、舍罪报，都是行生死法；只有福报、罪报"俱舍"，全都舍弃，心不贪著，才是不行生死法。对修行者来说，须先"依福舍恶"，次依"无相智慧"，舍弃对福报的执著（即"舍福"），才能"受涅槃道"。如关于"舍福"问题，说：

外曰：若舍福不应作（修妒路——原注；以上为《百论》

的原文)。若福必舍，本不应作，何有智人空为苦事？譬如
陶家作器还破(以上为世亲的注释，以下同例)。内曰：生
道次第法，如垢衣浣染(修妒路——原注)。如垢衣先浣、后
净、乃染，浣净不虚也。所以者何？染法次第故，以垢衣不
受染故。如是先除罪垢，次以福德熏心，然后受涅槃道染。
外曰：舍福依何等(修妒路——原注)？依福舍恶，依何舍
福？内曰：无相最上(修妒路——原注)。取福人天中生，
取罪三恶道生，是故无相智慧最第一。无相名一切相不忆
念，离一切受，过去、未来、现在法，心无所著。一切法自性
无故，则无所依，是名无相。以是方便，故能舍福。何以故？
除三种解脱门(指空、无相、无愿解脱门)，第一利不可得。
(卷上《舍罪福品》，第170页中、下)

二、《破神品》(卷上)。破斥外道关于实有"神我"(指人有
恒常实在的主体，即灵魂)的观点。

外道说，"不应言一切法空、无相，神等诸法有故"。意思是
说，不应当说一切事物"空"、"无相"，因为"神"(指神我)等诸法
是实有的。数论派迦毗罗以"二十五谛"为宗，以"神"为主谛，说
"二十五谛"中，从"冥初自性"(又称"自性")生"觉"(又称"智
大")；从"觉"生"我心"(又称"我慢")；从"我心"生"五微尘"(又
称"五唯"，指色、声、香、味、触)；从"五微尘"生"五大"(指地、水、
火、风、空)；从"五大"生"五知根"(指眼、耳、鼻、舌、身知根)、"五
作根"(指口、手、足、小便、大便作业根)、"心平等根"(又称"心
根")等十一根；"神为主，常觉相，处中(指处十一根之中)常住，
不坏不败，摄受诸法"。也就是说，"二十五谛"中，前二十四谛是
诸法，最后一谛是"神我"，"神我"为主谛，它以"觉"(指感觉)为
体相，常住不坏，摄受诸法，是万物生成之因。胜论派以"六谛"

为宗,也以"神"为主谛,说"实有神常","神我"体现在出入息、视听、寿命等体相中,它是贪欲、瞋恚、苦乐、智慧等心理活动的所依之处。就"神"与"觉"的关系而言,《僧佉经》(数论派经典)主张"觉相是神",即"神"与"觉"为一体;《卫世师经》(胜论派经典)主张"知与神异",即"神"与"觉"为异体。

对此,提婆破斥道,如果"神"与"觉"为一体,那么,"觉无常故,神亦应无常",既然"觉"是无常的,怎么可以说"神"是"常"呢? 如果"神"与"知"为异体,那么,"知即能知,神复何用",既然"知"能自己觉知,那"神"又有什么用呢? 故"谛观察之,实无有神"。

三、《破一品》(卷上)。破斥外道关于"大有"与万物为一体的观点。

数论派说,"应有神,有、一、瓶等,神所有故"。意思是说,应当有"神"(神我),因为一切事物都具备"有"、"一"、"瓶"三法,它们是"神"所有法。此中,"有",又称"大有",指有性,它是宇宙万物的总称,体性是"常",与万物为一体,就"大有"与"二十五谛"的关系而言,"大有"是总相,而"二十五谛"是别相;"一"指数性,数字以一为始,一一累积乃至于万;"瓶"指物性,它是出行者随身携带的器物,随意举出,作为例子,用以代表个别事物。数论派主张"有"(有性)、"一"(数性)、"瓶"(物性)三法为一体,"瓶"就是"有",就是"一",其他事物也是如此。

对此,提婆破斥道,"神"是不可得的,这在前面已作过辨析,正因为"神"不可得,所以,"神"所有法也不可得,"有"、"一"、"瓶"三法,无论是一体("以一有"),还是异体("以异有"),都有过失。如果"瓶"是"有","衣等诸物,亦应是瓶",因为衣等诸物也是"有",也是"一",如此,宇宙万物都成了一物,即"瓶";再说,"有常故,一、瓶亦应常",因为"有"是"常",故"一"、"瓶"也应是

"常",而实际上,"一"、"瓶"是"无常"的。因此,"有"、"一"、"瓶"三法为一体说,是不能成立的。

四、《破异品》(卷下)。破斥外道关于"大有"与万物为异体的观点。

胜论派说,"有、一、瓶异"。意思是说,"有"(有性)、"一"(数性)、"瓶"(物性)三法为异体,但"异"分为"合异"、"别异"、"变异"三种,"合异者,如(六谛中)陀罗骠(又称主谛)、求那(又称依谛);别异者,如此人、彼人;变异者,如牛粪团变为灰团"。"有、一、瓶异"所说的"异",是指"合异"。"有"、"一"、"瓶"三法虽为异体,但能共合。"瓶"与"有"合,故"瓶"名为"有";"瓶"与"一"合,故"瓶"名为"一"。

对此,提婆破斥道,"若尔,多瓶",如果是这样的话,便成多瓶。因为此三法各有自体,如果"有"与"瓶"共合,便成"有瓶";"瓶"与"一"共合,便成"一瓶";原先的"瓶"也是"瓶",如此三法合异,就成了三瓶。外道辩解说,"有"是总相,不是瓶;"一"是求那(依谛),也不是瓶;"瓶"是陀罗骠(主谛),才是瓶,故"有"、"一"是显示瓶的,它们本身并不是瓶。提婆再破道,"若尔,无瓶",如果是这样的话,便没有瓶。因为瓶既不是"有",也不是"一",就成了"非有非一","非有非一"便是"空无"。

五、《破情品》(卷下)。破斥外道关于"情"、"尘"、"意"三法和合能生"知"的观点。

外道说,"定有我、我所,有法现前有故","情、尘、意合故知生,此知是现前知,是知实有故,情、尘、意有"。意思是说,必定有"我"(指神我)和"我所"(指神我所有法),因为"情"(指"五情",又称"五根",即眼、耳、鼻、舌、身)、"尘"(指"五尘",又称"五境",即色、声、香、味、触)、"意"(外道用指"心根",为"神我"之用)三法和合能生"知"。此"知"是"现前知",是"实有"的,故

"情"、"尘"、"意"也是实有的(隋吉藏《百论疏·破情品》说,此处之所以说"五情"、"五尘",不说"六情"、"六尘",是因为"外道不明从意根生意识,但言有心平等根,名之为意",故无"意根"、"法尘";"心平等根"指"二十五谛"中的"心根")。

对此,提婆破斥道,"情"、"尘"、"意"三法和合,不能生"知"。如果眼先"见色",然后"知生"(即产生"知"),那"知"又有什么用呢?如果先"知生",然后眼见色,那"知"又是从哪里来呢?如果"见色"与"知生"一时(同时),那就成了"知不待见,见不待知",同样不能成立。

六、《破尘品》(卷下)。破斥外道关于"五尘"为实有的观点。

外道说,"应有情,瓶等可取故"。意思是说,应有"五情",因为现见有瓶等诸物可以缘取(认知),瓶是由色、声、香、味、触"五尘"构成的,是可以"现见"的。

对此,提婆破斥道,如果是"五尘成瓶"(又称"五身为瓶"),那么,瓶的"五尘"皆应可见,但现今所见的只是瓶的"色","香"等四尘并不可见,而瓶并非独由"色"所成,见"色"不等于见瓶,故"瓶非现见"。外道辩解说,"瓶一分可见,故瓶名现见",认为瓶的一部分可见,另一部分不可见。提婆再破说,如果是这样的话,"瓶非尽可见",既然所见的只是瓶的一部分,而不是整体,又怎么能以"一分"(部分)代表"一切"(整体),而称见瓶呢?"诸法不住故,则无住时;若无住时,无取尘处",一切事物都处于不断的变化之中,由旧变新,没有停止的时刻,既无"住时",也就没有"现在时",怎么可能在现在时缘取"色"呢?故"色"是"不可得取"的。

七、《破因中有果品》(卷下)。破斥外道关于"因中有果"的观点。

　　数论派主张"因中有果"。认为,因中有果才能生果,"有不
失",凡是存在的东西都不消失,因中先有果,有因才有果,因果
为一体,果生因不失,如"二十五谛"从"冥初自性"生"觉",乃至
从"五大"(指地、水、火、风、空)生"心根"等十一根,从细生粗,因
果相生,都无所失;又如用泥团(因)做瓶(果),先做瓶底,次做瓶
腹,后做瓶口,前后为因果,"种种果生时,种种因不失"。因此,
"若因中无果,果则不生",正因为因变为果,果生而因不失,才有
诸法的生起。

　　对此,提婆破斥道,如果瓶(果)生时,泥团(因)不失,那瓶就
是泥团,瓶与泥团没有差别;如果瓶生时,失去泥团,那便是失
因,失因便是无因,无因则不应生果。从"形"(形状)、"时"(时
间)、"力"(作用)、"知"(认知)、"名"(名称)五方面考察,泥团与
瓶是不同的,这说明,因果非一体,果生因即失。再说,如果是因
为看到瓶是由泥团做成的,瓶成而泥不失,便称之为"因中有
果",那么,一旦瓶被打破,岂不是应说"因中无果"吗? 所以,"因
中有果"论是不能成立的。

　　八、《破因中无果品》(卷下)。破斥外道关于"因中无果"的
观点。

　　胜论派主张"因中无果"。认为,因中无果能生果,如果说诸
法从因缘而生,那诸法不是"因中先有"(即"因中有果")而生,就
是"因中先无"(即"因中无果")而生,二者必有其一;既然前面已
破"因中有果"而生,那么,就应肯定"因中无果"而生。

　　对此,提婆破斥道,"生、无生不生",意思是说,无论是已生
的,还是未生的事物,都不能生起其他事物。如果诸法是"因中
有果"而生,因果为一体,那就无须再生果;如果诸法是"因中无
果"而生,因果为异体,无因又怎能生果? 总之,"若因中有果,若
因中无果,物不生物",一切事物都是"不生"的。

九、《破常品》（卷下）。破斥外道关于"虚空"等是"常法"
（恒常不变之法）的观点。

外道说，"应有诸法，无因常法不破故"，"如虚空、时、方、微
尘、涅槃是无因法不破"。意思是说，诸法有"有因法"、"无因法"
之分，"有因法"从因生果，有生有灭，是无常法；"无因法"，不从
因生，不生不灭，是常法。"虚空"、"时"（时间）、"方"（方位）、"微
尘"、"涅槃"五法，是"无因"的"常法"（前四种是世间常法，后一
种是出世间常法），它们是不可破坏的，是实有的。以"虚空"为
例，"定有虚空法，常亦遍，亦无分，一切处、一切时，信有故"，故
必定有虚空法，它是恒常的，遍一切处、一切时的，是不可分割
的，世人都相信的。

对此，提婆破斥道，"常法"是非实有的，"虚空"也是如此。
如诸法各有自己体相，通过这些体相，才能知道有诸法，如"地"
有坚相，"水"有湿相，"火"有热相，"风"有动相，"识"有知相，而
"虚空"是无相的，"无相，故无虚空"。外道辩解说，"虚空"也是
有体相的，"无色"是虚空相。提婆再破说，如果是这样的话，在
"色"未生时，应当无虚空相，所以，"非无色是虚空相，但有名而
无实"。如关于对外道所执"涅槃"是"常法"观点的破斥，说：

外曰：有涅槃法常，无烦恼、涅槃不异故（修妒路——
原注）。爱等诸烦恼永尽，是名涅槃。有烦恼者，则有生死，
无烦恼故，永不复生死，是故涅槃为常。内曰：不然。涅槃
作法故（修妒路——原注），因修道故，无诸烦恼；若无烦恼，
是即涅槃者，涅槃则是作法，作法故无常。复次，若无烦恼，
是名无所有，若涅槃与无烦恼不异者，则无涅槃。……外
曰：谁得涅槃（修妒路——原注）？是涅槃何人得？内曰：
无得涅槃（修妒路——原注）。我先说如灯灭，不可言东去、

南西北方、四维上下去。涅槃亦如是,一切语灭,无可论说,是无所有,谁当得者? 设有涅槃,亦无得者。若神得涅槃,神是常是遍故,不应得涅槃。五阴亦不得涅槃,何以故? 五阴无常故,五阴生灭故。如是涅槃当属谁? 若言得涅槃,是世界中说(卷下《破常品》,第 180 页下—第 181 页上)

十、《破空品》(卷下)。破斥外道执著"空"为有的观点。

外道说,"应有诸法,破有故;若无破,余法有故"。意思是说,"空"是能破,"一切法"是所破,你(指论主提婆)以"空"破有,如果能破的"空"是有的话,则不应说所破的一切法为"空",因为"破有故,不名破一切法";反之,如果能破的"空"是无的话,就应当承认一切法是有的,"若无破,一切法有"。

对此,提婆破斥道,"破如可破","破"也是可破的,不能执著,以"空"破有,"空"亦应"空"。又说,"我实相中,种种法门说有无皆空,何以故? 若无有,亦无无,是故有无一切无";"诸佛说法,常依俗谛(指世俗的真理)、第一义谛(指殊胜的真理),是二皆实,非妄语也","俗谛于世人为实,于圣人为不实"。

本书的注疏有:隋吉藏《百论疏》三卷(见存)、现代刘峰《百论释义》(收入《刘峰著作全集》,社会科学文献出版社 2013 年 7 月版)等。

北魏菩提流支译《百字论》一卷

《百字论》,一卷。印度提婆造,北魏菩提流支译,约译于北魏永平元年(508)至东魏天平二年(535)之间。隋法经等《众经目录》卷五著录(译经时间据唐智升《开元释教录》卷六)。载于《丽藏》"命"函、《宋藏》"临"函、《金藏》"命"函、《元藏》"临"函、《明藏》"逸"函、《清藏》"逸"函、《频伽藏》"暑"帙,收入《大正藏》

第三十卷。

　　菩提流支(约六世纪),又作"菩提留支"(北魏杨衒之《洛阳伽蓝记》卷四、隋费长房《历代三宝纪》卷九、唐道宣《续高僧传》卷一等作"菩提流支";隋法经等《众经目录》卷五、唐智升《开元释教录》卷六等作"菩提留支"。从北魏昙摩流支、东魏般若流支、隋毗尼多流支"等名均译作"流支"来看,当以"菩提流支"为正),意译"道希",北天竺(印度)人。遍通三藏,妙入总持(又称"陀罗尼"、"咒语")。据《金刚仙论》卷十说,弥勒世尊(又称"弥勒佛")"作《金刚般若经义释》(指《金刚般若经论》)并《地持论》,赍付无障碍比丘(即无著),令其流通";"天亲(即世亲)既从无障碍比丘边学得,复寻此经论之意,更作偈论(指《能断金刚般若波罗蜜多经论释》,由八十偈及长行论释构成),广兴疑问,以释此经(指《金刚般若经》)";"复以此论,转教金刚仙论师等;此金刚仙,转教无尽意;无尽意复转教圣济;圣济转教菩提留支(又称"菩提流支"),迭相传授,以至于今,殆二百年许,未曾断绝"。由此可知,菩提流支为大乘瑜伽行派的传人,其师承是:弥勒——无著——世亲——金刚仙——无尽意——圣济——菩提流支,为世亲的四传弟子。

　　北魏永平元年(508),菩提流支携带梵经,经西域,来到洛阳,深受宣武帝的敬重,敕住永宁寺。不久,奉敕在太极殿与勒那摩提、佛陀扇多同译《十地经论》,被推尊为"译经之元匠"。《十地经论》译出之后,菩提流支、勒那摩提各自讲学授徒。北魏分裂为分东魏、西魏以后,菩提流支随东魏迁居邺城(北魏时为相州的治所,今河北临漳)。在邺城,菩提流支的弟子道宠,创立了以研习《十地经论》为主的地论学派中的"相州北道派"(又称"北道派",因住在相州进洛阳的北道而得名);勒那摩提的弟子慧光,创立了相对立的"相州南道派"(又称"南道派",因住在相州进洛阳的南道而得名),形成了地论学派中的二大派。据唐湛然《法华玄义释签》卷十八说,"相州北道,计阿黎耶以为依持;相州南道,计于真如以为依持,此二论师俱禀天亲(即世亲),而所计各异",也就是说,北道派主张,由"阿黎耶识"(又称"阿赖耶识",意译"藏识",即第八识)生起一切事物,而南道派则主张,由"真如"(指宇宙万有真实不变的本体)生起一切事物。此外,菩提流支还建立了自己的"判教"(又称"教相判释",指对佛说各种教法的性质、地位所作的判释)学说,即"一音教",认为佛所说的一切教法为"一圆音教",佛以一音说法,而众生因根器不同,随类各得异解。如唐法藏《华严经探玄记》卷一说:"后魏菩提留支立一音教,谓一切圣教唯是如来一圆音教,但随根异故,分种种。如经(云),一雨所润等。又经云,佛以一音演说法,众生随类各得解等。"它也成为南北朝时流传的各种判教理论之一。

　　菩提流支从北魏永平元年(508)至东魏天平二年(535),前后译经二十余年。所译的佛经,隋费长房《历代三宝纪》卷九、唐道宣《续高僧传》卷一均依《李廓录》,著录为"三十九部一百二十七卷";唐智升《开元释教录》卷六勘定为"三十部一百一卷"(去除了原先列于菩提流支名下,实为般若流支译的《奋迅王问经》等五部七卷、毗目智仙译的《宝髻菩萨四法经论》等三部三卷、般若流支撰的《众经论目录》一部一卷)。其中,《金刚般若波罗蜜经》《胜思惟梵天所问经》《深密解脱经》《入楞伽经》《十地经论》《弥勒菩萨所问经论》《大乘宝积经论》《金刚般若波罗蜜经论》《妙法莲华经优波提舍》《无量寿经优波提舍》等二十九部九十七卷见存;《宝性论》一部四卷阙本(今存的《究竟一乘宝性论》四卷,题作"后魏中印度三藏勒那摩提译")。此外,藏经中还有"《金刚仙论》十卷",卷题"魏天平二年菩提流支三藏于洛阳译",但唐智升《开元释教录》卷十二认为,"寻阅文理,乃是元魏三藏

菩提留支所撰,释天亲论","非梵本翻传"。也就是说,此论并非
是译本,而是菩提流支撰写的解释世亲《金刚般若波罗蜜经论》
的著作,故不应计入译典之数。生平事迹见唐道宣《续高僧传》
卷一、智升《开元释教录》卷六、北魏杨衒之《洛阳伽蓝记》卷
四等。

　　本书是《百论》的纲要书,为提婆所撰的"百"字系列著作
(《四百论》《百论》《百字论》)中,篇幅最短,成书最晚的一部书,
相传是提婆遇刺临终前所作。《百字论》所说的"百字",是指梵
文一百个音节,并非指一百个汉字。菩提流支所译的《百字论》,
并非是只有梵文百字(音节)的原始文本,而是收有《百字论》本
颂(指原颂)和提婆弟子释文的注释本。全书分为二部分。前部
分是长行,即《百字论》的注释,约四千字,采用"外曰"(代表外道
异说)与"内曰"(代表论主提婆的观点)之间往复问答辩难的方
式编纂,所出的外道异执,包含它的因明论式。后部分是偈颂,
前四颂半(每颂五言四句;半颂指二句)为《百字论》注释的结颂,
后五颂半为《百字论》的本颂。作者以破斥外道的"一切诸法(事
物)各有自相"说为宗,对外道数论派、胜论派在诸法一相与异
相、有相与无相、因与果、根与尘、有为法与无为法、空与不空等
问题上的各种执见,作了破斥;对诸法实相和观行正轨,作了阐
述。书首有归敬颂,为七言四句,始"我今归依聪睿师,厥名提婆
有大智",终"能以百字演实法,除诸邪见向实相"。

　　本书有藏文译本,但藏文译本《百字论》只有本颂,没有注
释,书题"龙树菩萨著",这是不确切的。因为汉译本《百字论》的
归敬颂,称提婆为所归依的"聪睿师",显然是弟子的语气;附出
的《百字论颂》的末句,又说"此是《百字论》,提婆之所说"。由此
可以推知,本书的本颂为提婆所作;归敬颂、长行注释和结颂,则
为提婆的弟子所作。

一、前部分。为长行，始"说曰：何故造论？为破我见等，一切诸法各有自性"，终"不取于无有，得证寂灭道"，为《百字论》的长行注释。所有破斥的外道异执，主要有。(1)"一切法一相"。指"如瓶衣等，物体各有一"。(2)"一切法异相"。指"如象驼鹿马，如是等类，其相各异"。(3)"一切法有"。指"(如)瓶衣等物现有用故，当知一切法皆是有相"。(4)"一切法无"。指"如热时炎，自无体相，何况而有，少水可得，以是因缘故，一切法无一尘相可得"。(5)"一切法有因"。指"现有瓶衣等用故，则知一切法皆从因生"，"非以一法为因，能生多法，而物各有因"。(6)"有我法"(指我所法)。指"有我法故，因果则还成"。(7)"有我"。指"瓶衣等物，是我所故，当知有我"。(8)"因中先有果"。指"我法常有故，因中有果，微细不现，以先有故，后得成大"。(9)"因中先无果"。指"因中先无，而后果生"。(10)"有有为法"。指"有生、住、灭有为三相"。(11)"有无为法"。指"若有有为，则有无为，有为、无为成故，一切法亦成"。(12)"一切法不如梦"。指"今见取瓶不取余物，以名有定故，当知一切法不如梦"。其内容大致相当于《百论》中，除初品《舍罪福品》以外的其余九品(《破神品》至《破空品》)的一部分。

二、后部分。为偈颂，前四颂半，始"说曰：大人平等相，心无有染著"，终"不取于无有，得证寂灭道"，为《百字论》注释的结颂；后五颂半，始"一切法无一，如是法无异"，终"此是《百字论》，提婆之所说"，为《百字论》的本颂。如关于《百字论》本颂，说：

　　一切法无一，如是法无异，云何是有相？因法则无体。非相形而有，自是法不然，汝法则不成，如此不用因。汝当说体相，一则是有过，若尔则无体，五情不取尘。色法有名字，所见亦无体，以有不须作，彼法无有生。有为法无体，如此亦有方,等如梦无异,相亦无有异。此是《百字论》,提婆之所说(以上为《百字论》偈颂)。(《大正藏》第三十卷,第252页下)

近世学者据藏文本《百字论》汉译,《百字论》本颂的译文是:

诸法非一体,异体亦如是,所立有自性,无性应成立。诸法非有因,非者相待故,汝许则非有,声表不能立。立因无意义,所言有自性,则有一体过,异体是无法。无能取功能,瓶法非可见,有者不须作,有无等非生。无有有为法,无为唯一方,世谛与梦同,名者非实法。与所立相同,《百字论》圆满。(任杰译《古印度中观论著九种·百字论颂》)

通过对比,可以看出,从藏文转译的《百字论》本颂,在语意表述上,较菩提流支所译本,更为准确。它就是《百字论》所说的"百字"。

本书的注疏有:现代吕澂《百字论释》(收入《吕澂佛学论著选集》,齐鲁书社1991年7月版)。

唐玄奘译《广百论本》一卷

《广百论本》,又名《广百论颂》,一卷。印度圣天(即"提婆")造,唐玄奘译,永徽元年(650)译出。唐道宣《大唐内典录》卷五著录(译经时间见《开元释教录》卷八)。载于《丽藏》"阴"函、《宋藏》"是"函、《金藏》"阴"函、《元藏》"是"函、《明藏》"造"函、《清藏》"造"函、《频伽藏》"暑"帙,收入《大正藏》第三十卷。

本书是《四百论》全本十六品中后八品的偈颂集。书名《广百论本》所说的"广百",意指《百论》的增广之作。《四百论》为提婆所撰"百"字系列著作(《四百论》《百论》《百字论》)中,篇幅最长的一部书。其名,始见于姚秦鸠摩罗什译《提婆菩萨传》,传称

提婆在南天竺王都的辩论会上，大败外道以后，"出就闲林，造
《百论》二十品，又造《四百论》，以破邪见"。《四百论》有十六品，
每品二十五颂，总计四百颂。在流传过程中，除全本流通以外，
还分作前后二篇各别流通。前八品为前篇，又称"说法百论"，由
《明破常执方便品》《明破乐执方便品》《明破净执方便品》《明破
我执方便品》《明菩萨行品》《明断烦恼方便品》《明人远离贪著欲
财方便品》《净治弟子品》八品组成，论述依于"世俗谛"（指世俗
的真理）的修行问题，其内容大致相当于《百论》的初品《舍罪福
品》的增广；后八品为后篇，又称"论议百论"，由《破常品》《破我
品》《破时品》《破见品》《破根境品》《破边执品》《破有为相品》《教
诫弟子品》八品组成，论述依于"胜义谛"（指殊胜的真理）的修行
问题，其内容大致相当于《百论》的第二品《破神品》至第九品《破
常品》的增广。《四百论》的后篇称为《广百论》，《广百论》有瑜伽
行派论师护法为之作释，容易理解，故影响也就更大，玄奘在印
度受学的就是《广百论》。由此，玄奘回国以后，只译了《广百论》
本颂和护法的注释《大乘广百论释论》。《四百论》的全本，唯有
藏文译本传世，后由法尊等人译为汉文。

　　本书分为八品，始《破常品》，终《教诫弟子品》，每品二十五
颂，共收录二百颂。其中，前七品为破邪，破斥外道（偶及小乘）
在"虚空"、"极微"、"涅槃"、"神我"、"时"、"有无"、"有无"、"因
果"、"根境"、"有为相"等问题上的各种执见；后一品为显正，论
述大乘的胜义空理论。据唐文轨《广百论疏》卷一判释，《广百
论》前七品中，"前之两品（指《破常品》《破我品》）破常，后之五品
（指《破时品》至《破有为相品》）破无常。破常中，前之一品（指
《破常品》）总破诸常（指《破常品》），后之一品（指《破我品》）别破
我常"（《大正藏》第八十五卷，第782页下）。此中，文轨将《破时
品》列为"破无常"，似不确切。因为据同书所记，胜论外道立实、

德、业、有(又称"大有")、同异、和合"六句义"(《佛光大辞典》等作"实、德、业、同、异、和合",误),其中"实"句有地、水、火、风、空(虚空)、时、方、意、我九法,"虚空、时、方、意、我五实(法),一向是常;地、水、火、风通四大,通常、无常"(第783页中、下),由此可见,"时"为胜论派所说的五种恒常实有之法之一,故《破时品》应列为"破常",而不是"破无常"。

一、《破常品》。破斥外道关于"虚空"等是"常法"(恒常实有之法)的观点。所收的偈颂有:"一切为果生,所以无常性,故除佛无有,如实号如来";"无有时方物,有性非缘生,故无时方物,有性而常住";"愚夫妄分别,谓空等为常,智者依世间,亦不见此义";"不见有诸法,常而是有对,故极微是常,诸佛未曾说";"究竟涅槃时,无蕴亦无我,不见涅槃者,依何有涅槃"等。

外道说,"虚空"、"极微"(指最微细、不可再分的物质元素)、"涅槃"等是恒常实有之法。对此,提婆破斥道,一切有为法都是从缘生果的,因而皆无"常性"(恒常的体性);任何时间、地点都无"有性"(有自性)而"非缘生"(不从因缘而生)的事物,故不存在有自性而常住之物;愚夫迷妄分别,称"虚空"等法是恒常实有的,而智者即使依世间的现量(指感觉,即对事物自相的认识)或比量(指推理,即对事物共相的认识),也不见有此义;不见有诸法是常住而有对碍的,故"极微"也不是"常法";证入究竟涅槃时,没有"五蕴",也没有"我"(指人有恒常实在的主体),既然不见有现证涅槃者,又依何而说有涅槃呢?

二、《破我品》。破斥外道关于"我"(又称"神我")是"常法"的观点。所收的偈颂有:"我即同于身,生生有变易,故离身有我,常住理不然";"若谓我思常,缘助成邪执,如言火常住,则不缘薪等";"常法非可恼,何舍恼解脱,是故计我常,证解脱非理"等。

外道说，"我"是恒常实有之法。对此，提婆破斥道，如果有"我"，那它就与身体一样，生生世世都有变易，说离身有"我"，常住不变，于理不通；如果"我"是有意志的"常法"，那么，它在缘取外境时，就无须借助于眼等诸根，若需借助于眼等诸根，就是邪执，这就好比火为常住，就无须借助于薪柴等助缘一样；如果"我"是"常法"，就不可能有损恼，如果没有损恼，又如何舍除烦恼而得解脱呢？故计执"我"为常法，又说"我"能证得解脱，是互相矛盾的。

三、《破时品》。破斥外道关于"时"为实有的观点。所收的偈颂有："瓶等在未来，即非有过现，未来过现有，便是未来无"；"去来如现有，取果用何无，若体恒非无，何为不常住"等。

外道说，"时"是恒常实有之法。对此，提婆破斥道，"时"并非是恒常一体之法，以瓶为例，如果瓶等诸法在未来时，就没有过去、现在时，反之，如果在过去、现在时，就没有未来时；如果诸法在过去、未来时，如同现在时一样为实有，那为何诸法有生有灭呢？如果"时"的体性是恒常实有的，那它为何不常住，而成为无常迁流的三时呢？

四、《破见品》。破斥外道在修行上的邪见。所收的偈颂有："婆罗门离系，如来三所宗，耳眼意能知，故佛法深细"；"婆罗门所宗，多令行诳诈，离系外道法，多分顺愚痴"；"略言佛所说，具二别余宗，不害生人天，观空证解脱"等。

外道依邪见，修邪行，对诸法性空之说，心生怖畏。对此，提婆破斥道，婆罗门以习诵虚言为道，耳识能知；离系外道（又称"耆那教"）以露形、自苦为道，眼识能知；如来圣教以证得无上菩提，利益一切众生为道，意识能知，理教意趣，甚深微细。婆罗门所宗的教法，多为诳诈之行，诵习明咒，诈现异相；离系外道所宗的教法，多为愚痴之行，为贪图后世的乐报，现受剧苦；如来所说的教法,略有两种:一是不损害众生,修善积德,以生人、天善趣,二是观察诸法性空,而证得涅槃解脱。

五、《破根境品》。破斥外道关于"根"、"境"为实有的观点。所收的偈颂有:"于瓶诸分中,可见唯是色,言瓶全可见,如何能悟真";"诸法体相用,前后定应同,如何此眼根,不见于眼性";"眼中无色识,识中无色眼,色内二俱无,何能合见色";"诸法如火轮,变化梦幻事,水月彗星响,阳焰及浮云"等。

外道说,"五根"(指眼、耳、鼻、舌、身)能缘取"五境"(又称"五尘",指色、声、香、味、触),它们都是实有的。对此,提婆破斥道,以眼见瓶为例,瓶(指个别事物)是由"五尘"构成的,眼所见的"色"只是瓶的一部分,并非全部,怎么可以说眼能见全瓶呢;一切事物的"体"(体性)、"相"(相状)、"用"(作用),前后应当是相同的,如果眼根具有能见的自性,那它就应当能见一切事物,包括自身,为什么眼根并不能看见它自己呢;眼等诸根是由四大种(指地、水、火、风)所造的,眼根中没有能了别色境的"识","识"中也没有能缘取色境的眼根,既然"根"、"识"二法皆无,又怎么可能由"根"、"境"、"识"三法和合而见到色境呢;缘起诸法如同火轮、变化、梦幻、水中月、彗星、回响、阳焰、浮云,虽有假相而无实体。

六、《破边执品》。破斥外道关于因缘所生法为实有的观点。所收的偈颂有:"诸法若实有,应不依他成,既必依他成,定知非实有";"离别相无瓶,故瓶体非一,一一非瓶故,瓶体亦非多";"审观诸法时,无一体实有,一体既非有,多体亦应无";"于相续假法,恶见诸真常,积集假法中,邪执言实有"等。

外道说,"诸法皆三性",一切事物皆有"有"(又称"大有",指有性)、"一"(指数性)、"物"(《百论》作"瓶",指物性)三性,三性为一体,不仅瓶是实有的,构成瓶的"色"等支分(成分)也是实有

的。对此，提婆破斥道，如果诸法是实有的话，就不应依靠其他
因缘而得以生成，如果必须依靠其他因缘而得以生成，就说明它
们一定不是实有的；离开"色"等五尘别相，就没有瓶体，故瓶体
并非一体(一个自体)，而分别"色"等五尘，每一尘也不是瓶体，
故瓶亦非多体(多个自体)；仔细观察诸法，没有一种事物是一体
实有的，也没有一种事物是多体实有的；诸法前灭后生，展转相
续，为依相续假立之法，只有恶见才说它们是真常的；诸法依托
因缘，虚假集成，为依积集假立之法，只有邪执才说它们是实有
的。如关于对外道所执诸法实有说的破斥，说：

> 诸法若实有，应不依他成，既必依他成，定知非实有。
> 非即色有瓶，非离色有瓶，非依瓶有色，非有瓶依色。……
> 离别相无瓶，故瓶体非一，一一非瓶故，瓶体亦非多。……
> 诸法众缘成，性羸无自在，虚假依他立，故我法皆无。……
> 识为诸有种，境是识所行，见境无我时，诸有种皆灭。(《大
> 正藏》第三十卷，第 185 页上、中、下)

七、《破有为相品》。破斥外道关于"三有为相"为实有的观
点。所收的偈颂有："若本无而生，先无何不起，本有而生者，后
有复应生"；"生住灭三相，同时有不成，前后亦为无，如何执为
有"；"有不生有法，有不生无法，无不生有法，无不生无法"等。

外道说眼见"有为法"有生、住、灭三种体相("三有为相")，
由此可知"有为法"是实有的。对此，提婆破斥道，如果诸法在因
位无果("因中无果")，至果位生果，既然本来无有，又如何能生
呢？如果诸法在因位有果("因中有果")，至果位生果，既然本来
已有，又为何要再生呢；"有为法"的三相，是依事物所处的初位
(生)、中位(住)、后位(灭)三位施设的，不能同时存在(指有初位
"生"，则无中位"住"、后位"灭"；有中位"住"，则无初位"生"、后

位"灭";有后位"灭",则无初位"生"、中位"住"),而三相是相待而有(即相互依赖而存在)的,若无其他二相,已有的一相也就无法独立自存,怎么可以执著它们是实有的呢;"有法"(指有体法,即有自体的事物)不能生"有法","有法"也不能生"无法"(指无体法,即无自体的事物),"无法"不能生"有法","无法"也不能生"无法",因此,一切事物都是"不生"的。

八、《教诫弟子品》。论述"有"、"无"俱遣问题。所收的偈颂有:"由少因缘故,疑空谓不空,依前诸品中,理教应重遣";"能所说若有,空理则为无,诸法假缘成,故三事非有";"有非真有故,无亦非真无,既无有真无,何有于真有"等。

外人追逐妄有,怖畏深空,认为诸法是不空的。对此,提婆破斥道,如果能说(人)、所说(事)、言辞(义)三事是有的话,诸法性空之理就应成为无,不能成立,但诸法是依缘假立的,能说、所说、言辞三事也是依缘假立的,并无自性,故诸法性空之理是能成立的;一切事物的"有"不是"真有","无"也不是"真无",既然没有"真无",又从哪里来"真有"呢? 所以,说诸法为"有"、为"无",皆是世俗言语,在胜义理中,"有"、"无"俱遣。

本书的注疏有:唐玄奘译《大乘广百论释论》十卷等。

唐玄奘译《大乘广百论释论》十卷

《大乘广百论释论》,又名《广百论释论》《广百论》,十卷。印度圣天(即"提婆")造颂、护法作释,唐玄奘译,永徽元年(650)译出。唐道宣《大唐内典录》卷五著录(译经时间见《开元释教录》卷八)。载于《丽藏》"是"函、《宋藏》"兢"函、《金藏》"是"函、《元藏》"兢"函、《明藏》"廉"函、《清藏》"廉"函、《频伽藏》"往"帙,收入《大正藏》第三十卷。

护法的生平事迹,见本藏《大乘瑜伽部》。

　　本书是《广百论》的注释书,为瑜伽行派护法所作。全书依《广百论》的结构和叙次,分为《破常品》《破我品》《破时品》《破见品》《破根境品》《破边执品》《破有为相品》《教诫弟子品》八品,前七品为破邪,从书中提到“外道”有九十七处,而提到“小乘”仅五处来看,所破的对象主要是外道异执;后一品为显正,开示大乘正理。行文采用“颂曰”(《广百论》本颂)与“论曰”(护法注释)对应编排的方式编纂。文中对“数论外道”、“胜论外道”、“顺世外道”、“记论外道”(又称“声论外道”)、“离系外道”(又称“耆那教”)、“邪命外道”的各种观点,作了详细的叙列和破斥,包括辩论双方(立论者与敌论者)采用的因明论式(参见唐文轨《广百论疏》卷一的标注)。书首有护法撰的归敬颂,为七言四句,始“稽首妙慧如日轮,垂光破暗开净眼”,终“远布微言广百论,百圣随行我当释”;书末有玄奘写的译后语与回向偈(为七言四句)。译后语说,“三藏法师(指玄奘)于鹫岭北(指摩揭陀国王舍城耆阇崛山之北)得闻此论(指《大乘广百论释论》),随听随翻”,由此可见,玄奘在印度时,《四百论》已分作二部分流通,所以护法只注释了后八品,玄奘也只译了后八品。

　　一、《破常品》(卷一至卷二)。解释《广百论·破常品》二十五颂,破斥外道关于“虚空”等是“常法”(恒常实有之法)的观点。

　　二、《破我品》(卷二至卷三)。解释《广百论·破我品》二十五颂,破斥外道关于“我”(又称“神我”)是“常法”的观点。如关于对外道所执“神我”常住说的破斥,说:

　　　　颂曰:我即同于身,生生有变易,故离身有我,常住理不然(以上为《广百论》偈颂)。

　　　　论曰:若我先造种种行业,后方领受种种果报,是则此我体应转变,因必有转变,果有差别故。……(我)若能造受种种业果,则应同身生生变易,非天授等身无变易。先能造作善、恶二业,后能领受苦、乐两果,是故我体同所依身,能造受故,生生变易。有变易故,则有生灭,生灭相应,岂得常住? 又所执我不离身业,有情数(据众生之类)摄,体非常故,如所依身,是故执我常住离身,能为作者,及为受者,生死轮回,皆不应理,以离身等无别用故(以上为护法的解释)。(卷二《破我品》,《大正藏》第三十卷,第 197 页上)

三、《破时品》(卷四至卷五)。解释《广百论·破时品》二十五颂,破斥外道关于"时"为实有的观点。

四、《破见品》(卷六)。解释《广百论·破见品》二十五颂,破斥外道在修行上的邪见。

五、《破根境品》(卷七)。解释《广百论·破根境品》二十五颂,破斥外道关于"根"、"境"实有的观点。如关于对外道所执"境相"实有说的破斥,说:

　　颂曰:瓶所见生时,不见有异德,体生如所见,故实性都无(以上为《广百论》偈颂)。

　　论曰:瓶等烧时,有赤色等诸德相起,现见异前,除此更无实句(指胜论派"六句义"中的"实句")瓶体,与未烧位差别而生。瓶等实句,若别有体,应如德句(指"六句义"中的"德句")有异相,起能烧、所烧、和合等位,既无有别实句相生,应如空等,非实有性,亦非色根(指眼、耳、鼻、舌、身等五根)所取境界,但是分别意识所知,世俗谛收,假而非实。……今当总破外道余乘遍计所执一切境相。谓彼境相,略有二种:一有质碍,二无质碍。有质碍境,皆可分析,有质碍故,如舍如林,析即归空,或无穷过,是故不可执为实有;无质碍境,亦非实有,无质碍故,犹若空花。又所执境,略有二

种：一者有为，二者无为。诸有为法从缘生故，犹如幻事，非
实有体；诸无为法亦非实有，以无生故，譬似龟毛。……由此
道理，一切所执，若有若无，皆非真实。诸有智者，应正了知，
有、无等境，皆依世俗，假立名相，非真胜义（以上为护法的
解释）。（卷七《破根境品》，第 224 页下—第 225 页上）

六、《破边执品》（卷八）。解释《广百论·破边执品》二十五
颂，破斥外道关于因缘所生法为实有的观点。

七、《破有为相品》（卷九）。解释《广百论·破有为相品》二
十五颂，破斥外道关于"三有为相"为实有的观点。

八、《教诫弟子品》（卷十）。解释《广百论·教诫弟子品》二
十五颂，论述"有"、"无"俱遣问题。

本书是又一部由瑜伽行派论师撰写的、注解中观派经典的
著作，究其原因。一是龙树、提婆既是中观派的创始人，也是大
乘各派共同的先驱，瑜伽行派论师从无著、世亲到护法等，都尊
之为前辈，对他们的著作加以研习，也在情理之中；二是龙树《中
论》《十二门论》、提婆《百论》等著作的主题都是"破邪显正"，正
破外道，旁破小乘，而这也是瑜伽行派共同的论敌，故对这些著
作加以阐释，也是本派学说发展的需要。

本书的注疏有：唐文轨《广百论疏》十卷（今仅存卷一）。

第十一品　　北魏菩提流支译《提婆菩萨破
楞伽经中外道小乘四宗论》一卷
附：北魏菩提流支译《提婆菩萨释楞伽
经中外道小乘涅槃论》一卷

《提婆菩萨破楞伽经中外道小乘四宗论》，又名《破外道小乘

四宗论》《外道小乘四宗论》《破外道四宗论》，一卷。印度提婆造，北魏菩提流支译，约译于北魏永平元年（508）至东魏天平二年（535）之间。隋法经等《众经目录》卷五著录（书名作《破外道四宗论》；译经时间据唐智升《开元释教录》卷六）。载于《丽藏》"命"函、《宋藏》"临"函、《金藏》"命"函、《元藏》"临"函、《明藏》"逸"函、《清藏》"逸"函、《频伽藏》"暑"帙，收入《大正藏》第三十二卷。

本书是一部破斥外道四宗在诸法因果问题上所持四种执见的著作。从古代佛经目录的著录来看，本书的最初名称为《破外道四宗论》（见隋法经等《众经目录》卷五、费长房《历代三宝纪》卷九等），并无"楞伽经"、"小乘"等字；至唐智升《开元释教录》卷六，始在书名上增列"小乘"，作《破外道小乘四宗论》；至唐玄逸《大唐开元释教广品历章》卷十七，又将书名增益为《提婆菩萨破楞伽经中外道小乘四宗论》，此名为后来的《明藏》《清藏》和《大正藏》所采用，成为流通本的名称。就本书的翻译而言，它确实是菩提流支据梵本译出的，不存在真伪问题；但就本书的作者而言，书题"提婆菩萨造"，是有疑问的。因为本书所说的外道四执，是根据菩提流支译《入楞伽经》卷三《集一切佛法品》所说的、外道对诸法因果持"一、异、俱、不俱"四种执见演绎而来，而《入楞伽经》未见于龙树《大智度论》《十住毗婆沙论》等书引用，是龙树、提婆以后才出现的中期大乘经，由此可以推断，本书不可能为提婆所撰（参见吕澂《印度佛学源流略讲》、日本平川彰《印度佛教史》等），很可能是由提婆的后学托名编撰的著作。全书采用"问曰"与"答曰"对应编排的方式编纂，对外道四执在理论上的错误与矛盾，作了揭示与批驳。

书中所破的外道四宗，指的是：（1）"外道僧佉论师"（又称"迦毗罗优楼佉外道"）。指数论派论师持"一切法一"说，认为一切事物为"一"(一体),如因果一体,因中有果;"我"(指神我)与"觉"二法为一体,"我离觉我不可得,离我觉不可得"。(2)"外道毗世师论师"(又称"迦那陀外道")。指胜论派论师持"一切法异"说,认为一切事物为"异"(异体),如因果异体,因中无果;"我与觉异亦如是,此是我,此是智故"。(3)"外道尼犍子论师"。指耆那教初祖勒沙婆持"一切法俱"说,认为一切事物为"亦一亦异"(既可为一体,也可为异体),如因中亦有果亦无果;"我与觉不可说一、不可说异,复有异义,可说一、可说异故"。(4)"外道若提子论师"。指耆那教的中兴之祖尼乾陀若提子持"一切法不俱"说,认为一切事物为"非一非异"(指既非一体,又非异体),如因中非有果非无果;"一切法不可说一、不可说异,以二边见过故。以说一、异、俱论师等皆有过失故,智者不立如是三法"。如关于对迦那陀外道论师所执"一切法异"论的破斥,说:

> 问曰。迦那陀外道论师言:一切法异者,我与觉异,以说异法故,此是我,此是觉,如白氎(指细棉布),此是白,此是氎故。答曰:此义不然,以无譬喻故。如人说言:此是手,此是指掌,彼人虽说此语,不能说异法,是故不得言我、觉异。……若白灭者,氎亦应灭;氎不灭者,白亦不应灭。问曰:此义不然,依彼法,有此法,譬如画壁,依壁有画,壁灭画亦灭,画灭壁不灭,我白灭氎不灭义,亦如是。答曰:汝此譬喻事不相似。壁是先有,画是后作,而彼白氎,起无前后,不可得言此白先有,氎是后作。已答外道卫世师论师一切法异义竟。(《大正藏》第三十二卷,第156页上)

汉传佛教中,征引过本书的著作,主要有:隋吉藏《百论疏》、唐湛然《止观辅行传弘决》《止观辅行搜要记》等。

北魏菩提流支译《提婆菩萨释楞伽经中
外道小乘涅槃论》一卷

　　《提婆菩萨释楞伽经中外道小乘涅槃论》，又名《破外道小乘涅槃论》《外道小乘涅槃论》《破外道涅槃论》，一卷。印度提婆造，北魏菩提流支译，约译于北魏永平元年（508）至东魏天平二年（535）之间。隋法经等《众经目录》卷五著录（书名作《破外道涅槃论》，译经时间据唐智升《开元释教录》卷六）。载于《丽藏》"命"函、《宋藏》"临"函、《金藏》"命"函、《元藏》"临"函、《明藏》"逸"函、《清藏》"逸"函、《频伽藏》"暑"帙，收入《大正藏》第三十二卷。

　　本书是一部述说二十种外道在"涅槃"问题上的不同观点的著作。它的情况与《提婆菩萨破楞伽经中外道小乘四宗论》存在着相似之处。从古代佛经目录的著录来看，本书的最初名称为《破外道涅槃论》（见隋法经等《众经目录》卷五、费长房《历代三宝纪》卷九等），以后逐渐演变为《破外道小乘涅槃论》（见唐智升《开元释教录》卷六）、《提婆菩萨释楞伽经中外道小乘涅槃论》（唐玄逸《大唐开元释教广品历章》卷十七、《明藏》《清藏》《大正藏》等）。从翻译上考察，它是确凿可信的译著，并非是汉地佛教的撰著；但从作者上考察，书题"提婆菩萨造"，也是有疑问的。因为本书所说的二十种外道"涅槃"论，是根据菩提流支译《入楞伽经》卷六《涅槃品》所说的、外道"以何等法名为涅槃"的十九种观点演绎而来的，但《入楞伽经》只是笼统称"有外道作如是说"，没有明确指出是哪一种外道这么说，本书则增列了二十种外道论师的名称，并对它们各自的观点，作了细化。由于《入楞伽经》是在龙树、提婆以后才出现的中期大乘经，故本书也不可能是提婆所撰，很可能是提婆的后学托名编撰的。全书采用"问曰"与"答曰"对应编排的方式编纂，但行文只是述说二十种外道的不同观点,并不作评破,这与《提婆菩萨破楞伽经中外道小乘四宗论》列举外道四执,逐一加以破斥的叙述方式是不同的。《明藏》本之所以在书名上,称一本为《破楞伽经中外道小乘四宗论》,另一本为《释楞伽经中外道小乘涅槃论》,也从一个侧面说明两书在写法上,存在着"破"与"释"的差别。

本书所说的二十种外道"涅槃"论如下:

(1)"小乘外道论师"。指他们以"诸受阴尽"(指人死)为涅槃,说"诸受阴尽,如灯火灭,种坏风止,名涅槃"。(2)"方论师"。指他们以"方"(方位)为涅槃因,说"最初生诸方,从诸方生世间人,从人生天地,天地灭没,还入彼处,名为涅槃","方是常,名涅槃因"。(3)"风论师"。指他们以"风"为涅槃因,说"风能生长命物,能杀命物,风造万物,能坏万物,名风为涅槃","风为常,是涅槃因"。(4)"围陀(指四吠陀)论师"。指他们以"梵天"为涅槃因,说"梵天作一切命、无命物","供养梵天,得生彼处,名涅槃","梵天名常,是涅槃因"。(5)"伊赊那论师"。指他们以"伊赊那天"为涅槃因,说"尊者(指伊赊那天神)形相不可见,遍一切处,以无形相,而能生诸有命、无命一切万物,名为涅槃","伊赊那是常,名涅槃因"。(6)"裸形外道(指尼犍子外道)论师"。指他们以"裸形"为涅槃因,说"分别见种种异相,名涅槃"。(7)"毗世师(指胜论)论师"。指他们以"微尘"为涅槃因,说"从二微尘,次第生一切法。无彼者,(即)无和合者;无和合者,即是离散,散者即是涅槃","微尘是常,能生一切物,是涅槃因"。(8)"苦行论师"。指他们以"苦行"为涅槃因,说"身尽、福德尽,名为涅槃"。(9)"女人眷属论师"。指他们以"女人"为涅槃因,说"摩醯首罗(又称"大自在天")作八女人",八女人分别生出"诸天"、"阿修罗"、"诸龙"、"诸鸟"、"四足"、"人"、"一切谷子"、"一切蛇蝎蚊虻蝇蚤蚰蜒百足等","女人是常,名涅槃因"。

（10）"行苦行论师"。指他们以"行苦行"为涅槃因，说"罪福尽，德亦尽，故名涅槃"（此处的"行苦行论师"，与先前的第八种"苦行论师"实际上是同一种外道，书中重出了）。

　　（11）"净眼论师"。指他们以"智"为涅槃因，说"烦恼尽故依智，名涅槃"。（12）"摩陀罗论师"。指他们以"那罗延天"为涅槃因，说"那罗延论师言：一切物从我（指那罗延天）作生，还没彼处，名为涅槃，是故名常，是涅槃因"。（13）"尼犍子（指耆那教）论师"。指他们以"初生男女"为涅槃因，说"初生一男共一女，彼二和合，能生一切有命、无命等物。后时离散，还没彼处，名为涅槃"，"男女和合生一切物，名涅槃因"。（14）"僧佉（指数论）论师"。指他们以"冥初自性"（又称"自性"）为涅槃因，说"二十五谛自性因，生诸众生，是涅槃因"。（15）"摩醯首罗（指大自在天）论师"。指他们以"大自在天"为涅槃因，说"摩醯首罗一体三分，所谓梵天、那罗延、摩醯首罗，地是依处，地主是摩醯首罗天，于三界中，所有一切命、非命物，皆是摩醯首罗天生"，"自在天常生一切物，是涅槃因"。（16）"无因论师"。指他们以"自然"为涅槃因，说"无因无缘生一切物，无染因、无净因，我论中说：如棘刺针无人作，孔雀等种种画色皆无人作，自然而有，不从因生，名为涅槃"，"自然是常，生一切物，是涅槃因"。（17）"时论师"。指他们以"时"（时间）为涅槃因，说"时熟一切大，时作一切物，时散一切物"，"时是常，生一切物，名涅槃因"。（18）"服水论师"。指他们以"水"为涅槃因，说"水是万物根本，水能生天地，生有命、无命一切物，下至阿鼻地狱上至阿迦尼咤天（指有顶天），皆水为主，水能生物，水能坏物，名为涅槃"，"水是常，名涅槃因"。（19）"口力论师"。指他们以"虚空"为涅槃因，说"虚空是万物因，最初生虚空，从虚空生风，从风生火，从火生暖，暖生水，水即冻凌坚作地，从地生种种药草，从种种药草生五谷，从五谷生命"，"虚空是常，名涅槃因"。(20)"本生安荼论师"。指他们以"本生安荼"(指最初之卵)为涅槃因，说"本无日月、星辰、虚空及地，唯有大水，时大安荼生如鸡子，周匝金色，时熟破为二段，一段在上作天，一段在下作地，彼二中间生梵天，名一切众生祖公，作一切有命，无命物，如是有命、无命等物散没，彼处名涅槃"，"大安荼出生梵天是常，名涅槃因"。如关于"围陀论师"所持的"梵天是涅槃因"说，谓：

> 问曰：何等外道说梵天是涅槃因？答曰：第四外道围陀论师说，从那罗延天脐中生大莲华，从莲华生梵天祖公，彼梵天作一切命、无命物。从梵天口中生婆罗门，两臂中生刹利(指刹帝利)，两髀中生毗舍(指吠舍)，从两脚跟生首陀(指首陀罗，以上指从梵天生出四种姓)。一切大地，是修福德戒场，生一切华草，以为供养，化作山野、禽兽，人中猪羊驴马等，于界场中杀害，供养梵天，得生彼处，名涅槃。是故围陀论师说，梵天名常，是涅槃因。(《大正藏》第三十二卷，第157页上)

由于本书客观介绍了二十种外道在"涅槃"问题上的不同观点，其实际价值已超出"涅槃"论的范围，涉及古印度外道的流派及其主要思想。由此，古代乃至近代编纂出版的各种佛教辞典，都将它的内容编成"外道"类各词条，加以收录。因为它毕竟是从梵本翻译过来的，在资料上具有可信性；至于作者是提婆，还是他人，则属考证的论题了。

第十二品　北凉道泰译《大丈夫论》二卷

《大丈夫论》，又名《大丈夫行论》《大丈夫行贤》，二卷。印度提婆罗造,北凉道泰译,约译于永安元年(401)至承和七年(439)之间。隋法经等《众经目录》卷五著录。载于《丽藏》"则"函、《宋藏》"尽"函、《金藏》"则"函、《元藏》"尽"函、《明藏》"静"函、《清藏》"静"函、《频伽藏》"暑"帙,收入《大正藏》第三十卷。

提婆罗(约四世纪),又称"提波罗",佛教史传阙载。据《大丈夫论》卷下末尾的附记说,"此(指《大丈夫论》)名说悲心,亦名五种说,亦名救众生,总名大丈夫行贤。偈有五百,古书有八百,阿阇梨犊子部提波罗大菩萨生在南方,是所作竟"。由此可知,提婆罗是南印度僧人,依小乘犊子部出家,为大乘菩萨。

道泰(约五世纪),凉州(今甘肃武威)人,出家后,博闻奇趣,远参异言,有感于汉地方等(指大乘)既备,幽宗粗畅,唯有小乘三藏九部,尚未通晓,于是杖策冒险,西逾葱岭,历游天竺。在那里综览梵文,义承高旨,得《阿毗昙毗婆沙论》梵本十万偈,携还归凉境。北凉承和(433—439)初年,西域沙门浮陀跋摩抵达凉州,道泰请为翻译。在河西王沮渠蒙逊的护持下,浮陀跋摩从承和五年(437)四月至承和七年(439)七月,在凉州城内闲豫宫中翻译了《阿毗昙毗婆沙论》一百卷(今存六十卷,佚四十卷),道泰任笔受。此外,道泰又独自翻译了《大丈夫论》二卷、《入大乘论》二卷,合计二部四卷,其本均存。生平事迹见北凉道挺《毗婆沙序》(收入《出三藏记集》卷十)、梁慧皎《高僧传》卷三等。

本书是一部论述菩萨"以悲心为体,常乐惠施(指布施)"问题的著作。本书卷下《大丈夫品》说,"丈夫"、"善丈夫"、"大丈夫"三者是有区别的,"唯能作福,无智无悲,名为丈夫;有福有智,名善丈夫;若修福、修悲、修智,名大丈夫",书名中的"大丈夫",即是指"修福、修悲、修智"的菩萨。关于它的作者,佛经目录上著录歧异。隋法经等《众经目录》卷五、彦琮等《众经目录》卷一、唐静泰《大唐东京大敬爱寺一切经论目》卷一、道宣《大唐内典录》卷六、明佺等《大周刊定众经目录》卷六、元王古《大藏圣教法宝标目》卷六等都称《大丈夫论》为"提婆菩萨造"；唐智升《开元释教录》卷四、明智旭《阅藏知津》卷三十八等，则称《大丈夫论》为"提婆罗菩萨造"。本书卷上、卷下均题"提婆罗菩萨造"，而且本书是对佛教理论作肯定性的阐述，无一词涉及外道，而提婆（中观派创始人之一）的著作《广百论》《百论》《百字论》等都是对外道理论作否定性的破斥，风格迥异，由此来看，本书的作者提婆罗与提婆，显然不是同一人。古人因佛教史传上只有提婆，故将提婆罗当作是提婆，这或是致误之因。全书分为二十九品，始《施胜品》，终《胜发愿品》。就写作文体而言，《施胜品》一品，全是偈颂（五言颂）；《施胜味品》《施主体品》《施主乞者增长品》《法施品》《胜解脱品》《觉悟仵丈夫品》六品，为偈颂与长行（散文）并用；其余二十二品全是长行。

卷上：始《施胜品》，终《法施品》，共十四品。

一、《施胜品》（卷上）。论述菩萨布施的殊胜问题。说："菩萨施广大，犹如虚空界"；"能成种智果，施因为最大"；"一切众事具，莫不由施成"；"无相施为妙，平等为最胜"；"救济慈悲施，普为群生类"。

二、《施胜味品》（卷上）。论述菩萨布施的"乐味"问题。说："施有三乐味"，"一者求报施味，二者求解脱施味，三者求大悲心施味，此三种味者，名增长乐味施"。

三、《施主体品》（卷上）。论述菩萨"以悲为体"问题。说："菩萨以悲为体，智慧及财施，安乐于一切"。

四、《施主乞者增长品》（卷上）。论述菩萨如何对"乞者"作布施问题。说："菩萨悲心遍一切处，于彼乞者特生怜愍（悯）"，"常以爱语，使彼乞者心得清凉，种种财宝，随意而与"。

五、《胜解脱品》（卷上）。论述作菩萨"悲心施"即是解脱问题。说："菩萨念言：悲众生者，即是我解脱，以大施惠救济众生，众生得乐，即是我解脱"，"大施若无悲心，不名为施，若有悲心施，即是解脱"。

六、《施主增长品》（卷上）。论述菩萨"悲心施"才称为"施主"问题。说："无悲心施，虽与（指给与）不名为施；有悲心者，虽复不施名之为施"，"修施者得富，修定者得解脱，修悲心者得无上菩提，果中最胜"。

七、《恭敬乞者品》（卷上）。论述菩萨应当恭敬"乞者"问题。说："菩萨思惟：因彼乞者得证菩提，我当以此菩提，回与一切众生，以报恩故"；"如此菩提，我当施与乞者"，"使乞者得无上菩提"。

八、《施悭品》（卷上）。论述"悭心多者"与"悲心多者"的差别问题。说："悭心多者，正使所亲从乞，则成怨憎；悲心多者，假使怨家，亦如亲友"；"悭心多者，虽施泥土，重于金玉；悲心多者，虽施金玉，轻于草木"；"悭心多者，丧失财宝，心大忧恼；悲心多者，虽有财宝，无施处时，心怀悲苦，复过于彼"。

九、《财物施品》（卷上）。论述菩萨有"悲心"而无财可施问题。说："若菩萨有悲愍（悯）心于前，众生（指乞者）便为具足，况复与少物"；"有悲心者，无有财物，见人乞时，不忍言无，悲苦堕泪"，"以堕泪故，知其（指菩萨）心软，菩萨体净，悉皆显现"。

十、《舍一切品》（卷上）。论述菩萨为众生"舍于身命"问题。说：菩萨"为救济一切众生，故舍于身命。舍身者，得于法身；得法身者，得一切种智（指佛智），使一切众生皆得此果"。

十一、《舍阴受阴品》（卷上）。论述菩萨为众生"受身不入解脱"问题。说："菩萨念言：我舍身命用施，复更受身，不入解脱（指菩萨为救感度众生，宁愿受"五阴身"而不入涅槃），是为最胜"，"我得救众生悲心气味，不取涅槃，甚爱乐此事"。

十二、《舍身命品》（卷上）。论述菩萨为众生舍身命"果报不空"问题。说："菩萨为一切种智故，大悲心为众生故，舍身舍命，得果报不空"。

十三、《现悲品》（卷上）。论述菩萨为众生舍身命"不求果报"问题。说："菩萨与一切众生作乐，为灭一切众生苦，故舍身救之。菩萨不求果报，视如刍草"。

十四、《法施品》（卷上）。论述菩萨作"财施"与"法施"的差别问题。说："财施者，能与现乐；法施者，能与天道涅槃之乐"。如关于"财施"与"法施"的不同功德，说：

> 财施，除众生身苦；法施，除众生心苦，无量劫财施，为得法施果。……菩萨受钱财为修施故，修行施时，为得法施。见众生有二种贪爱愚痴：贪爱多者，施财宝；愚痴多者，施与其法。施财者，为其作无尽钱财；施法者，为得无尽智故。财施者，为得身乐；法施者，为得心乐。……财施者，为众生所爱；法施者，常为世间之所敬重。财施者，为愚人所爱；法施者，为智者所爱。财施，坏财贫穷；法施，坏功德贫穷者。此二种施，谁不敬重？财施者，能与现乐；法施者，能与天道涅槃之乐。（卷上《法施品》，《大正藏》第三十卷，第262页中、下）

卷下：始《发菩提心品》，终《胜发愿品》，共十五品。

一、《发菩提心品》（卷下）。论述菩萨"发菩提心"（指发起求得无上菩提之心）问题。说："若无菩提心，则不得佛果；若不得佛果，则不能救度众生"，"未发菩提心者，应当发心；若发菩提心者，得一切种智（指佛智）"。

二、《功德胜品》（卷下）。论述菩萨"不为解脱修福"问题。说："悲心者（指菩萨），终不为解脱修福，智者弃求有业，悲者弃解脱业。所以者何。悲者为利益他故"。

三、《胜解脱品》(卷下)。论述菩萨以能破他人之苦为"胜解脱"问题。说:"悲者为他作乐不望果报,若能如是,即是解脱;若不如是,即是生死;若为己求乐者,即是苦也;舍于己乐为他求乐,即是涅槃";"世间众生,以破苦故,名为解脱;修悲者,能破他苦,即是胜解脱"。

四、《饶益他品》(卷下)。论述菩萨以饶益他人为喜乐问题。说:"菩萨除利益他更无有乐,菩萨得作利他欢喜乐,知利他者即是自利";"四摄法者,为众生利乐名为最胜"。

五、《胜施他苦品》(卷下)。论述菩萨见他人受苦为自苦问题。说:"菩萨见他受苦,如自己苦,自己得乐,欲与他人"。

六、《爱悲品》(卷下)。论述"悲心者"得菩提问题。说:"世间众生逼迫之苦,何有菩萨而不生悲","有悲心者,菩提之果便在掌中"。

七、《觉悟仁丈夫品》(卷下)。论述"悲心者"恒与他乐问题。说:"爱自在者,常为己乐,无有疲厌;悲心者,为与他乐,而无疲厌"。

八、《大丈夫品》(卷下)。论述何为"大丈夫"问题。说:"于一切众生,爱有悲心者,唯能作福,无智无悲,名为丈夫;有福有智,名善丈夫;若修福、修悲、修智,名大丈夫"。

九、《说悲品》(卷下)。论述"一切善法以悲为首"问题。说:"世间人、天、阿修罗等,受身有种种苦,唯有菩萨彻髓悲者,知一切善法以悲为首","如似一切诸字,悉昙为首,一切善法,皆入悲中"。

十、《施悲净品》(卷下)。论述"悲是三施之因"问题。说:"无上果报为三施(指财施、法施、无畏施)所成,悲是三施之因,众生祖母,能生如来","能生三施,是名大悲"。

十一、《爱悲胜品》(卷下)。论述"爱心者"与"悲心者"的差别问题。说:"爱心者(有贪爱心者)能招集一切诸苦,成大苦聚;悲心者,能生一切功德","爱心者,能生一切苦;悲心者,能生一切乐"。

十二、《智悲解脱品》(卷下)。论述"智者"与"悲者"的差别问题。说:"智者唯能自归依,悲者能使他人归依无上之道","智不与悲心相应,能障无上道智";"悲体一事,能作二事:一能救众生,二能生佛种智"。

十三、《发愿品》(卷下)。论述菩萨当发愿不入涅槃而"救拔众生"问题。说:"菩萨思惟:我甚畏诸有(指三有,即三界众生随业所感的果报),以悲心救众生故,乐处诸有(指菩萨为救度众生,宁愿不入涅槃,乐处三界)";"菩萨思惟:不应向涅槃,舍无归依众生故,悲心故,使我不证涅槃。涅槃是尽生边,若无生者,何能救拔众生(指若入涅槃无生,就不能救拔众生)";"菩萨思惟:受生者有二种乐:一者救众生乐,二者解脱乐。我云何舍二种乐,取一种乐(指不应为取解脱乐而入涅槃)"。

十四、《等同发愿品》(卷下)。论述菩萨当发愿将所得善根"回(施)与一切众生"问题。说:"菩萨思惟:地、水、火、风,一切众生共有,使我所修诸善,亦一切众生共有。我因一切众生所得善根,回与一切众生得无碍智"。

十五、《胜发愿品》(卷下)。论述菩萨当发愿使一切众生"皆得作佛"问题。如关于菩萨当发愿使一切众生先于自己"作佛",说:

> 以我所有净善因缘功德,使一切众生摧破四魔(指阴魔、烦恼魔、死魔、天魔),得成正觉,我当得三菩提。我于众生,虽道是语,为欲安慰众生故,说是语,以此功德,使一切

众生得无上菩提,一切众生菩提即是我菩提。一切众生为痴所障,使得无上菩提,以此因缘功德,使一切众生于前成佛,我最后成。以我于生死中,往返因缘功德,使一切众生皆得作佛。以我发善心功德因缘,使一切众生皆得佛智。(卷下《胜发愿品》,第268页上)

本书译文通畅明白,甚便读阅。唐道宣《释门归敬仪》、道世《法苑珠林》《诸经要集》、澄观《大方广佛华严经随疏演义钞》卷五十、五代延寿《宗镜录》等都引有它的相关论述。

第十三品　北凉道泰译《入大乘论》二卷

《入大乘论》,二卷。印度坚意造,北凉道泰译,约译于神玺元年(397)至永和七年(439)之间。隋法经等《众经目录》卷五著录。载于《丽藏》"则"函、《宋藏》"尽"函、《金藏》"则"函、《元藏》"尽"函、《明藏》"尽"函、《清藏》"尽"函、《频伽藏》"暑"帙,收入《大正藏》第三十二卷。

坚意(约四世纪),佛教史传阙载。唐慧祥《法华经传记》卷一《论释不同》说:"真谛三藏云:西方相传,说《法华》大教,流演五天竺(指印度),造优婆提舍(指论),释其文义五十余家。佛涅槃后五百年终,龙树菩萨造《法华论》;六百年初,坚意菩萨造释论,并未来此土,不测旨归;九百年中,北天竺丈夫国国师大婆罗门憍尸迦子婆薮槃豆,此云天亲(即世亲),亦制《法华论》。"据此,则坚意是龙树以后的大乘师,曾撰有《法华经》注疏,惜已亡佚;再从本书所引的大乘论书来看,只有龙树《中论》、提婆《百论》,而没有其他大乘师的著作,其中引"尊者龙树所说偈"有六处、"尊者提婆所说偈"有八处,由此可以推断,坚意也是大乘中观派论师。隋智顗《摩诃止观》卷三将坚意视为《宝性论》的作者，称"坚意《宝性论》"，这是误传。因为《宝性论》的全称是《究竟一乘宝性论》，它的作者是世亲以后的大乘瑜伽行派论师坚慧，并非是坚意。坚意与坚慧是不同时代、不同宗派的二个人，不可混为一人。

本书是一部破斥"大乘者是魔所说"的质难，论述"菩萨十地"等大乘义的著作。全书分为三品，即《义品》《讥论空品》《顺修诸行品》，采用自设问答，偈颂（五言颂）与长行（散文）相结合的方式编纂。

一、《义品》（卷上）。论述"大乘即名三藏"、"二乘差别"、"毗佛略即是大乘"、"大乘非魔说"、"十种法行"、"三解脱门"等问题。

（1）"大乘即名三藏"。指"大乘中，亦说三乘，即名三藏"，因为声闻乘，不学辟支佛乘（又称"缘觉乘"）；辟支佛乘，不学菩萨乘；只有菩萨才通学三乘，"菩萨虽学虽学声闻、辟支佛乘，而不证于声闻、辟支佛道；学菩萨乘，深知菩萨所行之法，常乐随顺"，故"菩萨乘者，名为三藏，非谓声闻、辟支佛乘"。（2）"二乘差别"。指"大乘者与声闻乘，则有差别"，就修行之因而言，声闻乘"从他闻法"，菩萨乘"不从他闻，得自然智、无师智"；就修行之果而言，声闻解脱，为"爱尽解脱，非一切解脱"，而大乘解脱，"断烦恼习一切都尽"。（3）"毗佛略即是大乘"。指"十二部经"中的"毗佛略"（意译"方广"），即是大乘经，"大乘经说菩萨所为，其事深广，如《大喻经》《贤劫三昧经》《解脱经》《华首经》，如是等，悉是摩诃衍（意译大乘），皆名毗佛略"。（4）"大乘非魔说"。指小乘诽谤大乘，称"大乘者是魔所说"、"摩诃衍是魔所说"，作者破斥说，"诽谤大乘法，决定趣恶道"，"摩诃衍者，非魔所及，唯佛能说"。（5）"十种法行"。指修习"十种法行"（又称"菩萨十行"),能入解脱门,即对菩萨之法,"皆悉修习";"皆悉书写";"皆悉供养";"皆悉转读";"皆悉听受";"皆悉受持";"皆悉习诵,渐渐通利";"皆悉为他分别演说";"皆悉思惟,善解义趣";"独处思惟,修集增明"。(6)"三解脱门"。指能得解脱的三种禅定,即:"空解脱门",指观察诸法自性空寂的禅定;"无相解脱门",指观察诸法无差别相的禅定;"无愿解脱门",指对诸法无所愿乐造作的禅定。"见因缘空,即是空解脱门;若见空者,则不见诸法相,是名无相解脱门;见无相故,无所愿求,是名无愿解脱门"。如关于小乘与大乘在修行因果上的差别,说:

> 若谓是声闻乘即大乘者,此事不然。何以故? 因果异故。若声闻乘因与大乘因而不异者,果亦应不异。现见果异故,当知因亦异。何以故? 声闻学者,但断结障(指烦恼),观无常行,从他闻法;菩萨所断微细诸习,乃至空竟观一切法,不从他闻,得自然智、无师智。以是义故,非以声闻乘同大乘也。……因既有异,果岂同耶? 汝言解脱无异。如是观察,解脱不同,声闻解脱,名爱尽解脱,非一切解脱,但为钝根少智众生,假分别说;大乘解脱,断烦恼习一切都尽,为利根菩萨广分别说。(卷上《义品》,《大正藏》第三十二卷,第 37 页上、中)

二、《讥论空品》(卷下)。论述"菩萨十地"、"十地福果"、"十自在"、"声闻有二种"等问题。

(1)"菩萨十地"。指大乘菩萨修行的十个阶位,即"欢喜地"、"离垢地"、"名明地"、"名焰地"、"难胜地"、"现前地"、"深远地"、"不动地"、"善慧地"、"法云地"。即:"出过凡夫,得不思议出世间道,心生欢喜,故名欢喜地";"离破戒垢,故名为离垢地";"依十二门禅(指四禅、四无量心、四空定),得明智慧,故名为明

地";"得增上觉意分别道品,烧烦恼薪,功德炽然,故名焰地";
"修习十智,虽伏烦恼,未能胜,故名为难胜地";"能逆顺观十二
因缘,得法现前,故名为现前地";"爱佛功德智慧,次第不间余
心,深入法相,故名深远地";"离色等相,坚固难动,故名为不动
地";"入四辩才(指法无碍、义无碍、辞无碍、乐说无碍),解一切
音声,随其所问,于一刹那顷,悉皆能答,故名善慧地";"能受一
切佛法,犹如大云,能注法雨,故名法云地"。(2)"十地福果"。
指菩萨修行"十地"的往生果报。即:"初地福果,为阎浮提王";
"第二地福果,为转轮圣王,主四天下";"第三地福果,为天帝
释";"第四地福果,为焰魔天王";"第五地福果,为兜率陀天王";
"第六地福果,为化乐天王";"第七地福果,为他化自在天王";
"第八地福果,为千世界梵";"第九地福果,为二千世界梵";"第
十地福果,为三千大千世界净居天王"。(3)"十自在"。指菩萨
证得"无生法忍"(对诸法无生之理,能安忍不动),能获得十种自
由行事的能力。即:"寿命自在"、"得心自在"、"众具自在"、"作
业自在"、"生处自在"、"解脱自在"、"神通自在"、"愿自在"、"法
自在"、"智自在"。(4)"声闻有二种"。指声闻有钝根、利根二
种,"一者勤修禅定,是钝根人;二者回向菩提,能断智障,是利根
人",钝根人不能成佛,利根人能成佛。如关于"声闻成佛",说:

　　问曰:若罗睺罗(指佛的儿子)实是菩萨者,云何复言
声闻阿罗汉耶? 答曰:菩萨亦名声闻,亦名阿罗汉。何以
故? 令一切众生,闻阿耨多罗三藐三菩提(意为无上正等正
觉),故名声闻;于一切天、人、阿修罗,应受供,故名为应供;
菩萨摩诃萨(指初他以上大菩萨),为化众生故,现作声闻阿
罗汉。问曰:诸余声闻,亦是菩萨耶? 答曰:诸余声闻。
亦有是菩萨者。如《法华经》中,舍利弗等五百弟子,悉是菩

萨,皆当作佛。一切声闻,皆是阿鞞跋致(意译"不退转")菩萨,如《不退转法轮经》中广说。以是故,当知菩萨皆现为声闻。问曰:一切声闻,皆成佛不? 答曰:声闻成佛,此亦无过。问曰:云何无过? 答曰:先断结障,后断智障,净治诸地,向一切智,是以无过。(卷下《讥论空品》,第45页中)

三、《顺修诸行品》(卷下)。论述"净居天成佛"、"四不思议"、"应礼菩萨"问题。

(1)"净居天成佛"。指菩萨不能在"阎浮提"(指"四大部洲"中的南赡部洲)实身成佛,只能在菩萨修行的第十地"净居天"成佛。所谓"法身",也是指在净居天成佛之身。"在净居天成于正觉,自在应化,名为法身","非阎浮提成佛,十地功德非欲界法","位阶十地,得佛法身,亦名菩萨,亦名为佛。以是故知法身为本,无量色身皆依法身,而现化出"。(2)"四不思议"。指四种不可思议的事情,即"佛不思议、禅定不思议、龙神不思议、业报不思议"。(3)"应礼菩萨"。指"受具戒比丘"应礼敬"初发心菩萨",因为"初发心菩萨,胜于一切声闻、辟支佛";"被法服菩萨"(指出家菩萨)可礼敬"白衣菩萨"(指在家菩萨),因为"于诸菩萨,不应取其形状相貌,而生分别","菩萨以诸方便,作内外形,利益众生,礼无咎"。如关于"被法服菩萨"是否应当礼敬"白衣菩萨",说:

问曰:若被法服菩萨,得礼白衣菩萨不? 答曰:菩萨方便具足五通(指五神通),随顺众生一切形相,而同其服,亦随一切众生,入于诸趣,同其状类。……诸菩萨常同利益,随其受生,而化导之,以方便力,但为众生,不随烦恼业报所系。……是以菩萨虽形服在俗,应得礼敬。犹如如来,为化众生,作若干种形,亦如化弗迦沙王,作老比丘形,作瓦

师形,作力士形,作琴瑟伎术师形,亦现种种在家人形。虽
为种种无量形状,一切皆应恭敬礼拜。是故虽同俗服,应加
礼敬。(卷下《顺修诸行品》,第48页中、下)

本书所引用的大乘经有:《菩萨藏经》《首楞严经》《十地经》
《大喻经》《贤劫三昧经》《解脱经》《华首经》《法华经》《般若经》
(以上见卷上)、《宝顶经》《花严经》《维摩诘经》《不退转法轮经》
《宝良经》《如来藏经》《智照经》《如来出生经》《宝积经》《集一切
福德三昧经》《入一切世界大庄严三昧经》《密藏经》《世尊为阿阇
世王解诸疑悔经》《弥勒庄严经》(以上见卷上)等。由于作者坚
意,生于龙树、提婆之后,无著、世亲之前,因而推知,上述经典乃
是大乘瑜伽行派形成之前流传的一批大乘经。

本书译出之后,甚为流行。从隋代至清代,有隋智顗《妙法
莲华经文句》、唐湛然《止观辅行传弘决》、法藏《华严经文义纲
目》、澄观《大方广佛华严经疏》、窥基《阿弥陀经疏》、慧沼《能显
中边慧日论》、道宣《释迦氏谱》、道世《法苑珠林》等七十多种佛
教论著和注疏,引用过它的相关论述。

第十四品　北宋法护等译《大乘集菩萨
学论》二十五卷
附:北宋法护等译《大乘宝
要义论》十卷
北宋天息灾译《菩提行经》四卷

《大乘集菩萨学论》,又名《集学处论》《集学论》,二十五卷。
书题"法称菩萨造",但据元布顿《佛教史大宝藏论》、明多罗那他
《印度佛教史》记载,实为"寂天著";北宋法护等译(卷一至卷八

为法护译;卷九至卷二十五为日称译),约译于至和元年(1054)
至熙宁十年(1077)之间(此据法护、日称二人的译经年代推定)。
元庆吉祥等《至元法宝勘同总录》卷九著录。载于《丽藏》"主"
"云"函、《宋藏》"虢""践"函、《金藏》"魏""困"函、《明藏》"转"
"疑"函、《清藏》"转""疑"函、《频伽藏》"暑"帙,收入《大正藏》第
三十二卷。

　　寂天(约 650—750),南印度苏罗室蹉(又译"叟罗史吒"、
"梭罗修多罗")国德铠王(又译"善铠王")的太子,原名"寂铠"。
自幼信仰文殊菩萨,后领悟到继承王位时的灌顶仪式,就好比用
沸水从头顶上灌下来,将危及生命,于是在继位的前一天晚上,
悄然离开王宫,独自出走了。他游历至东印度,成了般遮摩僧诃
王(又译"五狮王",即第五代狮子王)的侍从,在那里生活了十二
年,劝导国王如法治理国政,供养寺僧。继而前往中印度那烂陀
寺,依胜天出家,改名"寂天"。在那烂陀寺,他内勤修学,外示放
逸,除了饮食、睡眠、步行三事之外,对其余事情一概不闻不问。
僧众议论说:此人白白耗费信徒财物,得找个理由驱逐他。于
是,寺里召开了诵经大会,要求每人轮流上台,背诵所学的经典。
轮到寂天诵经时,他问大家:是背诵先前已传诵的经典,还是背
诵先前尚未传诵的经典? 众人说:背诵先前尚未传诵的经典。
于是,寂天诵出了《入菩提心论》一千颂。诵后,便离开了那烂陀
寺,前往南印度的羯陵伽城。在那里,他应前来请他返回那烂陀
寺的僧众代表的要求,首次将自己的三部书,即《入菩提心论》
《集学论》(又名《集学处论》)、《集经论》(又名《一切经集论》)交
付他们,抄出流通。晚年,寂天一直在南印度周游弘化,摧伏外
道,教化国王,成为由佛护创立的大乘中观派下的重要支派"应
成派"的传人(佛护——月称——寂天;但寂天与月称没有直接
的师徒关系)。

寂天的著作,在北宋已有传译,但均未题署寂天之名,乃至汉地佛教不知有寂天之人。实际上,由北宋天息灾译出的《菩提行经》二卷(题为"龙树菩萨集颂"),就是寂天的《入菩提心论》;由北宋法护等译的《大乘集菩萨学论》二十五卷(题为"法称菩萨造")、《大乘宝要义论》十卷(未署作者),就是寂天的《集学论》《集经论》。除此之外,他的著作见存于藏文《大藏经》的,还有《涅槃智经释》《忏罪仪轨》《薄伽梵吉祥金刚持音赞》等。生平事迹见元布顿《佛教史大宝藏论》(郭和卿译,民族出版社 1986 年3 月版)、明多罗那他《印度佛教史》(张建木译,四川民族出版社 1988 年 3 月版)。有关寂天的生卒年月,佛教史传阙载,本文之初所出的生卒年,采用的是日本宇井伯寿《印度佛教思想史》中的推定(印海译,贵州大学出版社 2013 年 12 月版)。

　　本书是一部论述菩萨如何修行"六波罗蜜多"(又称"六度")问题的著作,系辑录大乘经中相关文段编集而成。全书分为十八品,始《集布施学品》,终《念三宝品》,每一品的行文,又分若干章段,总计有一百七十三段。每个章段的初首均冠"论曰"二字,先出作者的论述,然后以"经云"的形式,引经为证。所引的大乘经总计有七十多种(不包括同经异名者)。书首有归敬颂,为七言颂(每颂七言四句),始"我闻地狱大险怖,无穷猛苦镇烧然",终"如我等比睹斯文,于义未习应为说";书末有长篇结颂,为五言颂(每颂五言四句),始"学自他平等,坚固菩提心",终"我师大沙门,常作如是说"。

　　一、《集布施学品》(卷一至卷三)。论述"发菩提心"(指发起求得无上菩提之心)、"布施"等问题。所引的佛经有:《华严经》《十法经》《大善诱经》《师子王所问经》《维摩诘所说经》《宝箧经》《随说诸法经》《入定不定印经》《宝云经》《如来秘密经》《首楞严经》《贤劫经》《慈氏解脱经》《善谏经》《虚空藏经》《十地经》《最

上授所问经》《无尽意经》《正法念处经》《法集经》《海意菩萨所问
净印法门经》《地藏十轮经》《药师琉璃光经》《文殊师利庄严佛刹
功德经》《阿閦如来本愿授决经》《深心教诫经》《寂静决定神变
经》《月灯三昧经》《菩萨别解脱经》《文殊清净律》《最上授所问
经》《那罗延所问经》《金刚幢经》《六十回向仪轨》等。说：人生
有十一难，"得人身难、脱诸难难、得无难难、刹那具足清净难、值
佛出世难、诸根具足难、听闻佛法难、得遇善人难、逢真实善知识
难、受如理正教难、得正命难"，只有发心修行，才能拔诸苦本；菩
萨以"信"（指"信顺诸佛及佛法，亦信佛子所行道，信于无上大菩
提"）为初发心，"信为先导功德母，长养一切胜善法"，"信为最胜
乘，运载成正觉"，"信根坚固，即菩提心坚固"；"菩提心"分"愿菩
提心"、"住菩提心"二种，前者指"愿证作佛"，后者指"愿住受
生"；菩萨布施，"心无怯弱，不惊、不怖、不畏，毕竟一心，发亲近
想，无悔无疑，亦无分别"，"心勇猛故，则布施勇猛"，"以种种布
施十方无量贫穷困苦"等。如关于"布施者"与"执著者"的差
别，说：

> 论曰：谓身所受用福报不断者，于舍护事令净增长（以
> 上是寂天的议论，以下引经为证）。……《最上授所问经》
> 云：谓若布施者无诸悭吝，执著者而常守护；又布施者为尽
> 贪爱，执著者增长贪爱；布施者无诸遍计，执著者有诸遍计；
> 布施者无有恐怖，执著者彼多恐怖；布施者住菩提道，执著
> 者住魔境界；布施者作无尽想，执著者作有尽想；又布施者
> 得诸妙乐，执著者而常逼迫；布施者舍离烦恼，执著者增长
> 烦恼；又布施者得大富饶，执著者得大贫乏；布施者善人事
> 业，执著者恶人情计；布施者诸佛称赞，执著者愚夫称赞。
> （卷二《集布施学品》，《大正藏》第三十二卷，第79页中、下）

二、《护持正法戒品》(卷三至卷四)。论述"护持一切正法"等问题。所引的佛经有：《无畏授所问经》《八千颂般若波罗蜜多经》《大乘四法经》《师子吼胜鬘经》等。说：菩萨应亲近、承事善知识，对经典常乐习学，"若以文字语言诠总持门，乃有其说，此即名为护持正法"；"或因听法，或因说法，乃至行于一步、一出入息间而专住者，此即名为护持正法"；"若于色、心境界之中，无诸攀缘，唯一境性，调伏止息，此即名为护持正法"；菩萨无量行愿，皆应涉入一大愿中，即"护持正法"，"护持正法者是大境界"等。

三、《护法师品》(卷四)。论述做"护法"之师等问题。所引的佛经有：《般若经》《宝积经》《护国经》等。说：菩萨应当以勇猛之心，"不自惜身命，护持佛正法，弃舍于利养，及离诸眷属"；"乐行十不善业，舍于善法，如是一切，悉为魔事"；"一切威仪进止，皆菩提心事业"等。

四、《空品》(卷四至卷七)。论述修习"菩萨学处"(指菩萨戒)等问题(此品的名称与正文实际所述并不相符)。所引的佛经有：《方便善巧经》《摄论释》《地藏经》《诃欲经》《月上童女所问经》《曰子王所问经》《信力财入印经》《观音经》《净诸业障经》《妙法莲华经》《大悲经》《集诸法方广经》等。说："灌顶刹帝利王"(泛指国王)有"五根本罪"(从佛教的角度而言)，"故取佛塔物四方僧物，自作教他，是名第一根本罪"，乃至"身自坚住，教他坚住十不善业道，是名第五根本罪"；"初行菩萨"(指"善男子、善女人初行住大乘者")有"八根本罪"，"退失阿耨多罗三藐三菩提心(意为无上正等正觉)，发声闻乘心，是名初行菩萨第一根本罪"，乃至"毁弃深心，戒、见、行等多起过失，实非沙门自谓沙门，实非梵行自谓梵行，说法问难如螺贝音，令王大臣恭敬供养，向白衣舍，说是行法比丘无量过失，令王大臣为立制限，取彼行法比丘所乐受用资生之具"，"是名初行菩萨第八根本罪"；"十不善业道是难(指障难)，有极苦报"等。

五、《集离难戒学品》(卷七至卷八)。论述菩萨应当远离"名闻利养"等过失问题。所引的佛经有：《深心教诫经》等。说："菩提行者，修无量功德殊胜利益时乃取证，由是渐次修道，渐次成佛"；"初行菩萨"应当"远离非分名闻利养"，"彼名利者，是为过失；见无益语、见世俗语、世俗睡眠、世俗事业、世俗戏论，应当远离，是为过失"；"菩萨深心住于少欲，乐少欲者，即断一切名闻利养"等。

六、《护身品》(卷八至卷九)。论述菩萨护持己身等问题。所引的佛经有：《宝髻经》《梵天所问经》《入楞伽经》等。说：菩萨护身，应当"成就正念"，即"不违如来教敕，守护果报，尊重正念；于一切身，不动自性，安住正念；利益众生，随应所行，坚固正念"；由"戒正念正知"，得三摩地(意译"等持"、"定")，由三摩地一心，得"净尸罗"(意译"净戒")；比丘入城邑聚落乞食时，应当"于饮食勿起耽嗜，亦不多求"，"应净身心，不应净食"等。

七、《护受用福品》(卷九至卷十)。论述菩萨护持"受用福报"(指汤药、衣服等供养)等问题。所引的佛经有：《宝光明陀罗尼经》等。说：菩萨应当"以智观察，诸学处护受用事(指戒律规定的受用事项)"，善所修作，"节去受用"；"受用福报"应回向菩提，"菩萨乐欲菩提，最先一切众生，不为己事"；"初发心菩萨"应当对一切众生发起十种心("十种发心")，即"利益心、安乐心、怜愍心、润泽心、爱乐心、摄取心、守护心、平等心、教授心、称赞心"等。

八、《清净品》(卷十至卷十二)。论述菩萨得"罪业清净"(指除灭罪业而得清净)问题。所引的佛经有：《秘密大乘经》《四法经》《优波离所问经》《方便善巧经》《能断金刚般若波罗蜜多经》《如来藏经》《尊那陀罗尼经》《花积陀罗尼经》等。说：菩萨得"罪业清净"的方法，有"悔过行"、"对治行"、"制止力"、"依止力"等。如关于菩萨成就四法，能使"罪业"清净，说：

> 论曰：此身清净义者，譬如苗稼为草所覆，而不滋茂，是菩提芽为烦恼覆，亦不增胜，若不行对治，思惟悕求，何容解脱令彼增长？汝诸世间一心伺察，罪业清净则身器清净，说为正觉。复次罪清净者，《四法经》云，佛言：慈氏！若菩萨摩诃萨成就四法，灭先所造久积过罪。何等为四？所谓悔过行、对治行、制止力、依止力。复次悔过行者，于不善业行，多所改悔；二对治行者，谓造不善业已，极为善业，及余利益之所对待；三制止力者，由读诵禁戒，得无毁犯；四依止力者，谓归依佛、法、僧宝，亦不弃舍菩提之心，由能依止是力，决定灭彼罪等。（卷十《清净品》，第 106 页下—第 107 页上）

九、《忍辱品》（卷十二）。论述菩萨修行"忍辱波罗蜜多"（指忍辱到彼岸）问题。所引的佛经有：《父子集会经》等。说："忍"有三种，"谓安住苦忍、谛察法忍、耐冤害忍"，"安住苦忍者，得究竟行，对治苦怖，及得除遣著乐之爱、余二种恼（指瞋恚、懈怠）"；菩萨"成就一切难行苦行，坚牢一切忍辱"，"若遇身欲坏时，大慈不舍一切众生，此即能修持戒波罗蜜多"等。

十、《精进波罗蜜多品》（卷十三）。论述菩萨修行"精进波罗蜜多"（指精进到彼岸）问题。所引的佛经有：《最上大仙本起经》《华楼阁经》《最上问经》等。说：菩萨应当"发起趣向，坚固正行，乐法敬法，为法奥府，具足精进，如救头然（燃），希求智惠（慧），为游止处"；菩萨有四种护，即"护己身"、"护善"、"护诸世间"、"护利益事"等。

十一、《说阿兰若品》(卷十三至卷十四)。论述出家菩萨依住"阿兰若"(指寂静处、山寺)问题。所引的佛经有《大戏乐经》等。说：出家菩萨之所以要依住阿兰若，是因为"所依之处，得行乞食，不近不远，流泉浴池，清净无垢，少怖畏处，树叶花果，皆悉具足，远离险恶，多诸龛窟，寂静第一"；出家菩萨在阿兰若，应当远离各种怖畏，如"处众愦闹怖、合集怖、贪瞋痴怖、憍慢覆很怖、悭嫉财利怖、色香味触怖、蕴(五蕴)魔怖、烦恼魔怖、死魔怖、天魔怖"，应当"求法无厌，于一切事皆空闲想"等。

十二、《治心品》(卷十四至卷十六；卷十五称，此品又名《禅定波罗蜜多品》)。论述菩萨修行"禅定波罗蜜多"(指禅定到彼岸)问题。所引的佛经有《教示胜军大王经》等。说：出家菩萨在阿兰若，应当修习"禅定"，"修此禅定波罗蜜多者，得心不散乱，利诸众生"；修习禅定，能对治"贪"、"瞋"、"痴"等烦恼；对治"贪"，应当修习"不净观"，如实观察"此身从顶至足、发毛爪齿，种种不净之所充满"；对治"瞋"，应当修习"慈观"，"初发心菩萨修众生缘慈，已习行菩萨修法缘慈，得无生法忍菩萨修无缘慈"；对治"痴"，应当修习"缘生观"，缘生法分"内缘生法"(又称"内因缘法")、"外缘生法"(又称"外因缘法")二种，"内缘生法"指人身的缘生法，即"十二因缘"，"无明缘行，乃至生缘老死"，"外缘生法"指外部事物的缘生法，如"从种生芽"，乃至"从华生实"等。

十三、《念处品》(卷十六至卷十七)。论述菩萨修行"四念处"问题。所引的佛经有《宝髻经》等。说："四念处"(又称"四念住")，是以智慧观察身、受、心、法四境，以对治净、乐、常、我四颠倒的禅观，即"身念处"、"受念处""心念处"、"法念处"。"身念处"，指观身不净，"由是观察身如虚空，则见一切诸法皆空，为空念处"；"受念处"，指观受是苦，"当被大悲，摄受调伏一切众生，悉以彼乐，灭除众苦"；"心念处"，指观心无常，"若人于此六处

（指六根）境界、自他系属，心无爱著，身不散乱，则于奢摩他（意译止，即禅定），心一境性，得无障碍，是为心念处"；"法念处"，指观法无我（一切诸法由众缘和合而生，没有常恒实在的主体），"了（知）诸法性无有二相"，"了烦恼性即菩提性，是为法念处"等。

十四、《自性清净品》（卷十七至卷十九）。论述"诸法自性本空"问题。所引的佛经有：《父子合集经》《无垢称经》等。说："诸根如幻，境界如梦"，"身如阳焰，自性无有，色、受、想、行自性不实，亦复如是"；"一切法自性清净，法界本空，犹如镜中现其影像，如造车轮，聚集而显"等。如关于佛依"二谛"建立诸法，说：

> 论曰：此说依世俗（谛）、胜义（谛）建立诸法。当如是知：若时世尊以一切智观察世间，现证了知，依世俗说则有六趣（指六道），若天、若人及阿苏啰（指阿修罗）、地狱、饿鬼、傍生（指畜生），上下种族，受报贫富，衰盛苦乐及以毁誉，色、无色等种种相生。若时如来出现世间，诸众生等于善逝（指佛）所，发生净信，乐胜义说，是时如来为利众生，如证而说：诸法之实，无有造作，无有分别，无有知觉，无有显示，亦无言说，如是诸法一切皆空。……于诸法中，皆无所得，何名为佛？何名菩提？何名菩萨？何名受记？若色、色空，乃至若识、识空，但依世俗刹那建立，如是言说，但名想耳。（卷十九《自性清净品》，第125页中）

十五、《正命受用品》（卷十九至卷二十）。论述乐于"正命"（指正当的谋生）问题。所引的佛经有《宝云经》等。说：菩萨应当"乐正命，平等受用"，"远离非法邪活命"；应当"舍离非法利养"、"舍离不净利养"、"舍离耽著利养"，即使不获利养，"心不生苦，亦无热恼"等。

十六、《增长胜力品》(卷二十至卷二十一)。论述增长"胜力"(指殊胜的力量)问题。所引的佛经有：《三聚经》《三三昧耶经》《普贤行经》《观音解脱经》等。说：菩萨有"三种增长胜力"，即"于所行(之)行，常无厌足"，"所度众生，不生懈退"，"求佛妙智，坚固勇猛"；若菩萨修习十法，就能获得如此胜力，即"菩萨宁舍身命，终不弃舍无上正法"，乃至"见彼负重、疲困、苦恼众生，为除重担"等。

十七、《恭敬作礼品》(卷二十一至卷二十二)。论述礼敬、供养佛塔问题。所引的佛经有：《观察世间经》《娑伽罗龙王所问经》等。说：供养承事如来有三种法，即"发菩提心，无有退转"，"于诸正法，而能摄持"，"于众生所，发起大悲"；菩萨成就十法，能"处于胎藏，垢秽不染"，即"以净信心，造如来像"，"修治诸佛故旧塔庙"，"以众妙香，而用涂饰"，"持诸香水，灌沐如来"，"于佛塔中，扫洒涂地"等。

十八、《念三宝品》(卷二十二至卷二十五)。论述修习"信根"等问题。所引的佛经有：《护国尊者所问经》《宝光明陀罗尼经》《清净经》《宝箧经》等。说：趣向胜道有四种法，即"信能向胜道"、"尊重能向胜道"、"无慢能向胜道"、"精进能向胜道"；菩萨应当修习"五根"，即"信根、(精)进根、念根、定根、惠(慧)根"，"是五根者，相续而起，则能圆满一切佛法"等。如关于"信根"，说：

> 论曰：明贤善行次第增福，此非别因，而能获得，谓于信等，常当修习。……云何信根？谓于四法，深忍乐欲：一者于生死中，行世正行，信于业报，由造业故，彼报定有，乃至失命，终不作罪；二者信乐菩萨所行正行，不求余乘，不随诸见；三者于胜义中，了知无我、众生、寿者、补特伽罗(指

人），于空、无相、无愿诸法，深能信解；四者于佛功德、（十）力、（四）无畏等，生决定信，断除疑网，是名信根。（卷二十二《念三宝品》，第 135 页上）

本书卷五《空品》、卷九《护身品》均引用了大段"真言"（即咒语），表明中期大乘已有一定的密教思想成分。

本书在藏地，是藏传佛教迦当派（又称"噶当派"）下的教典派"六大教典"（即《菩萨地论》《大乘庄严经论》《大乘集菩萨学论》《入菩萨行论》《菩萨本生鬘论》《法集要颂论》）之一，具有广泛的影响（见清土观《土观宗派源流》，刘立千译，西藏人民出版社 1984 年 11 月版）。此外，本书还有梵文写本（十九世纪于尼泊尔发现）存世，可与汉译本作对勘。

北宋法护等译《大乘宝要义论》十卷

《大乘宝要义论》，又名《一切经集论》《集经论》《宝要义论》，十卷。原书未署作者，北宋法护、惟净译，天禧三年（1019）译出。北宋吕夷简等《景祐新修法宝录》卷一著录（称卷一至卷三、卷七至卷十，为惟净译；卷四至卷六，为法护译。但传今的本子则作：卷一至卷六，为法护译；卷七至卷十，为惟净译）。载于《丽藏》"誉"函、《宋藏》"名"函、《金藏》"感"函、《元藏》"肥"函、《明藏》"星"函、《清藏》"星"函、《频伽藏》"来"帙，收入《大正藏》第三十二卷。

本书是一部论述菩萨如何修行"正法"问题的著作，系辑录大乘经中相关文段编集而成。汉译本未署作者，而藏文译本题为"龙树著"（书名作《一切经集论》），但据明多罗那他《印度佛教史》记载，它是由寂天首先传出的。寂天晚于龙树约四百五十年，不存在龙树将著作直接传付给寂天的可能性，故本书实际上是寂天编集的著作,托名龙树所作而已。全书不分品类,以问答为导引,建立论题,然后广引各种佛经的文段,作为解释。所论的题目有:"值佛甚难";"人身难得";"能知时分具足而难得";"何名为信";"发菩提心实为难得";"以少善根回向一切智";"五种菩萨人";"诸修菩萨行者有多种魔事";"在家菩萨云何所行(指如何修行)";"菩萨常以正法摄受一切";"何等是如来大威德力"等。论题之首一般冠有"问"、"此中问言"、"此中应问"、"此中当知"、"此中应知"等字。书中所征引的佛经,总计有六十多种佛经(不包括同经异名或只列品名者),除《杂阿含经》《增一阿含经》《正法念处经》三经属于小乘经以外,其余全是大乘经。书首有归敬颂,为七言四句,始"归命十方无边际,所住一切世界中",终"过未现在诸如来,菩萨声闻缘觉等";书末无回向偈。

卷一:辑录有关"值佛甚难"、"人身难得"、"能知时分具足而难得"、"何名为信"、"发菩提心实为难得"等方面的论述。所引的佛经有:《妙法莲华经》《决定王经》《觉智方广经》《华严经》《贤劫经》《杂阿含经》《增一阿含经》《超越下族经》《大集经》《破染慧经》(又名《破恶慧经》)、《信力入印法门经》《菩萨藏经》《月光菩萨经》《入如来功德智不思议境界经》《星贺骚那你缘起经》《胜军王问经》等。

卷二:辑录有关"以少善根回向一切智"等方面的论述。所引的佛经有:《阿阇世王经》《宝积经》《父子合集经》《如来秘密经》《法集经》《无尽意经》《善巧方便经》《般若波罗蜜多经》《无畏授所问大乘经》《总持自在王问经》《慈氏师子吼经》《妙吉祥神通游戏经》等。如关于菩萨欲求菩提,"应以大悲而为先导",说:

问云:何菩萨而能胜出彼前布施(指为求阿罗汉作布施)? 答:以回向一切智故。如《般若波罗蜜多经》云,佛言：舍利子！菩萨摩诃萨(指初他以上大菩萨)若欲胜出一切声闻、缘觉所修布施、持戒、忍辱、精进、禅定、智慧者，应当一发一切智相应随喜心。修学般若波罗蜜多，以大悲心而为先导，而诸菩萨然后发菩提心。是故当知，大菩提心者，大悲为先导。此何能知耶？如《菩萨藏经》云：若诸菩萨欲求菩提，应以大悲而为先导。譬如士夫所有命根，以出入息而为先导，诸菩萨摩诃萨亦复如是，于所集大乘法中，以大悲心而为先导。(卷二，《大正藏》第三十二卷，第53页上、中)

卷三至卷六：辑录有关"五种菩萨人"、"诸修菩萨行者有多种魔事"、"在家菩萨云何所行"等方面的论述。所引的佛经有：《入定不定印经》《海意经》《勇授长者问经》《出家障难经》《日子王所问经》《月灯三昧经》《正法念处经》《地藏经》《月灯三昧经》《宝云经》《开发内心经》《无热恼经》《胜生胜鬘解脱经》《华积经》《大悲经》《海龙王问经》《次第出生经》《海慧问经》《如来兴显经》《梵王问经》《觉智方广经》《入楞伽经》《阿惟越致经》《胜鬘师子吼经》等。如关于"五种菩萨人"，说：

此中应问：何名羊车行菩萨人，乃至如来神通行菩萨人耶？答：如《入定不定印经》云，佛言：妙吉祥！菩萨有五种行，所谓羊车行、象车行、日月神通行、声闻神通行、如来神通行。……菩萨虽先修习大菩提心、慧根、慧眼，以其智慧成钝劣故，有所坏失，此名羊车行菩萨人。……或有菩萨，先发大菩提心已，后于大乘法中，不持不诵，返于声闻法中，爱乐修习，乃至持读解了，此名象车行菩萨人。……或有菩萨，先发大菩提心已，不于声闻法中，爱乐修习，乃至一四句偈亦不持读，唯于大乘法中，爱乐读诵，解释解了，此名

日月神通行菩萨人。……或有菩萨，发大菩提心已，于大乘
法中，爱乐修习。……于未学菩萨，亦不起慢心，此名声闻
神通行菩萨人。……或有菩萨，发大菩提心已，乃至善解大
乘最上甚深广大义理，常为救度一切有情，发大菩提心，慈
悲摄受，于六波罗蜜多、四摄法等，发勤勇心已。复令他人，
亦如是安住，此名如来神通行菩萨人。（卷三，第 55 页上、
中、下）

卷七至卷九：辑录有关"菩萨常以正法摄受一切"等方面的
论述。所引的佛经有：《寂静决定神变经》《幻士仁贤经》《菩萨
十住经》《胜思惟梵天所问经》《七百颂般若波罗蜜多经》《一切法
决定无所得经》《维摩诘经》《宝授经》《金刚般若波罗蜜多经》《降
魔经》等。

卷十：辑录有关"何等是如来大威德力"等方面的论述。所
引的佛经有：《入如来功德智不思议境界经》等。

本书所征引的佛经，既有初期大乘经，也有中期大乘经，此
外，还有一些未曾有过传译的大乘经，如《超越下族经》《破染慧
经》《星贺骚那你缘起经》《妙吉祥神通游戏经》《出家障难经》《开
发内心经》《胜生胜鬘解脱经》《次第出生经》《觉智方广经》《寂静
决定神变经》《一切法决定无所得经》等。这对于研究寂天时期
流传的大乘经，具有极为重要的文献价值。

北宋天息灾译《菩提行经》四卷

《菩提行经》，又名《入菩提行论》《入菩萨行论》，四卷。书题
"龙树菩萨集颂"，但据元布顿《佛教史大宝藏论》、明多罗那他
《印度佛教史》记载，实为"寂天著"；北宋天息灾译，雍熙二年
（985）译出。北宋赵安仁等《大中祥符法宝录》卷十七著录。载

于《丽藏》"书"函、《宋藏》"槐"函、《金藏》"书"函、《元藏》"槐"函、《明藏》"亦"函、《清藏》"亦"函、《频伽藏》"暑"帙，收入《大正藏》第三十二卷。

本书是一部论述如何发菩提心，修行"六波罗蜜多"问题的偈颂集。全书分为八品，依次为《赞菩提心品》《菩提心施供养品》《护戒品》《忍辱波罗蜜多品》《菩提心精进波罗蜜多品》《菩提心静虑般若波罗蜜多品》《菩提心般若波罗蜜多品》《菩提心回向品》，共收录七百七十五颂零三句（此据笔者统计；有说"七百八十六颂"的，不确切）。一首偈颂的字数不一，有作七言四句的，也有作五言四句的。

本书的梵文写本（十九世纪于尼泊尔发现）分为十品，依次为《赞菩提心品》《忏悔品》《受持菩提心品》（此品为天息灾译本所缺）、《菩提心不放逸品》（此品为天息灾译本所缺）、《守护正知品》《忍辱波罗蜜品》《精进波罗蜜品》《禅定波罗蜜品》《般若波罗蜜品》《心回向品》，共收录九百一十三颂（见黄宝生译《梵汉对勘入菩提心论》）。藏文译本也分为十品，基本与梵本相同，但品名略异，共收录九百一十三颂零三句（见隆莲译《入菩提心论》）。

一、《赞菩提心品》（卷一）。收录三十五颂，论述"发菩提心"的功德问题。说："菩提心宝验无边，价直（值）世间无可喻"；"菩提心树而清净，恒生胜果而不尽"；"彼种种觉心，正智而平等，菩提誓愿心，而行菩萨行"；"佛子若发菩提心，灭大罪力得胜果"等。本品相当于梵本《入菩提心论》第一品《赞菩提心品》（见黄宝生译《梵汉对勘入菩提心论》，下同）。如关于为拔众生之苦而发"菩提誓愿心"，说：

　　　　为诸有情处众苦，令离百千诸苦怖，受多快乐百千种，
　　　为恒不离菩提心。……菩提心宝验无边，价直（值）世间无

可喻,调御行人伴侣等,悉使受持而坚牢。芭蕉不实而生
实,生实芭蕉而身谢,菩提心树而清净,恒生胜果而不尽。
已作暴恶众罪业,依菩提心刹那脱,勇猛依托无大怖,彼痴
有情何不依。……彼种种觉心,正智而平等,菩提誓愿心,
而行菩提行。(卷一《赞菩提心品》,《大正藏》第三十二卷,
第 544 页上)

二、《菩提心施供养品》(卷一)。收录十三颂,论述"供养如
来"问题。说:"端彼摩尼恭敬心,用奉供养于如来";"世间所有
诸妙花,乃至妙果及汤药,所有珍宝澄清水,悉皆奉供而适意";
"我得如来加被已,化利有情无怖畏,过去罪业悉远离,未来众罪
不复作"等。本品相当于梵本《入菩提心论》第二品《忏悔品》的
前部分(梵本《忏悔品》共有六十六颂,本品仅相当于梵本前十三
颂所说的"供养"法,缺后五十三颂所说的"礼敬"、"皈依"、"忏
悔"法)。

三、《护戒品》(卷一)。收录一百零六颂,论述"护戒"问题。
说:"持戒为护心,护之使坚牢";"若能系一心,一切皆能系,自降
一心,一切自降伏";"我云何修行? 修行唯护心,是故我观心,恒
时而作护";"眼观于色相,知虚假不实,物物恒谛观,是故而不
著";"菩萨戒最上,大乘法亦尔"等。本品相当于梵本《入菩提心
论》第五品《守护正知品》。如关于"四仪(指行、住、坐、卧四威
仪)应当学",说:

　　　齿木及洟唾,不弃于净地,净水及净舍,勿得弃便痢。
吃食勿满口,食勿令有声,食时不语言,亦勿大开口。坐不
得垂足,行亦不挑臂,不与女同乘,亦不同坐卧。诸所不律
事,人见心不喜,一切人既睹,远离而不敬。人问于道路,不
得一手指,双手而指之,示其道所至。凡所诸行步,不弄臂

作声,亦勿妄弹指,威仪如是守。师虽已化灭,四仪应当学,
奉戒行不轻,决定获圣果。(卷一《护戒品》,第547页上)

四、《忍辱波罗蜜多品》(卷二)。收录一百三十三颂,论述
修行"忍辱"问题。说:"修行于羼提(指忍辱),瞋罪而不立,观种
种体空,是故一心忍";"蚊蚤壁虱等,常饥渴苦恼,大痒烦苦人,
住忍而不见";"若人自护持,对冤忍不恚,是心功德生,地狱云何
入";"此瞋我不作,于福障碍故,修行平等忍,彼无不获得"等。
本品相当于梵本《入菩提心论》第六品《忍辱波罗蜜品》。

五、《菩提心精进波罗蜜多品》(卷二)。收录七十九颂,论
述修行"精进"问题。说:"智者行忍辱,菩提住精进,懈怠远离
福,如离于风行";"贪味于睡眠,谓快乐无事,轮回苦可嫌,而
从懈怠生";"精进之有力,能破于懈怠,获得远离故,深心而爱
乐"等。本品相当于梵本《入菩提心论》第七品《精进波罗
蜜品》。

六、《菩提心静虑般若波罗蜜多品》(卷三)。收录一百八十
三颂,论述修行"禅定"问题。说:"佛喜精进增,安住禅定意,愍
彼散心人,烦恼牙间住";"一心住贪爱,此为下趣牵,业感焰魔
门,前见见可怖";"汝受不净身,此身唯虫聚,是身既非净,非净
不可爱";"若住戒清净,能障一切苦,一切苦无因,诸苦而无有";
"彼业世间行,我去而随身,静念不散乱,当断于无明"等。本品
相当于梵本《入菩提心论》第八品《禅定波罗蜜品》。如关于"断
欲者心净",说:

　　少年贪受乐,不求胜善力,少年如不求,老至欲何作。
如彼日将落,为作困不就,复如鹿兽群,至夜空还去。锡杖
钵随行,在路而困苦,如犊随母行,无所畏亦尔。若自为欲
迷,自卖为仆从,彼不得自在,亦复随业牵。……断欲者心

净,于苦能审察,见彼欲火烧,复若毒枪刺。(卷三《菩提心静虑般若波罗蜜多品》,第 554 页上、中)

七、《菩提心般若波罗蜜多品》(卷四)。收录一百六十五颂零二句,论述修行"般若"问题。说:"真如及世间,今说此二法";"为知世间故,是说世间性,为见于真如,见以刹那住";"法乃僧根本,僧知法出离,心若有著处,涅槃不可得";"我慢为苦因,痴是得增长,彼事心不回,观空为最上";"知行空不实,喻梦喻芭蕉,分别灭不灭,一切不可得"等。本品相当于梵本《入菩提心论》第九品《般若波罗蜜品》。

八、《菩提心回向品》(卷四)。收录六十一颂零一句,论述将修行"行菩提行"的"回向"(指将自己所修的善法功德,转施与一切众生,以期同证菩提)问题。说:"菩提行庄严,一切人皆得";"大悲菩提心,救度于一切";"今我一切福,利诸有情等,常离一切罪,恒作善利事";"菩提心所行,菩提行不退,远离我慢业,当得佛受记"等。相当于梵本《入菩提心论》第十品《心回向品》。

由于本书全是偈颂,没有注释,再加上译文晦涩,不易解读,故在汉地研习者较少。但在藏地,它是一部很有影响的大乘显教论典,为藏传佛教迦当派下的教典派"六大教典"之一,其注释见存于藏文《大藏经》的,就有无尽慧《入菩萨行九品论》、智生慧《入菩萨行详解》、善天《入菩萨行释》、黑尊者《入菩萨行论难义释》等十种(见元布顿《佛教史大宝藏论》)。

本书的藏文汉译本,有现代隆莲译《入菩萨行论》;梵文汉译本,有黄宝生译《梵汉对勘入菩提心论》(中国社会科学出版社 2011 年 7 月版)。此二种译本的内容,较天息灾译本更为完备,语句也更为通畅明了,比较适合于一般读者披阅。

第十五品　北宋施护译《广释菩提心论》四卷

附：北宋法天译《菩提心观释》一卷

《广释菩提心论》，四卷。印度莲华戒造，北宋施护译，大中祥符二年(1009)译出。北宋赵安仁等《大中祥符法宝录》卷十五著录。载于《丽藏》"用"函、《宋藏》"曲"函、《金藏》"济"函、《元藏》"曲"函、《明藏》"疑"函、《清藏》"疑"函、《频伽藏》"成"帙，收入《大正藏》第三十二卷。

莲华戒(约740—796)，藏语音译"迦玛那西那"，中印度摩揭陀国人，那烂陀寺首座寂护(又译"静命"，藏语音译"细哇措"，约705—762)的弟子。寂护是中观自续派创始人清辨的五传弟子，他将瑜伽行派学说引入中观派，创立了"瑜伽行中观自续派"(见清土观《土观宗派源流》)，莲华戒是此派的传人。寂护受藏王赤松德赞(755—797)的迎请，入藏弘法，在王宫对藏王讲述"十善业"、"十八界"、"十二因缘"等教理。但仅住留了四个月，就被崇奉苯教(吐蕃原有的宗教)的大臣，以造成当地天灾、瘟疫流行为借口，遣送至尼泊尔。其间，寂护向藏王推荐莲花生，称他有能力平息灾害。莲花生入藏后，以神通制服了苯教信徒，适逢灾疫消停，佛教又重启传播。于是寂护受请再度入藏，莲华戒随行。在莲花生、寂护、莲华戒三人的设计主持下，藏王在拉萨东南创建了藏地第一所寺院——桑耶寺。公元779年(藏传文献记载不一，另有说是763年、766年、775年、799年攸)，桑耶寺落成，寂护为第一任堪布(住持)，他从印度迎请了说一切有部律师十二人，度巴赛囊(又名"益西旺波")等七人出家受戒，世称"七觉士"，为藏地第一批出家者。

　　莲华戒在藏地弘法期间,与从沙州(今甘肃敦煌)入藏传教的汉地禅宗的大乘和尚(又称"摩诃衍"),在教理上发生冲突,莲华戒一派主张渐悟,大乘和尚一派主张顿悟,两派之间展开了长达数年(约792—794)的"顿渐之争",最后莲华戒获胜,大乘和尚败北,退出藏地,返回沙州,从此藏地中观派一枝独秀(见藏文《桑耶寺志》;同记这场辩论经过的敦煌本《顿悟大乘正理决》则称大乘和尚获胜,似与事实不符)。辩论过后未久,莲华戒就被刺客暗杀身亡(刺客的身份,依《桑耶寺志》所说是外道,而依《佛教史大宝藏论》所说是大乘和尚的四个信徒)。莲华戒所译的佛经,见存于藏文《大藏经》的,有二十八种,主要有《沙弥五十颂释八义论》《七百般若释》《能断金刚般若释》《般若心经释》《中观庄严颂详释解》《中观光明论》《入无分别陀罗尼释》《稻秆经广释》《三种修习次第》《显真实性品类论》《说八苦分别开示录》《量真实性略颂释》等。生平事迹见元布顿《佛教史大宝藏论》(郭和卿译,民族出版社1986年3月版)、清土观《土观宗派源流》(西藏人民出版社1984年11月版)、现代黄明信《吐蕃佛教》(中国藏学出版社2010年1月版)等。有关莲华戒的生卒年月,佛教史传阙载,本文之初所出的生卒年,采用的是黄明信《吐蕃佛教》中的推定(日本宇井伯寿《印度佛教思想史》则推定为730—800年)。

　　本书是一部论述"发菩提心"(指发起求得无上菩提之心)问题的著作,采用辑引经文,穿插议论的方式编纂。其内容相当于藏译莲华戒《三种修习次第》三编中的上编。全书不立品目,所辑引的经典,主要有:《圣法集经》《无尽意经》《象头经》《信力法门经》《十地经》《如来智印三摩地胜上经》《弥勒解脱经》《如来示教胜军王经》《无畏授问经》《华严经》《三摩地王经》《宝云经》《维摩诘经》《毗卢遮那成佛经》《圣二谛经》《般若波罗蜜多经》《象腋经》《父子合集经》《楞伽经》《和合解脱经》等。主旨是说，一切佛法皆以"大悲"为根本，菩萨发菩提心，当以"大悲"为先导，从大悲发生大菩提心，乘此大悲，则"一切佛法，如掌中得"。书首有归敬颂，为七言四句，始"归命三世一切佛"，终"我今广释菩提心"。

卷一：论述"悲心"问题。说："从悲发生大菩提心，所有最胜一切佛法，皆由悲心而为根本"；"菩萨见诸众生受种种苦时，无怨无亲，起悲愍心，平等观察，而为救度"等。

卷二：论述"三摩地"（意译定）问题。说："若住三摩地，能生起诸慧，加行专注，总彼所作"；"诸佛菩萨等先当归命，忏悔随喜，次应起大悲心，普尽世间，生救度想，于安隐座中，加趺而坐，直身端住，现前正念，引发三摩地，现前相应"等。如关于修习"三摩地"的六种过失和八种对治，说：

当知诸修一切三摩地时，有六种过失，一懈怠、二所缘忘失、三沈（沉）下、四高举、五无发悟、六发悟。此六过失生时，当起八种断行对治。何等为八？一信、二欲、三勤、四轻安、五念、六正知、七思、八舍。此等对治行相云何？谓信等四法，对治懈怠。此中意者，以三摩地功德中，要具增上正信顺相，彼相应者起胜希望，于希望时，发精进行，所起精进，身心勇悍，后得轻安，是故对治；念对治所缘忘失，是义应知；正知对治沈（沉）下、高举，谓以正知，起正观察，能令高、下二法止息，是故对治；思对治无发悟，是义应知；舍对治发悟，由前高、下得止息已，心住正直，即无发悟，是故对治。如是八断行，对治六种过失已，所有最上三摩地事业即得成就，神足功德由此而生。（卷二，《大正藏》第三十二卷，第 567 页中）

卷三：论述"胜义谛"问题。说："胜义谛中,毕竟不生,彼一切法无生性中,世俗皆是不实颠倒,应当止息一切性等所起颠倒思惟分别";"慧及方便,是诸菩萨所行相应胜道,不断世俗谛,显示胜义谛,若不断世俗,即能以大悲而为先导,善为众生作利益事"等。

卷四：论述"十二分位"问题。所说的"十二分位",指菩萨修行成佛的十二个阶位,即"信解行地"(菩萨预修的阶位)、"十地"(菩萨正修的阶位)、"佛地"(菩萨修行圆满所成就的佛位)。如关于"信解行地",说:

> 所言十二分位者,谓信解行地乃至佛地。……此中信解行地者,未能证得二无我理,一向发起坚固信解,魔不能动,彼信解力亦未能观唯识实性,但于坚固信解法中,立解行地。……《宝云经》说:安立四种顺决择分,而彼四位,有软(指下)、中、上智光明出,此四皆观诸法无我。是中,若有软品智光明生,是为暖位,彼所证定名为明得;若有中品智光明生,是为顶位,彼所证定名为明增;若有最上外无对碍智光明生,于心分位,离能取相,是名忍位,彼所证定名一分入;若于能取、所取相中,悉无所得,以无二智,决定印彼二取相空,是为世第一位,彼所证定名为无间,从此无间入唯识性。此中总略如是等说,皆是信解行地所摄。(卷四,第570页下)

瑜伽行中观自续派,以寂护、莲华戒、圣解脱军(一说智藏)为代表,合称"东三自续派"(意为东方自续派三家),此派在"识"的问题上,采用和唯识派相同的见解,即在俗谛中承认唯识无境,而在胜义谛中承认一切法皆无自性。本书有五处提及"唯识",如说:"识外如实伺察,极微量色取不可得,以不可得故,如是成唯识,无复一切外义可有";"应观三界,一切唯识"(以上见卷三)等。虽说有的引自经文,但也在一定程度上反映了作者对识与境关系的看法。

<h2 style="text-align:center">北宋法天译《菩提心观释》一卷</h2>

《菩提心观释》,一卷。印度莲华戒造(此据藏译本题署,汉译本未署作者),北宋法天译,淳化五年(994)译出。北宋赵安仁等《大中祥符法宝录》卷八著录。载于《丽藏》"家"函、《宋藏》"高"函、《金藏》"家"函、《元藏》"高"函、《明藏》"临"函、《清藏》"临"函、《频伽藏》"来"帙,收入《大正藏》第三十二卷。

法天(?—1001),中天竺(中印度)摩揭陀国那烂陀寺僧人。妙解五明(指声明、因明、医方明、工巧明、内明),深入三藏(指经、律、论)。宋太祖开宝六年(973),与兄达理摩波罗一起来华。初住蒲津(今山西永济县蒲州镇),翻译《圣无量寿经》(全称《大乘圣无量寿决定光明王如来陀罗尼经》)、《七佛赞》(全称《七佛赞呗伽陀》)。河中府梵学沙门法进执笔缀文,知鄜州(州牧)王龟从润色,并上表进经。宋太宗太平兴国五年(980),召入京师(今河南开封),赐紫方袍(喻谦《新续高僧传四集》卷一说此事在"太祖建隆六年八月",误),并敕令在太平兴国寺西侧造译经院。其间,法天历游山西五台山,以及江浙、岭表、巴蜀。太平兴国七年(980),译经院在京师建成,法天应诏入住,赐号"传教大师",与天息灾、施护等共同翻译梵本佛经。雍熙二年(985),赐封法天为朝奉大夫试鸿胪卿。所译的佛经,有《七佛经》《大三摩惹经》《长者施报经》《大方广总持宝光明经》《未曾有正法经》《妙法圣念处经》《妙臂菩萨所问经》《一切如来乌瑟腻沙最胜总持经》(其初译为《最胜佛顶陀罗尼经》,二本同传)、《最上大乘金刚大教宝王经》《金刚手菩萨降伏一切部多大教王经》《宝藏神大明曼挐罗仪轨经》《圣宝藏神仪轨经》《苾刍五法经》《苾刍迦尸迦十法经》等，总计四十三部六十八卷（以上据笔者统计，其中《佛说六道伽陀经》一卷，书题"法天奉诏译"，但据北宋赵安仁等《大中祥符法宝录》卷四、惟净等《天圣释教总录》卷下所记，实为"三藏沙门施护译"，故不予计入），其本均存。生平事迹见南宋志磐《佛祖统记》卷四十五、明代明河《补续高僧传》卷一、近代喻谦《新续高僧传四集》卷一等。

特别需要指出的是，由于南宋志磐《佛祖统记》卷四十三误称，雍熙二年（985），诏"法天改名法贤"，明明河《补续高僧传》等沿用此说，直接导致近世有的著作将法天、法贤视为同一人，将二人名下的译籍合并统计，称法天的译籍有"一百十九部一百七十四卷"（见周叔迦《宋元明清译经图纪》），这是错误的。因为早在北宋，赵安仁等《大中祥符法宝录》卷六就明确记载，雍熙四年（987）十月，"诏天息灾改名法贤"，这就是说，不是"法天"改名为"法贤"，而是"天息灾"改名为"法贤"。只是由于《佛祖统记》的影响远大于原书破残又鲜为人知的《大中祥符法宝录》，造成后世一直误传"法天改名法贤"，这是须作更正的。

本书是一部论述"菩提心"（指求得无上菩提之心）的体性问题的著作。全书不立品目，亦不引经文，直释"菩提心"之性，书首有归敬颂，为四言四句，其文为"归命本师，大觉世尊，我今略释，菩提心观"。正文的主旨是说，"菩提心"之性，离一切性，无取无舍，非内非外，自性空寂，一切智求不可得；若能起大悲心，令众生在自心法中如实证觉，那就是"菩提心"。如关于何为"菩提心"，说：

当于自心如实观已，然后发起方便，观于众生，知诸众生于自觉性，不如实知，起于疑妄、颠倒、执著，受于种种轮回大苦。我由此故,起大悲心,令诸众生于自心法,如实证觉,是即名为菩提心,是名利益心、安乐心、最上心、法界善觉心。以如是智,摄诸众生故,名菩提心。(《大正藏》第三十二卷,第 562 页下)

本书行文简洁,仅一千二百余字,在传今的论述菩提心问题的著作中,可算是最短的了。

第三门　大乘中观派·因明论

第一品　北魏吉迦夜等译
《方便心论》一卷

《方便心论》，一卷。印度龙树造（此据宋、元、明藏本的题署，《丽藏》缺），北魏吉迦夜、昙曜译，延兴二年(472)译出。梁僧祐《出三藏记集》卷二著录。载于《丽藏》"尽"函、《宋藏》"命"函、《金藏》"尽"函、《元藏》"命"函、《明藏》"逸"函、《清藏》"逸"函、《频伽藏》"暑"帙，收入《大正藏》第三十二卷。

吉迦夜（约五世纪），意译"何事"，西域僧人。北魏孝文帝延兴(471—475)初年，游化至魏都平城（今山西大同），从事译经。所译的佛经，梁僧祐《出三藏记集》卷二著录为"三部凡二十一卷"；唐智升《开元释教录》卷六著录为"五部一十九卷"，即《大方广菩萨十地经》一卷、《称扬诸佛功德经》三卷、《方便心论》一卷、《杂宝藏经》十三卷、《付法藏因缘传》六卷、《杂宝藏经》八卷，均与昙曜共译，刘孝标笔受，至今见存。生平事迹见隋费长房《历代三宝纪》卷九、唐智升《开元释教录》卷六等。

昙曜（约五世纪），里籍不详。少年出家，摄行坚贞。初住凉州修习禅业，后行化至平城，为太子拓跋晃所礼重。太平真君七年(446)，太武帝为平息卢水胡人（匈奴的一支）盖吴在杏城（今

陕西黄陵西南)发动的起义,率兵进抵长安。因怀疑沙门与盖吴
通谋,在信奉天师道的司徒崔浩的怂恿下,下令尽诛长安沙门,
并令各地均依长安行事,焚毁经像,坑杀沙门。太子拓跋晃素敬
佛法,再三上表劝谏,致使缓宣诏书,由于远近预闻,四方沙门大
多得以逃匿获免,金银宝像、经论也多得秘藏。其时,昙曜密持
法服、器物,隐栖于山中。毁佛六年后,太武帝为宦官所杀。文
成帝即位后,下诏全面复兴佛教,敕罽宾沙门师贤为“道人统”,
掌管僧团事务。和平三年(463),师贤卒,昙曜被任为“沙门统”
(又称“昭玄统”),进一步推动佛教的复兴。他主持开凿了著名
的云冈石窟(位于山西大同市西郊的武周山)中最早的五窟(今
第 16 窟至第 20 窟,世称“昙曜五窟”),每个石窟的中央都雕刻
了巨大的如来佛像,以象征北魏的五代皇帝;在州镇设立了“僧
祇户”、“僧祇粟”、“佛图户”(又称“寺户”),大力发展寺院经济;
并在恒安通乐寺(又称“石窟寺”)集诸德僧,与天竺沙门一起翻
译了《大吉义神咒经》二卷(今存)、《净度三昧经》一卷(已佚)。
生平事迹见隋费长房《历代三宝纪》卷九、唐道宣《续高僧传》卷
一、北齐魏收《魏书·释老志》等。

　　本书是一部论述“八种论法”(指立论的八种方法)等因明理
论的著作。所说的“因明”,指以逻辑学为主,兼及认识论和辩论
术的学问。“因明”的“因”,指辩论时对自己的主张加以论证的
理由;“明”,指学问。“因明”由古印度正理派创始人足目创立
的,以后广为流传,成为社会上通行的学问。佛教将“五明”(即
声明、工巧明、医方明、因明、内明)列为佛弟子必须修学的五种
学问,“因明”即为其中之一。本书名称中的“方便心”,意为善
巧心。

　　关于本书的作者,梁僧祐《出三藏记集》、隋法经等《众经目
录》、费长房《历代三宝纪》、唐智升《开元释教录》等佛教经录均

未记载。而唐法藏《十二门论宗致义记》卷上则明确记载本书为龙树所造,说:"标量破,谓如龙树所造《方便心论》及《回诤论》,世亲所造《如实论》等,并各略标世间因明三支(指宗支、因支、喻支)、五分比量(指相比量、体比量、业比量、法比量、因果比量)道理,校量破计,要显正法,而亦不存此比量法,是故论中,后自破之"。意思是说,佛教破除执见的方法,归纳起来,有五种,即"讥征破"、"随宜破"、"随执破"、"标量破"、"定量破"。其中,"标量破"是指先标立世间普遍认可的因明论式,破斥论敌的主张,显示正法,最后对这些论式也不作保存,在文中破掉。龙树《方便心论》《回诤论》、世亲《如实论》均属于"标量破"类著作。由此可见,《丽藏》本未署作者姓名,而宋元明藏本均题"龙树菩萨造",也是有根据的。

近世有学者(如日本宇井伯寿等人)认为,本书所说为小乘教理,故推断本书的作者不是龙树,而是小乘论师。此说是不确切的。虽说本书《明造论品》以"十二因缘、苦集灭道(谛)、三十七(道)品、四沙门果"等法,为"佛正义";《辩正论品》又以"有阿罗汉"、"有涅槃"为"如法论"等,确实带有小乘法的成分,但那是在破斥外道学说的情况下,所列举的原始佛教的基本教义,并不意味着佛教的教义只是这些,没有其他。本书也论及大乘般若性空义,如说:"诸法皆悉空寂,无我无人,如幻如化,无有真实","一切法皆空寂灭,如幻如化,想如野马,行如芭蕉,贪欲之相如疮如毒,是名为喻"(见《明造论品》)等。这些话语,与龙树《大智度论》卷三十三说的"知一切法无我、无我所,诸法皆空,如梦如幻";卷八十一说的"观色如聚沫,观受如泡,观想如野马,观行如芭蕉,观识如幻",意思是基本一致的。此外,书中明确指出,佛教的教义有深浅之分,"诸法皆悉空寂,无我、无人"等为深义,是对"智者"说的;"诸法有业有报,及缚解等"等为浅义,是对"凡夫"说的。外道同于凡夫,故本书在破斥外道时,举列原始佛教的基本教义为例子,是完全可以理解的。特别应当注意的是,本书所构建的因明体系,在小乘论书中是没有先例的,传今的文献资料中,也没有小乘论师撰写过此类著作的任何记录。故笔者认为,本书很可能是龙树的早期著作,成于《大智度论》之前,说它是小乘论师所作,于史无据。

全书分为四品,依次为《明造论品》《明负处品》《辩正论品》《相应品》,以自设问答的方式,对"八种论法"(指立论的八种方法)、"众多负法"(指辩论者堕入失败的各种原因)、"如法正论"(指正确的驳论)、"问答相应"(指就两个概念之间的相同或相异,展开难破的方法)等因明理论作了阐述。书首有序偈,说:"若能解此论,则达诸论法,如是深远义,今当广宣说";书末有流通语,说:"诸有欲生实智,分别善恶,当勤修习此正法论"。

一、《明造论品》。论述造论的缘由和"八种论法"。

主要说,外人说"不应造论",凡是造作论书者,多起恚恨、憍逸、贡高,自扰乱心,少柔和意,显现他恶,自叹己善,"若欲自利利人,应当舍此诤论之法"。对此,作者指出,"今造此论,不为胜负、利养、名闻,但欲显示善恶诸相,故造此论",撰作此论的目的是为了显示"善恶诸相",破斥一切邪智巧辩,令正法流布于世。以下便转入正题。书中说,"论法"(立论的方法)可分为八种,称为"八种论法"(又称"八种义"),即"譬喻"、"随所执"、"语善"、"言失"、"知因"、"应时语"、"似因非因"、"随语难"。虽说外道也有论法,如卫世师(指胜论派)有"六谛",即"陀罗骠(又称主谛)、求那(又称依谛)、总谛(又称总相谛)、别谛(又称别相谛)、作谛、不作谛(又称无障碍谛)",但即使通达此"六谛",仍然不能了别其余经论;若能明解本书所说的"八种论法",就一定能通达一切论法。

（一）"譬喻"。指立论者建立的用来助因成宗的譬喻。分为二种。（1）"具足喻"。指用与宗义完全相似的事物作譬喻。（2）"少分喻"。指用与宗义部分相似的事物作譬喻。譬喻必须以凡夫、圣贤都熟悉了知的事物为前提，即"若说喻者，凡圣同解，然后可说"，如说"是心动发，犹如迅风"，因为一切凡夫都知道"迅风"，故可以用作譬喻；"若不知者，不得为喻"，如有一方不了知的事物，不得用作为譬喻。

（二）"随所执"。指"立宗"，即立论者建立自己的主张，"随所执者，名究竟义（指宗义）"。立宗有四种情况。（1）"一切同"。指所立的宗义，为立论者、敌论者双方所共许（又称"极成"，即共同认可），例如"说者（指立论者）言无我、我所，问者（指敌论者）亦说无我、我所"。（2）"一切异"。指所立的宗义，只为立论者认可，而敌论者则不认可。例如"说者言异，问（者）则说一"。（3）"初同后异"。指立敌双方的前提相同，而结论不同。例如"说者曰：现法皆有，神非现见，亦复是有。问者或言：现见之法，可名为有，神若非现，何得有耶"。（4）"初异后同"。指立敌双方的前提不同，而结论相同。例如"说者言无我、无所，而问者曰有我、有人。此二论者俱信涅槃，是名初异后同"。立宗须以"四种知见"（又称"四种量"、"四知"，指现见、比知、喻知、随经书，后详）为因（理由），方能成立。

（三）"语善"。指辩论者使用的语言须顺于事理，即"不违于理，不增不减，善解章句，应相说法，所演譬喻，而无违背，无能轻诃，以是因缘，名为语善"。此中所说的"不增"，指不作"因增"（指因支的增益）、"喻增"（喻支的增益）、"言增"（表述因支、喻支的语句的增益）；所谓"不减"，指不作"因减"（指因支的缺减）、"喻减"（喻支的缺减）、"言减"（表述因支、喻支的语句的缺减）。以"不减"为例，"若言六识无常，犹如瓶等，不说因缘，是名因减";"若言是身无我,众缘成故,声亦无我,从缘而有,是名喻减";"若言四大无常,如瓶造作,是名言减"。

(四)"言失"。指辩论者使用的语言与事理相违背的过失。分为四种。(1)"义无异而重分别"(又称"义一名异而重分别")。指将含意相同而名称不同的同一事物,当作不同事物的过失,如"憍尸迦"、"天帝释"、"富兰陀那"三者,名异而义一,辩论时,对它们重作区分。(2)"辞无异而重分别"(又称"名义无异而重分别")。指将含意、名称都相同的同一事物,当作不同事物的过失,如"因陀罗"(天帝释的异名)与"因陀罗",名、义无异,辩论时,对它们重作区分。(3)"凡所言说,但饰文辞,无有义趣"。指语言只讲文采,不讲义理的过失。(4)"虽有义理,而无次第"。指语言虽有义理,但叙说次第错乱的过失。

(五)"知因"。指了知证成宗义的理由。证宗的理由应以"四种知见"(又称"四种量"、"四知")为依据。它们是:(1)"现见"(又称"现量")。指感觉,即感觉器官对事物自相(指个别的体相)的认识。(2)"比知"(又称"比量")。指推理,即在现量的基础上,由已知推知未知,对事物共相(指共同的体相,即共同性)加以认识。(3)"喻知"(又称"譬喻量")。指譬喻,即用通俗的事例譬喻抽象的道理。(4)"随经书"(又称"圣教量")。指以圣人的言教,作为判别认识正误的标准。此中,"比知"又分为三种:一是"前比"(又称"有前比量"),指由先前的经验推知现在的事物,"如见小儿有六指、头上有疮,后见长大,闻提婆达,即便忆念本六指者,是今所见,是名前比";二是"后比"(又称"有余比量"),指由现在的经验推知未来的事物,"如饮海水,得其成咸味,知后水者,皆悉同咸,是名后比";三是"同比"(又称"平等比量"),指对同一事物所作的平等推知,"如即此人行至于彼,天上日月,东出西没,虽不见其动,而知必行,是名同比"。四种量中,

"现见"(现量)是基础,其他三种量都是在"现见"的基础上建立的,故"此四知(量)中现见为上"。

（六）"应时语"（又称"随时而语"）。指说法的语言须适应众生的根器和当下的时机。例如：若先说"十八界"、"十二入",后说"五阴",为"不应时";若先说"五阴",后说"十二入"、"十八界",为"应时语"。对凡夫说"诸法皆悉空寂,无我、无人,如幻如化,无有真实"等深义,为"不应时";对凡夫说"诸法有业有报,及缚解等"等浅义,使之信受,为"应时语"。

（七）"似因非因"。指"似因",即辩论者(包括立论者、敌论者)建立的有过失的因支。在因明中,"似"为"真"(指正确)的对称,"似因"的"似",指似是而非,即错误。"似因"分为八种。(1)"随其言横为生过"（又称"随言生过"）。指辩论者利用一词多义,故意曲解对方(立论者)原意的过失。例如立论者说："烧山",而敌论者则诘难说："实焚草木,云何烧山"。(2)"就同异而为生过"（又称"同异生过"）。指辩论者将两个不同的概念混为同一个的概念的过失。例如立论者说："有故名生,如泥有瓶性,故得生瓶",而敌论者则诘难说："若泥是有故生瓶者,水亦是有,应当生瓶。若水是有不生瓶者,泥云何得独生瓶耶"。(3)"疑似因"（又称"生疑似因"）。指辩论者的因法(能立法)虚实不定,为立敌双方或一方所疑的过失。例如"有树杌似于人故,若夜见之,便作是念：杌耶？人耶？是则名为生疑似因"。(4)"过时语"（又称"过时似因"）。指辩论者的因法(能立法)失去时效的过失,犹如"舍(房屋)烧已尽,方以水救"。(5)"类同"。指辩论者的因法(能立法)将不同的事物作比附的过失。例如"(言)我与身异,故我是常,如瓶异虚空,故瓶无常,是名类同"。(6)"说同"。指辩论者的因法(能立法)可推出两个不同的结论的过失。例如"言虚空是常,无有触故,意识亦尔,是名说同"。(7)"言异"。指辩论者的因法(能立法)超出宗法(所立法)范围的过失。例如立论者说:"五尘无常,为根觉(指为五根所觉知)故,四大亦尔,是故无常";敌论者则诘难说:"龟毛盐香,是无所有,而为意识所得,岂无常耶"。(8)"相违"。指辩论者的因法(能立法)与喻支、事理相违背的过失。分为二种:一是"喻相违",指因法(能立法)与喻支相违背的过失,"如言我常,无形碍故,如牛,是名喻违";二是"理相违",指因法(能立法)与事理相违背的过失,"如婆罗门统理王业、作屠猎等教,刹利种坐禅念定,是名理违",因为事实是刹利种"统理王业",婆罗门"坐禅念定"。此中所说的八种似因,只有"疑似因"是与后来陈那创立的新因明所说"似因"中的"疑似因"相同的,其余均不同。

(八)"随语难"。指"能破",即反驳者(指辩论中的反方,即敌论者)如实地显示对方(指辩论中的正方,即立论者)论式的过失,破斥他的主张。如关于"八种论法",说:

> 八种深妙论法,我当略说,为开诸论门,为断戏论故。一曰譬喻;二随所执;三曰语善;四曰言失;五曰知因;六应时语;七似因非因;八随语难。喻有二种,一具足喻、二少分喻;随所执者,名究竟义;语善者,谓语顺于义;言失者,谓言乖于理;知因者,能知二因,一生因、二了因;语应时者,若先说界(指十八界)、入(指十二入),后说五阴,名不应时;若善通达言语次第,是则名曰应时语也;似因者,如焰似水,而实非水,若有论者,严饰言辞,以为水者,是名似因;随言难者,如言新衣,即便难曰:衣非是时,云何名新? 如是等,名随言难也。(《明造论品》,《大正藏》第三十二卷,第23页下)

二、《明负处品》。论述"众多负法"(指辩论者堕入失败的各种原因)问题。

辩论者"堕负处"(即堕入失败)的原因,归纳起来,大致有以下九类。(1)"语颠倒,立因不正,引喻不同"。指辩论者语次颠倒,证宗(论证命题)的理由不正确,引用的譬喻不能说明宗支。(2)"应问不问,应答不答,三说法要,不令他解,自三说法,而不别知"。指辩论者应问不问,应答不答,连说三遍,仍不能使对方理解,而自己除了所说之法,其余一概不知。(3)"共他论,彼义短阙,而不觉知"。指辩论者对论敌在言辞义理上的短缺、错谬,毫无觉察,只有在旁人告诉他时,方才知道。(4)"他正义而为生过"。指对方所说为正义,辩论者却指责他有过失。(5)"有说者,众人悉解,而独不悟"。指对方所说的观点,众人都能理解,唯独辩论者不能领悟。(6)"(问)有三种,一说同、二义同、三因同,若诸论者,不以此三为问答者,名为违错。此三答中,若少其一,则不具足"。指辩论者的回答,须名词相同、含义相同、理由相同,三者具足,不可缺一,否则就是"违错"(乖违错乱)。(7)"言轻疾,听者不悟"。指辩论者说话太轻、太快,令听者不解其意。(8)"语少、语多、无义语、非时语、义重"。指辩论者语言太少(过于简略)、太多(过于繁琐)、无实义、不合时、意思重复。(9)"舍本宗"(又称"违本宗")。指辩论者舍弃宗义,将它转换成其他命题。

三、《辩正论品》。以"立曰"(代表外人)与"难曰"(代表佛教)对辩的事例,论述"如法正论"(又称"如法论"、"正法论",指正确的驳论)问题。外人所立的命题有:(1)"无涅槃"。理由是:"无余涅槃不为根觉(指为五根所觉知),故无"。(2)"无阿罗汉"。理由是:"阿罗汉果,唯当时有,而前后无,故知为无"。(3)"神是常法"。理由是:"神非造作,故常,瓶等作法,故是无常"。对此,作者一一作了反驳。

四、《相应品》。论述"问答相应"(指就两个概念之间的相同或相异,展开难破的方法)问题。"问答相应"分为二十种(又称"二十问答之法"),"若人能以此二十义,助发正理,是人则名解真实论;若不如是,不名通达议论之法"。它们是:(1)"增多"。(2)"损减"。(3)"说同异"。(4)"问多答少"。(5)"答多问少"。(6)"因同"。(7)"果同"。(8)"遍同"。(9)"不遍同"。(10)"时同"。(11)"不到"。(12)"名到"。(13)"相违"。(14)"不违"。(15)"疑"。(16)"不疑"。(17)"喻破"。(18)"闻同"。(19)"闻异"。(20)"不生"。它们都属于类比法。

　　上述二十种问答法中,每一种都包含"同"、"异"两个方面。"同",指"以同显义",如说"烦恼尽处,是无所有,虚空之性,亦无所有",此为"同";"异",指"以异显义",如说"涅槃非作,故常,则知诸行作,故无常",此为"异"。立论与反驳,便是从这两个方面展开的。如关于如何"难同"、"难异",说:

　　　　问曰:此同异义,云何为难?答曰:欲难同者,作如是言:色以眼见,声为耳闻,云何言同?若色异声,色自无常,声应是常。若难异者,以色根觉,故无常,我非根觉,故常。瓶、我俱有有,若同者,瓶既无常,我亦应尔。若说瓶有,异我有者,可言:我常而瓶无常,常有既同,我应无常。(《相应品》,第27页下)

　　本书译出之后,隋吉藏《百论疏》、唐慧沼《因明义断》、湛然《止观辅行传弘决》、道暹《涅槃经疏》、五代延寿《宗镜录》、北宋智圆《涅槃经疏》、明真界《因明入正理论解》等,都引用过它的文段。近世以来出版的因明著作,如水月《古因明要解》(中华书局2006年11月版)、郑伟宏《汉传佛教因明研究》(中华书局2007年10月版)、姚南强《因明学说史纲要》(上海三联书店2000年8月版)等,都有专章,对本书加以论述。

第二品　北魏毗目智仙等译
《回诤论》一卷

《回诤论》,一卷。印度龙树造,北魏毗目智仙、般若流支译,兴和三年(543)译出。隋法经等《众经目录》卷五著录(译经时间见《开元释教录》卷六)。载于《丽藏》"命"函、《宋藏》"临"函、《金藏》"命"函、《元藏》"临"函、《明藏》"逸"函、《清藏》"逸"函、《频伽藏》"暑"帙,收入《大正藏》第三十二卷。

毗目智仙(约六世纪),北印度乌苌国(又称"乌场国"、"乌仗那国"、"郁地引那国",今巴基斯坦西北边境省斯瓦特县)人,为刹利种姓,释迦族的后裔。妙娴三藏,最善毗昙(指论)。后与般若流支(又称"瞿昙般若流支"、"瞿昙流支")游方弘化,被般若流支尊事为师。北魏孝明帝熙平元年(516),抵达洛阳。东魏时,京师由洛阳迁至邺城,毗目智仙随众同往。孝静帝兴和三年(541),在邺城金华寺,与瞿昙般若流支一起翻译《回诤论》《业成就论》《转法轮经论》《宝髻经四法优波提舍》《三具足经优波提舍》等五部五卷,沙门昙林担任笔受,译本均存。生平事迹见唐智升《开元释教录》卷六,以及上述五论之首各自刊载的《翻译之记》。

本书是一部破斥外道正理派关于"量"(认识)与"所量"(认识对象)的理论,论述"一切法空无自体"问题的著作。正理派在《正理经》的"十六谛"(又称"十六句义")中,将"量"分为四种,即"现量"(指感觉,即感觉器官对事物自相的认识)、"比量"(指推理,即在现量的基础上,由已知推知未知,对事物共相加以认识)、"阿含量"(又译"圣教量",指以圣人的言教,作为判别认识正误的标准)、"譬喻量"(指譬喻,即用通俗的事例譬喻抽象的道

理）；将"所量"（认识的对象）分为十二种，即"我"、"身"、"根"、
"境"、"觉"、"意"、"作业"、"烦恼"、"彼有"、"果"、"苦"、"解脱"。
认为，"量"是实有的，"所量"也是实有的，通过四种量，就能认识
世间，获得知识。作者从诸法性空的立场出发，对正理派的量论
作了破斥，论述了"一切法空无自体"，言语和认识亦无自体的思
想。全书由七十二偈及其长行解释构成。书首有《序回诤论翻
译之记》，说：

> 《回诤论》者，龙树菩萨之所作也。数舒卢迦（指首卢
> 迦，即偈）三十二字，此论正本凡有六百（偈），大魏都邺兴和
> 三年岁次大梁，建辰之月朔次癸酉辛卯之日，乌苌国人、刹
> 利王种、三藏法师毗目智仙，共天竺国婆罗门人瞿昙流支
> （即般若流支），在邺城内金华寺译，时日所费二十余功，大
> 数凡有一万一千九十八字。对译沙门昙林之笔受，骠骑大
> 将军开府仪同三司、御史中尉勃海高仲密，启请供养。（《大
> 正藏》第三十二卷，第13页中）

全书分为四部分。

一、《偈初分》。收录反方（正理派）质难"一切法空无自体"
说的二十一颂。有："若一切无体，言语是一切，言语自无体，何
能遮彼体"；"智人知法说，善法有自体，世人知有体，余法亦如
是"；"诸法若无体，无体不得名，有自体有名，唯名云何名"；"取
所取能取，遮所遮能遮，如是六种义，皆悉是有法"等。

二、《偈上分》。收录正方（龙树）论证"一切法空无自体"说
的五十一颂。有："我语言若离，因缘和合法，是则空义成，诸法
无自体"；"若量能成法，彼复有量成，汝说何处量，而能成此量"；
"若量能自成，不待所量成，是则量自成，非待他能成"；"若不待
所量，而汝量得成，如是则无人，用量量诸法"等。

三、《释初分》。为《偈初分》二十一颂的长行注释,解说反方(正理派)的观点。说:"若一切法皆悉空者,言语亦空,若言语空,则不能遮一切诸法";"诸法皆有自体,法有自体,故不得言一切法空,如是若说一切法空无自体者,义不相应"等。如关于正理派对"四种量"皆悉是空的诘难,说:

　　说现比阿含,譬喻等四量,现比阿含成,譬喻亦能成(以上为偈颂)。

　　此偈明何义?比(量)、喻(量)、阿含(量)、现(量)等四量,若现(量)能成,比(量)、阿含(量)等皆亦能成。如(龙树所说)一切法皆悉是空,现量亦空,如是比(量)、喻(量)亦空,彼量所成一切诸法,皆悉是空,以四种量在一切故,随何等法?若为比(量)成,亦譬喻(量)成,亦阿含(量)成,彼所成法一切皆空。汝(指龙树)以比(量)、喻(量)、阿含(量)等三量,一切法所量亦空,若如是者,法不可得,量、所量无,是故无遮(指不应否定为空)。如是若说一切法空无自体者,义不相应(以上为长行解释)。(第16页上)

四、《释上分》。为《偈上分》五十一颂的长行注释,解说正方(龙树)的观点。说:"言语无自体空,诸法如是无自体空。是故汝言:汝语空,故不能说空,是义不然";"若因缘生,则无自体,以无自体故,得言空。如是我语(指言语)亦因缘生,若因缘生,则无自体,以无自体故,得言空";"语言空,余一切法悉皆是空";"若汝所说以有量故,得言所量,有量、所量,证一切法皆有自体,义不相应"等。如关于龙树对"一切法皆无自体"说的论证,说:

　　若因缘法空,我今说此义,何人有因缘,彼因缘无体(以上为偈颂)。

此偈明何义？汝（指正理派）不能解一切法空，不知空义，何能咎我？如汝所言：汝语言空，语无自体，无自体故，不能遮法。此法若是因缘生者，生故，得言一切法空，得言一切皆无自体。以何义故？知因缘生法无自体，若一切法皆因缘生，则一切法皆无自体，法无自体，则须因缘，若有自体，何用因缘？若离因缘，则无诸法；若因缘生，则无自体，以无自体故，得言空（以上为长行解释）。（第18页上）

本书在藏传佛教中，被列为中观派学者必读的龙树"正理聚六论"（《中论》《回诤论》《精研论》《七十空性论》《六十正理论》《中观宝鬘论》）之一。

第三品　唐玄奘译《大乘掌珍论》二卷

《大乘掌珍论》，又名《掌珍论》，二卷。印度清辩（即清辨）造，唐玄奘译，贞观二十三年（649）译出。唐道宣《大唐内典录》卷五著录（译经时间见《开元释教录》卷八）。载于《丽藏》"则"函、《宋藏》"尽"函、《金藏》"则"函、《元藏》"尽"函、《明藏》"性"函、《清藏》"性"函、《频伽藏》"暑"帙，收入《大正藏》第三十卷。

本书是以"掌珍比量"（又称"清辩比量"，"比量"指推理）的形式，正面论证"有为空"（指有为法性空）、"无为空"（指无为法性空）理论的著作。所说的"掌珍比量"，其偈为："真性有为空，如幻缘生故，无为无有实，不起似空华。"（见本书卷上）此四句含有二个比量。前二句"真性有为空，如幻缘生故"，是有关"有为空"的比量，其中，"真性有为空"为"宗"（指命题）；"缘生故"为"因"（指理由）；"如幻"为"喻"（譬喻，一般采用"同喻"，即用与宗法、因法为同类相似的事物作譬喻，宗法指所立法，因法指能立法;也可同时采用"异喻",即用与宗法、因法为不同性质的事物作譬喻),意思是说,就"真性"(指"胜义谛")来说(以简别"俗谛"),"有为法"是"空"的,因为它是依众缘生起的,犹如幻象一般。后二句"无为无有实,不起似空华",是有关"无为空"的比量,其中,"无为无有实"为"宗"(指命题),"不起"(即不生)为"因"(指理由),"似空华"为"喻"(指譬喻),意思是说,"无为法"不是实有的,因为它是不起的,犹如空华(花)一般。

全书就是围绕这两个比量的阐释与辩论展开的。在论述中,清辨对外道的"胜论论者"(又称"胜论师",指胜论派)、"数论论者"(又称"数论师",指数论派)、"无衣等论"(指裸形外道);小乘"不善正理论者"(指不善因明者)、"毗婆沙师"(指说一切有部)、"经部诸师"(指经量部)、"铜鍱部师"(指上座部中的分别说部)、"犊子部";大乘"相应论师"(指瑜伽师)等十六种执见(见《掌珍论疏》卷下),以及他们对"有为空"、"无为空"比量的诘难,一一作了破斥。论敌双方就对方的"宗过"(命题的过失)、"因过"(理由的过失)、"喻过"(譬喻的过失)作了往复的辩答。唐法藏《十二门论宗致义记》卷上说,佛教破除执见的方法,归纳起来,有五种(指讥征破、随宜破、随执破、标量破、定量破),"定量破,谓如陈那所造《因明》等论,清辩所造《般若灯论》及《掌珍论》等,并依决择(指决断简择)宗、因、喻等定量道理,出他宗过,无违失者,方可得为是真能破(指正确的反驳)"。也就是说,其中的"定量破",是指确定正确的因明论式,揭示他宗(论敌的主张)的过错,论破正确无误,不违反规则,陈那《因明正理门论》、清辩《般若灯论》和《掌珍论》均属于"定量破"类著作。

卷上:论述"有为空"比量问题。

主要说,世人计度的事物差别虽然很多,但就所观察的境界而言,略有二种。一是"有为法",指有因缘造作、生灭变化的非常住事物，即"十二处"（指眼、耳、鼻、舌、身、意、色、声、香、味、触、法），但要除去"法处一分"，即"法处"所包含的"无为法"这一部分；二是"无为法"，指无因缘造作、生灭变化的常住事物，即属于"法处一分"的四种无为法，也就是"虚空无为"、"择灭无为"、"非择灭无为"、"真如性无为"。就能观察的谛理（真理）而言，也有二种。一是"世俗谛"，指世俗的真理；二是"胜义谛"，指殊胜的真理。凡夫不能觉知胜义谛，"妄执诸法自性差别，增益种种邪见罥网（指罗网）"，就像世上有一个无智的画师，画作药叉鬼像，或女人像，眩目乱意，以为实有。由于执著实有的缘故，自起惊怖，或生贪染，对境界生起众多的计度，增添了分别邪见的罗网。如果能觉知胜义谛，对有为法、无为法的观察，就不会有颠倒性。就像世上有一个有智的画师，对所画之像，并不以为它有真实的自性，那就不会被分别邪见的罗网自缠自裹，就能悟入"无分别慧"。本书的"立宗"（指立论者依自己的主张所建立的命题），是"以真性简别立宗"，它是就"真性"（指胜义谛）而言的，以区别于"世俗谛"。就"胜义谛"而言，有为法是自性空寂的，因为它们都是由内因外缘和合产生的，没有确定的自性，犹如幻象一般。如关于"有为空"，说：

　　真性有为空，如幻缘生故。……眼等有为，世俗谛摄，牧牛人等皆共了知，眼等有为，是实有故，勿违如是自宗所许，现量共知，故以真性简别立宗。真义自体，说名真性，即胜义谛，就胜义谛立有为空，非就世俗。众缘合成，有所造作，故名有为，即十二处（指六根、六境），唯除法处一分虚空、择（灭）非择灭及真如性。……今立为宗，且如眼处一种有为，就胜义谛，辩其体空。空与无性虚妄显现门之差别，是名立宗。众缘所起男女、羊鹿诸幻事等，自性实无，显现

似有,所立、能立法皆通有,为同法喻,故说如幻。(卷上,《大正藏》第三十卷,第268页下)

卷下:论述"无为空"比量问题。

主要说,修观行者不仅要悟入"有为空",还须悟入"无为空"。就"胜义谛"而言,无为法也是自性空寂,非实有的,因为它是"不起"(即不生)的,犹如空华(花)一般。此中所说的"不起",包含"非所作"、"非能作"、"无灭坏"等义。如关于"无为空",说:

> 无为无有实,不起似空花。此中简别立宗言词,即上真性须简别意。如前应知,就真性,故立无为空,非就世俗。非有为故,说名无为,翻对有为,是无为义,即是虚空、择(灭)、非择灭及真如性,谓前所除法处一分。先显悟入虚空性空,易开示故。唯就空无有质碍物,世间共立名虚空故,由此为门,悟入所余无为空性。即此世间所知虚空,就真性故空无有实,是名立宗,即此所立,就真性故无实。虚空,二宗(指自宗、他宗)皆许为不起故,或假立为不起法故,说名为因。空花无实,亦不起故,立为同喻。(卷下,第273页下)

本书的注疏有:唐末详作者《掌珍论疏》二卷(今存卷下)。此书收于日本编《新纂续藏经》第四十六册,因卷题残缺,作者姓名不详。据日本永超《东域传灯目录》说,唐神泰、靖迈、文备各撰有《掌珍论疏》二卷,神泰所撰为"见行本",以此推断,这部《掌珍论疏》的作者很可能是神泰。

四、大乘瑜伽部

总　　叙

　　与小乘佛教部派分为十八部或二十部不同，大乘佛教在很长时期内只有一派，它就是以初期大乘经《般若经》《华严经》《法华经》《宝积经》《维摩经》《阿弥陀佛经》《般舟三昧经》等为依据，由龙树（约150—250）、提婆（约170—270）创立的中观派。这种状况延续了近二百年，一直到无著（约336—405）、世亲（约360—440）出世，依据初期大乘经《华严经》、中期大乘经《解深密经》《楞伽经》《大方等如来藏经》《胜鬘经》《大般涅槃经》等，创立瑜伽行派（又称"瑜伽派"），大乘佛教才形成二大派。唐义净《南海寄归内法传》卷一说："所云大乘，无过二种。一则中观，二乃瑜伽。中观则俗有真空，体虚如幻；瑜伽则外无内有，事皆唯识，斯并咸遵圣教。"也就是说，依义净在印度求法十多年的所见所闻，大乘佛教只分中观、瑜伽二大派。至于将大乘佛教的某些教义（如佛的"三身"说，即法身、报身、化身），与印度婆罗门教和民间信仰的仪轨、咒术相结合，而形成的密教，那是七世纪中叶以后才兴起的，它与传统的小乘佛教、大乘佛教都属于显教，有着很大的区别，在此存而不论。以下简述大乘瑜伽派的源流、教理和著作。

一、瑜伽行派的创立与传承

瑜伽行派,由无著、世亲创立,因以《瑜伽师地论》为根本论书,而此论主要述说瑜伽行(指修行止观,与正理相应)而得名。

无著是瑜伽行派的创始人,为北印度富娄沙富罗国(又称"弗楼沙国"、"丈夫国",今巴基斯坦白沙瓦西北)国人,婆罗门种姓,国师憍尸迦的长子。家中三兄弟皆依萨婆多部出家。初依小乘萨婆多部(即"说一切有部")出家,后改宗大乘(以上见《婆薮槃豆法师传》)。相传,他在中印度摩揭陀国鸡足山,修习弥勒法(指信仰住在兜率天内院、未来将成佛的弥勒菩萨,发愿上升天宫,亲从弥勒受法),达十二年之久。后感得弥勒显身,将他带到兜率天,为他一人讲说了"弥勒五论",无著返回人间后,将它们写录成书,然后传出,于是世上才有"弥勒五论"(以上见《大唐西域记》卷五;元布顿《佛教史大宝藏论》,郭和卿译,民族出版社1986年3月版等)。关于"弥勒五论",汉传佛教指的是《瑜伽师地论》《分别瑜伽论》《大乘庄严经论》《辩中边论颂》《金刚般若波罗蜜经论》五论;藏传佛教指的是《现观庄严论》《辩中边论颂》《辩法法性论》《究竟一乘宝性论》《大乘庄严经论颂》五论。但从历史的角度考察,无著有授业师是毫无疑问的,这位授业师很可能是早期的瑜伽行派论师,并不知名(近世学者也有称之为弥勒论师的);无著创建自己的理论体系后,为提高教理的权威性,将自己的授业师推尊为天上的弥勒菩萨,从而形成了上述传说。故由弥勒口说、无著一人传出的"弥勒五论",实际上都是无著编集的著作。

晚年,无著在那烂陀寺住了二十多年中,度化外道,依律治寺,并说服其弟世亲弃小乘而归大乘。藏传佛教史书说:"以前大乘最兴盛的时期,大乘比丘也不满一万人,龙树时期大多数僧伽还是小乘,到这位阿阇梨(指无著)时期,大乘比丘达到好几万人。由于这些原因,他被称为一切大乘教法的宗主","最后在王舍城去世"(明多罗那他《印度佛教史》,张建木译,四川民族出版社1988年3月版)。无著的著作约有三十种,其中,见存于汉文《大藏经》的,有《金刚般若论》《顺中论》《摄大乘论》《显扬圣教论》《显扬圣教颂》《大乘庄严经论》《大乘阿毗达磨杂集论》《六门教授习定论》等;见存于藏文《大藏经》的,有《三宝随念经释》《解深密经略释》《瑜伽行地中根本诸论》《对法集论释》《禅定灯论》等(见元布顿《佛教史大宝藏论》)。

世亲是无著之弟。世亲神才俊朗,出家后,初习有部三藏,戒行清高,博学多闻,遍通坟籍;后学经部(又称"经量部",从有部分离出来的部派,因唯以经教为"正量",即正确认识而得名)学说,对有部义理,时有取舍。为研习有部宗义,考定是非,曾改本名潜往迦湿弥罗国,历经四年,听讲并精研有部《大毗婆沙论》的文义,多次以经部异义,难破毗婆沙师(见唐法宝《俱舍论疏》卷一)。回国后,撰作了对有部理论既有阐释、又有批判的新作《俱舍论本颂》和《俱舍论》,声名大震。

世亲初执小乘,不信大乘,称"摩诃衍(指大乘)非佛所说",后经无著的开导,舍小入大,改宗大乘,兄弟二人同为大乘瑜伽行派的创始人。无著去世以后,世亲担任摩揭陀国那烂陀寺住持,弘法利生达二十五年,享年近百岁(此据明多罗那他《印度佛教史》,《婆薮槃豆法师传》则说,世亲卒于阿逾阇国,终年八十岁)。世亲的著作约有五十多种。其中,见存于汉文《大藏经》的,有《俱舍论》(信奉小乘时所撰)、《大乘百法明门论》《大乘五蕴论》《大乘唯识论》《大乘成业论》《佛性论》《辩中边论》《摄大乘论释》《十地经论》《金刚般若波罗蜜经论》《法华经优波提舍》《无量寿经优波提舍》(以上均为信奉大乘时所撰)等;见存于藏文《大藏经》的,有《佛随念经释》《六门陀罗尼注》《无尽意所说经释》《初分缘起分别经解》《资粮说》等(见元布顿《佛教史大宝藏论》)。

世亲有四大弟子,各有建树。他们是:安慧(约 510—570),擅长"对法藏"(指论藏);陈那(约 480—540),擅长"因明";解脱军(约六世纪),擅长"波罗蜜多"(即般若);德光(约六世纪),擅长"戒律"。

(1)安慧。南印度伐腊毗国(又称"罗罗国")人,七岁依世亲出家,住于摩揭陀国那烂陀寺(见明多罗那他《印度佛教史》)。相传,他能将《宝积经》四十九品以上全部文字记住而不忘失。他的著作,见存于汉文《大藏经》的,有《大乘中观释论》《大乘阿毗达磨杂集论》《俱舍论实义疏》等;见存于藏文《大藏经》的,有《俱舍论大疏真实义论》(元布顿《佛教史大宝藏论》)。安慧的传法弟子是满增。相传,月官也是安慧的弟子,"月官依止一位大乘阿阇梨,学通五明,又在阿阇梨安慧那里听受了经部和对法藏"。后来,月官代表瑜伽行派,月称代表中观派,在那烂陀寺展开了大辩论,往复辩难,历时七年之久,最后,月官获胜。时人的评判是:"龙树之论,有药亦有毒,慈氏(指弥勒)无著之论,众生之甘露"(见明多罗那他《印度佛教史》),意思是说,龙树之论既能医治执著于"有"的毛病,但也容易陷入偏空的极端;而无著之论完美无缺,是众生的甘露。

(2)陈那。南印度达罗毗荼国建志补罗城(又称"建志国星伽薄多城")人,为婆罗门种姓。初习外道,后从犊子部论师那迦达多出家,精通小乘三藏。因对犊子部的宗义不甚满意,被逐出师门,转而师从世亲,研习大小乘经典,并从一位阿阇梨受学真言密咒。起初在东印度欧提毗舍(又称"乌荼国")的菩多施罗石

窟,修习禅定,历时数年。继而应摩揭陀国那烂陀寺僧众的邀
请,前往该寺,与婆罗门外道辩论,折服了聚集在那里的外道,使
他们皈依佛教。在那烂陀寺,他讲经说法,撰写了一些有关俱
舍、唯识、因明等方面的著作。以后,游化南印度,到过摩诃剌侘
国,为维护佛法,时常与外道展开辩难,并将他们挫败,被誉为
"辩论之尊",同时修复了一些被损坏的佛教寺庙。晚年,重返欧
提毗舍,修习禅定,撰写《集量论》。陈那的弟子遍于各方,在他
的教化下,皈依佛教的大臣还为他营建了十六座大寺,而他始终
少欲知足,受持"十二头陀行",身边没有一个侍从,后卒于修行
的山林中(以上见明多罗那他《印度佛教史》)。

　　陈那是佛教因明学中"新因明"的创始人。在陈那以前,通
行的因明论式是"五支作法",即由"宗"(指命题)、"因"(指理
由)、"喻"(指譬喻)、"合"(指运用)、"结"(指结论,为"宗"的复
述)五支构成的论式。陈那将"合"支归摄于"喻"支,"结"支归摄
于"宗"支,建立了由"宗"、"因"、"喻"三支构成的论式,并独创地
将喻支分为"喻体"(指普遍命题,宗有法除外)、"喻依"(指事例,
即喻体所依据的材料)二部分。后人将陈那以前的因明学,称为
"古因明",将陈那改革以后的因明学,称为"新因明"。他的著
作,见存于汉文《大藏经》的,有《观总相论颂》《观所缘缘论》《因
明正理门论》《取因假设论》《佛母般若波罗蜜多圆集要义论》《掌
中论》等;见存于藏文《大藏经》的,有《观三世论》《集量论》《观所
缘缘论释》等(见元布顿《佛教史大宝藏论》)。

　　陈那的传法弟子是自在军,自在军的传法弟子是法称(约
600—660),他们都是陈那新因明的传承者。自在军著有《集量
释论详解》;法称著有"因明七论",即《释量论》《定量论》《正理滴
论》《因滴论》《观相属论》《成他相续论》《净正理论》(以上名称,
译家略有出入)。他们的学说传入藏地以后,对藏传因明学产生

了重大的影响(见元布顿《佛教史大宝藏论》)。

(3)解脱军。中印度与南印度交界处的耆婆罗洞窟附近人,曾任寺主,他以中观无自性的义理,解释"弥勒五论"中的《现观庄严论》,而著《现观庄严论释》(藏文本),是"揉和《般若经》与《现观庄严论》而造论的开创者"(见明多罗那他《印度佛教史》)。他的法嗣不详。

(4)德光。末土罗罗国(又译"秣菟罗国")人,为婆罗门种姓,初在本国出家,后依世亲,精通一切部派的戒律(见明多罗那他《印度佛教史》)。著有《律经》《百一羯磨论》《菩萨地戒品释》《律经本释》(均为藏文本,见元布顿《佛教史大宝藏论》)。他的法嗣不详。

世亲去世以后,有很多论师为世亲《唯识三十颂》作释,其中较为著名的有护法、德慧、安慧、亲胜、难陀、净月、火辨、胜友、胜子、智月十人,世称"唯识十论师"。其中,亲胜、火辨二人是世亲同时人;护法(530—561)、德慧、安慧(约510—570)、难陀、净月五人是同时代人;胜友、胜子、智月三人是护法的弟子(见唐窥基《成唯识论述记》卷一"本"),他们各撰有《唯识三十颂》注疏十卷,而以护法的注疏为最有名。在心识的作用问题上,护法立"四分"说,主张心识(包括"心所")有四种作用,即"相分",指心识所变现的境相,即认识对象;"见分",指心识对境相的了别,即认识作用;"自证分",指心识对"见分"的证知;"证自证分",指心识对"自证分"的证知。而安慧立"一分"(指自证分)说;难陀立"二分"(指见分、相分)说;陈那立"三分"(指见分、相分、自证分)说,均不及"四分"说完整,故后世唯识学以"四分"说为正义。唐玄奘所译的《成唯识论》,就是以护法的疏本为主,旁涉众家,甄权取舍,糅译而成的。

据藏传佛教所说,瑜伽行派后来分成"实相派"、"假相派"二派。"实相派"认为,由识所变现的境界是"实有"的;"假相派"认为,由识所变现的境界是"非实有"的。以后,"实相派"又分成"二取(见分属能取,相分属所取)数量相等"、"破卵各半"、"交杂不二"三派;"假相派"又分成"有垢假相派"、"无垢假相派"二派。又说瑜伽行派还分成"随教行派"、"随理行假相派"二派,前者依《瑜伽师地论》修行,后者依七部量论(指陈那《释量论》等七部因明著作)修行。但均未列出各派人物的姓名,称这是因为"诸智者说法不同",即传说各异,无法最终确定(见清土观《土观宗派源流》,刘立千译,西藏人民出版社 1984 年 11 月版)。

而据近世学者研究,瑜伽行派后来分为"无相唯识派"(即"假相派")、"有相唯识派"(即"实相派")二派。"无相唯识派"以难陀、安慧为代表,主张"相分"是无实体的,属于"遍计所执性";"有相唯识派"以陈那、护法为代表,主张"相分"虽是内境,但它是有实体的,属于"依他起性"(见吕澂《印度佛学源流略讲》)。这一说法与藏传佛教所说大体一致(日本平川彰《印度佛教史》、佐佐木教悟等《印度佛教史》则说,"有相唯识派"以陈那、无性为代表)。

瑜伽行派的根本论典是"一本十支"。"一本",指《瑜伽师地论》,此为根本论。"十支"(又称"瑜伽十支论"),指依《瑜伽师地论》理论组织、阐发的十部支论,它们是:《大乘百法明门论》一卷(世亲造、唐玄奘译);《大乘五蕴论》一卷(世亲造、唐玄奘译);《显扬圣教论》二十卷(无著造、唐玄奘译);《摄大乘论本》三卷(无著造、唐玄奘译);《大乘阿毗达磨杂集论》十六卷(无著《集论》、安慧糅释、唐玄奘译);《辩中边论》三卷(弥勒造颂、世亲作释、唐玄奘译);《唯识二十论》一卷(世亲造、唐玄奘译);《三十唯识论颂》一卷(世亲造、唐玄奘译);《大乘庄严经论》十三卷(无著造、唐波罗颇蜜多罗译);《分别瑜伽论》(弥勒造,今失传;以上参见唐慧沼《成唯识论了义灯》卷一）。唐代唯识宗，就是玄奘以这些论典为依据而创立的，它是瑜伽行派学说在中国的延续与发展。

二、瑜伽行派的教理

瑜伽行派的主要教理，有"十七地"说、"八识"说、"三自性"说、"三无性"说、"唯识五位"说、"五位百法"说、"如来藏"说、"因明"说等。今以此派论典为资料，扼要叙述如下。

（一）"十七地"说

"十七地"一词，在小乘论书也曾出现过，《大毗婆沙论》卷四十二说："修所成慧有漏者，在十七地"，但它指的是十七种有漏的禅定，即"四静虑"（又称"四禅"）、"四近分"（指"四禅"各禅都有自己的"近分定"）、"静虑中间"（又称"中间定"，指色界初禅与第二禅的近分定之间的禅定）、"四无色"（又称"四无色定"）、"四近分"（指"四无色定"各定都有自己的"近分定"）。而瑜伽行派所说的"十七地"，指的是瑜伽师所依、所行十七种境界，即从"五识身相应地"至"无余依地"。二者名同而实异。瑜伽行派的"十七地"说，是《瑜伽师地论》首次提出来的，此论初名《十七地论》，当初唐玄奘就是因为听说《摄大乘论》是依《十七地论》建立的，而由梁真谛译出的《十七地论》只有五卷（已佚），内容不全，才决定不惜身命，西行求法，到印度求取《十七地论》全本的。在印度，他从瑜伽行派传人戒贤受学了《十七地论》，并将它的梵本带回国内译出，这便是传今的《瑜伽师地论》（见唐彦悰《大唐大慈恩寺三藏法师传》卷一）。从《瑜伽师地论》卷七十五至卷七十八引录了《解深密经》正宗分七品（《胜义谛相品》至《如来成所作事品》）的全文来看，瑜伽行派的"十七地"说，是综合中期大乘经

《解深密经》等经的义理发展建立的。

《瑜伽师地论》所说的"瑜伽",意为"相应",指三乘(声闻乘、独觉乘、菩萨乘)修行者的一切修行证果都与正理相应,分为三种,即:"境瑜伽",指所缘的一切境界与正理相应;"行瑜伽",指所作的一切修行与正理相应;"果瑜伽",指所证的一切果报与正理相应。所说的"瑜伽师"(旧译"观行者"),指止观修行者,即三乘修行者。"一切乘境、行、果等所有诸法,皆名瑜伽";"三乘行者,由闻思等,次第习行如是瑜伽,随分满足,展转调化诸有情故,名瑜伽师"(《瑜伽师地论释》卷一)。在瑜伽师所依、所行的"十七地"中,第一地至第九地是"三乘境",指"五识身相应地"、"意地"是"境体"(指一切境界皆以识为体);"有寻有伺地"、"无寻唯伺地"、"无寻无伺地"是"境相"(指境界有上下粗细的差别);"三摩呬多地"、"非三摩呬多地"是"境用"(指定地、散地有作用差别);"有心地"、"无心地"是"境位"(指心识有起、不起的分位差别)。第十地至第十五地是"三乘行",指"闻所成地"、"思所成地"、"修所成地"是"三乘通行"(指三乘共同的修行);"声闻地"、"独觉地"、"菩萨地"是"三乘别行"(指三乘各别的修行)。第十六地至第十七地,即"有余依地"、"无余依地"是"三乘果"(指三乘修行各证的果报;以上见唐窥基《瑜伽师地论略纂》卷一)。

1."五识身相应地"。指依"五识"(即眼识、耳识、鼻识、舌识、身识)施设建立的境界。"云何五识身相应地? 谓五识身自性,彼所依、彼所缘、彼助伴、彼作业,如是总名五识身相应地"(《瑜伽师地论》卷一)。施设建立此地,是为了说明"五识"的"自性"(自体的本性)、"所依"(所依的处所)、"所缘"(所缘的对象)、"助伴"(相应的心所)、"作业"(所造作的行为)五种相。

2."意地"。指依"意"施设建立的境界。所说的"意",取心识三义(心、意、识)中的"意"义,指"意根"所摄的"意",亦即第六识"意识"。"言意地者,六七八识,同依意根,略去识身相应三语,故但言意。又实义门,虽有八识,然随机门,但有六识,六七八识,同第六摄,就所依名,故但言意"(《瑜伽师地论释》)。也就是说,第六识、第七识、第八识,同依于"意根",今略去三种"识身相应"之语,只说"意"一字。虽说从"实义"(即真谛)来说,有八种识,但从"随机"(即俗谛)来说,只有六种识,第六识、第七识、第八识,同为"意识"所摄,就"所依"取名,故只称"意"。施设建立此地,也是为了说明"意"的"自性"、"所依"、"所缘"、"助伴"、"作业"五种相。

3.“有寻有伺地”。指与“寻”(指寻求,即粗浅推度)、“伺”(指伺察,即深细思察)二心所都相应的境界,即“未至定”(色界初禅之前的欲界禅定)、“初禅”,“此中欲界及色界初静虑,除静虑中间(指中间定)若定若生,名有寻有伺地”(《瑜伽师地论》卷四)。

4.“无寻唯伺地”。指与“寻”不相应、唯与“伺”相应的境界,即“中间定”(色界初禅与第二禅的近分定之间的禅定),“静虑中间(指中间定)若定若生,名无寻唯伺地”(同上)。

5.“无寻无伺地”。指与“寻”、“伺”都不相应的境界,即从色界第二禅的近分定至无色界第四定的七种禅定,“从第二静虑余有色界及无色界,全名无寻无伺地。此中由离寻伺欲道理,故说名无寻无伺地,不由不现行故”(同上)。

6.“三摩呬多地”。指与“定心”相应的四种禅定(指静虑、解脱、等持、等至)境界。所说的四种禅定。一是“静虑”,指“四静虑”(又称四禅),即色界的四种根本禅定(“初静虑”至“第四静虑”);二是“解脱”。指“八解脱”,即断除三界贪欲而得解脱的八种禅定(“有色观诸色解脱”至“想受灭身作证具足住解脱”);三是"等持"(又称"三摩地"、"三昧")。指令心专注一境的禅定。
它通于定位中的"有心定"(指四禅、四无色定)和散位(指欲界),
但不通于"无心定"(指无想定、灭尽定),是"定"的本体;四是"等
至"(又称"三摩钵底")。指远离沉掉(即昏沉、掉举),达到身心
安和的禅定,它通于定位中的"有心定"、"无心定",但不通于散
位,是"定"的自相。属于"等至"类的禅定,有"五现见"(指"不净
观"的五种观法)、"八胜处"、"十遍处"、"四无色定"、"无想定"、
"灭尽定"(《瑜伽师地论》卷十一)。

7."非三摩呬多地"。指与"散心"相应的非禅定境界。它
有"自性不定"等十二种相状(见《瑜伽师地论》卷十三)。

8."有心地"。指"有心定"(即四禅、四无色定)的境界。依
"地"区分,前述"五识身相应地"、"意地"、"有寻有伺地"、"无寻
唯伺地"四地,是"有心地";"无寻无伺地"中,除"无想定"、"无想
生"、"灭尽定"以外,其余禅定都"有心地"(同上)。

9."无心地"。指"无心定"(即无想定、无想生、灭尽定)的
境界。依"心位"区分,有六种心位(即无心睡眠位、无心闷绝位、
无想定位、无想生位、灭尽定位、无余依涅槃界位),名为"无心
地";其余心位,都名为"有心地"(同上)。

10."闻所成地"。指依听闻正法所生无漏慧成就的境界。
瑜伽行者在此地须修习"五明处"。"五明处",指古印度的五种
学问,即"内明处"(指佛学)、"医方明处"(指医学)、"因明处"(指
以逻辑学为主,兼摄认识论和辩论术的学问)、"声明处"(指语言
文字学)、"工业明处"(又称"工巧明",指工艺历算学;以上见《瑜
伽师地论》卷十三至卷十五)。

11."思所成地"。指由思惟法义所生无漏慧成就的境界。
瑜伽行者在此地须修习"自性清净"(指审思所闻之法)、"思择所
知"(指思惟决择所观察事物的性相)、"思择诸法"(指思惟决择

契经和偈颂的义理;以上见《瑜伽师地论》卷十六)。

12.“修所成地”。指由依法修行所生无漏慧成就的境界。
瑜伽行者在此地须修习“四处”、“七支”。“四处”,指依法修行的
四种要项,即“修处所”、“修因缘”、“修瑜伽”、“修果”;“七支”,指
“四处”的七个支分,即“生圆满”(此支为“四处”中的“修处所”)、
“闻正法圆满”、“涅槃为上首”、“能熟解脱慧之成熟”(以上三支
为“修因缘”)、“修习对治”(此支为“修瑜伽”)、“世间一切种清
净”、“出世间一切种清净”(以上二支为“修果”;以上见《瑜伽师
地论》卷二十)。

13.“声闻地”。指声闻乘的修行境界。声闻,指听闻佛陀
言教,修习“四谛”而得道者,声闻乘在此地须修习“四圣谛”(指
苦谛、集谛、灭谛、道谛),渐次生起“七种作意”(指了相、胜解、远
离、摄乐、观察、加行究竟、加行究竟果作意),证得阿罗汉果(以
上见《瑜伽师地论》卷三十四)。

14.“独觉地”。指独觉乘(又称“缘觉乘”)的修行境界。独
觉(又称“缘觉”),指独自观察“十二因缘”而得道者,分为二种。
一是“麟角喻独觉”,指独居修行者;二是“部行喻独觉”,指与其
他同道一起修行者。他们都因前世曾听闻过佛法,而能在后来
的无佛之世,“无师自能修三十七菩提分法,证法现观,得独觉菩
提果,永断一切烦恼,成阿罗汉(同上)。

15.“菩萨地”。指菩萨乘的修行境界。菩萨须发菩提心,
修行六度万行,自利利他,功德圆满,才能最终证得无上菩提。
其修行次第,分为四瑜伽处,即“初持瑜伽处”、“第二持随法瑜伽
处”、“第三持究竟瑜伽处”、“第四持次第瑜伽处”,须“经于三无
数大劫,方证无上正等菩提”(以上见《瑜伽师地论》卷三十五、卷
四十六、卷五十等)。

16.“有余依地”。指“有余依涅槃”的境界。修行者在此地

已断除一切烦恼,证得涅槃,但身体尚存。由于断除了一切烦恼,故得到"四种寂静"。一是"苦寂静",指由众苦永断而获得的寂静;二是"烦恼寂静",指由烦恼永断而获得的寂静;三是"不损恼有情寂静",指由不损恼众生而获得的寂静;四是"舍寂静",指由恒住舍念而获得的寂静(以上见《瑜伽师地论》卷五十)。

17. "无余依地"。指"无余依涅槃"的境界。修行者在此地已断除一切烦恼,证得涅槃,而且身体亦入灭(同上)。

上述"十七地",以第十五地"菩萨地"为最重要。《瑜伽师地论》在"菩萨地"还专门论述了"菩萨戒"问题。此中所说的"菩萨戒",是一种在家者、出家者都能求受的"渐受戒",即必须先受"七众戒",修持无犯,方能进受此戒,因它出自《瑜伽师地论》在卷四十至卷四十一《本地分中菩萨地·初持瑜伽处戒品》,故被称为"瑜伽类菩萨戒"。这部分内容后被录出单行,编为《菩萨戒本》流通,成为汉地流传的四类菩萨戒经(梵网类、璎珞类、瑜伽类、优婆塞类菩萨戒经)之一,影响十分深远。

(二)"八识"说

"八识",指心识分为八种,即"眼识"、"耳识"、"鼻识"、"舌识"、"身识"、"意识"、"末那识"、"阿赖耶识"。它是中期大乘经《入楞伽经》卷八首次提出来,说:"所谓八识。何等为八? 一者阿梨耶识,二者意(指末那识的意译),三者意识,四者眼识,五者耳识,六者鼻识,七者舌识,八者身识"(《入楞伽经》卷八)。其他中期大乘经《大乘密严经》《解深密经》等也对"八识"作过论述。以此为依据,无论是无著,还是世亲,都在自己的著作中对"八识",特别是对第八识"阿赖耶识"作了详细的阐述。其中以《成唯识论》(世亲《唯识三十论颂》的注释书)的阐述为最详尽,仅"八识"一词就出现六十九次,是所有瑜伽行派著作中使用此词最多的。

依瑜伽行派所说,"八识"都具有变现心识(包括"心所")所缘的境相(称为"相分"),并加以认识(称为"见分")的功能,依"能变"的功能差别,分为三类,称为"三能变"。"初能变识",称为"异熟识",指"阿赖耶识";"第二能变识",称为"思量识",指"末那识";"第三能变识",称为"了别境识",指"前六识"(即"眼识"至"意识")。"识所变相虽无量种,而能变识,类别唯三。一谓异熟,即第八识多异熟性故;二谓思量,即第七识恒审思量故;三谓了境,即前六识了境相粗故"(《成唯识论》卷二)。

1."阿赖耶识"(又称"阿梨耶识")。意译"藏识",指第八识,即能摄藏一切事物种子的根本识。阿赖耶识具有"自相"、"果相"、"因相"三种体相。(1)"自相"。指阿赖耶识的自相是"藏识",具有"能藏"、"所藏"、"执藏"三义,"此识具有能藏、所藏、执藏义故,谓与杂染互为缘故,有情执为自内我故,此即显示初能变识所有自相,摄持因果为自相故"(《成唯识论》卷二)。所说的"能藏",指阿赖耶识能摄藏一切事物的种子,一旦遇缘,便能生起事物,此为"种子生现行";"所藏",指阿赖耶识受前七识现行的熏习,而形成新熏种子,新熏种子藏于阿赖耶识之中,此为"现行生种子";"执藏",指阿赖耶识恒常地被第七识"末那识"执著为"实我"、"实法",这种执著称为"执藏"。(2)"果相"。指阿赖耶识的果相是"异熟识",能引生一切"善业"、"不善业"异时成熟的"苦"、"乐"果报,"此是能引诸界趣、生善不善业异熟果故,说名异熟"。(3)"因相"。指阿赖耶识的因相是"一切种子识",能摄持一切诸法种子,是一切事物赖以生起的原因,"此能执持诸法种子令不失,故名一切种"(以上见《成唯识论》卷二)。所说的"种子",指阿赖耶识含藏能亲生自果(指直接引生结果)的各种功能,种子与阿赖耶识、所生果之间的关系,既非一体,又非异体,"此中何法名为种子? 谓本识(指阿赖耶识)中亲生自果功能差别,此与本识及所生果不一不异"。种子依性质区分,分为二类。一是"有漏种子",指有烦恼的染污种子,它的因与果都有善性、恶性、无记性三种,"诸有漏种,与异熟识体无别故,无记性(指非善非恶)摄,因果俱有善等性";二是"无漏种子",指无烦恼的清净种子,它的因与果唯有善性一种,"诸无漏种,非异熟识性所摄故,因果俱是善性摄"。种子依来源区分,也分为二类。一是"本有种子"(又称"本性住种"),指本来具有的种子,"谓无始来,异熟识中,法尔(指自然)而有生蕴(指五蕴)、处(指十二处)、界(指十八界)功能差别";二是"始起种子"(又称"习所成种"、"新熏种子"),指由后天的行为熏习所成的种子,"谓无始来,数数现行熏习而有"(以上见《成唯识论》卷二)。

阿赖耶识的作用,表现在凭藉因缘生起"自体"时,"内变"为"种子"和"有根身"(指有眼、耳、鼻、舌、身根的身体),"外变"为"器世间"(指山河大地等物质世界),并以所变现的事物为自己的"所缘"的对象,"行相"(指认识活动)由此而得以产生,"阿赖耶识因缘力故自体生时,内变为种及有根身,外变为器,即以所变为自所缘,行相仗之而得起"。"八识"及其心所都有"相分"、"见分","相分"为"所缘","见分"为"能缘"。若细分的话,应有"四分",即"相分"、"见分"、"自证分"、"证自证分"(以上见《成唯识论》卷二)。

阿赖耶识的性质为"无覆无记",即无染的非善非恶之法,"此识非染,故名无覆。记谓善恶,有爱非爱果,及殊胜自体可记别故。此非善恶,故名无记"。但它有"有漏位"、"无漏位"之分,"有漏位"由"无记性"所摄,只与"遍行"心所五种(指"作意"等)相应;"无漏位"由"善性"所摄,与"遍行"心所五种、"别境"心所五种(指"欲"等)、"善"心所十一种(指"信"等)恒常相应。"第八识总有二位。一有漏位,无记性摄,唯与触等五法(指"遍行"心

所)相应,但缘前说执受、处境。二无漏位,唯善性摄,与二十一
心所相应,谓遍行、别境各五(种)、善十一(种)"(以上见《成唯识
论》卷三)。

2.“末那识”。“末那识”,意译“意”,指第七识,即以恒审思
量为性,恒执阿赖耶识为“我”,常与“我痴”、“我见”、“我慢”、“我
爱”四烦恼相应的染污识(又称“染污意”),“应辩思量能变识相,
是识圣教别名末那,恒审思量,胜余识故。此名何异第六意识?
此持业释,如藏识名,识即意故”。也就是说,“末那识”意译
“意”,这与阿赖耶识意译“藏识”是一样的,是根据它的作用而立
名的,“末那识”依靠阿赖耶识而生起的,又以阿赖耶识为认识对
象,是第六识“意识”所依之根,因为它的活动是恒常的不间断
的,而第六识“意识”的活动是有间断的(以上见《成唯识论》卷
四)。由于末那识从无始以来就与“我痴”等四烦恼相应,同起同
灭,故只有断除“我痴”等四种烦恼,才能使它从中解脱出来,“有
染污意从无始来,与四烦恼恒俱生灭,谓我见、我爱、及我慢、我
痴,对治道生断烦恼已,此意从彼便得解脱”。末那识的性质为
“有覆无记”,即有染(“有覆”)的非善非恶(“无记”)之法(以上见
《成唯识论》卷五)。

3.“前六识”(又称“了境能变识”)。指以了别境相为性的
六种心识,亦即依根缘境而生的六种认识作用,它们是:“眼识”、
“耳识”、“鼻识”、“舌识”、“身识”、“意识”。前六识的立名,具有
“依根”(指依托六根)、“发根”(指由六根引发)、“属根”(指隶属
于六根)、“助根”(指帮助六根)、“如根”(指如六根一样依附于众
生)五种含义。“前六识”的性质包括“善”、“不善”、“无记”三性。
与它们相应的心所,有“遍行”心所五种、“别境”心所五种、“善”
心所十一种、“烦恼”心所六种、“随烦恼”心所二十种、“不定”心
所四种,总计六类五十一种(以上见《成唯识论》卷五)。

在汉传佛教中,翻译并弘传瑜伽行派唯识学最著名的,是梁陈之际的真谛和唐代的玄奘。但在真谛所译的唯识学著作《决定藏论》(《瑜伽师地论·摄决择分中五识身相应地意地》的异译本)、《三无性论》(《显扬圣教论·成无性品》的异译本)、《转识论》(《唯识三十论颂》的异译本)中,都主张"九识"说,认为在第八识"阿罗耶识"(即阿赖耶识)之外,还有第九识"阿摩罗识"(意译"无垢识"),第八识是"妄识",第九识是"净识",具有"境、识俱泯"的特性。这种"九识"说,在玄奘译本中是没有的。玄奘所传的唯识学,唯立"八识",不承认有"九识",认为第八识中有染、净二分,所说的"阿摩罗识",其实只是第八识中的净分,是第八识的异名,在第八识之外,并无第九识(见唐圆测《仁王经疏》卷三"本"、澄观《大方广佛华严经随疏演义钞》卷四十三)。学术界将真谛所传的唯识学,称为"唯识古学",即以难陀、安慧为代表的"无相唯识派"的学说;而将玄奘所传的唯识学,称为"唯识今学",即以陈那、护法为代表的"有相唯识派"的学说,就是据此而来的(见吕澂《印度佛学源流略讲》)。

(三)"三自性"、"三无性"说

"三自性"、"三无性",是关于事物有无自性的学说,最初是由《解深密经》提出并加以论述的,此经卷四说:"如实了知有自性义,谓遍计所执,若依他起,若圆成实三种自性。如实了知无自性义,谓相、生、胜义三种无自性性。"瑜伽行派的"三自性"、"三无性"说,也是依据《解深密经》而建立起来的。无著《显扬圣教论》卷四说:"有三种自性,一遍计所执自性、二依他起自性、三圆成实自性。复有三种无自性性,一相无自性性、二生无自性性、三胜义无自性性。"上述二段文字的表述是完全一致的,可见《显扬圣教论》是依经作论的。

1."三自性"(又称"三种自性")。指一切事物有三种自性

(此依显意而言),即"遍计所执性"、"依他起性"、"圆成实性"。
(1)"遍计所执性"(又称"遍计所执自性")。指凡夫对外境作周
遍计度、虚妄分别,将它们执为实有的自性,即依"名言"(指名称
言说)而建立的自性,"遍计所执者,所谓诸法依因言说,所计自
体"。(2)"依他起性"(又称"依他起自性")。指一切事物依赖
众缘和合(各种条件的聚合)而生起的自性,即依"众缘所生"而
建立的自性,"依他起者,所谓诸法依诸因缘,所生自体"。
(3)"圆成实性"(又称"圆成实自性")。指在"依他起性"的基础
上,远离"遍计所执性",证悟由"人"、"法"二空所显示的一切事
物的实性,即由"根本无分别智"所证的"诸法真如","圆成实者,
所谓诸法真如自体"(以上见《显扬圣教论》卷十六)。

　　"三自性"是依"依他起自性"安立的,"遍计所执自性"是"依
他起自性"中的"杂染分",为"生死"、"无常";"圆成实自性"是
"依他起自性"中的"清净分",为"涅槃"、"常",它们均依止于"依
他起自性"。"于依他起自性中,遍计所执自性是杂染分,圆成实
自性是清净分,即依他起是彼二分";"依他起自性,由圆成实性
分是常,由遍计所执性分是无常,由彼二分非常非无常"(《摄大
乘论本》卷中)。若要将"杂染分"转变为"清净分",必须依靠"无
分别智"。"无分别智火未烧时,于此识(虚妄分别识)中所有虚
妄,遍计所执自性显现,所有真实圆成实自性不显现。此识若为
无分别智火所烧时,于此识中所有真实圆成实自性显现,所有虚
妄遍计所执自性不显现"(同上)。

　　2."三无性"(又称"三种无自性性")。指一切事物无三种
自性(此依密意而言,为依"三自性"而立的空义)。(1)"相无
性"(又称"相无自性性")。依"遍计所执性"而立的空义,指虚妄
分别所执取的事物无自性,"相无性,谓遍计所执自性,由此自性
体相无故"。(2)"生无性"(又称"生无自性性")。依"依他起

性"而立的空义,指依众缘所生的事物无自性,"生无性,谓依他起自性,由此自性,缘力所生,非自然生故"。(3)"胜义无性"(又称"胜义无自性性")。依"圆成实性"而立的空义,指真如为胜义,远离遍计所执的我、法性,假说无性,非性全无,"胜义无性,谓圆成实自性,由此自性,体是胜义,又是诸法无性故"(以上见《显扬圣教论》卷十六)。

虽然瑜伽行派既说"三自性",也说"三无性",但重点是论述"三自性"。这是因为"三无性"是依"三自性"而建立的,若无"三自性",便无"三无性"。故瑜伽行派在讲述"三自性"时,一般不设限定词,而在说依"三无性"时,一般都有"佛密意说"的限定词。所谓"密意说",指隐密不显的教说,实际上是指"非了义",即不是终极圆满的说法。世亲《摄大乘论释》卷十五说:"有诸师说,诸佛如来不永般涅槃;别部声闻乘人说,诸佛如来永般涅槃。此二执非了义说,是密意所显";《成唯识论》卷九说:"即依此三性,立彼三无性,故佛密意说,一切法无性","佛密意说一切法皆无自性,非性全无,说密意言,显非了义"。显然,在瑜伽行派看来,"密意说"就是"非了义说","三无性"是"密意说",故它是"非了义"。这反映了瑜伽行派在"空"、"有"问题上所持的观点,与中观派是不同的。

(四)"唯识五位"说

"唯识五位",指大乘菩萨"悟入唯识"须经历的五个修行阶位,即"资粮位"、"加行位"、"通达位"、"修习位"、"究竟位"。"唯识五位",就其内容而言,是无著在《大乘庄严经论》卷二首次提出来的,说:"第一集大聚位"、"第二通达分位"、"第三见道位"、"第四修道位"、"第五究竟位",但它是在为"福智无边际"等五颂作释时分别说的,并没有总名;世亲在《摄大乘论释》卷六引用了这五颂,说它们显示了"资粮道"、"加行道"、"见道"、"修道"、"究竟道",也没有给它们取总名。一直到《成唯识论》卷九才正式定名为"唯识五位",并作详解,说:"何谓悟入唯识五位?一资粮位,谓修大乘顺解脱分;二加行位,谓修大乘顺决择分;三通达位,谓诸菩萨所住见道;四修习位,谓诸菩萨所住修道;五究竟位,谓住无上正等菩提"。故"唯识五位"也是《成唯识论》的主要理论之一。

1."资粮位"。指菩萨在初地(十地中的第一地)之前,修集福德、智慧二种资粮的修行阶位,"从发深固大菩提心,乃至未起顺决择识,求住唯识真胜义性,齐此皆是资粮位摄"。菩萨于此位,修习大乘的"顺解脱分"(指资粮位的善根,即五停心观、别相念住、总相念住),依靠"因"、"善友"、"作意"、"资粮"四种胜力,修集"福德"(指"六度"的前五度)、"智慧"(指"六度"的末一度)二种助道资粮。由于处于此位的菩萨尚未生起"顺抉择识"(又称"顺抉择分",指加行位的善根,即暖法、顶法、忍法、世第一法),未能了达"能取"(识)、"所取"(境)二取皆空,对"二取随眠"(又称"二取习气",指由执著"能取"、"所取"为实有所引生的,眠伏于藏识的"烦恼障"、"所知障"种子),还没有伏灭的功力,致使它们仍然生起"二取"。"此位菩萨,依因、善友、作意、资粮四胜力故,于唯识义,虽深信解,而未能了能(取)、所取空,多住外门,修菩萨行。故于二取所引随眠,犹未有能伏灭功力,令彼不起二取现行"(以上见《成唯识论》卷九)。

2."加行位"。指菩萨在初地之前,为入"见道"而加功用行,依次修习"四善根"(指暖法、顶法、忍法、世第一法)的修行阶位,"修加行,伏除二取,谓暖、顶、忍、世第一法,此四总名顺决择分,顺趣真实决择分故,近见道故立加行名"。(1)"暖法"。指依"明得定"发起的,观察"无所取"的下品寻思(下等的推求、思察)。(2)"顶法"。指依"明增定"发起的,观察"无所取"的上品

寻思(上等的推求、思察)。(3)"忍法"。指依"印顺定"发起的,
对"无所取"决定印持,对"无能取"亦能顺忍的下品如实智。
(4)"世第一法"。指依"无间定"发起的,能印持"二取"皆空的
上品如实智。由于处于"四善根"位的菩萨,在"寻"、"伺"时,都
带有"二取"的一些形相,这实际上是"带相观心"、"有所得",故
尚未真正安住于唯识实性。"菩萨此四位中,犹于现前安立少
物,谓是唯识真胜义性,以彼空、有二相未除,带相观心,有所得
故,非实安住真唯识理"(以上见《成唯识论》卷九)。

　　3."通达位"(又称"见道位")。指菩萨在初地"入心"(十地
中的每一地各分入心、住心、出心三位),断除三界"见惑"(见道
位烦恼),证见"四谛"之理的修行阶位。"见道"分为"真见道"、
"相见道"二种。(1)"真见道"。指由"无分别智"(又称"根本
智"、"实智"),即能契证真如平等无差别境界的根本智,实证由
"我空"、"法空"二空显现的真理,实断"烦恼障"(指由"我执"而
生的能障涅槃的烦恼)、"所知障"(指由"法执"而生的能障菩提
的烦恼)的种子,"真见道,谓即所说无分别智,实证二空所显真
理,实断二障分别随眠"。(2)"相见道"。指由"后得智"(又称
"权智"),即依"无分别智"而起的、能对一切事物的差别相作分
别的方便智,观察"安立谛"(又称"安立真如",指真如的相状,依
名言而有差别)、"非安立谛"(又称"非安立真如",指真如的本
体,离名言而无差别)之境。"相见道"又分为二种:一是"三心
相见道",指以"三品心"(指下品、中品、上品心)观察"非安立谛"
之境;二是"十六心相见道",指以"见道十六心"(又称"八忍八
智")观察"安立谛"之境。概括地说,"前真见道,证唯识性;后相
见道,证唯识相"(以上见《成唯识论》卷九)。

　　4."修习位"(又称"修道位")。指菩萨从初地的"住心",至
第十地的"出心",渐次断除三界"修惑"的修行阶位。菩萨于此

位,经常不断地修习"无分别智",舍弃"二粗重"(指烦恼障、所知障种子),就能证得"二转依果",即"大涅槃"、"大菩提"。"由转烦恼,得大涅槃;转所知障,证无上觉",也就是断除"烦恼障",而证得"大涅槃",断除"所知障",而证得"大菩提"。"转依"的"依",指"所依",意为"依他起性"主体的第八识,是一切染净法的所依之处,"遍计所执自性"是染法,"圆成实自性"是净法;"转依"的"转",指"转舍、转得",意为转舍染法,转得净法,即转舍"遍计所执自性",转得"圆成实自性";转舍"烦恼障",转得"大涅槃";转舍"所知障",转得"大菩提"。"由数修习无分别智,断本识(指阿赖耶识)中二障粗重故,能转舍依他起上遍计所执,及能转得依他起中圆成实性;由转烦恼,得大涅槃,转所知障,证无上觉"。菩萨能证得"二转依果"的方法有三种。一是"修十胜行",指修习"十种波罗蜜多"(即"布施"等);二是"断十重障"。指断除十种障碍(即"异生性障"等,均为烦恼障、所知障所摄);三是"证十真如"。指证得十种真如(即"遍行真如"等;以上见《成唯识论》卷九)。

"修习位"是证得"二转依果"的因位。能证得的"大涅槃",分为四种。(1)"本来自性清净涅槃"。指一切事物的自性本来清净,"虽有客染,而本性净"。(2)"有余依涅槃"。指断除烦恼障而证得的涅槃(身体尚存),"真如出烦恼障,虽有微苦,所依(指身体)未灭"。(3)"无余依涅槃"。指脱离生死而证得的涅槃(身体亦入灭),"真如出生死苦,烦恼既尽余,依亦灭"。(4)"无住处涅槃"。指断除所知障而证得的涅槃(即不住于生死、涅槃),"即真如出所知障,大悲般若常所辅翼,由斯不住生死、涅槃,利乐有情"(以上见《成唯识论》卷十)。

能证得的"大菩提",也分为四种。(1)"大圆镜智"。指性相清净,离诸杂染(指有漏法),能显现和生起一切境界的无漏智,通过将第八识"阿赖耶识"转为"无漏"而得。(2)"平等性智"。指能观察一切法皆悉平等,与大慈大悲恒共相应的无漏智,通过将第七识"末那识"转为"无漏"而得。(3)"妙观察智"。指能观察一切法的自相、共相,善巧说法,断一切疑的无漏智,通过将第六识"意识"转为"无漏"而得。(4)"成所作智"。指能示现神通变化,成办一切利乐有情事的无漏智,通过将"前五识"转为"无漏"而得。故"转依"包括"转识成智",即将有漏的"八识"转为无漏的"四智"。但在"修习位","转依"仍在进行过程中,只有到修习位的最后,依靠"金刚喻定"之力,断尽一切烦恼,才能最终完成,"此修习位说能证得(二转依果),非已证得,因位摄故"(以上见《成唯识论》卷十)。

5."究竟位"。指菩萨修行圆满所成就的佛位,也是证得"二转依果"的果位,属于"无漏界"。在此位,佛所证得的"二转依果",称为"法身",分为三种。(1)"自性身"(又称"自性法身")。指佛所证的真如法性之身。(2)"受用身"(又称"报身")。指佛受用法乐之身,亦即累劫修行所得的果报之身,下分"自受用身"、"他受用身"二种,前者指佛自受法乐的清净色身,后者指佛令他受法乐的功德身。(3)"变化身"(又称"应身")。佛为利益众生而示现的随机变化之身。

(五)"五位百法"说

"五位百法"说,是世亲在《大乘百法明门论》中提出来的一切法(事物)分类法,指一切法分为五类,共有一百种法。原书只称"百法",唐窥基《大乘百法明门论解》等注释书,将五类称为"五位",合称"五位百法"。这一提法为佛教界和学术界所接受,沿用至今。"五位百法"与"五位七十五法"是相对应的。"五位七十五法"是世亲信奉小乘时所撰的《俱舍论》中提出来的,它们的内容原先散见于此论的前五卷,卷一至卷二《分别界品》论及

"色法"、"心法"、"无为法";卷三至卷五《分别根品》论及"心所法"、"心不相应行法",没有这五类法的总数。唐普光《俱舍论法宗原》始将这些散见于各卷的内容编集在一起,整理成五类七十五法,称之为"七十五法",即"色法"十一种、"心法"一种、"心所法"四十六种、"心不相应行法"十四种、"无为法"三种;一直到明智旭《成唯识论观心法要》卷一才定名为"五位七十五法"。世亲归信大乘以后,吸收了无著著作中的有关论述,又在《大乘百法明门论》中建立了"五位百法"说。虽说这二种分类法的作者同是世亲,但思想学说已发生根本性的转变,前者是小乘的分类法,后者是大乘的分类法。小乘"五位七十五法",是将"色法"排在第一的,强调"色法"引起"心法";而大乘"五位百法"是将"心法"排在第一的,强调"心法"引起"色法",世间、出世间的一切事物和现象都是由心识变现的。这二种分类法中,只有"色法"十一种是相同的,其余四类所属之法,都有大小不等的差别。但《大乘百法明门论》是只叙列各种法的名称,不解释它们的含义的,类似于纲目。有关各种法的名词解释,须参阅此论的注释书,或瑜伽行派的其他论书。"五位百法"的内容如下。

1.“心法”。指认识活动的主体,即心王。分为八种,即“眼识”、“耳识”、“鼻识”、“舌识”、“身识”、“意识”(以上为前六识)、“末那识”(指第七识)、“阿赖耶识”(指第八识)。

2.“心所有法”。指依心而起的心理活动。分为六类五十一种。(1)“遍行”。指与一切心恒常相应的心理活动。分为五种,即“作意”(指令心警觉)、“触”、“受”、“想”、“思”。(2)“别境”。指与心缘特定境界相应的心理活动。分为五种,即“欲”(指希求)、“胜解”(指信解)、“念”、“定”、“慧”。(3)“善”。指与一切善心相应的心理活动。分为十一种,即“信”、“精进”、“惭”、“愧”、“无贪”、“无瞋”、“无痴”、“轻安”(指舒安)、“不放逸”、“行舍"(又称"舍",指心住平等,远离掉举)、"不害"。(4)"烦恼"。
指与根本烦恼相应的心理活动。分为六种,即"贪"、"瞋"、"慢"
(指傲慢凌人)、"无明"(指愚痴无知)、"疑"、"不正见"(指恶见)。
(5)"随烦恼"。指与枝末烦恼相应的心理活动。分为二十种,
即"忿"、"恨"、"恼"、"覆"(指隐瞒)、"诳"、"谄"、"憍"(指骄矜自
持)、"害"、"嫉"、"悭"(以上十种称为"小随烦恼")、"无惭"、"无
愧"(以上二种称为"中随烦恼")、"不信"、"懈怠"、"放逸"、"惛
沈"(即"昏沉",指心神昏昧)、"掉举"(指心神浮躁)、"失念"、"不
正知"、"散乱"(指内心散乱,以上八种称为"大随烦恼")。
(6)"不定"。指善恶性质不确定的心理活动。分为四种,即"睡
眠"(指令心暗昧)、"恶作"(又称"悔",指追悔)、"寻"(指寻求,即
粗浅推度)、"伺"(指伺察,即深细思察)。

　　3."色法"。指一切物质(以"质碍"为性)。分为十一种,即
"眼"、"耳"、"鼻"、"舌"、"身"、"色"(以上为五根)、"声"、"香"、
"味"、"触"(以上为五境)、"法处所摄色"(指意识所缘的"法处"
统摄的色法)。

　　4."心不相应行法"(又称"心不相应行蕴")。指"行蕴"所
摄的与心不相应的、非色非心的现象。分为二十四种,即"得"
(指获得、成就)、"命根"(指众生的寿命)、"众同分"(众生的相似
性)、"异生性"(指凡夫性)、"无想定"、"灭尽定"、"无想报"(指修
习"无想定"获得的往生"无想天"的果报)、"名身"(指表述事物
自性的名词)、"句身"(指表述事物差别的句子)、"文身"(指
"名"、"句"所依的梵文字母)、"生"、"老"(《俱舍论》作"异")、
"住"、"无常"(《俱舍论》作"灭")、"流转"(指因果相续不断)、"定
异"(指因果各不相同)、"相应"(指因果互相顺应)、"势速"(指因果
迅疾流转)、"次第"(指因果流转有序)、"方"(指方位)、"时"、"数"(指
数目)、"和合性"(指众缘聚合)、"不和合性"(指众缘离散)。

5.“无为法”。指无造作、无生灭变化的事物。分为六种。(1)“虚空无为”。指真如离诸障碍,犹如虚空,豁虚离碍。(2)“择灭无为”。指由无漏智的简择力,断灭烦恼,而证得的真如。(3)“非择灭无为”。指非由无漏智的简择力,因本性清净或阙缘有为法不生,而显现的真如。(4)“不动灭无为”。指入第四禅后,不为苦乐所动而显现的真如。(5)“想受灭无为”。指入“灭尽定”后,因伏灭前六识、第七识及其心所的活动而显现的真如。(6)“真如无为”。指真如本性是寂寞冲虚、真实常住(以上参见唐窥基《大乘百法明门论解》等)。

在瑜伽行派著作中,除《大乘百法明门论》的“五位百法”以外,《显扬圣教论》卷一、《大乘阿毗达磨集论》卷一、《成唯识论》卷四至卷七、《大乘广五蕴论》等,也对一切法作过分类与阐述,内容上开合不同,但都没有构成“百法”的整数。

(六)“如来藏”说

“如来藏”一词,散见于初期、中期大乘经,指佛性、法界、法身等。“如来藏”说的核心思想,是“一切众生有如来藏”,即一切众生皆有佛性,也就是说,一切众生本来自性清净,具有成就如来法身之因。众生有共相,也有别相,“如来藏”是众生的共相,各自的烦恼是众生的别相。平时,“如来藏”受烦恼的裹覆,隐藏在烦恼之中,一旦去除烦恼尘垢,清净的自性就能得到显现。所以,“如来藏”被客尘烦恼缠缚时,为众生位;脱离客尘烦恼缠缚时,为如来位,即佛位。

以“如来藏”为主题,专门加以论述的初期大乘经,以《大方等如来藏经》为最早。据梁僧祐《出三藏记集》卷二记载,西晋惠帝(290—306)、怀帝(307—312)之际,法炬、法立已译出《大方等如来藏经》,由此推断,它的梵本在三世纪末就在印度流传了。法炬译本后来散佚,今存的是它的同本异译,即东晋佛陀跋陀罗译《大方等如来藏经》。此经用九种譬喻(又称"如来藏九喻"),如"譬如萎变花,其花未开敷""譬如岩树蜜,无量蜂围绕";"譬一切粳粮,皮糩未除荡";"譬如贫人家,内有珍宝藏"等,通俗地解说"如来藏"的性质,以及为何宣说"一切众生有如来藏"的理由,对大乘佛教产生了重大的影响。此后,《胜鬘经》《入楞伽经》《不增不减经》《央掘魔罗经》《大法鼓经》《大般涅槃经》《无上依经》等大乘经,也对"如来藏"作过论述。其中明确说"如来藏"就是"佛性"的,则是北凉昙无谶译《大般涅槃经》,此经卷七说:"我者即是如来藏义,一切众生悉有佛性,即是我义"。

瑜伽行派的"如来藏"说,是以《大方等如来藏经》《胜鬘经》等为依据建立起来的。起初是在论述"三自性"中的"圆成实性"时,论及"如来藏"的。如无著《大乘庄严经论》卷三在解释"圆成实自性"的"四清净法"(指自性清净、离垢清净、得此道清净、生此境清净)时说:"法界是如来藏,一切无别故者,一切众生、一切诸佛,等无差别,故名为如。得如清净故者,得清净如以为自性,故名如来。以是义故,可说一切众生名为如来藏";世亲《摄大乘论释》卷五也是在解释"四清净法"时说:"自性清净者,谓此自性本来清净,即是真如自性,实有一切有情平等共相,由有此故说一切法有如来藏"。以后他们又撰写了论述"如来藏"的专著《究竟一乘宝性论》(无著造颂,世亲作释)、《佛性论》(世亲造),在唯识学之外,又建立了"如来藏"说。此说的要义如下。

1."如来藏三义"。指"如来藏"的"藏"含有三义。(1)"所摄藏"。指一切众生为"如来智"所摄藏,"所言藏者,一切众生悉在如来智内,故名为藏"。(2)"隐覆藏"。指"如来性"(即佛性)常住不变,只是在因位时被烦恼所覆盖,故隐没不现,"此如性(指如来性),从住自性性(因位),来至至得(果位),如体不变异,故是常义。如来性住道前时,为烦恼隐覆,众生不见,故名为藏"。(3)"能摄藏"。指一切众生在因位就已摄尽果位的一切功德,"能摄为藏者,谓果地一切过恒沙数功德,住如来应得性(因位)时,摄之已尽故"(以上见《佛性论》卷二)。

2."如来藏十义"。指"如来藏"的十种体相。(1)"体"。指如来藏的自性"(恒)常不染",如同如意宝珠、虚空、净水一般。(2)"因"。指如来藏须以"信法"、"般若"、"三昧"、"大悲"等为因,除去四种障碍,才能使本性得到显现。这四种障碍是:一阐提(指断绝一切善根者)的"谤大乘法"障;外道的"横计身中有我"障;声闻的"怖畏世间诸苦"障;辟支佛的"背舍利益一切众生、舍大悲心"障。(3)"果"。指依如来藏能证得如来法身的"四种功德波罗蜜果",即"常"、"乐"、"我"、"净"(一作净、我、乐、常)。"如来法身自性清净,离一切烦恼障、智障(又称所知障)习气,故名为净";"以得寂静第一自在我故,离无我戏论,究竟寂静,故名为我";"以得远离意生阴身因,故名为乐";"以世间、涅槃平等证故,故名为常"。(4)"业"。指依如来藏能起"厌诸苦"、"求涅槃"之心。(5)"相应"。指依如来藏而有"法身清净因"、"集佛智因"、"得如来大悲因"三种清净因,以及"五通"(指神足通、天眼通、天耳通、他心通、宿命通)、"知漏尽智"、"漏尽"三种清净果。(6)"行"。指依如来藏而有"不实见凡夫"、"实见圣人"、"毕竟成就如来法身"三种行相。(7)"时差别"。指依如来藏而有"不净时"、"不净净时"、"善净时"三时差别,如来藏在"不净时",名为众生;在"不净净时"(指将不净转变为净时),名为菩萨;在"善净时"(指纯善纯净时),名为如来。(8)"遍一切处"。指如来藏犹如虚空遍一切处,自性清净,平等无分别。(9)"不变"。指如来藏无论在何时,法体都不变不异。(10)"无差别"。指如来藏与"法身"、"如来"、"第一义谛"、"涅槃",名异而义同,"一味一义,不相舍离"(以上见《究竟一乘宝性论》卷三)。

3."转清净成菩提"。指将"杂秽身"转变为"净妙身"而成就无上菩提。"杂秽身",指受客尘烦恼缠缚,使清净自性无法显现的众生身;"净妙身",指去除客尘烦恼缠缚,使清净自性得以显现的"真如性无漏法身",即"如来法身"。如来法身有八种义。(1)"实体"。指如来法身以"如来藏"为实体,"如来藏不离烦恼藏所缠,以远离诸烦恼转身得清净"。(2)"因"。指如来法身以"出世间无分别智"(又称"根本无分别智")、"世间出世间依止行智"(又称"后得智")二种无分别智为生因。(3)"果"。指如来法身以"离垢清净"(佛位)为结果。(4)"业"。指如来法身以远离"烦恼障"、"智障"(又称所知障),成就自利、利他为业。(5)"相应"。指如来法身与自利、利他的"无量功德"相应。(6)"行"。指如来法身以"利益一切众生"为行相。(7)"常"。指如来法身为利益众生,常不休息。(8)"不可思议"。指如来法身利益众生,不可思议(以上见《究竟一乘宝性论》卷四)。

概括地说,"如来藏"性质,分为二种。一是"空如来藏",指如来藏与一切烦恼不相应,"空如来藏,若离、若脱、若异一切烦恼藏";二是"不空如来藏",指如来藏与一切佛法功德相应,"不空如来藏,谓无上佛法,不相舍离相,不增减一法"。"如来藏"被客尘烦恼缠缚时,称为"有垢如",即有垢真如(又称"在缠真如");脱离客尘烦恼缠缚时,称为"无垢如",即无垢真如(又称"出缠真如";以上见《究竟一乘宝性论》卷四)。

(七)"因明"说

"因明",指以逻辑学为主,兼摄认识论和辩论术的学问。"因明"的"因",指辩论时对自己的主张加以论证的理由;"明",指学问。"因明",相传是由古印度正理派的始祖足目创立的,后来逐渐传开,成为古印度社会上通行的学问。佛教创立以后,也将因明列为佛弟子必须修学的"五明"之一。"五明",又称"五明处",指古印度的五种学问,即"内明处"(指佛学)、"医方明处"(指医学)、"因明处"、"声明处"(指语言文字学)、"工业明处"(又称"工巧明",指工艺历算学)。据唐玄奘《大唐西域记》卷二记载,当时的印度社会,"(小孩)七岁之后,渐授五明大论。一曰声明,释诂训字,诠目疏别;二工巧明,伎术机关,阴阳历数;三医方明,禁咒闲邪,药石针艾;四谓因明,考定正邪,研核真伪;五曰内明,究畅五乘因果妙理"。虽说大乘中观派、瑜伽行派,除了在各自的论书叙及因明论式以外,还撰有自己的因明著作。但就因明体系的完整性和严密性而言,瑜伽行派所传的因明学,远胜于中观派所传的因明学,故后世流传的佛教因明学,几乎都出自瑜伽行派。在汉传因明著作中,《因明入正理论》(商羯罗主造)最为精要,它的作者也是瑜伽行派论师。依《因明入正理论》所述,"因明"是由"能立"、"似能立"、"现量"、"比量"、"似现量"、"似比量"、"能破"、"似能破"八个方面的内容构成的。

1."能立"。指论证,即立论者(指辩论中的正方)建立符合规则的论式,来论证自己的主张,与"似能立"相对时,又称"真能立",指正确的论证。"能立",由宗、因、喻三支构成。(1)"宗"。指命题,即立论者依自己的喜乐而建立的主张,与"似宗"相对时,亦称"正宗",即正确的命题。在三支作法中,宗支是"所立",必须是"违他顺自",即立论者认可而敌论者不认可的。"宗"分为二部分。一是"宗体",指宗支的整体,由"前陈"(又称"有法"、"自性")与"后陈"(又称"法"、"差别")联结而成。"前陈"为宗支的主词(又称"主项"),指事物;"后陈"为宗支的宾词(又称"谓项"),指事物的属性。二是"宗依",指宗支的部分,即"前陈"、"后陈"。(2)"因"。指理由,即立论者建立的能证成宗义的因支,与"似因"相对时,亦称"正因",即正确的理由。在三支作法中,因支是"能立",必须是"立敌共许",即立论者和敌论者共同认可的。正因须具备"因三相",即三种条件。一是"遍是宗法性",指因法普遍是宗支中"宗有法"(指宗支的前陈)的属性(又称"宗法"),并以全部"宗有法"为述说对象;二是"同品定有性",指因法在"同品"(指"宗同品",即与宗法为同类相似的事物)中必定有;三是"异品遍无性",指因法在"异品"(指"宗异品",即与宗法为不同性质的事物)中普遍无。(3)"喻"。指譬喻,即立论者建立的能证成宗义的喻支,与"似喻"相对时,亦称"正喻",即正确的譬喻。在三支作法中,喻支也是"能立",必须是"立敌共许",即立论者和敌论者共同认可的。喻支分为二种。一是"同法喻"(又称"同喻"),指用与宗法(所立法)、因法(能立法)为同类相似的事物作譬喻;二是"异法喻"(又称"异喻"),指用与宗法、因法为不同性质的事物作譬喻。它们均由"喻体"、"喻依"二部分组成。"喻体",指普遍命题(宗有法除外);"喻依",指事例,即喻体所依据的材料。

2."似能立"。指错误的论证,即立论者建立的宗、因、喻三支缺损或有过失的论式。分为"似宗"、"似因"、"似喻"三类。(1)"似宗"。指错误的命题,即立论者建立的有过失的宗支(略称"宗过")。(2)"似因"。指错误的理由,即立论者建立的有过失的因支(略称"因过")。(3)"似喻"。指错误的譬喻,即立论者建立的有过失的喻支(略称"因过")。

3."现量"。指感觉,即感觉器官对事物自相(指个别的体相)的认识,与"似现量"相对时,又称"真现量",指正确的感觉。"现量谓无分别,若有正智,于色等义(指境),离名种等所有分别,现现别转,故名现量",意思是说,"现量"指无分别的感官直觉,即有正智时,五识(指眼、耳、鼻、舌、身识)缘五境(色、声、香、味、触),远离一切名言(指名字言说)分别,各根各取现前的自相境(指眼取色,乃至身取触),互不联系(即"现现别转",又称"根根别转"),由此所得的认识,称为"现量"。

4."比量"。指推理,即在现量的基础上,由已知推知未知,对事物共相(指共同的体相)加以认识,与"似比量"相对时,又称"真比量",指正确的推理。"言比量者,谓藉众相而观于义",意思是说,"比量"指在"现量"的基础上,借助名言分别,从已知的事物推知未知的事物。

5."似现量"。指错误的感觉。"有分别智,于义(指境)异转,名似现量",意思是说,有"分别智"时,五识(指眼识等)缘五境(指色等)时,生起名言分别(如瓶、衣等),称为"似现量"。

6."似比量"。指错误的推理。"若似因智为先,所起诸似义智,名似比量",意思是说,以错误的理由("似因")为依据,导致对境界产生错误认识("似义")的推理,称为"似比量"。

7."能破"。指反驳,即反驳者(指辩论中的反方,即敌论者)如实地显示对方(指辩论中的正方,即立论者)论式的过失,破斥他的主张,与"似能破"相对,又称"真能破",指正确的反驳。"能破"的方法分为二种。(1)"出过破"(又称"显过破")。指找出对方论式的过失,加以破斥。(2)"立量破"。指自己建立一个正确的论式,以破斥对方的主张。

8."似能破"。指错误的反驳。"若不实显能立过言,名似能破",意思是说,不能真实地显示"能立"的过失,即"能立"本无过失,而妄加破斥的反驳,称为"似能破"(以上见《因明入正理论》)。

佛教因明著作见于汉文《大藏经》的,仅有《因明入正理论》等十多种(包括注释书);而见于藏文《大藏经》的,则有《集量论》等六十六种(见杨化群《藏传因明学》,中华书局 2009 年 11 月版),这些众多的藏文资料,是因明研究者深入探究的一大宝藏。

三、本 部 大 略

大乘瑜伽部,共收录由瑜伽行派论师撰作的大乘论八十三部三百六十七卷。分为三门。

(一) 瑜伽行派释经论

此类典籍总计有二十三部六十七卷。

(1) 隋达磨笈多译《金刚般若波罗蜜经论》三卷。《金刚经》的注释书,论述"一切有为法,如梦幻泡影","应生无所住心"等问题,采用先科判全经(即"七义句",将全经内容分为七部分),然后随文作释(即依照原著的叙述次第,分段摘录经文,加以解释),经文(冠有"经曰")与释文(冠有"论曰")对应编排的方式编纂。(2) 北魏菩提流支译《金刚般若波罗蜜经论》三卷。《金刚经》的注释书,将经文分为三十七章,采用随文作释,经文(冠有"经曰")与释文(冠有"论曰")对应编排的方式编纂,"论曰"由"偈言"(偈颂)与长行组成,"偈言"归纳经义,长行予以细释。(3) 唐义净译《能断金刚般若波罗蜜多经论释》三卷。前书的异译本,书中不含《金刚经》原文,所引的"经云",大多是《金刚经》原文的缩略语,与前本相比,出入较大。(4) 唐义净译《能断金刚般若波罗蜜多经论颂》一卷。唐义净译《能断金刚般若波罗蜜多经论释》正文七十七偈的汇编。(5) 唐地婆诃罗译《金刚般若波罗蜜经破取著不坏假名论》二卷。《金刚经》的注释书,采用依照原著的叙述次第,分段摘录经文,加以解释的方式编纂,对未列为注释对象的经文,一概省略。(6) 北宋施护等译《佛母般若波罗蜜多圆集要义释论》四卷。北宋施护等译《佛母般若波罗蜜多圆集要义论》一卷(解释《八千颂般若经》的偈颂)的注释书,用长行(散文)的形式(偶有作者新作的偈颂),对《集要义论》偈颂,逐一作了解说。(7) 北宋施护等译《佛母般若波罗蜜多圆集要义论》一卷。解释《八千颂般若经》(又名《小品般若经》)的偈颂集,共收录五十六颂,对此经的义旨作了简略的概述。(8) 北宋法护等译《圣佛母般若波罗蜜多九颂精义论》二卷。《八千颂般若经》的注释书,由九颂及其长行解释组成,对此经的义旨作了简略的概述。

(9) 北魏菩提流支等译《十地经论》十二卷。《十地经》(又名《华严经·十地品》)的注释书,论述"菩萨十地"(又称"十地"、"十住")等理论,分为十品,始《欢喜地》,终《法云地》,采用随文作释的方式编纂,是南北朝时期地论学派所依据的根本经典。(10) 北魏菩提流支等译《妙法莲华经优波提舍》二卷。《法华经》的注释书,论述"分别说三乘,唯有一佛乘"等理论,分为《序品》《方便品》《譬喻品》三品,对原经的主旨要义,作了阐解,各层次的释文之末,大多引经为证,说明释文中的这层意思,为某句经文所说。(11) 北魏勒那摩提等译《妙法莲华经论优波提舍》一卷。前书的异译本,译文与菩提流支译本大致相同。(12) 北魏菩提流支译《无量寿经优波提舍》一卷。《无量寿经》的注释书,前部分为"愿生偈"二十四颂,后部分为偈颂的长行解释,对阿弥陀佛净土的殊胜和往生净土的方法等,作了简明扼要的论述,为净土宗所依据的根本经典"三经一论"(指《无量寿经》《观无量寿经》《阿弥陀经》《无量寿经优波提舍》)之一。(13) 北魏菩提流支译《大宝积经论》四卷。小本《宝积经》的注释书,论述菩萨修行的"十六种相差别"等问题。(14) 北魏菩提流支译《弥勒菩萨所问经论》九卷。《弥勒菩萨所问经》的注释书,论述成就"八法"(指成就深心、行心、舍心、善知回向方便心、大慈心、大悲心、善知方便、般若波罗蜜)等问题。(15) 北魏毗目智仙等译《宝髻经四法优波提舍》一卷。《宝髻经》部分章段的注释书,论述"菩萨布施"等问题。(16)北魏毗目智仙等译《转法轮经优波提舍》一卷。大乘《转法轮经》的注释书,论述"如来转法轮"(指佛对众生宣说教法)等问题。(17)北魏毗目智仙等译《三具足经优波提舍》一卷。《三具足经》的注释书,论述"三种具足"(指菩萨应修习施具足、戒具足、闻具足)问题。

(18)北魏菩提流支译《文殊师利菩萨问菩提经论》二卷。《文殊师利菩萨问菩提经》的注释书,论述"四种发菩提心"等问题,采用先科判全经(即"九分科经"),然后随文作释的方式编纂。(19)北魏菩提流支译《胜思惟梵天所问经论》四卷。《胜思惟梵天所问经》的注释书,论述"菩萨成就四法"等问题,今本仅解释原经卷一和卷二的大部分,至于其余经卷,全都缺释。(20)唐玄奘译《佛地经论》七卷。《佛地经》的注释书,论述"佛地五法"(指清净法界、大圆镜智、平等性智、妙观察智、成所作智)等理论,采用先科判全经(即"三分科经"),然后随文作释的方式编纂,释文贯穿了瑜伽行派的唯识思想。(21)北魏达磨菩提译《涅槃论》一卷。大乘《大般涅槃经》的注释书,先科判全经(即"七分科经"),后对卷三《寿命品》中的"迦叶菩萨所问偈"作释,至于其余经卷,全都缺释。(22)陈真谛译《涅槃经本有今无偈论》一卷。大乘《涅槃经》中"本有今无偈"的注释书。(23)陈真谛译《遗教经论》一卷。《遗教经》的注释书,论述佛入涅槃前,对弟子所作的最后教诫,采用先科判全经(即"七分科经"),然后随文作释的方式编纂。

(二)瑜伽行派集义论

此类典籍总计有五十六部二百九十六卷。

(1)唐玄奘译《瑜伽师地论》一百卷。瑜伽行派的根本论书,分为五分,即《本地分》《摄决择分》《摄释分》《摄异门分》《摄事分》,论述三乘所依、所行的境界"十七地"("五识身相应地"至

"无余依地"),以及其他事义问题。(2)北凉昙无谶译《菩萨地
持经》十卷。唐玄奘译《瑜伽师地论》卷三十五至卷五十《本地分
中菩萨地》的异译本,论述菩萨道"十法"(指持、相、翼、净心、住、
生、摄、地、行、建立)问题,分为三篇二十七品,始《初方便处·种
性品》,终《毕竟方便处·建立品》。(3)刘宋求那跋摩译《菩萨
善戒经》九卷。前书的异译本,分为三篇三十品,始《菩萨地·序
品》,终《毕竟地·住品》。(4)梁真谛译《决定藏论》三卷。唐玄
奘译《瑜伽师地论》卷五十一至卷五十四《摄决择分中五识身相
应地意地》的异译本,论述"阿罗耶识"(即第八识"阿赖耶识")、
"六种胜智"(又译"六种方便")等问题,书中提出的"九识"说(即
认为第八识是"妄识",第九识阿摩罗识是"净识"),是《瑜伽师地
论》中所没有的说法。(5)唐玄奘译《王法正理论》一卷。唐玄
奘译《瑜伽师地论》卷六十一《摄决择分中有寻有伺等三地》的异
译本,不立品目,论述国王应行的正法问题。(6)唐玄奘译《瑜
伽师地论释》一卷。唐玄奘译《瑜伽师地论》的略释书,解释《瑜
伽师地论》的造论因缘、题名、结构,以及《本地分》中十七地的名
义。(7)唐玄奘译《显扬圣教论》二十卷。《瑜伽师地论》要义的
概说书,由《显扬圣教论颂》及其解释构成,分为十一品,始《摄事
品》,终《摄胜决择品》,为唯识宗所依据的根本经典"瑜伽十支
论"之一。(8)唐玄奘译《显扬圣教论颂》一卷。《显扬圣教论》
的本颂(根本颂),概说《瑜伽师地论》要义,共收录正颂二百四十
八颂半。(9)陈真谛译《三无性论》二卷。唐玄奘译《显扬圣教
论》卷十六《成无性品》的异译本,论述"三性"、"三无性"、"二
谛"、"转依"、"四种道"等问题。

　　(10)唐玄奘译《辩中边论》三卷。《辩中边论颂》(相传为弥
勒说,实为无著造)的注释书,论述远离"二边分别"(指偏面极端
的二种见解),修行"中道"问题,分为七品,始《辩相品》,终《辩无

上乘品》，为"瑜伽十支论"之一。（11）陈真谛译《中边分别论》二卷。前书的异译本，分为七品，始《相品》，终《无上乘品》。（12）唐玄奘译《辩中边论颂》一卷。《辩中边论》的本颂（根本颂），分为七品，始《辩相品》，终《辩无上乘品》，共收录一百十三颂。（13）陈真谛译《十八空论》一卷。陈真谛译《中边分别论》部分文段的注释书，论述"十八空"等问题，旧题"龙树菩萨造"，实为《中边分别论》中的初品《相品》、第三品《真实品》部分文段的解释。（14）唐波罗颇蜜多罗译《大乘庄严经论》十三卷。论述"五义庄严"（即信向、受教、思惟、修习、证得）等大乘修行法门的著作，分为二十四品，始《缘起品》，终《敬佛品》，为"瑜伽十支论"之一。

　　（15）唐玄奘译《摄大乘论本》三卷。论述大乘"十相殊胜"（又称"十种殊胜"）理论，分为十一篇，始《总标纲要分》，终《彼果智分》，初篇为总说，后十篇为别说，为"瑜伽十支论"之一。（16）北魏佛陀扇多译《摄大乘论》二卷。前书的异译本，不分篇目。（17）陈真谛译《摄大乘论》三卷。前书的异译本，分为十篇，始《依止胜相》，终《智差别胜相》，为南北朝时期摄论学派所依据的根本经典。（18）唐玄奘译《摄大乘论释》十卷（世亲释）。为唐玄奘译《摄大乘论本》的注释书，"世亲释论"三种译本之一，分为十一篇，始《总标纲要分》，终《彼果智分》，各篇之下不分章段。（19）陈真谛译《摄大乘论释》十五卷（世亲释）。为陈真谛译《摄大乘论》的注释书，"世亲释论"三种译本之一，分为十篇，始《释依止胜相》，终《释智差别胜相》，前五篇标立章段，后五篇不分章段，释文之详尽，位居诸本之冠。（20）隋达摩笈多等译《摄大乘论释论》十卷（世亲释）。为依梵本译出的《摄大乘论》的注释书，"世亲释论"三种译本之一，始《应知依止胜相胜语》，终《智胜相语》，前五篇中有四篇标立章段、一篇（即第三篇《入应知胜相胜语》)不分章段,后五篇全不分章段。(21)唐玄奘译《摄大乘论释》十卷(无性释)。为唐玄奘译《摄大乘论》的注释书、"无性释论",分为十一篇,始《总标纲要分》,终《彼果智分》。(22)陈真谛译《显识论》一卷。陈真谛译《摄大乘论·应知胜相》的异译本(略带注释),论述"一切三界,但唯有识"(即"三界唯识")理论。

　　(23)唐玄奘译《大乘阿毗达磨集论》七卷。大乘阿毗达磨论书,分为《本事分》四品、《决择分》四品,以大乘"三科"(指五蕴、十八界、十二处)为纲要,对一切法(事物)的总相、别相、性质、类别、因缘和相互关系,作了全面系统的论述。(24)唐玄奘译《大乘阿毗达磨杂集论》十六卷。前书的注释书,采用分段或分句摘录《集论》的原文,随文夹注的形式编纂,对原文和注文不作标识,为"瑜伽十支论"之一。(25)唐义净译《六门教授习定论》一卷。教授修习禅定的次第和方法,由本颂三十七颂及其长行解释构成,分为六门(指意乐、依处、本依、正依、修习、得果)。(26)唐义净译《止观门论颂》一卷。论述修习"四禅"、"不净观"、"白骨观"等禅法的偈颂集,共收录七十七颂。

　　(27)唐玄奘译《唯识二十论》一卷。《唯识二十颂》的注释书,论述"三界唯识"理论,由《唯识二十颂》二十一颂及其解释构成,为"瑜伽十支论"之一。(28)北魏般流支译《唯识论》一卷。前书的异译本,由《唯识二十颂》二十三颂及其解释构成。(29)陈真谛译《大乘唯识论》一卷。前书的异译本,由《唯识二十颂》二十四颂及其解释构成。(30)唐义净译《成唯识宝生论》五卷。梵本《唯识二十论》的注释书,论述"唯识能有作用"、"离心无境"等思想。(31)唐玄奘译《成唯识论》十卷。《唯识三十颂》的注释书,论述"一切唯识"理论,采用随颂作释的方式编纂,对唯识学基本理论,以及各家注疏的异同,作了详细的阐说,为唯识学典籍中的权威之作。(32)唐玄奘译《唯识三十论颂》一卷。论述"一切唯识"理论的偈颂,共收录三十颂,为"瑜伽十支论"之一。(33)陈真谛译《转识论》一卷。前书的异译本,书中将本颂全都译成长行(散文),又将它与释文接排在一起,致使二者混同。

(34)唐玄奘译《大乘百法明门论》一卷。叙述大乘"五位百法"名相(名词术语),依据无著《显扬圣教论》卷一所说的"五法"(指心法、心所有法、色法、心不相应法、无为法),改编而成,为"瑜伽十支论"之一。(35)唐玄奘译《大乘五蕴论》一卷。论述大乘"五蕴"、"十二处"、"十八界"三科理论,为"瑜伽十支论"之一。(36)唐地婆诃罗译《大乘广五蕴论》一卷。《大乘五蕴论》的注释书,采用依照原著的编次,逐段逐句摘录原文,加以注释的方式编纂。(37)唐玄奘译《大乘成业论》一卷。论述大乘"业"理论,内容以破斥小乘部派有关"业"的各种观点为主,在辩难过程中,阐述大乘有关"业"的主张。(38)北魏毗目智仙译《业成就论》一卷。前书的异译本,但译语出入很大。(39)姚秦鸠摩罗什译《发菩提心经论》二卷。论述"发菩提心"、"修行六波罗蜜"问题,分为十二品,始《劝发品》,终《功德持品》。

(40)北魏勒那摩提译《究竟一乘宝性论》二卷。论述"一切众生皆有如来藏"(指一切众生皆有佛性)理论,由本颂三百颂和释论两部分构成,分为十一品,始《教化品》,终《校量信功德品》。(41)陈真谛译《佛性论》四卷。论述"一切众生悉有佛性"理论,分为四分,依次为《缘起分》《破执分》《显体分》《辨相分》,后三分下设品目,总计十六品。(42)唐提云般若等译《大乘法界无差别论》一卷。论述"菩提心"十二种义(指果、因、自性、异名、无差别、分位等),采用偈颂与长行解释相结合的方式编纂。(43)唐玄奘译《观所缘缘论》一卷。破斥小乘关于心识"所缘"之境为

"外色"(指心外实有的色法)的观点,论述大乘唯识学关于"所缘"之境为"内色"(指由心识所变现的境相)理论,由八颂及其长行解释构成,采用一首偈颂、一段长行相对应的方式编纂。(44)陈真谛译《无相思尘论》一卷。前书的异译本,但译文多有出入。(45)唐义净译《观所缘论释》一卷。唐玄奘译《观所缘缘论》的注释书,所释偏重于对小乘部派有关"所缘缘"的各种观点的分析与破斥。(46)唐义净译《掌中论》一卷。论述"三界但有假名,实无外境"理论,由六颂及其长行解释构成。(47)陈真谛译《解拳论》一卷。唐义净译《掌中论》异译本,由四颂半及其长行解释构成。

(48)唐义净译《取因假设论》一卷。论述"取因假设"(指依事物生成之因而立的三种假名施设)问题,由十三颂及其长行解释构成。(49)唐义净译《观总相论颂》一卷。论述"总相"(事物的共同体相)问题的偈颂,由十一颂(每颂五言四句)构成,无长行解释。(50)北宋法天译《金刚针论》一卷。破斥婆罗门教"种姓"说,主张四种姓平等。(51)北魏菩提流支译《十二因缘论》一卷。论述"十二因缘"理论,由十二颂及其长行问答构成。(52)隋达磨笈多译《缘生论》一卷。论述"十二因缘"理论,采用先总列纲目三十颂,然后依颂作释的方式编纂。(53)唐不空译《大乘缘生论》一卷。前书的异译本,采用先总列纲目三十颂,然后依颂作释的方式编纂。(54)唐义净译《手杖论》一卷。破斥外道有关"有未曾新起有情"(指有未曾有过的新生众生)的观点。(55)北宋施护等译《集大乘相论》二卷。解释大乘重要名相二十八条,始"五蕴",终"法界",释文以直释为主,不引经论,不注出处。(56)北宋施护等译《集诸法宝最上义论》二卷。论述"诸法不离于识"等问题,不立品目,前部分广引经语,后部分依经略释诸义。

(三) 瑜伽行派因明论

此类典籍总计有四部四卷。

(1) 陈真谛译《如实论》一卷。论述"反质难"(指反驳外道对佛教的质难)的方法,叙列"似能破"(指错误的反驳)的过失等因明问题,分为三品,依次为《无道理难品》《道理难品》《堕负处品》。(2) 唐玄奘译《因明正理门论本》一卷。论述"能立"与"似能立"、"现量"与"似现量"、"比量"与"似比量"、"能破"与"似能破"等因明理论的著作,也是新因明的代表作,采用偈颂与长行(散文)相结合的方式编纂。(3) 唐义净译《因明正理门论》一卷。前书的异译本,除了在首颂之后的"论曰"中,插入了一段约三百多字的释文以外,其余译文几乎与玄奘译本全同。(4) 唐玄奘译《因明入正理论》一卷。论述"八门二益"(指能立、似能立、能破、似能破四门,能悟他;现量、似现量、比量、似比量四门,能自悟)等因明理论,具有将因明学说条理化、定性化的特色。

四、备 考 书 目

有关瑜伽行派论书的研究著作,除本藏《小乘阿毗达磨部·总叙》已叙列的中外各种印度佛教史著作以外,还有:近代太虚《法相唯识学》(商务印书馆 2011 年 11 月版);现代周贵华《唯识通论》(中国社会科学出版社 2009 年 7 月版);日本高崎直道等《如来藏思想》(李世杰译,贵州大学出版社 2013 年 12 月版)等。

第一门　瑜伽行派释经论

第一品　般若类：隋达摩笈多译《金刚般若波罗蜜经论》三卷

　　《金刚般若波罗蜜经论》，又名《金刚般若论》，三卷。印度无著造，隋达摩笈多(又作达磨笈多)译，大业九年(613)译出。唐道宣《大唐内典录》卷六著录。本书传今的本子有二种：一种题为"《金刚般若论》二卷"，载于《丽藏》"传"函、《金藏》"传"函、《频伽藏》"往"帙，收入《大正藏》第二十五卷；另一种题为"《金刚般若波罗蜜经论》三卷"，载于《宋藏》"声"函、《元藏》"声"函、《明藏》"受"函、《清藏》"受"函、《频伽藏》"往"帙，亦收入《大正藏》第二十五卷。其中，二卷本是不含《金刚经》经文的，而三卷本是含经文的，但所引的经文取于北魏菩提流支译的《金刚般若波罗蜜经》，而非达摩笈多本人译的《金刚能断般若波罗蜜经》。今据三卷本解说。

　　无著(约336—405)，音译"阿僧伽"，北印度富娄沙富罗国(又称"弗楼沙国"、"丈夫国"，今巴基斯坦白沙瓦西北)国人，为婆罗门种姓，国师憍尸迦的长子。初依小乘萨婆多部(即"说一切有部")出家，后改宗大乘(见《婆薮槃豆法师传》)。相传，他在鸡足山，修习弥勒法(指信仰住在兜率天内院、未来将成佛的弥

勒菩萨,发愿上升天宫,亲从弥勒受法),达十二年之久。后感得
弥勒显身,将他带到兜率天,为他一人讲说了"弥勒五论"(汉传
佛教指《瑜伽师地论》《分别瑜伽论》《大乘庄严经论》《辩中边论
颂》《金刚般若波罗蜜经论》五论;藏传佛教指《现观庄严论》《辩
中边论颂》《辩法法性论》《究竟一乘宝性论》《大乘庄严经论颂》
五论)。无著返回人间后,将它们写录成书,然后传出(见《大唐
西域记》卷五、元布顿《佛教史大宝藏论》等)。故从历史的角度
考察,由弥勒口说、无著一人传出的"弥勒五论",实际上都是无
著编集的著作。无著晚年在那烂陀寺住了二十多年中,度化外
道,依律治寺,并说服其弟世亲弃小乘而归大乘,兄弟二人共同
创立了大乘瑜伽行派。明多罗那他《印度佛教史》说:"以前大乘
最兴盛的时期,大乘比丘也不满一万人,龙树时期大多数僧伽还
是小乘,到这位阿阇梨(指无著)时期,大乘比丘达到好几万人。
由于这些原因,他被称为一切大乘教法的宗主","最后在王舍城
去世"。

　　无著的著作约有三十种,其中,见存于汉文《大藏经》的,有
《金刚般若论》《顺中论》《摄大乘论》《显扬圣教论》《显扬圣教颂》
《大乘庄严经论》《大乘阿毗达磨杂集论》《六门教授习定论》等;
见存于藏文《大藏经》的,有《三宝随念经释》《解深密经略释》《瑜
伽行地中根本诸论》《对法集论释》《禅定灯论》等。生平事迹见
陈真谛译《婆薮槃豆法师传》一卷、唐玄奘《大唐西域记》卷五、元
布顿《佛教史大宝藏论》(郭和卿译,民族出版社 1986 年 3 月
版)、明多罗那他《印度佛教史》(张建木译,四川民族出版社
1988 年 3 月版,书中所说与前二书多有不同)等。有关无著的
生卒年,佛教史传阙载。从北凉昙无谶于玄始七年(418)译出的
《菩萨地持经》八卷,为无著所传的《瑜伽师地论・本地分中菩萨
地》的同本异译来看,无著的卒年至少应当比此经的译出时间更

早。本文之初所出的生卒年,采用的是印顺《印度佛教思想史》中的推定(中华书局 2010 年 6 月版;日本平川彰《印度佛教史》推定为约 395—470 年,日本佐佐木教悟等《印度佛教史概说》推定为约 310—390 年)。

　　本书是《金刚经》的注释书。《金刚经》是大乘般若类经典的纲要书,论述"一切有为法,如梦幻泡影","应生无所住心"等问题。它的梵本有三百颂(见唐智升《开元释教录》卷十一),与《小品般若经》(八千颂)、《大品般若经》(二万五千颂)均成立于公元前一世纪左右,是最早形成的般若类经典和初期大乘经之一。此经最初以单行本的形式流传于印度,后被编入唐玄奘译《大般若经》第九会,成为卷五百七十七《能断金刚分》。《金刚经》的汉译本,今存的有六种:姚秦鸠摩罗什《金刚般若波罗蜜经》一卷、北魏菩提流支译《金刚般若波罗蜜经》一卷、陈真谛译《金刚般若波罗蜜经》一卷、隋达摩笈多译《金刚能断般若波罗蜜经》一卷、唐玄奘译《能断金刚般若波罗蜜多经》一卷、唐义净译《佛说能断金刚般若波罗蜜多经》一卷。其中,鸠摩罗什译本为通行本,流传最广。本书所释的经本,从所引的经文上推断,相当于菩提流支译本。关于本书的作者,各版藏经均题署为"无著菩萨造",但据《金刚经仙论》卷十说:"弥勒世尊(指弥勒佛)愍(悯)此阎浮提人,作《金刚般若经义释》(即《金刚般若波罗蜜经论》)并《地持论》,赍付无障碍比丘(即无著),令其流通。"认为,本书是由弥勒撰作,无著传出的。今依本书上的题署,仍将作者定为无著。

　　全书采用先科判全经(即"七义句"),然后随文作释(即依照原著的叙述次第,分段摘录经文,加以解释),经文(冠有"经曰")与释文(冠有"论曰")对应编排的方式编纂。所说的"七义句"(又称"七种义句"),指的是作者将《金刚经》的内容科分为七部分,即"种性不断"、"发起行相"、"行所住处"、"对治"、"不失"、"地"、"立名"。其中,前三种义句(指种性不断、发起行相、行所住处),是对《金刚经》全部经文所作的科分,这与汉地佛教的"三分科经",即将佛经的内容科分为序分、正宗分、流通分三部分,并不等同;后四种义句(指对治、不失、地、立名),从属于第三种义句"行所住处",是对"行所住处"所涉内容的细化。"七义句"的核心,是"十八住",即菩萨修行从因至果的十八种安住之处,故它也是本书所论述的核心问题。书首有归敬颂,为七言十二句,始"出生佛法无与等,显了法界最第一",终"我应精勤立彼义,解释相续为自他";书末有回向偈,为五言八句,始"若闻如是义,于大乘无觉",终"世人多如此,是故法荒废"。

卷上:初述"七义句",次释经文。

一、"七义句"。作者指出,"七义句者,一种性不断,二发起行相,三行所住处,四对治,五不失,六地,七立名。此等七义,于般若波罗蜜经中成立,故名义句。于中,前六义句显示菩萨所作究竟,第七义句显示成立此法门"。

(一)"种性不断"。指《金刚经》从"一时,婆伽婆在舍婆提城祇树给孤独园,与大比丘众千二百五十人俱"至"善护念诸菩萨,善付嘱诸菩萨"的经文。此段论述长老须菩提赞叹佛善护念诸菩萨(指"根熟菩萨")、善付嘱诸菩萨(指"根未熟菩萨"),令佛种性不断等问题。

(二)"发起行相"。指《金刚经》从"世尊!云何菩萨大乘中,发阿耨多罗三藐三菩提心"至"世尊!如是,愿乐欲闻"的经文。此段论述须菩提问佛,菩萨发起无上菩提心,应当如何"住"(指安住菩提心),如何"修行"(指以布施为主的修行),如何"降伏其心"(指降伏散乱心)等问题。

(三)"行所住处"。指《金刚经》从"佛告须菩提:诸菩萨生如是心"至"闻佛所说,皆大欢喜,信受奉行"(全经终)的经文。
此段论述佛告诉须菩提,菩萨修行的十八种住处(又称"十八
住"),即修大乘者从因至果的十八种安住之处等问题。它们是:

(1)"发心住"。指《金刚经》从"佛告须菩提:诸菩萨生如
是心"至"若菩萨起众生相、人相、寿者相,则不名菩萨"的经文。
(2)"波罗蜜相应行住"。指《金刚经》从"复次,须菩提! 不住于
事行于布施"至"佛复告须菩提:菩萨但应如是行于布施"的经
文。(3)"欲得色身住"。指《金刚经》从"须菩提! 于意云何?
可以相成就见如来不"至"若见诸相非相,则非妄语,如是诸相非
相,则见如来"的经文。(4)"欲得法身住"。指《金刚经》从"须
菩提白佛言:世尊! 颇有众生,于未来世末世得闻如是修多罗
章句"至"须菩提! 所谓佛法者,即非佛法,是名佛法"的经文(以
上构成本书卷上)。

(5)"于修道得胜中无慢住"(又称"修道无慢住")。指《金
刚经》从"须菩提! 于意云何? 须陀洹能作是念:我得须陀洹果
不"至"以须菩提实无所行,而名须菩提无净、无净行"的经文。
(6)"不离佛出时住"(又称"不离佛世住")。指《金刚经》从"佛
告须菩提:于意云何? 如来昔在然灯佛所"至"于法实无所得阿
耨多罗三藐三菩提"的经文。(7)"愿净佛土住"。指《金刚经》
从"佛告须菩提:若菩萨作是言:我庄严佛国土"至"不住声、
香、味、触、法生心,应无所住而生其心"的经文。(8)"成熟众生
住"。指《金刚经》从"须菩提! 譬如有人,身如须弥山王"至"彼
身非身,是名大身"的经文。(9)"远离随顺外论散乱住"(又称
"远离外论住")。指《金刚经》从"佛言:须菩提! 如恒河中所有
沙数"至"须菩提言:世尊! 如来无所说法"的经文。(10)"色
及众生身抟取中观破相应行住"(又称"观破色身住")。指《金刚
经》从"须菩提! 于意云何? 三千大千世界所有微尘"至"如来说

世界,非世界,是名世界"的经文。(11)"供养给侍如来住"(又
称"给侍如来住")。指《金刚经》从"须菩提！于意云何？可以三
十二大人相见如来不"至"如来说三十二大人相,即是非相,是名
三十二大人相"的经文。(12)"远离利养及疲乏热恼故,不起精
进及退失等住"(又称"远离退失住")。指《金刚经》从"佛言：须
菩提！若善男子、善女人,以恒河沙等身命布施"至"彼无量诸佛
亦说波罗蜜,是名第一波罗蜜"的经文。

(13)"忍苦住"。指《金刚经》从"须菩提！如来说忍辱波罗
蜜,即非忍辱波罗蜜"至"若菩萨不住于事行于布施,亦复如是"
的经文。(14)"离寂静味住"。指《金刚经》从"复次,须菩提！
若有善男子、善女人,能于此法门受持、读诵、修行"至"当知是法
门不可思议,果报亦不可思议"的经文。(15)"于证道时远离喜
动住"(又称"证道离喜动住")。指《金刚经》从"尔时,须菩提白
佛言：世尊！云何菩萨发阿耨多罗三藐三菩提心"至"实无有法
名为菩萨发阿耨多罗三藐三菩提心者"的经文。(16)"求教授
住"(又称"求佛教授住")。指《金刚经》从"须菩提！于意云何？
如来于然灯佛所,有法得阿耨多罗三藐三菩提不"至"所言一切
法、一切法者,即非一切法,是故名一切法"的经文(以上构成本
书卷中)。

(17)"证道住"(又称"入证道住")。指《金刚经》从"须菩
提！譬如有人,其身妙大"至"是故佛说一切法无众生、无人、无
寿者"的经文。(18)"上求佛地住"(又称"求佛地住")。指《金
刚经》从"须菩提！若菩萨作是言：'我庄严佛国土"至"闻佛所
说,皆大欢喜,信受奉行"的经文。上述菩萨修行的十八种住处,
归纳起来为八种住处,又称"八处",即"摄住处"、"波罗蜜净住
处"、"欲住处"、"离障碍住处"、"净心住处"、"究竟住处"、"广大
住处"、"甚深住处"(以上构成本书卷下)。

（四）"对治"。指《金刚经》"十八住"中的每一种住处，都具有二种对治，即以"正行"对治"邪行"，以"无分别智"（指能契证真如平等无差别境界的根本智）对治"分别见"。

（五）"不失"。指《金刚经》因"对治"而离"增益边"、"损减边"二边，不失中道。

（六）"地"。指《金刚经》因不失中道，而成就贤圣位，即成就菩萨修行的三种阶位，即"信行地"、"净心地"、"如来地"。"十八住"中，前十六种住处为"信行地"，第十七种住处"证道"为"净心地"，第十八种住处"上求佛地"为"如来地"。

（七）"立名"。指《金刚能断般若经》（《金刚经》的异名）立名的含义，即"金刚者，细、牢故。细者，智因故。牢者，不可坏故。能断者，般若波罗蜜中，闻、思、修所断，如金刚断处而断故，是名金刚能断"。如关于《金刚经》所说的菩萨修行的"八种住处"，说：

　　行（指修行）所住处者，谓彼发起行相所住处也。此复有十八种应知（指"十八住"）。……彼住处等，略为八种亦得满足。一摄住处、二波罗蜜净住处、三欲住处、四离障碍住处、五净心住处、六究竟住处、七广大住处、八甚深住处。于中，摄住处者，谓发心（即第一种住处）；波罗蜜净住处者，谓波罗蜜相应行（即第二种住处）；欲住处者，谓欲得色身、法身（即第三、第四种住处）；离障碍住处者，谓余十二种（即第五种住处至第十六种住处）；净心住处者，谓证道（即第十七种住处）；究竟住处者，谓上求佛地（即第十八种住处）；广大及甚深住处者，通一切住处。（卷上，《大正藏》第二十五卷，第766页中—第767页上）

二、正释经文。解释《金刚经》从"如是我闻。一时，婆伽婆在舍婆提城祇树给孤独园,与大比丘众千二百五十人俱",至"所谓佛法者,即非佛法,是名佛法"的经文,论述"菩萨有七种大"、"善摄有六种应知"、"善付嘱有六种因缘"、"檀那有三种"、"二种法身"等问题。

(1)"七种大"。指菩萨有七种大,即"法大"、"心大"、"信解大"、"净心大"、"资粮大"、"时大"、"果报大"。(2)"善摄六种应知"。指如来以"利乐相应"为善摄,了知"时"、"差别"、"高大"、"牢固"、"普遍"、"异相"六种情况。(3)"善付嘱有六种因缘"。指如来善付嘱诸菩萨有六种因缘,即"入处"、"法尔得"、"转教"、"不失"、"悲"、"尊重"。"此善摄、付嘱二种,显示(佛)种性不断"。(4)"檀那有三种"。指檀那(布施)分为三种,含摄"六波罗蜜"。一是"资生施",指檀那波罗蜜(指布施到彼岸);二是"无畏施",指尸罗波罗蜜(指持戒到彼岸)、羼提波罗蜜(指忍辱到彼岸);三是"法施",指毗梨耶波罗蜜(指精进到彼岸)、禅那波罗蜜(指禅定到彼岸)、般若波罗蜜(指智慧到彼岸)等。(5)"二种法身"。指菩萨"十八住"中所说的"欲得法身住",分为"言说法身"、"证得法身"二种。"言说法身",为能诠之教,包括"显示修行"、"显示集因"、"显示善友摄受"、"显示摄福德相应"、"显示实相中当得实想"。"证得法身",为所诠之理,分为二种,一是"智相法身",指由智慧之相得至法身住处,二是"福相法身",指由福德之相得至法身住处。如关于《金刚经》所说的发心修菩萨乘者应当"云何住? 云何修行? 云何降伏其心"一句的解释,说:

经曰:世尊! 云何菩萨大乘中,发阿耨多罗三藐三菩提心? 应云何住? 云何修行? 云何降伏其心?……(以上为《金刚经》的原文)

论曰:此下第二发起行相。……经言应云何住者,谓欲愿故；应修行者，谓相应三摩钵帝（意译"等至"）故；应降伏心者，谓折伏散乱故。于中，欲者，正求也；愿者，为所求故作心思念也。相应三摩钵帝者，无分别三摩提（指定）也。折伏散乱者，若彼三摩钵帝心散，制令还住也。第一者显示摄道，第二者显示成就道，第三者显示不失道（以上为无著的解释）。（卷上，第768页上、中）

卷中：解释《金刚经》从"须菩提！于意云何？须陀洹能作是念：我得须陀洹果不"，至"一切法者，即非一切法，是故名一切法"的经文，论述"十二障碍"等问题。

"十二障碍"，指菩萨发起修行的十八种住处中，第五种住处"于修道得胜中无慢"至第十六种住处"求教授"，所对治的十二种障碍。它们是："慢"；"无慢而少闻"；"多闻而小攀缘作念修道"；"不小攀缘作念修道，而舍众生"；"不舍众生，而乐随外论散动"；"虽不散动，而破影像相中无巧便"；"虽有巧便，而福资粮不具"；"虽具福资粮，而乐味懈怠及利养等"；"虽离懈怠利养，而不能忍苦"；"虽能忍苦，而智资粮不具"；"虽具智资粮，而不自摄"；"虽能自摄，而无教授"。

卷下：解释《金刚经》从"须菩提！譬如有人，其身妙大"，至"闻佛所说，皆大欢喜，信受奉行"的经文，论述"二种智"、"五种平等因缘"、"六种具足"、"四种有为相"等问题。

（1）"二种智"。指菩萨入证道时所得的二种智慧，即"摄种性智"、"平等智"，前者指了知自己已生"如来家"，将必定绍嗣佛种的智慧；后者指了知一切事物皆悉平等的智慧。（2）"五种平等因缘"。指证得"平等智"的五种因缘，即"粗恶平等"、"法无我平等"、"断相应平等"、"无希望心相应平等"、"一切菩萨证道平等"。（3）"六种具足"。指上求"佛地"须六种具足，即"国土净具足"、"无上见智净具足"、"福自在具足"、"身具足"、"语具足"、"心具足"。其中,"心具足"又分"为念处"、"为正觉"、"为施设大利法"、"为摄取法身"、"为不住生死涅槃"、"为行住净"六种。
(4)"四种有为相"。指观察"有为法"的四种体相。它们是:"自性相",指观察"有为法"的自性之相"如星"、"如翳"、"如灯";"所住味相",指观察对"有为法"的执著之相"如幻";"随顺过失相",指观察"有为法"的过失之相"如露"、"如泡";"随顺出离相",指观察"有为法"的出离之相"如梦"、"如电"、"如云"。如关于"四种有为相",说:

　　经曰:……一切有为法,如星翳灯幻,露泡梦电云,应作如是观(以上为《金刚经》的原文)。
　　论曰:……此偈显示四种有为相:一自性相、二者所住味相、三随顺过失相、四随顺出离相。于中,自性相者,共相见识,此相如星。……人、法我见如翳。……识如灯。……所住味相者,味著颠倒境界故,彼如幻。……随顺过失相者,无常等随顺故。彼露譬喻者,显示相体无有,以随顺无常故;彼泡譬喻者,显示随顺苦体,以受如泡故,若有受皆是苦。……随顺出离相者,随顺人、法无我,以攀缘故,得出离故说无我,以为出离也。随顺者,谓过去等行,以梦等譬喻显示:彼过去行,以所念处,故如梦;现在者,不久时住,故如电;未来者,彼粗恶种子似虚空引心出,故如云(以上为无著的解释)。(卷下,第780页下—第781页上)

有关《金刚经》的古今注本极多,追根溯源,要数无著撰作的本书为最早。本书以"七义句"科释《金刚经》,为《金刚经》注疏开创了一种值得借鉴的范式,影响十分深远。汉地撰作的《金刚经》的注疏,如唐宗密《金刚般若经疏论纂要》、窥基《金刚般若论会释》、昙旷《金刚般若经旨赞》、南宋昙应《金刚般若波罗蜜经采微》等，都从本书中汲取过思想成分。北宋子璇《金刚经纂要刊定记》卷三评价说："此七句之文，教、理、行、果悉圆满矣。于中一、二、三、四是行也，五理也，六果也，七教也。"也就是说，"七义句"将《金刚经》所说的"教"、"理"、"行"、"果"悉数包括入内，在科释上是较为圆满的。

第二品　般若类：北魏菩提流支译《金刚般若波罗蜜经论》三卷

附：唐义净译《能断金刚般若波罗蜜多经论释》三卷
唐义净译《能断金刚般若波罗蜜多经论颂》一卷

《金刚般若波罗蜜经论》，又名《金刚般若经论》《金刚般若论》，三卷。印度天亲（即世亲）造，北魏菩提流支译，永平二年（509）译出。隋费长房《历代三宝纪》卷九著录。载于《丽藏》"声"函、《宋藏》"虚"函、《金藏》"声"函、《元藏》"虚"函、《明藏》"受"函、《清藏》"受"函、《频伽藏》"往"帙，收入《大正藏》第二十五卷。

　　本书是《金刚经》的注释书。所释的经本，相当于北魏菩提流支译本（《金刚般若波罗蜜经》一卷）。全书将《金刚经》分为三十七章，采用随文作释（即依照原著的叙述次第，分段摘录经文，加以解释），经文（冠有"经曰"）与释文（冠有"论曰"）对应编排的方式编纂。"论曰"由"偈言"（偈颂）与长行组成，"偈言"归纳经义，长行予以细释。各层次的释文之末，大多引经为证，说明释文中的这层意思，为某句经文所说；所引证的经文，其首一般冠有“如经”二字(例如“云何广心利益？如经诸菩萨生如是心”一句中，“云何广心利益”，是世亲的释文；“如经”为“如经曰”的略写，“诸菩萨生如是心”为引证的经文)。

由于本书在释文中，将《金刚经》中须菩提的提问，称为“有疑”，将世尊(佛)的回答，称为“断疑”。据唐宗密《金刚般若经疏论纂》卷上统计，本书共有二十七段对话，故称之为“断二十七疑”，“(无著)住一十八处，密示阶差；(世亲)断二十七疑，潜通血脉”。意思是说，无著对《金刚经》的科判是“住一十八处”，世亲对《金刚经》的科判是“断二十七疑”。此一概括为后人所广泛接受，北宋子璇《金刚经纂要刊定记》、南宋道川《金刚般若波罗蜜经注》、善月《金刚般若波罗蜜经会解》、宗镜《销释金刚科仪会要批注》、明曾凤仪《金刚般若波罗蜜经宗通》、德清《金刚决疑》、广伸《金刚般若波罗蜜经鎞》、清徐发《金刚经郢说》、孙念劬《金刚经彙纂》等，在疏解《金刚经》的结构时，都采用“断二十七疑”说。此外，本书还将瑜伽行派的“阿黎耶识”说，引入般若性空等义的解释之中。书首有归敬颂，为七言八句，始“法门句义及次第，世间不解离明慧”，终“以能荷佛难胜事，摄受众生利益故”；书末有回向偈，也是七言八句，始“诸佛希有总持法，不可称量深句义”，终“从尊者闻及广说，回此福德施群生”。

卷上：解释《金刚经》从“如是我闻。一时婆伽婆，在舍婆提城祇树给孤独园”，至“佛说非身，是名大身；彼身非身，是名大身”的经文，论述“四种深利益菩提心”、“三种檀摄六波罗蜜”、“不住于事行于布施”、“我相四种”、“法相四种”、“佛有三种”等问题。

(1)“四种深利益菩提心”。指菩萨应发起“四种深利益菩提心”。一是“广心利益”，指摄受一切众生；二是“第一心利益”，指令一切众生皆入“无余涅槃”而断灭烦恼、度脱生死；三是“常心利益"，指慈爱一切众生，"取众生如我身，常不舍离"；四是"不颠倒心利益"，指不起"我相"、"众生相"、"人相"、"寿者相"四相。(2)"三种檀摄六波罗蜜"。指"檀波罗蜜"（指布施到彼岸）分为三种，含摄其余五波罗蜜，修行布施就是修行"六波罗蜜"（又称"六度"）。布施中的"资生檀"（又称"资生施"），即"檀波罗蜜"；"无畏檀"（又称"无畏施"），含摄"尸罗"（持戒）、"羼提"（忍辱）二波罗蜜；"法檀"（又称"法施"），含摄"毗梨耶"（精进）、"禅那"（禅定）、"般若"（智慧）三波罗蜜。(3)"不住于事行于布施"。指经文"菩萨不住于事行于布施"，意谓"不著自身"而行布施；经文"无所住行于布施"，意谓"不著报恩"而行布施；经文"不住色布施，不住声、香、味、触、法布施"，意谓"不著果报"而行布施。(4)"我相四种"（又称"我人四相"）。指众生对人身起执而取著的四种相状。一是"我相"，指"五阴"中有实在的"我"（恒常自在的主体），"见五阴差别，一一阴是我，如是妄取，是名我相"；二是"众生相"，指"五阴"和合而有"六道众生"，"见身相续不断，是名众生相"；三是"命相"（又称"人相"），指人有从生至死的一期命根，一报（期）命根不断住故，是名命相；四是"寿者相"，指命根断灭，转生六道，"命根断灭，复生六道，是名寿者相"。(5)"法相四种"。指众生对"法"起执而取著的四种相状，即"法相"、"非法相"（又称"无法相"）、"相"、"非相"（又称"无相"）。(6)"佛有三种"。指三种佛身。一是"法身佛"（又称"法身"、"自性身"），指佛所证的真如法性之身；二是"报佛"（又称"报身"、"受用身"），指佛受用法乐之身，亦即累劫修行所得的果报之身；三是"化佛"（又称"变化身"、"化身"），指佛为利益众生而示现的随机变化之身。(7)"二障"。指修证"无诤三昧"时须断离的二种障碍。一是"烦恼障"，指由"我执"而生的能障涅槃的烦恼；二是"三昧障"，指能障"无诤三昧"的烦恼。如关于菩萨不起"我相四种",说：

> 偈言：差别相续体，不断至命住，复趣于异道，是我相
> 四种（以上为世亲释经的偈颂）。此义云何？明寿者相义
> 故。何者是四种？一者我相，二者众生相，三者命相，四者
> 寿者相。我相者，见五阴差别，一一阴是我，如是妄取，是名
> 我相。众生相者，见身相续不断，是名众生相。命相者，一
> 报命根不断住故，是名命相。寿者相者，命根断灭，复生六
> 道，是名寿者相。如经：何以故？须菩提，是诸菩萨无复我
> 相、众生相、人相、寿者相故（以上为偈颂的解释）。（卷上，
> 《大正藏》第二十五卷，第783页中）

卷中：解释《金刚经》从"佛言：须菩提！如恒河中所有沙
数，如是沙等恒河"，至"若菩萨通达无我、无我法者，如来说名真
是菩萨"的经文，论述"如来有四种实语"、"三种修行"等问题。

（1）"如来有四种实语"。指佛说四种真实语。一是"真
语"，指"不妄说佛菩提"；二是"实语"，指"不妄说小乘（指"四谛"
等）"；三是"如语"，指"不妄说大乘（指"法无我"、"真如"等）"；四
是"不异语"，指"不妄说授记（指"一切过去、未来、现在授记"）"。
（2）"三种修行"。指持经的三种修行。一是"受修行"，指从他
闻法；二是"持修行"，指内自护持；三是"读诵修行"，指读诵广
习。如关于"心不住法"才能得"真如"，说：

> 偈言：时及处实有，而不得真如，无智以住法，余者有
> 智得（以上为世亲释经的偈颂）。此义云何？一切时者，谓
> 过（过去）、现（现在）、未来。一切处者，谓三世。众生实有
> 真如法，何故不得？偈言：无智以住法故。彼无智以心住
> 法故，此复何义？不清净故。以有智者心不住法，是故能
> 得。以是义故，诸佛如来清净真如得名，是故住心不得佛菩

提（以上为世亲的解释）。（卷中，第789页上、中）

卷下：解释《金刚经》从"须菩提！于意云何？如来有肉眼不"，至"闻佛所说，皆大欢喜，信受奉行"的经文，论述"是法平等，无有高下"、"不以相成就得见如来"、"九种正观"等问题。

（1）"是法平等，无有高下"。指佛所得的"阿耨多罗三藐三菩提"（意为无上正等正觉），体性平等，没有高下之分。因为"诸佛如来清净法身，平等无差别，于彼处无有胜者"；"彼法无我，自体真实，更无上上故"；"彼法有无上方便，以一切善法满足故"。（2）"不以相成就得见如来"。指不能通过佛的"报身"的"三十二大人相"、"八十种随形好"，得见如来（即"佛"）的"法身"，因为"报身"是有为相，"法身"是无为相，"法身者，是智相身；福德者（指福德所成的"报身"），是异相身故"。（3）"九种正观"。指观察"有为法"的九种体相，即"如星"、"如翳"、"如灯"、"如幻"、"如露"、"如泡"、"如梦"、"如电"、"如云"。（4）"观有为法三种"。指观察"有为法"的"相"、"受用"、"行"，"观相及受用，观于三世事。于有为法中，得无垢自在"。如关于"九种正观"，说：

偈言：见相及于识，器身受用事。过去现在法，亦观未来世（以上为世亲释经的偈颂）。云何观九种法？譬如星宿为日所映，有而不现，能见心法，亦复如是；又如目有翳，则见毛轮等色，观有为法亦复如是，以颠倒见故；又如灯，识亦如是，依止贪爱法住故；又如幻，所依住处亦如是，以器世间种种差别无一体实故；又如露，身亦如是，以少时住故；又如泡，所受用事亦如是，以受想因三法不定故；又如梦，过去法亦如是，以唯念故；又如电，现在法亦如是，以刹那不住故；又如云，未来法亦如是，以于子时阿黎耶识，与一切法为种子根本故（以上为世亲的解释）。（卷下，第797页上）

在今存的大乘瑜伽行派的释经论中,由世亲撰作的著作占半数以上。除本书以外,北魏菩提流支译《十地经论》十二卷、《妙法莲华经优波提舍》二卷、《无量寿经优波提舍》一卷、《文殊师利菩萨问菩提经论》二卷、《胜思惟梵天所问经论》四卷;北魏毗目智仙等译《宝髻经四法优波提舍》一卷、《转法轮经优波提舍》一卷、《三具足经优波提舍》一卷;北魏达磨菩提译《涅槃论》一卷;陈真谛译《涅槃经本有今无偈论》一卷、《遗教经论》一卷等,都是世亲撰作的释经论。所释的经本,涉及大乘经中的"般若"、"华严"、"法华"、"宝积"、"大集"、"经集"(不属于某一大部的其他大乘经)等各个部类。它既反映了世亲的博学多识,也从一个侧面显示了在当时最为流行的那些大乘经。

本书的同本异译有:唐义净译《能断金刚般若波罗蜜多经论释》三卷。

唐义净译《能断金刚般若波罗蜜多经论释》三卷

《能断金刚般若波罗蜜多经论释》,又名《能断金刚经论释》,三卷。书题"无著菩萨造颂,世亲菩萨释",实为世亲造颂并作释(后详);唐义净译,景云二年(711)译出。唐智升《开元释教录》卷九著录。载于《丽藏》"声"函、《宋藏》"虚"函、《金藏》"声"函、《元藏》"虚"函、《明藏》"亏"函、《清藏》"亏"函、《频伽藏》"往"帙,收入《大正藏》第二十五卷。

本书是北魏菩提流支译《金刚般若波罗蜜经论》的异译本。全书采用偈颂与长行相结合的方式,解释《金刚经》的经义。关于本书的作者,唐义净译本题作"无著菩萨造颂,世亲菩萨释",由此,唐智升《开元释教录》卷九也称本书"无著菩萨颂,世亲菩萨释",将它视为无著、世亲的合著,自此以后的佛教目录和藏经版本莫不沿依此说。其实这是误传。因为早在本书译出之前二百年，相传为北魏菩提流支译、实为菩提流支撰的《金刚仙论》，就提到过这部书，此论卷十说："弥勒世尊愍（悯）此阎浮提人，作《金刚般若经义释》并《地持论》，赍付无障碍（即无著）比丘，令其流通。然弥勒世尊但作长行释，论主天亲（即世亲）既从无障碍比丘边学得，复寻此经论之意，更作偈论，广兴疑问，以释此经，凡有八十偈，及作长行论释。"这里说的世亲作的"八十偈"及其"长行论释"，与本书正文有七十七偈，再加上书首有归敬颂二首、书末有回向偈一首，合计为"八十偈"，正相吻合。由此可见，本书的偈颂及其长行解释，均为世亲一人所作。

由于菩提流支所依的世亲释论的梵本，早于义净所依的世亲释论的梵本，故二种文本之间存在着很大的出入。其中，最大的差异是，菩提流支译的世亲释论是收有完整的《金刚经》原文的；而本书是不含《金刚经》原文的，书中所引的"经云"，大多是《金刚经》原文的缩略语，须与唐义净译《能断金刚般若波罗蜜多经》相对照，方能明白所指的是哪一句经文。此外，菩提流支译本中的释论，其首冠有"论曰"二字，而本书中的释论则删去了"论曰"二字，释论是与"经云"接排的，没有明显的标志，须根据文意加以辨别。但两书中偈颂及其长行解释是大体相同的，足以证明它们是同本异译。本书的初首有归敬颂，为七言八句，始"此经文句义次第，世无明慧不能解"，终"觉辕难驾彼能乘，要心普利诸含识"；末尾有回向偈，为七言四句，始"由斯诸佛希有法，陀罗尼句义深邃"，终"从尊决已义广开，获福令生速清净"。

卷上：用"胜利益应知，于身并属者。得未得不退，谓最胜付嘱"等二十二首偈颂及长行，解释《金刚经》前部分经文。内容大致相当于北魏菩提流支译《金刚般若波罗蜜经论》卷上和卷中初首的"说多义差别，亦成胜校量。后福过于前，故重说胜喻"一偈。

卷中：用"两成尊重故，由等流殊胜。烦恼因性故，由劣亦胜故"等二十九首偈颂及长行，解释《金刚经》中间部分经文。内容大致相当于北魏菩提流支译《金刚般若波罗蜜经论》卷中和卷下初首的"虽不见诸法，非无了境眼。诸佛五种实，以见彼颠倒"等三偈。

卷下：用"谓于真法身，无随好圆满。亦非是具相，非身性应知"等二十六首偈颂（不包括书末的回向偈）及长行，解释《金刚经》后部分经文。内容大致相当于北魏菩提流支译《金刚般若波罗蜜经论》卷下。如关于"法界平等故，佛不度众生"，说：

　　颂曰：法界平等故，佛不度众生，于诸名共聚，不在法界外（以上为世亲释经的偈颂）。凡名有情（指众生）者，于彼蕴（指五蕴）处，由名共蕴，不在法界之外。即此法界，其性平等，是故曾无有一众生，可是如来之所度脱（以上为世亲的解释）。（卷下，《大正藏》第二十五卷，第883页上）

由于本书删去了《金刚经》原文，致使读者难以明了书中的各首偈颂，究竟是针对哪一段经文说的，故就实用性而言，不如菩提流支译本。

唐义净译《能断金刚般若波罗蜜多经论颂》一卷

《能断金刚般若波罗蜜多经论颂》，又名《能断金刚经论颂》，一卷。印度无著造，唐义净译，景云二年（711）译出。唐智升《开元释教录》卷九著录。载于《丽藏》"传"函、《宋藏》"声"函、《金藏》"传"函、《元藏》"声"函、《明藏》"颠"函、《清藏》"颠"函、《频伽藏》"往"帙，收入《大正藏》第二十五卷。

本书是唐义净译《能断金刚般若波罗蜜多经论释》正文七十七偈的汇编，《论释》中的归敬颂、回向偈未收入其中。其中，从

"胜利益应知,于身并属者。得未得不退,谓最胜付嘱"至"为显
多差别,及以成殊胜。前后福不同,更陈其喻说",共二十二颂,
为《论释》卷上的偈颂;从"两成尊重故,由等流殊胜。烦恼因性
故,由劣亦胜故"至"应知是智持,福乃非虚妄。显此福因故,重
陈其喻说",共二十九颂,为《论释》卷中的偈颂;从"谓于真法身,
无随好圆满。亦非是具相,非身性应知"至"由观察相故,受用及
迁流。于有为事中,获无垢自在",共二十六颂,为《论释》卷下的
偈颂。全书无释文,只有与北魏菩提流支译的《金刚般若波罗蜜
经论》、唐义净译《能断金刚般若波罗蜜多经论释》相对照,才能
明白其中的意思。

第三品　般若类:唐地婆诃罗译 《金刚般若波罗蜜经破取 著不坏假名论》二卷

《金刚般若波罗蜜经破取著不坏假名论》,又名《金刚般若破
取著不坏假名论》《破取著不坏假名论》《功德施论》,二卷。印度
功德施造,唐地婆诃罗译,永淳二年(683)译出。唐明佺等《大周
刊定众经目录》卷六著录。载于《丽藏》"声"函、《宋藏》"虚"函、
《金藏》"声"函、《元藏》"虚"函、《明藏》"弗"函、《清藏》"弗"函、
《频伽藏》"往"帙,收入《大正藏》第二十五卷。

功德施,佛教史传阙载,生平事迹不详。

地婆诃罗(613—687),意译"日照",中印度人,为婆罗门种
姓。幼年出家,住于摩诃菩提寺、那兰陀寺。洞明八藏(指大小
乘各有的经、律、论、咒四藏),博晓四含(指小乘"四阿含经"),戒
行清高,学业优赡,尤工咒术,兼洞五明(指声明、工巧明、医方
明、因明、内明)。唐高宗仪凤(676—678)初年,携带梵夹,来至

长安(今西安)。先后在西京长安的西太原寺(后称"西崇福寺")、弘福寺,东京洛阳的东太原寺(后称"大福先寺"),奉诏译经,由沙门战陀般若提婆任"译语";慧智任"证梵语";道成、薄尘、嘉尚、圆测、灵辩、明恂、怀度等任"证义";思玄、复礼等任"缀文笔受"。从永隆元年(680)至垂拱元年(685),共译出佛经"一十八部三十四卷"。其中有:《大乘显识经》《大方广佛华严经续入法界品》《方广大庄严经》《证契大乘经》《大乘离文字普光明藏经》《大乘遍照光明藏无字法门经》《大方广师子吼经》《大乘百福相经》《大乘百福庄严相经》《大乘四法经》《菩萨修行四法经》《七俱胝佛大心准提陀罗尼经》《佛顶最胜陀罗尼经》《最胜佛顶陀罗尼净除业障经》《大乘密严经》《造塔功德经》《大乘广五蕴论》等,其本均存(见唐智升《开元释教录》卷九)。生平事迹见唐法藏《华严经传记》卷一、北宋赞宁《宋高僧传》卷二等。

本书是《金刚经》的注释书。书名中的"金刚般若波罗蜜经"是经名,"破取著"指"真谛"(指殊胜的真理),"不坏假名"指"俗谛"(指世俗的真理),全句意为《金刚经》二谛论。所释的经本,相当于北魏菩提流支译本(《金刚般若波罗蜜经》一卷)。全书采用依照原著的叙述次第,摘引经文,予以解释的方式编纂。但所摘的经文,不是完整的段落,而是有选择的句子,对未列为注释对象的经文,一概省略。经文之首冠有"经曰"二字,而释文之首无"论曰"的标志,与经文接续连文,若无一册《金刚经》单行本在手加以对照,很难区分何为经文,何为释文。在印度佛教的《金刚经》注疏三大家中,无著、世亲各自所撰的《金刚般若波罗蜜经论》,属于"经"、"疏"合一的注释本;而功德施所撰的本书,则属于离"经"别行的注释本。从书中将须菩提的提问称"疑曰",佛的回答称为"为遣此疑";有些释文(如"菩萨果四种利益相应之心"等)也与世亲的《金刚般若波罗蜜经论》相同或相近来看,作者是研读过世亲的释论，并吸收了其中的一些思想成分的。它的主要特色，是将《金刚经》的核心思想归纳为"二谛"论，并将大乘"如来藏"（指佛性）理论，引入般若性空等义的解释之中。书首有归敬颂，为七言十二句，始"稽首能悟真实法，离诸分别及戏论（指无益的言论）"，终"开喻我等及群生，彼菩萨众今敬礼"；书末有回向偈，为五言八句，始"我今功德施，为破诸迷取"，终"照真不坏俗，明了心无碍"。作者在书首说：

> 佛所说法，咸归二谛：一者俗谛，二者真谛。俗谛者，谓诸凡夫、声闻、独觉、菩萨、如来，乃至名义、智境、业果相属；真谛者，谓即于此都无所得。如说第一义，非智之所行，何况文字，乃至无业、无业果，是诸圣种性。是故此般若波罗蜜（指《金刚经》）中说不住布施，一切法无相，不可取不可说，生法无我无所得，无能证无成就，无来无去等，此释真谛；又说内外世间、出世间，一切法相及诸功德，此建立俗谛。如是应知。（《大正藏》第二十五卷，第887页上）

卷上：解释《金刚经》从"如是我闻"至"是诸众生，即非众生"的经文，论述"菩萨果四种利益相应之心"、"布施名中具六波罗蜜"、"尸罗有三种"、"离于八想"等问题。

（1）"菩萨果四种利益相应之心"。指菩萨应发起"菩萨果四种利益相应之心"（又称"四种利众生果"）。一是"无边心"，指摄受一切众生，"众生之聚，如是一切我皆摄受"；二是"最上心"，指令一切众生皆入"无余涅槃"而断灭烦恼、度脱生死，"无余涅槃者何义？谓了诸法无生性空，永息一切有患诸蕴，资用无边，希有功德，清净色相，圆满庄严，广利群生，妙业无尽"；三是"爱摄心"，指慈爱一切众生，"慈爱一切众生同于己故，众生灭度，即

我非他";四是"正智心",指不起"众生相"、"人相"、"寿者相"等
相,"众生等想,决定不生"。(2)"布施名中具六波罗蜜"。指
"檀那波罗蜜"(又称"布施度",指布施到彼岸)分"资生施"、"无
畏施"、"法施"三种,含摄其余五波罗蜜,修行"布施"就是修行
"六波罗蜜"(又称"六度")。布施中,"资生施,摄檀那波罗蜜";
"无畏施,摄尸罗(指持戒)、羼提(指忍辱)二波罗蜜,于未作已作
恶,不生怖畏故";"法施,摄余三波罗蜜(指精进、禅定、般若波罗
蜜),精勤不倦,引诸神通,如无所得为人说故,或彼一切诸波罗
蜜为他开演,皆成法施"。(3)"不住于事行于布施"。指经文
"菩萨不住于事行于布施",是说"资生施","谓惠施者,于所施财
不应爱著,爱而行施,心必生苦";经文"无所住行于布施",是说
"无畏施","谓诸菩萨修ला忍时,不应生心求彼果报";经文"不住
色布施,不住声、香、味、触、法布施",是说"法施","法施有二果,
谓现生、他生,于此二中不应贪著"。(4)"尸罗有三种"。指"尸
罗"意为"戒"、"持戒","能守护故,名曰尸罗,谓能善守六情根
故"。"尸罗"分为三种。一是"能离尸罗",指"离于十不善业";
二是"能作尸罗",指"作于菩提分业";三是"能趣尸罗",指"趣于
第一义谛"(即真谛)。

　　(5)"离于八想"。指菩萨只有"离于八想",即断离四种"生
(众生)想"、四种"法(诸法)想"(明宗泐、如玘《金刚般若波罗蜜
经批注》在解释此句时说,"生、法各有四种想,想即相也"),才能
"了知生、法二无我","生无我"(又称"人无我"),指众生由"五
蕴"和合而成,没有恒常实在的主体;"法无我",指一切诸法(事
物)事物由众缘和合而生,没有恒常实在的主体。断离四种"生
想",指断离"我想"、"众生想"、"命想"、"取者想",也就是经中说
的"诸菩萨无我想、无众生想、无命想、无取者想";断离四种"法
想",指断离"法想"、"非法想"、"想"、"非想",也就是经中说的

"无法想,亦无非法想,无想,亦无非想"。此中,"第一义法本
不生故,无法想";"以不生故,亦无有灭故,无非法想";"法、非
法分别离故,无想";"此言无想,但显想无,非谓有法,而名非
想"。(6)"菩萨有四种"。指菩萨分为四种,所见之佛也不
同:一是"初发心菩萨",能见"色相如来";二是"修行菩萨",
能见"功德成就如来";三是"不退转菩萨",能见"法身如来";
四是"一生补处菩萨",能远离"见"、"非见"二边,"远离二边,
是即见佛","见于佛,即见自身;见身清净,(即)见佛清净;见
佛清净者,见一切法皆悉清净"。如关于"离生想"(指断离对
众生的执著),说:

> 离生想者,经曰:是诸菩萨无我想、无众生想、无命想、
> 无取者想。此义云何? 有主宰用,名之为我;谛观诸蕴(指
> 五蕴)无彼体相故,无我想。安住常性,名曰众生;诸蕴无
> 常,相续流转,无有一法是安住性故,无众生想。如有经说,
> 汝今刹那亦生、亦老、亦死故,无命想。诸蕴循环,受诸异
> 趣,名为取者;是中无人能取诸趣,舍于现蕴,而受后蕴,如
> 去故衣而著新衣。然依俗谛,譬如因质而现于像,质不至
> 像,而有像现,由前蕴故,后蕴续生,前不至后,而后相续,是
> 故菩萨无取者想。此谓了知生无我性。(卷上,第 888
> 页下)

卷下:解释《金刚经》从"如来是真语者、实语者、如语者、不
异如语者",至"尔时,世尊而说颂言:一切有为法,如星翳灯幻,
露泡梦电云,应作如是观"的经文,论述"如来四种语"、"修行有
自他二利"、"观察有为九种体相"等问题。

(1)"如来四种语"。指佛说的四种真实语。一是"真语",
指"说于苦谛色等诸蕴,真是苦故";二是"实语",指"说于集谛爱

实苦因,非自在(天)等能为因故";三是"如语",指"说于灭谛无为涅槃,有为虚妄,无为反是,如说无为之法非虚妄性,名之为如";四是"不异如语",指"说于道谛离八支道(指八正道)言得涅槃,虚诳不实,此道能得实,非妄故"。(2)"修行有自他二利"。指一切修行有"自利"、"他利"二种利益。"自利",指"教、义修行","教修行者,谓受、持、读诵;义修行者,听闻思惟";"利他",指"为人演说"。(3)"观察有为九种体相"。指观察"有为法"的九种体相,即观察"有为法"的"自在如星"、"境物如翳"、"迁动如灯"、"体性如幻"、"少盛如露"、"寿如泡"、"作者如梦"、"心如电"、"有无如云"。如关于"一切无非佛法",说:

> 经言:如来说一切法,皆是佛法。佛法谓何? 即无所得,未曾一法有可得性,是故一切无非佛法。云何一切皆无所得? 经曰:一切法者,即非一切法。云何非耶? 无生性故。若无生即无性,云何名一切法? 于无性中假言说故。一切法无有性者,即是众生如来藏性。……(《楞伽经》云)佛言:大慧! 我所宣说如来藏义,不同外道所说之我,如来藏者,即是空性、实际、涅槃、不生、不灭、无相、无愿如是等义。如来为欲止息愚人无我怖畏,说无分别、无虚妄境如来藏门。(卷下,第 894 页上、中、下)

本书所引的大乘经论有《楞伽经》《宝积经》《十万颂经》《萨遮经》《中论》等数种,其中《楞伽经》是大乘佛教论述"如来藏"思想的重要经典。从世亲已用"阿黎耶识"(又称"阿赖耶识",意译"藏识",即第八识),解释《金刚经》经文;功德施则进一步用"如来藏"解释《金刚经》经文来看,瑜伽行派对般若性空理论也是十分重视的,并基于本宗的立场对它们作出种种阐释的。

第四品　般若类：北宋施护等译
《佛母般若波罗蜜多
圆集要义释论》四卷

附：北宋施护等译《佛母般若
波罗蜜多圆集要义论》一卷

《佛母般若波罗蜜多圆集要义释论》，又名《圆集要义释论》，四卷。印度大域龙（即"陈那"）造颂、三宝尊作释，北宋施护等译，大中祥符四年（1011）译出。北宋赵安仁等《大中祥符法宝录》卷十六著录（称"中天竺梵本所出"）。载于《丽藏》"最"函、《宋藏》"茂"函、《金藏》"扶"函、《元藏》"茂"函、《明藏》"星"函、《清藏》"星"函、《频伽藏》"往"帙，收入《大正藏》第二十五卷。

陈那（约480—540），又译"大域龙"、"域龙"、"摩诃陈那迦"、"方象"等，南印度达罗毗荼国建志补罗城（明多罗那他《印度佛教史》称作"建志国星伽薄多城"，"建志国"又译"香至国"），为婆罗门种姓。初习外道，后从犊子部论师那迦达多出家，精通小乘三藏。后来，因对犊子部的宗义不甚满意，被逐出师门，转而师从大乘瑜伽行派创始人世亲，研习大小乘经典，并从一位阿阇梨受学真言密咒。起初在东印度欧提毗舍（又称"乌荼国"）的菩多施罗石窟，修习禅定，历时数年。继而应摩揭陀国那烂陀寺僧众的邀请，前往该寺，与婆罗门外道辩论，折服了聚集在那里的外道，使他们皈依佛教。在那烂陀寺，陈那讲经说法，撰写了一些有关俱舍、唯识、因明等方面的著作。其后，他游化南印度，到过摩诃剌侘国，为维护佛法，时常与外道展开辩难，并将他们挫败，被誉为"辩论之尊"，同时修复了一些被损坏的佛教寺庙。晚年，重返欧提毗舍，修习禅定，撰写《集量论》。陈那的弟子遍于各方，在他的教化下，皈依佛教的大臣还为他营建了十六座大寺，但他始终少欲知足，受持"十二头陀行"，身边没有一个侍从，后卒于修行的山林中（以上见明多罗那他《印度佛教史》）。

陈那是佛教因明学中"新因明"的创始人。在陈那以前，通行的因明论式是"五支作法"，即由"宗"（指命题）、"因"（指理由）、"喻"（指譬喻）、"合"（指运用）、"结"（指结论，为"宗"的复述）五支构成的论式。陈那将"合"支归摄于"喻"支，"结"支归摄于"宗"支，建立了由"宗"、"因"、"喻"三支构成的论式，并独创地将喻支分为"喻体"（指普遍命题，宗有法除外）、"喻依"（指事例，即喻体所依据的材料）二部分。故后人将陈那以前的因明学，称为"古因明"，将陈那改革以后的因明学，称为"新因明"。陈那的因明著作共有八部，被称为"因明八论"（指《观三世论》《观总相论》《观境论》《因门论》《似因门论》《理门论》《取事施设论》《集量论》）。他的传法弟子是自在军，自在军的传法弟子是法称（约600—660），他们均以传承新因明而著称（见明多罗那他《印度佛教史》）。陈那的著作，见存于汉文《大藏经》的，有《观总相论颂》《观所缘缘论》《因明正理门论》《取因假设论》《佛母般若波罗蜜多圆集要义论》《掌中论》等；见存于藏文《大藏经》的，有《观三世论》《集量论》《观所缘缘论释》等。生平事迹见唐玄奘《大唐西域记》卷十和卷十一、义净《南海寄归内法传》卷四、元布顿《佛教史大宝藏论》（郭和卿译，民族出版社1986年3月版）、明多罗那他《印度佛教史》（张建木译，四川民族出版社1988年3月版）等。有关陈那的生卒年月，佛教史传阙载，本文之初所出的生卒年，采用的是日本平川彰《印度佛教史》中的推定（显如等译，贵州大学出版社2013年8月版；印顺《印度佛教论集》推定为约421—

500 年、日本宇井伯寿《印度佛教思想史》推定为约 400—480
年、平川彰《印度佛教史》推定为约 480—540 年、佐佐木教悟等
《印度佛教史概说》推定为约 420—500 年)。

　　三宝尊(约五世纪),又译"三宝使",世亲的弟子。曾从世亲
听受对法藏(指论藏),并依止其他地方的许多持藏者。后到南
印度游化,被推为许多寺庙的寺主。晚年行至达罗婆罗,弘传佛
法,在那里兴建了五十座寺庙。三宝尊是陈那最亲近的朋友(周
叔迦《印度佛教史》称三宝尊为"陈那弟子",有误),相传,他俩的
智慧相等,他为陈那的《佛母般若波罗蜜多圆集要义论》作释,陈
那也为他的《无边功德赞》作释。此外,三宝尊还修习密法。生
平事迹见明多罗那他《印度佛教史》等。

　　本书是北宋施护等译《佛母般若波罗蜜多圆集要义论》一卷
(陈那造)的注释书,而《圆集要义论》则是解释《八千颂般若经》
的偈颂集,《八千颂般若经》就是通常说的《小品般若经》,因此,
本书也是《小品般若经》的注释书。《小品般若经》是初期般若类
经典之一,论述"一切法性空"、"一切法无我"等理论。它的汉译
本,今存的有六种: 后汉支娄迦谶译《道行般若经》十卷(分为三
十品);孙吴支谦译《大明度经》六卷(分为三十品);苻秦昙摩蜱
等译《摩诃般若钞经》五卷(分为十三品);姚秦鸠摩罗什译《小品
般若波罗蜜经》十卷(分为二十九品);唐玄奘译《大般若经》第四
会(卷五百三十八《妙行品》至卷五百五十五《随顺品》,分为二十
九品)和第五会(卷五百五十六《善现品》卷五百六十五《见不动
佛品》,分为二十四品);北宋施护译《佛母出生三法藏般若波罗
蜜多经》二十五卷(分为三十二品)。其中,鸠摩罗什译本为通行
本,流传最广。由于《集要义论》是由偈颂写的,语句深奥,一般
人很难读懂,故三宝尊又撰本释论,用长行加以阐释。从书中五
次提到它所释的《八千颂般若经》为"三十二品",而在传今的《小

品般若经》六种译本中,唯有施护译本是分为三十二品的;再从
书中所引的"般若波罗蜜多出生"等经语,也与施护译本相对应
来看,本书所释的经本是施护译本。全书用长行(散文)的形式
(偶有作者新作的偈颂),对《集要义论》的五十六颂,逐一作了解
说,重点是解释偈颂的字词和含义,在释文中,也时常用瑜伽行
派的"三自性"(指遍计所执性、依他起性、圆成实性)、"如来藏"
(指佛性)等思想,解释般若性空等义。书首有归敬颂,为七言十
二句,始"归命般若波罗蜜,出生一切诸佛母",终"从一切智所出
生,稽首智能到彼岸";书末有回向颂,为七言四句,始"释迦师子
诸苾刍,所有如是福高胜",终"此所说意利世间,由胜福故住
真实"。

卷一:解释《集要义论》第一颂"般若等成就,无二智如来,
彼中义相应,彼声教道二",至第十四颂"别别所有法,此说遍计
性,彼胜义非有,诸法如是说",论述"无二智"、"声教道"、"十六
空义"等问题。

(1)"无二智"。指"无有二相"之智、"不著二相"之智,即
"般若波罗蜜多"的"无分别智"(指能契证真如平等无差别的根
本智)。"无有二相,名为无二,是智无二,名无二智";"般若波罗
蜜多离能取(识)、所取(境),即无二智";"般若波罗蜜多即是如
来,此中无二,亦无分别。无二者,如来不离般若波罗蜜多,亦不
即般若波罗蜜多"。(2)"声教道"。指"般若波罗蜜多"分"般若
波罗蜜多声"、"般若波罗蜜多教"二道。"声(道)中含教道","犹
如种子,在含藏位";但"般若波罗蜜多成就,非于般若波罗蜜多
声中有所成"。(3)"十六空义"。指《般若经》所说的一切法(事
物)的十六种空义,即"内空"、"外空"、"内外空"、"大空"、"空
空"、"胜义空"、"有为空"、"无为空"、"毕竟空"、"无际空"、"无散
空"、"本性空"、"相空"、"一切法空"、"自性空"、"无性空"。

卷二：解释《集要义论》第十五颂"彼我等见断,大士毕竟作,而彼人无我,佛一切处说",至第二十九颂"有四种清净,说圆成实性,般若波罗蜜,佛无别异说",论述"二无我"、"十种分别散乱"、"三自性"等问题。

(1)"二无我"。指"人无我"、"法无我"。"人无我",指众生由"五蕴"和合而成,没有恒常实在的主体,"我者,谓遍计所执所有蕴等。等者,等摄人及众生、寿者","佛于一切处,如是决定说人无我";"法无我",指一切诸法(事物)事物由众缘和合而生,没有恒常实在的主体,"法谓色等诸法,无我即无自性"。(2)"十种分别散乱"。指"新发意菩萨"(又称"初发心菩萨","发心"指发菩提心)应除遣的"十种心散乱"。它们是:"无相分别散乱"、"有相分别散乱"、"俱相分别散乱"、"毁谤分别散乱"、"一性分别散乱"、"种种性分别散乱"、"自性分别散乱"、"差别分别散乱"、"如名于义分别散乱"、"如义于名分别散乱"。(3)"三自性"。指一切事物有三种自性(此依显意而言)。一是"遍计所执性",指凡夫对外境作周遍计度、虚妄分别,将它们执为实有的自性;二是"依他起性",指一切事物从依赖众缘和合(各种条件的聚合)而生起的自性;三是"圆成实性",指在"依他起性"的基础上,远离"遍计所执性",证悟由"人"、"法"二空所显示的一切事物的实性,即由"根本无分别智"所证的"真如"(又称"诸法实相")。如关于"法无我",说:

　　　一切法不生,此所说亦然。宣说法无我,一切处实说(以上为陈那《佛母般若波罗蜜多圆集要义论》的偈颂)。
　　　此言一切法不生等者,一切者,普尽义;法,即是色等法;一切即法,释义应知,彼一切法悉不生故。此言不生者,即止其生,此中意者(指其中的意思),即本来不生性,非如彼相聚集,所得有其实性。颂言此所说亦然者,此谓如是说者,表示义亦然者,亦复说故。颂言宣说法无我者,法谓色等诸法,无我即无自性。问:若尔将何表示?颂自答言:一切处实说。一切处者,即遍一切种;实,谓真实,即法无我真如说(以上为三宝尊的解释)。(卷二,《大正藏》第二十五卷,第904页上)

卷三:解释《集要义论》第三十颂"十分别散乱,对治如次说,三种知已,若即若离说",至第四十三颂"此如是说色,般若波罗蜜,无二二如是,二分别对治"。论述"四种清净"等问题。所说的"四种清净",指"三性"中"圆成实性"的四种清净。一是"自性清净",指"无差别无二之智","自性者,谓本性不虚假,即真我性。于自性中,有如是相,如摩尼宝映现和合,如佛所言:一切众生即如来藏";二是"离垢清净",指"离诸垢染";三是"所缘清净",指"一切所缘境界作用","于是所缘中,而得清净";四是"平等清净",指"平等微妙清净法界大法光明,彼平等性,乃名平等,于是平等中而得清净"。

卷四:解释《集要义论》第四十四颂"如理言净性,亦然不可得,性无性违等,种种性定见",至第五十六颂"般若波罗蜜,正摄八千颂,彼所得福蕴,皆从般若生"。论述修习《八千颂般若经》的功德等问题。所说的功德,指"所有《十万颂般若波罗蜜多》(指《大般若经》初会四百卷),总略一切如是等义,皆依止此般若波罗蜜多(指《八千颂般若经》),相续三十二品总略摄故。如是当知,后无增广"。意思是说,《十万颂般若经》所说的一切义理,都是依《八千颂般若经》而建立的,《般若经》的要义止于《八千颂般若经》三十二品,此后并无增广。修习《八千颂般若经》所生的"福聚",能"普令一切世间,悉得清净"。

由于本书的内容受制于《集要义论》的偈颂较多，故《八千颂般若经》所讲述的很多理论问题，在书中并没有得到充分的反映。因此，若要真正了解《八千颂般若经》的经义，还须阅读本经。

北宋施护等译《佛母般若波罗蜜多圆集要义论》一卷

《佛母般若波罗密多圆集要义论》，又名《佛母般若圆集要义论》《圆集要义论》，一卷。印度大域龙（即"陈那"）造，北宋施护等译，大中祥符四年（1011）译出。北宋赵安仁等《大中祥符法宝录》卷十六著录（称"中天竺梵本所出"）。载于《丽藏》"最"函、《宋藏》"茂"函、《金藏》"扶"函、《元藏》"茂"函、《明藏》"星"函、《清藏》"星"函、《频伽藏》"暑"帙，收入《大正藏》第二十五卷。

本书是解释《八千颂般若经》（又名《小品般若经》）的偈颂集。所释的经本，相当于北宋施护译本（《佛母出生三法藏般若波罗蜜多经》二十五卷）。全书共收录五十六颂，对此经的义旨作了简略的概述。每颂五言四句，总计二百二十四句，始"般若等成就，无二智如来，彼中义相应，彼声教道二"，终"般若等成就，无二智如来，彼中义相应，彼声教道二"。北宋赵安仁等《大中祥符法宝录》卷十六说："此中所明般若大旨，离诸有相，由离相故，住于真空，二智（指真智、俗智）俱亡，三轮本寂，归于中道，契彼实际，入不二门，证相应行。开明上士，焕发真宗。斯乃八千颂之奥枢，十六空之妙义，诚为对法之钤键矣。"虽说如此，但由于本书只有偈颂，没有长行解释，背诵容易，理解则难；而三宝尊撰的《佛母般若波罗蜜多圆集要义释论》是本书的直释，既收有陈那作的全部偈颂，又有解释，故对初学者来说，以选读《圆集要义释论》为宜。

第五品　般若类：北宋法护等译《圣佛母般若波罗蜜多九颂精义论》二卷

《圣佛母般若波罗蜜多九颂精义论》，又名《佛母般若九颂精义论》《九颂精义论》，二卷。印度胜德赤衣造，北宋法护等译，天圣二年(1024)译出。北宋吕夷简等《景祐新修法宝录》卷一著录。载于《丽藏》"九"函、《宋藏》"溪"函、《金藏》"俊"函、《元藏》"溪"函、《明藏》"右"函、《清藏》"右"函、《频伽藏》"暑"帙，收入《大正藏》第二十五卷。

胜德赤衣，佛教史传阙载，生平事迹不详。

本书是《八千颂般若经》的注释书。所释的经本，相当于北宋施护译《佛母出生三法藏般若波罗蜜多经》二十五卷。全书由九颂及其长行解释组成，对此经的义旨作了简略的概述。每颂五言四句，总计三十六句。书中论述般若性空问题，认为，一切事物，"如幻所化城"、"如对响"、"如梦"、"如阳焰"、"如影像"、"如水中月"、"如虚空相"、"无自性"、"无实"、"无我"、"无相"、"无常"、"无所有"、"无所得"。书首有归敬颂，为七言十六句，始"般若波罗蜜多智，体积善宝功德聚"，终"应当于彼九颂义，总略如理而思择"；书末有回向颂，为七言四句，始"如理思惟此实性，彼一切性无所依"，终"所有菩提胜愿心，大智庄严当获得"。

卷上：解释"九颂"中的第一颂"从业增上生，所谓六处相，即此说复生，所因如影现"，至第六颂"若种种所得，彼极刹那生，此与阳焰等，见即坏无相"。论述"彼幻身而实无我"，"诸法亦然，毕竟(终究)无实"等问题。

卷下：解释"九颂"中的第七颂"所取如影像，无始从心生，即彼相及识，互相如影像"，至第九颂"若相应者智，彼即虚空相，是故智所知，皆如虚空相"。论述"性空即自性"，"一切法无所得"等问题。

本书的特色在于，将密教"金刚界"的观想，引入般若性空等义的解释之中。如关于观想诸法"如水中月"，说：

> 第八颂言：观自净种中，若智月出现。彼如水中月，现前无所有（以上为胜德赤衣所作"九颂"中的第八颂）。观者，定义。定，谓心一境性相。于彼定中，有所观想，心自在故。……咻纥哩字（指梵文密字），变成普遍炽焰光明，于是光中，从心种子出甘露光，广大照耀，其光复成极大火轮，乘彼火轮出慧方便，复从是生彼。……当观自身，从智月中生菩提心，复从是生金刚智月。当知月者，即金刚智普遍世间，智光照耀一切色相。……复从慧生金刚界中摩摩枳菩萨相观想，甚深最上微密三摩钵底，密云弥布，普现光明（以上为胜德赤衣的解释）。（卷下，《大正藏》第二十五卷，第 899 页下—第 900 页上）

以上引文中的金刚界"摩摩枳菩萨"，见于北宋法护译《一切如来金刚三业最上秘密大教王经》《无二平等最上瑜伽大教王经》《一切秘密最上名义大教王仪轨》《金刚香菩萨大明成就仪轨》；天息灾（后名"法贤"）译《一切如来大秘密王未曾有最上微妙大曼拏罗经》《瑜伽大教王经》《持明藏瑜伽大教尊那菩萨大明成就仪轨经》；法护译《大悲空智金刚大教王仪轨经》等密经。若以此推测的话，作者胜德赤衣也许是后期瑜伽行派中兼习密教之人。

第六品　华严类：北魏菩提流支等译
《十地经论》十二卷

　　《十地经论》，十二卷。印度天亲（即世亲）造，北魏菩提流支等译，永平元年（508）至永平四年（511）译出。隋法经等《众经目录》卷五著录。载于《丽藏》"空"函、《宋藏》"谷"函、《金藏》"空"函、《元藏》"谷"函、《明藏》"离""节"函、《清藏》"离""节"函、《频伽藏》"暑"帙，收入《大正藏》第二十六卷。

　　本书是《十地经》（又名《华严经·十地品》）的注释书，也是南北朝时期地论学派所依据的根本经典。《十地经》是初期大乘经之一，论述"菩萨十地"（又称"十地"、"十住"）等理论。《十地经》最初以单行本的形式流传于印度，后被编入《华严经》大本，成为《华严经·十地品》。它的汉译本，今存的有五种：西晋竺法护所译《渐备一切智德经》五卷；姚秦鸠摩罗什译《十住经》四卷；唐尸罗达摩译《十地经》九卷；东晋佛跋跋陀罗译《华严经》（六十卷本）卷二十三至卷二十七《十地品》；唐实叉难陀译《华严经》（八十卷本）卷三十四至卷三十九《十地品》。其中，鸠摩罗什译本为通行本，流传最广。本书所释的经本，相当于鸠摩罗什译本。

　　有关本书的翻译，古来传说歧异。北魏崔光《十地经论序》说，此论是由菩提流支、勒那摩提二人担任译主，"手执梵文，口自敷唱"，佛陀扇多担任传语（译梵为汉），在洛阳帝宫的太极殿译出的；隋费长房《历代三宝纪》卷九说，此论最初是由菩提流支、勒那摩提二人合译的，"后以相争，因各别译"，由后人将各自翻译的二个本子合为一本；唐道宣《续高僧传》卷一说，此论最初是由菩提流支、勒那摩提、佛陀扇多三人共译的，后因"各传师

习,不相询访","敕三处各翻,讫乃参校",由后人将各自翻译的
三个本子合为一本。所说的"后人",据《续高僧传》卷二十一所
记,当是慧光,"光(慧光)时预沾其席,以素习方言,通其两诤,取
舍由悟,纲领存焉"。由于《续高僧传》的说法,是据《历代三宝
纪》演绎的;而《历代三宝纪》的说法,是从《宝唱录》而来;但《宝
唱录》撰于梁天监十七年(518),又地处南方,而崔光《序》撰于北
魏永平四年(511),本人又是《十地经论》翻译事的亲历者(时任
"笔受"),故比较而言,崔光《序》的说法,可信度更大些。以情理
推断,《十地经论》当是由菩提流支领衔,勒那摩提、佛陀扇多参
与,共同翻译的。在翻译时,由于见解不一,发生过分歧,后由参
与译经的慧光折衷取舍,写成定稿,故并不大可能是各自别译,
然后合为一本的。

　　本书依照《十地经》的结构,分为十品,依次为《欢喜地》《离
垢地》《明地》《焰地》《难胜地》《现前地》《远行地》《不动地》《善慧
地》《法云地》,采用随文作释(即依照原著的叙述次第,分段摘录
经文,加以解释),经文(冠有"经曰")与释文(冠有"论曰")对应
编排的方式编纂。释文紧扣《十地经》的经文,对每一地的"入"、
"住"、"出",都作了详细的揭示。各层次的释文之末,大多引经
为证,说明释文中的这层意思,为哪一经文所说;所引证的经文,
其首一般冠有"如经"二字(例如"闻慧中摄一切善根故,如经摄
一切善根故"一句中,"闻慧中摄一切善根故",是世亲的释文;
"如经"为"如经曰"的略写,"摄一切善根"为引证的经文)。

　　书中指出,修行"十地"与修行"十波罗蜜"是相对应的。在
"十波罗蜜"中,初地"欢喜地"为"檀波罗蜜增上";第二地"离垢
地"为"戒波罗蜜增上";第三地"明地"为"忍辱波罗蜜增上";第
四地"焰地"为"精进波罗蜜增上";第五地"难胜地"为"禅波罗蜜
增上";第六地"现前地"为"般若波罗蜜增上";第七地"远行地"

为"方便波罗蜜增上";第八地"不动地"为"愿波罗蜜增上";第九地"善慧地"为"力波罗蜜增上";第十地"法云地"为"智波罗蜜增上"。但"十地"中,除了主修一种"波罗蜜增上"以外,其余波罗蜜并非不需要修习,而是根据各自的情况,量力而行,即"余波罗蜜非不修集,随力随分"(见卷三至卷十一)。书首有北魏侍中崔光撰的《十地经论序》,说:

> 《十地经》者,盖是神觉之玄苑,灵慧之妙宅,亿善之基舆,万度之纲统。理包群藏之秘,义冠众典之奥。……北天竺大士婆薮槃豆,魏云天亲(即世亲),挺高悟于像运,拔英规于季俗,故能徽踪马鸣,继迹龙树。每恨此经文约而义丰,言迩而旨远。……遂乃准傍大宗,爰制兹论(指《十地经论》),发趣精微,根由睿哲。……大魏皇帝,俊神天凝。……以永平元年岁次玄枵四月上日,命三藏法师北天竺菩提留支,魏云道希;中天竺勒那摩提,魏云宝意;及传译(指译梵为汉)沙门北天竺伏(佛)陀扇多,并义学缁儒一十余人,在太极紫庭,译出斯论十有余卷。斯二三藏(指译主菩提留支、勒那摩提)并以迈俗之量,高步道门,群藏渊部,罔不研揽,善会地情,妙尽论旨,皆手执梵文,口自敷唱,片辞只说,辩诣蔑遗。于时皇上,亲纡玄藻,飞翰轮首,臣僚僧徒,毗赞下风。四年首夏,翻译周讫。(《大正藏》第二十六卷,第123页上、中)

一、《欢喜地》(卷一至卷三)。解释《十地经》中的初地"欢喜地"。下分"序分"、"三昧分"、"加分"、"起分"、"本分"、"请分"、"说分"、"校量胜分"八分,论述说经因缘、"依根本入有九种入"、"六种相"、"十种始终"、"善决定有六种"、"十种障"、"十地"的名义、"摩诃萨三种大"、"阿含净有五种"、"证净有四种"、"佛智有九种业差别"、"念佛有九种"、"转离有九种"、"十大愿"、"十尽句"、"九种甚深"等问题。

（1）说经因缘。解释《十地经》的缘起。说《十地经》所说"十地法门"，为佛在他化自在天宫时，金刚藏菩萨对诸菩萨所说，"何故菩萨说此法门？为令增长诸菩萨力故"，"何故唯金刚藏说？一切烦恼难坏，此法（指"十地法门"）能破，善根坚实，犹如金刚故"。（2）"依根本入有九种入"。指菩萨从"信行地"（又称"信位"，指初地之前依信起行的阶段）修至"智慧地"（指十地）的九种方法。它们是："摄入"，指在"闻慧"中摄一切善根；"思议入"，指在"思慧"中善于分别、抉择一切佛法；"法相入"，指广知诸法；"教化入"，指善于决定说诸法；"证入"，指在"见道"时，"一切法平等智"清净不杂；"不放逸入"，指在"修道"时，远离一切"烦恼障"；"地地转入"，指"无贪"等出世间法善根清净；"菩萨尽入"，指在"第十地"，获得"不可思议智境界"；"佛尽入"，指在"第十地"，获得"一切智人智境界"（又称"一切种智"、"一切智智"，指佛智）。其中，前四种为地前菩萨（指初地以前的菩萨）在"愿乐位"（指"十地"之前的"信行地"）的修行；第五种为初地菩萨（又称"登地菩萨"，指登入初地的菩萨）在"见道位"（指初地）的修行；第六种至第九种为地上菩萨（指初地以上的菩萨）在"修道位"（指第二地至第九地）的修行，直至"究竟位"（即第十地）。（3）"六种相"（又称"六相"）。指一切事物的六种体相。它们是："总相"，指事物的整体；"别相"，指事物的部分；"同相"，指事物各部分的同一性；"异相"，指事物各部分的差异性；"成相"广，指事物的生成；"坏相"，指事物的坏灭。此处所说的"六种相"，不是从"五阴"、"十八界"、"十二入"的角度而言的，而是从"入智慧地"的角度而言的，即认为"总相"是"根本入"，为"入智慧地"的根本方法，"别相"是前述"九种入"，为"入智慧地"的九种具体方法。

　　(4)"十种始终"。指菩萨修行"十地"时,须始终贯彻的十种行为。它们是:"摄始终",指"思慧智随所闻义受持说";"欲始终",指"令证一切佛法";"行始终",指"观达分别无漏法故";"证始终",指"见道(指初地)时中,法无我智方便";"修道(指第二地至第十地)始终",指"令入具足智门";"能破邪论障始终",指"随所住处,正说无畏",用来对治"不能破诸邪论障";"能善答难始终",指"得大无碍智地",用来对治"不能答难障";"乐著小乘对治始终",指"忆念不忘菩提心",用来对治"乐著小乘障";"化众生懈怠对治始终",指"教化成就一切众生界",用来对治"化众生懈怠障";"无方便智对治始终",指"通达分别一切处法",用来对治"无方便智障"。其中,末五种均从属于第五种"修道始终",故"十种始终"实际上为"五种始终"。(5)"善决定有六种"。指地上菩萨(指初地以上的菩萨)在初地的六种愿善决定,亦即"初地中发菩提心"。它们是:"观相善决定",指所观之相,体性一味,没有异缘,无带相之杂;"真实善决定",指所证之智,非一切世间境界,非世智所见;"胜善决定",指愿善之行,功德深广,广大如法界;"因善决定",指愿善之行,能为"常果"、"无常果"之因("常果"指"大涅槃","无常果"指"佛菩萨大悲作用");"大善决定",指行化利他,覆护一切众生;"不怯弱善决定",指入一切诸佛智地,而不怯弱。其中,前四种为"自利",第五种为"利他",第六种为"胜进"。(6)"十种障"。指修行"十地"所对治的十种障碍。它们是:"凡夫我相障"、"邪行于众生身等障"、"暗相于闻思修等诸法忘障"、"解法慢障"、"身净我慢障"、"微烦恼习障"、"细相习障"、"于无相有行障"、"不能善利益众生障"、"于诸法中不得自在障"。

　　(7)"十地"的名义。指"十地"名称的含义。初地"欢喜地"，因"初证圣处，多生欢喜"而得名；第二地"离垢地"，因"离能起误心犯戒烦恼垢等，清净戒具足"而得名；第三地"明地"，因"随闻、思、修等，照法显现"而得名；第四地"焰地"，因"不忘烦恼薪，智火能烧"而得名；第五地"难胜地"，因"得出世间智，方便善巧，能度难度"而得名；第六地"现前地"，因"般若波罗蜜行有闻，大智现前"而得名；第七地"远行地"，因"善修无相行，功用究竟，能过世间、二乘（指声闻、缘觉）出世间道"而得名；第八地"不动地"，因"报行纯熟，无相无间"而得名；第九地"善慧地"，因"无碍力说法，成就利他行"而得名；第十地"法云地"，因"得大法身，具足自在"而得名。（8）"摩诃萨三种大"。指摩诃萨埵（即菩萨）有三种大，即"愿大"、"行大"、"利益众生大"。（9）"阿含净有五种"。指地前菩萨（初地以前的菩萨）顺教修行（"阿含净"），能得五种清净。它们是："欲净"，指"善清净诸念"；"求净"，指"善集诸行"；"受持净"，指"多闻忆持不谬"；"生得净"，指"善集助道法"；"行净"，指"求善证法，习少欲、头陀等"。（10）"证净有四种"。指地上菩萨（初地以上的菩萨）证理起行（"证净"），能得四种清净。它们是："得净"，指"离痴、疑、悔"；"不行净"，指"无有染污"；"无厌足净"，指"不乐小乘，得上胜悕望心"；"不随他教净"，指"于佛法中不随他教"（以上见卷一）。

　　（11）"佛智有九种业差别"。指地上菩萨所求的"佛智"（又称"一切种智"、"一切智智"），依业用区分有九种差别。它们是："力佛智"，指"为得十力"；"无畏佛智"，指"为得大无畏"；"平等佛智"，指"为得佛平等法"；"救佛智"，指"为救一切世间"；"净佛智"，指"为净大慈悲"；"无余智佛智"，指"为得十方无余智"；"无染佛智"，指"为得一切世界无障净智"；"觉佛智"，指"为得一念中觉三世事"；"转法轮佛智"，指"为得转大法轮"。其中，前三种为"自利"，后六种为"利他"。（12）"念佛有九种"。指初地菩萨应修行九种念佛。它们是:"念佛法",指"念诸佛法";"念佛菩萨",指"念诸菩萨摩诃萨(指初他以上大菩萨)";"念佛行",指"念诸菩萨所行";"念佛净",指"念诸波罗蜜清净相";"念佛胜",指"念诸菩萨地校量胜";"念佛不退",指"念诸菩萨力不退";"念佛教化",指"念诸如来教化法";"念佛利益",指"念能利益众生";"念佛入",指"念入一切如来智行"。(13)"转离有九种"。指初地菩萨应转离一切世间境界,而生欢喜心,转离分为九种。它们是:"入转离",指"近入如来所";"远转离",指"远离凡夫地";"近至转离",指"近到智慧地";"断转离",指"断一切恶道";"依止转离",指"与一切众生作依止";"近见转离",指"近见一切诸佛";"生转离",指"生诸佛境界";"平等转离",指"入一切菩萨真如法";"舍转离",指"离一切怖畏毛竖等事"(以上见卷二)。

(14)"十大愿"。指初地菩萨应发起十大誓愿。第一大愿为"供养",指供养一切诸佛(包括应身佛、报身佛、法身佛);第二大愿为"受持",指受持一切诸佛"所说法轮";第三大愿为"摄法为首",指一切诸佛说法时,"尽往供养,摄法为首";第四大愿为"令心增长",指以"菩萨行"作教化,"令其(指众生)受行,心得增长";第五大愿为"教化众生",指"教化一切众生,无有休息";第六大愿为"知世界相",指知悉世界的"一切相"、"真实义相"、"无量相";第七大愿为"净佛国土",指往生清净的佛土,诸佛净土有"同体净"、"自在净"、"庄严净"、"受用净"、"住处众生净"、"因净"、"果净"七种清净相;第八大愿为"同心同行",指与一切菩萨同心同行,"入大乘道";第九大愿为"行菩萨行",指"乘不退轮,行菩萨行","所作利益不空,无有休息";第十大愿为"成菩提",指使一切世界无量众生,都能成就"阿耨多罗三藐三菩提"(意为无上正等正觉)。(15)"十尽句"。指初地菩萨发起的"十大愿",依十事而得成就,若十事尽,誓愿亦尽;若十事不尽,誓愿亦

不尽。也就是说,"十大愿"实质上是"十无尽大愿"。这十事是:
"众生界尽"、"世界尽"、"虚空界尽"、"法界尽"、"涅槃界尽"、"佛
出世界尽"、"如来智界尽"、"心所缘界尽"、"佛境界智入界尽"、
"世间转法转智转界尽"。(16)"九种甚深"。指诸佛正法有九
种甚深之处。它们是:"寂静甚深"、"寂灭甚深"、"空甚深"、"无
相甚深"、"无愿甚深"、"无染甚深"、"无量甚深"、"上甚深"、"难
得甚深"(以上见卷三)。

二、《离垢地》(卷四)。解释《十地经》中的第二地"离垢
地",下分"发起净"、"自体净"二分,论述"十种直心"、"自体净有
三种戒"、"声闻有五种相"、"辟支佛有三种相"、"菩萨有四种相"
等问题。

(1)"十种直心"。指菩萨欲从初地"欢喜地",进入第二地
"离垢地",须生起十种直心。即"直心"、"柔软心"、"调柔心"、
"善心"、"寂灭心"、"真心"、"不杂心"、"不悕望心"、"胜心"、"大
心"。"十种直心者,依清净戒直心性戒成就",故归结起来,又为
九种。它们是:"柔软直心",指"共喜乐意持戒行";"调柔直心",
指"性善持戒,烦恼不杂";"善直心",指"守护诸根,不误犯戒";
"寂灭直心",指"调伏柔软,不生高心";"真直心",指"能忍诸恼
如真金";"不杂直心",指"所得功德,不生厌足";"不悕望直心",
指"不愿诸有势力自在";"胜直心",指"为利益众生,不断有愿";
"大直心",指"随顺有果而不染"。(2)"自体净有三种戒"。指
菩萨在"离垢地",须受持三种能使自体清净的戒律。它们是:
"离戒净",指"十善业道",即"离杀生"、"离劫盗"、"离邪淫"、"离
妄语"、"离两舌"、"离恶口"、"离绮语"、"离贪心"、"离瞋心"、"离
邪见";"摄善法戒净",指"行十善业道";"利益众生戒净",指"远
离十不善业道,乐行法行"等。(3)"声闻有五种相"。指声闻
(听闻佛陀言教,观察"四谛"之理而得道者)有五种体相。它们

是：“因集”，指“修行微少善根”、“其心狭劣”；“畏苦”，指“心厌畏
三界”；“舍心”，指“舍诸众生”、“远离大悲”；“依止”，指“依师教
授”；“观”，指“从他闻声而通达”。(4)“辟支佛有三种相”。指
辟支佛(又称“缘觉”，独自观察“十二因缘”而得道者)有三种体
相。它们是：“自觉”，指“不假佛说法及诸菩萨，唯自觉悟”；“不
能说法”，指“不起心说法”；“观少境界”，指“观微细因缘境界”，
即“十二因缘”。(5)“菩萨有四种相”。指菩萨(指修行“六度”，
上求菩提，下化众生，成就自利利他的修道者)有四种体相。它
们是：“因集”，指“十善业道清净具足，其心广大无量故”；“用”，
指“依彼众生作利益”；“彼力”，指“四摄法”；“地依”，指依于“净
深心地”、“不退转地”、“受大位地”。如关于“十种直心”、“自体
净有三种戒”，说：

　　经曰：尔时，金刚藏菩萨摩诃萨(指金刚藏大菩萨)言：
诸佛子，若菩萨已具足初地，欲得第二地者，当生十种直心。
何等为十？一直心、二柔软心、三调柔心、四善心、五寂灭
心、六真心、七不杂心、八不悕望心、九胜心、十大心。菩萨
生是十心，得入第二菩萨离垢地(以上为《十地经》的原文)。
　　论曰：十种直心者，依清净戒，直心性戒成就，随所应
作，自然行故。……自体净者，有三种戒，一离戒净、二摄善
法戒净、三利益众生戒净。离戒净者，谓十善业道，从离杀
生，乃至正见，亦名受戒净；摄善法戒净者，于离戒净为上，
从菩萨作是思惟：众生堕诸恶道，皆由十不善业道集因缘，
乃至是故，我应等行十善业道，一切种清净故；利益众生戒
净者，于摄善法戒为上，从菩萨复作是念：我远离十不善业
道，乐行法行，乃至生尊心等(以上为世亲的解释)。(卷四
《离垢地》，第145页中、下)

三、《明地》(卷五)。解释《十地经》中的第三地"明地",下分"起厌行分"("厌"指"厌离一切有为行")、"厌行分"、"厌分"、"厌果分"四分,论述"十种深念心"、"四无量心"、"五神通"等问题。

(1)"十种深念心"。指菩萨欲从第二地"离垢地",进入第三地"明地",须生起十种深念心。它们是:"净心",指"依彼起净深念心";"不动心",指"依不舍,坚住自乘";"厌心",指"志求胜法,起善方便";"离欲心",指"依现欲,不贪";"不退心",指"依不舍,自乘进行";"坚心",指"依自地,烦恼不能破坏";"明盛心",指"依三摩跋提自在","三摩跋提"意为"等至";"淳厚心",指"依禅定,自在有力";"快心",指"依彼生,烦恼不能染";"大心",指"依利益众生,不断诸有"。(2)"四无量心"。指菩萨在明地须修习引生利乐一切众生四种无量心的禅定。它们是:"慈无量心",指思惟给与一切众生快乐而起的慈心;"悲无量心",指思惟拔济一切众生痛苦而起的悲心;"喜无量心",指思惟一切众生离苦得乐而起的喜心;"舍无量心",指思惟一切众生平等,无有亲怨之别而起的舍心。修行"四无量心"的方法有三种。一是"众生念"(又称"众生缘"),指以一切众生为缘而修四无量心,有"与乐"、"障对治"、"清净"、"摄果"四种相;二是"法念"(又称"法缘"),指以一切法为缘而修四无量心,即"遍一切处所有欲、色、无色界凡夫,有学、无学众生等法,及众生所有分别作者,皆能念知";三是"无念"(又称"无缘"),指以诸法实相为缘而修四无量心,下分"自相无念"、"遍至无尽观"二种。(3)"五神通"。指菩萨在明地须修习依"四禅"而得的五种深妙神奇的功能,即"身通"、"天耳通"、"他心智通"、"宿命通"、"生死智通"(又称"天眼通")。前四种"明智",第五种"明见"。

四、《焰地》(卷六)。解释《十地经》中的第四地"焰地",下分"清净对治修行增长因分"、"清净分"、"对治修行增长分"、"彼果分"四分,论述"十法明入"、"十种法智教化成熟"等问题。

(1)"十法明入"。指菩萨从第三地"明地",进入第四地"焰地",须生起十种思量。它们是:"思量众生界明入",指思量"众生界"的"假名差别";"思量世界明入",指思量"世界"的"依住分别";"思量法界明入",指思量"法界"的"染分别";"思量虚空界明入",指思量"虚空界"的"无尽分别";"思量识界明入",指思量"识界"的"染净依止分别";"思量欲界明入",指思量欲界的"烦恼使染分别";"思量色界明入",指思量色界的"烦恼使染分别";"思量无色界明入",指思量色界的"烦恼使染分别";"思量胜心决定信界明入",指思量"胜心决定信界"的"净分别";"思量大心决定信界明入",指思量"大心决定信界"的"净分别"。(2)"十种法智教化成熟"。指菩萨进入第四地"焰地",能得"内法"(指如来所说的教化之法),成就能觉知一切境界的十种智慧。它们是:"不退转心"、"于三宝中决定恭敬毕竟尽"、"分别观生灭行"、"分别观诸法自性不生"、"分别观世间成坏"、"分别观业有生"、"分别观世间涅槃"、"分别观众生世界业差别"、"分别观前际后际差别"、"分别观无所有尽"。其中,第一种属于"自住处毕竟(终究)智",第二种属于"同敬三宝毕竟智",第三种、第四种属于"真如智",第五种至第十种属于"分别所说智",故"十种法智教化成熟"概括起来是"四种智教化"。

五、《难胜地》(卷七)。解释《十地经》中的第五地"难胜地",下分"胜慢对治"、"不住道行胜"、"彼果胜"三分,论述"十平等深净心"、"救度有九种"等问题。

(1)"十平等深净心"。指菩萨欲从第四地"焰地",进入第五地"难胜地",须生起十种平等深净心。它们是:"过去佛法平等深净心"、"未来佛法平等深净心"、"现在佛法平等深净心"(以上为"三世佛法力")、"戒净平等深净心"(此为"依戒净")、"心净平等深净心"(此为"依定净")、"除见疑悔净平等深净心"、"道非道智净平等深净心"、"行断智净平等深净心"、"思量一切菩提分法上上净平等深净心"(以上为"依智净")、"化度一切众生净平等深净心"(此为"依教化众生")。其中,前三种属于"诸佛法",后七种属于"随顺诸佛法"。(2)"救度有九种"。指菩萨救度一切众生的九种情况。它们是:"住不善众生,令住善法";"住善法众生,令得乐果";"住贫乏众生,与一切资生之具";"住病苦及诸外缘所恼众生,皆令除断";"世间系闭众生,令得出离";"令诸外道,信解正法";"令疑惑众生,善决定断疑";"令已住决定众生,劝修三学";"已住三学众生,令得涅槃"。

六、《现前地》(卷八)。解释《十地经》中的第六地"现前地",下分"胜慢对治"、"不住道行胜"、"彼果胜"三分,论述"十平等法"、"三界唯心"、"一切相智分别观有九种"、"三解脱门各有三相"等问题。

(1)"十平等法"。指菩萨欲从第五地"难胜地",进入第六地"现前地",须修习十种平等法(又称"十二入一切法自性无相平等")。它们是:"一切法无相平等",此为总相,以下九种对治为别相;"一切法无想平等",用来对治"十二入自相想";"一切法无生平等",用来对治"念展转行相";"一切法无成平等",用来对治"生展转行相";"一切法寂静平等",用来对治"染相";"一切法本净平等",用来对治"净相";"一切法无戏论(指无益的言论)平等",用来对治"分别相";"一切法无取舍平等",用来对治"出没相";"一切法如幻梦、影响、水中月、镜中像、焰化平等",用来对治"我非有相";"一切法有无不二平等",用来对治"成坏相"。(2)"三界唯心"。指菩萨须体悟《华严经》所说的"三界虚妄,但是一心作"和本论所说的"一切三界,唯心转",即三界一切诸法

(事物)皆由心识所变现。(3)"一切相智分别观有九种"。指从"一切相智"(又称"一切种智",指佛智)的角度,观察"十二因缘"的九种观法。它们是:"染净分别观"、"依止观"、"方便观"、"因缘相观"、"入谛观"、"力无力信入依观"、"增上慢非增上慢信入观"、"无始观"、"种种观"。(4)"三解脱门"。指能得解脱的三种禅定。它们是:"空解脱门",指观察诸法自性空寂的禅定;"无相解脱门",指观察诸法无差别相的禅定;"无愿解脱门",指对诸法无所愿乐造作的禅定。每一种解脱门各有三种相,"空解脱门",有"见众生无我"、"见法无我"、"彼二作无见无作者"三种相;"无相解脱门",有"灭障"、"得对治"、"念相不行"三种相;"无愿解脱门",有"依止"、"体"、"胜"三种相。(5)"十空三昧"。指菩萨住于"现前地",能得"信空"、"性空"、"第一义空"、"第一空"、"大空"、"合空"、"起空"、"如实不分别空"、"不舍空"、"离不离空"十种三昧。

七、《远行地》(卷九)。解释《十地经》中的第七地"远行地",下分"乐无作行对治"、"彼障对治"、"双行"、"前上地胜"、"彼果"五分,论述"十种殊胜行"、"具足十波罗蜜"、"业清净有四种相"等问题。

(1)"十种殊胜行"。指菩萨欲从第六地"现前地",进入第七地"远行地",须以方便智发起十种殊胜的修行。它们是:"善修空、无相、无愿,而集大功德助道";"入诸法无我、无寿命、无众生,而不舍起四无量";"起功德法,作增上波罗蜜行,而无法可取";"善知一切国土道如虚空,而起庄严净佛国土行";"入诸佛于一念顷,通达三世事,而能分别种种相、劫数修行,随一切众生心差别观"等。(2)"具足十波罗蜜"。指菩萨住于第七地"远行地",须念念具足"十波罗蜜"。它们是:"檀波罗蜜",指布施到彼岸,"所修善根,舍与一切众生";"尸波罗蜜",指持戒到彼岸,"能

灭一切烦恼热";"羼提波罗蜜",指忍辱到彼岸,"能忍一切众
生";"毗梨耶波罗蜜",指精进到彼岸,"求转胜善根,心无厌足";
"禅波罗蜜",指禅定到彼岸,"所修诸行,心不驰散,常向一切智
智(指佛智)";"般若波罗蜜",指智慧到彼岸,"现忍诸法,自性不
生";"方便波罗蜜",指善巧方便到彼岸,为布施、持戒、忍辱波罗
蜜的助伴,"能起无量智门";"愿波罗蜜",指誓愿到彼岸,为精进
波罗蜜的助伴,"期上上胜智";"力波罗蜜",指力用到彼岸,为禅
定波罗蜜的助伴,"一切外道邪论及诸魔众,不能沮坏菩萨道";
"智波罗蜜",指智到彼岸,为般若波罗蜜的助伴,"如实观知一切
法相"。(3)"业清净有四种相"。指菩萨住于第七地"远行地",
须成就的深净"三业"(指身业、口业、意业),有四种体相。它们
是:"戒净胜",指所有不善业道"皆已舍离",所有善业道"是则常
行";"世间智清净胜",指"世间所有经书、技术","自然而行";
"得自身胜",指"深心妙行,无与等者";"得胜力禅等现前胜",指
"所有禅定、三昧、三摩跋提、神通、解脱,一切现前"。

　　八、《不动地》(卷十)。解释《十地经》中的第八地"不动
地",下分"总明方便作集地分"、"得净忍分"、"得胜行分"、"净佛
国土分"、"得自在分"、"大胜分"、"释名分"七分,论述"得无生法
忍"、"深行有七种"、"得十自在"、"不动地"的名义等。

　　(1)"得无生法忍"。指菩萨欲从第七地"远行地",进入第
八地"不动地",须证得"无生法忍"(对诸法无生之理,能安忍不
动),"无生"分为四种。它们是:"事无生",指一切事物本来"无
生"、"无成"、"无相"、"无出"、"不失"、"无尽"、"不行";"自性无
生",指一切事物"自体无性";"数差别无生",指一切事物"初、
中、后平等";"作业差别无生",指"真如无分别入一切智智(指佛
智)"。(2)"深行有七种"。指菩萨住于第八地"不动地",能得
七种深秘的行业。它们是:"难入深",指不动地菩萨(又称"不动

菩萨")为"深行菩萨","难可得知";"同行深",指不动地菩萨,与
"诸净地菩萨同";"境界深",指不动地菩萨"离一切相、离一切
想、一切贪著";"修行深",指不动地菩萨"自利、利他";"不退
深",指不动地菩萨"一切声闻、辟支佛所不能坏";"离障深",指
不动地菩萨"寂静";"对治现前深",指不动地菩萨"一切寂静而
现在前"。(3)"得十自在"。指菩萨住于第八地"不动地",能得
十种自在,可以对治十种怖畏。它们是:"命自在",对治"死怖
畏";"心自在",对治"烦恼垢怖畏";"物自在",对治"贫穷怖畏";
"业自在",对治"恶业怖畏";"生自在",对治"恶道怖畏";"愿自
在",对治"求不得怖畏";"信解自在",对治"谤法罪业怖畏";"如
意自在",对治"追求时缚不活怖畏";"法自在",对治"疑怖畏";
"智自在",指"大众威德怖畏"。(4)"不动地"的名义,指"不动
地"名称的含义。如关于"不动地"的名义,说:

　　经曰:佛子,此菩萨智地名为不动地,不可坏故;名为
不转地,智慧不退故;名为难得地,一切世间难知故;名为王
子地,无家过故;名为生地,随意自在故;名为成地,更不作
故;名为究竟地,智慧善分别故;名为涅槃地,善起大愿力
故;名为加地,他不能动故;名为无功用地,善起先道故(以
上为《十地经》的原文)。

　　论曰:释名有二种,一地释名、二智者释名。地释名
者,有六种相:一染对治。……二得甚深。……三发行清
净。……四世间、出世间有作净胜。……五彼二无作净
胜。……六菩萨地胜。……智者释名者,以何义故,菩萨名
为得不动菩萨? 今说此事应知(以上为世亲的解释)。(卷
十《不动地》,第 184 页中、下)

　　九、《善慧地》(卷十一)。解释《十地经》中的第九地"善慧

地"，下分"法师方便成就"、"智成就"、"入行成就"、"说成就"四分，论述"法师方便成就"、"十一种稠林"、"四无碍智"、"十种陀罗尼"等问题。

（1）"法师方便成就"。指菩萨欲从第八地"不动地"，进入第九地"善慧地"，须依"依他利益"、"自利益"，成就"辩才力"，"教化众生，成就一切相"。（2）"十一种稠林"。指菩萨住于第九地"善慧地"，能知悉众生十一种业行的差别。它们是："心行"、"烦恼行"、"业行"、"根行"、"信行"、"性行"、"深心行"、"使行"、"生行"、"习气行"、"三聚差别行"稠林（喻指繁茂）。（3）"二十种能作法师事"。指菩萨住于第九地"善慧地"，能作大法师的二十种条件。它们是："时"、"正意"、"顿"、"相续"、"渐"、"次"、"句义渐次"、"示"、"喜"、"劝"、"具德"、"不毁"、"不乱"、"如法"、"随众"、"慈心"、"安隐心"、"怜愍（悯）心"、"不著利养名闻不自赞毁他"。（4）"四无碍智"。指菩萨住于第九地"善慧地"，能成就通达无碍的四种智慧与辩才。它们是："法无碍"、"义无碍"、"辞无碍"、"乐说无碍"。（5）"十种陀罗尼"。指菩萨住于第九地"善慧地"，能成就十种陀罗尼（意译"总持"，指能对一切法忆持不失的念慧力）。它们是："义陀罗"；"闻陀罗尼"；"智陀罗尼"；"放光陀罗尼"；"降伏他陀罗尼"；"供养如来，布施、摄取贫穷众生陀罗尼"；"于大乘中狭劣众生，示教利益陀罗尼"；"不断辩才陀罗尼"；"无尽乐说陀罗尼"；"种种义乐说陀罗尼"。

十、《法云地》（卷十二）。解释《十地经》中的第十地"法云地"，下分"方便作满足地分"、"得三昧满足分"、"得受位分"、"入大尽分"、"地释名分"、"神通力无上有上分"、"地影像分"、"地利益分"八分，论述"善择智满足"、"三昧满足"、"得受位"、"入大尽"、"法云地"的名义等问题。

（1）"善择智满足"。指菩萨欲从第九地"善慧地"，进入第

十地"法云地"（又称"一切智智受位地"，"一切智智"指"佛智"），
须令前九地的"善择智"得到满足。"善择智"有七种体相。它们
是："善修行"，指"善满足清白法"、"集无量助道法"、"善摄大功
德智慧"；"普遍随顺自利，利他"，指"广行增上大悲"；"令佛土
净"，指"广知世界差别"；"教化众生"，指"深入众生界稠林行"；
"善解"，指"念随顺入如来行境界"；"无厌足"，指"深入趣向如来
力无畏不共佛法"；"地尽至入"，指"得至一切种一切智智受位
地"（指"一切种一切智智受位地"）。（2）"三昧满足"。指菩萨
进入第十"法云地"，能令一切三昧得到满足，使"离垢三昧"、
"一切智智受胜位菩萨三昧"（"法云地"中的"最后三昧"），不加
功力而自然显现在前。所说的"离垢三昧"，分为八种。它们是：
"入密无垢"，指"入法界差别三昧"；"近无垢"，指"庄严道场三
昧"；"放光无垢"，指"一切种花光三昧"；"陀罗尼无垢"，指"海藏
三昧"；"起通无垢"，指"海成就三昧"；"清净佛土无垢"，指"虚空
界广三昧"、"善择一切法性三昧"；"广化众生无垢"，指"随一切
众生心行三昧"；"正觉无垢"，指"现一切诸佛现前住菩萨三昧"。
（3）"得受位"。指菩萨在第十地"法云地"得三昧满足，就能得
入"一切智智受位"（即受佛智之位），菩萨从诸如来得受此位后，
"具足十力，堕在佛数"，成为众佛之一。（4）"入大尽"。指菩萨
住于第十"法云地"，能穷尽一切智行，圆满成就"五大"。它们
是：依"正觉实智"义，成就"智大"；依"心自在"义，成就"解脱
大"；依"发心即成就一切事"义，成就"三三昧大"；依"依一切世
间随利益众生"义，成就"陀罗尼大"；依"堪能度众生"义，成就
"神通大"。（4）"法云地"的名义。指"法云地"名称的含义。它
们是："云法相似"，指"此地中闻法相似，如虚空身遍覆"；"灭尘
除垢相似法"，指"此法能灭众生烦恼尘"；"度众生"，指"渐化众
生"，如"大云雨生成一切卉物萌芽"。（5）"十地"功德。指"十

地"有"修行功德"、"上胜功德"、"难度能度大果功德"、"转尽坚固功德"。

本书对《十地经》的经文，作了逐段逐句的提示、归纳和讲解，为学人理解《十地经》的文意，提供了大量翔实可靠的思想资料，是研究《华严经》、华严学、地论学必读的参考书。

本书的注疏有：隋慧远《十地义记》七卷（因每卷各分本末，故又作十四卷；今存卷一至卷四）、未详作者《十地义记》一卷（敦煌本，今存卷一）、《十地论义疏》二卷（敦煌本，今存卷一、卷三）。

第七品　　法华类：北魏菩提流支等译

《妙法莲华经优波提舍》二卷

附：北魏勒那摩提等译《妙法

莲华经论优波提舍》一卷

《妙法莲华经优波提舍》，又名《妙法莲华经论》《法华经论》《法华论》，二卷。印度婆薮槃豆（即世亲）造，北魏菩提流支（又作"菩提留支"）、昙林等译，约译于永平二年（509）。隋法经等《众经目录》卷五著录。载于《丽藏》"虚"函、《宋藏》"堂"函、《金藏》"虚"函、《元藏》"堂"函、《明藏》"亏"函、《清藏》"亏"函、《频伽藏》"往"帙，收入《大正藏》第二十六卷。

本书是《法华经》的注释书。书名中的"妙法莲华经"，是《法华经》的全称；"优波提舍"，意译"论议"，全句意为《法华经论》。《法华经》是初期大乘经之一，论述"分别说三乘，唯有一佛乘"等理论。印度大乘中观派的创始人龙树在《大智度论》中，征引《法华经》达三十处之多，足见《法华经》对大乘佛教的发展影响之大。《法华经》的汉译本，今存的有三种：西晋竺法护译《正法华经》十卷（分为二十七品）、姚秦鸠摩罗什译《妙法莲华经》七卷

（分为二十八品）、隋阇那崛多等译《添品妙法莲华经》七卷（分为二十七品）。其中，鸠摩罗什译本为通行本，流传最广，陈、隋之际，智顗依据此经创立了天台宗。但本书所释的《法华经》，与鸠摩罗什译本并不相符，特别是鸠摩罗什译《法华经》卷一《方便品》有"诸法实相"的"十如是"说，即"诸法如是相、如是性、如是体、如是力、如是作、如是因、如是缘、如是果、如是报、如是本末究竟"，但本书所引的经文中，并无此句，这是令人费解的。据研究，它依据的《法华经》梵本，类似于现存的尼泊尔梵本。

全书分为三品，即《序品》《方便品》《譬喻品》，对原经的主旨要义，作了阐解。各层次的释文之末，大多引经为证，说明释文中的这层意思，为某句经文所说；所引证的经文，其首一般冠有"如经"二字（例如"摄取得功德二句示现，如经诸漏已尽，无复烦恼故"一句中，"摄取得功德二句示现"，是世亲的释文；"如经"为"如经曰"的略写，"诸漏已尽，无复烦恼"为引证的经文）。释文的重点，不是解释经文的字义，而是归纳、引申、阐发经文所包含的各种深层次的教理。故就性质而言，它不是《法华经》的直解，而是它的义疏。为什么《法华经》原有二十八品，而本书只有三品呢？这是因为作者将《法华经》科分为三部分："第一《序品》，示现七种功德成就；第二《方便品》，有五分示现，破二明一；余品，如向处分易解"（见本书卷下末尾）。依隋吉藏《法华论疏》卷上的解释，世亲的意思是：《法华经》的内容分为三部分三十二章。一是《序品》，下分"序分成就"等七章；二是《方便品》，下分"妙法功德具足"等五章，阐述"二乘"（指大乘、小乘）、"三乘"（指声闻乘、缘觉乘、菩萨乘）是"方便"之说，"一佛乘"（指教化一切众生成佛的唯一法门）是"真实"之说；三是《譬喻品》和其余各品，论述"破十种人病"（包括"七种譬喻"、"三种平等"）、"明十种无上"，各有十章。由此，本书只分为三品。书首有归敬颂，为五言十四句,始"顶礼正觉海,净法无为僧",终"大悲止四魔,护菩提增长"。

一、《序品》(卷上)。解释《法华经》的初品《序品》,论述"七种功德成就"等问题。所说的"七种功德成就",指《法华经》有七种功德成就,即"序分成就";"众成就";"如来欲说法时至成就";"依所说法,威仪随顺住成就";"依止说因成就";"大众现前欲闻法成就";"文殊师利菩萨答成就"。

(一)"序分成就"。指《法华经》有二种胜义成就,即"诸法门中最胜义成就"、"自在功德义成就"。

(二)"众成就"。指《法华经》的与会大众有四种成就,即"数成就"、"行成就"、"摄功德成就"、"威仪如法住成就"。(1)"数成就"。指与会大众的数量已成就,即"诸大众无数"。(2)"行成就"。指与会大众的行业已成就,即"诸声闻修小乘行";"诸菩萨修大乘行";"诸菩萨神通自在,随时示现,能修行大乘";"出家声闻,威仪一定,不同菩萨"。"行成就"概括地说,是"声闻功德成就"、"菩萨功德成就"三种成就。前者指阿罗汉"十五种应义"(指"应受饮食、卧具、供养、恭敬等"、"应将大众教化一切"、"应入聚落城邑等"等),后者指菩萨"不退转十种"(指"住闻法不退转"、"入如实境界不退转"、"作所应作不退转"等)。(3"摄功德成就"。指与会大众所摄的功德已成就。所摄的功德包括:"依善知识(即善友)";"依教化众生心,毕竟(终究)利益一切众生";依"授记密智"、"诸通智"、"真实智"三种智;依三种智所摄"境界行"。(4)"威仪如法住成就"。指与会大众的威仪已成就,有四种威仪,即"众围绕"、"前后"、"供养恭敬"、"尊重赞叹"。

(三)"如来欲说法时至成就"。指佛为诸菩萨说《法华经》的时机已成就,并说"此大乘修多罗有十七种名",即《法华经》有十七种名称。其中有：《无量义经》《最胜修多罗》《大方广经》《教菩萨法》《一切诸佛秘密法》《一切诸佛之藏》《一切诸佛秘密处》《一切诸佛大巧方便经》《说一乘经》《第一义住》《妙法莲华经》《最上法门》等。诸名中，《妙法莲华经》含有"出水"、"华开"二义："出水义，以不可尽出离小乘泥浊水故。又复有义（指有一种解释）：如彼莲华出于泥水喻，诸声闻得入如来大众中坐，如诸菩萨坐莲华上，闻说如来无上智慧清净境界，得证如来深密藏故"；"华开义，以诸众生于大乘中，其心怯弱，不能生信，是故开示诸佛如来净妙法身，令生信心故"。

（四）"依所说法，威仪随顺住成就"。指佛说《法华经》所依的"三种法"已成就。"依三昧成就"，指经中说的"结跏趺坐，入于无量义处三昧，身心不动"；"依器世间"，指经中说的"是时，天雨曼陀罗花"，"普佛世界六种震动"；"依众生世间"，指经中说的"诸大众得未曾有，欢喜合掌，一心观佛"。

（五）"依止说因成就"。指佛在法华会上，示现"神变相"（如佛"放眉间白毫相光"，"照于东方万八千世界"乃至"悉见彼佛国界庄严"等），与会大众渴仰如来说法已成就。

（七）"大众现前欲闻法成就"。指弥勒菩萨在法华会上，为解众人对如来"神变相"之疑，而问文殊菩萨的机缘已成就。

（八）"文殊师利菩萨答成就"。指文殊师利菩萨在法华会上，作答断疑的时机已成就。如关于"菩萨功德成就"，说：

> 菩萨功德成就者……皆于阿耨多罗三藐三菩提不退转者是总相，余者是别相。彼不退转十种示现，此义应知。何等为十？一者住闻法不退转，如经（曰）：皆得陀罗尼故；二者乐说不退转，如经（曰）：大辩才乐说故；三者说不退转，如经（曰）：转不退转法轮故；四者依止善知识（即善友）不

退转，以身心业依色身摄取故，如经（曰）：供养无量百千诸
佛故，于诸佛所种诸善根故；五者断一切疑不退转，如经
（曰）：常为诸佛之所称叹故；六者为何等何等事说法，入彼
彼法不退转，如经（曰）：以大慈悲而修身心故；七者入一切
智如实境界不退转，如经（曰）：善入佛慧故；八者依我空、
法空不退转，如经（曰）：通达大智故；九者入如实境界不退
转，如经（曰）：到于彼岸故；十者作所应作不退转，如经
（曰）：能度无数百千众生故。（卷上《序品》，《大正藏》第二
十六卷，第 2 页上、中）

二、《方便品》（卷上后部分至卷下前部分）。解释《法华经》
中的第二品《方便品》，论述"五分示现"等问题。品名中的"方
便"（又称"善巧"、"权宜"），取意于品中说的"三乘教"（指声闻
乘、缘觉乘、菩萨乘）是"方便"之说，"一佛乘"（指教化一切众生
成佛的唯一法门）是"真实"之说。所说的"五分示现"，指"妙法
功德具足"、"如来法师功德成就"、"三种义说"、"四种事说"、"如
来说法为断四种疑心"。

（一）"妙法功德具足"。指诸佛智慧甚深无量，有"证甚
深"、"阿含甚深"二种甚深。（1）"证甚深"（又称"证甚深"）。指
所诠之理甚深，分"义甚深"、"实体甚深"、"内证甚深"、"依止甚
深"、"无上甚深"五种。（2）"阿含甚深"。指所诠之理甚深，分
"受持读诵甚深"、"修行甚深"、"果行甚深"、"增长功德心甚深"、
"快妙事心甚深"、"无上甚深"、"入甚深"、"不共声闻、辟支佛所
作住持甚深"八种。

（二）"如来法师功德成就"。指如来有四种法师功德成就。
它们是：（1）"住成就"。指如来成就"种种方便"，如"从兜率天
中退没，乃至示现入涅槃"等。（2）"教化成就"。指如来成就

"种种知见",如"示现染净诸因"等。(3)"功德毕竟成就"。指如来成就"种种念观",如"以说彼法成就因缘,如法相应"等。(4)"说成就"。指如来成就"种种言辞",如"以四无碍智,依何等何等名字、章句,随何等何等众生能受,而为说故"等。

(三)"三种义说"。指与会大众对"深法"心生疑惑的三种情况,即"决定义"、"疑义"、"依何事疑义"。

(四)"四种事说"。指如来断除大众对"深法"心生惊怖的四种方法,即"决定心"、"因授记"、"取授记"、"与授记"。此中叙及"诸佛世尊唯以一大事因缘故,出现于世",即诸佛欲令众生"开"、"示"、"悟"、"入"佛的知见,才出现于世。

(五)"如来说法为断四种疑心"。指如来为断众生的四种疑心而说法。"四种疑心"是:"疑何时说",指"诸佛如来于何等时,起种种方便说法";"疑云何知是增上慢人"("增上慢",指对教理行果起高傲自大之心,如"未得谓得,未证谓证"等),指"如来不为增上慢人而说诸法,云何知彼是增上慢";"疑云何堪说",指"从佛闻法而起谤心:如来应是不堪说人,云何不成不堪说人";"疑云何如来不成妄语",指"如来先说法异,今说法异,云何如来不成妄语"。如关于"一大事因缘"的四种含义,说:

> 如经(曰):舍利弗! 诸佛世尊唯以一大事因缘故,出现于世,如是等故。一大事者,依四种义,应当善知:何等为四? 一者无上义。唯除如来一切智,知更无余事,如经(曰):欲开佛知见,令众生知得清净故,出现于世故。佛知见者,如来能证以如实知彼深义故。二者同义。谓诸声闻、辟支佛、佛法身平等,如经(曰):欲示众生佛知见故,出现于世故。法身平等者,佛性、法身无差别故。三者不知义。谓诸声闻、辟支佛等,不能知彼真实处故。此言不知真实处

者,不知究竟唯一佛乘故,如经(曰):欲令众生悟佛知见故,出现于世故。四者令证不退转地。示现欲与无量智业故,如经(曰):欲令众生入佛知见故,出现于世故。(卷下《方便品》,第7页上、中)

三、《譬喻品》(卷下后部分)。解释《法华经》中的第三品《譬喻品》和其余各品,论述"七种譬喻"、"三种平等"、"十种无上"等问题。

(一)"七种譬喻"。指《法华经》用以对治"七种具足烦恼性众生"的"七种增上慢",而说的七种譬喻。"七种具足烦恼性众生",指七种具足烦恼性的人,即"求势力人"、"求声闻解脱人"、"求大乘人"、"有定(禅定)人"、"无定人"、"集功德人"、"不集功德人"。"七种增上慢",指上述七种人各自有"增上慢"(对教理和修行起憍慢之心)。"七种譬喻",指的是:(1)"火宅譬喻"。指《譬喻品》所说的譬喻,用以对治"求势力人"的"增上慢","颠倒求功德增上慢(人),以世间诸烦恼炽然,而求天人妙境果报,对治此故,说火宅譬喻"。(2)"穷子譬喻"。指《信解品》所说的譬喻,用以对治"求声闻解脱人"的"增上慢","声闻人一向增上慢,我乘与如来乘无差别,如是颠倒取,对治此故,说穷子譬喻"。(3)"雨譬喻"(又称"药草喻")。指《药草喻品》所说的譬喻,用以对治"求大乘人"的"增上慢","大乘人一向增上慢,无别声闻、辟支佛乘,颠倒取,对治此故,说雨譬喻"。(4)"化城譬喻"。指《化城喻品》所说的譬喻,用以对治"有定(禅定)人"的"增上慢","实无而(谓)有增上慢人,以有世间三昧、三摩跋提(意高"等至")实无涅槃,而生涅槃想,对治此故,说化城譬喻"。(5)"系宝珠譬喻"(又称"宝珠喻")。指《五百弟子授记品》所说的譬喻,用以对治"无定人"的"增上慢","散乱心实无有定(人),过去有大乘善根而不觉知,彼不求大乘,于狭劣心中,生虚妄解,以为第一乘,对治此故,说系宝珠譬喻"。(6)"髻珠譬喻"(又称"髻珠喻")。指《安乐行品》所说的譬喻,用以对治"集功德人"的"增上慢","有功德人,说大乘法而取非大乘,对治此故,说王解髻中明珠与之譬喻(因顶髻之珠,最为尊贵)"。(7)"医师譬喻"(又称"医子喻")。指《如来寿量品》所说的譬喻,用以对治"不集功德人"的"增上慢","无功德人,于第一乘不集诸善根,说第一乘,不取为第一,对治此故,说医师譬喻"。

(二)"三种平等"。指《法华经》用以对治"三种无烦恼人"的"三种染慢",而说的三种平等法。"三种无烦恼人",指已断除小乘中诸烦恼的上根、中根、下根三种人(吉藏《法华论疏》卷下说,"断小乘中诸烦恼尽,故名无烦恼人;而望大乘犹有烦恼,为大乘烦恼所染,故称为染;未得究竟,自谓究竟,以此自高称之为慢")。"三种染慢"(又称"三种颠倒信"),指上述三种人因染著于"大乘"而生三种颠倒,即"信种种乘异"、"信世间涅槃异"、"信彼(身)此身异"。"三种平等",指的是:(1)"乘平等"。指《授记品》所说的"(佛)与声闻授菩提记(指预言摩诃迦叶等人未来当成佛)","唯一大乘,无二乘故,是乘平等无差别"(此为大意,非为原文,下同)。(2)"世间涅槃平等"。指《见宝塔品》所说的"以多宝如来入于涅槃","世间、涅槃,彼此平等无差别"。(3)"身平等"。指《见宝塔品》所说的"多宝如来已入涅槃,复示现身","自身、他身、法身平等无差别"。上述"七种譬喻"、"三种平等",合称"破十种人病"(见吉藏《法华论疏》卷上)。

(三)"十种无上义"。指《法华经》所说的"十种无上"(吉藏《法华论疏》卷下说,"无上义唯在于佛",意为只有佛才能称为至高无上),其中,前四种为"因无上",后六种为"果无上"。(1)"种子(指菩萨心)无上"。指《药草喻品》所说的"雨譬喻"。

（2）"行（指菩萨行）无上"。指《化城喻品》所说的"大通智胜如来本事等"。（3）"增长力（指菩萨行的增长力）无上"。指《化城喻品》所说的"商主譬喻"（吉藏《法华论疏》卷下说，"商主即是《化城品》导师也"）。（4）"令解（指令众生悟解'菩提心'）无上"。指《五百弟子受记品》所说的"系宝珠譬喻"。（5）"清净国土无上"。指《见宝塔品》所说的"多宝如来塔"。（6）"说无上"。指《安乐行品》所说的"髻中明珠譬喻"。（7）"教化众生无上"。指《从地涌出品》所说的"地中涌出无量菩萨摩诃萨等"。（8）"成大菩提无上"。指《如来寿量品》所说的"三种佛菩提"，即"应化佛菩提"、"报佛菩提"、"法佛菩提"。（9）"涅槃无上"。指《如来寿量品》所说的"医师譬喻"。（10）"胜妙力无上"。指《分别功德品》等品所说的"三种胜妙力"，即"法力"、"持力"、"修行力"。①"法力"。指"法华之法"的功用，分"证"、"信"、"供养"、"闻法"、"读诵持说"五门。其中，"证"、"信"、"供养"三门，为《分别功德品》所说；"闻法"门，为《随喜功德品》所说；"读诵持说"门，为《法师功德品》（本书译为《常精进菩萨品》）所说。②"持力"。指受持《法华经》的功用，为《法师品》《安乐行品》《劝持品》所说。③"修行力"。指依《法华经》修行的功用，分"说力"、"行苦行力"、"护众生诸难力"、"功德胜力"、"护法力"五门。其中，"说力"门，为《如来神力品》所说；"行苦行力"门，为《药王菩萨本事品》《妙音菩萨品》所说；"护众生诸难力"门，为《观世音菩萨品》《陀罗尼品》所说；"功德胜力"门，为《妙庄严王本事品》所说；"护法力"门，为《普贤菩萨劝发品》所说。

　　总的来说，本书对《法华经》前三品的解释，较为详细，对后二十五品的解释，过于简略，致使《法华经》中的很多有价值的思想内容，于书中未曾提及。

　　本书的同本异译有：北魏勒那摩提等译《妙法莲华经论优

波提舍》二卷；注疏有：隋吉藏《法华论疏》、唐佚名《法华经论述记》一卷（以上均存）等。

北魏勒那摩提等译
《妙法莲华经论优波提舍》一卷

《妙法莲华经优波提舍》，又名《妙法莲华经论》《法华经论》《法华经论传》，一卷。印度婆薮槃豆（即世亲）造，北魏勒那摩提、僧朗等译，正始五年（508）译出。隋法经等《众经目录》卷五著录。载于《丽藏》"声"函、《宋藏》"虚"函、《金藏》"声"函、《元藏》"虚"函、《明藏》"亏"函、《清藏》"亏"函、《频伽藏》"往"帙，收入《大正藏》第二十六卷。

勒那摩提（约六世纪），又作"勒那婆提"，意译"宝意"，中印度人。学识优赡，理事兼通，能诵三藏教文一亿偈（一偈三十二字），尤明禅观，志存游化。于北魏宣武帝正始五年（508），抵达洛阳。初与菩提流支共译《十地经论》《宝积经论》，后因意见分歧，各自译经。所译的佛经，隋费长房《历代三宝纪》卷九著录为"六部二十四卷"；唐智升《开元释教录》卷六勘定为"三部九卷"，其中，《妙法莲华经论》一卷、《究竟一乘宝性论》四卷，见存；《宝积经论》四卷，已佚。勒那摩提精通《华严经》，曾奉敕多次讲说，披释开悟，精义每发。后在讲经时，卒于法座。后来，菩提流支的弟子道宠，在邺城（北魏时为相州的治所，今河北临漳），创立了以研习《十地经论》为主的地论学派中的"相州北道派"（又称"北道派"，因住在相州进洛阳的北道而得名）；勒那摩提的弟子慧光，创立了与之相对立的"相州南道派"（又称"南道派"，因住在相州进洛阳的南道而得名），形成了地论学派中的二大派。生平事迹见隋费长房《历代三宝纪》卷九、唐道宣《续高僧传》卷一、卷七等。

本书是北魏菩提流支译《妙法莲华经优波提舍》二卷的异译本。全书分为三品，即《序品》《方便品》《譬喻品》，对原经的主旨要义，作了阐解。书中的译文与菩提流支译本大致相同，仅有些文字略有出入，但语意相近。此外，菩提流支译本的书首有归敬颂(五言十四句)，本书则无。以最容易体现差别的偈颂为例，本书《譬喻品》初首的"舍利弗说偈"作：

　　金色三十二，十力诸解脱。同共一法中，而不得此事。八十种妙好，十八不共法。如是等功德，而我皆已失。(《大正藏》第二十六卷，第17页中)

这与菩提流支译本的译文是完全相同的。从隋吉藏《法华论疏》在解释菩提流支译本时，并无一字提及还有勒那摩提译本的存在，而传今的这两个本子又是如此相同来看。本书很可能是菩提流支译本的别抄本，而不是勒那摩提的别译本。

第八品　宝积类：北魏菩提流支译《无量寿经优波提舍愿生偈》一卷

《无量寿经优波提舍愿生偈》，又名《无量寿经优波提舍》《无量寿经论》《净土论》《往生论》《愿生偈》，一卷。印度婆薮槃豆(即世亲)造，北魏菩提流支(又作"菩提留支")译，永安二年(529)译出。隋法经等《众经目录》卷五著录。载于《丽藏》"虚"函、《宋藏》"堂"函、《金藏》"虚"函、《元藏》"堂"函、《明藏》"颠"函、《清藏》"颠"函、《频伽藏》"暑"帙，收入《大正藏》第二十六卷。

本书是《无量寿经》的注释书。《无量寿经》是初期大乘经之一，论述"一向专念无量寿佛(又称"阿弥陀佛")，修诸功德，愿生彼国"的净土法门。它的汉译本，今存的有五种：后汉支娄迦谶译《无量清净平等觉经》四卷；孙吴支谦译《阿弥陀三耶三佛萨楼佛檀过度人道》二卷；曹魏康僧铠译《无量寿经》二卷；唐菩提流志译《大宝积经》卷十七至卷十八《无量寿如来会》（据梵本新译）；北宋法贤（原名天息灾，雍熙四年十月改名法贤）译《大乘无量寿庄严经》三卷。其中，曹魏康僧铠译《无量寿经》二卷为通行本，流传最广。关于本书的名称，北魏昙鸾《无量寿经优波提舍愿生偈注》（又名《往生论注》）解释说："无量寿者，言无量寿如来寿命长远，不可思量也；经者，常也，言安乐国土，佛及菩萨清净庄严功德，国土清净庄严功德，能与众生作大饶益，可常行于世故，名曰经；优婆提舍，是佛论议经（之）名；愿，是欲乐义；生者，天亲（即世亲）菩萨愿生彼安乐净土，如来净花中生，故曰愿生；偈，是句数义，以五言句略诵佛经故，名为偈。"

全书分为二部分：前部分为"愿生偈"，有二十四颂（每颂五言四句，总计九十六句）；后部分为"优波提舍"，即偈颂的长行解释。书中对阿弥陀佛净土（本书译作"阿弥陀佛国"、"阿弥陀佛国土"、"安乐国"、"安乐世界"、"安乐国土"；鸠摩罗什译《阿弥陀经》译作"阿弥陀佛极乐国土"、"极乐国土"）的殊胜和往生净土的方法等，作了简明扼要的论述。此论后经北魏昙鸾作注弘传，在汉地产生了极大的影响，成为净土宗所依据的根本经典"三经一论"（指《无量寿经》《观无量寿经》《阿弥陀经》《无量寿经优波提舍》）之一。

一、"愿生偈"。论述阿弥陀佛国的清净庄严，以及发愿往生阿弥陀佛净土的论旨。说："正觉阿弥陀，法王善住持，如来净华众，正觉华化生"；"众生所愿乐，一切能满足，故我愿往生，阿弥陀佛国"；"我作论说偈，愿见弥陀佛，普共诸众生，往生安乐国"。

二、"优波提舍"。下分"五念门"、"五种门"二大门，论述往生阿弥陀佛净土的方法和果报。

（一）"五念门"。论述往生净土的五种修行方法，为往生阿弥陀佛净土的"五因门"。它们是："礼拜门"、"赞叹门"、"作愿门"、"观察门"、"回向门"。其中，"礼拜"为修行净业的"身业"；"赞叹"为"口业"；"作愿"、"观察"、"回向"为"意业"。"五念门"中，前四门为"入门"，是修行净业，进入阿弥陀佛国（此佛国"过三界道"，即在"三界"之外）的自利门；末一门为"出门"，是已生阿弥陀佛净土之后，凭藉"奢摩他"（意译止，即禅定）、"毗婆舍那"（意译观，即智慧）的方便力，出净土，还入菩萨的教化地（即"娑婆世界"），教化众生，共向佛道的利他门。

（1）"礼拜门"。指礼拜阿弥陀佛的形象。（2）"赞叹门"。指赞叹阿弥陀佛的名号。（3）"作愿门"。指一心愿求往生阿弥陀佛净土。（4）"观察门"。指观察阿弥陀佛净土的功德庄严。下分三种观察：①"观察彼佛国土功德庄严"。指观察阿弥陀佛国的"十七种佛国土功德庄严成就"，即"清净功德成就"、"量功德成就"、"性功德成就"、"形相功德成就"、"种种事功德成就"、"妙色功德成就"、"触功德成就"、"庄严功德成就"、"雨功德成就"、"光明功德成就"、"声功德成就"、"主功德成就"、"眷属功德成就"、"受用功德成就"、"无诸难功德成就"、"大义门功德成就"、"一切所求功德成就"。②"观察阿弥陀佛功德庄严"。指观察阿弥陀佛的"八种佛功德庄严成就"，即"座庄严"、"身庄严"、"口庄严"、"心庄严"、"众庄严"、"上首庄严"、"主庄严"、"不虚作住持庄严"。③"观察彼诸菩萨功德庄严"。指观察阿弥陀佛国诸菩萨的"四种菩萨功德庄严成就"：一是诸菩萨"于一佛土身不动摇，而遍十方种种应化，如实修行，常作佛事"；二是"彼（诸菩萨）应化身，一切时不前不后，一心一念，放大光明，悉能遍至十方世界，教化众生，种种方便，修行所作，灭除一切众生苦"；

三是"彼于一切世界无余,照诸佛会大众无余,广大无量,供养、恭敬、赞叹诸佛如来";四是"彼于十方一切世界无三宝处,住持庄严佛、法、僧宝功德大海,遍示令解,如实修行"。上述"佛国土"、"佛"、"诸菩萨"三种功德庄严成就,摄二种清净,即"十七种佛国土功德庄严成就,是名器世间清净";"八种佛功德庄严成就、四种菩萨功德庄严成就,是名众生世间清净"。(5)"回向门"。指将自己所修的一切善法功德,转施与众生,愿同生极乐净土,共向佛道。此处所说的"回向",据昙鸾《注》的解释,包括"往相"、"还相"二种。"往相",指"以己功德,回施一切众生,作愿共往生彼阿弥陀如来安乐净土",即未生阿弥陀佛净土之前,愿与众生同生极乐净土;"还相",指"生彼土已,得奢摩他、毗婆舍那方便力成就,回入生死稠林,教化一切众生,共向佛道",即已生阿弥陀佛净土之后,凭藉"止"、"观"的方便力,出净土,还入菩萨的教化地(即"娑婆世界"),教化一切众生,共向佛道。如关于"五念门",说:

若善男子、善女人,修五念门成就者,毕竟(终究)得生安乐国土,见彼阿弥陀佛。何等五念门? 一者礼拜门,二者赞叹门,三者作愿门,四者观察门,五者回向门。云何礼拜? 身业礼拜阿弥陀如来应正遍知,为生彼国意故。云何赞叹? 口业赞叹,称彼如来名,如彼如来光明智相,如彼名义,欲如实修行相应故。云何作愿? 心常作愿,一心专念毕竟往生安乐国土,欲如实修行奢摩他(意译"止")故。云何观察? 智慧观察,正念观彼,欲如实修行毗婆舍那(意译"观")故。彼观察有三种。何等三种? 一者观察彼佛国土功德庄严,二者观察阿弥陀佛功德庄严,三者观察彼诸菩萨功德庄严。云何回向? 不舍一切苦恼众生,心常作愿,回向为首,成就

大悲心故。(《大正藏》第二十六卷,第231页中)

(二)"五种门"(又称"五功德相")。论述修习"五念门"的果报,为往生阿弥陀佛净土的"五果门"。它们是:"近门"、"大会众门"、"宅门"、"屋门"、"园林游戏地门"。

(1)"近门"。指初至阿弥陀佛净土,此为"五念门"中的"礼拜门"的果门,"以礼拜阿弥陀佛为生彼国故,得生安乐世界,是名入第一门"。(2)"大会众门"。指已入净土,成为如来法会中的一员,此为"赞叹门"的果门,"以赞叹阿弥陀佛,随顺名义,称如来名,依如来光明想修行故,得入大会众数,是名入第二门"。(3)"宅门"。指修行"奢摩他"(意译止,即禅定),此为"作愿门"的果门,"以一心专念作愿生彼,修奢摩他寂静三昧行故,得入莲华藏世界(指"报身佛"的净土,本书将阿弥陀佛净土视为"莲华藏世界"),是名入第三门"。(4)"屋门"。指修行"毗婆舍那"(意译观,即智慧),此为"观察门"的果门,"以专念观察彼妙庄严,修毗婆舍那故,得到彼处,受用种种法味乐,是名入第四门"。(5)"园林游戏地门"。指成就"止"、"观"后,出净土,还入教化地(即菩萨的"园林游戏地"),教化众生,共向佛道,此为"回向门"的果门,"以大慈悲,观察一切苦恼众生,亦应化身,回入生死园烦恼林中,游戏神通,至教化地,以本愿力回向故,是名出第五门"。

本书提出的"五念门",后来成了净土宗的核心思想之一。北魏昙鸾《无量寿经优波提舍愿生偈注》、唐道绰《安乐集》、善导《往生礼赞偈》、迦才《净土论》、南宋宗晓《乐邦文类》、明袁宏道《西方合论》、明大佑《净土指归集》、智旭《净土十要》、清彭际清《念佛警策》等净土类著作,都对它推崇备至,奉为不易之论。

本书的注疏有：北魏昙鸾《无量寿经优波提舍愿生偈注》二卷（今存）等。

第九品　宝积类：北魏菩提流支译《大宝积经论》四卷

《大宝积经论》，四卷。原书未署作者（藏文译本题为安慧造），北魏菩提流支译，约译于永平元年（508）至永熙三年（534）之间。隋法经等《众经目录》卷五著录（书名作《宝积经论》；译经时间据唐智升《开元释教录》卷六）。载于《丽藏》"谷"函、《宋藏》"传"函、《金藏》"谷"函、《元藏》"传"函、《明藏》"亏"函、《清藏》"亏"函、《频伽藏》"暑"帙，收入《大正藏》第二十六卷。

本书是小本《宝积经》的注释书。《宝积经》有大小品之分。大品《宝积经》，指唐菩提流志译的《大宝积经》一百二十卷，全经四十九会中，只有二十六会是新译的，其余二十三会都是根据先前流通的单行本编入的；小本《宝积经》，又名《古宝积经》，是初期大乘经之一，龙树《大智度论》卷二十八引用的《宝顶经》、《十住毗婆沙论》卷十七引用的《宝顶经·迦叶品》，就是指此《宝积经》而言的（"宝顶"为"宝积"的异译）。小本《宝积经》论述菩萨修行的差别相等问题。它的汉译本，今存的有四种：后汉支娄迦谶译《遗日摩尼宝经》一卷；西晋失译《摩诃衍宝严经》（又名《大迦叶品》）一卷；姚秦失译《大宝积经》一卷（唐智升《开元释教录》卷四著录，后被编入《大宝积经》卷一百十二的第四十三会，改名为《普明菩萨会》；又被编为梁曼陀罗仙等译《大乘宝云经》卷七《宝积品》，此后，这一单行本不再流通）；北宋施译《大迦叶问大宝积正法经》五卷。从所引的经文上推断，本书所释的经本，与姚秦失译《大宝积经》一卷较为接近。

全书不立品目,采用依照原著的叙述次第,自设问答的方式,解释经义。它的主要特色,是将《宝积经》定义为摄取"大乘法宝中,一切诸法差别义"的经典,并将《宝积经》的内容,概括为"十六种相差别"。它们是:"行邪行相";"行正行相";"行正行利益相";"行法行诸相差别";"诸菩萨所生慈心相";"菩萨住正行学戒相";"声闻戒与菩萨戒中,说优劣胜如相";"菩萨善学菩萨戒已,能与世间智等,饶益他行差别相";"受彼菩萨藏时,教修声闻戒相差别";"不善学沙门相差别";"不学沙门相差别";"住假名行相差别";"住真实行相差别";"如来方便化度众生相差别";"说微密语相差别";"于菩萨藏中得教诲已,善信有益相差别"。说:"所有大乘法宝中,诸法差别相者,彼尽摄取义故,名曰宝积";"如是大乘中所说,十六种诸法相差别摄取故,此法门名为宝积"。书首有归敬颂,为五言八句,始"归命世间救,苦海度彼岸",终"欲令法久住,自利利他故";书末有回向偈,为五言十二句,始"作此《宝积论》,我所得功德",终"无障碍佛眼,愿世速令得"。

卷一:解释《宝积经》从"如是我闻。一时,佛在王舍城耆阇崛山中",至"迦叶! 是为四种真实菩萨福德"的经文,论述"菩萨三义"、"有四法能忘失菩提心"、"有四法能生菩提心"等问题。

(1)"菩萨三义"。指菩萨有"信"、"修行"、"证"三义。"信",指"觉知甚深智慧,而能令觉";"修行",指"为自利利他因故,往行无上菩提";"证",指"以智慧力故,令得证无上菩提"。(2)"有四法能忘失菩提心"。指忘失"菩提心"有四种原因,即"不正信忘失";"信颠倒忘失";"所受诸法,皆是假名心故忘失";"得法体心忘失"。(3)"有四法能生菩提心"。指发起"菩提心",有"四种缘"、"四种因"、"四种力"。① "四种缘",指"见闻如来希有变化故,发菩提心";"因于无上菩提,以闻法为怜愍(悯)利益众生故,发菩提心";"菩萨为欲正法久住故,发菩提心";"见末世众生受诸重苦故,发菩提心"。② "四种因",指"具性";"具善知识";"慈悲为首";"不惊怖世间长夜。种种深重有闻等因"。③ "四种力",指"自力"、"他力"、"因力"、"修行力"。如关于能生"菩提心"的四种力,说:

> 何等四力? 一者自力,二者他力,三者因力,四者修行力。是中自力者,以自力故,堪乐欲发阿耨多罗三藐三菩提心,是名自力;他力者,以他所劝令发心,是名他力;前所习大乘善法者,是名因力;现在法中,亲近知识,长夜之中,闻、思等正法,习行善不息者,是名修行力。(卷一,《大正藏》第二十六卷,第 208 页上)

卷二:解释《宝积经》从"复次,迦叶! 菩萨有四大藏",至"如是老死忧悲众恼大苦皆灭"的经文,论述"二种助菩萨道行"、"涅槃义"、"四种利益事"、"中道诸法真实正观"等问题。

(1)"二种助菩萨道行"。指菩萨有二种帮助修习"菩萨道"的修行,即"助智道行"、"助功德道行",前者指"信空无我及不舍涅槃等",后者指"信业报等"。(2)"涅槃义"。指"无业烦恼亲缘果故,无缘故,阴(指五阴)流灭故,名为涅槃"。"涅槃"分"有余涅槃"、"无余涅槃"二种,"有余者,唯灭烦恼;无余者,缘无故"。(3)"四种利益事"。指菩萨的四种利益事,即"得大伏藏,自在事故";"超过魔道故,令无诸怨家故";"离谄曲心,在空闲处等故,于诸受用中无诸讥嫌事故";"助无量福德庄严故,得助无边功德事"。(4)"中道诸法真实正观"(又称"中道诸法实观")。指远离"有"与"无"、"断"与"常"等二边,以"中道"观察诸法实相,对一切分别,不起执著。

卷三：解释《宝积经》从"明与无明无二无别，如是知者，是名中道诸法实观"，至"大迦叶！汝等当自观内，莫外驰骋"的经文，论述"不起空见"、"四种声闻"等问题。

(1)"不起空见"。指《宝积经》说的"宁起我见，积若须弥，非以空见，起增上慢"一语，意思是说，"我见"有对治法，可以通过"空"而得到对治，"我见是可对治，可令得灭"；"空见"因不知"性空亦是空，彼不可得"而起，它没有对治法，"以横安执见故，成于空见，若起空见者，彼不得与对治"，"譬如病人，良医授药，乃至若起空见者，我说彼人则不可治"。(2)"四种声闻"。指有四种声闻。它们是："应声闻"，指"诸佛菩萨所化"的声闻；"我慢声闻"，指"邪法无我慢执智故，以为净"的声闻；"菩提愿声闻"，指"虽如是修菩提，然后行中，而是钝根故，及乐净故，非如初发心而有佛性者"的声闻；"定灭性声闻"，指"唯住向涅槃故，不堪得修大菩提"的声闻。如关于"烦恼"的对治，说：

> 贪欲等，观不净对治，令清净；瞋者，慈悲观对治；痴者，因缘观对治；诸见者，空对治；不正念所摄分别，及性胜分别中，无相对治；复有悕愿者，无愿对治；非解脱处生解脱者，非不(颠)倒对治。(卷三，第223页上)

卷四：解释《宝积经》从"如是，大迦叶！当来比丘如犬逐块"，至"说是经时，普明菩萨、大迦叶等，诸天，阿修罗及世间人，皆大欢喜，顶戴奉行"的经文，论述"四种沙门"、"九种成就势"、"五种患"等问题。

(1)"四种沙门"。指有四种沙门。它们是："形服相似沙门"(又称"形服沙门")，指"不惜沙门戒，唯形服同"的沙门；"威仪诳诈沙门"(又称"诳诈沙门")，指"增上智行同，诳诈等彼行心不同"的沙门；"名闻沙门"(又称"贪求名闻沙门")，指"唯求名闻"的沙门；"真实行沙门"（又称"实行沙门"），指"受真实行"的沙门。(2)"九种成就势"。指九种成就真实修行的势用。它们是："常行势"，指"不惜身命"；"多闻势"，指"乐闻空等法"；"欲势"，指"不喜空见等，复不喜涅槃，修诸梵行"；"寂静思惟势"，指"常依止于法，不依止文字章句"，"以依止法故，求禅解脱，思心世间智等"；"正见势"，指"于一切烦恼，常求解脱，不向外求，见一法本来性无垢，毕竟清净，而自依止，亦不依他"；"证势"，指"以正法身尚不见佛，何况色身者，以不见三宝故，真实三宝亦以出世间智分别念"；"灭势"，指"以空患离上不见法，何况贪著音声言说，以灭除所应除者"；"修势"，指"无所修应修者，以修故"；"正证势"，指"不生生死，不著涅槃，知一切法本来寂灭，不见有缚，不求解脱，是故不舍世间，不证涅槃"。(3)"五种患"。指修行者的五种过患，即"利养恭敬患"、"懈怠患"、"起愿持梵行患"、"唯戒为足患"、"不出至患"。

　　本书所释的《宝积经》（即《大宝积经》卷一百十二《普明菩萨会》）是一部条理清晰，层次分明，译文流畅的译典，要读懂它并非难事；而本书作为它的注释书，要读懂它却十分艰难，以致于有的书上称它"译文错乱拙劣"。其实，这不是译文的过错，而是体例上的欠缺所致。在经、律的注疏中，凡是采用经（或律）、论合一的方式编纂的注疏（或称直解），一般都是容易阅读的，因为它上列经文，下出释文，一一对应，语意清晰明了；凡是采用经、论分离的方式编纂的注疏（或称义疏），大多是很难阅读的，因为它是不含原著完整的章段和文句的，解释时所引的经文，往往是经文的片段或缩略语，并非是原始的文句，而且经文与释文混合在一起，不加标识，导致许多地方上下文不连贯、语意不清，若不对照原著，很难明白其中的意思。这种情况在离经别行的注疏都存在，并非个例。

第十品　宝积类：北魏菩提流支译
《弥勒菩萨所问经论》九卷

　　《弥勒菩萨所问经论》，又名《弥勒菩萨摩诃萨所问经论》《弥勒问经论》，九卷。原书未署作者，从本书的首句为"归命弥勒世尊"，书中引有"尊者婆薮槃豆说"来看，当是后期瑜伽行派论师所造。北魏菩提流支译，约译于永平元年（508）至永熙三年（534）之间。隋法经等《众经目录》卷五著录（译经时间据唐智升《开元释教录》卷六）。载于《丽藏》"谷"函、《宋藏》"传"函、《金藏》"谷"函、《元藏》"传"函、《明藏》"颠"函、《清藏》"颠"函、《频伽藏》"暑"帙，收入《大正藏》第二十六卷。

　　本书是《弥勒菩萨所问经》的注释书。《弥勒菩萨所问经》是初期大乘经之一，论述菩萨成就"八法"（指成就深心、成就行心、成就舍心、成就善知回向方便心、成就大慈心、成就大悲心、成就善知方便、成就般若波罗蜜）等问题。它的汉译本，今存的有二种：后汉安世高译《大乘方等要慧经》一卷（经文不全，只有"八法"的名目，没有"八法"的解释）；北魏菩提流支译《弥勒菩萨所问经》一卷（唐智升《开元释教录》卷六著录，后被编入《大宝积经》卷一百十一的第四十一会，改名为《弥勒菩萨问八法会》，单行本不再流通）。本书所释的经本，相当于菩提流支译本。全书不立品目，采用先总出《弥勒菩萨所问经》全部经文，然后依照原著的叙述次第，自设问答，对经义作阐说、引申和发挥的方式编纂，从而形成经文只有一卷（且文字平易，并不艰深），而释文长达九卷的奇特现象。其中的大量论述，实际上是作者本人的思想见解，与经文并没有直接的关联。

　　卷一：解释《弥勒菩萨所问经》从"如是我闻。一时，婆伽婆

住王舍城耆阇崛山中”，至“弥勒菩萨摩诃萨白佛言：世尊！如
是，愿乐欲闻”的经文，论述“何故如来说此修多罗”、“四种真实
功德”等问题。

(1)“何故如来说此修多罗”。指佛说《弥勒菩萨所问经》的
原因。它们是：“为菩萨不同法，能得一切种智（指佛智），是故如
来说此修多罗”；“为遮无因、颠倒因，随顺正因果，是故如来说此
修多罗”；“示现彼菩萨入正定聚、修正因行，是故如来说此修多
罗”。(2)“四种真实功德”。指菩萨有四种真实功德。它们是：
“能信解空，亦信因果”；“知一切法无有吾我，而于众生起大悲
心”；“深乐涅槃，而游生死”；“所作施行，皆为众生，不求果报”。

卷二：解释《弥勒菩萨所问经》从“佛复告弥勒菩萨摩诃萨
言：弥勒！若诸菩萨摩诃萨毕竟（终究）成就八法，不退阿耨多
罗三藐三菩提”，至“行菩萨行时，降伏一切诸魔怨敌，如实知一
切法自体相”的经文，论述“不退转义”、“发菩提心有七种因”、
“不退转菩萨八法”、“不退转相五法”、“降伏魔怨八法”等问题。

(1)“不退转义”。指“不退转”的含义，有：“以诸菩萨证得
初地毕定因故，乃至未得成佛以来，常以深心，如实修行，次第增
长菩提之心，彼所治法不能障，故名不退转”；“远离一切烦恼，名
不退转因”；“见道时，永断一切所治之法，得大悲等，生毕竟菩提
心，名不退转菩萨”。(2)“发菩提心有七种因”。指“发菩提心”
（指发起求得无上菩提之心）有七种因缘。它们是：“诸佛教化，
发菩提心”；“见法欲灭，发菩提心”；“于诸众生起大慈悲，发菩提
心”；“菩萨教化，发菩提心”；“因布施故，发菩提心”；“学他发菩
提心”；“闻说如来三十二相、八十种好，发菩提心”。(3)“不退
转菩萨八法”。指菩萨须成就八法，才能成为“不退转菩萨”。它
们是：“观察自过，不观他过”；“乃至不为自身命故，施恶于人”；
“若得利养，其心不高，若失利养，心亦不下”；“于诸众生，起福田

想,不生恶心";"所有财物,悉与一切众生共之";"于诸法中,不
欲独解,令他不知";"见他得乐,生欢喜心,不由自乐,生欢喜
心";"于爱、不爱,其心平等"。(4)"不退转相五法"。指"不退
转菩萨"具有五种体相。它们是:"于诸众生起平等心";"于他利
养不生嫉心";"乃至自为身命,不说法师、比丘诸恶过失";"终不
贪著供养、恭敬、赞叹等事";"毕竟得甚深法忍"。(5)"降伏魔
怨八法"。指菩萨须成就八法,才能降伏魔怨(指"烦恼魔"、"天
魔")。它们是:"知五阴法如幻化";"离身见等一切烦恼,如实知
空";"如实知一切有为行,不生而生诸世间";"常教化众生,常不
舍离菩提心";"心常坚固,修行精进,而常怖畏三界";"入不应入
者,而常求上智为众生";"常修集功德,而信无常相";"常修集智
慧功德,而不求声闻辟支佛智"。如关于"不退转地八法"(指菩
萨得入"不退转地"的八种法),说:

　　菩萨摩诃萨(指初地以上大菩萨)有八种法,能成不退
转地。何等为八? 一者大悲,二者心安住,三者智慧,四者
方便,五者不放逸,六者发精进,七者善住念,八者值善知识
(即善友)。初发心菩萨应速修行此八种法,如救头然(燃),
后方修集菩萨其余不退转法。依此八法,修集其余不退不
转一切功德。(卷二,《大正藏》第二十六卷,第241页下)

　　卷三:解释《弥勒菩萨所问经》从"于诸世间心不疲倦,以心
不疲倦故不依他智,速疾成就阿耨多罗三藐三菩提。何等为
八",至"弥勒! 云何诸菩萨摩诃萨成就行心"的经文,论述"于诸
世间,心不疲倦"、"成就深心"、"成就修行"等问题。

　　(1)"于诸世间,心不疲倦"。指菩萨由于"离我相等"、"得
一味利他心"、"得安住心"、"愿坚固",因而能对世间众生,心不
疲倦。"心不疲倦"的修行法有:①"有大慈悲心五法"。指"为

与众生安隐乐故,不惜一切资生之物";"不惜自身";"不护惜命";"修一切行不待多时";"怨亲等悲"。②"能忍一切诸苦恼五法"。指"信诸法无我";"信诸法空";"观世间法";"观诸业报";"观察诸业已尽,为诸众生,于无量劫而受苦恼"。③"常求佛菩提五法"。指"不同余乘,智胜余乘";"世间最上首";"自度身";"度他人";"具足一切功德藏"。④"教化诸众生五乘法"。指"应正遍知乘"(指佛乘)、"辟支佛乘"、"声闻乘"、"天乘"、"人乘"。⑤"勇健无畏五法"。指"衰损败坏,其心不忧";"成就一切诸利益法,其心不喜";"受诸苦恼,其心不戚";"得诸胜乐,其心不欣";"瞋喜二相,不可测知"。⑥"不著自身五法"。指"知身不从过去世来";"知身不向未来世去";"知身非坚固法";"知身无实神我";"知身无实我所"。⑦"不求自乐五法"。指"知乐如水泡";"知乐败坏时苦";"得世间方便";"不依他智";"依自智力"。(2)"成就深心"。所说的"深心",指能发起"求佛菩提一切诸行"之心,它是发生"一切菩提"之因;"成就深心",指"种种苦恼不能动转一切菩萨求菩提心",亦即求得"无上菩提"之心坚固不动。(3)"成就修行"(又称"成就行心")。所说的"修行",指"为利益他,起不损害深心,身、口、意业摄自利行及利他行";"成就修行",指修行"十善业道"。如关于菩萨修行"十善业道",与"声闻"、"辟支佛"等修行"十善业道"的不同之处,说:

> 成就修行者,受持增上十善业道故。此明何义?以菩萨修行,过于声闻、辟支佛等十善业道,是故名为成就修行。诸菩萨摩诃萨(指初他以上大菩萨)有五种法,胜于声闻十善业道。何等为五?一者专心修行故;二者常修行故;三者为安隐自身故;四者为安隐他身故;五者善清净故。专心修行者,毕竟不离一味心故;常修行者,不断不绝,不休息故;

为安隐自身者,为自身取人天安隐及大菩提故;为安隐他身
者,为与一切众生安隐,毕竟回向大菩提故,以救过于无数
众生故;善清净者,不破故、不点故、不污故、无所属故、善究
竟故、不食故、智者赞叹故。(卷三,第 245 页下—第 246
页上)

卷四、卷五:解释《弥勒菩萨所问经》从"弥勒! 云何诸菩萨
摩诃萨成就行心"(续),至"弥勒! 如是,诸菩萨摩诃萨毕竟成就
行心"的经文,论述"成就修行"(续)问题,内容叙及"菩萨戒众六
十六事清净"、"十不善业道果"等。

(1)"菩萨戒众六十六事清净"。指菩萨持戒应作的六十六
种清净事,有:"于他众生,不起恼苦";"于他财物,不生窃盗";
"于他妇女,终不邪视";"于诸众生,无有欺诳";"初不两舌,于自
眷属知止足";"无有恶口,忍粗犷";"无有绮语,常善说";"于他
乐事,不贪嫉";"初无瞋恚,忍恶言";"正见不邪,贱余道";"坚持
禁戒,一切无犯,乃至小禁不放舍";"持知足戒,无不厌";"持少
欲戒,断贪惜";"持慈心戒,护众生";"持悲心戒,能忍诸苦";"持
不惜身戒,观无常相";"持不惜命戒,勤行善根";"持化众生戒,
不离摄法"等。(2)"十不善业道果"。指造作"十不善业道"的
三种果报。它们是:"果报果",指"具足十不善业道下中上,生地
狱中";"习气果",指"从地狱退生于人中,依杀生,故有断命果;
依偷盗,故无资生果;依邪淫,故不能护妻",乃至"依邪见,故痴
心增上";"增上果",指"依彼十种不善业道,一切外物无有气
势",如"土地高下"、"雀鼠雹棘"、"尘土臭气"、"多有蛇蝎"、"少
谷细谷"等。如关于"声闻"、"辟支佛"、"菩萨"三乘的"同戒",以
及"菩萨"独有的"胜戒",说:

　　　有同戒清净,声闻、辟支佛、菩萨同修五种清净戒法应

知。何等为五？一者根本清净，二者眷属清净，三者觉观不
乱，四者摄取念，五者回向涅槃。根本清净者，远离根本业
道罪故；眷属清净者，远离杀生等方便行故；觉观不乱者，远
离欲害瞋恚等觉所有恶行故；摄取念者，摄取念佛、念法、念
僧等诸念故；回向涅槃者，为涅槃护戒，不为世间资生故。
此是少分同戒（指三乘的部分同戒）。诸菩萨摩诃萨（指初
他以上大菩萨）胜戒者，依初发菩提不损害心所起戒聚，乃
至八地无量时修一切戒聚，以利益他心，回向萨婆若智（指
一切智），离一切习气得大涅槃，是诸菩萨摩诃萨一切戒善
清净应知。（卷五，第256页中）

　　卷六：解释《弥勒菩萨所问经》从"弥勒！云何诸菩萨摩诃
萨成就舍心"，至"如是，诸菩萨摩诃萨毕竟成就善知回向方便
心"的经文，论述"成就舍心"、"成就善知回向方便"等问题。

　　所说的"舍心"，指"布施心"，即为利益他人，作布施；"成就
舍心"，指"不著因果，依法施、财施，于现在世及未来世，能与众
生大利益事"。布施的种类有：一施，指"不贪心相应心施"；二
施，指"法施"、"财施"（又称"资生施"）；三施，指"法施"、"财施"、
"无畏施"；四施，指"法施"、"财施"、"无畏施"、"大施"（指受持五
戒）。此外，菩萨有四种施，能摄取一切善根。它们是："平等心
施"、"对治施"、"回向大菩提施"、"依寂灭施"。

　　卷七：解释《弥勒菩萨所问经》从"如是，诸菩萨摩诃萨毕竟
成就善知回向方便心"（续），至"如是，诸菩萨摩诃萨毕竟成就大
悲心"的经文，论述"成就善知回向方便"、"成就慈心"、"成就悲
心"等问题。

　　（1）"成就善知回向方便"。所说的"回向"（又称"转向"、
"施向"），指将自己所修的善法功德，转施与一切众生，以期同证

菩提。外道修习持戒、布施等,是为求得自乐,回向"三有"(指众生随业受报的三界);"声闻"、"辟支佛"修习持戒、布施等,是为求得自身涅槃乐,回向"涅槃";诸菩萨修习持戒、布施等,为利益他人,回向"无上大菩提"。故"回向"并非大乘独有,外道、小乘也有,只是回施的对象各不相同而已。菩萨有"二种回向"、"四种清净义"。①"二种回向"。指菩萨的"回向",分"同回向"、"胜回向"二种。"同回向者,为与一切众生乐故;胜回向者,未生信心者,令生信心故"。②"四种清净义"。指菩萨的"回向",是为了求得四种清净。它们是:"为欲清净诸佛国土";"为欲清净菩提之心";"为欲教化淳熟,清净众生之心";"为欲清净一切佛法"。"回向方便"中的"方便",意指"善巧"。(2)"成就慈心"、"成就悲心"。指成就"四无量心"(指慈、悲、喜、舍无量心)中的"慈无量心"、"悲无量心"。"慈心"、"悲心",以"不瞋"善根为体,"对治可瞋处,是名为慈;对治不可瞋处,是名为悲";"喜心",以"喜"善根为体;"舍心",以"不贪"善根为体。"四无量心"的体相是:"与众生乐相,安隐众生,是名慈相";"拔众生苦相、灭相、寂静相,怜愍(悯)众生,是名悲相";"离不乐心相,嫉妒对治法,是名喜相";"舍爱、不爱相,利益一切众生事因相违之法,自然纵任,是名舍相"。"四无量心"中,最重要的"慈无量心"、"悲无量心","发菩提心,修诸善行,皆慈悲心以为根本"。

卷八、卷九:解释《弥勒菩萨所问经》从"弥勒!云何诸菩萨摩诃萨成就善知方便",至"一切大众,闻佛所说,皆大欢喜,信受奉行"的经文,论述"成就善知方便"、"成就般若波罗蜜"、"十二因缘"等问题。

(1)"成就善知方便"。指成就"善知二谛"。"善知世谛",指"善知自相";"善知第一义谛",指"善知同相"。"外道远离如实般若智,唯有世智,无出世智";"声闻、辟支佛舍世间智,但有涅槃智,无世间智";"菩萨摩诃萨(指初他以上大菩萨)为欲利益一切众生求妙法故,于世谛中及第一义谛(即真谛)中,修行方便智",此为"成就善知方便"。(2)"成就般若波罗蜜"。指成就智慧度,"到彼岸故,名波罗蜜义";"求佛菩提大慈悲心,摄取所起方便智慧,能如实知一切诸法同相、别相胜义,名为般若波罗蜜义"。(3)"十二因缘"。指众生生死流转的十二个阶段,即"无明"、"行"、"识"、"名色"、"六入"(又称"六处")、"触"、"受"、"爱"、"取"、"有"、"生"、"老死"。

本书是瑜伽行派释经论中,征引各种大乘经较多的一部书。主要有:《宝积经》《般若波罗蜜经》《十地经》《无尽意菩萨经》《如来法印经》《文殊师利问菩提经》《智印三昧经》《大海慧菩萨经》《阿耨大池圣者龙王经》《宝女经》《娑伽罗龙王经》《处处经》《毗摩罗吉利致所说经》《伽耶山顶经》《金刚密迹经》《无垢德女所说经》等。它反映了当时对佛教界有影响的一些大乘经的流传情况。

第十一品　大集类:北魏毗目智仙译
《宝髻经四法优波提舍》一卷

《宝髻经四法优波提舍》,又名《宝髻菩萨四法经论》,一卷。印度天亲(即世亲)造,北魏毗目智仙译,兴和三年(541)译出。唐智升《开元释教录》卷六著录。载于《丽藏》"谷"函、《宋藏》"传"函、《金藏》"谷"函、《元藏》"传"函、《明藏》"静"函、《清藏》"静"函、《频伽藏》"暑"帙,收入《大正藏》第二十六卷。

本书是《宝髻经》部分章段的注释书。《宝髻经》是初期大乘经之一,论述菩萨有"波罗蜜行"、"助菩提行"、"神通行"、"调众生行"四行等理论。它的汉译本,今存的有三种:西晋三藏竺法护译《宝髻菩萨所问经》(又名《宝髻经》《菩萨净行经》)二卷；北凉昙无谶等译《大方等大集经》卷二十五至卷二十六《宝髻菩萨品》；唐菩提流志译《大宝积经》卷一百十七至卷一百十八《宝髻菩萨会》。就三个译本之间的关系而言，在印度最初流传的是《宝髻经》的单行本(竺法护所译的梵本)；稍后，单行本被编入《大方等大集经》梵本，成为第十一品《宝髻菩萨品》(昙无谶据梵本新译)；最后，在汉地，由唐菩提流志将竺法护译的《宝髻菩萨所问经》，编入《大宝积经》，使之成为第四十七会《宝髻菩萨会》(译文全据竺法护译本)。自此以后，《宝髻经》同时见收于《大方等大集经》《大宝积经》二部丛书，其单行本不再流通。因此，从《宝髻经》所属部类演变的轨迹考察，《宝髻经》应归属于《大方等大集经》，而不是《大宝积经》。本书所释并非《宝髻经》全经，而是有关"菩萨布施"的部分经文。书首有《翻译之记》，说：

> 《宝髻经》者，是《大集》中之一集也。其宗四法，玄深奥密。天亲(即世亲)菩萨略开其门，是故名为优波提舍。圣自在力行之，彼古时人处会出于此。今兴和三年岁次辛酉，九月朔旦庚午之日，乌苌国人、刹利王种、三藏法师毗目智仙，中天竺国婆罗门人瞿昙流支(即般若流支)，护法大士魏骠骑大将军开府仪同三司、御史中尉勃海高仲密，爱法之人沙门昙林，道俗相假于邺城内金华寺，译四千九百九十九字。(《大正藏》第二十六卷，第273页下—第274页上)

《宝髻经》的初首说："一时，婆伽婆(指佛)住王舍城耆阇崛山中，与大比丘僧、大菩萨众俱。尔时，世尊告宝髻菩萨言：善男子！菩萨四种发起精进，不离布施。何等为四？一者满足一切众生发起精进，二者满足一切佛法发起精进，三者究竟相随形

好发起精进,四者清净佛之世界发起精进。如是四种发起精
进。"本书的解释,就是以此为开端展开的。全书以自设问答的
形式表达,即针对经文,设立各种问题,然而一一加以解答。所
设的问题有:"如来何所饶益,而说如是檀波罗蜜施行清净";"何
故发起四种精进,不多不少";"何者布施,几种布施";"云何菩萨
布施如是,满足一切佛法"等。在解答中,作者着重论述了菩萨
布施时,应发起"四种精进",以获得"四种具足"问题。所说的
"四种发起精进",指的是:(1)"满足一切众生发起精进",指为
满足"一切众生",而发起精进。(2)"满足一切佛法发起精进"。
指为满足"一切佛法",而发起精进。(3)"究竟相随形好发起精
进"。指为具足佛的"三十二大人相"(三十二种显见的殊胜形
相)、"八十随形好"(八十种微细的殊胜形相),而发起精进。
(4)"清净佛之世界发起精进"。指为清净佛土,而发起精进。
所说的"四种具足",指的是:"众僧具足"、"智具足"、"身具足"、
"佛世界具足"。它们是上述"四种发起精进"各自对应的果报。
如关于"四种具足",说:

> 一切智示(指佛说),若汝欲求四种具足,应行四种发起
> 精进,行于布施。何等为四? 一者众僧具足,二者智具足,
> 三者身具足,四者佛世界具足。……若说满足一切众生,发
> 起精进,得僧具足;若说满足一切佛法,发起精进,得智具
> 足;若说究竟相随形好,发起精进,得身具足;若说清净佛之
> 世界,发起精进,得佛世界具足。如是饶益,自、他利益故。
> (第 275 页中)

　　此外,书中还论述了《宝髻经》所说的"四种净行"问题。"四
种净行",指菩萨的四种清净修行。它们是:"波罗蜜净行",指
"六波罗蜜"(又称"六度")施行清净;"菩提分法净行",指"三十

七菩提分法"施行清净；"通智究竟净行"，指"六神通"施行清净；
"众生淳熟净行"，指调伏众生施行清净。

《宝髻经》的内容十分丰富，所阐述的义理有："菩萨摩诃萨
有四行"（指"初地"以上的大菩萨，有"波罗蜜行、助菩提行、神通
行、调众生行"）；"四种无分别心"（指"不分别众生、不分别法、不
分别心、不分别愿"）；"远离八不正见"（指"我见、众生见、寿命
见、士夫见、常见、断见、有见、无见"）；"不观四相"（指"常相、乐
相、我相、净相"）；"能净四法"（指"净身、净口、净心、净愿"）；"远
离三碍"（指"果报碍、声闻碍、悔心碍"）；"具四种印"（指"内空
印、外空印、众生空印、菩提空印"）；"具四精进"（指"满众生故具
足精进、护佛法故具足精进、为具三十二相八十种好故具足精
进、净佛土故具足精进"）；"净于三事"（指"念菩提心、念欲见佛、
心常念慈、念离烦恼"）；"净于四智"（指"界智、众生满足智、愿
智、助菩提智"）等。以此对勘本书，所释的经文缺失甚多，故本
书所依据的梵本在内容上是不全的。

第十二品　经集类：北魏毗目智仙等译
《转法轮经优波提舍》一卷

《转法轮经优波提舍》，又名《转法轮经论》，一卷。印度天亲
（即世亲）造，北魏毗目智仙等译，兴和三年（541）译出。唐智升
《开元释教录》卷六著录。载于《丽藏》"虚"函、《宋藏》"堂"函、
《金藏》"虚"函、《元藏》"堂"函、《明藏》"颠"函、《清藏》"颠"函、
《频伽藏》"暑"帙，收入《大正藏》第二十六卷。

本书是大乘《转法轮经》的注释书。《转法轮经》有小乘、大
乘之分。小乘的《转法轮经》属于杂阿含部经典，论述"三转法
轮"、"四谛"等问题，它的汉译本有：后汉安世高译《转法轮经》

一卷；刘宋求那跋陀罗译《杂阿含经》卷十五第三七九经；唐义净译《三转法轮经》一卷等。大乘的《转法轮经》，属于唐智升《开元释教录》卷十一所编"五大部"(指般若部、宝积部、大集部、华严部、涅槃部)之外的大乘经(《大正藏》称为"经集部")，论述"如来转法轮"(指佛对众生宣说教法)等问题。从书名下有"有释论，无经本"的小注来看，本书所释的经本已佚。书中唯一征引的经典是《广普经》，而且引用了三次，以此推断，本书所释的大乘《转法轮经》，很可能是今已亡佚的《广普经》。书首有《翻译之记》，说：

> 《转法轮经》，如来初说。优波提舍，义门之名，天亲(即世亲)菩萨之所开示。佛说为谁？憍陈如等。义行此方，必主其人。魏骠骑大将军开府仪同三司、御史中尉勃海高仲密，善求义方，选真简伪，故请法师毗目智仙，并其弟子瞿昙流支(即"般若流支")，于邺城内在金华寺，出此义门优波提舍。兴和三年岁次大梁，建酉之月朔次庚子十一日译，三千九百四十二言。沙门昙林对译录记。(《大正藏》第二十六卷，第355页下)

《转法轮经》原文说："一时，婆伽婆(指佛)，住王舍城耆阇崛山中，与大比丘僧、大菩萨众俱。尔时，世尊告智员大海乐说辩才菩萨言：智员大海乐说辩才！有二种住持如来转法轮。何等为二？一者众生住持，二者法住持。"本书的解释，就是以此为开端展开的。全书采用自设问答的方式释经，针对经文，设立十四个问题(称为"十四难")，然后逐一加以解答。所设的问题有："如来何故，在王舍城耆阇崛山，二种住持转此法轮，不在余处"；"以何义故，名为如来"；"以何义故，名为法轮"；"世尊几转几行而转法轮"；"世尊此中说转，何故如来不生法门说一切法不转不

回";"若此说众生住持法,住持者云何";"世尊何处初坐而转法
轮";"世尊转法轮时,几许众生舍恶行善";"以要言之示现,云何
众生住持及法住持"等。在解答中,作者着重论述了大乘《转法
轮经》所说的"二种住持如来转法轮",即唯佛能作"众生住持"、
"法住持",而"转法轮"问题。

从书中的论述可以看出,作者是站在大乘的立场上,来解释
佛成道后,在鹿野苑对憍陈如等五人初次说法(又称"初转法
轮")的这一历史事件的,在叙事中,插入了一些大乘的元素。但
总体而言,作者仍然与小乘一样,肯定初次说法的内容是"三转
法轮",即对"四谛"中的每一谛,都从"示"(示相)、"劝"(劝修)、
"证"(作证)三个层面,加以阐说(各说一遍)。初转(第一遍)为
"示转"(又称"示相转",指示相);二转(第二遍)为"劝转"(又称
"劝相转",指劝修);三转(第三遍)为"证转"(又称"证相转",指
作证)。由于每一转各具"眼"、"智"、"明"、"觉"四行相,故"四
谛"中的每一谛,都有"三转十二行相"("四谛"合计有十二转四
十八行相)。如关于"初转法轮",说:

> 世尊几转几行? 转法轮者,彼义今说。法轮三转有十
> 二行:此苦圣谛,此集圣谛,此灭圣谛,此苦灭道圣谛,此第
> 一转(此为"示相转");此苦圣谛应知,此苦集应断,此苦灭
> 应证,此苦灭道应修,此第二转(此为"劝相转");此苦圣谛
> 已知,此苦集已断,此苦灭已证,此苦灭道已修,此第三转
> (此为"证相转")。此说三转如是。苦智、集智、灭智、道智
> 如是。(第357页下)

至于书中说,初转法轮时,在场的不只有憍陈如等五比丘,
"复有诸天六十亿数,复色界天八十亿数,复有八十四千亿人",
那只是借用大乘经常用的叙事法罢了。

第十三品　经集类：北魏毗目智仙等译《三具足经优波提舍》一卷

《三具足经优波提舍》，又名《三具足经论》，一卷。印度天亲（即世亲）造，北魏毗目智仙等译，兴和三年（541）译出。唐智升《开元释教录》卷六著录。载于《丽藏》"虚"函、《宋藏》"堂"函、《金藏》"虚"函、《元藏》"堂"函、《明藏》"节"函、《清藏》"节"函、《频伽藏》"暑"帙，收入《大正藏》第二十六卷。

本书是《三具足经》的注释书。《三具足经》是初期大乘经之一，论述"三种具足"（指菩萨应修习施具足、戒具足、闻具足）问题。从书名下有"有释论，无经本"的小注来看，由于在翻译时所释的经本就已亡佚，只有释论尚存，故本书作为释论，是"唯显义，弗释章句"，即只释原著大义，不释经文章段的。书首有《翻译之记》，说：

> 施、戒、闻三（者），备摄众行，是以如来说名具足。法门深邃，浅识未窥，天亲（即世亲）菩萨慈心开示，唯显义，弗释章句，是故名为优波提舍。昔出中国（指中印度），今现魏都。三藏法师毗目智仙、婆罗门人瞿昙流支、爱敬法人沙门昙林，于邺城内在金华寺，兴和三年岁次辛酉月建在戌朔次庚午十三日译，千百十言。骠骑大将军开府仪同三司、御史中尉渤海高仲密，启请供养，守护流通。（《大正藏》第二十六卷，第359页上）

《三具足经》原文说："一时，婆伽婆（指佛）住毗舍离大林精舍，与大比丘僧、大菩萨众俱。尔时，世尊告无垢威德大力士言：善男子！菩萨有三具足。何等为三？一者施具足，二者戒具足，三者闻具足。"本书的解释,就是以此为开端展开的。全书采用自设问答的方式释经,即针对经文,设立各种问题,然而一一加以解答。所设的问题有:"何义佛说此经";"以何因缘而说如是三种具足不多少";"说三具足,何故初施、中戒、后闻"等。在解答中,作者着重论述了菩萨应修行"三种具足"问题。(1)"施具足"。指布施具足。布施分"资生施"、"无畏施"、"法施"三种。"资生施",指"饮食等种种舍施";"无畏施",指"能救济师子、虎、鼋、王、贼、水等如是诸畏";"法施",指"倒说法者,为之正说,次第学句,教彼正取"。(2)"戒具足"。指持戒具足,即"三聚净戒"具足。"三聚净戒",指菩萨受持的三种净戒:一是"律仪戒",指受持"七众别解脱律仪",即佛教出家五众(指比丘、比丘尼、式叉摩那、沙弥、沙弥尼)、在家二众(指优婆塞、优婆夷)各别受持的戒法;二是"摄善法戒",指受持一切善法,"菩萨所有善法及戒,皆正取已,然后修集大菩提善,若身、若口、若意等善如是";三是"摄众生戒",指饶益一切众生,略说有十一种,如"种种饶益众生,种种因缘同事相应"等。(3)"闻具足"。指闻法具足,"修多罗等十二部经,言语说法,是故名闻"。"三种具足"所对治的烦恼是:"以施具足,对治贪嫉;以戒具足,对治破戒;以闻具足,对治愚痴"。"三种具足"能带来的"福德"是:"施具足者,示施福德;戒具足者,正行福德;闻具足者,示修福德"。"三种具足"与"六波罗蜜"的关系是:"施具足者,世尊示现檀波罗蜜;戒具足者,尸波罗蜜;闻具足者,忍(指忍辱)、进(指精进)、禅(指禅定)、慧波罗蜜尔"。如关于"戒具足"中的"摄众生戒",说:

　　何者菩萨摄众生戒? 彼要略说有十一种,此义应知。
　　何等十一? 一者种种饶益众生,种种因缘,同事相应;二者
　　众生病、不病等,种种诸苦,供给伴等;三者世间、出世间义,

如彼法说先示方便,先示道理;四者报众生恩,不忘恩报,随所宜护,随报供给;五者师子、虎、王、水、火、贼等,种种畏处,护诸众生;六者诸亲善友,亡失富乐,忧悲殃罪,能为除遣;七者贫穷、苦恼、乞丐众生,一切所须,皆悉给与,行善之人,依正舍法功德摄取;八者先语问讯,后语问讯,应时而往;九者若他呼唤,取食饮等,世间饶益,彼此往来,以要言之,一切所有不饶益事、不可爱行,皆悉舍离,心随顺转;十者自实功德,心生欢喜,公白正取,毕竟唱说,以润益心,若治、若摈、若罚、若黜,或时驱遣,诸如是等不善处摈,令住善处,相应饶益;十一者以神通力,示地狱等,毁呰不善,令入佛法,教化众生,令其欢喜,得未曾有。(第363页上、中)

本书文约而义丰,是毗目智仙翻译的三部"优波提舍"(《宝髻经四法优波提舍》《转法轮经优波提舍》《三具足经优波提舍》)中,最有义理价值的一部经典。

第十四品　　经集类:北魏菩提流支译《文殊师利菩萨问菩提经论》二卷

《文殊师利菩萨问菩提经论》,又名《文殊师利问菩提经论》《文殊问菩提经论》《伽耶顶经论》,二卷。印度天亲(即世亲)造,北魏菩提流支译,永平二年(509)。隋费长房《历代三宝纪》卷九著录(书名作《伽耶顶经论》)。载于《丽藏》"声"函、《宋藏》"虚"函、《金藏》"声"函、《元藏》"虚"函、《明藏》"弗"函、《清藏》"弗"函、《频伽藏》"暑"帙,收入《大正藏》第二十六卷。

本书是《文殊师利菩萨问菩提经》的注释书。《文殊师利菩萨问菩提经》是初期大乘经之一,论述"四种发菩提心"等问题。

它的汉译本是姚秦鸠摩罗什译《文殊师利问菩提经》一卷,属于唐智升《开元释教录》卷十一所编"五大部"(指般若部、宝积部、大集部、华严部、涅槃部)之外的大乘经。全书采用先科判全经(即"九分科经"),然后随文作释(即依照原著的叙述次第,分段摘录经文,加以解释),经文(冠有"经曰")与释文(冠有"论曰")对应编排的方式编纂。释文中有科分章段的提示语,各层次的释文之末,大多引经为证,说明释文中的这层意思,为某句经文所说;所引的经文,其首一般冠有"如经"二字(例如"所作毕竟,如经应作已作故"一句中,"所作毕竟",是世亲的释文;"如经"为"如经曰"的略写,"应作已作"为引证的经文)。

本书的主要特色是"九分科经",即将《文殊师利菩萨问菩提经》(以下略称《文殊问菩提经》)的内容科分为九部分。(1)"序分"。指《文殊问菩提经》"如是我闻。一时,婆伽婆住伽耶城伽耶山顶塔,初得菩提,与大比丘众满足千人俱"一句。(2)"所应闻弟子成就分"。指《文殊问菩提经》从"其先悉是辫发梵志",至"大众围绕"的经文。(3)"三三昧分"。指《文殊问菩提经》"尔时,世尊独静无人,入于诸佛甚深三昧,观察法界"的经文。(4)"能观清净分"。指《文殊问菩提经》从"而作是念:我得阿耨多罗三藐三菩提",至"离诸罪田,示于福田"的经文。(5)"所观法分"。指《文殊问菩提经》从"我今当观彼法",至"无异离异,无菩提相"的经文。(6)"起分"。指《文殊问菩提经》从"尔时,文殊师利法王子在大会中",至"云何于菩提发心住"的经文。(7)"说分"。指《文殊问菩提经》从"佛告文殊师利:善男子、善女人,应如是知菩提相而发心住",至"菩提心者,如镜中像、如热时焰、如影、如响、如虚空、如水中月,应当如是发菩提心住"的经文。(8)"菩萨功德势力分"。指《文殊问菩提经》从"尔时,会中有天子,名月净光德",至"第四一生补处发心,学法王法,能得自在"的经文。(9)"菩萨行差别分"。指《文殊问菩提经》从"尔时,大众中有天子,名定光明主",至"闻佛所说,皆大欢喜,信受奉行"的经文。书首有归敬颂,为七言八句,始"见诸众生烦恼缚,起菩提愿为救拔",终"如是二种最胜利,一切外道论中无"。

卷上:解释《文殊师利菩萨问菩提经》从"如是我闻。一时,婆伽婆住伽耶城伽耶山顶塔,初得菩提",至"第四一生补处发心,学法王法能得自在"的经文(内含第一分"序分"至第八分"菩萨功德势力分"),论述"无菩提相"、"发菩提心住有八种"、"行菩萨行有十四种"、"四种发菩提心"等问题。

(1)"无菩提相"。指菩萨所证的"阿耨多罗三藐三菩提"(意为无上正等正觉)没有体相,"菩提者,但有名字,世俗故说","过诸言说,出于三界"。(2)"发菩提心住有八种"。指菩萨"发菩提"而安住有九种。它们是:"舍一切戏论(指无益的言论)"、"舍取诸法"、"如虚空"、"寂静"、"舍取常无常相"、"不毁道不舍道"、"离谤离著"、"入一切法一相"。(3)"行菩萨行有十四种"。指修行"菩萨道"有十四种。它们是:"受教不忘"、"善取正教观有为法"、"无彼处过"、"不随顺诸过"、"善修十善业道"、"身口意业三法清净"、"戒清净"、"随顺利益一切众生"、"满足一切助菩提法"、"不疲倦"、"业果清净"、"修行清净"、"作利益一切众生清净"、"心清净"。(5)"四种发菩提心"。指菩萨"发菩提心"有四种。它们是:"初发心"、"行(指修行)发心"、"不退(指不退转)发心"、"一生补处(指经此一生,来世必当作佛)发心"。如关于"四种发菩提心",说:

诸菩萨摩诃萨(指初地以上大菩萨)有四种心,能成就因,能成就果。何等为四?一者初发心,二者行发心,三者不退发心,四者一生补处发心者。初发心,能与第二行发心

作因;第二行发心,能与第三不退发心作因;第三不退发心,
能与第四一生补处发心作因。……初发心,如种种子;第二
行发心,如芽生增长;第三不退发心,如茎叶华果,初始成
就;第四一生补处发心,如果等有用等者。……初发心从因
生者,以自性清净本来成就故;第二行发心从智生者,以摄
取世间、出世间闻慧方便故;第三不退发心从断生者,以过
一切世间戏论(指无益的言论)故;第四一生补处发心从果
生者,以自然成就一切行故。(卷上,《大正藏》第二十六卷,
第 332 页上、中、下)

卷下:解释《文殊师利菩萨问菩提经》从"尔时,大众中有天
子,名定光明主",至"闻佛所说,皆大欢喜,信受奉行"的经文(内
含第九分"菩萨行差别分"),论述"二种道"、"十种智"、"十种
发"、"十种行"、"十一种无尽观"、"十种对治法"、"十种寂静地"
等问题。

(1)"二种道"。指菩萨速得"阿耨多罗三藐三菩提"(意为
无上正等正觉)的二种道路,以类区分,有:①"方便道"与"智
慧道"。"方便道",指"知摄善法";"智慧道",指"如实知诸法
智"。"方便者,观因道;智慧者,灭因道智";"方便者,知诸法差
别;智慧者,知诸法无差别智";"方便者,得至道场;智慧者,能证
一切佛菩提法智"。②"有漏道"与"无漏道"。"有漏道",指"五
波罗蜜";"无漏道",指"般若波罗蜜"。③"有量道"与"无量
道"。"有量道",指"取相分别";"无量道",指"不取相分别"。
④"智道"与"断道"。"智道",指"谓从初地乃至七地";"断道
者",指"从八地乃至十地"。(2)"十种智"。指菩萨有十种智。
它们是:"因智",指"善知无始世来解脱种子";"果智",指"如实
知无始世来种种业报";"义智",指"善知自利、利他";"方便智

者"，指"能增长微少善根令无量"；"慧智"，指"能观察善、不善
法"；"摄智"，指"摄取法施、资生施"；"波罗蜜智"，指"善知成就
种种善根"；"大悲智"，指"依善根能起善行"；"教化众生智"，指
"善观察时、非时"；"不著一切诸法智"，指"离二边，修行中道"。
(3)"十种发"。指菩萨有十种发起。它们是："身发"，指"欲令
一切众生身业清净"；"口发"，指"欲令一切众生口业清净"；"意
发"，指"欲令一切众生意业清净"；"内发"，指"不虚妄分别一切
诸众生"；"外发"，指"于一切众生平等行"；"智发"，指"具足佛智
清净"；"清净国土发"，指"示一切诸佛国土功德庄严"；"教化众
生发"，指"知一切烦恼病药"；"实发"，指"成就定聚(指正定)"；
"无为智满足心发"，指"不著一切三界"。(4)"十种行"。指菩
萨有十种修行。它们是："波罗蜜行"，指"助菩提法满足"；"摄事
行"，指"能教化诸众生"；"慧行"，指"如实观生灭法"；"方便行"，
指"如实知一切法"；"大悲行者"，指"心不求证涅槃"；"求助慧法
行"，指"为得四无畏"；"求助智法行"，指"为自然得一切法"；"心
清净行"，指"于一切法中无疑惑"；"观诸谛行"，指"入第一义谛
(即真谛)"；"于一切爱、不爱事，不贪著行"，指"离憎爱"。

(5)"十一种无尽观"。指菩萨有十一种无尽观。它们是：
"身无尽观"，指"如实观圣、非圣、有为、无为身"；"事无尽观"，指
"如实观实、不实义"；"烦恼无尽观"，指"如实观净、染法"；"法无
尽观"，指"如实观上、中、下一切诸法"；"爱无尽观"，指"如实观
善、不善法"；"见无尽观"，指"如实观颠倒、不颠倒见"；"助道无
尽观"，指"如实观种种门修集善根，回向大菩提"；"取无尽观"，
指"如实观无边众生界"；"不著无尽观"，指"不著一切法"；"相应
无尽观"，指"如实观是义、非义"；"道场智性无尽观"，指"随众生
信，示现坐道场"。(6)"十种对治法"。指菩萨有十种对治法。
它们是："对治悭贪心，雨布施雨"；"对治破戒心，身、口、意业三

法清净";"对治瞋恚心,修行清净大慈悲";"对治懈怠心,求诸佛法无疲倦";"对治不善觉观心,得禅定解脱,奋迅自在";"对治愚痴心,生助决定慧方便法";"对治诸烦恼心,生助道法";"对治颠倒道,集实谛助道,生不颠倒道";"对治不自在心,法时、非时得自在";"对治有我相,观诸法无我"。(7)"十种寂静地"。指菩萨有十种寂静地。它们是:"身寂静",指"离三种身不善业";"口寂静",指"清净四种口业";"心寂静",指"离三种意恶行";"内寂静",指"不著自身";"外境界寂静",指"不著一切法";"智功德寂静",指"不著道";"胜寂静",指"如实观圣地";"未来际寂静",指"彼岸慧助行";"所行世事寂静",指"不诳一切众生";"不惜身心寂静",指"以大慈悲心教化一切众生"。(8)"二种如实修行"。指菩萨证得菩提的二种如实修行法,以类区分,有:"智如实修行道"与"断如实修行道";"调伏自身如实修行"与"教化众生如实修行";"功用智如实修行"与"无功用智如实修行";"善知分别诸地如实修行"与"善知诸地无差别方便如实修行";"离诸地过如实修行"与"善知地地转方便如实修行";"能说声闻辟支佛地如实修行"与"善知佛菩提不退转方便如实修行"等。如关于"十波罗蜜清净"能作"十种对治法",说:

　　诸菩萨摩诃萨(指初他以上大菩萨)有十种对治法者,以十波罗蜜(意为十到彼岸)清净故。何等为十? 一者檀波罗蜜清净,如经对治悭贪心,雨布施雨故;二者尸波罗蜜清净,如经对治破戒心,身、口、意业三法清净故;三者羼提波罗蜜清净,如经对治瞋恚心,修行清净大慈悲故;四者毗离耶波罗蜜清净,如经对治懈怠心,求诸佛法无疲倦故;五者禅波罗蜜清净,如经对治不善觉观心,得禅定解脱,奋迅自在故;六者般若波罗蜜清净,如经对治愚痴心,生助决定慧

法",指"以大菩提教化众生,生彼欲心,令诸众生于未来世诸白法中,得自体相欲";"行白法",指"舍己资生珍宝等物,以用布施,不求未来自身果报";"满足功德白法",指"依彼舍珍宝因,得好妙法成就,心不贪著,而复修行白法,摄取妙法,以多闻相应故,一切白法熏习满足";"证白法",指"依彼证智为于自身大菩提故,说智方便,得彼白法证智胜法"。(3)"善知方便教化众生四法"。指菩萨善知方便教化众生的四种法。它们是:"能教化众生",指"依布施、爱语等,随顺诸众生,摄取诸众生";"集无量智功德",指"虽离定、不定地,而依布施等行,于三世中一切众生、一切种功德,悉皆随";"集无量智慧",指"虽无智障对治,而常修行发露忏悔";"方便",指"依一切菩萨修行对治,劝请诸佛"。如关于"四种散乱心障"与"四种不散乱心",说:

> 何等四种散乱心障? 一者乘障,二者教化众生障,三者聚集佛法满足功德障,四者毕竟聚集一切佛法障。何等四种不散乱心,云何对治? 一者远离声闻心者,对治乘障,不堕声闻小乘心故,是故菩萨于大乘中心不散乱;二者舍辟支佛心念者,对治教化众生障,不著自身三昧乐行故,是故菩萨教化众生心不散乱;三者求法无有厌足者,对治聚集佛法满足功德障,以求佛法无厌足故,为集一切诸佛法故,增长种种诸善根故,满足佛法诸功德故,是故菩萨聚集佛法满足功德心不散乱;四者如所闻法广为人说者,对治毕竟聚集一切佛法障,如所闻法,如是如是正念观察,以正觉知毕竟聚集一切佛法故,是故菩萨毕竟聚集一切佛法心不散乱。(卷一,《大正藏》第二十六卷,第 341 页中、下)

卷二:解释《胜思惟梵天所问经》卷一从"梵天! 诸菩萨摩诃萨毕竟成就四法,善求于法"(续),至"我意在此故如是说,我

已得诸烦恼染,不可作而作"的经文,论述"善出毁禁之罪四法"、
"善断诸烦恼四法"、"正问六事"等问题。

(1)"善出毁禁之罪四法"。指菩萨出离罪过的四种法。它
们是:"得无生忍",指"内心忍灭诸法忍,如实观察不取不舍";
"得无灭忍",指"如实观察罪过之体,虚妄分别不生不灭,以(诸
法)不去不来故";"得因缘忍",指"观察因缘本来不生,以他体摄
故,如实观察毁禁染体离生因故,于未来世不复作恶";"得无住
忍",指"以异异心展转生悔,如实观察诸罪根本即在身中,不离
于心","远离一切心中所疑,能灭悔故,善出过罪"。(2)"善断
诸烦恼四法"。指菩萨断除烦恼的四种法。它们是:"正观察",
指"如实正念。依邪念行现起烦恼,如实正观不见彼体";"远离
未来诸障,增长诸白法(指善法)",指"于未来世更不作恶,以是
至心不作恶故,得清净心";"得善法力",指"观察虚妄烦恼诸过,
不见过去一切烦恼,以得白法力故";"独处远离",指"以得寂静
心种子故"。(3)"正问六事"。指菩萨依六事而问法,才是"正
问"。所说的"六事"是:"阴入界事"(指五阴、十二入、十八界)、
"因缘集事"(指十二因缘)、"谛事"(指真谛、俗谛)、"证智事"、
"对治事"、"佛法事"。

卷三:解释《胜思惟梵天所问经》卷一从"舍利弗言:善哉!
善哉!汝等今者住于福田能消供养",至卷二"以能善知诸法药
故,当知是人为如良药。以疗众生烦恼病故,当知是人为有大
力"的经文,论述"七种法财"、"四谛非实圣谛"、"菩萨七种功德"
等问题。

(1)"七种法财"。指菩萨应成就七种出世间的法财(德
行)。它们是:"信",指深信正法;"戒",指清净持戒;"惭",指羞
惭(对己以过恶为羞耻);"愧",指愧疚(对人以过恶为羞耻);
"闻",指听闻佛法;"舍",指常行布施;"慧",指了知真谛。

（2）"四谛非实圣谛"。指《胜思惟梵天所问经》卷一说的"苦谛、集谛、灭谛、道谛非实圣谛"语；"实圣谛者，知苦无生，是名苦实圣谛；知集无和合，是名集实圣谛；于毕竟灭法中，知无生无灭，是名灭实圣谛；于一切法平等，以不二法得道，是名道实圣谛"。本书解释说，这是因为"世间人依于苦门，虚妄执著，以为苦谛；依于集门，虚妄执著，以为集谛；依于灭门，欲离有漏法，虚妄执著，以为灭谛；依道对治门，虚妄执著，以为道谛"，如此虚妄执著的"四谛"，并非真实的"圣谛"。（3）"菩萨七种功德"。指菩萨信法的七种功德，即"所作诸行满足功德"、"修行功德"、"入位功德"、"以自在心生有功德"、"善练功德"、"能集佛法修行功德"、"得果功德"。如关于菩萨虽在世间，而"终不为世间所染"，说：

> 云何菩萨过世间法者？以诸声闻亦过世间，是故（经中）如来示现胜法，过诸声闻出世间法，是故说言：出过世间法。又复示现（菩萨）虽在世间，行世间法，而过世间，又而不为彼世法所染著，现行世间，化众生故。……知世间集谛，知世间所去，而依愿智，生于彼处，不为世间集所生故。取如是生，示现世间，成就世谛，依世谛故，为众生说法，令诸众生，出过世间故。菩萨虽于世间中行，而终不为世间所染，得法无我，住无住道，以为教化一切众生。（卷三，第348页上）

卷四：解释《胜思惟梵天所问经》卷二从"以是人有智慧力故，当知是人有不退力。以有坚固毕竟法故，当知是人有精进力"，至"所谓令知观察佛乘故，如来于此诸众生等，而起大悲"的经文，论述"五力"、"五甚深"等问题。

（1）"五力"。指佛说法有五种力量，即"言说力"（又称"言语说法"）、"随宜力"（又称"意说法"）、"方便力"（又称"方便说

法”)、“法门力”(又称“入说法”)、“大悲力”(又称“入大悲说
法”)。“五力”之所以称为“力”,是因为有“四种力”与之相应,这
“四种力”是:“住持佛所作力”;“降伏一切诸外道力”;“能知一切
魔业,知已则能远离彼力”;“三乘毕竟取力”。(2)“五甚深”。
指佛依五种“甚深”之事而说法,即“依相甚深”、“依意甚深”、“依
时处甚深”、“依进取甚深”、“依常说法随顺甚深”。但本书只解
释了前二种甚深,未释后三种甚深。所说的“依相甚深”,指佛依
四种“甚深”的事相而说法,即“依事说”、“依对对治说”、“依世谛
义说”、“依进取乘差别说”;所说的“依意甚深”,指佛依“六种密
意”而说法,即“念密意”、“无说密意”、“对对治密意”、“法密意”、
“心密意”、“字转密意”。

　　本书译出之后,虽说古来也有一些佛教学者对它有所研习,
并在自己的著作中偶有征引,如唐圆测《仁王经疏》、良贲《仁王
护国般若波罗蜜多经疏》、法藏《华严经探玄记》、栖复《法华经玄
赞要集》、明一如《大明三藏法数》等。但总的来说,其影响不如
它所释的本经《胜思惟梵天所问经》及其异译本来得大。这是因
为本书在解经时,对原经中已经讲得很明白的问题,为避免重
复,往往一笔带过,不再解释,这就使得原经中的一些重要思想,
在注疏中反而没有提及。故研习佛经,光读离经别行的注疏是
不行的,必须阅读原经或含有原经的经疏合一的直解本。

第十六品　　经集类：唐玄奘译
《佛地经论》七卷

　　《佛地经论》,又名《佛地论》,七卷。印度亲光等造,唐玄奘
译,贞观二十三年(649)译出。唐道宣《大唐内典录》卷六著录。
载于《丽藏》“传”函、《宋藏》“声”函、《金藏》“传”函、《元藏》“声”

函、《明藏》"节"函、《清藏》"节"函、《频伽藏》"暑"帙,收入《大正藏》第二十六卷。

亲光(约六世纪),中印度摩揭陀国那烂陀寺僧人。据唐灵泰《成唯识论疏抄》卷八说,"无性及亲光,皆与护法同时人",也就是说,亲光与护法(530—561)、无性(约六世纪)是同时代的瑜伽行派论师。其他事迹,佛教史传阙载。

本书是《佛地经》的注释书。《佛地经》是中期大乘经之一,论述"佛地五法"等理论。所说的"佛地",指菩萨修行圆满所成就的佛位;"五法",指"清净法界"、"大圆镜智"、"平等性智"、"妙观察智"、"成所作智"。它的汉译本是唐玄奘译《佛地经》一卷。从《佛地经》初首从"如是我闻。一时薄伽梵,住最胜光曜七宝庄严",至"超五怖畏,一向趣入不退转位,息诸众生一切苦恼所逼迫地,而现在前"的六百多字,与《解深密经》卷一《序品》全同来看,《佛地经》是从《解深密经》发展出来的中期大乘经。从"境"(所观的境界)、"行"(所作的修行)、"果"(所证的果位)的修行体系来说,《佛地经》是讲述"佛果"的经典。全书采用先科判全经(即"三分科经"),然后随文作释(即依照原著的叙述次第,分段摘录经文,加以解释),经文(冠有"经曰")与释文(冠有"论曰")对应编排的方式编纂,释文贯穿了瑜伽行派的唯识思想(如"四智"、"唯识四分"、"五种姓"、"新熏种子"等)。行文中凡标以"有义"的句子,意指"有一种解释";凡标以"如实义者"的句子,意指"正确的解释"。

本书的主要特色是"三分科经"(又称"亲光三分科经"),即将《佛地经》的全部内容科分为三部分。(1)"教起因缘分"。指《佛地经》从"如是我闻。一时,薄伽梵",至"息诸众生一切苦恼所逼迫地,而现在前,妙生菩萨而为上首"的经文,相当于通常说的"序分"。(2)"圣教所说分"。指《佛地经》从"尔时,世尊告妙

生菩萨",至"自性法受用,变化差别转。如是净法界,诸佛之所
说"的经文,相当于"正宗分"。(3)"依教奉行分"。指《佛地经》
从"时薄伽梵说是经已",至"一切大众,闻佛所说,皆大欢喜,信
受奉行"的经文,相当于通常说的"流通分"。早在东晋,道安就
创立了"三分科经"说,即将每部佛经的结构,均科分为"序分"、
"正宗分"、"流通分"三分,但一直没有找到经论上的依据,亲光
的"三分科经"说译出后,为道安之说提供了典据,故深受佛教界
的关注。书首有归敬颂,为七言八句,始"稽首无上良福田,三身
二谛一乘众",终"为令彼净生胜德,故我略释牟尼地";书末有回
向偈,也是七言八句,始"佛地甚深诸句义,我今随分已略释",终
"愿此相续尽未来,利益安乐诸含识"。在归敬颂之后,有《佛地
经》的释名和科判。关于《佛地经》的释名,亲光说:

> 《佛地经》者,具一切智(指声闻、缘觉智慧)、一切种智
> (指佛智),离烦恼障及所知障,于一切法、一切种相,能自开
> 觉,亦能开觉一切有情,如睡梦觉,如莲花开,故名为佛;地,
> 谓所依、所行、所摄,即当所说清净法界、大圆镜智、平等性
> 智、妙观察智、成所作智,受用和合一味事等,是佛所依、所
> 行、所摄,故名佛地;能贯能摄,故名为经。以佛圣教,贯穿、
> 摄持所应说义,所化生故,应知此中宣说佛地,饶益有情,依
> 所诠义,名佛地经。(卷一,《大正藏》第二十六卷,第 291
> 页中)

卷一:解释《佛地经》从"如是我闻。一时,薄伽梵",至"无
量功德众所庄严,大宝花王众所建立大宫殿中"的经文,论述"薄
伽梵六义"、"十八种圆满"、"二佛土"、"净土方所"等问题。

(1)"薄伽梵六义"。指薄伽梵(意译"世尊")有六种含义,
即"自在义"、"炽盛义"、"端严义"、"名称义"、"吉祥义"、"尊贵

义"。(2)"十八种圆满"。指佛居住的清净国土(又称"净土"、"清净佛国土")有"十八种圆满",即"显色圆满"、"形色圆满"、"分量圆满"、"方所圆满"、"因圆满"、"果圆满"、"主圆满"、"辅翼圆满"、"眷属圆满"、"住持圆满"、"事业圆满"、"摄益圆满"、"无畏圆满"、"住处圆满"、"路圆满"、"乘圆满"、"门圆满"、"依持圆满"十八种圆满。(3)"二佛土"。指佛居住的清净国土有"受用土"、"变化土"二种。①"受用土"(又称"受用身土"、"报土"),指佛的"受用身"(又称"报身",即佛受用法乐之身,亦即累劫修行所得的果报之身)所居住的国土(皆为净土)。下分二种:一是"自受用身土",指"自受用身"(即佛自受法乐的清净色身)所居住的净土,"诸如来三无数劫所修无边善根,所感周遍法界,为自受用大法乐";二是"他受用身土",指"他受用身"(即佛令他受法乐的功德身)所示现的净土,"诸如来为令地上诸菩萨众受大法乐,进修胜行,随宜而现,或胜或劣,或大或小,改转不定,如变化土"。②"变化土"(又称"化土"),指佛的"变化身"(又称"应身"、"化身",即佛为利益众生而示现的随机变化之身)所示现的国土(有净土,也有秽土)。如关于往至佛净土的"路"(道路)、"乘"(交通工具)、"门"(入门),说:

> 如是净土住处圆满,有何道路于中往来? 大念、慧、行,以为游路。……闻所成慧,名为大念,闻已记持无倒义故;思所成慧,名为大慧,依理审思得决定故;修所成慧,名为大行,由修习力趣真理故。……如是净土路既圆满,应有所乘御彼所,乘行此道路,故次说言(指《佛地经》言):大止、妙观以为所乘。止,谓三摩地(意译定);观,谓般罗若(指般若),大义如前,此二等运,故名所乘。乘此止观,随其所应,行前道路。……如是净土乘既圆满,应有入门,从彼入门,

御此乘入，故次说言：大空、无相、无愿解脱为所入门。……遍计所执生法无我，说名为空，缘此三摩地，名空解脱门；相谓十相，一色、二声、三香、四味、五触、六男、七女、八生、九老、十死，即是涅槃无此等相，故名无相，缘此三摩地，名无相解脱门；愿谓求愿，观三界苦，无所求愿，故名无愿，缘此三摩地，名无愿解脱门。由此空等三解脱门，得入净土，故名为门。（卷一，第295页中、下）

卷二：解释《佛地经》从"是薄伽梵，最清净觉，不二现行，趣无相法"，至"息诸众生一切苦恼所逼迫地，而现在前，妙生菩萨而为上首"的经文，论述"二十一殊胜功德"、"五种姓"、"三大事名摩诃萨"、"九种德大"、"十地修行"等问题。

（1）"二十一殊胜功德"。指佛的二十一种"殊胜功德"，即"最清净觉"、"不二现行"、"趣无相法"、"游于三世平等法性"、"于一切法智无疑滞"、"于一切行成就大觉"、"极于法界"、"尽虚空性，穷未来际"等。（2）"五种姓"。指众生有五种乘性（与"种子"、"界"、"性"同义），即"声闻种姓"、"独觉种姓"、"如来种姓"、"不定种姓"、"无有出世功德种姓"。（3）"三大事名摩诃萨"。指菩萨摩诃萨（指初他以上大菩萨）因三种大事而得名"大"。一是"数大"，指其数"无量（无数）"；二是"德大"，指"住大乘、游大乘等"；三是"业大"，指"息众生诸苦恼故，利乐有情是菩萨业"。（4）"九种德大"。指菩萨有九种大的德行，即"精进大"、"因大"、"所缘大"、"时大"、"无染大"、"作意大"、"任持大"、"清净大"、"证得大"。（5）"十地修行"。指"初地，证得遍满真法界时，初得真实大乘法"；"第二地，修行菩萨三聚戒"；"第三地，得诸胜定，发四无量，平等利乐诸有情"；"第四地，得三十七菩提分法，离诸分别及不分别种种分别"；"第五地，观四圣谛皆平等性，摧伏执取生死、涅槃差别魔怨";"第六地,观十二支染净缘起,皆平等性";"第七地,证无相理,于空智中,起有胜行,受大法乐";"第八地,一切烦恼不复现行";"第九地,决定趣入第十菩萨众行圆满不退转位";"第十地,得大法身,起大悲云,雨大法雨,息除一切众生苦恼所逼迫事"。如关于菩萨的"九种德大",说:

> 略说九种德大。一精进大,谓皆住大乘,由精进力,安住大乘,拔济有情,令离生死,及自发趣无上菩提。二因大,谓游大乘法,即十地等,以闻、思、修等渐次而游。三所缘大,谓于诸众生,其心平等,即于一切有情,得自他平等。……四时大,谓离诸分别及不分别种种分别,即于一切时,犹如一念平等而转。……五无染大,谓摧诸魔怨。……六作意大,谓远离一切声闻、独觉系念分别。……七任持大,谓广大法味,喜乐所持,即用大乘法味喜乐为食。八清净大,谓超五怖畏。……五怖畏者,一不活畏、二恶名畏、三死畏、四恶趣畏、五怯众畏。……九证得大,谓一向趣入不退转位。(卷二,第300页中、下)

卷三:解释《佛地经》从"尔时,世尊告妙生菩萨:妙生当知,有五种法摄大觉地",至"含容一切智所变化利众生事,清净法界无有起作"的经文,论述"四相安立佛地"、"佛地五法"、"唯识四分"、"四智相应心品种子"、"清净法界十虚空喻"等问题。

(1)"四相安立佛地"。指用四种法相,即"由数"、"由摄"、"由名"、"由决择差别义",建立和解释佛地。①"由数"。指佛地有"五种法"(又称"佛地五法",指清净法界、四智)。②"由摄"。指佛地是"大觉地","大觉"是佛,具有"自性身"(又称"法身")、"受用身"(又称"报身")、"变化身"(又称"应身")三种;"大觉地"是"大觉所依、所摄、所行境界"。③"由名"。指"佛地五法"的名义。④"由决择差别义"。指佛地义通过"决择(指决断简择)五法差别"、"决择受用和合一味事智"、"总颂净法界相具诸功德"而得到阐明。(2)"佛地五法"。指佛地有五种法相,即"清净法界"和"四智"。①"清净法界"。指修行者体证的最高境界"真如"(指宇宙万有真实不变的本体),它是佛地的"断果"、"无为功德","清净法界者,谓离一切烦恼所知客尘障垢,一切有为、无为等法无倒实性,一切圣法生长依因,一切如来真实自体,无始时来自性清净","唯是清净圣智所证,二空无我所显真如,为其自性"。②"四智"。指修行者通过"转识成智",即将"八识"从有漏转为无漏而获得的四种无漏智(即大圆镜智、平等性智、妙观察智、成所作),它们是佛地的"智果"、"有为功德"。"无漏智"就功用而言,分"根本智"、"后得智"二种。"根本智",指能契证真如平等无差别境界的智慧,唯缘真如;"后得智",指依"根本智"而起的、能对一切事物的差别相作分别的方便智,缘一切法,"缘真义边,名无分别智;缘俗义边,名后得智"。①"大圆镜智"。指性相清净,离诸杂染(指有漏法),能显现和生起一切境界的无漏智,通过将"第八阿赖耶识"转为"无漏"而得,"将第八识得大圆镜智相应心,能持一切功德种子,能现能生一切身土智影像"。②"平等性智"。指能观察一切法皆悉平等,与大慈大悲恒共相应的无漏智,通过将"第七末那识"转为"无漏"而得,"将第七识得平等性智相应心,远离二执、自他差别,证得一切平等性"。③"妙观察智"。指能观察一切法的自相、共相,善巧说法,断一切疑的无漏智,通过将"第六意识"转为"无漏"而得,"将第六识得妙观察智相应心,能观一切皆无碍"。④"成所作智"。指能示现神通变化,成办一切利乐有情事的无漏智,通过将"前五识"转为"无漏"而得,"转五现识得成所作智相应心,能现成办外所作"。

（3）"唯识四分"。指在心识（包括"心所"）的作用问题上，唯识学者陈那立"三分"说，认为心识有三种作用，即"相分"、"见分"、"自证分"；护法立"四分"说，认为心识有四种作用，即"相分"、"见分"、"自证分"、"证自证分"。本书的作者亲光反对"三分"说，赞成"四分"说，说："《集量论》中辩心（指心识）、心法（此处指心所法）皆有三分：一所取分，二能取分，三自证分。如是三分，不一不异。第一所量（量知的对象），第二能量（指量知的作用），第三量果（指量知的结果）。若细分别，要有四分，其义方成。三分如前，更有第四证自证分，初二是外，后二是内"。所说的"唯识四分"中，"所取分"（又称"相分"），指心识所变现的境相，即认识对象；"能取分"（又称"见分"），指心识对境相的了别，即认识作用；"自证分"（又称"自体分"），指心识对"见分"的证知；"证自证分"，指心识对"自证分"的证知。（4）"四智相应心品种子"。指与"四智"相应的无漏种子，分为二种：一是"本性住种性"（又作"本性住种姓"），指本来具有的种子，"种子本有，无始法尔，不从熏生，名本性住种性"；二是"习所成种性"（又作"习所成种姓"、"新熏种子"），指由后天的行为熏习所成的种子，它是"发心"以后才有、"初地"以上现起的种子，"发心已后，外缘熏发，渐渐增长，名习所成种性。初地已上随其所应，乃得现起，数复熏习，转增转胜，乃至证得金刚喻定（指能在修道位最后断尽一切烦恼的禅定）"。（5）"清净法界十虚空喻"。指用虚空的十种现象，譬喻"清净法界"的十种性质。本卷解释"十虚空喻"中的前三喻：第一喻"（清净法界）如虚空虽遍诸色种种相中，而不可说有种种相，体唯一味"，至第三喻"如虚空含容一切身、语、意业，而此虚空无有起作"。如关于"佛地五法"（指"清净法界"和"四智"），说：

　　清净法界者,谓离一切烦恼所知客尘障垢、一切有为无为等法,无倒实性。一切圣法生长依因,一切如来真实自体,无始时来,自性清净,具足种种过十方界极微尘数性相功德。无生无灭,犹如虚空,遍一切法,一切有情平等共有。与一切法,不一不异,非有非无,离一切相,一切分别、一切名言(指名字言说),皆不能得,唯是清净圣智所证,二空无我所显,真如为其自性,诸圣分证,诸佛圆证,如是名为清净法界。大圆镜智者,谓离一切我、我所执,一切所取、能取分别,所缘行相不可了知,不愚不忘一切境界,不分别知境相差别,一切时方,无间无断,永离一切烦恼障垢有漏种子,一切清净无漏功德种子圆满,能现能生一切境界,诸智影像、一切身土影像所依,任持一切佛地功德,穷未来际,无有断尽,如是名为大圆镜智。平等性智者,谓观自他一切平等,大慈大悲,恒共相应,常无间断,建立佛地无住涅槃,随诸有情所乐,示现受用身土种种影像,妙观察智不共所依,如是名为平等性智。妙观察智者,谓于一切境界差别,常观无碍,摄藏一切陀罗尼门、三摩地(意译定)门诸妙定等,于大众会,能现一切自在作用,断一切疑,雨大法雨,如是名为妙观察智。成所作智者,谓能遍一切世界,随所应化应熟有情,示现种种无量无数不可思议佛变化事,方便利乐一切有情,常无间断,如是名为成所作智。(卷三,第302页上)

　　卷四:解释《佛地经》从"又如空中种种色相,现生现灭,而此虚空无生无灭",至"如是如来大圆镜智,与众智影,非合非离,不聚集故,不散失故"的经文,论述"清净法界十虚空喻"(续)、"大圆镜智十一喻"等问题。

　　(1)"清净法界十虚空喻"(续)。本卷解释"十虚空喻"中的后七喻：第四喻"（清净法界）如空中种种色相，现生现灭，而此虚空无生无灭"，至第十喻"如空中种种因缘，展转生起，三千大千无量世界，周轮可得，而虚空界无所起作"。概括起来说，"清净法界"有十种清净相，即"无差别相"、"无杂染相"、"非有行相"、"非有为相"、"无增减相"、"无行动相"、"非断常相"、"无劳弊相"、"非积聚相"、"无我所相"。(2)"大圆镜智十一喻"。指用大圆镜的十一种现象，譬喻"清净法界"的十种性质。本卷解释"十一喻"中的前六喻：第一喻"（大圆镜智）如依圆镜，众像影现"，至第六喻"又如圆镜与众影像，非合非离，不聚集故，现彼缘故"。如关于"大圆镜智"有二种功用，说：

> 大圆镜智相应净识，有二种用。一因缘用，谓净识中，具有一切能现能生身土境智净法种子，若遇外缘，即便变现身土境界种种影像，及能生起平等智等（四智）相应心品行相差别。二增上缘用，谓佛净识，善根愿力所生起故，若诸众生自因缘具，尔时净识即便资助，令得无障生长成满。是故镜智体虽是一，能现能生诸法影像，待外缘故，非顿现起。（卷四，第 311 页上、中）

卷五：解释《佛地经》从"又如圆镜，周莹其面，于一切处，为诸影像，遍起依缘"，至"声闻、独觉、菩萨圆证无余，观察妙饰间列"的经文，论述"大圆镜智十一喻"（续）、"平等性智十种相"、"妙观察智十种因"等问题。

(1)"大圆镜智十一喻"（续）。本卷解释"大圆镜智十一喻"中的后五喻：第七喻"（大圆镜智）如圆镜周莹其面，于一切处，为诸影像遍起依缘"，至第十一喻"如圆镜非处远质影像起缘"。概括起来说，"大圆镜智"有九种相，胜于其他三智。它们是："训词相"、"无分别相"、"障清净相"、"依止因缘生智影相"、"无有我所无摄受相"、"不忘一切所知境相"、"遍处恒时生智影相"、"能生一切智根本相"、"于非法器不能生相"。(2)"平等性智十种相"。指"平等性智"由十种相圆满成就。它们是："证得诸相增上喜爱"、"证得一切领受缘起"、"证得远离异相非相"、"弘济大慈"、"无待大悲"、"随诸众生所乐示现"、"一切众生敬受所说"、"世间寂静皆同一味"、"世间诸法苦乐一味"、"修殖无量功德究竟"。(3)"妙观察智十种因"。指"妙观察智"所依的十种因。本卷解释"十种因相"中的前四因：即"建立因"、"生起因"、"欢喜因"、"分别因"。

卷六：解释《佛地经》从"又如世界，为诸众生广大受用"，至"受用和合一味事智，无量众生成熟善根之所依止"的经文，论述"妙观察智十种因"(续)、"成所作智三业化用"、"受用和合一味事智"等问题。

(1)"妙观察智十种因"(续)。本卷解释"妙观察智十种因"中的后六因。即"受用因"、"趣差别因"、"界差别因"、"雨大法雨因"、"降伏怨敌因"、"断一切疑因"。(2)"成所作智三业化用"。指"成所作智"能示现身、口、意的三种神通变化(即"三业化用")，成办一切利乐有情的事情。①"身化"(又称"化身")。指身的神通变化，下分"现神通化"、"现受生化"、"现业果化"三种。②"语化"(又称"化语")。指口的神通变化，下分"庆慰语化"、"方便语化"、"辩扬语化"三种。③"意化"(又称"化意")。指意的神通变化，下分"决择(指决断简择)意化"、"造作意化"、"发起意化"、"受领意化"四种。"平等智，起受用身(又称"报身")；成所作智，起变化身；妙观察智，观察一切自相、共相、陀罗尼门、三摩地(意译"等持"、"定")等；大圆镜智，能现一切诸法影像"。(3)"受用和合一味事智"。指佛和证得无生法忍菩萨(本书指八地以上菩萨)能"受用和合一味事智"，即能以无漏智证得和合一味的真如境界。

卷七：解释《佛地经》从"尔时世尊而说颂曰：一切法真如，二障清净相"，至"一切大众，闻佛所说，皆大欢喜，信受奉行"的经文，论述"真如"、"二障"、"三身"、"五法摄三身"等问题。

(1)"真如"。指宇宙万有真实不变的本体，"一切法者，谓世、出世、有漏、无漏、蕴(五蕴)、界(十八界)、处(十二处)等，真如即是诸法实性、无颠倒性(指真实性)，与一切法不一不异，体唯一味，随相分多"。"真如"的自体只有一种，依其相状区分，而有"二种真如"乃至"十种真如"各种分类。其中，"七种真如"指的是："一流转真如，谓一切行无始世来流转实性；二实相真如，谓一切法二空、无我所显实性；三唯识真如，谓一切法唯识实性；四安立真如，谓有漏法苦谛实性；五邪行真如，谓业烦恼集谛实性；六清净真如，谓善无为灭谛实性；七正行真如，谓诸有为无漏善法(指能断烦恼的出世间善法)道谛实性"。(2)"二障"。指妨碍解脱的二种障碍。一是"烦恼障"，指由"我执"(执著人身有恒常实在的主体)而生的能障涅槃的烦恼，"恼乱身心令不寂静，名烦恼障"，"烦恼障者，谓执实我萨迦耶见(指执著于"人我见")，以为上首，百二十八根本烦恼及随烦恼，若所发业，若所得果，皆摄在中，皆以烦恼为根本故"；二是"所知障"，指由"法执"(执著一切诸法有恒常实在的主体)而生的能障菩提的烦恼，"覆所知境无颠倒性(指真实性)，令不显现，名所知障"，"所知障者，谓执遍计所执诸法萨迦耶见(指执著于"法我见")，以为上首，所有无明法、爱、恚等诸心(指心识)、心法(此处指心所法)，及所发业并所得果，皆摄在中，皆以法执及无明等为根本故"。(3)"三身"。指三种佛身。一是"自性身"(又称"法身")，指佛所证的真如法性之身，"自性法者，即是如来初自性身，体常不变，故名自性；力无畏等诸功德法所依止故，亦名法身"；二是"受用身"(又

称"报身"),指佛受用法乐之身,亦即累劫修行所得的果报之身,
"受用身,能令自他受用种种大法乐";三是"变化身"(又称"应
身"),佛为利益众生而示现的随机变化之身,"变化身,为欲利益
安乐众生,示现种种变化事"。"三身"中,"自性身"为"体义",
"受用身"为"依义","变化身"为"众德聚义"。(4)"五法摄三
身"。指"佛地五法"与"三身"的关系是:"清净法界"、"大圆镜
智"摄"自性身";"平等性智"、"妙观察智"摄"受用身";"成所作
智"摄"变化身"。

　　总体来说,本书是围绕《佛地经》所说的"五法"展开的,前六
卷为分别说,末一卷为总结。在瑜伽行派的论书中,本书对"清
净法界"和"四智"的阐释是较为细致的,对有些佛教术语的界定
与表述,比《成唯识论》中的同类句子更为清晰。故明智旭《阅藏
知津》卷三十四称此书"论释法相,最为详明",这是切合实际的。

　　本书的注疏有:唐靖迈《佛地经疏》六卷(日本永超《东域传
灯目录》著录),已佚。

第十七品　　涅槃类:北魏达磨菩提译
《涅槃论》一卷
附:陈真谛译《涅槃经本有今
无偈论》一卷

　　《涅槃论》,又名《大般涅槃经论》,一卷。印度婆薮槃豆(即
世亲)造,北魏达磨菩提译,约译于熙平元年(516)至永熙三年
(534)之间。唐道宣《大唐内典录》卷六著录(书名作《大涅槃经
论》)。载于《丽藏》"虚"函、《宋藏》"堂"函、《金藏》"虚"函、《元
藏》"堂"函、《明藏》"颠"函、《清藏》"颠"函、《频伽藏》"往"帙,收
入《大正藏》第二十六卷。

达磨菩提(约六世纪),意译"法觉"。天竺僧人,游方来华,译《涅槃论》一卷。事见唐智升《开元释教录》卷六。

本书是大乘《大般涅槃经》的注释书。《涅槃经》有小乘、大乘之分。小乘的《涅槃经》属于长阿含部经典,讲述佛在晚年的行化事迹、涅槃前后的情况,特别是对弟子们所作的最后教诫(如以"法"为依、以"戒"为师)等内容,它的汉译本有:西晋白法祖译《佛般泥洹经》二卷;东晋失译《般泥洹经》二卷;姚秦佛陀耶舍等译《长阿含经》卷二至卷四《游行经》;东晋法显译《大般涅槃经》三卷。大乘的《涅槃经》,属于唐智升《开元释教录》卷十一所编大乘"五大部"中的涅槃部经典,论述"一切众生皆有佛性"等理论,它的汉译本有:西晋竺法护译《方等般泥洹经》二卷(分为九品);东晋法显等译《大般泥洹经》六卷(分为十八品);北凉昙无谶译《大般涅槃经》四十卷(又名《北本涅槃经》,分为十三品);刘宋慧严等改订《大般涅槃经》三十六卷(又名《南本涅槃经》,分为二十五品)。本书所释的经本,相当于《北本涅槃经》。全书先科判全经(即"七分科经"),后对卷三《寿命品》中的"迦叶菩萨所问偈"作释,至于其余经卷,全都缺释,故它的内容是不全的。书首有归敬颂,为五言十句,始"顶礼净觉海,住持甘露门",终"愍(悯)长迷苍生,含悲传世间"。

本书的主要特色是"七分科经",即首次将《大般涅槃经》的内容,划分为七部分。(1)"不思议神通反示分"。指"从初如是,至流血洒地"的经文,相当于北凉昙无谶译《大般涅槃经》(以下略称《北本》)初品《寿命品》的初首部分。(2)"成就种性遣执分"。指"《纯陀》《哀叹》二品"的经文,相当于《北本》初品《寿命品》的中间部分。(3)"正法实义分"。指"从三告以下,讫《大众问品》"的经文,相当于《北本》初品《寿命品》的后部分至第五品《一切大众所问品》。(4)"方便修成分"。指有关"五行十功德"

的经文,相当于《北本》第六品《现病品》至第十品《光明遍照高贵德王菩萨品》。(5)"离诸放逸入证分"。指"《师子吼品》"的经文,相当于《北本》第十一品《师子吼菩萨品》。(6)"慈光善巧住持分"。指"《迦叶品》"的经文,相当于《北本》第十二品《迦叶菩萨品》。(7)"显相分"。指"《憍陈如品》"的经文,相当于《北本》第十三品《憍陈如品》。

在正释中,作者对《大般涅槃经》中的"迦叶菩萨所问偈",作了详细的解说。"迦叶菩萨所问偈",原载于昙无谶译《大般涅槃经》卷三《寿命品》,是迦叶菩萨以偈颂的形式,向佛询问三十一个佛教义理问题,请求佛予以解答。此偈共五言九十二句,始"云何得长寿,金刚不坏身",终"如是等甚深,诸佛之境界"。世亲结合《大般涅槃经》中佛的解答,对其中的一些重要问题,如"云何得长寿金刚不坏身";"云何众生是佛";"云何如来与罗汉等";"云何法佛";"云何缘佛";"云何名调御";"云何诸菩萨能见难见性";"云何解满字及与半字义";"云何共圣行";"云何未发心而名为菩萨";"云何处浊世不污如莲华";"云何舍生死,如蛇脱故皮"等,一一作了解读。如关于"云何解满字及与半字义"(此处以"半字"喻"渐教",以"满字"喻"涅槃";这与《北本涅槃经》卷八以"半字"喻"烦恼言说之本",以"满字"喻"一切善法言说之根本",有所不同),说:

> 云何解满字及与半字义? 半字者,渐教;满字者,涅槃。满足教故,名满字;摄佛教果功德尽,名满字。声闻、缘觉,教不满足故,名半字。涅槃名顿,亦名渐,今论涅槃二谛相对中满,就行有满、不满故,名渐教,就理无满、不满。是故涅槃名渐教,形半字;涅槃名顿教,第二。复次,言满、半(字)者,是众生妄想、理不是满、不满,是故言涅槃渐教。

（《大正藏》第二十六卷，第 278 页下）

本书的内容不全，从情理上推断，很可能是所依的梵本内容不全。因为在本书所作的有关《涅槃经》的七分科判之后，缺少相关的解说；若世亲本来就是只对"迦叶菩萨所问偈"作解释，又与书名不符。隋代天台宗创始人智顗在《妙法莲华经玄义》卷一之"下"说："世人传，天亲（即世亲）、龙树各作《涅槃论》，未来此土。"这说明，尽管在智顗出生之前，本书就已译出流通，但由于内容较为单薄，不甚流传，以致于智顗到了晚年，仍然不知道世亲《涅槃论》早已传译之事，还以为它未传入东土。

陈真谛译《涅槃经本有今无偈论》一卷

《涅槃经本有今无偈论》，又名《大涅槃经本有今无偈论》《涅槃本有今无论》《本有今无论》，一卷。印度天亲（即世亲）造，陈真谛译，太清四年（550）译出。隋费长房《历代三宝纪》卷十一著录（书名作《本有今无论》；译经时间见《开元释教录》卷六）。载于《丽藏》"虚"函、《宋藏》"堂"函、《金藏》"虚"函、《元藏》"堂"函、《明藏》"颠"函、《清藏》"颠"函、《频伽藏》"往"帙，收入《大正藏》第二十六卷。

本书是大乘《涅槃经》中"本有今无偈"的注释书。"本有今无偈"，是佛为解答拘尸那城工巧（铁匠）之子纯陀的疑问，应文殊师利菩萨之请而作的一首偈颂。此偈在北凉昙无谶译的《大般涅槃经》中共出现过四次，分别是：卷十《如来性品》、卷十七《梵行品》、卷二十七《师子吼菩萨品》、卷二十八同品。原偈作："本有今无，本无今有，三世有法，无有是处。"经中有释偈的长行，说："言本有者，我昔本有无量烦恼，以烦恼故，现在无有大般涅槃；言本无者，本无般若波罗蜜，以无般若婆罗蜜，故现在具有诸烦恼结；若有沙门、若婆罗门、若天、若魔、若梵、若人，说言如来去（过去）、来（未来）、现在有烦恼者，无有是处。"（卷十七《梵行品》）意思是说，本有烦恼，故今无涅槃；本无般若，故今有烦恼；三世诸法皆悉假名，并非实有。由于"本有今无偈"高度概括了"涅槃"与"烦恼"之间的关系，故历来深受佛教界人士的重视，被称为"涅槃四柱"、"四出偈"（见唐湛然《法华文句记》卷六之"上"）。

本书对"本有今无偈"的解释，与《大般涅槃经》中的长行解释有所不同。世亲认为，此偈是"佛为二乘故说偈"，是针对"二乘"（指声闻、缘觉）说的，而不是针对"大乘"说的。对"二乘"来说，"烦恼生得，圣修得；凡夫性生得，圣性修得；烦恼缚生得，解缚修得；生死生得，涅槃修得；本生今修，本是生，今是修"。但对"大乘"来说，"本有今无"、"本无今有"、"三时（指三世）有"三种说法都是不对的。因为"若本有今无者，一切如来等则无解脱。何以故？性不定住故"；"若本无生，而今得生，则破本义"；"若有是三世者，为一义遍三世？为一一义各各三世？如此二义，并皆不然"。

此外，书中还对"涅槃四德"，即涅槃的"常"（常住）、"乐"（安乐）、"我"（自在）、"净"（清净），作了阐述。指出，"涅槃无灭，故常住，是故自在；以自在故，是故最乐。为体故说清净，为用故说常、乐、我；自体故清净，对生死故常、乐、我"。又说，"常"有五种，即"无穷常"、"无起常"、"恒在常"、"湛然常"、"无变常"，此五义均在"佛地"。如关于佛地的五种"常"义，说：

　　五常义：一无穷常，二无起常，三恒在常，四湛然常，五无变常。无穷常者有十：一因无边故常，二众生无边故常，三大悲无边故常，四四如意足无边故常，五慧无边故常，六

恒在定故常,七安乐清凉故常,八行于世间八法不能染故
常,九甘露寂静、远离四魔故常,十性无生故常。……二无
起常者,依前际,非本无今有,不为意生身所生故;三恒在常
者,依后际,离不可思议死坏故;四湛然常者,依中际,不为
无明烦恼病所破坏故;五无变常者,过三际,不为无漏业果
报所变异故。……正论五义,并在佛地。(《大正藏》第二十
六卷,第282页中)

本书的正文,到上述引文的末句"正论五义,并在佛地",就
结束了。传今的本子在此语之后,还有见载于《大般涅槃经》卷
二《寿命品》的"诸行无常偈",偈文为"诸行无常,是生灭法,生灭
灭已,寂灭为乐",并有相关的解释。明智旭《阅藏知津》卷三十
四说,本书为"兼释诸行无常偈",即正释"本有今无偈",兼释"诸
行无常偈",这是不确切的。因为"诸行无常偈"释文的首句是
"三藏阇梨解旨云",而这个"三藏阇梨",是本书翻译时的笔受者
(真谛的弟子)对真谛的尊称。真谛译的《广义法门经》一卷之末
的题记,也称真谛为"三藏阇梨",便是最有力的证据。因此,有
关"诸行无常偈"的解释,乃是真谛在译出本书之后,所作的口
述,由弟子附记于书末,它并不是世亲的思想,而是真谛的思想。

第十八品　涅槃类:陈真谛译
《遗教经论》一卷

《遗教经论》,又名《遗教论》,一卷。印度天亲(即世亲)造,
陈真谛译,约译于永定二年(558)至光大二年(568)之间。隋法
经等《众经目录》卷五著录(书名作《遗教论》;译经时间见《开元
释教录》卷七)。载于《丽藏》"虚"函、《宋藏》"堂"函、《金藏》"虚"

函、《元藏》"堂"函、《明藏》"颠"函、《清藏》"颠"函、《频伽藏》"往"帙,收入《大正藏》第二十六卷。

本书是《遗教经》的注释书。《遗教经》(全称《佛垂般涅槃略说教诫经》),又名《佛垂涅槃略教诫经》《佛遗教经》等)一卷,是姚秦鸠摩罗什于弘始四年(402)至弘始十四年(412)间译出的一部小乘经,讲述佛在拘尸那城沙罗双树间入涅槃前,对弟子所作的最后教诫。此经由梁僧祐《出三藏记集》卷二等佛经目录所著录,流传至今,并没有人对它的汉译佛经身份提出过质疑。而《遗教经论》的情况则不同,从隋代起就有真伪之争。本书最早见载于隋法经等《众经目录》卷五,称"《遗教论》一卷","人云真谛译,勘《真谛录》无此论,故入疑"。意思是说,《遗教论》虽然题为"真谛译",但《真谛录》(指真谛的弟子曹毗撰的《别历》)中并无此论,故法经等将它编入《小乘阿毗昙藏录·众论疑惑》(指有疑问的汉译小乘论)之中。但相隔三年后问世的费长房《历代三宝纪》,则明确地将"《遗教论》一卷"(卷九)列为陈代真谛所译。

唐智升《开元释教录》对《遗教论》再次作了考订,确定此书为真谛所译(见卷七),称法经等《众经目录》"(以)《遗教论》等并编疑伪者,不然"(见卷十八),彦琮等《众经目录》沿袭法经录,"以《随愿往生经》《遗教论》等编为疑伪,六误(指此录的第六种错误)"(见卷十)。同时,又将《遗教经》《遗教经论》均定性为"大乘",说"《遗教经》,旧录所载多在小乘律中,或编小乘经内,今以真谛法师译《遗教论》,彼中解释,多约大乘,小宗不显,故移编此"(见卷十二)。也就是说,《遗教经》本来属于"小乘律"或"小乘经",因世亲撰的《遗教论》多谈大乘,不显小乘,性质上属于"大乘论",故智升也将《遗教经》编为"大乘经"。自此以后,佛教界皆以《开元释教录》之说为定论,有关《遗教经论》真伪的争论基本平息。直到近代,才有日本、中国的一些学者重提旧案,认为《遗教经论》为"疑伪论"（见吕澂《新编汉文大藏经目录》）。

　　笔者认为，迄今为止，尚无确凿的史料可以证明《遗教经论》为"疑伪论"，而且《遗教经论》释文中，标以"如经"的引经例式（后详），与世亲的《金刚般若波罗蜜经论》《妙法莲华经优波提舍》《十地经论》《文殊师利菩萨问菩提经论》中的引经例式完全相同，基本上可以排除世亲以外之人撰写此论的可能性。至于《遗教经论》所释的《遗教经》，其性质是印度部派佛教后期编纂的、无结集语形式的小乘经（即经首无"如是我闻。一时佛在……"的开经语，经末无"闻佛所说，欢喜奉行"的结经语）。不能因为《遗教经论》属于大乘论，也将《遗教经》改为大乘经。如同明智旭《阅藏知津》卷三十四所说，"此经（指《遗教经论》）本是小机所见，属阿含部，而天亲（《遗教经论》）以七分解释，建立菩萨所修行法，则是开小成大"。据此，笔者《大藏经总目提要·经藏》仍将《遗教经》编入小乘经之中。

　　全书采用先科判全经（即"七分科经"），然后随文作释，经文（冠有"经曰"）与释文（冠有"论曰"）对应编排的方式编纂。它的主要特色是"七分科经"，即将《遗教经》的内容科分为七部分："序分"、"修集世间功德分"、"成就出世间大人功德分"、"显示毕竟甚深功德分"、"显示入证决定分"、"分别未入上上证为断疑分"、"离种种自性清净无我分"，每一部分又分若干层次。其中，解说最详的是"修集世间功德分"，占全书的大半篇幅。各层次的释文之末，大多引经为证，说明释文中的这层意思，为某句经文所说；所引证的经文，其首一般冠有"如经"二字（例如"道场白净法者，如经初转法轮故"一句中，"道场白净法者"，是世亲的释文；"如经"为"如经曰"的略写，"初转法轮"为引证的经文）。书首有归敬颂，为五言十六句，始"顶礼三世尊，无上功德海"，终"灭除凡圣过，成就自他利"。

一、"序分"。解释《遗教经》从"释迦牟尼佛初转法轮,度阿若憍陈如,最后说法,度须跋陀罗",至"是时中夜,寂然无声,为诸弟子略说法要"的经文,论述"成就毕竟有六种功德"问题。

所说的"成就毕竟有六种功德",指本书有六种功德成就。(1)"法师成就毕竟功德"。指法师功德成就,即《遗教经》"释迦牟尼佛"句的经义。(2)"开法门成就毕竟功德"。指法门功德成就,即《遗教经》"初转法轮"(本书称为"道场白净法句")、"最后说法"(本书称为"涅槃白净法句")句的经义。(3)"弟子成就毕竟功德"。指弟子功德成就,即《遗教经》"度阿若憍陈如"、"度须跋陀罗"句的经义。(4)"大总相成就毕竟功德"。指大总相功德成就,即《遗教经》"所应度者,皆已度讫"句的经义。(5)"因果自相成就毕竟功德"。指因果自相功德成就,即《遗教经》"于娑罗双树间,将入涅槃,是时中夜,寂然无声"句的经义。(6)"分别总相成就毕竟功德"。指分别总相功德成就,即《遗教经》"为诸弟子略说法要"句的经义。

二、"修集世间功德分"。解释《遗教经》从"汝等比丘,于我灭后,当尊重珍敬波罗提木叉",至"是故汝等宜当端心,以质直为本"的经文,论述修集"三种世间功德"(指修集对治邪业功德、修集对治止苦功德、修集对治灭烦恼功德)问题。

(一)"修集对治邪业功德"。解释《遗教经》"汝等比丘,于我灭后,当尊重珍敬波罗提木叉"等段的经文,论述各种邪业的对治问题,包括"得度二种障"、"护根本净戒有二种"、"三处波罗提木叉"、"五种劝修戒利益"等。

(1)"得度二种障"。指比丘依根本净戒,能得度"有烦恼暗障"、"空无善根障"二种障。"得度烦恼暗障者,如盲得眼,相似法故,如经(曰)如暗遇明故";"得度空无善根障者,满足财宝相似法故,如经(曰)贫人得宝故"。(2)"护根本净戒有二种"。指比丘受护的根本净戒,依性质区别,分为二种。①"不同凡夫增过护"。指不得做凡夫增益过失的十一种事情。一是"方便求利增过",指"不得贩";二是"现前求利增过",指"不得卖";三是"交易求利增过",指"不得贸易";四是"所居业处求多安隐增过",指"不得安置田宅";五是"眷属增过",指"不得畜养人民";六是"难生卑下心增过",指"不得畜奴婢";七是"养生求利增过",指"不得畜生";八是"多事增过",指"不得一切种植";九是"积聚增过",指"诸财宝";十是"不觉增过",指"皆当远离,如避火坑";十一是"不顺威仪及损众生增过",指"不得斩伐草木,垦土掘地"。②"不同外道损智护"。指不得做外道(指佛教以外的其他宗教和学派)损害智慧的五种事情,即不得"合和汤药"、"占相吉凶"、"仰观星宿"、"推步盈虚"、"历数算计"。

(3)"三处波罗提木叉"。指身、口、意安住于戒。①"身处波罗提木叉"。指身安住于戒,有"三种障对治"、"二种不应作"、"五种解脱"。"三种障对治",指以"节身",对治"他求放逸障";以"时食",对治"内资无厌足障";以"清净自活",对治"共相追求障"。"二种不应作",指"不得参像世事"、"不得通致使命"。"五种解脱",指"外缘身解脱"、"内缘身解脱"、"自相缘身解脱"、"众事缘身解脱"、"远离异方便缘身解脱"。②"口处波罗提木叉"。指口安住于戒,有二种邪语不应作。一是"依邪法语不应作",指"咒术仙药"不应作;二是"依邪人语不应作",指"结好贵人,亲厚媟慢"不应作。③"意处波罗提木叉"。指意安住于戒,有"三种障对治"、"三种不应作"。"三种障对治",指以"当自端心",对治"多见他过障";以"正念求度",对治"邪思惟障";以"于四供养知量知足",对治"于受用众具中无限无厌足障"。"三种不应作",指"不得包藏瑕疵"、"不得显异惑众"、"趣得供事,不应畜积"。

(4)"五种劝修戒利益"。指劝人修戒的方法有五种,即"劝不失自体"、"劝不舍方便"、"劝常集功德"、"劝知多过恶于身口意中"、"劝住安隐处"。

（二）"修集对治止苦功德"。解释《遗教经》"汝等比丘,已能住戒,当制五根,勿令放逸,入于五欲"等段经文,论述"三种苦对治"问题。

所说的"三种苦对治",指"根欲放逸苦"、"多食苦"、"懈怠睡眠苦"三种苦的对治。（1）"根欲放逸苦对治"。下分"根放逸苦对治"、"欲放逸苦对治"二种。前者指"当制五根,勿令放逸,入于五欲";后者指"此五根者,心为其主"、"当好制心"。（2）"多食苦对治"。指"受诸饮食,当如服药,于好于恶,勿生增减,趣得支身,以除饥渴"。（3）"懈怠睡眠苦对治"。指"昼则勤心修集善法,无令失时,初夜、后夜亦勿有废,中夜诵经,以自消息"。

（三）"修集对治灭烦恼功德"。解释《遗教经》"汝等比丘,若有人来,节节肢解,当自摄心,不令瞋恨"等段经文,论述"三种烦恼障对治"问题。

所说的"三种烦恼障对治",指"瞋恚"、"贡高"、"谄曲"三种烦恼障的对治。（1）"瞋恚烦恼障对治"。指"若有人来,节节肢解,当自摄心,无令瞋恨"等。（2）"贡高烦恼障对治"。指"当自摩头,已舍饰好,著坏色衣,执持应器（指钵）,以乞自活","若起憍慢,当疾灭之"。（3）"谄曲烦恼障对治"。指"谄曲之心,与道相违","宜当端心,以质直为本"。如关于"修戒利益",说:

经曰:是故比丘,当持净戒,勿令毁缺。若人能持净戒,是则能有善法;若无净戒,诸善功德皆不得生。是以当知戒为第一安隐功德住处（以上为《遗教经》的原文）。

论曰:云何劝修戒利益?于中有五种劝。一者劝不失自体,如经（曰）当持净戒故;二者劝不舍方便,如经（曰）勿令毁缺故；三者劝远离诸过身口意业，常集功德故，如经（曰）若人能持净戒，是则能有善法故；四者劝知多过恶于身口意中，一切时不能生功德故，如经（曰）若无净戒，诸善功德皆不得生故；五者显示持戒菩萨，于所修行三种戒中，有如是得失者，我当住安隐处，不住不安隐处故，如经（曰）是以当知戒为第一安隐功德住处故（以上为世亲的解释）。（《大正藏》第二十六卷，第284页下—第285页上）

三、"成就出世间大人功德分"。解释《遗教经》从"汝等比丘，当知多欲之人，多求利故，苦恼亦多"，至"唯当速灭戏论（指无益的言论）之患，是名不戏论"的经文，论述成就"八种大人功德"问题。

所说的"八种大人功德"，指出世间圣人（"大人"）的八种功德。（1）"无求功德"。指成就"少欲"，以对治"多欲"的过患，修行者要知觉"五种相"。一是"知觉障相"，指感觉"烦恼、业、苦三种障"；二是"知觉治相"，指感觉"远离三种妄想"；三是"知觉因果集起相"，指感觉"成就无量行"；四是"知觉无诸障毕竟相"，指感觉"三障毕竟无"；五是"知觉果成就相"，指感觉"般若等三种功德果成就"。（2）"知足功德"。指成就"知足"，以对治"贪欲"，"若欲脱诸苦恼，当观知足"。（3）"远离功德"。指成就"远离愦闹"（即"空闲独处，思灭苦本"），以对治"我相执著障"、"我所障"、"彼二无相障"、"无为首功德障"四种障。（4）"不疲倦功德"。指成就"精进"，以对治"懈怠"，"比丘若勤精进，则事无难者"。（5）"不忘念功德"。指成就"不忘正念"，以对治"邪念"，依闻、思、修三慧区分，有"求闻法行"、"内善思惟行"、"求如法修行"三行。（6）"禅定功德"。指成就"八种禅定"（指色界四禅、无色界四定），以对治"散乱"，"若得定者，心则不散"。（7）"智慧功德"。指成就"智慧",以对治"无明","实智慧者,则是度老病死海坚牢船"。(8)"毕竟功德"。指成就"不戏论"(指不作无益的言论),以证得寂灭乐,"欲得寂灭乐者,唯当速灭戏论之患,是名不戏论"。"八种大人功德"中,前七种功德,是"长养方便功德",为"对治法",为"因";末一种功德"毕竟功德","示现自性远离,非对治法",为"果"。

四、"显示毕竟甚深功德分"。解释《遗教经》从"汝等比丘,于诸功德常当一心,舍诸放逸,如离怨贼",至"又如善导,导人善道,闻之不行,非导过也"的经文,论述"七种修相"问题。

所说的"七种修相",指比丘有七种修行的相状。(1)"云何修"。指常勤修行。(2)"于何处修"。指在山间、空泽、树下、闲处静室修行。(3)"何所修"。指思念所听受的佛法。(4)"何故修"。指令所受之法不忘失。(5)"以何方便修"。指常当自勉,精进修习。(6)"于相似法处苏息"。指观他徒死,自省息恶。(7)"于晚时自知有余悔"。指莫至老时才知后悔。

五、"显示入证决定分"。解释《遗教经》从"汝等若于苦等四谛,有所疑者,可疾问之",至"是诸比丘,于四谛中,决定无疑"的经文,论述"入证决定三门"问题。

所说的"入证决定三门",指佛将涅槃时,在场的比丘证"四谛"理、决定无疑的情况分为三种。(1)"方便显发门"。指"于诸实法处显发"。(2)"满足成就门"。指三种示现满足成就,即"示现法轮满足成就"、"示现证法满足成就"、"示现断功德满足成就"。(3)"分别说门"。指"示现彼众上首,知大众心行成就决定"(即《遗教经》中,阿㝹楼驮比丘观察众心,对佛说"诸比丘于四谛中,决定无疑"一事)。

六、"分别未入上上证为断疑分"。解释《遗教经》从"于此众中,所作未办者,见佛灭度,当有悲感",至"得除灭之,如杀怨贼而不欢喜"的经文,论述"未入上上证有三种分别"、"住持不坏功德有二种"问题。

(1)"未入上上证有三种分别"。指对佛涅槃感到无比悲哀的、未证入"上上法"(即最上法)的比丘,分为三种。一是"有作谛修分"者,指"所作未办者";二是"无作谛见道"者,指"初入法者";三是"无学道"者,指"所作已办,已度苦海者"。(2)"住持不坏功德有二种"。指佛涅槃后,住持佛法的功德分为二种。一是"于因分中住持",指"自今已后,我诸弟子展转行之";二是"于果分中住持",指"如来法身,常在而不灭";

七、"离种种自性清净无我分"。解释《遗教经》从"汝等比丘,常当一心勤求出道",至"是我最后之所教诲"的经文,论述佛涅槃前的"最后教诲"问题。如关于"最后教诲",说:

经曰:汝等比丘,常当一心,勤求出道。一切世间动、不动法("动法"指欲界;"不动法"指色界、色界),皆是败坏不安之相。汝等且止,勿得复语。时将欲过,我欲灭度,是我最后之所教诲(以上为《遗教经》的原文)。

论曰:是中种种自性者,于五阴法中,作种种见患故,妄想自性障故。此障对治,如经(曰)汝等比丘,常当一心故。复以一心如实慧,难可得故,如经(曰)勤求出道故。又示除如实慧,所有相对法悉无常故,示现名相等法应知,如经(曰)一切世间动、不动法皆是败坏不安之相故。于中动、不动者,谓三界相静、乱差别故。清净无我者,示现于甚深寂灭法中寂灭故,如经(曰)汝等且止,如是等故。且止勿语者,劝示三业无动故,是寂灭无我相应器故。最后教诲者,正显遗教义故。是遗教义,于住持法中胜,以其遗教故(以上为世亲的解释)。(第291页中)

　　本书的注疏有：北宋净源《佛遗教经论疏节要》一卷、元照《遗教经论住法记》一卷、南宋观复《遗教经论记》三卷、明智旭《佛遗教经解》一卷。但前三书均据坊间刻本，误称《遗教经论》为"马鸣菩萨造"，而其间刊行的《大藏经》刻本则均题为"天亲菩萨造"。智旭批评说，《佛遗教经论疏节要》等，"大意宗天亲论，而讹谓是马鸣论，可见考订之疏矣"（见《阅藏知津》卷三十六）。

陈士强 著

大藏經總目提要

论藏 三

上海古籍出版社

目　录

四、大乘瑜伽部(续)

五、大 乘 集 传 部

四、大乘瑜伽部(续)

第二门　瑜伽行派集义论

第一品　唐玄奘译《瑜伽师地论》一百卷

附：北凉昙无谶译《菩萨地持经》十卷

刘宋求那跋摩译《菩萨善戒经》九卷

梁真谛译《决定藏论》三卷

唐玄奘译《王法正理论》一卷

唐玄奘译《瑜伽师地论释》一卷

《瑜伽师地论》，又名《瑜伽论》《十七地论》《五分瑜伽》，一百卷。书题"弥勒菩萨说"，藏文译本题作"无著著"；唐玄奘译，贞观二十年(646)至贞观二十二年(648)之间译出。唐道宣《大唐内典录》卷五著录(译经时间见《开元释教录》卷八)。载于《丽藏》"堂"至"善"函、《宋藏》"习"至"庆"函、《金藏》"堂"至"善"函、《元藏》"习"至"庆"函、《明藏》"犹"至"气"函、《清藏》"犹"至"气"函、《频伽藏》"来"帙，收入《大正藏》第三十卷。

本书是大乘瑜伽行派的根本论书，也是唯识宗所依据的根本经典"一本十支"之一。"一本"，指《瑜伽师地论》，此为根本论。"十支"(又称"瑜伽十支论")，指依《瑜伽师地论》理论组织、阐发的十部支论，它们是：《大乘百法明门论》一卷(世亲造、唐玄奘译)；《大乘五蕴论》一卷(世亲造、唐玄奘译)；《显扬圣教论》

二十卷（无著造、唐玄奘译）;《摄大乘论本》三卷（无著造、唐玄奘译）;《大乘阿毗达磨杂集论》十六卷（无著造《集论》、安慧糅释、唐玄奘译）;《辩中边论》三卷（弥勒造颂、世亲作释、唐玄奘译）;《唯识二十论》一卷（世亲造、唐玄奘译）;《三十唯识论颂》一卷（世亲造、唐玄奘译）;《大乘庄严经论》十三卷（无著造、唐波罗颇蜜多罗译）;《分别瑜伽论》（弥勒造，今失传；以上参见唐慧沼《成唯识论了义灯》卷一）。

关于本书的由来。唐玄奘《大唐西域记》卷五说：在中印度阿踰陀国都城西南五六里的大庵没罗林（又称"奈树林"）中，有故伽蓝（旧寺院），是无著菩萨的"请益导凡之处"，"无著菩萨夜升天宫，于慈氏（指弥勒）菩萨所受《瑜伽师地论》《庄严大乘经论》（指此论的本颂）、《中边分别论》（指此论的本颂）等，昼为大众，讲宣妙理"，认为《瑜伽师地论》等五论（即"弥勒五论"），是无著上升兜率天，从弥勒菩萨处听受的。唐遁伦《瑜伽论记》卷一之上（每卷各分上、下）则说："慈氏菩萨随无著机，恒于夜分，从知足天，降于禅省，为说五论之颂：一、《瑜伽论》（指唐玄奘译《瑜伽师地论》）;二、分别观行，名《分别瑜伽论》（无传译，仅有二首偈颂见存于《摄大乘论本·入所知相分》之中）;三、《大庄严论》（指唐波罗颇蜜多罗译《大乘庄严经论》）;四、《辩中边》（指唐玄奘译《辩中边论》，本颂部分题为"弥勒菩萨说"，释部分题为"天亲菩萨造"）;五、《金刚般若》（指隋达摩笈多译《金刚般若波罗蜜经论》）"，认为"五论之颂"（指弥勒五论的本颂），是弥勒下降人间，在禅室对无著讲说的。上述二说虽然略有差异，但都认为"弥勒五论"或"五论之颂"，是由弥勒口说，无著录写传出的。藏传佛教所说的"弥勒五论"，与汉传佛教不同，指的是《现观庄严论》《辩中边论颂》《辩法法性论》《究竟一乘宝性论》《大乘庄严经论颂》（即《大乘庄严经论》的本颂）。《瑜伽师地论》的汉译本虽题为"弥勒菩萨说"，但藏文译本题为"阿阇黎无著著"（见元布顿《佛教史大宝藏论》）。就史实而论，包括《瑜伽师地论》在内的"弥勒五论"，实际上都是无著编集的著作。

关于本书的名义。依《瑜伽师地论释》卷一所释，书名中的"瑜伽"，意为"相应"，指三乘（声闻乘、独觉乘、菩萨乘）修行者的一切修行证果都与正理相应，分为三种，即"境瑜伽"（指所缘的一切境界与正理相应）、"行瑜伽"（指所作的一切修行与正理相应）、"果瑜伽"（指所证的一切果报与正理相应）；"师"字，指"瑜伽师"（旧译"观行者"），即止观修行者，三乘修行者都可称为"瑜伽师"；"地"字，指"境界"，即瑜伽师所依、所行的境界"十七地"；"论"字，指问答、决择（指决断简择）诸法性相。在印度，《瑜伽师地论》也称为《十七地论》，玄奘在印度求法，曾从瑜伽行派传人戒贤受学《十七地论》，"即今之《瑜伽师地论》"（唐彦悰《大唐大慈恩寺三藏法师传》卷一）。本书属于"菩萨藏阿毗达磨"，即大乘阿毗达磨论书。从卷七十五至卷七十八《摄决择分中菩萨地》，引录了《解深密经》正宗分七品（《胜义谛相品》至《如来成所作事品》）的全文来看，它是综合中期大乘经《解深密经》等经的义理，发展而成的。

全书分为五部分（又称"五分"），论述"十七地"（从五识身相应地，至无余依地），以及其他事义问题。第一部分是《本地分》（卷一至卷五十），论述三乘所依、所行的境界"十七地"问题，为全书的纲要。其中，第一地至第九地是"三乘境"，指"五识身相应地"、"意地"是"境体"（指一切境界皆以识为体）；"有寻有伺地"、"无寻唯伺地"、"无寻无伺地"是"境相"（指境界有上下粗细的差别）；"三摩呬多地"、"非三摩呬多地"是"境用"（指定地、散地有作用差别）；"有心地"、"无心地"是"境位"（指心识有起、不起的分位差别）。第十地至第十五地是"三乘行"，指"闻所成地"、"思所成地"、"修所成地"是"三乘通行"(指三乘共同的修行);"声闻地"、"独觉地"、"菩萨地"是"三乘别行"(指三乘各别的修行)。第十六地至第十七地,指"有余依地"、"无余依地"是"三乘果"(指三乘修行各证的果报;以上见唐窥基《瑜伽师地论略纂》卷一)。第二部分是《摄决择分》(卷五十一至卷八十),论述"十七地"中的深隐要义问题。第三部分是《摄释分》(卷五十一至卷八十),论述契经(指佛经)的文义、解经说法的方法问题。第四部分是《摄异门分》(卷八十三至卷八十四),论述"白品"(善法)、"黑品"(不善法)的名相差别问题。第五部分是《摄事分》(卷八十五至卷一百),论述三藏事义,特别是《杂阿含经》的本母问题(即经本的理论要点,无故事情节;其叙次与传今的《杂阿含经》汉译本出入甚多)。上述五部分中,《本地分》所说的"十七地"为全书的纲要,其余四部分都是"十七地"的解释。行文采用"嗢拖南"(又作"嗢柁南",意为"摄颂")与长行相结合的方式编纂。"嗢拖南"分为"总嗢拖南"(意译"总摄颂")、"别嗢拖南"(意译"别摄颂")二种,前者揭示某一大类的纲目,后者揭示某一大类之下的各个子类的纲目,长行则依照纲目的叙述次第,对内容加以解说。本书《丽藏》卷一之末有唐许敬宗制《后序》(宋元明藏本均置于卷首),说:

　　有玄奘法师者,胎彰辩慧,蹑身子之高踪;生禀神奇,嗣摩腾之芳轨。爰初束发,即事抽簪,迥出盖缠,深悟空假。研求四谛,嗟谬旨于真宗;钻仰一乘,鉴讹文于实相。遂乃发弘誓愿,起大悲心,思拯迷途,亲寻正教。幸属时康道泰,远安迩肃,裂裳裹足,直趣迦维。阐皇泽于遐方,征释教于前域,越葱岭之外,犹跬步而忘远;遵竹园之左,譬亲受而何殊。访道周游,十有七载,经途所亘,百有余国。异方之语,

资一音而并贯;未译之经,馨五财而毕写。若诵若阅,喻青
莲之受持;半句半偈,随白马而俱返。以贞观十九年,持如
来肉舍利一百五十粒,佛像七躯,三藏圣教要文凡六百五十
七部,二月六日还至长安。奉敕于弘福寺安置,令所司供
给,召诸名僧二十一人学通内外者,共译持来三藏梵本。至
二十一年五月十五日,肇译《瑜伽师地论》。论梵本四万颂,
颂三十二字,凡有五分,宗明十七地义。……至二十二年五
月十五日绝笔,总成一百卷。佛灭度后,弥勒菩萨自睹史多
天宫,降于中印度阿瑜陀国,为无著菩萨之所说也。(《大正
藏》第三十卷,第283页中—第284页上)

一、《本地分》(卷一至卷五十)。论述"十七地"问题。下分
十七篇,始《五识身相应地》,终《无余依地》。

(一)《五识身相应地》(又名《本地分中五识身相应地》,卷
一;以下各篇之名均冠有"本地分中"四字,以表示隶属关系)。
总标"十七地"的名目,论述"五识身相应地"问题。

"五识身"(即"五识",身表示复数),指"六识"中的前五识
"眼识"、"耳识"、"鼻识"、"舌识"、"身识"。"五识身相应地",指
依"五识"施设建立的境界,"五识身自性、彼所依、彼所缘、彼助
伴、彼作业,如是总名五识身相应地"。此地由"自性"(自体的本
性)、"所依"(所依的处所)、"所缘"(所缘的对象)、"助伴"(相应
的心所)、"作业"(所造作的行为)五门施设建立。以"眼识"为
例。(1)"自性"。指眼识的自性是"了别色"。(2)"所依"。指
眼识有三种所依:"俱有依"是"眼",眼与眼识同时流转;"等无间
依"是"意"(指意识),在意识的生灭相续中,前念的刹那灭,避开
现行位,是后念的刹那生的条件;"种子依"是"一切种子识"(即
阿赖耶识),阿赖耶识摄藏的一切诸法种子,是引生眼识的亲因

缘。(3)"所缘"。指眼识所缘的境界是"色"。"色"分为三种:
"显色",指青黄赤白、光影明暗、云烟尘雾等;"形色",指长短方
圆、粗细高下等;"表色",指取舍屈伸、行住坐卧等。(4)"助
伴"。指眼识的助伴是相应的"心所"(指依心而起的心理活动,
具有恒依心起、与心相应、系属于心三种含义),有"作意"、"触"、
"受"、"想"、"思"五种遍行心所,眼识与这些心所,"同一所缘,非
一行相,俱有相应,一一而转"。(5)"作业"。指由眼识造作的
业分为六种。它们是:"唯了别自境所缘";"唯了别自相";"唯了
别现在";"唯一刹那了别";"随意识转,随善染转,随发业转";
"能取爱、非爱果"(指善业招感"爱果",不善业招感"非爱果")。
如关于"瑜伽师地",说:

　　云何瑜伽师地? 谓十七地。何等十七(以上为提示
语)?

　　嗢拖南曰:五识相应意,有寻伺等三,三摩地俱非,有
心无心地。闻思修所立,如是具三乘,有依及无依,是名十
七地(以上为摄颂)。

　　一者五识身相应地;二者意地;三者有寻有伺地;四者
无寻唯伺地;五者无寻无伺地;六者三摩呬多地;七者非三
摩呬多地;八者有心地;九者无心地;十者闻所成地;十一者
思所成地;十二者修所成地;十三者声闻地;十四者独觉地;
十五者菩萨地;十六者有余依地;十七者无余依地。如是略
说十七,名为瑜伽师地(以上为摄颂的解释)。(卷一《本地
分中五识身相应地》,第 279 页上)

(二)《意地》(卷一至卷三)。论述"意地"问题。

"意地",指依"意"施设建立的境界。所说的"意",取心识三
义(心、意、识)中的"意"义,指"意根"所摄的"意",亦即第六识

"意识"(此据《瑜伽师地论释》所说:"言意地者,六七八识,同依意根,略去识身相应三语,故但言意。又实义门,虽有八识,然随机门,但有六识,六七八识,同第六摄,就所依名,故但言意";唐窥基《瑜伽师地论略纂》也说:"心法、意处,识蕴摄故,然意义等故,但言意,皆是思量意根摄故")。此地亦由"自性"、"所依"、"所缘"、"助伴"、"作业"五门施设建立。(1)"自性"。指"意"的自性,依功能的差别,分为三种。一是"心",指"一切种子所随依止性",即"阿赖耶识";二是"意",指"恒行意(即末那识)及六识身无间灭意(即过去六识)";三是"识",指"现前了别所缘境界"(即现在六识)。(2)"所依"。指"意"有二种所依,"等无间依"是"意","种子依"是"阿赖耶识"。(3)"所缘"。指"意"所缘的境界是"一切法",包括与前五识共缘的境界和不共缘的境界。"意"对所缘之境,有七种分别,即"有相分别"、"无相分别"、"任运分别"、"寻求分别"、"伺察分别"、"染污分别"、"不染污分别"。(4)"助伴"。指"意"的助伴是相应的"心所"。其中有:"作意"等五种遍行心所;"欲"等五种别境心所;"信"等十一种善心所;"贪"等六种根本烦恼心所;"忿"等二十六种随烦恼心所,总计五十三种心所。(5)"作业"。指由"意"造作的行为,有"能了别自境所缘";"能了别自相、共相";"能了别(过)去、(未)来、今世";"刹那了别,或相续了别";"复为转、随转,发净、不净一切法业";"能取爱、非爱果";"能引余识身(指前五识)";"能为因,发起等流识身(指同类识)"等。如关于"意"的"自性"、"所依"、"所缘",说:

　　云何意自性? 谓心、意、识。心谓一切种子所随依止性,所随(依附依止——原注)性体,能执受,异熟所摄阿赖耶识;意谓恒行意及六识身无间灭意。识谓现前了别所缘

境界。彼所依者,等无间依,谓意。种子依,谓如前说一切
种子阿赖耶识。彼所缘者,谓一切法如其所应;若不共者所
缘,即受想行蕴、无为、无见、无对色、六内处及一切种子。
(卷一《本地分中意地》,第280页中)

(三至五)《有寻有伺等三地》(卷四至卷十;原书因此篇含
有三地,故在排序上计为三篇,而将后篇题作《三摩呬多地第
六》,《明藏》本在《有寻有伺等三地》的标题下有"第三第四第五"
的小注)。论述"有寻有伺地"、"无寻唯伺地"、"无寻无伺地"
问题。

"有寻有伺等三地",指依有无"寻"、"伺"施设建立的"有寻
有伺地"、"无寻唯伺地"、"无寻无伺地"三种境界。此中,"寻"
(又称"觉"),指寻求,即粗浅推度;"伺"(又称"观"),指伺察,即
深细思察。"有寻有伺地",指与"寻"、"伺"二心所都相应的境
界,即"未至定"(色界初禅之前的欲界禅定)、"初禅","此中欲界
及色界初静虑,除静虑中间(指中间定)若定若生,名有寻有伺
地"。"无寻唯伺地",指与"寻"不相应、唯与"伺"相应的境界,即
"中间定"(色界初禅与第二禅的近分定之间的禅定),"静虑中间
(指中间定)若定若生,名无寻唯伺地"。"无寻无伺地",指与
"寻"、"伺"都不相应的境界,即从色界第二禅的近分定至无色界
第四定的七种禅定,"从第二静虑余有色界及无色界,全名无寻
无伺地。此中由离寻伺欲道理,故说名无寻无伺地,不由不现行
故"。此三地由"界"、"相"、"如理作意"、"不如理作意"、"杂染"
五门施设建立。

1."界施设建立"(卷四至卷五)。指"有寻有伺地"等三地
由"界"施设建立。"界"有八种相,即"数"、"处"、"有情量"、"有
情寿"、"有情受用"、"生"、"自体"、"因缘果"。

(1)"数建立"。指三界分为欲界、色界、色界。(2)"处建立"。指欲界有三十六处,即"八大那落迦"、"八寒那落迦"(以上指地狱)、"饿鬼处所"、"非天处所"(指阿修罗)、"四大洲"(指人间)、"八中洲"、"欲界六天"。色界有十八处,即"初静虑"(又称"初禅")有"梵众天"等三天;"第二静虑"(又称"二禅")有"少光天"等三天;"第三静虑"(又称"三禅")有"少净天"等三天;"第四静虑"(又称"四禅")有"无云天"等九天。色界有四处,即"空无边处"、"识无边处"、"无所有处"、"非想非非想处"。(3)"有情量建立"。指三界众生中,欲界、色界众生有不同的身量(身高),色界众生因没有"色",故没有身量。(4)"有情寿建立"。指三界众生有不同的寿量(寿命)。(5)"有情受用建立"。指三界众生有三种受用,即"受用苦乐"、"受用饮食"、"受用淫欲"。(6)"生建立"。指欲界众生有三种欲生,即"现住欲尘"、"变化欲尘"、"他化欲尘";色界众生有三种乐生,即"用离生喜乐灌洒其身"(指初静虑地诸天)、"由定生喜乐灌洒其身"(指第二静虑地诸天)、"以离喜乐灌洒其身"(指第三静虑地诸天)。三种欲生、三种乐生是由三种求,即"欲求"、"有求"、"梵行求"建立的。(7)"自体建立"。指三界众生有四种得自体差别:"由自所害,不由他害",而得自体;"由他所害,不由自害",而得自体;"亦由自害,亦由他害",而得自体;"亦非自害,亦非他害",而得自体。

(8)"因缘果建立"。指因缘果(因缘与结果)由"相"、"依处"、"差别"、"建立"四种方式建立。①"由相"。指因缘果由"因相"、"缘相"、"果相"建立,此中起主导作用的是"因相",即"自种子为先"。②"由依处"。指因缘由十五种依处建立,即"语依处"、"领受依处"、"习气依处"、"有润种子依处"、"无间灭依处"、"境界依处"、"根依处"、"作用依处"、"士用依处"、"真实见依处"、"随顺依处"、"差别功能依处"、"和合依处"、"障碍依处"、"无障碍依处"(《成唯识论》卷八有详释)。③"由差别"。
指因缘果分为"十因"、"四缘"、"五果"。所说的"十因",指一切
有为法生起的十种原因。一是"随说因",指语言是表达事物的
原因;二是"观待因",指相待而有(即相互依赖而存在)的他物是
自物生起的原因;三是"牵引因",指未成熟的种子,是未来牵引
自果的原因;四是"生起因",指已成熟的种子,是现在生起自果
的原因;五是"摄受因",指除种子以外的六种摄受条件是引生事
物的原因,即"无间灭"(指心、心所的等无间缘)、"境界"(指心、
心所的所缘缘)、"根"(指心、心所所依的六根)、"作用"(指一切
起辅助作用的现实条件)、"士用"(指人的作用力)、"真实见"(指
无漏知见);六是"引发因",指善、不善、无记法的现行事物,是引
起同类事物的原因;七是"定异因",指"有为法"自性功能的差
别,是引生各自结果的原因;八是"同事因",指各种因(包括从观
待因至定异因的七因)的和合力,是引生事物的原因;九是"相违
因",指障碍现前,是事物不得生起的原因;十是"不相违因",指
障碍不现前,是事物生起的原因。所说的"四缘",指一切有为法
生起的四种条件,它们是:一是"因缘"(又称"亲因缘"),指一切
事物能亲生自果的内在原因;二是"等无间缘",指在"心"、"心
所"的活动中,"前念"的刹那灭,为"后念"的刹那生的条件;三是
"所缘缘",指"心"、"心所"以所缘的境界,为产生认识的条件
("所缘缘"指以所缘为缘);四是"增上缘",指事物以自身以外的
一切他物,为生起的条件。所说的"五果",指由因缘引生的五种
结果,它们是:一是"异熟果",指由善、恶业因所招感的苦、乐果
报;二是"等流果",指由善、恶、无记业因所引生的同类性质的结
果;三是"离系果",指由无漏智的简择力,断除烦恼的系缚所证
的结果,即"无为法"中的"择灭无为";四是"士用果",指由人的
作用力引生的结果;五是"增上果",指由一事物自体以外的其他

事物引生的结果。④"由建立"。指因缘果中的"十因",依十五种依处施设建立,即"依语因依处",建立"随说因";"依领受因依处",建立"观待因";"依习气因依处",建立"牵引因";"依有润种子因依处",建立"生起因";"依无间灭因依处,及依境界、根、作用、士用、真实见因依处",建立"摄受因";"依随顺因依处",建立"引发因";"依差别功能因依处",建立"定异因";"依和合因依处",建立"同事因";"依障碍因依处",建立"相违因";"依无障碍因依处",施设建立"不相违因"。

2."相施设建立"(卷五)。指"有寻有伺地"等三地由"相"施设建立。"相"有七种,即"体性"、"所缘"、"行相"、"等起"、"差别"、"决择"、"流转"。

(1)"体性"。指"寻"、"伺"二心所的体性是"思"、"慧","不深推度所缘,思为体性;若深推度所缘,慧为体性"。(2)"所缘"。指"寻"、"伺"的所缘是"名身"、"句身"、"文身"。"名身"(身表示复数),指表述事物自性的名词;"句身",指表述事物差别的句子;"文身",指"名"、"句"所依的梵文字母。(3)"行相"。指"寻"的行相是"粗慧","伺"的行相是"细慧"。(4)"等起"。指以"寻"、"伺"为因,能"发起语言"。(5)"差别"。指"寻"、"伺"对所缘之境,有"有相"、"无相"、"任运"、"寻求"、"伺察"、"染污"、"不染污"七种差别。(6)"决择"。指"寻"、"伺"必定是"分别",但"分别"不一定都是"寻"、"伺",因为"寻"、"伺"以外的"心"、"心所"也是能"分别"的。(7)"流转"。指欲界六道(地狱、畜生、饿鬼、阿修罗、人、欲界天;本书将阿修罗译作"非天")和色界初禅天(又称"初静虑地天")都有"寻"、"伺"。

3."如理作意施设"(卷五)。指"有寻有伺地"等三地由"如理作意"施设建立。"如理作意",指合于正理的令心警觉、趣境,亦即"如理思惟"。"如理作意"有八种相,即"依处"、"事"、"求"、

"受用"、"正行"、"声闻乘资粮方便"、"独觉乘资粮方便"、"波罗密多引发方便"。

（1）"依处"。指六种依处，即"决定时"、"止息时"、"作业时"、"世间离欲时"、"出世离欲时"、"摄益有情时"。（2）"事"。指应成的八种事情，即"施所成福作用事"、"戒所成福作用事"、"修所成福作用事"、"闻所成事"、"思所成事"、"余修所成事"、"简择所成事"、"摄益有情所成事"。（3）"求"。指追求，"不以非法，及不凶险追求财物"。（4）"受用"。指在追求财时，"深见过患，了知出离，而受用之"。（5）"正行"。指对父母、沙门、婆罗门及尊长等，恭敬供养、承事，"行施作福，受斋持戒"。（6）"声闻乘资粮方便"、（7）"独觉乘资粮方便"、（8）"波罗蜜多引发方便"，此三相分别在后面的声闻地、独觉地、菩萨地中广说。

4. "不如理作意施设建立"（卷六至卷七）。指"有寻有伺地"等三地由"不如理作意"施设建立。"不如理作意"，指外道的"十六种异论"。

（1）"因中有果论"。指主张"常常时、恒恒时，于诸因中具有果性"者。（2）"从缘显了论"。指主张"一切诸法性本是有，从众缘显，不从缘生"者。（3）"去来实有论"。指主张"有过去、有未来，其相成就，犹如现在，实有非假"者。（4）"计我论"。指主张"有我、萨埵（意译有情）、命者、生者、有养育者、数取趣（又译补特伽罗）者，如是等，谛实常住"者。（5）"计常论"。指主张"我及世间皆实常住，非作所作，非化所化，不可损害，积聚而住"者。（6）"宿作因论"。指主张"现所受苦，皆由宿作为因"者。（7）"计自在等为作者论"。指主张"凡诸世间，所有士夫补特伽罗（指人）所受，彼一切或以自在（指大自在天）变化为因，或余丈夫变化为因"者。（8）"害为正法论"。指主张"若于彼祠中，咒术为先,害诸生命,若能祀者、若所害者、若诸助伴,如是一切皆得生天"者。

(9)"有边无边论"。指主张"世间有边、世间无边、世间亦有边亦无边、世间非有边非无边"者。(10)"不死矫乱论"。指主张"依不死净天(指梵天),不乱诘问",对他人所问,"假托余事,以言矫乱"者。(11)"无因见论"。指主张"我及世间,皆无因生"者。(12)"断见论"。主张"若我死后,断坏无有"者。(13)"空见论"。指主张"无有施与,无有爱养,无有祠祀,广说乃至,世间无有真阿罗汉"者(此为外道),或主张"无有一切诸法体相"者(此为大乘恶取空者)。(14)"妄计最胜论"。指主张"婆罗门是最胜种类,刹帝利等是下劣种类"者。(15)"妄计清净论"。指主张"若我解脱心得自在,观得自在","于诸天微妙五欲,坚著摄受,嬉戏娱乐,随意受用",便是"得现法涅槃、第一清净"者。(16)"妄计吉祥论"。指主张"精勤供养日月星等,祠火诵咒"者。

5."杂染施设建立"(卷八至卷十)。指"有寻有伺地"等三地由"杂染"施设建立。"杂染",指"有漏法"。"杂染"与"染污"都是指烦恼,但二者略有区别,"杂染"通于"有漏法"中的"善性"、"恶性"、"无记性"三性,而"染污"只指"有漏法"中的"恶性",也就是说,"杂染"的含义比"染污"广泛。"杂染"分为三种(又称"三种杂染"),即"烦恼杂染"、"业杂染"、"生杂染",相当于"三障"中的"烦恼障"、"业障"、"报障"。

(1)"烦恼杂染"(又称"惑杂染")。指一切烦恼,包括"根本烦恼"和"随烦恼"。"根本烦恼",指能生起一切枝末烦恼的六种根本烦恼,即"贪"、"瞋"、"痴"、"慢"、"疑"、"恶见";"随烦恼",指随根本烦恼生起的枝末烦恼,有"忿"、"恨"、"恼"、"覆"、"诳"等。"烦恼杂染"有九种相,即"烦恼自性"、"烦恼分别"、"烦恼因"、

"烦恼位"、"烦恼门"、"烦恼上品相"、"烦恼颠倒摄"、"烦恼差别"、"烦恼过患"。此中,"烦恼因"分为六种,即"由所依"、"由所缘"、"由亲近"、"由邪教"、"由数习"、"由作意";"烦恼位"分为七种,即"随眠位"、"缠位"、"分别起位"、"俱生位"、"软位"、"中位上位"。"烦恼颠倒摄"分为七种,即"想倒"、"见倒"、"心倒"、"于无常常倒"、"于苦乐倒"、"于不净净倒"、"于无我我倒"。其余诸相也各有子类。(2)"业杂染"。指由烦恼所生,或由烦恼杂染的善法所生的一切身业、语业、意业。"业杂染"有九种相,即"业自性"、"业分别"、"业因"、"业位"、"业门"、"业增上"、"业颠倒"、"业差别"、"业过患"。此中,"业因"分为十二种,即"贪"、"瞋"、"痴"、"自"、"他"、"随他转"、"所爱味"、"怖畏"、"为损害"、"戏乐"、"法想"、"邪见"。"业差别"分为"作业、不作业";"增长业、不增长业";"故思业、不故思业";"定异熟业、不定异熟业";"善业、不善业、无记业";"过去业、未来业、现在业";"见所断业、修所断业、无断业"等。其余诸相也各有子类。(3)"生杂染"(又称"苦杂染")。指依烦恼和业而受生的各种痛苦。"生杂染"有四种相,即"生差别"、"生艰辛"、"生不定"、"生流转"。此中,"生差别"分为五种,即"界差别"、"趣差别"、"处所差别"、"胜生差别"、"自身世间差别"。其余诸相也各有子类。如关于"烦恼"的类别,说:

　　烦恼分别者,或立一种,谓由烦恼杂染义故;或分二种,谓见道所断、修道所断;或分三种,谓欲(界)系、色(界)系、无色(界)系;或分四种,谓欲(界)系记、无记、色(界)系无记、无色(界)系无记;或分五种,谓见苦(谛)所断、见集(谛)所断、见灭(谛)所断、见道(谛)所断、修道所断;或分六种,谓贪、恚、慢、无明、见、疑;或分七种,谓七种随眠,一欲贪随

眠、二瞋恚随眠、三有贪随眠、四慢随眠、五无明随眠、六见
随眠、七疑随眠;或分八种,谓贪、恚、慢、无明、疑、见及二种
取(指见取、戒禁取);或分九种,谓九结,一爱结、二恚结、三
慢结、四无明结、五见结、六取结、七疑结、八嫉结、九悭结;
或分十种,一萨迦耶见(指有身见)、二边执见(指常见、断
见)、三邪见、四见取、五戒禁取、六贪、七恚、八慢、九无明、
十疑;或分一百二十八烦恼。(卷八《本地分中有寻有伺等
三地》,第313页中)

(六)《三摩呬多地》(卷十一至卷十三)。论述"三摩呬多
地"问题。

"三摩呬多",旧译"三摩提",意译"等引"、"胜定"、"定",指
远离沉掉(即昏沉、掉举),引发胜妙功德的禅定,通于定位(又称
"定地",指色界、无色界)中的"有心定"(指四禅、四无色定)、"无
心定"(指无想定、灭尽定),不通于散位(又称"散地",指欲界)。
"三摩呬多地",指与"定心"相应的四种禅定(指静虑、解脱、等
持、等至)境界。此地由"总标"、"安立"、"作意差别"、"相差别"、
"摄诸经宗要"五门施设建立。

1."总标"(卷十一)。指"三摩呬多地"(胜定地)包含"静
虑"、"解脱"、"等持"、"等至"四种禅定。(1)"静虑"。指"四静
虑"(又称四禅),即色界的四种根本禅定。"初静虑",指"从离生
有寻有伺静虑",具有"寻"、"伺"、"喜"、"乐"、"心一境性"五支;
"第二静虑",指"从定生无寻无伺静虑",具有"内等净"、"喜"、
"乐"、"心一境性"四支;"第三静虑",指"离喜静虑",具有"舍"、
"念"、"正知"、"乐"、"心一境性"五支;"第四静虑",指"舍念清净
静虑",具有"舍清净"、"念清净"、"不苦不乐受"、"心一境性"四
支。(2)"解脱"。指"八解脱",即断除三界贪欲而得解脱的八

种禅定。即"有色观诸色解脱"(初解脱);"内无色想,观外诸色
解脱"(第二解脱);"净解脱身作证具足住解脱"(第三解脱);"空
无边处解脱"(第四解脱);"识无边处解脱"(第五解脱);"无所有
处解脱"(第六解脱);"非想非非想处解脱"(第七解脱);"想受灭
身作证具足住解脱"(第八解脱)。(3)"等持"(又称"三摩地"、
"三昧")。指令心专注一境的禅定。它通于定位中的"有心定"
(指四禅、四无色定)和散位(指欲界),但不通于"无心定"(指无
想定、灭尽定),是"定"的本体。"三摩地者,谓于所缘,审正观
察,心一境性"。通常分为三种,称"三三摩地",如"空、无愿、无
相"等。(4)"等至"(又称"三摩钵底")。指远离沉掉(即昏沉、
掉举),达到身心安和的禅定。它通于定位中的"有心定"、"无心
定",但不通于散位,是"定"的自相。属于此类的禅定有:"五现
见",指"不净观"的五种观法,即"观察不净"等;"八胜处",指通
过观想欲界色法,以对治贪欲的八种禅定,由"八解脱"中的前三
种分出,即"内有色想,观外色少胜处"等;"十遍处",指观想"地
大"等十法周遍一切处的禅定,即"地遍处定"等;"四无色定",指
无色界的四种根本禅定,即"空无边处定"等;"无想定",指凡夫、
外道所修的能止息前六识活动、但仍有"染污意"的禅定;"灭尽
定",指佛教圣者所修的能灭除前六识和"染污意"一切活动的禅
定等。如关于"等持"、"等至"的种类,说:

　　等持者,谓三三摩地,一空、二无愿、三无相。复有三
种,谓有寻有伺、无寻唯伺、无寻无伺。复有三种,谓小、大、
无量。复有二种,谓一分修、具分修。复有三种,谓喜俱行、
乐俱行、舍俱行。复有四种,谓四修定。复有五种,谓五圣
智三摩地。复有五种,谓圣五支三摩地。复有有因有具圣
正三摩地。复有金刚喻三摩地。复有有学、无学、非学非无

学等三摩地。等至者，谓五现见三摩钵底、八胜处三摩钵
底、十遍处三摩钵底、四无色三摩钵底、无想三摩钵底、灭尽
定等三摩钵底。（卷十一《本地分中三摩呬多地》，第328页
下—第329页上）

2. "安立"（卷十一）。指"三摩呬多地"通于定位（指色界、
无色界）中的"有心定"、"无心定"，但不通于散位（指欲界），它不
是欲界的禅定，"非于欲界心一境性"，是由"无悔"、"欢喜"、"安
乐"所引发的境界。

3. "作意差别"（卷十一）。指证入"三摩呬多地"中的"初静
虑地"，须修习七种根本作意，即"了相作意"、"胜解作意"、"远离
作意"、"摄乐作意"、"观察作意"、"加行究竟作意"、"加行究竟果
作意"。此外，还应修习其余四十种其余作意，即"缘法作意"、
"缘义作意"、"缘身作意"、"缘受作意"、"缘心作意"、"有分别影
像所缘作意"、"无分别影像所缘作意"、"有功用运转作意"、"自
然运转作意"等。

4. "相差别"（又称"所缘差别"，卷十一至卷十二）。指证入
"三摩呬多地"中的"初静虑地"，须缘取四种根本相。（1）"所缘
相"。指应了知所缘对境的体相。（2）"因缘相"。指应具足修
定的资粮。（3）"应远离相"。应远离"沉相"、"掉相"、"乱相"、
"著相"四种相。（4）"应修习相"。应修习对四种相的对治。此
外，还应缘取其余三十二种相，即"自心相"、"外相"、"所依相"、
"所行相"、"自相相"、"共相相"、"染污相"、"不染污相"、"止相"、
"观相"、"舍相"等。此中，"诸染污相，唯应远离；所余诸相，唯应
修习"。

5. "摄诸经宗要"（卷十二至卷十三）。指解释前述"总标"
中所说"解脱"、"等持"、"等至"（如"八解脱"、"三三摩地"、"四无

量定"、"五圣智三摩地"、"五现见三摩钵底"等)各子项的含义;
并略引"经言",作为教证。

(七)《非三摩呬多地》(卷十三)。论述"非三摩呬多地"
问题。

"非三摩呬多地",意为"非定地"、"不定地",指与"散心"相
应的非禅定境界。此地由"自性不定"(指五识)等十二门施设建
立。(1)"自性不定"。指"五识身"。(2)"阙轻安"。指"欲界
系诸心、心法(即心所)"。(3)"不发趣"。指"受欲者于诸欲中,
深生染著,而常受用"。(4)"极散乱"。指"初修定者,于妙五
欲,心随流散"。(5)"太略聚"。指"初修定者,于内略心,昏睡
所蔽"。(6)"未证得"。指"谓初修定者,虽无散乱及以略聚娆
恼其心,然犹未得诸作意"。(7)"未圆满"。指"虽得作意,然未
证得加行究竟及彼果"。(8)"杂染污"。指"虽证得加行究竟果
作意,然为种种爱味等惑,染污其心"。(9)"不自在"。指"虽已
得加行究竟果作意,其心亦无烦恼染污,然于入、住、出诸定相
中,未得自在"。(10)"不清净"。指"虽自在,随其所欲,无涩无
难,然唯修得世间定故,未能永害烦恼随眠诸心、心法"。
(11)"起定"。指"所得定虽不退失,然出定故,不名为定"。
(12)"退"。指"退失所得三摩地故,不名为定"。如关于"非三摩
呬多地"十二种相状,说:

> 云何非三摩呬多地?当知此地相略有十二种。或有自
> 性不定故,名非定地。……或有阙轻安故,名非定地。……
> 或有不发趣故,名非定地。……或有极散乱故,名非定
> 地。……或有太略聚故,名非定地。……或有未证得故,名
> 非定地。……或有未圆满故,名非定地。……或有杂染污
> 故,名非定地。……或有不自在故,名非定地。……或有不

清净故,名非定地。……或有起故,名非定地。……或有退
故,名非定地。(卷十三《本地分中非三摩呬多地》,第 344
页中、下)

(八至九)《有心无心二地》(卷十三)。本篇包括(八)《有
心地》、(九)《无心地》,原书的标题作《有心无心二地第八、第
九》。论述"有心地"、"无心地"问题。

"有心地",指"有心定"(即四禅、四无色定)的境界;"无心
地",指"无心定"(即无想定、无想生、灭尽定)的境界。此二地由
"地"等五门施设建立。(1)"地施设建立"。指"五识身相应
地"、"意地"、"有寻有伺地"、"无寻唯伺地"四地,是"有心地";
"无寻无伺地"中,只有"无想定"、"无想生"、"灭尽定"是"无心
地",其余禅定都是"有心地"。(2)"心乱不乱建立"。指"四颠
倒"(指"于无常常倒、于苦乐倒、于不净净倒、于无我我倒"),名
为"乱心";"不颠倒心",名为"不乱心"。"乱心"坏失本性,名为
"无心地";"不乱心",名为"有心地"。(3)"生不生建立"。指有
八种因缘(即根破坏、境不现前、阙作意、未得、相违、已断、已灭、
已生),心不得生;若无这八种因缘,心乃得生。心不得生,名为
"无心地";心乃得生,名为"有心地"。(4)"分位建立"。指有六
种心位(即无心睡眠位、无心闷绝位、无想定位、无想生位、灭尽
定位、无余依涅槃界位),名为"无心地";其余心位,都名为"有心
地"。(5)"第一义建立"。指依"第一义"(又称"第一义谛"、"真
谛"),只有"无余依涅槃界",才是"无心地",因为"于此界中,阿
赖耶识亦永灭故,所余诸位转识灭故,名无心地";但"阿赖耶识
未永灭尽,故依"第一义","无心地"就是"非无心地"。如关于
"有心地"与"无心地"的区别,说:

　　云何有心地? 云何无心地? ……谓五识身相应地、意

地、有寻有伺地、无寻唯伺地,此四一向是(指都是)有心地；无寻无伺地中,除无想定并无想生及灭尽定,所余一向是有心地；若无想定、若无想生、及灭尽定,是无心地。(卷十三《本地分中有心无心二地》,第 344 页下)

(十)《闻所成地》(卷十三至卷十五)。论述"闻所成地"问题。

修行者在趣入见道时,须修学"三慧",即"闻"(听闻正法)、"思"(思惟法义)、"修"(依法修行)。"闻所成地",指依听闻正法所生无漏慧成就的境界,由"五明处"(指古印度的五种学问),即"内明处"、"医方明处"、"因明处"、"声明处"、"工业明处"(又称"工巧明")五门施设建立。

1."内明处"(又称"内明",卷十三至卷十五)。指佛学,"诸佛语言,名内明论",它能"显示正因果相"、"显示已作不失未作不得相"(参见卷十三十八),由"事"、"想差别"、"摄圣教义相"、"佛教所应知处相"四门施设建立。

(1)"事施设建立相"。指"内明"由"三种事"施设建立,"三种事"总摄一切诸佛言教,即:"素怛缆事",指契经事,即经藏；"毗奈耶事",指调伏事,即律藏；"摩怛履迦事"(又称"摩呾理迦"、"摩得勒伽"),指本母事,即论藏。(2)"想差别施设建立相"。指"内明"由诸法的名相差别施设建立,诸法的名相赅摄"五蕴"、"十二处"、"十八界",以及一切"有漏法"、"无漏法"。(3)"摄圣教义相"。指"内明"由佛教修习的义理施设建立,内容包括:"能修习法"、"所修习法"、"有过患法"、"有染污法"、"障碍法"、"随顺法"、"真如所摄法"、"胜德所摄法"、"随顺世间法"、"得究竟法"等。(4)"佛教所应知处相"。指"内明"由佛教应知的法数施设建立,法数有十种,即"一法"(如"一切有情住")至

"十法"(如"十遍处")。如关于"四种内法种子",说:

> 略有四种内法种子,遍摄一切诸法种子:一世间种子、
> 二出世种子、三不清净种子、四清净种子。世间种子者,谓
> 欲、色、无色界系诸行种子。出世种子者,谓能证三乘,及三
> 乘果、八圣道等清净种子。不清净种子者,谓欲界系诸行种
> 子。清净种子复有二种,一世间净、二出世间净。色、无色
> 系诸行种子,名世间净;能证三乘,及三乘果、八圣道等所有
> 种子,名出世净。(卷十四《本地分中闻所成地》,第 348
> 页下)

2."医方明处"(卷十五)。指医学,它能医治疾病,显示"病
相"、"病因"、"治病"、"断病",由四相善巧施设建立。(1)"于病
相善巧"。指善知疾病的相状。(2)"于病因善巧"。指善知疾
病的原因。(3)"于已生病断灭善巧"。指善治已生的疾病。
(4)"于已断病后更不生方便善巧"。指善断已生的疾病,使之
不再生起。

3."因明处"(卷十五)。指以逻辑学为主,兼摄认识论、辩
论术的学问,"云何因明处?谓于观察义中,诸所有事"(指建
立论证的所有条件),它能"显示摧伏他论胜利相"、"显示免脱
他论胜利相"(参见卷十三十八,意为显示能屈他论,自申己
义)。因明处由辩论的七种要件(又称"七因明",唐玄奘译《大
乘阿毗达磨集论》卷七译作"论轨"),即"论体性"、"论处所"、
"论所依"、"论庄严"、"论堕负"、"论出离"、"论多所作法"施设
建立。

(1)"论体性"。指辩论的体性,即辩论的本质是一切言说,
分为六种。①"言论"。指一切世间语言,即"一切言说、言音、
言词,是名言论"。②"尚论"。指应听闻的善法言论,即"诸世

间随所应闻所有言论"。③"诤论"。指怨害斗诤的言论,即"喜
斗诤者,兴种种论,兴怨害论,故名诤论"。④"毁谤论"。指毁
谤他人的言论,即"怀愤发者,以染污心,振发威势,更相挨毁所
有言论"。⑤"顺正论"。指宣说正法的言论,即"于善说法律
中,为诸有情宣说正法","随顺正行,随顺解脱,是故此论名顺正
论"。⑥"教导论"。指教导修学的言论,即"教修习增上心学、
增上慧学","令彼觉悟真实智故,令彼开解真实智故,是故此论
名教导论"。此中,"最后二论(指顺正论、教导论),是真是实,能
引义利,所应修习";"中间二论(指诤论、毁谤论),不真不实,能
引无义,所应远离";"初二种论(指言论、尚论),应当分别"。

　　(2)"论处所"。指辩论的处所,分为六种。①"于王家"。
指在国王面前。②"于执理家"。指在公允讲理者面前。
③"于大众中"。指在大众面前。④"于贤哲者前"。指在贤士
哲人面前。⑤"于善解法义沙门婆罗门前"。指在善解法义的
沙门、婆罗门面前。⑥"于乐法义者前"。指在乐爱法义者
面前。

　　(3)"论所依"。指立论的依据,分为"所成立"、"能成立"二
类。①"所成立义"(又称"所成义"),指"所立",即正确的命题
(又称"宗"、"宗支"、"宗义"),下分二种:一是"自性"。指宗支
(命题)的主词(又称"前陈"、"主项"、"有法"、"所别",例如宗支
"声无常"中的"声"),即事物,"自性者。谓有立为有,无立为
无"。二是"差别"。指宗支的宾词(又称"后陈"、"谓项"、"法"、
"能别",例如宗支"声无常"中的"无常"),即事物的属性,"谓有
上立有上,无上立无上,常立为常,无常立无常,如是有色无色、
有见无见、有对无对、有漏无漏、有为无为,如是等无量差别门,
当知名所成立差别"。②"能成立法"(又称"能成法")。指"能
立",指论证,即立论者建立符合规则的论式(指由宗、因、喻三支

构成的论式），来论证自己的主张；与"似能立"相对时，又称"真能立"，指正确的论证。下分八种：一是"立宗"。指立论者依自己的喜乐而建立的主张，"立宗者，谓依二种所成立义（指自性、差别），各别摄受自品所许（指宗支必须"违他顺自"，是立论者认可而敌论者不认可的），或摄受论宗，若自辩才，若轻蔑他，若从他闻，若觉真实；或为成立自宗；或为破坏他宗；或为制伏于他；或为摧屈于他；或为悲愍于他，建立宗义"。二是"辩因"。指立论者说明宗支依据的理由，"辩因者，谓为成就所立宗义，依所引喻、同类、异类、现量、比量，及与正教，建立顺益道理言论"。三是"引喻"。指立论者建立的用来助因成宗的譬喻，"引喻者，亦为成就所立宗义，引因所依诸余世间串习（指熏习）共许易了之法，比况言论"。四是"同类"（又称"同喻"）。指用与宗法（所立法）、因法（能立法）为同类相似的事物作譬喻，"同类者，谓随所有法望所余法，其相展转少分相似"，所说的"相似"，分为五种，即"相状"、"自体"、"业用"、"法门"、"因果"相似。五是"异类"（又称"异喻"）。指用与宗法（所立法）、因法（能立法）为不同性质的事物作譬喻，"异类者，谓所有法望所余法，其相展转，少不相似"，分为五种，即"相状"、"自体"、"业用"、"法门"、"因果"不相似。六是"现量"。指感觉，即感觉器官对事物自相（指个别的体相）的认识。分为三种，即"非不现见现量"（指五根缘境所生的直接感觉）、"非已思应思现量"（指非经思虑推求的感觉）、"非错乱境界现量"（指非错乱境界所致的感觉）。七是"比量"。指推理，即在现量的基础上，由已知推知未知，对事物共相（指共同的体相）加以认识。"比量者，谓与思择俱，已思、应思所有境思"，分为五种，即："相比量"，指根据事物的相状，所作的推理；"体比量"，指根据事物的体性，所作的推理；"业比量"，指根据事物的作用，所作的推理；"法比量"，指根据事物的属性，所作的推理;"因果比量",指根据事物的因果关系,所作的推理。八是"正教量"(又称"圣教量")。指以圣人的言教,作为判别认识正误的标准,"正教量者,谓一切智所说言教,或从彼闻,或随彼法"。分为三种,即"不违圣言"、"能治杂染"、"不违法相"。如关于"五种比量",说:

> 比量者,谓与思择俱,已思、应思所有境界。此复五种:一相比量、二体比量、三业比量、四法比量、五因果比量。相比量者,谓随所有相状相属,或由现在,或先所见,推度境界。如见幢故,比知有车;由见烟故,比知有火。……体比量者,谓现见彼自体性故,比类彼物不现见体,或现见彼一分自体,比类余分。如以现在比类过去,或以过去比类未来,或以现在近事比远,或以现在比于未来。……业比量者,谓以作用比业所依。如见远物无有动摇,鸟居其上,由是等事,比知是杌;若有动摇等事,比知是人。……法比量者,谓以相邻相属之法,比余相邻相属之法。如属无常,比知有苦;以属苦故,比空、无我。……因果比量者,谓以因果展转相比。如见有行,比至余方;见至余方,比先有行。……若见修道,比知当获沙门果证;若见有获沙门果证,比知修道。如是等类,当知总名因果比量。是名比量。
>
> (卷十五《本地分中闻所成地》,第 344 页下)

(4)"论庄严"。指辩论者的素养,分为五种。①"善自他宗"。指辩论者须对自宗、他宗的论旨,读诵受持,了悟酬对。②"言具圆满"。指辩论者使用的言词须具备五种要求。一是"不鄙陋",指远离边远的地区和国家的鄙俚言词;二是"轻易",指使用世间通行的言词;三是"雄朗",指依义理建立言词,将义理修饰得巧妙雄壮;四是"相应",指前后所说的义理,须互相呼

应而不散乱；五是"义善"，指所说的义理，应能引发"胜生"（指增
上生道，即布施、持戒、禅定）、"定胜"（指决定胜道，即忍辱、精
进、智慧），无有颠倒之见。③ "无畏"。指辩论者在任何场合，
面对任何听众，都要"身无战汗、面无怖色、音无謇吃、语无怯
弱"，无所畏惧。④ "敦肃"。指辩论者须为人敦肃，等对方把话
说完，再作回应，不得抢先或打断对方发言。⑤ "应供"。指辩
论者须为性调善，不恼于他，言词柔软，如对善友。

　　（5）"论堕负"。指辩论者堕入失败的原因，分为三种。
① "舍言"。指辩论者舍弃自己的论点，向对方（"对论者"）说出
表示屈服的十三种言词，如"我论不善，汝论为善"；"我不善观，
汝为善观"；"我论无理，汝论有理"；"我论无能，汝论有能"；"我
论屈伏，汝论成立"等。② "言屈"。指辩论者为论敌所屈服，显
露出十三种表示失败的行为举止，如"假托余事方便而退"；"或
现愤发"；"或现瞋恚"；"或现憍慢"；"或现恼害"；"或沉思词穷"
等。③ "言过"。指辩论者的言辞有过失，分为九种。一是"杂
乱"，指舍弃论事，杂说异语；二是"粗犷"，指愤发卒暴，言词躁
急；三是"不辩了"，指不领悟法义和敌论（即论敌的观点）；四是
"无限量"，指言词重复或意思残缺；五是"非义相应"，指言词与
正理不合，有"无义"、"违义"、"损理"、"不得义利"、"义无次序"、
"义不决定"、"顺不称理诸邪恶论"等十种情况；六是"不以时"，
指言词的前后次序颠倒；七是"不决定"，指所持的观点速疾转
换，不确定；八是"不显了"，指言招讥弄，不领悟便作答，典语、俗
语杂用；九是"不相续"，指言句中断、不连贯。

　　（6）"论出离"。指辩论者对立论能否成立，所作的预先研
判，分为三种。① "观察得失"。指辩论者应当预先观察立论的
得失，若是"自损"、"损他"、"自俱他损"，乃至对世人"无义"、"无
利"、"不安乐"的言辞，就不应立论；反之，则应建立。② "观察

时众"。指辩论者应当预先观察与会大众的情况,若与会大众中,"唯有僻执"、"唯不贤正"、"唯不善巧",就不应立论;反之,则应立论。③"观察善巧及不善巧"。指辩论者应当预先观察"论体性"、"论处所"、"论所依"、"论庄严"、"论堕负"、"论出离"等,若它们"无善巧"、"无力"摧伏他论,就不应立论;反之,则应立论。

(7)"论多所作法"。指对建立论式多有帮助的作法,分为三种。①"善自他宗"。指辩论者善知自宗、他宗的立论,能就一切法作辩论。②"勇猛无畏"。指辩论者勇猛无畏,能在一切大众面前作辩论。③"辩才无竭"。指辩论者能随时应对一切问难,善于酬答。

4."声明处"(卷十五)。指语言文字学,它能"显示安立界相能成立相"、"显示语工胜利相"(参见卷三十八,意为显示音声的差别、言辞的善巧)。由"法"、"义"、"补特伽罗"(指人)、"时"、"数"、"处所根栽"六门施设建立。(1)"法施设建立"。指声明由"法"(所依的法体)施设建立。"法",指"名身"(名词)、"句身"(句子)、"文身"(梵文字母),以及与"不鄙陋"、"轻易"、"雄朗"、"相应"、"义善"五德相应的音声。(2)"义施设建立相"。指声明由所诠的字义施设建立,分为十种。一是"根建立",指见、闻、嗅、尝、触、知等义;二是"大种建立",指依持、浇润、照了、动摇等义;三是"业建立",指往来、宣说、思念、觉察等义;四是"寻求建立",指追访等义;五是"非法建立",指杀、盗等义;六是"法建立",指施、戒等义;七是"兴盛建立",指证得、喜悦等义;八是"衰损建立",指破坏、怖畏、忧戚等义;九是"受用建立",指饮食、覆障、抱持、受行等义;十是"守护建立",指守护、育养、盛满等义。此外,声明所诠的字义,还有"自性义"、"因义"、"果义"、"作用义"、"差别相应义"、"转义"六义。(3)"补特伽罗施设建立"。

指声明由"补特伽罗"(指人)施设建立,名词有"男声相"(男性)、"女声相"(女性)、"非男非女声相"(中性)的差别;动词有"初士"(第三人称)、"中士"(第二人称)、"上士"(第一人称)的差别。(4)"时施设建立"。指声明由"时"施设建立,动词有"过去"、"过去殊胜"、"未来"、"未来殊胜"、"现在"、"现在殊胜"六种时态的差别。(5)"数施设建立"。指声明由"数"施设建立,名词有"一数"(又称一言)、"二数"(又称二言)、"多数"(又称多言)的差别。(6)"处所根栽建立"。指声明由"处所"、"根栽"施设建立。①"处所"。指声明的根本论(即造语法),分为五种。一是"相续",指字的结合方法;二是"名号",指名词、代名词的转声方法;三是"总略",指复合字的构成方法;四是"彼益",指第二性语尾,即加到名词性语基之后形成新字的一些语尾;五是"宣说",指动词的变用法以及第一性语尾的附加方法。②"根栽"。指声明的支分论(即造颂法),有"界颂"(指《八界论》)等。

5."工业明处"(又称"工巧明",卷十五)。指工艺历算学,它是"一切世间工巧业处",能"显示各别工巧业处,所作成办种种异相"(参见卷三十八,意为显示各种世间技艺和成果)。分为十二种(又称"十二工业处"),即"营农工业"、"商贾工业"、"事王工业"、"书算计度数印工业"、"占相工业"、"咒术工业"、"营造工业"、"生成工业"、"防邪工业"、"和合工业"、"成熟工业"、"音乐工业"。

(十一)《思所成地》(卷十六至卷十九)。论述"思所成地"问题。

"思所成地",指由思惟法义所生无漏慧成就的境界,由"自性清净"、"思择所知"、"思择诸法"三门施设建立。

1."自性清净"(卷十六)。指审思所闻之法,有九种相。

（1）"审谛思惟如其所闻、如所究达诸法道理"。指在独处或空闲处,审思所闻诸法的道理。（2）"远离一切不思议处"。指远离一切不可以心思虑之处,审思可以心思虑之处。（3）"能善了知默说、大说"。指善于了知"默说"（指方便隐密的不了义之说）与"大说"（指大乘之说）的差别。（4）"凡所思惟,唯依于义,不依于文"。指审思所闻之法时,应依于义理,不依于文字。（5）"于法少分,唯生信解"。指对所闻之法,应生信解,以慧观察。（6）"坚固思惟"。指数数作意,随顺趣入。（7）"安住思惟"。指使未知的义理,得到正确的了知。（8）"相续思惟"。指使已知的义理,得到延续而无坏失。（9）"于所思惟,能善究竟"。指能思惟究竟,决不中途厌退。

2."思择所知"（卷十六）。指思惟抉择所观察事物的性相,分"所观有法"、"所观无法"二门。（1）"所观有法"。指观察现存的事物。分为五种：①"自相有法"。指事物的自相（指个别的体相）,下分三种,即"胜义相有"、"相状相有"、"现在相有"。②"共相有法"。指事物的共相（指共同的体相）,下分五种,即"种类共相"、"成所作共相"、"一切行共相"、"一切有漏共相"、"一切法共相"。③"假相有法"。指事物的假相,下分"六种言论",即"属主相应言论"、"远离此彼言论"、"众共施设言论"、"众法聚集言论"、"不遍一切言论"、"非常言论"。④"因相有法"。指事物的因相,下分五种,即"可爱因"、"不可爱因"、"长养因"、"流转因"、"还灭因"。⑤"果相有法"。指事物的果相,"从彼五因,若生、若得、若成、若办、若转"。（2）"所观无法"。指观察非现存的事物。分为五种：①"未生无"。指未来的事物。②"已灭无"。指过去的事物。③"互相无"。指应相待而有,但无对待的事物。④"胜义无"。指俗谛说有,胜义谛说无的事物。⑤"毕竟无"。指本来就不可能有的事物,如"石女生儿"。此外,"思择所知"思择观察的对象,还有"五种有性"、"五种无性"。前者指"圆成实相有性"、"依他起相有性"、"遍计所执相有性"、"差别相有性"、"不可说相有性";后者指"胜义相无性"、"自依相无性"、"毕竟自相无性"、"无差别相无性"、"可说相无性"。如关于"共相有法",说:

> 何等名为共相有法? 当知此相复有五种:一种类共相、二成所作共相、三一切行共相、四一切有漏共相、五一切法共相。种类共相者,谓色、受、想、行、识等各别种类,总名为一种类共相。成所作共相者,谓善有漏法,于感爱果,由能成办所作共相,说名共相;……如是不善法,于感非爱果;念住、正断、神足、根、力、觉支、道支,菩提分法,于得菩提,由能成办所作共相,说名共相,当知亦尔;一切行共相者,谓一切行无常性相;一切有漏共相者,谓有漏行者,皆苦性相;一切法共相者,谓一切法空、无我性相。如是一切,总说为一共相有法。(卷十六《本地分中思所成地》,第361页下)

3."思择诸法"(卷十六至卷十九)。指思惟抉择契经和偈颂的义理。分"思择素呾缆义"、"思择伽他义"二门。(1)"思择素呾缆义"。指思惟抉择契经(指佛经)的义理。(2)"思择伽他义"。指思惟抉择偈颂(又称"伽陀"、"伽他")的义理,下分三种,即"建立胜义伽他"、"建立意趣义伽他"、"建立体义伽他",于中引录了四十多首长短不一的偈颂,并逐一作释。

(十二)《修所成地》(卷二十)。论述"修所成地"问题。

"修所成地",指由依法修行所生无漏慧成就的境界,由"四处"、"七支"二门施设建立。"四处",指依法修行的四种要项,即"修处所"、"修因缘"、"修瑜伽"、"修果";"七支",指"四处"的七个支分,即"生圆满"(此支为"四处"中的"修处所")、"闻正法圆

满"、"涅槃为上首"、"能熟解脱慧之成熟"（以上三支为"修因
缘"）、"修习对治"（此支为"修瑜伽"）、"世间一切种清净"、"出世
间一切种清净"（以上二支为"修果"）。"修所成地"依"七支"区
分，分为七门。

（1）"生圆满"。指修行者所生的处所圆满，分为十种，依
内、依外各五种。依内五种生圆满，指"众同分圆满"、"处所圆
满"、"依止圆满"、"无业障圆满"、"无信解障圆满"；依外五种生
圆满，指"大师圆满"、"世俗正法施设圆满"、"胜义正法随转圆
满"、"正行不灭圆满"、"随顺资缘圆满"。（2）"闻正法圆满"。
指修行者听闻正法圆满，包括"正说法"、"正闻法"二项。"正说
法"，指依"随顺"、"无染污"（即清净）而宣说正法；"正闻法"，指
远离"憍傲"、"轻蔑"、"怯弱"、"散乱"四种过失而听闻正法。
（3）"涅槃为上首"。指修行者唯求涅槃，唯缘涅槃。（4）"能熟
解脱慧之成熟"。指修行者应成熟"解脱慧"，做到"毗钵舍那支
（指观）成熟"、"奢摩他支（指止）成熟"。（5）"修习对治"。指修
行者应修对治，而修习对治就是修习瑜伽（以"止观"为主的一
切观行）。有三位十种对治法：一是"在家位"，修习"不净想"、"无
常想"二种对治法；二是"出家位"，修习"苦想"、"无我想"、"厌逆
想"、"不可乐想"四种对治法；三是"远离闲居修瑜伽位"，修习"光
明想"、"离欲想"、"灭想"、"死想"四种对治法。（6）"世间一切种
清净"。指修行者修习瑜伽，能获得世间三种果报，即证得"三摩
地（指禅定）"、"三摩地圆满"、"三摩地自在"。（7）"出世间一切
种清净"。指修行者修习瑜伽，能获得出世间五种果报，即："入
圣谛现观"、"离诸障碍"、"作意思惟诸欢喜事"、"修习如所得
道"、"证得极清净道及果功德"。如关于"修习对治"，说：

　　云何修习对治？当知略说于三位中，有十种修习瑜伽

所对治法。云何三位？一在家位、二出家位、三远离闲居修
瑜伽位。……谓在家位中，于诸妻室，有淫欲相应贪；于余
亲属及诸财宝，有受用相应爱。……随其次第，修不净想、
修无常想。……又出家者，于出家位中……如其次第，亦有
四种修习对治：一于无常修习苦想、二于众苦修无我想、三
于饮食修厌逆想、四于一切世间修不可乐想。又于远离闲
居方便作意位中……亦有四种修习对治：一修光明想、二
修离欲想、三修灭想、四修死想。（卷二十《本地分中修所成
地》，第390页上、中）

（十三）《声闻地》（卷二十一至卷三十四）。论述"声闻地"
问题。

"声闻"，指听闻佛陀言教，修习"四谛"而得道者；"声闻地"，
指声闻乘的修行境界，由"四瑜伽处"（即初瑜伽处、第二瑜伽处、
第三瑜伽处、第四瑜伽处）四门施设建立。

1.《初瑜伽处》（卷二十一至卷二十五）。论述声闻的"种
姓"、"发心"、"离欲"问题。下分"种姓地"、"趣入地"、"出离地"
三地。

（1）《种姓地》（又名《初瑜伽处种姓地》，卷二十一）。论述
声闻的"种姓"问题。"种姓"，指"种子"、"界"、"性"，它"附在所
依，有如是相，六处（指六根）所摄，从无始世，展转传来，法尔（指
自然）所得"，"于此立有差别之名，所谓种性、种子、界、性"；声闻
的种姓，指声闻本来具有的、能证声闻果的原始种子。（唐遁伦
《瑜伽论记》卷六说："瑜伽是观行，种姓是观行种子，种子能为现
行观行作所依处，故言初瑜伽处种姓地。"）下分"种姓自性"、"种
姓安立"、"住种姓者所有诸相"（又称"住种姓诸相"）、"住种姓补
特伽罗"（又称"住种姓人"）四门。

　　(2)《趣入地》(又名《初瑜伽处趣入地》,卷二十一)。论述声闻趣入圣道的"发心"问题。下分"趣入自性"、"趣入安立"、"趣入者所有诸相"、"已趣入补特伽罗"四门。

　　(3)《出离地》(又名《初瑜伽处出离地》,卷二十二至卷二十五)。论述声闻的"离欲"问题。下分"由世间道而趣离欲"(指修习四禅、四无色定)、"由出世道而趣离欲"(指修习四谛)二门,内容包括修习"世间道"、"出世间道"二道的十四种资粮,有"自圆满";"他圆满";"善法欲";"戒律仪";"根律仪";"于食知量";"初夜、后夜常勤修习觉悟瑜伽";"正知而住";"善友性";"闻正法";"思正法";"无障碍";"修慧舍";"沙门庄严"等。

　　2.《第二瑜伽处》(卷二十六至卷二十九)。论述声闻的品类差别问题。下分十七门。

　　(1)"有几品类补特伽罗能证出离"。指能证出离的补特伽罗(意译"人"或"众生")的品类差别,总计有二十八种,有"钝根者"、"利根者"、"随信行者"、"随法行者"、"信胜解者"、"见至者"、"身证者"、"极七返有者"、"家家者"、"一间者"、"中般涅槃者"、"生般涅槃者"、"无行般涅槃者"、"有行般涅槃者"、"上流者"、"时解脱者"、"不动法者"、"慧解脱者"、"俱分解脱者"等。(2)"云何建立补特伽罗"。指补特伽罗的品类差别,由"十一差别道理"建立,即"根差别"、"众差别行差别"、"愿差别"、"行迹差别"、"道果差别"、"加行差别"、"定差别"、"生差别"、"退不退差别障差别"。(3)"云何所缘"。指修习瑜伽的"四种所缘境事"(又称"四种所缘"),即"遍满所缘境事"、"净行所缘境事"、"善巧所缘境事"、"净惑所缘境事"。(4)"云何教授"。指教授瑜伽的四种方法,即"无倒(颠倒)教授"、"渐次教授"、"教教授"、"证教授"。(5)"云何学"。指声闻的"三胜学",即"增上戒学"、"增上心学"、"增上慧学"。(6)"云何随顺学法"。指声闻的"十种随

顺学法"(用以对治"可爱形色"等十种违逆学法),即"不净想"、
"无常想"、"无常苦想"、"苦无我想"、"厌逆食想"、"一切世间不
可乐想"、"光明想"、"离欲想"、"灭想"、"死想"。(7)"云何瑜伽
坏"。指失坏瑜伽的相状有四种,即"毕竟瑜伽坏"、"暂时瑜伽
坏"、"退失所得瑜伽坏"、"邪行所作瑜伽坏"。(8)"云何瑜伽"。
指修习瑜伽的相状有四种,即"信"、"欲"、"精进"、"方便"。
(9)"云何作意"。指修习瑜伽的作意有四种,即"力励运转作
意"、"有间运转作意"、"无间运转作意"、"无功用运转作意"。

　　(10)"云何瑜伽师所作"(又称"几种瑜伽所作")。指瑜伽
师有四种所作,即"所依灭"、"所依转"、"遍知所缘"、"爱乐所
缘"。(11)"几种瑜伽师"。指瑜伽师分为三种,即"初修业瑜伽
师"、"已习行瑜伽师"、"已度作意瑜伽师"。(12)"云何瑜伽
修"。指声闻修习瑜伽的方法有二种,即"想修"、"菩提分修"。
(13)"云何修果"。指声闻修习瑜伽的果报有四种,即"预流
果"、"一来果"、"不还果"、"最上阿罗汉果"。(14)"几种补特伽
罗异门"。指补特伽罗中的修瑜伽者有六种,即"沙门"、"婆罗
门"、"梵行"、"苾刍"(即比丘)、"精勤"、"出家"。(15)"几种补
特伽罗"。指由"四种差别因缘"建立"八种补特伽罗"。"四种差
别因缘",指"根差别"、"瑜伽差别"、"加行差别"、"时差别";"八
种补特伽罗",指"有堪能者"、"无堪能者"、"善知方便者"、"不善
知方便者"、"有无间修者"、"无无间修者"、"已串修习者"、"未串
修习者"。(16)"有几种魔、几种魔事"。指"魔"分为四种,即
"蕴魔"、"烦恼魔"、"死魔"、"天魔"。"魔事",则有无数种。
(17)"云何发趣空无有果"。指声闻虽发心修习瑜伽,但未得沙
门果的原因有三种,即"由诸根未积集故";"由教授不随顺故";
"由等持力微劣故"。如关于"云何瑜伽修"(即如何修习瑜
伽),说:

云何瑜伽修？谓有二种：一者想修，二者菩提分修。
云何想修？谓或修世间道时，于诸下地修过患想；或修涅槃
道时，于断界、离欲界、灭界，观见最胜寂静功德，修习断想、
离欲想、灭想；或修奢摩他(指止)时，修习止品上下想；或修
毗钵舍那(指观)时，修习观品前后想。上下想者，谓观察此
身，如其所住，如其所愿，上从顶上，下至足下，种种杂类，不
净充满。……前后想者，谓如有一，于所观相，殷勤恳到，善
取、善思、善了、善达，谓住观于坐，坐观于卧，或在后行观察
前行。此则显示以毗钵舍那行，观察三世缘生诸行。……
当知此中为修止、观，修彼二品胜光明想，是名想修。云何
菩提分修？谓于三十七菩提分法亲近积集，若修、若习、若
多修习，是名菩提分修。何等名为三十七种菩提分法？谓
四念住、四正断、四神足、五根、五力、七觉支、八圣道。(卷
二十八《本地分中声闻地·第二瑜伽处》，第439页中—第
440页上)

3.《第三瑜伽处》(卷三十至卷三十二)。论述声闻的求学、
教授问题。下分三门。

(1)"往庆问"。指初修瑜伽者(又称"初修业者")应先安住
正念，然后往诣通达瑜伽的轨范师、或亲教师、或其他尊者处，请
求教授，"善通达修瑜伽师"应以柔软言词，赞励庆慰初修瑜
伽者。

(2)"寻求"。指通达瑜伽的瑜伽师在对初修瑜伽者作赞励
庆慰之后，应以"四种审问处法"审查对方：一问是否"一向归
佛、法、僧"；二问是否"净修梵行"；三问是否闻持"诸圣谛法"(指
四谛)；四问是否"于涅槃深心信解"。然后，应以"四种因缘"(即
"审问"、"言论"、"所作"、"知他心差别智"四种方法)，寻求了解

对方的"四种处所"（即"发愿"、"种姓"、"根器"、"修行"四种情况）。

（3）"方安立"。指瑜伽师在了解初修瑜伽者的四种情况之后，应教授他安住五处：①"护养定资粮处"。指安住成就"戒律仪"、"根律仪"，乃至成就"所有沙门庄严"，勇猛精进。②"远离处"。指安住"三种圆满"，即"处所圆满"、"威仪圆满"、"远离（即身远离、心远离）圆满"。③"心一境性处"。指安住"三摩地"。④"障清净处"。指安住"遍知自性"、"遍知因缘"、"遍知过患"、"修习对治"，令心净、除诸障。⑤"修作意处"。指安住四种作意，即"调练心作意"、"滋润心作意"、"生轻安作意"、"净智见作意"。

4.《第四瑜伽处》（卷三十三至卷三十四）。论述声闻的"世间道"、"出世间道"问题。下分二门。

（1）"世间道"。指生起"七种作意"，即"了相作意"、"胜解作意"、"远离作意"、"摄乐作意"、"观察作意"、"加行究竟作意"、"加行究竟果作意"，出离欲界诸欲。

（2）"出世间道"。指依止"四圣谛"（即苦谛、集谛、灭谛、道谛），渐次生起"七种作意"（名称同前），证得阿罗汉果。

（十四）《独觉地》（卷三十四）。论述"独觉地"问题。

"独觉"（又称"缘觉"），指独自观察"十二因缘"而得道者；"独觉地"，指独觉乘（又称"缘觉乘"）的修行境界，由"独觉种姓"等五门施设建立。

1."独觉种姓"。指独觉本来具有的能证缘觉果的原始种子。下分三种。（1）"薄尘种性"。指独觉中，有一类人本来就有"薄尘"的种子，"由此因缘，于愦闹处，心不爱乐；于寂静处，深心爱乐"。（2）"薄悲种性"。指独觉中，有一类人本来就有"薄悲"的种子，"由是因缘，于说正法利有情事，心不爱乐；于少思务寂静住中,深心爱乐"。(3)"中根种性"。指独觉中,有一类人本来就有"中根慢行"的种子,"由是因缘,深心希愿无师、无敌而证菩提"。

2."独觉道"。指独觉的证果道路。下分三种。(1)"初独觉道"。指独觉中,有一类人须历经百劫修集资粮,后值佛出世,亲近承事,又修习"蕴(五蕴)善巧"、"处(十二处)善巧"、"界(十八界)善巧"、"缘起(十二缘起)善巧"、"处非处(因果是非)善巧"、"谛(四谛)善巧",才能在来世"出无佛世"(指生于无佛之世),无师自修,证得"独觉菩提"。(2)"第二独觉道"。指独觉中,有一类人须值佛出世,听闻正法,已修"四善根"中的"暖法"、"顶法"、"忍法",后又修习"五蕴"等善巧,才能在来世生于"无佛"之世,无师自修,证得"四沙门果"。(3)"第三独觉道"。指独觉中,有一类人须值佛出世,听闻正法,已证得"四沙门果"中的初果("预流果"),或第二果("一来果")、第三果("不还果"),后又修习"蕴"等善巧,才能在来世生于"无佛"之世,无师自修,证得第四"阿罗汉果"。

3."独觉习"。指独觉的修行类别。下分二种。(1)"依初独觉道"。指独觉中,依初独觉道,独居修行者,名为"麟角喻独觉"(又称"麟角喻")。(2)"依第二、第三独觉道"。指独觉中,依第二独觉道、第三独觉道,与其他同道一起修行者,名为"部行喻独觉"(又称"部行喻")。如关于"独觉"的修行类别,说:

> 云何独觉习?谓有一类,依初独觉道,满足百劫修集资粮,过百劫已,出无佛世,无师自能修三十七菩提分法,证法现观,得独觉菩提果,永断一切烦恼,成阿罗汉。复有一类,或依第二,或依第三独觉道,由彼因缘,出无佛世,无师自能修三十七菩提分法,或证法现观,乃至得阿罗汉果,或得沙

门果,至极究竟,毕竟离垢,毕竟证得梵行边际,证得最上阿
罗汉果。当知此中由初习故成独觉者,名麟角喻;由第二、
第三习故成独胜者,名部行喻。(卷三十四《本地分中独觉
地》,第478页上)

4."独觉住"。指独觉的居住处。其中,麟角喻独觉,"乐处
孤林,乐独居住";部行喻独胜,"不必一向乐处孤林、乐独居住,
亦乐部众共相杂住"。

5."独觉行"。指独觉的行为,即"一切独觉,随依彼彼村邑
聚落而住,善护其身,善守诸根,善住正念,随入彼彼村邑聚落,
或为乞食。或济度他下劣愚昧以身济度。不以语言"。

(十五)《菩萨地》(卷三十五至卷五十)。论述"菩萨地"
问题。

"菩萨",指修行"六度",上求菩提,下化众生,成就自利利他
的修道者;"菩萨地",指菩萨乘的修行境界,由"四瑜伽处"(即初
持瑜伽处、第二持随法瑜伽处、第三持究竟瑜伽处、第四持次第
瑜伽处)四门施设建立。内容包括菩萨道"十法",即"持"、"相"、
"分"、"增上意乐"、"住"、"生"、"摄受"、"地"、"行"、"建立"。

1.《初持瑜伽处》(卷三十五至卷四十六)。论述菩萨道"十
法"中的"持"(修持)法,即菩萨应修之法问题。"诸菩萨自乘种
姓、最初发心,及以一切菩提分法,是名为持"。下分十八品。其
中,初品《种姓品》,为"种姓持";第二品《发心品》,为"发心持";
第三品《自他利品》至第十八品《菩萨功德品》,为"菩提分法持"
(参见唐窥基《瑜伽师地论略纂》卷十)。

(1)《种姓品》(又名《初持瑜伽处种姓品》,卷三十五;以下
各品名称之前均有的"初持瑜伽处"五字)。论述菩萨的"种姓"
问题。菩萨的"种姓"分为二种。①"本性住种姓"(又称"性种

姓")。指本来具有的能证菩提果的种子,"诸菩萨六处殊胜有如是相,从无始世,展转传来,法尔所得,是名本性住种姓"。②"习所成种姓"(又称"习种姓")。指由后天的行为熏习所成的能证菩提果的种子,"先串习(指熏习)善根所得,是名习所成种姓"。菩萨种姓超过声闻种姓、独觉种姓,是"无上最胜"的种姓,因为一切声闻、独觉种姓,只能证得"烦恼障净",不能证得"所知障净";而菩萨种姓,既能证得"烦恼障净",也能证得"所知障净"。此外,菩萨有四个方面胜于一切声闻、独觉:一是"根胜",指菩萨为"利根",独觉为"中根",声闻为"软根";二是"行胜",指菩萨"亦能自利,亦能利他",独觉、声闻"唯行自利";三是"善巧胜",指声闻、独觉能在"五蕴"、"十二处"、"十八界"、"十二缘起"、"处非处"(指因果是非)修习善巧,菩萨能在一切"五明处"修习善巧;四是"果胜",指声闻能证"声闻菩提",独觉能证"独觉菩提",菩萨能证"阿耨多罗三藐三菩提"(意为无上正等正觉)。菩萨虽具有种姓,由于尚缺因缘,故不能速证无上菩提;须具备因缘,方能速证无上菩提。若是"无种姓"之人("无种姓补特伽罗"),即使有一切因缘,也不能证得菩提。

(2)《发心品》(卷三十五)。论述菩萨"发菩提心"问题。"发菩提心",指菩萨发起求得无上菩提之心。发心时应言:"愿我决定当证无上正等菩提,能作有情一切义利,毕竟安处究竟涅槃,及以如来广大智中。"菩萨最初发心有五种相状。①"自性"。指菩萨最初发心时所起的所有正愿。②"行相"。指最初发心能"(决)定自希求无上菩提,及求能作有情义利"。③"所缘"。指最初发心能"缘大菩提,及缘有情一切义利"。④ 是"功德"。指最初发心能摄"一切菩提分法殊胜善根"。⑤"最胜"。指最初发心所起正愿,是"一切希求世间、出世间义妙善正愿"中"最为第一"者。

　　（3）《自他利品》（卷三十五至卷三十六）。论述菩萨修行
"自利利他"问题。菩萨初发菩提心以后，应作"七处学"，即从七
个方面修学"菩萨行"，即"自利处"、"利他处"、"真实义处"、"威
力处"、"成熟有情处"、"成熟自佛法处"、"无上正等菩提处"。此
中，修学"自利处"、"利他处"，即修学"自利"、"利他"。"自利"、
"利他"合说有十种（称为"十种自利利他"），即"纯自利利他"、
"共自利利他"、"利益种类自利利他"、"安乐种类自利利他"、"因
摄自利利他"、"果摄自利利他"、"此世自利利他"、"他世自利利
他"、"毕竟自利利他"、"不毕竟自利利他"。

　　（4）《真实义品》（卷三十六）。论述菩萨修行"真实义"问
题，为《菩萨地•初持瑜伽处自他利品》所述"七处学"中"真实义
处"的广释。所说的"真实义"，指"四种真实"，即一切法（事物）
的四种真实性。①"世间极成真实"。指世间共同认可（"极
成"）的事物为真实。②"道理极成真实"。指智者依"现量"（指
感觉，即感觉器官对事物自相的认识）、"比量"（指推理，即在现
量的基础上，由已知推知未知，对事物共相加以认识）、"圣教量"
（指以圣人的言教，作为判别认识正误的标准）三量建立的道理
为真实。③"烦恼障净智所行真实"。指声闻、独觉断除"烦恼
障"（指由"我执"而生的能障涅槃的烦恼）而得"清净智"，此智所
行的境界为真实。④"所知障净智所行真实"。指菩萨断除"所
知障"（指由"法执"而生的能障菩提的烦恼）而得"解脱智"，此智
所行的境界为真实。这四种真实性中，"初二（种）下劣，第三
（种）处中，第四（种）最胜"。如关于"四种真实义"的差别，说：

　　　　诸法真实性、一切性，应知总名真实义。此真实义品类
　　差别，复有四种：一者世间极成真实，二者道理极成真实，
　　三者烦恼障净智所行真实，四者所知障净智所行真实。云

何世间极成真实？谓一切世间，于彼彼事，随顺假立，世俗
串习（指熏习）、悟入觉慧所见同性。谓地唯是地，非是火
等。……云何道理极成真实？谓诸智者有道理义。……依
止现（量）、比（量）及至教量（指圣教量），极善思择决定智所
行、所知事，由证成道理所建立、所施设义，是名道理极成真
实。云何烦恼障净智所行真实？谓一切声闻、独觉，若无漏
智、若能引无漏智、若无漏后得世间智所行境界，是名烦恼
障净智所行真实。由缘此为境，从烦恼障智得清净，于当来
世无障碍住，是故说名烦恼障净智所行真实。……云何所
知障净智所行真实？谓于所知能碍智故，名所知障，从所知
障得解脱智所行境界，当知是名所知障净智所行真实。此
复云何？谓诸菩萨诸佛世尊入法无我，入已善净，于一切
法，离言自性、假说自性，平等无分别智所行境界。（卷三十
六《本地分中菩萨地·初持瑜伽处真实义品》，第 486 页
中、下）

（5）《威力品》（卷三十七）。论述菩萨修行"威力"问题，为
前述"七处学"中"威力处"的广释。所说的"威力"，指"诸佛菩萨
威力"。"威力"分三种、五种二类。三种威力，分别是："圣威
力"，指佛菩萨所得的禅定，即"佛菩萨得定自在，依定自在，随其
所欲一切事"；"法威力"，指"六种波罗蜜多"等胜法，即"诸胜法
有广大果、有大胜利"；"俱生威力"，指佛菩萨所集的福德资粮和
所证的稀有法，即"佛菩萨先集广大福德资粮，证得俱生甚希奇
法"。五种威力，分别是："神通威力"，指"六神通"，即"神境智作
证通"、"随念宿住智作证通"、"天耳智作证通"、"见死生智作证
通"、"知心差别智作证通"、"漏尽智作证通"；"法威力"，指"六种
波罗蜜多"等胜法；"俱生威力"，指能忆念"本生事"（前生事），能

办有情利益事;"共诸声闻、独觉威力",指佛菩萨威力的"粗相",为声闻、独觉所共有;"不共声闻、独觉威力",指佛菩萨威力的"微细"、"品类"、"界"三相,为声闻、独觉所无。

(6)《成熟品》(卷三十七)。论述菩萨修行"成熟"问题,为前述"七处学"中"成熟有情处"、"成熟自佛法处"的广释。所说的"成熟",指成熟佛法,包括自己成熟佛法和令众生成熟佛法,分为六种:①"成熟自性"。指成熟的自性是证得"二障"(即烦恼障、所知障)清净,"由有善法种子(指本性住种姓)及数修习诸善法(指习所成种姓)故,获得能顺,广说乃至正加行满,无间能证二障清净,说名成熟,如是名为成熟自性"。②"所成熟补特伽罗"。指所成熟的人有四种,即"声闻种姓"、"独觉种姓"、"佛种姓"、"无种姓"。③"成熟差别"。指成熟的差别有六种,即:"诸根成熟"、"善根成熟"、"智慧成熟"、"下品成熟"、"中品成熟"、"上品成熟"。④"成熟方便"。指成熟的方便(善巧)有二十七种,如"界增长"、"现缘摄受"、"趣入"、"摄乐"、"初发处"等。⑤"能成熟补特伽罗"。指能成熟他人的人,依所住的菩萨地区别,分为六种,即"胜解行菩萨"、"净胜意乐菩萨"、"行正行菩萨"、"堕决定菩萨"、"决定行正行菩萨"、"到究竟菩萨"。⑥"已成熟补特伽罗相"。指已成熟的人,有"下品成熟"、"中品成熟"、"上品成熟"三种差别。

(7)《菩提品》(卷三十八)。论述菩萨修行"无上正等菩提"问题,为前述"七处学"中"无上正等菩提处"的广释。所说的"菩提",意译"觉",下分"声闻菩提"、"缘觉菩提"、"佛菩提"三种。"无上正等菩提"(又称"无上菩提"),指佛菩提,有"二断"、"二智"。"二断",指断除"烦恼障"、"所知障";"二智",指证得"一切烦恼不随缚智"、"于一切所知无碍无障智"。也有人说,佛菩提为"三智",即"清净智"、"一切智"、"无滞智"(下详)。在三乘菩提中,佛菩提为"最为殊胜"者,有七种最胜,即"所依最胜"、"正行最胜"、"圆满最胜"、"智最胜"、"威力最胜"、"断最胜"、"住最胜"。如关于"菩提"与"无上正等菩提"的差别,说:

> 云何菩提?谓略说二断、二智,是名菩提。二断者,一烦恼障断、二所知障断。二智者,一烦恼障断故,毕竟离垢,一切烦恼不随缚智;二所知障断故,于一切所知无碍无障智。复有异门(指异说),谓清净智、一切智、无滞智。一切烦恼并诸习气,无余永害;遍一切种不染无明,无余永断,是名无上正等菩提。(卷三十八《本地分中菩萨地·初持瑜伽处菩提品》,第498页下)

(8)《力种姓品》(卷三十八)。论述菩萨如何作修学问题。菩萨修学应作七事:① "应具多胜解"。指菩萨应当在"八种胜解依处",即"三宝功德"、"佛菩萨威力"、"真实义"、"因"、"果"、"应得义"、"得方便"、"善言善语善说"胜解依处,成就"净信"。② "应求正法"。指菩萨应当习学一切"菩萨藏"、"声闻藏"、"外论"、"世间工业处论"。此中,"菩萨藏"、"声闻藏",指"五明"中的"内明";"外论",指"五明"中的"因明"、"声明"、"医方明";"世间工业处论",指"五明"中的"工巧明"。也就是说,菩萨应习学"一切五明"。"五明"各有自己的体相,其中,"内明"能显示"正因果相"、"(业)已作不失、未作不得相"二相。"正因果相"包括"十因"、"四缘"、"五果"等。"十因",指一切有为法生起的十种原因,它们是:"随说因"、"观待因"、"牵引因"、"摄受因"、"生起因"、"引发因"、"定别因"、"同事因"、"相违因"、"不相违因"。"四缘",指一切有为法生起的四种条件,它们是:"因缘"、"等无间缘"、"所缘缘"、"增上缘"。"五果",指由因缘引生的五种结果,它们是:"异熟果"、"等流果"、"离系果"、"士用果"、"增上

果"。③"应说正法"。指菩萨应当"依随顺说"、"依清净说",而
为他人说法。④"应正修行法随法行"(又称"法次法向")。指
菩萨应当修习随顺教法而行,下分五种,即对所求所受之法,
"身、语、意业无倒随转"(指身、语、意业如法随转,此为三种)、
"于法正思"、"于法正修"。⑤"应正教授"。指菩萨应当对学人
作八种教授(前四种为审察根机,后四种为正式教授),即:"寻思
其心";"寻思其根";"寻思意乐(即意念)";"寻思随眠";"示现种
种所趣入门,令其趣入"(指教授修习"五停心观",即对治"贪欲"
等烦恼的五种禅观);"说能治常边邪执,处中之行";"说能治断
边邪执,处中之行";"令其除舍未作谓作、未得谓得、未触谓触、
未证谓证诸增上慢"。⑥"应正教诫"。指菩萨应当对学人作五
种教诫,即:"遮止有罪现行";"开许无罪现行";"若有于所遮止、
开许法中,暂行犯者,如法谏诲";"若有于彼法中,数数轻慢而毁
犯者","如法呵摈,与作忆念";"若有于所遮止、开许法中,能正
行者,慈爱称叹真实功德,令其欢喜"。简略地说,就是"遮止"、
"开许"、"谏诲"、"呵摈"、"庆慰"。⑦"方便所摄身、语、意业"。
指菩萨应当作"布施"、"爱语"、"利行"、"同事"四种摄事。如关
于菩萨应勤求"一切明处"(指"五明处"),说:

> 　一切明处所摄有五明处,一内明处、二因明处、三声明
> 处、四医方明处、五工业明处。菩萨于此五种明处,若正勤
> 求,则名勤求一切明处。诸佛语言,名内明论。此几相转?
> 如是乃至一切世间工巧业处,名工业明论,此几相转?谓内
> 明论,略二相转:一者显示正因果相,二者显示已作不失、
> 未作不得相;因明论亦二相转:一者显示摧伏他论胜利相,
> 二者显示免脱他论胜利相;声明论亦二相转:一者显示安
> 立界相、能成立相,二者显示语工胜利相;医方明论,四种相

转：一者显示病体善巧相，二者显示病因善巧相，三者显示断已生病善巧相，四者显示已断之病当不更生善巧相；一切世间工业明论，显示各别工巧业处，所作成办种种异相。（卷三十八《本地分中菩萨地·初持瑜伽处力种姓品》，第500页下—第501页上）

（9）《施品》（卷三十九）。论述菩萨修行"施波罗蜜多"问题。菩萨须修行"六波罗蜜多"（又称"六度"），即"施波罗蜜多"、"戒波罗蜜多"、"忍波罗蜜多"、"精进波罗蜜多"、"静虑波罗蜜多"、"慧波罗蜜多"，功德圆满，才能证得无上菩提。此中，"施波罗蜜多"，指布施到彼岸。"施波罗蜜多"有九种相，即"自性施"、"一切施"、"难行施"、"一切门施"、"善士施"、"一切种施"、"遂求施"、"此世他世乐施"、"清净施"。此中，第一种"自性施"，指布施的体性，即"菩萨于自身财，无所顾惜，能施一切所应施物"；第二种"一切施"，指布施的行相，即布施分为"内所施物"（即自身）、"外所施物"（即财物）二种，又分"法施"、"财施"、"无畏施"三种，菩萨一切皆施，"不观其果而行布施，一切布施，皆为回向速证无上正等菩提"；其余七种施（从"难行施"至"清净施"），都是"一切施"的差别相。

（10）《戒品》（卷四十至卷四十二）。论述菩萨修行"戒波罗蜜多"问题。"戒波罗蜜多"，指持戒到彼岸。"戒波罗蜜多"有九种相，即"自性戒"、"一切戒"、"难行戒"、"一切门戒"、"善士戒"、"一切种戒"、"遂求戒"、"此世他世乐戒"、"清净戒"。此中，第一种"自性戒"，指菩萨戒的体性，由四种功德成就，即"从他正受"、"善净意乐（即意念）"、"犯已还净"、"深敬专念、无有违犯"，它是"妙善净戒"，"正受随学，能利自他，利益安乐无量众生，哀愍世间诸天人等，令得义利利益安乐"；第二种"一切戒"，指菩萨戒的行相,分为"在家分戒"(又称"在家戒")、"出家分戒"(又称"出家戒")二种,又分"律仪戒"、"摄善法戒"、"饶益有情戒"三种(合称"三聚净戒"、"三种戒藏");其余七种戒(从"难行戒"至"清净戒"),都是"一切戒"的差别相。"一切戒"中。一是"律仪戒",指受持"七众别解脱律仪"(佛教出家五众、在家二众各别受持的戒法),即"苾刍戒"(又称"比丘戒")、"苾刍尼戒"(又称"比丘尼戒")、"正学戒"(又称"式叉摩那戒")、"勤策男戒"(又称"沙弥戒")、"勤策女戒"(又称"沙弥尼戒";以上五种为出家戒)、"近事男戒"(又称"优婆塞戒")、"近事女戒"(又称"优婆夷戒";以上二种为在家戒)。二是"摄善法戒",指受持一切善法,"菩萨受律仪戒后,所有一切为大菩提,由身、语、意积集诸善,总说名为摄善法戒"。三是"饶益有情戒",指饶益一切众生,有十一相,如"于诸有情能引义利,彼彼事业与作助伴";"依世、出世种种义利,能为有情说诸法要";"于先有恩诸有情所,善守知恩,随其所应,现前酬报"等。菩萨欲学"三种戒藏",须先受菩萨戒。

本品所说的"菩萨戒",被称为"瑜伽类菩萨戒"。它是一种在家者和出家者都能求受的"渐受戒",即必须先受"七众戒",修持无犯,方能进受此戒。受戒的方法大致分为二种:一是"从师受",指求受菩萨戒者应礼请有智慧、有德行的大乘法师为师,授予菩萨戒,大乘法师应拣择根器,对"无净信者"、"有悭贪者"、"有大欲者"、"毁净戒者"、"有忿恨者"、"有懈怠者"、"愚痴类者"、"极劣心者"等二十二种人,不应授予菩萨戒;二是"像前受",指若没有会遇有智慧、有德行的大乘法师,也可以在"如来像前"自誓受菩萨戒。此中,从卷四十"诸菩萨欲授菩萨菩萨戒时,先应为说菩萨法藏摩怛履迦、菩萨学处,及犯处相",至卷四十一"尔时菩萨以净意乐(即意念)起自誓心,我当决定防护当来,终不重犯。如是于犯,还出还净"的内容(即菩萨戒的"四重

戒"、"四十三轻戒",以及"受戒"、"忏罪"等羯磨文),后被玄奘辑
出,分别编为《菩萨戒本》一卷、《菩萨戒羯磨文》一卷,作为瑜伽
类菩萨戒经的单行本流通(详见《大藏经总目提要·律藏》)。如
关于"菩萨四种他胜处法"(即菩萨戒中的"四重戒"),说:

> 如是菩萨住戒律仪,有其四种他胜处法。何等为四?
> 若诸菩萨,为欲贪求利养、恭敬,自赞、毁他,是名第一他胜
> 处法(以上为"自赞毁他戒")。若诸菩萨,现有资财,性悭财
> 故,有苦、有贫、无依、无怙正求财者,来现在前,不起哀怜,
> 而修惠舍;正求法者,来现在前,性悭法故,虽现有法,而不
> 给施,是名第二他胜处法(以上为"悭惜财法戒")。若诸菩
> 萨,长养如是种类忿缠,由是因缘,不唯发起粗言便息,由忿
> 蔽故,加以手足、块石、刀杖,捶打、伤害、损恼有情,内怀猛
> 利,忿恨意乐(即意念),有所违犯,他来谏谢,不受不忍,不
> 舍怨结,是名第三他胜处法(以上为"瞋不受悔戒")。若诸
> 菩萨,谤菩萨藏,爱乐宣说、开示、建立像似正法,于像似法,
> 或自信解,或随他转,是名第四他胜处法(以上为"谤菩萨藏
> 戒")。如是名为菩萨四种他胜处法。(卷四十《本地分中菩
> 萨地·初持瑜伽处戒品》,第515页中、下)

(11)《忍品》(卷四十二)。论述菩萨修行"忍波罗蜜多"问
题。"忍波罗蜜多",指忍辱到彼岸。"忍波罗蜜多"有九种相,即
"自性忍"、"一切忍"、"难行忍"、"一切门忍"、"善士忍"、"一切种
忍"、"遂求忍"、"此世他世乐忍"、"清净忍"。此中,第一种"自
性忍",指菩萨忍辱的体性,即"菩萨或思择力为所依止,或由
自性堪忍怨害,遍于一切,皆能堪忍,普于一切,皆能堪忍,由
无染心、纯悲愍故,能有堪忍";第二种"一切忍",指菩萨忍辱
的行相,分为"依在家品忍"、"依出家品忍"二种,又依在家品

忍、出家品忍分为"耐他怨害忍"、"安受众苦忍"、"法思胜解忍"三种;其余七种忍(从"难行忍"至"清净忍"),都是"一切忍"的差别相。

(12)《精进品》(卷四十二)。论述菩萨修行"精进波罗蜜多"问题。"精进波罗蜜多",指精进到彼岸。"精进波罗蜜多"有九种相,即"自性精进"、"一切精进"、"难行精进"、"一切门精进"、"善士精进"、"一切种精进"、"遂求精进"、"此世他世乐精进"、"清净精进"。此中,第一种"自性精进",指菩萨精进的体性,即"菩萨其心勇悍,堪能摄受无量善法,利益安乐一切有情,炽然无间,无有颠倒,及此所起身、语、意动";第二种"一切精进",指菩萨精进的行相,分为"依在家品精进"、"依出家品精进"二种,又依在家品精进、出家品精进分为"擐甲精进"、"摄善法精进"、"饶益有情精进"三种;其余七种精进(从"难行精进"至"清净精进"),都是"一切精进"的差别相。

(13)《静虑品》(卷四十三)。论述菩萨修行"静虑波罗蜜多"问题。"静虑波罗蜜多",指禅定到彼岸。"静虑波罗蜜多"有九种相,即"自性静虑"、"一切静虑"、"难行静虑"、"一切门静虑"、"善士静虑"、"一切种静虑"、"遂求静虑"、"此世他世乐静虑"、"清净静虑"。此中,第一种"自性静虑",指菩萨禅定的体性,即"菩萨于菩萨藏,闻思为先,所有妙善世、出出间心一境性,心正安住,或奢摩他品(意译止),或毗钵舍那品(意译观),或双运道俱通二品(指止观)";第二种"一切静虑",指菩萨禅定的行相,分为"世间静虑"、"出世间静虑"二种,又依世间静虑、出世间静虑分为"现法乐住静虑"、"能引菩萨等持功德静虑"、"饶益有情静虑"三种;其余七种静虑(从"难行静虑"至"清净静虑"),都是"一切静虑"的差别相。如关于菩萨的"遂求静虑"(指能除去众生种种苦恼的禅定),说:

云何菩萨遂求静虑？谓此静虑略有八种：一者于诸毒
药、霜雹、毒热、鬼所魅等种种灾患，能息能成咒术所依静
虑；二者于界互违所生众病，能除静虑；三者于诸饥馑、大灾
旱等现在前时，兴致甘雨静虑；四者于其种种人、非人作水
陆怖畏，能正拔济静虑；五者于乏饮食堕在旷野诸有情类，
能施饮食静虑；六者于乏财位所化有情，能施种种财位静
虑；七者于十方界放逸有情，能正谏诲静虑；八者于诸有情
随所生起所应作事，能正造作静虑。（卷四十三《本地分中
菩萨地·初持瑜伽处静虑品》，第528页上）

（14）《慧品》（卷四十三）。论述菩萨修行"慧波罗蜜多"问
题。"慧波罗蜜多"，指智慧到彼岸。"慧波罗蜜多"有九种相，即
"自性慧"、"一切慧"、"难行慧"、"一切门慧"、"善士慧"、"一切种
慧"、"遂求慧"、"此世他世乐慧"、"清净慧"。此中，第一种"自性
慧"，指菩萨智慧的体性，即"能悟入一切所知，及已悟入一切所
知，简择诸法，普缘一切五明处（指内明、因明、医方明、声明、工
业明处）转"；第二种"一切慧"，指菩萨智慧的行相，分为"世间
慧"、"出世间慧"二种，又依世间慧、出世间慧分为"能于所知真
实随觉通达慧"、"能于如所说五明处及三聚（指正性聚、邪性聚、
不定聚）中决定善巧慧"、"能作一切有情义利慧"三种；其余七种
慧（从"难行慧"至"清净慧"），都是"一切慧"的差别相。

（15）《摄事品》（卷四十三）。论述菩萨修行"四种摄事"问
题。"四种摄事"，指摄受众生、令入佛道的四种方法，即"布施"、
"爱语"、"利行"、"同事"。"四种摄事"各有九种相，即"自性摄
事"、"一切摄事"、"难行摄事"、"一切门摄事"、"善士摄事"、"一
切种摄事"、"遂求摄事"、"此世他世乐摄事"、"清净摄事"。此
中，"布施"的自性，指"菩萨于自身财，无所顾惜，能施一切所应

施物"(详见前述《施品》);"爱语"的自性,指"菩萨于诸有情,常乐宣说悦可意语、谛语、法语、引摄义语";"利行"的自性,指"菩萨由彼爱语,为诸有情示现正理,随其所应,于诸所学,随义利行法随法行,如是行中,安住悲心、无爱染心,劝导、调伏、安处、建立";"同事"的自性,指"菩萨若于是义、于是善根,劝他受学,即于此义、于此善根,或等或增,自现受学"。

(16)《供养亲近无量品》(卷四十四)。论述菩萨"供三宝"、"亲善友"、"修四无量"问题。①"供三宝"。指供养佛、法、僧。其中,供养佛有十种,即"设利罗(指佛色身)供养"、"制多(指塔)供养"、"现前供养"、"不现前供养"、"自作供养"、"教他供养"、"财敬供养"、"广大供养"、"无染供养"、"正行供养"。供养法、供养僧,大体上也是如此。②"亲善友"。指亲近善友(又称"善知识"),善友须成就八支(指七种条件),即"住戒"、"多闻"、"具证"、"哀愍"、"无畏"、"堪忍"、"无倦"、"善词"。③"修四无量"。指修行"四无量心",即利乐一切众生的四种心,即:"慈无量",指思惟给予一切众生快乐而起的慈心;"悲无量",指思惟拔济一切众生痛苦而起的悲心;"喜无量",指思惟一切众生离苦得乐而起的喜心;"舍无量",指思惟一切众生平等,无有亲怨之别而起的舍心。修行"四无量心"的方法有三种:一是"有情缘无量",指以一切众生为缘而修四无量心,此为外道与三乘(声闻、缘觉、菩萨)共有的修法,"菩萨慈等无量有情缘者,当知其相与外道共";二是"法缘无量",指以一切法为缘而修四无量心,此为声闻、缘觉的修法,"若法缘者,当知其相与诸声闻及独觉共";三是"无缘无量",指以诸法实相为缘而修四无量心,此为菩萨独有的修法,"若无缘者,当知其相不共一切声闻、独觉及诸外道"。

(17)《菩提分品》(卷四十四至卷四十六)。论述菩萨修行"菩提分法"问题。本品所说的"菩提分法",据"嗢拕南"(即摄颂)所列,包括十五种法门:一是"惭愧",指菩萨的惭愧分为"惭愧自性"、"惭愧依处"二种;二是"坚力持性",指菩萨在"正加行"(正修之前的加功用行)中的坚力持性,有"坚力持性自性"、"坚力持性依处"二种;三是"心无厌倦",指菩萨在"正加行"中心无厌倦,有"性自有力"、"数数串习(指熏习)"、"精进勇猛"、"正思择力"、"猛利悲心"五种因缘;四是"善知诸论",指菩萨善知"五明处"诸论,有"从他善受"、"获得净信"二种因缘;五是"善知世间",指菩萨如实了知有情世间是"五浊世间"(指"寿浊"、"有情浊"、"烦恼浊"、"见浊"、"劫浊");六是"修正四依",指菩萨修行"四依"(指依义不依文、依法不依众生、依了义经不依不了义经、依智不依识);七是"四无碍解",指菩萨具有通达无碍的四种智慧与辩才(指法无碍解、义无碍解、词无碍解、辩无碍解);八是"菩提资粮",指菩萨修集趣证"无上菩提"的资粮(条件)有"福德资粮"、"智慧资粮"二种;九是"三十七菩提分法",指菩萨趣向菩提(觉悟)的三十七种修行方法(指四念住、四正断、四神足、五根、五力、七觉支、八圣道);十是"止观",指菩萨"于诸法无所分别",名为"止","于诸法胜义理趣如实真智,及于无量安立理趣世俗妙智,名为"观";十一是"方便善巧",指菩萨修行的方便善巧,共有十二种,其中,"依内修证一切佛法"有六种(指"于诸有情悲心俱行,顾恋不舍"等)、"依外成熟一切有情"有六种(指"方便善巧,能令有情以少善根,感无量果"等);十二是"妙陀罗尼",指菩萨修行的胜妙陀罗尼(意译"总持",指能对一切法忆持不失的念慧力),分为四种,即"法陀罗尼"(能听闻教法,忆持不失)、"义陀罗尼"(能领解法义,忆持不失)、"咒陀罗尼"(能依禅定而起咒术,为众除患)、"忍陀罗尼"(能安忍于诸法实相而不失);十三是"正愿",指菩萨所发的正愿,分为五种,即"发心愿"、"受生愿"、"所行愿"、"正愿"、"大愿";十四是"三三摩地",指菩萨修行的三种禅定,即"空三摩地"、"无愿三摩地"、"无相三摩地";十五是"四种法嗢陀南",指菩萨欲令众生清净而说四种法嗢拕南(指法偈),即"一切诸行皆是无常"、"一切诸行皆悉是苦"、"一切诸法皆无有我"、"涅槃寂静"。如关于"四种陀罗尼",说:

> 云何菩萨妙陀罗尼?当知如是妙陀罗尼略有四种:一者法陀罗尼,二者义陀罗尼,三者咒陀罗尼,四者能得菩萨忍陀罗尼。云何菩萨法陀罗尼?谓诸菩萨获得如是念慧力持,由此力持,闻未曾闻言,未温习、未善通利名、句、文身之所摄录,次第错综、次第结集无量经典,经无量时,能持不忘,是名菩萨法陀罗尼。云何菩萨义陀罗尼?谓如前说。此差别者,即于彼法无量义趣,心未温习、未善通利,经无量时,能持不忘,是名菩萨义陀罗尼。云何菩萨咒陀罗尼?谓诸菩萨获得如是等持自在,由此自在加被,能除有情灾患,诸咒章句令彼章句,悉皆神验、第一神验,无所唐捐,能除非一种种灾患,是名菩萨咒陀罗尼。云何菩萨能得菩萨忍陀罗尼?谓诸菩萨成就自然坚固因行,具足妙慧;独处空闲,寂无言说,曾无有物,见路而行;知量而食,不杂秽食,一类而食;常极静虑,于夜分中,少眠多寤;于佛所说得菩萨忍诸咒章句,能谛思惟。(卷四十五《本地分中菩萨地·初持瑜伽处菩提分品》,第542页下—第543页上)

(18)《菩萨功德品》(卷四十六)。论述菩萨的修行功德问题。菩萨的修行功德,有"五希奇法"、"七大性"等。①"五希奇法"。指菩萨修行所成就的五种甚为稀奇的功德,这是其他众生所没有的,它们是:"于诸有情,非有因缘而生亲爱";"唯为饶益诸有情故,常处生死,忍无量苦";"于多烦恼难复有情,善能解了,调伏方便";"于极难解真实义理,能随悟入";"具不思议大威神力"。②"七大性"。指菩萨修行的大乘,有七种大:一是"法大性"(又称"法大"),指"十二分教中菩萨藏,摄方广之教";二是"发心大性"(又称"心大"),指"有一类于其无上正等菩提发正愿心";三是"胜解大性"(又称"解大"),指"有一类于法大性,生胜信解";四是"增上意乐大性"(又称"净心大"),指"有一类已过胜解行地,证入净胜意乐地";五是"资粮大性"(又称"众具大"),指"福德资粮、智慧资粮,修习圆满,能证无上正等菩提";六是"时大性"(又称"时大"),指"经于三无数大劫,方证无上正等菩提";七是"圆证大性"(又称"得大"),指"即所证无上菩提"。

2.《第二持随法瑜伽处》(卷四十七至卷四十八)。论述菩萨道"十法"中的"相"、"分"、"增上意乐"、"住"四法,即菩萨随法所起之行问题。下分四品,始《菩萨相品》,终《住品》。

(1)《菩萨相品》(卷四十七)。论述"真实菩萨"的体相问题。"真实菩萨"是相对"相似菩萨"而言的。《初持瑜伽处菩萨功德品》说:若诸菩萨现前自称我是菩萨,"于菩萨学,不正修行",名为"相似菩萨";"于菩萨学,能正修行",名为"真实菩萨"。真实菩萨有五种体相,即"哀愍"、"爱语"、"勇猛"、"舒手惠施"、"能解甚深义理密意"。每一种体相都有五法,即"自性"、"依处"、"果利"、"次第"、"相摄"。以"哀愍"为例。一是"哀愍自性",指真实菩萨的哀愍自性,有"在意乐(即意念)"、"在正行"二种,前者指"菩萨于诸有情,利益意乐,安乐意乐",后者指"菩萨于诸有情,如所意乐,随力随能,身语饶益";二是"哀愍依处",指真实菩萨的哀愍依处,有"有苦有情"、"恶行有情"、"放逸有情"、"邪行有情"、"烦恼随眠有情"五种;三是"哀愍果利",指真实菩萨的果利,"能摄无罪,现法乐住,及饶益他";四是"哀愍次第",指真实菩萨修行五相的次第是:"先修哀愍","次修爱语","次修勇猛","次后修习舒手惠施,能解甚深义理密意";五是"哀愍相摄",指"哀愍"为"静虑到彼岸"(即"静虑波罗蜜多")所摄。

(2)《分品》(卷四十七)。论述"在家菩萨"、"出家菩萨"的修法问题。在家菩萨,指受持菩萨戒的在家佛弟子优婆塞、优婆夷;出家菩萨,指受持菩萨戒的出家佛弟子比丘、比丘尼、式叉摩那、沙弥、沙弥尼。在家、出家二分(二部分)菩萨欲证无上正等菩提,须修行四法。①"善修事业"。指"菩萨于六波罗蜜多,决定修作,委悉修作,恒常修作,无罪修作"。②"方便善巧"。指菩萨有十种方便法门:一是"憎背圣教有情,除其恚恼方便善巧";二是"处中有情,令其趣入方便善巧";三是"已趣入者,令其成熟方便善巧";四是"已成熟者,令得解脱方便善巧";五是"于诸世间一切异论方便善巧";六是"于诸菩萨净戒律仪受持、毁犯,能正观察方便善巧";七是"于诸正愿方便善巧";八是"于声闻乘方便善巧";九是"于独觉乘方便善巧";十是"于其大乘方便善巧"。③"饶益于他"。指"菩萨依四摄事,即布施、爱语、利行、同事,能与一分(部分)有情利益,能与一分有情安乐,能与一分所化有情利益安乐"。④"无倒(颠倒)回向"。指"菩萨三门积集所有善根,即善修事业、方便善巧、饶益于他,去(过去)、来(未来)今世一切摄取,以淳一味妙净信心,回求无上正等菩提"。

(3)《增上意乐品》(卷四十七)。论述菩萨的"十五种增上意乐"问题。"十五种增上意乐",指菩萨增胜上进的意念有十五种,"于诸佛法所有胜解,印解决定,是名菩萨增上意乐(即意念)"。一是"最上意乐",指"于佛、法、僧最上真实",而起胜念;二是"遮止意乐",指"于所受持净戒律仪",而起胜念;三是"波罗蜜多意乐",指"于所修证施、忍、精进、静虑、般若",而起胜念;四是"真实义意乐",指"于法无我、补特伽罗无我,甚深胜义、诸法真如",而起胜念;五是"威力意乐",指"于佛菩萨不可思议神通

威力",而起胜念;六是"利益意乐",指"于诸有情,欲以善法而授
与之";七是"安乐意乐",指"于诸有情,欲以饶益而授与之";八
是"解脱意乐",指"于如是诸有情所,无爱染心";九是"坚固意
乐",指"于其无上正等菩提,其心专注,曾无变易";十是"无虚妄
意乐",指"于诸有情饶益方便,于大菩提趣证方便,无颠倒智,俱
行胜解";十一是"不清净意乐",指"胜解行地所有一切增上意
乐";十二是"清净意乐",指"从净胜意乐地,乃至决定行地,所有
一切增上意乐";十三是"善清净意乐",指"到究竟地,所有一切
增上意乐";十四是"应调伏意乐",指"不清净意乐";十五是"俱
生意乐",指"清净意乐、善清净意乐"。

　　(4)《住品》(卷四十七至卷四十八)。论述菩萨的"十三住"
问题。"十三住",指菩萨从初修至成佛的十三种阶位。"住"与
"地"是相通的,"由能摄持菩萨义故,说名为地;能为受用居处义
故,说名为住"。"十三住"中。一是"种性住",指菩萨的种性(又
称"种姓",包括习种性、性种性);二是"胜解行住",指菩萨依种
性而修方便(为入道而作的加功用行),对出世道能信解并起修
行(以上二住为菩萨初地之前的阶位);三是"极欢喜住",指"菩
萨十地"中的初地"欢喜地";四是"增上戒住",指第二地"离垢
地";五是"增上心住",指第三地"明地";六是"觉分相应增上慧
住",指第四地"焰地";七是"诸谛相应增上慧住",指第五地"难
胜地";八是"缘起流转、止息相应增上慧住",指第六地"现前
地";九是"有加行、有功用无相住",指第七地"远行地";十是"无
加行、无功用无相住",指第八地"不动地";十一是"无碍解住",
指第九地"善慧地";十二是"最上成满菩萨住",指第十地"法云
地";十三是"如来住",指菩萨修行圆满所成就的佛位,"如来住
者,谓过一切诸菩萨住,现前等觉大菩提住"。如关于菩萨须经
"三无数大劫"(又称"三大阿僧祇劫",指三大劫),方能断除二障

(烦恼障、所知障)而入佛位,说:

> 所说十二诸菩萨住,经三无数大劫时量,能断一切烦恼
> 障品所有粗重,及断一切所知障品所有粗重。于三住中,当
> 知能断烦恼障品所有粗重。谓于极欢喜住中,一切恶趣诸
> 烦恼品所有粗重,皆悉永断,一切上中诸烦恼品,皆不现行;
> 于无加行、无功用无相住中,一切能障一向清净、无生法忍
> 诸烦恼品所有粗重,皆悉永断,一切烦恼皆不现前;于最上
> 成满菩萨住中,当知一切烦恼习气、随眠障碍,皆悉永断,入
> 如来住。当知一切所知障品所有粗重,亦有三种:一者在
> 皮粗重,二者在肤粗重,三者在肉粗重。当知此中在皮粗
> 重,极欢喜住,皆悉已断;在肤粗重,无加行、无功用无相住,
> 皆悉已断;在肉粗重,如来住中,皆悉已断,得一切障极清净
> 智。于三住中,烦恼、所知二障永断。所余诸住,如其次第,
> 修断资粮。(卷四十八《本地分中菩萨地·第二持随法瑜伽
> 处住品》,第562页上、中)

3.《第三持究竟瑜伽处》(卷四十八至卷五十)。论述菩萨
道"十法"中的"生"、"摄受"、"地"、"行"、"建立"五法,即菩萨学
行的果报问题。下分五品,始《生品》,终《建立品》。

(1)《生品》(卷四十八)。论述菩萨的"受生"问题。菩萨的
"受生",指菩萨不是因为作恶受报而受生,而是为"利益安乐一
切有情"而无罪地受生为同类或异类,其受生有五种(称为"五种
受生")。①"除灾生"。指菩萨能为息除一切众生的苦难而变
化受生。如菩萨以大愿力和自在力,在饥馑世,受生为大鱼等
身,以身肉救济一切众生;在疾病世,受生为良医,救治一切众生
的疾病;在刀兵世,受生为有势力的"大地主",以方便法门,息除
邻国之间战争等。②"随类生"。指菩萨能为度化一切众生而

随类受生。如菩萨为除灭不同众生的过失,以大愿力和自在力,受生为畜生、天龙、药叉、阿修罗、恶行众生等同类,以便善巧说法,除灭他们的所有过失。③"大势生"。指菩萨能禀性受生,即以所作事业自利、利他之因招感"异熟果",感得世间上殊胜的"寿量"、"形色"、"族姓"、"自在富"等。④"增上生"。指菩萨能通过增胜上进的修学,从菩萨的初地,进修至第十地,从而感得差别受生。⑤"最后生"。指菩萨于此生中,菩提资粮已极圆满,能证得无上正等菩提,此为生死轮回中的最后身。

(2)《摄受品》(卷四十八)。论述菩萨对众生的"摄受"问题。菩萨对众生的"摄受"有六种(称为"六种摄受")。①"顿普摄受"。指菩萨初发心时,摄受一切众生皆为眷属。②"增上摄受"。指菩萨在家时,或为家主,摄受父母、妻子、奴婢、僮仆、作使;或为国王,摄受一切所统僚庶。③"摄取摄受"。指菩萨以教舍"染心"、教修"正法"二因缘,统摄徒众。④"长时摄受"。指菩萨对"下品成熟",即"经久时,方堪净"的众生,作长时摄受。⑤"短时摄受"。指菩萨对"中品成熟",即"非经久时,方堪净"的众生,作短时摄受。⑥"最后摄受"。指菩萨对"上品成熟",即"于此生,堪任净"的众生,作最后摄受。

(3)《地品》(卷四十九)。论述菩萨的"七地"问题。"七地",指依《本地分中菩萨地·第二持随法瑜伽处住品》所说的"十三住"(指菩萨从初修至成佛的十三种阶位)而建立的七种菩萨地。①"种性地"。指"十三住"中的初住"种性住",即菩萨的种性(又称"种姓",包括习种性、性种性)。②"胜解行地"(又称"解行地")。指第二住"胜解行住",指菩萨依种性而修方便(为入道而作的加功用行),对出世道能信解并起修行(以上二地为菩萨初地之前的阶位)。③"净胜意乐地"(又称"净心地")。指第三住"极欢喜住",即菩萨十地中的初地。④"行正行地"(又

称"行迹地")。指第四住"增上戒住"至第九住"有加行、有功用
无相住",即菩萨十地中的第二地至第七地。⑤"决定地"。指
第十住"无加行、无功用无相住",即菩萨十地中的第八地。
⑥"决定行地"。指第十一住"无碍解住",即菩萨十地中的第九
地。⑦"到究竟地"(又称"毕竟地")。指第十二住"最上成满菩
萨住"和"如来第十三住",即菩萨十地中的第十地和如来地。

　　(4)《行品》(卷四十九)。论述"四种菩萨行"问题。"四种
菩萨行",指菩萨从"胜解行地",至最后的"到究竟地",所修的四
种修行。①"波罗蜜多行"。指菩萨修行"十波罗蜜多",即在
"菩萨十地"的前六地修行"六波罗蜜多",后四地修行它们的助
伴"方便善巧"、"愿"、"力"、"智"四种波罗蜜多。此中,"方便善
巧波罗蜜多",指"十二行相方便善巧",即"依内修证一切佛法"
六种(指"于诸有情悲心俱行,顾恋不舍"等)、"依外成熟一切有
情"六种(指"方便善巧,能令有情以少善根,感无量果"等);"愿
波罗蜜多",指"五种大愿",即"发心愿"、"受生愿"、"所行愿"、
"正愿"、"大愿";"力波罗蜜多",指"所有十力加行清净",即"如
来十力"的加功用行;"智波罗蜜多",指"于一切法,如实安立清
净妙智"。②"菩提分法行"。指菩萨修行"三十七种菩提分
法"、"四种寻思"、"四如实智"。此中,"三十七种菩提分法",指
趣向菩提(觉悟)的三十七种修行方法,即"四念住"、"四正断"、
"四神足"、"五根"、"五力"、"七觉支"、"八圣道支"。"四种寻
思",指菩萨在加行位(四善根位)修习的推求思察诸法假有实无
的四种观法。一是"名寻思",指推求思察诸法(事物)的名称假
有实无;二是"事寻思"(又称"义寻思"),指推求思察诸法的事相
假有实无;三是"自性假立寻思"(又称"自体假立寻思"),指推求
思察诸法的自性假有实无;四是"差别假立寻思",指推求思察诸
法的差别相假有实无。修习"四种寻思",能引生"四种如实智",

即如实了知一切诸法不可得的四种智慧：一是"名寻思所引如
实智"，指如实了知诸法的名称不可得的智慧；二是"事寻思所引
如实智"，指如实了知诸法的事相不可得的智慧；三是"自性假立
寻思所引如实智"，指如实了知诸法的自性不可得的智慧；四是
"差别假立寻思所引如实智"，指如实了知诸法的差别相不可得
的智慧。③"神通行"。指菩萨修行"六神通"，即依修习禅定而
得的六种深妙神奇的功能，即"神境智作证通"、"随念宿住智作
证通"、"天耳智作证通"、"见死生智作证通"、"知心差别智作证
通"、"漏尽智作证通"。④"成熟有情行"。指菩萨成熟一切众
生有二种修行，即"所调伏界无量"、"调伏方便界无量"。关于
"四菩萨行"，说：

　　　菩萨始从胜解行地，乃至最后到究竟地，于此一切菩萨
　　地中，当知略有四菩萨行。何等为四？ 一者波罗蜜多行，二
　　者菩提分法行，三者神通行，四者成熟有情行。前说六种波
　　罗蜜多，及方便善巧波罗蜜多、愿波罗蜜多、力波罗蜜多、智
　　波罗蜜多，如是十种波罗蜜多，总名波罗蜜多行。如前所说
　　十二行相方便善巧，当知说名方便善巧波罗蜜多；如前所说
　　五种大愿，当知名愿波罗蜜多；所有十力加行清净，当知名
　　力波罗蜜多；于一切法，如实安立清净妙智，当知名智波罗
　　蜜多。……四念住等所有一切三十七种菩提分法、四种寻
　　思、四如实智，皆如前说，总名菩萨菩提分法行；如前所说
　　《威力品》中菩萨所有六种神通，是名神通行；如前所说二种
　　无量：一所调伏界无量，二调伏方便界无量，及《成熟品》中
　　所说，一切成熟有情，总名菩萨成熟有情行。如是四种菩萨
　　妙行，当知普摄一切菩萨所行善行。（卷四十九《本地分中菩
　　萨地·第二持随法瑜伽处行品》，第565页下—第565页上）

(5)《建立品》(卷四十九至卷五十)。论述菩萨成就"如来百四十种不共佛法"问题。"如来百四十种不共佛法",指菩萨从"菩萨十二住"(菩萨位),修入第十三住"如来住"(佛位)后,所成就的"百四十不共佛法"(指佛独有的一百四十种功德),分为十一类。一是"如来三十二种大丈夫相",指佛具有三十二种显见的殊胜形相,如"具大丈夫足善安住等案地相"等;二是"如来八十随好",指佛具有八十种微细的殊胜形相,如"两手足具二十指,及以节爪,并皆殊妙"等;三是"四一切种清净",指佛的四种清净,即"一切种所依清净"、"一切种所缘清净"、"一切种心清净"、"一切种智清净";四是"如来十力",指佛的十种智力,即"处非处智力"、"自业智力"、"静虑解脱等持等至智力"、"根胜劣智力"、"种种胜解智力"、"种种界智力"、"遍趣行智力"、"宿住随念智力"、"死生智力"、"漏尽智力";五是"四无所畏",指佛说法时所具有的四种无所畏惧的智德,即"现等正觉"、"证得漏尽"、"说出离道"、"说诸障法应当远离";六是"三念住",指佛说法时,安住正念,对"正行"(又称"正众")、"邪行"(又称"邪众")、"一分正行一分邪行"(又称"非正非邪众")三众,皆不起欢喜或忧戚之心;七是"三不护",指佛的三业(身、口、意业)自然清净,不须防护;八是"大悲",指佛拔济一切众生苦难的怜悯之心;九是"无忘失法",指佛对一切"事业"、"方处"、"方便"、"时分",皆能记念不忘;十是"永害习气"(又称"断诸习"、"拔除习气"),指佛在"动转"、"瞻视"、"言论"、"安住"等一切活动中,都不起烦恼;十一是"一切种妙智",指佛能在"能引有义聚法"(即善法)、"能引无义聚法"(即不善法)、"非能引有义聚法、非能引无义聚法"(即无记法)三类法中,显现正等正觉。

4.《第四持次第瑜伽处发正等菩提品》(卷五十,又名《第四持次第瑜伽处》)。总结菩萨地修学次第的意义。菩萨地,显示

"一切菩萨学道及学道果"。"菩萨要先安住菩萨种性,乃能正发阿耨多罗三藐三菩提心;既发心已,方正修行自他利行;于自他利正修行时,得无杂染方便;无杂染故,得无厌倦方便;无厌倦故,得诸善根增长方便;于诸善根得增长已,能证无上正等菩提"。

(十六)《有余依地》(卷五十)。论述"有余依地"问题。

"有余依",指"有余依涅槃"(又称"有余涅槃"),即修行者已断除一切烦恼,证得涅槃,但身体尚存;"有余依地",指"有余依涅槃"的境界(又称"有余依涅槃界"),依"地"、"寂静"、"依"三门施设建立。

1. "地施设安立"。指"有余依地"由"无心地"、"修所成地"、"声闻地"、"独觉地"、"菩萨地"五地中的"有余依涅槃"一分,施设建立。

2. "寂静施设安立"。指"有余依地"由"四种寂静"施设建立。(1)"苦寂静"。指由众苦永断而获得的寂静。"阿罗汉苾刍诸漏永尽,所有当来后有众苦,皆悉永断,已得遍知。如多罗树断截根顶,不复现前,由得当来不生法故,是名苦寂静"。(2)"烦恼寂静"。指由烦恼永断而获得的寂静。"阿罗汉苾刍贪欲永断、瞋恚永断、愚痴永断,一切烦恼皆悉永断。由得毕竟不生法故,是名烦恼寂静"。(3)"不损恼有情寂静"。指由不损恼众生而获得的寂静。"阿罗汉苾刍贪欲永尽、瞋恚永尽、愚痴永尽,一切烦恼皆悉永尽,不造诸恶,修习诸善,是名不损恼有情寂静"。(4)"舍寂静"。指由恒住舍念而获得的寂静。"阿罗汉苾刍诸漏永尽,于六(根)恒住,恒常无间多分安住。谓眼见色已,不喜不忧,安住上舍,正念正知;如是耳闻声已,鼻嗅香已,舌尝味已,身觉触已,意了法已,不喜不忧,安住上舍,正念正知,是名舍寂静"。

　　3."依施设安立"。指"有余依地"由"八种依"施设安立。
(1)"施设依"。指五取蕴(即有漏的五蕴)。(2)"摄受依"。指
七摄受事(即"自己、父母、妻子、奴婢、作使、僮仆、朋友、眷属")。
(3)"住持依"。指四种食(即"假食、触食、意思食、识食")。
(4)"流转依"。指四种识住(即"色趣识住、受趣识住、想趣识
住、行趣识住")、十二缘起(即"无明缘行",乃至"生缘老死")。
(5)"障碍依"。指诸天魔。(6)"苦恼依"。指欲界。(7)"适悦
依"。指禅定(即"静虑、等至乐")。(8)"后边依"。指阿罗汉相
续诸蕴(即"阿罗汉任持最后身")。

　　(十七)《无余依地》(卷五十)。论述"无余依地"问题。

　　"无余依",指"无余依涅槃"(又称"无余涅槃"),即修行者断
除一切烦恼,证得涅槃,身体亦入灭;"无余依地",指"无余依涅
槃"的境界(又称"无余依涅槃界"),依"地"、"寂灭"、"寂灭异门"
三门施设建立。

　　1."地施设安立"。指"无余依地"由"无心地"、"修所成
地"、"声闻地"、"独觉地"、"菩萨地"五地中的"无余依涅槃"一
分,施设安立。

　　2."寂灭施设安立"。指"无余依地"由"二种寂灭"施设安
立。(1)"寂静寂灭"。指由寂静而获得的寂灭,无余依地有"最
胜四种寂静"。一是"数教寂静",指由断离一切言教而获得的寂
灭;二是"一切依寂静",指由断离"一切依"(即前述"八种依")而
获得的寂灭;三是"依依苦寂静",指由断离"一切依"所生的众苦
而获得的寂灭;四是"依依苦生疑虑寂静",指由断离对永断众苦
的"疑虑"而获得的寂灭。(2)"无损恼寂灭"。指由断离一切烦
恼诸苦的"生起"而获得的寂灭,"与一切依不相应,违背一切烦
恼诸苦流转生起,转依(指转舍染法,转得净法)所显真无漏界"。

　　3."寂灭异门安立"。指"无余依地"所说的"寂灭",有种种

不同的异名,如"常"、"恒"、"久住"、"无变"、"涅槃"、"永绝一切戏论"等。

二、《摄决择分》(卷五十一至卷八十)。论述"十七地"中的深隐要义。篇名中的"决择",指决断诸疑、简择义相,亦即辨析;"摄决择分",意为摄处的辨析部分。下分十二篇,始《五识身相应地意地》,终《有余依及无余依二地》。

(一)《五识身相应地意地》(又名《摄决择分中五识身相应地意地》,卷五十一至卷五十七;以下各篇之名均冠有"摄决择分中"五字,以表示隶属关系)。论述"八种相证阿赖耶识"、"阿赖耶识流转相"、"阿赖耶识杂染还灭相"、"六种善巧"等问题。

1."八种相证阿赖耶识"(又称"阿赖耶识八证"、"八义证有本识")。指通过"八种相",能证明阿赖耶识"决定是有"(必定存在)。(1)"依止执受"。指阿赖耶识有"依止执受相",为有色根身和染净诸法的依止处,摄受执持,令其不失。阿赖耶识以"先世所造业行"为因,不待现缘,一切时转(指生起);而"六识"(又称"六转识")以"现在世众缘"为因,要待现缘,或转或不转。"若离阿赖耶识,依止执受,不应道理(不合道理)",也就是说,若无阿赖耶识,依止执受不能成立。(2)"最初生起"。指阿赖耶识有"最初生起相",是初受生时有色根身所依的最初之识;"六识"则不是,因为"彼尔时(胎儿时)作意无别,根、境亦尔"。(3)"有明了性"。指阿赖耶识有"明了性相",能对一切善、恶、无记三性诸法,皆悉明了分别;"六识"则无明了性,"有时忆念过去曾所受境,尔时(第六识)意识行不明了"。(4)"有种子性"。指阿赖耶识有"种子性相",能执持世间、出世间诸法种子,令不散失;"六识"则不能,"六识身展转异故"。(5)"业用差别"。指阿赖耶识有"业用差别相",识业有四种,即"了别器业"(指"了别外无分别器相")、"了别依业"(指"了别内执受";以上二种为第八识"阿赖耶识"的业用)、"了别我业"(指恒执阿赖耶识为"我",此为第七识"末那识"的业用)、"了别境业"(了别"六境",此为"前六识"的业用),阿赖耶识能随染缘而造恶业,随净缘而造善业。(6)"身受差别"。指阿赖耶识有"身受差别相",能领受有色根身"苦受"、"乐受"、"不苦不乐受"的差别。(7)"处无心定"。指阿赖耶识有"处无心定相",能在修入"无想定"、"灭尽定"时,虽然"受"、"想"心所灭,出入息断,但由于"识(指阿赖耶识)不离身",故生命犹在。(8)"命终时识"。指阿赖耶识有"命终时识相",众生临终时,识渐舍离,冷触渐起,唯有阿赖耶识能执持此身;阿赖耶识若舍,四大分散,身坏命终。

2."阿赖耶识流转相"。指阿赖耶识作为"一切杂染法根本",有"流转相",也有"还灭相"。阿赖耶识的"流转相"由四种相建立。(1)"所缘转相"。指阿赖耶识由二种所缘之境而流转。① "了别内执受"。指阿赖耶识由了别"内执受",即"遍计所执自性妄执习气,及诸色根(指五色根)、根所依处(指扶尘根)"而流转。② "了别外无分别器相"。指阿赖耶识由了别"外无分别器相",即"器世间相"而流转,而器世间的相状是由阿赖耶识变现的,"譬如灯焰生时,内执膏炷,外发光明"。(2)"相应转相"。指阿赖耶识恒常地与五种遍行心所(即作意、触、受、想、思)相应而流转。此中,与阿赖耶识相应的"受",一向(即全)是"不苦不乐",为"无记性"所摄,与其余四种心所的相应也是这样。(3)"互为缘性转相"。指阿赖耶识与"七转识"(即前六识与末那识)互为因缘而流转。一方面,阿赖耶识能为七转识作"种子"、"所依"二缘;另一方面,七转识亦能为阿赖耶识作二缘:一是在"现法"(现在时)中,能长养(熏习)阿赖耶识种子,二是在"后法"(未来时)中,能为阿赖耶识摄植(引摄)种子。(4)"识等俱转转相"。指阿赖耶识能与"七转识"中的一种识或几种识同时俱转。阿赖耶识虽与"七转识"的"三受"(指苦受、乐受、不苦不乐受)和"三性"(指善性、不善性、无记性)同时俱转,但由于不是"同缘转",故不能说阿赖耶识与"七转识"的"三受"、"三性"是相应的。

3."阿赖耶识杂染还灭相"。指阿赖耶识的"杂染还灭相"(又称"还灭相"),由"流转相"而建立,只有断灭杂染,才能心得清净。"由缘真如境智,修习、多修习故,而得转依;转依无间,当言已断阿赖耶识;由此断故,当言已断一切杂染";"阿赖耶识断灭相者,谓由此识正断灭故,舍二种取(指能取、所取),其身虽住,犹如变化"。

4."六种善巧"。指以善巧智观察"蕴"、"界"、"处"、"缘起"、"处非处"、"根"。此中,善巧(又称"善巧方便")是"智",蕴、界、处等是"境",故"六种善巧"就是六种观法。(1)"蕴善巧"。指以善巧智观察"五蕴",即"色蕴"、"受蕴"、"想蕴"、"行蕴"、"识蕴"。(2)"界善巧"。指以善巧智观察"十八界",即"六根"、"六境"、"六识"。(3)"处善巧"。指以善巧智观察"十二处",即"六根"、"六境"。(4)"缘起善巧"。指以善巧智观察"十二缘起",即"无明缘行,行缘识,识缘名色,名色缘六处,六处缘触,触缘受,受缘爱,爱缘取,取缘有,有缘生,生缘老死,乃至招集如是纯大苦蕴,是名缘起"。(5)"处非处善巧"。指以善巧智观察事物是否合乎道理,合乎道理为"处",不合道理为"非处"。有四种处、四种非处,符合"四种道理"的,称为"处"(见卷二十五《本地分中声闻地·初瑜伽处出离地》);不符合"四种道理"的,称为"非处"。所说的"四种道理",指事物生存、变化的四种法则。一是"观待道理",指事物须待众缘和合方能生起的道理;二是"作用道理",指事物各有因果的道理;三是"证成道理",指由现量(指感觉,即感觉器官对事物自相的认识)、比量(指推理,即在现

量的基础上,由已知推知未知,对事物共相加以认识)、圣教量
(指以圣人的言教,作为判别认识正误的标准)论证成立的道理;
四是"法尔道理",指无始时来,法性如此(即本来如此)的道理。
(6)"根善巧"。指以善巧智观察"二十二根"。"能取境增上义
故,建立六根"(指眼根、耳根、鼻根、舌根、身根、意根);"安立家
族相续不断增上义故,建立二根"(指男根、女根);"为活性命事
业方便增上义故,建立一根"(指命根);"受用业果增上义故,建
立五根"(指苦根、乐根、喜根、忧根、舍根);"世间清净增上义故,
建立五根"(指信根、精进根、念根、定根、慧根);"出世清净增上
义故,建立三根"(指未知欲知根、已知根、具知根)。

　　(二)《有寻有伺等三地》(卷五十八至卷六十一)。论述"三
种杂染"、"王法正理"等问题。

　　"三种杂染",指烦恼杂染、业杂染、生杂染。

　　1. "烦恼杂染"(又称"惑杂染")。指一切烦恼(包括"根本
烦恼"和"随烦恼")能染污心性,令不清净。"烦恼杂染"由五种
相建立差别。(1)"自性"。指烦恼由自性而建立。烦恼的自性
有"见性烦恼"、"非见性烦恼"二种,前者指见解性质的烦恼,后
者指它非见解性质的烦恼。(2)"自性差别"。指烦恼的自性差
别有十种,即能生起一切枝末烦恼的十种根本烦恼,其中,"见性
烦恼"、"非见性烦恼"各有五种。"见性烦恼"五种,指的是:
①"萨迦耶见"(又称"身见")。指将"五蕴"之身执著为"我"、
"我所"的见解,即"于五取蕴(指有漏的五蕴),心执增益,见我、
我所,名萨迦耶见"。②"边执见"。指将"五蕴"之身执著为
"断"(死后断绝)或"常"(常住不灭)的见解,即"于五取蕴萨迦耶
见增上力故,心执增益,见我断、常,名边执见"。③"邪见"。指
否定因果的见解,即"一切倒见,于所知事,颠倒而转,皆名邪
见"。④"见取"。将外道六十二见执取为"胜妙"的见解,即

"于六十二诸见趣等,一一别计为最为上为胜为妙","由此见故,能得清净解脱出离,是名见取"。⑤"戒禁取"。指将外道的邪戒执取为"清净"的见解,即"于所受持诸戒禁中,妄计为最为上为胜为妙","由此戒禁,能得清净、解脱、出离,是名戒禁取"。"非见性烦恼"五种,指的是:①"贪"。指贪欲,"能耽著心所为性"。②"恚"。指瞋恚,"能损害心所为性"。③"慢"。指傲慢凌人,"令心举心所为性"。④"无明"。指愚痴无知,"于所知真实觉悟,能覆能障心所为性"。⑤"疑"。指怀疑真理,"犹豫二分,不决定心所为性"。随从根本烦恼而生起的,还有各种"随烦恼",如"放逸"、"掉举"、"惛沈"(昏沉)、"不信"、"懈怠"、"邪欲"、"邪胜解"、"邪念"、"散乱"、"不正知"等。(3)"染净差别"。指烦恼由"杂染"与"清净"的差别而建立。杂染为"所治",清净为"能治"。"缠"、"随眠"虽然同为烦恼的异名,但二者是有差别的:"缠"指烦恼的现行,"现行现起烦恼,名缠";"随眠"指烦恼的种子,"此种子未断未害,名曰随眠,亦名粗重"。修行者断烦恼时,是断"随眠",而不是断"缠"。因为若断"缠",而未断"随眠",烦恼仍然会现起;若断"随眠","缠"与随眠都将不起。"断随眠故,说名为断。何以故? 虽缠已断、未断随眠,诸烦恼缠数复现起;若随眠断,缠与随眠毕竟不起"。(4)"迷断差别"。指烦恼由"迷"与"断"的差别而建立。"迷",指"迷理惑"(又称"见惑",即见道位迷于"四谛"所起的烦恼)、"迷事惑"(又称"修惑",即修道位迷于"五境"等事相所起的烦恼);"断",指对"迷理惑"、"迷事惑"的断除,即"见苦谛所断"、"见集谛所断"、"见灭谛所断"、"见道谛所断"(以上为见道位所断的烦恼)、"修所断"(此为修道位所断的烦恼),总计有十五种。(5)"对治差别"。指烦恼由对治的差别而建立。对治分为四种,即"相续成熟对治"、"近断对治"、"一分断对治"、"具分断对治"。如《声闻地》所说,"十三种资粮道,名相续成熟对治";"暖、顶、忍、世第一法决择分善根,名近断对治";"见道,名一分断对治";"修道,名具分断对治"。如关于"四种无明"与"二种无明",说:

> 无明者,谓于所知真实觉悟,能覆、能障心所为性。此略四种:一无解愚,二放逸愚,三染污愚,四不染污愚。若于不见闻觉知所知义中,所有无智,名无解愚;若于见闻觉知所知义中,散乱失念,所有无智,名放逸愚;于颠倒心,所有无智,名染污愚;不颠倒心,所有无智,名不染污愚。又此无明,总有二种:一烦恼相应无明,二独行无明。非无愚痴而起诸惑,是故贪等余惑相应所有无明,名烦恼相应无明;若无贪等诸烦恼缠,但于苦等诸谛境中,由不如理作意力故,钝慧士夫补特伽罗,诸不如实简择、覆障、缠裹、暗昧等心所性,名独行无明。(卷五十八《摄决择分中有寻有伺等三地》,第622页上)

2.“业杂染”。指由烦恼而起的一切业,能染污心性,令不清净。“业杂染”由五种相建立差别,即“根本业道所摄身、语、意业(此为三相),及彼方便(此为一相)、后起所摄诸业(此为一相)”。此中,“根本业道所摄身、语、意业”,指由身、语、意造作的一切行为;“及彼方便”,指造作善恶业之前的行为(又称“加行”);“后起所摄诸业”,指造作善恶业之后的行为(又称“后起”)。也就是说,每一业的造作均可分为加行、根本、后起三个环节。“根本业道”分为“十不善业道”、“十善业道”二种。“十不善业道”,指杀生、偷盗(又称“不与取”)、邪淫(又称“欲邪行”;以上为身业)、妄语、两舌(又称“离间语”)、恶口(又称“粗恶语”)、绮语(以上为口业)、贪欲、瞋恚、邪见(以上为意业);“十善业道”,与“十不善业道”相反。

3."生杂染"（又称"苦杂染"）。指由业而起的一切受生，能染污心性，令不清净。"生杂染"分为十一种。有"一向乐生"、"一向苦生"、"苦乐杂生"、"不苦不乐生"、"（处、身）一向不清净生"、"（处、身）一向清净生"、"（处）清净、（身）不清净生"、"（处）不清净、（身）清净处生"、"（处）清净、（身）清净处生"等。

"王法正理"，指佛在《出爱王经》（即《优填王经》）中所说的国王应行的正法。内容叙及：（1）"王之过失"。指国王的过失有十种，即"种姓不高"、"不得自在"、"立性暴恶"、"猛利愤发"、"恩惠奢薄"、"受邪佞言"、"所作不思不顺仪则"、"不顾善法"、"不知差别忘所作恩"、"一向纵任专行放逸"。（2）"王之功德"。指国王的功德有十种，即"种姓尊高"、"得大自在"、"性不暴恶"、"愤发轻微"、"恩惠猛利"、"受正直言"、"所作谛思善顺仪则"、"顾恋善法"、"善知差别知所作恩"、"不自纵任不行放逸"。（3）"王衰损门"。指国王的衰损有五种，即"不善观察而摄群臣"；"虽善观察而摄群臣，无恩妙行，纵有非时"；"专行放逸，不思机务"；"专行放逸，不守府库"；"专行放逸，不修法行"。（4）"王方便门"。指国王的善巧有五种，即"善观察摄受群臣"；"能以时行恩妙行"；"无放逸，专思机务"；"无放逸，善守府库"；"无放逸，专修法行"。（5）"王可爱法"。指国王的可爱之法有五种，即"世所敬爱"、"自在增上"、"能摧怨敌"、"善摄养身"、"能往善趣"。（6）"能引发王可爱法"。指能引发国王可爱法的方法有五种，即"恩养世间"、"英勇具足"、"善权方便"、"正受境界"、"勤修法行"。如关于国王应当以正法"恩养世间"，说：

　　云何名王恩养世间？谓有国王，性本知足，于财宝门，为性谨慎，不邪贪著。如其所应积集财宝，不广营求。又有国王，性无贪吝，成就无贪白净之法，以自所有库藏珍财，随力随能,给施一切贫穷孤露。又有国王,柔和忍辱,多以软言晓谕国界,于时时间,随其所应,分赏爵禄,终不以彼非所能业、恶业、重业,役任群臣。诸有违犯,可矜恕罪,即便矜恕;诸有违犯,不可恕罪,以实以时,如理治罚。如是名王以正化法恩养世间。由王受行如是恩养世间法故,遂感世间之所敬爱。(卷六十一《摄决择分中有寻有伺等三地》,第641页上、中)

(三)《三摩呬多地》(卷六十二至卷六十三)。论述"多随烦恼不得定"、"释《随身念住经》"、"释《摩诃俱瑟耻罗经》"、"释《法因缘经》"、"释《眠缠经》"、"四静虑十八支"等问题。

1. "多随烦恼不得定"。指众生多随烦恼染污,不能正证"心一境性"(即禅定)。多随烦恼有十七种相状,分别是:"谄"、"诳"、"矫"、"诈"、"无惭无愧"、"不信"、"懈怠"、"忘念"、"不定"、"恶慧"、"慢缓"、"猥杂"、"趣向前行"、"舍远离轭"、"于所学处不甚恭敬"、"不顾沙门"、"唯悕活命,不为涅槃而求出家"(又称"活命出家")。

2. "释《随身念住经》"。解释《随身念住经》中有关"四种随烦恼"、"四果清净"等经文。(1)"四种随烦恼"。指比丘"毁犯禁戒"、"散乱寻思"、"保著内身"、"保著外境"。(2)"四果清净"。指比丘"处聚落,世法所生烦恼不染";"处阿练若、空闲,所生烦恼不染";"处阿练若、聚落,所生烦恼不染";"于二处所,不能堪忍淋漏等苦烦恼不染"。

3. "释《摩诃俱瑟耻罗经》"。解释《摩诃俱瑟耻罗经》中有关"二解脱"等经文。"二解脱",指的是:(1)"慧解脱"。指以智慧之力断除烦恼而得解脱。(2)"心解脱"。指以"灭尽定"之力断除烦恼而得解脱。

4."释《法因缘经》"。解释《法因缘经》中有关"解了八相"等经文。"解了八相",指比丘修习禅定时,应当解了(即了解)八种情况。(1)"解了事"。指比丘应当了解"五蕴"。(2)"解了所治"。指比丘应当了解修行所对治的二种杂染(指爱杂染、见杂染)。(3)"解了果"。指比丘应当了解断除三种杂染(指烦恼杂染、业杂染、生杂染)所得的果报。(4)"解了自性"。指比丘应当了解为对治三种杂染,所建立的"三蕴"(指戒蕴、定蕴、慧蕴)、"八正道"。"八正道"中,正语、正业、正命为戒蕴,对治恶行;正念、正定为定蕴,对治诸欲;正见、正思惟、正精进为慧蕴,对治诸见,它们属于出世间的"有为法"。(5)"解了果差别"。指比丘应当了解断除三种杂染所得的果报,它们属于出世间的"无为法"。(6)"解了所依"。指比丘应当了解"三摩地"(即禅定),为修行所依的处所。(7)"解了功德"。指比丘应当了解修习"灭尽定"的功德。(8)"解了证得"。指比丘应当对"五蕴"作八种观察,即"观察自性"、"观察现法转因缘"、"观察现法转灭因缘"、"观察当来转因缘"、"观察彼二转灭因缘"、"观察转因缘因缘"、"观察还因缘(之)因缘"、"观察还"。

5."释《眠缠经》"。解释《眠缠经》(又名《解眠经》)中有关"五种任持定法"等经文。"五种任持定法",指比丘在除睡眠、得禅定时,应当修行的五种方法。(1)"(修行)诸远离,远离处所"。(2)"顺定言说"。(3)"顺无染心资生众具"。(4)"从有智者同梵行所。获得随顺教授、教诫、美妙言说"。(5)"于诸世间等持、等至,远离爱味,及无漏行如理作意"。

6."四静虑十八支"。指色界的四种根本禅定"四静虑"(又称"四禅")的十八种禅支。(1)"初静虑"。有五种禅支,即"寻"(又称"觉",指寻求,即粗浅推度)、"伺"(又称"观",指伺察,即深细思察)、"喜"、"乐"(指由远离欲界的贪欲、不善法,而生起喜受、乐受)、"心一境性"(指令心专注一境)。(2)"第二静虑"。
有四种禅支,即"内等净"(指由断灭寻、伺,而令心澄净)、"喜"、
"乐"(指由断灭寻、伺,而生起喜受、乐受)、"心一境性"。
(3)"第三静虑"。有五种禅支,即"念"(又称"正念")、"正知"、
"舍"(又称"行舍",指令心平等,寂静而住)、"乐"(又称"受乐",
指由舍离第二禅的喜受,而得胜妙的乐受)、"心一境性"。
(4)"第四静虑"。有四种禅支,即"舍清净"、"念清净"(指明记
不忘修行功德)、"不苦不乐受"(指由舍离第三禅的乐受,而住于
不苦不乐受)、"心一境性"。如关于"四静虑对治",说:

> 云何名初静虑所治?谓有五种:一者欲贪,二欲恚害,
> 三种寻思,三者忧苦,四者犯戒,五者散乱。云何第二静虑
> 所治?亦有五种:一初静虑贪,二寻伺,三苦,四掉,五定下
> 劣性。云何第三静虑所治?谓有四种:一第二静虑贪,二
> 喜,三踊跃,四定下劣性。云何第四静虑所治?谓有五种:
> 一入息出息,二第三静虑贪,三乐,四于乐发悟,五定下劣
> 性。(卷六十三《摄决择分中三摩呬多地》,第649页上)

(四)《非三摩呬多地》(卷六十三)。论述"十二种不定地"
及其对治问题。"十二种不定地",指与"散心"相应的、非禅定的
十二种境界,它们各有相应的对治方法。(1)"自性不定"。用
观察"青瘀相"、"脓烂相"等法,加以对治。(2)"阙轻安"。用
"为得作意,应勤修习"法,加以对治。(3)"不发趣"。用"为得
根本,应勤修习"法,加以对治。(4)"散乱"(又称"极散乱")。
用"应正安住其念,为无乱故,略摄其心"法,加以对治。(5)"太
聚"(又称"太略聚")。用"应当思惟净妙之相,又应善达沉没之
相"法,加以对治。(6)"未得"(又称"未证得")。用"于师教授,
能不忘失,应当安住猛利护念如理方便,应当无间殷重修习相"

法,加以对治。(7)"未圆满"。用"应于微劣所得定中,不生喜足"法,加以对治。(8)"杂染"(又称"杂染污")。用"于诸杂染,应观过失,设生爱味所有杂染,寻即除遣,不应恋著"法,加以对治。(9)"不自在"。用"于三摩地,应无间修,又应善巧通达其相"法,加以对治。(10)"不清净"。用"应当猛利修谛善巧"法,加以对治。(11)"出定"(又称"起定")。用"为令不退,应不放逸"法,加以对治。(12)"退"(又称"从所得三摩地退")。用"即为彼事,应修远离如理作意,应随顺前,修习无间殷重方便"法,加以对治。

(五)《有心地》(卷六十三)。论述"有心地"诸心差别的建立问题。"有心地",指"有心定"(指四禅、四无色定)的境界。"有心地"的诸心差别由五种相建立。(1)"由世俗道理建立"。指由"世俗道理"(即俗谛)而建立。(2)"由胜义道理建立"。指由"胜义道理"(即真谛)而建立。(3)"由所依能依建立"。指由"阿赖耶识"、"转识"(指前七识)二识义而建立,"阿赖耶识是所依,转识是能依"。(4)"由俱有建立"。指由"心"(指阿赖耶识)、"意"(指第七识末那识)、"意识"(指前六识),于一切时俱有而建立。(5)"由染净建立"。指由"杂染"与"清净"的差别而建立,只有断离"非想非非想处"的贪欲,诸烦恼才能一时顿断。

(六)《无心地》(卷六十三)。论述"无心地"心不生的原因问题。"无心地",指"无心定"(指无想定、灭尽定)的境界。"无心地"心不生的原因有七种(称为"七因缘")。(1)"缘阙"。指由于因缘条件的阙失(如眼根坏、色境不现前等),心不得生。(2)"作意阙"。指由于"作意"(指令心警觉;唐以前也将"作意"译作"思惟")的阙失,心不得生。(3)"未得"。指由于未能证得禅定,乃至未能证得涅槃,"定心"、"断结心"不得生。(4)"相违"。指由于"相违因"(指障碍事物生起的原因),心不得生。

(5)"断"。指由于已断烦恼,心不得生。(6)"灭"。指由于修入"灭尽定",已灭心想,故心不得生。(7)"已生"。指由于心已生,便不可生。

(七)《闻所成慧地》(卷六十四)。论述"三归依"、"沙门、婆罗门胜劣差别"、"六种理门"、"造论六因"等问题。

1."三归依"。指归依佛、法、僧三宝。"三宝"的差别有六种。(1)"相"。指"三宝"的体相,即"自然觉悟相,是佛宝;觉悟果相,是法宝;随他所教正修行相,是僧宝"。(2)"业"。指"三宝"的业相,即"转正教业,是佛宝;舍烦恼苦所缘境业,是法宝;勇猛增长业,是僧宝"。(3)"信解"。指信解"三宝",即"于佛宝,应树亲近承事信解;于法宝,所应树希求证得信解;于僧宝,所应树和合同一法性共住信解"。(4)"修行"。指归依"三宝"而起修行,即"于佛宝,应修供养承事正行;于法宝,所应修瑜伽方便正行;于僧宝,所应修共受财法正行"。(5)"随念"。指随念"三宝",即"应以余相(指证正等觉,名是世尊),随念佛宝;应以余相(指彼所说法,是觉悟果),随念法宝;应以余相(指彼弟子众随他所教,能修正行),随念僧宝"。(6)"生福"。指归依"三宝"所生的福报,即"于佛宝,依一有情生最胜福;于法宝所,即依此法生最胜福;于僧宝所,依多有情生最胜福"。

2."沙门、婆罗门胜劣差别"。指沙门(指佛教出家者)、婆罗门有五个方面的胜劣差别。(1)"闻法"。指婆罗门所有闻法,"义虚劣故,不示他故,文句隐故",为下劣;沙门闻法,与此相反,为胜妙。(2)"戒法"。指婆罗门所有戒法,"随何、随分、随其差别,开许害等",为下劣;沙门戒法,与此相反,为胜妙。(3)"摄受法"。指婆罗门所摄受法,"摄受障道田事、宅事、财货事等,又复摄受妻子、奴婢、僮仆等类",为下劣;沙门所有摄受之法,除"离苦法",更无所有,为胜妙。(4)"受用法"。指婆罗门所受用法，"受用障道涂饰、香鬘、庄严具等，又现受用歌舞、作倡、戏笑等事，又现受用淫欲等法"，为下劣；沙门所有受用之法，"受用无罪正闻、思、修所成智慧"，为胜妙。(5)"证得法"。指婆罗门所有证法，"但以梵世为究竟故，复退还故，杂染污故，有苦恼故"，为下劣；沙门证法，"以般涅槃为究竟故，无退转故，一向离垢故，一向安乐故"，为胜妙。

3."六种理门"。指决了圣教（指佛教）的六种理门。(1)"真义理门"。指六种真义（又称"六种真实"），即"世间极成真实"、"道理极成真实"、"烦恼障净智所行真实"、"所知障净智所行真实"、"安立真实"、"非安立真实"。"此中真义即是理门，是故名为真义理门。乃至意趣即是理门，是故名为意趣理门。理门义者，谓于彼彼无颠倒性，如其实性，离颠倒性"。(2)"证得理门"。指四种证得（行为的结果），即"诸有情业果证得"、"声闻乘证得"、"独觉乘证得"、"大乘证得"。(3)"教导理门"。指十二四种教导，即"事教"、"想差别教"、"观自宗教"、"观他宗教"、"不了义教"、"了义教"、"世俗谛教"、"胜义谛教"、"隐密教"、"显了教"、"可记事教"、"不可记事教"。(4)"远离二边理门"。指六种远离二边，即"远离增益非实有边"、"远离损减真实有边"、"远离妄执常边"、"远离妄执断边"、"远离受用欲乐边"、"远离受用自苦边"。(5)"不可思议理门"。指六种不可思议，即"我不可思议"、"有情不可思议"、"世间不可思议"、"有情业果不可思议"、"诸修静虑（及）静虑境界不可思议"、"诸佛世尊（及）诸佛境界不可思议"。(6)"意趣理门"。指十六种意趣，即"示现意趣"、"乖离意趣"、"劝导意趣"、"赞励意趣"、"庆喜意趣"、"令入意趣"、"断疑意趣"、"成熟意趣"、"等持意趣"、"解脱意趣"、"别义相应意趣"、"诸能证者，发生无罪欢喜意趣"、"诸能听者，于说者所发生尊重意趣"、"法眼恒转意趣"、"多修诸善意趣"、"摧伏诸相意趣"。如关于有情（众生）、声闻乘、独觉乘、大乘的"四种证得"，说：

> 云何证得？谓若略说有四证得：一诸有情业果证得，二声闻乘证得，三独觉乘证得，四大乘证得。有情业果证得者，谓由所作净不净业、自所作业为依因故，诸有情类于五趣等生死海中，感异熟果、受异熟果。声闻乘证得者，谓先受归依，乃至沙门庄严为依因故，有五种证得，一地证得、二智证得、三净证得、四果证得、五功德证得。地证得者，谓有三地，一见地、二修地、三究竟地；智证得者，谓九智，一法智、二种类智、三苦智、四集智、五灭智、六道智、七此后所得世俗智、八尽智、九无生智；净证得者，谓四证净；果证得者，谓四沙门果；功德证得者，谓无量（指四无量）、解脱（指八解脱）、胜处（指八胜处）、遍处（指十遍处）、无诤、愿智、无碍解（指四无碍解）、神通（指六神通）等。……又声闻乘证得因者，谓得世间离欲之道，顺解脱分、顺决择分所有善根。独觉乘证得者，谓略有三种：一先已得顺决择分善根证得，二先已得证得证得，三先未得证得证得。前二证得名为独胜，最后证得名麟角喻。大乘证得者，谓发心证得、大悲证得、波罗蜜多证得、摄事证得、地证得，于五无量（指有情界、世界、法界、所调伏界、调伏方便界无量）随至真如证得、不可思议威德信解证得、不共佛法证得等。（卷六十四《摄决择分中闻所成慧地》，第 654 页上、中）

4. "造论六因"。指造作论书的六种原因。（1）"欲令法义当广流布"。（2）"欲令种种信解有情，由此因缘，随一当能入正法"。（3）"为令失没种种义门，重开显"。（4）"为欲略摄广散义"。（5）"为欲显发甚深义"。（6）"欲以种种美妙言辞、庄严法义,生净信"。

（八）《思所成慧地》（卷六十五至卷六十六）。论述"四种思议"、"诸法差别"等问题。

1."四种思议"。指四种应当思议的事情。（1）"事思议"。指思议六事,即"蕴事"（即五蕴）、"界事"（即十八界）、"处事"（即十二处）、"缘起事"（即十二缘起）、"处非处事"（即四种处、四种非处）、"根事"（即二十二根）。（2）"有非有思议"。指思议"有"与"非有"。"有为法"、"无为法",名为"有";"无我"、"无我所",名为"非有"。（3）"因果思议"。指思议"因"与"果"。因,指"十因"（即随说因、观待因、牵引因、生起因、摄受因、引发因、定异因、同事因、相违因、不相违因）,即一切有为法生起的十种原因。果,指"五果"（即异熟果、等流果、离系果、士用果、增上果）,即一切有为法由因缘而生的五种结果。（4）"乘思议"。指思议声闻乘、独觉乘、大乘。

2."诸法差别"。指诸法的二十九类差别,有："有色、无色法";"有见、无见法";"有对、无对法";"有漏、无漏法";"有染、无染法";"世间、出世间法";"有为、无为法";"所知、所识、所缘法";"有异熟、无异熟法";"有因、无因法";"有果、无果法";"缘生法";"大种所造、非大种所造法";"去（过去）、来（未来）、今（现在）法";"欲界系、色界系、无色界系法";"善、不善、无记法";"学、无学、非学非无学法";"见道所断、修道所断、非所断法"等。

（九）《修所成慧地》（卷六十七）。论述"十六种修"问题。"十六种修",指十六种修习正法的方法。（1）"声闻乘相应作意修"。指声闻乘为自利而修行。（2）"大乘相应作意修"。指大乘为自利、利他而修行。（3）"影像修"。指修行者以"止观"所行影像（即境界）为缘而修行。（4）"事边际修"。指修行者以各种事相或真如为缘而修行。（5）"所作成办修"。指修行者为证入禅定境界而修行。(6)"得修"。指修行者为令未生善法得生而修行。(7)"习修"。指修行者为令已生善法安住而修行。(8)"除去修"。指修行者为令已生不善法断除而修行。(9)"对治修"。指修行者为令未生不善法不生而修行。(10)"少分修"。指修行者为少分(少部分)善法而修行。(11)"遍行修"。指修行者为体悟"真如"而修行。(12)"动转修"。指修行者作"无相"的观修时,间作"有相"的观修。(13)"有加行修"。指修行者作"无相"的观修时,间作"加行相"(又称方便相)修行。(14)"已成办修"。指修行者在证得一切"转依"(指转舍染法,转得净法)、"自在"之前的所有修行。(15)"非修所成法修"。指修行者在"不定地"对所有善法的修行。(16)"修所成法修"。指修行者在"定地"对诸善法的修行。

(十)《声闻地》(卷六十七至卷七十一)。论述"十种声闻"、"七处摄毗奈耶及别解脱"、"毗奈耶五种制立"等问题。

1."十种声闻"。指听闻佛陀言教,修习"四谛"而得道者有十种。(1)"清净界声闻"。指有"声闻种性"者。(2)"已遇缘声闻"。指"已入(佛)法"者。(3)"杂染界生声闻"。指生于"五浊(即寿浊、劫浊、烦恼浊、见浊、有情浊)世界"者。(4)"清净界生声闻"。指生于"清净界"者。(5)"末法时生声闻"。指生于"末法时"者。(6)"贤善时生声闻"。指生于"贤善时"(指正法、像法时)者。(7)"未得眼声闻"。指"诸异生"(即凡夫)。(8)"已得眼声闻"。指已得"预流果"、"一来果"、"不还果"者。(9)"清净眼声闻"。指已得"慧解脱"的阿罗汉。(10)"极清净眼声闻"。指"具三明俱分解脱"者,即具有"宿住智证明"、"死生智证明"、"漏尽智证明"三明,并得"俱分解脱"(又称"俱解脱")的阿罗汉。

2."七处摄毗奈耶及别解脱"。指制立佛教戒律的七种要素。(1)"教敕"。指佛制立戒律的总原则,即"舍不善法,增长善法"。(2)"开听"。指佛在戒律中允许弟子们做的一切无染污事情,即"开许一切能无染污、现所受用资生因缘"。(3)"制止"。指佛在戒律中禁止弟子们做的一切不善的"性罪"和违善的"遮罪",即"制止一切自性罪法(指性罪),违无罪法(指遮罪)"。(4)"犯处"。指佛依十八处(又称"十八种犯处")制立戒律中的犯戒行为,即"不善"、"违善"、"身业"、"语业"、"意业"、"戒坏"、"见坏"、"轨则坏"、"正命坏"、"随护他心"、"护他损恼"、"护非处疑虑"、"淫"、"钵"、"衣"、"食"、"卧具"、"病缘医药及余资具"。(5)"有犯"。指佛在戒律中禁止弟子们作犯的五种罪过,即"五犯聚"(又称"五篇戒",指波罗夷、僧残、波逸提、波罗提提舍尼、突吉罗)。(6)"无犯"。指戒律中佛所开许的、不作为犯戒的四种共同情况(又称"通开缘"),即"初业"(指最初未制戒)、"颠狂"、"心乱"、"苦受所逼"。(7)"出罪"。指佛在戒律中制立的允许犯戒者解除其罪的五种情况。一是"由自故",指犯突吉罗者,自责其心出罪;二是"由他故",指由善心或不染心犯戒者,须面对一人忏悔出罪;三是"由自他故",指犯僧残罪等,应在二十位僧中出罪,若以不染心违犯小罪,自责其心出罪;四是"依转故",指比丘转根为比丘尼,或比丘尼转根为比丘,各出不共罪;五是"依舍故",指命终以后,恶业种子不增长,名为出罪。

　　3."毗奈耶五种制立"。指佛教戒律中的五种制立。(1)"学制立"。指学处(即戒)由五处制立。一是"自在",指学行自在,不为惑碍;二是"不自在",指学行不自在,为惑所碍;三是"显现尸罗坏过失",指依显现的性罪制立"性戒";四是"显现喜乐鄙业过失",指依显现的遮罪制立"遮戒";五是"彼二过失行不行",指学行自在者,过失不行,故无制立,学行不自在者,过失现行,故应制立学处。(2)"犯制立"。指犯处(犯戒之处)由五障制立,即"慢缓障"、"有罪障"、"轻慢障"、"恶作障"、"所知障"。
(3)"出离制立"。指出离由五处制立,即"无染出离"、"逼恼出
离"、"障难出离"、"无计出离"、"说悔出离"。(4)"止息制立"。
指止息由五处制立,即"清净"、"防破坏"、"为引接广大义利补特
伽罗令入法"、"为令圣教转增盛"、"为遮防难存活"。(5)"羯磨
制立"。指羯磨由十种制立,即"受具羯磨"、"结界羯磨"、"长养
羯磨"、"同意羯磨"、"趣向羯磨"、"恣举羯磨"、"治罚羯磨"、"摄
受羯磨"、"白二羯磨"、"白四羯磨"。

4."六种现观"。指六种现前观察,即以智慧现前观察(直
观)所缘之境的六种方法,"由能知智,与所知境,和合无乖,现前
观察,故名现观"。(1)"思现观"。指以"思所成慧",现前观察
所缘之境。(2)"信现观"。指以对三宝、因果的"净信",现前观
察所缘之境。(3)"戒现观"。指以"无漏戒",现前观察所缘之
境。(4)"现观智谛现观"。指以"根本无分别智"、"后得无分别
智",现前观察所缘之境。(5)"现观边智谛现观"。指以"世
智"、"出世智",现前观察所缘之境。(6)"究竟现观"。指以"尽
智"、"无生智"等,现前观察所缘之境。

本篇之末说:"于此地中,余决择文,更不复现。独觉地诸决
择文,亦不复现。"也就是说,依前述《本地分》十七地的顺序,本
篇之后应有《摄决择分中独觉地》一篇,但因内容缺乏,作者
未写。

(十一)《菩萨地》(卷七十一至卷八十)。论述"十发心"、
"三种自性"、"三种无自性性"、"解深密法门"等问题。

1."十发心"。指菩萨有十种发心。(1)"世俗受发心"。指
菩萨"未入菩萨正性离生",即未入"见道"时的发心。(2)"得法
性发心"。指菩萨"已入菩萨正性离生",即已入"见道"时的发
心。(3)"不决定发心"。指菩萨种性"不决定"(不确定)的发

心。(4)"决定发心"。菩萨种性"决定"(确定)的发心。
(5)"不清净发心"。指菩萨"为活命,或为利养恭敬"而作的不
清净发心。(6)"清净发心"。指菩萨不为活命,不为利养恭敬
而作的清净发心。(7)"赢劣发心"。指菩萨发心赢劣,"舍于正
行,处于邪行"。(8)"强盛发心"。指菩萨发心强盛,舍于邪行,
处于正行。(9)"未成果发心"。指"菩萨地"的发心。(10)"已
成果发心"。指"如来地"的发心。

2."三种自性"。指一切事物有三种自性(此依显意而言)。
(1)"遍计所执性"。指凡夫对外境作周遍计度、虚妄分别,将它
们执为实有的自性,此为"随言说、依假名言(指名字言说),建立
自性"。(2)"依他起性"。指一切事物依赖众缘和合(各种条件
的聚合)而生起的自性,此为"从众缘所生自性"。(3)"圆成实
性"。指在"依他起性"的基础上,远离"遍计所执性",证悟由
"人"、"法"二空所显示的一切事物的实性,此为"诸法真如"。

3."三种无自性性"(又称"三无性")。指一切事物无三种
自性(此依密意而言,为依"三自性"而立的空义)。(1)"相无自
性性"(又称"相无性")。依"遍计所执性"而立的空义,指虚妄分
别所执取的事物无自性,即"一切法世俗言说"所说的事物,是无
自性的。(2)"生无自性性"(又称"生无性")。依"依他起性"而
立的空义,指依众缘所生的事物无自性,即"一切行,众缘所生,
缘力故有,非自然有,是故说名生无自性性"。(3)"胜义无自性
性"(又称"胜义无性")。依"圆成实性"而立的空义,指真如为胜
义,远离遍计所执的我、法性,假说无性,非性全无,即"真实义相
所远离法,此由胜义,说无自性性"。

4."解深密法门"。指《解深密经》。本书卷七十五从"如理
请问菩萨问解甚深义密意"句,至卷七十八"于大会中,有七十五
千菩萨摩诃萨,皆得圆满法身证觉"句的全部文字,均出自《解深

密经》，相当于《解深密经》除《序品》以外的其余七品，即第二品
《胜义谛相品》至第八品《如来成所作事品》的经文。

此外，本书在转录《解深密经》经文之后，还在卷七十九论述
了"清净世界"、"菩萨依四种住（指极欢喜住、增上戒住、增上心、
增上慧住）能成四事"，乃至"菩萨能生净信"等问题。如关于"声
闻入正性离生"（指声闻趣入"见道"）与"菩萨入正性离生"（指菩
萨趣入"见道"）的差别，说：

> 声闻入正性离生，若诸菩萨入正性离生，等于法界如实
> 通达。此二差别，云何应知？答：略说法界有二种相：一
> 者差别相，二者自相。差别相者，谓常住相，及寂静相。常
> 住相者，谓本来无生法性，及无尽法性；寂静相者，谓烦恼苦
> 离系法性。言自相者，谓于相、名、分别、真如、正智所摄一
> 切法中，由遍计所执自性故，自性不成实法无我性。此中，
> 声闻由差别相，通达法界，入正性离生，不由自相。……若
> 诸菩萨俱由二相（指差别相、自相），通达法界，入于菩萨正
> 性离生。入离生已，多分安住缘于法界自相作意。何以故？
> 由于法界缘差别相多作意时，速趣涅槃故。（卷七十九《摄
> 决择分中菩萨地》，第738页上、中）

（十二）《有余依及无余依二地》（卷八十）。论述"有余依涅
槃"与"无余依涅槃"的差别问题。阿罗汉"住有余依（指有余依
涅槃界），堕在众数；住无余依（指无余依涅槃界），不堕众数；住
有余依，犹有众苦；住无余依，永离众苦"。

三、《摄释分》（卷八十一至卷八十二）。论述契经的文义、
解经说法的方法。

1."契经体"。指契经（指佛经）的体性分为"文"、"义"两个
方面，"文是所依，义是能依，如是二种，总名一切所知境界"。

（1）"文"。指契经的文体分为六种。①"名身"（身表示复数）。指表述事物自性的名词，"能令种种共所了知故，名为名；又能令意作种种相故，名为名；又由语言之所呼召故，名为名"。分为十二种，即"假立名"、"实事名"、"同类相应名"、"异类相应名"、"随德名"、"假说名"、"同所了名"、"非同所了名"、"显名"、"不显名"、"略名"、"广名"。②"句身"。指表述事物差别的句子，"摄受诸名，究竟显了不现见义故，名为句"。分为六种，即"不圆满句"、"圆满句"、"所成句"、"能成句"、"标句"、"释句"。③"字身"（又称"文身"）。指"名"、"句"所依的梵文字母，即"名句所依四十九字"。④"语"。指语言。分为八种，即"先首语"、"美妙语"、"显了语"、"易解语"、"乐闻语"、"无依语"、"不违逆语"、"无边语者"。⑤"行相"。指语言的表达，"或声闻说，或如来说，或菩萨说，是名行相"。⑥"机请"。指语言应对的根机，即"因机请问，而起言说"。分为"二十七种补特伽罗"，即二十七种人。其中，依"根差别"区分，有二种（指钝根、利根）；依"行差别"区分，有七种（指贪增上、瞋增上、痴增上、慢增上、寻思增上、得平等、薄尘性）；依"众差别"区分，有二种（指在家众、出家众）；依"愿差别"区分，有三种（指声闻、独觉、菩萨）；依"可救、不可救差别"区分，有二种（指般涅槃法、不般涅槃法）；依"加行差别"区分，有九种（指已入正法、未入正法、有障碍、无障碍、已成熟、未成熟、具缚、不具缚、无缚）；依"种类差别"区分，有二种（指人、非人）。（2）"义"。指契经的义理分为十种。①"地义"。指略说有五地，即"资粮地"、"加行地"、"见地"、"修地"、"究竟地"；广说有十七地，即前述"五识身相应地"至"无余依地"。②"相义"。指五种相，即"自相"、"共相"、"假立相"、"因相"、"果相"。③"作意等义"。指七种作意，即"了相作意"、"胜解作意"、"远离作意"、"摄乐作意"、"观察作意"、"加行究竟作意"、"加行究竟果作意"。④"依处义"。指三种依处，即"事依处"、"时依处"、"补特伽罗依处"。⑤"过患义"。指"于应毁厌义，而起毁厌"。⑥"胜利义"。指"于应称赞义，而起称赞"。⑦"所治义"。指"一切杂染行"。⑧"能治义"。指"一切清净行"，如"贪是所治，不净为能治；瞋是所治，慈为能治"等。⑨"略义"。指略说诸法种类，即"宣说诸法同类相应"。⑩"广义"。指广说诸法差别，即"宣说诸法异类相应"。

2."释经五相"。指解释佛经的五种方法，"诸说法者，应以五相，随顺解释一切佛经。谓初应略说法要；次应宣说等起；次应宣说其义；次应释难；后应辩次第"。

(1)"法"。指说法者应当讲述佛法的概要。"法"，指"十二分教"。一是"契经"，指佛经中无固定句式的长行(即散文)，即"贯穿义，长行直说，多分摄受意趣体性"；二是"应颂"，指对佛经长行的内容作提示和概括的偈颂(有一定韵律句式的诗句)，即"长行后宣说伽他，又略标所说不了义经"；三是"记别"，指佛对众弟子的修行果位和世人的命终归宿所作的预言，即"广分别略所标义，及记命过弟子生处"；四是"讽颂"，指佛经中吟咏佛法的偈颂，即"以句说，或以二句，或以三、四、五、六句说"；五是"自说"，指佛有感而说的偈颂和教义，即"无请而说，为令弟子得胜解故；为令上品所化有情安住胜理，自然而说"；六是"缘起"，指佛讲经说法和制立戒律的原委，即"有请而说，如经言：世尊一时依黑鹿子，为诸苾刍宣说法要；又依解脱因起之道，毗奈耶摄所有言说"；七是"譬喻"，指佛教圣贤的事迹，以及借物喻理所作的各种比喻，即"由譬喻故，隐义明了"；八是"本事"，指不显示说经地点、对象和原委的佛的教说，以及佛和弟子在过去世的故事，即"除本生，宣说前际诸所有事"；九是"本生"，指由现在世发生的事情而追溯的佛和弟子在过去世的行事，即"宣说己身于过

去世、行菩萨行时,自本生事";十是"方广",指佛说的较为深广
的教义,即"说菩萨道";十一是"未曾有法"(又称"希法"),指佛
和弟子稀有奇特的功德与事情,即"诸如来、若诸声闻、若在家
者,说希奇法";十二是"论议",指佛和弟子对比较艰深的教义与
术语所作的解释,即"诸经典循环研核摩呾理迦"。如关于"摩呾
理迦"(又作"摩怛理迦",意为"本母"、"论",即生理之母)的体裁
与性质,说:

> 论议者(指十二分教中的论议),谓诸经典循环研核摩
> 呾理迦。且如一切了义经,皆名摩呾理迦,谓于是处,世尊
> 自广分别诸法体相;又于是处,诸圣弟子已见谛迹,依自所
> 证,无倒分别诸法体相,此亦名为摩呾理迦,即此摩呾理迦
> 亦名阿毗达磨。犹如世间一切书算、诗论等,皆有摩呾理
> 迦。当知经中循环研核诸法体相,亦复如是。又如诸字,若
> 无摩呾理迦,即不明了。如是契经等十二分圣教,若不建立
> 诸法体相,即不明了;若建立已,即得明了。又无杂乱宣说
> 法相,是故即此摩呾理迦,亦名阿毗达磨。又即依此摩呾理
> 迦,所余解释诸经义者,亦名论议。(卷八十一《摄释分》,第
> 753页中)

(2)"等起"。指说法者应当讲述佛经的"等起",即与佛经
相关的事、时、人,"由三种若事、若时、若补特伽罗依处故,随应
当说"。

(3)"义"。指说法者应当讲述佛经的义理,包括"总义"和
"别义"。说总义的方法有四种,即"引了义经"、"分别事究竟"、
"(说)行"(包括正行、邪行)、"(说)果"(包括正行果、邪行果);说
别义也有四种,即"分别差别名"、"分别自体相"、"训释言词"(有
"由相"、"由自性"、"由业"、"由法"、"由因果"五种方法)、"(说)

义门差别"(有"自性差别"、"界差别"、"时差别"、"位差别"、"补特伽罗差别"五种差别)。

(4)"释难"。指说法者应当解释他人对佛经的疑难,"若自设难,若他设难,皆应解释"。疑难分为五种。一是"不了义难",如问难者说"此文有何义耶";二是"于语相违难",如问难者说"何故世尊先所说异,今所说异";三是"道理相违难",如问难者说有"与四道理(指观待道理、作用道理、证成道理、法尔道理)相违之义";四是"不决定显示难",如问难者说"何故世尊于一种义,于彼彼处种种异门,差别显示";五是"究竟非现见难",如问难者说有"内我有何体性,有何色相"。

(5)"次第"。指说法者应当显示三种次第。一是"圆满次第",如世尊言"我昔出家甚为盛美,第一盛美,最极盛美","此言显示盛美圆满次第";二是"解释次第",如世尊言"我曾处父净饭王宫,颜容端正","此言显示盛美解释次第";三是"能成次第",如世尊言"为何义故,盛美出家? 由见老病死等法故","此言显示能成次第"。

3."法师十法"。指法师须成就十法,才能众相圆满而说法。即"善于法义";"能广宣说";"具足无畏";"言词善巧";"善方便说";"具足成就法随法行";"威仪具足";"勇猛精进";"无有厌倦";"具足忍力"。

四、《摄异门分》(卷八十三至卷八十四)。论述"白品"(善法)、"黑品"(不善法)的名相差别问题。

1."白品"。指善法。"言义行者,谓思所成善法摄故;言法行者,谓闻所成善法摄故;言善行者,施、戒所成善法摄故;调柔行者,谓修所成善法摄故"。

2."黑品"。指不善法(又称"恶法")。"黑暗者,于其实事,不正了知;愚痴者,于不实事,妄生增益;无明者,于所知事,不能

善巧，于彼彼处不正了知"。如关于"瑜伽"、"思惟"、"忆念"乃至
"梵行"等名相的差别，说：

> 言瑜伽者，受持、读诵、问论、决择、正修加行。言思惟
> 者，随所受持究竟法义，审谛观察。言忆念者，于所观察一
> 切法义，能不忘失，于久所作、久所说中，能正随念。言寻思
> 者，即依如是无倒法义，起出离等所有寻思。所言智者，谓
> 出世间加行妙慧。所言解者，谓出世间正体妙慧。所言慧
> 者，谓已证得出世间慧，后时所得世间妙慧。言观察者，谓
> 由无倒观察作意，审谛观察已断、未断、有余、无余。言梵行
> 者，谓八圣支道，及与远离非正梵行习淫欲法。又言安住余
> 梵行者，谓三十七菩提分法，彼由三处之所摄受，谓由奢摩
> 他故，由毗钵舍那故，由修身念故。（卷八十三《摄异门分》，
> 第 760 页下）

五、《摄事分》（卷八十五至卷一百）。论述三藏（经、律、论）
事义，特别是《杂阿含经》的本母（经本的理论要点，无故事情节）
问题。篇名中说的"摄事"，指"素呾缆事"（又称"契经事"）、"毗
奈耶事"（又称"调伏事"）、"摩呾理迦事"（又称"本母事"）。下分
五篇，始《契经事行择摄》，终《调伏事总择摄》。

（一）《契经事行择摄》（又名《摄事分中契经事行择摄》，卷
八十五至卷八十八；以下各篇之名均冠有"摄事分中"四字，以表
示隶属关系）。论述"素呾缆事"，特别是"契经四择摄"中的"行
择摄"类契经，即《杂阿含经》中"蕴（五蕴）相应"诸经的本母
问题。

1."素呾缆事"。指契经事。契经（指佛经）共有二十四种，
分别是："别解脱契经"、"事契经"、"声闻相应契经"、"大乘相应
契经"、"未显了义令显了契经"、"已显了义更令明净契经"、"先

时所作契经"、"称赞契经"、"显示黑品契经"、"显示白品契经"、
"不了义契经"、"了义契经"、"义略文句广契经"、"义广文句略契
经"、"义略文句略契经"、"义广文句广契经"、"义深文句浅契
经"、"义浅文句深契经"、"义深文句深契经"、"义浅文句浅契
经"、"远离当来过失契经"、"远离现前过失契经"、"除遣所生疑
惑契经"、"为令正法久住契经"。其中,前四种契经(即"别解脱
契经"、"事契经"、"声闻相应契经"、"大乘相应契经"),是契经的
四大门类;后二十种契经,是对四大门类契经的内容所作的细
分,并不是独立的类别。

（1）"别解脱契经"。指别解脱戒经,即收录佛教出家五众
与在家二众应当受持的戒法条文的戒经。此处主要指比丘戒
经,说"别解脱契经者,谓于是中,依五犯聚(指五篇,即五类戒
法)及出五犯聚,说过一(应作"二")百五十学处(指比丘戒二百
五十条),为令自爱,诸善男子精勤修学"。

（2）"事契经"。指"四阿笈摩"(又称"四阿含"),即原始佛
教的四部阿含经。"事契经者,谓四阿笈摩:一者杂阿笈摩,二
者中阿笈摩,三者长阿笈摩,四者增一阿笈摩","如是四种,师弟
展转传来于今,由此道理,是故说名阿笈摩,是名事契经"。
①"杂阿笈摩"。指《杂阿含经》,因所收的内容较为碎杂,同类
事义(如蕴、界、处、缘起、念住等)的小经间厕鸠集(指混杂编集)
而得名。②"中阿笈摩"。指《中阿含经》,因所收小经的篇幅不
长不短、大体适中而得名。③"长阿笈摩"。指《长阿含经》,因
所收小经的篇幅较长而得名。④"增一阿笈摩"。指《增一阿含
经》,因所收的小经是以法数(含数字的佛教名词术语)的大小为
序,从"一法"(含"一"的名词术语)至"十一法"(含"十一"的名词
术语)依次递增、分类汇编而得名。

（3）"声闻相应契经"。指小乘经,即"十二分教中"中,除

"方广"以外的其他十一类经典,"于十二分教中,除方广分,余名声闻相应契经"。

(4)"大乘相应契经"。指大乘经,即"十二分教中"中的"方广"类经典,"即方广分,名大乘相应契经"。解释上述四种契经的著作,称为"契经摩呾理迦",意为"经论"、"释经论"。"譬如无本母字,义不明了。如是本母所不摄经,其义隐昧,义不明了;与此相违,义即明了,是故说名摩呾理迦"。

2."契经四择摄"。指契经内容的四种类别,即"行择摄"、"处择摄"、"缘起食谛界择摄"、"菩提分法择摄"。此处说的契经,并非指一般的佛经,而是特指《杂阿含经》(详见吕澂《杂阿含经刊定记》)。"行择摄",指《杂阿含经》中"蕴(五蕴)相应"诸经的本母;"处择摄",指《杂阿含经》中"处(十二处)相应"诸经的本母;"缘起食谛界择摄",指《杂阿含经》中"缘起(十二缘起)相应"、"食(四食)相应"、"谛(四谛)相应"、"界(十八界)相应"诸经的本母;"菩提分法择摄",指《杂阿含经》中"道品(三十七菩提分法)相应"诸经的本母。由于"蕴"、"处"、"界"本应是依次论述的,而《杂阿含经》却将"界"插在"谛"之后,显然有失序次,本书认为"杂阿笈摩"(即"杂阿含")之所以称为"杂",就是据此而来的。

《杂阿含经》中"行择摄"(即"蕴相应")诸经的本母,由本书卷八十五刊载的"总嗢拕南"(其文为"界略教想行,速通因断支,二品智事净,无厌少欲住")和其后刊出的十一首"别嗢拕南"(如"界略教想行,速通因断支,二品智事净,无厌少欲住"等)所概括,分为十一类,其内容是:(1)"界"(此据"嗢拕南曰"的初首字标立,下同)等事义。(2)"略教"等事义。(3)"想行"等事义。(4)"速通"等事义。(5)"因"等事义。(6)"断支"等事义。(7)"二品"(指黑品、白品)等事义。(8)"二智"(指正智、邪智)

等事义。(9)"净"等事义。(10)"无厌患"等事义。(11)"少欲
住"等事义。如关于"有情世间"与"器世间"的"五不同分"(五种
不同之处),说:

> 有二世间摄一切行:一有情世间,二器世间。有情世
> 间,名种类生死;器世间,名器生死。种类生死,不同其余生
> 死法故,望器生死,当知略有五不同分:谓器生死,共因所
> 生;种类生死,但由不共,是名第一因不同分。又器生死,于
> 无始终,前后际断;种类生死,于无始终,相续流转,常无断
> 绝,是名第二时不同分。又器生死,或火、水、风之所断坏;
> 种类生死,则不如是,是名第三治不同分。又器生死,因无
> 永断;种类生死,则不如是,是名第四断不同分。又器生死,
> 断而复续;种类生死,断已无续,是名第五续不同分。(卷八
> 十六《摄事分中契经事行择摄》,第781页下)

(二)《契经事处择摄》(卷八十九至卷九十二)。论述《杂阿
含经》中"处择摄"(即"处相应")诸经的本母问题。此类诸经的
本母,由本书卷八十九刊载的"总嗢拕南"(其文为"初安立等智
同等,最后当知离欲等")和其后刊出的八首"别嗢拕南"(如"安
立与差别,愚不愚教授,解脱烦恼业,皆广说应知"等)所概括,分
为八类,其内容是:(1)"安立"等事义。(2)"无智"等事义。
(3)"道"等事义。(4)"离欲"等事义。(5)"因同分"等事义。
(6)"唯缘"等事义。(7)"上贪"等事义。(8)"一住"等事义。

(三)《契经事缘起食谛界择摄》(卷九十三至卷九十六)。
论述《杂阿含经》中"缘起食谛界择摄"(即缘起相应、食相应、谛
相应、界相应)诸经的本母问题。此类诸经的本母,由本书卷九
十三刊载的"总嗢拕南"(其文为"立等二谛等,以触为缘等,有灭
等食等,最后如理等")和其后依次刊出的十首"别嗢拕南"(如

"立苦聚谛观,摄圣教微智,思量际观察,上慢后甚深"等)所概括,分为四大类,其内容是:(1)"缘起"类事义。下分四小类,即"立"等事义、"异"等事义、"触缘"等事义、"有灭"等事义。(2)"食"类事义。(3)"谛"类事义。(4)"界"类事义。下分四小类,即"(界)总义"等事义、"三(界)七界"等事义、"自性"等事义、"受生"等事义。如关于"补特伽罗无我"(又称"人无我")与"法无我",说:

> 一切无我,无有差别,总名为空,谓补特伽罗无我,及法无我。补特伽罗无我者,谓离一切缘生行外,别有实我不可得故;法无我者,谓即一切缘生诸行性,非实我,是无常故。如是二种,略摄为一,彼处说此名为大空。(卷九十三《摄事分中契经事缘起食谛界择摄》,第833页中)

(四)《契经事菩提分法择摄》(卷九十七至卷九十八)。论述《杂阿含经》中"菩提分法择摄"(即"道品相应")诸经的本母问题。此类诸经的本母,由本书卷九十三刊载的"总嗢拕南"(其文为"念住与正断,神足及根力,觉道支息念,学证净为后")和其后依次刊出的十首"别嗢拕南"(如"沙门沙门义,喜乐一切法,梵行数取趣,超二染为后"等)所概括,分为九大类,其内容是:(1)"念住"类事义。下分四小类,即"沙门"等事义、"安立边际"等事义、"先诸根"等事义、"邪师"等事义。(2)"正断、神足"类事义。(3)"根"类事义。(4)"力"类事义。(5)"觉支"类事义。(6)"八圣道"类事义。(7)"息念"类事义。(8)"学"类事义。(9)"证净"类事义。

(五)《调伏事总择摄》(卷九十九至卷一百)。论述"毗奈耶事"(又称"调伏事")问题,内容包括:"五种罪聚"、"五法摄毗奈耶"、"五毗奈耶所随行法"等。

　　1."五种罪聚"(又称"五犯聚"、"五篇")。指佛在戒律中禁止弟子们作犯的五种罪过。(1)"他胜罪聚"(又称"波罗夷罪")。指极恶罪、不可治罪,为戒律中的最重罪。犯者犹如犯死罪被砍头,不能复生,将受到最严厉的"灭摈"(从僧团中除名并驱逐)处罚。(2)"众余罪聚"(又称"僧残罪")。指仅次于"波罗夷罪"的重罪,为尚可治罪。犯者犹如被人砍伤,尚存残命,须依法救治,方能延命。将受到"别住"(音译"波利婆沙",指不得与僧众同处同宿,须别住一处)、"摩那埵"(意译"悦众意"、"遍净",指为僧众作劳务,如清扫僧房、浴厕等,比丘犯者须"行六夜摩那埵",即六日六夜为僧众作劳务;比丘尼犯者须"半月行摩那埵",即半月为僧众作劳务)的处罚。(3)"陨坠罪聚"(又称"波逸提罪")。指超过规定蓄存财物(如衣、钵、药、卧具、钱宝等)的轻罪,犯者须先舍财(又称"净施"),将多积的财物当众施与同住比丘,然后在二、三位清净比丘面前作忏悔。(4)"别悔罪聚"(又称"波罗提提舍尼罪")。指饮食方面的轻罪,犯者只要向一位清净比丘作忏悔即可。(5)"恶作罪聚"(又称"突吉罗罪")。指身业所犯的"恶作"、口业所犯的"恶说"(又称"恶语"),均为言行举止("威仪")方面的轻微过失。故意犯者,须向一位大德比丘作忏悔;无心犯者,则于内心作忏悔,便可除罪。上述五种罪聚中,除"他胜罪聚"不能"还净"(指忏悔除罪)以外,其余四种罪聚皆可还净。

　　2."五法摄毗奈耶"。指戒律所摄的五种事项。(1)"性罪"。指世法和佛法共同禁止的自性为恶的行为,如杀生、偷盗、邪淫、妄语等,佛针对此类罪过制立的戒法,称为"性戒"。(2)"遮罪"。指世法不禁止而佛法禁止的自性非恶、但妨乱修道的行为,如饮酒等,佛针对此类罪过制立的戒法,称为"遮戒"。(3)"制"。指遮止,即戒法禁止做的事情。(4)"开"。指开许,即戒法允许做的事情。(5)"行"。指行为,即对待戒法的行为,分"有犯"、"无犯"、"还净"三种,"有犯"为邪行,"无犯"、"还净"为正行。如关于"五法摄毗奈耶",说:

> 略有五法摄毗奈耶。何等为五? 一者性罪,二者遮罪,三者制,四者开,五者行。云何性罪? 谓性是不善,能为杂染损恼于他,能为杂染损恼于自。虽不遮制,但有现行,便往恶趣;虽不遮制,但有现行,能障沙门。云何遮罪;谓佛世尊观彼形相不如法故,或令众生重正法故,或见所作随顺现行性罪法故,或为随顺护他心故,或见障碍善趣、寿命、沙门性故,而正遮止。若有现行如是等事,说名遮罪。云何名制? 谓有所作,能往恶趣,或障善趣,或障如法所得利养,或障寿命,或障沙门。如是等类,如来遮制不令现行,故名为制。与此相违,应知名开。云何名行? 谓略有三行:一者有犯,二者无犯,三者还净。如是三种略摄为二:一者邪行,二者正行。应知有犯,说名邪行;无犯、还净,说名正行。(卷九十九《摄事分中调伏事总择摄》,第 869 页下—第 870 页上)

3."五毗奈耶所随行法"。指戒律的随行法有五种。(1)"安住"。指僧众应当安住"五种想住",即:"若入聚落,应当安住入牢狱想";"若在道场,常当于己住沙门想";"若饮食时,常当安住为疗病想";"若处远离,于眼所识色、耳所识声等,应住盲聋喑哑等想";"若寝息时,当起难保旷野林中惊怖鹿想"。(2)"居处"。指僧众有五种居处,即"苾刍居处"、"苾刍尼居处"、"外道居处"、"杂染居处"、"无杂染居处"。(3)"所依"。指僧众有五种所依,即"村田所依"、"居处所依"、"补特伽罗所依"、"诸衣服等资具所依"、"威仪所依"。(4)"受用"。指僧众有"五种不净受用"、"五种清净受用"。前者指受用五种不清净的物品,即"受用窣堵波物"、"受用诸僧祇物"、"受用他别人物"、"受用非委信物"、"受用诸便秽等所染污物";后者指不受用前述五种不清净的物品。(5)"羯磨"。指僧团议决僧事的活动。羯磨的议决方式分为四种。一是"单白羯磨",指羯磨师将事情向僧众报告一次,不必征询意见,即为决议;二是"白二羯磨",指羯磨师将事情向僧众报告一次,再征询意见一次,若僧众同意则默然(默许),不同意则说,征询意见时皆默然,即表示通过,成为决议;三是"白四羯磨",指羯磨师将事情向僧众报告一次,再征询意见三次,若僧众同意则默然,不同意则说,三次征询意见皆默然,即表示通过,成为决议;四是"三语羯磨",指作羯磨时,将羯磨文连说三遍。羯磨议决的事情分为"有情数事"(众生事)、"无情数事"(非众生事)二事。依"有情数事"而作的羯磨,有"出家羯磨"、"受具足羯磨"、"补特伽罗同意羯磨"、"出罪羯磨"、"举羯磨"、"摈羯磨"、"安居羯磨"等;依"无情数事"而作的羯磨,有"受持衣钵羯磨"、"持羯缔那衣护衣不舍羯磨"、"结界羯磨"、"净稻谷同意羯磨"等。

　　(六)《本母事序辩摄》(卷一百)。论述"摩呾(一作怛)理迦事"(又称"本母事"、"论事")问题。"摩呾理迦"意为"论",分为二种。一是"素怛缆摩呾理迦",指契经的释论,略称"经论";二是"毗奈耶摩呾理迦",指戒律的释论,略称"律论"。"若素怛(呾)缆摩怛理迦,若毗奈耶摩怛理迦,总略名一摩怛理迦。虽更无别摩怛理迦,然为略摄流转、还灭、杂染、清净,杂说法故,我今复说分别法相摩怛理迦"。也就是说,虽然"摩呾理迦"只有经论、律论二种,别无第三种,但在契经的释论中,有一类释论是专门分别法相的,别称为"分别法相摩怛理迦",即通常说的阿毗达磨论书。"分别法相摩怛理迦"的体例是:"先略序事","后当广辩"。

1."先略序事"。指先略叙"流转杂染品事"、"还灭清净品事"中诸事的名目。(1)"流转杂染品事"。指因有杂染而流转于生死之事,包括:"蕴界处事"、"诸缘起处非处事"、"三受事"、"三世事"、"四缘事"、"诸业事"、"烦恼事"、"三界事"、"十一识住事"、"九有情居事"、"五趣事"、"四生事"、"四入胎事"、"四得自体事"、"四食事"、"四言说事"、"四法受事"、"四颠倒事"、"苦谛事"、"集谛事"等。(2)"还灭清净品事"。指断灭杂染而得清净之事,包括:"灭谛事"、"道谛事"、"三摩地事"、"诸智事"、"诸功德事"、"七正法事"、"七正作意观察事"、"三十七菩提分法事"、"四行迹事"、"四法迹事"、"奢摩他毗钵舍那事"、"四修定事"、"三福业事"、"三学事"、"四沙门果事"、"四证净事"、"四圣种事"、"三乘事"、"四门记事"等。概括地说,"一切事以要言之,总有五事:一者心事,二者心所有法事,三者色事,四者心不相应行事,五者无为事"(此文中的"事",又译"法")。

2."后当广辩"。指在略叙"流转杂染品事"、"还灭清净品事"中诸事的名目之后,对它们的含义,从"异门差别"、"体相差别"、"释词差别"、"品类差别"四个方面,加以详细的解说和辨析。此中,"异门差别"、"体相差别"、"释词差别",见本书《摄释分》所说;"品类差别",指建立八种差别。(1)"建立有非有异非异性差别"。指建立"有"、"非有"、"异"、"非异"的差别。"有",指三种有,即"实有"、"假有"、"胜义有";"非有",指没有上述三种有;"异",指"所因"、"所依"、"作用"、"时分"有差别;"非异",上述四种无差别。(2)"建立界地差别"。指建立"界"、"地"的差别。"界",指"欲界"、"色界"、"无色界";"地",指"十七地"等。(3)"建立时分差别"。指建立"过去世"、"未来世"、"现在世"的差别。(4)"建立方所差别"。指建立有色诸法"方所"的差别。

(5)"建立相续差别"。指建立四种相续,即"自身相续"、"他身相续"、"诸根相续"、"境界相续"。"自身"、"他身"二种相续,是"假建立";"诸根"、"境界"二种相续,是"真实义"。(6)"建立分位差别"。指建立"苦分位"、"乐分位"、"不苦不乐分位"三种分位差别。(7)"建立品分差别"。指建立"所治"、"能治"二品的差别,它们是:"染、不染法";"下劣、胜妙法";"粗、细法";"执受、非执受法";"有色、无色法";"有见、无见法";"有对、无对法";"有为、无为法";"有漏、无漏法";"有净、无净法";"有爱味、无爱味法";"依耽嗜、依出离法";"世间、出世间法";"堕摄、非堕摄法"等。(8)"建立道理差别"。指建立"四道理"(指事物生存、变化的四种法则)的差别,即"相待道理"、"证成道理"、"作用道理"、"法尔道理"(参见本书《声闻地》所说)。如关于"实有"、"假有"、"胜义有"的差别,说:

> 略说有三种有:一者实有,二者假有,三者胜义有。云何实有?谓诸诠表法,有名可得,有事可得,此名于事无碍而转,非或时转、或时不转,当知是名略说实有。……假有略有六种:一聚集假有,二因假有,三果假有,四所行假有,五分位假有,六观待假有。聚集假有者,谓为随顺世间言说易解了故,于五蕴等总相,建立我及有情补特伽罗众生等想。……因假有者,谓未来世可生法行。……果假有者,所谓择灭。……所行假有者,谓过去世已灭诸行。……分位假有者,谓生等诸心不相应行。……观待假有者,谓虚空、非择灭等。……云何胜义有?谓于其中,一切名言(指名字言说)、一切施设,皆悉永断,离诸戏论,离诸分别,善权方便说,为法性、真如、实际、空、无我等。(卷一百《摄事分中本母事序辩摄》,第878页下—第879页上)

"分别法相摩怛理迦"的其他宗要,还有:"九法聚"(指善法聚、不善法聚、无记法聚、见所断法聚、修所断法聚、无断法聚、邪性定法聚、正性定法聚、不定法聚)、"九种地"(指资粮地、方便地、观行地、见地、修地、有学地、无学地、圣者地、异生地)、"九道"(指世间道、出世道、加行道、无间道、解脱道、胜进道、下品道、中品道、上品道)、"四种对治"(指厌坏对治、断灭对治、任持对治、远分对治)、"二种究竟"(指智究竟、断究竟)等。

本书的节译本有:北凉昙无谶译《菩萨地持经》十卷、《菩萨戒本》一卷、刘宋求那跋摩译《菩萨善戒经》九卷、《优婆塞五戒威仪经》一卷(以上参见拙撰《大藏经总目提要·律藏》)、梁真谛译《决定藏论》三卷、唐玄奘译《王法正理论》一卷。

本书的汉译注疏有:唐玄奘译《瑜伽师地论释》一卷(最胜子等造);汉撰注疏有:唐窥基《瑜伽师地论略纂》十六卷、《瑜伽师地论劫章颂》一卷、遁伦《瑜伽论记》二十四卷(因每卷各分上、下,故又作四十八卷)、法成《瑜伽师地论分门记》六卷(敦煌本)、《瑜伽师地论手记》四卷(敦煌本)、清素《瑜伽师地论义演》四十卷(今存二十三卷,杂有澄净的科文)、近代太虚《瑜伽真实义品讲要》一册、韩清净《瑜伽师地论科句披寻记》一百卷等;藏译注疏有:海云《菩萨地释》二十卷、胜子《菩萨地戒品释》五卷等(见元布顿《佛教史大宝藏论》,郭和卿译,民族出版社1986年3月版)。此外,本书还有藏文译本、梵文写本(十九世纪于尼泊尔发现)存世,可与汉译本作对勘。

北凉昙无谶译《菩萨地持经》十卷

《菩萨地持经》,又名《菩萨地持论》《菩萨戒经》《菩萨地经》,十卷。北凉昙无谶译,玄始三年(413)至玄始十五年(426)之间译出(见唐智升《开元释教录》卷四)。梁僧祐《出三藏记集》卷二著录。载于《丽藏》"行"函、《宋藏》"维"函、《金藏》"行"函、《元藏》"维"函、《明藏》"安"函、《清藏》"安"函、《频伽藏》"来"帙,收入《大正藏》第三十卷。

昙无谶(385—433),又作"昙摩谶",意译"法护",中天竺(印度)人,为婆罗门种姓。六岁丧父,随母以佣织为业,后依达摩耶舍(意译"法明")出家。初学小乘,兼览五明,讲说精辩,莫能酬抗。后来从辩论对方白头禅师处,得见一本用树皮抄写的《大般涅槃经》,幡然醒悟,从此专攻大乘。二十岁时,已读诵大小乘经典二百余万言。善明咒术,在西域被之为"大咒师"。后携带《大般涅槃经》前分、《菩萨戒经》等,前往罽宾。因罽宾多信小乘,不信《涅槃》,东至龟兹。不久,抵达敦煌,在那里居住了数年(据《出三藏记集》卷八《大涅槃经序》),译出《菩萨戒本》等。北凉玄始十年(421),河西王沮渠蒙逊占据敦煌,昙无谶被迎至姑臧,从事《大般涅槃经》等经的翻译。义和三年(433)初,因北魏太武帝拓跋焘遣使召请昙无谶去京邑,而昙无谶又辞行去西域搜寻《涅槃经》后分,沮渠蒙逊生怕昙无谶去后会对他不利,于是派人在途中暗杀了他。

昙无谶从玄始三年(413)至玄始十五年(426)在敦煌、姑臧两地译出的佛经,梁僧祐《出三藏记集》卷二著录为"十一部凡一百一十七卷"(其中,"《菩萨地持经》八卷"与"《菩萨戒经》八卷"为同一书,重复登录,今作十卷);隋费长房《历代三宝纪》卷九著录为"二十四部合一百五十一卷";唐智升《开元释教录》卷四勘定为"一十九部一百三十一卷",其中十二部一百十八卷"见在",七部十三卷"阙本"。见存的佛典有:《大般涅槃经》四十卷、《大方等大集经》三十卷、《大方广三戒经》三卷、《悲华经》十卷、《金光明经》四卷、《大方等无想经》(又名《大方等大云经》)六卷、《腹中女听经》一卷、《菩萨地持经》十卷、《优婆塞戒经》七卷、《文陀竭王经》一卷、《佛所行赞经传》五卷等。宋元明藏本《出三藏记集》卷二在昙无谶所出佛经的名称、卷数下多附出某年某月"译"或"出"的小注,其年份有"玄始六年"、"玄始七年"、"玄始九年"、"玄始十年"等,这些小注当是有依据的,可资参考(个别小注有差错,如《优婆塞戒经》小注中说的"玄始六年四月十日出",而据《出三藏记集》卷九《优婆塞戒经记》所记,当是"丙寅夏",即"玄始十五年")。生平事迹见梁僧祐《出三藏记集》卷十四、慧皎《高僧传》卷二等。

　　本书是唐玄奘译《瑜伽师地论》卷三十五至卷五十《本地分中菩萨地》的异译本,也是刘宋求那跋摩译《菩萨善戒经》九卷的同本异译。但本书缺少《菩萨地》中的最后一篇《发正等菩提心品》(内容为总结菩萨地修学次第的意义)。由于昙无谶当时尚未见过《瑜伽师地论》一百卷的流通本,故以为本书是一部独立的经典,于是将它题为"经"。全书分为三篇二十七品,即《初方便处》十八品、《次法方便处》四品、《毕竟方便处》五品,论述菩萨道"十法"问题。所说的"十法",指的是:"持"、"相"、"翼"(又译"分")、"净心"(又译"增上意乐")、"住"、"生"、"摄"(又译"摄受")、"地"、"行"、"建立"(见卷一)。通过与《瑜伽师地论》的比对可以看出,玄奘翻译《瑜伽师地论》采用的方法是"直译",即忠实于原著,对原文作逐字逐句的对译,故有些语句难免生涩,不易解读;而昙无谶译《菩萨地持经》采用的方法是"意译",即依照汉语的表述习惯,对有些梵文句式作适当的增删、转换和润色,故有些语句相对简明,容易理会。此外,二书对同一梵语的翻译也多有出入。因此,若要解决阅读时的疑难,最好的方法将同本异译的段落与语句,作对勘互校。

　　一、《初方便处》(卷一至卷八)。论述菩萨道"十法"中的"持"(修持)法,即菩萨应修之法问题。下分十八品,始《种性品》,终《菩萨功德品》。内容相当于《瑜伽师地论》卷三十五至卷四十六《本地分中菩萨地·初持瑜伽处》。

（一）《种性品》（卷一）。论述菩萨的"种性"（又作"种姓"）问题。内容相当于《瑜伽师地论》卷三十五《本地分中菩萨地·初持瑜伽处种姓品》。如关于菩萨的"二种种性（姓）"，说：

> 有菩萨种性,发菩提心,勤行精进,则能疾成阿耨多罗三藐三菩提。又种性名为持,名为长养,名为因,名为依,名为梯,名为导,名为覆。如种性发心,行方便亦如是。云何为种性? 略说有二：一者性种性(指本性住种姓),二者习种性(指习所成种姓)。性种性者,是菩萨六入(即六根)殊胜,展转相续,无始法尔,是名性种性；习种性者,若从先来修善所得,是名习种性。又种性名为种子,名为界,名为性。又不习者,果细果远；习者,果粗果近。菩萨成就种性者,出过一切声闻、辟支佛上。何以故? 有二种净：一者烦恼障净,二者智障净(指所知障净)。二乘种性烦恼障净,非智障净。菩萨种性具足二净,是故一切最胜最上。(卷一《初方便处种性品》,《大正藏》第三十卷,第888页上、中)

（二）《发菩提心品》（卷一）。论述菩萨"发菩提心"问题。内容相当于《瑜伽师地论》卷三十五《本地分中菩萨地·初持瑜伽处发心品》。

（三）《自他利品》（卷一）。论述菩萨修行"自利利他"问题。内容相当于《瑜伽师地论》卷三十五至卷三十六《本地分中菩萨地·初持瑜伽处自他利品》。

（四）《真实义品》（卷一至卷二）。论述菩萨修行"真实义"问题。内容相当于《瑜伽师地论》卷三十六《本地分中菩萨地·初持瑜伽处真实义品》。

（五）《力品》（卷二）。论述菩萨修行"威力"问题。内容相当于《瑜伽师地论》卷三十七《本地分中菩萨地·初持瑜伽处威力品》。

（六）《成熟品》（卷三）。论述菩萨修行"成熟"问题。内容相当于《瑜伽师地论》卷三十七《本地分中菩萨地·初持瑜伽处成熟品》。

（七）《无上菩提品》（卷三）。论述菩萨修行"无上菩提"（又称"无上正等菩提"）问题。内容相当于《瑜伽师地论》卷三十八《本地分中菩萨地·初持瑜伽处菩提品》。

（八）《力种性品》（卷三）。论述菩萨如何作修学问题。内容相当于《瑜伽师地论》卷三十八《本地分中菩萨地·初持瑜伽处力种姓品》。如关于"十种不颠倒因"（指一切有为法生起的十种原因），说：

> 有十种不颠倒因，当知摄一切因、一切烦恼、一切清净、一切无记等。云何为十？一者随说因，二者以有因（指观待因），三者种殖因（指牵引因），四者摄因（指摄受因），五者生因（指生起因），六者长因（指引发因），七者自种因（指定别因），八者共事因（指同事因），九者相违因，十者不相违因。彼一切法名，名已想，想已说，此诸法名想、言说，是名随说因；以有事故有所作，是名以有因；以有手故有所作，以有足故有游行，以有身故有屈申，以有饥渴故有求饮食，如是比无量无数，名以有因种诸种子，名种殖因；水土润泽，是名摄因；种子于芽，是名生因；芽茎相续，乃至成熟，是名长因；种种种子各各自生，是名自种因；彼以有因、种殖因、摄因、生因、长因、自种因，此六因总说共事因；障碍于生，名相违因；不障碍者，名不相违因。（卷三《初方便处力种性品》，第

903页上)

(九)《施品》(卷四)。论述菩萨修行"檀波罗蜜"(又称"施度")问题。内容相当于《瑜伽师地论》卷三十九《本地分中菩萨地·初持瑜伽处施品》。

(十)《戒品》(卷四至卷五)。论述菩萨修行"尸波罗蜜"(又称"戒度")问题。内容相当于《瑜伽师地论》卷四十至卷四十二《本地分中菩萨地·初持瑜伽处戒品》。其中,卷五从"有四波罗夷处法,何等为四",至"若菩萨以增上烦恼,犯波罗夷处法者,失律仪戒,应当更受"的内容(即"四波罗夷处法"和"四十三轻戒"),后被昙无谶辑出,依照每半月一次布萨说戒的仪轨加以组织,编为《菩萨戒本》一卷,作为《地持经》菩萨戒的单行本流通(详见拙撰《大藏经总目提要·律藏》)。如关于菩萨的"三聚净戒"(指律仪戒、摄善法戒、摄众生戒)中的"摄众生戒",说:

> 摄众生戒者,略说有十一种:一者众生作饶益事,悉与为伴。二者众生已起、未起病等诸苦,及看病者,悉与为伴。三者为诸众生说世间、出世间法,或以方便,令得智慧。四者知恩、报恩。五者众生种种恐怖,师(狮)子、虎狼、王贼、水火,悉能救护;若有众生丧失亲属、财物诸难,能为开解,令离忧恼。六者见有众生贫穷困乏,悉能给施,随其所须。七者德行具足,正受依止,如法畜众。八者先语安慰,随时往返,给施饮食,说世善语,进止非已去来随物,如是等事,安众生者,皆悉随顺;若非安者,皆悉远离。九者有实德者,称杨欢悦。十者有过恶者,慈心呵责,折伏罚黜,令其改悔。十一者以神通力,示现恶道,令彼众生,畏厌众恶,奉修佛法,欢喜信乐,生希有心。(卷四《初方便处戒品》,第910页中、下)

（十一）《忍品》（卷六）。论述菩萨修行"羼提波罗蜜"（又称"忍度"）问题。内容相当于《瑜伽师地论》卷四十二《本地分中菩萨地·初持瑜伽处忍品》。

（十二）《精进品》（卷六）。论述菩萨修行"毗梨耶波罗蜜"（又称"精进度"）问题。内容相当于《瑜伽师地论》卷四十二《本地分中菩萨地·初持瑜伽处精进品》。

（十三）《禅品》（卷六）。论述菩萨修行"禅波罗蜜"（又称"禅度"）问题。内容相当于《瑜伽师地论》卷四十三《本地分中菩萨地·初持瑜伽处静虑品》。

（十四）《慧品》（卷六）。论述菩萨修行"般若波罗蜜"（又称"慧度"）问题。内容相当于《瑜伽师地论》卷四十三《本地分中菩萨地·初持瑜伽处慧品》。

（十五）《四摄品》（卷七）。论述菩萨修行"四种摄事"（指布施、爱语、利行、同事）问题。内容相当于《瑜伽师地论》卷四十三《本地分中菩萨地·初持瑜伽处摄事品》。

（十六）《供养习近无量品》（卷七）。论述菩萨"供三宝"（指佛、法、僧）、"亲近善知识"、"修四无量"（指慈、悲、喜、舍四种无量心）问题。内容相当于《瑜伽师地论》卷四十四《本地分中菩萨地·初持瑜伽处供养亲近无量品》。

（十七）《菩提品》（又作《菩提分品》，卷七至卷八）。论述菩萨修行"菩提分法"问题。内容相当于《瑜伽师地论》卷四十四至卷四十六《本地分中菩萨地·初持瑜伽处菩提分品》。如关于"四忧檀那法"（《瑜伽师地论》卷四十六译作"四种法嗢拕南"，指"四法印"），说：

　　　　有四忧檀那法（指四法印），诸佛菩萨为令众生清净故说。云何为四？一切行无常，是忧檀那法（指第一法印）；一

切行苦,是忧檀那法(指第二法印);一切法无我,是忧檀那
法(指第三法印);涅槃寂灭,是忧檀那法(指第四法印)。诸
佛菩萨具足此法,复以此法传授众生,是名忧檀那。过去寂
默诸牟尼尊(指佛),展转相传,是名忧檀那。增上勇出,乃
至具足,出第一有(指欲界),是名忧檀那。(卷八《初方便处
菩提品》,第934页下)

(十八)《菩萨功德品》(卷八)。论述菩萨的修行功德问题。
内容相当于《瑜伽师地论》卷四十六《本地分中菩萨地·初持瑜
伽处菩萨功德品》。

二、《次法方便处》(卷八至卷九)。论述菩萨道"十法"中的
"相"、"翼"、"净心"、"住"四法,即菩萨随法所起之行问题。下分
四品,始《菩萨相品》,终《住品》。内容相当于《瑜伽师地论》卷四
十七至卷四十八《本地分中菩萨地·第二持随法瑜伽处》。

(一)《菩萨相品》(卷八)。论述"真实菩萨"的体相问题。
内容相当于《瑜伽师地论》卷四十七《本地分中菩萨地·第二持
随法瑜伽处菩萨相品》。

(二)《翼品》(卷八)。论述"在家菩萨"、"出家菩萨"的修法
问题。内容相当于《瑜伽师地论》卷四十七《本地分中菩萨地·
第二持随法瑜伽处分品》。

(三)《净心品》(卷九)。论述菩萨的"十五种净心"(又称
"十五种增上意乐")问题。内容相当于《瑜伽师地论》卷四十七
《本地分中菩萨地·第二持随法瑜伽处增上意乐品》。

(四)《住品》(卷九)。论述"十三住"(菩萨从初修至成佛的
十三种阶位)问题。内容相当于《瑜伽师地论》卷四十七至卷四
十八《本地分中菩萨地·第二持随法瑜伽处住品》。如关于"菩
萨住"(菩萨位)与"如来住"(佛位),说:

菩萨十二住，摄一切住、一切菩萨行，第十三如来住无上住。云何菩萨十二住？一者种性住；二者解行住；三者欢喜住；四者增上戒住；五者增上意住；六者增上慧住，增上慧住有三种：一者菩提分法相应，二者谛相应，三者缘起生灭相应，菩萨真实观真实智，谓知众生生苦、灭苦，是故菩萨于三门、三种慧三种住（以上指增上慧住包括三种住，即菩提分法、谛、缘起生灭相应增上慧住）；九者有行有开发无相住；十者无行无开发无相住；十一者无碍住；十二者最上菩萨住。如是十二住，摄一切住、一切菩萨行。如来住者，过一切菩萨住，阿惟三佛（意译现等觉）住如来住。（卷九《次法方便处住品》，第939页下）

三、《毕竟方便处》（卷十）。论述菩萨道"十法"中的"生"、"摄"、"地"、"行"、"建立"五法。下分五品，始《生品》，终《建立品》。内容相当于《瑜伽师地论》卷四十八至卷五十《本地分中菩萨地·第三持究竟瑜伽处》。

（一）《生品》（卷十）。论述菩萨的"受生"问题。内容相当于《瑜伽师地论》卷四十八《本地分中菩萨地·第三持究竟瑜伽处生品》。

（二）《摄品》（卷十）。论述菩萨对众生的"摄受"问题。内容相当于《瑜伽师地论》卷四十八《本地分中菩萨地·第三持究竟瑜伽处摄受品》。

（三）《地品》（卷十）。论述菩萨的"七地"（指种性地、解行地、净心地、行迹地、决定地、决定行地、毕竟地）问题。内容相当于《瑜伽师地论》卷四十九《本地分中菩萨地·第三持究竟瑜伽处地品》。

（四）《行品》（卷十）。论述"四种菩萨行"（指波罗蜜行、菩提分法、神力、成熟众生)问题。内容相当于《瑜伽师地论》卷四十九《本地分中菩萨地•第三持究竟瑜伽处行品》。

(五)《建立品》(卷十)。论述菩萨成就"如来百四十种不共佛法"(指三十二大人相、八十种随形好、四一切种清净、如来十力、四无所畏等)问题。内容相当于《瑜伽师地论》卷四十九至卷五十《本地分中菩萨地•第三持究竟瑜伽处建立品》。

本书的同本异译有：刘宋求那跋摩译《菩萨善戒经》九卷；别生经有：北凉昙无谶译《菩萨戒本》一卷；注疏有：隋慧远《地持论义记》五卷(每卷各分上下；今存卷三之下、卷四之上下、卷五之下)。

刘宋求那跋摩译《菩萨善戒经》九卷

《菩萨善戒经》，又名《菩萨善戒》《菩萨地经》，九卷。刘宋求那跋摩译，元嘉八年(431)译出。梁僧祐《出三藏记集》卷二著录(书名作《菩萨善戒》)。载于《丽藏》"维"函、《宋藏》"贤"函、《金藏》"维"函、《元藏》"贤"函、《明藏》"辞"函、《清藏》"辞"函、《频伽藏》"列"帙，收入《大正藏》第三十卷。

本书是唐玄奘译《瑜伽师地论》卷三十五至卷五十《本地分中菩萨地》的异译本，也是北凉昙无谶译《菩萨地持经》十卷的同本异译。但本书缺少《菩萨地》中的最后一篇《发正等菩提心品》，另增了一篇未见于《菩萨地》的经文(始"如是我闻。一时，佛在舍卫国须达多精舍祇陀林中，与大比丘僧五百人俱，菩萨千人"，终"此名为净，此名不净，是名为道，是名非道，是名菩萨憍慢")，将它题为《序品》，列为全书的首篇。全书分为三篇三十品，即《菩萨地》二十品、《如法住》四品、《毕竟地》六品，论述菩萨道"十法"问题。所说的"十法"，指的是："支"(指"持")、"翼"、"净心"、"行"、"有"、"因"、"器"、"地"、"方便"、"住"(见卷一)。

这些译名，与《瑜伽师地论》《菩萨地持经》的译名，出入较大。

关于本书的文本。传今的本子，有二种，即刘宋求那跋摩译的《菩萨善戒经》九卷、《菩萨善戒经》一卷，前者为论藏类典籍，后者为律藏类典籍。《菩萨善戒经》一卷本的经文，始"菩萨摩诃萨成就戒，成就善戒，成就利益众生戒"，终"是菩萨戒，悉是过去、未来、现在，恒河沙等诸佛菩萨之所成就，乃至十方诸佛菩萨，亦复如是"，内容讲述受菩萨戒的条件、仪轨；菩萨戒的戒相（即"八重法"、"四十六轻戒"）；菩萨忏悔法，以及受菩萨戒的功德等。通过与《瑜伽师地论》《菩萨地持经》的比对发现，上述经文实际上是接在《菩萨善戒经》九卷本中卷四《菩萨地戒品》末句"是名菩萨利益众生善戒"之后的，其内容大致相当于《瑜伽师地论》卷四十至卷四十一《本地分中菩萨地·初持瑜伽处戒品》《菩萨地持经》卷五《方便处戒品（之余）》。从梁僧祐《出三藏记集》卷二的著录来看，《菩萨善戒经》原为十卷本，传今的《菩萨善戒经》一卷本，其实是十卷本中的一卷，后来出于诵持的需要，将此卷单独抽出，编为单行本流通。因此，若要复原的话，传今的一卷本，应插在九卷本的卷四之后，题作卷五《菩萨地戒品（之余）》；而九卷本现在的卷五应改为卷六，乃至卷九应改为卷十。九卷本的内容如下。

一、《菩萨地》（卷一至卷七）。论述菩萨应修之法问题。下分二十品，始《序品》，终《功德品》。内容相当于《瑜伽师地论》卷三十五至卷四十六《本地分中菩萨地·初持瑜伽处》。

（一）《序品》（卷一）。以"如是我闻"的契经形式，讲述佛在舍卫国须达多精舍祇陀林时，问诸菩萨："谁能于此后恶世时，受持拥护阿耨多罗三藐三菩提（意为无上正等正觉）？谁能护法？谁能教化一切众生"，弥勒等菩萨各陈己见的故事。

（二）《善行性品》（卷一）。论述菩萨的种性（又译"种姓"）

问题。内容相当于《瑜伽师地论》卷三十五《本地分中菩萨地·初持瑜伽处种姓品》。

（三）《菩提心品》(卷一)。论述菩萨"发菩提心"问题。内容相当于《瑜伽师地论》卷三十五《本地分中菩萨地·初持瑜伽处发心品》。

（四）《利益内外品》(卷一至卷二)。论述菩萨修行"利益内外"(又译"自利利他")问题。内容相当于《瑜伽师地论》卷三十五至卷三十六《本地分中菩萨地·初持瑜伽处自他利品》。如关于菩萨修学自利利他的"毕竟义"，说：

> 云何为毕竟义？欲界福德，非毕竟义。色、无色界世间福德，虽得自在，非毕竟义。如诸菩萨修八圣道，获得涅槃，其身无碍，无有边际，善法无量，名毕竟义。毕竟有三事。何等为三？一者性毕竟，二者退毕竟，三者报尽毕竟。不毕竟亦尔。性毕竟者，是名涅槃性；不毕竟，名有为法。退毕竟者，名声闻、缘觉所修八道；不退毕竟者，名阿毗跋致(意译不退转)。报尽毕竟者，世间所有福德果报；报不尽毕竟者，谓无上道果。(卷一《菩萨地利益内外品》,《大正藏》第三十卷,第968页上)

（五）《真实义品》(卷二)。论述菩萨修行"真实义"问题。内容相当于《瑜伽师地论》卷三十六《本地分中菩萨地·初持瑜伽处真实义品》。

（六）《不可思议品》(卷二)。论述菩萨修行"不可思议"(又译"威力")问题。内容相当于《瑜伽师地论》卷三十七《本地分中菩萨地·初持瑜伽处威力品》。

（七）《调伏品》(卷三)。论述菩萨修行"调伏"(又译"成熟"，指成熟众生、成熟自佛法)问题。内容相当于《瑜伽师地论》

卷三十七《本地分中菩萨地·初持瑜伽处成熟品》。

（八）《菩提品》（卷三）。论述菩萨修行"无上菩提"（指佛的至高无上的智慧）问题。内容相当于《瑜伽师地论》卷三十八《本地分中菩萨地·初持瑜伽处菩提品》。关于"无上菩提"，说：

> 云何名为无上菩提？具七无上故，名无上菩提。一者身无上，二者受持无上，三者具足无上，四者智慧无上，五者不可思议无上，六者解脱无上，七者行无上。身无上者，三十二相庄严身故；受持无上者，诸佛菩萨自利、利他，能施众生，人天乐故；具足无上者，诸佛菩萨有四具足故，所谓寿命具足、见具足、戒具足、行具足；智慧无上者，谓四无碍（指法无碍智、义无碍智、辞无碍智、乐说无碍智）；不可思议无上者，所谓具足六波罗蜜；解脱无上者，如来能坏二种障（指烦恼障、智慧障）故；行无上者，所谓圣行、天行、梵行。圣行者，谓三三昧空、无相、（无）愿，灭尽定；天行者，谓四禅、四无色定；梵行者，谓四无量心。（卷三《菩萨地菩提品》，第976页上）

（九）《菩提力性品》（卷三）。论述菩萨如何作修学问题。内容相当于《瑜伽师地论》卷三十八《本地分中菩萨地·初持瑜伽处力种姓品》。

（十）《施品》（卷四）。论述菩萨修行"檀波罗蜜"（又称"布施度"）问题。内容相当于《瑜伽师地论》卷三十九《本地分中菩萨地·初持瑜伽处施品》。

（十一）《戒品》（卷四）。论述菩萨修行"尸波罗蜜"（又称"持戒度"）问题。内容相当于《瑜伽师地论》卷四十至卷四十二《本地分中菩萨地·初持瑜伽处戒品》。关于菩萨如何安住"菩萨戒"，说：

菩萨若学菩萨戒者,有五不放逸。一者观已犯罪,如法忏悔;二者观当犯罪,如法忏悔;三者观现犯罪,如法忏悔;四者至心坚持,不作犯想;五者犯已至心忏悔,是名五不放逸。菩萨受持菩萨戒者,所有功德,应当覆藏;诸所犯罪,应当发露;少欲知足,堪忍众苦;常乐寂静,心无悔恨;不自高,不轻躁;修寂灭行,及微细行,破坏邪命。菩萨成就如是法者,是名菩萨住菩萨戒。(卷三《菩萨地戒品》,第984页上)

(十二)《忍品》(卷五)。论述菩萨修行"羼提波罗蜜"(又称"忍辱度")问题。内容相当于《瑜伽师地论》卷四十二《本地分中菩萨地·初持瑜伽处忍品》。

(十三)《精进品》(卷五)。论述菩萨修行"毗梨耶波罗蜜"(又称"精进度")问题。内容相当于《瑜伽师地论》卷四十二《本地分中菩萨地·初持瑜伽处精进品》。

(十四)《禅品》(卷五)。论述菩萨修行"禅波罗蜜"(又称"禅定度")问题。内容相当于《瑜伽师地论》卷四十三《本地分中菩萨地·初持瑜伽处静虑品》。

(十五)《慧品》(卷五)。论述菩萨修行"般若波罗蜜"(又称"智慧度")问题。内容相当于《瑜伽师地论》卷四十三《本地分中菩萨地·初持瑜伽处慧品》。

(十六)《软语品》(卷五)。论述菩萨修行"四种摄事"(指布施、爱语、利行、同事;篇名中的"软语",指"爱语")问题。内容相当于《瑜伽师地论》卷四十三《本地分中菩萨地·初持瑜伽处摄事品》。

(十七)《供养三宝品》(卷六)。论述菩萨"供三宝"(指佛、法、僧)、"亲近善知识"、"修四无量"(指慈、悲、喜、舍四种无量心)问题。内容相当于《瑜伽师地论》卷四十四《本地分中菩萨地·初持瑜伽处供养亲近无量品》。

（十八）《三十七助道品》（卷六）。论述菩萨修行"菩提分法"问题。内容相当于《瑜伽师地论》卷四十四至卷四十六《本地分中菩萨地·初持瑜伽处菩提分品》的前部分，即从卷四十四"云何名为菩萨惭愧？当知惭愧略有二种"至卷四十五"已趣入者令其成熟，已成熟者令得解脱，除此无有若过若增，是名菩萨方便善巧"部分。

（十九）《助菩提数法余品》（卷七）。论述菩萨修行"菩提分法"（续）问题。内容相当于《瑜伽师地论》卷四十四至卷四十六《本地分中菩萨地·初持瑜伽处菩提分品》的后部分，即从卷四十五"云何菩萨妙陀罗尼？当知如是妙陀罗尼略有四种"至卷四十六"随所行地，随所应到，疾疾进趣，无所稽留"部分。

（二十）《功德品》（卷七）。论述菩萨的修行功德问题。内容相当于《瑜伽师地论》卷四十六《本地分中菩萨地·初持瑜伽处菩萨功德品》。

二、《如法住》（卷七至卷八）。论述菩萨随法所起之行问题。下分四品，始《菩萨相品》，终《生菩提地品》。内容相当于《瑜伽师地论》卷四十七至卷四十八《本地分中菩萨地·第二持随法瑜伽处》。

（一）《菩萨相品》（卷七）。论述"真实菩萨"的体相问题。内容相当于《瑜伽师地论》卷四十七《本地分中菩萨地·第二持随法瑜伽处菩萨相品》。

（二）《禅品》（卷七）。论述"在家菩萨"、"出家菩萨"的修法问题。内容相当于《瑜伽师地论》卷四十七《本地分中菩萨地·第二持随法瑜伽处分品》。

（三）《定心品》（卷八）。论述菩萨的"十五种净心"（又译

"十五种增上意乐")问题。内容相当于《瑜伽师地论》卷四十七《本地分中菩萨地·第二持随法瑜伽处增上意乐品》。

(四)《生菩提地品》(卷八)。论述"十三行"(又译"十三住",指菩萨从初修至成佛的十三种阶位)问题。内容相当于《瑜伽师地论》卷四十七至卷四十八《本地分中菩萨地·第二持随法瑜伽处住品》。关于"戒行菩萨"(指"十地"中的第二地"离垢地"菩萨)的"十种净心",说:

> 戒行菩萨有何等相?喜行菩萨(指"十地"中的初地"欢喜地"菩萨)所有功德,戒行菩萨悉以具足,有十净心:一者心净尽敬奉事诸师、和上、耆旧、宿德,不生欺诳;二者心净见同法菩萨,先意软语;三者心净胜于一切烦恼魔业;四者心净见一切行多诸过咎;五者心净见涅槃功德;六者心净修集一切助菩提法;七者心净为助菩提修集寂静;八者心净不为世法之所染污;九者心净离声闻乘,乐念大乘;十者心净常念利益一切众生,是名十种净心。(卷八《如法住生菩提地品》,第 1004 页中)

三、《毕竟地》(卷八至卷九)。论述菩萨学行的果报问题。下分六品,始《生品》,终《住品》。内容相当于唐玄奘译《瑜伽师地论》卷四十八至卷五十《本地分中菩萨地·第三持究竟瑜伽处》。

(一)《生品》(卷八)。论述菩萨的"受生"问题。内容相当于《瑜伽师地论》卷四十八《本地分中菩萨地·第三持究竟瑜伽处生品》。

(二)《摄取品》(卷九)。论述菩萨对众生的"摄取"(又译"摄受")问题。内容相当于《瑜伽师地论》卷四十八《本地分中菩萨地·第三持究竟瑜伽处摄受品》。

（三）《毕竟品》（卷九）。论述菩萨的"七地"（指性地、解地、净心地、持地、定地、定行地、毕竟地）问题。内容相当于《瑜伽师地论》卷四十九《本地分中菩萨地·第三持究竟瑜伽处地品》。

（四）《行品》（卷九）。论述"四种菩萨行"（指波罗蜜行、菩提行、神通行、熟众生行）问题。内容相当于《瑜伽师地论》卷四十九《本地分中菩萨地·第三持究竟瑜伽处行品》。关于菩萨如何修行"六波罗蜜"（又称"六度"），说：

> 菩萨摩诃萨舍于一切世俗之物，出家学道，是名檀波罗蜜；既出家已，受菩萨戒，是名尸罗波罗蜜；以护戒故，虽有骂打默受不报，是名羼提波罗蜜；戒既清净，勤修善法，是名毗梨耶波罗蜜；以精进故，五根调伏，是名禅波罗蜜；五根既调，知真法界，是名般若波罗蜜。（卷九《毕竟地行品》，第1009页上）

（五）《三十二相八十种好品》（卷九）。论述菩萨成就"佛百四十不共之法"（指三十二相、八十种好、四一切行净、十力、四无所畏等）问题。内容相当于《瑜伽师地论》卷四十九至卷五十《本地分中菩萨地·第三持究竟瑜伽处建立品》的前部分，即卷四十九从"依如来住，及依如来到究竟地"至卷四十六"故言无量福德资粮，修习圆证，能起如来诸相随好"部分。

（六）《住品》（卷九）。论述菩萨成就"佛百四十不共之法"（续）问题。内容相当于《瑜伽师地论》卷四十九至卷五十《本地分中菩萨地·第三持究竟瑜伽处建立品》的后部分，即从卷四十九"云何如来四一切种清净"至卷五十"是故于此菩萨地中，起坚信解，乐闻受持，乃至广说，所得福聚无量无边"部分。

本书的同本异译有：北凉昙无谶译《菩萨地持经》十卷；别生经有：刘宋求那跋摩译《菩萨善戒经》九卷。

梁真谛译《决定藏论》三卷

《决定藏论》，三卷。梁真谛译，约译于太清四年（550）至太平二年（557）之间。唐智升《开元释教录》卷六著录。载于《丽藏》"当"函、《宋藏》"竭"函、《金藏》"当"函、《元藏》"竭"函、《明藏》"性"函、《清藏》"性"函、《频伽藏》"来"帙，收入《大正藏》第三十卷。

本书是唐玄奘译《瑜伽师地论》卷五十一至卷五十四《摄决择分中五识身相应地意地》的异译本，内容相当于《瑜伽师地论》从卷五十一"嗢拖南曰：执受初明了，种子业身受，无心定命终，无皆不应理"，至卷五十四"如是等类，应当思惟色蕴互相杂住"的异译。全书只有《心地品》一品，其中卷上《心地品之一》、卷中《心地品之二》，论述"阿罗耶识"（即阿赖耶识）问题；卷下《心地品之三》，论述"六种胜智"（又译"六种方便"）问题。

但本书的译文与《瑜伽师地论》出入很大，特别是本书提出了"九识"说，认为在第八识"阿罗耶识"（即阿赖耶识）之外，还有第九识"阿摩罗识"（意译"无垢识"），第八识是"妄识"，第九识是"净识"，这是唐玄奘译《瑜伽师地论》中所没有的说法。玄奘所传的唯识学，唯立"八识"，不承认有"九识"，认为第八识中有染、净二分，所说的"阿摩罗识"，其实只是第八识中的净分，是第八识的异名，在第八识之外，并无第九识。如唐圆测《仁王经疏》卷三"本"说："总标诸识，自有两释：一真谛三藏，总立九识。一阿摩罗识，真如本觉为性，在缠（指被客尘烦恼所缠缚）名如来藏，出缠（指脱离客尘烦恼缠缚）名法身。阿摩罗识，此云无垢识，如《九识章》（所云）；余之八识，大同诸师。二慈恩三藏（指玄奘），但立八识，无第九识，而言阿摩罗者，第八识中净分"；唐澄观《大方广佛华严经随疏演义钞》卷四十三说："真谛三藏说有九识，第九名阿摩罗识;若唐三藏(指玄奘),此翻无垢,即第八异名,谓成佛时,将第八识以成此识,无别第九(识)"。由此,学术界通常将真谛所传的以难陀、安慧为代表的"无相唯识派",称为唯识古学,玄奘所传的以陈那、护法为代表的"有相唯识派",称为唯识今学。

　　卷上、卷中:论述"阿罗耶识"(即阿赖耶识)问题。内容叙及:"八种因缘知有阿罗耶识",指由"执持"、"本"、"分明"、"种本"、"非是事"、"身受"、"无识定"、"非气绝"八事,能证明阿罗耶识的存在;"四义知有阿罗耶识事",指由"境界"、"相赖起"、"更互为因缘"、"得共相应生"四事,能说明阿罗耶识的流转;"阿罗耶识灭",指阿罗耶识是"一切烦恼根本","修善法故,此识则灭","此识灭故一切烦恼灭"等。内容相当于《瑜伽师地论》从卷五十一"嗢拖南曰:执受初明了,种子业身受,无心定命终,无皆不应理",至卷五十三"如是广说安立道理,一切当知"的异译。如关于第八识"阿罗耶识"与第九识"阿摩罗识"的差别,说:

　　　　阿罗耶识(指第八识)而是一切烦恼根本。修善法故,此识则灭。……断阿罗耶识,即转凡夫性;舍凡夫法,阿罗耶识灭,此识灭故,一切烦恼灭。阿罗耶识对治故,证阿摩罗识(指第九识)。阿罗耶识是无常,是有漏法;阿摩罗识是常,是无漏法,得真如境道故,证阿摩罗识。阿罗耶识为粗恶苦果之所追逐;阿摩罗识无有一切粗恶苦果。阿罗耶识而是一切烦恼根本,不为圣道而作根本;阿摩罗识亦复不为烦恼根本,但为圣道、得道得作根本。……入通达分故,修善思惟故,证阿摩罗识,故知阿罗耶识与烦恼俱灭。(卷上,《大正藏》第三十卷,第1020页上、中)

　　卷下:论述"六种胜智"(又译"六种方便"),即"阴"(又译

"蕴")、"入"(又译"处")、"界"、"四谛"、"因缘"、"二十二根"胜智
(又译"方便")问题。内容相当于《瑜伽师地论》从卷五十三"如
是已说六种善巧,谓蕴善巧乃至根善巧。云何应知是诸善巧广
建立义",至卷五十四"如是等类,应当思惟色蕴互相杂住"的异
译。如关于"想有六种",说:

> 何者想相?六种如前,又六种生:有相想、无相想、小
> 想、大想、无量想、无用想。此一切想,得二种异:一者世
> 间,二出世间。缘于欲界,是名小想;缘于色界,是名大想;
> 缘空识处,名无量想;缘无所用处,是无用想;此欲界等,是
> 名有相想;非想非非想,是无相想;出世间想,谓诸学人及无
> 学人。是一切相分别想相。(卷下,第1029页中)

由于本书译文艰涩,不易释读,故在阅读时,往往需要借助
《瑜伽师地论》作对照,方能理解文句的确切含义。

唐玄奘译《王法正理论》一卷

《王法正理论》,一卷。书题"弥勒造",唐玄奘译,贞观二十
三年(649)译出。唐道宣《大唐内典录》卷五著录(译经时间见
《开元释教录》卷八)。载于《丽藏》"璧"函、《宋藏》"非"函、《金
藏》"璧"函、《元藏》"非"函、《明藏》"退"函、《清藏》"退"函、《频伽
藏》"来"帙,收入《大正藏》第三十一卷。

本书是唐玄奘译《瑜伽师地论》卷六十一《摄决择分中有寻
有伺等三地》的异译本,内容相当于《瑜伽师地论》从卷六十一从
"如佛世尊为出爱王(优填王)所说经言",至"又依住修差别,建
立三人……初名下士,次名中士,后名上士"的异译。据唐遁伦
《瑜伽论记》卷十七所说,《瑜伽师地论》的上述文段,实际包含了
"解《出爱王经》"、"解《八苦经》"、"解《三士经》"三方面的内容。

但本书只辑录了解释《出爱王经》(即唐不空译《佛为优填王说王法政论经》一卷)、《三士经》的内容,而删去解释《八苦经》的内容。全书不立品目,论述国王应行的正法("王法正理")问题。内容叙及:"王之过失有九种"(指"不得自在"等);"王之功德有九种"(指"得大自在"等);"王衰损门有五种"(指"不善观察而摄群臣"等);"王方便门有五种"(指"善观察摄受群臣"等);"王可爱法有五种"(指"世所敬爱"等);"能引发王可爱法有五种"(指"恩养世间"等)。由于本书和《瑜伽师地论》同为玄奘所译,故二书的译文是基本相同的。如关于"王之过失有九种",说:

> 云何名为王之过失?大王(指出爱王)当知,王过失者,略有九种。王若成就如是过失,虽有大府库、有大辅佐、有大军众,不可归仰。何等为九?一不得自在;二立性暴恶;三猛利愤发;四恩惠奢薄;五受邪佞言;六所作不思不顺仪则;七不顾善法;八不知差别,忘所作恩;九一向纵任,专行放逸。(《大正藏》第三十一卷,第856页上)

本书的同类经有:唐不空译《佛为优填王说王法政论经》一卷。

唐玄奘译《瑜伽师地论释》一卷

《瑜伽师地论释》,又名《瑜伽师地释论》《瑜伽论释》,一卷。印度最胜子等造,唐玄奘译,永徽元年(650)译出。唐道宣《大唐内典录》卷五著录(译经时间见《开元释教录》卷八)。载于《丽藏》"璧"函、《宋藏》"非"函、《金藏》"璧"函、《元藏》"非"函、《明藏》"退"函、《清藏》"退"函、《频伽藏》"往"帙,收入《大正藏》第三十卷。

最胜子(约六世纪末至七世纪初),音译"慎那弗呾罗",北印度钵伐多国人(见唐玄奘《大唐西域记》卷十一)。唐遁伦《瑜伽论记》卷十八有"依最胜子《释论》及戒贤师等云,临终时,最后一念心,是赖耶(指阿赖耶识)异熟"一语,以此推断,最胜子当是戒贤(约529—654)之前的瑜伽行派论师。

　　本书是唐玄奘译《瑜伽师地论》的略释书。据唐遁伦《瑜伽论记》卷一之上说:"依三藏(指玄奘)言,释论略译应五百卷,总译有八百许。"意思是说,最胜子解释《瑜伽师地论》的释论,若全部译出则有八百多卷,略译则有五百卷,传今的一卷,只是玄奘对释论所作的少量节译而已,并非全貌。但据本书的归敬颂说:"于此瑜伽大论中,我今随力释少分,为令正法常无尽,利益安乐诸含识",则最胜子本来就是"随力释少分",只是尽自己之力,对《瑜伽师地论》的一小部分内容作释,并未对全论一百卷作释,故遁伦有关本书"略译应五百卷"的说法是不确切的。全书不立品目,主要解释《瑜伽师地论》的造论因缘、题名、结构,以及《本地分》中十七地的名义。卷首有归敬颂,为七言二十四句,始"敬礼天人大觉尊,福德智慧皆圆满",终"为令正法常无尽,利益安乐诸含识"。今在解说中摘取原文的关键词,立为小标题,以便阅读。

　　一、"所为"。解释《瑜伽师地论》的造论之"缘"。说弥勒菩萨有多种"二缘",故说此论,如:"有二缘,故说此论:一为如来无上法教久住世故;二为平等利益安乐诸有情故";"复有二缘,故说此论:一为显了遍计所执,情有理无,依他起性、圆成实性,理有情无,令舍增益损减执故;二为显了世间道理,证得胜义法门差别,令修二谛,无倒解故";"复有二缘,故说此论:一为开阐随转、真实二种理门,令知二藏(指声闻藏、菩萨藏)、三藏法教不相违故;二为开阐因缘、唯识、无相、真如四种理门,令修观行有差别故"等。

二、"所因"。解释《瑜伽师地论》的造论之"因"。"佛涅槃后,魔事纷起,部执竞兴,多著有见。龙猛(指龙树)菩萨证极喜地,采集大乘无相空教,造《中论》等,究畅真要,除彼有见;圣提婆等诸大论师,造《百论》等,弘阐大义,由是众生,复著空见。无著菩萨位登初地,证法光定,得大神通,事大慈尊(指弥勒),请说此论"。

三、"名义"。解释《瑜伽师地论》书名的含义。(1)"瑜伽"。意为"相应",指"一切乘境、行、果等所有诸法",包括"境瑜伽"、"行瑜伽"、"果瑜伽"三种瑜伽。"境瑜伽",指一切境;"行瑜伽",指一切行;"果瑜伽",指一切果。(2)"师"。指"三乘行者"(指声闻乘、独觉乘、菩萨乘的修行者),"三乘行者"都可称为"瑜伽师"(旧译"观行人"),"三乘行者,由闻、思等次第,习行如是瑜伽,随分满足,展转调化诸有情故,名瑜伽师"。(3)"地"。指"境界","地谓境界,所依、所行,或所摄义,是瑜伽师所行境界,故名为地","十七地,摄属一切瑜伽师故,如国王地,是故说名瑜伽师地"。(4)"论"。指"问答、决择(指决断简择)诸法性相"。如关于"三种瑜伽",说:

> 今说《瑜伽师地论》者,名义云何? 谓一切乘境、行、果等所有诸法,皆名瑜伽,一切并有方便善巧、相应义故。境瑜伽者,谓一切境,无颠倒性、不相违性、能随顺性、趣究竟性,与正理、教、行、果相应故,名瑜伽。……行瑜伽者,谓一切行,更相顺故,称正理故,顺正教故,趣正果故,说名瑜伽。……果瑜伽者,谓一切果,更相顺故,合正理故,顺正教故,称正因故,说名瑜伽。(《大正藏》第三十卷,第 883 页下—第 884 页中)

四、"论体"。解释《瑜伽师地论》的结构。《瑜伽师地论》分为五分,又名《五分瑜伽》。其中,《本地分》所说的"十七地"为全书的宗要,其余四分则为"十七地"的解释,因为"十七地,具摄一切文义略尽;后之四分,皆为解释十七地中,诸要文义故"。从性质上说,本书属于"菩萨藏阿毗达磨",即大乘阿毗达磨论书。如关于《瑜伽师地论》的"论体",说:

> 今此论体,总有五分:一、《本地分》,略广分别十七地义;二、《摄决择分》,略摄决择十七地中深隐要义;三、《摄释分》,略摄解释诸经仪则;四、《摄异门分》,略摄经中所有诸法名义差别;五、《摄事分》,略摄三藏众要事义。(第885页上)

五、"十七地"。解释《瑜伽师地论·本地分》中的"十七地"的名义。

(1)"五识身相应地"。"五识身"(即"五识",身表示复数),指"六识"中的前五识"眼识"、"耳识"、"鼻识"、"舌识"、"身识";"五识身相应地",指依"五识身"施设建立的境界。"依五识身,建立此地,故名相应";"又相应者,是摄属义。谓此地中,说五识身所摄属法,即是自性、所依、所缘、助伴、作业,故名相应"。此地由"自性"(自体的本性)、"所依"(所依的处所)、"所缘"(所缘的对象)、"助伴"(相应的心所)、"作业"(所造作的行为)五门施设建立。

(2)"意地"。指依"意"施设建立的境界。所说的"意",取心识三义(心、意、识)中的"意"义,指"意根"所摄的"意",亦即第六识"意识"。"言意地者,六七八识,同依意根,略去识身相应三语,故但言意。又实义门,虽有八识,然随机门,但有六识,六七八识,同第六摄,就所依名,故但言意。"此地亦由"自性"、"所依"、"所缘"、"助伴"、"作业"五门施设建立。

(3)"有寻有伺等三地"。此含"十七地"中的三地,即依有无"寻"、"伺"施设建立的"有寻有伺地"、"无寻唯伺地"、"无寻无

伺地”三种境界。这里所说的“寻”，指“寻求”，“于境推求，粗位
名寻”；“伺”指“伺察”，“于境审察，细位名伺”；“欲界地及初静虑
(指色界初禅)”的境界，与“寻”、“伺”二心所都相应，称为“有寻
有伺地”；“静虑中间”(指色界初禅与第二禅的近分定之间的禅
定)的境界，与“寻”不相应、唯与“伺”相应，称为“无寻唯伺地”；
“第二静虑已上”(指色界第二禅以上的禅定)的境界，与“寻”、
“伺”都不相应，称为“无寻无伺地”。如关于“有寻有伺地”等三
地的差别，说：

> 有寻有伺等三地者，寻谓寻求，伺谓伺察。或思或慧，
> 于境推求，粗位名寻；即此二种(指或思或慧)，于境审察，细
> 位名伺。……欲界地及初静虑，粗心、心所，前后相续，可有
> 寻、伺共相应故，名有寻有伺地；静虑中间，粗心、心所，前后
> 相续，定无有寻，唯可与伺共相应故，名无寻唯伺地；第二静
> 虑已上诸地，诸心、心所，前后相续，决定不与寻、伺相应，名
> 无寻无伺地。(第886页上)

(4)“三摩呬多地”。此地意为“胜定地”、“等引地”，指与
“定心”相应的四种禅定(指静虑、解脱、等持、等至)境界。“所言
三摩呬多地者，谓胜定地，离沉掉等，平等能引，或引平等，或是
平等，所引发故，名等引地”；“等引地名，通目一切有心(定)、无
心定位功德，故此地中，通摄一切定位功德”。此地所包含的四
种禅定。一是“静虑”，指“四静虑”(指“初静虑”等)；二是“解
脱”，指“八解脱”(指“内有色想，观外色解脱”等)；三是“等持”，
指“三三摩地”(指“空三摩地”等)；四是“等至”，指“五现见”(指
“不净观”的五种观法，即“观察不净”等)、“八胜处”(指“内有色
想，观外色少胜处”等)、“十遍处”(指“地遍处定”等)、“四无色
定”(指“空无边处定”等)、“无想定”(指凡夫和外道所修的，能止

息前六识一切活动、但仍有"染污意"的禅定)、"灭尽定"(指佛教圣者所修的能灭除前六识和"染污意"一切活动的禅定)。

(5)"非三摩呬多地"。此地意为"非定地"、"不定地",指与"散心"相应的非禅定的境界,"非三摩地,俱名非三摩呬多地"。

(6)"有心无心二地"。此含"十七地"中的二地:"有心地",指"有心定"(指四禅、四无色定)的境界;"无心地",指"无心定"(指无想定、灭尽定)的境界。此二地由"就地总说门"、"心乱不乱门"、"心生不生门"、"分位建立门"、"就真实义门"五门施设建立。如关于"有心地"、"无心地"的差别,说:

> 五识身相应地、意地、有寻有伺地、无寻唯伺地,此四(地)一向是有心地;无寻无伺地中,除无想定并无想生,及灭尽定,所余一向是有心地。若无想定并无想生,及灭尽定,是无心地。……唯无余依涅槃界中,诸心皆灭,名无心地;余位由无诸转识故,假名无心,由第八识未灭尽故,名有心地。(第887页上、中)

(7)"闻所成地"。指由听闻正法所生无漏慧成就的境界。"闻所成地者,谓从闻所生解义慧,及慧相应心、心所等"。

(8)"思所成地"。指由思惟正法所生无漏慧成就的境界。"思所成地者,谓从思所生,解法相慧,及慧相应心、心所等"。

(9)"修所成地"。指由修习正法所生无漏慧成就的境界。"修所成地者,谓从修所生,解理事慧,及慧相应心、心所等"。如关于"闻"、"思"、"修"的含义,说:

> 闻,谓听闻,即是耳根发生耳识,闻言教故;思,谓思虑,即是思数发生智慧,思择法故;修,谓修习,即是胜定发生智慧,修对治故。从此三种,发生三慧及相应法等,名三地(指闻、思、修所成地)体。(第887页中)

（10）"声闻地"。指声闻乘的修行境界。"佛圣教，声为上首，从师友所，闻此教声，展转修证，永出世间，小行小果，故名声闻。如是声闻种性、发心、修行、得果，一切总说为声闻地"。

（11）"独觉地"。指独觉乘（又称"缘觉乘"）的修行境界。"独觉地者，常乐寂静，不欲杂居，修加行满，无师友教，自然独悟，永出世间，中行中果，故名独觉。或观待缘，而悟圣果，亦名缘觉。如是独觉种性、发心、修行、得果，一切总说为独觉地"。

（12）"菩萨地"。指菩萨乘的修行境界。"菩萨地者，希求大觉，悲愍有情，或求菩提，志愿坚猛，长时修证，永出世间，大行大果，故名菩萨。如是菩萨种性、发心、修行、得果，一切总说为菩萨地"。

（13）"有余依地"。指"有余依涅槃"的境界。"有余依地者，谓有余依涅槃地也。依者，即是有漏所依"。

（14）"无余依地"，指"无余依涅槃"的境界。"无余依地者，谓无余依涅槃地也。一切有漏余依皆舍，二乘有为无漏亦舍。如来虽有有为无漏，而无一切有漏余依故，亦说名无余依地"。

本书文约义丰，对"十七地"名义的解释，十分精当，是研读《瑜伽师地论》的重要参考书。有关本书的科分，见唐法成《瑜伽师地开释分门记》卷一（《大正藏》第八十五卷），可资参考。

第二品　唐玄奘译《显扬圣教论》二十卷
附：唐玄奘译《显扬圣教论颂》一卷
陈真谛译《三无性论》二卷

《显扬圣教论》，又名《显扬论》《总苞众义论》《广苞众义论》，二十卷。印度无著造，唐玄奘译，贞观二十年（646）译出。唐道宣《大唐内典录》卷五著录（译经时间见《开元释教录》卷八）。载于《丽藏》"庆""尺"函、《宋藏》"尺""璧"函、《金藏》"庆""尺"函、《元藏》"尺""璧"函、《明藏》"分""切"函、《清藏》"分""切"函、《频伽藏》"来"帙，收入《大正藏》第三十一卷。

本书是《瑜伽师地论》要义的概说书，为唯识宗所依据的根本经典"瑜伽十支论"之一。全书由《显扬圣教论颂》及其解释组成，分为十一品，依次为《摄事品》《摄净义品》《成善巧品》《成无常品》《成苦品》《成空品》《成无性品》《成现观品》《成瑜伽品》《成不思议品》《摄胜决择品》。其中，前三品中，《摄事品》是据《瑜伽师地论·本地分》集要而成的，《摄净义品》《成善巧品》是依《瑜伽师地论·摄决择分》增广而成的；后八品，即《成无常品》至《摄胜决择品》，则为《瑜伽师地论·本地分中声闻地》所说义理的补充（参见吕澂《显扬圣教论大意》）。采用随颂作释，"颂曰"（指《显扬圣教论颂》中的偈颂）与"论曰"（指偈颂的长行解释）对应编排的方式编纂。书首有归敬颂、总摄颂。其中，归敬颂为七言十二句，始"善逝善说妙三身，无畏无流证教法"，终"显扬圣教慈悲故，文约义周而易晓"；总摄颂也是七言十二句，始"摄事净义成善巧，无常苦空与无性"，终"现观瑜伽不思议，摄胜决择十一品"。从归敬颂中有"昔我无著从彼（指弥勒菩萨）闻，今当错综地中要"等语来看，无著称自己是根据往昔从弥勒处所听闻的《瑜伽师地论》，整理编集这部《显扬圣教论》的。

一、《摄事品》（卷一至卷四）。收录《显扬圣教论颂·摄事品》二十五颂及其解释，论述一切法（事物）的"九事"，即"一切事"（此事为"杂染法"、"清净法"所依）、"界事"、"杂染事"（以上二事摄"杂染法"）、"谛事"、"依止事"、"觉分事"、"补特伽罗（指人）事"、"果事"、"功德事"（以上六事摄"杂染法"）问题。

（一）"一切事"。指一切法（事物）。一切法分为"五法"，即"心法"、"心所有法"、"色法"、"心不相应法"、"无为法"。

第一，"心法"。指认识活动的主体，即心王。"心王"的本体只有一种，依功能的差别区分，而有"心"（集起义）、"意"（思量义）、"识"（了别义）三种名称。大乘以"八识"为心王，包括"阿赖耶识、眼、耳、鼻、舌、身识，意及意识"。此中，"阿赖耶识"指第八识，即能摄藏一切事物种子的根本识，"阿赖耶识者，谓先世所作增长业烦恼为缘，无始时来戏论熏习为因，所生一切种子异熟识为体，此识能执受了别色根、根所依处，及戏论熏习"；"眼、耳、鼻、舌、身识"，指前五识，它们"从阿赖耶识种子所生"，"各依自根，各缘自境，各别了别"；"意"，指第七识"末那识"，"意者，谓从阿赖耶识种子所生，还缘彼识，我痴、我爱、我我所执（包括我执、我所执）、我慢相应"，"了别为性"；"意识"，指第六识"意识"，"意识者，谓从阿赖耶识种子所生，依于意根与彼俱转，缘一切共、不共法为境，了别为性"。

第二，"心所有法"（又称"心所法"）。指依心而起的心理活动，"从阿赖耶识种子所生，依心所起，与心俱转相应"。分为六类五十一种。

1."遍行"（又称"遍行心所"）。指与一切心恒常相应的心理活动。分为五种。（1）"作意"。指令心警觉（唐以前也将"作意"译作"思惟"）。"作意者，谓从阿赖耶识种子所生，依心所起，与心俱转相应，动心为体，引心为业"。（2）"触"。指令心触境（即由根、境、识三者和合而生的感觉）。"触者，谓三事（根、境、识）和合，分别为体，受依为业"。（3）"受"。指感受。"受者，谓领纳为体，爱缘为业"。（4）"想"。指想象。"想者，谓名、句、文身熏习为缘，从阿赖耶识种子所生，依心所起，与心俱转，相应取相为体，发言议为业"。（5）"思"。指思量。"思者，谓令心造作，得失俱非，意业为体"。

2."别境"（又称"别境心所"）。指与心缘特定境界相应的心理活动。分为五种。(1)"欲"。指希求。"欲者,谓于所乐境,希望为体,勤依为业"。(2)"胜解"。指信解。"胜解者,谓于决定境,如其所应,印解为体,不可引转为业"。(3)"念"。指明记不忘。"念者,谓于串习(指熏习)境,令心明记不忘为体,等持所依为业"。(4)"等持"(又称"定")。指令心专注一境。"等持者,谓于所观境,专住一缘为体,令心不散,智依为业"。(5)"慧"。指智慧。"慧者,谓即于所观境,简择为体,如理、不如理、非如理、非不如理,悟入所知为业"。

　　3."善"(又称"善心所")。指与一切善心相应的心理活动。分为十一种。(1)"信"。指信乐善法。"信者,谓于有体、有德、有能,心净忍可为体,断不信障为业"。(2)"惭"。指羞惭(对己以过恶为羞耻)。"惭者,谓依自增上,及法增上,羞耻过恶为体,断无惭障为业"。(3)"愧"。指愧疚(对人以过恶为羞耻)。"愧者,谓依世增上,羞耻过恶为体,断无愧障为业"。(4)"无贪"。指不贪爱。"无贪者,谓于有有具,厌离无执,不藏不爱,无著为体,能断贪障为业"。(5)"无瞋"。指不瞋恚。"无瞋者,谓于诸有情,心无损害,慈愍为体,能断瞋障为业"。(6)"无痴"。指不愚痴。"无痴者,谓正了真实为体,能断痴障为业"。(7)"精进"。指勤勇进取。"精进者,谓心勇无惰,不自轻贱为体,断懈怠障为业"。(8)"轻安"。指舒安。"轻安者,谓远离粗重,身心调畅为体,断粗重障为业"。(9)"不放逸"。指不放纵逸乐。"不放逸者,谓总摄无贪、无瞋、无痴,精进为体,依此能断恶不善法,及能修彼对治善法,断放逸障为业"。(10)"舍"(又称"行舍")。指心住平等,远离掉举。"舍者,谓总摄无贪、无瞋、无痴,精进为体,依此舍故,得心平等、得心正直,心无发动,断发动障为业"。(11)"不害"。指不损害众生。"不害者,谓由不恼害诸有情故,悲哀恻怆,愍物为体,能断害障为业"。

4."烦恼"(又称"本惑"、"烦恼心所")。指与根本烦恼相应的心理活动。分为六种。(1)"贪"。指贪欲。"贪者,谓于五取蕴(指有漏的五蕴),爱乐、覆藏、保著为体,或是俱生,或分别起,能障无贪为业"。(2)"瞋"。指瞋恚。"瞋者,谓于有情,欲兴损害为体,或是俱生,或分别起,能障无瞋为业"。(3)"慢"。指傲慢凌人。"慢者,谓以他方己,计我为胜、我等、我劣,令心恃举为体,或是俱生,或分别起,能障无慢为业"。(4)"无明"。指愚痴无知。"无明者,谓不正了真实为体,或是俱生,或分别起,能障正了为业"。(5)"见"(又称"不正见")。指五种恶见,即"萨迦耶见"(又称"身见")、"边执见"(又称"边见")、"邪见"、"见取"、"戒禁取"。(6)"疑"。指怀疑真理。"疑者,谓于诸谛,犹豫不决为体,唯分别起,能障无疑为业"。如关于根本烦恼中的"五见",说:

> 见者,谓五见为体。一萨迦耶见,谓于五取蕴(指有漏的五蕴),计我、我所,染污慧为体,或是俱生,或分别起,能障无我、无颠倒解为业。……二边执见,谓于五取蕴,执计断、常,染污慧为体,或是俱生,或分别起,能障无常、无颠倒解为业。……三邪见,谓谤因谤果,或谤功用,或坏实事,染污慧为体,唯分别起,能障正见为业。……四见取,谓于前三见及见所依蕴,计最胜上及与第一,染污慧为体,唯分别起,能障苦及不净无颠倒解为业。……五戒禁取,谓于前诸见及见所依蕴,计为清净、解脱、出离,染污慧为体,唯分别起,能障如前无颠倒解为业。(卷一《摄事品》,《大正藏》第三十一卷,第 482 页上、中)

5."随烦恼"(又称"随惑"、"随烦恼心所")。指与枝末烦恼相应的心理活动。分为二十种。(1)"忿"。指愤怒。"忿者,谓于现在违缘,令心愤发为体,能障无瞋为业"。(2)"恨"。指怨恨。"恨者,谓于过去违缘,结怨不舍为体,能障无瞋为业"。(3)"覆"。指隐瞒。"覆者,谓于过犯,若他谏诲,若不谏诲,秘所作恶为体,能障发露悔过为业"。(4)"恼"。指恼怒。"恼者,谓于过犯,若他谏诲,便发粗言,心暴不忍为体,能障善友为业"。(5)"嫉"。指妒忌。"嫉者,谓于他所有功德、名誉、恭敬、利养,心妒不悦为体,能障慈仁为业"。(6)"悭"。指悭吝。"悭者,谓积聚吝著为体,能障无贪为业"。(7)"诳"。指欺诳。"诳者,谓为惑乱他,现不实事,心诡为体,能障爱敬为业"。(8)"谄"。指谄谀。"谄者,谓为欺彼故,诈现恭顺,心曲为体,能障爱敬为业"。(9)"憍"。指骄矜自持。"憍者,谓暂获世间兴盛等事,心恃高举,无所忌惮为体,能障厌离为业"。(10)"害"。指损害众生。"害者,谓逼恼有情,无悲、无愍、无哀、无怜、无恻为体,能障不害为业"。(11)"无惭"。指不知羞耻。"无惭者,谓于自及法二种增上,不耻过恶为体,能障惭为业"。(12)"无愧"。指不知愧疚。"无愧者,谓于世增上,不耻过恶为体,能障愧为业"。(13)"惛沈",即"昏沉"。指心神昏昧。"惛沈者,谓依身粗重,甘执不进,以为乐故,令心沉没为体,能障毗钵舍那(意译观)为业"。(14)"掉举"。指心神浮躁。"掉举者,谓依不正寻求,或复追念曾所经见戏乐等事,心不静息为体,能障奢摩他(意译止)为业"。(15)"不信"。指不信善法。"不信者,谓于有体、有德、有能,心不净信为体,障信为业"。(16)"懈怠"。指懒惰。"懈怠者。谓耽著睡眠,倚卧乐故,怖畏升进,自轻蔑故,心不勉励为体,能障发起正勤为业"。(17)"放逸"。指放纵逸乐。"放逸者,谓总贪、瞋、痴、懈怠为体,由依此故,心不制正恶不善法,及不修习彼对治法,障不放逸为业"。(18)"失念"。指丧失正念。"失念者,谓于久所作、所说、所思,若法、若义,染污不记为体,障不忘念为业"。(19)"心乱"(又称"散乱")。指内心散乱。"心乱者,谓于所修善,心不喜乐,为依止故,驰散外缘为体,能障等持为业"。(20)"不正知"。指于境谬解。"不正知者,谓于身、语、意行,不正了住,染污慧为体,能障正知为业"。

6."不定"(又称"不定心所")。指善恶性质不确定的心理活动。分为四种。(1)"恶作"(又称"悔")。指追悔。"恶作者,谓于已作、未作善、不善事,若染、不染,怅怏追变为体,能障奢摩他(意译止)为业"。(2)"睡眠"。指令心暗昧。"睡眠者,谓略摄于心,不自在转为体,能障毗钵舍那(意译观)为业"。(3)"寻"(又称"觉")。指寻求(粗浅推度)。"寻者,谓或时由思,于法造作,或时由慧,于法推求,散行外境,令心粗转为体,障心内净为业"。(4)"伺"(又称"观")。指伺察(深细思察)。"伺者,谓从阿赖耶识种子所生,依心所起,与心俱转相应,于所寻法,略行外境,令心细转为体,余如寻说,乃至增长伺为业"。

第三,"色法"。指一切物质(以"质碍"为性)。分为十五种。(1)"地"(又称"地大")。指坚硬性的物质,分内地、外地二种。"内谓各别身内眼等五根,及彼居处之所依止,坚硬所摄,有执受性";"外谓各别身外色等五境之所依止,坚硬所摄,非执受性"。(2)"水"(又称"水大")。指湿润性的物质,分内水、外水二种。"内谓各别身内眼等五根,及彼居处之所依止,湿润所摄,有执受性";"外谓各别身外色等五境之所依止,湿润所摄,非执受性"。(3)"火"(又称"火大")。指暖热性的物质,分内火、外火二种。"内谓各别身内眼等五根,及彼居处之所依止,暖热所摄,有执受性";"外谓各别身外色等五境之所依止,暖热所摄,非执受性"。(4)"风"(又称"风大")。指轻动性的物质,分内风、外风二种。"内谓各别身内眼等五根,及彼居处之所依止,轻动所摄,有执受性";"外谓各别身外色等五境之所依止,轻动所摄,非执受性"。

(5)"眼"。指眼根("根"指感觉器官)。"眼,谓一切种子阿赖耶识之所执受,四大所造色为境界,缘色境识之所依止,净色为体。色蕴所摄,无见有对性。如眼,如是耳、鼻、舌、身亦尔。此中差别者,谓各行自境,缘自境识之所依止"。(6)"耳"。指耳根。(7)"鼻"。指鼻根。(8)"舌"。指舌根。(9)"身"。指身根。(10)"色"。指色境(又称"色尘","色"指物质;"境"指感觉对象)。"色,谓眼所行境,眼识所缘,四大所造,若显色、若形色、若表色为体"。(11)"声"。指声境(又称"声尘")。"声,谓耳所行境,耳识所缘,四大所造,可闻音为体"。(12)"香"。指香境(又称"香尘")。"香,谓鼻所行境,鼻识所缘,四大所造,可嗅物为体"。(13)"味"。指味境(又称"味尘")。"味,谓舌所行境,舌识所缘,四大所造,可尝物为体"。(14)"触"。指触境(又称"触尘")。"触一分(部分),谓身所行境,身识所缘,四大所造,可触物为体"。(15)"法处所摄色"。指意识所缘的"法处"统摄的色法。如关于"法处所摄色",说:

> 法处所摄色,谓一切时意所行境。色蕴所摄,无见无对。此复三种,谓律仪色、不律仪色,及三摩地所行境色。律仪色云何?谓防护身、语业者,由彼增上造作心、心法故,依彼不现行法,建立色性。不律仪色云何?谓不防护身、语业者,由彼增上造作心、心法故,依彼现行法,建立色性。三摩地所行境色云何?谓由下中上三摩地,俱转相应心、心法故,起彼所缘影像色性,及彼所作成就色性,是名法处所摄色。(卷一《摄事品》,第484页上)

第四,"心不相应行法"(又称"心不相应行蕴")。指"行蕴"所摄的与心不相应的、非色非心的现象。"心不相应行者,谓诸行与心不相应、于心、心法(指心所法)及色法分位,假施设性,不可施设与心等法,若一若异"。分为二十四种。(1)"得"。指获得、成就。"得者,此复三种:一诸行种子所摄相续差别性,二自在生起相续差别性,三自相生起相续差别性"。(2)"无想定"。指凡夫、外道所修的能止息前六识活动、但仍有"染污意"的禅定。"无想定者,谓已离遍净欲,未离上地欲,观想如病、如痈、如箭,唯无想天寂静微妙。由于无想天,起出离想,作意前方便故,不恒现行心、心法灭性"。(3)"灭尽定"。指佛教圣者所修的能灭除前六识和"染污意"一切活动的禅定。"灭尽定者,谓已离无所有处欲,或入非想非非想处定,或复上进,或入无想定,或复上进,由起暂息想作意前方便故,止息所缘,不恒现行诸心、心法,及恒行一分诸心、心法灭性"。(4)"无想天"(又称"无想报")。指修习"无想定"获得的往生"无想天"的果报。"无想天者,谓先于此间,得无想定,由此后生无想有情天处,不恒现行诸心、心法灭性"。(5)"命根"。指众生的寿命。"命根者,谓先业所引异熟六处(指六根),住时决定性"。(6)"众同分"。指众生的相似性。"众同分者,谓诸有情互相似性"。(7)"异生性"。指凡夫性。"异生性者,此有二种:一愚夫异生性,二无闻异生性。愚夫异生性者,谓无始世来,有情身中愚夫之性;无闻异生性者,谓如来法外,诸邪道性"。(8)"生"。指事物的生起。"生者,谓诸行自相发起性"。(9)"老"。指事物的衰老。"老者,谓诸行前后变异性"。(10)"住"。指事物的暂住。"住者,谓诸行生时,相续不断性"。(11)"无常"。指事物的坏灭。"无常者,谓诸行自相生后灭坏性"。(12)"名身"(身表示复数)。指表述事物自性的名词。"名身者,谓诠诸行等法自体,想号假立性"。(13)"句身"。指表述事物差别的句子。"句身者,谓聚集诸名,显染净义,言说所依性"。(14)"文身"。指"名"、"句"所依的梵文字母。"文身者,谓前二所依字性"。(15)"流转"。指因果相续不断。"流转者,谓诸行因果相续不断性"。(16)"定异"。指因果各不相同。"定异者,谓诸行因果各异性"。(17)"相应"。指因果互相顺应。"相应者,谓诸行因果相称性"。(18)"势速"。指因果迅疾流转。"势速者,谓诸行流转迅疾性"。(19)"次第"。指因果流转有序。"次第者,谓诸行一一次第流转性"。(20)"时"。指时间。"时者,谓诸行展转,新新生灭性"。(21)"方"。指方位。"方者,谓诸色行遍分齐性"。(22)"数"。指数目。"数者,谓诸行等各别相续体,相流转性"。(23)"和合"(又称"和合性")。指众缘聚合。"和合者,谓诸行缘会性"。(24)"不和合"(又称"不和合性")。指众缘离散。"不和合者。谓诸行缘乖性"。

第五,"无为法"。指无造作、无生灭变化的事物,为"有为法"的本体(又称"法性"、"实相")。分为八种。(1)"虚空无为"。指真如(指宇宙万有真实不变的本体)离诸障碍,犹如虚空,豁虚离碍。"虚空者,谓诸心、心法所缘外色对治境界性"。(2)"非择灭无为"。指非由无漏智的简择力,因本性清净或阙缘有为法不生,而显现的真如。"非择灭者,谓因缘不会,于其中间,诸行不起灭,而非离系性"。(3)"择灭无为"。指由无漏智的简择力,断灭烦恼,而证得的真如。"择灭者,谓由慧方便,有漏诸行毕竟不起灭,而是离系性"。(4)"不动无为"(又称"不动灭无为")。指入第四禅后,不为苦乐所动而显现的真如。"不动者,谓离遍净欲,得第四静虑,于其中间,苦乐离系性"。(5)"想受灭无为"。指入"灭尽定"后,因伏灭前六识、第七识及其心所的活动而显现的真如。"想受灭者,谓离无所有处,欲入灭尽定,于其中间,不恒现行心、心法,及恒行一分心、心法灭,而离系性"。(6)"善法真如"。指真如随缘为善法。"善、不善、无记法真如者,谓于善、不善、无记法中,清净境界性"。(7)"不善法真如"。指真如随缘为不善法。(8)"无记法真如"。指真如随缘为无记法。

上述一切法的"五法",归纳起来有"增益相"、"增益所起相"、"法性相"三相。"增益相者,谓诸法中遍计所执自性;增益所起相者,谓诸法中如其所应依他起自性;法性相者,谓诸法中圆成实自性"。

（二）"界事"。指一切境界。境界总分为二种,即"三界"、"三千世界"。（1）"三界"。指"众生世间",即众生居住的"欲界"、"色界"、"无色界"三种世界。欲界,指有食欲、淫欲的众生居住的世界;色界,指已离食欲、淫欲,尚有清净色质的众生居住的世界;无色界,指只有心识而无色质的众生居住的世界。三界有五种差别,即"相差别"、"粗重差别"、"方处差别"、"受用差别"、"任持差别"。（2）"三千世界"。指"器世间"（又称"国土世间"）,即由"四大"（地、水、火、风）积聚而成的国土世界。每个小世界（又称"一世界"、"一小世界"）都以妙高山（又称"须弥山"、"苏迷卢山"）为中心,由一个太阳、一个月亮所照临,有八大山、八大海层层围绕,咸海中布列着四大部洲（指东胜身洲、南赡部洲、西牛货洲、北俱卢洲）。一千个"小世界",称为"小千世界";一千个"小千世界",称为"中千世界";一千个"中千世界",称为"大千世界"。由于"大千世界"同时含有"小千"、"中千"、"大千"三种世界,故又称"三千大千世界"、"三千世界"。如关于"三界"的五种差别,说:

> 三界者,一欲界,谓未离欲地杂众烦恼诸蕴差别;二色界,谓已离欲地杂众烦恼诸蕴差别;三无色界,谓离色欲地杂众烦恼诸蕴差别。如是三界,复有五种差别应知:一相差别,二粗重差别,三方处差别,四受用差别,五任持差别。相差别者,谓欲界中色,多相、不鲜净相、种种杂相;色界中

色、少相、鲜净相、非种种杂相;无色界中,虽无业所生色,而
有定(禅定)所生色,无见无对。……粗重差别者,谓欲界中
粗重,粗而损害;色、无色界中粗重,细而不损害。方处差别
者,谓欲界居下方,色界居上方,无色界无方处。受用差别
者,谓欲界受用外门境界,色、无色界受用内门境界。任持
差别者,谓欲缠诸蕴依四食(指段食、触食、思食、识食)住,
色、无色缠诸蕴依三食(除去段食)住。(卷一《摄事品》,第
484页下—第485页上)

(三)"杂染事"。指一切杂染法。"杂染"与"染污"的含义
略有不同。"杂染",通一切有漏法的"善性"、"恶性"、"无记性"
三性,其中,"无记性"包括"有覆无记"、"无覆无记"二种,前者为
染无记,是有染的非善非恶之法,因其势用微弱,不能引生果报;
后者为净无记,是无染的非善非恶之法,因其势用微弱,也不能
引生果报。而"染污",唯通三性中的"恶性"和"无记性"中的"有
覆无记"。杂染法分为三种,称为"三种杂染"(指有漏法),即烦
恼杂染、业杂染、生杂染。(1)"烦恼杂染"。指一切烦恼,包括
"根本烦恼"和"随烦恼"。"烦恼杂染者,谓一切烦恼及随烦恼,
合名烦恼杂染"。(2)"业杂染"。指由烦恼所生,或由烦恼杂染
的善法所生的一切身业、语业、意业。"业杂染者,谓或因烦恼所
生,或因烦恼缘助善法所生,如其所应,三界所摄身业、语业、意
业"。(3)"生杂染"。指依烦恼和业而受生的各种痛苦。"生杂
染者,谓因烦恼及业故生,因生故苦"。

(四)"谛事"。指真实不虚的道理。有"六种谛",即"世俗
谛"、"胜义谛"、"苦谛"、"集谛"、"灭谛"、"道谛"。(1)"世俗
谛"。指世俗的真理。"世俗谛者,谓名、句、文身,及依彼义一切
言说,及依言说所解了义,又曾得世间心及心法,及彼所行境

义"。(2)"胜义谛"。指殊胜的真理。"胜义谛者,谓圣智及彼
所行境义,及彼相应心、心法等"。(3)"苦谛"。指显示众生痛
苦状态的真理。"苦谛者,此有二种:一世俗谛所摄,二胜义谛
所摄。世俗谛所摄者,如经中说:生苦、老苦、病苦、死苦、怨憎
会苦、爱别离苦、求不得苦;胜义谛所摄者,如经中说:略摄一切
五取蕴(指有漏的五蕴)苦"。(4)"集谛"。指显示众生痛苦原
因的真理。"集谛者,此有四种:一全摄,二胜摄,三世俗谛摄,
四胜义谛摄。全摄者,谓一切三界烦恼及业,皆名集谛;胜摄者,
谓缘已得、未得自体及境,所起爱、后有爱、喜俱行爱、处处喜爱,
皆名集谛;世俗谛摄者,若因能感世俗谛所摄苦谛;胜义谛摄者,
若因能感胜义谛所摄苦谛"。(5)"灭谛"。指显示众生痛苦断
灭的真理。"灭谛者,亦有四种,如前所说"。(6)"道谛"。指显
示众生痛苦断灭方法的真理。"道谛者,亦有四种,如前所说"。

(五)"依止事"。指修行的依止。有"八种依止",即"四静
虑"(又称"四禅")、"四无色定",前者指色界的四种根本禅定,后
者指无色界的四种根本禅定。

(六)"觉分事"。指修行的觉分(又称"菩提分")。有"三十
七觉分"、"十种智"、"三解脱门"、"菩萨十地"、"十波罗蜜多"等。

1."三十七觉分"。指"三十七菩提分法",即趣向菩提(觉
悟)的三十七种修行方法,分为七类。(1)"四念住"。指以智慧
观察身、受、心、法四境,以对治净、乐、常、我四颠倒的禅观,即:
"身念住",指观身不净;"受念住",指观受是苦;"心念住",指观
心无常;"法念住",指观法无我。(2)"四正断"。指断恶生善的
四种修行方法,即:"已生恶不善法为令断",指为断除已生恶法
而精进;"未生恶不善法为不生",指为使未生恶法不生而精进;
"未生善法为令生",指为使未生善法能生而精进;"已生善法令
住",指为使已生善法增长而精进。(3)"四神足"。指能获得神

通(深妙神奇的功能)的四种禅定,即:"欲增上故得三摩地",指
由意欲力发起的能得神通的禅定;"勤增上故得三摩地",指由精
进力发起的能得神通的禅定;"心增上故得三摩地",指由心念力
发起的能得神通的禅定;"观增上故得三摩地",指由思惟观察力
发起的能得神通的禅定。(4)"五根"。指能生长善法的五种根
性,即:"信根",指信乐善法的根性;"正勤根"(又称"精进根"),
指勤勇进取的根性;"念根",指明记不忘的根性;"等持根"(又称
"定根"),指令心专注一境的根性;"慧根",指智慧的根性。
(5)"五力"。指由"五根"产生的五种力量,即"信力"、"正勤力"
(又称"精进力")、"念力"、"等持力"(又称"定力")、"慧力"。
(6)"七遍觉支"(又称"七觉支")。指趣向觉悟的七种修行方
法,即:"念遍觉支"(又称"念觉支"),指明记善法,不忘不失;"择
法遍觉支"(又称"择法觉支"),指简择诸法,通达明了;"正勤遍
觉支"(又称"精进觉支"),指精进修行,不生懈怠;"喜遍觉支"
(又称"喜觉支"),指契悟正法,心生喜悦;"安遍觉支"(又称"轻
安觉支"),指断除粗重烦恼,身心轻安;"三摩地遍觉支"(又称
"定觉支"),指心注一境,不散不乱;"舍等觉支"(又称"舍觉
支"),指心住平等,远离掉举。(7)"八圣道支"(又称"八正
道")。指趣向涅槃解脱的八种修行方法,即:"正见",指正确的
见解;"正思惟",指正确的思惟;"正语",指正确的言语;"正业",
指正当的行为;"正命",指正当的生活;"正策励"(又称"正精
进"),指正确的精进;"正念",指正确的忆念;"正等持"(又称"正
定"),指正确的禅定。

　　2."十种智"。指能观察一切境界的十种智慧。(1)"法
智"。指观察欲界"四谛"的无漏智(即无烦恼过患的智慧)。
(2)"种类智"(又称"类智")。指观察色界、无色界(称为"上二
界")"四谛"的无漏智。(3)"他心智"。指能了知他人的心念差

别的无漏智（知他人的"无漏心"）与有漏智（知他人的有漏心）。
（4）"世俗智"。指观察世俗境物的有漏智（即有烦恼过患的智
慧）。（5）"苦智"。指观察三界"苦谛"的无漏智。（6）"集智"。
指观察三界"集谛"的无漏智。（7）"灭智"。指观察三界"灭谛"
的无漏智。（8）"道智"。指观察三界"道谛"的无漏智。（9）"尽
智"。指自知已断尽一切烦恼的无漏智。（10）"无生智"。指自
知将不再生死轮回的无漏智。

　　3."三解脱门"。指能得解脱的三种禅定。（1）"空解脱
门"。指观察诸法自性空寂的禅定。（2）"无相解脱门"。指观
察诸法无差别相的禅定。（3）"无愿解脱门"。指对诸法无所愿
乐造作的禅定。

　　4."菩萨十地"。指大乘菩萨修行的十个阶位，即"极喜
地"、"离垢地"、"发光地"、"焰慧地"、"极难胜地"、"现前地"、"远
行地"、"不动地"、"善慧地"、"法云地"。

　　5."十波罗蜜多"。指从生死此岸到涅槃彼岸的十种修行
方法，即"施波罗蜜多"（"波罗蜜多"意为"度"、"到彼岸"）、"戒波
罗蜜多"、"忍波罗蜜多"、"勤波罗蜜多"、"静虑波罗蜜多"、"慧
罗蜜多"、"善巧方便波罗蜜多"、"愿波罗蜜多"、"力波罗蜜多"、
"智波罗蜜多"。如关于"陀罗尼门"与"三摩地门"，说：

　　　　陀罗尼门者，谓诸菩萨无量陀罗尼门，广说如经。若欲
　　略说陀罗尼相者，谓诸菩萨成就字类通达，于名、句、文身，
　　如意自在，得如是种类念持之力。由念力故，随一字中，而
　　能显示、分别、开演一切种染净之义。是故说名陀罗尼门。
　　三摩地门者，谓诸菩萨无量三摩地门，广说如经。若欲略说
　　复有八种（定），谓初静虑，乃至非想非非想处。诸菩萨摩诃
　　萨依此一一三摩地门，出生无量三摩地。诸声闻、独觉不达

其名。此诸三摩地,悉能建立十方世界一切三摩地所作之事。是故说名三摩地门。(卷三《摄事品》,第492页下)

(七)"补特伽罗事"。指修行的众生。有"七种贤圣"、"四向四果"等。

1."七种贤圣"(又称"七种圣人")。指声闻乘的七种圣人。(1)"随信行"。指"见道位"随信他言而行的钝根者。"随信行,谓如有一(人),性是软根(指钝根),纯熟相续,自昔已来,恒信解行,由此因缘,今于诸谛,随信解行,趣向谛观"。(2)"随法行"。指"见道位"随顺教法而行的利根者。"随法行,谓如有一,性是利根,纯熟相续,自昔已来,恒择法行,由此因缘,今于诸谛,随择法行,趣向谛观"。(3)"信解"。指"修道位"随信他言而行的钝根者。"信解,即随信行,已见圣谛"。(4)"见至"。指"修道位"随顺教法而行的利根者。"见至,即随法行,已见圣谛"。(5)"身证"。指"信解"或"见至",入"灭尽定"而证得不还果者。"身证,谓于八解脱,身证具足住,未得诸漏无余尽灭"。(6)"慧解脱"。指未得"灭尽定",唯以智慧之力,断除烦恼而得解脱的阿罗汉。"慧解脱,谓已得诸漏无余尽灭,未得八解脱身证具足住"。(7)"俱解脱"。指得"灭尽定",以智慧之力和"灭尽定"之力,断除烦恼而得解脱的阿罗汉。"俱解脱,谓已得诸漏无余尽灭,及于八解脱身证具足住"。

2."四向四果"。指声闻乘修行的八个阶位。(1)"预流向"(又称"须陀洹向")。指声闻乘趣向初果的因位。"预流向,谓如有一(人),纯熟相续,超过一切外异生地,入正性离生(指趣入见道),若未证得初预流果,终无中夭"。(2)"预流果"(又称"须陀洹果")。指声闻乘的初果,即已断除"三结"(指有身我见、戒禁取、疑),预入圣者之流的果位。"预流果,若随胜摄,永断三结;

若全摄者,永断一切见所断惑(指永断三界的"见惑"),由此圣者已见谛故,最初证得逆流行果(指预流果)"。(3)"一来向"(又称"斯陀含向")。指声闻乘趣向第二果的因位。"一来向,谓如有一(人),或世间道,倍离欲界贪已,趣入正性离生,或预流果,为断欲界上中品惑,修对治行"。(4)"一来果"(又称"斯陀含果")。指声闻乘的第二果,即断除"三结",贪、瞋、痴三毒转薄,死后从人间生于天界,又从天界生于人间的果位。"一来果,或倍离欲已,入正性离生,然后证得,或预流果,进断欲界上中品惑故得,即依此断,说名微薄欲贪、瞋、痴"。(5)"不还向"(又称"阿那含向")。指声闻乘趣向第三果的因位。"不还向,谓如有一(人),或世间道,先离欲界贪已,趣入正性离生,或一来果,进断欲界余烦恼故,修对治行"。(6)"不还果"(又称"阿那含果")。指声闻乘的第三果,即断除"五顺下分结"(指有身见、戒禁取、疑、贪欲、瞋恚),死后不再受生于欲界的果位。"不还果,或先离欲,入正性离生,然后证得,或一来果,尽断欲界余烦恼故得"。(7)"阿罗汉向"(以上均属于"修道位")。指声闻乘趣向第四果的因位。"阿罗汉向,谓如有一(人),学已见迹,为断非想非非想地烦恼故,修对治行"。(8)"阿罗汉果"(又称"无学果")。指声闻乘的第四果,即断除贪、瞋、痴等一切烦恼,不再生死轮回的果位。"阿罗汉果,谓永断一切非想非非想地烦恼故得"。

(八)"果事"。指修行的果报。有"五种果断"、"三种菩提"等。

1."五种果断"。指菩萨修行增上戒学、定学、慧学所得的断除烦恼之果(即"果断",又称"断果")有五种。(1)"诸缠断"。指永断烦恼的现行(即"缠")。"诸缠断,谓由四种对治故,远离现行诸烦恼缠。四对治者:一散乱对治,二显了对治,三赢劣对治,四摧伏对治"。(2)"随眠断"。指永断烦恼的种子(即"随眠")。"随眠断,谓由出世间道随力,永断烦恼种子"。(3)"永尽贪断"。指永断贪欲。"永尽贪断,谓由永断随眠惑故,贪烦恼断"。(4)"永尽瞋断"。指永断瞋恚。"如永尽贪断,如是第四永尽瞋断"。(5)"永尽痴断"。指永断愚痴。"永尽痴断,应知由极净善通达见力,诸事烦恼毕竟断故,名永尽断"。

2."三种菩提"。指菩提依三乘分为三种。(1)"声闻菩提"。指声闻乘所证的菩提。"声闻菩提,谓声闻乘转依(指转舍染法,转得净法)所得寂灭,及趣寂灭道"。(2)"独觉菩提"。指独觉乘所证的菩提。"独觉菩提,谓独觉乘转依所得寂灭,及趣寂灭道"。(3)"无上正等菩提"。指大乘所证的无上正等菩提。"无上正等菩提,所谓大乘转依所得寂灭趣、寂灭道,及作一切有情利益安乐道"。

(九)"功德事"。指修行的功德事。有"四无量"、"八解脱"、"如来十力"等。

1."四无量"(又称"四无量心"、"四无量定")。指能引生利乐一切众生四种无量心的禅定(属于"三摩钵底",意译"等至")。(1)"慈无量"(又称"慈无量心")。指思惟给予一切众生快乐而起的慈心。"慈无量,谓慈心俱,无怨无憎,无有损害,广大无量,极善修习"。(2)"悲无量"(又称"悲无量心")。指思惟拔济一切众生痛苦而起的悲心。"悲无量,谓悲心俱"。(3)"喜无量"(又称"喜无量心")。指思惟一切众生离苦得乐而起的喜心。"喜无量,谓喜心俱"。(4)"舍无量"(又称"舍无量心")。指思惟一切众生平等,无有亲怨之别而起的舍心。"舍无量,谓舍心俱"。"四无量"的体性是:"慈以无瞋善根为体,悲以不害善根为体,喜以不嫉善根为体,舍以无贪无瞋善根为体。"

2."八解脱"。指断除三界贪欲而得解脱的八种禅定。即:

"有色诸色观解脱"（又称"内有色想，观外色解脱"），指依"初禅"而起的解脱，即在内有"色想"时，通过观察欲界的不净色，如青瘀等色，令贪欲不起；"内无色想，外诸色观解脱"（又称"内无色想，观外色解脱"），指依"第二禅"而起的解脱，即在内无"色想"时，通过观察欲界的不净色，令贪欲不起；"净解脱"，指依"第四禅"而起的解脱，即通过观察欲界的净色，如青、黄、赤、白等色，令贪欲不起；"无边虚空处解脱"（又称"空无边处解脱"），指依"空无边处定"而起的解脱；"无边识处解脱"（又称"识无边处解脱"），指依"识无边处定"而起的解脱；"无所有处解脱"，指依"无所有处定"而起的解脱；"非想非非想处解脱"，指依"非想非非想处"而起的解脱；"想受灭解脱"，指依"灭尽定"而起的解脱。

　　3. "如来十力"。指佛的十种智力。(1)"处非处智力"。能了知事物是否合乎道理（合乎道理为"处"，不合道理为"非处"）。(2)"自业智力"（又称"业法集智力"）。指能了知过去、现在未来三世的业报。(3)"静虑、解脱、三摩地、三摩钵底智力"（又称"静虑、解脱、等持、等至发起杂染清净智力"）。指能了知各种禅定的浅深次第。(4)"根上下智力"（又称"根胜劣智力"）。指能了知众生的根性胜劣。(5)"种种胜解智力"。指能了知众生的意乐（即意念）胜解。(6)"种种界智力"。指能了知众生的界类差别。(7)"遍趣行智力"。指能了知众生有漏行、无漏行的归趣。(8)"宿住随念智力"。指能了知过去世所经行的事情。(9)"死生智力"。指能以天眼（超越肉眼）了知众生的生死状况。(10)"漏尽智力"。指能了知断尽烦恼的情况。如关于修行功德中的"九种清净"，说：

　　　　清净者，谓九种清净，广说如经。一尸罗（指戒）清净，
　　谓如有一（人），善住尸罗，及善守护别解脱戒。……二心清

净,谓如有一,依戒清净,远离欲恶不善法。……三见清净,谓如有一,具心清净,鲜白无秽,离诸烦恼,得住不动。……四度疑清净,谓如有一,依见清净,于佛、法、僧,无惑无疑。五道非道智见清净,谓如有一,依度疑清净,得妙智见:唯佛所说、僧所行道,能得出离。……六行智见清净,谓如有一,依道非道智见清净,得妙智见,知出离道有下、中、上。……七行断智见清净,谓如有一,依行智见清净,得妙智见,谓我应断下、中之行,及为发起上妙圣行。八无缘寂灭清净,谓如有一,依行断智见清净,证得无余诸漏永尽。九国土清净,谓诸佛共有无上功能果,能示现不可思议国土庄严,极净佛思,及极净菩萨思,及思眷属法。(卷三《摄事品》,第 495 页下—第 496 页上)

二、《摄净义品》(卷五至卷十三)。收录《显扬圣教论颂·摄净义品》二十一颂及其解释,论述清净道理问题。内容叙及:"十种义"、"五蕴"、"四种真实"、"四种寻思"、"四种如实智"、"十二分教"、"菩提五种分别"、"十六异论"、"七种论法"等。

1."十种义"。指一切义(义理)分为十种。(1)"尽所知义"。指在杂染法、清净法中,"穷一切种差别边际"。(2)"如所知义"。指在杂染法、清净法中,知"真如实性"。(3)"能取义"。指能认识的识(主体),即"五内色处(眼、耳、鼻、舌、身)、心、意、识,及诸心法(指心所法)"。(4)"所取义"。指所认识的境(客体),即"外六处"(色、声、香、味、触、法)。(5)"所依住义"。指器世间,即"外世界"。(6)"所受用义"。指受用的物品。(7)"颠倒义"。指四种颠倒,即"于无常中计常颠倒"、"于苦中计乐颠倒"、"于不净中计净颠倒"、"于无我中计我颠倒"。(8)"不颠倒义"。指与四种颠倒相反。(9)"杂染义"。指三种杂染,即"烦恼杂染"、"业杂染"、"生杂染"。(10)"清净义"。指为断离三种杂染,"所修一切菩提分法"。

2."五蕴"。指一切有为法(有因缘造作和生灭变化的事物)的五种类别。(1)"色蕴"。指"色"(即物质)的积聚。总计有二十六种色,分别是:"欲界系色"、"色界系色"、"无色界系色"、"清净界色"、"内色"、"外色"、"所依色"、"所缘色"、"能取色"、"所取色"、"执受色"、"无执受色"、"同分色"、"彼同分色"、"有见有对色"、"无见有对色"、"无见无对色"、"清净色"、"清净所取色"、"意所取色"、"所依住色"、"覆护色"、"资具色"、"根所居色"、"根色"、"等持境界色"。(2)"受蕴"。指"受"(即以"领纳"为性的感受)的积聚,即"六受,谓眼触所生受,乃至意触所生受"。(3)"想蕴"。指"想"(即以"取像"为性的想象)的积聚,即"六想,身眼触所生想,乃至意触所生想"。(4)"行蕴"。指"行"(即以"造作"为性的思量)的积聚,即"六思,身眼触所生思,乃至意触所生思"。(5)"识蕴"。指"识"(即以"了别"为性的心识)的积聚,即"六识","阿赖耶识"为"六识"所摄,"藏彼种故,由此识密记摄"。

3."四种真实"。指事物的四种真实性。(1)"世间真实"(又称"世间极成真实")。指世间共同认可(即"极成")的事物为真实。"世间真实者,谓一切世间,于诸事中,由串习(指熏习)所得悟入智见,共施设世俗性"。(2)"道理真实"(又称"道理极成真实")。指智者依"现量"(指感觉,即感觉器官对事物自相的认识)、"比量"(指推理,即在现量的基础上,由已知推知未知,对事物共相加以认识)、"圣教量"(又称"至教量",指以圣人的言教,作为判别认识正误的标准)三量建立的道理为真实。"道理真实者,谓正智者有道理义","依现、比、至教三量,极善决择智所行、所知事,以证成道理"。(3)"烦恼障净智所行真实"。指声闻、独觉断除"烦恼障"(指由"我执"而生的能障涅槃的烦恼)而得"清净智",此智所行的境界为真实。"烦恼障净智所行真实者,谓一切声闻、独觉无漏方便智、无漏正智、无漏后所得世间智等,所行境界"。(4)"所知障净智所行真实"。指菩萨断除"所知障"(指由"法执"而生的能障菩提的烦恼)而得"解脱智",此智所行的境界为真实。"所知障净智所行真实者,谓于所知中能碍智故,名所知障,若真实性,是解脱所知障智所行境界"。

4."四种寻思"。指菩萨在加行位(四善根位)修习的推求思察诸法假有实无的四种观法。(1)"名寻思"。指推求思察诸法(事物)的名称假有实无。(2)"事寻思"(又称"义寻思")。指推求思察诸法的事相假有实无。(3)"自体假立寻思"(又称"自性假立寻思")。指推求思察诸法的自性假有实无。(4)"差别假立寻思"。指推求思察诸法的差别相假有实无。

5."四种如实智"。指由修习"四种寻思"(名、事、自性假立、差别假立寻思)所引生的,能如实了知一切诸法不可得的四种智慧。(1)"名寻思所引如实智"。指如实了知诸法的名称不可得的智慧。(2)"事寻思所引如实智"。指如实了知诸法的事相不可得的智慧。(3)"自体假立寻思所引如实智"。指如实了知诸法的自性不可得的智慧。(4)"差别假立寻思所引如实智"。指如实了知诸法的差别相不可得的智慧。

6."十二分教"。指依体裁和内容区分的佛说教法的十二种类别,即"契经"、"应颂"、"记别"、"讽颂"、"自说"、"缘起"、"譬喻"、"本事"、"本生"、"方广"、"未曾有法"、"论议"。(1)"契经"。指佛经中无固定句式的长行(即散文)。(2)"应颂"。指对佛经长行的内容作提示和概括的偈颂(有一定韵律句式的诗句)。(3)"记别"。指佛对众弟子的修行果位和世人的命终归宿所作的预言。(4)"讽颂"。指佛经中吟咏佛法的偈颂。

(5)"自说"。指佛有感而说的偈颂和教义。(6)"缘起"。指佛
讲经说法和制立戒律的原委。(7)"譬喻"。指佛教圣贤的事
迹,以及借物喻理所作的各种比喻。(8)"本事"。指不显示说
经地点、对象和原委的佛的教说,以及佛和弟子在过去世的故
事。(9)"本生"。指由现在世发生的事情而追溯的佛和弟子在
过去世的行事。(10)"方广"。指佛说的较为深广的教义。
(11)"未曾有法"(又称"希法")。指佛和弟子稀有奇特的功德
与事情,即"若于是处,宣说声闻、诸大菩萨及如来等最极希有、
甚奇特法"。(12)"论议"。指佛和弟子对比较艰深的教义与术
语所作的解释。"如是十二分教中,具有经、律、阿毗达磨藏(指
论藏)。此中所说契经、应颂、记别、讽颂、自说、譬喻、本事、本
生、方广、未曾有法,是为经藏;此中所说缘起,是为律藏;此中所
说论议,是为阿毗达磨藏"。

7."菩提五种分别"。指声闻、独觉、大乘在菩提(智慧)上
的五种差别,即"种性"(又作"种姓")、"方便"、"时"、"证觉"、"解
脱"。如关于"菩提五种分别",说:

　　　菩提五种分别者,一种性、二方便、三时、四证觉、五解
脱。种性者,声闻菩提(指声闻乘所证的菩提),依钝根种
性;独觉菩提(指独觉乘所证的菩提),依中根种性;无上正
等菩提(指大乘所证的无上菩提),依利根种性。方便者,声
闻菩提,由行六处(指六根)善巧方便;独觉菩提,由多分行
甚深缘起善巧方便;无上正等菩提,由五明处(指内明处、医
方明处、因明处、声明处、工业明处)善巧方便。时者,声闻
菩提,极少三生修行而得;独觉菩提,由百大劫修行而得;无
上正等菩提,由三大劫阿僧企耶(指三大劫)修行而得。证
觉者,声闻菩提,由师证觉;独觉菩提,唯誓自利,无师证觉;

无上正等菩提,自利、利他,无师证觉。解脱者,声闻菩提、独觉菩提所证转依(指转舍染法,转得净法),解脱烦恼障,解脱身摄;无上正等菩提所证转依,解脱一切烦恼障及所知障,解脱身摄及法身摄。(卷七《摄净义品》,第 516 页中、下)

8.“十六异论”(又称“外道十六宗”)。指外道的十六种异论。它们是:“因中有果论”、“从缘显了论”、“去来实有论”、“计我论”、“计常论”、“宿作因论”、“自在等作者论”、“害为正法论”、“有边无边论”、“不死矫乱论”、“无因见论”、“断见论”、“空见论”、“妄计最胜论”、“妄计清净论”、“妄计吉祥论”。

9.“七种论法”。指辩论的七项要件。(1)“论体性”(又称“论体”)。指辩论的体性,分为六种,即“言论”、“尚论”、“诤论”、“毁谤论”、“顺正论”、“教导论”。(2)“论处所”(又称“论处”)。指辩论的处所,分为六种,即“于国王前”、“于执理者前”、“于大众中”、“于善解法义者前”、“于沙门婆罗门前”、“于乐法义者前”。(3)“论所依”(又称“论依”)。指立论的依据,分为两类十种。①“所成义”。指“所立”,即正确的命题(又称“宗”、“宗支”),下分“自性”、“差别”二种。②“能成法”。指“能立”,即论证,下分“立宗”、“辩因”、“引喻”、“同类”、“异类”、“现量”(指感觉,即感觉器官对事物自相的认识)、“比量”(指推理,即在现量的基础上,由已知推知未知,对事物共相加以认识)、“至教”(又称“圣教量”,指以圣人的言教,作为判别认识正误的标准)八种。(4)“论庄严”。指辩论者的素养,分为六种,即“善自他宗”、“语具圆满”、“无畏”、“敦肃”、“应供”。(5)“论堕负”(又称“论负”)。指辩论者堕入失败的原因,分为三种,即“舍言”、“言屈”、“言过”。(6)“论出离”。指立论者对立论能否成立,所作的预

先研判,分为三种,即"观察德失"(又称"观察得失")、"观察众
会"(又称"观察时众")、"观察善不善"(又称"观察善巧不善
巧")。(7)"论多所作法"。指对建立论式多有帮助的作法,分
为三种,即"善自他宗"、"无畏"(又称"勇猛无畏")、"辩才"(又称
"辩才无竭")。

　　三、《成善巧品》(卷十四)。收录《显扬圣教论颂·成善巧
品》二十五颂及其解释,论述"七种善巧"等问题。

　　"七种善巧",指"蕴善巧"、"界善巧"、"处善巧"、"缘起善
巧"、"处非处善巧"、"根善巧"、"谛善巧"。此中,善巧(又称"善
巧方便"),是"智";蕴、界、处等,是"境","七种善巧"就是七种观
法。(1)"蕴善巧"。指以善巧智观察"五蕴"。"蕴者,是积聚
义,能善了知是积聚义,名蕴善巧";"此中显示诸蕴自体,及彼障
断胜利,是名蕴善巧"。(2)"界善巧"。指以善巧智观察"十八
界"。"由观根、境、识三法,从自因而生,名界善巧";"此中显示
界善巧自体,及彼障断胜利,是名界善巧"。(3)"处善巧"。指
以善巧智观察"十二处"。"由善了知触生门体,建立二处,谓根
及境,如是由能生义,故名为处","就胜义谛,触者、受者皆不可
得,就世俗谛,二皆可得,是名处善巧"。(4)"缘起善巧"。指以
善巧智观察"十二缘起"。"能善了知从未永断无常之因,能生诸
果,名缘起善巧";"此中显示缘起自体,及彼障断胜利,是名缘起
善巧"。(5)"处非处善巧"。指以善巧智观察事物是否合乎道
理,合乎道理为"处",不合道理为"非处"。"若不见我于因、果二
处而得自在,名处非处善巧";"又处非处者,于自果决定,名之为
处;当知于余,名为非处。由无倒慧于此善巧,是名处非处善巧,
此中显示处非处善巧自体,及彼障断胜利"。(6)"根善巧"。指
以善巧智观察"二十二根"。"若不见我于能取等,是增上故,名
根善巧";"此中显示根善巧自体,及彼障断胜利,是名根善巧"。

(7)"谛善巧"。指以善巧智观察"四谛"。"由能善观我于染、净二法,非顺道理,名谛善巧";"此中显示出世智自体,及彼障断胜利,是名谛善巧"。

四、《成无常品》(卷十四)。收录《显扬圣教论颂·成无常品》二十三首半颂及其解释,论述"无常相"问题。

"无常相",指"三有为相",即有为法的"生相"、"灭相"、"住异相"三相。其中,"住异相"包括"住相"、"异相"二相,故"三有为相"又作"四有为相"。"无常性者,谓有为法与三有为相共相应故:一生相、二灭相、三住异相"。"无常相"可细分为"六种无常"、"八种无常"、"十五种变异"。(1)"六种无常"。指"无性无常"、"失坏无常"、"转异无常"、"别离无常"、"得无常"、"当有无常"。(2)"八种无常"。指"刹那门"、"相续门"、"病门"、"老门"、"死门"、"心门"、"器门"、"受用门"。(3)"十五种变异"。指"分位变异"、"显变异"、"形变异"、"兴盛变异"、"支节变异"、"寒热变异"、"他所损害变异"、"疲倦变异"、"威仪变异"、"触对变异"、"染污变异"、"病等变异"、"死变异"、"青瘀等变异"、"一切种不现尽变异"。

五、《成苦品》(卷十五)。收录《显扬圣教论颂·成苦品》二十颂及其解释,论述"苦相"问题。

"苦相",指三种苦相,即"苦苦相"、"坏苦相"、"行苦相",由"苦受"、"乐受"、"不苦不乐受"施设建立。(1)"苦苦相"。指"苦受"的自相,即由苦境所生的痛苦。(2)"坏苦相"。指"乐受"变坏的自相,即由乐境变坏时所生的痛苦。(3)"行苦相"。指"不苦不乐受"的自相,即由有为法的生灭无常所生的痛苦。"三苦",依"界"、"缘"、"身"、"趣"、"种类"、"谛"、"世"、"时"、"命"、"品"十科区分,有五十五种差别。通常说的"八苦",即"生苦"、"老苦"、"病苦"、"死苦"、"怨憎会苦"、"爱别离苦"、"求不得苦"、"五取蕴(指有漏的五蕴)苦",属于依"谛差别"(即依苦谛)而说的八种苦。"三苦"又为"二谛"所摄,"世俗谛所摄苦有二种,谓苦苦,及坏苦;胜义谛所摄有一种,谓行苦,此亦名遍行苦,遍至欲等三界故"。

六、《成空品》(卷十五至卷十六)。收录《显扬圣教论颂·成空品》二十三颂及其解释,论述"空相"问题。

"空相"有三种,即"自相"、"甚深相"、"差别相",由"众生无我"(又称"人无我")、"法无我"二种无我道理施设建立。(1)"自相"。指"空"的自相是"非定有"、"非定无",既非"有相",亦非"无相"。"空自相者,非定有无。非定有者,谓于诸行中,众生自性及法自性,毕竟无所有故;非定无者,谓于此中,众生无我及法无我,有实性故";"空性无有二相:一非有相,二我无故;二非无相,二无我有故"。(2)"空甚深相"。指"空"的甚深相是对诸法"无取无舍、无增无减"。"虽舍诸法,而无所减;虽取诸法,而无所增。无取无舍、无增无减,是甚深空相"。(3)"差别相"。指"空"的差别相有"胜义空"、"内空"、"外空"等。此中,"胜义空"(又称"第一义空"),指"诸法实相"、"涅槃"为空,"以胜义故,空无所有,故名胜义空"。如关于"空"的自相,说:

　　颂曰:若于此无有,及此余所有,随二种道理,说空相无二(以上为《显扬圣教论颂·成空品》中的偈颂)。

　　论曰:空自相者,非定有无。非定有者,谓于诸行中,众生自性,及法自性,毕竟无所有故;非定无者,谓于此中,众生无我,及法无我,有实性故。随二种道理者,谓即于此中,无二种我道理,及有二无我道理。随此二种故,说空性无有二相:一非有相,二我无故;二非无相,二无我有故。

何以故？此二我无，即是二无我有；此二无我有，即是二我无故，是故空性非定有相、非定无相(以上为偈颂的解释)。(卷十五《成空品》，第553页中、下)

七、《成无性品》(卷十六)。收录《显扬圣教论颂·成无性品》二十四颂及其解释，论述"三自性"、"三无性"问题。

1."三自性"。指一切事物有三种自性(此依显意而言)。(1)"遍计所执自性"(又称"遍计所执性")。指凡夫对外境作周遍度、虚妄分别，将它们执为实有的自性，即依"名言"(指名称言说)而建立的自性。"遍计所执者，所谓诸法依因言说，所计自体"。(2)"依他起自性"(又称"依他起性")。指一切事物依赖众缘和合(各种条件的聚合)而生起的自性，即依"众缘所生"而建立的自性。"依他起者，所谓诸法依诸因缘，所生自体"。(3)"圆成实自性"(又称"圆成实性")。指在"依他起性"的基础上，远离"遍计所执性"，证悟由"人"、"法"二空所显示的一切事物的实性，即由"根本无分别智"所证的"诸法真如"。"圆成实者，所谓诸法真如自体"。

2."三无性"。指一切事物无三种自性(此依密意而言，为依"三自性"而立的空义)。(1)"相无性"。依"遍计所执性"而立的空义，指虚妄分别所执取的事物无自性。"相无性，谓遍计所执自性，由此自性体相无故"。(2)"生无性"。依"依他起性"而立的空义，指依众缘所生的事物无自性。"生无性，谓依他起自性，由此自性，缘力所生，非自然生故"。(3)"胜义无性"。依"圆成实性"而立的空义，指真如为胜义，远离遍计所执的我、法性，假说无性，非性全无。"胜义无性，谓圆成实自性，由此自性，体是胜义，又是诸法无性故"。

3."转依"。指转舍染法，转得净法，即转舍"依他起性"上的"遍计所执性",而转得"依他起性"中的"圆成实性"。"于依他起自性,执著初自性故,起于熏习,则成杂染。当知圆成实自性,无执著故,起于熏习,则成清净。杂染即是有漏性,清净即是无漏性,此无漏性,当知即是转依相";"此转依不可思议,由四种道,方乃证得,谓四种正行、四种寻思、四如实智、四种境事"。

八、《成现观品》(卷十六至卷十七)。收录《显扬圣教论颂·成现观品》二十五颂及其解释,论述"六种现观"问题。

"六种现观",指六种现前观察,即以智慧现前观察(直观)所缘之境的六种方法,"由能知智,与所知境,和合无乖,现前观察,故名现观"。(1)"思现观"。指以"思所成慧"现前观察所缘之境。(2)"信现观"。指以对三宝、因果的"净信"现前观察所缘之境。(3)"戒现观"。指以"无漏戒"现前观察所缘之境。(4)"现观智谛现观"。指以"根本无分别智"、"后得无分别智"现前观察所缘之境。(5)"现观边智谛现观"。指以"世智"、"出世智"现前观察所缘之境。(6)"究竟现观"。指以"尽智"、"无生智"等现前观察所缘之境。如关于"六种现观"的体性,说:

> 颂曰:此现观差别,或六或十八,相胜利众多,随经论所说(以上为《显扬圣教论颂·成现观品》中的偈颂)。

> 论曰:当知现观差别复有六种:一思现观、二信现观、三戒现观、四现观智谛现观、五现观边智谛现观、六究竟现观。问:思现观以何为体?答:以上品思所生慧为体,或彼俱行菩提分法为体。问:信现观以何为体?答:以上品世、出世缘三宝净信为体。……问:戒现观以何为体?答:以圣所爱身语等业为体。……问:现观智谛现观以何为体?答:以缘非安立谛圣慧为体。……问:现观边智谛现观以何为体?答:以缘安立谛圣慧为体。……问:究竟现

观以何为体? 答：以尽智无生智等为体(以上为偈颂的解释)。(卷十七《成现观品》,第562页下)

九、《成瑜伽品》(卷十七)。收录《显扬圣教论颂·成瑜伽品》四颂及其解释,论述"瑜伽"问题。"瑜伽",是菩萨成就无上菩提的"因力","依止三摩钵底,发起般若波罗蜜多瑜伽胜行,即此正慧,能到彼岸,是大菩提最胜方便,故名瑜伽"。

十、《成不思议品》(卷十七)。收录《显扬圣教论颂·成不思议品》十颂及其解释,论述"九事不思议"问题。

"九事不思议",指修行者对九种事情不应思议。这九种事情是："我"、"有情"、"世界"、"业报"、"静虑者境界"、"诸佛境界"、"十四不可记事"(对外道问难的十四个问题,不作回答,如"世间常"、"世间无常"、"世间常亦无常"、"世间非常非无常"等)、"非正法"、"一切烦恼之所引摄"。因为思议这些事情,会引发三种过失,即"起心乱过失"、"生非福过失"、"不得善过失"。

十一、《摄胜决择品》(卷十七至卷二十)。收录《显扬圣教论颂·摄胜决择》四十八颂,决择(决断简择,亦即辨析)初品《摄事品》所述一切法的"九事",即"一切事"、"界事"、"杂染事"、"谛事"、"依止事"、"觉分事"、"补特伽罗事"、"果事"、"功德事"问题。

1. "一切事决择"。指"五事"(又称"五法"),即"心事"、"心所有事"、"色事"、"心不相应事"、"无为事"的辨析。内容叙及：阿赖耶识作为"一切杂染法根本",有"流转相"、"还灭相"二种。阿赖耶识的"流转相",由四种相施设建立。一是"所缘境相",指阿赖耶识由了别"内执受"、"外无分别相器"二种所缘之境而流转；二是"相应相",指阿赖耶识恒常地与五种遍行心所,即"作意"、"触"、"受"、"想"、"思"心所相应而流转；三是"互为因相",

指阿赖耶识与"七转识"(即前六识与末那识)互为因缘而流转,阿赖耶识能为七转识作"种子生因"、"所依止因";四是"俱转相",指阿赖耶识能与"七转识"中的一种识或几种识同时俱转。阿赖耶识的"还灭相"(又称"杂染还灭相"),指断灭杂染而得清净。有为法有"十因"、"四缘"、"五果"。"十因",指一切有为法生起的十种原因,即"随说因"、"观待因"、"牵引因"、"生起因"、"摄受因"、"引发因"、"定别因"、"同事因"、"相违因"、"不相违因";"四缘",指一切有为法生起的四种条件,即"因缘"、"等无间缘"、"所缘缘"、"增上缘";"五果",指由因缘引生的五种结果,即"异熟果"、"等流果"、"离系果"、"士用果"、"增上果"等。如关于阿赖耶识与"七转识"互为因缘,说:

> 阿赖耶识与彼转识为二种因:一为种子生因,二为所依止因。种子生因者,谓诸所有善、不善、无记转识生时,一切皆因阿赖耶识种子而生;所依止因者,谓由阿赖耶识所执色根为依止故,五识身转,非无执受。又由有此识(阿赖耶识),故得有意根,由此意根为依止,故意识得生。……复次,转识与阿赖耶识为二种因:一于现法中,长养彼种子故;二于后法中,为彼得生摄殖彼种子故。于现法中,长养彼种子者,谓随依止阿赖耶识,如是如是善、不善、无记转识生时,于一依止,同生同灭,如是如是熏习此识,由是为因缘故,后后转识善、不善、无记性转。……于后法中,摄殖彼种子者,谓彼熏习种类,能引摄未来即此异熟阿赖耶识。如是种子因故,依止因故,长养种子故,摄殖种子故,是名建立阿赖耶识、转识互为因相。(卷十七《摄胜决择品》,第566页中)

2."界事决择"。指"三界"的辨析。内容叙及:三界有十二种差别,它们是:"多种差别"(指有多种所依、相貌、处所、境界、烦恼、作业)、"趣差别"、"苦乐不苦不乐俱行差别"、"有难无难差别"、"不清净处不清净身等差别"、"受用差别"、"善根胜劣差别"、"杂恶行不杂恶行善根差别"、"粗重厚薄差别"、"生差别"、"得自体差别"、"言说差别"等。

　　3."杂染事胜决择"。指"三种杂染"的辨析。内容叙及:烦恼的"现行"(称为"缠")有二十种,它们是:"随所欲缠现行"、"不随所欲缠现行"、"无所了别"、"有所了别"、"互增上"、"皆平等"、"微薄"、"外门缠现行"、"内门缠现行"、"增上缠现行"、"失念缠现行"、"分别缠现行"、"俱生缠现行"、"观察现行"、"不自在现行"、"自在现行"、"不可救现行"、"可救现行"、"取相现行"、"不取相貌现行"等。

　　4."谛事决择"。指"二谛"、"四谛"的辨析。内容叙及:"一切言说,及因彼意解所得义,皆名世俗谛;若清净所缘,若清净性,若彼方便,皆名胜义谛。清净所缘者,谓四圣谛及真如;清净性者,谓灭谛;清净方便者,谓道谛"等。

　　5."依止决择"。指"四静虑"(又称"四禅")、"四无色定"的辨析。内容叙及:入定(进入禅定)有二种相。一是"境相",指入定时所缘的境界,"境相者,谓分别相,由缘此故,而入于定";二是"因相",指入定前的准备工作,"因相者,谓能入定所有资粮"等。

　　6."觉分决择"。指"三十七觉分"的辨析。内容叙及:修习"四念住",能对治九种障碍,即"不厌离"、"不作意"、"止观随烦恼"、"沉下"、"不能堪忍"、"于少劣知足"、"忘失教授"、"违犯戒行"、"弃舍欲乐增上、猛利诸妙善轭"等。

　　7."补特伽罗胜决择"。指众生的辨析。内容叙及:众生的修行差别是由五种因造成的,"一由种性故,谓可救不可救";"二由趣入故,谓声闻乘等";"三由学故,谓学、无学";"四由得故,谓住四果及三向";"五由过失功德故,谓有障,无障、具缚、不具缚"等。

8."果事决择"。指修行果报的辨析。内容叙及:"由证转依故,诸烦恼不起,当知转依说名为断"等。

9."功德事中依止大乘胜决择"。指修行功德的辨析。内容叙及:"应知大乘言教是佛所说";"应知于一时间,有多如来出现于世";"一切如来,于一切所作事功能平等";"诸佛世尊唯依摄事,显了诸法,是名素呾缆藏";"佛世尊为诸声闻及诸菩萨,说别解脱,及广分别别解脱相应法,是名毗奈耶藏";"佛世尊以十一种相(指世俗谛相、胜义谛相、菩提分法所缘相、此行相、此自体相、得此果相、此领受显了相、此障碍法相、此随顺法相、此过患相、此称赞相),显了分别,开示诸法,是名摩呾履迦藏"等。如关于一切法的"四种道理",说:

> 道理者,谓四种道理。一观待道理,二作用道理,三证成道理,四法尔道理。若由诸因诸缘故,诸行生起,及随显说,是名观待道理;若由诸因诸缘故,诸法若证得、若成满,若彼已生,能起业用,是名作用道理;若由诸因诸缘故,所立、所说、所标举义,得成立、得正解。是名证成道理。……法尔道理者,谓若如来出世,若不出世,法性、法界,安住无变,是名法尔道理。(卷二十《摄胜决择品》,第582页中—第583页上)

书末对"瑜伽道"作了总结,说:"瑜伽道,当知多闻所摄,正法为境界,奢摩他(意译止,即禅定)、毗钵舍那(意译观,即智慧)为自体,依止影像及依止事成就。"

元王古《大藏圣教法宝标目》卷六评论本书说:此论"宣说

《瑜伽师地论》中要义，显扬圣教，文约义周，使人易晓，区别义类，为十一品，错综该罗，法义深广"。它是研究瑜伽行派学说的必读书。

本书的注疏有：现代吕澂《显扬圣教论大意》（收入《吕澂佛学论著选集》，齐鲁书社 1991 年 7 月版）。

唐玄奘译《显扬圣教论颂》一卷

《显扬圣教论颂》，一卷。印度无著造，唐玄奘译，贞观十九年（645）译出。唐道宣《大唐内典录》卷五著录（译经时间见《开元释教录》卷八）。载于《丽藏》"璧"函、《宋藏》"非"函、《金藏》"璧"函、《元藏》"非"函、《明藏》"退"函、《清藏》"退"函、《频伽藏》"来"帙，收入《大正藏》第三十一卷。

本书是《显扬圣教论》的本颂（指原颂）。全书分为十一品，依次为《摄事品》《摄净义品》《成善巧品》《成无常品》《成苦品》《成空品》《成无性品》《成现观品》《成瑜伽品》《成不思议品》《摄胜决择品》，共收录归敬颂三颂（每颂七言四句）、总摄颂一颂（七言四句）和正颂二百四十八颂半（每颂五言四句），对《瑜伽师地论》要义，作了概括性的论述。

一、《摄事品》。初收归敬颂三颂，始"善逝善说妙三身，无畏无流证教法"，终"显扬圣教慈悲故，文约义周而易晓"；次收总摄颂一颂，始"摄事净义成善巧，无常苦空与无性"，终"现观瑜伽不思议，摄胜决择十一品"；后收本品正颂二十五颂，始"一切界杂染，谛依止觉分"，终"由十种法行，及六种理趣"，论述一切法（事物）的"九事"，即"一切事"、"界事"、"杂染事"、"谛事"、"依止事"、"觉分事"、"补特伽罗事"、"果事"、"功德事"问题。

二、《摄净义品》。收录二十一颂，始"诸论中胜论，亦善入瑜伽"，终"所对治能治，略广义应知"，论述清净道理问题，包括

"十种义"、"五蕴"、"四种真实"、"四种寻思"、"十二分教"、"菩提五种分别"、"十六异论"、"七种论法"等。

三、《成善巧品》。收录二十五颂，始"于诸蕴界处，及众缘起法"，终"异摄论为先，后最极清净"，论述"七种善巧"（"蕴善巧"、"界善巧"、"处善巧"、"缘起善巧"、"处非处善巧"、"根善巧"、"谛善巧"）等问题。

四、《成无常品》。收录二十三首半颂，始"无常谓有为，三相相应故，无常义如应，六八种应知"，终"自种故非他，待缘故非自，无作故非共，用故非无因"，论述"无常相"问题。

五、《成苦品》。收录二十颂，始"生为欲离因，灭生和合欲，倒无倒厌离，彼因为苦相"，终"缠疑不乐离，沉恶趣余趣，下劣行所起，遍独众苦尽"，论述"苦相"问题。

六、《成空品》。收录二十三颂，始"若于此无有，及此余所有，随二种道理，说空相无二"，终"修果应当知，三菩提功德，依止转依性，所作事成就"，论述"空相"问题。

七、《成无性品》。收录二十四颂，始"三自性应知，初遍计所执，次依他起性，最后圆成实"，终"不住生灭故，诸佛智无上，利乐诸有情，不思议无二"，论述"三自性"、"三无性"问题。

八、《成现观品》。收录二十五颂，始"当知现所观，下中上品事，有漏及无漏，未见未受遍"，终"此现观差别，或六或十八，相胜利众多，随经论广说"，论述"六种现观"问题。

九、《成瑜伽品》。收录四颂，始"般若度瑜伽，等至无分别，一切一切种，无有分别故"，终"若都无所取，无慧亦无度，俱成取离言，为顺非无用"，论述"瑜伽"问题。

十、《成不思议品》。收录十颂，始"九事不思议，由依止五处，有五种因故，得失俱三种"，终"诸佛之所说，遍知等无违，五因二因故，于此不应思"，论述"九事不思议"问题。

十一、《摄胜决择品》。收录四十八颂,始"数相别有处,边际与生起,想善巧摄等,胜决择诸事",终"略说瑜伽道,缘所闻正法,奢摩他与观,依影像成就",决择初品《摄事品》所述一切法的"九事"的义理问题。

本书所收的偈颂,相当于义理纲目。其中,很多偈颂的含义,仅从字面上看,是无法理解的。以"果断"(又称"断果",指菩萨修行所得的断除烦恼之果)为例,本书说:

果断有五种,遍知及清净。净果界菩提,无学由自数。(《摄事品》,《大正藏》第三十一卷,第583下)

这首二十字的偈颂,在《显扬圣教论》卷三《摄事品》中的长行解释,达一千六百多字。依释文所说,此颂分为九个层次。(1)"果断有五种",指"五种果断",即"诸缠断"、"随眠断"、"永尽贪断"、"永尽瞋断"、"永尽痴断"。(2)"遍知",指"九遍知"(能断除三界见惑、修惑的九种无漏智),即"欲(界)系见苦(谛)、集(谛)所断烦恼断遍知"(第一遍知);"色(界)、无色(界)系见苦(谛)及集(谛)所断烦恼断遍知"(第二遍知);"欲系见灭所断烦恼断遍知"(第三遍知);"色、无色系见灭所断烦恼断遍知"(第四遍知);"欲系见道所断烦恼断遍知"(第五遍知);"色、无色系见道所断烦恼断遍知"(第六遍知,以上为能在见道位断除见惑的六种遍知);"五顺下分结断遍知"(第七遍知);"色贪尽遍知"(第八遍知);"无色贪尽遍知"(第九遍知,以上为能在修道位断除修惑的三种遍知)。(3)"清净",指"九种清净",即"尸罗清净"、"心清净"、"见清净"、"度疑清净"、"道非道智见清净"、"行智见清净"、"行断智见清净"、"无缘寂灭清净"、"国土清净"。(4)"净",指"四证净",即"佛证净"、"法证净"、"僧证净"、"圣所爱戒证净"。(5)"果",指"四沙门果",即"预流沙门果"、"一来沙门果"、"不还沙门果"、"阿罗汉沙门果"。(6)"界",指"三种界",即"断界"、"离界"、"灭界"。(7)"菩提",指"三种菩提",即"声闻菩提"、"独觉菩提"、"无上正等菩提"。(8)"无学",指"十无学法",即"无学正见"、"无学正思惟"、"无学正语"、"无学正业"、"无学正命"、"无学正勤"、"无学正念"、"无学正定"、"无学正解脱"、"无学正智"。(9)"由自数",指"前所说果,各由自数差别"。

由此可见,《显扬圣教论颂》中的偈颂,只有借助于《显扬圣教论》中的长行解释,才能显示它的真实义蕴。

陈真谛译《三无性论》二卷

《三无性论》,二卷。陈真谛译,约译于永定二年(558)至光大二年(568)之间。隋法经等《众经目录》卷五著录(译经时间见《开元释教录》卷七)。载于《丽藏》"尽"函、《宋藏》"命"函、《金藏》"尽"函、《元藏》"命"函、《明藏》"沛"函、《清藏》"沛"函、《频伽藏》"来"帙,收入《大正藏》第三十一卷。

本书是唐玄奘译《显扬圣教论》卷十六《成无性品》的异译本,论述"三性"(又称"三自性")、"三无性"、"二谛"、"转依"、"四种道"等问题。原书在卷题下,有"出《无相论》"的题注,从书首有"前说《空品》,后说《无性品》"一语,所说的《空品》《无性品》的前后排序,与《显扬圣教论》第六品为《成空品》、第七品为《成无性品》正相吻合。由此推断,真谛所说的《无相论》,实际上就是《显扬圣教论》。但《显扬圣教论·成无性品》是采用"颂曰"(指《显扬圣教论颂》中的偈颂)与"论曰"(指偈颂的长行解释)对应编排的方式编纂的,于中收录了二十四颂,始"三自性应知,初遍计所执,次依他起性,最后圆成实",终"不住生灭故,诸佛智无上,利乐诸有情,不思议无二"。本书则删去"颂曰",只保留"论曰",故它是没有偈颂的;除"论曰"之外,本书还有"释曰",从语意辨析,可能是译者为疏通论本的文义所作的解释(包括有些未标"释曰"的解释),其中吸收了《显扬圣教论·成无性品》以外的一些内容,如《显扬圣教论》中的《摄事品》《摄净义品》,以及《辩中边论》等。故本书的实际内容比《成无性品》要丰富得多。特别值得注意的是,本书主张"九识"论,在第八识"阿梨耶识"(又称"阿赖耶识")之外,别立第九识"阿摩罗识",称它是"真如如"(意为真正的"真如")、"唯一净识"(意为唯一的"净识"),说"唯阿摩罗识是无颠倒,是无变异,是真如如","阿摩罗识遣于乱识故,究竟唯一净识也"(见卷上)。这些说法是《显扬圣教论》中所没有的,反映了真谛所传的"无相唯识学"与玄奘所传的"有相唯识学",在思想上的分歧。

卷上:论述"三性"、"三无性"、"二谛"等问题。

一、"三性"(又称"三自性")。指一切事物有三种自性(此依显意而言)。(1)"分别性"(又称"遍计所执自性")。指凡夫对外境作周遍计度、虚妄分别,将它们执为实有的自性,即依"名言"(指名称言说)而建立的自性。"分别性者,谓名言所显诸法自性,即似尘识分"。(2)"依他性"(又称"依他起自性")。指一切事物依赖众缘和合(各种条件的聚合)而生起的自性,即依"众缘所生"而建立的自性。"依他性者,谓依因、依缘显法自性,即乱识分依因内根,缘内尘起故"。(3)"真实性"(又称"圆成实自性")。指在"依他性"的基础上,远离"分别性",证见由"人"、"法"二空所显示的一切事物的实性,即由"根本无分别智"所证的"诸法真如"。"真实性者,谓法如如(又称"诸法真如")。法者,即是分别、依他两性。如如(又称"真如")者,即是两性无所有,分别性以无体相故,无所有;依他性以无生故,无所有。此二无所有,皆无变异,故言如如,故呼此如如为真实性"。

二、"三无性"。指一切事物无三种自性(此依密意而言,为依"三自性"而立的空义)。(1)"相无性"。依"分别性"而立的空义,指虚妄分别所执取的事物无自性。"约分别(性)者,由相无性,说名无性。何以故?如所显现是相实无,是故分别性以无相为性"。(2)"生无性"。依"依他性"而立的空义,指依众缘所生的事物无自性。"约依他性者,由生无性,说名无性。何以故?此生由缘力成,不由自成。缘力即是分别性,分别性体既无,以无缘力故,生不得立。是故依他性,以无生为性"。(3)"真实无性"(又称"胜义无性")。依"真实性"而立的空义,指真如为胜义,远离遍计所执的我、法性,假说无性,非性全无。"约真实性者,由真实无性故,说无性。何以故?此理是真实故。一切诸法,由此理故,同一无性。是故真实性,以无性为性"。

三、"二谛"。指二种真理(真实不虚的道理)。(1)"俗谛"(又称"世俗谛")。指世俗的真理,有三相(此说原见于《显扬圣教论》卷五《摄净义品》)。①"我说"(又称"说我")。指"我"的体相。"我说者,谓我、众生、寿者、行者、人、天、男、女等"。②"法说"(又称"说法")。指"法"的体相。"法说者,色、受、想、行、识等"。③"事说"(又称"说事")。指"事"的体相。"事说者,见、闻、生、灭等"。(2)"真谛"(又称"胜义谛")。指殊胜的真理,有"七种如如",即七种真如(此说原见于《显扬圣教论》卷三《摄事品》)。①"生如如"(又称"流转真如")。指有为法生灭流转的实性。"生如如者,谓有为法无前无后。有为法者,但两性摄,谓分别,依他,此法无前无后"。②"相如如"(又称"实相真如")。指由"二空"(人空、法空)显现的实性。"相如如者,谓人法二空"。③"识如如"(又称"唯识真如")。指染净法的唯识实性。"识如如者,谓一切诸行,但唯是识"。④"依止如如"(又称"安立真如")。指"苦谛"(为"四谛"之一,下同)的实性。"依

止如如者,所谓苦谛"。⑤"邪行如如"(又称"邪行真如")。指
"集谛"的实性。"邪行如如者,所谓集谛"。⑥"清净如如"。指
"灭谛"的实性。"清净如如者,所谓灭谛"。⑦"正行如如"(又
称"正行真如")。指"道谛"的实性。"正行如如者,所谓道谛"。
如关于"识如如"(又称"唯识真如"),说:

> 真谛者,谓七种如如(指七种真如),一生、二相、三识、
> 四依止、五邪行、六清净、七正行。……识如如者,谓一切诸
> 行,但唯是识。此识二义,故称如如:一摄无倒,二无变异。
> 摄无倒者,谓十二入等一切诸法,但唯是识,离乱识外,无别
> 余法故。一切诸法皆为识摄,此义决定,故称摄无倒,无倒
> 故如如。……无变异者,明此乱识,即是分别(性)、依他
> (性)似尘识所显,由分别性永无故,依他性亦不有。此二无
> 所有,即是阿摩罗识,唯有此识,独无变异,故称如如。……
> 唯阿摩罗识是无颠倒,是无变异,是真如如也。……阿摩罗
> 识遣于乱识故,究竟唯一净识也。(卷上,《大正藏》第三十
> 一卷,第871页中—第872页上)

卷下:论述"转依"、"四种道"等问题。

一、"转依"。指转舍染法,转得净法。"转依"依修行阶位
区分,分为五种。(1)"一分转依"。指声闻、缘觉二乘的转依。
"一分转依,谓二乘人依我见、我爱灭故,无流相续,异于凡夫,所
以名转回转,异前凡夫所依有流"。(2)"具分转依"。指初地菩
萨的转依。"具分转依,谓初地菩萨具得人、法两空"。(3)"有
动转依"。指"菩萨十地"中"七地"以下菩萨的转依。"有动转
依,谓七地已还,有出入观,故名之为动"。(4)"有用转依"。指
"十地"以下菩萨的转依。"有用转依,谓十地已还,事未办故,不
舍功用,故名有用"。(5)"究竟转依"。指"如来地"的转依。

"究竟转依,谓如来地至得圆满,故名究竟,是名转依"。

二、"四种道"。指能得"转依"的四种修行方法。(1)"四圣行"。指四种正行。①"波罗蜜"。指"十波罗蜜",即从生死此岸到涅槃彼岸的十种修行方法,即"施波罗蜜"、"戒波罗蜜"、"忍波罗蜜"、"精进波罗蜜"、"禅波罗蜜"、"般若波罗蜜"、"方便波罗蜜"、"愿波罗蜜"、"力波罗蜜"、"智波罗蜜"。②"道行"。指"三十七道品",即趣向菩提(觉悟)的三十七种修行方法,即"四念处"、"四正勤"、"四如意足"、"五根"、"五力"、"七觉分"、"八圣道分"。③"神通行"。指"六神通",即依修习"四禅"而得的六种深妙神奇的功能,即"神境智见作证通"、"天耳智见作证通"、"心差别智见作证通"、"宿住随念智见作证通"、"死生智见作证通"、"漏尽智见作证通"。④"成熟众生行"。指"四摄法",即菩萨摄受众生的四种方法,即"布施"、"爱语"、"利行"、"同利"(又称"同事")。(2)"四种寻思"。指菩萨在加行位(四善根位)修习的推求思察诸法假有实无的四种观法,即"寻思名言"(又称"名寻思")、"寻思义类"(又称"事寻思")、"寻思自性假"(又称"自性假立寻思")、"寻思差别假"(又称"差别假立寻思")。(3)"四种如实知"(又称"四如实智")。指由修习"四种寻思"所引生的,能如实了知一切诸法不可得的四种智慧,即"寻思名得如实智"(又称"名寻思所引如实智")、"寻思类得如实智"(又称"事寻思所引如实智")、"寻思自性得如实智"(又称"自性假立寻思所引如实智")、"寻思差别得如实智"(又称"差别假立寻思所引如实智")。(4)"四种境界"。指"转依"所缘的四种境界(又称"四种境事"),即"遍满境界"(又称"遍满境")、"治行境界"(又称"净行境")、"胜智境界"(又称"善巧境")、"净惑境界"(又称"净惑境")。如关于"四种境界"中的"净惑境界",说:

净惑境界者,有二种:一世间道境界,二出世道境界。世间道境界,复有二种:一者下地(指欲界)有三相,谓粗动、忧逼、厚障;二者上地(指色界、无色界)亦有三相,谓寂静、微妙、远离也。二出世道境界,亦有二种:一为离烦恼障,修四谛观;二为离一切智障,修非安立谛观(指诸法真如)。此二境界能除三障:前观世间道境界,除凡夫障,即皮烦恼;次观四谛,除二乘障,即肉烦恼;后观非安立谛,除菩萨障,即心烦恼,故名净惑境界也。如此所明(四)圣行、四寻思、四如实智、四(种)境界,由此四道,能得转依也。(卷下,第877页下—第878页上)

由于本书既是《显扬圣教论·成无性品》的异译,又带有译者的注解,因此,它不是单纯的译籍,也是包括真谛的学说见解在内的思想资料,通过与《显扬圣教论·成无性品》的比对,可以发现唯识古学的一些重要观点。

第三品　　唐玄奘译《辩中边论》三卷

附:陈真谛译《中边分别论》二卷
唐玄奘译《辩中边论颂》一卷
陈真谛译《十八空论》一卷

《辩中边论》,又名《辩中边分别论》《中边论》《辩中边论》,三卷。印度世亲造,唐玄奘译,龙朔元年(661)译出。唐道宣《大唐内典录》卷五著录(译经时间见《开元释教录》卷八)。载于《丽藏》"竭"函、《宋藏》"力"函、《金藏》"竭"函、《元藏》"力"函、《明藏》"静"函、《清藏》"静"函、《频伽藏》"来"帙,收入《大正藏》第三十一卷。

本书是《辩中边论颂》的注释书,论述远离"二边分别"(指偏面对立的二种执见),修行"中道"问题,为唯识宗所依据的根本经典"瑜伽十支论"之一。关于书名的含义,书末解释说:"此论能辩中边行,故名辩中边,即是显了处中二边能缘行义;又此能辩中边境,故名辩中边,即是显了处中二边所缘境义。或此正辩离初后边中道法,故名辩中边。"(卷下《辩无上乘品》)关于本书的作者,汉、藏两地佛教均依内容分作二人:《中边分别论颂》(即《中边分别论》中的本颂,亦即原颂),为"弥勒菩萨说",是"弥勒五论"之一;《中边分别论》(即含有《中边分别论颂》本颂及其长行解释的释论),为"世亲造"。唐玄奘《大唐西域记》卷五说:"无著菩萨夜升天宫,于慈氏(指弥勒)菩萨所受《瑜伽师地论》《庄严大乘经论》(即《大乘庄严经论》)、《中边分别论》等,昼为大众,讲宣妙理。"这里所说的弥勒口说的《大乘庄严经论》《中边分别论》,实际上是指它们的本颂,即《大乘庄严经论颂》(无汉译单行本,有藏译单行本)、《中边分别论颂》(有汉译、藏译单行本),而它们的释论均为世亲所作。对此,唐窥基《辩中边论述记》卷一有过明确的表述,说:"慈氏为说此论(指《辩中边论》)本颂,名《辩中边颂》;无著既受得已,便付世亲,使为广释,故此长行,世亲所造,名《辩中边论》。"由于《辩中边论颂》相传是由无著上升兜率天,听弥勒口说,返回人间后,录成文字传出的,故它实际上是无著编集的著作。

全书由《辩中边论颂》(共一百一十三颂)及其解释构成,分为七品,依次为《辩相品》《辩障品》《辩真实品》《辩修对治品》《辩修分位品》《辩得果位》《辩无上乘品》,对远离二边分别的"相"、"障"、"真实"、"修对治"、"修分位"、"得果"、"无上乘"七义(七方面的义理),作了简明扼要的论述。其中,初二品论"境"(修行者所观的境界),次三品论"行"(修行者所作的修行),后二品论

"果"(修行者所证的果位)。全书采用随颂作释,"颂曰"(指《辩中边论颂》)与"论曰"(指偈颂的解释,即长行)对应编排的方式编纂。各品之末,大多有"总义",对一品的义项略作小结。本书收录的偈颂中,有七颂未见于《辩中边论颂》,分别是:书首的归敬颂一颂,始"稽首造此论,善逝体所生",终"及教我等师,当勤显斯义";卷上《辩障品》中的"能作有十种"二颂,始"能作有十种,谓生住持照",终"烟因圣道等,于识等所作";卷下《辩无上乘品》中的"十金刚句"二颂,始"应知有非有,无颠倒所依",终"无减亦无增,是十金刚句";书末的回向偈一颂,始"我辩此论诸功德,咸持普施群生类",终"令获胜生增福慧,疾证广大三菩提"。它们当是世亲撰释论时所作的偈颂,不是无著所作的《辩中边论》的本颂(即《辩中边论颂》)。

一、《辩相品》(卷上)。解释《辩中边论颂》的总摄颂一颂(即"唯相障真实,及修诸对治,即此修分位,得果无上乘")、《辩相品》二十二颂。总摄颂揭示全书的论纲,即远离二边分别的"相"、"障"、"真实"、"修对治"、"修分位"、"得果"、"无上乘"七义,书中未作细释;《辩相品》偈颂及其解释,论述一切法的体相"虚妄分别相"、"空相"问题。

1.虚妄分别相"。指虚妄分别(即"心"、"心所")的体相有九种,即"有相"、"无相"、"自相"、"摄相"、"入无相方便相"、"差别相"、"异门相"、"生起相"、"杂染相"。(1)"有相"与"无相"。指虚妄分别是"依他起性",由依他起性生起的心识的"见分"(认识的作用)、"相分"(指认识的对象)是有的;"遍计所执性"执取"能取"(又称"能执",指识)、"所取"(又称"所执",指境)为实有,是永无实性,唯有"空性"的;"圆成实性"就是由断离"二取"的执著而显现的"二取空性"(指"能取空"、"所取空")。一切法分为有为法、无为法二种,虚妄分别属有为法,"二取空性"属于无为法。一切法是"非空非不空"的,由于它们有"空性"、"虚妄分别",故说"非空";由于它们无"能取"、"所取",故说"非不空"。只有了知虚妄分别中有空性,空性中有虚妄分别,才是契合"中道"的正理。(2)"自相"。指虚妄分别的自体是"识"。识有变现相似的事物("变似")的功能,能变现"似义"、"似有情"、"似我"、"似了"四种境界。一是"似义"(又称"似尘"),指器世间;二是"似有情"(又称"似根"),指众生的根身;三是"似我",指恒执阿赖耶识为"我",常与"我痴"、"我见"、"我慢"、"我爱"四烦恼相应的第七识"末那识";四是"似了"(又称"似识"),指以了别为性的前六识。一切识都依止于本识"阿赖耶识"。此中,"似义"、"似有情",显现虚妄分别中的"所取"之相,为心识的相分;"似我"、"似了",显现虚妄分别中的"能取"之相,为心识的见分。由于"似义"、"似有情"并没有"行相","似我"、"似了"也不是"真现",故它们"皆非实有"。又因"能取"、"所取"是相待而成的,"所取"之境既非实有,"能取"之识自然也非实有。(3)"摄相"。指虚妄分别具摄"三种自性"。依虚妄分别的"境",故说有"遍计所执自性";依虚妄分别的"自性",故说有"依他起自性";依"二取空性"(指能取空、所取空),故说有"圆成实自性"。(4)"入无相方便相"。指从虚妄分别悟入"无相"(指无能取、所取之相)的方法是,"依识有所得,境无所得生,依境无所得,识无所得生",也就是先认知"识有境无",再进一步认知"识无境无",即识、境皆不可得。(5)"差别相"。指虚妄分别的差别相,是三界(欲界、色界、无色界)众生的"心"、"心所"。(6)"异门相"。指虚妄分别的异名是"心"、"心所",能了别境界的总相(又称"通相")者,名为"心";能了别境界的别相者,名为"心所"(有"受"、"想"、"行"等)。(7)"生起相"。指虚妄分别的生起,依赖于"缘识"、"受者识"。"缘识"就是"藏识",即阿赖耶识;"受者识"(又称"用识")就是"七转识",即由第八识转生的前七识。(8)"杂染相"。指由虚妄分别所生的杂染相,是"十二有支"(指"十二因缘")。"十二有支",可归纳为"三杂染"(指烦恼杂染、业杂染、生杂染)、"二杂染"(指因杂染、果杂染)、"七杂染"(指七种杂染因,即颠倒因、牵引因、将导因、摄受因、受用因、引起因、厌怖因;对十二有支的上述归纳,是本书特有的说法)。如关于"识生变似义"(指识能变现相似的境界),说:

> 颂曰:识生变似义,有情我及了,此境实非有,境无故识无(以上为《辩中边论颂》的偈颂)。

> 论曰:变似义者,谓似色等诸境性现(陈真谛译《中边分别论》卷上译作"本识显现相似色等","本识"指阿赖耶识);变似有情者,谓似自、他身五根性现;变似我者,谓染末那与我痴等恒相应故;变似了者,谓余六识了相粗故。此境实非有者,谓似义、似根无行相故,似我、似了非真现故,皆非实有。境无故识无者,谓所取义等四境无故,能取诸识亦非实有(以上为偈颂的解释)。(卷上《辩相品》,《大正藏》第三十一卷,第464页下)

2."空相"。指"空性"的体相。"空性"由"诸相"、"异门"、"义"、"差别"、"成立"五相施设建立。(1)"相"(又称"体相")。指空性的体相是"无二","无二,谓无所取、能取","此即显空无性为性,故此空相非有非无"。也就是说,空性是"无所取、能取"的"二取空性",是以"无性"(无所取、能取之性)为自性的,故它本质上是"非有非无"的。空性与虚妄分别是一种"非异非一"的关系,即非一体又非异体。(2)"异门"(又称"众名")。指空性的异名,有"真如"、"实际"、"无相"、"胜义性"、"法界"等。(3)"义"(又称"异门义")。指空性异名的含义。"真如",以"无

变"为义;"实际",以"无倒"为义;"无相",以"相灭"为义;"胜义
性",以"圣智境"为义;"法界",以"圣法因"为义。(4)"差别"
(又称"分别")。指空性的差别相。空性依众生所处的行位,分
为"杂染"、"清净"二种,前者指"有垢位"(染污位)的空性,后者
指"出离垢时"(清净位)的空性。也就是说,空性本来是清净的,
因受虚妄分别所生的客尘的覆盖,而未能显现,一旦去除客尘,
空性就自然显现出来了。此外,空又分为"十六空"(指"内空"乃
至"无性自性空")等。(5)"成立"(又称"成立理")。指空性的
差别相成立的理由。空性是"非染非不染"、"非净非不净"的,之
所以说"非染非不染",是因为"心性本净故";之所以说"非净非
不净",是因为"由客尘所染"。如关于"空性"的各种异名,说:

颂曰:由无变无倒,相灭圣智境,及诸圣法因,异门义
如次(以上为《辩中边论颂》的偈颂)。

论曰:即此中说所知空性,由无变义,说为真如,真性
常如,无转易故;由无倒义,说为实际,非诸颠倒,依缘事故;
由相灭义,说为无相,此中永绝一切相故;由圣智境义,说为
胜义性,是最胜智所行义故;由圣法因义,说为法界,以一切
圣法缘此生故,此中界者,即是因义、无我等义,如理应知
(以上为偈颂的解释)。(卷上《辩相品》,《大正藏》第三十一
卷,第 465 页下)

二、《辩障品》(卷上)。解释《辩中边论颂·辩障品》十七
颂,论述三乘修行的障碍,即"五障"、"九结"、"善等十种净法
障"、"菩提分等诸障"等问题。

1."五障"。指三乘修行的五种障碍。(1)"具分障"(又称
"遍障")。指"烦恼障"(指由"我执"而生的能障涅槃的烦恼)、
"所知障"(又称"一切智障",指由"法执"而生的能障菩提的烦

恼),此为菩萨解脱的障碍。(2)"一分障"(又称"一方障")。指
"烦恼障",此为声闻解脱的障碍。(3)"增盛障"(又称"重障")。
指"彼贪等行",即贪、瞋、痴等势用强盛的烦恼,此为菩萨、声闻
修行的共同障碍。(4)"平等障"。指"彼等分行",即势用均等
的其他烦恼,此为妨碍菩萨、声闻修行的共同障碍。(5)"于生
死有取舍障"(又称"取舍障")。指取舍生死,令菩萨不能证得
"无住涅槃"的障碍,此为菩萨修行的障碍。

　　2."九结障"。指结缚众生,使之不能出离三界生死的九种
烦恼,即"爱结"、"恚结"、"慢结"、"无明结"、"见结"、"取结"、"疑
结"、"嫉结"、"悭结",此为菩萨、声闻修行的九种障碍。一是"爱
结",能障碍"厌离"(厌离),令人"于顺境不能厌离";二是"恚
结",能障碍"弃舍",令人"于违境(逆境)不能弃舍";三是"慢
结",能障碍对"身见"过患的了知,使"我慢"现起;四是"无明
结",能障碍对"身见事"(指五取蕴,即有漏的五蕴)的了知,令人
"不知诸取蕴";五是"见结",能障碍对"灭谛"的了知,令人产生
"萨迦耶见"(指身见)、"边执见"(指常见、断见)、"邪见",怖畏涅
槃,诽谤涅槃;六是"取结",能障碍对"道谛"的了知,令人"取余
法为净";七是"疑结",能障碍对"三宝"(佛、法、僧)的了知,令人
"不信受三宝功德";八是"嫉结",能障碍对"利养、恭敬等"的了
知,令人"不见彼过失";九是"悭结",能障碍对"远离"的了知,令
人"贪著资生具"。

　　3."善等十种净法障"。指净法有"善"、"菩提"、"摄受"、
"有慧"、"无乱"、"无障"、"回向"、"不怖"、"悭"、"自在"十种,每
一种各有三种障碍,合称"三十障"。(1)"善障"。指"善"有"无
加行"、"非处加行"、"不如理加行"三障。(2)"菩提障"。指"菩
提"有"不生善法"、"不起正思惟"、"资粮未圆满"三障。(3)"摄
受障"。指"摄受"(指"发菩提心")有"阙种性"、"阙善友"、"心极

疲厌性"三障。（4）"有慧障"。指"有慧"有"阙正行"、"鄙者共住"、"恶者共住"三障。（5）"无乱障"。指"无乱"有"颠倒粗重"、"烦恼等三障中随一有余性(指烦恼障、业障、报障中的一些障碍)"、"能成熟解脱慧未成熟性"三障。（6）"无障障"。指"无障"(指"障断灭")有"俱生粗重"、"懈怠性"、"放逸性"三障。（7）"回向障"。指"回向"有"贪著诸有"、"贪著资财"、"心下劣性"三障。（8）"不怖障"。指"不怖"有"不信重补特伽罗(指人)"、"于法无胜解"、"如言而思义"三障。（9）"不悭障"。指"不悭"有"不尊重正法"、"尊重名誉、利养、恭敬"、"于诸有情心无悲愍"三障。（10）"自在障"。指"自在"有"匮(乏)闻生长"、"少闻"、"不修治胜三摩地(指定)"三障。

4."菩提分等诸障"。指"菩提分障"、"到彼岸障"、"十地障"等障碍。（1）"菩提分障"。指修行"三十七菩提分"的障碍。（2）"到彼岸障"。指修行"十种波罗蜜多"的障碍。（3）"十地障"。指修行"十地"的障碍。

三、《辩真实品》(卷中)。解释《辩中边论颂·辩真实品》二十三颂，论述一切法的"十种真实"问题。

"十种真实"，指"根本真实"、"相真实"、"无颠倒真实"、"因果真实"、"粗细真实"、"极成真实"、"净所行真实"、"摄受真实"、"差别真实"、"善巧真实"。

（1）"根本真实"。指"三自性"(即"遍计所执自性"、"依他起自性"、"圆成实自性")为根本真实，其他九种真实都是依"三自性"而建立的。一是"遍计所执自性"为真实，指遍计所执自性的体相是"常非有"(即"恒常非有")，此为真实，"遍计所执相常非有，唯常非有，于此性中，许为真实，无颠倒故"；二是"依他起自性"为真实，指依他起自性的体相是"有非真"(即"有而不真")，此为真实，"依他起相有而不真，唯有非真，于依他起，许为真实,有乱性故";三是"圆成实自性"为真实,指圆成实自性的体相是"有非有"(即"非空非不空"),此为真实,"圆成实相亦有非有,唯有非有,于此性中,许为真实,有空性故"。(2)"相真实"。指"三自性"的真实相为真实。一是"遍计所执自性真实相",指对一切"法"、"补特伽罗"(指人)不起"增益见"或"损减见",如实知见;二是"遍计所执自性真实相",指对一切"所取"(境)、"能取"(识)不起"增益见"或"损减见",如实知见;三是"圆成实自性真实相",指对一切法的"有非有"(即"非空非不空")不起"增益见"或"损减见",如实知见。(3)"无颠倒真实"。指"无常"、"苦"、"空"、"无我"四法为真实。因为它们能对治"于无常执常"、"于诸苦执乐"、"于空执有"、"于无我执我"四种颠倒。"无常"、"苦"、"空"、"无我"各有三种,分别与"三自性"相对应。"无常三种",指"无性无常"、"生灭无常"、"垢净无常";"苦三种",指"所取苦"、"事相苦"、"和合苦";"空三种",指"无性空"、"异性空"、"自性空";"无我三种",指"无相无我"、"异相无我"、"自相无我"。(4)"因果真实"(又称"果因真实")。指"四圣谛"为真实,"四圣谛"的每一谛各有三种。"苦谛三种",指"无常"、"苦"、"空"、"无我"四法各有三种;"集谛三种",指"习气集"、"等起集"、"未离系集";"灭谛三种",指"自性灭"、"二取灭"、"本性灭";"道谛三种",指"遍知道"、"永断道"、"证得道"。(5)"粗细真实"(又称"细粗真实")。指"世俗谛"、"胜义谛"二谛为真实,二谛各有三种。"世俗谛三种",指"假世俗"、"行世俗"、"显了世俗";"胜义谛三种",指"义胜义"、"得胜义"、"正行胜义"。

(6)"极成真实"(又称"成就真实")。分为二种。一是"世间极成真实",指世间共同认可("极成")的事物为真实,"若事世间共所安立,串习(指熏习)随入,觉慧所取,一切世间同执此事,(如)是地非火、(是)色非声等,是名世间极成真实,此于根本三真实中,但依遍计所执而立"。二是"道理极成真实",指智者依"现量"(指感觉,即感觉器官对事物自相的认识)、"比量"(指推理,即在现量的基础上,由已知推知未知,对事物共相加以认识)、"圣教量"(指以圣人的言教,作为判别认识正误的标准)三量建立的道理为真实,"若有理义聪睿、贤善能寻思者,依止三量,证成道理,施设建立,是名道理极成真实"。(7)"净所行真实"(又称"清净境界真实")。分为二种。一是"烦恼障净智所行真实",指声闻、独觉断除"烦恼障"而得"清净智",此智所行的境界为真实。二是"所知障净智所行真实"。指菩萨断除"所知障"而得"解脱智",此智所行的境界为真实。(8)"摄受真实"(又称"摄取真实")。指"相"、"名"、"分别"、"真如"、"正智"五法为真实。"名",为"遍计所执自性"所摄;"相"、"分别",为"依他起自性"所摄;"真如"、"正智",为"圆成实自性"所摄。(9)"差别真实"。指七种真实(又称"七真如")。一是"流转真实",指有为法的流转为真实;二是"实相真实",指由"二取空"显示的诸法实相为真实;三是"唯识真实",指"三界唯识"为真实;四是"安立真实",指"苦谛"为真实;五是"邪行真实",指"集谛"为真实;六是"清净真实",指"灭谛"为真实;七是"正行真实",指"道谛"为真实。其中,"流转"、"安立"、"邪行"三种真实,是依"遍计所执自性"、"依他起自性"建立的;"实相"、"唯识"、"清净"、"正行"四种真实,是依"圆成实自性"建立的。(10)"善巧真实"。指"十种善巧"(又称"十种胜智",即以善巧智观察所缘,对治"我见"的十种方法)为真实。一是"蕴善巧",指以善巧智观察"五蕴",对治"执一性",即执著独一的人身为"实我"的偏见;二是"界善巧",指以善巧智观察"十八界",对治"执因性",即执著"万物之因"为"实我"的偏见;三是"处善巧",指以善巧智观察"十二处",对治"执受者性",即执著"受者"为"实我"的偏见;四是"缘起善巧",

指以善巧智观察"十二缘起",对治"执作者性",即执著"作者"为
"实我"的偏见;五是"处非处善巧"。指以善巧智观察事物是否
合乎道理,合乎道理为"处",不合道理为"非处",对治"执自在转
性",即执著"自在者"为"实我"的偏见;六是"根善巧",指以善巧
智观察"二十二根",对治"执增上义性",即执著"诸根增上者"为
"实我"的偏见;七是"世善巧",指以善巧智观察"三世",对治"执
常性",即执著"三世恒常者"为"实我"的偏见;八是"谛善巧",指
以善巧智观察"四谛",对治"执染净所依性",即执著"染净法所
依者"为"实我"的偏见;九是"乘善巧",指以善巧智观察"三乘",
对治"执观行者性",即执著"三乘修行者"为"实我"的偏见;十是
"有为无为法善巧",指以善巧智观察"有为法"、"无为法",对治
"执缚解者性",即执著"系缚者"、"解脱者"为"实我"的偏见。如
关于"无常"、"苦"、"空"、"无我"各有三种,说:

颂曰:无性与生灭,垢净三无常,所取及事相,和合苦
三种。空亦有三种,谓无异自性,无相及异相,自相三无我。
如次四三种,依根本真实(以上为《辩中边论颂》的偈颂)。

论曰:无常三者,一无性无常,谓遍计所执,此常无故;
二生灭无常,谓依他起,有起尽故;三垢净无常,谓圆成实,
位转变故。苦三种者,一所取苦,谓遍计所执,是补特伽罗
(指人)、法执所取故;二事相苦,谓依他起,三苦(指苦苦、坏
苦、行苦)相故;三和合苦,谓圆成实,苦相合故。空有三者,
一无性空,谓遍计所执,此无理趣可说为有,由此非有,说为
空故;二异性空,谓依他起,如妄所执,不如是有,非一切种
性全无故;三自性空,谓圆成实,二空(指能取空、所取空)所
显,为自性故。无我三者,一无相无我,谓遍计所执,此相本
无,故名无相,即此无相说为无我;二异相无我,谓依他起,

此相虽有,而不如彼遍计所执,故名异相,即此异相说为无我;三自相无我,谓圆实成,无我所显,以为自相,即此自相说为无我(以上为偈颂的解释)。(卷中《辩真实品》,第469页上、中)

四、《辩修对治品》(卷中)。解释《辩中边论颂·辩修对治品》十四颂,论述三乘修行"三十七菩提分法",以对治烦恼问题。

"三十七菩提分法"(又称"三十七道品"),指趣向菩提(觉悟)的三十七种修行方法,分为七类。依本品的划分,"四念住"、"四正断"、"四神足"为"顺解脱分"(指资粮位的善根,即五停心观、别相念住、总相念住)的修行;"五根"为"顺决择分"(指加行位的善根,即暖法、顶法、忍法、世第一法)中"暖法"、"顶法"的修行;"五力"为"顺决择分"中"忍法"、"世第一法"的修行;"七觉支"为见道位的修行;"八道支"(又称"八正道")为修道位的修行。

(1)"四念住"。指以智慧观察身、受、心、法四境,以对治净、乐、常、我四颠倒的禅观,即"身念住"、"受念住"、"心念住"、"法念住"。修习"身念住",能入"苦谛";修习"受念住",能入"集谛"。修习"心念住",能入"灭谛";修习"法念住",能入"道谛"。(2)"四正断"。指断恶生善的四种修行方法,即"已生恶不善法为令断";"未生恶不善法为不生";"未生善法为令生";"已生善法令住"。修习"四正断",能"远离所治障法"、"修集能对治道"。(3)"四神足"。指能获得神通(深妙神奇的功能)的四种禅定,即"欲增上故得三摩地";"勤增上故得三摩地";"心增上故得三摩地";"观增上故得三摩地"。修习"四神足",就是为断除"五种过失"而修习"八断行"。"五种过失",指"懈怠"、"忘圣言"、"昏沉掉举"、"不作行"(指"若为除灭昏沉掉举,不作加行")、"作行"

(指"已灭除昏沉掉举,复作加行");"八断行",指"欲"、"正行"、"信"、"轻安"、"念"、"正知"、"思"、"舍"。(4)"五根"。指能生长善法的五种根性,即"信根"、"精进根"、"念根"、"定根"、"慧根"。修习"五根",就是修习"五种增上",即"欲增上"、"加行增上"、"不忘境增上"、"不散乱增上"、"思择增上"。(5)"五力"。指由"五根"产生的五种力量,即"信力"、"精进力"、"念力"、"定力"、"慧力"。"五力"因有"胜势用",故名为"力",它能伏灭"不信障"等,"顺决择分"中的"暖法"、"顶法"在"五根位","忍法"、"世第一法"在"五力位"。(6)"七觉支"。指趣向觉悟的七种修行方法,即"念觉支"、"择法觉支"、"精进觉支"、"喜觉支"、"轻安觉支"、"定觉支"、"舍觉支"。"七觉支"因"助觉"(有助于觉悟),故名为"觉支"(觉悟的支分),"觉支"在"见道位"。(7)"八道支"(又称"八正道")。指趣向涅槃解脱的八种修行方法,即"正见"、"正思惟"、"正语"、"正业"、"正命"、"正精进"、"正念"、"正定"。"八道支"在"修道位"。如关于三乘在修行"四念住"等对治法门上的差别,说:

　　颂曰:菩萨所修习,由所缘作意,证得殊胜故,与二乘差别(以上为《辩中边论颂》的偈颂)。

　　论曰:声闻、独觉以自相续身等为境,而修对治;菩萨通以自、他相续身等为境,而修对治。声闻、独觉于身等境,以无常等行相思惟,而修对治;若诸菩萨于身等境,以无所得行相思惟,而修对治。声闻、独觉修念住等,但为身等速得离系;若诸菩萨修念住等,不为身等速得离系,但为证得无住涅槃。菩萨与二乘所修对治,由此三缘故而有差别(以上为偈颂的解释)。(卷中《辩修对治品》,第472页下)

　　五、《辩修分位品》(卷中)。解释《辩中边论颂·辩修分位品》四颂,论述三乘修行的阶位"十八分位"问题。

"十八分位",指三乘修行的十八个阶位。其中,前九位(从"因位"至"无上位")是三乘(指菩萨、声闻、缘觉乘)阶位的通说,后九位(从"胜解行位"至"成所作位")是菩萨阶位的别说。(1)"因位"。指三乘的种性位。(2)"入位"。指三乘的发心位。(3)"加行位"。指声闻乘的资粮位和加行位。(4)"果位"。指声闻乘的见道位。(5)"有所作位"。指声闻乘的修道位(此为尚须修学的"有学位")。(6)"无所作位"。指声闻乘的最高果位阿罗汉位(此为无须修学的"无学位")。(7)"殊胜位"。指阿罗汉所成就的"六神通"功德。(8)"有上位"。指菩萨超越阿罗汉位,所进入的菩萨地。(9)"无上位"。指菩萨十地修行圆满后,所进入的至高无上的佛地。(10)"胜解行位"。指菩萨在初地以前,依胜解而修行的资粮位、加行位。(11)"证入位"。指菩萨十地中的初地"极喜地"。(12)"出离位"。指菩萨十地中的第二地"离垢地"至第七地"远行地"。(13)"受记位"。指菩萨十地中的第八地"不动地"。(14)"辩说位"。指菩萨十地中的第九地"善慧地"。(15)"灌顶位"。指菩萨十地中的第十地"法云地"。(16)"证得位"。指菩萨成佛后,所成就的"佛法身"(又称"法身")。(17)"胜利位"。指菩萨成佛后,所成就的"受用身"(又称"报身")。(18)"成所作位"。指菩萨成佛后,所成就的"变化身"(又称"应身")。"十八分位"可归纳为"三分位",即:"不净位",指从"因位"至"加行位";"净不净位",指"有学位";"清净位",指"无学位"。

六、《辩得果位》(卷下)。解释《辩中边论颂·辩得果位》二颂,论述三乘修行所证的果位"五果"、"十果"问题。

1. "五果"。指由因缘引生的五种结果。(1)"异熟果"(又称"报果")。指由善、恶业因所招感的苦、乐果报。(2)"增上

果"。指由一事物自体以外的其他事物引生的结果。(3)"等流
果"(又称"随流果")。指由善、恶、无记业因所引生的同类性质
的结果。(4)"士用果"(又称"功用果")。指由人的作用力引生
的结果(以上四种是"有为果")。(5)"离系果"(又称"相离
果")。指由无漏智的简择力,断除烦恼的系缚所证的结果,即
"无为法"中的"择灭无为",此为"无为果"。本品主要从修行证
果的角度来说"五果",认为"器"(指器身)是异熟果;"力"(指善
力)是增上果;"爱乐"(指爱乐善法)是等流;"增长"(指增长善
根)是士用果;"净"(指断除诸障)是离系果。如关于"五果",说:

　　颂曰:器说为异熟,力是彼增上,爱乐增长净,如次即
五果(以上为《辩中边论颂》的偈颂)。

　　论曰:器,谓随顺善法异熟;力,谓由彼器增上力,令诸
善法成上品性;爱乐,谓先世数修善力,今世于善法深生爱
乐;增长,谓现在数修善力,令所修善根,速得圆满;净,谓障
断得永离系。此五如次,即是五果:一异熟果、二增上果、
三等流果、四士用果、五离系果(以上为偈颂的解释)。(卷
下《辩得果位》,第 473 页中)

　　2."十果"。指三乘修行所证的果位有十种差别(义项多与
前述"十八分位"重合)。(1)"后后果"。指前述"十八分位"中,
前位为因,后位为果。(2)"最初果"。指最初所证的出世间法,
即声闻乘的见道位。(3)"数习果"。指数数修习(持续修习)所
得的结果,即声闻乘的修道位(此为尚须修学的"有学位")。
(4)"究竟果"。指声闻乘的最高果位阿罗汉位(此为无须修学
的"无学位")。(5)"随顺果"。指随顺前因所得的结果,为"后
后果"的异名。(6)"障灭果"。指灭除障碍所得的结果(包含
"最初果")。(7)"离系果"。指由无漏智的简择力,断除烦恼的

系缚所证的结果(包含"数习果"、"究竟果")。(8)"殊胜果"。指阿罗汉所成就的"六神通"功德。(9)"有上果"。指菩萨超越阿罗汉位,所进入的菩萨地。(10)"无上果"。指菩萨十地修行圆满,所进入的至高无上的佛地。

七、《辩无上乘品》(卷下)。解释《辩中边论颂·辩无上乘品》三十颂,论述大乘的"三种无上义"问题。

大乘的"三种无上义",指大乘有三种至高无上的意义,即"正行无上"、"所缘无上"、"修证无上","此大乘中,总由三种无上义,故名无上乘"。

1."正行无上"。指大乘的"十波罗蜜多行"为无上。"十波罗蜜多"(又称"十度"),意为"十到彼岸",指"布施"、"净戒"(又称持戒)、"安忍"(又称忍辱)、"精进"、"静虑"(又称禅定)、"般若"、"方便善巧"、"愿"、"力"、"智"波罗蜜多。每一种波罗蜜多都有六种正行(又称"六修")。

(1)"最胜正行"(又称"无比修行")。指大乘有十二种最胜的正行。一是"广大最胜",指菩萨不欣乐一切世间富乐,志存高远;二是"长时最胜",指菩萨修行成佛,须经历"三无数劫"(指三大劫)的长时间;三是"依处最胜",指菩萨以利乐一切有情(即众生)为依处而修行;四是"无尽最胜",指菩萨为将功德回向于"无上菩提"而修行;五是"无间最胜",指菩萨为获得自他平等的"胜解"而修行;六是"无难最胜",指菩萨对其他有情所修的善法,都作"随喜";七是"自在最胜",指菩萨修习"虚空藏"等禅定,能令布施等速得圆满;八是"摄受最胜",指菩萨以"无分别智"摄受修行,能令布施等极为清净;九是"发起最胜",指菩萨在"胜解行地"的最上品忍位(为四善根位之一)所修的十波罗蜜多;十是"至得最胜",指菩萨在初地"极喜地"所修的十波罗蜜多;十一是"等流最胜",指菩萨在第二地"离垢地"至第九地"善慧地",所修的十波罗蜜多；十二是"究竟最胜"，指菩萨在第十地"法云地"和成佛后的佛地，所修的十波罗蜜多。(2)"作意正行"(又称"思惟修行")。指以"闻"(听闻正法)、"思"(思惟法义)、"修"(依法修行)三慧，数数作意(陈真谛译《中边分别论》卷下将"作意"译作"思惟")，思惟大乘。"作意正行"的助伴，有"十种法行"，即"书写"、"供养"、"施他"、"听闻"、"披读"、"受持"、"开演"、"讽诵"、"思惟"、"修习"。(3)"随法正行"(又称"随法修行")。指随顺大乘法而修行，分为二种。一是"无散乱转变"，指没有六种散乱，即："自性散乱"，指前五识的自性；"外散乱"，指心缘外境；"内散乱"，指贪著禅悦或昏沉、掉举；"相散乱"，指矫现禅定相；"粗重散乱"，指生起我执；"作意散乱"，指依小乘发心。二是"无颠倒转变"，指不起十种颠倒，即："于文无倒"，指对文字不起颠倒；"于义无倒"，指对由文字表达的所取、能取的事相，不起颠倒；"于作意无倒"，指对由所取、能取熏习而成的名言(指名字言说)作意，不起颠倒；"于不动无倒"，指对由所取、能取显现的幻境不动心，不起颠倒；"于自相无倒"，指对一切法的自相不起颠倒；"于共相无倒"，指对一切法的共相不起颠倒；"于染净无倒"，指对杂染、清净不起颠倒；"于客无倒"，指对客尘不起颠倒；"于无怖无倒"，指对怖畏不起颠倒；"于无高无倒"，指对高慢不起颠倒。

　　(4)"离二边正行"(又称"离边修行")。指远离二边分别(指偏面对立的二种执见)，修行中道。"二边"分为二类，总计有十五种。一类是八种二边，它们是："异性、一性"；"外道、声闻"；"增益有情、损减有情"；"增益法、损减法"；"所治、能治"；"常住、断灭"；"所取、能取"；"染、净"二边。另一类是七种二边，它们是："有、非有"；"所寂、能寂"；"怖、畏"；"所取、能取"；"正性、邪性"；"有用、无用"；"不起、时等"二边。(5)"差别正行"(又称

"别修")。指在十地中的每一地,分别修习一种波罗蜜多,如初地修集布施,第二地修集净戒(又称持戒)、第三地修集安忍(又称忍辱)等。(6)"无差别正行"(又称"通修")。指在十地中的每一地,同时修习十波罗蜜多。如关于修习"十波罗蜜多"的功德,说:

　　颂曰:饶益不害受,增德能入脱,无尽常起定,受用成熟他(以上为《辩中边论颂》的偈颂)。

　　论曰:此显施(指布施)等十到彼岸(指十波罗蜜多)各别事业,如次应知。谓诸菩萨由布施波罗蜜多故,于诸有情,普能饶益;由净戒波罗蜜多故,于诸有情,不为损害;由安忍波罗蜜多故,他损害时,深能忍受;由精进波罗蜜多故,增长功德;由静虑波罗蜜多故,起神通等,能引有情令入正法;由般若波罗蜜多故,能正教授、教诫有情,令得解脱;由方便善巧波罗蜜多故,回向无上正等菩提,能令施等功德无尽;由愿波罗蜜多故,摄受、随顺施等胜生,一切生中,恒得值佛,恭敬供养,常起施等;由力波罗蜜多故,具足思择、修习二力,伏灭诸障,能令施等常决定转;由智波罗蜜多故,离如闻言诸法迷谬,受用施等增上法乐,无倒成熟一切有情(以上为偈颂的解释)。(卷下《辩无上乘品》,第 474 页上、中)

　　2."所缘无上"。指大乘的"十二种所缘"(又称"十二种境界")为无上。(1)"安立法施设所缘"(又称"安立法名境界")。指大乘所安立的"十波罗蜜多"等法的境界。(2)"法界所缘"(又称"法性境界")。指真如境界。(3)"所立所缘"(又称"所成就境界")。指"安立法施设所缘"即是"所立"(所成立)的境界。(4)"能立所缘"(又称"能成就境界")。指"法界所缘"即是"能

立"(能成立)的境界。(5)"任持所缘"(又称"持境界")。指"闻
所成慧"的境界。(6)"印持所缘"(又称"决持境界")。指"思所
成慧"的境界。(7)"内持所缘"(又称"定依止境界")。指"修所
成慧"的境界。(8)"通达所缘"(又称"通达境界")。指菩萨十
地中,初地"入心"位(又称见道位)的境界。(9)"增长所缘"(又
称"相续境界")。指从初地"住心"位(修道位之始)至第七地的
境界。(10)"分证所缘"(又称"胜得境界")。指在前七地中分
别证得的世间道、出世间道的境界。(11)"等运所缘"(又称"生
境界")。指第八地的境界。(12)"最胜所缘"(又称"最胜境
界")。指第九地、第十地和如来地(即佛地)的境界。

3."修证无上"。指大乘的"十种修证"为无上(据唐窥基
《辩中边论述记》卷下说:"此皆修之因体,非修证,此即于因立名
故",也就是说,此处说的"十种修证"实际上是就修证之因而言
的,并非指直显修证之果)。(1)"种性修证"。指菩萨种性无
阙。(2)"信解修证"。指不毁谤大乘。(3)"发心修证"。指发
菩提心,不为声闻乘等所动心。(4)"正行修证"。指修行十波罗
蜜多直至圆满。(5)"入离生修证"。指趣入"见道"。(6)"成熟
有情修证"。指成熟有情的善根坚固,长时修道。(7)"净土修
证"。指心得调柔,显现净土相。(8)"得不退地受记修证"。指
不住生死、涅槃,不为生死、涅槃所退转。(9)"佛地修证"。指
在佛地断除"烦恼障"、"所知障"二障。(10)"示现菩提修证"。
指菩萨成佛后,利乐有情无有休息。本品之末有结颂,对《辩中
边论》的名义作了解释。

本书的同本异译有:陈真谛译《中边分别论》二卷。

本书的注疏有:唐窥基《辩中边论述记》三卷、元晓《中边
疏》四卷(今存第三卷,收入日本编《卍续藏》第48册,整理者误
注"释真谛译《中边分别论》",应更正为"释玄奘译《中边分别

论》")、近代太虚《辩中边论颂释》(收入《太虚大师全书》)、现代吕澂《辩中边论要义》(收入《吕澂佛学论著选集》,齐鲁书社1991年7月版)等。此外,还有古印度安慧《辩中边论疏》的藏文译本、梵本写本存世。

<h3 style="text-align:center">陈真谛译《中边分别论》二卷</h3>

《中边分别论》,又名《分别论》,二卷。印度天亲(即世亲)造,陈真谛译,永定二年(558)译出。隋法经等《众经目录》卷五著录(译出时间见唐智升《开元释教录》卷七)。载于《丽藏》"当"函、《宋藏》"竭"函、《金藏》"当"函、《元藏》"竭"函、《明藏》"情"函、《清藏》"情"函、《频伽藏》"来"帙,收入《大正藏》第三十一卷。

本书是唐玄奘译《辩中边论》的异译本,论述远离"二边分别"(指偏面对立的二种执见),修行"中道"问题。全书分为七品,依次为《相品》《障品》《真实品》《对治修住品》《修住品》《得果位》《无上乘品》。其中,初二品论"境"(修行者所观的境界),次三品论"行"(修行者所作的修行),后二品论"果"(修行者所证的果位)。全书采用随偈(指《中边分别论》的本颂,仅有十三颂冠有"偈言",其余皆缺)作释的方式编纂。书首有归敬颂,为五言四句,始"恭敬善行子,能造此正论",终"为我等宣说,今当显此义";书末有回向偈,为五言四句,始"我今造此论,为世福慧行",终"普令一切众,如愿得菩提",它们均为世亲撰释论时所作的偈颂,不是《中边分别论》的本颂。

一、《相品》(卷上)。论述一切法的体相"虚妄分别相"、"空相"问题。内容相当于唐玄奘译《辩中边论》卷上《辩相品》。如关于"非空非不空"是"中道义",说:

　　偈言:故说一切法,非空非不空,有无及有故,是名中道义(以上为《中边分别论》的本颂)。

一切法者,谓有为(法)名虚妄分别,无为(法)名空。非空者,谓由空、由虚妄分别;非不空者,谓由能执(指能取)、所执(指所取)故。有者,谓虚妄分别有故;无者,谓能、所执无故。及有者,谓于虚妄中有真空故,于真空中亦有虚妄分别故。是名中道义者,谓一切法非一向空,亦非一向不空(以上为本颂的解释)。(卷上《相品》,《大正藏》第三十一卷,第451页上、中)

二、《障品》(卷上)。论述三乘修行的障碍,即"五障"(指遍障、一方障、重障、平等障、取舍障)、"九结"(指"爱欲结"等)、"善等十种净法障"(指"善法障"等)、"道品等诸障"(指"四念处障"等)等问题。内容相当于唐玄奘译《辩中边论》卷上《辩障品》。

三、《真实品》(卷上)。论述一切法的"十种真实"(指"根本真实"等)问题。内容相当于唐玄奘译《辩中边论》卷中《辩真实品》。如关于"十种真实"中,"三种自性"是"根本真实",说:

根本相真实,无颠倒真实,果因俱真实,细粗等真实。……(以上为《中边分别论》的本颂)

如是十种真实。何者为十? 一根本真实、二相真实、三无颠倒真实、四果因真实、五细粗真实、六成就真实、七清净境界真实、八摄取真实、九分破真实、十胜智真实。……此中何者根本真实? 三种自性,一分别自性、二依他自性、三真实自性。一切余真实此中所立故(以上为本颂的解释)。(卷上《真实品》,第455页上、中)

四、《对治修住品》(卷下)。论述修行"三十七道品",以对治烦恼问题。内容相当于唐玄奘译《辩中边论》卷中《辩修对治品》。

　　五、《修住品》(卷下)。论述三乘修行的阶位"十八分位"(指"因位修住"等)问题。内容相当于唐玄奘译《辩中边论》卷中《辩修分位品》。

　　六、《得果位》(卷下)。论述三乘修行所证的果位"五果"(指报果、增上果、随流果、功用果、相离果)、"十果"(指"上上果"等)问题内容相当于唐玄奘译《辩中边论》卷下《辩得果位》。

　　七、《无上乘品》(卷下)。论述大乘的"三种无上义"(指修行无上、境界无上、集起得无上)问题。内容相当于唐玄奘译《辩中边论》卷下《辩无上乘品》。如关于大乘的"十种法行",说:

　　　　书写供养施,听读及受持,广说及读诵,思惟及修习(以上为《中边分别论》的本颂)。

　　　　大乘法修行有十:一书写;二供养;三施与他;四若他读诵,一心听闻;五自读;六自如理取名句味及义(指如理受持文义);七如道理及名句味显说(指如理为他人开演文义);八正心闻诵(指讽诵);九空处如理思量;十已入意为不退失故修习(以上为本颂的解释)。(卷下《无上乘品》,第461页上、中)

　　由于真谛所传的是以难陀、安慧为代表的唯识古学,玄奘所传的是以陈那、护法为代表的唯识今学,本书为唯识古学的译籍,唐玄奘译《辩中边论》为唯识今学的译籍,故二书在译名、义理上出入很大。唐窥基在《辩中边论述记》中将真谛译本称为"旧论",对它的译文多有批评,指责它"文错义违"。这些批评,有的是正确的,也有的是门户之见,未必正确。因为玄奘译本中有些看不懂的文句,在真谛译本中则讲得很明白;反之,有些真谛译本中有些看不懂的文句,在玄奘译本中则讲得很明白。因此,若要深入研究《辩中边论》,须将二个译本对照着读。

唐玄奘译《辩中边论颂》一卷

《辩中边论颂》，又名《辩中边颂》《中边分别颂》《中边颂》，一卷。书题"弥勒菩萨说"（实为无著造），唐玄奘译，龙朔元年（661）译出。唐道宣《大唐内典录》卷五著录（译经时间见《开元释教录》卷八）。载于《丽藏》"当"函、《宋藏》"竭"函、《金藏》"当"函、《元藏》"竭"函、《明藏》"静"函、《清藏》"静"函、《频伽藏》"来"帙，收入《大正藏》第三十一卷。

本书是《辩中边论》的本颂（指原颂），论述远离"二边分别"（指偏面对立的两种执见），修行"中道"问题。全书分为七品，依次为《辩相品》《辩障品》《辩真实品》《辩修对治品》《辩修分位品》《辩得果位》《辩无上乘品》，共收录一百一十三颂。

一、《辩相品》。收录二十三颂（初颂为总摄颂），始"唯相障真实，及修诸对治"，终"心性本净故，由客尘所染"，论述一切法的体相"虚妄分别相"、"空相"问题。

二、《辩障品》。收录十七颂，始"具分及一分，增盛与平等"，终"许此二尽故，一切障解脱"，论述三乘修行的障碍（即"五障"、"九结"、"善等十种净法障"、"菩提分等诸障"等）问题。如关于"五障"，说：

具分及一分，增盛与平等，于生死取舍，说障二种性。

（《辩障品》，《大正藏》第三十一卷，第 478 页上）

大意是说，三乘修行有五种障碍。一是"具分障"，指"烦恼障"、"所知障"，此为菩萨解脱的障碍；二是"一分障"，指"烦恼障"，此为声闻解脱的障碍；三是"增盛障"，指贪、瞋、痴等势用强盛的烦恼，此为菩萨、声闻修行的共同障碍；四是"平等障"，指势用均等的其他烦恼，此为妨碍菩萨、声闻修行的共同障碍；五是

"于生死有取舍障",指取舍生死,令菩萨不能证得"无住涅槃"的障碍,此为菩萨修行的障碍。

三、《辩真实品》。收录二十三颂,始"真实唯有十,谓根本与相",终"若相若寂静,若彼所观义",论述一切法的"十种真实"问题。

四、《辩修对治品》。收录十四颂,始"以粗重爱因,我事无迷故",终"证得殊胜故,与二乘差别",论述修行"三十七菩提分法",以对治烦恼问题。如关于"七觉支"(又称"七觉分"),说:

　　觉支略有五,谓所依自性,出离并利益,及三无染支。
(《辩修对治品》,第479页中)

大意是说,"七觉支"在见道位,广说有七支,归纳起来为五支。一是"觉所依支",指念觉支;二是"觉自性支",指择法觉支;三是"觉出离支",指精进觉支;四是"觉利益支",指喜觉支;五是"觉无染支",指轻安觉支、定觉支、舍觉支三支。

五、《辩修分位品》。收录四颂,始"所说修对治,分位有十八",终"随所应建立,诸补特伽罗",论述三乘修行的阶位"十八分位"问题。

六、《辩得果位》。收录二颂,始"器说为异熟,力是彼增上",终"究竟顺障灭,离胜上无上",论述三乘修行所证的果位(指"五果"、"十果")问题。

七、《辩无上乘品》。收录三十颂,始"总由三无上,说为无上乘",终"广大一切义,除诸不吉祥",论述大乘的"三种无上义"问题。

　　总由三无上,说为无上乘,谓正行所缘,及修证无上。
(《辩无上乘品》,第479页下)

大意是说,大乘因有三种无上义,故得名"无上乘"。一是

“正行无上”,指大乘的“十波罗蜜多”为无上;二是“所缘无上”,指大乘的“十二种所缘”为无上;三是“修证无上”,指大乘的“十种修证”为无上。

由于本书全是偈颂,这是一种义理和意境高度概括的文体,若无训释,则很难理解其中的义蕴。故读者不能离开世亲的释论,望文生义地来读本颂,只有以释论为依托,才能真正通晓本颂的文义。

陈真谛译《十八空论》一卷

《十八空论》,一卷。书题“龙树菩萨造,陈天竺三藏真谛译”。隋彦琮等《众经目录》卷一著录。载于《丽藏》“阴”函、《宋藏》“是”函、《金藏》“阴”函、《元藏》“是”函、《明藏》“造”函、《清藏》“造”函、《频伽藏》“暑”帙,收入《大正藏》第三十一卷。

本书是陈真谛译《中边分别论》部分文段的注释书,论述“十八空”(指一切法的十八种空性)等问题。关于本书的作者,隋彦琮等《众经目录》、唐静泰《大唐东京大敬爱寺一切经论目》、道宣《大唐内典录》、靖迈《古今译经图纪》、明佺等《大周刊定众经目录》、智升《开元释教录》等都将它列为真谛的译籍之一,但均未提及作者是谁,唯有隋吉藏《法华玄论》称“《十八空论》,婆薮(指世亲)所造”;北宋以后雕刻《大藏经》,始称本书为“龙树菩萨造”。从表面上看,本书所说的“十八空”,与龙树在《大智度论》卷三十一等处所说的“十八空”,名目大致相同,似乎是龙树之作。但从内容上考察,本书是基于唯识学的立场,来解释“十八空”及其他义理的,如本书中说,“唯识无境,故名外空”;“一切诸法,唯有净识”;“先观唯有阿梨耶识,无余境界”;“一皆净尽,唯有阿摩罗清净心”;“阿摩罗识是自性清净心”等,这些都是龙树以后瑜伽行派使用的唯识学语言,在龙树著作中是从未有过的。

而且本书所释"十八空",实际上就是陈真谛译《中边分别论》所说的"十六空"(无"十八空"中的"无法有法空"、"不可得空"),因为本书说道:"合此十八(空)为十六空,凡有两义故,立十六空,一体、二用";"此论(指《中边分别论》)所以但明十六空者,正以此两空,属前六空体所摄也"。从文本上考察,本书是由文义上并不连贯的两部分构成的,内容大致相当于真谛译《中边分别论》中的初品《相品》、第三品《真实品》部分文段的解释。据唐道宣《大唐内典录》卷五记载,真谛除了译出《中边分别论》之外,另撰有《疏》三卷;窥基《成唯识论述记》卷一"本",也提到"真谛法师《中边疏》"。以此推断,本书很可能是早已亡佚的真谛《中边分别论疏》三卷中的片段,而并非是独立的译本。

前部分:从"问:空无分别,云何得有十八种耶",至"有无两义存焉,如此道理,能除疑之心也"。论述"十八空"问题,内容相当于《中边分别论》卷上《相品》从"复有分别,此空有十六",至"众名等四义,应知分别"的解释。

所说的"十八空",指一切法的十八种空性,即"内空"、"外空"、"内外空"、"大空"、"空空"、"真实空"、"有为空"、"无为空"、"毕竟空"、"无前后空"、"不舍离空"、"佛性空"、"自相空"、"一切法空"、"无法空"、"有法空"、"无法有法空"(本书作释的次第则为"有法空"、"无法空"、"有法无法空")、"不可得空"。(1)"内空"。指"受者空",即"内六入"(又称"六根",即眼、耳、鼻、舌、身、意)为空。"凡夫、二乘谓六入为受者,以能受六尘果报故。今明但有六根,无有能执,以无执故,言受者空也"。(2)"外空"。指"所受空",即"外六入"(又称"六尘",即色、声、香、味、触、法)为空。"若诸众生所受所用,但是六尘,内既无人能受,外亦无法可受,即人、法俱空,唯识无境,故名外空"。(3)"内外空"。指"自身空",即"内依"(即内六入)、"外依"(即外六入)为空。"此身能持根尘,故名为依,根、尘所依也。此根及非根,皆悉是空故,名内外空"。(4)"大空"。指"身所住处空",即"十方"为空。"身所迁托,即器世界,十方无量无边,皆悉是空,故名大空"。(5)"空空"。指"能照空",即"空智"为空。"能照真之相,会前四空,从境得名,呼为空智,空智亦空,故立空空"。(6)"真实空"(又称"第一义空")。指"真境空",即"所分别境界"为空。"行者见内外皆空,无人、无法,此境真实,立真实名;由分别性,性不可得,名分别性,性空即真实空也"。(7)"有为空"。指"行空",即"有为法"为空。(8)"无为空"。指"非行空",即"无为法"为空。"菩萨学此两空(指行空、非行空)为得二种善法,一谓善道,二谓善果。道即三十七品等,善果即是菩提等","初得道,后一得果"。(9)"毕竟空"。指一切事物终究为空。"毕竟恒欲利他,至众生尽,誓恒教化","毕竟之心,自然利益,方是真实智,名毕竟空"。(10)"无前后空"(又称"无始空")。指一切事物无始以来为空。"为成毕竟空利益他故,不前后,即无始终"。(11)"不舍离空"(又称"不散空")。指"于无余涅槃中,亦不舍功德善根",此即是空。"虽在生死及涅槃,并皆化物"。(12)"佛性空"(又称"性空")。指一切事物的自性为空。"清净佛性即空,故名性空","佛性者,即是诸法自性。何以故?自然有故"。(13)"自相空"。指一切事物的体相为空。"以非生死,则无生死虚妄之相;以非涅槃,亦无涅槃真实之相,故名相空"。(14)"一切法空"(又称"诸法空")。指一切事物为空。"以境智无差别故也,此即第十四辨一切法空"。(15)"有法空"。指一切事物生时、住时为空。"言有法空者,谓人、法二无所有"。(16)"无法空"指一切事物灭时为空。"言无法空者,谓真实有此无人、无法之道理,除众生妄执,谓无此道理,故名无法空"。(17)"有法无法空"(又称"无法有法空")。指一切事物生时、住时、灭时为空。"所言有法无法空者,明此空体相,决定无法,即名决定无;有此无人、法之道理故,名决定有。此无、此有,是空体相"。(18)"不可得空"。指一切事物不可得为空。"所言不可得空者,明此果(空果)难得。何以故? 如此空理,非断非常"。如关于"内空"与"外空",说:

> 第一内空,亦名受者空。凡夫、二乘(指声闻、缘觉)谓六入为受者,以能受六尘果报故。今明但有六根,无有能执,以无执故,言受者空也。第二外空,亦名所受空。离六外入,无别法为可受者也。若诸众生所受所用,但是六尘。内既无人能受,外亦无法可受,即人、法俱空,唯识无境,故名外空;以无境故,亦无有识,即是内空。六入无识,即是无人;无有根、尘,即是无法,故内外二空,两义相成也。(《大正藏》第三十一卷,第861页上、中)

后部分:从"第三明唯识真实",至"属三性根本义,已如前释,例难可得,不复重记",论述"七种真实"、"十种胜智"问题,内容相当于《中边分别论》卷上《真实品》从"三识真实",至"圣智及圣智方便,说名十种胜智"的解释。

(1)"七种真实"。指《中边分别论·真实品》所说一切法的"十种真实"中的第九种"分破真实"(唐玄奘译作"差别真实")。"分破真实",下分"生起真实"、"相真实"、"唯识真实"(又称"识真实")、"依处真实"(又称"安立真实")、"邪行真实"、"清净真实"、"正行真实"七种,故称为"七种真实"。本书所释从第三种"唯识真实"起,前缺"生起真实"、"相真实"二种。此中,"唯识真实",指"一切诸法,唯有净识"为真实;"依处真实",指"苦谛"为真实;"邪行真实",指"集谛"为真实;"清净真实",指"灭谛"为真实;"正行真实",指"道谛"为真实。"七种真实"也就是《解节经》

中的"七种真如",即"生真如"、"相真如"、"识真如"、"依止真如"、"邪行真如"、"清净真如"、"正行真如"。如关于"唯识真实",说:

> 明唯识真实,辨一切诸法,唯有净识,无有能疑,亦无所疑,广释如《唯识论》。但唯识义有两:一者方便,谓先观唯有阿梨耶识(指第八识),无余境界,现得境、智两空,除妄识已尽,名为方便唯识也;二明正观唯识,遣荡生死虚妄识心,及以境界,一皆净尽,唯有阿摩罗(指第九识)清净心也。(第864页上、中)

(2)"十种胜智"。指《中边分别论·真实品》所说一切法的"十种真实"中的第十种"胜智真实"(唐玄奘译作"善巧真实")。"胜智真实",指"十种胜智"(又称"十种善巧",即以善巧智观察所缘之境,对治"我见"的十种方法)为真实。一是"阴胜智"(又称"蕴善巧"),指以善巧智观察"五蕴",对治"一者执"(又称"执一性"),即执著独一的人身为"实我"的偏见。二是"界胜智"(又称"界善巧"),指以善巧智观察"十八界",对治"因者执"(又称"执因性"),即执著万物之因为"实我"的偏见。三是"入胜智"(又称"处善巧"),指以善巧智观察"十二处",对治"受者执"(又称"执受者性"),即执著"受者"为"实我"的偏见。四是"生缘胜智"(又称"缘起善巧"),指以善巧智观察"十二缘起",对治"作者执"(又称"执作者性"),即执著"作者"为"实我"的偏见。五是"处非处胜智"(又称"处非处善巧"),指以善巧智观察事物是否合乎道理,合乎道理为"处",不合道理为"非处",对治"自在者执"(又称"执自在转性"),即执著"自在者"为"实我"的偏见。六是"根胜智"(又称"根善巧"),指以善巧智观察"二十二根",对治"增上者执"(又称"执增上义性"),即执著"诸根增上者"为"实

我"的偏见。七是"世胜智"（又称"世善巧"），指以善巧智观察
"三世"，对治"常者执"（又称"执常性"），即执著"三世恒常者"为
"实我"的偏见。八是"谛胜智"（又称"谛善巧"），指以善巧智观
察"四谛"，对治"不净净者执"（又称"执染净所依性"），即执著
"染净法所依者"为"实我"的偏见。九是"乘胜智"（又称"乘善
巧"），指以善巧智观察"三乘"，对治"修行者执"（又称"执观行者
性"），即执著"三乘修行者"为"实我"的偏见。十是"有为无为胜
智"（又称"有为无为法善巧"）。指以善巧智观察"有为法"、"无
为法"，对治"系缚解脱者执"（又称"执缚解者性"），即执著"系缚
者"、"解脱者"为"实我"的偏见。

　　尽管近世学者对本书是译籍，还是撰著，存在着不同的看
法，但这并不影响它的内在的学术价值。在古代，隋吉藏《法华
玄论》、唐窥基《大乘阿毗达磨杂集论述记》、圆测《解深密经疏》、
慧沼《金光明最胜王经疏》、智云《妙经文句私志诸品要义》、北宋
延寿《宗镜录》、从义《天台三大部补注》、南宋法云《翻译名义
集》、清道霈《仁王护国般若波罗蜜经疏》等名家著作，都引用过
《十八空论》，足见古代佛教学者对它还是很重视的。

第四品　　唐波罗颇蜜多罗译《大乘
庄严经论》十三卷

　　《大乘庄严经论》，又名《大乘庄严论》《庄严论》，十三卷。印
度无著造，唐波罗颇蜜多罗译，贞观七年（663）译出。唐智升《开
元释教录》卷八著录。载于《丽藏》"父"函、《宋藏》"事"函、《金
藏》"父"函、《元藏》"事"函、《明藏》"次""弗"函、《清藏》"次""弗"
函、《频伽藏》"暑"帙，收入《大正藏》第三十一卷。

　　本书是一部论述"五义庄严"（即信向、受教、思惟、修习、证

得)等大乘修行法门的著作,为唯识宗所依据的根本经典"瑜伽
十支论"之一。全书由《大乘庄严经颂》(指《大乘庄严经论》的本
颂(指原颂),共七百四颂,无汉译单行本)及其解释构成,分为二
十四品,始《缘起品》,终《敬佛品》,对大乘菩萨从归依、发心、修
行自利利他,乃至成就无上菩提等,作了系统的论述。其品名和
叙次大体上是参照《瑜伽师地论•本地分中菩萨地》设立的,但
内容多有不同。行文采用随颂作释,"偈曰"(指《大乘经庄严论》
的本颂)与"释曰"(指偈颂的长行解释)对应编排的方式编纂,条
理清晰,语言简明流畅。

　　关于本书的作者,古来传说歧异。唐波罗颇蜜多罗译本题
为"无著菩萨造",认为本颂、释论均为无著所造;义净《南海寄归
内法传》卷四《长发有无》将《大庄严论》(即《大乘庄严经论》),列
为"无著八支"(无著的八部著作)之一,也认为本书为无著之作;
唐窥基《成唯识论述记》卷四"本"说:"《庄严论》(指《大乘庄严经
论》)颂文,弥勒所说;长行释者,世亲所为",认为本书的作者为
二人,本颂部分为弥勒说,是"弥勒五论"之一,而释论部分则为
世亲所作。藏译本则将本书译作二本流通:一本题为《大乘庄
严经论颂》(指《大乘庄严经论》的本颂),署名"弥勒菩萨著",是
"弥勒五论"之一;另一本题为《大乘庄严经论》(指《大乘庄严经
论颂》的释论),署名"阿阇黎世亲著"(见元布顿《佛教史大宝藏
论》,郭和卿译,民族出版社 1986 年 3 月版)。梵文写本《大乘庄
严经论》(十九世纪于尼泊尔发现),原本未署作者,整理者刊行
时,题为"无著造"。

　　据史实而论,本书中的本颂部分(即《大乘庄严经论颂》)的
作者是无著,应当是毋庸置疑的,因为"弥勒五论"相传都是由无
著上升兜率天,听弥勒口说,返回人间后,录成文字传出的,故实
际上都是无著编集的著作;至于释论部分的作者,从内容上考

察，应当是世亲，而不是无著。以引经为例，释论所引的大乘经有《十地经》《无尽慧经》《行清净经》《般若波罗蜜经》《胜鬘经》《梵天王问经》《佛秘密经》《灰河经》《五事经》《法印经》《真实空经》《增五经》《知经》《负担经》《宝积经》《金刚般若经》等，其中，《十地经》被引用七次，位居所引诸经之首，表明作者是对《十地经》深有研究之人。而在无著、世亲两兄弟中，只有世亲对《十地经》有专门研究，并著有《十地经论》十二卷。以此推断，本书的本颂应为无著所作，释论应为世亲所作。此外，从《大乘庄严经论》卷十《觉分品》引有《中边分别论》，而《摄大乘论》又引有《大乘庄严经论》的偈颂来看，无著撰作这三部著作的顺序是：先出《辩中边颂》，次出《大乘庄严经论颂》，后出《摄大乘论》。

关于书名，从唐李百药《序》所述来看，本书最初译出时名为《大乘庄严论》，并无"经"字，但不久便改成了《大乘庄严经论》。唐窥基曾批评此名不确切，说"应言《庄严大乘经论》，能庄严大乘经故。先云《大乘庄严经论》者非也，无有《大乘庄严经》故"（见《成唯识论述记》卷四"本"），也就是说，《大乘庄严经论》之名，很容易使人误以为它是《大乘庄严经》的释论，其实不是。从玄奘译《摄大乘论本·入所知相分》引用本书的偈颂时，称"《大乘经庄严论》说"来看，本书的确切的译名应当是《大乘庄严论》或《大乘经庄严论》，意为如实开示大乘经义之论。书首有唐李百药撰的《序》。说：

> 《大乘庄严论》者，无著菩萨纂焉。菩萨以如来灭度之后，含章秀发。……明真如功德之宗，显大士位行之地，破小乘执著，成大乘纲纪。其《菩提》一品，最为微妙，转八识以成四智，束四智以具三身，详诸经论，所未曾有，可谓闻所未闻，见所未见。……摩伽陀国三藏法师波罗颇蜜多罗，唐

言明友,即中天竺刹利王之种姓也,以大唐贞观元年十二月
入京。法师戒行精勤,才识明敏。……其博闻强记,探幽洞
微,京城大德,莫不推许。粤以贞观四年,恭承明诏。……
三藏法师云:外国凡大小乘学,悉以此论为本,若于此不
通,未可弘法。是以覃思专精,特加研究。慧净法师,聪敏
博识,受旨缀文;玄谟法师,善达方言,又兼义解,至心译语,
一无纰谬。以七年献春此始,撰定斯毕,勒成十有三卷、二十
四品。(《大正藏》第三十一卷,第589页下—第590页上)

一、《缘起品》(卷一)。解释《大乘庄严经论》本颂八颂,论
述"五义庄严"问题。

"五义庄严",指造作本论的目的,是为了以"五义"(指"信
向"等)示现一切大乘经论的意义,"令发大心者,信向故,受教
故,思惟故,修习故,证得故"。(1)"信向"。指信向大乘,"为令
信向,转彼心故",譬如"金成器"(指将金子打造成器具)。
(2)"受教"。指接受大乘,"为令受教,开示彼故",譬如"花正
敷"(指花朵正在开放)。(3)"思惟"。指思惟大乘,"为令思惟,
得法味故",譬如"食美膳"(指食用美味的饮食)。(4)"修习"。
指修习大乘,"为令修习,更不思故",譬如"解文字"(指了解文字
的含义)。(5)"证得"。指证得菩提,"为令证得真实菩提分宝,
自觉证故",譬如"开宝箧"(指打开宝箧,取得宝物)。

二、《成宗品》(卷一)。解释《大乘庄严经论》本颂十七颂,
论述"大乘真是佛说"问题。

"大乘真是佛说",指大乘确实为佛所说。"有人疑此大乘非
佛所说,云何有此功德可得? 我今决彼疑网,成立大乘真是佛
说",也就是说,有人怀疑"大乘非佛所说",既非佛说,怎么会有
功德呢? 为决破这种怀疑,本书以"八因"(八种原因、理由)成立

"大乘真是佛说"的主张。(1)"不记"。指佛没有作过有关"大乘非是正法"的授记(预言)。"不记者,先法已尽,后佛正出,若此大乘非是正法,何故世尊初不记耶"。(2)"同行"。指在佛在世时,大乘、小乘就已同时流行。"同行者,声闻乘与大乘,非先非后,一时同行,汝云何知此大乘独非佛说"。(3)"不行"。指大乘深广,不是声闻乘和外道所行的境界。"不行者,大乘深广,非忖度人(指寻思者)之所能信,况复能行"。(4)"成就"。指无论何佛所说的"得菩提"之法,都是佛说。"成就者,若汝言余得菩提者,说有大乘,非是今佛说有大乘。若作此执,则反成我义,彼得菩提,亦即是佛如是说故"。(5)"体"。指无论何佛所说的"大乘体(体性)",都是相同的。"若汝言余佛有大乘体,此佛无大乘体。若作此执,亦成我义,大乘无异体是一故"。(6)"非体"。指若无大乘体,则无声闻体。"非体者,若汝言此佛无大乘体,则声闻乘亦无体","若无佛乘,而有佛出说声闻乘者,理不应故"。(7)"能治"。指依大乘修行,能得无分别智,破诸烦恼。"能治者,由依此法修行,得无分别智,由无分别智,能破诸烦恼。由此因故,不得言无大乘"。(8)"文异"。指大乘甚深,与声闻乘文义不同。"文异者,大乘甚深,非如文义,不应一向随文取义,言非佛语"。如关于声闻乘与大乘的"五种相违"(五种不同),说:

　　偈曰:发心与教授,方便及住持,时节下上乘,五事一切异(以上为《大乘庄严经论》本颂)。

　　释曰:声闻乘与大乘,有五种相违:一发心异,二教授异,三方便异,四住持异,五时节异。声闻乘若发心,若教授,若勤方便,皆为自得涅槃故,住持亦少,福智聚小故,时节亦少,乃至三生得解脱故。大乘不尔,发心、教授、勤方便,皆为利他故,住持亦多,福智聚大故,时节亦多,经三大阿僧祇劫(指三大劫)故。如是一切相违,是故不应以小乘行而得大乘果(以上为本颂的解释)。(卷一《成宗品》,第591页下)

三、《归依品》(卷一)。解释《大乘庄严经论》本颂十二颂,论述"大乘归依"问题。

大乘的归依,超越声闻乘的归依,最为殊胜,有"四种大义",即四种殊胜。(1)"一切遍义"。指大乘的归依有"四种一切遍",它们是:"众生一切遍",指欲度一切众生;"乘一切遍",指善解三乘;"智一切遍",指通达"二无我";"寂灭一切遍",指"生死、涅槃体是一味,过恶、功德不分别"。(2)"勇猛义"。指大乘的归依有"三种胜勇猛",它们是:"愿胜勇猛",指"归依佛时,求大菩提,多生欢喜,知胜功德";"行胜勇猛",指"起修行时,不退不屈,难行(而)行";"果胜勇猛",指"至成佛时,与一切诸佛平等觉"。(3)"得果义"。指大乘的归依能得八种胜果。一是"信解时,得大福德聚";二是"发心时,得三有(指三界)尊重";三是"故意受生时,得三有中乐";四是"解自他平等时,得大苦聚灭,亦得灭一切众生苦力";五是"入无生忍时,觉证最上乐";六是"得菩提时,证大法阴。法阴者,所谓法身";七是"得熏习聚尽,永灭无余";八是"得有灭舍,有舍者不住生死,灭舍者不住涅槃"。(4)"不及义"。指大乘归依的所有善根由"四因"(指"大体"等)造成的,这是一切声闻、辟支佛所不能及的,它们是:"大体",指大乘的"世间善根",超过二乘(声闻、辟支佛);"大义",指大乘的"出世善根",能自利、利他,而"二乘出世但自利";"无边",指大乘的"成熟善根",能"成熟无边众生";"无尽",指大乘的"神通善根","至无余涅槃,亦无尽"。

四、《种性品》(卷一)。解释《大乘庄严经论》本颂十三颂，论述"菩萨种性"问题。

"种性"(又作"种姓")有九种差别。(1)"有体"。指种性的体性有四种差别，即"界差别"(指三界)、"信差别"(指归信)、"行差别"(指修行)、"果差别"(指果报)。(2)"最胜"。指在各种种性中，菩萨种性有四种因缘，故为最胜，即"善根明净"、"善根普摄"、"善根大义"、"善根无尽"。(3)"自性"。指菩萨种性有四种自性，即"性种自性"、"习种自性"、"所依自性"、"能依自性"。(4)"相貌"。指菩萨种性有四种相貌，它们是："大悲为相，哀愍一切苦众生故"；"大信为相，爱乐一切大乘法故"；"大忍为相，能耐一切难行行故"；"大行为相，遍行诸波罗蜜自性善根故"。(5)"品类"。指菩萨种性的品类有四种，即"决定"、"不定"、"不退"、"退堕"。(6)"过失"。菩萨种性的过失有四种，它们是："习惑，功德不行，烦恼多行故"；"恶友，离善知识，狎弊人故"；"贫穷，所须众具皆乏少故"；"属他，系属于人，不自在故"。(7)"功德"。指菩萨种性的功德有四种，它们是："迟入，不数堕故"；"速出，不久住故"；"苦薄，逼恼轻故"；"悲深，哀愍众生亦成就故"。(8)"金譬"。指菩萨种性譬如金子，为四种依止，它们是："为无量善根依止"、"为无量智慧依止"、"为一切烦恼障智障得清净依止"、"为一切神通变化依止"。(9)"宝譬"。指菩萨种性譬如宝物，为四种成就因(原因)，它们是："为大菩提因"；"为大智因"；"为大定因，定者由心住故"；"为大义因，成就无边众生故"。

五、《发心品》(卷二)。解释《大乘庄严经论》本颂二十一颂，论述"菩萨发心"问题。

"菩萨发心"，指菩萨发菩提心。(1)"四种大"。指菩萨发心有"四种大"，它们是："勇猛大"，指"弘誓精进甚深难作，长时随顺"；"方便大"，指"被弘誓甲已，恒时方便勤精进"；"利益大"，指"一切时作自、他利"；"出离大"，指"为求无上菩提"。（2）"四种差别"。指菩萨发心依诸地区分，有四种差别，它们是："信行发心"，指"信行他"；"净依发心"，指"菩萨十地"的前七地；"报得发心"，指"菩萨十地"的后三地；"无障发心"，指"如来地"。（3）"四力"。指菩萨发心以"四力"发心，它们是："友力发心"，指"得善知识随顺"；"因力发心"，指"或过去曾发心为性"；"根力发心"，指"或过去曾行诸善根所圆满"；"闻力发心"，指"或处处说法时，无量众生发菩提心"。（4）"四平等"。指菩萨发心以"四平等"为因，它们是："法平等，由通达法无我故"；"众生平等，由至得自他平等故"；"所作平等，由令他尽苦如自尽苦故"；"佛体平等，由法界与我无别决定能通达"。（5）"六胜"。指菩萨发心有六种殊胜，即"生位胜"、"愿位胜"、"勇猛胜"、"净依胜"、"余巧胜"、"余出胜"。如关于菩萨发心"以何为根"乃至"何处究竟"，说：

　　偈曰：大悲与利物，大法将种智，胜欲亦大护，受障及增善。福智与修度，及以地地满，初根至后竟，随次解应知（以上为《大乘庄严经论》本颂）。

　　释曰：菩萨发心，以大悲为根；以利物为依止；以大乘法为所信；以种智为所缘，为求彼故；以胜欲为所乘，欲无上乘故；以大护为所住，住菩萨戒故；以受障为难，起异乘心故；以增善为功德；以福智为自性；以习诸度为出离；以地满为究竟（以上为本颂的解释）。（卷二《发心品》，第595页下）

　　六、《二利品》（卷二）。解释《大乘庄严经论》本颂十一颂半，论述修行"自他利行"问题。

修行"自他利行",指依所发的菩提心,随顺修行自利、利他,有六种大。(1)"大依"。指依止大菩提而发心。(2)"大行"。指为自利、利他而发起修行。(3)"大果"。指能得无上菩提。(4)"大取"。指发心时摄一切众生。(5)"大忍"。指修行时忍一切大苦。(6)"大义"。指得果时广利一切众生。

七、《真实品》(卷二)。解释《大乘庄严经论》本颂十一颂,论述"第一义相"、"唯识五位"等问题。

(1)"第一义相"。指"真如"以"无二义"为第一义,有"五种无二相"。一是"非有非无",指一切法的"分别相"(又称"遍计所执性")、"依他相"(又称"依他起性")为"非有",一切法的"真实相"(又称"圆成实性")为"非无";二是"非如非异",指一切法的"分别相"、"依他相"既非一体,亦非异体;三是"非生非灭",指"真如"为"无为法",不生不灭;四是"非增非减",指"真如"不随心识上的净、染分而有增减;五是"非净非不净",指"真如"自性本来清净,若受客尘污染,则为"非净",若除去客尘,则为"非不净"。

(2)"唯识五位"。指大乘菩萨"悟入唯识"须经历的五个修行阶位。①"集大聚位"(又称"资粮位")。指菩萨在初地(十地中的第一地)之前,修集福德、智慧两种资粮的修行阶位。菩萨于此位,"集此(福智)大聚到彼岸";"依止定心而思惟";"解所思诸法义类,悉以意言(指由意识所起的名言分别)为自性"。②"通达分位"(此指"加行位";"通达位"则指"见道位")。指菩萨在初地之前,为入"见道"而加功用行,依次修习"四善根"(指暖法、顶法、忍法、世第一法)的修行阶位。菩萨于此位,"由解一切诸义,唯是意言为性,则了一切诸义悉是心光(指一切事物都是心识变现的相分)。菩萨尔时名善住唯识,从彼后现见法界,了达所有二相,即解脱能执、所执"。③"见道位"。指菩萨在初地"入心"(十地中的每一地各分入心、住心、出心三位),断除三界"见惑"(见道位烦恼),证见"四谛"之理的修行阶位。菩萨于此位,"如彼现见法界故,解心外无有所取物。所取物无故,亦无能取心,由离所取(境)、能取(识)二相故,应知善住法界自性"。④"修道位"。指菩萨从初地的"住心",至第十地的"出心",渐次断除三界"修惑"的修行阶位。菩萨于此位,"菩萨入第一义智转依已,以无分别智,恒平等行及遍处行"。⑤"究竟位"。指菩萨修行圆满所成就的佛位。菩萨于此位,"于佛善成立一切妙法中,作总聚缘";"入第一义智故,由此慧安住法界"。如关于"唯识五位"的初位"集大聚位"(又称"资粮位"),说:

> 偈曰:福智无边际,生长悉圆满,思法决定已,通达义类性(以上为《大乘庄严经论》本颂)。

> 释曰:此偈显第一集大聚位。福智无边际者,由差别无数及时节无边故;生长悉圆满者,菩萨集此大聚到彼岸故;思法决定已者,依止定心而思惟故;通达义类性者,解所思诸法义类,悉以意言为自性故(以上为本颂的解释)。(卷二《真实品》,第 599 页上)

八、《神通品》(卷二)。解释《大乘庄严经论》本颂十颂,论述"菩萨神通"问题。

菩萨神通,依修习"四禅"而得,为"无分别智"所摄,它的相状是:"起灭"、"言音"、"心行"、"先住"、"向彼"、"出离"。(1)"起灭"。指"生死智境",能以天眼(超越肉眼)看见六道众生的生死状况。(2)"言音"。指"天耳智境",指能以天耳(超越人耳)听到一切言语音声。(3)"心行"。指"他心智境",能了知他人的心念差别。(4)"先住"。指"宿命智境",能了知过去世所经行的事情。(5)"向彼"。指"如意智境",能身现各种变化,出入自如。(6)"出离"。指"漏尽智境",指能了知断尽烦恼的情况。菩萨神通包括"六智"、"三明"、"八解脱"、"八胜处"、"十遍入"、"诸三昧"六种。

九、《成熟品》(卷二)。解释《大乘庄严经论》本颂二十二颂,论述"菩萨成熟"问题。

菩萨成熟包括"自成熟"、"成熟众生"二种。(1)"自成熟"。指自己成熟佛法,此为自利。菩萨有"九种自成熟"。一是"欲成熟",指希求大法;二是"信成熟",指净心;三是"舍成熟",指灭离烦恼;四是"悲成熟",指怜愍众生;五是"忍成熟",指能行难行;六是"念成熟",指一切受持;七是"力成熟",指皆能通达;八是"坚成熟",指恶魔、外道不能夺;九是"支成熟",指善分圆满。每一种"自成熟"都有因、体、业。以"悲成熟"为例,"菩萨见众生苦,是名悲因;起极怜愍,远离小乘心,是名悲体;得一切世间胜诸地不退,是名悲业"。(2)"成熟众生"。指令众生成熟佛法,此为利他。菩萨有"八种成熟他相"。一是"舍成熟",指令(众生)灭烦恼;二是"普成熟",指化以三乘(声闻、缘觉、大乘);三是"胜成熟",指超过外道法;四是"随成熟",指应机说法;五是"善成熟",指心恭敬;六是"得成熟",指令不倒解(指不起颠倒之见);七是"常成熟"。指令永不退;八是"渐成熟",指令次第增长。

十、《菩提品》(卷三)。解释《大乘庄严经论》本颂八十颂,论述"一切种智"、"如来转依"、"法界甚深"、"三种佛身"、"转识得智"等问题。

(1)"一切种智"。指能了知一切法(事物)的总相、别相的佛智,与"一切智"(指能了知一切法总相的声闻、缘觉智慧)、"道种智"(指能了知一切法别相的菩萨智慧)合称"三智"。菩萨要成就"一切种智",须具足四种条件。一是"一切难已行",指"具

足行无量百千种难行(之)行,未曾疲倦";二是"一切善已集",指
"具足聚集诸波罗蜜自性善根";三是"一切时已度",指"具足经
长时大劫阿僧祇";四是"一切障已断",指"具足断一切大乘障",
即"诸地所有微细障"。"一切种智"就是"佛身",由"转六波罗蜜
等一切善法为佛体"所成。

　(2)"如来转依"。"转依"包括转舍、转得两个方面(本书译
作"有离、有得")。"如来转依",指佛转舍"烦恼障"(指由"我执"
而生的能障涅槃的烦恼)、"智障"(又称"所知障",指由"法执"而
生的能障菩提的烦恼)两种种子,转得"极清净出世智道"(指"大
涅槃")、"无边所识境界智道"(指"大菩提")二种妙果,它有十种
功德差别。一是"他义转",指如来转依后,唯为"利他";二是"无
上转",指如来转依后,能于一切法中"得自在、过(超越)二乘";
三是"不转转",指如来转依后,"染污诸因不能转";四是"不生
转",指如来转依后,"一切染污法毕竟不起";五是"广大转",指
如来转依后,能"示现得大菩提及般涅槃";六是"无二转",指如
来转依后,能得"生死、涅槃无有二(指无差别)"之相;七是"不住
转",指如来转依后,能于"有为、无为(法)俱不住";八是"平等
转",指如来转依后,能与声闻、缘觉,同得"解脱烦恼障";九是
"殊胜转",指如来转依后,能独得"如来十力"、"四无畏"等不共
佛法(指唯佛独有的,不共通于声闻、缘觉的功德法);十是"遍授
转",指如来转依后,能"恒以一切乘(包括三乘)而教授(众生)"。

　(3)"法界甚深"。指诸佛安住的"法界"(指宇宙万有真实
不变的本体,与"真如"、"法性"、"诸法实相"等同义)有三种甚
深。一是"相甚深",指法界有四相,即"清净相"、"大我相"(指法
界以第一无我为自性)、"无记相"(指法界"非体非非体")、"解脱
相";二是"处甚深",指法界是"诸佛无漏界,非一亦非多","非一
者,由前身随顺故;非多者,由非身故";三是"业甚深",指法界有

八种业,即"宝依止业"、"成熟众生业"、"到究竟业"、"说正法业"、"化所作业"、"无分别业"、"智不作业"、"解脱智业"。"法界"就是"如来藏"(指佛性),"一切众生、一切诸佛,等无差别,故名为如";"得清净如,以为自性,故名如来";"以是义故,可说一切众生名为如来藏"。

(4)"三种佛身"。指佛有"自性身"、"食身"、"化身"三种身。一是"自性身"(又称"法身"),指佛所证的真如法性之身,是一切转舍染法、转得净法的依止处,也是"食身"、"化身"的依止处,"自性身为食身、化身依止,由是本故";二是"食身"(又称"受用身"、"报身"),指佛受用法乐之身,亦即累劫修行所得的果报之身,它是依"法身"而起的,由种种诸佛大集会和清净佛土所显现的佛身,它以"自利成就"为相;三是"化身"(又称"应身"),指佛为利益众生而示现的随机变化之身,它以"他利成就"为相。

(5)"转识得智"。指将"有漏"的"八识"转为"无漏"的"四智"。一是将"有漏"的第八识转为"无漏"而得"镜智"(又称"大圆镜智"),此智性相清净,离诸杂染(指有漏法),能显现和生起一切境界;二是将"有漏"的第七识转为"无漏"而得"平等智"(又称"平等性智"),此智能观察一切法皆悉平等,与大慈大悲恒共相应;三是将"有漏"的第六识转为"无漏"而得"观智"(又称"妙观察智"),此智能观察一切法的自相共相,善巧说法,断一切疑;四是将"有漏"的前五识转为"无漏"而得"作事智"(又称"成所作智"),此智能示现神通变化,成办一切利乐有情事。"四智"中,"镜智"是根本之智,它是其余三智的依止处,"彼镜智以不动为相,为余三智之所依止"。"四智"与"三种佛身"的关系是:"镜智"、"平等智"为佛的"自性身";"观智"为佛的"食身";"作事智"为佛的"化身"。如关于"转识得智",说:

偈曰：四智镜不动，三智之所依，八七六五识，次第转得故(以上为《大乘庄严经论》本颂)。

释曰：四智镜不动，三智之所依者，一切诸佛有四种智：一者镜智(指大圆镜智)、二者平等智(指平等性智)、三者观智(指妙观察智)、四者作事智(指成所作智)。彼镜智以不动为相，恒为余三智之所依止。何以故？三智动故。八七六五识，次第转得故者，转第八识得镜智，转第七识得平等智，转第六识得观智，转前五识得作事智。是义应知(以上为本颂的解释)。(卷三《菩提品》，第606页下——第607页上)

十一、《明信品》(卷四)。解释《大乘庄严经论》本颂十三颂，论述"信法"问题。

"信法"，指信乐佛法。"信法"的种类差别有十三种。(1)"可夺信"。指"下品信"。(2)"有间信"。指"中品信"。(3)"无间信"。指"上品信"。(4)"多信"。指"大乘信"。(5)"少信"。指"小乘信"。(6)"有覆信"。指"有障信"(指不能胜进)。(7)"无覆信"。指"无障信"(指能胜进)。(8)"相应信"。指"熟修信"(指能恒行与恭敬行)。(9)"不相应信"。指"不熟修信"(指离恒行与恭敬行)。(10)"有聚信"。指"有果信"(指能得大菩提)。(11)"无聚信"。指"无果信"(指不能得大菩提)。(12)"极入信"。指"功用信"(指从初地至七地之信)。(13)"远入信"。指"极净信"(指从八地至佛地之信)。

十二、《述求品》(卷四至卷五)。解释《大乘庄严经论》本颂七十五颂，论述"菩萨求法"问题，内容叙及"求法"、"求唯识"、"求诸相"、"求一乘"、"求明处"等。

(1)"求法"。指菩萨求知三藏，即佛教典籍的三大部类。

一是"修多罗藏",指经藏,由"正说法及义"而建立,有"依"、"相"、"法"、"义"四义。其中,"依"指处、人、用,即"随是何国土、随是何诸佛、随是何众生,如来依此三种说修多罗";"相",指世谛相、第一义谛相;"法",指五阴、十八界、十二入、十二缘起、四生、四谛、四食等法;"义",指解释义理。二是"毗尼藏",指律藏,由"成就法及义"而建立,有"罪"、"起"、"净"、"出"四义。其中,"罪"指罪的自性,即"五聚罪",它们是:"起",指罪的缘起,有"无知"、"放逸"、"烦恼疾利"、"无恭敬心"四种:"净",指罪的还净,"由善心,不由治罚";"出",指罪的出离。三是"毗昙藏",指论藏,由"通达法及义"而建立,有"对"、"数"、"伏"、"解"四义。其中,"对"指"向(针对)涅槃法",如说"四谛"、"三十七菩提分"、"三解脱门"等;"数",指"相续法",如说"色、非色"、"可见、不可见"等无量差别;"伏",指"胜上法",如在净论中,决判法义,击败论敌;"解",指"释义法",即解释义理。

(2)"求唯识"。指菩萨求知"唯识",了知"能取及所取,此二唯心光","光体非体故,不得彼法实"。也就是说,应知"能取"(识)、"所取"(境)都是心识发出的光,以识为体性,由识变现,"种种心光,即是种种事相"。无论是"贪"等烦恼心所,还是"信"等善法心所,都只有"光相",没有"光体",无有二相(指差别相),无有实体。如关于"能取"、"所取"唯是"心光",说:

偈曰:能取及所取,此二唯心光,贪光及信光,二光无二法(以上为《大乘庄严经论》本颂)。

释曰:能取及所取,此二唯心光者,求唯识人应知?能取、所取,此之二种,唯是心光。贪光及信光,二光无二法者,如是贪等烦恼光,及信等善法光,如是二光,亦无染、净二法。何以故?不离心光别有贪等、信等染净法故,是故二光亦无

二相(以上为本颂的解释)。(卷五《述求品》,第613页中)

(3)"求诸相"。指菩萨应求知一切相,一切相分为二种。一是"所相",指境,即一切法(事物),有"色法"、"心法"、"心数法"(又称"心所法")、"不相应法"(又称"心不相应法")、"无为法"五种。二是"能相",指识,有"分别相"、"依他相"、"真实相"三种。其中,"分别相"(又称"遍计所执性"),指凡夫对外境作周遍计度、虚妄分别,将依他缘起的事物执为实有的自性,下分"有觉分别相"、"无觉分别相"、"相因分别相"三种;"依他相"(又称"依他起性"),指一切事物依赖众缘和合(各种条件的聚合)而生起的自性,下分"所取相"、"能取相"二种;"真实相"(又称"圆成实性"),指在"依他起性"的基础上,远离"遍计所执性",证悟由"人"、"法"二空所显示的一切事物的实性,即由"根本无分别智"所证的"真如"(又称"诸法实相"),下分"自相"、"染净相"、"无分别相"三种。

(4)"求一乘"。指菩萨应求知"一乘"。佛以"八意",故说一乘。一是"法同",指"声闻等人无别法界",因所趣相同,故说一乘;二是"无我同",指"声闻等人同无我体",因所趣相同,故说一乘;三是"解脱同",指"声闻等人同灭惑障",因出离相同,故说一乘;四是"性别",指为了将"不定三乘性人",引入大乘,故说一乘;五是"诸佛得同自意",指"诸佛得如此意,如我所得",因得此意,故说一乘;六是"声闻得作佛意",指"诸声闻昔行大菩提聚时,有定作佛性",因前后相续无别,故说一乘;七是"变化故",指"佛示现声闻而般涅槃",是为了教化,令小根人趣入大乘,理实唯一,故说一乘;八是"究竟",指"至佛体(指成佛后),无复去处",故说一乘。

(5)"求明处"。指菩萨应求知"五明"(又称"五明处"),即古印度的五种学问。一是"内明"(又称"内明处"),指佛学,"内明,为求自解学";二是"因明"(又称"因明处"),指以逻辑学为主,兼摄认识论、辩论术的学问,"因明,为伏外执学";三是"声明"(又称"声明处"),指语言文字学,"声明,为令他信学";四是"医明"(又称"声明处"),指医学,"医明,为所治方学";五是"巧明"(又称"工巧明处"),指工艺历算学,"巧明,为摄一切众生"。

十三、《弘法品》(卷六)。解释《大乘庄严经论》本颂二十四颂半,论述"菩萨弘法"问题。

菩萨成就说法,有四种义(四个方面)。(1)"无畏"。指因"多闻",故得无畏。(2)"断疑"。指因"大慧",故能断疑。(3)"令信"。指因"不依名利",故能令他人信受。(4)"显实"。指因"通达世谛、第一义谛",故能显现二种真实,即"染相真实"、"净相真实"。

十四、《随修品》(卷六)。解释《大乘庄严经论》本颂二十九颂,论述"菩萨随修"问题。

"菩萨随修",指菩萨随法修行,有九种差别。(1)"善行生死"。指菩萨"亲近生死","但为思惟策励,非为染著"。(2)"善行众生"。指菩萨有大悲,"不舍烦恼病苦众生"。(3)"善行自心"。指菩萨能调伏"未调伏心"。(4)"善行欲尘"。指菩萨作布施等,"增长资财"。(5)"善行三业"。指菩萨修治三业(指身、口、意业),"能令清净"。(6)"善行不恼众生"。指菩萨对于众生的损害,"未尝瞋恼"。(7)"善行修习"。指菩萨修习善法,"曾无间心"(指没有间断)。(8)"善行三昧"。指菩萨修习诸定,"不乱不味,功德增长"。(9)"善行般若"。指菩萨对所观之法,"得不颠倒"。如"心性自净,而为客尘所染",说:

偈曰:已说心性净,而为客尘染,不离心真如,别有心性净（以上为《大乘庄严经论》本颂）。

　　释曰：譬如水性自清，而为客垢所浊，如是心性自净，而为客尘所染，此义已成。由是义故，不离心之真如别有异心，谓依他相说为自性清净。此中应知：说心真如，名之为心，即说此心为自性清净，此心即是阿摩罗识（以上为本颂的解释）。（卷六《随修品》，第 623 页上）

　　十五、《教授品》（卷七）。解释《大乘庄严经论》本颂三十五颂，论述"如来教授"问题。

　　菩萨蒙诸佛法流而得教授后，应渐次修习"唯识五位"，即"集大聚位"（又称"资粮位"）、"通达分位"（此指"加行位"；"通达位"则指"见道位"）、"见道位"、"修道位"、"究竟位"。其中，在"通达分位"，应依次修习"四善根"，即"暖法"、"顶法"、"忍法"、"世间第一法"（又称"世第一法"），以证得"能取"（识）、"所取"（境）二取皆空。（1）"暖法"。指依"明得定"发起的，观察"无所取"的下品寻思（下等的推求思察）。"菩萨初得定心，离于意言（指由意识所起的名言分别），不见自相、总相一切诸义，唯见意言，此见即是菩萨暖位"。（2）"顶法"。指依"明增定"发起的，观察"无所取"的上品寻思（上等的推求思察）。"菩萨为增长法明故，起坚固精进，住是法明，通达唯心，此通达即是菩萨顶位"。（3）"忍法"。指依"印顺定"发起的，对"无所取"决定印持，对"无能取"亦能顺忍的下品如实智。"菩萨若见诸义悉是心光，非心光外别有异见，尔时得所执乱灭，此见即是菩萨忍位"。（4）"世间第一法"。指依"无间定"发起的，能印持"能取"、"所取"皆空的上品如实智。"菩萨为断能执乱故，复速证无间三摩提"，"此入无间，即是菩萨世间第一法位"。

　　十六、《业伴品》（卷七）。解释《大乘庄严经论》本颂四颂，论述"菩萨起业方便"问题。

"菩萨起业方便",指菩萨起三业(身、口、意业)有"三种方便"。(1)"救他业方便"。指菩萨为令小乘转异乘心,"于无量世界,经无量劫数,而能久受勤苦,作种种难行业"。(2)"自护业方便"。指菩萨深自防护,不起二乘(指声闻、缘觉)之心。(3)"清净业方便"。指菩萨对"作者"、"业"、"所作"三者不作分别,因为它们皆不可得,由此而得"三轮清净","三轮清净,故业清净"。

十七、《度摄品》(卷七至卷八)。解释《大乘庄严经论》本颂五十九颂,论述"六波罗蜜"、"四摄"问题。

(1)"六波罗蜜"(又称"六波罗蜜多"、"六度")。指从生死此岸到涅槃彼岸的六种修行方法,即"檀波罗蜜"(又称"布施度")、"尸波罗蜜"(又称"持戒度")、"羼提波罗蜜"(又称"忍辱度")、"毗梨耶波罗蜜"(又称"精进度")、"禅波罗蜜"(又称"禅定度")、"般若波罗蜜"(又称"智慧度")。六波罗蜜有十种义(意义),即"制数"、"显相"、"次第"、"释名"、"修习"、"差别"、"摄行"、"治障"、"功德"、"互显"。①"制数"。指制立波罗蜜六种("立波罗蜜数唯有六")的原因,是为了"摄自利"、"摄利他"、"摄一切大乘因"、"摄一切大乘道"、"摄三种增上学"。②"显相"。指"六波罗蜜"一一皆有四相,即"治障"、"合智"、"满愿"、"成生"。"治障",指六波罗蜜分别对治"悭贪"、"破戒"、"瞋恚"、"懈怠"、"乱心"、"愚痴";"合智",指六波罗蜜悉与"无分别智"共行,能通达"法无我";"满愿",指六波罗蜜能分别满足"求财者"、"求戒者"、"悔过者"、"作业者"、"学定者"、"有疑者"的意愿;"成生",指六波罗蜜能令众生成熟佛法。③"次第"。指"六波罗蜜"依布施等次序排列的原因,有"前后"、"下上"、"粗细"三种。"前后者,谓依前后得起";"下上者,前者为下,后者为上";"粗细者,前者为粗,后者为细"。④"释名"。指"六波罗蜜"的名义,分别是:"能除贫穷,故名施";"能令清凉,故名戒";"能破瞋恚,故名忍";"能建善,故名进";"能持心,故名定";"能解真法,故名慧"。⑤"修习"。指菩萨修习六波罗蜜有五依止,即"物依止"、"思惟依止"、"心依止"、"方便依止"、"势力依止"。⑥"差别"。指每一种波罗蜜各有六义,即"自性"、"因"、"果"、"业"、"相应"、"品类"。以"羼提波罗蜜"(指忍辱)的六义为例。一是"忍(忍辱)自性",指"不报"、"耐"、"智","不报者,是他毁忍自性;耐者,是安苦忍自性;智者,是观法忍自性";二是"忍因",指"大悲"、"法依"(指"受戒及多闻");三是"忍果",指五种果,即"得少憎嫉"、"得不坏他意"、"得喜乐"、"得临终不悔"、"得身坏生天";四是"忍业",指"自利"、"利他";五是"忍相应",指"忍难行,故名最胜,具足最胜,名相应";六是"忍品类",指分为"他毁忍"、"安苦忍"、"观法忍"三种。⑦"摄行"。指"六波罗蜜"所摄的行为有"乱"、"定"、"俱"三种。"施"、"戒"二波罗蜜所摄为"乱";"禅"、"般若"二波罗蜜所摄为"定";"忍"、"精进"二波罗蜜所摄为"俱"(兼摄"乱"、"定")。⑧"治障"。指每一种波罗蜜都能对治七种执著。以"檀波罗蜜"(指布施)为例,它所对治的"七著"是:"资财著"、"慢缓著"、"偏执著"、"报恩著"、"果报著"、"障碍著"、"散乱著"。⑨"功德"。指每一种波罗蜜都有三种功德,即"利他功德"、"清净功德"、"八种无上功德"。⑩"互显"。指"六波罗蜜"之间相辅相成,有"相摄"、"差别"、"依法"、"为因"四义。

(2)"四摄"。指摄受众生、令入佛道的四种方法,即"布施摄"、"爱语摄"、"利行摄"、"同利摄"(又称"同事摄")。"布施者,能令于法成器,由随顺于财,则堪受法故";"爱语者,能令于法起信,由教法义,彼疑断故";"利行者,能令于法起行,由如法依行故";"同利者,能令彼得解脱,由行净长时,得饶益故"。

十八、《供养品》(卷九)。解释《大乘庄严经论》本颂五颂,论述"供养如来"问题。

供养如来,略说有八种。(1)"依供养"。指"依现在及过去,未来诸佛而供养"。(2)"物供养"。指"以衣服等而供养"。(3)"缘起供养"。指"以深净信心而供养"。(4)"回向供养"。指"为满福智二聚而供养"。(5)"因供养"。指"由有宿愿,愿生佛世,令我有益不虚供养"。(6)"智供养"。指"三轮不分别",即"设供、受供、供具三事不可得"。(7)"田供养"。指"众生为田,教彼供养,令种善根"。(8)"依止供养"。指十一种依止,即"依止物"、"依止思惟"、"依止信"、"依止愿"、"依止悲"、"依止忍"、"依止行"、"依止正念"、"依止正见"、"依止解脱"、"依止真实"。

十九、《亲近品》(卷九)。解释《大乘庄严经论》本颂七颂,论述"亲近善知识"问题。

善知识(即善友)具足十种功德,应堪亲近。(1)"调伏"。指"与戒相应,由根调故"。(2)"寂静"。指"与定相应,由内摄故"。(3)"惑除"。指"信念与慧相应,烦恼断故"。(4)"德增"。指"戒、定、慧具,不缺减故"。(5)"有勇"。指"利益他时,不疲惓故"。(6)"经富"。指"得多闻故"。(7)"觉真"。指"了实义故"。(8)"善说"。指"不颠倒故"。(9)"悲深"。指"绝希望故"。(10)"离退"。指"于一切时,恭敬说故"。

二十、《梵住品》(卷九)。解释《大乘庄严经论》本颂四十九颂,论述"四梵住"问题。

"四梵住",指"四无量心",即利乐一切众生的四种心,"慈无量心"、"悲无量心"、"喜无量心"、"舍无量心",因"四无量心"是死后往生梵天的行业,故称为"四梵住"。"四无量心"的每一种心,各有四种相。(1)"治障"。指四无量心能对治的障碍,"慈无量心"能对治"瞋","悲无量心"能对治"恼","喜无量心"能对治"忧","舍无量心"能对治"欲"。(2)"合智"。指四无量心悉与"无分别智"共行。(3)"转境"。指四无量心有三种缘。一是"众生缘",指以一切众生为缘而修四无量心,"慈者,于求乐众生聚起与乐行;悲者,于有苦众生聚起拔苦行;喜者,于有喜众生聚起不离行;舍者,于诸受起烦恼众生聚起令离行,是名众生缘";二是"法缘",指以一切法为缘而修四无量心,"即是说彼四种梵住法,说名法缘";三是"无缘",指以诸法实相为缘而修四无量心,"即是彼如以无分别故,说名无缘"。(4)"成生"。指由所作四无量心的胜业,能令众生成熟佛法。

二十一、《觉分品》(卷十至卷十一)。解释《大乘庄严经论》本颂八十七颂,论述"觉分"问题。

觉分(又称"菩提分"),指趣向涅槃境界的各种修行方法,主要有:(1)"有羞"。指菩萨于四事中极生羞耻,它们是:"于诸度障增时,极生羞耻";"于诸障治减时,极生羞耻";"修诸度懈怠时,极生羞耻";"随顺烦恼法勤行时,极生羞耻"。(2)"无畏"。指菩萨有十种无畏差别,它们是:"性成就,得无畏";"发菩提心,得无畏";"勤自利时,不顾身命,得无畏";"勤利他时,有违逆者,得无畏";"听实义时,得无畏";"难化众生,以通力化,得无畏";"建立众生于大菩提,得无畏";"行种种难行、苦行,得无畏";"故意受生,得无畏";"处染不染,得无畏"。(3)"不退"。指菩萨有三种不退,即"闻法无厌不退"、"恒大精进不退"、"生死苦恼不退"。(4)"知法"。指菩萨知"五明处",即"内明"、"因明"、"声明"、"医明"、"(工)巧明"。(5)"知世间"。指菩萨有三种知世间,即"身知世间"、"口知世间"、"谛知世间"。(6)"四量"(又译"四依")。指菩萨修习四量,即"能诠"、"义意"、"了义"、"无言"。"能诠者,如来所说十二部经,此法为量,非人为量";"义意者,谓文(十二部经)中所以,此义为量,非语为量";"了义者,谓世间可信及佛所印可,此了义为量,非不了义为量";"无言者,谓出世证智,此智为量,非识为量"。(7)"四无碍解"。指菩萨修习"四无碍解",即"知门智"、"知相智"、"知言智"、"知智智"。"知门智,能知义中所有名门差别";"知相智,能知此义属此名";"知言智,能知异土言音";"知智智,能知自能说法"。(8)"二聚功德"。指菩萨修习"福聚"、"智聚"。施、戒二波罗蜜为"福聚体";般若波罗蜜为"智聚体";忍辱、精进知禅定三波罗蜜为"二聚因"。(9)"三十七道分"。指菩萨修习趣向涅槃境界的七科三十七种方法,即"四念处"、"四正勤"、"四神足"、"五根"、"五力"、"七觉分"、"八正道分"。(10)"止观"。指菩萨修习止观,"安心于正定,此即名为止";"依正住分别法体,是名观"。(11)"五种巧方便"。指菩萨修习"五种巧方便",它们是:"自熟佛法",以"无分别智"为巧方便;"成熟众生",以"四摄法"(指布施摄、爱语摄、利行、同利摄)为巧方便;"速得菩提",以"忏悔、随喜、请转法轮、生起胜愿"为巧方便;"作业成就",以"陀罗尼门"、"三昧门"二门为巧方便;"生死道不绝",以"无住处涅槃"为巧方便。(12)"陀罗尼"。指菩萨所得陀罗尼(意译"总持",指能对一切法忆持不失的念慧力)的来源有三种,它们是:"报得",指由"先世业力"而得的陀罗尼;"习得",指由"现在闻持力"而得的陀罗尼;"修得",指由"定力"而得的陀罗尼。(13)"起诸愿"。指菩萨所起的诸愿,有"自性"、"因"、"地"、"果"、"差别"、"业"六义。(14)"三三昧"。指三种禅定,它们是:"空三昧",指观察诸法自性空寂的禅定;"无愿三昧",指对诸法无所愿乐造作的禅定;"无相三昧",指观察诸法无差别相的禅定。"无分别义,是空三昧义,由人、法二我不分别故";"厌背义,是无愿三昧义,由厌背我执所依故";"乐得义,是无相三昧义,由乐得彼所依毕竟寂灭故"。(15)"四法印"。指佛法的四大标志,即"一切行无常印"、"一切行苦印"、"一切法无我印"、"涅槃寂灭印"。如关于菩萨"知法"就是"知五明处",说:

> 偈曰:知法知法业,知相知无尽,得果及二门,成生亦住法(以上为《大乘庄严经论》本颂)。

> 释曰:知法者,谓知五明处,一内明、二因明、三声明、四医明、五巧明。知此五论,是谓知法。知法业者,谓知自利、利他,以此为业。知内论者,为自修及为他说;知因论者,为申己义及屈他义;知声论者,为自善音令他信受;知医论者,为除他疾;知巧论者,为令他解。知论相者,谓知此五论得有五因,是菩萨知论相,一闻得、二持得、三诵得、四思得、五通得。菩萨先于论有闻,闻已受持,持已习诵,诵已正思,思已通达,通达者知此是功德,此是过失,此是善语,此是恶语。知无尽者,谓如此知,乃至无余涅槃亦无尽故。得果者,谓自知得一切种智(指佛智)故(以上为本颂的解释)。(卷十《觉分品》,第 641 页下)

二十二、《功德品》(卷十二)。解释《大乘庄严经论》本颂六十五颂,论述"菩萨功德"问题,内容叙及:"菩萨六种必应作"、"菩萨六种必常作"、"四种道理"、"大乘七大义"、"菩萨诸相差别"等。

(1)"菩萨六种必应作"。指菩萨为成就"六度",有六种事情必应作,即"供养"、"学戒"、"修悲"、"勤善"、"离喧"、"乐法"。"必应供养,此为成就檀(指布施)度";"必应学戒,此为成就戒度";"必应修悲,此为成就忍度";"必应勤善,此为成就进(指精进)度";"必应离喧,此为成就禅度";"必应乐法,此为成就智度"。(2)"菩萨六种必常作"。指菩萨为成就"六度",有六种事情必常作,即"厌尘"、"自省"、"耐苦"、"修善"、"不味"、"不分别"。"厌尘,谓知五欲过失","此事常修,则檀(指布施)度圆满";"自省,谓昼夜六时,常自省察所作三业,知过则改,此事常修,则戒度圆满";"耐苦,若有他来作诸不饶益事,及自求法,忍诸寒热等苦,此事常修,则忍度圆满";"修善,善谓六波罗蜜,于诸地中,此事常修,则进(指精进)度圆满";"不味,谓不唉禅中胜乐,恒来欲界受生,此事常修,则禅度圆满";"不分别,谓于三轮(指作者、业、所作)异相,不起分别,此事常修,则智度圆满"。(3)"四种道理"。指事物生存、变化的四种法则,它们是:"相待道理"(又称"观待道理"),指事物须待众缘和合方能生起的道理,"相待道理者,所谓正思,由待正思,出世正见方始得起,离正思惟,更无别方便故";"因果道理"(又称"作用道理"),指事物各有因果的道理,"因果道理者,所谓正见及果";"成就道理"(又称"证成道理"),指由现量(指感觉,即感觉器官对事物自相的认识)、比量(指推理,即在现量的基础上,由已知推知未知,对事物共相加以认识)、圣教量(指以圣人的言教,作为判别认识正误的标准)三量论证成立的道理,"成就道理者,所谓以现等量,简择诸法";"法然道理"(又称"法尔道理"),指无始时来,法性如此(即本来如此)的道理,"法然道理者,所谓不可思议处,此法已成故如"。(4)"四种求诸法"(又称"四种寻思")。指菩萨在加行位(四善根位)修习的推求思察诸法假有实无的四种观法,它们是:"名求"(又称"名寻思"),指推求思察诸法(事物)的名称假有实无,"推名于物是客,此谓名求";"物求"(又称"事寻思"),指推求思察诸法的事相假有实无,"推物于名是客,此谓物求";"自性求"(又称"自性假立寻思"),指推求思察诸法的自性假有实无,"推名自性及物自性,知俱是假,此谓自性求";"差别求"(又称"差别假立寻思"),指推求思察诸法的差别相假有实无,"推名差别及物差别,知俱空故,悉不可得,此谓差别求"。(5)"四种如实知"(又称"四种如实智")。指由修习"四种寻思"(名、事、自性假立、差别寻思)所引生的,能如实了知一切诸法不可得的四种智慧,即"缘名如实知"(又称"名寻思所引如实智")、"缘物如实知"(又称"事寻思所引如实智")、"缘自性如实知"(又称"自性假立寻思所引如实智")、"缘差别如实知"(又称"差别假立寻思所引如实智")。"如实知者,由知一切名等皆不可得故"。(6)"大乘七大义"。指大乘之所以称为"大"的七种理由,即"缘大"、"行大"、"智大"、"勤大"(又称"精进大")、"巧大"(又称"方便大")、"果大"、"事大"。(7)"菩萨诸相差别"。指菩萨的体相("菩萨相")有"自利"、"利他"、"住功德"、"不退"、"离苦"、"摄法"、"不放逸"、"有羞"、"摄生"等。如关于"大乘七大义",说:

　　偈曰:缘行智勤巧,果事皆具足,依此七大义,建立于大乘(以上为《大乘庄严经论》本颂)。

　　释曰:若具足七种大义,说为大乘。一者缘大,由无量修多罗(指契经)等广大法为缘故;二者行大,由自利、利他行皆具足故;三者智大,由人、法二无我一时通达故;四者勤大,由三大阿僧祇劫(指三大劫)无间修故;五者巧大,由不舍生死而不染故;六者果大,由至得力无所畏不共法故;七者事大,由数数示现大菩提、大涅槃故(以上为本颂的解释)。(卷十二《功德品》,第654页下)

二十三、《行住品》(卷十三)。解释《大乘庄严经论》本颂二十七颂,论述菩萨地的修行和住位(阶位)问题,内容叙及:"菩萨十一住相"、"菩萨依地立名"、"菩萨四种修行"等。

(1)"菩萨十一住相"(又称"十一地")。指菩萨从因至果的十一种修行阶位,"十一住者,即十一地。住者,名地故"。"初住相"，指证空，"多住人、法二无我故"；"第二住相"，指证业果，"证业及果不坏，能护戒故"；"第三住相"，指住禅，"能生欲界，而不退禅故"；"第四住相"，指住觉分，"能入生死，而不舍觉分故"；"第五住相"，指观谛（四谛），"以明教化，恼唯恼心，以我无故"；"第六住相"，指观缘起，"能不起染心，而依缘起受生故"；"第七住相"，指无相，"行虽功用，而上参一道，多住无相故"；"第八住相"，指无功用，"虽净佛土，而无起作，多住无功用故"；"第九住相"，指化力，"四辩自在，能成熟一切众生故"；"第十住相"，指三昧、陀罗尼二门，"三昧门、陀罗尼门极清净故"；"第十一住相"，指净菩提，"一切智障断究竟故"。（2）"菩萨依地立名"。指依修行状况而立的"菩萨十地"的名称。初地名为"见净"，"菩萨得人、法二见对治智故"；第二地名为"戒净"，"菩萨微细犯垢永无体故"；第三地名为"定净"，"菩萨诸禅三昧得不退故"；第四地名为"断法门异慢"，"菩萨于诸经法，破起差别慢故"；第五地名为"断相续异慢"，"菩萨入十平等心，于一切相续得平等故"；第六地名为"断染净异慢"，"菩萨如性本净，客尘故染，能住缘起法，如不起黑白差别见故"；第七地名为"得觉"，"菩萨住无相力，能念念中修三十七觉分故"；第八地名为"行舍"，"菩萨住无功用无相故，亦名净土，菩萨方便行与不退地菩萨合故"；第九地名为"化众生"，"菩萨能成熟一切众生故"；第十地有四名，即"大神通"（菩萨得大神通）、"满法身"（指菩萨具足无量三昧门、陀罗尼门）、"能现身"（指菩萨住兜率天等示相身）、"受职"（指菩萨成佛）。（3）"四种菩萨行"。指一切菩萨的修行不超过"波罗蜜行"、"菩提分行"、"神通行"、"摄生行"四种的范围。"说波罗蜜行，为求大乘众生"；"说菩提分行，为求小乘众生"；"说神通行，为令二种众生得入佛法"；"说摄生行，为令二种众生成熟佛法"。

　　二十四、《敬佛品》（卷十三）。解释《大乘庄严经论》本颂十九颂,论述"礼如来佛相胜功德"问题。

如来佛相,略说有六种。一是"体相",指佛"成就第一义";二是"因相",指佛"出离一切菩萨地";三是"果相",指佛"于一切众生中得第一";四是"业相",指佛"能令一切众生得解脱";五是"相应相",指佛"无尽等功德现,世皆具足";六是"差别相",指佛有三身,"种种世界皆见,此是化身","佛大弟子众亦见,此是受用身","人天等一切时不见,此是自性身"。

本书的藏译本注疏有:安慧《庄严经论释大疏》六十卷等(见元布顿《佛教史大宝藏论》郭和卿汉译本,民族出版社 1986年 3 月版)。

第五品　唐玄奘译《摄大乘论本》三卷

　　　　　　附:北魏佛陀扇多译《摄大乘论》二卷
　　　　　　　　陈真谛译《摄大乘论》三卷
　　　　　　　　唐玄奘译《摄大乘论释》十卷(世亲释)
　　　　　　　　陈真谛译《摄大乘论释》十五卷
　　　　　　　　(世亲释)
　　　　　　　　隋达摩笈多等译《摄大乘论释论》
　　　　　　　　十卷(世亲释)
　　　　　　　　唐玄奘译《摄大乘论释》十卷(无性释)
　　　　　　　　陈真谛译《显识论》一卷

《摄大乘论本》,又名《摄大乘本论》《摄论》《广包大义论》,三卷。印度无著造,唐玄奘译,贞观二十三年(649)译出。唐道宣《大唐内典录》卷五著录(书名作《摄大乘本论》);译经时间见《开元释教录》卷八)。载于《丽藏》"严"函、《宋藏》"与"函、《金藏》"严"函、《元藏》"与"函、《明藏》"情"函、《清藏》"情"函、《频伽藏》

"来"帙,收入《大正藏》第三十一卷。

本书是一部论述大乘"十相殊胜"(又称"十种殊胜")理论的著作,为唯识宗所依据的根本经典"瑜伽十支论"之一。它是《成唯识论》的资料来源之一,《成唯识论》中有多处直接征引《摄大乘论》的语句(见卷二、卷四、卷五、卷八、卷十等),另有很多理论表述也源于本书;它也是现已失传的《分别瑜伽论》("瑜伽十支论"之一)佚文的辑录者,卷中《入所知相分》引用的二颂,它们是:"菩萨于定位,观影唯是心,义相(指义理之相)既灭除,审观唯自想。如是住内心,知所取非有,次能取亦无,后触无所得。"就出自《分别瑜伽论》。从本书的首句为"《阿毗达磨大乘经》中,薄伽梵(指佛)前,已能善入大乘菩萨,为显大乘体大故说";末句作"《阿毗达磨大乘经》中《摄大乘品》,我阿僧伽(指无著)略释究竟"来看,本书原为已失传的《阿毗达磨大乘经》中的《摄大乘品》的注释书,所说的"十种殊胜",也出自《摄大乘品》。但本书并不对此品的文句逐一作释,而是撮取它的"十种殊胜"说,作为主题,加以阐述和发挥。此外,书中还引有《中边分别论》、《大乘经庄严论》(即《大乘庄严经论》,以上二论的本颂均为无著造,释论均为世亲作)的文句,由此推断,本书成于《大乘庄严经论》之后,为无著的晚年著作。全书分为十一篇,依次为《总标纲要分》《所知依分》《所知相分》《入所知相分》《彼入因果分》《彼修差别分》《增上戒学分》《增上心学分》《增上慧学分》《果断分》《彼果智分》。其中,初篇为"十相殊胜"的总说,后十篇为"十相殊胜"的别说。行文采用偈颂与长行相结合的方式编纂。

一、《总标纲要分》(卷上)。论述大乘"十相殊胜"(又称"十胜相")理论的纲要。

"十相殊胜殊胜语"(又称"十种胜妙胜语"),指诸佛为显示大乘的法体,所说的大乘十种殊胜法的殊胜语(言教)。(1)"所知依殊胜"(又称"应知依止胜相")。指"阿赖耶识"(意译"藏识",即第八识)殊胜。阿赖耶识是"所知依",为所知的一切法(事物)的依止处,故为殊胜。(2)"所知相殊胜"(又称"应知胜相")。指"三种自性"殊胜。"三种自性",指一切事物有三种自性(此依显意而言),即"依他起自性"、"遍计所执自性"、"圆成实自性",它们是"所知相",即一切法的体相,故为殊胜。(3)"入所知相殊胜"(又称"应知入胜相")。指"悟入唯识性"殊胜。"唯识",指"一切法唯有识性"(又称"诸法唯识"),一切法依识而起,为识所变现。通过修习唯识观,能渐次悟入一切法的唯识实性(即"三自性"中的圆成实性),故为殊胜。(4)"彼入因果殊胜"(又称"入因果胜相";"彼入"指"能入彼")。指"六波罗蜜多"(又称"六度")殊胜。地前(指"十地"的初地以前)修习"世间波罗蜜多",为悟入唯识实性之因;地上(指"十地"的初地以上)修习"出世间波罗蜜多",能对治障蔽,成就清净无漏,为悟入唯识实性之果,故为殊胜。(5)"彼因果修差别殊胜"(又称"入因果修差别胜相")。指"菩萨十地"殊胜。菩萨虽然在"十地"的初地至第十地,都修习"六波罗蜜多",此为成佛之"因",但诸地是展转增上的,其修行又有等次上的差别,故为殊胜。

　　(6)"增上戒殊胜"(又称"依戒学胜相")。指菩萨在"十地"中修习的"菩萨戒"殊胜。(7)"增上心殊胜"(又称"依心学胜相")。指菩萨在"十地"中修习"菩萨定",即"首楞伽摩"(即"首楞严")、"虚空藏"等禅定殊胜。(8)"增上慧殊胜"(又称"依慧学胜相")。指菩萨在"十地"中修习的"无分别智"(指能契证真如平等无差别境界的根本智)殊胜。(9)"彼果断殊胜"(又称"学果寂灭胜相")。指"无住涅槃"殊胜。"无住涅槃"(指不住于生死、涅槃二边的涅槃)是菩萨修行增上戒学、定学、慧学,所得的"果断"(又称"断果",即断除烦恼而得涅槃),故为殊胜。

(10)"彼果智殊胜"(又称"智差别胜相")。指"三种佛身"殊胜。"三种佛身",指佛有"自性身"(又称"法身")、"受用身"(又称"报身")、"变化身"(又称"应身")三种身,它们是菩萨转识成智所得的"果智"(又称"智果",即菩提),即将"无漏"的第八识转为"无漏"而得的"大圆镜智",是"自性身";将"无漏"的第七识转为"无漏"而得的"平等性智",是"自性身";将"无漏"的第六识转为"无漏"而得的"妙观察智",是"受用身";将"无漏"的前五识转为"无漏"而得的"成所作智",是"变化身",故为殊胜。

此中,第一"所知依殊胜"和第二"所知相殊胜",相当于"境、行、果"修行次第中的"境"(修行者所观的境界)的殊胜;第三"入所知相殊胜"至第八"增上慧殊胜",相当于"行"(修行者所作的修行)的殊胜;第九"彼果断殊胜"和第十"彼果智殊胜",相当于"果"(修行者所证的果位)的殊胜。如关于"十相殊胜"的含义,说:

> 依大乘,诸佛世尊有十相殊胜殊胜语。一者所知依殊胜殊胜语。……十者彼果智殊胜殊胜语。……阿赖耶识,说名所知依体;三种自性,一依他起自性、二遍计所执自性、三圆成实自性,说名所知相体;唯识性,说名入所知相体;六波罗蜜多,说名彼入因果体;菩萨十地,说名彼因果修差别体;菩萨律仪,说名此中增上戒体;首楞伽摩、虚空藏等诸三摩地,说名此中增上心体;无分别智,说名此中增上慧体;无住涅槃,说名彼果断体;三种佛身,一自性身、二受用身、三变化身,说名彼果智体。(卷上《总标纲要分》,《大正藏》第三十一卷,第132页下—第133页上)

二、《所知依分》(卷上)。论述"阿赖耶识"问题。

"所知依",指一切法的依止处,即"阿赖耶识"。有了阿赖耶识,才有生死流转的"诸趣"(指"五道")和清净还灭的"涅槃"。
"阿赖耶识"有"摄藏"、"执藏"二义。就"摄藏"义而言,一指阿赖
耶识摄藏的一切事物种子,一旦遇缘,便能生起事物,此为"种子
生现行",故阿赖耶识称为"能藏";二指阿赖耶识与前七识互为
因果,阿赖耶识受前七识现行的熏习,而形成新熏种子,新熏种
子藏于阿赖耶识之中,此为"现行生种子",故阿赖耶识又称为
"所藏",即"一切有生杂染品法,于此摄藏为果性故;又即此识,
于彼摄藏为因性故,是故说名阿赖耶识"。就"执藏"义而言,指
阿赖耶识恒常地被第七识"末那识"执著为"实我"、"实法",这种
执著称为"执藏",即"诸有情摄藏此识为自我故,是故说名阿赖
耶识"。故总说阿赖耶识有"能藏"、"所藏"、"执藏"三义。此外,
阿赖耶识的异名有"阿陀那识"、"心"等。"阿陀那识"(意译"执
持识"),指执受"有色根"(指眼根、耳根、鼻根、舌根、身根)和"自
体"(指生命体)。"心",指"种种法熏习种子所积集",即由前七
识熏习第八识而成的诸法种子的积集处,在心识依功能差别而
立的三种名称"心"(集起义)、(思量义)、"识"(了别义)中,"心"
指第八识阿赖耶识,"意"指第七识末那识(意译"染污意",即染
污性的"意"),"识"指前六识。此中,阿赖耶识是"心体","意"与
"识"都依它而得以转变现起,即"阿赖耶识以为心体,由此为种
子,意及识转"。此外,声闻乘中也以"异门密意"(指不同的方面
和隐密的意思),提到过阿赖耶识,如大众部论典中说的"根本
识",化地部论典中说的"穷生死蕴"等。

　　阿赖耶识有三种安立的体相。(1)"自相"。指阿赖耶识是
"因相"与"果相"相统一的整体。杂染法熏习阿赖耶识,形成种
子,种子遇缘又生起杂染法。(2)"因相"。指阿赖耶识是一切
杂染法生起的原因。(3)"果相"。指阿赖耶识是一切杂染法熏
习的结果。此中,阿赖耶识中的本识与种子,是一种既非异体,

亦非一体的关系,种子并非独立的实物,它只是阿赖耶识受到前
七识现行的熏习,而形成的能生诸法的功能,即"非彼种子有别
实物,于此中住,亦非不异"。

　　阿赖耶识的差别有三种或四种。三种差别,是依"熏习"所
作的区分:一是"名言熏习差别",指阿赖耶识有"名言熏习"(又
称"名言习气")的差别相,即有由"名言"(指名字言说)熏习阿赖
耶识而成的、能引生各种有为法的亲因缘种子;二是"我见熏习
差别",指阿赖耶识有"我见熏习"(又称"我执习气")的差别相,
即有由"我执"熏习阿赖耶识而成的、能令众生生起自他差别的
种子;三是"有支熏习差别",指阿赖耶识有"有支熏习"(又称"有
支习气")的差别相,即有由"有支"(三界之因)熏习阿赖耶识而
成的、能招感"异熟果"(又称"报果",即由善、恶业因所招感的
苦、乐果报)的业种子。四种差别,是依"事用"(作用)所作的区
分:一是"引发差别",指阿赖耶识有新起熏习的差别相;二是
"异熟差别",指阿赖耶识有招感"异熟果"的差别相;三是"缘相
差别",指阿赖耶识有被"染污意"所缘的差别相;四是"相貌差
别",指阿赖耶识有"共相"和"不共相"的差别相,"共相"指"器世
间种子"(又称"无受生种子"),是生起"器世间"(指由"四大"积
聚而成的自然环境,如山河大地等)的种子,"不共相"指"各别内
处种子"(又称"受生种子"),是生起"有情世间"(指由"五蕴"和
合而成的一切众生)的种子。阿赖耶识的属性为"无覆无记性",
它是无染的非善非恶之法,因为只有"无覆无记性",才能"与善、
不善互不相违",成为一切染净法的依止处。如关于"阿赖耶识
三相",说:

　　　　安立阿赖耶识名阿赖耶,成就最胜。……安立此相略
　　有三种:一者安立自相,二者安立因相,三者安立果相。此

中安立阿赖耶识自相者，谓（阿赖耶识）依一切杂染（真谛译本作"不净"）品法所有熏习，为彼（指杂染法）生因，由能摄持种子相应；此中安立阿赖耶识因相者，谓即如是一切种子阿赖耶识，于一切时，与彼杂染品类诸法现前为因；此中安立阿赖耶识果相者，谓即依彼杂染品法无始时来所有熏习，阿赖耶识相续而生。（卷上《所知依分》，第134页中、下）

三、《所知相分》（卷中）。论述"三种自性"问题。

"所知相"，指一切法（事物）有"三种自性"（又称"三种自性"），即"依他起性"、"遍计所执性"、"圆成实性"。

（1）"依他起性"（又称"依他起自性"、"依他起相"）。指一切事物依赖众缘和合（各种条件的聚合）而生起的自性。"何者依他起相？谓阿赖耶识为种子，虚妄分别所摄诸识"，也就是说，由阿赖耶识中的种子依凭众缘和合生起的，以"虚妄分别"为自性的各种识，名为"依他起性"。这些识共有十一种（称为"十一识"）：一是"身识"，指"眼根"等五根；二是"身者识"，指第七识末那识；三是"受者识"，指"意界"，即意根（包括阿赖耶识、末那识、意识三种，见陈真谛译《显识论》）；四是"彼所受识"（又称"尘识"），指"色"等六境；五是"彼能受识"（又称"用识"），指"眼识"等六识；六是"世识"，指过去、未来、现在三世；七是"数识"，指"算计性"，即计算量度；八是"处识"（又称"器识"），指"器世间"；九是"言说识"，指"见、闻、觉、知四种言说"，即依见、闻、觉、知而起的言语，以上九种识皆依阿赖耶识中的"名言熏习种子"现起；十是"自他差别识"，指众生在"六趣"（指"地狱"等）中的自他差别，此由阿赖耶识中的"我见熏习种子"现起；十一是"善趣恶趣死生识"（又称"善恶两道生死识"），指众生在善恶趣中的死生流转，此由阿赖耶识中的"有支熏习种子"现起。

这十一种识归结起来,就是由"六根"、"六境"、"六识"组成的"十八界",之所以将"六境"也称为"识",是因为本论主张"一切唯识,都无有义",即三界一切诸法(事物)皆由心识所变现,无真实义。也就是说,"六识"的每一识都有见分(又称"见识",指心识对境相的了别,即认识作用)、相分(又称"相识",指心识所变现的境相,即认识对象),二分俱转,不即不离,"六识"是见分,"六境"只是由"六识"变现的相分,故它们从属于识。"依他起性"的种类,有"依他熏习种子而生起"、"依他杂染清净性不成"二种,前者指一切事物依托他缘而生起,即以阿赖耶识中的"熏习种子"为亲因,遇缘而得以生起;后者指一切事物的性质是不确定的,若为虚妄所分别则成杂染,若为无分别智所通达则成清净。

(2)"遍计所执性"(又称"遍计所执自性"、"遍计所执相")。指凡夫对外境作周遍计度、虚妄分别,将依他缘起的事物执为实有的自性。"何者遍计所执? 谓于无义(指境)唯有识中,似义显现",也就是说,将本身并不是真实境界("无义"),而是由虚妄分别心所显现的相似境界("似义",又称"似尘"),执著为真实,名为"遍计所执性"。"遍计所执性"的种类,有"自性遍计执"、"差别遍计执"二种,前者指对一切事物的自相(如眼等各有自相)的执著,后者指对一切事物的共相(指眼等有"无常"、"苦"、"空"等共相)的执著。

(3)"圆成实性"(又称"圆成实自性"、"圆成实相")。指在"依他起性"的基础上,远离"遍计所执性",证悟由"人"、"法"二空所显示的一切事物的实性,它是由"根本无分别智"所证的"真如"(又称"诸法实相")。"何者圆成实相? 谓即于彼依他起相,由似义相永无有性",也就是说,在"依他起性"的基础上,遣除对"似义相"(指相似境界之相)的执著,所显现的诸法空性,名为

"圆成实性",亦即"一切法唯有识性"。"圆成实性"的种类,有
"自性圆成实"、"清净圆成实"二种,前者指一切事物本来就有的
自性清净(世亲《摄大乘论释》卷四称之为"有垢真如"),后者指
一切事物远离垢染后显现的自性清净(又称"无垢真如")。

　　"三种自性"是依"依他起自性"安立的,"遍计所执自性"是
"依他起自性"中的"杂染分",为"生死"、"无常";"圆成实自性"
是"依他起自性"中的"清净分",为"涅槃"、"常",它们均依止于
"依他起自性"。"于依他起自性中,遍计所执自性是杂染分,圆
成实自性是清净分,即依他起是彼二分";"依他起自性,由圆成
实性分是常,由遍计所执性分是无常,由彼二分非常非无常"。
若要将"杂染分"转变为"清净分",必须依靠"无分别智"。"无分
别智火未烧时,于此识(虚妄分别识)中所有虚妄,遍计所执自性
显现,所有真实圆成实自性不显现。此识若为无分别智火所烧
时,于此识中所有真实圆成实自性显现,所有虚妄遍计所执自性
不显现"。如关于"三种自性"的譬喻,说:

　　　　云何应知遍计所执自性? 应知异门说无所有。云何应
　　知依他起自性? 应知譬如幻炎、梦像、光影、谷响、水月、变
　　化。云何应知圆成实自性? 应知宣说四清净法。何等名为
　　四清净法? 一者自性清净,谓真如、空、实际、无相、胜义、法
　　界。二者离垢清净,谓即此离一切障垢。三者得此道清净,
　　谓一切菩提分法、波罗蜜多等。四者生此境清净,谓诸大乘
　　妙正法教,由此法教清净缘故,非遍计所执自性,最净法界
　　等流性故,非依他起自性。如是四法总摄一切清净法尽。
　　(卷中《所知相分》,第140页中)

　　四、《入所知相分》(卷中)。论述"悟入唯识性"问题。
　　"入所知相",指"悟入唯识性",即悟入一切法唯有识性。

"悟入唯识性"，依"多闻熏习"（指多闻大乘法熏习而成的种子）所生的"如理作意"（指合于正理的思惟）而起。"悟入唯识性"的人，须具备四种条件。一是具有大乘种姓者，即"大乘多闻熏习相续"者，此为"因力"（参见唐玄奘译《摄大乘论释》卷六，下同）；二是能供养与依止诸佛，并闻法修行者，即"已得逢事无量诸佛出现于世"者，此为"善友力"；三是对大乘法义，已得坚固胜解者，即"已得一向决定胜解"者，此为"作意力"（又称"思惟力"）；四是修行"六波罗蜜多"，已积集福德与智慧者，即"已善积集诸善根故，善备福智资粮菩萨"，此为"依持力"。

那么，从何处能悟入唯识呢？一是依所观察的"意言境"，即从"彼有见似法似义意言"悟入。由意识所起的名言（指名字言说）分别，称为"意言"；由"意言"构成的境界，称为"意言境"。"意言境"是意识变现的影像相（即与"见分"相对的"相分"），为相似的事物相（"似法相"）和义理相（"似义相"）。修习"四寻思"（指"名寻思"、"事寻思"、"自性假立寻思"、"差别假立寻思"）、"四种如实遍智"（指"名如实遍智"、"事如实遍智"、"自性假立如实遍智"、"差别假立如实遍智"），就能悟入唯识。二是依修行阶位，即依"胜解行地、见道、修道、究竟道"去悟入。（1）"胜解行地"。指菩萨在初地（十地中的第一地）之前的修行阶位，包括"资粮位"、"加行位"。"资粮位"，指菩萨在初地之前，修集福德、智慧两种资粮的修行阶位；"加行位"，指菩萨在初地之前，为入"见道"而加功用行，依次修习"四善根"（指暖法、顶法、忍法、世第一法）的修行阶位。菩萨在胜解行地，对"一切法唯有识性"（即"万法唯识"，一切法依识而起，为识所变现），随顺听闻而生胜解。（2）"见道位"（又称"通达位"）。指菩萨在初地"入心"（十地中的每一地各分入心、住心、出心三位），断除三界"见惑"（见道位烦恼），证见"四谛"之理的修行阶位。菩萨于此位，对

"一切法唯有识性"如理通达,即通达"似法"、"似义"的"意言",
了知意识所缘的一切境相,都是自心显现的影像,无真实性。
(3)"修道位"。指菩萨从初地的"住心",至第十地的"出心",渐
次断除三界"修惑"的修行阶位。菩萨于此位,对治一切障碍(包
括烦恼障、所知障)。(4)"究竟道"(又称"究竟位")。指菩萨修
行圆满所成就的佛位。菩萨于此位,断离一切障碍。如关于从
"四寻思"、"四种如实遍智"悟入唯识,说:

> 由何云何而得悟入? 由闻熏习种类,如理作意所摄似
> 法似义有见意言,由四寻思,谓由名、义(又译事)、自性、差
> 别假立寻思,及由四种如实遍智,谓由名、事、自性、差别假
> 立如实遍智,如是皆同不可得故。以诸菩萨如是如实,为入
> 唯识,勤修加行,即于似文似义意言,推求文名,唯是意言;
> 推求依此文名之义,亦唯意言;推求名、义、自性、差别唯是
> 假立。若时证得,唯有意言。尔时证知若名、若义、自性、差
> 别皆是假立,自性差别义相无故,同不可得。由四寻思及由
> 四种如实遍智,于此似文似义意言,便能悟入唯有识性。
> (卷中《入所知相分》,第 142 页下)

五、《彼入因果分》(卷中)。论述"六波罗蜜多"问题。

"彼入因果",指悟入一切法的唯识实性(即"圆成实性")的
因果。以修行"六波罗蜜多"(又称"六度",即布施、持戒、忍辱、
精进、禅定、智慧)为因,能得悟入唯识实性之果;以悟入唯识实
性为因,能得"清净增上意乐(即意念)"所摄"六波罗蜜多"之果。
"六波罗蜜多"有十门分别,即可从十个方面加以分析。

(1)"数"。指为何"波罗蜜多"只有六种。这是为了对治三
种障碍。一是对治"不发趣因",即对治贪著财位与家室,不能发
起出离生死、趣向菩提之心的障碍,"故立施、戒波罗蜜多";二是

对治"退还因",即对治虽已发心,但因遭遇众苦,或修行时间太长,心生疲怠,而发生退转的障碍,"故立忍、进波罗蜜多";三是对治"失坏因",即对治虽已发心并在修行中不退转,但因心乱散动,或"邪恶慧"(指颠倒执取),而失坏正道,不能证得佛法的障碍,"故立定、慧波罗蜜多"。(2)"相"。指"六波罗蜜多"有六种最胜的体相。一是"所依最胜",指以"菩提心"为所依;二是"事最胜",指"具足现行";三是"处最胜",指以"一切有情利益安乐事"为依处;四是"方便善巧最胜",指为"无分别智所摄受";五是"回向最胜",指"回向无上正等菩提";六是"清净最胜",指"烦恼、所知二障无障所集起"。(3)"次第"。指"六波罗蜜多"排列的次第,是依照由前生后,即"前波罗蜜多,随顺生后波罗蜜多"的原则确定的。(4)"训释名言"。指"六波罗蜜多"的名义(后详)。(5)"修习"。指修习"六波罗蜜多"有五种修习方法,即"现起加行修"、"胜解修"、"作意修"、"方便善巧修"、"成所作事修"。

(6)"差别"。指"六波罗蜜多"的每一种,各有三品差别。①"施三品"。指三种布施。一是"法施",指说法度人;二是"财施",指将财物施与他人;三是"无畏施",指不侵害他人,救人厄难。②"戒三品"。指"三聚净戒"(菩萨受持的三种净戒)。一是"律仪戒",指受持"七众别解脱律仪"(即佛教出家五众、在家二众各别受持的戒法),即比丘戒、比丘尼戒、式叉摩那戒、沙弥戒、沙弥尼戒、优婆塞戒、优婆夷戒;二是"摄善法戒",指受持一切善法;三是"饶益有情戒",指饶益一切众生。③"忍三品"。指三种忍辱。一是"耐怨害忍",指能忍受他人的怨憎毒害;二是"安受苦忍",指能忍受自然界带来的一切痛害;三是"谛察法忍",指能审察一切法无生之理,予以信忍。④"精进三品"。指三种精进。一是"被甲精进",指积聚福德资粮的精进;二是"加行精进",指为入"见道"而加功用行的精进;三是"无怯弱、无退转、无喜足精进",指修行途中永不退转的精进。⑤"静虑三品"。指三种禅定。一是"安住静虑",指安住一境的禅定;二是"引发静虑",指引发神通的禅定;三是"成所作事静虑",指依神通而作利乐众生事的禅定。⑥"慧三品"。指三种智慧。一是"无分别加行慧",指加行位(四善根位)的相似的"无分别智",即"四种如实遍智",有"名寻思所引如实遍智"、"事寻思所引如实遍智"、"自性假立寻思所引如实遍智"、"差别假立寻思所引如实遍智"四种,它们是由加行位修习"四种寻思"(指名寻思、事寻思、自性假立寻思、差别假立寻思)所引生的,能如实了知一切诸法不可得的四种智慧;二是"无分别慧",指见道位的"根本无分别智"(又称"根本智"、"无分别智"、"实智"),它是能契证真如平等无差别境界的根本智;三是"无分别后得慧",指见道位的"后得智"(又称"权智"),即依"根本无分别智"而起的、能对一切事物的差别相作分别的方便智。(7)"相摄"。指"六波罗蜜多"能统摄一切善法。(8)"所治"。指"六波罗蜜多"能对治一切杂染法(指有漏法)。(9)"胜利"。指修习"六波罗蜜多"的殊胜利益,有"胜生、无罪,乃至安坐妙菩提座,常能现作一切有情一切义利"。(10)"抉择"。指修习"六波罗蜜多"中的任何一种,都须将其余五种作为助修,才能成就,一切波罗蜜多都是"互相助成"的。如关于"六波罗蜜多"的名义,说:

　　于诸世间、声闻、独觉(指缘觉),施等善根最为殊胜,能到彼岸,是故通称波罗蜜多。又能破裂悭吝、贫穷,及能引得广大财位福德资粮,故名为施;又能息灭恶戒、恶趣,及能取得善趣、等持,故名为戒;又能灭尽忿怒、怨仇,及能善住自他安隐,故名为忍;又能远离所有懈怠、恶不善法,及能出生无量善法,令其增长,故名精进;又能消除所有散动,及能引得内心安住,故名静虑;又能除遣一切见趣、诸邪恶慧,及能真实品别知法,故名为慧。(卷中《彼入因果分》,第144页中)

六、《彼修差别分》(卷下)。论述"菩萨十地"问题。

"彼修差别",指大乘菩萨修行的十个阶位,即"菩萨十地"。(1)初地"极喜地"。此地因"最初得能成办自他义利胜功能"而得名,能证知法界的"遍行义",对治"十种无明所治障"(又称"十重障")中的"异生(指凡夫)性障"。(2)第二地"离垢地"。此地因"极远离犯戒垢"而得名,能证知法界的"最胜义",对治"于诸有情身等邪行障"(又称"邪行障")。(3)第三地"发光地"。此地因"无退转等持、等至所依止"、"大法光明所依止"而得名,能证知法界的"胜流义",对治"迟钝性障"(又称"暗钝障")。(4)第四地"焰慧地"。此地因"诸菩提分法焚灭一切障"而得名,能证知法界的"无摄受义",对治"微细烦恼现行障"。(5)第五地"极难胜地"。此地因"真谛智与世间智,更互相违,合此难合,令相应"而得名,能证知法界的"相续无差别义",对治"于下乘般涅槃障"。(6)第六地"现前地"。此地因"缘起智为所依止,能令般若波罗蜜多现在前"而得名,能证知法界的"无杂染清净义",对治"粗相现行障"。(7)第七地"远行地"。此地因"至功用行最后边"而得名,能证知法界的"种种法无差别义",对治"细相现行障"。(8)第八地"不动地"。此地因"一切相有功用行,不能动"而得名,能证知法界的"不增不减义、相自在依止义、土自在依止义",对治"于无相作行障"(又称"无相中作加行障")。(9)第九地"善慧地"。此地因"得最胜无碍智"而得名,能证知法界的"智自在依止义",对治"于饶益有情事不作行障"

(又称"利他中不欲行障")。(10)第十地"法云地"。此地因"得总缘一切法智,含藏一切陀罗尼门、三摩地门"而得名,能证知法界的"业自在依止义,陀罗尼门、三摩地门自在依止义",对治"于诸法中未得自在障"。

七、《增上戒学分》(卷下)。论述菩萨的"增上戒学"问题。

"增上戒殊胜",指菩萨在"十地"中修习的"增上戒学"(戒律)殊胜。菩萨戒律("菩萨戒")与小乘戒律("二乘戒")相比,有四种殊胜。(1)"差别殊胜"。指菩萨受持三种净戒,即"三聚净戒"。一是"律仪戒",指受持"七众别解脱律仪"(即佛教出家五众、在家二众各别受持的戒法),为"摄善法戒"、"饶益有情戒"二戒建立的基础("建立义");二是"摄善法戒",指受持一切善法,为"修集一切佛法"建立的基础;三是"饶益有情戒",指饶益一切众生,为"成熟一切有情"建立的基础。声闻只有"律仪戒",没有"摄善法戒"、"饶益有情戒",而菩萨具足三种净戒,故为殊胜。(2)"共不共学处殊胜"。指菩萨戒律与声闻戒律有"共学处"(又称"共戒",即共同的戒法),也有"不共学处"(又称"不共戒",即独有的戒法),对"性罪"(指"杀生"、"偷盗"、"邪淫"、"妄语"等重罪)的禁断,是共同的;对"遮罪"(指"掘生地"、"断生草"等轻罪)的禁断,则有不同。此外,声闻戒只禁断身、口二种恶业,而菩萨戒则禁断身、口、意三种恶业。简要地说,"一切饶益有情"的、"无罪"(指清净)的身业、口业、意业,菩萨皆应"现行"、"修学",如果不做,就是犯戒,这就是菩萨戒的殊胜处。(3)"广大殊胜"。指菩萨戒律有四种广大。一是"种种无量学处广大",指菩萨"律仪戒"的数量广大;二是"摄受无量福德广大",指菩萨"摄善法戒"的福德广大;三是"摄受一切有情利益安乐意乐广大",指菩萨"饶益有情戒"的意念广大;四是"建立无上正等菩提广大",指"三聚净戒"的果报广大。(4)"甚深殊胜"。指菩萨戒

律的"方便善巧"甚深殊胜。如关于菩萨戒律的"共不共学处殊胜",说:

> 共不共学处殊胜者,谓诸菩萨一切性罪不现行故,与声闻共;相似遮罪有现行故,与彼不共。于此学处,有声闻犯、菩萨不犯;有菩萨犯,声闻不犯。菩萨具有身、语(指口)、心(指意)戒,声闻唯有身、语二戒,是故菩萨心亦有犯,非诸声闻。以要言之,一切饶益有情,无罪身、语、意业,菩萨一切皆应现行,皆应修学。(卷下《增上戒学分》,第146页中)

八、《增上心学分》(卷下)。论述菩萨的"增上心学"(又称"增上定学",即禅定)问题。

"增上心殊胜",指菩萨在"十地"中修习的"增上定学"(禅定)殊胜。菩萨禅定("菩萨定")与小乘禅定("二乘定")相比,有六种差别。(1)"所缘差别"(又称"境差别")。指菩萨禅定以"大乘法"为所缘的境界,声闻则不是。(2)"种种差别"(又称"众类差别")。指菩萨禅定有"大乘光明定"(此定所发的智慧,能照了大乘理、教、行、果)、"集福王定"(此定能聚集无边福德)、"贤守定"(此定能守持世间、出世间一切善法)、"健行定"(此定为佛菩萨以精进大健之力,修行胜行所得)等,种类无数,声闻则没有。(3)"对治差别"。指菩萨禅定能以"以楔出楔"的道理,以禅定遣除"烦恼障"(指由"我执"而生的能障涅槃的烦恼)、"所知障"(指由"法执"而生的能障菩提的烦恼)的一切粗重,声闻则不能(案:此处所说的"以楔出楔",依陈真谛译《摄大乘论释》卷十一的解释是:"如世间欲破木,先用细楔,后用粗楔,观行人破烦恼亦尔,先用劣道,次用中道,后用胜道";近世印顺《摄大乘论讲记》则解释为:竹管堵塞时,只有将细楔打进去,才能把塞物挤出来)。(4)"堪能差别"(又称"随用差别")。指菩萨禅定能安住"静虑乐",随其所欲而自由受生,声闻则没有。(5)"引发差别"(又称"随引差别")。指菩萨禅定能引发"一切世界无碍神通",声闻则不能。(6)"作业差别"(又称"由事差别")。指菩萨由禅定引发的"神通",能造作"振动"、"炽然"、"遍满"、"显示"、"转变"、"往来"、"卷舒"、"或显或隐"等各种现象,声闻则不能。

九、《增上慧学分》(卷下)。论述"增上慧学"问题。

"增上慧殊胜",指菩萨在"十地"中修习的"增上慧学"殊胜。菩萨智慧("菩萨慧"),即是"无分别智",它与小乘智慧("二乘慧")相比,有十六种殊胜,即:"自性"、"所依"、"因缘"、"所缘"、"行相"、"任持"、"助伴"、"异熟"、"等流"、"出离"、"至究竟"、"加行无分别后得胜利"(指"加行无分别智"、"根本无分别智"、"后得无分别智"三智)、"差别"(指三智差别)、"无分别后得譬喻"(指"根本无分别智譬喻"、"后得无分别智譬喻")、"无功用作事"、"甚深"。

就"自性"而言,"无分别智"以远离"五种相"为自性。一是"离无作意",指"无分别智"远离"无作意"(指"睡"、"醉"、"闷"等)的心理活动;二是"离过有寻有伺地",指"无分别智"远离"有寻有伺地"(指初禅的境界);三是"离想受灭寂静",指"无分别智"远离"想受灭寂静"(指"灭尽定",即佛教圣者所修的能灭除前六识和"染污意"一切活动的禅定);四是"离色自性",指"无分别智"远离妄心分别的"色法"(指物质)的自性;五是"离于真义异计度",指"无分别智"远离对"真义"(指真如)所作的异相计度。

就"加行无分别后得胜利"而言,"无分别智"分为三种。(1)"加行无分别智"。指加行位的相似的"无分别智",有三种差别。一是"因缘",指由本有的种性生起;二是"引发",指由某种加行生起;三是"数习",指由经常不断的修习生起。(2)"根

本无分别智"。指见道位的"根本无分别智",有三种差别。一是
"喜足无分别智",指凡夫听闻教法,稍得慧解,便生喜足,所称的
无分别智;二是"无颠倒无分别智",指声闻修习"苦、空、无常、无
我"四正观,破除"常、乐、我、净"四颠倒,所称的无分别智;三是
"无戏论无分别智",指菩萨远离一切名言(指名字言说)、戏论,
所证的无分别智。(3)"后得无分别智"。指见道位的"后得
智",有五种差别。一是"通达思择",指能通达(即现证)所缘的
"真如",并作思择(即觉察);二是"随念思择",指能随忆念言通
达之事;三是"安立思择",指能对人宣说通达之事;四是"和合思
择",指能从总体上观察一切法皆同一相;五是"如意思择",指能
令一切意愿,皆得如意成就。

十、《果断分》(卷下)。论述"无住涅槃"问题。

"果断殊胜",指菩萨修行增上戒学、定学、慧学所得的"果
断"(又称"断果",即涅槃)殊胜,"果断"就是"无住涅槃"。"无住
涅槃",指菩萨为普度众生,舍离烦恼而不舍生死。它以"依他起
性"的"转依"(指转舍染法,转得净法)为体相,断除"烦恼障",而
证得"涅槃";断除"所知障",而证得"菩提"(此为"二转依果")。
"转依"又分为六种。(1)"损力益能转"。指在胜解行地(即资
粮位、加行位)的转依,即由多闻正法熏成的"闻熏习"种子,能生
起"羞耻"(即惭愧)之心,对治"杂染",由此损减"阿赖耶识"中杂
染(指有漏)种子的势力,增益清净种子的对治功能,令烦恼减少
或不起现行的转依,"由胜解力闻熏习住故,及由有羞耻,令诸烦
恼少分现行、不现行"。(2)"通达转"。指"菩萨十地"中初地至
第六地的转依,即以"无分别智"通达"真如",入观时,"真实"(指
真如)显现,而"非真实"(指遍计所执的境相)不显现;出观时,
"非真实"显现,而"真实"不显现,"诸菩萨已入大地(指初地),于
真实、非真实,显现、不显现现前住故,乃至六地"。(3)"修习

转"。指"菩萨十地"中第七地至第十地的转依,即以"无分别
智",逐渐断除"烦恼障"、"所知障"二障的粗重,使"一切相"(指
一切遍计所执的境相)不显现,而"真实"(指真如)显现,"犹有障
(指所知障),一切相不显现,真实显现故,乃至十地"。(4)"果
圆满转"。指究竟位的圆满转依,即成佛时,永无"烦恼障"、"所
知障"二障,达到"一切相不显现,清净真如显现,至得一切相自
在"的境界,"永无障,一切相不显现,最清净真实显现,于一切相
得自在"。此中,"一切相不显现"即是"断德";"清净真如显现"
即是"智德";"得一切相自在"即是"恩德",三德具足,名为"果圆
满"。(5)"下劣转"。指声闻、缘觉二乘的转依。二乘只能通达
"人无我"(指人身由"五蕴"和合而成,没有常恒实在的主体),不
能通达"法无我"(指一切诸法由众缘和合而生,没有常恒实在的
主体),厌生死而欣涅槃,专求自利,不能利他,"声闻等唯能通达
补特伽罗(指人)空无我性,一向背生死,一向舍生死"。(6)"广
大转"。指大乘位的转依。大乘菩萨能通达"人无我"、"法无
我",在生死中见涅槃,虽断杂染(指有漏)而不舍生死,自利、利
他,"诸菩萨兼通达法空无我性,即于生死见为寂静,虽断杂染而
不舍"。如关于"无住涅槃"与"转依",说:

> 彼果断殊胜云何可见? 断谓菩萨无住涅槃,以舍杂染,
> 不舍生死,二所依止(指生死、涅槃所依止的"依他起性")转
> 依为相。此中,生死谓依他起性杂染分;涅槃谓依他起性清
> 净分;二所依止,谓通二分(指杂染分、清净分)依他起性。
> 转依,谓即依他起性对治起时,转舍杂染分,转得清净分。
> (卷下《果断分》,第 148 页下)

十一、《彼果智分》(卷下)。论述"三种佛身"问题。

"果智殊胜",指菩萨修行增上戒学、定学、慧学所得的"果

智"(又称"智果",即菩提)殊胜,"果智"就是"三种佛身"。"三种
佛身",指佛有"自性身"、"受用身"、"变化身"三种身。(1)"自
性身"(又称"法身")。指佛所证的真如法性之身。它是一切转
舍染法,转得净法的依止处,也是"受用身"、"变化身"的依止处,
"自性身者,谓诸如来法身,一切法自在转所依止故"。(2)"受
用身"(又称"报身")。指佛受用法乐之身,亦即累劫修行所得的
果报之身。它是依"法身"而起的,由种种诸佛大集会和清净佛
土所显现的佛身,"受用身者,谓依法身,种种诸佛众会所显清净
佛土,大乘法乐为所受故"。(3)"变化身"(又称"应身")。指佛
为利益众生而示现的随机变化之身。它是依"法身"而起的,由
"八相成道"(指佛一生行历中的八件大事)所显现的佛身,"变化
身者,亦依法身,从睹史多天宫现没(指从兜率天宫隐没)、受生
(指于人间受生)、受欲(指享受五欲)、逾城出家、往外道所修诸
苦行、证大菩提、转大法轮、入大涅槃"。

　　"法身"有十义。一是"相",指法身有五相,即以"转依"(指
转舍染法,转得净法)、"白法所成"(指清净法所成)、"无二"(指
没有"有"、"无";"有为"、"无为";"异性"、"一性"的差别)、"常
住"、"不可思议"为相;二是"证得",指法身最初由"金刚喻定"
(指能在修道位最后断尽一切烦恼的禅定)断灭最微细难破的烦
恼而证得;三是"自在",指法身有"佛土自在"、"自身自在"、"相
好自在"等各种自在;四是"依止",指法身是"种种佛"、"种种受
用身"、"种种变化身"的依止处;五是"摄持",指法身由"清净"、
"异熟"、"安住"、"自在"、"言说"、"拔济"六种佛法所摄持;六是
"差别",指法身就"依止"、"意乐(即意念)"、"业"而言,是没有差
别的,就众生各各依身修行,现证正觉而言,是差别的;七是
"德",指法身与"四无量"、"八解脱"、"八胜处"、"十遍处"、"无诤
智"、"愿智"、"四无碍解"、"六神通"、"三十二大士相"、"八十随

好"、"四一切相清净"、"十力"、"四无畏"、"三不护"、"三念住"、"拔除习气"、"无忘失法"、"大悲"、"十八不共佛法"、"一切相妙智"等功德相应；八是"甚深"，指法身有"现等觉甚深"、"离欲甚深"、"断蕴甚深"、"成熟甚深"、"示现等觉涅槃甚深"等十二种甚深；九是"念"，指菩萨应当"念佛法身"；十是"业"，指法身能于一切时，作救济"一切有情灾横"（指盲、聋、狂等）、"恶趣"（指地狱等）、"非方便"（指苦行等）、"萨迦耶见"（指身见）、"余乘"（声闻、缘觉）等五业。

本书的同本异译有：北魏佛陀扇多译《摄大乘论》二卷、陈真谛译《摄大乘论》三卷。

本书的汉译注疏有：唐玄奘译《摄大乘论释》十卷（世亲释）、陈真谛译《摄大乘论释》十五卷（世亲释）、隋达摩笈多等译《摄大乘论释论》十卷（世亲释；以上三种为同本异译）、唐玄奘译《摄大乘论释》十卷（无性释）。

本书的汉撰注疏有：唐道基《摄大乘义章》八卷（今存卷四）、现代持松《摄大乘论义记》（收入《持松大师全集》第二册，台湾震曜出版社2013年7月版）、印顺《摄大乘论讲记》（中华书局2011年4月版）、刚晓《摄大乘论解说》（宗教文化出版社2009年7月版）、丁小平《摄大乘论直解》（宗教文化出版社2015年9月版）等。

北魏佛陀扇多译《摄大乘论》二卷

《摄大乘论》，又名《摄大乘本论》，三卷。书题"阿僧伽作"，即印度无著造，北魏佛陀扇多译，普泰元年（531）译出。隋费长房《历代三宝纪》卷九著录。载于《丽藏》"严"函、《宋藏》"与"函、《金藏》"严"函、《元藏》"与"函、《明藏》"隐"函、《清藏》"隐"函、《频伽藏》"来"帙，收入《大正藏》第三十一卷。

佛陀扇多（约六世纪），音译又作"伏陀扇多"，意译"觉定"，北印度人。神悟聪敏，内外博通，特善方言，尤工艺术。北魏宣武帝时来华，初于永平元年（508）至永平四年（511），奉敕与菩提流支、勒那摩提在洛阳帝宫的太极殿，共译《十地经论》，时任传语（译梵为汉）。后于孝明帝正光六年（525）至孝靖帝元象二年（539），在洛阳白马寺、邺都金华寺，独自译佛经，由沙门昙林等担任笔受。所译的佛经，唐智升《开元释教录》卷六著录为"一十部一十一卷"。其中，《十法经》《无畏德菩萨经》《如来师子吼经》《银色女经》《正恭敬经》《转有经》《阿难陀目佉尼呵离陀邻尼经》《金刚上味陀罗尼经》各一卷与《摄大乘论》二卷，共九部十卷，见存；《无字宝箧经》一卷，阙本。生平事迹见隋费长房《历代三宝纪》卷九、唐道宣《续高僧传》卷一等。

本书是唐玄奘译《摄大乘论本》的异译本，也是最早的《摄大乘论》汉译本。在传今的《摄大乘论》三个译本中，真谛译本、玄奘译本都是分立篇目的，唯独本书是不分篇目的。全书对大乘的"十种胜妙"（又称"十相殊胜"）理论作了系统的论述。所说的"十种胜妙"，指的是："智依胜妙"（又称"所知依殊胜"）、"智相胜妙"（又称"所知相殊胜"）、"入智相胜妙"（又称"入所知相殊胜"）、"入彼因胜妙"（又称"彼入因果殊胜"）、"入彼修因果胜妙"（又称"彼因果修差别殊胜"）、"增上戒胜妙"（又称"增上戒殊胜"）、"增上心胜妙"（又称"增上心殊胜"）、"增上慧胜妙"（又称"增上慧殊胜"）、"灭除胜妙"（又称"彼果断殊胜殊"）、"智胜妙"（又称"彼果智殊胜"）。今根据本文，对照玄奘译本，拟立篇目，以便读览。

一、"总标纲要"（卷上）。始"大乘阿毗昙经中，对如来前，为欲显发大乘义故"，终"然此说中，一切大乘略尽"，论述大乘"十种胜妙"（又称"十相殊胜"）理论的纲要。内容相当于玄奘译

《摄大乘论本》第一篇《总标纲要分》。

　　二、"智依胜妙"(卷上)。始"是中初说智依胜妙胜语,如来经中说,谓阿犁耶识",终"烦恼转事不成,是故唯不定无记(又称"无覆无记")是报识(又称"异熟识")",论述"阿犁耶识"(又称"阿赖耶识")问题。内容相当于玄奘译《摄大乘论本》第二篇《所知依分》。如关于"阿犁耶识"及其异名"阿陀那识"、"心"的含义,说:

　　　　何故名阿犁耶识(指阿赖耶识)? 有生法(指有为法)者,依彼(指阿赖耶识)一切诸染法作果,于彼彼(指染法)亦依诸识作因故(以上指阿赖耶识与染法互为因果,阿赖耶识为所藏、能藏),说为阿犁耶识。或复众生依彼为我故,名阿犁耶识。……彼以何义故名阿陀那识? 依一切色根故,及取一切依身事故。如是彼依诸色等根不坏者,乃至命不尽,随顺故。未来取身,彼能生取身,是故彼名阿陀那识。彼亦名心。如佛所说心、意、识尔。是中,意有二种:依近作缘事故,近灭识依与意识作生因(指六识的前念为后念的生因);第二,意杂四种烦恼常共同:身见、我慢、爱身及无明,彼是依识所染生(以上指"染污意")。(卷上,《大正藏》第三十一卷,第97页中、下)

　　三、"智相胜妙"(卷上)。始"已说智依,智相复云何知",终"依于初句故,句别义别尔",论述"三种自相"(指"他性相"、"妄想分别相"、"成就相",亦即"依他起性"、"遍计所执性"、"圆成实性")问题。内容相当于玄奘译《摄大乘论本》第三篇《所知相分》。

　　四、"入智相胜妙"(卷下)。始"如是智相释已(此句在卷上之末),入智相云何? 多闻熏身故",终"根本法界处,念至知意故,唯分别正取,速得功德处",论述"入唯识"(又称"悟入唯识性")问题。内容相当于玄奘译《摄大乘论本》第四篇《入所知相分》。

五、"入彼因果胜妙"(卷下)。始"如是说入智相已,彼因果说云何知",终"一切波罗蜜行中,彼一切同助至故是意",论述"六波罗蜜"(又称"六波罗蜜多"、"六度")问题。内容相当于玄奘译《摄大乘论本》第五篇《彼入因果分》。

六、"入彼修因果胜妙"(卷下)。始"如是说入因相果已,云何彼修差别事知",终"胜上力故,坚心胜智,菩萨三祇,发行尽至",论述"十菩萨地"(又称"菩萨十地")问题。内容相当于玄奘译《摄大乘论本》第六篇《彼修差别分》。

七、"增上戒胜妙"(卷下)。始"如是说因果修差别已,是中云何增上戒胜事知",终"复有菩萨戒差别无量,亦如比尼响(又称"毗奈耶",即律)方广修多罗中",论述菩萨的"增上戒学"(即戒律)问题。内容相当于玄奘译《摄大乘论本》第七篇《增上戒学分》。如关于"增上戒胜事"(指"增上戒"的四种殊胜事),说:

　　　云何增上戒胜事知? 如《菩萨地持》(经)中说,《受菩萨戒品》中略说,有四种胜故,胜事应知:差别胜(指差别殊胜)、同不同戒胜(指同戒、不同戒殊胜)、上胜(指广大殊胜)、及甚深胜(指甚深殊胜)。是中差别胜者,谓受戒(指律仪戒)、摄善法戒、作众生益戒(指饶益众生戒)故。是中,止戒(指律仪戒)者,二种戒(指摄善法戒、作众生益戒)住义故;知摄善法戒,集佛法住义故;作众生益戒者,教化众生住义故。知声闻同戒,诸菩萨性重不同行不同戒者,制重同行故。彼戒中,随所声闻犯,于中菩萨不犯戒;随所菩萨犯戒,是中声闻不犯戒。菩萨防身、口、心戒,声闻唯防身、口,是

故菩萨起心犯戒,非诸声闻。略说所有一切众生恶,而有益身、口、意业,彼一切菩萨应行。(卷下,第107页中、下)

八、"增上心胜妙"(卷下)。始"如是说增上戒胜已,增上心胜事复云何知",终"现一切佛法故,诸菩萨三昧作事差别应知",论述菩萨的"增上心学"(又称"增上定学",即禅定)问题。内容相当于玄奘译《摄大乘论本》第八篇《增上心学分》。

九、"增上慧胜妙"(卷下)。始"如是说增上胜心已,增上胜慧复云何知",终"现烦恼障故,患目不正视,诸众生菩萨,不得诸势义",论述菩萨的"增上慧学"(即"无分别智")问题。内容相当于玄奘译《摄大乘论本》第九篇《增上慧学分》。

十、"灭除胜妙"(卷下)。始"如是说增上慧胜事已,灭胜事复云何",终"不舍非不舍,善知世间故,无利无有衰,善知涅槃故",论述"不著不住涅槃"(又称"无住涅槃")问题。内容相当于玄奘译《摄大乘论本》第十篇《果断分》。

十一、"智胜妙"(卷下)。始"如是说灭胜已,智胜云何知",终"得已得彼一切无因,有断彼不应顺成",论述"三种佛身"(指"真身"、"报身"、"应身",亦即"自性身"、"受用身"、"变化身")问题。内容相当于玄奘译《摄大乘论本》第十一篇《彼果智分》。

由于本书译文艰涩,语意不明之处甚多,在传今的《摄大乘论》三个译本中,它的研习者是最少的。

本书的同本异译有:陈真谛译《摄大乘论》三卷、唐玄奘译《摄大乘论本》三卷。

陈真谛译《摄大乘论》三卷

《摄大乘论》,又名《摄大乘本论》《摄论》,三卷。印度无著造,陈真谛译,天嘉四年(563)译出。隋费长房《历代三宝纪》卷九著录。载于《丽藏》"君"函、《宋藏》"日"函、《金藏》"君"函、《元藏》"日"函、《明藏》"隐"函、《清藏》"隐"函、《频伽藏》"来"帙,收入《大正藏》第三十一卷。

本书是南北朝时期摄论学派所依据的根本经典,也是唐玄奘译《摄大乘论本》的异译本。全书分为十篇,依次为《依止胜相》《应知胜相》《应知入胜相》《入因果胜相》《入因果修差别胜相》《依戒学胜相》《依心学胜相》《依慧学胜相》《学果寂灭胜相》《智差别胜相》(以上各篇之名,宋元明藏本均有"品"字,如《依止胜相品》等;丽藏本则无"品"字),对大乘"十胜相"(又称"十相殊胜")理论,作了系统的论述。书首有陈慧恺(又称"智恺",真谛的弟子)撰的《摄大乘论序》,说:

> 有三藏法师,是优禅尼国婆罗门种,姓颇罗堕,名拘罗那他,此土翻译称曰亲依,识鉴渊旷,风表俊越。……少游诸国,历事众师,先习外典,洽通书奥。苞四韦(指婆罗门的四吠陀经典)于怀抱,吞六论(指小乘有部的六足论)于胸衿。学穷三藏,贯练五部(指小乘五部律),研究大乘,备尽深极。法师既博综坟籍,妙达幽微,每欲振玄宗于他域,启法门于未悟,以身许道,无惮远游。……以梁太清二年,方居建邺。仍值梁季混淆,横流荐及,法师因此避地东西,遂使大法拥而不畅。未至九江,返游五岭,凡所翻译,卷轴未多。后适闽越,敷说不少。……法师游方既久,欲旋返旧国。经途所亘,遂达番禺。仪同三司广州刺史阳山郡公欧阳頠……钦法师之高行,慕大士之胜规,奉请为菩萨戒师,恭承尽弟子之礼。……于广州制旨寺,便就翻译。……恺(慧恺)谨笔受,随出随书。一章一句,备尽研穷,释义若竟,方乃著文。……本论三卷、释论十二卷、义疏八卷,合二十

三卷。此论乃是大乘之宗旨，正法之秘奥。……阿僧伽者，此言无著，法师得一会道，体二居宗，该玄鉴极，凝神物表，欲敷阐至理，故制造斯论。唯识微言，因兹得显，三性妙趣，由此而彰。……本论即无著法师之所造也。法师次弟婆薮槃豆，此曰天亲。……禀厥兄之雅训，习大乘之弘旨。无著法师所造诸论，词致渊玄，理趣难晓，将恐后学复成纰紊，故制释论，以解本文。（《大正藏》第三十一卷，第112页下—第113页上）

一、《依止胜相》（卷上）。下分《众名品》《相品》《引证品》《差别品》四品。分为二部分。一是《众名品》的前部分（始"《摄大乘论》，即是阿毗达磨教及大乘修多罗"，终"此次第说中，一切大乘皆得圆满"），论述大乘"十胜相"（又称"十相殊胜"）理论的纲要，内容相当于玄奘译《摄大乘论本》第一篇《总标纲要分》。二是《众名品》的后部分（始"此初说，应知依止立名阿黎耶识"，终"此识则为最胜，是名成立阿黎耶别名"）和《相品》《引证品》《差别品》三品的全部，论述"阿黎耶识"（又称"阿赖耶识"）问题，内容相当于玄奘译《摄大乘论本》第二篇《所知依分》。

二、《应知胜相》（卷上至卷中）。论述"三种自相"（又称"三种自性"）问题。内容相当于玄奘译《摄大乘论本》第三篇《所知相分》。如关于"三种自性"中，"依他性"（又称"依他起性"、"依他性相"）、"分别性"（又称"遍计所执性"）、"真实性"（又称"圆成实性"）三者之间的关系，说：

《阿毗达磨修多罗》中，佛世尊说：法有三种，一染污分、二清净分、三染污清净分。依何义说此三分？于依他性中，分别性为染污分，真实性为清净分，依他性为染污、清净分。依如此义故说三分。于此义中，以何为譬？以金藏土为譬。譬如于金藏土中,见有三法:一地界、二金、三土。
于地界中,土非有而显现,金实有不显现;此土若以火烧炼,
土则不现,金相自现。此地界土显现时,由虚妄相显现;金
显现时,由真实相显现,是故地界有二分(指染污分、清净
分)。如此本识未为无分别智火所烧炼时,此识由虚妄分别
性显现,不由真实性显现;若为无分别智火所烧炼时,此识
由成就真实性显现,不由虚妄分别性显现。是故虚妄分别
性识即依他性有二分,譬如金藏土中所有地界。(卷中《应
知胜相》,第 121 页上)

三、《应知入胜相》(卷中)。论述"入唯识观"(又称"悟入唯
识性")问题。内容相当于玄奘译《摄大乘论本》第四篇《入所知
相分》。

四、《入因果胜相》(卷中)。论述"六波罗蜜"(又称"六波罗
蜜多"、"六度")问题。内容相当于玄奘译《摄大乘论本》第五篇
《彼入因果分》。

五、《入因果修差别胜相》(卷下)。论述"十种菩萨地"(又
称"菩萨十地")问题。内容相当于玄奘译《摄大乘论本》第六篇
《彼修差别分》。

六、《依戒学胜相》(卷下)。论述"菩萨戒"(又称"增上戒
学")问题。内容相当于玄奘译《摄大乘论本》第七篇《增上戒学
分》。

七、《依心学胜相》(卷下)。论述"菩萨定"(又称"增上心
学")问题。内容相当于玄奘译《摄大乘论本》第八篇《增上心学
分》。如关于菩萨"心学"的六种差别(指菩萨禅定不同于小乘禅
定的六个方面),说:

云何应知依心学差别?略说由六种差别应知。何者为

六？一境差别(指所缘差别),二众类差别(指种种差别),三
对治差别,四随用差别(指堪能差别),五随引差别(指引发
差别),六由事差别(指作业差别)。境差别者,由缘大乘法
为境起故;众类差别者,大乘光三摩提(指光明定)、集福德
王三摩提(指集福德王定)、贤护三摩提(指贤护定)、首楞伽
摩三摩提(指健行定)等,摄种种三摩提品类故;对治差别
者,由缘一切法为通境智慧,如以楔出楔(指竹管堵塞时,只
有将细楔打进去,才能把塞物挤出来)方便故,于本识中拔
出一切粗重障故;随用差别者,于现世久安住三摩提乐中,
如意能于胜处受生;随引差别者,能引无碍神通于一切世
界;由事差别者,令动、放光、遍满、显示、转变、往还……或
放光明,能引具相大神通,能引一切难行正行。(卷下《依心
学胜相》,第 127 页上、中)

八、《依慧学胜相》(卷下)。论述"菩萨慧"(又称"增上慧
学",即"无分别智")问题。内容相当于玄奘译《摄大乘论本》第
九篇《增上慧学分》。

九、《学果寂灭胜相》(卷下)。论述"无住处涅槃"(又称"无
住涅槃")问题。内容相当于玄奘译《摄大乘论本》第十篇《果
断分》。

十、《智差别胜相》(卷下)。论述"佛三身"(又称"三种佛
身",即"自性身"、"受用身"、"变化身")问题。内容相当于玄奘
译《摄大乘论本》第十一篇《果断分》。

由于真谛与玄奘各有自己的译语体系,对同一梵文语句的
翻译有同有异,因此,若要真正弄懂本书的义蕴,还须将真谛译
本与玄奘译本对照着研读。

本书的同本异译有:北魏佛陀扇多译《摄大乘论》二卷、唐

玄奘译《摄大乘论本》三卷。注疏有：陈真谛译《摄大乘论释》十五卷。

唐玄奘译《摄大乘论释》十卷（世亲释）

《摄大乘论释》，又名《摄大乘论释论》《世亲释论》，十卷。印度世亲造，唐玄奘译，贞观二十三年(649)译出。唐道宣《大唐内典录》卷五著录（译经时间见《开元释教录》卷八）。载于《丽藏》"敬"函、《宋藏》"孝"函、《金藏》"敬"函、《元藏》"孝"函、《明藏》"友"函、《清藏》"友"函、《频伽藏》"往"帙，收入《大正藏》第三十一卷。

本书是唐玄奘译《摄大乘论本》的注释书。《摄大乘论》的注释书，依作者区分，有"世亲释论"、"无性释论"二种。"世亲释论"传今的文本有三种，即唐玄奘译十卷本《摄大乘论释》、陈真谛译十五卷本《摄大乘论释》、隋达摩笈多等译十卷本《摄大乘论释论》，它们都属于同本异译；而"无性释论"传今的文本只有一种，即唐玄奘译《摄大乘论释》。"世亲释论"、"无性释论"的差异之处，依唐窥基《成唯识论述记》卷三所说，大致是"天亲（世亲）解略，无性释广"。由于上述四种释论的书名基本相同，为便于区分，故在标题上附注"世亲释"或"无性释"，作为《大藏经总目提要·论藏》书目的一个特例。

全书依照玄奘译《摄大乘论本》的编次，分为十一篇，始《总标纲要分》，终《彼果智分》，各篇之下不分章段，采用随文作释（即依照原著的叙述次第，分段摘录经文，加以解释），"论曰"（《摄大乘论本》的原文）与"释曰"（世亲的解释）对应编排的方式编纂。书首有世亲作的长篇序偈，为七言六十四句，始"诸破所知障翳暗，尽其所有如所有"，终"愿此所作遍饶益，怖于极大文海者"。

一、《总标纲要分》(卷一)。解释玄奘译《摄大乘论本》第一篇《总标纲要分》,论述大乘"十相殊胜"理论的纲要。

二、《所知依分》(卷一至卷三)。解释玄奘译《摄大乘论本》第二篇《所知依分》,论述"阿赖耶识"问题。如关于"种子六义"(指种子须具备的六项条件,即"刹那灭"、"果俱有"、"恒随转"、"性决定"、"待众缘"、"引自果"),说:

> 论曰:此中五颂。外内不明了,于二唯世俗,胜义诸种子,当知有六种。刹那灭俱有,恒随转应知,决定待众缘,唯能引自果。……(以上为《摄大乘论本》的原文)

> 释曰:如是已说阿赖耶识为一切法真实种子,复欲显示彼种子体,说斯五颂。……应知如是一切种子,复有六义:刹那灭者,谓二种子(指内种子、外种子,前者指阿赖耶识,后者指稻谷等),皆生无间,定灭坏故,所以者何? 不应常法为种子体,以一切时,其性如本,无差别故;言俱有者,谓非过去,亦非未来,亦非相离,得为种子,何以故? 若于此时种子有,即于尔时果生故;恒随转应知者,谓阿赖耶识乃至治生,外法种子乃至根住,或乃至熟;言决定者,谓此种子各别决定,不从一切,一切得生,从此物种还生此物;待众缘者,谓此种子待自众缘,方能生果,非一切时能生一切,若于是处是时,遇自众缘,即于此处此时,自果得生;唯能引自果者,谓自种子但引自果,如阿赖耶识种子唯能引生阿赖耶识,如稻谷等唯能引生稻谷等果,如是且显种果生义(以上为世亲的解释)。(卷二《所知依分》,《大正藏》第三十一卷,第329页中、下)

三、《所知相分》(卷四至卷五)。解释玄奘译《摄大乘论本》第三篇《所知相分》,论述"三种自相"(又称"三种自性")问题。

四、《入所知相分》(卷六)。解释玄奘译《摄大乘论本》第四篇《入所知相分》,论述"悟入唯识性"问题。

五、《彼入因果分》(卷七)。解释玄奘译《摄大乘论本》第五篇《彼入因果分》,论述"六波罗蜜多"问题。

六、《彼修差别分》(卷七)。解释玄奘译《摄大乘论本》第六篇《彼修差别分》,论述"菩萨十地"问题。

七、《增上戒学分》(卷八)。解释玄奘译《摄大乘论本》第七篇《增上戒学分》,论述菩萨的"增上戒学"(即戒律)问题。

八、《增上心学分》(卷八)。解释玄奘译《摄大乘论本》第八篇《增上心学分》,论述菩萨的"增上心学"(又称"增上定学",即禅定)问题。

九、《增上慧学分》(卷八至卷九)。解释玄奘译《摄大乘论本》第九篇《增上慧学分》,论述菩萨的"增上慧学"(即"无分别智")问题。如关于"五种后得无分别智",说:

论曰:后得无分别智有五种,谓通达、随念、安立、和合、如意思择差别故(以上为《摄大乘论本》的原文)。

释曰:此后得智五种差别:一通达思择,二随念思择,三安立思择,四和合思择,五如意思择。此中通达思择者,谓通达时,如是思择:我已通达,此中思择,意取觉察;随念思择者,谓从此出,随忆念言:我已通达无分别性;安立思择者,谓为他说此通达事;和合思择者,谓总缘智观一切法皆同一相,由此智故,进趣转依(指转舍染法,转得净法),或转依已,重起此智;如意思择者,谓随所思,一切如意,由此思择,能变地等,令成金等,为得如意,起此思择,是故说名如意思择(以上为世亲的解释)。(卷九《增上慧学分》,第367页上、中)

十、《果断分》（卷九）。解释玄奘译《摄大乘论本》第十篇《果断分》，论述"无住涅槃"问题。

十一、《彼果智分》（卷九至卷十）。解释玄奘译《摄大乘论本》第十一篇《彼果智分》，论述"三种佛身"问题。

本书的同本异译有：陈真谛译《摄大乘论释》十五卷（世亲释）、隋达摩笈多等译《摄大乘论释论》十卷（世亲释）。

陈真谛译《摄大乘论释》十五卷（世亲释）

《摄大乘论释》，又名《摄大乘论释论》《世亲释论》《梁译摄大乘论释》《摄论释》，十五卷。印度世亲释，陈真谛译，天嘉四年（563）译出。隋费长房《历代三宝纪》卷九著录。载于《丽藏》"日""严"函、《宋藏》"严""与"函、《金藏》"日""严"函、《元藏》"严""与"函、《明藏》"枝""投"函、《清藏》"枝""投"函、《频伽藏》"往"帙，收入《大正藏》第三十一卷。

本书是陈真谛译《摄大乘论》的注释书，为"世亲释论"三种译本之一。全书依真谛译《摄大乘论》的编次，分为十篇，始《释依止胜相》，终《释智差别胜相》，前五篇标立章段，后五篇不分章段，采用随文作释，"论曰"（《摄大乘论》的原文）与"释曰"（世亲的解释）对应编排的方式编纂。从文意推断，一篇之下分立若干章，很可能是真谛所作的"解"，即为方便学人解读而作的科分，未必是世亲原本的设制。但从客观效果上说，本书科分章段，揭示各篇的层次结构，起到使之条理化的作用。

在"世亲释论"三种译本中，本书约有十八万字，释文之详尽，位居诸本之冠，而达摩笈多译本约为八万字，玄奘译本约为九万字。从书末有"三藏法师翻讲论竟，说此三偈"，即真谛翻译并讲解本书结束后所作的偈颂，颂中有"故我依本记，翻解摄大乘"语来看，本书是对《摄大乘论释》的"翻解"，既是世亲原本

（"本记"）的翻译，也含有真谛本人的解释。真谛译《摄大乘论》，之所以能在译出之后，在南北方迅速流布，乃至成为显学，与本书作为它的注释书，细分章段、解说周详，有着密切的联系。从某种意义上说，摄论学派所依据的根本经典，实际上是这部含有《摄大乘论》原文的注释书。书前有唐道基（《摄大乘论义章》的作者）撰的《摄大乘论释序》、陈慧恺（又称"智恺"，真谛的弟子）撰的《摄大乘论序》（此序已见载于真谛译《摄大乘论》的初首）；书首有世亲作的长篇序偈，为五言七十句，始"智障极盲暗，谓真俗别执"，终"愿此言利益，怖大文海人"；书末有真谛作的结偈，为五言十二句，始"若思了义论，智人信三宝"，终"救拔众苦难，愿此能无穷"。道基在《序》中说：

> 《摄大乘论》者，盖是希声大教，至理幽微，超众妙之门，闭邪论之轨，大士所作，其在兹乎！……佛去世后千一百余载，群机将扣，感而遂通。北天竺国有二开士，结师资而接武，连花萼以承芳，无著阐于纮纲，所以俊撰论本（指《摄大乘论》）；婆薮（指世亲）扬其名理，所以克精注述（指《摄大乘论释》）。……言摄大乘者，摄谓能摄，蕴积苞含，摄藏名摄；言大乘者，理必绝待，假大称之，名曰大乘。其义郭周，体性该博，谓为大也；所行功德，能至能证，名之为乘。论者，无著菩萨之所制造，穷源尽理，清微朗畅，谓为论也；释者，婆薮论师之所注解，清辩剖析，文理俱腾，其为释焉。以梁大清二年，南身毒优禅尼国有真谛三藏，道超世表，学冠群英，以法济时，来仪建业。属梁季将溃，旋路岭南，广州刺史阳山公欧阳頠，屈请停止，为菩萨戒师。世子衡州刺史欧阳纥，复请翻译。有丹阳义学僧僧宗、慧恺传语笔受，任得其人。论本《释论》（指《摄大乘论释》）十有五卷，余以庸浅，钻

仰无坠,聊述所闻,以示来哲。(《大正藏》第三十一卷,第152页上、中)

一、《释依止胜相》(卷一至卷四)。解释真谛译《摄大乘论》第一篇《依止胜相》。分为四品。(一)《众名品》(卷一至卷二)。下分三章,依次为《无等圣教章》《十义次第章》《众名章》,解释真谛译《摄大乘论》第一篇《依止胜相》中的《众名品》。(二)《相品》(卷二)。下分七章,依次为《相章》《熏习章》《不一异章》《更互为因果章》《因果别不别章》《缘生章》《四缘章》,解释真谛译《摄大乘论》第一篇《依止胜相》中的《相品》。(三)《释引证品》(卷二至卷四)。下分六章,依次为《烦恼不净章》《业不净章》《生不净章》《世间净章》《出世间净章》《顺道理章》,解释真谛译《摄大乘论》第一篇《依止胜相》中的《引证品》。(四)《释差别品》(卷四)。下分七章,依次为《言说章》《我见章》《有分章》《引生章》《果报章》《缘相章》《相貌章》,解释真谛译《摄大乘论》第一篇《依止胜相》中的《差别品》。

此中,《众名品》的前二章(《无等圣教章》《十义次第章》),论述大乘"十胜相"(又称"十相殊胜")理论的纲要,内容相当于玄奘译《摄大乘论释》(世亲释,下同)第一篇《总标纲要分》;《众名品》的末章(《众名章》)和《相品》《引证品》《差别品》三品的全部,论述"阿黎耶识"(又称"阿赖耶识")问题,内容相当于玄奘译《摄大乘论释》第二篇《所知依分》。如关于"阿黎耶识"的"体相",说:

论曰:若略说阿黎耶识体相,是果报识(指异熟识),是一切种子(以上为《摄大乘论》的原文)。

释曰:阿黎耶识因相者,一切法熏习于本识中,有故名为因;果相者,此识余法所熏故,成诸法果;体相者,谓果报

识、一切种子是其体相（以上为世亲的解释）。（卷二《释依
止胜相·相品》，第 165 页中）

二、《释应知胜相》（卷五至卷六）。分为四章，即《相章》《差
别章》《分别章》《显了意依章》，解释真谛译《摄大乘论》第二篇
《应知胜相》，论述"三种自相"（又称"三种自性"）问题。内容相
当于玄奘译《摄大乘论释》第三篇《所知相分》。

三、《释应知入胜相》（卷七至卷八）。分为十章，即《正入相
章》《能入人章》《入境界章》《入位章》《入方便道章》《入资粮章》
《入资粮果章》《二智用章》《二智依止章》《二智差别章》，解释真
谛译《摄大乘论》第三篇《应知入胜相》，论述"入唯识观"（又称
"悟入唯识性"）问题。内容相当于玄奘译《摄大乘论释》第四篇
《入所知相分》。

四、《释入因果胜相》（卷九）。分为十一章，即《因果位章》
《成立六数章》《相章》《次第章》《立名章》《修习章》《差别章》《摄
章》《对治章》《功德章》《互显章》，解释真谛译《摄大乘论》第四篇
《入因果胜相》，论述"六波罗蜜"（又称"六波罗蜜多"、"六度"）问
题。内容相当于玄奘译《摄大乘论释》第五篇《彼入因果分》。

五、《释入因果修差别胜相》（卷十至卷十一）。分为五章，
即《对治章》《立名章》《得相章》《修相章》《修时章》，解释真谛译
《摄大乘论》第五篇《入因果修差别胜相》，论述"十种菩萨地"（又
称"菩萨十地"）问题。内容相当于玄奘译《摄大乘论释》第六篇
《彼修差别分》。

六、《释依戒学胜相》（卷十一）。不分章段，解释真谛译《摄
大乘论》第六篇《依戒学胜相》，论述"菩萨戒"（又称"增上戒学"）
问题。内容相当于玄奘译《摄大乘论释》第七篇《增上戒学分》。

七、《释依心学处胜相》（卷十一）。不分章段，解释真谛译

《摄大乘论》第七篇《依心学胜相》,论述"菩萨定"(又称"增上心学")问题。内容相当于玄奘译《摄大乘论释》第八篇《增上心学分》。如关于"菩萨定"中的"大乘光三摩提"(又称"大乘光明定"),说:

　　论曰:大乘光三摩提(以上为《摄大乘论》的原文)。

　　释曰:大乘有三义,一性、二随、三得。性,即三无性(指无相性、无生性、真实无性性,又译相无性、生无性、胜义无性);随,即福德智慧行所摄十地、十波罗蜜,随顺无性;得,即所得四德(指常、乐、我、净)果。此定缘此三为境,故名大乘;依止此定,得无分别智,由无分别智照真如,及佛不异,故名光;又有十五种光,功德胜于外光,故名光;又此定能破一阐提习气无明暗,是暗对治,故名光。此定缘真如,实有易得,有无量功德,故能破一阐提习气,即是方便生死,障于大净,由破此障,故得大净果(以上为世亲的解释)。(卷十一《释应知入胜相》,第 234 页下—第 235 页上)

　　八、《释依慧学差别胜相》(卷十二)。不分章段,解释真谛译《摄大乘论》第八篇《依慧学胜相》,论述"菩萨慧"(又称"增上慧学",即"无分别智")问题。内容相当于玄奘译《摄大乘论释》第九篇《增上慧学分》。

　　九、《释学果寂灭胜相》(卷十三)。不分章段,解释真谛译《摄大乘论》第九篇《学果寂灭胜相》,论述"无住处涅槃"(又称"无住涅槃")问题。内容相当于玄奘译《摄大乘论释》第十篇《果断分》。

　　十、《释智差别胜相》(卷十三至卷十五)。不分章段,解释真谛译《摄大乘论》第十篇《智差别胜相》,论述"佛三身"(又称"三种佛身",即"自性身"、"受用身"、"变化身")问题。内容相当于玄奘译《摄大乘论释》第十一篇《果断分》。

本书的同本异译有：唐玄奘译《摄大乘论释》十卷（世亲释）、隋达摩笈多等译《摄大乘论释论》十卷（世亲释）。

隋达摩笈多等译《摄大乘论释论》十卷（世亲释）

《摄大乘论释论》，又名《摄大乘论释》《世亲释论》，十卷。隋达摩笈多、行矩等译，大业五年（609）译出。唐静泰《大唐东京大敬爱寺一切经论目》卷二著录（译经时间见唐明佺等《大周刊定众经目录》卷六）。载于《丽藏》"与"函、《宋藏》"敬"函、《金藏》"与"函、《元藏》"敬"函、《明藏》"交"函、《清藏》"交"函、《频伽藏》"往"帙，收入《大正藏》第三十一卷。

本书是依据梵本译出的《摄大乘论》的注释书，为"世亲释论"三种译本之一。全书依梵本《摄大乘论》的编次，分为十篇，始《应知依止胜相胜语》，终《智胜相胜语》。前五篇中，有四篇标立章段，一篇（即第三篇《入应知胜相胜语》）不分章段；后五篇全不分章段。采用随文作释，"论曰"（梵本《摄大乘论》的原文）与"释曰"（世亲的解释）对应编排的方式编纂。书首无世亲作的长篇序偈（真谛译本、玄奘译本均有）。

一、《应知依止胜相胜语》（卷一至卷三）。下分十七章，依次为《无等圣教章》《十义次第章》《众名章》《相章》《熏习章》《不一不异章》《更互为因果章》《因果别不别章》《缘生章》《四缘章》《烦恼染章》《业染章》《生染章》《世间净章》《出世间净章》《顺道理章》《顺道理章》，解释梵本《摄大乘论》第一篇《应知依止胜相胜语》，论述大乘"十种胜相"（又称"十相殊胜"）理论的纲要，以及"阿梨耶识"（又称"阿赖耶识"）问题。内容相当于玄奘译《摄大乘论释》（世亲释，下同）第一篇《总标纲要分》、第二篇《所知依分》。

二、《应知胜相胜语》（卷四至卷五）。下分五章，依次为《相章》《差别章》《分别章》《四意四合义章》，解释梵本《摄大乘论》第二篇《应知胜相胜语》，论述"三种自相"（指"依他相"、"分别相"、"成就相"；又称"三种自性"，即依他起性、遍计所执性、圆成实性）问题。内容相当于玄奘译《摄大乘论释》第三篇《所知相分》。

三、《入应知胜相胜语》（卷六）。不分章段，解释梵本《摄大乘论》第三篇《入应知胜相胜语》，论述"入唯识观"（又称"悟入唯识性"）问题。内容相当于玄奘译《摄大乘论释》第四篇《入所知相分》。如关于如何在"信解行地"、"见道"、"修道"、"究竟道"四个阶位，悟入"唯识观"，说：

　　论曰：信解行地中，见道中，修道中，究竟道中，一切法唯识，随闻信解故，如理通达故，对治一切障故，无障碍故（以上为《摄大乘论》的原文）。

　　释曰：何处得入？于信解地中得入，由但闻一切法唯有识，即起增上信解，名为得入故；于见道中得入，今当显示：如理通达者，于意言分别中，如理通达故，云何如理通达？非法、非义、无能取、无所取，若如此，名通达意言分别故；于修道中得入，今当显示：对治一切障故者，观此意言非法、非义、无能取、无所取时，能对治一切障，此名修道中得入；究竟道中得入，今当显示：无障碍故者，住最清净智处故，最微细障灭故，名究竟道中得入故（以上为世亲的解释）。（卷六《入应知胜相胜语》，《大正藏》第三十一卷，第295页上）

四、《入因果胜相胜语》（卷七）。下分十一章，依次为《因果位章》《成立六数章》《相章》《次第章》《立名章》《修习章》《差别章》《摄章》《对治章》《功德章》《互显章》，解释梵本《摄大乘论》第四篇《入因果胜相胜语》,论述"六波罗蜜"(又称"六波罗蜜多"、"六度")问题。内容相当于玄奘译《摄大乘论释》第五篇《彼入因果分》。

五、《修差别胜相胜语》(卷七)。下分五章,依次为《对治章》《立名章》《得相章》《修相章》《修时章》,解释梵本《摄大乘论》第五篇《修差别胜相胜语》,论述"菩萨十地"问题。内容相当于玄奘译《摄大乘论释》第六篇《彼修差别分》。

六、《增上戒学胜相胜语》(卷八)。不分章段,解释梵本《摄大乘论》第六篇《增上戒学胜相胜语》,论述"增上戒学"(又称"菩萨戒")问题。内容相当于玄奘译《摄大乘论释》第七篇《增上戒学分》。

七、《增上心学胜相胜语》(卷八)。不分章段,解释梵本《摄大乘论》第七篇《增上心学胜相胜语》,论述"增上心学"(又称"菩萨定")问题。内容相当于玄奘译《摄大乘论释》第八篇《增上心学分》。

八、《增上慧学胜相胜语》(卷八至卷九)。不分章段,解释梵本《摄大乘论》第八篇《增上慧学胜相胜语》,论述"增上慧学"(又称"菩萨慧",即"无分别智")问题。内容相当于玄奘译《摄大乘论释》第九篇《增上慧学分》。

九、《寂灭胜相胜语》(卷九)。不分章段,解释梵本《摄大乘论》第九篇《寂灭胜相胜语》,论述"无住处涅槃"(又称"无住涅槃")问题。内容相当于玄奘译《摄大乘论释》第十篇《果断分》。如关于"无住处涅槃"(指舍离烦恼,不舍生死),说:

> 论曰:如是已说增上慧学胜相,寂灭胜相云何可见?诸菩萨寂灭,即是无住处涅槃,以舍离烦恼,不舍生死,共依止转依(指转舍染法,转得净法)为相。此中生死者,是依他

性染污分；涅槃者，即是依他性清净分；依止者，即是依他性
具二分（指染污分、清净分）；转依者，即是依他性对治起时，
染污分灭，清净分显（以上为《摄大乘论》的原文）。

释曰：无住处涅槃相者，即是舍离烦恼，不舍生死；共
依止转依为相者，住此转时，不令烦恼得住，然不舍生死。
染分，故名依他；即此净分，故名涅槃；二分故，即是彼依止，
转依亦即此中得成。由此中对治起时，染分不行，净分行故
（以上为世亲的解释）。（卷九《寂灭胜相胜语》，第 311
页下）

十、《智胜相胜语》（卷九至卷十）。不分章段，解释梵本《摄
大乘论》第十篇《智胜相胜语》，论述"三种佛身"（指自性身、受用
身、变化身）问题。内容相当于玄奘译《摄大乘论释》第十一篇
《果断分》。

本书的同本异译有：陈真谛译《摄大乘论释》十五卷（世亲
释）、唐玄奘译《摄大乘论释》十卷（世亲释）。

唐玄奘译《摄大乘论释》十卷（无性释）

《摄大乘论释》，又名《摄大乘释论》《无性释论》，十卷。唐玄
奘译，贞观二十三年（649）译出。唐道宣《大唐内典录》卷五著录
（译经时间见《开元释教录》卷八）。载于《丽藏》"孝"函、《宋藏》
"当"函、《金藏》"孝"函、《元藏》"当"函、《明藏》"连"函、《清藏》
"连"函、《频伽藏》"往"帙，收入《大正藏》第三十一卷。

无性（约六世纪），大乘瑜伽行派论师，著有《摄大乘论释》十
卷。从唐灵泰《成唯识论疏抄》卷八说，"无性及亲光，皆与护法
同时人"；本书卷六《入所知相分》所引的"于绳谓蛇智，见绳了义
无，证见彼分时，知如蛇智乱"一颂，就是陈那《掌中论》首颂"于

绳作蛇解,见绳知境无,若了彼分时,知如蛇解谬"来看,无性是陈那的后辈,与亲光(约六世纪)、护法(530—561)为同时代人。

本书是唐玄奘译《摄大乘论》的注释书,为"无性释论"。全书依照玄奘译《摄大乘论本》的编次,分为十一篇,始《总标纲要分》,终《彼果智分》,采用随文作释,"论曰"(《摄大乘论本》的原文)与"释曰"(无性的解释)对应编排的方式编纂。书首有归敬颂,为七言四句,始"稽首大觉诸如来,无上正法真圣众",终"为利自他法久住,故我略释摄大乘";书末有回向偈,为五言十二句,始"我无性已发,求佛果妙愿",终"愿一切世间,得具相妙智"。

一、《总标纲要分》(卷一)。解释《摄大乘论本》第一篇《总标纲要分》,论述大乘"十相殊胜"理论的纲要。

二、《所知依分》(卷一至卷三)。解释《摄大乘论本》第二篇《所知依分》,论述"阿赖耶识"问题。

三、《所知相分》(卷四至卷五)。解释《摄大乘论本》第三篇《所知相分》,论述"三种自相"(又称"三种自性")问题。

四、《入所知相分》(卷六)。解释《摄大乘论本》第四篇《入所知相分》,论述"悟入唯识性"问题。

五、《彼入因果分》(卷七)。解释《摄大乘论本》第五篇《彼入因果分》,论述"六波罗蜜多"问题。

六、《彼修差别分》(卷七)。解释《摄大乘论本》第六篇《彼修差别分》,论述"菩萨十地"问题。

七、《增上戒学分》(卷八)。解释《摄大乘论本》第七篇《增上戒学分》,论述"增上戒学"(即"菩萨戒")问题。

八、《增上心学分》(卷八)。解释《摄大乘论本》第八篇《增上心学分》,论述"增上定学"(即"菩萨定")问题。

九、《增上慧学分》(卷八至卷九)。解释《摄大乘论本》第九

篇《增上慧学分》,论述"增上慧学"(即"无分别智")问题。如关
于"菩萨智"与"声闻智"的差别(指有"无分别差别"、"非少分差
别"、"无住差别"、"毕竟差别"、"无上差别"五种差别),说:

　　论曰:声闻等智与菩萨智有何差别? 由五种相应知差
别。……(以上为《摄大乘论本》的原文)

　　释曰:此中显示声闻等智与菩萨智五相差别:无分别
差别者,谓声闻等智就四颠倒,名无分别;诸菩萨智于一切
法,乃至菩提,皆无分别。非少分差别,复有三种:一通达
真如非少分差别,谓声闻等入真观时,唯能通达补特伽罗
(指人)空无我理;是诸菩萨入真观时,具足通达补特伽罗及
一切法空无我理。二所知境界非少分差别,谓声闻等唯于
苦等谛中智生,即名修习所作已办;是诸菩萨普于一切所知
境界,无倒智生,乃名修习所作已办。三所度有情非少分差
别,谓声闻等唯求自利,尽无生智,正勤修行;是诸菩萨普为
济度一切有情,求大菩提。……无住差别者,谓声闻等唯住
涅槃;是诸菩萨具足悲慧增上力故,无住涅槃以为住处。毕
竟差别者,显声闻等与诸菩萨,于涅槃中有大差别,谓声闻
等住无余依涅槃界中,身智永尽,如灯焰灭;是诸菩萨得成
佛时,所证法身穷生死际,无有断尽。……无上差别者,谓
声闻乘上有独觉,独觉乘上复有大乘;其菩萨乘即是佛乘,
更无有上(以上为无性的解释)。(卷八《增上慧学分》,《大
正藏》第三十一卷,第 433 页下—第 434 页上)

　　十、《果断分》(卷九)。解释《摄大乘论本》第十篇《果断
分》,论述"无住涅槃"问题。

　　十一、《彼果智分》(卷九至卷十)。解释《摄大乘论本》第十
一篇《彼果智分》,论述"三种佛身"问题。

　　本书没有在行文中提及世亲释本,但从很多解释具有相似性来看,无性在撰写本书时,应该是参考过的世亲释本的。如世亲《摄大乘论释》卷四在解释《摄大乘论本》第三篇《所知相分》"圆成实性亦有二种:一者自性圆成实故,二者清净圆成实故"一句时,提出了"有垢真如"、"无垢真如"的概念,说:"自性圆成实故者,谓有垢真如;清净圆成实故者,谓无垢真如";本书卷四在解释《摄大乘论本》此句时,也说:"自性圆成实者,谓有垢真如;清净圆成实者,谓离垢真如",二者是完全一致的。由于《摄大乘论》是《成唯识论》的资料来源之一,而无性释本在名词概念的解释上,又较世亲释本更为详细,故唐代有关《成唯识论》的各种注疏,如唐窥基《成唯识论述记》、惠沼《成唯识论了义灯》、智周《成唯识论演秘》、道邑《成唯识论义蕴》、如理《成唯识论疏义演》等,都征引过无性的释义。虽说无性释本的权威性不及世亲释本,但它仍然是研究《摄大乘论》的要典之一。

陈真谛译《显识论》一卷

　　《显识论》,一卷。陈真谛译,约译于永定二年(558)至光大二年(568)之间。唐智升《开元释教录》卷七著录。载于《丽藏》"力"函、《宋藏》"忠"函、《金藏》"力"函、《元藏》"忠"函、《明藏》"沛"函、《清藏》"沛"函、《频伽藏》"来"帙,收入《大正藏》第三十一卷。

　　本书是陈真谛译《摄大乘论·应知胜相》的异译本,论述"一切三界,但唯有识"(即"三界唯识")理论。有关它的来历与性质,古来传说歧异。原书有"出《无相论》"的题注,传今的真谛译《三无性论》《转识论》也有相同的题注。《三无性论》卷上有"前说《空品》,后说《无性品》"一语,所说的《空品》《无性品》的前后排序,与《显扬圣教论》第六品为《成空品》、第七品为《成无性品》

的排序,是相吻合的。由此推断,真谛所说的《无相论》,实际上就是《显扬圣教论》。唐遁伦《瑜伽论记》卷一说,"彼《无相论》,即是《显扬论・无性品》";唐智升《开元释教录》卷七说,"《显识论》一卷,内题云《显识品》,从《无相论》出","《转识论》一卷,即出前《显识论》中"等,这些关于《无相论》的说法是不确切的。从内容上考察,有"出《无相论》"的题注的三书中,《三无性论》是《显扬圣教论・成无性品》的异译;《转识论》是唐玄奘译《唯识三十论颂》的异译;《显识论》则是真谛译《摄大乘论》卷上《应知胜相》的异译,故《无相论》类似于若干文论的汇编本。

关于《显识论》出自《摄大乘论》的根据是:本书的行文有"论曰"、"释曰"之分。"论曰",指论本的原文,"释曰"指原文的解释。论本的原文,就是本书初首所说的"一切三界,但唯有识……佛于《解节经》中说偈言"等文,经对勘,这些原文实际上就是真谛译《摄大乘论》卷上《应知胜相》所说的"三界者唯有识,又如《解节经》中说"等文的异译;本书所说的"显识有九种"、"分别识有二种",实际上就是《应知胜相》所说的"十一识",即"身识、身者识、受者识、应受识、正受识、世识、数识、处识、言说识、自他差别识、善恶两道生死识"。陈代慧恺(真谛的弟子)在《摄大乘论序》说,真谛撰有《摄大乘论》的《义疏》八卷(已佚),本书的小注中也有"《义疏・九识第三》"等语。由此推断,本书实际上是真谛译《摄大乘论・应知胜相》的异译,并略带注释,它很可能是真谛撰作的《摄大乘论义疏》(内含《摄大乘论》原文)中的一部分。

全书大致可以分为二部分。前部分(始"一切三界,但唯有识",终"如是诸识,是名一切三界唯有识也")为正论,论述"显识有九种"(指"身识"等)、"分别识有二种"(指"有身者识"等)、"熏习有四种方便"(指"忍法"等四善根)、"观四谛"等;后部分(始

"论曰：一切三界唯有识"，终"是阿梨耶能下者可灭除也"）为别
释，对正论的一些文句和名相（名词术语）加以解释。

　　大意是说，一切三界（指欲界、色界、无色界）诸法皆依识而
起，唯有识性。三界有二种识，即"显识"、"分别识"。"显识"，指
"本识"，即阿梨耶识（又称"阿赖耶识"），它能转变为"五尘"（指
色、声、香、味、触）、"四大"（指地、水、火、风）等；"分别识"，指"意
识"，它能在"显识"中分别人天、长短、大小、男女、树藤等，能分
别一切法（指事物）。"显识"是种子，"分别识"是现行，二者互为
因果："分别识"依"显识"而起，"譬如依镜色，影色得起，如是缘
显识，分别识得起"，此为"种子生现行"；反之，"分别识"也能熏
习"显识"，在"显识"中形成新熏种子，"分别若起，安立熏习力于
阿梨耶识，由此熏力，本识未来得生"，此为"现行生种子"。新熏
种子就是"未来显识"，它能生起"未来分别"，"缘此未来显识，未
来分别识得起"。故《解节经》中说："显识起分别，分别起熏习，
熏习起显识，故生死轮转"。

　　"显识"有九种。（1）"身识"。指眼、耳、鼻、舌、身五根。
（2）"尘识"。指色、声、香、味、触、法六尘。（3）"用识"。指眼
识、耳识、鼻识、舌识、身识、意识六识。（4）"世识"。指过去、未
来、现在三世，即相续不断的时间。（5）"器识"。指器世界（又
称"器世间"，指由"四大"积聚而成的自然环境，如山河大地等）。
（6）"数识"。指计算量度。（7）"四种言说识"。指见、闻、觉、
知四种言说。（8）"自他异识"。指众生在"六趣"（指地狱、饿
鬼、畜生、阿修罗、人、天）中的自他差别。（9）"善恶生死识"。
指众生在善恶趣中的死生流转。

　　"分别识"有二种。（1）"有身者识"。指常与"我痴"、"我
见"、"我慢"、"我爱"四烦恼相应，恒执阿赖耶识为"我"的"染污
意"（染污性的"意"），即第七识末那识。（2）"受者识"，指"意

界"，"意界名受者识，即三种意识：一谓阿梨耶识，是细品意识，恒受果报，不通善恶，但是无覆无记；二（阿）陀那识，是中品意识，但受凡夫身果报；三者谓常所明意识，是粗品意识，通受善、恶、无记三性果"。如关于"显识"与"分别识"，说：

> 一切三界，但唯有识。何者是耶？三界有二种识：一者显识，二者分别识。显识者，即是本识，此本识转作五尘、四大等。何者分别识？即是意识，于显识中，分别作人天、长短、大小、男女、树藤诸物等，分别一切法。此识聚分别法尘，名分别识，譬如依镜色，影色得起，如是缘显识，分别识得起。是分别若起，安立熏习力于阿梨耶识，由此熏力，本识未来得生；缘此未来显识，未来分别识得起。……显识者有九种：一身识、二尘识、三用识、四世识、五器识、六数识、七四种言说识、八自他异识、九善恶生死识。其次，分别识有二种：一有身者识、二受者识。（《大正藏》第三十一卷，第878页下—第879页上）

唐宋时期，征引过本书的佛教著作主要有：唐湛然《法华文句记》、北宋延寿《宗镜录》、道诚《释氏要览》、仁岳《首楞严经集解熏闻记》、从义《天台三大部补注》、了然《大乘止观法门宗圆记》等。

第六品　唐玄奘译《大乘阿毗达磨集论》七卷

附：唐玄奘译《大乘阿毗达磨杂集论》十六卷

《大乘阿毗达磨集论》，又名《大乘阿毗达磨集》《阿毗达磨集论》《集论》《对法论》，七卷。印度无著造，唐玄奘译，永徽三年（652）译出。唐道宣《大唐内典录》卷五著录（译经时间见《开元释教录》卷八）。载于《丽藏》"璧"函、《宋藏》"非"函、《金藏》"璧"函、《元藏》"非"函、《明藏》"退"函、《清藏》"退"函、《频伽藏》"来"帙，收入《大正藏》第三十一卷。

本书是一部大乘阿毗达磨论书。全书分为二部分，前部分为《本事分》四品，依次为《三法品》《摄品》《相应品》《成就品》；后部分为《决择分》四品，依次为《谛品》《法品》《得品》《论议品》。作者以大乘"三科"（指五蕴、十八界、十二处）为纲要，对一切法（事物）的总相、别相、性质、类别、因缘和相互关系，作了全面系统的论述。值得注意的是，书中没有一次使用"唯识"一词（依《摄大乘论》的解释，"唯识"指"一切法唯有识"，即"万法唯识"，一切法依识而起，为识所变）；提到"阿赖耶识"也只有七处（见卷一、卷三），主要是说，"一切种子阿赖耶识，亦名异熟识，亦名阿陀那识，以能积集诸习气故"；提到由"遍计所执自性"、"依依他起自性"、"圆成实自性"构成的三种自性，只有二处（见卷三、卷六），而且都没有作释，就此来看，本书的主题并不是阐说唯识学体系，而是论述大乘通用的事数名相。

一、《本事分》（卷一至卷三）。下分四品。

（一）《三法品》（又名《本事分中三法品》，卷一至卷三）。开立九门，论述"五蕴"、"十八界"、"十二处"三科问题。品初有总颂，说："本事与决择，是各有四种，三法摄应成，谛法得论议。几何因取相，建立与次第，义喻广分别，集总颂应知。"（卷一《三法品》）意思是说，本书分为《本事分》、《决择分》二分，每一分各有四品。《本事分》分为《三法品》《摄品》《相应品》《成就品》；《决择分》分为《谛品》《法品》《得品》《论品》。《三法品》开立九门（义理的门类），从"几"（指种类）、"因"（指原因）、"取"（指别名）、"相"

(指体相)、"建立"(指构建)、"次第"(前后次序)、"义"(指名义)、
"喻"(指譬喻)、"广分别"(指义理辨析)九个方面,诠释"五蕴"、
"十八界"、"十二处"三科。

1．"五蕴"。指一切有为法(有因缘造作和生灭变化的事
物)的五种类别,即"色蕴"、"受蕴"、"想蕴"、"行蕴"、"识蕴"。

(1)"色蕴"。指"色"(即物质)的积聚。"色蕴"分为"触对
变坏"(指有质碍,触对即造成变坏)、"方所示现"(有方位与处所
显现)二种,由"四大种及四大种所造"建立。"四大种",指"地
界"、"水界"、"火界"、"风界"。"地界,谓坚硬性","水界,谓流湿
性","火界,谓温热性","风界,谓轻等动性";"四大种所造色",
指"眼根"、"耳根"、"鼻根"、"舌根"、"身根"、"色"、"声"、"香"、
"味"、"所触一分"、"法处所摄色"。其中,"触"分为"能造触"、
"所造触"二类,前者指"四大种",后者指由"四大种"产生"滑
性"、"涩性"、"重性"、"轻性"、"冷"、"饥"、"渴"七种触觉;"所触
一分"是指"所造触";"法处所摄色",指意识所缘的"法处"统摄
的色法。

(2)"受蕴"。指"受"(即以"领纳"为性的感受)的积聚。
"受蕴"能"领纳种种净、不净业诸果异熟",由"六受身"建立。
"六受身",指由"六触"产生的感受,分为"眼触所生受"、"耳触所
生受"、"鼻触所生受"、"舌触所生受"、"身触所生受"、"意触所生
受"六种,各种受身均有"乐"、"苦"、"不苦不乐"三受。

(3)"想蕴"。指"想"(即以"取像"为性的想象)的积聚。
"想蕴"能"构画种种诸法像类,随所见闻、觉知之义,起诸言说",
由"六想身"建立。"六想身",指由"六触"产生的想象,分为"眼
触所生想"、"耳触所生想"、"鼻触所生想"、"舌触所生想"、"身触
所生想"、"意触所生想"六种,此外还有"有相想"、"无相想"、"小
想"、"大想"、"无量想"、"无所有处想"等。

（4）"行蕴"。指"行"（即以"造作"为性的思量）的积聚。"行蕴"能"令心造作于善、不善、无记品中"，由"六思身"建立。"六思身"，指由六触所生的六种思量（令心造作），分为"眼触所生思"、"耳触所生思"、"鼻触所生思"、"舌触所生思"、"身触所生思"、"意触所生思"六种，"思作（指造作）诸善、思作杂染（指有漏法）、思作分位差别"。"行蕴"包括"心相应行蕴"（又称"心相应行法"）、"心不相应行蕴"（又称"心不相应行法"）二种，前者指除"受"（受蕴）、"想"（想蕴）之外的一切心所法（指依心而起的心理活动，具有恒依心起、与心相应、系属于心三种含义），前者指与心不相应的、非色非心的现象。在"五蕴"中，它所包含的内容最为丰富，本书的解说文字也最多。

"心所法"总计有六类五十五种，"行蕴"的"心所法"就占有六类五十三种（即除去"遍行"心所中的"受"、"想"二种心所；其排序与《大乘百法明门论》略有出入）。①"遍行"心所。指与一切心恒常相应的心理活动（具有一切性、一切地、一切时、一切俱四义），有"思"、"作意"、"触"三种。②"别境"心所。指与心缘特定境界相应的心理活动，有"欲"、"胜解"、"念"、"三摩地"（指定）、"慧"五种。③"善"心所。指与一切善心相应的心理活动，有"信"、"惭"、"愧"、"无贪"、"无瞋"、"无痴"、"勤"（又作"精进"）、"安"（又作"轻安"）、"不放逸"、"舍"（又作"放舍"）、"不害"十一种。④"根本烦恼"心所。指与根本烦恼相应的心理活动，有"贪"、"瞋"、"慢"、"无明"、"疑"、"萨迦耶见"（指身见）、"边执见"、"见取"、"戒禁取"、"邪见"十种根本烦恼（《大乘百法明门论》将末五种合为一种，称之为"不正见"）。⑤"随烦恼"心所。指与枝末烦恼相应的心理活动，有"忿"、"恨"、"覆"、"恼"、"嫉"、"悭"、"诳"、"谄"、"憍"、"害"、"无惭"、"无愧"、"惛沉"、"掉举"、"不信"、"懈怠"、"放逸"、"忘念"（又作"失念"）、"不正知"、"散乱"二十种。⑥"不定"心所。指善恶性质不确定的心理活动，有"睡眠"、"恶作"、"寻"(又称"觉")、"伺"(又称"观")四种。

此外，"行蕴"还有"心不相应行法"二十三种(《大乘百法明门论》作二十四种，本书缺"不和合"一种)，分别是："得"、"无想定"、"灭尽定"、"无想异熟"(又作"无想报")、"命根"、"众同分"、"生"、"老"、"住"、"无常"、"名身"、"句身"、"文身"(又称"字身")、"异生性"、"流转"、"定异"、"相应"、"势速"、"次第"、"时"、"方"、"数"、"和合"。

(5)"识蕴"。指"识"(即以"了别"为性的心识)的积聚。"识蕴"能"了别色、声、香、味、触、法种种境界"，由"心、意、识差别"建立。①"心"。指第八识"阿赖耶识"(意译"藏识")，它为"蕴、界、处习气所熏"，是"一切种子识"。②"意"。指第七识"末那识"(意译"染污意"，即染污性的"意")，它于一切时，"缘阿赖耶识，思度为性"，与四烦恼(指我见、我爱、我慢、无明)恒相应"。③"识"。指"前六识"，即："眼识"，能"依眼缘色"；"耳识"，能"依耳缘声"；"鼻识"，能"依鼻缘香"；"舌识"，能"依舌缘味"；"身识"，能"依身缘触"；"意识"，能"依意缘法"。它们均以"了别为性"。如关于"五蕴"的体相，说：

> 色蕴何相？变现相是色相。此有二种：一触对变坏，二方所示现。云何名为触对变坏？谓由手足、块石、刀杖、寒热、饥渴、蚊虻、蛇蝎，所触对时，即便变坏。云何名为方所示现？谓由方所可相，示现如此如此色，如是如是色，或由定心，或由不定，寻思相应，种种构画。受蕴何相？领纳相是受相，谓由受故，领纳种种净、不净业诸果异熟。想蕴何相？构了相是想相。谓由想故，构画种种诸法像类，随所见闻、觉知之义，起诸言说。行蕴何相？造作相是行相。谓

由行故,令心造作于善、不善、无记品中,驱役心故。识蕴何相?　了别相是识相。谓由识故,了别色、声、香、味、触、法种种境界。(卷一《三法品》,《大正藏》第三十一卷,第 663 页上、中)

2.“十八界”。指一切事物(包括“有为法”、“无为法”)的十八种类别,即“六根”、“六境”、“六识”。“十八界”是由“五蕴”建立的。“色蕴”就是“十八界”中的“五根”(指眼、耳、鼻、舌、身)、“五境”(指色、声、香、味、触)十界和“法界一分”(原作“意界一分”,今据《大乘阿毗达磨杂集论》改,指“法界”的一部分,即前述“法处所摄色”中的“受所引色”,又称“无表色”,它是由身表业、语表业和禅定引生的无形的色法,为内在的、不可见闻的善恶功能);“受蕴”、“想蕴”、“行蕴”就是“十八界”中的“法界一分”;“识蕴”就是“十八界”中的“六识界”(指眼识、耳识、鼻识、舌识、身识、意识)和“意界”(合称“七识界”或“七心界”)。但“法界”中的“无为法”,为“五蕴”所不摄。这些“无为法”共有八种,即“善法真如”(指真如随缘为善法)、“不善法真如”(指真如随缘为不善法)、“无记法真如”(指真如随缘为无记法;以上三种合称“真如无为”)、“虚空无为”、“非择灭无为”、“择灭无为”、“不动无为”、“想受灭无为”。

3.“十二处”。指“心”(指心识)、“心所”(指依心而起的心理活动)的十二种生长之处,即“六根”(指六种感觉器官,即眼、耳、鼻、舌、身、意)、“六境”(指六根所取的六种境界,即色、声、香、味、触、法)。“十二处”是由“五蕴”、“十八界”建立的。“十色界”(指眼、耳、鼻、舌、身五根界,和色、声、香、味、触五境界)就是“十二处”中的“十色处”;“七识界”(指眼识、耳识、鼻识、舌识、身识、意识和意)就是“十二处”中的“意处”;“法界”就是“十二处”

中的"法处"。如关于"蕴"、"界"、"处"的含义,说:

> 蕴义云何?诸所有色,若过去、若未来、若现在,若内若
> 外、若粗若细、若劣若胜、若远若近,彼一切略说一色蕴,积
> 聚义故,如财货蕴,如是乃至识蕴。又苦相广大,故名为蕴,
> 如大材蕴,如契经言,如是纯大苦蕴集故。又荷杂染担,故
> 名为蕴,如肩荷担。界义云何? 一切法种子义,又能持自相
> 义,又能持因果性义,又摄持一切法差别义。处义云何? 识
> 生长门义是处义。(卷一《三法品》,第 666 页下)

4."蕴界处广分别"。本品在后部分,开立各种义门,从"云
何"(什么是某法)、"几是"(某法有几种)、"为何义故观"(为何要
观察某法)三个方面,对"五蕴"、"十八界"、"十二处"与其他范畴
之间的关系作了繁密的辨析。所立的义门有:"实有、假有";"世
俗有、胜义有";"所知、所识、所通达";"有色、无色";"有见、无
见";"有对、无对";"有漏、无漏";"有净、无净";"有染、无染";
"依耽嗜、依出离";"有为、无为";"世间、出世间";"已生、非已
生";"能取、所取";"外门、内门";"染污、不染污";"过去、未来、
现在";"善、不善、无记";"欲界系、色界系、无色界系";"有学、无
学、非学非无学";"见所断、修所断、非所断";"缘生、缘";"同分
彼同分";"执受";"根";"苦苦性、坏苦性、行苦性";"有异熟";
"食";"有上、无上"(以上各组范畴,若分拆单计,也可计为"六十
门",见王恩洋《大乘阿毗达磨杂集论疏》)。

(二)《摄品》(又名《本事分中摄品》,卷三)。论述"蕴"、
"界"、"处"的摄入关系问题,内容包括"摄"有十一种(指相摄、界
摄、种类摄、分位摄、伴摄、方摄、时摄、一分摄、具分摄、更互摄、
胜义摄)等。

(三)《相应品》(又名《本事分中相应品》,卷三)。论述

"蕴"、"界"、"处"的相应关系问题,内容包括"相应"有六种(指不相离相应、和合相应、聚集相应、俱有相应、作事相应、同行相应)等。

(四)《成就品》(又名《本事分中成就品》,卷三)。论述"蕴"、"界"、"处"的"成就"或"不成就"问题,内容包括"成就"有三种(指种子成就、自在成就、现行成就)、"不成就"有一种(指"一阐底迦",又称"一阐提",即断绝善根者)等。

二、《决择分》(卷三至卷七)。篇名中的"决择",指决断诸疑、简择义相,亦即辨析;"决择分",意为辨析部分。下分四品。

(一)《谛品》(又名《决择分中谛品》,卷三至卷五)。作"谛决择"(意为对"谛"的辨析),论述"四谛"问题。

所说的"四谛",指显示众生的痛苦与解脱的四种真理(真实不虚的道理),即"苦谛、集谛、灭谛、道谛"。

1.“苦谛”。指显示众生痛苦状态的真理,即"有情生,及生所依处"。"有情生",指"有情世间"(又称"众生世间"),即由"五蕴"和合而成的一切众生(包括地狱、畜生、饿鬼、人、天五道,本书无"阿修罗"一道);"生所依处",指由"四大"(指地、水、火、风)积聚而成的"器世间",如山河大地等,它们是一切众生依止的处所。"有情世间"为"业烦恼力所生",众生"自业"所感,"器世间"为"业烦恼增上所起",众生"共业"所感,故此二世间总名"苦谛"。"苦谛"的体相,有"八苦"、"六苦"、"三苦"、"二苦"等。"八苦",指"生苦"、"老苦"、"病苦"、"死苦"、"怨憎会苦"、"爱别离苦"、"求不得苦"、"略摄一切五取蕴苦"(又称"五取蕴苦",指由有漏五蕴所生的痛苦,是上述七苦的根源);"六苦",指"逼迫苦"(即生苦)、"转变苦"(老苦、病苦、死苦的合称)、"合会苦"(即怨憎会苦)、"别离苦"(即爱别离苦)、"所希不果苦"(即求不得苦)、"粗重苦"(又称"略摄一切五取蕴苦");"三苦",指"苦苦"(指由苦境所生的痛苦)、"坏苦"(指由乐境的坏灭所生的痛苦)、"行苦"(指由有为法的迁流无常所生的痛苦);"二苦",指"世俗谛苦"、"胜义谛苦"。"苦谛"有"四种行相"(又称"四种共相"),即"无常相"、"苦相"、"空相"、"无我相"。如关于"苦谛",说:

> 云何苦谛? 谓有情生,及生所依处。……何等有情生?即有情世间。谓诸有情生在那落迦(指地狱)、傍生(指畜生)、饿鬼、人、天趣中。……何等生所依处? 即器世间。……若有情世间,若器世间,业烦恼力所生故,业烦恼增上所起故,总名苦谛。……苦相差别有八? 谓生苦、老苦、病苦、死苦、怨憎会苦、爱别离苦、求不得苦、略摄一切五取蕴(指有漏的五蕴)苦。生何因苦? 众苦所逼故,余苦所依故。老何因苦? 时分变坏苦故。病何因苦? 大种变异苦故。死何因苦? 受命变坏苦故。怨憎会何因苦? 合会生苦故。爱别离何因苦? 别离生苦故。求不得何因苦? 所希不果生苦故。略摄一切五取蕴何因苦? 粗重苦故。(卷三《谛品》,第674页上、中)

2. "集谛"。指显示众生痛苦原因的真理,即"诸烦恼及烦恼增上所生诸业"。所说的"烦恼",可以从"数"、"相"、"缘起"、"境界"、"相应"、"差别"、"邪行"、"界"、"众"、"断"十个方面加以辨析。例如,从"数"的角度来说,"根本烦恼"为六种或十种,六种指"贪"、"瞋"、"慢"、"无明"、"疑"、"见";十种是在六种的基础上,将"见"拆分为"萨迦耶见"、"边执见"、"邪见"、"见取"、"戒禁取"五种而成的。从"相"的角度来说,"烦恼"的"共相"是"不寂静性"。从"差别"的角度来说,"烦恼"依义立名,有二十四种差别,即"结"、"缚"、"随眠"、"随烦恼"、"缠"、"瀑流"、"轭"、"取"、"系"、"盖"、"株杌"、"垢"、"烧害"、"箭"、"所有"、"恶行"、"漏"、

"匮"、"热"、"恼"、"诤"、"炽然"、"稠林"、"拘碍"等。其中，"结"
有九种(指爱结、恚结、慢结、无明结、见结、取结、疑结、嫉结、悭
结)；"缚"有三种(指贪缚、瞋缚、痴缚)；"缠"有八种(指惛沉、睡
眠、掉举、恶作、嫉、悭、无惭、无愧)；"取"有四种(指欲取、见取、
戒禁取、我语取)；"盖"有五种(指贪欲盖、瞋恚盖、惛沉睡眠盖、
掉举恶作盖、疑盖)；"漏"有三种(指欲漏、有漏、无明漏)等。

所说的由"烦恼增上"所生的"业"，是指由"思"(思量)造作
的"有漏业"，依"思"立名，分"思业"、"思已业"二种。"思业"，分
"福业"、"非福业"、"不动业"三种，其中，"福业"指"欲界系善
业"，"非福业"指"欲界系不善业"，"不动业"指"色、无色界系善
业"。"思已业"，分"身业"、"语业"、"意业"三种，此"三业"或善
或不善，"不善者，即十不善业道"，"善者，即十善业道"。此外，
"业"还有很多种分类，如分为"取受业、作用业、加行业、转变业、
证得业"五业；"共业、不共业、强力业、劣力业"四业；"律仪业、不
律仪业、非律仪非不律仪业"三业；"顺乐受业、顺苦受业、顺不苦
不乐受业"三业；"顺现法受业、顺生受业、顺后受业"三业等。
"集谛"有"四种行相"，即"因相"、"集相"、"生相"、"缘相"。如关
于"集谛"，说：

云何集谛？谓诸烦恼及烦恼增上所生诸业，俱说名集
谛。……诸烦恼依种种义，立种种门差别(指二十四种别
称)。所谓结、缚、随眠、随烦恼、缠、暴流、轭、取、系、盖、株
杌、垢、烧害、箭、所有、恶行、漏、匮、热、恼、诤、炽然、稠林、
拘碍等。……云何烦恼增上所生诸业？谓若思业、若思已
业，总名业相。……何等思业？谓福业、非福业、不动业。
何等思已业？谓身业、语业、意业。又此身、语、意三业，或
善或不善。不善者，即十不善业道。……善者，即十善业

道。(卷四《谛品》,第 676 页上—第 679 页上)

3."灭谛"。指显示众生痛苦断灭的真理,即依"真如"(指宇宙万有真实不变的本体)、"圣道"断灭"烦恼"。"灭谛"可以从"相"、"甚深"、"世俗"、"胜义"、"不圆满"、"圆满"、"无庄严"、"有庄严"、"有余"、"无余"、"最胜"、"差别"十二个方面加以辨析。"灭谛"有"四种行相",即"灭相"、"静相"、"妙相"、"离相"。如关于"灭谛",说:

> 云何灭谛?谓相故、甚深故、世俗故、胜义故、不圆满故、圆满故、无庄严故、有庄严故、有余故、无余故、最胜故、差别故,分别灭谛。何等相故?谓真如、圣道,烦恼不生,若灭依(指真如)、若能灭(指圣道)、若灭性(指烦恼不生),是灭谛相。……何等差别故?谓无余永断、永出、永吐、尽、离欲、灭、寂静、没等。(卷五《谛品》,第 681 页下—第 682 页上)

4."道谛"。指显示断灭痛苦方法的真理,即"由此道故,知苦、断集、证灭、修道"。所说的"道",有"资粮道"、"加行道"(《杂集论》作"方便道")、"见道"、"修道"、"究竟道"五种。

(1)"资粮道"(又称"资粮位")。指菩萨在初地(十地中的第一地)之前,修集福德、智慧两种资粮的修行阶位。菩萨于此位,修习"所有尸罗"(指戒),"守护根门","复有所余,进习诸善"。

(2)"加行道"(又称"方便道"、"加行位")。指菩萨在初地之前,为入"见道"而加功用行,依次修习"四善根"(指暖法、顶法、忍法、世第一法)的修行阶位。此中,"暖法",指依"明得定"发起的,观察"无所取(境)"的下品寻思(下等的推求思察);"顶法",指依"明增定"发起的,观察"无所取"的上品寻思(上等的推

求思察);"顺谛忍法"(又称"忍法"),指依"印顺定"发起的,对
"无所取"决定印持,对"无能取(识)"亦能顺忍的下品如实智;
"世第一法",指依"无间定"发起的,能印持"能取"、"所取"皆空
的上品如实智。

　　(3)"见道"(又称"通达位"、"见道位")。指菩萨在初地"入
心"(十地中的每一地各分入心、住心、出心三位),断除三界"见
惑"(见道位烦恼),证见"四谛"之理的修行阶位。菩萨于此位修
习"世第一法无间无所得三摩地钵罗若(又称"无所得定慧"),及
彼相应等法",现观(现前观察)三界"四谛",生起"见道十六心"
(又称"见谛十六心"、"八忍八智"),即十六种智慧。它们是:第
一"苦法忍"、第二"苦法智",指观察欲界"苦谛"而生的无间道智
(指断除烦恼之智,即断惑智)、解脱道智(指证悟真理之智,即证
理智);第三"苦类忍"、第四"苦类智",指观察色界、无色界(称为
"上二界")的"苦谛"而生的断惑智、证理智;第五"集法忍"、第六
"集法智",指观察欲界"集谛"而生的断惑智、证理智;第七"集类
忍"、第八"集类智",指观察色界、无色界"集谛"而生的断惑智、
证理智;第九"灭法忍"、第十"灭法智",指观察欲界"灭谛"而生
的断惑智、证理智;第十一"灭类忍"、第十二"灭类智",指观察色
界、无色界"灭谛"而生的断惑智、证理智;第十三"道法忍"、第十
四"道法智",指观察欲界"道谛"而生的断惑智、证理智;第十五
"道类忍"、第十六"道类智",指观察色界、无色界"道谛"而生的
断惑智、证理智。其中,前十五心属"见道位"的"预流向",第十
六心属"修道位"的"预流果"。

　　(4)"修道"(又称"修道位")。指菩萨从初地的"住心",至
第十地的"出心",渐次断除三界"修惑"的修行阶位。菩萨于此
位修习"见道上所有世间道、出世间道、软道、中道、上道、加行
道、无间道、解脱道、胜进道等",以断除"修惑"。分别来说,"修

道"所说的"修",有"得修、习修、除去修、对治修"四种差别。所说的"道",有"观察事道、勤功用道、修治定道、现观方便道、亲近现观道、现观道、清净出离道、依根差别道、净修三学道、发诸功德道、遍摄诸道道"十一种差别。其中,前七种道分别指"三十七菩提分法"中的"四念住"、"四正断"、"四神足"、"五根"、"五力"、"七觉支"、"八圣道支"七科(即七类)修行法;后四种分别指"四种正行"、"四种法迹"、"奢摩他(意译止,即禅定)毗钵舍那(意译观,即智慧)"、"三无漏根"。书中对"三十七菩提分法"中的每一类修行法,都开立"所缘"、"自体"、"助伴"、"修习"、"修果"五门,加以阐解。

(5)"究竟道"(又称"究竟位")。指菩萨修行圆满所成就的佛位。菩萨于此位"证得尽智,及无生智、十无学法"等。"道谛"有"四种行相",即"道相"、"如相"、"行相"、"出相"。如关于"道谛",说:

> 云何道谛? 谓由此道故,知苦、断集、证灭、修道,是略说道谛相。道有五种,谓资粮道、加行道、见道、修道、究竟道。何等资粮道? 谓诸异生(指凡夫)所有尸罗(指戒),守护根门,饮食知量,初夜后夜常不睡眠,勤修止观,正知而住。复有所余,进习诸善。……何等加行道? ……谓已积集资粮道者所有顺决择分善根,谓暖法、顶法、顺谛忍法、世第一法。……何等见道? 若总说,谓世第一法无间无所得三摩地钵罗若(指无所得定慧),及彼相应等法。……何等修道? 谓见道上所有世间道、出世间道、软道、中道、上道、加行道、无间道、解脱道、胜进道等。……何等究竟? 谓依金刚喻定(指能在修道位最后断尽一切烦恼的禅定),一切粗重(指烦恼)永已息故、一切系得永已断故、永证一切离

系得故,从此次第,无间转依(指转舍染法,转得净法),证得尽智,及无生智、十无学法等。(卷五《谛品》,第682页中——第685页下)

(二)《法品》(又名《决择分中法品》,卷六)。作"法决择",论述"十二分圣教"和"三藏"问题。

所说的"十二分圣教"(又称"十二分教"),指依体裁和内容区分的佛说教法的十二种类别,即"契经、应颂、记别、讽颂、自说、缘起、譬喻、本事、本生、方广、希法、论议"。

(1)"契经"。指佛经中无固定句式的长行(即散文),即"以长行缀缉略说所应说义"。(2)"应颂"。指对佛经长行的内容作提示和概括的偈颂(有一定韵律句式的诗句),即"即诸经中,或中或后,以颂重颂"。(3)"记别"。指佛对众弟子的修行果位和世人的命终归宿所作的预言,即"于是处圣弟子等,谢往过去,记别得失、生处差别"。(4)"讽颂"。指佛经中吟咏佛法的偈颂,即"诸经中,以句宣说,或以二句,或三、或四、或五、或六"。(5)"自说"。指佛有感而说的偈颂和教义,即"诸经中,或时如来悦意自说"。(6)"缘起"。指佛讲经说法和制立戒律的原委,即"因请而说,又有因缘制立学处(指戒)"。(7)"譬喻"。指佛教圣贤的事迹,以及借物喻理所作的各种比喻,即"诸经中有比况说"。(8)"本事"。指不显示说经地点、对象和原委的佛的教说,以及佛和弟子在过去世的故事,即"宣说圣弟子等前世相应事"。(9)"本生"。指由现在世发生的事情而追溯的佛和弟子在过去世的行事,即"宣说菩萨本行藏相应事"。(10)"方广"。指佛说的较为深广的教义,即"菩萨藏相应言说"。(11)"希法"。指佛和弟子稀有奇特的功德与事情,即"若于是处,宣说声闻、诸大菩萨及如来等最极希有、甚奇特法"。(12)"论议"。指

佛和弟子对比较艰深的教义与术语所作的解释,即"若于是处,
无有颠倒,解释一切深隐法相"。

所说的"三藏",指佛教经典的三大部类,即"素怛缆藏、毗奈
耶藏、阿毗达磨藏"(又称经藏、律藏、论藏)。小乘、大乘各有自
己的"三藏",前者统称为"声闻藏",后者统称为"菩萨藏"。"十
二分圣教"为"三藏"所统摄。"十二分圣教"中的"契经"、"应
颂"、"记别"、"讽颂"、"自说"五类经典,为"声闻藏"中的"素怛缆
藏"所摄;"缘起"、"譬喻"、"本事"、"本生"四类经典,为"声闻
藏"、"菩萨藏"中的"毗奈耶藏"所摄;"方广"、"希法"二类经典,
为"菩萨藏"中的"素怛缆藏"所摄;"论议"一类经典,为"声闻
藏"、"菩萨藏"中的"阿毗达磨藏"所摄。如关于为何要建立"三
藏",说:

> 何故如来建立三藏? 为欲对治疑随烦恼故,建立素怛
> 缆藏;为欲对治受用二边随烦恼故,建立毗奈耶藏;为欲对
> 治自见取执随烦恼故,建立阿毗达磨藏。复次,为欲开示三
> 种学故,建立素怛缆藏;为欲成立增上戒学、增上心学故,建
> 立毗奈耶藏;为欲成立增上慧学故,建立阿毗达磨藏。(卷
> 六《法品》,第 686 页下)

(三)《得品》(又名《决择分中得品》,卷六至卷七)。作"得
决择",论述"补特伽罗"和"现观"问题。

所说的"补特伽罗"(指人),是依"五蕴"施设的"假名",有七
种差别,即"病行差别"、"出离差别"、"任持差别"、"方便差别"、
"果差别"、"界差别"、"修行差别"。(1)"病行差别"。有"贪
行"、"瞋行"、"痴行"、"慢行"、"寻思行"、"等分别行"、"薄尘行"
七种。(2)"出离差别"。有"声闻乘"、"独觉乘"、"大乘"三种。
(3)"任持差别"。有"未具资粮"、"已具未具资粮"、"已具资粮"

三种。(4)"方便差别"。有"随信行"、"随法行"二种。(5)"果差别"。有"信胜解"、"见至"、"身证"、"慧解脱"、"俱分解脱"、"预流向"、"预流果"、"一来向"、"一来果"、"不还向"、"不还果"、"阿罗汉向"、"阿罗汉果"、"极七返有"、"家家"、"一间"、"中般涅槃"、"生般涅槃"、"无行般涅槃"、"有行般涅槃"、"上流"、"退法阿罗汉"、"思法阿罗汉"、"护法阿罗汉"、"住不动阿罗汉"、"堪达阿罗汉"、"不动法阿罗汉"二十七种。(6)"界差别"。有欲界、色界、色界各自的"异生"、"有学"、"无学",合计九种。(7)"修行差别"。有"胜解行菩萨"、"增上意乐行菩萨"、"有相行菩萨"、"无相行菩萨"、"无功用行菩萨"五种。

所说的"现观"(指现前观察),有十种,即"法现观"、"义现观"、"真现观"、"后现观"、"宝现观"、"不行现观"、"究竟现观"、"声闻现观"、"独觉现观"、"菩萨现观"。其中,前七种"现观",大致相当于"道谛"所说"资粮道"、"加行道"、"见道"、"修道"、"究竟道"中的观法,为"声闻"、"独觉"、"菩萨"三乘共同的"现观";后三种"现观",是三乘各别的"现观"。"声闻现观"与"菩萨现观"存在着十一种差别,即"境界差别、任持差别、通达差别、誓愿差别、出离差别、摄受差别、建立差别、眷属差别、胜生差别、生差别、果差别"。如关于"十种现观",说:

　　何等法现观(《成唯识论》卷九称"思现观")? 谓于诸谛(指四谛)增上法中,已得上品净信胜解,随信而行。何等义现观? 谓于诸谛增上法中,已得上品谛察法忍,此忍居顺决择分位。……何等真现观(指现观智谛现观)? 谓已得见道十六心刹那位所有圣道。……何等后现观(指现观边智谛现观)? 谓一切修道。何等宝现观(指信现观)? 谓于佛证净、于法证净、于僧证净。何等不行现观(指戒现观)? 谓已证得无作律仪(指无作戒)，虽居学位……不复造恶趣业，感恶趣异熟。何等究竟现观？如道谛中究竟道说。何等声闻现观？谓前所说七种现观，从闻他音而证得故。……何等独觉现观？谓前所说七种现观，不由他音而证得故。……何等菩萨现观？谓诸菩萨于前所说七现观中，起修习忍而不作证(指为化度有情，宁愿个人未证涅槃)，然于菩萨极喜地中，入诸菩萨正性决定。(卷七《得品》，第690页中、下)

(四)《论议品》(又名《决择分中论议品》，卷七)。作"论议决择"，论述解经、释义、辩论的方法问题。

所说的"论议决择"，有七种，即"义决择、释决择、分别显示决择、等论决择、摄决择、论轨决择、秘密决择"。

(1)"义决择"。指依"六义"(指自性义、因义、果义、业义、相应义、转义)，解释经义，即"依六义而起决择"。(2)"释决择"。指依"六义"(指所遍知事、所遍知义、遍知因缘、遍知自性、遍知果、彼证受)、"十四门"(指摄释门、摄事门、总别分门、后后开引门、遮止门、转变字门、坏不坏门、安立补特伽罗门、安立差别门、理趣门、遍知等门、力无力门、别别引门、引发门)，解释经文，即"能解释诸经宗要，开发彼义"。(3)"分别显示决择"。指采用不同的句式，以答他问，分别法门，显示同异，即"于如所说蕴等诸法中，随其所应，作一行、顺前句、顺后句、二句、三句、四句、述可句、遮止句等"。(4)"等论决择"。指依"八何"、"八若"、"四种等论"，判断真伪，决择道理，即"依八何、八若之词，问答决择一切真伪"，"复有四种等论，决择道理"。此中，"八何"指八种问词，即何谁信、何所信、用何信、为何信、由何信、何之信、于何信、几何信；"八若"，指八种答词，即若能信、若所信、若用信、若为信、若由信、若彼信、若于信、若尔所信；"四种等论"，指能破、能立、能断、能觉。

（5）"摄决择"。指以"十处"，即成所作决择处、胜解决择处、道理决择处、论决择处、差别决择处等，统摄一切论议。（6）"论轨决择"。指依用《瑜伽师地论》卷十五说的"七因明"（指辩论的七项要件），展开辩论，即："论体"（又称"论体性"），指辩论的体性；"论处"（又称"论处所"），指辩论的处所；"论依"（又称"论所依"），指辩论的依据；"论庄严"，指辩论者的素养；"论负"（又称"论堕负"），指辩论者堕入失败的原因；"论出离"，指辩论者对立论能否成立，所作的预先研判；"论多所作法"，指对建立论式多有帮助的作法。（7）"秘密决择"。指依"了义"（指究竟明了的义理）解释佛经中带有密义的文词（其词往往与常理相违），即"说余义名、句、文身，隐密转变，更显余义"。如关于"论轨决择"（即"七因明"）中的"论依"（即辩论的依据），说：

> 论依，谓依此立论。略有二种，一所成立、二能成立。所成立有二种，一自性、二差别；能成立有八种，一立宗、二立因、三立喻、四合、五结、六现量、七比量、八圣教量。所成立自性者，谓我自性，或法自性；差别者，谓我差别，或法差别。（能成立中）立宗者，谓以所应成自所许义，宣示于他，令彼解了；立因者，谓即于所成未显了义，正说现量可得、不可得等信解之相；立喻者，谓以所见边，与未所见边，和会正说；合者，为引所余此种类义，令就此法，正说理趣；结者，谓到究竟趣所有正说；现量者，谓自正明了，无迷乱义；比量者，谓现余信解；圣教量者，谓不违二量之教。（卷七《论议品》，第693页中、下）

本书除唐玄奘译本之外，还有藏文译本和梵文残卷见存。

它的注疏有：唐玄奘译《大乘阿毗达磨杂集论》十六卷。

唐玄奘译《大乘阿毗达磨杂集论》十六卷

《大乘阿毗达磨杂集论》，又名《阿毗达磨杂集论》《杂集论》《对法论》《大乘阿毗达磨集》，十六卷。印度"安慧糅（释）"，唐玄奘译，贞观二十年（646）译出。唐道宣《大唐内典录》卷五著录（译经时间见《开元释教录》卷八）。载于《丽藏》"非""宝"函、《宋藏》"宝""寸"函、《金藏》"非""宝"函、《元藏》"宝""寸"函、《明藏》"磨""缄"函、《清藏》"磨""缄"函、《频伽藏》"来"帙，收入《大正藏》第三十一卷。

本书是无著《大乘阿毗达磨集论》的注释书，为唯识宗所依据的根本经典"瑜伽十支论"之一。有关本书的由来，唐窥基《大乘阿毗达磨杂集论述记》卷一说："无著具广慧悲，集《阿毗达磨经》所有宗要，括《瑜伽师地论》一切法门，叙此本文，演斯妙义；觉师子禀承先训，更为后释；安慧闲其本末，参糅两文，庶令惧文海者，初依略教，易可受持，终耐多闻，能达大义。"先前，无著撰成《大乘阿毗达磨集论》，其弟子觉师子因《集论》文约义深，初学难晓，为之作注。但觉师子注本是一个"离论别行"的本子，只录本人的注释，不录《集论》的原文。于是，安慧又以觉师子注本为基础，补入《集论》原文，并对觉师子已注或未注的名相和义理，根据自己的理解，予以阐发、补充和扩展，从而形成了将原文及其夹注合为一体的、带有通论性质的新文本。

全书依照无著《大乘阿毗达磨集论》的编次，分为两部分，前部分为《本事分》四品，后部分为《决择分》四品。书中以大乘"三科"（指五蕴、十八界、十二处）为纲要，以自设问答的方式，对一切法（事物）的总相、别相、性质、类别、因缘和相互关系，作了全面系统的论述，对千百种佛教术语及其子项的含义，作了层层的梳理、辨析和阐释。采用分段或分句摘录《集论》的原文,随文夹注的形式编纂。但书中对原文和注文,并不作标识和区分,而是将两者融合为前后连贯的正文,只有与《大乘阿毗达磨集论》相对照,方能分辨彼此的文句。为弥补这一缺失,现代王恩洋撰《大乘阿毗达磨杂集论疏》,在《集论》的原文前冠以○的标志,在安慧的注文前冠以△的标志,对两者加以区分,甚便阅读。《杂集论》所录的《集论》原文,与《集论》汉译本基本相同,但有些语句略有改动,如在《集论》原文所自设的问答句前,分别添加了"问"或"答"字等。此外,还在卷一《三法品》的初首增添了归敬颂及其注释,归敬颂为七言十二句,始"诸会真净究竟理,超圣行海升彼岸",终"由悟契经及解释,爰发正勤乃参综"。

一、《本事分》(卷一至卷五)。解释《大乘阿毗达磨集论·本事分》,下分四品。

(一)《三法品》(又名《本事分中三法品》,卷一至卷五)。解释《大乘阿毗达磨集论》卷一至卷三《本事分中三法品》,论述"五蕴"、"十八界"、"十二处"三科问题。下分九门,从"几"(指种类)、"因"(指原因)、"取"(指别名)、"相"(指体相)、"建立"(指构建)、"次第"(前后次序)、"义"(指名义)、"喻"(指譬喻)、"广分别"(指义理辨析)九个方面展开论述。

佛教建立"五蕴",是为了显现"身具我事、受用我事、言说我事、造作一切法非法我事、彼所依止我自体事"五种"我事"。也就是说,为显"身具我事",而立"色蕴";为显"受用我事",而立"受蕴";为显"言说我事",而立"想蕴";为显"造作一切法、非法我事",而立"行蕴";为显"彼所依止我自体事",而立"识蕴","前四(种)是我所事,第五(种)即我相(指"我"的自相)事"。"世间有情,多于识蕴计执为我,于余蕴(指"色蕴"等四蕴)计执我所",因此,建立"五蕴"是为了破除世人对"我"、"我所"的执著。"五蕴"通"有漏"、"无漏","有漏"的"五蕴",由烦恼("取")而生,故又称"五取蕴"。"五蕴"中,"色蕴"的体相是"变现相",由"四大种及四大种所造"建立:"受蕴"的体相是"领纳相",由"六受身"建立;"想蕴"的体相是"构了相",由"六想身"建立;"行蕴"的体相是"造作相",由"六思身"建立;"识蕴"的体相是"了别相",由"心、意、识差别"建立。

"十八界"、"十二处"是由"五蕴"建立的。"色蕴即十界,眼等五根界、色等五境界,及法界一分(指法界的一部分);受、想、行蕴,即法界一分;识蕴即七识界,谓眼等六识界及意界"。也就是说,"色蕴"就是"十八界"中的"五根"(指眼、耳、鼻、舌、身)、"五境"(指色、声、香、味、触)十界和"法界"中的"无表色"(指由身表业、语表业引生的无形色法,即内在的、不可见闻的善恶功能);"受蕴"、"想蕴"、"行蕴"就是"十八界"中的"法界一分";"识蕴"就是"十八界"中的"六识界"(指眼识、耳识、鼻识、舌识、身识、意识)和"意界"(与"六识界"合称"七心界")。但"法界"中的八种"无为法"(指善法真如、不善法真如、无记法真如、虚空无为、非择灭无为、择灭无为、不动无为、想受灭无为),为"五蕴"所不摄。

此外,本品在后部分的"蕴界处广分别"中,还开立"实有、假有";"世俗有、胜义有";"所知、所识";"有色、无色";"有见、无见";"有对、无对";"有漏、无漏";"有为、无为";"世间、出世(间)";"能取、所取";"染污、不染污";"过去、未来、现在";"善、不善、无记";"有学、无学";"见所断、修所断、非所断";"缘生、缘";"有上、无上"等各种义门,从不同的层面,对"五蕴"、"十八界"、"十二处"与其他诸法之间的关系,作了繁密的辨析。

(二)《摄品》(又名《本事分中摄品》,卷五)。解释《大乘阿毗达磨集论》卷三《本事分中摄品》,论述"蕴"、"界"、"处"的摄入关系问题。内容包括"摄"有"十一种摄"和"六种摄"等。"十一种摄",指《集论》所说的"相摄、界摄、种类摄、分位摄、伴摄、方摄、时摄、一分摄、具分摄、更互摄、胜义摄";"六种摄",指本书所说的"依处摄、任持摄、同事摄、摄受摄、不流散摄、略集摄"。如关于"十一种摄"、"六种摄",说:

> 摄有十一种,谓相摄、界摄、种类摄、分位摄、伴摄、方摄、时摄、一分摄、具分摄、更互摄、胜义摄(以上为《集论》的原文)。……相摄道理,复有六种。一依处摄。如世间说,赡部洲摄于人,阿练若摄于鹿,当知此中眼等诸根摄眼等识亦尔。二任持摄。如世间说,绳等摄薪束等,当知此中身根摄眼等根亦尔。三同事摄。如世间说,众人同事,共相保信,更互相摄,当知此中同一缘转,诸相应法更互相摄亦尔。四摄受摄。如世间说,主能摄录自仆使等,当知此中阿赖耶识摄受自身亦尔。五不流散摄。如世间说,瓶摄持水,当知此中诸三摩地摄余心、心法亦尔。六略集摄。如世间说,海摄众流,当知此中色受蕴等摄眼耳等亦尔(以上为安慧的解释)。(卷五《摄品》,《大正藏》第三十一卷,第 717 页中——第 718 页上)

(三)《相应品》(又名《本事分中相应品》,卷五)。解释《大乘阿毗达磨集论》卷三《本事分中相应品》,论述"蕴"、"界"、"处"的相应关系问题。内容包括"相应"有六种,即"不相离相应、和合相应、聚集相应、俱有相应、作事相应、同行相应"等。

(四)《成就品》(又名《本事分中成就品》,卷五)。解释《大乘阿毗达磨集论》卷三《本事分中成就品》,论述"蕴"、"界"、"处"的"成就"或"不成就"问题。内容包括"成就"有三种,即"种子成就、自在成就、现行成就"等。

二、决择分(卷六至卷十六)。解释《大乘阿毗达磨集论·决择分》,下分四品。

(一)《谛品》(又名《决择分中谛品》,卷六至卷十)。解释《大乘阿毗达磨集论》卷三至卷五《决择分中谛品》,论述"四谛"问题。

所说的"四谛",指显示众生的痛苦与解脱的四种真理(真实不虚的道理),即"苦谛"、"集谛"、"灭谛"、"道谛"。

1."苦谛"。指显示众生痛苦状态的真理,即"有情生及生所依处,即有情世间、器世间"。"苦谛"中所说的"有情生",指"有情世间",即由"五蕴"和合而成的一切众生(包括地狱、畜生、饿鬼、人、天五道,本书无"阿修罗"一道);"生所依处",指"器世间",即由"四大"积聚而成的自然环境,如山河大地等,它们是一切众生依止的处所。"若有情世间、若器世间,业烦恼力所生故(指有情世间),业烦恼增上所起故(指器世间)",俱是"苦性"。"苦谛"的体相,有"八苦"、"六苦"、"三苦"、"二苦"等。其中,最基本的是"八苦",其他诸苦都是对"八苦"所作不同的归纳。"八苦",指"生苦、老苦、病苦、死苦、怨憎会苦、爱别离苦、求不得苦、略摄一切五取蕴(指有漏的五蕴)苦"。"苦谛"有"四种共相"(又称"四种行相"),即"无常相、苦相、空相、无我相"。

2."集谛"。指显示众生痛苦原因的真理,即"诸烦恼及烦恼增上所生诸业"。所说的"烦恼",可以从"数"、"相"、"缘起"、"境界"、"相应"、"差别"、"邪行"、"界"、"众"、"断"十个方面加以辨析。例如从"相"的角度来说,"不寂静性是诸烦恼共相","此复有六,谓散乱不寂静性、颠倒不寂静性、掉举不寂静性、惛沈不寂静性、放逸不寂静性、无耻不寂静性";从"差别"的角度来说,"烦恼"依义立名,有"结"、"缚"、"随眠"、"缠"、"暴流"、"取"、"系"、"盖"、"垢"、"恶行"、"漏"、"恼"等二十四种差别。其中,

"结"有九种,即"爱结、恚结、慢结、无明结、见结、取结、疑结、嫉结、悭结";"缚"有三种,即"贪缚、瞋缚、痴缚";"随眠"有七种,即"欲爱随眠、瞋恚随眠、有爱随眠、慢随眠、无明随眠、见随眠、疑随眠";"缠"有八种,即"惛沉、睡眠、掉举、恶作、嫉、悭、无惭、无愧";"暴流"有四种,即"欲暴流、有暴流、见暴流、无明暴流";"取"有四种,即"欲取、见取、戒禁取、我语取";"盖"有五种,即"贪欲盖、瞋恚盖、惛沉睡眠盖、掉举恶作盖、疑盖";"漏"有三种,即"欲漏、有漏、无明漏"等。

所说的由"烦恼增上"所生的"业",分为"思业"、"思已业"二种。"思业",指"福业、非福业、不动业",其中,"福业"指"欲界系善业","非福业"指"欲界系不善业","不动业"指"色、无色界系善业";"思已业",指"身业、语业、意业",此三业或善或不善,"不善"的业行,就是"十不善业道","善"的业行,就是"十善业道"。此外,"业"还有很多种分类,如分为"共业、不共业、强力业、劣力业"四种;"律仪业、不律仪业、非律仪非不律仪业"三种;"顺乐受业、顺苦受业、顺不苦不乐受业"三种;"顺现法受业、顺生受业、顺后受业"三种等。"集谛"有"四种行相",即"因相、集相、生相、缘相"。

3."灭谛"。指显示众生痛苦断灭的真理,即"真如、圣道烦恼不生",也就是依"真如"、"圣道"断灭"烦恼"。"灭谛"有"四种行相",即"灭相、静相、妙相、离相"。

4."道谛"。指显示众生痛苦断灭方法的真理,即"由此道故,知苦、断集、证灭、修道"。"道谛"所说的"道"有五种,即"资粮道、方便道(《集论》原作"加行道")、见道、修道、究竟道"。

(1)"资粮道"(又称"资粮位")。菩萨在初地(十地中的第一地)之前,修集福德、智慧两种资粮的修行阶位,即"诸异生(指凡夫)所有尸罗(指戒),守护根门,饮食知量,初夜、后夜,常不睡眠,勤修止观,正知而住,复有所余进习诸善"。也就是在凡夫位,受持所有的戒律,守护根门,勤修止观,并且进习其他善业,依"闻"(听闻正法)、"思"(思惟法义)、"修"(依法修行)所产生的智慧,成就"现观解脱"的"器性"。

(2)"方便道"(又称"加行道"、"加行位")。指菩萨在初地之前,为入"见道"而加功用行,依次修习"四善根"(指暖法、顶法、忍法、世第一法)的修行阶位,即"已积集资粮道者,所有顺决择分善根(指能引生圣道之果的善根),谓暖法、顶法、顺谛忍法(又称"忍法")、世第一法"。其中,"暖法",指依"明得定慧"发起的,观察"无所取(境)"的下品寻思(下等的推求思察);"顶法",指依"明增定慧"发起的,观察"无所取"的上品寻思(上等的推求思察);"顺谛忍法",指依"随顺定慧"发起的,对"无所取"决定印持,对"无能取(识)"亦能顺忍的下品如实智;"世第一法",指依"无间心定慧"发起的,能印持"能取"、"所取"皆空的上品如实智。

(3)"见道"(又称"通达位"、"见道位")。指菩萨在初地"入心"(十地中的每一地各分入心、住心、出心三位),断除三界"见惑"(见道位烦恼),证见"四谛"之理的修行阶位,即"世第一法无间无所得三摩地钵罗若(又称"无所得定慧"),及彼相应等法"。也就是在"见道位"("四向四果"的初位"预流向"),修习由"世第一法"无间断产生的"无所得定慧",以及与之相应的"心"、"心所",现观(现前观察)三界"四谛",生起"见道十六心"(又称"见谛十六心"、"八忍八智"),即十六种智慧(前十五心属"见道位"的"预流向",第十六心属"修道位"的"预流果")。

(4)"修道"(又称"修道位")。指菩萨从初地的"住心",至第十地的"出心",渐次断除三界"修惑"的修行阶位,即"见道上所有世间道、出世间道、软道、中道、上道、加行道、无间道、解脱

道、胜进道等,皆名修道",以断除"修惑"。分别来说,"修道"所
说的"修",有四种差别,即"得修、习修、除去修、对治修"。所说
的"道",有十一种差别,即"观察事道、勤功用道、修治定道、现观
方便道、亲近现观道、现观道、清净出离道、依根差别道、净修三
学道、发诸功德道、遍摄诸道道"。其中,前七种道,分别指"三十
七菩提分法"中的"四念住"、"四正断"、"四神足"、"五根"、"五
力"、"七觉支"、"八圣道支"七类修行法,书中对每一类修行法,
均开立"所缘"、"自体"、"助伴"、"修习"、"修果"五门,予以阐解。
以"四念住"为例,它的"所缘",指"身、受、心、法";"自体",指"慧
及念";"助伴",指"彼相应心、心所等";"修习",指"于内身等修
循身等观";"修果",指"断四颠倒,趣入四谛,身等离系"。

　　(5)"究竟道"(又称"究竟位")。指菩萨修行圆满所成就的
佛位,即"依金刚喻定(指能在修道位最后断尽一切烦恼的禅
定),一切粗重永已息故,一切系得永已断故,永证一切离系得
故,从此次第,无间转依(指转舍染法,转得净法),证得尽智,及
无生智、十无学法"。也就是断灭一切烦恼,证得"尽智"、"无生
智"、"十无学法"。此外,"道谛"有"四种行相",即"道相、如相、
行相、出相"。如关于"修道"所摄的九种道,说:

　　　　云何修道? 谓见道上所有世间道、出世间道、软道、中
　　道、上道、加行道、无间道、解脱道、胜进道等,皆名修
　　道。……世间道者,谓世间初静虑、第二静虑、第三静虑、第
　　四静虑、空无边处、识无边处、无所有处、非想非非想处(以
　　上指"四禅"、"四定")。……出世间道者,谓于修道中,法
　　智、类智品所摄苦智、集智、灭智、道智。……软道者,谓软
　　软、软中、软上品道(用来断"上上、上中、上下"三品烦
　　恼)。……中道者,谓中软、中中、中上品道(用来断"中上、

中中、中软"三品烦恼)。……上道者,谓上软、上中、上上三品道(用来断"软上、软中、软软"三品烦恼)。……方便道者,谓由此道能舍烦恼。……无间道者,谓由此道无间,永断烦恼,令无所余。……解脱道者,谓由此道,证断烦恼所得解脱。……胜进道者,谓为断余品烦恼,所有方便无间解脱道(以上为《集论》的原文)。……如是已广说修道相差别(以上为安慧的解释)。(卷九《谛品》,第 736 页上—第 738 页上)

(二)《法品》(又名《决择分中法品》,卷十一至卷十二)。解释《大乘阿毗达磨集论》卷六《决择分中法品》,论述"十二分圣教"和"三藏"问题。

所说的"十二分圣教"(又称"十二分教"),是对佛经的体裁和内容所作的十二种分类,即"契经、应颂、记别、讽颂、自说、缘起、譬喻、本事、本生、方广、希法、论议"。(1)"契经"。指"以长行缀缉略说所应说义"。(2)"应颂"。指"诸经中,或中或后,以颂重颂"。(3)"记别"。指"于是处圣弟子等,谢往过去,记别得失、生处差别"。(4)"讽颂"。指"诸经中,以句宣说,或以二句,或三、或四、或五、或六"。(5)"自说"。指"诸经中,或时如来悦意自说"。(6)"缘起"。指"因请而说:随依如是补特伽罗(指人),起如是说故。又有因缘制立学处(指戒),亦名缘起"。(7)"譬喻"。指"诸经中有比况说:为令本义得明了故"。(8)"本事"。指"宣说圣弟子等前世相应事"。(9)"本生"。指"宣说诸菩萨行本(《集论》作"本行藏")相应事"。(10)"方广"。指"菩萨藏相应言说"。(11)"希法"。指"若于是处,宣说声闻、诸大菩萨及如来等最极希有、甚奇特法"。(12)"论议"。指"若于是处,无有颠倒,解释一切深隐法相"。

"三藏",是对一切佛经所分的三大部类,即"素怛缆藏、毗奈
耶藏、阿毗达磨藏"(又称经藏、律藏、论藏)。小乘、大乘各有自
己的"三藏",前者统称为"声闻藏",后者统称为"菩萨藏"。"十
二分圣教"为"三藏"所统摄。如关于"十二分圣教"与"三藏"的
对应关系,说:

> 如是契经等十二分圣教,三藏所摄。何等为三? 一素
> 怛缆藏、二毗奈耶藏、三阿毗达磨藏。此复有二,一声闻藏、
> 二菩萨藏。契经、应颂、记别、讽颂、自说,此五(种)声闻藏
> 中素怛缆藏摄。缘起、譬喻、本事、本生,此四(种)二藏(指
> 声闻藏、菩萨藏)中毗奈耶藏并眷属摄(以上为《集论》的原
> 文)。缘起者,宣说有因缘,建立诸学处(指戒),是正毗奈耶
> 藏摄;譬喻等三,是彼眷属摄(以上为安慧的解释)。方广、
> 希法,此二(种)菩萨藏中素怛缆藏摄(以上为《集论》的原
> 文)。方广者,文义广博,正菩萨藏摄;希法,差别难思,广大
> 威德,最胜相应,是故亦是菩萨藏摄(以上为安慧的解释)。
> 论议一种,声闻、菩萨二藏中阿毗达磨藏摄(以上为《集论》
> 的原文)。(卷十一《法品》,第 744 页上)

(三)《得品》(又名《决择分中得品》,卷十三至卷十四)。解
释《大乘阿毗达磨集论》卷六至卷七《决择分中法品》,论述"补特
伽罗"和"现观"问题。

所说的"补特伽罗(指人)",指依"五蕴"施设的"假名",并非
"实有"。佛教之所以要"建立补特伽罗",是由于"补特伽罗"有
"四种缘"(此为《集论》所无)、"七种差别"。"四种缘",指"言说
易故、顺世间故、离怖畏故、显示自他具德失故"。"七种差别",
指"病行差别故、出离差别故、任持差别故、方便差别故、果差别
故、界差别故、修行差别故"。(1)"病行差别"。有"贪行、瞋行、

痴行、慢行、寻思行、等分别行、薄尘行"七种。(2)"出离差别"。有"声闻乘、独觉乘、大乘"三种。(3)"任持差别"。有"未具资粮、已具未具资粮、已具资粮"三种。(4)"方便差别"。有"随信行、随法行"二种。(5)"果差别"。有"信胜解、见至、身证、慧解脱、俱分解脱、预流向、预流果、一来向、一来果、不还向、不还果、阿罗汉向、阿罗汉果、极七返有、家家、一间、中般涅槃、生般涅槃、无行般涅槃、有行般涅槃、上流、退法阿罗汉、思法阿罗汉、护法阿罗汉、住不动阿罗汉、堪达阿罗汉、不动法阿罗汉"二十七种。(6)"界差别"。有"欲界异生、有学、无学","色、无色界亦尔"。(7)"修行差别"。有"胜解行菩萨"、"增上意乐行菩萨"、"有相行菩萨"、"无相行菩萨"、"无功用行菩萨"五种。

　　所说的"现观"(指现前观察),有十种,指"法现观、义现观、真现观、后现观、宝现观、不行现观、究竟现观、声闻现观、独觉现观、菩萨现观"。其中,前七种大致相当于"道谛"所说"资粮道"、"加行道"、"见道"、"修道"、"究竟道"中的观法,为"声闻"、"独觉"、"菩萨"三乘共同的"现观";后三种是三乘各别的"现观"。

　　(四)《论品》(又名《决择分中论品》,卷十五至卷十六)。解释《大乘阿毗达磨集论》卷七《决择分中论议品》,论述解经、释义、辩论的方法问题。

　　所说的"论议决择",有七种,指"义决择、释决择、分别显示决择、等论决择、摄决择、论轨决择、秘密决择"。(1)"义决择"。指依"六义"(指自性义、因义、果义、业义、相应义、转义),解释经义。(2)"释决择"。指依"六义"(指所遍知事、所遍知义、遍知因缘、遍知自性、遍知果、彼证受)、"十四门"(指摄释门、摄事门、总别分门、后后开引门、遮止门、转变字门、坏不坏门、安立补特伽罗门、安立差别门、理趣门、遍知等门、力无力门、别别引门、引发门),解释经文。(3)"分别显示决择"。指采用不同的句式

("作一行、顺前句、顺后句、二句、三句、四句、述可句、遮止句等"),以答他问,分别法门,显示同异。(4)"等论决择"。指依"八何"(指八种问词,即何谁信、何所信、用何信、为何信、由何信、何之信、于何信、几何信)、"八若"(指八种答词,即若能信、若所信、若用信、若为信、若由信、若彼信、若于信、若尔所信)和"四种等论"(指能破、能立、能断、能觉),判断真伪,决择道理。(5)"摄决择"。指以"十处"(指成所作决择处、胜解决择处、道理决择处、论决择处、差别决择处等)统摄一切论议。(6)"论轨决择"。指依用"七因明"(指辩论的七项要件,即论体、论处、论依、论庄严、论负、论出离、论多所作法),展开辩论。(7)"秘密决择"。指依"了义"(指究竟显了之义)解释佛经中带有密义的文词。如关于"义决择"(指经义的辨析),说:

> 义决择者,谓依六义而起决择。何等六义?谓自性义、因义、果义、业义、相应义、转义。自性义者,谓遍计所执等三自性。因义者,谓三因,一生因、二转因、三成因(以上为《集论》的原文)。生因者,谓因等四缘,由此能生诸有为故;转因者,谓由此次第彼法转,如无明缘(生)行等,乃至集灭,由此次第,染净转故;成因者,谓现量可得、不可得等,正说所摄,由此能成立先所未了所成义故(以上为安慧的解释)。果义者,谓五果。何等为五?一异熟果、二等流果、三增上果、四士用果、五离系果(以上为《集论》的原文)。异熟果者,谓阿赖耶识等;等流果者,谓前生诸善法,所起自相续后诸善法;增上果者,谓一切有情共业增上力所感器世间;士用果者,谓稼穑等;离系果者,谓由圣道,随眠永灭(以上为安慧的解释)。业义者,谓五种业,一取受业、二作用业、三加行业、四转变业、五证得业。……相应义者,谓五种相应。

何等为五？一聚结相应、二随逐相应、三连缀相应、四分位相应、五转变相应。……转义者,谓五种转,一相转、二安住转、三颠倒转、四不颠倒转、五差别转(以上为《集论》的原文)。(卷十五《论品》,第765页中、下)

《大乘阿毗达磨杂集论》和《大乘阿毗达磨集论》是两部既有联系,又有区别的著作。《集论》反映的是无著本人的思想见解;而《杂集论》中既有无著的原义,又有觉师子、安慧的引申义,反映的是以无著为主,觉师子、安慧为次的思想见解。因此,若是研究大乘瑜伽行派的思想,应以选读《杂集论》为宜;若是研究无著的思想,则应以选读《集论》为宜。

本书的注疏有:唐窥基《大乘阿毗达磨杂集论述记》十卷(今存)、现代王恩洋《大乘阿毗达磨杂集论疏》(上海佛学书局1992年版)。

第七品　唐义净译《六门教授习定论》一卷
附:唐义净译《止观门论颂》一卷

《六门教授习定论》,又名《习定论》,一卷。书题"无著菩萨本,世亲菩萨释",即印度无著撰颂、世亲注释,唐义净译,长安三年(703)译出。唐智升《开元释教录》卷九著录。载于《丽藏》"命"函、《宋藏》"临"函、《金藏》"命"函、《元藏》"临"函、《明藏》"匪"函、《清藏》"匪"函、《频伽藏》"暑"帙,收入《大正藏》第三十一卷。

本书是一部教授修习禅定的次第和方法的著作。书名所说的"六门",指修习禅定的六种次第,依初颂的表述,是指"求脱者"、"积集"、"于住勤修习"、"得三圆满"、"有依"、"修定人果";

依末颂及释文的表述,是指"意乐"(即意念)、"依处"、"本依"、"正依"、"修习"、"得果",二者名异而实同。末颂的释文中说,"求脱者",显示"意乐圆满";"积集",显示"依处圆满";"于住勤修习",显示"本依圆满";"得三圆满",显示"正依圆满";"有依",显示"修习圆满";"修定人果",显示"得果圆满",故六门显示修习禅定者须次第成就的六种圆满。所说的"习定",包括"世定"(能调伏烦恼的世间禅定)和"出世定"(能永断烦恼的出世间禅定)。全书分为"六门",由无著撰作的《六门教授习定论》本颂三十七颂(每颂为五言四句)和世亲所作的解释(长行)构成,采用"颂曰"(本颂)与"释曰"(解释)对应编排的方式编纂。初颂为总颂,总标习定六门的纲目;次后三十五颂,为习定六门的别释;末颂为结颂,解释习定六门的名义。

一、初颂("求脱者积集,于住勤修习,得三圆满已,有依修定人")。总标习定六门,为全书的纲目。

初颂所说的习定六门中,初门"求脱者"(即"意乐"),指"求解脱人";第二门"积集"(又称"依处"),指"积集胜行资粮";第三门"于住勤修习"(又称"本依"),指"心依于定","于所缘处,令心善住","不散乱、不动摇;第四门"得三圆"(又称"正依"),指成就"师资圆满"、"所缘圆满"、"作意圆满"三种圆满(以上四门显示习定的依因);第五门"有依"(又称"修习"),指依于"有寻有伺定"、"无寻唯伺定"、"无寻无伺定"三种禅定(此门显示习定的正宗);第六门"修定人果"(又称"得果"),指修定人由于习定的缘故,能够获得世间的各种福报,乃至成就出世间殊胜圆满的佛果(此门显示习定的果报)。

二、第二颂("于三乘乐脱,名求解脱人,二种障全除,斯名为解脱")至第五颂("若彼惑虽无,作仪如有惑,是习气前生,若除便异此")。论述习定六门中的初门"求解脱人"(即"意乐")

问题。

　　求解脱人有声闻、缘觉、菩萨三乘差别。在三乘中,心乐解脱,名为"求解脱";"烦恼障"(指由"我执"而生的能障涅槃的烦恼)、"所知障"(指由"法执"而生的能障菩提的烦恼)二障全都除去,名为"解脱"。"执受识"(即阿赖耶识)是"二障"的体性,"惑种"(烦恼种子)是"烦恼障"的自性,"一切种"(一切诸法种子)是"所知障"的自性,"烦恼障种子"能系缚声闻人,"一切种子"能系缚菩萨,故声闻、缘觉以断除"烦恼障"为解脱,而菩萨则以俱断"烦恼障"、"所知障"二障,证得佛果为解脱。

　　三、第六颂("种植诸善根,无疑除热恼,于法流清净,是名为积集")至第七颂("能持乐听法,善除其二见,但闻心喜足,是四事应知")。论述习定六门中的第二门"积集"(即"依处")问题。

　　求解脱人积集解脱资粮,有四事。(1)"种植诸善根"。指应先修习多闻,受持正法,令"信"等善法得以增长。(2)"无疑"。指通过听法、知法,除灭所有疑惑。(3)"除热恼"。指除遣令心焦热的二种执见,即:"欲令他识知见",指欲令他人得知自己是"具德之人";"自起高举见",指傲慢自大。(4)"于法流清净"。指听法无厌,勤修不息。

　　四、第八颂("所缘及自体,差别并作意,心乱住资粮,修定出离果")至第二十三颂("最初得作意,次得世间净,更增出世住,三定招三界")。论述习定六门的第三门"于住勤修习"(即"本依")问题。其中第八颂为总标,其后十五颂为别释。

　　修习禅定须令心住于一境,有七事。(1)"所缘"。指定心所缘的境界分为三种(又称"三种所缘")。一是"外缘",指心缘外境(外部境界),住于"白骨等观所现影像",亦即修习"不净观",此为"初学境界";二是"上缘",指心缘上境(上地境界),住于"未至定缘静等相",即观察"未至定"(色界初禅之前的欲界禅定)所缘的境界;三是"内缘",指心缘内心,住于"从其意言(指意识所起的名言)所现之相",即观察由意识所显现的内境(亦即与"见分"相对的"相分")。(2)"自体"。指定心的自体,为"心无乱相"。心住于"外缘"时,专注一境,对其余境物,心无散乱;心住于"上缘"时,对下地生厌离心,专意于上地境界;心住于"内缘"时,对意识所显现的内境,其心凝定,安住不移。(3)"差别"。指定心的差别相,有九种(又称"九种住心")。一是"最初住",指最初缘境时,其心坚执;二是"正念住",指次后令正念流注不断;三是"覆审住",指乱心生时,应审察牵还,缘境而住;四是"后别住",指次后转求殊胜;五是"调柔住",指次后对治力(断除烦恼之力)生起,心得自在,而生欢喜;六是"寂静住",指次后无所爱乐,其心安静;七是"降伏住",指次后降伏重障烦恼;八是"功用住",指次后加功用行,令心无间断地专注一缘;九是"任运住",指次后依顺"串习道"(即熏习力),任运随流,住于定境。

(4)"作意"。指习定的"作意"(指令心警觉;唐以前也将"作意"译作"思惟"),分为四种。一是"励力荷负作意",指前述定心差别相中的第一种"最初住";二是"有间荷负作意",指第二种"正念住"至第七种"降伏住";三是"有功用荷负作意",指第八种"功用住";四是"无功用荷负作意",指第九种"任运住"。(5)"心乱"。指习定时,心念散乱的情况有五种(称为"五种散乱")。一是"外心散乱",指习定时,心缘一境,又缘他境;二是"内心散乱",指习定时,生起"掉举"、"昏沉"、"味著"等障碍;三是"邪缘心散乱",指习定时,思念乡里亲属等事;四是"粗重心散乱",指习定时,生起"我执"、"法执";五是"作意心散乱",指习定时,对所缘之境,作过分的"分别思察",或思念"从此乘更趣余乘",即从菩萨乘转向声闻乘等。(6)"住资粮"。指习定的资粮

是"戒","戒"是"无边功德所依止处",故习定"必先住戒"。令戒
清净的方法有四种。一是"善护诸根";二是"饮食知量";三是
"初夜、后夜能自警觉,与定相应";四是"于四威仪(指行、住、坐、
卧)中,正念而住"。(7)"出离果"。指由修习前述"三种所缘"
的禅定,能得出离生死的三种果报。一是"缘外境时,得作意
住";二是"缘上境时,得世(间)清净";三是"缘内心时,得出世
(间)净"。如关于定心的"三种所缘",说:

　　(颂曰)外上及以内,此三所缘生,应知住有三,自体心
　　无乱(以上为无著撰的偈颂)。

　　释曰:言三种者,一外缘、二上缘、三内缘。外缘,谓白
　　骨等观所现影像,是初学境界;上缘,谓未至定缘静等相;内
　　缘,谓从其意言所现之相,为所缘境。自体谓是心无乱相,
　　名之为住。心无乱者,于外等处三种缘时,随其所缘,心无
　　动乱(以上为世亲的解释)。(《大正藏》第三十一卷,第774
　　页下—第775页上)

　　五、第二十四颂("多闻及见谛,善说有慈悲,常生欢喜心,
此人堪教定")至第二十六颂("由闻生意言,说为寂灭因,名寂因
作意,是谓善圆满")。论述习定六门的第四门"得三圆"(又称
"正依")问题。

　　修习禅定须成就"师资圆满"、"所缘圆满"、"作意圆满"三种
圆满,也就是以三种圆满为依止。(1)"师资圆满"。指"教授
师"众德圆满,具有"善教圆满"、"证悟圆满"、"善语圆满"、"无染
心圆满"、"相续说法加行(指加功用行)圆满"五种德行。
(2)"所缘圆满"。指"教授师"所教的诸事"穷尽无咎"。
(3)"作意圆满"。指求解脱人为趣向寂灭(即涅槃)而修习的所
有作意皆得圆满。

六、第二十七颂("谓寻求意言,此后应细察,意言无即定,静虑相有三")至第三十五颂("出离并爱乐,正住有堪能,此障惑皆除,定者心清净")。论述习定六门的第五门"有依"(又称"修习")问题。

习定者修习的禅定,依有无"寻"(又译"觉")、"伺"(又译"观")区分,分"有寻有伺定"、"无寻唯伺定"、"无寻无伺定"三种。此中所说的"寻",指"寻求",即心对境界所作的粗浅推度(粗分别);所说的"伺",指"细察",即心对境界所作的深细思察(细分别),"寻"与"伺"都以"意言"(由意识所起的名言)为自性。(1)"有寻有伺定"。指与"寻"、"伺"二心所都相应的禅定,即"未至定"(色界初禅之前的欲界禅定)和"初禅"(色界)。(2)"无寻唯伺定"。指与"寻"不相应,唯与"伺"相应的禅定,即"中间定"(色界初禅与第二禅的近分定之间的禅定)。(3)"无寻无伺定"。指与"寻"、"伺"都不相应的禅定,即从色界第二禅的近分定至无色界第四定的七种禅定。习定包括修习"奢摩他"、"毗钵舍那"两个方面。"奢摩他",意译"止",指禅定,即止息妄念,心系一处,"凝心住处,故名奢摩他";"毗钵舍那",意译"观",指智慧,即依止起观,以智观境,"于寂止处(指"止")所有众义,依仗于字(指文字)","缘众义而起观察,名为众观"。修习"止观",须先作"止",次起"观",然后"止观双运"。"止观"能对治"粗重障"(指贪欲、瞋恚、昏沉睡眠、掉举恶作、疑五盖)和"见障"(指邪见)。"求净定"的方法是修习"寂止相"、"策举相"、"舍相"三种相。若心沉没,应修"策举相";若心掉举(高举),应修"寂止相";若心不沉不掉,应修"舍相",即不起功用,任运现行,"于此舍相正修习时,名为正定,能尽有漏,由此遂令心极清净"。

七、第三十六颂("于此定门中,所说正修习,俗定皆明了,亦知出世定")。论述习定六门的第六门"修定人果"(又称"得果")问题。说:如果有人能依照此"定门"所说的方法修习,就能获得"诸世间胜果圆满,及出世果"。

八、第三十七颂("于此定门中,所说正修习,俗定皆明了,亦知出世定")。解释习定六门的名义。如关于六门显示"六种圆满",说:

(颂曰:)显意乐依处,本依及正依,世间定圆满,并了于出世(以上为无著撰的偈颂)。

释曰:略说义周,为会前事,故说斯颂。如最初(指初颂)云求脱者,为显意乐圆满;积集者,依处圆满,此明有心修定,必须依托积集资粮故;于住勤修习者,显本依圆满,如经中说,佛告诸苾刍(即比丘),汝等先当依定,能尽有漏,是我所说,若欲求出生死海者,离于正定,无别方便;得三圆满者,显正依圆满,明师资承禀,决定可依;有依修定人者,此显修习圆满;诸有智者如前所说,远离放逸,正修行时,世间诸定悉皆圆满,及出世间咸能证悟,显得果圆满(以上为世亲的解释)。(第 777 页上、中)

本书除了将习定时所缘的境界,称为"意言所现之境"(略称"意言境"),属于唯识学术语之外,其余有关禅定的论述,大致与小乘禅学相近。据此推断,本书很可能是无著的早期著作。

本书的注疏有:现代吕澂《六门教授习定论》(收入《吕澂佛学论著选集》,齐鲁书社 1991 年 7 月版)。

唐义净译《止观门论颂》一卷

《止观门论颂》,又名《止观行门七十七颂》,一卷。印度世亲造,唐义净译,景云二年(711)译出。唐智升《开元释教录》卷九著录。载于《丽藏》"命"函、《宋藏》"临"函、《金藏》"命"函、《元藏》"临"函、《明藏》"匪"函、《清藏》"匪"函、《频伽藏》"藏"帙，收入《大正藏》第三十二卷。

本书是一部论述修习"四禅"、"不净观"、"白骨观"等禅法的偈颂集。全书共收录七十七颂（《丽藏》本题为七十颂，误），每颂五言四句。说："若人有瞋染，及昏沉睡眠，掉恶作并疑，此五遮修定"；"心乱有五缘，情随众境散，味著并沉掉，我慢重名闻"；"乞食见女人，应观为不净，摄眼除邪意，正心当取食"；"退分胜进分，住分决择分，静虑有四种，修定者初知"；"屎尿及洟唾，合聚共成身，三十二种物，皮囊唤作人"；"淫贪有多种，随生爱不同，一观并能除，谓是白骨观"等。如关于习定时如何"缘境"，说：

> 树下草积中，或居崖窟内，观时应住此，寂静可修心。习定缘境时，不太高太下，不应极近远，于境使相应。善取所缘境，子（仔）细善观察，闭目住心时，犹如开眼见。根门皆摄敛，住念凝内心，缘境现前观，念念令相续。（《大正藏》第三十二卷，第491页下）

本书除了在"以般若净心，终获可爱果，如不愿后有，于胜道应修"一颂中使用了大小乘通用的术语"般若"一词外，其余所述，基本上都是小乘禅学的思想，连"大乘"、"菩萨"这样的大乘常用词，也未见使用。由此推断，它很可能世亲的早期著作。与《六门教授习定论》相比，本书的内容更为丰富，特别是对如何修习"不净观"、"白骨观"，叙述颇为细致（书中没有提及"数息观"）。但由于它全是偈颂，没有长行解释，一般人只能从字面上略知一二，要真正领会偈句的义蕴，甚为困难。故译出以后，鲜见有人引录，传习者十分稀少。

第八品　唐玄奘译《唯识二十论》一卷

附：北魏般若流支译《唯识论》一卷
陈真谛译《大乘唯识论》一卷
唐义净译《成唯识宝生论》五卷

《唯识二十论》，又名《二十唯识论》《唯识二十颂论》《摧破邪山论》，一卷。印度世亲造，唐玄奘译，龙朔元年(661)译出。唐靖迈《古今译经图纪》卷四著录(译经时间见《开元释教录》卷八)。载于《丽藏》"力"函、《宋藏》"忠"函、《金藏》"力"函、《元藏》"忠"函、《明藏》"静"函、《清藏》"静"函、《频伽藏》"来"帙，收入《大正藏》第三十一卷。

本书是《唯识二十颂》的注释书，论述"三界唯识"理论，为唯识宗所依据的根本经典"瑜伽十支论"之一。据唐未详作者《唯识三十论要释》(敦煌本)说，《唯识二十颂》《唯识三十颂》是世亲晚年撰作的"显唯识理"的二部偈颂体著作，"《唯识二十颂》显唯识理，度破外计，略申自宗"，"《唯识三十颂》以三十颂，显唯识理，略破外计，广申自宗"(《大正藏》第八十五卷，第963页上)。也就是说，《唯识二十颂》以破斥外宗(指外道、小乘)为主，略述自宗；《唯识三十颂》以阐述自宗为主，略破外宗。由于偈颂言简意赅，晓了不易，故世亲又撰注作释。但世亲只撰写了这部《唯识二十颂》的注释，就去世了，没有撰成《唯识三十颂》的注释。《唯识二十论》传今的文本，有唐玄奘译《唯识二十论》一卷、北魏般若流支译《唯识论》一卷、陈真谛译《大乘唯识论》一卷三种，它们都属于同本异译。就所收的《唯识二十颂》本颂而言，玄奘译本作二十一颂；般若流支译本作二十三颂(第一颂、第二十一颂为新增)；真谛译本作二十四颂(第一颂至第三颂为新增)。三本的释文也略有出入。本书由《唯识二十颂》二十一颂及其解释构成,前二十颂(始"若识无实境,则处时决定,相续不决定,作用不应成",终"他心智云何,知境不如实,如知自心智,不知如佛境")为正颂,末一颂(即"我已随自能,略成唯识义,此中一切种,难思佛所行")为结颂,每一颂为五言四句,采用随颂作释,"颂曰"(《唯识二十颂》的原文)与"论曰"(世亲的解释)对应编排的方式编纂。有关本书的传译,唐窥基《唯识二十论述记》卷上有详细的记叙,说:

> 《唯识二十论》者,筏苏畔徒(指婆薮槃豆,即世亲)菩萨之所作也。题叙本宗,有二十颂,为简三十(指《唯识三十颂》),因以名焉。昔觉爱法师(指菩提流支,今本题般若流支译),魏朝创译;家依三藏(指真谛),陈代再翻;今我和上三藏法师玄奘,校诸梵本,睹先再译,知其莫闲奥理,义多缺谬,不悟声明,词甚繁鄙,非只一条,难具陈述,所以自古通学开(闻)而靡究。复以大唐龙朔元年岁次辛酉六月一日,于玉花(华)庆福殿,肇翻此论,基(窥基)受旨执笔,其月八日详译毕功。删整增讹,缀补纰阙,既睹新本,方类世亲。……然此论本,理丰文约,西域注释,数十余家。根本即有世亲弟子瞿波论师,末后乃有护法菩萨。护法所造释,名《唯识导论》(即传今的《成唯识宝生论》),印度重为词义之宝,爰至异道,尝味研谈。……梵云毗若底(此云识——原注)摩呾喇多(此云唯——原注)凭始迦(此云二十——原注)奢萨呾罗(此云识——论),顺此方言,名《唯识二十论》。(《大正藏》第四十三卷,第978页下——第979页上)

本书以"安立大乘三界唯识"(指建立大乘"三界唯识"说)为宗旨,对外道、小乘执著心外定有实在境界的各种说法作了破斥。

　　"三界唯识",指欲界、色界、无色界的一切诸法(事物)都是心识所变现的;建立大乘"三界唯识"说的依据,就是契经上说的"三界唯心"(指《华严经·十地品》说的"三界虚妄,但是一心作"一语),二者是同义的。因为"心"、"意"、"识"、"了"(指"了别")四法,名异而体一。"心"为积集(又称"集起")义,包括"心所";"意"为思量义;"识"为了别义;"了"为识达义(参见唐窥基《唯识二十论述记》卷上)。"三界唯识"所说的"唯",是为了遣除心外定有实境的执著,并不是说"心"与"心所"没有相应性,即"唯遮外境,不遣相应";所说的"唯识",是为了说明"识"有变现境相的作用,"内识生时,似外境现,如有眩翳,见发、蝇等,此中都无少分实义",也就是说,内识生起时,能变现出相似的外境,这与眼睛有白翳的人看天空,所见的毛发、蝇虫之类,皆为虚幻是一样的,外境是没有任何的真实性的。

　　外道、小乘质难说:"若识无实境,则处时决定,相续不决定,作用不应成。"意思是说,如果唯有识,而无实在的外境,那么,现见的"处"(处所)、"时"(时间)、"决定"(事物的确定性)、"相续"(事物的连续性)、"不决定"(事物的不确定性)、"作用"(事物的功用)等,就不应成立。此外,小乘还从实有"十色处"(指五根、五境)、"极微"(指最微细、不可再分的物质元素)、"色境"为"现量"所得,这些皆为真实不虚等方面,对"三界唯识"说,加以质难,对此,世亲用"梦"、"饿鬼"、"脓河"、"狱卒"等为譬喻,一一作了辩答。如关于"十色处"为"识"所变现,说:

　　　　颂曰:识从自种生,似境相而转,为成内外处,佛说彼为十(以上为《唯识二十颂》的偈颂)。

　　　　论曰:此说何义?似色现识(指似尘识)从自种子缘合

转变差别而生,佛依彼种及所现色,如次说为眼处、色处。如是乃至似触现识(指似触识)从自种子缘合转变差别而生,佛依彼种及所现触,如次说为身处、触处(以上为偈颂的解释)。(《大正藏》第三十一卷,第75页中)

大意是说,《唯识二十颂》偈颂说:"五识"(指眼识、耳识、鼻识、舌识、身识)是从阿赖耶识所藏的自种子(又称"本识种子")生起,转变出相似的外境,形成内五处(指眼、耳、鼻、舌、身)、外五处(指色、声、香、味、触)的,佛以"密意"称之为"十色处"。也就是说,变现出相似色境的眼识,是由阿赖耶识所藏的自身种子,在众缘和合时,转变差别而生起的,佛依据它的自种子以及所变现的相似色境,分别称之为"眼处"、"色处";乃至变现相似触境的身识,也是由阿赖耶识所藏的自身种子,在众缘和合时,转变差别而生起的,佛依据它的自种子以及所变现的相似色境,分别称之为"身处"、"触处"。

本书的同本异译有:北魏般若流支译《唯识论》一卷、陈真谛译《大乘唯识论》一卷。

本书的汉译注疏有:唐义净译《成唯识宝生论》五卷;汉撰注疏有:唐窥基《唯识二十论述记》二卷(均存)等。此外,《唯识二十颂》还有藏文译本、梵文写本(十九世纪于尼泊尔发现)存世,可与汉译本作对勘。

北魏般若流支译《唯识论》一卷

《唯识论》,又名《破色心论》《楞伽经唯识论》《楞伽唯识论》《唯识无境论》《唯识无境界论》,一卷。印度天亲(即世亲)造,北魏般若流支译(《丽藏》本据唐智升《开元释教录》卷六所录,题为"般若流支译";宋、元、明藏本则题作"菩提流支译"),约译于元

象元年(538)至武定元年(543)之间。隋费长房《历代三宝纪》卷
九著录(译者为"般若流支",书名作《唯识无境界论》)。载于《丽
藏》"力"函、《宋藏》"忠"函、《金藏》"力"函、《元藏》"忠"函、《明
藏》"静"函、《清藏》"静"函、《频伽藏》"来"帙,收入《大正藏》第三
十一卷。

　　本书是《唯识二十颂》的注释书,也是唐玄奘译《唯识二十
论》的异译本。全书由《唯识二十颂》二十三颂(每颂五言四句)
及其解释构成。其中,初颂(作"唯识无境界,以无尘妄见,如人
目有翳,见毛月等事")、第二十一颂(此为"经中偈言",作"诸法
心为本,诸法心为胜,离心无诸法,唯心身口名"),为玄奘译本所
无,每一颂为五言四句。采用先总列二十三颂,然后依颂作释,
颂文(句首有"偈言"二字)与释文(句首无"论曰")对应编排的方
式编纂,释文大多以问答式展开。书中以"唯识无境界"(初颂
语)为宗,对外道、小乘执著心外定有实境的各种说法作了破斥。
如关于"唯识无境界",说:

　　(偈言:)唯识无境界,以无尘妄见,如人目有翳,见毛
月等事。……(以上为《唯识二十颂》的偈颂)

　　问曰:此初偈者,明何等义? 答曰:凡作论者,皆有三
义,何等为三? 一者立义,二者引证,三者譬喻。立义者,如
偈言:唯识无境界故;引证者,如偈言:以无尘妄见故;譬
喻者,如偈言:如人目有翳,见毛月等事故。又复有义,如
大乘经中说三界唯心。唯是心者,但有内心,无色、香等外
诸境界。此云何知? 如《十地经》说:三界虚妄,但是一心
作故。心、意与识,及了别等,如是四法,义一名异,此依相
应心说,非依不相应心说。心有二种,何等为二? 一者相应
心,二者不相应心。相应心者,所谓一切烦恼结使、受、想、

行、识与心相应,以是故言:心、意与识,及了别等,义一名异故;不相应心者,所谓第一义谛常住不变、自性清净心,故言:三界虚妄,但是一心作。是故偈言:唯识无境界故(以上为偈颂的解释)。《大正藏》第三十一卷,第64页中)

本书的同本异译有:陈真谛译《大乘唯识论》一卷、唐玄奘译《唯识二十论》一卷。

陈真谛译《大乘唯识论》一卷

《大乘唯识论》,又名《唯识无境界论》《唯识论》,一卷。印度天亲(即世亲)造,陈真谛译,天嘉四年(563)译出(据唐道宣《续高僧传》卷一)。隋法经等《众经目录》卷五著录。载于《丽藏》"力"函、《宋藏》"忠"函、《金藏》"力"函、《元藏》"忠"函、《明藏》"静"函、《清藏》"静"函、《频伽藏》"来"帙,收入《大正藏》第三十一卷。

本书是《唯识二十颂》的注释书,也是唐玄奘译《唯识二十论》的异译本。全书由《唯识二十颂》二十四颂及其解释构成。其中,初二颂(此为归敬颂,作"修道不共他,能说无等义,顶礼大乘理,当说立及破。无量佛所修,除障及根本,唯识自性静,昧劣人不信")、第三颂(作"实无有外尘,似尘识生故,犹如翳眼人,见毛二月等"),为玄奘译本所无,每一颂为五言四句。采用随颂作释,颂文(句首无"颂曰")与释文(句首无"论曰")对应编排的方式编纂。书首有未详作者撰的《大乘唯识论序》;书末有陈慧恺(真谛的弟子)写的题记(无标题),以及他从本书中摘抄的《唯识二十颂》全部偈颂。慧恺在题记中说:

菩提留支法师,先于北翻出《唯识论》,慧恺以陈天嘉四年岁次癸未正月十六日,于广州制旨寺,请三藏法师拘罗那

他(即真谛),重译此论。行翻行讲,至三月五日方竟。此论
外国本有义疏,翻得两卷。三藏法师更释本文,慧恺注记,
又得两卷。末有僧忍法师,从晋安赍旧本达番禺,恺取新
文,对雠校旧本,大意虽复略同,偈语有异,长行解释,词繁
义阙,论初无归敬。有识君子宜善寻之。今谨别抄偈文,安
于论后,庶披阅者为易耳。此论是佛法正义,外国盛弘。
(《大正藏》第三十一卷,第73页下)

书中以"三界唯有识"(指三界一切法皆依识而起,为识所
变)为宗,对外道、小乘执著心外定有实境的各种说法作了破斥。
如关于"实无有外尘",说:

> 实无有外尘,似尘识生故,犹如翳眼人,见毛二月等(以
> 上为《唯识二十颂》的偈颂)。

> 大乘中立义,外尘实无所有,若尔云何见有外尘? 为证
> 此义,故言:似尘识生故。由识似尘现故,众生于无尘中见
> 尘。为显此识,故立斯譬,如眼有病及眼根乱,于无物中,识
> 似二月及鹿渴等而现,唯识义亦如是。是故三界实无外尘,
> 识转似尘显,三性、二谛,同无性性(指胜义无性;以上为偈
> 颂的解释)。(第70页下—第71页上)

本书的同本异译有:北魏般若流支译《唯识论》一卷、唐玄
奘译《唯识二十论》一卷。

唐义净译《成唯识宝生论》五卷

《成唯识宝生论》,又名《二十唯识顺释论》《宝生论》《二十唯
识颂释论》《唯识导论》,五卷。印度护法造,唐义净译,景龙四年
(710)译出。唐智昇《开元释教录》卷九著录。载于《丽藏》"力"
函、《宋藏》"忠"函、《金藏》"力"函、《元藏》"忠"函、《明藏》"沛"

函、《清藏》"沛"函、《频伽藏》"往"帙,收入《大正藏》第三十一卷。

　　护法(约530—561),音译"达磨波罗",南印度达罗毗荼国都城建志补罗城人,本国大臣之子。弃王女之婚约,离俗出家。后专精大乘瑜伽行派学说,主持摩揭陀国那兰陀寺;二十九岁退隐菩提伽耶大菩提寺,专事著述。瑜伽行派创始人世亲去世后,有很多论师为世亲《唯识三十颂》作释,其中较为著名的有护法、德慧、安慧、亲胜、难陀、净月、火辨、胜友、胜子、智月十人,世称"唯识十论师",其中,亲胜、火辨二人是世亲同时人;护法、德慧、安慧(约510—570)、难陀、净月五人是同时代人;胜友、胜子、智月三人是护法的弟子(见唐窥基《成唯识论述记》卷一"本"),而以护法的注疏为最有名。在心识(包括"心所")的作用问题上,护法立"四分"说,主张心识有四种作用,即"相分",指心识所变现的境相,即认识对象;"见分",指心识对境相的了别,即认识作用;"自证分",指心识对"见分"的证知;"证自证分",指心识对"自证分"的证知。而安慧立"一分"(指自证分)说;难陀立"二分"(指见分、相分)说;陈那立"三分"(指见分、相分、自证分)说,均不及"四分"说完整,故后世唯识学以"四分"说为正义。护法于三十二岁时去世,传法弟子有戒贤、胜友、胜子、智月等。著作见存的有《广百论释论》十卷、《成唯识宝生论》五卷、《观所缘缘论释》一卷等;已佚的有《声明杂论》《因明》等。生平事迹见唐玄奘《大唐西域记》卷五、卷八、卷十;唐慧立等《大唐大慈恩寺三藏法师传》卷四;唐窥基《成唯识论述记》卷一"本"(因卷内分本、末而称);唐义净《南海寄归内法传》卷四等。有关护法的生卒年月,佛教史传阙载,本文之初所出的生卒年,采用的是日本宇井伯寿《印度佛教思想史》(印海译,贵州大学出版社2013年12月版)、平川彰《印度佛教史》(显如等译,贵州大学出版社2013年8月版)等书一致的推定(印顺《印度佛教论集》推定为约481—

560 年）。

本书是梵本《唯识二十论》的注释书，论述"唯识能有作用"、"离心无境"等问题。全书采用略引《唯识二十论》的原文，然后加以解释、引申、发挥的方式编纂。由于译者将世亲撰的《唯识二十论》中的本颂（每颂为五言四句）及其释文，全都译成长行（散文），在文体上不加区分；又将护法本人所作的注释，不加标识地与《唯识二十论》的原文接排，只有卷一之首有"论曰"、"释曰"，前者指《唯识二十论》，后者指护法的解释，其余四卷之首只有"论曰"，并无"释曰"，致使世亲的原文与护法的解释，很难区分。只有与唐玄奘译《唯识二十论》相对照，才能弄清楚二者各自的文意。书中指出，"识"有变现境相的作用，人们所见的一切境物，都是由识所变现的影像，境从属于识，并对外道、小乘有关"识外有别境"、"色等实境是离识者"等执见，逐一作了破斥。书首有护法撰的归敬颂，为七言十二句，始"有情恒为众苦逼，炽燃猛火烧内心"，终"于此大乘能善住，深识爱源唯自心"。

卷一：解释梵本《唯识二十论》"谓依大乘成立三界但唯是识"等文。内容大致相当于唐玄奘译《唯识二十论》中的初颂（"若识无实境，则处时决定，相续不决定，作用不应成"）及其释文的阐解。说："但于自识，现有情相，依仗斯事，色相生焉，是故定知无其外境。若离于识，必不可得"等。

卷二：解释梵本《唯识二十论》"复言处时定如梦者，谓如诸觉，虽无其境，共许有定"等文。内容大致相当于唐玄奘译《唯识二十论》中的第二颂（"处时定如梦，身不定如鬼，同见脓河等，如梦损有用"）、第三颂（"一切如地狱，同见狱卒等，能为逼害事，故四义皆成"）及其释文的阐解。说："由其成立唯有识者，但是事物所有作用差别，皆从识处生故"等。

卷三：解释梵本《唯识二十论》"棕洛迦波罗（指地狱）如猎

鹿者，如是应知"等文。内容大致相当于唐玄奘译《唯识二十论》中的第四颂（"如天上傍生，地狱中不尔，所执傍生鬼，不受彼苦故"）至第九颂（"依此教能入，数取趣无我，所执法无我，复依余教入"）及其释文的阐解。说："识从自种，生似境相，而转为成内、外处（指五根、五境）"等。如关于"离心无境"，说：

离心无境，有其四意。何谓为四？一者密意，二者境界，三者显果，四者密意义。……云何密意说十二处（指六根、六境）？而有众生如心相续，相续不断，说有情能诠、所诠，于心安立执形像事。此中如是色等声境，当应分别：识从自种，生似境相，而转为成内、外处，佛说彼为十者（指五根为五内处、五境为五外处，合称十色处）。从彼眼等处，生彼色等处（指从五根生五境），如理应知，于彼二处，说斯种子相及彼识。（《大正藏》第三十一卷，第88页下）

卷四：解释梵本《唯识二十论》"识从自种生者，以因性同故，非有质碍"等文。内容大致相当于唐玄奘译《唯识二十论》中第十颂（"以彼境非一，亦非多极微，又非和合等，极微不成故"）至第十六颂上半颂（"如说似境识，从此生忆念"）及其释文的阐解（但本书"阙极微义"）。说："所有诸法，皆无自体，微妙方便，但是本识随处现相，然无外境少许可得，从色至识，悉皆如是"等。

卷五：解释梵本《唯识二十论》"如何不与色等诸境而相关涉，名作见耶"等文。内容大致相当于唐玄奘译《唯识二十论》中第十六颂下半颂（"未觉不能知，梦所见非有"）至第二十一颂（"我已随自能，略成唯识义，此中一切种，难思佛所行"）及其释文的阐解。说："了知外境，但是自心所生领受，本非居外，斯乃是为最胜修习"等。

　　由于本书的重点在于破斥外道、小乘对识外别有"实境"的执著,对唯识之理的阐释较为分散,再加上往复辩难,头绪繁杂,读懂理会不易,故译出之后,只有唐慧琳《一切经音义》、五代延寿《宗镜录》、可洪《新集藏经音义随函录》等少量著作略有援引,影响甚微。这与作者撰作的《唯识三十颂》注疏,后被糅译为《成唯识论》,声名盖世,形成了极大的反差。

第九品　　唐玄奘译《成唯识论》十卷
附：唐玄奘译《唯识三十论颂》一卷
　　陈真谛译《转识论》一卷

　　《成唯识论》,又名《唯识论》《净唯识论》,十卷。印度护法等造,唐玄奘译,显庆四年(659)译出。唐道宣《大唐内典录》卷五著录(译经时间见《开元释教录》卷八)。载于《丽藏》"忠"函、《宋藏》"则"函、《金藏》"忠"函、《元藏》"则"函、《明藏》"义"函、《清藏》"义"函、《频伽藏》"往"帙,收入《大正藏》第三十一卷。

　　本书是世亲《唯识三十颂》(又名《唯识三十论颂》)的注释书,论述"一切唯识"理论,为唯识宗所依据的根本经典之一。关于书名,据卷十所说:"此论三分(指相、性、位)成立唯识,是故说为《成唯识论》,亦说此论名《净唯识》,显唯识理极明净故。此本论名《唯识三十》,由三十颂,显唯识理,乃得圆满,非增减故。"也就是说,本书从"唯识相"(诸法唯识的相状)、"唯识性"(诸法唯识的体性)、"唯识位"(诸法唯识的行位)三个方面,成立"一切唯识"理论,故取名为《成唯识论》。

　　关于本书的来历,是这样的:世亲在晚年撰作了《唯识二十颂》《唯识三十颂》二部偈颂体著作,前者以破斥外宗(指外道、小乘)为主,略述自宗,故又名《摧破邪山论》;后者以阐述自宗为主,略破外宗,故又名《高建法幢论》。由于偈颂言简意赅,一般人难以理解,故世亲又自撰论疏,加以解释。然而,世亲生前只撰成了《唯识二十颂》的注释,即传今的《唯识二十论》一卷,还没有来得及撰作《唯识三十颂》的注释,便去世了。由于《唯识三十颂》是正面阐述唯识学的纲要书,具有重要的理论价值,因此,在世亲去世以后,有很多论师为世亲《唯识三十颂》作释,其中较为著名的有护法、德慧、安慧、亲胜、难陀、净月、火辨、胜友、胜子、智月十人,世称"唯识十论师",他们各撰有《唯识三十颂》注疏十卷,而以护法的注疏为最有名,"此师所说,最有研寻,于诸义中,多为南指"(以上见唐窥基《成唯识论述记》卷一"本")。玄奘在印度求学期间,搜集了这十家的疏本,尤其是护法的疏本,当时在印度仅存孤本,也为他求获了。回国后,玄奘本打算将它们一一译出,以广流传。但开译后不久,他的大弟子窥基便提出了不同意见,认为如果全都译出,定会在社会上造成见解歧异、学人莫知适从的后果,不如有选择地将它们合译("糅译")成一本,以作定解。玄奘采纳了这一建议,于是独留窥基一人担任笔受,以护法的疏本为主,旁涉众家,甄权取舍,编译了这部《成唯识论》。对此,窥基在《成唯识论掌中枢要序》说:"虽复本(指《成唯识论》梵本)出五天(指五印度),然彼无兹糅释。直尔十师之别作,鸠集犹难,况更撼此幽文,诚为未有。斯乃此论法起也。"因此,《成唯识论》是由"糅释"产生的,它实际上已不是护法的个人著作,而是含有"唯识十论师"中其他论师的合理见解的集体作品。

全书依照世亲《唯识三十颂》的编次,采用随颂作释,"颂曰"(《唯识三十颂》的原文)与"论曰"(护法等人的解释)对应编排的方式编纂,对"八识"、"心所"(分为六类五十一种)、"种子"、"五果"、"四缘"、"十因"、"三自性"、"三无性"、"唯识五位"等唯识学基本理论,以及各家注疏的异同,作了详细的阐说,为唯识学典籍中的权威之作。《丽藏》本《成唯识论》之末,载有吴兴沈玄明《成唯识论后序》(据唐道宣《广弘明集》卷二十五记载,沈玄明为唐高宗时的"左威卫长史崔安都录事"),说:

> 《唯识三十偈》者,世亲归根之遗制也。……幽绪未宣,冥神绝境,孤明敛映,秘思潜津。后有护法、安慧等十大菩萨,韫玄珠于八藏,耸层构于四围。……咸观本颂,各裁斯释,名曰《成唯识论》,或名《净唯识论》。空心外之二取(指能取、所取),息滞有之迷涂(途),有识内之一心,遣归空之妄执。……粤若大和上三藏法师玄奘,体睿舍真,履仁翔慧。……采奥观奇,徒苍龙于二纪;缄檀篆贝,旋白马于三秦。……爰降纶旨,溥令翻译。……粤以显庆四年,龙栖叶洽,玄英应序,厥闰惟阳,糅兹十释四千五百颂,汇聚群分,各遵其本,合为一部,勒成十卷。月穷于纪,铨综云毕。精括诂训,研详夷夏。……三藏弟子基(指窥基),鼎族高门,玉田华胄。……亲承四辩,言奖三明。疏发户牖,液导津涉。缋功资素,通理寄神。综其纲领,甄其品第。兼撰义疏,传之后学。(《大正藏》第三十一卷,第 59 页中—第 60 页上)

一、卷一至卷二前部分。解释《唯识三十颂》第一颂("由假说我法,有种种相转,彼依识所变,此能变唯三")至第二颂前半颂("谓异熟思量,及了别境识"),论述"破我执"、"破法执"、"三能变识"等问题。

作者说,此论的撰作,是为了让那些对"我空"(指人没有恒常实在的主体)、"法空"(指一切事物没有恒常实在的主体)之理,持有迷谬见解的人,产生"正解",以断除由"我执"产生的"烦恼障"和由"法执"而产生的"所知障"二种障碍。若能证得"我空"，就能断除"烦恼障"，进而证得"真解脱"（又称"大涅槃"）；若能证得"法空"，就能断除"所知障"，进而证得"大菩提"。"世间"（指世俗社会）和"圣教"（指佛教）所说的"我"（指人我）、"法"（指事物），都是假借名言（指名字言说）而施设的名称，并非实有体性，"但由假立，非实有性"。所谓"我"，指的是"主宰"，即起主导和支配作用的主体，它的相状（表现形式）有"有情"（指众生）、"命"（指众生的寿命）、"预流"（指"声闻四果"中的初果位）、"一来"（指"声闻四果"中的第二果位）等；所谓"法"，指的是"轨持"，即能保持自身性质的事物，它的相状有"实"（指实体）、"德"（指道德）、"业"（指造作、行为）、"蕴"（指五蕴）、"处"（指十二处）、"界"（指十八界）等。"我"与"法"，都是依据"识"的转变而产生的，是"随缘施设"的假名，"皆依识所转变，而假施设"。

"诸识"生起的时候，能变现出"似我"、"似法"，即相似人我、相似事物的影像，"此我、法相，虽在内识，而由分别，似外境现"，这些影像虽然存在于"内识"之中，但由于"内识"的"分别"，而能显现出"似外境"（指相似外境）的影像。"似外境"是"随情而施设"的，它们不像"内识"那样具有实在性。从"世俗谛"（又称"世谛"，指世俗的真理）的角度看，依赖"内识"而假立的"外境"，被世人执著为"有"，此为"假有"，"境依内识而假立故，唯世俗有"；从"胜义谛"（又称"真谛"，指殊胜的真理）的角度看，"外境"所依赖的"内识"，是"有"的，此为"真有"，"识是假境所依事故，亦胜义有"。

"识"分为八种，称为"八识"，即"眼识"、"耳识"、"鼻识"、"舌识"、"身识"、"意识"、"末那识"、"阿赖耶识"。它们都具有变现心识所缘的境相（称为"相分"），并加以认识（称为"见分"）的功能，依"能变"的功能差别，分为三类，称为"三能变识"。(1)"初能变识"（又称"异熟识"），指第八识"阿赖耶识"，其特性是"异熟

性",即能引生异时(指后世)成熟的"苦"、"乐"果报。(2)"第二
能变识"(又称"思量识")。指第七识"末那识",即以恒审思量为
性,恒执阿赖耶识为"我",常与"我痴"、"我见"、"我慢"、"我爱"
四烦恼"染污意"相应的染污识(又称"染污意")。(3)"第三能
变识"(又称"了别境识")。指"前六识",即以了别境相为性的
"眼识"至"意识"六种识。

　　"三能变识"的"能变",分为"因能变"、"果能变"二种。
(1)"因能变"。指"种子"能变,即"第八识"含藏的"等流习气"、
"异熟习气"二种习气(又称"种子"),能生成事物(此为"转变")。
"等流习气",是指由"七转识"(指"前六识"和"末那识")的"善"、
"恶"、"无记"的现行活动,熏习第八识而形成的"等流种子"(又
称"名言种子"),它能引生"等流果"(指与因同类的结果);"异熟
习气",是指由"前六识"的"善"、"恶"的现行活动,熏习第八识而
形成的"异熟种子"(又称"业种子"),它能引生"异熟果"(又称
"报果",即由善、恶业因所招感的苦、乐果报)。(2)"果能变"。
指"识体"能变,即受"等流习气"、"异熟习气"熏习的"八识"(指
八种识),能现起事物(此为"变现"),变现出各自的"见分"(指心
识对境相的了别,即认识作用)和"相分"(指心识所变现的境相,
即认识对象)。关于"三能变识",说:

　　　　识所变相,虽无量种,而能变识,类别唯三。一谓异熟,
　　　即第八识多异熟性故;二谓思量,即第七识恒审思量故;三
　　　谓了境,即前六识了境相粗故。……此三皆名能变识者,能
　　　变有二种:一因能变,谓第八识中等流、异熟二因习气。等
　　　流习气,由七识中善、恶、无记,熏令生长。异熟习气,由六
　　　识中有漏善恶,熏令生长。二果能变,谓前二种习气力故,
　　　有八识生现种种相。等流习气为因缘故,八识体相差别而

生,名等流果,果似因故。异熟习气为增上缘,感第八识,酬引业力,恒相续故,立异熟名(以上是世亲对《唯识三十颂》偈颂所作的解释,以下引文同例)。(卷二,《大正藏》第三十一卷,第7页中、下)

二、卷二后部分至卷四前部分。解释《唯识三十颂》第二颂后半颂("初阿赖耶识,异熟一切种")至第四颂("是无覆无记,触等亦如是,恒转如瀑流,阿罗汉位舍"),论述第八识"阿赖耶识"的体相等问题。

"三能变识"中,初能变识"阿赖耶识"具有"自相"、"果相"、"因相"三种体相。(1)"自相"。指阿赖耶识的自相是"藏识",具有"能藏"、"所藏"、"执藏"三义,"此识具有能藏、所藏、执藏义故,谓与杂染互为缘故,有情执为自内我故,此即显示初能变识所有自相,摄持因果为自相故"。"能藏",指阿赖耶识能摄藏一切事物的种子,一旦遇缘,便能生起事物;"所藏",指阿赖耶识受前七识现行的熏习,而形成新熏种子,新熏种子藏于阿赖耶识之中;"执藏",指阿赖耶识恒常地被第七识"末那识"执著为"实我"、"实法",这种执著称为"执藏"。(2)"果相"。指阿赖耶识的果相是"异熟识",能引生一切"善业"、"不善业"异时成熟的"苦"、"乐"果报,"此是能引诸界趣、生善不善业异熟果故,说名异熟"。(3)"因相"。指阿赖耶识的因相是"一切种子识",能摄持一切诸法种子,是一切事物赖以生起的原因,"此能执持诸法种子令不失,故名一切种"。

所说的"种子",指阿赖耶识含藏能亲生自果(指直接引生结果)的各种功能,种子与阿赖耶识、所生果之间的关系,既非一体,又非异体,"此中何法名为种子? 谓本识(指阿赖耶识)中亲生自果功能差别。此与本识及所生果不一不异"。种子依性质区分,分为两类。(1)"有漏种子"。指有烦恼的染污种子,它的因与果都有善性、恶性、无记性三种,"诸有漏种,与异熟识体无别故,无记性(指非善非恶)摄,因果俱有善等性"。(2)"无漏种子"。指无烦恼的清净种子,它的因与果唯有善性一种,"诸无漏种,非异熟识性所摄故,因果俱是善性摄"。种子依来源区分,也分为两类。(1)"本有种子"(又称"本性住种")。指本来具有的种子,"谓无始来,异熟识中,法尔(指自然)而有生蕴(指五蕴)、处(指十二处)、界(指十八界)功能差别"。(2)"始起种子"(又称"习所成种"、"新熏种子")。指由后天的行为熏习所成的种子,"谓无始来,数数现行熏习而有"。

阿赖耶识的"种子义",有六种(又称"种子六义"),也就是说,须具备六项条件,方能成为种子。(1)"刹那灭"。指种子刹那生灭,念念不停,"谓体才生,无间必灭"。(2)"果俱有"。指种子生现行,因与果同时共存,"谓与所生现行果法,俱现和合"。(3)"恒随转"。指种子生种子,恒随相续,"谓要长时一类相续"。(4)"性决定"。指种子内因的性质决定结果的性质,"谓随因力,生善恶等功能"。(5)"待众缘"。指种子须依赖众缘和合,才能生起事物,"谓此要待自众缘合"。(6)"引自果"。指种子各各引生自果,不相混淆,"谓于别别色心等果,各各引生"。

"种子"的"熏习",分为"所熏"(指阿赖耶识)和"能熏"(指前七识),各有"四义"。(1)"所熏四义"。指阿赖耶识接受前七识熏习须具备的四种条件。一是"坚住性",指有稳定性;二是"无记性",指无善恶性;三是"可熏性",指自体独立并无坚密性;四是"与能熏共和合性",指能与"能熏"同时共存。"唯异熟识(指阿赖耶识),具此四义"。(2)"能熏四义"。指前七识熏习阿赖耶识须具备的四种条件。一是"有生灭",指有生灭变化;二是"有胜用",指有强盛的势用;三是"有增减",指强盛的势用可增可减;四是"与所熏和合而转",指能与"所熏"同时共存。"唯七转识(即前七识)及彼心所,有胜势用而增减者,具此四义"。

　　阿赖耶识的作用,表现在凭藉因缘生起"自体"时,"内变"为"种子"和"有根身"(指有眼、耳、鼻、舌、身根的身体),"外变"为"器世间"(指由"四大"积聚而成的自然环境,如山河大地等),并以所变现的事物为自己的"所缘"的对象,"行相"(指认识活动)由此而得以产生,"阿赖耶识因缘力故自体生时,内变为种及有根身,外变为器,即以所变为自所缘,行相仗之而得起"。"心,心所必有二相",即"相分"、"见分","相分"为"所缘","见分"为"能缘"。"唯识十论师"中,有人主张心识(包括"心所")有"相分"、"见分"两种作用(此为难陀的观点);有人主张心识有"相分"、"见分"、"自证分"(又称"自体分")三种作用(此为陈那的观点);有人主张心识有"相分"、"见分"、"自证分"、"证自证分"四种作用(此为护法的观点)。若细分的话,"心"、"心所"应有"四分"。(1)"相分"。指心识所变现的境相,即认识对象,"相分是所缘"。(2)"见分"。指心识对境相的了别,即认识作用,"见分名行相"(指现行活动)。(3)"自证分"。指心识对"见分"的证知,"相、见所依自体名事,即自证分"。用因明学的语言来说,"相分"为"所量"(指量知的对象),"见分"为"能量"(指量知的作用),"自证分"为"量果"(指量知的结果)。(4)"证自证分"。指心识对"自证分"的证知,"证自证分唯缘第三(指自证分)"。

　　阿赖耶识的性质为"无覆无记",即无染的非善非恶之法,"此识非染,故名无覆。记谓善恶,有爱非爱果,及殊胜自体可记别故,此非善恶,故名无记"。但它有"有漏位"、"无漏位"之分,"有漏位"由"无记性"所摄,只与"遍行"心所五种(指"作意"等)相应;"无漏位"由"善性"所摄,与"遍行"心所五种、"别境"心所五种(指"欲"等)、"善"心所十一种(指"信"等)恒常相应,"第八识总有二位。一有漏位，无记性摄，唯与触等五法（指"遍行"心所）相应，但缘前说执受、处境。二无漏位，唯善性摄，与二十一心所相应，谓遍行、别境各五（种）、善十一（种）"。如关于"本有种子"和"始起种子"，说：

> 种子各有二类：一者本有，谓无始来，异熟识中，法尔（指自然）而有生蕴（指五蕴）、处（指十二处）、界（指十八界）功能差别，世尊依此说诸有情（指众生）无始时来，有种种界，如恶叉聚，法尔而有。余所引证，广说如初。此即名为本性住种。二者始起，谓无始来，数数现行熏习而有，世尊依此说有情心染、净诸法所熏习故，无量种子之所积集。诸论亦说染、净种子，由染净法熏习故生。此即名为习所成种。……有漏不应为无漏种，勿无漏种生有漏故。……由此应信，有诸有情无始时来，有无漏种，不由熏习，法尔成就，后胜进位，熏令增长。无漏法起，以此为因。无漏起时，复熏成种。有漏法种，类此应知。（卷二，第 8 页中—第 9 页上）

三、卷四后部分至卷五前部分。解释《唯识三十颂》第五颂（"次第二能变，是识名末那，依彼转缘彼，思量为性相"）至第七颂（"有覆无记摄，随所生所系，阿罗汉灭定，出世道无有"），论述第七识"末那识"的体相等问题。

"三能变识"中的第二能变识"末那识"，又名"思量能变识"，意译"意"，它是以恒审思量为性，恒执阿赖耶识为"我"，常与"我痴"、"我见"、"我慢"、"我爱"四烦恼相应的染污识（又称"染污意"）。"末那识"意译"意"，这与阿赖耶识意译"藏识"是一样的，是根据它的作用而言的，指"末那识"依靠阿赖耶识而生起的，又以阿赖耶识为认识对象，是第六识"意识"所依之根，因为它的活

动是恒常的不间断的,而第六识"意识"的活动是有间断的。由
于末那识从无始以来,就与"我痴"等四烦恼相应,同起同灭,故
只有断除"我痴"等四烦恼,才能使它从中解脱出来,"有染污意
从无始来,与四烦恼恒俱生灭,谓我见、我爱及我慢、我痴,对治
道生断烦恼已,此意从彼便得解脱"。

末那识及其"心所"的性质为"有覆无记",即有染的非善非
恶之法。"有覆",指的是与末那识相应的"心所",为"四根本烦
恼"(指我痴、我见、我慢、我爱)与"随烦恼",它们是"染法","障
碍圣道,隐蔽自心";"无记",指的是这些烦恼所依托的末那识的
体性极其微弱,"非善非不善",没有确定的性质。末那识中的染
污性,只有修行到阿罗汉位,才能永久"断灭",而修习"灭尽定"、
"出世道",只是暂时"伏灭"而已。

四、卷五后部分至卷七前部分。解释《唯识三十颂》第八颂
("次第三能变,差别有六种,了境为性相,善不善俱非")至第十
六颂("意识常现起,除生无想天,及无心二定,睡眠与闷绝"),论
述"前六识"的体相等问题。

"三能变识"中的第三能变识"前六识",又名"六转识"、"了
境能变识"。这类识总有六种,"随根立名",分别称之为"眼识"、
"耳识"、"鼻识"、"舌识"、"身识"、"意识"。"前六识"的立名,具
有"依根"(指依托六根)、"发根"(指由六根引发)、"属根"(指隶
属于六根)、"助根"(指帮助六根)、"如根"(指如六根一样依附于
众生)五种含义。"前六识"以"了境"(指了别外境)为"自性"和
"行相"(指现行活动),其性质包括"善"、"不善"、"俱非"(指无
记)三性。与"六识"相应的"心所",有"遍行"等,之所以称它们
为"心所",是因为"心所"是与"心"(指识)紧密相连的,"恒依心
(指识)起,与心相应,系属于心,故名心所"。"心"对于"所缘"的
事物,只能认识它们的"总相",而"心所"对于"所缘"的事物,则

能认识它们的"别相",因而能"助成心事",帮助"心"完成认识功能。

"六识"的"心所",有"遍行"心所五种、"别境"心所五种、"善"心所十一种、"烦恼"心所六种、"随烦恼"心所二十种、"不定"心所四种,总计六类(又称"六位")五十一种。(1)"遍行"心所。指与一切心恒常相应的心理活动,有"触"、"作意"、"受"、"想"、"思"五种。(2)"别境"心所。指与心缘特定境界相应的心理活动,有"欲"、"胜解"、"念"、"定"、"慧"五种。(3)"善"心所。指与一切善心相应的心理活动,有"信"、"惭"、"愧"、"无贪"、"无瞋"、"无痴"、"勤"(指精进)、"安"(指轻安)、"不放逸"、"行舍"、"不害"十一种。(4)"烦恼"心所。指与根本烦恼相应的心理活动,有"贪"、"瞋"、"慢"、"痴"(又称"无明")、"疑"、"恶见"(又称"不正见")六种。(5)"随烦恼"心所。指与枝末烦恼相应的心理活动,有"忿"、"恨"、"覆"、"恼"、"嫉"、"悭"、"诳"、"谄"、"害"、"憍"、"无惭"、"无愧"、"掉举"、"惛沈"(即"昏沉")、"不信"、"懈怠"、"放逸"、"失念"、"散乱"、"不正知"二十种。(6)"不定"心所。指善恶性质不确定的心理活动,有"悔"(又称"恶作")、"眠"(又称"睡眠")、"寻"(又称"觉")、"伺"(又称"观")四种等。如关于"前六识"的"心所",说:

> 此六转识,总与六位心所相应,谓遍行等。恒依心起,与心相应,系属于心,故名心所。如属我物,立我所名。心于所缘,唯取总相;心所于彼,亦取别相,助成心事,得心所名。……虽诸心所名义无异,而有六位种类差别。谓遍行有五、别境亦五、善有十一、烦恼有六、随烦恼有二十、不定有四,如是六位合五十一(种)。一切心中定可得故(指"遍行"心所),缘别别境而得生故(指"别境"心所),唯善心中可

得生故(指"善"心所),性是根本烦恼摄故(指"烦恼"心所),唯是烦恼等流性故(指"随烦恼"心所),于善、染等皆不定故(指"不定"心所)。(卷五,第 26 页下——第 27 页上)

五、卷七中间部分至卷八前部分。解释《唯识三十颂》第十七颂("是诸识转变,分别所分别,由此彼皆无,故一切唯识")至第十九颂("由诸业习气,二取习气俱,前异熟既尽,复生余异熟"),论述"一切唯识"理论(此为前述八种心识的结论)。

《唯识三十颂》颂文说的"诸识",指的是"三能变识及彼心所",即"八识"及其心所都能变现出相似的"见分"和"相分",这称之为"转变"。所变的"见分",称为"分别",因为它能"取相"(指认识"相分");所变的"相分",称为"所分别",因为它能被"见所取"(被"见分"所认识)。由于"彼实我、法,离识所变,皆定非有",所以说"一切皆唯有识",一切法依识而起,为识所变。"一切种识"(指阿赖耶识的种子),具有"能生自果功能差别",它能生起"五果"中除"离系果"以外的四果。"五果",指由因缘引生的五种结果,它们是:(1)"等流果"。指由善、恶、无记业因所引生的同类性质的结果。(2)"异熟果"(又称"报果")。指由善、恶业因所招感的苦、乐果报。(3)"士用果"。指由人的作用力引生的结果。(4)"增上果"。指由一事物自体以外的其他事物引生的结果(以上四种是"有为果")。(5)"离系果"。指由无漏智的简择力,断除烦恼的系缚所证的结果,即"无为法"中的"择灭无为",此为"无为果"。"离系果"不是"种子"所生的结果,"要现起道,断结得故",它要等到现起"无漏道",断除烦恼时才能证得。

一切有为法(有因缘造作和生灭变化的事物)都是由各种"因"(原因)、"缘"(条件)的聚合而生起的。一切有为法生起的条件,有"四缘"。(1)"因缘"。指一切事物能亲生自果的内在原因。有为法能"亲办自果",有直接产生自果的功能,因而能成为"因缘"。"因缘"的自体有"种子"、"现行"二种,"种子"是指"本识"(即阿赖耶识)中所含藏的"善"、"染"、"无记",以及"诸界"(指三界)、"地"(指九地)等各种"功能",它们能引生次后的"自类功能"(即"自类种子"),或生起同时的"自类现果"(即"自类现行");"现行"是指"七转识及彼相应(指心所)"生起"因缘性"现行时,能变现出"相分"、"见分",熏习阿赖耶识而产生"自类种"。(2)"等无间缘"。指在"心"、"心所"的活动中,"前念"的刹那灭,为"后念"的刹那生的条件。"八现识(指八识)及彼心所"生起现行时,"前聚"(指前念)对于"后聚"(指后念),"自类无间,等而开导,令彼定生"。(3)"所缘缘"。指"心"、"心所"以所缘的境界,为产生认识的条件("所缘缘"指以所缘为缘)。"心或相应(指心所)所虑所托"的境相,都能成为"所缘缘"。"所缘缘"分为二种。一是"亲所缘缘",指由自识变现的,与能缘的主体(包括"见分"和"自证分"、"证自证分")不可分离的"影像相分",是能缘的主体皆有的、直接的认识对象;二是"疏所缘缘",指由他识(指阿赖耶识或其他众生的心识)所变现的,与能缘的主体可分离的"本质相分",是能缘的主体或许有或许没有的、间接的认识对象。(4)"增上缘"。指事物以自身以外的一切他物,为生起的条件。一切"有胜势用,能于余法或顺或违"的有为法,即能对一事物产生促进或障碍作用的其他事物,都能成为"增上缘"。

　　一切有为法生起的原因,有"十因"。(1)"随说因"。指语言是表达事物的原因。(2)"观待因"。指相待而有(即相互依赖而存在)的他物是自物生起的原因。(3)"牵引因"。指未成熟的种子,是未来牵引自果的原因。(4)"生起因"。指已成的种子,是现在生起自果的原因。(5)"摄受因"。指除种子以外的六种摄受条件是引生事物的原因,即"无间灭"(指心、心所的等无间缘)、"境界"(指心、心所的所缘缘)、"根"(指心、心所所依的六根)、"作用"(指起辅助作用的现实条件)、"士用"(指起能动作用的人的条件)、"真实见"(指无漏知见)。前五种是引生"有漏法"的原因,末一种是引生"无漏法"的原因。(6)"引发因"。指善、不善、无记法的现行事物,是引起同类事物的原因。(7)"定异因"。指"有为法"自性功能的差别,是引生各自结果的原因。(8)"同事因"。指各种因(包括从观待因至定异因的七因)的和合力,是引生事物的原因。(9)"相违因"。指障碍现前,是事物不得生起的原因。(10)"不相违因"。指障碍不现前,是事物生起的原因。上述"十因",简略地说,可归纳为"二因",即"能生因"、"方便因"。其中,牵引、生起、引发、定异、同事、不相违因六因,属于"能生因";随说、观待、摄受、相违因四因,属于"方便因"。就"四缘"与"二因"的关系而言,"四缘"中的因缘,属于"能生因";等无间缘、所缘缘、增上缘,属于"方便因"。

一切有为法由因缘而生的结果,有"五果",它们是:"异熟果"、"等流果"、"离系果"、"士用果"、"增上果"等。如关于"四缘",说:

颂曰:由一切种识,如是如是变,以展转力故,彼彼分别生(以上为《唯识三十颂》)。

论曰:一切种识,谓本识(指阿赖耶识)中能生自果功能差别。此生等流、异熟、士用、增上果,故名一切种。除离系(指断离烦恼)者,非种生故,彼虽可证,而非种果,要现起道(指无漏道),断结(指烦恼)得故。……云何应知此缘生相?缘且有四。一因缘,谓有为法亲办自果。此体有二:

一种子、二现行(指由种子生起的现行法)。种子者,谓本识中善、染、无记、诸界、地等功能差别,能引次后自类功能,及起同时自类现果,此唯望彼,是因缘性。现行者,谓七转识及彼相应(指心所)所变相、见、性、界、地等,除佛果善、极劣无记,余熏本识,生自类种,此唯望彼,是因缘性。……二等无间缘,谓八现识及彼心所,前聚于后,自类无间,等而开导,令彼定生。……三所缘缘,谓若有法(指"有体法",即有体的实法),是带己相(指挟带自己的相状),心或相应(指"心所")所虑、所托。此体有二:一亲、二疏。若与能缘,体不相离,是见分等内所虑托,应知彼是亲所缘缘;若与能缘,体虽相离,为质能起内所虑托,应知彼是疏所缘缘。亲所缘缘,能缘皆有,离内所虑托,必不生故;疏所缘缘,能缘或有,离外所虑托,亦得生故。……四增上缘,谓若有法,有胜势用,能于余法或顺或违(以上为世亲的解释)。(卷七,第40页上—第41页上)

六、卷八后部分至卷九前部分。解释《唯识三十颂》第二十颂("由彼彼遍计,遍计种种物,此遍计所执,自性无所有")至第二十五颂("此诸法胜义,亦即是真如,常如其性故,即唯识实性"),论述"唯识"的体性"三自性"、"三无性"等问题。

"三自性",指一切事物有三种自性(此依显意而言)。(1)"遍计所执性"。指凡夫对外境作周遍计度、虚妄分别,将它们执为实有的自性,即依"名言"(指名字言说)而建立的自性,"如是自性,都无所有,理教推征,不可得故"。(2)"依他起性",指一切事物依赖众缘和合(各种条件的聚合)而生起的自性,即依"众缘所生"而建立的自性,"一切染净依他,皆是此中依他起摄"。(3)"圆成实性",指在"依他起性"的基础上,远离"遍计所执性"，证悟由"人"、"法"二空所显示的一切事物的实性，即由"无分别智"（又称"根本无分别智"）所证的"真如"（又称"诸法实相"），"二空所显，圆满成就，诸法实性，名圆成实，显此遍常，体非虚谬"。"三种自性，皆不远离心、心所法"，因为一切杂染、清净的事物都是由心识变现的。

"三无性"，指一切事物无三种自性（此依密意而言，为依"三自性"而立的空义），"佛密意说一切法皆无自性，非性全无，说密意言，显非了义"。(1)"相无性"。依"遍计所执性"而立的空义，指虚妄分别所执取的事物无自性，即"一切法世俗言说"所说的事物，是无自性的，"由此体相，毕竟非有，如空华故"。(2)"生无性"。依"依他起性"而立的空义，指依众缘所生的事物无自性，"此如幻事，托众缘生。无如妄执自然性故，假说无性，非性全无"。(3)"胜义无性"。依"圆成实性"而立的空义，指真如为胜义，远离遍计所执的我、法性，假说无性，非性全无，"即胜义由远离前遍计所执我法性故，假说无性，非性全无"。如关于"三种自性"，说：

> 周遍计度，故名遍计，品类众多，说为彼彼（指种种）。谓能遍计虚妄分别，即由彼彼虚妄分别，遍计种种所遍计物，谓所妄执蕴、处、界等，若法、若我自性差别，此所妄执自性差别，总名遍计所执自性。如是自性，都无所有（以上释遍计所执自性）。……众缘所生心、心所体，及相、见分、有漏、无漏，皆依他起，依他众缘而得起故（以上释依他起性）。……二空所显，圆满成就诸法实性，名圆成实。显此遍常，体非虚谬（以上释圆成实性）。……遍计所执，妄安立故，可说为假，无体相故，非假非实；依他起性，有实有假，聚集相续，分位性故，说为假有，心、心所、色从缘生故，说为实

有;若无实法,假法亦无,假依实因,而施设故,圆成实性,唯
是实有,不依他缘,而施设故(以上释三种自性与有无、假实
的关系)。(卷八,第45页下—第47页下)

七、卷九后部分至卷十终。解释《唯识三十颂》第二十六颂
("乃至未起识,求住唯识性,于二取随眠,犹未能伏灭")至第三
十颂("此即无漏界,不思议善常,安乐解脱身,大牟尼名法"),论
述"悟入唯识(性)"的修行阶位,即"唯识五位"等问题。

"悟入唯识(实性)"是一个渐次的修行过程,须具有"大乘二
种姓",经历"唯识五位"。"大乘二种姓",指的是大乘的二种"无
漏种子"(指无烦恼的清净种子):(1)"本性住种姓"。指本来
具有的种子,"谓无始来,依附本识,法尔所得无漏法因";
(2)"习所成种姓"。指由后天的行为熏习所成的种子,"谓闻法
界等流法已,闻所成等熏习所成"。

"唯识五位",指的是大乘菩萨"悟入唯识"须经历的五个修
行阶位。

(1)"资粮位"。指菩萨在初地(十地中的第一地)之前,修
集福德、智慧两种资粮的修行阶位。菩萨于此位,修习大乘的
"顺解脱分"(指资粮位的善根,即五停心观、别相念住、总相念
住),依靠"因"、"善友"、"作意"、"资粮"四种胜力,修集"福德"
(指"六度"的前五度)、"智慧"(指"六度"的末一度)二种助道资
粮。由于处于此位的菩萨尚未生起"顺抉择识"(又称"顺抉择
分",指加行位的四善根),未能了达"能取"(识)、"所取"(境)二
取皆空,对于眠伏于藏识中的"二取"的烦恼种子(又称"二取随
眠"、"二取习气"),还没有伏灭的功力,致使它们仍然生起
"二取"。

(2)"加行位"。指菩萨在初地之前,为入"见道"而加功用

行,依次修习"四善根"(指暖法、顶法、忍法、世第一法)的修行阶
位。此中,"暖法",指"明得定"发起的,观察"无所取"的下品寻
思(下等的推求思察);"顶法",指依"明增定"发起的,观察"无所
取"的上品寻思(上等的推求思察);"忍法",指依"印顺定"发起
的,对"无所取"决定印持,对"无能取"亦能顺忍的下品如实智;
"世第一法",指依"无间定"发起的,能印持"能取"、"所取"皆空
的上品如实智。由于处于"四善根"位的菩萨,在"寻"(指寻求,
即粗浅推度)、"伺"(指伺察,即深细思察)时,都带有"二取"的一
些形相,这实际上是"带相观心"、"有所得",故尚未真正安住于
唯识实性。

(3)"通达位"(又称"见道位")。指菩萨在初地"入心"(十
地中的每一地各分入心、住心、出心三位),断除三界"见惑"(见
道位烦恼),证见"四谛"之理的修行阶位。"见道"分为"真见
道"、"相见道"二种。"真见道"是指由"无分别智"(又称"根本无
分别智"),即能契证真如平等无差别境界的根本智,实证由"我
空"、"法空"二空显现的真理,实断"烦恼障"、"所知障"的种子。
"相见道"是指由"后得智"(又称"权智"),即依"无分别智"而起
的、能对一切事物的差别相作分别的方便智,观察"安立谛"(又
称"安立真如",指真如的相状,依名言而有差别)、"非安立谛"
(又称"非安立真如",指真如的本体,离名言而无差别)之境。
"相见道"又分为二种,即:"三心相见道",指以"三品心"(指下
品、中品、上品心)观察"非安立谛"之境;"十六心相见道",指以
"见道十六心"(又称"八忍八智")观察"安立谛"之境。要而言
之,"前真见道,证唯识性","后相见道,证唯识相"。

(4)"修习位"(又称"修道位")。指菩萨从初地的"住心",
至第十地的"出心",渐次断除三界"修惑"的修行阶位。菩萨于
此位,经常不断地修习"无分别智",舍弃"二粗重"(指烦恼障、所

知障种子),就能证得"二转依果",即"大涅槃"、"大菩提"。"转依"的"依",指"所依",意谓"依他起性"主体的第八识,是一切染净法的所依之处,"遍计所执自性"是染法,"圆成实自性"是净法;"转依"的"转",指"转舍、转得",意谓转舍染法,转得净法,即转舍"遍计所执自性",转得"圆成实自性";转舍"烦恼障",转得"大涅槃";转舍"所知障",转得"大菩提"。菩萨证得"二转依果"的方法有三种,即:"修十胜行",指修习"十种波罗蜜多"(即"布施"等);"断十重障",指断除十种障碍(即"异生性障"等,均为烦恼障、所知障所摄);"证十真如",指证得十种真如(即"遍行真如"等)。

"修习位"是证得"二转依果"的因位。能证得的"大涅槃",分为四种。一是"本来自性清净涅槃",指一切事物的自性本来清净,"虽有客染,而本性净";二是"有余依涅槃",指断除烦恼障而证得的涅槃(身体尚存),"真如出烦恼障,虽有微苦,所依(指身体)未灭";三是"无余依涅槃",指脱离生死而证得的涅槃(身体亦入灭),"真如出生死苦,烦恼既尽余,依亦灭";四是"无住处涅槃",指断除所知障而证得的涅槃(即不住于生死、涅槃),"即真如出所知障,大悲般若常所辅翼,由斯不住生死、涅槃,利乐有情"。

能证得的"大菩提",也分为四种。一是"大圆镜智",指性相清净,离诸杂染(指有漏法),能显现和生起一切境界的无漏智,通过将"有漏"的第八识"阿赖耶识"转为"无漏"而得;二是"平等性智",指能观察一切法皆悉平等,与大慈大悲恒共相应的无漏智,通过将"有漏"的第七识"末那识"转为"无漏"而得;三是"妙观察智",指能观察一切法的自相、共相,善巧说法,断一切疑的无漏智,通过将"有漏"的第六识"意识"转为"无漏"而得;四是"成所作智",指能示现神通变化,成办一切利乐有情事的无漏智,通过将"有漏"的"前五识"转为"无漏"而得。故"转依"包括"转识成智",即将有漏的"八识"转为无漏的"四智"。但在"修习位","转依"都在进行过程中,只有到修习位的最后,依靠"金刚喻定"之力,断尽一切烦恼,才能最终完成。

(5)"究竟位"。指菩萨修行圆满所成就的佛位,也是证得"二转依果"的果位,属于"无漏界"。在此位,佛所证得的"二转依果",称为"法身",分为三种:一是"自性身"(又称"自性法身"),指佛所证的真如法性之身;二是"受用身"(又称"报身"),指佛受用法乐之身,亦即累劫修行所得的果报之身,下分"自受用身""他受用身"二种,前者指佛自受法乐的清净色身,后者指佛令他受法乐的功德身;三是"变化身"(又称"应身"),佛为利益众生而示现的随机变化之身。如关于"悟入唯识五位",说:

> 何谓悟入唯识五位?一资粮位,谓修大乘顺解脱分;二加行位,谓修大乘顺决择分;三通达位,谓诸菩萨所住见道;四修习位,谓诸菩萨所住修道;五究竟位,谓住无上正等菩提。云何渐次悟入唯识?谓诸菩萨于识相性资粮位中,能深信解;在加行位,能渐伏除所取、能取,引发真见;在通达位,如实通达;修习位中,如所见理,数数修习,伏断余障;至究竟位,出障圆明,能尽未来,化有情类,复令悟入唯识相性。(卷九,第48页中)

本书的资料来源,据唐窥基《成唯识论述记》卷一"本"所列,主要是"六经十一论"。"六经":《华严经》《解深密经》《入楞伽经》《如来出现功德庄严经》《大乘阿毗达磨经》《厚严经》(后三种无汉译本);"十一论":《瑜伽师地论》《显扬圣教论》《大乘庄严经论》《集量论》《摄大乘论》《十地经论》《分别瑜伽论》《观所缘缘论》《二十唯识论》《辩中边论颂》《大乘阿毗达磨集论》。

本书的注疏，主要有：唐窥基《成唯识论述记》十卷（因每卷各分本、末，故又作"二十卷"）、《成唯识论掌中枢要》二卷（因每卷各分本、末，故又作"四卷"）、《成唯识论别抄》十卷、慧沼（又作"惠沼"）《唯识论了义灯》七卷（因每卷各分本、末，故又作"十四卷"）、智周《成唯识论演秘》七卷（因每卷各分本、末，故又作"十四卷"）、《成唯识论掌中枢要记》二卷、《唯识论了义灯记》二卷、道邑《成唯识论义蕴》五卷、如理《成唯识论义演》十三卷（今缺"卷九"，因每卷各分本、末，故又作"二十四卷"）、《成唯识论演秘释》一卷、灵泰《成唯识论疏抄》十八卷（今缺卷十五、卷十七，因每卷各分本、末，故又作"三十二卷"）、新罗太贤《成唯识论学记》七卷、明明昱《成唯识论俗诠》十卷、通润《成唯识论集解》十卷、王肯堂《成唯识论证义》十卷、大惠《成唯识论自考》十卷、智旭《成唯识论观心法要》十卷、清智素《成唯识论音响补遗科》二卷、《成唯识论音响补遗》十卷（以上著作分别载于《大正藏》第四十三卷、《新纂续藏经》第四十八册至第五十一册）、现代慈航《成唯识论讲话》（收入《慈航法师全集》）、演培《成唯识论讲记》（收入《演培法师全集》）、韩廷杰《成唯识论校释》（中华书局1998年9月版）、林国良《成唯识论直解》（复旦大学出版社2000年4月版）等。

唐玄奘译《唯识三十论颂》一卷

《唯识三十论颂》，又名《唯识三十颂》《唯识三十论》《高建法幢论》，一卷。印度世亲造，唐玄奘译，贞观二十二年（648）译出。唐道宣《大唐内典录》卷五著录（译经时间见《开元释教录》卷八）。载于《丽藏》"力"函、《宋藏》"忠"函、《金藏》"力"函、《元藏》"忠"函、《明藏》"沛"函、《清藏》"沛"函、《频伽藏》"来"帙，收入《大正藏》第三十一卷。

　　本书是一部论述"一切唯识"(又作"一切唯有识")理论的偈颂集,为唯识宗所依据的根本经典"瑜伽十支论"之一。全书共收录三十颂,每一颂为五言四句。今本除偈颂之外,还收有一些带有提示性的长行(散文)解释,从长行有"护法等菩萨,约此三十颂,造《成唯识》,今略标所以,谓此三十颂中,初二十四行颂明唯识相;次一行颂明唯识性;后五行颂明唯识行位"等语来看,这些长行都是从护法等人所撰《唯识三十颂》注译书中摘录的解说词,是玄奘在翻译时增添上去的,目的是为了帮助学人理解偈颂的含义,故书名有作《唯识三十论颂》的,也有作《唯识三十论》的。但就世亲所撰的原本而言,是只有偈颂,没有长行解释的,原名为《唯识三十颂》。

　　全书以"一切唯识",即一切法(事物)皆由"识"所变现,唯有识性,别无实境为宗旨,对"八识"、"心所"(分为六类五十一种)、"种子"、"三自性"、"三无性"、"唯识五位"等唯识学基本理论,作了简明扼要的论述。内容分为三部分,第一颂至第二十四颂,论述"唯识相";第二十五颂,论述"唯识性";第二十六颂至第三十颂,论述"唯识行位"。

　　一、第一颂至第二十四颂。论述"唯识相"(诸法唯识的相状)问题。

　　(1)第一颂至第二颂的前半颂。略述"八识"的作用和分类。说:

　　　　谓外问言:若唯有识,云何世间及诸圣教说有我法?举颂酬答(以上为提示语)。颂曰:由假说我法,有种种相转,彼依识所变,此能变唯三(以上为第一颂)。谓异熟思量,及了别境识(以上为第二颂的前半颂)。(《大正藏》第三十一卷,第60页上)

大意是说,"世间"(指世俗社会)和"圣教"(指佛教)所说的
"我"(指自我)、"法"(指事物),只是假借名言(指名字言说)而施
设的名称,并非实有体性。由"我"、"法"生起的各种相状(即现
象),都是由"识"所变现的。能变现"我"、"法"各种相状的"识",
依其特性,分为三类,称为"三能变"。一是"异熟识",指第八识
"阿赖耶识"(又称"藏识");二是"思量识",指第七识"末那识"
(意译"染污意",指染污性的"意");三是"了别境识",指"前六
识"(指眼识、耳识、鼻识、舌识、身识、意识)。

(2) 第二颂后半至第四颂。论述初能变识"阿赖耶识"的体
相问题。说:

> 初能变其相云何(以上为提示语)? 颂曰:初阿赖耶
> 识,异熟一切种(以上为第二颂的后半颂)。不可知执受,处
> 了常与触,作意受想思,相应唯舍受(以上为第三颂)。是无
> 覆无记,触等亦如是,恒转如瀑流,阿罗汉位舍(以上为第四
> 颂)。(第60页中)

大意是说,初能变识"阿赖耶识"(此为阿赖耶识的"自相"),
又称"异熟识"(此为阿赖耶识的"果相",指能引生异时成熟的
苦、乐果报的识体)、"一切种识"(此为阿赖耶识的"因相",指能
摄藏一切事物种子的识体),它的认识对象("执受"、"处")和认
识作用("了")是"不可知"的。阿赖耶识常与"触"、"作意"、
"受"、"想"、"思"五种"遍行心所"相应。其中,"受"心所只有"舍
受",而无"苦受"、"乐受",属于"无覆无记性"(指无染的非善非
恶之法),"触"等遍行心所的性质也是这样。阿赖耶识如瀑流一
样恒常持续地流转,只有到阿罗汉位才能"舍"(舍弃)它的烦恼
种子。

(3) 第五颂至第七颂。论述第七识"末那识"的体相问

题。说：

　　　第二能变其相云何(以上为提示语)？颂曰：次第二能变，是识名末那，依彼转缘彼，思量为性相(以上为第五颂)。四烦恼常俱，谓我痴我见，并我慢我爱，及余触等俱(以上为第六颂)。有覆无记摄，随所生所系，阿罗汉灭定，出世道无有(以上为第七颂)。(第60页中)

　　大意是说，第二能变识"末那识"(意译"染污意")，依阿赖耶识生起，并以阿赖耶识的"见分"为认识对象，恒执阿赖耶识为"我"。末那识以不间断地审察思量("恒审思量")为特性，常与"我见"、"我痴"、"我慢"、"我爱"四种烦恼，以及"触"等心所(包括五种"遍行心所"、八种"大随烦恼"和"别境心所"中的"慧"心所)相应，其性质属于"有覆无记性"(指有染的非善非恶之法)。众生命终之后，此识随阿赖耶识而转生，系缚于三界九地的某地。末那识中的染污性，只有到阿罗汉位，才能永久"断灭"，而修习"灭尽定"、"出世道"，只能暂时"伏灭"。

　　(4) 第八颂至第十六颂。论述"前六识"的体相问题。说：

　　　第三能变其相云何(以上为提示语)？颂曰：次第三能变，差别有六种，了境为性相，善不善俱非(以上为第八颂)。此心所遍行，别境善烦恼，随烦恼不定，皆三受相应(以上为第九颂)。初遍行触等，次别境谓欲，胜解念定慧，所缘事不同(以上为第十颂)。善谓信惭愧，无贪等三根，勤安不放逸，行舍及不害(以上为第十一颂)。烦恼谓贪瞋，痴慢疑恶见，随烦恼谓忿，恨覆恼嫉悭(以上为第十二颂)。诳谄与害憍，无惭及无愧，掉举与惛沈，不信并懈怠(以上为第十三颂)。放逸及失念，散乱不正知，不定谓悔眠，寻伺二各二(以上为第十四颂)。已说六识心所相应，云何应知现起分

位(以上为提示语)？颂曰：依止根本识，五识随缘现，或俱
或不俱，如涛波依水(以上为第十五颂)。意识常现起，除生
无想天，及无心二定，睡眠与闷绝(以上为第十六颂)。(第
60页中、下)

大意是说，第三能变识"前六识"(指眼识、耳识、鼻识、舌识、
身识、意识)，分为六种。它们以了别外境为特性。其性质包括
"善"、"不善"、"俱非"(指"无记")三性。与它们相应的心所，有
"遍行"、"别境"、"善"、"烦恼"、"随烦恼"、"不定"六类。①"遍
行"心所。有"触"、"作意"(《大乘百法明门论》将"作意"排在
"触"之前)、"受"、"想"、"思"五种。②"别境"心所。有"欲"、
"胜解"、"念"、"定"、"慧"五种，它们因所缘的境界各别而不同。
③"善"心所。有"信"、"惭"、"愧"、"无贪"、"无瞋"、"无痴"、
"勤"(指精进)、"安"(指轻安)、"不放逸"、"行舍"、"不害"十一种
(以上排序，与《大乘百法明门论》略有出入)。④"烦恼"心所。
有"贪"、"瞋"、"慢"、"痴"(又称"无明")、"疑"、"恶见"(又称"不
正见")六种。⑤"随烦恼"心所。有"忿"、"恨"、"覆"、"恼"、
"嫉"、"悭"、"诳"、"谄"、"害"、"憍"、"无惭"、"无愧"、"掉举"、"惛
沈"(即"昏沉")、"不信"、"懈怠"、"放逸"、"失念"、"散乱"、"不正
知"二十种(以上排序，与《大乘百法明门论》略有出入)。⑥"不
定"心所。有"悔"(又称"恶作")、"眠"(又称"睡眠")、"寻"(又称
"觉")、"伺"(又称"观"；以上排序，《大乘百法明门论》作"睡眠"、
"恶作"、"寻"、"伺")四种。"六识"中的前五识(指眼识、耳识、鼻
识、舌识、身识)，是依止"根本识"(指阿赖耶识)，随顺因缘条件
的聚合而生起现行的，它们或同时生起，或个别生起，如波涛依
止于水一样。第六识"意识"能时常生起现行，只有在"无想天"、
"无想定"、"灭尽定"(以上二定称为"无心定"，前者为"有漏定"，

后者为"无漏定")、"睡眠"、"闷绝"(指昏厥)五种情况下,才是
"无心"(不起意识活动)的。

(5)第十七颂。论述"一切唯识"理论(此为前述八种心识
的结论)。说:

> 已广分别三能变相,为自所变二分所依,云何应知依识
> 所变,假说我、法,非别实有,由斯一切唯有识耶(以上为提
> 示语)?颂曰:是诸识转变,分别所分别,由此彼皆无,故一
> 切唯识(以上为第十七颂)。(第60页下—第61页上)

大意是说,这三类能变识,能转变为"分别"(又称"见分",指
心识对境相的了别,即认识作用)、"所分别"(又称"相分",指心
识所变现的境相,即认识对象)。它们都是借助语言施设的假
名,并非别有实体,所以说,一切法(事物)皆由"识"所变现,唯有
识性,别无实境。

(6)第十八颂、第十九颂。解答唯有"内识"而无"外缘",认
识活动如何产生,众生如何"生死相续"的疑难。说:

> 若唯有识,都无外缘,由何而生种种分别?颂曰:若唯
> 有识,都无外缘,由何而生种种分别(以上为提示语)?颂
> 曰:由一切种识,如是如是变,以展转力故,彼彼(指种种)
> 分别生(以上为第十八颂)。虽有内识而无外缘,由何有情
> 生死相续(以上为提示语)?颂曰:由诸业习气,二取习气
> 俱,前异熟既尽,复生余异熟(以上为第十九颂)。(第61
> 页上)

大意是说,阿赖耶识("一切种识")含藏的一切"有漏种子"
(指有烦恼的染污种子)、"无漏种子"(指无烦恼的清净种子),能
不断地变现出"见分"和"相分",由于它们之间的相互作用,产生

了各种分别活动。由"业习气"(指业种子),以及"二取习气"(指
由执著"能取"、"所取"为实有所引生的,眠伏于藏识的"烦恼
障"、"所知障"种子)引生的"异熟果"(又称"报果",指由善、恶业
因所招感的苦、乐果报)刚结束,今世的"异熟因"(指善、恶业)又
产生了。

(7) 第二十颂至第二十二颂。论述"三自性",即"遍计所执
自性"(又称"遍计所执性")、"依他起自性"(又称"依他起性")、
"圆成实自性"(又称"圆成实性")问题。说:

> 若唯有识,何故世尊处处经中,说有三性? 应知三性亦
> 不离识,所以者何(以上为提示语)? 颂曰:由彼彼(指种
> 种)遍计,遍计种种物,此遍计所执,自性无所有(以上为第
> 二十颂)。依他起自性,分别缘所生,圆成实于彼,常远离前
> 性(以上为第二十一颂)。故此与依他,非异非不异,如无常
> 等性,非不见此彼(以上为第二十二颂)。(第 61 页上)

大意是说,"遍计所执性",指凡夫对外境作周遍计度、虚妄
分别,将它们执为实有的自性,即依"名言"(指名字言说)而建立
的自性,此为"妄有"。"依他起性",指一切事物依赖众缘和合
(各种条件的聚合)而生起的自性,即依"众缘所生"而建立的自
性,此为"假有"。"圆成实性",指在"依他起性"的基础上,远离
"遍计所执性",证悟由"人"、"法"二空所显示的一切事物的实
性,即由"无分别智"所证的"真如"(又称"诸法实相"),此为"实
有"。"圆成实性"与"依他起性"的关系是"非异"、"非不异",如
同"无常"与"诸法"的关系是"非异"、"非不异"一样,若不了解
"圆成实性",就不能了解"依他起性"。

(8) 第二十三颂至第二十四颂。论述"三无性",即"相无
性"、"生无性"(又称"无自然性")、"胜义无性"(又称"胜义无自

性性")问题。说：

> 若有三性，如何世尊说一切法，皆无自性(以上为提示语)？颂曰：即依此三性，立彼三无性，故佛密意说，一切法无性(以上为第二十三颂)。初即相无性，次无自然性，后由远离前，所执我法性(以上为第二十四颂)。(第61页上)

大意是说，"三无性"是依"三自性"而建立的，佛以"密意"而说"一切法皆无自性"，因而它是"不了义"，非终极圆满的说法。"相无性"，依"遍计所执性"而建立，指虚妄分别所执取的事物无自性，即"一切法世俗言说"所说的事物无自性；"生无性"，依"依他起性"而建立，指依众缘所生的事物无自性；"胜义无性"，依"圆成实性"而建立，指真如为胜义，远离遍计所执的我、法性，假说无性，非性全无。

二、第二十五颂。论述"唯识性"(诸法唯识的体性)问题。说：

> 此诸法胜义，亦即是真如，常如其性故，即唯识实性(以上为第二十五颂)。(第61页上)

大意是说，"三无性"中的"胜义无性"，就是"真如"、"圆成实性"，它在一切情况下始终与自己的体性保持一致，是"唯识"所说的真实的体性。

三、第二十六颂至第三十颂。论述"唯识行位"(诸法唯识的修行阶位)问题。

(1) 第二十六颂。论述"资粮位"问题。说：

> 后五行颂，明唯识行位者，论曰：如是所成唯识性相，谁依几位？如何悟入？谓具大乘二种种性：一本性种性。谓无始来依附本识，法尔所得无漏法因。二谓习所成种性。

谓闻法界等流法已,闻所成等熏习所成。具此二性方能悟
入。何谓五位? 一资粮位。谓修大乘顺解脱分,依识性、相
能深信解。其相云何(以上为提示语)? 颂曰:乃至未起
识,求住唯识性,于二取随眠,犹未能伏灭(以上为第二十六
颂)。(第61页上、中)

大意是说,"资粮位",指菩萨在初地(十地中的第一地)之
前,修集福德、智慧两种资粮的修行阶位。菩萨于此位,修习大
乘的"顺解脱分"(指资粮位的善根,即五停心观、别相念住、总相
念住)。由于处于此位的菩萨尚未生起"顺抉择识"(又称"顺抉
择分",指加行位的善根,即暖法、顶法、忍法、世第一法),求住于
唯识实性中,故对于眠伏于藏识中的"能取"、"所取"的烦恼种子
(即"烦恼障"、"所知障"的种子),还没有令它们不起现行的伏灭
功力。

(2)第二十七颂。论述"加行位"问题。说:

二加行位,谓修大乘顺决择分,在加行位能渐伏除所
取、能取。其相云何(以上为提示语)? 现前立少物,谓是唯
识性,以有所得故,非实住唯识(以上为第二十七颂)。(第
61页中)

大意是说,"加行位",指菩萨在初地之前,为入"见道"而加
功用行,依次修习"四善根"(指暖法、顶法、忍法、世第一法)的修
行阶位。此中,"暖法",指依"明得定"发起的,观察"无所取"的
下品寻思(下等的推求思察);"顶法",指依"明增定"发起的,观
察"无所取"的上品寻思(上等的推求思察);"忍法",指依"印顺
定"发起的,对"无所取"决定印持,对"无能取"亦能顺忍的下品
如实智;"世第一法",指依"无间定"发起的,能印持"能取"、"所
取"皆空的上品如实智。由于处于"四善根"位的菩萨,在"寻"

（指寻求，即粗浅推度）、"伺"（指伺察，即深细思察）时，都带有
"二取"的一些形相，这实际上是"带相观心"、"有所得"，故尚未
真正安住于唯识实性。

（3）第二十八颂。论述"通达位"（又称"见道位"）问
题。说：

> 三通达位。谓诸菩萨所住见道，在通达位如实通达。
> 其相云何（以上为提示语）？若时于所缘，智都无所得，尔时
> 住唯识，离二取相故（以上为第二十八颂）。（第 61 页中）

大意是说，"通达位"，指菩萨在初地"入心"（十地中的每一
地各分入心、住心、出心三位），断除三界"见惑"（见道位烦恼），
证见"四谛"之理的修行阶位。"见道"有"真见道"（指"根本无分
别智"）、"相见道"（指"后得智"）二种。本颂说的"真见道"，是指
"根本无分别智"，它以"真如"为所缘的境界，不起分别，心无所
得，此时就能安住于唯识实性，远离"能取"、"所取"一切差别相。

（4）第二十九颂。论述"修习位"（又称"修道位"）问
题。说：

> 四修习位。谓诸菩萨所住修道，修习位中如实见理，数
> 数修习。其相云何（以上为提示语）？无得不思议，是出世
> 间智，舍二粗重故，便证得转依（以上为第二十九颂）。（第
> 61 页中）

大意是说，"修习位"，指菩萨从初地的"住心"，至第十地的
"出心"，渐次断除三界"修惑"的修行阶位。菩萨于此位，通过经
常不断地修习"无得"（指无所得）、"不思议"（指不可思议）的"出
世间智"（指"无分别智"），舍弃"二粗重"（指"烦恼障"、"所知障"
种子），就能证得"二转依果"，即断除"烦恼障"，而证得"大涅

槃";断除"所知障",而证得"大菩提"。

(5) 第三十颂。论述"究竟位"(又称"佛位")问题。说:

> 五究竟位。谓住无上正等菩提,出障圆明,能尽未来化
> 有情类。其相云何(以上为提示语)? 此即无漏界,不思议
> 善常,安乐解脱身,大牟尼名法(以上为第三十颂)。(第61
> 页中)

大意是说,"究竟位",指菩萨修行圆满所成就的佛位。它是
菩萨证得"二转依果"的果位,属于"无漏界"。佛所证得的"二种
转依果",是不可思议的、纯善的、恒常的、安乐的,因而也称为
"解脱身"、"大牟尼"(指断灭烦恼、不必修学的圣者)和"法身"。

本书的同本异译有: 陈真谛译《转识论》一卷。

本书的注疏有: 唐玄奘译《成唯识论》十卷、敦煌本未详作
者《唯识三十论要释》一卷(周叔迦考证为"唐释昙旷撰")、明明
昱《唯识三十论约意》一卷、智旭《唯识三十论直解》一卷、现代太
虚《唯识三十论讲录》(以上均存)等。此外,还有《唯识三十颂》
梵文写本(十九世纪于尼泊尔发现)、印度安慧《唯识三十颂释》
梵本(有霍韬晦、徐梵澄、韩廷杰等人各出的汉译本)、藏文译本
(有吕澂、韩镜清等人各自的汉译本)存世,可与汉译本作对勘。

陈真谛译《转识论》一卷

《转识论》,一卷。原书未署作者,陈真谛译,约译于永定二
年(558)至光大二年(568)之间。唐明佺等《大周刊定众经目录》
卷六著录(译经时间见《开元释教录》卷七)。载于《丽藏》"力"
函、《宋藏》"忠"函、《金藏》"力"函、《元藏》"忠"函、《明藏》"沛"
函、《清藏》"沛"函、《频伽藏》"来"帙,收入《大正藏》第三十一卷。

本书是唐玄奘译《唯识三十论颂》的异译本。书名中的"转

识",指"能变识",即能变现一切法(事物)之识。原书未署作者,
书名下有"从《无相论》出"的题注。传今的真谛译《三无性论》
《转识论》,也有相同的题注。《三无性论》卷上有"前说《空品》,
后说《无性品》"一语,所说的《空品》《无性品》的前后排序,与《显
扬圣教论》第六品为《成空品》、第七品为《成无性品》的排序,正
相吻合。由此推断,真谛所说的《无相论》,实际上就是《显扬圣
教论》。但从内容上考察,有"出《无相论》"的题注的三书中,《三
无性论》是唐玄奘译《显扬圣教论·成无性品》的异译;《显识论》
是真谛译《摄大乘论·应知胜相》的异译;《转识论》则是唐玄奘
译《唯识三十论颂》的异译。本书的题注之所以会产生"从《无相
论》出"的疏误,是因为本书将《唯识三十颂》中的三十颂全都译
成长行(散文),又将颂文与释文(如标以"释曰"、"记曰"等文,此
为《唯识三十颂》所无),又不加标识地接排在一起,致使二者混
同。因此,必须与玄奘译《唯识三十论颂》相对照,才能弄清本书
的原貌。书中论述了"唯识义",即"万法唯识",一切法依识而
起,为识所变的理论。

一、始"识转有二种:一转为众生,二转为法,一切所缘不
出此二。此二实无,但是识转作二相貌也",终"真实性名无性
性,无有性无无性,约人、法故无有性,约二空故无无性,即是非
有性、非无性故,重称无性性也",论述"唯识相"(诸法唯识的相
状)问题。内容大致相当于玄奘译《唯识三十论颂》第一颂至第
二十四颂。如关于"能缘识"(即能变识)有三种,说:

　　　识转有二种:一转为众生,二转为法。一切所缘不出
　　此二,此二实无,但是识转作二相貌也。次明能缘有三种
　　(以上相当于《唯识三十论颂》第一颂"由假说我法,有种种
　　相转,彼依识所变,此能变唯三")。一果报识,即是阿梨耶

识;二执识,即阿陀那识;三尘识(指了别境识),即是六识。
果报识者,为烦恼业所引,故名果报,亦名本识;一切有为法
种子所依止,亦名宅识;一切种子之所栖处,亦名藏识,一切
种子隐伏之处(以上相当于《唯识三十论颂》第二颂"谓异熟
思量,及了别境识,初阿赖耶识,异熟一切种")。(《大正藏》
第三十一卷,第61页下)

二、始"此三无性,是一切法真实,以其离有故名常",终"欲
显此三无性故,明唯识义也",论述"唯识性"(诸法唯识的体性)
问题。内容大致相当于玄奘译《唯识三十论颂》第二十五颂。

三、始"若人修道,智慧未住此唯识义者,二执随眠所生众
惑,不得灭离,根本不灭故",终"此二但谈二识所现前境,前境先
已无故,是名识转品究竟也",论述"唯识行位"(修行阶位)。内
容大致相当于玄奘译《唯识三十论颂》第二十六颂至第三十颂。

本书与《唯识三十论颂》在内容上有不少出入。特别是本书
主张"九识"论,在第八识"阿梨耶识"(又称"阿赖耶识")之外,别
立第九识"阿摩罗识",称它为清净无垢之识,具有"境、识俱泯"
的特性。这种说法是玄奘译本所没有的。如本书说:

一一识中,皆具能、所,能分别即是识,所分别即是境。
能即依他性,所即分别性,故云起种种分别,及所分别也。
由如此义,离识之外无别境,但唯有识义成。既未明遣识,
惑乱未除,故名不净品也。问:遣境在识,乃可称唯识义,
既境、识俱遣,何识可成? 答:立唯识乃一往遣境留心,卒
终为论(指招引非议)。遣境为欲空心,是其正意,是故境、
识俱泯,是其义成。此境、识俱泯,即是实性,实性即是阿摩
罗识。(第62页下)

由此可见,真谛、玄奘虽然同传唯识学,各自翻译了瑜伽行

派"一本十支"的一些要典，但由于学术传承各不相同，真谛所传的是以难陀、安慧为代表的唯识古学，玄奘所传的是以陈那、护法为代表的唯识今学，这就造成两人在译典中对一些唯说学概念、命题的解释，存在着很多差异。本书与《唯识三十论颂》在内容上的出入，根源也在这里。

本书的同本异译有：唐玄奘译《唯识三十论颂》一卷。

第十品　唐玄奘译《大乘百法明门论》一卷

《大乘百法明门论》，又名《大乘百法明门论略录》《百法明门论》《百法论》《略陈名数论》，一卷。印度天亲（即世亲）造，唐玄奘译，贞观二十二年（648）译出。唐道宣《大唐内典录》卷五著录（译经时间见《开元释教录》卷八）。载于《丽藏》"命"函、《宋藏》"临"函、《金藏》"命"函、《元藏》"临"函、《明藏》"沛"函、《清藏》"沛"函、《频伽藏》"来"帙，收入《大正藏》第三十一卷。

本书是一部叙述大乘"五位百法"名相（名词术语）的著作，为唯识宗所依据的根本经典"瑜伽十支论"之一。书名下有小注，说"《本事分》中略录名数"，意思是说，本书是从《瑜伽师地论·本事分》中略录名数编成的。这是不确切的。因为经检核，本书其实是依据无著《显扬圣教论》卷一所说的"五法"（心法、心所有法、色法、心不相应法、无为法）改编而成的。全书先标立总纲"一切法无我"，然后分为"一切法"、"无我"二部分，分别加以叙述，前者叙述"五位百法"，是本书的主要内容；后者叙述"二无我"（人无我、法无我），是本书的结论。所说的"五位百法"，指一切法分为五类，共有一百种法，即"心法"八种、"心所有法"五十一种、"色法"十一种、"心不相应行法"二十四种、"无为法"六种。

本书与《俱舍论》的作者同是世亲。但《俱舍论》是世亲信奉小乘时所撰的著作,所说的小乘"五位七十五法",是将"色法"排在第一的,强调"色法"引起"心法";而本书则是世亲在改信大乘后所撰的著作,所说的大乘"五位百法",是将"心法"排在第一的,强调"心法"引起"色法",世间、出世间的一切事物和现象都是由心识变现的。至于"五位七十五法"与"五位百法"中收录的各种法,只有"色法"十一种是相同的,其余四大类所收诸法,都有大小不等的差别。由于本书只叙列各种法的名称,不解释它们的含义,类似于纲目,这对理解其中的意思会有困难。今在解说时,参照《大乘阿毗达磨集论》《大乘阿毗达磨杂集论》《大乘五蕴论》《成唯识论》,以及唐代以来的各家注疏,略作解释,以便阅读。全书的首段为总纲,说:

> 如世尊言:一切法无我。何等一切法?云何为无我?一切法者,略有五种:一者心法,二者心所有法,三者色法,四者心不相应行法,五者无为法。一切最胜故(指心法),与此相应故(指心所有法),二所现影故(指色法),三分位差别故(指心不相应行法),四所显示故(指无为法),如是次第。(《大正藏》第三十一卷,第855页中)

大意是说,一切事物可以分为"心法"、"心所有法"、"色法"、"心不相应行法"、"无为法"五大类,前四类为"有为法",即有造作、有生灭变化的事物;末一类为"无为法",是无造作、无生灭变化的事物,它是"有为法"的本体(又称"法性"、"实相")。文中说的"一切最胜故",指"心法"在一切事物中最为殊胜,为"王"(称"心王");"与此相应故",指"心所有法"是依心而起的心理活动;"所现影故",指"色法"是"心法"、"心所有法"变现的影像;"三分位差别故",指"心不相应行法"是依"心法"、"心所有法"、"色法"

在流转过程中所出现的各种状态假立的名称；"四所显示故"，指
"无为法"是显示前述四种"有为法"的、无造作无生灭变化的本
体（又称"法性"、"实相"）。

总纲以下别释"五位百法"。

一、"心法"。指认识活动的主体，即心王。"心王"的本体
只有一种，依功能的差别区分，而有"心"（集起义）、"意"（思量
义）、"识"（了别义）三种名称。大乘以"八识"为心王。说：

> 第一心法，略有八种。一眼识、二耳识、三鼻识、四舌
> 识、五身识、六意识、七末那识、八阿赖耶识。（第 855 页中）

"心法"，分为八种。（1）"眼识"。指眼根对色境的了别作
用。（2）"耳识"。指耳根对声境的了别作用。（3）"鼻识"。指
鼻根对香境的了别作用。（4）"舌识"。指舌根对味境的了别作
用。（5）"身识"。指身根对触境的了别作用。（6）"意识"。指
意根对法境的了别作用。（7）"末那识"（意译"思量识"、"染污
意"）。指第七识，即以恒审思量为性，恒执阿赖耶识为"我"，常
与"我痴"、"我见"、"我慢"、"我爱"四烦恼相应的染污识（又称
"染污意"）。（8）"阿赖耶识"（意译"藏识"）。指第八识，即能摄
藏一切事物种子的根本识。

二、"心所有法"。指依心而起的心理活动（具有恒依心起、
与心相应、系属于心三种含义）。说：

> 第二心所有法，略有五十一种。分为六位。一遍行有
> 五，二别境有五，三善有十一，四烦恼有六，五随烦恼有二
> 十，六不定有四。一遍行五者，一作意、二触、三受、四想、五
> 思；二别境五者，一欲、二胜解、三念、四定、五慧；三善十一
> 者，一信、二精进、三惭、四愧、五无贪、六无瞋、七无痴、八轻
> 安、九不放逸、十行舍、十一不害；四烦恼六者，一贪、二瞋、

三慢、四无明、五疑、六不正见；五随烦恼二十者，一忿、二恨、三恼、四覆、五诳、六谄、七憍、八害、九嫉、十悭、十一无惭、十二无愧、十三不信、十四懈怠、十五放逸、十六惛沈、十七掉举、十八失念、十九不正知、二十散乱；六不定四者，一睡眠、二恶作、三寻、四伺。(第855页中、下)

"心所有法"，分为六类五十一种。

(一)"遍行"(又称"遍行心所")。指与一切心恒常相应的心理活动。分为五种。(1)"作意"。指令心警觉(唐以前也将"作意"译作"思惟")。(2)"触"。指令心触境(即由根、境、识三者和合而生的感觉，《唯识三十论颂》《成唯识论》等都将"触"置于"作意"之前)。(3)"受"。指感受。(4)"想"。指想象。(5)"思"。指思量。

(二)"别境"(又称"别境心所")。指与心缘特定境界相应的心理活动。分为五种。(1)"欲"。指希求。(2)"胜解"。指信解。(3)"念"。指明记不忘。(4)"定"。指令心专注一境。(5)"慧"。指智慧。

(三)"善"(又称"善心所")。指与一切善心相应的心理活动。分为十一种。(1)"信"。指信乐善法。(2)"精进"。指勤勇进取。(3)"惭"。指羞惭(对己以过恶为羞耻)。(4)"愧"。指愧疚(对人以过恶为羞耻)。(5)"无贪"。指不贪爱。(6)"无瞋"。指不瞋恚。(7)"无痴"。指不愚痴。(8)"轻安"。指舒安。(9)"不放逸"。指不放纵逸乐。(10)"行舍"(又称"舍")。指心住平等，远离掉举。(11)"不害"。指不损害众生。

(四)"烦恼"(又称"本惑"、"烦恼心所")。指与根本烦恼相应的心理活动。分为六种。(1)"贪"。指贪欲。(2)"瞋"。指瞋恚。(3)"慢"。指傲慢凌人。(4)"无明"。指愚痴无知。

(5)"疑"。指怀疑真理。(6)"不正见"。指恶见(包括"身见"、"边见"、"邪见"、"见取"、"戒禁取")。

(五)"随烦恼"(又称"随惑"、"随烦恼心所")。指与枝末烦恼相应的心理活动。分为二十种。(1)"忿"。指愤怒。(2)"恨"。指怨恨。(3)"恼"。指恼怒。(4)"覆"。指隐瞒。(5)"诳"。指欺诳。(6)"谄"。指谄谀。(7)"憍"。指骄矜自持。(8)"害"。指损害众生。(9)"嫉"。指妒忌。(10)"悭"。指悭吝(以上十种称为"小随烦恼")。(11)"无惭"。指不知羞耻。(12)"无愧"。指不知愧疚(以上二种称为"中随烦恼")。(13)"不信"。指不信善法。(14)"懈怠"。指懒惰。(15)"放逸"。指放纵逸乐。(16)"惛沈"(即"昏沉")。指心神昏昧。(17)"掉举"。指心神浮躁。(18)"失念"。指丧失正念。(19)"不正知"。指于境谬解。(20)"散乱",指内心散乱(以上八种称为"大随烦恼")。

(六)"不定"(又称"不定心所")。指善恶性质不确定的心理活动。分为四种。(1)"睡眠"。指令心暗昧。(2)"恶作"(又称"悔")。指追悔。(3)"寻"(又称"觉")。指寻求(粗浅推度)。(4)"伺"(又称"观")。指伺察(深细思察)。

三、"色法"。指一切物质(以"质碍"为性)。说:

> 第三色法,略有十一种。一眼、二耳、三鼻、四舌、五身、六色、七声、八香、九味、十触、十一法处所摄色。(第855页下)

"色法",分为十一种。(1)"眼"。指眼根(感觉器官)。(2)"耳"。指耳根。(3)"鼻"。指鼻根。(4)"舌"。指舌根。(5)"身"。指身根。(6)"色"。指色境(又称"色尘","色"指物质;"境"指感觉对象)。(7)"声"。指声境(又称"声尘")。

(8)"香"。指香境(又称"香尘")。(9)"味"。指味境(又称"味尘")。(10)"触"。指触境(又称"触尘";以上十种色称为"有对色")。(11)"法处所摄色"。指意识所缘的"法处"统摄的色法。

四、"心不相应行法"(又称"心不相应行蕴")。指"行蕴"所摄的与心不相应的、非色非心的现象。说:

> 第四心不相应行法,略有二十四种。一得、二命根、三众同分、四异生性、五无想定、六灭尽定、七无想报、八名身、九句身、十文身、十一生、十二老、十三住、十四无常、十五流转、十六定异、十七相应、十八势速、十九次第、二十方、二十一时、二十二数、二十三和合性、二十四不和合性。(第855页下)

"心不相应行法",分为二十四种。(1)"得"。指获得、成就。(2)"命根"。指众生的寿命。(3)"众同分"。指众生的相似性。(4)"异生性"。指凡夫性。(5)"无想定"。指凡夫、外道所修的能止息前六识活动、但仍有"染污意"的禅定。(6)"灭尽定"。指佛教圣者所修的能灭除前六识和"染污意"一切活动的禅定。(7)"无想报"。指修习"无想定"获得的往生"无想天"的果报。(8)"名身"(身表示复数)。指表述事物自性的名词。(9)"句身"。指表述事物差别的句子。(10)"文身"。指"名"、"句"所依的梵文字母。(11)"生"。指事物的生起。(12)"老"(《俱舍论》作"异")。指事物的衰老。(13)"住"。指事物的暂住。(14)"无常"(《俱舍论》作"灭")。指事物的坏灭。(15)"流转"。指因果相续不断。(16)"定异"。指因果各不相同。(17)"相应"。指因果互相顺应。(18)"势速"。指因果迅疾流转。(19)"次第"。指因果流转有序。(20)"方"。指方位。(21)"时"。指时间。(22)"数"。指数目。(23)"和合性"。指众缘聚合。

（24）"不和合性"。指众缘离散。

五、"无为法"。指无造作、无生灭变化的事物，为"有为法"的本体（又称"法性"、"实相"）。说：

> 第五无为法者，略有六种。一虚空无为、二择灭无为、三非择灭无为、四不动灭无为、五想受灭无为、六真如无为。
>
> （第 855 页下）

"无为法"，分为六种。（1）"虚空无为"。指真如（指宇宙万有真实不变的本体）离诸障碍，犹如虚空，豁虚离碍。（2）"择灭无为"。指由无漏智的简择力，断灭烦恼，而证得的真如。（3）"非择灭无为"。指非由无漏智的简择力，因本性清净或阙缘有为法不生，而显现的真如。（4）"不动灭无为"。指入第四禅后，不为苦乐所动而显现的真如。（5）"想受灭无为"。指入"灭尽定"后，因伏灭前六识、第七识及其心所的活动而显现的真如。（6）"真如无为"。指真如本性是寂寞冲虚、真实常住。

全书的末段为结论，说：

> 言无我者，略有二种。一补特伽罗无我、二法无我。
>
> （第 855 页下）

"无我"，是指一切事物没有恒常实在的主体。分为二种。（1）"补特伽罗无我"。指人身由"五蕴"和合而成，没有常恒实在的主体。（2）"法无我"。指一切诸法（事物）由众缘和合而生，没有常恒实在的主体。

本书的注疏有：唐窥基《大乘百法明门论解》二卷、普光《大乘百法明门论疏》二卷、昙旷《大乘百法明门论开宗义记》一卷；明广益《百法明门论纂》一卷、明昱《大乘百法明门论赘言》一卷、德清《百法明门论义》一卷、智旭《大乘百法明门论直解》一卷(以上均存)等。

第十一品 唐玄奘译《大乘五蕴论》一卷
附:唐地婆诃罗译《大乘广五蕴论》一卷

《大乘五蕴论》,又名《五蕴论》《依名释义论》《粗释体义论》,一卷。印度世亲造,唐玄奘译,贞观二十一年(647)译出。唐道宣《大唐内典录》卷五著录(译经时间见《开元释教录》卷八)。载于《丽藏》"则"函、《宋藏》"尽"函、《金藏》"则"函、《元藏》"尽"函、《明藏》"投"函、《清藏》"投"函、《频伽藏》"来"帙,收入《大正藏》第三十一卷。

本书是一部论述大乘"五蕴"、"十二处"、"十八界"三科理论的著作,为唯识宗所依据的根本经典"瑜伽十支论"之一。本书中有些名相的分类,与《大乘百法明门论》是相同的,但在同类名相的数目和排序上,存在着诸多出入。例如"五蕴"中,"行蕴"之下的"心不相应法",本书只列了十四种,而《明门论》则列有二十四种;"遍行"心所的前二种、"烦恼"心所的末二种、"随烦恼"心所中的"小随烦恼"后八种和"大随烦恼"八种、"心不相应行法"十四种,二书的排序均不同。又如"十二处"中,"法处"所摄的"无为法",本书只列了四种,而《明门论》则列有六种。此二书均为世亲一人所作,从《大乘百法明门论》对所列的名相是不作解释的,而本书对名相是作解释来看,本书当作于《大乘百法明门论》之后。二书之间差异,可能是由于它们所论述的主题有所不同造成的。

一、"五蕴"。

"五蕴",指一切有为法(有因缘造作和生灭变化的事物)的五种类别,即"色蕴"、"受蕴"、"想蕴"、"行蕴"、"识蕴"。

（一）"色蕴"。指"色"（即以"质碍"为性的物质）的积聚,分为"四大种"和"四大种所造诸色"二大类,以"变碍"为特性。如关于"色蕴",说:

> 云何色蕴？谓四大种,及四大种所造诸色。云何四大种？谓地界、水界、火界、风界。……云何四大种所造诸色？谓眼根、耳根、鼻根、舌根、身根、色、声、香、味、所触一分（指"所触",即"身根"所缘的滑、涩、重性、轻、冷、饥、渴,不包括"能触"的"四大种"）、无表色等。（《大正藏》第三十一卷,第848页中）

1."四大种"。指构成物质的四种基本要素（称为"能造"）。(1)"地界"。指"坚强性"的物质。(2)"水界"。指"流湿性"的物质。(3)"火界"。指"温燥性"的物质。(4)"风界"。指"轻动性"的物质。

2."四大种所造诸色"。指由"四大种"造作产生的物质（称为"所造"）。分为"五根"、"五境"、"无表色"三类,总计十一种。

(1)"眼根"。指眼,"色为境,清净色"。(2)"耳根"。指耳,"声为境,清净色"。(3)"鼻根"。指鼻,"香为境,清净色"。(4)"舌根"。指舌,"味为境,清净色"。(5)"身根"。指身,"所触为境,清净色"（以上合称"五根",为五种感觉器官）。(6)"色"。指眼根所取的境界,"眼境界,显色（指青、黄、赤、白四种）、形色（指长、短、方、圆,粗、细、高、下、明、暗等）及表色（指行、住、坐、卧、伸、屈、取、舍八种）等"。(7)"声"。指耳根所取的境界,"耳境界,执受大种因声（指众生发出的声音）、非执受大种因声（指由非众生发出的声音）、俱大种因声（指众生和非众生共同发出的声音）"。(8)"香"。指鼻根所取的境界,"鼻境界,好香、恶香及所余香"。(9)"味"。指舌根所取的境界,"舌境界,甘味、酢味(指酸味)、咸味、辛味(指辣味)、苦味、淡味"。(10)"触"。指身根所取的境界,"身境界,除四大种,余所造触,滑性、涩性、重性、轻性、冷、饥、渴等(指"身"所取的境界,是由"四大种"所造的滑性、涩性等触觉,不包括"四大种"本身)"(以上合称"五境",为五根所取的五种境界)。(11)"无表色"。指由身表业、语表业和禅定引生的无形的色法(又称"无见无对色"),亦即内在的、不可见闻的善恶功能,"有表业及三摩地所生色等,无见、无对",其性质只有"善"(又称"善无表")、"恶"(又称"恶无表")二种,没有"无记"(指非善非恶)。

(二)"受蕴"。指"受"(即以"领纳"为性的感受)的积聚。分为"苦"、"乐"、"不苦不乐"三类。如关于"受蕴",说:

> 云何受蕴?谓三领纳,一苦、二乐、三不苦不乐。乐,谓灭时有和合欲;苦,谓生时有乖离欲;不苦不乐,谓无二欲。(第848页中)

(1)"苦"。指痛苦,"灭时有和合欲"。(2)"乐"。指快乐,"生时有乖离欲"。(3)"不苦不乐"。指非苦非乐,"无二欲(指苦、乐)"。

(三)"想蕴"。指"想"(即以"取像"为性的想象)的积聚。如关于"想蕴",说:

> 云何想蕴?谓于境界取种种相。(第848页中)

(四)"行蕴"。指"行"(即以"造作"为性的思量)的积聚。分为"心相应法"、"心不相应行法"二种。

甲、"心相应法"(又称"心相应行蕴")。指"行蕴"所摄的除"受"、"想"二种心所之外的一切心所法。分为六类四十九种。

如关于"行蕴"中的"心相应法",说:

> 云何行蕴?谓除受、想,诸余心法(指心所法)及心不相
> 应行。云何名为诸余心法?谓彼诸法与心相应。彼复云
> 何?谓触、作意、受、想(《大乘广五蕴论》在引用此处时无
> 受、想)、思(以上为遍行心所)、欲、胜解、念、三摩地、慧(以
> 上为别境心所)、信、惭、愧、无贪善根、无瞋善根、无痴善根、
> 精进、轻安、不放逸、舍、不害(以上为善心所)、贪、瞋、慢、无
> 明、见、疑(以上为烦恼心所)、忿、恨、覆、恼、嫉、悭、诳、谄、
> 憍、害(以上为随烦恼心所中的小随烦恼)、无惭、无愧(以上
> 为随烦恼心所中的中随烦恼)、惛沉、掉举、不信、懈怠、放
> 逸、忘念、散乱、不正知(以上为随烦恼心所中的大随烦恼)、
> 恶作、睡眠、寻、伺(以上为不定心所)。(第848页下)

1."遍行"(又称"遍行心所")。指与一切心恒常相应的心
理活动。"遍行心所"有"触"、"作意"、"受"、"想"、"思"五种,其
中,"受"、"想"二种心所为"受蕴"、"想蕴"所摄;"行蕴"所摄的是
余下的三种。

(1)"触"。指令心触境,"三(指根、境、识)和合,分别为性
(指体性)"。(2)"作意"。指令心警觉,"能令心发悟为性"(《大
乘百法明门论》中前二种的排序为"作意"、"触")。(3)"思"。
指思量,"于功德、过失,及俱相违,令心造作意业为性"。

2."别境"(又称"别境心所")。指与心缘特定境界相应的
心理活动。分为五种。

(1)"欲"。指希求,"于可爱事,希望为性"。(2)"胜解"。
指信解,"于决定事,即如所了,印可为性"。(3)"念"。指明记
不忘,"于惯(原书作"串",据《大乘广五蕴论》改正)习事,令心不
忘,明记为性"。(4)"三摩地"。指令心专注一境,"于所观事,

令心一境,不散为性"。(5)"慧"。指智慧,"即于彼(指所观事),择法(指由慧简择)为性"。

3."善"(又称"善心所")。指与一切善心相应的心理活动。分为十一种。

(1)"信"。指信乐善法,"于业(指善恶业)、果(指须陀洹、斯陀含、阿那含、阿罗汉"四果")、诸谛(指苦、集、灭、道"四谛")、宝(指佛、法、僧"三宝")中,极正符顺,心净为性"。(2)"惭"。指羞惭,即对己以过恶为羞耻,"自增上(指依自力扶助),及法增上(指依善法力扶助),于所作罪,羞耻为性"。(3)"愧"。指愧疚,即对人以过恶为羞耻,"世增上(指依世间力扶助),于所作罪,羞耻为性"。(4)"无贪"。指不贪爱,"贪对治(指"贪"的对治),令深厌患,无著为性"。(5)"无瞋"。指不瞋恚,"瞋对治,以慈为性"。(6)"无痴"。指无愚痴,"痴对治,以其如实正行为性"。(7)"精进"。指勤勇进取,"懈怠对治,心于善品,勇悍为性"。(8)"轻安"。指舒安,"粗重(指烦恼)对治,身心调畅,堪能为性"。(9)"不放逸"。指不放纵逸乐,"放逸对治"。(10)"舍"(《明门论》作"行舍")。指心住平等,远离掉举,"即无贪乃至精进,依止此故","于已除遣染污法中,无染安住"。(11)"不害"。指不损害众生,"害对治,以悲为性"。

4."烦恼"(又称"烦恼心所")。指与根本烦恼相应的心理活动。分为六种。

(1)"贪"。指贪欲,"于五取蕴(指有漏的五蕴),染爱耽著为性"。(2)"瞋"。指瞋恚,"于有情,乐作损害为性"。(3)"慢"。指傲慢凌人,"心高举为性",有"七慢"(指慢、过慢、慢过慢、我慢、增上慢、卑慢、邪慢)。(4)"无明"。指愚痴无知,"于业果及谛宝中,无智为性"。(5)"见"(《明门论》作"不正见",并将它置于"疑"之后)。指不正见,有"五见"(指萨迦耶见、边执见、邪见、见取、戒禁取)。(6)"疑"。指怀疑真理,"于谛(指四谛)等,犹豫为性"。

5."随烦恼"(又称"随烦恼心所")。指与枝末烦恼相应的心理活动。分为二十种。

(1)"忿"。指愤怒,"遇现前不饶益事,心损恼为性"。(2)"恨"。指怨恨,"结怨不舍为性"。(3)"覆"。指隐瞒,"于自罪,覆藏为性"。(4)"恼"。指恼怒,"发暴恶言,陵犯(原书作"尤蛆",据《广五蕴论》改正)为性"。(5)"嫉"。指妒忌,"于他盛事,心妒为性"。(6)"悭"。指悭吝,"施相违,心吝为性"。(7)"诳"。指欺诳,"为诳他,诈现不实事为性"。(8)"谄"。指谄谀,"覆藏自过,方便所摄,心曲为性"。(9)"憍"。指骄矜自持,"于自盛事,染著倨傲,心恃为性"。(10)"害"。指损害众生,"于诸有情,损恼为性"(以上十种称为"小随烦恼";《明门论》中后八种的排序,作"恼"、"覆"、"诳"、"谄"、"憍"、"害"、"嫉"、"悭")。

(11)"无惭"。指不知羞耻,"于所作罪,不自羞耻为性"。(12)"无愧"。指不知愧疚,"于所作罪,不羞耻他为性"(以上二种称为"中随烦恼")。(13)"惛沈"(即"昏沉")。指心神昏昧,"心不调畅,无所堪能,蒙昧为性"。(14)"掉举"。指心神浮躁,"心不寂静为性"。(15)"不信"。指不信善法,"信所对治,于业果等,不正信顺,心不清净为性"。(16)"懈怠"。指懒惰,"精进所治,于诸善品,心不勇猛为性"。(17)"放逸"。指放纵逸乐,"即由贪、瞋、痴、懈怠故,于诸烦恼,心不防护,于诸善品,不能修习为性"。(18)"失念"。指丧失正念,"染污念,于诸善法,不能明记为性"。(19)"散乱"。指内心散乱"贪、瞋、痴令(原书误作"分",今据《成唯识论》卷六改正)心流荡为性"。(20)"不正知"。指于境谬解,"于身、语、意现前行中,不正依住为性"(以上八种称为"大随烦恼"；《明门论》的排序与之全异，作"不信"、"懈怠"、"放逸"、"惛沈"、"掉举"、"失念"、"不正知"、"散乱"）。

6."不定"（又称"不定心所"）指善恶性质不确定的心理活动。分为四种。

（1）"恶作"。指追悔，"心变悔为性"。（2）"睡眠"。指令心暗昧，"不自在转，心极昧略为性"（《明门论》前二条的排序作"睡眠"、"恶作"）。（3）"寻"（又称"觉"）。指寻求，即粗浅推度，"能寻求意言（由意识所起的名言），分别思慧差别，令心粗为性"。（4）"伺"（又称"观"）。指伺察，即深细思察，"能伺察意言，分别思慧差别，令心细为性"。

乙、"心不相应行法"（又称"心不相应行蕴"）。指"行蕴"所摄的与心不相应的、非色非心的现象。分为十四种。据《明门论》所列应有二十四种，本书未列后十种（指"流转"、"定异"、"相应"、"势速"、"次第"、"方"、"时"、"数"、"和合性"、"不和合性"，前十四种的序次也与之相异）。如关于"心不相应行法"，说：

> 云何心不相应行？谓依色、心、心法（指心所法）法分位，但假建立，不可施设，决定异性，及不异性。彼复云何？谓得、无想等至（指无想定）、灭尽等至（指灭尽定）、无想所有（指无想报）、命根、众同分、生、老、住、无常、名身、句身、文身、异生性如是等类。（第849页中）

（1）"得"。指获得、成就，"若获、若成就"。（2）"无想等至"（《明门论》作"无想定"）。指凡夫和外道所修的，能止息前六识一切活动、但仍有"染污意"的禅定，"已离遍净贪（指已由色界第三禅的"遍净天"，进入第四禅的"无想天"）"，"由出离想作意（为）先，不恒现行心（指前六识）、心法（指心所法）灭为性"。

(3)"灭尽等至"(《明门论》作"灭想定")。指佛教圣者所修的能灭除前六识和"染污意"一切活动的禅定,"已离无所有处贪(指已由无色界第三定的"无所有处",进入第四定的"非想非非想处")","由止息想作意(为)先,不恒现行(指前六识)及恒行一分心(指第七识)、心法(指心所法)灭为性"。(4)"无想所有"(《明门论》作"无想报")。指修习"无想定"获得的往生"无想天"的果报,"无想等至果(指修习"无想定"获得的往生"无想天"的果报)","不恒现行心(指前六识)、心法(指心所法)灭为性"。(5)"命根"。指众生的寿命,"于众同分中,先业所引,住时决定为性"。(6)"众同分"。指众生的相似性,"诸有情,自类相似为性"。(7)"生"。指事物的生起,"于众同分中诸行(指有为法),本无今有为性"。(8)"老"(《俱舍论》作"异")。指事物的变异,"即如是诸行,相续变异为性"。(9)"住"。指事物的暂住,"即如是诸行,相续随转为性"。(10)"无常"(《俱舍论》作"灭")。指事物的坏灭,"即如是诸行,相续谢灭为性"。(11)"名身"。指表述事物自性的名词("身"表示复数),"诸法自性增语为性"。(12)"句身"。指表述事物差别的句子,"诸法差别增语为性"。(13)"文身"(又称"字身")。指名、句所依的梵文字母,"诸字为性,以能表彰前二种故"。(14)"异生性"。指凡夫性,"于诸圣法不得为性"(以上十四种,《明门论》的排序作:"得"、"命根"、"众同分"、"异生性"、"无想定"、"灭尽定"、"无想报"、"名身"、"句身"、"文身"、"生"、"老"、"住"、"无常")。

　　(五)"识蕴"。指"识"(即以"了别"为性的心识)的积聚。本书没有叙列各识的名称,依照《大乘广五蕴论》的解释,是指"六转识"(指前六识,即眼识、耳识、鼻识、舌识、身识、意识)、"染污意"(指第七识"末那识")、"阿赖耶识"(指第八识)八种识。如关于"识蕴",说:

云何识蕴。谓于所缘境,了别为性,亦名心、意,由采集故,意所摄故。最胜心者,谓阿赖耶识。何以故? 由此识中,诸行(指有为法)种子皆采集故。……阿赖耶识者,谓能摄藏一切种子故,又能摄藏我慢相故,又复缘身为境界故。即此亦名阿陀那识,能执持身故。……问:以何义,故说名为蕴? 答:以积聚义,说名为蕴。(第 849 页下)

所说的"阿赖耶识","谓能摄藏一切种子","又复缘身为境界故",为能摄藏一切事物种子的心识。

二、"十二处"。

"十二处",指"心"(指心识)、"心所"(指依心而起的心理活动)的十二种生长之处,即"六根"(指六种感觉器官,即眼、耳、鼻、舌、身、意)、"六境"(指六根所取的六种境界,即色、声、香、味、触、法)。由于"十二处"中的"法处",指"受、想、行蕴、无表色等,及与无为",故本书在"十二处"之后,叙述了"无为法"。"无为法"分为四种,即"虚空无为"、"非择灭无为"、"择灭无为"、"真如无为"(《明门论》作"虚空无为"、"择灭无为"、"非择灭无为"、"不动灭无为"、"想受灭无为"、"真如无为"六种)。如关于"十二处"、"无为法",说:

复有十二处。谓眼处、色处;耳处、声处;鼻处、香处;舌处、味处;身处、触处;意处、法处。……言意处者,即是识蕴。言法处者,谓受、想、行蕴、无表色等,及与无为。云何无为? 谓虚空无为、非择灭无为、择灭无为,及真如等。云何虚空? 谓若容受诸色。云何非择灭? 谓若灭非离系(指烦恼)。此复云何? 谓离烦恼对治,而诸蕴毕竟不生。云何择灭? 谓若灭是离系。此复云何? 谓由烦恼对治故,诸蕴毕竟不生。云何真如? 谓诸法法性,法无我性。问:以何

义,故名为处耶? 答：诸识生长门义,是处义。(第 850
页上)

三、"十八界"。

"十八界",指一切事物(包括"有为法"、"无为法")的十八种
类别,即"眼"、"耳"、"鼻"、"舌"、"身"、"意"(以上为"六根")、
"色"、"声"、"香"、"味"、"触"、"法"(以上为"六境")、"眼识"、"耳
识"、"鼻识"、"舌识"、"身识"、"意识"(以上为"六识"),亦即"六
根"、"六境"、"六识"。如关于"十八界",说：

> 复有十八界。谓眼界、色界、眼识界;耳界、声界、耳识
> 界;鼻界、香界、鼻识界;舌界、味界、舌识界;身界、触界、身
> 识界;意界、法界、意识界。……问：以何义故,说名为界?
> 答：以能任持无作用性,自相(指自体)义故,说名为界。
> (第 850 页上、中)

本书的注疏有：印度安慧造、唐地婆诃罗译《大乘广五蕴
论》一卷。

唐地婆诃罗译《大乘广五蕴论》一卷

《大乘广五蕴论》,又名《广五蕴论》,一卷。印度安慧造,唐
地婆诃罗译,垂拱元年(685)译出。唐明佺等《大周刊定众经目
录》卷六著录。载于《丽藏》"则"函、《宋藏》"尽"函、《金藏》"则"
函、《元藏》"尽"函、《明藏》"投"函、《清藏》"投"函、《频伽藏》"往"
帙,收入《大正藏》第三十一卷。

本书是《大乘五蕴论》的注释书。全书采用依照原著的编
次,逐段逐句摘录原文,加以注释的方式编纂。但何为原文,何
为注释,未作标识,须对照原著,方能区分。由于本书所摘录的
《大乘五蕴论》原文,是直接从梵本译出的,故在译语上,与唐玄

奘译本有不少出入。

一、"五蕴"。指一切有为法(有因缘造作和生灭变化的事物)的五种类别,即"色蕴"、"受蕴"、"想蕴"、"行蕴"、"识蕴"。

(一)"色蕴"。指"色"(即以"质碍"为性的物质)的积聚,包括"四大种"(又称"四大"、"四界",指地、水、火、风)和"四大种所造诸色",以"变碍"为特性。

1."四大种"。指构成物质的四种基本要素(称为"能造")。(1)"地界"。(2)"水界"。(3)"火界"。(4)"风界"。

2."四大种所造诸色"。指由"四大种"造作产生的物质(称为"所造")。分为"五根"(五种感觉器官)、"五境"(五根所取的五种境界)、"无表色"(指由身表业、语表业和禅定引生的,内在的、不可见闻的善恶功能)三类,总计十一种。(1)"眼根"。(2)"耳根"。(3)"鼻根"。(4)"舌根"。(5)"身根"。(6)"色"。(7)"声"。(8)"香"。(9)"味"。(10)"触"。(11)"无表色"。如关于"色蕴",说:

> 云何色蕴? 谓四大种,及大种所造色。云何四大种? 谓地界、水界、火界、风界。此复云何? 谓地坚性、水湿性、火暖性、风轻性(以上为《五蕴论》原文)。界者,能持自性所造色故(以上为安慧注释)。云何四大所造色? 谓眼根、耳根、鼻根、舌根、身根、色、声、香、味及触一分、无表色等(以上为《五蕴论》原文)。造者,因义。根者,最胜自在义、主义、增上义,是为根义。所言主义,与谁为主? 谓即眼根,与眼识为主,生眼识故。如是乃至身根,与身识为主,生身识故(以上为安慧注释)。(《大正藏》第三十一卷,第850页下)

(二)"受蕴"。指"受"(即以"领纳"为性的感受)的积聚,分

为三类。(1)"苦"。(2)"乐"。(3)"不苦不乐"。如关于"受蕴",说:

> 云何受蕴?受有三种,谓乐受、苦受、不苦不乐受。乐受者,谓此灭时,有和合欲;苦受者,谓此生时,有乖离欲;不苦不乐受者,谓无二欲(以上为《五蕴论》原文)。无二欲者,谓无和合,及乖离欲。受,谓识之领纳(以上为安慧注释)。(第 851 页中)

(三)"想蕴"。指"想"(即以"取像"为性的想象)的积聚。如关于"想蕴",说:

> 云何想蕴?谓能增胜,取诸境相(以上为《五蕴论》原文)。增胜取者,谓胜力能取,如大力者,说名胜力(以上为安慧注释)。(第 851 页中)

(四)"行蕴"。指"行"(即以"造作"为性的思量)的积聚,分为"心相应法"、"心不相应行法"二种。

甲、"心相应法"(又称"心相应行蕴")。指"行蕴"所摄的除"受"、"想"二种心所之外的一切心所法。分为六类四十九种。

1."遍行"(又称"遍行心所")。指与一切心恒常相应的心理活动。"遍行心所"原有"触"、"作意"、"受"、"想"、"思"五种,其中"受"、"想"二种心所为"受蕴"、"想蕴"所摄;"行蕴"所摄的是余下的三种。(1)"触"。(2)"作意"。(3)"思"。如关于"思",说:

> 云何思?谓于功德、过失,及以俱非,令心造作意业为性(以上为《五蕴论》原文)。此性若有,识攀缘用,即现在前。犹如磁石,引铁令动,能推善、不善、无记心为业(以上为安慧注释)。(第 851 页下)

2.“别境”(又称“别境心所”)。指与心缘特定境界相应的心理活动。分为五种。(1)“欲”。(2)“胜解”。(3)“念”。(4)“三摩地”(又称“定”)。(5)“慧”。如关于“三摩地”,说:

> 云何三摩地？谓于所观事,心一境性(以上为《五蕴论》原文)。所观事者,谓五蕴等,及无常、苦、空、无我等。心一境者,是专注义,与智所依为业,由心定故,如实了知(以上为安慧注释)。(第851页下)

3.“善”(又称“善心所”)。指与一切善心相应的心理活动。分为十一种。(1)“信”。(2)“惭”。(3)“愧”。(4)“无贪”。(5)“无瞋”。(6)“无痴”。(7)“精进”。(8)“轻安”。(9)“不放逸”。(10)“舍”。(11)“不害”。如关于“惭”、“愧”,说:

> 云何惭？谓自增上,及法增上,于所作罪,羞耻为性(以上为《五蕴论》原文)。罪谓过失,智者所厌患故。羞耻者,谓不作众罪,防息恶行,所依为业(以上为安慧注释)。
>
> 云何愧？谓他增上,于所作罪,羞耻为性(以上为《五蕴论》原文)。他增上者,谓怖畏责罚,及议论等。所有罪失,羞耻于他,业如惭说(以上为安慧注释)。(第852页上)

4.“烦恼”(又称“烦恼心所”)。指与根本烦恼相应的心理活动。分为六种。(1)“贪”。(2)“瞋”。(3)“慢”。(4)“无明”(又称“痴”)。(5)“见”(又称“不正见”)。(6)“疑”。如关于“无明”,说:

> 云何无明？谓于业(指善、恶)、果(指须陀洹、斯陀含、阿那含、阿罗汉)、谛(指苦谛、集谛、灭谛、道谛)、宝(指佛、法、僧),无智为性。此有二种:一者俱生,二者分别。又欲界贪、瞋,及以无明,为三不善根,谓贪不善根、瞋不善根、痴

不善根(以上为《五蕴论》原文)。此复俱生、不俱生、分别所起。俱生者,谓禽兽等。不俱生者,谓贪相应等。分别者,谓诸见相应与虚妄决定,疑烦恼所依为业(以上为安慧注释)。(第852页下)

5. "随烦恼"(又称"随烦恼心所")。指与枝末烦恼相应的心理活动。分为二十种。(1)"忿"。(2)"恨"。(3)"覆"。(4)"恼"。(5)"嫉"。(6)"悭"。(7)"诳"。(8)"谄"。(9)"憍"。(10)"害"(以上十种称为"小随烦恼")。(11)"无惭"。(12)"无愧"(以上二种称为"中随烦恼")。(13)"惛沈"(即"昏沉")。(14)"掉举"。(15)"不信"。(16)"懈怠"。(17)"放逸"。(18)"失念"。(19)"散乱"。(20)"不正知"(以上八种称为"大随烦恼")。如关于"掉举",说:

　　云何掉举?谓随忆念喜乐等事,心不寂静为性(以上为《五蕴论》原文)。应知忆念先所游戏欢笑等事,心不寂静,是贪之分,障奢摩他(指止)为业(以上为安慧注释)。(第853页下)

6. "不定"(又称"不定心所")。指善恶性质不确定的心理活动。分为四种。(1)"恶作"。(2)"睡眠"。(3)"寻"(又称"觉")。(4)"伺"(又称"观")。如关于"寻"、"伺",说:

　　云何寻?谓思慧差别,意言寻求,令心粗相分别为性(以上为《五蕴论》原文)。意言者,谓是意识,是中或依思,或依慧而起。分别粗相者,谓寻求瓶衣、车乘等之粗相,乐触、苦触等所依为业(以上为安慧注释)。

　　云何伺?谓思慧差别,意言伺察,令心细相分别为性(以上为《五蕴论》原文)。细相者,谓于瓶衣等,分别细相

成、不成等差别之义(以上为安慧注释)。(第854页上)

乙、"心不相应行法"(又称"心不相应行蕴")。指"行蕴"所摄的与心不相应的、非色非心的现象。分为十四种。(1)"得"。(2)"无想定"(《大乘五蕴论》作"无想等至")。(3)"灭尽定"(《五蕴论》作"灭想等至")。(4)"无想天"(《五蕴论》作"无想所有")。(5)"命根"。(6)"众同分"。(7)"生"。(8)"老"(《俱舍论》作"异")。(9)"住"。(10)"无常"(《俱舍论》作"灭")。(11)"名身"。(12)"句身"。(13)"文身"(又称"字身")。(14)"异生性"。如关于"灭尽定",说:

> 云何灭尽定? 谓已离无所有处染,从第一有(指无色界第四定"非想非非想处"),更起胜进,暂止息想(指想心所)作意为先,所有不恒行(指八识中的前六识),及恒行一分心(指第七识)、心法(指心所法)灭为性(以上为《五蕴论》原文)。不恒行,谓六转识(指八识中的前六识)。恒行,谓摄藏识(指第八识),及染污意(指第七识)。是中六转识品,及染污意灭,皆灭尽定(以上为安慧注释)。(第854页中)

(五)"识蕴"。指"识"(即以"了别"为性的心识)的积聚。它包括。(1)"六转识"(指前六识,即眼识、耳识、鼻识、舌识、身识、意识)。(2)"末那识"(又称"思量识"、"染污意",即第七识)。(3)"阿赖耶识"(又称"藏识",即第八识)。如关于"识蕴",说:

> 云何识蕴? 谓于所缘,了别为性,亦名心。能采集故,亦名意,意所摄故。若最胜心,即阿赖耶识。……阿赖耶识者,谓能摄藏一切种子,又能摄藏我慢相故,又复缘身为境界故。又此亦名阿陀那识,执持身故。最胜意(指末那识)

者,谓缘藏识为境之识,恒与我痴、我见、我慢、我爱相应,前后一类,相续随转,除阿罗汉圣道、灭定、现在前位(指只有证得阿罗汉、灭尽定、出世道三位,才能断除"末那识"的"我执";以上为《五蕴论》原文)。如是六转识,及染污意(指末那识)、阿赖耶识,此八名识蕴(以上为安慧注释)。(第854页中)

二、"十二处"。指"心"(指心识)、"心所"(指依心而起的心理活动)的十二种生长之处,即"六根"(指六种感觉器官,即眼、耳、鼻、舌、身、意)、"六境"(指六根所取的六种境界,即色、声、香、味、触、法)。由于"十二处"中的"法处",指"受、想、行蕴,并无表色等,及诸无为",故本书在"十二处"之后,叙述了"无为法"。"无为法"分为四种,即"虚空无为"、"非择灭无为"、"择灭无为"、"真如无为"。

三、"十八界"。指一切事物(包括"有为法"、"无为法")的十八种类别,即"眼"、"耳"、"鼻"、"舌"、"身"、"意"(以上为"六根")、"色"、"声"、"香"、"味"、"触"、"法"(以上为"六境")、"眼识"、"耳识"、"鼻识"、"舌识"、"身识"、"意识"(以上为"六识"),亦即"六根"、"六境"、"六识"。

本书既含有《大乘五蕴论》的全文,又有原文的阐释,因此,在内容上较《大乘五蕴论》更为充实和完备,适合初学者学习。

第十二品　唐玄奘译《大乘成业论》一卷
附:北魏毗目智仙译《业成就论》一卷

《大乘成业论》,又名《成业论》《成业品类论》(藏译本之名),一卷。印度世亲造,唐玄奘译,永徽二年(651)译出。唐道宣《大

唐内典录》卷五著录(书名作《成业论》;译经时间据唐智升《开元
释教录》卷八)。载于《丽藏》"竭"函、《宋藏》"力"函、《金藏》"竭"
函、《元藏》"力"函、《明藏》"匪"函、《清藏》"匪"函、《频伽藏》"来"
帙,收入《大正藏》第三十一卷。

　　本书是一部论述大乘"业"理论的著作。全书不立品目,内
容以破斥小乘部派有关"业"的各种观点为主,在辩难过程中,阐
述大乘有关"业"的主张。所说的"业",指的是众生的行为,通常
分为三业,即:"身业",指身体动作;"语业"(又称口业),指言语
声音;"意业",指思量。"三业"中,"身业"、"语业"各有自己的
"表业"、"无表业"。"表业"(又称"有表业"、"作业"),指显现于
外的、可以见闻的身业、语业,通于"善"、"恶"、"无记"三性;"无
表业"(又称"无作业"),指由身表业、语表业引生的无形色法,即
内在的、不可见闻的善恶功能,只有"善"、"不善"二性。一般认
为,"意业"没有"表业"、"无表业"之分。因此,"三业"若细分的
话,则为"五业",即"身表业"、"身无表业"、"语表业"、"语无表
业"、"意业"。依小乘说一切有部等部派说,"业"、"业体"为实有
之法,"身业"、"语业"属于"色法"(物质),"意业"属于"心法"(意
识)。其中,"身表业"以形色为体(又称"业体"),"语表业"以言
声为体;"身无表业"、"语表业"以"法处所摄色"(指意识所缘的
"法处"统摄的色法)为体。而依大乘唯识学所说,"三业"皆以
"思"心所为体,都是由依附于阿赖耶识的"思"心所种子,遇缘生
起的差别作用,故"业"、"业体"是假名,并非实有,唯有阿赖耶识
其体实有。本书的内容就是围绕大小乘对"业"的不同看法展
开的。

　　书中所破斥的小乘部派有关"业"的各种观点,主要有:
(1)"形色"说。说一切有部认为,"形色"是"身表业",为实有,
"身表业形色为性,缘此为境心等所生"。(2)"行动"说。正量

部认为,"行为"是"身表业",为实有,"身表行动为性,缘此为境
心等所生"。(3)"别法"说。日出论者(又称经量部、经部)认
为,别有"色处所摄"之法是"身表业",为实有,"别有法,心差别
为因,依手足等起此法,能作手足等物,异方生因,是名行动,亦
名身表。此摄在何处?谓色处所摄"。(4)"业体实有"说。说
一切有部认为,"三世实有",三世的"业体"也是实有的,"过去业
其体实有,能得当来所感果"。(5)"增长法"、"不失坏法"说。
正量部认为,"业体"实有,为"增长"、"不失坏"之法,"此法名为
增长"、"此法名不失坏","由此法故,能得当来爱(指乐报)、非爱
果(指苦报)"。(6)"细心"说。经量部认为,"细心"(指从无始
以来,相续不间断的微细的心识)是业力招感的生死轮回的主
体,"异熟果识(又称报果识)具一切种子,从初结生乃至终没,展
转相续,曾无间断,彼彼生处由异熟因,品类差别,相续流转,乃
至涅槃,方毕竟灭。即由此识无间断故,于无心位(指无想定位、
灭尽定位)亦说有心"。赤铜鍱部(即上座部)的"有分识"说、大
众部的"根本识"说、化地部的"穷生死蕴"说,类似于"细心"说。

　　本书指出,说一切有部等部派将"业"、"业体"看作是实有的
"色法"(物质),是不能成立的,因为"色业于命终位必皆舍故,如
何由此能得当来爱(指乐)、非爱(指苦)果",也就是说,众生的身
体作为物质,在命终时就会消亡,怎么可能延续到将来受苦乐果
报呢?能从过去世延续到未来世的,唯有阿赖耶识,"阿赖耶识
离六识身,其体实有"。"三业"皆以"思"为体,是"思"的差别作
用,而"阿赖耶识令其(指思)相续转变差别,能引当来爱、非爱
果"。"思"分为三种。一是"审虑思",指事先审虑的思量;二是
"决定思",指决定行为的思量(以上二思合称"思业",为行动之
前的思量);三是"动发思",指发动身体、语言的思量(此思又名
"思已业",为实施行动的思量)。其中,"动发思"又分为二种,

即:"动身思",指发起身体动作的思量,此为"身业";"发语思",发起语言音声的思量,此为"语业"。"身业"、"语业"各有自己的"表业"、"无表业"。"表业"以现行的"思"心所为体;"无表业"以"思"心所的种子为体。"思"既是"业",也是"业道","思有造作,故名为业。复与善趣、恶趣为道,通生彼故,得业道名"。如关于"身业"、"语业"、"意业"的体性,说:

> 身谓诸根大造和合差别为体,业即是思差别为性。积集所成,是为身义。……随作者意,有所造作,是为业义。能动身思,说名身业。思有三种:一审虑思,二决定思,三动发思。若思能动身,即说为身业。……经说二业,所谓思业及思已业,即前所说三种思中,初二种思名为思业,第三一思名思已业。……语谓语言,音声为性,此能表了所欲说义,故名为语;能发语思,说名语业。……意者谓识能思量故,趣向余生及境界故,说名为意;作动意思,说名意业,令意造作善、不善等种种事故。具足应言:作意之业,除作之言,但名意业;或意相应业,名意业,除相应言,但名意业。喻说如前,若三种业,但思为体。(《大正藏》第三十一卷,第785页下—第786页上)

明智旭《阅藏知津》卷三十七说:《大乘成业论》一卷,"明身、语、意三业,及有表、无表业,是假非实,唯依思立,及由异熟识(指阿赖耶识)受熏持种,而得成就。"短短数语,贴切地概括了本书的义纲,对今人研读此书乃具有指引作用。

本书的同本异译有:北魏毗目智仙译《业成就论》一卷。

北魏毗目智仙译《业成就论》一卷

《业成就论》,一卷。印度天亲(即世亲)造,北魏毗目智仙译,兴和三年(543)译出。隋法经等《众经目录》卷五著录(译经时间见《业成就论翻译之记》)。载于《丽藏》"竭"函、《宋藏》"力"函、《金藏》"竭"函、《元藏》"力"函、《明藏》"匪"函、《清藏》"匪"函、《频伽藏》"来"帙,收入《大正藏》第三十一卷。

本书是唐玄奘译《大乘成业论》一卷的异译本。全书不立品目,前部分主要破斥小乘部派有关"业"的各种观点,后部分正面阐述大乘有关"业"的主张。书首有《业成就论翻译之记》,说:

> 大国将宁,必感灵瑞,以为嘉兆,邺隍方盛,圣降神宝,以为祥徵。天亲菩萨造《业成就论》,出于今世,以示太平,此乃大魏都邺安固之兆也。法行有时,寄必得人。兴和三年岁次大梁,七月辛未朔二十五日,骠骑大将军开府仪同三司、御史中尉渤海高仲密,众圣加持,法力资发,诚心敬请三藏法师乌苌国人毗目智仙,共天竺国婆罗门人瞿昙流支、释昙林等,在邺城内金华寺译。四千八百七十二字。(《大正藏》第三十一卷,第777页中)

本书所述的内容与玄奘译《大乘成业论》是基本相同的,但译语出入很大。如本书将"表业"、"无表业"译作"作业"、"无作业";"色处所摄"译作"摄色入所摄";"日出论者"译作"日出弟子";"定"译作"三昧";"心所"译作"心数";"尊者世友所造问论中言"译作"《毗婆沙》五百罗汉和合众中,婆修蜜多大德说言";"经为量者"(指经量部)译作"修多罗法师";"阿赖耶识"译作"阿梨耶识";"不还果生有顶处"译作"修集有顶漏尽阿那含人";"赤铜鍱部"译作"大德铜色弟子";"思有三种:一审虑思,二决定思,三动发思"译作"思有三种:所谓思量、决定、进趣";"思业"、"思已业"译作"思"、"思业",如此等等。这为本来就不易读懂的论辩性的文章,又增添了一些难度。因此,对一般读者来说,应选玄奘译本为宜。

第十三品　姚秦鸠摩罗什译《发菩提心经论》二卷

《发菩提心经论》,又名《发菩提心经》《发菩提心论》,二卷。书题"天亲菩萨造,后秦龟兹国三藏鸠摩罗什译",即印度世亲造,姚秦鸠摩罗什译。本书最初是作为"失译",著录于法经等《众经目录》卷五《大乘阿毗昙藏录·众论失译》之中(书名作《发菩提心论》);隋彦琮等《众经目录》卷一始将它列为姚秦鸠摩罗什译,唐智升《开元释教录》卷四以及后世经录沿依此说。载于《丽藏》"尽"函、《宋藏》"命"函、《金藏》"尽"函、《元藏》"命"函、《明藏》"沛"函、《清藏》"沛"函、《频伽藏》"来"帙,收入《大正藏》第三十二卷。

本书是一部论述"发菩提心"、"修行六波罗蜜"问题的著作。就体裁而言,本书采用的是"经"的叙事形式,书中有八处插入"诸佛子!"的称呼,这是大乘经中佛对诸菩萨说法时所常用的称谓。书末反复强调书写读诵"此经"的功德,说:"此经是三世诸佛之所履行,是故行者得闻是经,当自庆幸获大善利";"若有书写读诵此经,当知此人所获福报无量无边";"是经随在国土、城邑、聚落、寺庙、精舍,当知是中即有法身,若人供养香花伎乐、悬缯幡盖、歌呗赞叹、合掌恭敬,当知是人已绍佛种"等,这都是大乘经末尾的流通分所说的话语,从这点上说,可称之为《发菩提心经》(唐人多用此名)。但从另一方面看,它又不完全是"经",因为书中没有说经的地点、人物和背景,因而也可称之为《发菩提心论》。这种似经又实为论的表述形式,在世亲见存的其他论著中是没有的;再检藏文《大藏经》,世亲名下亦无本书。据此推断,本书很可能是西域流传的、世亲后学托名编集的大乘论。全书分为十二品,依次为《劝发品》《发心品》《愿誓品》《檀波罗蜜品》《尸罗波罗蜜品》《羼提波罗蜜品》《毗梨耶波罗蜜品》《禅那波罗蜜品》《般若波罗蜜品》《如实法门品》《空无相品》《功德持品》。主旨是说,菩萨发菩提心,求无上菩提,"六波罗蜜是菩提正因,四无量心、三十七品诸万善行,共相助成",若菩萨修集六波罗蜜,随其所行,就能渐渐得近无上正等正觉。书首有归敬颂,为五言四句,始"敬礼无边际",终"救世大悲尊"。

一、《劝发品》(卷上)。论述"发菩提心"的功德问题。说:譬如大海初渐起时,一切如意宝珠皆从大海生,"菩萨发心,亦复如是,初渐起时初渐起时,当知便为人、天、声闻、缘觉、诸佛菩萨一切善法、禅定、智慧之所生处";"菩萨发心,慈悲为首,菩萨之慈无边无量,是故发心无有齐限,等众生界,譬如虚空无不普覆,菩萨发心亦复如是,一切众生无不覆者"。

二、《发心品》(卷上)。论述"发菩提心"的因缘问题。说:菩萨若能具足"十法"、"四缘",就能发菩提心。"十法",指"亲近善知识,供养诸佛,修集善根,志求胜法,心常柔和,遭苦能忍,慈悲淳厚,深心平等,信乐大乘,求佛智慧"。"四缘",指"一者思惟诸佛,发菩提心;二者观身过患,发菩提心;三者慈愍众生,发菩提心;四者求最胜果,发菩提心"。

三、《愿誓品》(卷上)。论述"发菩提心"的誓愿问题。说:发菩提心须先建立"十大正愿"、"六大誓"。"十大正愿",指"愿我先世及以今身所种善根,以此善根施与一切无边众生,悉共回向无上菩提";"愿我回向大菩提已,以此善根,于一切生处,常得供养一切诸佛,永必不生无佛国土";"愿我成就菩萨五通已,即能通达世谛假名流布,解了第一义谛如真实性,得正法智";"愿我得正法智已,以无厌心为众生说,示教利喜,皆令开解";"愿我能令一切众生发菩提心已,常随将护,除无利益与无量乐,舍身命财,摄受众生,荷负正法"等。"六大誓",指立誓修行"六波罗蜜"。如关于"发菩提心"须立"六大誓",说:

> 云何立誓?若有人来种种求索,我于尔时,随有施与,乃至不生一念悭吝之心。……若我持戒,乃至失命,建立净心,誓无改悔。若我修忍,为他侵害,乃至割截,常生慈爱,誓无恚碍。若我修精进,遭逢寒暑、王贼、水火、师子、虎狼、无水谷处,要必坚强,其心誓不退没。若我修禅,为外事所娆,不得摄心,要系念在境,誓不暂起非法乱想;若我修集智慧,观一切法如实性,随顺受持,于善不善、有为无为、生死涅槃,不起二见。……菩萨以十大愿持正法行,以六大誓制放逸心,必能精勤修集六波罗蜜,成阿耨多罗三藐三菩提。(卷上《愿誓品》,《大正藏》第三十二卷,第510页下—第511页上)

四、《檀波罗蜜品》(卷上)。论述修行"布施"问题。说:发菩提心之后,须修行"六波罗蜜","六波罗蜜"是成就菩提之因,能自利、他利、俱利(指自他俱利)。此中,修行"布施",指修行三种施,即"法施"、"无畏施"、"财施","劝人受戒,修出家心,为坏邪见,说断常四倒、众恶过患,分别开示真谛之义,赞精进功德,说放逸过恶,是名法施";"若有众生怖畏王者、师子、虎狼、水火、盗贼,菩萨见已,能为救护,名无畏施";"自于财物施而不吝,上至珍宝、象马、车乘、缯帛、谷麦、衣服、饮食,下至麨团、一缕之线,若多若少,称求者意,随所须与,是名财施"。

五、《尸罗波罗蜜品》(卷上)。论述修行"持戒"问题。说:修行持戒,能远离一切诸恶过患,常生善处,此为"自利";教化众生,令不犯恶,此为"利他";以己所修向菩提戒,化诸众生,令同已利,此为"俱利"。"戒"有三种戒、五种戒之分。三种戒,指"身戒"、"口戒"、"心戒","持身戒者,永离一切杀、盗、淫行";"持口戒者,断除一切妄语、两舌、恶口、绮语";"持心戒者,除灭贪欲、瞋恚、邪见",此三种戒即是"十善业戒"。五种戒,指"波罗提木叉戒"、"定共戒"、"无漏戒"、"摄根戒"、"无作戒","白四羯磨从师而受,名波罗提木叉戒";"根本四禅、四未到禅(又称近分定),是名定共戒";"根本四禅、初禅未到(特称未至定),名无漏戒";"收摄诸根,修正念心,见闻觉知色、声、香、味、触,不生放逸,名摄根戒";"舍身后世,更不作恶,名无作戒"。菩萨修行持戒,与声闻,辟支佛的不同之处,在于菩萨有"慈心戒"、"悲心戒"、"喜心戒"、"舍心戒"(以上指四无量心)、"惠施戒"、"持忍辱戒"、"精进戒"、"禅定戒"、"智慧戒"(以上指六度)、"亲近善知识戒"、"远离恶知识戒"、"清净戒"等。如关于"清净戒",说:

　　菩萨修戒,不与声闻、辟支佛共,以不共故,名善持戒。善持戒故,则能利益一切众生。……菩萨之人持净戒者,不依欲界,不近色界,不住无色界,是清净戒;舍离欲尘,除瞋恚碍,灭无明障,是清净戒;离断常二边,不逆因缘,是清净戒;不著色、受、想、行、识假名之相,是清净戒;不系于因,不起诸见,不住疑悔,是清净戒;不住贪、瞋、痴三不善根,是清净戒;不住我慢、憍慢、增上慢、慢慢、大慢,柔和善顺,是清净戒;利衰、毁誉、称讥、苦乐,不以倾动,是清净戒;不染世谛虚妄假名,顺于真谛,是清净戒;不恼不热,寂灭离相,是清净戒。取要言之,乃至不惜身命,观无常想,生于厌离,勤行善根,勇猛精进,是清净戒。(卷上《尸罗波罗蜜品》,第512页上、中)

六、《羼提波罗蜜品》(卷上)。论述修行"忍辱"问题。说:

菩萨为欲调伏众生,令离苦恼,故修忍辱。忍辱分为三种,即"身忍"、"口忍"、"意忍","若他加恶,侵毁挝打,乃至伤害,悉能忍受,见诸众生危逼恐惧,以身代之,而无疲怠,是名身忍";"若见骂者,默受不报,若见非理来呵啧者,当软语附顺,若有加诬,横生诽谤,皆当忍受,是名口忍";"见有瞋者,心不怀恨,若有触恼,其心不乱,若有讥毁,心亦无怨,是名意忍"。

七、《毗梨耶波罗蜜品》(卷下)。论述修行"精进"问题。说:修行精进,能超越诸地,乃至速成正觉。精进分为二种,即"求无上道"而起精进、为"拔济众苦"而起精进。菩萨成就"十念",就能勤行精进。这"十念"是:"念佛无量功德";"念法不思议解脱";"念僧清净无染";"念行大慈,安立众生";"念行大悲,拔济众苦";"念正定聚,劝乐修善";"念邪定聚,拔令反本";"念诸饿鬼饥渴热恼";"念诸畜生长受众苦";"念诸地狱备受烧煮"。

八、《禅那波罗蜜品》(卷下)。论述修行"禅定"问题。说:禅定由"闻慧"、"思慧"、"修慧"三法而生。菩萨修行禅定,与声闻,辟支佛的不同之处,在于有"十法行",即:"修定无有吾我";"修定不味不著";"修定具诸通业";"修定为知众心";"修定行于大悲";"修定诸禅三昧";"修定常得自在";"修定其心寂灭";"修定常入智慧";"修定能兴正法"。

九、《般若波罗蜜品》(卷下)。论述修行"智慧"问题。说:菩萨修行智慧,与声闻,辟支佛的不同之处,在于有"十法善思惟心",即:"思惟分别定慧根本";"思惟不舍断常二边";"思惟因缘生起诸法";"思惟无众生我人寿命";"思惟无三世去来住法";"思惟无发行而不断因果";"思惟法空而殖善不懈";"思惟无相而度众生不废";"思惟无愿而求菩提不离";"思惟无作而现受身不舍"。

十、《如实法门品》(卷下)。论述修行"六波罗蜜"的方法问题。说：菩萨修行"六波罗蜜"，求得无上菩提，应当修行七法，即："应当亲近善知识"；"应当亲近出家"；"应当自观形如粪土，但盛臭秽，风寒热血，无可贪著"；"应当常行和忍，恭敬柔顺"；"应当修集精进，常生惭愧，敬奉师长，怜愍穷下"；"应当修习方等大乘诸菩萨藏"；"应当亲近修习第一义谛，所谓实相、一相、无相"。如关于修行"六波罗蜜"，应当无所执著，说：

> 若人发菩提心，以有所得故，于无量阿僧祇劫，修集慈、悲、喜、舍（以上指四无量心）、布施、持戒、忍辱、精进、禅定、智慧（以上指六度），当知是人不离生死，不向菩提。何以故？……如是有所得见，即是执著心，执著者，是名邪见。……若人发菩提心，应当观察是心空相。何等是心？云何空相？心名意识，即是识阴、意入、意界。心空相者，心无心相，亦无作者。……若菩萨解了如是法者，于一切法即无执著。……虽行布施，不见施物；虽行持戒，不见净心；虽行忍辱，不见众生；虽行精进，无离欲心；虽行禅学，无除恶心；虽行智慧，心无所行，于一切缘皆是智慧，而不著智慧，不得智慧，不见智慧，行者如是修行智慧，而无所修，亦无不修。为化众生，现行六度，而内清净，行者如是善修其心，于一念顷所种善根，福德果报无量无边。（卷下《如实法门品》，第515页下—第516页上）

十一、《空无相品》（卷下）。论述"诸法性空"问题。说：诸法无性，空无所有，"空名无相，无相亦空，是名为空；空名无念，无念亦空，是名为空；空念亦空，是名为空；空中无善无恶，乃至亦无空相，是故名空。菩萨若如是知阴（五阴）、界（十八界）、人（十二入）性，即不取著，是名法忍"；"于无法中，说诸法相；于无得中，说有得法，如此之事，诸佛境界，以无量智乃可得解，非是思量所能得知"。

十二、《功德持品》(卷下)。论述不退失"无上菩提"的方法和诵持本经的功德问题。说：菩萨成就十法，终不退失"无上菩提"，它们是："菩萨深发无上菩提之心，教化众生亦令发心"；"常乐见佛，以己所珍，奉施供养，深种善根"；"见诸众生恐畏苦恼，为作救护，施以无畏"；"发勤修行，求如是等方等大乘甚深经法、诸菩萨藏"；"入法中，已能为解说，示教利喜，开悟众生"等。又说："菩萨应当如是修行此经，如是经典不可思议"；"若有书写读诵此经，当知此人所获福报无量无边"等。

本书将"六波罗蜜"视作"菩提正因"，强调只有修行六波罗蜜，才能最终成就无上菩提，并对修行的次第和方法，作了详细的阐述，是大乘论藏中论述"发菩提心"理论较有条理的一部书。隋慧远《大乘义章》、唐法琳《辩正论》、窥基《妙法莲华经玄赞》、智周《大乘入道次第》、李通玄《大方广佛新华严经合论》、新罗圆测《解深经疏》、义寂《菩萨戒本疏》等，都从不同的角度，引用过它的文段。

第十四品　　北魏勒那摩提译《究竟一乘宝性论》二卷

附：陈真谛译《佛性论》四卷　　唐提云般若等译《大乘法界无差别论》一卷

《究竟一乘宝性论》，又名《宝性分别一乘增上论》《一乘宝性论》《宝性论》，二卷。原书未署作者(实为无著作颂，世亲作释)，北魏勒那摩提译，正始五年(508)译出。隋费长房《历代三宝纪》卷九著录。载于《丽藏》"竭"函、《宋藏》"力"函、《金藏》"竭"函、

《元藏》"力"函、《明藏》"性"函、《清藏》"性"函、《频伽藏》"暑"帙，收入《大正藏》第三十一卷。

本书是一部论述"一切众生皆有如来藏"（指一切众生皆有佛性）理论的著作。书名中的"究竟一乘"，指终极圆满的佛乘；"宝性"，指三宝之性，即如来藏。全书由本颂三百颂（每颂五言四句）和释论两部分构成，分为十一品，依次为《教化品》《佛宝品》《法宝品》《僧宝品》《一切众生有如来藏品》《无量烦恼所缠品》《为何义说品》《身转清净成菩提品》《如来功德品》《自然不休息佛业品》《校量信功德品》。初品《教化品》的前部分，为《宝性论》本颂十一品，其内容可标为"宝性论颂"；《教化品》的后部分及以下，为《宝性论》释论十一品，其内容可标为"宝性论颂释"。释论采用先出本颂，后出释文的方式编纂，释文中含有新作的偈颂（即释偈）及其解释。

关于本书的作者，古来传说歧异。汉译本未题作者。唐华严宗法藏《大乘法界无差别论疏》首次提出，坚慧"造《究竟一乘宝性论》及《法界无差别论》等"，认为这二书作者都是坚慧。但据藏传佛教史籍所载，本书中的本颂为弥勒造，释论为世亲造，故在藏地，本书是分作二本流通的：一本题为《大乘最上义论》（又译《大乘最上秘义论》），署名"弥勒菩萨著"，是《宝性论》的本颂；另一本题为《大乘最上义论释》（又译《大乘最上秘义论解说》），署名"阿阇黎世亲著"，是《宝性论》的释论（见元布顿《佛教史大宝藏论》，郭和卿译，民族出版社1986年3月版）。《宝性论》的梵文写本，于1935年在尼泊尔发现，原本未署作者，梵本的整理出版者将本颂部分题名为"弥勒菩萨造"（见日本高崎直道等《如来藏思想》，李世杰译，贵州大学出版社2013年12月版）。

由于弥勒的著作，相传都是由无著上升兜率天，听弥勒口说,返回人间后,录成文字传出的,实际上都是无著编集的著作,故《宝性论》的作者应当是无著造颂、世亲作释。这可从本书释论部分所引的经典得到印证。这些经典中,有《陀罗尼自在王经》《十地经》《如来庄严智慧光明入一切佛境界经》《不增不减经》《圣者胜鬘经》《宝鬘经》《宝积经》《大海慧菩萨经》《大般涅槃经》《金刚般若波罗蜜经》《宝女经》等,其中,引用《圣者胜鬘经》(即《胜鬘经》)达二十七次,数量最多,其次是《不增不减经》,引用了五次。由此推断,作者必定是对《胜鬘经》有专门研究之人。而据陈真谛译《婆薮槃豆法师传》说:"阿僧伽(即无著)法师殂殁后,天亲(即世亲)方造大乘论,解释诸大乘经,《华严》《涅槃》《法华》《般若》《维摩》《胜鬘》等诸大乘经论,悉是法师所造。又造《唯识论》《释摄大乘》《三宝性》《甘露门》等诸大乘论。"从而表明,既造《胜鬘经》释论,又撰《三宝性》(即《宝性论》)者,唯有世亲。

《宝性论》的汉译本与梵文本、藏译本相比,存在着诸多出入。梵、藏本《宝性论》分为五品,依次为《如来藏品》(此品相当于汉译本第二品至第七品)、《菩提品》《功德品》《佛业品》《信胜益品》(以上四品分别相当于汉译本第八品至第十一品),缺汉译本初品《教化品》(见印顺《如来藏之研究》,中华书局 2011 年 4 月版)。此外,在汉译《宝性论》释论中,还有许多本颂以外的新偈,属于解释本颂的偈颂,即解释偈。以此推断,由世亲撰作的《宝性论》释论,后来可能经过坚慧的整理加工,而成为西域的流通本,法藏称本书为坚慧造,也许就是这样而来的。近世也有学者推定《宝性论》是由"坚慧造本颂,世亲造释论"的(见日本中村瑞隆《梵汉对照究竟一乘宝性论研究》,转引自印顺《如来藏之研究》)。但据《大唐西域记》卷十一等记载,德慧、坚慧均生于世亲之后,故由坚慧造颂、世亲作释的说法是不能成立的。

　　一、《教化品》(卷一)。解释《宝性论·教化品》本颂十八颂,论述《宝性论》的"论体"问题。"论体",指《宝性论》的"法义体相",即内容结构。依书中所说,《宝性论》的内容,广说有十一品;中说有七品,即《七种金刚句》;略说只有一品,即《一切众生有如来藏品》;初品《教化品》总摄此论的内容结构,即"广门有十一品,中则七品,略唯一品,初释一品(指《教化品》),具摄此论法义体相"。所说的"七种金刚句",意为七种像金刚一般坚固不坏的字句,指《教化品》说的"佛法及众僧,性道功德业,略说此论体,七种金刚句"一颂,这是释论的作者对《宝性论》的内容所作的科分。(1)"佛"。指佛宝,即《宝性论》第二品《佛宝品》。(2)"法"。指法宝,即第三品《法宝品》。(3)"众僧"。指僧宝,即第四品《僧宝品》。(4)"性"。指佛性,即第五品《一切众生有如来藏品》至第七品《为何义说品》。(5)"道"。指佛菩提,即第八品《身转清净成菩提品》。(6)"功德"。指佛功德,即第九品《如来功德品》。(7)"业"。指佛业,即第十品《校量信功德品》。故"七种金刚句"实际上并不是指七品,而是指除《教化品》以外的十品。《教化品》为序说,其余十品为正说。

　　二、《佛宝品》(卷二)。解释《宝性论·佛宝品》本颂四颂,论述"佛宝"问题。"佛宝",指佛为世间稀有之宝。佛宝摄有八种功德。(1)"无为体"。指佛远离有为,为"无为法身"为体。(2)"自然"。指佛远离一切戏论虚妄分别,寂静自然。(3)"不依他知"。指佛"不依他因缘证知",为"自觉",不依他觉。(4)"智"。指佛的境界稀有不可思议,"不从他闻",为"自在智"。(5)"悲"。指佛自己觉知以后,为令其他众生也能觉知,而说"无上道"。(6)"力"。指佛以出世间不退转法,拔除其他众生的苦恼根本。(7)"自利益"。指佛以智慧,自证"第一寂静法身"。(8)"他利益"。指佛依慈悲力,教化众生。

三、《法宝品》(卷二)。解释《宝性论·法宝品》本颂四颂,论述"法宝"问题。"法宝",指法为世间稀有之宝。法宝摄有八种功德,即"不可思议"、"不二"、"无分别"、"净"、"显现"、"对治"、"离果"、"离因"。此中,"不可思议"、"不二"、"无分别"三种,指"灭谛"所证之法,是"非思量境界"、"出离言语道"、"圣人内证"的法门;"净"、"显现"、"对治"三种,指"道谛"所修之法,是"清净无尘垢"、"显现一切色像相似相对法"、"对治暗相似相对法"的法门;"离果"、"离因"二种功德,指"灭谛"所证为出离苦恼之果,"灭谛"所修为出离苦恼之因。

四、《僧宝品》(卷二)。解释《宝性论·僧宝品》本颂六颂,论述"僧宝"问题。"僧宝",指僧为世间稀有之宝。僧宝分为"声闻僧"、"缘觉僧"、"菩萨僧"三种,菩萨僧有"十种胜义",超过声闻、缘觉僧。(1)"观胜"。指菩萨"观真如境界"。(2)"功德胜"。指菩萨"修行无厌足,不同二乘少欲等"。(3)"证智胜"。指菩萨"证二种无我"。(4)"涅槃胜"。指菩萨"教化众生"。(5)"地胜"。指菩萨有"十地等"。(6)"清净胜"。指菩萨"远离智障(又称所知障)"。(7)"平等心胜"。指菩萨"大悲遍覆"。(8)"生胜"。指菩萨"生(即)无生"。(9)"神力胜"。指菩萨"三昧自在神通等力胜"。(10)"果胜"。指菩萨"究竟无上菩提"。如关于"如来藏"与"如来法身"的区别,说:

　　　真如有杂垢,及远离诸垢,佛无量功德,及佛所作业。
　　如是妙境界,是诸佛所知,依此妙法身,出生于三宝(以上为《宝性论》本颂)。

　　此偈示现何义? 偈言:如是三宝性,唯诸佛境界,以四法次第,不可思议故(以上为释论作的新偈)。

　　此偈明何义? 真如有杂垢者,谓真如佛性未离诸烦恼

所缠,如来藏故;及远离诸垢者,即彼如来藏转身到佛地,得
证法身,名如来法身故;佛无量功德者,即彼转身如来法身
相中,所有出世间十力、(四)无畏等,一切诸功德无量无边
故;及佛所作业者,即彼十力等,一切诸佛法自然常作无上
佛业,常不休息,常不舍离,常授诸菩萨记。彼处次第有四
种法(指"染净相应处,不染而清净,不相舍离法,自然无分
别")不可思议,是故名为如来境界(以上为本颂、新偈的解
释)。(卷二《僧宝品》,《大正藏》第三十一卷,第826页下—
第827页上)

五、《一切众生有如来藏品》(卷三)。解释《宝性论·一切
众生有如来藏品》本颂二十六颂,论述"一切众生有如来藏"问
题。"一切众生有如来藏"是依三种义建立的。一是"如来法身
遍在一切诸众生身",指如来的法身周遍一切,一切众生的身中
都有如来的法身;二是"如来真如无差别",指如来本性清净,与
真如(指宇宙万有真实不变的本体)没有差别;三是"一切众生皆
悉实有真如佛性",指一切众生都平等地具有如来的种姓,此为
成佛之因。如来藏有十种义。(1)"体"。指如来藏的自性
"(恒)常不染",如同如意宝珠、虚空、净水一般。(2)"因"。指
如来藏须以"信法"、"般若"、"三昧"、"大悲"等为因,除去四种障
碍,才能使本性得到显现。这四种障碍是:一阐提(指断绝一切
善根者)的"谤大乘法"障;外道的"横计身中有我"障;声闻的"怖
畏世间诸苦"障;辟支佛的"背舍利益一切众生、舍大悲心"障。
(3)"果"。指依如来藏能证得如来法身的"四种功德波罗蜜
果",即"常"、"乐"、"我"、"净"(一作净、我、乐、常)。"如来法身
自性清净,离一切烦恼障、智障(又称所知障)习气,故名为净";
"以得寂静第一自在我故,离无我戏论,究竟寂静,故名为我";

"以得远离意生阴身因,故名为乐";"以世间、涅槃平等证故,故
名为常"。(4)"业"。指依如来藏能起"厌诸苦"、"求涅槃"之
心。(5)"相应"。指依如来藏而有"法身清净因"、"集佛智因"、
"得如来大悲因"三种清净因,以及"五通"(指神足通、天眼通、天
耳通、他心通、宿命通)、"知漏尽智"、"漏尽"三种清净果。
(6)"行"。指依如来藏而有"不实见凡夫"、"实见圣人"、"毕竟
成就如来法身"三种行相。(7)"时差别"。指依如来藏而有"不
净时"、"不净净时"、"善净时"三时差别,如来藏在"不净时",名
为众生;在"不净净时"(指将不净转变为净时),名为菩萨;在"善
净时"(指纯善纯净时),名为如来。(8)"遍一切处"。指如来藏
犹如虚空遍一切处,自性清净,平等无分别。(9)"不变"。指如
来藏无论在何时,法体都不变不异。(10)"无差别"。指如来藏
与"法身"、"如来"、"第一义谛"、"涅槃",名异而义同,"一味一
义,不相舍离"。如关于如来法身的"四种功德波罗蜜果",说:

> 净我乐常等,彼岸功德果,厌苦求涅槃,欲愿等诸业(以
> 上为《宝性论》本颂)。

> 此初半偈示现何义? 偈言:略说四句义,四种颠倒法,
> 于法身中倒,修行对治法(以上为释论作的新偈)。

> 此偈明何义? 彼信等四法,如来法身因此能清净。彼
> 向说四种法,彼次第略说对治四颠倒,如来法身四种功德波
> 罗蜜果应知。……何等为四? 所谓常波罗蜜、乐波罗蜜、我
> 波罗蜜、净波罗蜜应知,偈言修行对治法故。是故《圣者胜
> 鬘经》言:世尊,凡夫众生于五阴法,起颠倒想,谓无常常
> 想,苦有乐想,无我我想,不净净想(以上指"四种颠倒",即
> 本论称之为"于色等无常事中,起于常想;于苦法中,起于乐
> 想;于无我中,起于我想;于不净中,起于净想")。……若有

众生,信佛语故,于如来法身起常想、乐想、我想、净想。世尊,彼诸众生非颠倒见,是名正见。何以故?唯如来法身,是常波罗蜜、乐波罗蜜、我波罗蜜、净波罗蜜(以上为本颂、新偈的解释)。(卷三《一切众生有如来藏品》,第829页中、下)

六、《无量烦恼所缠品》(卷四)。解释《宝性论·无量烦恼所缠品》本颂六十颂(实释六颂),论述"如来藏"与"烦恼"的关系问题。如来藏无始以来自性清净,法体不变,由于受无量客尘烦恼所缠,致使它不能得到显现。本品以"九种譬喻"(出自《大方等如来藏经》),来说明如来藏为烦恼所缠的道理,它们是:(1)"萎华中诸佛"(又称"华佛譬喻")。指在萎瘁的莲华(花)丛中,有诸佛结跏趺坐,"言萎华者,喻诸烦恼;言诸佛者,喻如来藏"。(2)"群蜂中美蜜"(又称"蜂蜜譬喻")。指在群蜂围绕的岩树中,有淳甜的蜂蜜,"言群蜂者,喻诸烦恼;言美蜜者,喻如来藏"。(3)"皮糩等中实"(又称"糩实譬喻")。指在粗糙的皮糠中,有晶莹的粳米,"言皮糩者,喻诸烦恼;言内实者,喻如来藏"。(4)"粪秽中真金"(又称"粪金譬喻")。指在臭秽的粪堆中,有不慎坠落的真金,"粪秽譬喻者,诸烦恼相似;真金譬喻者,如来藏相似"。(5)"地中珍宝藏"(又称"地宝譬喻")。指在贫家的宅地下,埋有大宝藏,"地譬喻者,诸烦恼相似;宝藏譬喻者,如来藏相似"。(6)"诸果子中芽"(又称"果芽譬喻"),指在种植于地的果核中,有能长成大树的新芽,"果皮譬喻者,诸烦恼相似;子芽譬喻者,如来藏相似"。(7)"弊衣裹金像"(又称"衣像譬喻")。指在破弊的衣片中,裹有真金像,"弊衣譬喻者,诸烦恼相似;金像譬喻者,如来藏相似"。(8)"贫女怀轮王"(又称"女王譬喻")。指在贫贱丑陋女子的腹中,怀有当作转轮王的胎儿,

"贱女譬喻者,诸烦恼相似;歌罗逻(指初宿胎内之位)四大中有转轮王身喻者,如来藏相似"。(9)"泥模有宝像"(又称"模像譬喻")。指在铸师做的焦黑泥模中,有真金制成的宝像,"泥模譬喻者,诸烦恼相似;宝像譬喻者,如来藏相似"。

　　导致"真如佛性常客尘相",即自性清净的如来藏蒙受尘垢的烦恼,分为九种。(1)"贪使烦恼"。指世间贪欲众生身中所摄烦恼,"出世间智能断"。(2)"瞋使烦恼"。指世间瞋恚众生身中所摄烦恼,"出世间智能断"。(3)"痴使烦恼"。指世间愚痴众生身中所摄烦恼,"出世间智能断"。(4)"增上贪瞋痴结使烦恼"。指增上贪瞋痴众生身中所摄烦恼,"唯有不净观智能断"。(5)"无明住地所摄烦恼"。指阿罗汉身中所摄烦恼,"唯如来菩提智能断"。(6)"见道所断烦恼"。指凡夫身中所摄烦恼,"见出世间法智能断"。(7)"修道所断烦恼"。指圣人身中所摄烦恼,"修道智能断"。(8)"不净地所摄烦恼"。指"不究竟菩萨"身中所摄烦恼,"七住地(指初地至七地)中所对治法、八地已上三住地中修道智能断"。(9)"净地所摄烦恼"。指"毕竟究竟菩萨"身中所摄烦恼,"八地已上三地修道智所对治法、金刚三昧智能断"。概括地说,"如来藏"性质,分为二种。一是"空如来藏",指如来藏与一切烦恼不相应,"空如来藏,若离、若脱、若异一切烦恼藏";二是"不空如来藏",指如来藏与一切佛法功德相应,"不空如来藏,谓无上佛法,不相舍离相,不增减一法"。"如来藏"被客尘烦恼缠缚时,称为"有垢如",即有垢真如(又称"在缠真如");脱离客尘烦恼缠缚时,称为"无垢如",即无垢真如(又称"出缠真如")。如关于如来"自性清净心"与众生的"自性清净心"并无差别,说:

　　偈言:譬如诸色像,不离于虚空,如是众生身,不离诸佛智。以如是义故,说一切众生,皆有如来藏,如虚空中色。以性不改变,体本来清净,如真金不变,故说真如喻(以上为释论作的新偈)。

此偈明何义?明彼真如如来之性,乃至邪聚众生身中自性清净心,无异无差别,光明明了,以离客尘诸烦恼故。后时说言:如来法身如是以一真金譬喻,依真如无差别,不离佛法身故,说诸众生皆有如来藏,以自性清净心,虽言清净,而本来无二法故(以上为新偈的解释)。(卷四《一切众生有如来藏品》,第838页下)

七、《为何义说品》(卷四)。解释《宝性论·为何义说品》本颂四颂,论述大乘经论为何要说一切众生"皆有如来性(即佛性)"问题。本品全是偈颂,无长行。本颂说:"此中何故说,一切诸众生,皆有如来性,而不说空寂。以有怯弱心,轻慢诸众生,执著虚妄法,谤真如佛性。计身有神我,为令如是等,远离五种过,故说有佛性论。"大意是说,大乘经论为何要说一切众生"皆有如来性",而不说"空寂",目的是为了使众生远离五种过失,它们是:"有怯弱心"、"轻慢诸众生"、"执著虚妄法"、"谤真如佛性"、"计身有神我"。释论则以偈颂的形式,对此作了解释。

八、《身转清净成菩提品》(卷四)。解释《宝性论·身转清净成菩提品》本颂二十六颂,论述"转清净成菩提"问题。"转清净成菩提",指将"杂秽身"转变为"净妙身"而成就无上菩提。"杂秽身",指受客尘烦恼缠缚,使清净自性无法显现的众生身;"净妙身",指去除客尘烦恼缠缚,使清净自性得以显现的"真如性无漏法身",即"如来法身"。如来法身有八种义。(1)"实体"。指如来法身以"如来藏"为实体,"如来藏不离烦恼藏所缠,

以远离诸烦恼转身得清净"。(2)"因"。指如来法身以"出世间
无分别智"(又称"根本无分别智")、"世间出世间依止行智"(又
称"后得智")二种无分别智为生因。(3)"果"。指如来法身以
"离垢清净"(佛位)为结果。(4)"业"。指如来法身以远离"烦
恼障"、"智障"(又称所知障),成就自利、利他为业。(5)"相
应"。指如来法身与自利、利他的"无量功德"相应。(6)"行"。
指如来法身以"利益一切众生"为行相。(7)"常"。指如来法身
为利益众生,常不休息。(8)"不可思议"。指如来法身利益众
生,不可思议。如关于"自性清净"(指如来藏自性清净)与"离垢
清净"(指断离烦恼而得清净)的差别,说:

> 偈言:佛身不舍离,清净真妙法,如虚空日月,智离染
> 不二。过恒沙佛法,明净诸功德,非作法相应,不离彼实体。
> 烦恼及智障,彼法实无体,常为客尘染,是故说云喻。远离
> 彼二因,向二无分别,无分别真智,及依彼所得(以上为释论
> 作的新偈)。

> 此偈明何义? 向说转身实体清净,又清净者,略有二
> 种。何等为二? 一者自性清净,二者离垢清净。自性清净
> 者,谓(自)性解脱,无所舍离,以彼自性清净心体,不舍一切
> 客尘烦恼,以彼本来不相应故。离垢清净者,谓得解脱。又
> 彼解脱不离一切法,如水不离诸尘垢等而言清净,以自性清
> 净心,远离客尘诸烦恼垢,更无余故(以上为新偈的解释)。
> (卷四《身转清净成菩提品》,第841页中)

九、《如来功德品》(卷四)。解释《宝性论·如来功德》本
颂三十八颂,论述"如来功德"问题。"如来功德",指佛的六十四
种功德。(1)"十力"。指佛的十种智力,即"处非处果报,业及
于诸根"(即"处非处智力"、"自业智力"、"根胜劣智力")等。

（2）"四无畏"。指佛说法时所具有的四种无所畏惧的智德，即"如实觉诸法，遮诸阇道障"（指"现等正觉"、"说诸障法应当远离"）等。（3）"十八不共法"。指佛独有的十八种功德，即"佛无过无诤，无妄念等失"（指"诸佛身无失"、"口无失"、"念无失"、"无异想"）等。（4）"三十二大人相"。指佛具有三十二种显见的殊胜形相，即"足下相平满，具足千辐轮"（指"足下安平立相"、"足下二轮相"）等。

十、《自然不休息佛业品》（卷四）。解释《宝性论·自然不休息佛业品》本颂七十三颂（实释七颂），论述"佛业"问题。"佛业"，指佛的行业，"诸佛业自然而行，常不休息，教化众生"。

十一、《校量信功德品》（卷四）。解释《宝性论·校量信功德品》本颂四十一颂，论述信敬"三宝"的功德问题。说："佛性佛菩提，佛法及佛业"为"诸佛境界"，若有能信者，"得无量功德，胜一切众生"。

在大乘经典中，论述一切众生皆有"如来藏"的大乘经很多，如《大方等如来藏经》《大方广佛华严经》《央掘魔罗经》《大法鼓经》《胜鬘师子吼一乘大方便方广经》《楞伽阿跋多罗宝经》《大般涅槃经》《不增不减经》《无上依经》等。而论述一切众生皆有"如来藏"的大乘论相对较少，主要有《究竟一乘宝性论》《佛性论》《摄大乘论释》《大乘起信论》《大乘法界无差别论》等。唐法藏《大乘法界无差别论疏》将大小乘经论判为"随相法执宗"、"真空无相宗"、"唯识法相宗"、"如来藏缘起宗"四宗，称《大乘起信论》《宝性论》为"如来藏缘起宗"的论书（见《大乘法界无差别论疏》）。由于《大乘起信论》存在着真伪之争，这样，《宝性论》也就成了研究如来藏思想的主要论书，被称为"如来藏思想之大成"（见日本高崎直道等《如来藏思想》，李世杰译，贵州大学出版社2013年12月版）。

陈真谛译《佛性论》四卷

《佛性论》,四卷。印度天亲(即世亲)造,陈真谛译,约译于永定二年(558)至光大二年(568)之间。隋法经等《众经目录》卷五著录。载于《丽藏》"当"函、《宋藏》"竭"函、《金藏》"当"函、《元藏》"竭"函、《明藏》"匪"函、《清藏》"匪"函、《频伽藏》"暑"帙,收入《大正藏》第三十一卷。

本书是一部论述"一切众生悉有佛性"理论的著作。全书分为四分,依次为《缘起分》《破执分》《显体分》《辨相分》,后三分又下设品,总计十六品。书中所述的义理,有些与《究竟一乘宝性论》中的第五品《一切众生有如来藏品》、第六品《无量烦恼所缠品》、第七品《为何义说品》是相近的,故有学者认为它是"从《宝性论》加以改编的"(见日本高崎直道《如来藏思想》),事实上,这正是因为《究竟一乘宝性论》与本书的作者同是世亲的缘故。另外,本书正文中有十六处出现"释曰"、一处出现"释曰",从文意上推断,它们都是本书原文的注释,这很可能是真谛在传译时所作的口解,而被录入正文,也可能是后人将真谛所撰《佛性义》(隋费长房《历代三宝纪》卷九著录,后佚)的少量释文,抄入所致,不能由此推断全书的作者不是世亲。

一、《缘起分》(卷一)。解释佛说"一切众生皆有佛性"的缘由。佛为何要说"一切众生皆有佛性",目的是为了"灭五过失,生五功德"。(1)"灭五过失"。此为《宝性论·为何义说品》所说,指除灭众生的五种过失,即"为令众生离下劣心";"为离慢下品人";"为离虚妄执";"为离诽谤真实法";"为离我执"。(2)"生五功德"。指生起众生的五种功德,即"起正勤心";"生恭敬事";"生般若";"生阇那(意译智)";"生大悲"。

二、《破执分》(卷一)。破斥小乘、外道和一些大乘学人对佛性的偏执。下分三品。

(一)《破小乘执品》(卷一)。破斥小乘所执的"无性"(无佛性)论。小乘部派对佛性的看法不一,"若从分别(说)部说,则不信有无性(指无佛性)众生;若萨婆多等部说,则不信(众生)皆有佛性"。分别(说)部(据真谛译《部执异论》此指"说假部",一说指上座部)说:"一切凡圣众生,并以空为其本,所以凡圣众生,皆从空出,故空是佛性,佛性者即大涅槃。"意思是说,一切众生皆以"空"为根本,"空"就是佛性,就是涅槃。这是从空性的角度,说众生有佛性的。而萨婆多部(指说一切有部)等部派则说:"一切众生无有性得佛性,但有修得佛性。"意思是说,一切众生没有天生具有的佛性,只有修习所得的佛性。这是从众生有"有性(指佛性)"、"无性"的差别,有些人有佛性,有些人无佛性的角度,说"无性众生"(无佛性者)的。所谓"无性众生",是指"一阐提"(指断绝善根者)、"犯重禁者"(指犯戒律中的重罪者),他们定无佛性,永远不得涅槃。书中以有佛性论者"问执无性"者的方式,着重对萨婆多等部的"无性"论作了难破,指出:"一切众生皆悉本有清净佛性,若永不得般涅槃者,无有是处。是故佛性决定本有,离有、离无故。"如关于萨婆多部等部对"佛性"的看法,以及本论的问难,说:

　　若依毗昙萨婆多等诸部说者,则一切众生无有(本)性得佛性,但有修得佛性。分别众生,凡有三种:一定无佛性,永不得涅槃,是一阐提、犯重禁者;二不定有无,若修时即得,不修不得,是贤善共位以上人故;三定有佛性,即三乘人。一声闻从苦忍以上,即得佛性;二独觉从世法以上,即得佛性;三者菩萨十回向以上是不退位时,得于佛性。……有佛性者,问执无(佛)性曰:汝云何有无(佛)性众生,永不般涅槃？答曰：众生既有种种粗妙不同，故知理有有(佛)性、无(佛)性。……问曰：汝信有众生种种粗妙等界，即令信有无(佛)性众生者，亦应信有无根众生耶。……若汝言无有无根众生者，我亦说无有无(佛)性众生。(卷一《破执分·破小乘执品》，《大正藏》第三十一卷，第787页下—第788页上)

(二)《破外道品》(卷一)。破斥外道所执的"自性"论。外道"鞞世师"(指胜论师)、"僧佉"(指数论师)等，不承认众生有佛性，只承认诸法(事物)有自性，说："一切诸法，皆有自性，等有不空，性各异故"，"若诸法悉空，无自性者"，"自性既无，应可转火为水，转于涅槃，更作生死"。意思是说，一切诸法都各有自己的体性，实有不空，相别相异；若依佛教所说，一切诸法本性空寂，没有自性，那么，火应可转变为水，涅槃应可转变为生死。本论对此作了破斥，指出，"一切诸法，无有自性。何以故？依因缘生故。譬如火依他而生，离樵即不可见"，"若火有自性，则应离樵空中自燃"；"故知一切法如实无自性，唯真实空是其体性"。

(三)《破大乘见品》(卷一)。破斥大乘学人所执的"俗有真无"论。一些大乘学人执著"有"、"无"，说："一切有，皆由俗谛；一切无，皆由真谛"；"一切诸法无有自性，是为真实；于无自性法中，说有自性，是名俗谛，以于无中假说有故"。意思是说，一切诸法都可以用"俗有真无"的"二谛"论来解释，从真谛来看，一切诸法没有自性，可称为"无"；从俗谛来看，一切诸法有自性，可称为"有"。本论对此作了破斥，指出，"二谛不可说有，不可说无，非有非无故。真谛不可说有，不可说无者，无人、法故，不可说有；显二空故，不可说无。俗谛亦尔，分别性(又称遍计所执性)故，不可说有；依他性(又称依他起性)故，不可说无"。也就是说，称"俗谛"为"有"，"真谛"为"无"，乃是初层次的方便之说；从更高的层次上作观察，无论"真谛"，还是"俗谛"，既不是"有"，也不是"无"，而是远离"有"、"无"二边的"非有非无"。

三、《显体分》(卷二)。论述佛性的体性问题。下分三品。

(一)《三因品》(卷二)。论述佛性的"三因"问题。"三因"，指的是：(1)"应得因"。指由"二空"(人空、法空)所现的"真如"，"由此空故，应得菩提心，及加行等，乃至道后法身，故称应得"。(2)"加行因"。指"菩提心"，"由此心故，能得三十七品、十地、十波罗蜜助道之法，乃至道后法身，是名加行因"。(3)"圆满因"。指"加行"，"由加行故，得因圆满，及果圆满。因圆满者，福、慧行；果圆满者，谓智、断、恩德"。"三因"中，"应得因"以"无为如理"为体，具有"三种佛性"，即："住自性性"，指在见道之前的凡夫位本来具有的佛性；"引出性"，指从初发菩提心至菩萨十地的阶位所引出的佛性；"至得性"，指菩萨修行圆满在佛位所证得的佛性。而"加行因"、"圆满因"二因，则以"有为愿行"为体。

(二)《三性品》(卷二)。论述"三性"问题。"三性"，指"三自性"、"三自性"。本品先说"三无性"，后说"三自性"。"三无性"，指一切事物无三种自性(此依密意而言，为依"三自性"而立的空义)。(1)"无相性"(又称"相无性")。依"分别性"而立的空义，指虚妄分别所执取的事物无自性。"无相性者，一切诸法但名言(指名字言说)所显，自性无相貌故，名无相性"。(2)"无生性"(又称"生无性")。依"依他性"而立的空义，指依众缘所生的事物无自性。"无生性者，一切诸法由因缘生故，不由自能生，自、他并不成就故，名无生性"。(3)"无真性"(又称"真实无性"、"胜义无性")。依"真实性"而立的空义，指真如为胜义，远离遍计所执的我、法性，假说无性，非性全无。"无真性者，一切诸法离真相故,无更别有实性可得故,名无真实性"。佛依"无相性",说"一切诸法无生无灭,本来寂静,自性涅槃";依"无生性",说"一切诸法譬如幻化";依"真实性",说"一切诸法譬如虚空"。

"三自性",指一切事物有三种自性(此依显意而言)。(1)"分别性"(又称"遍计所执自性")。指凡夫对外境作周遍计度、虚妄分别,将它们执为实有的自性,即依"名言"(指名字言说)而建立的自性。"此性但是名言(指名字言说)所显,实无体相,是名分别性"。(2)"依他性"(又称"依他起自性")。指一切事物依赖众缘和合(各种条件的聚合)而生起的自性,即依"众缘所生"而建立的自性。"依他性者,是十二因缘所显道理,为分别性作依止故,故立依他性"。(3)"真实性"(又称"圆成实自性")。指在"依他性"的基础上,远离"分别性",证见由"人"、"法"二空所显示的一切事物的实性,即由"根本无分别智"所证的"诸法真如"。"真实性者,一切诸法真如,圣人无分别智境,为清净二性(指分别性、依他性),为解脱三(指第三性真实性),或为引出一切诸德故,立真实性"。

"三自性"有十种义。①"分别名"。指"三自性"各自的名义(见前)。②"缘成",指"三自性"各缘何因而得以显现。"分别性",由缘"名相"而得显现;"依他性",由缘"执分别性"而得显现;"真实性",由缘"分别、依他二性极无所有"而得显现。③"摄持"。指"五法"(指"相"、"名"、"分别思惟"、"圣智"、"如如")摄持"三自性"。"五法"中的"相"(相状)、"名"(名称)、"分别思惟"三法是"世间智";"圣智"是"出世智";"如如"(即真如)是"无为境"。④"体相"。指"三自性"为诸真谛的"通体",又各有"别体"。就通体而言,"由此三性,通能成就一切诸余真谛","诸真谛不出三性"。就别体而言,"于三性中,各有实义":"分别性体,恒无所有";"依他性体,有而不实";"真实性体,有、无皆真

如如之体,非有非无故"。⑤"应知"。指应知"三自性"能通达
"三解脱门"(指空、无愿、无相),能除"三障"(指解脱障、禅定障、
一切智障)。"知分别性,能通达空解脱门,能除肉烦恼";"知依
他性,通达无愿解脱门,能除皮烦恼";"知真实性,能通达无相解
脱门,能除心烦恼"。⑥"因事说"。指佛由"三自性"而说"了义
经"、"不了义经"。"如缘有灯故,知物在暗中,后时因灯,能得了
现暗中之物,如来亦尔,由有著(指执著)三性者故,说不了义经;
达三性者,自然显了,名了义经"。⑦"依境"。指"三自性"各自
所缘的境界。"分别性"所缘的是"凡(夫)惑境";"依他性"所缘
的是"圣凡俗智境";"真实性"所缘的是"无分别圣智境"。
⑧"通达"。指修观行人,若如实了知"分别性",就能照了"真实
性"。⑨"若无等"。指若无"三自性"的过失。"若无分别性,则
名言(指名字言说)不立,名言不立故,则依他性不得成就,乃至
净、不净品并皆不立";"若无依他性,一切烦恼不由功用,应自能
灭,若尔净品亦不得成";"若无真实性,则一切(指别摄真俗)、一
切种(指通摄真俗)清净境不得成故"。⑩"依止"。指"三自性"
各依何法而成。"分别性"依前述五法中的"相"、"名"、"思惟"而
成;"依他性"依前述五法中的"相"、"名"、"思惟"三法而成;"依
他性"依"相"、"名"、"分别"(即思惟)、"圣智"四法而成;"真实
性",是"无住无著,无有依处"的。如关于"真实性"是一切染净
诸法的共同依止处,"不可得说定净、不净",说:

　　问曰:是真实性者,为可立净,为立不净? 答曰:不可
得说定净、不净。若定净者,则一切众生不劳修行,自得解
脱故;若定不净者,一切众生修道,即无果报。若定净者,则
无凡夫法;若定不净者,则无圣人法。何以故? 净、不净品,
皆以如(指真如)为本故。若其定净,不即无明;若其不净,

不即般若。此两处如性(指真如性)不异,故此真如非净非不净。(卷二《显体分·三性品》,第795页中、下)

(三)《如来藏品》(卷二)。论述"如来藏"的名义问题。"如来藏"三字中,"如"字含有"如如智"、"如如境"二义,前者指"能"(主体),后者指"所"(客体);"来"字含有"来至"、"至得"二义,前者指"因"(因位),后者指"果"(果位);"藏"字含有"所摄藏"、"隐覆藏"、"能摄藏"三义。(1)"所摄藏"。指一切众生为"如来智"所摄藏。"所言藏者,一切众生悉在如来智内,故名为藏"。(2)"隐覆藏"。指"如来性"(即佛性)常住不变,只是在因位时被烦恼所覆盖,故隐没不现。"此如性(指如来性),从住自性性(因位),来至至得(果位),如体不变异,故是常义。如来性住道前时,为烦恼隐覆,众生不见,故名为藏"。(3)"能摄藏"。指一切众生在因位就已摄尽果位的一切功德。"能摄为藏者,谓果地一切过恒沙数功德,住如来应得性(因位)时,摄之已尽故"。

四、《辩相分》(卷二至卷四)。论述佛性的"十相"(十种相状)问题。下分十品。

(一)《自体相品》(卷二)。论述佛性的"自体相"问题。佛性的"自体相",可分为"通相"、"别相"二种。(1)"通相"。指佛性的"自性清净"。"自性清净是其通相义","如来性在烦恼中无所染污故"。(2)"别相"。指佛性有"如意功德性"、"无异性"、"润滑性"。①"如意功德性"。指佛性犹如如意宝珠,随其意乐,自然得成,具有"五藏"义。一是"如来藏",指佛性有"自性"义,"自性是其藏义,一切诸法不出如来自性,无我为相故,故说一切诸法为如来藏";二是"正法藏",指佛性有"因"义,"因是其藏义,以一切圣人四念处等正法,皆取此性作境,未生得生,已生得满,是故说名为正法藏";三是"法身藏",指佛性有"至得"(果)

义，"至得是其藏义，此一切圣人信乐正性，信乐愿闻，由此信乐心故，令诸圣人得于四德（指法身的常、乐、我、净），及过恒沙数等一切如来功德，故说此性名法身藏"；四是"出世间藏"，指佛性有"真实"义，"真实是其藏义"，"此法能出世间，故名真实为出世藏"；五是"自性清净藏"，指佛性有"秘密"义，"真实是其藏义，若一切法随顺此性，则名为内，是正非邪，则为清净；若诸法违逆此理，则名为外，是邪非正，名为染浊，故言自性清净藏"。②"无异性"。指佛性平等，凡夫、圣人、诸佛的佛性无有差异，"如土、银、金器，此三虽异，而其性等皆是空，空处不别故，名无别异性"。③"润滑性"。指佛性以大悲为用，犹如水能润物，能使一切众生"背失向德"（指远离过失，趣向清净），"润滑性者，辩如来性于众生中，现因果义，由大悲于众生软滑为相故"，"大悲者，能永救济，恒不舍离故；润滑者，润以显其能摄义，滑者显其背失向德义"。如关于"大悲"与"悲"的区别，说：

　　大悲者，有三义。一体、二大、三别异。一体义者，以般若为体。……二大义者，有五：一为资粮，二为相，三为行处，四为平等，五为最极。……三别异义者，有八种：一为自性差别，悲无量者以无瞋为性，大悲者以无痴为性；二为相差别，悲者以苦苦为相，大悲者以三苦为相；三为行处差别，悲者以欲界为境界，大悲者通三界为境界；四为地差别，悲者以第四禅为其地，大悲者以无流如来果为其地；五境界差别，悲者以凡夫及二乘为境界，大悲者唯菩萨与佛为境界；六为德差别，悲者以离欲欲界德，大悲者离欲三界德；七为救济有差别，悲者但有拔苦之心，无拔苦事，大悲者有心有事；八为究竟不究竟差别，悲者能小暂救济，不能真实救，大悲者能永救济，恒不舍离故。（卷二《辩相分·自体相

品》,第796页下—第797页上)

(二)《明因品》(卷二)。论述佛性的"因相"问题。佛性的"因相",指"四因",它能除"四障"。"四因",指"信乐大乘"、"无分别般若"、"破虚空三昧"、"菩萨大悲";"四障",指"憎背大乘"、"身见计执"、"怖畏生死"、"不乐观利益他事"。

(三)《显果品》(卷二)。论述佛性的"果相"问题。佛性的"果相",指如来法身有"四德波罗蜜",即到彼岸的四种功德,即"常波罗蜜"、"乐波罗蜜"、"我波罗蜜"、"净波罗蜜"。它是对治外道、小乘的"常、乐、我、净"四颠倒的修行结果,"于色等五阴实是无常,起于常见;实苦起乐见;实无我起我见;实不净起净见,是名四倒"。(1)"常波罗蜜"(又称"大常波罗蜜")。指如来法身常住不变,此德由远离"断见"、"常见"二执而建立。"有二种因缘,说如来法身有大常波罗蜜:一无常生死不损减者,远离断边;二常住涅槃无增益者,远离常边,由离此断、常二执故,名大常波罗蜜"。(2)"乐波罗蜜"(又称"大乐波罗蜜")。指如来法身寂灭安乐,此德由灭尽众苦而建立。"有二种因缘,说如来法身有大乐波罗蜜:一由一切苦集相灭尽无余故,拔除习气相续尽故;二由一切苦灭相证得故,三种意生身(指由意力所成的变化身)灭不更生故,苦灭无余,是名大乐波罗蜜"。(3)"我波罗蜜"(又称"大我波罗蜜")。指如来法身自在自主,此德由远离外道的"我执"、二乘(声闻、缘觉)的"无我执"而建立。"有二种因缘,说如来法身有大我波罗蜜:一由远离外道边见执故,无有我执;二由远离二乘所执无我边故,则无无我妄执,两执灭息,故说大我波罗蜜"。(4)"净波罗蜜"。指如来法身清净无垢,此德由本性清净的"通相"、无垢清净的"别相"而建立。"有二因缘故,说如来法身有大净波罗蜜:一者本性清净名为通相,二者无垢清净故名别相。本性清净,通圣凡有,故名为通;无垢清净,但佛果有,所以名别"。

(四)《事能品》(卷二)。论述佛性的"事能相"问题。佛性的"事能相",指佛性的清净性有二种作用。一是"于生死苦中,能生厌离",二是"于涅槃,欲求乐愿",概括地说,就是厌离生死,乐求涅槃。佛经上,有的说"一阐提人虽复断善,犹有佛性",有的说"阐提众生决无般涅槃性",这二说并不相违(指矛盾),"言有性者,是名了说;言无性者,是不了(义)说",也就是说,说一阐提人有佛性,为"了义"(究竟显了之义);说一阐提人无佛性,为"不了义"(方便隐密之义)。

(五)《总摄品》(卷三)。论述佛性的"总摄相"问题。佛性的"总摄相",指佛性有二种摄持相。(1)"因摄"。指佛性在因地("如来性清净")有三种法,即:"法身清净因",指"修习信乐大乘";"佛智德生因",指"修习般若及禅定";"佛恩德因",指"修习菩萨大悲"。"此三法于因地中,为所依能依,故说总摄,名如来法海,是名因摄"。(2)"果摄"。指佛性在果地("如来法身")有三种法,即:"神通",指"六神通",即天眼通、天耳通、他心通、宿命通、神足通、漏尽通;"流灭",指"尽(智)、无生智能烧除业烦恼";"显净",指"尽(智)、无生(智)境名转依,极清净故"。"转依"有四种相:一是"生依",指佛的"无分别道"(清净法)须依"转依"而生;二是"灭依",指"一切诸惑及习气"(染污法)须依"转依"而灭;三是"善熟思量果",指长时修行为"转依"之因,善熟思量后所知的"真如"为"转依"之果;四是"法界清净相",指"真如"(又称"法界")的清净相,只有在灭尽"一切妄想"的"转依"之后,才能得以显现。如关于"转依"的四种相,说:

　　　转依者,胜声闻、独觉、菩萨三人所依止法故。又有四

种相应知：一者为生依，二灭依，三善熟思量果，四法界清
净相。一生依者，佛无分别道相续依止。若不缘此法，无分
别道即不得生；以依缘此故，名此法为道生依。二灭依者，
一切诸惑及习气究竟灭不生，无所依止故。若不依此转依
法究竟灭惑者，则声闻、独觉与佛灭惑不异；由不同故，故知
此法为究竟灭惑依止。三善熟思量果者，善正通达，长时恭
敬，无间无余等修习所知真如，是转依果。若在道中，转依
为因；若在道后，即名为果。……四法界清净相者，一切妄
想于中灭尽故，此法界过思量、过言说所显现故，故以法界
清净为相。此即心行处灭，言语道断，不可诠名，方是得无
所得真如理故。（卷三《辩相分·总摄品》，第801页中）

（六）《分别品》（卷三）。论述佛性的"分别相"问题。佛性
有二种相：（1）"通相"，指"一切法"、"如如"、"清净"。"一切法
者，即三性（指分别性、依他性、真实性）法。如如者，俗如即真
如，真如即俗如，真俗二如，无别异故。清净者，有二种：一者因
中如如，未得无垢果地如如，无复垢秽故；二者因果俱净，因中是
无染清净，至果无垢清净故。如此等义，是佛性通相"。（2）"分
别相"，指"凡夫"、"圣人"、"如来"。"佛性中分别众生，自有三
种：一者不证见佛性，名为凡夫；二者能证见佛性，名为圣人；三
者证至此理究竟清净，说名如来"。

（七）《阶位品》（卷三）。论述佛性的"阶位相"问题。佛性
有三种阶位：一是"不净位"，指"众生界"；二是"净位"，指"菩萨
地"；三是"最清净位"，指"佛地"。

（八）《遍满品》（卷三）。论述佛性的"遍满相"问题。佛性
遍满于三种阶位，平等无差别。"譬如土、银、金等器中，虚空遍
满，平等无差别，如来法界遍满三位中，亦复如是，是故从位次

第，说此遍满"。

（九）《无变异品》（卷四）。论述佛性的"无变异相"问题。佛性有六种无变异相。一是"无前后际变异"，指佛性在三世（过去、现在、未来）无变异；二是"无染净异"，指佛性在染位、净位无变异；三是"无生异"，指佛性在众生生时无变异；四是"无转异"，指佛性在众生异时无变异；五是"无依住异"，指佛性在众生住时无变异；六是"无灭异"，指佛性在众生灭时无变异。

（十）《无差别品》（卷四）。论述佛性的"无差别相"问题。佛性的"无差别相"，指佛性的"四义"、"四名"、"四人"、"四德"无有差别。（1）"四义"。指佛性的四种意义，即："一切佛法前后不相离"，指佛具足一切功德；"一切处皆如"，指一切处有真如佛性；"非妄想倒法"，指佛性非妄想颠倒法；"本性寂静"，指佛性本来自性寂静。（2）"四名"。指依"四义"而立的四种名称，即"法身"、"如来"、"真实谛"、"般涅槃"。"由佛法不相离故，说名法身；二由性一切处如，故名如来；三由无虚妄颠倒故，名真实谛；四由本来寂静故，名般涅槃"。（3）"四人"。指依"四义"而分的四种人，即："身见人"，指凡夫；"颠倒人"，指二乘人，即声闻、缘觉；"散动心人"，指始行大乘菩萨中的"迷如来藏"的二种人（一种人认为，"一切诸法，未分析时，是名为有，若分析竟，乃名为空"；另一种人认为，"有实法，名之为空，我今应修应得"）；"十地菩萨"，指从初地"欢喜地"至第十地"法云地"的菩萨。（4）"四德"。指依"四义"而显的四种功德，即"一切功德"，指菩萨十地中的第八地"不动地"；"无量功德"，指第九地"善慧地"；"不可思惟功德"，指第十地"法云地"；"究竟清净"，指佛地。

本书的主题是论述"佛性"，但书中对瑜伽行派有关"三自性"等理论，也作了详尽的阐述。有学者认为，这是真谛以"瑜伽学"所说，去解说、比附、充实"如来藏学"（见印顺《如来藏之研究》)。这种说法是不确切的,因为这并不是译者真谛的思想,而是作者世亲的思想,反映了世亲后期思想的一些变化。

本书译出之后,对隋唐各宗派的义理学产生过很大的影响。隋吉藏《法华义疏》、唐道宣《四分律删繁补阙行事钞》、窥基《成唯识论述记》、慧沼《能显中边慧日论》、遁伦《瑜伽论记》、智俨《华严经内章门等杂孔目》、法藏《华严经探玄记》、澄观《大方广佛华严经疏》、湛然《金刚錍》等,均在论述中,征引本书,以为典据。

唐提云般若等译《大乘法界无差别论》一卷

《大乘法界无差别论》,又名《法界无差别论》《如来藏论》,一卷。印度坚慧造,唐提云般若等译,天授二年(691)译出。唐明佺等《大周刊定众经目录》卷六著录。载于《丽藏》"命"函、《宋藏》"临"函、《金藏》"命"函、《元藏》"临"函、《明藏》"逸"函、《清藏》"逸"函、《频伽藏》"暑"帙,收入《大正藏》第三十一卷。

坚慧(约五世纪末),音译"娑啰末底",中天竺人,为刹帝利种姓。聪叡逸群,备穷俗典,出家学道,慧解逾明,大小乘教,无不综练,专行菩萨行。据《大唐西域记》卷十一说:坚慧与德慧(唯识十大论师之一)是朋友,两人一起游至南印度伐腊毗国,"去城不远,有大伽蓝,阿折罗阿罗汉之所建立,德慧、坚慧菩萨之所游止,于中制论,并盛流布"。坚慧的著作见存的,即是本书。生平事迹见唐玄奘《大唐西域记》卷十一、法藏《大乘法界无差别论疏》等。

提云般若(约七世纪),音译又作"提云陀若那",意译"天智"、"天慧",于阗国人。学通大小乘,解兼真俗,咒术禅门,无不谙晓。武则天永昌元年(689)来至洛阳,敕住魏国东寺(后改称大周东寺),翻译佛经。至天授二年(691),共译出《大方广佛华严经不思议佛境界分》《大方广佛华严经修慈分》《大乘造像功德经》《智炬陀罗尼经》《诸佛集会陀罗尼经》《大乘法界无差别论》等六部七卷(据《开元释教录》卷九),其本均存。生平事迹见唐法藏《大乘法界无差别论疏》、智升《开元释教录》卷九、北宋赞宁《宋高僧传》卷二等。

　　本书是一部论述"菩提心"(指求无上菩提之心)十二种义的著作。全书以偈颂与长行解释相结合的方式,对菩提心十二种义,即"果"、"因"、"自性"、"异名"、"无差别"、"分位"、"无染"、"常恒"、"相应"、"不作义利"、"作义利"、"一性",作了简明的论述。传今的文本只有两个:一个为五言颂本(《大正藏》编号为NO.1626),由五言颂二十四首(为正颂)、七言颂一首(为第十种义"不作义利"的结颂)及其长行解释构成,采用一段偈颂、一段释文对应编排的方式编纂;另一个为七言颂本(《大正藏》编号为NO.1627),书名下有"一名《如来藏论》",由七言颂二十首(为正颂)、五言颂二首(为全书的总摄颂)及其长行解释构成,采用先总列全书偈颂,后出长行解释(行文中夹有五言颂二首)的方式编纂。二本的语句虽有出入,但所述的菩提心十二种义是相同的。以此推断,五言颂本为初本,七言颂本为改译本,译者都是提云般若。由于五言颂本中,偈颂与释文是对应编排的,眉目清晰,又是唐法藏《大乘法界无差别论疏》使用的底本,流行较广,故今据五言颂本解说。

　　本书所述的"菩提心"十二种义,指的是:

　　(1)"果"。指菩提心以涅槃、菩提为所得之果。"何者名为菩提心果,谓最寂静涅槃界,此唯诸佛所证,非余能得";"能益世善法、圣法及诸佛"。

　　(2)"因"。指菩提心以"信"(正信)、"般若"(智慧)、"三昧"(禅定)、"大悲"为生起之因。"于法深信,为菩提心种子;智慧通达为母；三昧为胎藏，由定乐住一切善法得安立故；大悲为乳母，以哀愍众生，于生死中无有厌倦，一切种智得圆满故"。

(3)"自性"。指菩提心以"无染著"为自性，有二种相。一是"离染清净相"，指菩提心自性清净，无所染著，犹如火、摩尼宝、虚空、水等，虽受灰、垢、云、土覆翳，但自性无染；二是"白法所成相"，指菩提心为一切白法(指世间、出世间善法)所依，又以一切白法为自性，如须弥山为众宝所依，又以众宝合成。如关于菩提心的自性，说：

> 颂曰：自性无染著，如火宝空水，白法所成就，犹如大山王(指须弥山；以上为偈颂)。
>
> 复次，应知此菩提心因积集已，有二种相，谓离染清净相、白法所成相。离染清净相者，谓即此心自性不染，又出客尘烦恼障得清净，譬如火、摩尼宝、虚空、水等，为灰、垢、云、土所覆翳时，虽其自性无所染著，然犹远离灰等故，令火等得清净。如是一切众生自性无差别心，虽贪等烦恼所不能染，然犹远离贪等故，其心得清净。白法所成相者，谓如是自性清净心，为一切白法所依，即以一切白净法而成其性。如说须弥山众宝所依，即以众宝而合成故(以上为偈颂的解释)。(《大正藏》第三十一卷，第892页中、下)

(4)"异名"。指菩提心在果位名为"如来法身"，具有"常波罗蜜"、"乐波罗蜜"、"我波罗蜜"、"净波罗蜜"四德；在因位名为"自性清净心"、"不思议法"(又称"不思议佛法")。

(5)"无差别"。指菩提心在一切众生身中，有十种无差别相，即"无作"、"无初"、"无尽"、"无染浊"、"性空智所知"、"无形相"、"圣所行"、"一切法所依"、"非常"、"非断"。

(6)"分位"。指菩提心在"不净位"中，名为众生界；在"染净位",名为菩萨;在"最清净位",名为如来,即"不净众生界,染中净菩萨,最极清净者,是说为如来"。

(7)"无染"。指菩提心在"不净位",虽被客尘烦恼所覆蔽,但本性清净,不受其染,犹如日轮为云雾所翳,而自体常清净。

(8)"常恒"。指菩提心寂静常住,在"生"、"老"、"死"中,不变不断,犹如虚空,虽劫灾火起,不能为害。

(9)"相应"。指菩提心与诸佛功德法相应。"如来藏"的性质分为二种。一是"空如来藏",指如来藏与一切烦恼不相应,"所谓空如来藏,一切烦恼若离若脱智";二是"不空如来藏",指如来藏与一切佛法功德相应,"不空如来藏,过恒河沙不思议诸佛法不离不脱智"。菩提心与诸佛功德法相应,便是就"不空如来藏"而言的。

(10)"不作义利"。指菩提心在"不净位",由于被客尘烦恼所覆蔽,不作义利,不能产生饶益众生的功用。

(11)"作义利"。指菩提心在"清净位",由于去除了客尘烦恼的覆蔽,能作义利,产生饶益众生的功用。

(12)"一性"。指菩提心无论是在因位为"众生界",还是在果位为"如来法身",平等一味,无有差别。

本书的注疏有:唐法藏《大乘法界无差别论》一卷、现代吕澂《大乘法界无差别论讲要》(收入《吕澂佛学论著选集》,齐鲁书社 1991 年 7 月版)等。

第十五品　唐玄奘译《观所缘缘论》一卷
　　　　　附:陈真谛译《无相思尘论》一卷
　　　　　　　唐义净译《观所缘论释》一卷

《观所缘缘论》,又名《观境论》,一卷。印度陈那造,唐玄奘译,显庆二年(657)译出。唐道宣《大唐内典录》卷五著录(译经时间据唐智升《开元释教录》卷八)。载于《丽藏》"尽"函、《宋藏》"命"函、《金藏》"尽"函、《元藏》"命"函、《明藏》"投"函、《清藏》"投"函、《频伽藏》"来"帙,收入《大正藏》第三十一卷。

本书是一部破斥小乘关于心识"所缘"之境为"外色"(指心外实有的色法)的观点,论述大乘唯识学关于"所缘"之境为"内色"(指由心识所变现的境相)理论的著作,也是陈那"因明八论"之一,即唐义净《南海寄归内法传》卷四所说的《观境论》。但从总体上来说,它是义理学著作。书名中所说的"所缘缘",为佛教重要理论"四缘"之一。"四缘",指一切有为法(有因缘造作和生灭变化的事物)生起的四种条件。一是"因缘"(又称"亲因缘"),指一切事物能亲生自果的内在原因;二是"等无间缘"(又称"次第缘"),指在"心"(指心识)、"心所"(指依心而起的心理活动)的活动中,"前念"的刹那灭,为"后念"的刹那生的条件;三是"所缘缘"(又称"缘缘"),指"心"、"心所"以所缘的境界,为产生认识的条件("所缘缘"指以所缘为缘);四是"增上缘",指事物以自身以外的一切他物,为生起的条件。关于"所缘缘"的性质,小乘部派认为,心识(包括"心所")"所缘"之境为"外色",五识是"心法",五境是"色法",境在心外,各别实有,是独立于心识之外的物质现象;而大乘唯识学则认为,心识"所缘"之境为"内色",心识有生起"见分"、"相分"的功能,"见分"指五识对境相的了别,即认识作用;"相分"指五识所变现的境相,即认识对象,故境由心变,心外无境,它们同属于精神现象,是假有而非实有。本书主要破斥了小乘部派关于"以外色作所缘缘"的各种观点,阐述了大乘唯识学"惟内境相为所缘缘"的主张。全书由八颂(每颂五言四句)及其长行解释构成,采用一首偈颂、一段长行相对应的方式编纂。偈颂中,含有因明三支作法,即由"宗"(指命题)、"因"(指理由)、"喻"(指譬喻)构成的论式。

一、前部分。始"诸有欲令眼等五识,以外色作所缘缘者",终"是故五识所缘缘体,非外色等,其理极成",破斥小乘关于心识"所缘"之境为"外色"(指心外实有的色法)的观点。

(1) 破斥"极微"说。说一切有部以"极微"(最微细、不可再分的物质元素)为五识的"所缘缘",认为五识所缘的五境是由"极微"构成的,"极微"有实体,能引生识,故"执极微许有实体,能生识故"。对此,作者先作颂为量(比量),加以破斥。偈颂说:"极微于五识,设缘非所缘,彼相识无故,犹如眼根等。"颂文中,"极微"是三支作法中宗支(命题)的"前陈"(又称"有法"),即命题的主词(又称主项,即事物),"于五识设缘非所缘"是宗支的"后陈"(又称"法"),即命题的宾词(又称谓项,即事物的属性),二句合称"极微非所缘",构成"宗"(指命题);"彼相识无故"为"因"(指理由);"犹如眼根等"为"喻"(指譬喻;以上参见明代明昱《观所缘缘论会释》)。意思是说,可以认可"极微"是引生五识的"缘"(条件),但它不是五识的"所缘"(认识对象),因为"极微"是眼睛看不见的东西,在五识上没有它的形相,这就好比五根是引生五识的"缘",但它不是五识的"所缘"。在偈颂之后的长行中,作者进一步解释说:"所缘缘者,谓能缘识带彼相起,及有实体,令能缘识托彼(指相)而生色等极微。"意思是说,"所缘缘"须具足"所缘"、"缘"二义(又称二支)。"所缘",指五识不孤生,生时能带起相应的五境,作为所缘之境,此为"作所缘";"缘",指五境不独起,起时必引生相应的五识,作为生识之缘,此为"能生识"。以"所缘缘"二义来评判"极微"说,"极微"只有"缘"义,缺"所缘"义。

(2) 破斥"和合相"说。经部以"极微"的"和合相"为五识的"所缘缘",认为"和合相"是五识生起时所带起的境相,故"执和

合,以识生时带彼相故"。对此,作者作颂破斥说:"和合于五识,
设所缘非缘,彼体实无故,犹如第二月。"颂文中,"和合"是宗支
的"前陈",即命题的主词,"于五识设所缘非缘"是宗支的"后
陈",即命题的宾词,二句合称"和合无能缘",构成"宗";"彼体实
无故"为"因";"犹如第二月"为"喻"。意思是说,可以认可"极
微"的"和合相"为五识的"所缘"(认识对象),但它不是引生五识
的"缘"(条件),因为"和合相"没有实体,这就好比眼睛错乱,看
见天上有第二月(第二个月亮),第二月是假相,没有实体,不能
成为引生五识的"缘"。以"所缘缘"二义来评判"和合相"说,"和
合相"只有"所缘"义,缺"缘"义。

　　(3)破斥"和集相"说。正理师(指新有部的代表众贤论师)
以"极微"的"和集相"为五识的"所缘缘",认为构成五境的"极
微"有多种相状,其中有一部分是能直接感觉得到的境相("现量
境"),这些"极微"不和集时,不是五识所缘的境相;若和集在一
起,互相资助,就能形成一种粗相,此相实有,能引生与自己相似
之识,成为五识所缘的境相,即"执色等各有多相,于中一分是现
量境故,诸极微相资,各有一和集相,此相实有,各能发生似己相
识,故与五识作所缘缘。"对此,作者作颂破斥说:"和集如坚等,
设于眼等识,是缘非所缘,许极微相故"。颂文中,"和集"是宗支
的"前陈",即命题的主词,"设于眼等识,是缘非所缘"是宗支的
"后陈",即命题的宾词,二句合称"和集非所缘",构成"宗";"许
极微相故"为"因";"如坚等"为"喻"。意思是说,可以认可"极
微"的"和集相"为引生五识的"缘"(条件),但它不是五识的"所
缘"(认识对象),因为"极微"在和集(粗相)或不和集(细相)时,
其体如一,"和集相"实质上还是"极微相",在五识上没有它的形
相,这就好比四大(地、水、火、风)各有坚性、湿性、暖性、动性,非
眼所见,虽是实有,能为引生五识的"缘",但它们不是五识的"所

缘"。以"所缘缘"二义来评判"和集相"说,"和集相"只有"缘"义,缺"所缘"义。

二、后部分。始"彼所缘缘岂全不有？非全不有",终"如是诸识,惟内境相为所缘缘,理善成立",略述大乘唯识学关于心识"所缘"之境为"内色"(指由心识所变现的境相)理论。作者指出,"有内色似外境现,为所缘缘",五境是由心识变现的"内色",能引生五识,它似乎是外境,实际上在识体之内。"识"与"境"、"见分"与"相分",相随而不离,或俱时(同时)互相作缘,或前后作缘,构成因果关系。如关于"所缘缘"为"内色",说:

　　内色如外现,为识所缘缘,许彼相在识,及能生识故(以上为偈颂,内含三支作法,"内色为识所缘缘"为宗;"许彼相在识,及能生识故"为因;"如外现"为喻)。

　　外境虽无,而有内色似外境现,为所缘缘。许眼等识带彼相起(指所缘缘的"所缘"义),及从彼生(指所缘缘的"缘"义),具二义故。……境相与识,定相随故,虽俱时起,亦作识缘。……或前识相,为后识缘,引本识中生似自果功能令起(以上为偈颂的解释)。(《大正藏》第三十一卷,第888页下)

本书的同本异译有:陈真谛译《无相思尘论》一卷。

本书的注疏有:唐义净译《观所缘论释》一卷(护法造)、明明昱《观所缘缘论会释》一卷、智旭《观所缘缘论直解》一卷、现代持松《观所缘缘论讲要》一卷、慈航《观所缘缘论讲话》一卷等。

陈真谛译《无相思尘论》一卷

《无相思尘论》,又名《思尘论》,一卷。印度陈那造,陈真谛译,约译于永定二年(558)至光大二年(568)之间。隋彦琮等《众经目录》卷一著录(书名作《思尘论》)。载于《丽藏》"尽"函、《宋藏》"命"函、《金藏》"尽"函、《元藏》"命"函、《明藏》"投"函、《清藏》"投"函、《频伽藏》"来"帙,收入《大正藏》第三十一卷。

　　本书是唐玄奘译《观所缘缘论》一卷的异译本。二书的内容基本相同,但译文多有出入。全书分为二部分,前部分为全书的纲目十一颂(每颂四言四句),后部分为长行解释。书中主要破斥了小乘关于心识"所缘"之境为"外尘"(又称"外色",指心外实有的色法)的观点,论述了大乘唯识学关于心识"所缘"之境为"内尘"(又称"内色",指由心识所变现的境相)的理论。书名"无相思尘"的含义,据元王古《大藏圣教法宝标目》卷六的解释是:"意识细境,非缘外境,故名无相;识心分别,至邻虚位极微细,故名思尘"。而据书中文意,"思尘"实际上是指"内尘";"无相思尘",意为"思尘"不是心外实境,而是依思虑分别而起的假相。

　　文中指出,五识所缘的境界,不是小乘所说的"邻虚"(又称"极微",指最微细、不可再分的物质元素)或"邻虚聚"(指极微的聚集)。因为"邻虚"是看不见的东西,无法成为心识所缘之境;由"邻虚"聚集而成的万物,没有实体,也无法成为引生心识之缘(条件)。心识所缘的境界是"内尘"。"内尘"是心识生时所带起的相似外境的境界,它又能成为引生心识之缘,故"内尘"才是"四缘"中所说的"缘缘"。如关于"内尘名境界",说:

　　　　于万物中,邻虚体量,所谓圆细无有差别,是故万物相貌,非是实有,是假名有。……万物不能生识,是故外尘非识境界。若尔何法名尘? 于内尘相,如外显现,是名识尘,外尘实无所有。于内识中,众生乱心分别故,起六尘分别,此分别如在于外,如此显现,是四缘中名识缘缘。以是识体相故,由此识生故。所以者何? 是识作内尘相,(识)从内尘

生,具二法故,是故内尘名境界。(《大正藏》第三十一卷,第883页上)

本书的同本异译有:唐玄奘译《观所缘缘论》一卷。

唐义净译《观所缘论释》一卷

《观所缘论释》,又名《观所缘缘论释》,一卷。印度护法造,唐义净译,景龙四年(710)译出。唐智升《开元释教录》卷九著录。载于《丽藏》"尽"函、《宋藏》"命"函、《金藏》"尽"函、《元藏》"命"函、《明藏》"投"函、《清藏》"投"函、《频伽藏》"往"帙,收入《大正藏》第三十一卷。

本书是唐玄奘译《观所缘缘论》一卷的注释书。由于译者义净将"所缘缘"译作"所缘",故明代以前,本书一直题为《观所缘论释》;明藏本始将它改为《观所缘缘论释》,形成二名并行。全书分为二部分。前部分,始"论曰:诸许眼等识者,于所弃事,及所收事,或舍或取",终"虽引众多异见道理,而竟不能显其极微实事之体,有其差别",破斥小乘关于心识"所缘"之境为"外色"(指心外实有的色法)的观点;后部分,始"据内境体,谓立自宗所缘之事",终"此识亦以四种多缘而为缘也",略述大乘唯识学关于心识"所缘"之境为"内色"(指由心识所变现的境相)的观点。书首有作者的序颂,说:"若言能令毒智人,为令其慧极明了,及为消除于罪恶,稽首敬已观其义。"

本书是离论别行的注疏,而不是一段原文、一段释文对应编排的直解,故书中并不收录《观所缘缘论》的全部原文,只是在注释时引用了少量原文(与《观所缘缘论》的译文有些出入)。所释偏重于对小乘部派关于"所缘缘"的各种观点,作进一步的分析和破斥,而对大乘唯识学关于"所缘缘"的看法,并没作新的说明和补充。由于书中所引的少量原文与释文是连接在一起的，并无标识，故一般读者很难区分哪句是原文，哪句是注释。直至明代，明昱、智旭为本书作注疏，移入《观所缘缘论》的原文，将原文与注释一一对应编排，并详加诠释，这才使本书从难读变为能读，但还不是易读的。如关于心识的"所缘之境"，说：

　　何谓所缘之相？凡是境者，理须生其似自相识。随境之识，彼是能生，彼是所缘。有说凡为境者，理必须是心及心生起之因也。此既生已，随境领受，而与言论，于时名此为所缘境。若义具斯二种相者，此乃方合名为所缘，是能生性所缘之境。（《大正藏》第三十一卷，第890页上、中）

本书的注疏有：明明昱《观所缘缘论释记》一卷、智旭《观所缘缘论释直解》一卷、现代吕澂等《观所缘释论会译释》一卷等。

第十六品　唐义净译《掌中论》一卷
附：陈真谛译《解拳论》一卷

《掌中论》，一卷。印度陈那造，唐义净译，长安三年(703)译出。唐智升《开元释教录》卷九著录。载于《丽藏》"命"函、《宋藏》"临"函、《金藏》"命"函、《元藏》"临"函、《明藏》"逸"函、《清藏》"逸"函、《频伽藏》"暑"帙，收入《大正藏》第三十一卷。

本书是一部论述"三界但有假名，实无外境"理论的著作。全书由六颂（每颂五言四句）及其长行解释构成。书名中的"掌中"，意为手掌之中的奥秘。

书中说，三界的一切事物，都是由心识虚妄分别而施设的假名，并无自性，心外并无实在的境物。外道、小乘不知此理，妄执外境为实有，由此而生起各种颠倒的见解，本论就是为了破斥这种将外境执为实有的见解而作的。"于三界但有假名,实无外境,由妄执故。今欲为彼未证真者,决择诸法自性之门,令无倒解(指颠倒的见解),故造斯论。"以"蛇"、"绳"为喻。有人在光线昏暗中,看见不远的地上有一条蛇,爬卧不动,走进一看,才发现那不是蛇,只是一段绳子,对蛇的错觉虽然去除了,但对绳的感觉还是存在的;若进一步观察,就能了知绳是由"支分",即由一缕缕的麻编成的,并无实体,对绳的感觉也应去除;再继续分析下去,构成一切事物的最小单位"极微"(指最微细、不可再分的物质元素)同样无实体,"所执极微,定非实有"。因为任何事物必须有东、西、南、北、上、下六方的"方分"(方位),才是实有的,而"极微"是没有"方分"的,因而不是实有;任何事物必须看得见,才能引生感觉,而"极微"是不可见的,因而不能引生感觉。故一切外境,都是依世俗言说而施设的假名,"如于绳等支分之处,别别分析,审观察时,知无实体,唯是妄心";不但所缘之境非实有,能缘之识亦非实有,"境既是无,能缘妄识亦非实有"。如关于"所有相状,但唯妄识",说:

颂曰:于绳作蛇解,见绳知境无,若了彼分时,知如蛇解谬。

论曰:如于非远不分明处,唯见绳蛇相似之事,未能了彼差别自性,被惑乱故,定执为蛇。后时了彼差别法已,知由妄执诳乱生故,但是错解,无有实事。复于绳处支分差别,善观察时,绳之自体,亦不可得。如是知已,所有绳解,犹如蛇觉,唯有妄识。如于绳处有惑乱识,亦于彼分毫厘等处,知相假藉,无实可得。是故缘绳及分等心,所有相状,但唯妄识。(《大正藏》第三十一卷,第884页中)

元王古《大藏圣教法宝标目》卷六说,《掌中论》"说三界但有假,实无外境。由妄执故,谓绳为蛇,善观察时,绳亦无实体,妄识分别,知相假借,无实可得,知一切法,但是假法"。这是对本书义旨所作简洁的概括,至今仍有一定的参考价值。

本书的同本异译有:陈真谛译《解拳论》一卷。

陈真谛译《解拳论》一卷

《解拳论》,又名《解卷论》(《丽藏》本),一卷。印度陈那造,陈真谛译,约译于永定二年(558)至光大二年(568)之间。隋彦琮等《众经目录》卷一著录(书名作《解拳论》)。载于《丽藏》"命"函、《宋藏》"临"函、《金藏》"命"函、《元藏》"临"函、《明藏》"逸"函、《清藏》"逸"函、《频伽藏》"暑"帙,收入《大正藏》第三十一卷。

本书是唐义净译《掌中论》一卷的异译本。二书的内容基本相同,但译文多有出入。全书由四颂半(每颂五言四句)及其长行解释构成,论述了"三界但假名"理论。书名中的"解拳"指将拳头摊开,让人们看清掌中之物,其意思与义净所译的"掌中"是大致相同的。如关于"唯有乱识,无有外尘",说:

> 一切假名物,若细心思量,智人欲等惑,能除如蛇怖(以上为偈颂)。

> 犹如是说已,识三界但假名,除(遣)瓶等粗识,习微细心。如世间所立瓶、衣等物,由假名有,约世俗心,不违此事;后为遣此俗心,方起简择心,但见唯有乱识,无有外尘。此乱识因不成就故,似无物故,体则不成就。内外既无所有,得会法空,一切分别所作。欲等诸惑,智人易除,譬如于藤(《掌中论》作绳)妄起蛇想,而生怖畏;若见差别,定知是藤,能除蛇怖。由思量能起,欲等诸尘自性速易能灭,欲等惑妄,亦复如是(以上为偈颂的解释)。(《大正藏》第三十一

卷,第884页中)

本书的同本异译有:唐义净译《掌中论》一卷。

第十七品　　唐义净译《取因假设论》一卷
附:唐义净译《观总相论颂》一卷

《取因假设论》,又名《取事假设论》,一卷。印度陈那造,唐义净译,长安三年(703)译出。唐智升《开元释教录》卷九著录。载于《丽藏》"命"函、《宋藏》"临"函、《金藏》"命"函、《元藏》"临"函、《明藏》"匪"函、《清藏》"匪"函、《频伽藏》"暑"帙,收入《大正藏》第三十一卷。

本书是一部论述"取因假设"(指依事物生成之因而立的三种假名施设)问题的著作,也是陈那"因明八论"之一。但从总体上来说,它是义理学著作。全书由十三颂(每颂七言四句)及其长行解释(释文中引有五言颂二首)构成。

书中说,佛为度化众生,依假施设而宣说法要,目的是为了让众生方便趣入,如理作意(思惟),远离邪宗,永断烦恼。所谓"取因假设",指依事物生成之因而立的假名施设,略有三种。一是"总聚",指由各部分聚合而成的事物的整体性。二是"相续",指同一事物的前后连续性。三是"分位差别",指同一事物的前后差别性。上述三种假设之事,不可说是"一性"(同一自性)、"异性"(不同自性)、"非有"(又称"总无性"),因为这三种说法都有过失。以"总聚"为例,若"总聚"与"有聚"为"一性",则身(整体)与手(部分)等便无差别,手(部分)与足(部分)亦无差别,"若许手等自性与身是一,名无异者,此即于身无别性故,手等更互成无差别,手便成足,违世间故";若"总聚"与"有聚"为"异性",则手等各别支分,身无自体可得,"此即全无总聚自体少分可得";若"总聚"与"有聚"为"非有",则身、手等皆不可得,依身而说的"四颠倒"、"四念住"等法,便成为无用之说,"如于身处,颠倒说为常、乐、我净,无(颠)倒为说四念住法,若无身者,应成无用"。同理,对"相续",也不可说前后的连续性为"一性"、"异性"、"非有";对"分位差别",也不可说前后的差别性为"一性"、"异性"、"非有"。如关于三种"取因假设",说:

> 为遮一性、异性、非有边(指边见)故,大师但依假施设事,而宣法要。欲令有情方便趣入,如理作意(思惟),远离邪宗,永断烦恼。如是三边,皆有过故。我当开释。此中取因假设,略有三种。一者总聚,二者相续,三者分位差别。言总聚者,谓于一时有多法聚,随顺世间,以一性说,如身、林等;言相续者,谓于异时因果不绝,以一性说,如羯罗罗(又意译凝滑、杂秽,指受胎后的初七日的胎儿)等位,名之为人,芽等转异,名之为谷;言分位差别者,谓于一事有其多性,异、不异时,而为建立,如色生位,异无常性,有见有对,业具性故等。由此三义,密意说有补嗢揭罗(意译人),及证圆寂。然此三义,但是假设,不可说为一性、异性及总无性,有过失故。(《大正藏》第三十一卷,第885页上、中)

本书认为,虽然"总聚"、"相续"、"分位差别"是三种假设,是方便之说,并非真实之说,但对度化众生而言,这些假设是必须有的,不能将它们当作"非有",加以抛弃。若不许有"总聚",说"四念住"等法、"毗诃罗(意译寺)、窣堵波(意译塔)等福德差殊",便成为"无用";若不许有"相续",说"能治"、"所治"等法,便成为"无用";若不许有"分位差别",说"业用差别"等法,便成为"无用"。故这三种假设各有其存在的理由。

唐义净译《观总相论颂》一卷

《观总相论颂》，一卷。印度陈那造，唐义净译，景云二年(711)译出。唐智升《开元释教录》卷九著录。载于《丽藏》"命"函、《宋藏》"临"函、《金藏》"命"函、《元藏》"临"函、《明藏》"匪"函、《清藏》"匪"函、《频伽藏》"暑"帙，收入《大正藏》第三十一卷。

本书是一部论述"总相"问题的偈颂集，也是陈那"因明八论"之一。书名中的"总相"（又称"共相"），指事物的共同体相，它是"比量"（推理）所缘的对象；与"总相"相对的是"别相"（又称"自相"），指事物的个别体相，它是"现量"（感觉）所缘的对象。全书由十一颂（每颂五言四句）构成，无长行解释，从所述的"总相"义并不完整来推断，今存的这些偈颂可能只是《观总相论》的开头部分，缺失后续部分。

书中说，"声"、"义"二种智慧，是观察"总相"的根本，撰作此论的目的，就是为了说明这一道理，"以声义智本，是故勒为颂，声义及智义，故略造斯论"。"声"，实质上就是"名"，"声"与"义"之间的关系，其实就是"名"与"义"之间的关系，"名"是"能诠"，"义"是"所诠"，只有二者"不相离"、"连属"，才能了解事物的"总相性"，"唯名与义二，诸有许共相，所诠及能诠，此中理印持"。

关于本书，北宋惟白《大藏经纲目指要录》卷五说："陈那造此颂，明名声、义智连属，能诠所论，以总性相，方得解了佛法中正趣、正见义也。"这一说法，是比较契合本书的颂意的。

第十八品　北宋法天译《金刚针论》一卷

《金刚针论》，一卷。印度法称造，北宋法天译，约译于雍熙(984—987)年间。北宋吕夷简等《景祐新修法宝录》卷一著录。

载于《丽藏》"经"函、《宋藏》"封"函、《金藏》"经"函、《元藏》"封"函、《明藏》"星"函、《清藏》"藏"函、《频伽藏》"来"帙，收入《大正藏》第三十二卷。

　　法称(约 600—660)，南印度睹梨摩罗耶国人，为婆罗门种姓。自幼习学吠陀经、工艺明、医方明、声明，通晓婆罗门各种教义。后来，阅读了一些佛经，始觉原先所学的婆罗门教义多有错失，于是归信佛教，穿着优婆塞(佛教居士)服饰，并在大众中赞颂佛陀，被当地婆罗门教信徒驱逐。他来到了中印度那烂陀寺，依瑜伽行派论师护法出家，精通三藏。又从陈那的弟子自在军听受《集量论》(陈那造)。在自在军的鼓励下，他撰作了《集量论》的注疏《释量论》(又称《量评释论》)，对原著予以阐释、补充和订正。又从真言金刚阿阇梨受灌顶，修持胜乐金刚法。此后，周游弘化，所到之处，必与婆罗门和其他外道展开辩论，获胜后令他们皆悉皈依佛教。相传，法称本人所建的寺庙有一百多所，由他度化的比丘、优婆塞总数近十万人。晚年在羯陵伽国弘法，入寂于居寺(见明多罗那他《印度佛教史》)。

　　法称继承并发展了陈那的新因明，他将由陈那的三支作法，即由"宗"(指命题)、"因"(指理由)、"喻"(指譬喻)三支构成的论式，改革为"因"、"喻"合为一体，置"喻体"(指普遍命题，宗有法除外)于最前，"同喻"(指用与宗法、因法，即所立法、能立法为同类相似的事物作譬喻)、"异喻"(指用与宗法、因法为不同性质的事物作譬喻)分别单列，"宗"支可略而不陈的论式，类似于西方逻辑中由"大前提"、"小前提"、"结论"构成的三段式推理，从而将类比推理发展至演绎推理，对藏传因明学产生了重大的影响。他的著作，见存于藏文《大藏经》的，有"因明七论"，即《释量论》《定量论》《正理滴论》《因滴论》《观相属论》《成他相续论》《诤正理论》(见元布顿《佛教史大宝藏论》)；见存于汉文《大藏经》

的,除本书以外,还有北宋法护等译《大乘集菩萨学论》二十五卷。但《大乘集菩萨学论》一书,虽然署名"法称菩萨造",而据元布顿《佛教史大宝藏论》、明多罗那他《印度佛教史》记载,则为"寂天著",就义理专长而论,此书当为寂天所作。法称在唐玄奘在印度求法期间,尚是不出名的,故《大唐西域记》中没有关于他的任何记载;但在义净在印度求法期间,法称已是名满天下,义净在《南海寄归内法传》中(卷四),将他与陈那、护法、戒贤、师子月、安慧、德慧、慧护、德光、胜光等,并称为是印度当时的"大师",并特别提到他在因明学上的成就,说"法称则重显因明"。生平事迹见元布顿《佛教史大宝藏论》(郭和卿译,民族出版社1986年3月版)、明多罗那他《印度佛教史》(张建木译,四川民族出版社1988年3月版)等。有关法称的生卒年月,佛教史传阙载,本文之初所出的生卒年,采用的是日本平川彰《印度佛教史》中的推定(显如等译,贵州大学出版社2013年8月版)。

　　本书是一部破斥婆罗门教"种姓"说的著作。有关作者,译者法天依据他所带的中印度摩揭陀国梵本,题为"法称菩萨造",但英人赫吉森于1829年整理出版的尼泊尔梵本,则题为"马鸣造"。从二个梵本的抄行时间推断,法天所据的摩揭陀梵本,无疑要远早于尼泊尔梵本,故应以法天所传的"法称菩萨造"为准。

　　书中说,婆罗门教认为,四种姓中,婆罗门姓从梵天之口而生;刹帝利姓从梵天之臂而生;毗舍种姓从梵天之髀而生;首陀种姓从梵天之足而生,故婆罗门种姓为最上最尊贵,"一切姓,婆罗门(为)上"。对此,作者从"命"、"姓"、"智"、"身"、"业"、"行"等方面,作了破斥。指出,四种姓皆是施设,并无差别,"譬如四姓同游圣境,所有踪迹,不可分别,此人之踪,非彼人迹。一姓、四姓亦复如是,由假施设,本无差别"。以婆罗门所执"四姓皆从梵生"而论,"如何父一(指梵天)子姓(指四种姓)乃别";以婆罗门自称有"身智"而论,"首陀等皆有身智,悉应得名婆罗门";以婆罗门自称善解"四围陀"(又称"四吠陀")而论,"如首陀等,亦解彼论,晓了彼义,应皆得名婆罗门";以婆罗门自称修习"苦行"而论,"彼首陀等,亦能行之,应亦得名婆罗门";以婆罗门自称擅长"术数"而论,"彼采鱼人及诸乐人,了解术数种种差别,亦可得名婆罗门"。由此可见,婆罗门与种姓、出身、职业等无关,只与德行有关,"离一切染,善修胜行,威仪无缺,戒行具足,善伏诸根,除断烦恼,无我、无人,离诸执著,及贪、瞋、痴,悉皆远离,如是乃名真婆罗门"。如关于对"婆罗门姓世间最上"论的批判,说:

> 应知调伏诸根,不执我人,勤修梵行,远离染欲,永息诸惑,由此方名真婆罗门,而非从彼族姓而生。如何妄执婆罗门姓世间最上,戒行清洁,族姓无杂? 以此妄执,非最为最。是故当知,彼婆罗门,非姓、非命、非族、非行、非业、非生名婆罗门。又如多人本下种姓,持戒修福而得生天,何因族姓乃生天邪(耶)? (《大正藏》第三十二卷,第170页下)

本书对于研究佛教对古印度种姓制度的批判,主张四种姓平等,具有参考价值。

第十九品　北魏菩提流支译《十二因缘论》一卷

　　　　附:隋达摩笈多译《缘生论》一卷
　　　　　　唐不空译《大乘缘生论》一卷

《十二因缘论》,一卷。印度净意造,北魏菩提流支译,约译于北魏永平元年(508)至东魏天平二年(535)之间。隋法经等

《众经目录》卷五著录(译经时间据唐智升《开元释教录》卷六)。载于《丽藏》"命"函、《宋藏》"临"函、《金藏》"命"函、《元藏》"临"函、《明藏》"沛"函、《清藏》"沛"函、《频伽藏》"藏"帙,收入《大正藏》第三十二卷。

　　净意(约五世纪末),佛教史传阙载。从《十二因缘论》有"一切世间法,唯因果无人,但从诸空法,唯生于空法";"彼牟尼所演,宣畅辩说,是名假名";"我、我所空"等语推断,他是一位大乘论师。

　　本书是一部论述"十二因缘"理论的著作。所说的"十二因缘",指众生生死流转的十二个阶段,依次为:"无明"、"行"、"识"、"名色"、"六入"、"触"、"受"、"爱"、"取"、"有"、"生"、"老死"。全书由十二颂(每颂五言四句)及其长行问答构成。书中说,"十二因缘"(又称"十二胜上分")为"烦恼"、"业"、"苦"三法所摄。初支"无明"、第八支"爱"、第九支"取"三胜分(即三支),为"烦恼"所摄;第二支"行"、第十支"有"二胜分,为"业"所摄;其余七胜分,即"识"、"名色"、"六入"、"触"、"受"、"生"、"老死",为"苦"所摄。从"烦恼"而生"业";从"业"而生"苦";从"苦"而生"烦恼",如此,"烦恼、业、苦三种,迭互相生,是故生有,轮转不定"。若不造业,便无"有为行";若无"有为行",便不复生,"以不生故,无有一切身心等苦"。若不造"五种因"(指"烦恼"所摄的三支、"业"所摄的二支),便不会有"七种果"(指"苦"所摄的七支),"以无果故,名为解脱"。如关于"心识"是生死轮回的主体,说:

　　　　如是临命终时,心识为因,是故得生后身心识。而彼心识,不可说一,不可说异,亦不离彼,亦不即彼。如是从灯生灯,从印生印,从镜生像,从声有响,从日从珠出生于火,从子生芽,如安石榴、庵罗果等,口生涎水。如是等法,不名即彼,不名异彼。如是一切诸因缘法,转不转事,诸有智者善思量。(《大正藏》第三十二卷,第481页下)

本书的思想内容,后被吸纳于印度郁楞伽造、隋达摩笈多译的《缘生论》之中。

<h2 style="text-align:center">隋达摩笈多译《缘生论》一卷</h2>

《缘生论》,又名《缘生三十论》,一卷。印度郁楞伽造,隋达摩笈多(又作达磨笈多)译,大业五年(609)译出。唐道宣《大唐内典录》卷六著录。载于《丽藏》"命"函、《宋藏》"临"函、《金藏》"命"函、《元藏》"临"函、《明藏》"匪"函、《清藏》"匪"函、《频伽藏》"藏"帙,收入《大正藏》第三十二卷。

郁楞伽(约六世纪末),佛教史传阙载。据隋达摩笈多翻译的《缘生初胜分法本经》卷下末尾刊载的未详作者《缘生经并论序》说:"圣者郁楞迦,附此经旨作论,显发其论也。"由此可知,郁楞迦是一位研读过大乘《缘生初胜分法本经》(略称《缘生经》,它的同本异译是唐玄奘译《分别缘起初胜法门经》二卷),并依经作论的大乘论师。

本书也是一部论述"十二因缘"理论的著作。据隋未详作者《缘生经并论序》说,论主郁楞伽是依托《缘生初胜分法本经》的宗旨,而造作本书的,"遍取三乘之意,不执一部之筌",故它并不是《缘生初胜分法本经》经文的注释书,而是经中要义的阐说书。全书采用先总列纲目三十颂(每颂五言四句),然后依颂作释,一段偈颂、一段长行对应编排的方式编纂。书首有《缘生论序》(其文与《缘生经并论序》相同)。

原是一心,积为三界,痴流漫远,苦树郁高,欲讨其际,难测其本。理极实相之门，筌穷假名之域，五因七果，十有二分缘生之法，总备于此。……此经(指《缘生初胜分法本经》)独苞彼例，彼所未说，此乃具演，攀缘为首，对治为末，总则一十一门，别则百二十问。其旨微而密，其词约而隐，经之纲目，摄在兹焉。并有圣者郁椤迦，附此经旨作论，显发其论也。遍取三乘之意，不执一部之筌，先立偈章，后兴论释，偈有三十，故亦名《三十论》也。大业二年十月，南贤豆国(旧名天竺者讹也——原注)三藏法师达磨笈多，与故翻经法师彦琮，在东都上林园，依林邑所获贤豆梵本，译为隋言，三年九月其功乃竟，经二卷，论一卷。三藏师，究论闲明，义解沉密；琮法师，博通经论，兼善梵文，共对叶本，更相扣击。一言靡遗，三覆逾审，辞颇简质，意存允正。比之昔人，差无尤失，真曰法灯，足称智藏。(《大正藏》第三十二卷，第482页上)

本书的内容与净意造的《十二因缘论》有着密切的关联性。如本书说的"初八九烦恼，第二第十业，余七皆是苦，三摄十二法"，就是《十二因缘论》说的"烦恼初八九，业二及以十，余七说为苦，三摄十二法"，意思是说，"十二因缘"中，"无明"、"爱"、"取"三支为"烦恼"所摄，"行"、"有"二支为"业"所摄，其余七支为"苦"所摄；本书说的"五分因生果，名为烦恼业，七分以为果，七种苦应念"，就是《十二因缘论》说的"不造五种因故，则于彼处无七种果"，意思是说，"十二因缘"中，为"烦恼"、"业"所摄的五支为生死轮回的五种因，为"苦"所摄的七支为生死轮回的七种果；本书说的"因果诸生世，无别有众生，唯是于空法，还自生空法"，就是《十二因缘论》说的"一切世间法，唯因果无人，但从诸空法，唯生于空法"，意思是说，"十二因缘"都是"假名"，除了因果关系,并无"我"、"人"等实法,"五种因"是"空法","七种果"也是"空法";本书说的"诵灯印镜音,日光种子酢,众续不超到,智应观彼二",就是《十二因缘论》说的"诵灯印镜响,日珠种子水,诸阴转不转,智者善思量",意思是说,生死轮回中,前身之识与后身之识的关系,犹如灯与影、印与像、面与镜、音与响、日与光、种子与芽、酢与口涎的关系,不可说一,不可说异,亦不离彼,亦不即彼,如此等等。因此,可以推定,郁楞迦在写作《缘生论》时,参考并吸纳了《十二因缘论》的思想内容。但从总体上来说,《十二因缘论》的论述过于简略,缺失甚多,而本书则比它完整、详细得多。

书中说,"十二因缘"各支的关系,用偈颂来表述,就是:(1)"从一生于三"。指从"无明"(又称无智)转生"三行"(指身行、口行、心行)。(2)"从三转生六"。指从"三行"转生"六识"(指眼识、耳识、鼻识、舌识、身识、意识)。(3)"六二二更六"。指从"六识"转生"名色",从"名色"转生"六入"(指眼入、耳入、鼻入、舌入、身入、意入)。(4)"从六亦生六"。指从"六入"转生"六触"(指眼触、耳触、鼻触、舌触、身触、意触)。(5)"从六有于三"。指从"六触"转生"三受"(指乐受、苦受、不苦不乐受)。(6)"此三复有三"。指从"三受"转生"三种渴爱"(指欲渴爱、有渴爱、无有渴爱)。(7)"三复生于四"。指从"三种渴爱"转生"四取"(指欲取、见取、戒苦行取、我语取)。(8)"四复生于三"。指从"四取"转生"三有"(指欲有、色有、无色有)。(9)"从三生于一"。指从"三有"转生将来的"生"。(10)"彼一复生七"。指从将来的"生"转生"老、死、忧、悲、苦、恼、困"七种。就"业烦恼报差别"而言,"十二因缘"为烦恼、业、苦三法所摄,"三烦恼者,无明、渴、爱取;二业者,行、有;七报(指七苦)者,识、名色、六入、触、受、生、老死等";就"时差别"而言,"十二因缘"分为过去、现

在、未来三时，"无明、行初二种，过去时中；生、老死后二种，未来
时中；识、名色、六入、触、受、渴爱、取有八种，现在时中"。如关
于"十二因缘"为"空法"，说：

　　　　因果诸生世，无别有众生，唯是于空法，还自生空法（以
　　上为偈颂）。

　　　　因果诸生世，无别有众生者，无明、行、渴爱、取、有五
　　种，名因；识、名色、六入、触、受、生、老死七种，名果。此等
　　所有普遍世间，若我、若众生、若寿、若生者、若丈夫、若人、
　　若作者，是等为首，次第分别，其唯虚诳，应当知之，彼云何
　　生？唯是于空法，还自生空法，谓自性空中，假名烦恼、业、
　　果，唯有别空假名，烦恼、业、果法生，此是其义（以上为偈颂
　　的解释）。（第485页中、下）

本书的同本异译有：唐不空译《大乘缘生论》一卷。

唐不空译《大乘缘生论》一卷

《大乘缘生论》，又名《缘生三十论》，一卷。印度郁楞伽造，
唐不空译，译于天宝五年（746）至大历六年（771），唐圆照《贞元
新定释教目录》卷一著录（译经时间据《宋高僧传》卷一）。载于
《丽藏》"宅"函、《宋藏》"衡"函、《金藏》"功"函、《元藏》"衡"函、
《明藏》"石"函、《清藏》"石"函、《频伽藏》"闰"帙，收入《大正藏》
第三十二卷。

不空（705—774），法名"智藏"，密号（受灌顶之号）"不空金
刚"，音译"阿目佉跋折罗"。北天竺（北印度）人，为婆罗门种姓。
自幼丧父，为舅氏所养。后随叔父来华，十岁周游巡历武威、太
原等地。十三岁师事来华的南天竺摩赖耶国僧人、密教金刚界
教法传人金刚智，受菩提心戒，引入金刚界大曼荼罗，验之掷花；

十五岁正式落发出家;二十岁受具足戒。不空习学一切有部律典,通晓诸国语言,博识异国文书。金刚智译经时,不空为译语,对勘唐梵的轻重,酌斟文义的精华。初,不空祈请金刚智传授瑜伽五部(指密教金刚界五部秘藏,即佛部、金刚部、宝部、莲华部、羯磨部)、三密(指身密、口密、意密),三年未遂心愿,因而想回天竺。走到新丰,为金刚智召回,乃于他日清晨,为他传授五部之法、灌顶护摩阿阇梨教、《大日经》悉地仪轨、诸佛顶部众真言行等,成为印度密教第六祖(此据《大唐故大德赠司空大辨正广智不空三藏行状》所记,即:初祖毗卢遮那——二祖金刚手——三祖龙猛——四祖龙智——五祖金刚智——六祖不空)、汉地密宗二祖(此据《佛祖统纪》卷二十九所记,即:初祖金刚智——二祖不空),与善无畏、金刚智并称"开元三大士"。

开元二十九年(741)仲秋(《宋高僧传》卷一误作"开元二十年"),金刚智卒于河南府。不空秉奉遗言,前往师子国(今斯里兰卡)。天宝初年(742),到达南海郡,为南海郡采访使刘巨鳞等授灌顶(密教的重要仪式之一),尔后与门人含光、惠等三十七人泛舟大海,经诃陵国(又称"阇婆国",今印度尼西亚爪哇岛、苏门答腊岛一带),抵达师子国。在那里,从普贤阿阇梨,受学密法,并搜求密教经本。后至五天竺,巡历诸国。天宝五年(746)回归长安,初住鸿胪寺,后移净影寺。同年奉诏入内,建立曼荼罗(密教的坛场),为玄宗授五部灌顶,又作法祈雨、止风,被赐以"智藏"之号。天宝八年(749),诏许归国,至南海郡,为敕所留。天宝十二年(753),赴河陇节度使哥舒翰之请。次年,住武威开元寺,为节度使以下官吏及士庶凡数千人授灌顶。唐肃宗至德元年(756)夏,奉诏还京,住大兴善寺。安史之乱时,长安为安禄山所陷。不空常遣密使,向时在灵武凤翔的唐肃宗,奉表起居,频论克复之策。两京收复后,不空应诏建立内道场及护摩法,为肃宗授转轮王七宝灌顶。代宗登基后,对不空优礼愈甚。永泰元年(765)十一月,制授不空为"特进试鸿胪卿",赐号"大广智三藏";大历九年(774)六月,诏授不空为"开府仪同三司",赐封"肃国公"。同月十五日,不空去世。代宗哀悼,辍朝三日,赐钱二百余万造塔,追赠不空为"司空",谥号"大辨正广智不空三藏和上"。其《行状》称:"佛教东来,向近二千载,传胜法,沐光荣,实未有与大师(指不空)同日而语者也。"不空卒后,弟子惠朗绍嗣灌顶之位,成为汉地密宗三祖。

　　不空在唐肃宗、代宗所译的佛经,据唐圆照《贞元新定释教目录》卷一所记,为一百十部一百四十二卷(据吕建福《中国密教史》考订,实为一百十一部一百四十卷)。其中有:《大乐金刚不空真实三么耶经》《仁王护国般若波罗蜜多经》《大集大虚空藏菩萨所问经》《金刚顶一切如来真实摄大乘现证大教王经》《金刚顶经瑜伽十八会指归》《都部陀罗尼目》《菩提场所说一字顶轮王经》《佛顶尊胜陀罗尼念诵仪轨法》《圣观自在菩萨心真言瑜伽观行仪轨》《大乘瑜伽金刚性海曼殊室利千臂千钵大教王经》《金刚顶瑜伽中发阿耨多罗三藐三菩提心论》等。生平事迹见唐赵迁《大唐故大德赠司空大辨正广智不空三藏行状》、圆照《贞元新定释教目录》卷十五和卷十六、圆照《代宗朝赠司空大辨正广智三藏和上表制集》、海云《两部大法相承师资付法记》、北宋赞宁《宋高僧传》卷一等。

　　本书是隋达摩笈多译《缘生论》的异译本,论述"十二因缘"理论。全书采用先总列纲目三十颂(每首五言四句),然后依颂作释,一段偈颂、一段长行对应编排的方式编纂。本书的译文与达摩笈多译本十分接近,差异在于对有些佛教名词的翻译略有不同而已,如笈多译本中的"六入"、"三种渴爱"、"戒苦行取"、"老、死、忧、悲、苦、恼、困等七种"、"五众"、"集者是有"等,在本书中,则分别译作"六处"、"三种爱"、"戒禁取"、"老、死、愁、叹、苦、忧、恼等七种"、"五蕴"、"受用者是有"等。本书之末,就"十二因缘"与"四谛"的关系,作了说明,说:

> 如灯焰转生,识身亦如是,前际与后际,亦无有积集。不生亦有生,破坏不和合,所生亦无住,而此作业转。若于彼缘生,而能观知空,若知彼施设,则契于中道(以上为偈颂)。

> 于中(指十二因缘中),无明、行、爱、取、有,是为集谛;识、名色、六处、触、受、生、老死,是为苦谛。彼十二支,道谛者令彼灭证方便,所谓(四)念处、(四)正勤、(四)如意足、(五)根、(五)力、(七)觉支、(八)圣道,名为道谛(以上为偈颂的解释)。(《大正藏》第三十二卷,第490页上)

本书的同本异译有：隋达摩笈多译《缘生论》一卷。

第二十品　唐义净译《手杖论》一卷

《手杖论》,一卷。印度释迦称造,唐义净译,景云二年(711)译出。唐智升《开元释教录》卷九著录。载于《丽藏》"命"函、《宋藏》"临"函、《金藏》"命"函、《元藏》"临"函、《明藏》"匪"函、《清藏》"匪"函、《频伽藏》"暑"帙,收入《大正藏》第三十二卷。

释迦称(约七世纪),佛教史传阙载。从《手杖论》中有"世亲菩萨"、"阿赖耶识"、"正闻熏习种子"、"《瑜伽论》"等语推断,他当是一位瑜伽行派论师。日本宇井伯寿《印度佛教思想史》(印海译,贵州大学出版社2013年12月版)中推测释迦称的生卒年为约600—700年。

本书是一部破斥外道有关"有未曾新起有情"(指有未曾有

过的新生众生)的观点的著作。书名中的"手杖",喻指手中执杖,能行险处而不颠蹶。书中指出,外道"新生论"者认为,"许未曾有新生有情,犹如神村,如彼计云,如林薄等,虽有众多斫伐等费,见摧残已,而更新生,因无穷尽,由斯定许别有未曾新起有情";"若异此者,如油麻等聚,无新添数而损减,必定见其有终尽故"。意思是说,应当承认有未曾有过的新生有情(又称众生),这就像森林,虽然老的树木被砍伐了,但仍然有新的树木长出来,故无有穷尽;否则就像油、麻等物的积聚,若只有损减,没有新添,将来必定终尽。对此,作者作了辩破。指出,"诸有情无有终际,犹若虚空,无边性故";"若许有未曾有情今始新起,此即便成许其生死有最初也。若许有始,彼即便有无因之过。既许无因,一切皆应无因而有"。意思是说,众生是没有始,也没有终的,犹如虚空,无法推测它的边际在哪里。所谓"有未曾新起有情",实际上是主张众生的生死有"最初"。若承认有"最初",那等于是承认"最初"的生是"无因"的,若是这样,不仅众生是无因而有,其他事物也应无因而有。因此,"许有新生有情,论者便成生死有最初失"。本书最后作结语说:

> 《瑜伽论》要立诸法,皆异熟识,曾无一法,越异熟性故。然汝新起有情论者,便成根等不是异熟,彼新有情先受、后受所有诸业,先非有故。现法受业,当尔之时,弗容有故,由殊胜等因乃无故,亦复便成余所作业,令他招报故。奇异善谈经者,将斯戏调意欲道渠,不善经论,呈自胸臆,违阿笈摩故。(《大正藏》第三十二卷,第507页中)

由于本书是论辩性的著作,再加上译语不畅,解读费力,故问世以后,乏人关注,仅有明王肯堂《成唯识论证义》一家曾征引过它的语句。

第二十一品　北宋施护等译《集大乘相论》二卷

《集大乘相论》,二卷。印度觉吉祥智造,北宋施护等译,景德三年(1006)译出。北宋赵安仁等《大中祥符法宝录》卷十三著录。载于《丽藏》"翦"函、《宋藏》"轻"函、《金藏》"公"函、《元藏》"轻"函、《明藏》"星"函、《清藏》"星"函、《频伽藏》"暑"帙,收入《大正藏》第三十二卷。

觉吉祥智(约十世纪),据史料记载,北宋景德元年(1004),中天竺僧人法护,与兄一起来至汴京(今河南开封市),进献佛舍利、贝叶梵经,后住译经院译经,其兄亦名"觉吉祥智"(见北宋赵安仁等《大中祥符法宝录》卷十五)。但从时间上推断,施护(?—1017)在先,法护(963—1058)及兄在后,故施护所译,不可能是比他晚出生好多年的法护兄长之作,当是同名的另一人的著作。据日本宇井伯寿《印度佛教思想史》(印海译,贵州大学出版社2013年12月版)说,"觉吉祥智是公元660年顷,应波罗王朝(公元765年—829年)所请,是在殑伽斯河岸修建超岩寺的领导人,也是左道派密教之人",此说似不确切。因为据明多罗那《印度佛教史》(张建木译,四川民族出版社1988年3月版)记载,主持修建超岩寺(又称"超戒寺"、"超行寺"、"毗讫罗摩尸罗寺")者,是"觉智足",并非"觉吉祥智",二者似非同一人。从本书时用唯识学术语中的"四智",即"大圆镜智"、"平等性智"、"妙观察智"、"成所作智"来解释名相来看,这位觉吉祥智当是瑜伽行派论师。

本书是一部解释大乘重要名相(名词术语)的著作。全书共解释佛教名词术语二十八条,始"五蕴",终"法界"。释文以直释为主,不引经论,不注出处。它的特色是用唯识学术语中的"四智"来诠释一些名相,如用"大圆镜智"观察"陀罗尼"、"佛十力"中的"漏尽智力"、"真如";用"平等性智"观察"四无所畏";用"妙观察智"观察"四无碍解";用"成所作智"观察"大慈大悲"等。

卷上:解释"五蕴"、"十二处"、"十八界"、"十二缘生"、"十波罗蜜多"、"十地"、"十八空"、"三十七菩提分"等八条。如关于"十波罗蜜多",说:

> 所言波罗蜜多者,云何行相? 其数有十。此中,施有三种,谓法施、无妄施、慈施;戒有三种,谓摄律仪戒、摄善法戒、饶益有情戒;忍辱三种,谓谛察法忍、耐怨害忍、安受苦忍;精进三种,谓被甲精进、加行精进、毕竟成就精进;定有三种,谓离过失定、引发定、办事定;慧有三种,谓闻所成慧、思所成慧、修所成慧;方便三种,谓离过方便、拯济方便、速证乐方便;愿有三种,谓自行成就愿、解众生缚愿、清净佛土愿;力有三种,谓成办事业力、灭除烦恼力、降伏魔怨力;智有三种,谓无分别智、分别平等觉了智、灭众生罪智。如是施等诸波罗蜜多,以菩提心为先,于一切众生起慈心观。(卷上,《大正藏》第三十二卷,第 146 页上、中)

卷下:解释"四圣谛"、"四静虑"、"四无量行"(又称"四无量心")、"四无色等至"(又称"四无色定")、"八解脱"、"三摩钵底先行"、"三解脱门"、"六神通"、"陀罗尼"、"佛十力"、"四无所畏"、"四无碍解"、"大慈大悲"、"十八不共法"、"四声闻果"、"了知一切相"、"真如"、"实际"、"无相"、"法界"等二十条。如关于"法界"等,说:

> 所言法界者,即十力等果法及诸因法,乃至一切法自性所依,是即法界。此法界中,远离一切虚妄颠倒分别相等,

明慧现前,如实照了,是名法界。……复次当知,此中真如及彼十力,皆以大圆镜智而观;彼实际所证及四无所畏,皆以平等性智而观;彼无相微妙清净及四无碍解性,皆以妙观察智而观;彼法界一切法真实所证所依性及大慈大悲,皆以成所作智而观。所有一切处增上所观法,皆悉安住法界清净智。(卷下,第 149 页下—第 150 页上)

本书依作者所说是"略释诸大乘相",但大乘的名相,远不止本书所说的二十八条,可见在内容是不够齐全的,再加上释文不引经论,故它的权威性远逊于龙树《大智度论》等书对佛教名相所作的诠释。

第二十二品　　北宋施护等译《集诸法宝最上义论》二卷

《集诸法宝最上义论》,二卷。印度善寂造,北宋施护等译,景德二年(1005)译出。北宋赵安仁等《大中祥符法宝录》卷十三著录。载于《丽藏》"起"函、《宋藏》"肥"函、《金藏》"桓"函、《元藏》"肥"函、《明藏》"星"函、《清藏》"星"函、《频伽藏》"暑"帙,收入《大正藏》第三十二卷。

善寂(约十世纪),佛教史传阙载,生平事迹不详。从本书用唯识学的观点诠释佛教义理,论及"阿赖耶识"、"诸法不离于识"、"唯识义理"、"唯识法"等来看,作者当是瑜伽行派论师。

本书是一部论述"诸法不离于识"等问题的著作。书名中的"集诸法宝最上义",意指汇集大乘经中的"最上真实决定胜义"。全书不立品目,大致地看,卷上前部分广引经语,卷上后部分至卷下终,依经略释诸义。所征引的大乘经有:《法集经》《宝积经《楞伽经》《转识经》《授记经》《十地经》《那耨俱梨经》《宝云经》《现爱经》《飒钵多设多经》《宝星经》《无垢称经》《华严经》《三摩地王经》等。

卷上：论述"诸法不离于识"等问题。说："诸物性空,空无自性,而亦不应于中作无实想,是故清净阿赖耶识,虽有所受,而无所著"；"诸法不离于识,若离识者,是性即断"；"离识有法,理不相应"；"识心遍一切法"；"诸法如幻、如梦、如阳焰、如聚沫、如乾闼婆城,三界一切法,从识心所生,心如幻,故三界如幻"；"诸法从识所现,离生离灭,非有相、非摄藏,无起作、无止息,不有不无,非常非断"等。

卷下：论述"诸法如幻,识心如幻"等问题。说："生住异灭此之四相,刹那刹那有所转故,不相应相,而无其实"；"生住异灭若有性者,于一切时、一切处、一切法初中后分,不可安立"；"诸有为法,即生即灭,故名无住,若有住者,应有所得,以无住相,无所得故"；"一切法空,离诸所著,空亦不离彼真如性,是中不应戏论分别,以是义故,诸法无性"；"诸佛菩提,无能证者,无所证处,菩提法中无所安立。若能如实证自佛者,与一切法而自相应"等。如关于"诸法如幻,识心如幻",说：

> 诸法因缘和合即生,虽生无实,而无所有。诸法如幻。识心如幻,缘亦如幻,由如是故,识从缘生。当知智性亦复如幻,无所分别,无所了知,诸法自相,非智所知,但有言说,皆不相应。此中若能离诸分别,若生若灭,皆悉远离,缘生如幻,所生亦如幻。……一切幻法而无所有,如幻所现,说名为有。(卷下,《大正藏》第三十二卷,第153页下)

本书为晚期瑜伽行派论书,在思想上大多是祖述大乘经和先贤所说,属于作者本人的创见则甚少。

第三门　瑜伽行派因明论

第一品　陈真谛译《如实论》一卷

《如实论》，又名《如实论反质难品》，一卷。印度天亲（即世亲）造（此据宋、元、明藏本的题署，《丽藏》缺），陈真谛译，太清四年（550）译出。隋法经等《众经目录》卷五著录（译经时间见《开元释教录》卷六）。载于《丽藏》"尽"函、《宋藏》"命"函、《金藏》"尽"函、《元藏》"命"函、《明藏》"逸"函、《清藏》"逸"函、《频伽藏》"暑"帙，收入《大正藏》第三十二卷。

本书是一部论述"反质难"（指反驳外道对佛教的质难）的方法、叙列"似能破"（指错误的反驳）的过失等因明问题的著作。全书分为三品，即《无道理难品》《道理难品》《堕负处品》。据唐道宣《续高僧传》卷二说，隋代南印度僧人达摩笈多，在来华的途中，曾在沙勒（又称疏勒）国王寺住留二年，"仍为彼僧讲《说破论》，有二千偈，旨明二部（指大小乘），多破外道。又为讲《如实论》，亦二千偈，约其文理，乃是世间论义之法"。由此可知，《如实论》原本有二千偈，内容是讲"论义之法"（即辩论的方法）的。今本所分的三品，属于《如实论》中的《反质难品》，约当于三百多颂，本书又名《如实论反质难品》，就是由此而来的。

关于本书的作者，隋法经等《众经目录》、费长房《历代三宝纪》、唐智升《开元释教录》等佛经目录,均未著录作者姓名;而唐法藏《十二门论宗致义记》卷上则说,"世亲所造《如实论》等",明确肯定本书为世亲所造,并认为,在佛教破除执见的五种方法(即讥征破、随宜破、随执破、标量破、定量破)中,龙树《方便心论》《回诤论》、世亲《如实论》三书,为"标量破"类著作,即先标立世间普遍认可的因明论式,破斥论敌的主张,显示正法,最后对这些论式也不作保存,在文中破掉。在历代《大藏经》版本中,《丽藏》本未署作者,而宋元明藏本都署名"天亲(即世亲)菩萨造"。另据唐神泰《理门论述记》、窥基《因明入正理论疏》等所说,世亲所撰的因明著作,除本书以外,还有《论轨》《论式》《论心》三论(均佚),但从陈那(世亲的弟子)在《集量论》中曾批判《论轨》来看,显然陈那并不认为《论轨》为世亲所作。

本书中,《无道理难品》所说的"四种道理",即"因果道理"、"相待道理"、"成就道理"、"如如道理",源于无著《大乘庄严经论》卷十二、《大乘阿毗达磨集论》卷六所说的"四种道理";《道理难品》所说的"因三种相"(指因支须具备立敌双方共同认可的三种条件),源于无著《顺中论》卷上转引的外道正理派的"因三相",即"朋(指宗)中之法"、"相对朋无"、"复自朋成"。据此推断,作者为无著之弟世亲,是完全可能的。

一、《无道理难品》。论述反驳外道质难佛教言说"无道理"的方法问题。

作者说,在辩论中,如果碰到外道质难佛教所立之宗,称佛教言说"无道理",佛教一方可以这样反驳:"若如此者,汝言说亦无道理,若汝言说无道理,我言说则有道理";"无道理者,自体中有道理,是故无有无道理;若自体中无道理者,无道理亦应无";"言说者,与无道理为一、为异? 若一者,言说亦无,汝云何称我言说无道理? 若异者,言说有道理,汝复何故称我言说无道理耶"。意思是说,如果你说我的言说"无道理",那么,你的言说同样"无道理";如果你的言说"无道理",那么,我的言说就"有道理"。"无道理"的自体中是有道理的,所以,没有"无道理";如果"无道理"的自体中无道理,那么,"无道理"亦应归于无;如果"言说"与"无道理"二者是同一的,那么,道理无,言说同样亦无,你怎么说我"言说无道理"? 如果二者是相异的,那么,言说中就有道理的存在,你又凭什么说我"言说无道理"?

外道质难佛教言说"无道理",有"与自语相违"、"与证智(指现量)相违"、"与比智(指比量)相违"、"与世间相违"四种过失。就"与世间相违"来说,"无道理"与"有道理"是相对立的。世间有"四种道理"(指事物生存、变化的四种法则)。一是"因果道理"(又称"作用道理"),指事物各有因果的道理;二是"相待道理"(又称"观待道理"),指事物须待众缘和合方能生起的道理;三是"成就道理"(又称"证成道理"),指由"五分言"(指五支作法),即"立义言"(又称"宗",即命题)、"因言"(又称"因",即理由)、"譬如言"(又称"喻",即譬喻)、"合譬言"(又称"合",即应用)、"决定言"(又称"结",即结论,为"宗"的复述)构成的论式所成立的道理;四是"如如道理"(又称"法尔道理"),指无始时来,法性如此(指"无我"、"无常"、"寂静"三者本来如此)的道理。在世间事物中,"言说为果,道理为因",如果看到一事物的结果,就应推知它有生起的原因,看到"言说",就应推知它有"道理"。因此,外道指责佛教的言说没有道理,是"与世间相违"的。如关于从"四种道理"的角度,反驳外道质难佛教言说"无道理"的方法,说:

> 汝(指外道)称我(指佛教)言说无道理,是语与世间相违。何以故? 于世间中,立四种道理:一因果道理,二相待

道理，三成就道理，四如如道理。因果道理者，如种子与芽；相待道理者，如长短父子；成就道理者，如五分言（指立义言、因言、譬如言、合譬言、决定言）成就义；如如道理者，有三种：一无我如如，二无常如如，三寂静如如。于世间中，言说为果，道理为因。世间中，若见果，则知有因，若见言说，则知有道理。汝称我言说无道理，是义与世间相违。若有言说无道理者，无有是处。（《无道理难品》，《大正藏》第三十二卷，第29页中）

二、《道理难品》。论述外道质难佛教所立道理有"过失"问题。

外道质难佛教所立道理有"过失"，这是"似能破"（指错误的反驳）。"似能破"分为"颠倒难"、"不实义难"、"相违难"三类，总计十六种。后来，陈那《因明正理门论》删去"显义至难"、"显对譬义难"、"自义相违难"三种，新增"义准相似"一种，将它们整理归纳为"十四过类"，即"似能破"的十四种过失。

（一）"颠倒难"。指以非正义难破对方的过失，即"立难不与正义相应"。下分十种。（1）"同相难"。指用"异法喻依"（指喻支中"异法喻"的事例）代替"同法喻依"（指喻支中"同法喻"的事例），颠倒成立相违之宗（指与对方相反的宗支），难破对方的过失，即"对物同相立难，是名同相难"。它相当于"十四过类"中的第一种"同法相似"。（2）"异相难"。指用"同法喻依"代替"异法喻依"，颠倒成立相违之宗，难破对方的过失，即"对物不同相立难，是名异相难"。它相当于"十四过类"中的第二种"异法相似"。（3）"长相难"。指通过分别"同法喻依"中的不同属性作为因（理由），颠倒成立相违之宗，难破对方的过失，即"于同相显别相，是名长相难"。它相当于"十四过类"中的第三种"分别

相似"。(4)"无异难"。指以"同法喻依"与"宗有法"(指宗支的
主词)在所有属性上都应相同无差别(包括宗喻无异、宗因无异、
二宗无异)为由,难破对方的过失,即"显一切同相,故立一切无
所以,是名无异难"。它相当于"十四过类"中的第四种"无异相
似"。(5)"至不至难"。指以立论者所立之因,若通于宗,则宗、
因相同,若不通于宗,则无因为由,难破对方的过失,即"因为至
所立义,为不至所立义"。它相当于"十四过类"中的第八种"至
不至相似"。(6)"无因难"。指以立论者所立之因,若成立于宗
之前,则是谁之因;若成立于宗被证成之后,则无须因;若与宗同
时成立,则因与宗之间没有因果联系为由,难破对方的过失,即
"于三世,说无因,是名无因难"。它相当于"十四过类"中的第九
种"无因相似"。(7)"显别因难"。指以在立论者所举的因法之
外,尚有其他因法亦可证成宗法为由,难破对方的过失,即"依别
因无常法显故,此则非因,是名显别因难"。它相当于"十四过
类"中的第五种"可得相似"。(8)"疑难"。指对立论者的宗义
和因义作不同的分别,将正因说成犹豫不定因,以此难破对方的
过失,即"于异类同相,而说疑难"。它相当于"十四过类"中的第
六种"犹豫相似"。(9)"未说难"。指以立论者所立之因,在未
说之前并没有,因既没有,宗也就不能成立为由,难破对方的过
失,即"未说之前,未有无常,是名未说难"。它相当于"十四过
类"中的第十种"无说相似"。(10)"事异难"。指以"瓶"(同喻
依)的所作性不同于"声"(宗有法)的所作性,故瓶等不能证成
"声是无常"宗为由,难破对方的过失,即"事异故,如瓦器声,不
如是,是名事异难"。它相当于"十四过类"中的第十二种"所作
相似"。如关于对"同相难"的评破,说:

　　同相难者,对物同相立难,是名同相难。论(指论主)

曰：声无常（以上为五支作法中的宗），因功力生，无中间生
故（以上为因），譬如瓦器（以上为同喻），因功力生，生已破
灭，声亦如是（以上为合），故声无常（以上为因）。是义已
立。外（指外道）曰：若声无常，与器同相者，声即常住，与
空同相故，是故如空，声亦常住。同相者，同无身故。……
论曰：汝难不如，何以故？汝立因，不决定常、无常遍显故；
我立因三种相，是根本法（指因是宗有法的属性），同类所摄
（指与宗法为同类相似的事物有因），异类相离（指与宗法为
不同属性的事物无因），是故立因成就不动（指立因能证成
宗义而不动摇）。汝因不如，是故汝难颠倒。若汝立因，同
我因者，汝难则成正难。若无常立义，难常义，是难成就。
何以故？立常因难。立无常因，极不能显无常颠倒过失，常
因不决定一味故，无常因决定一味故。（《道理难品》，第 30
页下）

　　（二）"不实义难"。指以不实义难破对方的过失，即"妄语
故不实，妄语者，不如义，无有义"。下分三种。（1）"显不许义
难"。指对立敌双方共许（共同认可）的"同喻依"，再要求对方用
因去证成的过失，即"于证见处更觅因，是名显不许义难"，它相
当于"十四过类"中的第十三种"生过相似过类"。（2）"显义至
难"。指以"可显"（可以显现）之物不能确定为有，"不可显"之物
不能确定为无为由，难破"无我"宗的过失，即"于所对义，此义义
至，是名义至难"。此项过失为"十四过类"所无。（3）"显对譬
义难"。指以"声"常住于"空"相之中，"空"是常，故"声"亦应是
常为由，难破"声是无常"宗的过失，即"对譬力故成就义，是名对
譬义难"。此项过失为"十四过类"所无。

　　（三）"相违难"。指以相违义难破对方的过失，即"义不并

立,名为相违,譬如明暗、坐起等,不并立"。下分三种。(1)"未
生难"。指以"声"(宗有法)在显发之前,不存在"勤勇无间所发"
(指依靠人的意志作用使事物从潜在变为显在)之因,因既然没
有,所立的"声是无常"宗,也就不能成立为由,难破对方的过失,
即"前世未生时,不关功力,则应是常,是(名)未生难"。它相当
于"十四过类"中的第十一种"无生相似"。(2)"常难"。指以
"无常性"恒常地随附于"声"为由,将立论者所立的"声是无常"
宗,偷换为"声常有无常性"宗,使"声是无常"变成"声应是常",
难破对方的过失,即"常无常,故是声常,是名常难"。它相当于
"十四过类"中的第十四种"常住相似"。(3)"自义相违难"。指
将对方的正因说成"不成因",在难破他义的同时,也破坏自义的
过失,即"若难他义,而自义坏,是名自义相违难"。此项过失为
"十四过类"所无。如关于对"常难"的评破,说:

> 常难者,常(有)无常,故是声常,是名常难。外(指外
> 道)曰:于无常处,常有无常,一切法不舍性故。无常中有
> 常,依无常故得常。论(指论主)曰:是义相违。何以故?
> 若已无常,云何得常?若有人说暗中有光,此语亦应成就。
> 若不尔,汝难则相违不实。何以故?无有别法名无常,于无
> 常处相应,更立为常。无常者,无别体,若物未生得生,已生
> 而灭,名为无常。若无常不实,依无常立常,常亦不实。
> (《道理难品》,第34页上)

三、《堕负处品》。论述辩论者"堕负处"的原因问题。

辩论者"堕负处"(堕入失败)的原因,共有二十二种。它们
是:(1)"坏自立义"。指自坏所立的宗义,即"于自立义许对
义,是名坏自立义"。(2)"取异义"。指以别的义理取代原先的
宗义,即"自义已为他所破,更思惟立异法为义,是名取异自立

义"。(3)"因与立义相违"。指能立之因与所立之宗相违背,即"因与立义不得同,是名因与立义相违"。(4)"舍自立义"。指放弃自己的宗义,即"他已破自所立义,舍而不救,是名舍自立义"。(5)"立异因义"。指别立异因,以证自宗,即"已立同相因义,后时说异因,是名立异因义"。(6)"异义"。指所举之因与宗义并无联系,即"说证义与立义不相关,是名异义"。(7)"无义"。指辩论时诵咒,即"欲论义时诵咒,是名无义"。(8)"有义不可解"。指所说的义理,不为听众和对论者所理解,即"若三说,听众及对人不解,是名有义不可解"。(9)"无道理义"。指所说的义理,前后不连贯,即"有义前后不摄,是名无道理义"。(10)"不至时"。指宗义被对方驳倒后,再立因,即"立义已被破,后时立因,是名不至时"。(11)"不具足分"。指五支作法(由宗、因、喻、合、结五支构成的论式)不具足,即"五分义中,一分不具,是名不具足分"。(12)"长分"。指对因支和喻支作增益,即"说因多,说譬多,是名长分"。(13)"重说"。指声音重复、义理重复、语句重复,即"有三种重说,一重声、二重义、重义至。重声者,如说帝释帝释;重义者,如说眼目;重义至者,如说生死实苦,涅槃实乐,初语应说,第二语不须说"。(14)"不能诵"。指所说的宗义,连说三遍,仍有人不能诵持,即"若说立义,大众已领解,三说有人不能诵持,是名不能诵"。(15)"不解义"。指所说的宗义,连说三遍,仍有人不能理解,即"若说立义,大众已领解,三说有人不解义,是名不解义"。(16)"不能难"。指看到他人依理建立的宗义,不解其义,不能难破,即"见他如理立义,不能破,是名不能难"。(17)"立便避难"。指自知宗义有过失,借口躲避,即"知自立义有过失,方便隐避,说余事相,或言我自有疾,或言欲看他疾","畏失亲善爱念故,是名立方便避难堕负处"。(18)"信许他难"。指在他人的难破时,承认自宗的过失，即"于他立难中，信许自义过失，是名信许他难"。
(19)"于堕负处不显堕负"。指他人已在辩论中失败，还在继续
难破，即"若有人已堕负处，而不显其堕负，更立难欲难之。彼义
已坏，何用难为？此难不成就，是名于堕负处不显堕负"。
(20)"非处说堕负"。指他人并未在辩论中失败，却说他失败，
即"他不堕负处，说言堕负，是名非处说堕负"。(21)"为悉檀多
所违"。指虽已掌握"四种悉檀多"(指佛教化众生的四种方法，
即世界悉檀、各各为人悉檀、对治悉檀、第一义悉檀)，但并没有
依此去立义，即"先已共摄持四种悉檀多，后不如悉檀多理而说，
是名为悉檀多所违"。(22)"似因"。指三种似因，即"不成就
因"、"不定因"、"相违因"。如关于"不具足分"(指五支作法不具
足)，说：

> 不具足分者，五分义(指五支作法)中，一分不具，是
> 名不具足分。五分者，一立义言(指宗)、二因言(指因)、
> 三譬如言(指喻)、四合譬言(指合)、五决定言(指结)。譬
> 如有人言声无常，是第一分；何以故？依因生故，是第二
> 分；若有物依因生，是物无常，譬如瓦器依因生，故无常，
> 是第三分；声亦如是，是第四分；是故声无常，是第五分。
> 是五分若不具一分，是名不具足，堕负处。(《堕负处品》，
> 第35页中)

本书在反驳外道对佛教所立道理的质难时，采用的论式是
古因明的五支作法(由宗、因、喻、合、结五支构成的论式)，故它
属于古因明的著作。但书中所述的"因三相"、"似能破"等内容，
后经陈那的整理、改革和重新诠释，都成为新因明的组成部分之
一。因此，本书与陈那《因明正理门论》存在着很密切的学术关
联性。

第二品　唐玄奘译《因明正理门论本》一卷

附：唐义净译《因明正理门论》一卷

《因明正理门论本》，又名《因明正理门论》《正理门论》《理门论》《正理门论本》等，一卷。印度大域龙（即陈那）造，唐玄奘译，贞观二十三年（649）译出。唐道宣《大唐内典录》卷五著录（书名作《因明正理门论》，无"本"字；译经时间见《开元释教录》卷八，书名作《因明正理门论本》）。载于《丽藏》"竭"函、《宋藏》"力"函、《金藏》"竭"函、《元藏》"力"函、《明藏》"匪"函、《清藏》"匪"函、《频伽藏》"来"帙，收入《大正藏》第三十二卷。

本书是一部论述"能立"与"似能立"、"现量"与"似现量"、"比量"与"似比量"、"能破"与"似能破"等因明理论的著作，也是新因明的代表作。全书不立品目，采用偈颂与长行（散文）相结合的方式编纂，偈颂标举纲目，长行释义解答。全书不立品目，总计约七千三百字，内容大致分为序说、正论、结颂三部分。对因明的知识体系，如基本结构、概念、相互交涉、规则和过失，以及古因明与新因明的差别等，作了简要的论述。

一、序说。叙述本书的造论缘由，即全书的首句"为欲简持能立、能破义中真实，故造斯论"。大意是说，为了简别、持取"能立"（论证）、"能破"（反驳）中的真实义，故撰作本论。

二、正论。始"宗等多言说能立，是中唯随自意乐"，终"又此方隅，我于破古因明论中，已具分别，故应且止"，论述因明的基本概念、规则、过失等。其中，"能立"（包括宗、因、喻）、"似能立"（包括似宗、似因、似喻）、"能破"、"似能破"的作用，是"悟他"，即令他人了悟正理；"现量"、"似现量"、"比量"、"似比量"的作用，是"自悟"，即令自己了悟正理。

　　(一)"能立"与"似能立"。"能立",指论证,即立论者(指辩论中的正方)建立符合规则的论式,来论证自己的主张;与"似能立"相对时,又称"真能立",指正确的论证。"能立"由"宗"、"因"、"喻"三支构成。"似能立",指错误的论证,即立论者建立的宗、因、喻三支缺损或有过失的论式,下分"似宗"、"似因"、"似喻"三项。

　　1."宗"与"似宗"。"宗",指命题,即立论者依自己的喜乐而建立的主张;与"似宗"相对时,亦称"正宗",即正确的命题。在三支作法中,宗支是"所立",必须是"违他顺自",即立论者认可而敌论者不认可的。"似宗",指错误的命题,即立论者建立的有过失的宗支(略称"宗过")。"宗等多言说能立,是中唯随自意乐,为所成立说名宗,非彼相违义(指似宗)能遣",意思是说,由"宗"、"因"、"喻"多言(指数词三以上)构成的论式,称为"能立"。此中,由立论者顺随自意乐于建立的主张,称为"宗",不是指那种与它相违背的、应当遣除的"似宗"。"宗"分为"宗体"、"宗依"二部分。"宗体",指宗支的整体,由"前陈"(又称"有法"、"自性"、"所别"、"体")与"后陈"(又称"法"、"差别"、"能别"、"义")联结而成,"前陈"为宗支的主词(又称"主项"),指事物;"后陈"为宗支的宾词(又称"谓项"),指事物的属性。"宗依",指宗支的部分,即"前陈"、"后陈"。"宗依"作为单独的名词概念,它的内涵和外延必须是立敌双方共许(又称"极成",即共同认可)的;而"宗体"作为自己的主张。一是"差别为性",即"宗体"是由"后陈"(能差别)对"前陈"(所差别)加以差别(限定)构成的,以此来显示事物具有某种特性;二是"随自乐为",即"宗体"是立论者顺随自意,乐于建立的,它是"违他顺自",只为立论者认可,而敌论者则不认可,如果"宗体"为立敌双方所共许,便没有立宗的必要。

　　"似宗"是"立宗过失",即与正宗"相违"(相违背)的宗过,共有五种(本书只举出实例,没有标列名称,以下名称参照《入正理论》标立)有:(1)"自语相违"(《入正理论》列为"似宗"第五种)。指所立之宗的前陈与后陈互相矛盾的过失。例如"立一切言皆是妄",指外道立"一切言皆是妄"宗,意为一切言语皆是妄语,由于"一切言"包括了外道的言语,意味着外道的宗言也是妄语,故它是有过失的宗支。(2)"自教相违"(《入正理论》列为"似宗"第三种)。指所立之宗与自家的教说相违背的过失。例如"獾狐子立声为常",意思是说,胜论派始祖獾狐子(音译"优楼佉",意译又作"鸺鹠")立"声为常"宗,这一宗支与"先所立宗义相违",即与此派先前所立的宗义"声无常"相违背,故它是有过失的宗支。(3)"世间相违"(《入正理论》列为"似宗"第四种)。指所立之宗与世间知识相违背的过失。例如"说怀兔非月有故",意思是说,印度民间传说月中有兔,若立论者立"怀兔非月"(意为月中无兔)宗,便是"极成言相违",即与民间共同认可的知识相违背,故它是有过失的宗支。(4)"现量相违"(《入正理论》列为"似宗"第一种)。指所立之宗与现量(感觉)相违背的过失。例如"有成立声非所闻",意思是说,若立论者立"声非所闻"(指声音是不能听闻)宗,这一宗支与"极成现量"(指论敌双方共同认可的感觉)相违背,故它是有过失的宗支。(5)"比量相违"(《入正理论》列为"似宗"第二种)。指所立之宗与比量(推理)相违背的过失。例如说"瓶是常",意思是说,若立论者立"瓶是常"(指瓶是恒常)宗,这一宗支与"极成比量"(指论敌双方共同认可的推理)相违背,故是它有过失的宗支。古因明师将"宗因相违",即因与宗相违背,称为"宗过",其实这并非宗过,而是因过。例如立论者立"声为常"宗,以"一切皆是无常故"为因,此中,以"一切皆是无常故"为因并不是宗过,而是因过,因为它其实不是因，而是有倒离错误的"异法喻"（指"异法喻"本应"先显宗无，后说因无"，此句颠倒次序，正确的表述应作"无常一切"，即"诸无常者是一切"）。

2."因"与"似因"。"因"，指理由，即立论者建立的能证成宗义的因支，与"似因"相对时，亦称"正因"，即正确的理由，在三支作法中，因支是"能立"，必须是"立敌共许"，即立论者和敌论者共同认可的。"似因"，指错误的理由，即立论者建立的有过失的因支（略称"因过"）。"因与似因多是宗法"，意思是说，正因与似因大多是"宗法"（指事物的属性），即"宗有法"（指宗支的前陈）普遍具有的属性（即"宗法"），并以全部"宗有法"为述说对象。此中，"宗有法"是体，指事物；"宗法"是义，指事物的属性。"宗法"本来是指宗支的后陈，之所以将因法也称为"宗法"，是因为它们同属于一个主词。"宗法于同品，谓有非有俱，于异品各三，有非有及二"，意思是说，因与同品（指具有所立法性质的事物，即与宗支后陈为同类相似的事物）的关系有三种，即"同品有"（指同品中全部有因）、"同品非有"（指同品中全部无因）、"同品有非有"（指同品中一部分有因，一部分无因）；因与异品（指不具有所立法性质的事物，即与宗支后陈为不同属性的事物）的关系也有三种，即"异品有"（指异品中全部有因）、"异品非有"（指异品中全部无因）、"异品有非有"（指异品中一部分有因，一部分无因）。此中所说的同品、异品，必须剔除"宗有法"（宗支的前陈），即不得将"宗有法"也列为同品或异品，只可取"宗有法"以外的事物作为同品或异品。同品三句与异品三句，一一配合，构成"九句因"（又称"九种宗法"，后详）。

正因须具备的三种条件，称为"因三相"。"若所比处（指宗有法）此相（指因相）审定（指定遍），于余（指宗有法之外）同类（指同品）念此定有，于彼无处（指异品）念此遍无"，意思是说，

"遍是宗法性",指因法普遍是宗支中"宗有法"(指宗支的前陈)的属性(又称"宗法"),并以全部"宗有法"为述说对象;"同品定有性",指因法在"同品"(指"宗同品",即与宗法为同类相似的事物)中必定有;"异品遍无性",指因法在"异品"(指"宗异品",即与宗法为不同性质的事物)中普遍无。

"似因"都是由违背"因三相"造成的,分为三类。即:"不成因",指因支不满足因的第一相"遍是宗法性"的过失;"不定因",指因支违背"因三相"中的第二相"同品定有性"或第三相"异品遍无性",有不确定的过失;"相违因",指因支同时违背"因三相"中的第二相"同品定有性"和第三相"异品遍无性"的过失。本书将"不成因"单列,而将"不定因"、"相违因"置于"九句因"(内有二句是正因,七句是似因)中叙说。

关于"不成因"。"不成因",指因支不满足"宗法"(即《入正理论》所说"因三相"中的第一相"遍是宗法性")的过失。下分四种(又称"四不成因",本书只举出实例,没有标列名称,以下名称参照《入正理论》标立)。(1)"两俱不成"(《入正理论》列为"不成因"第一种)。指因法与宗支的"有法"(主词)全无关系,为立敌双方共不许(指共同不认可)的过失。例如"有成立声是无常,眼所见故",意思是说,胜论师对声论师立"声为无常"宗,以"眼所见故"为因,但"眼所见故"并不是"声"具有的属性,故为胜论、声论双方俱不许(共同不认可)。(2)"随一不成"(《入正理论》列为"不成因"第二种)。指因法为立敌双方中的一方所不认可的过失。例如"对显论,所作性故",意思是说,若立论者立"声为无常"宗,以"所作性故"(指造作性)为因,"所作性故"为"声显论"者(主张声为常住,随缘由隐而显,为人所闻)所不许。(3)"犹豫不成"(《入正理论》列为"不成因"第三种)。指因法虚实不定,为立敌双方或一方所疑的过失。例如"若犹豫,如依烟等起疑惑时,成立大种和合火有,以现烟故",意思是说,若立论者立"大种和合火有"(指由地、水、火、风四大和合而产生的火)宗,以"以现烟故"为因,是烟、是尘或是雾,不能断定,故它不能证明宗支。(4)"所依不成"(《入正理论》列为"不成因"第四种)。指因法所依的"宗有法"(即宗支的前陈)不为立敌双方共许的过失。例如"成立我其体周遍,于一切处生乐等故",意思是说,胜论师对佛弟子立"我其体周遍"宗,以"于一切处生乐等故"为因,而佛弟子并不承认有"我",故此因不能成立。

关于"九句因"。"九句因"(又称"九种宗法"),指因与同品(指具有所立法性质的事物,即与宗支后陈为同类相似的事物)、异品(指不具有所立法性质的事物,即与宗支后陈为不同属性的事物)的九种关系。"此中若品与所立法邻近均等,说名同品,以一切义皆名品故;若所立无,说名异品",意思是说,因是"能立法",宗支的后陈是"所立法",与"所立法"为同类相似的事物,称为"同品"(即"宗同品"),这是由于一切事物都可以依性质区分为不同的种类的缘故;与"所立法"(指宗支的后陈)为不同性质的事物,称为"异品"(即"宗异品")。因与同品的关系有"有"(指全部有)、"非有"(全部无)、"有非有"(指一部分有,一部分无)三种,即"同品有"、"同品非有"、"同品有非有";因与异品的关系也有"有"、"非有"、"有非有"三种,即"异品有"、"异品非有"、"异品有非有"。同品三句与异品三句,一一配合,构成"九句因"。"九句因"中,只有第二句、第八句是正因,其他都是"似因"(第四句、第六句是"似因"中的"相违因",其余五句是"似因"中的"不定因")。"九句因",指的是:

(1)"同品有、异品有"。指因法(理由)在"宗同品"中全有,"宗异品"中亦全有的过失。例如立"声常"宗,以"所量性故"(指认识的对象)为因。此为"不定因"中的"共不定"(《入正理论》列为"不定因"第一种)。(2)"同品有、异品非有"。指因法在"宗同品"中全有,在"宗异品"中全无。例如立"无常"宗,以"所作性故"(指造作性)为因。此为符合"因三相"中的第二相"同品定有性"、第三相"异品遍无性"的正因。(3)"同品有、异品有非有"。指因法在"宗同品"中全有,在"宗异品"中一部分有、一部分无的过失。例如立"勤勇无间所发"(指依靠人的意志作用使事物从潜在变为显在)宗,以"无常性故"为因。此为"不定因"中的"异品一分转、同品遍转"(《入正理论》列为"不定因"第四种)。(4)"同品非有、异品有"。指因法在"宗同品"中全无,在"宗异品"中全有的过失。例如立"(声)为常"宗,以"所作性故"为因。此为"相违因"中的"法自相相违因"(《入正理论》列为"相违因"第一种的第一个例子)。(5)"同品非有、异品非有"。指因法在"宗同品"中全无,在"宗异品"中亦全无的过失。例如立"(声)为常"宗,以"所闻性故"为因。此为"不定因"中的"不共不定"(《入正理论》列为"不定因"第二种)。(6)"同品非有、异品有非有"。指因法在"宗同品"中全无,在"宗异品"中一部分有、一部分无的过失。例如立"(声)为常"宗,以"勤勇无间所发性故"为因。此为"相违因"中的"法自相相违因"(《入正理论》列为"相违因"第一种的第二个例子)。(7)"同品有非有、异品有"。指因法在"宗同品"中一部分有、一部分无,在"宗异品"中全有的过失。例如立"(声)非勤勇无间所发"宗,以"无常性故"为因。此为"不定因"中的"同品一分转、异品遍转"(《入正理论》列为"不定因"第三种)。(8)"同品有非有、异品非有"。指因法在"宗同品"中一部分有、一部分无,在"宗异品"中全无。例如立"(内声)无常"宗,以"勤勇无间所发性故"为因。此为符合"因三相"中的第二相"同品定有性"、第三相"异品遍无性"的正因。(9)"同品有非有、异品有非有"。指因法在"宗同品"中一部分有、一部分无,在

"宗异品"中亦一部分有、一部分无的过失。例如立"(声)为常"宗,以"无触对故"为因。此为"不定因"中的"俱品一分转"(《入正理论》列为"不定因"第五种)。"似因"中的"不定因",除"九句因"中所列的五种以外,还有"相违决定"一种。"相违决定",指立敌双方各自建立一个"因三相"具足的因支,对方不反对,结果证明了二个完全相反的宗支的过失,即"二相(指二种正因)更互相违,共集一处,犹为因等"。如关于"九句因"中的正因、相违因、不定因,说:

> 于同有及二,在异无是因,翻此名相违,所余皆不定(以上是偈颂)。
>
> 此中唯有二种名因(指正因),谓于同品一切遍有、异品遍无(指九句因中的第二句),及于同品通有非有、异品遍无(指第八句),于初、后三,各取中一(指在初三句、后三句中各取中间的一句);复唯二种说名相违(指相违因),能倒立故,谓于异品有及二种(指第四句中的"异品有"、第六句中的"异品有非有"),于其同品一切遍无(指第四句、第六句中都有的"同品非有"),第二、三中取初、后二(指在第二个三句中取前一句和后一句);所余五种因及相违,皆不决定,是疑因义(指其余五句不能确定是正因还是相违因,故为不定因;以上是偈颂的解释)。(《大正藏》第三十二卷,第 2 页中)

3. "喻"与"似喻"。"喻",指譬喻,即立论者建立的能证成宗义的喻支,与"似喻"相对时,亦称"正喻",即正确的譬喻,在三支作法中,喻支是"能立",必须是"立敌共许",即立论者和敌论者共同认可的。"似喻",指错误的譬喻,即立论者建立的有过失的喻支(略称"喻过")。喻支分为二种,即"同法喻"、"异法喻",

它们均由"喻体"、"喻依"二部分组成。"喻体",指普遍命题(宗有法除外);"喻依",指事例,即喻体所依据的材料。(1)"同法喻"(又称"同喻")。指用与宗法(所立法)、因法(能立法)为同类相似的事物作譬喻。它能显示"因三相"中的第二相"同品定有性",从正面论证宗义。"同法喻体"的构成是"说因宗所随",即先因后宗,先说"因同品"(指与因法为同类相似的事物),后说"宗同品"(指与宗法为同类相似的事物)。例如立"声无常"宗,以"勤勇无间所发性故"(指依靠人的意志作用使事物从潜在变为显在)为因,以"诸勤勇无间所发,皆见无常,犹如瓶等"为"同法喻"。"同法喻"中,"诸勤勇无间所发,皆见无常"是"同法喻体","诸勤勇无间所发"为"因同品","皆见无常"为"宗同品";"犹如瓶等"是"同法喻依"。为简便起见,"同法喻"中的"同法喻体"可以省略不说,而"同法喻依"不能省略,故上述"同法喻"也可用"犹如瓶等"四字来表述。(2)"异法喻"(又称"异喻")。指用与宗法(所立法)、因法(能立法)为不同性质的事物作譬喻。它能显示"因三相"中的第三相"异品遍无性",从反面论证宗义。"异法喻体"的构成是"宗无因不有",即先宗后因,先说"宗异品",后说"因异品"。例如立"声无常"宗,以"勤勇无间所发性故"为因,以"诸有常住,见非勤勇无间所发,如虚空等"为"异法喻"。喻支中,"诸有常住,见非勤勇无间所发"是"异法喻体",其中,"诸有常住"为"宗异品","见非勤勇无间所发"为"因异品";"如虚空等"是"异法喻依"。为简便起见,喻支中可只保留"同法喻",而省略"异法喻"。这是因为"同法喻"能起到"遮诠"(既遣除又解释)的作用,而"异法喻"是唯遮不诠的,只能起到"止滥"的作用。

"似喻",分"似同法喻"、"似异法喻"二类,总计十种。(1)"似同法喻"(又称"似同喻")。指错误的同法喻,即同法喻依或同法喻体的过失,下分五种。①“倒合”。指同法喻体的语序本应先因后宗(指先说“因同品”,后说“宗同品”),今为先宗后因(指先说“宗同品”,后说“因同品”)的过失,即“虽有合”(指联合)而“颠倒说”。②“无合”。指同法喻体没有将“因同品”与“宗同品”联结起来的过失,即“不作合”。③“能立法不成”。指同法喻依不具有能立法(指因法),不是“因同品”(指与因法同类相似的事物)的过失,即“随一不成”。④“所立法不成”。指同法喻依不具有所立法(指宗法),不是“宗同品”(指与宗法为同类相似的事物)的过失,亦称“随一不成”。⑤“俱不成”。指同法喻依不具有能立法、所立法,既不是“因同品”,也不是“宗同品”的过失,即“二俱不成”。(2)“似异法喻”(又称“似异喻”)。指错误的异法喻,即异法喻依或异法喻体的过失。下分五种。①“倒离”。指异法喻体的语序本应先宗后因(指先说“宗异品”,后说“因异品”),今为先因后宗(指先说“因异品”,后说“宗异品”)的过失,即“虽有离”(指分离)而“颠倒说”。②“不离”。指异法喻体没有将“宗异品”与“因同品”分离隔绝,以显示“宗异品”中一定没有“因同品”的过失,即“不作离”。③“所立不遣”。指异法喻依不遣除所立法(指宗法),不是“宗异品”(指与宗法为不同属性的事物)的过失,即“随一不遣”。④“能立不遣”。指异法喻依不遣除能立法(指因法),不是“因异品”(指与因法为不同性质的事物)的过失,亦称“随一不遣”。⑤“俱不遣”。指异法喻依不遣除所立法、能立法,既不是“宗异品”,也不是“因异品”的过失,即“二俱不遣”。如关于“同法喻”与“异法喻”,说:

　　说因宗所随,宗无因不有,此二名譬喻,余皆此相似(以上是偈颂)。

　　喻有二种,同法、异法。同法者,谓立声无常(此为宗),

勤勇无间所发性故（此为因），以诸勤勇无间所发皆见无常（此为同法喻体），犹如瓶等（此为同法喻依）。异法者，谓诸有常住见非勤勇无间所发（此为异法喻体），如虚空等（此为异法喻依）。前是遮诠，后唯止滥，由合（指同法喻）及离（指异法喻）比度义故（以上是偈颂的解释）。（第2页下）

（二）"现量"与"似现量"、"比量"与"似比量"。

1."现量"与"似现量"。"量"，意为量度，指对境界的认识。"现量"，指感觉器官对事物自相（指个别的体相）的认识，与"似现量"相对时，又称"真现量"，指正确的感觉。"为自开悟，唯有现量及与比量，彼声（指声量）、喻（指喻量）等摄在此中，故唯二量。由此二能了自、共相故，非离此二别有所量"，意思是说，能使自己了悟正理的方法，只有"现量"与"比量"二种量，古因明师所说的"声量"（又称"圣教量"、"圣言量"，指以圣人的言教，作为判别认识正误的标准）、"喻量"（又称"譬喻量"，指用通俗的事例譬喻抽象的道理），都含摄在这二种量之中。通过"现量"，能了知事物的自相；通过"比量"，能了知事物的共相，在自相、共相之外，并无别的境界需要认识。"现量除分别者，谓若有智于色等境，远离一切种类名言假立、无量（《丽藏》本作异）诸门分别，由不共缘，现现别转，故名现量"，意思是说，"现量"的特点是"除分别"（即远离分别），即有正智时，五识（指眼、耳、鼻、舌、身识）缘五境（色、声、香、味、触），远离一切种类的名言假立（指名字言说的施设）和义门分别（指义理辨析），各根各取现前的自相境（指眼取色，乃至身取触），互不联系（即"现现别转"），这种感官直觉称为"现量"。"现量"有四种。（1）"五识现量"。指五识缘五境时所生的感觉。（2）"五俱意现量"。指与五识相应俱起的那部分意识，即在五识依根缘境时所生的感觉。（3）"自证分现量"。

指作为心识自体的"自证分",在缘取"见分"的自相时所生的感觉。(4)"修定现量"。指修习禅定,心缘一境时所生的感觉。

"似现量",指错误的感觉。"似现量"有六种。(1)"忆念"。指散心缘过去事所生的错觉。(2)"比度"。指"独头意识"(指不与前五识俱起,独自生起而泛缘"十八界"的意识)缘现在事所生的错觉。(3)"悕求"。指散心缘未来事所生的错觉。(4)"疑智"。指疑心缘三世(过去、现在、未来)事所生的错觉。(5)"惑乱智"。指惑乱心缘现在事所生的错觉。(6)"世俗智"。指世俗心缘"一切世俗有"(指"瓶等、数等、举等、有性、瓶性等")所生的错觉。

2. "比量"与"似比量"。"比量"。指推理,即在现量的基础上,由已知推知未知,对事物共相(指共同的体相)加以认识,与"似比量"相对时,又称"真比量",指正确的推理;"似比量",指错误的推理。"余所说因生者,谓智(指比量智)是前智(指现量智)余,从如所说能立因生,是缘彼义",意思是说,"比量"的特点是"余所说因生",即比量智是在现量智的基础上,从"因三相"推度而生的认识,以缘共相为义。引生比量智的原因分为二种。一是"远因",指现量因、比量因,即显示"审观察智"(指宗法智)的因法,或从"现量"所生,或从"比量"所生,它们是引生比量智的远因;二是"近因",指忆因念,即回忆因法与宗法的不相离性(同品定有、异品遍无)的意念,它是引生比量智的近因。比量智便是综合远因与近因而生的。无论是"近因",还是"远因",都是通过比知推度而成为比量智之因的,因从果名,因而都可称为"比量"。

(三)"能破"与"似能破"。"能破",指反驳,即反驳者(指辩论中的反方,即敌论者)如实地显示对方(指辩论中的正方,即立论者)论式的过失,破斥他的主张,与"似能破"相对时,又称"真能破",指正确的反驳。"似能破",指错误的反驳。"能破阙等言,似破谓诸类",意思是说,"真能破"是指能揭示对方论式中的支缺或支失(指宗、因、喻三支的缺减或过失);"似能破"是指不能揭示对方论式中的支缺或支失。"似能破"大多是因为对方的论式本身是"善比量",并无过失,而反驳者却妄加破斥所造成的;也有一些是因为对方的论式确有"不善",存在着过失,但反驳者不知其过之所在,却在无过之处妄加破斥所造成的。本书所说的"似能破",主要指前者,即对方无过而加以破斥的过失,有十四种,称为"十四过类"(又称"十四种相似过类"),即"似能破"的十四种过失。"十四过类",指的是:

(1)"同法相似"。指用"异法喻依"(指喻支中"异法喻"的事例)代替"同法喻依"(指喻支中"同法喻"的事例),颠倒成立相违之宗(指与对方相反的宗支),难破对方的过失,即"由同法喻颠倒成立,是故说名同法相似"。(2)"异法相似"。指用"同法喻依"代替"异法喻依",颠倒成立相违之宗,难破对方的过失,即"示现异品,由异法喻颠倒而立"。(3)"分别相似"。指通过分别"同法喻依"中的不同属性作为因(理由),颠倒成立相违之宗,难破对方的过失,即"分别同法差别","由此分别颠倒所立,是故说名分别相似"。(4)"无异相似"。指以"同法喻依"与"宗有法"(指宗支的主词)在所有属性上都应相同无差别(包括宗喻无异、宗因无异、二宗无异)为由,难破对方的过失,即"一切更互法同(指一切诸法互为同法)应成一性"。(5)"可得相似"。指以在立论者所举的因法之外,尚有其他因法亦可证成宗法为由,难破对方的过失,即"若显示所立宗法,余因可得,是则说名可得相似"。(6)"犹豫相似"。指对立论者的宗义和因义作不同的分别,将因说成不定因,以此难破对方的过失,即"此中分别宗义别异,因成不定,是故说名犹豫相似。或复分别因义别异故,名犹豫相似过类"。(7)"义准相似"。指通过颠倒"异喻体"的语序,将先宗后因(指先说"宗异品",后说"因异品"),改成先因后宗(指先说"因异品",后说"宗异品"),将它称为依立论者所立的宗、因推导的结果,难破对方的过失,即"说异品义(指说有倒离错误的异喻体)故,非爱(指非立论者的本意),名义准"。(8)"至不至相似"(又称"至非至相似")。指以立论者所立之因,若通于宗,则宗、因相同;若不通于宗,则无因为由,难破对方的过失,即"若能立因至所立宗,而成立者,无差别故,应非所立","若能立因不至所立(宗),不至、非因无差别故,应不成因,是名为至非至相似"。(9)"无因相似"。指以立论者所立之因,若成立于宗之前,则是谁之因;若成立于宗被证成之后,则无须因;若与宗同时成立,则因与宗之间没有因果联系为由,难破对方的过失,即"若能立因在所立(宗)前,未有所立,此是谁因?若言在后,所立已成,复何须因?若俱时者,因与有因皆不成就,如牛两角,如是名为无因相似"。(10)"无说相似"。指以立论者所立之因,在未说之前并没有,因既没有,宗也就不能成立为由,难破对方的过失,即"若由此因,证无常性(宗),此未说前都无所有,因无有故,应非无常(宗),如是名为无说相似"。(11)"无生相似"。指以"声"在显发之前,不存在"勤勇无间所发"之因,因既然没有,所立的"声是无常"宗,也就不能成立为由,难破对方的过失,即"生前无因故,无所立,亦即说名无生相似"。(12)"所作相似"。指以"瓶"(同喻依)的所作性不同于"声"(宗有法)的所作性,故瓶等不能证成"声是无常"宗为由,难破对方的过失,即"所作异少分,显所立不成,名所作相似"。(13)"生过相似"。指对立敌双方共许(共同认可)的"同喻依"加以非难,还要求对方以因来证成的过失,即"俱许而求因,名生过相似"。(14)"常住相似"。指以"无常性"恒常地随附于"声"为由,将立论者所立的"声是无常"宗,偷换为"声常有无常性"宗,使"声是无常"变成"声应是常",难破对方的过失,即"无常性恒随,名常住相似"。"如是过类,足目所说,多分说为似能破,性最极成故",意思是说,上述"十四过类",都是"似能破",其中的多数是根据正理派始祖足目在《正理经》所说的过类整理而成的,是各方都认可的说法。

三、结颂。用七言颂(七言四句),总结全书的意义。说:"为开智人慧毒药,启斯妙义正理门,诸有外量所迷者,令越邪途契真义。"意思是说,本论犹如开发智人之慧的毒药,能开启精妙的正理之门,令那些受外道量论迷惑的人,离邪归真。

本书的同本异译有:唐义净译《因明正理门论》一卷。

本书的注疏有:唐神泰《理门论述记》一卷、文轨《因明理门十四过类疏》一卷(收入《宋藏遗珍》)、现代吕澂等《因明正理门论本证文》一册等。

唐义净译《因明正理门论》一卷

《因明正理门论》,又名《正理门论》,一卷。印度大域龙(即陈那)造,唐义净译,景云二年(711)译出。唐智升《开元释教录》卷九著录。载于《丽藏》"力"函、《宋藏》"忠"函、《金藏》"力"函、《元藏》"忠"函、《明藏》"匪"函、《清藏》"匪"函、《频伽藏》"来"帙,收入《大正藏》第三十二卷。

本书是唐玄奘译《因明正理门论》一卷的异译本,论述"能立"与"似能立"、"现量"与"似现量"、"比量"与"似比量"、"能破"与"似能破"等因明理论。经对勘,本书除了在全书首颂"宗等多言说能立,是中唯随自意乐,为所成立说名宗,非彼相违义能遣"之后的"论曰"中,插入了一段三百多字的释文,即"能立过义,印真实义。……上来已辩论主标宗,自下本文随次当释"一段以外,其余译文几乎与玄奘译本全同(仅个别字有差异)。就此而论,本书只是依玄奘译本照抄而已,算不上异译。唐智升《开元释教录》卷九在著录本书时说:"大域龙菩萨造,第二出,与奘法师译者同本,景云二年于大荐福寺翻经院译,沙门玄伞智积等笔受。"据此推测,义净本人只译出首颂后的一段释文就搁置了,其后的文字当是他人用玄奘译本补进去的。至于义净为何只译出一段释文就不译了,原因不详。因此,如果研究陈那的《因明正理门论》,仍须用玄奘译本。

第三品　唐玄奘译《因明入正理论》一卷

《因明入正理论》,又名《入正理论》《入论》,一卷。印度商羯罗主造,唐玄奘译,贞观二十一年(647)译出。唐道宣《大唐内典录》卷五著录(译经时间见《开元释教录》卷八)。载于《丽藏》"力"函、《宋藏》"忠"函、《金藏》"力"函、《元藏》"忠"函、《明藏》"沛"函、《清藏》"沛"函、《频伽藏》"来"帙,收入《大正藏》第三十二卷。

商羯罗主(约六世纪),音译"商羯罗塞缚弥",意译"骨锁主",又称"天主"。南印度人。印度婆罗门教中的大自在天,其形象为苦行者,悴疲饥羸,骨节相连,形状如瑣,故别名"商羯罗",意译"骨瑣"。商羯罗主的父母原无子嗣,后因祈祷此天而得子,遂为子取名商羯罗主(意为以天为主)。商羯罗主长大后,投礼于瑜伽行派陈那(约480—540)门下,专精因明。为陈那新因明的传人。生平事迹见唐窥基《因明入正理论疏》卷上。

本书是一部论述"八门二益"(又称"八义二悟")等因明理论的著作,也是研究陈那《因明正理门论》的入门书。所说的"八门二益",指因明论式中,"能立"、"似能立"、"能破"、"似能破"四

门,能"悟他";"现量"、"似现量"、"比量"、"似比量"四门,能"自
悟"(后详)。关于本书的文本,现存的梵本是1930年从印度耆
那教的典籍中录出的,题为《入正理论》,未署作者;藏译本题为
《因明入正理门论》(又译《量论入正理论》),署名"陈那著"(见元
布顿《佛教史大宝藏论》,郭和卿译,民族出版社1986年3月
版);从汉译本要早于梵本、藏译本数百年来看,玄奘在翻译时,
将本书题为"商羯罗主菩萨造",或是当时的梵文底本上就有的,
或是根据他在印度求法期间的听闻而加上去的,当是有根据的、
可信的。从本书的梵本书名并无"因明"来看,"因明"二字是玄
奘翻译时加上去的,目的是表明此书是因明类著作,以简别其他
著作(见吕澂《因明入正理论讲解》)。

　　全书不立品目,总计约二千五百字,内容大致分为总摄颂、
正论(总摄颂的长行解释)、结颂三部分。行文简约,条理清晰,
对因明的知识体系,如基本结构、概念、相互交涉、规则和过失
等,作了简明扼要的论述。书末有《因明入正理论后序》(此序未
署作者,从序中有"余以不敏,妄忝吹嘘,受旨证文。偶兹嘉会,
敢录时事,贻诸后毗"一语,而担任此论翻译的"笔受证文"者,是
"弘福寺沙门明浚",以此推断,作者当为明浚),说:

　　　　《因明入正理论》者,盖乃抗辩标宗,摧邪显正之闳阃
　　也。……所以世亲弘盛烈于前,陈那纂遗芳于后,扬真珍
　　谬,夷难解纷,至矣!神功备详余论。粤有天主菩萨(指商
　　羯罗主),亚圣挺生,博综研详,聿修前绪,撰略精秘,逗适时
　　机。启以八门,通其二益,芟夷五分(指五支作法),取定三
　　支。其义简而彰,其文约而显。……我三藏法师玄奘,神悟
　　爽拔,峻节冠群。……粤以贞观二十一年秋八月六日,于弘
　　福寺,承诏译讫。弘福寺沙门明浚笔受证文,弘福寺沙门玄

谟证梵语，大总持寺沙门玄应正字，大总持寺沙门道洪、实
际寺沙门明琰、罗汉寺沙门慧贵、宝昌寺沙门法祥、弘福寺
沙门文备、廓州法讲寺沙门道深、蒲州栖岩寺沙门神泰，详
证大义。……余以不敏，妄忝吹嘘，受旨证文。偶兹嘉会，
敢录时事，贻诸后毗。（《大正藏》第三十二卷，第 12 页下—
第 13 页上）

一、总摄颂（五言四句）。标举全论的总纲"八门二益"（又
称"八义二悟"）。说："能立与能破，及似唯悟他，现量与比量，及
似唯自悟。"此颂依唐文轨（《因明入正理论疏》）（因文轨是长安
大庄严寺僧人，故习称《庄严疏》）的解释，应理解为，"能立与能
破及似，唯悟他，现量与比量及似，唯自悟"。意思是说，"能立"
（指论证）、"能破"（指反驳）、"似能立"（指错误的论证；"似"，指
似是而非）、"似能破"（指错误的反驳）的作用，是"悟他"（使他人
了悟正理）；"现量"（指感觉，即感觉器官对事物自相的认识）、
"比量"（指推理，即在现量的基础上，由已知推知未知，对事物共
相加以认识）、"似现量"（指错误的感觉）、"似比量"（指错误的推
理）的作用，是"自悟"（使自己了悟正理）。归纳起来，就是"八门
二益"。"八门"，依真（正确）似（错误）区分，为四真四似，即"能
立"与"似能立"、"能破"与"似能破"、"现量"与"似现量"、"比量"
与"似比量"；"二益"，指"悟他"、"自悟"。"悟他"中的"他"，主要
指辩论时的敌论者（对立方），兼及证义者（公证人，即第三方）。
颂文之所以将"能立"与"似能立"、"能破"与"似能破"都列为"悟
他"，是由于立敌双方的论证与反驳，无论是对或错，用语言表达
出来，目的是"悟他"，即令他人了悟正理；"自悟"的"自"，指辩论
时的立论者；颂文之所以将"现量"与"似现量"、"比量"与"似比
量"都列为"自悟"，是由于立敌双方的感觉与推理，无论是对或

错,都是自己的思维活动,目的是"自悟",即令自己了悟正理。

二、正论。始"如是总摄诸论要义",至"如是言说,名似能破,以不能显他宗过失,彼无过故。且止斯事",解释总摄颂。内容包括:"能立"、"似能立"、"现量"、"比量"、"似现量"、"似比量"、"能破"、"似能破"。

(一)"能立"。指论证,即立论者(指辩论中的正方)建立符合规则的论式,来论证自己的主张,与"似能立"相对时,又称"真能立",指正确的论证。"能立",由"宗"、"因"、"喻"三支构成。"宗等多言,名为能立,由宗、因、喻多言,开示诸有问者未了义故。"意思是说,由"宗"、"因"、"喻"多言(指数词三以上)构成的论式,称为"能立";立论的目的,是为了使"诸有问者"(主要指敌论者,兼及证义者)能了悟"未了义"(指未了解的义理)。

1."宗"。指命题,即立论者依自己的喜乐而建立的主张,与"似宗"相对时,亦称"正宗",即正确的命题。在三支作法中,宗支是"所立",必须是"违他顺自",即立论者认可而敌论者不认可的,"宗者,谓极成(指立敌双方共许)有法(指前陈),极成能别(指后陈,以上指宗依),差别性故,随自乐为所成立性(以上指宗体),是名为宗。如有成立声是无常"。也就是说,"宗"分为二部分。(1)"宗体"。指宗支的整体,由"前陈"(又称"有法"、"自性"、"所别"、"体")与"后陈"(又称"法"、"差别"、"能别"、"义")联结而成,"前陈"为宗支的主词(又称"主项"),指事物;"后陈"为宗支的宾词(又称"谓项"),又称为"所立法"或"宗所立法",指事物的属性。(2)"宗依"。指宗支的部分,即"前陈"、"后陈"。"宗依"作为单独的名词概念,它的内涵和外延必须是立敌双方共许(又称"极成",即共同认可)的;而"宗体"作为自己的主张。一是"差别性",即"宗体"是由"后陈"(能差别)对"前陈"(所差别)加以差别(限定)构成的,以此来显示事物具有某种特性;二是"随自乐为"的,即"宗体"是立论者顺随自意,乐于建立的,它是"违他顺自",只为立论者认可,而敌论者则不认可,如果"宗体"为立敌双方所共许,便没有立宗的必要。例如在宗支"声是无常"(又作"声无常")中,"声是无常"是"宗体";"声"、"无常"二个名词,是"宗依","声"是宗支的"前陈","无常"是"后陈";宗依"声"、"无常"的内涵和外延,是立、敌双方共许的;而宗体"声是无常",是只为立论者认可,而敌论者则不认可。

2."因"。指理由,即立论者建立的能证成宗义的因支(就三支作法内部而言,"宗"是"所立","因"、"喻"是"能立"),与"似因"相对时,亦称"正因",即正确的理由。在三支作法中,因支是"能立",必须是"立敌共许",即立论者和敌论者共同认可的。正因须具备"因三相",即三种条件。(1)"遍是宗法性"。指因法普遍是宗支中"宗有法"(指宗支的前陈)的属性(又称"宗法"),并以全部"宗有法"为述说对象。"宗法"本来是指宗支的后陈,之所以将因法也称为"宗法",是因为它与宗支的后陈同属于一个主词(指宗支的前陈,即"宗有法"),是主词的另一个谓语。例如立"声是无常"宗,以"所作性故"(指造作性)为因,此中,所有"声"(无论内声还是外声)都具有"所作性","无常"(宗支的后陈)、"所作性"(因法)都是"声"的属性。(2)"同品定有性"。指因法在"同品"(指"宗同品",即与宗法为同类相似的事物)中必定有。这也就是"九句因"中的正因,即第二句、第八句所说的,因法在"宗同品"中全有,以及因法在"宗同品"中一部分有、一部分无(指在众多的同品中,必定有一些事物有因法,而不要求所有的同品都有因法)。此中所说的"同品",必须剔除"宗有法"(宗支的前陈),即不得将"宗有法"也列为同品,只可取"宗有法"以外的事物作为同品。"所立法均等义品,说名同品,如立无常,瓶等无常,是名同品",意思是说,因法是"能立法",宗支的后陈是"所立法",与"所立法"为同类相似的事物,称为"同品"(即"宗同品"),同品中必定有一些事物有因法。例如宗支"声是无常"中的"无常"为"所立法";因支"所作性故"为"能立法",除"声"以外的同品,如"瓶等"中必定有一些事物具有"所作性"。(3)"异品遍无性"。指因法在"异品"(指"宗异品",即与宗法为不同性质的事物)中普遍无。这也就是"九句因"中的正因,即第二句、第八句所说的,因法在"宗异品"中全无,凡不具有宗支后陈的性质的事物,普遍不具有因法。此中所说的"异品",也必须剔除"宗有法"(宗支的前陈),即不得将"宗有法"也列为异品,只可取"宗有法"以外的事物作为异品。之所以要在"同品"、"异品"中剔除"宗有法",用宗中未说及的事物来表述,目的是为了避免循环论证,这是立敌双方必须共同遵守的不成文的规则(包括唐窥基《因明入正理论疏》在内的唐疏四家,都强调同、异品必须除宗有法)。"异品者,谓于是处(指品)无其所立,若有是常,见非所作,如虚空等",意思是说,与"所立法"(指宗支的后陈)为不同性质的事物,称为"异品"(即"宗异品"),"宗异品"中没有"所立法"(宗支的后陈),故普遍没有因法,如虚空是不待造作,没有生灭变化的存在,是"常",故它与所立法"无常"是异品,不具有"所作性"之因。具足"因三相"的例子有:针对外道声论师中的"声生论"者(主张内外声皆常住),佛教立"声是无常"宗,以"所作性故"为因;针对"声显论"者(主张内声常住),佛教立"声是无常"宗,以"勤勇无间所发性故"(指依靠人的意志作用使事物从潜在变为显在)为因,这二种因都具足因三相,故为正因。如关于"因三相",说:

> 因有三相。何等为三?谓遍是宗法性,同品定有性,异品遍无性。云何名为同品异品?谓所立法均等义品,说名

同品,如立无常,瓶等无常,是名同品。异品者,谓于是处无
其所立,若有是常,见非所作,如虚空等。此中所作性,或勤
勇无间所发性,遍是宗法性,同品定有性,异品遍无性,是无
常等因。(第11页中)

3.“喻”。指譬喻,即立论者建立的能证成宗义的喻支,与
“似喻”相对时,亦称“正喻”,即正确的譬喻。在三支作法中,喻
支是“能立”,必须是“立敌共许”,即立论者和敌论者共同认可
的。喻支分为二种,即“同法喻”、“异法喻”,它们均由“喻体”、
“喻依”二部分组成。“喻体”,指普遍命题(宗有法除外);“喻
依”,指事例,即喻体所依据的材料。(1)“同法喻”(又称“同
喻”)。指用与宗法(所立法)、因法(能立法)为同类相似的事物
作譬喻。它能显示“因三相”中的第二相“同品定有性”,从正面
论证宗义。“同法者,若于是处(指喻)显因同品决定有性”,意思
是说,“同法喻”是在喻支中显示“因同品”(指与因法为同类相似
的事物)一定有“宗同品”(指与宗法为同类相似的事物)。“同法
喻”中的喻体称为“同法喻体”(又称“同喻体”),它的构成是先因
后宗,即先说“因同品”(指与因法为同类相似的事物),后说“宗
同品”(指与宗法为同类相似的事物),以表明一切“因同品”都是
“宗同品”;喻依称为“同法喻依”(又称“同喻依”)。例如立“声是
无常”宗,以“所作性故”为因,以“谓若所作,见彼无常,譬如瓶
等”为“同法喻”。喻支中,“谓若所作,见彼无常”是“同法喻体”,
其中,“谓若所作”为“因同品”,“见彼无常”为“宗同品”;“譬如瓶
等”是“同法喻依”。为简便起见,喻支中的“同法喻体”可以省略
不说,而“同法喻依”不能省略,故上述喻支也可用“譬如瓶等”四
字来表述。也就是说,正确的“同法喻依”是喻体命题主词(又称
主项)存在的标志,表示主词非空类(指不存在)。例如“瓶”既是

"因同品"，又是"宗同品"，满足"因三相"第二相关于同品是因的要求。又如，立"声是常"宗，以"所闻性"为因，不缺喻体"若所闻，见彼常住"，却缺喻依。在同品"常"中，除"声"以外，世上没有一物具有因法"所闻性"，"所闻性"因此成为过失因，即"似因"（唐窥基《因明入正理论疏》等唐疏四家强调"同喻法体"、"异喻法体"的表述必须"除宗以外"的命题，而非毫无例外的全称命题，这应是玄奘的口义）。（2）"异法喻"（又称"异喻"）。指用与宗法（所立法）、因法（能立法）为不同性质的事物作譬喻。它能显示"因三相"中的第三相"异品遍无性"，从反面论证宗义。"异法者，若于是处（指喻）说所立无，因遍非有"，意思是说，"异法喻"是在喻支中表明，没有所立法处，普遍地没有能立法，即"宗异品"普遍不是"因同品"，而是"因异品"。"异法喻"中的喻体称为"异法喻体"（又称"异喻体"），它的构成是先宗后因，即先说"宗异品"，后说"因异品"；喻依称为"异法喻依"（又称"异喻依"）。例如立"声是无常"宗，以"所作性故"为因，以"若是常，见非所作，如虚空等"为"异法喻"。喻支中，"若是常，见非所作"是"异法喻体"，其中，"若是常"为"宗异品"，"见非所作"为"因异品"；"如虚空等"是"异法喻依"。为简便起见，喻支中可只保留"同法喻"，而省略"异法喻"。这是因为"同法喻"能起到"遮诠"（既遣除又解释）的作用，而"异法喻"是唯遮不诠的，只能起到"止滥"的作用。

（二）"似能立"。指错误的论证，即立论者建立的宗、因、喻三支缺损或有过失的论式。下分"似宗"、"似因"、"似喻"三类，总计三十三种（又称"三十三过"）。

1."似宗"。指错误的命题，即立论者建立的有过失的宗支（略称"宗过"）。"虽乐成立，由与现量等相违故，名似立宗"。共有九种（又称"似宗九过"）。（1）"现量相违"。指所立之宗（命

题)与现量(感觉)相违背的过失。"现量相违者,如说声非所闻
(此为宗,与现量相违背)"。(2)"比量相违"。指所立之宗与比
量(推理)相违背的过失。"比量相违者,如说瓶等是常(此为宗,
与"所作性故"之因相违背)"。(3)"自教相违"。指所立之宗与
自家的教说相违背的过失。"自教相违者,如胜论师立声为常
(此为宗,与胜论派主张"声无常"相违背)"。(4)"世间相违"。
指所立之宗与世间知识相违背的过失。"世间相违者,如说怀兔
非月(此为宗,指月中无兔,与民间的传说相违背),有故(此为
因,指有体)"。(5)"自语相违"。指所立之宗的前陈与后陈互
相矛盾的过失。"自语相违者,如言我母(此为宗支的前陈)是其
石女(此为后陈)"。(6)"能别不极成"。指所立之宗的后陈(又
称"能别")为立敌双方不共许(又称"不极成",即不共同认可)的
过失。"能别不极成者,如佛弟子对数论师,立声灭坏(此为
宗)"。(7)"所别不极成"。指所立之宗的前陈(又称"所别")为
立敌双方不共许的过失。"所别不极成者,如数论师对佛弟子,
说我是思(此为宗,指神我是思量)"。(8)"俱不极成"。指所立
之宗的前陈、后陈为立敌双方共不许(指共同不认可)的过失。
"俱不极成者,如胜论师对佛弟子,立我(此为宗支的前陈)以为
和合因缘(此为后陈)"。(9)"相符极成"。指所立之宗的宗体
(指宗支的整体)为立敌双方所共许(又称"极成",即共同认可)
的过失。"相符极成者,如说声是所闻(此为宗)"。

　　2."似因"。指错误的理由,即立论者建立的有过失的因支
(略称"因过")。下分"不成因"、"不定因"、"相违因"三类,总计
十四种。

　　甲、"不成因"。指因支不满足因的第一相"遍是宗法性"的
过失。下分四种。(1)"两俱不成"。指因法与宗支的"有法"
(主词)全无关系,为立敌双方共不许(指共同不认可)的过失。

"如成立声为无常等,若言是眼所见性故,两俱不成",意思是说,若胜论师对声论师立"声为无常"宗,以"是眼所见性故"为因,但"是眼所见性故"根本不是"声"具有的属性,故为胜论、声论双方俱不许(共同不认可)。(2)"随一不成"。指因法为立敌双方中的一方所不认可的过失。"所作性故,对声显论,随一不成",意思是说,若立论者立"声为无常"宗,以"所作性故"为因,"所作性故"为"声显论"者(主张声为常住,随缘由隐而显,为人所闻)所不许。(3)"犹豫不成"。指因法虚实不定,为立敌双方或一方所疑的过失。"于雾等性起疑惑时,为成大种和合火有而有所说,犹豫不成",意思是说,若立论者立"大种和合火有"(指由地、水、火、风四大和合而产生的火)宗,以"见有雾故"为因,由于雾究竟是气,还是烟,不能断定,故它不能证明宗支。(4)"所依不成"。指因法所依的"宗有法"(即宗支的前陈)不为立敌双方共许的过失。"虚空实有,德所依故,对无空论,所依不成",意思是说,胜论师对"无空论"者立"虚空实有"宗,以"德所依故"为因,而"无空论"者并不承认有虚空,故此因不能成立。

乙、"不定因"。指因支违背"因三相"中的第二相"同品定有性"或第三相"异品遍无性",有不确定的过失。下分六种。(1)"共不定"。指因法在"宗同品"(指与宗法为同类相似的事物)中全有,在"宗异品"(指与宗法为不同属性的事物)中亦全有的过失。"共者,如言(指声论师对佛弟子立量说)声常(此为宗),所量性故(此为因),常(此为宗同品)、无常品(此为宗异品)皆共此因,是故不定"。它相当于陈那《因明正理门论》所说"九句因"的第一句"同品有、异品有"。(2)"不共不定"。指因法在"宗同品"(指与宗法为同类相似的事物)中全无,在"宗异品"(指与宗法为不同属性的事物)中亦全无的过失。"不共者,如说声常(此为宗),所闻性故(此为因),常(此为宗同品)、无常品(此为宗异品)皆离此因"。它相当于"九句因"中的第五句"同品非有、异品非有"。(3)"同品一分转、异品遍转"。指因法在"宗同品"中一部分有、一部分无,在"宗异品"中全有的过失。"同品一分转、异品遍转者,如说声非勤勇无间所发(此为宗),无常性故(此为因)"。它相当于"九句因"中的第七句"同品有非有、异品有"。(4)"异品一分转、同品遍转"。指因法在"宗异品"中一部分有、一部分无,在"宗同品"中全有的过失。"异品一分转、同品遍转者,如立宗言:声是勤勇无间所发(此为宗),无常性故(此为因)"。它相当于"九句因"中的第三句"同品有、异品有非有"。(5)"俱品一分转"。指因法在"宗同品"中一部分有、一部分无,在"宗异品"中亦一部分有、一部分无的过失。"俱品一分转者,如说声常(此为宗),无质碍故(此为因)"。它相当于"九句因"中的第九句"同品有非有、异品有非有"。(6)"相违决定"。指立敌双方各自建立一个"因三相"具足的因支,对方不反对,结果证明了二个完全相反的宗支的过失。"相违决定者,如(胜论师)立宗言:声是无常(此为宗),所作性故(此为因),譬如瓶等(此为同喻依);有(声生论)立声常(此为宗),所闻性故(此为因),譬如声性(此为同喻依)。此二皆是犹豫因,故俱名不定"。此处所说的"相违决定",是专就胜论师对"声生论"者立量而言的,若佛教也立与胜论派相同的"声是无常,所作性故,譬如瓶等"的论式,则无过失,因为佛教不承认"声生论"者所说的"声性"。

　　丙、"相违因"。指因支同时违背"因三相"中的第二相"同品定有性"和第三相"异品遍无性"的过失。下分四种。(1)"法自相(一作性)相违因"。指因法与宗支后陈(又称"法",指事物的属性)的自相(又称"言陈",指表述后陈的语言)相矛盾的过失。"法自相相违因者,如说(指"声生论"者立量说)声常(此为宗),所作性故(此为因),或勤勇无间所发性故(此为"声显论"者所立

之因)。此因(指上二因)唯于异品中有,是故相违"。此中包括
了二个例子:一是声论派中的"声生论"者立"声常"宗,以"所作
性故"为因,此因有在"宗同品"中全无,在"宗异品"中全有的过
失,故是似因。它相当于"九句因"中的第四句"同品非有、异品
有"。二是"声显论"者立"声常"宗,以"勤勇无间所发性故"为
因,此因有在"宗同品"中全无,在"宗异品"中一部分有、一部分
无的过失,故是似因。它相当于"九句因"中的第六句"同品非
有、异品有非有"。(2)"法差别相违因"。指因法与宗支后陈的
差别(又称"意许",指表述后陈的语言所隐含的意思)相矛盾的
过失。"法差别相违因者,如说(指数论师为佛弟子立量说)眼等
必为他用(此为宗),积聚性故(此为因),如卧具等(此为同喻
依)"。(3)"有法自相相违因"。指因法与宗支前陈(又称"有
法",指事物)的自相(指表述前陈的语言)相矛盾的过失。"有法
自相相违因者,如说(指胜论派始祖鸺鶹为弟子五顶立量说)有
性非实、非德、非业(此为宗),有一实故,有德业故(以上为因),
如同异性(此为同喻依)"。(4)"有法差别相违因"。指因法与
宗支前陈的差别(指表述前陈的语言所隐含的意思)相矛盾的过
失。"有法差别相违因者,如即此因(指上文中的"有一实故"),
即于前宗有法差别作有缘性,亦能成立与此相违作非有缘性(指
以"有一实故"为因,既能证明宗支前陈"有性"的有缘性,又能证
明它的非有缘性),如遮实等,俱决定故"。

　　3.“似喻”。指错误的譬喻,即立论者建立的有过失的喻支
(略称“因过”)。下分“似同法喻”、“似异法喻”二类,总计十种。

　　甲、“似同法喻”(又称“似同喻”)。指错误的同法喻,即同法
喻依或同法喻体的过失。下分五种。(1)“能立法不成”。指同
法喻依不具有能立法(指因法),即不是“因同品”(指与因法同类
相似的事物)的过失。“能立法不成者,如说声常(此为宗),无质

碍故(此为因),诸无质碍,见彼是常(以上为同法喻体),犹如极
微(此为同法喻依)"。(2)"所立法不成"。指同法喻依不具有
所立法(指宗法),即不是"宗同品"(指与宗法为同类相似的事
物)的过失。"所立法不成者,谓说如觉(此为"声常,无质碍故,
如觉"的省略语,"如觉"为同法喻依)"。(3)"俱不成"。指同法
喻依不具有能立法、所立法,即既不是"因同品",也不是"宗同
品"的过失。"俱不成者,复有二种:有(指有体俱不成)及非有
(指无体俱不成)。若言如瓶(此为同法喻依),有俱不成,若说如
空,对无空论,无俱不成"。(4)"无合"。指同法喻体没有将"因
同品"与"宗同品"联结起来的过失。"无合者,谓于是处(指喻
支)无有配合"。(5)"倒合"。指同法喻体的语序本应先因后宗
(指先说"因同品",后说"宗同品"),今为先宗后因(指先说"宗同
品",后说"因同品")的过失。"倒合者,谓应说言:诸所作者(此
为因)皆是无常(此为宗),而倒说言:诸无常者(此为宗)皆是所
作(此为因)"。

　　乙、"似异法喻"(又称"似异喻")。指错误的异法喻,即异法
喻依或异法喻体的过失。下分五种。(1)"所立不遣"。指异法
喻依不遣除所立法(指宗法),不是"宗异品"(指与宗法为不同属
性的事物)的过失。"所立不遣者,且如有言(指声论师对胜论师
立"声常"宗,以"无质碍故"为因):诸无常者见彼质碍(此为异
法喻体),譬如极微(此为异法喻依)"。(2)"能立不遣"。指异
法喻依不遣除能立法(指因法),不是"因异品"(指与因法为不同
性质的事物)的过失。"能立不遣者,谓说(指声论师对胜论师立
"声常"宗,以"无质碍故"为因)如业(此为异法喻依),但遣所立
(法),不遣能立(法),彼(指声论师、胜论师)说诸业无质碍故"。
(3)"俱不遣"。指异法喻依不遣除所立法、能立法,即既不是
"宗异品",也不是"因异品"的过失。"俱不遣者,对彼有论(指有

空论,即主张虚空为实有者),说如虚空(此为异法喻依)"。(4)"不离"。指异法喻体没有将"宗异品"与"因同品"分离隔绝,以显示"宗异品"中一定没有"因同品"的过失。"不离者,谓说如瓶(此为异法喻依),见无常性、有质碍性"。(5)"倒离"。指异法喻体的语序本应先宗后因(指先说"宗异品",后说"因异品"),今为先因后宗(指先说"因异品",后说"宗异品")的过失。"倒离者,谓如说言:诸质碍者(此为因)皆是无常(此为宗)"。

（三）"现量"。指感觉,即感觉器官对事物自相(指个别的体相)的认识,与"似现量"相对时,又称"真现量",指正确的感觉。"现量谓无分别,若有正智,于色等义(指境),离名种等所有分别,现现别转,故名现量",意思是说,"现量"指无分别的感官直觉,即有正智时,五识(指眼、耳、鼻、舌、身识)缘五境(色、声、香、味、触),远离一切名言(指名字言说)分别,各根各取现前的自相境(指眼取色,乃至身取触),互不联系(即"现现别转",又称"根根别转"),由此所得的认识,称为"现量"。

（四）"比量"。指推理,即在现量的基础上,由已知推知未知,对事物共相(指共同的体相)加以认识,与"似比量"相对时,又称"真比量",指正确的推理。"言比量者,谓藉众相而观于义",意思是说,"比量"指在"现量"的基础上,借助名言分别,从已知的事物推知未知的事物。例如用"因三相",观察、比度所立法(宗法),就能从所见的"烟"(此为"现量因",即依感觉而得的理由)推知"此山有火",或从"所作性"(此为"比量因",即依推理而得的理由)推知"声是无常"等。如关于"现量"与"比量",说:

　　复次,为自开悟,当知唯有现、比二量。此中现量,谓无分别。若有正智,于色等义,离名种等所有分别,现现别转,故名现量。言比量者,谓藉众相而观于义。相有三种(指因三相),如前已说。由彼为因,于所比义(指所立法,即宗支的后陈),有正智生,了知有火(指现量因)或无常(指比量因)等,是名比量。于二量中,即智名果(指智为量果),是证相故。如有作用而显现故,亦名为量。(第12页中、下)

(五)"似现量"。指错误的感觉。"有分别智,于义(指境)异转,名似现量",意思是说,有"分别智"时,五识(指眼识等)缘五境(指色等)时,生起名言分别(如瓶、衣等),称为"似现量"。

(六)"似比量"。指错误的推理。"若似因智为先,所起诸似义智,名似比量",意思是说,以错误的理由("似因")为依据,导致对境界产生错误认识("似义")的推理,称为"似比量"。

(七)"能破"。指反驳,即反驳者(指辩论中的反方,即敌论者)如实地显示对方(指辩论中的正方,即立论者)论式的过失,破斥他的主张,与"似能破"相对时,又称"真能破",指正确的反驳。"能破"的方法分为二种。(1)"出过破"(又称"显过破")。指找出对方论式的过失,加以破斥。(2)"立量破"。指自己建立一个正确的论式,以破斥对方的主张。"能破"作为"似能破"的对称时,又称"真能破",指正确的反驳。"若正显示能立过失,说名能破",意思是说,能正确揭示对方论式的过失的反驳,称为"能破"。"能破"的对象有四种。一是"缺减过性",指对方的"能立"为"似能立",宗、因、喻三支缺减,即或缺宗、或缺因、或缺同喻依;二是"立宗过性",指对方的宗支为"似宗";三是"不成立性"、"不定因性"、"相违因性",指对方的因支为"似因",有"不成因"、"不定因"、"相违因";四是"喻过性"。指对方的喻支为"似喻"。

(六)"似能破"。指错误的反驳。"若不实显能立过言,名似能破",意思是说,不能真实地显示"能立"的过失,即"能立"本无过失,而妄加破斥的反驳,称为"似能破"。"似能破"的种类有:(1)"于圆满能立,显示缺减性言"。指对方的"能立"为"真能立",宗、因、喻三支俱备,而指责其论式有缺减。(2)"于无过宗,有过宗言"。指对方所立的宗为"正宗",而指责其宗有过失。(3)"于成就因,不成因言","于决定因,不定因言","于不相违因,相违因言"。指对方所举之因为"正因",而指责其因为"不成因"、"不定因"、"相违因"的过失。(4)"于无过喻,有过喻言"。指对方所举的喻为"正喻",而指责其喻有过失。如关于"能破"与"似能破",说:

> 复次,若正显示能立过失,说名能破。谓初能立缺减过性,立宗过性、不成立性、不定因性、相违因性及喻过性。显示此言,开晓问者,故名能破。若不实显能立过言,名似能破。谓于圆满能立,显示缺减性言。于无过宗,有过宗言;于成就因,不成因言;于决定因,不定因言;于不相违因,相违因言;于无过喻,有过喻言。如是言说,名似能破,以不能显他宗过失,彼无过故。(第12页下)

三、结颂。用五言颂(五言四句),总结全书的义旨。说:"已宣少句义,为始立方隅,其间理非理,妙辩于余处"。

本书与陈那《因明正理门论》是因明的二部代表作。但就内容表述而言,本书较《因明正理门论》有长足的进步。它删去了《因明正理门论》中的"十四过类"等内容,以及大段的插叙和议论,具有将因明学说条理化、定性化的特色,凡是重要的名词概念,都作了定义和解释,并列举相关的例子,加以说明,对初学者对领会把握因明知识的要点,提供了极大的便利。故在后世,本书的研习与流转远广于《因明正理门论》。

本书的注疏有:唐窥基《因明入正理论疏》(又称《大疏》)三

卷、慧沼《因明义断》一卷、《因明入正理论义纂要》一卷、《因明入正理论疏》(又称《续疏》)一卷、智周《因明入正理论疏前记》三卷、《因明入正理论疏后记》三卷、《因明疏抄略记》一卷、明真界《因明入正理论解》一卷、王肯堂《因明入正理论集解》一卷、明昱《因明入正理论直疏》一卷、智旭《因明入正理论直解》一卷、现代持松《因明入正理论易解》(收入《持松大师全集》第二册,台湾震曜出版社 2013 年 7 月版)、吕澂《因明入正理论讲解》(中华书局 2007 年 8 月版)、陈大齐《因明入正理论悟他门浅释》(中华书局 2007 年 8 月版)、李润生《因明入正理论导读》(台湾全佛文化事业公司 1999 年 9 月版)、郑伟宏《因明大疏校释、今译、研究》(复旦大学出版社 2010 年 10 月版)等。

五、大乘集传部

总　　叙

　　大乘集传和小乘集传，古时同属于"贤圣集传"，指佛入灭以后，由西域和东土（指汉地）的佛教学者撰写的，"三藏"（指经、律、论）之外的其他佛教著作。它是依翻译与非翻译著作分类的，若是根据西域流传的梵本翻译的著作，即汉译佛典，称为"梵本翻译集传"（又称"西域诸贤著述"、"西方圣贤集传"、"西土撰述"）；若是由东土人士撰写的佛教著作，即汉撰佛典，称为"此方撰述集传"（又称"此方诸德著述"、"东土圣贤著撰"、"此方撰述"）。本部收录的"大乘集传"，指"贤圣集传"中具有大乘性质的一些典籍，它们是大乘论藏的附属。

一、大乘集传的界定

　　在古代佛经目录中，"贤圣集传"是不分大乘与小乘的。依佛经目录家的解释，这是因为此类典籍"通大小乘"（《开元释教录》卷十三）；"或理兼大小，事涉世间，二论（大小乘）既不可收，故应别立"（明智旭《阅藏知津凡例》）。也就是说，由于此类典籍所说的义理兼通大小乘，事项涉及世间法，不适宜编入大乘论、小乘论，故别立"贤圣集传"，加以收录。从《开元释教录》卷十三《圣贤传记录》的收录情况来分析，"通大小乘"、"理兼大小"之书，主要是"贤圣集传"中的第二类典籍"此方撰述集传"，它们是汉地编撰的一批佛教文史典籍，如《释迦谱》《释迦方志》《经律异相》《出三藏记集》《开元释教录》《一切经音义》《大唐西域记》《集古今佛道论衡》《大唐西域求法高僧传》《法显传》《高僧传》《续高僧传》《弘明集》《广弘明集》《南海寄归内法传》《比丘尼传》等。拙撰《大藏经总目提要·文史藏》所收的就是此类文史典籍。

　　至于"贤圣集传"中的第一类典籍"梵本翻译集传"，前人之所以未分大乘与小乘，并不是说它们之间没有大小乘的区别，而是因为有些著作究竟应当划入哪一类，在鉴别上存在着一定的难度。但若深入研究的话，此类著作还是可以区分的。这是因为：一部著作的作者，有大乘学者与小乘学者的区别；一部著作的思想，有以大乘思想为主与以小乘思想为主的区别；一部著作的体例，有偏向于大乘论与偏向于小乘论的区别等。因此，即便是同一题材的著作，其思想内容和组织结构也是不同的。以佛传为例，苻秦僧伽跋澄译《僧伽罗刹所集经》，是叙述佛陀的修行和教化事迹之书，性质上是佛传，由于作者僧伽罗刹是小乘学者，故应归入小乘集传；北凉昙无谶译《佛所行赞》，是叙述佛祖释迦牟尼生平事迹之书，性质上也是佛传，由于作者马鸣是大乘学者，故应归入大乘集传。再如禅籍之中，后汉安世高译《道地经》、支曜译《小道地经》、后汉失译《禅要经》、西晋竺法护译《修行道地经》、姚秦鸠摩罗什译《禅法要解》、东晋佛陀跋陀罗译《达摩多罗禅经》等，其内容为小乘禅法，故应归入小乘集传；姚秦鸠摩罗什译《坐禅三昧经》《思惟略要法》、刘宋昙摩蜜多译《五门禅经要用法》等，其内容为大乘禅法，故应归入大乘集传，如此等等。本书就是依据作者、思想、体裁等要素，将"贤圣集传"中的"梵本翻译集传"，区分为小乘集传与大乘集传的。

二、本　部　大　略

大乘集传部,共收录大乘集传三十部一百十五卷。此部书目是综合隋法经等《众经目录》卷六《佛灭度后撰集录·西方诸圣贤所撰集》,唐智升《开元释教录》卷十三《圣贤传记录·梵本翻译集传》,北宋惟净等《天圣释教总录》卷二《圣贤集传翻译著撰·西方圣贤集传》,明智旭《阅藏知津》卷四十一《杂藏·西土撰述》等佛经目录的著录而勘定的。下分二门。

(一) 西域大乘集传

此类典籍总计有二十八部九十四卷。

(1) 北凉昙无谶译《佛所行赞》五卷。叙述佛祖释迦牟尼生平事迹的偈颂集,下分二十八品,始《生品》,终《分舍利品》,对佛的种姓、族系、降生、成长、出家、访师、修行、成道、教化、涅槃,以及相关的人物故事等,作了翔实的叙述。(2) 刘宋宝云译《佛本行经》七卷。《佛所行赞》改编后的异译本,下分三十一品,始《因缘品》,终《八王分舍利品》。(3) 姚秦鸠摩罗什译《马鸣菩萨传》一卷。叙述印度马鸣菩萨(传法祖师)的生平事迹。(4) 姚秦鸠摩罗什《龙树菩萨传》一卷。叙述印度龙树菩萨(中观派创始人之一)的生平事迹。(5) 姚秦鸠摩罗什译《提婆菩萨传》一卷。叙述印度提婆菩萨(中观派创始人之一)的生平事迹。(6) 陈真谛译《婆薮槃豆法师传》一卷。叙述印度世亲菩萨(瑜伽行派创始人之一)的生平事迹。(7) 北魏吉迦夜等译《付法藏因缘传》六卷。叙述佛入灭以后,印度的传法世系和祖师事迹。(8) 北宋绍德等译《菩萨本生鬘论》十六卷。叙述以佛在过去世修行事迹为主的本生故事集,前四卷是圣勇所作的《本生鬘》,收录本生故事十四则;后十二卷,是寂变、圣天所作的《尊者护国本生之义》(指《护国尊者所问大乘经》本生义),原有三十四章,今缺前十章。

(9) 姚秦鸠摩罗什译《坐禅三昧经》二卷。综述大小乘通习的五门禅法(指数息观、不净观、慈心观、因缘观、念佛观)和大乘"菩萨禅法"。(10) 姚秦鸠摩罗什译《思惟略要法》一卷。论述大乘十种禅观,即"四无量观法"、"不净观法"、"白骨观法"、"观佛三昧法"、"生身观法"、"法身观法"、"十方诸佛观法"、"观无量寿佛法"、"诸法实相观法"、"法华三昧观法"。(11) 刘宋昙摩蜜多译《五门禅经要用法》一卷。杂述大小乘通习的禅法,除五门禅法(指数息观等)以外,还述有"白骨观法"、"观佛三昧"、"生身观"、"法身观"、"观十方诸佛法"、"观佛三十事"、"四无量观法"等。

(12) 梁真谛译《大乘起信论》一卷。论述"如来藏"(指佛性)思想,下分五分(部分),始《因缘分》,终《劝修利益分》,对"一心"、"二门"、"三大"、"四信"、"五行"等大乘法义和修证法门,作了简明扼要的论述,它在中国佛教史上曾产生过重大的思想影响,然而围绕其书的真伪,又存在很大的争议。(13) 唐实叉难陀译《大乘起信论》二卷。前书的异译本,分为五分,始《作因分》,终《利益分》。(14) 姚秦筏提摩多译《释摩诃衍论》十卷。梁真谛译《大乘起信论》的注释书,采用"唱本作释"(指随文作释,即依照原著的叙述次第,分段摘录论文,加以解释)的方式,对《大乘起信论》全文加以解说,书题"龙树菩萨造",但据日本永超《东域传灯目录》记载,实为新罗僧人月忠托名编撰。(15) 陈真谛译《大宗地玄文本论》二十卷。论述"金刚道路"(指断尽烦恼,成就佛身的修因证果之路),即"金刚五位"及其所依止的"五十一种根本位"问题,书题"马鸣菩萨造",但据日本随天《缘山三大藏目录》卷下记载,实为为后人托名编集。

（16）北宋施护译《法集名数经》一卷。简释大小乘佛教名数（含数字的名词术语）五十九条，始"三乘"，终"色界十七天"。（17）唐智严译《大乘修行菩萨行门诸经要集》三卷。收录四十二种大乘经中，有关菩萨修行法门的经义六十七条。（18）三秦失译《无明罗刹集》三卷。以譬喻故事的形式，论述"十二因缘"理论。（19）北宋施护译《诸教决定名义论》一卷。论述"一切教中诸根本字"的"如实义"，即梵文根本字的秘密义，书题"圣慈氏（指弥勒）菩萨造"，实为晚期瑜伽行派论师所作。（20）北宋日称等译《事师法五十颂》一卷。论述密教"事师仪轨"的偈颂集，书题"马鸣菩萨集"，实为密教修持者托名所作。（21）北宋日称等译《尼乾子问无我义经》一卷。以"解大乘者"（指大乘学者）答尼乾子外道（印度古代六师外道之一）之问的形式，论述佛教的"无我"（指人身由"五蕴"和合而成，没有常恒实在的主体）义。（22）唐义净译《一百五十赞佛颂》一卷。赞颂佛陀功德的偈颂集，共收录一百五十三颂。（23）北宋法天译《佛一百八名赞》一卷。赞颂佛一百八种名号的偈颂集，所说的名号有"一切义成就"、"正等觉"、"一切智"、"如来"、"应供"、"善逝"、"世尊"、"说三乘菩提"、"六趣海到彼岸"、"大法王"、"佛陀"、"三慧真实眼"等。（24）北宋施护译《佛吉祥德赞》三卷。赞颂佛的最胜功德，特别是佛的应化身（指"三十二相"、"八十种好"等）的偈颂集。（25）北宋法贤译《佛三身赞》一卷。赞颂佛的三身（指法身、报身、化身）的偈颂集。（26）北宋法贤译《三身梵赞》一卷。前书的异译本、梵文偈颂的音译书。（27）北宋法天译《七佛赞呗伽陀》一卷。赞颂"过去七佛"（指毗婆尸佛、尸弃佛、毗舍浮佛、拘留孙佛、拘那含牟尼佛、迦叶佛、释迦牟尼佛）和未来佛弥勒的梵文偈颂的音译书。（28）北宋法贤译《八大灵塔梵赞》一卷。赞颂佛的"八大灵塔"的梵文偈颂的音译书。

（二）东土大乘通论

此类典籍总计有二部二十一卷。

（1）隋吉藏《三论玄义》一卷。论述大乘中观派"三论"（指《中论》《百论》《十二门论》）义旨，下分"通序大归"、"别释众品"二大部分，联系中印的宗教与文化，以及佛教的流传情况，对"三论"的义蕴，作了扩展性阐述。（2）隋慧远《大乘义章》二十卷。以佛教重要名词术语为纲目，分门别类地论述大小乘要义的佛教类书，下分五聚，依次是《教聚》《义法聚》《染法聚》《净法聚》《杂法聚》，每一聚又分若干门（相当于篇），总计二百四十九门，今存前四聚二百二十二门，阙第五聚《杂法聚》二十七门。

第一门　西域大乘集传

第一品　传记类：北凉昙无谶译
《佛所行赞》五卷
附：刘宋宝云译《佛本行经》七卷

《佛所行赞》，又名《佛所行赞经》《佛所行赞经传》《佛本行经》《佛本行赞经》等，五卷。印度马鸣造，北凉昙无谶译，玄始三年(413)至玄始十五年(426)间译出(见唐智升《开元释教录》卷四)。隋法经等《众经目录》卷五著录。载于《丽藏》"据"函、《宋藏》"据"函、《金藏》"据"函、《元藏》"据"函、《明藏》"典"函、《清藏》"典"函、《频伽藏》"藏"帙，收入《大正藏》第四卷。

马鸣(约二世纪)，梵文音译"阿湿缚窭沙"(见《大唐西域记》卷八)，婆枳多城(南憍萨罗国的都城)人(见《婆薮槃豆法师传》)。初为中天竺(印度)摩揭陀国外道(指佛教以外的其他宗教和学派)，后被北天竺胁比丘(又称"胁尊者")辩输折服，皈依佛教，成为胁比丘的弟子(《付法藏因缘传》卷六则称马鸣为胁比丘派弟子富那奢前去度化的)。博通众经，明达内外，才辩盖世，四辈敬伏，时称"辩才比丘"，深受国王的器重。胁比丘返回本国后，马鸣留在摩揭陀国弘化。其后，北天竺月氏国王栴檀罽尼吒(即"迦腻色迦王")兵伐摩揭陀国，围城很久，要求对方支付"三亿金",或交出"佛钵"、"辩才比丘"(指马鸣)二宝,方肯解围。摩揭陀国不敌,同意交出二宝。这样,马鸣便来到了北天竺。在那里,广宣佛法,导利群生,成为迦腻色迦王最亲近的"三智人"(即马鸣、大臣摩吒罗、良医遮罗迦)之一(见《杂宝藏经》卷七)。唐义净《南海寄归内法传》卷四说,马鸣擅长赞颂,印度寺院每日都有诵经仪式,"所诵之经,多诵《三启》(即义净译《无常经》),乃是尊者马鸣之所集置","初可十颂许,取经意而赞叹三尊;次述正经,是佛亲说;读诵既了,更陈十余颂,论回向发愿。节段三开,故云三启";玄奘《大唐西域记》卷十二说,"当此之时,东有马鸣,南有提婆,西有龙猛(指龙树),北有童受(指经部鸠摩罗多),号为四日照世",足见马鸣的声誉之高。北魏吉迦夜等译《付法藏因缘传》将他列为付法藏第十一祖。

　　有关马鸣的事迹,藏传佛教所传略有异说。明多罗那他《印度佛教史》说,马鸣原名"难胜黑色",别称"毗罗"(意译勇)、"摩咥里制吒"(意译母儿)、"难胜"等七种,初为东方那梨尼的阔多城婆罗门,后在辩论中输给提婆(中观派创始人之一),成为提婆的弟子,撰有一百种佛赞,有《佛所行赞》等;但据唐义净《南海寄归内法传》卷四记载,马鸣、摩咥里制吒是同时代的两位佛教诗人,就生存年代而言,摩咥里制吒或稍晚于马鸣(日本平川彰《印度佛教史》说,"摩咥里制吒的生存年代被推断为公元二世纪至三世纪顷,是继马鸣之后的佛教诗人")。义净从印度求法期间,就初次翻译了摩咥里制吒撰的《一百五十赞佛颂》一卷,回国后又重译,其本流传至今。此外,马鸣是胁比丘的弟子,也是学界的共识,故称马鸣是提婆弟子的说法,是不可信的(见吕澂《印度佛学源流略讲》)。

　　马鸣的著作,见存于汉文《大藏经》的,有《佛所行赞》《大庄严论经》《六趣轮回经》《十不善业道经》《尼乾子问无我义经》《大乘起信论》《释摩诃衍论》《大宗地玄文本论》《事师法五十颂》等；见存于藏文《大藏经》的，有《离八无暇说》《消除忧苦开示录》《世俗菩提心修习示要》《胜义菩提心修习秘要莲聚论》《生起智勇净信赞》《犍椎赞》《回向略集》等。此外，还有梵本《孙陀罗难陀诗》（又译《美难陀传》《庄严难陀》，全十八章）、《舍利弗颂》（又译《舍利弗的故事》，仅存残卷）等。但在传今的题署为"马鸣菩萨造"的佛教著作中，只有《佛所行赞》一书是学界公认的马鸣之作，其余著作差不多都是马鸣的后学或仰慕者托名编集的，须作鉴别。特别是《大乘起信论》《释摩诃衍论》《大宗地玄文本论》等，经学者考证，均被定为非马鸣所作。生平事迹见姚秦鸠摩罗什译《马鸣菩萨传》、陈真谛译《婆薮槃豆法师传》、唐玄奘《大唐西域记》卷八、北魏吉迦夜等译《杂宝藏经》卷七、《付法藏因缘传》卷五、元布顿《佛教史大宝藏论》（郭和卿译，民族出版社 1986 年 3 月版）等。

　　本书是一部叙述佛祖释迦牟尼生平事迹的偈颂体传记，以姚秦佛陀耶舍等译《长阿含经》卷二至卷四《游行经》、隋阇那崛多译《佛本行集经》六十卷等所记的佛传为素材，敷述而成。它是印度佛教文学的代表作之一，影响极大。唐义净《南海寄归内法传》卷四说："尊者马鸣亦造歌词及庄严论，并作《佛本行诗》（指《佛所行赞》），大本若译有十余卷，意述如来始自王宫，终乎双树一代佛法，并缉为诗，五天南海无不讽诵，意明字少，而摄义能多，复令读者心悦忘倦。"《佛所行赞》传今的文本，除汉译本以外，还有梵文本、藏文译本。梵文本是十九世纪末在尼泊尔发现的残抄本，共分十四章，第一章有少量残缺，第十四章缺后半部分，内容相当于本书的前十四品，即卷一《生品》至卷三《阿惟三菩提品》，从已经整理出来的梵本来看，它们出于一个共同的祖本；藏文译本，是八世纪中期用藏文译出的本子，所用的底本不详,分二十八品,内容与本书大致相同。

　　全书分为二十八品,始《生品》,终《分舍利品》,以偈颂(五言颂)的形式,对佛的种姓、族系、降生、成长、出家、访师、修行、成道、教化、涅槃,以及相关的人物故事等,作了翔实的叙述。梵文佛经中的偈颂,最常见的是梵文每颂四行,每行八个音节,译成汉文,可作四言四句,或五言四句;也有少数每行在八个音节以上,译成汉文,可作五言六句、七句、八句等。本书所用的是五言颂(每颂五言四句),总计约九千三百句。

　　一、《生品》(卷一)。叙述佛的种姓、族系和降生的故事。说:佛是"甘蔗王"(又称"懿师摩王")的后裔,释迦族人,父亲是迦毗罗卫国(又称"迦毗罗卫城",今尼泊尔南部提罗拉科特附近)净饭王(又称"白净王"),母亲是摩耶夫人;佛于四月八日生于蓝毗尼园;婆罗门占相师预言,太子居家当作"转轮王",出家当成"如来";阿私陀仙人预言,太子将来会舍弃"圣王位",成为"法王"。

　　二、《处宫品》(卷一)。叙述佛为太子时的王宫生活故事。说:太子出生后,取名"悉达罗他"(又称"悉达多",意为"一切义成"),母亲摩耶夫人在他出生后的第七天就去世了,由姨母大爱瞿昙弥(又称"摩诃波阇波提",意为"大爱道")养育长大;成年后,娶耶输陀罗为妃,生子罗睺罗。

　　三、《厌患品》(卷一)。叙述悉达多太子出城游观的故事。说:太子三次出城游观,分别遇见"老人"、"病人"、"死人",由此而感悟人生无常。

　　四、《离欲品》(卷一)。叙述悉达多太子舍离"五欲"的故事。说:叙述太子出游回宫后,宫女们竞献媚态,以色诱人,但太子已无"五欲"之想,毫不动心。

　　五、《出城品》(卷一)。叙述悉达多太子离宫出家的故事。

说：太子第四次出城游观时，初见农夫耕地，勤苦形枯，践杀诸虫，心生悲悯，自趋阎浮提树下，坐禅沉思；后遇"沙门"，决意"出家求解脱"；因父王不许，于是在半夜命御者车匿牵白马，悄然离宫出家。

六、《车匿还品》（卷二）。叙述悉达多太子出家后，遣御者车匿回宫的故事。说：太子离宫出家后，在日出时分，到达跋伽仙人处（又称"跋伽婆仙人处"，位于毗舍离国的苦行林）；他摘下身上佩戴的宝璎珞（戴在颈部的用宝珠串成的装饰物），交给车匿，让他回宫，带给父王，然后自剃顶发，从猎人处换得袈裟衣，徐步进入苦行林。

七、《入苦行林品》（卷二）。叙述悉达多太子在跋伽仙人处观察苦行的故事。说：太子在跋伽仙人所在的苦行林，观察众梵志（出家修行者）的修行，感到他们所修的各种苦行，只是为了求得命终"生天"，并不能真正断除生死轮回，于是在苦行林住了一宿，次日便去频陀山（又称"般茶山"、"槃塔山"，位于摩揭陀国王舍城附近）寻访阿罗蓝仙人（又称"阿罗逻迦蓝"，为外道数论派学者）。

八、《合宫忧悲品》（卷二）。叙述悉达多太子出家后，国人一片悲伤的故事。说：御者车匿回到王宫，将太子出家的消息，告诉众人，大爱瞿昙弥、耶输陀罗、净饭王，以及全城百姓无不呜咽悲泣。

九、《推求太子品》（卷二）。叙述王师、大臣劝说悉达多太子回家的故事。说：太子出家后，净饭王派王师、大臣二人，前去劝说太子，他们在前往阿罗蓝仙人处的路上，找到了太子，恳劝他回家，与家人团聚，将来绍嗣王位，遭到拒绝。

十、《瓶沙王诣太子品》（卷三）。叙述摩竭国（又称"摩揭陀国"）瓶沙王（又称"频婆娑罗王"）拜访悉达多太子的故事。说：

太子渡过恒河,来到摩竭国的都城王舍城,在那里乞食后,入频陀山坐禅;国王瓶沙王闻讯后,前去拜访,询问他为何要出家,表示愿分"半国"与他,请他留住该国。

十一、《答瓶沙王品》(卷三)。叙述悉达多太子向瓶沙王说明舍亲出家之缘由的故事。说:太子在与瓶沙王的谈话中,婉言谢绝了国王的好意,表示自己出家后,来至此地,是为了求取"真解脱"。

十二、《阿罗蓝郁头蓝品》(卷三)。叙述悉达多太子寻师访道,修习六年苦行的故事。说:太子先访阿罗蓝,教习"无所有处定";次访郁头蓝(又称"优陀罗罗摩子"、"郁头蓝弗",为外道数论派学者),教习"非想非非想定";因感到他们的教说,均非究竟之道而离去,与父王派来的释迦族侍者阿若憍陈如(又称"阿若憍邻")等五人一起,前往伽阇山(又称"伽耶山"、"象头山")苦行林,在尼连禅河边修习苦行,历时六年;最终放弃苦行,进食乳糜,独自一人在菩提树下坐禅思惟,发誓不得正觉,决不起坐。如关于悉达多太子修习六年苦行的情况,说:

> 尼连禅河侧,寂静甚可乐,菩萨即于彼,一处静思惟。……菩萨勤方便,当度老病死,专心修苦行,节身而忘餐。净心守斋戒,行人所不堪,寂默而禅思,遂经历六年。日食一麻米,形体极消羸,欲求度未度,重惑逾更沈(沉)。道由慧解成,不食非其因,四体虽微劣,慧心转增明。(卷三《见阿罗蓝郁头蓝品》,《大正藏》第四卷,第24页中)

十三、《破魔品》(卷三)。叙述悉达多太子在菩提树下降伏天魔波旬扰乱的故事。说:太子在菩提树下端坐思惟时,天魔波旬(欲界第六天"他化自在天"之主)率魔众前去扰乱,它们示现种种变化,或引诱或威胁,终告失败。

十四、《阿惟三菩提品》(卷三)。叙述悉达多太子在菩提树下觉悟成道的故事。说：太子在菩提树下降魔之后，在禅思中，自悟"十二缘起"、"八正道"之理，从而证得无上正等正觉(品名中的"阿惟三菩提"，正译"阿毗三佛陀"，意为"成正觉")，成为佛(成佛之前的悉达多太子称"菩萨")。

十五、《转法轮品》(卷三)。叙述佛成道后，在鹿野苑"初转法轮"，度五比丘的故事。说：佛成道后，前往迦尸城(又称"波罗奈斯国"、"波罗奈斯城")，在城外的鹿野苑，对阿若憍陈如、十力迦叶、婆涩波、阿湿波誓、跋陀罗五人(此五人原先一直陪同他求师访道，同修六年苦行，只是在悉达多太子放弃苦行，进食乳糜以后，以为他道心已退，才离去)"初转法轮"，宣说"四谛"、"八正道"等佛法，使他们皈依受戒，成为佛教僧团中最早的"五比丘"。如关于"初转法轮"的内容，说：

> 如来即为彼(指阿若憍陈如等五人)，略说其要道：愚夫习苦行，乐行悦诸根，见彼二差别，斯则为大过，非是正真道，以违解脱故。……求道非苦身，而得甘露法，著欲为非义，愚痴障慧明。……我已离二边，心存于中道，众苦毕竟息，安静离诸过。正见逾日光，平等觉观乘，正语为舍宅，游戏正业林，正命为丰姿，方便正修涂(途)，正念为城郭，正定为床座。八道坦平正，免脱生死苦。……我知苦断集，证灭修正道，观此四真谛，遂成等正觉。(卷三《转法轮品》，第29页下—第30页上)

十六、《瓶沙王诸弟子品》(卷四)。叙述佛度化耶舍、迦叶三兄弟、瓶沙王等人的故事。说：度"五比丘"之后，佛又在迦尸城，度长者之子耶舍及其朋友五十四人出家；在伽阇山，度"事火外道"郁毗罗迦叶(又称"优楼频螺迦叶")、那提迦叶、伽阇迦叶

（又称"伽耶迦叶"）三兄弟及其弟子一千人出家；在王舍城，度化瓶沙王。

十七、《大弟子出家品》（卷四）。叙述佛度化舍利弗、大目连、大迦叶的故事。说：佛应瓶沙王之请，入住王舍城竹林精舍（又称"迦兰陀竹园"），在那里，他度化了原先师事外道的舍利弗、大目连及其弟子二百五十人，以及婆罗门出家者大迦叶。

十八、《化给孤独品》（卷四）。叙述佛度化给孤独长者的故事。说：憍萨罗国舍卫城给孤独长者，因探访朋友，来至王舍城，他往诣迦兰陀竹园，从佛受法皈依；回国后，他用黄金购买了祇陀太子的园地，太子则奉施园地上的树林，二人共建祇洹精舍（又称"祇树给孤独园"），施与佛及弟子。

十九、《父子相见品》（卷四）。叙述佛成道后首次回故乡的故事。说：佛以报恩之心，从摩竭国返回故乡迦毗罗卫城，为父王说法，使之皈依；以阿难、难陀、金毗罗、阿那律等为首的释迦族子弟，以及国师、大臣子弟等，纷纷依佛出家。

二十、《受祇洹精舍品》（卷四）。叙述佛度化波斯匿王的故事。说：佛在故乡弘化结束后，来到舍卫城，入住祇洹精舍，在那里，佛为憍萨罗国波斯匿王说法，使之皈依；诸外道见王信佛，心生嫉妒，要求与佛挑试神力，佛显现神通，挫败梵志；尔后，上升忉利天为母说法三个月。

二十一、《守财醉象调伏品》（卷四）。叙述佛在各国的弘化，以及调达（又称"提婆达多"）分裂僧团、图谋害佛的故事（品名中的"守财"，为象名）。说：佛度化波斯匿王之后，周游行化，教化遍及憍萨罗国、摩竭国、毗舍离国、摩偷罗国、阿输阇国、拘睒弥国、犍陀罗国等；佛的堂弟调达，见佛德殊胜，心怀嫉妒，他怂恿瓶沙王的太子阿阇世弑父为新王，同时，自己破僧（破坏和合的僧团）害佛，欲作新佛，他指使人从山上掷大石砸佛，驱放醉象践踏佛，均被佛化险为夷。

二十二、《庵摩罗女见佛品》(卷四)。叙述佛度化庵摩罗女(又称"庵没罗女"、"庵婆罗婆利"、"奈女")的故事。说：晚年，佛从摩竭国王舍城出发，开始了成道以来最后一次游化；他从正在兴建中的巴连弗邑城(又译"华氏城"，摩竭国阿阇世王所建的新都)，渡过恒河，经跋祇国(又称"跋耆国")的鸠梨村(又称"拘利村")、那提村，来到鞞舍离国(又称"毗舍离国")，住于淫女(妓女)庵摩罗女的园林；庵摩罗女依佛皈依，设斋供养，并将自己的庵摩罗园施与佛及弟子。

二十三、《神力住寿品》(卷五)。叙述佛在鞞舍离弘化，并告诉阿难，将于三个月后舍寿入涅槃的故事。说：佛在庵摩罗园，对离车族长者说法，示教利喜；然后往诣毗纽村，在那里作三个月的夏安居；夏安居结束后，佛回到鞞舍离，住于猕猴池(邻近庵摩罗园)旁的树林，在那里，天魔波旬敦请佛入涅槃，佛告诉阿难，他将于三个月后舍寿入涅槃。

二十四、《离车辞别品》(卷五)。叙述佛对阿难说"法身"长存，并向离车族人道别的故事。说：阿难听到佛说将入涅槃，悲感泪流，佛安慰他说，此身虽竟，但"法身"长存；然后向离车族人说法道别，前往力士生地(指末罗族的拘尸那揭罗城)。

二十五、《涅槃品》(宋元明藏本作《般涅槃品》，卷五)。叙述佛从鞞舍离，行至鸠夷城(又称"拘尸国"、"拘尸那揭罗城")的故事。说：佛从鞞舍离出发，经蒲加城，到达波婆城，接受了力士族(即末罗族)人纯陀(为铁匠，本书称"长者子")最后的供养；然后，行至鸠夷城外熙连河边的沙罗林，在沙罗双树之间，安置绳床，头北面西，右胁而卧；城内的力士族人，得知佛将入涅槃的消息，竞奔出城，垂泪礼佛足，佛对他们作了"诸法无常"、"精勤修正业"的劝勉。

二十六、《大般涅槃品》(卷五)。叙述佛在沙罗双树之间入涅槃的故事。说：佛在入涅槃前，对前来求见的年迈的婆罗门出家者须跋陀罗(又称"须跋陀")说法开示，使他成为最后的一个弟子，须跋陀罗皈依后，因不忍看到佛入涅槃，自己先舍寿入灭；初夜过后，佛对众弟子作了最后一次教诫，要求他们在自己涅槃以后，以"波罗提木叉"(又称"别解脱戒"、"戒")为师，然后坐禅入涅槃。如关于佛所说的最后的教诫，说：

> 佛以初夜过，月明众星朗，闲林静无声，而兴大悲心，遗诫诸弟子：吾般涅槃后，汝等当恭敬，波罗提木叉，即是汝大师，巨夜之明灯，贫人之大宝。当所教诫者，汝等当随顺，如事我无异。……净戒不断故，则有诸善法，无则无诸善，以戒建立故。已住清净戒，善摄诸情根，犹如善牧牛，不令其纵暴。不摄诸根马，纵逸于六境，现世致殃祸，将坠于恶道。……汝等善自护，勿生于放逸，有者悉归灭，我今入涅槃，言语从是断，此则最后教。(卷五《大般涅槃品》，第47页下—第49页下)

二十七、《叹涅槃品》(卷五)。叙述佛入灭后荼毗(遗体火化)的故事。说：佛入灭后，人天悲恸，大迦叶闻讯后，率众从外地赶到鸠夷城，主持了佛遗体的火化仪式；舍利(火化留下的遗骨)被盛放在金瓶之中，由力士族人迎奉到城内供养。

二十八、《分舍利品》(卷五)。叙述八国起塔供养佛舍利的故事。说：佛入灭后，摩竭国等七国国王遣使前往鸠夷城，要求分佛舍利供养，遭到力士族人的拒绝，于是七国起兵，同伐鸠夷城；后经一位名叫独楼那(又译"香姓")婆罗门调解，八国平分舍利，回国后起塔供养(书中没有叙列八国的名称，据《长阿含经》卷四《游行经》所列，它们是：拘尸国、波婆国、遮罗国、罗摩伽国、毗留提国、迦毗罗卫国、毗舍离国、摩竭国）。

本书的梵文改编本的异译有：刘宋宝云译《佛本行经》七卷。此外，还有现代黄宝生译《梵汉对勘佛所行赞》（中国社会科学出版社2015年5月版）。

刘宋宝云译《佛本行经》七卷

《佛本行经》，又名《佛本行赞》《佛本行赞经》《佛本行赞传》《佛所行赞》《佛所行赞经传》等，七卷。印度马鸣造，刘宋宝云译，元嘉元年（424）至元嘉二十五年（448）之间译出。梁僧祐《出三藏记集》卷二著录（书名作《佛所行赞》）。载于《丽藏》"据"函、《宋藏》"据"函、《金藏》"据"函、《元藏》"据"函、《明藏》"达"函、《清藏》"达"函、《频伽藏》"藏"帙，收入《大正藏》第四卷。

宝云（376—449），凉州（今甘肃武威）人。少年出家，精勤好学，以直方纯素著称。立誓西行求法，亲睹圣迹，广寻经教，即便以身殉道，也在所不惜。东晋隆安（397—401）初年，宝云与法显、智严等先后相随，从张掖、敦煌，出行西域，穿涉流沙，历经焉夷（一作"乌夷"）、于阗、竭叉诸国，翻越葱岭，到达北天竺（印度）犍陀罗国的都城富娄沙富罗城（又称"弗楼沙国"，今巴基斯坦白沙瓦西北）。宝云在该国瞻礼释迦影迹，广学梵书，对天竺诸国的音字诂训，悉皆贯练。后还长安，师从天竺禅师佛陀跋陀罗，习禅进道。佛陀跋陀罗被鸠摩罗什门下摈出长安后，宝云与师分别南下，会归于刘宋京师建康（今南京），初住道场寺。先后在道场寺、枳园寺、长干寺、祇洹寺、东安寺等处，协助佛陀跋陀罗、法显、智严、僧伽跋摩、求那跋陀罗等翻译佛经，担任笔受或译语。晚住六合山寺，自译佛经，手执胡本，口宣晋语，华戎兼通，音训允正。所定之本，众皆信服，传称，晋宋之际，"江左（指长江以东，即南方）练梵，莫逾于云（宝云）"。所译的佛经，梁僧祐《出三藏记集》卷二著录为"二部凡七卷",即《新无量寿经》二卷、《佛所行赞》五卷;唐智升《开元释教录》卷五勘定为"四部一十七卷",其中,《佛本行经》七卷见存,《新无量寿经》二卷、《净度三昧经》二卷、《付法藏经》六卷阙本。此外,宝云还将游履外国的经历,撰录成书(或名《游履外国记》),已佚。生平事迹见梁僧祐《出三藏记集》卷十五、慧皎《高僧传》卷三、东晋法显《法显传》、唐智升《开元释教录》卷五等。

　　本书是马鸣《佛所行赞》梵文改编本的异译本。全书分为三十一品,始《因缘品》,终《八王分舍利品》,以偈颂的形式(多数为五言颂,少数为四言颂、七言颂),对释迦牟尼的生平事迹,如佛的种姓、族系、降生、成长、出家、访师、修行、成道、教化、涅槃,以及相关的人物故事等,作了叙述。与北凉昙无谶译本相比,本书新增了《因缘品》《称叹如来品》《降胎品》《忆先品》《叹定光佛品》《调达入地狱品》六品;其余二十五品大致相当于北凉昙无谶译本二十八品中的二十五品(昙无谶译本中的《合宫忧悲品》《推求太子品》《父子相见品》三品,为本书所无),但两书各品的开合不同,内容上出入较大,各有一些故事情节为对方所无,只有两书的最后三品是基本相同的。由于宝云的取经之地在犍陀罗国一带,故本书当是那里流传的《佛所行赞》梵文偈颂的改编本。学界有人认为,《佛所行赞》与《佛本行经》不是同本异译,前者为马鸣造,后者为他人撰。但从文献资料上考察,除了马鸣,并无他人撰作过这样的偈颂体佛传,故还是应当将它们视为马鸣所造。

　　一、《因缘品》(卷一)。叙述金刚力士(又称"密迹金刚",指手执金刚杵护持佛法的天神)为诸天称颂佛德的事缘。其内容为北凉昙无谶译本所无。

　　二、《称叹如来品》(卷一)。叙述金刚力士列举佛德的故事。其内容为昙无谶译本所无。

三、《降胎品》(卷一)。叙述佛从兜术宫(又称"兜率天宫")托胎于迦夷罗越城(又称"迦毗罗卫城")白净王(又称"净饭王")王后(指摩耶夫人)的故事。其内容为昙无谶译本所无。

四、《如来生品》(卷一)。叙述佛降生人间,为白净王太子的故事。其内容大致相当于昙无谶译本卷一《生品》的初首部分。

五、《梵志占相品》(卷一)。叙述白净王召梵志(指婆罗门)占相,并为太子取名"吉财"(当作"悉达多")的故事。其内容大致相当于昙无谶译本卷一《生品》的中间部分。

六、《阿夷决疑品》(卷一)。叙述阿夷(又称"阿私陀")仙人预言,悉达多太子"必当成为佛"的故事。其内容大致相当于昙无谶译本卷一《生品》的末后部分。

七、《入誉论品》(卷一)。叙述悉达多太子的王宫生活故事。其内容大致相当于昙无谶译本卷一《处宫品》。

八、《与众婇女游居品》(卷二)。叙述悉达多太子舍离"五欲"的故事。其内容大致相当于昙无谶译本卷一《离欲品》。

九、《现忧惧品》(卷二)。叙述悉达多太子四次出城游观,分别遇见"病人"、"老人"、"死人"、"沙门"的故事。其内容大致相当于昙无谶译本卷一《厌患品》《出城品》的中间部分(遇"沙门"之事)。

十、《阎浮提树荫品》(卷二)。叙述悉达多太子在阎浮提树下坐禅沉思后,决意出家,但父王不许的故事。其内容大致相当于昙无谶译本卷一《出城品》的初首、中间部分。

十一、《出家品》(卷二)。叙述悉达多太子离宫出家的故事。其内容大致相当于昙无谶译本卷一《出城品》的末后部分。

十二、《车匿品》(卷二)。叙述悉达多太子到达苦行林后,

遣御者车匿回宫的故事。其内容大致相当于昙无谶译本卷二
《车匿还品》。

　　十三、《瓶沙王问事品》（卷二）。叙述悉达多太子从苦行
林，行至王舍城，入住槃塔山（又称"频陀山"、"般茶山"），摩竭国
（又称"摩揭陀国"）瓶沙王（又称"频婆娑罗王"）闻讯后，前去拜
访的故事。其内容大致相当于昙无谶译本卷二《入苦行林品》、
卷三《瓶沙王诣太子品》。

　　十四、《为瓶沙王说法品》（卷三）。叙述悉达多太子向瓶
沙王说明为何舍亲出家的故事。其内容大致相当于昙无谶译
本卷三《答瓶沙王品》。如关于悉达多太子自述为何要舍亲出
家，说：

> 　　一切众生，命如朝露，我今一切，都就后世。犹如盛火，
> 得酥益炽，及烧草木，终无厌足。心之憎爱，由愚痴出，皆复
> 迷惑，狂醉膏药。老耄之病，死亡之火，强烧五道，沈（沉）无
> 漏脱。我今已觉，盛火之力，今欲方便，免此大患，是故舍
> 离，亲族知识。（卷三《为瓶沙王说法品》，《大正藏》第四卷，
> 第 72 页下）

　　十五、《不然阿兰品》（卷三）。叙述悉达多太子在寻师访道
时，拜访阿兰（又称"阿罗蓝"）、迦兰（又称"郁头蓝"）二位仙人的
经过，在尼连禅河边修习六年苦行，以及最后放弃苦行，独自一
人在菩提树下坐禅思惟的故事。其内容大致相当于昙无谶译本
卷三《阿罗蓝郁头蓝品》。

　　十六、《降魔品》（卷三）。叙述悉达多太子在菩提树下降伏
天魔波旬（欲界第六天"他化自在天"之主）的扰乱，觉悟成道的
故事。其内容大致相当于昙无谶译本卷三《破魔品》《阿惟三菩
提品》。

十七、《度五比丘品》(卷四)。叙述佛成道后,在鹿野苑"初转法轮",度五比丘的故事。其内容大致相当于昙无谶译本卷三《转法轮品》。

十八、《度宝称品》(卷四)。叙述佛度化宝称(又称"耶舍")、迦叶三兄弟、瓶沙王、受训(又称"舍利弗")、大目犍连、药树生(又称"大迦叶")、须达(又称"给孤独")等人的故事。其内容大致相当于昙无谶译本卷四《瓶沙王诸弟子品》《大弟子出家品》《化给孤独品》的初首部分(即往诣迦兰陀竹园,从佛受法皈依部分)。

十九、《广度品》(卷四)。叙述佛在各国度化众生的故事。其内容大致相当于昙无谶译本卷四《守财醉象调伏品》的前部分。

二十、《现大神变品》(卷四)。叙述诸梵志与佛抈试神力,佛显现神通,挫败梵志的故事。其内容大致相当于昙无谶译本卷四《受祇洹精舍品》的后部分。

二十一、《升忉利宫为母说法品》(卷五)。叙述佛上升忉利天为母亲说法的故事。其内容大致相当于昙无谶译本卷四《受祇洹精舍品》的末尾部分。

二十二、《忆先品》(卷五)。叙述佛对阿难说自己在前世修习"菩萨行"的故事。其内容为昙无谶译本所无。如关于佛在前世所修的"菩萨行",说:

> 吾自忆前世,施无数众生,供养千数佛,种种所须给。……弊恶婆罗门,来从吾索头。……吾归晓诸天,莫违本所愿。……复有婆罗门,来从吾索眼,不逆即许与,体所爱之目。……又复更异时,鸽飞来趣我,为鹰所迸逐,飞住吾膝上。吾尽割体肉,恣以足鹰意。……吾以病人故,割己

体上肉,食肉三七日,其重病得瘳。……吾剥皮为施,缠叠
为灯炷,同时然(燃)灯炷,与身炎皆炽。……有国忽父母,
害杀长老者,吾尊奉孝养,地穴济父母。(卷五《忆先品》,第
89页上、中、下)

二十三、《游维耶离品》(卷五)。叙述佛应请前往维耶离
(又称"毗舍离")城,除疫消灾,并度化柰女(又称"庵摩罗女"、
"庵婆罗婆利")的故事。其内容大致相当于昙无谶译本卷四《庵
摩罗女见佛品》。

二十四、《叹定光佛品》(卷五)。叙述佛对阿难说自己在前
世买花供献定光佛(又称"燃灯佛"),得定光佛授记,预言他未来
成佛的故事。其内容为昙无谶译本所无。

二十五、《降象品》(卷五)。叙述佛降伏调达(又称"提婆达
多",佛的堂弟)图谋害佛而驱放的醉象,解救受调达陷害的在家
佛弟子高度,使尊奉调达为"最上师"的摩竭国阿阇世王幡然悔
悟,改依佛门的故事。这中间,有关降伏醉象事的内容,大致相
当于昙无谶译本卷四《守财醉象调伏品》的后部分;有关佛弟子
高度的内容,为昙无谶译本所无。

二十六、《魔劝舍寿品》(卷五)。叙述佛在维耶离弘化,并
告诉阿难,将于三个月后舍寿入涅槃,但"法身"长存的故事。其
内容大致相当于昙无谶译本卷五《神力住寿品》《离车辞别品》的
前部分。

二十七、《调达入地狱品》(卷六)。叙述调达因害佛而得重
病,堕入地狱受苦的故事。其内容为昙无谶译本所无。

二十八、《现乳哺品》(卷六)。叙述佛显现神力,移走挡住
拘夷那竭城(又称"鸠夷城"、"拘尸那揭罗城")城门的大山,并对
力士(又称"末罗")族人说佛的"五力"(此处指"乳哺力"、"福德

力"、"智慧力"、"神足力"、"定意力"),作最后劝勉的故事。这中间,有关佛以神力移山事、说"五力"事的内容,为昙无谶译本所无;有关佛对力士族人作最后劝勉的内容,大致相当于昙无谶译本卷五《涅槃品》的后部分。关于佛对力士族人所作的最后劝勉,说:

> 佛告诸力士:……佛之乳哺力,福德智慧力,神足定意力,是所说诸力,当于今暮夜,为无常大力,所击坏碎灭。如是诸人等,世间归无常,一切有形类,皆当归别离。坏散灭亡法,生者归于死,成者必当败,合者有别离,聚者当各散,立者必倾堕。佛为诸力士,因说要偈言:有为归无常,兴起归尽法,诸兴衰自然,勤求寂灭安。有为归无常,兴起归尽法,佛最第一尊,寿亦有终尽。于是短寿命,如梦忽便过,自纵不勤学,是愚可愍(悯)伤。……众苦苦起原,当勤求灭苦,觉八贤圣路,致吉服甘露。(卷六《现乳哺品》,第 105 页下—第 106 页上)

二十九、《大灭品》(卷七)。叙述佛在沙罗双树间涅槃前,度婆罗门须跋(又称"须跋陀罗")为最后弟子,告诫诸弟子以"戒"为师,尔后坐禅入涅槃的故事。其内容与昙无谶译本卷五《大般涅槃品》基本相同。

三十、《叹无为品》(卷七)。叙述佛入灭后荼毗(遗体火化)的故事。其内容与昙无谶译本卷五《叹涅槃品》基本相同。

三十一、《八王分舍利品》(卷七)。叙述八国起塔供养佛舍利的故事。其内容与昙无谶译本卷五《分舍利品》基本相同。

本书的初编本有:北凉昙无谶译《佛所行赞》五卷。由于本书删略了可与原始佛经相印证的一些史实,增益了不少神异与传说,故从史料价值上说,是不及昙无谶译本的。

第二品　传记类：姚秦鸠摩罗什译
《马鸣菩萨传》一卷

《马鸣菩萨传》，又名《马鸣传》，一卷。姚秦鸠摩罗什译，约译于弘始四年(402)至弘始十四年(412)之间。隋法经等《众经目录》卷六著录。载于《丽藏》"昼"函、《宋藏》"昼"函、《金藏》"昼"函、《元藏》"昼"函、《明藏》"漆"函、《清藏》"漆"函、《频伽藏》"藏"帙，收入《大正藏》第五十卷。

本书是一部叙述印度马鸣菩萨(传法祖师)的生平事迹的传记。

书中说，马鸣是胁比丘(又称"胁尊者")的弟子。他本为中天竺(印度)摩揭陀国的外道(《婆薮槃豆法师传》则说他是"舍卫国婆枳多土人"，即与舍卫国相邻的南憍萨罗国都城婆枳多城人)，世智聪辩，善通论议。曾扬言："若诸比丘能与我论议者，可打犍椎。如其不能，不足公鸣犍椎，受人供养"。意思是说，诸比丘若能与我辩论，可照常击打犍椎(又称"犍稚"，指用作报时和集众的敲击鸣响的器具)，若不能与我辩论，就不得击打犍椎，也不得受人供养。诸比丘不敢与马鸣辩论，致使附近的寺院都不敢公开鸣击犍椎。胁比丘闻讯后，从北天竺来到中天竺，与马鸣当场辩论，并挫败了他。依照辩论前的约定，"论法无对，即堕负处，伏为弟子"，即谁输，谁就做对方的弟子，马鸣输后，便皈依佛教，成了胁比丘弟子。在胁比丘的教诲下，他"博通众经，明达内外，才辩盖世，四辈敬伏"，"天竺国王甚珍遇之"。

胁比丘返回本国后，马鸣留在中天竺弘化。其后，北天竺月氏国王(指迦腻色迦王)兵伐中天竺，围城很久，要求对方支付"三亿金"，或交出国内二大宝"佛钵"、"辩才比丘"(指马鸣)，以抵赎金。中天竺国王起先不肯,后经马鸣劝说,同意交出二宝。这样,马鸣便来到了北天竺。在那里,"广宣佛法,导利群生"。

书末说,马鸣说法时,"诸有听者,莫不开悟",连饿了五天的马,也"垂泪听法,无念食想"。于是世人以"马解其音"的缘故,称他为"马鸣菩萨"。

第三品　传记类：姚秦鸠摩罗什译《龙树菩萨传》一卷

《龙树菩萨传》,又名《龙树传》,一卷。姚秦鸠摩罗什译,约译于弘始四年(402)至弘始十四年(412)之间。隋法经等《众经目录》卷六著录。传世的本子,分为二种：一种本子,载于《丽藏》"昼"函、《金藏》"昼"函、《频伽藏》"藏"帙；另一种本子,载于《宋藏》"昼"函、《元藏》"昼"函、《明藏》"漆"函、《清藏》"漆"函。二种本子均收入《大正藏》第五十卷,今据《丽藏》本(正本)解说。

本书是一部叙述印度龙树菩萨(大乘中观派创始人之一)的生平事迹的传记。

书中说,龙树是南天竺(印度)人,梵志种(即婆罗门种姓)出身。幼小熟诵"四围陀典"(又称"四吠陀",为婆罗门教的根本经典),"弱冠驰名,独步诸国","天文地理、图纬秘谶,及诸道术,无不悉综"。初学外道异术,与契友三人一起从术师修习"隐身法",潜入王宫数月,侵凌宫中美人。事发,契友三人均被国王斩杀,仅龙树一人幸免,自此始悟"欲为苦本,众祸之根,败德危身,皆由此起"。

龙树从王宫脱身以后,入山诣佛塔,出家受戒。九十日中,诵尽三藏(指小乘三藏)。随后入雪山,从山上佛塔中的一位老比丘那里,获得了摩诃衍经典(指大乘经),虽诵受知义,但未获道证。其后，周游诸国，更求余经。由于他富有辩才，善能言论，所履之处，外道论师、小乘义宗，皆被折伏。由此也引生了他的"邪慢心"，自称"一切智人"，认为佛经妙理，虽然不能穷尽，但可以在未尽之中，"推而演之"，以悟后学。于是听从外道弟子的佞言，"立师教戒，更造衣服，令附佛法，而有小异"，欲择日选时，为弟子"受(授)新戒，著新衣"，依附佛法，另立一派。大龙菩萨得知他的心念后，将他引入龙宫，授以"诸方等深奥经典无量妙法"。在那里，龙树看到了许多未曾见闻的大乘经，受读以后，"得诸经一相，深入无生，二忍(指生忍、法忍)具足"，从而打消了另立门户的念头，转而专弘大乘。龙树后来在南天竺，"大弘佛法，摧伏外道，广明摩诃衍"，造作了《优波提舍》(指《大智度论》)十万偈、《庄严佛道论》五千偈、《大慈方便论》五千偈、《无畏论》十万偈(《中论》五百偈出于其中)，"令摩诃衍教(指大乘教)大行于天竺"。

　　当时，南天竺国王信用邪道，对沙门释子一律不见。龙树心想，"树不伐本，则条不倾，人主不化，则道不行"。于是，应募为国王的卫将，"荷戟前驱，整行伍、勒部曲，威不严而令行，法不彰而物随"，以引起国王的注意。并在国王召见之机，示现神通，劝化国王，使之皈依佛法(《提婆菩萨传》中，也有提婆应募为卫将，以接近国王的情节)。

　　有一位小乘法师，对龙树弘扬大乘的行为十分嫉恨，当面逼迫龙树，说实在不愿意见他"久住于世"。龙树知晓其意，退入静室后自杀(《大唐西域记》卷十则说，龙树是受㤭萨罗国国王娑多婆诃的王子的逼迫而自杀的)。龙树去世以后，南天竺诸国都为他兴建寺庙，将他当作佛来供奉。"去此世已来至今，始过百岁"，从龙树去世，至本书翻译，其间相距一百多年。

　　书末说，龙树生于树下，其树名叫阿周陀那树，"阿周陀那"

意为"龙"，"以龙成其道，故以龙配字，号曰龙树也"。

第四品　传记类：姚秦鸠摩罗什译
《提婆菩萨传》一卷

《提婆菩萨传》，又名《提婆传》，一卷。姚秦鸠摩罗什译，约译于弘始四年（402）至弘始十四年（412）之间。隋法经等《众经目录》卷六著录。载于《丽藏》"昼"函、《宋藏》"昼"函、《金藏》"昼"函、《元藏》"昼"函、《明藏》"漆"函、《清藏》"漆"函、《频伽藏》"藏"帙，收入《大正藏》第五十卷。

本书是一部叙述印度提婆菩萨（大乘中观派创始人之一）的生平事迹的传记。

书中说，提婆是南天竺（印度）人，为婆罗门种姓，龙树的弟子。博识渊览，才辩绝伦，擅名天竺，为诸国所尊。他初奉婆罗门教，国中有一座神庙，供奉大自在天，传说它都让求愿者，在现世如愿。提婆认为，"神不假质，精不托形"，于是入庙登梯，将大自在天像的左眼（用颇梨，即水晶制作）给挖了出来。次日又设供祭祠，自剜左眼，还给大自在天。此事在当地引起了极大的轰动。后依龙树受度出家（据《大唐西域记》卷十说，龙树晚年在憍萨罗国跋逻末罗耆厘山上的寺院弘化，提婆听闻后，从师子国前往该寺，要求与龙树辩论。龙树命弟子将一满钵水端到提婆的面前，提婆见后，默然将一针投入水中。满钵之水，喻指龙树之学周遍澄湛；以针投钵，喻指提婆之智能穷其极。二人欣然契会，龙树遂度提婆为弟子。本书没有这个"以针投钵"的故事）。受度以后，在中天竺、北天竺周游行化，伏外道，挫小乘，弘扬大乘。

晚年，提婆行化于南天竺。南天竺国盛行外道，国王对沙门释子一律不见。为度化国王,提婆应募为国王的卫将,并在召见之机,示现神通,说法劝化,使之皈依佛法。随后,提婆又在城内设立论坛,标立自己的三个论点:"一切诸圣中佛圣最第一,一切诸法中佛法正第一,一切救世中佛僧为第一",征求辩论。辩论双方约定,若正方(提婆)的论点被驳倒,正方自愿斩首谢屈;若反方(八方论士)的论点被驳倒,反方自愿剃除须发,出家作弟子。辩论持续了三个月,提婆标立的论点,无人能破,因辩输而依提婆出家的外道、婆罗门论士达万余人。

辩论结束后,提婆带领诸弟子退居山林修行,在那里撰造作了《百论》《四百论》等书。有一个在辩论中输给提婆的外道的弟子,心结怨忿,发誓:"汝以口胜伏我,我当以刀胜伏汝,汝以空刀困我,我以实刀困汝"。他挟带一把利刀,尾随潜行。当提婆独自一人在树下坐禅时,突然从旁边蹿出,用刀刺破了提婆的腹部,肠子也流了出来。诸弟子闻讯赶来,要追截凶手,被提婆阻止了,他对弟子说:"诸法之实,实无受者,亦无害者,谁亲谁怨?谁贼谁害","彼人所害,害诸业报,非害我也",话落命终。

书末说,由于提婆先前已将左眼给了大自在天,只剩下右眼,故时称"迦那提婆",意为"独眼提婆"。

第五品　传记类:陈真谛译《婆薮
槃豆法师传》一卷

《婆薮槃豆法师传》,又名《世亲传》《天亲传》,一卷。陈真谛译,永定三年(559)至光大二年(568)之间译出。隋法经等《众经目录》卷六著录。载于《丽藏》"昼"函、《宋藏》"昼"函、《金藏》"昼"函、《元藏》"昼"函、《明藏》"漆"函、《清藏》"漆"函、《频伽藏》"藏"帙,收入《大正藏》第五十卷。

　　本书是一部叙述印度世亲菩萨（大乘瑜伽行派创始人之一）的生平事迹的传记。

　　书中说，世亲又称"婆薮槃豆"、"天亲"，是北天竺（印度）犍陀罗国富娄沙富罗城（又称"布路沙布逻"、"弗楼沙国"、"丈夫城"，今巴基斯坦白沙瓦西北）人，为婆罗门种姓。父亲憍尸迦是该国的国师，有兄弟三人，同名"婆薮槃豆"，"婆薮"意为"天"或"世"，"槃豆"意为"亲"。长兄别称"无著"（又称"阿僧伽"），小弟别称"比邻持跋婆"（"比邻持"为母名，"跋婆"意为"子"或"儿"），唯次子世亲使用通名。三人皆依萨婆多部（即说一切有部）出家（《大唐西域记》卷五则说，无著是"从弥沙塞部出家修学"）。长兄无著出家后，起初修定得离欲，因思惟空义，不能得入，欲自杀，后经宾头卢阿罗汉指点，修习"小乘空观"，虽已得入，意犹未安。于是，更往弥勒菩萨处，从受"大乘空观"，并大力弘扬"大乘弥勒菩萨教"，成为大乘瑜伽行派创始人。

　　世亲出家后，初习有部三藏，博学多闻，遍通坟籍，神才俊朗，戒行清高；后学经部（又称"经量部"，从有部分离出来的、唯依经教为"正量"，即正确认识标准的部派）学说，对有部义理，时有取舍。先前，被世亲尊为师长的佛陀蜜多罗（又称"佛陀蜜多"，意译"觉亲"）在与"数论外道"的辩论中，因败输而遭到鞭抽背部的屈辱，世亲闻讯后，愤恨不平，欲寻对方再辩，"以雪辱师之耻"，但对方已死，于是即造《七十真实论》，对数论外道的《僧佉论》作了全面的破斥，"首尾瓦解，无一句得立"。为此，阿逾阇（又称"阿逾陀"）国秘柯罗摩阿袟多王（意译"正勤日王"）赏赐给世亲"三洛沙金"（即三十万金）。世亲将赏金分为三分，在阿逾阇国分别造立了"比丘尼寺"、"萨婆多部寺"、"大乘寺"三寺。

　　世亲为考定有部、经部宗义的是非，对有部理论的代表作《大毗婆沙论》的经文，作了多年的精究（唐法宝《俱舍论疏》卷一说,世亲为了"研核有部,考定是非",曾改本名,潜往迦湿弥罗国,"时经四载","数以经部异义,难破有宗";但本书无此情节),撰作了对有部理论既有阐释、又有批判的新作《俱舍论本颂》和《俱舍论》,声名大震。国王命太子婆罗袟底(意译"新日")从世亲受戒,王妃也出家为弟子。太子继承王位后,母子同请世亲留住阿逾阇国,受其供养。

世亲撰《俱舍论》时,仍执小乘,不信大乘,认为"摩诃衍(意译大乘)非佛所说"。时在犍陀罗国的长兄无著,闻讯后,"恐其造论,破坏大乘",遣使前往阿逾阇国,托称病重,想见一面。世亲随使回到本国,诣问疾源。相见以后,无著对他说,"我今心有重病,由汝而生","汝不信大乘,恒生毁谤,以此恶业,必永沦恶道"。世亲听后,十分惊惧,请兄为他解说大乘。在无著的开导下,世亲舍小入大,改宗大乘。"阿僧伽法师徂殁后,天亲方造大乘论",无著去世后,世亲开始造作大乘论,解释大乘经。他所造的大乘论书,文义精妙,"故天竺及余边土学大小乘人,悉以法师(指世亲)所造为学本"。世亲后来在阿逾阇国去世,"年终八十"。

第六品　传记类:北魏吉迦夜等译
《付法藏因缘传》六卷

《付法藏因缘传》,又名《付法藏因缘经》《付法藏传》《付法藏经》,六卷。北魏吉迦夜、昙曜译,延兴二年(473)译出。梁僧祐《出三藏记集》卷二著录。载于《丽藏》"飞"函、《宋藏》"飞"函、《金藏》"飞"函、《元藏》"飞"函、《明藏》"集"函、《清藏》"集"函、《频伽藏》"藏"帙,收入《大正藏》第五十卷。

本书是一部叙述佛入灭以后,印度的传法世系和祖师事迹的著作。书名所说的"法藏",指"佛法藏",亦即"佛法"、"正法"。全书共记载传承正法的祖师二十三人,依次为:摩诃迦叶(又称"大迦叶"、"迦叶")——阿难——商那和修(附出末田地)——优波毱多(又称"优波鞠多")——提多迦——弥遮迦——佛陀难提——佛陀蜜多(又称"佛陀密多")——胁比丘——富那奢(又称"富那夜奢")——马鸣——比罗(又称"迦毗摩罗"、"毗罗")——龙树——迦那提婆(又称"提婆")——罗睺罗(又称"罗睺罗多")——僧伽难提(又称"僧佉难提")——僧伽耶舍(又称"僧佉耶奢")——鸠摩罗驮——阇夜多——婆修槃陀——摩奴罗(又称"摩拏罗")——鹤勒那——师子比丘。其中,阿难同时付法于商那和修、摩田地(又称"末田地")二人,以商那和修为嫡传,摩田地为旁出,故实际所记为二十四人。隋智顗《摩诃止观》卷一(上)说:"付法藏人,始迦叶,终师子,二十三人。末田地与商那(指商那和修)同时取之,则二十四人。"就是指此而言的。

卷一:叙述佛在入灭前,将正法付嘱(略称"付法")于摩诃迦叶(付法藏初祖)的因缘故事和人物事迹。

卷二:叙述摩诃迦叶付法于阿难(二祖);阿难付法于商那和修(三祖)、摩田地(旁出)的因缘故事和人物事迹。

卷三、卷四:叙述商那和修付法于优波毱多(四祖)的因缘故事;优波毱多与阿育王(又称"阿恕伽王")关系;阿育王崇奉佛教的事迹;以及优波毱多对不同众生所作的教化等。如关于商那和修对优波毱多的付嘱传法,说:

> 商那和修临涅槃时,告鞠多(指优波毱多)曰:佛以王(当作"正")法付大迦叶,迦叶次付吾师阿难,阿难以法嘱累于我,我当灭度,以付于汝,汝可精勤拥护世眼。优波鞠多言:唯然受教。于是演畅无上妙法,光宣正化,济诸群生,

其德渊广,难可限量。(卷三,《大正藏》第五十卷,第 304 页下—第 305 页上)。

卷五:叙述优波毱多付法于提多迦(五祖);提多迦付法于弥遮迦(六祖);弥遮迦付法于佛陀难提(七祖);佛陀难提付法于佛陀蜜多(八祖);佛陀蜜多付法于胁比丘(九祖);胁比丘付法于富那奢(十祖);富那奢付法于马鸣(十一祖);马鸣付法于比罗(十二祖);比罗付法于龙树(十三祖)的因缘故事和人物事迹。

卷六:叙述龙树付法于迦那提婆(十四祖);迦那提婆付法于罗睺罗(十五祖);罗睺罗付法于僧伽难提(十六祖);僧伽难提付法于僧伽耶舍;僧伽耶舍付法于鸠摩罗驮(十八祖);鸠摩罗驮付法于阇夜多(十九祖);阇夜多付法于婆修槃陀(二十祖);婆修槃陀付法于摩奴罗(二十一祖);摩奴罗付法于鹤勒那(二十二祖);鹤勒那付法于师子比丘(二十三祖)的因缘故事和人物事迹。如关于摩奴罗、鹤勒那、师子比丘之间的付法传承,说:

（婆修槃陀）次付比丘名摩奴罗,令其流布无上胜法。彼摩奴罗智慧超胜,少欲知足,勤修苦行,言辞要妙,悦可众心,善能通达三藏之义,于南天竺兴大饶益。……曾于一时,彼摩奴罗至北天竺,尊者夜奢而语之言:恒河以南二天竺国,人多邪见,听辩利智,长老善解音声之论,可于彼土游行教化,我当于此,利安众生。时摩奴罗即如其语,至二天竺,广宣毗罗无我之论(指付法藏十二祖比罗的《无我论》),摧伏一切异道邪见,所为既办,舍身命终。于是已后,次有尊者名鹤勒那夜奢("夜奢"二字疑衍),出兴于世,受付嘱法,广宣流布。福德深远,才明渊博,化世迷惑,令就正路。所作已讫,然后舍身。复有比丘名曰师子,于罽宾国大作佛事。时彼国王名弥罗掘,邪见炽盛,心无敬信,于罽宾国毁

坏塔寺，杀害众僧，即以利剑用斩师子，头中无血，唯乳流出。相付法人，于是便绝。（卷六，第 321 页下）

关于本书的传译，在北宋之前，一直被视为是从西域传入的梵文译本，无人怀疑。梁僧祐《出三藏记集》卷二最早对本书作了著录，说："《杂宝藏经》十三卷（阙——原注）、《付法藏因缘经》六卷（阙——原注）、《方便心论》二卷（阙——原注）。右三部，凡二十一卷。宋明帝时，西域三藏吉迦夜，于北国（指北魏）以伪延兴二年，共僧正释昙曜译出，刘孝标笔受。此三经并未至京都（指建康，即今南京）。"也就是说，此三经是在地处北方的北魏翻译的，当时尚未传入南方，故列为阙本。其后，隋费长房《历代三宝纪》卷九、卷十又作了增补，说《付法藏因缘传》有三译：一是昙曜自译的"《付法藏传》四卷（见《菩提流支录》——原注）"；二是吉迦夜、昙曜共译的"《付法藏因缘传》六卷（或四卷，因缘广，异昙曜自出者——原注）"，"见道慧《宋齐录》"；三是刘宋宝云译的"《付法藏经》六卷（见《李廓录》——原注）"。唐智升《开元释教录》卷六在《历代三宝纪》的基础上，将宝云译本定为"初出"，昙曜自译本定为"第二出"，吉迦夜、昙曜共译本定为"第三出"，前二本为"阙本"，唯最后一本"见在"。此说逐成定论，故后世的佛经目录均将传今的《付法藏因缘传》定为吉迦夜、昙曜共译。

《付法藏因缘传》译出之后，对佛教界产生了极大的影响。隋唐时期建立的天台宗、禅宗都是以此为依据，或全部照搬，或略作改动，建立起的本宗的法统说（即传法世系）的。但天台宗所建立的法统为"西天二十四祖"（见隋智顗《摩诃止观》卷一之上、南宋志磐《佛祖统纪》卷五等），与《付法藏因缘传》全同（即付法藏二十三祖，加上旁出的摩田地）；而禅宗建立的法统为"西天二十八祖"（见唐智炬《宝林传》卷一至卷八；南唐静、筠《祖堂集》

卷一至卷二;北宋道原《景德传灯录》卷一至卷二等),在西天第二十四祖师子比丘之后,补续了婆舍斯多(又称"舍那婆斯")、不如蜜多、般若多罗、菩提达磨四祖。由此,天台宗人常以《付法藏因缘传》为依据,抨击禅宗的法统说于史无据,因为《付法藏因缘传》明明白白地说,佛入后,正法付嘱到师子比丘为止,师子比丘被国王弥罗掘斩首后,"相付法人,于是便绝",怎么会有其后的付法祖师呢(见唐神清《北山录》卷六等)。为反击天台宗,北宋云门宗僧人契嵩以《达摩多罗禅经》《宝林传》为依据,楷定西土诸祖的传法系统,并首先提出,《付法藏因缘传》乃是昙曜所撰的伪书的观点。说:"后魏之世,佛法毁废。当时沙门有曰昙曜者,于仓卒间,单录诸祖名目,不暇全写,怀之亡于山泽","至孝文帝(当作"文成帝")之世,昙曜乃进为僧统。寻出其事,授众沙门修之,目为《付法藏传》。其差误亡逸,始自昙曜之所致也。"(《传法正宗记》卷九)并宣称,"吾谓其谬书可焚也"(《传法正宗论》卷上),主张将此书焚毁。从而开启了有关《付法藏因缘传》的真伪之争,并延及后世。

　　从考据学的立场来看,契嵩的说法点虽然有点偏激,但也有一定的道理。因为《付法藏因缘传》中的大部分内容,是根据先前已在社会上流传的佛教史传,如西晋安法钦译《阿育王传》、姚秦鸠摩罗什译《马鸣菩萨传》《龙树菩萨传》《提婆菩萨传》等摘抄或改作的。书中的前四卷,取材于《阿育王传》。连阿育王的太子法益(又称"驹那罗"、"法增")受第一夫人构害,被剜双目的故事,阿育王临终前,无财可施,还将仅有的半个庵摩罗果送到鸡头摩寺(又称"鸡头末寺"),做最后的布施等,也都抄了进去。只有上述著作未备的小部分内容,可能是根据吉迦夜等人的口传译写的。故本书不是梵文译本,而是编译文本。然而,由于本书的内容并非出自杜撰,而是各有所本,因此,它对于研究中国佛教宗派法统说的起源,仍然具有重要的参考价值。

第七品　本生类:北宋绍德等译 《菩萨本生鬘论》十六卷

《菩萨本生鬘论》,又名《本生鬘论》《本生论》,十六卷。印度圣勇、寂变、圣天造,北宋绍德、慧询译,约译元丰(1078—1085)年间(此据绍德、慧询均为译经院僧人,在译经僧日称卒后,始单独译经推断)。元庆吉祥等《至元法宝勘同总录》卷九著录。载于《金藏》"紫""塞"函、《明藏》"右"函、《清藏》"右"函、《频伽藏》"暑"帙,收入《大正藏》第三卷。

圣勇(约四世纪),大乘诗人,其著作见存于藏文《大藏经》的,还有《八波罗蜜摄颂》《善喻如宝箧说》《示善道说》《菩萨本生正法犍槌音论》等(见元布顿《佛教史大宝藏论》郭和卿汉译本,民族出版社 1986 年 3 月版)。

本书是一部以叙述佛在过去世修行事迹为主的本生故事集。本生故事集,通常称为"本生经",这类经大多是不署名的集体编集的作品,只有少数是个人署名编集的作品,在佛经分类上,前者通常被编入"经藏",后者通常被编入"论藏",但其文体是相同的。本生经的叙事形式,有两段式、三段式之分。两段式的叙事形式,由过去事——现在事两段构成,即先叙过去世发生的某一个故事,末了联系现在的人和事作小结,指明过去事与现在事之间的因果联系,如过去故事中的某人(或动物)就是今日某人的前生,过去故事中的某事就是今日某事的前因。三段式的叙事形式,由现在事——过去事——现在事三段构成,即先叙现在发生的某一件事情,次述过去世发生的故事,末了联系现在的人和事作小结,指明过去事与现在事之间的因果联系。本书采用的是三段式的叙事形式。

　　本书的原始文本是圣勇所作的《本生鬘》(又名《菩萨本生鬘论》),共收录佛的本生故事三十四则,其内容取材于各种本生经、譬喻经,有梵本、藏文译本《本生鬘》见行于世,为藏传佛教迦当派(又称"噶当派")下的教典派"六大教典"之一(见清土观《土观宗派源流》,刘立千译,西藏人民出版社1984年11月版)。但传今的绍德等译出的本子,已非原貌,而是《本生鬘》的部分故事与尊者护国本生义的合编。全书分为二部分:前四卷为圣勇所作的《本生鬘》,收录本生故事十四则,每则故事都立有标题,始《投身饲虎缘起》,终《出家功德缘起》,其内容大致相当于梵本、藏文译本《本生鬘》所收本生故事中的十四则(第一则至第十三则、第十五则);后十二卷,为寂变、圣天所作的《尊者护国本生之义》(原无标题,此据内容立),原有三十四章,今缺前十章,仅存第十一章(即"尊者护国本生之义第十一")至第三十四章(即"尊者护国本生之义第三十四")。其章名,不是标于各章之首,而是置于各章之末。此中提到的"尊者护国",其原型为佛在世时所度化的拘楼国居士之子赖吒和罗(意译"护国",详见《中阿含经》卷三十一《赖吒和罗经》),后来演绎为大乘经中的"护国尊者"、"护国菩萨",成为北宋法贤(原名天息灾,雍熙四年十月改名法贤)译《护国经》、施护译《护国尊者所问大乘经》(又名《护国尊者所问经》)中的主人公。本书所说的"尊者护国本生之义",原初可能是对《护国尊者所问大乘经》本生义所作的解释。书首有长篇归敬颂,为七言六十句,始"稽首一切智,妙湛圆融德",终"愿众圣冥加,祈悉地成就"。

　　一、圣勇《本生鬘》(卷一至卷四)。收录本生故事十四则。其中,前八则,叙述佛在过去世的修行故事;后六则,叙述佛在世时的教化故事。

（一）《投身饲虎缘起》（卷一）。叙述佛在过去世时，曾为摩诃萨埵王子，舍身饲饿虎，以救虎子的故事。其内容亦见于北凉昙无谶译《金光明经》卷四《舍身品》。如关于"投身饲虎"的故事，说：

> 佛言：阿难！我因此故得至成佛，为报往恩故兹致礼。今为汝等断除疑惑说昔因缘，志心谛听。阿难！乃往过去无量世时，有一国王名曰大车，王有三子，摩诃波罗、摩诃提婆、摩诃萨埵。是时大王纵赏山谷，三子皆从，至大竹林于中憩息。次复前行，见有一虎，产生七子，已经七日。……七子围绕，无暇寻食，饥渴所逼，必啖其子。……尔时，王子摩诃萨埵，遽入竹林，至其虎所，脱去衣服，置竹枝上，于彼虎前，委身而卧。菩萨慈忍，虎无能为，即上高山，投身于地，虎今羸弱，不能食我，即以干竹，刺颈出血。……是时，饿虎即舐颈血，啖肉皆尽，唯留余骨。……佛告阿难：往昔王子摩诃萨埵，岂异人乎？今此会中，我身是也。（卷一《投身饲虎缘起》，《大正藏》第三卷，第 332 页下—第 333 页中）

（二）《尸毗王救鸽命缘起》（卷一）。叙述佛在过去世时，曾为尸毗王，割肉与鹰，以救鸽命的故事。其内容亦见于孙吴支谦译《撰集百缘经》卷四《出生菩萨品》、姚秦鸠摩罗什译《大庄严论经》十二、北魏慧觉等译《贤愚经》卷一《梵天请法六事品》等。

（三）《如来分卫缘起》（卷一）。叙述佛在过去世时，曾为善生王子，自割身肉，济活二亲的故事。其内容亦见于北魏慧觉等译《贤愚经》卷一《须阇提品》。

（四）《最胜神化缘起》（卷二）。叙述佛在过去世时，曾为株杌太子，战胜六国，武勇冠世的故事。其内容亦见于北魏慧觉等译《贤愚经》卷二《降六师品》。

（五）《如来不为毒所害缘起》（卷二）。叙述王舍城申日长者，信外道言，凿坑置毒，欲害前来受供的佛与弟子，佛显神变，予以消解的故事。其内容亦见于姚秦鸠摩罗什译《大庄严论经》卷十三（文中的主人作"尸利鞠多"）、刘宋求那跋陀罗译《申日儿本经》等。

（六）《兔王舍身供养梵志缘》（卷二）。叙述佛在过去世时，曾为兔王，积薪自焚，供养梵志（指婆罗门出家者）的故事。其内容亦见于孙吴支谦译《菩萨本缘经》卷下《兔品》。

（七）《慈心龙王消伏怨害缘起》（卷三）。叙述佛在过去世时，曾为龙王，以慈忍之心，消除金翅鸟王怨结的故事。其内容亦见于孙吴支谦译《菩萨本缘经》卷下《龙品》。

（八）《慈力王刺身血施五夜叉缘起》（卷三）。叙述佛在过去世时，曾为慈力王，为救护众生，刺身出血，施与夜叉的故事。其内容亦见于北魏慧觉等译《贤愚经》卷二《慈力王血施品》。

（九）《开示少施正因功能缘起》（卷三）。叙述佛在舍卫国时，对一个商主说法开示，使他信受五戒，入海免难，获宝还家的故事。其内容亦见于北魏慧觉等译《贤愚经》卷一《海神难问船人品》。

（十）《如来具智不嫉他善缘起》（卷四）。叙述佛在王舍城时，令罗睺罗度化须达长者家老母的故事。其内容亦见于孙吴支谦译《撰集百缘经》卷三《授记辟支佛品》。

（十一）《佛为病比丘灌顶获安缘起》（卷四）。叙述佛在王舍城竹林精舍时，为病比丘洗净疮溃脓血的故事。其内容亦见于西晋法炬等译《法句譬喻经》卷二《刀仗品》。

（十二）《称念三宝功德缘起》（卷四）。叙述佛在世时，对诸比丘说"我灭度后,若称我名及诸佛名,所获福报无量无边"的故事。

(十三)《造塔胜报缘起》(卷四)。叙述佛在世时,对阿难说"造塔功德"的故事。

(十四)《出家功德缘起》(卷四)。叙述佛在王舍城时,令目连度福增长者出家的故事。

二、寂变、圣天《论菩萨施行庄严、尊者护国本生之义》(卷五至卷十六)。原收三十四章,今缺前十章,存第十一章至第三十四章。其文大多是八言一句的偈颂,语句艰涩,很难释读。如关于"菩萨施行庄严、尊者护国本生义边(第)十一",说:

> 如彼缚力性用广大,胜义力用尽漏边际,善根发生远离彼倒,如理寂静无有损减。实因义利相状鲜洁,炽盛崇修增上供养,如是聚落处处增修彼彼变易,胜义行边和合无诤。施无颠倒觉悟无诤,如是处中远离二边,善哉自性和合如是。彼布施边诸天爱乐,长夜精进圆满胜义,有情智慧因世尊生,如是色相增上圆满。运无诤施广大清净,如来色相真实最上。菩萨施行庄严、尊者护国本生义边(第)十一(此句为章名)。(卷五,第344页下)

关于本书,明智旭《阅藏知津》卷三十八评论说:"(《菩萨本生鬘论》)前四卷,圣勇护国尊者集释迦饲虎、救鸽、分卫、神化、不为毒害,兔王、龙王、慈力王八种缘起;又商主入海获安、老母毕竟得度、为病比丘灌顶获安、称念三宝功德、造塔胜报、出家功德六种缘起,凡十四事,文并明畅。后十二卷,是寂变、胜天论菩萨施行庄严、尊者护国本生之义,共有三十四段,文无起止,殊难解释。"正因为本书十六卷中,有十二卷存在着"文无起止,殊难解释"的弊病,故译出之后,问津者稀少。

第八品　禅法类：姚秦鸠摩罗什译
《坐禅三昧经》二卷

　　《坐禅三昧经》，又名《禅经》《菩萨禅法经》《阿兰若习禅法》《坐禅三昧法门经》等，二卷。姚秦鸠摩罗什译，弘始四年（402）译出，弘始九年（407）重校。梁僧祐《出三藏记集》卷二著录。载于《丽藏》"飞"函、《宋藏》"飞"函、《金藏》"飞"函、《元藏》"飞"函、《明藏》"坟"函、《清藏》"坟"函、《频伽藏》"暑"帙，收入《大正藏》第十五卷。

　　本书是一部综述大小乘通习的五门禅法和大乘"菩萨禅法"的著作。姚秦鸠摩罗什翻译的禅法类典籍共有四种，以往，学界将它们都当作大乘禅籍，但若仔细研究的话，它们的性质与内容并非完全相同，大体来说，《禅法要解》二卷、《菩萨诃色欲法经》一卷，属于小乘修习的禅法；《坐禅三昧经》二卷，属于大小乘通习的禅法；《思惟略要法》一卷，属于大乘修习的禅法。五门禅法，原指小乘的"五停心观"，即对治"贪欲"等烦恼的五种禅观。一是"不净观"，指观想身体的不净，以对治"贪欲"的禅观；二是"慈悲观"，指观想众生的苦乐，愿拨苦与乐，以对治"瞋恚"的禅观；三是"缘起观"，指观想"十二因缘"的生灭，用来对治"愚痴"的禅观；四是"界分别观"，指观想诸法由地、水、火、风、空、识"六界"假合而成，以对治"我见"的禅观；五是"数息观"，指数出入息，以对治"乱心"的禅观（见《杂阿毗昙心论》卷五、《达摩多罗禅经》卷上、卷下等）。本书则以"念佛观"取代"界分别观"，构成新的五门禅法。所说的"念佛观"，指观想佛的相好和功德，以对治"等分"（指有多种烦恼）和"重罪"的禅观，它是系糅合小乘"念佛法门"和大乘"念佛三昧"、"观佛三昧"而成的大乘禅法。故本书所说的五门禅法与小乘所说的五门禅法，有四门是相同的，有一门是不同的。书中所述有立标题的，也有不立标题的。五门禅法是立有标题的，分别作："第一治贪欲法门"（指"不净观"）、"第二治瞋恚法门"（指"慈心观"）、"第三治愚痴法门"（指"因缘观"）、"第四治思觉法门"（指"数息观"）、"第五治等分法门"（指"念佛观"）。除此之外，则不立标题，内容叙及"四禅"、"四无色定"、"四无量三昧"、"五通"、"四念止"、"菩萨念佛三昧"、"菩萨禅法"等。

明智旭《阅藏知津》卷三十八称，《坐禅三昧经》为"僧伽罗刹造，姚秦天竺沙门鸠摩罗什译"。但从鸠摩罗什的弟子僧叡《关中出禅经序》的记载来看，本书卷上初首的"四十三偈"（即序偈四十三颂），为究摩罗罗陀（又称"鸠摩罗多"、"拘摩逻多"，意译"童受"）所撰；卷下末尾的"二十偈"（即流通偈二十颂），为马鸣所撰；正文所述的五门禅法，主要抄自婆须蜜（意译"世友"）、僧伽罗叉（又称"僧伽罗刹"，意译"众护"）、沤波崛（意译"近护"）、僧伽斯那（意译"众军"）、勒比丘（又称"胁比丘"）、马鸣、究摩罗罗陀（又称"鸠摩罗多"，意译"童受"）七人的禅要。其中，抄自僧伽罗刹禅要的，为"治贪欲法门"（指"不净观"）、"治瞋恚法门"（指"慈心观"）、"治愚痴法门"（指"因缘观"）三门禅法，故本书并非不是根据僧伽罗刹一家的禅要译出的，而是综合僧伽罗刹等七家禅要，并融入"菩萨念佛三昧"、"菩萨禅法"等大乘禅法等加以编译的。僧叡《关中出禅经序》，对本书来历和传译经过，作了翔实的记述，此序见载于《出三藏记集》之中，为藏本所缺。《关中出禅经序》说：

> 禅法者，向道之初门，泥洹之津径也。此土先出《修行》（指《修行地道经》）、大小《十二门》、大小《安般》，虽是其事，

既不根悉，又无受法，学者之戒盖阙如也。鸠摩罗（什）法师以辛丑之年（指姚秦弘始三年）十二月二十日，自姑臧至长安。予（指僧叡）即以其月二十六日，从受禅法。既蒙启授，乃知学有成准，法有成条。《首楞严经》云：人在山中学道，无师道终不成。是其事也。寻蒙抄撰众家禅要，得此三卷（今作二卷）。初四十三偈，是究摩罗罗陀（即鸠摩罗多）法师所造；后二十偈，是马鸣菩萨之所造也；其中五门，是婆须蜜、僧伽罗叉、沤波崛、僧伽斯那、勒比丘、马鸣、罗陀禅要之中，抄集之所出也。六觉中偈（指"治思觉法门"中的偈颂），是马鸣菩萨修习之，以释六觉也。初观淫、恚、痴相及其三门，皆僧伽罗叉之所撰也。息门六事（指"治思觉法门"中的数、随、止、观、转观、清净），诸论师说也。菩萨习禅法中，后更依《持世经》，益十二因缘一卷（指鸠摩罗什后撰《菩萨习禅法》一卷，今佚），《要解》（指《禅法要解》）二卷，别时撰出（今存）。……经云：无禅不智，无智不禅。然则禅非智不照，照非禅不成。大哉，禅、智之业，可不务乎！出此经后，至弘始九年闰月五日，重求检校。（《出三藏记集》卷九，《大正藏》第五十五卷，第 65 页上、中）

卷上：卷初为"四十三偈"（即序偈四十三颂）；正文论述"学禅"的条件和"治贪欲法门"、"治瞋恚法门"、"治愚痴法门"、"治思觉法门"、"治等分法门"五门禅法问题。

（1）"四十三偈"。指序偈四十三颂，始"导师说难遇，闻者喜亦难"，终"虽未得涅槃，当勤求此利"。论述"一心常行道"的重要性。

（2）"学禅"的条件。指学禅者须向禅师求授禅法，禅师在传授之前，须详细询问学禅者的持戒情况。若对方犯重戒（指杀、盗、淫等),则只可劝其诵经作福业,不可授禅;若对方犯轻戒,须如法忏悔,然后根据对方的"三毒"(指淫欲、瞋恚、愚痴)相状,应病施药,教授不同的禅法。

(3)"治贪欲法门"。指"不净观"。修习的方法是:禅师当教"多淫欲"者观察身体的种种不净,"观青瘀、膖(胖)胀、破烂、血流、涂漫、臭脓、噉食、不尽、骨散、烧焦,是谓不净观"。"初习行"者,当"作破皮想,除却不净,当观赤骨人";"已习行"者,当"想却皮肉,尽观头骨";"久习行"者,当"身中一寸,心却皮肉,系意五处,顶、额、眉间、鼻端、心处"。

(4)"治瞋恚法门"。指"慈心观"。修习的方法是:禅师当教"多瞋恚"的"初习行"者,修习慈及"亲爱";"已习行"者,修习慈及"中人";"久习行"者,修习慈及"怨憎"。由此,"广及世界无量众生,皆令得乐"。

(5)"治愚痴法门"。指"因缘观"。修习的方法是:禅师当教"多愚痴"的"初习行"者,观想"生缘老死,无明缘行"(指"十二因缘"中的未来二支、过去二支);"已习行"者,观想"行缘识,识缘名色,名色缘六入,六入缘触,触缘受,受缘爱,爱缘取,取缘有"(指"十二因缘"中的现在八支);"久习行"者,观想"无明缘行,行缘识,识缘名色,名色缘六入,六入缘触,触缘受,受缘爱,爱缘取,取缘有,有缘生,生缘老死"(指"十二因缘"的全部)。

(6)"治思觉法门"。指"数息观"(又称"阿那般那三昧法门")。修习的方法是:禅师当教授有"多思觉"(指"六思觉",即欲思觉、恚思觉、恼思觉、亲里思觉、国土思觉、不死思觉)的"初习行"者,修习"一心念数入息出息,若长若短,数一至十";"已习行"者,修习"数一至十,随息入出,念与息俱止心一处";"久习行"者,修习"阿那般那三昧六种门十六分"。此中,"六种门"、"十六分",即通常说的"六妙门"、"十六特胜"。①"六妙门"。

指修习"数息观"的六种方法,即"数"、"随"、"止"、"观"、"转观"、
"清净",其中,前三门是"定",后三门是"慧"。一是"数"(又称
"数息"),指数出入息,先数入息,后数出息,从一到十,周而复
始;二是"随"(又称"随息"),指心缘入出息,念随气息,从外入
内,从内出外;三是"止",指止息妄念,心系一处,或眉间、或鼻
端、或脐轮、或足指;四是"观",指依止起观,先观察入出息,辗转
遍观"五阴"(色、受、想、行、识阴);五是"转观"(又称"还"),指由
观察入出息,转入起"四念住"(身、受、心、法念住);六是"清净"
(又称"净"),指由修习"四善根"(暖、顶、忍、世第一法),升进"见
道"、"修道"、"无学道",断灭烦恼,令心得净。②"十六特胜"。
指"数息观"的十六种观法,即"知息入"、"知息出"、"知息长短"、
"知息遍身"、"除诸身行"、"受喜"、"受乐"、"受诸行心"、"心作
喜"、"心作摄"、"心作解脱"、"观无常"、"观出散"、"观离欲"、"观
灭"、"观弃舍"。

　　(7)"治等分法门"。指"念佛观"(又称"念佛三昧"),即观
想佛的相好和功德,用来对治"等分"(指有多种烦恼)和"重罪"
的禅观。修习的方法是:禅师当教修行者至佛像处,专意观看
佛像的相好,做到相相明了,取相(心里有佛的形象)以后,还至
静处,惟观"佛身及佛功德"二事,更无异念,意不驰散,此时得入
"念佛三昧",可除灭"等分及余重罪"。如关于"治思觉法
门",说:

　　　　若思觉偏多,当习阿那般那三昧法门。有三种学人,或
　　初习行,或已习行,或久习行。若初习行,(禅师)当教言:
　　一心念数入息、出息,若长、若短,数一至十;若已习行,当教
　　言:数一至十,随息入出,念与息俱止心一处;若久习行,当
　　教言:数、随、止、观、转观、清净,阿那般那三昧六种门十六

分。云何为数？一心念入息，入息至竟数一，出息至竟数
二，若未竟而数为非数，若数二至九而误，更从一数
起。……问曰：何以故数？答曰：无常观易得故，亦断诸
思觉故，得一心故。身心生灭无常，相似相续难见，入息、出
息生灭无常，易知易见故。复次，心系在数，断诸思觉。思
觉者，欲思觉、恚思觉、恼思觉、亲里思觉、国土思觉、不死思
觉。欲求净心入正道者，先当除却三种粗思觉，次除三种细
思觉。除六觉已，当得一切清净法。……问曰：云何为粗
病？云何为细病？答曰：欲、瞋、恼觉是三名粗病，亲里、国
土及不死觉是三名细病。除此觉已，得一切清净法。（卷
上，《大正藏》第十五卷，第 273 页上、中）

卷下：论述"四禅"、"四无色定"、"四无量三昧"、"五通"、
"四念止"、"四善根"、"见道十六心"、"四沙门果"、"辟支佛"、"三
乘差别"、"菩萨念佛三昧"、"菩萨禅法"等问题。卷末有流通偈
二十颂（始"行者定心求道时，常当观察时方便"，终"应病与药佛
如是，淫怒痴病随药灭"）。

（1）"四禅"。指色界的四种根本禅定，即"初禅"、"第二
禅"、"第三禅"、"第四禅"。修行者一心精勤信乐，令心增进，意
不散乱，"观欲心厌，除结恼尽"，便入"初禅"，"是（此）时便得初
禅喜觉（又译"乐"）"；"次第无觉无观，生清净定，内净喜乐，得入
二禅"；"离喜地，得贤圣所说乐，一心谛知念护（又译"舍"），得入
三禅"；"先弃忧喜，除苦乐意，护念清净，得入第四禅"。

（2）"四无色定"。指无色界的四种根本禅定，即"无量虚空
处定"（又称"空无边处定"）、"无量识处定"（又称"识无边处
定"）、"无所有处定"、"非有想非无想处定"（又称"非想非非
想处"）。

（3）"四无量三昧"（又称"四无量定"）。指引生"四无量心"的禅定，即"慈心三昧"（又称"慈心定"）、"悲心三昧"（又称"悲心定"）、"喜心三昧"（又称"喜心定"）、"护心三昧"（又称"舍心定"）。"慈心三昧"，指引生"慈无量心"的禅定，"习行慈心，先自得乐，破瞋恚毒，次及十方无量众生，是时便得慈心三昧"；"悲心三昧"，指引生"悲无量心"的禅定，"悲心怜愍（悯）众生之苦，能破众恼，广及无量众生，是时便得悲心三昧"；"喜心三昧"，指引生"喜无量心"的禅定，"能破不悦，令无量众生皆得喜悦，是时便得喜心三昧"；"护心三昧"，指引生"舍无量心"的禅定，"能破苦乐，直观十方无量众生，是时便得护心三昧"。

（4）"五通"。指依习禅而得的五种深妙神奇的功能，即"神足通"、"天眼通"、"天耳通"、"他心通"、"宿命通"。

（5）"四念止"（又称"四念住"）。指对治"四颠倒"（指常、乐、我、净）的四种禅观，即"身念止"（又称"身念住"）、"痛念止"（又称"受念住"）、"心念止"（又称"心念住"）、"法念止"（又称"法念住"）。"四念住"分"别观"（又称"别相念住"）、"总观"（又称"总相念住"）二种。"别观"，指各别地观察"四念住"的自相，即"身"为"不净"（此为"身念住"）、"受"为"苦"（此为"受念住"）、"心"为"无常"（此为"心念住"）、"法"为"无我"（此为"法念住"）；"总观"，指综合地观察"四念住"的共相，即"身"、"受"、"心"、"法"四项中的每一项，也就是观察一切事物皆为"不净"、"苦"、"无常"、"无我"。

（6）"四善根"。指在"见道"（指证见"四谛"之理）之前，观察"四谛十六行相"（指观察"四谛"各有的四种行相，即观察"苦谛"的无常、苦、空、无我四行相；"集谛"的因、集、生、缘四行相；"灭谛"的灭、静、妙、离四行相；"道谛"的道、如、行、出四行相），依次成就的四种善根，即"暖法"、"顶法"、"忍法"、"世间第一法"。①"暖法"。指观察"四谛十六行相",以智慧之火,烧"烦恼"之薪而成就的最初的善根,即"诸烦恼(为)薪,无漏智(为)火,烧火欲出初相,名为暖法,譬如钻火,初钻烟出,是名暖"。②"顶法"。指在"暖法"之上,观察"四谛十六行相",增进转上而成就的善根,即"如乳变为酪","得一心清净、合实智慧,是顶善根,亦名顶法"。③"忍法"。指在"顶法"之上,观察"四谛十六行相",而成就的认可"四谛"之理、安住不动的善根,即"更了了观观五阴、四谛十六行(相),是时心不缩、不悔、不退,爱乐入忍,是名忍善根"。④"世间第一法"。指在"忍法"之上,观察"苦谛"的某一行相而成就的最殊胜的善根,能于次一刹那进入"见道位",即"一时住四行无常、苦、空、无我"。

(7)"见道十六心"。指在"见道位",观察三界"四谛",所生起的"十六心"(又称"八忍八智"),即十六种智慧(前十五心属"见道位"的"预流向",第十六心属"修道位"的"预流果")。

(8)"四沙门果"。指声闻乘修行的四种果位,即"须陀般那"(又称"预流果")、"息忌陀伽迷"(又称"一来果")、"阿那迦迷"(又称"不还果")、"阿罗汉"(又称"无学果")。其中,阿那迦迷有"今世必入涅槃"、"中阴入涅槃"、"生已入涅槃"、"勤求入涅槃"、"不勤求入涅槃"、"上行入涅槃"、"至阿迦尼吒入涅槃"、"至无色定入涅槃"、"身证"、"行向阿罗汉"十种(原书误计为九种);阿罗汉有"退法"、"不退法"、"死法"、"守法"、"住法"、"必知法"、"不坏法"、"慧解脱"、"共解脱"九种。

(9)"辟支佛"(又称"缘觉")。指独自观察"十二因缘"而得道者,即"佛不出世,无佛法、无弟子时"的"离欲人"。

(10)"三乘差别"。指阿罗汉、辟支佛、佛三者的差别,即"声闻能知一切诸行无常,一切诸法无主(又译"无我"),唯涅槃善安隐,声闻能如是观,不能分别深入深知";"辟支佛少能分别,亦不能深入深知"；"佛知诸法分别究畅，深入深知也"。

（11）"菩萨念佛三昧"。指观想佛的相好和功德的禅定（含"念佛三昧"、"观佛三昧"二项），即"系心专念十方三世诸佛生身"，"得是三昧已，当念佛种种无量功德"，并作大誓："我当拯济一切众生，令得佛道，度生死岸"。

（12）"菩萨禅法"。指行菩萨道者应修的禅法，"菩萨见道，应行三种忍，法生忍、柔顺法忍、无生忍"；"度脱一切众生，具足六度，供养诸佛，净佛国土，教化众生，立十地中功德成满，次第得阿耨多罗三藐三菩提（意为无上正等正觉），为菩萨禅法中初门"等。如关于"菩萨念佛三昧"，说：

> 若行者求佛道入禅，先当系心专念十方三世诸佛生身，莫念地水火风、山树草木，天地之中有形之类及诸余法，一切莫念，但念诸佛生身处在虚空。……有三十二相八十种好，常出无量清净光明，于虚空相青色中。常念佛身相如是，行者便得十方三世诸佛，悉在心目前，一切悉见三昧。……菩萨得是三昧，除无量劫厚罪令薄，薄者令灭。得是三昧已，当念佛种种无量功德，一切智、一切解、一切见、一切德，得大慈、大悲自在。……行者念言：佛二种身功德甘露如是。……我当拯济一切众生，令得佛道，度生死岸。……如是念、如是愿，是为菩萨念佛三昧。（卷下，《大正藏》第十五卷，第273页上、中）

本书在述说禅法的过程中，引用了大乘经论中有关"诸法实相"、"菩萨道"、"般舟三昧"等论述。如卷下说，"如《摩诃衍论》（指《大智度论》）中说，世尊弟子习学五法门，志求涅槃"；"如《摩诃衍般若波罗蜜》（指《大品般若经》）中言：诸法不生不灭，空无所有，一相无相，是名正见"；"得菩萨真行果，是名菩萨道果，是时得般舟三昧，于众生中得大悲，入般若波罗蜜门"等，这些均为一般小乘禅经所无。显示出本书虽然包含小乘禅法，但这是将它当作修学的初门，修学的最终目的还是通向大乘，成就佛道，而不是成就阿罗汉道，这也就是本书说的"是时，菩萨发大悲心：我当作佛，以正真法，化彼众生，令见正道"（卷下）。

第九品　禅法类：姚秦鸠摩罗什译《思惟略要法》一卷

《思惟略要法》，又名《思惟要略法》（宋元明藏本）、《思惟略要法经》《思惟要经》《思惟经》《思经》，一卷。姚秦鸠摩罗什译，约译于弘始四年（402）至弘始十四年（412）之间。本书最初是作为后汉安世高的译经，著录于梁僧祐《出三藏记集》卷二之中（作"《思惟经》一卷，或云《思惟略要法》"）；隋费长房《历代三宝纪》、唐智升《开元释教录》将本书分为二译，初译为后汉安世高译，其本已阙，第二译为姚秦鸠摩罗什译，其本见在，即传今的《思惟略要法》，后世经录沿依此说。载于《丽藏》"图"函、《宋藏》"图"函、《金藏》"图"函、《元藏》"图"函、《明藏》"英"函、《清藏》"英"函、《频伽藏》"暑"帙，收入《大正藏》第十五卷。

本书是一部论述大乘十种禅观的著作。内容包括："四无量观法"、"不净观法"、"白骨观法"、"观佛三昧法"、"生身观法"、"法身观法"、"十方诸佛观法"、"观无量寿佛法"、"诸法实相观法"、"法华三昧观法"，每一种禅观均立有小标题。书名中的"思惟"，指"观想"；"略要"，亦即"要略"，意为"观想要略法"。

（1）"四无量观法"。指引生利乐一切众生的四种心的禅定，即修行"慈心无量"、"悲心无量"、"喜心无量"、"舍心无量"。修习的方法是：行者（指修行者）对一切众生，无论是亲人（指

"父母、亲里、善知识等")、怨家(指"怨贼、嫌人、常欲恼害者"),
还是"中人"(指"不亲不怨者"),都要以"慈心"视之,"老者如父
母,中年如兄弟,少年如儿子,常应修集如是慈心";见众生受苦
(如"老、病、死众苦逼切"),当起"悲心";见众生得乐(如"今世
乐"、"后世乐"、"贤圣道乐"),当起"喜心";不见众生有苦乐事,
"不忧不喜,以慧自御,但缘众生",当起"舍心"。

(2)"不净观法"。指观想身体的不净,用来对治"贪欲"的
禅观。修习的方法是:行者谛心观察,"从足至发,从发至足,皮
囊之里,无一净者","谛观此身无一可取,如是,心则生厌恶"。

(3)"白骨观法"。指观想身体为白骨的禅观。修习方法
是:"白骨观者,除身皮血筋肉都尽,骨骨相拄,白如珂雪,光亦如
是";"既见骨人,当观骨人之中,其心生灭相续,如线穿珠,如意
所见"。

(4)"观佛三昧法"(又称"观想念佛")。指观想佛的相好和
功德的禅观。修习方法是:"佛为法王,能令人得种种善法,是故
习禅之人先当念佛。念佛者,令无量劫重罪微薄,得至禅定";
"当观好像(指佛像的相好),便如真佛,先从肉髻、眉间、白毫,下
至于足,从足复至肉髻,如是相相谛取,还于静处,闭目思惟,系
心在像,不令他念"。

(5)"生身观法"。指观想佛的"生身"(指佛的肉身)的禅
观。修习方法是:"生身观者,既已观像(指"观佛三昧法"所观的
佛像),心想成就,敛意入定,即便得见","当因于像(指佛像),以
念生身",观佛"坐于菩提树下",或"鹿野苑中坐,为五比丘说四
谛法",或"耆阇崛山放大光明,为诸大众说般若","如是随用一
处,系念在缘,不令外散,心想得住,即便见佛"。

(6)"法身观法"。指观想佛的"法身"(指佛所证的真如法
性之身)的禅观。修习方法是:"法身观者,已于空中见佛生身,

当因生身，观内法身，十力、四无所畏、大慈大悲、无量善业"。

（7）"十方诸佛观法"。指观想十方诸佛的禅观。修习方法是：先别观十方诸佛，后总观十方诸佛。别观时，先观东方，起初"唯见一佛结跏趺坐，举手说法"，然后观想由"一佛"化作"十佛"，"十佛"化作"百千佛"，乃至"无数佛"，"但见诸佛光光相接"，观东方诸佛以后，再依次观东南、南、西南、西、西北、北、东北、上、下方诸佛。总观时，"一念所缘，周匝得见"，"即于定中，十方诸佛皆为说法"。如果是由于"宿罪"的缘故，在观佛时并未见到佛，则应当于"一日一夜六时"（指"晨朝"、"日中"、"日没"、"初夜"、"中夜后夜"），作"忏悔"、"随喜"、"劝请"，渐渐便能得见。如关于"十方诸佛观法"，说：

> 念十方诸佛者，坐观东方，廓然明净，无诸山河石壁，唯见一佛结跏趺坐，举手说法，心眼观察光明相好，画然了了。系念在佛，不令他缘，心若余缘，摄之令还。如是见者，更增十佛，既见之后，复增百千，乃至无有边际，近身则狭，转远转广，但见诸佛光光相接。心眼观察得如是者，回身东南，复如上观。既得成就，南方、西南方、西方、西北方、北方、东北方、上下方都亦如是。既得方方，皆见诸佛。如东方已，当复端坐总观十方诸佛，一念所缘，周匝得见。定心成就者，即于定中，十方诸佛皆为说法，疑网云消，得无生忍。若宿罪因缘不见诸佛者，当一日一夜六时，忏悔、随喜、劝请，渐自得见。纵使诸佛不为说法，是时心得快乐，身体安隐，是则名为观十方诸佛也。（《大正藏》第十五卷，第 299 页下）

（8）"观无量寿佛法"。指观想无量寿佛（又称"阿弥陀佛"，西方极乐世界的教主）的禅观。修习方法是：若是"钝根"，应先观想额上一寸,除却皮肉,只见"赤骨";次将一寸"赤骨"观为"白骨";又将整个身体观为"骨身"("白骨"之身);再将"骨身"观为"琉璃身"("琉璃光色"的骨身);从"琉璃身"放射出"白光","乃于光中,观无量寿佛"。若是"利根",当先作"明想"(指观想空中大放光明),"于明中观佛,便可得见"。

(9)"诸法实相观法"。指观想"诸法实相"(指一切事物的真实体相)的禅观。修习方法是:"诸法实相观者,当知诸法从因缘生,因缘生故,不得自在,不自在故,毕竟空相,但有假名无有实者"。也就是说,"诸法实相观"所观想的是一切事物的"毕竟空相"。

(10)"法华三昧观法"。指观想《法华经》卷七《妙音菩萨品》所说的"法华三昧"的禅观。修习方法是:"三七日,一心精进,如说修行,正忆念《法华经》","所说《法华经》者,所谓十方三世众生,若大若小,乃至一称南无佛者,皆当作佛,惟一大乘,无二无三,一切诸法一相一门,所谓无生无灭毕竟空相","习如是观者,五欲自断,五盖自除,五根增长,即得禅定"。概括地说,也就是以三七日(三个七天)为一期,行道诵经,或行或立或坐,思惟谛观《法华经》所说实相中道之理。

本书条理清晰,文字简洁明了,可以说是大乘禅法著作中的上乘佳作。

第十品　禅法类:刘宋昙摩蜜多译
《五门禅经要用法》一卷

《五门禅经要用法》,又名《五门禅要经》《禅经要用法》,一卷。印度佛陀蜜多撰,刘宋昙摩蜜多译,元嘉元年(424)至元嘉十八年(441)之间译出。梁僧祐《出三藏记集》卷二著录。载于

《丽藏》"图"函、《宋藏》"图"函、《金藏》"图"函、《元藏》"图"函、《明藏》"英"函、《清藏》"英"函、《频伽藏》"暑"帙,收入《大正藏》第十五卷。

佛陀蜜多(约四世纪),音译又作"佛陀蜜多罗"、"佛陀蜜"、"佛陀密多"、"伏驮蜜多"等,意译"觉亲"。印度提伽国人,姓毗舍罗。年五十时,从佛陀难提出家,得法后,游化至中印度,破摧异学,流布正法,并度化尼乾子外道五百人,使之归佛。付法于胁比丘。入灭后,胁比丘等弟子以香薪阇维(又称"荼毗",指火化),敛其舍利,于摩竭陀国国那烂陀寺起塔供养。后被尊为佛入灭后,传承法藏的"天竺第八祖"或"天竺第九祖"。生平事迹见北魏吉迦夜等译《付法藏因缘传》卷五、北宋道原《景德传灯录》卷一(将他列为"天竺第九祖")、契嵩《传法正宗记》卷二(同上)、南宋志磐《佛祖统纪》卷五(将他列为"天竺第八祖")等。

昙摩蜜多(356—442),音译又作"昙摩密多",意译"法秀"。罽宾国(又称"迦湿弥罗国",今克什米尔一带)人。七岁出家,博贯群经,特深禅法,为人沉邃,仪轨详整。后游方弘化,周历诸国,经龟兹(今新疆库车一带)、敦煌、凉州、荆州等地,于刘宋元嘉元年(424)抵达建康(今江苏南京)。初止中兴寺,后住祇洹寺,译经授禅,皇后及皇子、公主,莫不设斋请戒,学徒千里归投,人称"大禅师"。后应会稽太守孟顗之请,赴鄮县(浙江宁波),建寺化俗。元嘉十年(433)还都,住钟山定林下寺。元嘉十二年(435),斩石刊木,营建定林上寺。所译的佛经,《出三藏记集》卷二著录为"四部六卷";唐智升《开元释教录》卷五勘定为"十二部十七卷",其中,《虚空藏菩萨神呪经》《观虚空藏菩萨经》《象腋经》《诸法勇王经》《转女身经》《观普贤菩萨行法经》《五门禅经要用法》等"七部七卷"见存;《新无量寿经》二卷等"五部十卷"阙本。生平事迹见梁僧祐《出三藏记集》卷十四、慧皎《高僧传》卷三等。

　　本书是一部杂述大小乘通习禅法的著作。书名中说的"五门禅经",指五门禅法,即"安般观"(又称"数息观")、"不净观"、"慈心观"、"观缘"(指"因缘观")、"念佛观"。它是在小乘五门禅法(指"五停心观",即不净观、慈悲观、缘起观、界分别观、数息观)的基础上,以"念佛观"取代"界分别观"构成的、新的五门禅法。但本书只有初首的一小段(始"坐禅之要法有五门",终"若心没者,教以念佛"),是依照五门禅法的次序而说的;其后的大部分篇幅,内容散杂,被明智旭《阅藏知津》卷三十八称作为"释不次第",即释文并不是依五门禅法的顺序展开的。内容包括:"五门禅法"、"念佛三昧境界"、"不净门"、"白骨观法"、"观佛三昧"、"生身观"、"法身观"、"观十方诸佛法"、"初习坐禅法"、"观佛三十事"、"修慈十六事"、"修慈二十事"、"四无量观法"、"不净观法"、"四禅过患"、"二十五有"等。

　　(1)"五门禅法"。指五种禅观,"坐禅之要法,有五门:一者安般,二不净,三慈心,四观缘,五念佛"。修习方法是:"安般"、"不净"、"观缘"三门,既缘"内境界",也缘"外境界";"念佛"、"慈心"二门只缘"外境界"。五门禅法是根据众生不同的心理疾病而下的药,"若乱心多者,教以安般;若贪爱多者,教以不净;若瞋恚多者,教以慈心;若著我多者,教以因缘;若心没者,教以念佛"。

　　(2)"念佛三昧境界"。指一心念佛的禅观。修习方法是:"系念额上,一心念佛,尔时额上有佛像现,从一至十乃至无量";"系念在心,然后观佛,即见诸佛从心而出";"系心在脐","(觉)有莲花,琉璃为茎,黄金为台,台上有佛结跏趺坐"等。

　　(3)"不净门"。指观想身体的不净,用来对治"贪欲"的禅观。修习方法分"缘外"、"缘内"二种。"缘外",指观他身不净,如"观冢间死尸"等；"缘内"，指观自身不净，如观自身由"三十六物"构成，皆为不净等。

（4）"白骨观法"。指观想身体为白骨的禅观。修习方法是："白骨观者，除身肉血筋脉都尽，骨骨相拄，白如珂雪，光亦如是"。

（5）"观佛三昧"。指观想佛的相好和功德的禅观。修习方法是："当观好像（指佛像的相好），如见真佛无异，先从肉髻、眉间、白毫，下至于足，复至肉髻，相相谛观。还于静处，闭目思惟，系心在像，使不他念"。

（6）"生身观"。指观想佛的"生身"（指佛的肉身）的禅观。修习方法是："得观佛定（指"观佛三昧"）已，然后进观生身，便得见之"，"如（佛）坐于菩提树下，光明显照，相好奇特；又如鹿野苑中，为五比丘说四谛法；又如（在）耆阇崛山，放大光明，为诸大众说般若"等。

（7）"法身观"。指观想佛的"法身"（指佛所证的真如法性之身）的禅观。修习方法是："当因生身，观内法身，十力、四无所畏、十八不共法、大慈大悲、无量善业"。

（8）"观十方诸佛法"。指观想十方诸佛的禅观。修习方法是：先以东、东南、南、西南、西、西北、北、东北、上、下方为序，分别观想各方诸佛，然后总观十方诸佛。"既向方方皆见诸佛已，当复一时并观十方诸佛，一念所缘，周遍得见"，"于定中见十方诸佛皆为说法，疑网悉除，得无生忍"。

（9）"初习坐禅法"。指修习"暖法观"、"顶法观"、"四大观"等。"暖法观"，指久观"白骨"，感觉"我身中觉暖"；"顶法观"，指"意解白骨，令节节解散"，感觉"我顶上火出"；"四大观"，观想身中"地大"、"水大"、"火大"、"风大"，了知"无有我"。

（10）"观佛三十事"。指禅师教授如何修习"念佛观"的三十事,如"初教观佛,教生定意,不令外念诸缘使人,然后将至好像前,令谛观像相好分明,然后安坐,教以心目观此像相好"等。

(11)"修慈十六事"。指禅师教授如何修习"慈心观"的十六事,如"初教慈心观法,先教忏悔,净身口意,至心恳恻,发弘誓愿,然后教坐,便心目自观己身"等。

(12)"修慈二十事"。指禅师教授如何进一步修习"慈心观"的十六事,如"续教作慈心观,先教以慈心自观己身,见已了了,便教观苦痛众生"等。

(13)"四无量观法"。指引生"四无量心"的禅定,即修行"慈心无量"、"悲心无量"、"喜心无量"、"舍心无量"的禅定。"求佛道者先习四无量心,得入初禅则易"。

(14)"不净观法"。指观想身体的不净,用来对治"贪欲"的禅观。"不净观者,当观此身生不净处,在胞胎中,从不净出,薄皮覆之","内无一净者,脑、膜、涕、唾、脓、血、屎、尿,略说则有三十六物"。

(15)"四禅过患"。指初禅"内有觉、观,外有火灾";二禅"内有喜、乐,外有水灾";三禅"内有喘息,外有风灾";四禅"地中过患都尽,三灾不及"。

(16)"二十五有"。指众生随业受报的三界二十五处。其中,欲界有十四处,即"四天下"(又称"四大部洲",作四处)、"六欲天"(指"四天王天"等六天,作六处)、"四恶道"(指地狱、畜生、饿鬼、阿修罗,各作一处);色界有七处,即"四禅天"(作四处)、"初禅"中的"大梵天"(作一处)、"第四禅"中的"净居天"(作一处)和"无想天"(作一处);无色界有四处,即"四无色天"(作四处)。如关于"不净门",说:

　　　　不净门。行者善心来诣师所。未受法时,师教先使房

中七日端坐。若有缘者,觉身及脐有瞤动相,自见己身,明
了左足大指爪上有白露如珠。行者从座起,以所觉白师。
师教行人行、住、坐、立相。其人内境界多者,视占极高远,
知缘外多。若一心徐步,视占审谛者,知缘内。若外缘者,
教观冢间死尸,见已还来,在房中坐,自观己身念骨,若三日
不失。次观房中诸人,渐渐令见白骨。(《大正藏》第十五
卷,第326页中)

本书所说的禅法中,有关"白骨观法"、"观佛三昧"、"生身
观"、"法身观"、"观十方诸佛法"、"四无量观法"、"不净观法"的
内容,与姚秦鸠摩罗什译《思惟略要法》所说基本相同,连译文也
相同,可以认定是从《思惟略要法》移录的;有关"初习坐禅法"的
论述,与姚秦鸠摩罗什译《禅秘要法经》卷中、卷下所说"暖法
观"、"顶法观"、"四大观"等大致相同(参见拙撰《大藏经总目提
要·经藏》中的《其他小乘经部》);其他禅法和事项,为本书新
编。故笔者认为,传今的这个本子并非是纯正的梵文译本,而是
在古代流传过程中,传抄者将《思惟略要法》中的一些内容也杂
抄入内的一个本子。

第十一品　起信类:梁真谛译《大乘起信论》一卷
附:唐实叉难陀译《大乘起信论》二卷
姚秦筏提摩多译《释摩诃衍论》十卷
陈真谛译《大宗地玄文本论》二十卷

《大乘起信论》,又名《起信论》,一卷。书题"马鸣菩萨造,梁
三藏法师真谛译",即印度马鸣造,梁真谛译,承圣三年(554)译
出(据智恺《大乘起信论序》)。隋法经等《众经目录》卷五著录,

但存疑（后详）。载于《丽藏》"则"函、《宋藏》"尽"函、《金藏》"则"函、《元藏》"尽"函、《明藏》"情"函、《清藏》"情"函、《频伽藏》"来"帙，收入《大正藏》第三十二卷。

本书是一部论述"如来藏"（指佛性）思想的著作，它在中国佛教史上曾产生过重大的思想影响，然而又存在分歧极大的真伪之争。

本书最早见于南朝陈代智恺（又称"慧恺"）撰的《大乘起信论序》，序中称《起信论》为马鸣作，真谛"以大梁承圣三年岁次癸酉（当作"甲戌"）九月十日，于衡州始兴郡建兴寺"译，智恺本人当时参与了《起信论》的翻译，为"执笔人"。虽说此序的真伪存在着争议，从序中说"不揆无闻，聊由题记，傥遇智者，赐垂改作"来看，它很可能他人根据智恺的题记改作的，并非全是智恺的手笔。但序中说真谛译（或编译）《起信论》，当是有一定依据的，这也就是陈寅恪所说的"伪智恺序中之真史料"（见杨维中《唯识宗通史》引，凤凰出版社 2008 年 7 月版）。从陈代慧思撰《大乘止观法门》，已引用《起信论》的语句；隋昙延撰《大乘起信论义记》；隋净影寺慧远撰《大乘起信论义疏》，并在《大乘义章》中引《起信论》达二十九处之多来看，早在南北朝末年，《起信论》就已传行于世了。

隋初法经等人编《众经目录》，首次在综合性的佛经目录上著录了《起信论》，但它是将《起信论》当作有疑问的大乘论，编入卷五《大乘阿毗昙藏录·众论疑惑》之中的，称"人云真谛译，勘《真谛录》（指真谛弟子曹毗撰的《别历》，已佚）无此论，故入疑"；同代的费长房《历代三宝纪》卷九，将《起信论》列为陈真谛译，称"太清四年出"；唐智升《开元释教录》卷六则确定《起信论》为真谛译，称"承圣二年癸酉九月十日"出，并在卷十批评法经等《众经目录》"以《仁王经》《起信论》等编在疑录"的做法，称这是此录的"四误",即第四种错误。自此以后,佛教界皆以《开元释教录》之说为定论,有关《起信论》真伪的一段争论基本平息。

近代,日本学者从见藏于日本的汉籍中,发现了二则怀疑《起信论》的资料。一是唐初惠均(唐初三论宗吉藏的弟子,因曾任僧正,故又称"均正撰")《大乘四论玄义》(又名《四论玄义》)卷五说:"《起信》是房鲁人作,借马鸣菩萨名。"卷十又说:"《起信论》一卷,人云马鸣造,北地诸论师云:非马鸣造,昔日地论师造论,借菩萨名目之,故寻释经目录中无有也。未知定否(指不知是否确定)。"二是晚唐新罗珍嵩《华严经探玄记私记》说:"马鸣《起信论》一卷,依《渐刹经》造此论,而《道宣目》(指《大唐内典录》)中云:此经(指《渐刹经》)是伪经。故依此经之《起信论》,是伪论也。"(以上见杜继文《汉译佛教经典哲学》引,江苏人民出版社2008年10月版)但这二则资料都是个人的推论,并不是确凿的史料。惠均的说法,为日本珍海《三论玄疏文义要》卷二等所引,但在今存的《大乘四论玄义》残本中并无这二段文字,可能是作者感到此事不能确定,自己删去了;珍嵩《华严经探玄记私记》已佚,前段文字为日本贤宝《宝册抄》所引,文中所说的《渐刹经》,据日僧快道说是指《占察经》,但唐道宣《大唐内典录》是肯定《起信论》是真论的,并没有说过《起信论》是伪论之类的话。

围绕这些资料,日本学者就《起信论》的真伪问题,展开两次大讨论。在参与讨论的众多的日本学者中,常盘大定、羽溪了谛等人认为,《起信论》是马鸣造、真谛译,为印度撰述;松元文三郎认为,《起信论》虽属可疑,却还没有达到伪妄的程度,而可疑之处只在译人方面,故它仍为印度撰述;望月信亨、村上专精等人认为,《起信论》非马鸣造、非真谛译,为中国撰述,望月信亨还推断说,《起信论》是"梁陈之际,北方地论师昙遵口授,昙迁笔录而成"的。

　　日本学者对《起信论》的讨论情况，经梁启超等人的介绍，传入中国，在国内学术界同样引起了争论。章太炎、太虚、周叔迦、印顺等人则认为，《起信论》为马鸣造、真谛译，是印度撰述；而梁启起、欧阳竟无、王恩洋、吕澂等人认为，《起信论》非马鸣造、非真谛译，而是中国撰述，吕澂还进一步考证说，《起信论》"决不会是从梵文原本译出，只是依据魏译《楞伽》（北魏菩提流支译《入楞伽经》）而作"的，"魏译理解错了的，《起信》也跟着错了"（以上见吕澂《大乘起信论考证》，收入《吕澂佛学论著选集》，齐鲁书社1991年7月版）。

　　笔者认为，从考据学的视角来看，《起信论》很可能是马鸣的后学托名撰作，由真谛编译的印度佛教撰著。理由是：《起信论》是依《楞伽经》而作的论书，这不只是否定《起信论》者的看法，也是肯定《起信论》者的一致看法，只是此后所作的推论各不相同而已。以古代《起信论》注疏家的观点为例。隋慧远《大乘起信论义疏》卷上说："（马鸣）依《楞伽经》造出《起信论》一卷"；唐新罗元晓《大乘起信论别记》说："今此论（指《起信论》）者，依《楞伽经》，为治真俗别体执，就其无明所动义门故，说不生灭与生灭和合不异"；唐法藏《大乘起信论义记》卷上说："（《起信论》）依《楞伽经》以七识染法为生灭，以如来藏净法为不生灭，此二和合为阿黎耶识，以和合故，非一非异"；明智旭《大乘起信论裂网疏》卷一说："《楞伽经》云，诸识有三种相，谓转相、业相、真相"，"由此观之，《起信》唯识，皆宗《楞伽》明矣"；明德清《大乘起信论直解》卷上说："此论（《起信论》）宗《楞伽》等经所造，今一心二门，盖依经而立也。经云：寂灭者名为一心，一心者名如来藏。"凡此种种，都足以说明，《起信论》的主要理论，如"一心二门"（指心真如门、心生灭门）、"阿黎耶识"为真妄和合之识（指"如来藏"净法与"无明"染法的和合）等，都是从《楞伽经》中来的。而《楞伽经》是龙树之后才出现的中期大乘经,属于"如来藏"系经典,龙树《大智度论》《十住毗婆沙》等著作中,均未见其名,就是证据。马鸣出生于龙树之前,自然就更不可能看到《楞伽经》了,除非这个马鸣不是通常所说的撰《佛所行赞》的马鸣,而是后世另一个叫马鸣的人。

至于有人说《起信论》不是印度佛教撰著,而是东土佛教撰著,乃至推定它为北方地论师昙迁所撰,恐非事实。考察《起信论》的内容,除主要源自《楞伽经》以外,也有取于《胜鬘经》《仁王护国般若经》《菩萨璎珞本业经》的,此外,还有一些《起信论》特有的思想元素,如"三细相"、"六粗相"、"五意"等,在理论上有一定的独创性。它的组织结构,在当时地论师或摄论师的著作中也是没有的。此中,以真谛取西域佛教流传的某一论本为基础,糅合其他一些思想资料,加以编译的可能性为最大。退一步来说,即便它是东土佛教撰著,它的主要思想成分也来自印度中期大乘经,仍然是南北朝时期的一部重要的佛教理论著作,其地位与影响在东晋僧肇的《肇论》之上,因此,《起信论》虽有疑点,但与一般所说的违背佛教基本教义的伪经、伪论,有着本质上的区别。

本书分为五分(部分),依次为《因缘分》《立义分》《解释分》《修行信心分》《劝修利益分》,对"一心"(指众生心)、"二门"(指心真如门、心生灭门)、"三大"(指体大、相大、用大)、"四信"(指真如、佛、法、僧)、"五行"(指布施、持戒、忍辱、精进、止观)等大乘法义和修证法门,作了简明扼要的论述。唐法藏《大乘起信论义记》卷上说:"现今东流一切经论,通大小乘,宗途有四:一随相法执宗,即小乘诸部是也;二真空无相宗,即《般若》等经、《中观》等论所说是也;三唯识法相宗,即《解深密》等经、《瑜伽》等论所说是也;四如来藏缘起宗,即《楞伽》《密严》等经、《起信》《宝

性》等论所说是也。"由此判定《起信论》为"如来藏缘起宗"。书
首有归敬颂，为五言十二句，始"归命尽十方，最胜业遍知"，终
"起大乘正信，佛种不断故"；书末有回向偈，为七言四句，始"诸
佛甚深广大义，我今随分总持说"，终"回此功德如法性，普利一
切众生界"。书前有署名"扬州僧智恺作"的《大乘起信论
序》，说：

> 夫《起信论》者，乃是至极大乘，甚深秘典，开示如理缘
> 起之义。……如来灭后六百余年，诸道乱兴，魔邪竞扇，于
> 佛正法，毁谤不停。时有一高德沙门，名曰马鸣，深契大乘，
> 穷尽法性，大悲内融，随机应现，愍物长迷，故作斯论，盛隆
> 三宝，重兴佛日。……自昔已来，久蕴西域，无传东夏者，良
> 以宣译有时，故前梁武皇帝，遣聘中天竺摩伽陀国（应作"扶
> 南国"）取经，并诸法师，遇值三藏拘兰难陀（意译应作"亲
> 依"），译名真谛（音译应作"波罗末陀"）。其人少小博采备
> 览诸经，然于大乘，偏洞深远。时彼国王，应即移遣，法师苦
> 辞不免，便就泛舟，与瞿昙及多侍从，并送苏合佛像来朝。
> 而至未旬，便值侯景侵扰，法师秀采拥流，含珠未吐，慧日暂
> 停，而欲还反（返），遂嘱值京邑英贤慧显、智韶、智恺、昙振、
> 慧旻，与假黄钺大将军太保萧公勃，以大梁承圣三年岁次癸
> 西（应作"甲戌"）九月十日，于衡州始兴郡建兴寺，敬请法师
> 敷演大乘，阐扬秘典，示导迷徒，遂翻译斯论一卷，以明（唐
> 法藏《义记》作"并翻"）论旨《玄文》（指《大乘起信论玄文》）
> 二十卷、《大品玄文》（指《摩诃般若经玄文》）四卷、《十二因
> 缘经》两卷、《九识义章》（又名《九识论》）两卷，传语人天竺
> 国月支首那等，执笔人智恺等，首尾二年方讫。……不揆无
> 闻，聊由题记，傥遇智者，赐垂改作。（《大正藏》第三十二

卷,第 575 页上、中)

一、《因缘分》。初为全书总说,始"论曰:有法能起摩诃衍信根,是故应说,说有五分",终"五者劝修利益分",论述《起信论》的总体结构;次为"因缘分"正文,始"初说因缘分",终"已说因缘分",论述《起信论》的撰作因缘,下分八种,第一种为"因缘总相"(撰作全论的总因),其余七种为"因缘别相"(撰作本论"因缘分"以下四分的别缘)。

(一)"为令众生离一切苦,得究竟乐,非求世间名利恭敬"。指撰作本论的总因。

(二)"为欲解释如来根本之义,令诸众生正解不谬"。指撰作本论"立义分",以及"解释分"中的"显示正义"、"对治邪执"部分的缘由。

(三)"为令善根成熟众生,于摩诃衍法(指大乘法)堪任不退信"。指撰作本论"解释分"中的"分别发趣道相"部分的缘由。

(四)"为令善根微少众生修习信心"。指撰作本论"修行信心分"中的"信心有四种"和"修行有五门"的前四门(布施、持戒、忍辱、精进门)部分的缘由。

(五)"为示方便,消恶业障,善护其心,远离痴慢,出邪网"。指撰作本论"修行信心分"中的"修行有五门"的第四门(精进门)之末部分的缘由。

(六)"为示修习止观,对治凡夫、二乘(指声闻乘、缘觉乘)心过"。指撰作本论"修行信心分"中的"修行有五门"的第五门(止观门)部分的缘由。

(七)"为示专念方便,生于佛前,必定不退信心"。指撰作本论"修行信心分"末尾"专念西方极乐世界阿弥陀佛"部分的缘由。

（八）"为示利益劝修行故"。指撰作本论"劝修利益分"的缘由。

二、《立义分》。始"次说立义分"，终"已说立义分"，标立《起信论》的纲要。下分"法"、"义"二项。

（一）"法"。指大乘的法体，即"众生心"（又称"如来藏心"，指佛性）。"众生心"含摄一切世间法、出世间法，依于此心，能显示"摩诃衍（意译大乘）义"。下分"心真如相"、"心生灭因缘相"二相（即《解释分》所说的"心真如门"、"心生灭门"二门）。（1）"心真如相"。指"众生心"的本体是"真如"之相，真实唯一，不生不灭，远离一切差别，为宇宙万有真实不变的本体。它是"无为法"，能显示摩诃衍的法体。（2）"心生灭因缘相"。指"众生心"的相用（德相与作用）是生灭之相，随缘流转还灭，而有种种差别。它是"有为法"，能显示摩诃衍的自体、自相、自用。

（二）"义"。指大乘的意义。下分"大"、"乘"二项。1.
"大"。指"众生心"为"三大"（"大"意为周遍法界），即"体大"、"相大"、"用大"。（1）"体大"。指"众生心"的本体为大，一切事物的"真如"真实平等，不生不灭，不增不减，为凡圣、染净所共依。"真如"的自体，在因位名为"如来藏"，在果位名为"如来法身"。（2）"相大"。指"众生心"的德相为大，"真如"具足无量的自性功德。（3）"用大"。指"众生心"的作用为大，"真如"能生一切世出世间善法，在因位显现为"菩萨行"，在果位显现为"应身"（为凡夫、声闻乘、缘觉乘所见）、"报身"（为菩萨所见）。
2."乘"。指"众生心"为"乘"，一切诸佛依"众生心"，从生死的此岸到达正觉的彼岸。如关于"一心"、"二相"、"三大"，说：

　　　摩诃衍者，总说有二种。云何为二？一者法，二者义。
　　所言法者，谓众生心。是心则摄一切世间法、出世间法，依于此心,显示摩诃衍义。何以故?是心真如相,即示摩诃衍体故;是心生灭因缘相,能示摩诃衍自体、相、用故。所言义者,则有三种。云何为三?一者体大,谓一切法真如平等,不增减故。二者相大,谓如来藏具足无量性功德故。三者用大,能生一切世间、出世间善因果故。一切诸佛本所乘故,一切菩萨皆乘此法,到如来地故。(第575页下—第576页上)

三、《解释分》。始"次说解释分",终"已说解释分",解释本论"立义分"的义蕴。下分"显示正义"、"对治邪执"、"分别发趣道相"三项。

(一)"显示正义"。指显示大乘法的正义,即"一心二门","众生心"总摄"心真如门"、"心生灭门"二门。此二门"皆各总摄一切法",不可分离,"心真如门"是"不变真如","心生灭门"是"随缘真如","真如"(本体)依"生灭"(现象)而显现,"生灭"依"真如"而建立。

1. "心真如门"。指"真如"的本体,真实唯一,不生不灭,远离一切差别之相。"真如"是一切事物总相的绝对唯一的本体,"心真如者,即是一法界大总相法门体,所谓心性不生不灭"。"真如"依言说分别,有"离言真如"(又称"绝言真如")、"依言真如"二种。

(1)"离言真如"。指"真如"的本体离名字言说,无有差别。"一切诸法唯依妄念而有差别,若离妄念,则无一切境界之相",也就是说,一切事物的差别都是依"妄念"(又称"妄心",指由"无明"生起的虚妄心念)现起的,如果离开心念,就没有一切境界的相状。同理,依"妄念"而有名字言说,如果离开"妄念",则无名字言说,也就没有一切境界的差别相。"是故一切法从本已来,离言说相,离名字相,离心缘相,毕竟平等,无有变异,不可破坏,唯是一心,故名真如","一切法不可说、不可念故,名为真如"。

(2)"依言真如"。指"真如"的相状依名字言说,而有差别,有"如实空"、"如实不空"二种。所说的"如实空"(又称"真实空"),指"真如"离一切染法(染污法),离一切差别相,体性空净,犹如净镜,能究竟显实("如实空"并不是说"真如"的本体为空无)。所说的"如实不空"(又称"真实不空"),指"真如"的自体具足"无漏性功德"(清净法),常恒不变,因而是"不空"的。也就是说,因众生有"妄心",念念分别,故说"真如"为"空";如果离开"妄心",单就"真如"的自性来说,实无可空,故说"真如"为"不空"。如关于"如实空"、"如实不空",说:

> 真如者,依言说分别,有二种义。云何为二? 一者如实空,以能究竟显实故。二者如实不空,以有自体,具足无漏性功德故。所言空者,从本已来一切染法不相应故,谓离一切法差别之相,以无虚妄心念故。……依一切众生以有妄心,念念分别,皆不相应,故说为空。若离妄心,实无可空故。所言不空者,已显法体空无妄故,即是真心,常恒不变,净法满足,故名不空,亦无有相可取,以离念境界,唯证相应故。(第576页上、中)

2."心生灭门"。指"真如"的相用(德相与作用),随缘生灭,而有种种差别之相。下分"心生灭"、"生灭因缘"、"生灭相"三项。

(1)"心生灭"。指众生依"如来藏"而有"生灭心","心生灭者,依如来藏故有生灭心,所谓不生不灭与生灭和合,非一非异,名为阿梨耶识"。此中,"如来藏"指一切众生都有佛性,具有成佛之因,是自性清净的;"生灭心",指众生的根本识,即第八识

"阿梨耶识"(又称"阿赖耶识"、"阿黎耶识",意译"藏识"),它是依"如来藏"而有的,是不生不灭的"如来藏"净法,与有生有灭的"前七识"(指眼识、耳识、鼻识、舌识、身识、意识、末那识)染法的和合,二者既非一体,又非异体,为真妄和合之识。阿梨耶识能摄一切法(事物),生一切法,具有"觉"、"不觉"二义。

①"觉"。指觉悟,为一切清净法之本,即"心体离念",心体远离一切虚妄分别。下分"本觉"、"始觉"二种。

甲、"本觉"。指众生本来具有的觉性,即"自性清净心",为"始觉"的本体。下分"随染本觉"、"性净本觉"二种。A."随染本觉"。指"本觉"随缘转染还净时,能生起二种相:一是"智净相",指智慧的清净相,它是"本觉"的体性,为根本智(又称"实智"),是依"如来藏"的内熏力和教化的外熏力,破除"无明",而显现的"本觉"的清净相。"众生自性清净心,因无明风动","若无明灭,相续则灭,智性不坏",也就是说,众生的"觉性"(自性清净心)与"无明"的关系,犹如大海中的水与风的关系,水本来是平静的,因风而起波,一旦风止,水波也就自然平息。二是"不思议业相",指不可思议的业用之相,它是"本觉"的作用,为后得智(又称"权智"),即依"净智相",生起"一切胜妙境界","随众生根,自然相应,种种而见,得利益故"。B."性净本觉"。指"本觉"的体性清净,与"虚空"等同,犹如净镜,有四种大义。一是"如实空镜",指"本觉"远离"一切心境界相",体性空净,即前述"依言真如"中的"如实空";二是"因熏习镜",指"本觉"的自体具足"无漏法",常恒不变,即前述"依言真如"中的"如实不空";三是"法出离镜",指"本觉"出离"烦恼碍"(即烦恼障)、"智碍"(即所知障),离生灭与不生灭的和合识(即阿梨耶识),即前述"随染本觉"中的"智净相"(属于"如实不空");四是"缘熏习镜",指"本觉"能遍照众生之心,令修善根,"随念示现",即前述"随染本觉"

中的"不思议业相"(属于"如实不空")。

乙、"始觉"。指后天修习所得的觉性,为"本觉"的作用。下分"究竟觉"、"非究竟觉"二种。"究竟觉",指"始觉"达到究竟位(佛位),觉悟到心的本源"真如";"非究竟觉",指"始觉"未达到究竟位,尚未觉悟到心的本源"真如"。"始觉"共有四个阶位。一是"凡夫觉",指"凡夫"(包括"十信"位以前的"外凡"和"十信"位以后的"内凡")的觉悟;二是"相似觉",指"声闻乘"、"缘觉乘"、"初发意菩萨等"(指"十住位"的初位"发心住"以上的菩萨,即"十住位"、"十行位"、"十回向位"三贤位菩萨)的觉悟;三是"随分觉",指"法身菩萨"(指"十地"初地至第九地的菩萨)的觉悟;四是"究竟觉",指"菩萨地尽"(指"十地"第十地修行圆满的菩萨)的觉悟。

② "不觉"。指"根本无明",为一切染污法之本,有"三细相"、"六粗相"六种相状(此为本论特有的名相)。"三细相",指以"根本无明"为因,而生起的三种微细的相状。一是"无明业相"(又称"业相"),指依"根本不觉"而生起"心动"(业相);二是"能见相"(又称"见相"),指依"心动"而生起"能见"(认识能力);三是"境界相"(又称"现相"),指依"能见"而生起"境界"(认识对象)。"六粗相",指以"三细相"显现的境界为缘,而生起的六种粗显的相状。一是"智相",指依"境界"而生起分别染净诸法之"智"(分别心);二是"相续相",指依"智"而生起苦乐的感受,相续不断;三是"执取相",指依"相续",缘念苦乐境界而生执著;四是"计名字相",指依"执取"而分别名字言相;五是"起业相",指依"名字"而造作善恶二业;六是"业系苦相",指依"业"而受苦乐果报。此外,"觉"与"不觉",还有"同相"、"异相"。"同相",指染净诸法同以"真如"为体性,"譬如种种瓦器,皆同微尘性相,如是无漏(净法)、无明(染法),种种业幻,皆同真如性相";"异相",指

染净诸法各有差异，"如种种瓦器，各各不同，如是无漏、无明，随染幻差别，性染幻差别"。如关于"不觉"的"三细相"、"六粗相"，说：

> 依不觉故生三种相，与彼不觉相应不离。云何为三？一者无明业相。以依不觉故心动，说名为业，觉则不动。动则有苦，果不离因故。二者能见相。以依动故能见，不动则无见。三者境界相。以依能见故境界妄现，离见则无境界。以有境界缘故，复生六种相。云何为六？一者智相。依于境界，心起分别，爱与不爱故。二者相续相。依于智故，生其苦乐，觉心起念，相应不断故。三者执取相。依于相续，缘念境界，住持苦乐，心起著故。四者计名字相。依于妄执，分别假名言相故。五者起业相。依于名字，寻名取著，造种种业故。六者业系苦相。以依业受果，不自在故。当知无明能生一切染法，以一切染法，皆是不觉相故。（第577页上）

（2）"生灭因缘"。指生灭的因缘，"生灭因缘者，所谓众生依心、意、意识转"。也就是说，众生是依"心"（指第八识"阿梨耶识"）生"意"（指第七识"末那识"），依"意"生"意识"，辗转生起一切现象的。

①"意"与"意识"。所说的"意"，指第七识"末那识"，意为"思量"，"能见、能现、能取境界，起念相续，故说为意"。它有五种名称（又称"五意"，此为本论特有的名相）。一是"业识"，指"无明力不觉心动"，即前述枝末不觉"三细相"中的"无明业相"；二是"转识"，指"依于动心能见相"，即前述"三细相"中的"能见相"；三是"现识"，指"能现一切境界"，即前述"三细相"中的"境界相"；四是"智识"，指"分别染净法"，即前述枝末不觉"六粗相"

中的"智相";五是"相续识",指"以念相应不断",即前述"六粗
相"中的"相续相"。由此而说,"三界虚伪,唯心所作,离心则无
六尘(指色、声、香、味、触、法)境界"。所说的"意识",指第六识,
"分别六尘,名为意识,亦名分离识,又复说名分别事识"。

②"染心"。指众生的"如来藏心"本来是自性清净的,受
"无明"的染污,才有"染心"(染污之心)的生起,"染心"有六种
(又称"六染心"),它们各依相应的修行而能断离。一是"执相应
染",指与"我执"相应的烦恼(即前述枝末不觉"六粗相"中的"执
取相"、"计名字相"),它依"声闻"、"缘觉"二乘修至"阿罗汉位",
和菩萨初登"信相应地"(指"十住位"初位"发心住")而能远离;
二是"不断相应染",指与"相续"相应的烦恼(即前述"六粗相"中
的"相续相"),它依"信相应地"(指"十住位"、"十行位"、"十回向
位"三贤位)修学不断,渐渐能舍,至"净心地"(指"十地"的初地
"欢喜地")而能究竟(最终)远离;三是"分别智相应染",指与"分
别智"(即依境界而起,能分别世间、出世间一切差别相之智)相
应的烦恼(即前述"六粗相"中的"智相"),它依"具戒地"(指"十
地"的第二地"离垢地")渐渐能舍,至"无相方便地"(指"十地"的
第七地"远行地")而能究竟远离;四是"现色不相应染",指与"现
色"不相应的烦恼(即前述"三细相"中的"境界相"),它依"色自
在地"(指"十地"的第八地"不动地")而能远离;五是"能见心不
相应染",指与"能见心"不相应的烦恼(即前述"三细相"中的"能
见相"),它依"心自在地"(指"十地"的第九地"善慧地")而能远
离;六是"根本业不相应染",指与"根本业"不相应的烦恼(即前
述"三细相"中的"无明业相"),它依"菩萨尽地"(指"十地"的第
十地"法云地"),得入"如来地"(指"佛地")而能远离。

(3)"生灭相"。指生灭的相状。

①"二种生灭"。指生灭分"粗"、"细"二种相状。"粗相",

指"六染心"中的前三染,它们处于"六识"位,有外境与"心"相应,称为"相应心";"细相",指"六染心"中的后三染,它们处于"阿梨耶识"位,无外境与"心"相应,称为"不相应心"。"粗"、"细"二种生灭相,都是依"无明"的熏习而产生的,"依因"、"依缘","依因者,不觉义故;依缘者,妄作境界义故"。也就是说,从"生"的方面来说,依"不觉"(指"根本不觉",即根本无明,此为因)而现起三种细的"不相应心",依三种细的"不相应心"(此为缘)而现起三种粗的"相应心"。从"灭"的方面来说,若因灭,则缘灭,"因灭故,不相应心灭;缘灭故,相应心灭"。

　　②"四种法熏习"。所说的"四种法",指"真如"、"无明"、"业识"、"六尘"。其中,"真如"为"净法";"无明"为"一切染因"(一切染法的原因),"业识"为"妄心"(由"无明"生起的虚妄心念),"六尘"为"妄境界"(由"妄心"现起的虚妄境界),此三种都是"染法"。"真如"为一切净法之本,"无明"为一切染法之本。所说的"熏习",指一法对他法的作用与影响,如衣服本来没有香气,如用香气去熏习它,衣服就会留有香气。上述四种法各有熏习力,分别称为"真如熏习"、"无明熏习"、"妄心熏习"、"妄境界熏习",能互相熏习。以"真如"与"无明"为例。"真如"本来清净,没有染污,由于受"无明"的熏习,而现起"染相"(染污的相状);"无明"本来是没有清净的业用的,由于受"真如"的熏习,而现起"净用"(清净的作用)。以"染法"熏习"净法",称为"染法熏习",构成生死流转,为向下的"迷界";以"净法"熏习"染法",称为"净法熏习",构成解脱还灭,为向上的"悟界"。如关于"四种法熏习",说:

　　　　有四种法熏习义故,染法、净法起不断绝。云何为四?
　　一者净法,名为真如;二者一切染因,名为无明;三者妄心,名为业识；四者妄境界，所谓六尘。熏习义者，如世间衣服，实无于香，若人以香而熏习故，则有香气。此亦如是，真如净法，实无于染，但以无明而熏习故，则有染相；无明染法，实无净业，但以真如而熏习故，则有净用。（第 578 页上）

（二）"对治邪执"。指对治"我见"，下分"人我见"、"法我见"二种。

1. "人我见"。指计执"人"有恒常实在的主体（"我"）的执见，本论主要指凡夫对"法身如来"、"如来藏"所起的五种执见，相应的对治也分有五种：（1）对计执"虚空是如来性"者，阐明"虚空相是其妄法，体无不实"的道理。（2）对计执"真如、涅槃之性唯是其空"者，阐明"真如法身自体不空，具足无量性功德"的道理。（3）对计执"如来之藏，有色、心法自相差别"者，阐明"唯依真如义说故，因生灭染义示现说差别"的道理。（4）对计执"如来藏自体，具有一切世间生死等法"者，阐明"如来藏从本已来，唯有过恒沙等诸净功德"的道理。（5）对计执"如来所得涅槃，有其终尽，还作众生"者，阐明"如来藏无前际故，无明之相亦无有始"的道理。

2. "法我见"。指计执"法"（事物）有恒常实在的主体的执见，本论主要指"二乘钝根"对"五阴生灭之法"所起的执见，即对"怖畏生死、妄取涅槃"者，阐明"五阴法自性不生，则无有灭，本来涅槃"的道理。

（三）"分别发趣道相"。指菩萨发心求得无上菩提的道路。下分"信成就发心"、"解行发心"、"证发心"三种。

1. "信成就发心"。指"不定聚"（指能否证悟尚不确定）的众生，在"十信位"（为"信、解、行、证"四法中的"信位"），修行信心，得信成就，至"十住位"毕竟（终究）不退，进入"正定聚"（指必定证悟者之列)。它的"发心相"(指发心的行相)分为三种。
(1)"直心"。指发正直心,正念"真如"之法。(2)"深心"。指
发深重心,乐集一切诸善行。(3)"大悲心"。指发大悲心,欲拔
一切众生苦。"发心"的"方便"(方法)有四种:"行根本方便",指
"观一切法自性无生,离于妄见,不住生死";"能止方便",指"惭
愧悔过,能止一切恶法不令增长";"发起善根增长方便",指"勤
供养礼拜三宝,赞叹随喜,劝请诸佛";"大愿平等方便",指"发愿
尽于未来,化度一切众生,使无有余,皆令究竟无余涅槃"。

2."解行发心"。指菩萨在"十行位"、"十回向位"(为"信、
解、行、证"四法中的"解位"、"行位"),深解"真如"之法,并随顺
修行"六波罗蜜"(又称"六度")。

3."证发心"。指菩萨在"十地位"(为"信、解、行、证"四法
中的"证位"),从"净心地"(指"十地位"的初地"欢喜地")至"究
竟地位"(指"十地位"的第十地"法云地"),逐渐证知"真如"境
界。它的"发心相",是三种"心微细之相"。(1)"真心"。指"无
分别"。(2)"方便心"。指"自然遍行,利益众生"。(3)"业识
心"。指"微细起灭"。

四、《修行信心分》。始"次说修行信心分",终"已说修行信
心分",论述众生在"十信位"的修行方法。下分"四信"、"五行"
二项。

(一)"四信"。指四种信心。它们是:"信根本",指"乐念真
如法";"信佛",指"信佛有无量功德,常念亲近,供养恭敬,发起
善根,愿求一切智";"信法",指"信法有大利益,常念修行诸波罗
蜜";"信僧",指"信僧能正修行自利、利他,常乐亲近诸菩萨众,
求学如实行"。

(二)"五行"。指修行五门。它们是:"施门",指布施,"若
见一切来求索者,所有财物随力施与"(此为财施),"若见厄难恐

怖危逼,随己堪任施与无畏"(此为无畏),"若有众生来求法者,
随己能解方便为说"(此为法施);"戒门",指持戒,"不杀、不盗、
不淫、不两舌、不恶口、不妄言、不绮语,远离贪嫉、欺诈、谄曲、瞋
恚、邪见"(此为十善戒;"远离贪嫉、欺诈、谄曲",即"不贪欲");
"忍门",指忍辱,"应忍他人之恼,心不怀报;亦当忍于利、衰、毁、
誉、称、讥、苦、乐等法";"进门",指精进,"于诸善事,心不懈退,
立志坚强,远离怯弱";"止观门",指"止"(指禅定,即止息妄念,
心系一处)与"观"(指智慧,即依止起观,以智观境)。如关于"止
观门",说:

> 云何修行止观门?所言止者,谓止一切境界相,随顺奢
> 摩他(意译止)观义故。所言观者,谓分别因缘生灭相,随顺
> 毗钵舍那(意译观)观义故。云何随顺?以此二义,渐渐修
> 习,不相舍离,双现前故。若修止者,住于静处,端坐正意,
> 不依气息,不依形色,不依于空,不依地、水、火、风,乃至不
> 依见、闻、觉、知。一切诸想,随念皆除,亦遣除想。以一切
> 法本来无相,念念不生,念念不灭,亦不得随心外念境界,后
> 以心除心。心若驰散,即当摄来,住于正念。是正念者,当
> 知唯心,无外境界。……若修止者,对治凡夫住著世间,能
> 舍二乘怯弱之见;若修观者,对治二乘不起大悲狭劣心过,
> 远离凡夫不修善根。以此义故,是止观二门,共相助成,不
> 相舍离。若止观不具,则无能入菩提之道。(第582页上—
> 第583页上)

五、《劝修利益分》。始"次说劝修利益分",终"未来菩萨当
依此法得成净信,是故众生应勤修学",论述修学《起信论》的功
德利益。说:"当持此论思量修习,究竟能至无上之道";"当知过
去菩萨,已依此法得成净信;现在菩萨,今依此法得成净信;未来

菩萨,当依此法得成净信。是故众生应勤修学"。

本书是华严宗、天台宗、禅宗、净土宗、密宗等共同奉习的大乘论,对相关各宗的思想理论产生过重大的影响;只有唯识宗因"执《成唯识》,诽毁此论真妄互熏"(见唐未详作者《新译大乘起信论序》),而对它持排斥态度。

本书的注疏极多,仅据日本《大正藏》勘同目录所列,就有近二百种之多。主要有:陈智恺《起信论一心二门大意》一卷、隋昙延《大乘起信论义疏》二卷(现存卷上)、慧远《大乘起信论义疏》二卷、唐法藏《大乘起信论义记》三卷、昙旷《大乘起信论略述》二卷、新罗元晓《起信论疏》二卷、新罗太贤《大乘起信论内义略探记》一卷、北宋子璇《起信论疏笔削记》二十卷、明真界《大乘起信论纂注》二卷、德清《大乘起信论直解》二卷、清续法《大乘起信论疏笔削记会阅》十卷(以上均存)、现代印顺《大乘起信论讲记》(中华书局 2010 年 6 月版)、高振农《大乘起信论校释》(中华书局 1992 年 4 月版)等。

唐实叉难陀译《大乘起信论》二卷

《大乘起信论》,二卷。书题"马鸣菩萨造,大周于阗三藏实叉难陀奉制译",即印度马鸣造,唐实叉难陀译,久视元年(700)译出(据《新译大乘起信论序》)。唐智升《开元释教录》卷九著录。载于《丽藏》"尽"函、《宋藏》"命"函、《金藏》"尽"函、《元藏》"命"函、《频伽藏》"来"帙,收入《大正藏》第三十二卷。

实叉难陀(652—710),又译"施乞叉难陀",意译"学喜",于阗(今新疆和田一带)人。善大小乘,旁通异学。唐初,武则天因旧译《华严》(指东晋佛陀跋陀罗译《华严经》六十卷)处会未备,遣使前往于阗,求访梵本并请译人,实叉难陀应请携带《华严经》梵本,来至洛阳。自证圣元年(695)至圣历二年(699),在东都

（指洛阳）大遍空寺、佛授记寺，与菩提流志、义净、复礼、法藏等
人，译出《华严经》八十卷，时称新译《华严》。以后又在东都三阳
宫、西京（指长安）清禅寺、东都佛授记寺等处翻译佛经。长安四
年（704），因母氏衰老，还归于阗。景龙二年（708），应诏再至长
安，住大荐福寺，后遭疾而终。实叉难陀自证圣元年（695）至长
安四年（704），共译出佛经"十九部一百七卷"（此据《开元释教
录》卷九）。其中，《文殊师利授记经》《大方广入如来智德不思议
经》《大方广如来不思议境界经》《大方广普贤菩萨所说经》《大乘
入楞伽经》《观世音菩萨秘密藏神咒经》《妙臂印幢陀罗尼经》《百
千印陀罗尼经》《救面燃饿鬼陀罗尼神咒经》《右绕佛塔功德经》
《大乘四法经》《大乘起信》等"十四部一百二卷见在"；《摩诃般若
随心经》等"五部五卷阙本"。生平事迹见唐法藏《华严经传记》
卷一、北宋赞宁《宋高僧传》卷二等。

　　本书是梁真谛译《大乘起信论》的异译本，论述"如来藏"（指
佛性）思想。在古代，自唐智升《开元释教录》卷九首次著录本书
以来，它一直是作为实叉难陀的译本，在社会上流传，并没有人
提出过异议。近代由于受真谛所译《起信论》真伪之争的影响，
也有学者对实叉难陀是否译过《起信论》，表示怀疑。理由是：
智升《开元释教录》卷九著录的实叉难陀的译籍总数和附出的小
传，是根据唐法藏《华严经传记》卷一的记载而来的，但《华严经
传记》并没有提到实叉难陀重译《起信论》之事。法藏是实叉难
陀译经的助手，又是《起信论》的研习者，撰有《大乘起信论义记》
三卷、《大乘起信论别记》一卷（均存），二书所释的本子都是真谛
的旧译，而不是实叉难陀的新译，书中也无一语提及新译，显然
他并没有见过新译，也不知道有新译这回事。因此，《大乘起信
论》的新译与旧译一样，也是有疑问的。

　　从文献源流上考察，《开元释教录》将本书列为实叉难陀的

新译,其实是根据唐代未详作者《新译大乘起信论序》而定的,从序中说"偏见之流,执《成唯识》,诽毁此论真妄互熏"来看,作序者是唯识宗以外的论师。《新译大乘起信论序》说,"此本即于阗国三藏法师实叉难陀,赍梵文至此","又于西京(长安)慈恩塔内,获旧梵本",与义学沙门荆州弘景崇福法藏等一起译出的。意思是说,本书的梵本是实叉难陀从于阗国带来的,后又与西京(长安)慈恩塔内的"旧梵本"相对照,与法藏等人一起译出的。但据史料记载,当时五天竺(印度)并无《大乘起信论》梵本。唐道宣《续高僧传》卷四说:"(玄奘)又以《起信》一论,文出马鸣,彼土(指印度)诸僧思承其本,奘乃译唐为梵,通布五天,斯则法化之缘,东西互举。"正因为在印度没有《大乘起信论》,玄奘才"译唐为梵",将真谛的汉译本转译为梵本,让它在那里流传。此事发生在实叉难陀来华之前约五十年。以此推断,实叉难陀从于阗带来《起信论》梵本和在慈恩塔内获取的"旧梵本",其实都是玄奘转译的真谛译本的梵本。因此,传今的《新译大乘起信论》,很可能是后人托名重译的真谛译本,而非另有所本,实叉难陀本人是不可能、也无必要将由汉译本转译而成的梵本,又重新译回来的。

　　本书的内容与真谛译本基本相同,语句上经修饰,稍显流畅。全书分为五分(部分),依次为《作因分》《立义分》《解释分》《修信分》《利益分》,对"一心"(指众生心)、"二门"(指心真如门、心生灭门)、"三大"(指体大、相大、用大)、"四信"(指真如、佛、法、僧)、"五行"(指布施、持戒、忍辱、精进、止观)等大乘法义和修证法门,作了简明扼要的论述。书首有归敬颂,为五言十二句,始"归命尽十方,普作大饶益",终"起信绍佛种,故我造此论";书末有回向偈,为五言四句,始"我今已解释,甚深广大义",终"功德施群生,令见真如法"。书前有唐代未详作者《新译大乘

起信论序》,说:

> 《起信论》者,大乘之秘典也。佛灭度后五百余年,有马鸣菩萨,出兴于世,时称四日,道王五天(竺),转不退轮,建无生忍,铭总持之智印,宅毕竟之真空,受波奢(指胁尊者)付嘱,蒙释尊远记,善说法要,大启迷津,欲使群生殖不坏之信根,下难思之佛种,故造斯论。……此论东传,总经二译。初本即西印度三藏法师波罗末陀,此云真谛,以梁武帝承圣三年岁次癸酉九月十日,于衡州始兴郡建兴寺,共扬州沙门智恺所译。此本即于阗国三藏法师实叉难陀,赍梵文至此,又于西京慈恩塔内,获旧梵本,与义学沙门荆州弘景崇福法藏等,以大周圣历三年岁次癸亥(当作"庚子",即久视元年)十月壬午朔八日己丑,于授记寺,与《花(华)严经》相次而译,沙门复礼笔受,开为两卷。然与旧翻时有出没。……夫理幽则信难,道尊则魔盛,况当劫浊,尤更倍增,故使偏见之流,执《成唯识》,诽毁此论真妄互熏。既形于言,遂彰时听,方等甘露,翻为毒药。……余(指作序者)少小以来,专心斯论,玩味不已,讽诵忘疲,课拙传扬二十余遍。虽未究深旨,而粗识文意,以为大乘明镜莫过于此。幸希宗心之士,时览斯文,庶日进有功,聊为序引云尔。(《大正藏》第三十二卷,第583页中—第584页上)

一、《作因分》(卷上)。论述撰作《起信论》的缘由。下分八种,前一种为"总相"(撰作全论的总因),后七种为"别相"(撰作本论后四分的别缘)。"总相"说:"为令众生离苦得乐。不为贪求利养等",故造此论。内容相当于真谛译本中的"因缘分"。

二、《立义分》(卷上)。标立《起信论》的纲要。下分"有法"、"法"二项。"有法",指"一切众生心","此心真如相,即示大乘体故；此心生灭因缘相，能显示大乘体、相、用故"。"法"，指"众生心"为"三大"，即"体大"、"相大"、"用大"。"体大"，指"一切法真如，在染在净，性恒平等，无增无减，无别异"；"相大"，指"如来藏本求具足无量无边性功德"；"用大"，指"能生一切世、出世间善因果"。内容相当于真谛译本中的"立义分"。

三、《解释分》（卷上至卷下）。解释前述"立义分"的义蕴。下分"显示实义"、"对治邪执"、"分别修行正道相"三项。所说的"显示实义"，指显示大乘法的正义，即"一心二门"。"一心"指"众生心"，"二门"指"心真如门"、"心生灭门"。"心真如门"，指"真如"即是"一法界大总相法门体"，"心本性不生不灭"，下分"离言真如"、"依言真如"二种，"依言真如"又分"真实空"（又称"如实空"）、"真实不空"（又称"如实不空"）二种；"心生灭门"，指"依如来藏，有生灭心转，不生灭与生灭和合，非一非异，名阿赖耶识（意译"藏识"，即第八识）"。"阿赖耶识"有"觉"、"不觉"二义。"觉"，指"心第一义性，离一切妄念相"，下分"本觉"、"始觉"二种；"不觉"，指"根本无明"，下分"三细相"、"六粗相"。所说的"对治邪执"，指对治"我见"，下分"人我见"、"法我见"二种。所说的"分别修行正道相"（又称"分别发趣道相"），指菩萨发心求得无上菩提的道路，下分"信成就发心"、"解行发心"、"证发心"三种。内容相当于真谛译本中的"解释分"。如关于"心生灭门"中的"染法熏习"（以"染法"熏习"净法"）与"净法熏习"（以"净法"熏习"染法"），说：

> 云何熏习染法不断？所谓依真如故，而起无明，为诸染因。然此无明，即熏真如。既熏习已，生妄念心。此妄念心，复熏无明，以熏习故，不觉真法；以不觉故，妄境相现。以妄念心熏习力故，生于种种差别执著，造种种业，受身心

等众苦果报。……云何熏习净法不断？谓以真如，熏于无明。以熏习因缘力故，令妄念心，厌生死苦、求涅槃乐。以此妄心厌求因缘，复熏真如。以熏习故，则自信己身有真如法，本性清净；知一切境界，唯心妄动，毕竟无有。以能如是如实知故，修远离法，起于种种诸随顺行，无所分别，无所取著。经于无量阿僧祇劫（指无数大劫），惯习力故，无明则灭；无明灭故，心相不起；心不起故，境界相灭。如是一切染因染缘，及以染果心相都灭，名得涅槃，成就种种自在业用。（第586页下）

四、《修信分》（卷下）。论述在"十信位"修行信心（正信）的方法。下分"四信"、"五行"二项。"四信"，指信心有四种，即"信根本"、"信佛"、"信法"、"信僧"；"五行"，指修行有五门，即"施门"、"戒门"、"忍门"、"（精）进门"、"止观门"。内容相当于真谛译本中的"修行信心分"。

五、《利益分》（卷下）。论述修学《起信论》的功德利益。内容相当于真谛译本中的"劝修利益分"。

本书的注疏有：明智旭《大乘起信论裂网疏》六卷（见存）。

姚秦筏提摩多译《释摩诃衍论》十卷

《释摩诃衍论》，十卷。书题"龙树菩萨造，姚秦三藏筏提摩多奉诏译"。元庆吉祥等《至元法宝勘同总录》卷九著录。载于《丽藏》"汉"函、《频伽藏》"馀"帙，收入《大正藏》第三十二卷。

本书是梁真谛译《大乘起信论》的注释书。书名所说的《摩诃衍论》，是指《大乘起信论》（书中仅有三处译作《起信论》）。关于本书的传译，古来一直存在着真伪之争。从史料的排比中可以发现，本书虽然署名"姚秦三藏筏提摩多奉诏译"，但在中唐以前,无论是佛经目录,还是佛教论著,都未提到过此书。虽说隋代天台宗智顗撰的《观心论》中曾出现过"释摩诃衍论"之名,称"龙树并造《中论》释摩诃衍论,正意以不生等八不开论端",但此中的"释摩诃衍论",据日本"德川时代刊宗教大学藏本",应作"释摩诃衍经",指解释大乘经,不可将此句理解为"龙树并造《中论》《释摩诃衍论》"。辽法悟《释摩诃衍论赞玄疏》卷一说:"斯释论(指《释摩诃衍论》)肇从秦代,迄至皇朝(指辽代)仅七百年间,未曾流布。"这从一个侧面反映了自姚秦至唐代中叶,社会上并无《释摩诃衍论》流传的印迹的真实情况。

最早提到《释摩诃衍论》的是日本大安寺僧人戒明,他在唐代宗(763—779 在位)时,入唐求法,首次将本书带入日本(见日本安然《诸阿阇梨真言密教部类总录》);稍后,唐宗密约在宪宗(806—820 在位)时撰的《圆觉经略疏钞》卷十,引用了本书,说"龙树菩萨《摩诃衍论》中说:马鸣菩萨约一百本了义大乘经,造此《起信论》";其后,又有唐法敏撰《释摩诃衍论疏》、圣法撰《释摩诃衍论记》,为本书作注疏。这样,社会上才逐渐知道有此书。辽代编纂《契丹藏》时,首次将《释摩诃衍论》《大宗地玄文本论》等,编入大藏,雕印流通(见何梅《历代汉文大藏经目录考释》,社会科学文献出版社 2014 年 2 月版)。显然,他们都视本书为龙树的真作。

本书由戒明传入日本以后,最早对《释摩诃衍论》提出怀疑的是《唐(鉴真)大和上东征传》的作者淡海三船(又称"元开"),他在宝龟十年(779)写信给戒明,列举"四难"(四种疑问),判定本书为伪论。这"四难"是:"序中有天册凤威之号,然姚兴无此号",指本书初首刊载的《释摩诃衍论序》,署名"天册凤威姚兴皇帝制","天册凤威"的年号是伪造的;"序中有姚兴皇帝之称,古人向无以皇帝之姓名为帝号之例",指《释摩诃衍论序》所称的

"姚兴皇帝"的帝号是伪造的;"本书与百余年后始译出之《大乘起信论》之译文吻合",指本书的引文,与一百余年后才译出的《起信论》本文相同;"同卷异笔",指本书对同一术语的翻译,前后相异。

稍后,在唐德宗贞元二十年(804)入唐求法,回国后创立日本天台宗的最澄,也在《守护国界章》中列举"七难",判定本书为伪论。这"七难"是:"翻译不分明",指历代译师中,并无名叫"筏提摩多"之人;"隋唐目录不载",指隋唐译经目录中均未著录过本书;"真言之字不似梵字",指本书咒语中使用的奇异文字,不像是梵字,而像是武则天时代独创的怪字;"其义理与本论相违",指本书的义理与《大乘起信论》有违背之处;"秦译、梁译相同",指本书自称译于姚秦,但所引《起信论》本文,却与梁真谛译本相同;"疏师不引",指《大乘起信论》注疏家均不引本书;"尾张大僧都已勘定为伪论",指日本尾张(今爱知县西部)一带的高僧都已勘定本书为伪论。但与最澄一起入唐求法,回国后创立日本真言宗的空海,则主张本书是龙树的真作,他撰《摩诃衍论指事》,率先在日本弘扬此论,并上奏将它编入真言宗三藏,列为本宗依奉的三经三论(指《大日经》《金刚顶经》《苏悉地经》《释摩诃衍论》《菩提心论》《大日经疏》)之一。此外,日本法相宗人德一(又称德溢)、福贵山道诠等,也认为本书是真作(以上参见蓝吉富主编《中华佛教百科全书》)。

关于这场争论的经过,日本安然于元庆九年(885)撰的《诸阿阇梨真言密教部类总录》中,有简略的记述,说:"《释摩诃衍论》十卷。龙树(造),戒明初来之日,道俗判为伪论;次德溢师引用(《释摩诃衍论》),叡山本师(指最澄)破为伪论;仁(指圆仁)和上问南大寺新罗僧珍聪,云新罗中朝山月忠造;后海(指空海)和上奏,入真言三藏,流行天下;次福贵山道诠和上《箴海》(指《箴海迷方记》),破古伪论,立《释摩诃衍论》)为真论。"(见卷上)由此可见,当年圆仁曾就《释摩诃衍论》的来历,询问南大寺新罗僧人珍聪,珍聪告诉他,此论为新罗国中朝山僧人月忠所造。其后,日本永超于宽治八年(1094)撰《东域传灯目录》,也采用了新罗僧月忠所造之说,说:"《释摩诃衍论》十卷。释《起信论》,新罗大空山中沙门月忠撰云云,龙树造者伪也。"综上所述,再结合本书中的许多名词术语的组合(如"立十藏总摄诸法"等),以及修行"止观门"叙列的各种密教咒语,均未见于汉译经论来看,《东域传灯目录》的说法是可信的,《释摩诃衍论》及其序言当是新罗国僧人月忠托名编撰,非龙树真作。此书成于新罗,后传入中国(唐代)、日本。

本书采用"唱本作释"(指随文作释,即依照原著的叙述次第,分段摘录论文,加以解释)的方式,对《大乘起信论》全文加以解说。行文中的"本曰",指摘自《大乘起信论》的原文;行文采用先出"偈曰"(偈颂),提示要点,后出"论曰"(长行),加以细释的方式编纂。"颂曰"(偈颂)与"论曰"(长行),均为本书作者的解释,"颂曰"提示要义,"论曰"加以细释。书前有托名"天册凤威姚兴皇帝制"的《释摩诃衍论序》。书首有归敬颂,为五言八句,始"顶礼圆满觉,觉所证法藏",终"利益诸众生,分报师恩故";书末有回向偈,为七言五十四句,始"欢喜大士至心劝,无量佛子众海中",终"当愿此劝远流布,遍于重重不说刹"。

卷一:先总释《大乘起信论》,次别释《大乘起信论》的归敬颂、"因缘分"、"立义分"。总释包括:马鸣造论的缘由;"说论差别";"说藏差别";"说经差别";"论当造人"(指造论之人马鸣的事迹)等。说:《起信论》"或诸藏摄,或唯阿毗达磨藏摄","所依本经,或通或别,通谓总通,别谓简别";马鸣菩萨"通缘三聚,而为境界","三聚"中,"十信前,名为邪定聚,不能信业果报等故;

三贤及十圣，名为正定聚，决定安立不退位故；十种信心，名为不定聚，或进或退未决定故"；《起信论》五分（指因缘分、立义分、解释分、修行信心分、劝修利益分）中，"一切诸教法，皆尽于立义分；一切诸所化之机，皆尽于初因缘分"；"因缘分"所说的"八因缘"（指马鸣造论的八种缘由），总摄"因缘次第行法"，"除阐提不信障，得十信心；除著我障，得十住心；除畏苦障，得十行心；除舍离障，得十向心；断异生性等十种障，证欢喜等十种地"；"立义分"所说的法门名数，总有三十三种差别（指"十六所入本法、十六能入门，及不二摩诃衍"），它们都是由"根本摩诃衍"开出的，"根本摩诃衍"依"一心"、"三大"（指体大、相大、用大）区分二种，有八种差别："一体（指真如体）一心摩诃衍"；"三自（指自体、自相、自用）一心摩诃衍"（以上为"一心"）；"无量无边诸法差别不增不减体大摩诃衍"；"寂静无杂一味平等不增不减体大摩诃衍"（以上为"体大"）；"如来藏功德相大摩诃衍"；"具足性功德相大摩诃衍"（以上为"相大"）；"能生一切世间因果用大摩诃衍"；"能生一切出世间善因果用大摩诃衍"（以上为"用大"）。如关于"众生心"（又称"一法界心"），说：

　　本曰：摩诃衍者，总说有二种。云何为二？一者法，二者义。所言法者，谓众生心，是心则摄一切世间法、出世间法。……（以上为《起信论》原文）

　　论曰：……众有四种。云何为四？一者一切如来众，二者一切菩萨众，三者一切声闻众，四者一切缘觉众，是名为四众。生有四种。云何为四？一者卵生，二者胎生，三者湿生，四者化生，是名为四生。过数故众，受生故生。是一法界心，彼八处中，周遍圆满，不可分析，不可离散，唯是一体，唯是一相。以四种众，摄诸圣尽，以四种生，摄诸凡尽。

马鸣论师为显一心广大圆满,名为众生。……一法界心,总
摄一切生灭门法,是故名为摄世间法;总摄一切真如门法,
是故名摄出世间法,皆作法界,故名为法(以上为本书的解
释)。(卷一,《大正藏》第三十二卷,第 600 页上—第 601
页上)

卷二至卷七:解释《大乘起信论》的"解释分"。说:"心真如
门"有十种名(义),它们是:"如来藏门"(指无杂乱)、"不二平等
门"(指无差别)、"一道清净门"(指无异歧)、"不起不动门"(指离
作业)、"无断无缚门"(指无治障)、"无去无来门"(指无上下)、
"出世间门"(指无生、住、异、灭四相)、"寂灭寂静门"(指无往
向)、"大总相门"(指无别相)、"真如门"(指无虚伪),如此十名,
"总摄诸佛一切法藏平等义理法门名字"。"心生灭门"也有十种
名(义),它们是:"藏识门"(指摄持一切染净法)、"如来藏门"(指
覆藏如来法身)、"起动门"(指相续作业)、"有断有缚门"(指有治
障)、"有去有来门"(指有上下)、"多相分异门"(指染净之法过于
恒沙)、"世间门"(指生、住、异、灭四相俱转)、"流转还灭门"(指
具足生死和涅槃)、"相待俱成门"(指无自成法)、"生灭门"(指无
常相),如此十名,"总摄诸佛一切法藏种种差别法门名字"。"心
生灭门"中,依不生不灭的"如来藏"而有"生灭心","阿梨耶识"
就是"生灭心",此识能摄一切法(事物),能生一切法,具"觉"、
"不觉"二义;"觉",能摄、能生一切功德,分为"本觉"、"始觉"二
种,"本觉"又分"清净本觉"(又称"性净本觉",指"本有法身,从
无始来,具足圆满过恒沙德常明净")、"染净本觉"(又称"随染本
觉",指"自性净心,受无明熏,流转生死无断绝")二种,"始觉"又
分"清净始觉"(指"无漏性智,出离一切无量无明,不受一切无明
熏")、"染净始觉"(指"始觉般若,受无明熏不能离")二种,此中,

"清净本觉"、"清净始觉"二觉,"无有能熏、所熏差别,唯有自家真实功德";"不觉"能摄、能生一切过患,有三种相,即"无明业相"(指"心动说名为业,觉则不动,动则有苦,果不离因故")、"能见相"(指"以依动故能见,不动则无见故")、"境界相"(指"以依能见故,境界妄现,离见则无境界故")等。如关于"十种如来藏",说:

> 本曰:心生灭者,依如来藏故有生灭心,所谓不生不灭与生灭和合,非一非异,名为阿梨耶识。此识有二种义,能摄一切法,能生一切法。……(以上为《起信论》原文)

> 论曰:如来藏有十种,于契经中,别别说故。云何为十?一者大总持如来藏,尽摄一切如来藏故。……二者远转远缚如来藏,一清一满故。……三者与行与相如来藏,与流转力,法身如来令覆藏故。四者真如真如如来藏,唯有如故。……五者生灭真如如来藏,不生不灭被生灭之染故。……六者空如来藏,一切诸空覆藏如来故。……七者不空如来藏,一切不空被空染故。……八者能摄如来藏,无明藏中自性净心,能摄一切诸功德故。……九者所摄如来藏,一切染法无明地藏,既乃出离,圆满觉者为所摄故。……十者隐覆如来藏,法身如来烦恼所覆,隐没藏故。……总摄一切无为法故,是故名为不生不灭,不生不灭,诸无为法之总相故;总摄一切有为法故,故名生灭(以上为本书的解释)。(卷二,第607页下—第609页上)

卷八至卷十前部分:解释《大乘起信论》的"修行信心分",并在"止观门"中叙列各种神咒(密教咒语)。说:众生在"十信位"的修行方法,有"四信"、"五行"。"四信",指"信根本","信佛有无量功德","信法有大利益","信僧能正修行,自利利他"。

"五行"，指修行"施门"（布施）、"戒门"（持戒）、"忍门"（忍辱）、"进门"（精进）、"止观门"（止观）。修行"止观门"中的"止"，有七门，它们是："存心决定门"（指"不生不灭，真空理中其心定"）、"不著身体门"（指"能善通达此身空无，其本自性不可得"）、"不著心识门"（指"能善通达虑知之心，自性空无，无所有"）、"不著不著门"（指"能遣之心，亦遣除"）、"集散会一门"（指"摄散动心置一中"）、"显示正念门"（指"显示诸法唯一心"）、"不离恒行门"（指"定心于一切时、于一切处，常恒相续不舍离"）。修行"止观门"中的"观"，有三门，它们是："苦相观门"、"无常观门"、"不净观门"等。

卷十后部分：解释《大乘起信论》的"劝修利益分"。说："若有人受持此论，观察义理，若一日若一夜，中间所得功德无量无边"。

本书的注疏有：唐圣法《释摩诃衍论记》一卷、法敏《释摩诃衍论疏》三卷（今存卷上、卷下，佚卷中）、北宋法悟《释摩诃衍论赞玄疏》五卷、普观《释摩诃衍论记》六卷、辽志福《释摩诃衍论通玄钞》四卷等。

陈真谛译《大宗地玄文本论》二十卷

《大宗地玄文本论》，二十卷。书题"马鸣菩萨造，真谛三藏译"。元庆吉祥等《至元法宝勘同总录》卷九著录。载于《丽藏》"回"函、《宋藏》"刑"函、《明藏》"疑"函、《清藏》"疑"函、《频伽藏》"来"帙，收入《大正藏》第三十二卷。

本书是一部论述"金刚道路"（指断尽烦恼，成就佛身的修因证果之路），即"金刚五位"及其所依止的"五十一种根本位"问题的著作。关于本书的传译，古来也存在着真伪之争。从史料的排比中可以发现，本书虽然署名"真谛三藏译"，但从南北朝至唐五代,从未有一家佛经目录著录过它,来历不明。近代杨文会《大宗地玄文本论略注》说,本书二十卷与"《起信论序》"相符",意思是说,署名陈代智恺撰的《大乘起信论序》中说,真谛于承圣三年(554),"翻译斯论(指《大乘起信论》)一卷,以明论旨《玄文》二十卷",这里所说的"《玄文》二十卷",指的就是《大宗地玄文本论》二十卷。这是一种误解。因为日本圆超于延喜十四年(914)编纂的《华严宗章疏并因明录》,就已明白地说过,"《大乘起信论玄文》二十卷,真谛三藏述"。也就是说,智恺《大乘起信论序》所说的"《玄文》二十卷",是指《大乘起信论玄文》二十卷,而不是《大宗地玄文本论》二十卷。推究原始,本书之名最早见于《释摩诃衍论》卷五,该卷有二处提到"马鸣尊者《大宗地玄文本论》中作如是说"。除此之外,在明代之前,别无他书征引过它。辽代编纂《契丹藏》时,首次将本书和《释摩诃衍论》一起编入大藏,雕印流通。日本净土宗随天在延享五年(1748)编的《缘山三大藏目录》卷下说,"私(指随天)云:马鸣造者,人借名诈耳",首次提出本书非马鸣造,为后人托名编集的观点。此说后来为日本学界所接受。综合各种资料分析,《释摩诃衍论》和《大宗地玄文本论》都是依托《大乘起信论》而建立起来的著作,存在着一定的关联性,两书的写法都是先出偈颂,次出长行,也具有相似性。但本书的密教色彩更浓厚,语词生僻、隐晦,不可读释之处甚多,很可能是中唐时期托名编集的密教撰著。

　　本书分为四十篇,各篇名称的末尾均有"大决择分"四字。第一篇《归依德处无边大决择分》至第二篇《归依德处因缘大决择分》,为"序分";第三篇《一种金刚道路大决择分》至第三十六篇《大不可思议重重不可称量阿说本王大决择分》,为"正宗分"(正说"十地"初地以上菩萨的修行);第三十七篇《校量功德赞叹信行现示利益大决择分》至第四十篇《劝持流通发大愿海大决择分》,为"流通分"。行文采用先出"偈曰"(偈颂)提示要点,后出"论曰"(长行)加以细释,并引经为据的方式编纂。书首有归敬颂,为七言八句,始"顶礼一切无余明,非一非一诸则地",终"兼不可说无所有,通俱非是等诸法";书末有回向偈,也是七言八句,始"愿此圆满大海论,遍不思议尘刹中",终"非请感周遍相应,非劝策自然成就"。

一、《归依德处无边大决择分》(卷一)。解释本论的归敬颂。下分八门。它们是:"显示中中主者门",指显示"佛宝";"显示道路轨则门",指显示"法宝";"显示离杂合一门",指显示"僧宝";"显示无边毛生门",指显示"有情"(即众生);"显示种种离识门",指显示"无情"(即器世间);"显示假有无实门",指显示"假有";"显示无所有事门",指显示"空无";"显示具足无碍门",指显示"无碍"(即普融)。

二、《归依德处因缘大决择分》(卷一)。论述造作归依功德的"十种因缘"问题。所说的"十种因缘",指的是:"礼敬尊重甚深因缘"、"忆念恩泽报推因缘"、"仰请加力成为因缘"、"开布广散令了因缘"、"劝物令生殊胜因缘"、"修习忍辱无我因缘"、"出生功德决定因缘"、"大海无尽宝藏因缘"、"方便善巧教化因缘"、"现示过去本身因缘"。

三、《一种金刚道路大决择分》(卷二)。论述"金刚道路",即"金刚五位"及其所依止的"五十一种根本位"问题。

(一)"金刚五位"。指"金刚道路"(指断尽烦恼,成就佛身的修因证果之路)中的五种阶位。(1)"无超次第渐转位"。指在"金刚道路"中的"五十一种根本位"中(后详),每一阶位都具足其余阶位,"五十一位中,如次无超转,一中具一切,名为渐转位"。此位系就"生灭门"而言的。(2)"无余究竟总持位"。指"五十一种根本位"中,无论修行者从哪一个阶位趣入,都能尽摄一切位地,"五十一位中,随其先得入,摄一切一切,名无余究竟"。此位系就"真如门"而言的。(3)"周遍圆满广大位"。指"五十一种根本位",无有前后,一时俱转,一时俱行,无有所余,"五十一种位,无前后一时,俱转俱行故,名周遍圆满"。此位系就"生灭门"、"真如门"和合而言的。(4)"一切诸法俱非位"。指一切位法皆非建立,非因非果,非位非地,"诸无量无边,一切种种位,皆悉非建立,名俱非位地"。此位系就"真如门"而言的。(5)"一切诸法俱是位"。指一切位法皆是金刚身,等无差别,唯依一身,"一切种种法,无非金刚身,以一身义故,名为俱是门"。此位系就"生灭门"而言的。

(二)"五十一种根本位"(又称"五十一种金刚位"、"五十一种别相位")。指"金刚五位"所依止的五十一种阶位,即"十种爱乐心"、"十种识知心"、"十种修道心"、"十种不退心"(以上为"十地"初地之前的四十心,称为"虚假光明")、"十真金刚心"(此为"十地"初地之上的十心,称为"真金刚")、"婆伽婆佛陀"。(1)"十爱乐心"(又称"十信")。指"必叉多"(指"信心")、"阿摩呵尸"(指"念心")、"谛度毗梨耶"(指"精进心")、"和罗只度"(指"慧心")、"奢摩陀提尸"(指"定心")、"摩诃阿毗跋致多"(指"不退心")、"阿罗婆诃尼"(指"回向心")、"婆弥多阿梨罗诃谛"(指"护法心")、"尸罗俱尸阿尸罗"(指"戒心")、"摩诃毗呵阿僧那"(指"愿心";参见杨文会《大宗地玄文本论略注》,下同)。(2)"十种识知心"(又称"十住")。指"留伽度"(指"发心住")、"留谛迦度"(指"治地住")、"留罗伽"(指"修行住")、"留摩诃"(指"生贵住")、"安婆娑"(指"方便具足住")、"毗跋致"(指"正心住")、"阿毗跋致"(指"不退住")、"必叉伽"(指"童真住")、"必阿罗"(指"法王子住")、"留山迦"(指"灌顶住")。(3)"十种修道心"(又称"十行")。指"度伽呵"(指"欢喜行")、"度安尔"(指"饶益行")、"度只罗"(指"无瞋恨行")、"度和差"(指"无尽行")、"度利他"(指"离痴乱行")、"度生婆谛"(指"善现行")、"度沙必"(指"无著行")、"度阿诃"(指"尊重行")、"度佛阿"(指"善法行")、"度叉一婆"(指"真实行")。(4)"十不退心"(又称"十回向")。指"罗谛流沙"(指"救护一切众生回向")、"罗昙沙"(指"不坏回向")、"必自伽"(指"等一切佛回向")、"法必他"(指"至一切处回向")、"佛度陀"(指"无边功德藏回向")、"罗叉必"(指"随顺平等善根回向")、"师罗文伽"(指"随顺等观一切众生回向")、"婆诃谛"(指"真如相回向")、"婆罗提弗陀"(指"无缚解脱回向")、"达摩边伽"(指"法界无量回向")。(5)"十真金刚心"(又称"十地")。指"鸠摩罗伽"(指"逆流欢喜地")、"须何伽一婆"(指"道流离垢地")、"须那迦"(指"流照明地")、"须陀洹"(指"观明焰地")、"斯陀含"(指"度障难胜地")、"阿那含"(指"薄流现前地")、"阿罗汉"(指"过三有行远地")、"阿尼罗汉"(指"变化生不动地")、"阿那诃诃"(指"慧光妙善地")、"阿诃罗弗"(指"明行足法云地")。(6)"婆伽婆佛陀"(又称"大极地")。指"妙觉者无上地"。如关于"金刚五位"及其所依止的"五十一种别相位",说:

　　偈曰:一种金刚地,总有五种位,谓渐次究竟,及圆满等非。并及等是位,如是五种位,诸修多罗中,具足无余说。……所依止本数,总有五十一,谓虚假光明,四十种名字。不动真金刚,十种本名字,及大极地故,是名所依数。

　　论曰:五种本位所依止之名字差别,其数几有?广说虽无量,略说有五十一种名字。如是五十一种根本名字,一切天地,一切父母,一切体性,一切所依。……云何名为五十一数?所谓虚假光明分中有四十种,真金刚中有十种数。此五十中,加大极自然陀罗尼地(略称"大极地")故,是故成

立五十一数。名字分中四十种数,当何等相? 所谓十种爱
乐心、十种识知心、十种修道心、十种不退心,各差别故。
(卷二《一种金刚道路大决择分》,《大正藏》第三十二卷,第
671页上、中)

四、《金刚宝轮山王大决择分》(卷二)。论述"金刚大力宝
轮山王"问题(本书中的"山王"喻指果位的功德)。说:"金刚大
力宝轮山王体"(指"金刚身"果位的体性)中,有五种位,即"次第
渐转体"、"诸法等是体"、"无余究竟体"、"周遍圆满体"、"俱非绝
离体"。这五种位有八种转相,即"一时转,前后转,俱有转,俱非
转,亦一时转,亦异时转,亦一处转,亦异处转"。

五、《金轮山王道路大决择分》(卷三)。论述"金轮山王道
路"问题(本书中的"道路",喻指修因证果之路)问题。说:"金轮
山王道路"(指"金刚身"修因证果之路)中,"总有十五位",即"金
刚大力宝轮山王体(体性)"的五种位的每一位,各有"三种自在
作用",共有十五种作用。

六、《独一山王摩诃山王大决择分》(卷三)。论述"独一山
王摩诃山王"问题。说:"独一山王摩诃山王体"(指"金刚身"的
唯一独大的体性)中,有"五十一种根本位"(见前),它们各具"次
第渐转体"等五种位,构成二百五十五种位;"次第渐转体"等五
种位中,又各具"次第渐转体"等五种位,总计有"千二百七十五
种位"。

七、《大海部藏道路大决择分》(卷四)。论述"大海部藏道
路"问题。说:"大海部藏道路"(指大海龙宫所藏的法门部类)
中,"总有十种法",即"五种非空"(又称"五种非空决定住法")、
"五种无常"(又称"五种无常虚假转法")。"五种非空",指"离碍
非空决定住法"、"有实非空决定住法"、"性火非空决定住法"、

"今光非空决定住法"、"深里出兴决定住法";"五种无常",指"动起无常虚假转法"、"止持无常虚假转法"、"易变无常虚假转法"、"散坏无常虚假转法"、"大力无常虚假转法"。

八、《深里出兴地藏大龙王大决择分》(卷四)。论述"地藏大龙王"问题。说:"地藏大龙王体"(指大海深处的大龙王的体性),有"功德本藏"、"过患本藏"二义。

九、《深里出兴地藏大龙王道路大决择分》(卷五)。论述"地藏大龙王道路"问题。说:"地藏大龙王道路"中,"总有二十法",即"功德本藏"、"过患本藏"各有十法。

十、《大龙王重重广海无尽大藏大决择分》(卷五)。论述"地藏大龙王无尽大藏"问题。说:地藏大龙王的"无尽大藏","总有三种重",能摄诸位,即"初"、"中"、"后"三重。

十一、《无尽无穷尘尘数量道路大决择分》(卷六)。论述"尘尘数量道路"问题。说:"尘尘数量道路"中,有"十种变对法门",即"二因一果门"、"一因一果门"、"少因多果门"、"因果一味门"、"无因无果门"、"自然安住门"、"因果门"、"果因门"、"言说门"、"言人门"。

十二、《不可思议不可称量俱俱微尘本大山王大决择分》(卷六)。论述"俱俱微尘本大山王"问题。说:"俱俱微尘本大山王体(体性)"中,有三种数量倍,即"法宝数量倍"、"僧宝数量倍"、"佛宝数量倍"。

十三、《不可思议俱俱微尘一切山王道路大决择分》(卷七)。论述"俱俱微尘道路"问题。说:"俱俱微尘道路"中,有十方世界数量的"五十一根本位",每一位"各各有十方世界之数量烦恼大海、对治大海、僧宝大海、法宝大海、佛宝大海,具足转",有"现示本体安立门"、"现示上末转相门"二门。

十四、《一切虚空一切微尘数量高王大决择分》(卷七)。论述"虚空微尘"问题。说："虚空微尘"中，也有"现示本体安立门"、"现示上末转相门"。

十五、《独地非乱一定一定道路大决择分》(卷八)。论述"独地非乱道路"问题。说："独地非乱道路"("独地"指各住自位)中，有"五种转相门"，即"上上一一转相门"、"本本一一转相门"、"俱行不离转相门"、"区区不杂转相门"、"圆满具足转相门"。

十六、《独地独天一种广大无二山王大决择分》(卷八)。论述"独地独天山王"问题。说："独地独天山王体(体性)"中，有二种门，即"本一自性位地门"(此即标题中说的"独地")、"本一之本位地门(此即标题中说的"独天")。

十七、《独一无二山王自在道路大决择分》(卷九)。论述"自在道路"等问题。说："自在道路"中，"总有千重差别转相"，即"一空一有"向下，下转至五百重；"一空一有"向上，上转至五百重。

十八、《摩诃无二山王最胜高顶一地大决择分》(卷九)。论述"本上无穷尽"问题。说："本上无穷尽"，指十二无穷，即"本本无穷，上上无穷，本上无穷，上本无穷，一一无穷，多多无穷，同同无穷，异异无穷，等等无穷，别别无穷，有穷无穷，无穷无穷"。

十九、《口口陀尸梵迦诺道路大决择分》(卷十)。论述"陀尸梵迦诺道路"问题。说："陀尸梵迦诺道路"有"七变对修行"，即"功德七变"、"过患七变"、"等量七变"。

二十、《口口陀尸梵迦诺本王本地大决择分》(卷十)。论述"陀尸梵迦诺本王"问题。说："陀尸梵迦诺本王体(体性)"中，有"三种百变"，即"过患百变"、"功德百变"、"等量百变"。

二十一、《口尸梵诺本王道路大决择分》(卷十一)。论述"尸梵诺本王道路"问题。说："梵诺本王道路"中，有"三种千变修行",即"过患千变"、"功德千变"、"等量千变"。

二十二、《摩诃口尸梵诺母原主天王大决择分》(卷十一)。论述"摩诃主天王"问题。说:"摩诃主天王体(体性)"中,有"三种亿变修行",即"过患亿变"、"功德亿变"、"等量亿变"。

二十三、《一种功德纯纯无杂大圆满地道路大决择分》(卷十二)。论述"大圆满地道路"问题。说:"大圆满地道路"中,"总有二千五百五十法门大海",即"五十一种位中,一一各各具五十故"。

二十四、《一种功德摩诃本地明白离恶品藏大决择分》(卷十二)。论述"摩诃本地明白离恶品藏"问题。说:"本地品藏"中,"总有六亿三万七千五百数广大法门海"。

二十五、《摩诃本地具足品藏非患道路大决择分》(卷十三)。论述"摩诃本地道路"问题。说:"摩诃本地道路"中,有"横转遍到俱行门"、"竖转无杂一路门"二门。

二十六、《摩诃宝轮王广大圆满无上地地大决择》(卷十三)。论述"圆满无上地地大"问题。说:"圆满无上地地大"中,"以总摄别,以别摄总,以总摄总,以别摄别,能摄、所摄,无有穷尽"。

二十七、《系缚地地品类不吉祥道路大决择分》(卷十四)。论述"系缚地道路"问题。说:"系缚地道路"中,有"能证智法"、"所证理法"、"障碍事法"、"证得果法"四种法。

二十八、《系缚地地自然本王摩诃口品大决择分》(卷十四)。论述"系缚地地自然本王"问题。说:"系缚地地自然本王"中,有"有为转"、"无为转"二转。

二十九、《自然本王广大转地无障无碍俱行道路大决择分》(卷十五)。论述"系缚地地自然本王道路"问题。说:"系缚地地自然本王道路"中,"依位渐渐转,一主生二伴,至中无量"。

三十、《最极广大俱行山王无尽海海大决择分》（卷十五）。论述“无尽海海大”问题。说：“无尽海海大”中，“依位渐渐转，一主生二伴，至大无量”。

三十一、《出离系缚地清白解脱道路大决择分》（卷十六）。论述“清白解脱道路”问题。说：“清白解脱道路”中，有“二十无为”，即“十空无为”（指“广大虚空自然常住离造作空无为”、“空空俱非空无为”、“离言绝说空无为”等）、“十有无为”（指“一切言说决定常住无破非空无为”、“一切心识决定常住无破非空无为”、“一切大种决定常住无破非空无为”等；以上均为其他佛书上没有的说法）。

三十二、《解脱山王根本地地无碍自在大决择分》（卷十六）。论述“解脱山王根本地”问题。说：“解脱山王根本地”中，空有相生，“十空无为”，一一出生“十有无为”；“十有无为”，一一出生“十空无为”。

三十三、《解脱山王大道路大决择分》（卷十七）。论述“解脱山王道路”问题。说：“解脱山王道路”中，有三转：一是“空空转”，指“十空无为，一一各各生十空”；二是“有有转”，指“十有无为，一一各各生十有”；三是“位位转”，指“五十一位，一一各各生五十”。

三十四、《广大无尽解脱海海摩诃山王大决择分》（卷十七）。论述“解脱海海摩诃山”问题。说：“解脱海海摩诃山”中，现示“现示空生自空，无有穷尽；空生异空，无有穷尽；空生诸有，无有穷尽；有亦如是，无有穷尽；位亦如是，无有穷尽”。

三十五、《摩诃空尘海藏王道路大决择分》（卷十八）。论述“海藏王道路”问题。说：“海藏王道路”中，有十种自在，即“时自在”、“处自在”、“物自在”、“周遍自在”、“大小自在”、“有无自在”、“寂动自在”、“甚深自在”、“不自在自在”、“无碍自在”。

三十六、《大不可思议重重不可称量阿说本王大决择分》（卷十八）。论述"大不可思议阿说本王"问题。说："大不可思议阿说本王"中，有"十方世界"尘数、"十方虚空"尘数的"三十三法"（指"正宗分"三十三篇，连同本篇则为"三十四法"）。

三十七、《校量功德赞叹信行现示利益大决择分》（卷十九）。以偈颂的方式，论述本论的功德利益问题。说："此论火光明，能破远众生，心相不觉暗，令得觉知明，随分伏其染"。

三十八、《校量过患呵责诽谤现示罪业大决择分》（卷十九）。以偈颂的方式，论述诽谤本论的罪业问题。说："若有众生类，见闻斯论教，不信心诽谤，此人则诽谤，三世一切佛"。

三十九、《现示本因决定证成除疑生信大决择分》（卷二十）。以偈颂的方式，叙述马鸣与佛的因缘，以及造论的目的。行文全是偈颂。说："尔时世尊告我（指马鸣）言，所言宗本法体者，谓三十四法大海，若有论者具此法，名言圆满大海论"，"我今依三十四法，该摄安立无余说"。

四十、《劝持流通发大愿海大决择分》（卷二十）。以偈颂的方式，劝持流通，即流通偈。

由于本书大量采用与众不同的隐喻式的语汇和名称，行文极为艰涩难解，故自古迄今，研习者十分稀少。

本书的注疏有：近代杨文会《大宗地玄文本论略注》四卷（今存）。

第十二品　法数类：北宋施护译
《法集名数经》一卷

《法集名数经》，又名《佛说法集名数经》，一卷。北宋施护译，雍熙三年（986）译出。北宋赵安仁等《大中祥符法宝录》卷四著录(称"天竺梵本所出")。载于《丽藏》"壁"函、《宋藏》"卿"函、《金藏》"壁"函、《元藏》"卿"函、《明藏》"则"函、《清藏》"则"函、《频伽藏》"暑"帙,收入《大正藏》第十七卷。

本书是一部简释大小乘佛教名数(含数字的名词术语)的著作。全书共收录佛教术语五十九条,始"三乘",终"色界十七天"。释文只释每条术语下各分支的名称,不解释它们的具体含义,也不征引经论。以"三乘"为例,其文为:"云何三乘? 所谓大乘、缘觉、声闻。"至于它们的具体含义,则不作解释。所收的词条,主要有:"七种最上供养"、"十波罗蜜"、"十八空"、"四无量"、"四摄法"、"五通"、"四圣谛"、"五蕴"、"出世五蕴"、"十二缘生"、"三十七菩提分法"、"六念"、"四法印"、"十善"、"四根本烦恼"、"五见"、"四漏"、"三解脱"、"八有色"、"二无色"、"八定解脱"、"九部法"、"十二头陀行"、"十地"、"菩萨十力"、"如来十力"、"十八不共法"、"三十二相"、"八十种好"、"世间八法"、"四世"、"四生"、"五浊"、"四魔"、"六趣"、"四大洲"、"六欲天"、"色界十七天"等。如关于"七种最上供养"、"十波罗蜜"、"十八空"、"四法印"等术语,说:

　　云何七种最上供养? 所谓礼拜、供养、忏悔、随喜、劝请、发愿、回向。……云何十波罗蜜? 所谓布施、持戒、忍辱、精进、禅定、智慧、方便、愿、力、智。云何十八空? 所谓内空、外空、内外空、空空、大空、胜义空、有为空、无为空、毕竟空、无际空、散空、一切法空、本性空、自相空、无相空、无性空、自性空、无性自性空。……云何四法印? 所谓一切行无常、一切行苦、一切法无我、涅槃寂静。(《大正藏》第十七卷,第660页中、下)

本书是据"中天竺梵本"译出的,虽然书名称之为"经",但实际上是"大乘论"的附属"西域圣贤集"(见北宋赵安仁等《大中祥符法宝录》卷四)。《大正藏》将它编入"经集部",显然是不恰当的,应在将来的《大藏经》新编目录中,予以纠正。

本书有梵文写本(十九世纪于尼泊尔发现)存世,可与汉译本作对勘。

第十三品　经要类:唐智严译《大乘修行菩萨行门诸经要集》三卷

《大乘修行菩萨行门诸经要集》,又名《菩萨行门诸经要集》,三卷。唐智严译,开元九年(721)译出。唐智升《开元释教录》卷九著录。载于《丽藏》"观"函、《宋藏》"观"函、《金藏》"观"函、《元藏》"观"函、《明藏》"英"函、《清藏》"英"函、《频伽藏》"藏"帙,收入《大正藏》第十七卷。

智严(约八世纪),于阗国王的质子,原名姓郁持乐("郁持"又译"尉迟"),幼年来唐,隶属鸿胪寺,授左领军卫大将军上柱国,封金满郡公。资性淳质,贞信居怀。唐神龙二年(706)五月,奏请舍宅为寺(敕名"奉恩寺")。景龙元年(707)十一月,弃俗出家,改名智严,入终南山至相寺修道。常在石鳖谷修头陀行,虚心宴坐,精苦励行。开元四年(716),密教祖师善无畏来华,智严与一行禅师等,同依善无畏受法(见辽觉苑《大毗卢遮那成佛神变加持经义释演密钞》)卷一。开元九年(721)奉敕译经,共译出《说妙法决定业障经》一卷、《出生无边门陀罗尼经》一卷、《师子素驮娑王断肉经》一卷、《大乘修行菩萨行门诸经要集》三卷,合计四部六卷,其本均存。此外,还译有《尊胜陀罗尼呪》一首、《法华经药王菩萨等呪》六首。生平事迹见唐智升《开元释教录》卷九、北宋赞宁《宋高僧传》卷三等。

　　本书是大乘经中有关菩萨修行法门的汇编。卷首说,"诸经
要集四十二部,凡菩萨行门总六十六条"。意思是说,本书共收
录四十二种大乘经中有关"菩萨行门"的经义六十六条(正文实
际收录为六十七条)。所谓"条",是指经义纲目的数量,相当于
经文一章的小标题。全书采用先出纲目,后出原文的方式编纂。
关于它的性质,据书名下的题署,为"智严译";而据元王古《大藏
圣教法宝标目》卷八所称,则为"智严集"。通读全本,可以发现,
本书实际上是一部编译著作,就收录的经文而言,有些是据社会
上已流通的汉译佛经节录的,有些是据梵本新译的;就书中所列
的六十七条纲目而言,则全为智严个人所撰。因此,它是由
"译"、"集"、"撰"三种成分构成的。

　　卷上:始《象腋经》,终《遍清净毗尼经》,共收录十一经二十
四条要义。依次为:(1)《象腋经》三条:"解修行菩萨行六波罗
蜜空行";"菩萨生入六道,救度众生故,身受快乐";"菩萨修行
喻,若虚空譬喻"。(2)《说妙法决定业障经》三条:"解善知识不
退菩提";"解邪魔故,闻法故,闻法诽谤已闻法故,后当成佛";
"解二十四种大乘名号"。(3)《维摩诘所问经》二条:"解佛种性
因缘发起菩提";"解出家因缘功德"。(4)《方广如来智经》二
条:"解善、恶知识,菩萨不应声闻同居";"解修行菩萨与声闻校
量道行深浅"。(5)《胜义谛品经》二条:"修行菩萨起十种行愿,
速成佛道";"解修行菩萨十种戒行,成就六波罗蜜"。(6)《摩诃
般若波罗蜜经》四条:"初修行菩萨初学檀波罗蜜,发起菩提心";
"无散乱已,菩提心散乱故,摄念六波罗蜜行";"解烦恼因缘";
"菩萨初发菩提心,持六波罗蜜行"。(7)《花(华)严经入法界
品》一条:"初修菩萨发起菩提心故,喻类声闻无所能及"。
(8)《宝髻所问经》一条:"解修行菩萨一种持戒清净,行波罗
蜜"。(9)《演法师品经》二条:"修行菩萨校量声闻法教";"修行

菩萨于诸刹土,修学菩萨行门"。(10)《决定毗尼经》二条:"解
声闻及菩萨如何授教戒行、律仪相应";"又解三毒,类定轻重"。
(11)《遍清净毗尼经》二条:"校量修行菩萨戒行";"校授声闻戒
行,调伏其心"。如关于《胜义谛品经》所说的"修行菩萨有十种
戒行",说:

> 修行菩萨复有十种戒行。何者为十?所谓:一者究竟
> 不退菩提,是其戒行;二者远离声闻、辟支佛地;三者常为一
> 切众生身心利故;四者令一切众生住于佛行;五者受持菩萨
> 戒行,无令缺犯;六者开悟一切诸法;七者所修功德回施十
> 方,愿成佛道;八者不应分别如来法体;九者一切世法无所
> 贪著;十者防护六根,无令染著。佛子!是修行菩萨十种戒
> 行,若菩萨能住此地,不久圆满戒行六波罗蜜,成就无上菩
> 提。(卷上,《大正藏》第十七卷,第940页上、中)

卷中:始《海慧菩萨所说经》,终《宝积经》,共收录十经十七
条要义。依次为:(1)《海慧菩萨所问经》八条:"解菩萨犯戒,
而能成就六波罗蜜";"解般若波罗蜜深义,校量声闻轻重";"解
初发菩提心宝忍辱,邪魔不退菩提";"解身、口、意三业,成就六
波罗蜜";"解成就观行六波罗蜜念门";"解八种功德与烦恼和杂
喻";"解四种善行门";"解菩萨行门有十二种魔障钩"。(2)《戏
乐严经》一条:"解善巧方便,施五欲乐故,劝化一切众生,令发无
上菩提"。(3)《善巧方便经》一条:"为修行菩萨声闻行故,犯重
障因"。(4)《胜积经》一条:"说修行菩萨退入声闻行中"。
(5)《如来藏经》一条:"观念如来因果"。(6)《金光上胜毗尼
经》一条:"为金光胜童女十种行愿请出家因缘"。(7)《降伏魔
经》一条:"魔为修行菩萨说二十种魔障,菩萨应觉不取"。
(8)《富娄那所问经》一条:"修行菩萨为恶知识(即恶友)故,四

种因缘退菩提,入声闻解脱"。(9)《宝童夫人所问经》一条:"修行菩萨四种实语不妄,超越声闻,诸行无厌"。(10)《宝积经》一条:"修行菩萨校量声闻道行"。如关于《海慧菩萨所说经》所说的"菩萨决定无上行门",说:

> 何者是菩萨决定无上行门? 有其十种。何者为十? 所谓:一者依住信根,受善知识(即善友)教故;二者精求妙法如救头然(燃);三者于善法教乐住正念,常勤修学;四者正勤精进,已作法者,其心不舍;五者不乐自乐,唯愿成熟众生;六者为求法故,不惜身命;七者三十二相、八十种好、净佛刹土,修诸功德资粮无厌;八者总持威德圆满成就;九者一切凡俗世位,心无染故,修习摩诃般若波罗蜜行;十者过一切声闻、缘觉位地,善巧方便,智慧超进。……是为十种决定无上菩萨行业,修行菩萨应当习学。(卷中,第949页上)

卷下:始《虚空藏菩萨所问经》,终《出生无边门陀罗尼经》,共收录二十一经二十六条要义。依次为:(1)《虚空藏菩萨所问经》一条:"修行菩萨以四十五种魔障觉故,超度四魔"。(2)《如来境界经》一条:"有诸比丘于迦叶如来问法故,于今不忘,当生弥勒三会"。(3)《阿阇世品经》一条:"解菩萨藏及声闻缘觉藏,定上座"。(4)《离垢菩萨所问经》一条:"诸菩萨从空中下,往昔为女人,以发菩提愿故,现身转为男子"。(5)《文殊师利菩萨所问经》一条:"修行菩萨修二种行,获十一种善根利益"。(6)《光明遍照品经》一条:"校量菩萨、声闻福力"。(7)《出生菩提经》二条:"说三种佛地";"解释三乘高下"。(8)《宝聚经》一条:"初发菩提心,校量声闻罗汉与修行菩萨数量、轻重不同"。(9)《那罗延品经》一条:"修行菩萨住四种住地,修四种行"。

(10)《集一切功德品经》一条："菩萨为诸众生,不离三界喻"。
(11)《密严经》一条："显示声闻、菩萨校量行门"。(12)《梵刹
经》一条："修行菩萨发大忍辱行愿"。(13)《一切诸佛所念经》
一条："忍辱慎三业行门"。(14)《法集经》二条："修行菩萨修十
种戒行";"复别有十种戒行"。(15)《阿差耶末所问经》一条:
"修行菩萨戒行无尽,诸行人戒力皆有尽时"。(16)《集会品经》
一条："修行菩萨于三乘中,普明善巧方便"。(17)《郁伽长者所
问经》一条："说在家菩萨应修四种行,不出家因缘"。(18)《殊
胜具戒品经》二条："初发起修行菩萨堪受无量衣食床座供养,其
福无量";"又表阿耨达多龙王神力"。(19)《解深密经》一条:
"修行菩萨修六波罗蜜住地行"。(20)《胜鬘师子吼一乘大方便
方广经》一条："发十大受愿赞叹如来,如来则现"。(21)《出生
无边门陀罗尼经》三条："说持是经陀罗尼者临命终时,八十亿诸
佛亲迎接";"又表如来三身";"又说修行菩萨修四事四事无相行
门,速成佛道"。如关于《阿阇世品经》所说的"声闻藏"、"缘觉
藏"、"菩萨藏"三者的差别,说:

　　善男子！当知凡有三藏,声闻藏、缘觉藏、大乘菩萨藏。
何者是声闻藏？依他所说、依他所闻而得道行。何者辟支
佛藏？依自悟入常、乐、我、净灭定门故。何者是菩萨法藏？
悟达无量诸佛法故,发起无上菩提心故。……有三种学。
何者为三？所谓:一声闻学,二辟支佛学,三者菩萨行学。
何者是声闻学？分令悟自心故。何者辟支佛戒学？随中品
行无悲心故。何者是修行菩萨学？随顺大悲自悟智故,精
进善行。声闻、缘觉不习菩萨行门,亦不知义;若菩萨,则知
二乘义理行门,然不染著。菩萨习学,深心乐住,而能示现
声闻、辟支解脱趣路,不入其位。……若修行菩萨如是学

　　故,是以名为菩萨乘藏。(卷下,第954页中、下)

　　本书在指导大乘人修行"菩萨道"上,具有很大的意义。元王古《大藏圣教法宝标目》评价说,此书"于修行人有大利益",是"法珠之宝聚,大乘之龟鉴"。据《佛光大辞典》说,在本书收录的四十二种大乘经中,有十六种为"未传于中土之经",即作者新译之经。它们是:《方广如来智经》《方广如来智经》《演法师品经》《戏乐严经》《胜积品经》《金光上胜毗尼经》《降伏魔经》《宝童子夫人所问经》《如来境界经》《离垢菩萨所问经》《宝聚经》《那罗延品经》《梵刹经》《一切诸佛所念经》《法集经》《集会品经》《殊胜具戒品经》等。此事尚须作进一步核证。因为从情理上推断,智严一直居住在长安,似不可能独自拥有这么多稀缺的梵本,而不译全本,只译片段。上述"未传于中土之经"的经名和经文中,有的可能是已译佛经的异名和异译。

第十四品　　杂集类:三秦失译
《无明罗刹集》三卷

　　《无明罗刹集》,又名《无明罗刹经》《无明罗刹喻集》,三卷。三秦失译,约出于前秦皇始元年(351)至西秦永弘四年(431)之间。本书最初是作为"大乘抄集",著录于隋法经等《众经目录》卷六《佛灭度后撰集录·西方诸圣贤所撰集》(书名作《无明罗刹喻集》);唐智升《开元释教录》卷四始将它编为三秦失译,后世藏经目录沿依此说。载于《丽藏》"昼"函、《宋藏》"昼"函、《金藏》"昼"函、《元藏》"昼"函、《明藏》"群"函、《清藏》"群"函、《频伽藏》"藏"帙,收入《大正藏》第十六卷。

　　本书是一部以譬喻故事的形式,论述"十二缘"(即十二因缘)理论的著作。书名中的"无明罗刹",喻指"十二因缘"的初支"无明",为"罗刹"(即恶鬼)。从书中有"众人应修六度,广集善法"等语来看,作者当是一位大乘譬喻师。

卷上:前部分,论述"十二缘"为"生死之本"问题;后部分,讲述往昔郁禅耶城的折咤王为民除疫,降伏罗刹的故事。

卷中、卷下:讲述菩萨(指未成道前的净饭王太子悉达多)出家后,观察"十二缘"之理,觉悟成道的故事。故事中,"十二缘"下的各分支被描述为虚拟的人物形象,佛与老死、生、有、取、爱、受、触、六入、名色、识、行、无明各支,一一展开了交锋,降伏了它们,最后"无师独悟,灭于无明"。

书中所说的义理,主要有:"一切众生为无明覆,故生于贪。贪因缘故,入于大海恶风回覆,远涉旷野悬险之路,置死战场互相残害,具受种种无量苦恼";"此十二缘,唯佛能见,能除己惑,及以化他";"无明者,于生死旷路而作导首,能然(燃)生老病死之大火聚,是诸烦恼结业之母,闭涅槃门,开众恶趣";"众人应修六度,广集善法"等。如关于"十二缘者,生死之本",说:

> 十二缘者,生死之本,一切众生之所窟宅,天魔波旬所居境界。若有智慧,能观因缘种种过患,永断生死,过魔界者,天魔尔时生大忧恼。因缘大海,深广无际,智者入中,譬如商主,观察性相,能解了已,即便获得一切种智无上珍宝,于诸咒中,最良最妙。诸佛世尊,于无量劫,修六波罗蜜,集诸善行,断众结使,与阴魔、死魔、烦恼魔作坚誓竟,永断生死,超出三界,成就十力、四无所畏,于一切法得无碍智,为一切众生作大明灯,证寂灭者,为三界众生真善亲友。(卷上,《大正藏》第十六卷,第580页上、中)

关于本书,明智旭《阅藏知津》卷四十一评论说:此书"以郁禅耶城折吒王降伏疫鬼为喻，明如来逆观十二因缘，用大智慧，破无明罗刹"。

第十五品　杂集类：北宋施护译《诸教决定名义论》一卷

《诸教决定名义论》，一卷。书题"圣慈氏菩萨造"，即弥勒菩萨造，北宋施护译，咸平五年（1002）译出。北宋赵安仁等《大中祥符法宝录》卷十二著录（称"中天竺梵本所出"）。载于《丽藏》"法"函、《宋藏》"宅"函、《金藏》"阜"函、《元藏》"宅"函、《明藏》"右"函、《清藏》"右"函、《频伽藏》"成"帙，收入《大正藏》第三十二卷。

本书是一部论述"一切教中诸根本字"的"如实义"，即梵文根本字的秘密义的著作。关于作者，传今的本子题为"圣慈氏菩萨造"，但从文献资料上考察，此说是有疑问的。因为弥勒被印度瑜伽行派创始人无著推尊为老师，相传弥勒所说的论著，都是由无著一人传出的，但在传世的瑜伽行派的所有著作中，都未曾提及过此书。再从本书的性质来看，它含有一些密教思想成分的著作。北宋赵安仁等《大中祥符法宝录》卷十二说："此中所明诸教根本，从密字生。唵字清净，出生妙慧；吽字为因，宣说诸法。复说吽字法身，阿字报身，唵字化身，阿、恶二字安住空性，如是密字，展转出生一切名义，斯皆诸教之要义也。"也就是说，本书所说的"根本字"，如"唵字"（指发音为唵的梵字）、"吽字"、"阿字"、"恶字"等，实际上是具有神秘作用的"密字"，它们能展转出生一切法。书中多处使用密教术语，如"金刚吽字"、"金刚加持"、"金刚三昧"、"金刚事业"、"金刚三业"、"莲华火曼拏罗"、"牟尼大安乐法"等，体现了作者的密教倾向；又有"唵字最为上首,我今顶礼此字清净住不二相"等语,其语气也一点不像是弥勒所说。以此推断,本书很可能是兼习密法的晚期瑜伽行派论师所作,为方便流传,而托称弥勒菩萨造。全书分不章段。书首有归敬颂,为七言四句,始"归命一切佛世尊,归命所说三乘法",终"归命一切和合众,归命普贤法界理"。

书中说,在一切教的根本字中,"唵字最为上首",因为此字有"清净"相,若有人能以此字"舌上转"(指发出此音),就能得到"真实诸慧根本";"吽字而为正因,从是字中,宣说一切正法仪轨";"恶字为说相";"盎字即空性",为"慧母";"恶字""盎字""阿字"三字,统摄"迦、佉、誐、伽、左、蹉、惹、鄹、吒、姹、拏、茶、多、他、那、驮、波、颇、摩、婆、耶、啰、罗、嚩、萨、贺"二十六字。就"三身"而言,"吽字即法身,阿字即报身,唵字即化身,如是三字,摄此三身";就"金刚三业"而言,"此中唵字是名金刚身业,阿(引——原注)字金刚语业,吽字金刚心业"。如关于"吽字"的作用,说:

　　　　又复吽字而为心智,觉了一切法。如上所说,一切文字当知皆从盎、阿(引——原注)、吽三字所生,由是诸法起种种相。……此中吽字出生一切,于三界中出现众色,所有天、人、龙、阿修罗(意译非天)、迦楼罗(意译金翅鸟)、紧那罗(意译歌神)、乾闼婆(意译香神)、成就持明天、吉祥天、辩才天、乌摩天、帝释天、梵王天、那罗延天、大自在天,如是等天及天后,所有一切有情界中男子、女人,乃至诸佛菩萨等,皆从此吽字出生变化,彼一一心住此字相。若心想此字时,当住虚空,出生无碍,所谓三界心同此一心入。入是心已,此得名为现证菩提。……安住金刚吽字根本,即此吽字,复成莲华火曼拏罗(意译坛场),住空、空性、离尘法性。(《大

正藏》第三十二卷,第508页上、中)

本书译出之后,研习者其少。宋元明清时期,唯一引用过本书文句的,是清弘赞《七俱胝佛母所说准提陀罗尼经会释》卷下所附《五悔仪并持诵法要》,但弘赞也是将本书视为与密教相关的典籍的,因而在汇编密教真言时,加入了本书中"吽字即法身,阿字即报身,唵字即化身。……如是诸行,虽复差别,皆亦不离一切智智,相应正行"一段文字。这也从一个侧面是印证了本书的性质。

第十六品　杂集类:北宋日称等译 《事师法五十颂》一卷

《事师法五十颂》,一卷。书题"马鸣菩萨集",即印度马鸣集,北宋日称等译,约译于庆历八年(1048)至熙宁十年(1077)之间。元庆吉祥等《至元法宝勘同总录》卷十著录。载于《丽藏》"亭"函、《金藏》"横"函、《明藏》"言"函、《清藏》"言"函、《频伽藏》"成"帙,收入《大正藏》第三十二卷。

本书是一部论述密教"事师仪轨"的偈颂集。全书由归敬颂一颂(七言四句)、正颂五十颂(每颂五言四句)、回向偈一颂(七言四句)构成。关于作者,传今的本子题为"马鸣菩萨集",但从文献资料上考察,此说是有疑问的。因为书中多处使用密教术语,如"秘密教""如来金刚智"、"秘密仪范"、"曼拏罗事业"、"护摩"、"金刚如来"等,显示作者是研习金刚界密法之人。马鸣是公元二世纪时人,而密教的事师仪轨形成于六世纪左右,二者相距约四百年,由此推断,本书不可能出自马鸣之手,当是仰慕马鸣的密教修持者托名所作。书首的归敬颂说:"依诸经律秘密教,略出承事师仪轨,闻已爱乐发净心,当获如来金刚智。"这也明白无误地告诉读者,此书是依据"秘密教"(略称密教)的经律而编集的。

书中所述的事师仪轨,主要有:"若于灌顶师,三时伸礼奉,则为已供养,十方诸如来";"彼师及弟子,当互审其器,若不先观察,同得越法罪";"具戒忍悲智,尊重无谄曲,了秘密仪范,博闲诸论议";"善达真言相,曼拏罗事业,契证十真如,诸根悉清净";"常于阿阇黎,承事而供养,发生尊重心,则蠲除障恼";"若师所教诲,欢喜当听受,自己或不能,则善言启白";"不应于师前,覆顶及乘御,翘足手叉腰,安然而坐卧";"说法度弟子,曼拏罗护摩,城邑同师居,无旨不应作"等。

本书对于研究密教的事师,具有一定的参考价值。

第十七品　杂集类:北宋日称等译
《尼乾子问无我义经》一卷

《尼乾子问无我义经》,一卷。书题"马鸣菩萨集",即印度马鸣集,北宋日称等译,约译于庆历八年(1048)至熙宁十年(1077)之间。元庆吉祥等《至元法宝勘同总录》卷十著录。载于《丽藏》"亭"函、《金藏》"权"函、《频伽藏》"藏"帙,收入《大正藏》第三十二卷。

本书是一部以"解大乘者"(指大乘学者)答尼乾子外道(印度古代六师外道之一)之问的形式,论述佛教"无我"义的著作。全书分为二部分,前部分为长行,叙述尼乾子外道往诣解大乘者的住处,咨问佛教为何说"无我",解大乘者以"二谛"(世俗谛、胜义谛)为宗旨,对"无我"义作解答的经过;后部分为偈颂,总计二十七颂(每颂五言四句),再述"无我"义。

　　关于作者,传今的本子题为"马鸣菩萨集",但从文献资料上考察,此说是有疑问的。因为本书的情节、内容与北宋法天译《外道问圣大乘法无我义经》一卷基本相同,只是有些语句、称谓略作修改而已。如《外道问圣大乘法无我义经》中,是尼乾子向佛问"无我"义,本书改为尼乾子向解大乘者问"无我"义;《外道问圣大乘法无我义经》全是长行,本书将前部分译为长行,后部分译为偈颂;《外道问圣大乘法无我义经》中有"若与真如不相应者,应念非真如咒,及金刚铃真如无生印"等语,为本书所无;本书中有"世俗谛"、"胜义谛"等语,为《外道问圣大乘法无我义经》所无等。再从本书的偈颂部分,叙及"自性无所著,一切悉皆空,超越所戏论,是菩提心相";"离思惟观察,非外道境界,与般若相应,是菩提心相";"如聚沫浮泡,如幻化阳焰,无我亦无常,一切非坚固"等来看,作者明显带有般若性空的思想成分。以此推断,本书的编集者不是马鸣,而是十一世纪初的西域大乘人。

　　本书说,尼乾子外道计执身体中有"最上我",他问解大乘者:如果此身无有"我",为何现见身中有啼笑、嬉戏、忿怒、我慢、嫉妒、两舌等事?解大乘者回答说,"汝先所执最上我者,决定虚妄",因为在自身的发甲、皮肉、筋骨、脂髓、肠胃、手足、一切身肢,内外寻求"我",均不可见,故称为"无我"。世上有"二谛",即二种真理(真实不虚的道理)。一是"世俗谛",是世俗的真理,"世俗即世法";二是"胜义谛",是殊胜的真理,"胜义无过上"。依"世俗谛",则有"自他命者"等差别;依"胜义谛",则无"自他命者"等差别,修行者应当"远离世俗法,当求胜义谛"。如关于"世俗谛"、"胜义谛"的差别,说:

　　　　智者(指解大乘者)曰:于是义中而有二种。一者世俗,二者胜义。依世俗说,则有自他命者、士夫、补特伽罗、作者、受者、财宝、妻子、亲眷、朋属,如是差别;依胜义说,则无自他命者,乃至朋属等事,亦无少分差别等相。若世俗说,则有生灭、善恶果报;若胜义中,则无生、灭善恶果报。彼真如法自性清净,无有烦恼,无有染污,亦无觉了,本来寂静。此说是名真如自性。(《大正藏》第三十二卷,第172页中)

由于本书的偈颂部分文字较为简约,故若要深入其中的义蕴,尚须参阅《外道问圣大乘法无我义经》。

第十八品　佛赞类:唐义净译《一百五十赞佛颂》一卷

> 附:北宋法天译《佛一百八名赞》一卷
> 　　北宋施护译《佛吉祥德赞》三卷
> 　　北宋法贤译《佛三身赞》一卷
> 　　北宋法贤译《三身梵赞》一卷
> 　　北宋法天译《七佛赞呗伽陀》一卷
> 　　北宋法贤译《八大灵塔梵赞》一卷

《一百五十赞佛颂》,一卷。印度摩咥里制吒造,唐义净译,初译于中印度那烂陀寺,景云二年(711),于长安大荐福寺重译。唐智升《开元释教录》卷九著录。载于《丽藏》“兽”函、《宋藏》“兽”函、《金藏》“兽”函、《元藏》“兽”函、《明藏》“隶”函、《清藏》“隶”函、《频伽藏》“藏”帙,收入《大正藏》第三十二卷。

摩咥里制吒(约二世纪末至三世纪初),又名“摩咥哩制吒”,意译“母儿”(一作“母奴”)。据唐义净《南海寄归内法传》卷四记载:摩咥里制吒、马鸣是同时代的两位佛教诗人(就生存年代而言,摩咥里制吒或稍晚于马鸣),摩咥里制吒初依外道出家,信奉大自在天,后翻心奉佛,染衣出俗,广作赞颂,称扬佛德,初造《四百赞》,次造《一百五十赞》(指《一百五十赞佛颂》),总陈"六度"(指布施、持戒、忍辱、精进、禅定、智慧),宣弘佛德,文情婉丽,理致清高,"西方造赞颂者,莫不咸同祖习,无著、世亲菩萨,悉皆仰止。故五天(竺)之地初出家者,亦既诵得五戒、十戒,即须先教诵斯二赞,无问大乘、小乘,咸同遵此"。也就是说,在五天竺(印度),凡是初出家者,在教诵"五戒"、"十戒"之后,即须先教诵摩咥里制吒所作的《四百赞》《一百五十赞》,无论大乘、小乘,同遵此规,其影响之大,可见一斑。

有关摩咥里制吒的事迹,藏传佛教所传略有异说。明多罗那他《印度佛教史》说,摩咥里制吒原名"难胜黑色",异名有"毗罗"、"马鸣"、"摩咥哩(里)制吒"、"比咥哩制吒"、"难胜"、"法弥迦须菩提"、"摩底咥多罗"等,初为东方那梨尼的阇多城婆罗门,后在辩论中输给提婆(中观派创始人之一),成为提婆的弟子。为了忏罪,他造了赞佛文一百种,有《佛所应赞颂》(指马鸣造、北凉昙无谶译《佛所行赞》)、《一百五十赞》(即《一百五十赞佛颂》)等。也就是说,多罗那他认为,本书作者摩咥里制吒为提婆弟子,与《佛所行赞》的作者马鸣是同一人。但经学者考证,摩咥里制吒并非提婆的弟子,他与马鸣也并非同一人,故多罗那他的说法是不确切的(参见吕澂《印度佛学源流略讲》)。因此,有关摩咥里制吒的生平事迹,当以唐义净《南海寄归内法传》卷四所记为准,因为义净早于多罗那他六百多年,又是亲历印度之人,他的记载,史实较为可靠。

本书是一部赞颂佛陀功德的偈颂集。全书由一百五十三颂构成,正颂部分为五言颂(每颂五言四句),有一百四十八颂;结颂部分为七言颂(每颂七言四句),有五颂。

书中说:"世尊最殊胜,善断诸惑种,无量胜功德,总集如来身";"无等菩提果,苦行是其因,由此不顾身,勤修诸胜品";"尊唯重因行,非求果位圆,遍修诸胜业,众德自成满";"众福皆圆满,诸过悉蠲除,如来净法身,尘习皆已断";"所依之德体,能依之德心,性相二俱融,能所初无异";"尊游险恶道,马麦及牛锵,苦行经六年,安受心无退";"鹿苑度俱邻,坚林化须跋,此土根缘尽,更无余债牵";"二利行已满,色法两身圆,救摄一阐提,双林显佛性"等。

从本书的偈颂中,使用了"诸业本性空"、"如来净法身"、"性相二俱融"、"能所初无异"、"常修利他行"、"般若圆智融"、"驾驭以三乘"、"亡身救一切"、"双林显佛性"等带有大乘色彩的语汇,由此可见,作者是一个具有大乘思想倾向的诗人。

北宋法天译《佛一百八名赞》一卷

《佛一百八名赞》,一卷。北宋法天译,淳化元年(990)译出。北宋赵安仁等《大中祥符法宝录》卷七、卷十七著录(称"中天竺梵本所出")。载于《丽藏》"封"函、《宋藏》"千"函、《金藏》"封"函、《元藏》"千"函、《明藏》"言"函、《清藏》"言"函、《频伽藏》"藏"帙,收入《大正藏》第三十二卷。

本书是一部赞颂佛一百八种名号(每一名号前均加以"南无"二字,表示归依)的偈颂集。书首有归敬颂,为五言二十四句,"归命一切智,一切世间师",终"最上百八名,我今集彼说";书末有回向偈,为七言八句,"此大牟尼功德名,我今读诵及礼念",终"普将回施与群生,同得证成菩提果"。

书中所说的佛一百八种名号,主要有:"一切义成就"、"正等觉"、"一切智"、"如来"、"应供"、"善逝"、"世尊"、"一切世间解"、"离一切垢染"、"最上法灯"、"无畏净饭王子"、"甘蔗王种"、"瞿

昙"、"日族"、"吉祥大牟尼"、"天人师"、"调御丈夫"、"妙解脱"、
"第一法圆满"、"说三乘菩提"、"明行足"、"救度世间师"、"释师
子"、"六佛法庄严"、"第一六神通"、"六趣海到彼岸"、"无师自然
觉"、"降伏得最胜说四谛"、"秘密最胜大丈夫"、"大法王"、"佛
陀"、"三慧真实眼"等。书末有结语,说:"如是一百八名,若复有
人,于其辰朝,发志诚心,或读诵,或礼念,或忆持,或听闻,获得
最上吉祥福德,所有一切烦恼及诸罪业,速得清净不受轮回,当
得解脱乃至成佛"。

　　后期大乘经,特别是密教大乘经中有关"一百八名"的说法
很多。如:唐不空译《金刚顶瑜伽千手千眼观自在菩萨修行仪
轨经》有"莲华部一百八名赞";不空译《金刚顶经瑜伽文殊师利
菩萨供养仪轨》有"大圣文殊师利一百八名";唐般若译《诸佛境
界摄真实经》有"金刚菩萨一百八名";唐法成译《大乘无量寿经》
有"无量寿如来一百八名号";北宋施护等译《圣八千颂般若波罗
蜜多一百八名真实圆义陀罗尼经》有"般若波罗蜜多有一百八
名";北宋施护译《一切如来说佛顶轮王一百八名赞》有"无量功
德大明呪主转轮王一百八名";北宋天息灾译《圣观自在菩萨一
百八名经》有"圣观自在菩萨一百八名";北宋法贤译《圣多罗菩
萨经》有"圣多罗菩萨一百八名",如此等等。本书所说的佛的一
百八名,显然是在同一语境下编集的,只是它不属密教典籍,而
是显教典籍。

北宋施护译《佛吉祥德赞》三卷

　　《佛吉祥德赞》,三卷。印度寂友造,北宋施护译,大中祥符
元年(1008)译出。北宋赵安仁等《大中祥符法宝录》卷十四、卷
十七著录(称"中天竺梵本所出")。载于《丽藏》"牧"函、《宋藏》
"功"函、《金藏》"合"函、《元藏》"功"函、《明藏》"漆"函、《清藏》

"漆"函、《频伽藏》"藏"帙，收入《大正藏》第三十二卷。

寂友（生卒年不详），天竺人。北宋赞宁《宋高僧传》卷二有唐代译经僧寂友传，说："释弥陀山，华言寂友，睹货逻国人也。自幼出家，游诸印度，遍学经论，《楞伽》《俱舍》最为穷核，志传像法，不恪乡邦，杖锡孤征，来臻诸夏，因与实叉难陀共译《大乘入楞伽经》。又天授中，与沙门法藏等译《无垢净光陀罗尼经》一卷，其经佛为劫比罗战茶婆罗门说，延其寿命。译毕进内。寻辞帝归乡，天后（指武则天）以厚礼饯之。"本书是否为这位睹货逻国僧人寂友从唐回国后所作，还是同名寂友的另一人所作，无法详考。从书中提及"六波罗蜜"，有"布施持戒及忍辱，精进禅定并智慧"；"根力觉道圆，不与声闻共"等语来看，寂友当是一位大乘论师。

本书是一部赞颂佛的最胜功德，特别是佛的应化身（指"三十二相"、"八十种好"等）的偈颂集。全书由二百九十四颂半构成，其中，正颂二百四十五颂半（每颂七言四句），结颂四十九颂（每颂五言四句）。

卷上：收录正颂九十二颂。说："十力真实而出生，已到最上清凉地"；"四无所畏等具足，作大光明持灯炬"；"已得七觉支妙宝，建立最上法宝幢"；"三十二相悉具足，八十种好复庄严"；"自觉觉他觉行圆，声闻十方而普震"；"佛为最上胜道者，具足众德天人尊"；"世间生灭真实知，善说最胜诸法宝"等。

卷中：收录正颂九十四颂。说："归命如来胜妙相，足下平满善安住"；"归命如来随形好，指爪狭长如赤铜"；"归命处非处智力，过现未来业皆知"；"如来漏尽无余染，觉了诸法亦无余"；"拯拔一切轮回苦，令诸众生离缠缚"；"能善了知五蕴法，复能具足七法行"；"四念处行广通达，名句文身自在者"；"佛与众生有恩德，常为善友及知识"；"佛为众生亲教师，善说胜义诸法教"等。

卷下：收录正颂五十九颂半、结颂四十九颂。说："具足二种称赞者，善能成就四摄法"；"六和敬法善宣扬，六常行行已圆满"；"善修七种观想法，善说菩提分法门"；"如来不住于灭法，常行救度摄世间"；"佛是知道者，识道说道者"；"佛为正道尊，诸道所归向"；"佛是自然智，而无同等者"；"佛是大圣者，精进未曾有"；"佛德广无边，是故我称赞"等。

本书所说的佛功德，有不少是与北宋法天译《佛一百八名赞》所说的佛名号是相同的，反映了佛赞类著作具有相当大的共同性。

北宋法贤译《佛三身赞》一卷

《佛三身赞》，一卷。北宋法贤（原名天息灾，雍熙四年十月改名法贤）译，至道三年（997），北宋赵安仁等《大中祥符法宝录》卷十、卷十七著录（称"中天竺梵本所出"）。载于《丽藏》"冠"函、《宋藏》"辇"函、《金藏》"冠"函、《元藏》"辇"函、《明藏》"言"函、《清藏》"言"函、《频伽藏》"藏"帙，收入《大正藏》第三十二卷。

本书是一部赞颂佛的三身，即法身、报身、化身的偈颂集。所说的法身（又称"自性身"），指佛所证的真如法性之身；报身（又称"受用身"），指佛受用法乐之身，亦即累劫修行所得的果报之身；"化身"（又称"变化身"、"应化身"），指佛为利益众生而示现的随机变化之身。

关于本书的作者，汉译本称"西土贤圣撰"，没有题署作者姓名，藏文译本则题为"龙树著"（书名作《三身赞》，见元布顿《佛教史大宝藏论》，郭和卿译，民族出版社1986年3月版）。此事尚待深入考证。

全书分为四篇，依次为《法身》《报身》《化身》《回向》，每篇各

有二颂(每颂七言四句),总计八颂。如关于"法身",说:

> 我今稽首法身佛,无喻难思普遍智,充满法界无挂碍,
> 湛然寂静无等等。非有非无性真实,亦非多少离数量。平
> 等无相若虚空,福利自他亦如是。(《大正藏》第三十二卷,
> 第757页中)

作者在书末的回向偈中说:"以今颂赞三身佛,所获无漏功德种,愿我速证佛菩提,尽引众生归正道。"由此可见,作者撰作本书的目的,是为了使自己速证佛菩提,同时引领众生归向正道。

本书的同本异译有:北宋法贤译《三身梵赞》一卷。

北宋法贤译《三身梵赞》一卷

《三身梵赞》,一卷。北宋法贤(原名天息灾)译,至道二年(996),北宋赵安仁等《大中祥符法宝录》卷十七著录。载于《丽藏》"冠"函、《宋藏》"辇"函、《金藏》"冠"函、《元藏》"辇"函、《明藏》"言"函、《清藏》"言"函、《频伽藏》"藏"帙,收入《大正藏》第三十二卷。

本书是北宋法贤译《佛三身赞》一卷的异译本、梵文偈颂的音译书。一般的佛经异译本,是由文本在流传过程中的传抄差异形成的;而本书作为《佛三身赞》的异译本,则是由译者法贤分别采用梵文意译、梵文音译二种不同的译法造成的。也就是说,本书和《佛三身赞》的底本,都是同一个梵文偈颂本。法贤采用梵文意译,将它译成《佛三身赞》,为四篇八颂;又用梵文音译,将它译成本书,为一大段表示梵音的汉字。前者有义,后者只有音。例如《佛三身赞》的首句为:"我今稽首法身佛,无喻难思普遍智";本书将此句译作:"逾(引——原注)乃酤(引——原注)那

（引——原注）鳖泥（引——原注）哥（一句——原注）莎波罗呬多摩贺（引——原注）三钵那（引——原注）陀（引——原注）啰部（引——原注）……"。上述引文中，括号里的原注是表示梵音的拼读和声调的。显然，将整篇文章都译成音，文本原有义蕴就隐没不显，这对典籍的流传和使用来说，是极不利的。

北宋法天译《七佛赞呗伽陀》一卷

《七佛赞呗伽陀》，又名《七佛赞呗伽他》（《大正藏》本），一卷。北宋法天译，端拱元年（988）译出。北宋赵安仁等《大中祥符法宝录》卷六、卷十七著录（称"中天竺梵本所出"）。载于《丽藏》"杜"函、《宋藏》"将"函、《金藏》"杜"函、《元藏》"将"函、《明藏》"言"函、《清藏》"言"函、《频伽藏》"或"帙，收入《大正藏》第三十二卷。

本书是一部赞颂"过去七佛"（指毗婆尸佛、尸弃佛、毗舍浮佛、拘留孙佛、拘那含牟尼佛、迦叶佛、释迦牟尼佛）和未来佛弥勒的梵文偈颂的音译书。也就是说，它的原本是梵文偈颂，但译者只译音，不译义，将它译成只表示梵文发音的汉字。

关于本书的作者，汉译本没有题署，藏文译本则题为"寂天著"（书名作《七佛赞》，见元布顿《佛教史大宝藏论》，郭和卿译，民族出版社1986年3月版）。此事尚待深入考证。

全书分为九篇，依次为《毗婆尸佛赞》《式弃佛赞》《毗舍浮佛赞》《俱留孙佛赞》《迦诺迦牟尼佛赞》《迦叶波佛赞》《释迦牟尼佛赞》《当来化主慈氏菩萨赞》《回向结赞一首》。书中只有上述九篇的篇名、《释迦牟尼佛赞》的附注（其文为"此赞一首，先已到中夏流行，出正密三藏，新赞集中收录——原注"）、书末回向偈（其文为"过去七佛我赞竟，未来慈氏次称扬，我所造福利无边，愿诸众生皆解脱"）为意译，正颂全为音译。如关于《当来化主慈氏菩

萨赞》,其文的表述为:

　　昧怛啸(二合——原注)野曩(引——原注)么(引——
原注)睹史哆(引——原注)攞野萨吐(二合一句——原注)
野萨曳(二合反——原注)迦(去——原注)惹曩么(二合
引——原注)怛哩哆(引——原注)醯冒(重呼——原注)地
(二句——原注)噜怛钵(二合——原注)餐(入——原注)帝
嗳苏(上——原注)诶哆(入——原注)毕嘌(二合——原注)
体尾琰(二合反三句——原注)萨(转舌——原注)噂(无可
反引——原注)怛么(二合——原注)曩(引——原注)憾(胡
敢反——原注)钵啰(二合——原注)挐妒(引——原注)湿
铭(二合——原注)怛萨昧(二合四句——原注)。(《大正
藏》第三十二卷,第 769 页下)

　　以上引文中,括号里的原注是表示梵音的拼读和声调的,如
"二合"表示前两个字合拼为一个音,"引"表示长音等。由于有
些梵文的发音,找不到同音的汉字,故译者又新造了一些汉字来
表述,这就造成一般人阅读此类梵文音译著作,既不知其中的意
思,也不知如何发音,原著的表义功能等于全失。直至近代,日
本学者榊亮三郎将本书的汉音,还原为梵文,再将梵文译为日
文,人们始知其文的意思。

北宋法贤译《八大灵塔梵赞》一卷

　　《八大灵塔梵赞》,一卷。印度戒日王制,北宋法贤(原名天
息灾)译,至道二年(996),北宋赵安仁等《大中祥符法宝录》卷十
七著录。载于《丽藏》"冠"函、《宋藏》"辇"函、《金藏》"冠"函、《元
藏》"辇"函、《明藏》"言"函、《清藏》"言"函、《频伽藏》"成"帙,收
入《大正藏》第三十二卷。

　　戒日王(约590—647),本名"曷利沙伐弹那",意译"喜增",为吠舍种姓,中印度羯若鞠阇国国王。父王名波罗羯罗伐弹那(意译"光增"),兄长名曷逻阇伐弹那(意译"王增"),嗣位后,以德治政,后被东印度羯罗拏苏伐剌那国(意译"金耳国")设赏迦王(意译"月王")设计诱杀。喜增继位后,自号尸罗阿迭多(意译"戒日"),为克复亲仇,雪国之耻,他统率象军、马军、步军,自西往东,征伐不臣,于六年中,征服五印度。戒日王统治印度近三十年,其间兵戈不起,天下安宁。戒日王敬信佛教,他下令五印度不得啖肉,若断生命,有诛无赦;在殑伽河(即恒河)岸边营建了数千座窣堵波(即佛塔),各高百余尺;在五印度的城邑、乡聚、达巷、交衢,建立精庐,储饮食,存医药,施诸羁贫,周给不殆;在佛教圣迹的所在地,建立伽蓝;每五年举办一次无遮大会,倾竭府库,惠施群有,唯留兵器,不充檀舍;每年举行一次诸国沙门的集会,于三七日中,以四事供养(供给衣服、饮食、卧具、医药),庄严法座,广饰义筵,令相辩论,校其优劣;唐玄奘在印求法归国前,戒日王在都城曲女城召集规模空前的无遮大会,请玄奘讲论大乘教义,与会者有十八国国王、通晓大小乘僧三千余人、那烂陀寺僧千余人,以及婆罗门、外道等。生平事迹见唐玄奘《大唐西域记》卷五、义净《南海寄归内法传》卷四等。

　　本书是一部赞颂佛的"八大灵塔"的梵文偈颂的音译书。"八大灵塔",指古印度从阿育王至戒日王,在佛一生经历中具有特殊意义的八个地方,所营造的八座佛塔。据北宋法贤译《八大灵塔名号经》所说,它们是:(1)"迦毗罗城龙弥你园",此为"佛生处"。(2)"摩伽陀国泥连河边菩提树下",此为"佛证道果处"。(3)"迦尸国波罗奈城",此为"佛转大法轮处"。(4)"舍卫国祇陀园",此为"佛现大神通处"(指现神通教化外道之地)。(5)"曲女城",此为"佛从忉利天下降处"(指升忉利天为母说

法,三个月后下降人间处)。(6)"王舍城",此为"声闻分别,佛
为化度处"(指化度被提婆达多分裂出去的僧众之处)。(7)"广
严城灵塔",此为"佛思念寿量处"。(8)"拘尸那城娑罗林内大
双树间",此为"佛入涅槃处"。

　　关于本书的作者,汉译本题为"西天戒日王制",藏文译本则
题为"西哈日侠德哇著"(书名作《八大圣地佛塔礼赞》,见元布顿
《佛教史大宝藏论》,郭和卿译,民族出版社 1986 年 3 月版)。此
事尚待深入考证。

　　本书的正文全是梵文偈颂的音译,义理不明。其文的表述
为:"惹(引——原注)鼎冒亭钵啰(二合——原注)㘕啰末睹朗
(一句——原注)达哩摩(二合——原注)作讫啰(二合——原注)
左啰貌(二——原注)戴帝炀(二合——原注)左(引——原注)祢
炀(二合——原注)帝哩(二合——原注)部嚩那摩呬当(三——
原注)室哩(二合引——原注)摩贺(引——原注)钵啰(一合
引——原注)……"。直至近代,日本学者榊亮三郎将本书的汉
音,还原为梵文,再将梵文译为日文,人们始知其义。

第二门　东土大乘通论

第一品　空宗类：隋吉藏
《三论玄义》一卷

《三论玄义》，又名《三论玄》，一卷。隋吉藏撰。原书未署撰时，从书名下署称"慧日道场沙门吉藏奉命撰"推断，约成于仁寿二年(602)。收入《大正藏》第四十五卷。

吉藏(549—623)，俗姓安，本安息国(今伊朗境内)人。祖世避仇，移居南海，安家于交州、广州之间，后迁至金陵(今江苏南京)。吉藏生于金陵，孩童时，父亲带他去谒见著名的译经家真谛，吉藏之名就是真谛起的。家世奉佛，其父后来出家，法名为道谅，经常带他前去兴皇寺听法朗(《续高僧传》卷十一误作"道朗")说法。七岁时，吉藏依法朗剃度出家，专习"三论"(指《中论》《百论》《十二门论》)。十九岁时，在寺中代师复讲。受具足戒后，声望日隆，深受陈代桂阳王的钦重。陈、隋废兴之际，江南凌乱，道俗弃邑奔逃，吉藏率领所属，前往诸寺，收聚遗弃的文疏，将它们安置于三间堂内，局势稍定后，仔细披阅整理。故传称"目学(目录学)之长，勿过于藏(吉藏)，注引宏广，咸由此焉"。

隋代平定百越(长江中下游地区)后，吉藏东游至会稽秦望山(今浙江绍兴市境内)，住于嘉祥寺，讲经说法，问道者达千余人,时称"嘉祥大师"。开皇(581—600)末年,晋王杨广(后为隋炀帝)在江都(今江苏扬州)建立了四道场,吉藏被召入其中的慧日道场(即慧日寺),以后被延请入住长安(今西安)日严寺,道振中原,行高帝壤。所得财施,除散作功德以外,全部充入寺院的无尽藏,委付昙献用于建立悲敬田(悲田用于救济贫穷,悲田用于供养三宝)。隋炀帝大业五年(609),齐王杨暕在府内举办辩论会,以吉藏为"论主",召请京辇论士数十人参加。时有大兴善寺僧粲,自号"三国(指北齐、陈、北周)论师",精通《十地经论》,敕为"二十五众第一摩诃衍匠",与吉藏往复辩论四十次。吉藏对引飞激,词采铺发,最后取胜,被齐王礼为师傅。隋末,吉藏写《法华经》二千部,造佛像二十五尊,舍房安置,昏晓相仍,竭诚礼忏。又别置普贤菩萨像,帐设如前,躬对坐禅,观实相理。入唐以后,吉藏被推举为京城"十大德"之一,参与管理僧众事务。初住长安实际寺、定水寺,后移居延兴寺。武德六年(623)五月病重,临终前制《死不怖论》,落笔而卒。

吉藏是隋唐三论宗的创始人。一生讲"三论"一百余遍,《法华经》三百余遍,《大品般若经》《大智度论》《华严经》《维摩经》等各数十遍。所撰的著作总计有三十八种一百多卷,其中今存的有二十七种,主要有:《中观论疏》《百论疏》《十二门论疏》《三论玄义》《大乘玄论》《二谛义》《金刚般若疏》《仁王般若经疏》《法华玄论》《法华义疏》《华严游意》《胜鬘宝窟》《无量寿经义疏》《涅槃经游意》《净名玄论》《维摩经义疏》《金光明经疏》等。生平事迹见唐道宣《续高僧传》卷十一等。

本书是论述大乘中观派"三论"(《中论》《百论》《十二门论》)义旨的著作。它不是"三论"原文的注释,而是联系中印的宗教与文化,以及佛教的流传情况,对"三论"的义蕴加以扩展性阐发的著作。全书分为"通序大归"、"别释众品"二大部分。"通序大归",下分"破邪"、"显正"二门,总叙"三论"的大旨;"别释众品",下分"经论相资"、"经论能所绞络"、"造论缘起"、"诸部通别"、"众论立名不同"、"众论旨归"、"四论破申不同"、"别释三论"、"三论通别"、"四论用假不同"、"四论对缘不同"、"三论所破之缘有利钝不同"、"《中论》名题"等十三门,分别解释"三论"的内容特点,以及"三论"与"四论"(加上《大智度论》)之间的联系。

一、"通序大归"。总叙"三论"的大旨,下分二门。

(一)"破邪"。论述破斥"邪执"(指邪谬的执见)问题。邪执很多,"三论"(确切地说是"三论宗")所破斥"邪执",归纳起来,有"外道"、"毗昙"、"成实"、"大执"四种:"外道不达二空,横存人法";"毗昙已得无我,而执法有性";"跋摩(指《成实论》的作者诃梨跋摩)具辨二空,而照犹未尽";"大乘乃言究竟,但封执成迷"。下分四节。

1."摧外道"。指摧破"外道"。下分"天竺异执"、"震旦众师"二类。(1)"天竺异执"。指印度的九十六种外道。本书主要破斥了他们在"因果"问题上的四种执见。它们是:①"邪因邪果"。指"有外道云:大自在天能生万物,万物若灭,还归本天,故云自在。天若瞋,四生皆苦;自在若喜,则六道咸乐"。②"无因有果"。指"有外道穷推万物,无所由籍,故谓无因;而现睹诸法,当知有果"。③"有因无果"。指"断见之流,唯有现在,更无后世,类如草木,尽在一期"。④"无因无果"。指"既拨无后世受果,亦无现在之因故。六师云:无有黑业,无有黑业报,无有白业,无有白业报"。(2)"震旦众师"。指"震旦三玄",即《老子》《庄子》《周易》的奉习者。本书从"研法"、"核人"两个方面,对佛教与"三玄"的优劣作了评判。

2."折毗昙"。指折伏小乘有宗的毗昙论书。毗昙(又称"阿毗昙"、"阿毗达磨",意译"对法"、"论")论书,略说有六种。

（1）佛说《毗昙》。指"如来自说法相毗昙"，此书"盛行天竺，不传震旦"，即流传于印度，未传入中国。（2）舍利弗造《毗昙》。指姚秦昙摩耶舍等译《舍利弗阿毗昙论》三十卷。（3）迦旃延造《毗昙》。指苻秦僧伽提婆等译《阿毗昙八犍度论》三十卷。（4）迦旃延弟子造《毗昙》。指北凉浮陀跋摩等译《阿毗昙毗婆沙论》六十卷。（5）法胜造《毗昙》。指东晋僧伽提婆等译《阿毗昙心论》四卷。（6）达磨多罗（意译"法救"）造《毗昙》。指刘宋僧伽跋摩等译《杂阿毗昙心论》十一卷。此外，还有"六分毗昙"（指"六足论"，当时只译出其中的"品类足论"，即刘宋求那跋陀罗等译《众事分阿毗昙论》十二卷）、魏吴失译《阿毗昙甘露味论》二卷等。毗昙论书的共同特点是认为一切事物都是"有所得"的，是实有的。本书从"乖至道"、"扶众见"、"违大教"、"守小筌"、"迷自宗"、"无本信"、"有偏执"、"非学本"、"弊真言"、"丧圆旨"十个方面，对这些观点作了破斥。

　　3. "排成实"。指排遣小乘空宗的《成实论》。《成实论》"排斥《八犍》（指《八犍度论》），陶汰五部（指小乘法藏部、化地部、饮光部、说一切有部、大众部）"，"毗昙但明人空，《成实》具明二空（指人空、法空）"，故对它的属派和性质，时人多有争议。就它的属派来说，有的说"（《成实论》）择善而从，有能必录，弃众师之短，取诸部之长"；有的说"虽复斥排群异，正用昙无德部（即法藏部）"；有的说"偏斥毗昙，专同譬喻（师）"；而真谛三藏则说"用经部义也，检《俱舍论》，经部之义多同《成实》"。就它的性质来说，有的说"是大乘"；有的说"是小乘"；有的说"探大乘意，以释小乘，具含大小"。本书从"旧序证"、"依论征"、"无大文"、"有条例"、"迷本宗"、"分大小"、"格优降"、"无相即"、"伤解行"、"检世人"十个方面，考定本书"是小乘，非大乘"。如关于小乘"二空"与大乘"二空"的区别，说：

问：小（乘）明一空（指人空），大（乘）辨二空（指人空、法空），可有差别。既同其二空（指《成实》与大乘同明二空），大小何异？答：虽同辨二空，二空不同，略明四种：一者小乘拆法明空；大乘本性空寂。二者小乘但明三界内人、法二空，空义即短；大乘明三界内外人、法并空，空义即长。三者小乘但明于空，未说不空；大乘明空，亦辨不空，故《涅槃》云：声闻之人，但见于空，不见不空，智者见空及以不空，空者一切生死，不空者谓大涅槃。四者小乘名为但空，谓但住于空；菩萨名不可得空，空亦不可得也。故知虽明二空，空义有异，故分大小。（《大正藏》第四十五卷，第 4 页上、中）

4. "呵大执"。指呵责大乘的迷执（迷惑执著）。大乘的迷执，主要表现在有两个问题上。（1）"五时判教"。"判教"，指对佛说教法的内容、顺序、性质和地位所作的判释。"五时判教"，指刘宋道场寺慧观在《大般涅槃经序》中提出的"二教五时"的判教说。所说的"二教"，指"顿教"、"渐教"。"顿教"，指佛对菩萨所说的《华严经》；"渐教"，指佛从鹿野苑"初转法轮"，至娑罗双树之间入灭，自浅至深所说的各种佛经。所说的"五时"，指"渐教"又分为五个阶段。它们是：①"三乘别教"。指为声闻人说"四谛"，为辟支佛（又称"缘觉"）说"十二因缘"，为大乘人说"六度"，"行因各别，得果不同"。②"三乘通教"。指《般若经》，"《般若》通化三机"。③"抑扬教"。指《净名经》（又名《维摩诘经》）、《思益经》等，这些佛经"赞扬菩萨，抑挫声闻"。④"同归教"。指《法华经》，"法华会，彼三乘同归一极"。⑤"常住教"。指《涅槃经》，"《涅槃》名常住教"。本书认为，"但立大、小（乘）二教，不应制于五时"，只应将佛一代言教判释为大乘、小乘二教,而不应区分为五时。为此,作者特地列举"三经三论",即《大品经》《法华经》《涅槃经》《智度论》《地持论》《正观论》(指《中论》)作为验证,说明经论中只说"声闻藏"(即小乘三藏)、"菩萨藏"(指大乘藏)二藏,并没有说过"五时","五时之说,非但无文,亦复害理"。(2)"迷失二谛"。指对"二谛"迷惑不解的人分为三种:"毗昙"(指毗昙师),"执定性之有,迷于假有,故失世谛。亦不知假有宛然,而无所有,复失一真空";"方广道人"(指大乘中执"空"为实无的人,即"谓一切诸法如龟毛兔角,无罪福报应"),"执于邪空,不知假有,故失世谛。既执邪空,迷于正空,亦丧真矣";"世所行"(指世人),"虽具知二谛,或言一体,或言二体,立二不成,复丧真俗也"。

(二)"显正"。论述显明"正理"问题。下分二节。

1."明人正"。指龙树为"人正"。《楞伽经》(指《入楞伽经》)、《摩耶经》都预言龙树出世,"破邪显正"。

2."显法正"。指"三论"为"法正",下分"体正"、"用正"二项。(1)"体正"。指"非真非俗",即既非"真谛"(指殊胜的真理),亦非"俗谛"(指世俗的真理)。"诸法实相,言亡虑绝,未曾真俗,故名之为体;绝诸偏邪,目之为正,故言体正"。(2)"用正"。指"真之与俗",即将"真谛"之理,用于观察"俗谛"之事上。"体绝名言(指名字言说),物无由悟,虽非有无,强说真俗,故名为用;此真之与俗亦不偏邪,目之为正,故名用正"。

二、"别释众品"。分别解释"三论"的内容特点与造论缘由。下分十三门。

(一)"经论相资"。论述经论互相资助问题。诸佛因为众生"失道",故说经;菩萨因为众生"迷经",故造论。经、论都有通(共通)、别(个别)之分。"经通",是为了息灭众生的"颠倒",而开显"道门";"论通",是为了息灭众生的"迷教之病",而申明"正道"。"经别",是为了适应大、小乘人的不同根缘,而演说大、小乘二教;"论别",是为了破除对大、小乘的迷执,而申明大、小乘二教。经、论各有"能说"、"所说",经以"二智"(指一切智、一切种智)为能说,"二谛"为所说;论以"二慧"(指实慧、方便慧)为能说,"言教"为所说。

(二)"经论能所绞络"。论述经论在"能说"、"所说"上的交织关系问题。这种关系大致可分为四种:"经能为论所"、"经所为论能"、"论能为经所"、"论所为经能"。归根结底,"能非定能"、"所非定所"、"能"与"所"是相待而有(即相互依赖而存在)的,无定性的。

(三)"造论缘起"。论述龙树为破除"诸部异执"而造论问题。所说的"诸部异执",指印度小乘"十八部",或"二十部"。所说的"十八部",指大众部的末宗(枝末部派)有八部,上座部的末宗有十部。所说的"二十部",指大众部本宗(即根本大众部)、末宗合计有九部,上座部本宗(即根本上座部)、末宗合计有十一部。由于本书主要依陈真谛译《部执异论》而说,所述的大众部下的末宗(枝末部派)缺"西山部",实际所述为小乘十九部,与唐玄奘译《异部宗轮论》略有出入。

1."根本二部"。指佛入灭后,统一的僧团发生"根本分裂",形成二大部派,即"上座部"(又称"根本上座部")、"大众部"(又称"根本大众部")。相传,佛于"二月十五日入涅槃"的当年,诸弟子在"四月十五日于王舍城祇阇崛山(又称"耆阇崛山"、"灵鹫山")中,结集三藏","尔时,即有二部名字"。上座部,以迦叶上座为首,有五百人,在界内(七叶窟)结集三藏;大众部,以婆师波(又称"婆师婆"、"跋提",为"五比丘"之一)为首,有一万多人,在界外结集三藏。虽说那时已有上座部、大众部二部的名称,但尚未有"异执"。佛灭度后"百一十六年",僧团因对摩诃提婆(意译"大天")"取诸大乘经,内(纳)三藏中释之"和作"余人染污衣"偈二事起净,才正式形成二部。大众部的部主(创始人)是大天,就教义来说,"大众部执生死、涅槃皆是假名,上座部执生死、涅槃皆是真实"。

2."大众部八部"。指大众部在佛涅槃后"二百年中",先后发生四次枝末分裂,形成本宗(大众部)、末派(大众部下的支派)总计有八部。它们是:大众部、一说部、出世说部、灰山住部(又称"鸡胤部")、多闻部、多闻分别部(又称"说假部"、"分别说部")、支提山部(又称"制多山部")、北山部(《异部宗轮论》在"制多山部"之后,还有"西山住部",本书缺)。

(1) 第一次分裂。指从大众部分出"一说部"、"出世说部"、"灰山住部"三部。"一说部","此部执生死,涅槃皆是假名,故云一说";"出世说部","此部言:世间法从颠倒生业,业生果,故是不实;出世法不从颠倒生,故是真实";"灰山住部","此因住处为目(此山有石,堪作灰,此部住彼山中修道,故以为名——原注),其执毗昙是实教,经律为权说"。(2) 第二次分裂。指从大众部分出"多闻部"一部。此部具足"浅深义",而"深义中有大乘义","《成实论》即从此部出"。(3) 第三次分裂。指从大众部分出"多闻分别部"一部。此部"分别前多闻部中义"。(4) 第四次分裂。指从大众部分出"支提山部"、"北山部"二部。此二部是因为对和上(指戒和尚)"无戒"或"破戒",弟子是否能"得戒"一事起净(《异部宗轮论》则称是对重议"大天五事"起净)而分出。

3."上座部十一部"。指上座部从佛涅槃后"三百年初"至"四百年初",先后发生七次枝末分裂(前六次发生在佛涅槃后三百年间,末次发生在佛涅槃后四百年初),形成本宗(上座部)、末派(上座部下的支派)总计有十一部。它们是:萨婆多部(又称"说一切有部")、上座弟子部(又称"雪山部"、"本上座部")、可住子弟子部(又称"犊子部")、法尚部(又称"法上部")、贤乘部(又称"贤胄部")、正量弟子部(又称"正量部")、密林部(又称"密林山部")、正地部(又称"化地部"、"弥沙塞部")、法护部(又称"法藏部"、"昙无德部")、善岁部(又称"饮光部"、"迦叶遗部")、说度部(又称"经量部"、"经部"、"说转部")。

　　(1)第一次分裂。指从上座部分出"上座弟子部"、"萨婆多部"(又称"说一切有部")二部。上座部"从迦叶至掘多(又称"优波鞠多")正弘经;从富楼那稍弃本弘末,故正弘毗昙;至迦旃延(又称"迦多衍尼子")大兴毗昙",迦旃延就是萨婆多部的部主。上座弟子部以"弘经"为正,而萨婆多部则以"弘毗昙(指论)"为正。上座弟子部后来"移往雪山",改名为"雪山住部"。(2)第二次分裂。指从萨婆多部分出"可住子弟子部"(又称"犊子部")一部。此部的部主是可住子(又称"犊子")阿罗汉,专弘舍利弗的"法相毗昙"(内容为解释佛的"九分毗昙")。(3)第三次分裂。指从可住子弟子部分出"法尚部"(本书称此部为"旧昙无德部",误)、"贤乘部"、"正量弟子部"、"密林部"四部,此四部是因为"嫌舍利弗毗昙不足,更各各造论,取经中义足之",由于见解不同而分出。(4)第四次分裂。指从萨婆多部分出"正地部"(又称"化地部")一部。部主正地(又称"化地")出家前是婆罗门国师,出家后证得阿罗汉。他善解婆罗门经典"四韦陀"(又称"四吠陀"),"取四韦陀好语,庄严佛经,执义又异。时人有信其所说,故别为一部"。(5)第五次分裂。指从正地部分出"法护部"(又称"法藏部")一部。部主法护(又称"法藏")是目连的弟子,他"自撰为五藏,三藏(指经、律、论)如常、四咒藏、五菩萨藏。有信其所说者,故别成一部"。(6)第六次分裂。指从萨婆多部分出"善岁部"(又称"饮光部")一部。部主善岁(又称"饮光")七岁即证得罗汉,"撰集佛语,次第相对,破外道为一类,对治众生烦恼复为一类。时人有信其所说者,故别为一部"。
(7) 第七次分裂。指从萨婆多部分出"说度部"(又称"经量部")
一部。部主是鸠摩罗多(意译"童受")。此部主张"五阴从此世
度至后世,得治道乃灭";"唯经藏为正,余二(指律、论)皆成(指
解释)经耳"。如关于上座部的传承与第一次分裂,说:

> 上座弟子部者,佛灭度后,迦叶以三藏付三师:以修多
> 罗(指经)付阿难,以毗昙(指论)付富楼那,以律付优婆离。
> 阿难去世,以修多罗付末田地;末田地付舍那婆斯;舍那婆
> 斯付优婆掘多(又称优波毱多);优婆掘多付富楼那;富楼那
> 付寐者柯(又称弥遮迦);寐者柯付迦旃延尼子(又称迦多衍
> 尼子)。从迦叶至寐者柯,二百年已来无异部。至三百年
> 初,迦旃延尼子去世,便分成两部:一上座弟子部,二萨婆
> 多部。所以分成二部者,上座弟子但弘经,以经为正,律开
> 遮不定,毗昙但释经,或过本或减本,故不正弘之,亦不弃舍
> 二藏(指律、论)也。而萨婆多谓毗昙最胜,故偏弘之。从迦
> 叶至掘多,正弘经;从富楼那,稍弃本弘末,故正弘毗昙;至
> 迦旃延,大兴毗昙。上座弟子部见其(指迦旃延尼子)弃本
> 弘末,四过(指四次以上)宣令遣其改宗,遂守宗不改。而上
> 座弟子部移往雪山避之,因名雪山住部。(第9页中)

(四) "诸部通别"。论述大小乘论典的"通别"(指共通与个
别)问题。(1) "大乘通论"。指"通破大、小(乘)二迷,通申大、
小两教",如"三论"、《摄大乘论》《地持论》等。(2) "大乘别论"。
指"别破大、小(乘)迷,别申大、小教",如《十地论》《大智度论》
等。(3) "小乘通论"。指"通申三藏",如《成实论》等。(4) "小
乘别论"。指"别释三藏",如《四阿含优婆提舍》《善见(律)毗婆
沙》等。

（五）"众论立名不同"。论述大小乘论典的"立名"（指取书名）方法问题。众论立名的方法归纳起来有三种。（1）"从法为名"。指《成实论》、"四论"（《中论》《百论》《十二门论》《大智度论》）等。（2）"从人立名"。指《舍利弗阿毗昙》等。（3）"从喻立名"。指《甘露味毗昙》等。

（六）"众论旨归"。论述大小乘论典的"旨归"问题。小乘经论均以"四谛教"为宗；大乘经论同以"不二正观"为宗，但因所用的方便法门不同，而有各部之间的差别。就"四论"而言，《大智度论》以"二慧"（指实慧、方便慧）为宗；《中论》《十二门论》以"二谛"（指俗谛、第一义谛）为宗；《百论》以"二智"（指权智、实智）为宗。

（七）"四论破申不同"。论述"四论"的"破申"（指破斥与申明）问题。"三论"，"通破众迷，通申众教"；《大智度论》，"别破般若之迷，别申般若之教"。

（八）"别释三论"。论述"三论"的同异问题。"三论"的共同之处是：各论都具有"破邪"、"显正"、"言教"三义；"同是大乘通论"；"同显不二实相"等。不同之处是：《中论》为"广论"，《百论》为"次论"，《十二门论》为"略论"。

（九）"三论通别"。论述"三论"的"通别"问题。"四论"中，《大智度论》是"别论"，"三论"是"通论"。《百论》"通破障世、出世一切邪，通申世、出世一切正"，为"通论之广"；《中论》"但破大小二迷，通申大小两教，不破世间迷、申世间教"，为"通论之次"；《十二门论》"但破执大之迷，申大乘之教"，为"通论之略"。

（十）"四论用假不同"。论述"四论"的"用假"问题。一切事物都是"假名"，虚妄不实，"假名"依其功用，分为四种。（1）"因缘假"。指依因缘相待（相对）而施设假名。（2）"随缘假"。指随众生的根性而施设假名。（3）"对缘假"。指针对众生的执见而施设假名。(4)"就缘假"。指应众生的意愿而施设假名。"四论"中,《大智度论》多用"因缘假";《中论》《十二门论》多用"随缘假";《百论》多用"对缘假"。如关于"四假",说:

> 一切诸法虽并是假,领其要用,凡有四门:一因缘假,二随缘假,三对缘假,四就缘假也。一因缘假者,如空有二谛,有不自有,因空故有,空不自空,因有故空,故空有是因缘假义也;二随缘假者,如随三乘根性,说三乘教门也;三对缘假者,如对治常,说于无常,对治无常,是故说常;四就缘假者,外人执有诸法,诸佛菩萨就彼推求,检竟不得,名就缘假。此四假,总收十二部经八万法藏。(第13页上)

(十一)"四论对缘不同"。论述"四论"的"对缘"(对象)问题。提婆是直接与"外道"交锋,返回山林后,撰集当时之言,而写成《百论》的;而龙树没有直接与"外道"交锋(原因是"龙树声闻天下,外道、小乘不敢与交言"),他是居室内,著笔写下《中论》等书的。

(十二)"三论所破之缘有利钝不同"。论述"四论"所破对象的根缘问题。利根者,"闻《百论》,始舍罪福,终破空有,当此言下,得悟无生";钝根者,"初禀提婆之言,乃至寻《中论》,亦未得解,后因《十二门(论)》观玄略,方乃得悟也"。

(十三)"《中论》名题"。论述《中论》的"名题"(名称)问题。《中论》的立名,有广有略,略称《中论》,广称《中观论》。

本书的注疏有:现代韩廷杰《三论玄义校释》(中华书局1987年8月版)等。

第二品　有宗类:隋慧远《大乘义章》二十卷

《大乘义章》,二十卷(原为十四卷)。隋慧远撰,约撰于开皇元年(581)至开皇十一年(591)之间。唐道宣《续高僧传》卷八著录。收入《大正藏》第四十四卷。

　　慧远(523—592),祖籍敦煌(今甘肃敦煌),后迁居上党高都(今山西晋城),俗姓李。幼年丧父,与叔叔同住。十三岁时,往泽州东山古贤谷寺,投僧思禅师出家,后随师南诣怀州北山丹谷。十六岁时,由阿阇梨湛律师携至邺城,大小经论普皆博涉,而偏重大乘,以为道本。二十岁,从北齐沙门统法上受具足戒,又就大隐(即昙隐)律师听习《四分律》五年,师事法上,并在邺城开讲《十地经论》达七年之久,为地论南道派的传人。其后,携诸学侣返回家乡高都的清化寺。北周武帝于建德三年(574),敕命禁断佛道二教,废毁经像,沙门、道士并令还俗。建德六年(577)平灭北齐后,又召集沙门统等五百余人赴殿,宣布废毁齐境佛教的敕令。众僧以王威震赫,俛首垂泪,莫敢抗谏,唯有慧远一人挺身而出,面无惧色,与帝抗争。武帝毁佛以后,慧远潜隐于汲郡(今河南浚县)西山,精勤修道,三年之间,诵《法华》《维摩》等经,各一千遍。北周静帝大象二年(580),佛教稍兴,诏令东西两京各立陟岵大寺,安置菩萨僧,慧远遂尔常讲于少林寺。隋文帝即位后,全面复兴佛教,慧远在洛阳大开法门,远近归奔,名驰帝阙,敕授洛州沙门都,匡任佛法。开皇五年(585),应请前往泽州弘法。开皇七年(587)春,赴上党等地开讲,不久,应诏还入西京(长安),敕为“六大德”之一。初住兴善寺,后迁净影寺,专事讲学,世称“净影寺慧远”,以别于东晋的“庐山慧远”。开皇十二年(592)春,奉敕主持译经,刊定辞义。同年六月卒于净影寺。著作宏富,见存的除《大乘义章》以外,还有《无量寿经义疏》二卷、《观无量寿经义疏》一卷、《大般涅槃经义记》十卷、《维摩义记》四卷、《温室经义记》一卷、《大乘起信论义疏》二卷、《地持论义记》五卷(每卷各分上下;今存卷三之下、卷四之上下、卷五之下)、

《十地义记》七卷(因每卷各分本末,故又作十四卷;今存卷一至
卷四)等。生平事迹见唐道宣《续高僧传》卷八、《集古今佛道论
衡》卷乙等。

　　本书是一部以佛教重要名词术语为纲目,分门别类地论述
大小乘要义的佛教类书。据僧传记载,南北朝末至隋代初,有关
《大乘义章》的同名著作共有四种,分别是:北魏昙无最《大乘义
章》(卷数不详)、北齐法上《大乘义章》六卷、隋慧远《大乘义章》
十四卷、隋灵裕《大乘义章》四卷,但传今者唯存慧远之书。全书
参照姚秦鸠摩罗什译的《成实论》的组织结构,分为五聚,依次
是:《教聚》《义法聚》《染法聚》《净法聚》《杂法聚》。每一聚又分
若干门(相当于篇),总计二百四十九门(此据《续高僧传》卷八所
记),今存前四聚二百二十二门,阙第五聚《杂法聚》二十七门。
每一门均以某"义"为题,相当于某一佛教术语的专题论文;各篇
"义",大体上以法数(即佛教术语中的数字)的大小为序,从小至
大,逐步递增而编排。由于各篇"义"内容不一,繁者下分若干子
门(相当于章节,称为几门"分别"),略者不分子门,其中,分设子
门最多的是卷八《染法聚》中的《十八界义》,有"十一门分别"。
释文一般包括释名、释义、引证、阐述、辨析等内容,于中,对佛教
名词术语的出处与含义;不同佛典对同一术语的别译与异释;佛
教术语之间的交涉与关联等,作了广泛的叙列与周详的解说。
此外,还在释文中自设问答,对某些难懂难解的义理,以"问曰"
与"释言"的方式,答疑解惑。全书内容浩博,文理流畅,被唐道
宣《续高僧传》卷八称之为"佛法纲要,尽于此焉,学者定宗,不可
不知"之书。

　　一、《教聚》(又名《教法聚》,卷一)。下分三门(大类),始
《众经教迹义》,终《十二部经义》,论述教法问题。

　　(1)《众经教迹义》(卷一)。下分三门(小类),始"叙异说",

终"显正义",论述"判教"问题。"判教",指对佛说各种教法的性质、地位所作的判释。南齐武都山隐士刘虬将佛陀一代言教,分为顿、渐二教,宣说《华严》等经,为顿教;宣说其他教法,为渐教。渐教分为"五时七阶"。"五时",指的是:"一、佛初成道,为提谓等(人),说五戒十善人天教门";"二、佛成道已十二年中,宣说三乘差别教门。求声闻者,为说四谛;求缘觉者,为说因缘(指十二因缘);求大乘者,为说六度,及制戒律,未说空理";"三、佛成道已三十年中","宣说大品空宗《般若》《维摩》《思益》。三乘同观,未说一乘、破三归一,又未宣说众生有佛性";"四、佛成道已四十年后,于八年中说《法华经》,辨明一乘,破三归一,未说众生同有佛性,但彰如来前过恒沙未来倍数,不明佛常,是不了教";"五、佛临灭度,一日一夜,说《大涅槃》,明诸众生悉有佛性,法身常住,是其了义"。"七阶",指将"五时"中的第二时,分作为求声闻者说"四谛"、为求缘觉者说"十二因缘"、为求大乘者说"六度"三阶,其余四时为四阶。对此,本书批评说,"是言不尽(指并不完善),如佛所说《四阿含经》、五部戒律(指五部广律),当知非是顿渐所摄","五时七阶之言,亦是谬浪"。作者认为,佛教所说众多,但其要唯有二种,即世间法、出世间法。"三有(指众生随业受报的三界)善法,名为世间;三乘出道,名出世间"。出世间法分为二种,即"声闻藏"、"菩萨藏"。

(2)《三藏义》(卷一)。下分七门,始"释名",终"料简宽狭",论述大小乘"三藏"问题。"三藏",指佛教经典的三大部类,即"修多罗"(经)、"毗尼"(律)、"毗昙"(论)。就本末而言,"经、律是本,论是其末";就教化次第而言,"为初入者,说修多罗,以其教化,令生信故;为已入者,宣说毗尼,令其受持,起修行故;已受持者,为说毗昙,令其依行,生正智故"。大小乘都有"三藏","小乘三(藏)者,《四阿含》等,是修多罗;五部戒律,是其毗尼;

《毗婆沙》等,是阿毗昙。大乘三(藏)者,《华严》等经,是修多罗;《清净毗尼》等,是其毗尼;《大智论》等,是阿毗昙"。如关于"阿毗昙"的四名,说:

> 阿毗昙者,名别有四:一名优婆提舍;二名阿毗昙;三名摩德勒伽,亦云摩多罗迦,此正一名,传之音异;四名摩夷。优婆提舍,此正名论,论诸法故。阿毗昙者,此方正翻,名无比法,阿谓无也,毗谓比也,昙摩名法。解释有二:一就教论,二据行辨。言就教者,三藏之中,毗昙最为分别中胜,故曰无比;言就行者,毗昙诠慧,慧行最胜,故曰无比。毗昙之教,诠此胜行,故名无比。又能生彼无比之慧,故曰无比。摩德勒伽,此方正翻,名行境界,辨彰行仪,起行所依,名行境界。言摩夷者,此名行母,辨诠行法,能生行故,名为行母,与前境界(指摩德勒伽),其义相似。(卷一《教聚·三藏义》,《大正藏》第四十四卷,第468页上、中)

(3)《十二部经义》(卷一)。下分五门,始"翻名解释",终"总别",论述"十二部经"问题。"十二部经",指依体裁和内容区分的佛说教法的十二种类别,即"修多罗"(又称"契经")、"祇夜"(又称"重诵偈")、"和伽罗那"(又称"授记")、"伽陀"(又称"不重颂偈")、"忧陀那经"(又称"无问自说经")、"尼陀那经"(又称"因缘经")、"阿波陀那经"(又称"譬喻经")、"伊帝越多伽经"(又称"本事经")、"周陀伽经"(又称"本生经")、"毗佛略经"(又称"方广经")、"阿浮陀达摩"(又称"未曾有经")、"优婆提舍"(又称"论义经")。依《菩萨地持经》所说,"十二部经,唯方广部是菩萨藏,余十一部是声闻藏"。

二、《义法聚》(卷一至卷四)。下分二十六门,始《佛性义》,终《二十二根义》,论述教义问题。

（1）《佛性义》（卷一）。下分五门，始"释名"，终"就性所以"，论述"佛性"问题。"佛性"的"佛"，意为"觉"，"返妄契真，悟实名觉"。"佛性"的"性"，有"种子因本"、"自体"、"不改"、"性别"四义。"佛性"，就"能知性"而言，指一切众生皆有成佛的可能性（或称成佛之因），"凡有心者悉是佛性，此等皆是能知性也"；就"所知性"而言，指一切诸法的实性，"诸法自体，故名为性，此性唯是诸佛所穷，就佛以明诸法体性，故云佛性"；"所知性者，谓如（又称真如）、法性、实际、实相、法界、法经、第一义空、一实谛等"。也就是说，从"所知性"的角度说，"佛性"与"诸法实相"、"真如"、"法性"、"法界"、"如来藏"等同义。

（2）《假名义》（卷一）。下分三门，始"释名"，终"辨相"，论述"假名"问题。"假名"，指假借言语施设的名称，共有四义：一指"诸法无名，假与施名，故曰假名"；二指"假他得名，故号假名"；三指"假之名，称曰假名"；四指"诸法假名而有，故曰假名"。

（3）《入不二门义》（卷一）。下分三门，始"释名"，终"约说分异"，论述"入不二门"问题。"入不二门"，指证入无差别的平等境界。"不二"，指"无异"，"一切诸法，悉是不二"；"如（指真如）不离心，妄想不行；心不离如，如心不异，是即真名入不二门"。

（4）《二谛义》（卷一）。下分二门，即"释名"、"辨体"，论述"二谛"问题。"二谛"，指二种真理（真实不虚的道理），即"世谛"（又称"俗谛"）、"第一义谛"（又称"真谛"）。"言俗谛者，俗谓世俗，世俗所知，故名俗谛"；"第一义（谛）者，亦名真谛，第一是其显胜之目，所以名义，真者是其绝妄之称"；"谛者，犹是真实之义"。

（5）《二无我义》（卷一）。下分四门，始"释名"，终"就人辨定"，论述"二无我"问题。"二无我"，指"人无我"、"法无我"。

"人无我"（又称"众生无我"、"生空"、"人空"），指人身由"五蕴"和合而成，没有常恒实在的主体（"我"）；"法无我"（又称"法空"），指一切诸法（事物）由众缘和合而生，没有常恒实在的主体。如关于"二无我"，说：

> 二无我者，一人无我，二法无我。人无我者，经中亦名众生无我，亦名生空，亦名人无我，亦名人空，亦名我空。众法成生，故曰众生，生但假有，无其自性，是故名为众生无我。众生性相，一切皆无，说之为空。寄用名人，无我与空，义同前释。性实名我，阴中无我，故曰我空。法无我者，亦名法空。自体名法，法无性实，名法无我。诸法性相，一切皆无，名为法空。此即二种，俱名为空，齐号无我。（卷一《义法聚·二无我义》，第 485 页中）

(6)《如法性实际义》（卷一）。下分三门，始"释名"，终"大小有无"，论述"如"、"法性"、"实际"问题。"如"（又称"如如"、"真如"）、"法性"、"实际"三者，都是"理"的别名。"所言如者，是其同义，法相虽殊，理实同等，故名为如"；"言法性者，自体名法，法之体性，故云法性"；"言实际者，理体不虚，目之为实，实之畔齐，故称为际"。

(7)《三解脱门义》（卷二）。下分八门，始"释名"，终"重空之义"，论述"三解脱门"问题。"三解脱门"，指能得解脱的三种禅定。一是"空解脱门"，指观察诸法自性空寂的禅定；二是"无相解脱门"，指观察诸法无差别相的禅定；三是"无愿解脱门"，指对诸法无所愿乐造作的禅定。

(8)《三有为义》（卷二）。下分二门，即"释名"、"辨相"，论述"三有为"问题。"三有为"，指三种有为法（有因缘造作和生灭变化的事物），即"色法"、"心法"、"非色非心法"。"质碍名色，虑知曰心,(心)不相应行,违返前二,名非色心。此之三种,同名有为,为是集起、造作之义,法有为作故,名有为"。

(9)《三无为义》(卷二)。下分十门,始"释名",终"约对四谛共相收摄",论述"三无为"问题。"三无为",指三种无为法(无因缘造作和生灭变化的事物)。一是"虚空无为",指周遍无碍的虚空,它以"无碍"为体性,能容受一切诸法;二是"数灭无为"(又称"择灭无为"),指由无漏智的简择力,断灭一切烦恼,而证得的寂灭,它以"离系"(指断离烦恼的系缚)为体性;三是"非数灭无为"(又称"非择灭无为"),指非由无漏智的简择力,因阙缘有为法不生而显现的寂灭,它以"永碍未来法生"(指令未来法阙缘不起)为体性。

(10)《四空义》(卷二)。下分二门,即"辨相"、"摄相",论述"四空"问题。"四空",指一切事物本性空寂的四种差别。一是"法相空",指"一切世谛、有为(法)、无为(法),通名法相;此之法相,无法为法,法即非法,故名为空";二是"无法空",指"诸法理空,名为无法,无法体状,名无法相,此无法相,破有故立,无别自性,故名为空";三是"自法空",指"前二空法性自寂,不由智慧,强观令空";四是"他法空",指"如(指真如)等外,更无他法"。

(11)《四优檀那义》(卷二)。下分三门,始"释名",终"随别广释",论述"四优檀那"问题。"四优檀那"(又称"四法印"),指佛法的四大标志,即"一切行无常"、"一切行苦"、"诸法无我"、"涅槃寂灭"。"有为集起,目之为行,行流非恒,称曰无常";"逼恼名苦,行同前释";"自体名法,法无性实,故曰无我";"涅槃无为,恬泊名灭";"优檀那者,是中国(此指中天竺)语,此名为印","法相揩定不易之义,名印也"。

(12)《四悉檀义》(卷二)。下分四门,始"释名辨相名",终"相摄义",论述"四悉檀"问题。"悉檀",为"悉昙"的异译,意为

"成就"，"或名为宗，或名为成，或云理"（隋智𫖮《妙法莲华经玄义》卷一则将"悉檀"释为"遍施"，意思略有出入）。"四悉檀"，指佛教化众生的四种方法，即"世界悉檀"（又称"乐欲悉檀"）、"各各为人悉檀"（又称"生善悉檀"）、"对治悉檀"（又称"断恶悉檀"）、"第一义悉檀"（又称"入理悉檀"）。

（13）《四真实义》（卷二）。下分二门，即"释名"、"体相"，论述"四真实"问题。"四真实"，指一切法（事物）的四种真实性，即"世间所知"（又称"世间极成真实"）、"学人所知"（又称"道理极成真实"）、"烦恼障净智所行处法"（又称"烦恼障净智所行真实"）、"智障净智所行处法"（又称"所知障净智所行真实"）。

（14）《四谛义》（卷三）。下分九门，始"释名"，终"十谛分别"，论述"四谛"问题。"四谛"（又称"四圣谛"），指显示众生的痛苦与解脱的四种真理（真实不虚的道理），即"苦谛"、"集谛"、"灭谛"、"道谛"。"逼恼名苦，聚积称集，寂怕名灭，能通曰道"，"圣者所谓诸佛、菩萨、一切圣人，就圣辨谛。故云圣谛"。

（15）《四缘义》（卷三）。下分四门，始"释名"，终"大小同异"，论述"四缘"问题。"四缘"，指一切有为法（有因缘造作和生灭变化的事物）生起的四种条件。一是"因缘"（又称"亲因缘"），指"亲生之义，目之为因，用因为缘，故曰因缘"；二是"次第缘"（又称"等无间缘"），指"籍前心法，次第生后，所生之心，次前后起，故名为次。以后生故，说之为第。前心与后，次第为缘，名次第缘"；三是"缘缘"（又称"所缘缘"），指"六尘境界，为心所缘，故名为缘。由彼所缘，与心作缘，故名缘缘"；四是"增上缘"，指"起法功强，故曰增上，以此增上为法缘，故名增上缘"。

（16）《五果义》（卷三）。下分十门，始"列名辨相"，终"断法分别"，论述"五果"问题。"五果"，指由因缘引生的五种结果。一是"报果"（又称"异熟果"），指"善恶等业，得苦乐报，名报果"；

二是"依果"(又称"等流果"),指"依善生善,从恶生恶,如是一切同类之法,后依前生,故名依果";三是"士夫果"(又称"功用果"),指"士夫是人,士夫所作,名士夫果";四是"增上果",指"一法生时,过去、现在一切万法,于此不障,皆名增上,生法望彼,名增上果";五是"解脱果"(又称"离系果"),指"无漏圣道及与等智,灭诸烦恼,名解脱果"。

(17)《六因义》(卷三)。下分五门,始"辨相",终"大小同异",论述"六因"问题。"六因",指一切有为法(有因缘造作和生灭变化的事物)生起的六种原因。一是"所作因"(又称"能作因"),指"诸法起时,除其自体,万法不障,令其得生";二是"共有因"(又称"俱有因"),指"诸法起时,同时同性,共有之法,展转为因";三是"自分因"(又称"同类因"),指"同类之法,藉前生后";四是"遍因"(又称"遍行因"),指"苦(谛)集谛下疑、见(五见)、无明,能生一切染污法";五是"相应因",指"止在心法,如心起时,即有一切诸心数(又称心所)法,与心相应,是相应法,展转相助,有所为作";六是"报因"(又称"异熟因"),指"一切三界有漏善法(指未除烦恼的世间善法)及与不善(法),能生一切苦乐等报"。

(18)《四空义》(卷三)。与卷二《四空义》全同,当系重出。

(19)《五法三自性义》(卷三)。下分三门,始"明五法",终"相对分别",论述"五法"、"三自性"问题。"五法",指一切诸法的五种法相,即"名"、"相"、"妄想"(又称"分别")、"正智"、"如如"(又称"真如")。"三自性",指一切诸法的三种体性,即"妄想"、"缘起"(又称"因缘")、"成"(又称"第一义")。

(20)《六种相门义》(卷三)。不分门,论述"六种相门"问题。"六种相门"(又称"六相"),指一切诸法的六种相状,即"总相"、"别相"、"同相"、"异相"、"成相"、"坏相"。

(21)《八识义》(卷三)。下分十门,始"释名",终"对治邪

执"，论述"八识"问题。"八识"，指八种识，即"眼识"、"耳识"、
"鼻识"、"舌识"、"身识"、"意识"、"阿陀那识"（又称"末那识"）、
"阿梨耶识"（又称"阿赖耶识"）。"八（识）中前六（识），随根受
名；后之二种，就体立称。根谓眼、耳、鼻、舌、身、意，从斯别识，
故有六种；体含真伪故，复分二（指阿陀那识、阿梨耶识）"；"阿陀
那者，此方正翻名为无解，体是无明痴暗心故"；"阿梨耶者，此方
正翻名为无没，虽在生死，不失没故"。

（22）《十因义》（卷四）。下分七门，始"列名解相"，终"对人
辨异"，论述"十因"问题。"十因"，指一切有为法生起的十种原
因，即"随说因"、"以有因"、"种殖因"、"生因"、"摄因"、"长因"、
"自种因"、"共事因"、"相违因"、"不相违因"。

（23）《十一空义》（卷四）。不分门，论述"十一空"问题。
"十一空"，指一切事物本性空寂的十一种差别，即"内空"、"外
空"、"内外空"、"有为空"、"无为空"、"无始空"、"性空"、"无所有
空"、"第一义空"、"空空"、"大空"。

（24）《十二因缘义》（卷四）。下分八门，始"释名辨体"，终
"约智分别"，论述"十二因缘"问题。"十二因缘"，指众生生死流
转的十二个阶段，即"无明"、"行"、"识"、"名色"、"六入"、"触"、
"受"、"爱"、"取"、"有"、"生"、"老死"。

（25）《十八空义》（卷四）。下分三门，始"辨相"，终"修入次
第"，论述"十八空"问题。"十八空"，指一切法的十八种空性，即
"内空"、"外空"、"内外空"、"空空"、"大空"、"第一义空"、"有为
空"、"无为空"、"毕竟空"、"无始空"、"散空"、"性空"、"自相空"、
"诸法空"、"不可得空"、"无法空"、"有法空"、"无法有法空"。

（26）《二十二根义》（卷四）。下分七门，始"释名辨体"，终
"因起次第"，论述"二十二根"问题。"二十二根"，指有生长增上
作用的二十二种根性，即"眼根"、"耳根"、"鼻根"、"舌根"、"身

根"、"意根"(以上为"十二处"的"六根")、"男根"、"女根"(以上
为"身根"的一部分)、"命根"(此为"心不相应行法"之一)、"苦
根"、"乐根"、"忧根"、"喜根"、"舍根"(以上为"五受根";其排序
与他书略有出入)、"信根"、"进根"(又称"精进根")、"念根"、"定
根"、"慧根"(以上为"五善根")、"未知根"(又称"未知当知根")、
"知根"(又称"已知根")、"无知根"(又称"具知根",以上为"三无
漏根")。

三、《染法聚》(卷五至卷八)。下分《烦恼义》《诸业义》《苦
报义》三类,总计六十门,始《二障义》,终《四十居止义》,论述"染
法"(染污法)问题。

(一)《烦恼义》(卷五至卷六)。下分三十门,始《二障义》,
终《八万四千烦恼义》,论述"烦恼"的种类与体相问题。

(1)《二障义》(卷五)。下分二门,即"释名"、"体相",论述
"二障"问题。"障",指"能碍圣道",为"烦恼"的异名;"二障",指
妨碍解脱的二种障碍,即"烦恼障"、"智障"(又称所知障)。《胜
鬘经》说,有"五住地"烦恼(指根本烦恼的五种住地)。一是"见
一处住地",指三界的见惑,即三界见道位所断的烦恼;二是"欲
爱住地",指"欲界"的修惑,即欲界修道位所断的烦恼;三是"色
爱住地",指"色界"的修惑,即色界修道位所断的烦恼;四是"有
爱住地",指"无色界"的修惑,即无色界位修道所断的烦恼,以上
四住地为烦恼障;五是"无明住地",指三界的无明,此住地为智
障。如关于"烦恼"的各种异名,说:

　　　所言障者,随义不同,乃有多种。或名烦恼,或名为使,
　　或名为结,或名为缠,或名为缚,或名为流,或名为柅,或名
　　为取,或名为漏,或名为垢,或说为惑,或说为障,如是非一。
　　劳乱之义,名曰烦恼;随逐系缚,称之为使;结集生死,目之

为结,结缚众生,亦名为结;能缠行人,目之为缠,又能缠心,亦名为缠;羁系行人,故目为缚;漂流行人,说之为流;能令众生为苦所柅,故名为柅;取执境界,说以为取;流注不绝,其犹疮漏,故名为漏;染污净心,说以为垢;能惑所缘,故称为惑;能碍圣道,说以为障。如是差别,无量无边。(卷五《染法聚·二障义》,第561页中、下)

(2)《三障义》(卷五)。下分二门,即"释名"、"断处",论述"三障"问题。"三障",指依"无明"的粗细立喻的三种障碍。一是"皮障",指"粗品无明";二是"肤障",指"中品无明";三是"骨障",指"细品无明"。

(3)《三根三道三毒烦恼义》(卷五)。下分四门,始"释名",终"料简优劣",论述"三根"、"三道"、"三毒"问题。"三根",指三种不善根性,即"贪"、"瞋"、"痴","染境名贪,忿怒曰瞋,暗惑名痴,此三乃是思前烦恼,发生思业,故名为根"。"三道",指通向邪业的三种烦恼,即"贪"、"瞋"、"邪见","贪、瞋同前。言邪见者,谬执乖理,目之为邪;邪心推求,说之为见","此三乃是思后烦恼,通畅前思,故名为道"。"三毒",指毒害众生的三种烦恼(此与"三根"相同),即"贪"、"瞋"、"痴","言三毒者,名同三根","然此三毒,通摄三界一切烦恼。一切烦恼,能害众生,其犹毒蛇,亦如毒龙,是故就喻说名为毒"。

(4)《三使义》(卷五)。下分三门,始"释名辨体",终"约对三障辨同异",论述"三使"问题。"三使",指菩萨十地所断的、依粗细区分的三种烦恼。一是"害伴使",指"四住使(指前述"五住地"烦恼中的前四住地烦恼)中,粗品之使";二是"嬴使",指"四住使中,中品之使";三是"细使",指"四住使中,下品之使"。

(5)《三漏义》(卷五)。不分门,论述"三漏"问题。"三漏",

指由六根漏泄过患,令众生流转三界的三种烦恼。一是"欲漏",指"欲界地中一切烦恼,唯除无明";二是"有漏",指"上二界(指色界、无色界)中一切烦恼,唯除无明";三是"无明漏",指"三界无明"。

(6)《四缚四流四柅义》(卷五)。不分门,论述"四缚"、"四流"、"四柅"问题。"四缚",指系缚身心,令众生不得解脱的四种烦恼。一是"欲缚",指"欲界地中一切烦恼,除无明、见";二是"有缚",指"色、无色界一切烦恼,除无明、见";三是"无明缚",指"三界无明";四是"见缚",指"三界诸见"。"四流",指令众生漂溺于三界生死的四种烦恼,即"欲流"、"有流"、"见流"、"无明流";"四柅",通常作"四轭",指令众生荷负重苦的四种烦恼,即"欲轭"、"有轭"、"见轭"、"无明轭"。"系缚众生,故名为缚;漂流行人,故名为流;能令众生为苦所柅,故名为柅。名义虽异,体性不殊"。

(7)《四取义》(卷五)。不分门,论述"四取"问题。"四取",指令众生生起执取的四种烦恼。一是"欲取",指"欲界一切诸钝烦恼,缘五欲生";二是"我取"(又称"我语取"),指"上二界(指色界、无色界)中诸钝烦恼,缚自身起";三是"戒取"(又称"戒禁取"),指"三界之中戒取之心";四是"见取"(又称"见取见"),指"三界之中余之四见(指三界"五见"中,除"见取"以外的其余四见),合为见取"。

(8)《四种身结义》(卷五)。不分门,论述"四种身结"问题。"四种身结",指结缚身心,令众生不得解脱的四种烦恼,即"贪嫉身结"、"瞋恚身结"、"戒取身结"、"取身结"。"此四犹是贪、瞋、痴也。初一是贪,次一是瞋,后二是痴"。

(9)《五住地义》(卷五)。下分七门,始"释名",终"治断分齐",论述"五住地"问题。"五住地",指《胜鬘经》所说的根本烦

恼的五种住地,即"见一处住地"、"欲爱住地"、"色爱住地"、"有
爱住地"、"无明住地"。

(10)《五盖义》(卷五)。下分五门,始"释名",终"对行辨
盖",论述"五盖"问题。"五盖",指覆盖众生心性的五种烦恼,即
"贪欲盖"、"瞋恚盖"、"睡眠盖"、"掉悔盖"、"疑盖"。"于外五欲,
染爱名贪";"忿怒曰瞋";"心重欲眠,说之为睡,摄心离觉,目之
为眠";"言掉悔者,躁动名掉,于所作事,追恋称悔";"于法犹豫,
说以为疑"。

(11)《五下分结义》(卷五)。不分门,论述"五下分结"问
题。"五下分结",指顺益下分界(欲界)的五种烦恼,即"贪欲"、
"瞋恚"、"身见"、"戒取"(又称"戒禁取见")、"疑"。"欲界之爱,
贪外五欲,故名贪欲";"违境忿怒,说名为瞋";"于身见我,名曰
身见";"取戒为道,故名戒取";"于理犹豫,故名为疑"。

(12)《五上分结义》(卷五)。不分门,论述"五上分结"问
题。"五上分结",指顺益上分界(色界、无色界)的五种烦恼,即
"无明"、"憍慢"、"掉戏"(又称"掉举")、"色染"(又称"色贪")、
"无色染"(又称"无色贪")。"痴暗之心,名曰无明";"自举陵物,
称曰憍慢";"躁动之意,名为掉戏";"色界贪爱,爱己色身,名为
色染";"无色界中贪爱烦恼,爱著己心,名无色染"。

(13)《五悭义》(卷五)。不分门,论述"五悭"问题。"五
悭",指悭吝财物、法义,不愿施舍的五种行为,即"住处悭"、"家
悭"、"施悭"、"称赞悭"、"法悭"。"坚著不舍,目之为悭,悭随境
别离,分为五(悭)"。

(14)《五心栽义》(卷五)。不分门,论述"五心栽"问题。
"五心栽",指由疑心、瞋心栽生的五种情况,即"疑佛"、"疑法"、
"疑戒"、"疑教化法"(又称"疑教")、"谗刺善人"(又称"瞋僧")。
前四事为"疑",末一事为"瞋"。

　　(15)《五心缚义》(卷五)。不分门,论述"五心缚"问题。"五心缚",指系缚身心,令众生不得解脱的五种烦恼,即"贪己身"、"贪外五欲"、"乐与在家出家众合"、"于圣语心不喜乐"、"于善法得小为足"。"烦恼恶法,缠心不舍,故名心缚。心缚不同,略论五种(即五心缚)"。

　　(16)《六垢义》(卷五)。下分七门,始"列名辨释",终"约道分别",论述"六垢"问题。"六垢",指依根本烦恼生起的、秽污众生身心的六种随烦恼(又称枝末烦恼),即"害"、"恨"、"诳"、"高"、"谄"、"恼"。"于诸众生,残害之意,名之为害";"嫌怨不舍,目之为恨";"欺诈名诳,自举曰高";"邪曲称谄,燋忧曰恼"。

　　(17)《七漏义》(卷五)。不分门,论述"七漏"问题。"七漏",指由六根漏泄过患,令众生流转三界的七种烦恼,即"见漏"、"修漏"、"根漏"、"恶漏"、"亲近漏"、"受漏"、"念漏"。

　　(18)《七使义》(卷五)。不分门,论述"七使"问题。"七使",指驱使众生流转于三界的七种根本烦恼,即"贪欲使"、"有爱使"、"瞋使"、"痴使"、"慢使"、"见使"、"疑使"。

　　(19)《八慢义》(卷五)。不分门,论述"八慢"问题。"八慢",指傲慢凌人的七种行为,即"慢"、"大慢"、"慢慢"、"不如慢"、"憍慢"(又称"傲慢")、"我慢"、"增上慢"、"邪慢"。

　　(20)《八种恶觉义》(卷五)。不分门,论述"八种恶觉"问题。"八种恶觉",指出家者的八种恶觉("觉"又译"寻思",指推求思察),即"欲觉"、"瞋觉"、"害觉"、"亲里觉"、"国土觉"、"不死觉"、"族姓觉"、"轻侮觉"。

　　(21)《八妄想义》(卷五)。下分三门,始"释名",终"约对五住共相收摄",论述"八妄想"问题。"八妄想",指八种妄想,即"自性妄想"、"差别妄想"、"摄受积聚妄想"、"我妄想"、"我所妄想"、"念妄想"、"不念妄想"、"念不念俱违者妄想"。

(22)《八倒义》(卷五)。下分九门,始"释名辨相",终"治断差别",论述"八倒"问题。"八倒",指八种颠倒真实的妄见,分"有为四倒"、"无为四倒"二种,前者指凡夫执著有为的生死之法为"常"、"乐"、"我"、"净";后者指二乘(声闻、缘觉)执著无为的涅槃之法为"无常"、"无乐"、"无我"、"无净"。

(23)《九结义》(以上卷五)。不分门,论述"九结"问题。"九结",指结缚身心,令众生不得解脱的九种烦恼,即"爱结"、"瞋结"、"痴结"、"慢结"、"疑结"、"见结"、"取结"、"悭结"、"嫉结"。

(24)《十使义》(卷六)。下分十门,始"释名辨相",终"因起次第",论述"十使"问题。"十使",指十种根本烦恼,即"身见"、"边见"、"邪见"、"戒取"、"见取"、"贪"、"瞋"、"痴"、"慢"、"疑"。

(25)《十缠义》(卷六)。下分七门,始"释名辨相",终"就位分别",论述"十缠"问题。"十缠",指依"贪"等根本烦恼生起的、缠缚众生身心的十种随烦恼,即"无惭"、"无愧"、"睡"、"眠"、"悔"、"悭"、"嫉"、"掉"、"忿"、"覆"。

(26)《十障义》(卷六)。下分四门,始"释名",终"治断处所",论述"十障"问题。"十障",指菩萨十地所断的十种重障,即"凡夫我相障"、"邪行于众生身等障"、"暗相于闻思修等诸法忘障"、"解法慢障"、"身净我慢障"、"微烦恼习障"、"细相习障"、"于无相有行障"、"不能善利益众生障"、"于诸法中不得自在障"。

(27)《十四难义》(卷六)。不分门,论述"十四难"问题。"十四难"(又称"十四无记"),指佛对外道问难的十四个问题,不予置答(即不作肯定或肯定的回答),分为四类。一是"常无常见"四种,即"神(又称神我、我,指五阴的主宰)及世间二俱是常"、"神及世间二俱无常"、"神及世间亦常无常"、"神及世间非常非无常"；二是"边无边见"四种，即"神及世间二俱有边"、"神及世间二俱无边"、"神及世间亦有边无边"、"神及世间非有边非无边"；三是"如去不如去见"四种，即"如去"（指"如从前世，来生此间，去向后世，亦复如是"）、"不如去"（指"如从前世，来生此间，死后断灭，不如前去"）、"亦如去亦不如去"（指"身之与神，合以为人，如从前来，死后神去，身不如去"）、"非如去非不如去"（指"非去及非不去"）；四是"身神一异见"二种，即"身与神一"（指"身即是神"）、"身与神异"（指"身相粗现，神即微细"，"以其异故，身灭神在"）。

（28）《十六神我义》（卷六）。不分门，论述"十六神我"问题。"十六神我"（又称"十六知见"），指外道、凡夫对"神我"（指"五阴"的主宰）的十六种称谓，即"我"（又称"神我"）、"众生"、"寿者"、"命者"、"生者"、"养育"、"众数"、"人"、"作者"、"使作者"、"起者"、"使起者"、"受者"、"使受者"、"知者"、"见者"。"神谓神主，我谓我人，神我不同，略说十六"，"此等皆是我之别名"。

（29）《六十二见义》（卷六）。不分门，论述"六十二见"问题。"六十二见"，指外道的六十二种见解。分为两大类：一是"本劫本见"十八种，指依过去世而起见解有十八种，下分五小类，即"常论"四种、"常无常论"（又称"半常半无常论"）四种、"边无边论"四种、"捷种种论"（又称"异问异答"）四种、"无因而有论"（又称"无因论"）二种；二是"末劫末见"四十四种，指依未来世而起的见解有四十四种，下分五小类，即"有想论"十六种、"无想论"八种、"非有想非无想论"八种、"断灭论"七种、"现在泥洹论"（又称"现在涅槃论"）五种。

（30）《八万四千烦恼义》（卷六）。不分门，论述"八万四千烦恼"问题。"八万四千烦恼"，喻指烦恼种类极多。

（二）《诸业义》（卷七）。下分十六门，始《身等三业义》，终

《饮酒三十五失义》,论述"业"(意为造作)的种类与体相问题。

(1)《身等三业义》(卷七)。下分五门,始"释名辨性",终"上下",论述"身等三业"问题。"身等三业",指身、口、意的造作行为,即"身业"、"口业"(又称"语业")、"意业"。"身业"、"口业"各有自己的"作业"(指显现于外的、可以见闻的身业、语业)、"无作业"(指由身表业、语表业引生的无形色法,即内在的、不可见闻的善恶功能);"意业",小乘认为它无"作业"、"无作业"之分,大乘认为它也有"作业"、"无作业"。三业之中,"意业最重,一切身、口,由意成故"。

(2)《三性业义》(卷七)。下分三门,始"释名辨体",终"就人分别",论述"三性业"问题。"三性业",指依"三性"(善、恶、无记)区分的三种业,即"善业"、"恶业"、"无记业"。

(3)《三受报业义》(卷七)。下分三门,始"释名",终"就处分别",论述"三受报业"问题。"三受报业",指依"三受"(苦受、乐受、不苦不乐受)区分的三种业,即"苦受业"(又称"顺苦受业")、"乐受业"(又称"顺乐受业")、"不苦不乐受业"(又称"顺不苦不乐受业"、"舍受业")。

(4)《三界系业义》(卷七)。下分五门,始"释名",终"治断",论述"三界系业"问题。"三界系业",指依"三界"(欲界、色界、无色界)区分的三种业,即"欲界系业"、"色界系业"、"无色界系业"。

(5)《三时报业义》(卷七)。下分五门,始"释名辨相",终"得果多少迟速分别",论述"三时报业"问题。"三时报业",指依"三时"(现、次、后)区分的三种业。一是"现报业"(又称"顺现法受业"),指此生所造,于此生成熟之业;二是"生报业"(又称"顺次生受业"),指此生所造,于第二生成熟之业;三是"后报业"(又称"顺后次受业"),指此生所造,于第三生以后次第成熟之业。

（6）《曲秽浊业义》（卷七）。不分门，论述"曲秽浊业"问题。"曲秽浊业"，指由谄、瞋、贪所起的三种业，即"曲业"、"秽业"、"浊业"。"曲者从谄起，秽从瞋恚生，欲（贪欲）生谓为浊"。

（7）《黑白四业义》（卷七）。下分二门，即"释名"、"辨相"，论述"黑白四业"问题。"黑白四业"，指依"黑"（喻不善）、"白"（喻善）区分的四种业。一是"黑黑业"，指不善业，"不善鄙秽，名之为黑，因果俱黑，名黑黑业"；二是"白白业"，指善业，"善法鲜净，名之为白，因果俱白，名白白业"；三是"黑白业"，指杂业，"善恶交参，名黑白业"；四是"不黑不白业"，指无漏业。

（8）《五逆义》（卷七）。下分七门，始"释名辨相"，终"可尽不尽分别"，论述"五逆"问题。"五逆"，指招感命终之后，堕入无间地狱苦报的五种重罪，即"杀父"、"杀母"、"杀阿罗汉"、"出佛身血"、"破和合僧"。

（9）《六业义》（卷七）。不分门，论述"六业"问题。"六业"，指"五道"（地狱、畜生、饿鬼、人、天）报业及不定业，即"地狱业"、"畜生业"、"饿鬼业"、"人业"、"天业"和"不定业"。

（10）《七不善律仪义》（卷七）。下分五门，始"释名辨相"，终"形趣分别"，论述"七不善律仪"问题。"七不善律仪"，指能产生作恶止善功能的七种恶戒，即由"作"、"誓"引生的无表业的行恶功能，它们是："杀律仪"、"盗律仪"、"淫律仪"、"妄语律仪"、"两舌律仪"、"恶口律仪"、"绮语律仪"。"不善律仪，无作恶也。恶法违损，称曰不善。禁制之法，名之为律，律犹法也。恶行顺法，称之为仪"。

（11）《八种语义》（卷七）。不分门，论述"八种语"问题。"八种语"，指四种不净语、四种净语，即"见"、"闻"、"觉"、"知"四者，各有"净"、"不净"之分。

（12）《九业义》（卷七）。下分三门，始"列名辨释"，终"就趣

分别",论述"九业"问题。"九业",指三界各有三种业。其中,欲
界、色界各有"作业"(又称"表业")、"无作业"(又称"无表业")、
"非作非无作业"(又称"非表非无表业")三业;无色界因众生无
身、口,故无"作业",只有"无作业"、"非作非无作业"与"无
漏业"。

(13)《十不善业义》(卷七)。下分七门,始"释名",终"界趣
分别",论述"十不善业"问题。"十不善业",指由身、口、意造作
的十种恶行为。

(14)《十四垢业义》(卷七)。不分门,论述"十四垢业"问
题。"十四垢业",指十四种垢恶业,即"四结"、"四处"、"六损财
法"。"四结",指"杀"、"盗"、"淫"、"妄语";"四处",指"爱处"、
"恚处"、"怖处"、"痴处";"六损财",指"耽酒"、"博戏"、"放荡"、
"迷妓乐"、"恶友相得"、"懈惰"。

(15)《十六恶律仪义》(卷七)。不分门,论述"十六恶律仪"
问题。"十六恶律仪",指能产生作恶止善功能的十六种恶戒,即
由"作"、"誓"引生的无表业的行恶功能。它们是:"为利养羊,肥
已转卖";"为利故买(羊),买已屠杀";"为利养猪,肥已转卖";
"为利故买(猪),买已屠杀";"为利养牛,肥已转卖";"为利故买
(牛),买已屠杀";"为利养鸡,肥已转卖";"为利故买(鸡),买已
屠杀";"钓鱼";"捕鸟";"猎师";"劫盗";"魁脍";"两舌专行破
坏";"狱卒";"咒龙"。

(16)《饮酒三十五失义》(卷七)。不分门,论述"饮酒三十
五失"问题。"饮酒三十五失",指"现世财物空竭"、"众病之门"、
"斗诤之本"、"覆没智慧";"身力减少"、"形色损坏"、"心无惭
愧"、"不守根门"、"纵色放逸"、"行不善法"、"弃舍善法"等。

(三)《苦报义》(卷八)。下分十四门,始《二种生死义》,终
《四十居止义》,论述"苦报"的种类与体相问题。

(1)《二种生死义》(卷八)。下分六门,始"释名",终"治断分别",论述"二种生死"问题。"二种生死",指众生的二种生死。一是"分段生死"(又称"有为生死"),指凡夫由有漏业所招感的、有寿命期限的生死,"六道果报、三世分异,名为分段,分段之法,始起名生,终谢称死";二是"变易生死"(又称"无为生死"),指阿罗汉、辟支佛、大力菩萨由无漏业所招感的、无寿命期限的生死,"微细生灭无常,念念迁异,前变后易,名为变易,变易是死,名变易死"。

(2)《四生义》(卷八)。下分三门,始"辨相",终"宽狭",论述"四生"问题。"四生",指众生受生的四种方式。一是"胎生",指"人等禀托精气而受报者,名为胎生";二是"卵生",指"诸鸟等依于卵壳而受形";三是"湿生",指"夏日湿生虫等,不假父母,依湿受形";四是"化生",指"诸天等无所依托,无而忽起"。

(3)《四有义》(卷八)。下分六门,始"辨相",终"凡圣有无",论述"四有"问题。"四有",指众生一期生命的四个阶段。一是"生有",指众生受生最初一刹那的色身,即"报分始起,名为生有";二是"死有",指众生命终最后一刹那的色身,即"命报终谢,名为死有";三是"本有",指众生从受生至命终之间的色身,即"生后死前,名为本有,对死及中,故说为本";四是"中有",指众生从死到再次受生之间的识体,即"两身之间,所受阴形,名为中有"。

(4)《四识住义》(卷八)。下分四门,始"辨相",终"三世分别",论述"四识住"问题。"四识住",指众生"识阴"(又称"识蕴")安住的四阴,即"色识住"、"受识住"、"想识住"、"行识住"。"四识住者,五阴之中,色、受、想、行,为识所依,故名识住"。

(5)《四食义》(卷八)。下分二门,即"辨相"、"就起分别",论述"四食"问题。"四食",指长养众生生命的四种食物,即"段食"、"触食"、"思食"、"识食"。"若依《毗昙》,欲界地中香、味、触等,是其段食;心数(又称心所)法中,有漏触数(指触心所)能知一切心、心数法,令法今不散坏,说为触食;有漏思数(指思心所)起后不绝,说为思食;有漏心识,是其心王,能令一切诸心数法,住持不坏,说为识食"。

(6)《五阴义》(卷八)。下分七门,始"释名",终"三界有无",论述"五阴"问题。"五阴"(又称"五蕴"),指一切有为法(有因缘造作和生灭变化的事物)的五种类别,即"色阴"、"受阴"、"想阴"、"行阴"、"识阴"。"质碍名色,又复形现亦名为色";"领纳称受,《毗昙》亦言觉知名受";"取相名想,《毗昙》亦言顺知名想";"起作名行";"了别名识,《毗昙》亦云分别名识"。

(7)《六道义》(卷八)。下分四门,始"释名",终"明因",论述"六道"问题。"六道",指众生生死轮回的六种趣处,即"地狱"、"畜生"、"饿鬼"、"人"、"天"、"阿修罗"。

(8)《七识住义》(卷八)。不分门,论述"七识住"问题。"七识住",指众生心识乐住的七种处所。一是"欲界人天",指欲界的人间和六欲天;二是"初禅",指"色界"的初禅天;三是"二禅",指"色界"的第二禅天;四是"三禅",指"色界"的第三禅天;五是"空处"(又称"空无边处天"),指"无色界"的第一天;六是"识处"(又称"识无边处天"),指"无色界"的第二天;七是"无所有处"(又称"无所有处天"),指"无色界"的第三天。

(9)《八难义》(卷八)。下分五门,始"释名",终"约对四轮明治差别",论述"八难"问题。"八难",指妨碍修道的八种障难,即"地狱"、"畜生"、"饿鬼"、"盲聋暗哑"、"世智辩聪"、"佛前佛后"、"郁单越国"、"长寿天"。

(10)《九众生居义》(卷八)。下分门,论述"九众生居"问题。"九众生居",指众生乐住的九种处所,即在"七识住"的"三禅"之后,增"无想"(又称"无想有情天",为色界的第四禅天之一),在"无所有处"之后,增"非想"(又称"非想非非想处天",为无色界的第四天)。其次序为:"欲界人天"、"初禅"、"二禅"、"三禅"、"无想"、"空处"、"识处"、"无所有处"、"非想"。

(11)《十二入义》(卷八)。下分六门,始"释名",终"对界分别",论述"十二入"问题。"十二入"(又称"十二处")。指"心"(指心识)、"心所"(指依心而起的心理活动)的十二种生长之处,即"六根"(指六种感觉器官,即眼、耳、鼻、舌、身、意)、"六尘"(又称"六境",指六根所取的六种境界,即色、声、香、味、触、法)。

(12)《十八界义》(卷八)。下分十一门,始"释名",终"识缘不同",论述"十八界"问题。"十八界",指一切法(事物)的十八种类别,即"六根"、"六尘"、"六识"(指依根缘境而生的六种认识作用,即眼识、耳识、鼻识、舌识、身识、意识)。

(13)《二十五有义》(卷八)。不分门,论述"二十五有"问题。"二十五有",指众生随业受报的三界二十五处。其中,欲界有十四处,分别是:"四天下"(又称"四大部洲",作四处)、"六欲天"(指"四天王天"等六天,作六处)、"四恶道"(指地狱、畜生、饿鬼、阿修罗,各作一处);色界有七处,分别是:"四禅天"(作四处)、"初禅"中的"大梵天"(作一处)、"第四禅"中的"净居天"(作一处)和"无想天"(作一处);无色界有四处,即"四无色天"(作四处)。

(14)《四十居止义》(卷八)。不分门,论述"四十居止"问题。"四十居止",指众生居住的三界四十处。其中,欲界有二十处,分别是:"八大地狱"(作八处)、"畜生"、"饿鬼"、"四天下"(作四处)、"六欲天"(作六处);色界有十六处,分别是:初禅的"梵身天"、"梵辅天"二处,第二禅的"少光天"、"无量光天"、"光音天"三处,第三禅的"少净天"、"无量净天"、"遍净天"三处,第四禅的"福爱天"、"福生天"、"广果天"三处,以及"五那含天"(又称"五净居天",指"无烦天"等五天)五处;无色界有四处,即"四无色天"(作四处)。

四、《净法聚》(卷九至卷二十)。下分《因法》《果法》二类,总计一百三十三门,始《发菩提心义》,终《百四十不共法义》,论述"染法"(清净法)问题。

(一)《因法》(卷九至卷十七)。下分一百十五门,始《发菩提心义》,终《贤圣义》。

(1)《发菩提心义》(卷九)。下分三门,始"释名辨体",终"就位分别",论述"发菩提心"问题。"发菩提心",指发起求得无上菩提之心。"果德圆通,故曰菩提;于大菩提,起意趣求,名发菩提心"。

(2)《回向义》(卷九)。下分三门,始"释名辨相",终"约对余行辨定因异辨宽狭",论述"回向"问题。"回向",指将自己所修的善法功德,转施与众生,以期同证菩提,"回己善法有所趣向,故名回向"。"回向"分为三种。一是"菩提回向",指将自己所修的善法功德,转施与"趣求菩提";二是"众生回向",指将自己所修的善法功德,转施与"一切众生";三是"实际回向",指将自己所修的善法功德,转施与"平等如实法性"(即真如)。

(3)《金刚三昧义》(卷九)。下分五门,始"释名",终"有惑无惑",论述"金刚三昧"问题。"金刚三昧"(又称"金刚喻定"),指能在修道位最后断尽一切烦恼的禅定。金刚三昧,"能破一切烦恼业苦,及诸外道魔怨等事";"体性清净,无诸垢秽";"诸三昧中,最为殊胜"。

(4)《断结义》(卷九)。下分九门,始"释名辨相",终"就识分别",论述"断结"问题。"断结",指断除烦恼。"言断结者,烦恼暗惑,结集生死,名之为结。又复烦恼结缚众生,亦名为结。

解生(指众生)生结尽,目之为断"。

(5)《灭尽定义》(卷九)。下分九门,始"释名辨体",终"释文",论述"灭尽定"问题。"灭尽定"(又称"无心定"、"断受定"、"灭受想定"),指佛教圣者所修的能灭除前六识和"染污意"一切活动的禅定,有四种名称。一是"无心定","无心定者,偏对心王以彰其名。心识尽谢,故曰无心。离于有心分别散动,名无心定";二是"断受定","断受定者,《地持论》中名断受乐,此对受数(受心所)以彰其名,五受皆亡,故曰断受,离受散动,名断受定";三是"灭受想定","灭受想者,偏对受、想二阴彰名,想绝受亡,名灭受想";四是"灭受想定","灭尽定者,通对一切心、心数法,以彰名也。心及心法,一切俱亡,名曰灭尽。又复三界缘心都尽,亦名灭尽"。

(6)《一乘义》(卷九)。下分二门,即"释名义"、"辨体相",论述"一乘"问题。"一乘"(又称"佛乘"),指教化一切众生成佛的唯一法门。"佛随众生,假施三乘(指声闻乘、缘觉乘、大乘),众生闻已执为定实,佛为破其所执假三,是故言一(乘)";"三乘虽异,同一佛性,其犹诸牛色虽种种,乳色无别。三乘如是,佛性无别,性无别故,证之未圆,唯一佛因;证之圆极,唯一佛果,是故就实唯一大乘"。

(7)《二种庄严义》(卷九)。下分四门,始"释名",终"就人分别",论述"二种庄严"问题。"二种庄严",指菩萨的二种庄严自身之法,即"福德庄严"(又称"功德庄严")、"智慧庄严"。"言福德者,善能资润福利行人,故名为福,福利是其善行家德";"言智慧者,照见名智,解了称慧";"言庄严者,如《涅槃说》,分别有四:一能严人,二能严心,第三严果,第四诸行共相庄严,故曰庄严,能为佛因"。

(8)《二种种姓义》(卷九)。下分三门,始"行位相对定其先后",终"就行分别",论述"二种种姓"问题。"二种种姓",指菩萨的二种种姓。一是"性种性",指本来具有的种子;二是"习种性",指由后天的行为熏习所成的种子。"性种性者,从体为名,无始法性,说之为性,此之法性,本为妄隐,说之为染;随修对治,离染始显,说以为净。始显净德,能为果本,目之为种,此乃显性以成种故,名为性种";"习种性者,从因为名,方便行德,本无今有,从习而生,故名为习,习成行德,能生真果,故名习种性"。

(9)《证教二行义》(卷九)。下分三门,始"释名",终"料简可说不可说义",论述"证教二行"问题。"证教二行",指一切修行法分为"教行"(又称"教道")、"证行"(又称"证道")二种,前者指依言教修行,后者指证悟真理。"一切地(指十地)前造修方便,名为教行,以比始修依言起故";"一切地中所成之德,名为证行,以此成德证法性故"。

(10)《三归义》(卷十)。下分三门,始"释名",终"能归",论述"三归"问题。"三归",指佛弟子的三种归依,即"归依佛"、"归依法"、"归依僧"。"依佛为师,故曰归佛";"凭法为药,故称归法";"依僧为友,故名归僧"。

(11)《三学义》(卷十)。下分五门,始"释名定体",终"对治",论述"三学"问题。"三学",指三种学业,即"增戒学"(又称"增上戒学")、"增心学"(又称"增上心学")、"增慧学"(又称"增上慧学")。"防禁名戒;澄静曰定,定神内静,故复名意,亦名为心;观达称慧。于此三中,进习称学,学进名增"。

(12)《三聚戒义》(卷十)。下分七门,始"释名",终"总别",论述"三聚戒"问题。"三聚戒"(又称"三聚净戒"),指菩萨受持的三种净戒。一是"律仪戒"(又称"离戒"、"正受戒"),指受持"七众别解脱律仪",即佛教出家五众、在家二众各别受持的戒法,"言律仪者,制恶之法,说名为律,行依律戒,故号律仪";二是

"摄善法戒",指受持一切善法,"摄善戒者,顺益名善,要期纳善,故名曰摄,离不摄过,名摄善戒";三是"摄众生戒",指饶益一切众生,"摄(众)生戒者,论中亦名利众生戒,众多生死,名曰众生,要期摄化,故名云摄,离不摄过,名摄众生戒。以道益物,是故亦名利众生戒也"。如关于"三聚戒"(即三聚净戒)各含"止"(止恶)、"作"(作善)二法,说:

> 就止、作二门分别。三聚(指三聚净戒)别论,律仪(戒)是止,止诸恶故,余二(指摄善法戒、摄众生戒)是作,作诸善故。三聚通论,一一之中,皆有止、作。律仪戒中,防禁杀等,名之为止;修习慈心、安稳心等,对治杀果,修施治盗,修不净观,对治邪行,如是一切,名之为作。摄善戒中,离其懈怠、不摄善过,名之为止;修行六度,说之为作。摄生戒中,离其独善不化(众)生过,名之为止;修行四摄,饶益众生,说之为作。(卷十《净法聚·三聚戒义》,第 659 页下)

(13)《三种律仪义》(卷十)。下分八门,始"释名",终"得舍分别",论述"三种律仪"问题。"三种律仪",指能产生防非止恶功能的三种善戒。一是"别解脱律仪",指佛教七众(出家五众、在家二众)依受戒而得的善戒(其性质为"有漏"的"不随心转戒"),"别解脱者,戒是正顺解脱之本,故名解脱;又复戒体免绝业羁,亦名解脱;不与定、道二种心俱,故称为别";二是"禅律仪"(又称"定共戒"),指依禅定而得的善戒(其性质为"有漏"的"随心转戒"),"上界静心思惟终起,名之为禅;依禅发得防恶之法,名禅律仪;禅心不乱,目之为定;戒与定合,名定共戒";三是"无漏律仪"(又称"道共戒"),指依悟道而得的善戒(其性质为"无漏"的"随心转戒"),"圣慧离垢,名为无漏;依此发得防恶之法,名无漏律仪;亦可戒体离垢清净,名为无漏;此与道合,故复经中名道共戒"。

(14)《止观舍义》(卷十)。下分八门,始"释名",终"就人分别",论述"止观舍"问题。"止观舍",指三种修行方法,即"止"、"观"、"舍"。一是"止",指禅定,即止息妄念,心系一处,"止者,外国名奢摩他,此翻名止,守心住缘,离于散动,故名为止;止心不乱,故复名定";二是"观",指智慧,即依止起观,以智观境,"观者,外国名毗婆舍那,此翻名观,于法推求简择名观,观达称慧";三是"舍",指心住平等,远离掉举,"舍者,外国名忧毕叉,此翻名舍,行心平等,舍离偏习,故名为舍"。

(15)《三慧义》(卷十)。下分五门,始"释名",终"就人分别",论述"三慧"问题。"三慧",指依闻、思、修生成的三种智慧,即"闻慧"、"思慧"、"修慧"。"始受行法,通说为闻;于所闻法,分别简择,通名为慧;依法正行,通说为修"。

(16)《三种般若义》(卷十)。不分门,论述"三种般若"问题。"三种般若",指三种智慧。一是"文字般若",指诠释般若的文字;二是"观照般若",指能观照诸法实相的智慧;三是"实相般若",指观照所知的诸法实相。"此三种中,观照一种是般若体,文字、实相是般若法"。

(17)《三智义》(卷十)。下分二门,即"辨相"、"就人分别",论述"三智"问题。"三智",指三种智慧。一是"道种智",指能了知一切法(事物)的别相(差别相)的菩萨智慧;二是"一切智",指能了知一切法的总相(空相)的声闻、缘觉智慧;三是"一切种智",指能了知一切法的总相、别相的佛智。

(18)《三量智义》(卷十)。下分三门,始"释名义",终"就位分别",论述"三量智"问题。"三量智"(又称"三量"),指三种认识形式。一是"现量",指感觉,即对事物自相的认识,"言现量者,现知诸法(包括知事、知理),名为现量";二是"比量",指推理,即对事物共相的认识,"言比量者,譬度知法(包括知事、知理),名之为比";三是"教量"(又称"圣教量"、"声量"),指以圣人的言教,作为判别认识正误的标准,"言教量者,有法玄绝,自力不知,藉教以通,名为教量"。

(19)《同相三道义》(卷十)。下分二门,即"释名"、"辨体",论述"同相三道"问题。"同相三道",指菩萨十地中,诸地相同的三种修行方法。一是"证道",指证悟实性之理,"言证道者,证是知得契会之义,心冥实性,亡于分别,契会平等,名之为证";二是"助道",指资助菩提之行,"言助道者,助是扶佐资顺之义,诸度(指六度)等行,迭相扶佐,资顺菩提,故名助";三是"不住道",指巧(方便)、慧(智慧)双修,不著于一处,"言不住者,是离著之义,巧慧双游,行无偏在,故曰不住"。

(20)《别相三道义》(卷十)。下分三门,始"释名",终"辨相",论述"别相三道"问题。"别相三道",指菩萨十地中,诸地不同的三种修行方法。一是"见道",指知见正法;二是"修道",指依法修行;三是"无功用道",指不加造作,顺性而修,任运自然。"言见者,慧心推求明白,名见;进习,名修;修心久纯,任运上升,息于缘务,名无功用。此之三种,诸地不同,名之为别;别行体状,目之为相";"诸见缚者,于初地中,见道时断;二地已上,乃至七地,是其修道;八地已上,名无功用"。

(21)《三种住义》(卷十)。下分二门,即"释名"、"辨相",论述"三种住"问题。"三种住",指修行者的三种生处。一是"天住",指修习布施、持戒、善心等,生于欲界六天;二是"梵住",指修习慈、悲、喜、舍四无量心等,生于色界、无色界诸天;三是"圣住",指修习空、无相、无作等三三昧,成为圣者。

(22)《暖等四心义》(卷十一)。下分六门,始"释其名",终"就界分别",论述"暖等四心"问题。"暖等四心"(又称"四善根"),指在"见道"之前,观察"四谛十六行相"(指观察"四谛"各有的四种行相,如观察"苦谛"的"无常"、"苦"、"空"、"无我"四行相等),依次成就的四种善根,即"暖法"、"顶法"、"忍法"、"世第一法"(又称"世间第一法")。

(23)《人四依义》(卷十一)。下分五门,始"释名义",终"所化差别",论述"人四依"问题。"人四依",指众生的四种依止。一是"有人出世具烦恼性",指具有烦恼性的出世凡夫,即"见道"之前的三贤位、四善根位之人;二是"须陀斯陀",指沙门四果中的初果须陀洹、第二果斯陀含;三是"阿那含人",指第三果阿那含;四是"阿罗汉人",指第四果阿罗汉。

(24)《法四依义》(卷十一)。下分五门,始"释名",终"约对人依辨明可依不可依义",论述"法四依"问题。"法四依",指正法的四种依止,即"依法不依人"、"法依义不依语"、"依了义经不依不了义经"、"依智不依识"。

(25)《四圣种义》(卷十一)。下分二门,即"辨相"、"就人分别",论述"四圣种"问题。"四圣种",指出家者引生圣果的四种修行方法,即"尽形乞食"、"尽形寿著粪扫衣"、"尽形寿树下常坐"、"有病服陈弃药"。

(26)《四亲近行义》(卷十一)。不分门,论述"四亲近行"问题。"四亲近行",指检验人品的四种方法,即"共住"、"久处"、"智慧"、"观察","前二验其身行,后二验心"。

(27)《转业四行义》(卷十一)。不分门,论述"转业四行"问题。"转业四行",指令不善业转重为轻的四种修行方法,即"修身"、"修戒"、"修心"、"修慧"。

(28)《四修定义》(卷十一)。不分门,论述"四修定"问题。"四修定",指修习禅定的四种功德,即"现法乐"、"为知见"、"为慧分别"、"为漏尽"。

(29)《四不坏净义》(卷十一)。下分二门,即"辨相"、"就处分别",论述"四不坏净"问题。"四不坏净",指对三宝及戒有坚固不坏的净信,即"佛不坏净"、"法不坏净"、"僧不坏净"、"戒不坏净"。

(30)《四坚义》(卷十一)。不分门,论述"四坚"问题。"四坚",指能得解脱的四种坚固不坏之法,即"说(言说)坚"、"定(禅定)坚"、"见(知见)坚"、"解脱坚"。

(31)《四种道义》(卷十一)。不分门,论述"四种道"问题。"四种道",指依苦乐、难易区分的四种修行道路。一是"苦难行道",指"钝人得定(禅定)";二是"苦易行道",指"利人得定";三是"乐难行道",指"钝人得慧";四是"乐易行道",指"利人得慧"。

(32)《四种善法义》(卷十一)。不分门,论述"四种善法"问题。"四种善法",指一切善法可分四种。一是"退分",指"离于禅定,修施(布施)、戒(持戒)等";二是"住分",指"修习诸禅;三是"增分"(又称"胜进分"),指"见道已(以)前,起闻、思、修";四是"达分"(又称"决定分"),指"见谛已上无漏圣道"。

(33)《四种味义》(卷十一)。不分门,论述"四种味"问题。"四种味"(又称"四无罪乐"),指出家者的四种法乐。一是"出家味"(又称"出家乐"),指"受离欲戒、得戒爱味";二是"离欲味"(又称"远离乐"),指"离欲、恶不善法,有觉有观,离生喜乐,得初禅行";三是"寂灭味"(又称"寂灭乐"),指"二禅已(以)上,乃至灭定(又称"灭尽定"),觉观、喜乐、色想等灭";四是"道味"(又称"菩提乐"),指"无漏圣道,永断烦恼"。

(34)《四德处义》(卷十一)。下分三门,始"辨相",终"就位分别",论述"四德处"问题。"四德处",指由闻正法而得的四种功德住处。一是"慧德处",指"闻法生慧";二是"实德处",指"依前慧故,见真谛空";三是"舍德处",指"见谛空故,舍离烦恼";四是"寂灭德处",指"舍烦恼故,心得寂灭"。

(35)《四种求知义》(卷十一)。下分二门,即"辨相"、"对妄显治",论述"四种求知"问题。"四种求知"(又称"四如实智"),指由修习"四种寻思"(名寻思、事寻思、自性假立寻思、差别假立寻思)所引生的,能如实了知一切诸法不可得的四种智慧,即"随名求"(又称"名寻思所引如实智")、"随事求"(又称"事寻思所引如实智")、"自性施设求"(又称"自性假立寻思所引如实智")、"差别施设求"(又称"差别假立寻思所引如实智")。

(36)《四陀罗尼义》(卷十一)。下分七门,始"释名",终"明因",论述"四陀罗尼"问题。"四陀罗尼",指能对一切法(事物)忆持不失的四种念慧力。一是"法陀罗尼",指能听闻教法,忆持不失;二是"义陀罗尼",指能领解法义,忆持不失;三是"咒术陀罗尼",指能依禅定而起咒术,为众除患;四是"忍陀罗尼",指能安忍于诸法实相而不失。

(37)《四无量义》(卷十一)。下分八门,始"释名辨性",终"大小无量差别",论述"四无量"问题。"四无量"(又称"四无量心"),指能引生利乐一切众生四种无量心的禅定(属于"三摩钵底",意译"等至"),即"慈无量"、"悲无量"、"喜无量"、"舍无量"。"爱怜名慈;恻怆曰悲;庆悦名喜;亡怀名舍,心无存著,故曰亡怀"。

(38)《四无碍义》(卷十一)。下分七门,始"释名",终"对力无畏彰别本末",论述"四无碍"问题。"四无碍"(又称"四无碍解"),指通达无碍的四种智慧与辩才。一是"法无碍"(又称"法无碍解"),指对一切诸法的名称能通达无碍;二是"义无碍"(又称"义无碍解"),指对一切诸法的义理能通达无碍;三是"辞无碍"(又称"词无碍解"),指对一切众生的方言异语能通达无碍;四是"乐说无碍"(又称"辩无碍解"),指能随顺一切众生的根性,宣说其所乐闻的教法。

(39)《菩萨四无畏义》(卷十一)。不分门,论述"菩萨四无畏"问题。"菩萨四无畏",指菩萨说法时所具有的四种无所畏惧的智德,即:"总持不忘,说法无畏";"尽知法药,及知众生根欲性心,说法无畏";"善能问答,说法无畏";"能断物疑,说法无畏"。

(40)《四摄义》(卷十一)。下分五门,始"释名",终"次第",论述"四摄"问题。"四摄",指菩萨摄受众生的四种方法。一是"布施摄",指"因其布施,缘物从道";二是"爱语摄",指"因其爱言,缘物从道";三是"利行摄",指"劝物起修";四是"同利摄",指"化物成德,来同菩萨"。

(41)《五愿义》(卷十二)。不分门,论述"五愿"问题。"五愿",指菩萨所发的五种正愿。一是"发心愿",指"菩萨自为发菩提心,求大菩提";二是"生愿",指"求利他身,为众生故,愿未来世随善趣生,以道益物";三是"境界愿",指"求利他智,愿未来世成就五种无量(指众生界无量、世界无量、法界无量、调伏界无量、调伏方便界无量)之智,正知五种无量境界";四是"平等愿",指"求利他行,愿未来世一切菩萨四摄之行,平等成就";五是"大愿",指"正求利他,愿未来世,于众生以四摄法,平等饶益"。

(42)《五戒义》(卷十二)。下分五门,始"列名解释科简废立",终"约就人趣形报分别",论述"五戒"问题。"五戒",指在家信佛的男女(优婆塞、优婆夷)受持的五种戒法,即"不杀(生)"、"不盗"、"不邪淫"、"不妄语"、"不饮酒"。"五(戒)中,前四(戒)远离性罪,后之一戒防禁遮恶;前离性罪,是其戒体,后离遮恶,是助戒法"。

(43)《五品十善义》(卷十二)。下分四门,始"释名",终"所治同异",论述"五品十善"问题。"五品十善",指凡夫、声闻、缘觉、菩萨、佛皆具"十善"(十种善行为),即"不杀生",乃至"不邪见"。

（44）《五停心义》（卷十二）。下分四门，始"释名辨相"，终"就地分别"，论述"五停心"问题。"五停心"，指对治"贪欲"等烦恼的五种禅观。一是"不净观"，指观想身体的不净，以对治"贪欲"的禅观；二是"慈悲观"，指观想众生的苦乐，愿拨苦与乐，以对治"瞋恚"的禅观；三是"因缘观"（又称缘起观），指观想"十二缘起"的生灭，以对治"愚痴"的禅观；四是"界分别观"，指观想诸法由"六界"（指地、水、火、风、空、识）假合而成，以对治"我见"的禅观；五是"安那般那观"（又称数息观），指数出入息，以对治"乱心"的禅观。

（45）《五圣支定义》（卷十二）。不分门，论述"五圣支定"问题。"五圣支定"，指能生圣者的五种禅定，即"喜定"、"乐定"、"清净心定"、"明相定"、"观相定"。"初禅、二禅名为喜定；三禅名乐（定）；第四禅中，免三灾、绝四受，灭出入息，名清净心定。此三（定）犹是世俗四禅，依此三种发生理解，名明、名观，始观五阴苦、无常等，名之为明；破坏五阴，观五阴空，说以为观"。

（46）《五圣智三昧义》（卷十二）。不分门，论述"五圣智三昧"问题。"五圣智三昧"，指能生圣智的五种禅定。一是"圣清净三昧"，指"行者（指修行者）在于见谛道时，所修禅定时，若起烦恼，则以智慧除彼烦恼，令定清净"；二是"非凡所近智者所赞三昧"，指"行者能破世俗假名，入无相位，所得圣定"；三是"寂灭妙离三昧"，指"薄诸烦恼，令贪等灭，名为寂灭，此斯陀含所得之定；妙尽欲界微细烦恼，名为妙离，此阿那含所得之定"；四是"现乐后乐三昧"，指"于现在世，证烦恼断，名为现乐；未来世中，得泥洹果，名为后乐，此上二界（指色界、无色界）一切烦恼对治定"；五是"一心出入三昧"，指"行者常行无相心"。

（47）《五智义》（卷十二）。下分六门，始"辨相"，终"就处分

别",论述"五智"问题。"五智",指圣者所证的五种智慧。一是
"法住智",指"知苦、集、道(谛)有为之法,法相存立";二是"泥洹
智"(又称涅槃智),指"观察灭谛无为之法";三是"无诤智",指
"不与物竞";四是"愿智",指"于一切法,随愿欲知,即能知之";
五是"边际智",指"身报穷处,名为边际,圣人修得自在智,故于
此边际,修促随心"。

(48)《五忍义》(卷十二)。下分二门,即"释名义"、"就位分
别",论述"五忍"问题。"五忍",指五种忍可("慧心安法,名之为
忍")。一是"伏忍",指"就能为名,始习观解,能伏烦恼,故名伏
忍";二是"信忍",指"从伴立称,忍体是慧,与信相随,故从伴说,
称为信忍";三是"顺忍",指"就能为名,依前信已,更修胜慧,趣
顺无生,以能上顺,故名顺忍";四是"无生忍",指"从境为名,理
寂不起,称曰无生,慧安此理,名无生忍";五是"寂灭忍",指"从
境为名,一切法界,常寂不动,名为寂灭,慧安此法,名寂灭忍"。

(49)《五种菩提义》(卷十二)。不分门,论述"五种菩提"问
题。"五种菩提",指菩萨所证的五种菩提。一是"发心菩提",指
在无量生死的善趣(天、人)位,发起菩提心;二是"伏心菩提",指
在初地(十地中的第一地)之前的"种性地"、"解行地",制伏烦
恼,修行诸波罗蜜;三是"明心菩提",指在初地至六地,观察三世
法的总相和别相,证得"无我智";四是"出到菩提",指在七地至
十地,于般若中不著般若,证得"无生法忍",出离三界;五是"无
上菩提",指菩萨断灭一切烦恼,在佛地证得无上菩提。如关于
"五种菩提",说:

> 发心菩提,在种性前善趣位中,以此在于无量生死,求
> 菩提故。伏心(菩提),在于种性(地)、解行(地),以此位中
> 伏忍摄故。明心菩提者,在于初地乃至六地,以此诸地得无

我智,破诸法故。出到(菩提)在于七地已上,乃至十地,以
七地上,出离情相,到无生忍,故名出到。又七地上,得方便
智,不著有无,能出三界,到菩提,故名为出到。……无上菩
提,在于佛果。(卷十一《净法聚·五种菩提义》,第702
页上)

(50)《五种方便义》(卷十二)。不分门,论述"五种方便"问
题。"五种方便",指菩萨的五种修行方便。一是"随护方便",指
"种性地"中的"集善行"修行方便;二是"无罪方便",指"种性地"
中的"离过行"修行方便;三是"思惟方便",指"解行地"中的"思
量出道"修行方便(以上三种为菩萨初地之前的修行方便);四是
"净心方便",指菩萨十地中初地至第七地中的"出世间证心清
净"修行方便;五是"决定方便",指第八地(决定地)、第九地(决
定行地)、第十地(毕竟地)三地中的"决定趣向无上菩提"修行
方便。

(51)《五种善法义》(卷十二)。不分门,论述"五种善法"问
题。"五种善法",指"信"、"戒"、"施"、"多闻"、"智慧"。"始于三
宝,得清净心,名之为信;依信起行,行初离过,故次明戒;既离恶
已,次修善行,善有福智,福行易为,故次明施;既修福已,次宜起
智,智由闻法,故次明闻;依闻起慧,故次第五明其智慧"。

(52)《五行义》(卷十二)。下分三门,始"释名",终"就位分
别",论述"五行"问题。"五行",指菩萨的五种修行方法(本书卷
十四《十功德义》称此为"地前菩萨",即初地之前菩萨的行法)。
一是"圣行",指"诸佛菩萨是其圣人,圣人之行,名为圣";二是
"梵行",指"初禅已上,离欲果报,名之为梵。四无量等,能生梵
果,故名梵行";三是"天行",指"一切禅定,名为天住,天住之行,
名为天行";四是"病行",指"罪业是病,治病之行,故名病行";五

是"婴儿行",指"凡夫、二乘始行,菩萨如似婴儿,化此婴儿,名婴儿行"。

(53)《五生义》(卷十二)。不分门,论述"五生"问题。"五生",指菩萨以愿力、自在力而得的五种受生。一是"息苦生",指"菩萨愿力、自在力故,受生三界,随所生处,能除物恼";二是"随类生",指"菩萨愿力、自在力故,与物同生,教令离恶,化之住善";三是"胜生",指"菩萨自以功德善业,于人天中,受八胜生,言八报者,如《地持》说,谓寿具足、色具足等";四是"增上生",指"初地已上,十王等报";五是"最后生",指"菩萨学穷受生刹(帝)利、波(婆)罗门家,得阿耨菩提(指无上菩提),作一切佛事"。

(54)《五无量义》(卷十二)。下分五门,始"释名",终"对二十无量共相收摄",论述"五无量"问题。"五无量",指菩萨所化的五种无量境界。一是"众生界无量",指"善知所化众生差别";二是"世界无量",指"善知众生住处不同";三是"法界无量",指"知诸众生心、心所起善恶等法,用之教化";四是"调伏界无量",指"知诸众生根性差别";五是"调伏方便界无量",指"知度(众)生法"。

(55)《五德举罪义》(卷十二)。不分门,论述"五德举罪"问题。"五德举罪",指出家菩萨在举罪(举发他人所犯的罪过)时,应具备的五种德行,即"慈心不以瞋恚"、"柔软不以粗犷"、"利益不以损减"、"真实不以虚妄"、"知时不以非时"。

(56)《五种教诫义》(卷十二)。不分门,论述"五种教诫"问题。"五种教诫",指出家菩萨应作的五种教诫。一是"制",指"制断恶法";二是"听",指"听修善法";三是"举",指"于前制、听,有缺减者,如法举之";四是"折伏",指"于前制、听,数数毁犯,折伏与念,令其改悔";五是"欢喜",指"于前制、听,有实德者,称扬赞说,令其欢喜"。

　　(57)《六波罗蜜义》(卷十二)。下分十门,始"翻名解释",终"因起次第",论述"六波罗蜜"问题。"六波罗蜜"(又称"六度"),指从生死此岸到涅槃彼岸的六种修行方法。一是"檀波罗蜜",指布施到彼岸;二是"尸罗波罗蜜",指持戒到彼岸;三是"羼提波罗蜜",指忍辱到彼岸;四是"毗离耶波罗蜜",指精进到彼岸;五是"禅那波罗蜜",指禅定到彼岸;六是"般若波罗蜜",指智慧到彼岸。"修施治悭;戒治毁禁;忍治瞋恚;精进之心,能治懈怠;禅治粗念;慧治愚痴。前五伏断,后一永断"。

　　(58)《六念义》(卷十二)。下分五门,始"释名义",终"念之所为",论述"六念"问题。"六念",指专心忆念的六种境相,即"念佛"、"念法"、"念僧"、"念戒"、"念施"、"念天"。"言念佛者,觉故名佛";"言念法者,轨则名法";"言念僧者,和故名僧";"言念戒者,防禁名戒";"言念施者,惠舍名施";"言念天者,己家当来所成涅槃寂净名天"。

　　(59)《六种决定义》(卷十二)。不分门,论述"六种决定"问题。"六种决定",指菩萨的六种善决定,即"观相善决定"、"真实善决定"、"胜善决定"、"因善决定"、"大善决定"、"不怯弱善决定"。此中,前四种为自利功德,第五种为利他功德,第六种为"增长胜分究竟菩提"。

　　(60)《六妙行义》(卷十二)。不分门,论述"六妙行"问题。"六妙行",指六识(眼识、耳识、鼻识、舌识、身识、意识)的妙行,即"离过无罪"。

　　(61)《六种善法义》(卷十二)。不分门,论述"六种善法"问题。"六种善法",指"善五阴"、"数灭无为"(又称"择灭无为")。"善五阴",指善性的"五阴"(又称"五蕴"),分为四种。一是"生得善阴",指"宿习今成"的善阴;二是"方便善阴",指"现在修起"的善阴;三是"无漏善阴",指"三乘人缘修"的"法身";四是"常住五阴",指"佛菩萨真实法身"。"数灭无为",由无漏智的简择力,断灭一切烦恼,而证得的寂灭,分为三种,即:"烦恼灭,谓灭五住(指见一处住地、欲爱住地、色爱住地、有爱住地、无明住地)一切烦恼";"业灭,谓灭有漏、无漏之业";"苦灭,谓灭分段变易之果"。

(62)《六和敬义》(卷十二)。不分门,论述"六和敬"问题。"六和敬",指僧众应和合爱敬的六种事情,即"身业同"、"口业同"、"意业同"、"同戒"、"同施"、"同见"。"身业同",下分"离过同"(指"同离杀、盗、邪淫等事")、"作善同"(指"同为一切礼拜等善")二种;"口业同",下分"离过同"(指"同皆远离妄语、两舌、恶口、绮语")、"作善同"(指"同为赞诵、赞咏等善")二种;"意业同",下分"离过同"(指"同离一切烦恼业思")、"作善同"(指"同修信、进、念、定、慧等一切善法")二种;"同戒",下分"受戒同"、"持戒同"二种;"同施",下分"内施同"(指"自舍己身奉给尊事")、"外施同"(指"舍余资生")二种;"同见者",下分"世谛中见解无别"、"真谛中见解无别"二种。

(63)《六修定义》(卷十二)。下分七门,始"辨相",终"依受分别",论述"六修定"问题。"六修定"(又称"六妙门"),指修习"数息观"的六种方法。一是"数"(又称"数息"),指数出入息,先数入息,后数出息,从一到十,周而复始;二是"随"(又称"随息"),指心缘入出息,念随气息,从外入内,从内出外;三是"止",指止息妄念,心系一处,或眉间、或鼻端、或脐轮、或足指;四是"观",指依止起观,先观察入出息,展转遍观"五阴"(色、受、想、行、识阴);五是"还"(又称"转"),指由观察入出息,转入起"四念住"(身、受、心、法念住);六是"净",由修习"四善根"(暖、顶、忍、世第一法),升进"见道"、"修道"、"无学道",断灭烦恼,令心得净。如关于"六修定",说:

六修定者，一数；二随；三止；四观；五名为还，《毗婆娑》中名之为转；六名为净。初言数者，为制觉、观，系念数息，名之为数。……所言随者，心无异行，住随气息，为长为短，为近为远，为遍身中，为在一处，去至何处，齐何而还？心随觉知，名之为随。……所言止者，于己身分，眉间、鼻端、齐（脐）轮、足指，随心所宜，系念令住，故名为止。所言观者，始观气息于己身中，为损为益，为冷为暖，审悉观察。然此气息，即是风大，《毗婆娑》云，为风大故，等观四大；观四大已，次观四大所造之色，所谓色、声、香、味等；色依何法，能有造作？谓依心法，故次观察受、想、行、识，观察是等，名之为观。所言还者，止行能也，止行成故，于欲恶法，若起思觉，则能制之，令心还住，出离觉中，名之为还。……所言净者，观之能也，观行成故，能灭诸恶，故名为净。（卷十二《净法聚·六修定义》，第713页上、中）

（64）《六三昧义》（卷十二）。不分门，论述"六三昧"问题。"六三昧"，指六种禅定。一是"一相修为一相"，指依定（禅定）生定；二是"一相修为种种相"，指依定生慧（智慧）；三是"一相修为于一相及种种相"，指依定生定、慧；四是"种种相修为种种相"，指依慧生慧；五是"种种相修为于一相"，指依慧生定；六是"种种相修为种种相及一相"，指依慧生定、慧。

（65）《六摄义》（卷十二）。不分门，论述"六摄"问题。"六摄"，指摄受众生、令入佛道的六种方法。一是"顿摄"，指"于一切（众）生作父母想，随己力能，以一切种安乐饶益"；二是"增上摄"，指"菩萨居尊，摄取众生"；三是"取摄"，指"能以财法，摄取众生"；四是"久摄"，指"软根众生，久化乃熟"；五是"不久摄"，指"中根众生，易化近净"；六是"后摄"，指"上根众生，于现世中，堪任清净,化益之穷"。

(66)《七善律仪义》(卷十二)。下分四门,始"辨相",终"因具不具",论述"七善律仪"问题。"七善律仪",指能产生防非止恶功能的七种善戒,即"不杀"、"不盗"、"不淫"、"不妄语"、"不两舌"、"不恶口"、"不绮语"。此中,前三种为身业,后四种为口业。

(67)《七净义》(卷十二)。下分二门,即"辨相"、"就位分别",论述"七净"问题。"七净",指七种清净。一是"戒净",指"行修之始,持戒离过";二是"定净",指"由戒净故,能生净定";三是"见净",指"以定净故,发生实慧,生已能除身见";四是"度疑净",指"能断疑惑";五是"道非道净",指"能离戒取(见),知无漏慧是其真道,戒(指戒取见)等非道";六是"行净",指"重缘谛(四谛)理,进习所行";七是"行断智净",指"行穷尽障"。

(68)《七财义》(卷十二)。不分门,论述"七财"问题。"七财",指成就圣人的七种资财,即"信财"、"戒财"、"施财"、"闻财"、"慧财"、"惭财"、"愧财"。"言七财者,善能资具,故名为财"。

(69)《七种大乘义》(卷十二)。不分门,论述"七种大乘"问题。"七种大乘",指大乘有七种大。一是"法大",指"大乘十二部经方广之藏,过余契经";二是"心大",指"发无上菩提之心,超出余愿";三是"解大",指"解菩萨方广之藏,胜过余解";四是"净心大",指"在初地中,过解行住,入欢喜地,证心解染";五是"众具大",指"在于二地乃至七地,修习功德智慧众具,趣向菩提";六是"时大",指"八地已上,乃至十地,度三僧祇(指三大劫),满足众行";七是"得大",指"如来地得菩提果"。

(70)《七地义》(卷十二)。下分三门,始"释名",终"辨相",论述"七地"问题。"七地",指七种菩萨地。一是"种性地",指"习种性种同名种性,行本达立,能生因果,故名为种,种义不坏,目之为性";二是"解行地",指"依前种性,起修方便,趣入出世,于出世道解而行";三是"净心地",指"在初地中,过解行住,入欢喜地,证心离垢";四是"行迹地",指"二地已上,乃至七地,起于修道";五是"决定地",指"第八地中,在法流水,决定趣向无上菩提";六是"决定行地",指"第九地中,依前决定,上上增进";七是"毕竟地",指"第十地及如来地,第十地中因行穷满,如来地中果德圆极,以是义故,同名毕竟"。

(71)《八戒斋义》(卷十二)。下分七门,始"释名定数",终"受持之义",论述"八戒斋"问题。"八戒斋",指在家信佛的男女(优婆塞、优婆夷)在每月"六斋日"中的一日一夜受持的八种戒法,为在家人所持的出家戒,即"不杀"、"不盗"、"不淫"、"不妄语"、"不饮酒"、"不歌舞唱伎"、"不著香熏衣,不上高广床"、"不过中食"。"五戒,是在家人持在家戒,唯制邪淫,不防自妻";"八戒,是在家人得持出家戒,非但制邪,自妻亦防,故说不淫"。

(72)《八禅定义》(卷十三)。下分四门,始"通解八禅",终"明定难",论述"八禅定"问题。"八禅定",指色界、无色界的八种根本禅定,即"四禅"、"四无色定"。禅定有七种异名,即"禅"(又称"思惟修习")、"定"、"三昧"(又称"正定")、"正受"、"三摩提"(又称"正定")、"奢摩他"(又称"止")、"解脱"(又称"背舍")。"依如《毗昙》,四禅名禅;八解脱者,名为背舍;四无色定、灭尽(定)、无想(定),通名正受;空、无相、无愿,名三摩提";"若依《地论》,四禅名禅;四无色定说为解脱;四无量心名为三昧;五神通者名三摩提,用此四名,名别诸行"。如关于大乘禅定与小乘禅定的十三种不同,说:

　　　大小(乘)不同,略有十三。一体性不同。小乘禅定,事识为体;大(乘)亦始习事识为体,次除事识,妄识为体,终除

妄识,真识为体。二常无常异。小乘所得,一向无常;大乘
法中,始修无常,终成是常,真为体故。三漏无漏别。小乘
初禅至无所有(处),通漏、无漏,非想(指非想非非想处)一
地,唯是有漏。……大乘八禅,皆通有漏及与无漏。……四
灭障不同。小乘禅定,但能灭除四住粗乱;大乘禅定,能灭
一切。五深浅不同。小乘定浅,可为缘动;……诸菩萨禅定
深静,乃至天雷不能发动。六缘心不同。小乘禅定,有想有
缘;大乘始习有想有缘,终成离缘。……七缘境不同。凡夫
禅定,事相为境;二乘(指声闻、缘觉)禅定,苦、无常等法相
为境;诸佛菩萨实性为境。八出入不同。小乘所得,有出有
入;大乘法中,始有出入,成则不尔,于一切时无不定故。九
超越不同。小乘超禅,不过一地;诸佛菩萨于一切地,随其
多少,皆悉能超。十受生不同。二乘得禅,不能回来欲界受
生;菩萨悉能于禅定中,离系缚故。十一起行不同。小乘修
禅,但为自乐;大乘俱利。十二生德不同。小乘禅定,但能
出生少分功德;菩萨禅定,出生一切。……十三得果不同。
二乘禅定,但得小果;菩萨所修,得大菩提。(卷十三《净法
聚·八禅定义》,第723页下—第724页上)

(73)《八解脱义》(卷十三)。下分六门,始"释名辨相",终
"约对余门辨定优劣",论述"八解脱"问题。"八解脱"(又称"八
背舍"),指断除三界贪欲而得解脱的八种禅定。它们是:"内有
色相(想),观外色解脱";"内无色相(想),观外色解脱";"净色解
脱"(又称"净解脱");"空处解脱"(又称"空无边处解脱");"识处
解脱"(又称"识无边处解脱");"无所有处解脱";"非想解脱"(又
称"非想非非想处解脱");"灭尽解脱"(又称"灭尽定解脱")。就
"八解脱"所依的境界而论,"依如《毗昙》,初三解脱,观欲界法以

为境界；空处、识处、无所有处有漏解脱，唯缘自地及上地法，以为境界"，"非想解脱，唯缘自地有漏为境；灭尽(解脱)无缘，不须论之"。

(74)《八胜处义》(卷十三)。下分四门，始"释名辨相"，终"就处分别"，论述"八胜处"问题。"八胜处"，指通过观想欲界色法，以对治贪欲的八种禅定，由"八解脱"中的前三种分出。它们是："内有色相(想)，外观色少"；"内有色相(想)，外观色多"(以上二种相当于"八解脱"中的第一解脱)；"内无色相(想)，外观色少"；"内无色相(想)，外观色多"(以上二种相当于第二解脱)；"内无色相(想)，观外色青"(又称"青胜处")；"内无色相(想)，观外色黄"(又称"黄胜处")；"内无色相(想)，观外色赤"(又称"赤胜处")；"内无色相(想)，观外色白"(又称"白胜处"，以上四种相当于第三解脱)。

(75)《八行观义》(卷十三)。下分二门，即"释名辨相"、"就位分别"，论述"八行观"问题。"八行观"，指如实观察"五阴"的八种相状。以"色阴"为例，一是"观色"，指观察"色"的体性(此为苦谛观)；二是"观色集"，指观察"色"的起因(此为集谛观)；三是"观色灭"，指观察"色"的除灭(此为灭谛观)；四是"观色道"，指观察"色"的对治道(此为道谛观)；五是"观色味"，指观察"色"的爱著；六是"观色过"，指观察"色"的过患；七是"观色出"，指观察"色"的出离；八是"观色第一义"，指观察"色"的"无我"。"观色既然，受、想、行等，类亦同尔"。

(76)《八大人觉义》(卷十三)。不分门，论述"八大人觉"问题。"八大人觉"，指圣者(大人)的八种修行事项。一是"少欲"，指"于彼未得五欲法中，不广追求"；二是"知足"，指"已得法中，受取以限"；三是"乐寂静"，指"离诸愦闹，独处空闲"；四是"勤精进"，指"于诸善法，勤修无间"；五是"守正念"，指"守法不失"；六是"修禅定",指"住法不乱";七是"修智慧",指"起闻、思、修";八是"不戏论",指"证离分别"。

(77)《八法摄摩诃衍义》(卷十三)。不分门,论述"八法摄摩诃衍"问题。"八法摄摩诃衍",指能摄摩诃衍(意译大乘)的八法。一是"信",指"萨种性、解行位中,于八解处净信成就";二是"闻思",指"解行之初,欲求出道,于出世法具足听闻";三是"思慧",指"解行之终,于所闻法,具足思量";四是"净心",指"初地之始,见无我理,证心清净";五是"初修慧行",指"初地满心起十大愿,修行信等";六是"修慧广",指"二地已上,乃至七地,修道渐增";七是"修慧果成",指"八地已上,报行纯熟";八是"毕竟出离",指"如来地,如来永离一切诸障"。

(78)《九次第定义》(卷十三)。不分门,论述"九次第定"问题。"九次第定",指次第修习的九种禅定,即"四禅"、"四无色定"、"灭尽定"。"入初禅中,灭欲界心;入二禅中,灭初禅心;乃至入彼灭尽定时,灭非想心"。

(79)《九想观义》(卷十三)。下分八门,始"辨相",终"修起所为",论述"九想观"问题。"九想观",指修习不净观时所作的九种观想,即"死想"、"胀想"、"青瘀想"、"脓烂想"、"坏想"、"血涂想"、"虫食想"、"骨锁想"、"分散想"。

(80)《九断智义》(卷十三)。下分五门,始"释名辨相",终"建立所以",论述"九断智"问题。"九断智"(又称"九遍知"),指能断除三界见惑、修惑的九种无漏智。其中,在见道位,能断除欲界见惑的有三种断智;断除色界、无色界见惑的有三种断智。在修道位,能断除欲界修惑的有一种断智;断除色、无色界修惑的有二种断智。

(81)《十想义》(卷十四)。下分五门,始"释名辨相",终"约受分别",论述"十想"问题。"十想",指断除烦恼的十种观想,即

"无常想"、"苦想"、"无我想"、"厌食想"、"一切世间不可乐想"、"死想"、"不净想"、"断想"、"离想"、"灭想"。

（82）《十一切入义》（卷十四）。下分四门，始"释名辨相"，终"约对余门辨定优劣"，论述"十一切入"问题。"十一切入"（又称"十一切处"、"十遍处"），指观想"地大"等十法周遍一切处的禅定，即"地一切入"、"水一切入"、"火一切入"、"风一切入"、"青一切入"、"黄一切入"、"赤一切入"、"白一切入"、"空一切入"、"识一切入"。

（83）《十圣处义》（卷十四）。不分门，论述"十圣处"问题。"十圣处"，指证得阿罗汉的十种修行方法。一是"断五法"，指"断五上分结（指无明、憍慢、掉戏、色染、无色染），得阿罗汉"；二是"成六法"，指"成（六识）六妙行"；三是"守一法"，指"系念观身无常、苦等"；四是"依四法"，指"依四圣种（指尽形乞食、尽形寿著粪扫衣、尽形寿树下常坐、有病服陈弃药），尽形乞食，乃至有病服陈弃药"；五是"舍伪谛"，指"能达实相，断一切见，证得初果"；六是"舍诸求"，指"得无学果"；七是"不浊思惟"，指"灭欲界中修道烦恼"；八是"离身行"，指"除欲界结，获得四禅"；九是"善得心解脱"，指"得尽智"；十是"善得慧解脱"，指"得无生智"。

（84）《十种慰喻义》（卷十四）。不分门，论述"十种慰喻"问题。"十种慰喻"，指值得嘉慰的十种善行为，即"有上信"、"具足善戒"、"多闻"、"惠施"、"善慧"、"正见"、"正志"、"正解"、"正脱"、"正智"。此中，前五种为世间的善行为，后五种为出世间的善行为。

（85）《十愿义》（卷十四）。下分五门，始"释名义"，终"因果分别"，论述"十愿"问题。"十愿"，指初地菩萨当发起十大誓愿。一是"供养佛愿"（又称"摄功德愿"）；二是"护正法愿"（又称"摄智慧愿"）；三是"摄智慧愿"；四是"增长众生心行愿"；五是"知众生愿"(又称"化众生愿");六是"知世界愿";七是"净佛土愿";八是"同心同行愿";九是"三业不空愿";十是"成菩提愿"。

(86)《十种供养义》(卷十四)。下分二门,即"明供养"、"明供心",论述"十种供养"问题。"十种供养",指菩萨当作十种供养,即"身供养"、"支提供养"、"现前供养"、"不现前供养"、"自作供养"、"他作供养"、"财物供养"、"胜供养"、"无染供养"、"至处道供养"。

(87)《十无尽藏义》(卷十四)。不分门,论述"十无尽藏"问题。"十无尽藏",指菩萨当修行十种无尽的德行。一是"信藏",指"于法决定";二是"戒藏",指"防禁";三是"惭藏",指"于过自羞";四是"愧藏",指"作过羞他";五是"多闻藏",指"于一切法具足闻知";六是"惠施藏",指"惠舍";七是"慧藏",指"于一切法悉如实知";八是"念藏",指"于过去世一切诸法,悉能念知";九是"闻持藏",指"于佛所说一切教法,悉能忆持,不失一句";十是"辨藏",指"得深广智,说一切法,无碍自在,不违一切诸佛所说"。如关于"十无尽藏",说:

(88)《信等十行义》(卷十四)。下分九门,始"释名",终"浅深分齐",论述"信等十行"问题。"信等十行",指菩萨的十种修行,即"信"、"悲"、"慈"、"舍"、"不疲倦"、"知经书"(又称"知经论")、"知世智"、"惭愧"、"坚固力"(又称"不动力"、"勇猛力")、"供养诸佛"。

(89)《十明义》(卷十四)。不分门,论述"十明"问题。"十明"(又称"十种神通"),指能通达一切境界的十种智明(即神通)。一是"他心智明",指"一切众生心、心数(又称心所)法悉如实知";二是"天眼智明",指"一切色像,明了无碍";三是"宿命智明",指"于过去世他及自身八种事、六种同行,皆如实知";四是"入未来际无碍智明",指"一切众生未来世中,生死流转,若出若没,皆如实知";五是"天耳智明",指"于十方界一切音声,若闻、不闻,随意自在";六是"安住无畏神力智明",指"具足无量不可思议大神通力,于十方界,若来若去,自在无碍";七是"分别一切音声智明",指"一切众生语言差别,皆如实知";八是"出生无量色身智明",指"种种色像,悉能现化";九是"知一切法真实智明",指"于一切法悉如实知";十是"入一切法灭定智明",指"入一切法寂灭正受,而不舍于一切所行"。

(90)《十忍义》(卷十四)。不分门,论述"十忍"问题。"十忍",指十种忍可("慧心安法,名之为忍"),即"随顺音声忍"、"顺忍"、"无生忍"、"如幻忍"、"如炎忍"、"如梦忍"、"如响忍"、"如电忍"、"如化忍"、"如空忍"。

(91)《十无生忍义》(卷十四)。下分三门,始"释名",终"就位分别",论述"十无生忍"问题。"十无生忍",指对一切法无生义的十种忍可,即"无生"、"无成"、"无相"、"无出"、"无失"、"无尽"、"无行"、"非有有性"、"初中后本等"、"真如无分别入一切智智(指佛智)"。"十(无生忍)中,前七名事无生;第八名为自性无生;第九名为数差别无生;第十名为作业无生"。

(92)《十住义》(卷十四)。下分四门,始"释名",终"起说因缘",论述"十住"问题。"十住",指菩萨在初地(十地中的第一地)之前的"三贤位"(十住、十行、十回向),所修的十种安住心。一是"发心住",指"住分之始,于大菩提,起意趣求";二是"治地住",指"善修自利、利他之道,净治住处";三是"修行住",指"修护烦恼,离小乘行";四是"生贵住",指"圣法中,生种性尊贵";五是"方便具足住",指"具足善巧,度众生行";六是"正心住",指"得决定智,于佛法中,虽闻邪说,正见不动";七是"不退住",指"虽闻异说,正愿不动";八是"童真住",指"所行真实,离过清净,如世童子心无欲染";九是"法王子住",指"于佛法王所行住处,出生正智,堪住究竟无上菩提";十是"灌顶住",指"行修上顺,佛智现前"。"菩萨十住"与"菩萨十地"所说的内容是相同的,故"有人释言:菩萨十住即是十地,所行与彼十地同故"。但"菩萨十住"是依"种性(姓)"而言的,"良以习种离退之始,故说为住";"菩萨十地"是依"证得"而言的,"依之证得,说为十地"。故地前菩萨"所学虽是地法(十地法),行在习种",也就是说,"菩萨十住"的内容虽然是十地法,但它的行位则是在"习种(姓)"位。

(93)《十行义》(卷十四)。下分六门,始"释名",终"起说因缘",论述"十行"问题。"十行",指菩萨在初地之前的"三贤位",所修的十种长养心。一是"欢喜行",指"喜心行施,亦令他喜";二是"饶益行",指"以持净戒,饶益自他";三是"无恚恨行",指"修忍离瞋";四是"无尽行",指"勤修精进,广摄善法";五是"离痴乱行",指"常修定意,远离愚痴、虚妄分别";六是"善现行",指"知法实相,般若现前";七是"无著行",指"以无著心,起诸所行";八是"尊重行",指"成就种种殊胜善根";九是"善法行",指"成就种种化他善法";十是"真实行",指"成就第一诚实之语,如说能行,如行能说"。

(94)《十回向义》(卷十四)。下分四门,始"释名义",终"起说因缘",论述"十回向"问题。"十回向",指菩萨在初地之前的"三贤位",所修的十种回向心。一是"救护一切众生离众生相回向",指"菩萨修行六波罗蜜,摄取众生,令离一切烦恼业苦";二是"不坏回向",指"于佛菩萨及一切法,得不坏信,名为不坏,回此善根,有所趣向";三是"等一切佛回向",指"菩萨学过去、未来、现在诸佛,所作回向";四是"至一切处回向",指"菩萨所修一切善根,用以回向,以回向力,令此善根至一切处";五是"无尽功德藏回向",指"回己所修无尽功德,有所趣向";六是"随顺一切坚固善根回向",指"回己所修施等善根,有所趣向,为佛守护,能

成一切坚固善根";七是"等心随顺一切众生回向",指"菩萨增长
一切善根,回以等益一切众生";八是"如相回向",指"菩萨所成
种种善根,同证一切";九是"无缚无著解脱回向",指"菩萨不轻
一切善法,以无缚无著解脱之心,回向彼善法";十是"法界无量
回向",指"菩萨修习无尽善根,回之愿求法界差别无量功德"。
归纳起来,"十回向"实为三种回向,即:"回向众生"、"回向菩
提"、"回向实际"(即真如)。

(95)《十地义》(卷十四)。下分四门,始"释名",终"起说因
缘",论述"十地"问题。"十地",指大乘菩萨修行的十个阶位。
一是"欢喜地"(又称"净心地"、"无我地"),指"成就无上自利、利
他行,初证圣处,多生欢喜";二是"离垢地"(又称"净地"、"增上
戒地"),指"离能起误心犯戒烦恼垢等,清净戒具足";三是"明
地"(又称"发光地"),指"三昧照明";四是"炎地"(又称"焰地"、
"焰慧地"),指"虚妄烦恼薪,智火能烧";五是"难胜地",指"得出
世智方便善巧,能度难度";六是"现前地",指"大智现前";七是
"远行地"(又称"深远地"),指"能过世间、二乘出世间道";八是
"不动地"(又称"决定地"),指"报行纯熟,无相无间";九是"善慧
地"(又称"决定行地"),指"无碍力说法,成就利他行,慧用善
巧";十是"法云地"(又称"究竟地"),指"菩萨得大法身,具足
自在"。

(96)《十功德义》(卷十四)。下分三门,始"释名",终"约对
五行定其位分",论述"十功德"问题。"十功德",指地上菩萨(初
地以上菩萨)的十种功德,即"入智功德"、"起通功德"、"大无量
功德"、"十利益成就功德"、"五事报果功德"、"心自在功德"、"修
习对治功德"、"对治成就功德"、"修习正道功德"、"正道成就
功德"。

(97)《见性十法义》(卷十四)。不分门,论述"见性十法"问

题。"见性十法",指能见佛性的十种修行方法,即"少欲"、"知足"、"寂静"、"精进"、"正念"、"正定"、"正慧"、"解脱"、"赞叹解脱"、"以大涅槃教化众生"。

(98)《涅槃十因义》(卷十四)。不分门,论述"涅槃十因"问题。"涅槃十因",指能证得涅槃的十种修行方法,即"信"、"戒"、"近善友"、"寂静"、"精进"、"正念具足"、"濡(软)语"、"护法"、"布施"、"正慧"。

(99)《菩萨十力义》(卷十四)。不分门,论述"菩萨十力"问题。"菩萨十力",指菩萨具有的十种力量,即"发心坚固力"、"大慈力"、"大悲力"、"精进力"、"禅定力"、"智慧力"、"不厌力"、"无生忍力"、"解脱力"、"无碍智力"。

(100)《菩萨十无畏义》(卷十四)。下分二门,即"辨相"、"对四无畏辨其同异",论述"菩萨十无畏"问题。"菩萨十无畏",指菩萨的十种无畏,即"悉能闻持问答无畏";"除灭众生疑惑无畏";"见一切空、离邪见无畏";"得佛威仪无畏";"三业清净离过无畏";"诸天善神、一切诸佛护念无畏";"悉能受持一切佛法无畏";"示现受生,不为生死惑乱无畏";"安住大乘,悉能示现诸乘无畏";"随化众生,普为应现,不断菩萨愿行无畏"。

(101)《三乘共地义》(卷十四)。下分三门,始"释名辨相",终"辨明菩萨行之通别",论述"三乘共地"问题。"三乘共地"(又称"三乘共十地"),指声闻、辟支佛(又称缘觉)、菩萨三乘共修的"十地"(十个阶位)。一是"乾慧地",指三贤位(即五停心观、别相念住、总相念住位);二是"性地",指四善根位(即暖法、顶法、忍法、世第一法);三是"八人(忍)地",指"见道十六心"中的八忍位(即苦法忍、集法忍、灭法忍、道法忍、苦类忍、集类忍、灭类忍、道类忍);四是"见地",指须陀洹果位;五是"薄地",指斯陀含果位;六是"离欲地",指阿那含果位;七是"已作地",指阿罗汉果位；八是"辟支地"，指缘觉果位；九是"菩萨地"，指菩萨十地；十是"佛地"，指菩萨修行圆满所成就的佛位。

（102）《十智义》（卷十五）。下分八门，始"释名辨相"，终"辨境修智"，论述"十智"问题。"十智"，指能观察一切境界的十种智慧。一是"苦智"，指观察三界"苦谛"的无漏智；二是"集智"，指观察三界"集谛"的无漏智；三是"灭智"，指观察三界"灭谛"的无漏智；四是"道智"，指观察三界"道谛"的无漏智；五是"法智"，指观察欲界"四谛"的无漏智；六是"比智"（又称"类智"），指观察色界、无色界（称为"上二界"）"四谛"的无漏智；七是"尽智"，指自知已断尽一切烦恼的无漏智；八是"无生智"，指自知将不再生死轮回的无漏智；九是"等智"（又称"世俗智"），指观察世俗境物的有漏智（即有烦恼过患的智慧）；十是"他心智"，指能了知他人的心念差别的无漏智（知他人的"无漏心"）与有漏智（知他人的有漏心）。

（103）《十一智义》（卷十五）。下分二门，即"辨相"、"大小通局"，论述"十一智"问题。"十一智"，指能观察一切境界的十一种智慧，即前述"十智"，加上"如实智"。"如实智"，指佛独有的能了知诸法实相的无漏智。

（104）《十一净义》（卷十五）。不分门，论述"十一净"问题。"十一净"，指菩萨从初修至成佛所具有的十一种清净。一是"种性净"，指"性、习两种（种性）一切佛法种子在身，离粗烦恼"；二是"解行净"，指"解行地修习净忍，断除诸过，趣入出道"；三是"净心净"，指"（第一）欢喜地得不坏净信三宝，于大菩提，净心趣求"；四是"戒净"，指"（第二）离垢地性戒具足，微过悉离"；五是"意净"，指"（第三）明地得世谛禅，厌伏烦恼，定心净"；六是"正见净"，指"（第）四、五、六地观菩提分，如实知谛，觉诸缘起，灭除邪惑"；七是"一切方便行满足净"，指"（第七）远行地修习一切十方便慧,发起胜行,增上满足";八是"真实智神通净",指"第八地成就巧慧,具五神通,作用无尽";九是"正义无尽说无碍净",指"第九地得智成就,知义无尽,四无碍辨,起说自在";十是"随一切种所知净",指"第十地成就如来七种智大,于一切种所知法中,知见无碍";十一是"一切烦恼智障习使净",指"如来地障习永亡,果德出离"。

(105)《十二头陀义》(卷十五)。下分二门,即"释名辨相"、"对四圣种辨其同异",论述"十二头陀"问题。"十二头陀",指出家者弃除贪著、修炼身心的十二种修行方法。依《大智度论》所说。一是"作阿兰若"(又称"阿兰若处住"),指住于远离聚落的阿兰若(意译空闲处);二是"常乞食"(又称"尽形乞食"),指常行乞食;三是"纳衣"(又称"著粪扫衣"),指穿著用废弃的布片缝制的衣服;四是"一坐食",指每日一食,起坐后不再进食;五是"节量食",指饮食节量;六是"中后不饮浆"(又称"不受非时食"),指过午以后不饮果浆;七是"冢间住",指住于冢间(坟地);八是"树下住",指住于树下;九是"露地住"(又称"空地住"),指住于露地;十是"常坐不卧",指常当安坐,胁不至席;十一是"次第乞食",不择贫富,沿门乞食;十二是"但三衣"(又称"但有三衣"),指只受持安陀会(用五条布缝制的内衣)、郁多罗僧(用七条布缝制的上衣)、僧伽梨(用九条布缝制的大衣)三衣。

(106)《十二巧方便义》(卷十五)。不分门,论述"十二巧方便"问题。"十二巧方便",指菩萨"内起佛法"、"外成(成熟)众生"的十二种善巧方便。其中,"内起佛法"的六种善巧方便,指"悲心顾念一切众生";"于诸行如实了知";"(求)无上菩提之智";"依念众生舍离生死";"依诸行,如实了知以无染心轮转生死";"依求佛智,炽然精进"。"外成众生"的六种善巧方便,指"以少善根得无量果";"少方便生无量善";"坏法众生,除其暴

虐,化他生信";"处中众生,令入佛法";"已入众生,令其成就";
"已熟众生,令得解脱"。

(107)《十三住义》(卷十五)。下分七门,始"列名辨相",终
"治断分齐",论述"十三住"问题。"十三住",指菩萨从初修至成
佛的十三种阶位,即"种性住"、"解行住"(以上为初地之前的二
种阶位)、"欢喜住"、"增上戒住"、"增上意住"、"菩提分法相应慧
住"、"谛相应增上慧住"、"缘起相应增上慧住"、"有行有开发无
相住"、"无行无开发无相住"、"无碍住"、"最上住"(以上为菩萨
地的十种阶位)、"如来住"(此为佛位)。如关于"十三住",说:

> 十三住义,出《地持论》。行成之处,名之为住,又成不
> 退,亦名为住。……一种性住,所谓习种及与性种,佛建立
> 坚固不坏,名种性住;二解行住,谓解行地,于出世道正观修
> 行,趣入不退,名解行住;三欢喜住,谓净心地(指十地中的
> 初地"欢喜地"),出世真证,菩提心生,坚住不退,自庆所得,
> 名欢喜住;四增上戒住,谓离垢地(指第二地),净戒具足,微
> 过不犯,名增上戒住;五增上意住,所谓明地(指第三地),定
> 心殊胜,名增上意住;六菩提分法相应慧住,所谓炎地(指第
> 四地"焰地"),观察三十七道品法,名菩提分相应慧住;七谛
> 相应增上慧住,谓难胜地(指第五地),善观四谛相,名谛相
> 应增上慧住;八缘起相应增上慧住,谓现前地(指第六地),
> 善能观察十二缘法,故曰缘起相应慧住;九有行有开发无相
> 住,谓远行地(指第七地),有功用行共相开发,名有开发,寂
> 用俱行,离于有无间隔之相,名无相住;十无行无开发无相
> 住,谓不动地(指第八地),报行纯熟,无功用行共相起发,名
> 无行无开(发),远离间隔功用之相,名无相住;其第十一名
> 无碍住,谓善慧地(指第九地),能以四十无碍辨才,说法利

他，名无碍住；其第十二名最上住，谓法云地（指第十地），学
行穷满，故曰最上；其第十三名如来住，果德穷满，出离清
净，名如来住。（卷十五《净法聚·十三住义》，第 766 页
下—第 767 页上）

（108）《离十四垢业义》（卷十五）。不分门，论述"离十四垢
业"问题。"离十四垢业"，指断离十四种秽垢的行为，即："离四
结业"，指断离"杀"、"盗"、"淫"、"妄语"；"不于四处作诸恶行"，
指不依"爱处"、"恚处"、"痴处"、"怖处"而起恶行；"六损财法"，
指"不耽酒"、"不博戏"、"不放荡"、"不迷伎乐"、"不恶友相同"、
"不懈惰"。

（109）《离隐六方、离四恶友、摄四善友义》（卷十五）。不分
门，论述"离隐六方"、"离四恶友"、"摄四善友"问题。"离隐六
方"，指远离礼敬六方诸神，应以"父母为东方，师长为南方，妻子
为西方，亲族为北方，仆使为下方，沙门为上方"，加以敬事，令他
们安稳无忧。"离四恶友"，指远离四种恶友，即"畏伏友"（指"畏
而伏从，实无诚心"者）、"美言友"（指"言顺心乖"者）、"敬顺友"
（指"形诈亲附，内无实心"者）、"恶友"（指"恶事相伴"者）。"摄
四善友"，指亲近四种善友，即"止非友"（指"恶事相止"者）、"慈
愍友"（指"苦事相怜"者）、"利人友"（指"益事与人"者）、"同事
友"（指"好事相助"者）。

（110）《十四化心义》（卷十五）。下分六门，始"释名辨相"，
终"大小不同"，论述"十四化心"问题。"十四化心"，指小乘依四
禅而起的十四种化心（又称"变化心"，即能变化事物的神通）。
其中，初禅有二种化心，即"初禅化心"、"欲界化心"；二禅有三种
化心，即"二禅化心"、"初禅化心"、"欲界化心"；三禅有四种化
心，即"三禅化"、"二禅化心"、"初禅化心"、"欲界化心"；四禅有

五种化心,即"四禅化心"、"三禅化心"、"二禅化心"、"初禅化心"、"欲界化心"。

(111)《十六特胜义》(卷十六)。下分七门,始"释名辨相",终"随义分别",论述"十六特胜"问题。"十六特胜",指"数息观"的十六种观法,"言特胜者,此观胜于不净观法,故名特胜"。一是"念息长(又称"知息长"),指觉知气息(出入息)长(此为心细);二是"念息短(又称"知息短"),指觉知气息短(此为心粗);三是"念息遍身"(又称"知息遍身"),指觉知气息遍满全身;四是"除身行"(又称"除诸身行"),指去除身行,系念息境,令心住定(以上属于"四念处"中的"身念处");五是"觉喜"(又称"受喜"),指由住定而心生欢喜;六是"觉乐"(又称"受乐"),指由喜心而身得安乐;七是"觉心行"(又称"受诸心行"),指觉知由受乐而生贪欲的过患;八是"除心行"(又称"除诸心行"),指去除贪欲之心(以上属于"受念处");九是"觉心",指由去除贪欲而见心寂静;十是"令心喜"(又称"心作喜"),指若心昏沉,策发令喜;十一是"令心摄"(又称"心作摄"),指若心掉举,摄归于静;十二是"令心解脱"(又称"心作解脱"),指舍离昏沉、掉举二边,令心解脱(以上属于"心念处");十三是"无常行"(又称"观无常"),指观察诸法无常;十四是"断行"(又称"观散坏"),指观察断诸烦恼;十五是"离行"(又称"观离欲"),指观察出离贪欲;十六是"灭行"(又称"观灭"),指观察诸法寂灭。(以上属于"法念处")

(112)《菩萨十八不共法义》(卷十六)。不分门,论述"菩萨十八不共法"问题。"菩萨十八不共法",指菩萨超越二乘(指声闻、缘觉)的十八种德行,如"六度";"身、口、意业所作殊胜";"不因他故,自然能知一切世间五明处"等。

(113)《二十种法师德义》(卷十六)。不分门,论述"二十种法师德"问题。"二十种法师德",指大乘法师须具备的二十种德行,即"时说"、"正意"、"顿说"、"相续"、"为渐"、"为次"、"句义渐次"、"为乐"、"为喜"、"为劝"、"具德"、"不毁"、"不乱"、"如法"、"随众"、"慈心"、"安心"、"哀愍安乐心"、"不自赞毁他"、"不著名利"。

(114)《三十七道品义》(卷十六)。下分三门,始"通释",终"约对九法分别",论述"三十七道品"问题。"三十七道品"(又称"三十七菩提分法"),指趣向菩提(觉悟)的三十七种修行方法,即"四念处"、"四正勤"、"四如意足"、"五根"、"五力"、"七觉分"、"八正道"。

(115)《贤圣义》(卷十七)。下分二门,即"释名"、"辨相",论述"贤圣"问题。"贤",指"和善";"圣",指"会正","理无偏邪,故说为正,证理舍凡,说为圣"。就修行的阶位而言,"见道已前,调心离恶,名之为贤;见谛(四谛)已上,会正名圣"。也就是说,菩萨在初地(十地中的第一地)之前的修行阶位,即十住、十行、十回向,称为"三贤";菩萨在初地以上的修行阶位,即初地至十地,称为"十圣"。

(二)《果法》(卷十八至卷二十)。下分十八门,始《涅槃义》,终《百四十不共法义》。

(1)《涅槃义》(十八)。下分五门,始"释名",终"杂义分别",论述"涅槃"问题。"涅槃",意译"灭",随义傍翻,"或言不生,或曰不出,或谓无作,或谓无起,或名无为,或字无相,或言不燃,或曰不识,或称寂灭,或云安稳,或名解脱,或字彼岸"。"灭"分为四种:一是"事灭",指"断生死因,灭生死果,名为涅槃";二是"能灭",指"诸佛涅槃圆备万德,虽具众德,妙寂离相,称之为灭;又复离性,亦说为灭";三是"应灭",下分二种,"一现断有因,尽生死果,名之为灭;二息化归真,用息称灭";四是"理灭",下分二种,"一者相虚,妄情所起一切诸法,相有体无,名之为灭,此即

经中空如来藏;二者真空,真如来藏离相离性,名之为灭"。就大
小乘涅槃的差别而言,大乘涅槃有"常"、"乐"、"我"、"净"四德:
"常",指涅槃常住,"体恒不变";"乐",指涅槃安乐,"寂灭永安",
有"断受乐"、"寂静乐"、"觉知乐"、"不坏乐"四种乐;"我",指涅
槃自在,"就体,自实名我","就因,自在名我";"净",指涅槃清
净,"体无垢染",有"果净"、"业净"(又称因净)、"身净"、"心净"
四种净。小乘涅槃"有常、乐、净,唯无有我",之所以小乘涅槃没
有"我"德,是因为"小乘涅槃以空为体,未证有性,故不名我;彼
涅槃中,身智俱亡,用不自在,故不名我"。

(2)《无上菩提义》(卷十八)。下分七门,始"释名",终"菩
提涅槃一异",论述"无上菩提"问题。"菩提",意译"道","果德
圆通,名之为道"。"菩提"分为三种:声闻所证得的菩提,称为
"声闻菩提";缘觉所证得的菩提,称为"缘觉菩提";菩萨所证得
的菩提,称为"无上菩提",即佛的菩提。菩萨所证得的菩提分为
五种:一是"发心菩提","在于无量生死海中,发菩提心,位在善
趣";二是"伏心菩提","在于种性(地)、伏忍位(拍指解行地)
中";三是"明心菩提","在初地上,般若转增,故说为明";四是
"出到菩提","在七地上,出离有无,到无生忍";五是"无上菩
提","在于佛地"。

(3)《净土义》(卷十九)。下分六门,始"释",终"质之同
异",论述"净土"问题。"净土",指佛土,"经中或时名佛刹,或称
佛界,或云佛国,或云佛土,或复说为净刹、净界、净国、净土"。
就体相而言,"净土"分为三种:一是"事净土",指"凡夫人所居
土","凡夫以其有漏净业,得净境界,众宝庄严饰事相严丽,名为
事净",下分"凡夫求有净业所得之土"(如诸天所居等)、"凡夫求
出善根所得净土"(如安乐国、众香界等)二种。二是"相净土",
指"声闻、缘觉及诸菩萨(指地前菩萨)所居土","是此诸贤圣,修

习缘观对治,无漏所得境界,妙相庄严,离垢清净。土虽清净,妄想心起,如梦所睹,虚伪不真,相中离垢,故名相净"。三是"真净土",指"初地以上(菩萨)乃至诸佛所在土","诸佛菩萨实证善根所得之土,实性缘起,妙净离染,常不变故,故曰真净"。其中,初地以上菩萨所居之土,称为"离妄真",是菩萨离妄所得的真净土;诸佛所居之土,称为"纯净真",是纯真无杂的真净土。依佛身(详见《三佛义》)区分,"净土"又分为三种:一是"法性土",指法身佛居住的国土,"法性之土,无始法性以为正因,诸度等行以为缘因";二是"实报土",指报身佛居住的国土,"实报之土,诸度等行以为正因,以亲生故,法性为缘"(以上二土称为"真土",唯净无秽);三是"圆应土",指应身佛居住的国土,"应土之因,有无不定"。此中,"法性土"、"实报土"称为"真土",唯净无秽;"圆应土"称为"应土",有净有秽。

(4)《三佛义》(卷十九)。下分七门,始"释名义",终"次第分别",论述"三佛"问题。"三佛",指三种佛身。一是"法身佛"(又称"法身"、"法佛"、"自性身"),指佛所证的真如法性之身,"法佛是体,显本法成,证法义显,故偏名法";二是"报身佛"(又称"报身"、"报佛"、"受用身"),指佛受用法乐之身,亦即累劫修行所得的果报之身,"报佛是相,本无今有,方便修生,酬因义显,故偏名报";三是"应身佛"(又称"应身"、"应佛"、"化身"),指佛为利益众生而示现的随机变化之身,"应佛是用,化用随物,应成义显,故偏名应"。

(5)《三智义》(卷十九)。下分二门,即"辨相"、"摄相",论述"三智"问题。"三智",指佛的三种智慧。一是"清净智",指佛观察"第一义"(真谛)之智,"观第一义,断离五住性结烦恼(指见一处住地、欲爱住地、色爱住地、有爱住地、无明住地的烦恼),离障无染,名清净智";二是"一切智",指佛了知一切法相之智,"于世谛中,了知四种(指一切时、一切界、一切事、一切种)一切法相,名一切智";三是"无碍智",指佛了知一切法相通达无碍之智,"于前四种一切法中,发心即知,不假方便,不同余人思量乃知,名无碍智"。"三智"中,"清净智",为"佛如来第一义智",即佛具有的真谛之智;"一切智"、"无碍智",为"佛如来世谛智",即佛具有的俗谛之智。

(6)《三不护义》(卷十九)。不分门,论述"三不护"问题。"三不护",指佛的三业(身、口、意业)自然清净,不须防护。"如来三业,纯净离过,不须防护,名三不护;诸阿罗汉三业虽净,常须防护,方能离过"。

(7)《三念处义》(卷十九)。不分门,论述"三念处"问题。"三念处",指佛说法时,安住正念,对"正众"、"邪众"、"非正非邪众"三众,皆不起欢喜或忧戚之心。

(8)《四一切种净义》(卷十九)。不分门,论述"四一切种净"问题。"四一切种净",指佛的四种清净。一是"身净",指"烦恼习身,永灭无余,得最上身生灭自在";二是"境界净",指"种种现化及所言说,无碍自在";三是"心净",指"烦恼悉离,善根成就";四是"智净",指"舍离一切无明秽污,一切所知无碍自在"。

(9)《二智义》(卷十九)。不分门,论述"二智"问题。"二智",指佛的二种智慧,即"实智"、"方便智"。"实智",有二种解释,一指"于诸法如实了知",二指"知实法"。"方便智",有四种解释,一指"进趣方便",二指"施造方便"(下分教行方便、证行方便、不住方便三种),三指"集成方便",四指"权巧方便"(下分身巧、口巧、意巧三种)。

(10)《四智义》(卷十九)。下分三门,始"约境辨定",终"约对尽智无生智分别",论述"四智"问题。"四智",指阿罗汉成道时,以唱诵"我生已尽,梵行已立,所作已办,不受后有"四句偈的方式,所表述的阿罗汉的"四谛"之智。四句偈中,"我生已尽,是断集智";"梵行已立,是修道智";"所作已办,是证灭智";"不受后有,是断苦智"。

(11)《四无畏义》(卷十九)。下分七门,始"释名",终"大小所说不同",论述"四无畏"问题。"四无畏",指佛说法时所具有的四种无所畏惧的智德。一是"一切智无畏"(又称"正知一切法无畏"),指佛对一切事物皆能觉知而无所畏惧;二是"漏尽无畏"(又称"尽一切漏及习无畏"),指佛断尽一切烦恼而无所畏惧;三是"能说障道无畏"(又称"说一切障道法无畏"),指佛说何法能障碍圣道而无所畏惧;四是"能说尽苦道无畏"(又称"说尽苦道无畏"),指佛说何法能趣证涅槃而无所畏惧。其中,前两种无畏,显示佛"自利"功德具足,后两种无畏,显示佛"利他"功德具足。

(12)《五分法身义》(卷二十)。下分四门,始"释名",终"三聚分别",论述"五分法身"问题。"五分法身",指成就法身的五种功德法。一是"戒身"(又称戒蕴,身表示复数),指修持戒法,下分"别解脱戒"、"禅戒"(又称定共戒)、"道戒"(又称道共戒)三种;二是"定身"(又称定蕴),指修习禅定,下分"事定"(指"事中安心,息除事乱",即四禅、四无色定)、"理定"(指"理中安心,息除性乱",即三三昧等)二种;三是"慧身"(又称慧蕴),指修习智慧,下分"世智"(指能了知世法的俗谛之智)、"第一义智"(指能了知第一义的真谛之智)二种;四是"解脱身"(又称解脱蕴),指断除烦恼而得自在,下分"有为解脱"(指"无为圣道,免绝羁缚")、"无为解脱"(指"灭谛涅槃,灭离众缚")二种;五是"解脱知见身"(又称解脱知见蕴),指证得解脱知见(即自知已证得解脱)。如关于"五分法身"的含义,说:

　　五分法身,诸经多说,名字是何?谓戒、定、慧、解脱、解

脱知见,是其五也。此之五种义通因果,经中多就无学说
之。无学之中,统通大小(乘),今论佛德。所言戒者,据行
(指修行)方便,防禁名戒,防禁诸过,永令不起;就实以论,
法身体净,无过可起,故名为戒。所言定者,据行方便,息乱
住缘,目之为定;就实而辨,真心体寂,自性不动,故名为定。
所言慧者,据行方便,观达名慧;就实以论,真心体明,自性
无暗,目之为慧。言解脱者,据行方便,免缚名脱;就实而
辨,自体无累,故曰解脱。解脱知见者,据行方便,知己出
累,名解脱知见;就实以论,证穷自实,知本无染,名解脱知
见。……此之五种,分别名分,又分是因,此之五种,成身之
因,故名为分;法名自体,此之五种,无学自体,故名为法,又
法是其轨则义,此之五种,成身之轨,故名为法;身者是
体,此五佛体,故名为身,又德聚积,亦名为身。(卷二十《净
法聚·五分法身义》,第850页下—第851页上)

(13)《五眼义》(卷二十)。下分八门,始"释名",终"约对上
十眼共相收摄",论述"五眼"问题。"五眼",指五种眼力。一是
"肉眼",指众生肉身所具之眼;二是"天眼",色界天人修定所得
之眼;三是"慧眼",指二乘(指声闻、缘觉)修行所得之眼;四是
"法眼",指菩萨修行所得之眼;五是"佛眼",指佛所具之眼。

(14)《六通义》(卷二十)。下分九门,始"释名",终"依经辨
相",论述"六通"问题。"六通",指依修习禅定而得的六种神通
(指深妙神奇的功能),即"身通"(又称"神足通"、"神境智证
通")、"天眼通"(又称"天眼智证通")、"天耳通"(又称"天眼智证
通")、"他心智通"(又称"他心智证通")、"宿命智通"(又称"宿住
随念智证通")、"漏尽通"(又称"漏尽智证通";前五通为无论佛
教、外道,凡修习四禅者皆可得,末一通唯佛教圣者修行可得)。

(15)《十号义》(卷二十)。不分门,论述"十号"问题。"十号",指佛的十大名号,即"如来"、"应供"、"正遍知"、"明行足"、"善逝"、"世间解"、"无上士"、"调御丈夫"、"天人师"、"佛世尊"。

(16)《十力义》(卷二十)。下分八门,始"释名",终"大小所说不同",论述"十力"问题。"十力",指佛的十种智力,即"是处非处智力"(又称"处非处智力")、"自业智力"(又称"业报智力")、"定力"(又称"静虑解脱等持等至智力")、"诸根利钝智力"(又称"根胜劣智力")、"欲力"(又称"种种胜解智力")、"性力"(又称"种种界智力")、"至处道力"(又称"遍趣行智力")、"宿命智力"(又称"宿住随念智力")、"天眼智力"(又称"死生智力")、"漏尽智力"。

(17)《十八不共法义》(卷二十)。下分六门,始"列名辨相",终"四缘分别",论述"十八不共法"问题。"十八不共法",指佛独有的十八种功德,即"身无失"、"口无失"、"意无失"(又称"念无失")、"无异想"、"无不定心"、"无不知已舍"、"欲无减"、"精进无减"、"念无减"、"智慧无减"、"解脱无减"、"解脱知见无减"、"身业随慧行"、"口业随慧行"、"意业随慧行"、"知过去无碍"、"知现在无碍"、"知未来无碍"。

(18)《百四十不共法义》(卷二十)。下分三门,始"辨相",终"对十八不共共相收摄",论述"百四十不共法"问题。"百四十不共法",指佛独有的十一类共一百四十种功德。一是"如来三十二相",指佛具有三十二种显见的殊胜形相,如"足下安平如奁底相"等;二是"如来八十种好",指佛具有八十种微细的殊胜形相,如"手足二十指悉皆妙好"等;三是"四一切种清净",指佛的四种清净,即"身净"、"心净"、"境界净"、"智净";四是"如来十力",指佛的十种智力,即"是处非处智力"等;五是"四无畏"(又称"四无所畏"),指佛说法时所具有的四种无所畏惧的智德,即

"一切智无畏"等；六是"三念住"，指佛说法时，安住正念，对"正众"、"邪众"、"非正非邪众"三众，皆不起欢喜或忧戚之心；七是"三不护"，指佛的三业（身、口、意业）自然清净，不须防护；八是"大悲"，指佛拔济一切众生苦难的怜悯之心；九是"不忘法"（又称"无忘失法"），指佛对一切"事业"、"方处"、"方便"、"时分"，皆能记念不忘；十是"断诸习"（又称"永害习气"），指佛在"动止"、"观瞻"、"言说"等一切活动中，都不起烦恼；十一是"一切种妙智"，指佛能在"义饶益法"（即善法）、"非义饶益法"（即不善法）、"非义非非义法"（即无记法）三类法中，显现正等正觉。

五、《杂法聚》。今已缺失。

本书引用的大小乘经律论数量极多。据笔者粗略统计，其中引《成实》（指姚秦鸠摩罗什译《成实论》）有八百七十处；引《毗昙》（指苻秦僧伽提婆等译《阿毗昙八犍度论》等）有七百九十八处；引《地持》（指北凉昙无谶译《菩萨地持经》）有四百五十五处；引《杂心》（指刘宋僧伽跋摩等译《杂阿毗昙心论》）有一百三十八处；引《地论》（指北魏菩提流支等译《十地经论》）有一百十六处；引《涅槃经》（指北凉昙无谶译《大般涅槃经》）有九十四处；引《毗婆沙》（北凉浮陀跋摩等译《阿毗昙毗婆沙论》）有九十处；引《大智论》（指姚秦鸠摩罗什译《大智度论》）有七十七处，如此等等，不胜枚举。尤其值得一提的是，本书将有真伪之争的《大乘起信论》视为真论，在书中引用达二十九处之多，这与隋法经等《众经目录》卷五《大乘阿毗昙藏录·众论疑惑》，将《大乘起信论》当作有疑问的大乘论相比，观点是相反的。

由于本书对佛教名词术语的训释极为精详，故从古迄今，各种佛教辞典几乎都将本书训释的佛教术语列为词条，加以收录。其影响之大，在唐代以前的佛教诠释学上，无出其右者。